訳注日本史料

延喜式 下

虎尾俊哉［編］

集英社刊行

此経信厭女反信不信侍从於信仮代上米俵立供誦経信竟侍徒下

此司中臣祓諸社上下講儲童司分有餘有慮惣侍但偏拝進即信仮代下忖

此鴨御祖神社上於時儲童大小不献者盈穗若有向又信仮代有少

此鴨上行橡之各七枚以於飢於進一进又三枚於國郡郷里御神地天之飯和酒後能以未之飯于鋳三枚以御餞賜

此葡萄鏡侍博所司社寺之內以不等者进造祀和酒进之和之人稱人不可賜

此鴨祈祓之乙時有社司之內有等校手人之埋蔵於橋侍高等

此離式進建縣委奉立十

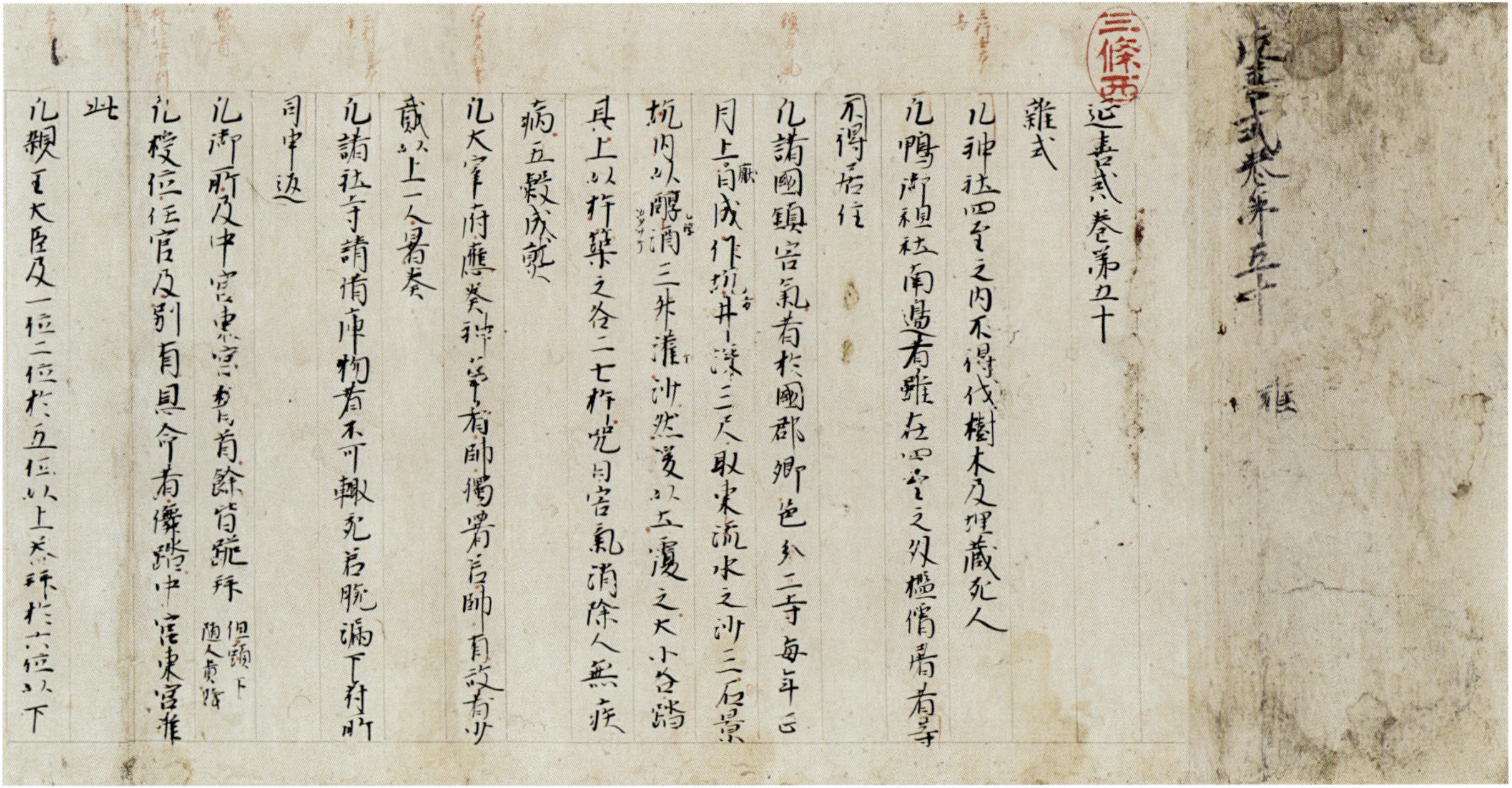

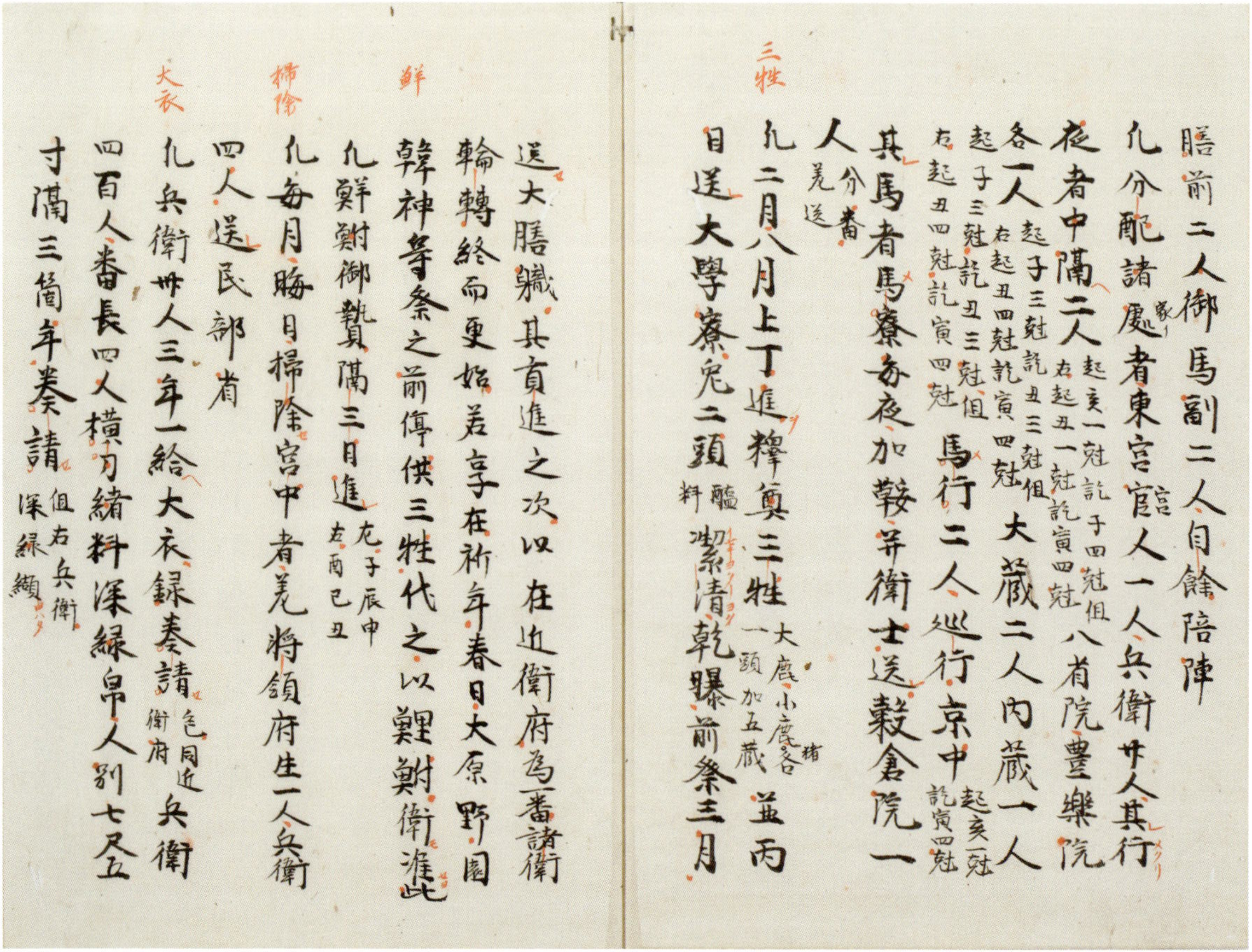
膳前二人、御馬副二人、自餘陪陣
凡分配諸處者、東宮官人一人、兵衛卅人、其行
夜者、中隔二人（起亥一剋訖子四剋但 右起丑一剋訖寅四剋）、八省院・豊樂院
各一人（起子三剋訖丑三剋但 右起丑四剋訖寅四剋）、大藏二人、内藏一人
（起子三剋訖丑三剋但 右起丑四剋訖寅四剋）、馬行二人、巡行京中（起亥一剋訖寅四剋）
其馬者馬寮每夜加鞍、幷衛士送穀倉院一
人（分番差送）

三牲
凡二月八月上丁進釋奠三牲（大鹿小鹿各一頭加五藏 猪）並丙
日送大學寮、兎二頭（料醢）潔清乾曝前祭三月

送大膳職、其貢進之次、以在近衛府爲一番、諸衛
輪轉、終而更始、若享在祈年春日大原野園
韓神等祭之前、傳供三牲代之、以鯉鮒衛進此

鮮
凡鮮鮒御贄、隔三日進（左子辰申 右酉巳丑）

掃除
凡毎月晦日掃除宮中者、差將領府生一人兵衛
四人、送民部省

大衣
凡兵衛卅人三年一給大衣、録奏請（色同近衛府）兵衛
四百人番長四人、横刀緒料深緑帛人別七尺五
寸、隔三箇年奏請（但右兵衛深緑纈）

土御門本延喜式巻第四十七　　国立歴史民俗博物館所蔵

延喜式　下　目次

上・中巻目次

凡　例 …… 8

延喜式　下

巻第二十八　兵部省　隼人司 …… 2
巻第二十九　刑部省　判事　囚獄司 …… 68
巻第三十　大蔵省　織部司 …… 86
巻第三十一　宮内省 …… 148
巻第三十二　大膳職上 …… 178
巻第三十三　大膳職下 …… 206
巻第三十四　木工寮 …… 250
巻第三十五　大炊寮 …… 292

巻第三十六　主殿寮 314
巻第三十七　典薬寮 336
巻第三十八　掃部寮 414
巻第三十九　正親司　内膳司 476
巻第四十　造酒司　采女司　主水司 540
巻第四十一　弾正台 598
巻第四十二　左右京職　東西市司 640
巻第四十三　春宮坊　主膳監　主殿署 670
巻第四十四　勘解由使 718
巻第四十五　左右近衛府 738
巻第四十六　左右衛門府 766
巻第四十七　左右兵衛府 784
巻第四十八　左右馬寮 796

巻第四十九　兵庫寮……832
巻第五十　雑式……858
校異補注・補注……899
校異補注……900
巻第二十八……907
巻第二十九……938
巻第三十……947
巻第三十一……961
巻第三十二……975
巻第三十三……980
巻第三十四……985
巻第三十五……989
巻第三十六……999
巻第三十七……1021
巻第三十八……1046
巻第三十九……1061
巻第四十……1070
巻第四十一……1084
巻第四十二……1107
巻第四十三……1124
巻第四十四……1148
巻第四十五……1152
巻第四十六……1167
巻第四十七……1173
巻第四十八……1176
巻第四十九……1186
巻第五十……1195

付　表　1209
表1　諸国馬牛牧比定地一覧　1210
表2　御牧所在比定地一覧　1212
表3　典薬式薬物一覧　1214
表4　典薬式処方薬一覧　1226
上・中巻情報提供
改訂一覧　1241
原文・底本照合一覧　1249
編者手沢本書入れ一覧　1260
条文番号・条文名一覧　1287
頭注・補注索引　1477
あとがき　1478
編者・執筆者紹介　1480

装丁　川上成夫

延喜式　上　目次

はじめに……4
解説……8
凡例……32
上延喜格式表……2
延喜格式目録……6
延喜式序……16
巻第一　神祇一　四時祭上……22
巻第二　神祇二　四時祭下……82
巻第三　神祇三　臨時祭……126
巻第四　神祇四　伊勢大神宮……184
巻第五　神祇五　斎宮……258
巻第六　神祇六　斎院司……354
巻第七　神祇七　践祚大嘗祭……390
巻第八　神祇八　祝詞……444
巻第九　神祇九　神名上……506
巻第十　神祇十　神名下……598
校異補注……726
補注……733
付図・付表……1041
条文番号・条文名一覧……1139

延喜式　中　目次

上巻目次　4
凡例　5
巻第十一　太政官　2
巻第十二　中務省　内記　監物　主鈴　典鑰　78
巻第十三　中宮職　大舎人寮　図書寮　158
巻第十四　縫殿寮　228
巻第十五　内蔵寮　274
巻第十六　陰陽寮　350
巻第十七　内匠寮　384
巻第十八　式部省上　442
巻第十九　式部省下　538
巻第二十　大学寮　602
巻第二十一　治部省　雅楽寮　玄蕃寮　諸陵寮　644
巻第二十二　民部省上　742
巻第二十三　民部省下　790
巻第二十四　主計寮上　840
巻第二十五　主計寮下　908
巻第二十六　主税寮上　954
巻第二十七　主税寮下　1030
校異補注　1084
補注　1090
付図　1479

凡例

一　本書の構成について

1　訳注日本史料『延喜式』は、延喜式の校訂原文とその校異、および読み下し文とその注釈を、三分冊の形で提供するものである。本巻はその第三分冊に当たり、ここには巻第二十八から巻第五十までを収めた。

2　校訂原文を右頁に掲げ、これに対応する読み下し文を左頁に掲げた。

3　校異注・語句注は、頭注として見開き頁内に収めた。特に補充して解説を要するものや、見開き頁のうちに収まり切れないものは、補注として末尾に一括して掲げた。その際、校異注の補注（校補と略記）番号は巻ごとの通し番号とし、語句注の補注番号は頁ごとの番号とした。

4　参考となる表等を掲げた。

5　本巻の巻末には、上・中・下巻三冊分の条文番号・条文名一覧、頭注・補注索引を付し、上・中巻に関する情報として改訂一覧、原文・底本照合一覧、編者手沢本書入れ一覧を掲げた。

二　原文の校訂について

1　底本には国立歴史民俗博物館所蔵（旧田中文庫蔵）の土御門本を用い、これを金剛寺本・九条家本その他の写本によって対校し、また近世・近代の刊本類はもとより六国史・政事要略などの関係史料をも参考して本文を整定した。対校に用いた写本や刊本については、後掲の略称一覧を参照されたい。

2　対校本のうち、武田本については影印本、一条家本については影写本および影印本、兼永本（神名式）については神宮文庫蔵の写真帳を用いた。ただし一条家本巻第三臨時祭の影写本は未完成なので（上巻解説参照）、臨時祭式29遣蕃国使祭条以降については、皇典講究所本・新訂増補国史大系本の校異注に掲げるところに拠っている。

3 校異注に諸本との異同を網羅的に掲げることはしない。また対校本が多数にわたる時は、「九・閣ホカ」のような形で代表的なもの二・三本掲げるにとどめた。

4 底本ないし諸写本に見える傍訓はすべて省略した。ただし本文校訂上必要と認められるものについては、校異注（または校異補注）において言及した。

5 井上本における「一本」の書入れ、藤波家本における校訂は、貞享本が同一箇所において「印本」（版本）によって訂正ないし書入れをしているものと一致することが多い。井上本・藤波家本の校訂に版本が利用されていると見て差し支えあるまい。また塙本の「イ本」は、例外はあるにせよ、ほとんど版本と一致する。従って、殊に近世の諸写本に見える「一本」「イ本」などの中には、版本も含まれていること、更には近世の学者が意補・意改して版本に書き入れたものも含まれている可能性のあること、更に言えば、版本自体が典拠を示さない校本であって、意補・意改を含む可能性のあること、これらの点に注意を要するが、しかし、確実な腑分けは不可能なので、これらの「一本」「イ本」も校訂に利用した（九—2参照）。

三 原文の表記について

1 異体字・俗字・略字は原則として正字に改め、殊に字形の似通った別字、または国語の訓の同じ文字、これらを異体字として用いる慣習のある場合においても正字に訂し、一々注記することはしない。その一端を例示すれば、次の通りである。

啇〈テキ・ねもと〉→商　檞〈カイ・まつやに〉→槲〈かしわ〉　麻續→麻績〈おみ〉　垸〈カン〉→埦
椀〈カン〉→椀　鎰→鑰〈かぎ〉

2 宣命体の小書の部分に用いられた真仮名の異同については底本のままとして、諸本との異同を一々注記せず、また「尓」「礼」「与」などの略字や、「氏」（その古字は「[illegible]」）の異体国字とされる「弖」なども底本のままとして改めることをしない。

3　誤字たることの容易に判定される場合は、これを訂し、特に必要のない限り一々注記しなかった。主な例は次の通りである。

火—大　大—丈　斎—斉　宍—完　手ヘン—木ヘン　坐—座　頒—須　著—者

4　数字の二十・三十・四十と廿・卅・卌とは、同一の本のうちでも必ずしも統一されていないので、古写本で多用される廿・卅・卌に統一し、その旨の注記は省略した。

5　「大」と「太」は通用されることが多いが、本書では次のように統一して一々注記しなかった。

大…大御神・大神宮・大前・大宰府・大刀

太…太敷立・太襁・太政官

6　諸本において用字を異にするもののうち、蒲匋・蒲萄・蒱匋・蒱萄については、「葡萄」に統一した。

7　国名（および国名と同一の郡名）の表記については、古写本に多用される次の表記に統一した。

相摸・隱伎・土左・伊豫・壹伎

8　「摺」と「揩」、「坏」と「杯」はいずれも諸本において混用されている。漢字「摺」には国語スルの意はないが、「揩」字に流用されて久しく、漢字「坏」には国語ツキの意はないが、これまた「杯」字に流用されて久しい。また「坏」は土製のツキ、「杯」は木製のツキを指すという説も行なわれているが、往時、その表記上の区別が厳密に守られていたという保証もない。従って、特に必要のない限り、底本のままとした。

9　「埦」と「椀」についても、厳密に書き分けられているとは思えない。これも特に必要のない限り、底本のままとする。なお「鋺」は、わが国では漢字の本義から離れて、専ら金属製の椀を意味するカナマリに当てられ、これが慣用として一般化していることが認められる。この字については埦や椀との混用が問題となることはない。

四　計量単位の表記について

1　布の単位としての「段」と「端」とは、写本においてしばしば混用されている。殊に庸布の単位として「端」が用いられている場合、「段」の誤りと認めざるを得ない場合が多い。確かに主計式上3諸国庸条には、「二丁布一丈四尺〈二丁成レ段、三丁成レ端〉」とあって、庸布の単位として、「端」も規定されてはいるが、少なくとも式内において、庸布の単位として「端」を用いたと解すべき確実な例は見られない。そこで布の単位については、次のように統一し、特に必要のない限り注記を省略した。

庸布・商布・交易布……段

調布その他の布……端

2 「枚」と「枝」も写本において混用されている。また字形の類似によって誤写される可能性も大きい。「枚」は平たいもの、「枝」は長いものに使用するという説もあるが、辞典などにも確固たる用例を見ない。従って、用法上の厳密な区別は困難であって、特に必要ない限り、おおむね底本のままとした。

3 量の単位たるコクの表記についても、諸本、「斛」と「石」とを混用している。これについても底本のままとし、特に必要のない限り注記を省略した。

五 空白符について

1 「空白符」なる術語は、まだ書誌学の方で使用されていないようであるが、写本分注の左行の末尾にしばしば見られるもので、「〻」「々」や「之」「也」の崩れたような字体をとり、ほとんどが不要か意味不明の文章となる。分注の字数が奇数の場合、左行の行末に一字分の空白を生ずるし、また字数の如何を問わず、筆写の都合によって右行に多くの字数を費やせば、左行の行末に一字分ないしそれ以上の空白を生ずる道理である。従って、これらの一見文字のごときものは、本来そこに墨付のないことを確認するための記号であったと考えられるものである。後になると、その意を解せず、明確な楷書で「之」「也」などと記し付けたものもある（虎尾俊哉「延喜式校訂二題」『神道古典研究所紀要』三、一九九七年）。

2 本書では、この空白符と認められる「〻」「々」「之」「也」などについては、原則として一々断ることなく削ってある。

六 体例や書入れなどについて

1　改行など原文の体例については、諸写本の間で一致しない場合がかなりあるので、編者の判断によって適宜改めたが、特に必要のない限り、一々断ることはしていない。

2　底本および諸写本に存する標注（弘・貞・延などの記号）はそのすべてを収め、原文にゴシック体で示した。その際、底本以外から採録したものについては、その典拠を一本のみ示した。

3　底本および諸写本に存する諸種の書入れは、条文の成立を探り、あるいは語句の意味を知る上で、重要と思われるものを主として採録した。

七　読み下し文について

1　読み方は、現代学界の慣用読みに従ったが、一部、古写本の傍訓を生かして読んだところもある。

2　原文の分注は、〈 〉を付して一行書きに改めた。

3　仮名遣いは現代仮名遣いとした。

4　漢字は常用漢字を用い、適宜振り仮名を付した。

5　注釈の語句には＊印を付した。

八　各式略称・条文番号・条文名・行番号について

1　本書で用いる各式の略称は、原則として「省」「寮」「司」「府」などの語を省き、また可能な範囲で短縮した。ただし、春宮坊被管の「主殿署」は、宮内省被管の「主殿寮」（「主殿式」と略称）と区別するため、「主殿署式」とした。

2　条文番号は、あくまで利用の便を図ることを第一義とし、枝番や孫番を用いないこととしたので、必ずしも各条文の構造に捉われない形となった。

3　条文番号は巻を単位として付した。四時祭式について例示すれば次の通りである。

四時祭式上　1大中小祀条　2祭日条

四時祭式下　1伊勢神嘗祭条　2御巫斎神条

4　同一の巻に複数の官司の式を包含する場合は、諸司式としての特徴を生かすために官司ごとに番号を改めた。中巻の巻第二十一について例示すれば次の通りである。

治部式　1大瑞条　2上瑞条

雅楽式　1節会条　2諸祭条

玄蕃式　1御斎会条　2御修法条

諸陵式　1神代三陵条　2畝傍山他遠陵条

5　「凡」字を冠する条文については、それぞれを一条として番号を付した。ただし上巻の巻第七大嘗祭式の卯日～午日の行事に関する条文はあまりにも長いので、四条に分割して番号を付けた（同式31卯日条～34午日条）。

6　条文名は、諸写本や版本などに用いられてきた標目をなるべく尊重することに努めたが、必ずしもこれに捉われず、条文の内容に基づき、あるいは文中の要語を利用するなどして、おおむね六字以内の字数で設定した。

7　中巻の巻第二十五主計式下37大帳条、巻第二十七主税式下1正税帳条～5損田条の読み下し文には、書式の説明を容易にするために行番号を付した。

九　引用文献の略称

1　延喜式関係の諸本の略称（ただし校異注では「本」字を省いて使用）

剛本	金剛寺本	条本	一条家本
九本	九条家本	武本	武田本
九別本	九条家本巻第七乙本	吉本	吉田家本
九冊本	九条家冊子本	吉中本	吉田家本所引中本

三本	三条家本
西本	三条西家本
永本	兼永本（祝詞式・神名式）
右本	兼右本（祝詞式）
閣本	内閣文庫本（慶長写本）
閣別本	内閣文庫別本
梵本	梵舜本
梵別本	梵舜別本（元和二年本）
塙本	塙本（東大史料編纂所）
土本	土御門本（旧田中文庫本）
井本	井上本
壬本	壬生本
貞本	貞享本
京本	貞享本ほか所引京本（京極宮家本）
中本	貞享本所引中本
藤本	藤波家本
版本	享保本
雲本	雲州本
考異	雲州本考異
林本	雲州本考異所引林本
旧大系本	国史大系本（旧輯）
叢書本	新註皇学叢書本
全集本	日本古典全集本
典本	皇典講究所本
国史大系本	新訂増補国史大系本
神本	神道大系本

2　「或本」「一本」「イ本」「古本」など、諸本に書き入れられた注記の典拠については、「吉或本」あるいは「底イ本」のように示した。

3　その他の史料・典籍の略称

……記（古事記、例＝景行記）
（神代は古事記上）

書紀・……紀（日本書紀、例＝舒明紀）

続紀（続日本紀）
後紀（日本後紀）
続後紀（続日本後紀）

文徳実録（日本文徳実録）
三代実録（日本三代実録）
紀略（日本紀略）
……本紀（先代旧事本紀、例＝国造本紀）
釈紀（釈日本紀）
三代格（類聚三代格）
要略（政事要略）
霊異記（日本国現報善悪霊異記）
姓氏録（新撰姓氏録）
類符抄（類聚符宣抄）
別符抄（別聚符宣抄）
和名抄（倭名類聚抄）

名義抄（類聚名義抄）
格勅符抄（新抄格勅符抄）
大同元年牒（新抄格勅符抄所引神封）
諸神新封（新抄格勅符抄所引諸神新封）
寧遺（『寧楽遺文』）
平遺（『平安遺文』）
鎌遺（『鎌倉遺文』）
銘文集成（松嶋順正編『正倉院宝物銘文集成』）
地名辞書（吉田東伍『大日本地名辞書』）
地名大系（平凡社『日本歴史地名大系』）
地名大辞典（角川書店『日本地名大辞典』）

4　主な引用史料の略記法

戸令1為里条（養老令戸令、日本思想大系『律令』条文番号1）
衛禁律25私度関条（養老律衛禁律、律令研究会編『譯註日本律令』律本文篇条文番号25）
儀制令19春時祭田条集解古記（『令集解』儀制令、春時祭田条所引古記）
古一―五〇頁（『大日本古文書』編年文書第一巻五〇頁）
東南院二―三一〇頁（『大日本古文書』東南院文書第二巻三一〇頁）
寧遺中―四三三頁（『寧楽遺文』中巻四三三頁）

平遺九―四八三八（『平安遺文』第九巻四八三八号文書）
鎌遺一八―一三五八〇（『鎌倉遺文』第一八巻一三五八〇号文書）
要略二二（政事要略巻第二二）
儀式一（賀茂祭警固儀）（儀式巻第一、賀茂祭警固儀）
西宮記恒例二（賀茂祭事）（西宮記恒例第二、賀茂祭事条）
北山抄一（春日祭事）（北山抄巻第一、春日祭事条）
江家次第一〇（新嘗祭）（江家次第巻第一〇、新嘗祭条）
霊異記上一（日本国現報善悪霊異記上巻第一縁）
今昔物語集二―一六（今昔物語集巻第二第一六）
万葉集一七三八番歌（歌番号は旧編国歌大観による。なお万葉集以外の歌集については歌番号を用いない）
源氏物語賢木（源氏物語賢木巻）

一〇　本巻分担者氏名

1　校訂・訓読　虎尾俊哉

2　頭注・補注の分担

巻第二十八　兵部式　中村光一（1〜77・86・87条）
　　　　　　　　　　木下　良（78〜85条）
　　　　　　隼人式　中村光一
巻第二十九　刑部式　増渕　徹
　　　　　　判事式　増渕　徹

巻第二十九　囚獄式　増渕　徹
巻第三十　　大蔵式　古尾谷知浩
　　　　　　織部式　堀部　猛
巻第三十一　宮内式　菊地照夫
巻第三十二　大膳式上　菊地照夫（1〜14条）

巻第三十二　大膳式上　戸川　点（15～18条）
巻第三十三　大膳式下　金沢悦男
巻第三十四　木工式　三上喜孝
巻第三十五　大炊式　相曽貴志
巻第三十六　主殿式　野口　剛
巻第三十七　典薬式　丸山裕美子
巻第三十八　掃部式　黒須利夫
巻第三十九　正親式　早川万年
　　　　　　内膳式　早川万年
巻第四十　造酒式　丸山　理
　　　　　采女式　丸山　理
　　　　　主水式　丸山　理
巻第四十一　弾正式　佐藤全敏（1～50条）
　　　　　　　　　　堀部　猛（51～80条）
　　　　　　　　　　虎尾達哉（81～161条）
巻第四十二　左右京式　中村修也
　　　　　　東西市式　中村修也
巻第四十三　春宮式　黒須利夫（1～4条）
　　　　　　　　　　野口　剛（5～9条）

巻第四十三　春宮式　中村光一（10～15条）
　　　　　　　　　　堀部　猛（16～20条）
　　　　　　　　　　相曽貴志（21～25条）
　　　　　　　　　　佐藤全敏（26～28条）
　　　　　　　　　　丸山　理（29～34・36条）
　　　　　　　　　　菊地照夫（35・37～42条）
　　　　　　　　　　小倉慈司（43～47条）
　　　　　　　　　　戸川　点（48～52条）
　　　　　　主膳式　荒井秀規
　　　　　　主殿署式　荒井秀規
巻第四十四　勘解由式　増渕　徹
巻第四十五　左右近衛式　中村光一
巻第四十六　左右衛門式　中村光一
巻第四十七　左右兵衛式　中村光一
巻第四十八　左右馬式　山口英男
巻第四十九　兵庫式　中村光一
巻第五十　雑式　三上喜孝（1～54条）
　　　　　　　　戸川　点（55～63条）

一一　本巻の口絵写真の掲載を御許可頂いた国立歴史民俗博物館に謹んで謝意を表したい。

訳注日本史料『延喜式』下巻刊行にあたって

本巻の原稿執筆・編集作業は、先に刊行した上・中巻と並行して部分的に進めていたが、本格的に作業に入ったのは二〇〇七年六月の中巻刊行後のことである。編集作業は上・中巻と同様に次のような手順で進められていた。

まず、編者・虎尾俊哉氏が校訂を行ない、原文・校異注・校異補注を執筆した。次いで編者と各式の注釈執筆者、および関係する式の担当者で検討した読み下し文を、編者が整序した。その後、各注釈執筆者による頭注・補注原稿を、読み下し文と同様に、順次、編者と担当者の間で検討した。

二〇一一年一月に編者が逝去した時点で、原文・校異注・校異補注および読み下し文の編者による作業は終えていたが、頭注・補注の検討作業は途中であった。編者生前の頭注・補注の作業状況は次の通りである。

1　注釈執筆者による頭注・補注原稿を編者が調整したもの

巻第三十（大蔵式）・四十・四十八

2　編者が調整した頭注・補注原稿を編者と注釈執筆者の間で検討する会合を開いたもの

巻第二十八・二十九・三十（織部式）・三十一・三十四・三十七・四十二・四十五・四十六・四十七・五十

その後、上・中巻と同じ手順で編集作業を進めていくことができなくなったので、以下のような原則で作業を進めることとした。

1　原文・校異注・校異補注・読み下し文

編者が確定したものを用い、用字・用語の統一のほかは改めることを避ける。

2　頭注・補注

注釈執筆者の責任において執筆し、編者の読み下し文に異論が生じた場合は、注釈執筆者の見解も頭注・補注に記す。

編者が執筆する予定であった巻第四十三の頭注・補注は、本書上・中・下巻の執筆者から一一名が分担執筆する。

このような編集方針のもと、各式注釈執筆者、協力者の尽力により本巻を上梓するに至った次第である。

なお、本巻では編集部において原文と底本影印本との照合作業を行なったので、その経緯を記しておく。

本書上巻の刊行前後に底本の影印本が出版され、多くの人が底本を見ることができるようになった。他にも、九条家本の画像が公開されるなど、延喜式写本閲覧の環境は大きく様変わりしている。

編集部でも原文と底本影印本との照合作業をし、編者によるさらなる校訂が進められ、既刊の上・中巻分も含めて、その結果を本巻に反映する予定であった。しかし、その作業は道半ばで頓挫することになった。

下巻所収分では、巻第二十八・三十・三十四・三十七・三十九・四十三・四十九・五十については、編者が原文・校異注・校異補注を再確定したが、その他はそれが叶わなかった。そこで原文にあって底本にない文字と、底本にあって原文にない文字の情報のみを、校異注の形で提供した。

もとより、編者は校訂の見直し作業を進めており、将来の改訂を予定していたが、それを原稿化するには至らなかったことを書き添えておく。上・中巻に関する原文と底本との照合作業結果は、原文・底本照合一覧として本巻に収めた。

これと同様に、上・中巻に関する情報を読者に提供することを目的として、改訂一覧、編者手沢本書入れ一覧も本巻に収載した。

改訂一覧には、本巻刊行時に判明している上・中巻の改訂箇所などを、編者手沢本書入れ一覧には、編者が手元の訂正原本に書き入れていた改訂準備箇所を挙げた。

改訂一覧、編者手沢本書入れ一覧には編者などから指摘があった箇所を掲出しており、その他に同様の語句などがある場合でも、編集部では判断できないため取り上げていない。

最後に、校異注の表記について、凡例で触れていなかったところがあるので、いくつか補足する。

1　校異注の「…例ニヨリテ…」は同じ式内あるいは他の史料などの例によって改補したものを指す。

2　校異注（または校異補注）において、九本との異同についてのみ言及した箇所もある。

3　校異対象文字に傍点を付したが、校異注に「一々注セズ」とある場合は、初出箇所以降の対象文字に傍点を付していない。また、原文に傍点はあるが該当頁に対応する校異注がない場合は、その箇所より前に「下同ジ」という校異注が付いている。

（編集部）

延喜式　下

延喜式巻第廿八　兵部　隼人

兵部省

元日平旦、丞、錄各一人東西相分、將㆓史生、省掌等㆒、共入㆓八省院㆒、檢㆓校兵庫幢旗、諸衞儀仗及隼人等陣㆒、若有㆓闕失㆒者、卽令㆓改正㆒、後日追㆓勘本司㆒、餘儀准㆑此、　閤外大臣就㆓朝集堂㆒、召㆓兵部省㆒、卽丞入受㆑命、出令㆓兵庫寮擊㆓外辨鼓㆒、事見㆓儀式㆒、

七日平旦、丞、錄率㆓史生、省掌㆒、立㆓武官敍位標㆒、其後獻㆓御弓㆒、卿以下率㆓兵庫寮㆒候㆓逢春門外㆒、若御㆓內裏㆒候㆓承明門外㆒、　內舍人奏畢、省寮舁㆓弓矢案㆒、入立㆓庭中㆒、輔已上一人留奏進、其詞云、兵部省奏久、兵庫寮乃仕奉礼流正月七日乃御弓、又種種矢獻良久平、奏給久止奏、無㆓勅答㆒、　卽退出、又率㆓敍人㆒參入、式部敍後、省亦敍之、訖共退出、事見㆓儀式㆒、

十五日平旦、輔已下向㆓宮內省㆒檢㆓武官薪㆒、事見㆓儀式㆒、

十七日大射、前月廿日、省點㆓親王以下五位以上卅人㆒、前二

仕　考異、「供」ニ改ム。

兵部省　↓補1

1元日条

元日　左右近衛式1条参照。

平旦　夜が明けた頃。特に寅の刻(午前四時頃)をいう。

史生　↓補2

省掌　↓補3

八省院に入り　↓補4

兵庫の幢旗　↓補5

諸衛の儀仗　↓補6

隼人らの陣　隼人式1条参照。

検校　装備と配置の点検。

余の儀　左右近衛式1条、左右衛門式1条、左右兵衛式1条によれば、大儀として規定されているのは元日・即位・受蕃国使表の三つ。ただし、儀式六(元正受朝賀儀)によれば幢旗を立てるのは、元日・即位で、これは儀式五(天皇即位儀)からも確認できる。

閤外の大臣　閤外は閤門の外の意。閤門は、養老令制で宮城の天皇の居所に最も近い門をいい(大宝令制では内門)、本条の場合は会昌門を指す。兵庫式4条、儀式六(元正受朝賀儀)にも「閤外大臣」の記述が見える。井上亘はこれを右大臣とする(「朝賀行幸論」〈『日本古代朝政の研究』

延喜式巻第二十八〈兵部・隼人〉

*兵部省

1 *元日の*平旦、丞《じょう》・録《さかん》各《おのおの》一人東西に相分れ、*史生《ししょう》・*省掌《しょうじょう》らを将《ひき》いて、ともに*八省院に入《い》り、*兵庫の幢旗《どうき》、*諸衛の儀仗および*隼人らの陣を*検校せよ〈もし闕失あらば、すなわち改正せしめ、後日、本司を追《め》し勘《かんが》えよ。*余の儀はこれに准《なぞら》えよ〉。*閤外の大臣、*朝集堂に就きて、兵部省を召さば、すなわち丞入りて命を受け、出でて兵庫寮をして*外弁鼓を撃たしめよ〈*事は儀式に見ゆ〉。

2 七日の平旦、丞・録、史生・省掌を率い、*武官の叙位の標《しるし》を立て、その後、*御弓《みたらし》を献ぜよ。卿以下《いげ》、兵庫寮を率いて*逢春門《ほうしゅんもん》外に候せよ〈もし内裏に御さば、*承明門《じょうめいもん》外に候せよ〉。*内舎人《うどねり》、奏《もう》し畢らば、省・寮、*弓矢の案《つくえ》を*舁《か》き、入りて庭中に立て。輔《すけ》已上一人、留まりて奏し進れ。その詞に云わく、兵部省奏すらく、兵庫寮の仕奉《たてまつ》れる正月七日の御弓、また種種《くさぐさ》の矢献《たてまつ》らくを、奏し給わくと奏す〈勅答なし〉。すなわち退《ま》出《か》れ。また叙人を率いて参《ま》入《い》り、式部の叙するの後、省もまた叙せよ。訖らばともに退出れ〈事は儀式に見ゆ〉。

3 十五日の平旦、輔已下《いげ》宮内省に向かい、武官の*薪《みかまき》を検ぜよ〈事は儀式に見ゆ〉。

4 十七日の*大射《おおいくは》は、*前月二十日、省、親王以下五位以上三十人を点じ、前《さきだ》つこと二

所収、一九九八年〉)。

朝集堂　朝集殿とも。十二朝堂の南門(平安宮なら会昌門)の南方の東西に、向かい合って各一堂が位置する。中巻図3参照。元来朝政などに参集してきた官人が、刻限まで待機する建物であった。

外弁鼓　→補7

事は…見ゆ　儀式六(元正受朝賀儀)。

2正月七日条

武官の叙位の標　→補8

御弓　→補9

逢春門・承明門　中巻図2・3参照。

内舎人　兵部省官人を豊楽院内に召喚する任を負う。中務式16条参照。内舎人は中務省に属し、宿衛、雑使の奉仕、行幸の警衛に当たった。定員九〇人。官位相当の規定はなく、季禄は「判官以下の禄に准じて」給された(禄令3条参照)。帯仗するが文官である。

弓矢の案　儀式七(正月七日儀)によると、弓と矢は櫃に入れ、それぞれ別の案に載せられたようである。

舁き　かつぎあげる、持ち上げるの意。

3武官薪条

薪　→補10

4大射条

大射　→補11

前月二十日　儀式七(十七日観射儀)は、一〇日前に能射者二〇人を簡点する。

位　底ナシ。壬・貞イ本ニヨリテ補ウ。

者　底ナシ。貞ニヨリテ補ウ。

能く射る者　弓術に秀でた者。

省の南門の射場　儀式七(十七日観射儀)は、「省家南門弓庭」とする。

その数は衛府式に見ゆ　左右近衛式22条では官人二人・近衛二〇人、左右衛門式6条では官人二人・門部一〇人・衛士一〇人、左右兵衛式7条では官人二人・兵衛二〇人とし、さらにそれぞれの装束を規定する。

掃部寮　令外官で、三代格弘仁十一・閏正・五官奏によれば、大蔵省所属の掃部司、宮内省所属の内掃部司を統合して成立した。掃部式冒頭補注参照。

喚鼓　召鼓とも。宮中で官人を召し集める合図に打つ鼓。

刀禰　公事に関与する官人の総称で、この場合は主典以上を指す。荷田在満の大嘗会儀式具釈が引く吏部王記に、「百官主典以上称二刀禰一也」、続後紀承和七・五・甲申条に、「右大臣藤原朝臣三守率二公卿百官及刀禰等一」とある。

給禄の法は大蔵式に見ゆ　大蔵式86条参照。

日、簡二定能射者廿人一、〔若不レ足者、通二取六位已下一、〕於二省南門射場一令二調習一、其諸衞射手、本府各簡定造レ簿移レ省、〔其數見二衞府式一、〕當日丑刻、掃部寮設二省掌已上座於便所一、輔已下行二點檢一、事訖聞二喚鼓聲一、引二刀禰一參入、就レ座如レ常、次射手參入、卽令二親王已下射一之、卿、輔、丞執レ札奏二射者官姓名一、〔卿唱二親王一、大輔唱二參議以上一、少輔唱二五位以上一、丞唱二六位以下一、〕其給祿法者見二大藏式一、射畢後日、勘二錄人數幷中不、給祿等色目一、申二送辨官一、〔事見二儀式一、〕

凡大射五位已上箭激二觸的皮一者、猶爲二中例一、

凡十八日賭射、錄一人率二史生、省掌等一候之、每レ有二中レ的者一、省掌申之、

五月五日騎射、前月、左右近衞、左右兵衞等府、各試二練應レ射人一、造レ簿移レ省、〔其數見二衞府式一、〕射畢卽錄二中レ的人數一申レ官、每レ中二一的一給二布一端一、

同節五位已上進二走馬一、親王一品八疋、二品六疋、三品四品

日、*能く射る者二十人《ひと》を簡《えら》び定め〈もし足らざれば、六位已下を通わし取れ〉、*省の南門の射場《ゆば》において調習せしめよ。其れ諸衛の射手《いて》は、本府各簡び定めて簿を造り省に移《い》せよ〈*その数は衛府式に見ゆ〉。当日の丑の刻、*掃部寮、省掌已上の座を便所《びんしょ》に設け、輔已下点検を行なえ。事訖りて*喚鼓の声を聞かば、*刀禰《とね》を引きて参《まい》入り、座に就くこと常の如くせよ。次に射手参入り、すなわち親王已下に射さしめよ。卿・輔・丞、札を執りて射る者の官・姓名を奏せ〈卿は親王を唱え、大輔は参議以上を唱え、少輔は五位以上を唱え、丞は六位以下を唱えよ〉。その*給禄の法は大蔵式に見ゆ。射畢るの後の日、人数ならびに中・不、給禄等の色目《しきもく》を勘録して弁官に申し送れ〈事は儀式に見ゆ〉。

5 凡そ大射の五位已上の箭《や》、*激しく的の皮に触るるは、なお中《あ》たりの例となせ。

6 凡そ十八日の*賭射《のりゆみ》は、録一人、史生・省掌らを率いて候せよ。的に中《あ》つる者ある毎《ごと》に省掌申せ。

7 五月五日の*騎射《うまゆみ》は、*前月に左右近衛・左右兵衛等の府、各射るべき人を*試練し、簿を造りて省に移せよ〈*その数は衛府式に見ゆ〉。射畢らば、すなわち的に中つるの人の数を*録して官に申せ。一的に中つる毎に布一端を給え。

8 *同節《せち》に五位已上の*走馬《はしりうま》を進《たてまつ》らんには、*親王一品は八疋、二品は六疋、三品・四品は

5中例条

激しく的の皮に触るる　木工式8条、内匠式37条に、本節の料として木工寮が三尺の的一〇枚、二尺五寸の的一七〇枚を作り、そこに内匠寮から派遣された画師が的の文様を描くことが規定されている。的の皮は、以上の板製の的を懸ける皮製の幕(侯)を指す。本条は矢が的に当たらなかった場合でも、侯に勢いよく接触した場合には中例とすることを述べている。

6賭射条

賭射　→補1

7騎射条

騎射　→補2

前月に…省に移せよ　→補3

試練　騎射の調習。儀式八(五月五日節儀)にもほぼ同文が載せられているが、左右近衛式、左右兵衛式に対応する記述は見えない。

その数は衛府式に見ゆ　→補4

録して　兵部丞・録・史生らが的への中不を記録する。儀式八(五月五日節儀)参照。

8進走馬条

同節に…　→補5

走馬　→補6

親王一品は八疋…　九条殿記(五月節)においても、本条の馬数は守られている。

四疋、太政大臣八疋、左右大臣六疋、大納言四疋、中納言三疋、三位四位參議二疋、一位二位三疋、三位二疋、四位五位一疋、前十日、走馬結番文從二太政官一賜レ省、其馬毛色各令二諸家申一、訖造二奏文一、（載二五位已上結番幷走馬毛色一）前一日、卿齎二奏文一、付二內侍一令レ進、若卿不レ在者、輔得レ之、更寫二毛色簿一通一、進二太政官一、又造二奏札三枚一、（一枚五位已上馬目錄、卿奏、一枚親王已下參議已上姓名幷馬毛、大輔奏、一枚王臣四位已下五位已上姓名幷馬毛、少輔奏、各納二緋油絹袋一、事見二儀式一）

凡同日節、五位已上走馬者、檢非違使等就二埒北頭一、與レ省整二列次第一、一一令レ馳、

凡同日節會、文武群官著二菖蒲蘰一、

凡正月十七日、五月五日、七月廿五日、並點二檢五位已上一、（事見二儀式一）其遙點幷申二陪陣由一等之事、一同二式部一、

凡正月十七日、五月五日、七月廿五日三度節不參名簿移二送式部一、五位已上莫レ預二新嘗會節一、六位已下奪二季祿一、（但兵庫全守二本庫一、不レ在二責限一）

上　底ナシ。九ニヨリテ補ウ。

走馬の結番の文　↓補1

馬の毛の色　馬を進上した五位以上の家から、その毛色が文書（毛付［ケヅケ］の奏文）で報告された。書式は、九条殿記（五月節）参照。

奏の札三枚　兵部卿・大輔・少輔が奏上する木簡。儀式八（五月五日節儀）では「牘」。弘仁式では、大輔の札に「四位已上、諸王五位姓名幷馬毛」が、少輔の札に「諸臣五位姓名幷馬毛」が記され、また札を入れる袋として黄帛の袋が用いられた（本条「同節に…」の項参照）。

油絹　油を塗って防水加工した絹布。隼人式13条参照。

事は儀式に見ゆ　内裏儀式（五月五日観

馬射式）、内裏式中（五月五日観馬射式）、儀式八（五月五日節儀）参照。

9走馬整列条

検非違使　京中の非違の検察のため設けられた令外官。左右衛門式20条参照。なお、儀式八（五月五日節儀）では、兵部録が史生・省掌らを率いて埒北頭で走馬を唱計し、馳走させることが見える。

埒　走馬が放逸しないように、走路の左右に設けられる柵。

10菖蒲縵条

菖蒲の縵　→補2

11点検五位已上条

正月十七日…七月二十五日　→補3

事は儀式に見ゆ　→補4

遥点　対象者を所定の場所に立たせることなく、随時探して出席確認を行なうこと。

式部に同じくせよ　式部式下1～4条に見られるように、儀式に参列した五位以上を点検すること、および式部式上7条に見られる遥点と陪陣のことを指す。ただし、儀式における役割の違いを反映してか、両省で規定されている節日は異なっている。

12三節不参条

式部に移し送れ　式部式上17条参照。

兵庫は…　兵庫の官人は、武具の管理を行なう必要から不参を問われない。

四疋、太政大臣は八疋、左右大臣は六疋、大納言は四疋、中納言は三疋、三位・四位の参議は二疋、一位・二位は三疋、三位は二疋、四位・五位は一疋。前《さきだ》つこと十日、走馬の*結番《けちばん》の文を太政官より省に賜い、その馬の*毛の色を各諸家に申さしめよ。訖らば奏文を造れ〈五位已上の結番ならびに走馬の毛の色を載せよ〉。前つこと一日、卿、奏文を賷《もたら》し、内侍に付《さず》けて進らしめよ。もし卿あらざれば、輔、これを得よ。更に毛の色の簿一通を写して太政官に進り、また奏の*札三枚《ひら》を造れ〈一枚は五位已上の馬の目録、卿奏せ。一枚は親王已下《いげ》参議已上の姓名ならびに馬の毛、大輔奏せ。一枚は王臣四位已下五位已上の姓名ならびに馬の毛、少輔奏せ。各緋《あけ》の*油絹の袋に納《い》れよ。*事は儀式に見ゆ〉。

9 凡そ同日の節の五位已上の走馬は、*検非違使《けびいし》ら、*埒《らち》の北の頭《ほとり》に就きて、省とともに列の次第を整え、一一馳《は》せしめよ。

10 凡そ同日の節会《せちえ》に、文武の群官は*菖蒲《あやめぐさ》の縵《かずら》を著けよ。

11 凡そ*正月十七日、五月五日、七月二十五日に、みな五位已上を点検せよ〈*事は儀式に見ゆ〉。その*遥点ならびに陪陣《ばいじん》の由を申す等の事は、一《ひとえ》に*式部に同じくせよ。

12 凡そ正月十七日、五月五日、七月二十五日の三度の節の不参の名簿《みょうぶ》は*式部に移《い》し送れ。五位已上は新嘗会《にいなめのえ》の節に預かることなかれ。六位已下は季禄を奪え〈ただし*兵庫はすべて本庫を守れ。責むる限りにあらず〉。

凡典藥官人幷侍醫、莫レ責二五月五日節不參一、

凡位記請印、及內外武官考選、敍位、除目、幷季祿、馬料等類、一准二式部一、

凡諸儀所レ須武官不レ足者、本府預錄二人數一移レ省、省申二太政官一權任、

凡諸儀所レ須器仗者、衞府府別貯レ庫、臨レ時出用、其挂甲者、•府預申レ官、官下二符兵庫一、府別分付、事畢返納、

凡諸門立二儀仗一日、衞府人等見二皇太子及親王、太政大臣出入一者、皆坐二胡床一而揖、

凡經レ宿行幸之時、皆遣二史生一點二檢諸衞府留守人一、若在二內裏一者、令二錄點•檢一、

凡武官人等皆用二漆弓一、其正月十七日大射節、文官人亦同、

凡武官五位已上朝服、皆聽レ著レ襴、•但立レ仗日不レ須、

府　底ナシ。九ニヨリテ補ウ。
検　底、弥書。閣・梵ホカニヨリテ削ル。
但　底「位」。九・塙イ本ニヨリテ改ム。

13典薬官人条

典薬の官人　典薬寮の官人に特例的な処置がとられることは、式部式上70条にも「凡典薬寮、不レ参二興福寺国忌一」とある。本条で五月五日節の不参を認めているのは、典薬式8条に見えるように、この日に菖蒲以下の品を進上する任を担っていたためか。

14位記請印条

位記の請印　↓補1
内外武官の考選　↓補2
叙位　位階を授けること。
除目　諸司・諸国の四等官以上の官を任ずる儀式。
季禄　一年を二季に分け、位階に応じて二月に春夏、八月に秋冬分を支給した俸禄。絁・綿・布・鍬などが給された。
馬料　↓補3
一に式部に准えよ　↓補4

15諸儀武官条

本府　六衛府の中の該当する府。

16諸儀器仗条

器仗　↓補5

13 凡そ*典薬の官人《かんにん》ならびに侍医は、五月五日の節の不参を責むることなかれ。

14 凡そ*位記の請印《しょういん》および*内外武官の考選・*叙位・*除目《じもく》ならびに*季禄・*馬料《めりょう》等の類は、*一に式部に準えよ。

15 凡そ諸儀に須《もち》うるところの武官足らざれば、*本府預め人数を録して省に移《い》し、省、太政官に申して権《かり》に任ぜよ。

16 凡そ諸儀に須うるところの*器仗は、*衛府、府別《ごと》に*庫に貯え、時に臨みて出だし用いよ。其れ*挂甲《うちかけよろい》は、府、預め官に申し、官、符を兵庫に下し、府別に分付せよ。事畢らば返し納《い》れよ。

17 *凡そ諸門に*儀仗を立つるの日、衛府の人ら、皇太子および親王・太政大臣の出入することを見ば、皆、*胡床《あぐら》に坐して揖《ゆう》せよ。

18 *凡そ宿を経る行幸の時は、皆、史生を遣わして*諸衛府の留守の人を点検せよ。*もし内裏にあらば、録に点検せしめよ。

19 凡そ武官の人らは、皆、*漆の弓を用いよ。其れ正月十七日の大射の節は、文官の人もまた同じくせよ。

20 凡そ*武官の五位已上の朝服は、皆、*襴《すそ》を著くることを聴せ。ただし*仗を立つるの日は須いざれ。

衛府　六衛府。

庫　→補6

挂甲　小札(コザネ)を連ねて作ったよろい。衣服令14条に武官朝服の装備として兵衛等が会集等の日に着用するとある。

17立儀仗条

凡そ諸門に…　本条は宮衛令22条などに対応する条文であり、その際の衛府の敬礼について規定している。左右衛門式1条、左右兵衛式1条参照。

儀仗を立つるの日　→補7

胡床に坐して揖せよ　→補8

18行幸経宿条

凡そ宿を経る行幸の…　六衛府とも宿泊を要する行幸には、事前に供奉する者と留守する者の数、および主典以上の交名を奏上した。太政官式112条、中務式50条、左右近衛式35条参照。

諸衛府の留守の人　→補9

もし内裏にあらば…　→補10

19漆弓条

漆の弓　→補11

20武官朝服条

武官の五位已上の朝服…聴せ　→補12

襴　厳粛さを醸し出すために袍の裾に付けた横裂(ヨコギレ)。武官は袍の両脇を縫わず襴を着けない闕腋袍を着用した。

仗を…須いざれ　足さばきをよくして動きやすさを図ったためか。

凡毎年錄二諸司官人及把笏番上八位已下名簿一、移二彈正臺一、令レ糺二服色違濫一、

凡廢二置御馬、驛家、軍毅、兵士、器仗等一者、造二省符一副二內案一進レ官、請印施行、但留案捺二省印一、

凡兵庫器仗應二須曝涼一者、本司預移レ省、省申レ官、官令二中務擇一レ日、訖就レ庫監曝、十日使レ了、所レ須人力、本司申レ官、官仰二左右衞門府一、府奏聞、然後充之、

凡鼓吹初發レ聲者、兵庫寮預申レ省、省申レ官、官令二陰陽寮擇一レ日仰下、然後乃發、限滿之日、辨、史各一人、輔、丞、錄各一人、就レ寮共監二試能不一、訖後放却、

凡隼人司史生五人、権三人、但二人以二扶省掌一補之、左右近衞府府生各六人、左右衞門府、左右兵衞府各四人、左右馬寮馬醫各二人、史生各四人、兵庫寮長上三人、史生四人、但六衞府府生幷馬寮馬醫、史生待二宣旨一補任、自餘省補之、

官　底ナシ。九・閣ニヨリテ補ウ。

兵庫寮…(一一字)　底ナシ。九ニヨリテ補ウ。

自　底「目」。九・閣ニヨリテ改ム。

21武官名簿条

凡そ毎年…　→補1

把笏　→補2

22廃置御馬条

凡そ御馬…　→補3

駅家　令制では兵馬司の正の職掌に「郵駅」と見える。本式65条によれば、兵部省は「諸国駅家舎屋及鋪設等帳」により駅家を管理していた。

軍毅　軍団の大少毅の総称。本式51・52条参照。

内案　→補4

請印　この場合は内印を請うこと。

留案　兵部省に控としてとっておく文書。

23器仗曝涼条

曝し涼す　軍防令43条にこの語が見え、義解には年一回行なうと記されている。諸国の兵庫についても定期の曝涼が命ぜられていたことは、要略五四寛平七・七・十一格から窺うことができる。

本司　兵庫寮。兵庫式16条参照。

預め省に移し　→補5
須うるところの…仰せよ　曝涼の作業には左右衛門府の人員が充てられた（兵庫式16条参照）。なお、大膳式下42条には、曝涼の際の給食の規定が載せられている。

24鼓吹発声条
凡そ鼓吹…　→補6
兵庫寮…申し　前条の「預め省に移し」参照。
陰陽寮をして…択ばしめて　太政官式134条参照。
限り満つるの日　兵庫式33条には三月一日とある。
能不を監試　教習の成果は兵庫寮で試された。太政官式134条、兵庫式33条参照。

25武官補任条
隼人司の史生五人　隼人司の史生は、三代格大同四・四・三符によって二人が新置された。権史生を含めて五人。
二人　権史生三人のうちの二人。
扶省掌　→補7
府生　→補8
馬医各二人史生各四人　→補9
兵庫寮の長上三人史生四人　→補10
宣旨を待ちて補任せよ　→補11
省補せよ　西宮記臨時二（諸宣旨例）、北山抄六（下宣旨事）によれば、兵庫寮の史生は兵部省で補任した。

21 *凡そ毎年、諸司の官人および*把笏《はしゃく》の番上の八位已下の名簿を録して、弾正台に移し、服の色の違濫《いらん》を糺《ただ》さしめよ。

22 *凡そ御馬・*駅家・*軍毅・兵士・器仗等を廃置せんには、省符を造り、*内案を副えて官に進り、*請印して施行せよ。ただし、*留案には省印を捺せ。

23 凡そ兵庫の器仗、*曝《ほ》し涼《さら》すべくは、*本司、*預め省に移《い》し、省、官に申し、官、中務をして日を択ばしめよ。訖らば庫に就きて監曝し、十日にて了らしめよ。*須うるところの人力は、本司、官に申し、官、左右衛門府に仰せよ。府、奏聞し、然る後に充てよ。

24 *凡そ鼓吹《くすい》初めて声を発せんには、*兵庫寮、預め省に申し、省、官に申せ。官、*陰陽寮をして日を択ばしめて仰せ下し、然る後にすなわち発せよ。*限り満つるの日、弁・史各一人、輔・丞・録各一人、寮に就きてともに*能不を監試し、訖らば後に放《ゆる》し却《かえ》せ。

25 凡そ*隼人司の史生五人〈権は三人。ただし*二人は*扶省掌を以て補《ぶ》せよ〉、左右近衛府の*府生《ふしょう》各六人、左右衛門府・左右兵衛府各四人、左右馬寮の*馬医《めい》各二人、史生各四人、*兵庫寮の長上三人、史生四人。ただし六衛府の府生ならびに馬寮の馬医・史生は*宣旨を待ちて補任《ぶにん》せよ。自余は*省、補せよ。

令　底ナシ。式部式上205条ニヨリテ補ウ。
兵衞　九ナシ。
聞　底「門」。九・閣・貞ニヨリテ改ム。

26寮掌条
寮掌使部馬部　→補1
27扶省掌条
儀式　→補2
隼人司の権史生　本式25条参照。
把笏　→補3
28権史生条
兵庫寮の権史生　兵庫式に記載はない。
射田　→補4
29書生条
書生は式部省を経ずして　→補5
身才　能書であるか否か等をいう。
勘籍　→補6
30騎士勘籍条
左右馬寮の騎士寮毎に十人　左右馬式44条に、「凡騎士十人、随㆓其才㆒移㆓兵部㆒、勘籍即預㆓寮考㆒」と見える。
兵庫寮の工部二十人　→補7
鼓吹生三十四人　鼓吹部のこと。兵庫式35条参照。
隼人司の作手の隼人二十人　隼人司に番上し、貢納品の油絹・竹細工等を作ることを担当した隼人。隼人式13条参照。

凡左右馬、兵庫等寮掌、使部、馬部並省補之、

凡省掌之外、置㆓扶省掌二人㆒、令㆑習㆓儀式㆒以備㆓其闕㆒、卽任㆓隼人司權史生㆒、把笏行事、

凡隼人司權史生一人、兵庫寮權史生二人、省擇補、預㆓近江、丹波、備前三箇國射田㆒、

凡書生不㆑經㆓式部省㆒、省試㆓身才㆒、勘籍便補之、

凡左右馬寮騎士每㆑寮十人、兵庫寮工部廿人、鼓吹生卅四人、隼人司作手隼人廿人、省隨㆓其解移㆒申㆑官、勘籍補之、其考帳者每年送㆑省、

凡出身之徒勘籍不合者、除㆓諸衞異能㆒外、不㆑得㆓更申㆒、

凡入色人須㆓勘籍㆒者、就㆓民部省㆒勘合、事見㆓民部式㆒、

凡中宮職舍人、待㆓職許文㆒然後補㆓被管及兵庫寮史生、使部㆒、春宮坊舍人准㆑此、

凡近衞、兵衞者、本府簡試、省幷式部位子、留省、勳位等便習㆓弓馬㆒者、奏聞補之、若蔭子孫情願者亦准㆑此、其外考及白丁異能者、京職諸國具㆑狀申㆓送官㆒、官下㆓衞府㆒、

26 凡そ左右馬・兵庫等の*寮掌《りようじよう》・使部《つかいべ》・馬部《めぶ》は、みな省、補せよ。

27 凡そ省掌の外、扶省掌二人を置きて、*儀式を習わしめ、以てその闕に備えよ。すなわち*隼人司の権史生《ごんのししよう》に任じ、*把笏して行事せしめよ。

28 凡そ隼人司の権史生一人、*兵庫寮の権史生二人、省、択びて補し、近江・丹波・備前三箇国の*射田に預からしめよ。

29 凡そ*書生は式部省を経ずして、省、*身才《しんさい》を試み、*勘籍《かんじやく》して便《たより》に補せよ。

30 凡そ*左右馬寮の騎士、寮毎に十人、*兵庫寮の工部《たくみべ》二十人、*鼓吹生《くすいしよう》三十四人、*隼人司の作手《つくて》の隼人二十人は、省、その解・移に随いて官に申し、勘籍して補せよ。その*考帳は毎年省に送れ。

31 凡そ*出身の徒の勘籍*不合ならば、*諸衛の異能を除くの外、更に申すを得ず。

32 凡そ*入色《にゆうしき》の人の勘籍すべきは、民部省に就きて勘合せよ〈*事は民部式に見ゆ〉。

33 凡そ*中宮職の舎人は、*職の許文《ゆるしぶみ》を待ちて然る後に、*被管および兵庫寮の史生・使部に補せよ。*春宮坊の舎人もこれに准えよ。

34 凡そ*近衛・兵衛は、本府*簡試せよ。省ならびに式部の*位子・*留省・*勲位らの便《たより》に弓馬を習う者は、*奏聞して補せよ。もし*蔭子孫の情願《ねが》う者もまたこれに准えよ。其れ*外考および*白丁《びやくちよう》の異能の者は、京職・諸国、状を具《つぶさ》にして官に申し送り、官、衛府

考帳　当年の考課の状況を記した文書。

31出身徒条

出身　官途に就くこと。

不合ならば　→補8

諸衛の異能　→補9

32入色人条

入色　位階を有するなど官職に任用されるべき資格を持つ者。→補10

事は民部式に見ゆ　民部式上88条参照。

33中宮舎人条

中宮職の舎人　→補11

職の許文　中宮舎人が他職に遷任することを、本司たる中宮職が許可する文書。式部式上210条参照。

被管および兵庫寮の史生使部　→補12

春宮坊の舎人　→補13

34近衛兵衛条

近衛兵衛　→補14

簡試　騎射と歩射の技量を試すこと。左右近衛式47条、左右兵衛式6条参照。

位子　→補15

留省　→補16

勲位　→補17

奏聞して補せよ　近衛・兵衛四府が天皇に任用を奏上し、承認を得た後、兵部省が補任の事務手続きを行なう。

蔭子孫　→補18

外考　→補19

異能　本式31条参照。

試之、並得㆓及第㆒、具録奏聞、若自進者亦准㆑此、即遣㆓勅使㆒覆試、及第同署更奏、然後補之、
其遭㆑喪解任、服闋願㆑仕者、本府奏聞、訖副㆓奏文㆒以移㆓送省㆒、
凡衛門府門部、先簡㆓負名入色人㆒補之、若不㆑足者、三分之一通㆓取他氏㆒、
凡諸衛府生已上新補任者、省具録移㆓本司㆒奏聞、然後帯仗、但舎人本府奏聞補之、
不㆑待㆓省移㆒帯仗、其左右馬寮、兵庫寮史生已上、補任之後、省移㆓本司㆒、即令㆓帯
仗㆒、自餘雑任、本衛判帯、
凡補㆓任武官番上以上㆒者、移㆓送本司㆒、其式如㆑左、

兵部省移　某司

位姓名 年若干某京人　元某司某官

右人某月日任㆓若番上把笏稱㆑補、某司某官㆒訖仍移送如㆑件移到任用故移

年　月　日　録位姓名

録　底「禄」。九・閣ホカニヨリテ改ム。
自　底「目」。九ニヨリテ改ム。
闋　底「関」。意ニヨリテ改ム。
本司　コノ下「本司」二字ヲ脱セルカ。
京　底「東」。九・閣ホカニヨリテ改ム。

自進　京職や諸国より推挙されるのではなく、自ら出仕を望んで申し出る者。
勅使　どのような官人が遣わされるかは不明。勅使のもとで再度「試」がなされ、及第であれば衛府の官人と勅使が署名して奏上された。本条は、衛府による試を受ける者が位子を始めとする入色者であるか、外考・白丁かを区別して規定する。これは、続後紀承和六・八・庚戌条所引大同元年格に基づく。左右近衛式47条、左右兵衛式6条参照。
覆試　第二次試験。
喪に遭いて…　父母などの喪に遭って解任されること(假寧令3条)。服喪の期間が明けて(これを「服闋」と称する)、復任を望む場合、改めて試を行なうことはせず奏聞する。復任の場合、天皇は奏文に「聞」とは書き入れない(九条年中行事「御画事」)。式部式上81条参照。

35門部条
門部　→補1
負名　伝統的に門部の職を担ってきた特

に下して試みよ。みな及第を得ば、具に録して奏聞せよ〈もし*自進せば、またこれに准えよ〉。すなわち*勅使を遣わして*覆試し、及第は同じく署して更に奏し、然る後に補せよ。其れ*喪に遭《あ》いて解任《げにん》し、服闋《ぶっけつ》して仕えんことを願う者は、本府奏聞し、訖らば奏文を副えて以て省に移《い》し送れ。

35 凡そ衛門府の*門部《かどべ》は、先ず*負名《なおい》の入色《にゅうしき》の人を簡びて補せよ。もし足らざれば、三分の一は他氏を通わし取れ。

36 凡そ*諸衛の府生已上の新たに補任する者は、省、具に録し、本司に移《い》して*奏聞し、然る後に*帯仗せよ。ただし舎人は、本府奏聞して補し、省の移を待たずして帯仗せよ。其れ*左右馬寮・兵庫寮の史生已上は、補任の後、省、本司に移し、すなわち帯仗せしめよ。自余の雑任は、本衛*判《ことわ》りて帯びしめよ。

37 凡そ武官の番上以上を補任せんには、*本司に移《い》し送れ。その式は左の如し。

兵部省移す、某司

位姓名〈年若干、某京人〉　元某司某官

右の人、某月日某司某官に任じ〈もし*番上の把笏は補と称せよ〉訖る。仍りて移《い》し送ること件の如し。移到らば任用せよ。故《ことさら》に移す。

年　月　日　　録位姓名

定氏族。いわゆる宮城十二門号になっている大伴・佐伯・的・山(部)・壬生・建部・若犬養・伊福部・丹治比・玉手・海犬養・猪使の諸氏。なお、本条も他氏からの任用を認めているように、九世紀以降は伴部における氏族的な体制の維持が次第に困難になり、異姓や白丁を当てることが多くなった(式部式上211条)。

36新補府生条

諸衛の府生已上　六衛府の四等官と府生。府生については本式25条参照。

奏聞　→補2

帯仗せよ　武官の装束として、武器を帯びること。

左右馬寮兵庫寮の史生　いずれも公式令52条義解で武官とされる。本式25条によれば、兵庫寮の史生は宣旨を待たずに直接兵部省が補任する。なお、馬寮の史生が帯剣することは、職員令63条集解所引弘仁四・三・十三符によって始まる。

判りて帯びしめよ　帯仗に当たっては諸司の判断で行なう。本式40条参照。

37補任移式条

本司に移し送れ　武官に関しては、その者が新しく所属する官司に兵部省が知らせる。本条はその書式に関する規定。

番上の把笏　把笏については本式21条参照。長上官・史生は把笏。舎人・伴部・使部は把笏ではない(式部式上111条)。

輔位姓

右、署印訖即送二本司一、

凡六衛府舎人被二解却一者、得考載二季帳一、員外直移二送本貫職國一、

凡四季徵免課役帳者、丞、錄各一人、勾當勘造、毎レ季造二三通一、孟月十六日、一通進二太政官一、二通進二右辨官一、若有二失•錯一、准レ法坐二勾當之官一、

凡齋宮寮門部司長官一人、従六位官、主典一人、大初位官、門部十六人、左右衛門府所レ送各四人、寮奏補八人、馬部司長一人、従七位官、馬部四人、並本寮判帯仗、其考選、季祿、馬料並准二諸衛府一、但季祿、馬料、以二伊勢國神税一給之、

凡武官補任帳、准二式部省一、毎年正月、七月一日進二太政官一、若有二遷官卒死之類一、以レ朱注レ•側、其内裏料、更寫二一通一、六月、十二月進二藏人所一、

凡左右馬寮史生、准二諸衛府生一給二季祿一、

凡諸衛舎人祿•鍬•者、有位八口、無位四口、其門部者、有位無位

錯　底「録」。九・貞イ本ニヨリテ改ム。
側　底ナシ。九ニヨリテ補ウ。
者有　底「有者」。九・閣ホカニヨリテ改ム。

38舎人解却条

六衛府の舎人　近衛(近衛府)・門部(衛門府)・兵衛(兵衛府)を指す。本来門部は衛門府所属の伴部で舎人ではないが、本条のようにしばしば混用されたらしい。しかし、本式43条に記されているようにその待遇には違いが見られる。
解却　官位を免ずること。用例としては、処分を被って解任される場合に用いられることが多いが、必ずしもそれのみではない。
得考　得考人の意。考人とも言い、考課(勤務評定)の対象になっている者で広義の官人。
季帳　四季徴免課役帳のこと(次条参照)。舎人等は、賦役令19条にあるように調・庸・雑徭が免除されるため本帳に掲載された。
員外　→補1

39徴免課役帳条

四季の徴免課役帳　→補2
勾当　任務に当たること。「勾」が鉤(「鉤」の俗字。カギ)をかける、印を付け

輔位姓

右、署印訖らばすなわち本司に送れ。

38 凡そ*六衛府の舎人の*解却せらるるは、*得考は*季帳に載せ、*員外は直ちに本貫の職・国に移送せよ。

39 凡そ*四季の徴免課役帳は、丞・録各一人、*勾当《こうとう》して勘造し、季毎に三通を造れ。*孟月の十六日、一通を太政官に進り、二通を右弁官に進れ。もし失錯あらば、*法に准えて勾当の官を坐《つみ》せよ。

40 凡そ斎宮寮の*門部司の長官《かみ》一人〈従六位の官〉、主典《さかん》一人〈大初位の官〉、門部十六人〈左右衛門府の送るところ各四人。寮、奏《もう》し補《ぶ》する八人〉、*馬部司の長一人〈従七位の官〉、馬部四人は、みな本寮判りて帯仗せしめよ。その考選・*季禄・馬料はみな諸衛府に准えよ。ただし季禄・馬料は、伊勢国の*神税を以て給え。

41 凡そ*武官の*補任帳は式部省に准えて、毎年正月・七月の一日に太政官に進れ。もし遷官・卒死の類あらば、朱を以て側《かたわら》に注《しる》せ〈其れ*内裏の料は、更に一通を写し、六月・十二月に蔵人所に進れ〉。

42 凡そ左右馬寮の*史生は、諸衛の*府生に准えて季禄を給え。

43 凡そ諸衛の舎人の*禄の鍬は、有位に八口《く》、無位に四口。其れ門部は、有位・無位に

る意であることから、「勾当」は事務担当を指すようになり、後には寺院・官司での役職名となった。

孟月　正月、四月、七月、十月。「孟」は各季節の始めを意味する。

法に准えて　職制律26条が適用される。

40斎宮武官条

門部司　斎宮の門の守衛の他、四周の溝隍の樹木・大垣・大庭の管理などを行なった。斎宮式54条参照。→補3

馬部司　→補4

季禄　本式14条参照。禄令1条では、在京の文武官および大宰府・壱伎・対馬の職事官についてのみ給付が記されているので、本条は斎宮の武官に対し衛府に準じた給付を規定している。太政官式113条参照。

神税　→補5

41補任帳条

武官　本式14条参照。

補任帳　→補6

内裏の料　→補7

42馬寮史生条

史生　本式25条では左右各四人。

府生　本式25条参照。左右馬寮の史生は、武官として諸衛府の府生と同等に考えられていたといえよう。

43舎人禄鍬条

禄の鍬　季禄の鍬。→補8

並二口、

凡武藝優長、性志耿介、不レ問二水火一、必達レ所レ向、勿レ顧二死生一、一以當レ百者、並給二別祿一、左右近衛各十二人、左右兵衛各四人、人別春夏絁一疋、調布二端、秋冬絁二疋、綿二屯、調布二端、並准二季祿日數一給之、又月別白米一石、鹽一斗、長上十三日、番上十日以上給之、

凡諸衛人等、兼預二歩射騎射一而互有二功過一、各聽二相折一、假如歩射兩箭雙空而騎射三箭全中之類、可レ與二上考一、或歩射已空二兩箭一、或騎射只中二一箭一之類、仍降二其考一、其馬蹶不レ中、及避走去レ的者、不レ入二功過一、或雖三弓馬不二灼然一、而恭勤謹愼、宿衛如レ法之輩、弓若馬便習二一藝一、同與二上考一、

凡武官帶二次侍從一遷二任他官一者、解由與不、移二送中務省一、

凡武官史生已上遷二任文官一者、解由到來之日、移二送式部省一、

凡諸司不レ進二考文一并有二考問一不參之司者、准二式部一行之、

人　底ナシ。九ニヨリテ補ウ。

弓　底「及」。考異ニ従イテ改ム。

44武芸条

武芸…百に当たる者　↓補1

塩一斗　大膳式下51条にも、「諸衛異能士、月別塩一斗〈小月亦同〉」とある。

長上・番上　長上近衛と番上近衛、兵衛。一般に衛府の舎人は番上であるが、近衛府の場合、番上近衛とは別に驍勇の者左右五〇人を選んで、長上近衛が設置された(三代格弘仁三・九・十九符)。延喜式では長上近衛は左右各二〇〇人で(左右近衛式59条)、番上近衛とは考限・考第が異なる(式部式上149条)。長上近衛の職掌には、宮中の警固、儀式への供奉、および宮中へ出入りする者の監視などがある。

45功過相折条

凡そ諸衛の人ら…　↓補2

相折ぐ　相反するものを相殺すること。上考・下考の相殺法については選叙令10条に規定があるが、そこでは「准折」と表現する。また、考課令60条には「聴下以二功過一相折、累従中一高官上考上」とあり、

兼任の諸官での功と過を相殺することを認めている。
灼然　あきらかなこと。明白なこと。
恭勤謹慎…上考を与えよ　↓補3
宿衛　宿直して警衛すること。
46次侍従条
次侍従　令制の侍従に準ずる職。正侍従八人を含めて一〇〇人。四位・五位の官人の中で年功のある者が選抜され、御前に伺候し、節会・祭祀・法会などの儀式において侍従を補助した。初見は続紀宝亀元・正・辛未条。中務式56条、永田和也「『次侍従』について」(『延喜式研究』一二、一九九六年)参照。
解由　官人交替の際に、後任者が交替業務が完了したことを認めて、前任者に与えた文書。解由状。この発給は国司交替に始まり、三代格大同四・十一・十三符に、在京諸司の交替もすべて国司に準ずることが定められた。解由式は式部式上164条に規定され、同169条には解由提出の期限は諸司長官が六〇日、次官から史生までが三〇日と定められている。
中務省に移し送れ　↓補4
47史生已上条
凡そ武官の史生已上…　↓補5
48不進考文条
考文　↓補6
考問　↓補7

みな二口。

44 凡そ*武芸優長、性志耿介《こうかい》にして、水火を問わず、必ず向かう所に達《いた》り、死生を顧みることなく、一を以て百に当たる者は、みな別禄を給え。左右近衛各十二人・左右兵衛各四人、人別《ごと》に春夏に絁一疋、調布二端。秋冬に絁二疋、綿二屯、調布二端。みな季禄の日数に准えて給え。また月別に白米《しらよね》一石、*塩一斗を、*長上は十三日、*番上は十日以上に給え。

45 *凡そ諸衛の人ら、兼ねて歩射《かちゆみ》・騎射《うまゆみ》に預かりて互《かた》みに功過あらば、各*相折《あいへ》ぐことを聴せ〈たとえば歩射の両箭双《みな》空しうして、騎射の三箭すべて中たるの類は上考を与うべし。或いは歩射已《すで》に両箭を空しうして、或いは騎射只一箭中たるの類は、すなわちその考を降ろせ〉。其れ馬蹶《つまず》きて中たらず、および避け走りて的を去るは、功過に入れず。或いは弓馬*灼然ならずと雖も、しかも*恭勤謹慎にして*宿衛すること法の如き輩《ともがら》、弓もしくは馬、便《たより》に一芸を習うは、同じく上考を与えよ。

46 凡そ武官にして*次侍従を帯び、他官に遷任せんには、*解由《げゆ》の与不を*中務省に移《い》し送れ。

47 *凡そ武官の史生已上、文官に遷任せんには、解由到来の日、式部省に移《い》し送れ。

48 凡そ諸司、*考文を進らず、ならびに*考問あるに不参の司は、式部に准えて行なえ。

輩　九「徒」。
身　底ナシ。九ニヨリテ補ウ。

49遣唐射手条
遣唐使の射手　↓補1
式部　↓補2

50衛士相替条
衛士　諸国の軍団から交替で上京し、宮城や京師の守衛に当たった兵士。令制では衛門府・左右衛士府、六衛府制では左右衛門府に配属されたが、次第に宮廷内の雑役に使役されるようになり、軍事力としての意味は失われていった。軍防令8・11・12条、左右衛門式諸条参照。
三年　↓補3
省身才を試練し　兵士の差発に兵部省が関わることは職員令24条に見え、同条義解に、衛士・防人の差発は、省が直接国に符を下すとある。実際には、兵部省が人数を国に割り当て、国司のもとで点定がなされたと考えられる（軍防令14条）。
四才　唐代の官吏登用の際の評価項目で、身・言・書・判の四つの才能。旧唐書職官志二、新唐書選挙志下参照。
戎具を検閲し　軍防令20条参照。衛士の武器は自弁と考えられ（橋本裕「衛士制の運用をめぐって」〈『律令軍団制の研究』増補版所収、一九九〇年、初出一九七六

凡遣唐使射手無位者、省與レ使共試練申レ官、然後與二式部一授二位記一、

凡衞士相替、三年爲レ限、其替人至レ京、省試二練身才一、雖レ無二四才一、身體强壯可レ得レ習者、並檢二閲戎具一、卽令三帶仗一分二配二府一、尫弱之輩返二却本國一、若有下舊人身才灼然、情二願留一者上、本府移レ省、知レ實便配、其應レ還人、省對見令レ解レ仗、卽給二返抄一還二本鄉一、

凡軍團置レ毅者、兵士滿二千人一、大毅一人、少毅二人、六百人以上、大少毅各一人、五百人已下、毅一人、其主帳者、大團二人、以外一人、

凡軍毅者、國司銓二擬器量辨了身材勇健者一、言上奏聞、然後補之、無位及白丁各敍二一階一、其見任少毅、若高位者、轉二任大毅一、其大少領三等已上親、不レ得レ任二同郡軍毅一、其勘二譜圖、譜牒之事一、先移二式部省一、待二返移一、然後補之、

49 凡そ*遣唐使の射手の無位の者は、省、使とともに試練して官に申し、然る後に*式部と位記を授けよ。

50 凡そ*衛士の相替わるは、*三年を限りとなせ。其れ替わりの人京に至らば、*省、身才を試練し、*四才なしと雖も、身体強壮にして習うことを得べきは、みな*戎具《じゅうぐ》を検閲し、すなわち帯仗せしめて*二府に分配せよ。*尫弱《おうじゃく》の輩は本国に返却せよ。*もし旧人の、身才灼然にして、留まることを情願《ねが》う者あらば、本府、省に移し、実を知りて便《たより》に配せよ。其れ還るべきの人は、省、対《むか》い見《まみ》えて仗を解かしめ、すなわち*返抄を給いて本郷に還せ。

51 凡そ*軍団に*毅を置かんには、兵士千人に満たば、大毅一人、少毅二人。六百人以上は、大少毅各一人。五百人已下は、毅一人。其れ*主帳は、*大団は二人、以外は一人。

52 凡そ*軍毅は、国司、器量弁了にして身材勇健なる者を銓擬して言上奏聞し、然る後に補せよ。無位および白丁は各一階を叙せよ。其れ見任の少毅、もしくは高位の者、大毅に転任するは、その大少領*三等已上の親は、同郡の軍毅に任ずることを得ず。其れ*譜図・譜牒の事を勘《かんが》うるは、先ず式部省に移し、返移を待ちて、然る後に補せよ。

年〉)、軍防令7条の弓以下が相当する。
二府 左右衛門府。
尫弱 弱々しいこと。
もし旧人の… このことが結果的に衛士の在任が延長される根拠となったか。左右衛門式17条参照。
返抄 帰還通知(証明)書に相当する。
51軍団毅条
軍団 →補4
毅 軍毅とも。軍団の統率官。→補5
主帳 軍団の主典。職員令79条では、軍団の主帳を一人とする。任用は国司によって行なわれたと思われる。
大団 この場合は兵士一〇〇〇人を超える軍団を指す(軍防令13条義解)。
52軍毅補任条
軍毅…叙せよ 軍毅の補任については、軍防令13条に規定があるが、続紀天平宝字元・正・甲寅条の詔によって六衛府から任用することとなった。その後、軍団兵士の廃止に伴い、衛府からの軍毅任用は現実的にはほとんどなくなった(三代格延暦十四・五・九符)。
三等已上の… →補6
譜図譜牒 系図および系譜を書き記したもので氏文などの類か。天平六年出雲国計会帳に「軍毅譜第帳」(古一—六〇〇頁)とある。式部省において郡領の家譜と照合した。

凡軍毅其身尫弱不レ堪二武藝一者、國司解任、具レ狀申レ官、官下二知省一除レ簿、

凡鎭守府官人、不レ得レ任二陸奥國人一、

凡鎭守府陰陽師、醫師、待二彼道博士及侍醫等擧狀一補之、

凡鎭守府權任官人、待二代人到一乃從二解任一、其補任帳、具注二替人姓名一、

凡鎭守將軍傔仗二人、並補二入色人一、若願レ將レ子者聽二一人一、

凡任二牧監一者、甲斐國一人、信濃國二人、上野國一人、並令二把笏一、秩限六年、准二國司一責二解由一、其考左右馬寮校定、十一月卅日以前送レ省、

凡大宰府官幷品官、史生、使部、得考書生、及所部國嶋、武藏、安房、上總、下總、常陸、上野、下野、陸奥、出羽、越後、佐渡、因幡、伯耆、出雲、石見、隱伎、長門等國郡司、書生等、並聽二帶仗一、

凡大宰府管內諸國射田、毎レ郡置二二町一、其一町賜二歩射之上手一、一町賜二騎射之超勝一、自餘有二兵士一國、毎レ郡置二一町一、其田地子

53軍毅尫弱条

国司解任し　軍毅の実質的な任用権は国司にあった。

簿　→補1

54鎮守官人条

鎮守府の官人　→補2

陸奥国の…得ず　→補3

55鎮守陰陽師条

鎮守府の陰陽師　→補4

医師　→補5

彼の道の博士　陰陽博士。

侍医　→補6

挙状　陰陽博士や侍医が、鎮守府の陰陽師や医師を推挙する文書。

56鎮守権任条

鎮守府の権任の官人　→補7

代人　権任の官人に代わり任じられた後任者。なお、本条の「解任」までの部分は、延喜交替式に同文の条文が見える。

補任帳　本式41条参照。除目抄に除目の際の第一の筥に納めるべき補任帳の一つとして「武官補任帳一巻〈近衛、靫負、兵衛、馬、兵庫、鎮守府載レ之、兵部省進レ之〉」とある。

替わる人　前任者。太政官式63条参照。

53凡そ軍毅、その身尫弱にして武芸に堪えざるは、*国司解任し、状を具にして官に申せ。官、省に下知して*簿より除け。

54凡そ*鎮守府の官人《かんにん》には、*陸奥国の人を任ずることを得ず。

55凡そ*鎮守府の陰陽師《おんみょうじ》・*医師《くすし》は、*彼の道の博士《はかせ》および*侍医らの*挙状を待ちて補せよ。

56凡そ*鎮守府の権任の官人は、*代人の到るを待ちてすなわち解任に従え。其れ*補任帳には具に*替わる人の姓名を注《しる》せ。

57凡そ*鎮守将軍の傔仗《けんじょう》二人は、みな*入色《にゅうしき》の人を補せよ。*もし子を将《ひき》いんと願う者には一人を聴せ。

58凡そ*牧監《もくげん》を任ぜんには、甲斐国一人、信濃国二人、上野国一人。みな*把笏せしめよ。*秩限は六年。国司に准えて解由を責《こ》い、*その考は左右馬寮校定し、十一月三十日以前に省に送れ。

59凡そ*大宰府の官ならびに品官・史生・使部・*得考の書生および*所部の国・島、*武蔵・安房・上総・下総・常陸・上野・下野・陸奥・出羽・越後・佐渡・因幡・伯耆・出雲・石見・隠伎・長門等の国・郡司、書生らはみな帯仗することを聴せ。

60凡そ*大宰府管内諸国の射田は、郡毎に二町を置け。その一町は*歩射の上手に賜い、一町は*騎射の超勝に賜え。自余の兵士ある国は、郡毎に一町を置け。その田の地子《じし》

57将軍傔仗条

鎮守将軍の傔仗 →補8

入色の人 本式32条、式部式上138条参照。

もし子を将いんと →補9

58任牧監条

牧監 →補10

把笏 本式27条参照。

秩限は六年 貞観交替式天長元・八・二十符に「其監牧歴以二六年一為レ限、遷替之日、准二国司一責二解由一」と見える。また延喜交替式にも「凡監牧、歴二六年一為レ限、遷替日、准二国司一責二解由一」とある。

その考は…送れ 左右馬式46条によれば、甲斐・信濃両国の牧監は左馬寮で、上野国の牧監は右馬寮で、それぞれ功過上日が検ぜられることになっていた。

59諸国帯仗条

大宰府の官ならびに品官 →補11

得考の書生 →補12

所部の国島 西海道に属する筑前・筑後・豊前・豊後・肥前・肥後・大隅・薩摩・日向の九国と壱伎・対馬の二島を指す。

武蔵…帯仗する →補13

60大宰府射田条

大宰府管内諸国の射田 →補14

歩射・騎射 →補15

交㆓易輕貨㆒、國司簡試上番兵士、不㆑限㆓騎歩㆒、人別令㆑射㆓十箭㆒、毎㆑日所㆑試勿㆑過㆓廿人㆒、斟㆓量能不㆒、隨㆑狀給之、其能射人及所㆑給物數、附㆓朝集使㆒送㆑省、

凡大宰府統領者、待㆓府銓擬㆒補之、其遭㆑喪復任者、亦依㆓府解㆒、

凡壹伎、對馬防人、府官量㆑事差㆓所部諸國百姓强健者㆒、作㆑番令㆑守、

凡大宰所部國放㆑烽者、明知㆓使船㆒、不㆑問㆓客主㆒、擧㆓烽一炬㆒、若知㆑賊者放㆓兩炬㆒、二百艘已上放㆓三炬㆒、

凡諸國器仗帳、勾勘訖錄㆑狀、三月卅日以前移㆓送式部㆒、

凡諸國驛家舍屋及鋪設等帳、與㆓去年帳㆒計會、若有㆓缺損㆒者、隨即返帳、

凡射田廿町、（近江國八町、丹波國六町、備前國六町、）充㆓大射射手親王已下五位已上調習之資㆒、

馬料

国司の簡試せる上番の兵士　→補1

能く射る人…省に送れ　→補2

61大宰統領条

統領　→補3

喪に遭いて…府の解によれ　喪の期間が終わり、再び統領として復任する場合も、任用と同じく大宰府の解に基づいて兵部省が許可した。

62壱伎防人条

壱伎対馬の防人　→補4

63大宰放烽条

烽　のろし。→補5

使船　遣唐使等の海外派遣の使節や外国使節の船を指すと思われる。

炬　火炬。烽を上げる際の発火材。軍防令72条には、乾した葦を芯に乾草・松明を廻らしたものをあらかじめ一〇具以上、雨のかからぬ場所に備えることが規定されている。

賊　九世紀半ばに日本と緊張関係にあった新羅の海賊（商船の一部が海賊化したもの）を指すか。貞観十一年（八六九）には新羅の海賊船二隻が博多港に侵入し、豊前国の年貢の絹綿を奪い去るという事件が起こっている（三代実録同・六・十五条）。

二百艘已上　淳仁朝において、新羅との交戦に備えて博多大津・壱伎・対馬の要害に一〇〇隻以上の船を配して不測の事態に備えたことがあるが（続紀天平宝字

を軽貨に交易《きょうやく》せよ。*国司の簡試せる上番の兵士は、騎・歩を限らず人別《ごと》に十箭を射さしめよ。日毎に試みるところは二十人を過ぐることなかれ。能不を斟量《しんりょう》し、状に随いて給え。其れ能く*射る人および給うところの物の数は、朝集使に附《さず》けて省に送れ。

61凡そ大宰府の*統領は、府の銓擬を待ちて補せよ。其れ*喪に遭いて復任する者もまた府の解によれ。

62凡そ*壱伎・対馬の防人《さきもり》は、府官、事を量りて所部の諸国の百姓の強健なる者を差《つか》わし、番を作《な》して守らしめよ。

63凡そ大宰の所部の国の*烽《とぶひ》を放たんには、明らかに*使船と知らば、客主を問わず、烽一*炬《きょ》を挙げよ。もし*賊と知らば両炬を放ち、*二百艘已上は三炬を放て。

64凡そ諸国の*器仗帳は、*勾勘訖らば状を録し、三月三十日以前に*式部に移《い》し送れ。

65凡そ諸国の*駅家の舎屋および鋪設等の帳は、*去年の帳と計会し、もし欠損あらば、ただちに返帳せよ。

66凡そ*射田二十町〈近江国八町、丹波国六町、備前国六町〉は、*大射の射手の親王已下五位已上の調習の資に充てよ。

67*馬料《めりょう》

三・三・庚寅条）、その例と比較して本条の二〇〇は数的にそれをはるかに凌駕するため、単なる海賊船ではなく、新羅など他国の軍船の侵攻を想定したか。

64器仗帳条

器仗帳　本式16条参照。→補6

勾勘　朝集使がもたらした器仗帳には種類ごとに見本となる現物「様（タメシ）」が添えられ、それらを兵部省と兵庫寮とで確認した。軍防令42条義解、本式75・76条、兵庫式15条参照。

式部に移し送れ　式部省は、朝集使が関係する諸官司より上日数と監査終了の報告を受けて、その帰国の手続きを行なった。式部式上155条参照。

65駅家帳条

駅家の舎屋および鋪設等の帳　→補7

去年の帳と計会し　諸帳が兵部省で保管されていたことが分かる。

66射田条

射田　→補8

大射の射手…　本式4条には親王以下五位以上の三〇人を点じ、その中の二〇人を選んで、正月十五日から兵部省南門の射場で講習をするとある。従って一人当たり一町の計算か。

67馬料条

馬料　年二回、銭で支給。太政官式118条、中務式78条、式部式上279条参照。

從三位官廿五貫　日分十五貫、夜分十貫、
從四位官九貫　日六貫、夜三貫、
正五位官七貫　日五貫、夜二貫、
從五位官六貫　日四貫、夜二貫、
六位官二貫八百文　日二貫五百文、夜三百文、
七位官二貫六百五十文　日二貫三百五十文、夜三百文、
八位官二貫五百文　日二貫二百文、夜三百文、
左近衞府十三人　從三位官一人、從四位官一人、正五位官二人、六位官四人、•七位官四人、八位官一人、右近衞府准レ此、
左衞門府十一人　從四位官一人、從五位官一人、六位官二人、七位官二人、八位官五人、右衞門府准レ此、
左兵衞府九人　從四位官一人、從五位官一人、六位官一人、七位官二人、八位官四人、右兵衞府准レ此、
左馬寮六人　從五位官一人、六位官一人、七位官二人、八位官二人、右馬寮准レ此、
齋宮寮門部司二人　從六位官一人、初位官一人、

一　底「四」。九・貞ニヨリテ改ム。

従三位の官二十五貫〈日の分十五貫、夜の分十貫〉

従四位の官九貫〈日六貫、夜三貫〉

正五位の官七貫〈日五貫、夜二貫〉

従五位の官六貫〈日四貫、夜二貫〉

六位の官二貫八百文〈日二貫五百文、夜三百文〉

七位の官二貫六百五十文〈日二貫三百五十文、夜三百文〉

八位の官二貫五百文〈日二貫二百文、夜三百文〉

左近衛府十三人〈従三位の官一人、従四位の官一人、正五位の官二人、六位の官四人、七位の官四人、八位の官一人。右近衛府はこれに准えよ〉。

左衛門府十一人〈従四位の官一人、従五位の官一人、六位の官二人、七位の官二人、八位の官五人。右衛門府はこれに准えよ〉。

左兵衛府九人〈従四位の官一人、従五位の官一人、六位の官一人、七位の官二人、八位の官四人。右兵衛府はこれに准えよ〉。

左馬寮六人〈従五位の官一人、六位の官一人、七位の官二人、八位の官二人。右馬寮はこれに准えよ〉。

*斎宮寮門部司二人〈従六位の官一人、初位の官一人〉。

斎宮寮門部司　斎宮寮の門部司と馬部司の官人は、衛府の官人に準じて扱われたが、その馬料の財源には神郡の税が充てられた(本式40条)。これは、文官である神祇官人と同じである(臨時祭式88条、式部式上279条)。銭ではなく、交易された軽物で支給されたと思われる(三代格貞観十七・二・一符)。

馬部司一人七位官、

右、自二正月一至二六月一上日夜、各一百廿五以上者、給二春夏馬料錢一、秋冬准レ此、其春夏七月十日、秋冬正月十日、與二中務式部一共申二太政官一、但雖レ滿二限日一貪濁有レ狀者、不レ須二給與一、若帶二二官一者、從二一高一給、其齋宮門部馬部司料者、以二伊勢國神税一給、不レ給二夜料一、如不レ足者、通二用比國一、

諸國健兒

山城國卌人	大和國七十人	河内國卅人
和泉國廿人	攝津國卅人	伊賀國卅人
伊勢國一百人	志摩國卅人	尾張國五十人
參河國五十人	遠江國六十人	駿河國五十人
伊豆國卅人	甲斐國五十人	相摸國一百人
武藏國一百五十人	安房國卅人	上總國一百人
下總國一百五十人	常陸國二百人	近江國二百人
美濃國一百人	飛驒國卅人	信濃國一百人

馬部　底ナシ。九ニヨリテ補ウ。

卌　底「卅」。九・閣ホカニヨリテ改ム。

比国　並んだ国のことで、隣国。すなわち、伊賀や尾張あるいは志摩などの国を指す。

68健児条

健児　健児とは本来は力の強い者という意味の普通名詞であり、皇極紀元・七・乙亥条、天智紀二年六月条、同・八・甲

午条に見られる用法がこれに当たる。それが奈良時代になると、特定の兵種を指す言葉として使われ始める(続紀天平六・四・甲寅条等)。その起源は明確ではないが、優遇措置がとられ武官としての扱いを受けている点で一般の兵士と異なっている。この制度がより明確な形をとるようになるのは、桓武朝における軍団の廃止に伴って、兵庫・鈴蔵・国府などの守衛のために、郡司の子弟を採用することが始められた時点(三代格延暦十一・六・十四符)で、五一国三一五五人が差点されている。しかし五年後の延暦十六年(七九七)には、白丁を止めて勲位者を健児に点ぜよとの命が出され(三代格同・十一・二九符)、さらに同二十三年には、再度白丁を健児とすることが認められている(後紀同・九・癸巳条)。こうした一連の動きについては、健児制度の早期の形骸化と見る見解がある。一方、寺内浩は、史料に散見する「白丁」が一般公民を指しているのではなく、「非勲位人」の語義で用いられたものであることを指摘し、郡司子弟を当てようとする方針に変化はなかったとしている(「健児の差点対象について」〈『続日本紀研究』三七四、二〇〇八年〉)。なお、健児には地域的な特性もあり、その動きは必ずしも一律ではない。

馬部司一人〈七位の官〉。

右、正月より六月まで、上《つか》うる日・夜、各一百二十五以上は、春夏の馬料銭を給え。秋冬はこれに准えよ〈其れ春夏は七月十日、秋冬は正月十日、中務・式部とともに太政官に申せ〉。ただし限日に満つと雖も、貪濁、状あらん者には、給い与うべからず。もし二官を帯ぶれば、一《いつ》の高きに従いて給え。其れ斎宮の門部・馬部司の料は、伊勢国の神税を以て給い、夜の料は給わざれ。もし足らざれば、*比国に通わし用いよ。

68 諸国の*健児《こんでい》

山城国四十人	大和国七十人	河内国三十人
和泉国二十人	摂津国三十人	伊賀国三十人
伊勢国一百人	志摩国三十人	尾張国五十人
参河国五十人	遠江国六十人	駿河国五十人
伊豆国三十人	甲斐国五十人	相摸国一百人
武蔵国一百五十人	安房国三十人	上総国一百人
下総国一百五十人	常陸国二百人	近江国二百人
美濃国一百人	飛騨国三十人	信濃国一百人

上野國一百人　下野國一百人　陸奥國三百廿四人
出羽國一百人　若狹國卌人　越前國一百人
加賀國五十人　能登國五十人　越中國五十人
越後國一百人　佐渡國卌人　丹波國五十人
丹後國卌人　但馬國五十人　因幡國五十人
伯耆國五十人　出雲國一百人　石見國卌人
隱伎國卌人　播磨國一百人　美作國五十人
備前國五十人　備中國五十人　備後國五十人
安藝國卌人　周防國五十人　長門國五十人
紀伊國六十人　淡路國卌人　阿波國卌人
讚岐國一百人　伊豫國五十人　土左國卌人

凡鎮兵、陸奥國五百人、出羽國六百五十人、

諸國馬牛牧
駿河國 岡野馬牧、蘇彌奈馬牧、　相摸國 高野馬牛牧、
武藏國 檜前馬牧、神埼牛牧、　安房國 白濱馬牧、鈆師馬牧、
上總國 大野馬牧、負野牛牧、　下總國 高津馬牧、大結馬牧、木嶋馬牧、長洲馬牧、浮嶋牛牧、

十 底ナシ。九・閣ホカニヨリテ補ウ。
彌 底「禰」。九・塙・貞ニヨリテ改ム。
木 底「本」。九・閣ホカニヨリテ改ム。

69鎮兵条
鎮兵　城柵の守衛や造営のために、陸奥・出羽に置かれた兵士。現地の軍団兵士とは別に、当初は主に東国から徴発されて前線の城柵に常駐した。↓補1

70馬牛牧条
馬牛牧　諸国に置かれた牧は、令制では兵部省被管の兵馬司の所管。続紀文武四・三・丙寅条に「令三諸国定二牧地一、放二牛馬一」と見え、牧の設定がなされている。牧には、牧長・牧帳各一人が置かれ、馬牛一〇〇をもって一群とし、群ごとに牧子二人に飼養させることが厩牧令5条に定められている。本条の牧は、こうした令制の官牧に由来するもので、大

上野国一百人　下野国一百人　陸奥国三百二十四人
出羽国一百人　若狭国三十人　越前国一百人
加賀国五十人　能登国五十人　越中国五十人
越後国一百人　佐渡国三十人　丹波国五十人
丹後国三十人　但馬国五十人　因幡国五十人
伯耆国五十人　出雲国一百人　石見国三十人
隠伎国三十人　播磨国一百人　美作国五十人
備前国五十人　備中国五十人　備後国五十人
安芸国四十人　周防国五十人　長門国五十人
紀伊国六十人　淡路国三十人　阿波国三十人
讃岐国一百人　伊予国五十人　土左国三十人

69 凡そ*鎮兵は、陸奥国五百人、出羽国六百五十人。

70 諸国の*馬牛牧

*駿河国〈岡野《おかの》馬牧、蘇弥奈《そみな》馬牧〉　*相摸国〈高野《たかの》馬牛牧〉
*武蔵国〈檜前《ひのくま》馬牧、神埼《かんざき》牛牧〉　*安房国〈白浜《しらはま》馬牧、鈖師《おのし》馬牧〉
*上総国〈大野《おおの》馬牧、負野《おうの》牛牧〉　*下総国〈高津《たかつ》馬牧、大結《おおゆい》馬牧、木島《こしま》馬牧、長洲《ながす》馬牧、浮島《うきしま》牛牧〉

同三年(八〇八)に兵馬司が廃されると兵部省の所管となった(三代格弘仁四・七・十六符)。本条が規定する諸国牧が八世紀末以降衰退していくのに対し、中央への貢上馬の確保のため、新たに御牧(左右馬式1条)が整備されていった(山口英男「八・九世紀の牧について」〈『史学雑誌』九五―一、一九八六年〉)。なお、各牧の比定地は表1参照。

駿河国　左右馬式4条に牛四頭の貢上規定がある。主税式上5条に「官牧牛直一千三百卌四束」の記載がある。

相摸国　左右馬式4条に馬四疋・牛八頭の貢上規定がある。主税式上5条に「官牧馬牛直五千五百八十三束」の記載がある。

武蔵国　左右馬式4条に馬一〇疋の貢上規定がある。牛の貢上規定はない。主税式上5条に「勅旨繋飼御馬秣料二千廿束、神埼牧牛直五千五百卌四束」の記載がある。

安房国　左右馬式4条に馬の貢上規定はない。

上総国　左右馬式4条に馬一〇疋の貢上規定がある。牛の貢上規定はない。

下総国　左右馬式4条に馬四疋の貢上規定がある。牛の貢上規定はない。本式74条に同国より斎宮寮への馬の貢上規定がある。

常陸國 信太馬牧、　下野國 朱間馬牧、
伯耆國 古布馬牧、　備前國 長嶋馬牛牧、
周防國 竈合馬牧、垣嶋牛牧、　長門國 宇養馬牧、角嶋牛牧、
伊豫國 忽那嶋馬牛牧、　土左國 沼山村馬牧、
筑前國 能巨嶋牛牧、　肥前國 鹿嶋馬牧、庇羅馬牧、生屬馬牧、柏嶋牛牧、櫏野牧、早埼牛牧、
肥後國 二重馬牧、波良馬牧、　日向國 野波野馬牧、堤野馬牧、都濃野馬牧、野波野牛牧、長野牛牧、三原野牛牧、

右、諸牧馬五六歳、牛四五歳、毎年進ニ左右馬寮一、各備ニ梳刷剉一、其西海道諸國、送ニ大宰府一、但帳進レ省、

凡牧牝馬牛廿歳已上者、不レ在ニ責課之例一、

凡肥後國二重牧馬、若有レ超レ群者進上、餘充ニ大宰兵馬及當國他國驛傳馬一、

凡大宰府定額兵馬廿疋之中十疋、牧馬十疋、並分ニ置鴻臚館一、備ニ急速之儲一、

凡伊勢齋宮寮宮嘗祭馬三疋、大祓馬八疋、以ニ下總國牧馬一送

間　底「門」。九ニヨリテ改ム。
沼山村　底「沼山材」。九「沼山枚」。閣「治山材」。貞「治山林」。他ハ底ニ同ジ。閣版本ニ従イテ改ム。
能巨　底ホカ諸本「臣」。万葉集三六七〇番歌・三六七三番歌「能許」、小右記寛仁三・四・二三条「能古」ニヨリテ改ム。
堤　底「提」。九・閣ホカニヨリテ改ム。
牛　左右馬式2条ナシ。

常陸国　左右馬式4条に馬一〇疋の貢上規定がある。
下野国　左右馬式4条に馬四疋の貢上規定がある。
伯耆国　左右馬式4条に馬の貢上規定はない。
備前国　左右馬式4条に馬・牛の貢上規定はない。
周防国　左右馬式4条に馬四疋の貢上規定がある。牛の貢上規定はない。
長門国　左右馬式4条に牛二頭の貢上規定がある。馬の貢上規定はない。
伊予国　左右馬式4条に馬六疋・牛二頭の貢上規定がある。
土左国　左右馬式4条に馬の貢上規定はない。
馬の五六歳牛の四五歳　→補1
左右馬寮に進れ　→補2

梳刷剉　梳はクシ。刷はブラシで、和名抄は「馬刷」で立項する。剉はまぐさを切る道具。馬牛を進上する際に、これらを添えて進上することを指す。左右馬式5条ではこれに籠頭(オモヅラ)が加わる。

帳…進れ　馬牛の進上に際し帳簿が兵部省に送られることについて、山口英男前掲論文は、諸国牧の管理という兵馬司の職掌を同省が引き継いだためとする。

71牝馬牛条

責課　→補3

72肥後牧馬条

二重牧　本式70条に定める肥後国の牧。肥後国阿蘇郡、現在の熊本県阿蘇市の二重峠付近の外輪山一帯に比定されている。本式85条に二重駅が見える。

群を超ゆる　群を抜いて優れていること。西海道諸国の牧の馬牛は大宰府に送られたが(本式70条)、特に良質の馬は左右馬寮に進上された。

大宰の兵馬　→補4

当国他国の駅伝馬　→補5

73定額兵馬条

定額の兵馬二十疋　本式85条参照。

牧の馬十疋　本式70条の規定によって、西海道諸国の牧から送られてくる馬。

鴻臚館　→補6

74斎宮祭馬条

宮売の…充てよ　→補7

*常陸国〈信太《しだ》馬牧〉　*下野国〈朱間《あかま》馬牧〉

*伯耆国〈古布《こう》馬牧〉　*備前国〈長島《ながしま》馬牛牧〉

*周防国〈竈合《かまい》馬牧、垣島《かきしま》牛牧〉　*長門国〈宇養《うかい》馬牧、角島《つのしま》牛牧〉

*伊予国〈忽那島《くつなじま》馬牛牧〉　*土左国〈沼山村《ぬまやまむら》馬牧〉

筑前国〈能巨島《のこじま》牛牧〉　肥前国〈鹿島《かしま》馬牧、庇羅《ひら》馬牧、生属《いきつき》馬牧、柏島《かしわじま》牛牧、櫏野《のがきの》牧、早《はや》埼《さき》牛牧〉

肥後国〈二重《ふたえ》馬牧、波良《はら》馬牧〉　日向国〈野波野《のなみの》馬牧、堤野《つつみの》馬牧、都濃野《つのの》馬牧、野波野《のなみの》牛牧、長野《ながの》牛牧、三原野《みはらの》牛牧〉

右、諸牧の馬の*五・六歳、牛の四・五歳を、毎年*左右馬寮に進れ。各*梳《くし》・刷《うまはだけ》・剉《くさぎり》を備えよ。其れ西海道諸国は大宰府に送れ。ただし*帳は省に進れ。

71 凡そ牧の牝馬《ひんば》牛《ぎゅう》の二十歳已上は、*責課の例にあらず。

72 凡そ肥後国の*二重牧の馬、もし*群を超ゆるあらば進上せよ。余は*大宰の兵馬および*当国・他国の駅伝馬に充てよ。

73 凡そ大宰府の*定額《じょうがく》の兵馬二十疋のうち十疋、*牧の馬十疋は、みな*鴻臚館《こうろかん》に分ち置き、急速の儲《もうけ》に備えよ。

74 凡そ伊勢の斎宮寮の*宮売《みやのめ》の祭の馬三疋、大祓《おおはらえ》の馬八疋は、下総国の牧の馬を以て送

籙　底「祿」。貞ニヨリテ改ム。以下一々注セズ。

征　底「徃」。九・閣ホカニヨリテ改ム。

充、

諸國器仗

伊賀國 甲一領、横刀四口、弓廿張、征箭卌具、胡籙卌具、
伊勢國 甲六領、横刀廿口、弓六十張、征箭六十具、胡籙六十具、
志摩國 横刀二口、弓十張、征箭十具、胡籙十具、
尾張國 甲六領、横刀十六口、弓卌張、征箭五十具、胡籙五十具、
參河國 甲三領、横刀七口、弓卌張、征箭卌具、胡籙卌具、
遠江國 甲四領、横刀七口、弓五十張、征箭五十具、胡籙五十具、
駿河國 甲三領、横刀七口、弓卌張、征箭卌具、胡籙卌具、
伊豆國 甲一領、横刀三口、弓卌張、征箭卌具、胡籙卌具、
甲斐國 甲一領、横刀三口、弓六十張、征箭卌具、胡籙卌具、
相摸國 甲四領、横刀九口、弓六十張、征箭六十具、胡籙六十具、
武藏國 甲六領、横刀廿口、弓六十張、征箭六十具、胡籙六十具、
安房國 甲二領、横刀四口、弓十二張、征箭十二具、胡籙十二具、
上總國 甲四領、横刀十六口、弓卌八張、征箭卌八具、胡籙卌八具、
下總國 甲五領、横刀十六口、弓五十張、征箭五十具、胡籙五十具、

り充てよ。

75 諸*国の器*仗

伊賀国〈甲《よろい》一領、横刀《たち》四口、弓二十張、征箭《そや》四十具、胡簶《やなぐい》四十具〉
伊勢国〈甲六領、横刀二十口、弓六十張、征箭六十具、胡簶六十具〉
志摩国〈横刀二口、弓十張、征箭十具、胡簶十具〉
尾張国〈甲六領、横刀十六口、弓四十張、征箭五十具、胡簶五十具〉
参河国〈甲三領、横刀七口、弓四十張、征箭四十具、胡簶四十具〉
遠江国〈甲四領、横刀七口、弓五十張、征箭五十具、胡簶五十具〉
駿河国〈甲三領、横刀七口、弓四十張、征箭四十具、胡簶四十具〉
伊豆国〈甲一領、横刀三口、弓四十張、征箭四十具、胡簶四十具〉
甲斐国〈甲一領、横刀三口、弓六十張、征箭四十具、胡簶四十具〉
相摸国〈甲四領、横刀九口、弓六十張、征箭六十具、胡簶六十具〉
武蔵国〈甲六領、横刀二十口、弓六十張、征箭六十具、胡簶六十具〉
安房国〈甲二領、横刀四口、弓十二張、征箭十二具、胡簶十二具〉
上総国〈甲四領、横刀十六口、弓四十八張、征箭四十八具、胡簶四十八具〉
下総国〈甲五領、横刀十六口、弓五十張、征箭五十具、胡簶五十具〉

75諸国器仗条

諸国の器仗　職員令24条集解穴記には「兵器、儀仗者、諸国幷造兵司所レ造也、兵庫者不レ掌」とあり、官による器仗の製作は造兵司(職員令26条)と諸国に割り当てられていた。造兵司は続紀天平十六・四・甲寅条で一旦廃止されたが、その後天平勝宝四年(七五二)に復活、さらに寛平八年(八九六)に至って左右兵庫司、鼓吹司と合せて兵庫寮となった。一方、諸国については、天平六年出雲国計会帳(古一—五九四頁)によると、出雲国の場合、「造兵器別当国司」が置かれて製作監督に当たっていた。製作の際に、手本となる「様」が用いられたのは、営繕令4条の通りである。なお、現存の正税帳の中には、諸国における器仗生産の様子を窺わせる記載があり(天平六年度尾張国正税帳[古一—六一二頁]ほか)、営造兵器・年料兵器・造器仗等の記載が見られる。→補1

器仗　本式16条参照。

卌　底「卅」。九・塙ニヨリテ改ム。
卌　底「卅」。九ニヨリテ改ム。下同ジ。

常陸國　甲六領、横刀廿口、弓六十張、征箭六十具、胡簶六十具、
美濃國　甲六領、横刀廿口、弓卌張、征箭卌具、胡簶卌具、
信濃國　甲二領、横刀三口、弓卅六張、征箭卅六具、胡簶卅六具、
下野國　甲三領、横刀九口、弓六十張、征箭六十具、胡簶六十具、
若狹國　横刀二口、弓十六張、征箭十六具、胡簶十六具、
能登國　甲一領、横刀三口、弓七張、征箭十具、胡簶十具、
越後國　甲三領、横刀六口、弓卅張、征箭卌具、胡簶卌具、
丹波國　甲四領、横刀六口、弓十張、征箭十具、胡簶十具、

近江國　甲六領、横刀廿口、弓卅張、征箭卌具、胡簶卌具、
飛驒國　甲一領、横刀二口、弓廿張、征箭十具、胡簶十具、
上野國　甲六領、横刀廿口、弓卌張、征箭卌具、胡簶卌具、
陸奥國　甲六領、横刀廿口、弓六十張、征箭六十具、胡簶六十具、
越前國　甲四領、横刀十口、弓廿張、征箭卅具、胡簶卅具、
越中國　甲二領、横刀四口、弓廿張、征箭廿具、胡簶廿具、
佐渡國　甲一領、横刀四口、弓十張、征箭十具、胡簶十具、
丹後國　甲二領、横刀四口、弓十張、征箭十具、胡簶十具、

常陸国〈甲六領、横刀二十口、弓六十張、征箭六十具、胡簶六十具〉
近江国〈甲六領、横刀二十口、弓三十張、征箭四十具、胡簶四十具〉
美濃国〈甲六領、横刀二十口、弓四十張、征箭四十具、胡簶四十具〉
飛驒国〈甲一領、横刀二口、弓二十張、征箭十具、胡簶十具〉
信濃国〈甲二領、横刀三口、弓三十六張、征箭三十六具、胡簶三十六具〉
上野国〈甲六領、横刀二十口、弓四十張、征箭四十具、胡簶四十具〉
下野国〈甲三領、横刀九口、弓六十張、征箭六十具、胡簶六十具〉
陸奥国〈甲六領、横刀二十口、弓六十張、征箭六十具、胡簶六十具〉
若狭国〈横刀二口、弓十六張、征箭十六具、胡簶十六具〉
越前国〈甲四領、横刀十口、弓二十張、征箭三十具、胡簶三十具〉
能登国〈甲一領、横刀三口、弓七張、征箭十具、胡簶十具〉
越中国〈甲二領、横刀四口、弓二十張、征箭二十具、胡簶二十具〉
越後国〈甲三領、横刀六口、弓三十張、征箭四十具、胡簶四十具〉
佐渡国〈甲一領、横刀四口、弓十張、征箭十具、胡簶十具〉
丹波国〈甲四領、横刀六口、弓十張、征箭十具、胡簶十具〉
丹後国〈甲二領、横刀四口、弓十張、征箭十具、胡簶十具〉

張　底、コノ下「征箭十張」四字アリ。衍ト見テ削ル。
三　九「五」。
卅　底「卌」。考異「卅」ニ作ルベキカトナス。コレニ従イテ改ム。
籙　底ナシ。例ニヨリテ補ウ。
卅　九「卌」。

但馬國　甲三領、横刀八口、弓廿張、征箭廿具、胡籙廿具、
伯耆國　甲四領、横刀十口、弓廿張、征箭卅具、胡籙卅具、
石見國　甲二領、横刀五口、弓十張、征箭十具、胡籙十具、
播磨國　甲三領、横刀廿口、弓卅張、征箭卅具、胡籙卅具、
備前國　甲二領、横刀十口、弓廿張、征箭廿具、胡籙廿具、
備後國　甲五領、横刀廿口、弓卅張、征箭卌具、胡籙卅具、
周防國　甲二領、横刀五口、弓廿張、征箭廿具、胡籙廿具、
紀伊國　甲二領、横刀五口、弓廿張、征箭廿具、胡籙廿具、

因幡國　甲三領、横刀七口、弓廿張、征箭廿具、胡籙廿具、
出雲國　甲五領、横刀十口、弓廿張、征箭廿具、胡籙廿具、
隱伎國　横刀四口、弓十張、征箭十具、胡籙十具、
美作國　甲三領、横刀十口、弓廿張、征箭廿具、胡籙廿具、
備中國　甲四領、横刀十口、弓廿張、征箭廿具、胡籙廿具、
安藝國　甲三領、横刀十口、弓廿張、征箭廿具、胡籙廿具、
長門國　甲二領、横刀五口、弓廿張、征箭廿具、胡籙廿具、
淡路國　横刀四口、弓十張、征箭十具、胡籙十具、

但馬国〈甲三領、横刀八口、弓二十張、征箭二十具、胡籙二十具〉
因幡国〈甲三領、横刀七口、弓二十張、征箭二十具、胡籙二十具〉
伯耆国〈甲四領、横刀十口、弓二十張、征箭三十具、胡籙三十具〉
出雲国〈甲五領、横刀十口、弓二十張、征箭二十具、胡籙二十具〉
石見国〈甲二領、横刀五口、弓十張、征箭十具、胡籙十具〉
隠伎国〈横刀四口、弓十張、征箭十具、胡籙十具〉
播磨国〈甲三領、横刀二十口、弓三十張、征箭三十具、胡籙三十具〉
美作国〈甲三領、横刀十口、弓二十張、征箭二十具、胡籙二十具〉
備前国〈甲二領、横刀十口、弓二十張、征箭二十具、胡籙二十具〉
備中国〈甲四領、横刀十口、弓二十張、征箭二十具、胡籙二十具〉
備後国〈甲五領、横刀二十口、弓三十張、征箭四十具、胡籙三十具〉
安芸国〈甲三領、横刀十口、弓二十張、征箭二十具、胡籙二十具〉
周防国〈甲二領、横刀五口、弓二十張、征箭二十具、胡籙二十具〉
長門国〈甲二領、横刀五口、弓二十張、征箭二十具、胡籙二十具〉
紀伊国〈甲二領、横刀五口、弓二十張、征箭二十具、胡籙二十具〉
淡路国〈横刀四口、弓十張、征箭十具、胡籙十具〉

十五　底「十」。九ニヨリテ改ム。
卅　底「廿」。九ニヨリテ改ム。
器　底ナシ。次条ノ例ニヨリテ補ウ。
収　底「校」。九ニヨリテ改ム。

阿波國　甲二領、横刀七口、弓廿張、征箭廿具、胡簶廿具、
讃岐國　甲二領、横刀七口、弓卅張、征箭卅具、胡簶卅具、
伊豫國　甲五領、横刀十口、弓卅張、征箭卅具、胡簶卅具、
土左國　甲一領、横刀六口、弓廿張、征箭十具、胡簶十具、
筑前國　甲四領、横刀十口、弓廿張、征箭卌具、胡簶卌具、
筑後國　甲三領、横刀十口、弓廿張、征箭卅五具、胡簶卅五具、
肥前國　甲三領、横刀十口、弓廿張、征箭卅五具、胡簶卅五具、
肥後國　甲四領、横刀十口、弓廿張、征箭卌具、胡簶卌具、
豐前國　甲二領、横刀八口、弓十五張、征箭卅具、胡簶卅具、
豐後國　甲二領、横刀八口、弓十五張、征箭卅具、胡簶卅具、
日向國　甲二領、横刀六口、弓十五張、征箭廿五具、胡簶廿五具、

右、毎年所レ造具依二前件一、其様器仗者、色別一箇附二朝集使一進之、但其伊賀、伊豆、飛驒、能登、土左等國不レ在二進限一、筑前、筑後、肥前、肥後、豐前、豐後、日向等國送二大宰府一、府官勘校貯二収府庫一、具錄二色目一、附二朝集使一申送、

凡諸國様器仗者、省與二兵庫一檢校定レ品、了副二國解文一奏二進内

阿波国〈甲二領、横刀七口、弓二十張、征箭二十具、胡簶二十具〉
讃岐国〈甲二領、横刀七口、弓三十張、征箭三十具、胡簶三十具〉
伊予国〈甲五領、横刀十口、弓三十張、征箭三十具、胡簶三十具〉
土左国〈甲一領、横刀六口、弓二十張、征箭十具、胡簶十具〉
筑前国〈甲四領、横刀十口、弓二十張、征箭四十具、胡簶四十具〉
筑後国〈甲三領、横刀十口、弓二十張、征箭三十五具、胡簶三十五具〉
肥前国〈甲三領、横刀十口、弓二十張、征箭三十五具、胡簶三十五具〉
肥後国〈甲四領、横刀十口、弓二十張、征箭四十具、胡簶四十具〉
豊前国〈甲二領、横刀八口、弓十五張、征箭三十具、胡簶三十具〉
豊後国〈甲二領、横刀八口、弓十五張、征箭三十具、胡簶三十具〉
日向国〈甲二領、横刀六口、弓十五張、征箭二十五具、胡簶二十五具〉

右、毎年造るところは具《つぶさ》に前《さき》の件《くだり》によれ。其れ*様《ためし》の器仗は、色別《しきごと》に一箇、朝集使に附《さず》けて進れ。ただし、*その伊賀・伊豆・飛驒・能登・土左等の国は進る限りにあらず。筑前・筑後・肥前・肥後・豊前・豊後・日向等の国は大宰府に送り、府官、勘校して府庫に貯え収め、具に色目を録して、朝集使に附けて申し送れ。

76 凡そ*諸国の様の器仗は、省と兵庫と検校して品を定め、了らば*国の解文を副えて内

様の器仗　器仗が規格通りに作られていることを示す見本。

その伊賀…あらず　この五ケ国が様の器仗の進上を免除されているのは、甲の進上数が一領の故かと思われるが、同じく「甲一領」の甲斐・佐渡両国がここに見えないため確言はできない。

76様器仗条

諸国の様の器仗　本条の規定は兵庫式15条と対応する。貢進後の様の器仗の用途については明らかではないが、中央での武器供給に当たった造兵司は天平十六年(七四四)に一旦廃止され、天平勝宝四年(七五二)まで復活しなかった。このような期間には、貢進された様の器仗が中央での武器として使用されたか。

国の解文　進上する様の器仗について記した朝集使持参の枝文か。

科　底「科科」。閣・梵別ホカニヨリテ改ム。

馬　底ナシ。下文ノ例ニヨリテ補ウ。コノ類ニツイテハ、以下、本巻ノウチ一々注セズ。

嚔　九「袁」。

郡　底「部」。九・閣ホカニヨリテ改ム。

捕　底「補」。九・閣ホカニヨリテ改ム。

飫　底「飯」。九ニヨリテ改ム。

諸司　ここでは弁官、中務省、監物、兵部省、兵庫寮を指す。古尾谷知浩「律令中央財政機構の出納体制」(『律令国家と天皇家産機構』所収、二〇〇六年、初出一九九五年)参照。

専当の官人の姓名　ここでの官人は、天平六年出雲国計会帳(古一―五九四頁)に「造兵器別当国司」とあることから、国司であったと思われる。専当は特定の業務を担当すること。

裏㆒、閲㆓定其品㆒、了省更申㆑官、官下㆓符兵庫寮㆒、卽諸司就㆑庫收之、其器仗鐫㆓題專當官人姓名㆒、若檢閲有㆓不如法㆒、隨㆑事科貶、

凡諸國司造㆓官器仗㆒之日、不㆑得㆑造㆓私器仗㆒、

諸國驛傳馬

畿內

山城國　驛馬　山埼廿疋、

河內國　驛馬　楠葉、槻本、津積各七疋

和泉國　驛馬　日部、嚔唹各七疋、

攝津國　驛馬　草野、須磨各十三疋、葦屋十二疋、

東海道

伊勢國　驛馬　鈴鹿廿疋、河曲、朝明、榎撫各十疋、市村、飯高、度會各八疋、傳馬　朝明、河曲、鈴鹿郡各五疋、

志摩國　驛馬　鴨部、礒部各四疋、

尾張國　驛馬　馬津、新溝、兩村各十疋、傳馬　海部、愛智郡各五疋、

參河國　驛馬　鳥捕、山綱、渡津各十疋、傳馬　碧海、寶飫郡各五疋、

裏に奏し進れ。その品を閲《けみ》し定め、了らば省、更に官に申し、官、符を兵庫寮に下し、すなわち諸*司、庫に就きて収めよ。其れ器仗には、*専当の官人《かんにん》の姓名を*鐫《え》り題《しる》さしめよ。もし*検閲して不如法のことあらば、事に随いて科貶《かへん》せよ。

77 凡そ諸国司、*官の器仗を造るの日、*私の器仗を造るを得ず。

諸国の駅*伝馬

78 畿内

山城国　駅馬〈*山埼《やまざき》に二十疋〉

河内国　駅馬〈*楠葉《くすは》・槻本《つきもと》・津積《つづみ》に各七疋〉

和泉国　駅馬〈日部《くさかべ》・嚷唹《おお》に各七疋〉

摂津国　駅馬〈*草野《すすき》・須磨《すま》に各十三疋、葦屋《あしや》に十二疋〉

79 東海道

伊勢国　駅馬〈鈴鹿《すずか》に二十疋、河曲《かわわ》・朝明《あさけ》・榎撫《えなつ》に各十疋、市村《いちむら》・飯高《いいたか》・*度会《わたらい》に各八疋〉、伝馬〈朝明《あさけ》・河曲《かわわ》・鈴鹿《すずか》郡に各五疋〉

志摩国　駅馬〈鴨部《かもべ》・礒部《いそべ》に各四疋〉

尾張国　駅馬〈馬津《うまつ》・新溝《にいみぞ》・両村《ふたむら》に各十疋〉、伝馬〈海部《あま》・愛智《あいち》郡に各五疋〉

参河国　駅馬〈鳥捕《ととり》・山綱《やまつな》・渡津《わたむつ》に各十疋〉、伝馬〈碧海《あおみ》・宝飫《ほお》郡に各五疋〉

鐫り題さしめよ　製作者の氏名を入れることについては、営繕令4条に規定されている。専当官人の姓名を入れさせるのは、監督者としての責任を明確にするためか。

検閲して　前出の「検校定品」をいい換えたもの。

77官器仗条

官の器仗・私の器仗　天平六年出雲国計会帳(古一—五九八頁)には官器仗帳・伯姓器仗帳の文書名が見えるが、記載内容については不明である。官器仗が官庫に収蔵される兵仗であるのに対し、私器仗は国司個人の物を指し、本条は器仗製作のための材料の流用を禁じたものか。

78畿内駅馬条

駅伝馬　以下、78条から85条までは諸国の駅馬・伝馬についての規定。→補1

山埼　→補2

楠葉　続紀和銅四・正・丁未条に都亭駅などとともに、河内国交野郡楠葉駅が置かれている。大阪府枚方市楠葉を遺称地とする。

草野須磨に各十三疋葦屋に十二疋　→補3

79東海道駅伝馬条

度会　三代格弘仁八・十二・二十五符によれば、渡会郡にある駅家一処の修理のことが見え、倉一宇・屋四宇があった。

遠江國　驛馬　猪鼻、栗原、引摩、横尾、初倉各十疋、傳馬　濱名、敷智、磐田、佐野、蓁原郡各五疋、

駿河國　驛馬　小川、横田、息津、蒲原、長倉各十疋、横走廿疋、傳馬　益頭、安倍、廬原、富士、駿河郡、幷横走驛各五疋、

甲斐國　驛馬　水市、河口、加吉各五疋、

相摸國　驛馬　坂本廿二疋、小總、箕輪、濱田各十二疋、傳馬　足上、餘綾、高座郡各五疋、

武藏國　驛馬　店屋、小高、大井、豐嶋各十疋、傳馬　都筑、橘樹、荏原、豐嶋郡各五疋、

安房國　驛馬　白濱、川上各五疋、

上總國　驛馬　天前、藤潴、嶋穴、天羽各五疋、傳馬　海上、望陀、周淮、天羽郡各五疋、

下總國　驛馬　井上十疋、浮嶋、河曲各五疋、茜津、於賦各十疋、傳馬　葛餝郡十疋、千葉、相馬郡各五疋、

常陸國　驛馬　榛谷五疋、安侯二疋、曾禰五疋、河内、田後、山田、雄薩各二疋、傳馬　河内郡五疋、

東山道

近江國　驛馬　勢多卅疋、岡田、甲賀各廿疋、篠原、清水、鳥籠、横川各十五疋、穴太

引　底ナシ。九ニヨリテ補ウ。

津　底ナシ。九・閣ホカニヨリテ補ウ。

幷　本式80条近江国ノ項ニハナシ。

荏　底「花」。九・閣・貞イ本ニヨリテ改ム。

天前　底「大前」。九「天前」ニ作リ、傍訓「アマサイ」。コレニ従イテ改ム。

潴　九「睹」。

穴　底「六」。九・閣ホカニヨリテ改ム。

下　底「疋」。九・閣ホカニヨリテ改ム。

常陸國　→校補1

榛　底「榛」。九ニヨリテ改ム。

侯　底「便」。九・梵ホカニヨリテ改ム。

雄　底「碓」。九及ビ後紀弘仁三・十・癸丑条ニヨリテ改ム。

猪鼻　→補1

蒲原　三代実録貞観六・十二・十条に駿河郡柏原駅を廃し、富士郡蒲原駅を富士河東野に遷したことが見える。和名抄には、廬原郡と富士郡に蒲原郷があり、柏原駅を静岡県富士市柏原町に比定すれば、駅間距離からみて当初の蒲原駅は廬原郡にあったと考えられる。

遠江国　駅馬〈*猪鼻《いのはな》・栗原《くりはら》・引摩《いんま》・横尾《よこお》・初倉《はつくら》に各十疋〉、伝馬〈浜名《はまな》・敷智《ふち》・磐田《いわた》・佐野《さや》・蓁原《はいばら》郡に各五疋〉

駿河国　駅馬〈小川《おがわ》・横田《よこた》・息津《おきつ》・*蒲原《かんばら》・*長倉《ながくら》に各十疋、横走《よこばしり》に二十疋〉、伝馬〈益頭《ましず》・安倍《あべ》・廬原《いおはら》・富士《ふじ》・駿河《するが》郡、ならびに横走《よこばしり》駅に各五疋〉

*甲斐国　駅馬〈水市《みずち》・河口《かわぐち》・加吉《かき》に各五疋〉

相摸国　駅馬〈坂本《さかもと》に二十二疋、小総《おぶさ》・箕輪《みのわ》・浜田《はまだ》に各十二疋〉、伝馬〈足上《あしがらのかみ》・余綾《よろぎ》・高座《たかくら》郡に各五疋〉

武蔵国　駅馬〈店屋《まちや》・小高《おだか》・大井《おおい》・豊島《としま》に各十疋〉、伝馬〈都筑《つづき》・橘樹《たちばな》・荏原《えはら》・豊島《としま》郡に各五疋〉

安房国　駅馬〈白浜《しらはま》・川上《かわかみ》に各五疋〉

上総国　駅馬〈*天前《あまさい》・藤潴《ふじみ》・島穴《しまな》・天羽《あまは》に各五疋〉、伝馬〈海上《うなかみ》・望陀《もうだ》・周淮《すえ》・天羽《あまは》郡に各五疋〉

下総国　駅馬〈*井上《いかみ》に十疋、浮島《うきしま》・河曲《かわわ》に各五疋、茜津《あかねつ》・於賦《おふ》に各十疋〉、伝馬〈葛餝《かつしか》郡に十疋、千葉《ちば》・相馬《そうま》郡に各五疋〉

*常陸国　駅馬〈*榛谷《はんた》に五疋、*安侯《あこ》に二疋、曾禰《そね》に五疋、*河内《こうち》・田後《たじり》・*山田《やまだ》・*雄薩《おさか》に各二疋〉、伝馬〈河内《こうち》郡に五疋〉

80　東山道

近江国　駅馬〈*勢多《せた》に三十疋、岡田《おかだ》・甲賀《こうか》に各二十疋、篠原《しのはら》・清水《しみず》・鳥籠《とこ》・横川《よかわ》に各十五疋、穴太《あのお》

長倉　続後紀承和七・十二・癸卯条に、「改㆓駿河国駿河郡永蔵駅家㆒、遷㆓置于伊豆国田方郡㆒」と見えるが、三代実録貞観六・十二・十条には、駿河郡の「永倉駅」と見えるので、旧に復したらしい。

甲斐国　→補2

天前　→補3

井上に十疋浮島河曲に各五疋　→補4

常陸国　→補5

榛谷・雄薩　九本傍注に「常陸国榛谷古式為㆓坂田㆒、又雄薩為㆓刑部㆒」とあり、榛谷はハンタニ・ハンタ、雄薩はオサカベ・オサカと称したと考えられる。なお、雄薩の九本傍訓は「ヲサカ」。

安侯・河内　後紀弘仁三・十・癸丑条に安侯・河内・石橋・助川・藻嶋・棚嶋の六駅が廃されているので、安侯・河内両駅はその後復置されたことになる。

山田　後紀弘仁三・十・癸丑条に「小田」と見えるが、駅路は山田川の谷を通り、駅もその流域に置かれたとみられるので、駅名は山田が正しく後紀の「小田」は誤記であろう。

80東山道駅伝馬条

勢多　平安京を出た東海道と東山道の分岐駅として両道を合せた通行量に対応する三〇疋の駅馬を置く。後紀延暦二十三・六・己巳条に山城国山科駅を停め、その駅馬を勢多駅に加えている。

五疋、和爾、三尾各七疋、鞆結九疋、**傳馬**栗太郡十疋、滋賀、甲賀、野洲、神埼、犬上、坂田、高嶋郡、和邇、鞆結驛各五疋、

美濃國　驛馬不破十三疋、大野、方縣、各務各六疋、可兒八疋、土岐、大井各十疋、坂本卅疋、武義、加茂各四疋、**傳馬**不破、方縣、各務、可兒、武義郡各四疋、大野郡三疋、土岐郡五疋、惠奈郡十疋、

飛驒國　驛馬下留、上留、石浦各五疋、**傳馬**大野郡五疋、

信濃國　驛馬阿知卅疋、育良、賢錐、宮田、深澤、覺志各十疋、錦織、浦野各十五疋、曰理、清水各十疋、長倉十五疋、麻續、曰理、多古、沼邊各五疋、**傳馬**伊那郡十疋、諏波、筑摩、小縣、佐久郡各五疋、

上野國　驛馬坂本十五疋、野後、群馬、佐位、新田各十疋、**傳馬**碓氷、群馬、佐位、新田郡各五疋、

下野國　驛馬足利、三鴨、田部、衣川、新田、磐上、黑川各十疋、**傳馬**安蘇、都賀、芳賀、鹽屋、那須郡各五疋、

陸奥國　驛馬雄野、松田、磐瀨、葦屋、安達、湯日、岑越、伊達、篤借、柴田、小野各十疋、名取、玉前、栖屋、黑川、色麻、玉造、栗原、磐井、白鳥、膽澤、磐基各五疋、長有、高野各二疋、**傳馬**白河、安積、信夫、刈田、柴田、宮城郡各五疋、

驛　底ナシ。考異ニ従イテ補ウ。
十　底ナシ。九ニヨリテ補ウ。
土岐　底「立坂」。九ニヨリテ改ム。
土　底「立」。九ニヨリテ改ム。
馬　底ナシ。九ニヨリテ補ウ。
雄　底「碓」。九ニヨリテ改ム。
柴　底「紫」。九ニヨリテ改ム。下同ジ。

和爾　本条駅馬の項に和爾、伝馬の項には和邇とあるが、高山寺本和名抄（居処部）の駅名も「和迩」としているので、両様の表字が用いられたのであろう。現在の滋賀県大津市和邇を遺称地とする。

大野方県各務に各六疋可児に八疋　↓補1

大井　続後紀承和七・四・戊辰条によれば、美濃国恵那郡大井駅は人馬ともに疲れ、官舎は顚仆した状態だったので、国は席田郡人国造真祖父の登用など対策を講じたが、三代格嘉祥三・五・二十八符には、「土岐坂本二駅、程途悠遠」とあって、その間にあったはずの大井の駅名を見ないので、結局大井駅の復興はならなかったと考えられる。民部式上38条参照。

坂本に三十疋・阿知に三十疋　↓補2

下留上留　続紀宝亀七・十・壬辰条によれば、美濃国菅田駅と飛騨国伴有駅の間に一駅を置いて下留としたので、伴有駅が上留駅になったことになる。

曰理　曰理は渡りの意で、本式に見える三駅はいずれも河川の渡河点に位置している。信濃国には同名の二駅があり、駅馬一〇疋を置く曰理駅は東山道本道、五疋を置く駅は北陸道連絡路に位置したが、一国内に同名二駅があることには、不都合が考えられる。通称駅名があったか所在郡名を付すかして区別したのであろう。

群馬　前橋市に比定されるが、発掘調査によって判明した奈良時代の駅路は同地を通らないので、平安時代初期に駅路が変更されたと考えられる。群馬県高崎市から前橋市に向かう駅路は直線的路線の遺構が明瞭で、その発掘調査によれば、九世紀以降の敷設とされている。

三鴨　高山寺本和名抄(居処部)に「三嶋」があるので、駅名も三嶋とする説があるが、想定地の栃木県下都賀郡岩舟町西方の佐野市との境に、「下つ毛野三毳の山の小楢のすまぐはし子ろは誰が笥か持たむ」(万葉集三四二四番歌)と歌われた、三毳(ミカモ)山(二二九メートル)があるので、むしろ和名抄の郷名誤記の可能性もある。

に五疋、*和爾《わに》・三尾《みお》に各七疋、鞆結《ともゆい》に九疋〉、伝馬〈栗太《くるもと》郡に十疋、滋賀《しが》・甲賀《こうか》・野洲《やす》・神埼《かんざき》・犬上《いぬかみ》・坂田《さかた》・高島《たかしま》郡、和邇《わに》・鞆結《ともゆい》駅に各五疋〉

美濃国　駅馬〈不破《ふわ》に十三疋、*大野《おおの》・方県《かたがた》・各務《かがみ》に各六疋、可児《かに》に八疋、土岐《とき》・*大井《おおい》に各十疋、*坂本《さかもと》に三十疋、武義《むげ》・加茂《かも》に各四疋〉、伝馬〈不破《ふわ》・方県《かたがた》・各務《かがみ》・可児《かに》・武義《むげ》郡に各四疋、大野《おおの》郡に三疋、土岐《とき》郡に五疋、恵奈《えな》郡に十疋〉

飛騨国　駅馬〈*下留《しもつとまり》・上留《かみつとまり》・石浦《いしうら》に各五疋〉、伝馬〈大野《おおの》郡に五疋〉

信濃国　駅馬〈*阿知《あち》に三十疋、育良《ゆくら》・賢錐《かたきり》・宮田《みやた》・深沢《ふかさわ》・覚志《かがし》に各十疋、錦織《にしごり》・浦野《うらの》に各十五疋、*曰理《わたり》・清水《しみず》に各十疋、長倉《ながくら》に十五疋、麻続《おみ》・曰理《わたり》・多古《たこ》・沼辺《ぬまのべ》に各五疋〉、伝馬〈伊那《いな》郡に十疋、諏《す》波《わ》・筑摩《つかま》・小県《ちいさがた》・佐久《さく》郡に各五疋〉

上野国　駅馬〈坂本《さかもと》に十五疋、野後《のじり》・*群馬《くるま》・佐位《さい》・新田《にうた》に各十疋〉、伝馬〈碓氷《うすい》・群馬《くるま》・佐位《さい》・新《にう》田《た》郡に各五疋〉

下野国　駅馬〈足利《あしかが》・*三鴨《みかも》・田部《たべ》・衣川《きぬがわ》・新田《にうた》・磐上《いわかみ》・黒川《くろかわ》に各十疋〉、伝馬〈安蘇《あそ》・都賀《つが》・芳《は》賀《が》・塩屋《しおのや》・那須《なす》郡に各五疋〉

陸奥国　駅馬〈雄野《おの》・松田《まんだ》・磐瀬《いわせ》・葦屋《あしや》・安達《あだち》・湯日《ゆひ》・岑越《みねこし》・伊達《いたて》・篤借《あつかし》・柴田《しばた》・小野《おの》に各十疋、名取《なとり》・玉前《たまさい》・栖屋《すねや》・黒川《くろかわ》・色麻《しかま》・玉造《たまつくり》・栗原《くりはら》・磐井《いわい》・白鳥《しろとり》・胆沢《いさわ》・磐基《いわき》に各五疋、長有《ながえ》・高野《たかの》に各二疋〉、伝馬〈白河《しらかわ》・安積《あさか》・信夫《しのぶ》・刈田《かつた》・柴田《しばた》・宮城《みやぎ》郡に各五疋〉

出羽國　驛馬 最上十五疋、村山、野後各十疋、避翼十二疋、佐藝四疋、船十隻、遊佐十疋、蚶方、由理各十二疋、白谷七疋、飽海、秋田各十疋、　傳馬 最上五疋、野後三疋、船五隻、由理六疋、避翼一疋、船六隻、白谷三疋、船五隻、

北陸道

若狭國　驛馬 彌美、濃飫各五疋、

越前國　驛馬 松原八疋、鹿蒜、淑羅、丹生、朝津、阿味、足羽、三尾各五疋、　傳馬 敦賀、丹生、足羽、坂井郡各五疋、

加賀國　驛馬 朝倉、潮津、安宅、比樂、田上、深見、横山各五疋、　傳馬 江沼、加賀郡各五疋、

能登國　驛馬 撰才、越蘇各五疋、

越中國　驛馬 坂本、川人、曰理、白城、磐瀬、水橋、布勢各五疋、佐味八疋、　傳馬 礪波、射水、婦負、新川郡各五疋、

越後國　驛馬 滄海八疋、鶉石、名立、水門、佐味、三嶋、多太、大家各五疋、伊神二疋、渡戸船二隻、　傳馬 頸城、古志郡各八疋、

佐渡國　驛馬 松埼、三川、雑太各五疋、通充二傳馬一、

山陰道

船　底「般」。九ニヨリテ改ム。下同ジ。
飫　底「餒」。九ニヨリテ改ム。
足　底、コノ上「之」字アリ。九ニヨリテ削ル。
郡　底ナシ。考異ニ従イテ補ウ。
加　底ナシ。九・閣ホカニヨリテ補ウ。
潮　底「湖」。九ニヨリテ改ム。
太　底「大」。九ニヨリテ改ム。
五　底ナシ。九ニヨリテ補ウ。

船十隻　→補1
81 北陸道駅伝馬条
朝倉　九本傍訓は「倉」字に「ヤ」。アサヤと訓むべきか。現在、該当地名がないが、通例に従ってアサクラとしておく。
田上　九本は「丹□」と傍訓を付すが、和名抄は「多加美」とし、比定地の金沢市に田上(タガミ)の地名もある。
深見　万葉集四一三二番歌の題詞に越前国掾大伴池主が「依レ迎二駅使一事、今月十五日、到二来部下加賀郡境一、面蔭見二射水之郷一、恋緒結二深海之村一」と記すので、越中国への駅路に位置していたことが分かる。石川県河北郡津幡町加茂遺跡出土の嘉祥年間(八四八〜八五〇)の加賀郡牓示札にも「深見村□郷驛長幷諸刀弥〔禰〕等」とあって(『木簡研究』二三、二〇〇一年)、同地も関係地であることが分かる。

出羽国　駅馬〈最上《もかみ》に十五疋、村山《むらやま》・野後《のじり》に各十疋、避翼《さるばね》に十二疋、佐芸《さき》に四疋・船*十隻、遊佐《ゆさ》に十疋、蚶方《きさがた》・由理《ゆり》に各十二疋、白谷《しらたに》に七疋、飽海《あくみ》・秋田《あいた》に各十疋〉、伝馬〈最上《もかみ》に五疋、野後《のじり》に三疋・船五隻、由理《ゆり》に六疋、避翼《さるばね》に一疋・船六隻、白谷《しらたに》に三疋・船五隻〉

81 北陸道

若狭国　駅馬〈弥美《みみ》・濃飫《のお》に各五疋〉

越前国　駅馬〈松原《まつばら》に八疋、鹿蒜《かひる》・淑羅《しくら》・丹生《にう》・朝津《あさつ》・阿味《あじま》・足羽《あすわ》・三尾《みお》に各五疋〉、伝馬〈敦《つる》賀《が》・丹生《にう》・足羽《あすわ》・坂井《さかのい》郡に各五疋〉

加賀国　駅馬〈*朝倉《あさくら》・潮津《うしおづ》・安宅《あたか》・比楽《ひらか》・*田上《たがみ》・*深見《ふかみ》・横山《よこやま》に各五疋〉、伝馬〈江沼《えぬ》・加賀《かが》郡に各五疋〉

能登国　駅馬〈*撰才《せんざい》・*越蘇《えそ》に各五疋〉

越中国　駅馬〈坂本《さかもと》・*川人《かわと》・*曰理《わたり》・白城《しらき》・磐瀬《いわせ》・水橋《みずはし》・布勢《ふせ》に各五疋、佐味《さみ》に八疋〉、伝馬〈礪《と》波《なみ》・射水《いみず》・婦負《ねい》・新川《にいかわ》郡に各五疋〉

越後国　駅馬〈滄海《あおうみ》に八疋、鶉石《うずらいし》・名立《なたち》・水門《みと》・佐味《さみ》・三島《みしま》・多太《たた》・*大家《おおや》に各五疋、*伊神《いかみ》に二疋、*渡戸《わたりべ》に船二隻〉、伝馬〈頸城《くびき》・古志《こし》郡に各八疋〉

佐渡国　駅馬〈松埼《まつざき》・三川《みかわ》・雑太《さわた》に各五疋とし、通わして伝馬に充てよ〉

82 山陰道

撰才　→補2

越蘇　後紀大同三・十・丁卯条によって廃された能登国六駅の中に越蘇駅の名があるので、一旦廃止された後に復置されたことになる。

川人　版本・雲本に「川合」とあり、和名抄に礪波郡川合郷があることから、駅名も川合とする説が多かったが、想定地の富山県高岡市赤丸に、神名式下15条に見える礪波郡浅井神社があり、同社を地元では川人明神と称し、社司の姓も川人であるから、駅名も底本のまま川人とすべきであろう。

曰理　万葉集四〇六五番歌の題詞に「射水郡駅館」とあるのは曰理駅であろう。

大家　新潟県長岡市下ノ西遺跡で「□□驛」の墨書土器が、近くの古志郡家とされる八幡林遺跡で「大家驛」と読める墨書土器がそれぞれ出土しているので、道路跡も検出された下ノ西遺跡が同駅跡と考えられている(田中靖「新潟県和島村下ノ西遺跡検出の官衙遺構」(『条里制・古代都市研究』一七、二〇〇一年))。

伊神　→補3

渡戸に船二隻　国史大系本は「船二疋」とするので、駅馬と駅船を併置すると解する説もあったが、船のみを置く水駅として唯一の例になる。

82山陰道駅伝馬条

丹波國　驛馬　大枝、野口、小野、長柄、星角、佐治各八疋、日出、花浪各五疋、　傳馬　桑田、多紀、氷上郡各五疋、

丹後國　驛馬　勾金五疋、

但馬國　驛馬　粟鹿、郡部、養耆各八疋、山前五疋、面治、射添各八疋、春野五疋、　傳馬　朝來、養父、二方、七美郡各五疋、

因幡國　驛馬　山埼、佐尉、敷見、柏尾各八疋、　傳馬　巨濃、高草、氣多郡各五疋、

伯耆國　驛馬　笏賀、松原、清水、奈和、相見各五疋、　傳馬　河村、久米、汗入、會見、八橋郡各五疋、

出雲國　驛馬　野城、黑田、宍道、狹結、多伎、千酌各五疋、

石見國　驛馬　波禰、託農、樟道、江東、江西、伊甘各五疋、

山陽道

播磨國　驛馬　明石卅疋、賀古卅疋、草上卅疋、大市、布勢、高田、野磨各廿疋、越部、中川各五疋、

備前國　驛馬　坂長、珂磨、高月各廿疋、津高十四疋、

備中國　驛馬　津峴、河邊、小田、後月各廿疋、

備後國　驛馬　安那、品治、看度各廿疋、

花　底「前」。九ニヨリテ改ム。

國　底ナシ。九・閣ホカニヨリテ補ウ。

部　底「々」。九ニヨリテ改ム。

面治　→校補2

奈和　底ホカ諸本「和奈」。和名抄郷里部ノ汗入郡「奈和」ニ作ル。コレニ従イテ改ム。

汗　底「行」。九ニヨリテ改ム。

伎　底「仗」。九及ビ出雲国風土記ニヨリテ改ム。

疋　底ナシ。九・貞ニヨリテ補ウ。

布　底ナシ。九・閣ホカニヨリテ補ウ。

看　底「者」。九ニヨリテ改ム。

面治　駅跡想定地の兵庫県美方郡新温泉町竹田に米持(メジ)・米持前の小字名がある。

柏尾　地名辞書は三代実録元慶元・十二・二十九条に見える「因幡国正六位上相尾神」は、鳥取県鳥取市青谷町に祀られる相屋明神と呼ばれる青屋神社に当たるので、「相尾」は相屋の誤りで、柏尾も相屋の誤記であろうとする。この説に従って同駅を青谷町に比定する説が一般であるが、別々の史料における同様の誤記は考え難く、また明瞭な遺跡が残る次駅

丹波国　駅馬〈大枝《おおえ》・野口《ののぐち》・小野《おの》・長柄《ながら》・星角《ほしづの》・佐治《さじ》に各八疋、日出《ひづ》・花浪《はななみ》に各五疋〉、伝馬〈桑《くわ》田《た》・多紀《たき》・氷上《ひかみ》郡に各五疋〉
丹後国　駅馬〈勾金《まがりかね》に五疋〉
但馬国　駅馬〈粟鹿《あわが》・郡部《こおりべ》・養耆《やぎ》に各八疋、山前《やまさき》に五疋、*面治《めじ》・射添《いぞう》に各八疋、春野《かすがの》に五疋〉、伝馬〈朝来《あさこ》・養父《やぶ》・二方《ふたかた》・七美《しつみ》郡に各五疋〉
因幡国　駅馬〈山埼《やまさき》・佐尉《さい》・敷見《しくみ》・*柏尾《かしわお》に各八疋〉、伝馬〈巨濃《この》・高草《たかくさ》・気多《けた》郡に各五疋〉
伯耆国　駅馬〈*笏賀《くつが》・松原《まつばら》・清水《しみず》・*奈和《なわ》・相見《あうみ》に各五疋〉、伝馬〈河村《かわむら》・久米《くめ》・汗入《あせり》・会見《あうみ》・八橋《やはし》郡に各五疋〉
出雲国　駅馬〈野城《のぎ》・黒田《くろだ》・宍道《ししじ》・狭結《さゆう》・多伎《たき》・千酌《ちくみ》に各五疋〉
石見国　駅馬〈波禰《はね》・託農《たくの》・樟道《くすじ》・江東《こうとう》・江西《こうさい》・伊甘《いかみ》に各五疋〉

83 山陽道

播磨国　駅馬〈*明石《あかし》に三十疋、賀古《かこ》に四十疋、草上《くさかみ》に三十疋、大市《おおち》・布勢《ふせ》・高田《たかた》・野磨《やま》に各二十疋、越部《こしべ》・中川《なかつがわ》に各五疋〉
備前国　駅馬〈坂長《さかなが》・珂磨《かま》・高月《たかつき》に各二十疋、*津高《つたか》に十四疋〉
備中国　駅馬〈*津峴《つさか》・河辺《かわのべ》・小田《おだ》・後月《しつき》に各二十疋〉
備後国　駅馬〈安那《やすな》・品治《ほんち》・*看度《かみと》に各二十疋〉

伯耆国忽賀駅までの距離は四キロメートルに過ぎないから、青谷説は不適当である。訓みは不明であるがカシワオとしておく。

笏賀　鳥取県東伯郡湯梨浜町石脇に「久塚(クヅカ)」の地名が有り、近くの石脇第三遺跡が駅跡とされる。

奈和　比定地は鳥取県西伯郡大山町名和。ただし、高山寺本和名抄(居処部)の駅名は諸本と同じく「和奈」に作るので、一考の余地を存する。

83 山陽道駅馬条

明石に三十疋…草上に三十疋　→補1

津高に十四疋　標準駅馬数より少ないのは、備前国府は延喜式駅路から外れるので、国府を通る別路が津高駅を通らず、その交通量相当分を減じた可能性がある。

津峴　「峴」は険しい小山をいうが、地名辞書は坂と訓義通じるとして「ツサカ」と訓む。今昔物語集一七—四に備中国津坂が見え、交通路に沿っている。『日本地理志料』(備中国都宇郡「駅家」の項)も同様で、円通大師一代記に津坂駅とあることを挙げている(邨岡良弼『同』〈京都大学文学部国語学国文学研究室編『諸本集成倭名類聚抄』外篇、増訂再版所収、一九七一年、初出一九〇二・一九〇三年〉)。

看度　→補2

安藝國　驛馬　眞良、梨葉、都宇、鹿附、木綿、大山、荒山、安藝、伴部、大町、種篦、濃唹、遠管各廿疋、
周防國　驛馬　石國、野口、周防、生屋、平野、勝間、八千、賀寶各廿疋、
長門國　驛馬　阿潭、厚狭、埴生、宅賀、臨門各廿疋、阿津、鹿野、意福、由宇、三隅、參美、埴田、阿武、宅佐、小川各三疋、

南海道

紀伊國　驛馬　萩原、賀太各八疋、
淡路國　驛馬　由良、大野、福良各五疋、
阿波國　驛馬　石隈、郡頭各五疋、
讚岐國　驛馬　引田、松本、三谿、河內、甕井、柞田各四疋、
伊豫國　驛馬　大岡、山背、近井、新居、周敷、越智各五疋、
土左國　驛馬　頭驛、吾椅、丹川各五疋、

西海道

筑前國　驛馬　獨見、夜久各十五疋、嶋門廿三疋、津日廿二疋、席打、夷守、美野各十五疋、久爾十疋、佐尉、深江、比菩、額田、石瀨、長丘、把伎、廣瀨、隈埼、伏見、綱別各五疋、　傳馬　御笠郡十五疋、

宇　底、弥書。九・貞ニヨリテ削ル。
篦　底「箟」。九ニヨリテ改ム。
厚　底「原」。九・閣ホカニヨリテ改ム。
埴　底「墳」。九ニヨリテ改ム。
由　底「田」。九ニヨリテ改ム。
埴　九「垣」ニ作ル。シバラク高山寺本和名抄(居処部)ニヨリテ改ム。
宅　底ナシ。九・閣ホカニヨリテ補ウ。
萩　底「荻」。梵別・井ホカニヨリテ改ム。
太　底「大」。九ニヨリテ改ム。
引　底「苅」。九ニヨリテ改ム。
伊豫國　→校補3
周　底「用」。九・閣ホカニヨリテ改ム。
土左國　→校補4
頭驛　九傍注「郡」。或イハ「郡頭」ニ作ルベキカ。
吾　底「五」。九傍注ニ従イテ改ム。
丹川　底「丹治川」。三字ノ駅名ハ他ニ所見ナシ。「治」字ヲ訓ミヲ示ス衍字ト見テ削ル。
守　底「宇」。九ニヨリテ改ム。
丘　底「兵」。九・閣・梵・梵別ニヨリテ改ム。
把　底「杷」。和名抄ニヨリテ改ム。

安芸国　駅馬〈真良《しんら》・梨葉《なしは》・都宇《つう》・鹿附《かむつき》・*木綿《ゆうつくり》・大山《おおやま》・荒山《あらやま》・安芸《あき》・伴部《ともべ》・大町《おおまち》・*種箆《へら》・濃唹《のお》・遠《とお》管《つつ》に各二十疋〉

周防国　駅馬〈石国《いわくに》・野口《のぐち》・周防《すおう》・生屋《いくのや》・平野《ひらの》・勝間《かつま》・八千《やち》・賀宝《かほ》に各二十疋〉

長門国　駅馬〈阿潭《あたみ》・厚狭《あつさ》・埴生《はにう》・宅賀《たくが》・*臨門《りんもん》に各二十疋、*阿津《あつ》・鹿野《かの》・意福《いぶき》・由宇《ゆう》・三隅《みすみ》・*参美《さみ》・*埴田《はにた》・阿武《あむ》・宅佐《たくさ》・小川《おがわ》に各三疋〉

84
南海道

紀伊国　駅馬〈*萩原《はぎわら》・*賀太《かた》に各八疋〉

淡路国　駅馬〈由良《ゆら》・大野《おおの》・福良《ふくら》に各五疋〉

阿波国　駅馬〈石隈《いわのくま》・郡頭《こおず》に各五疋〉

讃岐国　駅馬〈引田《ひけだ》・松本《まつもと》・三谿《みたに》・河内《こうち》・甕井《もたいい》・柞田《くぬだ》に各四疋〉

伊予国　駅馬〈大岡《おおおか》・山背《やましろ》・近井《ちかい》・新居《にいい》・*周敷《すふ》・越智《おち》に各五疋〉

土左国　駅馬〈*頭駅《とうやく》・吾椅《あはし》・*丹川《たちかわ》に各五疋〉

85
西海道

筑前国　駅馬〈独見《ひとみ》・夜久《やく》に各十五疋、*島門《しまと》に二十三疋、津日《つひ》に二十二疋、席打《むしろうち》・夷守《ひなもり》・美野《よしの》に各十五疋、久爾《くに》に十疋、佐尉《さい》・深江《ふかえ》・*比菩《ひぼ》・額田《ぬかた》・石瀬《いわせ》・長丘《ながおか》・把伎《はき》・広瀬《ひろせ》・隈埼《くまさき》・伏見《ふしみ》・綱別《つなわき》に各五疋〉、伝馬〈御笠《みかさ》郡に十五疋〉

木綿　九本は「ユフツクリ」と傍訓を付している。駅跡想定地の広島県東広島市寺家に、同音の夕作と称する小祠があり、駅名を伝えている。

種箆　→補1

臨門　→補2

阿津…小川に各三疋　→補3

参美　訓み不明であるが、所在地は山口県萩市三見(サミ)に比定できるので、これを遺称とすればサミであろう。

埴田　→補4

84南海道駅馬条

萩原　→補5

賀太　後紀弘仁二・八・丁丑条により萩原・名草・賀太三駅を廃しているので後に賀太駅のみが復置されたことになる。

周敷越智　九本に、周敷には「榎井」、越智には「波古多」の私号の存した旨の傍注があり、郡名を冠する正規の駅名の他に通称駅名があったことが知られる。

頭駅　駅名に疑義があり、訓みも不明であるが、井上通泰に従ってトウヤクとしておく(著作集一三『上代歴史地理新考』一、一三八頁、一九八六年、初出一九四一年)。

丹川　→補6

85西海道駅伝馬条

島門に二十三疋津日に二十二疋　→補7

比菩　正確な訓み不明。

筑後國　驛馬　御井、葛野、狩道各五疋、　傳馬　御井、上妻郡、狩道驛各五疋、

豐前國　驛馬　社埼、到津各十五疋、田河、多米、刈田、築城、下毛、宇佐、安覆各五疋、

豐後國　驛馬　小野十疋、荒田、石井、直入、三重、丹生、高坂、長湯、由布各五疋、　傳馬　日田、球珠、大野、海部、大分、速見郡各五疋、

肥前國　驛馬　基肄十疋、切山、佐嘉、高來、磐氷、大村、賀周、逢鹿、登望、杵嶋、鹽田、新分、船越、山田、野鳥各五疋、　傳馬　基肄驛五疋、

肥後國　驛馬　大水、江田、坂本、二重、蚊稾、高原、蠶養、球磨、長埼、豐向、高屋、片野、朽網、佐職、水俣、仁王各五疋、　傳馬　大水、江田、高原、蠶養、球磨、豐向、片野、朽網、佐色、水俣驛各五疋、

大隅國　驛馬　蒲生、大水各五疋、

薩摩國　驛馬　市來、英禰、網津、田後、櫟野、高來各五疋、　傳馬　市來、英禰、網津、田後驛各五疋、

日向國　驛馬　長井、川邊、刈田、美彌、去飛、兒湯、當磨、廣田、救麻、救貳、亞椰、野後、夷守、眞斫、水俣、嶋津各五疋、　傳馬　長井、川邊、刈田、美彌、兒湯、去飛驛各五疋、

壹伎嶋　驛馬　優通、伊周各五疋、

大宰府　兵馬廿疋、

郡　底ナシ。考異ニ従イテ補ウ。

驛　底ナシ。考異ニ従イテ補ウ。

嘉　底「意」。九校注及ビ和名抄ニヨリテ改ム。

氷　底「冰」。藤ニヨリテ改ム。

周　底「国」。九・閣ホカニヨリテ改ム。

蚊稾　底「蚊高」。高山寺本和名抄(居処部)ニヨリテ改ム。

高原　底「稾原」。九ニヨリテ改ム。

佐　底ナシ。九ニヨリテ補ウ。

王　底「主」。高山寺本和名抄(居処部)ニヨリテ改ム。

彌　底「禰」。九ニヨリテ改ム。下同ジ。

廣　底ナシ。九ニヨリテ補ウ。

伊周　底ナシ。九ニヨリテ補ウ。

狩道　正確な訓み不明。和名抄に備後国品治郡狩道郷があるが、訓みは付されていない。

安覆　→補1

高来　九本傍訓では「タカク」とある(民部式上8条の肥前国「高来」郡も)。元和

本和名抄は小城郡「高来」郷の訓みを「多久」とし、現在の佐賀県多久(タク)市に比定されるからタクが適当であろう。

賀周 肥前国風土記(松浦郡)に賀周里が見える。

新分 和名抄の訓みは写本によって「尓比支多」(伊勢本・東急本)、「迩比位多」(高山寺本)と若干異なるが、仮にニイイタと訓んでおく。

蚊藁 九本は「蚊稾」に作り、「サキラ」と訓むが、駅の所在地は「馬の跡」地名が残る熊本県阿蘇市の通称地名西河原に比定できるので、高山寺本和名抄(居処部)の「蚊藁」をとり、カワラと訓むのが適当であろう。

佐職 駅馬の項に佐職、伝馬の項に佐色とあり、両様の表字が用いられている。熊本県葦北郡芦北町佐敷に比定されるが、その隣地の花岡木崎遺跡出土の木簡には「佐色驛」とある(『木簡研究』三一、二〇〇九年)。高山寺本和名抄(居処部)の「御職」は誤記であろう。

仁王 同駅想定地の熊本県水俣市渡瀬に仁王(ニオウ)の地名がある。

優通 ↓補2

伊周 訓み不明で、該当地名もないが、周をスと訓む例が多いので、仮にイスと訓んでおく。

兵馬 本式72・73条参照。

筑後国 駅馬〈御井《みい》・葛野《かどの》・*狩道《かりじ》に各五疋〉、伝馬〈御井《みい》・上妻《かんつま》郡、狩道《かりじ》駅に各五疋〉

豊前国 駅馬〈社埼《もにさい》・到津《いたむつ》に各十五疋、田河《たがわ》・多米《ため》・刈田《かりた》・築城《ついき》・下毛《しもつみけ》・宇佐《うさ》・*安覆《あしぶ》に各五疋〉

豊後国 駅馬〈小野《おの》に十疋、荒田《あらた》・石井《いしい》・直入《なおり》・三重《みえ》・丹生《にう》・高坂《たかさか》・長湯《ながゆ》・由布《ゆふ》に各五疋〉、伝馬〈日田《ひた》・球珠《くす》・大野《おおの》・海部《あま》・大分《おおいた》・速見《はやみ》郡に各五疋〉

肥前国 駅馬〈基肄《きい》に十疋、切山《きりやま》・佐嘉《さか》・*高来《たく》・磐氷《いわひ》・大村《おおむら》・*賀周《かす》・逢鹿《おうか》・登望《とも》・杵島《きしま》・塩田《しおた》・*新分《にいいた》・船越《ふなこし》・山田《やまだ》・野鳥《のとり》に各五疋〉、伝馬〈基肄《きい》駅に五疋〉

肥後国 駅馬〈大水《おおむつ》・江田《えだ》・坂本《さかもと》・二重《ふたえ》・*蚊藁《かわら》・高原《たかはら》・蚕養《こかい》・球磨《くま》・長埼《ながさき》・豊向《とよふ》・高屋《たかや》・片野《かたの》・朽網《くたみ》・*佐職《さしき》・水俣《みなまた》・*仁王《におう》に各五疋〉、伝馬〈大水《おおむつ》・江田《えだ》・高原《たかはら》・蚕養《こかい》・球磨《くま》・豊向《とよふ》・片野《かたの》・朽網《くたみ》・佐色《さしき》・水俣《みなまた》駅に各五疋〉

大隅国 駅馬〈蒲生《かもう》・大水《おおむつ》に各五疋〉

薩摩国 駅馬〈市来《いちく》・英禰《あくね》・網津《おおつ》・田後《たじり》・櫟野《いちいの》・高来《たかく》に各五疋〉、伝馬〈市来《いちく》・英禰《あくね》・網津《おおつ》・田後《たじり》駅に各五疋〉

日向国 駅馬〈長井《ながい》・川辺《かわのべ》・刈田《かりた》・美弥《みみ》・去飛《こひ》・児湯《こゆ》・当磨《たいま》・広田《ひろた》・救麻《くま》・救弐《くに》・亜椰《あや》・野後《のじり》・夷守《ひなもり》・真斫《まさき》・水俣《みなまた》・島津《しまづ》に各五疋〉、伝馬〈長井《ながい》・川辺《かわのべ》・刈田《かりた》・美弥《みみ》・児湯《こゆ》・去飛《こひ》駅に各五疋〉

壱伎島 駅馬〈*優通《ゆうず》・*伊周《いす》に各五疋〉

大宰府〈*兵馬二十疋〉

傳　底ナシ。九ニヨリテ補ウ。
馬堪　底、弥書。九ニヨリテ削ル。
二人　底「三人」。儀式六ニヨリテ改ム。九・閣・梵ホカ底ニ同ジ。
一百卅二人　考異、下文ノ木槍・胡床ノ数量ニヨリテ、「一百卅四人」ニ作ルベシトナス。是カ。
横　底「摸」。井・壬・貞ニヨリテ改ム。

86駅家専当条
国郡司をして専当せしめ…　→補1
公私…致さば　行人は道を行く人の意。公用の場合は使者となる。宿泊施設に長逗留して負担をかけた場合をいうか。
駅長　→補2
87買百姓馬条
諸国の駅伝馬　→補3
百姓の馬　→補4

隼人司　→補5
1大儀条
元日即位および蕃客入朝等の儀　いわゆる大儀のこと。左右近衛式1条参照。
官人二人　正・佑・令史のうちの二人を指す。
史生　→補6
大衣　→補7
番上の隼人　→補8

凡諸國驛家令國郡司專當、其名毎年附帳申上、其公私行人停宿致損者、公使錄名申上、自餘量事科決、若專當官司及驛長等妄有許容、亦處重科、

凡諸國驛傳馬、皆買百姓馬堪騎用者置之、不得買用國司私馬、

隼人司

凡元日卽位及蕃客入朝等儀、官人二人、史生二人率大衣二人、番上隼人廿人、今來隼人廿人、白丁隼人一百卅二人、分陣應天門外之左右、蕃客入朝、天皇不臨軒者不陣、群官初入自胡床起、今來隼人發吠聲三節、蕃客入朝、不在吠限、其官人著當色、横刀、大衣及番上隼人著當色、横刀、白赤木綿耳形鬘、自餘隼人皆著大横布衫、襟袖著兩面欄、布袴、著兩面欄、緋帛肩巾、横刀、白赤木綿耳形鬘、番上隼人已上横刀私備、執楯槍並坐胡床、

86 凡そ諸国の駅家は*国・郡司をして専当せしめ、その名は毎年、帳に附して申上せよ。其れ*公私の行人《こうじん》、宿に停まりて損を致さば、公使は名を録して申上し、自余は事を量りて科決せよ。もし専当の官司および*駅長ら、妄《みだり》に許容することあらば、また重科に処せよ。

87 凡そ*諸国の駅伝馬は、皆、*百姓の馬の騎用に堪うるものを買いて置け。国司の私馬を買い用うることを得ず。

*隼人司《はやとのつかさ》

1 凡そ*元日・即位および蕃客入朝等の儀は、*官人《かんにん》二人・*史生二人、*大衣《おおきぬ》二人・*番上の隼人二十人・*今来《いまき》の隼人二十人・*白丁《びゃくちょう》の隼人一百三十二人を率いて、分れて*応天門《おうてんもん》外の左右に陣し〈蕃客入朝に、天皇、臨軒せざれば陣せず〉、群官初めて入《い》らば*胡床《あぐら》より起《た》ち、今来の隼人、*吠声《はいせい》を発すること三節〈蕃客入朝は、吠の限りにあらず〉。其れ官人は*当色《とうじき》・*横刀《たち》を著《つ》け、大衣および番上の隼人は当色、横刀、*白赤の木綿《ゆう》の耳形の鬘《かずら》を著け、自余の隼人は、皆、*大横《おおよこ》の布の衫《ひとえぎぬ》〈襟・袖に*両面の襴《すそ》を著けよ〉、*布袴《ほうこ》〈両面の襴を著けよ〉、緋の帛の*肩巾《ひれ》、横刀、白赤の木綿の耳形の鬘を著けよ〈番上の隼人已上の横刀は私に備えよ〉。楯・*槍《ほこ》を執りて、みな胡床に坐せよ。

今来の隼人　→補9

白丁の隼人　→補10

応天門　朝堂院南方の正門。中巻図3参照。

胡床　兵部式17条参照。

吠声　→補11

当色　養老令制では、相当位が六位の正の服色は深緑、八位の佑の服色は深縹、初位の令史の服色は浅縹であった。

横刀　片刃の長大な刀をいうが、同訓の「大刀」とは書き分けられる場合もあった。正倉院の遺物によれば、「横刀」は刃渡りが短く横幅の広いものを指す。

白赤の木綿の耳形の鬘　白色と赤色の木綿で耳たぶの形にしつらえた鬘。隼人であることを明示する異装で、白と赤の組み合せは本式18条に見える隼人楯とも共通する。

大横の布の衫…布袴　→補12

両面の襴　両面錦を用いて襟・袖につけた裂(キレ)。襟と袖に襴がつくのは特異な例であり、あるいは隼人の衣装の特徴を示すか。

布袴　下級の者が用いる麻布製の袴で奴袴ともいう。裾口に通した緒で括りすぼめるようになっており、指貫の原型となった。

肩巾　→補13

槍　本式18条によれば木槍。

凡踐祚大嘗日、分陣ニ應天門内左右一、其群官初入發レ吹、悠紀入官人幷彈琴、吹笛、擊百子、拍手、歌、儛人等、彈琴二人、吹笛二人、擊百子四人、拍手二人、歌二人、儛二人、從ニ興禮門一參ニ入御在所屏外一、北向立奏ニ風俗歌儛一、主基入亦准レ此、

凡遠從駕行者、官人二人、史生二人、率ニ大衣二人、番上隼人四人及今來隼人十人一、供奉、番上已上並帶ニ横刀一騎レ馬、但大衣已下著ニ木綿鬘一、今來著ニ緋肩巾、木綿鬘一、帶ニ横刀一、執レ槍步行、其駕經ニ國界及山川道路之曲一、今來隼人爲レ吠、

凡行幸經レ宿者、隼人發レ吠、但近幸不レ吠、

凡大儀及行幸給ニ裝束一者、大衣各紅鬘木綿大二分、白木綿二分、隼人各肩巾緋帛五尺、紅鬘木綿一分、白木綿一分、衣料調布二丈一尺、袴料七尺、並揩ニ大横一、襟、袖幷袴襴料兩面四尺四寸、衣四尺、袴四寸、並具レ所レ須申レ省請受、但肩巾、衣袴隨レ損申請、

凡大儀者、預前申レ官、喚ニ集諸國隼人一、令レ供ニ其事一、仍給ニ間食一、

拍　底「栢」。九・閣ホカニヨリテ改ム。
二　底「一」。考異ニ従イテ改ム。
拍　底「相」。九・閣ホカニヨリテ改ム。
二　底「一」。本式1条ニヨリテ改ム。
著　底ナシ。版本ニ従イテ補ウ。下同ジ。
帯　底ナシ。版本ニ従イテ補ウ。
間　底「門」。九・塙・貞ニヨリテ改ム。

2大嘗日条

悠紀　ここでは大嘗宮の一角に設けられる悠紀の儀式の斎場を指す。
弾琴…　風俗歌舞の奏楽者。→補1
興礼門　コウライモンとも。中巻図3参照。
風俗の歌儛　→補2
主基　ここでは大嘗宮の一角に設けられる主基の儀式の斎場を指す。

3駕行条

遠従の駕行　次条に見える「近幸」に対して京外への行幸をいうか。ただし、仁明朝以降、大嘗祭の御禊行幸を除き、京周辺への行幸自体が行なわれなくなる。太政官式112条参照。
木綿鬘　本式1条に見える「白赤木綿耳形鬘」のこと。料物については、本式5

2凡そ践祚大嘗の日、分れて応天門内の左右に陣せよ。其れ群官初めて入らば吠を発せよ。*悠紀《ゆき》に入る官人ならびに*弾琴《みことひき》・吹笛《ふえふき》・撃百子《ひょうしうち》・拍手《てうち》・歌・儛の人ら〈弾琴二人、吹笛二人、撃百子四人、拍手二人、歌二人、儛二人〉は、*興礼門《こうれいもん》より御在所の屛外に参入り、北に向かいて立ち、*風俗《くにぶり》の歌儛を奏せ。*主基《すき》に入るもまたこれに准えよ。

3凡そ*遠従の駕行には、官人二人・史生二人、大衣二人・番上の隼人四人および今来の隼人十人を率いて供奉《ぐぶ》せよ〈番上已上は、みな横刀を帯び馬に騎《の》れ。ただし大衣已下《いげ》は*木綿鬘《ゆうかずら》を著けよ。今来は緋の肩巾・木綿鬘を著け、横刀を帯び、槍を執りて歩行せよ〉。その駕、*国界および山川道路の曲《まがり》を経るときは、今来の隼人、吠をなせよ。

4凡そ行幸の*宿を経んには、隼人、吠を発せよ。ただし*近き幸《みゆき》は吠せざれ。

5凡そ*大儀および行幸に装束を給わんには、大衣に各紅《おのおのくれない》の鬘の木綿大二分、白き木綿二分、*隼人に各肩巾の緋《あけ》の帛五尺、紅の鬘の木綿一分、白き木綿一分、衣の料の調布二丈一尺、袴の料七尺〈みな大横に揩れ〉、襟・袖ならびに袴の襴の料の両面四尺四寸〈衣に四尺、袴に四寸〉、みな須《もち》うるところを具《つまびらか》にし、省に申して請い受けよ〈ただし*肩巾・衣・袴は損ずるに随いて申し請え〉。

6凡そ大儀は、あらかじめ*官に申し、*諸国の隼人を喚《め》し集《つど》えて、その事に供《つか》えしめよ。仍りて*間食《かんじき》を給え。

条参照。

国界および山川道路の曲　邪霊が潜み進入してくるとされる場所。隼人の吠声により邪霊を払除した。

4行幸経宿条

宿を経ん　臨時祭式16条によれば、宿泊する場合にのみ行幸に伴う祭祀が執行されることになっており、路次の神、堺、宿泊する建物、供御の井戸・竈などを祀った。臨時祭式17～21条参照。

近き幸　京内における行幸。豊楽院や神泉苑などへの節会に伴う行幸が該当するか。中務式49条参照。

5大儀装束条

大儀　本式1条参照。

隼人　ここでは今来隼人と白丁隼人のこと。番上隼人は大衣と同じく当色に木綿鬘の装束を着した。本式1条参照。

肩巾衣袴　衣・袴の製作については、縫殿式12条参照。肩巾(領巾)については、中宮のものであるが、同じく縫殿式10条が参考となる。

6大儀喚集条

官に申し　→補3

諸国の隼人　→補4

間食　正規の朝夕二度以外に、激しい労働に従事する者などに給される食事。なお、定例ではない臨時の受食者への食とする見解もある。内膳式34条参照。

凡今來隼人、令㆓大衣習㆒㆑吠、左發㆓本聲㆒、右發㆓末聲㆒、惣大聲十遍、小聲一遍、訖一人更發㆓細聲㆒二遍、

凡正月十五日、史生一人并大衣率㆓今來隼人㆒、就㆓主殿寮㆒發㆑聲一節、乃進㆓御薪㆒、

凡大衣者、擇㆓譜第內㆒、置㆓左右各一人㆒、大隅爲㆑左、阿多爲㆑右、教㆓導隼人㆒、催㆓造雜物㆒、候㆑時令㆑吠、若有㆑闕者申㆑省、省卽申㆑官補之、

凡番上隼人廿人、有㆑闕者取㆓五畿內及近江、丹波、紀伊等國隼人幹了者㆒、申㆑省補之、不㆑在㆘給㆓時服及粮㆒之限㆖、

凡今來隼人給㆓時服及鹽㆒、春夏男別絹一尺、袴腰料、布二端、二丈一尺朝服一領料、一端衣二領料、二丈一尺袴三腰料、庸布一段、履直、緜三銖、縫㆓衣袴㆒料、鹽一斗、漬㆑菜料、女絹三丈、下裙料、布二端三丈、三丈衣二領料、一端表裙二腰料、一端下裙二腰料、庸布一段、履直、緜三銖、縫㆓衣裙㆒料、秋冬男絹一疋一尺、綿三屯、布二端、庸布一段、緜三銖、鹽一斗、女絹一疋、綿三屯、布二端三丈、庸布一段、緜三銖、其粮每月一給、男日黑米三升、鹽三勺、女日黑米二升、鹽二勺、其三年

導　底「道」。九ニヨリテ改ム。
絹　下文ニヨルニ、コノ下「一丈」ニ字ヲ脱セルナラン。
袴　下文ニヨルニ、コノ下「三」一字ヲ脱セルカ。
二　底、弥書。九・貞ニヨリテ削ル。

7習吠条

左・右　大隅隼人が左、阿多隼人が右。本式9条参照。
本声・末声　発声の前後(一番目と二番目)のことをいったものか。
大声・小声　声の大小、発声の仕方をいったものか。
細声　か細い声か。

8正月十五日条

正月十五日　いわゆる御薪進上の儀が行なわれる。隼人司からの進上分は兵部省によって検校された。兵部式3条参照。
史生　三代格大同四・四・三符で史生二人を新置した。式部式上90条には隼人司の史生を五人とする。儀式九(正月十五日於宮内省進御薪儀)に、諸司の史生が移文をもって主殿寮に向かうとある。史生については兵部式1条参照。
主殿寮　薪の数および状態の良し悪しの

7凡そ今来の隼人、大衣に吠を習わしめよ。*左は*本声を発し、*右は*末声を発せよ。惣《す》べて*大声十遍、*小声一遍。訖らば一人、更に*細声を発すること二遍。

8凡そ*正月十五日に、*史生一人ならびに大衣、今来の隼人を率いて*主殿寮に就き、声を発すること一節、すなわち御薪《みかまき》を進《たてまつ》れ。

9凡そ大衣は、*譜第の内より択び、左右に各一人を置け〈*大隅《おおすみ》を左となし、*阿多《あた》を右となせ〉。隼人を教え導き、*雑《くさぐさ》の物を催し造り、*時を候《み》て吠せしめよ。もし闕くることあらば、省に申し、省、すなわち官に申して補せよ。

10凡そ番上の隼人二十人、闕あらば*五畿内および近江・丹波・紀伊等の国の隼人の*幹了なる者を取りて、省に申して補せよ。*時服および*粮を給うの限りにあらず。

11凡そ今来の隼人に時服および塩を給わんには、春夏は男別《ごと》に絹一尺〈袴腰の料〉、布二端〈二丈一尺は*朝服一領の料、一端は衣二領の料、二丈一尺は袴三腰の料〉、庸布一段〈履《くつ》の直《あたい》〉、糸三銖〈衣・袴を縫う料〉、塩一斗〈菜を漬くる料〉。女に絹三丈〈*下裙《したも》の料〉、布二端三丈〈三丈は衣二領の料、一端は*表裙《うわも》二腰の料、一端は下裙二腰の料〉、庸布一段〈履の直〉、糸三銖〈衣・裙を縫う料〉。秋冬は男に絹一疋一尺、綿三屯、布二端、庸布一段、糸三銖、塩一斗。女に絹一疋、綿三屯、布二端三丈、庸布一段、糸三銖。その粮は毎月一たび給え。男は日に*黒米《くろよね》三升、塩三勺。女は日に黒米二升、塩二勺。其れ三年に

検察が行なわれる(宮内式40条)。

9大衣条

譜第　畿内に移住した大隅忌寸と阿多忌寸それぞれの代表的家柄。

大隅・阿多　→補1

雑の物　職員令60条本注には「造二作竹笠一事」とあり、本式14～16条が該当する。このほかに油絹がある(本式13条)。

時を候て　儀式および行幸などの際に。

10番上隼人条

五畿内…紀伊等の国の隼人　故地から集団で移住し、隼人司に隷属した隼人。北山抄五(大嘗会事)には配置先としてこれに伊勢を加えている。→補2

幹了　身体強健で才知に秀でること。

時服　→補3

粮　本式次条参照。

11時服条

朝服　有位の官人の日常の参内用の衣服を指すが、それに無位の者の制服を含める用例もある。本条の場合は後者。

下裙・表裙　鈴木敬三は、衣服令8～10条に見える褶・裙が、延喜式では下裙・表裙と記されるようになったとする(『有識故実図典』一二四頁、一九九五年)。一方、高田倭男は、褶を表に着する裳の一種とする(『服装の歴史』五〇頁、二〇〇五年)。

黒米　玄米。

一給二布衾及鋪設一、人別調布一端、綿十三屯、席一枚、折薦二枚、（女同、）並限二一身一、若有レ死者、給二賻物一、人別絁一疋、調布二端、庸布一段、白米五斗、酒一斗、腊一斗五升、鹽三升、

凡今來隼人身亡者、擇二取畿內隼人一充之、廿人爲レ限、其時服春夏人別庸布一段、秋冬庸布二段、庸綿三屯、粮人別日黑米二升、鹽二勺、亦三年一度給二布衾一、人別調布一端、綿十三屯、

凡毎年造進油絹六十疋、（緋卅疋、縹廿五疋、白五疋、）其料絹自二內藏寮一請取、卽捺二寮印一行之、但荏油一斛三斗八升、（疋別充二一升三合一、）練絲二兩二分、（縫二絹端一料、疋別一銖、）調綿三屯、（絞レ油料、）苧二斤十三兩、（張レ絹料繩、）簀一枚、席一枚、（並置レ絹料、）調布一端二丈、（一端一丈二尺作手隼人二人衣袴料、八尺巾二條料、）摩レ油料田具卅口、（以二一口一充二絹二疋一、）薪八千二百八十斤、（煎レ油料、以二六十斤一充二一升一、）篚二百枚、（張レ絹料、大和國所レ進、十一月以前、）造功七百廿人、（疋別十二人、）其絹結解帳、毎年造二二通一、一通送二內藏寮一、一通取二寮押署一收レ司、

亡　底「已」。貞ニヨリテ改ム。
絹　主殿式12条「絁」。
自　底「者」。塙イ本・貞イ本・版本・雲ニヨリテ改ム。
二　底「三」。考異、分注ニヨリテ「二」ニ改ム。コレニ従ウ。
袴　底ナシ。九ニヨリテ補ウ。
人　底「疋」。版本ニ従イテ改ム。

鋪設　敷物や調度品等居住に必要な建物の諸設備をいうが、ここでは席・折薦を指す。
賻物　↓補1
白米　精白した米。
腊　宍肉や魚肉を丸ごと乾したもの。主計式上2・4条参照。

12身亡条
凡そ今来の隼人…　↓補2
その時服は…　本式11条の規定より質・量ともに落ちるのは、本来の今来隼人に代えて欠員を畿内隼人で補充したためか。なお、後紀大同三・十二・壬子条や三代格同四・正・七符では「特准二衛士一」と記すが、本条の時服と中務式74条記載の衛士の時服は布の種類は異なるものの量は一致する。

一たび布の衾《ふすま》および鋪設*を給わんには、人別に調布一端、綿十三屯、席《むしろ》一枚、折薦《おりごも》二枚〈女も同じくせよ〉。みな一身を限り、もし死することあらば*賻物《ふもつ》を給え。人別に絁《あしぎぬ》一疋、調布二端、庸布一段、*白米《しらよね》五斗、酒一斗、*腊《きたい》一斗五升、塩三升。

12 *凡そ今来の隼人、身亡《う》せなば、畿内の隼人を択び取りて充てよ。二十人を限りとなせ。*その時服は、春夏は人別に庸布一段、秋冬は庸布二段、庸の綿三屯。粮は人別に日に黒米二升、塩二勺。また三年に一度、布の衾を給わんには、人別に調布一端、綿十三屯。

13 凡そ毎年造り進る油絹*六十疋〈緋三十疋、縹《はなだ》二十五疋、白五疋〉。その料の絹は内蔵寮より請け取り、すなわち寮の印を捺して行なえ。ただし*荏《え》の油一斛三斗八升〈疋別に二升三合を充てよ〉、練糸*二両二分〈絹の端を縫う料。疋別に一銖〉、調の綿三屯〈油を絞る料〉、*苧《からむし》二斤十三両〈絹を張る料の縄〉、簀《す》一枚、席一枚〈みな絹を置く料〉、調布一端二丈〈一端一丈二尺は作手の隼人*二人の衣・袴の料、八尺は*巾《たのごい》二条の料〉、油を摩《す》る料*の*田具《でんぐ》三十口《く》〈一口を以て絹二疋に充てよ〉、薪《みかまき》八千二百八十斤〈油を煎ずる料。六十斤を以て一升に充てよ〉、*篦《の》二百枚〈絹を張る料。大和国の進るところ*。十一月以前〉、造功七百二十人〈疋別に十二人〉。其れ絹の結解帳*《けちげちょう》は毎年二通を造り、一通は内蔵寮に送り、一通は寮の押署を取りて司に収《い》れよ。

13油絹条

油絹 →補3

荏の油 シソ科の植物荏胡麻の種子を絞った油。主計式上に中男作物として美濃・越前・加賀・出雲・筑前・筑後・肥前・肥後・豊前・豊後の各国に見える。

練糸 生糸を灰汁などで煮て膠質を取り除き、柔らかくした糸。和名抄の練の項に「熟絹」とある。民部式上16条参照。

苧 イラクサ科の多年草。茎の皮から採る青苧(アオソ)は、木綿が普及する以前の代表的繊維であった。本条では、油を塗る絹布を張るための縄の用度として挙げられている。

作手の隼人 →補4

巾 手ぬぐい。

油を摩る料 油を温めて水分を蒸発させ、濃縮する工程のための料物か。

田具 『大字源』によると、「田」には「陳」と同系の「平らに押し伸ばす」の意味があり、それからすると田具は濃縮した油を絹の表面に薄くのばして塗る道具と考えられるが、具体的な形状等については不明である。

篦 油を塗った絹が縮まないように布地の両端に渡した細串状の竹(伸子)か。

大和国の進るところ 民部式下8条に「隼人司油絹料二百隻」と見える。

絹の結解帳 →補5

凡應レ供二大嘗會一竹器熬笥七十二口、煠籠七十二口、料篦竹口別六株、乾二索餅一籠廿四口、口別十三株、籮六口、口別十五株、預前造備送二宮内省一、

年料竹器

薫籠大一口口徑二尺二寸、高二尺七寸、料篦竹五十株、中一口口徑一尺八寸、高二尺、料篦竹卅株、漉レ紙簀十枚長各二尺四寸、廣一尺四寸、料篦竹各廿株、茶籠廿枚方二尺、料篦竹各六株、

凡造二竹綾刺帙一、長功十八日一張、長二尺、闊一尺五分、作二竹揲線一成レ帙、中功廿一日一張、短功廿五日一張、

凡年料雜籠料竹四百八十株、用二司園竹一、

凡威儀所レ須横刀一百八十口、楯一百八十枚、枚別長五尺、廣一尺八寸、厚一寸、頭編二著馬髪一、以二赤白土墨一畫二鉤形一、木槍一百八十竿、長一丈一尺、胡床一百八十脚、並收レ司臨レ時出用、若有二破損一、申レ省修理、

凡隼人計帳者、五畿内幷近江、丹波、紀伊等國、毎年一通附二大帳使一進レ官、官下レ司、其班田之年、亦進二田籍一、

揲　底「様」。九ニヨリテ改ム。
司　底、コノ下「國」字アリ。九ニヨリテ削ル。
八　底「九」。考異ニ従イテ改ム。
厚　底「原」。九・閣ホカニヨリテ改ム。
土　底「立」。九・閣ホカニヨリテ改ム。
墨　底「黒」。九ニヨリテ改ム。
脚　底「張」。版本ニ従イテ改ム。
司　底ナシ。九ニヨリテ補ウ。

14大嘗会竹器条

凡そ大嘗会に…　大嘗祭式20条に「籮八口、志多美八口」とあるが、本条との関連は不明。本条の用度の篦竹は民部式下8条に見えるものか（小林行雄「隼人造籠考」〈『日本書紀研究』一、一九六四年〉）。

竹器の熬笥　内膳式23条に「熬笥廿四口〈熬雑糒料〉」とあることから、糒等を熬るための器か。

煠籠　内膳式23条に「漉籠廿四口〈漉雑煠餅〉」とある漉籠と推定され、餅を茹でる際に用いたものか（小林前掲論文）。

索餅　→補1

籮　和名抄に「考声切韻云、江南人謂レ筐、底方上円者為レ籮」とあり、底部が方形で上部が円形のザルか。

宮内省に送れ　宮内式28条参照。

15年料竹器条

14 *凡そ大嘗会に供《そな》うべき*竹器の熬笥《いりけ》七十二口、*煤籠《あぶりこ》七十二口〈料の篦竹は口別に六株〉、*索餅《むぎなわ》を乾す籠二十四口〈口別に十三株〉、*籭《したみ》六口〈口別に十五株〉。あらかじめ造り備えて*宮内省に送れ。

15 *年料の竹器

*薫　籠《たきもののこ》の大一口〈口の径《さしわたし》　二尺二寸、高二尺七寸〉の料の篦竹五十株。中一口〈口の径一尺八寸、高二尺〉の料の篦竹四十株。紙を漉《す》く簀十枚〈長さ各二尺四寸、広さ一尺四寸〉の料の篦竹各二十株。*茶籠《ちやのこ》二十枚〈方二尺〉の料の篦竹各六株。

16 凡そ*竹の綾刺《あやざし》の帙を造らんには、*長功は十八日に一張〈長さ二尺、闊《ひろ》さ一尺五分。*竹を搓《より》線《いと》に作りて帙と成せ〉、中功は二十一日に一張、短功は二十五日に一張。

17 凡そ*年料の雑《くさぐさ》の籠の料の竹四百八十株は、*司の園の竹を用いよ。

18 凡そ*威儀に須うるところの横刀一百八十口、*楯一百八十枚〈枚別《ごと》に長さ五尺、広さ一尺八寸、厚さ一寸。頭には馬の髪を編み著けよ。*赤白の土《はに》、墨を以て*鉤形《かぎがた》を画け〉、木槍《きぼこ》一百八十竿〈長さ一丈二尺〉、胡床《あぐら》一百八十脚、みな司に収め、時に臨みて出だし用いよ。もし破損することあらば、省に申して修理せよ。

19 凡そ*隼人の計帳は、*五畿内ならびに近江・丹波・紀伊等の国、毎年一通を大帳使に附《さず》けて官に進り、官、司に下せ。其れ班田の年は、また*田籍を進れ。

年料の竹器　→補2

薫籠　香炉の上に伏せて衣によい香りを薫きこむための道具。和名抄に「方言注云火籠〈多岐毛乃々古〉今薫籠也」とある。

茶籠　→補3

16竹綾刺帙条

竹の綾刺の帙　→補4

長功は…　「功」は一日の仕事の標準を示す単位。季節による労働時間の差異に基づいて長・中・短の別があった。

竹を…に作りて　帙の表地を編むための素材として竹を細かく裂いたものか。

17年料雑籠料条

年料の雑の籠の料　→補5

司の園　→補6

18威儀物条

威儀　本式1条参照。

楯　平城宮南西隅の井戸跡から出土したいわゆる「隼人楯」と呼ばれる一六枚の板と、寸法や文様がほぼ一致する(『平城宮発掘調査報告』九〈一九七八年〉参照)。

赤白の土墨　楯に描かれた文様の色をいう。出土した楯(前項参照)の痕跡から赤・白・墨の三色と考えられる。

鉤形　→補7

19隼人計帳条

隼人の計帳　→補8

五畿内…紀伊等の国　本式10条参照。

田籍　隼人だけの田籍を作成したか。

凡隼人等不仕料、及徭分絶戸田地子等、充二修理料幷雑用一、

延喜式卷第廿八

延長五年十二月廿六日

外従五位下行左大史臣阿刀宿禰忠行

従五位上行勘解由次官兼大外記紀伊権介臣伴宿禰久永

従四位上行神祇伯臣大中臣朝臣安則

大納言正三位兼行民部卿臣藤原朝臣清貫

左大臣正二位兼行左近衛大将皇太子傅臣藤原朝臣忠平

延長五年…（五行）　各巻同文ニツキ、巻第廿九以降ハ記載ヲ省略ス。

臣　底ナシ。九・貞ニヨリテ補ウ。

20凡そ隼人らの*不仕の料および*徭分、*絶戸田の地子等は、修理料ならびに雑用に充てよ。

延喜式巻第二十八

延長五年十二月二十六日　外従五位下行左大史臣阿刀宿禰忠行

従五位上行勘解由次官兼大外記・紀伊権介臣伴宿禰久永

従四位上行神祇伯臣大中臣朝臣安則

大納言正三位兼行民部卿臣藤原朝臣清貫

左大臣正二位兼行左近衛大将・皇太子傅臣藤原朝臣忠平

20不仕料条

不仕の料　図書式28条参照。

徭分　何らかの理由で雑徭を負担しない場合に、その代わりとして納めた稲・銭などのこと。臨時祭式83条に「徭分」、民部式上49条に「徭分并功稲」、同66条に「徭分稲」の用例が見える。

絶戸田の地子　戸の構成員が災害や疫病で死に絶えた場合、口分田を収公し、それを班田の年になる前に賃租して地子を徴した(主税式上10条参照)。隼人らの絶戸の地子が各国に入らず、隼人司の修理料・雑用に充てられたのは、彼らの扱いが特別だったためであろう。

巻第廿九　→校補1
物　九「服」。
鐘　九「鍾」。
凡訴訟人…　→校補2

刑部省　→補1

1盗取仏像条

仏像　→補2
色を渝う　形態を変えること。
本処　本来の所有者。本主に同じ。
本これ仏像は…菩薩に添え造れ　金銅仏を別物に改作した場合、もとが仏像ならば仏像を、菩薩像ならば菩薩像を造る際に素材に添加して利用する。

2僧尼犯罪条

皆衆証によりて…捶拷すべからず　複数の証拠・証人に基づいて刑を判断せよ。拷問してはいけない。→補3
還俗　→補4
﨟数　仏教修行の年数。→補5
治部民部等の省に移し送り　治部・民部両省に移を送付して処理する。→補6
帳籍に除附せよ　僧尼の戸籍から削除し、一般の民の戸籍・計帳に附す。

3訴訟人条

省の丞録および…を遣して　→補7

延喜式巻第廿九　刑部　判事　囚獄

刑部省

弘 凡盗二取佛像一改二作衣物一、雖レ渝二其色一猶送二本處一、若不レ知レ主者、便入二寺家一、毀二金像一、作二鏡鐘一、亦隨二見在一入レ寺、若作二釜及雜器一者、本是佛像添二造佛像一、菩薩添二造菩薩一、不レ須二交雜一、

弘 凡僧尼犯レ罪應レ訊者、皆據二衆證一定レ刑、不レ須二捶拷一、其應二還俗一者、具注二本貫、姓名、年紀、﨟數一、移二送治部、民部等省一、除二附帳籍一、

弘 凡訴訟人注二僧尼一爲二證人一者、遣二省丞、錄、及判事、屬各一人一、就レ寺勘二問虚實一、

弘 凡緣レ有二勘事一、應レ請二諸寺三綱一者、移二送治部一、

弘 凡五位以上、犯レ罪應レ推者、皆設二床席一、

貞弘 凡流罪以下隨レ發且斷、其死刑者皆惣斷、十月四日申レ官、卽斷文令二判事、屬申送一、

貞 凡流移罪人者、省申レ官、遞請二左右兵衞一爲二部領一、卽

延喜式巻第二十九〈刑部・判事・囚獄〉

*刑部省

1 凡そ*仏像を盗み取りて衣・物に改め作らば、その*色を渝《か》うと雖もなお*本処に送れ。もし主を知らざれば、便《たより》に寺家に入れよ。金像《こんぞう》を毀《こぼ》ちて鏡・鐘を作らば、また見在《げんざい》に随いて寺に入れよ。もし釜および雑《くさぐさ》の器を作らば、*本《もと》これ仏像は仏像に添《そ》え造り、菩薩は菩薩に添え造れ。交雑すべからず。

2 凡そ僧尼罪を犯して訊《と》うべくは、*皆衆証によりて刑を定めよ。捶拷《すいごう》すべからず。其《そ》れ*還俗すべくは、具《つぶさ》に本貫・姓名・年紀・*臈《ろう》数を注《しる》して、*治部・民部等の省に移《い》し送り、*帳籍に除附せよ。

3 凡そ訴訟人、僧尼を注して証人となさば、*省の丞《じょう》・録《さかん》、および判事・属《さかん》各《おのおの》一人を遣して寺に就きて虚実を勘《かんが》え問わしめよ。

4 凡そ*勘うる事あるによりて、諸寺の*三綱を請《しょう》ずべくは、*治部に移し送れ。

5 凡そ*五位以上、罪を犯して推《と》うべくは、皆*床《とこ》・*席《むしろ》を設けよ。

6 凡そ*流罪以下《いげ》は発《おこ》るに随いて且《かつ》は*断ぜよ。其れ*死刑は皆惣べて断じて、十月四日に官に申せ。すなわち*断文は判事・属をして申し送らしめよ。

7 凡そ*流移《るい》の罪人は、*省、官に申して*遞《たがい》に左右の兵衛を請《う》け、部領となせ。すなわち

4勘事条

勘うる事　実否究明のための事情聴取。

三綱　上座・寺主・都維那の三職。

治部に移し送れ　治部省に移を送付する。三綱は補任の後、任符の内容が治部省に告知されている(玄蕃式59条)。

5五位以上犯罪条

五位以上　↓補8

床　牀とも。木製の腰掛け。背もたれはない。六位以下には床は支給されない。獄令53条参照。

席　蓆とも。筵(和名抄でムシロ)のこと。

6流罪以下条

流罪以下　↓補9

断　判決を下すこと。

死刑は皆…十月四日に官に申せ　↓補10

断文　流罪以上と除免官当の断文。太政官式135条参照。

7流移罪人条

流移の罪人　流人と移郷人。移人については「移人、謂、本犯除名者」(獄令17条)とあり、本犯は除名にあたるが赦に会って移郷に処せられた者。

省官に申して　↓補11

遞に左右の兵衛を請け部領となせ　左右兵衛式20条に「凡捉人将領兵衛二人、毎レ番移ニ送京職一」とあり、兵衛が犯罪者の移送を担当することとなっていた。

授㆓省符㆒、路次差㆓加防援㆒、令㆑達㆓前所㆒、其返抄者、從㆑官下㆑省、

貞 凡格式立㆑制不㆑定㆓其罪㆒、律有㆓本條㆒、依㆑律罪之、不㆑緣㆓違式之科㆒、

弘 凡有㆓柵戸逃亡㆒、若元差㆓平民㆒爲㆓柵戸㆒者、以㆓戸口逃亡罪㆒論、若特宥㆓死罪㆒配㆓柵戸㆒者、准㆓兵士逃亡法㆒、

弘 凡私鑄㆑錢、其作具幷錢銅等物、皆沒官、

弘 凡犯㆑罪會㆓赦及降㆒合㆑免者、並據㆓赦降出日㆒免㆑罪、

弘 凡罪人會㆑赦合㆑放者、省卽免之、不㆑可㆑申㆑官、

弘 凡被㆑告㆓犯罪㆒推劾無㆑罪、及徒人役滿依㆑法合㆑免、其爲㆑人凶惡衆庶共知者、不㆑須㆓放免㆒、禁㆓固獄中㆒、自餘應㆑放者、申㆑官免之、

弘 凡告㆓囚罪名㆒者、囚獄司引㆓罪人㆒、就㆓省版位㆒、卽判事、屬讀㆓示判狀㆒、少判事以上覆㆓問服不㆒、

弘 凡犯㆑罪之人、或尫或弱、決杖之時、且寒且熱、重

之　底ナシ。九ニヨリテ補ウ。
特　底「持」。九・閣ニヨリテ改ム。
自餘　底「理」一字。九ニヨリテ改ム。

防援　獄囚の移動や懲役に際しての警備者。前掲「省官に申して」参照。→補1
前所　目的地、すなわち流移人の配所。
返抄　受領を証明する文書。配所送達後は刑部省・太政官に報告するが（獄令13条）、本条によれば、返抄はまず太政官に提出され刑部省に送られる。

8格式立制条
格式…律によりて罪せよ　格式に罪が定められていない場合は、律条に従って科罪する。→補2

9柵戸逃亡条
柵戸　本来は東北の城柵の周辺に移住させられた戸のことであるが、八世紀半ば以降には遠流の一方式として柵戸とする処置が行なわれた。
戸口逃亡の罪・兵士逃亡の法　→補3
特に死罪を宥して…　延喜式段階では、死罪の判決後に、罪一等を減じて遠流に処すのが通例であった。→補4

10私鋳銭条
私に銭を鋳ば　いわゆる私鋳銭。本条は私鋳に利用した物資の処分規定であるが、壬生本西宮記(成勘文事)所引左右検非違使式とは異なる。→補5
銭銅等の物　鋳造した銭と原料銅など。
11会赦条
降　減刑のこと。
12会赦即免条
赦降の…罪を免せ　→補6
13無罪合免条
犯罪を…罪なし　告言(告訴・告発)を受けても調査の結果罪とは判断できない場合。→補7
その人と為り凶悪…禁固せよ　→補8
14告罪名条
囚に罪名を告ぐる　獄令6条に「凡断レ罪行レ刑之日、並宣二告犯状一」とあり、刑の執行にあたっては罪囚に罪名を宣告する。
囚獄司　囚獄式冒頭補注参照。
服不を覆問せよ　罪囚に判決への承服・不服を問う。→補9
15罪人尫弱条
凡そ罪を犯すの人…　→補10
或いは尫しく或いは弱く　体が虚弱であること。
且は寒く且は熱く　悪寒や熱発などの体調の異変が見られること。

省符を授け、路次に*防援を差《さ》し加え、*前所に達《おく》らしめよ。其れ*返抄は、官より省に下せ。

8 凡そ*格式制を立つるもその罪を定めず、律に本条あらば、律によりて罪《つみ》せよ。違式の科によらざれ。

9 凡そ*柵戸《きのへ》の逃亡あらんには、もし元《もと》平民を差《つか》わして柵戸となせしは、*戸口逃亡の罪を以て論ぜよ。もし特に*死罪を宥《ゆる》して柵戸に配せしは、*兵士逃亡の法に准《なぞら》えよ。

10 凡そ*私に銭を鋳《い》ば、その作具ならびに銭*・銅《あかがね》等の物は、皆没官《もつかん》せよ。

11 凡そ罪を犯すも赦および*降に会いて免《ゆる》すべくは、みな*赦・降の出でん日によりて罪を免せ。

12 凡そ罪人赦に会いて放つべくは、省すなわち免せ。官に申すべからず。

13 凡そ*犯罪を告げらるるも推劾するに罪なし、および徒人《ずにん》の役《えき》満ちて法によりて免すべきは、*その人と為《な》り凶悪にして衆庶ともに知らば、放ち免すべからず。獄中に禁固せよ。自余の放つべきは、官に申して免せ。

14 凡そ*囚に罪名を告ぐるときは、*囚獄司罪人を引きて、省の版位《へんい》に就け。すなわち判事・属、判状を読み示し、少判事以上、*服不を覆問せよ。

15 *凡そ罪を犯すの人、*或いは尫《まず》しく或いは弱《よわ》く、決杖の時、*且は寒く且は熱く、重く

加二頓杖一、恐レ致二死亡一、須レ量二其貌一、滿レ役之間、准折決畢、

貞 凡諸國不レ進二犯罪人位記一、移二式部省一、拘二留朝集使返抄一、

弘 凡應レ毀二罪人位記一者、省收二位記一、申二送辨官一、官以二位記一返二付省一、更定レ日申レ官、其日丞、錄與二中務、式部、兵部等省一共就二太政官一、•三省錄各持二位案筥一、刑部錄持二位記筥一、共入列二立庭中一、北面東上、大臣命、召、稱唯就レ座、辨官申下可レ毀二位記一之狀上、訖卽刑部錄以二位記筥一、進付二外記一、外記申云、毀二位記若干枚一、大臣命、毀之、稱唯毀、畢錄進取二位記筥一復レ座、訖卽退出、事見二儀式一、

•凡•流•移人者、省定二配所一申レ官、具錄二犯狀一下二符所在幷配所一、良人請二內印一、賤隷請二外印一、其路程者、從レ京爲レ計、伊豆、去レ京七百七十里、安房、一千一百九十里、常陸、一千五百七十五里、佐渡、一千三百廿五里、隱伎、九百一十里、土左等國一千二百廿五里、爲二遠流一、

三 式部式下40条「二」。

凡流移人… →校補3

頓杖 唐律等に用例は見えない。頓病等と同じく、罪人の状態を見ずに俄に一気に杖を加えることか。

死亡を致す 獄囚が死亡した時は、地方の場合、朝集使に附して太政官に報告し、太政官が派遣する使者(覆囚使)の調査を受ける(獄令34条および同条義解)。

その貌を量るべし 罪人の体の状態を見て判断せよ。

役を満たすの間… 刑の間に決杖数を分割して執行する。

16不進罪人位記条

諸国犯罪人の位記を進らざれば →補1

朝集使の返抄を拘留せよ 獄令47条の「凡盗発、及徒以上囚、各依二本犯一、具録二発及断日月一、年別摠レ帳、附二朝集使一、申二太政官一」の規定から考えると、犯罪人の位記も朝集使が提出するか。

17毀罪人位記条

罪人の位記を毀る 内外の有位者で除免官当以上の罪を犯した場合は位記を毀る。→補2

省位記を収め弁官に申し送れ 刑部省は判決を太政官に申送し、奏聞の後、式部・兵部両省に移を送る(五位以上は中

*頓杖を加えて、*死亡を致すことを恐れんときは、*その貌《かたち》を量るべし。*役を満たすの間、准折して決し畢えよ。

16 凡そ*諸国、犯罪人の位記を進《たてまつ》らざれば、式部省に移《い》して、*朝集使の返抄を拘留せよ。

17 凡そ*罪人の位記を毀《やぶ》るべくは、*省、位記を収め、弁官に申し送れ。官、位記を以て省に返付せよ。更に*日を定めて官に申せ。その日、丞・録は、中務・式部・兵部等の省とともに太政官に就け。三省の録、各*位案の筥を持ち、刑部の録、位記の筥を持ち、ともに入りて庭中に列立せよ〈北面東上〉。大臣命《おお》す、召せ、と。称唯《いしょう》して座に就け。弁官、位記を*毀るべきの状を申し、訖らばすなわち刑部の録、位記の筥を以て、進みて外記に付《さず》けよ。外記申して云わく、位記若干枚《ひら》を毀らん、と。大臣命す、毀れ、と。称唯して毀れ。畢りて録、進みて位記の筥を取り座に復《かえ》れ。訖らばすなわち退《まか》出れ〈事は儀式に見ゆ〉。

18 凡そ流移の人は、*省、配所を定めて官に申せ。具に犯状を録《しる》し、符を所在ならびに配所に下せ〈良人は*内印を請けよ、賤隷は*外印を請けよ〉。その路程は、京より計《かぞ》うることをなせ。*伊豆〈*京を去ること七百七十里〉、安房〈一千一百九十里〉、常陸〈*一千五百七十五里〉、佐渡〈一千三百二十五里〉、隠伎〈九百一十里〉、土左等の国〈一千二百二十五里〉は遠流《おんる》とせ

務省にも移を送る)とともに、弁官に申送する。

日を定めて官に申せ　刑部省が執行日を提案し、太政官が決定する。

位案　位記の案文。

毀る　→補3

18遠近条

省配所を定めて官に申せ　配所は刑部省で内定し太政官に申達する。本条は獄令13条の補足規定。

内印　天皇御璽。

外印　太政官印。

伊豆…近流とせよ　遠中近の三流の具体的国名は、続紀神亀元・三・庚申条が初見。伊豆以下の国名は、信濃が諏訪になっている以外は、続紀神亀元・三・庚申条と同じ。諏訪国は養老五年(七二一)六月に信濃国から割置、天平三年(七三一)三月に同国に併合されているので、本条はこれを反映する。ただし、伊豆・越前・安芸・伊予の四国については民部式上2・4・6・7条と一致しない。同2条の「近国」参照。

京を去ること七百七十里　近中遠の三流について、獄令12条義解は「其定二遠近一者、従レ京計レ之」とする。本条は同条の施行細則。

一千五百七十五里　この数字には何らかの錯誤があると思われる。

信濃、五百六十里、伊豫等國五百六十里、爲二中流一、越前、三百一十五里、安藝等國四百九十里、爲二近流一、

弘 凡決二死囚一者、省預移二送彈正、衞門一、其日會二集市司南門一、共監二行決一、其彈正、左衞門官人列二門外東一、各西面北上、相去一許丈、刑部、右衞門官人列二門外西一、各東面北上、相去同レ上、市獄兩司列二於南庭一、自二衞府一南去四許丈、各北面中上、東西平頭、相去三許丈、囚人當二中間一而跪、自二兩司一南去二四許丈、物部分レ陣防援、列二囚左右一、北向中上、立定省錄進二於兩司中間一、北向宣二告犯狀罪名一示レ衆、衆人稱唯、畢還二於本列一、卽丞召二兩司一仰云、依レ例行之、兩司稱唯以還二本列一、轉二告物部一、物部稱唯案レ劔戮之、絞者用レ綱、其殘骸者令下授二近親一斂上レ之、若無レ親者令下兩司埋二城外閑地一、兼樹中牓示上、注二國郡姓名一、

弘 凡辨官所レ下罪人、到レ省付二囚獄司一、司卽易二其徽纆一、其有二行決一者、隨二罪輕重一、於二市若囚獄司一決之、行決之日、丞、錄各一人、引二囚獄官人幷物部丁一、赴二向市司一、

平　底「牛」。九ニヨリテ改ム。
陣　底「陳」。貞ニヨリテ改ム。
省　底ナシ。九ニヨリテ補ウ。
向　閣・塙・貞・京「面」。
衆　底ナシ。九・閣ホカニヨリテ補ウ。
丞　九「判官」。
凡辨官…　コノ条、九、本式24条ノ次ニアリ。
纆　底「纏」。九ニヨリテ改ム。

19決死囚条

死囚　大辟罪に相当する罪囚。獄令5条義解に「謂、辟者、罪也、死刑為二大辟一也」とある。

弾正衛門に移し送れ　獄令8条の「在レ京決二死囚一、皆令二弾正衛士府監レ決」の規定により、死刑の行決には弾正台・左右衛門府（左右衛士府は弘仁二年〔八一一〕十一月に左右衛門府に改称）の官人が立ち会う。

市司の南門に会集して　獄令7条の「凡決二大辟罪一、皆於レ市」の規定に基づく。弾正式126条、東西市式8条参照。

行決　刑の執行。

西面北上　西に面し、北から南に官位の

よ。信濃〈五百六十里〉、伊予等の国〈五百六十里〉は中流とせよ。越前〈三百一十五里〉、安芸等の国〈四百九十里〉は近流《こんる》とせよ。

19 凡そ死囚*を決せんときは、省預め弾正*・衛門に移《い》し送れ。その日、市司*の南門に会集して、ともに行決《ぎょうけつ》*を監《み》よ。其れ弾正・左衛門の官人《かんにん》は門外の東に列し〈各西*面北上、相去ること一許《ばか》り丈〉、刑部・右衛門の官人は門外の西に列し〈各東面北上、相去ること四許り丈、各北面中上、東上に同じくせよ〉、市・獄両司は南庭*に列し〈衛府より南に去ること三・四許り丈〉。囚人は中間に当りて跪け〈両司より南に去ること三許り丈〉。物部《もののべ》*、陣を分ちて防援せよ〈囚の左右に列し、北向中上〉。立ち定まらば、省の録、両司*の中間に進み、北向して犯状罪名を宣告し衆*に示せ。衆人称唯せよ。畢らば本列に還れ。すなわち丞、両司を召して仰せて云わく、例によりて行なえ、と。両司称唯し以て本列に還り、物部に転《つた》え告げよ。物部称唯して剣《たち》*に案《よ》りて戮《ころ》せ〈絞*は綱を用いよ〉。其れ残骸は近親に授けて斂《おさ》めしめよ。もし*親なくば、両司をして城外の閑地に埋め、かねて牓示を樹てしめよ〈国郡姓名を注《しる》せ〉。

20 凡そ弁官*下すところの罪人、省に到らば囚獄司に付《さず》けよ。司すなわちその徽纆《きぼく》*を易《か》えよ。其《そ》れ行決あらば、罪の軽重に随い、市*もしくは囚獄司に於いて決せよ。行決の日、丞・録各一人、囚獄の官人ならびに物部丁《もののべのよぼろ》*を引きて、市司に赴き向かい、

高い順に並ぶ。以下の記述も同じ。

南庭　市司の南門前の広場。

物部　罪人の決罰を担当する官人。囚獄式8・9条参照。

両司　囚獄司と東西市司。

衆に示せ　刑部省・弾正台・左右衛門府・囚獄司・東西市司の官人に示す。

剣に案りて戮せ　斬刑の執行方法。

絞は綱を用いよ　絞刑の執行方法。絞については、獄令7条によれば、七位以上と婦人は斬に相当しなければ隠処で処刑する。隠処は京外の広野(同条義解、および紅葉山文庫本令義解同5条裏書書入れの古記・穴記)。

もし親なくば…牓示を樹てしめよ　獄令9条に「凡囚死無二親戚一者、皆於二閑地一、権埋立二牓於上一、記二其姓名一、仍下二本属一」とある。親戚は同条義解では有服の親とする。本条の近親もこれにあたる。

20決罪条

弁官下すところの罪人　弁官を経て刑部省に伝達されてきた徒罪以上の罪人。

徽纆　罪囚を拘繫する縄。徽は二つ縒(ヨ)り、纆は三つ縒りという。

市もしくは囚獄司に於いて　死刑は前条の規定に基づき市司南門で、それ以外は囚獄司の庁で執行される。

物部丁　囚獄司に配置される仕丁。囚獄式1条参照。

便令三本司喚二集市人一、列二立司南門一、示レ衆決之、於二囚獄司一決者、於二廳前一決之、

弘 凡徒罪以上、具録二犯狀一、移二送民部一、

弘 凡徒人年限者、從二入レ役日一始計、其徒役滿者、省具録二事狀一、遞二送本郷一、

弘 凡徒以上罪人應二勘籍一者、具録二姓名一、移二送民部一、待レ報乃斷、

弘 凡諸國申送流移人及家口未二發遣一間、固禁二獄中一、其粮以二贓贖物一給之、人日米一升、鹽一勺、

弘 凡罪人逃亡者、申レ官追捕、

弘 凡獄囚應レ給衣粮、薦、席、醫藥、及修二理獄舍一之類、用二贓贖物一者、申レ官聽レ裁、然後給之、在レ外者先用後申、

凡父母緣二貧窮一賣レ兒爲レ賤、其事在二己丑年以前一者、任依二元契一、若賣在二庚寅年以後一、及因二負債一被二强充一レ賤、幷餘親相賣者、皆改爲レ良、不レ須レ論レ罪、其

人　九、コノ下「即」字アリ。

凡徒人…　→校補4

録　底ナシ。塙校注ニヨリテ補ウ。

凡父母…　底、コノ条ナシ。九ニヨリテ補ウ。九頭注「此条□不見他本」。

者　九ナシ。要略八四所引弘仁刑部式逸文ニヨリテ補ウ。

本司　市司。

21徒罪以上条

凡そ徒罪以上は…　→補1

22徒人年限条

徒人の年限　獄令13条によれば、流移人の身役日数については「仍録二已役日月一、下二配所一聴レ折」とし、配流以前に使役を務めた日数分を相殺する。

役　具体的な徒役の内容は囚獄式6条で規定。

徒役満たば…本郷に逓送せよ　→補2

23罪人勘籍条

勘籍　課役免除の手続き。本式21条参照。→補3

24未発遣条

粮　食料。→補4

贓贖の物　→補5

人ごとに日に米一升塩一勺　主税式上103条に規定する流人の粮の量と同じ。前掲「粮」参照。

便《たより》に*本司をして市人を喚《め》し集めしめよ。司の南門に列立し、衆に示して決せよ。囚獄司に於いて決せんには、庁前に於いて決せよ。

21 *凡そ徒罪《ずざい》以上は、具《つぶさ》に犯状を録して、民部に移《い》し送れ。

22 凡そ*徒人の年限は、*役《えき》に入《い》る日より始めて計えよ。その*徒役満たば、省具に事状を録して、本郷に逓送せよ。

23 凡そ徒以上の罪人の*勘籍《かんじゃく》すべきは、具に姓名を録して、民部に移し送り、報を待ちてすなわち断ぜよ。

24 凡そ諸国に申し送る流移の人および家口、未だ発遣せざるの間、固く獄中に禁ぜよ。その*粮は*贓贖《ぞうしょく》の物を以て給え〈*人ごとに日に米一升、塩一勺〉。

25 *凡そ罪人逃亡せば、官に申して追捕せよ。

26 *凡そ獄囚に給うべき*衣粮、*薦《こも》・席《むしろ》、*医薬、および獄舎を修理するの類、贓贖の物を用いんには、*官に申して裁を聴き、然る後に給え。*外にありては先に用い後に申せ。

27 *凡そ父母、貧窮により児を売りて賤となす、その事*己丑の年以前《よりさき》にあらば、任《まま》に元の契《ちぎり》によれ。もし売ること*庚寅の年以後《よりのち》にあり、および負債によりてあながちに賤に充てられ、ならびに*余親相い売らば、皆改めて良となせ。罪を論ずべからず。其

25罪人逃亡条

凡そ罪人逃亡せば… →補6

26獄囚衣粮条

凡そ獄囚に給う… 本条の規定は獄令55条の施行細則の性格を持つ。本条の「用㆓贓贖物㆒」までの文は要略八二天暦四・十・十三符所引弘仁式あるいは貞観式逸文と同文。

衣粮 衣食のもの。

薦 筵と同様の敷物。

医薬 獄令55条義解には「以㆓贓贖物㆒、雇㆓里中医㆒令㆑療也、官不㆑給㆑医」とあり、贓贖物を経費として医師を雇って治療する。

官に申して…給え 厩牧令23条集解令釈は「並給㆓獄囚衣食料㆒、在京先申㆑官、承㆓官処分㆒送㆓刑部々〔省〕㆒、々〔省〕召㆓贓贖司㆒給」とあり、基本的には本条規定と一致する。

外にありては…申せ 在外の官司の場合は、支給後に文書で申請処理をする。

27売児条

凡そ父母… →補7

己丑の年 持統三年(六八九)にあたる。

庚寅の年 持統四年にあたる。

余親 本条が父母の行為を問題にしているところからすると、父母以外の親族のことであろう。ただし後述する賊盗律に定める親の範囲外を指す可能性もある。

大寳二年制㆑律以後、依㆑法科斷、

弘 凡宣㆓良賤判㆒者、卿引㆓錄以上㆒列㆓於西行㆒、大判事引㆓屬以上㆒列㆓於東行㆒、囚獄司一人當㆓兩頭中間㆒二許丈却立、次主若寺檀越一許丈却立、次賤男東列跪、賤女西列跪、物部丁挾㆓立於賤東西㆒、自㆓朝堂會昌門㆒入、各如㆑前列、卿已下當㆓修式堂東北角㆒列立、大判事已下當㆓暉章堂西北角㆒列立、並北向、各立定、當宣判事自㆓中間㆒進二許丈、宣㆓告判狀㆒、畢還㆓立本列㆒、若判爲㆑良者、主若檀越幷囚獄司西側避立、即囚獄司教㆓示賤等㆒、令㆓再拜舞踏㆒、然後從㆑下退出、若判爲㆑賤者、囚獄司西側避立、主若檀越再拜舞踏退出、寺儀亦如㆑之、

弘 凡贖㆑罪無㆑銅、准㆑價徵㆑錢、

貞 凡贖銅錢者、收㆓囚獄司㆒、省相共出納、

弘 凡應㆓因㆑事相喚㆒者、省丞便召㆓判事之屬㆒、判事得㆑召㆓省錄㆒、其相㆓送文書㆒者各爲㆑牒、

弘 凡諸司治務、或乖㆓法式㆒、有司守㆑法、皆須㆓因循㆒、若有㆑乖㆓違律

許　底「計」。九・閣・井・貞ニヨリテ改ム。
本列　底「大判」。九・塙ニヨリテ改ム。
獄　底ナシ。九・閣・井・貞ホカニヨリテ補ウ。
寺儀亦如之　底ナシ。九ニヨリテ補ウ。
循　底「脩」。閣校注ニヨリテ改ム。九ノ字体「脩」ニ近ケレド、ソノ偏ハ「イ」ト見ルベク、「循」ノ訛字タル可能性大。

大宝二年…科断せよ　賊盗律47条では、子孫を売って奴婢とした場合は徒一年、当人と合意の上ならば一等を減ずる。

28良賤判条

寺の檀越　檀越は寺を建立し経営にあたる俗人。本条では寺奴婢の所有者として、一般の所有者とともに並記される。
会昌門・修式堂・暉章堂　いずれも朝堂院の施設。中巻図3参照。
当宣の判事　宣を担当する判事。
再拝舞踏　拝舞、舞踏とも。侍中群要一(蔵人初参事)によれば、再拝(二拝)した後、笏を下に置き、起立して袖を垂らして左右左を顧み、次いで座して左右左。そのまま笏をとって小揖(一礼)し、次いで起立して再拝し揖する。

れ*大宝二年律を制する以後《よりのち》は、法によりて科断せよ。

28 凡そ良賤の判を宣《の》らんには、卿、録《さかん》以上を引きて西行に列し、大判事、属《さかん》以上を引きて東行に列せよ。囚獄司一人、両頭の中間に当りて二許《ばか》り丈却《しりぞ》きて立て。次に主もしくは寺の*檀越《だんおつ》、一許り丈却きて立て。次に賤男東に列して跪き、賤女西に列して跪け。物部丁、賤の東西に挟み立て。朝堂の*会昌門《かいしょうもん》より入りて、各前《さき》の如く列せよ。卿已下は*修式堂《しゅしきどう》の東北の角に当りて列立し、大判事已下は*暉章堂《きしょうどう》の西北の角に当りて列立し、みな北向せよ。各立ち定まらば、*当宣の判事、中間より進むこと二許り丈にして、判状を宣告し、畢らば本列に還り立て。もし判、良たらば、主もしくは檀越ならびに囚獄司は西側に避《さ》りて立て。すなわち囚獄司、賤らに教え示して、*再拝舞踏せしめ、然る後に下より退出《まか》れ。もし判、賤たらば、囚獄司は西側に避りて立ち、主もしくは檀越は再拝舞踏して退出れ。*寺儀もまたかくの如くせよ。

29 凡そ罪を贖《あがな》うに*銅《あかがね》なくば、*価《あたい》に准えて銭を徴《はた》れ。

30 *凡そ贖銅の銭は、*囚獄司に収め、省相ともに出納《すいとう》せよ。

31 凡そ事によりて相喚《め》すべくは、*省の丞は便に判事の属を召し、判事は省の録を召すことを得《う》。其れ文書を相送らんには、*各牒となせ。

32 凡そ*諸司の治務、或いは法式に乖《そむ》かんも、有司法を守らば、皆因循すべし。もし律

寺儀 寺奴婢の判の場合を指す。

29贖罪無銅条

銅 贖は銅の地金量を基準とする(名例律1～5条)。

価に准えて銭を徴れ 贖銅分の時価に換算して銭で徴収する。↓補1

30贖銅銭条

凡そ贖銅の銭… 本条は前条の規定により収めさせた銭の処理規定。

囚獄司に収め 要略八二天暦四・十・十三符所引貞観式逸文には「収二納獄司一」とあるが、「納」を「囚」の誤記とみれば、本条は貞観式と同文。

31因事相喚条

省の丞…省の録を召すことを得 ↓補2

各牒となせ 刑部省と判事局との間で交わされる連絡文書としては牒状を作成する。前項参照。

32諸司治務条

諸司の治務…因循すべし 諸司の実務執行上の慣行が規定通りでなくても、法の趣旨の枠内であれば差し支えない。因循は、正当性の根拠を既存規定の解釈に求める際に用いられる語である。本条後半部分の、律令法に抵触する場合は処罰の対象になるというのは、前半部の「有司守レ法…」を対蹠的に表現したにすぎないと考えられよう。本条の規定には直接の典拠を求めることが難しい。

令二者、依レ法科處、

凡左右大臣以上薨者、發哀三日内、諸司理レ事如レ常、不レ可三問レ獄行二レ刑、

判事

弘 凡訊二獄訟一書者、具錄二訴狀一、其申レ官解文者、少除二繁辭一、宣判之日必須二委曲一、

弘 凡彈正臺移送罪人、若有下事不二分明一者上、遣二刑部錄、判事、屬一就レ臺諮問、若明知二臺之所一レ枉、乃追就レ省勘問、其檢非違使所レ送罪人亦准レ此、

弘 凡國司稅帳之外隱二截租稅一者、隨二辨官宣下一斷二其罪一、具錄二事狀及物數一、年終申二太政官一、

弘 凡僧尼犯二徒以上一、還俗應レ徒、若會レ赦免レ罪者、聽レ爲二僧尼一、

弘 凡判二良賤訴一者、具錄二事狀一申レ官奏聞、

凡左右大臣…　→校補5

此　九「之」。

凡僧尼…　→校補6

33大臣薨条

発哀三日　発哀は泣き声をあげて死者を追悼することで、挙哀ともいう(仮寧令7条)。儀制令7条の規定に基づく天皇の廃朝期間。なお、本条とほぼ同一の条文が弾正式103条にある。↓補1

諸司事を理むること常の如くせよ　諸司の事務は通常と同様に行なう。

獄を問いて刑を行なうべからず　罪人の審判や行刑は実施しない。審判や行刑は通常の事柄とは見なされない。

判事　↓補2

1訊獄書条

獄訟を訊いて書かんには　獄訟は刑事と民事。罪人や当事者を訊問して判決案を作成する。↓補3

訴状　通常は訴人の提出文書のことであるが、本条では鞫状(訊問調書)を指すか。

官に申す解文　判決案の解文。

委曲すべし　詳しく説明せよ。

令に乖き違うことあらば、法によりて科処せよ。

33 凡そ左右の大臣以上薨ぜば、*発哀《ほつあい》三日の内は、*諸司事を理《おさ》むること常の如くせよ。*獄を問いて刑を行なうべからず。

*判事

1 凡そ*獄訟を訊《と》いて書かんには、具《つぶさ》に*訴状に録《しる》せ。其れ*官に申す解文は、少しく繁辞を除き、宣判の日に必ず*委曲すべし。

2 凡そ*弾正台の移《い》し送れる罪人、もし事分明ならざるものあらば、刑部の録・判事・属を遣し、*台に就きて諮《はか》り問え。もし明らかに台の枉《ま》ぐるところを知らば、すなわち追《め》して省に就きて勘《かんが》え問え。其れ*検非違使《けびいし》送るところの罪人も、またこれに准《なぞら》えよ。

3 凡そ国司、*税帳の外に租税を隠截《おんせつ》せば、*弁官の宣の下るに随いてその罪を断ぜよ。具《つぶさ》に事状および物の数を録して、年終に太政官に申せ。

4 凡そ*僧尼、徒《ず》以上を犯さば、還俗して徒すべし。*もし赦に会いて罪を免《ゆる》さば、僧尼となすことを聴《ゆる》せ。

5 凡そ*良賤の訴を判《ことわ》らんには、具に事状を録して官に申し奏聞せよ。

2弾正移条

弾正台の移し送れる罪人　弾正式11条参照。→補4

台に就きて諮り問え　弾正台で事情聴取を行なう。

検非違使送るところの罪人　前掲「弾正台の移し送れる罪人」参照。

3隠截租税条

税帳の外に租税を隠截せば　隠截は隠匿すること。税帳記載の不実によって租税の一部を隠匿したと判断された場合の処分。租税の隠截は官物犯用と見なされ、詐偽律12条により盗に准じて処分される。国司の場合は監臨主守の官(監督・保管責任者)の詐欺として贓の対象(職制律52条)。式部式上147条参照。→補5

弁官の宣の下るに随い…　→補6

4僧尼犯徒条

僧尼…還俗して徒すべし　僧尼令21条に「凡僧尼有レ犯、准二格律一、合二徒年以上一者、還俗、許下以二告牒一当中徒一年上」とあり、徒一年以上の罪を犯した場合は、還俗のうえ、告牒(僧尼の得度の公験)分の一年を差し引いた残りの徒役を務めることとされた。→補7

5良賤訴条

もし赦に会いて…聴せ　→補8

良賤の訴を判らんには　判決の宣告については刑部式28条に規定。

弘 凡斷二徒以上一盗人者、必勘二前年盗人歷名一、然後依レ法科斷、

弘 凡平二贓布一者、長五丈二尺、廣二尺四寸爲レ端、

囚獄司

弘 凡司内所レ須笞杖、毎年十一月、役二物部丁一令二採備一、笞杖各一千枝、

弘 凡罪人者隨二罪輕重一、著二鈦若盤枷一、故燒二公私倉舍一盗、私鑄錢、强姧之類居作者卽著レ鈦、雜犯徒罪之類著二盤枷一、其鈦或四人或三人爲レ連、至レ暮著レ杻、明旦脫而役之、

弘 凡罪人死亡者、具注二姓名年居幷入レ徒年月日一申レ省、

弘 凡禁囚之處、當宿官人恒將二物部幷物部丁等一、毎レ夜巡檢、從二三月一至二七月一別三度、從二八月一至二二月一別四度、

弘 凡緣下看二侍獄囚一及餉中衣食上家人入二禁所一者、捜下監錐刀及他物以堪二自害一、幷文書筆墨等類上、

姧 底「姦」。九・閣ホカニヨリテ改ム。
或 底「式」。九・閣ホカニヨリテ改ム。

6盗人条

凡そ徒以上に断ずる盗人… 壬生本西宮記裏書所引天暦十一・五・二十六勘文所引の弘仁式あるいは貞観式逸文には、「断徒已下」とあるが、「下」を「上」の誤記とみれば、本条と同文。
前の年の盗人の歴名を勘え 刑部式21・23条の手続きに関連する。

7平贓布条

贓布を平らんには 贓の評価額を決定する。名例律34条に「平レ贓者、皆拠二犯処当時物価及上布估一」とあり、贓は布の量・価格に換算して徴収する。
長さ…端とせよ 名例律34条に「平二功庸一者、計二一人一日一、為二布二尺六寸一」とあり、歳役一日分を庸布二尺六寸と計算する賦役令4条の規定と同じ。長さ五丈二尺は二〇日分にあたる。

囚獄司 ↓補1

1笞杖条

笞杖 笞刑執行に用いる笞杖と、杖刑執行に用いる杖。獄令63条によれば、ともに長さは三尺五寸で、笞杖は「大頭三分、小頭二分」、杖は訊囚・常行(刑の執行)

6 *凡そ徒以上に断ずる盗人は、必ず*前《さき》の年の盗人の歴名《れきみょう》を勘え、然る後に法によりて科断せよ。

7 凡そ*贓布《ぞうふ》を平《はか》らんには、*長さ五丈二尺、広さ二尺四寸を端とせよ。

囚獄司*

1 凡そ司内須《もち》うるところの*笞・杖は、毎年十一月、*物部丁《もののべのよぼろ》を役《えき》して採り備えしめよ〈笞・杖 各《おのおの》一千枝〉。

2 凡そ罪人は、罪の軽重に随い、*鈦《だ》もしくは盤枷《ばんか》を著《つ》けよ〈故《ことさら》に公私の倉舎を焼きて盗む、*私鋳銭、強奸の類*居作《こさく》せば、すなわち鈦を著けよ。雑犯・徒罪の類は盤枷を著けよ〉。其れ*鈦は、或いは四人、或いは三人を連となし、暮に至らば杻《てかせ》を著け、明旦には脱《はず》して役せよ。

3 凡そ罪人*死亡せば、具《つぶさ》に姓・名・年・*居ならびに徒に入《い》る年月日を注《しる》して省に申せ。

4 凡そ禁囚の処《ところ》は、当宿の官人《かんにん》、恒に*物部ならびに物部丁らを将《ひき》いて、夜毎《ごと》に巡検せよ〈三月より七月まで別《よごと》に三度、八月より二月まで別《よごと》に四度〉。

5 *凡そ獄囚を看侍《みやしな》い、および衣食を餉《おく》るによりて、家人《かじん》禁所に入らんには、錐《きり》・刀《かたな》および他物の以て自ら害するに堪うるもの、ならびに文書・筆墨等の類を捜し監《み》よ。

の二種があり「大頭径四分、小頭三分」と、杖の方が太い。

物部丁　職員令32条義解に「謂、諸国仕丁、帯レ仗守レ獄者、即自二民部省一所レ充也」とあり、獄の警備などを職務とする。人数は本式9条では八人。→補2

2著鈦盤枷条

鈦もしくは盤枷を著けよ　鈦は鉄製の首枷、壬生本西宮記(与奪事)所引勘問式はカナキの訓を附す。盤枷は木製の首枷、和名抄にクビカシ。着鈦は壬生本西宮記(成勘文事)所引左右検非違使式にも規定が見えるが、本条とは異なる。→補3

私鋳銭　刑部式10条参照。

居作　役使すること。

鈦は…明旦には脱して役せよ　三・四人を一連として繋ぎ、夜間は杻をつけ、日中はその杻を外して使役する。

3罪人死亡条

罪人死亡せば　→補4

居ならびに徒に入る年月日　居作および徒刑執行の年月日。

4毎夜巡検条

物部　罪人の決罰を担当する官人(本式8条)。任用方法および定員は本式9条。

5看侍獄囚条

凡そ獄囚を看侍い…　本条は病気の獄囚を看病し、衣類・食料などを差し入れる際の規定。→補5

凡徒役人者…　→校補7
凡徒人役滿…　→校補8

弘
凡徒役人者、令下作二路橋一及役中雜事上、又司每二六日一將二囚人等一、使レ掃二除宮城四面一、其雨後旦、亦掃二淸宮內穢汚幷廁溝等一、

弘
凡徒人役滿、具錄二役日幷作物色目一、申二送於省一、

弘
凡應レ戮二罪人一者、注二預レ事物部歷名一進レ省、卽官人共率供レ事、

凡物部十人、申レ省移二式部一、勘籍補之、其物部丁八人、准二諸司直丁一給レ粮、

延喜式卷第廿九

6徒役人条

徒役の人…掃除せしめよ　職員令32条集解所引刑部省例に「依二慶雲元年十二月廿六日太政官判一、役二徒人一者、囚獄司令下作二路橋一及役中雑事上」とあり、これに基づく規定。なお徒人は、就役中は鈦もしくは盤枷をつけられ(獄令19条)、囚人一名につき二名の割合で防援が配される(獄令20条)。また、「毎六日…宮城四面」の由来は不明。

雨後の旦には…掃い清めよ　職員令32条集解所引囚獄司例に「依二神亀元年六月四日太政官判一、毎二雨落日旦一引二将囚人等一、使レ掃二除宮闕辺穢陋幷東西厠等一也」とあり、これに基づく規定。

7徒人役満条

6凡そ*徒役の人は、路・橋を作る、および雑事に役せしめよ。また司、六日毎《ごと》に囚人らを将いて、宮城の四面を掃除せしめよ。其れ*雨後の旦《あした》には、また宮内の穢汚《えお》ならびに厠《かわや》・溝等を掃《はら》い清めよ。

7凡そ*徒人の役満たば、具に役日ならびに*作物の色目を録して、省に申し送れ。

8凡そ*罪人を戮《ころ》すべくは、事に預る物部の*歴名を注して省に進れ。すなわち官人ともに率いて事に供《つか》えよ。

9凡そ*物部十人は、省に申して式部に移し、勘籍《かんじゃく》して補せよ。其れ物部丁八人は、*諸司の直丁《じきちょう》に准えて粮を給え。

延喜式巻第二十九

徒人の役満たば…申し送れ　前条前半部の補足規定。職員令32条集解所引囚獄司例に「又云、徒人役満、具録㆓役日幷作物数㆒、申㆓送於省㆒也」とあり、これに基づく規定。

作物　徒役中の作業で建設したもの。

8戮罪人条

罪人を戮す　刑部式19条の補足規定。物部は囚獄司官人に含まれる。

歴名　名簿。

9物部条

物部十人　職員令32条義解に「謂、此伴部之色、故式部補任」とあり、式部省が物部氏から選任する。同条集解所引の養老四・三・十刑部省解に基づく官判では、刑部省が必要な人数を式部省に申し送り、式部が判任。選人が欠ける場合は白丁を補任する場合もある。物部の人数は職員令では四〇人であるが、類聚国史一〇七天長八・二・乙酉条には「囚獄司物部、定額卌人、依㆑無㆓名負氏入色人㆒、通取㆓他氏㆒、早補㆓十人之員㆒、兼皆令㆑帯㆓兵仗㆒、無㆑人㆓分番㆒、不㆑堪㆑充㆑事也」とあり、このとき既に一〇人になっている。式部式上97条参照。

諸司の直丁に准えて　職員令32条義解によれば、物部丁は諸国の仕丁なので、諸司の直丁と同様に官粮支給の対象になる。

延喜式巻第卅　大藏　織部

大藏省

元正、前二日、丞、錄率二史生、藏部等一、懸二繡額於大極殿一、綴著料緋絲一絇、前一日、殿東南庭設二皇太子及大臣輕幄一、諸門懸二屛幔一、南三大門不レ須、又就二內藏寮一受二柳筥八合一、收二省家一臨レ時出用、當日平旦、官人率二藏部八人一、執レ筥列二大極殿前庭右方一、又豐樂殿張庇蓋懸二繡額一、綴著料絲同二大極殿一、東西廊門南左右幷諸門懸二屛幔一、七日、十六日、新嘗會准レ此、但七日立二樂人幄一、十六日有二蕃客一之時亦立之、

七日、前一日、大膳職備二餉食一所、立二五丈紺幄一宇一、木工預豎二幄幔柱桁一、他皆放レ此、

八日、最勝王經齋會、丞、錄各一人率二史生、藏部等一、裝二束講堂、僧房及所司供事所一、並懸レ幔、其布施物者、預前請受、三寶細屯綿十屯、裹料緣絁六尺、細布六尺、講師絹廿疋、綿六十屯、調布卌端、盛二韓櫃三合一、布綱十二條、讀師絹十五疋、綿卌屯、調布廿端、盛二韓櫃二合一、布綱八條、呪願師絹五疋、綿廿屯、調布十端、盛二韓

料　底「断」。貞ニヨリテ改ム。下同ジ。
右　底ナシ。閣・梵ホカニヨリテ補ウ。
放　底「枚」。貞ニヨリテ改ム。
緑　底「緣」。貞ニヨリテ改ム。

大蔵省　↓補1

1元正条

蔵部　内蔵式1条参照。内蔵寮の他、大蔵省にも所属していた。

繡額　↓補2

大極殿　左右近衛式1条参照。

軽幄　柱の細い軽い幄。幄とは、屛障具の一つ。四隅に柱を立て、屋根および四方に布帛を張りめぐらしたもののうち、屋根に棟のあるもの。四時祭式上17条、斎院式22条、内匠式31条参照。

屛幔　屛障具の一つ。布帛を張りめぐらして空間を仕切るもの。和名抄によれば、床の上に設置する帳のうち、小さいものを屛幔とするが、本条では、門にかける大型のもの。掃部式37条参照。

南の三大門　朝堂院(朝集殿院)の南門である、応天門、長楽門、永嘉門を指す。

内蔵寮に…受けよ　内蔵式30条参照。

延喜式巻第三十〈大蔵・織部〉

*大蔵省

1 元正は、前《さき》つこと二日、丞《じょう》・録《さかん》、史生・*蔵部《くらべ》らを率い、*繡額《しゅうがく》を*大極殿《だいごくでん》に懸《か》けよ〈綴《てい》著《ちゃく》の料の緋《あけ》の糸一絇《く》〉。前つこと一日、殿の東南の庭に皇太子および大臣の*軽幄《けいあく》を設け、諸門に*屛幔《へいまん》を懸けよ〈*南の三大門は須《もち》いざれ〉。また*内蔵寮に就きて*柳筥《やないばこ》八合を受けよ〈省家に収め、時に臨みて出だし用いよ〉。当日の平旦、官人《かんにん》、蔵部八人を率い、筥を執《と》りて大極殿前庭の右方に列せよ。また*豊楽殿《ぶらくでん》の*張庇《はりびさし》の*蓋《かさ》に繡額を懸けよ〈綴著の料の糸は大極殿に同じくせよ〉。東西廊門の南の左右ならびに諸門に屛幔を懸けよ〈七日・十六日・新嘗会《にいなめのえ》もこれに准《なぞら》えよ。ただし、七日は楽人の幄《あく》を立てよ。十六日は蕃客《ばんきやく》あるの時もまた立てよ〉。

2 *七日は、前つこと一日、*大膳職の節《せち》の食《じき》を備うる所に、五丈の紺《こん》の幄一宇を立てよ〈*木工《もく》あらかじめ幄・*幔の柱・桁を竪《た》てよ。他は皆これに放《なら》え〉。

3 八日の*最勝王経《さいしょうおうきょう》の*斎会《さいえ》は、丞・録各《おのおの》一人、史生・蔵部らを率い、講堂・僧房および所司の*供事《くじ》の所を装束し、みな幔《まく》を懸けよ。其れ布施の物は、あらかじめ請《こ》い受けよ。*三宝に細屯綿《ほそつみのわた》十屯、裹《つつ》む料の緑の絁《あしぎぬ》六尺、細布六尺。*講師《こうじ》に絹二十疋、綿六十屯、調布四十端〈韓櫃《からびつ》三合に盛《い》れよ。布の綱《ぬの》《つな》十二条〉。*読師《とくし》に絹十五疋、綿三十屯、調布二十端〈韓櫃二合に盛れよ。布の綱八条〉。*呪願師《じゅがんし》に絹五疋、綿二十屯、調布十端〈韓

柳筥　断面三角形の柳の木の棒を組み合せて作った箱。→補3
豊楽殿　豊楽院(左右衛門式15条参照)の正殿。
張庇　軒からさらに延ばして設けた布製の仮設の庇か。
蓋　屋根のこと。

2正月七日条
七日　白馬節会。太政官式95条参照。
大膳職の節の食　大膳式下22条参照。
木工…竪てよ　木工式34条に、諸節に木工寮が幄・幔の柱・桁を立てる規定が見える。
幔　本式101条、内匠式27条、および同式1条の「幔台一十二基」参照。

3御斎会条
最勝王経　金光明最勝王経。太政官式97条、図書式3条、式部式下8条、玄蕃式1条参照。
斎会　玄蕃式1条の「斎」参照。
供事の所　式部式下8条では、式部輔以下諸司官人の座を便所に設けよとするのみだが、掃部式19・20条や儀式五(正月八日講最勝王経儀)では、具体的に座の位置が示される。
三宝　一般的には仏・法・僧を指すが、具体的には図書式3条の「三宝の布施」参照。
講師・読師・呪願師　玄蕃式1条参照。

櫃一合二、布綱四條、法用及僧綱各絹三疋、綿十屯、調布三端、衆僧別絹二疋、綿五屯、調布二端、裏料商布九段一丈六尺、木綿大一斤八兩、沙彌別綿二屯、調布一端、定座沙彌加二一端一、會終之日班送、呪願師已上輔丞以レ文奉之、餘僧諸司判官以下持レ物送之、

同日、內裏南庭西方、立二五丈紺幄二宇一、女王等所レ侍、十一月新嘗會亦同、

十七日大射、立二七丈紺幄一宇一懸レ幔、蕃客入朝之日、設二幄幔一處幷數、並聽二官處分一、其所レ須熟麻二斤、掃墨一升五合、酒二升、已上造レ垜料、鹿皮十六張、垜料、牛皮二張、射席料、已上事畢返上、

二月、十一月薗韓神祭懸レ幔、又所レ須鬘料安藝木綿二斤、五位已上料、凡木綿四斤、六位以下料、

二月、十一月大原野祭懸レ幔、其十一月祭祿料綿五百屯、二百屯氏人料、三百屯供奉諸司料、丞率二屬官一、依レ例班給、

二月、八月釋奠祭、立二五丈幄一宇一懸レ幔、又廟、都堂南門

法用　玄蕃式1条参照。

僧綱　玄蕃式38条参照。

木綿　コウゾ(楮・栲)の皮の繊維を蒸して水に浸し、裂いて糸としたもの。

沙弥　玄蕃式1条、大膳式下3条参照。

定座の沙弥　定座とは、結跏趺坐すること。定座の沙弥は、一般の沙弥より布施の支給額が調布一端分多い。特別の勤めを担うと思われるが不詳。

4女王禄条

女王らの侍る所　女王禄(オウロク)を支給する際に女王が座るところ。内裏安福殿の前に当たる。女王禄とは、毎年正月八日(白馬節会の翌日)および新嘗会のあと(十一月の中の巳の日)に女王に支給する禄。支給の儀式次第および支給額等については、正親式5・6条、内裏式上(八日賜女王禄式)、儀式八(正月八日賜女王禄儀)を参照。

5大射条

大射　太政官式99条、式部式上275条、兵部式4・5条、左右近衛式22条参照。

熟麻　斎宮式43条、主計式上4条参照。

掃墨　斎宮式43条、内匠式6条参照。

垜　弓の的を設置するための盛り土。木

櫃一合に盛れよ。布の綱四条〉。*法用《ほうよう》および*僧綱《そうごう》に各絹三疋、綿十屯、調布三端、衆僧別《ごと》に絹二疋、綿五屯、調布二端、裹む料の商布九段一丈六尺、*木綿《ゆう》大一斤八両、*沙弥《しゃみ》別に綿二屯、調布一端〈*定座《じょうざ》の沙弥は一端を加えよ〉。会《え》終るの日、班《わか》ち送れ〈呪願師已上は輔・丞、文を以て奉れ。余の僧は諸司の判官以下、物を持ちて送れ〉。

4 同日、内裏の南庭の西方に五丈の紺の幄《あく》二宇を立てよ〈女王*らの侍る所。十一月の新嘗会もまた同じくせよ〉。

5 十七日の*大射《おおいくは》は、七丈の紺の幄一宇を立て、幔を懸けよ〈蕃客入朝の日、幄・幔を設くる処ならびに数は、みな官の処分を聴《き》け〉。其れ須《もち》うるところの*熟麻《にお》二斤、*掃墨《はいずみ》一升五合、酒二升〈已上*垜《あずち》を造る料〉、鹿の皮十六張〈垜の料〉、牛の皮二張〈射席の料。已上、事畢《おわ》らば返上せよ〉。

6 二月・十一月の*薗《その》・韓《から》神の祭は、幔を懸けよ。また須《もち》うるところの*蘰《かずら》の料は、安芸*の木綿二斤〈五位已上の料〉、*凡《おおし》の木綿四斤〈六位以下の料〉、丞、属官を率いて例により て班給せよ。

7 二月・十一月の大原野*の祭は、幔を懸けよ。其れ十一月の祭の禄料は綿五百屯〈二百屯は氏人の料。三百屯は供奉の諸司の料〉。

8 二月・八月の*釈奠《せきてん》の祭は、五丈の幄一宇を立て、幔を懸けよ。また*廟《びょう》・都《と》堂《どう》の南門

工式8条参照。

6薗韓神祭幔条

薗韓神の祭　四時祭式上9条、大炊式10条参照。

蘰　四時祭式上4条参照。蘰木綿を賜う儀については、儀式一(薗幷韓神祭儀)に見える。

安芸の木綿　主計式上56条に、安芸国の中男作物として木綿が見える。なお同式4条によれば、中男一人当たりの負担量が東木綿一斤に対し、安芸の木綿八両となっており、後者の方が良質であったことが窺える。

凡の木綿　通常の木綿。

7大原野祭幔条

大原野の祭　四時祭式上8条参照。

8釈奠条

釈奠　式部式下7条、大学式1条、宮内式21条、春宮式9条参照。

廟都堂　大学寮の廟堂院・都堂院のこと。廟堂院では釈奠において、饋享(大学式14条)が行なわれた。都堂院では講論(同式15条)が行なわれた。裏松光世『大内裏図考証』によれば、左京三条一坊一・二・七・八町の四町を占める大学寮の敷地のうち、北東隅が廟堂院、その西隣が都堂院と推定されている。なお、大蔵省が廟・都堂院の設営に携わることについては、大学式9条参照。

及脇門等懸㆑幔、
太政官二月十一日列見、八月十一日定考日懸㆑幔、
四月、十一月平野祭、立㆓紺幄三宇㆒七丈一宇、五丈二宇、並懸㆑幔、鬘料安藝木綿四斤、凡木綿五斤、輔率㆓屬官㆒班給、輔奉㆓皇太子㆒、丞給㆓親王已下參議已上㆒、錄給㆓五位已上㆒、史生給㆓六位已下官人㆒、其十一月祭祿料調綿五百屯、
四月賀茂祭日、立㆓七丈幄四宇、五丈幄八宇㆒懸㆑幔、上社七宇、下社五宇、給㆓諸司㆒祿料庸布二百段、送㆓齋院司㆒、令㆓班給㆒之、
四月廿八日小月廿七日、駒牽、武德殿南北立㆓七丈幄五宇、五丈幄六宇㆒懸㆑幔、
五月五日節、立㆓七丈幄七宇、五丈幄七宇、平張二宇㆒懸㆑幔、
六日、立㆓七丈幄六宇、五丈幄六宇㆒懸㆑幔、
六月、十二月神今食、中院東西廂殿懸㆑幔、中門及掖門懸㆓屛幔㆒、又立㆓幄三宇㆒、五丈幄一宇在㆓中門外㆒、七丈幄二宇在㆓中和門外㆒、新嘗祭亦同、
七月十四日、大膳職備㆓盂蘭盆供養㆒所、立㆓五丈紺幄一宇㆒懸㆑幔、

廂殿　底傍注「世云細殿」。貞・藤ニモアリ。
幔　底、弥書。閣・梵ホカニヨリテ改ム。
盆　底「瓮」。閣・塙・貞ニヨリテ改ム。

9列見条
列見　太政官式124・127条、式部式下20条参照。
定考　太政官式123条参照。
10平野祭条
平野の祭　四時祭式上17条、春宮式14条参照。
鬘　鬘木綿を賜う儀については、儀式一(平野祭儀)に見える。
禄料　儀式一(平野祭儀)に「大蔵省積㆓禄綿於庭中㆒、中務省以㆓諸司見参幷禄法案㆒、送㆓大蔵省㆒、于㆑時中務官人執㆑簡唱㆑名、大蔵官人随㆑品頒賜、惣禄綿五百屯、三

百屯男官料、二百屯女官料」とある。

11賀茂祭条

賀茂の祭　太政官式72条、内蔵式13条、大膳式上10条参照。

諸司に給う…　斎院式19条参照。

12駒牽条

駒牽　内蔵式35条、左右馬式24条参照。

武徳殿　内蔵式35条参照。

13五月五日条

五月五日の節　端午の節会。太政官式101条参照。

平張　屏障具の一つ。四隅に柱を立て、屋根および四方に布帛を張りめぐらしたもののうち、屋根に棟がなく、平らなもの。

14神今食条

神今食　四時祭式上24条、木工式2条参照。

中院　中和院のこと。平安宮内裏の西隣にある区画の南半にあった。新嘗祭、神今食など、天皇が自ら神を祭る儀式を行なった場所。正殿は神嘉殿。

中門　中和院正殿の神嘉殿を囲む内郭の南門。

中和門　中和院全体を囲む外郭の東に開く門。

15盂蘭盆条

盂蘭盆　太政官式104条、大膳式下14条参照。

および脇門等に幔を懸けよ。

9 太政官、二月十一日の*列《れ》見《けん》、八月十一日の*定考《こうじょう》の日は幔を懸けよ。

10 四月・十一月の*平野の祭は、紺の幄《あく》三宇を立て〈七丈一宇、五丈二宇〉、みな幔を懸けよ。*鬘の料は安芸の木綿四斤、凡の木綿五斤。輔《すけ》、属官を率いて班給せよ。輔、皇太子に奉れ。丞《じょう》、親王已《い》下《げ》参議已上に給え。録《さかん》、五位已上に給え。史生、六位已下の官人に給え。其れ十一月の祭の*禄料は調の綿五百屯。

11 四月の*賀茂の祭の日は、七丈の幄四宇、五丈の幄八宇を立て、幔を懸けよ〈上社七宇、下社五宇〉。*諸司に給う禄料は、庸布二百段、斎院司に送り、班給せしめよ。

12 四月二十八日〈小の月は二十七日〉の*駒牽《こまひき》は、*武徳殿《ぶとくでん》の南北に七丈の幄五宇、五丈の幄六宇を立て、幔を懸けよ。

13 *五月五日の節は、七丈の幄七宇、五丈の幄七宇、*平張《ひらばり》二宇を立て、幔を懸けよ。六日は七丈の幄六宇、五丈の幄六宇を立て、幔を懸けよ。

14 六月・十二月の*神今食《かんいまけ》は、*中院の東西の廂殿《ひさしどの》に幔を懸けよ。*中門および掖門《わきもん》に屏幔を懸けよ。また、幄三宇を立てよ〈五丈の幄一宇は中門の外にあり。七丈の幄二宇は*中和門《ちゅうかもん》の外にあり〉。新嘗《にいなめ》の祭もまた同じくせよ。

15 七月十四日は、大膳職の*盂蘭盆《うらぼん》の供養を備うる所に、五丈の紺の幄一宇を立て、幔

七月廿五日相撲節、神泉苑立ニ幄十二宇、平張二條、幕一張一、

廿六日、紫宸殿前庭東西、各立ニ幄二宇一、

九月九日節、神泉苑乾臨閣中庭立ニ幄四宇一、東二宇次侍従已上、西二宇文人、又立ニ樂人幄一宇一、

十一日、奉ニ伊勢大神宮幣一、八省昭慶門東掖廊內懸レ幔、又同門及東西掖門懸ニ屏幔一、

十月一日、左右近衞陣懸レ幔、三月卅日返納、

同日、外記幷辨官所所懸レ幔、三月卅日返納、

同日、幔六條充ニ勘解由使一、三月卅日返納、

鎭魂祭、於ニ宮內省一懸レ幔、結魂料木綿二兩、預送ニ神祇官一、祭日輔率ニ屬官一頒ニ給

鬘木綿一、所レ須安藝木綿二斤、凡木綿卅斤、中宮減ニ安藝木綿一斤、凡木綿十斤一、東宮減ニ安藝木綿一斤、凡木綿廿斤一、

新嘗會、前一日、裝ニ束豐樂院一如レ常、

踐祚大嘗、朝堂院祭場立ニ幄八宇一、又豐樂院宴會殿庭左立ニ兩面

掖　底「腋」。上文ノ例ニヨリテ改ム。下同ジ。

一　底「二」。考異ニ従イテ改ム。

16相撲節条

相撲の節　太政官式103条、中務式29・30条参照。

幕　本式101条参照。

紫宸殿　左右近衛式4条参照。

17九月九日条

乾臨閣　神泉苑の正殿。神泉苑には中央に池があるが、その北に建つ。

文人　菊花の宴で詩を作り献上する者。太政官式105条、内蔵式39条、式部式下24条、掃部式49条参照。

18伊勢奉幣条

伊勢大神宮に幣を奉る　四時祭式下1条、太政官式76条、内蔵式1条参照。

八省　八省院すなわち朝堂院のこと。

昭慶門　大極殿、後殿の北にある中央の門。

19懸幔条

左右近衛の陣　平安宮内裏において、左近衛陣は紫宸殿東北廊に、右近衛陣は校書殿東庇にあった。

を懸けよ。

16 七月二十五日の*相撲《すまい》の節は、神泉苑《しんせんえん》に幄十二宇、平張二条、*幕一張を立てよ。

二十六日は、*紫《し》宸殿《しいでん》の前庭の東西に各幄二宇を立てよ。

17 九月九日の節は、神泉苑の*乾臨閣《けんりんかく》の中庭に幄四宇を立てよ〈東二宇は次《じ》侍従《じじゅう》已上、西二宇は*文人《もんにん》〉。また、楽人の幄一宇を立てよ。

18 十一日の*伊勢大神宮に幣を奉るは、*八省の*昭慶門《しょうけいもん》の東掖《わき》の廊《わたどの》のうちに幔を懸けよ。

また、同門および東西の掖門に屏幔を懸けよ。

19 十月一日は、*左右近衛の陣に幔を懸けよ。三月三十日に返し納れよ。

同日、*外記ならびに弁官の所々に幔を懸けよ。三月三十日に返し納れよ。

同日、幔六条を*勘解由使に充てよ。三月三十日に返し納れよ。

20 *鎮魂《たましずめ》の祭は、宮内省に於いて幔を懸けよ。結魂《たまむすび》の料の木綿二両、預め神祇官に送れ。祭日に、輔、属官を率いて*鬘《かずら》の木綿《ゆう》を頒ち給え。須うるところの安芸の木綿は二斤、凡の木綿は三十斤〈中宮は安芸の木綿一斤、凡の木綿十斤を減ぜよ。東宮は安芸の木綿一斤、凡の木綿二十斤を減ぜよ〉。

21 *新嘗会は、前つこと一日、豊楽院を装束すること常のごとくせよ。

22 *践祚《せんそ》大嘗は、*朝堂院《ちょうどういん》の祭場に*幄八宇を立てよ。また豊楽院の宴会殿の庭の左に*両面

外記ならびに弁官の所々　平安宮において、外記庁は内裏建春門の東隣、弁官(太政官)の曹司は朝堂院の東隣にあった。

勘解由使　平安宮において、勘解由使は太政官曹司の区画の西北隅にあった。

20鎮魂祭条

鎮魂の祭　四時祭式下48条、宮内式4条参照。

鬘の木綿　これを賜う儀については、儀式五(鎮魂祭儀)に見える。

21新嘗祭前日条

新嘗会　四時祭式下49条参照。

22大嘗祭条

践祚大嘗　大嘗祭式冒頭補注参照。

朝堂院　大嘗祭式22条、掃部式57条参照。

幄　儀式三(践祚大嘗祭儀中)によれば、承光堂、顕章堂の前に七丈の幄各一宇(小斎人の座)、暉章堂の前に五丈の幄二宇(西は参議以上の座、東は五位以上の座)、参議以上の幄の北二丈ばかりの所に皇太子の軽幄、修式堂の前に五丈の幄二宇(東は親王の座、西は五位以上の座)、廻立殿の北に五丈の幄一宇(内侍の座)を立てることになっていた。

両面　主計式上2条、織部式2条参照。ただし本条では、両面錦に当たるか、錦以外のものも含むか、不明。

七丈幄一宇㆒、•右立㆔紺幄一宇㆒、自餘同㆓新嘗會㆒、

伊勢初齋院幷入㆓野宮㆒之禊日、川上立㆓幄十•宇㆒、

十二月供㆓諸陵幣㆒、（其物納㆑調之日、別收㆓正倉㆒、供幣數見㆓諸陵式㆒、）•其•儀隨㆓符到㆒、前一日、與㆓諸陵寮㆒依㆑例裹備、又設㆓御座於建禮門外㆒、•立㆔五丈紺幄二宇㆒、次立㆓七丈、五丈紺幄各一宇㆒•並懸㆑幔、又於㆓正倉院㆒立㆓七丈紺幄一宇㆒、（列㆓置幣物㆒、）立㆔五丈紺幄二宇㆒、（一宇東面懸㆑幔、設㆓參議以上一人座㆒、一宇•北面設㆓辨官以下座㆒、）當日早朝、掃部寮設㆓幄下座及所司座㆒、又鋪㆘積㆓幣物㆒薦於幄前㆖、訖卽與㆓諸陵寮㆒共積㆓幣物㆒、參議以上及辨官就㆑座、丞進就㆓版位㆒、（治部預置㆓版位㆒、）申㆓積畢狀㆒、治部輔就㆑座、省輔一人進就㆑座、丞、錄各一人共進就㆑座、諸陵寮亦就㆑座、訖治部輔唱㆓使人名㆒、省丞、錄二人取㆓幣物㆒付㆓使人㆒、

凡荷前物裹備之日、縫殿寮南庭立㆔五丈紺幄一宇㆒懸㆑幔、

凡臨時大祓所、立㆔五丈幄二宇、七丈幄一宇㆒、（五丈一宇設㆓參議已

右　底、弥書。梵別ニヨリテ改ム。
宇　底ナシ。版本ニ従イテ補ウ。
其儀　底ナシ。版本ニ従イテ補ウ。
立　底ナシ。塙ニヨリテ補ウ。
並　底「幷」。上文ノ例ニヨリテ改ム。
北　底「此」。閣・梵別ホカニヨリテ改ム。

23伊勢初斎院条
伊勢の初斎院　斎宮式6条参照。
野宮　斎宮式17条、木工式32条、大炊式15条参照。
禊　斎宮式3条参照。

24諸陵幣条
諸陵の幣　荷前の幣のこと。太政官式110条、中務式64条、内蔵式22条、諸陵式19条参照。儀式一〇(奉山陵幣儀)には、建礼門、大蔵省正倉院の設営について記述があるほか、頒幣の儀について「先㆑是大

の七丈の幄《あく》一宇を立て、右に紺の幄一宇を立てよ。自余は新嘗会に同じくせよ。

23 *伊勢の初斎院《しょさいいん》ならびに*野宮《ののみや》に入るの*禊《みそぎ》の日、川上に幄十宇を立てよ。

24 十二月に*諸陵の幣《みてぐら》を供するは〈その物は調を納むるの日、別に正倉に収めよ。供する幣の数は*諸陵式に見ゆ〉、その儀、符の到るに随い、前つこと一日、諸陵寮と例によりて裹《つつ》み備えよ。また、御座を*建礼門の外に設け、五丈の紺の幄二宇を立てよ。次いで七丈・五丈の紺の幄各一宇を立て、みな幔《まく》を懸けよ。また、正倉院に於いて、七丈の紺の幄一宇を立て〈幣物《みてぐら》をならべ置け〉、五丈の紺の幄二宇を立てよ〈一宇は東面に幔を懸け、参議以上一人の座を設けよ。一宇は北面、弁官以下の座を設けよ〉。当日早朝、*掃部寮、幄の下の座および所司の座を設けよ。また幣物を積む薦《こも》を幄の前に鋪《し》け。訖《おわ》らばすなわち、諸陵寮とともに幣物を積め。参議以上および弁官座に就かば、丞進みて*版位《へんい》に就き〈治部《じぶ》預め版位を置け〉、積み畢るさまを申せ。治部の輔、座に就き、省の輔一人進みて座に就き、丞・録各一人、ともに進みて座に就き、諸陵寮もまた座に就け。訖らば、治部の輔《すけ》、使人の名を唱え、省の丞・録二人、幣物を取りて使人に付《さず》けよ。

25 凡そ荷前《のさき》の物を裹み備うるの日、*縫殿寮の南庭に五丈の紺の幄一宇を立て、幔を懸けよ。

26 凡そ*臨時の大祓所《おおはらえどころ》には、五丈の幄二宇、七丈の幄一宇を立てよ〈五丈の一宇には参議已

蔵丞録各一人、進就㆓頒幣座㆒、治部輔就㆘唱㆓陵号㆒座㆖、諸陵允取㆓陵墓使者歴名札㆒授㆑輔、輔以㆑次唱㆓諸陵号㆒〈始唱㆓陵号㆒、群官下㆑座〉、及㆑唱㆓使名㆒、大蔵取㆑幣〈近陵丞取㆑之、自余録取㆑之〉、授㆓使者㆒」とある。また、要略二九、年中行事十二月下荷前に「大蔵省貞観六年十二月十四日省例」が引用されているが、これはいわゆる諸司例ではなかろう。なお荷前には常幣と別貢幣があるが、大蔵省が諸陵寮とともに弁備するのは常幣、内蔵寮が弁備するのは別貢幣である。

諸陵式　諸陵式19条参照。

建礼門　内裏外郭の南門。

掃部寮幄の下の座…幄の前に鋪け　掃部式23・24条参照。

版位　四時祭式上22条、斎宮式81条、式部式上34条参照。

25荷前物条

縫殿寮の南庭に…幔を懸けよ　内蔵式22条参照。これは内蔵寮による別貢幣の弁備に関わる。

26臨時大祓所条

臨時の大祓　神祇令18条に規定する定期の大祓以外の大祓。例えば、天武紀五・八・辛亥条は大解除の初見記事であるが、これは臨時のものに当たる。掃部式6条参照。なお大祓そのものについては四時祭式上29条参照。

拘　底「物」。九ニヨリテ改ム。
府官　底「官府」。九ニヨリテ改ム。
布五端　内蔵式2条ナシ。
衣　下文31条ノ例ニヨルニ、或イハ衍カ。

上一人座一、一宇設二辨官座一、七丈一宇諸司立祓、

27 諸節懸幔条

凡諸節會日所ㇾ懸之幔、令三左右衞門府守二之、若不三勤守一致二破損一者、申ㇾ官拘三留府官要劇馬料一、

凡懸二陰陽寮漏刻臺一料舊幔二條、隨二破損一即充行、

凡在ㇾ省紺幄十一宇、五丈紺幄八宇、紺輕幄七宇、布幔百廿四條、皆收二別倉一、隨ㇾ事供設、若有二破壞一者、申ㇾ官縫換、但故弊者任充二公用一、

凡春日祭、外記、史各一人、別絹二疋、綿二屯、細布二端、布二端、太政官史生、辨官史生各一人、別當色一具、絹一疋、綿二屯、布二端、官掌一人、召使二人、各當色一具、使内藏五位官一人、絹七疋、調綿七屯、細布五端、布五端、史生二人、各當色一具、絹一疋、調綿二屯、調布三端、賫ㇾ幣仕丁一人衣、商布一段、近衞少將一人、絹六疋、綿六屯、細布五端、布五端、近衞十二人、別帛一疋、綿一屯、布一端、刀緒料緋帛七尺五寸、布帶料細布一丈四尺、馬寮五位官一人、絹六疋、綿六屯、細布五端、布五端、馬部一人、貲布四丈、紅花大一斤、染ㇾ衣料、御馬十二疋、別結ㇾ額料淺緋絲二兩、韁鞚、腹帶各一條韁鞚長四尺二寸、腹帶長

上一人の座を設け、一字には弁官の座を設けよ。七丈の一字は諸司立ちて祓せよ〉。

27 凡そ諸の節会《せちえ》の日に懸くるところの幔は、左右衛門府をして守らしめよ。もし勤め守らずして破損を致さば、官に申して府官の*要劇《ようげき》・馬料《めりよう》を拘留《こうりゅう》せよ。

28 凡そ陰陽寮の*漏刻台《ろこくだい》に懸くる料の旧幔二条は、破損に随いてすなわち充て行なえ。

29 凡そ省にある*紺の幄十一宇、五丈の紺の幄八宇、紺の軽幄七宇、布の幔百二十四条は、皆*別倉に収め、事に随いて供設せよ。もし破壊《はえ》あらば、官に申して縫い換えよ。ただし*故弊はままに公用に充てよ。

30 凡そ*春日《かすが》の祭は、*外記・史各一人に、別《ひとごと》に絹二疋、綿二屯、細布二端、布二端。太政官の史生・弁官の史生各一人に、別に*当色《とうじき》一具、絹一疋、綿二屯、布二端。官掌《かじよう》一人・召使二人に各当色一具。*使の内蔵《くら》の五位の官一人に、絹七疋、調の綿七屯、細布五端、布五端。史生二人に、各当色一具、絹一疋、調の綿二屯、調布三端。幣を賷《も》つ仕丁一人の衣に、商布一段。*近衛少将一人に絹六疋、綿六屯、細布五端、布五端。近衛十二人に、別に帛一疋、綿一屯、布一端、刀《たち》の緒《お》の料の緋《あけ》の帛七尺五寸、布帯《ぬのおび》の料の細布一丈四尺。*馬寮《めりよう》の五位の官一人に、絹六疋、綿六屯、細布五端、布五端。馬部一人に、*貲布《さよみのぬの》四丈、紅花《くれない》大一斤〈衣を染むる料〉。御馬十二疋に、別《ひきごと》に額を結ぶ料の浅緋《あさきあけ》の糸二両、*轡鞚《くつわづら》・腹帯各一条〈轡鞚は長さ四尺二寸、腹帯は長さ

要劇馬料　太政官式118・119条、式部式上279条、式部式下29条、兵部式67条、大炊式35条参照。

28漏刻台条

漏刻台　陰陽式2条参照。

29在省幔幄条

紺の幄十一宇　本式101条に「紺幄一宇〈長七丈、広二丈四尺〉」と見えるものに当たるか。

別倉　使用頻度の高い屏障具につき、出納の便のために別置することを示すか。

故弊はままに公用に充てよ　故弊とは経年劣化したもの。本式71条によれば、古弊の幄四宇を毎年冬期に施薬院に充てることになっていた。「ままに」は太政官に上申せずにの意。

30春日祭条

春日の祭　四時祭式上7条、大炊式11条参照。

外記史…　太政官式68条参照。

当色　本式76条参照。

使の内蔵の五位の官　内蔵式2条の「使の官人」参照。

近衛少将　左右近衛式41条参照。

馬寮　左右馬式12条参照。

貲布　斎宮式54条、主計式上2条、造酒式18条、主水式27条参照。

轡鞚　馬の頭に付ける馬具。轡はたづな、鞚はくつわ。

布二端　底ナシ。九ニヨリテ補ウ。
布　底ナシ。九ニヨリテ補ウ。
布二端二丈六尺　→校補1
帛　九ナシ。
二疋　底「一人」。九ニヨリテ改ム。
支子　底、コノ上「紅」字アリ。九及ビ内蔵式4条ナシ。衍ト見テ削ル。
緑　底「縁」。版本・雲ニ従イテ改ム。
絹二疋　九「錦二屯」。
八尺　九、コノ下「集須送」三字ヲ小書ス。或イハ脚注カ。

七尺、料曝布三端一丈四尺四寸、
凡大原野祭、使內藏允一人、絹三疋、綿六屯、細布五端、史生一人、當色一具、絹一疋、綿二屯、曝布一端、賫レ幣仕丁一人、商布一段、近衞將監一人、絹二疋、綿二屯、細布二端、布二端、近衞十人、別帛一疋、綿一屯、布一端、刀緒料緋帛七尺五寸、布帶料細布一丈四尺、馬寮允一人、絹二疋、綿二屯、信濃布三端、布二端、御馬十疋、結レ額料緋絲一絇八兩、轠鞚、腹帶料、布二端二丈六尺、
凡奉二鹿嶋香取社幣帛一之日、給二物忌三人一〈鹿嶋一人、香取二人〉、別紫纈帛三丈、縹帛六尺、絹二疋、綿二屯、毎レ社宮司、禰宜、祝各一人、別當色一具、社別雜給料緋絲廿絇、使藤原氏六位已下一人、當色一具、夾纈、紅臈纈、支子帛各一疋、中緑帛二疋、絹二疋、調綿廿屯、細布三端、內藏寮史生一人、當色一具、絹二疋、調綿六屯、曝布二端、賫レ幣夫二人、別衫一領料紺布二丈、帶料布八尺、
凡正月最勝王經齋會講讀師法服幷袈料絹、綿等、先レ會下充、令二裁縫一之、〈具見二縫殿式一〉
凡年分度者布施、人別布二端、預前請取、正月齋會終

七尺〉の料の*曝布《さらしぬの》三端一丈四尺四寸。

31 凡そ大原野《おおはらの》の祭は、*使の内蔵の允一人に、絹三疋、綿六屯、細布五端。史生一人に、当色一具、絹一疋、綿二屯、曝布一端。幣を賷つ仕丁一人に、商布一段。*近衛将監一人に絹二疋、綿二屯、細布二端、布二端。近衛十人に、別に帛一疋、綿一屯、布一端、刀の緒の料の緋の帛七尺五寸、布帯の料の細布一丈四尺。*馬寮の允一人に、絹二疋、綿二屯、*信濃の布三端、布二端。御馬十疋に、額を結ぶ料の緋の糸一絇八両、韁鞚・腹帯の料の布二端二丈六尺。

32 凡そ*鹿島《かしま》・香取《かとり》社に幣帛を奉るの日は、*物忌《ものいみ》三人に給うに〈鹿島一人、香取二人〉、別《ひとごと》に紫の纐《ゆはた》の帛三丈、縹《はなだ》の帛六尺、絹二疋、綿二屯。社毎《ごと》に宮司・*禰宜《ねぎ》・*祝《はふり》各一人に別《ひとごと》に当色一具、社別《ごと》に雑給の料の緋の糸二十絇。使の藤原氏六位已下一人に当色一具、*夾纈《きょうけち》・紅《くれない》の*臈纈《ろうけち》・*支子《くちなし》の帛各一疋、中緑の帛二疋、絹二疋、調の綿二十屯、細布三端。*内蔵寮の史生一人に、当色一具、絹二疋、調の綿六屯、曝布二端。幣を賷つ夫二人に、別に*衫《ひとえぎぬ》一領の料の紺の布二丈、帯の料の布八尺。

33 凡そ正月の最勝王経の斎会の講読師の法服ならびに*衾《ふすま》の料の絹・綿等、会《え》に先だちて下し充て、裁縫せしめよ〈具に*縫殿式に見ゆ〉。

34 凡そ*年分度者の布施は、人別に布二端。あらかじめ請《う》け取りて、正月の斎会の終る

曝布　暴布とも。中宮式12条、主計式上27条、造酒式20条参照。

31大原野祭条

使の内蔵の允一人　内蔵式5条参照。

近衛将監　左右近衛式41条参照。

馬寮　左右馬式14条参照。

信濃の布　主計式上31条の「布」および本式73条参照。

32鹿島香取奉幣条

鹿島香取社に幣帛を奉るの日　内蔵式4条参照。

物忌　四時祭式上7条参照。

禰宜　四時祭式上11条参照。

祝　四時祭式上4条の「祝部」参照。

夾纈　四時祭式上7条、斎院式19条参照。

臈纈　臘纈とも。模様以外の部分に臘を置いて染まらないようにする染色の技法。

支子　四時祭式上7条および弾正式68条の「支子染の深色」参照。

内蔵寮　内蔵式4条参照。

衫　ひとえ、肌着。斎院式27条の「汗衫」、縫殿式7条の「青摺の布の衫」参照。

33御斎会法服条

衾　斎院式19条参照。

縫殿式に見ゆ　縫殿式8条参照。

34年分度者条

年分度者　玄蕃式71条参照。

日、與㆓講師以下㆒共施、

凡正月修㆓眞言法㆒所、三寶布施、絲廿絇、綠絁四丈、細布一端、阿闍梨一口布施、絹三疋、綿十屯、布三端、僧十四口、別絹二疋、綿五屯、布二端、沙彌十五口、別絹一疋、綿二屯、布二端、辨㆓備佛供㆒沙彌四口、別布二端、綿二屯、裹㆓布施㆒料商布四段、木綿大一斤、

同月修㆓大元法㆒所、三寶布施、細布一端、阿闍梨一口布施、絹三疋、綿十屯、布三端、僧十四口、別絹二疋、綿五屯、布二端、沙彌十五口、別絹一疋、綿二屯、布一端、辨㆓備佛供㆒沙彌四口、別布二端、綿二屯、裹㆓布施㆒料商布三段、木綿大一斤、

凡施㆓東西兩寺幷畿内諸寺常住僧尼㆒料綿九千二百屯、内供奉十禪師料五百屯、每年九月以前僧綱請取平等施之、延曆寺料八百屯、不㆑經㆓綱所㆒直充、若十禪師住㆓此寺㆒者、割㆓其料内㆒同充、

凡梵釋、崇福兩寺僧料、綿二百屯、每年九月五日以前送之、

凡延曆寺定心院正月悔過布施料、細屯綿卅四屯、（三寶幷脇侍菩薩、梵釋、四王合十一座布施料、座別四屯、）十禪師布施絹廿疋、（別二）

綠　底「縁」。九・塙ニヨリテ改ム。

絁　底「絶」。九ニヨリテ改ム。以下一々注セズ。

僧　底ナシ。九ニヨリテ補ウ。

二　京「一」。考異、次条ニカンガミテ是トナス。

常住僧尼　底「常僧住尼」。九ニヨリテ改ム。

直　底「宜」。九ニヨリテ改ム。

二　九「一」。

日、講師以下とともに施せ。

35 凡そ正月の*真言法《しんごんのほう》を修する所は、三宝の布施に、糸二十絇、緑の絁四丈、細布一端。*阿闍梨《あざり》一口の布施に、絹三疋、綿十屯、布三端。僧十四口《く》に、別《くごと》に絹二疋、綿五屯、布二端。沙弥十五口に、別に絹一疋、綿二屯、布二端。*仏供《ぶっく》を弁備する沙弥四口に、別に布二端、綿二屯。布施を裹む料に、商布四段、木綿大一斤。

36 同月の*大元法《たいげんのほう》を修する所は、三宝の布施に、細布一端。阿闍梨一口の布施に、絹三疋、綿十屯、布三端。僧十四口に、別に絹二疋、綿五屯、布二端。沙弥十五口に、別に絹一疋、綿二屯、布一端。仏供を弁備する沙弥四口に、別に布二端、綿二屯。布施を裹む料に、商布三段、木綿大一斤。

37 凡そ*東・西両寺ならびに畿内諸寺の常住の僧尼に施す料の綿九千二百屯、*内供奉《ないぐぶ》の十禅師《じゅうぜんじ》の料の五百屯、毎年九月以前に僧綱請け取りて、平等に施せ。*延暦寺の料の八百屯は綱所を経ずして直《ただち》に充てよ。もし十禅師この寺に住まば、その料の内を割きて同じく充てよ。

38 凡そ*梵釈《ぼんしゃく》・崇福《すうふく》両寺の僧の料に、綿二百屯。毎年九月五日以前に送れ。

39 凡そ*延暦寺定心院《じょうしんいん》の正月の*悔過《けか》の布施の料に、細屯綿《ほそつみのわた》四十四屯〈三宝ならびに脇侍菩薩・*梵釈・四王、*合せて十一座の布施の料。座別《ごと》に四屯〉。*十禅師の布施に絹二十疋〈別《ひとごと》に二

正月の真言法　玄蕃式2条参照。

阿闍梨　密教において、その秘法を伝授する阿闍梨灌頂(伝法灌頂)を受けた者をいう。

仏供　仏に供えるもの。

36大元法条

大元法　大元帥法(訓みは同じ)とも。玄蕃式3条参照。

37常住僧尼料条

東西両寺　玄蕃式4条参照。

内供奉の十禅師　玄蕃式1条参照。

延暦寺　玄蕃式53条参照。

38梵釈崇福寺条

梵釈崇福両寺　玄蕃式1・4条参照。

39定心院悔過料条

延暦寺定心院　延暦寺の子院。承和五年(八三八)から同十三年にかけて仁明天皇の御願として建立され、十禅師が置かれた(続後紀承和十三・八・丙戌条、山門堂舎記)。民部式下4条参照。

悔過　玄蕃式8条参照。

梵釈四王　梵天、帝釈天、四天王を指す。

合せて十一座　三宝の各一座、両脇侍菩薩各一座、梵天・帝釈天各一座、四天王各一座の計一一座。

十禅師　延暦寺諸院に置かれた禅師。三代格貞観十四・十一・一符、民部式下5条参照。

疋、綿百屯、別十屯、布卅端、別三端、毎年十二月廿日以前送之、

凡延暦寺西塔院釋迦堂正月悔過布施者、三寳料細屯綿十二屯、座別四屯、五僧料絹十疋、人別二疋、綿五十屯、人別十屯、調布十五端、人別三端、毎年十二月廿日以前申請、運送之、

凡戒壇十師幷沙彌菜料、昆布十三斤十二兩、紫苔、靑苔、海松、凝菜、鹿角菜、於期菜各十一斤八兩、海藻廿七斤九兩、滑海藻十三斤十二兩二分、小豆七斗七升九合一勺、芥子五升八合八勺、糖、酢、未醬各二斗二升五合、醬四斗四升一合、鹽六斗六升一合五勺、油一斗四升七合、炭十一斛、薪廿八荷、二月卅日以前申レ官、受レ直充之、

凡延暦寺三月試度年分沙彌四人、證師使等菜料直布四端、二月以前省家申請、運ニ送寺家一、

凡延暦寺八月試度年分沙彌四人、證師使等菜料直布四端、及九月十五日修ニ灌頂一衆僧菜料直布五端、合九端、省家申請、七月以前送ニ彼寺一、

凡延暦寺西塔院三月試度沙彌二人、證師使等菜料直布三端、省家申請、二月以前送ニ彼寺一、

疋　底「屯」。九ニヨリテ改ム。
布　底、コノ下「施」字アリ。九ナシ。衍ト見テ削ル。
凡延暦寺…　九、コノ条ナシ。
十　底ナシ。塙校注ニヨリテ補ウ。
人　底、弥書。閣・塙ニヨリテ削ル。
十一　底「十二」。九・閣・塙・貞ニヨリテ改ム。
申　底ナシ。九ニヨリテ補ウ。
師　底、コノ下「幷」字アリ。衍ト見テ削ル。本式43条参照。
直　底ナシ。版本ニ従イテ補ウ。下同ジ。

40釈迦堂悔過料条
延暦寺西塔院釈迦堂　延暦寺の子院。承和元年(八三四)円澄が建立した(叡岳要記下、西塔院供養)。釈迦堂は西塔本尊の釈迦如来を安置。民部式下4条参照。
五僧　→補1

41十師沙弥菜料条
戒壇の十師ならびに沙弥　玄蕃式72~76条参照。
昆布　民部式下63条の陸奥国の項参照。
紫苔　紫菜とも。和名抄に「紫菜、兼名苑云紫菜一名石蓴〈和名無良佐木乃里、俗用ニ紫苔一〉」とある。
青苔　和名抄に「陟釐、本草云陟釐〈音

緾、一本作レ厘、和名阿乎乃利、俗用二青苔一〉」とある。

海松…滑海藻　主計式上2条参照。

小豆　民部式下63条の播磨国の項参照。

芥子　主計式上4条、大膳式上8条参照。

糖　白米などを原料とし、これを煮て作るアメ。製法は大膳式下18条参照。

酢　ス。カラサケともいう。製法については造酒式4条参照。

未醤　現在の味噌の前身になると推定される固体調味料。醤大豆、米、小麦、酒、塩などを原料とする。製法については大膳式下18条参照。

醤　現在のタマリ醤油に近い液体調味料。醤大豆、塩、米、酒、糯米などを原料とする。製法については大膳式下18条参照。

42三月試度年分条

延暦寺の三月試度の年分の沙弥　→補2

証師使　民部式下4条参照。

43八月試度年分条

延暦寺の八月試度の年分の沙弥　前条の「延暦寺の三月試度の年分の沙弥」参照。

灌頂　→補3

44西塔院試度条

延暦寺西塔院の三月試度の沙弥　本式42条の「延暦寺の三月試度の年分の沙弥」参照。

疋〉、綿百屯〈別に十屯〉、布三十端〈別に三端〉。毎年十二月二十日以前に送れ。

40 凡そ*延暦寺西塔院釈迦堂の正月の悔過の布施は、三宝の料に細屯綿十二屯〈座別に四屯〉、*五僧の料に絹十疋〈人別に二疋〉、綿五十屯〈人別に十屯〉、調布十五端〈人別に三端〉。毎年十二月二十日以前に申し請《こ》い、運び送れ。

41 凡そ*戒壇の十師ならびに沙弥の菜の料に、*昆布《ひろめ》十三斤十二両、*紫苔《むらさきのり》・*青苔《あおのり》・*海松《みる》・凝菜《こるもは》・鹿角菜《ふのり》・於期菜《おごのり》各十一斤八両、海藻《め》二十七斤九両、滑海藻《あらめ》十三斤十二両二分、*小豆《あずき》七斗七升九合一勺、*芥子《からし》五升八合八勺、*糖《あめ》・*酢《す》・*未醤《みそ》各二斗二升五合、*醤《ひしお》四斗四升一合、塩六斗六升一合五勺、油一斗四升七合、炭十一斛、薪二十八荷。二月三十日以前に官に申し、直《あたい》を受けて充てよ。

42 凡そ*延暦寺の三月試度の年分の沙弥四人、*証師・使らの菜の料の直に、布四端。二月以前に省家申し請い、寺家に運び送れ。

43 凡そ*延暦寺の八月試度の年分の沙弥四人、証師・使らの菜の料の直に、布四端。および、九月十五日に*灌頂《かんじょう》を修する衆僧の菜の料の直に布五端、合せて九端。省家申し請い、七月以前に彼の寺に送れ。

44 凡そ*延暦寺西塔院の三月試度の沙弥二人、証師・使らの菜の料の直に、布三端。省家申し請い、二月以前に彼の寺に送れ。

凡嘉祥寺三月、十月兩度地藏悔過布施料、細屯綿廿屯、（佛聖二座料、）布卅八端、庸布十二段、（僧、沙彌十二口春料、）絹十二疋、庸綿五十屯、布廿六端、庸布十二段、（同僧、沙彌冬料、）錢四貫文、（二貫文二度客僧布施料、二貫文二度雜用料、）會月以前送之、

凡海印寺試二華嚴宗年分沙彌二人一日、衆僧菜料直布二端、二月以前送之、

凡掃二正倉院一料、米二斛、滓醬一斗、鹽五升、毎年六月申レ官受用、

凡巡二検正倉院一衞府等巡否之狀、毎日召二問御倉守等一、若不二巡検一者卽申レ官、

凡受二納調庸雜物一者、國帳至レ省、先可レ納狀申レ官、期月之後廿日以前、隨レ次收納、（假令近國十一月廿日以前、中國十二月廿日以前收訖之類、）其絁、絲、綿、布者、毎レ國品別割置爲レ樣、至二于後年一以レ此比校、違卽勘返、

凡調庸雜物、所司検覆、如有二麁惡一、隨レ事勘却、且検且納、莫レ致二民苦一、

段　底「改」。九・閣ホカニヨリテ改ム。
文　底ナシ。九・閣ホカニヨリテ補ウ。
布施　底、左行「雑」字ノ下ニアリ。九ニヨリテ改ム。
用　底「囲」。九・梵ホカニヨリテ改ム。
海印寺　考異、コノ下ニ「二月」二字ヲ補ウベキカトナス。
直　底「調」。上文ノ例ニヨリテ改ム。
訖　底「説」。九・閣ホカニヨリテ改ム。

45嘉祥寺悔過料条

嘉祥寺　主税式上5条の山城国の項および大膳式下11条参照。

46海印寺年分条

海印寺　海印三昧寺。主税式上5条の山城国の項参照。海印三昧寺の華厳宗年分度者は、三代格嘉祥四・三・二十二符により定められた。大膳式下12条、大炊式25条参照。

47掃正倉院料条

正倉院　平安宮大蔵省正倉院は、平安宮の北部、上東門と上西門を結ぶ線の北で安嘉門と達智門の間の区域にあった。

滓醬　醬のカス（あるいは醬原料の酒の

45 凡そ*嘉祥寺《かしょうじ》の三月・十月両度の地蔵悔過の布施の料に、細屯綿二十屯〈仏聖二座の料〉、布三十八端、庸布十二段〈僧・沙弥十二口の春の料〉、絹十二疋、庸の綿五十屯、布二十六端、庸布十二段〈同じく僧・沙弥の冬の料〉、銭四貫文〈二貫文は二度の客僧の布施の料、二貫文は二度の雑用の料〉。会の月以前に送れ。

46 凡そ*海印寺の華厳宗年分の沙弥二人を試する日、衆僧の菜の料の直に布二端。二月以前に送れ。

47 凡そ*正倉院を掃《はら》う料に、米二斛、*滓醤《かすひしお》一斗、塩五升。毎年六月、官に申して受け用いよ。

48 凡そ*正倉院を巡検する衛府らの巡否の状、毎日*御《み》倉守《くらもり》らに召し問え。もし巡検せざれば、すなわち官に申せ。

49 凡そ*調庸の雑物《ぞうもつ》を受納せんには、*国帳省に至らば、先《ま》ず納むべき状を官に申せ。*期月の後、二十日以前に、次《ついで》に随いて収納せよ〈たとえば近国は十一月二十日以前、中国は十二月二十日以前に収め訖るの類〉。其れ絁《あしぎぬ》、糸、綿、布は、国毎に品別に割き置きて*様《ためし》となし、後年に至りてこれを以て比校し、違わばすなわち勘返せよ。

50 凡そ調庸の雑物は、*所司検覆し、もし麁《そ》悪《あく》あらば、事に随いて勘却せよ。且つは検し、且つは納め、民の苦を致すことなかれ。

カス)が交じった醤。一説にもろみの段階の醤ともいう。

48巡見正倉院条

正倉院を巡検する衛府　↓補1

御倉守　内蔵寮にも置かれていた。内蔵式69条参照。

49受納調庸条

調庸の雑物を受納せんには　本式51条参照。なお、本条とほぼ同内容の弘仁式あるいは貞観式の逸文として、三代実録元慶七・十一・二条に「又式云、凡受㆓納調庸雑物㆒、期月之後、廿日以前随㆑次収納」とある。この「又式云」は直前に引かれた「民部式云」を受けた形になっているが、これは三代実録の引用の不備か。

国帳　調帳、庸帳などを指す。民部式上21条によれば、調庸の現物と帳簿は同時に持参して京進することが原則であった。

期月　↓補2

様　見本、手本として基準となるもの。

50調庸麁悪条

所司検覆し　貢納物の受納には多くの関係官司が立ち会った。その規定は、続紀慶雲三・閏正・戊午条に「勅、収㆓貯大蔵㆒諸国調者、令㆓諸司毎㆑色検校相知㆒」とあるのに遡る。出納立会官司の内訳は次条参照。本条に直接関わるのは、大蔵省と民部省の官人。民部式上23条参照。

凡受納出給者、先申二辨官一、辨官仰二諸司一、共集然後給納、諸司官人數見二監物式一、

凡諸司返上雜物者、並待二符到一、檢二納正倉一、若印書到後、一月不レ進者、具錄二色目一、毎月申レ官、不レ勤二催納一、致レ有二亡失一、交替之日拘二其解由一、

凡出二納庫物一者、諸司各作二出納帳一、共署即明記二受人姓名一、

凡諸國所レ貢調庸物、本司勘訖、諸司會集之日、使下國司引二郡司一進就レ版進中日收文上、

凡諸國所レ進調庸等物、緣二麁惡、短狹及缺失等一、若有二買換一者、檢納之日、便捺二省印一、

凡諸國所レ貢絹、擇二其最美一千疋一、毎年別納、

凡諸國所レ貢染布、先割二置年料紺細布八十五端、紺布二百六端、縹布百七十四端一、以二其所レ遺充二臨時用一、

凡諸國例進交易雜物、非レ有二國解文一不レ可二勘納一、

凡諸國所レ進交易商布者、其端別注二其國郡、年月日、色、直稻若

數　底ナシ。九ニヨリテ補ウ。

者　底ナシ。塙校注ニヨリテ補ウ。

其　底ナシ。九ニヨリテ補ウ。

51受納出給条

先ず弁官に申し弁官諸司に仰せよ　出納に立ち会う諸司の内訳は、弁官の他、中務省、民部省、大蔵省、監物、主計寮である。太政官式53条、監物式3条参照。

監物式に見ゆ　監物式3条参照。

52返上雑物条

印書　→補1

解由　太政官式31～33条、式部式上164条、宮内式57条参照。

53出納庫物条

出納帳　官司のものではないが、東大寺正倉院勅封蔵の出納関係文書(いわゆる北倉文書)のうち、「双倉北物用帳」と「双倉雑物下帳」は、記載項目として出給年月日、物品名、数量、出給命令、出給先、立会官人の署名などがあるが、これらは本条に見える出納帳のそれと重なる。従って、出納帳とは当該帳簿のごときものであったと考えられる。古尾谷知浩「東大寺正倉院勅封蔵の出納体制」(『律令国家と天皇家産機構』所収、二〇〇六年、初出一九九七年)参照。

ともに署し　出納に立ち会った官人が共

署する。
54日収文条
日収文　民部式下30条参照。→補2
55麁悪買換条
56別納絹条
57染布条
58交易雑物条
交易の雑物　民部式下63条参照。
解文　→補3
59交易商布条
商布　民部式下63条、主計式上30条参照。
その端に…　端は両端(外端・内端)。調については、賦役令2条に「凡調、皆随レ近合成、絹絁布両頭、及糸綿嚢、具注ニ国郡里戸主姓名年月日一、各以ニ国印一々之」との規定があり、本条はこれに準じた規定である。交易布の墨書については正倉院宝物銘文中に実例が見え、「(表)常陸国交易　天平勝宝五年(国印あり)／(裏)信太郡嶋□〔津ヵ〕郷戸主□三男□□□嶋」(松嶋順正『正倉院宝物銘文集成』一九七八年、第三編、六号)、「上総国勅旨交易布壱段(国印あり)」(同四七号)、「武蔵国民部省交易布一段(国印あり)」(同五六号)、「□〔信〕濃国伊那郡小村□〔郷〕交易布一段　天平十年十月(国印確認できず)」(同七五号)などがある。
直稲若干束　主税式上99条参照。

51 凡そ受納・出給は、*先ず弁官に申し、弁官、諸司に仰せよ。ともに集《つど》いて、然る後に給い納めよ〈諸司の官人の数は*監物式に見ゆ〉。

52 凡そ諸司の返上せる雑物は、みな符の到るを待ちて正倉に検納せよ。もし*印書到るの後、一月進《たてまつ》らざれば、具《つぶさ》に色目を録し、毎月官に申せ。催納を勤めずして亡失あるを致さば、交替の日、その*解由《げゆ》を拘《とど》めよ。

53 凡そ庫の物を出納せんには、諸司各*出納帳を作りて、*ともに署し、すなわち明らかに受くる人の姓名を記《しる》せ。

54 凡そ諸国貢するところの調庸の物、本司勘《かんが》え訖《おわ》らば、諸司会集《えしゆう》の日、国司をして郡司を引き、進みて版に就きて、*日収文を進らしめよ。

55 凡そ諸国進るところの調庸等の物、麁悪、短狭および欠失《けっしつ》等により、もし買い換うることあらば、検納の日、便《たより》に省印を捺《お》せ。

56 凡そ諸国貢するところの絹、その最も美なるもの一千疋を択《えら》びて毎年別納せよ。

57 凡そ諸国貢するところの染布、先ず年料の紺の細布八十五端、紺の布二百六端、縹《はなだ》の布百七十四端を割き置きて、その遺《のこ》るところを以て臨時の用に充てよ。

58 凡そ諸国例進の*交易《きようやく》の雑物は、国の*解文《げぶみ》あるにあらざれば勘納すべからず。

59 凡そ諸国進るところの交易の*商布は、*その端《はし》に別《たんごと》にその国郡、年月日、色、*直稲《じきとう》若

干束一、外端捺二國印二處一、内端一處、

凡諸國交易商布、洗暴進之、若猶有レ違、返二却其物一、

凡諸國所レ進年料漆、先令三内匠寮定二其品一、卽蓋上記二定レ品之人名一、然後納レ庫、

凡鑄錢司所レ貢錢、雖二文字不一レ明、而不レ失二體勢一、無レ妨二行用一者莫二擇棄一、

凡筑摩御厨舊納不レ進者、不レ得レ充二行新造料物一、

凡應二出給一者、皆隨二符到一、其出給惣目、毎二明日朝一進二結政所一、

凡毎月十三日、廿七日、爲下出二御服雜物一之日上、

凡奉二行御服物一之日、出納諸司與二內藏寮官人一、相共入レ庫選進、

凡御幷中宮御贖、及祭二忌火、庭火、御竈神、平野御竈神一料雜物、神祇官所レ受、待二彼官移文一充之、春宮坊幷齋院司所レ祭亦同、陰陽寮所レ受、待二中務省移文一充之、

内　底、コノ下「一」字アリ。九ナシ。衍ト見テ削ル。
御服　底「服御」。版本ニ従イテ改ム。
奉行　底、前65条ノ行末ニアリ。九・閣ホカニヨリテ改ム。梵・梵別・藤、底ニ同ジ。
受　底、コノ下「持」字アリ。九及ビ民部式下1条ナシ。衍ト見テ削ル。
受　民部式下1条「祭」。

60商布洗暴条
61年料漆条

漆　→補1

内匠寮　内匠式には、6・7条などに漆を使用した手工業製品を多数製造していたことが見える。

蓋の上に…　本条は、漆が貢納された際、内匠寮にその品質を鑑定させ、容器の蓋の上に鑑定者の人名を記させる規定である。漆の運搬容器として、出土例では須恵器壺と木製曲物の例が知られているが、本条は須恵器壺に対しては当てはまらない。須恵器壺は藁または木で栓をし、使用前に頸の部分を割って中の漆を

干束を注《しる》せ。外端に国印二処を捺せ。内端は一処。

60凡そ諸国交易の商布は、洗い暴《さら》して進れ。もし、なお違うことあらば、その物を返却せよ。

61凡そ諸国進るところの年料の漆*は、先ず内匠寮*をしてその品を定めしめよ。すなわち蓋*《ふた》の上に品を定むるの人の名を記し、然る後に庫に納めよ。

62凡そ鋳銭司*貢するところの銭は、文字*明らかならずと雖も、しかも体勢を失わず、行用に妨げなくば、択び棄つることなかれ。

63凡そ筑摩御厨*《つかまのみくりや》の旧納を進らざれば、新造の料物を充て行なうことを得ず。

64凡そ出給すべきは、皆符*の到るに随え。其れ出給の惣目は、明日の朝毎に結政所*《かたなしどころ》に進れ。

65凡そ毎月十三日・二十七日は御服*《みそ》の雑物を出だすの日とせよ。

66凡そ御服の物を奉行するの日は、出納の諸司、内蔵寮*の官人と相ともに庫に入りて選び進れ。

67凡そ御《おん》ならびに中宮の御贖*《みあがもの》、および忌火*《いみび》・庭火《にわび》・御竈神*《みかまがみ》・平野の御竈神*を祭る料の雑物、神祇官の受くるところは彼の官の移文を待ちて充て〈春宮坊ならびに斎院司の祭るところもまた同じくせよ〉、陰陽寮の受くるところは中務省の移文を待ちて充てよ。

取り出す。従って、厳密な意味での蓋は存在しないし、中身を確認してまた蓋をすることも考えがたい。中身を取り出した後に木製曲物に移しかえることはあり得るが、それも使用する直前であって、貢納された直後ではなかろう。故に、本条は木製曲物についての規定である。

62鋳銭司条

鋳銭司　太政官式20条、雑式18条参照。

文字…択び棄つることなかれ　→補2

63筑摩御厨条

筑摩御厨　式部式上142・173条、内膳式39条参照。

64応出給条

符の到るに随え　倉庫令(5)条に「倉蔵給用、皆承二太政官符一」とあって、大蔵省の物を出給するには太政官符が必要であった。

結政所　→補3

65御服雑物条

御服　天皇の服。次条参照。

66奉行御服物条

内蔵寮　→補4

67忌火条

御贖　四時祭式上21条参照。

忌火庭火　四時祭式上26条参照。

御竈神　臨時祭式5条参照。

平野の御竈神　陰陽式22条、宮内式24条参照。

古　底「右」。九ニヨリテ改ム。

68進物所膳部条

進物所　タマイドコロとも訓む。平安初期、蔵人所の指揮下で天皇に奉仕する機関として、内裏周辺に設置された「所」の一つ。貞観年間に初見する。安福殿の西、月華門外の南側に置かれた（西宮記臨時五〔所々事〕）。天皇へ進上する食事の準備に当たり、諸国貢進の贄を御厨子所とともに管理した。

望陀の布　主計式上2条参照。

69絁調綿条

穀倉院　治部式9条、民部式下12条、左右京式14条参照。

70大宰府染料条

大宰府に遣わす染むる料の綾　内蔵式54条に「雑染綾二百疋〈深紫、浅紫、緋各五十疋、中紫廿疋、深緋卅疋〉（中略）右、大宰府所レ進」とある。

71施薬悲田条

施薬院・悲田　↓補1

凡進物所膳部六人、正月三節、五月以後三節、當色料絹三疋、紺望陀布三端、毎年兩度充行、

凡絁百廿疋、調綿二百屯、毎年十二月申レ官、充二穀倉院一、

凡遣二大宰府一染料綾二百疋、毎年四月以前擇定、付二內藏寮一、

凡綿一百五十屯、•古弊幄四宇、毎年冬季充二施藥院一、均分給二彼院及東西悲田病者孤子等一、

凡諸司給二春夏祿一者、辨官、式部、兵部、彈正並集積二祿物一、畢彈正巡檢、卽省申二辨官一、辨官宣命、訖式部兵部唱レ名、省司班給、位祿准レ此、但不二宣命一、若當日不レ了、具錄二殘數一、移二送式部一、待レ報乃給、秋冬准レ此、女孺以上給二春夏祿一者、於二正倉院一、立二五丈幄二宇一、一宇南面懸レ幔、掃部鋪二內侍以下座一、一宇北面積レ祿、秋冬准レ此、

凡太政官幷出納諸司季祿布、以二信濃布一給之、參議帶二諸司一者、及內記、主稅、宮內、修理、勘解由等省寮職使亦同、

凡女官春秋二季祿布之內、毎レ季百五十端、以二信濃布一充二內侍司一、

72諸司春夏禄条
諸司の春夏の禄　季禄のこと。太政官式113条、式部式下27条参照。
弾正巡検　五位以上の不参を取り締まる。弾正式39条参照。関連規定が三代格延暦十九・十二・十九符、同二十一・十・二十二符、弘仁二・五・十三符に見える。
位禄　太政官式117条、式部式上252条、同式下28条参照。
女孺以上に春夏の禄を…　女官季禄のこと。中務式19条参照。

73季禄信濃布条
出納の諸司　弁官、中務省、監物、民部省、主計寮の各司。太政官式53条参照。出納業務は激務であり、この他にも百度食を支給するなどの優遇措置が取られた。主計式下19条、宮内式56条、大膳式下39条、大炊式37条など参照。
信濃の布　主計式上31条に、信濃国の調として紺布・縹布・布が見える。信濃産でなくとも、同品質のものは「信濃布」と呼ばれた。本条で激務の諸司に対する優遇のために支給されており、一般の調布より良質であった。主税式上99条に「凡商布一段直五束、信濃国洗布八束」とある。

74女官季禄条
女官の春秋二季の禄　中務式19条参照。

68 凡そ*進物所《しんもつどころ》の膳部六人、正月の三節・五月以後の三節は、当色の料の絹三疋、紺の*望陀《もうだ》の布三端、毎年両度充て行なえ。

69 凡そ絁百二十疋、調の綿二百屯、毎年十二月に官に申し、*穀倉院に充てよ。

70 凡そ*大宰府に遣わす染むる料の綾二百疋、毎年四月以前に択び定め、内蔵寮に付《さず》けよ。

71 凡そ綿一百五十屯、古弊《こへい》の幄《あく》四宇、毎年冬季に*施薬院《やくいん》に充て、均分してかの院および*東西の悲田の病者・孤子らに給え。

72 凡そ*諸司の春夏の禄を給わんには、弁官・式部・兵部・弾正みな集いて禄物を積み、畢《おわ》らば*弾正巡検せよ。すなわち省、弁官に申し、弁官宣命せよ。訖らば式部・兵部名を唱え、省司班給せよ〈*位禄もこれに准《なぞら》えよ。ただし宣命せざれ〉。もし当日了《おわ》らざれば、具に残る数を録して式部に移し送り、報を待ちてすなわち給え〈秋冬もこれに准えよ〉。*女孺以上に春夏の禄を給わんには、正倉院に於いて五丈の幄二宇を立てよ〈一宇は南面、幔《まく》を懸け、掃部、内侍以下の座を鋪《し》け。一宇は北面、禄を積め。秋冬もこれに准えよ〉。

73 凡そ太政官ならびに*出納の諸司の季禄の布は、*信濃の布を以て給え〈参議の諸司を帯ぶる者、および内記・主税・宮内・修理・勘解由等の省・寮・職・使もまた同じくせよ〉。

74 凡そ*女官の春秋二季の禄の布のうち、季毎《ごと》に百五十端は、信濃の布を以て内侍司《ないしのつかさ》に

凡諸司給二春夏時服一者、辨官、中務並集、其物積畢、省申二辨官一、辨官仰二中務一、宣命訖卽唱レ名、省司班給、若當日不レ了、待二中務移一乃給、秋冬准レ此、

凡八位以下當色、省行之、

凡初任二出雲國國造一賜レ物、•絁十疋、絲廿絇、•布廿端、鍬廿口、齋畢奏二神壽辭一、•絁廿疋、綿五十屯、布六十端、郡司布二端、祝部不レ論二有位無位一各布一端、

凡給二出雲國造祿一者、辨官、式部並集、式部唱二國造以下名一、•省率二藏部等一班給、

凡遣二諸蕃使一祭二天神地祇一者、官人、史生各一人率二藏部等一、賫二幣物幷明衣一、共赴二祭處一、

凡遣二蕃國使一儲物者、省與二使者一依レ例修備、

凡蕃客來朝者、官人、史生各一人率二藏部等一、向二郊勞處一供二設幄幔一、

凡蕃客資具雜物者納二省庫一、待二客徒入朝之時一出用、

絁　臨時祭式37条「絹」。下同ジ。

布　底「市」。九・閣ホカニヨリテ改ム。

省　九、コノ下「司」字アリ。

75諸司時服条

時服　太政官式116条、中務式74条参照。

76八位以下条

当色　広義には位階によって定められた服のこと。衣服令では礼服・朝服・制服などの色、付属の服飾品について規定する。ここでは官から規定に基づいて支給される服を指す。七位以上の当色は内蔵寮から、八位以下の当色は大蔵省から支給することになっていた。太政官式57条参照。

77初任出雲国造条

出雲国の国造　臨時祭式35条参照。

物を賜わらんには　負幸物のこと。臨時

充てよ。

75 凡そ諸司に春夏の*時服を給わんには、弁官・中務みな集《つど》え。その物積み畢らば、省、弁官に申し、弁官、中務に仰せよ。宣命訖らばすなわち名を唱え、省司班給せよ。もし当日了らざれば、中務の移を待ちて、すなわち給え〈秋冬もこれに准えよ〉。

76 凡そ八位以下の*当色は、省行なえ。

77 凡そ初めて*出雲国の国造《くにのみやつこ》に任じ、*物を賜わらんには、絁十疋、糸二十絇、布二十端、鍬二十口。斎《いみ》畢りて*神寿辞《かんよごと》を奏《もう》すときは、絁二十疋、綿五十屯、布六十端。郡司に布二端。祝部《はふりべ》に有位無位を論ぜず、各布一端。

78 凡そ出雲の国造に禄を給わんには、弁官・式部みな集え。式部、国造以下《いげ》の名を唱え、省、蔵部らを率いて班給せよ。

79 凡そ*諸蕃に使を遣わすとき天神地祇を祭らんには、官人・史生各一人、蔵部らを率いて、幣物《みてぐら》ならびに*明衣《みょうえ》を齎《も》ち、ともに祭処に赴け。

80 凡そ蕃国に使を遣わすときに儲《ま》くる物は、省、使者と例によりて修備《そな》えよ。

81 凡そ*蕃客来朝せば、官人・史生各一人、蔵部らを率いて*郊労の処に向かい、幄・幔を供え設けよ。

82 凡そ蕃客の*資具・雑物は、省庫に納め、客徒入朝の時を待ちて出だし用いよ。

祭式35条、太政官式132条参照。負幸物には、本条に見えるもののほか、神祇官神部が賜う金装横刀一口がある。

神寿辞　神寿詞（臨時祭式36・37条、太政官式132条、左右近衛式3条）、神賀（臨時祭式37条）、神賀詞・神賀吉詞（祝詞式29条）とも。各条を参照。

78 出雲国造禄条

79 遣蕃使祭条

諸蕃に使を遣わすとき…　臨時祭式29条参照。

明衣　四時祭式上10条、斎宮式22条、大嘗祭式9条参照。

80 遣蕃使儲物条

81 蕃客来朝条

蕃客　太政官式51条、式部式下25・26条、治部式18条、玄蕃式92〜94条、雑式14条参照。

郊労の処　来朝した蕃客を京近郊において迎える儀を行なう所。平城京の場合、羅城門外において郊労に相当する儀式が行なわれたが、平安京遷都後では、渤海使が長門に来着した際には河陽（山崎）にて、加賀に来着した際には山科において郊労が行なわれた例が知られる。太政官式51条の「存問使…」参照。

82 蕃客資具雑物条

資具　日常の什器。宮内式62条にも見える。

凡蕃客來朝應二交關一者、丞、錄、史生率二藏部、價長等一赴二客館一、與二內藏寮一共交關、訖錄二色目一申レ官、其價物、東絁一百疋、調綿一千屯、錢卅貫文、若有レ殘者同申返上、

諸節祿法

正月七日節（十一月新嘗准レ此、）

皇太子絁八十疋、綿五百屯、一品絁卌五疋、綿三百五十屯、二品絁卌疋、綿三百屯、三品絁卅五疋、綿二百五十屯、四品絁卅疋、綿二百屯、無品絁廿疋、綿一百屯、太政大臣絁七十疋、綿五百屯、左右大臣各絁五十疋、綿四百屯、大納言絁卅疋、綿二百屯、中納言絁廿五疋、綿一百五十屯、三位參議絁廿疋、綿一百屯、四位參議絁十五疋、綿六十屯、一位絁卅疋、綿二百屯、二位絁廿五疋、綿一百五十屯、三位絁十五疋、綿六十屯、四位絁六疋、綿卅屯、五位絁四疋、綿廿屯、外五位絁三疋、綿十屯、（內外命婦准レ此、）六位女王絁二疋、綿四屯、（女王明日給之、新嘗會亦同、）

十六日節

皇太子綿三百屯、一品一百七十屯、二品一百五十屯、三品一百卅屯、四

卌　底「卅」。九ニヨリテ改ム。

83蕃客交関条

蕃客来朝して交関すべくは　関市令8条に「凡官司未ニ交易一之前、不レ得下私共ニ諸蕃一交易上、為レ人糺獲者、二ニ分其物一、一分賞ニ糺人一、一分没官、若官司於ニ其所部一捉獲者、皆没官」とあり、官が交易する以前に個人がこれを行なうことは禁じられていた。この条についてはいわゆる古本令私記が残っており、「□官司未ニ估価一之前、私市交莫レ為也」と注している。ところで、本条では大蔵省と内蔵寮がともに交易を行なうことになっているが、六国史等で事例を検すると、続後紀承和六・十・癸酉条、三代実録貞観十四・五・二十条、元慶七・五・七条など、実際には内蔵寮単独で交易を行なっている例が多い。なお、交易とは異なるが、職員令7条に「諸蕃貢献奇瑋之物」とあり、諸蕃から貢献されたものは内蔵寮が管理することになっていた。東野治之「鳥毛立女屏風下貼文書の研究」(『正倉院文書と木簡の研究』所収、一九七七年、初出一九七四年)も参照。

83 凡そ*蕃客来朝して交関すべくは、丞・録・史生、蔵部・*価長らを率いて客館に赴き、内蔵寮とともに交関せよ。訖らば、色目を録して官に申せ。その価の物は、東《あずま》絁《ぎぬ》一百疋、調の綿一千屯、銭三十貫文。もし残あらば同じく申して返上せよ。

*諸節禄法

84 *正月七日の節〈十一月の*新嘗もこれに准えよ〉
皇太子に絁八十疋、綿五百屯。一品《ぼん》に絁四十五疋、綿三百五十屯。二品に絁四十疋、綿三百屯。三品に絁三十五疋、綿二百五十屯。四品に絁三十疋、綿二百屯。無品に絁二十疋、綿一百屯。太政大臣に絁七十疋、綿五百屯。左右大臣に各絁五十疋、綿四百屯。大納言に絁三十疋、綿二百屯。中納言に絁二十五疋、綿一百五十屯。三位の参議に絁二十疋、綿一百屯。四位の参議に絁十五疋、綿六十屯。一位に絁三十疋、綿二百屯。二位に絁二十五疋、綿一百五十屯。三位に絁十五疋、綿六十屯。四位に絁六疋、綿三十屯。五位に絁四疋、綿二十屯。*外《との》五位に絁三疋、綿十屯〈*内外の命婦《みょうぶ》もこれに准えよ〉。*六位の女王に絁二疋、綿四屯〈*女王は明日に給え。新嘗会もまた同じくせよ〉。

85 *十六日の節
皇太子に綿三百屯。一品に一百七十屯。二品に一百五十屯。三品に一百三十屯。四

価長 価格を調べ、交易を行なう大蔵省所属の雑任。

諸節禄法 以下、84条から90条までは節禄に関する規定。→補1

84正月七日節禄条

正月七日の節 白馬節会。太政官式95条参照。

新嘗 新嘗祭は十一月下(または中)卯日であるが、翌辰日に豊明節会を行なう。四時祭式下49条参照。

外五位 大宝令制の外位は、郡司・軍毅などに任ぜられる地方豪族に与えられる正五位上以下の位階であったが、神亀五年(七二八)に、中央官人でも、一部の有力氏族を除いては、六位以下から五位に昇叙する際に、外従五位下を与えられることとなり、合せて待遇に格差が設けられた(三代格神亀五・三・二十八官奏、続紀同日条を参照)。本条で五位と外五位に禄の差があるのは、このことと関係する。

内外の命婦…准えよ 女官のうち、自身が五位以上の者が内命婦。五位以上の男性官人の妻が外命婦。→補2

六位の女王 →補3

女王は明日に給え →補4

85十六日節禄条

十六日の節 踏歌節会。太政官式98条参照。

品一百十屯、無品七十屯、（未レ冠減二廿屯一、）太政大臣二百五十屯、左右大臣各二百屯、大納言一百卌屯、中納言一百屯、三位參議七十屯、四位參議五十屯、一位一百卌屯、二位一百屯、三位五十屯、四位卅屯、五位廿屯、（內命婦准レ此、）

十七日節

大射幷諸衞射手祿者、一品一箭著二內規一調布卌五端、中規卌端、外規廿五端、二品著二內規一卅端、中規廿五端、外規廿端、三品、四品著二內規一廿五端、中規廿端、外規十五端、（無品准レ此、）諸王諸臣三位已上各准二當品一、其四位著二內規一廿端、中規十五端、外規十端、五位著二內規一十六端、中規十二端、外規六端、六位、七位著二內規一八端、中規六端、外規四端、八位以下白丁以上著二內規一五端、中規四端、外規三端、著レ皮者五位已上一端、六位已下庸布一段、二箭並著倍給、

五月五日節

騎射近衞、兵衞祿者、毎レ中二一的一給二布一端一、

九月九日節

屯　底ナシ。九・塙・貞ニヨリテ補ウ。
規　九傍注「兵庫式注院字」。
廿　底「卅」。九・閣ホカニヨリテ改ム。
外規　底ナシ。九・貞ニヨリテ補ウ。

86十七日節禄条

十七日の節　大射。雑令41条に「凡大射者、正月中旬、親王以下、初位以上、皆射之、其儀式及禄、従二別式一」とある。この末尾の禄についての別式が続紀慶雲三・正・壬辰条の「定二大射禄法一、親王二品、諸王臣二位、一箭中二外院一布廿端、

品に一百十屯。無品《むほん》に七十屯〈未だ冠せざるは二十屯を減ぜよ〉。太政大臣に二百五十屯。左右大臣に各二百屯。大納言に一百三十屯。中納言に一百屯。三位の参議に七十屯。四位の参議に五十屯。一位に一百三十屯。二位に一百屯。三位に五十屯。四位に三十屯。五位に二十屯〈内命婦《ないみょうぶ》もこれに准えよ〉。

86

十七日の節*

大射《おおいくは》ならびに諸衛の射手《いて》の禄は、一品は一箭《せん》*内規に著《つ》かば調布三十五端、中規三十端、外規二十五端。二品は内規に著かば三十端、中規二十五端、外規二十端。三品・四品は内規に著かば二十五端、中規二十端、外規十五端〈無品はこれに准えよ〉。諸王・諸臣の三位已上は各当品に准えよ。その四位は内規に著かば二十端、中規十五端、外規十端。五位は内規に著かば十六端、中規十二端、外規六端。六位・七位は内規に著かば八端、中規六端、外規四端。八位以下白丁《びゃくちょう》以上は内規に著かば五端、中規四端、外規三端。皮に著かば、五位已上は一端、六位已下は庸布一段。二箭みな著かば倍《ま》して給え。

87

五月五日の節*

騎射《うまゆみ》*の近衛・兵衛の禄は、一的に中《あ》つる毎に布一端を給え。

88

九月九日の節*

中院廿五端、内院卅端、三品四品三位、一箭中二外院一布十五端、中院廿端、内院廿五端、四位一箭中二外院一布十端、中院十五端、内院廿端、五位一箭中二外院一布六端、中院十二端、内院十六端、其中レ皮者、一箭同布一端、若外中内院及皮重中者倍レ之、六位七位、一箭中二外院一布四端、中院六端、内院八端、八位初位、一箭中二外院一布三端、中院四端、内院五端、中レ皮者、一箭布半端、若外中内〔院脱カ〕及皮重中者如レ上、但勲位者不レ着二朝服一、立二其当位次一」であり、本条の淵源となった。太政官式99条、兵部式4・5条参照。

内規　的の中心が内規。以下、中心から外れるに従い、中規、外規、皮となる。的の皮については兵部式5条参照。

87五月五日節禄条

五月五日の節　端午の節会。太政官式101条参照。

騎射　兵部式7条、左右近衛式25～28条参照。

88九月九日節禄条

九月九日の節　菊花宴。太政官式105条、式部式下24条参照。なお、本条については九条年中行事(九月)にほぼ同文が掲載されている。延喜式とわずかに数字に異同があるが、弘仁式または貞観式の逸文と考えられる。

卌　底「卅」。九ニヨリテ改ム。下同ジ。
屯　底「也」。九・閣ホカニヨリテ改ム。下同ジ。
各　底ナシ。九ニヨリテ補ウ。
班　底「斑」。九・塙ホカニヨリテ改ム。
十　底「千」。閣・貞・林・京ニヨリテ改ム。
布　底ナシ。九ニヨリテ補ウ。

皇太子綿三百屯、預二文人一者、加二一百屯一、一品一百九十屯、文人加二七十屯一、二品一百七十屯、文人加二六十屯一、三品一百五十屯、文人加二五十屯一、四品一百卌屯、文人加二卌屯一、無品七十屯、文人加二卌屯一、太政大臣二百五十屯、文人加二七十屯一、左右大臣各二百屯、文人加二六十屯一、大納言一百卌屯、文人加二五十屯一、中納言一百屯、文人加二卌屯一、三位參議七十屯、四位參議五十屯、一位一百卌屯、二位一百屯、三位五十屯、已上文人各加二卌屯一、四位卌屯、文人加二廿屯一、五位廿屯、外五位十五屯、文人各加二十屯一、六位已下文人十屯、

凡諸節會日給レ祿者、中務、式部隨レ節唱レ名、省即頒給、大射祿省獨班給、若有レ殘者、辨官幷省共修二奏狀一、附二內侍司一、大射祿殘、賭弓畢後進二藏人所一、

凡武官獻二走馬輸物一日、祿綿六十屯、若有レ遺、卽進二內侍司一、

諸使給法

畿內校田使

長官絁六疋、綿十四屯、布八端、次官絁五疋、綿十屯、布五端、判官絁三

皇太子に綿三百屯〈文人に預からば一百屯を加えよ〉。一品に一百九十屯〈文人は七十屯を加えよ〉。二品に一百七十屯〈文人は六十屯を加えよ〉。三品に一百五十屯〈文人は五十屯を加えよ〉。四品に一百三十屯〈文人は四十屯を加えよ〉。無品に七十屯〈文人は三十屯を加えよ〉。太政大臣に二百五十屯〈文人は七十屯を加えよ〉。左右大臣に各二百屯〈文人は六十屯を加えよ〉。大納言に一百三十屯〈文人は五十屯を加えよ〉。中納言に一百屯〈文人は四十屯を加えよ〉。三位の参議に七十屯。四位の参議に五十屯。一位に一百三十屯。二位に一百屯。三位に五十屯〈已上、文人は各三十屯を加えよ〉。四位に三十屯〈文人は二十屯を加えよ〉。五位に二十屯。外五位に十五屯〈文人は各十屯を加えよ〉。六位已下の文人に十屯。

89 凡そ諸の節会の日、禄を給わんには、中務・式部、節に随いて*名を唱え、省すなわち頒《わか》ち給え〈大射の禄は省ひとり班《わか》ち給え〉。もし残あらば、弁官ならびに省ともに奏状を修《つく》り、内侍司に附《さず》けよ〈大射の禄の残は、賭弓《のりゆみ》畢るの後に蔵人所に進れ〉。

90 凡そ武官、*走馬《はしりうま》の輸物《いだしもの》を献ずる日には、禄の綿六十屯。もし、遺あらば、すなわち内侍司に進れ。

*諸使給法

91 畿内*校田使

長官に絁六疋、綿十四屯、布八端。次官に絁五疋、綿十屯、布五端。判官に絁三

89 節会日給禄条

名を唱え　例えば儀式七(正月七日儀)に「弁官幷大蔵輔令レ持二禄物一置二台上一、宣命拝舞如レ常、群臣各就レ座、(中略)式部大少輔率二丞録各二人幷史生等一、入二儀鸞門一、(中略)就下賜二五位以上一禄所上、丞録各三人〈加二権丞録一〉、率二史生省掌等一、入レ自二同戸一、共就下賜二六位以下一禄所上、大少輔持レ札唱レ之如レ常〈大輔先唱二参議以上一、訖唱二四位三人一、少輔唱二大使一、以下互唱、唯其六位以下禄作二三番一、持レ札唱レ之〉、各称唯、進受レ之」とある。式部式上19条参照。

90 献走馬輸物条

走馬　兵部式8条および左右近衛式29条の「競馬」参照。

諸使給法　以下、91条から93条までは諸使への禄物の規定。

91 校田使給法条

校田使　民部式上123条の「使」参照。校田については、同式上122条、主税式上79条参照。

疋、綿六屯、布三端、主典絁二疋、綿四屯、布二端、

班田使

長官絁十疋、綿廿屯、布廿端、次官絁五疋、綿十屯、布十端、判官絁三疋、綿六屯、布六端、主典絁二疋、綿四屯、布四端、

征夷使

大將軍絁五十疋、綿一百五十屯、細布十端、布卌端、副將軍絁廿疋、綿六十屯、布廿端、軍監絁八疋、綿卅屯、布十五端、軍曹絁四疋、綿十二屯、布六端、明法師、醫師、陰陽師、中臣、忌部各絁三疋、綿八屯、布四端、大將軍已下忌部已上傔從、各絁二疋、綿四屯、布四端、

入諸蕃使

入唐大使、絁六十疋、綿一百五十屯、布一百五十端、副使、絁卌疋、綿一百屯、布一百端、判官、各絁十疋、綿六十屯、布卌端、錄事、各絁六疋、綿卌屯、布廿端、知乘船事、譯語、請益生、主神、醫師、陰陽師、畫師、各絁五疋、綿卌屯、布十六端、史生、射手、船師、音聲長、新羅、奄美等譯語、卜部、留學生、學問僧傔從、各絁四疋、綿廿屯、布十三端、雜使、音聲生、玉生、鍛生、鑄生、細工生、船匠、柂師、各絁三疋、綿十五屯、布八端、傔人、挾杪、各絁二疋、綿十二屯、布四端、留學生、學問僧、

蕃　底「番」。九・閣ホカニヨリテ改ム。
美　底「義」。意ニヨリテ改ム。

92班田使給法条

班田使　民部式上123条、主税式上79条参照。

93征夷使給法条

征夷使　→補1

明法師　軍防令25条によれば、天皇から節刀を受けた大将は、大毅以下に対して死罪を専決できることになっていた。このことに関連して設けられた。

医師　軍防令29条に、傷病兵に対して医師を遣わして治療させる規定がある。

陰陽師　吉凶を占い、日時を勘申する。

中臣忌部　神祇祭祀を司る。

傔従　従者。

入諸蕃使　以下、94条から96条までは蕃国に派遣される使節への禄物の規定。→補2。

94入唐大使条

入唐大使　遣唐使は大使、副使、判官、録事の四等官構成を取り、その下に史生が置かれる。大使は四位クラスが任ぜられることが多く、概ね八省に相当する。

知乗船事　四隻からなる遣唐使船団全体

疋、綿六屯、布三端。主典に絁二疋、綿四屯、布二端。

92 *班田使

長官に絁十疋、綿二十屯、布二十端。次官に絁五疋、綿十屯、布十端。判官に絁三疋、綿六屯、布六端。主典に絁二疋、綿四屯、布四端。

93 *征夷使

大将軍に絁五十疋、綿一百五十屯、細布十端、布四十端。副将軍に絁二十疋、綿六十屯、布二十端。軍監に絁八疋、綿三十屯、布十五端。軍曹に絁四疋、綿十二屯、布六端。*明法師《みょうぼうし》・*医師《くすし》・*陰陽師《おんみょうじ》・*中臣・忌部《いんべ》に各絁三疋、綿八屯、布四端。大将軍已下忌部已上の*傔従《けんじゅう》に、各絁二疋、綿四屯、布四端。

94 *入諸蕃使

*入唐《にっとう》大使〈絁六十疋、綿一百五十屯、布一百五十端〉。副使〈絁四十疋、綿一百屯、布一百端〉。判官〈各絁十疋、綿六十屯、布四十端〉。録事〈各絁六疋、綿四十屯、布二十端〉。*知乗船事《ちじょうせんじ》、*訳語《おさ》、*請益生《しょうやくしょう》、*主神《しゅじん》、医師、*陰陽師、画師《えし》〈各絁五疋、綿四十屯、布十六端〉。史生、*射手《いて》、*船師《ふねのし》、*音声長《おんじょうちょう》、新羅《しらぎ》・奄美《あまみ》等の訳語、*卜部《うらべ》、*留学生《るがくしょう》・*学問僧の傔従〈各絁四疋、綿二十屯、布十三端〉。雑使、音声生、*玉生《たまのしょう》、*鍛生《たんしょう》、*鋳生《ちゅうしょう》、*細工生《さいくしょう》、*船匠《ふねのたくみ》、*柂師《かじし》〈各絁三疋、綿十五屯、布八端〉。*傔人、*挟杪《かとり》〈各絁二疋、綿十二屯、布四端〉。留学生、学問僧

を統轄する役職。知勝船事(式部式上128条)とも。

訳語　通訳。

請益生　短期留学生。遣唐使とともに帰国する。

主神　航海の守護神として遣唐使船に勧請された住吉神を祭る役職。住吉神社の神主である津守氏から任ぜられた。渡辺直彦「主神司の研究」(『日本古代官位制度の基礎的研究』所収、一九七二年)参照。

陰陽師　筮竹による占いや天体観測を行なう。

射手　兵部式49条参照。

船師　各船の船長。

音声長　楽長。

卜部　亀甲や鹿骨による占いを行なう。

留学生　長期留学生。

学問僧　長期留学僧。

玉生　ガラス工人。釉薬も玉と称するので、施釉陶器工人でもあった可能性もある。

鍛生　鍛造工人。

鋳生　鋳造工人。

細工生　具体的には不明であるが、木製品工人か。

船匠　船大工。

柂師　舵取りの長。

傔人　使節の従者。

挟杪　舵取り。

各絁卌疋、綿一百屯、布八十端、還學僧、絁廿疋、綿六十屯、布卌端、已上布各三分之一給二上總布一、水手長、絁一疋、綿四屯、布二端、水手、各綿四屯、布二端、柂師、挾杪、水手長及水手、各給二幞頭巾、巾子、腰帶、貲布黄衫、著レ綿帛襖子、袴及汗衫、褌、貲布半臂一、其渤海、新羅水手等、時當二熱序一者、停二綿襖子、袴一、宜レ給二細布袴一、並使收掌、臨二入京一給、其別賜、大使、彩帛一百十七疋、貲布廿端、副使、彩帛七十八疋、貲布十端、判官、各彩帛十五疋、貲布六端、錄事、各彩帛十疋、貲布四端、知乘船事、譯語、各彩帛五疋、貲布二端、學問僧、還學僧、各彩帛十疋、

入渤海使、絁廿疋、綿六十屯、布卌端、判官、絁十疋、綿五十屯、布卅端、錄事、絁六疋、綿卌屯、布廿端、譯語、主神、醫師、陰陽師、各絁五疋、綿卅屯、布十六端、史生、船師、射手、卜部、各絁四疋、綿廿屯、布十三端、雜使、船工、柂師、各絁三疋、綿廿屯、布十端、傔人、挾杪、各絁二疋、綿十屯、布六端、水手、各絁一疋、綿四屯、布二端、

入新羅使、絁六疋、綿十八屯、布十八端、判官、絁四疋、綿八屯、布八端、錄事、大通事、各絁三疋、綿六屯、布六端、史生、知乘船事、船師、醫師、少通事、雜使、各絁二疋、綿四屯、布四端、傔人、鍛工、卜部、柂師、水手長、挾杪、各絁一疋、綿二屯、布二端、水手、各綿二屯、布二端、

二　底「三」。九・閣ホカニヨリテ改ム。
幞　底「帷」。九ニヨリテ改ム。
新　底「雜」。九ニヨリテ改ム。
十　底「廿」。九・閣ホカニヨリテ改ム。
疋　九、コノ下「布卅端」三字アリ。
廿　底「卅」。九・梵・梵別・井・壬ニヨリテ改ム。
各絁　底「絁各」。雲ニ従イテ改ム(考異ナシ)。
三　底「二」。九・閣ホカニヨリテ改ム。
鍛　底「鎌」。九ニヨリテ改ム。

〈各絁四十疋、綿一百屯、布八十端〉。*還学僧《げんがくそう》〈絁二十疋、綿六十屯、布四十端、已上の布の各三分の一は上総の布を給え〉。*水手《かこ》長〈絁一疋、綿四屯、布二端〉。水手〈各綿四屯、布二端〉。柂師、挟杪、水手長および水手〈各*幞頭巾《ぼくとうきん》、*巾子《こじ》、腰帯、貲布《さよみのぬの》の黄の衫《ひとえぎぬ》、綿を著ける帛の*襖子《あおし》、*袴およ び*汗衫《かざみ》、*褌《したばかま》、貲布の*半臂《はんぴ》を給え〉。其れ渤海・新羅の水手ら、時、熱序に当たらば、綿の襖子、袴を停《とど》め、細布の袴を給うべし。みな使、収掌し、入京するに臨みて給え。其れ別の賜《たまもの》は、大使〈*彩帛《さいはく》一百十七疋、貲布二十端〉。副使〈彩帛七十八疋、貲布十端〉。判官〈各彩帛十五疋、貲布六端〉。録事〈各彩帛十疋、貲布四端〉。知乗船事、訳語〈各彩帛五疋、貲布二端〉。学問僧、還学僧〈各彩帛十疋〉。

95 *入渤海使〈絁二十疋、綿六十屯、布四十端〉。判官〈絁十疋、綿五十屯、布三十端〉。録事〈絁六疋、綿四十屯、布二十端〉。*訳語、主神、医師、陰陽師〈各絁五疋、綿三十屯、布十六端〉。史生、船師、射手、*卜部〈各絁四疋、綿二十屯、布十三端〉。雑使、船工、柂師〈各絁三疋、綿二十屯、布十端〉。傔人、挟杪〈各絁二疋、綿十屯、布六端〉。水手〈各絁一疋、綿四屯、布二端〉。

96 *入新羅使〈絁六疋、綿十八屯、布十八端〉。判官〈絁四疋、綿八屯、布八端〉。録事、大通事〈各絁三疋、綿六屯、布六端〉。史生、知乗船事、船師、医師、少通事、雑使〈各絁二疋、綿四屯、布四端〉。傔人、鍛工、卜部、柂師、水手長、挟杪〈各絁一疋、綿二屯、布二端〉。水手〈各綿二屯、布二端〉。

還学僧　短期留学僧。

水手長　かこの長。遣唐使船は帆走であるが、適当な風が無いときには人力で漕いだ。

幞頭巾　弾正式52条、東西市式14条参照。

巾子　東西市式14条参照。

襖子　弾正式56条参照。

袴　斎宮式36条参照。

汗衫　兵庫式6条参照。

褌　斎宮式74条参照。

半臂　弾正式52条参照。

彩帛　采帛とも。東野治之は主計式上の諸国の調に見える緋帛、紺帛、黄帛、橡帛など、色染めにした平織りの絹の類を指すと考える（「遣唐使の文化的役割」〈『遣唐使と正倉院』所収、一九九二年、初出一九七九年〉）。

95入渤海使条

渤海　内記式18条、玄蕃式92〜94条、主税式上81条参照。

訳語　式部式上243条参照。

卜部　式部式上244条参照。

96入新羅使条

新羅　玄蕃式92〜94条参照。

右、賜㆓入蕃使㆒例、宜㆑依㆓前件㆒、

賜㆓蕃客㆒例

大唐皇、銀大五百兩、水織絁、美濃絁各二百疋、細絁、黄絁各三百疋、黄絲五百絇、細屯綿一千屯、別送綵帛二百疋、疊綿二百帖、屯綿二百屯、紵布卅端、望陀布一百端、木綿一百帖、出火水精十顆、瑪瑙十顆、出火鐵十具、海石榴油六斗、甘葛汁六斗、金漆四斗、 判官、各綵帛廿疋、細布卅端、 行官、各綵帛五疋、細布十端、 使丁并水手、各綵帛三疋、細布六端、 但大使、副使者、臨時准量給之、

渤海王、絹卅疋、絁卅疋、絲二百絇、綿三百屯、並以㆓白布㆒裹束、 大使、絹十疋、絁廿疋、絲五十絇、綿一百屯、 副使、絁廿疋、絲卅絇、綿七十屯、 判官、各絁十五疋、絲廿絇、綿五十屯、 錄事、各絁十疋、綿卅屯、 譯語、史生及首領、各絁五疋、綿廿屯、

新羅王、絁廿五疋、絲一百絇、綿一百五十屯、並以㆓白布㆒裹束、 大使、絁八疋、綿九十屯、 副使、絁八疋、綿八十屯、 大通事、錄事、各絁五疋、綿卅屯、 醫師、船頭、通事、小通事、大海師、學語生、各絁二疋、綿六屯、 傔人、海師、各絁一疋、綿五屯、 水手、各綿一屯、布一端、 王子入朝賜㆓王子㆒、准㆑王、 大監、准㆓大使㆒、 第監、絁六疋、綿六十屯、 大通事、大唐通事、少監、錄事、各絁五疋、綿卅屯、 詳文師、卜師、醫師、渤海通事、百濟通事、船頭通事、小通事、治馬師、大海師、各絁二疋、

水織絁　→校補2
黄絁　→校補3
綵　底「綿」。九ニヨリテ改ム。
屯　底「長」。考異ニ従イテ改ム。
火　底「次」。九・閣ホカニヨリテ改ム。
顆　底「果」。版本ニ従イテ改ム。下同ジ。
火　底「欠」。九・閣ホカニヨリテ改ム。
使丁…六端　底、弥書。且ツ「丁」ヲ「下」ニ作ル。九ニヨリテ改ム。
領　底「預」。九ニヨリテ改ム。
屯　底「疋」。九ニヨリテ改ム。

蕃客に賜う例　以下、97条から99条までは蕃客への賜物の規定。前掲「入諸蕃使」参照。

97賜大唐皇条

銀　主計式上76条参照。
水織の絁　他に見えず不詳。→補1
美濃の絁　主計式上29条参照。
別に送るに　これ以前の品物は国信物（定例の朝貢品）、これ以後が別貢物。
綵帛　彩帛に同じ。本式94条参照。
疊綿　畳状にした真綿。主計式上2条参

右、入蕃の使に賜う例は前《さき》の件《くだり》によるべし。

*蕃客に賜う例

97 大唐皇〈銀*大五百両、*水織の絁・*美濃の絁各二百疋、細絁・黄の絁各三百疋、黄の糸五百絇、細屯綿《ほそつみのわた》一千屯。*別に送るに、*綵帛《さいはく》二百疋、*畳綿《たたみわた》二百帖、*屯綿二百屯、*紵《てづくり》の布四十端、望陀《もうだ》の布一百端、木綿《ゆう》一百帖、*出火水精《ひとるたま》十顆、*瑪瑙《めのう》十顆、*出火鉄《ひうちがね》十具、*海石榴《つばき》の油六斗、*甘葛汁《あまずらのしる》六斗、*金漆《こしあぶら》四斗〉。判官〈各綵帛二十疋、細布四十端〉、行官〈各綵帛五疋、細布十端〉。使丁ならびに水手〈各綵帛三疋、細布六端〉。ただし、大使・副使は臨時に准量して給え。

98 渤海王〈絹三十疋、絁三十疋、糸二百絇、綿三百屯、みな白布を以て裹《つつ》み束ねよ〉。大使〈絹十疋、絁二十疋、糸五十絇、綿一百屯〉。副使〈絁二十疋、糸四十絇、綿七十屯〉。判官〈各絁十五疋、糸二十絇、綿五十屯〉。録事〈各絁十疋、綿四十屯〉。訳語、史生および首領〈各絁五疋、綿二十屯〉。

99 新羅王〈絁二十五疋、糸一百絇、綿一百五十屯、みな白布を以て裹み束ねよ〉。大使〈絁八疋、綿九十屯〉。副使〈絁八疋、綿八十屯〉。大通事、録事〈各絁五疋、綿三十屯〉。医師、船頭、通事、小通事、大海師、学語生〈各絁二疋、綿六屯〉。傔人、海師〈各絁一疋、綿五屯〉。水手〈各綿一屯、布一端〉。*王子入朝せば、王子に賜え〈王に准えよ〉。大監〈大使に准えよ〉。第監〈絁六疋、綿六十屯〉。大通事、大唐通事、少監、録事〈各絁五疋、綿三十屯〉。詳文師、卜師、医師、渤海通事、百済通事、船頭通事、小通事、治馬師、大海師〈各絁二疋、

照。

屯綿　通常の塊状の真綿。主計式上2条の「細屯綿」参照。

紵の布　弾正式59条参照。

出火水精　太陽の光を集めて火をつける水晶製のレンズ。または火打石。和名抄に「火精、兼名苑云火珠、一名瑒璲〈陽燧二音、和名比止流太万〉」とある。

瑪瑙　唐において日本の特産品の一つとして知られていた。唐会要九九、倭国条に「永徽五年十二月遣レ使献二琥珀瑪瑙一（中略）瑪瑙大如二五升器一」「出二瑪瑙一有二黄白二色一」などと見える。

出火鉄　火打金。

海石榴の油　民部式下54条、主計式上2条、主殿式15条参照。

甘葛汁　アマズラを煎じて作った甘味料。民部式下53条および斎宮式78条の「甘葛の煎」を参照。

金漆　民部式下63条、主計式上4・29条および兵庫式20条参照。

98 賜渤海王条

99 賜新羅王条

王子入朝せば　新羅王子が来日した例として、天武四年（六七五）、持統元年（六八七）、同九年（以上書紀）、天平勝宝四年（七五二、続紀）の例がある。ただし、天平勝宝四年の例は偽王子、仮王子であるとの説もあるが、不詳。

(綿六屯、)傔人、海師、神典及水手、(同レ前、)

右、賜二蕃客一例、宜レ依二前件一、或有二階品高下、職事優劣一者、並宜二臨時商量加減一、

蝦夷第一等、(布十六端、)第二等、(布十五端、)第三等、(布十三端、)第四等、(布十端、)第五、第六等、(布各八端、)

俘囚外五位、(絹三疋、綿十屯、)外六位、(准二第二等一、)外七位、(准二第三等一、)外八位、(准二第四等一、)外初位、(准二第五等一、)譯語人有位、(准二當位一、)無位、(布一端、)六位已下村長綿七屯、

造二幄幕幔一用度

紺幄一宇、(長七丈、廣二丈四尺)表料紺帛十五疋三丈六尺、裁得二卌九條一、(長各二丈四尺、)長押三條、(長各六丈七尺、廣三寸、)表料紺帛四丈二寸、短押八條、(長各二丈四尺、廣三寸八分、)表料紺帛三丈八尺四寸、(已上並緋帛裏、其數各准レ表、)紐二百廿二條(長各一尺九寸、廣三寸、)料緋帛一疋六尺六寸、長綱三條、(長各十丈五尺、廣九寸五分、)表料緋帛二疋三丈七尺五寸、心料調布七端二丈一尺、(長同レ表、廣二尺四寸、)橫綱八條、(長各六丈三尺、二條各廣九寸五分、六條各廣六寸三分、)表料緋帛三疋八

第　底ナシ。林ニヨリテ補ウ。

已下村長　→校補4

造幄　底、コノ二字ヲ前100条ノ行末ニ記ス。九ニヨリテ改ム。

紐　底「細」。九ニヨリテ改ム。

各　底ナシ。閣・梵ホカニヨリテ補ウ。

寸　底「十」。九・塙・壬・貞ニヨリテ改ム。

100賜蝦夷条

蝦夷の第一等　式部式上278条参照。蝦夷の朝貢には、七世紀末から続紀宝亀五・正・庚申詔で停止されるまで、原則毎年上京するものと、陸奥、出羽の地方官衙に朝貢するものがあった(今泉隆雄「蝦夷の朝貢と饗給」〈『古代国家の東北辺境支配』所収、二〇一五年、初出一九八六年〉)。式部式の規定は上京朝貢に対する賜禄であることは明白である。一方、本条は同式上278条と品目、数量が異なる。本条は地方官衙朝貢に対する賜禄の可能性もあるが、大蔵式に収められている点、問題がある。

俘囚　太政官式108条参照。

101幄幕用度条

幄幕幔を造る用度　本条は屏障具のうち、布帛部分の製作についての規定。↓補1

綿六屯〉。傔人、海師、神典および水手〈前に同じくせよ〉。

右、蕃客に賜う例は前の件によるべし。或いは階品《かいほん》の高下、職事《しきじ》の優劣あらば、みな臨時に商量して加減すべし。

100 *蝦夷《えみし》の第一等〈布十六端〉。第二等〈布十五端〉。第三等〈布十三端〉。第四等〈布十端〉。第五・第六等〈布各八端〉。

*俘囚《ふしゅう》の外五位〈絹三疋、綿十屯〉。外六位〈第二等に准えよ〉。外七位〈第三等に准えよ〉。外八位〈第四等に准えよ〉。外初位〈第五等に准えよ〉。訳語の人の有位〈当位に准えよ〉、無位〈布一端〉。六位已下の村長に綿七屯。

101 *幄《あく》・幕《まく》・幔《まん》を造る用度

*紺の幄一宇〈長さ七丈、広さ二丈四尺〉、表の料の紺の帛十五疋三丈六尺、裁《た》ちて三十九条を得〈長さ各二丈四尺〉。*長押三条〈長さ各六丈七尺、広さ三寸〉、表の料の紺の帛四丈二寸、*短押八条〈長さ各二丈四尺、広さ三寸八分〉、表の料の紺の帛三丈八尺四寸〈已上みな緋《あけ》の帛の裏。その数は各表に准えよ〉。紐二百二十二条〈長さ各一尺九寸、広さ三寸〉の料の緋の帛一疋六尺六寸。*長綱《ながつな》三条〈長さ各十丈五尺、広さ九寸五分〉、表の料の緋の帛二疋三丈七尺五寸、*心《しん》の料の調布七端二丈一尺〈長さは表に同じくせよ。広さ二尺四寸〉。*横綱《よこつな》八条〈長さ各六丈三尺、二条は各広さ九寸五分、六条は各広さ六寸三分〉、表の料の緋の帛三疋八

紺の幄　→補2

長押　訓みは不明。建築材では、ナゲシと訓んで柱の横から打ち付けた、水平の補強材を指すが、ここでは帛で、三条あることから、屋根の棟通り部分と、軒端または側柱列に当たる部分に水平方向に当てて補強するためのものか。ただし長さ七丈に不足するのは不審。

短押　意味、訓みとも不詳であるが、七丈の幄で八条、五丈の幄で六条見え、長さが幄の短辺と一致する。それぞれ桁行七間、五間であるとすれば、側柱の本数と一致するので、屋根が各側柱に当たる部分で、梁間方向に当てて補強するためのものか。

長綱　三条あるので、棟通り、側柱列部分で屋根を押さえるための綱と推測できる。年中行事絵巻四(射遺)に見える幄では、桁行方向で屋根部分を押さえるための綱が見えるが、色が本条と異なり、掛け方をみると三条では不足する。

心　綱の芯。

横綱　七丈の幄で八条、五丈の幄で六条見える。それぞれ桁行七間、五間であるとすれば、側柱の本数と一致するので、側柱の位置で、梁間方向に屋根を押さえるための綱と推測できるが、年中行事絵巻四(射遺)に見える幄では表現されていない。

調布　底「周帀」。九ニヨリテ改ム。
丈　底「尺」。九・閣ホカニヨリテ改ム。
尺　底「丈」。九・閣ホカニヨリテ改ム。
四　底ナシ。九ニヨリテ補ウ。
宇　底ナシ。九ニヨリテ補ウ。
各一丈　底ナシ。九ニヨリテ補ウ。

生糸　蚕の繭から取った糸。縫殿式2条、織部式3条および民部式上16条の「練染の調の糸」参照。

尺三寸、心料調布七端二丈一尺、長同レ表、二條各廣二尺四寸、六條各廣一尺二寸、縫料緋絲二斤四兩、生絲一絇一分、貫レ柱縄料熟麻大二斤二兩、長功日卌七人、中功日卌九人、短功日五十六人、紺幄一宇、長五丈、廣二丈四尺、表料紺帛十疋四丈八尺、裁得二廿七條一、長各二丈四尺、長押三條、長各四丈九尺、廣三寸八分、表料紺帛二丈九尺四寸、短押六條、長各二丈四尺、廣三寸八分、表料紺帛二丈八尺八寸、已上並緋帛裏、其數各准レ表、紐百五十八條各長一尺九寸、廣三寸、料緋帛三丈七尺四寸、長綱三條、各長九丈四尺、廣九寸五分、表料緋帛二疋二丈一尺、心料調布六端三丈、長同レ表、廣二尺四寸、横綱六條、長各六丈三尺、二條各廣九寸五分、四條各廣六寸三分、表料緋帛二疋二丈六尺六寸五分、心料調布六端、長同レ表、二條各廣二尺四寸、四條各廣一尺二寸、縫料緋絲三兩、生絲九兩、貫レ柱縄料熟麻大一斤十一兩、長功日卌三人、中功日卌五人、短功日卌人、絁幕一宇、七幅、表料紺帛二疋一丈六尺五寸、裁得二七條一、長各一丈九尺五寸、一戸表料紺帛一疋一丈五尺、已上並緋帛裏、其數各准レ表、裁得二十條一、長各七尺五寸、戸別充二五條一、紐卅六條、長各一尺九寸、

長功　功程については縫殿式12条、木工式5条、兵庫式23条参照。
紺の幄　幅一尺九寸の帛を二七条縫い合せると、幅五丈一尺三寸(長さ二丈四尺)となり、長さ五丈の幄の屋根に相当する。長さ五丈の幄は本式2・4・10・15・24・25条に見える。
絁の幕　長さ一丈九尺五寸、幅一尺九寸の帛を、七幅横に並べて縫い合せると、幅一丈三尺三寸のものができあがる。これは、縫い代などを考慮すれば、長さ九尺の柱に一丈三尺の桁を渡した構造(内匠式27条)の、桁の前後に掛け渡すのにふさわしい大きさである。この場合、帛の方向は縦長となる。ただし、前九年合戦絵詞、後三年合戦絵詞などにある、幕とされる屏障具は、柱の頂部に紐を渡し、これに横長の帛を上下に継ぎ合せたものを掛けている。斎宮式43条に「紺絁幕一具」が、斎院式22条に「紺絁幕七条〈緋裏〉」が、図書式12条に「儲幕四条〈二絁、二布、(下略)〉」が、陰陽式25条に橡の東絁の幕(「幕二条〈一条橡東絁、一条紺調布〉」)が見える。その他、春宮式38条に「紺幕二十条〈絁十四条、布六条〉」と見え、左右近衛式70条、左右衛門式43条、左右兵衛式26条に「幕三十条〈絁十条、細布十条、調布十条〉」がそれぞれ見える。

尺三寸、心の料の調布七端二丈一尺〈長さは表に同じくせよ。二条は各広さ二尺四寸、六条は各広さ一尺二寸〉。縫う料の緋の糸二斤四両、*生糸《すずしのいと》一絇一分、柱を貫く縄の料の熟麻《にお》大二斤二両。*長功は日に四十七人、中功は日に四十九人、短功は日に五十六人。

*紺の幄一宇〈長さ五丈、広さ二丈四尺〉。表の料の紺の帛十疋四丈八尺、裁ちて二十七条を得〈長さ各二丈四尺〉。長押三条〈長さ各四丈九尺、広さ三寸八分〉、表の料の紺の帛二丈九尺四寸。短押六条〈長さ各二丈四尺、広さ三寸八分〉、表の料の紺の帛二丈八尺八寸〈已上みな緋の帛の裏。その数は各表に准えよ〉。紐百五十八条〈各長さ一尺九寸、広さ三寸〉の料の緋の帛三丈七尺四寸。長綱三条〈各長さ九丈四尺、広さ九寸五分〉、表の料の緋の帛二疋二丈一尺、心の料の調布六端三丈〈長さは表に同じ、広さ二尺四寸〉。横綱六条〈長さ各六丈三尺、二条は各広さ九寸五分、四条は各広さ六寸三分〉、表の料の緋の帛二疋二丈六尺六寸五分、心の料の調布六端〈長さは表に同じ。二条は各広さ二尺四寸、四条は各広さ一尺二寸〉。縫う料の緋の糸三両、生糸九両。柱を貫く縄の料の熟麻大一斤十一両。長功は日に三十三人、中功は日に三十五人、短功は日に四十人。

*絁の幕一宇〈七幅〉、表の料の紺の帛二疋一丈六尺五寸、裁ちて七条を得〈長さ各一丈九尺五寸〉。二戸の表の料の紺の帛一疋一丈五尺〈已上みな緋の帛の裏。その数は各表に准えよ〉、裁ちて十条を得〈長さ各七尺五寸。戸別に五条を充てよ〉。紐三十六条〈長さ各一尺九寸、

廣六寸四重、縫料緋紺絲各三兩、生絲七兩、長功日七人、中功日八人、短功日十人、
布幕一宇、六幅、表料紺布二端三丈三尺、裁得㆓六條㆒、長各一丈九尺五寸、二戸表料紺布一端一丈九尺五寸、已上並白布裏、其數各准㆑表、裁得㆓八條㆒、各長七尺九寸、戸別四條、紐卅條、長各一尺二寸、廣六寸四重、料紺布九尺、縫料生絲大二兩、長功日六人、中功日七人、短功日九人、
絁幔一條、長六丈、四幅、表裏料帛各四疋、其色臨時處分、貫㆑柱紐卅二條長各一尺、廣八寸、料帛一丈二尺六寸、固㆑柱紐十條長各一尺九寸、廣三寸、料帛三丈三尺、縫料練絲三兩、長功日三人、中功日三人半、短功日四人、
布幔一條、長四丈二尺、三幅、表裏料紺望陀布各三端、紐廿條長各二尺八寸、廣三寸、料紺布六尺、綱五丈二尺料熟麻大一斤、縫料生絲三兩、長功日二人半、中功日三人、短功日三人半、
五行器、大鉤卅一枚、樽卅二口、木杓七十口、

三丈三尺　底「三人中功尺」五字。版本ニ従イテ改ム。九「三尺」二字。
各　底「分」。九ニヨリテ改ム。
廿　底「一」。九ニヨリテ改ム。

布の幕　長さ一丈九尺五寸、幅二尺四寸の布を、六幅横に並べて縫い合せると、幅一丈四尺四寸のものができあがる。これも、縫い代などを考慮すれば、長さ九尺の柱に一丈三尺の桁を渡した構造の、桁の前後に掛け渡すのにふさわしい大きさである。図書式12条に儲の幕四条のうちの二条として布の幕が、陰陽式25条に紺の調布の幕が、典薬式40条に「紺布幕一条」が見える。その他、春宮式38条に紺の幕二〇条のうちの六条として布の幕が、左右近衛式70条、左右衛門式43条、左右兵衛式26条にそれぞれ細布・調布の幕各一〇条が見え、左右馬式22条には馬用の布の幕が見える。

絁の幔　長さ一疋＝六丈、幅一尺九寸の帛を四枚縫い合せると、長さ六丈、幅七尺六寸のものができあがる。長さ一丈の柱(内匠式27条)を複数立てて、頂部に通

広さ六寸四重〉。縫う料の緋・紺の糸各三両、生糸七両。長功は日に七人、中功は日に八人、短功は日に十人。

*布の幕一宇〈六幅〉、表の料の紺の布二端三丈三尺、裁ちて六条を得〈長さ各一丈九尺五寸〉。二戸の表の料の紺の布一端一丈九尺五寸〈已上みな白布の裏。その数は各表に准えよ〉、裁ちて八条を得〈各長さ七尺九寸、戸別に四条〉。紐三十条〈長さ各一尺二寸、広さ六寸四重〉の料の紺の布九尺。縫う料の生糸大二両。長功は日に六人、中功は日に七人、短功は日に九人。

*絁の幔一条〈長さ六丈、四幅〉、表裏の料の帛各四疋〈その色は臨時に処分せよ〉。柱を貫く紐三十二条〈長さ各一尺、広さ八寸〉の料の帛一丈二尺六寸、柱を固むる紐十条〈長さ各一尺九寸、広さ三寸〉の料の帛三丈三尺。縫う料の*練糸《ねりいと》三両。長功は日に三人、中功は日に三人半、短功は日に四人。

*布の幔一条〈長さ四丈二尺、三幅〉、表裏の料の紺の望陀の布各三端。紐二十条〈長さ各二尺八寸、広さ三寸〉の料の紺の布六尺。綱五丈二尺の料の熟麻大一斤。縫う料の生糸三両。長功は日に二人半、中功は日に三人、短功は日に三人半。

102

*五行の器、大鉤《おおかぎ》三十一枝、樽《たる》三十二口、木杓《きのしゃく》七十口。

した紐に横長に掛ける形がふさわしい。ただし、年中行事絵巻四(射遺)などに見える幄の周りに張った幔とされる屏障具は、柱の頂部に渡した紐に、帛を縦長にして横に並べて縫い合せたものを掛けている。斎院式22条に「紺絁幕七条〈緋裏〉、同色幔五条〈縹裏〉」と見える。

練糸　生糸を練って膠質を除いたもの。光沢を有する。縫殿式2条、織部式3条および民部式上16条の「練染の調の糸」参照。

布の幔　長さ一端＝四丈二尺、幅二尺四寸の布を三枚縫い合せると、長さ四丈二尺、幅七尺二寸のものができあがる。これも横長に用いるのにふさわしい形である。布の幔は本条と本式29条にのみ見える。ただし、29条によれば大蔵に一二四条も収蔵されており、延喜式の中で素材を明示しない幔の多くは布の幔を指す可能性がある。

102五行器条

五行の器　五行とは木・火・土・金・水を指す。儀制令17条に「凡国郡、皆造五行器、有事即用之、並用官物」とあり、同条集解令釈に「五行器、謂諸器物也、仮如、鋺是金器、几是木器、盆是水器、釜是火器、瓫是土器、所謂五行之類、又、鋤鍬鎌斧鋸等之類悉兼也」とある。→補1

物　底ナシ。九・閣ホカニヨリテ補ウ。

織部司　→補1

1織女祭条

織女の祭　七夕の日、織部司で執り行なわれる祭儀。→補2

五色の薄絁　太糸で織った絹で、五色は青・赤・黄・白・黒か。

腊　鹿や猪などの干した肉。

席・食薦　年料として掃部寮より供される(掃部式66条)。

臨時所　織部司に派遣された内蔵寮所属の織手(本式8条)が製織に当たる工房。内蔵式63条の「織部司臨時所」に同じ。「司家」すなわち織部司と同様に、臨時所分として祭料を載せる棚が設けられる。→補3

祭官・祭郎　祭事を司る者。祭郎の役割は、十二月の追儺において庭に食薦を置いて祭物を並べる斎郎(陰陽式20条)、また釈奠において郊社令の指揮のもと俎・豆を置く斎郎(大学式9条)に近い。

2年料条

年料　本条は、織物の数量も含めて内蔵式53条に対応する。内蔵寮より材料の糸を受けて織部司が冠の羅以下の製品を毎年製織し、内蔵寮に供進する。

冠の羅・雑の羅　羅は、経糸がよじれて

織部司

七月七日織女祭

五色薄絁各一尺、木綿八兩、紙廿張、米、酒、小麥各一斗、鹽一升、鰒、堅魚、腊各一斤、海藻二斤、土椀十六口、〈加㆑盤、〉杯十口、席二枚、食薦二枚、錢卅文、

右、料物請㆓諸司㆒辨備、造㆑棚三基、〈二基司家料、一基臨時所料、〉祭官一人、祭郎一人、供㆓事祭所㆒、祭郎先以㆓供神物㆒、次第列㆓棚上㆒、祭官稱㆓再拜㆒、祝詞訖亦稱㆓再拜㆒、次稱㆓禮畢㆒、

年料

冠羅四疋、〈一疋無文、〉雜羅廿三疋、白綾廿疋、色綾廿疋、二色綾八疋、錦卅疋、兩面十二疋、白廣紗卅疋、

右、依㆓前件㆒、若有㆓改換㆒者、支度功程別錄送㆑省、

雜織

冠羅一疋〈長四丈、廣二尺六寸、〉料絲五斤十兩、織手一人、共造一人、長功

*織部司《おりべのつかさ》

1 七月七日の*織女《たなばたつめ》の祭

*五色の薄絁《うすぎぬ》各《おのおの》一尺、木綿《ゆう》八両、紙二十張、米《よね》・酒・小麦各一斗、塩一升、鰒《あわび》・堅魚《かつお》・*脯《ほじし》各一斤、海藻《め》二斤、土《はに》の椀《まり》十六口《く》〈盤《さら》を加えよ〉、杯《つき》十口、*席《むしろ》二枚、*食薦《すごも》二枚、銭三十文。

右、料物は諸司より請《う》けて弁備せよ。棚を造ること三基〈二基は司家の料、一基は*臨時所の料〉。*祭官一人、*祭郎一人、祭の所に供事《くじ》せよ。祭郎、先ず供神《ぐしん》の物を以て次第に棚の上に列《つら》ね、祭官再拝と称《い》え。祝詞《のりと》訖らば、また再拝と称え。次《つ》いで礼畢《おわ》ると称え。

2 *年料

*冠の羅《ら》四疋〈一疋は無文〉、*雑《くさぐさ》の羅二十三疋、*白綾二十疋、*色の綾二十疋、*二色の綾八疋、*錦《にしき》四十疋、*両面十二疋、*白き広き紗《しゃ》三十疋。

右、前《さき》の件《くだり》によれ。もし*改め換うることあらば、*支度《したく》・功程は別に録して省に送れ。

3 *雑の織《おり》

冠の羅一疋〈長さ四丈、広さ二尺六寸〉の料の糸五斤十両。織手一人、*共造《あいづくり》一人。長功

絡む捩(モジリ)組織の織物。冠の羅は内蔵式53条に「御冠羅」とある。→補4

白綾　綾は経糸と緯糸で地と文様の異なる組織を織り出した絹織物。→補5

色の綾　染色した綾の総称。→補6

二色の綾　経糸と緯糸を別色に先染めして製織した綾。主計式上2条参照。

錦　先染めした二色以上の色糸を用いて文様を織り出した絹織物。綴錦(ツヅレニシキ)や浮文錦など技法を異にする種々の織物が広く含まれる。

両面　→補7

白き広き紗　→補8

改め換うること　年料として定める種類・数量を変更すること。

支度功程　支度はここでは製織に要する糸の数量の見積り。功程は標準的な作業量(それぞれ主計式下18条、縫殿式12条参照)。これらを別々に大蔵省に申上するのは、支度は糸を供する内蔵寮への通知、功程は給粮等の人件費の申請、という異なる手続きに用いるためであろう。

3雑織条

雑の織　本条は、羅・紗・綾・錦・両面の順に各種の絹織物の製織に必要な糸の量と功程を規定する。併せて、機に糸を掛ける際に行なう絡糸の功程を定める。

共造　共作・相作・相作夫とも。織手の補助作業者。→補9

日一尺一寸、無文二尺、中功日九寸、無文一尺七寸、短功日七寸、無文一尺四寸、
雑羅一疋長四丈、廣二尺、綾錦両面長廣准レ此、料絲二斤、織手一人、共造一人、長功二尺二寸、中功一尺九寸、短功一尺六寸、
紗一疋長六丈、廣二尺、料絲一斤二両、織手一人、長功八尺、中功七尺、短功六尺、
縠綾一疋長四丈、廣二尺、料絲五斤、織手一人、共造二人、窠縠綾、長功三尺五寸、中功三
尺、短功二尺五寸、片行縠綾、長功三尺、中功二尺五寸、短功二尺、
蟬翼綾一疋長四丈、廣二尺、料絲二斤十両二分、織手一人、共造二人、長功五尺、中功四尺
五寸、短功四尺、
師子、鷹葦、遠山等綾各一疋料絲三斤八両、織手一人、共造二人、長功四尺五寸、
中功三尺五寸、短功二尺五寸、
一窠、二窠及菱、小花等綾各一疋料絲三斤八両、織手一人、共造二人、長功五尺五
寸、中功四尺五寸、短功三尺五寸、
單綾一疋長四丈、廣二尺、料絲三斤二両、織手一人、共造二人、窠單

縠　底「縠」。九・閣ホカニヨリテ改ム。下同ジ。
尺　底「丈」。九ニヨリテ改ム。下同ジ。

綾錦両面の長広…　主計式上2条が定める諸国貢納の両面・羅・綾の規格寸法は長さ六丈、広さ一尺九寸で、織部司の製織するものと寸法が異なる。

縠の綾　縠は、紗と同じ捩(モジリ)組織のある薄手の絹織物。内蔵寮が「御服縠」を交易により調達して縫殿寮に送り(内蔵式41条)、同寮が夏季の御服として「縠衫」を縫製する(縫殿式9条)。本条の縠の綾が縠そのものか、あるいは縠のようなしわ状の織模様のある綾であるかは判然としない。雑の羅や蟬翼の綾など薄手の織物に比べて料糸が多く、文様表記に関する構文も本条下文の単の綾に同じであり、後者とみるべきか。

窠・片行　窠は鳥の巣の意。元来は花文やその他の丸い文様を広く指したようである。織物の横列に並ぶ文様の個数によって一窠、二窠などと区別される。ここでは個数に関わりなく横列全体に文様が配されるものを窠という。これに対し、横列の一方にばかり偏って文様が配されるものが片行であろう。この文様配置の異なる二種に大別して功程を定める。

は日に一尺一寸〈無文は二尺〉、中功は日に九寸〈無文は一尺七寸〉、短功は日に七寸〈無文は一尺四寸〉。

雑の羅一疋〈長さ四丈、広さ二尺。*綾・錦・両面の長広はこれに准えよ〉の料の糸二斤。織手一人、共造一人。長功は二尺二寸、中功は一尺九寸、短功は一尺六寸。

紗一疋〈長さ六丈、広さ二尺〉の料の糸一斤二両。織手一人。長功は八尺、中功は七尺、短功は六尺。

*縠《こめ》の綾一疋〈長さ四丈、広さ二尺〉の料の糸五斤。織手一人、共造二人。*窠《か》の縠の綾、長功は三尺五寸、中功は三尺、短功は二尺五寸。*片行《かたゆき》の縠の綾、長功は三尺、中功は二尺五寸、短功は二尺。

*蟬翼《せみのは》の綾一疋〈長さ四丈、広さ二尺〉の料の糸二斤十両二分。織手一人、共造二人。長功は五尺、中功は四尺五寸、短功は四尺。

*師子《しし》・*鷹葦《たかあし》・*遠山《とおやま》等の綾各一疋の料の糸三斤八両。織手一人、共造二人。長功は四尺五寸、中功は三尺五寸、短功は二尺五寸。

*一窠・二窠および*菱《ひし》・*小花《ちいさきはな》等の綾各一疋の料の糸三斤八両。織手一人、共造二人。長功は五尺五寸、中功は四尺五寸、短功は三尺五寸。

*単《ひとえ》の綾一疋〈長さ四丈、広さ二尺〉の料の糸三斤二両。織手一人、共造二人。窠の単

蟬翼の綾　蟬の羽根のように軽くて薄い綾。生地が薄いことは、本条の綾のなかで料糸が最も少ないことからも分かる。九暦天暦四・閏五・二条には、禄として「蟬翼朽葉色小褂袴一具」を賜与したことが見える。新猿楽記にも商人である八郎真人の扱う「本朝物」に、浮線綾などとともに「蟬羽」が挙げられる。

師子　獅子(ライオン)を図案化した文様。正倉院に伝わる染織品に、獅子の文様を織り出した錦や綾がある。「師子」以下の綾は、ここでは獣、鳥、植物、風景など具象化した文様を表す綾一般を指すか。

鷹葦　鷹や葦を図案化した文様。

遠山　↓補1

一窠　織物の横列に窠文が一つのもの。文様が大きく精緻になり、綜絖の糸の量も多くなる(次条参照)。主計式上2条に一窠、二窠、三窠、七窠の綾が見える。

菱　菱形の文様。

小花　主計式上2条でも七窠までの窠文の綾に続けて小花の綾が見える。小さな花文が多く並ぶもので、これも窠文の一種と認識されていたと推測される。

単の綾　前掲の縠の綾と同じく、窠と片行という文様配置の別によって功程を定める。単とは面全体の風合いや文様などに関わる語と推測されるが、不詳。

綾、長功四尺、中功三尺五寸、短功三尺、片行單綾、長功三尺五寸、中功三尺、短功二尺五寸、

熟線綾一疋長四丈、廣二尺、料絲六斤二分、織手一人、共造二人、功程同レ上、

浮物一疋長四丈、廣二尺、料絲六斤二分、織手一人、共造二人、長功三尺、中功二尺五寸、短功二尺、

二色綾一疋料絲四斤十一兩、織手一人、共造二人、長功五尺、中功四尺五寸、短功三尺五寸、

長副錦一疋料絲十一斤十一兩、織手一人、共造一人、長功一尺八寸、中功一尺五寸、短功一尺二寸、

緋地纐錦一疋料絲十斤、織手一人、共造一人、長功一尺九寸、中功一尺六寸、短功一尺三寸、

白地襪錦一疋料絲七斤、織手一人、共造一人、長功二尺八寸、中功二尺五寸、短功二尺二寸、

緋地五窠錦一疋料絲七斤一兩、織手一人、共造一人、長功二尺八寸、中功二尺五寸、短功二尺二寸、

單　底「軍」。九・閣ホカニヨリテ改ム。
尺　底「丈」。九・梵別ニヨリテ改ム。
十　底ナシ。九・閣ホカニヨリテ補ウ。
纐錦　→校補5

熟線綾　線は糸の意。最上の練糸で織った綾。中右記永長元・三・二十四条に、射手である蔵人が熟線綾の袴を着用していたことが見える。新唐書巻三九にも見え、名称も唐より伝わったものと推測される。浮線綾が「ふせむれう」と書かれるように(源氏物語橋姫)、熟線綾も音読みされていたと思われる。

浮物　前後の項目が綾であるので、ここも綾を指すとみられる。綾はその組織から、平地浮文綾、綾地浮文綾、平地綾文綾、綾地綾文綾に分類されるが、このうち綾地浮文綾は奈良時代の後期から平安時代に盛んに織られるようになることが指摘されている(『日本の美術』二六三、染織 原始・古代編〔沢田むつ代編著〕、一九八八年)。浮物とはこの綾地浮文綾

の綾、長功は四尺、中功は三尺五寸、短功は三尺。片行の単の綾、長功は三尺五寸、中功は三尺、短功は二尺五寸。

*熟線綾《じゅくせんりょう》一疋〈長さ四丈、広さ二尺〉の料の糸六斤二分。織手一人、共造二人〈功程は上に同じ〉。

*浮物《うきもの》一疋〈長さ四丈、広さ二尺〉の料の糸六斤二分。織手一人、共造二人。長功は三尺、中功は二尺五寸、短功は二尺。

*二色の綾一疋の料の糸四斤十一両。織手一人、共造二人。長功は五尺、中功は四尺五寸、短功は三尺五寸。

*長副《ちょうふく》の錦一疋の料の糸十一斤十一両。織手一人、共造一人。長功は一尺八寸、中功は一尺五寸、短功は一尺二寸。

*緋地《あけじ》の繍《ぬいもの》の錦一疋の料の糸十斤。織手一人、共造一人。長功は一尺九寸、中功は一尺六寸、短功は一尺三寸。

白地の*襪《しとうず》の錦一疋の料の糸七斤。織手一人、共造一人。長功は二尺八寸、中功は二尺五寸、短功は二尺二寸。

緋地の*五窠の錦一疋の料の糸七斤一両。織手一人、共造一人。長功は二尺八寸、中功は二尺五寸、短功は二尺二寸。

か、あるいは新猿楽記や源氏物語橋姫などに見える浮線綾のことであろう。

二色の綾　前条参照。

長副の錦　国家珍宝帳(古四―一七〇頁)に「長斑錦」を用いた御軾が記され、これが正倉院に伝わっている。数色で地色の異なる縦の縞柄を表す。長副の錦もこれに類する縞柄を織り出した錦を指すか。掃部式53条は、皇太子の錦の草墪の縁に長副の錦を用いることを定める。

緋地の繍の錦　緋はやや薄めの茜色(縫殿式13条参照)。緋色に先染めした色糸を用いて地の部分を織り出す。繍の錦とは、色糸で文様などを縫い表した錦。屏風花氈等帳(古四―一七八頁)に「繍線鞋捌両」が見え、花形の刺繍を施した錦の靴が正倉院に伝わっている。節会の日に内命婦などが錦の衣を着用することは許されたが、繍の錦は禁制の対象となっている(弾正式62条)。

襪の錦　襪は沓の中に履く布帛製の履きもの(縫殿式9条参照)。衣服令には皇太子以下の礼服に錦の襪を用いることが定められている。掃部式53条には皇太子の錦の草墪の表の生地に用いることが見える。襪の錦は特定の風合いや文様をもち、襪以外にも使用されたようである。

五窠の錦　窠文のある錦は、このほか一窠、二窠、四窠が本条下文に見える。

綠　底「緣」。九・閣ホカニヨリテ改ム。下同ジ。

大暈繝の錦　暈繝は繧繝とも。暈繝とは同系統の色糸で濃い色から淡い色へ順次段層を成すように織り出す技法。大神宮式27条には、玉纏横刀以下の横刀に用いる大小の暈繝の錦が見える。それによれば、大暈繝の錦が刀の袋に用いるのに対し、小暈繝の錦は柄などの一部に貼られる。大小の別は判然としないが、より大きな生地として使用される大暈繝の錦は、色層の幅が大きいものを指すか。

高麗錦　もとは高句麗より伝えられた錦と推測されるが、ここでの具体的な文様などは不詳。国家珍宝帳には、銀平脱箱や笛などの袋のほか、「御大刀壱佰口」のうち三六口もの大刀の袋に用いたことが記されており、色は緋・白・緑の三種がある(古四―一三一～一四一頁)。掃部式52条は、天皇の錦の草墪の表に高麗錦を用いることを定める。平安期の文学作品にも散見し、うつほ物語(楼の上・上)には、楼の天井に鏡形や雲形の模様を織り出した高麗錦が貼られた情景が描写される。

韓紅　紅花の紅色の色素だけで染めた濃

大暈繝錦一疋料絲六斤一兩一分、織手一人、共造一人、長功三尺、中功二尺七寸、短功二尺四寸、

白地高麗錦一疋料絲七斤四兩、織手一人、共造一人、長功二尺七寸、中功二尺四寸、短功二尺一寸、

韓紅地二窠錦一疋料絲十一斤十三兩、織手一人、共造一人、長功一尺八寸、中功一尺五寸、短功一尺二寸、

小珠繩錦一疋料絲十三斤三兩、織手一人、共造一人、長功一尺七寸、中功一尺四寸、短功一尺一寸、

一窠錦一疋料絲十六斤十四兩、織手一人、共作一人、長功一尺一寸、中功八寸、短功六寸、次二種錦功程准レ此、

襪腔錦一疋料絲十五斤十四兩、

床子錦一疋料絲廿七斤十兩、

黒綠地唐五窠錦一疋料絲九斤十兩、織手一人、共作一人、長功一尺九寸、中功一尺六寸、短功一尺三寸、

中縹地唐經錦一疋料絲九斤、織手一人、共作一人、長功二尺四寸、中功二尺、短功一尺五寸、

*大暈繝《だいうんげん》の錦一疋の料の糸六斤一両一分。織手一人、共造一人。長功は三尺、中功は二尺七寸、短功は二尺四寸。

白地の*高麗錦《こまにしき》一疋の料の糸七斤四両。織手一人、共造一人。長功は二尺七寸、中功は二尺四寸、短功は二尺一寸。

*韓紅《からくれない》地の二窠の錦一疋の料の糸十一斤十三両。織手一人、共造一人。長功は一尺八寸、中功は一尺五寸、短功は一尺二寸。

*小珠縄《ちいさきたまなわ》の錦一疋の料の糸十三斤三両。織手一人、共造一人。長功は一尺七寸、中功は一尺四寸、短功は一尺一寸。

*一窠の錦一疋の料の糸十六斤十四両。織手一人、共作一人。長功は一尺一寸、中功は八寸、短功は六寸〈次の二種の錦の功程はこれに准えよ〉。

*襪の脛《はばき》の錦一疋の料の糸十五斤十四両。

*床子《しょうじ》の錦一疋の料の糸二十七斤十両。

*黒緑地の*唐《から》の五窠の錦一疋の料の糸九斤十両。織手一人、共作一人。長功は一尺九寸、中功は一尺六寸、短功は一尺三寸。

*中縹《なかのはなだ》地の*唐経錦《とうぎょうきん》一疋の料の糸九斤。織手一人、共作一人。長功は二尺四寸、中功は二尺、短功は一尺五寸。

い赤。縫殿式13条参照。

小珠縄の錦　小さな円形を連ねた連珠文の錦か。仏像雑具請用帳には「珠縄嚢」が見える(古四―一〇七頁)。

一窠の錦　次項の「襪の脛の錦」「床子の錦」と並んで、本条の錦のうち最も製織に日数を要する。文様が大きく精緻になり、それだけ製織が複雑になることを示す。弾正式86条に見える「独窠錦」も一窠の錦に同じであろう。

襪の脛の錦　→補1

床子の錦　床子は脚付きの腰掛(木工式8条)。掃部式52条には行幸時に天皇が使用する赤漆の床子に錦の褥を敷くことが見える。床子の錦とは、このような床子の敷物に用いる錦を指す。本条の錦のうち二七斤と最も糸の量が多く、厚手に織り出すことが窺える。

黒緑　黒味を帯びた濃い緑色。

唐の五窠の錦　唐錦は、平安期の古記録などに散見する。本来は唐物と称される舶来品であるが、平安期に錦や綾の意匠が和様化するなかで、中国の錦を模して織った国産品も含めて唐錦と称されたのであろう。

中縹　藍色。縫殿式13条は、色の濃淡によって深縹・中縹・次縹・浅縹の四等級に分ける。

唐経錦　→補2

二　底「三」。九ニヨリテ改ム。

細落葉の錦　落ち葉を図案化した文様の錦と推測されるが、不詳。

覆瓫の錦　覆瓫は、和名抄に「覆盆子(中略)和名以知古」とある在来種のイチゴ。大膳式下54条に貢進菓子として「覆瓫子」が見え、内膳司より供御に供される(内膳式28条)。覆瓫の錦とは、このイチゴの葉や実を図案化した文様の錦であろ

韓紅地細落葉錦一疋料絲八斤、織手一人、共作一人、長功二尺八寸、中功二尺五寸、短功二尺二寸、

白地覆瓫錦一疋料絲六斤十二兩、織手一人、共作一人、長功三尺、中功二尺五寸、短功二尺、

中縹地四窠錦一疋料絲八斤、織手一人、共作一人、長功一尺九寸、中功一尺六寸、短功一尺三寸、

韓紅地四窠錦一疋料絲六斤十三兩、功程同レ上、

裙腰錦一疋料絲十一斤、織手一人、共作一人、長功一尺五寸、中功一尺二寸、短功九寸、

蟬形裙腰錦一疋料絲十八斤三兩、功程同レ上、

葡萄地線納錦一疋料絲十斤十二兩、織手一人、共作一人、長功二尺六寸、中功二尺三寸、短功二尺、

黑綠地軟錦一疋料絲八斤十二兩、織手一人、共作一人、長功二尺七寸、中功二尺四寸、短功二尺一寸、

中縹地後四窠錦一疋料絲十一斤、織手一人、共作一人、長功一尺九寸、中功一尺六寸、短功一尺三寸、

韓紅地の*細落葉《ほそきおちば》の錦一疋の料の糸八斤。織手一人、共作一人。長功は二尺八寸、中功は二尺五寸、短功は二尺二寸。

白地の*覆瓫《いちご》の錦一疋の料の糸六斤十二両。織手一人、共作一人。長功は三尺、中功は二尺五寸、短功は二尺。

*中縹地の四窠の錦一疋の料の糸八斤。織手一人、共作一人。長功は一尺九寸、中功は一尺六寸、短功は一尺三寸。

韓紅地の四窠の錦一疋の料の糸六斤十三両〈功程は上に同じ〉。

*裙《も》の腰の錦一疋の料の糸十一斤。織手一人、共作一人。長功は一尺五寸、中功は一尺二寸、短功は九寸。

*蟬形《せみがた》の裙の腰の錦一疋の料の糸十八斤三両〈功程は上に同じ〉。

*葡萄地《えびぞめじ》の*線納《すじいれ》の錦一疋の料の糸十斤十二両。織手一人、共作一人。長功は二尺六寸、中功は二尺三寸、短功は二尺。

黒緑地の*軟錦《ぜいきん》一疋の料の糸八斤十二両。織手一人、共作一人。長功は二尺七寸、中功は二尺四寸、短功は二尺一寸。

中縹地の後の四窠の錦一疋の料の糸十一斤。織手一人、共作一人。長功は一尺九寸、中功は一尺六寸、短功は一尺三寸。

う。掃部式53条は、妃・夫人の錦の草墪の表に用いることを定める。

中縹地の四窠の錦　下文に「中縹地の後の四窠の錦」がある。「後」の有無による違いは不詳。窠文の配置に関わるか。

裙の腰の錦　中宮に供する御服とその料物を規定する縫殿式10条には、例えば春季の「表給裙二腰」に対して「同腰料絹一丈〈別五尺〉」というように、裙に対応する腰が季節ごとに挙げられている。裙の腰とは、裙を着けた際に腰に当たる部分のことで、これに腰紐がつく。本項の錦はこの裙の腰に用いる錦を指す。

蟬形の裙の腰の錦　蟬を図案化した文様を織り出した、裙の腰に用いる錦。

葡萄　赤味がかった紫色。縫殿式8条参照。

線納の錦　底本ほかの傍訓に「或云スチイレ」とあり、糸を内側に沈める錦と推測される。文様を表す緯糸を部分的に塡め込むようにして織る綴錦(ツヅレニシキ)や、「織成」と称される錦が想定されるが、不詳。

軟錦　屛風や衝立障子の縁などに用いたことが知られるほか、天仁元年(一一〇八)の大嘗祭の御禊の際に用いる御輿の用度として東京錦などとともに見える(平遺四―一六九四)。新猿楽記にも「本朝物」として「高麗軟錦」が挙げられている。

韓紅地火打錦一疋料絲六斤八兩、織手一人、共作一人、長功二尺九寸、中功二尺六寸、短功二尺三寸、

縠皮兩面一疋料絲六斤八兩、織手一人、共造二人、長功五尺、中功四尺、短功三尺、

一窠、二窠幷小花等兩面一疋料絲各六斤八兩、功程同二縠皮兩面一、

絡絲

生絲一斤、長功三人、中功四人、短功五人、

練絲一斤、長功二人、中功三人、短功四人、

右、雜織料絲幷功程依二前件一、其絲錄レ數申レ省、待二官符到一請受、練染訖卽織之、

雜機綜絲

冠羅綜一具料絲九斤十二兩三分、織六疋、絶損更加二四斤一、織六疋、

師子、鷹葦、遠山等綾綜以二一具一通用、料絲七十五斤、織十五疋、絶損更加二卅斤一、織十五疋、

一窠綾綜一具料絲廿五斤、織廿疋、絶損更加二十二斤一、織

皮兩　底、空白。九ニヨリテ補ウ。
三　九「二」。
六　底「四」。版本ニ従イテ改ム。
疋　底「匹」。九ニヨリテ改ム。
一具料絲　底「二具各絲各」。考異ニ従イテ改ム。九「二具料絲各」。

火打の錦　不詳。あるいは火打石を打つ火打金のような文様を織り出した錦か。
縠皮の両面　→補1
小花等の両面　小さな花の文様を織り出した両面。掃部式53条にはオオバコを表した「紫地車前子両面」が見える。
絡糸　織部司に送られてきた綛糸(カセイト)を整経のため糸枠に巻き直すこと。この作業を行なうのが本式6条に見える絡糸女であろう。繭から糸を作る製糸工程に織部司は関わらない。以下、生糸と練糸一斤当たりの絡糸の功程を定める。→補2
生糸　繭糸に含まれる膠質を除去していない硬質な絹糸。
練糸　生糸を灰汁(アク)などに漬けて煮て、膠質を取り除き柔らかくした糸。縫殿式2・14条参照。
其れ糸は…　大蔵省に申請して製織に必要な糸を受け取る。諸国から貢納される糸を主に使用するのであろう。主計式上

韓紅地の*火《ひ》打《うち》の錦一疋の料の糸六斤八両。織手一人、共作一人。長功は二尺九寸、中功は二尺六寸、短功は二尺三寸。

*縠皮《こくひ》の両面一疋の料の糸六斤八両。織手一人、共造二人。長功は五尺、中功は四尺、短功は三尺。

一窠・二窠ならびに小*花等の両面一疋の料の糸各六斤八両〈功程は縠皮の両面に同じ〉。

*絡糸《いとくり》

*生糸《すずしのいと》一斤。長功は三人、中功は四人、短功は五人。

*練糸《ねりいと》一斤。長功は二人、中功は三人、短功は四人。

右、雑の織の料の糸ならびに功程は前の件によれ。*其れ糸は数を録して省に申し、官符の到るを待ちて請《こ》い受けよ。*練染《ねりぞめ》訖らばすなわち織れ。

4 雑《くさぐさ》の機《はた》の*綜《へ》の糸

冠の羅の綜一具の料の糸九斤十二両三分〈*織ること六疋。絶《た》え損《そこ》なわば、更に四斤を加え、織ること六疋〉。

*師子・鷹葦・遠山等の綾の綜は一具を以て*通わし用いよ。料の糸*七十五斤〈織ること十五疋。絶え損なわば、更に三十斤を加え、織ること十五疋〉。

一窠の綾の綜一具の料の糸二十五斤〈織ること二十疋。絶え損なわば、更に十二斤を加え、織

の国別諸条には、染色された糸や練糸、生糸(「糸」と表記)などが調として多く見える。庸の糸は遠江と安芸の二国のみ。

練染 →補3

4雑機綜糸条

綜 綜絖(ソウコウ)。→補4

織ること六疋… 綜は新造後三年で修理し、さらに三年使用して交換する原則が本条下文に示されている。分注では、それぞれの綜を用いて織る量と、綜の糸が切れた場合の修理について定める。例えば冠の羅の場合、所定の六疋を織り進める際に、綜の糸が切れて損なわれた部分があれば糸四斤を用いて修理し、六疋を完成させることを意味する。

師子鷹葦遠山等の綾 →補5

通わし用いよ 文様の異なる綾でも同じ綜を使用すること。

七十五斤 最も綜の糸の量が少ないのは、下文の大菱形の羅と九点の羅の七斤三両。天平四年度越前国郡稲帳(古一―四六六頁)には、綾機一台当たり綜が六枚、錦機では二八枚あることが見える。本条で糸の量に大きな差があるのも、織物の種類や文様によって綜の数が異なることに拠るのであろう。従って、本条の「綜一具」とは綜一枚の意ではなく、それぞれの織物を織るのに必要な数の綜一式を意味すると考えられる。

疋　底「斤」。九ニヨリテ改ム。

綾　底ホカ諸本「羅綾」二字ニ作ル。考異、何レカ一字ヲ衍トス。料糸ノ量ヲ勘案シ、「羅」字ヲ衍ト見テ削ル。

廿疋、

二窠綾綜一具料絲廿一斤十兩、織廿疋、絁損更加㆓十斤㆒、織廿疋、

襪錦綜一具料絲十六斤八兩、

六窠錦綜一具料絲十五斤、

大暈繝錦綜一具料絲十三斤、織十七疋、絁損更加㆓六斤㆒、織十七疋、

穀皮兩面綜一具料絲十六斤八兩、織廿疋、絁損更加㆓五斤㆒、織廿疋、

腰錦二疋綜一具料絲廿四斤十四兩二分、隔㆓六年㆒請、

鸚鵡形綾綜一具料絲卅七斤十二兩二分、

大菱形羅綜一具料絲七斤三兩、

九點羅綜一具料絲七斤三兩、

四窠綾綜一具料絲十九斤、

右、件十三具等綜、新造之後經㆓三箇年㆒修理、更經㆓三箇年㆒改換、其料物具錄、經ㇾ奏請㆓受所司㆒、

ること二十疋〉。

二窠の綾の綜一具の料の糸二十一斤十両〈織ること二十疋。絶え損なわば、更に十斤を加え、織ること二十疋〉。

襪の錦の綜一具の料の糸十六斤八両。

六窠の錦の綜一具の料の糸十五斤。

大暈繝の錦の綜一具の料の糸十三斤〈織ること十七疋。絶え損なわば、更に六斤を加え、織ること十七疋〉。

縠皮の両面の綜一具の料の糸十六斤八両〈織ること二十疋。絶え損なわば、更に五斤を加え、織ること二十疋〉。

*腰の錦二疋の綜一具の料の糸二十四斤十四両二分〈*六年を隔てて請けよ〉。

*鸚鵡形《おうむがた》の綾の綜一具の料の糸三十七斤十二両二分。

*大菱形の羅の綜一具の料の糸七斤三両。

*九点の羅の綜一具の料の糸七斤三両。

四窠の綾の綜一具の料の糸十九斤。

右、件の十三具等の綜は、新造の後、三箇年を経て修理せよ。更に三箇年を経て改め換えよ。その*料物は具《つぶさ》に録し、奏を経て所司より請い受けよ。

腰の錦二疋　「二疋」と数詞が付くのは、この腰の錦が前条の「裙の腰の錦」と「蟬形の裙の腰の錦」双方を指すことを含意している。本条の一部が、前条の規定を前提に立てられたことが窺える。

六年を隔てて請けよ　綜を新造後三年で修理するのではなく、六年に一度交換するという意か。

鸚鵡形の綾　オウムの文様を織り出した綾。主計式上2条に諸国の調として小鸚鵡の綾が見え、また同式の国別諸条にも遠江以下七国の調として見える。主税式上77条には鸚鵡の綾と小鸚鵡の綾の綜の糸の量が規定されており、前者が二五斤、後者が一一斤とある。

大菱形の羅　次項の九点の羅とともに前条の雑の羅に当たるか。正倉院に伝存する羅の文様は菱文系統が多い。

九点の羅　小さい菱形あるいはそれに準じたものを三行三列に並べて大きい菱形を構成した文様か。主計式上の国別諸条には、近江・越前・但馬・播磨・伊予の各国の調として見える。また同式61条には調として「四点羅二疋」が見える。

料物　地方諸国の機の場合、糸のほか苧や薦、膠が挙げられる(主税式上77条)。

凡雜機用度料篦竹、河竹各百株、毎年山城國進、又篦六百株、大和國進、
織手、共造、機工卅五人、各給レ粮日黑米二升、間食四合、薄機織手五人、各日白米一升六合、絡絲女三人、各日米一升五合、并夏冬時服申レ省請受、其今良男十人、女廿人衣粮、不レ經二本寮一、便受二所司一、

凡定額作手并今良加物布綿代、以二讚岐國庸米一、運二送於司家一、

凡内藏寮錦綾織手勘籍人廿人直二司家一、其考文送二彼寮一、

凡宮人三人、給二考祿一、不レ給二衣粮一、

凡不仕料物、并定額人帶二衞府一者衣粮、充二司家雜用一、

延喜式卷第卅

二　底「三」。九・閣ホカニヨリテ改ム。
人　底、空白。九ニヨリテ補ウ。
司　底「同」。九ニヨリテ改ム。
給考祿不給衣粮　底、「不給考祿」四字ニ作ル。九ニヨリテ改ム。

5雜機用度料条

機の用度の…　→補1
篦竹・篦　いずれも矢竹の異名。
河竹　川竹とも。真竹の古名。

6織手衣粮条

共造　本式3条参照。織手から機工までの三五人と薄機の織手五人という定員は、時服の支給対象を定める中務式74条の織手四〇人と符合する。
間食　内膳式34条参照。
薄機　羅などの薄地の絹織物。
絡糸女　一定量に束ねた綛糸(カセイト)を整経のため糸枠に巻き直す女工。本式3条参照。
夏冬の時服　年に二回、絹や綿、布などを支給する給与。織部司より申請を受けた大蔵省が中務省に申請する。太政官式116条、中務式74条参照。
今良　もとは官戸・官奴婢で、放賤従良により良民となった者。主殿寮より諸司に配されて雑役に供奉した。

5凡そ雑の機*の用度の料の*篦竹《のだけ》・*河竹《かわたけ》各《おのおの》百株は、毎年山城国進れ。また、篦*六百株は大和国進れ。

6織手・*共造《あいづくり》・機工三十五人、各粮を給うこと日に黒米二升、*間食《かんじき》四合。*薄機《うすはた》の織手五人、各日に白米《しらよね》一升六合。*絡糸女《いとくりめ》三人、各日に米一升五合。ならびに夏冬*の時服は省に申して請い受けよ。其れ*今良《いままいり》の男十人・女二十人の*衣粮《いろう》は、本寮を経ずして便《たより》に所司より受けよ。

7凡そ*定額《じょうがく》の作手《つくて》ならびに今良に加うる物*の布・綿の代は、讃岐国の庸米を以てし、司家に運び送れ。

8凡そ内蔵寮*の錦・綾の織手の*勘籍人《かんじやくにん》二十人は司家*に直《とのい》せよ。その考文*は彼の寮に送れ。

9凡そ宮人《くうにん》*三人は、考禄を給い、衣粮を給わざれ。

10凡そ不仕*の料物、ならびに定額*の人の衛府を帯ぶる者の衣粮は、司家の雑用に充てよ。

延喜式巻第三十

衣粮は…　衣粮とは時服と大粮。↓補2

7定額作手条

定額の作手　前条で定員が定められる織手、共造、機工、薄機の織手、絡糸女など。延喜二年(九〇二)の阿波国戸籍(平遺一—一八八)に「織部司令員外織手」が見える。

加うる物の布綿　↓補3

8内蔵寮織手条

内蔵寮の錦綾の織手　内蔵寮より派遣され、恒常的に織部司所管の臨時所(本式1条)で製織に従事する織手。↓補4

勘籍人　勘籍を経て正式に官人身分となった者。下級の技術官人である織手をこのように表現するのは、未だ官人となっていない者が出仕するケースがあるためか。勘籍については民部式上85条参照。

司家　織部司。

考文　官人の一年間の勤務評定書。太政官式125条、式部式上133・134条参照。織部司が作成し、内蔵寮に送る。

9宮人条

凡そ宮人三人は…　宮人は織部司に出仕する女官。↓補5

10不仕料物条

不仕の料物　申請して確保した食料などのうち、欠勤等で支給されなかった物。

定額の人の衛府を帯ぶる者　定額の織手で、衛府の舎人を兼帯する者。↓補6

延喜式卷第卅一

宮内省

凡卜㆘供㆓奉神事㆒小齋人㆖者、其日神祇官副、祐各一人率㆓宮主、卜部等㆒、先就㆓宮内廳座㆒、次中務丞、錄并宮内丞、錄各一人、率㆓史生等㆒、分就㆓西廂舍座㆒、時中務引㆓女官等㆒、執㆓其名簿㆒、移㆓送宮内㆒、次文武官各引㆓官人已下雜色已上等㆒、亦送㆓名簿㆒、訖宮内錄申㆓諸司名簿進了之狀於神祇官㆒、其詞曰、宮内省司司能兆人能名著進了登申、神祇副宣、始㆑自㆓八男八女㆒、至㆓御膳司人等㆒、次次令㆓參進㆒、錄稱唯復㆓本座㆒、時中務官人已下退出、卽隨㆑次令㆑昇㆑廳、先卜㆓八男已下御膳司人等㆒、次諸司人等、事訖散去、

供㆓奉神今食㆒小齋

神祇官卅人、伯已下御巫已上、太政官六人、中務省三人、侍從三人、内舍人四人、内記一人、監物一人、主鈴一人、典鑰一人、大舍人寮十二人、内藏寮六人、縫殿寮二人、命婦已下宮人已上卅人、命婦十人、宮人廿人、宮内省三人、主殿寮廿二

并宮内丞錄　底ホカ諸本、弥書。九ニヨリテ削ル。

一　底ホカ諸本、異同ナシ。中務式34条「二」ニ作ル。

宮内省　↓補1

　1小斎人条

凡そ神事に…　↓補2

神事に供奉する小斎の人　神今食・新嘗祭・大嘗祭の小斎人。小斎人は神殿内で神事に供奉する人。神今食の小斎人は本式2条、新嘗祭の小斎人は本式3条参照。

神祇官の副祐各一人…　四時祭式上23条には「中臣官一人」、儀式一（神今食儀）には「神祇副、祐各一人〈用㆓中臣官㆒、下同〉」とある。

分れて西廂の舎の座に就け　中務省が北を上座、宮内省が南を上座として東面して座す（儀式一）。

名簿　小斎人の候補者を列記した歴名簿。ここは女官の歴名簿。次行の名簿は文・武官人（男官）の歴名簿。下文の宮内省から神祇官への奏詞では「名著」と称し

延喜式巻第三十一

*宮内《くない》省

1 *凡そ*神事に供奉《ぐぶ》する小斎《おみ》の人を卜《うら》えんには、その日、*神祇官の副《ふ》・祐《じょう》各《おのおの》一人、宮《みや》主《じ》・卜部《うらべ》らを率いて、先ず宮内の庁の座に就《つ》け。次に中務の丞《じょう》・録《さかん》ならびに宮内の丞・録各一人、史生らを率いて、*分れて西廂《にしびさし》の舎《や》の座に就け。時に中務、女官らを引きて、その*名簿《みょうぶ》を執りて宮内に移《い》し送れ。次に文・武の官、各官人《かんにん》已下《いげ》雑色《ぞうしき》已上らを引きて、また名簿を送れ。訖らば宮内の録、諸司の名簿進《たてまつ》り了《おわ》るの状《さま》を神祇官に申せ。その詞に曰く、宮内省、司司《つかさづかさ》の*兆人《かたひと》の名《な》著《づけ》進り了りぬと申す、と。神祇の副、宣すらく、*八男八女《やおとこやおとめ》より始めて*御《お》膳《もの》の司の人らまで、次次に参《ま》進《い》らしめよ、と。録、称唯《いしょう》して本座に復《かえ》れ。時に*中務の官人已下は退《ま》出《か》れ。すなわち次《ついで》に随いて庁に昇らしめよ。*先ず八男已下御膳の司の人らを卜え、次に諸司の人ら。事訖らば散《ま》去《か》れ。

2 *神今食《かんいまけ》に供奉する小斎

神祇官三十人〈伯已下御巫《みかんなぎ》已上〉、太政官六人、*中務省三人、*侍従三人、内舎人《うどねり》四人、内記一人、監物一人、主鈴一人、典鑰一人、*大舎人寮十二人、内蔵寮六人、縫殿寮二人、命婦《みょうぶ》已下宮人《くうにん》已上三十人〈命婦十人、*宮人二十人〉、*宮内省三人、主殿寮二十二

ている。

兆人　小斎人のこと。この時点では小斎人の候補者。卜兆にかなって小斎の奉仕が認められる。

八男八女　天皇の供膳に奉仕する男女。→補3

御膳の司の人ら　内膳司・造酒司・主水司の官人。

中務の官人已下は…　中務丞・録以下の諸司官人が、八男八女・御膳の官人に続いて卜兆のため正殿に昇る。

先ず八男已下…　儀式一によれば宮主が卜部の前に「御兆竹」を「折立」てて卜兆が行なわれているが、詳細は不明。

2 神今食小斎条

神今食に供奉する小斎　→補4

中務省三人　少輔、丞、録の三人。

侍従三人　儀式一(神今食儀)には「次侍従以上」、太政官式74条は「次侍従五位已上」、中務式23条は「侍従、次侍従」、同式24条は「次侍従已上」とある。

大舎人寮十二人　大舎人式8条によれば官人一人、史生一人、舎人一〇人。

宮人二十人　大膳式上2条は宮人を「女孺」とする。ただし同条では「女孺、采女合廿七人」とするが、采女式1条によれば采女は八名であるので女孺は一九人となり本条と整合しない。

宮内省三人　少輔、丞、録の三人。

已上　底「已下」。意ニヨリテ改ム。

上　考異、下文4条ト大膳式上4条トノ対比、及ビ本条ト大膳式上5条トノ対比ニヨリ、「中」ニ作ルベシトナス。或イハ是カ。

内膳司八人　内膳式6条によれば官人二人、膳部六人。

造酒司二人　造酒式8条によれば酒部二人。

采女司十二人　采女式1条によれば官人二人、采女八人、合計一〇人で本条と整合せず(儀式一〔神今食儀〕も同じ)。

主水司六人　主水式7条によれば官人一人、水部五人。

已上は御に供奉せよ　以上の合計二六二人が天皇に供奉する。この二六二人に支給される食事の料物が大膳式上2条に見える。

已上は中宮に供奉せよ　以上の合計六八人が中宮に供奉する。この六八人に支給される食事の料物が大膳式上2条に見える。なお中務式23条、中宮式19条によれば中宮職官人以下一五人も小斎人となるが、本条には見えない。

3 新嘗小斎条

命婦已下…食一度を給え　この部分は大

人、典薬寮四人、掃部寮七人、内膳司八人、造酒司二人、采女司十二人、主水司六人、左右近衛府官人各五人、近衛各卅人、兵衛各六人、駕輿丁各八人、已上供㆓奉御㆒、女五位三人、女孺已上十七人、左右近衛府官人各二人、近衛各十人、駕輿丁各八人、主水司官人已下四人、左右兵衛各二人、已上供㆓奉中宮㆒、

供㆓奉新嘗㆒小斎

命婦已下宮人已上卌四人、御巫五人、采女十人、

已上給㆓食二度㆒、

直相五位已上廿人、六位已下二百五十五人、兆人楽工、上卌人、下百八十七人、

已上給㆓食一度㆒、

中宮職亮一人、進一人、属一人、史生二人、舎人十人、左右近衛府将監各一人、府生各一人、近衛各十人、左右兵衛府尉各一人、兵衛各三人、

已上給㆓直相食㆒、

同宮兆人卅二人、女五位三人、女孺已上十七人、駕輿丁各八人、外記一人、史生一人、史一人、史生一人、主水司二人、

膳式上5条と対応しており、対照することによって本条は理解できる。↓補1
直相　直会とも。神事の施行・参列のためのイミ(斎)の状態を平常に復する解斎の飲食儀礼。大神宮式52条参照。本条の直相は辰の日の暁の神事の終了後に行なわれる。後出の中宮職亮以下に支給される「直相食」の直相も同じ。
兆人　小斎人と同義。
楽工　雅楽寮の楽人。宮内省における解斎の座で雅楽寮は解斎歌を奏した(儀式四)。
中宮職の亮一人…主水司二人　この部分は大膳式上6条と対応している。本条の「中宮職亮一人、(中略)兵衛各三人」の人数の総計は大膳式上6条の「同宮神態直相給ㇾ食卅七人」と一致しており、また「同宮兆人卅二人」は同条の「同会皇后宮小斎人卅二人」と一致している。この部分から新嘗祭において中宮に供奉する小斎人の構成と人数が明らかとなるが、本式2条と中宮式19条から明らかとなる神今食で中宮に供奉する小斎人のそれとほぼ同じである。両者の異なる点は、主水司が神今食では四人とあるのに対し新嘗祭では二人であること、新嘗祭に神今食には見えない太政官の外記・史・史生(外記局)・史・史生(少納言局)各一人が見られることの二点である。

人、典薬寮四人、掃部寮七人、*内膳司八人、*造酒司二人、*采女司十二人、*主水司六人、左右近衛府の官人各五人、近衛各三十人、兵衛各六人、駕輿丁《かよちょう》各八人〈*已上は御《おん》に供奉せよ〉、女の五位三人、女孺《にょじゅ》已上十七人、左右近衛府の官人各二人、近衛各十人、駕輿丁各八人、主水司の官人已下四人、左右の兵衛各二人〈*已上は中宮に供奉せよ〉。

3
新嘗《にいなめ》に供奉する小斎
*命婦已下宮人已上四十四人、御巫五人、采女《うねめ》十人。

已上に食《じき》二度を給え。

*直相《なおらい》の五位已上二十人、六位已下二百五十五人、*兆人・*楽工《がくく》は、上四十人、下百八十七人。

已上に食一度を給え。

*中宮職の亮《すけ》一人、進《じょう》一人、属《さかん》一人、史生二人、舎人《とねり》十人、左右近衛府の将監《しょうげん》各一人、府生各一人、近衛各十人、左右兵衛府の尉《じょう》各一人、兵衛各三人。

已上に直相の食を給え。

同じき宮の兆人四十二人〈女の五位三人、女孺已上十七人、駕輿丁各八人、外記一人、史一人、史生一人、主水司二人〉。

凡先二新嘗一之寅日、供二御幷中宮鎭魂祭一神八前、大直神一前、供奉諸司上十人、中卌人、下二百六十人、並給レ食、新嘗之後巳日、東宮鎭魂祭神、幷大直神、及人數亦准レ此、

供二奉踐祚大嘗一小齋

神祇官一百五十人、伯已下史已上七人、史生四人、宮主一人、彈琴二人、巫部一人、神部卅四人、卜部十八人、使部十二人、忌部五人、神服七十六人　太政官十人、中納言已上一人、參議一人、外記二人、史生二人、史二人、史生二人、　中務省七人、輔一人、丞二人、錄二人、史生二人、　次侍從已上廿人、內舍人十人、內記二人、監物二人、主鈴二人、典鑰二人、大舍人寮卅二人、官人二人、史生一人、舍人卅九人、圖書寮四人、官人二人、書手二人、內藏寮廿人、官人六人、史生四人、藏部十人、縫殿寮十人、官人四人、番上六人、宮內省五人、大少輔、丞、錄各一人、史生一人、　大膳職八十四人、官人二人、史生二人、膳部八十人、　大炊寮廿六人、官人二人、炊部廿四人、　主殿寮廿二人、官人二人、史生已下十八人、火炬小子二人、　典藥寮六人、官人二人、侍醫二人、藥生二人、掃部寮十人、官人二人、掃部八人、內膳司十六人、官人二人、膳部十四人、　造酒司卌人、官人二人、酒部卅八人、　釆女司四人、官人二人、釆部二人、主水司十二人、官人二人、水部十人、左右近衞府各官人四人、府生一人、近衞卅人、駕輿丁八人、左右兵衞府各官人二人、兵衞廿

手　九「生」。
少　底「小」。九ニヨリテ改ム。
藥　九「醫」。

4 新嘗寅日条

鎮魂の祭　大嘗祭および新嘗祭(十一月中つ卯の日)の前日(寅の日)、天皇の魂を安鎮せしめる祭儀。四時祭式下48条参照。

神八前　神魂・高御魂・生魂・足魂・魂留魂・大宮女・御膳魂・辞代主の八座。

4 凡そ新嘗に先だつの寅《とら》の日、御ならびに中宮の*鎮魂《たましずめ》の祭に供《く》ずる神八前、*大直神《おおなおび》一前。*供奉する諸司は、上十人、中三十人、下二百六十人。みな食を給え〈*新嘗の後の巳《み》の日の東宮の鎮魂の祭の神ならびに大直神、および人数もまたこれに准《なぞら》えよ〉。

5 *践祚《せんそ》大嘗に供奉する小斎

神祇官一百五十人〈*伯已下史已上七人、史生四人、宮主一人、弾琴《みことひき》二人、巫部《かんなぎべ》一人、神部《かんべ》二十四人、*卜部十八人、使部十二人、*忌部五人、*神服《かんはとり》七十六人〉、太政官十人〈中納言已上一人、参議一人、外記二人、史生二人、史二人、史生二人、弁二人、録二人、史生二人〉、中務省七人〈輔一人、丞二人、録二人、史生二人〉、次侍従《じじじゅう》已上二十人、内舎人十人、内記二人、監物二人、主鈴二人、典鑰二人、大舎人寮四十二人〈官人二人、史生一人、舎人三十九人〉、図書寮四人〈官人二人、書手二人〉、内蔵寮二十人〈官人六人、史生四人、蔵部十人〉、縫殿寮十人〈官人四人、番上六人〉、宮内省五人〈大・少輔、丞、録各一人、史生一人〉、大膳職八十四人〈官人二人、史生二人、膳部《かしわで》八十人〉、大炊寮二十六人〈官人二人、炊部《かしきべ》二十四人〉、主殿寮二十二人〈官人二人、史生已下十八人、火《ひ》炬《たき》の小子《わらわ》二人〉、典薬寮六人〈官人二人、侍医二人、薬生二人〉、掃部寮十人〈官人二人、掃部八人〉、内膳司十六人〈官人二人、膳部十四人〉、造酒司四十人〈官人二人、酒部《さかべ》三十八人〉、采女司四人〈官人二人、*采部二人〉、主水司十二人〈官人二人、水部《もいとりべ》十人〉、左右近衛府は各官人四人、府生一人、近衛四十人、駕輿丁八人、左右兵衛府は各官人二人、兵衛二十

供奉する諸司は… 鎮魂祭に供奉する諸司に給う食事の料物は大膳式上4条に見える。同条では食事の内容や容器が参議以上、五位以上、六位以下の三つに分れており、それが本条の上・中・下に対応している。

新嘗の後の巳の日… 春宮式25条参照。

5 大嘗祭小斎条

践祚大嘗 天皇即位の後に初めて行なう新嘗祭。

践祚大嘗に供奉する小斎 神祇官一五〇人の内訳を見ると御巫が見えず、神服七六人に神服女が含まれていないことから、本条は男の小斎の人員を列記したものとみられ、女の小斎については末尾の「内侍已下数同二毎年新嘗一」で一括されている。

伯已下史已上七人 伯一人、副・祐・史各二人(大嘗祭式30条参照)。

卜部十八人 卜長上二人、卜部一六人(大嘗祭式30条参照)。

忌部五人 阿波国忌部五人(大嘗祭式30条参照)。

神服七十六人 神服長二人、神服男七二人、繒服案を舁く神服二人(大嘗祭式31条参照)。神服女五〇人はここに含まれない。

采部 采女司の伴部で男官。職員令52条参照。

人、左右衞門府各官人二人、府生一人、物部廿人、語部十五人、門部八人、內侍已下數同二毎年新嘗一、

大齋

內膳司十四人、並膳部、　采女司廿八人、官人二人、采部六人、采女廿人、　主水司廿三人、官人一人、水部廿二人、　國栖十二人、笛工五人、

供二奉神事一諸司行列

第一前頭內膳司膳部伴造一人、執二庭燎盆一、　次采女司采女朝臣二人、左右分列、　次宮主一人、著二木綿鬘一、執二襷竹杖一、　次主水司水取連一人、執二蝦鰭槽一、　次水部一人、執二多志良加一、　次采女八人、一人執二刷筥一、一人執二巾筥一、一人執二神食薦一、一人執二御食薦一、一人執二神八枚手、箸筥一、一人執二飯筥一、一人執二鮮物、干物筥一、一人執二御菓子筥一、但新嘗祭加二二人一、分執二箸筥、干物筥一、　次內膳司高橋朝臣一人、執二鰒汁漬一、　安曇宿禰一人、執二海藻汁漬一、　膳部五人、一人執二鰒羹坏一、一人執二海藻羹坏一、二人舁二羹堝案一、但一人守レ棚不レ闕二行列一、　次造酒司二人、官人一人、酒部一人、舁二酒案一、但新嘗祭加二二人一舁二黒白酒案一、

物　底「門」。大嘗祭式29条及ビ儀式三ニヨリテ改ム。

司膳　底ナシ。九ニヨリテ補ウ。

槽　底「糟」。九・閣ホカニヨリテ改ム。

闕　底ナシ。九ニヨリテ補ウ。

物部二十人…門部八人　物部、門部は衛門府の伴部。語部は美濃国等七ケ国から出され、卯の日に衛門府の伴氏・佐伯氏に率いられて古風を奏上する。これら三者の人数は大嘗祭式にも規定があるが、本条と対照すると大嘗祭式31条とは整合するが、同式29条とは門部と語部の人数が合わない。

6大斎条

大斎　小斎が大嘗宮の宮内で神事に奉仕するのに対し、大斎は同宮の外での奉仕を行なう。

国栖　大和国吉野郡に住む山の民。大嘗祭では大嘗宮南門前で古風を奏する。本式59条参照。

笛工　国栖とともに古風を奏する。大嘗祭式31条、儀式三では一二人。五人は通常の節会の人数(本式59条)。

7諸司行列条

神事に供奉する諸司の行列　→補1

庭燎盆　大嘗祭式31条には「火炬擈盆」、

人、左右衛門府は各官人二人、府生一人、*物部二十人、語部十五人、門部八人。内《ない》侍《し》已下の数は毎年の新嘗に同じくせよ。

6
*大斎《おおみ》
内膳司十四人〈みな膳部〉、采女司二十八人〈官人二人、采部六人、采女二十人〉、主水司二十三人〈官人一人、水部二十二人〉、*国栖《くず》十二人、*笛工《ふえふき》五人。

7
*神事に供奉する諸司の行列
第一の前頭には内膳司の膳部の伴造《とものみやつこ》一人〈*庭燎盆《にわびのほとぎ》を執れ〉、次に采女司の采女朝臣二人〈左右に分列せよ〉、次に宮主一人〈木綿鬘《ゆうかずら》・襷《たすき》を著け、竹の杖を執れ〉、次に主水司の水取《もいとりの》連《むらじ》一人〈*蝦鰭槽《えびのはたふね》を執れ〉、次に水部一人〈*多志良加《たしらか》を執れ〉、次に采女八人〈一人は*刷《つくろい》の筥《はこ》を執り、一人は*巾《たのごい》の筥を執り、一人は神の*食薦《すごも》を執り、一人は御の食薦を執り、一人は神の*八枚手《やひらで》、箸の筥を執り、一人は飯《いい》の筥を執り、一人は鮮物《なまもの》・干物の筥を執り、一人は御菓子《くだもの》の筥を執れ。ただし新嘗の祭には二人を加えて、分れて箸の筥・干物の筥を執れ〉、次に内膳司の*高橋朝臣一人〈鰒《あわび》の汁漬を執れ〉、*安曇《あずみ》宿禰一人〈海藻《め》の汁漬を執れ〉、膳部五人〈一人は鰒の羹《あつもの》の坏を執り、一人は海藻の羹の坏を執り、二人は羹の堝《なべ》の案《つくえ》を舁《か》け。ただし一人は*棚を守りて、行列に関《あず》からざれ〉、次に造酒司二人〈官人一人、酒部一人、酒の案を舁け。ただし新嘗の祭には二人を加えて*黒《くろき》・白酒《しろき》の案を舁け〉。

儀式三には「提レ盆撲ニ灰炭一」、天仁大嘗会記には「執ニ燎火一以レ瓫懸レ頸受レ燼」とある。火の燃えかすの灰炭を入れて運ぶ器。

蝦鰭槽　天皇が用いる手水用の水受の器。大嘗祭式31条には「蝦鰭盥槽」。

多志良加　注ぎ口がついた注水の具。天皇の手水に用いる。

刷の筥　→補2

巾　天皇が手水を用いたあとに手を拭く手拭い。

食薦　神饌、食盤などの下に敷く薦。

八枚手　八枚またはたくさんの枚手。枚手(葉盤)は槲(カシワ)の葉を並べ円く平らにし細工して作った皿。

高橋朝臣　内膳司の長官である奉膳を務める氏族。もと膳臣。大嘗祭・新嘗祭・神今食の神膳奉仕の行列の序列を安曇氏と争い、延暦十年(七九一)高橋氏の優位が確定し、以後奉膳を独占する。

安曇宿禰　海人部を管理する中央伴造で八世紀には高橋氏とともに内膳司長官の奉膳を務めたが、高橋氏との争論に敗れてその地位を失った。本条の序列もそれによる。大嘗祭式31条参照。

棚　膳屋の東二間の東壁に設けられた棚。

黒白酒　新嘗祭で天皇に供される神聖な酒。醸造法は造酒式10条に見える。

凡踐祚大嘗會夜、輔二人、於二廻立殿下一候之、天皇御二愈紀主基殿一、各分二左右一膝行、且鋪二御前道葉薦一、還二御廻立殿一亦如レ此、具見二掃部寮式一、

凡神今食、新嘗祭夜、丞、錄各一人與二神祇官一共侍二內裏一、檢二校御膳進退一、

凡新嘗祭所レ供官田稻及粟等、每年十月二日、神祇祐、史各一人率二卜部一、省丞、錄各一人率二史生一、共向二大炊寮一、卜下定應レ進二稻粟一國郡上、卜了省丞以二奏狀一進二內侍一、內侍奏了下レ官、官卽仰下、

凡神今食、新嘗祭明日平旦大殿祭、省輔已上率二諸忌部等一、至二延政門一、令二大舍人叫レ門、闈司傳宣如レ常、輔入奏、諸奏事皆輔奏之、其詞曰、宮內省申久、大殿祭此云二於保登能保加比一、供奉牟登、神祇官姓名率二忌部一弖候登申、

凡神今食、新嘗會所レ須卜坏廿口、卜竹廿株、日影二擔、並申レ官請受、

凡釀二新嘗黑白二酒一者、每年九月二日、省與二神祇官一共赴二造酒

各　底ナシ。九・閣ホカニヨリテ補ウ。

8 大嘗会夜条

廻立殿　大嘗宮の北にあり、天皇はその中の御湯殿において小忌の御湯の儀を行ない、身を清め祭服に着替えて正殿（悠紀殿・主基殿）に向かう。上巻図15参照。

膝行　足を曲げ膝をつけて進退する作法。

葉薦　真菰の葉を編んで作った薦。

具に掃部寮式に見ゆ　→補1

9 神今食夜条

神今食新嘗の祭の夜…　儀式一（神今食儀）には、亥一刻に御膳が搬入される際「神祇祐以上一人、史一人与二宮内丞、録一相双立二於屏内一、検二察御膳次第一」とあり、さらに同四刻、御膳が撤せられると内膳司・主水司の官人より「夕御物」供奉完了の報告を受け、宮内丞が「縦（ヨシ）」という。

10 新嘗官田稲条

新嘗の祭に…粟等　→補2

官すなわち仰せ下せ　→補3

11 大殿祭条

8 凡そ践祚大嘗会の夜は、輔二人、*廻立殿《かいりゆうでん》の下に候せ。天皇、悠紀《ゆき》・主基《すき》殿に御《おわ》さば、各《おのおの》左右に分れて*膝行《しつこう》し、かつ御の前の道に*葉薦《はごも》を鋪《し》け。廻立殿に還御《かんぎよ》のときも、またかくの如くせよ〈*具《つぶさ》に掃部寮式に見ゆ〉。

9 凡そ*神今食《かんいまけ》・新嘗の祭の夜は、丞・録各一人、神祇官とともに内裏に侍りて、御膳《みけ》の進退を検校《けんぎよう》せよ。

10 凡そ*新嘗の祭に供《く》ずるところの官田の稲および粟等は、毎年十月二日に、神祇の祐・史各一人、卜部を率い、省の丞・録各一人、史生を率いて、ともに大炊寮に向かい、稲・粟を進《たてまつ》るべき国郡を卜定せよ。卜《うら》え了らば、省の丞、奏状を以て内侍《ないし》に進れ。内侍、奏《もう》し了らば官に下し、*官すなわち仰せ下せ。

11 凡そ神今食・新嘗の祭の明日《あくるひ》の*平旦の*大殿祭《おおとのほがい》には、省の輔已上、諸《もろもろ》の忌部らを率いて*延政門《えんせいもん》に至り、*大舎人をして門《みかど》を叫《こ》わしめよ。*闈司《みかどのつかさ》伝宣すること常の如くし、輔入りて奏せ〈諸の奏事は皆輔奏せ〉。その詞に曰く、宮内省申さく、大殿祭〈これを於《お》保登能保加比《ほとのほかひ》と云う〉に供奉《つかえまつ》らんと、神祇官姓名、忌部を率いて候《さぶら》うと申す、と。

12 凡そ*神今食・新嘗会に須《もち》うるところの*卜坏《うらつき》二十口《く》、卜竹《さましだけ》二十株、*日影《ひかげ》二担《たん》は、みな*官に申して請《こ》い受けよ。

13 凡そ新嘗の黒《くろき》・白《しろき》の二酒を醸《かも》さんには、毎年九月二日に、省、神祇官とともに造酒

平旦　儀式一(神今食儀)に「卯一刻換二御服一、還二御本宮一、訖祭二大殿一」とある。卯一刻は午前五時。

大殿祭　六月・十二月の神今食、十一月の新嘗祭の後、天皇の日常の居所である「大殿」を忌部が祭り、殿舎の霊威を更新する祭儀。四時祭式上25条参照。

延政門　内裏内郭の十二門の一つ。東面する三門の南に位置する脇門で、右庇門とも呼ばれた。

大舎人…常の如くし　この儀の詳細は、監物式1条、儀式一(大殿祭儀)参照。

闈司　後宮十二司の一つで、宮中諸門の鍵を保管しその出納にあたる。

12神今食卜坏条

凡そ神今食…　→補4

卜坏二十口卜竹二十株　卜部が行なう亀卜に用いる道具。卜竹は畿内から進上された。民部式下7条参照。

日影　山地に自生するシダ類ヒカゲノカズラ科の常緑多年草。日陰蘰。神事に仕えるものが冠の飾りとした。

官に申して請い受けよ　このような文言の「官」は通例では太政官を指す。しかし民部式下7条に「神祇官卜竹」と見え、本条の「卜竹」がこの神祇官の管理する「卜竹」であるとすると、あるいは本条の「官」は神祇官ということになるか。

13新嘗黒白酒条

司一、卜下應レ進二酒稻一國郡上、訖省丞以二奏狀一進二內侍一、內侍奏了下レ官、官卽仰下、其料用二官田稻一、其供奉酒部以下亦用二卜食者一、

凡踐祚大嘗會、辰日省奏曰、宮內省申久、神祇官位姓名神事申給牟登、候登申、

凡踐祚大嘗會年、省遣二史生三人一、催下五國供二神御一料雜器上、河內、和泉兩國一人、尾張、美濃兩國一人、備前國一人、

凡供二奉六月、十一月、十二月神事一御卜官人已下、並給二百度食一、

凡神今食解齋、及春日、大原野、薗、韓神、平野、鎭魂祭等日、辨官令二官掌召一レ省、錄稱唯進就二版位一、卽宣、令レ給レ食、錄稱唯差退唱二膳部一二聲、膳部稱唯、錄宣、給レ食、卽給レ饌行酒、

凡新嘗會解齋幷鎭魂、東宮亦同、薗、韓神祭、丞已上一人與二諸司一共和儛、

凡諸祭祀日、官人、史生、省掌各一人、向二祭所一行事、祈年

神祇官位姓名　版本・雲「神事申給〈牟登〉」ノ下ニアリ。拠ル所ヲ知ラズト雖モ旧大系以後ノ諸本コレニ従ウ。

美濃　大嘗祭式17条及ビ儀式二「参河」。或イハ是カ。

酒稲を進るべき国郡を卜えよ　本条分注にあるように、新嘗祭の酒稲は飯の稲と同じく(本式10条)官田の稲が用いられる。畿内のどの国郡の官田の稲を酒稲に用いるかが卜定された。

内侍…仰せ下せ　→補1

その供奉する…　造酒式10条によれば酒部・官人・仕丁各二人、舂稲の仕女四人が卜定される。

14大嘗会辰日条

辰の日　大嘗祭二日目。大嘗祭式32条参照。

神事申し給わんと…　神祇官の中臣によって奏上される天神寿詞のこと。

15大嘗会年条

践祚大嘗会の年…　大嘗祭式17条参照。

神御に供ずる料の雑器　大嘗祭の神事で供神料、供御料に用いる容器。主に陶器。大嘗祭式17条には「神語曰由加物」とある。

司に赴き、*酒稲を進るべき国郡を卜えよ。訖らば省の丞、奏状を以て内侍に進れ。*内侍、奏し了らば官に下し、官すなわち仰せ下せ〈その料は官田の稲を用いよ〉。*その供奉する酒部以下もまた卜食《うらは》める者を用いよ。

14 凡そ践祚大嘗会には、*辰《たつ》の日に、省奏して曰く、宮内省申さく、*神祇官位姓名、神事申し給わんと候うと申す、と。

15 凡そ*践祚大嘗会の年には、省、史生三人を遣わして、五国より*神御に供《く》ずる料の雑器を催《もよお》さしめよ〈河内・和泉両国に一人、尾張・*美濃両国に一人、備前国に一人〉。

16 凡そ*六月・十一月・十二月の神事に供奉する御卜《みうら》の官人已下には、みな*百度食《ももどじき》を給え。

17 *凡そ神今食の*解斎《げさい》および春日《かすが》・大原野《おおはらの》・薗《その》・韓神《からかみ》・平野《ひらの》・鎮魂《たましずめ》の祭等の日には、弁官、*官掌《かじょう》をして省を召さしめよ。録、称唯《いしょう》して進み版位《へんい》に就け。すなわち宣すらく、食を給わしめよ、と。録、称唯して差《やや》退きて膳部を唱《よ》ぶこと二声。膳部、称唯せば、録宣すらく、食を給え、と。すなわち*饌《おもの》を給い*行酒《こうしゅ》せよ。

18 *凡そ新嘗会の解斎ならびに鎮魂〈東宮もまた同じ〉、薗・韓神の祭には、丞已上一人、諸司とともに*和儛《やまとまい》せよ。

19 凡そ諸の祭祀の日には、官人・史生・省掌各一人、*祭所に向かいて行事せよ。*祈年《としごい》

美濃 →補2

16御卜官人条

六月十一月十二月の神事…官人已下 六月と十二月の神今食および十一月の新嘗祭の神事に供奉する小斎人を卜定する神祇官の中臣官人・宮主・卜部。本式1条参照。

百度食 →補3

17神今食解斎条

凡そ神今食の… →補4

解斎 神事に参列した人の物忌みの状態を日常の状態に戻すこと。

官掌 太政官の雑任の官職。左右弁官の庶務を担当。

饌を給い 各祭儀の食料は大膳式上3・8・9・11・12条、大炊式4・9・10・12・13条に見える。

行酒 酒をついでまわること。儀式一(神今食儀)には「諸司共拍レ手三段〈先後称唯〉、酒盞三行、亦拍レ手一段」とある。

18新嘗祭解斎条

凡そ新嘗会の解斎… →補5

和儛 諸祭の解斎に行なわれる舞。中務式14条参照。

19諸祭祀日条

祭所に向かいて行事せよ →補6

祈年の祭… 太政官式64条に、祈年祭には諸司五位以上、六位以下各一人が参列することとされている。

祭五位一人、六位一人參㆓神祇官㆒、

凡四月中酉日鴨祭、丞一人、錄一人、史生一人、省掌一人、臨㆓祭所㆒檢㆓校饌物㆒、

凡春秋釋奠、丞、錄、史生、省掌各一人、向㆓大學寮㆒檢㆓校饌具㆒、

凡六月、十二月月次祭所㆑參、五位一人、六位已下官人一人、

凡六月、十二月晦日、神祇官供㆓奉御麻、御贖㆒、其日申時、陳㆓列御麻等物㆒、省輔若丞進候㆓延政門㆒、大舍人叫㆑門如㆑常、闈司轉宣、訖輔入奏、其詞曰、宮內省申久、御麻進牟登、神祇官姓名御門候登申、中臣捧㆓御麻㆒進、中臣女於㆓殿上㆒轉取供奉、畢復㆓本所㆒、更輔入奏、其詞曰、宮內省申久、御贖進牟登、神祇官姓名、倭河內乃忌寸部、四國乃卜部等率弖候登申、中臣等入行事如㆓常儀㆒、畢退出、餘月晦日奏㆓進御麻㆒儀亦同、卽輔已下史生已上參㆓大祓所㆒、錄㆓送刀禰數札二枚㆒、一送㆓中務省㆒、一送㆓式部省㆒、

20鴨祭条

四月の中つ酉の日の鴨の祭　山城国の上・下両賀茂社の恒例の祭。斎院式8条参照。儀式一(賀茂祭儀)にも儀式次第がある。

饌物　神に供える供物。

21釈奠条

釈奠　孔子をはじめとする儒教の聖人を祭る儀式。二月・八月の上の丁の日に中央の大学寮と地方の国学で行なわれる。本条は大学寮の釈奠に関する規定。

饌具　祭祀対象である先聖・先師・従祀九座への供物(大学式1条参照)。饌具は前日に大膳職が大学寮で調理して盛り付けし(同式12条)、奠祭においては同職官人が奉饌を行なった(同式14条)。

22月次祭条

六月十二月の月次の祭…　儀式一(祈年祭儀)に「六月、十二月十一日、月次祭儀亦同」とあるように、月次祭の儀式は祈年祭と同じであり、本式19条の祈年祭と

の祭には五位一人、六位一人、神祇官に参れ。

20 凡そ*四月の中つ酉《とり》の日の鴨の祭には、丞一人、録一人、史生一人、省掌一人、祭所に臨みて*饌《み》物《け》を検校せよ。

21 凡そ春秋の*釈奠《せきてん》には、丞・録・史生・省掌各一人、大学寮に向かいて*饌具を検校せよ。

22 凡そ*六月・十二月の月次《つきなみ》の祭に参るところは、五位一人、六位已下の官人一人。

23 *凡そ六月・十二月の晦日《つごもり》には、神祇官、*御《み》麻《ぬさ》・御贖《みあがもの》を供奉《たてまつ》れ。その日の申《さる》の時に*御麻等の物を陳《つ》列《ら》ねよ。省の輔もしくは丞、進みて延政門に候せよ。*大舎人、門《みかど》を叫《こ》うこと常の如くし、闈司《みかどのつかさ》、転宣し、訖らば輔入りて奏せ。その詞に曰く、宮内省申さく、御麻進らんと、神祇官姓名、御門に候うと申す、と。中臣、御麻を捧げて進み、*中臣女《なかとみめ》、殿上に於いて転《つた》え取りて供奉り、畢らば本所に復《かえ》れ。さらに輔入りて奏せ。その詞に曰く、宮内省申さく、御贖進《たてまつ》らんと、神祇官姓名、*倭・河内の忌寸《いみき》部《べ》、*四《よ》国《くに》の卜部らを率いて候うと申す、と。中臣ら入りて行事すること常の儀の如くし、畢らば退《ま》出《か》れ〈*余の月の晦日の御麻を奏進する儀もまた同じくせよ〉。すなわち輔已下史生已上、*大祓の所に参り、*刀禰《とね》の数の札《ふだ》二枚《ひら》を録し送れ〈一は中務省に送り、一は式部省に送れ〉。

同様に月次祭でも五位と六位以下の官人が各一人参列する。

23供奉御麻条

凡そ六月十二月の晦日… 天皇の御贖の儀と諸司官人の大祓。四時祭式上29～31条参照。

御麻御贖 天皇および中宮・東宮の祓に用いる麻や人形などの料物。

御麻等の物を陳列ねよ 儀式五(二季晦日御贖儀)には「宮内輔(分注略)、陳㆓列御麻等物㆒、候㆓延政門外㆒」とある。

大舎人…常の如くし この儀の詳細は監物式1条を参照。

中臣女 御贖の儀において天皇に近侍して奉仕する中臣氏の女性。天皇に進上されるものはすべて中臣女を通して天皇に奉られ、節折(ヨオリ)といわれる御体の計測も中臣女によって行なわれる。四時祭式上31条参照。

倭河内の忌寸部 東・西文部(ヤマト・カワチノフヒトベ)、東漢・川内漢などとも。天皇に祓刀と人形を進上し漢語の祓詞を読む。四時祭式上29条、祝詞式13条参照。

四国の卜部 四時祭式上31条、祝詞式12条参照。

余の月…同じくせよ →補1

大祓の所 朱雀門前。

刀禰の数の札… →補2

凡御幷中宮御贖、及祭㆓忌火、庭火、御竈神、平野御竈神㆒料雜物、神祇官所㆑受、待㆓彼官移文㆒充之、春宮坊幷齋院司所㆑祭亦同、陰陽寮所㆑受、待㆓中務省移文㆒充之、

凡賀茂齋內親王四月祓禊之日、丞、錄各一人、史生一人、省掌一人、率㆓供奉諸司㆒參㆓祓所㆒、

凡神祇官年中所㆑須、月別晦日御贖料、金人、銀人各二百卌枚、鐵人廿八枚、缶蓋廿枚、各仰㆓所司㆒、色別造備、隨㆑請充之、中宮東宮並在㆓此內㆒、具見㆓木工式㆒、

凡六月、十二月奏㆓御卜㆒、其詞曰、宮內省申久、御體此云㆓於保美麻㆒、御卜供奉礼留事申給牟登、神祇官姓名候登申、

凡供奉諸司所㆑請諸節幷年料雜器、皆起㆓十一月大嘗會㆒始用、中取机幷槽、臼、杵、槢等、隨㆑損請替、

凡正月最勝王經齋會、丞、錄各一人率㆓史生四人㆒、日別臨㆓檢供養㆒、

凡七月十四日早朝、丞、錄各一人率㆓史生二人㆒、向㆓大膳職㆒、檢㆓校七箇寺盂蘭盆供物㆒、

待　底「侍」。九・塙ニヨリテ改ム。
同　底「司」。九・塙ニヨリテ改ム。
大　→校補1
槢　底「槽」。意ニヨリテ改ム。→校補2
盆　底「瓫」。閣・塙・井・貞ニヨリテ改ム。

24中宮御贖条
凡そ御ならびに…　本条は民部式下1条とほぼ同文。大蔵式67条と同文。
御ならびに中宮の御贖　四時祭式上30～32条参照。
忌火庭火　四時祭式上26条参照。
御竈神　臨時祭式5条参照。
平野の御竈神　陰陽式22条参照。
春宮坊　春宮式21条参照。
斎院司　斎院式10・15条参照。
25斎王祓禊条
賀茂の…祓禊の日　→補1
祓所　鴨川のあらかじめ点定された場所。禊の二日前に陰陽寮が御禊地の点定を行なう。斎院式3条参照。
26神祇官贖料条
月別の晦日の御贖　→補2
金人…二十八枚　→補3
請に随いて充てよ　→補4
27奏御卜詞条
六月十二月に御卜を奏せ　四時祭式上22

24 *凡そ*御ならびに中宮の御贖《みあがもの》、および*忌火《いみび》・庭火《にわび》・*御竈神《みかまがみ》・*平野の御竈神を祭る料の雑物、神祇官の受くるところは彼の官の移文《いぶみ》を待ちて充て〈*春宮坊ならびに*斎院司の祭るところもまた同じくせよ〉、陰陽寮の受くるところは中務省の移文を待ちて充てよ。

25 凡そ*賀茂の斎内親王《いつきのひめみこ》の四月の祓禊《みそぎ》の日には、丞・録各一人、史生一人、省掌一人、供奉の諸司を率いて*祓所に参れ。

26 凡そ神祇官の年中に須《もち》うるところの*月別《つきごと》の晦日の御贖の料の*金人《こがねのひとがた》・銀人《しろがねのひとがた》各二百四十枚、鉄人《くろがねのひとがた》二十八枚、缶《もたい》の蓋《ふた》二十枚、各所司に仰せて色別に造り備え、*請に随いて充てよ〈中宮・東宮もみなこの内にあり。具に木工式に見ゆ〉。

27 凡そ*六月・十二月に御卜《みうら》を奏せ。その詞に曰く、*宮内省申さく、御体〈これを於保美《おほみ》麻《ま》という〉の御卜に供奉《つかえまつ》れる事申し給わんと、神祇官姓名候うと申す、と。

28 凡そ*供奉の諸司の請《う》くるところの諸節《せち》ならびに年料の雑器、皆十一月の*大嘗会より始めて用いよ。*中取《なかとり》の机ならびに*槽《ふね》・臼・杵・*檜《こしき》等は損ずるに随いて請け替えよ。

29 凡そ*正月の最勝王経の斎会《さいえ》には、丞・録各一人、史生四人を率いて、日別《ひごと》に*供養を臨検せよ。

30 凡そ七月十四日の早朝、丞・録各一人、史生二人を率いて*大膳職に向かい、*七箇寺の*盂蘭盆《うらぼん》の*供物《くもつ》を検校せよ。

条、太政官式73条参照。

宮内省申さく…　儀式五(奏御卜儀)もほぼ同じ。

28諸節年料雑器条

供奉の諸司　天皇の食膳に供奉する大膳職、内膳司、大炊寮、造酒司、主水司等の諸司。

大嘗会　毎年の新嘗祭。

中取の机　食器を載せて二人で運ぶ台。

槽　酒を蓄えておく容器。

檜　米を蒸す器具。

29御斎会条

正月の最勝王経の斎会　正月八日から十四日までの七日間、大極殿で金光明最勝王経を講説し、国家安寧・五穀豊穣を祈る法会。御斎会。玄蕃式1条参照。

供養を臨検せよ　→補5

30盂蘭盆条

大膳職に向かい　七月十四日に大膳職に備盂蘭盆供養所が設営される(大蔵式15条、大膳式下14条)。

七箇寺　東寺、西寺、佐比寺、八坂寺、野寺、出雲寺、聖神寺。大膳式下14条参照。いずれも平安京内および周辺の寺院。

盂蘭盆　→補6

供物　詳細は大膳式下14条に見える。大炊式22条、内膳式12条、造酒式40条にも関連する規定がある。

隻　底「使」。九・閣・壬ニヨリテ改ム。
寮　底ナシ。九ニヨリテ補ウ。

凡蔵レ氷之處、收氷多少及氷厚薄、毎レ處具錄、元日群臣未レ喚之前、省輔已上將二本司一入奏、幷進二氷樣一、其詞曰、宮内省申久、主水司能今年收太留氷合若干處、氷若干室、厚若干寸已下若干寸已上、益レ自二去年一若干室、減レ自二去年一若干室、供奉礼留事申給、又大宰府進礼留腹赤乃御贄一•隻、長若干尺進樂久乎申給登申、

凡車駕巡二行京外一還レ宮日、神祇官進二御麻一者、省丞以上一人候二宮門外一奏、其詞曰、宮内省申久、御麻進牟登、神祇官姓名候登申、若遊覽經レ宿還二行宮一者亦同、

凡典藥寮五月五日進二菖蒲一、省輔已上將二本司一共入奏進、其詞曰、宮内省申久、典藥•寮能進五月五日能菖蒲、又人給乃菖蒲進登申、

凡十二月晦日平旦、輔以上率二典藥寮一、奏二進年料御藥幷人給白散、及殖藥樣一、色目見二本司式一、其詞曰、宮内省申久、典藥寮能供奉礼留元日御藥、臘御藥、人給白散、又殖藥樣進登申、

31氷様腹赤条
氷を…氷様を進れ　正月の元日節会の際に行なわれる氷様奏。大舎人式3条参照。↓補1
大宰府の進れる腹赤の御贄　大宰府から御贄として貢進された腹赤の魚。↓補2

32車駕巡行条
車駕　天皇行幸の際の乗り物。
御麻　天皇の祓に用いる麻。
宿を経て　巡行が宿泊を伴うこと。
行宮　天皇の行幸先に設置される臨時の御所。

33典薬寮菖蒲条
凡そ典薬寮…　五月五日節(端午の節)に

参列する者は天皇から官人までみな菖蒲の鬘を著けることになっていた(太政官式101条)。→補3

34晦日進薬条

凡そ十二月の…　内裏式中(十二月進御薬式)、儀式一〇(進御薬儀)に儀式次第が見える。両儀式書では元日の御薬と臘の御薬の搬入は中務省・内薬司、供進の奏上は中務輔が行なうとされているが、寛平八年(八九六)に内薬司が典薬寮に併合されたことにより本条のようにすべてを宮内省・典薬寮が担当するようになった。

平旦　典薬式1条に「卯一刻」とある。

年料の御薬　元日の御薬と臘月(十二月)の御薬の総称。

人給の白散　五位以上の官人に支給される白散。親王以下二位以上に三升、三位に二升、四位に一升、五位に五合が支給される。典薬式5条参照。

殖薬の様を…　典薬寮付属の薬園に植える薬種の見本。典薬式5条に麻黄以下二五種の生薬が挙げられている。

元日の御薬　正月元日から三日間、一年の無病息災を祈願して天皇が服用する薬。白散、度嶂散、屠蘇、千瘡万病膏の四種。典薬式1条参照。

臘の御薬　犀角丸など九種の常備薬。典薬式2条参照。

31
凡そ*氷《ひ》を蔵《おさ》むるの処、収むる氷の多少および氷の厚薄は、処毎に具に録して、元日に群臣未だ喚《め》さざるの前に、省の輔已上、本司を将《ひき》いて入りて奏し、ならびに氷《ひの》様《ためし》を進《たてまつ》れ。その詞に曰く、宮内省申さく、主水司の今年収めたる氷合せて若干処、氷若干室、厚さ若干寸已下若干寸已上、去年《こぞ》より益すこと若干室、去年より減ること若干室、供奉れる事申し給う、また*大宰府の進れる腹赤《はらか》の御贄《みにえ》一隻、長さ若干尺進らくを申し給うと申す、と。

32
凡そ*車駕《きょが》、京外へ巡行して宮に還る日、神祇官*御麻を進らんには、省の丞以上一人、宮門の外に候して奏せ。その詞に曰く、宮内省申さく、御麻進らんと神祇官姓名候うと申す、と〈もし遊覧、*宿を経て*行宮《あんぐう》に還るもまた同じくせよ〉。

33
*凡そ典薬寮、五月五日に菖蒲《あやめぐさ》を進らんには、省の輔已上は本司を将いてともに入りて奏進せよ。その詞に曰く、宮内省申さく、典薬寮の進る五月五日の菖蒲、また人《にん》給《きゅう》の菖蒲進ると申す、と。

34
*凡そ十二月の晦日の*平旦、輔以上は典薬寮を率いて、*年料の御薬ならびに*人給の白《びゃく》散《さん》、および*殖薬《しょくやく》の様を奏進せよ〈色目は本司の式に見ゆ〉。その詞に曰く、宮内省申さく、典薬寮の供奉《たてまつ》れる*元日の御薬、*臘の御薬、人給の白散、また殖薬の様進らんと申す、と。

人　底ナシ。上文ノ例ニヨリテ補ウ。

印印　底「仰々」。九・閣・壬・貞ニヨリテ改ム。

35 群官賜饗条

凡そ諸節に…　本条は各節会において饗応される範囲を規定する。→補1

正月一日十六日九月九日　元日の節会・踏歌の節会・菊花の宴(重陽の節)。

次侍従　節会や祭祀・法会・行幸等に際して天皇に近侍して奉仕する役職。中務式56条参照。

命婦　令制では五位以上を帯する女性を内命婦、五位以上官人の妻を外命婦とする。内命婦を単に命婦と称することもあるが、本条では正月一日等の三節と正月七日等の五節で命婦と内命婦が書き分けられており、前者は外命婦も含む。

大歌立歌の人　内裏式上(元正受群臣朝賀式幷会)によれば、大歌は大歌所別当に率いられた歌者(ウタヒト)が奏し、立歌は治部省・雅楽寮に率いられた工人(楽人)が奏した。

国栖笛工　本式6条参照。

正月七日…七月二十五日　白馬の節会・大射・端午の節・相撲の節。

その食法は…　大膳式上7条、同式下22〜26条、大炊式8・30条参照。

凡諸節賜ニ群官饗一者、正月一日、十六日、九月九日等三節、親王已下次侍從已上及命婦、大歌立歌人、國栖、笛工、九月九日、除ニ大歌立歌人一加ニ文人一 正月七日、十七日、五月五日、七月廿五日、十一月新嘗會等五節、親王已下五位已上及內命婦、大歌立歌人、國栖、笛工、正月七日、加ニ諸司主典已上幷女孺一、十七日大射、七月廿五日相撲、並除ニ命婦以下笛工以上一、五月五日除ニ大歌立歌人一 其食法見ニ大膳、大炊等式一、

凡諸節會給レ饌者、當日平旦陳ニ置饌具於便處幄下一、大膳官人已下膳部已上就レ幄、丞、錄率ニ史生等一、檢ニ校饌具一、群官未レ入之前、大膳職、造酒司預陳、

凡正月、五月兩節、供奉諸司伴部者、預前申レ官並給ニ衫襌一、色目見ニ本司式一

凡諸司供膳人等、給ニ潔褠幷襌一、

凡供奉雜物送ニ大膳、大炊、造酒等司一者、皆馱擔上竪ニ小緋幡一、以爲ニ標幟一、其幡一給之後、隨レ破請替、以ニ內侍印一印之、

凡每年正月十五日、辨官及式部、兵部會ニ集於省一、相共檢ニ校諸司

36節会給饌条

饌具を…検校せよ　饌具は節会の参列者に給される食膳。節会当日の早朝、適当な場所に設置された幄に饌具が大膳職によって並べられ、それを宮内省の丞・録が史生を率いて点検した。

群官未だ入らざるの前に…　→補2

37正月伴部条

供奉の諸司の伴部　→補3

衫褌　ともに神事や節会の供膳の際に着用する服。褌は白無地の布の中央を縦に割き、頭を通して着用する。

色目は本司の式に見ゆ　→補4

38供膳人条

諸司の供膳の人　本式35〜37条が節会関係の式文であり、本条も節会に供奉する供膳の人とみることもできそうであるが、しかしそうすると37条との関係が整合しないので、ここでは日常の供膳も含むものと理解する。

潔構　神事や節会の供膳の際に着用する前掛け。

39供奉雑物条

供奉る…標幟とせよ　→補5

駄担　馬に積んだ荷物。

内侍の印　後宮十二司の一つである内侍司の印。→補6

40御薪条

毎年の…検校せよ　→補7

35

*凡そ諸節に群官に饗《あえ》を賜わんには、*正月一日・十六日、九月九日等の三節は、親王已下*次侍従已上および*命婦《みょうぶ》、*大歌《おおうた》・立歌《たちうた》の人、*国栖《くず》、笛工《ふえふき》〈九月九日は大歌・立歌の人を除き文人《もんにん》を加えよ〉。*正月七日・十七日、五月五日、七月二十五日、十一月の新嘗会等の五節は、親王已下五位已上および内命婦、大歌・立歌の人、国栖、笛工〈正月七日は諸司の主典《さかん》已上ならびに女孺《にょじゅ》を加え、十七日の大射《おおいくは》、七月二十五日の相撲《すまい》はみな命婦以下笛工以上を除き、五月五日は大歌・立歌の人を除け〉。*その食法《じきほう》は大膳・大炊等の式に見ゆ。

36

凡そ諸の節会に饌を給わんには、当日の平旦、*饌具を便処の幄下《あく》に陳《つら》ね置き、大膳の官人已下膳部已上、幄に就きて、丞・録、史生らを率いて饌具を検校せよ。*群官未だ入らざるの前に、大膳職・造酒司あらかじめ陳ねよ。

37

凡そ正月・五月の両節、*供奉の諸司の伴部には、あらかじめ官に申してみな*衫《ひとえぎぬ》・褌《ちはや》を給え〈*色目は本司の式に見ゆ〉。

38

凡そ*諸司の供膳の人らには、*潔《きよきまえだれ》構ならびに褌を給え。

39

凡そ*供奉《たてまつ》る雑物を大膳・大炊・造酒等の司に送らんには、皆*駄《だ》担《たん》の上に小《ちさ》き緋《あけ》の幡《はた》を竪《た》て、以て標幟《ひょうし》とせよ。その幡は一たび給わるの後は、破るるに随いて請け替え、*内侍の印を以て印せよ。

40

凡そ*毎年の正月十五日、弁官および式部・兵部は、省に会集して相ともに諸司の

男女　→校補3
氷　底「水」。九・閣ホカニヨリテ改ム。下同ジ。
菌　底「蘭」。内膳式42条摂津国ノ項ノ校異注ヲ参照シテ改ム。
擁　底「権」。考異ニ従イテ改ム。
蠣　底「礪」。九ニヨリテ改ム。

訖らば…検校せよ　→補1
其れ…食を給え　→補2
41給饗条
正月十六日　踏歌の節会。
男女　→補3
42遭穢御薪条
穢に遭うの人　臨時祭式49〜58条参照。
43弾正巡検条
弾正巡検　弾正式30〜34参照。
百度食　本式16条参照。
44御贄国条
諸国進るところの御贄　→補4
山城…年中の節の料　→補5
旬の料　内膳式40条参照。
同じく三節の…　→補6
45例貢御贄条
諸国例貢の御贄　→補7

所レ進御薪一、訖省丞、錄各一人率二史生二人一、就二主殿寮一検二校御薪數幷好惡一、其行事諸司給二粥幷酒食一、
凡正月十六日、於二省廳一給二男女饗一、丞宣命、其詞曰、今宣久、常毛給大食給波久登宣、
凡遭レ穢之人御薪者、過二穢限一後令レ進、
凡彈正巡檢之日、給二百度食一、
諸國所レ進御贄
山城、大和、攝津、河內、和泉、志摩、近江等七國、年中節料、大和、志摩、若狹、紀伊、淡路等五國、年中旬料、參河、若狹、紀伊、淡路等四國、正月三節料、並付二內膳司一、伊賀、尾張、美濃、越中、丹波、丹後、播磨、美作、備前、紀伊、阿波等十一國、同三節雜給料、付二大膳職一、
諸國例貢御贄
山城、平栗子、氷魚、鱸、大和、干鰲、榛子、河內、木蓮子、攝津、皮菌、擁釼、和泉、鯛、鰺、伊勢、椎子、蠣、礒蠣、志摩、深海松、尾張、雉腊、遠江、甘葛煎、甘子、穉海藻、駿河、甘葛煎、甘子、伊豆、甘葛煎、甲斐、青梨子、相摸、甘子、橘子、近江、

進《たてまつ》るところの御薪《みかまき》を検校せよ。*訖らば省の丞・録各一人は史生二人を率いて主殿寮に就きて御薪の数ならびに好悪を検校せよ。*其れ行事の諸司には粥《かゆ》ならびに酒・食《じき》を給え。

41 凡そ*正月十六日には、省の庁に於いて*男女に饗《あえ》を給え。丞、宣命せよ。その詞に曰く、今宣《の》らく、常も給う大食《おおじき》給わくと宣る、と。

42 凡そ穢《*え》に遭うの人の御薪は、穢の限りを過ぐる後に進らしめよ。

43 凡そ*弾正巡検の日には、百度食《*ももどじき》を給え。

44 *諸国進るところの御贄《みにえ》

山城・大和・摂津・河内・和泉・志摩・近江等七国〈年中の節の料〉、大和・志摩・若狭・紀伊・淡路等五国〈年中の旬の料〉、参河・若狭・紀伊・淡路等四国〈正月三節の料、みな内膳司に付《さず》けよ〉、伊賀・尾張・美濃・越中・丹波・丹後・播磨・美作・備前・紀伊・阿波等十一国〈同じく*三節の雑給の料、大膳職に付けよ〉。

45 *諸国例貢の御贄

山城〈平栗子《*ひらぐり》、氷魚《*ひお》、鱸《すずき》〉、大和〈干蕨《*ほしわらび》、榛子《*はしばみ》〉、河内〈木蓮子《*いたび》〉、摂津〈皮菌《*かわたけ》、擁釼《*かさめ》〉、和泉〈鯛《たい》、鰺《あじ》〉、伊勢〈椎子《しいのみ》、蠣《かき》、礒蠣《あらがき》〉、志摩〈深海松《*ふかみる》〉、尾張〈雉の腊《*きじのきたい》〉、遠江〈甘葛の煎《*あまずらのいろり》、甘子《*かんし》、稺海藻《*わかめ》〉、駿河〈甘葛の煎、甘子〉、伊豆〈甘葛の煎〉、甲斐〈青梨子《あおなし》〉、相摸〈甘子、橘子《*たちばな》〉、近江

平栗子　栗をついて平らにしたもの、つきぐり。
氷魚　↓補8
干蕨　蕨を干したもの。九条家本書入れに「尋㆓物実㆒、進㆓干蕨㆒」とある。蕨は蘢の異体字で蕨。
榛子　カバノキ科の落葉低木。果実を食用とする。果実は球形で堅く、下部は葉状の二枚の総苞に包まれる。
木蓮子　崖石榴(イタビカズラ)の古名。クワ科の常緑低木。夏、直径一〇～一二ミリメートルの球形のいちじく状の花嚢をつけ、熟すと紫色となり甘い。
皮菌　↓補9
擁釼　蝤蛑(ガザミ)。ワタリガニ科の大形のカニ。わたりがに。
深海松　海松は緑藻類ミル科の海藻。延喜式の他の箇所(贄以外)ではすべて「海松」。深海松は万葉集一三五・三三〇一番歌に見える。
雉の腊　腊は干した肉。雉の肉を干したもの。
甘葛の煎　甘葛はブドウの一種で山野に自生する蔓草。蔓液に濃厚な甘味を含んでおり甘味料として用いられた。大膳式下54条も参照。
甘子・橘子　↓補10
稺海藻　ワカメ。大膳式下3条に「稚海藻」。

郁子、氷魚、鮒、鱒、阿米魚、信濃、梨子、干棗、姫胡桃子、楚割鮭、陸奥、昆布、縒昆布、若狹、毛都久、於期、稗海藻、生鮭、越前、甘葛煎、椎子、稗海藻、山薑、鮭子、氷頭、背腸、能登、甘葛煎、稗海藻、越後、甘葛煎、丹波、甘葛煎、椎子、平栗子、搗栗子、丹後、甘葛煎、生鮭、但馬、搗栗子、甘葛煎、鮨年魚、生鮭、稗海藻、因幡、甘葛煎、椎子、甘子、梨子、干棗、稗海藻、播磨、椎子、搗栗子、美作、甘葛煎、搗栗子、鮨年魚　備前、甘葛煎、水母、備中、甘葛煎、諸成、阿波、甘葛煎、甘子、大宰、甘葛煎、木蓮子、

右、諸國御贄、並依二前件一、省卽檢領、各付二所司一、例貢御贄、直進二內裏一、其甲斐、相摸、信濃、大宰等返抄、申レ官行下、納二贄殿一亦准レ此、自餘諸國省與二返抄一

凡大宰府所レ貢御贄者、調物二千二百九十二斤、中男作物及梁作幷厨作等物、斤物一千七百七十八斤、斗物二石二斗八升、並收二贄殿一、其收レ贄之日、省丞、錄各一人率二史生二人一、共就二贄殿一檢納、畢申レ官給二返抄一

凡給二諸王時服一者、歲滿二十二一、每年十二月京職錄レ名送レ省、省付二正親司一、勘二會虛實一、訖卽申レ省、省錄

縒　内膳式42条「細」。→校補4
期　底「斯」。閣・梵ホカニヨリテ改ム。
鮭　底ナシ。九ニヨリテ補ウ。
府　底ナシ。九ニヨリテ補ウ。
二　底、コノ下「年」字アリ。九ナシ。衍ト見テ削ル。

郁子　アケビ科のつる性常緑低木。果実は卵円形で長さ五センチメートル、暗紫色に熟し甘く生食される。
阿米魚　サケ科の淡水魚。ビワマス。
干棗…縒昆布　→補1
毛都久　褐藻類モズク科の海藻。大形の海藻に着生。葉状体は粘質の糸状。
於期　紅藻類オゴノリ科の海藻。各地の干満線の波の静かな所や汽水などに生える。寒天の原料にもなる。
山薑　アブラナ科の多年草、山間の渓流に生える。根茎に辛味がある。
鮭子　鮭の卵。主計式上4条参照。内膳式42条では「鮭児」と表現される。
氷頭　サケなどの頭部の軟骨。
背腸　鮭の腎臓の塩辛。
搗栗子　干した栗の実を臼で軽く搗いて殻と渋皮をとったもの。
水母　平城宮跡出土の天平十八年(七四六)

の備前から御贄の付札木簡に水母の貢納が確認できる(『平城宮木簡』一―三九八、一九六六年)。
諸成　→補2
諸国の御贄　本式44条の「諸国所進御贄」と本条の「諸国例貢御贄」のこと。
省すなわち検領し　→補3
例貢の…内裏に進れ　→補4
其れ…行ない下せ　→補5
贄殿　贄を収納管理する殿舎。西宮記臨時五(所々事)によれば内膳司の中にあり、別当、預が置かれていた。内膳式23・42条参照。
贄殿に…准えよ　→補6

46大宰府御贄条
大宰府…二石二斗八升　内膳式42条諸国貢進御贄の年料御贄の大宰府の項と対応し、数量も一致する。
梁作ならびに厨作等の物　→補7
畢らば…返抄を給え　本式45条参照。

47諸王時服条
時服　一三歳以上の諸王(皇親)に毎年春(二月)と秋(八月)に支給される服料。中務式74条参照。
歳十二に…省に送り　→補8
省…勘会せよ　宮内省は京職が提出した対象者の名簿を正親司に移送し、同司が管理する皇親名籍と対照して点検する。正親式1条参照。

〈*郁子《むべ》、氷魚、鮒《ふな》、鱒《ます》、*阿米魚《あめうお》〉、信濃〈梨子、*干棗《ほしなつめ》、姫胡桃子《ひめぐるみ》、楚割《すわやり》の鮭《さけ》〉、陸奥〈昆布《ひろめ》、縒昆布《なわめ》〉、若狭〈*毛都久《もずく》、*於期《おご》、稈海藻、生鮭《なまさけ》〉、越前〈甘葛の煎、椎子、稈海藻、*山薑《わさび》、*鮭子《さけのこ》、*氷頭《ひず》、*背腸《みなわた》〉、能登〈甘葛の煎、稈海藻〉、越後〈甘葛の煎〉、丹波〈甘葛の煎、椎子、平栗子、*搗栗子《かちぐり》〉、丹後〈甘葛の煎、生鮭〉、但馬〈搗栗子、甘葛の煎、鮨《すし》の年魚《あゆ》、生鮭、稈海藻〉、因幡〈甘葛の煎、椎子、甘子、梨子、干棗、稈海藻〉、播磨〈椎子、搗栗子〉、美作〈甘葛の煎、搗栗子、鮨の年魚〉、備前〈甘葛の煎、*水母《くらげ》〉、備中〈甘葛の煎、*諸成《もろなり》〉、阿波〈甘葛の煎、甘子〉、大宰〈甘葛の煎、木蓮子〉。

右、*諸国の御贄は、みな前《さき》の件《くだり》によれ。*省すなわち検領し、各所司に付《さず》けよ。*例貢の御贄は直ちに内裏に進れ。*其れ甲斐・相摸・信濃・大宰等の返抄は、官に申して行ない下せ〈*贄殿《にえどの》に納《い》るるもまたこれに准えよ〉。自余の諸国は、省、返抄を与えよ。

46
凡そ*大宰府貢するところの御贄は、調物二千二百九十二斤、中男作物および*梁作《やなつくり》ならびに厨作《くりやつくり》等の物、斤の物一千七百七十八斤、斗の物二石二斗八升、みな贄殿に収めよ。其れ贄を収むるの日、省の丞・録各一人、史生二人を率いて、ともに贄殿に就きて検納し、*畢らば官に申して返抄を給え。

47
凡そ諸王に*時《じ》服《ふく》を給わんには、*歳十二に満たば、毎年十二月、京職、名を録して省に送り、*省、正親司に付けて虚実を勘会せよ。訖らばすなわち省に申し、省、録し

申レ官、下レ符給之、

凡給二男王春秋時服一者、丞、錄、史生各一人向二正親司一、勘二見參者一給之、若不參過二百日一者、申レ官返上、（女王不レ在二此限一、）

凡親王、諸王名籍者、皆於二正親司一案記、其有品內親王、若有二請事一者申レ省、省受申レ官、即朝參及勅召者、申二縫殿寮一、又內侍知之、

凡無位諸王卒者、待二京職移一、下二符正親司一、勘會申レ省、省即申レ官、

凡省營田卌町、（大和國九町、山城、河內二國各八町、攝津國十五町、）•穫稻町別五百束、割二其苗子一充二營種料一、其造酒司料米二百十二石九斗•二升六合九勺九撮、國司各割二•穫稻之內一充二功賃一、令二舂運一之、

凡省營田稻踰レ年之後、不レ任二供御一、皆悉爲レ糙、收二納別倉一、莫レ混二正稅一、

凡省營田收納帳、自レ官下レ省、即令下大炊寮支二度年中供御稻一、

穫　底「獲」。意ニヨリテ改ム。下同ジ。
二　造酒式2条「三」。

符を下して給え　→補1

48男王時服条

見参の者を勘えて　→補2

もし…返上せよ　支給日から一〇〇日経過しても本人が直接受給に出向かなければ時服は支給されないということ。

女王はこの限りにあらず　→補3

49親王諸王名籍条

凡そ親王諸王…　→補4

親王諸王の名籍…案記せよ　親王・諸王の名籍は、正親司が作成し保管する親王・諸王の名を登録した台帳。職員令45条に見える正親司長官(正)の職掌に「皇親名籍」があり、同条義解に「二世以下四世以上名籍」とあることから、諸王は四世以上で、五世王は含まれない。ここではその名籍の写しの作成(案記)は正親司において行なわれることが規定されている。名籍の案記は、時服支給の対象者や節会の参列者のリスト作成のために担当する所司が申請する場合、また皇親自身が支給物受領や見参の名簿を申請する場

合などに行なわれたと考えられる。
其れ有品の内親王…　→補5
朝参　朝庭に会集して天皇に拝礼すること。古くは全官人が毎日の政務に先立って天皇の面前に列立して行なう朝礼を意味したとみられるが、延喜式では元日等の節会や四孟（一月・四月・七月・十月）朔日に限られる。
内侍知れ　→補6

50無位諸王卒条
凡そ無位の諸王…　→補7

51省営田条
省営田　→補8
穫稲は町別に五百束　→補9
その苗子を…充てよ　苗子は穎稲のこと。営種は官田の経営のこと。民部式上96条によれば営種の料は町別一五〇束。
造酒司の料米…九勺九撮　→補10
功賃に充て舂き運ばしめよ　民部式上142条に「舂功運賃」の語が見える。

52省営田稲条
年を踰ゆるの後　翌年の収穫の後。
糙　穀のこと。穎稲を舂いた米。穎稲より腐りにくいので永年の保存に適する。
別倉　省営田所在国の国司の管理下で一般の正倉とは別の倉に保管される。

53省営田収納帳条
省営田の収納帳　→補11
大炊寮をして…充て奉れ　→補12

て官に申し、*符を下して給え。

48凡そ男王に春・秋の時服を給わんには、丞・録・史生各一人、正親司に向かい、*見《げ》参《ざん》の者を勘《かんが》えて給え。*もし不参百日を過ぐる者は、官に申し返上せよ〈*女王はこの限りにあらず〉。

49*凡そ*親王・諸王の名籍《みょうじゃく》は、皆正親司に於いて案記せよ。*其れ有品《うほん》の内親王、もし請《こ》う事あらば、省に申し、省受けて官に申せ。すなわち*朝参および勅の召は縫殿寮に申し、また*内侍知れ。

50*凡そ無位の諸王卒《しゅっ》せしときは、京職の移を待ちて、符を正親司に下せ。勘会して省に申し、省すなわち官に申せ。

51凡そ*省営田四十町〈大和国に九町、山城・河内の二国に各八町、摂津国に十五町〉。*穫稲は町別《ごと》に五百束。*その苗子《みょうし》を割きて営種の料に充てよ。其れ*造酒司の料米二百十二石九斗二升六合九勺九撮は、国司、各穫稲の内より割きて*功・賃に充て、舂《つ》き運ばしめよ。

52凡そ省営田の稲、*年を踰《こ》ゆるの後は供御《くご》に任《あ》てず、みな悉く*糙《もみよね》となし、*別倉に収納して正税と混《おな》じくすることなかれ。

53凡そ*省営田の収納帳、官より省に下らば、すなわち*大炊寮をして年中の供御の稲・

古　九ナシ。
臨　九校注「監」。
支度して　見積もること。
54官田条
当国の長官専当して行事せよ　↓補1
その収穫の多少…奏聞せよ　↓補2
その詞に曰く…　儀式一〇(十一月丑奏御宅田稲数儀)、内裏式中(十一月奏御宅田稲数式)にもこの詞章が見える。ほぼ同文で内容はかわらないが、わずかに異同がある。儀式(カッコ内は内裏式)では次のとおり。
　四畿内国(内国)乃今年供(仕)奉礼留御宅田合若干町、穫(刈得)稲若干束、去年已(以)往古稲若干束、摠(合)若干束供(仕)奉礼留事乎、申賜波久止申、
内つ国　畿内の国々のこと。儀式一〇には「四畿内国」とあり、この詞章の成立は和泉国成立以前に遡るとみられる。
三宅の田　官田のこと。官田は令制前代の畿内屯倉(ミヤケ)の屯田(ミタ)の系譜をひくもので、大宝令では屯田と呼ばれていた。官田を三宅田と表現するのはその歴史的性格に由来するもので、比較的古い詞章の名残とみられる。
55月料魚宍条

糯、粟等數一申上省、省卽申レ官、官下二符民部省一奉レ充、中宮東宮亦同、
凡營二官田一者、當國長官專當行事、若有レ遭レ損者、省遣二丞已下一人、史生一人一巡檢、其收穫多少及用殘數、並省奏聞、其詞曰、宮内省申久、内國今年供奉三宅田合若干町、穫稲若干束、其年以往古稲若干束、惣若干束供奉礼流事乎申給波久登申、
凡應レ給二諸司月料魚宍一者、省司毎月臨二勘厨庫見物多少、及可レ蠹之物一、申レ官充用、勿レ致二蠹腐一、臨時雜用准レ此、
凡出二納官物一者、諸司及本司並給二百度食一、諸司官人數見二監物式一、但毎レ司各率二史生一人一、
凡諸司可二返上一之雜物、官符到後一月不レ進者、具錄二色目一申レ官、若省遺漏致怠者、交替之日、拘二其解由一、
凡諸國女丁者、省檢校分二配諸司一、其粮毎レ月准二仕丁一移二民部省一、踐祚大嘗之時、抽出充二造酒司一、令レ舂二酒米一、

省司　宮内省と大膳職。
厨庫　大膳職の厨の食材保管庫。
蠹になりぬべきの物　虫食いの恐れのあるもの。

56出納官物条
諸司および本司　諸司は官物の出納に関与する官司（後掲「諸司の…監物式に見ゆ」参照）。本司は宮内省。
百度食　本式16条参照。出納官司への百度食支給については主計式下19条、大膳式下39条、大炊式37条が関連する。→補3
諸司の…監物式に見ゆ　→補4

57返上雑物条
凡そ諸司の…　→補5
解由を拘めよ　人事異動の際、後任者が前任者に対して解由状（事務引継ぎ完了証明書）を発行しないということ。

58諸国女丁条
諸国の女丁は…分ち配れ　→補6
女丁　仕女丁、仕女ともいう。賦役令38条に規定される女性の力役で、大国四人・上国三人・中国二人・下国一人が徴発される。民部式上62条参照。
その粮は…民部省に移せ　天平十七年（七四五）の宮内省移（古二―四三二頁）にこの実例があり、仕女丁一〇〇人分の粮が宮内省から民部省に請求されている。
践祚大嘗の時…舂かしめよ　→補7

糯《もちよね》・粟等の数を*支度して省に申さしめよ。省すなわち官に申し、官、符を民部省に下し、充て奉れ。中宮・東宮もまた同じくせよ。

54 凡そ官田を営まんには、*当国の長官、専当して行事せよ。もし損に遭うことあらば、省、丞已下一人、史生一人を遣わして巡検せしめよ。*その収穫の多少および用残の数は、みな省、奏聞せよ。*その詞に曰く、宮内省申さく、*内つ国の今年供奉《たてまつ》れる*三宅の田合せて若干町、穫稲若干束、その年以往の古稲若干束、惣べて若干束供奉れる事を申し給わくと申す、と。

55 凡そ諸司に月料の魚・宍《しし》を給うべくは、*省・司、毎月、*厨庫の見物《げんもつ》の多少および*蠹《むしくい》になりぬべきの物を臨勘し、官に申して充て用いよ。蠹腐《むしくされ》を致すことなかれ。臨時の雑用もこれに准えよ。

56 凡そ官物を出納せんには、*諸司および本司にみな*百度食を給え〈*諸司の官人の数は監物式に見ゆ。ただし司毎に各史生一人を率いよ〉。

57 *凡そ諸司の返上すべきの雑物は、官符到るの後一月進らざれば、具に色目を録して官に申せ。もし省、遺漏し致怠せば、交替の日、その*解由《げゆ》を拘《とど》めよ。

58 凡そ*諸国の女丁《にょちょう》は、省、検校して諸司に分ち配れ。*その粮は月毎に仕丁に准えて民部省に移《い》せ〈*践祚大嘗の時は、抽《ぬ》き出だして造酒司に充て、酒米を舂《つ》かしめよ〉。

凡諸節會、吉野國栖獻㆓御贄㆒奏㆓歌笛㆒、毎㆑節以㆓十七人㆒爲㆑定、国栖十二人、笛工五人、但笛工二人、在㆓山城國綴喜郡㆒、

其十一月新嘗會、各給㆑祿、有位調布二端、無位庸布二段、

凡被管諸司考選文、幷内親王家令已下考文、六年一除、

凡典藥寮味原牛牧帳一通、年終令㆑進、其課缺乘幷斃死、及用遺等、省共勘知、

凡蕃客資具雜物者、各納㆓本司庫㆒、待㆓客徒入朝之時㆒令㆓出用㆒、

延喜式卷第卅一

喜　底「憙」。九・塙・井・貞ニヨリテ改ム。

布　底「在」。九ニヨリテ改ム。

59国栖条

凡そ諸の節会…　↓補1

諸の節会　↓補2

吉野の国栖　大和の吉野川上流に住む山の民で、異種族扱いされた人々。民部式上37条参照。

御贄　↓補3

歌笛を奏せよ　↓補4

国栖十二人笛工五人　↓補5

笛工二人は…にあり　↓補6

有位には…　主計式上2条によれば調布は一丁に長さ四丈二尺×広さ二尺四寸の三丁分が二端、従って二端は長さ一二丈六尺×広さ二尺四寸。同式上3条によれば庸布は一丁に長さ一丈四尺、二丁分が一段、広さは調布と同じであるので、二段は長さ五丈六尺×広さ二尺四寸。

60被管考選文条

考選の文　考文と選文。考文は官人の一年間の勤務の成績を審査して報告する文書。選文は官人の成選年にあたって、それまでの勤務成績を総合して審査し報告

59 *凡そ*諸の節会には、*吉野の国栖《くず》、*御贄を献《たてまつ》り、*歌・笛を奏《そう》せよ。節毎に十七人を以て定めとなせ〈*国栖十二人、笛工《ふえふき》五人。ただし*笛工二人は山城国綴喜《つづき》郡にあり〉。其れ十一月の新嘗会には各禄を給え〈*有位には調布二端、無位には庸布二段〉。

60 凡そ被管の諸司の*考選の文、ならびに*内親王の家令已下の考文は、*六年に一たび除け。

61 凡そ典薬寮の*味原《あじはら》の牛牧の*帳一通は、年終に進らしめよ。其れ*課の*欠・*乗ならびに斃死、および*用遺等は、省、ともに勘知せよ。

62 凡そ*蕃客の資具・雑物は、*各本司の庫に納め、客徒入朝の時を待ちて出だし用いしめよ。

延喜式巻第三十一

する文書。太政官式123条参照。

内親王の家令已下の考文　家令は家政機関の長官。考課令66条によれば、家令の考課は本主が諸司の考法に準じて行なうが、嬪以上と内親王の家令については宮内省が考文を作成するとされている。式部式下32条参照。

六年に一たび除け　→補7

61味原牛牧帳条

味原の牛牧　典薬寮所管の乳牛を繁殖させる牧。典薬式41条参照。→補8

帳　典薬寮から宮内省に年末に提出される帳簿。典薬式42条の「年終帳」にあたる。

課　搾乳のために乳牛院に母牛を送ること。三代格元慶八・九・一符によれば「味原牧乳牛課法」は四歳から一二歳までの搾乳可能な母牛が乳牛院に送られる。

欠　乳牛院で必要とする頭数に不足すること。

乗　乳牛院で必要とする頭数よりも多く母牛が存在していること。

用遺　一三歳以上となり課の対象からはずれた牛であろう。

62蕃客資具雑物条

蕃客の資具雑物　蕃客が滞在中に使用する器具類(宮内省の管下では食膳に関わる物品が考えられる)。

各本司の庫に納め　→補9

延喜式巻第卅二

大膳上

御膳神八座

五色薄絁各五尺、倭文二尺、木綿、麻各八兩、鍬二口、白米五斗、糯米二斗、大豆、小豆各五升、酒二斗、鹽一升、東鰒十二斤、嶋鰒、熬海鼠、蛸、雜腊各六斤、堅魚九斤、雜鮨六十斤、海菜十二斤、食薦四枚、祝史料庸布二段、

醬院高部神一座

竈神四座

五色薄絁各二尺、倭文一尺、木綿、麻各八兩、緋帛五尺、蓋料鍬一口、白米三斗、糯米一斗、大豆、小豆各三升、酒一斗、鹽六升、雜鰒二斤、堅魚、熬海鼠、腊各六斤、雜鮨十六斤、煮鹽年魚十二斤、海藻四斤、祝史料商布二段、

菓餅所火雷神一座

五色薄絁各三尺、倭文一尺、木綿、麻各八兩、鍬一口、白米三斗、糯米一斗、大豆、小豆各三升、酒一斗、鹽六升、雜鰒二斤、堅魚、雜腊各六斤、雜鮨十一斤、海藻四斤、祝史料商布二段、

竈神四座

二 底「三」。閣・梵ホカニヨリテ改ム。

大膳 →補1

1四祭春料条

御膳神八座 神名式上2条では「御食津神社」と表記され一座。貞観元年(八五九)に従三位。表記は「御食津神」。ここでも一座(三代実録貞観元・正・二十七条)。本条の八座と上記「御食津神社」一座との関係は不明。高橋氏文に安房国の安房大神を御食津神として大膳職に祭るとする説が見えるが、三代格天平三・九・十二勅より、安房の女性集団が上番して「膳神」の春秋の祭祀が行なわれたことが分かり、高橋氏文の史実性が確認できる(川尻秋生「古代安房国の特質」〈『古代東国史の基礎的研究』所収、二〇〇三年、初出一九九五年〉)。

五色の薄絁 絁は太糸で織った平織りの絹。薄絁はその薄織りのもの。五色は五行説による青赤黄白黒か。

倭文 日本固有の綾文の織物。主計式上2条参照。

木綿 楮の皮を剝ぎ、繊維を蒸して水に浸し、細かく裂き糸や紐にしたもの。神事のとき榊に付け、また木綿蔓や木綿襷として身に付けた。

延喜式巻第三十二

*大膳上

1 *御膳《みかしわで》神八座

*五色の薄絁《うすぎぬ》各《おのおの》五尺、*倭文《しず》二尺、*木綿《ゆう》・麻《お》各八両、鍬《くわ》二口《く》、白米《しらよね》五斗、糯米《もちよね》二斗、大豆《まめ》・小豆《あずき》各五升、酒二斗、塩一升、*東鰒《あずまあわび》十二斤、*島鰒・熬海鼠《いりこ》・蛸《たこ》・雑《くさぐさ》の腊《きたい》各六斤、*堅魚《かつお》九斤、雑の*鮨《すし》六十斤、*海菜《もは》十二斤、*食薦《すごも》四枚《ひら》、*祝史《のりとし》の料の庸布二段。

*醤院《しょういん》の*高部《たかべ》神一座

*竈《かま》神四座

五色の薄絁各二尺、倭文一尺、木綿・麻各八両、*緋《あけ》の帛五尺〈蓋《きぬがさ》の料〉、鍬一口、白米三斗、糯米一斗、大豆・小豆各三升、酒一斗、塩六升、雑の鰒二斤、堅魚・熬海鼠・腊各六斤、雑の鮨十六斤、*煮塩年魚《にしおのあゆ》十二斤、*海藻《め》四斤、祝史の料の*商布二段。

*菓餅《くだもののもちい》所の*火雷《ほのいかずち》神一座

五色の薄絁各三尺、倭文一尺、木綿・麻各八両、鍬一口、白米三斗、糯米一斗、大豆・小豆各三升、酒一斗、塩六升、雑の鰒二斤、堅魚・雑の腊各六斤、雑の鮨十一斤、海藻四斤、祝史の料の商布二段。

*竈神四座

東鰒・島鰒　↓補2

堅魚　生カツオを縦に細く切り、干したもの。主計式上2条参照。

鮨　魚貝類を塩とともに漬けこみ、食用としたもの。

海菜　海草類一般のこと。

食薦　食机や神饌の下に敷いた敷物。

祝史　祓詞を奏上する卜部。

醤院　大膳職の別院。醤・豉(クキ)・未醤などの調味料を作るところ。平安京では大膳職の西に位置し主水司に隣接する。当初は主醤が管掌。大同三年(八〇八)に主醤は停廃されるが醤院は存続する。

高部神一座　↓補3

竈神四座　醤院の竈の神。

緋の帛　緋は茜で染めた黄みがかった赤。帛は光沢のある精美な絹。

煮塩年魚　塩煮した鮎。主計式上4条参照。

海藻　ワカメのこと。

商布　調庸の布とは別に交易によって貢納された布。主計式上30条参照。

菓餅所　大膳職で菓子(クダモノ)や餅を調理・配膳するところ。当初は主菓餅が管掌したが主菓餅は大同三年に廃止。

火雷神一座　調理のための火を神格化し祭った神か。神名式上2条の「薗神社・韓神社…酒殿神社」参照。

竈神四座　菓餅所の竈の神。

五色薄絁各三尺、倭文二尺、木綿、麻各八両、鍬四口、白米二斗、糯米一斗、大豆、小豆各二升、酒一斗、鹽四升、雑鰒二斤、堅魚、腊各六斤、鮨五斤、海藻四斤、

右、四祭春料依㆓前件㆒、秋亦准㆑此、但御膳神二月、十一月上酉日祭之、

六月神今食（十二月准㆑此、）

輿籠四脚、（納㆓供神物㆒、）簀四枚、（置㆓供物㆒料、）槲二俵、（供神料、）

小斎給㆑食摠二百六十二人、（五位已上廿人、六位已下二百人、命婦十人、女孺、采女合廿七人、御巫五人、）五位已上一人、醬、酢各五勺、鹽一合、東鰒二両、堅魚、烏賊各一両、熬海鼠、腊各二両、雑鮨九両、鯖三両、海藻二両、漬菜二合、六位已下一人、醬五勺、鹽五勺、東鰒二両、堅魚一両、熬海鼠二両、鯖一両、鮨七両、海藻二両、漬菜二合、（皇后宮小斎六位官人已下采女已上、摠六十八人食法准㆑此、）槲三俵、箸竹八十株、

鎮魂（皇后宮、東宮亦同、）

神八座

大直神一座

八両　底、コノ下「四」字アリ。閣ニヨリテ削ル。→校補1

十二月准此　底、大書。例ニヨリテ改ム。

皇　底「白」。閣・梵ホカニヨリテ改ム。

上　底「下」。塙ニヨリテ改ム。

神八座　底ナシ。意ニヨリテ補ウ。大炊式4条参照。

2神今食条

輿籠　→補1

輿籠四脚…　神今食の供御、供神に関わる食膳の奉仕は内膳司が担当し、大膳職はここに見える供神に関わる物品を供給している。造酒式7条によれば神今食の供奉料の酒の容器の缶二口も大膳職が供給している。

簀　供物を置く敷き物。本式3・5条に輿籠とセットで見える「置簀」と同じ物であろう。

五色の薄絁各三尺、倭文二尺、木綿・麻各八両、鍬四口、白米二斗、糯米一斗、大豆・小豆各二升、酒一斗、塩四升、雑の鰒二斤、堅魚・腊各六斤、鮨五斤、海藻四斤。

右、四祭の春の料は前《さき》の件《くだり》によれ。秋もまたこれに准《なぞら》えよ。ただし御膳神は二月・十一月の上つ酉《とり》の日に祭れ。

2
六月の神今食《かんいまけ》〈十二月もこれに准えよ〉

*輿籠《こしこ》四脚〈供神《ぐしん》の物を納《い》れよ〉、*簀《す》四枚〈供物《くもつ》を置く料〉、*槲《かしわ》二俵〈供神の料〉。*小斎《おみ》の食《じき》を給うは、*摠べて二百六十二人〈五位已上《いじょう》二十人、六位已下《いげ》二百人、命婦《みょうぶ》十人、女《にょ》孺《じゅ》・采女《うねめ》合せて二十七人、御巫《みかんなぎ》五人〉、五位已上一人に、*醤《ひしお》・酢各五勺、塩一合、東鰒二両、堅魚・烏賊《いか》各一両、熬海鼠・腊各二両、雑の鮨九両、*鯖《さば》三両、海藻二両、*漬菜《つけな》二合。六位已下一人に、醤五勺、塩五勺、東鰒二両、堅魚一両、熬海鼠二両、鯖一両、鮨七両、海藻二両、漬菜二合〈*皇后宮の小斎、六位の官人《かんにん》已下采女已上、摠べて六十八人の食法《じきほう》もこれに准えよ〉、槲三俵、*箸竹《はしたけ》八十株。

3
鎮魂《たましずめ》〈皇后宮・東宮もまた同じくせよ〉

*神八座

*大直《おおなおび》神一座

槲　ブナ科の落葉高木。その葉に飲食物を盛る。酒や神饌を入れた土器の周りを覆うのにも用いた(四時祭式上6条の「匏…葦籠」参照)。

小斎の食を給う　神今食に供奉する小斎人の解斎に支給される食事。神今食は新嘗祭の神事とほぼ同じ内容であり、新嘗祭に供奉する小斎人に給する食について は本式5条に見える。同条によれば新嘗祭では女に二度、男に一度の食の支給を行なうとするが、本条にはそのような規定は見えない。

摠べて二百六十二人　宮内式2条の天皇に供奉する小斎の人数と一致する。

醤　大豆・小麦・米等に塩を加えて麴で発酵させたもの。本式下18条参照。

鯖　和名抄に「阿乎佐波」とある。

漬菜　漬物にした菜。

皇后宮の小斎…摠べて六十八人　宮内式2条の中宮に供奉する小斎の人数と一致する。

箸竹　竹製の箸。民部式下7条参照。

3鎮魂条

神八座　八座の神は神魂・高御魂・生魂・足魂・魂留魂・大宮女・御膳魂・辞代主(四時祭式下48条)。

大直神　祝詞式10条の祝詞に見える「神直日命、大直日命」の大直日命と同神か。
↓補2

座別東鰒十三兩、大直神倍、烏賊三兩一分、大直神加二三兩二分一、堅魚六兩二分、大直神加二十三兩二分一、鮭一隻、大直神倍、鯛𩸽二斤五兩、腊三斤二兩、大直神倍、海藻十兩、大直神加二十一兩一、鹽一合八勺、糯米三升、大豆一合八勺七撮、小豆二合八勺、生栗子三升、搗栗子二升、干柿子一升二合、橘子二蔭、已上七種、四座菓餅料、自餘不レ須、酒四座別𤭯一口、各受二一斗一、四座別坩一口、各受二五升一、大直神一缶、受二五升一、木綿二分四銖、匏笥十三合、各長一尺四寸、廣一尺二寸、深三寸、食薦五枚、居神笥料、輿籠二脚、納レ笥料、置簀二枚、槲二俵、

右、職司料理與二神祇官一供之、

雜給料

參議已上

人別糯米一升四合、大豆一合八勺七撮、小豆二合八勺、韲酒一合、酢四勺、醬三合、滓醬二合九勺、東鰒一兩二分、隱伎鰒五兩、堅魚二兩一分二銖、烏賊二兩、熬海鼠三兩二分、與理刀魚五兩、鮭二分隻之一、雜魚楚割三兩、堅魚煎二兩二分、鮨二斤四兩、雜腊十一兩、紫菜、海松各三分、海藻二兩、漬菜二合、漬蒜房、蒜英、韮搗各二合、生栗子一升四合、搗栗子六合、干柿子三合、橘子卅三

十　九頭注「他本廿」。
二　九「一」。
四　底、コノ上「神」字アリ。九ナシ。衍ト見テ削ル。
須　底及ビ閣ホカ、コノ下「也」字アリ。九ナシ。貞・京、「之」。九ナシ。空白符ヲ誤リタルモノト見テ削ル。
腊　底「鮨」。考異ニ従イテ改ム。

鯛の𩸽　鯛を乾したもの。主計式上2条の「鯛腊」、斎宮式78条の「鯛枚乾」は同じものであろう。
搗栗子　栗の実を干して搗き、殻と渋皮を取り除いたもの。
橘子二蔭　↓補1
四座の菓餅の料　↓補2
酒は…五升を受く　これによると酒の合計は六斗五升となるが、造酒式9条の鎮魂祭の祭神料の酒を神九座に「一石一斗」とするのと合わない。「大直神一缶〈受二五升一〉」の五升を五斗の誤りとみると合計一一斗となり造酒式と整合する。五斗受の缶は主計式上1条にも見える。
𤭯　酒を入れるカメ(大嘗祭式27条)。
坩　口が小さくつぼまり胴部の丸くふくらむ形の土器(四時祭式上6条)。
缶　水や酒を入れる須恵器。口が小さく

座別《ごと》に東鰒十三両〈大直神は三両二分を加えよ〉、烏賊三両一分〈大直神は倍せよ〉、堅魚六両二分〈大直神は十三両二分を加えよ〉、鮭一隻〈大直神は倍せよ〉、*鯛《たい》の腊《ほしいお》二斤五両、腊三斤二両〈大直神は倍せよ〉、海藻十両〈大直神は十一両を加えよ〉、塩一合八勺、糯米三升、大豆一合八勺七撮、小豆二合八勺、生栗子《なまぐり》三升、*搗栗子《かちぐり》二升、干柿子《ほしがき》一升二合、*橘子《たちばな》二蔭《かげ》〈已上七種は四座の*菓餅の料、自余は須《もち》いざれ〉。*酒は四座別に*𤭖《つばは》一口〈各一斗を受く〉、四座別に*坩《つぼ》一口〈各五升を受く〉、大直神に一*缶《もたい》〈五升を受く〉、木綿二分四銖、*龟《あら》筥《はこ》十三合〈各長さ一尺四寸、広さ一尺二寸、深さ三寸〉、食薦《すごも》五枚〈*神筥《かみはこ》を居《す》うる料〉、輿籠二脚〈筥を納むる料〉、置簀《おきす》二枚、槲二俵。

右、*職司、料理《つく》りて神祇官とともに供えよ。

4

雑*給の料

参*議已上

人別に糯米一升四合、大豆一合八勺七撮、小豆二合八勺、*甕酒《あえざけ》一合、酢四勺、醬三合、滓醬《かすひしお》二合九勺、東鰒一両二分、*隠伎の鰒五両、堅魚二両一分二銖、烏賊二両、熬海鼠三両二分、*与理刀魚《よりとうお》五両、鮭二分隻の一、雑の魚の*楚割《すわやり》三両、*堅魚の煎《いろり》二両二分、鮨二斤四両、雑の腊十一両、*紫菜《のり》・*海松《みる》各三分、海藻二両、漬菜《つけな》二合、*漬蒜《つけひる》房《ふさ》・蒜英《ひるのはなぶさ》・*韮搗《こみらかち》各二合、生栗子一升四合、搗栗子六合、干柿子三合、橘子三十三

胴が太い（斎宮式22条）。

甕筥　祭具や調進具を納める木箱。荒筥とも。

神筥　神饌を納める筥。

職司　大膳職と造酒司。四時祭式下48条、儀式五（鎮魂祭儀）によれば大膳職・造酒司が供える神饌を「八代物」と称す。造酒司の料物は造酒式9条参照。

4雑給料条

雑給の料　→補3

参議已上　人数の記載がないが、下文の「参議已上盛二菓子一料」の陶の高盤と大盤の数が「十口」であることから一〇人と分かり、宮内式4条とも合う。

甕酒　調味料の一種。あえものを作るときに使う酒。

隠伎の鰒　隠伎国から貢進されるアワビ。古来から上品とされた。

与理刀魚　サヨリの古名。主計式上4条参照。

楚割　魚肉を細く割き乾かし固くしたもの。削って食べる。

堅魚の煎　煮堅魚を作る時に出た汁を煮詰めて濃縮したもので調味料の一種。

紫菜　海苔のこと。和名抄に「無良佐木乃里」。

海松　海藻の一種。和名抄に「美流」。

漬蒜房蒜英　→補4

韮搗　→補5

顆、木綿二分四銖、
五位已上卅人
人別糯米七合五勺、大豆七勺、小豆一合五勺、韲酒三勺、酢一合、醬二合、鹽二合九勺、東鰒一兩二分、隱伎鰒四兩二分、堅魚二兩一分二銖、烏賊二兩、熬海鼠三兩二分、與理刀魚五兩、鮭二分隻之一、雜魚楚割三兩、堅魚煎汁一兩一分、鮨二斤四兩、腊十兩、紫菜、海松各三分、海藻二兩、漬菜二合、漬蒜房、蒜英、韮擣各二合、滓醬二合、生栗子五合、擣栗子二合五勺、干柿子一合五勺、橘子十五顆、木綿二分四銖、
六位已下二百六十人
人別糯米六合七勺、大豆四勺七撮、小豆六勺、醬五勺、鹽一合七勺、東鰒二兩、堅魚二兩一分二銖、鮨二兩、鯖三兩二分、海藻二兩、漬菜二合、生栗子三合、橘子五顆、
匏筥十五合、膳筥九合、菓餅筥四合、納㆓肴鹽㆒筥二合、各長一尺四寸、廣一尺二寸、深三寸、陶高盤、大盤各十口、參議已上盛㆓菓子㆒料、槲三俵、
食籠二百六十合、各長一尺二寸、廣八寸、深二寸、箸竹二百六十株、筥坏二百卅口、參議已上別八口、五位已上別五口、

人　底ナシ。九ニヨリテ補ウ。
肴　底「春」。九ニヨリテ改ム。
二　底「一」。九ニヨリテ改ム。
二　底「一」。考異ニ従イテ改ム。

顆、＊木綿二分四銖。

五位已上三十人

人別に糯米七合五勺、大豆七勺、小豆一合五勺、韲酒三勺、酢一合、醬二合、塩二合九勺、東鰒一両二分、隠伎の鰒四両二分、堅魚二両一分二銖、烏賊二両、熬海鼠三両二分、与理刀魚五両、鮭二分隻の一、雑の魚の楚割三両、堅魚の煎汁《いろり》一両一分、鮨二斤四両、腊十両、紫菜・海松各三分、海藻二両、漬菜二合、漬蒜房・蒜英・韮搗各二合、滓醬二合、生栗子五合、搗栗子二合五勺、干柿子一合五勺、橘子十五顆、木綿二分四銖。

六位已下二百六十人

人別に糯米六合七勺、大豆四勺七撮、小豆六勺、醬五勺、塩一合七勺、東鰒二両、堅魚二両一分二銖、鮨二両、鯖三両二分、海藻二両、漬菜二合、生栗子三合、橘子五顆。

麁筥十五合〈膳《おもの》の筥九合、菓餅の筥四合、肴・塩を納《い》るる筥二合、各長さ一尺四寸、広さ一尺二寸、深さ三寸〉、陶《すえ》の＊高盤《たかさら》・大盤各十口〈参議已上に菓子《くだもの》を盛《い》るる料〉、＊槲三俵、＊食籠《じきろう》二百六十合〈各長さ一尺二寸、広さ八寸、深さ二寸〉、箸竹二百六十株、＊筥坏《はこつき》二百三十口〈参議已上は別《ひとごと》に八口、五位已上は別に五口〉。

木綿二分四銖　菓子と肴を干柏に盛り結うのに用いられる。下文に五位以上の菓子と肴は「干柏」に盛り「木綿」で結うとある。

高盤　脚の付いた盤。高坏と同類のものとみられる。主計式上1条参照。

槲三俵　下文に見える五位以上の菓子と肴を盛る「干柏」に当たる。

食籠二百六十合　食籠は飯を盛る器。六位以下二六〇人の食が盛られた。

筥坏二百三十口　筥坏は底径と口径との差の小さい坏。五位以上の食を盛る器。参議以上は一〇人であるので数が合う。

右、依二前件一、其五位已上食並盛レ筥、菓子、雜肴、盛以二干柏一結以二木綿一、六位
已下食用レ籠、其籠山城國所レ進、

新嘗祭

輿籠二脚、置簀二枚、並供神料、
小齋給レ食摠三百卅四人、五位已上廿人、六位已下二百五十五人、命婦十人、女孺、采女卅四人、御巫五人、
五位已上一人、醬、酢、鹽各一合、東鰒七兩、堅魚一兩、烏賊十二兩、熬海鼠、腊各五兩、鮨八兩、海藻十二兩、漬蒜房、蒜英各二合、漬菜一合、韮擣二合、
六位已下一人、醬五勺、鹽五勺、東鰒七兩、熬海鼠、腊各五兩、海藻四兩、鮨六兩、韮擣五勺、漬菜一合、
右、依二前件一、其男辰日旦、女卯日夕、辰日旦給之、
同小齋解齋給レ食摠二百廿七人、五位已上卌人、六位已下一百八十七人、
五位已上一人、醬五勺、鹽二合二勺、東鰒二兩三分、隱伎鰒二兩、烏賊十二兩、熬海鼠二兩、魚楚割二兩二分、紫菜、海松各三分、海藻十一兩、漬蒜房、蒜

六位已　底ナシ。考異ニ従イテ補ウ。タダシ「已」字ヲ考異ハ「以」ニ作ル。上文ノ例ニヨリテ改ム。
醬　九、コノ下「滓」字アルモ抹消セル如シ(半分虫喰)。
一　底ナシ。九ニヨリテ補ウ。

右、前の件によれ。其れ五位已上の食はみな筥に盛れ、菓子・雑《くさぐさ》の肴は盛るるに、干柏を以てし、結《ゆ》うに木綿を以てせよ。六位已下の食は籠を用いよ〈その籠は山城国の進《たてまつ》るところ〉。

5 新嘗《にいなめ》の祭

輿籠二脚、置簀二枚〈みな供神の料〉。

*小斎《おみ》の食《じき》を給うは、摠べて三百三十四人〈五位已上二十人、六位已下二百五十五人、命婦十人、女孺・采女四十四人、御巫五人〉。

五位已上一人に、醤・酢・塩各一合、東鰒七両、堅魚一両、烏賊十二両、熬海鼠・腊各五両、鮨八両、海藻十二両、漬蒜房《つけひるふさ》、蒜英《ひるのはなぶさ》各二合、漬菜一合、韮搗《こみらかち》二合。

六位已下一人に、醤五勺、塩五勺、東鰒七両、熬海鼠・腊各五両、海藻四両、鮨六両、韮搗五勺、漬菜一合。

右、前の件によれ。*其れ男は辰《たつ》の日の旦《あした》、女は卯《う》の日の夕《ゆうべ》、辰の日の旦に給え。

*同じき小斎の解斎《げさい》に食を給うは、*摠べて二百二十七人〈五位已上四十人、六位已下一百八十七人〉。

五位已上一人に、醤五勺、塩二合二勺、東鰒二両三分、隠伎の鰒二両、烏賊十二両、熬海鼠二両、魚の楚割二両二分、紫菜・海松各三分、海藻十一両、漬蒜房、蒜

5 新嘗祭条

小斎の食を給うは… 新嘗祭の神事で天皇に奉仕する小斎人に支給する食事の支給対象者とその人数。総数の三三四人は宮内式3条で食を二度支給する「命婦已下宮人已上卅四人、御巫五人、采女十人」と、食を一度支給する「直相五位已上廿人、六位已下二百五十五人」の合計と一致する。

其れ男は… 新嘗祭の神事では、卯の日の亥の刻と辰の日の寅の刻の二度、天皇の御膳を食する儀が行なわれるが(儀式一〈神今食儀〉)、卯の日の夕べの御膳を撤する亥の四刻に女官のみに、辰の日の暁の御膳を撤する寅の四刻に、女官と男官に食事が支給されたとみられる。宮内式3条は辰の日の旦の食事を「直相」としている。直相については本式6条参照。

同じき小斎の解斎 辰の日の新嘗会の宴(豊明)の終了後、小斎の人たちは宮内省にて解斎を行なう。儀式五(新嘗祭儀)によれば大嘗会の解斎と同儀であり、その内容は神祇官、雅楽寮が解斎歌を奏し、宮内の丞、神祇の祐、侍従、内舎人、大舎人の順に和舞を舞い、食膳が出される。

摠べて二百二十七人… 宮内式3条の「兆人楽工、上卅人、下百八十七人」と人数が合う。

鰒　九「鮑」。
蒜　底「菜」。九ニヨリテ改ム。
花　上文「英」ニ作ル。
合　底「人」。九・塙ニヨリテ改ム。
態　底「熊」。九・閣ホカニヨリテ改ム。
鮑　九「鰒」。下同ジ。

英各一合、韮擣五勺、漬菜二合、
六位已下一人、醬五勺、鹽一合二勺、大鯖三兩三分、東鰒二兩三分、海藻十一兩、
右、依二前件一、辰日夕、於二省家一給之、
同會皇后宮小齋人卌二人、命婦幷女孺廿人、駕輿丁已上十六人、外記已下主水官人已上六人、
五位一人、醬五勺、鹽一合、東•鰒七兩、烏賊十二兩、熬海鼠五兩、腊五兩、海藻四兩、漬•蒜房幷•蒜花、韮擣各二•合、
六位已下一人、醬、鹽各五勺、東鮑六兩、熬海鼠四兩、鮨六兩、鯖三兩二分、海藻四兩、
同宮神•態直相給レ食卌七人、后宮亮一人、進已下諸衞府舍人已上卌六人、
五位一人、醬五勺、鹽一合二勺、東•鮑二兩二分、熬海鼠四兩、烏賊一斤八兩、隱伎•鮑四兩、魚楚割五兩、海藻十一兩、
弘已上
六位已下一人、醬五勺、鹽一合二勺、東鮑二兩三分、鯖三兩二分、海藻十一兩、
弘
宴會雜給

省家　宮内省の庁舎。
6皇后宮新嘗祭条
同じき会の…　新嘗祭の神事で皇后に奉仕する小斎人に支給される食事の支給対象者とその人数。宮内式3条と一致する。
蒜花　本式4条の蒜英に同じ。

英各《おのおの》一合、韮搗五勺、漬菜《つけな》二合。

六位已下一人に、醬五勺、塩一合二勺、大鯖三両三分、東鰒《あずまあわび》二両三分、海藻《め》十一両。

右、前《さき》の件《くだり》によれ。辰の日の夕、*省家に於いて給え。

6 *同じき会の皇后宮の小斎人四十二人〈命婦ならびに女孺二十人、駕輿丁《かよちょう》已上十六人、外記已下主水の官人已上六人〉。
五位一人に、醬五勺、塩一合、東鰒七両、烏賊十二両、熬海鼠《いりこ》五両、腊《きたい》五両、海藻四両、漬蒜房ならびに*蒜花・韮搗各二合。

六位已下一人に、醬・塩各五勺、東鮑六両、熬海鼠四両、鮨《すし》六両、鯖三両二分、海藻四両。

同じき宮の*神態《かみわざ》の直相《なおらい》に食を給うは四十七人〈后宮《きさきのみや》の亮《すけ》一人、進《じょう》已下諸衛府の舎人《とねり》已上四十六人〉。

五位一人に、醬五勺、塩一合二勺、東鮑二両二分、熬海鼠四両、烏賊一斤八両、隠伎の鮑四両、魚の楚割五両、海藻十一両。

六位已下一人に、醬五勺、塩一合二勺、東鮑二両三分、鯖三両二分、海藻十一両。

7 *宴会《えんえ》の雑給

神態の直相に食を給う 宮内式3条の「中宮職亮一人(中略)已上給二直相食一」と対応する。神態は神事のこと。中宮式24条に「凡六月、十二月神今食、十一月新嘗祭神態畢、後日平旦、神祇官祭二御殿一」とあり、この神態は神今食・新嘗祭の神嘉殿における天皇親祭の神事にほかならず、本条の神態もこれに当たる。直相は直会とも記す。神祭りを行なったあとに神饌を下げたもの、また神饌と同じものを饗膳として飲食する儀礼。ナオライの語源については本居宣長が「奈保理阿比の切(ツヅマ)れるなり。直るとは、斎をゆるべて、平常に復る意なり」(続紀歴朝詔詞解)とするのが定説となっており、潔斎を経て神祭りのためのイミ(斎)の状態になっていた心身を平常の状態に復する解斎の意味と理解されている。

7 宴会雑給条

宴会の雑給 新嘗祭の豊明節会(新嘗会)に参列する親王以下の饗食。本式下22条に正月四節会の親王以下の食法について、「親王已下食法、並同二新嘗会一〈余節准ㇾ此、(下略)〉」とあり、本条は新嘗会だけでなく、他の諸節会にも準用される。宮内式35条では諸節会で饗食を賜わる対象が規定されているが、「其食法見二大膳、大炊等式一」とあり、本条がその食法に当たる。

一　底ナシ。九・閣ホカニヨリテ補ウ。
顆　底「果」。九ニヨリテ改ム。
五　考異、上文ノ例ニヨリテ「三」ニ作ルベキカトナス。
一合　考異、「五勺」ニ作ルベキカトナス。
四勺　考異、「二勺」ニ作ルベキカトナス。
一分　底ナシ。考異ニ従イテ補ウ。
各　或イハ衍カ。

糒　米・粟・黍等を蒸して乾燥させたもの。保存食として貯蔵され、また携行食として用いられる。製法は本式下18条を参照。

親王以下三位已上并四位參議
人別餅料粳米、糯米各八合、糯糒三合、糖二合六勺、小麥四合、大豆二合、小豆二合、胡麻子二合、油一合、甕酒、酢各四勺、醬二合、鹽四合、豉一勺、東鰒二兩、隠伎鰒二兩一分、堅魚一兩二分、烏賊一兩一分、熬海鼠、縄貫鰒各二兩二分、押年魚四兩、與理刀魚五兩、鮭二分隻之一、雑魚鱐、楚割各五兩一分、雑腊、鮨各二斤、堅魚煎二勺、鮮物、充レ直、紫菜二分、海藻二兩、生栗子一升、搗栗子、椎子各四合、橘子十顆、
四位五位并命婦
人別餅料粳米、糯米各四合、糯糒一合、糖一合五勺、小麥二合、大豆、小豆各一合、胡麻子一合、油一合、甕酒、酢各四勺、醬一合、鹽二合、豉一勺、東鰒、隠伎鰒、堅魚、烏賊、熬海鼠各一兩、縄貫鰒一兩一分、押年魚二兩、與理刀魚二兩二分、雑魚鱐、楚割各三兩一分、雑魚鮨各四兩、紫菜一分、海藻二兩、鮭六分隻之一、腊一斤、生栗子五合、搗栗子、椎子各二合、橘子五顆、
大歌、立歌
人別鹽二勺、東鰒一兩、大鯖一隻、雑鮨四兩、海藻二兩、正月七日、諸司主典已上食法准レ此、

糖 甘味料の一種。糯米や萌小麦の汁を煮立てて作る。本式下18条参照。
胡麻子 ゴマ科の一年草。種子は食料になるとともに絞って油を採る。
豉 大豆と海藻から作られる調味料。納豆や味噌と同系統の醸造物。本式下18条参照。
縄貫鰒 縄で鰒を貫き、いくつかを連ねて乾したもの。現在の伊勢神宮の神饌に見える玉貫鰒や身取鰒も縄で貫いており、同様のものであろう。丸干か、切り身を連ねたかは不明。
押年魚 鮎を塩漬けにした後に乾燥させて圧搾したもの。
直を充てよ 鮮魚や菓子など鮮度が求められるものは布を代価として新鮮な物品を購入して食材に供した。本式8条で鮮魚・菓子の直(値)の基準を布六端としている。
椎子 椎の実。椎はブナ科の常緑高木。
命婦 宮内式35条の「内命婦」に当たる。すなわちここでは外命婦は含まれない。
大歌立歌 大歌、立歌を奏する人々のこと。大歌は大歌所で伝習された風俗歌や神楽歌などの日本固有の宮廷儀礼歌。立歌は、雅楽寮の楽人が奏する。内容は不明。立奏形態で奏する歌であったとみられる。
正月七日 白馬の節会。

親王以下三位已上ならびに四位の参議
人別に餅の料の粳米《うるしね》・糯米《もちよね》各八合、糯《もちよね》の*糒《ほしいい》三合、*糖《あめ》二合六勺、小麦《こむぎ》四合、大豆《まめ》二合、小豆《あずき》二合、*胡麻子《ごまのみ》二合、油一合、韲酒《あえざけ》・酢各四勺、醤《ひしお》二合、塩四合、*豉《くき》一勺、東鰒二両、隠伎の鰒二両一分、堅魚一両二分、烏賊《いか》一両一分、熬海鼠・*縄貫鰒《なわぬき》各二両二分、*押年魚《おしあゆ》四両、与理刀魚五両、鮭二分隻の一、雑の魚の鱐《ほしいお》・楚割各五両一分、雑の腊・鮨各二斤、堅魚の煎二勺、鮮物《なまもの》〈*直《あたい》を充てよ〉、紫菜二分、海藻二両、生栗子一升、搗栗子・*椎子《しいのみ》各四合、橘子《たちばな》十顆。
四位・五位ならびに*命婦《みょうぶ》
人別に餅の料の粳米・糯米各四合、糯の糒一合、糖一合五勺、小麦二合、大豆・小豆各一合、胡麻子一合、油一合、韲酒・酢各四勺、醤一合、塩二合、豉一勺、東鰒・隠伎の鰒・堅魚・烏賊・熬海鼠各一両、縄貫鰒一両一分、押年魚二両、与理刀魚二両二分、雑の魚の鱐・楚割各三両一分、雑の魚の鮨各四両、紫菜一分、海藻二両、鮭六分隻の一、腊一斤、生栗子五合、搗栗子・椎子各二合、橘子五顆。
*大歌《おおうた》・立歌《たちうた》
人別に塩二勺、東鰒一両、大鯖一隻、雑の鮨四両、海藻二両〈*正月七日の諸司の主典《さかん》已上の食法《じきほう》もこれに准《なぞら》えよ〉。

國栖、笛工
人別鹽二合、雜鮨四兩、鮭六分隻之一、海藻二兩、明櫃八合、叩盆五口、麻笥盤三
口、由加、洗盤各四口、陶高盤、大盤各十口、盛二小齋三位已上菓子一料、絹篩六口、別四尺、折櫃五十
合、命婦料、但廿合敷レ布、別三尺、食籠一百八十四合、箸竹二百卅株、已上雜物通用、料理所燈油四升、
弘已上 右、新嘗會宴食料依二前件一、其雜器親王已下三位已上朱漆、四位已下五位已上烏
漆、幷土器、
弘貞 薗韓神祭雜給料 春冬並同、
白米二斗、糯米四斗、小麥一斗二升、大豆、小豆各一斗九升、胡麻子七升二合、酢
一斗、甕酒一斗、醬六升、鹽二斗、胡麻油八升二合、東鰒、隱伎鰒、烏賊各十六
斤、縄貫鰒、佐渡鰒、堅魚各十四斤、熬海鼠、腊、干蛸各十二斤、煮堅魚十一斤、
雜腊卅斤、鯖五十斤、雜鮨三缶、堅魚煎汁一升四合、海藻廿三斤、芥子一升四合、
饌案六脚、覆敷料曝布十二條、覆長各六尺、敷長各五尺、折櫃六十合、敷料調布六十條、各長三尺、大笥六
十合、片盤卅八口、案別八口、片垸十二口、案別二口、窪坏二百四口、案別四口、折櫃別三口、甕坏二百七十
六口、案別六口、折櫃別四口、平坏三百六十口、折櫃別六口、瓫六口、堝五

三　底「二」。考異ニ従イテ改ム。
一　底ナシ。九ニヨリテ補ウ。
雜器　底「器雜」。九「雜」字ナシ。版本ニ従イテ改ム。
並　底「幷」。九ニヨリテ改ム。
子　底ナシ。九ニヨリテ補ウ。
渡　底「度」。九・閣ホカニヨリテ改ム。
調布六十條　底、下文「大笥六十」ト「條」ノ間ニアリ。且ツ、「條」字ヲ欠ク。九ニヨリテ改メ補ウ。
三　底「二」。九ニヨリテ改ム。
二百四口　底「二百卌口」。考異ニ従イテ改ム。

国栖笛工　↓補1
明櫃　白木の櫃。神事に用いる祭具や神饌を納める。
叩盆　やや大型の広口の器。名称は叩いて硬めに作る製法に由来すると見られる。叩戸、叩瓮とも記す。
麻笥盤　オケの形をした盤。
由加　大きなカメ。神事・祭祀に水の容器として用いられた。

*国栖《くず》・笛工《ふえふき》

人別に塩二合、雑の鮨四両、鮭六分隻の一、海藻二両、*明櫃《あかひつ》八合、*叩盆《たたいべ》五口、*麻笥《おけ》盤《ざら》三口、*由加《ゆか》・*洗盤《すましざら》各四口、陶《すえ》の高盤《たかさら》・大盤各十口〈小斎の三位已上の菓子《くだもの》を盛《い》る料〉、*絹の篩《ふるい》六口〈別《くごと》に四尺〉、*折櫃《おりひつ》五十合〈命婦の料。ただし二十合は布を敷け。別《ごうごと》に三尺〉、食籠《じきろう》一百八十四合、箸竹《はしたけ》二百三十株〈已上の雑物は通用せよ〉、*料理所《つくりどころ》の燈油四升。

右、新嘗会の宴の食《じき》の料は前の件によれ。*その雑の器は親王已下三位已上は朱漆、四位已下五位已上は烏漆ならびに土《はに》の器。

8

*薗《その》・韓神《からかみ》の祭の雑給の料〈春冬みな同じくせよ〉

白米《しらよね》二斗、糯米四斗、小麦一斗二升、大豆・小豆各一斗九升、胡麻子七升二合、酢一斗、甕酒一斗、醬六升、塩二斗、胡麻《ごま》の油八升二合、東鰒・隠伎の鰒・烏賊各十六斤、縄貫鰒・佐渡の鰒、堅魚《かつお》各十四斤、熬海鼠・腊・干蛸《ほしだこ》各十二斤、煮堅魚《にがつお》十一斤、雑の腊三十斤、鯖五十斤、雑の鮨三缶、堅魚の煎汁《いろり》一升四合、海藻二十三斤、*芥子《からし》一升四合、*饌《みけ》の案六脚、覆《おおい》・敷《しき》の料の曝布《さらしぬの》十二条〈覆は長さ各六尺、敷は長さ各五尺〉、*折櫃六十合、敷の料の調布六十条〈各長さ三尺〉、*大笥《おおけ》六十合、*片盤《かたさら》四十八口〈案別に八口〉、片垸《かたもい》十二口〈案別に二口〉、*窪坏《くぼつき》二百四口〈案別に四口、折櫃別に三口〉、*盌坏《あえつき》二百七十六口〈案別に六口、折櫃別に四口〉、平坏《ひらつき》三百六十口〈折櫃別に六口〉、瓫《ほとぎ》六口、*堝《なべ》五

洗盤　食品類を洗うための桶のようなもの。主計式上1条は容量を一斗以上とし、内膳式23条には「磨㆓御飯㆒料」「洗㆓作雑滓漬物㆒料」とある。

絹の篩　曲物状の底に絹を張った篩。

折櫃　檜などの薄板を折り曲げて作った方形の木箱。

料理所　常設の施設ではなく、豊明節会の食膳準備のために臨時に設置されたものか。

その雑の器は…土の器　→補2

8 薗韓神雑給料条

薗韓神の祭の雑給の料　儀式一(園幷韓神祭儀)によれば薗韓神祭の次第は①南神殿の儀、②北神殿の儀、③和儛、④解斎の飲食、⑤神楽奉納と展開する(四時祭式上9条の「薗ならびに韓神三座の祭」参照)。本条は④の食の料物の規定。

芥子　アブラナ科の一年または二年草カラシナの種子、またはそれをすって粉末にしたもの。

饌の案六脚・折櫃六十合・大笥六十合　→補3

片盤　高台のないサラ。

窪坏　主計式上2条に見える深坏と同じものか。

盌坏　案や折敷に載せる盌物用の小さな坏。

堝　食物を煮るための土器。

蕓　底「芸」。下文12条ノ例ニヨリテ改ム。
荾　底「蓀」。九ニヨリテ改ム。下同ジ。タダシ和名抄ニ従イテ「荽」ニ作ルベキカ。
筥　底ナシ。版本ニ従イテ補ウ。タダシ版本ハ前後ノ条ヲ参考シテ意補シタル可能性大。
各　底ナシ。九ニヨリテ補ウ。
加　底、弥書。九・閣ホカニヨリテ削ル。
十　底、コノ下「斤」字アリ。九・井ニヨリテ削ル。
一　底ナシ。九ニヨリテ補ウ。
卌　底「四」。九ニヨリテ改ム。

弓弦葉　ユズリハ科の常緑高木。新葉ができてから旧葉が落ちることから譲葉の名があり、永続性や再生の象徴として新年や祝事の装飾に用いられた。
蒜　ニンニク、ノビルなどのユリ科の植物で臭いがあり食用とするものの古称。
葱　長ネギ。
蘿菔　大根の古称。
萵苣　内膳式28条参照。
蕓薹　アブラナ。

口、食薦五十枚、弓弦葉五擔、蒜一斗、葱二斗、蘿菔五十把、芹六斗、萵苣五斗、蕓薹二斗、胡荾五升、蘭十把、蔓菁六斗、葵二斗、已上十種、内膳司所ㇾ進、筥竹卌株、山城國所ㇾ進、鮮魚充ㇾ直、鮮魚、菓子直布六端、自餘諸祭同料、不ㇾ注二布數一皆效ㇾ此、糖八升、松明八十把、炭二斛、薪三百六十斤、松明以下直、官人當色一領、膳部六人明衣、佐渡布、人別二丈一尺、

弘
平野夏祭雜給料

白米一斛三斗四升、冬加二五斗八升一、糯米一斛二斗八升、冬加二四斗二升一、糯糒、糖各一斗四升、冬加二各三升一、小麥二斗六升、冬加二八升一、大豆二斗三升、冬加二七升一、小豆二斗六升、冬加二八升一、胡麻子二斗二升四合、冬加二七升六合一、胡麻油二斗二升、冬加二一斗二升一、蜜酒四斗、冬同、酢一斗三升四合、冬加二六升一合一、醬三斗、冬減二九升一、鹽四斗八升、冬加二一斗七升一、東鰒六十斤十二兩、冬加二卌三斤十四兩一、縄貫鰒六十一斤八兩、冬加二卅三斤八兩一、佐渡鰒十四斤、冬加二十四斤十五兩一、隱伎鰒廿一斤、冬加二十三斤一、熬海鼠五十二斤十四兩、冬加二廿八斤六兩一、堅魚十五斤、冬加二十五斤一、烏賊卌四斤二兩、冬加二廿四斤一、鮭卌一隻、冬加二廿隻一、雜腊二百卌一斤、冬加二卌斤一、鯖五十七斤八兩、

口、食薦《すごも》五十枚、*弓弦葉《ゆづるは》五担、*蒜《ひる》一斗、*葱《き》二斗、*蘿菔《おおね》五十把、芹《せり》六斗、*萵苣《ちさ》五斗、*芸薹《おち》二斗、*胡荽《こにし》五升、*蘭《あららぎ》十把、蔓菁《あおな》六斗、*葵《あおい》二斗〈*已上十種は内膳司の進るところ〉、箸竹四十株〈*山城国の進るところ〉、鮮魚《なまうお》は直《あたい》を充てよ〈鮮魚・菓子の直は布六端。自余の諸祭の同じき料に布の数を注さざるは皆これに効《なら》え〉、糖《あめ》八升、松明《たいまつ》八十把、炭《あらずみ》二斛、薪《みかまき》三百六十斤〈松明以下は直〉、官人《かんにん》の当色《とうじき》一領、膳部《かしわで》六人の明衣《みょうえ》の佐渡の布、人別に二丈一尺。

9 *平野の夏の祭の雑給の料

白米一斛三斗四升〈冬は五斗八升を加えよ〉、糯米一斛二斗八升〈冬は四斗二升を加えよ〉、糯《もちよね》の糒《ほしいい》・糖各一斗四升〈冬は各三升を加えよ〉、小麦二斗六升〈冬は八升を加えよ〉、大豆二斗三升〈冬は七升を加えよ〉、小豆二斗六升〈冬は八升を加えよ〉、胡麻子二斗二升四合〈冬は七升六合を加えよ〉、胡麻の油二斗二升〈冬は一斗二升を加えよ〉、韲酒四斗〈冬も同じくせよ〉、酢一斗三升四合〈冬は六升一合を加えよ〉、醬三斗〈冬は九升を減ぜよ〉、塩四斗八升〈冬は一斗七升を加えよ〉、東鰒六十斤十二両〈冬は四十三斤十四両を加えよ〉、縄貫鰒六十一斤八両〈冬は三十三斤八両を加えよ〉、佐渡の鰒十四斤〈冬は十四斤十五両を加えよ〉、隠伎の鰒二十一斤〈冬は十三斤を加えよ〉、熬海鼠五十二斤十四両〈冬は二十八斤六両を加えよ〉、堅魚十五斤〈冬は十五斤を加えよ〉、烏賊三十四斤二両〈冬は二十四斤を加えよ〉、鮭四十一隻〈冬は二十隻を加えよ〉、雑《くさぐさ》の腊二百三十一斤〈冬は四十斤を加えよ〉、鯖五十七斤八両

胡荽　コリアンダーの古称。香菜。生葉を香味料、臭い消しとして用いる。

蘭　フジバカマまたはヒヨドリバナのことか。ノビルの古称とする説もある。

葵　フユアオイの古名。種子が食用、薬用となる。

已上十種は内膳司の進るところ　内膳司が諸祭に供する雑菜の数量を規定した内膳式5条に「薗韓神祭三斛(中略)〈色目見二大膳式一〉」とある。本式の蒜から葵までの一〇種のうち「把」を単位とする蘿菔と蘭以外の合計は二斛四斗五升となる。内膳式28条によれば蘿菔五〇把は五斗、蘭一〇把は五升と換算され、合計すると三斛となる。

山城国の進るところ　諸祭・諸節に用いる箸竹は、民部式下7条によれば畿内から進上されることになっているが、本条から山城国が進上国であったことが分かる。→補1

9 平野雑給料条

平野の夏の祭の雑給の料　平野祭は四月と十一月の上つ申の日に行なわれる(四時祭式上17条)。その直会の食事の料物。四月の夏の祭と十一月の冬の祭とでは参列者数が異なるため食材や饌具の数量も夏冬で異なる。本条では夏の祭の料物の数量を規定するとともに分注で冬の祭の数量も規定している。

冬同、雑鮨二百六十斤、冬加㆓卌斤㆒、堅魚煎汁七瓶、別五合、冬加㆓三瓶㆒、海藻卌八斤六兩、冬加㆓十二斤㆒、芥子二升、冬加㆓五合㆒、生菜三斛、冬同、漬蜀椒子一斗、冬同、饌案十脚、冬加㆓五脚㆒、覆敷料曝布廿條、覆長各六尺、敷長各五尺、上中折櫃各六十合、冬加㆓卅合㆒、上折櫃敷料調布六十條、長各三尺、大筥百合、冬同、絹篩二口、別二尺五寸、冬同、燈油三升五合、冬同、覆瓮柏一千把、冬加㆓百把㆒、干柏五俵、冬同、陶大盤、叩盆各十口、冬同、筥坏卅口、冬加㆓十口㆒、由加三口、冬同、食薦八十枚、冬同、箸竹七十株、冬同、鮮魚、菓子、充㆑直、拭料商布三條、別四尺、冬同、膳部官人、今良雇夫合卅二人、襷褌料商布人別九尺、冬加㆓八人料㆒、駈使雇夫單五十人食料黒米、人日二升、鹽二勺、功直、隨㆑時、

賀茂神祭齋院陪從等人給食料

東鰒、堅魚、隠伎鰒、煮堅魚各五斤四兩、雑平魚、雑魚楚割各七斤十四兩、鯖百十三隻、海藻十六斤二兩、鹽八升五合九勺、醬四升二合、酢、韲酒各一升、滓醬三升、醬滓一升五合、生栗子一斗六升八合、搗栗子八升四合、干柿子十連

官　底「宮」。塙・貞ニヨリテ改ム。

饌の案十脚・上中の折櫃各六十合・大筥百合　→補1

覆瓮柏　いちご形の葉の柏。九本傍書に「以知己羽」とあり、大炊式12条には「覆瓮葉柏」とも表記されていることからイチゴハガシワと訓む。覆瓮柏は本式では本条(平野祭)のほか11条(賀茂祭)と14条(松尾祭)に見える。松尾祭では上位参列者の配膳具である机にのみ覆瓮柏が用いられ(机別に五把)、これは賀茂祭でも同様であることから、両祭では上位参列者の食器として用いられている。しかし本条では一〇〇〇把(冬は一一〇〇把)と数が多く、平野祭ではすべての参列者の食器に用いられたとみられ、上位(案を使用)に五把ずつ、中位(折櫃を使用)と下位(大筥を使用)に四把ずつと換算すると、概ね数が整合する。一方、平野祭の食膳の飯の食器には土の椀・鋺形・覆瓮柏の三種があり(大炊式9条)、土の椀(七〇)は案(一〇)と上の折櫃(六〇)、鋺形(六〇)は中の折櫃(六〇)、覆瓮柏(九八)は大筥(一〇〇)にそれぞれ配膳されたとみられ、覆瓮柏は飯の食器としては下位者に用いられている。これは大原野祭(同式12条)、松尾祭(同式13条)も同様

〈冬も同じくせよ〉、雑の鮨二百六十斤〈冬は四十斤を加えよ〉、堅魚の煎汁七瓶《かめ》〈別《かめごと》に五合、冬は三瓶を加えよ〉、海藻四十八斤六両〈冬は十二斤を加えよ〉、芥子二升〈冬は五合を加えよ〉、生菜三斛〈冬も同じくせよ〉、漬蜀椒子《つけはじかみ》一斗〈冬も同じくせよ〉、*饌の案十脚〈冬は五脚を加えよ〉、覆・敷の料の曝布二十条〈覆は長さ各六尺、敷は長さ各五尺〉、*上・中の折櫃各六十合〈冬は三十合を加えよ〉、上の折櫃の敷の料の調布六十条〈長さ各三尺〉、*大笥百合〈冬も同じくせよ〉、絹の篩二口〈別《くごと》に二尺五寸、冬も同じくせよ〉、燈油三升五合〈冬も同じくせよ〉、*覆瓫柏《いちごはがしわ》一千把〈冬は百把を加えよ〉、干柏五俵〈冬も同じくせよ〉、陶の大盤・叩盆各十口〈冬も同じくせよ〉、筥坏《はこつき》三十口〈冬は十口を加えよ〉、由加三口〈冬も同じくせよ〉、食薦八十枚〈冬も同じくせよ〉、箸竹七十株〈冬も同じくせよ〉、鮮魚・菓子〈*直を充てよ〉、拭《たのごい》の料の商布三条〈別《じょうごと》に四尺、冬も同じくせよ〉、*膳部の官人・今良《いままいり》の雇夫合せて三十二人の襷《たすき》・襌《ちはや》の料の商布、人別に九尺〈冬は八人の料を加えよ〉、駈使の雇夫*単《のべ》五十人の食《じき》の料の黒米、人ごとに日に二升、塩二勺、功の直〈時に随え〉。

10 *賀茂神の祭の斎院の陪従《べいじゅう》らの人給の食の料

東鰒・堅魚・隠伎の鰒・煮堅魚各五斤四両、雑の平魚《たい》・雑の魚の楚割《すわやり》各七斤十四両、鯖百十三隻、海藻十六斤二両、塩八升五合九勺、醬四升二合、酢・韲酒各一升、滓醬《かすひしお》三升、*醬滓《ひしおかす》一升五合、生栗子《なまぐり》一斗六升八合、搗栗子《かちぐり》八升四合、干柿子《ほしがき》十連

である。

直を充てよ　前条により直は布六端。

膳部の官人今良の雇夫　平野祭では神事の中で神饌に携わる膳部は神祇官の神部が務めたが(儀式一〈平野祭儀〉)、本条の膳部はこれとは別の直会の給仕に当たる大膳職の伴部である。これを「膳部官人」と称するのは、膳部が「今良雇夫」を駆使する立場にあったからであろう。今良は官戸、官奴婢等の賤の身分から解放されて良身分となった後も、諸司に配属され雑役にあてられた者。雇夫は功直と食料を支給されて官司の労役に従事する人夫。

単五十人　延べ人数五〇人。

10斎院給食料条

賀茂神の祭　山城国愛宕郡の賀茂御祖神社(下社)と賀茂別雷神社(上社)の祭礼。四月の中つ酉の日に勅使や斎王(斎院)が賀茂社に参向して奉幣する。斎院式8条参照。

賀茂神の祭の…人給の食　賀茂祭に供奉する人たちに支給される食事。貞観儀式、延喜儀式に行列次第が見え(本書上巻表6参照)、供奉の人々の構成が分かる。本条では折櫃四二合、大笥二五合の数から六七人分で、案に配膳される高位者の食事は次条に規定されている。

醬滓　醬の絞り滓。

半、芋子八升四合、笋子廿一把、折櫃卅二合、大笥廿五合、敷折櫃廿一合料調布一端二丈一尺、薪五荷、炭五斗、青柏六俵、鮮物、菓子、直布五端、干柏二俵、平坏二百五十二口、窪坏、盞坏各八十四口、食薦卅枚、筯竹一圍、炬油二升、白米三斗、膳部等食料、夫十五人、京職所進、黒米一斗八升、夫食料、

同祭齋院司別當已下四人食料

東鰒、堅魚、隱伎鰒、煮堅魚、平魚楚割各十二兩、鮨、腊各四斤、鹽六合、盞酒、酢各六合、生栗子四升、笋子八把、覆瓮柏廿把、鮮物、菓子、直布五端、食薦四枚、醬六合、片盤廿四口、窪坏十六口、盞坏十六口、覆敷案四脚料曝布一端二尺、青柏一荷、薪一荷、炭二斗、夫四人、京職所進、黒米四升八合、鹽四勺八撮、醬滓四合、並夫食料、

已上弘

弘貞　春日祭雜給料　春冬並同、

白米二斛、五斗瞽使粮料、一斛膳部間食料、一斗漿水料、四斗祭料、酢、醬各一斗五升、鹽三斗五升、東鰒卅七斤、隱伎鰒、堅魚各卅七斤、繩貫鰒廿八斤、煮堅魚、熬海鼠各廿九斤、雜腊卅四斤、蛸廿五斤、烏賊廿七斤、鮭六十四隻半、雜腊百廿八斤、鯖百廿斤、雜鮨五缶、堅魚煎汁三升、雜

敷　底、コノ上ニ「覆」字アリ。考異ニ従イテ削ル。

鮮　底ナシ。下文12条ノ例ニヨリテ補ウ。九「味」。四時祭式下51条ニ「味物」ノ例アリ。

白米…（一七字）　底、弥書。九ニヨリテ削ル。

瓮柏　底「柏」字ナシ。版本ニ従イテ補ウ。閣・梵ホカ「瓮子」。九「盆子」。

筯竹　竹製の箸。箸竹と同じ物。

11斎院別当以下条

同じき祭の…食の料　前条が賀茂祭供奉者のうち中位、下位の者の食の規定であったのに対し、本条は上位者の食事を規定。賀茂祭の供奉者への給食は、当初は

折櫃・大笥で支給される中位・下位のランクのみであったのが、一〇世紀初め斎院司別当が置かれ（次項参照）、賀茂祭に参列するのに伴い、案を用いる上位のランクの給食が新たに設けられたのであろう。

斎院司別当　斎王が卜定されると同時に任命され、禊祭を行事することを主な任務とする。一〇世紀初め頃に置かれるようになった。斎院式4条参照。

12春日雑給料条

春日の祭の雑給の料　二月、十一月の上つ申の日に行なわれる春日祭の直会で参列者に支給される食事の料物。春日祭については四時祭式上7条を参照。なお同条には祭神料・散祭料・解除料に大膳職から料物が送付されることが規定されているが、これと対応する大膳式の規定はない。

贄使　四時祭式上7条によれば、祭神料のうち塩・鰒・堅魚等の海産物や菓子類が大膳職から送られるが、これらを京の大膳職から大和国の春日神社まで持参する使者。

間食　激しい労働に従事する者に対し正規の食料の他に支給する食。定例の受食者ではない臨時の受食者への食とする見解もある。

漿水　米を煮た汁。おもゆ。

半、芋子《いも》八升四合、笋子《たかんな》二十一把、折櫃四十二合、大笥二十五合、折櫃二十一合に敷く料の調布一端二丈一尺、薪五荷、炭五斗、青柏《あおがしわ》六俵、鮮物《なまもの》・菓子《くだもの》〈直は布五端〉、干柏二俵、平坏二百五十二口、窪坏・盞坏《あえつき》各《おのおの》八十四口、食薦四十枚、*筯竹《はしたけ》一囲、炬《たいまつ》の油《あぶら》二升、白米三斗〈膳部《かしわで》らの食の料〉、夫十五人〈京職の進《たてまつ》るところ〉、黒米一斗八升〈夫の食の料〉。

11
*同じき祭の*斎院司別当已下四人の食の料

東鰒《あずまあわび》・堅魚・隠伎の鰒・煮堅魚・平魚の楚割各十二両、鮨《すし》・腊《きたい》各四斤、塩六合、盞酒・酢各六合、生栗子四升、笋子八把、覆瓮柏《いちごはがしわ》二十把、鮮物・菓子〈直は布五端〉、食薦四枚、醤六合、片盤二十四口、窪坏十六口、盞坏十六口、案四脚を覆い敷く料の曝布一端二尺、青柏一荷、薪一荷、炭二斗、夫四人〈京職の進るところ〉、黒米四升八合、塩四勺八撮、醤滓四合〈みな夫の食の料〉。

12
*春日の祭の雑給の料〈春冬みな同じくせよ〉

白米二斛〈五斗は*贄使《にえづかい》の粮《ろう》料、一斛は膳部の*間食《かんじき》の料、一斗は*漿水《こんず》の料、四斗は祭の料〉、酢・醤各一斗五升、塩三斗五升、東鰒三十七斤、隠伎の鰒・堅魚各三十七斤、縄貫鰒二十八斤、煮堅魚・熬海鼠《いりこ》各二十九斤、雑の鱐《ほしいお》三十四斤、蛸《たこ》二十五斤、烏賊二十七斤、鮭六十四隻半、雑の腊百二十八斤、鯖百二十斤、雑の鮨五缶、堅魚の煎汁三升、雑

海菜五升、海藻六十二斤、芥子三升、合盛雑腊一籠、覆二敷案一料信濃布四端三丈、敷二折櫃一百合一料布七端二丈三尺、大筥一百合、蒜一斗四升、葱三斗、蘿菔七十把、蒿苣七斗、葵三斗、芹三斗、蕓薹三斗、胡荾五升、蘭十把、已上九種、内膳司所レ進、弓弦葉廿七擔、青柏六俵、炬油六升、竹三擔、黒葛六斤、簀四枚、干柏三俵、食薦七十八枚、鮮魚充レ直、鮮物、菓子、雑器等之直、幷運賃料布廿端、官人當色一領、史生、膳部等明衣料、佐渡調布九端、染料紅花小一斤五兩、褌拭布料商布六段、

貞 大原野祭雑給料

右、同二春日祭一、但加二片埦卌八口、小盤千二百口、片盤百卌口、窪坏五百十四口、炭三斛、薪三百六十斤一、

貞後 松尾神祭雑給料

折櫃卌五合、大筥卌三合、東鰒十斤、熬海鼠、烏賊各十六斤五兩、雑鮨、腊各六十四斤十二兩、雑平魚廿一斤、鮭八隻半、鯖卌斤、芥子一升、海藻廿斤六兩、鹽一斗一升六合二勺、醤五升一合、壅酒、酢各五升七合、机別二合、折櫃別一合、陶大盤、叩戸各五口、調布三端九尺、折櫃敷料各三尺、曝布一端二丈六尺、机敷料別五尺、覆料別六尺、篩料絹三尺、商布五段、

褌 丼

料　底ナシ。考異ニ従イテ補ウ。
青　底「干」。考異ニ従イテ改ム。
褌　考異、コノ上「襌」字ヲ補ウベキカトナス。
五　底「六」。考異ニ従イテ改ム。
一端二丈六尺　→校補2

案を覆い敷く料の信濃の布…　案を覆い敷く布は、本式の他の諸祭では曝布だが春日祭（本条）のみ信濃の布とする（大原野祭も本条を準用）。ただし信濃の布も曝布である。信濃の布については主計式上31条参照。案の数の記載はないが、他の諸祭と同じく布一端を四丈二尺、案一脚に要する布を十一尺（覆六尺、敷五尺）とすると、本条の信濃の布四端三丈は案十八脚分となる。

已上九種は内膳司の進るところ　内膳司が諸祭に供する雑菜の数量を規定した内膳式5条に「春日祭四斛（中略）〈色目見二大膳式一〉」とある。本式の蒜から蘭までの九種のうち「把」を単位とする蘿菔と蘭を内膳式28条に準じて「升」に換算して九種を合計すると二斛八斗四升となり、内

の海菜《もは》五升、海藻《め》六十二斤、芥子三升、合盛《あわせもり》の雑の腊一籠、*案を覆い敷く料の信濃の布四端三丈、折櫃一百合に敷く料の布七端二丈三尺、大笥一百合、蒜一斗四升、葱《き》三斗、蘿菔《おおね》七十把、萵苣《ちさ》七斗、葵三斗、芹三斗、蕓薹《おち》三斗、胡荽《こにし》五升、蘭《あららぎ》十把*〈已上九種は内膳司の進るところ〉、弓弦葉《ゆづるは》二十七担、青柏六俵、炬の油六升、竹三担、黒葛《つづら》六斤、簀《す》四枚、干柏三俵、食薦七十八枚、鮮魚《なまうお》は直《あたい》を充てよ〈鮮物・菓子・雑器等の直、ならびに運賃の料の布二十端〉、官人の当色一領、史生・*膳部らの明衣の料の佐渡の調布九端、染料の紅花小一斤五両、襅《ちはや》・拭布《のごいぬの》の料の商布六段。

13 大原野《おおはらの》の祭の雑給の料

右、*春日の祭に同じくせよ。ただし片埦《かたもい》四十八口、小盤千二百口、片盤百四十口、窪坏五百十四口、炭《あらずみ》三斛、薪《みかまき》三百六十斤を加えよ。

14 *松尾《まつのお》神の祭の雑給の料

*折櫃四十五合、大笥四十三合、東鰒十斤、熬海鼠・烏賊《いか》各十六斤五両、雑の鮨・腊各六十四斤十二両、雑の平魚二十一斤、鮭八隻半、鯖四十斤、芥子一升、海藻二十斤六両、塩一斗一升六合二勺、醤《ひしお》五升一合、韲酒《あえざけ》・酢各五升七合〈机別に二合、折櫃別に一合〉、陶《すえ》の大盤・叩戸各五口、調布三端九尺〈折櫃の敷《しき》の料は各三尺〉、曝布一端二丈六尺〈机の敷の料は別《つくえごと》に五尺、覆《おおい》の料は別に六尺〉、篩《ふるい》の料の絹三尺、商布五段〈襅ならびに

膳式5条の数値と一致しない。

膳部らの明衣の料… 四時祭式上7条にも、膳部の斎服の料として佐渡の調布と紅花が見える。

13大原野雑給料条

春日の祭に同じくせよ 大原野神社は桓武天皇の長岡京遷都に際して春日神社の祭神を勧請して成立したという経緯から、祭料(四時祭式上8条)も春日祭に準じている。四時祭式上8条にも「料物同二春日祭一」とある。

14松尾雑給料条

松尾神の祭の雑給の料 四月の上つ申の日に行なわれる松尾祭の直会の食事の料物。松尾祭については四時祭式上16条参照。松尾祭の儀式次第は同条の「松尾の祭」参照。

折櫃四十五合大笥四十三合… 本条では配膳具の折櫃と大笥の数が冒頭に示されており、机は見えないが、分注から机も用いられていることが分かる。そして文末の分注で再度机も含めた配膳具の数が提示されており、いかにも不自然である。おそらくは当初松尾祭には机を用いる上位者の参列はなく、配膳具は折櫃と大笥のみであったのが、後に上位者が参列するようになり、その内容が元の式文に加筆されて、本条のような形になったのであろう。

八十七口　分注ト合ワズ。或イハ分注右行「机別七口」カ。
二百四口　分注ト合ワズ。或イハ分注右行「机別四口」カ。
三百口　分注ト合ワズ。或イハ「三百六十口」カ。
雑　九ナシ。
等　底ナシ。九ニヨリテ補ウ。
豆　底ナシ。例ニヨリテ補ウ。
七　底「一」。考異ニ従イテ改ム。
顆　底「果」。塙校注ニヨリテ改ム。
醢　底「醯」。九ホカ「醢」。大学式1条ニヨリテ改ム。下同ジ。
葅　底ナシ。大学式1条ニヨリテ補ウ。
升　底「斤」。九ニヨリテ改ム。
醢　底「醯」。九ニヨリテ改ム。

裹飯　干柏に裹まれた飯。

15釈奠料条

釈奠　大学式1条参照。本条は大膳職が整える釈奠供物の料を規定したもの。
石塩十顆　→補1
鹿の脯三十斤　→補2
鹿の醢一升魚醢一升兎の醢一升　→補3
豚胉一升　→補4
鹿の五蔵一升　→補5
脾析葅一升　→補6

（巾料、）覆瓫柏卅把、（机別五把、）食薦五十枚、青菜一斛、（内膳司所レ奉、）漬椒子五升、（甕料、）油一斗一升、（八升菓子料、三升炬料、）干柏卅俵、（裹飯料、）片埦八十七口、（机別八口、折櫃別一口、）窪坏二百四口、（机別六口、折櫃別四口、）平坏三百口、（折櫃別八口、）筯竹五十株、調布三端、（鮮物幷雑菓子等料、）糯米四斗二升、（机別一升、折櫃別八合、）白米二斗六升一合、（菓子料、机別六合、折櫃別五合、）大豆、小豆各一斗、胡麻子一斗、小麦六升、糯糒、糖各五升七合、（机別二合、折櫃別一合、）炭一斛、薪二荷、夫五人、（請㆓京職㆒、）雑魚卌斤、滓醤二斗、（已上机六前、折櫃卌五合、大笥卌三合、裹飯百廿口等、及百度料、）

釋奠祭料

石鹽十顆、乾魚二升、鹿脯卅斤、鹿醢一升、魚醢一升、兎醢一升、豚胉一升、鹿五藏一升、脾析葅一升、羊脯十三斤八兩、（代用㆓鹿脯㆒、）糯米四升、大豆、胡麻子、乾棗子各二升、黍子四升、栗黄一斗一升、榛人、菱人、芡人、韮葅、蔓菁葅、芹葅、筍葅各二升、葵葅九升、鹽一升五合、醬三升、三牲宍各一頭、鹿一斗五升、（大羹料、）鹿一斗、（醢料、）

同祭別供料

東鰒十斤、薄鰒五斤、隱伎鰒十八斤、串貫羽割、阿波鰒、押鮎、熬海鼠、脯

羊の脯…鹿の脯を用いよ　→補7
糯米四升　→補8
大豆胡麻子　大学式には記述がない。
乾棗子　→補9
黍子四升　→補10
栗黄一斗一升　→補11
榛人菱人芡人　→補12
韮葅　ニラの漬物。豆(トウ、木製のたかつき)に盛り二座に奠(オ)いた(大学式1条)。計算も同式6条と合致。
蔓菁葅　カブラ菜の漬物。豆に盛り二座に奠いた(大学式1条)。計算も同式6条と合致。
芹葅笋葅各二升　→補13
葵葅九升　葵の漬物。豆に盛り従祀九座に奠いた(大学式1条)。同式6条によれば豆ごとに一升となるので計算も合致する。
三牲の宍各一頭　→補14
鹿一斗五升〈大羹の料〉　→補15
鹿一斗〈醢の料〉　→補16

16釈奠別供料条

同じき祭の別供の料　大学式6条に「盛二別貢物一韓櫃二合〈各有二筥形一〉」とあり、この別貢物に当たる。韓櫃に入れられ供えられた。別貢物には本条のもの以外に「清酒三斗六升」(造酒式21条)などもある。
串貫の羽割　→補17

巾《たのごい》の料〉、覆瓫柏《いちごはがしわ》三十把〈机別に五把〉、食薦五十枚、青菜一斛〈内膳司の奉るところ〉、漬《つけ》椒子《はじかみ》五升〈韲《あえもの》の料〉、油一斗一升〈八升は菓子の料、三升は炬《たいまつ》の料〉、干柏三十俵〈*裹飯《つつみいい》の料〉、平《ひら》片埦八十七口〈机別に八口、折櫃《おりひつ》別に一口〉、窪坏《くぼつき》二百四口〈机別に六口、折櫃別に四口〉、坏《つき》三百口〈折櫃別に八口〉、筯竹《はしたけ》五十株、調布三端〈鮮物ならびに雑の菓子等の料〉、糯米《もちよね》四斗二升〈机別に一升、折櫃別に八合〉、白米《しらよね》二斗六升一合〈菓子の料、机別に六合、折櫃別に五合〉、大豆《まめ》・小豆《あずき》各一斗、胡麻子《ごまのみ》一斗、小麦六升、糯《もちよね》の糒《ほしいい》・糖《あめ》各五升七合〈机別に二合、折櫃別に一合〉、炭一斛、薪二荷、夫五人〈京職より請けよ〉、雑の魚四十斤、滓醬二斗〈已上机六前、折櫃四十五合、大笥《おおけ》四十三合、裹飯百二十口等、および百度《ももど》の料〉。

15
*釈奠《せきてん》の祭料
*石塩《かたしお》十顆、乾魚二升、*鹿の脯《ほじし》三十斤、*鹿の醢《ひしお》一升、魚醢《いおひしお》一升、兎の醢一升、*豚胉《とんはく》一升、*鹿の五蔵一升、*脾析葅《ひせきにらき》一升、*羊の脯十三斤八両〈代わりに鹿の脯を用いよ〉、*糯米四升、*大豆・胡麻子・*乾棗子《ほしなつめ》各二升、*黍子《きび》四升、*栗黄《りっこう》一斗一升、*榛人《はしばみのみ》・菱人《ひしのみ》・芡人《みずふぶきのみ》・*韮葅《こみらにらき》・*蔓菁葅《あおなにらき》・*芹葅《せりにらき》・笋葅《たかんなにらき》各二升、*葵葅《あおいにらき》九升、塩一升五合、醬三升、*三牲の宍各一頭、*鹿一斗五升〈大羹《あつもの》の料〉、*鹿一斗〈醢の料〉。

16
*同じき祭の別供《べっく》の料
東鰒十斤、薄鰒五斤、隠伎の鰒十八斤、*串貫《くしぬき》の羽割・阿波の鰒・押鮎・熬海鼠・脯

各六斤、筑紫鰒二斤、蔭鰒、烏賊各四斤、火干鮎十八斤、堅魚十六斤、煮堅魚八斤、魚楚割卌八斤、腊六十斤、海藻卅六斤、鮭廿隻、紫菜六斤、木綿二斤八兩、

同祭雜給料

鰒、堅魚、享官五位二人、六位已下九十八人、人別二兩、煮堅魚、烏賊、五位二人別二兩、雜鮨、享官百人別二合、學生三百五十人別四合、海藻、百人別二兩、醬、二人別一合、九十八人別五勺、酢、二人別二勺、九十八人別一勺、鹽、二人別四勺、九十八人別二勺、學生三百五十人別一勺五撮、漬蒜房、蒜英、韮搗、五位已下官人已上卌人別一合五勺、漬蜀椒子、人別一勺、漬菜、始日享官五位已下一百人別二合、朝夕料、畢日學生三百五十人別一合、

窪坏、盤各九十口、匏十五柄、箸竹百廿株、

右、春料依㆓前件㆒、秋亦准㆑此、

已上弘

延　凡六衛府輪轉所㆑進、釋奠祭醢料兎一頭、先㆑祭三月送㆑職、潔清乾暴造㆑醢、至㆓祭日㆒供之、其貢進之次、以㆓左近衛府㆒爲㆓一番㆒、依㆑次貢進、終而更始、

延喜式巻第卅二

斤八両　底ナシ。九ニヨリテ補ウ。
人　底ナシ。九ニヨリテ補ウ。
卅　九「卌」。
柄　底「兩」。九ニヨリテ改ム。
醢　底「醯」。大学式2条ニヨリテ改ム。下同ジ。
暴　九「曝」。

蔭鰒　主計式上2条の「鳥子鰒…薄鰒」参照。

木綿二斤八両　料物を収めた韓櫃の結料（大学式6条）。なお、大学式6条に「結料木綿」以下曝布、緑帛、白紗帊、縹帛帯などの記載が見える。これらも別貢物を入れた韓櫃を装飾するために用いられたものかもしれない。

17 釈奠雑給料条

同じき祭の雑給の料　大学式9条によれば致斎の日（二日間）、諸享官には朝夕の酒食が出された。その数は釈奠に関わる官人のうち大蔵、掃部、木工、左右京兵士を除いたもので一〇〇人とされており本条の享官一〇〇人と合致する（ただし

各六斤、筑紫の鰒二斤、*薩鰒・烏賊各四斤、火干鮎十八斤、堅魚十六斤、煮堅魚《にがつお》八斤、魚の楚割四十八斤、腊六十斤、海藻三十六斤、鮭二十隻、紫菜《のり》六斤、*木綿《ゆう》二斤八両。

17 *同じき祭の雑給の料

鰒・堅魚〈*享官《きょうかん》の五位二人、六位已下九十八人に人別《ごと》に二両〉、煮堅魚・烏賊〈五位二人に別《ひとごと》に二両〉、雑《くさぐさ》の鮨〈享官百人に別《ひとごと》に二合、*学生三百五十人に別に四合〉、海藻〈百人に別に二両〉、醤〈二人に別に一合、九十八人に別に五勺〉、酢〈二人に別に二勺、九十八人に別に一勺〉、塩〈二人に別に四勺、九十八人に別に二勺、学生三百五十人に別に一勺五撮〉、漬蒜房《つけひるふさ》・蒜英《ひるのはなぶさ》・韮搗《こみらかち》〈*五位已下の官人《かんにん》已上三十人に別に一合五勺〉、漬蜀椒子《つけはじかみ》〈人別に一勺〉、漬菜《つけな》〈*始めの日、享官の五位已下一百人に別に二合、朝夕の料、*畢りの日、学生三百五十人に別に一合〉。

窪坏・盤各九十口、匏《なりひさご》十五柄、箸竹《はしたけ》百二十株。

右、春の料は前《さき》の件《くだり》によれ。秋もまたこれに准《なぞら》えよ。

18 凡そ*六衛府輪転して進るところの釈奠の祭の醢《ひしお》の料の兎一頭は、祭に先《さきだ》つ三月に職に送り、潔《きよ》め乾《ほ》し暴《さら》して醢に造り、祭日に至りて供《くう》ぜよ。その貢進の次《ついで》は、左近衛府を以て一番となし、次により貢進し、終らば更に始めよ。

延喜式巻第三十二

同条に記載されている享官数を実際に合計すると一〇一人となり合致しないのだが)。なお同条では享官に酒食が給されると規定されていたが、本条では学生にも給されることになっている(ちなみに本来学生には給食がある)。この点不審。大学式9条では学生に関する記載を省略したか。

享官の五位二人六位已下九十八人 ↓補1

学生三百五十人 大学寮の学生の定員は四〇〇人である。このうち三五〇人が釈奠に供奉するものとして選ばれたのであろう。大学式20条に「凡釈奠祭、供二奉職掌一学生已上、祭畢之後、具録二夾名一申二於別当一」とあるのはこのことに対応するか。また、斎郎五〇人が学生だとすれば学生定数と合致する。

五位已下の官人已上三十人 五位以下官人以上の範囲は確定できないが享官一〇〇人より、学生がつとめた可能性のある斎郎五〇人と雅楽寮の工人二〇人を引くと三〇人になる。

始めの日・畢りの日 始めの日は致斎の始めの日。畢りの日は釈奠の終わる日か致斎の終わる日(前享一日)のことかは不明。

18 六衛府輪転条

六衛府輪転して…兎一頭 ↓補2

延喜式卷第卅三

大膳下

東寺中臺五佛、左方五菩薩、右方五忿怒料、•生•道鹽日別五合七勺、•海藻六兩、滑海藻十二兩、末醬四合五勺、醬一合五勺、

右、每年十二月以前、計二來年日數一、申レ官行之、

聖神寺季料常住寺准レ此、

佛聖二座別日菜料、糯米一升、米、小麥各七合、大豆、小豆、胡麻子各五合、醬二合六勺、滓醬、末醬、酢各一合五勺、胡麻油二合、鹽三合六勺、海藻三兩、滑海藻二兩、芥子四勺、

右、季別隨二月大小一、請受送二入寺家一、

正月最勝王經齋會供養料、臨時齋會供養料准レ此、但干柏、薪、•炭、箸竹、松明、油等隨二僧員一申、僧別日菓菜料、米七合、甜物料五合、菜料二合、糯米一升、糯糒二合、糖一合、甜物料七勺、菜料三勺、索餅一藁、小麥六合、甜物幷薄餅、菜料各•二合、大豆二合五勺、餅料一合五勺、菜料一合、小豆四合、餅、菜料各二合、大角豆、白大豆各一合、胡麻子三合、胡麻油二合五勺、麻子三勺、醬三合、滓醬、麁醬、•末•醬、豉各一合、麁末醬

生道　底ナシ。閣・塙・貞ニヨリテ補ウ。→校補1
海　底ナシ。閣・梵ホカニヨリテ補ウ。
炭　底「灰」。閣・梵ホカニヨリテ改ム。
二　底「七」。考異ニ従イテ改ム。
末醬　底ナシ。閣・梵ホカニヨリテ補ウ。

1東寺中台等条
東寺　平安京羅城門の東に創建された寺院。教王護国寺とも呼ばれた。玄蕃式64条参照。
中台の五仏　東寺の講堂壇上中央に安置された、大日如来を中心とした金剛界五仏のこと。
左方の五菩薩　東寺の講堂壇上、左方に安置された菩薩像のことで、金剛波羅密、金剛薩埵、金剛宝、金剛法、金剛業の五大菩薩像。
右方の五忿怒　東寺の講堂壇上、右方に安置された五大明王像のことで、忿怒形を呈する。五大明王は不動明王、降三世明王、軍荼利明王、大威徳明王、金剛夜叉明王である。
生道の塩…醬　→補1

延喜式巻第三十三

大膳下

1 *東寺の*中台の五仏・*左方の五菩薩・*右方の五忿怒《ふんぬ》の料は、*生道《いくじ》の塩日別《ごと》に五合七勺、海藻《め》六両、滑海藻《あらめ》十二両、未醤《みそ》四合五勺、醤《ひしお》一合五勺。

右、毎年十二月以前に、来る年の日数を計《かぞ》え、官に申して行なえ。

2 *聖神寺《しょうしんじ》の*季料〈*常住寺《じょうじゅうじ》もこれに准《なぞら》えよ〉

*仏聖二座、別《ざごと》に日に菜の料、*糯米《もちよね》一升、米《よね》・小麦各《おのおの》七合、大豆《まめ》・小豆《あずき》・胡麻子《ごまのみ》各五合、醤二合六勺、滓醤《かすひしお》・未醤・酢各一合五勺、胡麻の油二合、塩三合六勺、海藻三両、滑海藻二両、芥子《からし》四勺。

右、季別に月の大小に随い、請《こ》い受けて寺家に送り入れよ。

3 正月の*最勝王経の斎会《さいえ》の供養の料は〈臨時の斎会の供養の料もこれに准えよ。ただし、*干柏・薪《みかまき》・炭《あらずみ》・箸竹《はしたけ》・松明《たいまつ》・油等は、僧の員《かず》に随いて申せ〉、僧別に日に*菓《くだもの》・*菜の料、米七合〈*甜物《ためつもの》の料五合、菜の料二合〉、糯米一升、糯《もちよね》の糒《ほしいい》二合、糖《あめ》一合〈甜物の料七勺、菜の料三勺〉、索餅《むぎなわ》一藁《こう》、小麦六合〈甜物ならびに薄餅《うすもちい》・菜の料、各二合〉、大豆二合五勺〈餅の料一合五勺、菜の料一合〉、小豆四合〈餅・菜の料、各二合〉、大角豆《ささげ》・白大豆各一合、胡麻子三合、胡麻の油二合五勺、麻子《おのみ》三勺、醤三合、滓醤・麁醤《あらびしお》・未醤・豉《くき》各一合、麁未醤《あらみそ》

2聖神寺季料条

聖神寺　京都市北区柴竹大門町付近に所在した寺院。本式14条に見える七寺の一つで、二十一寺にも含まれる。内蔵式36条の「諸寺」参照。

季料　聖神寺の仏像に供える料物で、一月、四月、七月、十月に支給された。図書式30条の「年料季料…」参照。

常住寺　京都市北区北野に所在した寺院。野寺とも称する。北野廃寺跡調査では、「野寺」の銘を有する墨書土器が出土している（京都市埋蔵文化財研究所編『平安京跡発掘資料選』図版一五―46・解説二一頁、一九八〇年参照）。玄蕃式1条参照。

仏聖　聖僧の像のこと。従って仏聖二座とは仏像二体、本尊をいうか。図書式3条参照。

糯米…芥子　→補2

3御斎会条

最勝王経の斎会　毎年正月八日から十四日にかけて高僧に金光明最勝王経を講説させ、国家安寧、五穀豊穣を祈る法会。玄蕃式1条の「斎」参照。

干柏…油　→補3

菓　木の実などの果実の総称。

菜　魚介や野菜などの副食物の総称、おかず。→補4

甜物…麁未醤　→補5

二合、酢一合五勺、鹽三合、細昆布、以二一巻一充二廿口一、索昆布二條、昆布、以二一帖一充二廿口一、紫菜三分、海藻二兩、於期菜、鹿角菜、角俣菜各二兩、稚海藻三兩、海松一兩二分、海藻根一兩、滑海藻二兩二分、大凝菜三分、靑海菜、以二一帖一充二十口一、古毛一合、干薑四撮、芥子三勺、甕酒一合、醬漬瓜、糟漬瓜、荏裹各一顆、未醬漬、糟漬冬瓜、各以二一顆一充二三口一、未醬漬、糟漬、醬漬茄子各三顆、漬薑七勺、蘘荷漬、菁根漬各二合、菁須須保利漬一合、菁葅二合、蔓菁一升、蘿菔、萵苣各一把、荊根一節、根蓴二把、蕓薹二合、胡蓤一合五勺、胡桃子六顆、生栗子六合、菓子料四合、菜料二合、干柿子一合、梨子二顆、甘子一顆、橘子六顆、暑預、芼各二合、芋六合、菓子幷菜料各三合、荷藕半節、干柏十八俵、職十四俵、菓子所四俵、箸竹八十株、職五十六株、菓子所廿四株、燈油七升、職幷菓子所各三升五合、薪四千二百斤、職二千五百廿斤、菓子所一千六百八十斤、炭廿四斛五斗、職十四石、菓子所十石五斗、松明三百六十斤、職幷菓子所各一百八十斤、

右、毎年起二正月八日一盡二十四日一、幷一七日、佛聖二座、四王四座、講讀師二口、衆僧卅口、沙彌卅四口料依二前件一、其佛聖、四王各以二一僧料一供之、沙彌減二僧半一、

酢一合五勺　造酒式39条「酢一斗三升七合二勺」ト合ワズ。
漬　底ナシ。下文ノ例ニヨリテ補ウ。
利　底、コノ下「一」字アリ。意ニヨリテ削ル。
蓤　底「菻」。意ニヨリテ改ム。
子　底ナシ。下文ノ例ニヨリテ補ウ。
子　底ナシ。考異ニ従イテ補ウ。
十　底、コノ下「子所」二字アリ。衍ニツキ削ル。
四　底「八」。本文ト合ワズ。意ニヨリテ改ム。
菓　底ナシ。貞校注ニヨリテ補ウ。
起　底ナシ。塙校注ニヨリテ補ウ。

細昆布・索昆布・昆布　これらは昆布の種類ではなく、加工品であると思われる。民部式下63条参照。
紫菜…大凝菜　→補1
靑海菜　緑藻類アオサ科アオノリ属の総称。
古毛　アマモ科の海藻。石蒓・海蓴とも。小甘藻の古名。大嘗祭式18条参照。
干薑　干したショウガのこと。
甕酒　調理に用いられる酒。
醬漬の瓜…菁根漬　→補2
菁の須須保利漬　塩・大豆・米などを用いたカブラの漬物。→補3

二合、酢一合五勺、塩三合、*細昆布《ほそめ》〈一巻を以て二十口《く》に充てよ〉・*索昆布《なひめ》二条、*昆布《ひろめ》〈一帖を以て二十口に充てよ〉・*紫菜《のり》三分、海藻二両、於期菜《おごのり》・鹿角菜《ふのり》・角俣菜《つのまた》各二両、稚海藻《わかめ》三両、海松《みる》一両二分、海藻根《まなかし》一両、滑海藻二両二分、大凝菜《こるもは》三分、*青海菜《あおもは》〈一帖を以て十口に充てよ〉、*古毛《こも》一合、*干薑《ほしはじかみ》四撮、芥子三勺、*韲酒《あえざけ》一合、*醤漬《ひしおづけ》の瓜・糟漬《かすづけ》の瓜・荏裹《えつつみ》各一顆、末醤漬・糟漬の冬瓜《かもうり》〈各一顆を以て三口に充てよ〉、末醤漬・糟漬・醤漬の茄子《なすび》各三顆、漬薑《つけはじかみ》七勺、蘘荷漬《めかづけ》・蕪根漬《かぶらづけ》各二合、*蕪《かぶら》の須須保利漬《すすほりづけ》一合、*菁葅《かぶらにらき》二合、*蔓菁《あおな》一升、*蘿菔《おおね》・*萵苣《ちさ》各一把、*荊根《かわほね》一節、根蓴《ぬなわ》二把、蕓薹《おち》二合、胡《こ》荽《にし》一合五勺、胡桃子《くるみ》六顆、生栗子《なまぐり》六合〈菓子《くだもの》の料四合、菜の料二合〉、干柿子《ほしがき》一合、梨子《なし》二顆、*甘子《かんし》一顆、*橘子《たちばな》六顆、*暑預《やまのいも》・*芼《ところ》各二合、*芋六合〈菓子ならびに菜の料、各三合〉、*荷藕《はちすのね》半節、干柏十八俵〈職に十四俵、*菓子所に四俵〉、箸竹八十株〈職に五十六株、菓子所に二十四株〉、*燈油《ともし》七升〈職ならびに菓子所に各三升五合〉、薪四千二百斤〈職に二千五百二十斤、菓子所に千六百八十斤〉、炭二十四斛《こく》五斗〈職に十四石、菓子所に十石五斗〉、松明三百六十斤〈職ならびに菓子所に各一百八十斤〉。

右、毎年正月八日より十四日まで、あわせて一七日、仏聖二座・*四王四座・*講読師二口・*衆僧三十口・*沙弥三十四口の料は、前《さき》の件《くだり》によれ。其れ仏聖・四王は、各二僧の料を以て供《くう》ぜよ。沙弥は僧の半《なかば》を減ぜよ。

菁葅　楡皮の粉を入れた塩で漬けたカブラの漬物。↓補4

蔓菁　カブラ菜。蕪菁とも。本式上8条、内膳式28条参照。

蘿菔　大根のこと。本式上8条参照。

萵苣　サラダ菜等の蔬菜。本式上8条、内膳式28・63条参照。

荊根…梨子　↓補5

甘子・橘子　甘子はミカン科の果実。橘子はミカンの古名。宮内式45条参照。

暑預　薯蕷とも。ヤマノイモ。

芼・芋　↓補6

荷藕　レンコン。本式54条では蓮根。

菓子所　食用果実を調理・配膳する施設。本式上1条に「菓餅所」が見えるが同所をいうか。

燈油　燈火に用いる油。

四王四座　四天王の座のこと。四天王は持国天、増長天、広目天、多聞天。玄蕃式34条参照。

講読師　金光明最勝王経を講説する役僧。なお、玄蕃式1条では僧三〇口の内訳として呪願一口、法用四口、聴衆二五口と規定していることから、本条の衆僧三〇口は呪願・法用・聴衆のことであろう。

衆僧　御斎会に参加する僧侶。

沙弥　仏門に入り、具足戒を受けるまでの見習い僧。玄蕃式73条参照。

正月修㆓眞言法㆒料、鹽七斗二升八合、醬四斗一升七合、〈並末醬漬及茬裏料〉、滓醬四斗六升、醬滓二斗八升、滑海藻、和布各五十五斤、胡桃子一斗二合四勺、汁糖二斗五升、〈佛聖僧沙彌聖供料〉、叩戸、手洗各十口、明櫃十合、折櫃廿一合、硟、缶各二口、瓫卅口、

同月修㆓大元帥法㆒料、心太一斗九升、紫苔十二斤、鹿角菜一斛九斗、海藻、滑海藻各廿斤、海松、角俣各廿四斤、細昆布六十斤、於期、名乘曾、鳥坂苔、海藻根各廿四斤、青苔五百八十條、索昆布三百九十條、芥子七升八合、胡桃子千七百顆、鹽五斗八升、醬三斗、滓醬一斗九升、瓫五口、〈已上僧沙彌各十五口料〉、明櫃二合、折櫃廿合、叩戸、瓶各五口、〈已上護摩壇供所料〉、

右、隨㆓內藏寮請㆒行之、

延曆寺定心院料鹽、日別一升五合、

右、每年計㆑日支度申㆑官、正月卅日以前運送、

同寺試㆓年分度者㆒三度料、醬三升九合、〈僧供料〉、滓醬三斗一升二合、〈二斗四合僧供料、一斗八合使料〉、醬滓三斗六升、〈使料〉、鹽二斗二升二合、〈一斗六升八合僧供料、五升四合使料〉、和布廿七斤、〈廿一斤僧供料、六斤使料〉、滑海藻十五斤、〈僧供料〉、

海　底、コノ上「若」字アリ。衍ト見テ削ル。

顆　底「果」。例ニヨリテ改ム。以下一々注セズ。

4御修法料条

真言の法　後七日御修法のこと。正月八日から十四日まで宮中真言院で執り行なわれた密教の修法。玄蕃式2条参照。

醬滓　醬の絞りかす。調味料として用いる。陰陽式4条、内匠式32条参照。

和布　ワカメ。四時祭式上11条参照。

汁糖　水飴のこと。糖は本式3条参照。

聖　徳をつんだ高僧のこと。

叩戸　叩いて作る堅めの薄手の器。主計式上1条参照。

手洗　手を洗う器でタライの様なもの。主計式上1条参照。

明櫃　白木造りの和櫃。主計式上1条参照。

折櫃　檜のへぎ板を折り曲げて作った木箱。主計式上1条参照。

硟　瓺より小型の浅いカメ。主計式上1条参照。

缶　硟より小型のカメの一種。主計式上1条参照。

瓫　煮沸用に用いられる広口の土器。主計式上1条の「燼瓫・叩瓫・水瓫」参照。

4 正月の真*言の法を修する料、塩七斗二升八合、醬四斗一升七合〈みな未醬漬および荏裹《えつつみ》の料〉、滓醬四斗六升、*醬滓《ひしおかす》二斗八升、滑海藻・*和布《にぎめ》各五十五斤、胡桃子一斗二合四勺、*汁糖《しるあめ》二斗五升〈仏聖・僧・沙弥・*聖の供料〉、*叩戸《たたいべ》・*手洗《てあらい》各十口、*明櫃《あかひつ》十合、*折櫃《おりひつ》二十一合、*𤭖《さらけ》・*缶《もたい》各二口、*瓫《ほとぎ》三十口。

5 同月の*大元帥法《だいげんのほう》を修する料、*心太《こころぶと》一斗九升、*紫苔《むらさきのり》十二斤、鹿角菜一斛九斗、海藻・滑海藻各二十斤、海松・角俣《つのまた》各二十四斤、細昆布六十斤、*於期《おご》・*名乗曾《なのりそ》・*鳥坂苔《とりさかのり》・海藻根各二十四斤、*青苔《あおのり》五百八十条、索昆布三百九十条、芥子七升八合、胡桃子千七百顆、塩五斗八升、醬三斗、滓醬一斗九升、瓫五口〈已上、僧・沙弥各十五口の料〉、明櫃二合、折櫃二十合、叩戸・*瓶《かめ》各五口〈已上、*護摩壇の供所の料〉。

右、*内蔵寮の請いに随いて行なえ。

6 *延暦寺定心院《じょうしんいん》の料の塩、日別に一升五合。

右、毎年日を計えて支度《したく》し官に申せ。正月三十日以前に運び送れ。

7 同寺の*年分度者《ねんぶんどしゃ》を試むる三度の料、醬三升九合〈*僧の供料〉、滓醬三斗一升二合〈二斗四合は僧の供料、一斗八合は使の料〉、醬滓三斗六升〈使の料〉、塩二斗二升二合〈一斗六升八合は僧の供料、五升四合は使の料〉、和布二十七斤〈二十一斤は僧の供料、六斤は使の料〉、滑海藻十五斤〈僧の供料〉。

5 大元帥法料条

大元帥法　正月八日から十四日までの七日間、鎮護国家のために修される秘法で、元興寺僧常暁により唐からもたらされた。大元帥明王を本尊とする。玄蕃式3条参照。

心太　大凝菜とも。今日のトコロテン。主計式上2条の「海藻…鹿角菜」参照。

紫苔　紫菜とも。主にアサクサノリ。本式3条参照。

於期　於期菜に同じ。本式3条参照。

名乗曾　褐藻類ホンダワラ科の海藻。民部式下63条に「那乃利曾」とある。

鳥坂苔　トサカノリとも。鶏冠に似て、葉体に深い刻みがあり、紅色を呈する。

青苔　緑藻類アオサ科アオノリ属の総称。大蔵式41条参照。

瓶　口の小さな徳利型の容器。主計式上1条の「平瓶・水瓶」参照。

護摩壇の供所の料　護摩壇に並べ置かれる供物料。

内蔵寮の請いに随いて行なえ　内蔵寮が大元帥法の修法に供する物品調達に関わっていたことによるか。

6 定心院料条

延暦寺定心院　→補1

7 定心院試年分条

年分度者を試むる三度の料　→補2

僧　→補3

同寺西塔院試㆓年分度者㆒料、醬一升三合、（僧供料、）滓醬一斗四合、（六升八合僧供料、三升六合使料、）和布九斤、（七斤僧供料、二斤使料、）鹽六升八合、（五升僧供料、一升八合使料、）滑海藻五斤、（僧供料、）

同寺西塔院釋迦堂五僧料、鹽一日料七合五勺、毎年計㆑日支度申請、正月卅日以前依㆑員運送、若致㆓違怠㆒奪㆓官人季祿㆒、

大安寺讀㆓大般若經㆒齋會供養料、佛聖已下座別日鹽一合三勺、醬二合五勺八撮、未醬一合二勺八撮、酢七勺、紫菜、大凝菜各三分、海松一兩、海藻二兩、芥子二勺、

右、毎年四月六七兩日、佛聖二座、衆僧一百五十口料、依㆓前件㆒依㆓治部移㆒充之、

嘉祥寺春地藏悔過料、海藻十九斤、海松九斤、凝菜二斗四升、紫菜三斤、布乃利九升六合、細昆布十六把、末醬一斗四升四合、醬八升、芥子四升八合、鹽一斗九升三合六勺、（冬亦准㆑此、）

海印三昧寺試㆓年分度者㆒料、醬一升、（僧供料、）滓醬六升、（四升僧供料、二升使料、）醬滓二升、（使料、）鹽四升、（三升僧供料、一升使料、）和布五斤、（三斤

依　京「隨」。

試　底、「海印三昧寺」ノ上ニアリ。次条ナラビニ大炊式25条ノ例ニ従イテ改ム。

8西塔院試年分条

西塔院　最澄発願による日本国六所宝塔院の一つとして建立された山城宝塔院。民部式下4条参照。

9釈迦堂五僧料条

釈迦堂の五僧　円澄により創建されたと伝えられる釈迦堂において、昼と夕に読経を課された五人の僧。民部式下5条参照。

季禄　官人給与の一種。二月に春夏禄が、八月上旬に秋冬禄が支給された。斎院式32条、太政官式113条の「諸司の春夏の禄」参照。

10大般若供養料条

大安寺　奈良市大安寺町に所在する真言宗寺院。玄蕃式7条参照。

大般若経を読む斎会　天平九年(七三七)以降、調庸物を布施に充て一五〇人の僧によって大般若経を転読する法会。玄蕃式7条参照。

酢七勺　四月六・七日の二日間の酢の料

は、仏聖二座、衆僧一五〇口に合せて二斗一升二合八勺支給されることになる。これは造酒式45条の規定に合致する。

治部の移　大安寺の大般若経斎会に用いられる供養料については、玄蕃式7条に「供養用二官物一〈供養数見二主税、大膳式一〉」と規定される。従って本条にいう治部省の移を受けて供養料を供出するというのは、宮内省が仏事法会を監督する治部省の移を受けてから、ということになろう。

11地蔵悔過料条

嘉祥寺　京都市伏見区深草瓦町に所在した天台宗寺院。文徳天皇が先帝仁明天皇の冥福を祈願するために建立した。

地蔵悔過　文徳実録嘉祥三・五・丙戌条に「新造地蔵菩薩像一軀、屈二請百僧一、修二先皇七々日御斎会一」と見え、この時清涼殿に新造の地蔵菩薩像を安置し、仁明天皇の四十九日の御斎会を行なったのが初例。以後、毎年三月および十月の中旬に行なわれるようになった。

凝菜　大凝菜・小凝菜の総称か。もしくは大凝菜に対して小凝菜を指すか。主計式上2条の「海藻…鹿角菜」参照。

布乃利　本式3条の「鹿角菜」および主計式上2条の「海藻…鹿角菜」参照。

12海印寺試年分条

海印三昧寺　→補1

8　同寺*西塔院《さいとういん》の年分度者を試むる料、醤《ひしお》一升三合〈僧の供料〉、滓醤一斗四合〈六升八合は僧の供料、三升六合は使の料〉、和布九斤〈七斤は僧の供料、二斤は使の料〉、塩六升八合〈五升は僧の供料、一升八合は使の料〉、滑海藻五斤〈僧の供料〉。

9　同寺西塔院の*釈迦堂の五僧の料、塩一日の料、七合五勺、毎年日を計えて支度し申し請《こ》え。正月三十日以前に員《かず》により運び送れ。もし違怠を致さば、官人《かんにん》の*季禄を奪え。

10　*大安寺の*大般若経を読む斎会の供養の料、仏聖已下《いげ》、座別に日に塩一合三勺、醤二合五勺八撮、未醤一合二勺八撮、*酢七勺、紫菜・大凝菜各三分、海松一両、海藻二両、芥子二勺。

右、毎年四月六・七の両日、仏聖二座・衆僧一百五十口の料は、前の件により、*治部の移《い》によりて充てよ。

11　*嘉祥寺《かしょうじ》の春の*地蔵悔過《けか》の料、海藻十九斤、海松九斤、*凝菜《こるもは》二斗四升、紫菜三斤、*布乃利《ふのり》九升六合、細昆布十六把、未醤一斗四升四合、醤八升、芥子四升八合、塩一斗九升三合六勺〈冬もまたこれに准えよ〉。

12　*海印三昧寺《かいいんさんまいじ》の年分度者を試むる料、醤一升〈僧の供料〉、滓醤六升〈四升は僧の供料、二升は使の料〉、醤滓二升〈使の料〉、塩四升〈三升は僧の供料、一升は使の料〉、和布五斤〈三斤

僧供料、二斤使料、海藻二斤、僧供料、荒布一束、使料、

安祥寺試二年分度者一證師六人菜料、醤一升、滓醤四升、醤滓四升、和布三連、鹽三升、使料滓醤二升、醤滓二升、和布二連、荒布一束、鹽一升、

七寺盂蘭盆供養料、東西寺、佐比寺、八坂寺、野寺、出雲寺、聖神寺、寺別餅菜料、米一斗四合、糯米二斗、竈杵米二升四合、糯糒四升、糖三升、黍米五升、小麥一斗四合、大豆五升、大角豆一升、小豆一升二合、胡麻子六升、胡麻油七升、醤八升一合、滓醤四升、未醤二升五合、酢三升六合、糟四升一合六勺、豉二升、鹽七升八合四勺、昆布半帖、細昆布十四兩、紫菜一斤三兩二分、海藻二斤五兩、鹿角菜、角俣菜、於期菜、大凝菜、海藻根各二斤、滑海藻三斤、漬薑一升一合、干薑三兩、生薑六房、芥子四合、青大豆卅把、青大豆三束、熟瓜卅六顆、青瓜一百十顆、茄子二斗、水葱二圍、蓼、蘭各二把、胡桃子八升、青橘子廿顆、李子、梨子、桃子各四升、支子一升、荷葉三百枚、炭六斗、薪二百卌荷、瓫六口、明櫃二合、缶七口、瓶廿一口、

右、大藏省預設二幄於職内一、辨、史各一人、史生二人、專二當其事一辨備、生料毎レ寺差二大舎人一、充レ使供送之、

仁王經齋會供養料

海　底「滑」。塙校注ニヨリテ改ム。
醤滓　底「滓醤」。上下ノ文ノ例ニヨリテ改ム。
盆　底「瓫」。井・藤ニヨリテ改ム。
兩　底「斤」。塙・井ニヨリテ改ム。
青大豆　重出。何レカニ誤リアラン。
李　貞「杏」。
各　底ナシ。塙校注ニヨリテ補ウ。

荒布　コンブ科の緑褐色の多年生海藻。滑海藻のこと。

13安祥寺試年分条

安祥寺　京都市山科区の安祥寺山東南麓に所在する真言宗寺院。嘉祥元年(八四八)、仁明天皇の女御藤原順子の発願により建立された。玄蕃式49条参照。

証師　得度や付法を証明する僧。民部式下4条参照。

使　得度を証明するために遣わされる勅使。民部式下4条参照。

14盂蘭盆供養料条

七寺　東寺、西寺、佐比寺、八坂寺、野寺、出雲寺、聖神寺の七寺をいい、いずれも京内、もしくはその近郊に所在する。→補1

盂蘭盆　七月十五日の中元の日に、先祖・死者の霊を迎え供養する儀。続紀天平五・七・庚午条に「始令三大膳備二盂蘭

は僧の供料、二斤は使の料〉、海藻《め》二斤〈僧の供料〉、*荒布《あらめ》一束〈使の料〉。

13 *安祥寺《あんしょうじ》の年分度者を試むる*証師六人の菜の料、醤《ひしお》一升、滓醤《かすひしお》四升、醤滓四升、和布三連、塩三升、*使の料の滓醤二升、醤滓二升、和布二連、荒布一束、塩一升。

14 *七寺の*盂蘭盆《うらぼん》の供養の料〈東・*西寺、*佐比寺《さいでら》、*八坂寺《やさかでら》、*野寺《のでら》、*出雲寺《いずもでら》、聖神寺《しょうしんじ》〉、寺別《ごと》に餅《もちい》・菜の料、米《よね》一斗四合、糯米《もちよね》二斗、*竈杵米《かまきね》二升四合、糯《もちよね》の糒《ほしいい》四升、糖《あめ》三升、黍米《きび》五升、小麦一斗四合、大豆《まめ》五升、大角豆《ささげ》一升、小豆《あずき》一升二合、胡麻子《ごまのみ》六升、胡麻の油七升、醤八升一合、滓醤四升、末醤《みそ》二升五合、酢三升六合、糟《かす》四升一合六勺、豉《くき》二升、塩七升八合四勺、昆布《ひろめ》半帖、細昆布十四両、紫菜一斤三両二分、海藻二斤五両、鹿角菜・角俣菜・於期菜・大凝菜・海藻根各二斤、滑海藻《あらめ》三斤、漬薑一升一合、干薑三両、生薑《くれのはじかみ》六房、芥子《からし》四合、青大豆三十把、青大豆三束、熟瓜《ほぞち》三十六顆、青瓜一百十顆、茄子二斗、水葱《なぎ》二囲、蓼《たで》・蘭《あららぎ》各二把、胡桃子八升、青橘子《あおたちばな》二十顆、李子《すもも》・梨子・桃子《もも》各四升、支子《くちなし》一升、荷葉《はちすのは》三百枚《ひら》、炭《あらずみ》六斗、薪《みかまき》二百四十荷、瓫六口、明櫃二合、缶七口、瓶二十一口。

右、大蔵省、預《あらかじ》め幄《あく》を職内に設け、弁・史各一人、史生《ししょう》二人その事に専当して弁備せよ。生の料は、寺毎に*大舎人を差《さ》し、使に充てて供送《ぐそう》せよ。

15 *仁王経《にんのうきょう》の斎会《さいえ》の供養の料

瓫供養一」と見え、大膳職が本式のように盂蘭盆会の供物の調達を行なうようになったのが天平年間に遡ることが知られる。太政官式104条参照。→補2

西寺　東寺とともに平安京羅城門の西側に国家鎮護祈願のために建立された寺院。創建年代については詳らかにしないが、延暦十六・十二・十治部省符(平遺八―四二九一)に造西寺長官笠江人が見え、以後、本格的に造営されたか。

佐比寺　京都市南区塔ノ森に所在。廃寺。内蔵式36条の「諸寺」参照。

八坂寺　京都市東山区八坂上町所在。続後紀承和四・二・庚申条に、菅野真道が建立した道場院が八坂寺の境界に存したと見えるのが文献上の確実な初見。

野寺　本式2条の「常住寺」参照。

出雲寺　上出雲寺は京都市上京区御霊竪町、下出雲寺は京都市上京区藪ノ内町に所在した寺院。内蔵式36条の「諸寺」参照。

竈杵米…荷葉　→補3

大舎人　大舎人式10条に「凡七月十四日、奉二盂蘭瓫供養一使舎人七人送レ省」と見える。盂蘭盆供養使の舎人七人とは、本条にいう七寺に対し供養料を供送する大舎人に一致する。

15仁王会料条

仁王経の斎会　→補4

菁　底「着」。版本ニ従イテ改ム。下同ジ。
料　底ナシ。考異ニ従イテ補ウ。下同ジ。
四　底ナシ。閣・梵ホカニヨリテ補ウ。
一　底「二」。考異ニ従イテ改ム。

僧一口別菓菜料、米六合五勺、熬菓料四合、熬菁料一合五勺、海菜料一合、糯糒三合二勺、菓餅料二合、甘物料七勺、好物料五勺、竃杵米二合、亂絲料、佛菩薩聖並同、糯糒、粟糒各一合、並菓餅料、糖三合六勺、菓餅料二合、好物料五勺、海菜料七勺、生菜料一勺、索餅料三勺、白大豆五勺、好物料、黑大豆一合五勺、菓餅料一合、好物料五勺、小豆一合六勺、菓餅料二勺、好物幷羹料各四勺、汁物幷索餅料各三勺、荏子七勺、菓餅料、胡麻子一合五勺、菓物餅料一合、好物料五勺、豉一合二勺、好物料五勺、海菜料七勺、酒一合六勺、好物料六勺、海菜料三勺、汁物料二勺、生菜料二勺、羹料一勺、漬菜料二勺、搗糟二勺、漬菜料、汁糟五合六勺八撮、漬菜料、酢一合四勺、好物料五勺、海菜料三勺、生菜料三勺、索餅料一勺、汁物料二勺、醬三合、生菜料三勺、薄餅料三勺、好物料四勺、茹菜料二勺、海菜料一勺、漬菜料一合二勺、汁物料二勺、羹料一勺、索餅料二勺、䤈醬九合二勺五撮、好物料四合、熬菁料五勺、茹菜料三勺、海菜料三合五勺、漬菜料三勺五撮、薄餅料二勺、汁物料四勺、末醬四合五撮、好物料一合、茹菜料四勺、漬菜料二合五撮、汁物料二勺、羹料一勺、菓餅料三勺、鹽九合八勺八撮、好物料五勺、茹菜料二合、生菜料二勺、薄餅料三勺、海菜料二勺、汁物料二勺、漬菜料五合二勺八撮、菓餅料一勺、索餅料六勺、羹料五勺、細昆布、海菜料、以㆓一把㆒充㆓六口㆒、

熬菁　熬菜か、熬菜は茹でた菜を適当に切り、調味料で味付けしたものを炒りつけたもの。
海菜　本条では海草を中心にした料理。
甘物　本式3条の「甜物」に同じか。甜物については内膳式21・23条にも見える。
好物　式には本条のみ。用いられる材料が豆類・穀類・海藻・野菜・調味料など幅広く渡ることから単一の料理ではなく、総じて味の良い料理、もしくはうまい物の意と解すべきか。
乱糸　竈杵の米を糸状に伸ばして盛りつけた料理か。
白大豆　大豆の異名。
黒大豆　大豆の品種で黒豆のこと。種子が扁平で黒く熟したもの。
羹　野菜や魚肉を煮た熱い吸いもの。
漬菜　野菜の漬物。
搗糟　造酒式2条に見える「擣糟」と同じもの。
汁糟　造酒式4条に見える「雑給酒」の一つ。
茹菜　野菜を茹でたもの。

僧一口別に菓《くだもの》・菜の料、米六合五勺〈熬菓《いりかし》の料四合、*熬菁《いりな》の料一合五勺、*海菜《もは》の料一合〉、糯の糒三合二勺〈菓・餅の料二合、*甘物《うましもの》の料七勺、*好物《よきもの》の料五勺〉、竈杵米二合〈*乱糸《らんし》の料、仏・菩薩・聖もみな同じくせよ〉、糯の糒・粟の糒各一合〈みな菓・餅の料〉、糖三合六勺〈菓・餅の料二合、好物の料五勺、海菜の料七勺、生菜の料一勺、索餅《むぎなわ》の料三勺〉、*白大豆五勺〈好物の料〉、*黒大豆一合五勺〈菓・餅の料一合、好物の料五勺〉、小豆一合六勺〈菓・餅の料二勺、好物ならびに*羹の料、各四勺、汁物ならびに索餅の料、各三勺〉、荏子七勺〈菓・餅の料〉、胡麻子一合五勺〈菓物・餅の料一合、好物の料五勺〉、豉一合二勺〈好物の料五勺、海菜の料七勺〉、酒一合六勺〈好物の料六勺、海菜の料三勺、汁物の料二勺、生菜の料二勺、羹の料一勺、*漬菜の料二勺〉、*搗《かち》糟《かす》二勺〈漬菜の料〉、*汁糟五合六勺八撮〈漬菜の料〉、酢一合四勺〈好物の料五勺、海菜の料三勺、生菜の料三勺、索餅の料一勺、汁物の料二勺〉、醤三合〈生菜の料三勺、薄餅の料三勺、好物の料四勺、*茹菜《ゆでな》の料二勺、海菜の料一勺、漬菜の料一合二勺、汁物の料二勺、羹の料一勺、索餅の料二勺〉、麁醤九合二勺五撮〈好物の料四合、熬菁の料五勺、茹菜の料三勺、海菜の料三合五勺、漬菜の料三勺五撮、薄餅の料二勺、汁物の料四勺〉、末醤四合五撮〈好物の料一合、茹菜の料四勺、漬菜の料二合五撮、汁物の料二勺、羹の料一勺、菓・餅の料三勺〉、塩九合八勺八撮〈好物の料五勺、茹菜の料二合、生菜の料二勺、薄餅の料三勺、海菜の料二勺、汁物の料二勺、漬菜の料五合二勺八撮、菓・餅の料一勺、索餅の料六勺、羹の料五勺〉、細昆布《ほそめ》〈海菜の料は、一把を以て六口に充てよ〉、

海菜料以　底、弥書。削ル。
銖　底「朱」。貞ニヨリテ改ム。
各　底ナシ。考異ニ従イテ補ウ。
糟漬　底、弥書。削ル。
蔛　底「觪」。考異ニ従イテ改ム。

廣昆布、海菜料、以㆓一帖㆒充㆓廿口㆒、海藻二兩四銖、海菜料一兩二分、生菜料二分四銖、紫菜一兩二分四銖、海菜料一兩、汁物料二分四銖、海松一兩、海菜料、於期菜二兩、好物幷生菜料各一兩、鳥坂菜二分、生菜幷海菜、茹菜等料各四銖、鹿角菜一兩、好物料、海藻根一兩三分、青海菜三分三銖、角俣菜一兩二分、好物料一兩、茹菜料二分、大凝菜六兩一分四銖、汁物料、滑海藻二兩、好物料、芥子一合二勺、好物料五勺、茹菜料三勺、汁物料四勺、干薑四銖、海菜幷汁物料各二銖、生薑一合九勺五撮、好物料一勺、茹菜料二勺、汁物料五撮、索餅料一勺、漬菜料五勺、韲料一合、有㆑茎生薑一房、生菜料、山蘭一合、漬菜料、蜀椒子六勺一撮、漬菜料六勺、好物料一撮、瓜五顆、醤漬、糟漬、好物、韲、生菜等料各一顆、茄子六顆半、醤漬料二顆、糟漬料二顆、熬菁料一顆、荏裏料一顆、中子料半顆、冬瓜、漬菜、醤漬、糟漬料各以㆓一顆㆒充㆓十口㆒、顆長二尺、生菜料以㆓一顆㆒充㆓廿口㆒、顆長一尺、葵半把、生菜料、蘿菔、生菜料、以㆓一把㆒充㆓四口㆒、萵苣半把六葉、好物料六葉、生菜料半把、蔓菁根四根、漬菜料、蔛四葉、好物料、蘘荷二合、漬菜料、生大豆二合、漬菜料、水葱、漬菜料、以㆓一圍㆒充㆓廿口㆒、荊根一節、節長二尺、好物料、根蓴一把、漬菜料、干茄子五勺、干水葱實、干荏各三勺、已上海菜料、干蘭、干蓼、海菜料、各以㆓一把㆒充㆓四口㆒、

*広昆布〈海菜の料は、一帖を以て二十口に充てよ〉、海藻《め》二両四銖〈海菜の料一両二分、生菜の料二分四銖〉、紫菜《のり》一両二分四銖〈海菜の料一両、汁物の料二分四銖〉、海松《みる》一両〈海菜の料〉、於期菜《おごのり》二両〈好物ならびに生菜の料、各一両〉、鳥坂菜《とりさかのり》二分〈生菜ならびに海菜・茄菜等の料、各四銖〉、鹿角菜《ふのり》一両〈好物の料〉、海藻根《まなかし》一両三分、青海菜三分三銖、角俣菜《つのまた》一両二分〈好物の料一両、茹菜の料二分〉、大凝菜《こるもは》六両一分四銖〈汁物の料〉、滑海藻《あらめ》二両〈好物の料〉、芥子一合二勺〈好物の料五勺、茹菜の料三勺、汁物の料四勺〉、干薑《ほしはじかみ》四銖〈海菜ならびに汁物の料、各二銖〉、生薑一合九勺五撮〈好物の料一勺、茹菜の料二勺、汁物の料五撮、索餅の料一勺、漬菜の料五勺、韲《あえ》の料一合〉、*茎有る生薑一房〈生菜の料〉、*山蘭《やまあららぎ》一合〈漬菜の料〉、*蜀椒子《なるはじかみ》六勺一撮〈漬菜の料六勺、好物の料一撮〉、瓜五顆〈醤漬《ひしおづけ》・糟漬《かすづけ》・好物・羹・生菜等の料、各一顆〉、茄子《なすび》六顆半〈醤漬の料二顆、糟漬の料二顆、熬菁の料一顆、荏裹《えつつみ》の料一顆、*中子の料半顆〉、*冬瓜《かもうり》〈漬菜・醤漬・糟漬の料は、各一顆を以て十口に充てよ。顆の長さ二尺。生菜の料は、一顆を以て二十口に充てよ。顆の長さ一尺〉。*葵半把〈生菜の料〉、蘿菔《おおね》〈生菜の料、一把を以て四口に充てよ〉、萵苣《ちさ》半把六葉〈好物の料六葉、生菜の料半把〉、蔓菁《かぶら》根四根〈漬菜の料〉、薊《あざみ》四葉〈好物の料〉、蘘荷《めか》二合〈漬菜の料〉、生大豆二合〈漬菜の料〉、水葱〈漬菜の料、一囲を以て二十口に充てよ〉、荊根《かわほね》一節〈節の長さ二尺、好物の料〉、根蓴《ぬなわ》一把〈漬菜の料〉、干茄子五勺、干水葱実・干荏各三勺〈已上は海菜の料〉、干蘭・干蓼〈海菜の料。各一把を以て四口に充てよ〉、

広昆布　昆布の異名。
茎有る生薑　茎をつけたままのショウガ。食用・薬用としては根茎を用いる。
山蘭　モクレン科の落葉高木、辛夷(コブシ)の古名。
蜀椒子　ミカン科の落葉低木アサクラザンショウ。主計式上4条参照。
中子　茄子を半裁し、皮の内側の軟らかな部分を料理したものか。
冬瓜　本式3条参照。
葵　フユアオイの古名。本式上8条参照。

年料　底、コノ上「料」字アリ。貞ニヨリテ削ル。
口　底「解」。塙イ本ニヨリテ改ム。
六　閣・塙・貞・京「五」。
十　底「一」。考異ニ従イテ改ム。

搗栗子　干した栗の実を搗いて殻と渋皮を取り除いたもの。斎宮式39条参照。
柚子　ミカン科の常緑小高木。果皮を香味料に用いる。
16年料条
御　天皇のこと。
中宮　皇后のこと。延喜式で「中宮」という場合、主に皇后を指すことについては中宮式冒頭補注参照。
粉米　米を搗く際に砕けた米で、米粉を作るのに用いる。
紀伊の塩…**承塵の帳**　→補1
水瓱の杷　水や酒を入れた大型のかめに被せた布か。
折薦　折り返して作った菰席。
韓櫃　中国・朝鮮半島より渡来した足付き櫃。主計式上3条参照。

胡桃子卅一顆、好物料廿顆、索餅料六顆、漬菜料三顆、汁物料二顆、搗栗子五勺、菓餅料、生栗子三合五勺、菓餅料二合、好物料一合五勺、橘子三房、已上菓餅料、暑預三根半、根長一尺、徑一寸、菓餅料二根、好物料一根、生菜料半根、梨子、桃子各二顆、柑子、柚子各一顆、

右、一日供料依㆓前件㆒、其佛聖幷沙彌供養准㆓最勝王經齋會法㆒、

年料

索餅料小麥卅石、御幷中宮料各十五斛、粉米九斛、同料各四斛五斗、紀伊鹽二斛七斗、絹幷薄絁篩各卅二口、別四尺、曝麥調布單二條、別三尺、承塵帳四條、別二丈一尺、三年一請、裹㆑麵布十六條、別五尺、水瓱杷布四條、別六尺、席、折薦各六枚、韓櫃四合、明櫃、折櫃、麁筥、壺各四合、缶、洗盤各四口、瓫、堝各十六口、水麻笥八口、匏十六柄、槽二隻、箕四枚、臼一腰、杵二枚、別脚案四脚、中取案四脚、刀子四枚、籮四口、乾索餅籠十六口、長三尺、廣二尺、鍬二口、竹一百五十株、構十條、別五尺、襷十條、別六尺、頭巾廿條、別三尺、薪日卅斤、仕丁所㆑採、

胡桃子《くるみ》三十一顆〈好物の料二十顆、索餅《むぎなわ》の料六顆、漬菜の料三顆、汁物の料二顆〉、*搗栗子《かちぐり》五勺〈菓・餅《もちい》の料〉、生栗子《なまぐり》三合五勺〈菓・餅の料二合、好物の料一合五勺〉、暑預三根半〈根の長さ一尺、径《さしわたし》一寸。菓・餅の料二根、好物の料一根、生菜の料半根〉、梨子《なし》・桃子各二顆、柑子《かんし》・*柚子《ゆず》各一顆、橘子《たちばな》三房〈已上は菓・餅の料〉。

右、一日の供料は、前《さき》の件《くだり》によれ。其れ仏聖ならびに沙弥の供養は、最勝王経の斎会の法に准《なぞら》えよ。

16 年料

索餅《むぎなわ》の料の小麦三十石〈*御《おん》ならびに*中宮の料、各十五斛《こく》〉、*粉米九斛〈同じき料、各四斛五斗〉、*紀伊の塩二斛七斗、絹ならびに薄絁《うすぎぬ》の篩《ふるい》各三十二口《く》〈別に四尺〉、曝麦《さらしむぎ》の調布の単《ひとえ》二条〈別に三尺〉、承塵《じょうじん》の帳《とばり》四条〈別に二丈一尺、三年に一たび請《う》けよ〉、麺《むぎこ》を裹《つつ》む布十六条〈別に五尺〉、*水瓺《みずみか》の帊《おおい》の布四条〈別に六尺〉、席《むしろ》・*折薦《おりこも》各六枚、*韓櫃《からびつ》四合、明櫃《あかひつ》・*折《おり》櫃《ひつ》・*麁筥《あらはこ》・*壺《つぼ》各四合、缶《もたい》・*洗盤《すましざら》各四口、瓫《ほとぎ》・*堝《なべ》各十六口、*水麻笥《みずおけ》八口、*匏《なりひさご》十六柄、槽《ふね》二隻、箕《み》四枚、臼一腰、杵《きね》二枚、*別脚《あしわけ》の案《つくえ》四脚、*中取の案四脚、*刀子四枚、*簁《したみ》四口、乾索餅の籠十六口〈長さ三尺、広さ二尺〉、鍬二口、竹一百五十株、*構《まえだれ》十条〈別に五尺〉、*褌《ちはや》十条〈別に六尺〉、*頭巾《こうぶり》二十条〈別に三尺〉。薪、日に三十斤〈仕丁《しちょう》の採るところ〉。

折櫃　本式4条参照。
麁筥　祭具や調進具を納める木箱。四時祭式上9条の「荒筥」参照。
壺　口が細くつぼまり、胴の丸く膨らんだ器物。主計式上1条の「酒壺・祭壺」参照。
洗盤　洗い桶に近いものか。主計式上1条参照。
堝　煮炊用の土器。主計式上1条の「平鍋」参照。
水麻笥　水を入れる円筒形の容器。縫殿式15条の「水瓺麻笥」参照。
匏…杵　→補2
別脚の案　足が取り外しできる机。木工式に御贖料の別脚の案の仕様が規定されている。木工式7条および斎宮式71条参照。
中取の案　食器を載せて二人で運ぶ台。斎宮式71条および木工式7条参照。
刀子　小型の刃物。木工式10条に「五寸刀子」「一尺刀子」と見えるので、およそ三〇センチメートル以内の刃物をいうか。
簁　底が方形で上部が円形のザル。
構　前掛けとして使用するもの。四時祭式上24条参照。
褌　簡便な貫頭衣状の衣。四時祭式上24条参照。
頭巾　布巾で作られた頭に被るもの。

右、從㆓十一月一日㆒迄㆓來年十月卅日㆒供御料、女孺率㆓女丁㆒向㆓內膳司㆒、與㆑司料理日別供之、但甕內膳儲備、

手束索餅料、小麥十七石七斗、御幷中宮各八石八斗五升、粉米五石三斗一升、紀伊鹽八斗九升、醬、未醬各一斛四斗二升六合、酢七斗一升二合、薪日別卅斤、請㆓主殿寮㆒、

右、起㆓三月一日㆒盡㆓八月卅日㆒供御料、其雜器通㆓用上條㆒、

同手束索餅小麥十七斛七斗、御幷中宮料日供㆓五升㆒、所㆑餘臨時用之、粉米五斛一升、紀伊鹽八斗八升五合、醬一斛五升一合、未醬一斛五斗三升一合、酢五斗四升、薪卅斤、請㆑直、

右、起㆓九月一日㆒盡㆓來年二月卅日㆒、供御料如㆑前、

糖十斛八斗九升四合六勺、御幷中宮各一斛六斗八升三合、東宮一斛六斗七升八合八勺、雜給五石八斗四升九合八勺、絹篩九口、別三尺、絞㆑糖布袋十二口、別四尺、覆㆑瓮綿八兩二分、調布二丈、覆㆓瓮十口㆒料、口別二尺、紙五十八張、燈油三升六合、明櫃十五合、折櫃六合、由加六口、瓮卅口、箕六枚、韓櫃三合、中取六脚、薪一萬四百卅斤、調布衫九領、別一丈七尺、構、襌各九條、別四尺、

七石　底ナシ。閣・梵ホカニヨリテ補ウ。

殿　底「計」。考異ニ従イテ改ム。

女孺　後宮の下級女官。中務式77条参照。

右、十一月一日より来る年の十月三十日までの供御《くご》の料。*女孺《にょじゅ》、*女丁を率いて内膳司に向かい、司とともに料理《つく》り、日別《ごと》に供《くう》ぜよ。ただし*甕《あえ》は*内膳儲《ま》け備えよ。

*手束《たづか》の索餅の料、小麦十七石七斗〈御ならびに中宮、各《おのおの》八石八斗五升〉、粉米五石三斗一升、紀伊の塩八斗九升、醤《ひしお》・未醤《みそ》各一斛四斗二升六合、酢七斗一升二合、薪《みかまき》日別に三十斤〈*主殿寮より請けよ〉。

右、三月一日より八月三十日までの供御の料。其れ雑器は上の条を通わし用いよ。

同じき手束の索餅、小麦十七斛七斗〈御ならびに中宮の料は、日に五升を供じ、余るところは臨時に用いよ〉、粉米五斛一升、紀伊の塩八斗八升五合、醤一斛五升一合、未醤一斛五斗三升一合、酢五斗四升、薪三十斤〈*直《あたい》を請けよ〉。

右、九月一日より来る年の二月三十日までの供御の料は前の如くせよ。

糖《あめ》十斛八斗九升四合六勺〈御ならびに中宮は各一斛六斗八升三合、東宮は一斛六斗七升八合八勺、雑給は五石八斗四升九合八勺〉、絹の篩《ふるい》九口《く》〈別《くごと》に三尺〉、糖を絞る布袋十二口〈別に四尺〉、瓮を覆う綿八両二分、調布二丈〈瓮十口を覆う料は、口別に二尺〉、紙五十八張、燈油三升六合、明櫃十五合、折櫃六合、*由加《ゆか》六口、瓮三十口、箕六枚、韓櫃三合、中取六脚、薪一万四百三十斤、調布の*衫《ひとえぎぬ》九領〈別《りょうごと》に一丈七尺〉、褠・褌各九条〈別《じょうごと》に四尺〉、

女丁　京に徴発される女性の役丁。宮内式58条によれば「凡諸国女丁者、省検校分配諸司」と見え、宮内省の管理下に置かれた。民部式上62条参照。

甕　あえもの。本条には調味料として醤・未醤・酢が見え、これらを用いて索餅のあえものを作ったのであろう。

内膳儲け備えよ　索餅を食す際の調味料については、内膳司にて準備するということ。手束の索餅料に見える醤・未醤・酢がこれに相当するか。

手束の索餅　本式18条によれば、原料は小麦粉、米粉、塩を用いる点で索餅に同じとみえる。索餅が現在の干しウドンのようなものであったとすれば、手束の索餅もまた同様の麺類と考えられる。両者は形状の違いにより区別されたものと思われる。関根真隆『奈良朝食生活の研究』二八六・二八七頁(一九六九年)参照。

主殿寮より請けよ　御薪は主殿寮に蓄えられ、必要に応じて諸司に配された。主殿式18条に年中用いる御薪として「御炊料七百八荷」と見える。

直を請けよ　薪を購入するため、銭などの支給を受ける。

由加　大きなカメのことで、本来は祭事に用いられた。主計式上1条参照。

衫　ひとえ仕立ての衣服。斎宮式36条参照。

十　底ナシ。塙校注ニヨリテ補ウ。
各　底ナシ。考異ニ従イテ補ウ。
瓜　底「苽」。下文ノ例ニヨリテ改ム。下同ジ。
藁　底「藳」。本式3条及ビ貞・藤ニヨリテ改ム。下同ジ。

手巾四條、別五尺、

糯糒四斛六斗八升、御幷中宮各一斛六斗二升、東宮一石四斗四升、粟糒一斛二斗八升六合二勺八撮、御幷中宮各四斗四升四合、東宮三斗九升八合二勺八撮、明櫃十二合、箕二枚、長席四枚、長薦二枚、雑糒通用、醤一百五十石、供御料七十五石、雑給料七十五石、甕一百口、別受三石、添醤六十五石、甕五十口、末醤五十石、甕十口、醤鰒二百廿九斤三兩、卅斤三兩中宮料、

神事幷諸節儲料、糯糒八斛、

造年料醤料、酒、米各卅斛、申官請用、

瓜四斛七斗六升、直、鹽一石一斗四升二合四勺、滓醤三斛一斗四升一合六勺、

右、正月最勝王經齋會醤瓜料、

瓜二石九斗一升五合、直、鹽七斗二合三勺三撮、滓醤一斛九斗二合、

右、従八月一日迄来年七月卅日、供御醤瓜料、中宮同之、

瓜八斛五斗七升、直、鹽二斛四升九合六勺、滓醤五斛六斗三升六合四勺、

右、儲醤瓜料、

造雑物法

索餅料、小麦粉一石五斗、米粉六斗、鹽五升、得六百七十五藁、粉一升

長席　主計式上2条に「長二丈、広三尺六寸」と見える。主計式上1条の「狭席・広席」参照。

長薦　まこもを織って作ったむしろ。ここでは通常より長いものをいうか。

甕　水や酒を入れる容量五石以上の大きなカメ。主計式上1条の「瓺」参照。

添醤　本式18条に製法が規定されている。醤滓に塩を加えてもろみを絞り加熱したもの。品質の劣る醤。

17 醤瓜料条

直　瓜は大膳職が現物ではなく購入して、醤漬にしていたのであろう。直はその対価のこと。

供御の醤瓜　天皇に供する醤漬の瓜。内膳式19条に供御の月料として醤の瓜二三顆、同式34条に秋菜を漬ける料として醤漬の瓜九斗と見える。単位・数量の違いはあるが、いずれも本条の醤瓜に関わるものであろう。

儲の醤瓜　本条では最勝王経斎会の料および供御料を具体的に規定するが、それ以外にも節会等で用いられたと思われる。そのための備蓄をいうか。

18 造雑物法条

手巾《たのごい》四条〈別に五尺〉。

糯《もちよね》の糒《ほしいい》四斛六斗八升〈御ならびに中宮は各一斛六斗二升、東宮は一石四斗四升〉、粟の糒一斛二斗八升六合二勺八撮〈御ならびに中宮は各四斗四升四合、東宮は三斗九升八合二勺八撮〉、明櫃十二合、箕二枚、*長席四枚、*長薦二枚〈雑《くさぐさ》の糒に通わし用いよ〉、醤一百五十石〈供御の料七十五石、雑給の料七十五石〉、*甕一百口《く》〈別《くどと》に三石を受けよ〉、*添醤六十五石、甕五十口、未醤五十石、甕十口、醤鰒二百二十九斤三両〈三十斤三両は中宮の料〉。

神事ならびに諸節《せち》に儲くる料、糯の糒八斛。

年料の醤を造る料、酒・米《よね》各三十斛、官に申して請け用いよ。

17 瓜四斛七斗六升〈*直〉、塩一石一斗四升二合四勺、滓醤《かすひしお》三斛一斗四升一合六勺。

右、正月の最勝王経の斎会《さいえ》の醤瓜の料。

瓜二石九斗一升五合〈直〉、塩七斗二合三勺三撮、滓醤一斛九斗二合。

右、八月一日より来年七月三十日まで、*供御の醤瓜の料〈中宮も同じくせよ〉。

瓜八斛五斗七升〈直〉、塩二斛四升九合六勺、滓醤五斛六斗三升六合四勺。

右、*儲《もうけ》の醤瓜の料。

18 雑物を造る法

索餅の料、小麦の粉一石五斗、米の粉六斗、塩五升、六百七十五藁《こう》を得《う》〈粉一升にて

粽　底「焇」。意ニヨリテ改ム。
米　底ナシ。考異ニ従イテ補ウ。
蘖　底「蘖」。意ニヨリテ改ム。下同ジ。

得二四蘖半一、蘖
別粽得二三合一、　手束索餅亦同、
糖料、糯米一石、萌小麦二斗、得二三斗七升一、
糒料、糯米一石、得二八斗一、用薪一百廿斤、
米粉料、米一石、得二二石一、
麦粉料、小麦一石、得二一石五斗一、
熬大豆粉料、大豆一石、得二一石七斗一、薪六十斤、
炊小豆粉料、小豆一石、得二二石一、薪一百廿斤、
乾大棗料、大棗一石、得二三斗三升一、薪三百斤、
平栗子料、生栗子一石、得二一斗二升五合一、
供御醤料、大豆三石、米一斗五升、蘖料、糯米四升三合三勺二撮、小麦、酒各一斗五升、鹽一石五斗、得二一石五斗一、用薪三百斤、但雑給料除二糯米一、
添醤料、醤滓一石、鹽三斗五升、得二六斗五升一、用薪六十斤、
末醤料、醤大豆一石、米五升四合、蘖料、小麦五升四合、酒八升、鹽四斗、得二一石一、
醤鰒料、東鰒六十斤、鹽六斗四升八合一勺八撮、滓醤二石四升四合二勺、

四藁半を得《え》、藁別に*煠《ゆ》でて三合を得〉。手束《たづか》の索餅もまた同じくせよ。

糖《あめ》の料、糯米《もちよね》一石、*萌《もやし》の小麦二斗、三斗七升を得。

糒の料、糯米一石、八斗を得。用うる薪、一百二十斤。

米粉の料、米一石、二石を得。

麦粉の料、小麦一石、一石五斗を得。

*熬大豆《いりまめ》の粉の料、大豆一石、一石七斗を得。薪六十斤。

*炊小豆《たきあずき》の粉の料、小豆一石、二石を得。薪一百二十斤。

*乾大棗《なつめ》の料、大棗一石、三斗三升を得。薪三百斤。

平栗子《ひらぐり》の料、生栗子一石、一斗二升五合を得。

供御の醤の料、大豆三石、米一斗五升〈*糵《よねのもやし》の料〉、糯米四升三合三勺二撮、小麦・酒各一斗五升、塩一石五斗、一石五斗を得。用うる薪三百斤。ただし雑給の料は、糯米を除け。

添醤《そえびしお》の料、醤滓《ひしおかす》一石、塩三斗五升、六斗五升を得。用うる薪六十斤。

末醤の料、醤の大豆一石、米五升四合〈糵の料〉、小麦五升四合、酒八升、塩四斗、一石を得。

醤鰒の料、東鰒《あずまあわび》六十斤、塩六斗四升八合一勺八撮、滓醤二石四升四合二勺。

煠でて三合を得　索餅を束ねた単位である一藁を茹で、約三合の索餅を得るということ。なお木村茂光「日本古代の索餅について」（『雑穀』Ⅱ所収、二〇〇六年）を参照。
萌の小麦　小麦のもやし、本条では糖の原料であるが、酒造りにも用いられる。造酒式3条参照。
熬大豆　大豆を煎ったもので、粉にして食用に供する。
炊小豆　小豆を蒸したもので、粉にして食用に供する。
乾大棗　棗の大きな実を乾燥させたもの。斎宮式66条の「干棗」参照。
糵　こうじ。造酒式3条参照。

舌就　→校補2

19神事料条

蒜房　蒜はノビルなどのユリ科の植物。蒜房はその根で、塩漬けにしたもの。本式上4条参照。

蒜英　蒜の花で、塩漬けにしたもの。本式上4条参照。

韮搗　韮はネギ科の多年草。韮の葉をすりつぶし、搗いて塩漬けにしたもの。本式上4条参照。

内膳式に見ゆ　内膳式34条参照。

等伊料、大豆一石四斗二升六合、海藻四斤八兩、得㆓一石㆒、

豉料、大豆一石六斗六升七合、海藻四斤八兩、得㆓一石㆒、

右、造法依㆓前件㆒、

蒜房、蒜英各一斛、韮搗一斛、

右、神事料、造法見㆓內膳式㆒、

筭子一圍擇得二升㆒料、鹽九合、搗糟三升、

右、釋奠料、

醬茄子一千四百廿八顆、未醬茄子一千四百廿八顆、荏裹四百七十六顆、呉桃子二斗、生薑六升、山蘭、龍葵子各一斗、舌就一斗、未醬冬瓜廿五顆、漬生薑一斛、通㆓用神態料㆒、漬蘘荷九斗五升二合、漬糟冬瓜廿四顆、漬蔓菁根九斗五升二合、葅蔓菁四斗七升六合、楡皮蔓菁九斗五升二合、

右、雜菜正月最勝王經齋會料、夏時造儲、其造法見㆓內膳式㆒、

正月四節料

親王已下食法、並同㆓新嘗會㆒、餘節准㆑此、但除㆓雜餠幷蒜㆒、

等《と》伊《い》の料、大豆一石四斗二升六合、海藻《め》四斤八両、一石を得。

豉《くき》の料、大豆一石六斗六升七合、海藻四斤八両、一石を得。

右、造る法は前《さき》の件《くだり》によれ。

19 *蒜房《ひるふさ》・*蒜英《ひるのはなぶさ》各一斛《こく》、*韮搗《こみらかち》一斛。

右、神事の料。造る法は*内膳式に見ゆ。

20 *笋子《たかんな》一囲〈二升を択《えら》び得〉の料、塩九合、*搗糟《かちかす》三升。

右、釈奠《せきてん》の料。

21 醤の茄子《なすび》一千四百二十八顆、末醤の茄子一千四百二十八顆、荏裹《えつつみ》四百七十六顆〈呉《く》桃子《るみ》二斗、生薑《くれのはじかみ》六升、山蘭《やまあららぎ》・*竜葵子《こなすび》各一斗、*舌就《したつき》一斗〉、末醤の冬瓜《かもうり》二十五顆、漬生薑一斛〈*神態《かみわざ》の料に通わし用いよ〉、漬蘘荷《つけめか》九斗五升二合、漬糟の冬瓜二十四顆、漬蔓菁《つけかぶら》根九斗五升二合、*葅蔓菁《にらきあおな》四斗七升六合、*楡皮蔓菁《やにれあおな》九斗五升二合。

右、雑の菜の正月の*最勝王経の斎会の料は、夏の時に造り儲《ま》けよ。その造る法は*内膳式に見ゆ。

22 *正月の四節の料

親王已下《いげ》の食法《じきほう》は、みな新嘗会に同じくせよ〈余の節もこれに准《なぞら》えよ。ただし雑の餅《もちい》ならびに蒜《ひる》は除け〉。

20釈奠料条

笋子　タケノコ。本式上15条の「芹葅笋葅各二升」参照。

搗糟　本式15条参照。

21御斎会雑菜料条

竜葵子　サクラソウ科のコナスビか。

舌就　舌附とも(内膳式34条)。薬草の「仙沼子」のこと。本草和名に「和名之多都岐」と見える。

神態　六月・十二月の神今食および十一月新嘗祭における神事。中宮式24条参照。

葅蔓菁　楡皮の粉を入れた塩に漬けたカブラ菜の漬物。本式上15条、内膳式34条に「蔓菁葅」と見える。

楡皮蔓菁　葅ではないので、塩漬けではない楡皮を用いた料理。神護景雲四・九・二十九奉写一切経所告朔解(古六―一〇一頁)に「楡皮肆把用尽虀并葅料」と見え、楡皮は葅の他に虀などにも使用された。ここでも楡皮の粉とカブラ菜を用いた、虀、あるいはあえ物などのことか。

最勝王経の斎会の料　内膳式11条に雑の菜六石五斗四升五合を最勝王経の斎会料として充てることが見える。

内膳式に見ゆ　内膳式34条参照。

22正月四節料条

正月の四節　元日、七日(白馬)、十六日(踏歌)、十七日(大射)の節。

五　底「四」。考異ニ従イテ改ム。
堅魚　底ナシ。内膳式16条ニヨリテ補ウ。
已　底「以」。上下ノ例ニヨリテ改ム。
蔔　底「菖」ノ類字。意ニヨリテ改ム。以下、本巻ノウチ一々注セズ。

23五月五日節料条
五月五日の節　端午の節のこと。太政官式101条参照。
粽　糯米などを笹やまこもで巻き蒸した餅。内膳式15条にも粽の料が見えるが、

五月五日節料

粽料、糯米、参議已上別八合、五位已上別四合、大角豆、五位已上一合、搗栗子、参議已上四合、五位已上二合、甘葛汁、五位已上一合、枇杷、参議已上二合、五位已上一合、笋子五圍、箸竹、串竹各三圍、青蔣十一圍、生絲三兩一銖、鮮物臨時買用、参議及三位已上料、七月、九月准レ此、大陶盤、洗盤各四口、叩瓮五口、並納二煮堅魚、腊、雜物一、九月節盤、瓮亦同、

七月廿五日節料

索餅、親王已下五位已上別二藁、醤五勺、未醤四勺、鹽二勺、堅魚二分、生大豆、大角豆、五位已上二把、熟瓜、参議已上四顆、五位已上二顆、李子、参議已上四合、五位已上三合、桃子、参議已上五顆、五位已上四顆、蓮子、参議已上五房、五位已上二房、折櫃五合、杓二柄、匏五柄、絹篩二口、別二尺、箸竹、串竹各二圍、青槲十五擔、

九月九日節料

生大豆、五位已上二把、生栗子、参議已上一升、五位已上五合、桃子、参議已上五顆、五位已上四顆、梨子、参議已上七顆、五位已上五顆、蔔子、参議已上六顆、五位已上五顆、菱子、参議已上八合、五位已上六合、

23 *五月五日の節の料

*粽《ちまき》の料、糯米〈参議已上に別《ひとごと》に八合、五位已上に別に四合〉、大角豆《ささげ》〈五位已上に一合〉、搗《かち》栗子《ぐり》〈参議已上に四合、五位已上に二合〉、甘葛《あまずら》の汁〈五位已上に一合〉、*枇杷《びわ》〈参議已上に二合、五位已上に一合〉、笋子五囲、箸竹《はしたけ》・*串竹各《おのおの》三囲、*青蔣十一囲、*生糸《すずしのいと》三両一銖、鮮《なま》物《もの》は臨時に買い用いよ〈参議および三位已上の料、*七月・九月もこれに准えよ〉。*大陶の盤《すえのさら》・洗盤《すましざら》各四口、叩瓫《たたいべ》五口〈みな*煮堅魚《にがつお》・*腊《きたい》・雑物を納《い》れよ。九月の節の盤・瓫《ほとぎ》もまた同じくせよ〉。

24 *七月二十五日の節の料

索餅《むぎなわ》〈親王已下五位已上に別に二藁〉、醬《ひしお》五勺、未醬《みそ》四勺、塩二勺、堅魚《かつお》二分、生大豆・大角豆〈五位已上に二把〉、熟瓜《ほぞち》〈参議已上に四顆、五位已上に二顆〉、李子《すもも》〈参議已上に四合、五位已上に三合〉、桃子《もも》〈参議已上に五顆、五位已上に四顆〉、蓮子《はちすのみ》〈参議已上に五房、五位已上に二房〉、折櫃《おりひつ》五合、杓《ひさご》二柄、匏《なりひさご》五柄、絹の篩《ふるい》二口〈別《くごと》に二尺〉、箸竹・串竹各二囲、*青《あお》槲《かしわ》十五担《たん》。

25 *九月九日の節の料

生大豆〈五位已上に二把〉、生栗子《なまぐり》〈参議已上に一升、五位已上に五合〉、桃子〈参議已上に五顆、五位已上に四顆〉、梨子《なし》〈参議已上に七顆、五位已上に五顆〉、*蔔子《あけび》〈参議已上に六顆、五位已上に五顆〉、*菱子《ひしのみ》〈参議已上に八合、五位已上に六合〉。

本条と一部異なる。

枇杷　バラ科の常緑高木。熟した実は黄色みをおび食用に供する。

串竹　串を作る原料になる竹のことか。

青蔣　乾燥させていない生のコモ（マコモの古名）。宮内式35条参照。内膳式16条に「青蔣十囲」と見える。なお典薬式8条の「生蔣」は「青蔣」に同じと思われる。

生糸　練らないままの絹糸。

七月九月　七月二十五日の節および九月九日の節。本式24・25条参照。

大陶の盤　陶は須恵器。盤はある程度厚みのある今日的な皿状のもの。ここでは大きめの須恵器の皿をいうか。

煮堅魚　カツオの切り身を煮た後に乾し固めたもの。鰹節。主計式上2条参照。

腊　宍肉もしくは魚肉を丸ごと乾かしたもの。主計式上2条の「雑の魚の腊・鮹の腊」参照。

24七月二十五日節条

七月二十五日の節　相撲の節会。太政官式103条参照。

青槲　干していない生の柏の葉。

25九月九日節料条

九月九日の節　重陽の節、菊花の宴。太政官式105条、式部式下24条参照。

蔔子　アケビ科の落葉低木の果実。

菱子　菱の実。菱はヒシ科の一年生水草。

同節文人料

五位、一人醬一合五勺、虀酒、酢各四勺、鹽三勺、東鰒、隱伎鰒、堅魚、烏賊、熬海鼠各一兩、雜魚腊并楚割各三兩、押年魚、與理刀魚各二兩、鮭五分隻之一、腊、鮨各一斤、海藻一兩、靑大豆二把、生栗子五合、桃子四顆、梨子五顆、熟柿子四顆、蔔子三顆、菱六合、六位已下、一人滓醬五勺、鹽二勺、鮭六分隻之一、腊、鮨各二兩、

諸節差㆓權膳部㆒、正月三節并大嘗會卌人、餘節各卌人、並給㆑粮、一人日米一升二合、鹽一勺二撮、（大嘗會五日、餘節三日、）菜料鹽、（秋亦准㆑此、）親王五十石、（内親王同、）太政大臣卅石、左右大臣各十石、大納言六石、中納言五石、參議三位、四位各三石、中宮職五十石、春宮坊六石、侍從所春一石一斗四升、秋一石九斗、縫殿寮四石二斗四升八合、内匠寮一石五斗、木工寮七石、主殿寮六斗、掃部寮六石、左右近衞府各八石、左右兵衞府各六石、左右衞門府各二石、隼人司一石四斗三升七合二勺、左右馬寮各春夏季二石四斗八升、（漬菜料一石、造㆓馬藥㆒醬料一石、藥料四斗八升、）内教坊二石五斗、女官厨五石、命婦已

勺　底「合」。考異ニ従イテ改ム。
東　底、コノ上「脯」字アリ。考異ニ従イ、衍ト見テ削ル。
隻　底ナシ。例ニヨリテ補ウ。下同ジ。
十　底ナシ。版本ニ従イテ補ウ。
石　底及ビ諸本「解」。本条下文ノ例ニヨリテ改ム。
府　底ナシ。意ニヨリテ補ウ。

26九月九日文人条
同節の文人　重陽の節（菊花の宴）で詩を献上する者。大学寮の学生などの中から選ばれた。太政官式105条、式部式下24条参照。
虀酒　本式3条参照。
東鰒　東国のうち、特に安房国で採れた鰒のこと。主計式上2条の「御取の鰒…耽羅の鰒」参照。
隱伎の鰒　隠伎国で採れた鰒のこと。斎宮式66条参照。
烏賊　頭足類、十腕目に属するものの総称。イカ。

26 同*節の文人《もんにん》の料

五位、一人に醤一合五勺、*甕酒《あえざけ》・酢各四勺、塩三勺、*東鰒《あずまあわび》・隠伎の鰒*・堅魚・*烏《い》賊《か》・*熬海鼠《いりこ》各一両、*雑の魚の鱐《ほしいお》ならびに*楚割《すわやり》各三両、*押年魚《おしあゆ》・*与理刀魚《よりとうお》各二両、*鮭《さけ》五分隻の一、腊・鮨*各一斤、海藻《め》一両、青大豆二把、生栗子五合、桃子四顆、梨子五顆、*熟柿子《うれがき》四顆、蓏子三顆、菱六合。六位已下、一人に滓醤《かすひしお》五勺、塩二勺、鮭六分隻の一、腊・鮨各二両。

27 諸節《せち》には*権《かり》の膳部《かしわで》を差《つか》わせ。*正月の三節ならびに*大嘗会に四十人、余の節に各三十人、みな粮を給え。一人、日に米《よね》一升二合、塩一勺二撮〈大嘗会は五日、余の節は三日〉。

28 菜の料の塩は〈秋もまたこれに准えよ〉、親王に五十石〈内親王も同じくせよ〉、太政大臣に三十石、左右大臣に各十石、大納言に六石、中納言に五石、参議の三位・四位に各三石、中宮職に五十石、春宮坊に六石、*侍従所に春一石一斗四升・秋一石九斗、縫殿寮に四石二斗四升八合、内匠寮に一石五斗、木工寮に七石、主殿寮に六斗、掃部寮に六石、左右近衛府に各八石、左右兵衛府に各六石、左右衛門府に各二石、隼人司に一石四斗三升七合二勺、左右馬寮に各春夏の季に二石四斗八升〈漬菜の料一石、馬の薬を造る醤の料一石、薬の料四斗八升〉、内教坊に二石五斗、女官の厨に五石、*命婦《みょうぶい》已

熬海鼠　ナマコのはらわたを取り、煮て乾かしたもの。主計式上2条参照。

雑の魚の鱐　魚の切り身を干し乾かしたもの。主計式上2条参照。

楚割　魚肉を細く割き、乾かし固くしたもの。主計式上2条参照。

押年魚　塩漬けにした鮎を乾燥させ、圧搾したもの。主計式上4条の「火乾年魚…煮乾年魚」参照。

与理刀魚　細魚(サヨリ)の古名。主計式上4条参照。

鮭　主計式上2条参照。

鮨　魚介類を塩とともに漬け込み、食用としたもの。四時祭式上4条、主計式上2条の「醤の鮒鮨の鮒」参照。

熟柿子　熟してやわらかくなった柿。

27権膳部条

権の膳部　節会等において調理に従事した仮の膳部。膳部については四時祭式上7条参照。

正月の三節　元日、七日(白馬)、十六日(踏歌)の節会。式部式上2条、内膳式13条参照。

大嘗会　践祚大嘗祭のこと。大嘗祭式および太政官式85条参照。

28菜料塩条

侍従所　侍従の候所。中務式58条参照。

命婦　後宮出仕の女官。四時祭式上31条、中務式17条参照。

日八両　版本、コノ下「鮨十五斤〈日八両〉」七字アリ。
二升　考異ノ計算ニヨリテ補ウ。
廿五斤十両　分注ト合ワズ。概数ヲ示セルカ。下ノ斤量同ジ。

下六百籠、〈三百籠各納三斗、三百籠各納二斗、〉堅鹽一千五百顆、

右、依前件、毎年二月、八月随符給之、其参議已上月別上旬充之、但命婦已下者、内侍一人臨職班給、

親王以下月料

無品親王、内親王

醤一斗二升、〈日四合、〉未醤六升、〈日二合、〉鹽一斗五升、〈日五合、〉東鰒九斤六両、〈日五両、〉堅魚七斤八両、〈日四両、〉鮭十五隻、〈日二分之一、〉腊十五斤、〈日八両、〉堅魚煎、紫菜各一斤十四両、〈日一両、〉海藻七斤八両、〈日四両、〉

賀茂齋内親王月料

東鰒卅斤、堅魚廿九斤十両、堅魚煎汁、紫苔一斤十三両、醤、鹽、未醤各一斗五升、海藻十斤十両、

同院雑給料、鹽月別二斗二升六合、〈小月二斗一升八合四勺七撮、〉

妃

醤一斗二升、〈日四合、〉未醤六升、〈日二合、〉鹽一斗五升、〈日五合、〉東鰒九斤六両、〈日五両、〉隠伎鰒、煮堅魚、烏賊、海藻各七斤八両、〈日四両、〉鮭十五隻、〈日二分之一、〉腊十八斤十二両、〈日十両、〉鮨廿五斤十両、〈日十三両二分一銖、〉堅魚

下《げ》に六百籠〈三百籠は各三斗を納《い》る、三百籠は各二斗を納る〉、*堅塩《かたしお》一千五百顆。

右、前の件により、毎年二月・八月、符に随いて給え。その参議已上は、月別《ごと》の上旬に充てよ。ただし命婦已下は、内侍*一人、職に臨みて班《わか》ち給え。

29 親王以下の月料

無品《むぼん》親王・内親王

醬一斗二升〈日に四合〉、未醬六升〈日に二合〉、塩一斗五升〈日に五合〉、東鰒九斤六両〈日に五両〉、堅魚七斤八両〈日に四両〉、鮭十五隻〈日に二分の一〉、腊十五斤〈日に八両〉、堅魚の煎《いろり》・紫菜《のり》各一斤十四両〈日に一両〉、海藻七斤八両〈日に四両〉。

30 *賀茂斎内親王の月料

東鰒三十斤、堅魚二十九斤十両、堅魚の煎汁《いろり》・紫苔《むらさきのり》一斤十三両、醬・塩・未醬各一斗五升、海藻十斤十両。

*同じき院の雑給の料、塩、月別に二斗二升六合〈小の月は二斗一升八合四勺七撮〉。

31 妃《ひ》*

醬一斗二升〈日に四合〉、未醬六升〈日に二合〉、塩一斗五升〈日に五合〉、東鰒九斤六両〈日に五両〉、隠伎の鰒・煮堅魚・烏賊・海藻各七斤八両〈日に四両〉、鮭十五隻〈日に二分の一〉、腊十八斤十二両〈日に十両〉、鮨二十五斤十両〈日に十三両二分一銖〉、堅魚の

堅塩　固まりになっている堅い塩。大学式1条、主計式上4条の「破塩」参照。

内侍　天皇に侍し、奏請・宣伝に供奉するほか、女孺の検校や後宮の儀式などに従事した。四時祭式上9条、中宮式5条参照。

29無品親王月料条

無品親王　品位を授けられていない親王。無品親王の時服、食封支給に関しては中務式75条、民部式上51条参照。

内親王　天皇の姉妹および皇女のこと。斎宮式1条参照。

30賀茂斎王月料条

賀茂斎内親王　賀茂大神に奉仕する未婚の内親王または女王。斎院式1条の「斎王」参照。

同じき院　賀茂斎王のこと。

31妃月料条

妃　皇后に次ぐ天皇の配偶者。中務式76条参照。

廿六人　大炊式35条「卅人」。

煎、紫菜、海松各一斤十四兩、日一兩、

夫人

醤一斗二升、日四合、末醤六升、日二合、鹽一斗五升、日五合、東鰒八斤、日四兩三分、隱伎鰒、煮堅魚、烏賊、海藻各六斤、日三兩二分、堅魚七斤、日三兩二分五銖、鮭十隻、日三分之一、腊十八斤、日九兩三分三銖、鮨廿斤、日十兩二分四銖、堅魚煎、紫菜、海松各一斤、日三分二銖、

女御

醤、末醤各六升、日二合、鹽六升、腊五斤十兩、日三兩、鮨九斤六兩、日五兩、紫菜、海松各一斤十四兩、日一兩、海藻七斤八兩、日四兩、

女官月料

女孺二百七十五人、醤六升、滓醤六斗、鹽一斛六斗五升、人別日二勺、

內教坊命婦已下一百人、鹽三斗、

大藏縫女廿六人、鹽七升八合、

親王乳母、海藻八斤二兩、鹽六升、

侍從卅人、七人參議已上、自餘五位已上、

三位已上及四位參議、醤二合、五位已上減二一合、酢、鹽各四勺、五位已上

煎・紫菜・海松《みる》各一斤十四両〈日に一両〉。

32
*夫人《ぶにん》
醬一斗二升〈日に四合〉、未醬六升〈日に二合〉、塩一斗五升〈日に五合〉、東鰒八斤〈日に四両三分〉、隠伎の鰒・煮堅魚・烏賊・海藻各六斤〈日に三両二分〉、堅魚七斤〈日に三両二分五銖〉、鮭十隻〈日に三分の一〉、腊十八斤〈日に九両三分三銖〉、鮨二十斤〈日に十両二分四銖〉、堅魚の煎・紫菜・海松各一斤〈日に三分二銖〉。

33
*女御《にょうご》
醬・未醬各六升〈日に二合〉、塩六升、腊五斤十両〈日に三両〉、鮨九斤六両〈日に五両〉、紫菜・海松各一斤十四両〈日に一両〉、海藻七斤八両〈日に四両〉。

34
女官の月料
女孺《にょじゅ》二百七十五人、醬六升、滓醬六斗、塩一斛《こく》六斗五升〈人別《ごと》に日に二勺〉。
*内教坊の命婦已下《みょうぶいげ》一百人、塩三斗。
*大蔵の縫女《ぬいめ》二十六人、塩七升八合。
*親王の乳母《めのと》、海藻八斤二両、塩六升。

35
*侍従三十人〈七人は参議已上、自余は五位已上〉
三位已上および四位の参議に醬二合〈五位已上は一合を減ぜよ〉、酢・塩各四勺〈五位已上

32夫人月料条

夫人 妃に次ぐ天皇の配偶者。中務式76条参照。

33女御月料条

女御 天皇の寝所に侍する女性の地位。中務式76条参照。

34女官月料条

内教坊の命婦 女楽や踏歌の教習を掌る女官。本条では「内教坊命婦已下一百人」とあり、中務式77条には「内教坊未選女孺五十人」と見えるので、命婦は五〇人であったか。

大蔵の縫女 衣服等の裁縫に従事した下級女官。大蔵省縫部司には縫女部の存在が知られるが(職員令37条)、縫部司は大同三年(八〇八)に中務省縫殿寮に統合され、縫部が置かれた。本条の縫女は、先の大蔵省の縫女部(縫殿寮の縫部)に近いと思われるが定かではない。大炊式35条参照。

親王の乳母 親王の授乳および養育に従事した女性。後宮職員令17条には親王に三人の乳母が支給されると見える。

35侍従条

侍従 天皇の側近として「常侍、規諫、拾ㇾ遺補ㇾ闕」を職掌とする(職員令3条)。定員は八名。本条は三〇人とするので次侍従を含むか。中務式4・56条参照。

滑　底、コノ上「末」字アリ。版本ニ従イテ削ル。
日　底ナシ。閣・梵ホカニヨリテ補ウ。
内舎人　→校補3

同、東鰒二両、（五位已上減二一両一、）隠伎鰒、煮堅魚各一両、堅魚二分、烏賊一両、鮭六分隻之一、（五位已上並同、）堅魚煎汁二勺、（五位已上除、）雑鮨三両一分二銖、海藻二分、滑海藻四勺、（五位已上並同、）

東宮、青槲、干槲各日別廿五把、荷葉卅枚、

侍従所、青槲、干槲各日別十五把、

右、青槲、荷葉、大和、河内、攝津等國所レ進、干槲播磨國所レ進、

内舎人廿五人、人別鹽二勺、雑腊二両、鮨三両、

凡打二左右辨官長案料紙一菜、海藻十三斤、雑魚二斗六升、鹽一升三合、毎年充二圖書寮一、

出二納官物一諸司五位已下主典已上、人別鹽二勺、滓醤五勺、鮭二両、雑鮨二両、（史生准レ此、）

右、一度料依二前件一、月別摠二計百度之料一一度請受、用盡之日、先進二前月費用帳一勘勾、然後更請、如有レ殘者廻充二後料一、

勘解由使百度料

36東宮条

荷葉　本式14条参照。

青槲荷葉は…　青槲は干すなどの加工を施していない青い柏の葉。蓮の葉については、五月から九月にかけて河内国が進上することになっていた（内膳式22条）。

干槲は播磨国進るところ　干槲は柏の葉を干したもの。民部式下53条に年料別貢雑物として、播磨国に「柏一百俵」と見える。なお造酒式9・12条に「播磨槲」、同式25条に「播磨柏」が見える。

37内舎人条

内舎人　中務省に属し、宿衛や雑使の供奉、行幸の警備等にあたる（職員令3

条)。定員は九〇人。中務式1条参照。

38長案料紙条

左右弁官の長案の料紙を打つの菜　弁官の長案とは宣旨・官符(案)を発給年次ごとに記録し成巻したもの。その料紙は左右各一〇〇張であった。本条は、弁官長案の装潢に対して支給される料物を規定する。図書式28・29条参照。

海藻十三斤…図書寮に充てよ　図書式29条に規定する海藻、雑魚、塩の数量に一致する。図書寮では毎年十二月に翌年の料を大膳職に請求することになっていた。

39出納諸司条

月別に…一度に請い受けよ　百度食の支給に関する手続きについては、主計式下19条の「一度に請い受け…惣べて録して」参照。

百度の料　百度は百度食のことで、一般に激務の官人に対する特別給与とされる。百度の料は百度食で支給される料物のこと。なお図書式11条、本式42条参照。

費の用帳　百度食支給に関する、一ケ月の支給記録簿。

40勘解由百度料条

勘解由使の百度　勘解由使に支給された特別食。勘解由式21条では熟食として本条と同内容の物品が見える。

も同じくせよ〉、東鰒二両〈五位已上は一両を減ぜよ〉、隠伎の鰒・煮堅魚各一両、堅魚二分、烏賊一両、鮭六分隻の一〈五位已上もみな同じくせよ〉、堅魚《かつお》の煎汁二勺〈五位已上は除け〉、雑の鮨三両一分二銖、海藻二分、滑海藻《あらめ》四勺〈五位已上もみな同じくせよ〉。

36 東宮、青槲《あおがしわ》・干槲《ほしがしわ》各日別に二十五把、*荷葉《はちすのは》三十枚《ひら》。

侍従所、青槲・干槲各日別に十五把。

右、*青槲・荷葉は、大和・河内・摂津等の国、進《たてまつ》るところ。*干槲は、播磨国進るところ。

37 *内舎人二十五人、人別に塩二勺、雑の腊《きたい》二両、鮨三両。

38 凡そ*左右弁官の長案の料紙を打つの菜、*海藻十三斤、雑の魚二斗六升、塩一升三合は、毎年図書寮に充てよ。

39 官物を出納する諸司の五位已下主典《さかん》已上は、人別に塩二勺、滓醤五勺、鮭二両、雑の鮨二両〈史生《ししょう》もこれに准《なぞら》えよ〉。

右、一度の料は前《さき》の件《くだり》によれ。*月別に*百度《ももど》の料を摠計して一度に請《こ》い受けよ。用尽の日、先ず前月の*費《ついえ》の用帳を進りて勘勾《かんこう》し、然る後に更に請《う》けよ。もし残ることあらば、廻して後の料に充てよ。

40 *勘解由使の百度の料

長官以下書生以上、日別各•魚四兩、滓醬一合、鹽二勺、

検二納薪一諸司廿八人、辨一人、史一人、史生二人、式部輔一人、丞録各一人、史生五人、兵部輔一人、丞録各一人、史生五人、宮内輔一人、丞録各一人、史生五人、五位一人、醬一合、鹽二勺、薄鰒一兩三分、烏賊二兩、雜腊、鮨各三兩、六位已下一人、鹽二勺、薄鰒一兩、雜腊、鮨各二合、但史生雜腊二合、鹽一勺、

右、一人食料依二前件一、

曝二曬兵庫寮器仗一監物一人、兵部官人二人、五位一人、六位以下一人、史生一人、雜使三人、各限二十日一給レ食、准二百度法一、

諸講書博士、各日別鹽一合、鰒、雜魚腊、鮨、海藻各二兩、諸得業生、鹽二勺、•雜魚鮨三兩、海藻二兩、

漢語師幷生、鹽二勺、生減二八撮一、滓醬一合、雜魚腊、海藻各二兩、

主鈴、典鑰、滓醬二斗四升、小月二斗三升二合、

内豎二百人料、鹽三斗六升、小月三斗四升八合、

•畫所年料、鹽二斛、

釆女卅七人料、鹽二斗一升一合五勺、小月二斗四•合四勺五撮、

魚　考異、「鮨」或イハ「雜魚」ノ誤リカトナス。

雜　底ナシ。考異ニ従イテ補ウ。

畫　底「盡」。版本ニ従イテ改ム。

合　底「升」。考異ノ計算ニ従イテ改ム。

41検納薪諸司条

薪を検納する諸司　→補1

42曝曬兵庫器仗条

兵庫寮の器仗…　兵庫の器仗は日を択び、一〇日以内で曝涼することになっていた。本条はカギを管理し、倉庫の物品の出し入れを監察する監物や、兵部省の担当者および曝涼にあたる雑使などの食料を規定する。兵部式23条、兵庫式16条参照。

百度の法　→補2

43諸講書博士条

講書の博士　大学寮において講義を担当する博士。講説については大学式24～27条参照。博士の食料について本式では海藻二両とするが、大学式26条では「海藻一両」と見え支給量が合致しない。

得業生　大学寮最高課程の学生。式部式

下34条、大学式29条参照。

44漢語師条

漢語の師ならびに生　漢語師は諸蕃や異域に対する訳語養成の師であり、訳語となるべく漢語を習った者が漢語生であろう。大学式30条参照。

生は八撮を減ぜよ　漢語師と漢語生に支給される食料のうち、塩について漢語生は減じて支給された。

45主鈴典鑰条

主鈴　中務省に属する品官。内印・駅鈴・伝符等の出納に従事した。主鈴式冒頭補注参照。

典鑰　中務省に属する品官。監物のもとで諸司の管鑰の出納に従事した。典鑰式冒頭補注参照。

46内豎条

内豎二百人　→補3

47画所年料条

画所　宮廷用の屏風・障子や調度類の作画・装飾を担当する役所。内匠式3条参照。

48采女条

采女四十七人　采女式4条にも采女四十七人と見える。同式6条には、采女月料として塩四合五勺と見えるが、これは一人分で四七人とすると二斗一升一合五勺になり、本条に一致する。采女式冒頭補注参照。

長官以下書生以上に日別に各魚四両、滓醤一合、塩二勺。

41　*薪《みかまき》を検納する諸司二十八人〈弁一人、史一人、史生二人、式部の輔《すけ》一人、丞《じょう》・録《さかん》各一人、史生五人、兵部の輔一人、丞・録各一人、史生五人、宮内の輔一人、丞・録各一人、史生五人〉。五位一人に醤《ひしお》一合、塩二勺、薄鰒一両三分、烏賊《いか》二両、雑《くさぐさ》の腊・鮨各三両。六位已下一人に塩二勺、薄鰒一両、雑の腊・鮨各二合〈ただし史生は、雑の腊二合、塩一勺〉。

右、一人の食《じき》の料は前の件によれ。

42　*兵庫寮の器仗を曝《ほ》し曬《さら》す監物一人、兵部の官人《かんにん》二人〈五位一人、六位以下一人〉、史生一人、雑の使三人、各十日を限りて食を給え〈*百度の法に准えよ〉。

43　諸の*講書の博士は、各日別に塩一合、鰒・雑の魚の腊・鮨・海藻各二両。諸の*得業生は、塩二勺、雑の魚の鮨三両、海藻二両。

44　*漢語の師ならびに生は、塩二勺〈*生は八撮を減ぜよ〉、滓醤《かすひしお》一合、雑の魚の腊・海藻各二両。

45　*主鈴・*典鑰は、滓醤二斗四升〈小の月は二斗三升二合〉。

46　*内豎《ないじゅ》二百人の料、塩三斗六升〈小の月は三斗四升八合〉。

47　*画所《えどころ》の年料、塩二斛。

48　*采女《うねめ》四十七人の料、塩二斗一升一合五勺〈小の月は二斗四合四勺五撮〉。

榛 底、コノ上「棒」字アリ。衍ト見テ削ル。

蔔 底、コノ下「二」字アリ。衍ト見テ削ル。

49蔵人所料条

蔵人所 内裏の納殿である校書殿に置かれた令外官司。中務式43条参照。

50長人日別条

長の人 →補1

51諸衛異能士条

諸衛の異能の士 左右近衛府・兵衛府の出仕者で、特に武芸・人格ともに優れた者をいう。なお兵部式44条に見える月ごとに塩一斗支給の規定に一致する。左右近衛式48条参照。

52雑盛一籠条

雑盛一籠 →補2

53諸国交易条

諸国交易して…大豆等の類 交易雑物は諸国が正税を用いて購入し、進上した種々の物品である。醤の大豆は未醤の原料で大豆を発酵させたもの。民部式下63条では近江・丹波・美作・備前・備中・備後・紀伊・阿波・讃岐・伊予の各国が醤の大豆および大豆を交易進上すること

藏人所料、月別腊魚卅斤、滓醬六升、

長人日別鹽五勺、鮭半隻、鮨十五兩、海藻七兩、

諸衞異能士、月別鹽一斗、小月亦同、

凡稱二雜盛一籠一者、鰒、堅魚、海藻各盛二一斤一、稱二海菜雜盛一籠一者、大小凝菜、鹿角菜各盛二一斤一、

凡諸國交易所レ進、醬大豆幷大豆等類、隨レ到量收、訖即申レ省、諸司赴集依レ實檢納、其數見二民部式一、駿河國堅魚煎汁二斛、擇二好味者一別器進之、若當年所レ輸中男作物、不レ滿二此數一者、正稅充レ直、交易進之、

諸國貢進菓子

山城國、郁子四擔、蔔子一擔、覆瓫子一捧、楊梅子三擔、平栗子十石、大和國、蔔子一擔、楊梅子二擔、榛子、河內國、蔔子一擔、覆瓫子一捧、楊梅子一擔、椎子一擔、花橘子一擔、蓮根五百六十節、木蓮子、攝津國、蔔子二擔、覆瓫子四擔、楊梅子四擔、花橘子二擔、和泉國、楊梅子一擔、伊賀國、甘葛煎一斗、伊勢國、橘子十擔、椎子二擔、遠江國、甘葛煎二斗、甘子四擔、駿河國、甘葛煎二斗、甘子七擔、伊豆國、甘葛煎二斗、甲斐國、青梨子五擔、相摸國、

になっていた。なお但馬、因幡の両国については、醬の大豆のみの進上で大豆は見えない。
駿河国の堅魚の煎汁　駿河国の中男作物で、煮堅魚を作るときに出た汁を煮詰めて凝縮したもの。調味料として用いる。主計式上4・19・20条参照。→補3

54貢進菓子条

郁子　アケビ科のつる性常緑低木の果実。宮内式45条参照。
覆盆子　宮内式45条には見えない。なお、内膳式28条参照。
楊梅子　ヤマモモ科の果実。宮内式45条には見えない。
榛子　カバノキ科の落葉低木の果実。宮内式45条参照。
椎子　椎の実。主計式上4条参照。
花橘子　橘子は柑橘類の果実。「花」がつくのは本条のみであるが、「花」は橘の花を賞してつけられたものか。
蓮根　レンコン。本式3条に「荷藕」と見える。
木蓮子　イタビカズラ。崖石榴の古名。宮内式45条参照。
甘葛の煎　アマズラの蔓液からとった甘味料。斎宮式78条参照。
甘子　本式3条、宮内式45条参照。
青梨子　梨の一品種。皮が青く、早く熟する。

49 *蔵人所《くろうどどころ》の料、月別《ごと》に腊の魚三十斤、滓醤六升。

50 *長の人、日別に塩五勺、鮭《さけ》半隻、鮨十五両、海藻《め》七両。

51 *諸衛の異能の士は月別に塩一斗〈小の月もまた同じくせよ〉。

52 凡そ*雑盛《まぜもり》一籠と称するは、鰒《あわび》・堅魚・海藻各一斤を盛《い》れよ。海菜《もは》の雑盛一籠と称するは、大小の凝菜《こるもは》・鹿角菜《ふのり》各一斤を盛れよ。

53 凡そ*諸国、交易《きょうやく》して進るところの醬の大豆《まめ》ならびに大豆等の類は、到るに随いて量り収めよ。訖らばすなわち省に申し、諸司、赴き集《つど》いて実により検納せよ〈その数は民部式に見ゆ〉。*駿河国の堅魚の煎汁《いろり》二斛は、好《よ》き味のものを択《えら》び別の器にて進れ。もし当年輸《いた》すところの中男作物、この数に満たざれば、正税を直《あたい》に充て交易して進れ。

54 諸国貢進の菓子《くだもの》

山城国〈*郁子《むべ》四担《たん》、蘭子《あけび》一担、*覆盆子《いちご》一捧、*楊梅子《やまもものみ》三担、平栗子《ひらぐり》十石〉、大和国〈蘭子一担、楊梅子二担、*榛子《はしばみ》〉、河内国〈蘭子一担、覆盆子一捧、楊梅子一担、*椎子《しいのみ》一担、*花橘子《はなたちばな》一担、*蓮根《はちすのね》五百六十節、*木蓮子《いたび》〉、摂津国〈蘭子二担、覆盆子四担、楊梅子四担、花橘子二担〉、和泉国〈楊梅子一担〉、伊賀国〈*甘葛《あまずら》の煎《いろり》一斗〉、伊勢国〈椎子二担〉、遠江国〈甘葛の煎二斗、*甘子《かんし》四担〉、駿河国〈甘葛の煎二斗、甘子七担〉、伊豆国〈甘葛の煎二斗〉、甲斐国〈*青梨子《あおなし》五担〉、相摸国〈橘子《たちばな》十担、

煎　底、弥書。閣・梵ホカニヨリテ改ム。
子　底ナシ。例ニヨリテ補ウ。
椎子　底ナシ。閣・梵ホカニヨリテ補ウ。
五　底ナシ。考異ニ従イテ補ウ。

甘子、近江國、郁子二輿籠、出羽國、甘葛煎二斗、越前國、甘葛煎一斗、暑預二擔、暑預子二捧、椎子、加賀國、甘葛煎、能登國、甘葛煎、越中國、甘葛煎一斗、越後國、甘葛煎一斗、丹波國、甘葛煎六升、甘栗子二捧、搗栗子二石一斗、平栗子、椎子、菱子二捧、丹後國、甘葛煎一斗、但馬國、搗栗子七斗、甘葛煎、因幡國、甘葛煎一斗、平栗子五斗、椎子一擔、梨子二擔、甘子、干棗、出雲國、甘葛煎一斗、播磨國、椎子一擔、搗栗子、美作國、搗栗子七斗、甘葛煎、備前國、甘葛煎、備中國、甘葛煎一斗、諸成、紀伊國、甘葛煎七升、阿波國、甘子二輿籠、數四百顆、甘葛煎一斗五升、大宰府、甘葛煎七斗、但木連子者、筑前國部内諸山及壹伎等嶋所レ出之中、擇二好味者一年中貢、

右、依二前件一其數臨時增減、隨レ至檢收附二内膳司一、但甘葛煎直進二藏人所一、

年料雜器

薄絁篩八口、別二尺、調布水篩四口、別四尺、構五十二條、別四尺、褌五十二條、別六尺、頭巾六條、別二尺、衫六領、二領別二丈、四領別一丈四尺、拭レ臼巾七條、別四尺、手巾五條、別二尺、絲二兩、縫二構褌等一料、

右、造二菓、餠、醬、末醬一及料二理魚、宍等一料、

甘子〉、近江国〈郁子二輿籠《こしこ》〉、出羽国〈甘葛の煎二斗〉、越前国〈甘葛の煎一斗、*暑預《やまのいも》二担、暑*預子二捧、椎子〉、加賀国〈甘葛の煎〉、能登国〈甘葛の煎〉、越中国〈甘葛の煎一斗〉、越後国〈甘葛の煎一斗〉、丹波国〈甘葛の煎六升、甘栗子二捧、搗栗子《かちぐり》二石一斗、平栗子、椎子、菱子《ひしのみ》二捧〉、丹後国〈甘葛の煎一斗〉、但馬国〈搗栗子七斗、甘葛の煎〉、因幡国〈甘葛の煎一斗、平栗子五斗、椎子一担、梨子二担、甘子、干棗《ほしなつめ》〉、出雲国〈甘葛の煎一斗〉、播磨国〈椎子一担、搗栗子〉、美作国〈搗栗子七斗、甘葛の煎〉、備前国〈甘葛の煎〉、備中国〈甘葛の煎一斗、*諸成《もろなり》〉、紀伊国〈甘葛の煎七升〉、阿波国〈甘子二輿籠・数四百顆、甘葛の煎一斗五升〉、大宰府〈甘葛の煎七斗、ただし*木連子は、筑前国の部内の諸山および壱伎等の島の出だすところのうち、好き味のものを択び年中に貢せよ〉。

右、前の件により〈その数は臨時に増減せよ〉、*至るに随いて検収し、内膳司に附《さず》けよ。ただし甘葛の煎の直は、蔵人所に進れ。

55

年*料の雑器

薄絁《うすぎぬ》の篩《ふるい》八口《く》〈別《くごと》に二尺〉、調布の水*篩四口〈別に四尺〉、*構《まえだれ》五十二条〈別《じょうごと》に四尺〉、*襌《ちはや》五十二条〈別に六尺〉、頭巾《こうぶり》六条〈別に二尺〉、衫《ひとえぎぬ》六領〈二領は別《りょうごと》に二丈、四領は別に一丈四尺〉、臼を拭《のご》う巾七条〈別に四尺〉、手巾《たのごい》五条〈別に二尺〉、糸二両〈構・襌等を縫う料〉。

右、菓《くだもの》・餅《もちい》・醬・末醬を造り、および魚・宍《しし》等を料理《つく》る料。

暑預　本式3条参照。

暑預子　ヤマノイモの珠芽。むかご。

諸成　胡頽子(グミ)の古名。宮内式45条参照。

木連子は…出だすところ　宮内式45条では大宰府の貢進物とのみ見えるが、本条より管内の筑前、壱伎島などが木連(蓮)子の特産だったことが知られる。

至るに随いて…附けよ　諸国から菓子が貢進されてきたら、大膳職が品質・数量などを検査して、内膳司に送付する。ただし内膳式に規定は見えない。

55年料雑器条

年料の雑器　大膳職が年間に準備する料物。(1)調味料や食材を調理する料、(2)職家料、(3)百度所料、(4)侍従所料、(5)供御および神事料に分け、それぞれ用いる料物とその数量を規定。

水篩　水を切るため目を細かくした篩。本条のように調布を用いる例としては内蔵式49条に見えるが、陰陽式2条には絁や曝布製の水篩が見える。

構　本式16条参照。

襌　本式16条参照。

醬　底、コノ下「院」字アリ。下文ノ例ニヨリ、衍ト見テ削ル。
五　底「六」。考異ニ従イテ改ム。
枝　底ナシ。意ニヨリテ補ウ。
日　底「白」。考異ニ従イテ改ム。

輿籠八十脚、匏六十柄、杓卅柄、食薦四百枚、箕廿枚、苫十枚、中取案卅八脚、（職廿七脚、醬院三脚、菓子所四脚、百度所、侍従所各二脚、）切案卅八脚、（職卅脚、百度、侍従所各四脚、）大槽十五隻、（職七隻、醬、菓子、百度、侍従各二隻、）小槽十五隻、（職七隻、醬二隻、菓子三隻、百度二隻、侍従一隻、）木臼八口、（職三口、醬、菓子各二口、侍従一口、）杵十六枝、（職五枝、醬三枝、菓子三枝、大厨三枝、侍従二枝）檜二口、陶廡笥盤十二口、壺十二口、由加六口、水瓺三口、瓫十口、叩瓫六口、洗盤十四口、匜坏廿口、砥二顆、

右、職家料、

折櫃十二合、陶叩瓫四口、水椀十二口、（加レ盤、）坏八十口、柏十五把、（日料、）

右、百度料、

折櫃廿合、陶由加二口、杓四柄、陶片盤百八口、匜坏九十口、坏百八十口、洗盤、叩瓫各四口、醬、酢瓶各四口、砥一顆、置簀二枚、盛案一脚、絁篩二口、（別一尺、）布褠、褌各五條、明櫃二合、（納二筋幷作柏等一料、）

右、侍従所料、

麁筥一百五十合、（各長一尺二寸、廣一尺一寸、）諸國所レ進、

右、年中供御幷神事料依二前件一、

輿籠《こしこ》八十脚、匏《なりひさご》六十柄、杓《ひさご》三十柄、*食薦《すごも》四百枚、*箕《み》二十枚、*苫《とま》十枚、中取の案《つくえ》三十八脚〈職に二十七脚、*醬院に三脚、*菓子所に四脚、*百度《ももど》所・侍従所に各《おのおの》二脚〉、切案《きりづくえ》三十八脚〈職に三十脚、百度・侍従所に各四脚〉、*大槽《おおふね》十五隻〈職に七隻、*醬・*菓子・百度・*侍従に各二隻〉、*小槽十五隻〈職に七隻、醬に二隻、菓子に三隻、百度に二隻、侍従に一隻〉、木臼八口〈職に三口、醬・菓子に各二口、侍従に一口〉、杵《きね》十六枝〈職に五枝、醬に三枝、菓子に三枝、大厨に三枝、侍従に二枝〉、橧《こしき》二口、陶《すえ》の麻笥盤《おけざら》十二口、壺《つぼ》十二口、由加《ゆか》六口、水瓺《みずみか》三口、瓫《ほとぎ》十口、叩瓫《たたいべ》六口、洗盤《すましざら》十四口、𤭯坏《あえつき》二十口、*砥《と》二顆。

右、職家の料。

折櫃《おりひつ》十二合、陶の叩瓫四口、水椀《みずまり》十二口〈盤を加う〉、坏《つき》八十口、柏十五把〈日の料〉。

右、百度の料。

折櫃二十合、陶の由加二口、杓四柄、陶の片盤百八口、𤭯坏九十口、坏百八十口、洗盤・叩瓫各四口、醬・酢の瓶《かめ》各四口、砥一顆、置簀《おきす》二枚《ひら》、盛案《もりづくえ》一脚、絁の篩二口〈別《くごと》に一尺〉、布の褠・襷各五条、明櫃《あかひつ》二合〈筯《はし》ならびに*作柏等を納《い》るる料〉。

右、侍従所の料。

麁筥《あらはこ》一百五十合〈各長さ一尺二寸、広さ一尺一寸〉、諸国進《たてまつ》るところ。

右、年中の供御《くご》ならびに神事の料は、前《さき》の件《くだり》によれ。

食薦　竹や茅を編んで作った敷物。四時祭式上6条の「匏…韲籠」参照。
箕　本式16条参照。
苫　菅や茅を菰のように編み、覆や筵として用いる。大嘗祭式21条、主計式上4条参照。
醬院　醬・豉・未醬などの調味料を作るところ。本式上1条参照。
菓子所　本式3条参照。
百度所　百度料を調理・配膳する施設。下文の「百度」もこれに同じ。
大槽　大型の桶をいうか。
醬　醬院のこと。
菓子　菓子所のこと。
侍従　侍従所のこと。
小槽　大槽に対し、小型の桶をいうか。
砥　砥石のこと。主計式上4・63条参照。
作柏　明櫃に箸とともに入れられることから、食材の盛り具として用いられたと考えられる。具体的には不明であるが、盛り具にふさわしい形・状態に整えられた柏の葉をいうか。なお、内膳式8条参照。

態　底「態」。上文ノ例ニヨリテ改ム。

造器二人、（一人木器、一人土器、）月別所レ造折櫃卌合、平片坏八百口、其粮料黑米日二升、鹽二勺、

凡神事幷供御料雜物者、進、屬各一人勾當、若有レ怠者科責、

凡釋奠祭、始レ自二歲首一差二充執當官一人一、在前儲二備享物一、官人名申レ官、官即下二知大學寮一、若有二奠祭不法之事一、隨即科責、

凡諸節神態幷職內所レ須炭、松明、薪、令二仕丁儲備一、（大炊、主水、造酒等司准レ此、）

延喜式卷第卌三

56 造器二人〈一人は木の器、一人は土《はに》の器〉、月別に造るところ、折櫃三十合、*平片坏八百口。その粮料は、*黒米《くろよね》日に二升、塩二勺。

57 凡そ神事ならびに供御の料の雑物は、進《じょう》・属《さかん》各一人勾当《こうとう》せよ。もし怠ることあらば、科責せよ。

58 凡そ*釈奠《せきてん》の祭は、歳の首《はじめ》より始め、執当の官一人を差《つか》わし充てて、さきだちて*享物《きょうもつ》を儲《ま》け備えよ。官人《かんにん》の名は官に申し、官すなわち大学寮に下知せよ。もし*奠祭に不法の事あらば、ただちに科責せよ。

59 凡そ*諸節《せち》の神態《かみわざ》、ならびに職内須《もち》うるところの炭《あらずみ》・松明《たいまつ》・薪《みかまき》は、仕丁《しちょう》をして儲け備えしめよ〈大炊・主水・造酒等の司もこれに准《なぞら》えよ〉。

延喜式巻第三十三

56造器条

平片坏　本条以外に見えない。片坏は高台のない浅い坏。「平」は「たいらか」の意であるから、平片坏は高台のない平たく浅い坏、ということになろう。斎宮式38条の「枚片坏」、主計式上1条の「中片杯」と同じものであろう。

黒米　玄米のこと。

57神事供御雑物条

58釈奠条

釈奠の祭　毎年二月・八月上丁の日に孔子やその弟子を祭る儒教儀礼。大膳職の官人から選ばれた専当官が儲備にあたった。大学式1・5・9・12・14・21条参照。

享物　先聖先師以下に供える供物。大学式12条参照。

奠祭　釈奠の祭りのこと。大学式21条参照。

59諸節神態条

諸節の神態　本式21条参照。

五寸　底ナシ。下文ニヨリテ補ウ。
卅　底「廿」。下文ニヨリテ改ム。

木工寮　→補1
　1伊勢神宮料条
鞍二具の料　以下は鞍の金具についての記述。兵庫式19条によれば、「女鞍二具」が九月五日までに神祇官へ送られるとあり、これと関連するか。内蔵式14条、主殿式12条、左右馬式62条参照。
鑣　馬の口に喰ませて、手綱を取り付ける金具。
鞅著　鞅は鞍橋(クラボネ)を固定するために馬の胸から鞍橋の前輪(マエワ)の四緒手(シオデ)にかけて取りまわす緒。「著」はそれを取り付ける金具を意味する。以下同様。鞅著・鞦著各四隻を含むか。鞍橋については左右馬式62条参照。
鈌　馬具の部分の名。鐙の頭にある鉄輪の中の細い金具で力革へさし通し、鐙靼(ミズオ)に留める。
腹帯著　腹帯は鞍橋を置くため馬の腹にめぐらす帯。布または麻縄を用いる。和名抄にハラオビ、左右馬式62〜64条に「小腹帯」が見える。
和此良金　未詳。
同じき金著の釘　和此良金を著ける釘。

延喜式巻第卅四

木工寮

鞍二具料、鑣二具、鞅著八隻、鐙著四具、鈌四具、腹帯著四隻、和此良金二百隻、長各一寸、同金著釘二百隻、

右、伊勢大神宮料、九月十日以前造備、充㆓神祇官㆒、

卜鑿四柄、钃二口、

右、十一月新嘗會御卜料、充㆓神祇官㆒、六月、十二月神今食亦同、

牀三脚、方四尺、高九寸、度別一脚、御湯殿御座料、大牀二脚、各長一丈二尺五寸、廣四尺、高三尺、一脚積㆓神御帖㆒料、一脚刺㆓同帖㆒料、並通用之、

右、十一月新嘗會、六月、十二月神今食料、充㆓掃部寮㆒、

著㆓幣帛㆒木卅六枝、長各八尺、方一寸五分、

四枝賀茂上下祭料各二枝、二枝松尾、四枝春日、四枝率川、二枝大原野、四枝大神、二枝山科、四枝當麻、二枝杜本、二枝當宗料、就中四枝賀茂臨時祭、二枝同松尾祭料、

供神料

延喜式巻第三十四

木工寮*

1
*鞍《くら》一具の料、*鑣《くつわ》二具、*鞅《むながい》著《つけ》八隻、鐙著《あぶみつけ》四具、*鈌《かこ》四具、*腹帯著《はらおびつけ》四隻、*和此良金《わしらがね》二百隻〈長さ各一寸〉、同じき*金著《かねつけ》の釘《くぎ》二百隻。

右、伊勢大神宮*の料、九月十日以前に造り備え、神祇官に充てよ。

2
*卜鑿《うらのみ》四柄《え》、*钁《すき》二口《く》。

右、十一月の*新嘗会《にいなめのえ》の御卜《みうら》の料、神祇官に充てよ。六月・十二月の*神今食《かんいまけ》もまた同じくせよ。

3
*牀《ゆか》三脚〈方四尺、高さ九寸、度別《ごと》に一脚、*御湯殿《おゆどの》の御座の料〉、大牀二脚〈各《おのおの》長さ一丈二尺五寸、広さ四尺、高さ三尺、一脚は神*の御帖《おんたたみ》を積む料、一脚は同じき帖を*刺《さ》す料、みな通わし用いよ〉。

右、十一月の新嘗会、六月・十二月の神今食の料、掃部寮に充てよ。

4
幣帛《みてぐら》を著《つ》くる木三十六枝〈長さ各八尺、方一寸五分〉。

四枝は*賀茂《かも》の上下の祭の料に各二枝、二枝は松尾《まつのお》、四枝は春日《かすが》、四枝は率川《いざかわ》、二枝は大原野《おおはらの》、四枝は大神《おおみわ》、二枝は山科《やましな》、四枝は当麻《たいま》、二枝は杜本《もりもと》、二枝は当宗《まさむね》の料、このうち四枝は賀茂の臨時の祭、二枝は同じき松尾の祭の料。

5
供神《ぐしん》の料

伊勢大神宮の料　九月に行なわれる伊勢大神宮の神嘗祭の料。四時祭式下1条、大神宮式12・13条参照。

2新嘗御卜料条

卜鑿　亀卜に用いる亀甲に穴を掘るためのノミか。

钁　鋤に同じ。

新嘗会の御卜　新嘗会は神嘉殿において新穀(食物)を神と天皇に供する祭儀。御卜は、一般に天皇の身体の平安を占う御体御卜を指すが、ここでは神今食や新嘗祭の神事に伴う卜定のこと。四時祭式上22・24条、同式下49条、宮内式12・16条参照。

神今食　月次祭の夜から早朝に、中和院の神嘉殿で行なわれる祭儀。天皇が神座を前にして、夕と暁の二度、供膳を行なう。四時祭式上24条参照。

3新嘗等料条

牀　掃部式65条に「六月神今食〈十二月神今食、十一月大嘗祭亦同〉」として「床一脚〈湯殿料〉」とある。

御湯殿　→補2

神の御帖　薦・絹などで作られた敷物の総称。本式7条、掃部式3・65条参照。

刺す　造るの意。本式7条参照。

4著幣帛木料条

賀茂の上下の祭…　→補3

5供神料条

楯、長三尺六寸、廣八寸、厚四分、長功日一人卌枚、中功日卅五枚、短功日卅枚、

四座置、八座置、以レ木爲之、長者二尺四寸、短者一尺二寸、各以二八枝一爲レ束、名稱二八座置一、長短各以二四枝一爲レ束、名稱二四座置一、長功六百束、中功五百束、短功四百束、

倭文纏刀形、長二尺三寸、廣一寸五分、絁纏、布纏亦同、長功六十口、中功五十口、短功卌口、

金装大刀一口長二尺三寸、廣一寸五分、料、鐵四斤、金薄六枚、長功廿三人、工十八人、夫五人、中功廿六人、工廿人、夫六人、短功廿八人、工廿二人、夫六人、

烏装大刀長廣同レ上、料、鐵四斤、長功廿人、工十五人、夫五人、中功廿三人、工十七人、夫六人、短功廿六人、工十九人、夫七人、

金装太多利一基基方二寸、柄長六寸、廣五分、厚二分、料、鐵八兩、金薄三枚、長功一人半、工一人、夫半人、中功二人、工一人半、夫半人、短功三人、工二人、夫一人、

金装麻笥一口徑深各四寸、料、鐵十二兩、金薄十枚、長功二人半、工二

四座置　→校補1

一　底ナシ。塙校注ニヨリテ補ウ。

長功・中功・短功　営繕令1条に「凡計二功程一者、四月、五月、六月、七月、為二長功一、布一常得二四功一、二月、三月、八月、九月、為二中功一、一常得二五功一、十月、十一月、十二月、正月、為二短功一、一常得二六功一」とあり、季節による労働時間の違い

楯〈長さ三尺六寸、広さ八寸、厚さ四分〉。*長功は日に一人四十枚《ひら》、*中功は日に三十五枚、*短功は日に三十枚。

*四座置《よくらおき》・八《や》座置《くらおき》〈木を以て為《つく》れ。長きものは二尺四寸、短きものは一尺二寸、各八枝を以て束となせ。名づけて八座置と称《い》う。長・短各四枝を以て束となせ。名づけて四座置と称う〉。長功は六百束、中功は五百束、短功は四百束。

*倭文《しず》纏《まき》の刀形《かたながた》〈長さ二尺三寸、広さ一寸五分、絁纏《あしぎぬまき》、布纏《ぬのまき》もまた同じくせよ〉。長功は六十口《く》、中功は五十口、短功は四十口。

*金装《こがねづくり》の大刀《たち》一口〈長さ二尺三寸、広さ一寸五分〉の料、鉄《くろがね》四斤、金薄《きんぱく》六枚。長功は二十三人〈*工《たくみ》十八人、*夫五人〉、中功は二十六人〈工二十人、夫六人〉、短功は二十八人〈工二十二人、夫六人〉。

*烏装《くろづくり》の大刀〈長さ・広さは上に同じくせよ〉の料、鉄四斤。長功は二十人〈工十五人、夫五人〉、中功は二十三人〈工十七人、夫六人〉、短功は二十六人〈工十九人、夫七人〉。

金装の*太多利《たたり》一基〈基の方二寸、柄《え》の長さ六寸、広さ五分、厚さ二分〉の料、鉄八両、金薄三枚。長功は一人半〈工一人、夫半人〉、中功は二人〈工一人半、夫半人〉、短功は三人〈工二人、夫一人〉。

金装の*麻笥《おけ》一口〈径《さしわたし》・深さ各四寸〉の料、鉄十二両、金薄十枚。長功は二人半〈工二

によって一人が一日に行なう仕事の標準が定められていた。

四座置八座置　四座置は長(二尺四寸)、短(一尺二寸)の置座の木を各四本ずつ束ねたもの。八座置は各八本ずつ束ねる。祭料の置座の木は、畿内諸国から採り進められる(臨時祭式65条)。釈紀七によれば、祓具とされるが、必ずしも定かではない。

倭文纏の刀形　木製の刀形に、倭文をまいたものか。四時祭式上4・23条などに見え、祈年祭や月次祭などの幣物に用いられる。

金装の大刀　鞘と柄に金薄を貼りつけた大刀。四時祭式上29・30条、祝詞式13条、兵庫式17・21条などに見える。

工・夫　金工・木工などの工人とその補助者。

烏装の大刀　柄・鞘などすべてに黒漆を塗った刀。四時祭式上29条、斎宮式8・18条、兵庫式21・25条などに見える。

太多利　椯とも書く。紡績具の一種で、糸がもつれないように繰るための道具。四時祭式上15条、大神宮式27条に見える。

麻笥　檜の薄板の曲げ物。糸によりをかける時につける水を入れる容器か。四時祭式上15条、大神宮式27条、祝詞式6条ほかに見える。

人、夫半人、中功三人、工二人、夫一人、短功四人、工三人、夫一人、
金装加世比一枚柄長一尺、手長八寸、廣各五分、厚各三分、料、鐵一斤、金薄七枚、長功一人、工大半人、夫小半人、中功亦同、短功一人半、工一人、夫半人、

御贖料
金銀人像一枚長一尺、廣一寸、料、鐵四兩、金薄、銀薄各三枚、長功工一人、夫一人廿枚、中功十八枚、短功十六枚、
木人像、長八寸、廣八分其面餝以㆓金銀㆒、長功七十枚、中功六十枚、短功五十枚、
御輿形、長九寸、廣四寸、高七寸、長功廿具、中功十八具、短功十五具、
鐵偶人卅六枚、押㆓金銀薄㆒各十六枚、無㆑餝四枚、木偶人廿四枚、御輿形四具、挿㆓幣帛㆒木廿四枚、
右、毎月晦日御贖料、中宮亦同、東宮押㆓金銀薄㆒鐵偶人各八枚、
木偶人三百八十四枚、日別卅八枚、御輿形六十四具、日別八具、挿㆓幣帛㆒木三百八十四枚、日別卅八枚、

半　底、コノ下「二」字アリ。計算上、衍ト見テ削ル。
亦同　底「同亦」。下文ノ例ニヨリテ改ム。
六　底ナシ。閣・梵ホカニヨリテ補ウ。

加世比　桛とも。紡いだ糸を巻き取る「工」字形の道具。四時祭式上15条、大神宮式27条に見える。
大半・小半　三分の二、三分の一。
6御贖料条
金銀の人像　鉄を素材としてその表面に金や銀を叩いて紙のように薄くのばし貼

りつけて製作した。四時祭式下57条に、毎月晦日の御贖として「金人像、銀人像各卅二枚〈東宮各八枚〉」とある。内蔵式23条も参照。

御輿形　輿をかたどったもので、料物の何れかを載せたものか。四時祭式下57条、臨時祭式22条、内蔵式23・24条に見える。

金銀の薄を押すもの各十六枚　四時祭式下57条の「金人像、銀人像各卅二枚」を指す。内蔵式23条参照。

餝りなきもの四枚　四時祭式下55条の「鉄人像四枚」を指す。

御輿形四具　四時祭式下57条に「御輿形四具」とあるのに対応する。内蔵式23条には「輿形四具」とある。

幣帛を挿む木二十四枚　四時祭式下57条には「挿レ幣木廿枚」、内蔵式23条には「挿レ幣木十六枚」とある。

毎月の晦日の御贖の料　四時祭式下57条、内蔵式23条、宮内式26条参照。

東宮は金銀の薄を押す鉄の偶人各八枚　四時祭式下57条に「東宮各八枚」とあるのに対応する。

木の偶人…　以下、新嘗祭や神今食の料として四時祭式上には見えず。ただし内蔵式24条に「凡毎年六、十一、十二月三箇月、起レ自二一日一迄二于八日一、并八箇日御贖」とある。

人、夫半人〉、中功は三人〈工二人、夫一人〉、短功は四人〈工三人、夫一人〉。

金装の*加世比《かせい》一枚《ひら》〈柄《つか》の長さ一尺、手の長さ八寸、広さ各五分、厚さ各三分〉の料、鉄一斤、金薄七枚。長功は一人〈工*大半人、夫*小半人、中功もまた同じくせよ〉、短功は一人半〈工一人、夫半人〉。

6
御贖《みあがもの》の料

*金《こがね》・銀《しろがね》の人像《ひとがた》一枚〈長さ一尺、広さ一寸〉の料、鉄四両、金薄・銀薄各三枚。長功は工一人、夫一人、二十枚、中功は十八枚、短功は十六枚。

木の人像〈長さ八寸、広さ八分、その面の餝《かざ》りは金・銀を以てせよ〉、長功は七十枚、中功は六十枚、短功は五十枚。

*御輿形《みこしがた》〈長さ九寸、広さ四寸、高さ七寸〉、長功は二十具、中功は十八具、短功は十五具。

鉄《くろがね》の偶人《ひとがた》三十六枚〈*金・銀の薄を押すもの各十六枚、*餝りなきもの四枚〉、木の偶人二十四枚、*御輿形四具、*幣帛を挿《さしはさ》む木二十四枚。

右、*毎月の晦日《つごもり》の御贖の料。中宮もまた同じくせよ。*東宮は金・銀の薄を押す鉄の偶人各八枚。

木*の偶人三百八十四枚〈日別に四十八枚〉、御輿形六十四具〈日別に八具〉、幣帛を挿む木三百八十四枚〈日別に四十八枚〉。

案　底、「安」字ニ作リ、小書シテ分注トナス。考異ニ従イテ改ム。

右、十一月新嘗祭、従㆓一日㆒迄㆓八日㆒御贖料、六月、十二月神今食前八箇日料亦同、

神事幷年料供御

土火爐、長三尺五寸、廣二尺五寸、高七寸、長功二人、中功二人半、短功三人、

•案、長一尺八寸、廣一尺六寸、高三尺、樓長廣亦同、高一尺六寸、長功四人、中功四人半、短功五人、

棚案、長三尺、廣一尺三寸、高二尺五寸、長功五人、中功七人、短功九人、

別脚案、長三尺、廣一尺七寸、高一尺九寸、厚八分、長功一人、中功一人半、短功二人、

椙案、以㆑檜爲㆑之、長五尺三寸、廣三尺四寸、高二尺五寸、長功三人、中功四人、短功五人、

水案、長三尺六寸、廣一尺八寸、高二尺一寸、厚八分、長功四人、中功五人、短功六人、

膳櫃、長三尺三寸、廣二尺三寸、深八寸五分、長功四人、中功五人、短功六人、

7神事供御料条

土の火炉　土師器の火鉢のことで、火炉はヒタキともいう。斎宮式30条に「土火炉二脚」、同37条に「土火炉四枚」、同66条に「土火炉二枚」、同71条に「土火炉一脚」とある。なお大嘗祭式31条には「土火炉四荷〈構以㆓椿木㆒、塗以㆓白土㆒、覆以㆓細席㆒、荷別夫四人〉」とあり、表面に漆喰が

右、十一月の新嘗の祭、一日より八日までの御贖の料。六月・十二月の神今食に前《さきだ》つこと八箇日の料もまた同じくせよ。

7 神事ならびに年料の供御《くご》

*土《はに》の火炉《かろ》〈長さ二尺五寸、広さ二尺五寸、高さ七寸〉、長功は二人、中功は二人半、短功は三人。

案《つくえ》〈長さ一尺八寸、広さ一尺六寸、高さ三尺、*楼《ろう》の長さ・広さもまた同じくし、高さ一尺六寸〉、長功は四人、中功は四人半、短功は五人。

*棚案《たなづくえ》〈長さ三尺、広さ一尺三寸、高さ二尺五寸〉、長功は五人、中功は七人、短功は九人。

*別脚《あしわけ》の案〈長さ三尺、広さ一尺七寸、高さ一尺九寸、厚さ八分〉、長功は一人、中功は一人半、短功は二人。

*椙《しもと》の案〈檜を以て為《つく》れ。長さ五尺三寸、広さ三尺四寸、高さ二尺五寸〉、長功は三人、中功は四人、短功は五人。

*水の案〈長さ三尺六寸、広さ一尺八寸、高さ二尺一寸、厚さ八分〉、長功は四人、中功は五人、短功は六人。

*膳櫃《おものひつ》〈長さ三尺三寸、広さ二尺三寸、深さ八寸五分〉、長功は四人、中功は五人、短功は六人。

施されている。

楼　案の上に取り付ける台をいうか。

棚案　棚状の細長い台か。斎宮式66条に見えるほか、主殿式7条に新嘗会供奉料として「案三脚〈置二御巾一別脚案一脚、居レ櫃板案一脚、棚案一脚〉」と見える。

別脚の案　脚が取り外しのできる机。斎宮式71条に「足別案」ともある。大膳式下16条、大炊式29条、主殿式7条、造酒式12・13・15・17条参照。

椙の案　樹皮が付いたままの細長く伸びた若木や若枝を組んで作った台。臨時祭式24条に「椙棚」、斎宮式66条に「椙案一脚」などが見える。主殿式7条に新嘗会供奉料として「椙案一脚」が見える。

水の案　飲料の水を載せる机。斎宮式37条に「御水案二脚」、主水式7条に神今食料として「水案一脚」、主膳式3条に「御水案一脚」とある。なお、斎宮式37条の「手水案」もこれと関係するか。

膳櫃　食膳具などを入れる木製の容器。内匠式31条に伊勢初斎院の装束として「膳櫃四合〈各長三尺二寸五分、広二尺二寸、深九寸〉」、同32条に野宮装束として「塗二赤漆一御膳櫃六合〈各長二尺三寸、広二尺二寸、深八寸二分〉」とある。内匠式6条によれば、木工寮で作られた膳櫃が内匠寮で漆塗りされた。内膳式23条に「御膳櫃十二合料」とある。

膳櫃牀、〈長五尺九寸、廣二尺四寸、高一尺七寸五分、厚一寸、〉長功四人、中功六人、短功八人、

外居案、〈長三尺六寸、廣一尺八寸、高三尺、厚八分、〉長功六人、中功七人、短功八人、

懸案、〈長五尺八寸、廣一尺八寸、高二尺五寸、左右著杁長各八尺、〉加二切板二枚一、〈各長三尺、廣一尺八寸、〉案二脚、〈各長三尺二寸、廣一尺八寸、厚八分、〉蓋二枚、〈已上以爲二一具一、〉長功九人、中功十一人、短功十三人、

擇案、〈長四尺、廣一尺八寸、高八寸、厚八分、〉長功一人小半、中功一人大半、短功二人、

板案、〈長三尺三寸、廣一尺八寸、高八寸、•厚八分、〉長功一人、中功一人小半、短功一人大半、

切案、〈長三尺、廣一尺七寸、高八寸、厚八分、〉長功半人、中功大半人、短功一人、

居二水瓶一案、〈長四尺五寸、廣二尺、高二尺、厚八分、〉長功二人、中功二人半、短功三人、

盛案、〈長四尺、廣一尺八寸、高一尺、厚八分、〉長功一人、中功一人半、短功

厚　底ホカ諸本「廣」。版本・雲ニ従イテ改ム。

膳櫃の牀　膳櫃を載せる脚付きの台。内匠式6条に「下案一脚〈長五尺四寸、広二尺四寸、高一尺七寸〉」とあるものに対応する。なお同31条の「膳櫃四合」の下に「下居榻四脚〈各長五尺六寸、高一尺七寸〉」、同32条の「塗二赤漆一御膳櫃六合」の下に「下居机六脚〈各長五尺七寸五分、広二尺三寸、高一尺七寸〉」とあるのもこれに対応する。

外居の案　斎宮式37・71条の「外居の案」では「室外・屋外に置いて物を載せる台」とするが、「外居」をホカイ(行器)と訓み、食物を納めて持ち運ぶのに用いる曲物の容器の意ととらえれば、持ち運び用の容器を載せる台という意味になろう。外居は式内には見えないが、西宮記恒例

*膳櫃の牀《ゆか》〈長さ五尺九寸、広さ二尺四寸、高さ一尺七寸五分、厚さ一寸〉、長功は四人、中功は六人、短功は八人。

*外居《ほかい》の案〈長さ三尺六寸、広さ一尺八寸、高さ三尺、厚さ八分〉、長功は六人、中功は七人、短功は八人。

*懸案《かけづくえ》〈長さ五尺八寸、広さ一尺八寸、高さ二尺五寸、左右に著くる*朸《おうご》の長さ各八尺〉、*切板二枚を加う〈各長さ三尺、広さ一尺八寸〉。案二脚〈各長さ三尺二寸、広さ一尺八寸、厚さ八分〉、蓋《ふた》二枚〈已上を以て一具となせ〉、長功は九人、中功は十一人、短功は十三人。

*択案《えりづくえ》〈長さ四尺、広さ一尺八寸、高さ八寸、厚さ八分〉、長功は一人小半、中功は一人大半、短功は二人。

*板案《いたづくえ》〈長さ三尺三寸、広さ一尺八寸、高さ八寸、厚さ八分〉、長功は一人、中功は一人小半、短功は一人大半。

*切案《きりづくえ》〈長さ三尺、広さ一尺七寸、高さ八寸、厚さ八分〉、長功は半人、中功は大半人、短功は一人。

水瓶《みずかめ》を居《す》うる案〈長さ四尺五寸、広さ二尺、高さ二尺、厚さ八分〉、長功は二人、中功は二人半、短功は三人。

*盛案《もりづくえ》〈長さ四尺、広さ一尺八寸、高さ一尺、厚さ八分〉、長功は一人、中功は一人半、短功

一(蘇甘栗事)や江家次第二(大臣家大饗)に「外居一荷」と見える。また、宇津保物語(吹上上)には、「油単おほヒたる台に据ヱたる行器持たせて」とあり、行器が台の上に据えられている様子が記されている。

懸案 神前に物を供えるのに用いた机。

朸 物をかつぐ時に用いる棒。

切板 本条にのみ見える。語義不詳。

択案 大炊式29条に供御の年料として「択案一脚」、主膳式3条に年料として「択案一脚〈長二尺九寸、弘一尺七寸、高一尺八寸〉」と見える。ほか、主水式27条参照。

板案 主殿式7条に新嘗会供奉料として「案三脚〈置二御巾一別脚案一脚、居レ櫃板案一脚、棚案一脚〉」と見える。

切案 まな板。物を切る台。切机に同じ。和名抄の俎の項に「今案切机即俎也」とある。四時祭式上10・24条、同式下51条、斎宮式66条、大嘗祭式31条に「切机」、大神宮式12条、斎宮式30・43・71条、中務式89条、大膳式下55条、内膳式23条、主水式8・27条等に「切案」が見える。

盛案 食品を載せる台か。大膳式下55条に侍従所の年料雑器として「盛案一脚」、主膳式3条に「盛案一脚〈長八尺、弘二尺、高一尺〉」と見える。

二人、
中取案、（長九尺、廣一尺八寸、高一尺九寸、厚一寸二分、）長功一人、中功一人半、短功二人、
無㆑手中取案、（長八尺、廣一尺八寸、高二尺、厚一寸、）長功一人、中功一人小半、短功一人大半、
板蓋、（徑二尺五寸、）長功六枚、中功五枚、短功四枚、
轆轤手湯戸盆、（口徑一尺八寸、高一尺三寸、）長功四人、（工一人、夫三人、）中功四人半、短功五人、
圓槽、（徑二尺、深八寸、）長功三人、（工一人、夫二人、）中功三人大半、（工一人小半、夫二人半、）短功四人半、（工一人半、夫三人、）
冷槽、（徑一尺五寸、深五寸、）加㆓椀一合㆒、（徑一尺一寸、深七寸、）長功三人、（工一人、夫二人、）中功三人大半、（工一人小半、夫二人半、）短功四人半、（工一人半、夫三人、）
手洗、（徑一尺五寸、深五寸、）長功三人、中功三人半、短功四人、
九寸盤、長功工一人、夫二人十六枚、中功十二枚、短功十枚、
八寸盤、長功工一人、夫二人廿枚、中功十六枚、短功十二枚、

夫　底「丈」。閣・梵ホカニヨリテ改ム。
中功　底、コノ上「中功三人〈工一人、夫二人〉」一〇字アリ。衍ト見テ削ル。
功　底ナシ。閣・塙・貞ニヨリテ補ウ。下同ジ。
大　底ナシ。分注ニヨリテ補ウ。
半　底ナシ。分注ニヨリテ補ウ。

中取の案　食器を載せて二人で担ぐ台。陰陽式22～24条、宮内式28条、大膳式下16・55条、大炊式2・6・29・39条、典薬式2・11・14・40条、造酒式5・10・12・15・17・34条、主水式8・27条、主膳式3条などに見える。和名抄の槼(ヨ)の項には「今案俗所㆑謂㆓中取㆒是也」とあり、「舁㆓食器㆒也」とする。斎宮式37条、斎院式27条、内膳式23・24条等参照。
板蓋　斎宮式66条に供新嘗料として「板蓋五枚」、主殿式7条に新嘗会供奉料と

は二人。

＊中取《なかとり》の案〈長さ九尺、広さ一尺八寸、高さ一尺九寸、厚さ一寸二分〉、長功は一人、中功は一人半、短功は二人。

手なき中取の案〈長さ八尺、広さ一尺八寸、高さ二尺、厚さ一寸〉、長功は一人、中功は一人小半、短功は一人大半。

＊板蓋《いたのふた》〈径《さしわたし》二尺五寸〉、長功は六枚、中功は五枚、短功は四枚。

＊轆轤《ろくろ》の手《て》湯《ゆ》戸《べ》盆〈口の径一尺八寸、高さ一尺三寸〉、長功は四人〈工一人、夫三人〉、中功は四人半、短功は五人。

＊円槽《まろふね》〈径二尺、深さ八寸〉、長功は三人〈工一人、夫二人〉、中功は三人大半〈工一人小半、夫二人半〉、短功は四人半〈工一人半、夫三人〉。

＊冷槽《ひやしぶね》〈径一尺五寸、深さ五寸〉、椀《まり》一合を加えよ〈径一尺一寸、深さ七寸〉。長功は三人〈工一人、夫二人〉、中功は三人大半〈工一人小半、夫二人半〉、短功は四人半〈工一人半、夫三人〉。

＊手洗《てあらい》〈径一尺五寸、深さ五寸〉、長功は三人、中功は三人半、短功は四人。

九寸の盤《さら》、長功は工一人、夫二人で十六枚、中功は十二枚、短功は十枚。

＊八寸の盤、長功は工一人、夫二人で二十枚、中功は十六枚、短功は十二枚。

して「板蓋十一枚」、同20条に供奉年料として「板蓋廿枚」が見える。主膳式3条には、「板蓋、後盤各五口〈径八寸、盛㆓水鋺、粥鋺㆒料〉」とある。

轆轤の手湯戸盆　轆轤鉋（ロクロガナ）で作った木製の手洗い用の容器。内匠式6条に「手湯戸一口〈周五尺八寸五分、高二尺五寸五分〉」、同31条に「手湯戸一合〈腹周五尺、高一尺四寸〉」とある。斎宮式43条に造備雑物として「轆轤槽二口」が見える。

円槽　水などを入れる丸い桶。主殿式7条に新嘗会供奉料として「円槽二隻」、同20条に供奉の年料として「円槽一隻」が見える。なお、内膳式23条によれば、種々の生菜を洗うなどに使用した。

冷槽　馬の飼料を入れる容器。またそのように大きな桶。主膳式3条に「冷水槽一口〈口闊二尺、深六寸〉」とあるが、寸法が対応しない。

手洗　湯・水を入れ、手を洗う器。手湯戸などと一緒に使用される。内匠式31条に伊勢初斎院の装束として「手洗一口〈径一尺七寸、深六寸〉」とある。四時祭式上24条に神今食料として「手洗二口」、同式下51条に供新嘗料として「手洗二口」などが見える。

八寸の盤　造酒式33条に「八寸盤卌口〈五月減㆓十口㆒、七月加㆓十口㆒〉」と見える。

六寸盤、長功工一人、夫二人廿四枚、中功廿枚、短功十六枚、
杓、長功六柄、中功四柄、短功二柄、
沐槽、（長三尺、廣二尺一寸、深八寸、）長功六人、中功七人、短功八人、
浴槽、（長五尺二寸、廣二尺五寸、深一尺七寸、厚二寸、）長功八人、中功十人、短功十二人、
牀、（長八尺、廣五尺、高一尺三寸、厚二寸四分、）長功十人、中功十二人、短功十四人、
牀、（長六尺、廣四尺、高一尺三寸、厚二寸四分、）長功八人、中功十人、短功十二人、
牀、（方四尺、高九寸、）長功三人、中功四人、短功五人、
熨二御衣一牀、（長六尺、廣三尺六寸、高一尺、）長功三人、中功四人、短功五人、
貯レ帖大牀、（長一丈二尺五寸、廣四尺、高三尺、）長功四人、中功六人、短功八人、
造レ帖大牀、（長一丈二尺五寸、廣四尺、高三尺、）長功四人、中功六人、短功八人、

尺　底「人」。閣・塙・井・貞ニヨリテ改ム。
高九寸　底ナシ。考異ニ従イテ補ウ。
大　底ナシ。前項「貯帖大牀」ノ例ニヨリテ補ウ。
四　底「三」。前項「貯帖大牀」ノ例ニヨリテ改ム。

六寸の盤、長功は工一人、夫二人で二十四枚、中功は二十枚、短功は十六枚。

*杓《ひさご》、長功は六柄《え》、中功は四柄、短功は二柄。

*沐槽《かみあらいぶね》〈長さ三尺、広さ二尺一寸、深さ八寸〉、長功は六人、中功は七人、短功は八人。

*浴槽《ゆあみぶね》〈長さ五尺二寸、広さ二尺五寸、深さ一尺七寸、厚さ二寸〉、長功は八人、中功は十人、短功は十二人。

*牀《ゆか》〈長さ八尺、広さ五尺、高さ一尺三寸、厚さ二寸四分〉、長功は十人、中功は十二人、短功は十四人。

牀〈長さ六尺、広さ四尺、高さ一尺三寸、厚さ二寸四分〉、長功は八人、中功は十人、短功は十二人。

牀〈方四尺、高さ九寸〉、長功は三人、中功は四人、短功は五人。

御衣《みそ》を*熨《の》す牀〈長さ六尺、広さ三尺六寸、高さ一尺〉、長功は三人、中功は四人、短功は五人。

*帖《たたみ》を貯《つ》む大牀〈長さ一丈二尺五寸、広さ四尺、高さ三尺〉、長功は四人、中功は六人、短功は八人。

帖を造る大牀〈長さ一丈二尺五寸、広さ四尺、高さ三尺〉、長功は四人、中功は六人、短功は八人。

杓　和名抄に「斟ㇾ水器也」とある。柄状のものを取りつけ湯水などを汲み取る器。四時祭式上下に祭料として頻出する。
沐槽　髪を洗うための桶。主殿式7条に新嘗会供奉料として「沐槽一隻〈加ㇾ案〉」が見える。斎宮式43条にも見える。
浴槽　湯浴みのための桶。主殿式7条に新嘗会供奉料として「浴槽二隻〈加ㇾ案〉」が見える。斎宮式43条にも見える。
牀　床に同じ。内匠式31条に伊勢初斎院の装束として「床一脚〈方六尺〉」と見える。
熨す　布の皺や縮みを伸ばして平らにする。
帖　畳のこと。菅・薦・藺・絹などで作られた敷物の総称。薄手のものを幾重にも重ねて用いた。斎宮式21条、大神宮式12条、本式3条など参照。

彫木　雕木に同じか。便器である樋・虎子(オオツボ)を載せる脚付きの台。内匠式28条に「雕木一脚〈長一尺七寸、広一尺三寸、高一尺一寸、木工寮作之〉」と見えるが、寸法が若干異なる。斎宮式14条に「雕木一具」、同43条に造備雑物として「彫木一具」が見える。

8雑作条

飛駅　中央と在外諸司との緊急連絡のための駅使を発遣するときの総称。

函　中務式41条に「凡在外官上㆓飛駅函㆒者、少納言奏進」、内記式9条に「凡封㆓駅伝勅符㆒式、少納言与㆓中務輔、主鈴等㆒請印准㆓飛駅式㆒、内記、主鈴封㆑函、官史発遣」、主鈴式4条に「檜函廿合」、同5条に「凡飛駅幷駅伝函、及遣㆓渤海国㆒勅書、太政官牒者、主鈴封之〈勅書与㆓内記㆒共裹之〉」とある。

大籠　他に見えず。不詳。

紙の槽　図書式13条に「其漉㆑紙槽四隻〈各長五尺二寸、広二尺一寸、深一尺六寸、底厚一寸三分〉」とあるを指すか。ただし法量が合わない。

板蔀　蔀は上から吊り下げた格子戸。板蔀は、表裏両面に格子を組み、その間に板を挟み込んで打ちつけたものをいうか。

席の杼　杼は機織用具の一つ。さす。さい。縦糸の開口した間を左右に飛走して

彫木、長一尺六寸、廣一尺四寸、高一尺一寸、厚五分、長功二人、中功二人半、短功三人、

雑作

飛驛函、長一尺一寸六分、廣三寸、深二寸三分、長功小半、中功半人、短功一人、

大籠、軸長四尺、高二尺、長功三人、中功四人、短功五人、

紙槽、長五尺、廣三尺五寸、深一尺五寸、長功四人、中功五人、短功六人、

板蔀、方一丈、長功七人、中功九人、短功十人、

板蔀、廣八尺、高九尺、長功六人、中功七人、短功八人、

席杼、長四尺五寸、廣三寸、厚二寸半、長功四人、中功五人、短功七人、

騎射的、徑一尺五寸、長功卌枚、

歩射的、徑二尺五寸、中功卅五枚、三尺的准㆑此、

垜桁、廣六尺、高七尺、山形、方二丈、以㆓簀子㆒爲之、各中功二人、

鉦簴、長六尺五寸、廣四尺、高五尺五寸、長功六人、中功八人、短功十人、

鼓簴、長六尺五寸、廣六尺、高五尺五寸、功同㆓鉦簴㆒、

七尺札六枚、書㆑奏料、方八寸版位七枚、元日朝拜料、

*彫木《えりき》〈長さ一尺六寸、広さ一尺四寸、高さ一尺一寸、厚さ五分〉、長功は二人、中功は二人半、短功は三人。

8 雑作

*飛駅《ひやく》の*函《ふばこ》〈長さ一尺一寸六分、広さ三寸、深さ二寸三分〉、長功は小半、中功は半人、短功は一人。

*大篗《おおわく》〈軸の長さ四尺、高さ二尺〉、長功は三人、中功は四人、短功は五人。

紙の*槽《ふね》〈長さ五尺、広さ三尺五寸、深さ一尺五寸〉、長功は四人、中功は五人、短功は六人。

*板蔀《しとみ》〈方一丈〉、長功は七人、中功は九人、短功は十人。

板蔀〈広さ八尺、高さ九尺〉、長功は六人、中功は七人、短功は八人。

*席《むしろ》の杼《ひ》〈長さ四尺五寸、広さ三寸、厚さ二寸半〉、長功は四人、中功は五人、短功は七人。

*騎射《うまゆみ》の的〈径一尺五寸〉、長功は四十枚。

*歩射《かちゆみ》の的〈径二尺五寸〉、中功は三十五枚〈三尺の的はこれに准《なぞら》えよ〉。

*垜《あずち》の桁《けた》〈広さ六尺、高さ七尺〉、*山形〈方二丈、簀子《すのこ》を以て為《つく》れ〉、各中功は二人。

*鉦簴《しょうきょ》〈長さ六尺五寸、広さ四尺、高さ五尺五寸〉、長功は六人、中功は八人、短功は十人。

*鼓簴《こきょ》〈長さ六尺五寸、広さ六尺、高さ五尺五寸〉、功は鉦簴と同じ。

*七尺の札六枚〈奏を書く料〉、*方八寸の版位《へんい》七枚〈元日朝拝の料〉。

横糸を通す。飛びやすいように流線形をしている。席を織る時に用いたか。

騎射の的　騎馬で行なう射技に用いる。左右近衛式27条に「凡騎射的百廿六枚受㆓木工寮㆒、但駒牽幷六日的当府備之」、同47条に「騎射一尺五寸的、皆中者為㆓及第㆒」とあるのに対応する。なお内匠式37条に「凡木工寮造大射、賭射、騎射等的、皆差㆓向画師㆒使㆓塗画㆒」とある。

歩射の的　左右近衛式47条に「歩射卅六歩十箭、中㆑的四已上者為㆓及第㆒」とある。

垜　的弓の施設。的の背後に築かれた矢の流失を防ぐための盛り土。形は歩射・騎射によって異なり、弓技の行事ごとに築造される。的山ともいう。年中行事絵巻四に図がある。

山形　射芸で、歩射の的の後方に立てる矢防ぎの布を垂らす台。内裏式上(十七日観射式)に「侯後四許丈張㆓山形㆒〈用㆓紺布㆒為㆑之〉」、儀式七(十七日観射儀)に「侯後一許丈張㆓山形㆒〈以㆓紺布㆒為㆑之〉」とある。

鉦簴・鼓簴　鉦はどら、鼓はつづみ。簴は鉦や鼓を懸けるつり木。中務式1条に大儀の日の調度として「鉦、鼓各二面〈並有㆓簨簴幷槌㆒〉」と見える。

七尺の札　日給簡のことか。

方八寸の版位七枚　→補1

右、年料造充二中務省一、

土偶人、土牛各十二枚料、板廿四枚、

右、毎レ至二大寒一、預前充二内匠寮一、

三尺的十枚、二尺五寸的百七十枚、

右、正月十七日大射節料、内匠寮預前来畫、即寮官率二長上工部等一供之、

一尺五寸的三百廿四枚、

右、五月五日四衛府騎射料、内匠寮預前来畫、即付二諸府一、

大倚子一脚（高一尺三寸、長二尺、廣一尺五寸、）料、切釘十二隻、（各長一寸五分、）膠一兩、長功七人、中功八人、短功九人、

小倚子一脚（高一尺三寸、長一尺五寸、廣一尺三寸、）料、切釘十二隻、（各長一寸五分、）膠一兩、長功五人、中功六人、短功七人、

大床子一脚（長四尺五寸、廣二尺四寸、高一尺三寸、）料、切釘卅隻、（四隻各長二寸、廿六隻各長一寸五分、）膠一兩、長功八人、中功十人、短功十二人、

小床子一脚（高一尺三寸、長二尺、廣一尺五寸、）料、切釘八隻、（各長一寸五分、）膠

長　底「高」。井ニヨリテ改ム。

土の偶人土の牛　諸門に土牛を立てることは、続紀慶雲三年是年条に「是年、天下諸国疫疾、百姓多死、始作二土牛一大儺」とあるのが初見。北宋の天聖営繕令11条に「立春前、三京府及諸州県門外、並造二土牛耕人一、其形色依二司天監一毎歳奏定頒下、県在二州郭一者、不レ得二別造一」とあり、おそらくは唐の営繕令にも規定されていた（仁井田陞著・池田温編集代表『唐令拾遺補』一四五四頁、一九九七年参照）。ただし日本の大宝令にはこの条文は継受されず、慶雲三年（七〇六）以降に実態として行なわれるようになり、延喜式の条文に盛り込まれたと考えられる（三上喜孝「唐令から延喜式へ」〈大津透編『日唐律令比較研究の新段階』所収、二〇〇八年〉）。なお、本条と関連する陰陽式17条には、対応する弘仁式逸文があることから（同条参照）、土牛と偶人の製作を規定する本条も、弘仁式で立てられていた可能性が大きい。内匠式30条参照。

大寒　二十四節気の一つ。陰暦の十二月中、太陽の黄経が三〇〇度に達したときで、太陽暦の一月二〇日頃にあたる。

大射の節　雑令41条に「凡大射者、正月中旬、親王以下初位以上、皆射之、其儀

右、年料は造りて中務省に充てよ。

*土《はに》の偶人《ひとがた》・土の牛各十二枚の料、板二十四枚。

右、*大寒に至る毎に、あらかじめ内匠寮に充てよ。

三尺の的十枚、二尺五寸の的百七十枚。

右、正月十七日の*大射《おおいくは》の節《せち》の料、内匠寮あらかじめ来りて画《えが》け。すなわち寮官、*長上・*工部《たくみべ》らを率いて供《くう》ぜよ。

一尺五寸の的三百二十四枚。

右、*五月五日の四衛府の騎射《うまゆみ》の料、内匠寮あらかじめ来りて画け。すなわち諸府に付《さず》けよ。

*大倚子《いし》一脚〈高さ一尺三寸、長さ二尺、広さ一尺五寸〉の料、*切釘《きりくぎ》十二隻〈各《おのおの》長さ一寸五分〉、膠《にかわ》一両。長功は七人、中功は八人、短功は九人。

小倚子一脚〈高さ一尺三寸、長さ一尺五寸、広さ一尺三寸〉の料、切釘十二隻〈各長さ一寸五分〉、膠一両。長功は五人、中功は六人、短功は七人。

*大床子《しょうじ》一脚〈長さ四尺五寸、広さ二尺四寸、高さ一尺三寸〉の料、切釘三十隻〈四隻は各長さ二寸、二十六隻は各長さ一寸五分〉、膠一両。長功は八人、中功は十人、短功は十二人。

小床子一脚〈高さ一尺三寸、長さ二尺、広さ一尺五寸〉の料、切釘八隻〈各長さ一寸五分〉、膠

式及禄、従二別式一」とあるが、正月十七日に定着した。儀式七(十七日観射儀)には「木工寮懸二両侯的一〈的編〔以カ〕レ板画〔編カ〕レ之、親王三尺、自外二尺五寸、若有二蕃客一、蕃客幷五位以上並三尺〉」とある。

長上　式部式上217条参照。

工部　職員令41条に「工部廿人」とある。本式36条参照。

五月五日の四衛府の騎射の料　儀式八(五月五日節儀)に「前二日早旦、四衛府就二木工寮一、各請二騎射料的一」とある。内匠式37条参照。

大倚子　倚子は腰掛けの一種で、立礼の際に用い、背もたれと肘掛けがあるのを例とする。宮中では高官だけが使用を許された。掃部式56条に「凡庁座者、親王及中納言已上倚子」とある。ほか同74条、弾正式148条参照。

切釘　両端が尖っていて頭のない釘。材木をつなぎ合せる時などに用いる。飛鳥池出土木簡に「小切釘」(『飛鳥藤原京木簡』一―七六、二〇〇七年)、平城宮木簡に「切釘」(『平城宮木簡』六―一〇八六六、二〇〇四年)などの記載が見える。

大床子　長方形の板の四隅に脚をつけた、机に似た腰掛け。左右後部に寄りかかりがないのを例とする。掃部式56・74条参照。

一兩、長功四人、中功四人半、短功五人、
檜床子一脚（長四尺、廣一尺四寸、高一尺三寸、）料、切釘廿六隻、（四隻長各二寸、廿二隻長各一寸五分、）膠一兩、長功三人、中功三人半、短功四人、

研案

太政大臣案、（長四尺五寸、廣一尺七寸、高二尺三寸、）左右大臣案、（長三尺五寸、廣一尺六寸、高二尺一寸、三位准レ此、）四位五位案、（長三尺二寸、廣一尺二寸、高一尺七寸、）各長功一人、中功一人半、短功二人、

鐵工

五寸刀子一枚料、鐵五兩、（四寸已下毎レ寸減二一兩一、）長功四枚、中功三枚、短功二枚、
一尺刀子一枚料、鐵十一兩、（九寸已下毎レ寸減二一兩一、）長功一人、中功一人小半、短功一人大半、
鰒切一枚（長一尺、廣一寸、）料、鐵二斤十五兩、長功三人、（工二人、夫一人、）中功四人、（工二人半、夫一人半、）短功五人、（工三人、夫二人、）
擧鎹一隻（莖三寸、環六寸、）料、鐵十三兩、長功一人四隻、中功一人小半三隻、短功一人大半二隻、

四　底ナシ。閣・梵ホカニヨリテ補ウ。

一両。長功は四人、中功は四人半、短功は五人。

檜《ひ》の床子一脚〈長さ四尺、広さ一尺四寸、高さ一尺三寸〉の料、切釘二十六隻〈四隻は長さ各二寸、二十二隻は長さ各一寸五分〉、膠一両。長功は三人、中功は三人半、短功は四人。

9 研《すずり》の案《つくえ》

太政大臣の案〈長さ四尺五寸、広さ一尺七寸、高さ二尺三寸〉、左右大臣の案〈長さ三尺五寸、広さ一尺六寸、高さ二尺一寸、三位はこれに准えよ〉、四位・五位の案〈長さ三尺二寸、広さ一尺二寸、高さ一尺七寸〉。各長功は一人、中功は一人半、短功は二人。

10 鉄《くろがね》の工《たくみ》

五寸の刀子《かたな》一枚の料、鉄五両〈四寸已下《いげ》は寸毎に一両を減ぜよ〉。長功は四枚、中功は三枚、短功は二枚。

一尺の刀子一枚の料、鉄十一両〈九寸已下は寸毎に一両を減ぜよ〉。長功は一人、中功は一人小半、短功は一人大半。

鰒切《あわびきり》一枚〈長さ一尺、広さ一寸〉の料、鉄二斤十五両。長功は三人〈工二人、夫一人〉、中功は四人〈工二人半、夫一人半〉、短功は五人〈工三人、夫二人〉。

挙鎹《あげかすがい》一隻〈茎《くき》三寸、環《わ》六寸〉の料、鉄十三両。長功は一人四隻、中功は一人小半三隻、短功は一人大半二隻。

檜の床子　檜製の腰掛けであろうが、他に見えず。

9研案条

研の案　硯を置く机。図書式12条に「凡行幸従レ駕御研案一具〈研一口、筆十管、銀小瓶一口、墨四廷、雑色紙数不レ定〉」と見えるが、他に見えず。

10鉄工条

鉄の工　刀子や掛け金や釘などの鉄製品を製作する工人。本式にこれらの規定が見えるのは、大同三年(八〇八)に木工寮が鍛冶司を併合したことによるものであろう(類聚国史一〇七同・正・壬寅条)。

五寸の刀子　弾正式79条に「凡刀子刃長五寸以上、不レ得ニ輙帯一、但衛府者聴レ之」とあり、五寸以上の刀子の携帯は衛府を除いて禁止されていた。斎宮式37条に「刀子十一枚〈十枚長各五寸、広三分、一枚長一尺、広一寸〉」とある。延喜式にしばしば見える「短刀子」「長刀子」はそれぞれ長さ五寸、一尺の刀子を指すか。

鰒切　鰒を切る刀子。斎宮式37条に「鰒切二具」とある。

挙鎹　揚げ戸などを留める掛け金。茎の部分を、一方に固定されている環に引っかけて揚げ戸を止める。和名抄に「功程式云、挙鎹〈阿介賀須加比、今案、鎹字本文未レ詳〉」とある。

鎹舌一枚〈長八寸、廣九寸、〉料、鐵七兩、長功三枚、中功二枚半、短功二枚、
一尺打合釘一隻料、鐵十四兩、長功五隻、中功四隻、短功三隻、
九寸打合釘料、鐵九兩三分、長功七隻、中功五隻、短功四隻、
八寸打合釘料、鐵七兩一分、長功十二隻、中功十隻、短功八隻、
七寸打合釘料、鐵七兩、長功十七隻、中功十五隻、短功十三隻、
六寸打合釘料、鐵六兩一分、長功廿五隻、中功廿三隻、短功廿隻、
五寸打合釘料、鐵三兩一分、長功卅隻、中功廿五隻、短功廿二隻、
四寸打合釘料、鐵二兩、長功卅五隻、中功卅隻、短功廿八隻、
三寸打合釘料、鐵一兩一分、長功五十隻、中功卌隻、短功卅七隻、
二寸呉釘料、鐵三分、長功六十隻、中功五十隻、短功卌隻、
一尺平釘〈頭徑二寸、〉料、鐵一斤三分、長功四隻、中功三隻、短功二隻、
九寸平釘〈頭徑一寸八分、〉料、鐵十三兩二分、長功六隻、中功五隻、短功四隻、

長功…（一二字）　底、小書シテ分注ニ作ル。雲ニ従イテ改ム。下同ジ。
五　底「二」。閣・梵ホカニヨリテ改ム。
十　底「寸」。井ニヨリテ改ム。下同ジ。

鎹の舌　他に見えず。不詳。
打合釘　頭をわずかに太くした釘をいうか。藤原宮木簡に「打相釘」と記載されたものがある（『木簡研究』一五、一九九三年）ほか、平城宮木簡に「打合釘廿□」と記した付札がある（『平城宮木簡』二―一九三六、一九七四年）。
六寸の打合釘　天平宝字六年造石山院鉄用帳（古五―六一・六二頁）に「作上長押料六寸打合釘八隻〈重二斤十四両〉」、「長

押六寸打合一隻〈重六両〉」とある。これらから、六寸打合釘一隻が五・七五両〜六両であったことが分かる。
五寸の打合釘　天平宝字六年造石山院鉄用帳(古五―六〇〜六二頁)に「作上五寸打合釘九十六隻〈重六斤十五両〉」、「二月□日作上五寸打合釘廿八隻〈重二斤三両〉」、「同料打合五寸釘十二隻〈重一斤〉」とある。これらから、五寸の打合釘一隻が一・二〜一・三両だったことが分かる。本条の規定と異なる。その理由は不明。
四寸の打合釘　天平宝字六年造石山院鉄用帳(古五―六一・六二頁)に「四寸打合釘七十五隻〈重三斤十三両〉」、「四寸打合釘卅四隻〈重二斤〉」とある。これらから、四寸の打合釘一隻が約〇・八〜〇・九両だったことが分かる。本条の規定と異なる。その理由は不明。
呉釘　頭のない釘。新撰字鏡は「鐟」に作り、「无レ蓋釘也、久礼久疑也」とある。藤原宮木簡に「呉釘」の記載が見える(『木簡研究』一五、一九九三年)。
平釘　平頭釘に同じ。頭を叩いて平らにし、直角に曲げた釘をいうか。平城宮木簡に「平釘」(『平城宮木簡』二―二〇六〇、一九七四年)、二条大路木簡に「板附平釘」(『木簡研究』二〇、一九九八年)の記載が見える。

*鎹の舌《ぜつ》一枚〈長さ八寸、広さ九寸〉の料、鉄七両。長功三枚、中功二枚半、短功二枚。

一尺の*打合釘《うちあいくぎ》一隻の料、鉄十四両。長功は五隻、中功は四隻、短功は三隻。

九寸の打合釘の料、鉄九両三分。長功は七隻、中功は五隻、短功は四隻。

八寸の打合釘の料、鉄七両一分。長功は十二隻、中功は十隻、短功は八隻。

七寸の打合釘の料、鉄七両。長功は十七隻、中功は十五隻、短功は十三隻。

*六寸の打合釘の料、鉄六両一分。長功は二十五隻、中功は二十三隻、短功は二十隻。

*五寸の打合釘の料、鉄三両一分。長功は三十隻、中功は二十五隻、短功は二十二隻。

*四寸の打合釘の料、鉄二両。長功は三十五隻、中功は三十隻、短功は二十八隻。

三寸の打合釘の料、鉄一両一分。長功は五十隻、中功は四十隻、短功は三十七隻。

二寸の*呉釘《くれくぎ》の料、鉄三分。長功は六十隻、中功は五十隻、短功は四十隻。

一尺の*平釘《ひらくぎ》〈頭の径二寸〉の料、鉄一斤三分。長功は四隻、中功は三隻、短功は二隻。

九寸の平釘〈頭の径一寸八分〉の料、鉄十三両二分。長功は六隻、中功は五隻、短功は四隻。

二　底「三」。考異ニ従イテ改ム。
一　塙・貞・京「二」。
半　閣・塙・貞ナシ。
隻　底ナシ。閣・塙ニヨリテ補ウ。

八寸平釘頭徑一寸七分、料、鐵十二兩二分、長功七隻、中功六隻、短功五隻、
七寸平釘頭徑一寸五分、料、鐵九兩、長功十五隻、中功十二隻、短功十隻、
六寸平釘頭徑一寸四分、料、鐵七兩三分、長功十七隻、中功十五隻、短功十二隻、
五寸平釘頭徑一寸二分、料、鐵五兩、長功廿五隻、中功廿隻、短功十八隻、
四寸平釘頭徑一寸一分、料、鐵三兩一分、長功卅隻、中功廿五隻、短功廿隻、
三寸平釘頭徑一寸、料、鐵二兩三分、長功卅五隻、中功卅隻、短功廿五隻、
二寸半平釘頭徑八分、料、鐵一兩、長功五十隻、中功卌隻、短功卅五隻、
七寸丸頭釘料、鐵一斤九兩、長功四隻、中功三隻、短功二隻、
釘座徑三寸、料、鐵三兩、長功八枚、中功六枚、短功四枚、

八寸の平釘〈頭の径一寸七分〉の料、鉄十二両二分。長功は七隻、中功は六隻、短功は五隻。

七寸の平釘〈頭の径一寸五分〉の料、鉄九両。長功は十五隻、中功は十二隻、短功は十隻。

*六寸の平釘〈頭の径一寸四分〉の料、鉄七両三分。長功は十七隻、中功は十五隻、短功は十二隻。

*五寸の平釘〈頭の径一寸二分〉の料、鉄五両。長功は二十五隻、中功は二十隻、短功は十八隻。

*四寸の平釘〈頭の径一寸一分〉の料、鉄三両一分。長功は三十隻、中功は二十五隻、短功は二十隻。

三寸の平釘〈頭の径一寸〉の料、鉄二両三分。長功は三十五隻、中功は三十隻、短功は二十五隻。

二寸半の平釘〈頭の径八分〉の料、鉄一両。長功は五十隻、中功は四十隻、短功は三十五隻。

七寸の*丸頭釘《まるがしらくぎ》の料、鉄一斤九両。長功は四隻、中功は三隻、短功は二隻。

*釘の座〈径三寸〉の料、鉄三両。長功は八枚、中功は六枚、短功は四枚。

六寸の平釘　兵庫式22条に践祚大嘗会で新造される神楯の料として二寸の平釘とともに見える。ほか天平宝字六年造石山院鉄用帳(古五―六二頁)に「長押料六寸平頭釘一隻〈重六両二分〉」とある。本条の規定と異なる。その理由は不明。

五寸の平釘　天平宝字六年造石山院鉄用帳(古五―六一頁)に「温船料五寸平頭釘十二隻〈重一斤五両〉」とある。ここから五寸平釘一隻が一・七五両であったことが分かる。本条の規定と異なる。その理由は不明。

四寸の平釘　天平宝字六年造石山院鉄用帳(古五―六二頁)に「温船料平頭四寸半釘十二隻〈重一斤三両〉」とあり、ここから四寸半の平釘一隻が約一・六両であったことが分かる。本条の規定と異なる。その理由は不明。

丸頭釘　頭部の丸い釘をいうか。

釘の座　長押(柱と柱の間を、柱の側面から横に打ちつけた材木)などを打ち留めている大釘の頭を隠すための金属製や木製の飾金具。釘隠し。

夫一人　底ナシ。閣・梵ホカニヨリテ補ウ。井・藤、底ニ同ジ。
卅　底「廿」。閣・梵ホカニヨリテ改ム。井・藤、底ニ同ジ。
一　壬イ本「四」。

錯手　釘の表面を研磨する工人。内匠式11条に「花形釘」を作る四三四人の内、「錯三百十人」と見える。
和炭　松・栗などの柔らかい材を焼いて作った炭。火力は弱いが炎の立つ炭で、鍛冶等に用いられた。

右、雑釘工一人、夫一人所レ造依二前件一、但錯手者毎二一尺釘十隻、九寸十二隻、八寸十五隻、七寸廿隻、六寸廿五隻、五寸卅隻、四寸卅五隻、三寸卌隻、二寸半六十隻、釘座一枚一、各充二一人一、其鐵三斤五兩充二和炭一石一、

土工

方丈壁一間、一重棧料椙三擔、稾三圍、繩七十五丈、編レ棧夫一人、塗工一人、夫二人、二重棧料椙四擔、稾四圍半、麁塗一圍半、中塗三圍、繩一百丈、編レ棧夫一人、麁塗夫一人半、中塗工大半、夫一人小半、間度材工一人、穿著廿枚、表塗料白土二石、洗馬矢一石、粥汁料白米二升、塗工大半、夫二人、

椽間准二方丈一、中塗料稾一圍半、塗工一人、夫二人、表塗料白土一石、洗馬矢五斗、粥汁料白米一升、塗工一人、夫三人、不レ充二麻柱功一、夫一人、洗馬矢長功一石五斗、中功一石三斗、短功一石一斗、搗二篩白土一長功五斗、中功四斗五升、短功四斗、

葺工

右、雑《くさぐさ》の釘、工一人・夫一人の造るところは前《さき》の件《くだり》によれ。ただし錯手《*すりて》は一尺の釘は十隻、九寸は十二隻、八寸は十五隻、七寸は二十隻、六寸は二十五隻、五寸は三十隻、四寸は三十五隻、三寸は四十隻、二寸半は六十隻、釘の座は一枚毎に、各一人を充てよ。其れ鉄三斤五両に和炭《*にごすみ》一石を充てよ。

11 土《はに》の工《たくみ》

*方丈の壁一間、一重の桟《*えつり》の料の楉《*しもと》三担《たん》、稾《*わら》三囲《*い》、縄*七十五丈、桟を編む夫一人、塗りの工一人・夫二人。二重の桟の料の楉四担、稾四囲半〈麁塗《*あらぬ》りは一囲半、中塗《*ぬ》りは三囲〉、縄一百丈、桟を編む夫一人、麁塗りの夫一人半、中塗りの工大半、夫一人小半。間度《*まわたし》の材の工一人、穿著《*せんちやく》二十枚、表塗《*おもてぬ》りの料の白土《*しらはに》二石、洗馬矢《*せんばし》一石、粥汁の料の白米《しらよね》二升、塗りの工大半、夫二人。

椽《*たるき》の間は方丈に准えよ。中塗りの料の稾一囲半、塗りの工一人、夫二人。表塗りの料の白土一石、洗馬矢五斗、粥汁の料の白米一升、塗りの工一人、夫三人〈麻柱《*あななない》の功に充てざれ〉。

夫一人、洗馬矢の長功は一石五斗、中功は一石三斗、短功は一石一斗。白土を搗《つ》き篩《ふる》うは長功は五斗、中功は四斗五升、短功は四斗。

12 葺*の工

11土工条

方丈　一丈(約三・〇三メートル)四方の大きさを指す。

桟　ここでは壁の下地のこと。割り木や竹などを並べて作る。

楉　細長く伸びた枝。

稾　麁塗りや中塗りの際に土に混ぜる。

囲　両手を広げて抱える大きさ。

縄　桟を編むのに用いる。

麁塗り　最初に塗り付けられる壁。下塗り。

中塗り　麁塗りの次に塗る作業のこと。

間度　土壁の下地として横に渡された材。

穿著　他に見えず。不詳。

表塗り　上塗り。中塗りの次に仕上げとして塗ること。

白土　きめの細かい白い粘土。壁の上塗りなどに用いる。

洗馬矢　洗った馬の糞。馬糞を水洗いし、残った繊維質のものを壁材として粘土に混ぜ合せた。

椽の間　椽は屋根の傾きに沿って、棟から桁へ渡す長い木材。椽によって規制される壁の場合をいうか。

麻柱　高い所に登るための足がかり、足場。新撰字鏡に「阿奈々比須」とある。

12葺工条

葺の工　屋根を葺く工人。

葺瓦工一人、夫三人、葺長十二丈、以二稾一圍一充二長三丈一、堤瓦以二甓瓦二枚一爲二一重一、（其數隨二屋大小一、）
五丈屋八重、工一人、夫三人、充二長一丈七尺一、
九丈屋十二重、工一人半、夫四人半、充二長一丈一、
葺二檜皮七丈屋一宇一（葺厚六寸、）料、三尺檜皮九百圍、（三尺三寸爲レ圍、）釘縄一千丈、葺工七十人、（無二飛檐一者減二七人一、檜皮八百圍、縄八百七十五丈、）
五丈屋一宇（葺厚六寸、）料、檜皮六百圍、釘縄七百五十丈、葺工五十人、（無二飛檐一者減二五人一、檜皮五百五十圍、縄六百廿五丈、）

掘埴

掘二開埴土一人一日立方五尺、（堅埴減二一尺一、）一人一日取レ埴大二千斤、（堅埴減二一千斤一、）
工一人作二埴槌十五柄一、夫一人作二運レ埴葛籠十五口一、

作瓦

夫一人一日打レ埴大三百斤、（雇人加二一百斤一、）以二沙一斗五升一交二埴四百斤一、以二一千八百斤一爲二一疊一、以二四疊一充二一夫一、工一人日造

堤　底「提」。考異ニ従イテ改ム。
甓　底「擘」。考異ニ従イテ改ム。
小　底「少」。雲ニ従イテ改ム。
釘　底「針」。閣・塙・貞ニヨリテ改ム。下同ジ。
縄　底ナシ。塙・井ニヨリテ補ウ。
人　底「又」。塙・貞ニヨリテ改ム。

工　→補1
堤瓦　→補2
甓瓦　他に見えず。屋根の棟に沿って二列に積む長方形板状の瓦のことを指すか。
檜皮　檜・杉などの樹皮。なお、承和二年（八三五）九月に「檜皮工二人」が置かれ（続後紀同・九・癸卯条）、式部式上217条に木工寮の長上として「檜皮工一人」が見える。
囲　ここでは檜皮を束ねた際の円周が三尺三寸であることを示す。

葺瓦、＊工一人、夫三人、葺の長さ十二丈、稾一囲を以て長さ三丈に充てよ。＊堤《つつみ》瓦《がわら》は＊甓瓦《さいがわら》二枚を以て一重となせ〈その数は屋の大小に随え〉。

五丈の屋八重、工一人、夫三人、長さ一丈七尺に充てよ。

九丈の屋十二重、工一人半、夫四人半、長さ一丈に充てよ。

＊檜皮《ひわだ》の七丈の屋一宇を葺く〈葺の厚さ六寸〉料、三尺の檜皮九百囲＊〈三尺三寸を囲となせ〉、＊釘縄《くぎなわ》一千丈、葺の工七十人〈＊飛檐《ひえん》なきものは七人を減ぜよ。檜皮八百囲、縄八百七十五丈〉。

五丈の屋一宇〈葺の厚さ六寸〉の料、檜皮六百囲、釘縄七百五十丈、葺の工五十人〈飛檐なきものは五人を減ぜよ。檜皮五百五十囲、縄六百二十五丈〉。

13 掘埴《はにほり》

＊埴土《はにつち》を掘り開くは一人一日＊立方五尺〈堅《かた》き埴《はに》は一尺を減ぜよ〉、一人一日埴を取ることは＊大二千斤〈堅き埴は一千斤を減ぜよ〉。

工一人は＊埴槌《はにつち》十五柄を作り、夫一人は埴を運ぶ＊葛籠《かずらのかご》十五口《く》を作れ。

14 作瓦《かわらづくり》

夫一人一日＊埴を打つこと大三百斤〈＊雇の人は一百斤を加えよ〉。＊沙《すな》一斗五升を以て埴四百斤に交ぜ、一千八百斤を以て一畳となせ。四畳を以て一夫に充てよ。＊工一人日に造

釘縄　不詳。檜皮を葺く時に用いたか。

飛檐　飛檐垂木とも。仏寺建築などで、屋根面を支える地垂木の先に二重に設けた垂木のことで、断面は方形が正式とされた。地垂木よりも短く、古い建築ほど多く用いられる。

13掘埴条

埴土　瓦の材料となる粘土。天平宝字六・三・一造東大寺司告朔解(古五—一二八頁)には、造瓦所の労働力として「開埴穴幷堀埴　功十五人」、同・四・一造東大寺司告朔解(古五—一九二頁)には「開埴穴幷堀積埴　功卅五人」とある。

立方五尺　ここでは一辺五尺の立方体の土の量。

大二千斤　大斤で二〇〇〇斤の重量の土。

埴槌　埴土を掘り開く時に用いる槌。

葛籠　埴土を運ぶための葛で編んだ籠。

14作瓦条

埴を打つこと　→補3

雇の人　雇役により徴発された人を指すか。

沙　成形を容易にし、収縮率を小さくするために粘土に混ぜられる砂。

工　三代格承和元・正・二十九符で、造瓦長上一員が定められ、続後紀承和二・九・癸卯条には、木工寮の長上工として瓦工二人が置かれた。

十　底「一」。考異ニ従イテ改ム。
人　底ナシ。閣・塙ニヨリテ補ウ。
工　底「二」。閣・梵ホカニヨリテ改ム。

甋瓦　女瓦。平瓦。
筒瓦　男瓦。丸瓦。
彫の端　玉縁（タマブチ）。丸瓦の後端に瓦面より一段低く設けた突出部のある有段式の男瓦。この玉縁の上に次の丸瓦の

甋瓦九十枚、筒瓦亦同、但彫端八十三枚、宇瓦廿八枚、鐙瓦廿三枚、以㆓埴十一斤㆒造㆓甋瓦一枚㆒、筒瓦九斤、宇瓦十八斤、鐙瓦十五斤、夫一人、暴㆓干雑瓦三百五十枚㆒、作㆓甋瓦㆒料、商布一尺四寸、宇瓦一尺五寸、鐙瓦、筒瓦各二尺二寸、並充㆓二千枚㆒、苧小二兩充㆓雑瓦六百枚㆒、工卌人、夫八十人、作㆓瓦窯十•烟㆒、烟別工四人、夫八•人、燒㆓雑瓦一千枚㆒料、薪四千八百斤、柔埴加㆓一千廿斤㆒、

築垣

高一丈三尺、本徑六尺、末徑四尺、長一丈、築工十三人、上㆑土夫四人半、
高一丈二尺、本徑五尺六寸、末徑三尺六寸、長一丈、工十一人、夫四人、
高一丈一尺五寸、本徑五尺五寸、末徑三尺五寸、長一丈、工九人、夫三人、
高一丈、本徑四尺五寸、末徑三尺、長一丈、工四人半、夫二人半、
高九尺、本徑四尺、末徑二尺六寸、長一丈、•工四人半、夫二人、
高八尺、本徑四尺、末徑二尺六寸、長一丈、工四人、夫一人、
高七尺、本徑三尺、末徑二尺、長一丈、工二人半、夫一人、

る*甋瓦《めがわら》九十枚〈*筒瓦《つつがわら》もまた同じくせよ。ただし*彫の端は八十三枚〉、*宇瓦《のきがわら》二十八枚、*鐙瓦《あぶみがわら》二十三枚。埴十一斤を以て甋瓦一枚を造れ。筒瓦は九斤、宇瓦は十八斤、鐙瓦は十五斤。夫一人、雑の瓦三百五十枚を暴《さら》し干《ほ》せ。

甋瓦を作る料、*商布一尺四寸〈宇瓦は一尺五寸、鐙瓦・筒瓦は各二尺二寸、みな二千枚に充てよ〉。*苧《からむし》小二両は雑の瓦六百枚に充てよ。

工四十人、夫八十人は*瓦窯十烟《えん》を作れ。烟別《ごと》に工四人・夫八人。雑の瓦一千枚を焼く料、薪四千八百斤〈*柔埴《やわらはに》には一千二十斤を加えよ〉。

15
*築垣《ついがき》

高さ一丈三尺〈*本の径《さしわたし》六尺、*末の径四尺〉、長さ一丈、*築の工十三人、*土を上《あ》ぐる夫四人半。

高さ一丈二尺〈本の径五尺六寸、末の径三尺六寸〉、長さ一丈、工十一人、夫四人。

高さ一丈一尺五寸〈本の径五尺五寸、末の径三尺五寸〉、長さ一丈、工九人、夫三人。

高さ一丈〈本の径四尺五寸、末の径三尺〉、長さ一丈、工四人半、夫三人半。

高さ九尺〈本の径四尺、末の径二尺六寸〉、長さ一丈、工四人半、夫二人。

高さ八尺〈本の径四尺、末の径二尺六寸〉、長さ一丈、工四人、夫一人。

高さ七尺〈本の径三尺、末の径二尺〉、長さ一丈、工二人半、夫一人。

口をかぶせて継手とした。

宇瓦　軒瓦。

鐙瓦　軒丸瓦。

商布　交易調達される麻布。和銅七年(七一四)二月に二丈六尺を一段とした(続紀同・二・庚寅条)。調・庸布にくらべ品質が劣る。ここでは粘土を巻き付ける桶などの木型にかぶせて使用した。

苧　苧麻とも。イラクサ科の多年草で、茎の繊維から糸を績み、縄を作って使用した。

瓦窯十烟　瓦を焼く窯一〇基。「烟」は窯の基数ではなく火入れの回数をあらわすとする説もあるが(大川清「奈良・平安時代の造瓦組織」〈『増補　日本の古代瓦窯』所収、一九七三年、初出一九七二年〉)、天平宝字六年(七六二)の造金堂所解案(古一六—二九三頁)に「一貫百文瓦竈二烟作工七十九人功〈人別十四文〉」とあることから、「烟」を窯の基数とみて、瓦窯の製作と解するべきであろう。

柔埴　柔かい埴土で作った生瓦。

15築垣条

築垣　築地塀。土をつき固めて作った塀。

本　築地塀の根元部分。

末　築地塀の上端部分。

築の工　築地塀の土をつき固める工人。

土を上ぐる夫　土を積み上げる人夫。

垣縄料苧

高一丈三尺、長廿丈、高一丈二尺已下一丈一尺五寸已上、長廿五丈、高一丈已下七尺已上、長卅丈、垣並用二大二斤一、

削材

五六寸已上材、長功一人六千寸、中功五千寸、短功四千寸、

作石

山作計二六面一積以二一千二百寸一充二工一人一、中功、短功並以二二百寸一爲レ差減之、其庭作計二五面一積以二九百寸一充二工一人一、

人擔

巨材積一千四百寸以•上一千六百寸以下、（應二二人以上共擔一者、准レ此爲レ率、）雜材積三千二百寸以下二千六百寸以上、瓪瓦十二枚、筒瓦十六枚、鐙瓦九枚、宇瓦七枚、白土、赤土各三斗、沙二斗五升、並爲二一擔一、若應レ•准レ•積者、大六十斤爲二一擔一、

車載

舊•材積三萬寸、（除二彫穿一積、）雜•材積二萬七千寸、（但飛檐、簀子等類、並

上　底ナシ。井・壬イ本ニヨリテ補ウ。
准積　底「唯稱」。版本ニ従イテ改ム。
材　底「林」。塙校注ニヨリテ改ム。下同ジ。

16 *垣縄《かきなわ》の料の苧

高さ一丈三尺に長さ二十丈。高さ一丈二尺已下一丈一尺五寸已上に長さ二十五丈。高さ一丈已下七尺已上に長さ三十丈。垣はみな大二斤を用いよ。

17 削材

*五六寸已上の材、長功は一人六千寸、中功は五千寸、短功は四千寸。

18 作石《いしづくり》

*山作は六面を計り、*積、一千二百寸を以て工一人に充てよ。中功・短功はみな二百寸を以て差をなして減ぜよ。其れ*庭作は五面を計り、積、九百寸を以て工一人に充てよ。

19 人担

巨材は積一千四百寸以上一千六百寸以下〈二人以上ともに担《にな》うべきものは、これに准えて*率となせ〉、雑の材は積三千二百寸以下二千六百寸以上、瓸瓦《めがわら》は十二枚、筒瓦は十六枚、鐙瓦は九枚、宇瓦は七枚、白土・*赤土は各三斗、沙《すな》は二斗五升、みな一担となせ。もし積に准うべくは、大六十斤を一担となせ。

20 車載

*旧材は積三万寸〈*彫穿《ちょうせん》を除くの積〉、雑の材は積二万七千寸〈ただし飛檐《ひえん》・*簀子《すのこ》等の類は、み

16垣縄料苧条

垣縄　壁の下地として縦横に組んだ竹を架け渡すのに用いる縄。

17削材条

五六寸已上の材　木の断面が五寸と六寸の角材。

18作石条

山作　石を立方体に切り出すことをいうか。

積　ここでは立法寸の意。

庭作　石を四角錐状に切り出すことをいうか。

19人担条

率となせ　人数に応じて積載量を増やすこと。

赤土　主計式上2条参照。

20車載条

旧材　建物を解体して二次的に用いるための部材。

彫穿　ほぞとほぞ穴。

簀子　断面が方四寸の角材。三代格延暦十五・二・十七符で規格が定められた。本式26条参照。

百　底ナシ。塙・井イ本・壬イ本ニヨリテ補ウ。

直　底ナシ。上下ノ例ニヨリテ補ウ。

檑榑　榑は正倉院文書では「久礼」とも表記する。建築材として用いられる板。内匠式11条、本式26条参照。

十六村　→補1

大坂の石　→補2

讃岐の石　讃岐地方の安山岩製や凝灰岩製の石棺が、河内地方の古墳に使われている例がある（奥田尚『石の考古学』一四四頁、二〇〇二年）。

駄　馬一頭に背負わせる荷物の容量。主税式上117条、雑式27条参照。

21宇治津条

宇治津　現在の京都府宇治市宇治の宇治橋付近か（地名大系）。北陸道における渡津として機能した。奈良時代には造東大寺司がこの地に「宇治司所」（古一五―二二九頁）を設置し、材木を集積していた津としても重視された（松原弘宣「勢多庄と材木運漕」〈『日本古代水上交通史の研究』所収、一九八五年、初出一九七六・一九七七年〉）。

〔准二舊材一、〕檑榑十六村、瓸瓦一百廿枚、筒瓦一百卌枚、鐙瓦八十枚、宇瓦六十枚、大坂石積七千九百廿寸、〔小石九千寸、〕讃岐石積六千三百寸、〔小石七千二百寸、〕白土三石三斗、稾五十圍、四尺檜皮十二圍、三尺檜皮十八圍、各載二一兩一、〔駄減三分之二一、〕

凡山城國宇治津雜材直幷運賃錢者、五六寸歩板、一丈四尺柱直各卌六文、簀子、一丈二尺柱直各廿一文、榑一村直七文、自二同津一至二前瀧津一、榑一村功一文半、

凡近江國大津雜材直幷桴功錢者、五六寸歩板、一丈四尺柱直各卌文、簀子、一丈二尺柱直各十七文、榑一村直七文、自二同津一至二宇治津一、榑一村桴功一文半、

凡丹波國瀧額津雜材直幷桴功錢者、五六寸歩板、一丈四尺柱直各卌七文、簀子、一丈二尺柱直各廿二文、榑一村直七文、自二同津一至二大井津一、榑一村桴功一文半、

凡山城國大井津雜材木直幷車賃錢者、五六寸歩板、一丈四尺柱直各卌五文、榑一村直九文、簀子、一丈二尺柱直各廿六文、自二同津一至レ寮、車一兩賃五十文、

直　津における保管料を指す。主税式上116条に保管料の意味の「屋賃」が見える。

歩板　→補3

同じき津より前滝津まで　宇治川から桂川、鴨川を通るルート。前滝津は山城国紀伊郡の鴨川流域にあった津。現在の京都市南区内の勧進橋あたりに比定される(古代地名大辞典)。

22大津条

大津　琵琶湖南岸の滋賀県大津市(地名大系)。主税式上116条に、北陸道諸国の雑物運漕のルートとして、琵琶湖北岸の勝野津あるいは塩津から南岸の大津までの水路が規定されている。

同じき津より宇治津まで　琵琶湖南岸から瀬田川・宇治川を通るルート。

23滝額津条

滝額津　現在の京都府亀岡市に所在(地名大系)。

同じき津より大井津まで　葛野川・保津川を通るルート。

24大井津条

大井津　山城国葛野郡の葛野川(桂川)沿岸にあった津。所在は明確でないが、秦氏がつくった葛野大堰付近と考えられ、現在の京都市右京区嵯峨天龍寺地区付近が有力視される(古代地名大辞典)。

同じき津より寮まで　大井津より木工寮までは陸路で運搬された。

な旧材に准えよ〉、*榲榑《すぎのくれ》*は十六村、瓲瓦は一百二十枚、筒瓦は一百四十枚、鐙瓦は八十枚、宇瓦は六十枚、*大坂の石は積七千九百二十寸〈小石は九千寸〉、*讃岐の石は積六千三百寸〈小石は七千二百寸〉、白土は三石三斗、稾は五十囲、四尺の檜皮《ひわだ》は十二囲、三尺の檜皮は十八囲、各一両に載せよ〈*駄は三分の二を減ぜよ〉。

21
凡そ山城国の*宇治津《うじつ》の雑の材の*直《あたい》ならびに運賃の銭。五六寸の*歩板《あゆみいた》・一丈四尺の柱の直は各三十六文、簀子・一丈二尺の柱の直は各二十一文、榑一村の直は七文。*同じき津より前滝津《まえたきつ》まで、榑一村の功は一文半。

22
凡そ近江国の*大津《おおつ》の雑の材の直ならびに桴《いかだ》の功銭。五六寸の歩板・一丈四尺の柱の直は各三十文、簀子・一丈二尺の柱の直は各十七文、榑一村の直は七文。*同じき津より宇治津まで、榑一村の桴の功は一文半。

23
凡そ丹波国の*滝額津《たきぬつ》の雑の材の直ならびに桴の功銭。五六寸の歩板・一丈四尺の柱の直は各三十七文、簀子・一丈二尺の柱の直は各二十二文、榑一村の直は七文。*同じき津より大井津《おおいつ》まで、榑一村の桴の功は一文半。

24
凡そ山城国の*大井津の雑の材木の直ならびに車賃の銭。五六寸の歩板・一丈四尺の柱の直は各四十五文、榑一村の直は九文、簀子・一丈二尺の柱の直は各二十六文。*同じき津より寮まで、車一両の賃は五十文。

五　底「六」。下文ノ積ニヨリテ改ム。

一尺　底「寸」一字ニ作ル。下文ノ積ニヨリテ改ム。

磨　底「麻」。版本ニ従イテ改ム。

25小野栗栖野条

小野　→補1

栗栖野　京都市左京区岩倉幡枝町所在の窯跡。岩倉窯跡群の一つ。「木工」「栗」などの文字瓦が出土したことから、木工寮が管轄した官営窯跡と判明。一九三四年に国史跡となった。

瓦屋　→補2

26桴担条

桴担　いかだで運ぶことのできる材木の規格。

各長さ一丈二尺…厚さ四寸　三代格延暦十・六・二十二符で、大和・摂津・山城・伊賀・近江・丹波・播磨等の国において交易される榑の規格が不統一であったことから、長さ一丈二尺(約三・六メートル)、広さ六寸(約一八センチメートル)、厚さ四寸(約一二センチメートル)と定められ、本条に定着する。

七八寸の桁　木口が横七寸、縦八寸の角材。桁は、家や橋などの柱の上に渡して

凡自小野、栗栖野兩瓦屋至宮中、車一兩賃卌文、

桴擔

榲榑五十村、各長一丈二尺、廣五寸、厚四寸、積一十二萬寸、簀子卅五枚、各長二丈一尺、方四寸、積一十一萬七千六百寸、七八寸桁八枚、各長二丈二尺、積九萬八千四百寸、各爲一桴、自餘雜材大者准七八寸桁、小者准簀子、

年料

生絲十八斤五兩、十八斤工等墨繩料、五兩纏大祓刀柄料、油一升一合、一升塗轆轤軸料、一合瑩大祓刀料、鐵百廿四廷二斤、續轆轤鉇刃料、幷造充諸司雜鐵物料、熟銅四斤八兩二分三銖、作大祓刀料、伊豫砥五顆、木賊大二斤、磨床案等料、膠二斤十二兩一分、作大祓刀幷小刀等鞘料、小刀鞘料鹿革一張、鞘緒料鹿革一張、塗鞘漆一升一合、絁一尺五寸、綿四兩、調布一尺五寸、已上絞漆料、大刀鞘料馬革二張、各長五尺、廣三尺、瑩大刀猪膏五合、練金一兩、銀一兩、水銀一兩、御贖鐵人像料金薄千四百卌枚、銀薄千四百卌枚、並九月一日申省請受、

25 凡そ*小野《おの》・*栗栖野《くるすの》の両《ふた》つの*瓦屋より宮中まで、車一両の賃は四十文。

26 *桴担《ふたん》

楹榑五十村〈*各長さ一丈二尺、広さ五寸、厚さ四寸〉、積一十二万寸。簀子三十五枚〈各長さ二丈一尺、方四寸〉、積一十一万七千六百寸。*七八寸の桁八枚〈各長さ二丈二尺〉、積九万八千四百寸。各一桴となせ。自余の雑の材の大なるは七八寸の桁に准えよ。小なるは簀子に准えよ。

27 年料

*生糸《すずしのいと》 十八斤五両〈十八斤は工らの*墨縄《すみなわ》の料、五両は*大祓《おおはらえ》の刀《たち》の柄《つか》に纏《ま》く料〉、油一升一合〈一升は轆轤《ろくろ》の軸に塗る料、一合は大祓の刀を瑩《みが》く料〉、鉄百二十四廷二斤〈*轆轤鉇《かな》の刃を続《つ》ぐ料、ならびに諸司の雑の鉄物《かなもの》に造り充つる料〉、*熟銅《にぎあかがね》 四斤八両二分三銖〈大祓の刀を作る料〉、*伊予の砥《と》五顆《か》、*木賊《とくさ》大二斤〈床・案等を磨く料〉、*膠《にかわ》二斤十二両一分〈大祓の刀ならびに小刀《かたな》等の鞘を作る料〉、小刀の鞘の料の鹿の革一張《はり》、鞘の緒の料の鹿の革一張、鞘に塗る漆一升一合、絁《あしぎぬ》 一尺五寸、綿四両、調布一尺五寸〈已上は漆を絞る料〉、大刀の鞘の料の馬の革二張〈各長さ五尺、広さ三尺〉、大刀を瑩く*猪《い》の膏《あぶら》五合、*練金《ねりがね》一両、銀《しろがね》 一両、*水《みず》銀《がね》一両、*御贖《みあがもの》の鉄《くろがね》 の人像《ひとがた》の料の金薄《きんぱく》千四百四十枚・銀薄《ぎんぱく》千四百四十枚。みな九月一日に*省に申して請《こ》い受けよ。

その上にのせる梁を受けさせる材木。天平宝字六・三・二十五山作所告朔解(古五―一五一・一五三頁)に、「七八寸桁四枝〈各長二丈二尺〉」、「五六寸桁十五枝〈十二枝各長二丈二尺、三枝各長一丈六尺〉」、「方七寸桁二枝〈各長一丈六尺〉」などと見え、八世紀後半段階で本条に見える規格の桁が存在する。

27 年料条

生糸　蚕の繭からとったまだ精練していない状態の絹糸。

墨縄　墨壺の糸巻き車に巻いてある糸。材木などの面に直線をつけたり、垂直を見たりするのに使う。

大祓の刀　兵庫式17・21条参照。

轆轤鉇　横軸形式の回転軸に刃物をとりつけ、木地などを丸くえぐる木工用旋盤。

熟銅　精錬した良質の銅。

伊予の砥　伊予国産出の砥石。柔らかい質なので、刀剣などを研ぐのに用いる。

木賊　→補3

膠　動物の皮などを煮詰め、溶液を固めたゼラチン質の接着剤。

猪の膏　→補4

練金　精錬し、不純物を取り除いた金。

水銀　民部式下63条参照。

御贖の鉄の人像の料　本式6条参照。

省　宮内省。宮内式26条参照。

凡鍬五十口、并鍛冶吹皮料牛皮十五張、申レ省三年一請、

鍛冶戸

左京十九烟　右京五十八烟　大和國一百二烟

山城國十烟　河内國卌六烟　攝津國五十八烟

伊賀國三烟　伊勢國三烟　近江國卌四烟

播磨國十六烟　紀伊國十三烟

右、鍛冶戸毎年當國計帳進レ官、官先下二主計寮一令レ計二損益一、然後下レ寮、即從二十月一日一至二三月卅日一、爲レ番役使、

凡五畿内及伊賀、伊勢、近江、丹波、播磨、紀伊等國鍛冶戸百姓調庸徭分者、附二貢調使一送之、

諸國所レ進雜物

商布七百六十二段、三千七百九十二段内、配二修理職一之遺、　駿河國七百段、下野國六十二段、

綿七百六十二把、三千七百九十二把内、配二修理職一之遺、　出雲國、

七　底ナシ。井イ本・壬イ本ニヨリテ補ウ。

28 鍬吹皮料条

吹皮　鞴(フイゴ)。火をおこすのに用いた送風器。空気ポンプのような役割を果たし、金属の精錬や加工に使用された。

省　宮内省。

29 鍛冶戸条

鍛冶戸　銅製や鉄製の雑器を加工生産する工人で、もと雑戸に属していた。職員令48条集解古記および令釈所引の官員令別記に「鍛戸三百卅八戸、自二十月一至二三月一、毎戸役レ丁、為二雑戸一、免二調徭一」とあり、本条の鍛冶戸の総計と異同がある。なお、三代格大同三・正・二十詔によれば、鍛冶司は大同三年(八〇八)に木工寮に併合されている。

計帳を官に進り　三代実録天安二・十一・二十六条に「左京職言、毎年進二鍛冶戸百済品部戸等計帳一、無レ益二於公家一、有

28 凡そ鍬《くわ》五十口、ならびに鍛冶《かぬち》の*吹皮《ふきかわ》の料の牛の皮十五張は、*省に申して三年に一たび請けよ。

29 *鍛冶戸

左京十九烟《えん》　右京五十八烟　大和国一百二烟

山城国十烟　河内国四十六烟　摂津国五十八烟

伊賀国三烟　伊勢国三烟　近江国四十四烟

播磨国十六烟　紀伊国十三烟

右、鍛冶戸は毎年当国の*計帳を官に進り、官先ず主計寮に下して損益を計《かぞ》えしめ、然る後に寮に下せ。すなわち*十月一日より二月三十日まで、番をなして役使せよ。

30 凡そ五畿内および伊賀・伊勢・近江・*丹波・播磨・紀伊等の国の鍛冶戸の*百姓の調庸徭分は、*貢調使に附《さず》けて送れ。

31 諸国進るところの雑《くさぐさ》の物

*商布七百六十二段〈*三千七百九十二段の内、*修理職《しゅりしき》に配るの遺〉、駿河国七百段、下野国六十二段。

*綿七百六十二把〈*三千七百九十二把の内、修理職に配るの遺〉、出雲国。

レ煩二於職吏一、請除棄而不レ進、従レ之」とあり、少なくとも左京の鍛冶戸の計帳はこの時から進められなかった。

十月一日より二月三十日まで　職員令48条集解古記および令釈所引の官員令別記には「自二十月一至二三月一」とある。閑月に役使するという意味。

30鍛冶調庸徭条

丹波　本式29条には見えず。

百姓の調庸徭分　→補1

貢調使　調庸を貢進する任を負った国司。目以上が任じられた。

31諸国雑物条

商布　正税などにより交易調達される麻布。和銅七年(七一四)二月に二丈六尺を一段とした(続紀同・二・庚寅条)。駿河国の交易雑物に「商布二千百段」、下野国の交易雑物に「商布七千三百段」とある。民部式下63条、大蔵式59・60条参照。

三千七百九十二段　修理職と木工寮に分配される商布の総数。

修理職　宮城・京の施設の造営・修理を担当する令外官。弘仁九年(八一八)に設置、天長三年(八二六)に廃止されるが、寛平三年(八九一)に再置された。

綿　出雲国の庸に綿が見える(主計式上48条)。

三千七百九十二把　修理職と木工寮に分配される綿の総数。

鹽廿斛、六十四斛內、配㆓修理職㆒之遺、備前國、
庸米千斛、三千斛內、配㆓修理職㆒之遺、越前國三百斛、丹波國百斛、備中國三百斛、阿波國三百斛、
海藻二千九百五十斤、八千八百五十斤內、配㆓修理職㆒之遺、紀伊國千五百斤、阿波國千四百五十斤、
魚卌七斛二斗、一百卌一斛六斗內、配㆓修理職㆒之遺、淡路國廿三斛六斗、伊豫國廿三斛六斗、
右、並諸司出納、依㆓官符㆒受用、

凡造㆓伊勢齋內親王野宮㆒支度者、工單一千四百六十五人•半、•夫單五千二百七十二人•半、稾三百五十一圍、以㆓五畿內、近江、丹波等國所㆑進充㆒之、莫㆑過㆓此限㆒、

凡供神雜物、幷節料、年料、諸司所㆑儲雜器等、並依㆑例造備、待㆓官符幷宣旨㆒充之、東宮主膳、主殿所㆑•儲雜器准㆑此、其數各見㆓本司式㆒、

凡諸節及公會處應㆑設㆓幄幔㆒者、寮依㆑例預樹㆓柱桁㆒、

半　底「米」。井ニヨリテ改ム。下同ジ。
夫　底ナシ。閣・梵ホカニヨリテ補ウ。
儲　底「諸」。版本ニ従イテ改ム。

塩　備前国の調・庸に塩が見える(主計式上53条)。
六十四斛　修理職と木工寮に分配される塩の総数。
庸米　越前、丹波、備中、阿波国は庸米貢進国(主計式上37・43・54・61条)。

塩*二十斛《こく》〈*六十四斛の内、修理職に配るの遺〉、備前国。
庸*米千斛〈*三千斛の内、修理職に配るの遺〉、越前国三百斛、丹波国百斛、備中国三百斛、阿波国三百斛。
海藻《め》*二千九百五十斤〈*八千八百五十斤の内、修理職に配るの遺〉、紀伊国千五百斤、阿波国千四百五十斤。
魚四十七斛二斗〈*一百四十一斛六斗の内、修理職に配るの遺〉、淡路国二十三斛六斗、伊予国二十三斛六斗。
　右、みな諸司出納《すいとう》し、官符によりて受け用いよ。

32 凡そ伊勢の*斎内親王《いつきのひめみこ》の*野宮《ののみや》を造る支度は、工単《のべ》一千四百六十五人半、夫単五千二百七十二人半、稾三百五十一囲。五畿内・近江・丹波等の国の進るところを以て充てよ。この限りを過ぐることなかれ。

33 凡そ*供神《ぐしん》の雑の物、ならびに節の料、年料、諸司儲くるところの雑器等は、みな例によりて造り備えよ。官符ならびに宣旨を待ちて充てよ〈*東宮の主膳・主殿の儲くるところの雑器もこれに准えよ。その数は各本司の式に見ゆ〉。

34 凡そ諸節および公会《くえ》の処に幄*・幔*を設くべくは、寮、例によりて預め柱・桁を樹てよ。

三千斛　修理職と木工寮に分配される米の総数。

海藻　紀伊国、阿波国の中男作物に海藻が見える(主計式上59・61条)。

八千八百五十斤　修理職と木工寮に分配される海藻の総数。

一百四十一斛六斗　修理職と木工寮に分配される魚の総数。

32造斎王野宮条

斎内親王　斎王とも。斎宮式3条参照。

野宮　→補1

33供神雑物条

供神の雑の物　四時祭式上4条に、「前レ祭十五日、充二忌部八人、木工一人一、令レ造二供神調度一」などと見える。また、内膳式3条に雑物として「高案二脚〈木工寮所レ充〉」とある。

東宮の主膳主殿　皇太子の食膳を管する官司の主膳監(東宮職員令4条)と皇太子の鋪設等のことを掌る主殿署(同6条)。主膳式3条、主殿署式1条参照。

34節会等幄幔条

幄　儀式や祭祀の際、臨時に庭などに設けられた仮屋。柱を立てて天井に布帛を張り、参列する者の座とした。四時祭式上17条および内匠式27条参照。

幔　幄の周囲などに張りめぐらされる布帛。その設営には複数の柱を必要とした。内匠式27条参照。

凡應二修理一諸司雜器物、本司運二送於寮一、若應レ塗二朱及漆一者、令二內匠寮塗一、
凡工部五十人、各日黑米二升、
凡工部一人、飛驒工一人、充二大學寮一、令レ修二理小破官舍一、
凡飛驒國匠丁卅七人、以二九月一日一相共參二著寮家一、不レ得二參差一、
凡史生、將領等月粮、便以二寮庫物一充之、

延喜式卷第卅四

35修理雜器物条

内匠寮　中務省の被管官司。調度品をはじめとする供御物の製作を行なった。内匠式6条に漆供御雑器、同7条に朱漆器についての規定が見える。

36工部黒米条

工部　職員令41条は「工部廿人」とするが、中務式74条には、時服を給される職員として木工寮に「工部五十人」が規定されている。

黒米　玄米。

37工部飛驒工条

飛驒工　飛驒国から中央に貢上された匠丁。賦役令39条、民部式上47条参照。

大学寮に充て　本条とほぼ同文の規定が、大学式48条に見える。

35 凡そ修理すべき諸司の雑の器物は、本司、寮に運び送れ。もし朱および漆を塗るべくは、*内匠寮をして塗らしめよ。

36 凡そ*工部《たくみべ》五十人に、各日に*黒米《くろよね》二升。

37 凡そ工部一人、*飛驒工《ひだのたくみ》一人は、*大学寮に充て、小破の官舎を修理せしめよ。

38 凡そ*飛驒国の匠丁《しょうちょう》三十七人は、九月一日を以て相ともに*寮家に参著し、*参差《しんし》することを得ず。

39 凡そ*史生・*将領らの*月粮《げつろう》は、便《たより》に寮庫の物を以て充てよ。

延喜式巻第三十四

38飛驒匠丁条

飛驒国の匠丁三十七人　→補1

寮家　木工寮。

参差することを得ず　ばらばらに到着してはいけない。

39史生将領月粮条

史生　続紀養老六・六・壬寅条に史生四員が置かれた。天平十七・四・十七木工寮解(古二―四〇一頁)と同・十・十七木工寮解(古二―四六三頁)には「史生三人」と見える。その後二人が増員されたとみられるが、大同元年(八〇六)二月の造宮職併合に伴い、事務繁多の理由により六人が増員され、計一二人となった(後紀同・二・丁酉条)。同四年三月には、諸司の史生の減員に伴って四人が減員され(後紀同・三・己未条)、八人となった。弘仁三年(八一二)には再び六人が増員され一四人となるが(後紀同・十二・己酉条)、同九年に修理職が設置されると、木工寮史生のうち八人が修理職に割かれ、史生は六人と定められた(類聚国史一〇七弘仁九・七・庚寅条)。中務式74条には、時服を給される職員として木工寮に「史生十人」が見える。

将領　中務式74条に、時服を給される職員として木工寮に「将領十人」が見える。

月粮　毎月支給される米・塩などの食料。太政官式119条、民部式上68条参照。

延喜式巻第卅五

大炊寮

竈神八座

五色薄絁各四尺、商布八段、鍬八口、木綿八兩、麻一斤、東鰒三斤、猪宍、雜腊、堅魚、海藻各二斤八兩、鹽一升六合、米、酒各八升、稻八束、（但稻請二神祇官一、）

右、春祭料依二前件一、冬祭准レ此、

六月神今食

稻八束、粟四束、（用二官田稻粟一、春備付二神祇官一、新嘗准レ此、）臼一腰、杵二枚、箕一枚、中取案二脚、納二米粟一暴布帒二口、（別八尺、）女丁三人、各潔構一領、（別五尺、）褌一條、（別六尺、）縫絲五銖、

右、雜物依二前件一、十二月准レ此、但袋及構褌尋常便用、迄二于新嘗會一請替、（袋并構褌中宮東宮亦同、）

供二奉小齋一諸司雜給

官人以下及命婦已下、人別米一升、薪一百五十斤、（十二月准レ此、）

別　底ナシ。考異ニ従イテ補ウ。

升　底「廿」。壬イ本・塙校注ニヨリテ改ム。

大炊寮　→補1

1竈神条

竈神八座　竈は大炊寮の他、煮炊きを行なう大膳職、内膳司、造酒司等にあったとみられる。神階については、文徳実録斉衡二・十二・丙子条に従五位下（文徳実録天安元・四・癸酉条にもほぼ同文が見え、朝日本六国史では「何れか誤なるべし」とする）、三代実録貞観元・正・二十七条に従五位上が授けられた。

稲は神祇官より請けよ　神税等が中央に送納されて、神祇官の財源となったものか。春日祭においても稲八束を神祇官から受けることとなっている（本式11条）。宮内式24条参照。

春の祭・冬の祭　大膳職や造酒司では春と秋に竈神の祭が行なわれているのに対し（大膳式上1条、造酒式1条）、大炊寮では春と冬となっており、官司により祭の時期が異なっている。東山御文庫蔵新撰年中行事（春）では「大炊寮竈神祭〈二

月、又十一月〉」とある（西本昌弘編『新撰年中行事』、二〇一〇年）。

2神今食条

神今食　月次祭の夜から早朝に、中和院の神嘉殿で行なわれる祭儀。本条にて用意されるのは「大膳、木工、大炊等職寮所レ進供神物」（儀式一〔神今食儀〕）である。四時祭式上24条、大膳式上2条参照。

官田の稲粟　宮内省が経営する省営田から収穫される稲や粟。

女丁三人　宮内省が女丁を管理しており（宮内式58条）、それが諸司に配された（寺内浩「女丁について」〈『続日本紀研究』二七〇、一九九〇年〉）。本式28条参照。

袋および褠襌　褠や襌は神事の膳を整える際に着用。褠は「まえかけ」として使用するものか。襌は簡便な貫頭衣状の衣とされる。これらは日常の供御の際にも用い、新嘗祭までに交換する。宮内式38条、本式6条参照。

3小斎雑給条

小斎　神事に奉仕するために厳重な潔斎を受ける人。宮内式2条に神今食に供奉する神祇官官人以下の小斎の詳細な内訳が見えているが、本条および大膳式上2条はそれらに対する給食法。

薪一百五十斤　米を調理するための燃料。

延喜式巻第三十五

*大炊《おおい》寮

1
*竈神《かまがみ》八座

五色の薄絁《うすぎぬ》各四尺、商布八段、鍬八口《く》、木綿《ゆう》八両、麻《お》一斤、東鰒《あずまあわび》三斤、猪《い》の宍《しし》・雑《くさぐさ》の腊《きたい》・堅魚《かつお》・海藻《め》各二斤八両、塩一升六合、米《よね》・酒《みわ》各八升、稲八束〈ただし稲*は神祇官より請《う》けよ〉。

右、*春の祭の料は前《さき》の件《くだり》によれ。*冬の祭もこれに准《なぞら》えよ。

2
六月の*神今食《かんいまけ》

稲八束、粟四束〈*官田の稲・粟を用い、舂《つ》き備えて神祇官に付《さず》けよ。新嘗《にいなめ》もこれに准えよ〉、臼一腰、杵《きね》二枚、箕《み》一枚、中取の案《つくえ》二脚、米・粟を納《い》るる暴布《さらしぬの》の帒《ふくろ》二口《く》〈別《くごと》に八尺〉、*女《にょ》丁《ちょう》三人、各《おのおの》潔《きよき》褠《まえだれ》一領〈別《りょうごと》に五尺〉、襌《ちはや》一条〈別《じょうごと》に六尺〉、縫糸五銖。

右、雑物は前の件によれ。十二月もこれに准えよ。ただし袋*および褠・襌は、尋常《つね》に便《たより》に用い、新嘗会までに請け替えよ〈袋ならびに褠・襌は、中宮・東宮もまた同じくせよ〉。

3
*小斎《おみ》に供奉《ぐぶ》する諸司の雑給

官人《かんにん》以下《げ》および命婦《みょうぶ》已下、人別《ごと》に米一升、*薪《みかまき》一百五十斤〈十二月もこれに准えよ〉。

右、一度食料、人別見二大膳式一、

鎮魂祭　東宮亦同、

神八座

大直神一座

右、座別米一升、用二官田稲一束一付二神祇官一、

供奉諸司、人別米八合、人數見二大膳式一、薪一百五十斤、

中宮鎮魂

官人已下雑色已上料、米五斗四升四合、人別八合、薪卅斤、

•新嘗祭料

臼一腰、杵三枚、箕一枚、中取案三脚、八脚机二前、明櫃二合、調布三端一丈六尺、一端八尺納二御幷中宮御米粟一俗料、二端八尺御幷中宮女丁八人構襌料、

右、祭料依二前件一、但袋構襌尋常便用、迄二于来六月神•今食一請替、

供二奉小斎一諸司雑給

官人以下御巫以上、卌七人、別米二升、五十九人、別一升五合、並二度、

新　底「雑」。井・貞ニヨリテ改ム。

今　底ナシ。塙校注・貞校注ニヨリテ補ウ。

人別は大膳式に見ゆ　大膳式上2条参照。

4鎮魂祭条

鎮魂の祭　大嘗祭および新嘗祭の前日、十一月の下の寅(または中の寅)の日、天皇の魂を安鎮せしめるために執行された祭儀。四時祭式下48条参照。

供奉の諸司　式部式上60条に「預二御膳一諸司五位已上」とあり、本条にも薪一五

右、一度《ひとたび》の食《じき》の料〈*人別は大膳式に見ゆ〉。

4 *鎮魂《たましずめ》の祭〈東宮もまた同じくせよ〉

神八座

大直神《おおなおび》一座

右、座別に米一升〈官田の稲二束を用い、神祇官に付けよ〉。

*供奉の諸司は人別に米八合〈*人・数は大膳式に見ゆ〉。薪一百五十斤。

5 *中宮の鎮魂

官人已下雑色《ぞうしき》已上の料、米五斗四升四合〈人別に八合〉、薪三十斤。

6 *新嘗の祭の料

臼一腰、杵三枚、箕一枚、中取の案三脚、八脚《やつあし》の机二前、明櫃《あかひつ》二合、調布三端一丈六尺〈一端八尺は、御《おん》ならびに中宮の御米《よね》・粟を納る帒の料、二端八尺は、御ならびに中宮の*女丁八人の褠・褌の料〉。

右、祭の料は前の件によれ。ただし袋・褠・褌は尋常に便《たより》に用い、来る六月の神今食までに請け替えよ。

7 *小斎に供奉する諸司の雑給

官人以下御巫《みかんなぎ》以上、*四十七人に別《ひとごと》に米二升。*五十九人に別に一升五合、みな二度。

○斤とあることから、調理された飯が給されたことが分かる。

人数は大膳式に見ゆ 大膳式上4条参照。

5中宮鎮魂条

中宮の鎮魂 天皇・中宮の鎮魂祭は同日に行なわれる。中宮式22条参照。

6新嘗祭料条

新嘗の祭の料 四時祭式下51条参照。

女丁 本式28条に「舂レ米女丁八人〈御井中宮各三人、東宮二人〉」とあり、これに対応するように本式2条では天皇の分として「女丁三人」となっている。ところが本条では「御井中宮」の女丁が八人となっており、本式28条の内訳と人数が合わない。

7御巫以上雑給条

小斎に供奉する諸司の雑給 新嘗祭に供奉する小斎の官人への給食。

四十七人 直相食を給される中宮職の亮一人、進一人、属一人、史生二人、舎人一〇人、左右近衛府将監各一人、府生各一人、近衛各一〇人、左右兵衛府尉各一人、兵衛各三人(宮内式3条)。

五十九人 宮内式3条および大膳式上5条によれば、計算上、その内訳は命婦一〇人、宮人以上(女孺・采女)三四人、采女一〇人、御巫五人となり、卯の日の夕と辰の日の早朝の二度給食される。

五百二人、別一升、薪四百廿斤、

宴會雜給

親王、三位以上、四位參議、別米一升二合、〈命婦三位以上同之、自餘諸節亦同、〉四位、五位幷内命婦、大歌別八合、笛工、國栖別二升、其飯器參議已上並朱漆椀、五位以上葉椀、命婦三位以上藺笥、〈加レ筥、〉五位以上命婦並陶椀、〈加レ盤、〉大歌、立歌、國栖、笛工並葉椀、〈五月五日青柏、七月廿五日荷葉、餘節干柏、〉

平野祭料

雜給米五石八斗九升、〈磨飯一石一斗五升、平飯十三石料、但夏祭米五石三斗二升、〉盛レ飯土埦、〈夏七十合、冬一百合、〉鋺形、〈夏六十口、冬百廿口、〉覆瓫柏九十八把、薪三百六十斤、盤七十枚、

薗韓神祭料〈夏冬亦同、〉

稻八束、〈受二神祇官一、〉雜給米二斛六斗二升八合、〈磨飯五斗、平飯五石八斗二升料、〉土埦六合、〈加レ盤〉鋺形六十口、柏卅把、薪百五十斤、

春日祭料〈春冬亦同、〉

稻八束、〈受二神祇官一、〉雜給米七斛、〈磨飯三石三斗、平飯十三石五斗料、〉大豆、

料　底及ビ全写本、コノ下「夏冬並同」四字ノ分注アリ。考異ニ従イテ削ル。

夏　底、コノ下「冬」字アリ。考異ニ従イテ削ル。

土　底「云」。考異ニ従イテ改ム。

埦　底「椀」。下文ノ用例ニ従イテ改ム。

鋺　底「鋎」。下文ノ用例ニ従イテ改ム。

豆　底ナシ。例ニヨリテ補ウ。

五百二人　辰の日の早朝に食を支給される五位以上二〇人、六位以下二五五人、小斎の解斎の際に給食される五位以上四〇人、六位以下一八七人(宮内式3条、大膳式上5条)。

8宴会雑給条

宴会　十一月の下の卯の日に行なわれる班幣儀、その夜から翌日にかけて天皇が行なう神饌親供に続いて、翌日の辰の日に百官が集って行なわれる豊明節会。大膳式上7条参照。

自余の諸節　正月一日、同七日、同十六日、同十七日、五月五日、七月二十五日、九月九日の諸節会。宮内式35条参照。

大歌　→補1

笛工国栖　諸節会に参賀して、贄を献じ

＊五百二人に別に一升。薪四百二十斤。

8 ＊宴会《えんえ》の雑給

親王・三位以上・四位の参議に別《ひとごと》に米一升二合〈命婦の三位以上も同じくせよ。＊自余の諸節もまた同じくせよ〉、四位・五位ならびに内命婦・＊大歌《おおうた》に別《ひとごと》に八合、＊笛工《ふえふき》・国栖《くず》に別《ひとごと》に二升。其れ飯の器は、参議已上はみな朱漆の椀《まり》、五位以上は葉椀《くぼて》、命婦の三位以上は＊藺笥《いけ》〈笥を加えよ〉、五位以上の命婦は、みな陶《すえ》の椀《まり》〈盤《さら》を加えよ〉、大歌・＊立歌・国栖・笛工はみな葉椀〈五月五日は青柏《あおがしわ》、七月二十五日は荷葉《はちすのは》、余の節は干柏〉。

9 ＊平野《ひらの》の祭の料

雑給の米五石八斗九升〈＊磨飯《とぎいい》一石一斗五升・＊平飯《ひらいい》十三石の料。ただし夏の祭の米五石三斗二升〉、飯を盛る土《はに》の埦〈夏七十合、冬一百合〉、＊鋺形《もいがた》〈夏六十口、冬百二十口〉、＊覆瓫柏《いちごはがしわ》九十八把、薪三百六十斤、盤《さら》七十枚。

10 ＊薗・韓神の祭の料〈夏冬もまた同じくせよ〉

稲八束〈神祇官より受けよ〉、雑給の米二斛《こく》六斗二升八合〈磨飯五斗・平飯五石八斗二升の料〉、土の埦六合〈盤を加えよ〉、鋺形六十口、柏三十把、薪百五十斤。

11 ＊春日《かすが》の祭の料〈春冬もまた同じくせよ〉

稲八束〈神祇官より受けよ〉、雑給の米七斛〈磨飯三石三斗・平飯十三石五斗の料〉、大豆《まめ》・

て歌笛を奏する国栖奏に奉仕する。宮内式59条によれば、節会ごとに国栖一二人、笛工は五人と定められていた。宮内式35条参照。

藺笥　藺を編んで作ったオケ。

立歌　立歌は立奏状態もしくは行進しながら歌を奏することであるが、本条の場合は立歌を奏する者。儀式五（新嘗会儀）では「治部、雅楽率㆓工人等㆒参入奏㆓立歌㆒」とある。宮内式35条参照。

9平野祭料条

平野の祭　毎年四月および十一月の上の申の日に山城国葛野郡の平野神社で行なわれた祭儀。四時祭式上17条、大膳式上9条参照。

磨飯・平飯　→補2

鋺形　銅の鋺に似せた土器で大きく深いものを指す。

覆瓫柏　本式12条では覆瓫葉柏。大膳式上9条参照。

10薗韓神祭料条

薗韓神の祭　毎年二月および十一月の丑の日に宮内省内に坐して天皇を守護してきた薗神・韓神の祭儀。四時祭式上9条、大膳式上8条参照。

11春日祭料条

春日の祭　毎年二月・十一月の上の申の日に春日社で行なわれた祭儀。四時祭式上7条、大膳式上12条参照。

大和国に供えしめよ　→補1

12大原野祭料条

大原野の祭　二月の上の卯の日と十一月の中の子の日に大原野神社で行なわれた祭儀。四時祭式上8条、大膳式上13条参照。

13松尾祭料条

松尾の祭　四月の上の申の日、後に十一月の上の酉の日が加わり、年二回となった松尾大社で行なわれた祭儀。四時祭式上16条、大膳式上14条参照。

裏飯　木の葉などに包んだ飯。

百度の料　→補2

夫五人　大膳式上14条に「請㆓京職㆒」と見える。

14釈奠料条

釈奠　二月および八月の上の丁の日に孔子とその弟子である顔回、閔子騫、冉伯牛、仲弓、冉有、季路、宰我、子貢、子游、子夏を祭る儒教の儀礼。大学式1～23条、大膳式上15条参照。

粱米　先聖・先師二座の簠(ホ、外方内円の器)に盛られる。本条では二座の総量として一升四合が計上されているが、大学式6条に「黍稲粱飯各用㆓米七合㆒」とあることから(「米」は炊かれる黍稲粱の実の意)、一座あたり七合であることが分かる。

先聖先師　先聖は孔子、先師はその弟子

小豆各一斗、糯米四斗、土•埦十合、•鋺形一百口、已上令㆓大和國供㆒之、

大原野祭料春冬亦同、

米七斛、磨飯三石、平飯十三石七斗五升料、土飯埦七十口、加㆑盤、•鋺形百廿五口、覆瓫葉柏九十把、薪四百廿斤、

松尾祭料

米二石九斗二升八合、一石四斗二升八合、机六前、折櫃卌五合、大笥卌三合、裏飯百廿口料、一石五斗百度料、飯埦五十一口、覆瓫柏卌五把、薪五荷、夫五人、

釋奠料春秋亦同、

稻米、粱米各一升四合、並先聖、先師二座料、稷米六升六合、黍米七升七合、先聖、先師、九哲十一座料、

亀筥四合、韓竈一具、並十一座料通用、

米四石五斗、享官一百人、學生三百五十人料、人別一升、薪三百九十斤、

右、諸祭料依㆓前件㆒、其當㆓祭日㆒允、屬、史生各一人、率㆓炊部、使部等㆒、共赴㆓祭所㆒供㆑事、

齋内親王從㆓初齋院㆒遷㆓野宮㆒時禊料、雜給米二石、土埦百口、薪卅斤、柏十把、允、屬各一人、率㆓史生、炊部等㆒祗供、其向㆓伊勢㆒日

小豆《あずき》各一斗、糯米《もちよね》四斗、土の埦十合、鋺形一百口〈已上、*大和国に供えしめよ〉。

12 *大原野《おおはらの》の祭の料〈春冬もまた同じくせよ〉

米《よね》七斛〈磨飯三石・平飯十三石七斗五升の料〉、土の飯の埦七十口〈盤を加えよ〉、鋺形百二十五口、覆瓫葉柏《いちごはがしわ》九十把、薪《みかまき》四百二十斤。

13 *松尾《まつのお》の祭の料

米二石九斗二升八合〈一石四斗二升八合は、机六前、折櫃《おりひつ》四十五合、大笥《おおけ》四十三合、*裹飯《つつみいい》百二十口の料。一石五斗は*百度《ももど》の料〉、飯の埦五十一口、覆瓫柏四十五把、薪五荷、*夫五人。

14 *釈奠《せきてん》の料〈春秋もまた同じくせよ〉

稲米・*粱《あわ》米各一升四合〈みな*先聖・先師二座の料〉、*穄《あわきび》米六升六合・*黍《きび》米七升七合、先聖・先師・九哲十一座の料。

*麁筥《あらはこ》四合、*韓竈一具〈みな十一座の料に通わし用いよ〉。

米四石五斗〈*享官《きょうかん》一百人・*学生《がくしょう》三百五十人の料、人別に一升〉、薪三百九十斤。

右、*諸祭の料は前の件によれ。其れ祭日に当たりて、*允《じょう》・属《さかん》・史生《ししょう》各一人、*炊《かしき》部《べ》・使部《つかいべ》らを率い、ともに祭所に赴きて*事に供《つか》えよ。

15 *斎内親王《いつきのひめみこ》、*初斎院《しょさいいん》より*野宮《ののみや》に遷る時の禊の料、雑給の米二石、土の埦百口、薪三十斤、柏十把。允・属各一人、史生・炊部らを率い祇供せよ。其れ*伊勢に向かう日

の顔回。

穄米　→補3

黍米　→補4

麁筥　春いた稲・粱等を入れて左右に揺さぶってぬかやちりをとる。「四合」とあるので稲米・粱米・穄米・黍米にそれぞれ用意されたものとみられる。

韓竈　米を炊くための竈。

享官一百人　→補5

学生三百五十人の料　大学式9条に見える学館における学生の清斎一宿の際の給食用の米。

諸祭　本式9条以下14条の祭。

允属史生　大炊寮の官人。史生は式部式上90条に五人(権一人)とある。

炊部使部　→補6

事に供えよ　米等を調理する。

15斎王禊料条

斎内親王　→補7

初斎院　斎王が卜定後に野宮に遷るまで、潔斎のために過ごす平安宮内の諸司。斎宮式3・6条参照。

野宮に遷る時の禊　斎王が初斎院での潔斎を終え、さらに約一年間潔斎を重ねる宮城外の浄野に造営された宮である野宮に入る前の禊。斎宮式17～19条参照。

伊勢に向かう日　野宮での潔斎を終え、伊勢神宮に向かう前に葛野川のほとりで祓禊をすること。斎宮式3・47条参照。

埦　底「院」。井イ本・壬イ本・塙校注ニヨリテ改ム。
片　底「印」。考異ニ従イテ改ム。
六升　底ナシ。閣・梵ホカニヨリテ補ウ。
麥　底ナシ。例ニヨリテ補ウ。

16斎王賀茂祭条

斎内親王　賀茂大神に奉仕する未婚の内親王。斎院式1条参照。
賀茂の祭　毎年四月の中の酉の日に行なわれる賀茂社の恒例祭祀。斎院式8条参照。

17御斎会料条

正月の最勝王経の斎会　正月八日から同十四日まで大極殿に僧侶を招いて金光明最勝王経を講説させ、吉祥天悔過を行ない、国家の安寧と五穀豊穣を祈る法会。玄蕃式1条参照。
仏聖二座　仏は図書式3条に見える「盧舎那仏并脇侍菩薩檀像」の仏座、聖は「聖僧座」で各一座ずつ。
四王　四天王像。図書式3条では「□座四具」とあるが、この空白部分は「四王」とみられ（吉田一彦「御斎会の研究」〈『日

亦同、

齋內親王參ニ賀茂祭一日雜物
米一石三斗八升六合、陶埦廿一合、盤廿一口、片埦廿二口、薪卅斤、

正月最勝王經齋會料
米十斛一斗一升二合、佛聖二座、四王四座、日各四升、講師以下卅二口各二升、沙彌卅四口各一升六合、並七箇日、新度沙彌十二口各一升二合、一度供之、燈油二升一合、松明廿一把、薪七百廿斤、供奉官人以下十三人各給ニ潔衣一領一、官人一人、史生一人各細布二丈、炊部五人、女孺二人各庸布一段、仕丁四人各商布一段、
同會終日、白米、黑米、糯米、黍、稗、胡麻、大麥、小麥、大豆、小豆各四斛、東西寺預請備供、
同會給米卅一石六斗六升八合、諸司間食料米廿四石五斗、童子等料七石一斗六升八合、炊料薪千四百卅斤、
正月修ニ眞言法一料、米廿斛六斗七升二合、糯米五石三斗三升、大豆一石八斗九升七合、小豆一石一斗八升五合、胡麻五斗七升五合、大麥、小麥各四斗二升、
同月修ニ大元帥法一所料、米十七石六斗四合、糯米四石四斗七升、大麥四斗二升、小麥一石七斗八升、大豆五斗八升、小豆一石五斗七升八合、胡麻一石三升五

もまた同じくせよ。

16 *斎内親王、*賀茂の祭に参る日の雑物

米一石三斗八升六合、陶の埦《まり》二十一口、盤二十一口、片埦《かたもい》二十二口、薪《みかまき》三十斤。

17 *正月の最勝王経の斎会《さいえ》の料

米十斛一斗一升二合〈*仏聖二座・*四王四座、日に各四升、講師《こうじ》以下三十二口《く》各二升、沙弥《しゃみ》三十四口各一升六合、みな七箇日。新たに度《ど》する沙弥十二口各一升二合、一度に供えよ〉、燈油《ともし》二升一合、松明《たいまつ》二十一把、薪七百二十斤。供奉する官人以下十三人、各*潔衣《きよまわりぎぬ》一領を給え〈官人《かんにん》一人、史生一人に各細布二丈、炊部五人、女孺《にょじゅ》二人に各庸布一段、仕丁四人に各商布一段〉。

同じき会の終る日、白米・黒米・糯米・黍・稗《ひえ》・胡麻《ごま》・大麦・小麦・大豆・小豆各四斛は、*東・西寺預め請《う》け備供《そな》えよ。

同じき会に給う米三十一石六斗六升八合、諸司の*間食《かんじき》の料の米二十四石五斗、*童子らの料七石一斗六升八合、炊《かし》ぐ料の薪千四百三十斤。

18 *正月の真言の法を修する料、米二十斛六斗七升二合、糯米五石三斗三升、大豆一石八斗九升七合、小豆一石一斗八合、胡麻五斗七升五合、大麦・小麦各四斗二升。

19 同月の*大元帥法《だいげんのほう》を修する所の料、米十七石六斗四合、糯米四石四斗七升、大麦四斗二升、小麦一石七斗八升、大豆五斗八升、小豆一石五斗七升八合、胡麻一石三升五

本古代社会と仏教』所収、一九九五年、初出一九九三年〉)、仏座の檀の下に四角に一躯ずつ四座置かれる。

潔衣　祭儀の際に着用する清浄な衣。

東西寺預め請け備供えよ　儀式五(正月八日講最勝王経儀)に「十四日昧旦、東西二寺、盛ニ雑穀於漆器廿二具一、列ニ立南栄楹外一」とある。

間食　↓補1

童子らの料　童子は堂童子。五位官人が務めたとみられるが(儀式五「正月八日講最勝王経儀」、吉田前掲論文)、図書式3条には図書寮の雑色人と見える。給食される堂童子等の人数は分からないが、本条に見える総量を御斎会の日数の七日で割ってみると、一日あたりの支給総量は一石二升四合となり、仮に沙弥の支給量にならうと一升六合ずつで六四人分となる。

18御修法料条

正月の真言の法を修する　天皇の護持と鎮護国家を祈願して、真言宗の僧侶が執り行なう修法。内裏にあった真言院で行なわれる。玄蕃式2条、大膳式下4条参照。

19大元帥法料条

大元帥法　大元帥明王を主尊とした密教の修法。治部省で行なわれる。玄蕃式3条、大膳式下5条参照。

合、

東寺春秋修法、秋灌頂佛供料、各米十石、

同寺中臺五佛、左方五菩薩、右方五忿怒供料、米日六升九勺、

七寺盂蘭盆料寺號見二大膳式一、

米一石二斗六升、新舊各六斗三升、寺別九升、糯米四斗七升六合、別六升八合、黍米三斗五升、別五升、大豆一斗八升、別四升、

聖神寺季料常住寺准レ此、

佛聖二座、日別米二升、

嘉祥寺地藏悔過料、米二石四斗、糯米四斗六升、大豆二斗、

右、毎年三月、十月中旬修之、其佛聖以下沙彌已上一度料、當月上旬運二送寺家一、其夫申レ官令二京職進一、

海印三昧寺試二年分度者一料、米八斗、四斗衆僧料、四斗使等料、

講二說仁王經一供養料

佛菩薩聖僧以下沙彌以上、並同二最勝王經法一、

凡供御稻米粟米舂備、日別送二內膳司一、中宮亦同、但東宮送二主膳監一、

盆　底「瓫」。闍・塙・貞ニヨリテ改ム。

度者　底ナシ。考異ニ従イテ補ウ。

20東寺修法条

東寺の…仏供　→補1

21東寺中台五仏条

中台の五仏　中央(中代)は金剛界五仏。大膳式下1条参照。

左方の五菩薩右方の五忿怒　左方は五大菩薩、右方は五大明王。

22盂蘭盆料条

七寺の盂蘭盆　→補2

新旧各六斗三升　→補3

23聖神寺季料条

聖神寺　弘仁二年(八一一)に賀茂男牀が神託により建立した寺院。山城国愛宕郡紫野大門辺に所在したとする。盂蘭盆会に際して供養物を送られる七寺のひとつ。大膳式下2・14条参照。

常住寺　現在の京都市北区北野白梅町付近に所在した寺院。盂蘭盆会に際して供養物を送られる七寺のひとつ。大膳式下14条では「野寺」と表記されている。

24嘉祥寺悔過料条

嘉祥寺　文徳天皇が父である仁明天皇のために建立した寺院。現在の京都市伏見区深草瓦町に所在した。仁明天皇が生前

合。

20 *東寺の春秋の修法《すほう》・秋の灌頂《かんじょう》の仏供《ぶつく》の料、各米十石。

21 同寺の*中台の五仏・*左方の五菩薩・右方の五忿怒の供料、米日に六升九勺。

22 *七寺の盂蘭盆《うらぼん》の料〈寺号は大膳式に見ゆ〉

米一石二斗六升〈*新・旧各六斗三升、寺別に九升〉、糯米四斗七升六合〈別《てらごと》に六升八合〉、黍米三斗五升〈別に五升〉、大豆二斗八升〈別に四升〉。

23 *聖神寺《しょうしんじ》の季料〈*常住寺《じょうじゅうじ》もこれに准えよ〉

仏聖二座、日別に米二升。

24 *嘉祥寺《かしょうじ》の*地蔵悔過《けか》の料、米二石四斗、糯米四斗六升、大豆二斗。

右、毎年三月・十月の中旬に修せよ。其れ仏聖以下沙弥已上の一度の料は、*当月の上旬に寺家に運び送れ。その夫は、官に申して京職をして進らしめよ。

25 *海印三昧寺《かいいんさんまいじ》の*年分度者《ねんぶんどしゃ》を試むる料、米八斗〈四斗は衆僧の料、四斗は使らの料〉。

26 *仁王経《にんのうきょう》を講説する供養の料

仏・菩薩・聖・僧以下沙弥以上、みな最勝王経の法と同じくせよ。

27 凡そ*供御《くご》の稲米・粟米は舂き備えて、日別に内膳司に送れ〈中宮もまた同じくせよ。ただし東宮は主膳監に送れ〉。

居住した清涼殿を移築して嘉祥寺の堂としたとする(文徳実録仁寿元・二・丙辰条)。

地蔵悔過　地蔵菩薩を礼拝対象とした悔過。

当月の上旬に寺家に運び送れ　→補4

25海印寺試年分条

海印三昧寺　僧道雄によって建立された寺で、もと一〇院で構成されていた(三代格嘉祥四・三・二十二符)。道雄の卒伝に建立の由来が見える(文徳実録仁寿元・六・己酉条)。現在の長岡京市奥海印寺に所在した。大膳式下12条参照。

年分度者　三代格嘉祥四・三・二十二符により年分度者が二名と定められた。

26仁王会供養料条

仁王経を講説する供養　天皇の即位に際して、紫宸殿以下に百高座を設けて仁王般若経を講説する行事。玄蕃式25条、本式17条参照。

27供御稲米等条

供御の稲米粟米　宮内省が管理する省営田の穫稲であり、これは穎稲のまま大炊寮に納められた後、同寮で舂米にされ、内膳司に送られ供御となる(三谷芳幸「令制官田の構造と展開」〈『律令国家と土地支配』所収、二〇一三年、初出一九九八年〉参照)。宮内式53条、内膳式19条、主膳式1条参照。

者在　底「在者」。版本ニ従イテ改ム。

之　底「云」。貞「分」。閣・梵ホカニヨリテ改ム。

三　底「二」。閣・梵ホカニヨリテ改ム。

28供御料稲粟条

官田　宮内省が管理する省営田。宮内式51条参照。

舂きて得る米は一束二把に五升　一般的には一束より穀一斗、穀一斗より舂米五升が得られる。

稾は内膳司に充てよ　稲の稾は燃料の一部に使われたか、あるいは飯を炊く際に甑稾として、甑の底に敷いたか。

米を舂く女丁…　本式6条にも女丁八人が見えている。奈良時代の大粮の支給量は米一升五合、塩一夕五撮であった(古二―四三三頁)。中務式77条参照。

29供御年料条

中取の案　食器を載せて二人で運ぶ台。

択案　木工式7条参照。

別脚の案　脚が取りはずしのできる案。

緋地の両面　緋色は濃く明るい赤色。両

凡供御料稲粟、並用₌官田₋、(中宮、東宮、齋宮亦同、但齋宮者在京之間供之、)其舂得米一束二把五升、糯米亦同、(一人日舂三束、)但稾充₌內膳司₋、其舂ㇾ米女丁八人、(御井中宮各三人、東宮二人、)各給₌衣服₋、夏人別黄帛三丈、紺布二丈、庸布一段、冬黄帛一疋、紺布二丈、庸布一段、庸綿二屯、(日別給₌粮米二升₋、)

供御年料(中宮亦同、)

臼三腰、(各高三尺、口徑二尺六寸、)杵十枚、槽三隻、(各長一丈二尺、闊三尺、)箕廿枚、中取案三脚、擇案一脚、別脚案一脚、明櫃一合、(已上二種東宮亦同、)緋地兩面一丈二尺、緋絹一丈二尺、生絹一丈二尺、絲一分五銖、調布二端五寸、

右、十一月新嘗會始用、迄₌來年新嘗會₋請換、但臼、杵、槽、案、隨ㇾ損請受、

凡正月四節、五月五日、七月廿五日、九月九日節給食法並同₌大嘗會₋、(正月七日以外諸節、並除₌無位女王₋、)

凡正月四節料、薪一千四百七十斤、(元日二百卅斤、七日八百七十斤、十六日

面は表と裏とに模様を織りだした錦。

生絹　経糸にも緯糸にも生糸を用いて織った生織物。

新嘗会に始めて用い…　本条の他に供御に関する年料について、大膳式下16条、主殿式20条では十一月一日から翌年十月三十日まで、また内膳式23条も十一月よりとあり、いずれも本条同様に新嘗祭が基準になっていたとみられる。

30諸節給食条

正月の四節…九月九日の節　正月の四節は元日節会、七日の白馬節会、十六日の踏歌、十七日の射礼。五月五日は端午節会、七月二十五日は相撲節会、九月九日は重陽節(菊花の宴)。

食法　大膳式上7条、本式8条参照。

大嘗会　大膳式下22条に正月四節の親王以下の食法に「並同二新嘗会一」とあるので、本条の場合も新嘗会を指す(高森明勅「式における『大嘗』の表記について」〈『國學院雑誌』八七—一一、一九八六年〉)。

正月七日以外の…　本条に給食規定が見えることから、無位女王の正月七日節会への参列がうかがえる。なお、女王に対しては、女王禄が正月七日節会と新嘗祭のそれぞれ翌日に支給されることとなっていた(大蔵式84条、正親式5条)。

31正月四節料条

28
凡そ供御の料の稲・粟は、みな*官田を用いよ〈中宮・東宮・斎宮もまた同じくせよ。ただし斎宮は在京の間、供えよ〉。其れ*舂きて得る米は一束二把に五升、糯米もまた同じくせよ〈一人日に舂くこと三束〉。ただし*稾《わら》は内膳司に充てよ。その米を*舂く女丁八人には〈御《おん》ならびに中宮各三人、東宮二人〉、各衣服を給え。夏は人別に黄の帛三丈、紺の布二丈、庸布一段、冬は黄の帛一疋、紺の布二丈、庸布一段、庸の綿二屯〈日別に粮米二升を給え〉。

29
供御の年料〈中宮もまた同じくせよ〉
臼三腰〈各高さ三尺、口の径《さしわたし》二尺六寸〉、杵《きね》十枚、槽《ふね》三隻〈各長さ一丈二尺、闊《ひろ》さ三尺〉、箕《み》二十枚、*中取の案《つくえ》三脚、*択案《えりづくえ》一脚、*別脚《あしわけ》の案一脚、明櫃《あかひつ》一合〈已上の二種は、東宮もまた同じくせよ〉、*緋地《あけじ》の両面一丈二尺、緋の絹一丈二尺、*生絹《すずし》一丈二尺、糸一分五銖、調布二端五寸。
右、十一月の*新嘗会に始めて用い、来年の新嘗会までに請け換えよ。ただし臼・杵・槽・案は、損ずるに随いて請い受けよ。

30
凡そ*正月の四節《せち》・五月五日・七月二十五日・九月九日の節に給う*食法《じきほう》は、みな*大嘗会に同じくせよ〈*正月七日以外の諸節は、みな無位の女王を除け〉。

31
凡そ正月の四節の料は薪一千四百七十斤〈元日は二百四十斤、七日は八百七十斤、十六日は

升廿　底「廿升」。塙校注ニヨリテ改ム。
日　底「白」。雲ニ従イテ改ム。下同ジ。
八　底「六」。井イ本・壬イ本ニヨリテ改ム。

32儲料米条
侍従已上の儲の料　→補1
33侍従条
侍従三十人　→補2
前に同じくせよ　「前に」が指す内容が未詳。一方、「同前」が「大舎人」にかかる可能性も考えられる。そうした場合、前に同じくする対象は直前の分注の「磨飯料」を指すと思われ、大舎人に支給される「日各米八合」が磨飯料ということになる。
大舎人四人　分注に見える「本寮」は大舎人寮のことで、その番上粮を本条の大舎人に充てるとあるので、本条の大舎人は大舎人寮在勤ではなく、別の部署で勤務していたとみられる。別符抄延喜八・四・四宣旨には、「可㆘以㆓有労者㆒差㆗進侍従所大舎人闕㆖事」とあり、侍従所に大舎人が「差進」されていることから、本条の大舎人は侍従三〇人同様に侍従所に伺候する大舎人と考えられる。なお大舎人は侍従所では、給食の際に配膳の補助な

（二百七十斤、十七日九十斤、）五月七月九月節、各一百五十斤、
四月一日、侍従已上儲料、米一斛、（十月亦同、）
侍従卅人（一人日米二升、廿九人各日一升六合、並磨飯料、）同㆑前、大舎人四人、日各米八合、（割㆓本寮番上粮㆒充之、）内舎人廿五人、（人別日米一升六合、磨飯料、）
中宮雑給、（日別米四斗平飯料、六升磨飯料、）圖書寮、（日米四升、）同寮紙工一人、（日米二升、）雅樂寮蕃樂人、（日米一斗六升、）内膳司、（日米六升、磨飯料、）御火炬童四人料米日三升六合、（一人一升二合、三人各八合、）春宮坊帯刀卅人料米六斗、（人別日米二升、）監物、（日米八升八合、）主鈴、（日米三升二合、）典鑰、（日米三升二合、）勘解由使、（日米三斗二升二合、）内裏殿上侍所、（日米二斗五升、）藏人所、（日米二斗、）女藏人、（日米一斗三升、上飯二斗料、）御膳宿采女、（日米五升、次飯一斗料、）御厨子所米八升、（膳部六人、日米四升八合、破飯一斗二升料、女孺四人、日米三升二合、破飯八升料、）候㆓同所㆒宮主一人、（日米八合、）候㆓内裏㆒侍醫一人、（日米一升五合、）藥生十人、（日米八合、）校書殿、（日米三升四合、割㆓内豎三人料一升八合、大舎人二人料一升六合㆒充之、）進物所、（五升四合、）贄殿、（一升二合、並割㆓内豎料内㆒充之、）御書所、（日米一斗六升、）畫所、（日米一斗六升、）作物所、

どを行なっていたとみられる(西宮記臨時一〔外記政〕)。

内舎人二十五人　↓補3

34中宮等雑給条

中宮の雑給…　↓補4

上飯　奈良平安期において、一般的に飯の分量は米の二倍もしくは二・五倍に設定されていたとするが(吉野秋二「古代の『米』と『飯』」〈『日本古代社会編成の研究』所収、二〇一〇年、初出二〇〇七年〉)、上飯は飯の分量が米の約一・五倍強となっており、そのいずれにもあてはまらない。

次飯　飯の分量は米の二倍で、奈良平安期の一般的な米と飯の比率に合致する(前項参照)。

破飯　『日本国語大辞典』第二版一三(二〇〇二年)では米を小さくひき割って炊いた飯とするが不詳。破飯の分量は米の二・五倍であるが、これは八世紀に東大寺写経所で支給された飯と同じ比率である(吉野前掲論文)。

内豎三人の料　宮中の殿上で雑役を務める。校書殿に伺候する内豎への熟食は、本式36条に見える内豎の月料を充てる。

大舎人二人の料　校書殿に伺候している大舎人への熟食は、本式33条同様に大舎人の番上粮から割かれたものとみられる。

二百七十斤、十七日は九十斤〉。五月・七月・九月の節は各一百五十斤。

32 四月一日、*侍従已上の儲《もうけ》の料は米一斛《こく》〈十月もまた同じくせよ〉。

33 *侍従三十人は〈一人は日に米二升、二十九人は各日に一升六合、みな磨飯《とぎいい》の料〉*前に同じくせよ。*大舎人四人は、日に各米八合〈本寮の番上の粮を割きて充てよ〉。*内舎人二十五人〈人別に日に米一升六合、磨飯の料〉。

34 *中宮の雑給〈日別に米四斗は平飯の料、六升は磨飯の料〉、図書寮〈日に米四升〉、同寮の紙工一人〈日に米二升〉、雅楽寮の蕃の楽人〈日に米一斗六升〉、内膳司〈日に米六升、磨飯の料〉、御火炬《みひたき》の童《わらわ》四人の料、米日に三升六合〈一人一升二合、三人各八合〉、春宮坊の帯刀《たちはき》三十人の料、米六斗〈人別に日に米二升〉、監物〈日に米八升八合〉、主鈴〈日に米三升二合〉、典鑰〈日に米三升二合〉、勘解由使〈日に米三斗二升二合〉、内裏殿上の侍所《さぶらいどころ》〈日に米二斗五升〉、蔵人所《くろうどどころ》〈日に米二斗〉、女蔵人《にょくろうど》〈日に米一斗三升、*上飯二斗の料〉、御膳宿《おものやどり》の采女《うねめ》〈日に米五升、*次飯《すきいい》一斗の料〉、御厨子所《みずしどころ》の米八升〈膳部六人、日に米四升八合、*破飯《わりいい》一斗二升の料、女孺《にょじゅ》四人、日に米三升二合、破飯八升の料〉、同所に候する宮主《みやじ》一人〈日に米八合〉、内裏に候する侍医一人〈日に米一升五合〉、薬生《やくしょう》十人〈日に米八合〉、校書殿《きょうしょでん》〈日に米三升四合、*内豎《ないじゅ》三人の料一升八合、*大舎人二人の料一升六合を割きて充てよ〉、進物所《しんもつどころ》〈五升四合〉、贄殿《にえどの》〈一升二合、みな内豎の料の内を割きて充てよ〉、御書所《ごしょどころ》〈日に米一斗六升〉、画所《えどころ》〈日に米一斗六升〉、作物所《つくもどころ》

日米三斗、

右、毎レ日料依ニ前件一、熟食充之、

親王已下月料

無品親王、内親王、妃、夫人、女御、日米各五升、•幼親王乳母、日二升、乳母子各五斗、小月亦同、七歳以後停止、

賀茂齋内親王料、日米一斗、稷八合、同院雜色人料米、月廿二石六斗八升、小月廿一石九斗二升四合、

平野古闕久度三神、各物忌一人、日一升二合、松尾社物忌一人料、米三斗六升、小月三斗四升八合、

釆女卅七人料、米十•八石•九斗、小月十八石二斗七升、中宮女孺廿七石六斗、小月亦同、女官厨•一百•五•十六•石、小月一百五十石七斗六升二合、內教坊米廿石、小月十九石三斗三升三合六勺•、

諸得業生、人別日二升、觀天文生、日二升、漢語師、日一升二合、

大藏縫女卅人、惣日四升、長人、日五升、

中務史生十人、省掌一人、監物史生四人、大學寮官人六人、博士十五人、史生四人、學生五十人、民部史生廿人、宮內史生十人、春宮坊史生二人、

幼　底「弘」。考異ニ従イテ改ム。

十八石九斗　考異、誤リアラントナス。

一百五十六石　本文ト分注ノイズレカニ誤リアラン。

六　考異、「四」ニ改ムベシトナス。ムシロ「三」ニ改ムベキカ。

前の件　本式33条および本条。

熟食　↓補1

35親王已下月料条

月料　↓補2

無品親王内親王　↓補3

妃夫人女御　↓補4

幼親王の乳母　↓補5

乳母の子　乳母の子(親王の乳兄弟)それぞれへの月料。

七歳以後は停止せよ　↓補6

賀茂斎内親王　斎院式に関連条文は見えない。大膳式下30条。

同じき院の雑色人　↓補7

平野古関久度の三神　↓補8

物忌　↓補9

松尾社の物忌　儀式一(松尾祭儀)や江家次第六(松尾祭)に見えているが、詳細は

〈日に米三斗〉。

右、日毎の料は、*前《さき》の件《くだり》により*熟食《じゅくじき》を充てよ。

35 親王已下の月料*

*無品《むぼん》親王・内親王・*妃《ひ》・夫人《ぶにん》・女御《にょうご》〈日に米各五升〉、*幼親王の乳母《めのと》〈日に二升〉、*乳母の子各五斗〈小の月もまた同じくせよ、*七歳以後は停止せよ〉。

*賀茂斎内親王の料、日に米一斗、*稷《あわきび》八合、*同じき院の雑色人《ぞうしきにん》の料の米、月に二十二石六斗八升〈小の月は二十一石九斗二升四合〉。

*平野《ひらの》・古関《ふるせき》・久度《くど》の三神、各*物忌《ものいみ》一人〈日に一升二合〉、*松尾《まつのお》社の物忌一人の料、米三斗六升〈小の月は三斗四升八合〉。

*采女四十七人の料、米十八石九斗〈小の月は十八石二斗七升〉、*中宮の女孺二十七石六斗〈小の月もまた同じくせよ〉、*女官の厨《くりや》一百五十六石〈小の月は一百五十石七斗六升二合〉、*内教《ないきょう》坊《ぼう》の米二十石〈小の月は十九石三斗三升三合六勺〉。

*諸の得業生《とくごうしょう》〈人別に日に二升〉、*観天文生《かんてんもんしょう》〈日に二升〉、*漢語の師〈日に一升二合〉。

*大蔵の縫女《ぬいめ》三十人〈惣べて日に四升〉、*長の人〈日に五升〉。

*中務の史生十人、*省掌一人、*監物の史生四人、*大学寮の官人六人、*博士十五人、*史生四人、*学生五十人、*民部の史生二十人、*宮内の史生十人、*春宮坊の史生二人、

不明。
采女四十七人の料　→補10
中宮の女孺　→補11
女官の厨　→補12
内教坊　女楽や踏歌の教習を掌る。大膳式下34条に「内教坊命婦已下一百人」と見える。
諸の得業生　→補13
観天文生　陰陽寮に属し、天体を監視し吉凶を占う天文道を習う学生。陰陽式10・11条参照。
漢語の師　→補14
大蔵の縫女　→補15
長の人　→補16
中務の史生　→補17
省掌　→補18
監物の史生　令制では四名であったが、式部式上90条では八名とある。
大学寮の官人　大学寮の四等官の官人。大学式52・53条参照。
博士　→補19
史生　→補20
学生　→補21
民部の史生　式部式上90条には民部省に二〇人が置かれたと見える。
宮内の史生　式部式上90条には宮内省に一八人が置かれたと見える。
春宮坊の史生　式部式上90条には春宮坊に四人が置かれたと見える。

舎人五十人、左右近衛府生各六人、番長三人、近衛二百人、左右兵衛府生各二人、番長二人、兵衛百五十人、左右衛門府生各二人、門部五十人、

右、依前件、人別日米一升、但大學官人、博士幷諸衛府生以下日各二升、大學史生、學生日各一升二合、

内豎二百人月料、人別日米六合、

出納官物諸司百度料、一月所受米六斛、（五位已下六合、史生四合、）用盡之日、先進前帳勘勾、然後更請、如有所殘者、廻充後料、

検納御薪官人給飯、（五位八合、六位已下史生已上六合、）

寮家年料

中取案六脚、檜三口、（高各三尺、口徑三尺、有蓋、）槽四隻、（長一丈、深九寸、）箕十枚、輿籠五脚、置簀六枚、匏十柄、明櫃五十合、板筥一百合、斗四口、升廿口、收供御米粟舎天井料、調布四端、隨損請換、行幸供奉仕丁二人裝束、人別紺布衫一領、（長二丈一尺、）袴一腰、（長七尺、）布帯一條、（長九尺、中割、）練絲二分、（縫衫袴料、）並三年一

舎人　春宮坊に所属する舎人。春宮式50条参照。

左右近衛の府生　兵部式25条には左右近衛府に各六人ずつが置かれたと見える。

番長　近衛府の番長。左右近衛式46条には八人が置かれたと見える。

近衛　左右近衛式46条には六〇〇人が置かれたと見える。

左右兵衛の府生　兵部式25条には左右兵衛府に各四人ずつが置かれたと見える。

番長　兵衛府の番長。職員令62条によれば、左右兵衛府に四人ずつとあるが、同条集解古記では兵衛四〇〇人から取るとし、義解や令釈等では兵衛以外から取るとある。

兵衛　職員令62条では左右兵衛府で各四〇〇人とあるが、大同三年（八〇八）に各三〇〇人に減ぜられた（後紀同・七・壬寅条）。

左右衛門の府生　兵部式25条には左右衛門府に各四人ずつが置かれたと見える。

門部　職員令59条では衛門府で二〇〇人とあるが、大同三年に一〇〇人に減ぜられた（後紀同・七・壬寅条）。

36内豎月料条

内豎二百人　→補1

*舎人《とねり》五十人、*左右近衛の府生《ふしょう》各六人、*番長三人、*近衛二百人、*左右兵衛の府生各二人、*番長二人、*兵衛百五十人、*左右衛門の府生各二人、*門部《かどべ》五十人。右、前の件によれ。人別に日に米一升。ただし大学の官人、博士ならびに諸衛の府生以下は、日に各二升、大学の史生、学生は日に各一升二合。

36 *内豎二百人の月料、人別《ごと》に日に米六合。

37 *官物を出納する諸司の*百度の料は、*一月に受くるところの米六斛〈五位已下に六合、史生に四合〉、用尽の日、まず*前帳を進りて勘勾し、然る後に更に請《う》けよ。もし残るところあらば、廻《めぐ》らして*後の料に充てよ。

38 *御薪を検納する官人には、*飯《いい》を給え〈五位に八合、六位已下史生已上に六合〉。

39 寮家の年料

中取の案六脚、檜《こしき》三口〈高さ各三尺、口の径三尺、蓋あり〉、槽《ふね》四隻〈長さ一丈、深さ九寸〉、箕《み》十枚、輿籠《こしこ》五脚、*置簀六枚、匏《なりひさご》十柄、明櫃《あかひつ》五十合、*板笥《いたけ》一百合、*斗四口、*升二十口。

*供御の米・粟を収むる舎《や》の天井の料、調布四端、損ずるに随いて請い換えよ。*行幸に供奉する仕丁二人の装束は、人別に紺の布の衫《ひとえぎぬ》一領〈長さ二丈一尺〉、袴《はかま》一腰〈長さ七尺〉、布の帯一条〈長さ九尺、*中割《なかわり》〉、練糸二分〈衫・袴を縫う料〉、みな三年に一たび

37出納諸司百度条

官物を出納する諸司　↓補2

百度の料　↓補3

一月に受くるところ　大膳式下39条では「一度請受」とあり、大炊寮や大膳職のクラより料物を一括して出納官司に出給して、そこから出納業務に携わった官人たちにそれぞれ支給された(相曽貴志「百度食と熟食」〈『延喜式研究』二三、二〇〇七年〉)。

前帳を進りて　↓補4

後の料に充てよ　一ケ月分を経過して剰余分が生じた際には、翌月に繰り越す。

38検納御薪条

御薪を検納する官人　↓補5

飯を給え　↓補6

39寮家年料条

置簀　竹で編んだ簀。水がはねないようにたらいなどの上に敷く。

板笥　笥は和名抄によれば「盛レ食器也」とあるので、飯を盛る木製の器のことか。

斗　一斗枡。

升　一升枡。

供御の米粟を収むる舎　↓補7

行幸に供奉する仕丁二人　行幸に際して大炊寮の米を運搬する仕丁か。

中割　九尺の布を縦に割いて半分の幅にして用いることか。内膳式52条参照。

糒十斛　要略二六(寮本・陵本)ニナシ。

請、

凡諸國年料所レ進糯米、寮官檢校勿レ令三他粒雜糅一、又雜穀隨レ到量收、訖即申レ省、

諸司共收糒十斛、

右、毎年干收、諸司檢納、

延喜式卷第卅五

請けよ。

40 凡そ諸国*、年料に進るところの糯米は、寮官検校し、他粒に雑糅《ざつじゅう》せしむることなかれ。また雑穀*は到るに随いて量り収め、訖らばすなわち省に申せ。

41 諸司*ともに収むる糒《ほしいい》十斛。

右、毎年干し収め、諸司検納せよ。

延喜式巻第三十五

40 年料糯米条

諸国年料に進るところの糯米　年料舂米として諸国から進上されてきた糯。民部式下49条参照。

雑穀　職員令42条に「雑穀分給」と見え、同条義解に「皆於㆓此寮㆒収領、更分㆓充諸司㆒、仮令、粟充㆓主水㆒、大豆充㆓大膳㆒之類也」とするが、本式14条に見える大麦・小麦・黍米等、同18・19条に見える大麦・小麦・小豆等もこれに含まれるか。

41 糒条

諸司ともに収むる糒　糒は糯米一石より八斗が得られる(大膳式下18条)。紀略天延三・五・庚子条に「今夜、大炊寮糒御倉、盗人開㆑之、以㆓空車三輛㆒運㆓取之㆒」とあり、また民部式下12条にも「糒庫」が見えている。これらが同じものか不明だが、本条の糒も備蓄を目的にこれらのクラに収納されたとみられる。

延喜式巻第卌六

主殿寮

神廿三座（寮家四座、釜殿三座、松山三座、炭山十三座、）

五色薄絁各五尺、倭文三尺、木綿三斤、麻二斤、鍬五口、酒三斗、飯一斛、米四斗、糯米二斗、大豆四升、鹽一斗五升、鰒、堅魚各一籠、腊三籠、雑鮨一缶、海藻四籠、滓醤二斗、糟四斗、食薦四枚、柏一俵、商布五段、（並用二寮物一、但釜殿神料自二内蔵寮一請之、）

右、春祭料依二前件一、秋祭准レ此、

釋奠料（春秋並同、）

名香二両、（受二蔵人所一、）胡麻油二升、油瓶一口、燈盞八口、（加レ盤、下皆准レ此、）燈炷布二寸、松明七十把、（五十把燎五所料、廿把焼二幣物一料、）

鎮魂料（東宮亦同、）

槾椒油二升四合、燈盞八口、油瓶一口、燈炷布二寸四分、

薗韓神祭料

油二升、油瓶一口、燈盞八口、燈炷布二寸、

賀茂神祭料

釜　底「金」。九・閣ホカニヨリテ改ム。下同ジ。

主殿寮　→補1

1春祭料条

神二十三座　いずれも神名式には見えない。類例としては、野宮の殿部所において新嘗祭に「御竈神一前」が、また、斎宮寮の殿部司において二月・八月に竈・炭竈山・戸・御川池などの神が祭られている。斎宮式29・67条参照。

寮家　平安宮北東部の主殿寮本庁の区画内にあった殿舎(九本延喜式巻第四十二の付図)。

釜殿　→補2

松山・炭山　→補3

寮物　→補4

内蔵寮より請けよ　→補5

2釈奠料条

釈奠の料　→補6

名香　儀式に用いられる香でここでは饋享の際の焼香に用いられる(大唐開元礼)。→補7

蔵人所より受けよ　→補8

延喜式巻第三十六

*主殿《とのも》寮

1 *神二十三座〈*寮家に四座、*釜殿に三座、*松山に三座、*炭山に十三座〉
五色の薄絁《うすぎぬ》各《おのおの》五尺、倭文《しず》三尺、木綿《ゆう》三斤、麻《お》二斤、鍬《くわ》五口《く》、酒三斗、飯《いい》一斛《こく》、米《よね》四斗、糯米《もちよね》二斗、大豆《まめ》四升、塩一斗五升、鰒《あわび》・堅魚《かつお》各一籠、腊《きたい》三籠、雑《くさぐさ》の鮨《すし》一缶《もたい》、海藻《め》四籠、滓醤《かすひしお》二斗、糟《かす》四斗、食薦《すごも》四枚、柏《ひらかしわ》一俵、商布五段〈みな*寮物を用いよ。ただし、釜殿の神の料は*内蔵寮より請《う》けよ〉。

右、春の祭の料は前《さき》の件《くだり》によれ。秋の祭もこれに准《なぞら》えよ。

2 *釈奠《せきてん》の料〈春秋みな同じくせよ〉
*名香二両〈*蔵人所《くろうどどころ》より受けよ〉、*胡麻《ごま》の油二升、*油瓶《あぶらかめ》一口、*燈盞《あぶらつき》八口〈盤《さら》を加えよ。下も皆これに准えよ〉、*燈炷《とうしゅ》の布二寸、*松明《たいまつ》七十把〈五十把は*燎《にわび》五所の料、二十把は*幣物を焼く料〉。

3 *鎮魂《たましずめ》の料〈*東宮もまた同じくせよ〉
*榠椒《ほそき》の油二升四合、燈盞八口、油瓶一口、*燈炷の布二寸四分。

4 *薗《その》・韓神《からかみ》の祭の料
*油二升、油瓶一口、燈盞八口、燈炷の布二寸。

5 *賀茂《かも》の神の祭の料

胡麻の油　→補9
油瓶一口・燈盞八口　→補10
燈炷の布二寸　燈火の芯となる布。→補11
松明　→補12
燎五所の料　饋享は質明より行なわれるため、大学寮廟堂院の庭では五箇所に燎が焚かれた。従って、燎一箇所につき一〇把が用意されていたこととなる。
幣物を焼く料　釈奠の饋享で用いられたものは使い終えると焼却された。大学式14・23条参照。

3鎮魂料条
鎮魂の料　→補13
東宮もまた同じくせよ　東宮の鎮魂祭は新嘗祭の翌日の十一月下の巳(または中の巳)の日、戌の刻よりやはり宮内省で行なわれた(春宮式25条)。
榠椒の油　榠椒は犬山椒ともいい、ミカン科の落葉低木。ここはこの実から採れた油。→補14
燈炷の布二寸四分　燈炷一条の長さが本式2・4・5条よりも四分ほど長い。

4薗韓神祭料条
薗韓神の祭の料　→補15
油二升　四時祭式上9条にも「油二升」とある。

5賀茂祭料条
賀茂の神の祭の料　→補16

油二升、油瓶一口、燈盞八口、燈炷布二寸、續松五十把、

松尾祭料

續松卅把、炭一石、

新嘗會供奉料（中宮准レ此、）

沐槽一隻、（加レ案、）覆絁帷一條、（長八尺、廣三幅、）浴槽二隻、（加レ案、）覆暴布二條、（各長五尺、廣二幅、）下敷調布帷二條、（各二端、）白綿一分、池由加一口、覆一條、（表暴布長四尺、廣二幅、裏絁長四尺、廣二幅、）由加十口、覆十條、（表暴布各長三尺、廣一幅半、裏絁各長三尺、廣一幅半、）板蓋十一枚、圓槽二隻、覆暴布二條、（各長四尺五寸、廣一幅、）椐案一脚、覆暴布一條、（長六尺二寸、廣二幅、）匏十柄、（受二八升一已上、）絁篩六口、（圓篩四口、各四尺、泔篩一口、三尺、油篩一口、一尺、）洗槽布一條、（二尺四寸、）拭布一條、（七尺、）筥一合、龕筥一合、御巾紵布六尺、生絲二兩三分、（一兩三分縫二雜物一料、一兩縫二衣裳一料、）小豆三升、（澡豆料、）土鋺形一口、土唾盤二口、陶鉢三口、叩盆六口、（庭火料、）明櫃二合、麻笥三口、燈樓六具、（各加レ案、）紗四丈八尺、燈臺二基、案三脚、（置二御巾一別脚案一脚、居レ櫃板案一脚、棚案一脚、）油瓶二口、燈盞十四口、（六口忌火料、八口解齋夜料、並別加レ盤、）菲三兩、今木人

石　九「斛」。
八　底「五」。九ニヨリテ改ム。
二　底「一」。考異ニ従イテ改ム。
各　底ナシ。意ニヨリテ補ウ。
半　底ナシ。考異ニ従イテ補ウ。
一　底ナシ。九ニヨリテ補ウ。
廣　底ナシ。考異ニ従イテ補ウ。
圓篩…（分注一九字）　↓校補1

続松　↓補1

6松尾祭料条

松尾の祭の料　↓補2

炭　本式32条に「充二諸司一炭松者、皆令二寮家仕丁焼採一」とある。

7新嘗供奉料条

新嘗会に供奉する料　↓補3

中宮もこれに准えよ　↓補4

沐槽…御巾の紵の布　↓補5

生糸二両三分　↓補6

澡豆の料　小豆を粉末にして作った洗い粉。↓補7

土の鋺形　↓補8

油二升、油瓶一口、燈盞八口、燈炷の布二寸、*続松《ついまつ》五十把。

6 *松尾《まつのお》の祭の料

続松三十把、*炭《あらずみ》一石。

7 *新嘗会《にいなめのえ》に供奉《ぐぶ》する料〈*中宮もこれに准《なぞら》えよ〉

*沐槽《かみあらいふね》一隻〈案《つくえ》を加えよ〉、覆《おおい》の絁《あしぎぬ》の帷《とばり》一条〈長さ八尺、広さ三幅〉、浴槽《ゆあみぶね》二隻〈案を加えよ〉、覆の暴布《さらしぬの》二条〈各《おのおの》長さ五尺、広さ二幅〉、下敷《したじき》の調布の帷二条〈各二端〉、白綿一分、池由加《いけゆか》一口、覆一条〈表の暴布の長さ四尺、広さ二幅、裏の絁の長さ四尺、広さ二幅〉、由加十口、覆十条〈表の暴布各長さ三尺、広さ一幅半、裏の絁各長さ三尺、広さ一幅半〉、板蓋《いたのふた》十一枚、円槽《まろふね》二隻、覆の暴布二条〈各長さ四尺五寸、広さ一幅〉、楉案《しもとづくえ》一脚、覆の暴布一条〈長さ六尺二寸、広さ二幅〉、匏《なりひさご》十柄《え》〈八升已上を受けよ〉、絁の篩《ふるい》六口〈円篩四口は各四尺、泔《ゆする》篩一口は三尺、油篩一口は一尺〉、洗槽《すましぶね》の布一条〈二尺四寸〉、拭布《のごいぬの》一条〈七尺〉、筥《はこ》一合、麁《あら》筥一合、御巾《おんたのごい》の紵《てづくり》の布六尺、*生糸《すずしのいと》二両三分〈一両三分は雑物を縫う料、一両は衣・裳を縫う料〉、小豆三升〈*澡豆《さくつ》の料〉、*土《はに》の鋺形《もいがた》一口、*土の唾盤《つざら》二口、*陶《すえ》の鉢《はち》三口、叩盆《たたいべ》六口〈*庭火の料〉、*明櫃《あかひつ》二合、*麻笥《おけ》三口、燈楼《とうろう》六具〈各案を加えよ〉、紗《うすぎぬ》四丈八尺、燈台《みあかしだい》二基、案三脚〈御巾を置く別脚《あしわけ》の案一脚、櫃を居《す》うる板案《いたづくえ》一脚、棚案《たなづくえ》一脚〉、油瓶二口、燈盞十四口〈六口は*忌火《いみび》の料、八口は*解斎《げさい》の夜の料、みな別《くど》に盤を加えよ〉、*菲《ひ》三両、*今木人《いまきのひと》の

土の唾盤　→補9

陶の鉢　口縁が内側に入り、底がやや尖った須恵器。四時祭式上24条には「陶鉢八口」が見える。

庭火の料　職員令43条には頭の職掌の中に「燎」とあり、義解は「庭燎」とする。宮衛令7条には「凡理門、至レ夜燃レ火、并大器貯レ水、監二察諸出入者一」とある。叩盆は夜間に行なわれる庭火の際に使われたか。

明櫃　白木の櫃。内膳式23条参照。

麻笥　檜の薄板を曲げて桜などの皮でとじ、底板をつけた円筒形の容器。内膳式8〜10・23条には「麻笥盤」が食品を盛るものとして見えるが、ここでは潔斎の際に用いたか。

忌火の料　忌火は鑽火で発火させた清浄な火を指し、内膳司にある神饌を調理する釜の火をいう。新嘗祭の際に更新された(四時祭式上26条)。一方、ここでは、新嘗祭で中和院で照明用に点された燈火を指す(要略二六所引清涼記に「改供二忌火一、行二幸中院一」、江家次第一〇〔新嘗祭〕に「戌剋殿司供二替忌火一」とある)。

解斎の夜の料　新嘗祭・神今食の後、宮内省の解斎所において酒食を供して解斎が行なわれたが、その際に用いられた。

菲三両　三対の藁のくつ。→補10

今木人の女　→補11

女四人衣裳料、調布五端、（各一端一丈五寸、）絁一兩、油三升四合、（一升八合小齋侍從候所三度料、一升六合解齋夜料、）靑摺袍廿二領、（細布二領、調布廿領、踐祚大嘗會加二細布二領一、）請二縫殿寮一、

右、新嘗會料依二前件一、其二度神今食者、並用二件物一、更不レ請レ料、事訖之後充二神祇官一、

正月最勝王經齋會料、油四斗二升、（堂僧房料、）燈炷布一尺五寸、燈盞卌六口、（六口佛供料、卌口僧房料、）炭廿九斛四斗、薪卌九荷、調布二端、（供奉官人一人、史生一人、殿部二人淨衣料、）行事所油三斗六升、

正月修二眞言法一料、油一斛四斗二升五合三勺、（二斗二升二合三勺五大菩薩并十二天料、九斗六升三合佛供并僧沙彌卌二口料、二斗一升僧房料、三升行事所料、）寮家運送、

同月修二大元帥法一料、油一斛四斗五升一合、（八斗六升一合護摩壇供料、三斗四升僧供料、二斗四升僧十五口房料、一升行事所料、）寮家運送、

諸寺年料油

聖神寺四季料、季別三斗五升二合、

法華寺料、月別三斗、（小月減二一升一、）

料　底ナシ。九・閣ホカニヨリテ補ウ。
油　底ナシ。雲ニ従イテ補ウ。
聖神　九頭注「俗名サウサキ」。
料　底ナシ。例ニヨリテ補ウ。

小斎の侍従の候所の三度の料　↓補1
青摺の袍　↓補2
縫殿寮より請けよ　縫殿式7条参照。
その二度の…神祇官に充てよ　↓補3

8御斎会料条

最勝王経の斎会の料　毎年正月八日から十四日まで大極殿（ときに紫宸殿）の御斎会において用いられる供奉の料。玄蕃式1条参照。
堂の僧房の料　↓補4
六口は仏供の料　↓補5
三十口は僧房の料　玄蕃式1条では「僧卌二口」「沙弥卌四口」とある。
炭　↓補6
供奉の官人　主殿寮の四等官。江家次第三（御斎会竟日）の内論議では「主殿寮入レ自二滝口戸一、奉二仕立明一」と見え、史生や殿部を率いた。
浄衣　神事や仏事など清浄を要する際に用いられる衣。

女四人の衣・裳の料の調布五端〈各一端一丈五寸〉、糸一両、油三升四合〈一升八合は*小《お》斎《み》の侍従の候所の三度の料、一升六合は解斎の夜の料〉。*青摺《あおずり》の袍二十二領〈細布《ほそぬの》二領、調布二十領、践祚《せんそ》大嘗会には細布二領を加えよ〉、*縫殿寮より請けよ。

右、新嘗会の料は前の件によれ。*その二度の神今食《かんいまけ》にはみな件の物を用い、更に料を請けざれ。事訖るの後、神祇官に充てよ。

8 正月の*最勝王経《さいしょうおうきょう》の斎会《さいえ》の料、油四斗二升〈*堂の僧房の料〉、燈炷の布一尺五寸、燈盞三十六口〈*六口は仏供《ぶつく》の料、*三十口は僧房の料〉、*炭二十九斛四斗、薪《みかまき》四十九荷、調布二端〈*供奉《ぐぶ》の官人《かんにん》一人・史生一人・殿部《とのもり》二人の*浄衣《じょうえ》の料〉、*行事所の油三斗六升。

9 正月の*真言の法を修する料、油一斛四斗二升五合三勺〈二斗二升二合三勺は*五大菩薩ならびに十二天の料、九斗六升三合は仏供ならびに僧・沙弥《しゃみ》三十二口の料、二斗一升は僧房の料、三升は行事所の料〉、*寮家、運び送れ。

10 同月の*大元帥法《だいげんのほう》を修する料、油一斛四斗五升一合〈八斗六升一合は*護摩壇の供料《くりょう》、三斗四升は僧の供料、二斗四升は僧十五口の房の料、一升は行事所の料〉、寮家、運び送れ。

11 *諸寺の年料の油

*聖神寺《しょうしんじ》の四季の料、季別《ごと》に三斗五升二合。

*法華寺《ほっけじ》の料、月別に三斗〈小の月は一升を減ぜよ〉。

行事所　大極殿の近くに臨時に置かれる担当事務局。太政官式97条、左右衛門式30条参照。

9御修法料条

真言の法を修する料　正月八日から十四日まで、天皇の護持と鎮護国家を祈願して宮中の真言院において行なわれる後七日御修法で用いられる油をいう(玄蕃式2条参照)。→補7

五大菩薩…行事所　→補8

寮家運び送れ　この仏事においては、直接、主殿寮の者が参加しない。この場合には主殿寮が特例で真言院まで運ぶことをいうか。

10大元帥法料条

大元帥法を修する料　毎年正月八日から十四日まで治部省などで行なわれる真言宗の儀式における燃料。玄蕃式3条参照。

護摩壇の供料…行事所の料　→補9

11諸寺年料油条

諸寺の年料の油　寺院には油蔵があり、主殿寮より移された油はこうした場所に一度保管された後、使われたと考えられる。本条では年料とあるが、実際には年料・季料・月料・儀式ごとの料として受け取るなど、名目には多様性がある。

聖神寺　→補10

法華寺　→補11

靈巖寺料、月別三升、小月減㆓一合㆒、
東寺年料、一斛六斗六升五合、一斛六升五合眞言中臺五佛、左方五菩薩、右方五忿怒、從㆓正月㆒迄㆓十二月㆒燈料、三斗春修法料、三斗秋灌頂料、
神護寺燈料、月別三升、小月減㆓一合㆒、
常住寺季料、三斗五升二合、
延暦寺灌頂料、一斗、寮家送之、
嘉祥寺春地藏悔過料、三升、冬料准㆑此、
七箇大寺盂蘭盆料、胡麻油四斗九升、寺別七升、
諸司所㆑請年料
典藥寮、胡麻油四升一合、煎㆓供御地黃㆒料、猪膏二百十三斤十五兩、造㆓供御幷中宮春宮坊御藥㆒及人給料、
大膳職、胡麻油一升二合、供御幷中宮御索餠糖料、
內藏寮、胡麻油二斗八升七合、麻子油二升五合、二升二合伊勢大神宮御鞍二具用途料、六升五合、麻子油二升五合造㆓年料御靴幷絲鞋等㆒料、二斗盛㆓山陵幷所所荷前㆒料、
圖書寮、油三升、二升元日御幷中宮御裝束所燈料、一升奉寫年料新翻仁王經所

五　底「六」。考異ニ従イテ改ム。
盆　底「瓫」。塙・貞ニヨリテ改ム。
二　底「一」。塙ニヨリテ改ム。

靈巖寺　↓補1
東寺　↓補2
真言の中台の五仏・左方の五菩薩・右方の五忿怒　↓補3
春の修法の料　↓補4
秋の灌頂の料　↓補5
神護寺　↓補6
常住寺　↓補7
延暦寺の灌頂の料　↓補8
嘉祥寺　↓補9
地蔵悔過　三月と十月の中旬の夜に行なわれた法会(大蔵式45条、大膳式下11条)で、地蔵菩薩を本尊として供養し、罪を懺悔して招福を願う行事。
七箇の大寺　大膳式下14条に見える東寺・西寺・佐比寺・八坂寺・野寺・出雲寺・聖神寺。宮内式30条参照。
12諸司年料油条
供御の地黄を煎ずる料　↓補10
猪の膏　猪の脂肪で凝固したものを「脂」、溶解したものを「膏」という。↓補

霊巌寺《れいがんじ》の料、月別に三升〈小の月は一合を減ぜよ〉。

東寺の年料、一斛六斗六升五合〈一斛六升五合は真言の中台の五仏・左方の五菩薩《ぼさつ》・右方の五忿怒《ふんぬ》の正月より十二月までの燈《みあかし》の料、三斗は春の修法《すほう》の料、三斗は秋の灌頂《かんじょう》の料〉。

神護寺《じんごじ》の燈の料、月別に三升〈小の月は一合を減ぜよ〉。

常住 寺《じょうじゅうじ》の季料、三斗五升二合。

延暦 寺《えんりやくじ》の灌頂の料、一斗〈寮家送れ〉。

嘉祥寺《かしょうじ》の春の地蔵悔過《けか》の料、三升〈冬の料もこれに准えよ〉。

七箇の大寺の盂蘭盆《うらぼん》の料、胡麻《ごま》の油四斗九升〈寺別に七升〉。

12
諸司請《う》くるところの年料
典薬寮、胡麻の油四升一合〈供御《くご》の地黄《じおう》を煎ずる料〉、猪《い》の膏《あぶら》二百十三斤十五両〈供御ならびに中宮・春宮《とうぐう》坊の御薬を造る、および人給《ひとだまい》の料〉。
大膳職、胡麻の油一升二合〈供御ならびに中宮の御索餅《むぎなわ》・糖《あめ》の料〉。
内蔵寮、胡麻の油二斗八升七合、麻子《おのみ》の油二升五合〈二升二合は伊勢の大神宮の御鞍《みくら》二具の用途の料、六升五合・麻子の油二升五合は年料の御靴ならびに糸鞋《しあい》等を造る料、二斗は山陵ならびに所々の荷前《のさき》に盛る料〉。
図書寮、油三升〈二升は元日の御《おん》ならびに中宮の御装束所の燈《ともし》の料、一升は奉写年料新翻仁王経《にんのうきょう》所

11
人給の料　人給とは人々に与えられる物を意味する。典薬式6条の「猪膏五斤」などはこの一部か。
御索餅糖の料　↓補12
内蔵寮　内蔵式43条の「燈の料の油」参照。
伊勢の大神宮の御鞍二具の用途の料　内蔵式14条に「縫㆓作伊勢大神宮祭鞍二具㆒料」として「油二升二合」と見え、毎年二月に内蔵寮から中務省に請求が出されるとある。
年料の御靴ならびに糸鞋等を造る料　内蔵式46条には靴一両の料として麻油一合とある。また、同式45条より御靴は月別に一両であったことが分かる。
糸鞋　五厘ほどの糸で編まれた鞋。和名抄に「弁色立成云糸鞋〈伊止乃久都、今案俗云之賀伊〉」とある。類例では、西宮記臨時四(沓)には「舞人及諸衛六位着㆑之」、江家次第八(相撲召仰)では相撲長三人がこれを用いることが見える。
山陵ならびに所々の荷前に盛る料　内蔵式22条では「陵十所、墓七所、并多武岑等幣練染用度料」に胡麻油一斗とあるが、本式の量と一致しない。太政官式110条、中務式64条参照。
御装束所　↓補13
奉写年料新翻仁王経所　↓補14

料、

陰陽寮、油一斛五斗九升三合、〈漏刻所料、自㆓三月㆒迄㆓八月㆒六箇月夜別四合、自㆓九月㆒迄㆓二月㆒六箇月夜別五合、〉

兵庫寮、胡麻油六合、〈五合修㆓理甲一百領㆒料、一合造㆓大祓大刀幷伊勢神宮祭鞍㆒料、〉猪膏五合、〈同造㆓大祓大刀幷神宮鞍㆒料、〉猪膏小廿斤、〈造㆓鼓吹生等薬㆒料、〉

隼人司、荏油一斛三斗八升、〈造㆓年料油絁㆒料、〉

内匠寮、油三升五合、〈造㆓年料革筥㆒料、〉猪膏十五斤、〈造㆓雑工等薬㆒料、〉

木工寮、胡麻油一升一合、猪膏五合、〈並造㆓年料雑物㆒料、〉猪膏卅斤、〈造㆓雑工已下仕丁巳上薬㆒料、〉

縫殿寮、油五升、〈御服所幷寮中十二月晦夜料、〉

造酒司、油四升、〈御酒殿十二月晦夜料、〉

左右馬寮、車油三斗八升三合、〈寮別一斗九升一合五勺、〉飼㆓青御馬㆒所料、油二斗六升四合、〈寮別一斗三升二合、〉

季料胡麻油三斗二升、〈寮別一斗六升、〉椶椒油一斗六升、〈寮別八升、〉猪膏六升四合、〈寮別三升二合、〉

乳牛院、油一升、〈十二月晦夜料、〉

一百領　↓校補2

五　内匠式9条「三」。

六升　底「二合」。九ニヨリテ改ム。

漏刻所　陰陽寮内にあったと考えられる水時計を管理する所。↓補1

甲一百領を修理する料　↓補2

大祓の大刀…鞍を造る料　↓補3

鼓吹生らの薬　↓補4

年料の油絁を造る料　↓補5

年料の革筥を造る料　内匠式9条には革筥二〇合を作るためのものに「油三升三合」が見える。漆に混ぜて塗装に用いるが、同式20条には「洗㆑刷料油四合」もあり、こうした用途もあったか。

雑工らの薬を造る料　↓補6

みな年料の雑物を造る料　木工式27条に「油一升一合〈一升塗㆓轆轤軸㆒料、一合瑩㆓大祓刀㆒料〉」「瑩㆓大刀㆒猪膏五合」とある。

雑工已下仕丁巳上の薬　↓補7

縫殿寮　縫殿式16条には「熨炭卅六斛〈請㆓主殿寮㆒〉」とあるが、これについては本式に記載がない。

御服所　装束のことを掌る所。↓補8

寮中の十二月の晦の夜の料　六月・十二月の晦日の御贖物の儀には縫殿寮が用意した御服が用いられたが、そのことと関の料〉。

陰陽寮、油一斛五斗九升三合〈*漏刻《ろこく》所の料、三月より八月までの六箇月は夜別に四合、九月より
二月までの六箇月は夜別に五合〉。

兵庫寮、胡麻の油六合〈五合は*甲《よろい》一百領を修理する料、一合は*大祓《おおはらえ》の大刀《たち》ならびに伊勢の神宮の祭の鞍を造る料〉、猪の膏五合〈同じく大祓の大刀ならびに神宮の鞍を造る料〉、猪の膏小二十斤〈*鼓吹生《くすいしょう》らの薬を造る料〉。

隼人司、荏《え》の油一斛三斗八升〈*年料の油絁《あぶらぎぬ》を造る料〉。

内匠寮、油三升五合〈*年料の革筥《かわばこ》を造る料〉、猪の膏十五斤〈*雑工《ざつく》らの薬を造る料〉。

木工寮、胡麻の油一升一合・猪の膏五合〈*みな年料の雑物を造る料〉、猪の膏三十斤〈*雑工已下《いげ》仕丁已上の薬を造る料〉。

*縫殿寮、油五升〈*御服《みそ》所ならびに*寮中の十二月の晦《つごもり》の夜の料〉。

造酒司、油四升〈*御酒《みき》殿の十二月の晦の夜の料〉。

左右馬寮、*車の油三斗八升三合〈寮別に一斗九升一合五勺〉、*青の御馬を飼う所の料、油二斗六升四合〈寮別に一斗三升二合〉、季料、胡麻の油三斗二升〈寮別に一斗六升〉、*槾椒《ほそき》の油一斗六升〈寮別に八升〉、猪の膏六升四合〈寮別に三升二合〉。

*乳牛院、油一升〈*十二月の晦の夜の料〉。

係するか。縫殿式4条参照。

御酒殿の十二月の晦の夜の料　↓補9

車の油　左右馬式36条に車五両の料として「車油一斗八升」とあり、一致しない。

青の御馬を飼う所　↓補10

槾椒の油　左右馬式35条に馬の薬として季ごとに胡麻油一斗二升五合、槾椒油六升二合五勺、猪脂三升二合五勺が見える。また、同式64条に「槾椒油一升〈塗二馬皮一料、請二主殿寮一〉」とある。

乳牛院　典薬寮の被管官司。典薬別所ともいう。右近馬場の西(現在の京都市上京区北野付近。神道大系本西宮記臨時五〔諸院〕では「左近馬場西」とするが、拾芥抄中〔宮城部〕は「右近馬場西」とする)にあった。職員には別当・乳師・預がいて、山城・丹波(神道大系本西宮記では「丹後」)の蒭や大炊寮の雑穀を飼料として牛を飼育し、天皇・三宮に牛乳を供給した(故実叢書本西宮記八〔諸院〕)。ここでは摂津国東生郡の味原郷にあった牛牧から供給された乳牛が飼われていた(三代格元慶八・九・一符)。

十二月の晦の夜の料　典薬式11条にも「油一升〈十二月晦料〉」とあるが、これは典薬寮が乳牛院の物品として宮内省に請求すると考えられ、よって本条で示された官司名とは、年料の膏油の使用先一覧であることが分かる。

畫所、油五升、

作物所、油三斗、

内侍司、命婦已下女孺已上、十二月晦夜雜給料油六斛五斗、〈二石中宮料、〉

侍從所月料油三升、〈小月二升九合、〉

賀茂齋院料油一斛一斗、〈正月元日節料六斗、四月御祓料五斗、〉

賀茂齋内親王月料二斗一升、〈小月減二七合一、〉

親王并妃、夫人各月別九升、〈小月減二三合一、〉

女御、六升、〈小月減二二合一、〉

親王頓料、六斗、〈下二知名號一之日所レ行、〉

凡諸祭及節會等所レ須油、皆待二印書一出充、〈數各見二本司式一、〉

凡供御料用二胡麻油一、自餘充二雜油一、

凡量二收諸國進中男作物雜油一、中男一人胡麻油七合、荏油五合、海柘榴油三合、麻子油三合、呉桃子油三合、槾椒油五合、猪膏五合、

画所　→補1

作物所　→補2

内侍司　後宮十二司の一つ。天皇に近侍して奏上・勅宣に供奉し、女孺の検校や後宮での儀式などを掌る。→補3

十二月の晦の夜の雑給の料　→補4

侍従所　中務省職員である侍従の詰所で、内裏の東側、建春門の南東、外記庁の南側に位置した。南所ともいう。→補5

賀茂の斎院　賀茂の斎院司。賀茂の斎内親王・斎王が潔斎するため平安京外の紫野（京都市上京区社横町櫟谷七野神社付近か）に置かれた野宮に附属する官司。

正月元日の節の料　斎院式25条には「白米廿斛、糯米四斛、大豆、小豆各二斛、胡麻、粟各一斛〈並請二大炊寮一〉、塩二斛〈請二大膳職一〉、油六斗〈請二主殿寮一〉」とあり、この油は食用のためと考えられる。

四月の御祓の料　四月の中酉日の賀茂祭に先立って行なわれる祓禊の料物。斎院式19条には「油五斗〈禊祭儲幷雑用料〉」とある。

親王ならびに妃夫人　→補6

女御　→補7

頓料　本来は儀式などに臨んで与えられる臨時の料物を指し、頓給・頓給料とも

いう。→補8
名号を下知するの日　→補9
13諸祭節会油条
印書　出給を命ずる主殿寮宛の文書。→補10
数は各本司式に見ゆ　→補11
14供御胡麻油条
供御の料　天皇に供するものは他よりも品質のよいものを使う必要から胡麻油の使用が規定されたか。
15中男作物雑油条
中男作物の雑の油　賦役令1条参照。主計式上4条には胡麻油・麻子油・荏油・槾椒油・海柘榴油・呉桃油・閉美油・猪膏が見える。→補12
胡麻の油　→補13
荏の油　荏胡麻の実を搾って採れる油で、胡麻油の代用とされる。→補14
海柘榴の油　和名抄では海柘榴は椿に同じとし、その実を搾って採れる油をいう。食用や鬢付用として用いられる。主計式上4条にも三合とあり、本条と一致する。
麻子の油　麻の実を搾って採れる油で、食用のほか薬用にも使われるか。→補15
呉桃子の油　→補16
槾椒の油　主計式上4条には五合とあり、本条に一致する。本式3条参照。
猪の膏　本式12条参照。

*画所《えどころ》、油五升。

*作物所《つくもどころ》、油三斗。

*内侍司《ないしのつかさ》、命婦《みょうぶ》已下女孺《にょじゅ》已上の*十二月の晦の夜の雑給の料、油六斛五斗〈二石は中宮の料〉。

*侍従所の月料、油三升〈小の月は二升九合〉。

*賀茂《かも》の斎院の料、油一斛一斗〈*正月元日の節《せち》の料には六斗、*四月の御禊の料には五斗〉。

賀茂の斎内親王《いつきのひめみこ》の月料、二斗一升〈小の月は七合を減ぜよ〉。

*親王ならびに妃《ひ》・夫人《ぶにん》、各《おのおの》月別に九升〈小の月は三合を減ぜよ〉。

*女御《にょうご》、六升〈小の月は二合を減ぜよ〉。

親王の*頓《とん》料、六斗〈*名号を下知するの日、行なうところ〉。

13 凡そ諸《もろもろ》の祭および節会《せちえ》等に須《もち》うるところの油は、皆*印書を待ちて出だし充てよ〈*数は各本司式に見ゆ〉。

14 凡そ*供御の料には胡麻の油を用いよ。自余は雑の油を充てよ。

15 凡そ諸国の進《たてまつ》れる*中男作物の雑の油を量り収めんには、中男一人に*胡麻の油七合、*荏の油五合、*海柘榴《つばき》の油三合、*麻子《おのみ》の油三合、*呉桃子《くるみ》の油三合、*槾椒《ほそき》の油五合、*猪《い》の膏《あぶら》五合。

凡油十斛、別納以爲㆓不動㆒、

凡量㆓収油㆒直丁二人、毎年各給㆓調布衫一領、襷一條、褌一條㆒、

年中所㆑用御薪

湯殿料一百八十荷、御匣殿御洗料七十二荷、御沐料一百八十荷、御脚水料二百卌荷、御炊料七百八荷、儲料二百荷、中宮准㆑此、御贄殿五荷、

御輿一腰綱廿六條料、緋絁四疋四丈六尺、腰輿二丈五尺、心料調布十二端四尺、腰輿一端八尺、帊一條料淺紫綾二丈八尺、表料、緋綾二丈八尺、裏料、壁代帷三條料淺紫綾一疋、表、緋綾一疋、裏、並隨㆑損請、

供奉年料中宮准㆑此、

沐槽一隻、加㆑案、覆絁帷一條、長八尺、廣三幅、浴槽二隻、覆暴布二條、各長五尺、廣二幅、下敷調布帷二條、條別二端、洗牀一脚、覆暴布一條、長六尺、廣二幅、池由加二口、一口湯殿、一口釜殿、覆絁二條、各長五尺、廣二幅、由加廿口、覆廿條、表暴布各長三尺、廣一幅半、裏絁各長三尺、廣一幅半、板蓋廿枚、圓槽一隻、椙案一脚、覆暴布一條、長六尺、廣二

十　底ナシ。閣・梵ホカニヨリテ補ウ。九・藤、底ニ同ジ。

各　底ナシ。意ニヨリテ補ウ。

牀　九「床」。

半　底ナシ。考異ニ従イテ補ウ。

16別納油条

別納　調の油が収納される際、油庫を別にして特別な場合のほかは閉封したか。

不動となせ　不動稲穀・不動粟穀・不動酒などと同じく、非常に備えて備蓄された。

17収油直丁条

油を量り収むる直丁　→補1

調布の衫…褌　→補2

18年中御薪条

御薪　正月十五日、宮内省において官人が薪を進上して、天皇への忠節を表現する儀式、また、その薪をいう。→補3

湯殿の料　→補4

荷　葛籠や樽などを数える単位。多くの場合、二つを一荷として担ぐ(大成筆海重宝記)。

御匣殿の御洗の料　→補5

御沐の料　本式7条および20条では沐槽

16 凡そ油十斛、*別納して以て*不動となせ。

17 凡そ*油を量り収むる直丁《じきちょう》二人に、毎年各*調布の衫《ひとえぎぬ》一領・襷《たすき》一条・襌《ちはや》一条を給え。

18 年中用うるところの*御薪《みかまき》

*湯殿の料、一百八十荷。*御匣殿《みくしげどの》の御洗《みあらい》の料、七十二荷。*御沐《みゆあみ》の料、一百八十荷。*御《み》脚水《あしみず》の料、二百四十荷。*御《み》炊《たき》の料、七百八荷。*儲《もうけ》の料、二百荷〈*中宮もこれに准えよ〉。

*御贄殿《みにえどの》、五荷。

19 *御輿《みこし》一腰の綱二十六条の料、緋《あけ》の絁四疋四丈六尺〈*腰輿《たごし》は二丈五尺〉、*心《なかご》の料の調布十二端四尺〈腰輿は一端八尺〉、帊《おおい》一条の料の浅紫の綾二丈八尺〈表の料〉、緋の綾二丈八尺〈裏の料〉、壁代の帷《とばり》三条の料の浅紫の綾一疋〈表〉、緋の綾一疋〈裏〉、みな損ずるに随いて請《う》けよ。

20 *供奉の年料〈中宮もこれに准えよ〉

*沐槽《かみあらいふね》一隻〈案を加えよ〉、覆の絁の帷一条〈長さ八尺、広さ三幅〉、浴槽《ゆあみぶね》二隻、覆の暴布二条〈各長さ五尺、広さ二幅〉、下敷の調布の帷二条〈条別に二端〉、洗《すまし》の牀《ゆか》一脚、覆の暴布一条〈長さ六尺、広さ二幅〉、池由加二口〈一口は湯殿、一口は釜殿〉、覆の絁二条〈各長さ五尺、広さ二幅〉、由加二十口、覆二十条〈表の暴布各長さ三尺、広さ一幅半、裏の絁各長さ三尺、広さ一幅半〉、板蓋二十枚《ひら》、円槽《まろふね》一隻、椙案《しもとづくえ》一脚、覆の暴布一条〈長さ六尺、広さ二

と浴槽とが書き分けられており、沐槽で使うための湯を沸かす燃料を指すか。

御脚水の料　天皇の足洗い用の湯を沸かす薪であろう。斎宮式66条の殿部所および71条の殿部司に「洗足槽」が見える。湯殿料や御沐料に比べ分量が多いのは足を洗う回数の方が多いためであろう。

御炊の料　天皇の食事を調理するための薪。内膳司に供給されたと考えられる。

儲の料　あらかじめ使途を特定せず準備してある料物をいい、予備の燃料のこと。

中宮もこれに准えよ　→補6

御贄殿　→補7

19御輿条

御輿一腰の綱二十六条の料　→補8

腰輿　職員令43条集解は腰輿を「多許之」と訓じる。輿よりも小型で扱いやすいため、緊急時や近距離に利用される。天皇のほか伊勢斎宮や賀茂斎院でも用いられる。内匠式22条参照。

心の料…壁代の帷三条の料　→補9

20供奉年料条

供奉の年料　主殿寮が天皇に一年間に奉仕する際に使用する料物で、湯沐に関する物品を中心に燈火・清掃等に関わるものを記している。物品は本式7条に類似する。

沐槽…椙案　→補10

匏　本式7条と比べると数量が四倍となっている。
絁の篩　本式7条と比べると、円篩のみ一口多い。同条の「沐槽…御巾の紵の布」参照。
薄絁の篩　絁篩よりも目の粗いものか。
洗槽の暴布　本式7条では「洗槽布一条〈二尺四寸〉」。
打掃の布　→補1
拭布　本式7条には七尺。
筥　本式7条には筥・篚筥ともに一合とある。本条では湯殿・釜殿にそれぞれ置かれたか。
御巾の紵の布　本式7条と同じ。
生糸　本式7条には二両三分。
泔料の白米　泔は洗髪して梳ること、またそのための液体。強飯を蒸した後の粘りのある水を用いる。よって、これは泔を作るための精製した米。内膳式23条参照。
土の唾盤　土師器の唾盤。本式7条では二口。
土の瓫・土の火蓋　本式7条に見えず。
𤭯　和名抄には「佐良介」とあり、浅い甕であるという。顕宗即位前紀の室寿ぎの詞には「於ニ浅甕一醸酒」が見える。
乳の缶　→補2
陶の瓫　土師器の瓫に対して須恵器のカ

幅、匏卅柄、絁篩七口、圓篩五口、各四尺、泔篩一口三尺、油篩一口一尺、薄絁篩三口、各長一丈、洗槽暴布二條、各六尺、打掃布一條、六尺、拭布一條、一丈二尺、筥二合、篚筥二合、御巾紵布六尺、生絲一兩、泔料白米月別二斗、土鋺形一口、土唾盤三口、土瓫八口、土火蓋十口、𤭯三口、覆暴布三條、各二尺、乳缶四口、覆布四條、各一尺、油𤭯二口、随レ損請替、陶瓫八口、箸坩十五口、洗盤三口、鉢二口、叩瓫廿口、明櫃六合、持麻笥廿六口、杓六柄、砥一顆、燈樓料紗二疋二丈四尺、春秋各一疋一丈二尺、油瓶二口、燈盞廿口、燈炷調布十二端三尺六寸、長夜一尺六寸、短夜減ニ三寸一、燈油随ニ夜長短一、従ニ二月一至ニ七月一夜別三升三合、従ニ八月一至ニ正月一夜別三升八合、簀敷調布一條、二丈四尺、洗ニ拭御殿一庸布十段、御川殿巾布二條、別一丈、洗料酒月別五升、糟一斗、篲二百卌把、月別廿把、寮所レ備、稾七百十一圍、御沐料蒋七十二圍、月別六圍、受ニ掃部寮一、
右、起ニ十一月一日一迄ニ來年十月卅日一料、
三年一請、
漆槽二隻、漆大案二脚、覆帷二條、油絁表、生絁裏、各長一丈七尺五寸、漆

幅〉、*瓟《なりひさご》四十柄、*絁の篩《ふるい》七口〈円篩五口は各四尺、泔篩《ゆする》一口は三尺、油篩一口は一尺〉、*薄絁《うすぎぬ》の篩三口〈各長さ一丈〉、*洗槽《すましぶね》の暴布二条〈各六尺〉、*打掃《うちはらい》の布一条〈六尺〉、*拭布《のごいぬの》一条〈一丈二尺〉、*筥《はこ》二合、麁《あら》筥二合、*御巾《おんたのごい》の紵《てづくり》の布六尺、*生糸《すずしのいと》一両、*泔料の白米《しらよね》月別に二斗、土《はに》の鋺形《もいがた》一口、*土の唾盤《つざら》三口、*土の瓮《ほとぎ》八口、*土の火蓋十口、*𤭯《さらけ》三口、覆の暴布三条〈各二尺〉、*乳の缶《もたい》四口、覆の布四条〈各一尺〉、油𤭯二口〈損ずるに随いて請け替えよ〉、*陶《すえ》の瓮八口、*箸の坩《つぼ》十五口、*洗盤《すましざら》三口、*鉢二口、*叩瓮《たたいべ》二十口、*明櫃《あかひつ》六合、*持《もち》麻笥《おけ》二十六口、*杓《ひさご》六柄、*砥《と》一顆《か》、*燈楼《とうろう》の料の紗《うすぎぬ》二疋二丈四尺〈春秋各一疋一丈二尺〉、油瓶《あぶらかめ》二口、燈盞《あぶらつき》二十口、*燈炷《とうしゅ》の調布十二端三尺六寸〈長き夜は一尺六寸、短き夜は三寸を減ぜよ〉、燈油《ともし》は夜の長短に随え〈二月より七月までは夜別に三升三合、八月より正月までは夜別に三升八合〉。*簀《す》敷《しき》の調布一条〈二丈四尺〉、御殿を洗い拭《のご》う庸布十段、御《み》川殿《かわどの》の巾《たのごい》の布二条〈別《じょうごと》に一丈〉、洗《すまし》の料の酒、月別に五升、糟《かす》一斗、箒《ははき》二百四十把〈月別に二十把、寮の備うるところ〉、稾七百十一囲《い》、御沐《みゆあみ》の料の蒋《こも》七十二囲〈月別に六囲、掃部寮より受けよ〉。

右、十一月一日より来年十月三十日までの料。

21三年に一たび請く。

*漆の槽二隻、漆の大案二脚、覆の帷二条〈油絁の表・生絁の裏、各長さ一丈七尺五寸〉、漆

メ。主計式上53条には調として「陶瓮卅三口」が見える。

箸の坩　斎宮式43条に「筯坩」、中務式85条、主計式上2条に「箸壺」。

洗盤　内膳式23条に「磨二御飯一料」「洗二作雑滓漬物一料」などとあり、洗い桶に近いもの。

鉢　金属器・土師器・須恵器のものがあるが、ここでは須恵器のものであろう。主計式上1条には「鉢八口〈受二五升一〉」、同式29条には「水鉢廿五口」と見える。

叩瓮　叩盆・叩戸に同じ。篦で叩きながら作製した土師器で火に掛けて煮炊きをすることに用いられることが多い。本式7条では六口。

明櫃　白木の櫃。本式7条では二合。

持麻笥　運搬用の把手のついた桶で手桶の義か。本式25条には「持麻笥八口、杓八柄」とあり、杓と一体で用いられたらしい。

杓　→補3

砥　刃物を研ぐための石。→補4

燈楼の料の紗　→補5

燈炷の調布　燈火の芯となる布。調布であることから大蔵省から主殿寮に支給されたものであることが分かる。

簀敷の調布…蒋　→補6

21三年一請条

漆の槽…漆の榻　→補7

二尺　底ナシ。九ニヨリテ補ウ。タダシ本文ト合ワズ。
鋤　底「鍋」。九ニヨリテ改ム。
頭　底ナシ。九・閣ホカニヨリテ補ウ。

今木人の衣裳の料　↓補1
韓櫃　脚の付いた唐風の櫃。櫃は物を収納する蓋付きの大型の箱。斎宮式6条、斎院式4条参照。
22寮家年料条
大鉾　↓補2
鉇　木材の表面を削り平らかにする工具。↓補3
故きを返せ　↓補4
鍬　↓補5
等美蓑　監物式5条に「登美蓑八領〈裹レ鑰料、已上並請二内蔵寮一〉」と見える。トミの意は不詳。
藺笠　↓補6
菜を漬くる塩　↓補7
23毎日早朝条
日毎早朝　↓補8
頭僚下を率いて　↓補9
御前　↓補10
24正月元日条

榻二脚、漆匏二柄、絁圓篩二口、〈各長四尺、〉緋絲二銖、覆敷細布單二條、〈各長二丈八尺、〉浴槽下敷曝布帷二條、〈各二端、〉貫簀一枚、調席二枚、今木人衣裳料、曝布卅二端一丈二尺、〈男卅六人各三丈二尺二寸、女四人各四丈三尺、〉生絲一絇二兩、白筥二合、韓櫃三合、

寮家年料

大鉾十九口、鉇二柄、〈已上請二木工寮一返レ故、〉鍬十口、鋤一口、砥一顆、等美蓑廿五領、藺笠廿五枚、漬レ菜鹽一斛二斗、

毎レ日早朝、頭率二僚下一、掃二治御前及宮掖所所一、

正月元日燒レ香史生左右各二人、其禮服者、冠袷袍、〈表緋、裏白、〉下襲袷衣、〈表緋、裏白、〉白袴帶、鼻切履、執二威儀物一殿部左方十一人、一人執二梅杖一、二人紫繖、三人紫蓋、二人菅繖、三人菅蓋一、右准レ此、其裝束各黄帛袷袍一領、〈並一備之後、隨レ破請替、〉五月五日節供奉殿部五人、各紅染曝布二丈一尺、洒レ水今良男十六人、各紺調布二丈一尺、調布袴各一腰、布帶調布四尺五寸、持麻笥八口、杓八柄、〈七月廿五日准レ此、〉

香を焼く史生　↓補11

緋　緋について衣服令4条には四位の礼服が深緋衣、五位は浅緋衣で大祀大嘗元日には服すことが見える。しかし、史生が四位・五位ということはありえず、不審。なお、図書式1条には特に朝賀式での官人の服装規定はない。

鼻切履　浅履の一つ。鼻先の高い履に対して鼻先の低い履をいう。↓補12

威儀の物　朝賀式や即位式・大嘗祭において礼式を立派に見せるための物品。本条では梅杖・紫繖・紫蓋・菅繖・菅蓋を指す。

殿部　↓補13

梅杖　↓補14

紫の繖・紫の蓋

菅の繖・菅の蓋　菅の葉で作られた繖・蓋。儀式二(践祚大嘗祭儀上)には「左右近衛府、左右各騎陣十人、歩陣十人、腰輿在㆓其間㆒、菅蓋紫蓋、次㆑之」とあり、菅の葉で作製した蓋と紫草で染色された蓋とが対を成している。↓補15

25五月五日条

五月五日の節　↓補16

紅染の曝布　小右記治安三・七・十六条には「下人著㆓紅色㆒事可㆓制止㆒歟」とあり、供奉の殿部にのみ許されたものか。

水を洒ぐ今良の男　↓補17

七月二十五日もこれに准えよ　↓補18

の榻《しじ》二脚、漆の匏二柄、絁の円篩二口〈各長さ四尺〉、緋の糸二銖、覆・敷の細布の単《ひとえ》二条〈各長さ二丈八尺〉、浴槽の下敷の曝布の帷二条〈各二端〉、貫簀《ぬきす》一枚、調の席二枚、*今木人《いまきのひと》の衣・裳の料の曝布三十二端一丈二尺〈男三十六人各三丈二尺二寸、女四人各四丈三尺〉、生糸一絢《く》二両、白筥二合、*韓櫃《からびつ》三合。

22　寮家の年料

*大鋒《おおおの》十九口、*鉇《かんな》二柄〈已上、木工寮より請け、*故《ふる》きを返せ〉、*鍬《くわ》十口、鋤《すき》一口、砥一顆、*等美蓑《とみ》二十五領、*藺笠二十五枚、*菜を漬くる塩一斛二斗。

23　*日毎早朝に*頭、*僚下を率いて*御前および宮掖の所々を掃《はわ》き治《はら》えよ。

24　正月元日、*香を焼《た》く史生《ししょう》、左右各二人。その礼服《らいふく》は冠《こうぶり》、袷《あわせ》の袍《ほう》〈表は*緋、裏は白〉、下《した》襲《がさね》の袷衣《あわせぎぬ》〈表は緋、裏は白〉、白袴の帯、*鼻切履《はなぎれぐつ》。*威儀《いぎ》の物を執る*殿部《とのもり》、左方十一人。一人は*梅杖《うめづえ》、二人は*紫の繖《きぬがさ》、三人は*紫の蓋《かさ》、二人は*菅《すげ》の繖、三人は*菅の蓋を執れ。右はこれに准えよ。その装束は各黄の帛の袷の袍一領〈みな一たび備うるの後、破るるに随いて請け替えよ〉。

25　*五月五日の節《せち》に供奉する殿部五人、各*紅《くれない》染《ぞめ》の曝布二丈一尺。*水を洒《そそ》ぐ今良《いままいり》の男十六人、各紺の調布二丈一尺、調布の袴各一腰、布の帯の調布四尺五寸、持麻笥八口、杓八柄〈*七月二十五日もこれに准えよ〉。

一　底ナシ。九ニヨリテ補ウ。
衫　底「袴」。意ニヨリテ改ム。
替　九「換」。

26十二月晦夜条
十二月の晦　↓補1
儺の料　↓補2
紫宸殿ならびに御在所の料　御在所は通常清涼殿を指すことが多いが、もとは仁寿殿が使われていた。紫宸殿と御在所となっている殿舎のみは燈盞ではなく燈台が使われた。
中宮の油　↓補3
追儺の今良　↓補4
衣服　↓補5
桃染の布　桃色に染めた布。↓補6
27晦夜晩頭条
官人　↓補7
晩頭　↓補8
大内の前庭　↓補9
御湯を供奉せよ　四方拝のための沐浴。↓補10
28車駕行幸条
車駕の行幸に供奉　↓補11
紅染の細布の衫　↓補12
紺の調布　五月五日の端午の節会で洒水の今良は紺の調布を用いる（本式25条）。
29燈楼条

十二月晦夜、供二奉内裏幷大極殿、豐樂殿、武德殿一儺料等雜物、槾椒油七斗六升六合、胡麻油四斗、油瓶廿六口、燈盞一千一百六十六口、二百五十三口加レ盤、燈炷調布一丈九尺三寸、燈臺八十基、紫宸殿幷御在所料、中宮油八斗、油坏八百口、盤百卌口、瓶十六口、燈炷布一丈三尺、追儺今良男卅人、女十六人、女五人奉二中宮一、各給二衣服一、表桃染布、裏調布各二丈一尺、女減二五尺一、庸綿二屯、生絲一分、

十二月晦夜、官人當日晩頭率二史生、殿部、今良等一大内前庭東西相分立二燈臺一、各相去八尺、隨卽燃レ燈、于レ時追儺、已畢供二奉御湯一、

車駕行幸供奉殿部十人、各給二紅染細布衫一領、細布帶一條、袴一腰一、今良卅人、各紺調布衫一領、調布帶一條、調布袴一腰、已上隔二三年一請、仕丁十二人、各紺布衫一領、布袴一腰、布帶一條、已上隨レ破請替、

燈樓九具、盤形燈臺三基、並隨レ損請替、

斑幔卅四條、大卅條、小四條、並廿年一請二換內藏寮一、

火炬小子四人、中宮不レ在二此限一、取二山城國葛野郡秦氏子孫堪レ事者一、

26 十*二月の晦《つごもり》の夜、内裏ならびに大極殿《だいごくでん》・豊楽殿《ぶらくでん》・武徳殿《ぶとくでん》に供奉する*儺《な》の料等の雑物。槾椒の油七斗六升六合、胡麻の油四斗、油瓶二十六口、燈盞《あぶらつき》一千一百六十六口〈二百五十三口には盤《さら》を加えよ〉、燈炷《とうしゅ》の調布一丈九尺三寸、燈台《みあかしだい》 八十基〈*紫宸殿《ししいでん》ならびに御在所の料〉。*中宮の油八斗、油坏《あぶらつき》八百口、盤百三十口、瓶十六口、燈炷の布一丈三尺。*追儺《ついな》の今良、男四十人、女十六人〈女五人は中宮に奉《つか》えよ〉、各*衣服を給え。表は*桃染《ももぞめ》の布、裏は調布各二丈一尺〈女は五尺を減ぜよ〉、庸の綿二屯、生糸一分。

27 十二月の晦の夜、*官人《かんにん》、当日の*晩頭に史生・殿部・今良らを率いて、*大内の前庭の東西に相分れて燈台を立て〈各相去ること八尺〉、ただちに燈《あかし》を燃《とも》せ。時に追儺、已に畢りなば*御湯を供奉せよ。

28 *車駕《きょが》の行幸に供奉する殿部十人、各*紅染の細布の衫一領、細布の帯一条、袴一腰を給え。今良三十人、各*紺の調布の衫一領、調布の帯一条、調布の袴一腰〈已上は三年を隔てて請けよ〉、仕丁十二人、各紺の布の衫一領、布の袴一腰、布の帯一条〈已上は破るるに随いて請け替えよ〉。

29 *燈楼九具、*盤形の燈台三基、みな*損ずるに随いて請け替えよ。

30 *斑幔《まだらまく》三十四条〈大三十条、小四条〉、みな二十年に一たび*内蔵寮より請け換えよ。

31 *火炬《ひたき》の小子《わらわ》四人〈*中宮はこの限りにあらず〉、*山城国葛野《かどの》郡の秦《はた》氏の子孫の事に堪うる者

燈楼　→補13

盤形の燈台　本式7条には燈台二基、同26条にも燈台八〇基とあり、同27条には大内前庭に東西二列に立てるとある。しかし、本条のものはそれらと異なり、日常的に屋内で用いるもので、円盤状の台の上に長竿を立て蜘蛛手をつけたものか。内匠式31条には伊勢の初斎院のものとして燈台四基の料が見える。また、類聚雑要抄四は燈台の形状を示し、「高三尺二寸」とする。

損ずるに随いて請け替えよ　斎院式27条では「白木燈炉三具」「燈台十基」を三年ごとに取り替えるとある。

30斑幔条

斑幔　→補14

内蔵寮より請け換えよ　内蔵式29条には元日朝賀のため内蔵寮が主殿寮などとともに錦の幔などを用いて大極殿を飾ったことが見えるものの、本条に相当する条文はない。しかし、本条から斑幔は主殿寮に保管されていたことが分かる。なお、左右近衛式70条でも幕は二〇年ごとに作りかえていたとある。

31火炬条

火炬の小子　→補15

中宮はこの限りにあらず　中宮においては中臣女などが神事に関与するためか。

山城国葛野郡の秦氏の子孫　→補16

爲之、齒及㆓冠婚㆒申㆑省請替、其給㆓時服㆒者、各夏絁一丈七尺六寸、袴料七尺一寸、絲四銖、冬絁三丈五尺二寸、袴料一丈四尺二寸、綿三屯、絲四銖、履一兩、

凡充㆓諸司㆒炭松者、皆令㆓寮家仕丁燒採㆒、其薪者、依㆓內侍宣㆒、以㆑收㆓寮薪㆒充㆑之、

凡今良男一百卌一人、女二百廿六人、並給㆓月粮㆒、男別日黑米二升、鹽二勺、女別減㆓米五合、鹽五撮㆒、但諸司所所之散、不㆑經㆓此寮㆒請之、

延喜式卷第卅六

冬　底「各」。九ニヨリテ改ム。

二　底「六」。考異ニ従イテ改ム。

所所之散　底「所之散」。九ニヨリテ改ム。版本「所所散」三字ニ作ル。

歯冠婚に及ばば　伊勢大神宮の斎王(斎宮式1条)、賀茂大神の斎王(斎院式1条)も未婚に限られた。また、神祇官の座摩の巫は七歳以上の童女を、戸座は七歳以上の童男をあてるが、いずれも婚嫁の際には交替させている(臨時祭式44・46条)。伊勢斎宮寮の炬火については斎宮式80条に「遭㆑喪及長大即替之」とあり、婚時とは明示していないが、これも婚時と考えるべきであろう。

時服　→補1

32諸司炭松条

諸司に充つる炭松　→補2

寮家の仕丁　職員令43条によれば、本寮には直丁二人・駈使丁八〇人の仕丁がいたが、この駈使丁八〇人を指す。

焼き採らしめよ　本式1条には松山三座・炭山一三座が見える。これらは平安京北方の愛宕郡・葛野郡にあったものと考えられ、ここで焼かれた炭や採集され

を取りてなせ。*歯《よわい》、冠婚に及ばば、省に申して請《う》け替えよ。その*時服《じふく》を給わんには、各夏は絁一丈七尺六寸、袴の料七尺一寸、糸四銖。冬は絁三丈五尺二寸、袴の料一丈四尺二寸、綿三屯、糸四銖、履《くつ》一両。

32 凡そ*諸司に充つる炭《あらずみ》・松《まつ》は、皆*寮家の仕丁をして焼き、*採らしめよ。其れ薪《みかまき》は*内侍の宣によりて*寮に収むる薪を以て充てよ。

33 凡そ*今良の男一百四十一人・女二百二十六人、みな*月粮《げつろう》を給え〈男は別《ひとごと》に日に*黒米二升、*塩二勺。女は別に米五合、塩五撮を減ぜよ。ただし、*諸司の所々の散《あら》けんは、この寮を経ずして請けよ〉。

延喜式巻第三十六

た松が本寮に運び込まれて備蓄されていたものと思われる。

内侍の宣　→補3

寮に収むる薪　正月十五日に宮内省で行なわれる御薪の儀の薪を指す。雑令26条によれば長さ七尺、二〇株で一担とする。また、同令27条では、弁官・式部省・宮内省がともに検校して薪は主殿寮に納入・貯蔵させるとある。儀式九(正月十五日於宮内省進御薪儀)には「諸司史生持下二省所二押署一移文上、向二主殿寮一進レ之、巳刻弾正忠并巡察已下主殿寮、検二察御薪一」と見える。太政官式58条、式部式上160条、宮内式40条、弾正式32条参照。

33今良月粮条

今良　→補4

月粮　ここでは今良に支給される一ケ月分の食料。→補5

黒米　精米していない玄米で民部省から支給された。内蔵式54条、民部式下49条参照。

塩　二勺は五分の一合。女の今良は一勺五撮で二〇分の三合。天平十七年(七四五)の木工寮解(古二—四〇一・四六三頁)には仕丁らとともに工部に庸米と塩とが民部省より支給されている。民部式上14条、主計式上2・3条参照。

諸司の所々の散けん　→補6

延喜式卷第卌七

典藥寮

元日御藥、〔中宮准レ此、〕
白散一劑、度嶂散一劑、屠蘇一劑、千瘡萬病膏一劑、供レ藥漆案三脚、〔一脚安二散膏一、一脚安二屠蘇鎗子一、〕〔花足一脚安二酒盞一、〕銀盞一合、銀盤一口、白銅鋺一合、白銅盞子四合、朱漆下食盤八合、〔徑八寸、並收レ寮、〕囊一口、〔長二尺三寸、〕囊緒絲一兩、紙廿張、木綿三分、所レ須人參七兩三分、甘草六兩二分、桂心三分、〔請二內藏寮一、〕白朮二兩三分、大黃一兩二分、附子三兩二分、蜀椒二兩二分、防風三分、烏頭一兩二分、細辛三兩、菝葜二分、干薑一分、麻黃一兩一分、桔梗三兩一分、當歸一兩、大戟二兩、升麻一兩、白芷一兩、芍藥一兩、茵草一兩、黃芩一兩、獨活一兩、蛇含一兩、生地黃五兩、薤白廿莖、〔已上自二寮庫一行之、〕苦酒四升、猪膏十斤、藥篩絹四尺、大筩二合、折櫃二合、炭一石、
右、起二十一月下旬一盡二十二月下旬一、依レ例造備、所レ須雜物、十月十五日申レ省、省申レ官下二符所司一、十一月上旬請備、其雜物數隨レ時增減、造レ藥官人已下使部已上、

白散・度嶂散・屠蘇・盞子　→校補1
漆　底ホカ諸本「染」。塙校注ニ従イテ改ム。以下、本巻ノウチ一々注セズ。
囊一口〈長二尺三寸〉　底空白。版本ニ従イテ補ウ。
張…桂(二〇字)　底空白。版本ニ従イテ補ウ。
大黄・蜀椒・防風・細辛　→校補2
菝　底「抜」。正格ノ用字ニ改ム。以下、本巻ノウチ一々注セズ。
干薑　→校補3
黄芩　→校補4
含　底「啗」。諸本ノ字体、「含」「銜」「啗」ヲ混用ス。「含」ニ統一シテ、以下、本巻ノウチ一々注セズ。
地黄　→校補5
薤　底「黄」。閣・梵ホカニヨリテ改ム。

典薬寮　→補1
1元日御薬条
元日の御薬　→補2
中宮はこれに准えよ　中宮式1条参照。
白散・度嶂散・屠蘇　→補3
千瘡万病膏　西宮記恒例一(供御薬事)によれば、三日に他の御薬を供した後に手に塗る膏薬。→補4
散膏　白散・度嶂散と千瘡万病膏。
鎗子　「鎗」は和名抄に、「漢語抄云、阿

延喜式巻第三十七

*典薬寮

1 *元日の御薬〈*中宮はこれに准《なぞら》えよ〉

*白散《びやくさん》一剤、*度嶂散《どしようさん》一剤、*屠蘇《とそ》一剤、*千瘡万病膏《せんそうまんびようこう》一剤。薬を供《くう》ずる漆の案《つくえ》三脚〈一脚は散*・膏を安《お》き、一脚は屠蘇・*鎗子《そうし》を安き、*花足《けそく》の一脚は酒盞《さかずき》を安く〉、銀《しろがね》の盞《さかずき》一合、銀の盤《さら》一口《く》、白銅の鋺《かなまり》一合、白銅の盞子《さかずき》四合、朱漆の*下食盤《おろしものざら》八合〈径《さしわたし》八寸、みな寮に収めよ〉、*嚢《ふくろ》一口〈長さ二尺三寸〉、嚢の緒《お》の糸一両、紙二十張、木綿《ゆう》三分。須《もち》うるところの*人参《にんじん》七両三分、甘草《かんぞう》六両二分、桂心《けいしん》三分〈*内蔵寮より請《う》けよ〉、白朮《びやくじゆつ》二両三分、大黄《だいおう》一両二分、附子《ぶし》三両二分、蜀椒《しよくしよう》二両二分、防風《ぼうふう》三分、烏頭《うず》一両二分、細辛《さいしん》三両、菝葜《ばつかつ》二分、干薑《かんきよう》一分、麻黄《まおう》一両一分、桔梗《ききよう》三両一分、当帰《とうき》一両、大戟《だいげき》二両、升《しよう》麻《ま》一両、白芷《びやくし》一両、芍薬《しやくやく》一両、茵草《ほうそう》一両、黄芩《おうごん》一両、独活《どつかつ》一両、蛇含《じやがん》一両、生地黄《きじおう》五両、薤白《がいはく》二十茎〈已上、寮庫より行なえ〉、*苦酒《くしゆ》四升、*猪膏《ちよこう》十斤、薬の篩《ふるい》の絹四尺、大笥《おおけ》二合、折櫃《おりびつ》二合、炭《あらずみ》一石。

右、*十一月下旬より十二月下旬まで、例によりて造り備えよ。須うるところの雑物は、十月十五日に省に申せ。省、官に申して符を所司に下し、十一月上旬に請け備えよ。その雑物の数は時に随いて増減せよ。*薬を造る官人《かんにん》已下《げ》*使部《つかいべ》已上に、

之奈倍」とあり、「小鼎也」とある。三足の小型鼎で、酒を入れて暖めるのに使用した。下文によれば、銀製。

花足　案の脚が先端を外に巻いた装飾的なものであることを示す。

下食盤　天皇に供した後の薬酒を入れる盤か。西宮記恒例一(供御薬事)・江家次第一(供御薬)などによれば、蔵人が後取(シンドリ)を務めて残りの薬酒を飲む。

嚢　晦日、屠蘇をこの袋に入れて御井に漬ける。江家次第一(供御薬)によれば、緋色の絹袋。

人参…薤白　元日の御薬の調剤に使われる生薬。↓補5

内蔵寮　↓補6

苦酒　酢の類。和名抄の酢の項に、「陶隠居曰、俗呼為二苦酒一〈今案、鄙語酢為二加良佐介一此類也〉」とある。

猪膏　主殿寮から供給される。主殿式12条参照。膏薬の調合に用いられる。

十一月下旬より　儀式一〇(進御薬儀)に「十一月下旬、内薬司始合二御薬一、廿八箇日畢」とある。なお内薬司は寛平八年(八九六)に典薬寮に併合された(三代格同・十・五符)。儀式次第は、儀式の進御薬式にほぼ一致する。

薬を造る官人…　↓補7

使部　中央官司で雑役に従事した職員。典薬寮には一〇人。式部式上100条参照。

各賜二潔衣一、官人已下薬生已上、人別絁一疋三丈、綿三屯、未選生使部調布一端、綿二屯、限二廿八日一給二酒食一、其元日供二奉御薬一尚薬一人、中宮東宮各典薬一人、女孺五人、采女二人、賜二潔衣一、各絁一疋、綿二屯、其色隨二御生氣一、預移二陰陽寮一、待レ報知之、然後請受、中宮東宮亦同、十二月晦日卯一刻、宮内省幷寮共候二延政門之外一、闈司奏訖、寮官人率二薬生等一、舁二御薬案一、相共入置二庭中版南一、共以レ次退出、省奏訖、更入舁レ案退却、卽付二尚薬一、但屠蘇者、官人將二薬生一、同日午時封漬二御井一、令二主水司守一、元日寅一刻、官人率二薬生一、就レ井出レ薬、卽省輔一人幷寮官人等、持レ薬共入進置、卽用二銀鎗子一煖レ酒漬二屠蘇一、造酒供レ酒、主殿設二火爐一、尚薬執二御盞一、率二女孺一昇レ殿、令二薬司童女殿上所レ定、先嘗一、然後供レ御、次白散、度嶂散、三朝而畢、中宮東宮准レ此、卽賜レ祿五位襖子、允、屬、侍醫、女醫博士各綿一連、史生幷薬生十七人各綿三屯、尚薬及女孺六人各綿五屯、

生　底「王」。閣・梵ホカニヨリテ改ム。

疋　底「延」。閣・梵ホカニヨリテ改ム。

舁　底「擧」。塙ニヨリテ改ム。下同ジ。

漬　底ナシ。儀式一〇ニヨリテ補ウ。

所　底「平」。儀式一〇ニヨリテ改ム。

潔衣　儀式の際に着用する清浄な衣。冬用なので綿入であった。

薬生　本来内薬司に所属し、「擣二篩諸薬一」を掌った(職員令11条)。定員は一〇人。式部式上192条参照。

未選生　未選の薬生。未選は考選の対象にならない身分状態を示す(野村忠夫「『未選』の定義をめぐって」〈坂本太郎博士古稀記念会編『続日本古代史論集』中所収、一九七二年〉)。

尚薬　後宮十二司の一つ薬司の長官で、「供二奉医薬一」を掌り、定員は一人(後宮職員令7条、中務式77条)。

典薬　後宮十二司の一つ薬司の次官で、定員は二人(後宮職員令7条)。中宮式1条、春宮式1条参照。

女孺　下級の女官。弘仁・貞観の内薬式では、元日御薬に際し、「女孺五人」が潔衣を賜わっている(延喜式覆奏短尺奏(1)項)。

采女　下級の女官。後宮では水司・膳司に配属され、儀式の陪膳を務めた。

各《おのおの》*潔衣《きよまわりぎぬ》を賜え〈官人已下*薬生《やくしょう》已上には人別《ごと》に絁《あしぎぬ》一疋三丈、綿《わた》三屯、*未選生《みせんしょう》・使部には調布一端、綿二屯〉。二十八日を限りて酒食を給え。其れ元日に御薬に供奉せる*尚薬一人〈中宮・東宮は各*典薬一人〉、*女孺《にょじゅ》五人、*采女《うねめ》二人に潔衣を賜え。各絁一疋、綿二屯〈その色は*御生気《みしょうげ》に随え。預め*陰陽寮に移《い》し、報を待ちて知り、然る後に請《こ》い受けよ。中宮・東宮もまた同じくせよ〉。十二月の晦日《つごもり》の卯《う》の一刻、宮内省ならびに寮はともに*延政門《えんせいもん》の外に候せよ。*闈司《みかどのつかさ》奏し訖らば、寮の官人、薬生らを率いて御薬の案を舁《か》き、相ともに入りて庭中の版《へん》の南に置き、ともに次《ついで》を以て退出《まか》れ。*省奏し訖らば、更《あらた》めて入りて案を舁きて退却《しりぞ》き、すなわち尚薬に付《さず》けよ。*ただし屠蘇は、官人、薬生を将《ひき》い、同日午《うま》の時に封じて*御井《みい》に漬《つ》け、主水司をして守らしめよ。元日の寅《とら》の一刻、官人、薬生を率い、井に就きて薬を出だし、すなわち省の輔《すけ》一人ならびに寮の官人ら、薬を持ちてともに入り、進みて置け。すなわち銀の鎗子を用いて酒を煖《あたた》め、屠蘇を漬けよ〈造酒、酒を供え、主殿、*火炉《かろ》を設けよ〉。尚薬は御盞を執り、女孺を率いて殿に昇り、*薬司《くすりのつかさ》の童女《どうにょ》〈殿上の定むるところ〉をして先ず嘗《な》めしめ、然る後に御《おん》に供《くう》ぜよ。次に白散、度嶂散。三朝にして畢れ〈中宮・東宮もこれに准えよ〉。すなわち禄を賜うこと、五位には*襖子《あおし》、允《じょう》・属《さかん》・*侍医・*女医博士には各綿一連、史生ならびに薬生十七人には各綿三屯、尚薬および女孺六人には各綿五屯。

御生気　→補1
陰陽寮に移し　移は平行文書の書式。典薬寮からの移を受けて、陰陽寮は御生気の方角・色を勘申し、十二月上旬に奏上する。陰陽式14条参照。
延政門　内裏内郭東面南の門。
闈司　後宮十二司の一つ。内裏宮門の鍵の出納を掌る。
省奏し訖らば　省は宮内省。宮内式34条によれば、省の輔以上が「宮内省申久、典薬寮能供奉礼留元日御薬、臘御薬、人給白散、又殖薬様進登申」と奏す。
ただし屠蘇は…　屠蘇は晦日に井に漬けるという約束事があった。
御井　宮城図によれば、豊楽院の西、典薬寮の南隣に「御井町」があった。西宮記恒例一（供御薬事）・江家次第一（供御薬）などにも「豊楽院西、典薬寮巽」とある。主水式1・30条参照。
火炉　火鉢。和名抄には「火所居也」とあり、ヒタキと訓む。
薬司の童女　→補2
襖子　冬用の綿入りの袷。
侍医　天皇・中宮の診療に供奉する医師。もと内薬司に所属し定員は四人（職員令11条）。寛平八年（八九六）内薬司の典薬寮併合に伴い、典薬寮に配属（三代格同・十・五符）。
女医博士　→補3

臘月御藥

犀角丸六劑、芍藥丸三劑、溫白丸四劑、千瘡萬病膏一劑、升麻膏二劑、耆婆膏一劑、調仲丸二劑、芒消黑丸一劑、豉丸一劑、供レ藥漆案四脚、小韓櫃四合、中取案四脚、〈並漆塗、収二寮家一〉所レ須犀角一斤三兩二分、甘草七兩二分、巴豆十一兩一分三銖、桂心四兩、薰陸香一兩二分、楓香一兩二分、蜜小二斗五升七合、〈已上並受二内藏寮一〉升麻十兩二分、黄芩一斤五兩、當歸七兩、防風六兩、麻黄六兩、人參八兩、黄耆六兩、支子人九兩、干藍六兩、防葵四兩、黄連十兩、芍藥九兩三分、亭歴子九兩、杏人十二兩、茈胡八兩、大黄二斤十五兩二分、烏頭十兩、紫菀二兩、吳茱萸二兩、菖蒲二兩、厚朴二兩、桔梗二兩、皂莢二兩、茯苓六兩、干薑二兩、蜀椒三兩、前胡二兩、麻子六兩、龍骨一兩二分、鼈甲四兩、䗪蟲六十枚、枳實八兩、細辛三兩、芒消一斤二兩、栝樓根一兩、龍膽一兩、苦參一兩、豉六兩二分、大戟二兩、茵草一兩、芎藭一兩、獨活一兩、蛇含七兩、附子一兩、生地黄五兩、薤白廿莖、白蘞六兩二分、漏蘆四兩、連翹四兩、蒴藋八兩、松脂一兩二分、白薇二兩二分、青木香三兩、〈已上自二寮庫一行之、〉猪膏一斤十兩三分、酒、酢各五升、油絁二丈、絁一丈、紗二尺、綿一斤、調布三丈、安藝木綿大四兩、紙卌張、陶椀三合、壺三合、盤三口、筥坏十合、洗盤三口、叩盆二

犀角丸　↓校補6

芍藥丸　↓校補7

調仲丸　↓校補8

芒消黑丸　↓校補9

豉丸　↓校補10

菖蒲　底ホカ諸本「昌蒱」。通用ノ文字ニ改ム。以下、本巻ノウチ一々注セズ。

茯　底「伏」。通用ノ文字ナレド、正格ノ用字ニ改ム。以下、本巻ノウチ一々注セズ。

骨　底「膏」。下文・本草和名ニヨリテ改ム。

䗪　底「塵」。諸本異ナルコトナシト雖モ、薬種ニコノ名ナシ。考異ニ従イ、本草和名ニヨリテ改ム。

2臘月御薬条

臘月の御薬　臘月とは十二月のこと。十二月に調合する翌年の天皇の年料常備薬。↓補1

犀角丸　医心方一五(治癰疽未膿方)に広済方の処方が載る。犀角・升麻・大黄・黄芩・防風・当帰・黄耆・支子人・干薑・黄連・人参・甘草・巴豆を使用する。悪性のできものの治療薬。和名抄の丸薬の項に見え、唐末の四時纂要にも十二月に調合することが見える。

芍薬丸　外台秘要七(心腹脹満及鼓脹方)

に広済方の処方が載る。芍薬・当帰・白朮・鼈甲・乾薑・人参などを使用する。散薬(芍〈夕〉薬散)は医心方一五(治久疽方)に載る。悪性のできものの治療薬。

温白丸　医心方一〇(治癥瘕方)に新録方の処方が載る。紫菀・呉茱萸・菖蒲・厚朴・桔梗・皂莢・烏頭・茯苓・桂心・干薑・黄連・蜀椒・巴豆・人参・茈胡を使用する。腹中のしこりの治療薬。四時纂要にも十二月に調合することが見える。

千瘡万病膏　本式1条参照。

升麻膏　医心方一七(治丹毒瘡方)に載る。升麻・黄芩・支子・白蘞・漏蘆・枳実・連翹・蒴藋・芒消・蛇含を使用する。丹やその他諸々の毒や熱による傷の治療薬。和名抄の膏薬の項に見え、「治二丹腫一」とある。

耆婆膏・調仲丸・芒消黒丸　→補2

豉丸　外台秘要七(寒疝腹痛方)に集験方の「香豉丸」が、また同九(積年久欬方)に数種の「香豉丸」が見える。

中取の案　物を載せて運ぶための横長の机。木工式7条参照。

犀角…青木香　臘月の御薬の調剤に使用される生薬。→補3

安芸の木綿　賦役令1条に調副物として「安芸木綿」が見え、安芸の特産であったらしい。主計式上56条に、安芸国の中男作物として木綿が見える。

2 *臘月《ろうげつ》の御薬

*犀角丸《さいかくがん》六剤、*芍薬丸《しやくやくがん》三剤、*温白丸《おんぱくがん》四剤、*千瘡万病膏一剤、*升麻膏《しようまこう》二剤、*耆婆膏《ぎばこう》一剤、*調仲丸《ちようちゆうがん》二剤、*芒消黒丸《ぼうしようこくがん》一剤、*豉丸《しがん》一剤。薬を供ずる漆の案四脚、小韓櫃《こからびつ》四合、*中取《なかとり》の案四脚〈みな漆塗。寮家に収めよ〉。須うるところの*犀角一斤三両二分、甘草七両二分、巴豆《はず》十一両一分三銖、桂心四両、薫陸香《くんろくこう》一両二分、楓香《ふうこう》一両二分、蜜《みつ》小二斗五升七合〈已上はみな内蔵寮より受けよ〉、升麻十両二分、黄芩一斤五両、当帰七両、防風六両、麻黄六両、人参八両、黄耆《おうぎ》六両、支子人《ししにん》九両、干藍《かんらん》六両、防葵《ぼうき》四両、黄連《おうれん》十両、芍薬九両三分、亭歴子《ていれきし》九両、杏人《きようにん》十二両、茈胡《さいこ》八両、大黄二斤十五両二分、烏頭十両、紫菀《しおん》二両、呉茱萸《ごしゆゆ》二両、菖蒲《しようぶ》二両、厚朴《こうぼく》二両、桔梗二両、皂莢《そうきよう》二両、茯《ぶく》苓《りよう》六両、干薑二両、蜀椒三両、前胡《ぜんこ》二両、麻子《まし》六両、竜骨《りゆうこつ》一両二分、鼈甲《べつこう》四両、䗪虫《しやちゆう》六十枚《ひら》、枳実《きじつ》八両、細辛三両、芒消《ぼうしよう》一斤二両、栝楼根《かろうこん》一両、竜胆《りゆうたん》一両、苦参《くじん》一両、豉《し》六両二分、大戟二両、茵草一両、芎藭《きゆうきゆう》一両、独活一両、蛇含七両、附子一両、生地黄五両、薤白二十茎、白蘞《びやくれん》六両二分、漏蘆《ろうろ》四両、連翹《れんぎよう》四両、蒴藋《そくず》八両、松脂《しようし》一両二分、白薇《びやくび》二両二分、青木香《せいもつこう》三両〈已上は寮庫より行なえ〉、猪膏一斤十両三分、酒・酢各五升、油絁《あぶらぎぬ》二丈、絁一丈、紗《うすぎぬ》二尺、綿一斤、調布三丈、*安芸の木綿《ゆう》大四両、紙四十張、陶《すえ》の椀《まり》三合、壺三合、盤三口《く》、筥坏《はこつき》十合、洗盤《すましざら》三口、叩盆《たたいべ》二

長席四枚長薦四枚　掃部式66条「長席四枚折薦四枚苫二枚」。
牡　底「杜」。閣・梵ホカニヨリテ改ム。

中宮ならびに雑給の薬　本式3・6条参照。
御斎会所　御斎会については図書式3条、玄蕃式1条参照。正月八日から十四日まで御斎会所において加持を加える。

3中宮臘月御薬条

中宮の臘月の御薬　十二月(臘月)に調合される中宮の年料常備薬。
四味理仲丸　理中丸とも。医心方一一(治霍乱方)に載る。理仲丸・散・湯薬は著名な霍乱の治療薬で、各種の処方がある。和名抄の丸薬の項にも見え、「治二霍乱下痢一」とある。人参・甘草・干薑・白朮の四種の薬物を調合したものが四味理仲丸で、医心方には録験方の処方が載る。平城宮出土木簡に「七気丸」とともに見える「離中丸」はこれを指すか(木研20)。
七気丸　↓補1
八味理仲丸　霍乱の治療薬。八種の薬物を調合する理仲丸であろうが、具体的な処方は不明。医心方一一(治霍乱方)には四種あるいは七種の薬物による理中(仲)丸の処方が載る。

口、麻笥盤二口、水麻笥二口、杓二柄、大笥二合、匏一柄、折櫃二合、炭二石五斗、砥一顆、長席四枚、長薦四枚、通二用中宮并雜給藥一、

右、與二元日御藥一共造備、晦日奏進、其用途雜物、同在二元日料内一、但件御藥、八日更受送二於八省御齋會所一、十四日返貢、

中宮臘月御藥

四味理仲丸、七氣丸、八味理仲丸、干薑丸、烏梅丸、呉茱萸丸、當歸丸、芍藥丸、神明膏、大萬病膏、千瘡萬病膏、枕仲膏、耆婆膏、賊風膏各一劑、所レ須人參八兩三分、甘草八兩三分、桂心三兩、薫陸香一兩二分、楓香一兩二分、干薑九兩一分、白朮十一兩、大黄十二兩二分、蜀椒十四兩三分、半夏三分、亭歴子二兩、桔梗三分、細辛五兩三分、呉茱萸一斤一兩三分、菖蒲三分、茯苓二兩一分、芎藭七兩三分、紫菀三分、石膏三分、桃人三分、烏頭七兩一分、小麥二兩、杏人四兩、豉二兩、黄連一兩、黄蘗一兩、黄芩五兩二分、熟艾四兩、烏梅廿枚、枳實一兩一分、當歸五兩、白芷十三兩二分、前胡十三兩二分、附子一斤四兩二分、連翹三兩、蘆茹二兩、白蘝四兩二分、蒴藋二兩、商陸二兩、茵草一斤三兩、升麻一兩二分、黄耆二兩、茈胡二兩、地楡二兩、牡丹二兩、大戟三兩二分、芍藥六兩三分、玄

口、麻笥盤《おけざら》二口、水麻笥《みずおけ》二口、杓《ひさご》二柄《え》、大笥二合、匏《なりひさご》一柄、折櫃二合、炭二石五斗、砥《と》一顆《か》、長席《ながむしろ》四枚、長薦《ながこも》四枚〈*中宮ならびに雑給の薬に通わし用いよ〉。

右、元日の御薬とともに造り備え、晦日に奏《もう》し進《たてまつ》れ。その用途の雑物は、同じく元日の料の内にあり。ただし件《くだり》の御薬は、八日に更《あらた》めて受けて八省の*御斎会《ごさいえ》所に送り、十四日に返し貢せよ。

3
*中宮の臘月の御薬

*四味《しみ》理仲丸《りちゆうがん》、*七気《しちき》丸《がん》、*八味理仲丸、*干薑丸《かんきようがん》、*烏梅丸《うばいがん》、*呉茱萸丸《ごしゆゆがん》、*当帰丸《とうきがん》、*芍薬丸、*神明膏《しんみようこう》、*大万病膏、*千瘡万病膏《せんそうまんびようこう》、*枕仲膏《ちんちゆうこう》、*耆婆膏、*賊風膏《ぞくふうこう》各一剤。須《もち》うるところの人参《にんじん》八両三分、甘草《かんぞう》八両三分、桂心《けいしん》三両、薫陸香一両二分、楓香一両二分、干薑《かんきよう》九両一分、白朮《びやくじゆつ》十一両、大黄《だいおう》十二両二分、蜀椒《しよくしよう》十四両三分、*半夏《はんげ》三分、亭歴子二両、桔梗《ききよう》三分、細辛《さいしん》五両三分、呉茱萸一斤一両三分、菖蒲三分、茯苓二両一分、芎藭七両三分、紫菀三分、石膏《せつこう》三分、桃人《とうにん》三分、烏頭《うず》七両一分、小麦《しようばく》二両、杏人四両、豉二両、黄連一両、黄蘗《おうばく》一両、黄芩《おうごん》五両二分、熟艾《じゆくがい》四両、烏梅《うばい》二十枚、枳実一両一分、当帰《とうき》五両、白芷《びやくし》十三両二分、前胡十三両二分、附子《ぶし》一斤四両二分、連翹三両、蘆茹《ろじよ》二両、白蘞四両二分、蒴藋二両、商陸《しようりく》二両、茵草《ほうそう》一斤三両、升麻《しようま》一両二分、黄耆二両、茈胡二両、地楡《ちゆ》二両、牡丹《ぼたん》二両、大戟《だいげき》三両二分、芍薬《しやくやく》六両三分、玄《げん》

干薑丸　医心方九（治胃反吐食方）に効験方の処方が載る。呉茱萸・小麦・杏人・干薑・好豉・蜀椒を調合する。胃もたれ・吐き気の治療薬。正倉院文書の小野大庭啓に見える（古一八—二〇八頁）。
烏梅丸・呉茱萸丸・当帰丸　→補2
芍薬丸　本式2条参照。
神明膏　外台秘要一九（雑療脚気方）では脚気の治療薬として見えるが、医心方では五（治目赤爛眥方）に録験方の処方（蜀椒・呉茱萸・朮・芎藭・当帰・附子・白芷・桂・苦酒・猪脂を使用）が載る。飛鳥池遺跡出土木簡（『飛鳥藤原京木簡』一—一九三九、二〇〇七年）や平城宮出土の墨書土器に見え（『平城宮出土墨書土器集成』2、一九八九年）、天平十一年度伊豆国正税帳にも見える（古二—一九七頁）。
大万病膏　処方は不明。
千瘡万病膏　本式1条参照。
枕仲膏　和名抄の膏薬の項に見える。丸薬（枕中丸）は医心方一三（治虚労尿精方）に石斛・巴戟天・桑螵蛸・杜仲を使用する録験方の処方が載る。
耆婆膏　本式2条参照。
賊風膏　賊風は中風の一種。外台秘要一四（賊風方）に処方が各種載る。和名抄の膏薬の項に見える。
半夏…玄参　中宮の臘月の御薬の調剤に使用される生薬。→補3

參一兩三分、白頭公一兩二分、支子二分、蛇含一兩、獨活一兩、生地黃五兩、薤白廿莖、松脂一兩二分、龍骨一兩二分、青木香三兩、白薇二兩二分、躑躅花三兩、甘葛煎小一斗一升一合、猪膏五斤、油絹一丈三尺、絹一丈、綿一屯、調布三丈、安藝木綿大三兩、紙卌張、陶壺六合、同埦二合、盤二口、筥杯十合、叩瓮二口、大笥二合、折櫃三合、酒、酢各五升、炭二斛五斗、

東宮白散一劑、度嶂散一劑、屠蘇一劑、並盛同レ上、七氣丸二劑、四味理仲丸四劑、供レ藥漆案二脚、一脚安二屠蘇一、一脚安二白散一、白銅鋺三口、鑾繪下食盤四口、緋囊一口、長二尺、囊緒絲一兩、紙十張、木綿二分、所レ須人參九兩二分、甘草九兩二分、桂心三分、干薑九兩三分、白朮十兩三分、大黃五兩二分、附子二兩二分、桔梗四兩三分、蜀椒三兩一分、防風三兩、菝葜二分、烏頭四兩、細辛三兩三分、麻黃一兩一分、半夏一兩二分、呉茱萸一兩二分、菖蒲一兩二分、茯苓一兩二分、芎藭一兩二分、紫菀一兩二分、石膏一兩二分、茈胡一兩二分、桃人一兩二分、油絁七尺、折櫃二合、餘器通二用御藥一、

右、料理供進依二上例一、但寮頭已下醫生以上共執入進、

ロ　底「枝」。上文ノ例ニヨリテ改ム。

甘葛の煎　甘味料。宮内式45条および大膳式下54条に甘葛の煎を貢進する国が規定されている。

陶の壺六合　神明膏・大万病膏・千瘡万病膏・枕仲膏・耆婆膏・賊風膏各一剤を入れる壺であろう。平城宮跡から出土した墨書土器に「神明膏」や「□仲膏」と記したものがあり(『平城宮出土墨書土器集成』2、一九八九年)、紫香楽宮跡とされる宮町遺跡からは「万病膏」の膏薬名を記した墨書土器が出土している(『宮町遺跡発掘調査報告』I、一九八九年)。いずれも須恵器(杯・蓋など)であり、これらの膏薬を入れたものであろう。

4東宮御薬条

東宮　春宮式1・26・52条参照。→補1

白散・度嶂散・屠蘇　本式1条参照。

七気丸・四味理仲丸　本式3条参照。→補2

参《じん》一両三分、白頭公《はくとうこう》一両二分、支子《しし》二分、蛇含《じやがん》一両、独活《どつかつ》一両、生地黄《きじおう》五両、薤白《がいはく》二十茎、松脂一両二分、竜骨一両二分、青木香三両、白薇二両二分、躑躅花《てきちよくか》三両、*甘葛《あまずら》の煎《いろり》小一斗一升一合、猪膏《ちよこう》五斤、油絹一丈三尺、絹一丈、綿一屯、調布三丈、安芸の木綿大三両、紙四十張、*陶の壺六合、同じき埦《まり》二合、盤二口、筥杯十合、叩《たたい》瓫《べ》二口、大筥二合、折櫃三合、酒・酢各五升、炭二斛五斗。

4 *東宮、*白散《びやくさん》一剤、*度嶂散《どしようさん》一剤、*屠蘇《とそ》一剤〈みな盛《も》ること上に同じくせよ〉、*七気丸二剤、*四味理仲丸四剤。薬を供ずる漆の案二脚〈一脚は屠蘇を安《お》き、一脚は白散を安く〉、白銅の鋺《かなまり》三口、*蛮絵《ばんえ》の下食盤《おろしものざら》四口、*緋《あけ》の嚢《ふくろ》一口〈長さ二尺〉、嚢の緒の糸一両、紙十張、木綿二分。*須うるところの人参九両二分、甘草九両二分、桂心三分、干薑九両三分、白朮十両三分、大黄五両二分、附子二両二分、桔梗四両三分、蜀椒三両一分、防風《ぼうふう》三両、菝葜《ばつかつ》二分、烏頭四両、細辛三両三分、麻黄《まおう》一両一分、半夏一両二分、呉茱萸一両二分、菖蒲一両二分、茯苓一両二分、芎藭一両二分、紫菀一両二分、石膏一両二分、茈胡一両二分、桃人一両二分、油絁七尺、折櫃二合〈余の器は御薬に通わし用いよ〉。

右、*料理《つく》りて供進《ぐしん》すること*上の例によれ。ただし寮の頭《かみ》已下医生以上、ともに執り、入りて進《たてまつ》れ。

蛮絵　文献通考に「円花獅蛮也」とある。袍や調度につける文様で、禁秘抄上（朝餉）に「御調度等、近代蒔二蛮絵一、又以二白薄一押二蛮絵一」とある。獅子や鳥獣・草花などを円形に表現した模様。

緋の嚢　屠蘇を入れて井に漬ける袋。

須うるところの…　本条の薬の調剤に使用される生薬。いずれも既出。

料理りて　生薬を加工・調合して。職制律12条の「料理簡択」の疏に「料理、謂、応二熬削洗漬一之類」とあるように、生薬を熬ったり削ったり洗ったり漬けたりすることをいう。延喜式覆奏短尺草(31)項に春宮式52条「十二月四日、造二年中薬一料草薬、受二典薬寮一」について、「不レ載二寮式一、又此式無二薬種一、頗似二荒涼一、加以、年中薬彼寮若可二造行一歟、雖レ受二其薬一、坊何造合乎、況春宮坊勘二申不レ受之由一、然則可レ除歟」とある。「年中薬」はその料を十二月（臘月）に請求していることからも、年料常備薬であり、本条の七気丸・四味理中丸を指すと考えられる。「寮式」に対応するのは本条であり、本条に「草薬」の「薬種」が載せられ、かつ典薬寮が薬の調合を行なうことが明記されているため、春宮式52条は削除されなかったのであろう。

上の例　天皇・中宮の元日御薬・臘月御薬の例。春宮式1条参照。

子　考異、コノ下ニ「料」字ヲ補ウベシトナス。
木　底、コノ下「上」字アリ。衍ト見テ削ル。
菴　底「奄」。「奄」ハ「菴」ノ本字。医書等ニ通用ノ文字ニ改ム。
案　底「安」。閣・梵ホカニヨリテ改ム。

5白散条

元日の料の白散　↓補1

四百十五剤　↓補2

医針生　典薬寮の医生と針生。定員は医生四〇人、針生二〇人で、医博士・針博士のもとで医療を学んだ(職員令44条)。式部式上188条参照。

標題　調合した薬はその名称・用法を題書することになっていた。御薬の場合であるが、職制律12条によれば「薬遅駃冷熱之類」を注する(名例律6条も参照)。

裏紙五百三張　下文でも白散を挟む木は五〇三枚とあって一致する。前掲「四百十五剤」参照。

附子を炮る　医心方一四(避傷寒病方)の処方では「搗篩」としかないが、外台秘要四(避温方)所引の千金翼方の処方には附子を「炮」とあり、炮って皮を取り去って、搗き篩ったらしい。

村　檜榑に用いられる単位。内匠式8条

毎年十二月、造二元日料白散四百十五劑一、令三醫針生裏帖并書二標題一、其料絹篩二口、別二尺五寸、裏紙五百三張、以二一張一充二一升一、木綿大二斤五兩、漬二附子一料酢八斗二升六合、以二一合一漬二一兩一、炮二附子一炭八斗二升六合、以二一合一炮二一兩一、削刀子四枚、檜榑五村、挾レ散木五百三枚料、長各六尺已下五尺已上、五百三枚、長各一尺五寸、預申レ省請受、但隨二人數一、毎レ年增減、晦日、白散様五斗、進二内裏一紙五十張、盛二漆小韓櫃一、置二白木高案一、同日、供二殖藥様廿五種一、麻黄、丹參、地黄、黄芩、菴閭、萱草、麥門冬、天門冬、瞿麥、黄菊、枸杞、蛇含、地楡、紫苑、薤白、赤小豆、百合、芎藭、大黄、商陸、大蒜、山茱萸、吳茱萸、烏梅、桃人各四兩、其調度同レ上、並省輔已下寮頭已下、案別六人、醫生在レ此中一、下條昇二菖蒲案一亦同、共執入進、訖退出、輔留奏之、詞見二省式一、奏二中宮東宮一白散准レ此、寮頭已下醫生已上共執入進、人數如レ上、是日給二五位已上白散一、中務、式部、兵部等省預送二歷名一、親王已下二位已上各三升、三位二升、四位一升、五位五合、

雜給料

参照。

人数に随いて年毎に増減せよ　支給対象である五位以上官人の数に応じて、白散の数を増減する。

白散の様　人給白散は元日御薬とともに進上する。その儀式に使用された白散。

内裏に進る紙五十張　上文によれば、白散一升を一張の紙で包むことになっており、白散の様五斗(五〇升)を包む料であろう。

殖薬の様　字義および薬種から推測するに、典薬寮附属の薬園に植える薬物のためし(見本)であろう。→補3

丹参…山茱萸　→補4

下条　本式8条を指す。

詞は省式に見ゆ　宮内式34条に「宮内省中久、典薬寮能供奉礼留元日御薬、臘御薬、人給白散、又殖薬様進登申」とある。

中務式部兵部等の省は預め歴名を送れ　中務省は後宮、式部省は文官、兵部省は武官の五位以上の名簿を提出する。

6雑給料条

雑給の料　五位以上官人のための年料常備薬であろう(医疾令㉔条)。同令㉕条に「典薬寮、毎㆑歳量㆓合傷寒、時気、瘧、利、傷中、金創、諸雑薬㆒、以擬㆓療治㆒」とあり、典薬寮は毎年、さまざまな病気の治療薬を調合、常備しておくことになっていた。

5 毎年十二月、元*日の料の白散四百十五剤を造り、医*・針生をして裹《つつ》み帖《たた》み、ならびに*標題《ひょうだい》を書かしめよ。その料の絹の篩《ふるい》二口〈別《くごと》に二尺五寸〉、*裹紙《つつみがみ》五百三張〈一張を以て一升に充てよ〉、木綿《ゆう》大二斤五両、附子を漬くる料の酢八斗二升六合〈一合を以て一両を漬けよ〉、附*子を炮《あぶ》る炭八斗二升六合〈一合を以て一両を炮れ〉、削刀子《けずりかたな》四枚、檜榑《ひのくれ》五村《*むら》〈散を挟む木五百三枚の料、長さは各六尺已下五尺已上、五百三枚の長さは各一尺五寸〉。預め省に申して請い受けよ。ただし人*数に随いて、年毎に増減せよ。晦日、白*散の様《ためし》五斗、内*裏に進る紙五十張、漆の小韓櫃に盛《い》れ、白木の高案《たかづくえ》に置け。同日、殖*薬《しょくやく》の様二十五種を供《くう》ぜよ〈麻黄・丹*参《たんじん》・地黄《じおう》・黄芩・菴閭《あんりょ》・萱草《かんぞう》・麦門冬《ばくもんとう》・天門冬《てんもんとう》・瞿麦《くばく》・黄菊《おうきく》・枸杞《くこ》・蛇含・地楡・紫菀《しおん》・薤白・赤小豆《せきしょうず》・百合《びゃくごう》・芎藭《きゅうきゅう》・大黄・商陸・大蒜《だいさん》・山茱萸《さんしゅゆ》・呉茱萸《ごしゅゆ》・烏梅・桃人各四両〉。その調度は上に同じくせよ。みな省の輔已下、寮の頭已下〈案別に六人、医生はこの中にあり。下*条の菖蒲《あやめぐさ》の案を舁《か》くもまた同じくせよ〉、ともに執り、入りて進れ。訖らば退出《まか》り、輔、留《とど》まりて奏せ〈詞*は省式に見ゆ〉。中宮・東宮に奉る白散もこれに准えよ。寮の頭已下医生已上、ともに執り、入りて進れ〈人数は上の如くせよ〉。この日五位已上に白散を給え〈中*務・式部・兵部等の省は預め歴名《れきみょう》を送れ〉。親王已下二位已上は各三升、三位は二升、四位は一升、五位は五合。

6
雑*給の料

四味理仲丸廿劑、七氣丸十三劑、干薑丸七劑、烏梅丸廿劑、呉茱萸丸三劑、當歸丸十劑、芍藥丸十劑、神明膏三劑、大萬病膏三劑、千瘡萬病膏三劑、駐車丸十劑、牽牛子丸五劑、黄連丸四劑、十三物呵唎勒丸二劑、大黄膏二劑、升麻膏三劑、所レ須人參四斤七兩三分、甘草三斤十四兩三分、桂心十兩、呵唎勒四兩、檳榔子四兩、干薑八斤八兩三分、白朮四斤九兩、大黄七斤八兩、蜀椒四斤十兩三分、半夏九兩三分、桔梗九兩三分、細辛一斤二兩三分、呉茱萸四斤四兩三分、菖蒲九兩三分、茯苓十一兩三分、芎藭二斤十兩三分、紫菀九兩三分、石膏九兩三分、茈胡一斤十三兩三分、桃人一斤七兩三分、烏頭一斤六兩一分、小麥十四兩、杏人二斤二兩、豉一斤、黄連五斤八兩、黄蘗一斤五兩、黄芩三斤八兩、熟艾一斤四兩、烏梅四百枚、枳實十二兩三分、當歸三斤十五兩、白芷五斤一兩、前胡二斤八兩二分、附子三斤八兩、連翹十五兩、蘆茹六兩、白蘝十二兩、蒴藋一斤二兩、商陸六兩、茵草九兩、升麻十三兩二分、黄耆六兩、地楡六兩、牡丹六兩、大戟十兩二分、芍藥一斤十三兩三分、玄參五兩一分、白頭公四兩二分、支子人百五十枚、蛇含十二兩、濁活三兩、生地黄十五兩、薤白五十二莖、橘皮九兩、芒消一斤四兩、狗脊一兩二分、牽牛子三斤十三兩、亭歴子一斤四兩、漏蘆六兩、阿膠一斤十四兩、甘葛煎小五斗一升一合、猪膏五斤、酒九升、酢二斗八升、糯米一石、糵三斗、油絁一疋一丈五尺、

十兩　版本・雲・塙校注、「十四兩」ニ作ル。

三　底「二」。閣・梵ホカニヨリテ改ム。

狗　底「苟」。版本ニ従イテ改ム。

四味理仲丸…千瘡万病膏　本式3条参照。

駐車丸　医心方一一(治冷利方)に千金方の処方が載る。黄連・干薑・当帰・阿膠を使用する。下痢・腹痛の治療薬。和名抄の丸薬の項にも見え、「治二下痢一」とある。

牽牛子丸　医心方八(脚気腫痛方)・同一〇(治風水腫方)にともに経心方の処方が載る。大黄・朴消・牽牛子・桃人・干薑・人参・橘皮を使用する。脚気による脚の腫れや水腫の治療薬。

黄連丸　医心方一一(治熱利方)に耆婆方の処方が載り、同二〇(治服石下利方)・同二二(治妊婦下利方)などにも見える。耆婆方の処方は、黄連・干薑・当帰を調合する。下痢の治療薬。

十三物呵唎勒丸　呵唎勒丸は呵梨勒丸・

*四味《しみ》理仲丸《りちゅうがん》二十剤、七気《しちき》丸《がん》十三剤、干薑丸《かんきょうがん》七剤、烏梅丸《うばいがん》二十剤、呉《ご》茱萸《しゅゆ》丸《がん》三剤、当《とう》帰《き》丸《がん》十剤、芍薬丸《しゃくやくがん》十剤、神明膏《しんみょうこう》三剤、大万病膏三剤、千瘡万病膏《せんそうまんびょうこう》三剤、*駐車丸《ちゅうしゃがん》十剤、*牽牛《けんご》子《し》丸《がん》五剤、*黄連丸《おうれんがん》四剤、*十三物呵唎勒丸《じゅうさんもつかりろくがん》二剤、*大黄膏二剤、*升麻膏《しょうまこう》三剤。

須うるところの人参《にんじん》四斤七両三分、甘草《かんぞう》三斤十四両三分、桂心《けいしん》十両、*呵唎勒《かりろく》四両、*檳榔子《びろうじ》四両、干薑《かんきょう》八斤八両三分、白朮《びゃくじゅつ》 四斤九両、大黄《だいおう》七斤八両、蜀椒《しょくしょう》 四斤十両三分、半夏《はんげ》九両三分、桔梗《ききょう》九両三分、細辛《さいしん》一斤二両三分、呉茱萸四斤四両三分、菖蒲九両三分、茯苓《ぶくりょう》十一両三分、芎藭二斤十両三分、紫菀九両三分、石膏《せっこう》九両三分、茈《さい》胡《こ》一斤十三両三分、桃人《とうにん》一斤七両三分、烏頭《うず》一斤六両一分、小麦《しょうばく》十四両、杏人《きょうにん》二斤二両、豉《し》一斤、黄連《おうれん》五斤八両、黄蘗《おうばく》一斤五両、黄芩《おうごん》三斤八両、熟艾《じゅくがい》一斤四両、烏梅《うばい》四百枚、枳実《きじつ》十二両三分、当帰《とうき》三斤十五両、白芷《びゃくし》五斤一両、前胡《ぜんこ》二斤八両二分、附《ぶ》子《し》三斤八両、連翹《れんぎょう》十五両、蘆茹《ろじょ》六両、白蘞《びゃくれん》十二両、蒴藋《そくず》一斤二両、商陸《しょうりく》六両、莔草《ほうそう》九両、升麻《しょうま》十三両二分、黄耆《おうぎ》六両、地楡《ちゆ》六両、牡丹《ぼたん》六両、大戟《だいげき》十両二分、芍薬《しゃくやく》一斤十三両三分、玄参《げんじん》五両一分、白頭公四両二分、支子人《ししにん》百五十枚、蛇含十二両、独活三両、生地黄十五両、薤白五十二茎、*橘皮《きつぴ》九両、芒消《ぼうしょう》一斤四両、*狗脊《くせき》一両二分、牽《けん》牛子《ごし》三斤十三両、亭歴子《ていれきし》一斤四両、漏蘆《ろうろ》六両、*阿膠《あきょう》一斤十四両、*甘葛の煎小五斗一升一合、猪膏五斤、酒九升、酢二斗八升、糯米《もちよね》一石、糵《もやし》三斗、油絁一疋一丈五尺、

訶梨勒丸とも。医心方三(治一切風病方)に録験方の処方が載る。一三種の薬物を調合した風病の治療薬として著名。医心方八(脚気入腹方)「紫雪」の書入れによれば、脚気の治療薬として鑑真が推奨している。主成分は呵唎勒・檳榔子という輸入生薬であり、他に人参・橘皮・茯苓・芒消・狗脊・豉・大黄・干薑・桃人・牽牛子・桂心を使用する。藤原道長や藤原実資が服用したことも知られる(御堂関白記寛弘五・正・十七条、小右記治安三・八・十条など)。

大黄膏　医心方八(治脚瘇方)に葛氏方の処方が載る。それは、大黄・細辛・連翹・巴豆・水蛭・苦酒・猪膏を調合するものである。脚が腫れた場合の治療薬。和名抄の膏薬の項にも見え、「治ニ熱瘡一」とある。

升麻膏　本式2条参照。

呵唎勒・檳榔子　→補1

橘皮　ミカン科の植物オオベニミカンなどの柑橘類の果皮。和名抄にタチバナノカハ・キカハとある。

狗脊　タカワラビ科の植物タカワラビの根茎に比定される。本草和名にオニワラビ・イヌワラビとある。

阿膠　ウシ科の動物ウシなどの皮から製したニカワ。本草和名にニカハとある。

甘葛の煎　本式3条参照。

絁二丈二尺、紗八尺、調布二端一丈五尺、綿一屯四兩、安藝木綿大一斤四兩、紙百九十五張、壺十四合、盆四口、折櫃七合、大笥五合、匏一柄、水桶一口、杓一柄、炭四石、薪一千二百斤、造二御藥一薪在二此內一、

右、依二前件一造備、訖與二臘月御藥一同日進之、

地黃煎料

生地黃廿石、十石和泉、十石藥園、絹一疋二尺、漉レ煎絁六尺、壺杷絁六條、別長一尺、廣九寸、椀一合、杷絁一條、長一尺、廣九寸、釜口杷綿一屯半、絞二地黃一調布二端四丈、綿三屯、商布一段、由加杷調布三條、別長四尺、二幅、轆轤綱熟麻廿斤、隨レ損請受、調布潔構五條、別六尺、褌五條、別六尺、手巾一條、長五尺、燈油六升、酌レ煎匏三柄、沫籭二口、納レ汁由加六合、盛レ煎陶壺十六合、受二大五升已上一、受二絞汁一叩盆六口、盛二樣煎一陶椀一合、加レ盤、麻笥三口、杓三柄、紙十六張、覆二壺口一料、結二固壺口一木綿大一斤、薪二千四百斤、炭廿石、官人三人、侍醫四人、已上官人臨時增減、史生二人、潔衣各絁一疋、綿二屯、藥生十人、駕輿丁二人、各調布二丈七尺、衣二丈、袴七尺、

右、件雜物、九月一日申レ省請受、但地黃有二多少一、所レ須

漉　底「漉」。梵・梵別・貞・藤ニヨリテ改ム。

煎　底「前」。版本・雲ニ従イテ改ム。

三　閣・塙・貞・京「二」。

安芸の木綿　本式2条参照。

壺十四合　雑給料の膏薬は、神明膏三剤・大万病膏薬三剤・千瘡万病膏薬三剤・大黄膏二剤・升麻膏三剤の計一四剤であり、これらを一剤ずつ入れた壺であろう。

御薬を造る薪はこの内にあり　本式13条によれば、御薬を造る料の薪は七二〇斤である。

臘月の御薬　本式2条参照。十二月晦日に進る。

7地黄煎料条

地黄煎　生地黄の根を搗いて絞った汁を煎じて造る薬で、虚労に効能がある強壮剤。→補1

和泉　本式45条以下の諸国進年料雑薬条において、和泉国は年料雑薬の負担がないが、和泉国に「地黄園」があったことは、三代実録元慶四・八・六条や貞信公

記延長二・九・二十二条などから明らかである。天平九年度和泉監正税帳に「造地黄煎所」が見え(古二―七七頁)、和泉国は天平年間(七二九〜七四八)には地黄の産地として知られていた。→補2

薬園　典薬寮附属の薬園。本式43条によれば、山城国葛野郡に二町の供御の地黄園があった。

轆轤　和名抄に四声字苑を引いて「円転木機也」とある。地黄を絞る際に使用したか。

襅　作業用の簡便な衣服。

沫籭　籭は竹で編んだかご。地黄の絞り汁を漉すザルか。

大五升已上を受く　大一升が小三升に当たる(雑令1条)。雑式7条に「合二湯薬一、則用二小者一」とあり、薬の調合には小升を用いる規定であったが、薬の保管には大升を用いたということであろう。

様の煎　年中行事御障子文などによれば、十月二十日以前に典薬寮は「生地黄様」を進上することになっていた。

壺の口を覆う料　地黄煎を盛る一六合の陶器の壺のふた紙。

侍医　本式1条参照。

薬生　本式1条参照。

九月一日　小野宮年中行事(十月)に十月二十日以前に「地黄煎使」を差定するとある。→補3

絁《あしぎぬ》二丈二尺、紗八尺、調布二端一丈五尺、綿一屯四両、安芸の*木綿《ゆう》大一斤四両、紙百九十五張、*壺十四合、瓫《ほとぎ》四口、折櫃七合、大笥五合、匏《なりひさご》一柄、水桶一口、杓《ひさご》一柄、炭四石、薪《みかまき》一千二百斤〈*御薬を造る薪はこの内にあり〉。

右、前《さき》の件《くだり》によりて造り備えよ。訖らば*臘月の御薬と同じき日に進れ。

7

*地黄煎《じおうせん》の料

生地黄《きじおう》二十石〈十石は*和泉、十石は*薬園〉。絹一疋二尺、煎《いろり》を漉《こ》す絁六尺、壺の帊《おおい》の絁六条〈別《じょうごと》に長さ一尺、広さ九寸〉、椀《まり》一合、帊の絁一条〈長さ一尺、広さ九寸〉、釜の口の帊の綿一屯半、地黄を絞る調布二端四丈、綿三屯、商布一段、由加《ゆか》の帊の調布三条〈別に長さ四尺、二幅〉、*轆轤《ろくろ》の綱の熟麻《にお》二十斤〈損ずるに随いて請い受けよ〉、調布の潔褌《きよまえだれ》五条〈別に六尺〉、*襅《ちはや》五条〈別に六尺〉、手巾《たのごい》一条〈長さ五尺〉、燈《ともし》油六升、煎を酌《く》む匏三柄、*沫籭二口、汁を納《い》るる由加六合、煎を盛《い》るる陶《すえ》の壺十六合〈*大五升已上を受く〉、絞り汁を受くる叩盆《たたいべ》六口、*様の煎を盛るる陶の椀一合〈盤《さら》を加えよ〉、麻笥《おけ》三口、杓三柄、紙十六張〈*壺の口を覆う料〉、壺の口を結び固むる木綿大一斤、薪二千四百斤、炭二十石。官人三人、*侍医四人〈已上の官人は臨時に増減せよ〉、史生二人、潔衣《きよまわりぎぬ》各絁一疋、綿二屯。*薬生十人、駕輿丁《かよちょう》二人、各調布二丈七尺〈衣二丈、袴《はかま》七尺〉。

右、件の雑物は*九月一日に省に申して請い受けよ。ただし地黄《じおう》に多少あらば、須《もち》

二　底「三」。考異ニ従イテ改ム。

料随亦増減、其造レ煎之間、限二十六日一給二酒食一、

凡五月五日、進二菖蒲生蔣一、寮家充之、黒木案四脚、二脚供御、二脚人給、並寮儲之、苧六両、黒葛四斤、申レ省、省輔已下寮頭已下共執入進、訖即退出、輔留奏之、詞見二省式一、中宮東宮黒木案各二脚、一脚供御、一脚人給、

凡合薬所レ須麹料小麦一石、御薬料二斗、雑給料八斗、蒸二乾黄芩五十斤一料糯米七斗、毎年申レ省請受、

凡九月九日、呉茱萸廿把、附二薬司一供之、

凡供御乳、日別大三升一合五勺、其年料用度絹三丈一尺、篩廿一口料、八口別一尺六寸、十三口別一尺四寸、緋帛四丈二尺、裹料縁帛四丈二尺、並案二脚覆料、長各七尺、三幅、調布二丈四尺、雨日覆レ案料、長各六尺、二幅、橡東絁三匹、執レ案夫三人衣料、人別一匹、曝布五端二丈五尺、三丈三尺同夫三人布帯各四尺袴七尺料、三端三尺取レ乳夫三人潔衫各三丈六尺袴七尺料、一端三丈一尺同夫二人小袖二條別四尺、褌二條別五尺、拭二陶鉢一布三條別三尺、水篩二口別四尺、頭巾二條別三尺、巾二條別三尺、繫二牛足一布一丈、懸二牛腹一

8五月五日条

五月五日　五月五日(端午)節に菖蒲を供することは、荊楚歳時記(五月)などに見える習俗。儀式次第は、儀式八(五月五日節儀)に詳しい。大舎人式7条、宮内式33条参照。→補1

菖蒲　本式2条の「犀角…青木香」参照。本条の菖蒲はアヤメ科の植物ではなく、サトイモ科の多年草。水辺に群生する。葉の芳香が強く、邪気を払うとされる。

生蔣　乾燥させていない生のマコモ。マコモは水辺に生えるイネ科の多年草。大膳式下23条の粽料の材料に見える「青蔣十一囲」と同じと思われる。粽は和名抄に「糉」と見え、その製法として「以二菰葉一裹レ米以二灰汁一煮之」とある。

黒木の案　儀式八(五月五日節儀)に「盛二供御菖蒲於二黒木案一、(中略)盛二人給菖蒲於二黒木案一」と見える。→補2

詞は省式に見ゆ　宮内式33条参照。

9合薬麹料条

麹　和名抄にカムタチとある。小麦を蒸してコウジカビを発生させ、薬用の酒の醸造に使用した。

御薬の料　本式1〜4条参照。

雑給の料　本式6条参照。

黄芩五十斤　本式1条の「人参…薤白」参照。本式1〜3・5・6条で使用する黄芩は、五斤三両二分で、量に大きな差がある。黄芩は根の皮を除去した部分を薬物として使用するが、五〇斤は生の根で、これを蒸して皮を除去し、乾燥させて薬とするということか。

10九月九日条

九月九日　九月九日(菊花・重陽)節に呉茱萸を供することは、荊楚歳時記(九月)などに見える習俗。→補3

呉茱萸　実に強い芳香があり、邪気を払うとされる。本式2条の「犀角…青木香」および中務式85条参照。

薬司　後宮の薬司。中務式85条に「薬司九月九日裏㆓呉茱萸㆒料、緋帛一疋、緋糸二絇〈皇后宮亦同〉」とある。薬司が呉茱萸を緋色の袋に入れ、これを蔵人が殿舎の柱の薬玉と付け替えた。

11供御乳条

供御の乳　天皇らに供す牛乳。侍中群要二に「日中行事」として「乳牛院進㆑乳」とあるように、毎日、京内の典薬寮別所である乳牛院から進上された。→補4

うるところの料は随いてまた増減せよ。其れ煎を造るの間、十六日を限りて酒食を給え。

8凡そ*五月五日、*菖蒲《あやめぐさ》・*生蔣《なまこも》〈寮家充てよ〉を進らんには、*黒木の案《つくえ》四脚〈二脚は供御《くご》、二脚は人給《ひとだまい》、みな寮儲けよ〉、苧《からむし》六両、黒葛《つづら》四斤〈省に申せ〉。省の輔已下、寮の頭已下ともに執り、入りて進れ。訖らばすなわち退出《まかり》り、輔、留まりて奏せ〈*詞は省式に見ゆ〉。中宮・東宮は黒木の案各二脚〈一脚は供御、一脚は人給〉。

9凡そ合薬に須うるところの*麹の料の小麦一石〈*御薬の料二斗、*雑給の料八斗〉、*黄芩五十斤を蒸し乾《ほ》す料の糯米《もちよね》七斗、毎年省に申して請い受けよ。

10凡そ*九月九日、*呉茱萸《ごしゅゆ》二十把は*薬司に附《さず》けて供《くう》ぜよ。

11凡そ*供御の乳は、日別《ごと》に大三升一合五勺。その年料の用度は絹三丈一尺〈篩《ふるい》二十一口の料、八口は別《くごと》に一尺六寸、十三口は別に一尺四寸〉、緋《あけ》の帛四丈二尺、裏の料の緑の帛四丈二尺〈みな案二脚の覆《おおい》の料、長さ各七尺、三幅〉、調布二丈四尺〈雨日に案を覆う料、長さ各六尺、二幅〉、橡《つるばみ》の東絁《あずまぎぬ》三疋〈案を執る夫三人の衣の料、人別に一疋〉、曝布《さらしぬの》五端二丈五尺〈三丈三尺は同じき夫三人の布帯《ぬのおび》各四尺・袴七尺の料、三端三尺は乳を取る夫三人の潔衫《きよきひとえぎぬ》各三丈六尺・袴七尺の料、一端三丈一尺は同じき夫二人の小袖《こそで》二条別《じょうごと》に四尺、襌二条別に五尺、陶《すえ》の鉢を拭《のご》う布三条別に三尺、水篩二口別《くごと》に四尺、頭巾《こうぶり》二条別に三尺、巾二条別に三尺、牛の足を繋ぐ布一丈、牛の腹に懸く

布七尺、拭レ乳布三條別三尺料、生絲九兩、縫二篩幷夫等衣袴一料、陶鉢五口、平瓶、壺各二口、陶叩盆、由加、瓼、洗盤各一口、高案二脚、明櫃二合、中取案一脚、木蓋二枚、並取レ乳料、槽一隻、飼二牛粥一料、油一升、十二月晦料、薪日別一百五十斤、煮二牛粥一料、乳牛七頭秣料米、大豆各日一斗四升、頭別二升、毎月申レ省請受、

凡乳牛七頭、犢七頭年料、乾蒭四千四百卌四斤、白田蒭二千三百卌二斤、野蒭五百斤、山城國進之、白田蒭一千六百二斤、丹波國進之、

造二儲御藥一料

胡麻二石、練料、豉一斗、造二雜藥一料、粟二斗、煮レ湯料、鹽三斗、湯幷熨料、調布帳一條、長七尺、三幅、明櫃一合、臼一口、加レ杵、薪七百廿斤、

右、鹽已上毎年十二月中旬申レ省、但帳幷明櫃、臼等、並隨レ損請受、

造二供御白粉一料

糯米一石五斗、粟一石、申二請内侍一、帛袷袋十六口料帛二疋、御幷中宮料、曝二白粉一帛帷四條料帛二疋、絹篩四條、別五尺、調布二端、帷四條料、條別二丈、縫絲三兩、上紙卌張、明櫃四合、水麻笥四口、受二五斗已上一、

槽　和名抄に唐韻を引いて「馬槽也」とある。飼い葉おけ。

牛の粥　乳牛の飼料。和名抄に「邇宇能可遊(ニウノカユ)」とある「酪」を指すとする瀧川政次郎説もあるが、従えない。大木卓「本邦古代における畜産飼料給与法について」(『東京獣医学畜産学雑誌』七、一九五六年)、佐伯有清『牛と古代人の生活』(一九六七年)参照。米・大豆を煮て粥状にした濃厚飼料であろう。

油一升　主殿式12条に「乳牛院、油一升〈十二月晦夜料〉」とある。十二月晦日の夜の追儺に関わるか。

乳牛　供御の牛乳を採るための牛。和名抄に「乳牛者牝牛有レ子之名也、和名知宇之(チウシ)」とある。味原牧で飼育され、輪番で母牛七頭・子牛七頭が京内の乳牛院に運ばれていた(三代格元慶八・九・一符)。本式41条参照。

秣　和名抄に漢書注を引いて「以二粟米一飼之」とある。牛馬の飼料にする穀類。

米大豆　厩牧令1条に「其乳牛、給二豆二升、稲二把一、取レ乳日給」とある。通常は草(乾蒭)を与えるが、乳を取る日には濃厚飼料として豆と米を与える。

12乳牛条

る布七尺、乳を拭う布三条別に三尺の料〉、生糸《すずしのいと》 九両〈篩ならびに夫らの衣・袴を縫う料〉、陶の鉢五口、平瓶《ひらかめ》・壺各二口、陶の叩盆・由加・𤭖《さらけ》・洗盤《すましざら》各一口、高案二脚、明櫃《あかひつ》二合、中取の案一脚、木の蓋二枚〈みな乳を取る料〉、*槽《ふね》一隻〈牛の*粥を飼う料〉、油一升*〈十二月の晦の料〉、薪日別に一百五十斤〈牛の粥を煮る料〉、*乳牛《ちちうし》七頭の*秣《まぐさ》の料の米*・大《ま》豆《め》各日に一斗四升〈頭別に二升〉、毎月省に申して請い受けよ。

12 凡そ乳牛七頭・犢《こうし》七頭の年料、*乾蒭《ほしぐさ》四千四百三十四斤〈*白田《はた》の蒭《まぐさ》二千三百三十二斤・野の蒭五百斤は*山城国進り、白田の蒭一千六百二斤は*丹波国進れ〉。

13 御*薬を造り儲くる料

*胡麻《ごま》二石〈練《ね》る料〉、*鼓《し》一斗〈雑薬を造る料〉、粟*二斗〈湯を煮る料〉、塩三斗〈湯ならびに熨*の料〉、調布の帳《とばり》一条〈長さ七尺、三幅〉、明櫃一合、臼一口〈杵を加えよ〉、薪*七百二十斤。

右、塩已上は毎年十二月中旬に省に申せ。ただし帳ならびに明櫃・臼等は、みな損ずるに随いて請い受けよ。

14 供御の*白粉《はふに》を造る料

糯米一石五斗、粟一石〈内侍に申し請え〉、帛の袷《あわせ》の袋十六口の料の帛二疋〈御《おん》ならびに中宮の料〉、白粉を曝《ほ》す帛の帷《とばり》四条の料の帛二疋、絹の篩四条〈別《じょうごと》に五尺〉、調布二端〈帷四条の料、条別に二丈〉、縫糸三両、上紙四十張、明櫃四合、水麻笥《みずおけ》四口〈五斗已上を

乾蒭　蒭は和名抄に説文を引いて「乾草也」とある。牛馬の飼料にする草。

白田　畠。「白」は乾いているという意。

山城国・丹波国　故実叢書本西宮記八（諸院）に「山城、丹波蒭、大炊雑穀」を納めることが見える。

13造儲御薬料条

御薬　本式1～4条参照。

胡麻　ゴマ科の植物ゴマの種子。和名抄に「音五万（ゴマ）、訛云宇古末（ウゴマ）」とある。練胡麻を作る料。

鼓　本式2条参照。本式2・3条で使用する八両二分の鼓との関係は不明。

粟　湯を沸かす際に粟を使うか。

熨　湯熨斗か。湯熨斗は蒸気によって布地などのしわをのばす道具で、湯を沸騰させる際に塩を使うのであろう。腰痛などの治療に「熨」が用いられた。

薪七百二十斤　本式6条の雑給料の薪一二〇〇斤に「造二御薬一薪在二此内一」と注記がある。

14造供御白粉料条

白粉　和名抄に「開元式云、白粉卅斤〈俗云波布迩（ハフニ）〉」とある。糯米の粉で作る「おしろい」。なお持統紀六・閏五・戊戌条に沙門観成が「鉛粉」を造ったことを賞されているが、この「鉛粉」は「鉛白」であると考えられ、中国風のおしろいが日本でも作られていた。

杓三柄、簀二枚、長席二張、〔女醫座、〕由加四口、酒槽二隻、中取二脚、〔已上三種隨㆑損請替、〕共作

女醫十四人、人別日飯一升、鹽一勺、滓醬一合、酒三合、並限㆓卅日㆒給、

凡行幸者、官人一人、侍醫一人、率㆓藥生四人㆒、賷㆓御藥㆒從之、若應㆑經㆑宿者、亦率㆓醫生㆒令㆘賷㆓草藥一擔及雜方經幷料度等物㆒候㆖之、〔其藥種色目臨時量定、擔夫申㆑省、但直丁、擔夫等裝束及食同亦申㆑省、〕

凡踐祚大嘗御禊行幸陪從、職掌官人一人、侍醫一人、並給㆓當色㆒、〔五位六位並從㆓其色㆒、〕藥生二人各給㆓細布紅衫一領、白袴一腰、布帶一條㆒、直丁二人亦各給㆓調布黃衫一領、白袴一腰、布帶一條㆒、仕丁二人紺布衫二領、白布袴二腰、布帶二條、並申㆑省請㆓大藏省㆒、

凡齋內親王向㆓大神宮㆒、充㆓長送使藥十二劑㆒、〔七氣丸、吳茱萸丸、芎藭丸、四味理中丸、干薑丸、遼東丸各二劑、〕所㆑須藥種各依㆓方經㆒、其用度裹㆑藥油絁六尺五寸、紙十八張、木綿五兩、篩二口料絹四尺、治篩一口料紗二尺、酢二升、炭五斗、納㆑藥小折櫃一合、搗㆑藥夫十二

簀二枚長席二張　掃部式66条「席一枚簀一枚」。

共　底「供」。考異ニ従イテ改ム。

醬　底「醤」。版本ニ従イテ改ム。

但…(一四字)　底、大書シテ本文トナス。雲ニ従イテ改ム(考異ナシ)。

治　底ホカ全写本「治」。下文28条ノ校異注ニ従イテ改ム。

女医　→補1

共作　医師を助けて作業を行なう人。相作とも。

15行幸条

行幸　天皇の出行のこと。行幸については太政官式112条参照。

侍医　本式1条参照。儀式二の大嘗祭御禊行幸の鹵簿には、侍医が見える。

薬生　本式1条参照。

御薬　天皇の薬。儀式二の大嘗祭御禊行幸の鹵簿には、「御薬儲韓櫃」が見える。

宿を経べくは　行幸が二日以上に及ぶ場合は。

医生　本式5条参照。

草薬　調剤以前の植物性生薬。

雑の方経　医方書。→補2

担夫　草薬や医方書類、製剤用の道具などを運んだ人夫。太政官式112条によると京・諸国から徴発された。

受く〉、杓《ひさご》三柄、簀《す》二枚、長席《ながむしろ》二張〈*女医の座〉、由加《ゆか》四口、酒槽《さかふね》二隻、中取二脚〈已上の三種は損ずるに随いて請け替《う》えよ〉、*共作《あいづくり》の女医十四人、人別に日に飯《いい》一升、塩一勺、滓醤《かすひしお》一合、酒三合、みな三十日を限りて給え。

15 凡そ*行幸には、官人一人・*侍医一人、*薬生四人を率い、*御薬を賷《も》ちて従え。もし*宿を経べくは、また*医生を率いて*草薬一担および*雑《くさぐさ》の方・経ならびに料度等の物を賷ちて候せしめよ〈その薬種・色目は臨時に量り定めよ。*担夫は省に申せ。ただし*直丁・担夫らの装束および食《じき》も同じくまた省に申せ〉。

16 凡そ*践祚《せんそ》大嘗の*御禊の行幸の*陪従《べいじゅう》は、職掌の官人一人・侍医一人に、みな*当色《とうじき》を給い〈*五位・六位はみなその色に従え〉、薬生二人に各細布の紅《くれない》の衫《ひとえぎぬ》一領・白袴一腰・布帯一条を給い、直丁二人にもまた各調布の黄の衫一領・白袴一腰・布帯一条を給い、*仕丁二人に紺の布の衫二領、白布袴《ぬのばかま》二腰、布帯二条。みな省に申して大蔵省より請けよ。

17 凡そ*斎内親王《いつきのひめみこ》*大神宮に向かわんには、*長送使に薬十二剤を充てよ〈*七気丸《しちきがん》・呉茱萸丸《ごしゅゆがん》・*芍薬丸《しやくやくがん》・*四味理仲丸《しみりちゆうがん》・干薑丸《かんきようがん》・*遼東丸《りようとうがん》各二剤〉。須《もち》うるところの薬種は各方・経によれ。その用度は、薬を裹《つつ》む油絁《あぶらぎぬ》六尺五寸、紙十八張、木綿《ゆう》五両、篩二口の料の絹四尺、*冶《つき》篩《ふるい》一口の料の紗二尺、酢二升、炭五斗、薬を納《い》るる小折櫃《こおりびつ》一合。薬を搗《つ》く夫十二

直丁　官司で雑用に従事した仕丁。職員令44条によると典薬寮には二人配属。

16大嘗会陪従条

践祚大嘗　天皇が践祚して最初に行なわれる新嘗祭。大嘗祭式1条参照。

御禊の行幸　大嘗祭の散斎に入る前の十月下旬、天皇が川で禊(御禊)をなすために行なう行幸。大嘗祭式4条参照。

陪従　行幸に付き従うこと。↓補3

当色　位階に相当する衣の色。養老衣服令を基準とする。

五位六位　令制では典薬寮の官人は頭のみ五位で、侍医・助が六位相当官であった(官位令11・12条)。五位の当色は浅緋、六位は深緑(衣服令4・5条)。

仕丁　五〇戸ごとに二人徴発され、三年交替で上京して中央官司で雑役に従事した。民部式上61条参照。

17斎内親王条

斎内親王　伊勢神宮の祭祀に奉仕した未婚の皇女。「斎王」「斎宮」ともいう。斎宮式1条参照。

大神宮　伊勢神宮。

長送使　長奉送使ともいう。↓補4

七気丸呉茱萸丸　本式3条参照。

芍薬丸　本式2条参照。

四味理仲丸干薑丸　本式3条参照。

遼東丸　↓補5

冶篩　↓補6

人、人日搗㆓一劑㆒食米二斗四升、人日二升、鹽二合四勺、人日二勺、

諸司年料雜藥

齋宮寮五十三種

芒消七兩四銖、防風一兩二分四銖、廍黃二兩三分四銖、蛇含九兩一分、石膏一兩三分、芎藭七兩三分、大黃一斤四兩二分四銖、人參十兩、紫菀二兩二分、茈胡五兩、黃芩十一兩二分二銖、黃連一兩二銖、皂莢二分一銖、芍藥六兩、漏蘆六兩一分、連翹十五兩、白蘞十兩二分、藘茹四兩一分、附子九斤十五兩、干薑七兩二分、猪膏六十四斤八兩、白朮七斤十兩二分、烏頭十四斤四兩、半夏二兩二分、桔梗九斤五兩二分、細辛七斤十四兩、吳茱萸一斤六兩、菖蒲二兩二分、茯苓二兩二分、蜀椒二斤二分、桃人二兩、枳實十二兩一分二銖、亭歷子二兩一分、杏人二兩三分二銖、厚朴二分二銖、支子百廿二枚、升廍十一兩二銖、干藍二分、豉一合一勺、前胡二升一合、白芷二升一合、當歸四兩二分、蒴藋一斤一分、啇陸四兩一分、茵草三斤五兩、黃耆四兩一分、牡丹四兩一分、地楡四兩一分、大戟五兩一分、玄參三兩三分、白頭公三兩一分、躑躅花九兩一分、菝葜一兩一分、

內匠寮廿五種

細辛、白朮各一斤二兩、桔梗十四兩、附子一斤、藘茹、半夏、白蘞、啇陸、茵草、

萸　底ナシ。閣・梵ホカニヨリテ補ウ。

二　閣・塙・京及ビ斎宮式71条ナシ。

一合一勺　豉ハ上文ノ例ニヨルニ斤両ニテ示サル。「一斤一分」トスベキカ。タダシ下文ニ斗升ノ例モアリ。

二升一合　考異「二斤一分」ニ改ムベシトナス。恐ラクハ是カ。下同ジ。

花　底「衣」。塙校注・版本ニ従イテ改ム。

諸司の年料の雑薬　以下18条から25条は、斎宮寮・内匠寮・木工寮と六衛府および左右馬寮・兵庫寮の諸司に対して、特に用意された年料常備薬のリストである。斎宮寮以外は、現業官司と衛府であり、日常的に頻繁に加療が必要とされた

人〈人、日に一剤を擣く〉、食米二斗四升〈人、日に二升〉、塩二合四勺〈人、日に二勺〉。

*諸司の年料の雑薬

18 *斎宮寮五十三種

*芒消《ぼうしよう》七両四銖、防風《ぼうふう》一両二分四銖、麻黄《まおう》二両三分四銖、蛇含《じやがん》九両一分、石膏《せつこう》一両三分、芎藭《きゆうきゆう》七両三分、大黄《だいおう》一斤四両二分四銖、人参《にんじん》十両、紫菀《しおん》二両二分、茈胡《さいこ》五両、黄芩《おうごん》十一両二分二銖、黄連《おうれん》一両二銖、皀莢《そうきよう》二分一銖、芍薬《しやくやく》六両、漏蘆《ろうろ》六両一分、連翹《れんぎよう》十五両、白蘞《びやくれん》十両二分、蘆茹《ろじよ》四両一分、附子《ぶし》九斤十五両、干薑《かんきよう》七両二分、猪膏《ちよこう》六十四斤八両、白朮《びやくじゆつ》七斤十両二分、烏頭《うず》十四斤四両、半夏《はんげ》二両二分、桔梗《ききよう》九斤五両二分、細辛《さいしん》七斤十四両、呉茱萸《ごしゆゆ》一斤六両、菖蒲《しようぶ》二両二分、茯苓《ぶくりよう》二両二分、蜀椒《しよくしよう》一斤二分、桃人《とうにん》二両、枳実《きじつ》十二両一分二銖、亭歴子《ていれきし》二両一分、杏人《きようにん》二両三分二銖、厚朴《こうぼく》二分二銖、支子《しし》百二十二枚、升麻《しようま》十一両二銖、干藍《かんらん》二分、豉《し》一合一勺、前胡《ぜんこ》二升一合、白芷《びやくし》二升一合、当帰《とうき》四両二分、蒴藋《そくず》一斤一分、商陸《しようりく》四両一分、茵草《ほうそう》三斤五両、黄耆《おうぎ》四両一分、牡丹《ぼたん》四両一分、地楡《ちゆ》四両一分、大戟《だいげき》五両一分、玄参《げんじん》三両三分、白頭公《はくとうこう》三両一分、躑躅花《てきちよくか》九両一分、菝葜《ばつかつ》一両一分。

19 *内匠寮二十五種

細辛・白朮各一斤二両、桔梗十四両、附子一斤、*蕳茹《ろじよ》・半夏・白蘞・商陸・茵草・

のであろう。

18斎宮寮雑薬条

斎宮寮 伊勢斎王に仕えるために伊勢国に置かれた官司。寮印を受け取るのは群行出立の当日であり、斎王の退下、帰京に際して寮印を返却することになっており、常設の官司とは異なる性格を持つ。管下に主神司以下、膳部司、殿部司、水部司など一三の官司を持ち、医療に関しては薬部司がこれを担当した。斎宮式参照。

芒消…菝葜 斎宮式71条に見える「所レ須薬種」のうち、内蔵寮から支給される桂心、巴豆、甘草、犀角、蜜以外は種類、分量とも完全に一致する。

19内匠寮雑薬条

内匠寮 狩野文庫本三代格神亀五・七・二十一勅で設置された。供御の物品の製作を担当し、画工や漆塗工、銅鉄工、木工など多くの工人を擁していた(三代格大同四・八・二十八符)。内匠式42条によると、典薬寮の医師一人が内匠寮に日直勤務することになっていた。主殿式12条に「内匠寮(中略)猪膏十五斤〈造二雑工等薬一料〉」とあり、本条に猪膏は見えないが、内匠寮雑薬が雑工らの薬であることが分かる。

蕳茹 蘆茹と同じ。本式3条の「半夏…玄参」参照。

茈胡、牡丹、地楡、烏頭、大戟、玄參各三兩、蜀椒十兩、大黄七兩、呉茱萸二升、茯苓、紫菀、當歸、芎藭各四兩、白芷六兩、桃人二升、石膏一兩、

木工寮卌種

細辛十斤、白朮十二斤、桔梗十斤、附子十八斤、菝葜六兩、大黄二斤十兩、防風十四兩、丹參、藍漆、石膏、青木香、紫菀、茈胡各一斤、當歸二斤八兩、薯蕷、厚朴、呉茱萸、白芷、楡皮、茯苓、干地黄、杏人、木蘭、白薟、商陸、杜仲各二斤、蜀椒、升麻、黄芩、黄連、桃人、葛根各三斤、山茱萸二兩、石斛四斤、獨活、牛膝各五斤、芎藭二斤八兩、前胡八兩、夜干、菖蒲各十兩、

左右近衛府各卌七種

大黄、蜀椒各二斤八兩、人參、木防己各十兩、半夏、桔梗、紫菀、皂莢各五兩、石膏、蛇含各三兩、茈胡、桃人、芍藥、黄耆、秦膠、連翹、青木香、蘆茹、牡丹、牛膝各八兩、呉茱萸、茯苓、白芷、熟艾、甘遂各一斤八兩、菖蒲、亭歴子各四兩、芎藭一斤五兩、烏頭四斤、黄芩、黄連、防風、前胡、枳子、茵芋、黄蘗各十四兩、杏人千五百枚、厚朴、升麻、麻黄各一斤、當歸二斤八兩、白朮三斤、大戟十三兩、茵草、麴、獨活各一斤四兩、細辛一斤三兩、

右、府別白散八十八劑、茯苓散三劑、水道散七劑、芍藥丸二劑、大棗丸、黄連

藍漆　底ホカ諸本「藍染」。誤写ト見テ改ム。→校補11

薯蕷　底「署預」。塙・貞ニヨリテ改ム。以下、本巻ノウチ一々注セズ。

厚　底「原」。閣・梵ホカニヨリテ改ム。

杜　底「社」。梵・塙・貞ニヨリテ改ム。

20木工寮雑薬条

木工寮　木製品の製作および建築・土木を担当した大寮で、多くの工人を擁していた。木工式には医師の日直の規定はないが、造宮省や修理職など類似の職掌を持つ令外官司には医師が置かれていたことが知られ、また「(凡)行軍及作役之処、典薬給医師一人」という医疾令条文が復元されるので(丸山裕美子「日唐医疾令の復元と比較」『日本古代の医療制度』所収、一九九八年、初出一九八八年)、内匠寮と同様、木工寮による作業現場に典薬医師が日直派遣されていた可能性は大きい。主殿式12条に「木工寮(中略)猪膏卅斤〈造雑工已下仕丁已上薬料〉」とあり、本条に猪膏は見えないが、木工寮雑薬が雑工らの薬であることが分かる。

薯蕷…夜干　→補1

21近衛府雑薬条

茈胡・牡丹・地楡・烏頭・大戟・玄参各三両、蜀椒十両、大黄七両、呉茱萸二升、茯苓・紫菀・当帰・芎藭各四両、白芷六両、桃人二升、石膏一両。

20 *木工寮四十種

細辛十斤、白朮十二斤、桔梗十斤、附子十八斤、菝葜六両、大黄二斤十両、防風十四両、丹参《たんじん》・藍漆《らんしつ》・石膏・青木香《せいもつこう》・紫菀・茈胡各一斤、当帰二斤八両、*薯蕷《しよよ》・厚朴・呉茱萸・白芷・楡皮《ゆひ》・茯苓・干地黄《かんじおう》・杏人・木蘭《もくらん》・白蘞・商陸・杜仲《とちゆう》各二斤、蜀椒・升麻・黄芩・黄連・桃人・葛根《かつこん》各三斤、山茱萸《さんしゆゆ》二両、石斛《せつこく》四斤、独活《どつかつ》・牛膝《ごしつ》各五斤、芎藭二斤八両、前胡八両、夜干《やかん》・菖蒲各十両。

21 *左右近衛府各四十七種

大黄・蜀椒各二斤八両、人参・*木防己《もくぼうき》各十両、半夏・桔梗・紫菀・皂莢各五両、石膏・蛇含各三両、茈胡・桃人・芍薬・黄耆・*秦膠《しんきよう》・連翹・青木香・藘茹・牡丹・牛膝各八両、呉茱萸・茯苓・白芷・熟艾《じゆくがい》・*甘遂《かんずい》各一斤八両、菖蒲・亭歴子各四両、芎藭一斤五両、烏頭四斤、黄芩・黄連・防風・前胡・*枳子《きし》・*茵芋《いんう》・黄蘗《おうばく》各十四両、杏人千五百枚、厚朴・升麻・麻黄各一斤、当帰二斤八両、白朮三斤、大戟十三両、茵草・麴《きく》・独活各一斤四両、細辛一斤三両。

*右、府別《ごと》に*白散《びやくさん》八十八剤、*茯苓散《ぶくりようさん》三剤、*水道散《すいどうさん》七剤、*芍薬丸《しやくやくがん》二剤、*大棗丸《たいそうがん》・*黄連《おうれん》

左右近衛府　狩野文庫本三代格大同二・四・二十二詔で、それまでの近衛府が左近衛府に、中衛府が右近衛府とされた。もとの近衛府には医師一人、中衛府には医師二人が所属していたが、大同二年(八〇七)以降は左右近衛府に各一人の医師が置かれたものと考えられる。左右近衛式57条に「凡年料所レ須雑薬者、申レ官請受」とある。

木防己　防己とも。ツヅラフジ科の植物シマハスノハカヅラの根に比定される。本草和名にアヲカヅラとある。本式27条の「防己」参照。

秦膠・甘遂・枳子・茵芋　→補2

右…料　→補3

白散　本式1・5条参照。

茯苓散　和名抄の散薬の項に「伏苓散」と見える。医心方九(治痰飲方)や同(治胃反吐食方)に茯苓湯方が胃もたれの薬として載り、外台秘要一七(素女経四季補益方)には長生延年の薬として見える。

水道散　千金方九(宜吐)に見える「水導散」を指すと考えられる。時気の病で高熱が出て、狂言妄語の症状に陥った場合の治療薬。延喜式では本条のみに見える。

芍薬丸　本式2条参照。

大棗丸　→補4

黄連丸　本式6条参照。

丸各七劑、六物干薑丸四劑、當歸丸十五劑、萬風膏、萬病膏各二劑、千瘡萬病膏三劑料、

左右衞門府各卅四種

大黄十五兩、甘草五兩二分、人參七兩、白芷十四兩、半夏五兩、烏頭二斤二兩二分、桔梗、紫菀各三兩二分、石膏、桃人、木防己、防風各一兩二分、呉茱萸一斤一兩、茈胡六兩、菖蒲、大戟、獨活各二兩、茯苓八兩、細辛十兩三分、蜀椒一斤十兩二分、芍藥、亭歴子、杏人、厚朴各四兩、芎藭一斤二兩二分、白朮十二兩二分、當歸八兩二分、黄芩四兩三分、麻黄三兩、黄連、皂莢、茵草各二分、前胡十一兩二分、麴一斤二兩、

右、府別白散卅八劑、茯苓散、百毒散各三劑、七氣丸、芍藥丸、呉茱萸丸、四味理仲丸各二劑、溫白丸一劑、神明膏、千瘡萬病膏各二劑料、

左右兵衞府各卅種

呉茱萸四升五合、前胡、白芷各一兩二分、白朮十兩二分、芎藭六兩一分、蜀椒五升三勺、細辛三兩三分、當歸八兩、附子、芍藥、黄芩、杏人各四兩、大黄十三兩二分、大戟、蛇含、茵草、獨活、亭歴子、麴各二兩、人參七兩三分、半夏一兩、桔梗三分、茯苓、紫菀、石膏、桃人、菖蒲各三分、甘草八兩三分、茈胡二兩二分、枳實

歴　底「麻」。閣・梵ホカニヨリテ改ム。以下、本巻ノウチ一々注セズ。

六物干薑丸　本式3条の干薑丸の注で紹介した医心方九(治胃反吐食方)の処方は、効験方によるものであるが、呉茱萸・小麦・杏人・干薑・好豉・蜀椒の六種の生薬を調合したもので、おそらくこれであろう。

当帰丸　本式3条参照。

丸《がん》各七剤、*六物干薑丸《かんきょうがん》四剤、*当帰《とうき》丸《がん》十五剤、*万風膏・*万病膏《まんびょうこう》各二剤、*千瘡《せんそう》万病膏三剤の料。

22 *左右衛門府各三十四種

大黄十五両、甘草《かんぞう》五両二分、人参七両、白芷十四両、半夏五両、烏頭二斤二両二分、桔梗・紫菀各三両二分、石膏・桃人・木防己・防風各一両二分、呉茱萸一斤一両、茈胡六両、菖蒲・大戟・独活各二両、茯苓八両、細辛十両三分、蜀椒一斤十両二分、芍薬・亭歴子・杏人・厚朴各四両、芎藭一斤二両二分、白朮十二両二分、当帰八両二分、黄芩四両三分、麻黄三両、黄連・皂莢・茵草各二分、前胡十一両二分、麴一斤二両。

右、府別に白散四十八剤、茯苓散・*百毒散《ひやくどくさん》各三剤、七気《しちき》丸《がん》・芍薬丸・*呉《ご》茱萸《しゅゆ》丸《がん》・四《し》味《み》理中《りちゅう》丸《がん》各二剤、*温白丸《おんぱくがん》一剤、*神明膏《しんみょうこう》・千瘡万病膏各二剤の料。

23 *左右兵衛府各三十種

呉茱萸四升五合、前胡・白芷各一両二分、白朮十両二分、芎藭六両一分、蜀椒五升三勺、細辛三両三分、当帰八両、附子・芍薬・黄芩・杏人各四両、大黄十三両二分、大戟・蛇含・茵草・独活・亭歴子・麴各二両、人参七両三分、半夏一両、桔梗三分、茯苓・紫菀・石膏・桃人・菖蒲各三分、甘草八両三分、茈胡二両二分、枳実

万風膏　処方不明。風病の治療薬か。

万病膏　処方不明。飛鳥池遺跡出土木簡に「万病膏、神明膏」と見え(『飛鳥藤原京木簡』一―九三九、二〇〇七年)、紫香楽宮跡とされる宮町遺跡から「万病膏」と記した墨書土器が出土している(『宮町遺跡発掘調査報告書』I、一九八九年)。

千瘡万病膏　本式1条参照。

22衛門府雑薬条

左右衛門府　令制の五衛府の一つであった衛門府が一旦左右衛士府に統合され、弘仁二年(八一一)に再び左右衛門府に改称された(狩野文庫本三代格同・十一・二十八符)。左右の府にそれぞれ医師一人が所属していた。左右近衛式57条に「余府准レ此」とあるので、近衛府と同様、以下にリストアップされる年料雑薬は太政官に申請して受領した。

百毒散　処方不明。本条のほか本式25・26・28・30条に見える。

呉茱萸丸四味理仲丸　本式3条参照。

温白丸　本式2条参照。

神明膏　本式3条参照。

23兵衛府雑薬条

左右兵衛府　令制の五衛府のうち(職員令62条)。左右の府にそれぞれ医師一人が所属。左右近衛式57条に「余府准レ此」とあるので、近衛府と同様、年料雑薬は太政官に申請して受領した。

十枚、

右、府別白散五十劑、七氣丸、芎藭丸、呉茱萸丸、干薑丸各一劑、四味理仲丸、當歸丸各二劑、神明膏一劑、千瘡萬病膏二劑料、

左右馬寮

馬藥石硫黄各六升四合、季別一升六合、

兵庫寮四種

神明膏、萬病膏、茯苓散各一劑、百毒散半劑、其料桂心、干薑各二兩二分、猪膏廿斤、酢九升一合、篩料絹二尺、絞料調布四尺、裹ㇾ藥料紙四張、木綿一兩、陶壺二口、炭五斗、申ㇾ省請受、

遣諸蕃使

唐使十一種

犀角丸、大戟丸各四劑、七氣丸、八味理仲丸、百毒散、度嶂散各十二劑、茯苓散十六劑、神明膏六劑、萬病膏、升麻膏各八劑、黄良膏四劑、所ㇾ須藥種各依二本方一、其用度雜物、篩六口料絹一丈二尺、裹油絁一丈三尺六寸五分、紙九十八張、木綿二斤十四兩、酢七斗七升、調布一端四尺、拭ㇾ臼布二丈、陶壺廿三口、炭七斛九升、

硫　底「流」。塙ニヨリテ改ム。以下、本巻ノウチ一々注セズ。

半　兵庫式36条「二」。

白散　本式1・5条参照。

七気丸…　以下の製剤はすべて本式3条の中宮の年料常備薬に含まれる。

24馬寮雑薬条

左右馬寮　令制の左右馬寮(職員令63条)が、一旦統合されて主馬寮となり、大同三年(八〇八)兵馬司・内厩寮と併合して再び左右馬寮となった(狩野文庫本三代格同・正・二十五詔)。馬の治療を行なう馬医が左右馬寮にそれぞれ二人ずつ所属した。

馬薬　→補1

石硫黄　昇華硫黄のこと。和名抄には「硫黄」の和名を「由乃阿和(ユノアワ)」、俗云二由王一とする。左右馬式35条と季ごとの硫黄の量は一致する。

25兵庫寮雑薬条

兵庫寮　令制の左右兵庫(職員令64条)が、寛平八年(八九六)に造兵司・鼓吹司と統合され、兵部省被管の兵庫寮として成立(狩野文庫本三代格同・九・七符)。本条の雑薬は兵庫式36条によると、鼓吹生

十枚。

右、府別に白散五十剤、*七気丸・芎薬丸・呉茱萸丸・干薑丸各一剤、四味理仲丸・当帰丸各二剤、神明膏一剤、千瘡万病膏二剤の料。

24 *左右馬寮

*馬薬の*石硫黄《せきいおう》各六升四合〈季別に一升六合〉。

25 *兵庫寮四種

*神明膏・*万病膏・茯苓散各一剤、*百毒散半剤。その料、桂心《けいしん》・干薑《かんきょう》各二両二分、*猪《ちょ》膏《こう》二十斤、酢九升一合、篩《ふるい》の料の絹二尺、絞《しぼり》の料の調布四尺、薬を裹《つつ》む料の紙四張、木綿一両、陶《すえ》の壺二口、炭五斗、省に申して請い受けよ。

*遣諸蕃使

26 *唐使十一種

*犀角丸《さいかくがん》・*大戟丸各四剤、*七気丸・八味理仲丸・*百毒散・*度嶂散《どしょうさん》各十二剤、*茯苓散十六剤、*神明膏六剤、*万病膏・*升麻膏《しょうまこう》各八剤、*黄良膏《こうりょうこう》四剤。須うるところの薬種は各*本方によれ。その用度の雑物は、篩六口の料の絹一丈二尺、裹《つつみ》の油絁《あぶらぎぬ》一丈三尺六寸五分、紙九十八張、木綿二斤十四両、酢七斗七升、調布一端四尺、臼を拭《のご》う布二丈、陶の壺二十三口、炭七斛九升。

のための年料薬物である。

神明膏　本式3条参照。

万病膏茯苓散　本式21条参照。

百毒散半剤　本式22条参照。兵庫式36条では一剤とする。

猪膏　主殿式12条に「兵庫寮（中略）猪膏小廿斤〈造鼓吹生等薬料〉」とある。

遣諸蕃使　以下26条から31条までは、遣諸蕃使（遣唐使・遣渤海使・遣新羅使）に支給する調合薬と草薬のリストである。大蔵式94・95・96条によれば、遣唐使・遣渤海使・遣新羅使には医師が同行した。31条末尾に「客徒」とあるが、以下は来日した外交使節に対する白散支給に関わる規定であり、本来別条に立てるべきかと思われる。

26唐使雑薬条

唐使　遣唐使。大蔵式94条参照。

犀角丸　本式2条参照。

大戟丸　→補2

七気丸八味理仲丸　本式3条参照。

百毒散　本式22条参照。

度嶂散　本式1条参照。

茯苓散・万病膏　本式21条参照。

神明膏　本式3条参照。

升麻膏　本式2条参照。

黄良膏　→補3

本方　唐雑律7条の「本方」の疏に「今古薬方及本草」とある。

茹　底「茄」。梵別ニヨリテ改ム。下同ジ。

藜　底「梨（蔾）」。元和本和名抄「蔾」。正シクハ「藜」（タダシ両字相通）。コノ字ニツイテハ、「藜」ニ統一シテ以下、本巻ノウチ一々注セズ。

蒲　底「蒲」。梵・梵別・貞ニヨリテ改ム。以下、本巻ノウチ一々注セズ。

所　底、コノ上「神」字アリ。諸本ナシ。衍字ニツキ削ル。

冶　底「治」。梵・塙ホカニヨリテ改ム。

27唐使草薬条

草薬　前条に「所レ須薬種各依二本方一」とあり、本条の草薬は調合薬とは別に生薬の状態で用意されたと思われる。

栝楼　ウリ科の植物トウカラスウリの果実に比定される。本草和名にカラスウリとある。

天雄　キンポウゲ科の植物トリカブトの根は、母根を「烏頭」、母根に附生する子根を「附子」、子根が派生せず母根が長く延びたものを「天雄」と称する。本草和名は附子・烏頭・天雄とも和名を記さない。本式では近江のみが貢納する。

石南草　ツツジ科の植物シャクナゲの葉に比定される。本草和名にトビラノキとある。

草藥五十九種

芎藭、白朮、地楡、桔梗各八斤、獨活、前胡、升麻、夜干、栝樓、牛膝、茯苓、茈胡、烏頭、附子、天雄、商陸、蜀椒、黄耆、松脂、石南草各六斤、大戟、防已、黄蘗、紫菀、苦參、菖蒲各四斤、石韋、澤寫、玄參、槀本、熟艾、漏蘆、•藺茹、甘遂、蛇含、•藜蘆、干地黄、枳實、桑根白皮、丹參各二斤、杏人、五味子、兎絲子、亭歷子、蛇床子、半夏、•蒲黄、麥門冬、僕奈各四斤、練胡麻一斗六升、桃人一石二斗、黄芩、麻黄各八斤、黄連、茵芋、呉茱萸、防風、橘皮各六斤、白蘞四斤、盛二雑藥一韓櫃四合、著レ鑞、裹レ櫃席八枚、黒葛四斤、麻縄四了、杤四枝、

渤海使十七種

素女丸半劑、五香丸三兩、練仲丸、呉茱萸丸、干薑丸、犀角丸、四味理仲丸各一劑、七氣丸、八味理仲丸各二劑、大戟丸半劑、度嶂散、百毒散各二劑、茯苓散三劑、黄良膏、升麻膏各一劑、神明膏二劑、萬病膏三劑、•所レ須藥種亦依二本方一、用度雜物、篩三口料絹六尺、•冶篩紗一尺五寸、裹油絁六尺五寸、紙廿三張、木綿八兩、絞綿五兩、調布六尺五寸、酢二斗四升、炭二石五斗、陶壺四口、陶椀四合、叩盆二口、

草藥八十種

27
*草薬五十九種

芍薬《しやくやく》・白朮《びやくじゆつ》・地楡《ちゆ》・桔梗《ききよう》各八斤、独活《どつかつ》・前胡《ぜんこ》・升麻《しようま》・夜干《やかん》・*栝楼《かろう》・牛膝《ごしつ》・茯苓《ぶくりよう》・茈胡《さいこ》・烏頭《うず》・附子《ぶし》・*天雄《てんゆう》・商陸《しようりく》・蜀椒《しよくしよう》・黄耆《おうぎ》・松脂《しようし》・*石南草《せきなんそう》各六斤、大戟《だいげき》・*防己《ぼうき》・黄蘗《おうばく》・紫苑《しおん》・苦参《くじん》・菖蒲《しようぶ》各四斤、石韋《せきい》・沢写《たくしや》・玄参《げんじん》・槀本《こうほん》・熟艾《じゆくがい》・漏蘆《ろうろ》・閭茹《ろじよ》・甘《かん》遂《ずい》・蛇含《じやがん》・藜蘆《れいろ》・干地黄《かんじおう》・枳実《きじつ》・桑根白皮《そうこんはくひ》・丹参《たんじん》各二斤、杏人《きようにん》・五味子《ごみし》・兎糸子《としし》・亭歴子《ていれきし》・蛇床子《じやしようし》・半夏《はんげ》・蒲黄《ほおう》・麦門冬《ばくもんとう》・僕奈《ぼくな》各四斤、練胡麻《れんごま》一斗六升、桃人《とうにん》一石二斗、黄芩《おうごん》・麻黄《まおう》各八斤、黄連《おうれん》・茵芋《いんう》・呉茱萸《ごしゆゆ》・防風《ぼうふう》・橘皮《きつぴ》各六斤、白蘞《びやくれん》四斤。*雑の薬を盛《い》るる韓櫃四合〈鏁《さ》を著く〉、櫃を裹む席八枚、黒葛四斤、麻縄四了、朸《おうご》四枝。

28
*渤海使十七種

*素女丸《そじよがん》半剤、*五香丸《ごこうがん》三両、*練中丸《れんちゆうがん》・*呉茱萸丸・干薑丸・犀角丸・四味理仲丸各一剤、七気丸・八味理仲丸各二剤、*大戟丸半剤、*度嶂散・*百毒散各二剤、*茯苓散《ぶくりようさん》三剤、*黄良膏・*升麻膏各一剤、*神明膏二剤、*万病膏《まんびようこう》三剤。須うるところの薬種もまた本方によれ。用度の雑物は、篩三口の料の絹六尺、冶篩《つきふるい》の紗一尺五寸、裹《つつみ》の油絁六尺五寸、紙二十三張、木綿八両、絞の綿五両、調布六尺五寸、酢二斗四升、炭二石五斗、陶の壺四口、陶の椀四合、叩盆二口。

29
草薬八十種

防己…僕奈　→補1

雑の薬を盛るる韓櫃四合　本条の草薬を入れた韓櫃。四合あるのは、遣唐使船四隻に対応したものか。

28渤海使雑薬条

渤海使　遣渤海使。大蔵式95条参照。

素女丸　処方不明。本条のみに見える。隋代成立の医書「素女経」(日本国見在書目録などに見える)に関わるか。

五香丸　医心方一六(治毒腫方)に劉涓子方の処方が載る。腫物の治療薬。なお千金方六上(口病)には口臭を消す薬としての五香丸の処方が見える。通常、製剤は「剤」単位で表記されるが、ここのみ「三両」と重量で記されている。

練仲丸　練中丸であろう。練中丸は医心方九(治宿食不消方)に録験方の処方が載せられている。人参・茯苓・甘草・白朮・干薑を調合する処方である。消化不良・大便不通の薬。

呉茱萸丸…八味理仲丸　犀角丸のみ本式2条、以外はいずれも本式3条参照。

大戟丸・黄良膏　本式26条参照。

度嶂散　本式1条参照。

百毒散　本式22条参照。

茯苓散・万病膏　本式21条参照。

升麻膏　本式2条参照。

神明膏　本式3条参照。

29渤海使草薬条

練胡麻大五升、桃人一斗四升、黃芩、薺苨、黃連、白朮、石斛、藍漆、細辛、桔梗、獨活、當歸、夜干、牛膝、茯苓、白芷、升麻、橘皮、附子、烏頭、天雄、黃耆、松脂、石南草、防己、黃蘗、白蘞、紫菀、麥門冬、苦參、鬼臼、芎藭、干地黃、枳實、葛根各二斤、芍藥、地榆、前胡、白頭公、栝樓、防風、茈胡、茵草、商陸、大戟、茵芋、菖蒲、槀本、甘遂、石韋、澤寫、玄參、漏蘆、藺茹、蛇含、藜蘆、桑根白皮、皂莢、丹參、蒲黃、半夏、龍膽各一斤、龍骨、石硫黃、石膏各一斤、蜀椒四斤、呉茱萸五升、杏人、五味子、菟絲子、亭歷子、蛇床子各二升、烏梅、大棗、麴各五升、瓜蔕四升、羚羊角十枚、熟艾二斤、僕奈、女靑各一斤、盛三雜藥一韓櫃二合、著レ鏁、裹レ櫃席四枚、黑葛二斤、麻縄八了、杋二枝、裹レ藥庸布二段、筥二合、各方一尺五寸、紙八張、木綿三兩、

新羅使六種

八味理仲丸、七氣丸各一劑、百毒散二劑、茯苓散四劑、神明膏、萬病膏各二劑、所レ須藥種並依二本方一、其用度、篩二口料絹三尺、裹油絁二尺五寸、紙十二張、木綿三兩、絞調布五尺、酢一斗六升、盛二膏藥一陶壺四合、炭一石五斗、叩盆二口、

草藥廿四種

各一斤　下文「石膏」ノ下ニマタ「各一斤」アリ。恐ラクハ誤リアラン。

升　底、コノ下「升」字アリ。閣・壬・井・貞ナシ。衍字ニツキ削ル。

羚　底「零」。壗ニヨリテ改ム。以下、本巻ノウチ一々注セズ。

枝　底「枚」。上文27条ニ倣イテ改ム。下同ジ。

練胡麻　ゴマを練ったもの。本式13条参照。

薺苨　キキョウ科の植物セイデイの根に比定される。本草和名にサキクサナ・ミノハとある。

藍漆　本草和名や医心方一(諸薬和名)には、「本草外薬」として挙げ、僕奈とともに「世用多レ験、但所レ出未詳」とある。中国の本草には載せない生薬であるが、出雲国風土記(意宇郡・島根郡・秋鹿郡・楯縫郡・神門郡・仁多郡)および播磨国風土記(讃容郡)に見え、早くから薬効が知られていたらしい。

鬼臼　メギ科の植物ハッカクレンの根茎に比定される。正倉院に現存する献納薬物「鬼臼」はユリ科の植物マルバタマノカ

*練胡麻大五升、桃人一斗四升、黄芩・*薺苨《せいでい》・黄連・白朮・石斛《せっこく》・*藍漆《らんしつ》・細辛《さいしん》・桔梗・独活・当帰《とうき》・夜干・牛膝・茯苓・白芷《びゃくし》・升麻・橘皮・附子・烏頭・天雄・黄耆・松脂・石南草・防己・黄蘗・白蘞・紫菀・麦門冬・苦参・*鬼臼《ききゅう》・芎藭《きゅうきゅう》・干地黄・枳実・葛根《かっこん》各二斤、芍薬・地楡・前胡・白頭公《はくとうこう》・栝楼・防風・茈胡・菵草《ほうそう》・商陸・大戟・茵芋・菖蒲・槀本・甘遂・石韋・沢写・玄参・漏蘆・藺茹・蛇含・藜蘆・桑根白皮・皁莢《そうきょう》・丹参・蒲黄・半夏・竜胆《りゅうたん》各一斤、竜骨《りゅうこつ》・石硫黄・石膏《せっこう》各一斤、蜀椒四斤、呉茱萸五升、杏人・五味子・菟糸子・亭歴子・蛇床子各二升、烏《う》梅《ばい》・*大棗《たいそう》・麴《きく》各五升、*瓜《か》蔕《てい》四升、*羚羊角《れいようかく》十枚、熟艾二斤、僕奈・*女青《じょせい》各一斤。雑の薬を盛《い》るる韓櫃二合〈鏁を著く〉、櫃を裹む席四枚、黒葛二斤、麻縄八了、杋二枝、薬を裹む庸布二段、筥二合〈各方一尺五寸〉、紙八張、木綿三両。

30
*新羅使六種

*八味理仲丸・七気《しちき》丸《がん》各一剤、*百毒散《ひゃくどくさん》二剤、*茯苓散四剤、*神明膏《しんみょうこう》・*万病膏各二剤。須うるところの薬種はみな本方によれ。その用度は篩二口の料の絹三尺、裹の油絁二尺五寸、紙十二張、木綿三両、絞の調布五尺、酢一斗六升、膏薬を盛るる陶の壺四合、炭一石五斗、叩盆二口。

31
草薬二十四種

ンザシの根茎。本草和名にヌバノミとある。

大棗　クロウメモドキ科の植物ナツメの果実。本草和名にオホナツメとある。長屋王家木簡に「棗」(『平城京木簡』一―一八八、一九九五年)、二条大路木簡に「大棗」が見える(『平城宮発掘調査出土木簡概報』三〇、一九九五年)。続紀神亀三・九・庚寅条には、内裏に「玉棗」が生えたことを嘉して道俗の文人らが勅に応じて詩賦を献上したことが見える。

瓜蔕　ウリ科の植物マクワウリのへたに比定される。本草和名にニガウリノホゾとある。

羚羊角　ウシ科の動物サイガレイヨウの角に比定されるが、本草和名にカマシシノツノとあり、日本ではカモシカの角が使用された。

女青　アカネ科の植物ヘクソカズラの全草および根。本草和名にカバネクサとある。

30新羅使雑薬条

新羅使　遣新羅使。大蔵式96条参照。
八味理仲丸七気丸　本式3条参照。
百毒散　本式22条参照。
茯苓散　本式21条参照。
神明膏　本式3条参照。
万病膏　本式21条参照。

31新羅使草薬条

半夏、呉茱萸、僕奈、五味子各五升、升麻、夜干、白朮、當歸、厚朴、石硫黃、茯苓、黃芩、麴各五斤、橘皮四斤、黃連、桃人、杏人各一斗、薺苨、細辛、地楡各三斤、麥門冬七升、菖蒲一斤、蜀椒一斗、藺茹二斤、盛㆓雜藥㆒韓櫃二合、席四枚、黑葛二斤、麻繩二了、朳二枝、

給㆓客徒㆒白散漆高案二脚、白筥二合、夾纈覆二條、各二幅、帶四條、敷布二條、並三日之後依㆑數返上、黃袍四領、執㆑案醫生料、

凡應㆑讀㆓醫經㆒者、大素經限㆓四百六十日㆒、新修本草三百十日、小品三百十日、明堂二百日、八十一難經六十日、其博士准㆓大學博士㆒、給㆓酒食幷燈油賞錢㆒、

凡大素經准㆓大經㆒、新修本草准㆓中經㆒、小品、明堂、八十一難經並准㆓小經㆒、

凡講書座料、折薦茵二枚、醫針博士料、長疊三枚、生料、並隔㆓三年㆒申㆑省請受、

凡得業生四人、衣食同㆓大學得業生㆒、

凡諸國醫師公廨、人別所㆑給十分之一、毎年割留隨㆓國所出㆒交㆓易輕物㆒、附㆓貢調使㆒送之、若有㆓未進㆒移㆓主計寮㆒、令㆑拘㆓使

黃連　考異、コノ下ニ斤両ヲ補ウベシトナス。

夾　底「挟」。塙校注ニヨリテ改ム。

客徒に給う白散　客徒とは滞在中の外交使節のこと。本来、別条に立てるべきか。白散は正月三箇日に飲む薬であるが、五位以上の官人にも元日に支給された。本式1・5条参照。↓補1

32読医経条

大素経…八十一難経　↓補2

博士　典薬寮の医博士・針博士ら。

大学の博士に准えて…　大学式26条によれば、博士は日ごとに米・酒・塩・東鰒・腊・鮓・海藻を支給され、油は夜ごとに一合支給される。賞銭は、講説が終了した時点で経のランクに応じて支払わ

れ、大経三〇貫、中経二〇貫、小経は一〇貫であった。

33大素経条

大経・中経・小経　→補3

34講書座料条

講書　医針博士による講義。本式32条の医経を教授した。

折薦の茵・長畳　大学寮の講書においても、博士以下の座に折薦の茵、学生の座に長畳が充てられ、掃部寮が三年ごとに調進していた。大学式27条、掃部式70条参照。

35得業生条

得業生　医得業生。→補4

大学得業生　大学式29条参照。

36医師公廨条

諸国の医師　職員令80条の規定では、国医師は国ごとに一人。→補5

公廨　公廨稲のこと。国医師は続紀天平宝字元・十・乙卯太政官処分により、史生と同様の公廨の配分を受けることになった。

十分の一　公廨の一〇分の一を恩師である授業師に送る。→補6

貢調使　調庸を京進する使。賦役令3条によれば、近国十月、中国十一月、遠国十二月が納入期限である。延長が認められた国については、民部式上12条参照。

使の返抄　貢調使に対する返抄。

半夏・呉茱萸・僕奈・五味子各五升、升麻・夜干・白朮・当帰・厚朴《こうぼく》・石硫黄《せきいおう》・茯苓・黄芩・麴各五斤、橘皮四斤、黄連・桃人・杏人各一斗、薺苨・細辛・地楡各三斤、麦門冬七升、菖蒲一斤、蜀椒一斗、閭茹二斤。雑の薬を盛る韓櫃二合、席四枚《ひら》、黒葛二斤、麻縄二了、杓二枚。

*客徒に給う白散《びゃくさん》の漆の高案二脚、白筥二合、夾纈の覆二条〈各二幅〉、帯四条、敷布《しきぬの》二条〈みな三日の後、数によりて返上せよ〉、黄の袍《ほう》四領〈案を執る医生の料〉。

32 凡そ医経を読むべくは、*大素経《たいそきょう》は四百六十日を限れ。新修本草《しんしゅうほんぞう》は三百十日、小品《しょうひん》は三百十日、明堂《みょうどう》は二百日、八十一難経《なんきょう》は六十日。其れ*博士は*大学の博士に准えて、酒食ならびに燈油・賞銭を給え。

33 凡そ大素経は*大経に准え、新修本草は*中経に准え、小品・明堂・八十一難経はみな*小経に准えよ。

34 凡そ*講書の座の料、*折薦《おりごも》の茵《しとね》二枚〈医・針博士の料〉、*長畳三枚〈生の料〉、みな三年を隔てて省に申して請い受けよ。

35 凡そ*得業生《とくごうしょう》四人、衣食は*大学得業生に同じくせよ。

36 凡そ*諸国の医師《くすし》の*公廨《くげ》、人別《ごと》に給うところの*十分の一は毎年割《さ》き留《とど》め、国の所出に随いて軽物と交易《きょうやく》し、*貢調使《こうちょうし》に附《さず》けて送れ。もし未進あらば、主計寮に移《い》し、*使の

返抄一、但侍醫并醫針博士兼任及非業者、不レ在二此限一、

凡諸國所レ送授業師料物者、勘二納寮庫一、即醫針生料、各充二其博士一、藥生料分充二侍醫一、

凡五位已上、有レ須二草藥一者、就レ寮請之、

年料雜物

紙二百張、鐵臼一口、鍋子一口、白筥一合、刀子四枚、各長七寸、鍬廿二口、廿口藥園、二口寮家、砥一顆、缶、叩盆、椀各四口、

右、依二前件一、其鍬砥三年一充、舊鍬返上、臼、鍋子、筥隨レ破請換、

寮家儲物

稱一箇、藥斗一口、藥升一口、鐵臼十口、鐵杵十枚、鐵匕五枚、藥刀六枚、漆中取案一脚、藥殿承塵橡絁幔一條、長三丈、十幅、行幸儲橡絁幕一條、紺布幕一條、並隨二破損一申レ省請替、

凡味原牧爲二寮牛牧一、其生益牡牛、便充レ耕二作藥園一、并

針　底「鍼」。上下ノ文ニヨリテ改ム。

二　底「五」。要略九五ニヨリテ改ム。

匕　底「上」。塙校注ニヨリテ改ム。

枚　底「床」。塙校注ニ従イテ改ム。

絁　底ナシ。考異ニ従イテ補ウ。

医針博士の兼任　典薬寮の医・針博士で国医師を兼任する者。

非業の者　諸国の非業の医師。正規の手続きを経ないで任用された国医師をいう。なお国医師の場合は、国博士と異なり、奉試及第していなくても受業とされた。式部式上172・192条参照。非業医師には授業師がいないので、この条文には関わらない。

37授業師料物条

授業師　典薬寮で講義を授けた博士ら。

薬生　本式1条参照。薬生は師を持たないが、侍医の推挙により国医師に任じられたため、授業師料は侍医に充てられ

返抄《へんしよう》を拘《とど》めしめよ。ただし侍医ならびに医*・針博士の兼任および非業《ひごう》*の者は、この限りにあらず。

37 凡そ諸国送るところの授業師《じゆごうし》*の料物は、寮庫に勘納せよ。すなわち医・針生の料は各その博士に充て、薬生*の料の分は侍医に充てよ。

38 凡そ五位*已上、草薬を須うるあらば、寮に就きて請《う》けよ。

39 年料の雑物

紙二百張、鉄《くろがね》*の臼《く》一口、鍋子《なべ》一口、白筥一合、刀子《かたな》四枚〈各長さ七寸〉、鍬《くわ》二十二口〈二十口は薬園*、二口は寮家〉、砥《と》一顆《か》、缶《もたい》・叩盆《たたいべ》・椀《まり》各四口。

右、前《さき》の件《くだり》によれ。其れ鍬・砥は三年に一たび充てよ〈旧き鍬は返上せよ〉。臼・鍋子・筥は破るるに随いて請け換えよ。

40 寮家の儲の物

称《はかり》一箇、薬斗《くすります》*一口、薬升《くすります》*一口、鉄の臼十口、鉄の杵十枚、鉄の匕《かい》*五枚、薬刀六枚、漆の中取《なかとり》の案《つくえ》一脚、薬殿*の承塵《しようじん》*の椽《つるばみ》の絁《あしぎぬ》の幔《まく》一条〈長さ三丈、十幅〉、行幸に儲くる椽の絁の幕一条、紺の布の幕一条、みな破損するに随いて省に申して請け替えよ。

41 凡そ味原《あじはら》*の牧《まき》は寮の牛牧となせ。其れ生益《しようやく》*の牡牛*は便《たより》に薬園を耕作するに充て、な

た。式部式上192条参照。

38五位以上草薬条

五位已上…　医疾令(24)条に「凡五位以上疾患者、並奏聞、遣レ医為レ療、仍量レ病給レ薬」とあり、これに対応する規定。

39年料雑物条

鉄の臼　製薬用の臼。次条の鉄の臼一〇口との関係は不明。

薬園　典薬寮附属の薬園。

40寮家儲物条

薬斗・薬升　→補1

鉄の匕　散薬を量る匙。医心方一(薬斤両升合法)に「方寸匕者、作レ匕正方一寸、抄レ散取不レ落為レ度」とある。一寸四方の匙である。

薬殿　平安宮内裏では、安福殿に所在し、常に侍医がここに伺候していた。

承塵　和名抄の屏障の項に、「釈名云、承塵〈此間名如レ字〉、施二於上一承二塵土一也」とある。屋根裏から落ちる塵を防ぐために室内上部に張った幔幕。

41味原牧条

味原の牧　典薬寮附属の牛牧。「乳牛牧」とも呼ばれるように、乳牛を飼育するための牧であった。本式11条参照。→補2

生益　出生によって数が増えること。

牡牛　生まれた牛が牝ならば乳牛として飼育されるが、牡は耕作に使われ、または種牛とされた。

爲㆓父牛㆒、

凡味原牛牧死牛皮者、賣用㆓寮修理料㆒、但所㆓賣得㆒數、附㆓年終帳㆒申送之、

凡山城國地二町、在㆓葛野郡十三條水谷下里㆒、四至東限㆓岑山㆒、南限㆓堀越山谷口㆒、西限㆑岑、北限㆓辛河合㆒、永爲㆘殖㆓供御地黄㆒地㆖、

勸學田十八町

十三町 大和國九町 近江國四町

右、以㆓其地子㆒加㆓月料㆒、共充㆓醫針生食㆒、

五町 大和國

右、以㆓其地子㆒充㆓藥生等食㆒、

諸國進年料雜藥

畿內

山城國卅二種

王不留行十二斤、獨活十斤、白朮廿五斤、地楡、黄耆各十斤、牛膝、苦參各廿五斤、桔梗卅斤、香薷、夜干各十五斤、菖蒲三斤、枳實、漏蘆、槀本各九斤、薺苨、茵草、小蘗各六斤、龍膽、通草各五斤、紫菀三斤、商陸八兩、芎藭四兩、厚

四至　底、大書シテ本文トナス。考異ニ従イテ改ム。

薷　底「儒」。版本ニ従イテ改ム。以下、本巻ノウチ一々注セズ。

厚　底「原」。閣・梵ホカニヨリテ改ム。

42味原死牛条

死牛の皮　官の牛馬が死亡した場合、厩牧令26条に「凡官馬牛死者、各収㆓皮脳角胆㆒」とあり、皮をはじめとして、さまざまに利用、あるいは売却された。この売却で得た費用を、典薬寮施設の修理費用に充てた。左右馬式38条参照。

年終帳　一年間の決算報告書。雑令37条に、「其費用見在帳、年終一申㆓太政官㆒」と規定され、宮内式61条に「凡典薬寮味原牛牧帳一通、年終令㆑進」と見える。太政官式152条によれば、正月二十一日までに提出することになっていた。

43地黄地条

山城国の地二町　→補1

供御の地黄　本式7条参照。

44勧学田条

勧学田　→補2

地子　勧学田の賃租料。主税式上19条によれば、収穫稲の二割とされる。これを

らびに父牛となせ。

42 凡そ味原の牛牧の*死牛の皮は、売りて寮の修理料に用いよ。ただし売り得るところの数は、*年終帳に附して申し送れ。

43 凡そ*山城国の地二町の葛野《かどの》郡十三条水谷下里《みずたにのしもり》〈四至、東は岑山《みねやま》を限り、南は堀越山《ほりこしやま》の谷口《たにのくち》を限り、西は岑を限り、北は辛河合《からかわい》を限る〉にあるは、永く*供御《くご》の地黄《じおう》を殖うる地となせ。

44 *勧学田十八町

十三町〈大和国九町、近江国四町〉

右、その*地子《じし》を以て月料に加え、ともに医・針生の食《じき》に充てよ。

五町〈大和国〉

右、その地子を以て、薬生らの食に充てよ。

*諸国の進《たてまつ》る年料の雑薬

畿内

45 山城国三十二種

*王不留行《おうふるぎょう》十二斤、独活《どっかつ》十斤、白朮《びゃくじゅつ》二十五斤、地楡《ちゆ》・黄耆《おうぎ》各十斤、牛膝《ごしつ》・苦参《くじん》各二十五斤、桔梗《ききょう》三十斤、*香薷《こうじゅ》・夜干《やかん》各十五斤、菖蒲《しょうぶ》三斤、枳実《きじつ》・漏蘆《ろうろ》・藁本《こうほん》各九斤、薺苨《せいでい》・葥草《ほうそう》・*小蘗《しょうばく》各六斤、竜胆《りゅうたん》・*通草《つうそう》各五斤、紫菀《しおん》三斤、商陸《しょうりく》八両、芍薬《しゃくやく》四両、厚

軽貨に交易して典薬寮に納入し、諸生らの衣食費に充てた。

諸国の進る年料の雑薬　以下45条から98条は諸国から毎年徴収すべき薬物のリスト。医疾令㉒条の規定を淵源とするが、民部式下53条に「自余雑薬見二典薬式一」とあり、年料別貢雑物と同様の性格を持つ制度であることが分かる。→補3

45山城年料雑薬条

王不留行　ナデシコ科の植物ドウカンソウの種子に比定される。本草和名にスズクサ・カサクサとある。藤原宮出土木簡に「請王風行　放鷹司人進少初」と見える「王風行」は王不留行のことであろう(木研5)。

香薷　シソ科の植物カイシュウコウジュの全草に比定される。本草和名にイヌエ・イヌアララギとある。

小蘗　本草和名には巻一四木部下品に載せるが、和名は見えず、「一名山石榴」とある。同じく本草和名の巻一二木部上品の「蘗木」の項には「子蘗一名山石榴」とあり、和名はキハダとある。蘗木ならばミカン科の植物キハダの樹皮に比定される。なお現在の中薬では「小檗」はメギ科の植物メギに比定されている。

通草　ウコギ科の植物ツウダツボクの茎の髄に比定される。本草和名にアケビカヅラとある。

朴十八斤、白蘞二斤二兩、葛根卅二斤、鼠尾草三斤、桃人九升、杏人一斗八升、赤小豆四斗六升、蜀椒一斗二升、鼈甲一枚、白粟大一斗、

大和國卅七種

前胡十二斤、王不留行二斤、槀本、升麻各八斤、獨活廿五斤、紫菀六斤、大靑廿斤、茵草、牛膝各七斤、桔梗廿一斤、黄蘗十一斤、香薷、澤蘭各十五斤、白朮卅斤、枳實、通草、大戟各十斤、菝葜卌斤、厚朴九斤、龍膽三斤、薺苨、桑根白皮各五斤、澤寫、當歸各四斤、薏苡仁十五兩、白芷十八斤、橘皮十斤、地楡十六斤、茵芋一斤、榧子一斗六升、薯蕷七斗、桃人、蜀椒各二斗、車前子二斗八升、充蔚子六升、鬼箭三升、呉茱萸三斗、白花木瓜實廿三斤、

攝津國卌四種

獨活、漏蘆各五斤、知母、松脂、桑根白皮各四斤、橘皮六斤、薔薇根、烏賊骨各四斤、桔梗廿三斤六兩、香薷七斤、白朮廿三斤、枳實、黄蘗、玄參、人參、茯苓、升麻各三斤、苦參四斤、厚朴十斤、杜仲三斤十二兩、松蘿、萆薢、地楡、桑螵蛸各二斤、桃花十兩、夜干五斤、茜根一斤、蜂房七兩、兎絲子二升、薯蕷六升、桃人一升、車前子、亭歷子、蓼子、蜀椒各三升、荏子二升五合、胡麻子各四升五合、杏人一斗九升、鼈甲四枚、鹿角四具、葵子大五升、枸杞六斤、

升　底「斗」。閣・梵別ホカニヨリテ改ム。
粟　底「栗」。閣・梵ホカニヨリテ改ム。
卅七種　本文、三八種ヲ掲グ。
當　底「常」。閣・梵ホカニヨリテ改ム。
仁　底「花」。考異、「芒」ノ誤リカトナスニ従イ、例用ノ「仁」ニ改ム。
卌四種　本文、四二種ヲ掲グ。
知母　底「茹苺」。版本ニ従イテ改ム。以下、本巻ノウチ一々注セズ。
苦參四斤　底校注・閣・塙ホカニヨリテ補ウ。
薢　底「解」。塙ニヨリテ改ム。以下、本巻ノウチ一々注セズ。
胡麻子　考異、コノ辺リニ薬種名ヲ脱セルカトナス。恐ラク是。

鼠尾草・白粟　→補1

46大和年料雑薬条
大青　クマツヅラ科の植物ロヘンセイ、アブラナ科の植物ソウダイセイあるいはタデ科の植物アイなどの葉に比定される。本草和名にハトクサ・クルクサとある。

朴十八斤、白蘞《びやくれん》二斤二両、葛根《かつこん》三十二斤、*鼠尾草《そびそう》三斤、桃人《とうにん》九升、杏人《きようにん》一斗八升、赤小豆《せきしようず》四斗六升、蜀椒《しよくしよう》一斗二升、鼈甲《べつこう》一枚、*白粟《はくぞく》大一斗。

46 大和国三十七種

前胡《ぜんこ》十二斤、王不留行二斤、槀本・升麻《しようま》各八斤、独活二十五斤、紫菀六斤、*大青《たいせい》二十斤、茵草・牛膝各七斤、桔梗二十一斤、黄蘗《おうばく》十一斤、香薷・*沢蘭《たくらん》各十五斤、白朮三十斤、枳実・通草・大戟《だいげき》各十斤、菝葜《ばつかつ》四十斤、厚朴《こうぼく》九斤、竜胆三斤、薺苨・桑根《そうこん》白皮《はくひ》各五斤、沢写《たくしや》・当帰《とうき》各四斤、*薏苡仁《よくいにん》十五両、白芷《びやくし》十八斤、橘皮《きつぴ》十斤、地楡十六斤、茵芋《いんう》一斤、*榧子《ひし》一斗六升、薯蕷《しよよ》七斗、桃人・蜀椒各二斗、*車前子《しやぜんし》二斗八升、*充《じゆう》蔚子《いし》六升、*鬼箭《きせん》三升、呉茱萸《ごしゆゆ》三升、*白花木瓜実《はくかもつかじつ》二十三斤。

47 摂津国四十四種

独活・漏蘆各五斤、*知母《ちも》・松脂《しようし》・桑根白皮各四斤、橘皮六斤・薔薇根《しようびこん》・烏賊骨《うぞくこつ》各四斤、桔梗二十三斤六両、香薷七斤、白朮二十三斤、枳実・黄蘗・玄参《げんじん》・人参《にんじん》・茯《ぶく》苓《りよう》・升麻各三斤、苦参四斤、厚朴十斤、杜仲《とちゆう》三斤十二両、松蘿《しようら》・萆薢《ひかい》・地楡・桑螵《そうひよう》蛸《しよう》各二斤、桃花《とうか》十両、夜干五斤、茜根《せんこん》一斤、蜂房《ほうぼう》七両、兎糸子《としし》二升、薯蕷六升、桃人一升、車前子・亭歴子《ていれきし》・蓼子《りようし》・蜀椒各三升、荏子《じんし》二升五合、胡麻子《ごまし》各四升五合、杏人一斗九升、鼈甲四枚・鹿角《ろつかく》四具・葵子《きし》大五升、枸杞《くこ》六斤。

沢蘭　シソ科の植物ジカジヒョウの茎葉に比定される。本草和名にサハアララギ・アカマグサとある。本式では大和国のみが貢納。

薏苡仁　イネ科の植物ジュズダマの種子の仁(サネ)に比定される。本草和名にツシダマとある。

榧子　イチイ科の植物ヒの種子に比定される。本草和名には「榧実」で載り、カヘノミとある。藤原宮出土木簡に「非子一斤」とある付札は榧子のことであろう(木研11)。

車前子　オオバコ科の植物オオバコの種子に比定される。本草和名にオホバコとある。藤原宮跡出土木簡に車前子を含む薬の受領証や(木研5)、処方書き付けがある(木研11)。

充蔚子　シソ科の植物ヤクモソウの果実に比定される。本草和名にメハシギとある。本式では大和国のみが貢納。

鬼箭　ニシキギ科の植物ニシキギの翼状物のついた枝に比定される。本草和名には「赤箭」の異名として載り、ヲトヲトシ・カミノヤとある。

白花木瓜実　バラ科の植物ボケの果実に比定される。本草和名には「木瓜実」で載り、モケとある。

47摂津年料雑薬条

知母…**葵子**　→補2

河内國三種

枸杞十斤、蒲黄一斤、黑大豆大五斗、

東海道

伊賀國廿三種

前胡八斤、王不留行、玄參、升麻各八斤、獨活、苦參各廿斤、連翹、瞿麥各六斤、桔梗卅斤、菖蒲、木斛、夜干各十斤、大靑廿七斤、茯苓七斤、栝樓五斤、當歸十一斤、蛇脱皮一兩、薯蕷、桃人各五升、麥門冬四升、車前子七升、半夏二斗、蜀椒子一升、

伊勢國五十種

前胡一斤四兩、藜蘆二斤四兩、王不留行六斤、獨活卅五斤、知母卅二斤、牛膝八斤、桔梗九斤四兩、高梁薑十一斤、菖蒲一斤、恒山十斤、藍漆一斤、龍膽三斤四兩、苦參卌三斤、人參二斤八兩、芫茄十六斤六兩、躑躅花十斤、杜仲十五斤、白芷卅四斤、細辛十一斤、栝樓十九斤、木斛廿斤、白薇一斤四兩、松脂十六斤、大戟五斤四兩、地楡十五斤十兩、楡皮五斤、厚朴十九斤八兩、茯苓十一斤十兩、蜂房一斤十二兩、升麻卌九斤二兩、當歸四斤八兩、黃耆十一斤、葛根十斤、秦皮三斤十二兩、夜干卌五斤、橘皮五斤、牡丹七斤十兩、桑螵蛸一斤、白殭蠶

枸　底「椅」。塙校注ニヨリテ改ム。

蒲　底、コノ下ニ「苗」字アリ。衍ト見テ削ル。

斛　底ホカ全写本「解」。雲ニ従イテ改ム（考異ナシ）。以下、本巻ノウチ一々注セズ。

五十種　本文、四九種ヲ掲グ。

卌　底「卅」。閣・梵ホカニヨリテ改ム。下同ジ。

二　閣・塙・貞・京「三」。

杜　底「牡」。貞ニヨリテ改ム。下同ジ。

48河内年料雑薬条

黒大豆　→補1

49伊賀年料雑薬条

木斛　ラン科の植物セッコクなどの茎に比定される。本草和名に「石斛」の異名として見え、スクナヒコノクスネ・イハクスリとある。

蛇脱皮　ダゼイヒ。蛇蛻皮とも。ヘビ科の動物の抜け殻に比定される。本草和名にへミノモヌケとある。藤原宮出土木簡に「蛇脱皮一斤」の付札がある(木研11)。

蜀椒子　本式1条の「人参…薤白」参照。

50伊勢年料雑薬条

48 河内国三種

枸杞十斤、蒲黄《ほおう》一斤、*黒大豆《こくだいず》大五斗。

東海道

49 伊賀国二十三種

前胡八斤、王不留行・玄参・升麻各八斤、独活・苦参各二十斤、連翹《れんぎょう》・瞿麦《くばく》各六斤、桔梗三十斤、菖蒲・*木斛《もっこく》・夜干各十斤、大青二十七斤、茯苓七斤、栝楼《かろう》五斤、当帰十一斤、*蛇脱皮《だだっぴ》一両、薯蕷・桃人各五升、麦門冬《ばくもんとう》四升、車前子七升、半夏《はんげ》二斗、*蜀椒子《しょくしょうし》一升。

50 伊勢国五十種

前胡一斤四両、藜蘆《れいろ》二斤四両、王不留行六斤、独活三十五斤、知母三十二斤、牛膝八斤、桔梗九斤四両、*高梁薑《こうりょうきょう》十一斤、菖蒲一斤、*恒山《こうざん》十斤、藍漆《らんしつ》一斤、竜胆三斤四両、苦参四十三斤、人参二斤八両、*𦬇茄《ごか》十六斤六両、*躑躅花《てきちょくか》十斤、杜仲十五斤、白芷三十四斤、細辛《さいしん》十一斤、栝楼十九斤、木斛二十斤、白薇《びゃくび》一斤四両、松脂十六斤、大戟五斤四両、地楡十五斤十両、楡皮《ゆひ》五斤、厚朴十九斤八両、茯苓十一斤十両、蜂房一斤十二両、升麻四十九斤二両、当帰四斤八両、黄耆十一斤、葛根十斤、*秦皮《しんぴ》三斤十二両、夜干四十五斤、橘皮五斤、牡丹《ぼたん》七斤十両、桑螵蛸一斤、*白殭蚕《びゃくきょうさん》

高梁薑 ショウガ科の植物コウリョウキョウの乾燥した根茎に比定される。新修本草などは「高良薑」で載せ、本草和名には「高涼薑」としてカバネクサ・クレノハジカミノウドとある。出雲国風土記(意宇郡)にも見える。

恒山 ユキノシタ科の植物ジョウザンアジサイの根に比定される。神農本草経では「常山」。しかし本草和名にはクサギ・ウグヒスノイヒネとあって、クマツヅラ科の植物常山木(クサギ)に比定すべきか。

𦬇茄 ウコギ科の植物ゴカなどの根皮に比定される。五茄皮とも。本草和名にムコギとある。藤原宮出土木簡に「五茄十斤」と記した付札があり(木研11)、出雲国風土記(大原郡)にも「菩茄」と見える。

躑躅花 ツツジ科の植物ツツジの花に比定される。本草和名には「羊躑躅」で載り、イハツツジ・シロツツジ・モチツツジとある。

秦皮 モクセイ科の植物ハクロウジュの樹皮に比定される。本草和名にトネリコノキ・タムキとある。出雲国風土記(飯石郡)に見える。

白殭蚕 カイコガ科の昆虫カイコの幼虫が、白殭病菌に感染し強直して死んだものを乾燥させた全虫。本草和名にカヒコとある。

榧子　底「桃子」。下文ニ「桃人」アリテ重複ス。考異ニ従イテ改ム。
香　底ナシ。考異ニ従イテ補ウ。
胡　底「升」。考異ニ従イテ改ム。

馬刀・蘇子・胡桃子　→補1
牡蠣　イタボガキ科の動物カキの貝殻に比定される。本草和名にヲカキノカヒとある。
水銀　一種の液体金属、主に辰砂鉱(朱沙)を煉成してとる。本草和名に、「美都加爾(ミヅカネ)、出伊勢国」とあり、本式でも薬物としては伊勢国のみが貢納。続紀文武二・九・乙酉条によれば、伊勢国は水銀の化合物である朱沙を献上しており、同和銅六・五・癸酉条でも水銀の進上が定められている。内蔵式54条、民部式下63条によれば、水銀小四〇〇斤を年料交易雑物として貢進することになっていた。
雄黄　硫化物類の鉱物鶏冠石(ケイカンセキ)に比定される。本草和名に「岐爾(キニ)、出伊勢国」とあり、本式では伊勢国のみが貢納。続紀文武二・九・乙

十両、茵草十一斤、馬刀七斤、蘇子一升、兎絲子五斤、胡麻子二升、胡桃子二斗、半夏六升、牡蠣一斗九升、水銀十八斤、雄黄四斤、

尾張國卌六種

黄芩十四斤、芎藭廿二斤、白蘞十三斤、前胡廿斤、白芷十斤、枸杞廿斤、茈胡、玄參各十二斤、王不留行、牛膝、地楡、升麻各十斤、菖蒲一斤、獨活十六斤、蛇含、大黄各五斤、桔梗六十六斤、白朮卅斤、藍漆五斤、龍膽八斤、大戟十一斤、芫茄皮、茯苓各七斤、杜仲、厚朴、茯神、茵陳蒿各六斤、黄耆、蛇脱皮各四斤、夜干廿四斤、連翹八斤、桑螵蛸二両、干地黄六斗四升、榧子四斗、薯蕷、海蛤各一斗、麥門冬四升、桃人二斗九升六合、蛇床子一升、兎絲子、紫蘇子各五升、山茱萸大一斗五升、亭歴子二升、半夏大五升、蜀椒二斗五升八合、青木香十八斤、

參河國廿一種

甘遂十斤、獨活、薺苨各二斤、桔梗卅八斤、白朮卅斤、芫茄、厚朴各三斤、木斛五斤、松脂四斤八両、地楡、黄耆各一斤、茯苓六斤、桑螵蛸三両三分、薯蕷二斗、麥門冬五升、桃人一斗、胡麻子三合、蜀椒一斗、栢子人一斗九合、白殭蠶二両、支子大二斗、

十両、茵草《ほうそう》十一斤、*馬刀《まとう》七斤、*蘇子《そし》一升、兎糸子五斤、胡麻子二升、*胡桃子《ことうし》二斗、半夏六升、*牡蠣《ぼれい》一斗九升、*水銀《すいぎん》十八斤、*雄黄《ゆうおう》四斤。

51 尾張国四十六種

黄芩《おうごん》十四斤、芎藭《きゅうきゅう》二十二斤、白蘞十三斤、前胡二十斤、白芷十斤、枸杞二十斤、茈胡《さいこ》・玄参各十二斤、王不留行《おうふるぎょう》・牛膝《ごしつ》・地楡《ちゆ》・升麻各十斤、菖蒲《しょうぶ》一斤、独活《どっかつ》十六斤、蛇含《じゃがん》・大黄《だいおう》各五斤、桔梗六十六斤、白朮《びゃくじゅつ》三十斤、藍漆五斤、竜胆八斤、大戟十一斤、*五茄皮《ごかひ》・茯苓各七斤、杜仲・厚朴・*茯神《ふくしん》・*茵陳蒿《いんちんこう》各六斤、黄耆《おうぎ》・蛇脱皮各四斤、夜干《やかん》二十四斤、連翹八斤、桑螵蛸二両、干地黄《かんじおう》六斗四升、榧子四斗、薯蕷・*海蛤《かいごう》各一斗、麦門冬四升、桃人二斗九升六合、蛇床子《じゃしょうし》一升、兎糸子・*紫蘇子《しそし》各五升、山茱萸《さんしゅゆ》大一斗五升、亭歴子二升、半夏大五升、蜀椒二斗五升八合、*青木香《せいもっこう》十八斤。

52 参河国二十一種

甘遂《かんずい》十斤、独活・薺苨《せいでい》各二斤、桔梗三十八斤、白朮三十斤、五茄・厚朴各三斤、木斛五斤、松脂四斤八両、地楡・黄耆各一斤、茯苓六斤、桑螵蛸三両三分、薯蕷二斗、麦門冬五升、桃人一斗、胡麻子三合、蜀椒一斗、*栢子人《はくしにん》一斗九合、白殭蚕二両、支子《しし》大二斗。

西条でも、伊勢国は雄黄を献上している。

51尾張年料雑薬条

五茄皮　五茄に同じ。本式50条参照。

茯神　ブクシン。本草和名に「伏苓一名、伏神〈有根者〉」とあるが、常陸国風土記(香島郡)に「伏苓、伏神、毎レ年堀之」と見えるので、茯苓と区別されていたらしい。茯苓は本式2条の「犀角…青木香」参照。尾張国のみが貢納。

茵陳蒿　キク科の植物カワラヨモギの若い茎・葉に比定される。本草和名にヒキヨモギとある。

海蛤　マルスダレガイ科の動物オキシジミ・ハマグリなどの貝殻に比定される。本草和名にウムキノカヒとある。

紫蘇子　シソ科の植物チリメンジソ、シソなどの果実に比定される。

青木香　本式2条の「犀角…青木香」参照。内蔵式54条、民部式下53条によれば、尾張国は年料別貢雑物として、青木香一六〇斤を貢進することになっていた。

52参河年料雑薬条

栢子人　ハクシジン。ヒノキ科の植物コノテガシワの種子の仁(サネ)。本草和名にヒノミ・カヘノミとある。藤原宮出土木簡に「柏実」を使用する処方の書き付けがある(木研11)。

蔕　底「帶」。閣校注ニヨリテ改ム。下同ジ。

五　↓校補12

53遠江年料雑薬条

干薑　本式1条の「人参…薤白」参照。内蔵式54条によれば、遠江国は干薑小一〇〇斤、薑の種（根か）一〇石を年料として貢進することになっていた。内蔵式の干薑は正月御斎会で講読師・僧綱・聴衆らに施されたものであろう。内蔵式26条参照。

支子　本式2条の「犀角…青木香」参照。内蔵式54条によれば、遠江国は二園から五四斛の支子を年料として納めることになっていた。内蔵式の支子は御服などの染料として徴収されたものであろう。内蔵式41条参照。

54駿河年料雑薬条

遠江國十三種
黄芩十斤、芎藭三斤、桔梗廿二斤、黄蘗、茯苓各卅斤、桑螵蛸一斤七兩三分、薯蕷三斗、麥門冬六升九合、桃人二斗四升、蜀椒八升、栢子人七升、干薑八十六斤、支子大二斗、

駿河國十七種
桔梗廿斤、白朮十兩、木斛、橘皮各五斤、茯苓、防風、夜干、防己各十斤、桑螵蛸五兩、薯蕷、附子、蜀椒各二斗、麥門冬、決明子各五升、桃人一斗、亭歴子二升、羚羊角四具、

伊豆國十八種
藍漆四斤六兩、商陸、白石脂各五斤、白薇七斤、防風十五斤、木斛三斤、石斛十一斤、瓜蔕五兩、木防己、赤石脂各十斤、黄礬石二斤一兩、榧子、薯蕷、蜀椒各一斗、桃人一斗一升、決明子二升、莨菪子一斗、牡荊子四升、

甲斐國十二種
黄菊花十兩、藍漆五斤、人參四斤、升麻十斤、黄耆十斤、榧子、薯蕷各二斗、杏人七斗五升、亭歴子五升、蜀椒三斗、枸杞、當歸各十斤、

相摸國卅二種

53
遠江国十三種
黄芩十斤、芎藭三斤、桔梗《ききょう》二十二斤、黄蘗《おうばく》・茯苓《ぶくりょう》各三十斤、桑螵蛸《そうひょうしょう》一斤七両三分、薯蕷《しょよ》三斗、麦門冬六升九合、桃人《とうにん》二斗四升、蜀椒《しょくしょう》八升、栢子人七升、*干薑《かんきょう》八十六斤、*支子大二斗。

54
駿河国十七種
桔梗二十斤、白朮十両、木斛・橘皮《きっぴ》各五斤、茯苓・防風《ぼうふう》・夜干・防己《ぼうき》各十斤、桑螵蛸五両、薯蕷・附子《ぶし》・蜀椒各二斗、麦門冬・*決明子《けつみょうし》各五升、桃人一斗、亭歴子《ていれきし》二升、*羚羊角《れいようかく》四具。

55
伊豆国十八種
藍漆四斤六両、商陸《しょうりく》・*白石脂《はくせきし》各五斤、白薇七斤、防風十五斤、木斛三斤、石斛《せっこく》十一斤、瓜蔕《かてい》五両、木防己《もくぼうき》・*赤石脂《せきせきし》各十斤、*黄樊石《こうばんせき》二斤一両、榧子《ひし》・薯蕷・蜀椒各一斗、桃人一斗一升、決明子二升、*莨蓎子《ろうとうし》一斗、*牡《ぼ》荊子《けいし》四升。

56
甲斐国十二種
*黄菊花《おうきくか》十両、藍漆五斤、人参《にんじん》四斤、升麻《しょうま》十斤、黄耆十斤、榧子・薯蕷各二斗、杏人《きょうにん》七斗五升、亭歴子五升、蜀椒三斗、枸杞《くこ》・当帰《とうき》各十斤。

57
相摸国三十二種

決明子　ケツメイシ。マメ科の植物コエビスグサの成熟した種子に比定される。本草和名にエビスグサとある。出雲国風土記(大原郡)に見える。

羚羊角　本式29条参照。民部式下53条によれば、駿河国は羚羊角四具を年料別貢雑物として、別に負担することになっていた。

55伊豆年料雑薬条

白石脂　ケイ酸塩類の鉱物に比定される。本草和名に「出二大宰、伊豆国一」とある。

赤石脂　シャクセキシ。ケイ酸塩類の鉱物ハロイサイトの一種の赤色塊状体に比定される。

黄樊石　硫酸塩類の鉱物毛鉄鉱(モウテツコウ)の鉱石に比定される。続紀和銅六・五・癸酉条では、相摸・出雲に調として黄樊石の貢進を命じている。

莨蓎子　ナス科の植物ヒヨスの種子に比定される。本草和名にオホミルクサとある。

牡荊子　クマツヅラ科の植物ニンジンボクの果実に比定される。本草和名にハマバヒとある。

56甲斐年料雑薬条

黄菊花　本式5条の「丹参…山茱萸」参照。

57相摸年料雑薬条

黄芩十斤五兩、芎藭廿斤、茵陳稾、知母、芸茄、芍藥、黄耆、前胡各一斤、枸杞十八斤、藍漆七斤、紫菀八兩、菴蘆子二斤、防風三斤、橘皮十五斤十兩、瓜蔕二兩、款冬花九斤、白頭公一斤、麻黄六斤八兩、薯蕷一斗、麥門冬一升、桃人、胡麻子各三斗、干地黄三升、附子一斗八升、蛇床子一升、葈蓎子二升、荏子二升、亭歴子五合、石硫黄一斗、猪蹄一具、丹參四斤、豉大五斗、

武藏國廿八種

黄芩卅五斤十兩、芎藭五斤、丹參廿五斤、蛇含三斤十兩、知母一斤、枸杞十斤、芍藥三斤、桔梗四斤十二兩、細辛廿斤、大黄二斤、土瓜三斤十四兩、當歸十四斤、甘遂一斤、款冬花十兩、瓜蔕五兩、干地黄五斗七升六合、桃人四斗、烏頭一斛二斗、附子八斗、決明子、牡荊子、亭歴子各三斗、蛇床子一斗、地膚子一斗五合、荳蔻子二升、蜀椒三斗、麻黄五斤、豉大一斗、

安房國十八種

王不留行、蛇含、葛花、旋覆花各一斤、獨活四斤、枸杞二斤十兩、白朮六斤十兩、杜仲五斤、地楡二斤、白頭公三斤、木防己一斤、貝母八兩、麥門冬、葈蓎子各一升、薯蕷五升、桃人六升、決明子二升、龍骨卅斤、

上總國廿種

蛇　底、コノ上「大」字アリ。考異ニ従イテ削ル。

床　底「麻」。上文・下文ノ例ニヨリテ改ム。

歴　底「麻」。閣・梵別・塙・貞ニヨリテ改ム。

覆　底「復」。版本ニ従イテ改ム。下同ジ。

母　底「子」。塙校注・版本ニ従イテ改ム。

菴蘆子　菴蘆の種子。菴蘆は本式5条の「丹参…山茱萸」参照。

款冬花　キク科の植物カントウの蕾に比定される。本草和名にヤマフブキ・オホバとある。

石硫黄　本式24条参照。続紀和銅六・五・癸酉条で、相摸国は石硫黄・白樊石・黄樊石を貢進することが定められている。

猪蹄　イノシシ科の動物の足に比定される。

豉　本式2条参照。平城京二条大路側溝出土の荷札木簡に「相摸国豉一斗□升□」とあり(木研6)、平城京二条大路木簡にも「相摸国豉二斗」とある(『平城宮発掘調査出土木簡概報』二二、一九九〇年)。ま

黄芩十斤五両、芎藭二十斤、茵陳稾・知母《ちも》・芸茄《ごか》・芍薬《しゃくやく》・黄耆・前胡《ぜんこ》各一斤、枸杞十八斤、藍漆《らんしつ》七斤、紫菀《しおん》八両、*菴䕡子《あんりょし》二斤、防風三斤、橘皮十五斤十両、瓜蔕二両、*款冬花《かんとうか》九斤、白頭公《はくとうこう》一斤、麻黄《まおう》六斤八両、薯蕷一斗、麦門冬《ばくもんとう》一升、桃人・胡麻《ごま》子《し》各三斗、干地黄三升、附子一斗八升、蛇床子一升、莨菪子二升、荏子《じんし》二升、亭歴子五合、*石硫黄《せきいおう》一斗、*猪蹄《ちょてい》一具、丹参《たんじん》四斤、*豉《し》大五斗。

58
武蔵国二十八種
黄芩三十五斤十両、芎藭五斤、丹参二十五斤、蛇含三斤十両、知母一斤、枸杞十斤、芍薬三斤、*桔梗四斤十二両、細辛《さいしん》二十斤、大黄二斤、*土瓜《どか》三斤十四両、当帰十四斤、甘遂一斤、款冬花十両、瓜蔕五両、干地黄五斗七升六合、桃人四斗、*烏頭《うず》一斛二斗、附子八斗、決明子・牡荊子・亭歴子各三斗、蛇床子一斗、*地膚子《じふし》一斗五合、*荳蔲子《ずくし》二升、蜀椒三斗、*麻黄五斤、*豉大一斗。

59
安房国十八種
王不留行・蛇含・*葛花《かっか》・*旋覆花《せんぷくか》各一斤、独活四斤、枸杞二斤十両、白朮六斤十両、杜仲《とちゅう》五斤、地楡二斤、白頭公三斤、木防己一斤、*貝母《ばいも》八両、麦門冬・莨菪子各一升、薯蕷五升、桃人六升、決明子二升、竜骨《りゅうこつ》三十斤。

60
上総国二十種

た民部式下63条によれば、相摸国は年料交易雑物として、豉二石五斗を負担することになっていた。荒井秀規「古代相模・武蔵の特産物たる豉に関するノート」(『大磯町史研究』二、一九九三年)参照。

58武蔵年料雑薬条

桔梗　本式1条の「人参…薤白」参照。藤原宮出土の七世紀の荷札木簡に「无邪志国(武蔵国)薬桔梗卅斤」と見える(『評制下荷札木簡集成』七三、二〇〇六年)。

土瓜・地膚子・荳蔲子　→補1

烏頭　本式1条の「人参…薤白」参照。藤原宮出土の七世紀の木簡に「无邪志国薬烏□」と見えるが、これは「烏頭」であろう(『評制下荷札木簡集成』七四)。

麻黄　本式1条の「人参…薤白」参照。民部式下53条によれば、武蔵国は年料別貢雑物として、麻黄五斤を貢進することになっていた。

豉　平城京二条大路木簡に㊤「武蔵国豉一斗」㊦「五升」、「武蔵国豉四斗」とある(『平城宮発掘調査出土木簡概報』三一、一九九五年)。また民部式下63条によれば、武蔵国は年料交易雑物として、豉六石五斗を負担することになっていた。

59安房年料雑薬条

葛花・旋覆花・貝母　→補2

60上総年料雑薬条

母　底「子」。前条ニ倣イテ改ム。
升　底ナシ。閣・梵・塙・壬ニヨリテ補ウ。

蛇含一斤、白頭公二斤、枸杞、木防己各十斤、杜仲、地楡各四斤、瞿麥、貝母各三斤、茯苓廿八斤、葛花、旋覆花各二斤、白鮮六斤、蒲黄四斤、榧子二斗二升、薯蕷四斗、麥門冬一斗四升、桃人六斗、附子八斗、莨蓎子一升、升麻三斤、

下總國卌六種

青木香一斤八兩、芎藭八斤、前胡、連翹、黄精、白芷、槀本、白薇各二斤、獨活、薺苨、桔梗、木斛、白鮮、大戟各五斤、枸杞、松脂各十斤、白朮三斤五兩、藍漆五斤、芸茄一斤、芍藥十兩、瞿麥六斤、地楡十四兩、白頭公九斤、茯苓六斤、續斷四兩、瓜蔕三兩、蒲黄二斤、榧子大一斗、薯蕷、桃人各一斗、麥門冬、蜀椒各四升、附子大五升、荏子二斗、地膚子一升、獺肝二具、

常陸國廿五種

青木香卅斤、桔梗六十斤、芎藭、大戟各七斤、前胡四斤、枸杞十四斤、獨活二斤、蛇含五斤、白朮廿斤四兩、藍漆七斤、龍膽五斤十四兩、杜仲八斤、白芷五斤、白頭公一斤、茯苓百六十六斤、當歸二斤十兩、甘草廿五斤十三兩、黄耆四斤、狼牙一斤九兩、干地黄一斗三升、薯蕷二升、麥門冬六升、桃人二斗三升、附子一斛、蛇床子二斗七升、

東山道

蛇含《じゃがん》一斤、白頭公二斤、枸杞・木防己各十斤、杜仲・地楡《ちゆ》各四斤、瞿麦《くばく》、貝母各三斤、茯苓二十八斤、葛花・旋覆花各二斤、*白鮮《びゃくせん》六斤、蒲黄《ほおう》四斤、榧子二斗二升、薯蕷四斗、麦門冬一斗四升、桃人六斗、附子八斗、莨菪子一升、升麻三斤。

61 下総国三十六種

青木香《せいもっこう》一斤八両、芎窮《きゅうきゅう》八斤、前胡・連翹《れんぎょう》・*黄精《おうせい》・白芷《びゃくし》・藁本《こうほん》・白薇《びゃくび》各二斤、独活《どっかつ》・薺苨《せいでい》・桔梗・木斛《もっこく》・白鮮・大戟《だいげき》各五斤、枸杞・松脂《しょうし》各十斤、白朮《びゃくじゅつ》三斤五両、藍漆五斤、芫茄一斤、芍薬十両、瞿麦六斤、地楡十四両、白頭公九斤、茯苓六斤、*続断《ぞくだん》四両、瓜蔕三両、蒲黄二斤、榧子大一斗、薯蕷・桃人各一斗、麦門冬・蜀椒各四升、附子大五升、荏子二斗、地膚子一升、*獺肝《たつかん》二具。

62 常陸国二十五種

青木香三十斤、桔梗六十斤、芎窮・大戟各七斤、前胡四斤、枸杞十四斤、独活二斤、蛇含五斤、白朮二十斤四両、藍漆七斤、竜胆《りゅうたん》五斤十四両、杜仲八斤、白芷五斤、白頭公一斤、*茯苓百六十六斤、当帰二斤十両、甘草《かんぞう》二十五斤十三両、黄耆《おうぎ》四斤、*狼牙《ろうが》一斤九両、干地黄《かんじおう》一斗三升、薯蕷二升、*麦門冬六升、桃人二斗三升、附子一斛、蛇床子《じゃしょうし》二斗七升。

東山道

白鮮　ハクセン。ミカン科の植物ハクセンの根皮に比定される。本草和名にヒツジクサとある。

61下総年料雑薬条

黄精　ユリ科の植物オウセイの根茎に比定される。本草和名にアマナ・ヤマヱミとある。出雲国風土記（意宇郡・飯石郡・仁多郡）に見え、性霊集一所収「遊レ山慕レ仙詩」に「黄精塡二骨肪一」の句が見える。

続断　本草和名にハミ・オニノヤカラとある。出雲国風土記（神門郡条・仁多郡）に見える。

獺肝　ダツカン。イタチ科の動物スイダツの肝臓に比定される。本草和名にヲソとある。平城宮出土木簡に「獺肝二具」と記した付札木簡がある（木研5）。

62常陸年料雑薬条

茯苓　本式2条の「犀角…青木香」参照。常陸国風土記（香島郡）に「伏苓、伏神、毎レ年堀之」と見える。伏神は本草和名に「伏苓一名、伏神〈有根者〉」とある。

狼牙　現在の一味薬（イチミヤク）か。マメ科の植物コマツナギの全草に比定される。本草和名に「牙子、一名狼牙」としてウマツナギとある。

麦門冬　本式5条の「丹参…山茱萸」参照。常陸国風土記（行方郡）に「榎、槻、椿、椎、竹箭、麦門冬、往々多生」と見える。

近江國七十三種

青木香十六斤、黄芩七斤十三兩、芎藭、香薷各十五斤、茵陳槀六斤、黄連二斤十四兩、前胡十斤五兩、王不留行廿斤二兩、蛇含八斤五兩、知母六斤十兩、枸杞十三斤三兩、黄菊花一斤二兩、桔梗卅五斤、槀梁香五斤十兩、萆薢五斤一兩、白朮卌六斤、狼牙十四斤、枳實四斤八兩、澤漆十五斤五兩、藍漆一斤八兩、菖蒲一斤一兩、石韋五斤、漏蘆九斤、黄蘗十三斤、薺苨二斤四兩、龍膽四斤三兩、玄參十三斤、苦參卅九斤、槀本五斤八兩、芫茄四斤三兩、紫參十一斤、躑躅花一斤十兩、杜仲四斤、澤寫三斤、薏苡仁一斤八兩、細辛廿六斤八兩、僕奈七斤、白芷九斤、白前一斤二兩、商陸、木斛各二斤八兩、芍藥一斤、白薇一斤十三兩、松蘿十兩、松脂十斤七兩、大青二斤十二兩、土瓜六兩、瞿麥一斤二兩、栝樓九斤、大戟十斤一兩、地楡四斤二兩、葛根廿二斤八兩、桑螵蛸一銖、白殭蠶一兩、蛇脫皮一兩、干地黄一斗二升、榧子五斗、薯蕷、桃人各一斗、麥門冬一斗五升五合、天雄、烏頭、牡荊子各六升、決明子二升、蛇床子二升二合、莨菪子一升、葵子四升、車前子八升、呉茱萸三斗、蜀椒二升、白花木瓜實十斤、山茱萸二升、

美濃國六十二種

黄芩、芎藭各十四斤、茈胡、大黄、龍膽、栝樓、商陸、楡皮、升麻各十斤、王不留

七十三種　本文、七二種ヲ掲グ。

仁　底「花」。考異、「芢」ノ誤リカトナスニ従イ、例用ノ「仁」ニ改ム。

蛸　考異、コノ下恐ラク脱文アラントイウ。

一　考異、「二」ニ作ルベシトナス。是カ。

63
*近江国七十三種
青木香十六斤、黄芩《おうごん》七斤十三両、芎藭・香薷《こうじゅ》各十五斤、茵陳稾《いんちんこう》六斤、黄連《おうれん》二斤十四両、前胡十斤五両、王不留行《おうふるぎょう》二十斤二両、蛇含八斤五両、知母六斤十両、枸杞《くこ》十三斤三両、黄菊花《おうきくか》一斤二両、桔梗《ききょう》三十五斤、*稾梁香《こうりょうこう》五斤十両、萆薢《ひかい》五斤一両、白朮四十六斤、狼牙十四斤、枳実《きじつ》四斤八両、*沢漆《たくしつ》十五斤五両、藍漆一斤八両、菖蒲《しょうぶ》一斤一両、石韋《せきい》五斤、漏蘆《ろうろ》九斤、黄蘗《おうばく》十三斤、薺苨二斤四両、竜胆四斤三両、玄参《げんじん》十三斤、苦参《くじん》三十九斤、稾本五斤八両、芸茄四斤三両、*紫参《しじん》十一斤、躑躅花《てきちょくか》一斤十両、杜仲四斤、沢写《たくしゃ》三斤、薏苡仁《よくいにん》一斤八両、細辛二十六斤八両、僕奈《ぼくな》七斤、白芷九斤、*白前《びゃくぜん》一斤二両、商陸《しょうりく》・木斛各二斤八両、芍薬一斤、白薇一斤十三両、松蘿《しょうら》十両、松脂十斤七両、大青《たいせい》二斤十二両、土瓜六両、瞿麦一斤二両、栝楼《かろう》九斤、大戟十斤一両、地楡四斤二両、葛根《かっこん》二十二斤八両、桑螵蛸《そうひょうしょう》一銖、白殭蚕《びゃくきょうさん》一両、蛇《だ》脱皮《だつぴ》一両、干地黄一斗二升、榧子《ひし》五斗、薯蕷《しょよ》・桃人《とうにん》各一斗、麦門冬一斗五升五合、天雄《てんゆう》・烏頭・牡荊子《ぼけいし》各六升、決明子《けつみょうし》二升、蛇床子二升二合、莨菪子《ろうとうし》一升、葵子《きし》四升、車前子《しゃぜんし》八升、呉茱萸《ごしゅゆ》三斗、蜀椒《しょくしょう》二升、白花《はくか》木瓜《もっか》実《じつ》十斤、山茱萸《さんしゅゆ》二升。

64
*美濃国六十二種
黄芩・芎藭各十四斤、茈胡《さいこ》・大黄《だいおう》・竜胆・栝楼・商陸・*楡皮《ゆひ》・升麻《しょうま》各十斤、王不留

63近江年料雑薬条
近江国　近江国の年料雑薬七三種(本文、七二種)は、諸国の中で最も種類が多い。
稾梁香　高梁薑(コウリョウキョウ)のことか。高梁薑は本式50条参照。
沢漆　トウダイグサ科の植物タクシツの全草に比定される。本草和名にハヤヒトクサノメとある。本式では近江国のみ貢納。
紫参　現在の石見穿(セキケンセン)か。シソ科の植物アキノタムラソウの全草に比定される。本草和名にチチノハクサとある。
白前　ガガイモ科の植物リュウヨウハクゼンの根と根茎に比定される。本草和名にノカガムとある。本式では近江国のみ貢納。

64美濃年料雑薬条
美濃国　美濃国の年料雑薬六二種は、諸国の中で近江国に次いで種類が多い。延久四年(一〇七二)に美濃国の東大寺領大井・茜部庄と典薬寮との間で草薬の採取をめぐる争いが起きている。→補1
楡皮　本式20条参照。藤原宮出土木簡に「大宝三年十一月十二日御野国楡皮十斤」と見える(『藤原宮木簡』一—一六一、一九七八年)。瀧川政次郎「楡樹楡皮考」(『日本上古史研究』七—三、一九六三年)参照。

行、牛膝、芸茄、地楡、紫菀、白蘞、石南草各廿斤、藍漆五斤、白頭公四斤、蛇含九斤、枸杞、薺苨、杜仲、茵草、續斷各五斤、桔梗、細辛、松脂、茯苓各卅斤、獨活十斤、木斛十五斤、白朮卅八斤、丹參十四斤、白芷廿斤、芎藭、桑螵蛸、卷柏各二斤、石斛七十斤、厚朴一斤、巴戟天五斤、貝母三斤、蛇脫皮一兩、干地黄一斛、榧子一石五升、薯蕷二斗、麥門冬二斗七升、桃人六斗三升、半夏二斗八升、秦椒、葵子各一斗五升、附子大八升、五味子三斗三升、兔絲子二斗一升、亭歷子五升、蛇床子九升、栢子人八升、蜀椒九斗三升、靑樊石九斗、獺肝三具、熊膽四具、猪蹄十具、鹿茸七具、熊掌二具、

飛驒國九種

芎藭廿斤、當歸十斤、菴蕳子四斤八兩、白朮卌斤、藜蘆十斤、杜衡十斤、白樊石二斗一升、猪蹄二具、羚羊角卌具、

信濃國十七種

黄連十斤、細辛卅五斤、白朮廿六斤九兩、藍漆五斤、大黄卅斤、女靑六斤、藺茹卅七斤、干地黄一斗四升、附子三斗、蜀椒一斗六升、蕪荑一斗、石硫黄三斗八升、熊膽九具、鹿茸十具、枸杞廿斤、杏人六斗、大棗大一斛、

上野國十五種

二具　→校補13

卌　閤・梵・梵別・井・壬「卌」。貞「廿」。

大一　→校補14

白朮　本式1条の「人参…雍白」参照。天武紀十四・十・庚辰条に、「遣二百済僧法蔵、優婆塞益田直金鍾於美濃一、令レ煎二白朮一」とある。美濃は天武朝には白朮の産出が知られていた。

巻柏・巴戟天　→補1

麦門冬　バクモンドウ。本式5条の「丹参…山茱萸」参照。平城宮佐紀池南辺出土の荷札木簡に「美濃国麦門冬五升」とある(木研9)。

秦椒　ミカン科の植物サンショウ類の果実に比定される。本草和名にカハハジカミとある。蜀椒もサンショウ類の果実であるが、本草和名にはフサハジカミとあり明確に区別されている。神農本草経でも蜀椒と秦椒は分けて収載されている。

青樊石　硫酸塩類の鉱物緑礬(リョクバン)の鉱石に比定される。続紀和銅六・五・癸酉条で美濃国は青樊石の貢進を定

行・牛膝《ごしつ》・芸茄《ごか》・地楡・紫菀《しおん》・白蘞《びゃくれん》・石南草《せきなんそう》各二十斤、藍漆《らんしつ》五斤、白頭公《はくとうこう》四斤、蛇含九斤、枸杞・薺苨・杜仲《とちゅう》・莔草《ほうそう》・続断各五斤、桔梗・細辛《さいしん》・松脂・茯苓《ぶくりょう》各三十斤、独活十斤、木斛十五斤、*白朮三十八斤、丹参《たんじん》十四斤、白芷二十斤、芍薬《しゃくやく》・桑螵蛸・*巻柏《けんぱく》各二斤、石斛《せっこく》七十斤、厚朴《こうぼく》一斤、*巴戟天《はげきてん》五斤、貝母《ばいも》三斤、蛇脱皮一両、干地黄一斛、榧子一石五升、薯蕷二斗、*麦門冬《ばくもんとう》二斗七升、桃人六斗三升、半夏《はんげ》二斗八升、*秦椒《しんしょう》・葵子各一斗五升、附子《ぶし》大八升、五味子《ごみし》三斗三升、兎糸子《としし》二斗一升、亭歴《ていれき》子《し》五升、蛇床子九升、栢子人《はくしにん》八升、蜀椒九斗三升、*青樊石《せいばんせき》九斗、獺肝三具、*熊胆《ゆうたん》四具、猪蹄《ちょてい》十具、*鹿茸《ろくじょう》七具、*熊掌《ゆうしょう》二具。

65 飛驒国九種

芍薬二十斤、当帰《とうき》十斤、菴閭子《あんりょし》四斤八両、白朮四十斤、藜蘆《れいろ》十斤、*杜衡《とこう》十斤、*白樊石《はくばんせき》二斗一升、猪蹄二具、羚羊角《れいようかく》三十具。

66 信濃国十七種

黄連十斤、細辛三十五斤、白朮二十六斤九両、藍漆五斤、*大黄三十斤、女青《じょせい》六斤、閭茹《ろじょ》三十七斤、干地黄一斗四升、附子三斗、蜀椒一斗六升、*蕪荑《ぶい》一斗、*石硫黄《せきいおう》三斗八升、熊胆九具、鹿茸十具、枸杞二十斤、杏人《きょうにん》六斗、大棗《たいそう》大一斛。

67 上野国十五種

められている。

熊胆・鹿茸・熊掌　→補2

65飛驒年料雑薬条

杜衡　ウマノスズクサ科の植物トコウの根茎、根、全草に比定される。本草和名にフタマカミ・ツフネクサとある。本式では飛驒国のみが貢納。

白樊石　鉱物ミョウバンセキを加工したもの。続紀和銅六・五・癸酉条で飛驒国は樊石の貢進を定められている。

66信濃年料雑薬条

大黄　本式1条の「人参…薤白」参照。藤原宮出土の八世紀初めの荷札木簡に㊧「高井郡(信濃国)大黄」㊦「十五斤」とある(木研5)。また平城京長屋王家木簡に「播信郡五十斤、讃信郡七十斤、合百廿斤」とあるのも、信濃国からの大黄の貢進物荷札木簡である可能性が大きい(『平城京木簡』一—七六、一九九五年)。

蕪荑　ニレ科の植物ダイカユの果実の加工品に比定される。本草和名にヒキサクラ・ヤニレノミとある。本式では信濃国のみが貢納。

石硫黄　本式24条参照。続紀和銅六・五・癸酉条で信濃国は石硫黄の貢進を定められており、内蔵式54条によれば、信濃国は別に石硫黄二〇〇斤を年料として貢進することになっていた。

67上野年料雑薬条

六種　本文、七種ヲ掲グ。
廿　閣・塙・貞・京「卅」。→校補15
斷　底「料」。梵・貞ニヨリテ改ム。下同ジ。

青木香、黃芩、黃耆各十斤、細辛六十四斤、芎藥、當歸各廿斤、升麻三斤二兩、防風六十斤、銅牙五斤、干地黃、胡麻、蜀椒各一斗、麥門冬八升、附子四斗、猪蹄四具、

下野國十四種

青木香廿斤、芎藭十五斤、枸杞二斤八兩、黃菊花五兩、藍漆九斤、石斛廿斤、秦膠十六斤、干地黃、桃人、烏頭各二斗、附子四斗、決明子一斗、牡荊子八升、石硫黃二斗三升、

陸奧國六種

甘草十斤、秦膠卅斤、大黃百廿斤、石斛八十斤、人參卅五斤、附子百廿斤、猪脂二斗、

出羽國二種

甘草五斤、羚羊角卅具、

北陸道

若狹國廿四種

人參三斤、黃菊花二兩、茯苓四斤、桔梗、漏蘆、杜仲、芎藥各二斤、枳實十斤、龍膽、白薇各一斤、澤寫六兩、續斷四兩、狗脊十四斤、榛皮廿九斤、紫參一斤二

青木香《せいもっこう》・黄芩・黄耆《おうぎ》各十斤、細辛六十四斤、芍薬・当帰各二十斤、升麻三斤二両、防風《ぼうふう》六十斤、*銅牙《どうが》五斤、干地黄《かんじおう》・胡麻《ごま》・蜀椒各一斗、麦門冬八升、附子四斗、猪蹄四具。

68 下野国十四種

青木香二十斤、芎藭《きゅうきゅう》十五斤、枸杞二斤八両、黄菊花五両、藍漆九斤、石斛二十斤、秦膠《しんきょう》十六斤、干地黄・桃人・烏頭《うず》各二斗、附子四斗、決明子一斗、牡荊子八升、*石硫黄二斗三升。

69 陸奥国六種

甘草《かんぞう》十斤、秦膠四十斤、大黄百二十斤、石斛八十斤、人参《にんじん》三十五斤、附子百二十斤、*猪脂《ちょし》二斗。

70 出羽国二種

甘草五斤、*羚羊角四十具。

北陸道

71 若狭国二十四種

人参三斤、黄菊花二両、茯苓四斤、桔梗・漏蘆・杜仲・芍薬各二斤、枳実十斤、竜《りゅう》胆《たん》・白薇《びゃくび》各一斤、沢写六両、続断《ぞくだん》四両、狗脊《くせき》十四斤、榛皮《しんぴ》二十九斤、紫参一斤二

銅牙　年料雑薬として銅牙を貢進するのは上野と播磨だけであるが、播磨国風土記（揖保郡）に「此処有二銅牙石一、形似二双六之綵一」とあり、形状・産出地から針鉄鉱の類かと考えられる。

68下野年料雑薬条

石硫黄　本式24条参照。内蔵式54条によれば、下野国は別に石硫黄二〇〇斤を年料として貢進することになっていた。

69陸奥年料雑薬条

猪脂　イノシシ科の動物の脂肪油脂。本式では陸奥国のみが貢納。

70出羽年料雑薬条

羚羊角　本式29条参照。民部式下53条によれば、出羽国は年料別貢雑物として羚羊角一〇具を負担することになっていた。

71若狭年料雑薬条

兩、葛花三兩、榧子二斗、麥門冬、車前子、吳茱萸、蜀椒各二斗、桃人八升、蔓荊子三升、黄樊石一斗、

越前國十八種

黄連五十七斤、獨活四斤、牛膝十七斤、桔梗六斤、白朮五斤三兩、菖蒲廿六斤、人參十四斤、僕奈四斤、細辛五斤、大黄廿六斤、升麻六斤、夜干廿斤、黄精十二兩、榧子一斗六升、薯蕷二斗、桃人七升五合、兎絲子四升、蜀椒二斗七升、

加賀國七種

黄連七斤、枳殼、茯苓各一斤、芎藭卅斤、藍漆十三兩、干地黄四斤十一兩、薯蕷一斗、

能登國五種

黄連三斤、榧子四斗、薯蕷一斗、桃人二升、蜀椒三斗、

越中國十五種

白朮、白芷各十一斤、藍漆、大黄各五斤、苦參、夜干各十斤、黄耆三斤、榧子五升、薯蕷二斗九升、桃人六升、附子三斗、蜀椒四升、甘葛煎三升、獺肝二具、熊膽四具、羚羊角四具、

越後國七種

十五種　本文、一六種ヲ揭グ。

七種　本文、六種ヲ揭グ。

両、葛花《かつか》三両、榧子《ひし》二斗、麦門冬・車前子《しやぜんし》・呉茱萸《ごしゆゆ》・蜀椒《しよくしよう》各二斗、桃人《とうにん》八升、*蔓《まん》荊子《けいし》三升、*黄樊石《こうばんせき》一斗。

72
越前国十八種
黄連《おうれん》五十七斤、独活《どつかつ》四斤、牛膝十七斤、桔梗《ききよう》六斤、白朮《びやくじゆつ》五斤三両、菖蒲《しようぶ》二十六斤、人参十四斤、僕奈《ぼくな》四斤、細辛五斤、大黄《だいおう》二十六斤、升麻《しようま》六斤、夜干《やかん》二十斤、黄精《おうせい》十二両、榧子一斗六升、薯蕷《しよよ》二斗、桃人七升五合、兎糸子四升、蜀椒二斗七升。

73
加賀国七種
黄連七斤、*枳《き》殻《こく》・茯苓各一斤、芎藭三十斤、藍漆十三両、干地黄四斤十一両、薯蕷一斗。

74
能登国五種
黄連三斤、榧子四斗、薯蕷一斗、桃人二升、蜀椒三斗。

75
越中国十五種
白朮・白芷《びやくし》各十一斤、藍漆・大黄各五斤、苦参《くじん》・夜干各十斤、黄耆三斤、榧子五升、薯蕷二斗九升、桃人六升、附子三斗、蜀椒四升、甘葛《あまずら》の煎《いろり》三升、獺肝《たつかん》二具、熊胆四具、*羚羊角四具。

76
越後国七種

蔓荊子　クマツヅラ科の植物ハマゴウの果実に比定される。本草和名にハマバヒとある。

黄樊石　本式55条参照。続紀和銅六・五・癸酉条で若狭国は樊石の貢進を定められている。

72越前年料雑薬条

73加賀年料雑薬条

枳殻　ミカン科の植物カラタチなどの未熟果。枳実に同じ。本草和名にカラタチとある。本式では加賀国のみが貢納。

74能登年料雑薬条

75越中年料雑薬条

羚羊角　本式29条参照。民部式下53条によれば、越中国は年料別貢雑物として、別に羚羊角二具を負担することになっていた。

76越後年料雑薬条

細辛、黄蘗各十斤、僕奈二斤十三兩、茯苓三斤、蜀椒八升、羚羊角卅具、

佐渡國四種

黄連十五斤十兩、藍漆廿五斤、細辛卌八斤、蜀椒三斗、

山陰道

丹波國卌三種

芎藭、石韋、栝樓、石南草、升麻、夜干各十斤、黄連三斤二兩、前胡、槀本、秦皮各五斤、茈胡十二斤、王不留行十九斤、獨活卅四斤、知母五斤、萆薢六斤、白朮十二斤三兩二分、藍漆十五斤八兩、漏蘆十三斤、人參二斤、龍膽、商陸各七斤、玄參四斤、黄蘗廿四斤、白芷、地楡各九斤、石斛廿七斤、厚朴廿斤、芍藥、恒山各八斤、連翹四斤八兩、蛇脫皮五兩、榧子五斗五升、薯蕷二斗二升二合、麥門冬一斗、桃人六升、車前子二斗五升五合、兔絲子二升一合、麻子三斗五升、鬼箭一斗三升三合、呉茱萸二斗三升、蜀椒二升、鹿角一具、白殭蠶二兩、

丹後國廿四種

黄連卅八斤十四兩二分、白朮四斤十一兩、藍漆五斤八兩、菖蒲四斤、黄蘗廿斤、龍膽一斗三升、苦參、木斛、續斷各十斤、白芷十斤、茯苓七斤三兩、升麻二斤八兩、蛇脫皮二兩、榧子一斗一升、薯蕷一斗、麥門冬大一斗三升五合、桃人一斗五

二　塙・貞・京「三」。

絲　底ナシ。塙ニヨリテ補ウ。

箭　底「前」。塙ニヨリテ改ム。

廿四種　本文、二五種ヲ掲グ。タダシ本文中ノ「續斷」二字ヲ衍ト見レバ二四種トナル。次注参照。

續斷　閣・塙・壬・貞・京、「斷」一字ニ作ル。考異ニ従イテコノ二字ヲ衍ト見ルベキカ。

細辛《さいしん》・黄蘗《おうばく》各十斤、僕奈二斤十三両、茯苓《ぶくりよう》三斤、蜀椒八升、*羚羊角《れいようかく》三十具。

77 佐渡国四種

黄連十五斤十両、藍漆《らんしつ》二十五斤、細辛四十八斤、蜀椒三斗。

山陰道

78 丹波国四十三種

*芎藭・石韋《せきい》・栝楼《かろう》・石南草《せきなんそう》・升麻・夜干各十斤、黄連三斤二両、前胡《ぜんこ》・藁本《こうほん》・秦皮《しんぴ》各五斤、茈胡《さいこ》十二斤、王不留行《おうふるぎよう》十九斤、独活三十四斤、知母《ちも》五斤、萆薢《ひかい》六斤、白朮十二斤三両二分、藍漆十五斤八両、漏蘆《ろうろ》十三斤、人参二斤、竜胆・商陸《しようりく》各七斤、玄《げん》参《じん》四斤、黄蘗二十四斤、白芷・地楡《ちゆ》各九斤、石斛《せつこく》二十七斤、厚朴《こうぼく》二十斤、芍薬《しやくやく》・恒《こう》山《ざん》各八斤、連翹《れんぎよう》四斤八両、蛇脱皮《だだつぴ》五両、榧子五斗五升、薯蕷二斗二升二合、麦門冬《ばくもんとう》一斗、桃人六升、車前子二斗五升五合、兎糸子《としし》二升一合、麻子《まし》三斗五升、鬼箭《きせん》一斗三升三合、呉茱萸二斗三升、蜀椒二升、鹿角《ろつかく》一具、白殭蚕《びやくきようさん》二両。

79 丹後国二十四種

黄連三十八斤十四両二分、白朮四斤十一両、藍漆五斤八両、菖蒲四斤、黄蘗二十斤、竜胆一斗三升、苦参・木斛《もつこく》・続断各十斤、白芷十斤、茯苓七斤三両、升麻二斤八両、蛇脱皮二両、榧子一斗一升、薯蕷一斗、麦門冬大一斗三升五合、桃人一斗五

羚羊角　本式29条参照。民部式下53条によれば、越後国は年料別貢雑物として、別に羚羊角六具を負担することになっていた。

77 佐渡年料雑薬条

78 丹波年料雑薬条

芎藭　本式2条の「犀角…青木香」参照。藤原宮出土の七世紀の荷札木簡に㊤「伊看我評（丹波国何鹿郡）」㊦「芎藭八斤」とある（『評制下荷札木簡集成』一四八、二〇〇六年）。なお同じく㊤「伊看我評」㊦「当帰□〔五ヵ〕斤」と記す荷札木簡もあるが（『同』一四九）、本式では丹波国の年料雑薬に当帰は載せられていない。

79 丹後年料雑薬条

本　底ナシ。閣・梵ホカニヨリテ補ウ。
廿種　本文、二一種ヲ掲グ。
廿種　本文、一九種ヲ掲グ。

升、車前子一斗六升、亭歴子二升三合、呉茱萸、蜀椒各一斗七升、乾棗一斗、細辛十五斤、甘葛煎三升、白殭蠶二兩、

但馬國廿一種

黄連十八斤三兩、白芷三斤五兩、前胡、杜仲、細辛各一斤十兩、獨活、藍漆、滑石各五斤、白朮、槀本各二斤十兩、石斛十斤九兩、升麻六斤十兩、當歸十斤、榧子四斗、薯蕷、蜀椒、栢子人各一斗、桃人一斗五升、麦門冬八升、牡荊子三升、白殭蠶二兩、

因幡國廿種

前胡、茯苓、續斷、藍漆各二斤、獨活、白朮、當歸各十斤、牛膝二斤四兩、槀梁香、僕奈各一斤、萆薢十斤四兩、槀本二斤一兩、木斛十三斤、栝樓七斤、桑螵蛸十斤四兩、榧子一石、薯蕷四斗、桃人一斗、蜀椒四升、甘葛煎三升、白殭蠶二兩、

伯耆國廿種

獨活十二斤、藍漆四斤、牛膝五斤、白朮十斤、菖蒲、桑根白皮各一斤、薺苨三斤、杜仲、茯苓、紫菀各二斤、石斛廿四斤、松蘿一斤、升麻九斤、榧子二石六斗、薯蕷九升、呉茱萸三斗九升、蜀椒九升、桃人七升、百合一斗一升、

升、車前子一斗六升、亭歴子《ていれきし》二升三合、呉茱萸・蜀椒各一斗七升、*乾棗《かんそう》一斗、細辛十五斤、甘葛の煎三升、白殭蚕二両。

80 但馬国二十一種

黄連十八斤三両、白芷三斤五両、前胡・杜仲《とちゆう》・細辛各一斤十両、独活・藍漆・*滑石《かつせき》各五斤、白朮・藁本各二斤十両、石斛十斤九両、升麻六斤十両、当帰《とうき》十斤、榧子四斗、薯蕷・蜀椒・栢子人《はくしにん》各一斗、桃人一斗五升、麦門冬八升、牡荊子《ぼけいし》三升、白殭蚕二両。

81 因幡国二十種

前胡・茯苓・続断《ぞくだん》・藍漆各二斤、独活・白朮・当帰各十斤、牛膝《ごしつ》二斤四両、藁梁《こうりよう》香《こう》・僕奈各一斤、萆薢十斤四両、藁本二斤一両、木斛十三斤、栝楼七斤、桑螵蛸《そうひようしよう》十斤四両、榧子一石、薯蕷四斗、桃人一斗、蜀椒四升、甘葛の煎三升、白殭蚕二両。

82 伯耆国二十種

独活十二斤、藍漆四斤、牛膝五斤、白朮十斤、菖蒲・桑根白皮《そうこんはくひ》各一斤、薺苨《せいでい》三斤、杜仲・茯苓・紫菀《しおん》各二斤、石斛二十四斤、松蘿《しようら》一斤、升麻九斤、榧子二石六斗、薯蕷九升、呉茱萸三斗九升、蜀椒九升、桃人七升、百合《びやくごう》一斗一升。

乾棗　クロウメモドキ科の植物ナツメの干した果実。本草和名にオホナツメとある。

80但馬年料雑薬条

滑石　ケイ酸塩類の鉱物滑石(カッセキ)の塊状体。

81因幡年料雑薬条

82伯耆年料雑薬条

蘂　底「藥」。貞ニヨリテ改ム。以下、本巻ノウチ一々注セズ。
斤　底「斗」。考異ニ従イテ改ム。
五十三種　本文、五二種ヲ掲グ。

83出雲年料雑薬条
出雲国　出雲国五三種は、近江・美濃に次いで三番目に種類が多い。出雲国風土記には、本式に見える薬用植物のうち三五種が見える。↓補1
桑茸　クワの樹木上に寄生するキクラゲに比定される。本草和名にクハノタケとある。

出雲國五十三種
前胡、萆薢、楡皮、連翹各二斤、王不留行一斤七兩、獨活、苦參各十一斤、枸杞九兩、牛膝四斤、藍漆一斤八兩、菖蒲一斤、白芷、菝葜、桑茸各三斤、槀梁香十兩、白朮五斤、狼牙一斤、龍膽一斤、玄參一斤十兩、槀本、松蘿、松脂、地楡、卷柏、女葦各一斤、躑躅花二兩、澤寫一斤二兩、商陸一斤五兩、細辛一斤八兩、瞿麥一斤六兩、白頭公二斤三兩、茯苓六斤、續斷一斤、白蘞一斤、當歸一斤六兩、夜干二斤、黃精二斤、蒲黃十二兩、桑螵蛸二兩、榧子一斗、薯蕷六升、麥門冬五升、百部根二斗、赤箭一合、牡荊子、亭歷子、栢子人各一升、桃人、車前子各四升、蜀椒五升、決明子、蒺蘂子各二升、吳茱萸五升、
石見國十四種
前胡一斤四兩、獨活、茯苓各六斤、牛膝、栝樓、白朮各三斤、藍漆一斤十五兩、黃蘗四斤、細辛、當歸各十五斤、桑螵蛸九兩、射干一斤、薯蕷一斗二升、蜀椒三斗五升、
山陽道
播磨國五十三種
青木香、芎藭、白薇各二斤、前胡、藍漆、茯苓、鬼箭各四斤、桔梗卅斤、細辛五

83
*出雲国五十三種
前胡・草薢・楡皮《ゆひ》・連翹各二斤、王不留行一斤七両、独活《どつかつ》・苦参《くじん》各十一斤、枸杞《くこ》九両、牛膝四斤、藍漆一斤八両、菖蒲《しようぶ》一斤、白芷《びやくし》・菝葜《ばつかつ》・*桑茸《そうじ》各三斤、稾梁香十両、白朮《びやくじゆつ》五斤、狼牙《ろうが》一斤、竜胆《りゆうたん》一斤、玄参一斤十両、稾本・松蘿・松脂《しようし》・地楡・巻柏《けんぱく》・*女葦《じよい》各一斤、躑躅花《てきちよくか》二両、沢写《たくしや》一斤二両、商陸一斤五両、細辛一斤八両、瞿麦《くばく》一斤六両、白頭公《はくとうこう》二斤三両、茯苓六斤、続断一斤、白蘞《びやくれん》一斤、当帰一斤六両、夜干《やかん》二斤、黄精《おうせい》二斤、蒲黄《ほおう》十二両、桑螵蛸二両、榧子《ひし》一斗、薯蕷《しよよ》六升、麦門冬五升、*百部根《ひやくぶこん》二斗、*赤箭《せきせん》一合、牡荊子・亭歴子・栢子人各一升、桃人《とうにん》・車前子《しやぜんし》各四升、蜀椒《しよくしよう》五升、決明子《けつみようし》・*蒺藜子《しつれいし》各二升、呉茱萸《ごしゆゆ》五升。

84
石見国十四種
前胡一斤四両、独活・茯苓各六斤、牛膝・栝楼・白朮各三斤、藍漆一斤十五両、黄蘗四斤、細辛・当帰各十五斤、桑螵蛸九両、射干《やかん》一斤、薯蕷一斗二升、蜀椒三斗五升。

山陽道

85
*播磨国五十三種
青木香《せいもつこう》・芎藭《きゆうきゆう》・白薇《びやくび》各二斤、前胡・*藍漆・茯苓・鬼箭各四斤、桔梗《ききよう》三十斤、*細辛五

女葦　女萎の誤りか。本式88条参照。女萎は出雲国風土記によれば、秋鹿郡・出雲郡・飯石郡・仁多郡・大原郡に産出する。
百部根　ビャクブコン。ビャクブ科の植物ツルビャクブなどの根に比定される。本草和名にフトヅラとある。出雲のみ。出雲国風土記によれば、意宇郡・島根郡・出雲郡・神門郡・仁多郡で産出する。
赤箭　ラン科の植物オニノヤガラの根茎に比定される。本草和名にヲトヲトシ・カミノヤとある。出雲のみ。出雲国風土記によれば、飯石郡で産出する。
蒺藜子　シツリシ。ハマビシ科の植物シツリの果実に比定される。本草和名にハマビシとある。
84石見年料雑薬条
85播磨年料雑薬条
播磨国　播磨国風土記には、本条記載の薬物の他、人参(讃容郡室原山・同船引山)・黄蓮(讃容郡吉川・宍禾郡敷草村)などが見える。
藍漆　本式29条参照。播磨国風土記(讃容郡)に「室原山(中略)〈生二人参、独活、藍漆、升麻、白朮、石灰一〉」と見える。
細辛　本式1条の「人参…薤白」参照。播磨国風土記(讃容郡)に「船引山(中略)〈生二人参、細辛一〉」とある。

菖蒲…廿一斤（一六字）底、弥書。梵別・貞ニヨリテ削ル。

十五斤、茈胡、栝樓、當歸各十斤、王不留行廿五斤、獨活卅六斤、知母、躑躅花各六斤、芎藭、桑根白皮各廿斤、菖蒲六斤、香薷、烏賊骨各十六斤、龍膽、石韋、連翹各八斤、苦參七十一斤、白朮九十二斤八兩、玄參一斤十四兩、商陸、杜仲各七斤、松脂、厚朴、貫衆各五斤、升麻卅斤、白蘞三斤十二兩、白芷十一斤、地楡九斤、黄耆三斤四兩、天門冬三斤十兩、茵芋十四斤、銅牙一斤、薯蕷九升、桃人二斗、秦椒一升五合、蔓荊子五升、呉茱萸三升五合、蒺蔾子、蜀椒各三升、車前子一斗、獺肝二具、鹿茸一具、鹿角一具、白殭蠶二兩、

美作國卅一種

黄連十斤五兩、前胡、龍膽、人參各三斤、王不留行七斤、獨活九斤、桔梗八斤、香薷、商陸各五斤、藍漆二斤六兩、菖蒲二斤、細辛、芎藭各十斤、當歸廿一斤、漏蘆、地楡各六斤、白朮十斤、黄蘗四斤、薺苨八兩、芸茄、藺茹各一斤六兩、白芷十四斤、大戟二斤四兩、厚朴、紫菀各二斤十兩、升麻十斤、澤寫一斤三兩、黄精三斤十兩、茵芋十一兩、桑茸二斤、榧子一斗三升、薯蕷十五兩、秦椒、蜀椒各七兩、麥門冬二斗四升、桃人七升、車前子三升、呉茱萸一斗、乾棗一斗五升、鹿角一具、白殭蠶二兩、

備前國卌種

十五斤、茈胡《さいこ》・栝楼《かろう》・当帰各十斤、王不留行《おうふるぎょう》二十五斤、*独活三十六斤、知母《ちも》・躑躅花各六斤、芍薬《しゃくやく》・桑根白皮各二十斤、菖蒲六斤、香薷《こうじゅ》・烏賊骨《うぞくこつ》各十六斤、竜胆・石《せき》韋《い》・連翹《れんぎょう》各八斤、苦参七十一斤、*白朮九十二斤八両、玄参《げんじん》一斤十四両、商陸《しょうりく》・杜仲各七斤、松脂・厚朴《こうぼく》・*貫衆《かんじゅう》各五斤、*升麻《しょうま》四十斤、白薟三斤十二両、白芷十一斤、地《ち》楡《ゆ》九斤、黄耆《おうぎ》三斤四両、天門冬《てんもんとう》三斤十両、茵芋《いんう》十四斤、*銅牙《どうが》一斤、薯蕷九升、桃人二斗、秦椒《しんしょう》一升五合、蔓荊子《まんけいし》五升、呉茱萸三升五合、蒺藜子・蜀椒各三升、車前子一斗、獺肝《たつかん》二具、鹿茸《ろくじょう》一具、鹿角《ろっかく》一具、白殭蚕《びゃくきょうさん》二両。

86
美作国四十一種

黄連《おうれん》十斤五両、前胡《ぜんこ》・竜胆・人参《にんじん》各三斤、王不留行七斤、独活九斤、桔梗八斤、香薷・商陸各五斤、藍漆《らんしつ》二斤六両、菖蒲二斤、細辛《さいしん》・芍薬各十斤、当帰二十一斤、漏《ろう》蘆《ろ》・地楡各六斤、白朮十斤、黄蘗《おうばく》四斤、薺苨八両、芸茄《ごか》・蘭茹《ろじょ》各一斤六両、白芷十四斤、大戟《だいげき》二斤四両、厚朴・紫菀各二斤十両、升麻十斤、沢写一斤三両、黄精三斤十両、茵芋十一両、桑茸二斤、榧子一斗三升、薯蕷十五両、秦椒・蜀椒各七両、麦《ばく》門冬《もんとう》二斗四升、桃人七升、車前子三升、呉茱萸一斗、乾棗一斗五升、鹿角一具、白殭蚕二両。

87
備前国四十種

独活　本式1条の「人参…薤白」参照。播磨国風土記（讃容郡）室原山の項に見える。前掲「藍漆」参照。

白朮　本式1条の「人参…薤白」参照。播磨国風土記（揖保郡）に「粒丘（中略）〈生二白朮一〉」とあり、同（讃容郡）室原山の項にも見える。

貫衆　オシダ科の植物オシダの根茎に比定される。本草和名にオニワラビとある。本式では播磨のみに見えるが、出雲国風土記に意宇郡・仁多郡で産出することが見える。

升麻　本式1条の「人参…薤白」参照。播磨国風土記（讃容郡）に「伊師（中略）〈其山生二精鹿升麻一〉」とあり、また室原山の項にも見える。

銅牙　本式67条参照。播磨国風土記（揖保郡）に「此処有二銅牙石一、形似二双六之綵一」とある。

86美作年料雑薬条

87備前年料雑薬条

二　閣・塙・貞「三」。
寫　底、弥書。削ル。
蘞　底「苓」。貞ニヨリテ改ム。

88 備中年料雑薬条

女萎　キンポウゲ科の植物ボタンヅルの

茈胡十斤、白朮卌斤、黃蘗、烏賊骨各十斤、王不留行、瞿麥各八斤、獨活五斤、蛇含、芎藭、地楡、升麻、馬刀各三斤、桔梗五十斤、薺苨、龍膽、白頭公各二斤、菖蒲一斤、黃耆九斤、茵草十一兩、商陸四斗、漏蘆七斤、松脂六斤、大戟、牡丹、天門冬、桑螵蛸各一斤、榧子一斗五升、薯蕷、牡荊子各四升、麥門冬、秦椒各二升、桃人、車前子、亭歷子、蜀椒各六升、吳茱萸三斗、乾棗八升、白芷四斤、澤寫十斤、白殭蠶二兩、

備中國卌二種

黃連卅二升、女萎四斤、前胡、稾本、芎藭各三斤、白朮卅六斤、黃蘗十斤、蛇含八斤、桔梗廿八斤、知母八兩、枸杞、地楡各一斤、白頭公二斤、狼牙、續斷、黃精各五斤、紫菀、當歸各六斤、白芷五斤、澤寫一斤八兩、厚朴二斤、卷柏六斤十兩、茯苓一斤二兩、白蘞七斤、黃耆八斤五兩、蒲黃一斤、石膏六十六斤、鍾乳床六十斤、桑螵蛸十兩、秦皮一斤八兩、麥門冬、桃人各一斗、薯蕷五升、決明子一斗二升、牡荊子一升四合、車前子一升、吳茱萸三升、蜀椒六升、獺肝三具、猪蹄二具、鹿角二具、朴消大三斗、

備後國廿八種

白頭公五斤、石斛卅九斤、桔梗卅五斤、白朮卅四斤六兩、細辛卅斤、菖蒲

茈胡十斤、白朮四十斤、黄蘗・烏賊骨各十斤、王不留行・瞿麦各八斤、独活五斤、蛇含《じゃがん》・芍薬・地楡・升麻・馬刀《まとう》各三斤、桔梗五十斤、薺苨《せいでい》・竜胆・白頭公各二斤、菖蒲一斤、黄耆九斤、茵草《ほうそう》十一両、商陸四斗、漏蘆七斤、松脂六斤、大戟・牡丹《ぼたん》・天門冬・桑螵蛸《そうひょうしょう》各一斤、榧子一斗五升、薯蕷・牡荊子《ぼけいし》各四升、麦門冬・秦椒各二升、桃人・車前子・亭歴子《ていれきし》・蜀椒各六升、呉茱萸三斗、乾棗《かんそう》八升、白芷四斤、沢写十斤、白殭蚕二両。

88 備中国四十二種

黄連三十二升、*女萎《じょい》四斤、前胡・槀本《こうほん》・芍薬各三斤、白朮三十六斤、黄蘗十斤、蛇含八斤、桔梗二十八斤、知母八両、枸杞・地楡各一斤、白頭公二斤、狼牙・続断《ぞくだん》・黄精各五斤、紫菀《しおん》・当帰《とうき》各六斤、白芷五斤、沢写一斤八両、厚朴二斤、巻柏六斤十両、茯苓《ぶくりょう》一斤二両、白蘞七斤、黄耆八斤五両、蒲黄一斤、石膏《せっこう》六十六斤、*鍾乳床《しょうにゅうしょう》六十斤、桑螵蛸十両、秦皮《しんぴ》一斤八両、麦門冬・桃人各一斗、薯蕷五升、決明子一斗二升、牡荊子一升四合、車前子一升、呉茱萸三升、蜀椒六升、獺肝三具、猪蹄《ちょてい》二具、鹿角二具、*朴消《ぼくしょう》大三升。

89 備後国二十八種

白頭公五斤、石斛《せっこく》四十九斤、桔梗三十五斤、白朮三十四斤六両、細辛三十斤、菖蒲

茎に比定される。本草和名にヱミクサ・アマナとある。出雲国風土記では、秋鹿郡・出雲郡・飯石郡・仁多郡・大原郡に見える。

鍾乳床　炭酸塩類の鉱物に比定される。本草和名には「石鍾乳」で載り、「出㆓備中㆒」とあり、本式でも備中のみが貢納。医心方一(諸薬和名)にはイシノチとあり、「出㆓備中英賀郡㆒」とある。神名式下31条によると、備中国英賀郡(現在の岡山県新見市・真庭市)には、比売坂鍾乳穴神社、井戸鍾乳穴神社がある。同条参照。現在も井倉洞や備中鍾乳穴などの鍾乳洞が点在している。

朴消　鉱物芒消を加工して得られる粗製結晶に比定される。現存はしないが、光明皇太后が東大寺に献納した六〇種の薬物にも含まれる(古四―一七二頁)。続紀天応元・六・壬子条に、後に内薬正兼侍医となる羽栗翼を難波に派遣して朴消を練らせたという記事が見える。また続後紀承和七・二・庚申条に「令㆔大宰府停㆓止例進朴消㆒」とあり、大宰府がこれ以前に朴消を貢進していたことが知られる。本草和名には「出㆓若狭、備中国㆒」とあり、民部式下63条によれば、備中国は年料交易雑物として、別に朴消一〇〇斤を負担することになっていた。

89備後年料雑薬条

蒺　底「苑」。塙ニヨリテ改ム。
五　底「芸」。塙・貞ニヨリテ改ム。
斤　底「升」。底或本・閣或本ホカニヨリテ改ム。
斤　底「升」。考異ニ従イテ改ム。下同ジ。

四斤、黃蘗十斤、當歸六斤、薺苨廿三斤、芍藥二斤、木斛十五斤、茯苓五斤、升麻一斤、紫苑十三斤、夜干廿一斤、赤石脂三斤八兩、桑螵蛸十兩、薯蕷一斗四升、麥門冬三斗六升、桃人一斗一升、車前子二斗三升、•蒺藜子三升、麻子一斗四合、亭歷子一斗六合、蜀椒一斗三升、獺肝三具、猪蹄五具、朴消大三斗、

安藝國卌二種

黃連四斤十一兩、前胡、茈胡、白朮、藍漆、菖蒲、商陸各六斤、獨活、牛膝各十八斤、桔梗廿一斤、黃蘗廿斤、玄參、槀本、白頭公、夜干各三斤、細辛十五斤、苦參、當歸、茜根各十斤、石斛卌斤、地楡、續斷各二斤、天門冬十二兩、榧子二斗、薯蕷、吳茱萸、蜀椒各一斗、桃人三升、麥門冬一升六合、•五味子三升、亭歷子四合、白殭蠶二兩、

周防國十九種

獨活八斤、牛膝七斤、白朮一斤四兩、藍漆、石斛、升麻各五•斤、苦參十斤、芫茄四兩、細辛一斤八兩、巴戟天、茯苓各一斤、夜干卌斤八兩、防己六斤、滑石廿斤、榧子五升、薯蕷八斗、麥門冬七升、桃人四升五合、吳茱萸四升、

長門國十三種

牛膝、芍藥、茯苓各三斤、白朮二•斤、藍漆、巴戟天、茜根各一斤、細辛七斤、白樊

四斤、黄蘗十斤、当帰六斤、薺苨二十三斤、芎薬二斤、木斛《もっこく》十五斤、茯苓五斤、升麻一斤、紫菀十三斤、夜干《やかん》二十一斤、赤石脂《せきせきし》三斤八両、桑螵蛸十両、薯蕷《しょよ》一斗四升、麦門冬三斗六升、桃人《とうにん》一斗一升、車前子《しゃぜんし》二斗三升、蒺蔾子《しつれいし》三升、麻子《まし》一斗四合、亭歴子一斗六合、蜀椒《しょくしょう》一斗三升、獺肝三具、猪蹄五具、朴消大三斗。

90安芸国三十二種

黄連四斤十一両、前胡・茈胡・白朮《びゃくじゅつ》・藍漆・菖蒲《しょうぶ》・商陸各六斤、独活《どっかつ》・牛膝《ごしつ》各十八斤、桔梗《ききょう》二十一斤、黄蘗二十斤、玄参・槀本・白頭公《はくとうこう》・夜干各三斤、細辛十五斤、苦参《くじん》・当帰・茜根《せんこん》各十斤、石斛四十斤、地楡・続断各二斤、天門冬十二両、榧子《ひし》二斗、薯蕷・呉茱萸《ごしゅゆ》・蜀椒各一斗、桃人三升、麦門冬一升六合、五味子《ごみし》三升、亭歴子四合、白殭蚕二両。

91周防国十九種

独活八斤、牛膝七斤、白朮一斤四両、藍漆・石斛・升麻各五斤、苦参十斤、芸茄四両、細辛一斤八両、巴戟天《はげきてん》・茯苓各一斤、夜干三十斤八両、防己《ぼうき》六斤、滑石《かっせき》二十斤、榧子五升、薯蕷八斗、麦門冬七升、桃人四升五合、呉茱萸四升。

92長門国十三種

牛膝・芎薬・茯苓各三斤、白朮二斤、藍漆・巴戟天・茜根各一斤、細辛七斤、白樊《はくばん》

滑　底「温」。考異ニ従イテ改ム。

石三斤、蛇床子五升、桃人四升、亭歴子、蜀椒各二升五合、

南海道

紀伊國卅五種

獨活、松脂各十斤、牛膝、楡皮、厚朴各九斤、萆薢五兩、白朮一斤、藍漆、芸茄、地楡各三斤、菖蒲六斤、玄參、葛花各一斤、苦參廿六斤、白芷一斤四兩、躑躅花二斤、木斛廿五斤、石斛二斤五兩、大靑、茯苓各四斤、栝樓一斤十四兩、升麻十兩、葛根十一斤、天門冬八斤、夜干一斤九兩、滑石一百廿斤、薯蕷六升、桃人一斗、牡荊子二合、車前子、蜀椒各五升、兎絲子二升、麻子八升、亭歴子一升、秦椒三升、

阿波國卅三種

茈胡、黃菊花、澤寫、橘皮各一斤、萆薢、躑躅花、茵草各四斤、薺苨、芎藭、土瓜、牡丹各三斤、細辛九斤、大戟、狼牙、茯苓、連翹、女萎各二斤、升麻十兩、蒲黃八兩、天門冬五斤、寄生廿斤、榧子一斗三升、麥門冬、蛇床子各二升、桃人二斗、秦椒二斗五升、葵子五升、蒺藜子一升、鷄頭子五升、麻子三斗、胡桃子一斗、蜀椒八升、乾棗一斗五升、

讃岐國卅七種

石《せき》三斤、蛇床子《じやしようし》五升、桃人四升、亭歴子・蜀椒各二升五合。

南海道

93 紀伊国三十五種

独活・松脂《しようし》各十斤、牛膝・楡皮《ゆひ》・厚朴《こうぼく》各九斤、萆薢《ひかい》五両、白朮一斤、藍漆《らんしつ》・芸茄《ごか》・地楡《ちゆ》各三斤、菖蒲六斤、玄参《げんじん》・葛花《かつか》各一斤、苦参二十六斤、白芷《びやくし》一斤四両、躑躅花《てきちよくか》二斤、木斛二十五斤、石斛二斤五両、大青《たいせい》・茯苓各四斤、栝楼《かろう》一斤十四両、升麻《しようま》十両、葛根《かつこん》十一斤、天門冬《てんもんとう》八斤、夜干一斤九両、滑石一百二十斤、薯蕷六升、桃人一斗、牡荊子二合、車前子・蜀椒各五升、兎糸子《としし》二升、麻子八升、亭歴子一升、秦椒《しんしよう》三升。

94 阿波国三十三種

茈胡《さいこ》・黄菊花《おうきくか》・沢写《たくしや》・橘皮《きつぴ》各一斤、萆薢・躑躅花・茵草各四斤、薺苨・芍薬《しやくやく》・土《ど》瓜《か》・牡丹各三斤、細辛《さいしん》九斤、大戟《だいげき》・狼牙《ろうが》・茯苓・連翹《れんぎよう》・女萎各二斤、升麻十両、蒲《ほ》黄《おう》八両、天門冬五斤、*寄生《きせい》二十斤、榧子一斗三升、麦門冬《ばくもんとう》・蛇床子各二升、桃人二斗、秦椒二斗五升、葵子《きし》五升、蒺藜子一升、*鶏頭子《けいとうし》五升、麻子三斗、胡桃子《ことうし》一斗、蜀椒八升、乾棗一斗五升。

95 *讃岐国四十七種

93紀伊年料雑薬条

94阿波年料雑薬条

寄生　「桑上寄生」を指すのであろう。ヤドリギ科の植物ヤドリギの枝葉に比定される。「桑上寄生」は本草和名にクハノキノホヤとある。本式では阿波国のみが貢納。

鶏頭子　スイレン科の植物オニバスの種子に比定される。本草和名には「鶏頭実」としてミヅフブキノミとある。本式では阿波国のみが貢納。

95讃岐年料雑薬条

讃岐国　菅家文草三によれば、讃岐国には、国衙附属の薬園があったらしい。仁和二年(八八六)から寛平二年(八九〇)まで讃岐守として赴任していた菅原道真の詩に、「萸従レ任レ土薬丁分」(一九七)とあり、「寒早薬圃人」(二〇四)と見え、「地黄煎」(二二七)を部下に分ける詩も載る。道真の私的な薬園の可能性もあるが、「薬圃人」は徭役によっていると詠われているところから、公的な薬園の存在が推定される。

床　底「麻」。梵・梵別・貞ニヨリテ改ム。下同ジ。
升　底「斤」。考異ニ従イテ改ム。
栝　底「桔」。梵・梵別・塙・貞ニヨリテ改ム。
牡荊子　→校補16
十三種　本文、一四種ヲ掲グ。

黄芩七十三斤五兩、藍漆二斤、茵陳稾、牛膝、芸茄、細辛、地楡、白蘞各十斤、蛇含二斤、白朮、桔梗各十二斤、黄菊花三兩、獨活、芍藥、升麻各廿斤、王不留行、玄參、白芷、白頭公各六斤、橘皮二斤十三兩、松脂、大戟、連翹、女萎各五斤、茯苓七斤、麻黄十六斤、夜干十五斤、天門冬十三斤、榧子二斗五升、薯蕷、麥門冬、胡麻子各一斗、蘇子、車前子各五升、桃人一斗五升、蛇床子、決明子各一斗六升、麻子二斗五升、莨蓎子二升、亭歴子四升八合、半夏一斗三升、蜀椒二斗、牡荊子七升、鹿茸、鹿角各五具、枸杞十斤、朴消八升、

伊豫國卅二種

獨活十七斤、牛膝、白朮各六斤、桔梗十斤、茯苓五斤、漏蘆、杜仲各三斤、苦參十斤、人參九斤、木斛二斤、稾本二斤四兩、細辛、栝樓、大戟各二斤、芍藥八斤、石南草四斤、升麻、天門冬各七斤、續斷一斤十四兩、瓜蔕二兩、薯蕷八升六合、麥門冬、車前子、蕪菁子各三升、附子二斗、牡荊子二升、蛇床子五合、麻子三斗、桃人、胡麻子各一斗、支子二斗五升五合、蜀椒四升、

土左國十三種

獨活、細辛各二斤、牛膝三斤、菖蒲、升麻各四斤、苦參九斤、木斛十三斤、栝樓七斤、薯蕷一斗二升、桃人、車前子各四升、秦椒一升、決明子二升、呉茱萸二斗、

黄芩《おうごん》七十三斤五両、藍漆二斤、茵陳蒿《いんちんこう》・牛膝・五茄・細辛・地楡・白蘞《びゃくれん》各十斤、蛇《じゃ》含《がん》二斤、白朮・桔梗各十二斤、黄菊花三両、独活・芎薬・升麻各二十斤、王不留《おうふる》行《ぎょう》・玄参・白芷・白頭公各六斤、橘皮二斤十三両、松脂・大戟・連翹・女萎《じょい》各五斤、茯苓《ぶくりょう》七斤、麻黄《まおう》十六斤、夜干十五斤、天門冬十三斤、榧子二斗五升、薯蕷・麦門冬・胡麻子《ごまし》各一斗、蘇子《そし》・車前子各五升、桃人一斗五升、蛇床子・決明子《けつみょうし》各一斗六升、麻子二斗五升、茛菪子《ろうとうし》二升、亭歴子《ていれきし》四升八合、半夏《はんげ》一斗三升、蜀椒二斗、牡《ぼ》荊子《けいし》七升、鹿茸《ろくじょう》・鹿角《ろっかく》各五具、枸杞《くこ》十斤、朴消《ぼくしょう》八升。

96
伊予国三十二種
独活十七斤、牛膝・白朮各六斤、桔梗十斤、茯苓五斤、漏蘆《ろうろ》・杜仲《とちゅう》各三斤、苦参十斤、人参《にんじん》九斤、木斛二斤、稾本《こうほん》二斤四両、細辛・栝楼・大戟各二斤、芎薬八斤、石《せき》南草《なんそう》四斤、升麻・天門冬各七斤、続断《ぞくだん》一斤十四両、瓜蔕《かてい》二両、薯蕷八升六合、麦門冬・車前子・*蕪《ぶ》菁子《せいし》各三升、附子《ぶし》二斗、牡荊子二升、蛇床子五合、麻子三斗、桃人・胡麻子各一斗、*支子《しし》二斗五升五合、蜀椒四升。

97
土左国十三種
独活・細辛各二斤、牛膝三斤、菖蒲・升麻各四斤、苦参九斤、木斛十三斤、栝楼七斤、薯蕷一斗二升、桃人・車前子各四升、秦椒一升、決明子二升、呉茱萸二斗。

96伊予年料雑薬条
蕪菁子　アブラナ科の植物カブの種子に比定される。本草和名にアヲナとある。本式では伊予のみが貢納。
支子　本式2条の「犀角…青木香」参照。平城京二条大路木簡に「伊予国枝子壱斗」とある(『平城宮発掘調査出土木簡概報』三一、一九九五年)。「枝子」は「支子」に同じ。
97土左年料雑薬条

西海道

大宰府十二種

木蘭皮百五十斤、土瓜、石膏各十斤、龍骨六十斤、皂莢卅斤、代赭、禹餘粮各一斗、鬼臼四升、狸骨二具、檳榔子、人参各廿斤、石斛十斤、

右、依㆓前件㆒附㆓貢調使㆒送㆑寮、檢收訖卽與㆓返抄㆒、其大宰便附㆓別貢使㆒、

延喜式卷第卌七

98大宰年料雑薬条

木蘭皮　モクランピ。本式20条の「薯蕷…夜干」参照。

竜骨　本式2条の「犀角…青木香」参照。

西海道

98 大宰府十二種

*木蘭皮《もくらんひ》百五十斤、土瓜・石膏《せっこう》各十斤、*竜骨《りゅうこつ》六十斤、皂莢《そうきょう》四十斤、*代赭《たいしゃ》・*禹《う》余粮《よりょう》各一斗、鬼臼《ききゅう》四升、*狸《り》骨《こつ》二具、*檳《び》榔子《ろうじ》・人参各二十斤、石斛《せっこく》十斤。

*右、前《さき》の件《くだり》によりて*貢調使《こうちょうし》に附《さず》けて寮に送れ。検収訖らばすなわち返抄《へんしょう》を与えよ。其れ大宰は便《たより》に*別貢使《べっこうし》に附けよ。

延喜式巻第三十七

宇佐八幡宮託宣集一一所引豊前国風土記逸文の田河郡鹿春郷条に、「郷北有二峰兼二(中略)有二竜骨一、第二峰、有二銅幷黄楊、竜骨等一、第三峰、有二竜骨一」とある。大宰府が貢進する竜骨は、この豊前国田河郡産のものを指す可能性がある。

代赭　酸化物類の鉱物赤鉄鉱(セキテッコウ)に比定される。本草和名に「阿加都知(アカツチ)、出二大宰一」とあり、本式でも大宰府のみが貢納。

禹余粮　酸化物類の鉱物褐鉄鉱(カッテッコウ)の一種に比定される。本草和名に「出二大宰一」とあり、本式でも大宰府のみが貢納。

狸骨　ネコ科の動物豹猫の骨に比定される。本草和名にタタケとある。本式では大宰府のみが貢納。

檳榔子　ビンロウジ。大宰府のみの貢進。本式6条参照。

右　本式45条から98条を指す。

貢調使　本式36条参照。

別貢使　西海道諸国の調庸は大宰府に送られ府用に充てられるため、貢調使の上京がない。そのため年料別貢雑物を京進する別貢使に附けられた。三代格大同四・正・二十六符には、大宰府から上京する使者として「別貢使」が見え、使一人・書生三人で構成されていたことが知られる。民部式下53条、雑式35条参照。

延喜式巻第卅八

掃部寮

凡二月四日祈年祭、設二大臣及参議以上座於神祇官西院北舎一、（大臣南面、参議以上西面北上、）同舎西壁下設二王大夫座一、（東面北上、）南舎敷二座二行一、（北面東上、）前一行為二辨官幷諸司五位已上座一、後一行為二官史幷諸司六位已下座一、大臣舎之東屋設二外記座一、西屋設二神祇官伯已下座一、又其屋前庭設下読二祝詞一者座上、（東面、）但御巫座在二祝師後一、又大臣已下諸司六位已上座、預設二於各舎前庭一、（為下読二祝詞一時座上、敷以二葉薦一、）

六月奏二御卜一日、設二大臣座於殿上一、（御座東南二許丈、西向、）十二月亦同、

六月神今食、前一日、設下卜二小斎五位已上一座於神祇官上、当日平旦、設下卜二小斎人一座於宮内省、神祇官卜部已上座於廳内、内侍座於東廂舎、中務、宮内二省官人座於西廂舎上、酉刻、折薦帖、狹帖、短帖、折薦、葉薦、簀、山城食薦、寮造食薦各八枚、（是

議　底ナシ。九ニヨリテ補ウ。
夫　底「臣」。九ニヨリテ改ム。
廂舎　→校補1
帖　底ナシ。考異ニ従イテ補ウ。
狭　底「夾」。塙校注ニヨリテ改ム。コノ字ニツイテハ、以下、本巻ノウチ一々注セズ。

掃部寮　→補1
1祈年祭条
二月四日の祈年の祭　神祇官において天神地祇を祀る祭儀。四時祭式上3条参照。
座　→補2
神祇官の西院　斎院とも。神祇官内の庁舎については、四時祭式上4条および上巻図1参照。
王の大夫　諸王で五位以上の者。儀式一では「諸王」とする。
祝詞を読む者　中臣。四時祭式上4条参照。
祝師　祝詞を読む者のこと。
大臣已下諸司六位已上の座　祝詞に際し

延喜式巻第三十八

*掃部《かもり》寮

1 凡そ*二月四日の祈年《としごい》の祭は、大臣および参議以上の座を*神祇官の*西院の北舎に設けよ〈大臣は南面し、参議以上は西面し北を上とせよ〉。同じき舎《や》の西壁の下に*王の大夫の座を設けよ〈東面し北を上とせよ〉。南舎に座二行を敷け〈北面し東を上とせよ〉。前一行は弁官ならびに諸司五位已上の座とせよ。後《しりえ》一行は官史ならびに諸司六位已下《いげ》の座とせよ。大臣の舎の東屋に外記の座を設け、西屋に神祇官の伯《はく》已下の座を設けよ。またその屋の前庭に*祝詞を読む者《ひと》の座を設けよ〈東面せよ〉。ただし御巫《みかんなぎ》の座は*祝師《のりとし》の後にあり。また*大臣已下諸司六位已上の座を、預め各《おのおの》の舎の前庭に設けよ〈祝詞を読む時の座のために、敷くに*葉薦《はごも》を以てせよ〉。

2 *六月の御卜《みうら》を奏《もう》す日には、大臣の座を*殿上に設けよ〈御の座の東南二許《ばか》り丈。西向せよ〉。十二月もまた同じくせよ。

3 *六月の神今食《かんいまけ》は、前《さきだ》つこと一日に、*小斎《おみ》の五位已上を卜《うら》うる座を神祇官に設けよ。当日平旦に、*小斎人《おみびと》を卜うる座を宮内省に、神祇官の卜部《うらべ》已上の座を*庁内に、内侍《ないし》の座を東廂《ひがしびさし》の舎に、中務・宮内二省の官人《かんにん》の座を西廂の舎に設けよ。酉《とり》の刻、*折薦《おりごも》の帖《たたみ》・狭帖《せまきたたみ》・短帖《みじかだたみ》・折薦・葉薦・簀《す》・山城の食薦《すごも》・寮の造る食薦各八枚《ひら》〈これを

て、前庭の座に移る。儀式一には「大臣以下五位以上、次諸司主典以上」と表記されている。「諸司主典以上」とは実質的に六位官人のことであり、諸司は五位以上・六位の官人各一人に代表させていた。太政官式64条参照。

葉薦　イネ科の多年草マコモ(真菰)の葉を編んで作った席。主計式上1条参照。

2奏御卜条

六月の御卜を奏す　六月と十二月に天皇の向こう半年間の安否を卜し、慎むべきことを参内して奏上する。四時祭式上22条、太政官式73条参照。

殿上　大臣は清涼殿南廂の殿上の間に参入して奏上する。儀式五(奏御卜儀)によれば、大臣の座は「床子一脚」で、御座より東南に二丈、西向きに設置する。

3神今食条

六月の神今食　月次祭の夜から翌朝にかけて神嘉殿で行なわれる祭儀。四時祭式上23・24条、太政官式74条、中務式23条参照。

小斎の五位已上　特に厳しい斎戒を行ない、神事に供奉する五位以上の官人。祭の前日(散斎の日)に神祇官庁において卜定される。

小斎人を卜うる座　→補3

庁内　宮内省の庁内。宮内式1条参照。

折薦の帖…寮の造る食薦　→補4

謂二八物一、置二於中院一付二神祇官一、卽裝二束神嘉殿一、敷二長席於殿中央三間一、神座下敷、西隔二二間一敷二長席一、立二床一脚一、供二御座一、西廂立二床一脚一、御湯殿料、東方隔二二間一設下供二奉神事一女官座上、北廂設二內侍已下女官座一、東廊設二殿上侍臣座一、北殿設二御厨子所幷藥殿、主水等座一、東廂殿辨二備神供一神祇官、宮內省、內膳司、采女司座、西廂殿設二小齋親王以下座一、近衞、兵衞等各用二蔣圓座一、中和門外幄設二大齋親王以下座一、戌刻、小齋親王已下出二中門外一、寮官人授二打掃筥、坂枕、御帖等一、傳執參入、昇レ殿於二南戸下一授二寮官人一退還、官人便留率二掃部等一鋪二御帖於殿中央一、神座西面、御座東面、訖退出、寅刻、官人更昇レ殿撤二御帖一、親王已下傳執退出如二初儀一、御帖卽給二神祇官一、解齋之日、設二小齋人等座於宮內省廳幷東西廂舍一、十一月及新嘗祭設レ座亦同、六月進二御贖物一、設二簀一枚、席一枚於南階下一、十二月亦同、

下敷　九、下文「東方」ノ左傍ニアリ。
湯　底「陽」。九・塙ニヨリテ改ム。
方　底ホカ諸本、コノ下「敷」字アリ。九ナシ。衍ト見テ削ル。マタ右傍ニ「下ノ」ノ注記アリ。梵・梵別ナシ。
二　底ナシ。考異ニ従イテ補ウ。
蔣　底「蒔」。九ニヨリテ改ム。
撤　底「徹」。九ニヨリテ改ム。コノ字ニツイテハ、以下、本巻ノウチ一々注セズ。
省　九、コノ下一字アルモ読メズ。

八物　神膳や幣帛を置くための敷物類。八種八枚ずつ用意するため、この名称があるか。↓補1
中院　内裏の西にある中和院のこと。儀式一では「神今食院」。
神嘉殿　中和院の正殿。
長席　細長い形状の席。主計式上2条では、長さ二丈、広さ三尺六寸。
床　方形四脚の腰掛。木工式3条参照。
御湯殿　主殿寮が天皇の浴湯を供する。
神事に供奉る女官　神と天皇の御膳に仕える采女。「八姫」と呼ばれた。四時祭式上28条、中務式81条参照。
殿上の侍臣　侍臣については、中務式4条参照。
御厨子所　天皇の御膳を担当する所。大

*八物《やつもの》と謂う〉、*中院に置きて神祇官に付《さず》けよ。すなわち*神嘉殿《しんかでん》を装束せんには、*長席《ながむしろ》を殿の中央三間に敷き〈神の座の下敷なり〉。西に二間を隔てて長席を敷き、*床《とこ》一脚を立てて、御の座に供えよ。西廂に床一脚を立て〈*御湯殿の料〉、東方二間を隔てて*神事に供奉《つかえまつ》る女官の座を設け、北廂に内侍已下の女官の座を設けよ。東の*廊《わたどの》に殿上の侍臣の座を設け、北殿に*御厨子所《みずしどころ》ならびに*薬殿・*主水《もいとり》らの座を設けよ。東廂の殿に神供を弁備せん神祇官・宮内省・内膳司・采女司の座。西廂の殿に小斎の親王以下の座を設け、近衛・兵衛ら各*蔣《こも》の円座《わろうだ》を用いよ。*中和門《ちゅうかもん》外の幄に*大斎《おおみ》の親王以下の座を設けよ。戌《いぬ》の刻、小斎の親王已下、中門の外に出で、寮の官人《かんにん》、*打掃《うちはらい》の筥・*坂枕《さかまくら》・*御帖《おんたたみ》などを授けよ。伝え執りて参《まい》入り、殿に昇りて、南戸の下に於いて寮の官人に授けて退き還れ。官人便《たより》に留まりて*掃部《かにもり》らを率いて御帖を殿の中央に鋪《し》け〈神の座は西面し、御の座は東面す〉。訖らば退出《まか》れ。寅《とら》の刻、官人更に殿に昇りて御帖を撤せよ。親王已下伝え執りて退出ること初儀の如し〈御帖は即ち神祇官に給う〉。*解《げ》斎《さい》の日、小斎人らの座を宮内省の庁ならびに東西の廂の舎に設けよ。*十二月および新嘗《にいなめ》の祭に座を設くることもまた同じくせよ。

4 六月に*御贖物《みあがもの》を進《たてまつ》らんには、簀一枚、*席《むしろ》一枚を*南の階《きざはし》の下に設けよ。十二月もまた同じくせよ。

炊式34条参照。西宮記恒例二に神今食に関する御厨子所例が引用されている。

薬殿　内裏の安福殿内にあり、天皇の御薬を供する。

主水　主水式7条によれば、主水司官人一人・水部五人が供奉する。

蔣の円座　真菰を渦巻き状に編んだ、円形の敷物。本式80条参照。

中和門　中和院の東の門。内裏との往来に用いられる。

大斎の親王以下　大斎の者の座は中和門外の幄に設置された。大蔵式14条参照。

打掃の筥　打掃布を入れた箱。

坂枕　薦で作った祭祀用の枕。神座の八重畳の上に置く。本式65・78条参照。

御帖　神事用の畳。本式65・78条参照。儀式一によれば、親王以下次侍従以上が祭事の場に運び込んだ。→補2

掃部　掃部寮の伴部。

解斎の日　斎戒を解く日。直会が行なわれる。

十二月および新嘗の祭　十二月神今食、十一月新嘗祭も同様の鋪設がなされる。

4進御贖物条

御贖物　毎年六月・十二月の晦日に執行される、天皇および中宮・東宮の祓の儀礼。四時祭式上30・31条参照。

席　→補3

南の階　紫宸殿の南階。

晦日大祓、朱雀門壇上設二公卿及辨、中務、式部、兵部并女官座一、左右仗舎六位已上座、但祝詞者在二庭中一、十二月亦同、

凡臨時大祓日、設二公卿并辨、外記、史、史生、官掌、召使及祝詞等座一、

凡春日春祭、著到殿東壁下西面設二公卿座一、北壁下南面東上五位已上氏人座、南廂北面東上六位已下著到座、奉二幣帛一時、南中門設二神主座一、同門西釘貫內北面東上內侍已下座、釘貫外南去一許丈北面東上公卿座、其西諸使座、後五位已上氏人座、其南六位已下座、直相殿北壁下南面公卿座、其南西面北上諸使及外記、史座、東面北上氏人五位已上座、其西氏人六位已下座、南舍西第一間南邊設二太政官史生已下座一、第二間神祇官、御琴師、笛工、雅樂寮歌人座、並北面西上、東第一間諸司史生及近衛等座、庭中和舞座、事訖祿所設レ座、冬祭亦同、

5晦日大祓条

晦日の大祓　毎年六月・十二月晦日、朱雀門前に百官男女を集めて罪穢れを祓う儀礼。四時祭式上29条、式部式下6条参照。

朱雀門の壇上　より詳細な座の配置は、儀式五参照。

左右の仗舎　朱雀門の東西の脇門の南、二条大路上に建つ曲家状の建物。式部式下6条参照。

祝詞の者　祝詞を読む者のこと。祝詞そのものは、祝詞式12条参照。

6臨時大祓条

臨時の大祓　臨時の場合は、百官男女の参加がなくなるため、中務・式部・兵部省や女官の座が設けられなくなる。大蔵式26条参照。→補1

7春日春祭条

春日の春の祭　毎年二月・十一月に大和国添上郡の春日社で行なわれた祭。藤原氏の氏神祭祀としての性格を有する。四

時祭式上7条参照。儀式一(春日祭儀)によれば、前二日に掃部寮官人は掃部を率いて社に向かい、祭祀の準備を行なう。
著到殿　儀式一では「外院座」に就くとする。同(大原野祭儀)には「神殿南垣之外、有㆓外候之殿㆒」とあり、大臣以下五位以上氏人等がこの殿に就くとする。↓補2
五位已上の氏人　藤原氏の五位以上。
六位已下　藤原氏の六位以下は著到殿の脇に設けられた著到座に就く。儀式一によれば、ここで札に名を書く。
幣帛　内蔵式2条参照。
釘貫　柱を立て並べて横に貫(ぬき)を通しただけの簡単な柵。
諸使　中宮職・内蔵寮・春宮坊・左右近衛府および藤原氏の使が参向し、幣物や走馬が献上された。中宮式12条、内蔵式2条、春宮式10条、左右近衛式41条参照。
直相殿　儀式一では「直会殿」。神部による散祭の後、酒宴行事が行なわれる。
御琴師　四時祭式上7条参照。
笛工　四時祭式下48条参照。
雅楽寮歌人　雅楽式1条参照。
和舞　祭祀に参列した官人が斎戒を解く前に行なう舞。中務式14条参照。
禄所　儀式一によれば、庭中に禄の案が立てられる。弁官の史が氏人の名を唱え、賜禄が行なわれる。

5 *晦日《つごもり》の大祓《おおはらえ》には、*朱雀門《すざくもん》の壇上に公卿および弁・中務・式部・兵部ならびに女官の座を設けよ。*左右の仗舎に六位已上の座。ただし*祝詞の者は庭中にあり。十二月もまた同じくせよ。

6 凡そ*臨時の大祓の日には、公卿ならびに弁・外記・史・史生《ししょう》・官掌《かじょう》・召使《めしつかい》および祝詞らの座を設けよ。

7 凡そ*春日《かすが》の春の祭は、*著到殿《ちゃくとうでん》の東壁の下に西面して公卿の座を設けよ。北壁の下に南面し東を上として*五位已上の氏人の座、南廂に北面し東を上として*六位已下の著到の座。*幣帛《みてぐら》を奉る時には、南中門に神主《かんぬし》の座を設けよ。同じき門の西の*釘貫《くぎぬき》の内に北面し東を上として内侍已下の座、釘貫の外を南に去ること一許り丈に北面し東を上として公卿の座、その西に*諸使の座、後《しりえ》に五位已上の氏人の座、その南に六位已下の座。*直相殿《なおらいどの》の北壁の下に南面して公卿の座、その南に西面し北を上として諸使および外記・史の座、東面し北を上として氏人五位已上の座、その西に氏人の六位已下の座。南舎には西の第一間の南の辺《ほとり》に太政官史生已下の座を設けよ。第二間に神祇官・*御琴師・*笛工《ふえふき》・*雅楽寮歌人の座。みな北面し西を上とせよ。東の第一間に諸司の史生および近衛らの座。庭中に*和舞《やまとまい》の座。事訖らば*禄所に座を設けよ。冬の祭もまた同じくせよ。

凡大原野春祭、著到殿東第一間西面設㆓公卿座㆒、其西卽南北相對五位已上氏人及諸使、外記、史座、西第一間東面北上有官六位以下氏人座、西廂無官六位已下氏人著到座、其南舍設㆓近衞陪從等座㆒、奉㆓幣帛㆒時、中門南去一許丈設㆓神主座㆒、西去二許丈内侍已下座、神主座南去三許丈公卿座、其西諸使座、公卿座後五位已上氏人座、其後六位已下座、直相殿北第二間西面設㆓公卿座㆒、其南西面北上五位已上氏人座、其後六位已下座、西廂北第二間東面神主座、其南諸使座、次外記、史座、少退太政官史生已下座、南舍設㆓雅樂官人、歌女等座㆒、同舍北庭中和舞座、事訖祿所設㆑座、冬祭亦同、

凡薗幷韓神春祭、宮内省神院南舍西第一間設㆓内侍已下御神子等座㆒、次西面北上神祇官、治部省、雅樂寮幷御琴師、歌人等座、南壁下北面西上歌女座、北舍西第一間設㆓御神子座㆒、第二間北邊南面東上御琴師座、北廂

西　底「面」。塙校注ニヨリテ改ム。九「南」。

設　底ナシ。塙校注ニヨリテ補ウ。

上　底「下」。九ニヨリテ改ム。

南　底、コノ下「方」字アリ。九ナシ。衍ト見テ削ル。

座　底、コノ下「々」字アリ。九・閣・貞ニヨリテ削ル。

8 凡そ*大原野《おおはらの》の春の祭は、著到殿の東の第一間に西面して公卿の座を設けよ。その西にすなわち南北に相対して*五位已上の氏人および*諸使・外記・史の座、西の第一間に東面し北を上として*有官六位以下の氏人の座、西廂に無官六位已下の氏人の著到の座。其れ南舎には*近衛・陪従《べいじゅう》らの座を設けよ。*幣帛を奉る時には、中門より南に去ること一許り丈に神主の座を設けよ。西に去ること二許り丈に内侍《ないし》已下の座、神主の座より南に去ること三許り丈に公卿の座、その西に諸使の座、公卿の座の後に五位已上の氏人の座、その後に六位已下の座。直相殿の北の第二間に西面して公卿の座を設けよ。その南に西面し北を上として五位已上の氏人の座、その後に六位已下の座、西廂の北の第二間に東面して神主の座、その南に諸使の座、次いで外記・史の座、少しく退《さが》りて太政官史生已下の座。南舎には雅楽の官人・歌女らの座を設けよ。同じき舎の北の庭中に和舞の座。事訖らば禄所に座を設けよ。冬の祭もまた同じくせよ。

9 凡そ*薗《その》ならびに韓神《からかみ》の春の祭には、*宮内省の神院の南舎の西の第一間に、*内侍已下御神子《みかんこ》らの座を設けよ。次いで西面し北を上として神祇官・治部省・雅楽寮ならびに御琴師・歌人らの座、南壁の下に北面し西を上として歌女の座。北舎の西の第一間に御神子の座を設けよ。第二間の北の辺に南面し東を上として御琴師の座、北廂

8大原野春祭条

大原野の春の祭　毎年二月・十一月に山城国乙訓郡の大原野神社で行なわれた祭。祭祀の構成は春日祭に準拠しているが、中宮職が酒食を供えるところに特徴がある。四時祭式上8条参照。

五位已上の氏人　藤原氏の五位以上。

諸使　春日祭と同様。前条参照。

有官六位以下の氏人　春日祭と異なり、六位以下でも有官の者は著到殿に着座した。

近衛　春日祭と同じく、近衛は陪従とともに東舞を供奉した。儀式一、西宮記臨時一(祭使事)参照。

幣帛　内蔵式5条参照。春日祭の幣料と基本的に同じ。

9薗韓神春祭条

薗ならびに韓神の春の祭　平安京大内裏宮内省に鎮座する薗神と韓神の祭。毎年二月と十一月に行なわれた。四時祭式上9条参照。儀式一によれば、当日早朝に掃部寮が鋪設を行なう。

宮内省の神院　儀式一によれば、薗神は南神殿、韓神は北神殿に鎮座した。

内侍已下御神子ら　内侍の神事供奉については、四時祭式上9条参照。御神子は御巫のことで、儀式一によれば湯立舞を供奉した。

歌人座、第三間南面西上公卿座、其東五位已上座、公卿座後外記、史、中務丞、錄、內舍人、大舍人等座、外記、史座後太政官幷諸司史生以下座、冬祭亦同、

凡四月平野祭、神殿前舍北第一間南面設二女王座一、東廂西面北上內侍已下座、南三間舍設二皇太子御座一、南舍北面東上設二親王已下參議已上座一、其後五位已上座、西壁下東面勅使座、其南舍北面東上設二四世已上王、外記、史、中務丞、錄、內舍人、諸司判官、五世已下王座一、其後和、大江等氏人及諸司主典、大舍人座、其後太政官幷諸司史生已下座、北舍南面東上神祇官人、神主、御琴師座、其後史生、官掌座、其後中臣、卜部座、南面東上治部、雅樂官人座、其後史生已下座、其後歌女座、十一月亦同、

四月奉二賀茂神幣帛一使座、於二內藏寮一設之、又設二座於上下社一、其輕幄二具、牀二脚、屛風四帖、疊四枚、預請二齋院一、事訖返送、

10平野祭条

平野の祭　毎年四月・十一月に山城国葛野郡の平野神社にて行なわれた祭。皇太子の参向・親幣があるところに特徴がある。四時祭式上17条、太政官式71条参照。

神殿　平野社社殿の配置については、福

山敏男「年中行事絵巻の所謂平野祭図」(『日本建築史の研究』所収、一九四三年、初出一九三九年)、三宅和朗「平野祭の基礎的考察」(『古代の王権祭祀と自然』所収、二〇〇八年、初出一九九六年)参照。

皇太子　平野祭の創祀は桓武朝で、皇太子の守護と天智系皇統の永続に主眼があったため、皇太子の参向が規定された。

その南舎　兵範記仁安二・十一・八条では「南後舎」。

四世已上の王　桓武皇統の守護のため、見参に預からせた。太政官式80条参照。

和大江らの氏人　それぞれ桓武天皇の外祖父・外祖母の系統。

11賀茂奉幣条

賀茂神に幣帛を奉る使　毎年四月の賀茂祭では、宮中から賀茂御祖神社(下社)・賀茂別雷神社(上社)に勅使が派遣され奉幣が行なわれた。斎院式8条参照。

内蔵寮　内蔵式13条参照。

軽幄　儀式の際に臨時に設けられる幄舎の一種。柱を細くし、棟の裏張りも軽易にこしらえたもの。内匠式31条、大蔵式1条参照。

屏風　折り畳んで移動できる屏障具で、室内の仕切りに用いる。内匠式11条参照。

斎院　斎院が備える鋪設具などについては、斎院式22・27条参照。

に歌人の座、第三間に南面し西を上として公卿の座、その東に五位已上の座。公卿の座の後《しりえ》に外記・史、中務の丞《じょう》・録《さかん》・内舎人《うどねり》・大舎人らの座。外記・史の座の後に太政官ならびに諸司の史生以下の座。冬の祭もまた同じくせよ。

10 凡そ四月の*平野《ひらの》の祭には、*神殿の前舎の北の第一間に南面して女王の座を設けよ。東廂に西面し北を上として内侍已下の座。南の三間の舎には*皇太子の御座を設けよ。南舎には北面し東を上として親王已下参議已上の座を設けよ。その後《しりえ》に五位已上の座。西壁の下に東面して勅使の座。*その南舎には北面し東を上として*四世已上の王、外記・史、中務の丞・録・内舎人、諸司の判官《じょう》、五世已下の王の座を設けよ。その後に*和・大江らの氏人および諸司の主典《さかん》、大舎人の座、その後に太政官ならびに諸司の史生已下の座。北舎には南面し東を上として神祇の官人・神主、御琴師の座、その後に史生・官掌の座、その後に中臣・卜部の座。南面し東を上として治部・雅楽の官人の座、その後に史生已下の座、その後に歌女の座。十一月もまた同じくせよ。

11 四月に*賀茂《かも》神に幣帛を奉る使の座は、*内蔵寮に於いて設けよ。また座を上下の社に設けよ。その*軽幄《けいあく》二具、牀《ゆか》二脚、*屏風四帖、畳四枚《ひら》は、預め*斎院より請け、事訖らば返し送れ。

大臣…（八字） 底、下文「設」ト「外」ノ間ニ弥書。九・閣・塙・貞ニヨリテ削ル。

者 底「人」。九ニヨリテ改ム。

12大神宮奉幣条

九月十一日…幣帛を奉らん ↓補1

八省院 当日の鋪設については、儀式五、装束記文（要略二四所引）参照。

小安殿の東の局 小安殿の東南庭に内蔵寮が幣帛を準備し、天皇が拝礼を行なう。内蔵式1条参照。

昭慶門・東福門 中巻図3参照。

宣命 幣帛使の王に宣命が授けられる。↓補2

13鎮魂祭条

鎮魂の祭 ↓補3

宮内省の庁 宮内省の鋪設については、儀式五参照。

歌女 雅楽寮歌人・歌女の供奉については、雅楽式2条参照。

14大嘗会条

践祚大嘗会 ↓補4

頓宮 かりみや。大嘗宮のこと。造営の詳細は、大嘗祭式22条参照。

弁官の宣 左弁官から宮内省に下された宣旨が儀式四に収められている。

多加須伎比良須伎の屋 多加須伎・比良須伎は神饌の贄を入れる器の名称で、そ

九月十一日奉㆓伊勢大神宮幣帛㆒、行㆓幸八省院㆒、設㆓小安殿東局御座㆒、親王以下参議已上座設㆓昭慶門東廊內㆒、對㆓座南北㆒、以㆑西爲㆑上、隔㆓其東間㆒設㆓辨、少納言、外記、史、內記等座㆒、東福門內西掖設㆘大臣賜㆓宣命㆒之座㆖、東福門外東掖設㆓外記、內記座㆒、

十一月鎭魂祭日、於㆓宮內省廳㆒、設㆓大臣已下歌女已上座㆒、

踐祚大嘗會、十月下旬裝㆓束八省院頓宮㆒、其所㆑須薦席者、依㆓辨官宣㆒下用、十一月上旬葺㆓部大膳職多加須伎、比良須伎屋、及廻立殿㆒、上葺㆑苫、下葺㆓席薦㆒、〈薦入㆑中、席著㆑表、〉裏〈木工寮共部、〉中卯未刻、懸㆓葦簾於愈紀主基正殿南堂㆒、〈殿別六枚、〉主殿寮樹㆑幔、訖更鋪㆓簀十六枚於廻立殿內㆒、其上加㆓席十四枚㆒、其上黃端帖八枚、其中央雙㆓施御牀二脚㆒、其上加㆓暈繝端御帖各一枚㆒、〈有㆓黃帊㆒、〉御牀東西鋪㆓白端御帖四枚㆒、酉刻、官人已下掃部已上卜食者十人、持㆓御座等物㆒、自㆓大嘗宮北門㆒入、鋪㆓白端御帖十一枚、布端御坂枕一枚於愈紀正殿中央㆒、又設㆓打拂布一條㆒、〈納㆓楊筥㆒、〉御厠殿鋪㆓折薦八重帖一枚㆒、

12 *九月十一日、伊勢大神宮に幣帛を奉らんとき、*八省院に行幸せば、*小安殿《こあどの》の東の局《つぼね》に御の座を設けよ。親王以下参議已上の座は*昭慶門《しょうけいもん》の東の廊《わたどの》の内に設けよ。南北に対座し、西を以て上となせ。その東の間を隔てて弁・少納言・外記・史・内記らの座を設けよ。*東福門《とうふくもん》内の西掖《わき》に大臣に*宣命を賜うの座を設けよ。東福門外の東掖に外記・内記の座を設けよ。

13 十一月の*鎮魂《たましずめ》の祭の日には、*宮内省の庁に於いて大臣已下*歌女已上の座を設けよ。

14 *践祚大嘗会《せんそだいじょうえ》には、十月下旬に八省院の*頓宮を装束せよ。その須《もち》うるところの薦《こも》・席は、*弁官の宣によりて下し用いよ。十一月上旬に大膳職の*多加須伎《たかすき》・比良須伎《ひらすき》の屋および*廻立殿《かいりゅうでん》を葺《ふ》き蔀《おお》え。上に*苫《とま》を葺き、下に席・薦を蔀え〈薦を中に入れ、*席を表に著けよ。裏は*木工寮共に蔀え〉。中つ卯《う》の未《ひつじ》の刻、*葦《あし》の簾《すだれ》を*悠紀《ゆき》・主基《すき》の正殿の南堂に懸けよ〈殿別《ごと》に六枚《ひら》〉。*主殿寮、幔《まん》を樹てよ。訖らば更に簀十六枚を廻立殿内に鋪き、その上に席十四枚を加えよ。その上に*黄端《きべり》の帖八枚。その中央に*御牀《みゆか》二脚を双び施《お》き、その上に*暈繝端《うんげんべり》の御帖《おんたたみ》各一枚を加えよ〈*黄の帊《おおい》あり〉。御牀の東西に*白端の御帖四枚を鋪け。酉《とり》の刻、官人《かんにん》已下掃部《かにもり》已上の*卜食《うらは》める者十人《ひと》は、御の座等の物を持ちて、大嘗宮の北門より入り、白端の御帖十一枚、布端の御坂枕《みさかまくら》一枚を悠紀の正殿の中央に鋪け。また*打払《うちはらい》布一条を設け〈*楊筥《やないばこ》に納《い》れよ〉、*御厠殿《みかわやどの》に*折薦《おりごも》の八重の帖一枚を

の形状は大嘗祭式27条参照。

廻立殿　悠紀殿・主基殿の神事の前に、天皇が小忌の湯に入り、祭服に着替える仮宮。

苫　菅・茅などを編んだもの。小屋の屋根や周囲の覆いに用いる。

席を表に…　↓補5

木工寮　大嘗宮とは異なり、廻立殿は木工寮が造営した。大嘗祭式23条参照。

葦の簾　葦で編んだすだれ。

悠紀主基の正殿　↓補6

主殿寮　大嘗宮と廻立殿の間に主殿寮が斑幔を張る。儀式三参照。

黄端の帖　黄帛を端に用いた畳。

御牀　方形四脚の腰掛。二脚を並べて、暈繝端の畳を敷く。↓補7

暈繝端の御帖　↓補8

黄の帊　黄帛を用いた、覆うための布。

白端の御帖　白色の曝し布を端に用いた畳。神事に用いられる。本式65・78条参照。

卜食める者　↓補9

打払布　本式3・76条参照。

楊筥　柳の木で作った蓋付きの四角い箱。柳の木を細長く三角に削ったものを並べ、生糸などで編んで仕立てた。

御厠殿　正殿のそばにある側屋。

折薦の八重の帖　折薦を幾重にも重ねた帖。神来臨の座か。大嘗祭式22条参照。

主基殿亦如レ之、訖自二廻立殿一至二兩宮正殿道一、鋪二布單一、事具二神祇式一、上安二卷葉薦一、官人已上持二湯殿御榻一、候二於廻立殿西幔內一、女孺已上座隨レ宜設之、卽悠紀御膳所レ須折薦帖八枚、折薦八枚、折薦短帖八枚、葉薦八枚、山城食薦八枚、寮造食薦八枚、付二內膳司一、主基亦同、戌刻、天皇御二於廻立殿一、典掃退出喚レ寮、寮微聲稱唯、爲レ近二御所一不二敢高聲一、典掃宣、御榻持來、官人稱唯、卽舁自二殿北方一廻詣レ東轉二授女孺一、訖復二本所一、掃部四人便留、餘皆退出候二大嘗宮北門東掖一、天皇幸二悠紀殿一、宮內兩輔於二御前左右一膝行、隨二御步一陳二敷葉薦一、官人二人於二御後左右一膝行、隨二御步一卷、訖退出候二於本所一、卽設二小齋侍從座二枚於承光堂前幄下一、又設二辨官奏事座一枚於大嘗宮南庭一、天皇還二御於廻立殿一、宮內幷寮供奉如レ初、更幸二主基殿一、供奉亦如二悠紀一、辰日、官人分率二掃部一、入二豐樂院一檢二校兩國所レ儲御座一、與二國司一共設二殿上御座一、悠紀在レ左、主基在レ右、五位已上座

布單　→校補2
具　九「見」。
折薦帖　→校補3
便　底「使」。九・閣ホカニヨリテ改ム。
掖　底「腋」。例ニヨリテ改ム。
設　底ナシ。塙校注ニヨリテ補ウ。

両宮の正殿の道　廻立殿から悠紀・主基殿までの、天皇が渡御する道筋。
布単　麻・葛などの繊維で織った敷物。大蔵省によって敷かれる。
神祇式　大嘗祭式31条。
巻葉薦　布単の上に葉薦を敷く。天皇の歩みに随い、宮内輔以上の二人が左右に分れて敷き、掃部允以上の二人が巻き上げて行く。宮内式8条参照。
湯殿　廻立殿の東二間が小忌の湯のため

鋪け。主基殿もまたかくの如くせよ。訖らば廻立殿より*両宮の正殿の道まで、*布単《ふたん》を鋪き〈事は*神祇式に具《つぶさ》なり〉、上に*巻葉薦を安《お》け。官人已上*湯殿の*御榻《しじ》を持ち、廻立殿の西幔の内に候せ〈女孺《にょじゅ》已上の座は宜しきに随いて設けよ〉。すなわち悠紀の御膳《みけ》に須うるところの*折薦の帖八枚、折薦八枚、折薦の短帖《みじかだたみ》八枚、葉薦八枚、山城の食薦《すごも》八枚、寮の造る食薦八枚を、*内膳司に付《さず》けよ〈主基もまた同じくせよ〉。戌《いぬ》の刻、天皇、廻立殿に御《おわ》さば、典掃《かにもりのすけ》退《まか》出りて寮を喚《め》し、寮微声にて称唯《いしょう》せよ〈御所に近きため敢えて高声せず〉。典掃宣すらく、御榻持来《もうこ》、と。官人称唯し、すなわち舁《か》きて殿の北方より廻り、東に詣《いた》りて女孺に転《つた》え授けよ。訖らば本所に復《かえ》れ。掃部四人は便《たより》に留り、余は皆退出りて大嘗宮の北門の東掖に候せよ。天皇、悠紀殿に幸せば、宮内の両《ふたり》の輔、御の前の左右に於いて*膝行《しっこう》し、御歩《おんあゆみ》に随いて葉薦を陳《の》べ敷き、官人二人、御の後《しりえ》の左右に於いて膝行し、御歩に随いて巻け。訖らば退出りて本所に候せよ。すなわち小斎の侍従の座二枚を*承光堂《しょうこうどう》の前幄の下に設け、また*弁官奏事の座一枚を大嘗宮の南庭に設けよ。天皇、廻立殿に還御せば、宮内ならびに寮、供奉《ぐぶ》すること初の如くせよ。更に主基殿に幸せば、供奉することまた悠紀の如くせよ。辰《たつ》の日、官人分れて掃部を率いて、*豊楽院に入り*両国儲くるところの御の座を検校し、国司とともに殿上の御の座を設けよ。悠紀は左にあり、主基は右にあり。五位已上の座

の湯殿とされた。

御榻　四脚のながいす。和名抄に「唐韻云、榻〈吐盍反、和名之知〉床也」とあり、床と実態は同じであったと考えられる。大隅清陽「座具から見た朝礼の変遷」（『律令官制と礼秩序の研究』所収、二〇一一年、初出二〇〇二年）参照。

折薦の帖八枚…　神今食における「八物」に相当する。本式3条参照。

内膳司　内膳司が采女らを率いて、悠紀・主基の御膳を準備する。大嘗祭式31条参照。

膝行　足を曲げ、膝をついて進退すること。

承光堂　朝堂院内の承光堂、および相対する顕章堂の前にはそれぞれ七丈幄が建てられ、小斎人の座とされた。中巻図3参照。

弁官奏事　弁官が諸司に仰せて宿侍する文武官の名簿を提出させ、安倍氏がこれを奏上する。大嘗祭式31条、儀式三には「凡奏二事於御在所一者皆跪」とあり、跪拝が行なわれたことが分かる。

豊楽院　辰日から午日まで、豊楽院に場を移して饗宴行事が実施された。

両国　悠紀・主基の二国が御帳（斗帳と御座）を設置した。大嘗祭式32条参照。巳日の宴が終わると両国の御帳は撤収され、寮の御座が設置される。

設二於顯陽、承歡兩堂一、供奉如二常儀一、巳日夕、悉撤二兩國斗帳及御座一、更設二寮家御座於殿中央一、午日、官人各執置二位記案二脚一、左右分入レ自二儀鸞門東西扉一、立二殿前中庭一、事畢入撤、五節舞訖、立二積レ祿床一、

凡踐祚大嘗會祓禊儲料輕幄、百子帳、軟障、大床子、屛風、帳、茵等貯二納寮家一、臨レ事出用、

凡二月、八月上丁釋奠祭、廟堂敷二滿長席一、祭畢之後、親王、公卿座設二都堂東方一、西面北上、五位已上座設二西方一、東面北上重行、諸司座設二東夾舍一、式部、大學幷諸博士、學生等座設二西夾舍一、講畢改レ座賜レ饌、東第二三間設二參議已上座一、西去一許丈五位已上座、並南北相對、以レ東爲レ上、東西夾舍座如レ前、次設二宴座一、

凡齋內親王入二伊勢齋宮一者、於二大極殿高御座左直東戸一設二御座一、東向、（席帖各二枚、上鋪二六尺御帖一枚一、）後樹二屛風一、自二御前一東去一間、設二置レ幣葉薦一枚一、自二北方東戸一南進

百子帳　→校補4
堂　底「室」。九ニヨリテ改ム。
舍　底ナシ。意ニヨリテ補ウ。
席　底、大書シテ本文トナス。九ニヨリテ改ム。

顕陽承歓の両堂　五位以上には饌が供せられ、国風などの行事が行なわれる。

斗帳　四隅に柱を立て、天井を組み、布を垂らしたもの。御座を囲んで設置された。

位記の案　大嘗祭への供奉に対して、臨時の叙位が行なわれた。午日には式兵二省により五位以上の叙位が行なわれる。神祇官や六位以下については、翌未日に実施される。

儀鸞門の東西の扉　中巻図3参照。

五節舞　舞姫が袖を五度翻して舞う。大嘗祭式34条参照。

15大嘗会祓禊条

践祚大嘗会の祓禊　大嘗祭に先駆けて行なわれる天皇のみそぎ。御禊(ゴケイ)のこと。臨時祭式13条、大嘗祭式4条、太政官式86条参照。

儲の料　あらかじめ準備しておく物品。

を*顕陽《けんよう》・承歓《しょうかん》の両堂に設けよ。供奉すること常儀の如くせよ。巳《み》の日の夕《ゆうべ》、悉く両国の*斗帳《とちょう》および御の座を撤し、更に寮家の御の座を殿の中央に設けよ。午《うま》の日、官人各執りて*位記の案《つくえ》二脚を置け。左右分れて*儀鸞門《ぎらんもん》の東西の扉より入り、殿前の中庭に立てよ。事畢らば入りて撤せよ。*五節舞《ごせちのまい》訖らば、禄を積む床《とこ》を立てよ。

15凡そ*践祚大嘗会の祓禊の*儲《もうけ》の料の軽幄・*百子帳《ひやくしちょう》・*軟障《ぜじょう》・*大床子《しょうじ》・屏風・帳・*茵《しとね》等は*寮家に貯納し、事に臨みて出だし用いよ。

16凡そ二月・八月の上つ丁の*釈奠《せきてん》の祭には、*廟堂に長席《ながむしろ》を敷き満たせ。祭畢るの後、親王・公卿の座は*都堂《とどう》の東方に設け、西面し北を上とせよ。五位已上の座は西方に設け、東面し北を上として重行《ちょうこう》せよ。諸司の座は東の夾舎《ほそどの》に設け、式部・大学ならびに諸の博士・学生らの座は西の夾舎に設けよ。講畢らば座を改めて饌《おもの》を賜え。東の第二・三間に参議已上の座を設けよ。西に去ること一許り丈に五位已上の座。みな南北に相対し、東を以て上となせ。東西の夾舎の座は前の如くせよ。次いで*宴座を設けよ。

17凡そ*斎内親王《いつきのひめみこ》、*伊勢斎宮に入らんときは、*大極殿《だいごくでん》の高御座《たかみくら》の左に直《あた》る東戸に、御の座を設けよ。東向〈席・帖各二枚。上に六尺の御帖一枚を鋪け〉。後に屏風を樹てよ。御の前より東に去ること一間に、幣を置く葉薦一枚を設けよ。北方の東戸より南に進む

百子帳　檳榔で天井を覆い、四方に帳を懸けた幄。西宮記臨時七(御禊次第司事)参照。大嘗祭御禊に用いられる。
軟障　垂れ下げて仕切りに用いた幕。壁代の一つ。内匠式3条参照。
大床子　方形四脚の腰掛。木工式8条参照。→補1
茵　座るための敷物。倚子や床子の上に置いた。本式80条参照。
寮家　掃部寮は寮のクラを有していた。典鑰式1条参照。

16釈奠条
釈奠の祭　→補2
廟堂　饋享の場。先聖先師以下一一座が祀られた。鋪設については、大学式11条参照。
都堂　講論と、その後の宴が催される。宴は、六位以下も参加して「觴行三巡」する百度座と、五位以上と文人が参列する宴座に分れる。大学式15条参照。
宴座　文人の賦詩と明経・明法・算博士らによる論義が行なわれる。

17斎内親王条
斎内親王　天皇の代わりに、伊勢神宮の祭祀に奉仕する未婚の皇女(または女王)。斎宮式冒頭補注・同式1条参照。
伊勢斎宮に入らん　→補3
大極殿の高御座…　以下の配置については、上巻図11参照。

縁　底ナシ。版本・雲ニ従イテ補ウ。
両面短帖　底「両面短面短帖」。貞ニヨリテ改ム。九「短帖」。
終　九ナシ。
上　九「下」。
問答…（九字）　九ナシ。

緑縁の帖　本式78条参照。
両面の短帖　両面錦を縁に用いた短帖。

18出雲国造条
出雲の国造の神事を奏す　→補1
告朔の儀　→補2

19御斎会条
最勝王経の斎会　→補3
衆僧　法会に参加する役僧。玄蕃式1条では、講師・読師・呪願各一人、法用四人、聴衆二五人とする。縫殿式8条参照。
大極殿　図書式3条には「堂内鋪設」を掃部寮が担当することが記されている。
省　宮内省。
初終の日　→補4
内弁の大臣　天皇出御の儀で、行事を指揮する大臣。
南の栄　屋根の南側のひさし。
堂童子　重要な法会で、臨時に雑役を供

一間、鋪㆓内親王座㆒、南向、（緑縁帖二枚、上加㆓両面短帖一枚㆒、）後樹㆓屏風㆒、

出雲國造奏㆓神事㆒、設㆓御座㆒同㆓告朔儀㆒、

最勝王經齋會、衆僧座設㆓於大極殿㆒、（鋪設申㆑省受之、事畢返上、）初終日有㆓行幸㆒者、設㆓御座於高御座丑寅角及小安殿㆒、又東階上北進二許丈、更西折一許丈北面皇太子座、御座東去一許丈西面内辨大臣座、參議已上座於南榮東方、北面西上、王五位已上座於南榮西方、北面東上、堂童子五位已上座於殿東西壇上、以外諸司座分在㆓東西廊壇下㆒、（無㆓行幸㆒者、設㆓於壇上㆒、）終日設㆑座同之、又昌福堂設㆓衆僧布施座幷宣命大夫座㆒、堂西庭設㆓公卿已下座㆒、

御齋會終日、設㆓論義僧座於内裏御前㆒、僧綱座立㆓兀子㆒、問答者座亦各立㆓兀子㆒、其前置㆓草墪㆒、香水机下敷㆑筵、聽衆座立㆓中床子於簀子敷㆒、威儀師座差退立㆓床子一脚㆒、又親王、公卿及出居中少將座敷㆑帖、

こと一間に、内親王の座を鋪け。南向〈*緑縁《べり》の帖二枚。上に*両面《りょうめん》の短帖一枚を加えよ〉。後に屛風を樹てよ。

18 *出雲の国造《くにのみやつこ》の神事を奏すとき、御の座を設くること、*告朔《こうさく》の儀と同じくせよ。

19 *最勝王経の斎会《さいえ》には、*衆僧《しゅそう》の座を*大極殿に設けよ〈鋪設は省に申して受け、事畢らば返上せよ〉。*初終の日に行幸あらば、御の座を高御座の丑寅《うしとら》の角および小安殿に設けよ。また東の階《きざはし》の上を北に進むこと二許り丈、更に西に折るること一許り丈に北面して皇太子の座。御の座より東に去ること一許り丈に西面して*内弁の大臣の座。参議已上の座は南の*栄《のき》の東方、北面し西を上とせよ。王の五位已上の座は南の栄の西方、北面し東を上とせよ。*堂童子《どうどうじ》の五位已上の座は殿の東西の壇上。以外の諸司の座は分れて東西の廊《わたどの》の壇下にあり〈行幸なくば、壇上に設けよ〉。終の日に座を設くるも同じくせよ。また*昌福堂《しょうふくどう》に衆僧の*布施の座ならびに*宣命の大夫の座を設け、堂の西の庭に公卿已下の座を設けよ。

20 *御斎会《ごさいえ》の終の日には、*論義の僧の座を内裏の御の前に設けよ。僧綱《そうごう》の座には*兀子《ごっし》を立てよ。*問・答者の座にもまた各兀子を立て、その前に*草墪《そうとん》を置け。*香水《こうずい》の机の下に*筵《むしろ》を敷け。聴衆《ちょうじゅ》の座には*中床子を*簀子敷《すのこじき》に立て、*威儀師の座にはやや退《さが》りて床子一脚を立てよ。また親王・公卿および出居《でい》の中・少将の座には帖を敷け。

奉する官人。

昌福堂 座の配置の詳細は儀式五(正月八日講最勝王経儀)を参照。

布施 大蔵省からの支給。大蔵式3条参照。

宣命の大夫 王臣の四位が用いられた。宣命は儀式五に載せられている。

20御斎会終日条

御斎会の終の日 →補5

論義の僧 僧の座については、西宮記恒例一裏書所引の蔵人式や江家次第三(御斎会始)に詳しい。

兀子 方形四脚の腰掛。

問答者 僧が問者・答者一対となり論義を行なった。

草墪 藁などを編んで円筒形に作った腰掛。錦や両面などの布地で上面・周囲を包んだ。本式52条参照。

香水 香を加えた浄水。仏事において、道場・仏具や体を浄めるために注ぎかける。

筵 薦・藺・蒲・藁・竹などを編んで作った敷物の総称。主計式上1条参照。

中床子 木工式8条に大床子・小床子・檜床子はあるが、中床子は見えない。

簀子敷 建物の外側に角材を並べて作った、雨ざらしの縁側。

威儀師 法会の威儀・作法を整える役僧。玄蕃式42条参照。

春秋二季御讀經、大極殿設レ座略如二正月御齋會一、若於二紫宸殿及御在所一轉讀之時、衆僧幷王卿、近衛次將出居座設二於殿上一、臨時亦同、

一代一講仁王會、大極殿、紫宸殿、御在所、太政官廳、外記廳、中宮、東宮各設二僧座等一、（紫宸殿、御在所設二王卿及近衛次將出居座一、但大極殿不レ設二次將座一、臨時設二於十一箇所一、）

奉二山陵幣一御座設二於建禮門前幄下一、大臣已下及辨官已上座設二於東幄下一、設二幣帛下敷葉薦三枚、帖四枚一、

凡辨二備山陵幣一之座、設二縫殿寮南院幷大藏省正倉院一、

元日平旦、設下奉レ拜二天地四方一御座上、前庭鋪二長筵一、立二御屛風一、三所敷二半帖一、

元正、前一日、設二御座於大極殿高御座一、去二御座左右一各一丈二尺、褰二御帳一命婦座、其後左右各去二一丈五尺一、更北折五尺威儀命婦座、相二夾御階南北一各去二二丈五尺一、以レ南爲レ上、侍從位氈於二南廂第二間一、以レ北爲レ上、少納言位氈於二南榮第一、第二楹間一、並東西相對、執翳者座

正月御齋會　→校補5

殿　底ナシ。塙校注・版本ニ従イテ補ウ。

位氈　→校補6

21御読経条

春秋二季の御読経　→補1

正月の御斎会　本式19条参照。図書式4条によれば、「堂内装餝幷官人等潔衣」も御斎会に准じる。

紫宸殿および御在所　御在所は仁寿殿または清涼殿。季御読経は、通常は大極殿で実施されたが、内裏で行なわれることもあった。図書式4条参照。

臨時　西宮記臨時一(御読経)参照。

22一代一講条

一代一講の仁王会　→補2

大極殿…東宮　講説の場については、玄蕃式25条参照。

臨時　西宮記臨時一(臨時仁王会)参照。

23山陵奉幣条

山陵に幣を奉らん　→補3

建礼門　→補4

24山陵幣座条

山陵の幣を弁備　いわゆる常幣の儀。大蔵省正倉院において治部省・諸陵寮が諸陵への幣物を班つ。諸陵式19条、大蔵式24条、本式55条参照。

21 *春秋二季の御《み》読経《どきょう》には、大極殿に座を設くることほぼ*正月の御斎会の如くせよ。もし*紫《し》宸殿《しいでん》および御在所に於いて転読の時には、衆僧ならびに王卿・近衛の次将・出居の座を殿上に設けよ。*臨時もまた同じくせよ。

22 *一代一講の仁王会《にんのうえ》には、*大極殿・紫宸殿・御在所・太政官庁・外記庁・中宮・東宮に各僧の座等を設けよ〈紫宸殿・御在所には王卿および近衛の次将・出居の座を設けよ。ただし大極殿には次将の座を設けざれ。*臨時には十一箇所に設けよ〉。

23 *山陵に幣《みてぐら》を奉らんには、御の座は*建礼門《けんれいもん》の前幄の下に設けよ。大臣已下および弁官已上の座は東幄の下に設けよ。幣帛の下敷の葉薦三枚・帖四枚を設けよ。

24 凡そ*山陵の幣を弁備するの座は、*縫殿寮の南院ならびに*大蔵省の正倉院に設けよ。

25 元日の平旦には、*天地四方を拝み奉《まつ》る御の座を設けよ。*前庭に長筵《ながむしろ》を鋪き、御屏風を立て、*三所に*半帖《はんじょう》を敷け。

26 *元正には、前《さき》つこと一日に、御の座を*大極殿の高御座に設けよ。御の座の左右を去ること各一丈二尺に、*御帳を褰《かか》ぐる命婦の座。その後に左右各一丈五尺を去り、更に北に折ること五尺に*威儀の命婦の座。御階の南北を相夾みて各二丈五尺を去り、南を以て上となせ。侍従の*位の氈《かも》は南廂の第二間に。北を以て上となせ。少納言の位の氈は南の栄の第一・第二の*楹《はしら》の間に。みな東西に相対せよ。*執翳《はとり》の者の座

縫殿寮の南院　内侍以下の女官が幣物準備の作業を行なう。内蔵式22条、大蔵式25条参照。

大蔵省の正倉院　幄の設置については、大蔵式24条参照。

25元日平旦条

天地四方を拝み奉る　→補5

前庭　清涼殿東庭。

三所　内裏儀式(正朔拝天地四方属星及二陵式)によれば、三所は拝礼の対象である属星・天地四方・山陵に対応する。

半帖　短帖のこと。内裏儀式では、属星・天地四方を拝するために「短畳」、山陵のためには「畳」を敷くとしていて、本条と少し異なる。

26元正条

元正　正月元日朝賀の儀。天皇が大極殿に出御し、皇太子および百官の拝賀を受ける。太政官式93条参照。

大極殿の高御座　本式17条参照。

御帳を褰ぐる命婦　→補6

威儀の命婦　→補7

位の氈　氈は獣毛で織った敷物。→補8

楹　前田本仁徳紀元・正・己卯条では「楹」字に「ウダチ」と訓を付す。ウダチは梁(ハリ)の上に立てる短い柱を指すが、ここでは大極殿下層の柱を指すと考えられる。

執翳の者　→補9

於二東西戸前一、皇太子座於二殿東南幄一、大臣座於二其巽角幄一、又後殿以二布蔀十一枚一、爲二南榮之屛幷中間隔一、殿內鋪二葉薦一、上加二調席一鋪二御帖八枚一、立二五尺御床一上施レ茵、左右立二五尺御屛風四帖一、

元日供二奉威儀一掃部二人、分列二左右一、其裝束人別黃帛三丈、帛三丈、白袴一腰、布帶一條、隨レ損請換、

朝賀畢賜二侍從已上饗一、官人率二掃部一、昇二豐樂殿一供二御座一、南廂西第二間敷二簟四枚一、爲二御酒臺下敷一、北廂中央西間敷二細貫席二枚一、立二御屛風二帖一、小倚子一、爲二御裝物所一、高御座東三間懸二軟障一、西二間立二通障子一、西一間幷西身屋妻二間懸二軟障一、並內匠寮立レ臺、御座西第二間南面設二皇后御座一、東第二間西面皇太子御座、第三四間東南行參議已上座、相對以二乾角一爲レ上、通障子內立二草墪囊床子一、幷敷レ帖爲二內侍已下座一、殿東階下少納言、辨、外記、史、內記等座、西階下侍臣座、逢春門內南北鋪二蘆蓆一、置二草墪一爲二闈司座一、顯陽、承歡兩堂侍從座、以レ北爲レ上、樂人座於二庭中一、臨二奏レ樂

幷　底、下文「加」ト「調」ノ間ニアリ。九・閣ホカニヨリテ改ム。
間　底「門」。九・閣ホカニヨリテ改ム。
通障子　→校補7
囊床子　→校補8

布の蔀　布を張った蔀。風雨や日光を遮るための覆いとする。
調の席　主計式上1条参照。

27元日供奉条

威儀に供奉する掃部　内裏式上(元正受群臣朝賀式)には内蔵寮・大舎人寮と殿庭に列立することのみが記されるが、儀式六(元正朝賀儀)には「掃部寮官人左右各二人、各率下執二胡床一掃部五人上列立」とある。寮官人は左右に二人ずつ分れ、それぞれ胡床を執った掃部五人を率いていた。
黄の帛三丈帛三丈　衣服令6条に無位の制服として「黄袍」が見える。主殿式24条によれば、威儀に供奉する殿部が着用したのは「黄帛袷袍」であった。

28朝賀条

饗　正月元日の節会。太政官式94条、中務式4条参照。

は東西の戸の前に。皇太子の座は殿の東南の幄に。大臣の座はその巽《たつみ》の角の幄に。また後殿は布の*蔀《しとみ》十一枚を以て、南の栄の屏ならびに中間の隔てとなせ。殿内に葉薦を鋪き、上に*調の席を加え御帖八枚を鋪け。五尺の御床を立て上に茵《しとね》を施《お》け。左右に五尺の御屛風四帖を立てよ。

27 元日に*威儀に供奉する掃部《かにもり》二人は、分れて左右に列せよ。その装束は人別《ごと》に*黄の帛三丈、帛三丈、白袴一腰、布の帯一条。損ずるに随いて請け換《う》えよ。

28 朝賀畢りて侍従已上に*饗《あえ》を賜わんには、官人、掃部を率いて、*豊楽殿《ぶらくでん》に昇り御の座を供えよ。南廂の西第二間に*篁《たかむしろ》四枚を敷け〈*御酒台《さかじり》の下敷となせ〉。北廂の中央西の間に*細貫席《ほそぬきむしろ》二枚を敷き、御屛風二帖・*小倚子《いし》を立て、*御装物所《みよそものどころ》となせ。高御座の東三間に軟障を懸け、西二間に*通障子《つしょうじ》を立てよ。西一間ならびに西の*身屋《もや》の妻二間に軟障を懸けよ〈みな*内匠寮、台《しり》を立てよ〉。御の座の西第二間に南面して皇后の御座を設けよ。東第二間に西面して皇太子の御座。第三・四間に東南行して参議已上の座。相対して乾《いぬい》の角を以て上となせ。通障子内に草墪・*嚢床子《ふくろしょうじ》を立て、ならびに帖を敷き内侍《ないし》已下の座となせ。殿の東の階の下に少納言・弁・外記・史・内記らの座。西の階の下に侍臣の座。*逢春門《ほうしゅんもん》内の南北に*蘆蕟《あしおおい》を鋪き、草墪を置きて闈司《みかどのつかさ》の座となせ。*顕陽・承歓の両堂に侍従の座。北を以て上となせ。*楽人の座は庭中に〈楽を奏す

豊楽殿　内裏式・儀式から、元日・七日・十六日の正月三節などの節会の場として位置づけられている。
篁　竹で編んだムシロ。
御酒台　造酒司が酒部を率いて設置する。内匠式5条参照。
細貫席　草で編んだムシロの一種。内蔵式54条、民部式下63条に上野国の交易雑物として見える。
小倚子　木工式8条参照。
御装物所　天皇が装束を改めるために、臨時に設けた所。
通障子　衝立障子の一種で、中央部を長方形に切り抜いて簾を垂らしたもの。
身屋の妻　母屋の端。
内匠寮　内匠式3条に諸節で内匠寮が軟障台を立てることが見える。
嚢床子　円筒形で、上の座のところに綿が入る床子。女性が用いる。江家次第一（元日宴会）には「其体面円如㆓鑽笥㆒、長三尺、広一尺五寸、高一尺許、有㆓三足㆒」とある。
逢春門　豊楽院の東楼と顕陽堂を結ぶ回廊に開く門。
蘆蕟　葦で編んだムシロ状のもの。簾のようにして屛障具として用いたり、筵のように敷物として用いた。
顕陽承歓の両堂　中巻図3参照。
楽人　雅楽式1条参照。

時㆓設之、又清暑堂東局鋪㆓滿葉薦㆒、廣席㆒、立㆓御屛風十帖㆒、中央鋪㆓毯代㆒雙㆓立塵蒔大床子二脚㆒、東西妻、其上鋪㆓錦茵二枚㆒、南壁外鋪㆓葉薦幷帖㆒、西局鋪㆓滿葉薦幷長帖㆒、爲㆓女官候所㆒、餘節亦同、

上卯日獻㆓御杖㆒、大舍人叫㆑門後、立㆓案二脚於殿庭版位東西㆒、相去一丈、

七日、設㆑座與㆓元日㆒同、但設㆓六位已下座於觀德、明義兩堂㆒、又版位以南左右相分立㆓置位記筥案㆒、敍位訖撤㆑案、女樂拜舞之後、立㆓積㆑祿床㆒、

八日、女敍位、紫宸殿南廂立㆓漆案㆒、

同日、賜㆓女王祿㆒、御座以西設㆓皇后御座㆒、以東設㆓女御已上座㆒、用㆓嚢床子㆒、立㆓孫王、尚侍、典侍等床子㆒、以下同用㆓中床子㆒、東廂立㆓散事床子㆒、祿東頭立㆓內侍床子㆒、西立㆓女史床子㆒、前立㆓空床子一脚㆒、西立㆓掃部女孺床子二脚㆒、前立㆓班㆑祿臺一脚㆒、用㆓長床子㆒、掃部座西南立㆓闈司床子㆒、闈司西北立㆓來著床子六脚㆒、祿西南立㆓正親司別當已下令史已上床子㆒、

滿　底「薾」。九・閣ホカニヨリテ改ム。
去　底ナシ。版本ニ従イテ補ウ。
訖　底「記」。九ニヨリテ改ム。

清暑堂　豊楽院内で不老門の南、豊楽殿の北にある殿舎。豊楽院儀では、天皇はまず清暑堂に出御する。
広席　主計式上1条の規格によれば、長さ一丈、広さ四尺の席。
毯代　毛織物である毯の代用品で、布や絹で作った敷物。
塵蒔　漆を塗り、粗い金銀の粉を蒔いて模様を付けたもの。
錦の茵　本式52条参照。

29卯杖条
御杖を献ぜん　いわゆる卯杖の儀。正月上卯に大学寮・大舎人寮・六衛府等が杖を献上する。中宮式9条、大舎人式5条参照。
門を叫う　官人が内裏に参入するためには闈司奏が必要であるが、その前に大舎人が闈司を呼ぶ手続き。監物式1条参照。
殿庭の版位　大舎人式5条に「掃部寮設㆓案於中庭㆒」とある。内裏に常置の版位があったことは、中務式21条参照。

30七日設座条

る時に臨みて設けよ〉。また*清暑堂《せいしょどう》の東の局に葉薦・*広席を鋪き満たし、御屏風十帖を立てよ。中央に*毯代《たんだい》を鋪き、*塵蒔《ちりまき》の大床子二脚を双べ立て〈東西の妻〉、その上に*錦の茵二枚を鋪き、南の壁の外に葉薦ならびに帖を鋪け。西の局に葉薦ならびに長帖を鋪き満たし、女官の候所となせ〈余の節もまた同じくせよ〉。

29 上つ卯の日に*御杖《みつえ》を献ぜんには、大舎人、*門《みかど》を叫《こ》うの後に、案二脚を*殿庭の版位《へんい》の東西に立てよ〈相去ること一丈〉。

30 *七日、座を設くること*元日と同じくせよ。ただし六位已下の座を観徳《かんとく》・明義《めいぎ》の両堂に設けよ。また版位より南に左右に相分けて*位記の筥の案《つくえ》を立て置け。叙位訖らば案を撤し、*女楽・*拝舞の後、*禄を積む床を立てよ。

31 八日、*女叙位には、紫宸殿の南廂に漆の案を立てよ。

32 同日、*女王禄《おうろく》を賜わんには、御の座より西に皇后の御座を設け、東に女御已上の座を設け〈嚢床子を用いよ〉、孫王・尚侍《ないしのかみ》・典侍《ないしのすけ》らの床子を立てよ〈以下同じく中床子を用いよ〉。東廂に*散事の床子を立て、禄の東の頭《ほとり》に内侍の床子を立てよ。西に女史の床子を立て、前に*空床子一脚を立てよ。西に*掃部・女孺の床子二脚を立て、前に*禄を班つ台一脚を立てよ〈長床子を用いよ〉。掃部の座の西南に闈司の床子を立て、闈司の西北に来著の床子六脚を立てよ。禄の西南に*正親司の別当已下令史《さかん》已上の床子を立

七日　→補1
元日　本式26条参照。
位記の筥の案　位記に内印を捺す際、掃部寮が位記の案を設置した。中務式40条に「令㆔掃部寮立㆓案於版位辺㆒」とある。
女楽　中務式15・88条参照。
拝舞　謝意を表す礼法。太政官式130条参照。
禄　禄法は大蔵式84条参照。

31女叙位条
女叙位　男官への叙位の翌日に、内親王の品階や女官の位階が紫宸殿で叙せられた。中務式39条参照。内裏式下・儀式八にも漆案を立てることが見える。

32女王禄条
女王禄　→補2
散事　後宮職員令15条に後宮諸司の掌以上を職事、自余を散事とすることが見える。采女・女孺らのこと。
空床子　内裏式上にも「空床子」の設置は見えるが、儀式八では「立㆑案」とする。
掃部女孺　後宮職員令11条に掃司の女孺一〇人が規定されており、中務式77条でも同数となっている。→補3
禄　禄法は正親式5条参照。
正親司の別当　正親司に置かれた別当については佐藤全敏「諸司別当制からみた律令官制の変容」(『平安時代の天皇と官僚制』所収、二〇〇八年)参照。

踏　底「蹋」。諸本異ナルコトナク、両字ハ同義ナレドモ、中務式15条及ビ本条下文ニヨリテ「踏」ニ統一ス。

侯　底「便」。九・閣ホカニヨリテ改ム。下同ジ。

之　底「乏」。九ニヨリテ改ム。

33内裏任官条

内裏の任官　内裏任官儀については、内裏式下・儀式八に規定されている。太政官式96条参照。

除目の簿　召名のこと。式部式上23条参照。

34勘御薪条

御薪　→補1

弁官ならびに三省の輔已下　→補2

式兵二省　文武官人と畿内国司を引率する、二省の輔以下の官人。

中床子　儀式九の「所司惣〔整ヵ〕設㆓床子、食床於庁上㆒」に対応するか。

35踏歌条

踏歌　正月十六日の節会。天皇が豊楽殿に出御して宴を賜い、内教坊の舞妓らが踏歌(足で大地を踏みならし歌い舞うこと)を奏する。太政官式98条参照。

元日　本式28条参照。

拝舞　本式30条参照。

禄の床　禄法は大蔵式85条参照。

幄下立㆓女王床子㆒、

内裏任官装㆓束紫宸殿㆒如㆑常、但案一脚、立㆓大臣座前㆒、（置㆓除目簿㆒料、）

十五日、勘㆓御薪㆒之日、設㆓辨官并三省輔已下座於宮内省廳上㆒、又設㆓式兵二省座於西細殿㆒、並用㆓中床子卅脚㆒、

十六日、踏歌、設㆑座與㆓元日㆒同、踏歌訖拜舞後、即立㆓祿床㆒、

十七日、觀射、豐樂殿坤角幄下東面北上、設㆓兵部、兵庫省寮官人已下座㆒、阿禮幡北一丈唱㆓射者名㆒座、兩侯射席東南各七許丈立㆓賞物床㆒、前鋪㆓蘆蓆㆒、其西南大藏省官人已下座、兩侯之後、奏的并擊㆓鉦鼓㆒者座、自餘與㆓七日㆒同、

十八日、賭射、校書殿東廂北第一間供㆓御座㆒、紫宸殿西北廊設㆓參議已上座㆒、（南面西上、）神仙門内設㆓侍臣座㆒、御前屏幔下西面北上出居中少將座、射場東砌西面北上錄的者座、差南退屏幔内西面北上四衞府

て、幄下に女王の床子を立てよ。

33 *内裏の任官には、紫宸殿を装束すること常の如くせよ。ただし案一脚を大臣の座の前に立てよ〈*除目の簿を置く料〉。

34 十五日、*御薪《みかまき》を勘うるの日には、*弁官ならびに三省の輔已下の座を宮内省の庁上に設けよ。また*式・兵二省の座を西の細殿《ほそどの》に設けよ。みな*中床子三十脚を用いよ。

35 十六日、*踏歌《あられはしり》には、座を設くること*元日と同じくせよ。踏歌訖らば*拝舞の後に、すなわち*禄の床《とこ》を立てよ。

36 十七日、*観射には、*豊楽殿の坤《ひつじさる》の角の幄下に東面し北を上として、兵部・兵庫の省・寮の官人已下の座を設けよ。*阿礼幡《あれはた》の北一丈に射者の名を唱うる座。*両侯の射席の東南各七許り丈に*賞物の床を立て、前に蘆蓆《あしおおい》を鋪け。その西南に大蔵省の官人已下の座。両侯の後に、*奏的《まともうし》ならびに*鉦・鼓を撃つ者の座。自余は*七日と同じくせよ。

37 十八日、*賭射《のりゆみ》には、*校書殿《きょうしょでん》の東廂の北第一間に御の座を供えよ。紫宸殿の西北の廊《わたどの》に参議已上の座を設け〈南面し西を上とせよ〉、*神仙門《しんせんもん》内に侍臣の座を設けよ。御の前の*屏幔《へいまん》の下に西面し北を上として*出居《でい》の中・少将の座。射場《ゆば》の*東の砌《みぎり》に西面し北を上として*録的《まとつけ》の者の座、やや南に退りて屏幔の内に西面し北を上として四衛府の

36観射条

観射　→補3

豊楽殿　射礼の場については、大日方克己「射礼・賭弓・弓場始」(『古代国家と年中行事』所収、一九九三年)参照。

阿礼幡　兵庫式5条参照。

両侯の射席　的と射席は二組設置される。

賞物の床　禄法は大蔵式86条参照。

奏的　射の結果を奏上する者。内裏式上・儀式七では「獲者」。

鉦鼓　儀式の場における進退とともに、射の結果も鉦・鼓によって報告される(兵庫式5条)。

七日　本式30条参照。

37賭射条

賭射　十七日射礼の翌日、内裏にて衛府官人らが弓を射て、公卿らが賭け競う行事。兵部式6条参照。

校書殿　校書殿脇の内裏弓場は承和年間(八三四〜八四七)の造営。大日方克己前掲論文参照。

神仙門　清涼殿の南、小庭の西側の門。

屏幔　日覆いのない衝立状の幕。幔幕。

出居の中少将　臨時に供奉する近衛中少将。

東の砌　東軒下の石畳。

録的の者　射手の勝負を記す者。「的付」とも。

判籌者座、其南積レ祿所鋪二蘆蕣一、安福殿南第二間東面北上兵部錄已下座、同殿巽角東面立二床子一脚一、爲二奏的者座一、屏幔東設二四衞府官人已下射手座一、

凡太政官二月十一日列見、八月十一日定考、立二床子一肆二鋪設一、

凡三月三日御潔齋、設二錦端半帖一枚、東莚二枚一、事畢卽撤、九月准レ此、

凡四月一日撤二冬座一、供二夏御座一、十月一日撤二夏座一、供二冬御座一、

七日、奏二成選短册一、紫宸殿設二參議已上幷式兵二省卿座一、

八日、殿上灌佛、下敷調席二枚、從僧座東莚二枚、參議已上幷出居中少將座、並用レ帖、

十五日、太政官廳、給二成選位記一之時立二床子一、奏二銓擬郡領一日、紫宸殿設二參議已上幷式部輔以上座一、大臣及省官前各立レ机、

判籌の者　矢の当たり外れを数える者。

禄　前日射礼の禄物の残りを用いる。

38列見定考条

列見　太政官庁において大臣が叙位候補者を点検する儀式。太政官式127条、式部式下20条参照。

定考　太政官に所属する官人の勤務評定を定める儀式。太政官庁において大臣に上申される。太政官式123条参照。

39御潔斎条

御潔斎　三月三日・九月三日に天皇が北辰(北極星)に燈火を奉る御燈が行なわれた。御潔斎はこれに伴う天皇の潔斎で、三月・九月とも一日から三日まで実施された。臨時祭式54条、中宮式14条、内蔵式7条参照。

錦端の半帖　錦の縁を付けた短畳。天皇が用いる。本式79条参照。

東筵　東国産の席。民部式下63条による

判*籌《かずさし》の者の座。その南の禄*を積む所に蘆蓆を鋪け。安福殿《あんぷくでん》の南第二間に東面し北を上として兵部の録已下の座。同殿の巽《たつみ》の角に東面して床子一脚を立て、奏的の者の座となせ。屛幔の東に四衛府の官人已下の射手の座を設けよ。

38 凡そ太政官の二月十一日の*列見《れけん》、八月十一日の*定考《こうじょう》には、床子を立て鋪設を肆《つら》ねよ。

39 凡そ三月三日の御*潔斎には、*錦端《にしきべり》の半帖一枚、*東筵《あずまむしろ》二枚を設けよ。事畢らばすなわち撤せよ〈九月もこれに准えよ〉。

40 凡そ*四月一日に冬の座を撤し、夏の御の座を供えよ。十月一日に夏の座を撤し、冬の御の座を供えよ。

41 七日、*成選《じょうせん》の短冊を奏さんには、紫宸殿に参議已上ならびに式・兵二省の卿の座を設けよ。

42 八日、*殿上の灌仏《かんぶつ》には、*下敷に調の席二枚、*従僧の座に東筵二枚。参議已上ならびに出居の中・少将の座は、みな帖を用いよ。

43 十五日、*太政官庁にて*成選の位記を給うの時には、床子を立てよ。*銓擬郡領を奏《もう》す日には、紫宸殿に参議已上ならびに式部の輔以上の座を設けよ〈大臣および省官の前に各机を立てよ〉。

と東国から多くの席が交易雑物として進上されている。

40撤座供座条

四月一日　内裏の鋪設を冬物から夏物に取り替える衣替えの儀。十月一日には、同様に夏物から冬物への衣替えが行なわれた。→補1

41成選短冊条

成選の短冊　奏授の対象となる官人の擬階奏文と成選短冊を天皇の御覧に供する儀。貞観式で四月七日の実施となった。太政官式128条、式部式下22条参照。

42殿上灌仏条

殿上の灌仏　四月八日の釈迦の生誕を祝う儀式。図書式5条参照。

下敷　仏像の台の下敷。江家次第六(御灌仏事)には「掃部寮各鋪㆓小筵㆒為㆓仏台并机等敷㆒」とある。

従僧　導師に付き従う弟子僧。江家次第六では四人。

43成選位記条

太政官庁　太政官曹司庁。

成選の位記を給う　成選人に位記を授与する儀式。位記召給とも。太政官式130条、式部式下23条参照。

銓擬郡領を奏す　式部省が決定した郡司の大領・少領の候補者を天皇に奏上する儀式。郡司読奏とも。太政官式131条、式部式下36条参照。

下　底、コノ下「設座」二字アリ。九ホカ諸本異ナルコトナシト雖モ、文意不明。ヨリテ暫ク削ル。
幄　底ナシ。九ニヨリテ補ウ。
日　底ナシ。九ニヨリテ補ウ。
座　底、コノ下「當」字アリ。九ナシ。衍ト見テ削ル。

44牽駒条
牽駒　五月五日の騎射に用いられる馬と騎士を、天皇の御前で試みる儀式。内蔵式35条、左右馬式24条参照。
武徳殿　平安宮の馬場の正殿。駒牽のほか、五月五日・六日の騎射・競馬の儀も行なわれた。
親王已下出居已上　儀式八（四月廿八日牽駒儀）では「親王以下出居侍従以上」とある。
後殿　武徳殿の後殿。
女官　内侍。馬寮官人による御馬奏は内侍に付されて奏上される。
御膳所　殿上の諸臣に饌が供される。
45五月五日条
五月五日　→補1
46六日装束条
六日　→補2
牽駒の日の儀　本式44条参照。
47相撲条

廿八日、小月廿七日、牽駒、武徳殿供㆓御座㆒、并設㆓親王已下出居已上座㆒、又後殿供㆓御座㆒、設㆓女官座幄下㆒、御膳所立㆓輕幄㆒、
五月五日、武徳殿設㆓御座并親王已下參議已上之座㆒、又御膳所立㆓輕幄㆒肆㆓鋪設㆒、
六日装束、同㆓牽駒日儀㆒、
七月廿五日、相撲、神泉苑殿上供㆓御座㆒、及設㆓參議已上座㆒、又左右相撲司并諸大夫等幄設㆑座、廿六日、内裏供㆓御座㆒、及設㆓王卿已下座㆒、
八月、釋奠明日内論義、紫宸殿南廂東第四間設㆓答者座㆒、當㆓其後簀子敷㆒問者座、其東差退博士已下座、北面西上、並用㆓床子㆒、王卿及近衛次將出居座如㆑常、
九月九日、菊花宴、神泉苑殿上供㆓御座㆒、及設㆓參議已上座㆒、又幄下侍從、文人等座、
十二月晦夜、追儺、當㆓承明門東南庭中㆒、大藏省立㆓七丈幄一宇㆒、設㆓親王已下侍從已上座㆒、隔㆓幄内東一間㆒、敷㆓辨大夫

相撲　相撲節会。内裏式中では七月七日・八日、儀式八(相撲節儀)では式日を規定しない。太政官式103条、中務式30条参照。

神泉苑の殿上　→補3

左右相撲司　相撲人を率いて節会に奉仕する官人で、節会に際して臨時に編成される。中務式29条参照。

二十六日　→補4

48釈奠内論議条

内論義　八月の釈奠の翌日、内裏において行なわれる論議。大学式1・19条、本式16条参照。

答者　→補5

問者　得業生らが問者となる。

博士已下　→補6

49菊花宴条

菊花の宴　重陽節会。文人による賦詩などの行事があった。太政官式105条、式部式下24条参照。

文人　ここでは詩作に優れた者。式部式下24条によれば、前二日に文章生らの学生、および官人の中から選抜された。

50追儺条

追儺　→補7

承明門　内裏の南の閤門。

大蔵省　大蔵式に対応条文は見えない。

弁の大夫　少弁以上の弁の古称。百官を代表し、引率する役割を担う。

44 二十八日〈小の月は二十七日〉、*牽駒《こまひき》には、*武徳殿《ぶとくでん》に御の座を供えよ。幷せて*親王已下出居已上の座を設けよ。また*後殿に御の座を供えよ。*女官の座を幄下に設け、*御膳《おもの》所《どころ》に軽幄を立てよ。

45 *五月五日、武徳殿に御の座ならびに親王已下参議已上の座を設けよ。また御膳所に軽幄を立て鋪設を肆《つら》ねよ。

46 *六日の装束は、*牽駒の日の儀と同じくせよ。

47 七月二十五日、*相撲《すまい》には、*神泉苑《しんせんえん》の殿上に御の座を供え、および参議已上の座を設けよ。また*左右相撲司《すまいのつかさ》ならびに諸の大夫らの幄に座を設けよ。*二十六日には、内裏に御の座を供え、および王卿已下の座を設けよ。

48 八月、釈奠の明日《あくるひ》の*内論義には、紫宸殿の南廂の東第四間に*答者の座を設けよ。その後《しりえ》の簀子《すのこ》敷《じき》に当たりて*問者の座、その東にやや退《さが》りて*博士已下の座。北面して西を上とし、みな床子を用いよ。王卿および近衛の次将・出居の座は常の如くせよ。

49 九月九日、*菊花の宴には、神泉苑の殿上に御の座を供え、および参議已上の座を設けよ。また幄下に侍従・*文人らの座。

50 十二月の晦《つごもり》の夜、*追儺《ついな》には、*承明門《じょうめいもん》の東南の庭中に当たりて、*大蔵省、七丈の幄一宇を立て、親王已下侍従已上の座を設けよ。幄内より東に一間を隔てて、*弁の大夫

幷外記、史等座㆒、但雨濕之時設㆓廊上㆒、
天皇卽位設㆓御座於大極殿㆒、同㆓元日儀㆒、
凡御座者、清涼、後涼等殿設㆓錦草墪㆒、高麗錦表、薫地錦縁、緋東絁裏、紫宸殿設㆓黑柿木倚子㆒、行幸赤漆床子、並敷㆓錦褥㆒、其神事幷仁壽殿等座、設㆓短帖㆒如㆓常儀㆒、中宮草墪亦同㆑御、
凡設㆑座者、皇太子錦草墪、襪錦表、長副錦縁、縹東絁裏、幷白木倚子、敷㆓錦褥㆒、殿上幷行幸並通用、親王幷大臣兩面草墪、葡萄滅紫兩面表縁、紺調布裏、赤漆小床子、敷㆑褥、殿上、行幸通用、大納言兩面草墪、藍染兩面表縁、紺調布裏、中納言兩面草墪、黃地兩面表縁、紺調布裏、赤漆小床子、並敷㆓黃端茵㆒、殿上、行幸通用、參議已下侍從已上中床子、並敷㆓黃端茵㆒、殿上、行幸通用、妃夫人錦草墪、黃地覆瓫錦表、紫地車前子兩面縁、縹東絁裏、尙侍、女御錦草墪、縹地散花錦表、靑褐車前子兩面縁、縹東絁裏、囊床子、敷㆓二色綾褥㆒、四位命婦及更衣藏人兩面草墪、藍染兩面表縁、紺調布裏、五位命婦及藏人靑白橡草墪、靑白橡揩剝

但　底「唯」。塙校注ニヨリテ改ム。
錦　底ナシ。九ニヨリテ補ウ。
草　底ナシ。九ニヨリテ補ウ。
中納言…調布裏（分注マデ一七字）　底ナシ。九ニヨリテ補ウ。

51天皇即位条
天皇の即位　新帝が大極殿に出御して即位を宣言する儀礼。左右近衛式1条では元日朝賀儀・受蕃国使表儀と同じく大儀とされた。藤森健太郎『古代天皇の即位儀礼』(二〇〇〇年)参照。
元日の儀　本式26条参照。
52御座条
御の座　天皇の座。↓補1
錦の草墪　藁などを編んで円筒形に作った腰掛。錦で上面・周囲を包んだ。↓補2
高麗錦　白地に雲形・菊花の紋を黒く織りだしたもの。織部式3条の「高麗錦」参照。
薫地錦　未詳。あるいは黛色のことか。黛色とは、まゆずみのような青黒い色。
黒柿の木の倚子　↓補3
赤漆の床子　赤漆は内匠式6条参照。床子は方形四脚の腰掛。台状で背もたれ等は付かない。

ならびに外記・史らの座を敷け。ただし雨湿の時には廊《わたどの》の上に設けよ。

51 *天皇の即位には、御の座を大極殿に設くること、*元日の儀と同じくせよ。

52 凡そ*御の座は、清涼《せいりよう》・後涼《こうりよう》等の殿には*錦の草墪《そうとん》を設けよ〈*高麗錦《こまにしき》の表、*薫地《たきじ》錦の縁《へり》、緋《あけ》の東絁《あずまぎぬ》の裏〉。紫宸殿には*黒柿の木の倚子《いし》を設けよ。行幸には*赤漆の床子〈みな錦の*褥《しとね》を敷け〉。其れ*神事ならびに*仁寿殿《じじゆうでん》等の座には、短帖を設くること常儀の如くせよ。中宮の草墪もまた御に同じくせよ。

53 凡そ*座を設けんには、皇太子は錦の草墪〈*襪《しとうず》の錦の表、*長副《ちようふく》の錦の縁、*縹《はなだ》の東絁の裏〉、ならびに*白木の倚子〈錦の褥を敷け〉。殿上ならびに行幸もみな通わし用いよ。親王ならびに大臣は*両面の草墪〈*葡萄《えび》の滅紫《けしむらさき》の両面の表・縁、紺の調布の裏〉、赤漆の小床子〈褥を敷け。殿上・行幸も通わし用いよ〉。大納言は両面の草墪〈藍染の両面の表・縁、紺の調布の裏〉、中納言は両面の草墪〈黄地の両面の表・縁、紺の調布の裏〉、赤漆の小床子〈みな黄端の茵《しとね》を敷け。殿上・行幸も通わし用いよ〉。参議已下侍従已上は中床子〈みな黄端の茵を敷け。殿上・行幸も通わし用いよ〉。妃《ひ》・夫人《ぶにん》は錦の草墪〈黄地の*覆盆《いちご》の錦の表、紫地の*車前子《おおばこ》の両面の縁、縹の東絁の裏〉、尚侍《ないしのかみ》・女御《にようご》は錦の草墪〈縹地の*散花《さんげ》の錦の表、*青褐《あおかち》の車前子の両面の縁、縹の東絁の裏〉、嚢床子〈*二色の綾の褥を敷け〉。四位の命婦および更衣《こうい》・蔵人は両面の草墪〈藍染の両面の表・縁、紺の調布の裏〉、五位の命婦および蔵人は*青白橡《つるばみ》の草墪〈青白橡の*摺剝《すりはがし》の

褥 倚子・床子の上に置く敷物。茵とも。本式80条参照。
神事 神今食・新嘗祭・大嘗祭など。本式3・14・65条参照。
仁寿殿 天皇の日常起居する殿舎であったが、宇多天皇の時から清涼殿に移った。

53設座条

座 →補4
襪の錦 織部式3条の「襪の錦」参照。
長副の錦 織部式3条参照。
縹 藍染めの青色。
白木の倚子 木工式8条参照。
両面 表と裏に模様を織りだした錦。
葡萄の滅紫 縫殿式8条参照。
覆盆 覆瓮(盆)子はイチゴの漢名。織部式3条参照。
車前子 車前はオオバコの漢名。車前子はその種子。
散花の錦 →補5
青褐 褐色(カチイロ)は藍と墨を用いて染めた濃紺色のことで、青褐はそれの青みの強いもの。
二色の綾 経糸・緯糸が別色の綾。主計式上2条、織部式3条参照。
青白橡 くすんだ青緑色。縫殿式8条参照。
摺剝 花や葉の汁で、模様を擦りつけて染める摺染めのことか。

並　底「端」。九ニヨリテ改ム。
寮　底ナシ。九ニヨリテ補ウ。

54諸国席薦条

主計式　主計式上1～4条に諸国の負担する調・庸・中男作物の薦・席類が規定されている。交易雑物については、民部式下63条参照。
検じ定め　受納する物品の品質を検査すること。
諸司　官物の出納に立ち会う諸司官人。太政官式53条、監物式3条、主計式下19条、大蔵式51条参照。
省　宮内省。

55供御雑用料条

供御…鋪設　供御の物品については、本式65条参照。
諸陵寮　いわゆる常幣儀で治部省・諸陵寮が主導する。諸陵式19条には「裹料薦五尺」が見える。
官符　官符によって出給すべきことは、大蔵式64条参照。
諸司　前条参照。

56庁座条

庁の座　朝堂院の座。朝座。↓補1
倚子・床子　本式52条参照。

57朝堂院条

朝堂院…延休等の堂　↓補2

（東絁表縁、紺調布裏、並殿上、）其座次第如二常儀一、

凡諸國所レ貢調幷交易席、薦等、（色目見二主計式一、）寮先檢定、與二諸司一共收納、若有二年中用多、支度不レ足者、申レ省聽レ裁、

凡供御幷中宮東宮雜用料鋪設、及諸陵寮裹二諸陵幣物一葉薦等、待二官符到一、與二諸司一共出充、自餘出給亦准レ此、

凡廳座者、親王及中納言已上倚子、五位已上漆床子、自餘白木床子、

凡朝堂院昌福、含章、延休等堂、幷太政官曹司、及廳座者、並以二儲料一鋪之、（朝堂座起二三月一至二十一月一、曹司座年中、）

凡暉章堂告朔諸司五位已上座者、毎二朔日旦一以二儲料一鋪之、（曹司廳准レ此、）但皇帝臨軒不レ須、

凡太政官聽レ政廳、幷侍從所及大藏省出二納官物一諸司座、並日別鋪之、其參議已上座、從レ穢造替、

凡辨官收二諸司考選文一之日、設二五位已上座一、式兵二

太政官曹司　朝堂院とは別に設けられた太政官の政庁。
儲の料　あらかじめ準備しておく物品。
朝堂の座　朝堂の座が設けられる時期については、太政官式5条、式部式上37条にも規定がある。

58暉章堂条
暉章堂の告朔　→補3
諸司の五位已上の座　告朔公文を提出する者の座。
曹司の庁　朝堂院ではなく、太政官曹司庁にて公文を提出する場合のこと。
皇帝臨軒せば　天皇が出御する場合は、通常の告朔儀を行なう。

59諸司座条
太政官の政を聴く庁　→補4
侍従所　外記庁の南にあった侍従・次侍従の詰所。
大蔵省の官物を出納する諸司　本式54条参照。

60考選文条
諸司の考選の文　→補5
五位已上の座　考選文を提出する者の座。
式兵二省　十月二日、式部省は文官と畿内国司の番上の考選文、兵部省は武官のものをそれぞれの官司から受け取った。式部式上133条、同式下31条、兵部式14条参照。

東絁の表・縁、紺の調布の裏。みな殿上〉。その座の次第は常儀の如くせよ。

54 凡そ諸国貢するところの調ならびに交易《きょうやく》の席・薦等は〈色目は*主計式に見ゆ〉、寮先ず*検じ定め、*諸司とともに収納せよ。もし年中の用多くして、支度に足らざることあらば、*省に申して裁を聴け。

55 凡そ*供御ならびに中宮・東宮の雑用の料の鋪設、および*諸陵寮の諸陵の幣物《みてぐら》を裹《つつ》む葉薦等は、*官符の到るを待ちて、*諸司とともに出だし充てよ。自余の出だし給うもまたこれに准えよ。

56 凡そ*庁の座は、親王および中納言已上には*倚子、五位已上には漆の*床子、自余には白木の床子。

57 凡そ*朝堂院の昌福《しょうふく》・含章《がんしょう》・延休《えんきゅう》等の堂、ならびに*太政官曹司、および庁の座は、みな*儲《もうけ》の料を以て鋪《し》け〈*朝堂の座は三月より十一月まで。曹司の座は年中〉。

58 凡そ*暉章堂《きしょうどう》の告朔《こうさく》の*諸司の五位已上の座は、朔日《ついたち》の旦毎《あしたごと》に儲の料を以て鋪け〈*曹司の庁もこれに准えよ〉。ただし*皇帝臨軒せば須いず。

59 凡そ*太政官の政を聴く庁、ならびに*侍従所および*大蔵省の官物を出納する諸司の座は、みな日別《ごと》に鋪け。その参議已上の座は穢るるに従いて造り替えよ。

60 凡そ弁官、*諸司の考選の文を収むるの日には、*五位已上の座を設けよ。*式・兵二

省收二番上考選文一亦同、

凡諸祭及節會所レ須席薦、預前具レ數申レ省請受、事畢返上、

凡行二幸神泉苑一之日、設二參議已上座於西門一、•孟月告朔設二御座一、如二朝賀儀一、不レ設下少納言位氈、幷執二屏•繖一女孺等座上、但皇太子及大臣座設二東廊下一、蕃客朝拜設二御座一、同二元日儀一、但不レ設二少納言位氈一、行幸之處、設レ座如二内裏儀一、但内侍司座、臨レ時設之、

凡諸司座者、隨二官人員一三年一充、五位以上黄帛端茵、六位以下主典以上紺布端茵、史生不レ裹レ端茵、其朝堂有レ座者、朝堂幷曹司座並充、無二朝座一者、唯充二曹司一、

凡諸處立レ幄、隨レ事設レ座、其臨時所レ須、依二官處分一、

年料鋪設

六月神今食十二月神今食、十一月大嘗祭亦同、御料、黄帛端短帖一枚、方四尺、白布端帖二枚、各長一丈二尺五寸、廣四尺、白布端帖二枚、

孟　底「四」。九ニヨリテ改ム。
繖　底「散」。九ニヨリテ改ム。

61諸祭席薦条
諸の祭…席薦　祭祀・節会に用いられる鋪設具の中でも、汎用性の高い席・薦等の座具類は儀式の度に省に申請して借り受け、儀式終了後に返納された。本式19条によれば、御斎会も同様であった。
省　宮内省。

62行幸神泉苑条
神泉苑　平安宮東南の園池。内裏式中(七月七日相撲式)では儀場を神泉苑とし、行幸が行なわれることとなっていた。太政官式103条、内匠式4条、本式47条参照。
孟月の告朔　→補1
朝賀の儀　本式26条参照。
屏繖　天皇などの貴人にかざす長い柄の傘。朝賀の威儀を調える物品の一つ。大舎人式1条、内蔵式30条参照。
蕃客の朝拝　外国使節による朝拝。国書・信物等の奏進が行なわれる。太政官式51条、式部式下25条、隼人式1条参照。
元日の儀　元日朝賀儀。即位儀と同じく

大儀とされた。本式26条、左右近衛式1条参照。
内裏の儀　内裏と行幸における座については、本式52・53条参照。
内侍司　本式53条には尚侍の座のみ規定されている。

63諸司座茵条
諸司の座　朝堂・曹司における官人の座は、倚子・床子とその上に敷く茵からなるが、本条ではそのうちの茵の支給について規定している。太政官曹司の座については、太政官式122条参照。
朝堂に座ある者　朝堂の座の有無については、本式57条参照。

64立幄条
諸処に幄を立つるときは　本式では荷前別貢幣儀(23条)・追儺儀(50条)などが該当するが、他にも釈奠で次(ヤドリ)を設営する(大学式10条)など様々な例が考えられるか。

65年料鋪設条
年料の鋪設　本条は、年中恒例の神事(六月・十二月神今食と十一月新嘗祭)と天皇・皇后のための鋪設具に関する規定。天皇・皇后の鋪設具は四月・十月の一日に衣替えが行なわれた。神事については本式3条、衣替えについては本式40条参照。なお、皇太子の鋪設具については、春宮式39条参照。

省、番上の考選の文を収むるもまた同じくせよ。

61
凡そ諸*の祭および節会《せちえ》に須うるところの席・薦は、あらかじめ数を具《つぶさ》にして省*に申し請い受けよ。事畢らば返上せよ。

62
凡そ神*泉苑に行幸するの日、参議已上の座を西門に設けよ。孟*月の告朔に御の座を設くること、朝*賀の儀の如くせよ〈少納言の位の氈《かも》、ならびに*屛繖《びょうさん》を執る女孺らの座を設けざれ。ただし皇太子および大臣の座は東の廊の下に設けよ〉。蕃*客の朝拝に御の座を設くること、元*日の儀に同じくせよ〈ただし少納言の位の氈を設けざれ〉。行幸の処に座を設くること、内*裏の儀の如くせよ。ただし内*侍司の座は、時に臨みて設けよ。

63
凡そ諸*司の座は、官人《かんにん》の員に随いて三年に一たび充てよ。五位以上は黄の帛端《べり》の茵、六位以下主典《さかん》以上は紺の布端の茵、史生《ししょう》は端を裹まざる茵。其れ朝*堂に座ある者《ひと》は、朝堂ならびに曹司の座もみな充てよ。朝座なきは、ただ曹司に充てよ。

64
凡そ諸*処に幄を立つるときは、事に随いて座を設けよ。その臨時に須うるところは、官の処分によれ。

65
年*料の鋪設
六月の神今食《かんいまけ》〈十二月の神今食、十一月の大嘗祭もまた同じくせよ〉の御料、黄の帛端の短《みじか》帖《だたみ》一枚《ひら》〈方四尺〉、白布《ぬの》端の帖二枚〈各長さ一丈二尺五寸、広さ四尺〉、白布端の帖二枚

四尺　底、コノ下「二寸」ニ字アリ。九ナシ。考異ニ従イテ削ル。
二　底ナシ。九ニヨリテ補ウ。
蔣食薦　→校補9
各　底ナシ。九ニヨリテ補ウ。

各長九尺、廣四尺五寸、一枚無㆓裏布㆒、白布端帖二枚、各長九尺、廣四尺、白布端帖一枚、長八尺、廣四尺、白布端帖四枚、各長六尺、廣四尺、二枚無㆓裏布㆒、折薦帖一枚、長八尺、廣四尺、折薦帖八枚、白布端坂枕一枚、長三尺、廣四尺、褥席二枚、葉薦八枚、折薦八枚、蔣食薦八枚、山城食薦八枚、簀八枚、床一脚、湯殿料、打拂布二條、各長一丈三尺、柳筥二合、納㆓拂布㆒料、但中宮白布端帖四枚、各長八尺、廣四尺、折薦帖一枚、白布端坂枕一枚、褥席二枚、

右、預前儲備、事畢卽充㆓神祇官㆒、

供御、白地錦端帖四枚、夏冬各二枚、長一丈、廣五尺、暈繝端帖十枚、夏八枚、長八尺、廣五尺、冬二枚、長廣各同㆑上、同端帖四枚、夏冬各二枚、長六尺、廣四尺、同端短帖六枚、夏冬各三枚、長四尺五寸、廣四尺、兩面端帖十六枚、南殿御帳下敷、長八尺、廣四尺、褥席七十二枚、月別六枚、張席十具、其中宮御料亦同、但加㆓下敷兩面端帖六十四枚㆒、夏冬各卅二枚、長八尺、廣四尺、

右、依㆓前件㆒預前儲之、夏薄冬厚、

雜給、兩面端帖十六枚、厚薄各八枚、女御已上料、緣端帖七十枚、厚薄

褥の席　床（＝腰掛け）の上に敷く席。

張席　木枠に席を張って障屏具としたもの。本式76・80条参照。

〈各長さ九尺、広さ四尺五寸。一枚は裏布なし〉、白布端の帖二枚〈各長さ九尺、広さ四尺〉、白布端の帖一枚〈長さ八尺、広さ四尺〉、白布端の帖四枚〈各長さ六尺、広さ四尺。二枚は裏布なし〉、折薦《おりごも》の帖一枚〈長さ八尺、広さ四尺〉、折薦の帖八枚、白布端の坂枕《さかまくら》一枚〈長さ三尺、広さ四尺〉、*褥《しとね》の席二枚、葉薦《はごも》八枚、折薦八枚、蒋《こも》の食薦《すごも》八枚、山城の食薦八枚、簀《す》八枚、床《とこ》一脚〈湯殿の料〉、打払布《うちはらい》二条〈各長さ一丈三尺〉、柳筥《やないばこ》二合〈払布を納《い》るる料〉。ただし中宮は白布端の帖四枚〈各長さ八尺、広さ四尺〉、折薦の帖一枚、白布端の坂枕一枚、褥の席二枚。

右、あらかじめ儲け備えよ。事畢らばすなわち神祇官に充てよ。

供御、白地の錦端《にしきべり》の帖四枚〈夏・冬各二枚。長さ一丈、広さ五尺〉、暈繝端《うんげんべり》の帖十枚〈夏は八枚。長さ八尺、広さ五尺。冬は二枚。長広は各上に同じくせよ〉、同じき端の帖四枚〈夏・冬各二枚。長さ六尺、広さ四尺〉、同じき端の短帖六枚〈夏・冬各三枚。長さ四尺五寸、広さ四尺〉、両面端《りょうめんべり》の帖十六枚〈南殿の御帳の下敷。長さ八尺、広さ四尺〉、褥の席七十二枚〈月別に六枚〉、*張席《はりむしろ》十具。其れ中宮の御料もまた同じくせよ。ただし下敷の両面端の帖六十四枚を加えよ〈夏・冬各三十二枚。長さ八尺、広さ四尺〉。

右、前《さき》の件《くだり》によりてあらかじめ儲けよ。夏は薄く冬は厚くせよ。

雑給、両面端の帖十六枚〈厚き・薄き各八枚。女御已上の料〉、緑端の帖七十枚〈厚き・薄き

料　底ナシ。例ニヨリテ補ウ。下同ジ。

各卅五枚、黄端帖三百十三枚、厚一百五十八枚、薄一百五十五枚、紺布端帖一百枚、厚薄各五十枚、折薦帖九十二枚、並長八尺、張席五具、簀十五枚、中宮雜給、黄端帖廿枚、夏冬各十枚、同端茵四枚、夏冬各二枚、紺布端帖卌六枚、夏冬各十八枚、

諸司年料

神祇官諸祭料、狹席五十八枚、鳴雷神春秋祭料十二枚、御巫等奉齋神祭料十枚、四面御門神春秋祭料八枚、六月十二月御卜所料廿枚、同所短帖料三枚、御川水神春秋祭料四枚、六月十二月大祓祝詞座短帖料一枚、折薦卌四枚、御井東宮鎭魂料二枚、御巫等奉齋神祭料十二枚、四面御門神春秋祭料八枚、六月十二月御卜所料十八枚、道饗祭料四枚、葉薦十六枚、鎭花祭料四枚、春秋大忌風神二祭料十枚、御井東宮鎭魂祭料二枚、食薦一百八十五枚、平野、春日、大原野春秋祭料各廿四枚、鳴雷神春秋祭料十二枚、御巫等奉齋神祭料卅一枚、四面御門神春秋祭料卅二枚、六月十二月御卜所料四枚、毎月晦御贖料廿四枚、御川水神春秋祭料十枚、簀十六枚、御巫等奉齋神祭料十二枚、六月十二月御卜所料四枚、圖書寮寫二年料仁王經一所、狹席十二枚、折薦廿四枚、造二年料墨一所、席一枚、食薦二枚、縫殿寮縫二正月齋會講讀師等

各三十五枚〈厚き一百五十八枚、薄き一百五十五枚〉、紺の布端の帖一百枚〈厚き・薄き各五十枚〉、折薦の帖九十二枚〈みな長さ八尺〉、張席五具、簀十五枚。中宮の雑給は、黄端の帖二十枚〈夏・冬各十枚〉、同じき端の茵《しとね》四枚〈夏・冬各二枚〉、紺の布端の帖三十六枚〈夏・冬各十八枚〉。

66 *諸司の年料

神祇官の*諸の祭の料、*狭席《さむしろ》五十八枚〈鳴雷《なるいかづち》神の春秋の祭の料十二枚、御巫《みかんなぎ》らの奉斎する神の祭の料十枚、四面《よも》の御門《みかど》神の春秋の祭の料八枚、六月・十二月の御卜所《みうらどころ》の料二十枚、同じき所の短帖の料三枚、御川水《みかわみず》神の春秋の祭の料四枚、六月・十二月の大祓《おおはらえ》の祝詞の座の短帖の料一枚〉、折薦四十四枚〈御ならびに東宮の鎮魂《たましずめ》の料二枚、御巫らの奉斎する神の祭の料十二枚、四面の御門神の春秋の祭の料八枚、六月・十二月の御卜所の料十八枚、道饗《みちあえ》の祭の料四枚〉、葉薦十六枚〈鎮花《はなしずめ》の祭の料四枚、春秋の大忌《おおいみ》・風神《かぜかみ》二祭の料十枚、御ならびに東宮の鎮魂の祭の料二枚〉、食薦一百八十五枚〈平野《ひらの》・春日《かすが》・大原野《おおはらの》の春秋の祭の料各二十四枚、鳴雷神の春秋の祭の料十二枚、御巫らの奉斎する神の祭の料三十一枚、四面の御門神の春秋の祭の料三十二枚、六月・十二月の御卜所の料四枚、毎月の晦《つごもり》の御贖《みあがもの》の料二十四枚、御川水神の春秋の祭の料十枚〉、簀十六枚〈御巫らの奉斎する神の祭の料十二枚、六月・十二月の御卜所の料四枚〉。図書寮、*年料の仁王経を写す所、狭席十二枚、折薦二十四枚。*年料の墨を造る所、席一枚、食薦二枚。縫殿寮、*正月斎会《さいえ》の講読師ら

66諸司年料条

諸司の年料　諸司に毎年支給する鋪設具。ただし、例えば玄蕃式36条によれば、東西二寺における国忌の座料は「並以㆓各寺官家功徳分物㆒造備供之」とあり、国忌のような国家的仏事でも寺家が封物でもって独自に準備することが定められていた。官司の発達により、鋪設具のような物品を供給する制度は官司ごとに独自に進展したと考えられる。

諸の祭　→補1

狭席　九本傍訓・色葉字類抄にサムシロ。狭席および席全般については、主計式1・8条、本式80条参照。

年料の仁王経を写す所　図書式10条には「折薦帖十二枚」のみ見える。

年料の墨を造る所　図書式14条参照。

正月斎会の講読師らの法服を縫う所　縫殿式8条参照。

法服一所、狭席四枚、縫二新嘗會御服一所、黄端短帖一枚、折薦帖四枚、席二枚、通二用十二月神今食一、六月、十二月晦裹二御贖物一料、葉薦二枚、中宮東宮亦同、内藏寮年料藍染所、席十枚、折薦十五枚、年料供御幷雜給履屜料、小町席、其數臨時定之、陰陽寮十二月晦日饗レ儺料、食薦五枚、典藥寮造二臈月御藥一所、長席四枚、折薦四枚、苫二枚、造二年料白粉一所、席一枚、簀一枚、織部司織女祭所、席二枚、食薦二枚、大膳職食薦一千九十枚、御幷東宮鎭魂料十枚、平野春秋祭料一百六十枚、春日、大原野春秋祭料各一百五十六枚、御膳神春秋祭料八枚、最勝王經御齋會所料一百枚、雜用料五百枚、狭席六枚、年料供御四枚、造二索餅一所二枚、長席八枚、干二供御年料糒一所二枚、暴二醬幷未醬大豆一所六枚、折薦十枚、供御年料四枚、造二供御年料索餅一所二枚、干二供御年料大棗一所四枚、苫十枚、内膳司狭席十六枚、折薦十六枚、並供御料、造酒司食薦廿四枚、供御四枚、雜用廿枚、隼人司造二油絹一所席一枚、簀一枚、大歌所食薦十五枚、内教坊食薦廿枚、

右、年中所レ充、並依二前件一、若有二增減一者、臨時處分、餘條准レ此、

贖　底ナシ。九・閣ホカニヨリテ補ウ。
一　典薬式14条「二」。下同ジ。
祭　底ナシ。考異ニ従イテ補ウ。
御膳　底「織女」。考異ニ従イテ改ム。
御　底ナシ。九ニヨリテ補ウ。
暴　九「曝」。コノ字ニツイテハ、以下、本巻ノウチ一々注セズ。
醬　底ナシ。九ニヨリテ補ウ。

新嘗会の御服を縫う所　縫殿式5条には「其縫備所鋪設、就二所司一請」とあるの

の法服を縫う所、狭席四枚。*新嘗会《にいなめのえ》の御服《みそ》を縫う所、黄端の短帖一枚、折薦の帖四枚、席二枚〈十二月の神今食《かんいまけ》にも通わし用いよ〉。*六月・十二月の晦に御贖物を裏《つつ》む料、葉薦二枚〈中宮・東宮もまた同じくせよ〉。内蔵寮、*年料の藍染むる所、席十枚、折薦十五枚。*年料の供御ならびに雑給の履屉《くつしき》の料、*小町席《こまちむしろ》〈その数は臨時に定めよ〉。陰陽寮、*十二月の晦日の儺《な》を饗《あえ》するの料、食薦五枚。典薬寮、*臈月《ろうげつ》の御薬を造る所、長席《ながむしろ》四枚、折薦四枚、苫《とま》二枚。*年料の白粉《はふに》を造る所、席一枚、簀一枚。織部司、*織女《たなばたつめ》の祭の所、席二枚、食薦二枚。*大膳職、食薦一千九十枚〈御ならびに東宮の鎮魂の料十枚、平野の春秋の祭の料一百六十枚、春日・大原野の春秋の祭の料各一百五十六枚、御膳神《みけつ》の春秋の祭の料八枚、最勝王経の御斎会《ごさいえ》所の料一百枚、雑用の料五百枚〉、狭席六枚〈年料の供御四枚、索餅《むぎなわ》を造る所二枚〉、長席八枚〈供御の年料の糒《ほしいい》を干す所二枚、醬《ひしお》ならびに未醬の大豆《まめ》を暴す所六枚〉、折薦十枚〈供御の年料四枚、供御の年料の索餅を造る所二枚、供御の年料の*大棗《なつめ》を干す所四枚〉、苫十枚。*内膳司、狭席十六枚、折薦十六枚〈みな供御の料〉。*造酒司、食薦二十四枚〈供御四枚、雑用二十枚〉。*隼人司、油絹《あぶらぎぬ》を造る所、席一枚、簀一枚。*大歌所、食薦十五枚。*内教坊、食薦二十枚。

右、年中充つるところ、みな前《さき》の件《くだり》によれ。もし増減あらば、臨時に処分せよ〈余の条もこれに准えよ〉。

み。

六月十二月の晦に御贖物を裏む料　縫殿式4条参照。

年料の藍染むる所　内蔵式49条では「官人幷命婦已下座料」とする。

年料の供御ならびに雑給の履屉の料　内蔵式46条参照。

小町席　本式80条では倚子茵・三位以上床子茵、左右京式37・38条では田籍・戸籍の帙料として見える。特別な織り方をしたもので丈夫であったと考えられるが、詳細は不明である。主計式上71条参照。

十二月の晦日の儺を饗するの料　陰陽式20条参照。

臈月の御薬を造る所　典薬式2条参照。

年料の白粉を造る所　典薬式14条参照。簀の数が異なるか。

織女の祭の所　織部式1条参照。

大膳職　→補1

大棗　干したナツメの実。薬用とする。

内膳司　内膳式23条参照。

造酒司　造酒式34・36条参照。

隼人司　隼人式13条参照。

大歌所　大歌を伝習し演奏する所。大歌所に召された者は十月二十一日から正月十六日まで所に直するので（式部式上64条）、あるいはこのための食薦か。

内教坊　中務式88条参照。

試二延暦寺年分度者一座料、黄端茵二枚、黄端帖二枚、葛野席帖三枚、席四枚、六年一充、

內膳司造二供御粉熟一料、席二枚、簀二枚、三年一充、

供二奉大射節一五位已上調習之間座料、兩面端茵三枚、緑端茵三枚、黄端帖八枚、席六枚、長席四枚、五年一充二兵部省一、

凡大學諸堂學生食座料、長疊十枚、隔二三年一行之、

凡主鈴、典鑰等座料、以二古弊疊六枚一、毎二年終一充之、

凡東西悲田、毎年冬季所レ給古弊疊卌枚者、下二行施藥院一、摠二計彼院及兩悲田、當時所レ養病者、孤兒定數一、均令二分給一、

儲料兩面端茵十枚、緑端茵四枚、黄端茵六枚、黄端帖十枚、折薦帖百六十枚、長帖五十枚、

右、諸祭及齋會、節會等座、以二件儲料一鋪之、貯二收寮家一、隨レ事出用、隨レ損料度、申レ省造換、

倚子、床子隨レ損申レ省、令二木工寮修理一、

諸節幷行幸供奉仕丁卌一人裝束、各給二紺布衫一領、一丈

葛野席　→校補10
凡　九ナシ。下同ジ。
卌　貞「廿」。九・塙・井・壬・京「卅」。
座　底「端」。塙校注ニ従イテ改ム。九「竝」。

67延暦寺年分度条
延暦寺の年分度者　年分度者とは毎年一定数認められている得度者。→補1
葛野の席の帖　山城国葛野郡で作られた席を用いて作成された帖。葛野郡の席については、主計式上8条、本式77条参照。

68供御粉熟料条
粉熟　米・豆などの粉を材料とする菓子の一種。内膳式27条参照。

69大射条
大射の節　本式36条参照。
五位已上の調習　兵部式4条によれば、五位以上の能射の者二〇人が選ばれ、兵部省南門の射場において大射のための調習が行なわれた。

70学生食座料条
大学諸堂　大学式54条にほぼ同様の規定がある。

71主鈴典鑰座料条
主鈴典鑰ら　いずれも中務省の品官。な

67 *延暦寺の年分度者を試むる座の料、黄端の茵二枚、黄端の帖二枚、*葛野《かどの》の席《むしろ》の帖三枚、席四枚。六年に一たび充てよ。

68 内膳司の供御の*粉熟《ふずく》を造る料、席二枚、簀二枚。三年に一たび充てよ。

69 *大射《おおいくは》の節《せち》に供奉する*五位已上の調習の間の座の料、両面端の茵三枚、緑端の茵三枚、黄端の帖八枚、席六枚、長席四枚。五年に一たび兵部省に充てよ。

70 凡そ*大学諸堂の学生《がくしょう》の食座《じきざ》の料、長畳十枚。三年を隔てて行《くば》れ。

71 凡そ*主鈴・典鑰らの座の料、*古弊《こへい》の畳六枚を以て年終毎に充てよ。

72 凡そ*東西の悲田《ひでん》に、毎年冬季給うところの古弊の畳四十枚は、*施薬院《やくいん》に下し行《くば》れ。彼の院および両悲田の、当時養うところの*病者・孤児の定数を摠計し、均しく分給せしめよ。

73 *儲《もうけ》の料、両面端の茵十枚、緑端の茵四枚、黄端の茵六枚、黄端の帖十枚、折薦の帖百六十枚、長帖五十枚。

右、諸の祭および斎会・節会等の座は、件の儲の料を以て鋪け。*寮家に貯え収め、事に随いて出だし用いよ。損ずるに随い*料度《りようたく》し、*省に申して造り換えよ。

74 *倚子《いし》・床子《しょうじ》は損ずるに随いて*省に申し、*木工寮に修理せしめよ。

75 諸の節ならびに行幸に供奉する*仕丁四十一人の装束は、各*紺の布の衫《ひとえぎぬ》一領〈一丈

ぜ古弊の畳が充てられるのかは不詳。

古弊の畳 古くていたんだ畳。

72東西悲田条

東西の悲田 施薬院の別院で、病人・孤児の収容施設。→補2

施薬院 病人・貧者の治療施設。太政官式148条参照。

病者孤児の定数 大蔵式71条によれば、綿と古弊の幄も施薬院・東西悲田院の間で病人・孤児の数により均分して支給された。

73儲料条

儲の料 →補3

寮家 掃部寮のクラに収める。

料度 計算すること。

省 宮内省。

74倚子床子条

倚子床子 本式52・53・56条参照。製法・規格については、木工式8条参照。

省 宮内省。

木工寮 掃部寮が木工寮に運び、修理してもらう。木工式35条参照。

75供奉仕丁条

仕丁 →補4

紺の布の衫 節会・行幸の際に仕丁や伴部が着用する。他の式にも見えるが、紺布の長さが異なるものもある。典薬式16条、内膳式13・52条、造酒式35条、主水式17条参照。

八尺、袴一腰、白布七尺、布帯一條、五尺、隨レ損請替、打掃布四條、各長一丈二尺、盛筥二合、各長一尺六寸、廣一尺四寸、砥一顆、並毎年所レ請、陶由加一口、槽一隻、張レ席料檜棹百枝、木工寮造進、三年一請、殖レ藺田一町、在二山城國一、耕殖卅一人、以二當國正税一雇充、刈得藺三百八十圍、寮家仕丁刈運、蔣沼一百九十町、在二河内國茨田郡一、刈得蔣一千圍、菅二百圍、並刈運夫以二當國正税一雇役、莞五百圍、攝津國徭夫刈運、

造二鋪設一功程

神事料

白端狭帖一枚、長九尺、廣四尺五寸、端料暴布二條、各長九尺五寸、廣六寸、裏料暴布一丈八尺、麻八兩一分、木綿二兩二分、織席一枚、編薦二枚、細縄十五丈、長功日一人半、中功日二人、短功日二人半、

狭帖一枚、長八尺、廣四尺、端料暴布二條、各長八尺五寸、廣六寸、裏料暴布二條、一條廣二尺四寸、一條廣一尺六寸、長別八尺、麻八兩、木綿二兩、織席一枚、編薦二枚、細縄十三丈、長功一人、中功一人半、短功二人、

一條　底ナシ。考異ニ従イテ補ウ。
一　九「二」。
一　底「四」。九ニヨリテ改ム。
枝　九「枚」。

76打掃布条

打掃布　ちり・ほこりなどの小さなごみを除いて清めるための道具。打掃布の使用は本式3・14・65条に見える。打掃布の使用は本式78条を参照すると、神事用とそれ以外とでは規格が異なることが分かる。

盛る筥　打掃布を入れる箱。柳筥を用いる。本式3・14・65条参照。

砥　砥石。主計式上4条参照。以下の物品は、掃部寮内で鋪設具を製造するためのものと思われる。

陶の由加　須恵器のカメ。

槽　水・湯などの液体を入れる容器。

席を張る料の檜の棹　張席の木枠となる棒状の檜材か。張席については、本式65・80条参照。→補1

木工寮　木工式に対応する規定は見えない。

77藺田条

八尺〉、袴一腰〈白布七尺〉、布の帯一条〈五尺〉を給え。損ずるに随いて請け替えよ。

76 *打掃《うちはらい》布四条〈各長さ一丈二尺〉、*盛る笥《い》二合〈各長さ一尺六寸、広さ一尺四寸〉、*砥《と》一顆。みな毎年請くるところ。*陶《すえ》の由加一口、*槽《ふね》一隻、*席を張る料の檜の棹《さお》百枝〈*木工寮造り進れ〉。三年に一たび請けよ。

77 *藺《い》を殖うる田一町〈*山城国にあり〉、耕殖四十一人〈当国の正税を以て雇い充てよ〉、刈りて得る藺三百八十囲〈寮家の仕丁刈り運べ〉。*蔣《こも》沼一百九十町〈*河内国茨田《まんだ》郡にあり〉、刈りて得る蔣一千囲、*菅《すげ》二百囲〈みな刈り運ぶ夫は当国の正税を以て雇役せよ〉。*莞《がま》五百囲〈*摂津国の徭夫刈り運べ〉。

鋪設を造る功程

78 神事の料*

白端の*狭帖《せまきたたみ》一枚〈長さ九尺、広さ四尺五寸〉、端《へり》の料の暴布《さらしぬの》二条〈各長さ九尺五寸、広さ六寸〉、裏の料の暴布一丈八尺、麻《お》八両一分、木綿《ゆう》二両二分、織席《おりむしろ》一枚、編薦《あみこも》二枚、細縄十五丈。長功は日に一人半、中功は日に二人、短功は日に二人半。

狭帖一枚〈長さ八尺、広さ四尺〉、端の料の暴布二条〈各長さ八尺五寸、広さ六寸〉、裏の料の暴布二条〈一条は広さ二尺四寸、一条は広さ一尺六寸、長さは別《じょうごと》に八尺〉、麻八両、木綿二両、織席一枚、編薦二枚、細縄十三丈。長功は一人、中功は一人半、短功は二人。

藺を殖うる田　民部式上109条によれば、藺田は「山城国便近之処」に置かれ、山城国の正税三〇〇束が営料として毎年充てられた。藺草の収穫と運送のみ、寮の仕丁が担当した。

山城国　山城国の調には席薦類が多く、葛野の地名が付けられた葛野席のような特産品があった。主計式上8条参照。

蔣沼　イネ科のマコモは水辺に群生する。葦や菅・蒲なども刈り取られて供進される。

河内国茨田郡　河内国北部の郡で、淀川が多くの支流をつくり、広域の湖沼が存在していた。既に職員令35条集解所引官員令別記・古記に、「茨田葦原」において駈使丁による耕殖が行なわれていたことが記されている。この地は降って、遊女記に見える掃部寮の大庭荘につながると考えられる(地名大系)。

菅　カヤツリグサ科スゲ属の多年草の総称。葉で傘や薦を作る。

莞　ガマ科の多年草。蒲(カマ)。葉と茎を編んで席・薦などを作成する。

摂津国　茨田郡と淀川を隔てて接している。そのため、摂津国の徭夫が使用されたか。

78神事料功程条

神事の料　→補2

狭帖　→補3

狹帖一枚、〈長一丈二尺五寸、廣四尺、〉端料暴布二條、〈各長一丈三尺、廣六寸、〉麻五兩一分、木綿二分、黑山席一枚半、編薦二枚、細繩十五丈、長功一人半、中功二人、短功二人半、

狹帖一枚、〈長六尺、廣四尺、〉端料曝布二條、〈各長六尺五寸、廣六寸、〉裏料暴布二條、〈一條廣二尺四寸、一條一尺六寸、長各別六尺、〉麻六兩、木綿二兩、織席一枚、細繩十丈、編薦一枚、長功一人、中功一人半、短功二人、

折薦帖一枚〈長八尺、廣四尺、厚五寸、〉料、調折薦六枚、黑山席一枚半、席料木綿二兩一分、細繩十丈、

御坂枕一枚〈長三尺、廣四尺、〉料、編薦一枚、織席一枚、端料曝布一尺七寸五分、麻二兩、木綿一兩三分、長功一人小半、中功一人大半、短功二人、

打拂布三條、〈各長一丈三尺、〉筥二合、〈各長一尺六寸、廣一尺四寸、〉

新嘗會葺二部酒殿一料、苫八枚、〈殿別四枚、〉薦八枚、〈殿別四枚、事訖給二神祇官一、其下形幷押桙木工寮辨備之、〉

右、六月、十二月神今食、新嘗祭供御料、

供御料

狹帖一枚〈長八尺、廣五尺、〉料、織席一枚、葉薦四枚、端料錦、生絁各五

半　底「者」。塙校注・版本ニ従イテ改ム。九「着」。

辨　底「桙」。版本・雲ニ従イテ改ム。九・壬「擠」。閣・井・貞「擠」。

黒山の席　河内国丹比郡黒山郷(大阪府堺市美原区)産の席。主計式上1・10条参照。主計式上1条によれば黒山席の規格は長一丈二尺、広四尺で、同条に載せられた標準規格の狭席(長一丈、広三尺六寸)、広席(長一丈、広四尺)よりも大きなものであったことが分かる。黒山席の利用は本条と本式80条に見えるのみであるが、本条の狭帖(長一丈二尺五寸、広四尺)・折薦帖(長八尺、広四尺、厚五寸)と、80条の一位短帖(長六尺、広四

狭帖一枚〈長さ一丈二尺五寸、広さ四尺〉、端の料の暴布二条〈各長さ一丈三尺、広さ六寸〉、麻五両一分、木綿二分、*黒山《くろやま》の席一枚半、編薦二枚、細縄十五丈。長功は一人半、中功は二人、短功は二人半。

狭帖一枚〈長さ六尺、広さ四尺〉、端の料の曝布二条〈各長さ六尺五寸、広さ六寸〉、裏の料の暴布二条〈一条は広さ二尺四寸、一条は一尺六寸、長さは各別に六尺〉、麻六両、木綿二両、織席一枚、細縄十丈、編薦一枚。長功は一人、中功は一人半、短功は二人。

折薦《おりごも》の帖一枚〈長さ八尺、広さ四尺、厚さ五寸〉の料、調の折薦六枚、黒山の席一枚半、席の料の木綿二両一分、細縄十丈。

御坂枕《みさかまくら》一枚〈長さ三尺、広さ四尺〉の料、編薦一枚、織席一枚、端の料の曝布一尺七寸五分、麻二両、木綿一両三分。長功は一人小半、中功は一人大半、短功は二人。

打払《うちはらい》布三条〈各長さ一丈三尺〉、筥二合〈各長さ一尺六寸、広さ一尺四寸〉。

新嘗会《にいなめのえ》に*酒殿を葺《ふ》き蔀《おお》う料、苫八枚〈殿別に四枚〉、薦八枚〈殿別に四枚。事訖らば神祇官に給え。その*下形《しもかた》ならびに*押桙《おしほこ》は木工寮弁備せよ〉。

右、六月・十二月の神今食《かんいまけ》、新嘗の祭の供御の料。

79

*供御の料

狭帖一枚〈長さ八尺、広さ五尺〉の料、織席一枚、葉薦四枚、端の料の錦・生絁《すずしのきぬ》各五

尺）・二位短帖（長五尺、広四尺）・三位短帖（長四尺六寸、広四尺）というように、いずれも黒山席の規格に基づき、広さは四尺で統一されている。本条の狭帖が実際に大嘗祭で用いられたことは、江記天仁元・十一・二十一条で確認できる。直木孝次郎「大嘗祭と黒山莚」（『古代史の窓』所収、一九八二年、初出一九七五年）参照。

酒殿　新嘗祭において供される酒を醸すための仮小屋。造酒式10条には「木工寮造二酒殿一宇、臼殿一宇〈並三間〉、麴室一宇一〈草葺〉、構以二黒木一、掃部寮以二苫八枚一葺二二殿一〈別葺四枚〉」とあり、酒殿・臼殿の二宇があったことが分かる。なお、造酒式12条に大嘗祭の酒殿について「掃部寮以二苫八枚一葺蓋二其上一、以二薦八枚一部作二其下一」とあることから、苫を屋根に葺き、薦で以て小屋を囲んだと考えられる。

下形　酒殿を構えるための木材か。造酒式10条によれば、酒殿には木の皮を剝がさない黒木が用いられた。

押桙　屋根を固定するために用いられる竹などの木材。押鉾・鉾竹とも。

79供御料功程条

供御の料　天皇や中宮のための鋪設具。神事用と同じく、本式80条の雑給用よりも規格が大きい。本式52・65条参照。

暴　底ナシ。九ニヨリテ補ウ。タダシ、九「曝」。上下ノ例ニヨリテ「暴」字ニ改ム。
尺　底「寸」。考異ニ従イテ改ム。
暴布…六寸（分注マデ一九字）　→校補11

條、一條長九尺、四條各長八尺五寸、廣並三寸、帖裏料暴布一丈六尺、又一條、長八尺、廣三寸、紫絲一分、苧大五兩、紫革一條、方七寸、細縄十五丈、長功日二人、中功日二人半、短功日三人、

狹帖一枚長八尺、廣四尺、料、出雲席一枚、葉薦四枚、端料兩面、生絁各五條、一條長九尺、四條各長八尺五寸、廣並三寸、著レ裏料暴布二條、一條長八尺、廣二尺四寸、一條長八尺、廣一尺六寸、緑絲一分、紫革一條、方六寸、苧大四兩、細縄十五丈、長功一人半、中功二人、短功二人半、

狹帖一枚長六尺、廣四尺、料、織席一枚、葉薦四枚、端料暈繝、生絁各五條、一條長七尺、四條各長六尺五寸、廣並三寸、著レ裏料暴布二條、各長六尺、一條廣二尺四寸、一條廣一尺六寸、紫絲一分、紫革一條、方六寸、苧四兩、細縄十丈、長功一人半、中功二人、短功二人半、

短帖一枚長四尺五寸、廣四尺、料、織席一枚、葉薦二枚、端料暈繝、生絁各五條、一條長五尺五寸、四條各長五尺、廣並三寸、暴布四尺五寸、又一條、長四尺五寸、廣一尺六寸、紫絲三銖、紫革一條、方四寸、苧三兩、細縄七丈、長功一人、中功一人半、短功二人、

雜給料

条〈一条は長さ九尺、四条は各長さ八尺五寸、広さはみな三寸〉、帖裏の料の暴布一丈六尺、また一条〈長さ八尺、広さ三寸〉、紫の糸一分、苧《からむし》大五両、紫の革一条〈方七寸〉、細縄十五丈。長功は日に二人、中功は日に二人半、短功は日に三人。

狭帖一枚〈長さ八尺、広さ四尺〉の料、*出雲の席《むしろ》一枚、葉薦四枚、端の料の両面・生絁各五条〈一条は長さ九尺、四条は各長さ八尺五寸、広さはみな三寸〉、裏を著くる料の暴布二条〈一条は長さ八尺、広さ二尺四寸、一条は長さ八尺、広さ一尺六寸〉、緑の糸一分、紫の革一条〈方六寸〉、苧大四両、細縄十五丈。長功は一人半、中功は二人、短功は二人半。

狭帖一枚〈長さ六尺、広さ四尺〉の料、織席一枚、葉薦四枚、端の料の暈繝《うんげん》・生絁各五条〈一条は長さ七尺、四条は各長さ六尺五寸、広さはみな三寸〉、裏を著くる料の暴布二条〈各長さ六尺、一条は広さ二尺四寸、一条は広さ一尺六寸〉、紫の糸一分、紫の革一条〈方六寸〉、苧四両、細縄十丈。長功は一人半、中功は二人、短功は二人半。

短帖《みじかだたみ》一枚〈長さ四尺五寸、広さ四尺〉の料、織席一枚、葉薦二枚、端の料の暈繝・生絁各五条〈一条は長さ五尺五寸、四条は各長さ五尺、広さはみな三寸〉、暴布四尺五寸、また一条〈長さ四尺五寸、広さ一尺六寸〉、紫の糸三銖、紫の革一条〈方四寸〉、苧三両、細縄七丈。長功は一人、中功は一人半、短功は二人。

80
*雑給の料

出雲の席　出雲国産出の目の粗い席。民部式下63条では、出雲国の交易雑物として席三〇〇枚が見える。本条は供御の帖の料物として出雲席が見えるが、枕草子一四二段では「いやしげなるもの」として「まことの出雲筵の畳」があげられている。新猿楽記では受領の郎等である四郎君が集める諸国の土産として「出雲筵」が見え、特産品として著名であったことが推定できる。

80雑給料功程条

雑給の料　官人などに支給するための鋪設具とともに、帖などに加工するために寮で製作する席・薦類も列記する。本式53・65条参照。

狹帖一枚〈長八尺、廣三尺六寸、〉料、調席一枚、調折薦三枚、端料綵帛五條、〈一條長九尺、四條各長八尺五寸、廣並三寸、〉色絲一分、緋革一條、〈方五寸、〉裏料庸布二條、〈各長八尺、一條廣二尺四寸、一條廣一尺二寸、〉熟麻八兩、細縄十三丈、長功一人半、中功二人、短功二人半、

短帖一枚〈長三尺五寸、廣三尺二寸、〉料、織席一枚、調折薦一枚、端料綵帛五條、〈一條長四尺五寸、四條各長四尺、廣並三寸、〉庸布二條、〈各長三尺五寸、一條廣二尺四寸、一條廣八寸、〉色絲三銖、緋革一條、〈方四寸、〉熟麻四兩、細縄五丈、長功一人、中功一人半、短功二人、

右、厚帖用度具依㆓前件㆒、其薄帖料綵帛幷葉薦各減㆑半、〈短帖減㆓小半㆒、〉功程毎㆑色減㆓半人㆒、〈短帖減㆓小半人㆒、〉餘皆同㆑厚、

狹帖一枚〈長八尺、廣三尺六寸、〉料、調席一枚、調折薦二枚、端料紺布二條、〈別長八尺五寸、廣四寸、〉熟麻八兩、木綿二兩、細縄十丈、長功一人半、中功二人、短功二人半、

狹帖一枚〈長二丈、廣三尺六寸、〉料、長席一枚、調折薦四枚、端料紺布二條、〈各長二丈五寸、廣四寸、〉熟麻十二兩、木綿五兩、細縄廿丈、長功三人大

各　底ナシ。雲ニ従イテ補ウ。
並　底ナシ。雲ニ従イテ補ウ。
尺　底「寸」。九・閣ホカニヨリテ改ム。
前　底ナシ。九ニヨリテ補ウ。
小　底「少」。例ニヨリテ改ム。コノ字ニツイテハ、以下、本巻ノウチ一々注セズ。
細縄…木綿（六二字）　底及ビ諸本、弥書。九ニヨリテ削ル。

狭帖一枚〈長さ八尺、広さ三尺六寸〉の料、調の席一枚、調の折薦三枚、端《へり》の料の綵帛五条〈一条は長さ九尺、四条は各長さ八尺五寸、広さはみな三寸〉、色糸一分、緋《あけ》の革一条〈方五寸〉、裹の料の庸布二条〈各長さ八尺、一条は広さ二尺四寸、一条は広さ一尺二寸〉、熟麻《にお》八両、細縄十三丈。長功は一人半、中功は二人、短功は二人半。

短帖一枚〈長さ三尺五寸、広さ三尺二寸〉の料、織席一枚、調の折薦一枚、端の料の綵帛五条〈一条は長さ四尺五寸、四条は各長さ四尺、広さはみな三寸〉、庸布二条〈各長さ三尺五寸、一条は広さ二尺四寸、一条は広さ八寸〉、色糸三銖、緋の革一条〈方四寸〉、熟麻四両、細縄五丈。長功は一人、中功は一人半、短功は二人。

右、厚き帖の用度は具《つぶさ》に前《さき》の件《くだり》によれ。その薄き帖の料は綵帛ならびに葉薦の各半を減ぜよ〈短帖は小半を減ぜよ〉。功程は色《しき》毎に半人を減ぜよ〈短帖は小半人を減ぜよ〉。余は皆厚きに同じくせよ。

狭帖一枚〈長さ八尺、広さ三尺六寸〉の料、調の席一枚、調の折薦二枚、端の料の紺の布二条〈別《じょうごと》に長さ八尺五寸、広さ四寸〉、熟麻八両、木綿二両、細縄十丈。長功は一人半、中功は二人、短功は二人半。

狭帖一枚〈長さ二丈、広さ三尺六寸〉の料、長席《ながむしろ》一枚、調の折薦四枚、端の料の紺の布二条〈各長さ二丈五寸、広さ四寸〉、熟麻十二両、木綿五両、細縄二十丈。長功は三人大

功　底ナシ。九ニヨリテ補ウ。
一　底ナシ。九ニヨリテ補ウ。
軾　→校補12
功　底ナシ。九・貞ニヨリテ補ウ。
績　底「續」。下文ノ例ニヨリテ改ム。
宮　底「官」。九・閣ホカニヨリテ改ム。
十　底、コノ下「一」字アリ。衍ト見テ削ル。
功　底ナシ。閣・梵ホカニヨリテ補ウ。
六　九「二」。

半、中功五人、短功六人、
切㆓貫雑色革㆒、長功一人一百廿條、中功一百條、短功八十條、
坂枕一枚（長二尺五寸、廣二尺、）料、編薦一枚、生絲一兩、長功一人小半、中功一人大半、短功二人、
軾一枚（長二尺五寸、廣一尺、）料、編薦一枚、生絲一兩、苧二兩、長功一人、中功一人小半、短功一人大半、
張席一具（長二丈、廣七尺二寸、）料、長席二枚、曝布一端、生絲六兩一分二銖、麻一斤九兩、（縫績料十三兩、縄料十二兩、）縫宮人單六人、
織席一枚（長九尺、廣五尺、）料、擇藺一圍、苧十五兩、長功十人、（五人織手、五人刻㆑藺手、）中功十二人、短功十四人、
織席一枚（長九尺、廣四尺、）料、擇藺二尺八寸、苧十三兩、長功十人、中功十一人、短功十二人、
織席一枚（長九尺、廣三尺六寸、）料、擇藺二尺四寸、苧四兩、長功八人、中功十人、短功十二人、
織席一枚（長九尺、廣三尺二寸、）料、擇藺二尺四寸、麻十三兩、長功八人、中功十人、短功十二人、

半、中功は五人、短功は六人。

*雑の色革を切り貫くに、長功は一人一百二十条、中功は一百条、短功は八十条。

坂枕《さかまくら》一枚〈長さ二尺五寸、広さ三尺〉の料、編薦一枚、生糸《すずしのいと》一両。長功は一人小半、中功は一人大半、短功は二人。

*軾《ひざつき》一枚〈長さ二尺五寸、広さ一尺〉の料、編薦一枚、生糸一両、苧二両。長功は一人、中功は一人小半、短功は一人大半。

*張席《はりむしろ》一具〈長さ二丈、広さ七尺二寸〉の料、長席二枚、曝布一端、生糸六両一分二銖、麻一斤九両〈縫い績《う》む料は十三両、縄の料は十二両〉。*縫の宮人《くうにん》は単《のべ》六人。

*織席一枚〈長さ九尺、広さ五尺〉の料、択《え》り藺一囲、苧十五両。長功は十人〈五人は織手、五人は藺を刻む手〉、中功は十二人、短功は十四人。

織席一枚〈長さ九尺、広さ四尺〉の料、択り藺二尺八寸、苧十三両。長功は十人、中功は十一人、短功は十二人。

織席一枚〈長さ九尺、広さ三尺六寸〉の料、択り藺二尺四寸、苧四両。長功は八人、中功は十人、短功は十二人。

織席一枚〈長さ九尺、広さ三尺二寸〉の料、択り藺二尺四寸、麻十三両。長功は八人、中功は十人、短功は十二人。

雑の色革を切り貫く　色革は大宰府より貢進された。内蔵式54条、民部式下54条参照。帖・茵・短帖に用いられた。

軾　祭祀などの場で地にひざまずく時に膝の下に敷いた敷物。膝突とも。本条では薦を用いているが、四時祭式上7条に「神主軾料絁二疋、糸三絇、調布二端」とあるように布製のものもあった。

張席　木枠に席を張って障屏具としたもの。長席は主計式上2条に「長二丈、広三尺六寸」という規格が記されている。本条の張席一具「長二丈、広七尺二寸」という規格は、主計式の長席を二枚並べた大きさであり、料物として「長席二枚」とあることと合致する。本式76条には張席の料物として、木工寮が「檜棹」を作ることが載せられている。木工寮が用意した檜材で木枠を作り、そこに長席を括り付けたのであろう。本式65条も参照。張席は、相撲などの儀式に際して臨時に設置される（西宮記恒例二〔相撲召合〕、北山抄九〔相撲召合〕、江家次第八〔相撲召合〕）。

縫の宮人　席の端を縫う宮人。本条の下文に、「縫二席端一幷績レ麻宮人」に掃部寮が間食を支給する規定が見える。

席　→補1

小　底ナシ。九ニヨリテ補ウ。タダシ、九「少」。例ニヨリテ「小」字ニ改ム。
稗蔣　→校補13
功　底ナシ。九・閣ホカニヨリテ補ウ。
一　底「二」。九ニヨリテ改ム。

薦　→補1
草墪　本式52・53条によれば、草墪には表・端（へり）・裏の素材によって身分を表示する機能があったが、本条の功程には原材料の蔣（マコモ）・苧のみ記されている。あるいは草墪の項目の末文は「縫裏功程臨時量定」とすべきか。
茵　倚子・床子や帖の上に敷いた敷物。褥とも。短帖よりも小型であるが、厚み

編㆓食薦一枚㆒長六尺、廣三尺、料、擇藺一尺五寸、生絲五銖、長功一人、中功一人小半、短功一人大半、
稗蔣食薦一枚長六尺、廣三尺、料、稗蔣二尺、麻十三兩、長功半人、中功大半人、短功一人、
薦一枚、長二丈四尺、廣四尺、長功一人、中功一人小半、短功一人大半、
薦一枚、長三尺、廣三尺、長功一人、中功一人小半、短功一人大半、
草墪一枚高一尺三寸、徑一尺六寸、料、蔣二圍、苧八兩、大、長功一人大半、中功二人、短功二人半、
草墪一枚高八寸、徑一尺六寸、料、蔣一圍大半、苧七兩、大、長功一人小半、中功一人大半、短功二人、縫㆑裏功程臨時量定、
倚子茵一枚長二尺、廣一尺八寸、厚二寸、料、小町席一條、長二尺四寸、廣一尺九寸、葉薦七尺、黃帛一條、長八尺、廣七寸五分、調布一條、長二尺一寸、廣一尺九寸、黃絲二銖、苧一兩、緋革一條、長四寸、廣二寸、細繩二丈、長功二枚、中功一枚大半、短功一枚小半、
三位已上床子茵一枚長二尺、廣一尺五寸、厚二寸、料、小町席一條、長二尺四寸、廣一尺六寸、葉薦七尺、黃帛一條、長七尺二寸、廣七寸五分、調布一條、

があった。本条によれば、茵の基本的な構造は、薦を折り重ねて厚みを出して、その上を席で覆い、周囲に帛・布をめぐらすというものである。身分によって、規格や材料・構造に差異が設けられている。三位以上は小町席・葉薦・緋革を用い、調布によって裏を覆っているのに対し、五位以上・主典以上では席・折薦という組み合せで裏は付けられない。史生の場合は、裏や周囲の布も付けられなくなる。本式63条参照。

規格については、広さは身分が高くなるにつれて幅広になっているが、長さは三位以上が二尺、五位以上・主典以上・史生が四尺と逆になっている。これは、四位以下の場合、複数の官人に一枚の茵が与えられたということが想定される。橋本義則「朝政・朝儀の展開」(『平安宮成立史の研究』所収、一九九五年、初出一九八六年)参照。

なお、玄蕃式26条では仏像を含めた物品に対しては「褥」、僧などの人に対しては「茵」と文字が使い分けられているが、本式では明確でない。本式53条においては大臣以上のものは「褥」、大納言以下は「茵」と使い分けられているようであるが、天皇が用いる茵について28条では「錦茵」、52条では「錦褥」と混用されている。

食薦《すごも》一枚〈長さ六尺、広さ三尺〉を編む料、択りし藺一尺五寸、生糸五銖。長功は一人、中功は一人小半、短功は一人大半。

稚蒋《わこも》の食薦一枚〈長さ六尺、広さ三尺〉の料、稚蒋二尺、麻十三両。長功は半人、中功は大半人、短功は一人。

*薦《こも》一枚〈長さ二丈四尺、広さ四尺〉、長功は一人、中功は一人小半、短功は一人大半。

薦一枚〈長さ三尺、広さ三尺〉、長功は一人、中功は一人小半、短功は一人大半。

*草墪《そうとん》一枚〈高さ一尺三寸、径《さしわたし》一尺六寸〉の料、蒋《こも》二囲、苧八両〈大〉。長功は一人大半、中功は二人、短功は二人半。

草墪一枚〈高さ八寸、径一尺六寸〉の料、蒋一囲大半、苧七両〈大〉。長功は一人小半、中功は一人大半、短功は二人。裏を縫う功程は臨時に量りて定めよ。

倚子《いし》の*茵《しとね》一枚〈長さ二尺、広さ一尺八寸、厚さ二寸〉の料、小町席《こまちむしろ》一条〈長さ二尺四寸、広さ一尺九寸〉、葉薦《はごも》七尺、黄の帛一条〈長さ八尺、広さ七寸五分〉、調布一条〈長さ二尺一寸、広さ一尺九寸〉、黄の糸二銖、苧一両、緋の革一条〈長さ四寸、広さ二寸〉、細縄二丈。長功二枚、中功一枚大半、短功一枚小半。

三位已上の床子《しょうじ》の茵一枚〈長さ二尺、広さ一尺五寸、厚さ二寸〉の料、小町席一条〈長さ二尺四寸、広さ一尺六寸〉、葉薦七尺、黄の帛一条〈長さ七尺二寸、広さ七寸五分〉、調布一条

料…寸（分注マデ二二字）　底、弥書。九ニヨリテ削ル。
五　底「二」。考異ニ従イテ改ム。
革　底「苧」。九・閣ホカニヨリテ改ム。

長二尺一寸、廣一尺六寸、黄絲二銖、苧一兩、緋革一條、長四寸、廣二寸、細縄二丈、長功三枚、中功二枚半、短功二枚、
五位已上床子茵一枚長四尺、廣一尺四寸、厚一寸五分、料、席一條、長五尺、廣一尺四寸、折薦六尺、黄布一條、長四尺四寸、廣四寸、苧大二分、細縄二丈、長功十枚、中功八枚、短功六枚、
主典已上床子茵一枚長四尺、廣一尺四寸、厚一寸五分、料、席一條、長五尺、廣一尺四寸、折薦一丈、紺布一條、長四尺四寸、廣八寸、苧大二兩、細縄二丈、功程同レ上、
史生床子茵一枚長四尺、廣一尺四寸、厚一寸五分、料、席一條、長五尺、廣一尺四寸、折薦一丈、細縄三丈、功程同レ上、
一位短帖一枚、長六尺、廣四尺、二位短帖一枚、長五尺、廣四尺、並料、黒山席一枚、葉薦四枚、端料黄帛二尺三寸一分、裏料調布一丈、黄絲一分、黄革一條、方四寸、苧四兩、細縄六丈、長功一枚半、中功一枚四分之一、短功一枚、
三位短帖一枚長四尺六寸、廣四尺、一重、不レ著二裏布一、料、黒山席六尺六寸、葉薦三枚、席端料黄帛一尺四寸、薦端料黄調布二尺三分、黄

〈長さ二尺一寸、広さ一尺六寸〉、黄の糸二銖、苧一両、緋の革一条〈長さ四寸、広さ二寸〉、細縄二丈。長功三枚、中功二枚半、短功二枚。

五位已上の床子の茵一枚〈長さ四尺、広さ一尺四寸、厚さ一寸五分〉の料、席一条〈長さ五尺、広さ一尺四寸〉、折薦六尺、黄の布一条〈長さ四尺四寸、広さ四寸〉、苧大二分、細縄二丈。長功十枚、中功八枚、短功六枚。

主典《さかん》已上の床子の茵一枚〈長さ四尺、広さ一尺四寸、厚さ一寸五分〉の料、席一条〈長さ五尺、広さ一尺四寸〉、折薦一丈、紺の布一条〈長さ四尺四寸、広さ八寸〉、苧大一両、細縄二丈。功程は上に同じくせよ。

史生《ししょう》の床子の茵一枚〈長さ四尺、広さ一尺四寸、厚さ一寸五分〉の料、席一条〈長さ五尺、広さ一尺四寸〉、折薦一丈、細縄三丈。功程は上に同じくせよ。

一位の短帖《＊みじかだたみ》一枚〈長さ六尺、広さ四尺〉、二位の短帖一枚〈長さ五尺、広さ四尺〉、みな、料、黒山の席一枚、葉薦四枚、端《へり》の料の黄の帛二尺三寸一分、裏の料の調布一丈、黄の糸一分、黄の革一条〈方四寸〉、苧四両、細縄六丈。長功は一枚半、中功は一枚四分の一、短功は一枚。

三位《さんみ》の短帖一枚〈長さ四尺六寸、広さ四尺。一重にて、裏布を著けず〉の料、黒山の席六尺六寸、葉薦三枚、席の端の料の黄の帛一尺四寸、薦の端の料の黄の調布二尺三分、黄

短帖　正方形またはそれに近い形の帖。半帖とも。帖については、本式78条の「狭帖」を参照。茵と同様に官人の身分と対応させて差異が設けられているが、茵とは異なり、短帖の場合は厚みがなく、身分が低い者でも一人で一枚ずつ使用した。官人の茵がベンチ状の長い床子(中床子など)に対応するものであったのに対し、短帖は基本的に薦や帖などの敷物の上に置いた。本式52条では、天皇が短帖を使用するのは神事の際と仁寿殿であったとされている。短帖は日常的に使用される座具であったため、天皇起居の場であった仁寿殿において使用されたと考えられる。本式65条にも、夏冬の御座として見える。また、神事に際しては伝統的な跪礼が用いられた。元日四方拝においても、天皇は属星・天地四方・山陵に対して跪いて拝礼を行なうが、本式25条では「半帖」を用いるとしている。このように、短帖は跪礼のために用いられる座具でもあった。

帖　底「枚」。九・閣ホカニヨリテ改ム。

菅　底「管」。九・閣ホカニヨリテ改ム。

分　底、コノ下「枚」字アリ。上文ノ例及ビ版本ニヨリテ削ル。

絲一分、黄革一條、方四寸、苧四兩、細繩六丈、長功二枚、中功一枚大半、短功一枚小半、

五位已上短帖一枚長四尺、廣三尺六寸、料、調席五尺、葉薦二枚、端料黄調布一尺五寸、苧二兩、細繩二丈、長功五枚、中功四枚、短功三枚小半、

六位以下短帖一枚長廣同二五位一、料、凡席五尺、折薦一枚、細繩二丈、長功廿枚、中功十七枚、短功十三枚、

長帖一枚長一丈九尺、廣三尺六寸、料、長席一枚、折薦三枚、細繩十丈、長功六枚、中功五枚、短功四枚、

狹帖一枚長八尺、廣三尺六寸、料、短席一枚、折薦二枚、細繩四丈、長功十枚、中功八枚小半、短功六枚半、

藺圓座一枚徑三尺、料、藺、以二一圍一作二八枚一、長功一人、中功一人半、短功二人、

菅圓座一枚、徑三尺、厚一寸、長功一枚半、中功一枚四分之一、短功一枚、

蔣圓座一枚、徑二尺五寸、厚五分、長功十五枚、中功十二枚半、短功十枚、

の糸一分、黄の革一条〈方四寸〉、苧四両、細縄六丈。長功は二枚、中功は一枚大半、短功は一枚小半。

五位已上の短帖一枚〈長さ四尺、広さ三尺六寸〉の料、調の席五尺、葉薦二枚、端の料の黄の調布一尺五寸、苧二両、細縄二丈。長功は五枚、中功は四枚、短功は三枚小半。

六位以下の短帖一枚〈長広は五位に同じくせよ〉の料、*凡《おおし》の席五尺、折薦一枚、細縄二丈。長功は二十枚、中功は十七枚、短功は十三枚。

*長帖一枚〈長さ一丈九尺、広さ三尺六寸〉の料、長席一枚、折薦三枚、細縄十丈。長功は六枚、中功は五枚、短功は四枚。

狭帖一枚〈長さ八尺、広さ三尺六寸〉の料、短席一枚、折薦二枚、細縄四丈。長功は十枚、中功は八枚小半、短功は六枚半。

藺《い》の*円座《わろうだ》一枚〈径三尺〉の料、藺〈一囲を以て八枚に作れ〉。長功は一人、中功は一人半、短功は二人。

菅《すげ》の円座一枚〈径三尺、厚さ一寸〉、長功は一枚半、中功は一枚四分の一、短功は一枚。

蔣《こも》の円座一枚〈径二尺五寸、厚さ五分〉、長功は十五枚、中功は十二枚半、短功は十枚。

凡の席　調席よりも質が劣るものか。詳細は不明。

長帖　次の狭帖とともに縁・裏を付さない。座具として用いるよりも、様々な下敷きに用いる一般的なものであったと考えられる。

円座　円形の敷物。植物の葉・茎などを渦巻状に平たく編んで作った。和名抄では「和良布太」。本条には、藺円座・菅円座・蔣円座があげられていて、これらが掃部寮で作られたことが分かる。後の円座には、例えば江家次第二〇(賀茂詣)に「其大納言円座紫文白地錦、中納言青文黄地錦、参議者高麗錦縁」とあるように、縁で以て身分を表示したことが分かるが、本式ではそのような差異は設けられていない。民部式下63条に、讃岐国の交易雑物として「菅円座卅枚」があげられている。新猿楽記にも、讃岐国の特産品として円座が見える。本式3条では、近衛・兵衛らが蔣円座を用いることが見える。

宮　底「官」。九ニヨリテ改ム。下同ジ。
績　底「續」。貞ニヨリテ改ム。下同ジ。
各…（八字）　底、小書分注。九ニヨリテ改ム。

細繩、長功百五十丈、中功百丈、短功七十五丈、
造㆓鋪設㆒所㆑須高棚二枚、随㆑破請換、刀子二枚、長針四枚、
宮人日績㆑麻八兩、
右、依㆓前件㆒、其縫㆓席端㆒幷績㆑麻宮人者、内侍充之、造作之間並給㆓間食㆒、人日
白米八合、鹽八撮、滓醤一合、四月一日申㆑省受之、
作手八人、各日黒米一升六合、

延喜式巻第卅八

細縄、長功は百五十丈、中功は百丈、短功は七十五丈。

鋪設を造るに須うるところの高棚二枚〈破るるに随いて請け換えよ〉、刀子《かたな》二枚、長針四枚。

*宮人日に麻を*績《う》むこと八両。

右、前《さき》の件《くだり》によれ。其れ席の端を縫う、ならびに麻を績む宮人には、内侍《ないし》を充てよ。造作の間みな*間食《かんじき》を給え。人ごとに日に白米八合、塩八撮、滓醤《かすひしお》一合。四月一日に省に申して受けよ。

81

*作手《つくて》八人に、各日に*黒米一升六合。

延喜式巻第三十八

宮人　中務式77条によれば、内侍司には一〇〇人の女孺が配されていた。これらの女孺が臨時に掃部寮にて造作に仕奉したと考えられる。東山御文庫蔵新撰年中行事(四月)には、「続麻宮人間食事」としてほぼ同文が引用されている(西本昌弘編『新撰年中行事』、二〇一〇年)。

麻を績む　麻を細かく裂き、長くより合せて糸に作る。

間食　激しい労働に従事する者に対して、朝・夕食のほかに支給された食事。内膳式34条参照。

81作手条

作手　中務式74条の掃部寮の項には「作手八人」が見える。内蔵式68条では「雑作手」の中に「織席手」が見えるが、本条の作手が具体的に何を作ったのかは不明。

黒米　作手への黒米支給については、斎院式30条参照。

延喜式巻第卅九　正親 内膳

正親司

凡諸王年満二十二一、毎年十二月、京職移二宮内省一、省以二京職移一、卽付レ司令レ勘二會名簿一、訖更送レ省、明年正月待二官符到一、始預下賜二時服一之例上、

凡賜二時服一王定四百廿九人、待二其死闕一依レ次補之、但改レ姓爲レ臣之闕、不レ補二其代一、隨卽減二定額數一、

凡諸王計帳者、令レ造二二通一、司加二押署一、京職判畢一通留レ司、待二年足符一卽勘會申レ省、

凡給二季祿一男女王、同世之中有二同名者一、速令二申換一、載レ帳進之、但新名下注二本名一、

凡正月八日給二祿女王一、所司設二座於殿庭一、立二幄二宇於安福殿前一、積二祿於版位南一、亦供二奉殿上裝束一、天皇御二紫宸殿一、内侍率二女官一就レ座、本司官人引二女王一自二月華門一參入、女王先就二幄下座一、以レ世爲レ次、不レ據二長幼一、次官人共趨就二前庭座一、佑一人執レ簿唱曰、•某

親王之後、卽一祖之

某　底「其」。塙ニヨリテ改ム。

正親司　↓補1

1諸王年満条

諸王　禄令11条に、皇親の年一三以上に時服料を給うとある。宮内式47条参照。なおこの場合の諸王は女王も含むと考えられる。↓補2

京職　諸王は京内に居住。左右京式52条参照。三代格延暦十一・七・三符によれば、京職が恣に王姓を改め籍帳に着けることが行なわれていたという。

司　正親司のこと。

名簿　皇親の名籍のこと。

時服　春秋の二回、絹や布等が支給された給与の一種。太政官式113条には季禄と同様の出給が規定され、式部式上270条にはやはり季禄とともに支給するとある。禄令11条義解には皇親が官に任じ、五位以上になれば季禄と重ね給することはせず、いずれか多い方に依るとする。なお太政官式114条、式部式上265条参照。

2王定条

四百二十九人　当初、時服を給う王の人数は定められていなかったが、貞観十二年(八七〇)二月に四二九人とされた。↓補3

次によりて　この場合の順次は、先に一

二歳に達した者からの意であろう。
姓を改め　賜姓のこと。

3諸王計帳条
諸王の計帳　京職が扱う計帳については、左右京式38条以下参照。↓補4
年足れりの符　本式1条に見える官符のこと。

4同世同名条
季禄　春夏と秋冬の禄。職事官が官位に応じて支給される。禄令1・2条、太政官式113条、および本式1条参照。↓補5
帳に載せて　時服でなく季禄を支給される王の歴名帳を作成されており、そこに記入することか。特例的な条件による諸王の歴名帳については太政官式114条に見える。なお式部式上263条参照。

5女王禄条
正月八日　儀式八に正月八日賜女王禄儀、内裏式上にも賜女王禄式が見える。令には規定されておらず、平安初期に始められたと考えられている。↓補6
所司　掃部式32条参照。
殿庭　紫宸殿南庭。
安福殿　紫宸殿南庭に東面し春興殿と相対する。
内侍　儀式八(正月八日賜女王禄儀)においては内侍が女王を率いて月華門から入るとあり、本条および内裏式上(八日賜女王禄式)と異なる。

延喜式巻第三十九〈正親・内膳〉

*正親司《おおきみのつかさ》

1 凡そ*諸王、年十二に満たば、毎年十二月、*京職、宮内省に移《い》し、省、京職の移を以てすなわち*司に付《さず》けて*名簿《みょうぶ》を勘会せしめよ。訖らば更に省に送れ。明年《あくるとし》の正月、官符の到るを待ちて、始めて*時服《じふく》を賜うの例に預かれ。

2 凡そ時服を賜う王、定めんこと*四百二十九人。その死闕を待ち*次《ついで》によりて補《ぶ》せよ。ただし*姓を改め臣《しん》となすの闕はその代わりを補さず、ただちに定額の数を減ぜよ。

3 凡そ*諸王の計帳は、二通を造らしめ、司、押署を加えよ。京職判《ことわ》り畢《おわ》らば、一通を司に留め、*年足れりの符を待ちてすなわち勘会し省に申せ。

4 凡そ*季禄を給う男女の王にして、同世の中に同名の者あらば、速やかに申し換えしめ、*帳に載せて進《たてまつ》れ。ただし新しき名の下に本の名を注《しる》せ。

5 凡そ*正月八日には禄を女王に給え。*所司、座を*殿庭に設け、幄《あく》二宇を*安福殿《あんぷくでん》の前に立て、禄を版位《へんい》の南に積み、また、殿上の装束に供奉《ぐぶ》せよ。天皇、紫宸殿《ししいでん》に御し、*内侍、女官を率いて座に就け。本司の官人《かんにん》、女王を引きて月華門《げつかもん》より参入《まい》れ。女王、先ず幄下の座に就き〈世を以て次となし、長幼に拠らず〉、次に官人、ともに趨《おもむ》きて前庭の座に就け。佑《じょう》一人、簿を執りて唱えて曰く、某親王の後、すなわち一祖の

胤皆下座、共稱唯就二庭中座一、座定執レ簿一一喚レ名、女王卽稱唯、進受レ祿退出、餘亦如レ之、其祿法、人別絹二疋、綿六屯、十一月新嘗會准レ此、

凡賜レ祿女王定二百六十二人、其隨レ闕補レ代、及三改姓二不レ爲レ闕事、並同二上條一、

凡諸王給二春夏時服一者、二世王絹六疋、絲十二絇、調布十八端、鍬卅口、四世王以上並如レ令、正月廿日錄送レ省、秋冬准レ此、但以レ綿代レ絲、以二鐵二廷一代二鍬五口一、皆向二大藏一受之、不レ得二遣レ人代請一、

凡給二女王二節祿一見參簿、當日早旦奏之、

凡參二平野祭所一官人幷諸王見參歷名、進二太政官一、

凡參二藥師寺最勝會一王氏無官六位已下廿人已下十六人已上、司預差定、三月一日名簿進二太政官一、

凡諸王有二出家一、停レ給二時服一、其女王節祿亦停、

凡六位已下諸王死去者、喪家申レ司、司卽申レ省、

十一月新嘗會准此　底、「新嘗祭准之」五字ヲ大書シテ本文トナシ、「十一月」三字ヲ注トナス。九ニヨリテ改ム。

代　底、コノ上「伐」字アリ。九ニヨリテ削ル。

此　底、コノ下「鐵」字アリ。九ニヨリテ削ル。

之　底ナシ。塙ニヨリテ補ウ。

6女王定条

二百六十二人　人数を制限するのは財政上の観点からか。いつどのような事情でこの人数が定められたかは不明。この人数は皇親時服の四二九人とは別枠であろうが、重複する対象者もいたと考えられる。皇親時服が一三歳以上であるのに対し、女王禄の場合は支給開始年齢も知られていない。

上の条　本式2条。

7諸王時服条

胤、皆下座す、と。ともに称唯《いしよう》し、庭中の座に就け。座定まりて簿を執り一々名を喚《よ》べ。女王すなわち称唯し、進みて禄を受けて退出《まか》れ。余もまたかくの如くせよ。その禄法は人別《ごと》に絹二疋、綿《わた》六屯〈十一月の新嘗会《にいなめのえ》もこれに准《なぞら》えよ〉。

6凡そ禄を賜う女王、定めんこと二百六十二人*。その闕に随いて代わりを補し、改姓に及ばば闕となさざること、みな上の条*に同じくせよ。

7凡そ諸王の春夏の時服を給わんには、二世の王*に絹六疋*・糸十二絇・調布十八端・鍬《くわ》三十口《く》、四世の王以上にはみな令の如くせよ*。正月二十日、録して省に送れ。秋冬もこれに准えよ〈ただし綿を以て糸に代え、鉄二廷を以て鍬五口に代えよ〉。皆、大蔵に向かいて受けよ。人を遣わして代わり請《う》けしむることを得ず。

8凡そ女王に二節*の禄を給う見参《げざん》の簿は、当日*の早旦に奏《もう》せ。

9凡そ平野の祭*の所に参る官人ならびに諸王の見参の歴名は、太政官に進れ。

10凡そ薬師寺の最勝会《さいしようえ》*に参る王氏は、無官の六位已下《いげ》*、二十人已下十六人已上を司預め差《さ》し定め、三月一日に名簿を太政官に進れ。

11凡そ諸王の出家することあらば、時服を給うことを停《とど》めよ。其れ女王の節禄*もまた停めよ。

12凡そ六位已下*の諸王、死去せば、喪家、司に申し、司すなわち省に申せ。

二世の王　孫王(親王の子)のこと。
絹六疋…　禄令11条には「絁四疋、糸八絇、布十二端」とあり、かなりの増加が見られる。
令の如くせよ　禄令11条に春は「絁二疋、糸二絇、布四端、鍬十口」とある。

8女王節禄条
二節の禄　正月七日節と新嘗節。大蔵式84条参照。
当日　正月七日節と新嘗節の翌日(女王禄の支給日)を指す。

9平野祭条
平野の祭　山城国葛野郡の平野神社の祭り。四月・十一月の上申の日に行なわれる。この祭りは皇太子の参向が特徴的であり、諸王(王氏)もこれに加わる。四時祭式上17条参照。

10薬師寺条
薬師寺の最勝会　三月七日から十三日まで奈良薬師寺で行なわれる法会。玄蕃式10条参照。
六位已下　最勝会に参向すると上日が与えられる。太政官式81条参照。

11諸王出家条
節禄　本式8条に見える二節禄のことであろう。

12諸王死去条
六位已下　皇親時服の支給に関わるためにこの条件が付与されたのであろう。

凡女王地一町、在二左京北邊三坊一、

凡闕官及不仕官人已下要劇番上料者、充下修二理司中小破一幷雜用上、

内膳司

春日春祭

絁一疋、綿二屯、官人一人當色料、調布四端、膳部八人衫料、各二丈一尺、紅花一斤、染二膳部衫一料、紺布一端、女丁裳料、商布六段、四段仕丁擔夫各二人衫料、二段膳部仕女等巾料、

右、雜物預前申レ省、自二大藏省一請受、但供神物見二神祇式一、官人率二膳部仕丁等一赴二向祭所一、以供二其事一、秋祭准レ此、擔夫臨時申レ省、

大原野祭

右、一物以上同二春日祭一、

月日春祭

高案二脚、木工寮所レ充、調布四條、各長五尺、覆二敷案一料、陶高盤八

月日春祭　→校補1

13女王地条

女王の地　経済的給付を目的としたものであろう。この場所は縫殿式25条に見えるところと同じ。

14闕官条

要劇　太政官式119条参照。

内膳司　天皇の食膳を担当する官司。ウチノカシハデノツカサ(和名抄)。令制においては奉膳二人、典膳六人、膳部四〇人、使部一〇人、駈使丁二〇人を擁する大司であり、奉膳は「惣二知御膳一、進食先嘗事」(職員令46条)という職掌を有していた。→補1

1春日春祭条

春日の春の祭　大和国添上郡の春日神の祭り。二月の上申の日に行なわれる。四時祭式上7条参照。儀式一(春日祭儀)によれば祭儀の二日前に内膳の官人が膳部・仕丁・仕女を率いて社に向かうとある。

13 凡そ*女王の地は一町〈左京の北辺三坊にあり〉。

14 凡そ闕官および不仕の官人已下の*要劇・番上の料は、司中の小破を修理する、ならびに雑用に充てよ。

*内膳司

1 *春日の春の祭

絁《あしぎぬ》一疋、綿《わた》二屯〈官人《かんにん》一人の当色《とうじき》の料〉、調布《ちょうふ》四端〈膳部《*かしわで》八人の衫《*ひとえぎぬ》の料、各《おのおの》二丈一尺〉、紅花《くれない》一斤〈膳部の衫を染むる料〉、紺の布一端〈女丁の裳《も》の料〉、商布六段〈四段は仕丁・担夫各二人の衫の料、二段は膳部・仕女らの巾《たのごい》の料〉。

右、雑《くさぐさ》の物はあらかじめ省に申して*大蔵省より請《こ》い受けよ〈ただし供神《ぐしん》の物は*神祇式に見ゆ〉。官人、膳部・仕丁らを率いて祭の所に赴向《むか》い、以てその事に供《つか》えよ。*秋の祭もこれに准えよ〈担夫は臨時に省に申せ〉。

2 *大原野の祭

右、一物以上、春日の祭に同じくせよ。

3 *月日の春の祭

高案《たかづくえ》二脚〈*木工寮の充つるところ〉、調布四条〈各長さ五尺、案を覆《おお》い敷《し》く料〉、陶《すえ》の高盤《たかさら》八

膳部　天皇の食膳をつくる担当者。職員令46条に「膳部卌人」とある。この場合は祭儀に派遣される者をいう。

衫　単の上衣であるが、本条に見える調布だけでなく、庸布や絁を用いる場合もあった。

大蔵省　大蔵式30条が春日祭に関する条文であるが、本条に該当する記載は見えない。

神祇式に見ゆ　四時祭式上7条の祭神料に曝布一端八尺以下が見える。

秋の祭　実際には十一月上申(四時祭式上7条、太政官式65条)。

2大原野祭条

大原野の祭　山城国乙訓郡に鎮座する大原野神社の祭り。二月の上の卯、十一月の中の子日に行なわれる。四時祭式上8条参照。

3月日春祭条

月日の春の祭　縫殿寮の神である御匣殿神の祭りか。縫殿式1条に「御匣殿神一座(中略)饌食二案」とあり、その分注に幣を盛る料・饌を盛る料の机を内膳司が備えるとあって本条文と対応し、本条にも供神物を縫殿寮に送るとある。ところが縫殿式にはこの祭りは夏冬(四月・十一月)とされ本条とは異なる。

木工寮　木工式7条に各種の案が列挙される。

口、筥瓶二口、飯筥二合、木綿小一斤、已上内蔵寮所レ充、

右、雑物申二請内侍一、其供神物者、割二取供奉月料雑物未レ御者一料理、盛二備高案一

送二縫殿寮一、秋祭准レ此、

園神祭春秋並同、

十四座、京北園二座、長岡園三座、奈良園三座、山科園一座、羽束志園三座、奈癸園一座、政所一座、

右、五位一座、京北園、六位十三座、

五位神一座料

五色絁各三尺、倭文一尺、木綿、麻各八両、鍬一口、白米三斗、糯米一斗、大豆、

小豆各三升、酒一斗、鰒二斤、堅魚、腊各六斤、雑鮨十一斤、海藻四斤、鹽六升、

六位神料

座別五色薄絁各一尺、倭文一尺、鍬一口、木綿、麻各一両、米一升、酒七合、鰒、

堅魚、腊、海藻各五両、鹽七合、祝料庸布二段、

諸祭雑菜春秋並同、

癸　塙・京「黄」。

政所一座　底、大書シテ本文トナス。九、虫損ナレド残画ニヨリテ小書セルコト明ラカ。コレニ従イテ改ム。

豆　底ナシ。例ニヨリテ補ウ。下同ジ。

内蔵寮　内蔵式68条に「雑作手卅三人」として土器製作等を担う人員が見える。

内侍　木工寮・内蔵寮から物品が供給される必要があり、そのために内侍への申請を経なくてはならなかったか。

供奉の月料　本式19条参照。

4園神祭条

園の神の祭　三代実録貞観三・五・一条

口、筥瓶《はこがめ》二口、飯笥《いいけ》二合、木綿《ゆう》小一斤〈已上、*内蔵寮《くら》の充つるところ〉。

右、雑の物は*内侍に申し請い、その供神《ぐしん》の物は、*供奉《ぐぶ》の月料の雑の物の御せざるものを割き取りて料理《つく》り、高案に盛り備えて縫殿寮に送れ。秋の祭もこれに准えよ。

4

*園《その》の神の祭〈春秋みな同じくせよ〉

十四座〈*京北の園二座、長岡の園三座、奈良の園三座、山科の園一座、羽束志《はつかし》の園三座、奈癸《なき》の園一座、*政所《まんどころ》一座〉

右、*五位一座〈京北の園〉、六位十三座。

五位の神一座の料

五色の絁《あしぎぬ》各三尺、倭文《しず》一尺、木綿《ゆう》・麻《お》各八両、鍬一口、白米《しらよね》三斗、糯米《もちよね》一斗、大豆《まめ》・小豆《あずき》各三升、酒一斗、鰒《あわび》二斤、堅魚《かつお》・腊《きたい》各六斤、雑の鮨《すし》十一斤、海藻《め》四斤、塩六升。

六位の神の料

座別《ごと》に五色の薄絁《うすぎぬ》各一尺、倭文一尺、鍬一口、木綿・麻各一両、米一升、酒七合、鰒・堅魚・腊・海藻各五両、塩七合、祝《のりと》の料の庸布二段。

5

諸の祭の雑の菜《な》〈春秋みな同じくせよ〉

に「授二園池司無位御気津神従五位下一」とある。本条の五位神に該当するか。園については職員令50条に、園池司の職掌として「種二殖蔬菜樹菓等一事」とあり、天皇の食膳に供する野菜や果物等をつくる場所のこと。

京北の園…奈癸の園　京北園と長岡園を除いて園の名は和名抄の郷名と一致し、奈良園は山城国久世郡、山科園は同じく宇治郡、羽束志園は乙訓郡、奈癸園は久世郡に所在したと推定される。京北園は平安京の北方に広域にわたって所在したと考えられている（『平安時代史事典』〈「桃園」の項〔角田文衞執筆担当〕、一九九四年〉）。長岡園は乙訓園の後身ではないかとの推定がなされているが不詳（清水みき「八世紀の乙訓園」〈中山修一喜寿記念事業会編『長岡京古文化論叢』Ⅱ所収、一九九二年〉）。本条に見える園は山城国内に限られる。本条に挙げるところのほかに、本式19条には乙訓園・鹿鷺園、同式60条には泉園・平城園が見える。なお本式57条以降参照。

政所　もとの園池司の政所であったか。

五位一座　京北園のみが五位であるのは面積が大きく、園の中でも主要な位置を占めていたからであろう（本式60条参照）。

5諸祭雑菜条

醬鮒　→校補2
栗子　底「子」ナシ。雲ニ従イテ補ウ。コレト同類ノ事例ニツイテハ、以下、本巻ノウチ一々注セズ。
粟　底、コノ下「子」字アリ。下文ノ例ニヨリテ改ム。下同ジ。
薗韓神の祭　宮内省において祭られる神。四時祭式上9条、神名式上2条参照。
平野の祭　正親式9条参照。
釈奠の祭　孔子をはじめ儒教の聖人を祭る儀式。大学式1条参照。
大膳式に見ゆ　薗韓神祭は大膳式上8条、春日祭は同式12条、平野祭は同式9条、大原野祭は同式13条、釈奠は同式15条以下に見える。

6神今食条
神今食　月次祭の夜に行なわれる祭儀。四時祭式上24条参照。→補1
淡路の塩　淡路国からの調の品目に塩が見える(主計式上60条)。なお本式に見える物品は、主計式上に多く見える。
東鰒　東国のアワビ。アワビについては主計式上2条参照。
干鰺　アジを干したもの。宮内式45条に鰺は和泉国からの贄とされる。
煮塩年魚　主計式上4条参照。

薗韓神祭三斛、春日祭四斛、平野祭三斛、大原野祭三斛、釋奠祭四斗、色目見二大膳式一、
六月神今食料十二月准レ此、
淡路鹽二升、東鰒七斤五兩、薄鰒六斤十兩、堅魚五斤、干鯛六隻、干鰺卅隻、鮨鰒、煮鹽年魚、醬鮒各二升、甘鹽鯛四隻、海松、海藻各六斤十兩、干棗子、生栗子、搗栗子、菱子各二升、十二月以二橘子一代二菱子一、瓫四口、坩十口、大四、小六、松明八束、供奉官人二人、膳部六人、各給二暴布襌一條一、長八尺、
新嘗祭供御料
鹽二升、東鰒六斤十兩二分四銖、堅魚五斤、鮨鰒、煮鹽年魚、醬鮒各二升、甘鹽鯛四隻、海松、海藻各六斤十兩二分四銖、干棗子二升、干栗子二升、搗栗子四升、生栗子一斗、椎子、菱子各四升、橘子四蔭、瓫四口、醬、油各五升、
右、夜料、
米二斗、糯米二斗、糯、粟等糒各二升、糯稲十束、小麥四升、大豆二升二合、小豆一升六合、胡麻子二升八合、荏子三升、清酒、濁酒各一斗、酢、醬各五升、鹽二升、東鰒一斤十兩二分四銖、薄鰒十三斤五兩一分二銖、隱伎鰒二斤五兩一分二

*薗《その》・韓《から》神の祭三斛《こく》、春日の祭四斛、*平野の祭三斛、大原野の祭三斛、*釈奠《せきてん》の祭四斗〈色目は*大膳式に見ゆ〉。

6 六月の*神今食《かんいまけ》の料〈十二月もこれに准えよ〉

*淡路の塩二升、*東鰒《あずまあわび》七斤五両、薄《うす》鰒六斤十両、堅魚五斤、干鯛《ほしだい》六隻、*干鯵《ほしあじ》三十隻、鮨《すし》の鰒・*煮塩年魚《にしおのあゆ》・醤《ひしお》の鮒《ふな》各二升、*甘塩の鯛四隻、海松《みる》・海藻各六斤十両、*干《ほし》棗子《なつめ》・*生栗子《なまぐり》・*搗栗子《かちぐり》・*菱子《ひしのみ》各二升〈十二月は*橘子《たちばな》を以て菱子に代えよ〉、瓫《ほとぎ》四口、堝《なべ》十口〈大四、小六〉、松明《たいまつ》八束。供奉の官人二人・膳部六人に各*暴布《さらしぬの》の襌《ちはや》一条〈長さ八尺〉を給え。

7 *新嘗の祭の供御《くご》の料

塩二升、東鰒六斤十両二分四銖、堅魚五斤、鮨の鰒・煮塩年魚・醤の鮒各二升、甘塩の鯛四隻、海松・海藻各六斤十両二分四銖、干棗子二升、干栗子二升、搗栗子四升、生栗子一斗、椎子《しいのみ》・菱子各四升、橘子四蔭《かげ》、瓫四口、醤・油各五升。

右、*夜の料。

8 米《よね》二斗、糯米《もちよね》二斗、糯《もちよね》・粟《あわ》等の糒《ほしいい》各二升、糯の稲十束、小麦四升、大豆二升二合、小豆一升六合、胡麻子《ごまのみ》二升八合、荏子《えのみ》三升、清酒《すみさけ》・濁酒《にごりざけ》各一斗、酢・醤各五升、塩二升、東鰒一斤十両二分四銖、薄鰒十三斤五両一分二銖、隠伎の鰒二斤五両一分二

甘塩　味塩とも。魚肉などをうすく塩漬けにすること。また、そのもの。

干棗子　本式61条の雑菓樹のなかに大棗が見える。大膳式下18条には乾大棗料が見え、同式54条には因幡国から貢進されるとする。

生栗子　栗は中男作物の品目に含まれ（主計式上4条）、平栗子を作る際にも使われる。

搗栗子　干した栗の実を搗いて皮と渋皮を取り除いたもの。

菱子　沼や池に自生する菱の果実。大膳式下25条の九月九日節料の品目に含まれ、同式54条には丹波国から貢進されるとある。

橘子　食用柑橘類の実。菱が夏に採れるのに対してミカンは冬。

暴布　白くさらした麻布。

7 新嘗夜料条

新嘗の祭の供御の料　新穀の収穫を機に行なわれる祭祀。四時祭式下49条参照。供御の料は新嘗祭が天皇の親祭であるため天皇の食膳に準備される食物。以下、一連の祭儀のなかで用いられる食品を逐次列挙する。

夜の料　十一月卯の日夜の儀が新嘗の祭でありその際に準備される。四時祭式下51条に内膳司が味物を供えるとある。

8 新嘗解斎条

廿四蔭　→校補3
枝　九「枚」。
桙橘子　→校補4

銖、煮堅魚、螺各十三両一分二銖、烏賊十両二分四銖、海松、海藻各六斤十両二分四銖、干薑三両、干羊蹄一籠、干棗子二升、搗栗子六升、干栗子二升、生栗子二斗二升八合、干柿子二連、椎子四升、菱子、蓮子各二升、橘子廿四蔭、桙橘子十枝、明櫃十合、陶大盤十九口、麻笥盤十二口、鉢廿六口、大瓶七口、筥瓶六口、酢瓶十口、洗盤十二口、燼瓫、臼各八口、土熬堝卅口、大洗盤、小洗盤各四口、大盤八口、火蓋十二口、瓫十口、堝五十口、（大十二口、小卅八口、）柏卅二俵、（一度物請、通㆓用七節㆒、）

右、解齋料、但雑器年中七節通用、（次條准㆑此、）

米一斗、糯米二斗、粟糒二升、小麦四升、胡麻子二升八合、荏子三升、鹽二升、東鰒六斤十両二分四銖、堅魚五斤、海松六斤十両二分四銖、海藻十両四分八銖、鮨鰒、煮鹽年魚、醬鮒各二升、干羊蹄一籠、干棗子、干栗子各二升、搗栗子四升、生栗子一斗、干柿子二連、椎子、菱子各四升、橘子四蔭、桙橘子十枝、明櫃十合、陶大盤十九口、麻笥盤十二口、鉢廿六口、大瓶七口、筥瓶六口、酢瓶十口、洗盤十二口、燼瓫、臼各八口、土熬堝卅口、大洗盤、小洗盤各四口、大盤八口、火蓋十二口、瓫十口、松明八束、炭四石、薪六百斤、供奉官人二人、膳部六人各給㆓衫褌㆒、

銖、煮堅魚《にがつお》・螺《さざえ》各十三両一分二銖、烏賊《いか》十両二分四銖、腊五升、*紫菜《のり》十両二分四銖、海松・海藻各六斤十両二分四銖、*干薑《ほしはじかみ》三両、*干羊蹄《ほししぶくさ》一籠、干棗子二升、搗栗子六升、干栗子二升、生栗子二斗二升八合、干柿子《ほしがき》二連、椎子四升、菱子・蓮子《はちすのみ》各二升、橘子二十四蔭《かげ》、*桙橘子《ほこたちばな》十枝、明櫃《あかひつ》十合、陶の大盤《おおざら》十九口、麻笥盤《おけざら》十二口、鉢《はち》二十六口、大瓶《おおがめ》七口、筥瓶《はこがめ》六口、酢瓶《すがめ》十口、洗盤《すましざら》十二口、燼瓫《ほそくずほとぎ》・臼《うす》各八口、土《はに》の熬堝《いりなべ》三十口、大《おおき》洗盤・小《ちいさき》洗盤各四口、大盤八口、火蓋《ひぶた》十二口、瓫十口、堝五十口〈大十二口、小三十八口〉、*柏《かしわ》四十二俵〈一度に惣べて請い、七節*に通わし用いよ〉。

右、*解斎《げさい》の料。ただし雑の器は年中の七節に通わし用いよ〈次の条もこれに准えよ〉。

9 米一斗、糯米二斗、粟の糒二升、小麦四升、胡麻子二升八合、荏子三升、塩二升、東鰒六斤十両二分四銖、堅魚五斤、海松六斤十両二分四銖、海藻十両四分八銖、鮨の鰒・煮塩年魚・醬の鮒各二升、干羊蹄一籠、干棗子・干栗子各二升、搗栗子四升、生栗子一斗、干柿子二連、椎子・菱子各四升、橘子四蔭、桙橘子十枝、明櫃十合、陶の大盤十九口、麻笥盤十二口、鉢二十六口、大瓶七口、筥瓶六口、酢瓶十口、洗盤十二口、燼瓫・臼各八口、土の熬堝三十口、大洗盤・小洗盤各四口、大盤八口、火蓋十二口、瓫十口、松明八束、炭《あらずみ》四石、薪《みかまき》六百斤。供奉の官人二人・膳部六人に各 衫《ひとえぎぬ》・襌《ちはや》を給え。

紫菜 ムラサキノリとも(和名抄)。主計式上2条に見える。
干薑 薑はショウガのこと。和名抄には乾薑。
干羊蹄 シブクサはギシギシの古名とされる。その葉を干したもの。
桙橘子 鉾に似たように、枝がついている状態のものであろう(古事記伝二五)。
柏 柏の葉で食器を作る。応神記に「大御酒の柏を握らしめ」とあるのをはじめ、延喜式にも葉椀(大嘗祭式27条、大炊式8条)、葉盤(大嘗祭式27条)などとあり、古くから柏の葉を食膳に用いたことが分かる。
七節 正月元日・七日(白馬)・十六日(踏歌)、五月五日(端午)、七月(相撲)、九月九日(重陽)、十一月新嘗の各節会のこと。
解斎 斎戒を解くこと。その際に酒食が供される。大膳式上5条には小斎の解斎に二二七人に食を給うとある。

9新嘗豊楽条

六　→校補5
充　底「度」。考異所引一本ニヨリテ改ム。
盆　底「瓮」。塙・井・貞ニヨリテ改ム。
雑　底ナシ。九ニヨリテ補ウ。
糯糒　底「糒糯」。九ニヨリテ改ム。

豊楽　天皇が新穀を食する祭儀の翌日(辰日)に行なわれる節会。大膳式上7条参照。

右、豐樂料、

鹽二升、東鰒六斤十兩二分四銖、堅魚五斤、海松、海藻各六斤十兩二分四銖、鮨鰒、醬鮒、煮鹽年魚各二升、干羊蹄一籠、搗栗子四升、生栗子一斗、椎子四升、菱子二升、橘子四蔭、明櫃十合、陶大盤十九口、麻笥盤十二口、鉢廿六口、大瓶七口、筥瓶六口、酢瓶十口、洗盤十二口、臼八口、土熬堝卅口、大洗盤、小洗盤各四口、大盤八口、火蓋十二口、瓮十口、松明八束、炭四石、薪六十斤、

右、同中宮豐樂料、

最勝王經齋會料、雜菜六石五斗四升五合充二大膳職一、同會料二理佛聖供養二官人二人、膳部四人各給二調布衫一領、別二丈一尺、調布四條一、長各八尺、膳部四人褌料、

七寺七月十五日盂蘭盆料、雜菜三石二斗、寺別四斗五升七合、菓子二石四斗三升、寺別三斗四升七合、

諸節供御料中宮亦同、下皆准レ此、

正月三節

米三斗、糯米四斗六升五合、糯稻十五束、糯糒三升、粟糒六升、小麥一斗二升、荏子九升、胡麻子八升四合、大豆三升三合、小豆二升四合、清酒、濁酒、酢、

10新嘗中宮豊楽条
中宮の豊楽　他の節会の場合は天皇と中宮の供御料は基本的に同じであるが、新嘗会の場合は中宮の料物がやや少ない。

11御斎会料条
最勝王経の斎会　正月八日から十四日まで宮中において金光明最勝王経を講説する法会。玄蕃式1条、宮内式29条参照。
大膳職に充てよ　大膳式下3条に料物が列挙され、このうちの菜料が本条にあたる。

12盂蘭盆料条
七寺　東・西寺、佐比寺、八坂寺、野寺、出雲寺、聖神寺を指す（大膳式下14条）。
盂蘭盆　祖霊の追善、衆僧供養のための法会。続紀天平五・七・庚午条に「始令㆔大膳備㆓盂蘭瓫供養㆒」とあり大膳職が中心となって行なわれた。太政官式104条、大蔵式15条、宮内式30条、大膳式下14条参照。内膳司は最勝王経斎会と同様、菜・菓子料を供出する。
菓子　主に果実をいう。
諸節の供御の料　以下、13条から18条まで、節会の際に準備すべき料物を列挙する。

13正月三節条
正月の三節　元日・白馬（七日）・踏歌（十六日）の節会。

右、*豊楽《とよのあかり》の料。

10 塩二升、東鰒六斤十両二分四銖、堅魚五斤、海松・海藻各六斤十両二分四銖、鮨の鰒・醤の鮒・煮塩年魚各二升、干羊蹄一籠、搗栗子四升、生栗子一斗、椎子四升、菱子二升、橘子四蔭、明櫃十合、陶の大盤十九口、麻笥盤十二口、鉢二十六口、大瓶七口、筥瓶六口、酢瓶十口、洗盤十二口、臼八口、土の熬堝三十口、大洗盤・小洗盤各四口、大盤八口、火蓋十二口、瓮十口、松明八束、炭四石、薪六十斤。

右、同じき*中宮の豊楽の料。

11 *最勝王経の斎会《さいえ》の料、雑《くさぐさ》の菜六石五斗四升五合を*大膳職に充てよ。同じき会の、仏聖の供養を料理《つく》る官人二人・膳部四人に各調布の衫一領〈別《りょうごと》に二丈一尺〉、調布四条〈長さ各八尺、膳部四人の褌の料〉を給え。

12 *七寺の七月十五日の*盂蘭盆《うらぼん》の料、雑の菜三石二斗〈寺別に四斗五升七合〉、*菓子《くだもの》二石四斗三升〈寺別に三斗四升七合〉。

*諸節の供御《くご》の料〈中宮もまた同じくせよ。下《しも》皆これに准えよ〉

13 *正月の三節

米三斗、糯米四斗六升五合、糯の稲十五束、糯の糒三升、粟の糒六升、小麦一斗二升、荏子九升、胡麻子八升四合、大豆三升三合、小豆二升四合、清酒《すみさけ》・濁酒《にごりざけ》・酢・

油各一斗五升、醬三斗、鹽六升、東鰒八斤四兩、隱伎鰒十一斤一兩、煮堅魚四斤二兩、螺四斤三兩、紫菜一斤、干薑一斤、干棗子三升、擣栗子九升、生栗子六斗四升二合、干柿子六連、椎子六升、菱子三升、橘子卅六蔭、椊橘子十五枝、掇橘子一斗、長櫃五合、熬堝十八口、竹三圍、料理所炭十二石、薪一千八百斤、供奉膳部卌人、卅人御、十人中宮、各給紺布衫一領、通用三節、其下番膳部卅人、節別各限二箇日給食、人別日飯二升、餘節准此、

右、三節料、依前件一度請受、節別分供、但射禮料用此內、又十八日賭射、辨備肴物給王卿及近衛次將等、

蘿蔔、味醬漬瓜、糟漬瓜、鹿宍、猪宍、押鮎、煮鹽鮎、瓷盤七口、高案一脚、長三尺五寸、廣一尺七寸、高四尺、

右、従元日至于三日供之、

粽料糯米二石、日別二升五合、大角豆六斗、日別六合六勺、苧大二斤、薪六十荷、直、蔣六十束、物、

右、従三月十日迄五月卅日供料、

瓜　底「苽」。意ニヨリテ改ム。コノ字ニツイテハ、以下、本巻ノウチ一々注セズ。

鮎　底「鮨」。九ニヨリテ改ム。

日別六合六勺　本文ト合ワズ。八〇日分ヲ九〇日分ト誤リタル如シ。考異ニ従イテ「七合五勺」ト改ムベキカ。

物　底、「直」ノ次ニアリ。塙・京ニヨリテ改ム。

掇橘子　枝や葉がついておらず、落ちた実だけを拾い集めたものか(古事記伝二五)。本式8条の「椊橘子」参照。

料理所　供御の料物を調理するところ。大嘗祭式14条に盛屋、酒屋、贄屋等とならんで料理雑魚屋が見える。後紀大同三・七・庚子条に内膳司の料理長上一人を停廃したとある。大膳式上7条参照。

供奉の膳部　本式16条参照。

下番の膳部　節会の食膳に供奉していない膳部。膳部の定員はもと四〇人であったが、大同四年(八〇九)五月に四〇人の増員が行なわれている(類聚国史一〇七)。従って上番する四〇人以外の膳部のうち三〇人が対象とされる。

油各一斗五升、醤三斗、塩六升、東鰒八斤四両、隠伎の鰒十一斤一両、煮堅魚四斤二両、螺四斤三両、紫菜一斤、干薑一斤、干棗子三升、擣栗子九升、生栗子六斗四升二合、干柿子六連、椎子六升、菱子《ひしのみ》三升、橘子三十六蔭、椊橘子十五枝、*掇橘子《ひろいたちばな》一斗、長櫃《ながひつ》五合、熬《いり》堝十八口、竹三囲、*料理所《つくりどころ》の炭十二石、薪一千八百斤。*供奉の膳部四十人〈三十人は御、十人は中宮〉に各《おのおの》紺の布の衫《ひとえぎぬ》一領を給え〈三節に通わし用いよ〉。その*下番の膳部三十人に、節別《ごと》に各二箇日を限りて食を給え。人別に日に飯《いい》二升〈余の節はこれに准えよ〉。

右、三節の料は前《さき》の件《くだり》によりて一度に請い受け、節別に分《わか》ち供《くう》ぜよ。ただし*射礼《じゃらい》の料は、この内を用いよ。また十八日の*賭射《のりゆみ》は、肴物《さかなのもの》を弁備して王卿および近衛*の次将らに給え。

14 *蘿蔔《おおね》・*味醤漬《みそづけ》の瓜・*糟漬《かすづけ》の瓜・*鹿の宍《しし》・猪《い》の宍・押鮎《おしあゆ》・煮塩《にしおの》鮎・*瓷《し》の盤《さら》七口・高案《たかづくえ》一脚〈長さ三尺五寸、広さ一尺七寸、高さ四尺〉。

右、元日より三日まで供《くう》ぜよ。

15 *粽《ちまき》の料の糯米二石〈日別に二升五合〉、*大角豆《ささげ》六斗〈日別に六合六勺〉、苧《からむし》大二斤、薪六十荷〈*直《あたい》〉、蔣《こも》六十束〈物*〉。

右、三月十日より五月三十日までの供料。

射礼　踏歌の翌日、正月十七日に建礼門前で行なわれる弓射の儀式。太政官式99条、兵部式4条参照。儀式七(観射儀)に「内膳司益㆓供御膳㆒」とある。

賭射　射礼の翌日、正月十八日に行なわれる弓射を競う。兵部式6条参照。

近衛の次将　近衛府の中将・少将のこと。中宮式2条に左右近衛次将と見え、「出居中少将」(掃部式37条)とも。西宮記臨時六(賭弓日召王卿事)に「次所司賜㆑肴〈王卿立㆑弓、先内膳、次大膳〉」とある。次将装束抄には射礼賭射弓場始の項に、束帯して弓矢を相具すとする。

14元三日料条

蘿蔔　蘿菔・蘿菔根とも(本式28・63条)。大根(ダイコン)のこと。

味醤漬の瓜　味醤で漬けた瓜。味醤は未醤とも表記する。本式19条参照。

糟漬の瓜　汁糟などを用いて漬けた瓜。本式34条参照。

鹿の宍猪の宍　本式40条参照。近江から貢進される。

瓷の盤七口　蘿蔔以下の七品を置く。

15三四五月料条

粽　もち米をコモの葉で巻き灰汁で煮てつくる(和名抄)。

大角豆　古くから食用にされたマメ。

直・物　直は直銭で、物は現物での支給。

栗　底「粟」。九ニヨリテ改ム。下同ジ。

16五月五日条

五月五日の節　端午の節会。この日に騎射および菖蒲草を奉る儀式が行なわれる。太政官式101条参照。

生栗子　前年に収穫したものを保存していたか。土中に埋めると保存できるという。

生糸　まだ練らないままの絹糸。大蔵式101条参照。

供奉の膳部　職員令46条による膳部の定員は四〇人であったが、大同四年(八〇九)に四〇人が増員されている(類聚国史一

五月五日節

米一斗三升、糯米一斗七升、糯稲五束、(焼米料、)糯、粟糒各二升、大豆二升、小麦四升、胡麻子、荏子各四升、酒一斗、酢、油各五升、醤一斗、鹽二升、鳥腊四斤、東鰒一斤十両、長門鰒、阿波鰒、出雲鰒、隠伎鰒各二斤五両、鮭二隻、烏賊一斤五両、煮堅魚、螺各十三両、腊五升、紫菜五両、海藻一斤五両、干栗子一斗、生栗子一斗七升四合、亀筥二合、生絲二分四銖、青蒋十圍、竹一圍、炭四石、薪六十斤、

供奉膳部卌人(卌人御、十人中宮、)各給二紺布衫一領一、

七月七日

米、糯米各六升、糯糒八斗、粟糒三升、黍子、小麦各六升、小豆一升、酒二斗、酢、油各五升、醤一斗、鹽一升、東鰒一斤十両、隠伎鰒二斤五両、烏賊、螺各一斤五両、煮堅魚十三両、腊五升、紫菜四両、海藻一斤、竈一具、炭四石、薪六百斤、

九月九日節

米二斗三升、糯稲五束、糯糒一斗、粟糒二升、小麦、胡麻子各四升、大豆二升、小豆一斗、荏子六升、酒一斗、酢、油各五升、醤一斗、鹽二升、東鰒一斤十二

〇七同・五・二十五条)。ただし本式51条には四〇人とある。東宮には膳部が配置されているのに対し、後宮膳司には膳部が置かれていなかった(後宮職員令13条)。

17 七月七日条

七月七日　もとは相撲節であったが、天長三年(八二六)以降、日程が変更されている。西宮記恒例二(七日内膳供御節供)に「内膳供二御節供一〈付二采女一、采女付二女房一、五七九月同レ之、但三月不レ入二内膳式一〉」とあり、江家次第八(御節供)にも内膳司による節句の供御が記される。織部式1条に七月七日織女祭とあるが、本条はこの祭儀に直接関連するかどうか不明。相撲をともなう七月七日の行事から相撲が離れ、内膳による供御のみが残ったものか。前後の条文と異なり本条に「節」字が見えないのはこのことによるか。

黍子　きびの実。

18 九月九日条

九月九日の節　重陽の節。菊花宴が行なわれる。太政官式105条参照。大蔵式88条にはこの日の節会の給禄が列挙され、大膳式下25条にはやはり節料が記される。西宮記恒例三(九日宴)に「内膳供二御膳一〈采女撤レ杷〉、供二太子一、給二臣下一」とある。

16
*五月五日の節
米一斗三升、糯米一斗七升、糯の稲五束〈焼米《やきよね》の料〉、糯・粟の糒《ほしいい》各二升、大豆二升、小麦四升、胡麻子・荏子各四升、酒一斗、酢・油各五升、醤《ひしお》一斗、塩二升、鳥の腊《きたい》四斤、東鰒《あずまあわび》一斤十両、長門の鰒・阿波の鰒・出雲の鰒・隠伎の鰒各二斤五両、鮭二隻、烏賊一斤五両、煮堅魚・螺《さざえ》各十三両、腊五升、紫菜《のり》五両、海藻《め》一斤五両、干栗子《ほしぐり》一斗、*生栗子《なまぐり》一斗七升四合、麁筥《あらはこ》二合、*生糸《すずしのいと》二分四銖、青蒋《あおこも》十囲《い》、竹一囲、炭四石、薪六十斤。*供奉の膳部四十人〈三十人は御、十人は中宮〉に各紺の布の衫一領を給え。

17
*七月七日
米・糯米各六升、糯の糒八斗、粟の糒三升、*黍子《きび》・小麦各六升、小豆一升、酒二斗、酢・油各五升、醤一斗、塩一升、東鰒一斤十両、隠伎の鰒二斤五両、烏賊・螺各一斤五両、煮堅魚十三両、腊五升、紫菜四両、海藻一斤、竈《かま》一具、炭四石、薪六百斤。

18
*九月九日の節
米二斗三升、糯の稲五束、糯の糒一斗、粟の糒二升、小麦・胡麻子各四升、大豆二升、小豆一斗、荏子六升、酒一斗、酢・油各五升、醤一斗、塩二升、東鰒一斤十二

秫　底及ビ九・閣ホカ「粍」。譌字ト見ルベキカ。→校補6
篁　底「篂」。九ニヨリテ改ム。
三升　九ナシ。
瓜　底ナシ。九ニヨリテ補ウ。

19供御月料条
秫米　あわのもち。あわの一種で餅にする。

兩、隱伎鰒二斤五兩、烏賊一斤五兩、煮堅魚、螺各十三兩、押年魚、鳥腊各八兩、腊五升、紫菜五兩、海藻一斤五兩、炭三石、薪六百斤、

供御月料

糯米二斗四升七合五勺、•粟三斗四升五合、糯糒一斗二升七合五勺、•粟糒三升七合五勺、米三斗六升四合、•秫米一斗五升、黍子三斗、糖一斗四升二合五勺、小麦一石四斗一升、•篁子七升五合、•大豆、小豆各二斗二升五合、胡麻子、荏子各一斗一升二合五勺、大角豆一斗三升五合、酒七斗五升、搗糟六斗七升五合、汁糟六斗、酢三斗七升七合五勺、胡麻油一斗五升、未醬一斗五升、醬八斗•三•升、滓醬七升五合、鹽一石一斗八升五合、脯九斤、鳥腊、押年魚各十六斤八兩、東鰒卅五斤、薄鰒十一斤四兩、隱伎鰒卅五斤、醬鰒廿一條、堅魚二百廿五斤、煮堅魚、熬海鼠各八斤四兩、蛸、烏賊各廿三斤四兩、鮭卅五隻、腊四斗五升、乞魚皮廿斤十三兩、堅魚煎、海鼠腸各四升五合、安房雜鰒廿三斤四兩、腸漬鰒二斗三升二合五勺、久恵鱐十三斤八兩、雜鮨二斗三升二合五勺、鮐皮廿一斤十二兩、能登鯖一百卌二隻、紫菜十二兩、海松二斤四兩、滑海藻十三斤八兩、海藻廿二斤八兩、大凝菜四斤八兩、於期五斤四兩、鹿角菜十二斤、伊祇須九斤、芥子、豉各四升五合、•醬瓜廿三顆、干棗子一斗四升二合五勺、搗栗子二斗

糖　甘味料のことか。大膳式下18条によれば糯米と萌小麦でつくる。
蓂子　カラスムギに似た草で夏の初めに実を結ぶ。カズノコグサのこと。米と同様に食べる。
搗糟　ここではもろみのことか。造酒式2条の「擣糟」参照。
汁糟　造酒式4条参照。
末醤　醤の大豆、米、小麦等から発酵させてつくる食品。大膳式下18条参照。
醤　大豆と小麦等を原料として発酵させてつくる塩味の調味料。もろみのようなものか。大膳式下18条参照。
滓醤　滓が残ったもろみ状の醤であろう。大膳式下2条、主膳式2条参照。
乞魚の皮　サメの皮のことか。
久恵の鱐　主計式上2条に見え、紀伊(調)および阿波(中男作物)から貢進される。
鮐皮　鮐はサメの一種か。サメの皮を刀の束や磨料としたのではないかとの説もあるが、食品が列挙されていることからすればやや不自然な捉え方であろう。主計式上4条参照。
能登の鯖　主計式上39条に中男作物として見える。
豉　大豆と海藻からつくる食品。調味料にも用いるのは末醤と同じ。大膳式下18条参照。

両、隠伎の鰒二斤五両、烏賊一斤五両、煮堅魚・螺各十三両、押年魚《おしあゆ》・鳥の腊各八両、腊五升、紫菜五両、海藻一斤五両、炭三石、薪六百斤。

19　供御の月料

糯米二斗四升七合五勺、粟三斗四升五合、糯の糒一斗二升七合五勺、粟の糒三升七合五勺、米三斗六升四合、*秫米《もちあわ》一斗五升、黍子三斗、*糖《あめ》一斗四升二合五勺、小麦一石四斗一升、*蓂子《みの》七升五合、大豆・小豆各二斗二升五合、胡麻子・荏子各一斗一升二合五勺、大角豆一斗三升五合、酒七斗五升、*搗糟《かちかす》六斗七升五合、*汁糟《しるかす》六斗、酢三斗七升七合五勺、胡麻油一斗五升、*末醤一斗五升、*醤八斗三升、*滓醤《かすひしお》七升五合、塩一石一斗八升五合、脯《ほじし》九斤、鳥の腊・押年魚各十六斤八両、東鰒四十五斤、薄鰒十一斤四両、隠伎の鰒四十五斤、醤の鰒二十一条、堅魚二百二十五斤、煮堅魚・熬海鼠《いりこ》各八斤四両、蛸《たこ》・烏賊各二十三斤四両、鮭四十五隻、腊四斗五升、*乞魚《こつお》の皮二十斤十三両、堅魚の煎《いろり》・海鼠腸《このわた》各四升五合、安房の雑《くさぐさ》の鰒二十三斤四両、腸漬《わたづけ》の鰒二斗三升二合五勺、*久恵《くえ》の鱐《ほしいお》十三斤八両、雑の鮨《すし》二斗三升二合五勺、*鮐皮《つひきはち》二十一斤十二両、*能登の鯖《さば》一百四十二隻、紫菜十二両、海松二斤四両、滑海藻《あらめ》十三斤八両、海藻二十二斤八両、大凝菜《こるもは》四斤八両、於期《おご》五斤四両、鹿角菜《ふのり》十二斤、伊祇須《いぎす》九斤、芥子《からし》・*豉《くき》各四升五合、醤の瓜二十三顆、干棗子《ほしなつめ》一斗四升二合五勺、搗栗子二斗九升三合五勺、干栗子七斗五升、生栗子二石二斗五升、干柿子廿九連、椎子四斗五升、呉桃子一斗五升、橘子卌五蔭、掇橘子、菱子各二斗二升五合、蓮子一斗五升七合五勺、帛七尺、〈拭金銀朱漆御坏料、〉燈油六升、〈盛所、進物所各三升、〉箸竹四百五十株、〈九十株山城國乙訓園、三百六十株相樂郡鹿鷺園、〉

右、月料、小月減卅分之一、

炭一石四斗、〈盛所四斗、進物所并菓子所各五斗、〉松明三把、〈盛、進物、菓子所各一把、〉薪一百廿斤、〈大炊所并煮雜物所各六十斤、〉造雜餅料甘醴一升、

右、日料、

盛餅、甜物、菓子柳筥各二合、〈各長一尺、廣九寸、〉麁筥廿一合、圓櫃廿四合、檳榔葉十枚、

右、起七月七日盡十月供料、

荷葉

稚葉七十五枚、波斐四把半、〈並起五月中旬盡六月中旬、〉

壯葉七十五枚、蓮子廿房、稚藕十五條、〈起六月下旬盡七月下旬、〉

黄葉七十五枚、蓮子廿房、稚藕十五條、〈起八月上旬盡九月下旬、〉

園　底「國」。九ニヨリテ改ム。

金銀朱漆の御坏　本式24条参照。

盛所　御膳の盛りつけをするところ。造酒式13条に「内膳盛所」とあり内膳司内に置かれていたと思われる。なお大嘗祭式14条に、御膳を料理し小斎人の食を作るところとして、盛屋・酒屋・贄屋・器屋・大炊屋等が見えるのが参考となる。

進物所　供御の膳を担当する官司としておそくとも貞観年間には成立していた。

九升三合五勺、干栗子七斗五升、生栗子二石二斗五升、干柿子二十九連、椎子《しいのみ》四斗五升、呉桃子《くるみ》一斗五升、橘子《たちばな》四十五蔭、擬《ひろい》橘子・菱子各二斗二升五合、蓮子一斗五升七合五勺、帛七尺〈金*・銀・朱漆の御坏《おんつき》を拭《のご》う料〉、燈油《ともしあぶら》六升〈*盛所《もりものどころ》・*進物所《しんもつどころ》に各三升〉、箸竹《はしたけ》四百五十株〈九十株は山城国の*乙訓《おとくに》の園、三百六十株は相楽《さからか》郡の*鹿鷺《かさぎ》の園〉。

右、月料。小の月は三十分の一を減ぜよ。

20 炭一石四斗〈盛所四斗、進物所ならびに*菓子所《くだものどころ》に各五斗〉、松明三把〈盛・進物・菓子所に各一把〉、薪一百二十斤〈*大炊所《おおいどころ》ならびに雑の物を煮る所に各六十斤〉、雑の餅《もちい》を造る料、甘醴《あまざけ》一升。

右、日料。

21 餅・*甜物《ためつもの》・菓子を盛《い》る柳筥《やないばこ》各二合〈各長さ一尺、広さ九寸〉、匏筥二十一合、円櫃《まろひつ》二十四合、*檳榔《びろう》の葉十枚。

右、七月七日より十月までの供料。

22 荷《*はちすのは》葉

*稚葉《わかば》七十五枚《ひら》、*波斐《はい》四把半〈みな五月中旬より六月中旬まで〉。

壮葉《さかりば》七十五枚、蓮子《はちすのみ》二十房、稚藕《わかはちすのね》十五条〈六月下旬より七月下旬まで〉。

黄葉《もみじば》七十五枚、蓮子二十房、稚藕十五条〈八月上旬より九月下旬まで〉。

→補1

乙訓の園 山城国乙訓郡に設けられていた園。所在地は不詳。本式4条参照。

鹿鷺の園 山城国相楽郡に設けられていた園。三代格寛平八・四・二符に「大川原・有市・鹿鷺等郷」と見える。木津川沿いの地であろうが、具体的な所在は不明。

20供御日料条

菓子所 大膳式下54条に山城国以下からの菓子の貢進が列挙されており、大膳職で検収したうえで内膳司に附すとする。

大炊所 御膳の穀類の炊飯を行なうところ。この場合は大炊寮とは別。なお大炊式27条参照。

21七八九十月料条

甜物 さまざまな美味のもの、甘いもの。

檳榔 ヤシ科の植物。葉をうちわにつかう。本式23条に御飯を扇ぐ料などとある。

22荷葉条

荷葉 荷はハチス(蓮)のこと(色葉字類抄)。ハチス(ハス)は食用だけでなく薬用にもされ、大きな葉は食器にも代用された。

稚葉…稚藕 蓮の若葉のこと。以下、蓮の葉、実、根(レンコン)をいう。

波斐 茎の根本の白い部分。

右、河内國所㆑進、各隨㆓月限㆒隔㆓一日㆒供㆑之、

年料

御飯帛被三領、二領別綿五屯、一領三屯一兩二銖、並長二丈五尺、裹㆓衦麪㆒帛帷一條、長七尺、絹大篩四口、水瓶麻笥料、口別各長三尺五寸、絹小篩九十五口、煮㆓雜羹㆒所十三口、漬菜所十四口、菓餅所十三口、麥粉所十口、糯粉所七口、油所三口、甘葛煎所三口、醬所八口、雜用廿四口、並長二尺、薄絁篩廿五口、搗㆓胡麻子㆒料四口、各長四尺、胡桃料三口、各長二尺、甘葛煎料二口、各長二尺五寸、漉㆑蓼料五口、各長四尺、芥子料三口、各長三尺、已上十七口、並二重、醬料八口、各長二尺、外居案十二脚、帊料油絁十二條、各長五尺一寸、廣一幅半、御膳櫃十二合料暴布綱廿四條、長一丈、中割一年二換、暴布篩十四口、御井大篩十口、各長三尺五寸、並二重、水篩四口、各長四尺、磨㆓御飯㆒暴布帒一口、長一丈、暴布巾卅六條、拭㆓銀御飯鋺㆒料十二條、各長二尺、作㆓薄餅㆒料二條、各長一丈二尺五寸、裹㆓衦麪㆒料一條、長四尺、拭㆓御案㆒料六條、各長五尺、拭㆑釜料一條、長四尺、拭㆑臼料二條、各長二尺五寸、押㆑鮒料三條、各長二尺、押㆓燒漬鮒㆒料三條、各長二尺、拭㆑廼料五條、各長五尺、押㆑麥袋料一條、長六尺、案帊布三條、作㆑餅案料一條、長一丈四尺、大炊殿案二脚料二條、各長六尺、纏㆓竈盎㆒

衦　↓校補7

十　底、コノ下「一」字アリ。九ナシ。衍ト見テ削ル。

甘　底ナシ。九・閣ホカニヨリテ補ウ。

暴　底「曝」。九ニヨリテ改ム。

二　底「一」。版本ニ従イテ改ム。

各　底ナシ。考異ニ従イテ補ウ。

盎　九傍注「瓮也」。

23年料条

年料　供御の膳を整えるにあたって必要とされる物品が列挙される。布帛類、木製品、土器等であり、一年ごとに新調される。

衦麪　小麦粉を押し練ったものか。

大篩　篩は竹器に絹布を張ったものか。分注からすると水を漉すために用いるか。

水瓶麻笥　水をいれた容器のこと。斎宮式37条・縫殿式15条の「水瓲麻笥」参照。

羹　肉や海藻、菜などの具を入れた吸物のこと。雑の羹を煮る所以下の所は内膳司内部の各調理所であろう。

漬菜所　本式34条に春菜・秋菜の漬け菜の料が見える。

菓餅所　米粉、麦粉などを用いて唐菓子を作るところであろう。大膳式上1条参

右、河内国の進るところ。各月の限りに随いて一日を隔てて供ぜよ。

23 年料*

御飯《おんいい》の帛の被《おおい》三領〈二領は別《りょうごと》に綿五屯、一領は三屯一両二銖、みな長さ二丈五尺〉、*衦麺《むぎおし》を裹《つつ》む帛の帷《かたびら》一条〈長さ七尺〉、絹の*大篩《おおふるい》四口《く》〈*水瓶麻笥《みずがめおけ》の料、口別に各長さ三尺五寸〉、絹の小篩九十五口〈*雑の羹《あつもの》を煮る所十三口、*漬菜《つけな》所十四口、*菓餅《くだものもちい》所十三口、*麦粉《むぎこ》所十口、*糯粉《もちよねのこ》所七口、*油所三口、*甘葛《あまずら》の煎《いろり》所三口、*醬所八口、雑用二十四口、みな長さ二尺〉、薄絁《うすぎぬ》の篩二十五口〈胡麻子を搗《つ》く料四口、各長さ四尺、胡桃《くるみ》の料三口、各長さ二尺、甘葛の煎の料二口、各長さ二尺五寸、*蓼《たで》を漉《した》む料五口、各長さ四尺、芥子料三口、各長さ三尺、已上十七口、みな二重《ふたえ》、醬の料八口、各長さ二尺〉、*外居《ほかい》の案《つくえ》十二脚、帊《おおい》の料の油絁《あぶらぎぬ》十二条〈各長さ五尺一寸、広さ一幅半〉、*御膳櫃《おものひつ》十二合の料の暴布《さらしぬの》の綱《つな》二十四条〈長さ一丈、中より割きて一年に二たび換えよ〉、暴布の篩十四口〈御井《みい》の大篩十口、各長さ三尺五寸、みな二重、水篩《みずふるい》四口、各長さ四尺〉、御飯を磨《と》ぐ暴布の袋一口〈長さ一丈〉、暴布の巾《たのごい》三十六条〈*銀《しろがね》の御飯の鋺《まり》を拭う料十二条、各長さ二尺、薄《うす》餅を作る料二条、各長さ一丈二尺五寸、衦麺を裹む料一条、長さ四尺、御案を拭《のご》う料六条、各長さ五尺、釜《かま》を拭う料一条、長さ四尺、臼《うす》を拭う料二条、各長さ二尺五寸、鮒《ふな》を押す料三条、各長さ二尺、焼漬《やきづけ》の鮒を押す料三条、各長さ二尺、甅《さらけ》を拭う料五条、各長さ五尺、麦を押す袋の料一条、長さ六尺〉、案の帊の布三条〈餅を作る案の料一条、長さ一丈四尺、*大炊殿の案二脚の料二条、各長さ六尺〉、*竈盎《かまへ》を纏《おお》

照。

麦粉所　麦を搗いて粉にするところか。小麦一石から麦粉一石五斗を得る（大膳式下18条）。

糯粉所　糯米を搗いて粉にするところか。

油所　胡麻油を用意するところか。主殿式12条に胡麻油を索餅・糖の料とする。

甘葛の煎所　山に生えるツタから甘い汁を採り甘味料として用意したところ。甘葛の貢進は天平十年度駿河国正税帳（古二—一一九頁）、天平八年度薩麻国正税帳（古二—一五頁）に見える。

醬所　醬を扱うところ。大膳式下18条参照。

蓼　現代のタデに同じ。薬味として用いた。

外居の案　木工式7条参照。

御膳櫃　天皇の食膳を入れる。

銀の御飯の鋺　→補1

大炊殿　天皇に供する飯を炊くところ。内裏内にあったか。席や薦で囲うことからすれば簡便な施設であろう。大嘗祭式14条にも「大炊屋」が見える。

竈盎　土師器のカマ。主計式上1条には竈子。大和国から貢進される。以下、土器については荒井秀規「延喜主計式の土器について」上・下（『延喜式研究』二〇・二一、二〇〇四・二〇〇五年）による。

縫　底「繼」。九ニヨリテ改ム。
料　底ナシ。九・閣ニヨリテ補ウ。
鮮　底ナシ。九・閣ニヨリテ補ウ。
案　底「菜」。九ニヨリテ改ム。
甕　底「麻」。九ニヨリテ改ム。
幷楡　底ナシ。九ニヨリテ補ウ。
枝　九「枚」。
楡　底「楤」。九ニヨリテ改ム。コノ字ニツイテハ、以下、本巻ノウチ一々注セズ。
各　底ナシ。意ニヨリテ補ウ。

暴布十二條、（各長一尺五寸、）生絲三絇、（縫二案帊幷篩一料、）練絲一分二銖、（縫下裹二御飯一被上料、）砥三顆、（磨二刀子一料、）檳榔葉廿八枚、（八枚扇二涼御飯一料、廿枚扇二雜膳火一料、）麻六斤三兩、（竈盎廿四條料、以二四兩三銖一作二一條一、）韓櫃五合、（四合納二醬、酢、末醬幷漬物一料、一合納二御米一料、）中取案廿四脚、（三脚雜器櫃料、二脚置二雜魚一料、四脚雜菓子櫃料、四脚洗二雜菜一槽料、三脚收二雜魚一櫃料、二脚雜甕櫃料、三脚御米櫃料、三脚儲料、）切案十六脚、（二脚料二理雜甕一料、二脚料二理肴一料、二脚料二理雜滑海藻一料、二脚料二理雜菜一料、四脚料二理鮮魚一料、二脚料二理雜菓子一料、二脚儲料、）大槽八隻、（四隻洗二雜漬菜一料、一隻洗二雜菓子一料、一隻洗二雜虀菜一料、二隻洗二御案帊布幷巾等一料、）圓槽十三隻、（二隻洗二雜生菜一料、五隻洗二漬薑一料、二隻洗二雜生魚一料、二隻洗二雜菜一料、二隻洗二雜甕一料、）木臼四口、（二口舂二鹽幷楡等一料、二口舂レ粉料、）杵八枝、（舂二雜物一料、）箕五枚、（二枚簸二擇鹽幷楡等一料、三枚簸二擇粉米一料、）匏一百九十柄、（汲二雜物汁一料、）席十六枚、（四枚張二大炊殿上一料、四枚暴二涼雜菜一料、四枚帊二御案一料、四枚舂二鹽幷楡一料、）薦十六枚、（八枚張二大炊殿上一料、八枚鬔二御膳所一料、）黑葛六斤、（結二大炊殿上張席一料、）酢醬瓶各卅口、鉢八口、負瓶四口、大瓶八口、

う暴布十二条〈各《おのおの》長さ一尺五寸〉、生糸《すずしのいと》三絇〈案の帊ならびに篩を縫う料〉、*練糸一分二銖〈御飯を裹む被《おおい》を縫う料〉、砥《と》三顆〈刀子《かたな》を磨ぐ料〉、檳《び》榔《ろう》の葉二十八枚〈八枚は御飯を扇《あお》ぎ涼《さま》す料、二十枚は雑《くさぐさ》の膳《おもの》の火を扇ぐ料〉、麻《お》六斤三両〈竈盎二十四条の料、四両三銖を以て一条を作れ〉、韓櫃五合〈四合は醬《ひしお》・酢《す》・未醬《みそ》ならびに漬物《つけもの》を納《い》るる料、一合は御米を納るる料〉、*中取《なかとり》の案二十四脚〈三脚は雑の器の櫃《ひつ》の料、二脚は雑の魚《うお》を置く料、四脚は雑の菓子の櫃の料、四脚は雑の菜《な》を洗《すま》す槽《ふね》の料、三脚は雑の魚を収むる櫃の料、二脚は雑の*齏《あえもの》の櫃の料、三脚は御米の櫃の料、三脚は*儲《もうけ》の料〉、*切案《きりづくえ》十六脚〈二脚は雑の齏を料理《つく》る料、二脚は肴《さかな》を料理る料、二脚は雑の滑海藻《あらめ》を料理る料、二脚は雑の菜を料理る料、四脚は鮮魚《なまうお》を料理る料、二脚は雑の菓子を料理る料、二脚は儲の料〉、大槽八隻〈四隻は雑の漬菜を洗す料、一隻は雑の菓子を洗す料、一隻は雑の羹の菜を洗す料、二隻は御案の帊《おおい》の布ならびに巾等を洗す料〉、円槽《まろふね》十二隻〈二隻は雑の生《なま》の菜を洗す料、五隻は*漬 薑《つけはじかみ》を洗す料、二隻は雑の生魚を洗す料、二隻は雑の菜を洗す料、二隻は雑の齏を洗す料〉、木の臼《うす》四口〈二口は塩ならびに*楡《にれ》等を舂く料、二口は粉《こ》を舂く料〉、杵《きね》八枝〈雑の物を舂く料〉、箕《み》五枚〈二枚は塩ならびに楡等を簸《ふる》い択《え》る料、三枚は粉米《このよね》を簸い択る料〉、匏《なりひさご》一百九十柄〈雑の物の汁を汲む料〉、席《むしろ》十六枚〈四枚は大炊殿の上に張る料、四枚は雑の菜を暴《ほ》し涼《さら》す料、四枚は御案を帊《おお》う料、四枚は塩ならびに楡を舂く料〉、薦《こも》十六枚〈八枚は大炊殿の上に張る料、八枚は*御膳所《おものどころ》を翳《かく》す料〉、*黒葛《つづら》六斤〈大炊殿の上の張り席を結《ゆ》う料〉、酢・醬の瓶各三十口、鉢八口、*負瓶《おいがめ》四口、大瓶八口、

練糸　練りを施した糸。縫殿式2条、織部式3条参照。

中取の案　木工式7条に長さ九尺、広さ一尺八寸などとある。宮内式28条では臼や杵などとともに損ずるに従って替えるとする。

齏　生姜や韮等を酢や未醬であえたもの。

儲の料　予備用。

切案　木工式7条参照。

漬薑　漬物にした生姜のこと。

楡　楡の木の皮を搗いて粉にし調味料として用いた。本式35条参照。

御膳所　贄殿から食品を運び込むことからすれば内裏内において食膳を整える場所か。大嘗祭式14条にも「御膳を供ずる屋」が見える。

黒葛　野山に生えるつる草から取ったもの。三代格弘仁十三・閏九・二十符に「採二黒葛一丁」が見える。

負瓶　背負う瓶か。ただしそれほど大きいものではなかったようである。主計式上2条参照。

小瓶八口、筥瓶八口、陶臼四口、已上八種納二甕物一料、洗盤十二口、四口磨二御飯一料、八口洗二作雜滓漬物一料、麻笥盤十二口、四口漬二御菜一料、八口納二滓醬、末醬一料、缶廿口、十口納二醬幷雜醬漬物一料、十口納二雜滓漬物一料、壺八口、納二醬漬幷滓漬物一料、甅十一口、汲二運水一料、由加十六口、汲二運水一料、叩瓮二口、洗二納泔一料、火盞二口、盞二火爐一料、明櫃卌七合、四合納二羹堝一料、四合納二汁漬物一料、二合納二雜洗菜一料、六合納二雜魚一料、三合納二御菜一料、四合納二雜甕物器一料、四合納レ柏料、四合納レ菜料、十六合儲料、荒筥五十七合、十二合涼二御飯一料、四合洗二納雜甕物一料、四合洗二納雜羹菜一料、卌七合儲料、筥廿合、二合納二蘿蔔一料、四合納レ餅料、四合納二甜物一料、四合納二志登伎一料、二合納二刀子一料、四合納二菓子一料、圓櫃卌八合、從二御贄殿一納二雜物一運二御膳所一料、刀子七十七枚、十枚刺レ蠣料、四枚打二古毛一料、二枚切レ鰒料、二枚打二加自米一料、二枚打二魚骨一料、一枚作二折餅一料、一枚餛飩料、五十五枚雜用料、長廿枚、短卌五枚、案十脚、四脚料二理雜菓子一料、二脚居二御膳櫃一料、二脚置二御案一料、二脚盛二御膳一料、足高案二脚、涼二暴御坏一料、水樽案七脚、熬笥廿四口、熬二雜糒一料、大盞十一枚、樽料、漉籠廿四口、漉二雜煠餅一料、暴布九

十口　底「缶」一字。九・梵別ニヨリテ改ム。下同ジ。
涼　底「際」。九ニヨリテ改ム。
刺　底「判」。九・梵・梵別ニヨリテ改ム。
料　底ナシ。九・閣ホカニヨリテ補ウ。
大　底「太」。九・塙ニヨリテ改ム。
九　底「几」。九・閣ホカニヨリテ改ム。下同ジ。

筥瓶　円柱形の須恵器。主計式上2条参照。美濃・備前から貢進される。
洗盤　洗い桶のようなもの。主計式上1条参照。
麻笥盤　ある程度深さのあるオケ。須恵器。主計式上2条参照。
缶　カメの一種。須恵器。主計式上1条参照。
甅　やや小型の浅手のカメ。須恵器。主計式上1条参照。

由加　口の大きなカメ。須恵器。主計式上1条参照。
泔　米のとぎ汁のこと。
柏　本式8条参照。
志登伎　粢の字を充てる。粢餅とも(和名抄)。米の粉で作った餅の一種。新猿楽記に「五条道祖奉二粢餅一」とあり、祭祀に使われることが多かったようである。
御贄殿　贄殿のこと。諸国から貢献される贄の収納場所。西宮記臨時五(所々事)には「在二内膳中一、有二別当一、蔵人預一、納二大宰及諸国所レ進御贄一、納二備供御一給二所々一」とあり、内膳司の中にあったとされる。贄については宮内式45・46条および本式40条以下参照。→補1
古毛　海藻の一種。石蓴・海蓴とも(和名抄)。大嘗祭式18条参照。
加自米　海藻の一種。未滑海藻・加知女・搗女とも(和名抄)。この刀子は海藻を切るために使う。主計式上2条の「海藻…鹿角菜」補注「滑海藻」の項参照。
折餅　餅を薄く削いだもの。
餛飩　麦の粉をこねて、細く刻んだ肉を入れて煮たもの(和名抄)。
足高の案　脚部の長い机。
水樽の案　水を入れた樽を置く机か。
漉籠　分注からすれば茹でた餅をすくう籠であろう。
暴布　主計式上27条参照。

小瓶八口、*筥瓶《はこがめ》八口、陶《すえ》の臼《うす》四口〈已上八種は瓮物《あえもの》を納るる料〉、*洗盤《すましざら》十二口〈四口は御飯を磨《と》ぐ料、八口は雑の滓漬《かすづけ》の物を洗《すま》し作る料〉、*麻笥盤《おけざら》十二口〈四口は御菜を漬くる料、八口は滓醬・未醬を納《い》るる料〉、*缶《もたい》二十口〈十口は醬ならびに雑の醬漬《ひしおづけ》の物を納るる料、十口は雑の滓漬の物を納るる料〉、壺八口〈醬漬ならびに滓漬の物を納るる料〉、*𨏍《さらけ》十口〈水を汲み運ぶ料〉、*由加《ゆか》十六口〈水を汲み運ぶ料〉、叩瓮《たたいべ》二口〈*泔《ゆする》を洗し納《い》るる料〉、火蓋《ひぶた》二口〈火炉《かろ》を蓋《おお》う料〉、明櫃《あかひつ》四十七合〈四合は羹《あつもの》の堝《なべ》を納るる料、四合は汁漬の物を納るる料、二合は雑の洗せる菜を納るる料、六合は雑の魚を納るる料、三合は御菜を納るる料、四合は雑の瓮物の器を納るる料、四合は*柏《かしわ》を納るる料、四合は菜を納るる料、十六合は儲の料〉、荒筥《あらはこ》五十七合〈十二合は御飯を涼《さま》す料、四合は雑の瓮物を洗し納るる料、四合は雑の羹の菜を洗し納るる料、三十七合は儲の料〉、筥二十合〈二合は蘿蔔《おおね》を納るる料、四合は餅を納るる料、四合は甜物《ためつもの》を納るる料、四合は*志登伎《しとき》を納るる料、二合は刀子を納るる料、四合は菓子《くだもの》を納るる料〉、円櫃三十八合〈*御贄《みにえ》殿より雑の物を納れて御膳所に運ぶ料〉、刀子七十七枚〈十枚は蠣《かき》を刺す料、四枚は*古毛《こも》を打つ料、二枚は鰒を切る料、二枚は*加自米《かじめ》を打つ料、二枚は魚の骨を打つ料、一枚は*折餅《へぎもちい》を作る料、一枚は*餛飩《こんとん》の料、五十五枚は雑用の料、長きを二十枚、短きを三十五枚〉、案《つくえ》十脚〈四脚は雑の菓子を料理《つく》る料、二脚は御膳櫃を居《す》うる料、二脚は御案を置く料、二脚は御膳を盛る料〉、*足高の案二脚〈御坏を涼《さら》し暴《ほ》す料〉、*水樽《みずだる》の案七脚、熬笥《いりけ》二十四口〈雑の糒を熬る料〉、大蓋十一枚〈樽の料〉、*漉籠《したみこ》二十四口〈雑の煠餅《ゆでもちい》を漉む料〉、*暴布九

九尺　→校補8
丈　底「尺」。九ニヨリテ改ム。
折　底「料」。考異及ビ九残画ニヨリテ改ム。
一　底ナシ。九ニヨリテ補ウ。
一端　底ナシ。九ニヨリテ補ウ。
宮　底「官」。九ニヨリテ改ム。
金銅界文臺　底傍注「カナワニスエタル臺也、其金輪打堺」。閣・井・壬・藤ニモアリ。
寸　底「尺」。九ニヨリテ改ム。
盆　底「瓫」。貞ニヨリテ改ム。

十一月　十一月の新嘗祭から新しい供御の雑器を使うとされる(宮内式28条、大炊式29条)。

24供御料雑器条
朱漆の台盤　朱を混ぜた漆を塗った脚つきの台。食器を置く。内匠式7条に朱漆

端二丈九尺、二端一丈六尺巾十條料、長各一丈、三丈六尺作㆓折餅㆒膳部二人衫料、長各一丈八尺、一端四尺襷十一條料、各長四尺、一丈二尺襌二條料、各長六尺、一端二丈三尺駈使十三人襌料、各長五尺、一端一丈八尺、宮人十人襌料、各長六尺、一丈八尺仕女四人襌料、各長四尺五寸、一端一丈四尺衫四領料、各長一丈四尺、八尺冠四條料、各長二尺、

右、起㆓十一月㆒供用、明年十月請替、

供御料雜器

朱漆臺盤四面、二面尋常料、二面節會料、

黑漆臺盤二面、潔齋料、

金銀朱漆瓷雜器、

右、供御雜器從㆓藏人所㆒請、但尋常料臺盤二面帊料油絁二丈五尺二寸、隨㆓破損㆒申請、受㆓內藏寮㆒、

朱漆椀五口、各深三寸五分、口徑一尺一寸、中宮東宮各三口、

金銅界文臺五基、各高一尺、徑八寸、中宮東宮各三基、

右、日供諸節通用、並隨ㇾ破請換、

荷櫃三具、御幷中宮東宮日供料、長櫃四合、運㆓送盂蘭盆幷諸節雜菜㆒

端二丈九尺〈二端一丈六尺は巾十条の料、長さ各《おのおの》一丈、三丈六尺は折餅を作る膳部二人の衫の料、長さ各一丈八尺、一端四尺は襷《たすき》十一条の料、各長さ四尺、一丈二尺は襅《ちはや》二条の料、各長さ六尺、一端二丈三尺は駈使十三人の襌の料、各長さ五尺、一端一丈八尺は宮人十人の襌の料、各長さ六尺、一丈八尺は仕女四人の襌の料、各長さ四尺五寸、一端一丈四尺は衫四領の料、各長さ一丈四尺、八尺は冠《かぶりもの》四条の料、各長さ二尺〉。

右、*十一月より供《くう》じ用い、明年《あくるとし》十月に請《う》け替えよ。

24 供御の雑《くさぐさ》の器

*朱漆の台盤四面〈二面は尋常《つね》の料、二面は節会《せちえ》の料〉。

*黒漆の台盤二面〈潔斎の料〉。

*金・銀・朱漆・瓷《し》の雑の器。

右、供御の雑の器は*蔵人所より請けよ。ただし尋常の料の台盤二面の帊の料の油《あぶら》絁《ぎぬ》二丈五尺二寸は、破損するに随いて申し請い、*内蔵寮より受けよ。

*朱漆の椀五口〈各深さ三寸五分、口の径《さしわたし》一尺一寸〉、中宮・東宮に各三口。

*金銅界の文台《ぶんだい》五基〈各高さ一尺、径八寸〉、中宮・東宮に各三基。

右、日供《にっく》・諸節通《かよ》わし用いよ。みな破るるに随いて請け換えよ。

*荷櫃《にひつ》三具〈御ならびに中宮・東宮の日供の料〉、長櫃四合〈盂蘭盆《うらぼん》ならびに諸節の雑の菜《な》を運び送

器として台盤が見える。天皇の御膳の台盤については、江家次第七(忌火御飯)など参照。

黒漆の台盤　掃墨を混ぜた漆を塗ったもの。式においては漆塗りとある場合は、この黒漆が多い(内匠式32条参照)。

金銀朱漆瓷の雑の器　金銀の器(実際は銀器)・朱漆塗りの器・瓷器(釉薬のかかった陶器)。内匠式5・7条にそれぞれ銀器、朱漆器が見える。瓷器については民部式下60条参照。

蔵人所　これらの器物は内匠寮で製作されたのち蔵人所の所管とされていたか。蔵人所と内膳司との関わりについては玉井力「九・十世紀の蔵人所に関する一考察」(『平安時代の貴族と天皇』所収、二〇〇〇年、初出一九七五年)参照。

内蔵寮　天皇に供進するさまざまな品を調達・保管する官司。内蔵式冒頭補注参照。内蔵式53・56条に油絹についての規定が見える。

朱漆の椀　大炊式8条に参議以上の飯器を朱漆椀とし、内匠式7条の朱漆器のなかに飯椀が見え、径八寸とする。金属器とともに漆塗の器は高級品とされた。

金銅界の文台　紙墨等を載せる金銅界線入りの台。内蔵式39条参照。

荷櫃　以下の木製品については木工式7条参照。

料、中取二脚、茎二御菜一料、酒槽一口、洗二御菜一料、中荷水桶一合、汲下洗二御菜一水上料、布一端、二丈茎二洗御菜一夫二人襷料、二丈二尺荷櫃四合帶料、

右、毎年請用、但長櫃、酒槽三年一請、

凡採二菓子一幷暴二雜穀一帷料、庸布四段、三年一請、

凡供二雜物一標緋幡一十六旒、各長一尺九寸、廣五寸五分、毎年請二內侍所一、以二內侍印一印之、

造二粉熟一料

白米四石、大角豆一石八斗、漉レ粉薄絹袋、水篩各二口、袋各長六尺、篩各一尺五寸、干レ粉暴布帳一條、長三丈、帊二水瓶一暴布一條、長四尺、擧レ粉暴布袋二口、各長六尺、水瓶麻笥一口、酒槽一隻、由加二口、杓一柄、席二枚、簀二枚、薪日別卅斤、

右、起二三月一日一盡二八月卅日一供之、

供奉雜菜

日別一斗、韲料三升、生瓜卅顆、准二三升一、自二五月一迄二八月一所レ進、茄子卌顆、准二二升一、六七八九月、莧四升、五六七八月、

薊六把、准二六升一、

汲　底ナシ。九ニヨリテ補ウ。

旒　底「流」。九ニヨリテ改ム。

五寸五分　底「五寸五寸」。九ニヨリテ改ム。→校補9

中荷の水桶　形状不明。井水を汲み上げるための桶であろうか。

25帷料条

帷　この場合は敷きものとして用いられる。

26標緋幡条

緋の幡　続紀天平十三・十一・庚午条に「始以二赤幡一、班二給大蔵・内蔵・大膳・大炊・造酒・主醤等司一、供御物前建以為レ標」とあり、この時から供御物の運搬の印とされた。供御物だけでなく、供御に関わる贄人も「腰文幡」を身に着けその印とした(三代格元慶七・十・二十六符)。なお本条と同様の規定は宮内式39条に見える。

内侍所　奏請・伝宣をつかさどり宮廷の諸行事に関与した後宮の官司。平安初期には内侍司にかわって主要な位置を占めた。内侍の印は墨印と朱印の二種あるが(西宮記臨時一〔内印〕)、この場合は墨印が使われる(侍中群要二)。

27造粉熟料条

粉熟　本条に見えるように米や大角豆で

る料〉、中取二脚〈御菜を芼《むし》る料〉、酒槽《さかふね》一口〈御菜を洗《すま》す料〉、*中荷《なかもち》の水桶一合〈御菜を洗す水を汲む料〉、布一端〈二丈は御菜を芼り洗す夫二人の襌・襷の料、二丈二尺は荷櫃四合の帯《おび》の料〉。

右、毎年請《う》け用いよ。ただし長櫃・酒槽は三年に一たび請けよ。

25 凡そ菓子《くだもの》を採り、ならびに雑の穀《たなつもの》を暴《ほ》す*帷《かたびら》の料は庸布四段。三年に一たび請けよ。

26 凡そ雑の物を供《くう》ずる標《しめ》の*緋《あけ》の幡《はた》一十六旒《りゅう》〈各長さ一尺九寸、広さ五寸五分〉、毎年内侍所*より請け、内侍の印を以て印せよ。

27 *粉熟《ふずく》を造る料

白米四石、大角豆《ささげ》一石八斗、粉《こ》を漉《した》む薄絹の袋、水篩各二口〈袋は各長さ六尺、篩は各一尺五寸〉、粉を干《ほ》す暴布の帳《とばり》一条〈長さ三丈〉、水瓶を帊《おお》う暴布一条〈長さ四尺〉、粉を挙ぐる暴布の袋二口〈各長さ六尺〉、水瓶《みずがめ》麻笥《おけ》一口、酒槽一隻、由加二口、杓《ひさご》一柄、席二枚、簀《す》二枚、薪《みかまき》は日別《ひごと》に三十斤。

右、三月一日より八月三十日まで供ぜよ。

28 供奉の雑の菜

*日別に一斗、虀《あえもの》の料三升、*生瓜《なまうり》三十顆《か》〈三升に准えて五月より八月まで進るところ〉、*茄子《なすび》四十顆〈二升に准えて六・七・八・九月〉、*莧《ひゆ》四升〈五・六・七・八月〉、*薊《あざみ》六把〈六升に准えて

作る餅菓子の一種。掃部式68条参照。

28 供奉雑菜条

日別に一斗 毎日一斗の雑菜を供御にあてる。基本的に生鮮野菜のこと。以下、生瓜ならば三〇顆が三升に該当するとの意であろう。採れる時期に応じてさまざまな菜を取り合せ、およそ日量一斗として貢進するのであろう。本式32条参照。なおここに見える雑菜は、基本的に園地で栽培されていたものと思われる。

生瓜 ↓補1

茄子 今日の紫色のナスビに同じ。本式63条に耕営方法が見える(以下の雑菜も同条に耕営方法が記されるものが少なくない)。天平勝宝二年(七五〇)六・七月には藍園より茄子が進上されている(古三―四〇六・四一〇頁)。天平宝字二年(七五八)の写経所食物用帳に見えるように漬物ともされている(古一三―二八五頁以降)。

莧 アカザに似た野草で今日でもヒユという。肥前国風土記(松浦郡条)の値嘉島に檳榔などとならんで莧が見える。職制律13条の疏に「若下(中略)莧菜不上得レ和二鼈肉一之類、有レ所レ犯者、典膳徒三年」とある。

薊 薊。キク科の植物。宝亀二年(七七一)三月の写経所解によれば葉薊を西薗から調達していることが分かる(古六―一五一頁)。

月　底ナシ。九・閣ホカニヨリテ補ウ。
波波　底「皷々」。九ニヨリテ改ム。
芋子…十二月(一二字)　底、上文「波波古」ノ上ニアリ。九ニヨリテ改ム。
子　底ナシ。九ニヨリテ補ウ。

蕗　今日のフキと同じ。→補1
蔓菁　現在のカブラ菜のことか。天平宝字七年正月三日造東大寺司告朔解に西園の作物として所見(古五―三八一頁)。
莖立　和名抄には蕓として蔓菁の苗とする。→補2
薺　春の七草の一つ。和名抄に蒸し煮て食すとある。
萵苣　今日のレタス・サラダ菜と同様のチシャとされる。宝亀二年五月二十九日奉写一切経所告朔解では西薗から供給されている(古六―一九一頁)。
葵　フユアオイのことか。葉を食用にする。万葉集にも「葵花咲く」と見える(三八三四番歌)。
羊蹄　今日のタデ科のギシギシとされる。宝亀二年三月三十日奉写一切経所解では三月に食用にされている(古六―一五二頁)。
韮　現在のニラのこと。
葱　ネギのことか。仁賢紀六・九・是秋条に「秋葱」と見える。「葱」と「蔥」は通用

自㆓二月㆒迄㆓九月㆒、蕗二把、准㆓二升㆒、五六七八月、蔓菁四把、准㆓四升㆒、自㆓正月㆒迄㆓十二月㆒、莖立四把、准㆓四升㆒、二三月、薺四升、正二十一十二月、萵苣四把、准㆓二升㆒、三四五月、葵四把、准㆓二升㆒、五八九十月、羊蹄四把、准㆓二升㆒、四五八九十月、韮二把、准㆓二升㆒、自㆓二月㆒迄㆓九月㆒、葱二把、准㆓一升㆒、正四五九十十一十二月、蒜一百根、准㆓二升㆒、正二三四十一十二月青進、五六七八九月干進、生薑八房、准㆓一升㆒、六七八月、蜀椒二合、三四月稚葉、五六月子、蓼十把、准㆓二升㆒、自㆓四月㆒迄㆓九月㆒、蘭二把、准㆓一升㆒、自㆓正月㆒迄㆓十二月㆒、胡荽二合、正二九十十一十二月、蘿蔔根四把、准㆓四升㆒、正二十十一十二月、芹四把、准㆓四升㆒、自㆓正月㆒迄㆓六月㆒、水葱四把、准㆓四升㆒、五六七八月、芋茎二把、六七八九月、雑菓子五升、生大豆、小豆各六把、並六七八九月、生大角豆六把、六七月、波波古五升、二三月、芋子四升、正九十十一十二月、熟瓜八顆、六七八月、栗子三升、七八九月、桃子四升、七八九月、柚子十顆、九十月、柿子二升、九十十一月、枇杷十房、五六月、李子二升、五六月、覆盆子二升、五月、笋四把、五六月、中宮准ㆾ此、其東宮雑菜五升、韲料二升、雑菓子三升、生大豆、小豆、大角豆各三把、波波古、芋子各二升、栗子一升、桃子二升、柚子五顆、柿

する。
蒜　ニンニクあるいはノビルのことか。万葉集に「醬酢に蒜搗き合(カ)てて」(三八二九番歌)。
生薑　→補3
蜀椒　今日のサンショウのこと。葉や実、芽が食される。
蓼　→補4
蘭　フジバカマあるいはヒヨドリバナのこととされるが明確でない。
胡荽　和名抄には胡荽。コリアンダー(セリ科の一年草)のことと推定されている。
蘿菔根　蘿蔔に同じ。今日の大根のこと。→補5
芹　今日のセリに同じ。
水葱　今日のミズアオイに比定されている。→補6
芋茎　イモガラ(芋柄)とも。サトイモの茎。ずいきのこと。
波波古　和名抄に菴蘆子。今日のイヌヨモギとされる。あるいはハハコグサ(ゴギョウ)のことか。文徳実録嘉祥三・五・壬午条に「母子草」が見える。
芋子　家芋、単に芋とも表記され、今日のサトイモのこと。
熟瓜　今日のマクワウリと推定されている。→補7
覆盆子　→補8

二月より九月まで〉、*蕗《ふふき》二把〈二升に准えて五・六・七・八月〉、*蔓菁《あおな》四把〈四升に准えて正月より十二月まで〉、*茎立《くくたち》四把〈四升に准えて二・三月〉、*薺《なずな》四升〈正・二・十一・十二月〉、*萵苣《ちさ》四把〈二升に准えて三・四・五月〉、*葵《あおい》四把〈二升に准えて五・八・九・十月〉、*羊蹄《しぶくさ》四把〈二升に准えて四・五・八・九・十月〉、*韮《こみら》二把〈二升に准えて二月より九月まで〉、*葱《き》二把〈一升に准えて正・四・五・九・十・十一・十二月〉、*蒜《ひる》一百根〈二升に准えて正・二・三・四・十一・十二月に青きを進り、五・六・七・八・九月に干《ほ》せるを進れ〉、*生薑《くれのはじかみ》八房〈二升に准えて六・七・八月〉、*蜀椒《なるはじかみ》二合〈三・四月は稚葉《わかば》、五・六月は子《み》〉、*蓼《たで》十把〈二升に准えて四月より九月まで〉、*蘭《あららぎ》二把〈一升に准えて正月より十二月まで〉、*胡荽《こにし》二合〈正・二・九・十・十一・十二月〉、*蘿菔根《おおね》四把〈四升に准えて正・二・十・十一・十二月〉、*芹《せり》四把〈四升に准えて正月より六月まで〉、*水葱《なぎ》四把〈四升に准えて五・六・七・八月〉、*芋茎《いもし》二把〈六・七・八・九月〉、雑の菓子五升、生大豆《きまめ》・小豆《あずき》各六把〈みな六・七・八・九月〉、生大角豆《きささげ》六把〈六・七月〉、*波波古《ははこ》五升〈二・三月〉、*芋子《いも》四升〈正・九・十・十一・十二月〉、*熟瓜《ほぞち》八顆〈六・七・八月〉、栗子《くり》三升〈七・八・九月〉、桃子《もも》四升〈七・八・九月〉、柚子《ゆず》十顆〈九・十月〉、柿子《かき》二升〈九・十・十一月〉、枇杷《びわ》十房〈五・六月〉、李子《すもも》二升〈五・六月〉、*覆盆子《いちご》二升〈五月〉、笋《たかんな》四把〈五・六月〉、中宮はこれに准えよ。その東宮の雑の菜《な》は五升、甕の料二升、雑の菓子三升、生大豆・小豆・大角豆各三把、波波古・芋子各二升、栗子一升、桃子二升、柚子五顆、柿

子、李子各一升、枇杷十房、笋二把、

年中七節料生菜、節別一石五斗九合、本司五斗一升、中宮亦同、東宮二斗四升九合、

五月五日、山科園進ニ早瓜一捧一、若不レ實者、獻ニ花根一、

年料雑菜八十四石四斗、

凡量ニ年中所レ供雑菜一、停レ斗用レ稱、其斗稱所レ准、本司與ニ受レ物所司一相共量定、

凡行幸料雑菜、預備供之、

漬年料雑菜

蕨二石、料鹽一斗、薺蒿一石五斗、料鹽六升、薊二石四斗、料鹽七升二合、芹十石、料鹽八斗、蕗二石五斗、料鹽一斗、米六升、蘇羅自六斗、料鹽二升四合、虎杖三斗、料鹽一升二合、多多良比賣花搗三斗、料鹽三升、龍葵味葅六斗、料鹽四斗八合、楡三升、瓜味漬一石、料鹽三斗、蒜房六斗、料鹽五升、蒜英五斗、料鹽四升四合、韮搗四斗、料鹽四升、蔓菁黄菜五斗、料鹽三升、粟三升、

右、漬ニ春菜一料、

瓜八石、料鹽四斗八升、糟漬瓜九斗、料鹽一斗九升八合、汁糟一斗九升八合、滓醤二斗七

一石五斗九合　分注ト合ワズ。何レカニ或イハ双方ニ誤リアラン。

雑　底「新」。九ニヨリテ改ム。

稱　底「斛」。意ニヨリテ改ム。

杖　底「校」。九・梵ホカニヨリテ改ム。

29年中七節料条

年中の七節　正月元日節会・七日(白馬)・十六日(踏歌)、五月五日(端午)、七月相撲、九月九日(重陽)、十一月新嘗会のこと。

一石五斗九合　分注の数値を合算してもこの数にならない。東宮を四斗八升九合とするとうまく合う。

30山科園早瓜条

早瓜　早く熟する瓜のことか。五月五日の端午の節会に間に合うように差し出すようにとのことであろう。

31年料雑菜条

八十四石四斗　本式28条冒頭に日別に一斗とあることからすれば、節料等を含め一年分の総量を提示したものか。あるいは中宮・東宮の料を加算したものか。

32量雑菜条

斗を停めて…　↓補1

本司…　本司は内膳司のこと。進物所・盛所などの調膳担当の司(物を受くる所

司)とともに、それぞれの菜の数量と斗升の対応を定める意か。

33行幸雑菜条

34漬年料雑菜条

蕨 →補2

薺蒿 万葉集にはウハギとも(二二一番歌)。神護景雲四年(七七〇)の銭用帳には莪と表記される(古一七—二八六頁)。ヨメナ(野菊)のこと。

芹 天平勝宝二・七・二十九浄清所解に芹漬が見える(古一一—三五二頁)。

蘇羅自 蘇良自とも(本式63条および古一六—二九七頁)。和名抄の「藁本」の項にササハソラシ・ソラシとあり、現在のカサモチに比定する説があるが定かでない。

虎杖 今日のタデ科のイタドリと同じ。枕草子(一四七段)に「いたどりは、まいて虎杖と書きたるとか」とある。

多多良比売の花搗 多多良比売はウスバサイシン(薄葉細辛)の古名とされる。→補3

竜葵 現在のコナスビに当たるか。

味葅 ニラキは楡の樹皮の粉末を入れて塩漬けにすること。なお万葉集三八八六番歌参照。

味漬 塩漬けのこと。

蒜房・蒜英 大膳式上4条参照。

黄菜 若芽のこと。

子・李子各一升、枇杷十房、笋二把。

29 *年中の七節《せち》の料の生菜は節別に*一石五斗九合〈本司は五斗一升。中宮もまた同じくせよ。東宮は二斗四升九合〉。

30 五月五日、山科《やましな》の園は*早瓜《わせうり》一捧を進れ〈もし実らざれば花根《はなのね》を献れ〉。

31 年料の雑の菜は*八十四石四斗。

32 凡そ年中供《く》ずるところの雑の菜を量らんには、*斗を停《や》めて称を用いよ。その斗・称の准《なぞら》うるところは、*本司、物を受くる所司とともに相ともに量り定めよ。

33 凡そ行幸の料の雑の菜は、預め備《そな》え供えよ。

34 漬くる年料の雑の菜

*蕨《わらび》二石〈料の塩一斗〉、*薺蒿《おはぎ》一石五斗〈料の塩六升〉、薊《あざみ》二石四斗〈料の塩七升二合〉、*芹《せり》十石〈料の塩八斗〉、蕗二石五斗〈料の塩一斗、米《よね》六升〉、*蘇羅自《そらし》六斗〈料の塩二升四合〉、*虎杖《いたどり》三斗〈料の塩一升二合〉、*多多良比売《たたらひめ》の花搗《はなかち》三斗〈料の塩三升〉、*竜葵《こなすび》の*味葅《あまにらき》六斗〈料の塩四斗八合、楡《にれ》三升〉、瓜《うり》の*味漬《あまづけ》一石〈料の塩三斗〉、*蒜房《ひるふさ》六斗〈料の塩五升〉、*蒜英《ひるのはなぶさ》五斗〈料の塩四升四合〉、韮搗《こみらかち》四斗〈料の塩四升〉、蔓菁《あおな》の*黄菜《さわやけ》五斗〈料の塩三升、粟三升〉。

右、春の菜を漬くる料。

瓜八石〈料の塩四斗八升〉、糟漬《かすづけ》の瓜九斗〈料の塩一斗九升八合、汁糟一斗九升八合、滓醤《かすひしお》二斗七

升、醬二斗七升、醬漬瓜九斗、料鹽、醬、滓醬各一斗九升八合、糟漬冬瓜一石、料鹽二斗二升、汁糟四斗六升、醬漬冬瓜四斗、料鹽八升八合、醬、滓醬、末醬各一斗六升八合、菘菹三石、料鹽二斗四升、楡一斗五升、蔓菁須須保利六石、料鹽六升、大豆一斗五升、蔓菁菹十石、料鹽八升、楡五升、菁根搗五斗、料鹽三升、菁根須須保利一石、料鹽六升、米五升、醬菁根三斗、料鹽五升四合、滓醬一斗五升、糟菁根五斗、料鹽九升、汁糟一斗五升、蔓菁切菹一石四斗、料鹽二升四合、楡二升、茄子五石、料鹽三斗、醬茄子六斗、料鹽一斗二升、汁糟、末醬、滓醬各一斗八升、糟茄子六斗、料鹽一斗二升、汁糟一斗八升、龍葵菹六斗、料鹽六升、楡二升四合、龍葵子漬三斗、料鹽九升、水葱十石、料鹽七升、糟漬小水葱一石、料鹽一斗二升、汁糟五斗、蘭菹三斗、料鹽二升四合、楡一升二合、大豆六斗、料鹽六升、汁糟一斗八升、山蘭二斗、料鹽四升、蓼菹四斗、料鹽四升、楡一升六合、芡一石五斗、料鹽一斗五升、米七升五合、蘘荷六斗、料鹽六升、汁糟二斗四升、稚薑三斗、料鹽六升、汁糟一斗五升、蘴萌草搗三斗、料鹽四升五合、和太太備二斗、料鹽二升、舌附一斗、料鹽二升二合、桃子二石、料鹽一斗二升、柿子五升、料鹽二升、梨子六升、料鹽三升六合、蜀椒子一石、料鹽二斗四升、荏裹二石六斗、料瓜九斗、冬瓜七斗、茄子六斗、菁根四斗、鹽一斗二升、醬、末醬、滓醬各一石、

末　底、コノ上「各」アリ。九ニヨリテ削ル。
菁　底「根」。九ニヨリテ改ム。
一　梵・梵別「二」。
末　底「味」。九ニヨリテ改ム。
斗　塙・貞・京「升」。
一　九「六」。
二石　底ナシ。考異ニ従イテ補ウ。

冬瓜　今日のトウガンのこととされる。鴨瓜とも表記される（古四―三三〇頁）。
菘菹　菘は現在のタカナ。
須須保利　大豆や米を用いて発酵させた塩漬けのことか。古一五―四八三頁参

升、醬二斗七升〉、醬漬の瓜九斗〈料の塩・醬・滓醬各一斗九升八合〉、糟漬の*冬瓜《かもうり》一石〈料の塩二斗二升、汁糟四斗六升〉、醬漬の冬瓜四斗〈料の塩八升八合、醬・滓醬・未醬各一斗六升八合〉、*菘菹《たかなにらき》三石〈料の塩二斗四升、楡一斗五升〉、蔓菁の*須須保利《すすほり》六石〈料の塩六升、大豆一斗五升〉、蔓菁菹十石〈料の塩八升、楡五升〉、*菁根搗《かぶらかち》五斗〈料の塩三升〉、菁根の須須保利一石〈料の塩六升、米五升〉、醬の菁根三斗〈料の塩五升四合、滓醬一斗五升〉、糟の菁根五斗〈料の塩九升、汁糟一斗五升〉、蔓菁の*切菹《きりにらき》一石四斗〈料の塩二升四合、楡二升〉、茄子《なすび》五石〈料の塩三斗〉、醬の茄子六斗〈料の塩一斗二升、汁糟・未醬・滓醬各一斗八升〉、糟の茄子六斗〈料の塩一斗二升、汁糟一斗八升〉、竜葵菹《こなすびにらき》六斗〈料の塩六升、楡二升四合〉、竜葵子漬《こなすびづけ》三斗〈料の塩九升〉、水葱《なぎ》十石〈料の塩七升〉、糟漬の小水葱《こなぎ》一石〈料の塩一斗二升、汁糟五斗〉、蘭《あららぎ》菹《にらき》三斗〈料の塩二升四合、楡一升二合〉、大豆《まめ》六斗〈料の塩六升、汁糟一斗八升〉、*山蘭《やまあららぎ》二斗〈料の塩四升〉、蓼菹《たでにらき》四斗〈料の塩四升、楡一升六合〉、*芡《みずふぶき》一石五斗〈料の塩一斗五升、米七升五合〉、*蘘荷《めか》六斗〈料の塩六升、汁糟二斗四升〉、稚薑《わかはじかみ》三斗〈料の塩六升、汁糟一斗五升〉、*鬱萌草《くくさ》搗《かち》三斗〈料の塩四升五合〉、*和太太備《わたたび》二斗〈料の塩二升〉、*舌附《したつき》一斗〈料の塩二升二合〉、*桃子《もも》二石〈料の塩一斗二升〉、柿子五升〈料の塩二升〉、梨子《なし》六升〈料の塩三升六合〉、蜀椒子《なるはじかみ》一石〈料の塩二斗四升〉、*荏裹《えつつみ》二石六斗〈料の瓜九斗、冬瓜七斗、茄子六斗、菁根四斗、塩一斗二升、醬・未醬・滓醬各一石〉。

照。

菁根搗　カブラをつき合せたもの。

切菹　刻んだ菜に楡の粉末を入れて塩漬けにしたもの。

山蘭　和名抄に「一云」としてコブシハジカミと見える。山蘭を漬物にした例が古六—九二頁に見える。

芡　鬼蓮(オニバス)の異名。枕草子(一四〇段)に「をそろしげなるもの」として「水ふぶき」を挙げる。茎や葉にとげがある。

蘘荷　ミョウガのこと。漬物にした例が古一三—三一〇頁に見える。大膳式下3条参照。

鬱萌草搗　鬱萌草は皂莢(サイカチ)の一種とされる。和名抄・本草和名には鬼皂莢。

和太太備　コショウ科のキンマあるいはサルナシ科のマタタビかとされるが不詳。

舌附　大膳式下21条に舌就と見える。

桃子　桃を漬物にした例が古一一—三五二頁に見える。

荏裹　荏胡麻の葉で包んだものとされるが、以下の分注からすれば、瓜や冬瓜などを塩や未醬で漬け込み、それに荏胡麻の葉を混ぜ合せたものか。中外抄上七三段に「エツヽミクハムト被申けれハ、天皇仰云、我ハさるものハ不食」とある。

三　底「二」。九・閣ホカニヨリテ改ム。
其　底ナシ。九ニヨリテ補ウ。
糟　底「糒」。九ニヨリテ改ム。
乾　→校補10
鱉　底「弊」。九ニヨリテ改ム。→校補11
網　底「納」。九・閣ホカニヨリテ改ム。
商　底ナシ。考異ニ従イテ補ウ。
摩　底「麻」。大蔵式63条、本式54条ニ従イテ改ム。
料　底「造」。九ニヨリテ改ム。

間食　通常の食料米以外に支給される業務手当としての食米。内匠式45条、主税式上87条、隼人式6条、織部式6条参照。なお、定例の受食者ではない臨時受食者への食を意味するとの見解がある（山口英男「正倉院文書から見た『間食』の意味について」〈『正倉院文書研究』一三、二〇一三年〉）。

内侍司　本条に内侍司の関与が見られる理由は、内膳司所管の園以外からも漬物にする春菜秋菜の供給がなされるからであろう。

35楡皮条

楡の皮　楡の皮を剝いで日に干し粉末にして味付けに用いた。奈良時代から一般的に使用された調味料。前条における

右、漬㆓秋菜㆒料、
生薑四石五斗、（料鹽一石四斗二升、汁糟四石二斗、）柏卅五把、（帊㆓廛口㆒料、）匏二柄、（汲㆑汁料、）擇㆑薑女孺單五十人、女
丁十二人半給㆓間食㆒、（人別日八合、）
右、年料請㆓内侍司㆒漬造、至㆓于明年三月㆒更易㆓鹽糟㆒、其數隨㆓殘多少㆒、（假如殘薑一石、料鹽一斗、糟五斗之類、）始㆓當年九月㆒迄㆓明年七月㆒供之、
楡皮一千枚、（別長一尺五寸、廣四寸、）擣得粉二石、（枚別二合、）
右、楡皮年中雜御菜并羹等料、
山城國、（山蘭二斗、）大和國、（乾鱉四擔、已上年料所㆑進、）
造㆓雜味鹽魚廿石六斗㆒（和泉國網曳厨所㆑造、）料、商布十六段、信濃麻百斤、鹽二石、
造㆓雜魚鮨十石、味鹽魚六斗㆒（河内國江厨所㆑進、）料、商布十六段、信濃麻百斤、白米一石、鹽一石三斗、
造㆓醬鮒、鮨鮒各十石、味鹽鮒三石四斗㆒（近江國筑摩厨所㆑進、）料、缶卅口、商布十八段、信濃麻一百斤、酒五斗、米一石、鹽八石、醬大豆二石五

右、秋の菜を漬くる料。
生薑《くれのはじかみ》四石五斗〈料の塩一石四斗二升、汁糟四石二斗〉、柏三十五把〈甅《さらけ》の口を帊《おお》う料〉、匏《なりひさご》二柄〈汁を汲む料〉。薑を択《むし》る女孺単《にょじゅのべ》五十人、女丁十二人半に*間食《かんじき》を給え〈人別に日に八合〉。
右、年料は*内侍司より請《う》けて漬け造れ。明年《あくるとし》の三月に至らば更に塩・糟を易《か》えよ。その数は残の多少に随え〈たとえば残る薑一石ならば料の塩一斗、糟五斗の類〉。当年の九月より明年の七月まで供《くう》ぜよ。

35 *楡の皮一千枚《ひら》〈別《ひらごと》に長さ一尺五寸、広さ四寸〉、搗《つ》き得たる粉二石〈枚別に二合〉。
右、楡の皮は年中の雑の御菜ならびに羹《あつもの》等の料。

36 山城国〈*山蘭二斗〉、大和国〈*乾蕨《ほしわらび》四担、已上年料として進るところ〉。

37 雑の*味塩《あまじお》の魚《うお》二十石六斗〈和泉国*網曳厨《あみびきのくりや》の造るところ〉を造る料、商布十六段、信濃の麻《お》百斤、塩二石。

38 雑の魚《うお》の*鮨《すし》十石、味塩の魚六斗〈河内国*江厨《えのくりや》の進るところ〉を造る料、商布十六段、信濃の麻百斤、白米一石、塩一石三斗。

39 醬の鮒《ふな》・鮨の鮒各十石、味塩の鮒三石四斗〈近江国*筑摩厨《つくまのくりや》の進るところ〉を造る料、缶《もたい》三十口、商布十八段、信濃の麻一百斤、酒五斗、米一石、塩八石、醬の大豆二石五

「葅」が該当する。万葉集三八八六番歌に、楡の皮を調味料に用いて蟹の腊を作るとある。

36山城大和条

山蘭二斗　本式34条の「漬㆓秋菜㆒料」のなかに見える。

乾蕨　宮内式45条の「干蕨」参照。

37造雑味塩魚条

味塩の魚　うまく塩漬けされた魚。本式6条の「甘塩」参照。

網曳厨　網曳はアビキとも。和泉国の海岸に設けられていた海産物の供給拠点。職員令40条義解に雑供戸を鵜飼・江人・網引等の類とし、同条集解令釈別記には鵜飼三七戸などと並んで網引一五〇戸とあり「経㆑年毎㆑丁役、為㆓品部㆒、免㆓調雑徭㆒」とする。もとは雑供戸として大膳職に所属していたが、三代格延暦十七・六・二十五符により、網曳長一人は江長一人とともに大膳職から内膳司にその所管が改められたことが分かる。↓補1

38造雑魚鮨条

鮨　いわゆる熟鮨(ナレズシ)であり、今日の握鮨(ニギリズシ)とは異なる。塩を加えたサカナを飯に漬け込んで発酵させ保存性を高めた食品。

江厨　↓補2

39造醬鮒条

筑摩厨　↓補3

玉貫　考異、主計式・大膳式ニヨリテ「串貫鰒」ノ誤リカトナス。→校補12
夏鰒　考異、主計式ニヨリテ「長鰒」ノ誤リカトナス。
近江　考異、コノ下「六國」マタハ「等國」ノ二字ヲ補ウベキカトナス。
新　九「大」。

40諸国貢進御贄条
御贄　→補1
旬の料　原則として一〇日毎に貢進する。前項参照。
吉野御厨　→補2
鳩　食用の山鳩か。侍中群要ニ所引の御厨子所例に見える延喜十一・十二・二十制の六箇国日次御贄には、山城国・大和国・河内国・近江国から鳩を出すとする。
年魚の鮨　天智紀十・十二・癸酉条に「み吉野の　吉野の鮎　鮎こそは(下略)」と、吉野の鮎を歌い込んだ童謡が見えるように、吉野の鮎は特産品としてよく知

斗、

諸國貢進御贄〈中宮准レ此、〉

旬料

大和國吉野御厨所レ進鳩、從二九月一至二明年四月一、年魚鮨火干、從二四月一至二八月一、月別上下旬各三擔、但蜷幷伊具比魚煮凝等隨レ得加進、志摩國御厨鮮鰒、螺、起二九月一盡二明年三月一、月別上下旬各二擔、味漬、腸漬、蒸鰒、玉貫、御取、夏鰒等月別物五擔、雜魚十三擔、〈並以二徭丁一運進、〉若狹國雜魚上下旬各七擔、〈司受取課丁百十六人、以二其調物一交二易鮮物一、徭丁運進、〉紀伊國雜魚上中下旬各三擔半、〈司受取課丁七十四人、以二其調物一交二易鮮物一、徭丁運進、〉淡路國雜魚二擔半、〈一旬料、〉

節料

山城、大和、河內、和泉、攝津、近江、〈正月元日、七日、十六日、五月五日、七月七日、九月九日、十一月新嘗會節、別各七荷、並以二正税一交易、令二徭丁運進一、〉志摩國、〈正月元日、新嘗會二節各八擔、正月七日、十六日、五月五日、七月七日、九月九日五節各三擔、〉參河國、〈正月三節各三擔、〉若狹國、〈三節各十擔、〉紀伊、淡路兩國、〈三節、〉

斗。

40 諸国貢進の*御贄《みにえ》〈中宮もこれに准えよ〉

*旬の料

大和国*吉野御厨《みくりや》の進るところの*鳩《はと》は九月より明年四月まで、*年魚《あゆ》の鮨・火干《ひぼし》は四月より八月まで、月別《ごと》の上下旬に各《おのおの》三担。ただし*蜷《にな》ならびに*伊具比魚《いぐいうお》の*煮凝《にこごり》等は得るに随いて加え進れ。*志摩国の御厨の鮮鰒《なまあわび》・*螺《さざえ》は九月より明年三月まで、月別の上下旬に各二担、*味漬《あまづけ》・腸漬《わたづけ》・蒸鰒《むし》・玉貫《たまぬき》・御取《みとり》・夏鰒等は月別に惣べて五担、雑の魚十三担〈みな*徭丁を以て運び進れ〉。若狭国の雑の魚は上下旬に各七担〈司の受け取る課丁百十六人、その調物を以て鮮物《なまもの》に交易《きょうやく》し、徭丁運び進れ〉。紀伊国の雑の魚は上中下旬に各三担半〈司の受け取る課丁七十四人、その調物を以て鮮物に交易し、徭丁運び進れ〉。淡路国の雑の魚は二担半〈一旬の料〉。

*節の料

山城・大和・河内・和泉・摂津・近江〈正月元日・七日・十六日・五月五日・七月七日・九月九日・十一月新嘗《にいなめ》会の節、別《せちごと》に各七荷、みな正税を以て交易し、徭丁をして運び進らしめよ〉、志摩国〈正月元日・新嘗会の二節に各八担、正月七日・十六日・五月五日・七月七日・九月九日の五節に各三担〉、*参河国〈正月の三節に各三担〉、若狭国〈三節に各十担〉、紀伊・淡路の両国〈三節に

られていた。ただし鮎の鮨は、本式42条に見えるように、いくつかの国から貢進されている。

蜷 川蜷のこと。和名抄にはミナ。

伊具比魚 淡水魚のウグイのこと。出雲国風土記(意宇郡)伯太川の項に「伊久比」として、やはり年魚と並記する。

煮凝 魚を煮てその煮汁のゼラチン質が固まってできたもの。霊異記下一五に「煮たる鯉寒凝(コゴ)る」とある。

志摩国の御厨 ↓補3

螺 今日のサザエのことであろう。和名抄には栄螺子(ササエ)。

味漬…夏鰒 ↓補4

徭丁 各国の雑徭の力役に徴発された者のこと。

節の料 年間七度行なわれる節会の料物。要略二四弘仁三・九・十六符には「太政官符五畿内志摩近江若狭紀伊淡路等国司応レ進二九月九日節御贄一事」として「件節御贄、准二癈〔廃〕三月三日節一令レ進レ之(下略)」とあり、国名の上では本条に見える諸国が挙げられている。なお、本条上文の「御贄」参照。

参河国 主計式上16・17・31条には、尾張国・参河国・信濃国の中男作物として雉腊があり、本式42条には、尾張国・越中国・大宰府からの年料として雉腊が見える。

各五擔、右、參河國進レ雉、餘國雜鮮味物、但近江國元日副二進猪鹿一、其旬料已下並收二司家一、隨レ事供之、

凡淡路國進二中宮御贄一者、貢二正月三節料一、

年料

山城國、氷魚、鱸魚、攝津國、擁鋏、皮菌、和泉國、鯛、鰺、伊賀國、鮨年魚二擔四壺、鹽塗年魚二擔、入二折櫃一、伊勢國、鯛春酢二擔廿籠二度、鮨年魚二擔四壺二度、蠣、礒蠣、志摩國、深海松、尾張國、爲伊二擔廿壺、白貝二擔四壺、蝌蛯二擔四壺、雉腊納二十八籠一、籠別六翼、參河國、稗海藻一擔四籠、籠様長一尺二寸、廣八寸、深四寸、他皆同レ此、遠江國、稚海藻、下總國、稚海藻六籠、常陸國、稚海藻二擔廿籠、近江國、煮鹽年魚二石、鮒、鱒、阿米魚、氷魚、美濃國、鮨鮒隔月三缶、火干年魚一擔八籠、鮨年魚四擔八壺、信濃國、梨子、干棗子、姫胡桃子、楚割鮭、其荷數者、梨子一荷、納二八籠一、籠別七十顆、大棗子一荷、納二八籠一、籠別一斗、胡桃子一荷、納二八籠一、籠別一斗、楚割鮭一荷、納二九籠一、籠別六隻、例貢十月進之、梨子三荷、納二八籠一、籠別七十顆、大棗子一荷、納二八籠一、籠別一斗、別貢十一月進之、陸奥國、索昆布卌二斤、細昆布一百廿斤、廣昆布卅斤、若狹國、生鮭三擔十二隻三度、山薑一斗五升三度、稗海藻

擁　底「擁」。九ニヨリテ改ム。
菌　底「薗」。九ニヨリテ改ム。
入　底「八」。版本ニ従イテ改ム。下同ジ。
貝　底「具」。九ニヨリテ改ム。
他　底「帊」。九ニヨリテ改ム。
稚　底「雑」。九ニヨリテ改ム。
細　底「調」。ソノ下「細」字ヲ補入。九・閣ホカ「調」ナシ。衍ト見テ削ル。梵・梵別、「細」ヲ「調」ニ作ル。
一　底ナシ。九ニヨリテ補ウ。
卅　九「卌」。
二　底「三」。九ニヨリテ改ム。

味物　うまいもの。
猪鹿　→補1

41淡路国御贄条
淡路国　旬料・節料・年料のいずれも「中宮准レ此」が適用されるはずであるが、本条によって節料のみが適用され、中宮の旬料は免除されることになる。なお淡路国の御贄については、天平十年度淡路国正税帳(古二―一〇二頁)に贄の担夫に対する稲の支給が記される。

42年料御贄条
年料　本式40条の「御贄」参照。
氷魚　鮎の稚魚。秋の終わりから冬にかけて取れる。万葉集三八三九番歌に「氷

魚(ヒヲ)そ懸(サガ)れる」とある。本式44条、宮内式45条参照。

鱸魚　今日のスズキに同じ。

擁鉗　ワタリガニのこととされる。宮内式45条参照。

皮菌　きのこの一種か。宮内式45条参照。

鯛の春酢　酢を用いた調味料に鯛を漬けこんだものか。万葉集三八二九番歌に「醤酢に蒜搗き合(カ)てて鯛願ふ」とあり、平城京跡出土木簡に「鯛春須」が見える(『木簡研究』一七—二二頁、一九九五年)。

蠣礒蠣　両者の区別は不明。ともに今日の牡蠣のこと。

為伊　蜮蛦とも。海浜で取れる水産物のことか。箋注和名抄の「蝙蛞」の項参照。

白貝　バカ貝(ホッキ貝)のことか。出雲国風土記(島根郡)、常陸国風土記(行方郡)に見える。

蠏蜷　方言で「がにみな」。やどかりのことか。和名抄の「寄居子」の項に「俗仮用ニ蟹蜷二字ニ」と見える。

穉海藻・稚海藻　いずれもワカメ。宮内式45条参照。

阿米魚　琵琶湖にすむサケ科の魚。

楚割の鮭　宮内式45条参照。楚割については主計式上2条参照。

索昆布・細昆布・広昆布　→補2

各五担〉。

右、参河国は雉《きじ》を進り、余の国は雑の鮮《あざら》けき*味物《あじもの》。ただし近江国は元日に*猪・鹿を副え進れ。その旬の料已下《いげ》は、みな司家に収め事に随いて供ぜよ。

41 凡そ*淡路国の中宮の御贄を進らんには、正月三節の料を貢せよ。

42 *年料

山城国〈*氷魚《ひお》・*鱸魚《すずき》〉、摂津国〈*擁鉗《かさめ》・*皮菌《かわたけ》〉、和泉国〈鯛《たい》・鯵《あじ》〉、伊賀国〈鮨の年魚二担四壺、塩塗《しおぬりの》年魚二担、折櫃《おりひつ》に入れよ〉、伊勢国〈*鯛の春酢二担二十籠二度、鮨の年魚二担四壺二度、*蠣《かき》・礒《あら》蠣《がき》〉、志摩国〈深海松《ふかみる》〉、尾張国〈*為伊《いい》二担二十壺、*白貝《おう》二担四壺、*蠏蜷《かみな》二担四壺、雉《きじ》の腊《きたい》十八籠を納めよ、籠別に六翼〉、参河国〈*穉海藻《わかめ》一担四籠、籠の様《ためし》長さ一尺二寸、広さ八寸、深さ四寸、他は皆これに同じくせよ〉、遠江国〈*稚海藻《わかめ》〉、下総国〈稚海藻六籠〉、常陸国〈稚海藻二担二十籠〉、近江国〈煮塩《にしおの》年魚二石、鮒・鱒《ます》・*阿米魚《あめうお》・氷魚〉、美濃国〈鮨の鮒、隔月に三缶《もたい》、火干《ひぼしの》年魚一担八籠、鮨の年魚四担八壺〉、信濃国〈梨子《なし》、干棗子《ほしなつめ》、姫胡桃子《ひめぐるみ》、*楚割《すわやり》の鮭。その荷の数は梨子一荷、八籠に納《い》れよ、籠別に七十顆。大棗子《おおなつめ》一荷、八籠に納れ、籠別に一斗。胡桃子一荷、八籠に納れ、籠別に一斗、楚割の鮭一荷、九籠に納れ、籠別に六隻。例貢は十月に進れ。梨子三荷、八籠に納れ、籠別に七十顆。大棗子一荷、八籠に納れよ、籠別に一斗。別貢は十一月に進れ〉、陸奥国〈*索昆布《なひめ》四十二斤、*細昆布《ほそめ》一百二十斤、*広昆布《ひろめ》三十斤〉、若狭国〈生鮭三担十二隻三度、山薑《わさび》一斗五升三度、穉海藻

二籠十二斤、毛都久、於己、越前國、稺海藻二擔十籠、籠別一斗、又二捧、捧別一斗、生鮭三擔十二隻三度、山薑一斗五升三度、鮭兒、氷頭、背腸、能登國、稺海藻一輿六籠、越中國、稺海藻一輿五籠、雉腊一輿五籠、越後國、楚割鮭八籠八十隻、鮭兒、氷頭、背腸各四瓺筥、別一斗、佐渡國、稺海藻一擔十二籠、丹波國、生鮭三擔六隻三度、鮨年魚二擔四壺、鹽塗年魚二擔、入㆓折櫃㆒、丹後國、生鮭三擔十二隻三度、氷頭一壺、背腸一壺、山薑一斗五升三度、小鯛腊一石二斗、但馬國、稺海藻四擔十六籠、生鮭三擔十二隻三度、鮨年魚二缶、山薑一斗五升三度、因幡國、稺海藻十二籠、生鮭三擔十二隻三度、山薑一斗五升三度、伯耆國、稺海藻一擔十籠、海藻根一擔十籠、播磨國、鮨年魚二擔四壺、美作國、鮨鮎、備前國、水母十缶二度、備中國、煮鹽年魚八缶、長門國、稺海藻一百四籠、紀伊國、鮨年魚二擔四壺、讃岐國、鯛鹽作廿隻、白干十二籠、土左國、押年魚一千隻、煮鹽年魚五缶、大宰府、御取鰒四百五十九斤五裹、短鰒五百十八斤十二裹、薄鰒八百五十五斤十五裹、陰鰒八十六斤三裹、羽割鰒卅九斤一裹、火燒鰒三百卅五斤四裹、已上調物、鮒鮨一百七十八斤五缶、鮨鰒一百八斤三缶、腸漬鰒二百九十六斤九缶、耳腐鰒九十八斤二缶、已上中男作物、鮨年魚二百廿三斤六缶、煮鹽年魚八百卅九斤廿缶、內子鮨年魚卅六斤一缶、已上梁作、鯛醬四斗八升二缶、宍醢二斗三升一缶、蒜房漬一石五斗七升六缶、以上厨作、雉腊二輿六十籠、別三翼、腹赤魚筑後、肥後兩國所㆓進出㆒、其數隨㆑得、已上別貢、

籠　底ナシ。九ニヨリテ補ウ。
捧　底ナシ。例ニヨリテ補ウ。
擔　底「捧」。但馬国ノ例ニヨリテ改ム。
四壺　底、弥書。九・閣ホカニヨリテ削ル。
擔　底「捧」。九ニヨリテ改ム。下同ジ。
母　底ナシ。九ニヨリテ補ウ。
鮨　底ナシ。九ニヨリテ補ウ。
耳　底「甘」。九・閣ホカニヨリテ改ム。

毛都久　暗褐色の細糸状の海藻。水雲なども。毛都久購入の例は古一六―二九二頁などに見える。
於己　オゴノリ(海髪)のこと。於期、於胡菜なども。
鮭兒　筋子のこと。
氷頭　鮭の頭部の軟骨。
背腸　鮭の腎臓の塩辛。
越後国　宇治拾遺物語(上―一五)に越後国から鮭を馬に乗せて京に運び込む話が見える。
海藻根　メカブのことか(瀧川政次郎「海藻根考」〈『増補新版　日本社会経済史論考』所収、一九八三年、初出一九六一年〉参照)。
水母　平城宮跡において、備前国から御

贄の水母を献納した天平十八年(七四六)九月二十五日の木簡が出土している(木簡学会編『日本古代木簡選』一二七頁、一九九〇年)。

白干　塩や塩水に漬けずにそのまま干した魚のこと。

大宰府　↓補1

短鰒…火焼鰒　本式40条の「味漬…夏鰒」および主計式上2条参照。

調物　西海道の調庸は一部を除き大宰府に納入される(民部式上12条)。そのなかから贄として各種のアワビが貢進された。

耳腐の鰒　主計式上4条の「腐ち耳の鰒…鮨の鰒」参照。

中男作物　主計式上4条参照。

煮塩年魚　↓補2

梁作　梁は魚を捕るために川につくる仕掛け。神武即位前紀戊午・八・乙未条に「有㆓作㆑梁取魚者㆒〈梁、此云㆓揶奈㆒〉」とある。本条に挙げられているのはすべて鮎の加工品。宮内式46条参照。

宍の醢　大学式1条の「醯醢・醢」参照。

厨作　↓補3

腹赤の魚　鱒あるいは鮠(ニベ)とされるが定かでない。文徳実録斉衡元・正・丁亥条に「大宰府貢㆓腹赤魚㆒、承前元日貢㆑之、延至㆓今日㆒」とある。大舎人式3条、宮内式31条参照。

二籠十二斤、*毛都久《もずく》、*於己《おご》〉、越前国〈稺海藻二担十籠、籠別に一斗、また二捧、捧別に一斗、生鮭三担十二隻三度、山薑一斗五升三度、*鮭児《さけのこ》・*氷頭《ひず》・*背腸《みなわた》〉、能登国〈稺海藻一輿六籠〉、越中国〈稺海藻一輿五籠、雉の腊一輿五籠〉、越後国*〈楚割の鮭八籠八十隻、鮭児・氷頭・背腸各四麻笥《おけ》、別《おけごと》に一斗〉、佐渡国〈稺海藻《わかめ》一担十二籠〉、丹波国〈生鮭三担六隻三度、鮨の年魚二担四壺、塩塗年魚二担、折櫃《おりひつ》に入れよ〉、丹後国〈生鮭三担十二隻三度、氷頭一壺、背腸一壺、山薑一斗五升三度、小鯛《こだい》の腊《きたい》一石二斗〉、但馬国〈稺海藻四担十六籠、生鮭三担十二隻三度、鮨の年魚二缶、山薑一斗五升三度〉、因幡国〈稺海藻十二籠、生鮭三担十二隻三度、山薑一斗五升三度〉、伯耆国〈稺海藻一担十籠、*海藻根《まなかし》一担十籠〉、播磨国〈鮨の年魚二担四壺〉、美作国〈鮨の鮎《あゆ》〉、備前国〈*水母《くらげ》十缶二度〉、備中国〈煮塩年魚八缶〉、長門国〈稺海藻一百四籠〉、紀伊国〈鮨の年魚二担四壺〉、讃岐国〈鯛の塩作二十隻、*白干《しらぼし》十二籠〉、土左国〈押年魚一千隻、煮塩年魚五缶〉、大宰府*〈御取《みとり》の鰒《あわび》四百五十九斤五裹《つつみ》、*短《みじか》鰒五百十八斤十二裹、薄《うす》鰒八百五十五斤十五裹、陰《かげ》鰒八十六斤三裹、羽割《はわり》の鰒三十九斤一裹、火焼《ほやき》鰒三百三十五斤四裹、已上調物*。鮒の鮨一百七十八斤五缶、鮨の鰒一百八斤三缶、腸《わた》漬《づけ》の鰒二百九十六斤九缶、*耳腐《くちみみ》の鰒九十八斤二缶、已上中男作物*。鮨の年魚二百二十三斤六缶、煮塩*年魚八百三十九斤二十缶、内子《こごもり》の鮨の年魚三十六斤一缶、已上梁作《やなつくり》*。鯛の醬四斗八升二缶、*宍《しし》の醢《ひしお》二斗三升一缶、蒜房漬《ひるふさづけ》一石五斗七升六缶、以上*厨作《くりやつくり》。雉の腊二輿六十籠、別《こごと》に三翼、*腹赤《はらか》の魚、筑後・肥後の両国の進《たてまつ》り出すところ、その数は得るに随え。已上別貢〉。

以　底ナシ。九ニヨリテ補ウ。
汁　底ナシ。主計式上20条ニヨリテ補ウ。

43山城国江御贄条
江の御贄　職員令40条集解令釈別記に江人八七戸とあり、「経レ年毎レ丁役、為二品部一、免二調雑徭一」とする。本式38条に河内国江厨とある。本式53条には江の徭丁を四〇人とするが、そのなかには山城国の江御厨も含まれていたと考えられる（苅米一志「内膳司御厨の展開について」〈『延喜式研究』八、一九九三年〉）。
預人　管理人のこと。

44氷魚網代条
網代　川に多くの杭を打ち木や竹を組み合せ、魚（氷魚）を誘導して捕る仕掛け。山城国の宇治川の場合は特に名高く、万葉集二六四番歌に「もののふのやそ宇治川の網代木に」、同一一三五番歌に「宇治川は淀瀬なからし網代人」、同一一三七番歌に「宇治人の譬への網代我ならば」とある。近江においては瀬田川に設けられた田上（タナカミ）御網代（三代格元慶七・十・二十六符）が見え、本朝世紀長徳元・十・十条にも「田上御網代司」とある。西宮記恒例三（遣氷魚使）に「宇治田上以二所人一遣、各給二御牒一、或付レ国」と

右、諸國所レ貢、並依二前件一、仍收二贄殿一、•以擬二供御一、但腹赤魚收二司家一、
山城國江御贄者、國司率二預人一漁捕進之、
山城國、近江國氷魚網代各一處、其氷魚始二九月一迄二十二月卅日一貢之、
參河國保夜一斛、土左國腸漬小鰒四缶、缶別納二三斗一、毎年交易進上、
凡伊豆國貢進堅魚煎•汁一斛四斗六升、以二中男作物内一進之、
凡諸國貢二進御厨御贄一結番者、和泉國子巳、紀伊國丑午酉、淡路國寅未戌、近江國卯、若狭國辰申亥、毎レ當二件日一、依レ次貢進、預計二行程一莫レ致二闕怠一、
山城國所レ進供御料青槲、毎日一荷、五十把、始二五月五日一終二十一月四日一、丹波國干槲毎日一荷、始二十一月五日一終二五月四日一、中宮准レ此、
木盤一百廿口、料理所雜用料、木工寮毎年所レ進、
作二木器一二人、一人贄殿、一人司家、作二土器一九人、月別一人所レ造、

あり、北山抄七（請内印雑事）には「下二山城国一符、充下修二理宇治御網代一料正税稲上事」とある。渋沢敬三「式内水産物需給試考」（著作集一、一九九二年、初出一九四一・四二年）、網野善彦「宇治川の網代」（『日本中世の非農業民と天皇』所収、一九八四年）参照。

45参河国保夜条

保夜　海鞘のこと。主計式上2条に「貽貝と富耶（ホヤ）の交鮨」が見える。

46伊豆国貢進条

堅魚の煎汁　カツオを煮出した汁。調味料。駿河・伊豆両国の中男作物に含まれる。民部式下63条、主計式上4・19条参照。

47御厨御贄条

結番　順番のこと。十二支によって五ケ国が分担する。→補1

48青槲干槲条

青槲・干槲　槲は柏に同じ。食物を盛りつけるのに用いる。民部式下62条、大膳式上2条参照。

49木盤条

木工寮　木工式7条には九寸・八寸・六寸の盤が見える。

50木器土器条

二人　贄殿と司に分かれて配置されることからすれば、贄殿が半ば独立的な機関として扱われていることが窺われる。

右、諸国貢するところはみな前《さき》の件《くだり》によれ。仍りて贄殿《にえどの》に収め、以て供御《くご》に擬《なぞら》えよ〈ただし腹赤の魚は司家に収めよ〉。

43 山城国の*江《え》の御贄は、国司、*預人《あずかりびと》を率い漁《すなど》り捕りて進れ。

44 山城国・近江国の氷魚の*網代《あじろ》、各一処、その氷魚は九月より十二月三十日まで貢せよ。

45 参河国の*保夜《ほや》一斛、土左国の腸漬《わたづけ》の小鰒四缶〈缶別に三斗を納れよ〉、毎年交易して進上せよ。

46 凡そ伊豆国の貢進《たてまつ》る*堅魚《かつお》の煎汁《いろり》一斛四斗六升は、中男作物の内を以て進れ。

47 凡そ諸国、御厨の御贄を貢進る*結番《けちばん》は、和泉国〈子《ね》・巳《み》〉、紀伊国〈丑《うし》・午《うま》・酉《とり》〉、淡路国〈寅《とら》・未《ひつじ》・戌《いぬ》〉、近江国〈卯《う》〉、若狭国〈辰《たつ》・申《さる》・亥《い》〉。件の日に当たる毎《ごと》に次《ついで》によりて貢進れ。預め行程を計りて闕怠《けたい》を致すことなかれ。

48 山城国の進るところの供御の料の*青槲《あおかしわ》は、毎日一荷〈五十把〉。五月五日より始めて十一月四日に終れ。丹波国の*干槲は毎日一荷。十一月五日より始めて五月四日に終れ。中宮もこれに准えよ。

49 木盤《きざら》一百二十口〈料理所《つくりどころ》の雑用の料、*木工寮毎年進るところ〉。

50 木の器を作る*二人〈一人は贄殿、一人は司家〉、土《はに》の器を作る九人、月別《ごと》に一人造るとこ

卌　底「卅」。下文ニヨリテ改ム。

卌　底「卅」。九及ビ三代実録仁和元・九・七条ニヨリテ改ム。

大坏…　土器の形状については主計式上1条参照。

埴の器　埴は土器を作るための粘土のこと。

時服　太政官式2条、中務式74条参照。

51膳部条

膳部　職員令46条に膳部四〇人とあり、類聚国史一〇七大同四・五・庚午条に膳部四〇人を加うとあるが、本条では四〇人とされている。

52仕丁条

仕丁　民部式上61条参照。

中割　半分の幅にすることか。大炊式39条参照。

53江網曳御厨条

徭丁　本式40条参照。三代実録仁和元・九・七条には「勅停二廃山城・河内・和

折櫃卅合、土器七百八十口、大坏、中坏、窪坏、平坏、埦形、片盤、瓮、堝等類、作二土器一人充二商布九段、埴器料、鍬九口一、納レ舊請レ新、粮人別日黑米二升、鹽二勺、時服夏各絁四丈五尺、冬絁一疋三丈、綿四屯、

膳部•卌人粮、白米人別日一升、鹽一勺、仕丁十七人粮、黑米人別日二升、鹽二勺、

膳部卌人給二衣服一、

仕丁十七人、紺布衫一領、別二丈、調布袴一腰、別七尺、調布帶一條、別長八尺四寸、中割、三年一請、

凡山城、河内、攝津、和泉等國、江、網曳御厨所レ請徭丁、江•卌人、網曳五十人、

凡筑摩長、擇二膳部中一補之、

凡膳部勞十年已上者、隔二三年一一人預二勘籍例一、

凡膳部仕丁、仕女等不仕之物者、充二司中雜用一、

凡作園所レ須牛十一頭、以二左右馬寮牛一充之、其死老者、申レ省請替、官驗二其實一、然後充之、其鍬七十四口、鍬柄卌枝、鋤柄卅四枝、並二年一請、舊鍬返上、

泉・摂津等国江長幷贄戸一、充二徭丁各卌人一、但和泉国五十人」とあり、贄戸の代わりに徭丁が充てられていることが分かる。本条の網曳五〇人は和泉国五〇人に該当するので(本式37条)、江四〇人は山城(同式43条)・河内(同式38条)および摂津(類聚国史三三天長八・五・戊申条「摂津国供御江」)に充てられたものか。

54筑摩長条

筑摩の長 ↓補1

55膳部労条

勘籍 官人とされるにあたって戸籍を点検すること。これによって課役が免除される。民部式上85条以下参照。

56膳部不仕条

不仕の物 支給されるはずであった料物(給与)が、当該者の不出仕により支給されず残された場合に司の雑費とされた。相曽貴志「不仕料について」(『書陵部紀要』五六、二〇〇五年)参照。

57作園牛条

作園 本条以下はもとの園池式条文。園池司の内膳司への統合により式条文も合綴された。本式60条参照。

左右馬寮の牛 左右馬式4条に諸国から貢献される牛が見える。

鍬七十四口 鍬と鋤の柄の数を合せた数値であるが、鍬のみを七四とするのは不審。

ろは、折櫃三十合、土の器七百八十口〈*大坏・中坏・窪《くぼ》坏・平《ひら》坏・埦形《もいがた》・片盤《かたさら》・瓫《ほとぎ》・堝《なべ》等の類〉。土の器を作る人に商布九段〈*埴《はに》の器の料〉、鍬《くわ》九口《く》〈旧《ふる》きを納めて新しきを請《う》けよ〉を充てよ。粮は人別に日に黒米二升、塩二勺、*時服は夏に各絁《あしぎぬ》四丈五尺、冬に絁一疋三丈、綿四屯。

51 *膳部《かしわで》四十人の粮は白米人別に日に一升、塩一勺。仕丁十七人の粮は黒米人別に日に二升、塩二勺。膳部四十人に衣服を給え。

52 *仕丁十七人に紺の布の衫《ひとえぎぬ》一領〈別《りょうごと》に二丈〉、調布の袴一腰〈別《こしごと》に七尺〉、調布の帯一条〈別《じょうごと》に長さ八尺四寸、*中割《なかわり》〉。三年に一たび請《う》けよ。

53 凡そ山城・河内・摂津・和泉等の国の、江《え》・網曳《あみびき》の御厨《みくりや》の請くるところの*徭丁は、江に四十人、網曳に五十人。

54 凡そ*筑摩《つくま》の長は膳部の中より択びて補《ぶ》せよ。

55 凡そ膳部の労十年已上の者は、三年を隔てて一人*勘籍《かんじゃく》の例に預れ。

56 凡そ膳部・仕丁・仕女等の*不仕の物は、司中の雑用に充てよ。

57 凡そ*作園《そのつくり》に須《もち》うるところの牛十一頭は、*左右馬寮の牛を以て充てよ。その死老せば、省に申して請け替えよ。官、その実を験して然る後に充てよ。その*鍬七十四口、鍬の柄《え》四十枝、鋤《すき》の柄三十四枝、みな二年に一たび請けよ〈旧き鍬は返上せよ〉。

馬鍬二具、舊返上、辛鉏閉良二枚、鋒四枚、已上随レ損請、車二兩、年別請、

營園仕丁十四人、一人直丁、十三人駈使丁、

川船一艘、長三丈、在ニ與等津一、

右、漕ニ奈良、奈癸等園供御雑菜一、

園地卅九町五段二百歩、京北園十八町三段、奈良園六町八段三百廿歩、山科園九段、奈癸園五町五段二百卌歩、羽束志園四町九段、泉園一町、平城園二町、

雑菓樹四百六十株、續梨百株、桃百株、柑卌株、小柑卌株、柿百株、橘廿株、大棗卅株、郁卅株、覆盆子園二段、

右、依レ件令レ殖、若不レ満レ數、遷替之時拘ニ其解由一、

田六段二百卅四歩、種ニ芹水葱一料、在ニ乙訓郡一、

耕種園圃

營ニ大麥一段一、種子一斗五升、物單功十四人半、耕レ地一遍、把レ犁一人、馭レ牛一人、牛一頭、料理一人、畦上作二人、下子半人、刈功二人、擇功五人、搗功二人、小麥亦同、

使　底「仕」。九ニヨリテ改ム。

卅　九「卌」。

把　底ナシ。九・閣ホカニヨリテ補ウ。

馬鍬　馬に引かせる鍬のことであるが、本式63条には馬を耕作に用いることは明記されない。和名抄には馬杷。

辛鉏の閉良・鋒　→補1

車　積載・運搬用の二輪車であろう。力車とも(西宮記臨時四〔臨時楽〕)。森田悌「古代の車について」(『解体期律令政治社会史の研究』所収、一九八二年、初出一九七三年)参照。

58営園仕丁条

営園の仕丁　→補2

直丁　職員令50条に直丁一人。天平十七年四月十六日園池司解も同様(古二―三九九頁)。

59川船条

与等の津　主税式上116条には海上輸送の便について、与等津に至るとするように、平安京南方の物流拠点。後紀延暦二十三・七・丙申条には桓武天皇が与等津に行幸したことが見える。

奈良奈癸等の園　本式4条および次条参照。

*馬鍬は二具〈旧きは返上せよ〉、*辛鉏《からすき》の閉良《へら》二枚《ひら》・*鋒《さき》四枚〈已上損なうに随いて請けよ〉、*車二両〈年別に請けよ〉。

58 *営園《そのつくり》の仕丁十四人〈一人は*直丁、十三人は駈使丁〉。

59 川船一艘〈長さ三丈〉、*与等《よど》の津《つ》にあり。

右、*奈良・奈癸《なき》等の園の供御の雑の菜を漕《はこ》ぶ。

60 *園地三十九町五段二百歩〈*京北の園十八町三段、奈良の園六町八段三百二十歩、山科《やましな》の園九段、奈癸の園五町五段二百四十歩、羽束志《はつかし》の園四町九段、泉《いずみ》の園一町、平城《なら》の園二町〉。

61 雑の菓樹四百六十株〈*続梨《つぎなし》百株、桃百株、柑《かん》四十株、小柑《ちいさき》四十株、柿百株、橘《たちばな》二十株、大棗《おおなつめ》三十株、*郁《むべ》三十株〉、覆盆子《いちご》の園二段。

右、件によりて殖《う》えしめよ。もし数に満たざれば、遷替の時、その解由を拘《とど》めよ。

62 田六段二百三十四歩〈*芹《せり》・水葱《なぎ》を種《う》うる料、乙訓郡《おとくに》にあり〉。

63 耕《かえ》し種《う》うる園圃《えんぽ》

*大麦《ふとむぎ》一段を営《つく》るに、種子《たね》一斗五升、惣べて*単功十四人半、地を耕《かえ》すこと一遍、*犂《からすき》を把《と》るに一人、牛を馭《ぎょ》するに一人、牛一頭、*料理《つく》るに一人、畦上作《うねあげつくり》に二人、下子《たねおろし》に半人、刈る功二人、*択《え》る功五人、*搗《つ》く功二人〈*小麦もまた同じくせよ〉。

60園地条

園地　→補3

京北の園　本式63条営蔓菁の項に糞の運送先を北園とすることから、内膳司所管の園の中で中心的な役割を占めたと推測される。

61雑菓樹条

続梨　接ぎ木をした梨の木のことか。

郁　宮内式45条の「郁子」参照。

62芹水葱田条

芹水葱　次条末尾の二項に該当する。乙訓郡は水陸の交通の要衝であり、本式19条の乙訓園、同式60条の羽束志園も置かれていた。清水みき「八世紀の乙訓園」（中山修一喜寿記念事業会編『長岡京古文化論叢』Ⅱ所収、一九九二年）参照。

63耕種園圃条

大麦一段を営るに…　大麦は大炊式18条等に所見。小麦に比べれば用途は少なかったようである。

単功　労務に従事する延べの人数。

犂　本式57条では辛鉏。

料理る　作物に応じて播植に適切な土にすること。

択る功　穂から籾を取り出すこと。脱穀。

搗く功　精麦すること。

小麦　索餅などをつくるのに用いられる。本式19条、大膳式下16条等参照。

營二大豆一段一、種子八升、惣單功十三人、耕レ地一遍、把レ犂一人、駁レ牛一人、牛一頭、料理平和一人、畦上作二人、殖功二人、三月、芸一遍二人、採功二人、打功二人、

營二小豆一段一、種子五升五合、惣單功十三人半、耕レ地一遍、把レ犂一人、駁レ牛一人、牛一頭、料理一人、畦上作二人、五月、下子半人、芸二遍四人、採功二人、打功二人、

營二大角豆一段一、種子八升、惣單功十三人、耕レ地一遍、把レ犂一人、駁レ牛一人、牛一頭、料理一人、畦上作二人、殖功二人、芸一遍三人、採功三人、

營二蔓菁一段一、種子八合、惣單功卅二人半、耕レ地五遍、把レ犂二人半、駁レ牛二人半、牛二頭半、料理平和一人、糞百廿擔、擔別准二重六斤一、運功廿人、人別日六度、従二左右馬寮一運二北園一、下皆准レ此、下子半人、七八月、採功六人、

營二蒜一段一、種子三石、惣單功九十三人、耕レ地七遍、把レ犂三人半、駁レ牛三人半、牛三頭半、料理平和二人、分レ畦三人、糞二百十擔、運功卅五人、殖功六人、八月、芸三遍、第一遍十人、

牛　底ナシ。九・閣ホカニヨリテ補ウ。

牛一頭　底「牛頭一人」。九ニヨリテ改ム。

二　底「一」。考異ニ従イテ改ム。

糞　底「異土」二字。九・閣ホカニヨリテ削ル。

*大豆《まめ》一段を営るに、種子八升、惣べて単功十三人、地を耕すこと一遍、犁を把るに一人、牛を駆するに一人、牛一頭、料理《つく》り平和《なら》すに一人、畦上作に二人、殖うる功二人〈三月〉、*芸《くさぎ》ること一遍二人、採《と》る功二人、*打《う》つ功二人。

*小豆《あずき》一段を営るに、種子五升五合、惣べて単功十三人半、地を耕すこと一遍、犁を把るに一人、牛を駆するに一人、牛一頭、料理るに一人、畦上作に二人〈五月〉、下子に半人、芸ること二遍四人、採る功二人、打つ功二人。

*大角豆《ささげ》一段を営るに、種子八升、惣べて単功十三人、地を耕すこと一遍、犁を把るに一人、牛を駆するに一人、牛一頭、料理るに一人、畦上作に二人、殖うる功二人、芸ること一遍三人、採る功三人。

蔓菁《あおな》一段を営るに、種子八合、惣べて単功三十二人半、地を耕すこと五遍、犁を把るに二人半、牛を駆するに二人半、牛二頭半、料理り平和すに一人、*糞《こえ》百二十担〈担別に重さ六斤に准えよ〉、運ぶ功二十人〈人別に日に六度、左右馬寮より北園に運べ。下皆これに准えよ〉、下子に半人〈七・八月〉、採る功六人。

蒜《ひる》一段を営るに、種子三石、惣べて単功*九十三人、地を耕すこと七遍、犁を把るに三人半、牛を駆するに三人半、牛三頭半、料理り平和すに二人、畦を分つに三人、糞二百十担、運ぶ功三十五人、殖うる功六人〈八月〉、芸ること三遍、第一遍十人、

大豆　大膳式上1条、同式下18条参照。白大豆・黒大豆などの区別もあった。以下の品目は本式28・34条に見える。

芸る　除草すること。

打つ功　さやから豆を取り出すために打ちつけること。

小豆　小麦などとともに供御の月料に含まれる。

大角豆　白米とともに粉熟の材料にもされる。本式27条参照。

糞　牛馬の糞。

九十三人　一連の品目のなかでもっとも数が多い。

第二遍八人、第三遍七人、採功十五人、

營㆓韮一段㆒、種子五石、惣單功七十五人、耕㆑地三遍、把㆑犁一人牪、馭㆑牛一人牪、牛一頭牪、料理平和二人、畦上作二人、糞二百十擔、運功卅五人、擇㆓苗子㆒功六人、殖功六人、九月、芸三遍廿一人、度別七人、

營㆓葱一段㆒、種子四升、苗一千二百把、惣單功八十七人牪、耕㆑地三遍、把㆑犁一人牪、馭㆑牛一人牪、牛一頭牪、料理平和一人、畦上作二人、糞二百十擔、運功卅五人、下子牪人、八月、殖功廿人、二月、芸三遍、第一遍十人、第二遍九人、第三遍七人、

營㆓薑一段㆒、種子四石、惣單功七十八人、耕㆑地五遍、把㆑犁二人牪、馭㆑牛二人牪、牛二頭牪、料理平和二人、糞二百十擔、運功卅五人、分㆑畦四人、殖功四人、四月、芸三遍、第一遍九人、第二遍七人、第三遍六人、採擇功六人、

營㆓蕗一段㆒、種子二石、惣單功卅四人、耕㆑地二遍、把㆑犁一人、馭㆑牛一人、牛一頭、料理平和二人、糞百廿擔、運功廿人、殖功二人、九月、芸二遍、第一遍二人、三月、第二遍二人、六月、

牪　底ナシ。考異ニ従イテ補ウ。

第二遍八人、第三遍七人、採る功十五人。

韮《こみら》一段を営るに、種子五石、惣べて単功七十五人、地を耕すこと三遍、犂を把るに一人半、牛を駁するに一人半、牛一頭半、料理《つく》り平和《なら》すに二人、畦上作に二人、糞二百十担、運ぶ功三十五人、*苗子《なえ》を択《え》る功六人、殖うる功六人〈九月〉、芸ること三遍二十一人〈度別《ごと》に七人〉。

葱《き》一段を営るに、種子四升、苗一千二百把、惣べて単功八十七人半、地を耕すこと三遍、犂を把るに一人半、牛を駁するに一人半、牛一頭半、料理り平和すに一人、畦上作に二人、糞二百十担、運ぶ功三十五人、下子に半人〈八月〉、殖うる功二十人〈二月〉、芸ること三遍、第一遍十人、第二遍九人、第三遍七人。

薑《はじかみ》一段を営るに、種子四石、惣べて単功七十八人、地を耕すこと五遍、犂を把るに二人半、牛を駁するに二人半、牛二頭半、料理り平和すに二人、糞二百十担、運ぶ功三十五人、畦を分つに四人、殖うる功四人〈四月〉、芸ること三遍、第一遍九人、第二遍七人、第三遍六人、採《と》り択《むし》る功六人。

蕗《ふふき》一段を営るに、種子二石、惣べて単功三十四人、地を耕すこと二遍、犂を把るに一人、牛を駁するに一人、牛一頭、料理り平和すに二人、糞百二十担、運ぶ功二十人、殖うる功二人〈九月〉、芸ること二遍、第一遍二人〈三月〉、第二遍二人〈六月〉、

苗子を択る　苗を区分けすること。

廿　底ナシ。九・閣ホカニヨリテ補ウ。
二遍　底ナシ。九・閣ホカニヨリテ補ウ。
耕　底ナシ。九ニヨリテ補ウ。

刈功四人、三年一殖、
營二薊一段一、種子三石五斗、惣單功卌四人、耕レ地二遍、把レ犁一人、駁レ牛一人、牛一頭、料理平和二人、糞百廿擔、運功廿人、殖功二人、芸二遍、第一遍三人、二月、第二遍三人、七月、刈功四人、擇功八人、三年一度遷殖、
營二早瓜一段一、種子四合五勺、惣單功卌六人、耕レ地二遍、把レ犁一人、駁レ牛一人、牛一頭、料理平和三人、掘二畦溝一三人、糞七十五擔、運功十二人半、位三百六十座、踏レ位一人、下子半人、二月、拂レ蟲十二人、壅幷芸三遍、第一遍五人、三月上、第二遍四人、三月下、第三遍三人、四月、
營二晩瓜一段一、種子四合五勺、惣單功卌五人半、耕レ地二遍、把レ犁一人、駁レ牛一人、牛一頭、料理平和三人、掘二畦溝一三人、位三百六十座、踏レ位一人、下子半人、壅一人、三度、芸三遍、第一遍十人、三月、第二遍八人、四月、第三遍七人、五月、
營二茄一段一、種子二升、惣單功卌一人、耕レ地二遍、把レ犁一人、駁レ牛一人、牛一頭、畦料理平和三人、下子半人、三

刈る功四人、三年に一たび殖えよ。

薊《あざみ》一段を営るに、種子三石五斗、惣べて単功四十四人、地を耕すこと二遍、犁を把るに一人、牛を馭するに一人、牛一頭、料理り平和すに二人、糞百二十担、運ぶ功二十人、殖《う》うる功二人、芸ること二遍、第一遍三人〈二月〉、第二遍三人〈七月〉、刈る功四人、択《むし》る功八人、三年に一度*遷し殖えよ。

早瓜《わせうり》一段を営るに、種子四合五勺、惣べて単功四十六人、地を耕すこと二遍、犁を把るに一人、牛を馭するに一人、牛一頭、料理り平和すに三人、畦《うね》の溝を掘るに三人、糞七十五担、運ぶ功十二人半、*位《くら》三百六十座、位を踏むに一人、下子《たねおろし》に半人〈二月〉、*虫を払《はら》うに十二人、*壅《つちか》いならびに芸《くさぎ》ること三遍、第一遍五人〈三月上〉、第二遍四人〈三月下〉、第三遍三人〈四月〉。

晩瓜《おくてうり》一段を営るに、種子四合五勺、惣べて単功三十五人半、地を耕すこと二遍、犁を把《と》るに一人、牛を馭するに一人、牛一頭、料理り平和すに三人、畦の溝を掘るに三人、位三百六十座、位を踏むに一人、下子に半人、壅いに一人〈三度〉、芸ること三遍、第一遍十人〈三月〉、第二遍八人〈四月〉、第三遍七人〈五月〉。

茄《なすび》一段を営るに、種子二升、惣べて単功四十一人、地を耕すこと二遍、犁を把るに一人、牛を馭するに一人、牛一頭、畦の料理り平和すに三人、下子に半人〈三

遷し殖えよ　場所を変えて栽培すること。
位　一つの苗毎に盛り土をすること。
虫を払う　除虫のこと。
壅い　土を寄せることか。

蕓薹　底及ビ井・壬・貞・藤傍注「和名云ウチ」。タダシ九傍注、「和名タチ」ニ作ル。

月、採苗一人半、殖功十人、四月、壅二遍、第一遍三人、五月、第二遍三人、六月、芸三遍十八人、度別六人、

營蘿菔一段、種子三斗、惣單功十八人半、耕地三遍、把犂一人半、馭牛一人半、牛一頭半、料理平和一人、下子半人、六月、採功十四人、

營萵苣一段、種子三升、苗一千五百把、惣單功卅九人半、耕地二遍、把犂一人、馭牛一人、牛一頭、料理平和二人、畦上作二人、糞百卅二擔、運功廿二人、下子半人、八月、採苗功二人、殖功六人、九月、芸一遍三人、

營葵一段、種子二升、惣單功卅一人半、耕地二遍、把犂一人、馭牛一人、牛一頭、料理平和二人、畦上作二人、糞百卅二擔、運功廿二人、下子半人、八月、芸一遍三人、

營胡荾一段、種子二斗五升、惣單功廿八人、耕地二遍、把犂一人、馭牛一人、牛一頭、料理平和二人、畦上作二人、糞百卅二擔、運功廿二人、下子半人、三月、八月、

營蕓薹一段、種子一升、惣單功廿八人、耕地二遍、把犂

月〉、苗を採るに一人半、殖うる功十人〈四月〉、壅うこと二遍、第一遍三人〈五月〉、第二遍三人〈六月〉、芸ること三遍十八人〈度別に六人〉。

蘿菔《おおね》一段を営るに、種子三斗、惣べて単功十八人半、地を耕すこと三遍、犂を把るに一人半、牛を馭するに一人半、牛一頭半、料理り平和すに一人、下子に半人〈六月〉、採る功十四人。

萵苣《ちさ》一段を営るに、種子三升、苗一千五百把、惣べて単功三十九人半、地を耕すこと二遍、犂を把るに一人、牛を馭するに一人、牛一頭、料理り平和すに二人、畦上《うねあげ》作《つくり》に二人、糞《こえ》百三十二担、運ぶ功二十二人、下子に半人〈八月〉、苗を採る功二人、殖うる功六人〈九月〉、芸ること一遍三人。

葵《あおい》一段を営るに、種子二升、惣べて単功三十一人半、地を耕すこと二遍、犂を把るに一人、牛を馭するに一人、牛一頭、料理り平和すに二人、畦上作に二人、糞百三十二担、運ぶ功二十二人、下子に半人〈八月〉、芸ること一遍三人。

胡荽《こにし》一段を営るに、種子二斗五升、惣べて単功二十八人、地を耕すこと二遍、犂を把るに一人、牛を馭するに一人、牛一頭、料理り平和すに二人、畦上作に二人、糞百三十二担、運ぶ功二十二人、下子に半人〈三月・八月〉。

＊蕓薹《おち》一段を営るに、種子一升、惣べて単功二十八人、地を耕すこと二遍、犂を把る

蕓薹　アブラナのことか。

二　底「三」。九ニヨリテ改ム。
播殖…（分注マデ一一字）　↓校補13
度　底「人」。

一人、馭レ牛一人、牛一頭、料理平和二人、畦上作二人、糞百卅二擔、運功廿二人、
下子半人、三月、八月、
營二蘇良自一段一、種子三石五斗、惣單功卅五人、耕レ地二遍、把レ犁一人、馭レ牛一人、牛一頭、料理平和二人、畦上作二人、糞百卅二擔、運功廿二人、殖功三人、九月、芸一遍二人、刈功二人、
營二蘘荷一段一、種子三石、惣單功卅五人、耕レ地二遍、把レ犁一人、馭レ牛一人、牛一頭、料理平和二人、畦上作二人、九月、糞百卅二擔、運功廿二人、殖功三人、芸二人、採功二人、
營二芋一段一、種子二石、惣單功卅五人、耕レ地二遍、把レ犁一人、馭レ牛一人、牛一頭、畦上作、料理功四人、殖功三人、三月、壅功六人、芸三遍六人、五六七月、度別二人、掘功四人、擇功十人、
營二水葱一段一、苗廿圍、惣單功五十三人、耕レ地二遍、把レ犁一人、馭レ牛一人、牛一頭、料理平和一人、糞百廿擔、運單功廿人、殖功十五人、五月、播殖三度十五人、度別五人、採功十

に一人、牛を馭するに一人、牛一頭、料理り平和すに二人、畦上作に二人、糞百三十二担、運ぶ功二十二人、下子に半人〈三月・八月〉。

*蘇良自《そらし》一段を営るに、種子三石五斗、惣べて単功三十五人、地を耕すこと二遍、犂を把るに一人、牛を馭するに一人、牛一頭、料理《つく》り平和《なら》すに二人、畦上作に二人、糞百三十二担、運ぶ功二十二人、殖《う》うる功三人〈九月〉、芸ること一遍二人、刈る功二人。

蘘荷《めか》一段を営るに、種子三石、惣べて単功三十五人、地を耕すこと二遍、犂を把るに一人、牛を馭するに一人、牛一頭、料理り平和すに二人、畦上作に二人〈九月〉、糞百三十二担、運ぶ功二十二人、殖うる功三人、芸ること二人、採る功二人。

芋《いも》一段を営るに、種子二石、惣べて単功三十五人、地を耕すこと二遍、犂を把るに一人、牛を馭するに一人、牛一頭、畦上作・料理る功四人、殖うる功三人〈三月〉、壅《つちか》う功六人、芸ること三遍六人〈五・六・七月、度別《ごと》に二人〉、掘る功四人、択《むし》る功十人。

*水葱《なぎ》一段を営るに、苗二十囲、惣べて単功五十三人、地を耕すこと二遍、犂を把るに一人、牛を馭するに一人、牛一頭、料理り平和すに一人、糞百二十担、運ぶ単功二十人、殖うる功十五人〈五月〉、播《ま》き殖うること三度十五人〈度別に五人〉、採る功十

蘇良自　蘇羅自とも。本式34条参照。

水葱　次の芹とともに本式62条に見える乙訓郡の田六段二三四歩で種殖される。水葱は広く安価に食されていたらしく、万葉集三八二九番歌に「醬酢に蒜搗き合(カ)てて鯛願ふ我れにな見えそ水葱の羹は」とある。

五人、三度、
營芹一段、苗五石、物單功卌四人、耕地二遍、把犁一人、馭牛一人、牛一頭、
料理平和一人、糞百廿擔、運單功廿人、殖功六人、二月、採苗功十人、刈功五人、

延喜式卷第卌九

五人〈三度〉。

芹《せり》一段を営るに、苗五石、惣べて単功四十四人、地を耕すこと二遍、犂を把るに一人、牛を馭するに一人、牛一頭、料理り平和すに一人、糞百二十担、運ぶ単功二十人、殖うる功六人〈二月〉、苗を採る功十人、刈る功五人。

延喜式巻第三十九

三座　→校補1
裏　底ナシ。上文ノ例ニヨリテ補ウ。

造酒司　→補1
1祭神条

延喜式巻第卌　造酒　采女　主水

造酒司

祭神九座 春秋並同、
二座 酒彌豆男神、酒彌豆女神、並従五位上
座別五色薄絁各五寸、倭文五寸、木綿、麻各大八兩、紫絁二尺五寸、蓋表一尺二寸五分、衣料一尺二寸五分、緋絁二尺五寸、蓋裏一尺二寸五分、衣料一尺二寸五分、帛二尺二寸五分、衣裏幷袴料、雜腊十兩、雜鮨三斤、堅魚四斤八兩、雜鰒、海藻、相盛各三斤、鹽五合、糯米一斗五升、米一斗、酒三斗、大豆、小豆各二升、祝史料庸布二段、鍬二口、
四座 竈神、
座別五色薄絁各二尺三寸、木綿一兩、麻二兩、猪宍、雜腊各二斤八兩、東鰒六兩、堅魚、海藻各五兩、鹽二合、米、酒各一升、稻一束、祝史料庸布二段、鍬四口、
•三•座 従五位上大邑刀自、従五位下小邑刀自、次邑刀自、
座別五色絁各五寸、倭文五寸、木綿、麻各大八兩、紫絁二尺五寸、一尺二寸五分蓋表料、一尺二寸五分衣料、緋絁二尺五寸、一尺二寸五分蓋•裏料、一尺二

延喜式巻第四十〈造酒《さけ》・采女《うねめ》・主水《もいとり》〉

*造酒司《さけのつかさ》

1
祭神九座*〈春秋みな同じくせよ〉

二座〈*酒弥豆男神《さかみずのお》・*酒弥豆女神《さかみずのめ》〉、みな従五位上

座別《ごと》に五色の薄絁《うすぎぬ》各《おのおの》五寸、倭文《しず》五寸、木綿《ゆう》・麻《お》各大八両、紫の絁《あしぎぬ》二尺五寸〈蓋《きぬがさ》の表に一尺二寸五分、衣《きぬ》の料に一尺二寸五分〉、緋《あけ》の絁二尺五寸〈蓋の裏に一尺二寸五分、衣の料一尺二寸五分〉、帛《はく》二尺二寸五分〈衣の裏ならびに袴の料〉、雑《くさぐさ》の腊《きたい》十両、雑の鮨《すし》三斤、堅魚《かつお》四斤八両、*雑の鰒《あわび》・海藻《め》の相盛《あわせもり》各三斤、塩五合、糯米《もちよね》一斗五升、米《よね》一斗、酒三斗、大豆《まめ》・小豆《あずき》各二升、祝史《のりとし》の料の庸布二段、鍬《くわ》二口。

四座〈*竈神《かま》〉

座別に五色の薄絁各二尺三寸、木綿一両、麻二両、猪宍《いのしし》・雑の腊各二斤八両、東《あずま》鰒《あわび》六両、堅魚・海藻各五両、塩二合、米・酒各一升、稲一束、祝史の料の庸布二段、鍬四口。

三座〈従五位上*大邑刀自《おおいおうとじ》、従五位下*小邑刀自《すないおうとじ》・*次邑刀自《すきのおうとじ》〉

座別に五色の絁各五寸、倭文五寸、木綿・麻各大八両、紫の絁二尺五寸〈一尺二寸五分は蓋の表の料、一尺二寸五分は衣の料〉、緋の絁二尺五寸〈一尺二

祭神九座　神名式上2条には「造酒司坐神六座」とあり本条と差異がある。↓補2

酒弥豆男神・酒弥豆女神　造酒司の酒殿神社(神名式上2条参照)に祭られた男女一対の酒の神。二座は三代実録貞観元・正・二十七条の無位から従五位下への叙位を初見とし、同貞観三・十・十一条では従五位上を授けられている。

雑の鰒海藻の相盛各三斤　相盛は本条の大邑刀自神等三座料に見られる雑盛と同じものと推定される。雑盛・相盛の数量単位は籠であり、大膳式下52条に「称㆓雑盛一籠㆒者、鰒、堅魚、海藻各盛㆓一斤㆒」とあるので三斤で一籠とされた。「相盛各三斤」とは雑の鰒三斤と海藻三斤の合計六斤を合せ盛った意味か。四時祭式上9条には「合盛腊四籠」が見えている。

竈神　酒の醸造には米を蒸す必要があり、造酒司には竈があった。竈神については臨時祭式5条参照。

大邑刀自・小邑刀自・次邑刀自　三神の性格は、文徳実録斉衡三・九・辛亥条「造酒司酒甕神従五位下大邑刀自小邑刀自神等、並預㆓春秋祭㆒」および三代実録貞観八・十一・一条「造酒司従五位下次邑刀自甕神准㆓大邑刀自小邑刀自甕神等㆒、預㆓春秋二季祭㆒」から酒甕を神格化したものであることが分かる。↓補3

（寸五分衣料、）帛二尺二寸五分、（衣裏并袴料、）雑盛一籠、堅魚四斤八兩、海藻三斤、雑腊十兩、雑鮨三斤、鹽五合、糯米五升、白米一斗、大豆、小豆各一升、酒一斗五升、祝史料庸布一段、鍬二口、

年料釀酒數

御酒料二百十二斛九斗三升六合九勺九撮、（山城國六十石八斗七升二合四勺七撮、大和國廿五石六斗二升二合四勺、河内國廿六石六斗二升二合五勺、和泉國廿石一斗二升五合、攝津國七十九石二斗二升二合五勺、並數隨レ時增減、就中割二十石一付二東酒殿一、但山城、攝津國省營田稻、大和、河内國正稅稻、和泉國三石一斗二升五合國營田稻、十七石正稅稻、）

御井酒料十九石五斗、

擣糟料卅八石、

醴酒料三石六斗、

三種糟料八斗、（五斗糟料、三斗三種麴各一斗料、）糯米五斗、粱米五斗、小麦三斗、

右、擣糟以上三種料二百七十五石一斗、白米（就中糯米十五石、）畿内諸國所レ進、起二七月下旬一限二九月下旬一、司家檢納隨レ事出充、

二　底「一」。考異ニ従イテ改ム。

三　宮内式51条「二」。何レニセヨ、本文ト分注ノ数量合ワズ。

料　底ナシ。閣・梵ホカニヨリテ補ウ。

卅　考異、「卅」ニ作ルベキカトナス。

粱　底「梁」。梵別ニヨリテ改ム。

2年料醸酒条

年料の醸酒の数　造酒司で醸造する酒・醴・酢の原材料となる米・小麦の年間の総量と調達先を規定している。調達先としては畿内諸国（正税稲・省営田稲・国営田稲）、大炊寮（米・小麦）、民部省（庸米）となっている。主計式下18条によれば、年間に消費される酒や酢の用途を誤り在庫不足になってしまった場合、造酒正は厳しい処罰を受ける（同条参照）。

御酒　供御・儀礼用の酒。本式4条によれば十月より醸造が開始された。長屋王家木簡にも長屋王家内部の表現ではあるが「御酒□（醸ヵ）所」と記されたものがある（『平城宮発掘調査出土木簡概報』二三、一九九〇年）。料米の数量が本文と分注で一致しない理由は不明であるが、「みな数は時に随いて増減せよ」とあるので流動的な数値であったのであろう。なお、宮内式51条参照。

東酒殿　→補1

寸五分〈衣の料〉、帛二尺二寸五分〈衣の裏ならびに袴の料〉、雑盛《まぜもり》一籠、堅魚四斤八両、海藻三斤、雑の腊十両、雑の鮨三斤、塩五合、糯米五升、白米《しらよね》一斗、大豆・小豆各一升、酒一斗五升、祝史の料の庸布一段、鍬二口。

2 *年料の醸酒《つくりざけ》の数

*御酒《みき》の料、二百十二斛九斗三升六合九勺九撮〈山城国は六十石八斗七升二合四勺七撮、大和国は二十五石六斗二升二合四勺、河内国は二十六石六斗二升二合五勺、和泉国は二十石一斗二升五合、摂津国は七十九石二斗二升二合五勺、みな数は時に随いて増減せよ。このうち十石を割きて*東酒殿に付《さず》けよ。ただし山城・摂津国は*省営田の稲、大和・河内国は*正税の稲、和泉国の三石一斗二升五合は*国営田の稲、十七石は正税の稲〉。

*御井《みい》の酒の料、十九石五斗。

*擣糟《かちかす》の料、四十八石。

*醴酒《こさけ》の料、三石六斗。

*三種の糟《かす》の料、八斗〈五斗は糟の料、*三斗は三種の麴各一斗の料〉、糯米五斗、粱米《しらげよね》五斗、小麦三斗。

右、*擣糟以上三種の料二百七十五石一斗の白米〈このうち糯米十五石〉は畿内諸国の進るところ。七月下旬より九月下旬まで、司家検納し、事に随いて出だし充て

省営田の稲・正税の稲・国営田の稲 →補2

御井の酒 天皇供御用の井戸の水で醸造した酒か。本式3条によれば御酒と同量を得るために2倍の米と糵を要しており、本式4・23条によれば、七月下旬より醸造し、八月一日から九月三十日まで供されており、十月に醸造が開始される御酒等に先行する。→補3

擣糟 搗糟とも。本式3条によれば、御酒よりも糵と仕込み水の使用量が多い。天皇・中宮へ日々供奉され(本式22条)、時期によって汁糟に代えられる(本式24条)。諸節においては日に三升供されているが、正月三節は擣糟に代えて三種糟が用いられている(本式25条)。→補4

醴酒 →補5

三種の糟 米・糯米・粱米(精米)をそれぞれ麴菌と小麦萌によって糖化し、アルコール発酵させた三種の酒。三種糟は正月の三節に供され(本式4条)、践祚大嘗祭にも用いられている(本式13条)。

三斗は三種の麴各一斗の料 本式3条によればこの「麴」は「糵」を指しているが、延喜式では「麴」を広狭二義に用いている。→補6

擣糟以上三種の料 擣糟・御井酒・御酒の三種の料米を指すが、数量が前段の合計と一致しない。

若有㆓未進㆒申㆑省、移㆓式部省㆒不㆑預㆓國司於新嘗會節㆒、但醴酒并三種料米、小麥、別請㆓大炊寮㆒、
酒酢料六百八十八石三斗七升七合、
内膳司供御唐菓子甕甘醴料七斛六斗、
雜給酒料六百十五石七斗七升七合、
造㆑酢料六十五斛、
　右、以㆓庸米㆒受㆓民部省㆒、
造㆓御酒糟㆒法
酒八斗料、米一石、蘖四斗、水九斗、
御井酒四斗料、米一石、蘖四斗、水六斗、
醴酒九升料、米四升、蘖二升、酒三升、
三種糟各五斗、
　一種料、米五斗、蘖一斗、小麥萌一斗、酒五斗、
　一種料、糯米五斗、蘖一斗、小麥萌一斗、酒五斗、
　一種料、精粱米五斗、蘖一斗、小麥萌一斗、酒五斗、
擣糟一石料、米一石、蘖七斗、水一石七斗、

新　底「雜」。貞ニヨリテ改ム。
一　底ナシ。貞ニヨリテ補ウ。
九　底「六」。版本・雲ニ従イテ改ム。
粱　底「梁」。閣ニヨリテ改ム。

酒酢の料　民部省より庸米を受けて醸造する内膳司供御唐菓子甕甘醴・雑給酒・酢の料米の総計。後段の個別の料米の合計と一致する。

内膳司の供御の唐菓子の甕の甘醴　内膳式20条の「造㆓雑餅㆒料甘醴一升」、本式22条の「醴一升」が本条の「唐菓子甕甘醴」の一部に相当するものと考えられる。唐菓子は米粉・小麦粉等を水でこね、甘味等を付けて油で揚げた菓子。

雑給の酒　本式4条によれば雑給の酒のカテゴリーに入るのは頓酒・熟酒・汁糟・粉酒である。

酢　酒の成分であるエチルアルコールが

よ。もし未進あらば省に申して式部省に移《い》し、国司、新嘗会《にいなめのえ》の節《せち》に預らしめざれ。ただし醴酒ならびに三種の料の米・小麦は別に大炊寮より請《う》けよ。

*酒・酢の料、六百八十八石三斗七升七合。

*内膳司の供御《くご》の唐菓子《からくだもの》の甕《あえ》の甘醴《あまさけ》の料、七斛六斗。

*雑給の酒の料、六百十五石七斗七升七合。

*酢を造る料、六十五斛。

右、庸米を以て民部省より受けよ。

3 *御酒・糟を造る法

酒八斗の料、米一石、*糵《よねのもやし》四斗、水九斗。

御井の酒四斗の料、米一石、糵四斗、水六斗。

醴酒九升の料、米四升、糵二升、酒三升。

三種の糟各五斗

一種の料、米五斗、糵一斗、*小麦萌《こむぎのもやし》一斗、酒五斗。

一種の料、糯米五斗、糵一斗、小麦萌一斗、酒五斗。

一種の料、精粱《しらげ》米《よね》五斗、糵一斗、小麦萌一斗、酒五斗。

擣糟一石の料、米一石、糵七斗、水一石七斗。

酢酸菌の作用で発酵し、酢酸となったものが酢である。酒と同じく、米を原材料として発酵させて作ることから酢も造酒司で製造された。本式4条によれば酢は六月より醸造が開始された。

3造御酒糟法条

御酒糟を造る法　以下、造酒司で醸造する各種の酒・酢の造法を規定しているが、醸造の時期・期間と一定の醸造量に対する料米・糵・水の配合の総計を示すだけで製法の手順など具体的な醸造過程は詳しく知ることができない。→補1

糵　和名抄はヨネノモヤシとし、説文を引いて「牙米也」(中国の「米」は脱穀した玄穀一般を指す)としている。「もやし」とは本来、植物の種子や穀物の実が発芽した状態を指すが、延喜式における糵は本式4条によれば、糵一石三斗を造るために「米一石〈白米加二糵一斗一〉、糵二米一石一料、薪六十斤」とあり、米を蒸して友種として糵を加えて造ることから、発芽させたものではなく「もやし」ではない。→補2

小麦萌　麦芽。糵とは異なり小麦の発芽したモヤシを糖化剤として使用している。小麦萌を糖(飴)を造るために用いることはあるが(大膳式下18条)、造酒の糖化作用に使うことは古代日本では珍しく、他に見られない。

醞　→校補2

換　底「壊」。閣・塙・貞・藤ニヨリテ改ム。

棔　底「槽」。意ニヨリテ改ム(棔ハ木製ノ甑ヲ示ス国字)。

4造雑給酒酢法条

頓酒　御酒と同じ造酒法(米一石・蘗四斗・水九斗から頓酒八斗を得る)による酒であるが延喜式の他の箇所には見られず、御酒との違いがどのようなものであるかは不詳。原材料の米は民部省の庸米である(本式2条参照)。

熟酒　原材料の米と蘗の量は御酒と同じであるが仕込み水が二斗七升多く、成酒量も六斗多いので、御酒よりも熟成期間を長くするなどして発酵を進め成酒量を多くしたものか。延喜式の他の箇所には見られない。

汁糟　御酒と同じ「酒八斗の法」で造られ、天皇・中宮に日々供奉されている(本式22条)。

粉酒　正倉院文書に多く見られる「粉酒」と同じものであろう。関根真隆は今日のドブロク類のような濁酒と推定している。正倉院文書では、下層階級に支給される酒で原材料の米からほぼ同量の粉酒が造られている(関根真隆『奈良朝食生活

造㆓雜給酒及酢㆒法

頓酒八斗料、米一石、蘗四斗、水九斗、

熟酒一石四斗料、米一石、蘗四斗、水一石一斗七升、

酢一石料、米六斗九升、蘗四斗一升、水一石二斗、

汁糟一斛、粉酒一石料並准㆓酒八斗法㆒、

蘗一石三斗料、米一石、〈白米加㆓蘗一斗㆒、〉糵㆓米一石㆒料、薪六十斤、

右、依㆓前件㆒、其酒起㆓十月㆒、酢起㆓六月㆒、各始釀造、經㆑旬爲㆑醞、並限㆓四度㆒、其三種御糟、預前釀造、正月三節供之、醴酒者、米四升、蘗二升、酒三升、和合釀造㆓得醴九升㆒、以㆑此爲㆑率、日造㆓一度㆒、起㆓六月一日㆒盡㆓七月卅日㆒、供日六升、〈中宮准㆑此、〉御井酒起㆓七月下旬㆒釀造、八月一日始供、日五升、

造酒雜器

中取案八脚、木臼一腰、杵二枚、箕廿枚、槽六隻、〈隨㆑損請換、〉甕木蓋二百枚、〈三年一請、近江國進、〉棔三口、水樽十口、水麻笥廿口、小麻笥廿口、筌百口、匏十口、〈已上供奉酒料、〉篩料絹五尺、

醞三

4 雑給の酒および酢を造る法

*頓酒《とんしゅ》 八斗の料、米《よね》一石、糵四斗、水九斗。

*熟酒《じゅくしゅ》 一石四斗の料、米一石、糵四斗、水一石一斗七升。

酢一石の料、米六斗九升、糵四斗一升、水一石二斗。

*汁糟《しるかす》 一斛・*粉酒《こさけ》一石の料、みな*酒八斗の法に准《なぞら》えよ。

糵一石三斗の料、米一石〈白米に糵一斗を加えよ〉、米一石を爨《かし》ぐ料の薪《みかまき》六十斤。

右、前《さき》の件《くだり》によれ。その酒は十月より、酢は六月より各始めて醸造せよ。旬を経て*醞《そい》となせ。みな四度を限れ。その三種の御糟はあらかじめ醸造し、*正月の三節に供《く》ぜよ。醴酒は米四升、糵二升、酒三升、和合《あえ》て醸造し、醴《こさけ》九升を得よ。これを以て率となせ。日に一度造り、六月一日より七月三十日まで、供ずること日に六升〈中宮もこれに准えよ〉。御井の酒は七月下旬より醸造し、八月一日より始めて供ぜよ。日に五升。

5 造酒の雑器*

*中取の案《つくえ》八脚、木の臼《うす》一腰、杵《きね》二枚《ひら》、*箕《み》二十枚、*槽《ふね》六隻〈損ずるに随いて請け換《う》えよ〉、甕《みか》の木蓋《きぶた》二百枚〈三年に一たび請けよ、近江国進《たてまつ》れ〉、橧《こしき》三口《く》、水樽《みずたる》十口、*水麻笥《みずおけ》二十口、小麻笥二十口、筌《うえ》百口、*匏《なりひさご》十口〈已上は*供奉の酒の料〉、篩《ふるい》の料の絹五尺、*甅《さらけ》三

の研究』二六八頁、一九六九年)。

酒八斗の法 本式3条にあるように、米一石・糵四斗・水九斗から酒八斗を作ることをいう。↓補1

醞 神代紀第八段に「八醞酒」、古事記上に「八塩折酒」とある。何回も繰り返して醸した酒を意味している。和名抄の酎酒の項に「醞(中略)俗語云曽比」とある。↓補2

正月の三節に供ぜよ 北山抄一(宴会事)に「供二三節御酒一〈甘糟也、用二青瓷盞一、七日十六日同可レ供レ之、仍謂二三節一〉」とある。本式25条参照。

5造酒雑器条

造酒の雑器 造酒に必要な道具類・器類を列記し、宮内省に申請して受領するように規定している。器具類を分析することにより造酒の具体的な過程をある程度類推することができる。

中取の案 木工式7条参照。

箕 主計式上1条参照。

槽 酒槽、酒船とも。四時祭式上17条参照。

水麻笥 大膳式下16条「水麻笥」参照。

匏 杓とも。夕顔・瓢箪などの実を縦に二つに割り、水などを汲む用具として使用した。

供奉の酒の料 ↓補3

甅 主計式上1条参照。

口、帊暴布三條、別三尺、麻笥盤一口、擇盤一口、明櫃三合、韓竈一具、已上三種糟料、篩料薄絁五尺、冷レ醴由加一口、帊暴布一條、長二尺五寸、坩二口、麻笥盤一口、明櫃一合、造レ麹料、麁笘一合、韓竈一具、已上醴酒料、中宮准レ此、糟垂袋三百廿條、二百卌條酒料、度別六十條、八十條酢料、度別廿條、並以二商布一段一造二八條一、一年四換、甕帊調布百條、條別長四尺、廣一幅半、縫絲二分二銖、一銖縫二得卅條一、結縄料熟麻七斤六兩二分、斤別九丈五尺、口別七尺、大匏四柄、各受二二斗一、鍬四口、已上雜給料、

右、造酒料支度、及年料節料雜器、並申レ省請受、

凡入二御酒一料、紀伊國鹽三斛、

六月神今食料十二月亦同、

供奉料酒一斛、缶二口、大膳職所レ供、木綿一斤、小杯四口、小甖四口、匜四口、八脚案二脚、小刀二枚、平瓶二口、柳笘二合、柏廿把、已上、神祇官所レ供、

小齋料

酒一斛一斗六升、酢一升五合、酒盞二合、加レ臺、窪坏九十口、加レ盤、瓮

種　底ナシ。壬イ本ニヨリテ補ウ。

條　底「各」。壬イ本・塙校注ニヨリテ改ム。

麹　底「麺」。考異ニ従イテ改ム。

料　底ナシ。雲ニ従イテ補ウ（考異ナシ）。

糟　底「槽」。貞ニヨリテ改ム。

二　底「五」。考異ニ従イテ改ム。

支　底ナシ。版本ニ従イテ補ウ。

甖　底「䍃」。諸本ノ字体シドケナシ。閣校注ニ従イテ改ム。

扠盤　本式13条にも見えるが、主計式には見えない器具。なお、木工式7条、大炊式29条、主水式27条に「扠案」が見える。

明櫃　主計式上1条参照。

三種の糟の料　篩の料の絹から韓竈までは正月三節に供される三種糟を造る器具類。䍃三口・帊の暴布三条・明櫃三合は三種糟にそれぞれ対応した数量。

麴を造る料　本式3・4条によれば醴酒を造る場合の糖化剤は「糵」と記されているので、この「麴」は広義の意味で使われている。明櫃に蒸米を入れ、友種として糵を混ぜて「糵」を作ったのであろう。

醴酒の料　篩の料の薄絹から韓竈までは醴酒を造る器具類。醴を冷ます由加は、

口、帊《おおい》の暴布《さらしぬの》三条〈別《じょうごと》に三尺〉、麻笥盤《おけざら》一口、*扠盤《とりざら》一口、*明櫃《あかひつ》三合、韓竈《からかま》一具〈已上は*三種の糟の料〉、篩の料の薄絁《うすぎぬ》五尺、醴を冷ます由加《ゆか》一口、帊の暴布一条〈長さ二尺五寸〉、坩《つぼ》二口、麻笥盤一口、明櫃一合〈*麹を造る料〉、麁筥《あらはこ》一合、韓竈一具〈已上は*醴酒の料、中宮もこれに准えよ〉、*糟垂袋《さかふくろ》三百二十条〈二百四十条は酒の料、度別《たびごと》に六十条、八十条は酢の料、度別に二十条、みな商布一段を以て八条を造れ、一年に四たび換えよ〉、甕の帊の調布百条〈条別に長さ四尺、広さ一幅半〉、*縫糸二分二銖〈一銖、三十条を縫うことを得〉、*結縄《むすびなわ》の料の熟《に》麻《お》七斤六両二分〈斤別に九丈五尺、口別に七尺〉、大匏《おおひさご》四柄〈各二斗を受く〉、鍬《くわ》四口〈已上は雑給の料〉。

右、造酒の料の支度、および年料・節の料の雑器はみな省に申して請《こ》い受けよ。

6 凡そ御酒《みき》に入るるの料、*紀伊国の塩三斛。

7 六月の*神今食《かんいまけ》の料〈十二月もまた同じくせよ〉

供奉の料の酒一斛、*缶《もたい》二口〈大膳職の供ずるところ〉、木綿《ゆう》一斤、小杯《こつき》四口、小甖《こかめ》四口、𢂁《はそう》四口〈八脚《やつあし》の案《つくえ》二脚、小刀二枚、平瓶《ひらかめ》二口、柳筥《やないばこ》二合、柏《かしわ》二十把、已上は神祇官の供ずるところ〉。

8 小斎《おみ》の料

酒一斛一斗六升、酢一升五合、酒盞《さかずき》二合〈台《しり》を加えよ〉、*窪坏《くぼつき》九十口〈盤《さら》を加えよ〉、瓫《ほとぎ》

醴が日造一度酒のためアルコール発酵で生じた熱を速やかに冷ますために必要であったと思われる。或いは主水司からの氷を醴に入れるための容器か。主水式19・20条参照。

糟垂袋　発酵を終えた混合液体を詰める袋。↓補1

縫糸二分二銖　一銖で三〇条の布を縫うことから、二分二銖では四二〇条分となり、酒垂袋（糟垂袋）三二〇条と甕帊布一〇〇条の合計であると推定できる。

結縄の料の熟麻　七斤六両二分は約七〇丈となり、甕一〇〇個分に相当する。

6紀伊国塩条

紀伊国の塩　↓補2

7神今食料条

神今食の料　神今食料として造酒司が酒一石を用意する。「八脚案二脚」以下が細字双行となっているのは神祇官が用意する物品であるからと思われる。

缶　カメの一種。主計式上1条参照。

8小斎料条

窪坏　天平宝字六年造石山院所銭用帳の「三文窪坏十口直」（古一五—四四八頁）など、正倉院文書に散見するが主計式には見えない。関根真隆は窪を深底と推定している（前掲書三二四頁）。主計式上で近江・美濃・播磨から貢納される「深杯」に当たるものか。なお、内匠式6条参照。

六　底校注・塙ニヨリテ補ウ。
二口　底及ビ諸本、小書分注トナス。雲ニ従イテ改ム(考異ナシ)。
幷　底「共」。塙ニヨリテ改ム。
赴　底ホカ諸本「起」。版本ニ従イテ改ム。
負　底ナシ。閣・塙ホカニヨリテ補ウ。

酒部　造酒司に所属する伴部。本式冒頭補注参照。
曝布　白くさらした麻布。

9鎮魂祭料条

鎮魂の祭の料　四時祭式下48条によれば大膳職と造酒司が「八代物」を供えることになっている。八代物とは同条に見える大刀・弓・箭・鈴・佐奈伎などを指すともいわれるが、大膳職と造酒司が用意することから酒・神饌を指すものと思われる。
酒二斛…一石一斗は神九座の料　四時祭式下48条に見られる神八座(神魂・高御魂・生魂・足魂・魂留魂・大宮女・御膳魂・辞代主)と大直神一座に供えられた。なお「一石一斗」については大膳式上3条「酒は…五升を受く」参照。
播磨の槲　民部式下53条に、播磨国から「柏一百俵」が毎年京進されていることが

三口、匏八柄、酒部二人、曝布褌二條、別八尺、
鎮魂祭料東宮亦同、
酒二斛、一石一斗神九座料、九斗雜給料、結㆓餝缶㆒木綿大一斤、播磨槲一俵三把、都婆波四口、坩四口、土盞四口、小匜四口、缶一口、篦竹六株、已上供神料、窪坏卅口、加㆑盤、匏十二柄、已上別受㆓五升㆒、雜給料、東宮並以㆓此器㆒通用、
新嘗會白黑二酒料
官田稻廿束、畿内所㆑進、絁大篩三條、一條篩㆑灰、二條篩㆑酒、別五尺、酒缶帊絁幷裏料調布各四條、別一尺三寸、暴㆑麹調布帷二條、別二丈一尺、甕帊調布二條、別六尺、取甕二人、調布衫二領、別二丈六尺、褌二條、別六尺、
潔構二領、別四尺、酒波一人、調布褌一條、潔構一條、手巾調布一條、長二尺、縫絲二銖、
韓櫃二合、甕二口、由加二口、缶六口、四口納㆑酒、二口汲㆑水、小坏四口、小匜四口、明櫃三合、
中取案一脚、臼一腰、杵四枚、箕二枚、槽二隻、韓竈二具、
右、九月二日、省幷神祇官赴㆓集司家㆒、卜㆓定酒部、官人、仕丁各二人㆒、若當㆓子日㆒聽㆓省處分㆒、其負名官人在者、先卜㆓官人㆒、後及㆓酒部㆒、

三口、匏八柄、*酒部《さかひと》二人に*曝布《さらしぬの》の襅《ちはや》二条〈別《じょうごと》に八尺〉。

9 *鎮魂《たましずめ》の祭の料〈東宮もまた同じくせよ〉
*酒二斛〈一石一斗は神九座の料、九斗は雑給の料〉、缶を結び飾る木綿大一斤、*播磨の槲《かしわ》一俵三把、都婆波《つばは》四口、坩四口〈別《くごと》に五升を受く〉、土《はに》の盞《さかずき》四口、小匜《こはそう》四口、缶一口、篦竹《のだけ》六株〈已上は供神《ぐしん》の料〉、窪坏四十口〈盤を加えよ〉、匏十二柄〈已上は雑給の料〉、東宮もみなこの器を以て通わし用いよ。

10 新嘗会《にいなめのえ》の白《しろき》・黒《くろき》二酒の料
*官田の稲二十束〈畿内の進るところ〉、絁《あしぎぬ》の大篩三条〈一条は灰を篩い、二条は酒を篩う。別《じょうごと》に五尺〉、酒缶《さかもたい》の帊の絁ならびに裏の料の調布各四条〈別に一尺三寸〉、*麴を暴す調布の帷《とばり》二条〈別に二丈一尺〉、甕の帊の調布二条〈別に六尺〉、*取甕《みかとり》二人に調布の衫《ひとえぎぬ》二領〈別《りょうごと》に二丈六尺〉、襅二条〈別に六尺〉、潔褠《きよきまえだれ》二領〈別に四尺〉、*酒波《さかなみ》一人に調布の襅一条、潔褠一条、手巾《たのごい》の調布一条〈長さ二尺〉、縫糸二銖、韓櫃《からびつ》二合、甕二口、由加二口、缶六口〈四口は酒を納《い》れ、二口は水を汲め〉、小坏四口、小匜四口、明櫃三合、中取の案一脚、臼一腰、杵四枚、箕二枚、槽二隻、韓竈二具。
右、*九月二日に省ならびに神祇官、司家に赴き集まり、酒部・官人《かんにん》・仕丁《しちょう》各二人〈*もし子《ね》の日に当たらば省の処分を聴け。其れ負名《なおい》の官人あらば、先ず官人を卜《うら》え、後に酒部に及

見えている。飲食器用の葉。酒や神饌を入れた土器の周りを覆うことにも使われた。

10新嘗白黒酒料条

官田の稲　民部式上143条によれば新嘗会の黒白二酒の料米は畿内の省営田の穫稲を舂いて造酒司に送るとあるが、本条では畿内の官田から稲二〇束が進納され造酒司で舂稲仕女によって舂かれることになっている。民部式上142条にあるように御酒米が省営田穫稲の舂米という形で送られるのであって、黒白二酒用は穎稲のまま送られるのであろう。

麴　広義の用法で、ここは「糵」を指す。

取甕二人　下文に、白黒二酒をそれぞれ一甕に仕込んで造ることが見えており、取甕二人は二酒の甕を取り持ち、管理する役と思われる。

酒波　↓補1

九月二日　宮内式13条でも、毎年九月二日に神祇官・宮内省から関係者が造酒司の庁舎に出向き、白黒二酒の醸造に預かる酒部・官人らを卜定することになっているが、要略二四所引清涼記逸文・小野宮年中行事(九月)・西宮記恒例三(卜造酒文)・北山抄二(奏可醸新嘗黒白二酒事)などの儀式書では九月朔日となっている。

もし子の日に当たらば　↓補2

春稲仕女四人一、卽祭二其殿地神一、所レ須五色薄絁各一尺、倭文一尺、木綿一斤五兩、庸布一丈四尺、鍬一口、東鰒十兩、堅魚一斤五兩、腊二斤、鹽二合、海藻一斤五兩、米、酒各二升、祭訖木工寮造二酒殿一宇、臼殿一宇、並三間、麹室一宇一、草葺、構以二黑木一、掃部寮以二苫八枚一葺二二殿一、別葺四枚、十月上旬擇二吉日一始釀、十日內畢、酒部二人官人各給二潔衣一、料絁一疋、綿二屯、仕丁二人各庸布一段、調布頭巾六條、別二尺、褌六條、別六尺、釀レ酒日給二間食一、春稲女丁亦同、其造レ酒者、米一石、令二女丁春二官田稲一、以二二斗八升六合一爲レ蘖、七斗一升四合爲レ飯、合二水五斗一各等分爲二一甕一、甕得レ酒一斗七升八合五勺、熟後以二久佐木灰三升一、採二御生氣方木一、和二合一甕一是稱二黑貴一、其一甕不レ和、是稱二白貴一、其踐祚大嘗會遣二酒部二人於二國齋場院一、以預二其事一、又酒一石、均入二二缶一、並齋會夜幷解齋日供之、畢後二殿給二神祇官副已上中臣一、一室給二宮主一、

新嘗會直相日雜器

令　底「合」。閣・塙・貞ニヨリテ改ム。

一　考異、「二」ニ改ムベシトス。意同ジキニヨリテ旧ヲ存ス。

是　底及ビ藤「口方」。閣・梵ホカ「号」。考異ニ従イテ改ム。

預　底「須」。梵・梵別ニヨリテ改ム。

春稲の仕女　白黒二酒を醸造するための官田(省営田)稲を舂く女丁。大嘗祭式20条では、造酒児以下の女性たちが舂くことになっている。

酒殿・臼殿　それぞれ木工寮が黒木(表皮のついたままの木)で造営し、掃部寮が苫で屋根を葺いた三間の殿舎。白黒二酒の醸造のため造作され、新嘗祭終了後は神祇官の副以上の中臣に給わった。

麹室　白黒二酒醸造用の蘖を造るための黒木造り草葺きの殿舎。新嘗祭終了後は宮主に給わった。なお、蘖を作る殿舎を麹室と表記することは「麹」を広義の意味で使っている例(本式2条「三斗は三種の麹各一斗の料」参照)。大嘗祭式15条においても「麹室」とある。

べ〉、*春稲《いなつき》の仕女《しじょ》四人を卜定《ぼくじょう》せよ。すなわちその殿地の神を祭れ。須《もち》うるところの五色の薄絁各一尺、倭文《しず》一尺、木綿一斤五両、庸布一丈四尺、鍬一口、東鰒《あずまあわび》十両、堅魚《かつお》一斤五両、腊《きたい》二斤、塩二合、海藻《め》一斤五両、米《よね》・酒各二升。祭り訖らば木工寮、*酒殿一宇・*臼殿一宇〈みな三間〉、*麴室《こうじむろ》一宇〈草葺《くさぶき》〉を造れ。構《かま》うるに黒木を以てせよ。*掃部寮、苫《とま》八枚を以て二殿を葺け〈別《でんごと》に葺くこと四枚〉。十月上旬、吉日を択びて始めて醸し、十日の内に畢えよ。酒部二人・官人に各潔衣《きよまわりぎぬ》を給え。料の絁一疋、綿二屯。仕丁二人に各庸布一段、調布の頭巾《こうぶり》六条〈別《じょうごと》に二尺〉、襌六条〈別に六尺〉。酒を醸す日に*間食《かんじき》を給え〈春稲の女丁《めのよぼろ》もまた同じくせよ〉。其れ酒を造らんには米一石〈女丁に官田の稲を舂かしめよ〉、二斗八升六合を以て糵《よねのもやし》となし、七斗一升四合を飯となせ。水五斗を合せて各等分し一甕《みか》となせ。甕は酒を得ること一斗七升八合五勺、熟するの後、*久佐木灰《くさきのはい》三升を以て〈*御生気《みしょうげ》の方の木を採れ〉一甕に和合《あえ》、これを黒貴《くろき》と称《い》え。その一甕は和《あ》えず。これを白貴《しろき》と称え〈其れ践祚大《せんそだい》嘗会《じょうえ》は酒部二人を*二国の斎場院に遣わし以てその事に預らしめよ〉。また*酒一石〈均しく二缶に入れよ〉、みな斎会《さいえ》の夜ならびに解斎《げさい》の日に供《く》ぜよ。畢るの後、*二殿は神祇官の副《ふ》巳上の中臣《なかとみ》に給い、*一室は宮主《みやじ》に給え。

11 *新嘗会直相《にいなめのえなおらい》の日の雑器

掃部寮…　掃部式78条に、掃部寮が苫八枚・薦八枚を新嘗会の酒殿造営料として用意することが見える。

間食　内膳式34条参照。

久佐木灰　御生気方の木を採って焼いた灰。大嘗祭式21条では薬灰と記す。この灰を混ぜたものが黒貴、混ぜないものが白貴であるが、儀式三(践祚大嘗祭中)では薬灰を白黒二酒ともに混ぜるとしている(大嘗祭式11条「白黒二酒」参照)。↓補1

御生気の方　「生気」とは月ごとなど一定の期間、その方角に存在すると考えられた気を生じる働きのこと。

二国の斎場院　新嘗祭の白黒二酒は造酒司の敷地内で醸造されるが、践祚大嘗祭の二酒は平安京の北に設けられた北野斎場へ悠紀・主基二国から稲が運ばれて造られるため、造酒司の酒部二人が派遣された。

酒一石　践祚大嘗祭の多明酒(大嘗祭式12・20条参照)に相当する酒。

二殿　酒殿・臼殿。

一室　麴室。

11新嘗会直相条

新嘗会直相の日の雑器　新嘗会の直会(辰の日に行なわれる豊明の節会)に用いる雑器の品目・数量とその用途を列挙する。

瓫四口、盛二参議已上白貴、黒貴酒一、幷煖レ酒料、炭一斛、五位已上煖レ酒料、受レ直買用、酒坏五合、備レ臺、窪坏九口、加レ盤、瓫四口、匏四柄、已上二位女一人、三位女四人料、窪坏百十九口、加レ盤、瓫九口、匏廿五柄、已上有位女王廿五人、同命婦五十五人料、

践祚大嘗祭供神料

等呂須伎十六口、口別酒五升、都婆波卅二口、十六口別酒一斗、十六口五升、各以二八口一置二於一案一、帊絁卅八條、十六條別二尺、十六條一尺八寸、十六條一尺四寸、陶鉢十六口、絁篩十條、別一尺、縫レ篩絲二分、木綿二斤八兩、結二餝供神物一料、麻六斤十兩三分、結二周中取案高蘭一料、播磨槲廿俵、韓櫃二合、中取案六脚、小楉十二擔、中取案高蘭料、檜葉、眞木葉各五擔、弓弦葉、寄生各十擔、眞前葛、日蔭、山孫組各三擔、山橘子、袁等賣草各二擔、已上九種畿内所レ進、簀五枚、中取案下敷料、折薦五枚、料二理供神物一人等座料、

右、九月中旬、木工寮於二司家内一、構二造黒木舍一宇一、長四丈八尺、廣二丈、十月上旬、掃部寮以二苫八枚一葺二蓋其上一、以二薦八枚一部二作其下一、十一月中戌日、始料二理供神物一、丑日畢、

王　底「五」。閣・梵ホカニヨリテ改ム。
蘭　底「園」。閣・梵ホカニヨリテ改ム。
播磨　底ナシ。閣・梵ホカニヨリテ補ウ。
以　底「料」。塙校注ニ従イテ改ム。

二位の女一人…命婦五十五人　本条では女官八五人分の酒器が用意されているが、新嘗会に供奉した女官について宮内式3条には「命婦已下宮人已上卌四人、御巫五人、采女十人」、大膳式上5条には「命婦十人、女孺、采女卌四人、御巫五人」と、それぞれ五九人が記載されている。また、西宮記恒例三(新嘗祭)には供奉する女官を内侍所で卜定することが見える。なお「有位の女王」は大蔵式84条に見える「六位の女王」と同義か。

12大嘗祭供神料条

践祚大嘗祭の供神の料　践祚大嘗祭の供神料の品目と数量を規定する。↓補1

小楉　楉は若く茂った小枝(大嘗祭式22条参照)。

真木の葉　真木は優れた木の意味で、建築材として多用された杉の古名。

弓弦葉　ユズリハ科の常緑高木(斎宮式66条、大嘗祭式31条参照)。

寄生　和名抄にヤドリギ。他の木に寄生

し球状に茂る。

真前の葛　柾葛。定家葛。常緑のつる性の木。古語拾遺に鬘となすことが見える。

日蔭　山地に自生するシダ類ヒカゲノカズラ科植物。神事の際に鬘とした（四時祭式下51条、大嘗祭式30条参照）。

山孫組　閣本に「サルヲカセ」の訓が付されている。和名抄の「松羅」（マツノコケ）の項に「一云」として「サルヲカセ」とある。

山橘子　藪柑子の異名。常緑で赤い実をつける。

袁等売草　乙女草。菊の異名。

已上の九種　畿内所進の九種の植物の用途は書かれていないが、儀式三（践祚大嘗祭中）および大嘗祭式31条によれば巳の刻に北野斎場から大嘗宮へ運ばれる悠紀・主基両国の供物の荷に使われる植物と共通するものがある。黒酒・白酒を入れた甅は檜の葉で屋根を葺いた黒木の輿に載せて蘿葛で飾られ、倉代物を載せた輿もまた屋根を檜の葉で葺き、美草で飾られる。また、水六甅は黒木の輿に載せ草木で飾られ、神服の男女が持つ酒柏は弓弦葉で作られている。さらに参加者は日蔭をもって鬘としている。造酒司に用意された植物も大嘗宮への供物を飾るために用いられたのであろう。

瓫《ほとぎ》四口〈参議已上の白貴・黒貴酒を盛るる、ならびに酒を煖《あたた》むる料〉、炭《あらずみ》一斛〈五位已上の酒を煖むる料。直を受けて買い用《い》よ〉、酒坏《さかつき》五合〈台《しり》を備えよ〉、窪坏《くぼつき》九口〈盤を加えよ〉、瓫四口、匏《なりひさご》四柄〈已上は*二位の女一人、三位の女四人の料〉、窪坏百十九口〈盤を加えよ〉、瓫九口、匏二十五柄〈已上は有位の女王二十五人、同じく命婦《みょうぶ》五十五人の料〉。

12 *践祚大嘗祭の供神の料

等呂須伎《とろすき》十六口〈口別に酒五升〉、都婆波《つばは》三十二口〈十六口は別《くごと》に酒一斗、十六口は五升。各八口を以て一つの案《つくえ》に置け〉、帊の絁《あしぎぬ》四十八条〈十六条は別《じょうごと》に二尺、十六条は一尺八寸、十六条は一尺四寸〉、陶《すえ》の鉢《はち》十六口、絁の篩《ふるい》十条〈別に一尺〉、篩を縫う糸二分、木綿《ゆう》二斤八両〈供神の物を結び飾る料〉、麻《お》六斤十両三分〈中取の案の高闌《こうらん》を結び周《めぐ》らす料〉、播磨の槲《かしわ》二十俵、韓櫃二合、中取の案六脚、*小楉《こしもと》十二担《たん》〈中取の案の高闌の料〉、檜《ひ》の葉・*真木《まき》の葉各五担、*弓弦葉《ゆづるは》・*寄生《やどりぎ》各十担、*真前《まさき》の葛《かずら》・*日蔭《ひかげ》・*山孫組《やまひこくみ》各三担、*山橘子《やまたちばな》・*袁等売草《おとめぐさ》各二担〈*已上の九種は畿内の進《たてまつ》るところ〉、簀《す》五枚〈中取の案の下敷の料〉、折薦《おりごも》五枚〈供神の物を料理《つく》る人らの座の料〉。

右、九月中旬に木工寮、司家の内に黒木の舎《や》一宇を構え造れ〈長さ四丈八尺、広さ二丈〉。十月上旬に掃部寮、苫八枚を以て葺《ふ》きてその上を蓋《おお》い、薦《こも》八枚を以て蔀《しとみ》をその下に作れ。十一月の中つ戌《いぬ》の日に始めて供神の物を料理り、丑《うし》の日に畢れ。

卯日申時、執㆓供神物㆒、入㆑自㆓朝堂院東中門㆒、陳㆓於昌福堂内以南㆒、（掃部寮設㆑簀、）辰日平旦、撤㆓棄北野清地㆒、先㆑是卯日平明、小齋官人一人、史生一人、酒部二人、夾名進㆑省、卽令㆓卜食㆒、酉刻、入㆓愈紀神殿之盛所㆒、受㆓取干柏十把、刀子二枚、小坏四口、匜四口、竹二株、白筥二合、白木別脚案二脚、木綿一兩、手巾料調布一丈二尺、（人別三尺、）食薦一枚、長疊一枚㆒、各依㆓職掌㆒儲備、以㆓亥一刻㆒隨㆓神祇官宮主㆒、與㆓諸司㆒共引入㆓神殿㆒供奉、訖退出、卽雜物返㆓送神祇官㆒、又丑刻、入㆓主基神殿之盛所㆒、行事並如㆓愈紀㆒、畢各退㆓本司㆒、

供奉料

酒一石二斗、（日別四斗、）三津野柏廿四把、（日八把、）長女柏卌八把、（日十六把、）瓶四口、坩二口、酒盞八口、高盤八口、匜八口、小坏八口、片坏八口、乳盆二口、擇盤一口、麻笥盤一口、陶臼一口、陶鉢一口、水瓶一口、明櫃二合、柳筥一合、（長二尺、廣一尺、深四寸五分、）別脚案六脚、（各長三尺一寸、廣一尺七寸五分、厚一寸二分、高一尺八寸五分、）三種糟料白米一石、糯米一石、粱米一石、

二　底ナシ。閣・塙ホカニヨリテ補ウ。
白　底「自」。閣校注・壬ニヨリテ改ム。
三　底「二」。考異ニ従イテ改ム。
四　底ナシ。考異ニ従イテ補ウ。
片　底小書。塙ニヨリテ改ム。

卯《う》の日の申《さる》の時に供神の物を執りて朝堂院の*東の中門より入りて*昌福堂《しょうふくどう》の内より南に陳《つら》ね〈掃部寮、簀を設けよ〉、辰の日の平旦に*北野《きたの》の清き地《ところ》に撤《はら》い棄《す》てよ。これより先、卯の日の平明《ほのあかり》、小斎《おみ》の官人《かんにん》一人・史生一人・酒部二人、夾名《きょうみょう》を省に進り、すなわち卜食《うらは》ましめよ。酉《とり》の刻、悠紀《ゆき》の神殿の盛所《もりものどころ》に入りて、干柏十把、刀子《かたな》二枚、小坏《こつき》四口、匜《はそう》四口、竹二株、白筥二合、白木の別脚《あしわけ》の案二脚、木綿一両、手巾《たのごい》の料の調布一丈二尺〈人別に三尺〉、食薦《すごも》一枚、長畳《ながだたみ》一枚を受け取り、各職掌により儲け備えよ。亥の一刻を以て神祇官の宮主に随い諸司とともに引きて神殿に入り供奉し、訖らば退出《まか》れ。すなわち雑物は神祇官に返送せよ。また、丑の刻、主基《すき》の神殿の盛所に入り、行事はみな悠紀の如くせよ。畢らば各本司に退《まか》れ。

13 *供奉の料

酒一石二斗〈日別に四斗〉、*三津野柏《みつのかしわ》二十四把〈日に八把〉、*長女柏《ながめかしわ》四十八把〈日に十六把〉、瓶《かめ》四口、坩《つぼ》二口、酒盞《さかずき》八口、高盤《たかさら》八口、匜八口、小坏《こつき》八口、片坏《かたつき》八口、乳盆《ちのへ》二口、択盤《とりざら》一口、麻笥盤《おけざら》一口、陶《すえ》の臼《うす》一口、陶の鉢一口、水瓶《みずがめ》一口、明櫃《あかひつ》二合、柳《やない》筥《ばこ》一合〈長さ二尺、広さ一尺、深さ四寸五分〉、別脚の案六脚〈各長さ三尺一寸、広さ一尺七寸五分、厚さ一寸二分、高さ一尺八寸五分〉、三種の糟《かす》の料の白米《しらよね》一石、糯米《もちよね》一石、粱米《しらげよね》一石、

東の中門　宣政門を指す。大内裏図考証三中は本条を典拠の一つとして「朝堂院東中門」を宣政門としている。

昌福堂　平安宮朝堂院に並ぶ十二堂の内、東方北の第一堂。七間二間の南北棟で東西に各三ケ所の階が設けられている。

北野の清き地　平安京の北、悠紀・主基の在京の斎場が設けられる地。大嘗祭式27条では造酒司の用意した等呂須伎・都婆波は祭の終了後、山野の浄地に納められることになっている(同条参照)。

13大嘗祭供奉料条

供奉の料　践祚大嘗祭の三日分の供奉料の品目と数量を規定する。

三津野柏　三角柏。先端が尖って三つに分かれた大きな葉で酒や飯を盛るのに用いた。仁徳記には「御綱柏」、皇太神宮儀式帳には「御角柏」が見えている。

長女柏　柏の一種で芽が長く出るものか。酒を盛るのに用いた。大嘗祭式27条に造酒司が供神物として一筥を用意することが見えている。

小麥六斗、殿釀酒二石一斗、瓼三口、韓櫃二合、食薦四枚、明櫃三合、韓竈二具、絁平篩一條、長五尺、小坂平絁篩一條、長五尺、瓼帊調布單三條、別二尺、調布褌十三條、別八尺、靑揩調布衫卌領、四領著㆓赤紐㆒、小齋人四人料、卌六領大忌人卌六人料、

右、依㆑例設備、卽僉紀、主基二國御酒各日二缶、盛㆓國進壺㆒、二種酒各日二缶、盛㆓本司器㆒、前二日、酒案、雜器等受㆓收內膳盛所㆒、與㆓司供物㆒共奉、其小齋、大齋人充㆓靑揩調布衫㆒、人數見㆓宮內式㆒、

東宮料

酒六斗、日別二斗、三津野柏廿四把、日八把、長女柏卌八把、日十六把、

雜給料

缶卅口、都婆波廿五口、瓶廿五口、置盎五口、短女坏十口、土盞二百口、土杯三百口、乳盆五口、坩九口、別脚案四脚、炭三石、已上親王已下料、缶六十口、酒盞六百口、匏百柄、輿籠十口、已上六位已下雜色人雜給料、中取案四脚、宇岐筥二合、納匜、小杯料、筥一合、納㆓三津野柏㆒料、陶匜六十口、小杯六十口、調布二丈、覆㆓宇岐筥㆒料、別一丈、篦竹卅株、作㆓匜口及篩柄㆒

平　底「乎」。閣別・塙・京ニヨリテ改ム。閣・梵・梵別・壬・藤「手」。井・貞、底ニ同ジ。

土　底ナシ。閣・梵ホカニヨリテ補ウ。

料　底ナシ。意ニヨリテ補ウ。

殿釀酒　『平城宮木簡』二(解説三九頁、一九七五年)は東酒殿で造られた酒と推定している。本式15条によれば、五位以上に給される。

絁の平篩・小坂平の絁の篩　「平絁の篩」「小坂の平絁の篩」と訓むべきか。平絁は他に見えないが、「ひらぎぬ」とすれば「平絹」「平織りの絹」で普通の織り方をした絹・絁と考えられる。なお絁の篩は本

式16・17・19・20条などに見える。小坂は地名と思われるが、郡名にはなく郷名としては駿河国富士郡・但馬国出石郡・備中国浅口郡に小坂郷がある(和名抄)。このうち駿河国の調に絁が見える(主計式上19条)ので駿河産のものか。

青揩の調布の衫 斎院式6条に「青摺衫」、大嘗祭式30条に「青揩布衫」が見える。青揩は山藍で摺り染めにすること。

二国の御酒 悠紀・主基二国からの多明酒。

二種の酒 白・黒二酒。

内膳の盛所 内膳式19条「盛所」参照。

人数は宮内式に見ゆ 本条では「小斎人四人」「大忌人卅六人」となっているが、宮内式では造酒司の小斎は四〇人(5条)、造酒司の大斎は記載がない(6条)。

14大嘗祭東宮料条

東宮の料 践祚大嘗祭の三日分の東宮の料。

15大嘗祭雑給料条

置盎 大嘗祭式17条に備前国が置盎三〇口を貢納することになっている。広口の土器。

土の盞 土師器の酒盞か。

輿籠 物を入れて運ぶ籠。民部式下9条参照。

宇岐筥 「うき」は「さかずき(杯)」の古語。杯・匜・酒盞を入れる筥。

小麦六斗、*殿醸酒《とのつくりのさけ》二石一斗、𤭖《さらけ》三口、韓櫃《からびつ》二合、食薦四枚、明櫃三合、韓竈《からかま》二具、絁*の平篩一条〈長さ五尺〉、*小坂《おさか》平の絁の篩一条〈長さ五尺〉、𤭖の帊の調布の単《ひとえ》三条〈別《じょうごと》に二尺〉、調布の襅《ちはや》十三条〈別に八尺〉、*青揩《あおずり》の調布の衫《ひとえぎぬ》四十領〈四領は赤紐を著け、小斎の人四人の料、三十六領は大忌《おおいみ》の人三十六人の料〉。

右、例によりて設け備えよ。すなわち愈紀・主基、*二国の御酒《みき》は各日に二缶《もたい》〈国の進る壺《つぼ》に盛れよ〉、*二種の酒は各日に二缶〈本司の器に盛れよ〉、前《さきだ》つこと二日、酒の案、雑器等を受け、*内膳の盛所に収め、司の供物《くもつ》とともに奉れ。其れ小斎、大斎人に青揩の調布の衫を充てよ〈*人数は宮内式に見ゆ〉。

14 *東宮の料

酒六斗〈日別に二斗〉、三津野柏二十四把〈日に八把〉、長女柏四十八把〈日に十六把〉。

15 雑給の料

缶三十口、都婆波《つばは》二十五口、瓶二十五口、*置盎《おきほとぎ》五口、短女坏《ひきめつき》十口、*土《はに》の盞《さかずき》二百口、土の杯三百口、乳盆五口、坩九口、別脚の案四脚、炭三石〈已上は親王已下の料〉、缶六十口、酒盞六百口、匏百柄、*輿籠《こしこ》十口〈已上は六位已下雑色人の雑給の料〉、中取の案四脚、*宇岐筥《うきはこ》二合〈匜・小杯を納《い》るる料〉、筥一合〈三津野柏を納るる料〉、陶の匜六十口、小杯六十口、調布二丈〈宇岐筥を覆う料、別《どうごと》に一丈〉、篦竹《のだけ》三十株〈匜の口および篩の柄を作

料、
殿醸酒十缶、白黒酒各十缶、（二國所レ進、）調布褌十條、（各長八尺、）縣醸酒卌八石、（畿內所レ進、）
右、豐樂日料、其給レ酒者、三位已上日二升、五位已上一升、（並殿醸酒、）六位已下幷歌儛人等六合、（並縣醸酒、）

薗韓神祭料（春冬同、）
酒二石、絁三尺、（篩三柄料、）細布二尺、（酒臺二具折敷料、）調布三丈六尺、（一丈四尺缶七口覆料、別二尺、二丈二尺机二前覆幷折敷料、）坩二合、缶七口、酒坏二合、（備レ臺、）窪坏卌口、盤卌口、瓫四口、八足机二前、（一前五位已上料、一前命婦料、）匏七柄、黒葛三斤、（缶絡結料、）

平野神祭料（夏冬同、）
酒四石、絁篩五條、（別一尺、）案二脚、覆敷料暴布四條、（覆別六尺、敷別五尺、）缶十八口、帊暴布十八條、（別二尺、）酒盞六合、（加レ臺、）暴布三條、（別一尺、敷二酒臺三具一料、）坩二口、窪坏九十口、盤五十口、匏十五柄、黒葛六斤、中取案四脚、別脚案一脚、瓫四口、
右、案、缶、坩等隨レ損請受、餘條准レ此、

松尾神祭料

醸　底ナシ。考異ニ従イテ補ウ。
料　底「斷」。閣・梵ホカニヨリテ改ム。
縣醸　底「醸縣」。版本ニ従イテ改ム。
二　底「三」。考異ニ従イテ改ム。
折　底「料」。塙ニヨリテ改ム。
絡　底、「蛒」ヲ「絡」ニ訂シ、傍注ヲ付ス。コレニ従イテ改ム。→校補3
酒臺三具　底「三酒臺」三字。考異ニ従イテ改ム。

る料〉、殿醸酒十缶、白・黒酒各十缶〈二国の進るところ〉、調布の襌十条〈各長さ八尺〉、*県　醸《あがたづくりのさけ》　酒四十八石〈畿内の進るところ〉。

右、*豊楽《とよのあかり》の日の料。其れ酒を給わんには三位已上は日に二升、五位已上は一升〈みな殿醸酒〉、六位已下ならびに*歌儛《うたまい》の人らは六合〈みな県醸酒〉。

16
*薗《その》・韓神《からかみ》の祭の料〈春冬同じくせよ〉

酒二石、絁三尺〈篩《ふるい》三柄の料〉、細布《ほそぬの》二尺〈酒台《さかじり》二具の折敷の料〉、調布三丈六尺〈一丈四尺は缶七口の覆の料、別に《くごと》二尺、二丈二尺は机二前の覆ならびに折敷の料〉、坩二合、缶七口、酒坏二合〈台を備えよ〉、窪坏四十口、盤四十口、瓫《ほとぎ》四口、八足《やつあし》の机二前〈一前は五位已上の料、一前は命婦《みょうぶ》の料〉、匏《なりひさご》　七柄、*黒葛《つづら》三斤〈缶の絡結《からみむすび》の料〉。

17
*平野《ひらの》の神の祭の料〈夏冬同じくせよ〉

酒四石、絁の篩五条〈別に《じょうごと》一尺〉、案《つくえ》二脚、覆・敷の料の暴布《さらしぬの》四条〈覆は別に六尺、敷は別に五尺〉、缶十八口、帊《おおい》の暴布十八条〈別に二尺〉、酒盞六合〈台を加えよ〉、暴布三条〈別に一尺、酒台三具に敷く料〉、坩二口、窪坏九十口、盤五十口、匏十五柄、黒葛六斤、中取の案四脚、別脚《あしわけ》の案一脚、瓫四口。

18
*松尾《まつのお》の神の祭の料

右、案・缶・坩等は損ずるに随いて請《こ》い受けよ。余の条もこれに准《なぞら》えよ。

県醸酒　本式31条に山城・大和・河内・摂津各国が十月三十日以前に醸造する事が規定されている。また、民部式上144条には各国が正税を用いて醸造し造酒司に送るとしている(同条参照)。天平八年度摂津国正税帳(古二—九頁)・天平十年度和泉監正税帳(古二—七七頁)にそれぞれ県醸酒が見え、醸造料は正税でまかなわれており、和泉監の県醸酒は民部省符により進上した記載がある。

豊楽の日　大嘗祭において上の午の日に豊楽院にて行なわれる宴会。大嘗祭式34条参照。

歌儛の人　雅楽寮所属の歌人・舞師など雅曲・正舞・雑楽に従事した人。

16薗韓神祭料条

薗韓神の祭の料　春冬に行なわれる薗韓神祭に造酒司が用意する物品についての規定。四時祭式上9条参照。

黒葛　ツヅラフジなど、丈夫なつる性の植物。四時祭式上7条「黒葛」参照。

17平野祭料条

平野の神の祭の料　夏冬に行なわれる平野祭に造酒司が用意する物品の規定。四時祭式上17条参照。

18松尾祭料条

松尾の神の祭の料　松尾祭に造酒司が用意する物品の規定。四時祭式上16条参照。

尺　底「丈」。考異ニ従イテ改ム。

貲布　細糸で織った上質の麻布。主計式上2条参照。

19賀茂祭料条

賀茂の神の祭の料　賀茂祭に造酒司が用意する物品の規定。

酒一石二斗　斎院式19条の祭日料の酒量と一致する。

20大原野祭料条

大原野の神の祭の料　春冬の大原野祭に造酒司が用意する物品の規定。四時祭式上8条参照。

曝布一端　分注の規定から計算すると曝布一端は四丈二尺となる。主計式上2条「調布」・同式3条「布」参照。

山人の料　山に入り社の用をする神人。四時祭式上9条「神の山人」参照。

21釈奠料条

醴斉　周礼(天官、酒正)に見える五斉の一つ。五斉は祭祀に用いる濁り酒。釈奠においては犠樽に入れられ、初献の際に大学頭が酌み先聖・先師に捧げた(大学式1条参照)。

醠斉　周礼(天官、酒正)に見える五斉の一つ。醴斉と同じく濁り酒。釈奠においては象樽に入れられ、亜献・終献の際に酌み先聖・先師に捧げた(大学式14条参

酒二斛五斗、曝布三丈八尺、貲布三尺、篩絹五尺、八足机二前、缶八口、匏十五柄、酒臺二具、坩二合、窪坏、盤各五十口、黒葛二斤、

賀茂神祭料

酒一石二斗、絁四尺、篩料、暴布三丈二尺、二尺酒臺二具折敷料、八尺缶四口覆料、二丈二尺机二前覆幷折敷料、缶四口、坩二合、酒臺二具、窪坏卅口、盤廿五口、匏四柄、八足机二前、

大原野神祭料春冬同、

酒四斛、絁五尺、篩料、細布三尺、敷㆓酒臺三具㆒料、曝布一端一丈六尺、二丈二尺机二前覆幷折敷料、三丈六尺缶十八口覆料、口別二尺、缶十八口納㆑酒料、十二口祭所料、六口山人料、各受㆓三斗㆒、酒坏六口、各備㆑臺、坩二合、窪坏九十口、盤五十口、盆四口、八足机二前、中取案四脚、匏十五柄、黒葛六斤、

釋奠料春秋同、

醴齊、醠齊、清酒各二斗、別貢清酒三斗六升、已上享料、酒一石七斗七升三合、雑給料、四尺臺盤一面、朱漆酒海一口、盞十口、盤十口、金銀杓二柄、白銅提壺二口、瓶子二口、平文胡瓶二口、居㆓短榻㆒、大酒罇二合、中

酒二斛五斗、曝布《さらしぬの》三丈八尺、*貲布《さよみのぬの》三尺、篩の絹五尺、八足の机二前、缶八口、匏十五柄、酒台二具、坩《つぼ》二合、窪坏《くぼつき》・盤各五十口、黒葛二斤。

19 *賀茂《かも》の神の祭の料

*酒一石二斗、絁四尺〈篩の料〉、暴布三丈二尺〈二尺は酒台二具の折敷の料、八尺は缶四口の覆の料、二丈二尺は机二前の覆ならびに折敷の料〉、缶四口、坩二合、酒台二具、窪坏三十口、盤二十五口、匏四柄、八足の机二前。

20 *大原野《おおはらの》の神の祭の料〈春冬同じくせよ〉

酒四斛、絁五尺〈篩の料〉、細布三尺〈酒台三具に敷く料〉、*曝布一端一丈六尺〈二丈二尺は机二前の覆ならびに折敷の料、三丈六尺は缶十八口の覆の料、口別に二尺〉、缶十八口、酒を納る料〈十二口は祭所の料、六口は*山人の料、各三斗を受けよ〉、酒坏《さかつき》六口〈各台を備えよ〉、坩二合、窪坏九十口、盤五十口、盆四口、八足の机二前、中取の案四脚、匏十五柄、黒葛六斤。

21 釈奠《せきてん》の料〈春秋同じくせよ〉

*醴斉《らいせい》・*醠斉《おうせい》・*清酒《すみさけ》各二斗、*別貢《べつく》の清酒三斗六升〈已上は享《きょう》の料〉、酒一石七斗七升三合〈雑給の料〉、四尺の*台盤一面、朱漆の*酒海《さかがめ》一口、盞《さかずき》十口、盤十口、金銀の杓《しゃく》二柄、*白銅《びゃくどう》の提壺《ていこ》二口、*瓶子《へいし》二口、*平文《ひょうもん》の*胡瓶《こへい》二口〈*短榻《ひきしじ》に居《す》えよ〉、大の*酒罇《しゅそん》二合、中の

照)。

清酒 甕に入れられ、三献の際に玄酒(礼式用の水)と混ぜ福酒として飲まれた。→補1

別貢の清酒 釈奠に用いられる食料は祭料・別供料・雑給料に分かれていた(大膳式上15~17条)。大学式6条によれば、清酒は漆の壺二合(各一斗八升)に入れられ、案二脚の上に置かれていた。

台盤 食器類を載せる脚付きの台。長方形の四方に縁取りを廻らし、八角柱の脚を付けたもの。

酒海 酒を入れる容器。本式32条には金銅製のものも見える。内匠式7条参照。

白銅の提壺 鉉などがついて下げるようにした壺。ひさげのつぼ。白銅は銅と錫の合金(内匠式33条参照)。

瓶子 酒を入れて杯に注ぐのに用いる酒器。細長く胴の上部がふくれ、注ぎ口は小さい。神前に酒を供えることにも用いる。

平文 金銀または貝を刻んで文様として塗り込め、漆をかけてから研ぎ出したもの。

胡瓶 瓶子の一種で、注ぎ口を鳳凰の頭部形にしたもの。鳥頸の瓶子とも。

短榻 榻は細長い床几。腰掛け。

酒罇 酒を入れるかめ。尊。玉篇に「罇與樽同」とある。

鎗子　底傍注「唐韻云小鼎也」。井・壬・藤ニモアリ。

日　底ナシ。塙校注ニ従イテ補ウ。

各　底ナシ。考異ニ従イテ補ウ。

鎗子　酒を入れる器

火炉　火舎。火をおこして暖をとったり、香を焚いたりする道具であるが、本式では酒を温めるためのものであろう。木火炉・土火炉・鉄火炉・白銅火炉などが延喜式に見える。内匠式1・33条参照。

布画の毯代　布帛を染めて毯(ケムシロ。本式33条参照)の代用とした敷物。

麴　本式では酒を造るのに必要な糖化剤としてのコウジを「糵」としているが、釈奠で用いる中国風の酒である醴斉・醠斉を造る場合のコウジは「麴」と記載している。「麴」の狭義の用法。→補1

清酒五升を汁に加えよ　本式2条の「醴酒」と同じく、酒を仕込み水代わりとした。

22供奉日料条

供奉の料　天皇・中宮に日々、造酒司から供奉される種々の酒・酢の量を規定している。

汁糟六升　本式24条にある御厨子所(四升)・進物所(二升)へ配られる合計分と

酒罇二合、並居㆓漆大案㆒、鎗子一口、鐵火爐一口、居㆓高榻㆒、布畫毯代一領、匏十五柄、自㆓所司㆒受、炭一石八斗、自㆓主殿寮㆒受、

右、供奉雜物依㆓前件㆒、其醴齊以㆓白米一斗八升㆒爲㆑粉、以㆓九升㆒爲㆑麴、醠齊以㆓黑米一斗三升㆒爲㆑粉、以㆓六升㆒爲㆑麴、清酒五升加㆑汁、並前㆑祭四日造備供奉、

供奉料中宮亦同、

日酒一斗五升、汁糟二升二合五勺、筥一合、長一尺六寸、廣一尺五寸、一月一替、中宮准㆑此、甕酒二升五合、汁糟六升、擣糟二升二合五勺、酢一升五合八勺五撮、醴一升、

右、日料、司家所㆑進、但甕料内膳司每㆑月受、

凡御井酒、起㆓八月一日㆒盡㆓九月卅日㆒供之、

凡汁糟從㆓九月一日㆒迄㆓五月卅日㆒、日別四升行㆓御厨子所㆒、二升行㆓進物所㆒、從㆓六月一日㆒迄㆓八月卅日㆒、以㆓搗糟㆒代之、酢二斗、月別行㆓御厨子所㆒、煖㆓御酒㆒料炭日一斗、申㆓内侍司㆒受㆓主殿寮㆒、

諸節日酒四斗、擣糟三升、正月三節以㆓三種御糟㆒代㆓擣糟㆒、播磨柏廿把、五月、七月、九月各一擔、篦竹八株、甕酒五升、五月、七月、九月、十一月各一

酒罇二合〈みな漆の大案に居えよ〉、*鎗子《そうし》一口、鉄の*火炉《かろ》一口〈高榻《たかしじ》に居えよ〉、*布画《ぬのえ》の毯《たん》代《だい》一領、匏十五柄〈所司より受けよ〉、炭《あらずみ》一石八斗〈主殿寮より受けよ〉。

右、供奉の雑物は前《さき》の件《くだり》によれ。その醴斉は白米《しらよね》一斗八升を以て粉《こ》となし、九升を以て*麴となせ。醠斉は黒米一斗三升を以て粉となし、六升を以て麴となせ。*清酒五升を汁に加えよ。みな祭に前《さきだ》つこと四日に造り備えて供奉せよ。

22 *供奉の料〈中宮もまた同じくせよ〉
日に酒一斗五升、汁糟《しるかす》二升二合五勺、筥《はこ》一合〈長さ一尺六寸、広さ一尺五寸、一月に一たび替えよ。中宮もこれに准えよ〉、瓫酒《あえざけ》二升五合、*汁糟六升、*擣糟《かちかす》二升二合五勺、酢一升五合八勺五撮、*醴一升。

右、日料は司家、進るところ。ただし、*瓫《あえ》の料は内膳司月毎に受けよ。

23 凡そ*御井《みい》の酒は八月一日より九月三十日まで供《くう》ぜよ。

24 凡そ*汁糟は九月一日より五月三十日まで日別に四升を*御厨子所《みずしどころ》に行《くば》り、二升を*進物《しんもつ》所《どころ》に行れ。六月一日より八月三十日までは*搗糟《かちかす》を以て代えよ。酢二斗、月別に御厨子所に行れ。御酒《みき》を煖むる料の炭は日に一斗、*内侍司に申し、主殿寮より受けよ。

25 *諸節には日に酒四斗、擣糟三升〈正月の三節は三種の御糟を以て擣糟に代えよ〉、播磨の柏《かしわ》二十把〈五月・七月・九月は各一*担〉、篦竹《のだけ》八株、瓫酒五升〈五月・七月・九月・十一月は各一

思われる。
擣糟二升二合五勺　本式24条によれば汁糟と擣糟（搗糟）は期日を変えて支給されている。本条の汁糟二升二合五勺と量が一致するので、擣糟は六月から八月に供奉されたものと思われる。
醴一升　本式2条の「内膳司供御唐菓子瓫甘醴」の一部に対応するか。
瓫の料は内膳司月毎に受けよ　内膳司が月毎に造酒司より瓫酒などを受け取り、日毎に進上したと考えられる。
23御井酒条
御井の酒　本式2・3・4条参照。
24汁糟条
汁糟　もろみのことか。和名抄は醪（モロミ）を「汁滓酒也」、糟を「酒滓也」とする。
御厨子所　↓補2
進物所　↓補3
搗糟　擣糟に同じ。
内侍司　後宮十二司のうち最大規模の職員を擁する大司。内廷の日常に密着した重要広範な任務に当たった官司。
25諸節日料条
諸節には日に酒　節会の日の供御の酒・酢の量の規定。酢以外は日常の量より多い。節会の日は本式29条参照。
一担　一担は木工式19条に「大六十斤為㆓一担㆒」とある。

七月　底、コノ下「一斗」二字アリ。考異ニ従イテ削ル。

合　底「升」。考異ニ従イテ改ム。

料　底ナシ。例ニヨリテ補ウ。

日酒…四合（二六字）　→校補4

五合　→校補5

四斛二斗一升五合　民部式上144条「四石二斗一升」。

濁酒　→補1

26東宮日料条

東宮の料　東宮に日々供される酒・酢などの量と節会における東宮への供給量を記す。

日に酒六升・酢四合　主膳式2条には東宮の月料として酒一斗五升・酢一斗二升が記されている。日料に換算すると酒五合・酢四合となり、酒の量は不整合。

27伊勢斎王料条

斗、

濁酒五升、（十一月一斗、五月、七月、九月不㆑供、）酢五合、（五月、九月各一升、）

東宮料

日酒六升、（諸節別二斗、）酢四合、（已上付㆓主膳監㆒、）汁糟五合、韲酒四合、

右、韲料酒、汁糟、並行㆓彼宮進物所㆒、

伊勢齋內親王料（向㆓伊勢㆒後不㆑行、）

日酒八升、（諸節別二斗、）酢五合、汁糟五合、

賀茂齋內親王料

日酒八升、（諸節別二斗、）酢五合、

諸節會料酒

正月元日一斛八斗、七日三石四斗、十六日二斛三斗、十七日一斛四斗、五月五日一斛八斗、相撲節一斛八斗、九月九日一斛六斗、十一月新嘗會四斗、若可㆑過㆓此限㆒、

聽㆓辨官處分㆒、

供㆓奉神事㆒諸司給㆑酒法

親王已下三位已上二升、四位五位一升、六位已下五合、五位已上命婦一升、六位已下女孺并御巫五合、

凡縣釀酒、山城國四斛二斗一升五合、大和、河內、攝津等國各四斛、並

斗〉、*濁酒《にごりざけ》五升〈十一月は一斗、五月・七月・九月は供せず〉、酢五合〈五月・九月は各一升〉。

26 東*宮の料

*日に酒六升〈諸節は別《ひごと》に二斗〉、酢*四合〈已上は主膳監に付《さず》けよ〉、汁糟五合、

 右、𤭖の料の酒、汁糟はみな彼の宮の進物所に行れ。

27 *伊勢斎内親王《いつきのひめみこ》の料〈伊勢に向かうの後は行らざれ〉

日に酒八升〈諸*節は別に二斗〉、酢五合、汁糟五合。

28 賀*茂斎内親王の料

日に酒八升〈諸節は別に二斗〉、酢五合。

29 諸*の節会の料の酒

正月元日は一斛八斗、七日は三石四斗、十六日は二斛三斗、十七日は一斛四斗、五月五日は一斛八斗、相*撲の節は一斛八斗、九月九日は一斛六斗、十一月の新嘗会《にいなめのえ》は四斗、もしこの限りを過ぐべくは、弁官の処分を聴け。

30 神*事に供奉する諸司に酒を給うの法

親王已下《いげ》三位已上に二升、四位・五位に一升、六位已下に五合、五位已上の命婦《みょうぶ》に一升、六位已下の女孺《にょじゅ》ならびに御巫《みかんなぎ》に五合。

31 凡そ県醸 酒《あがたづくりのさけ》は山城国四斛二斗一升五合、大和・河内・摂津等の国は各四斛、みな

伊勢斎内親王の料　在京中の伊勢斎王に日々供される酒・酢などの量。斎宮式38条に月料の酒が二石四斗、汁糟が一斗五升とあり日料として合致するが、酢は一斗二升(日料換算で四合)で不整合。

諸節は別に二斗　斎宮式39条に正月三節分として酒六斗、同式40条に五月節用として酒二斗、同式41条に七月節用として酒二斗と見える。

28賀茂斎王料条

賀茂斎内親王の料　斎院式には対応する条文は見えない。

29諸節会料酒条

諸の節会の料の酒　諸節会の宴などに造酒司から用意される酒の量を、節日ごとに上限を定めたもの。

相撲の節　三代格元慶八・八・五符で七月二十五日が式日とされ、延喜式では七月二十五日が式日となっているが、元慶八年(八八四)以前は七日・十六日などたびたび式日が変更されていた。本条が式日で記されていないのは元慶八年より前の段階の規定だからか。なお、太政官式103条参照。

30神事給酒法条

神事に供奉する諸司に酒を給うの法　神事に供奉する親王以下に給う酒の量の規定。宮内式1～3条参照。

31県醸酒条

十月卅日以前進訖、給㆓諸王已下國栖已上㆒料、

諸節供御酒器　中宮准㆑此、

銀盞一合、金銅酒海一合、金銅杓一柄、加㆑盤、金銅胡瓶一口、白銅風爐一具、白銅鎗子一口、朱漆臺盤二面、鳥形鎮子八枚、朱漆大盤一枚、朱漆中盤一枚、朱漆韓櫃一合、炭取桶一口、

右、供㆓奉御㆒器、依㆓前件㆒、

諸節雜給酒器

四尺臺盤三面、七月加㆓一面㆒、朱漆酒海三口、七月加㆓一口㆒、朱漆椀四口、加㆑盤、五月料、盞卅枚、五月減㆓十枚㆒、七月加㆓十枚㆒、八寸盤卅口、五月減㆓十口㆒、七月加㆓十口㆒、金銀杓三柄、七月加㆓耶子一柄㆒、白銅提壺二口、五月減㆓一口㆒、七月加㆓一口㆒、白銅瓶子六合、五月減㆓二合㆒、七月加㆓二合㆒、平文胡瓶六口、五月減㆓二口㆒、並居㆘著㆓帽甲㆒短榻三脚㆖、餘節准㆑此、大酒罇二合、五月、九月各減㆓一合㆒、中酒罇四口、五月、九月各減㆓一合㆒、並居㆓漆大案㆒、餘亦准㆑此、鎗子三口、五月、七月、九月不㆑設、鐵火爐二口、正月四節、十一月料、並居㆓高榻三脚㆒、餘節不㆑須、八尺毯二領、五月、九月不㆑設、布畫毯代二領、納㆑炭畫

十　底、コノ下「一」字アリ。考異ニ従イテ削ル。

盤　底ナシ。閣・梵ホカニヨリテ補ウ。

甲　底「申」。貞・京ニヨリテ改ム。

諸王已下国栖已上　本式15条では六位已下ならびに歌儛の人とある。

十月三十日以前に進り訖れ〈*諸王已下国栖《くず》已上に給う料〉。

32 *諸節、供御《くご》の酒器〈中宮はこれに准《なぞら》えよ〉

*銀《しろがね》の盞《さかずき》一合、金銅の酒海《さかがめ》一合、*金銅の杓《ひさご》一柄〈盤を加えよ〉、*金銅の胡《こ》瓶《へい》一口、*白銅の風炉《ふろ》一具、白銅の鎗子《そうし》一口、朱漆の台盤二面、*鳥形の鎮子《ちんし》八枚、朱漆の大盤一枚、朱漆の中盤一枚、朱漆の韓櫃《からびつ》一合、炭の取桶《とりおけ》一口。

右、御に供奉する器、前の件によれ。

33 諸節、雑給の酒器

四尺の台盤三面〈七月は一面を加えよ〉、朱漆の酒海三口〈七月は一口を加えよ〉、*朱漆の椀《まり》四口〈盤を加えよ。五月の料〉、盞三十枚〈五月は十枚を減じ、七月は十枚を加えよ〉、八寸の盤三十口〈五月は十口を減じ、七月は十口を加えよ〉、金銀の杓三柄〈七月は*耶子《やし》一柄を加えよ〉、白銅の提壺《ていこ》三口〈五月は一口を減じ、七月は一口を加えよ〉、白銅の瓶子《へいし》六合〈五月は二合を減じ、七月は二合を加えよ〉、平文《ひょうもん》の胡瓶六口〈五月は二口を減ぜよ。みな*帽《も》甲《こう》を著けし短榻《ひきしじ》三脚に居えよ。余の節もこれに准えよ〉、大の酒罇《しゅそん》二合〈五月・九月は各一合を減ぜよ〉、中の酒罇四口〈五月・九月は各一合を減ぜよ。みな漆の大案に居えよ。余もまたこれに准えよ〉、鎗子三口〈五月・七月・九月は設けず〉、鉄の火炉三口〈正月の四節・十一月の料はみな高榻三脚に居えよ。余の節は須《もち》いざれ〉、八尺の*毯《けむしろ》二領〈五月・九月は設けず〉、布画《ぬのえ》の毯代《たんだい》二領、炭を納《い》るる*画

32供御酒器条

諸節供御の酒器　諸節会において天皇・中宮に供奉される酒器類の規定。

銀の盞一合　内匠式5条に「盞一口〈受三合、加盞盤〉」が見える。銀の打物製。「一合」とあるので蓋付き。

金銅の杓　金銅製（銅に鍍金をほどこしたもの）の杓。内匠式5条に銀製の杓、同式33条に白銅の杓が見える。

金銅の胡瓶　胡瓶は本式21条参照。

白銅の風炉　風炉は火を入れて暖をとる火鉢の類。内匠式33条参照。

鳥形の鎮子　鎮子は敷物や帷帳などが風にあおられないように押さえるおもし。内匠式31条参照。なお、鎮子の形については、天平勝宝八歳（七五六）六月二十一日の東大寺献物帳（古四―一三〇頁）に「白石鎮子十六個、獅子形八、牛形六、兎形二」という記載がある。

33諸節雑給酒器条

朱漆の椀　飲酒器として、五月五日節に使用された。

耶子一柄　椰子の実を二つに割り、柄をつけて柄杓にしたもの。

帽甲　帽額（斎院式27条）、冒甲（内蔵式34条）とも。殿舎の正面や舞台の側面に引き回して使う布。ひたいかくし。

毯　毛織の敷物。毛席。

画櫃　炭を納れる櫃。他式に見えない。

割二條　底、本文トシテ大書。下文ノ例ニヨリテ改ム。下同ジ。
長　底ナシ。考異ニ従イテ補ウ。
長　底ナシ。閣・梵ホカニヨリテ補ウ。

樻三合、〈正月、十一月料、餘節不ㇾ設、〉
右、五位已上料、其日正給二空盞一、釋奠日空盞亦同、
四尺臺盤一面、朱漆酒海一口、盞二枚、〈正月四節各加二一口一、〉五寸盤四枚、銀盞一枚、〈加ㇾ盤、〉瓷盞二口、金銀胡瓶一口、堤壺一口、四尺毯四領、風爐一具、〈正月四節、十一月料、餘節不ㇾ設、〉
右、內命婦已上料、並請二內藏寮一、事畢返上、
供奉年料〈中宮准ㇾ此、〉
缶二口、覆二條〈長各七尺、三幅、〉料、兩面油絁各二丈一尺、〈並表料、〉東絁四丈二尺、〈裏料、〉絲一兩、結綱一條〈長一丈四尺、〉料、緋東絁七尺、〈割二二條一、〉調布七尺、〈割二二條一、〉負瓶二口、〈受二各二升一、納二儲酒一料、〉平瓶二口、〈受二各二升一、〉納二御槽一坩二口、結綱二條〈長各七尺、〉料、調布七尺、〈割二二條一、〉筥形三具、〈二具二缶料、一具瓶料、〉檜杚三枝、〈二枝長各一丈一尺、一枝長八尺、〉臺盤一面、〈朝夕料、〉覆三條〈一條朝夕料、二條諸節料、〉料、甲纈油絁一疋三尺、〈條別二丈一尺、〉絲一分、絁大篩十二條、〈別五尺、〉絁小篩廿四條、〈別一尺、〉縫ㇾ篩絲二分、敷二納ㇾ盞筥一暴布單十二條、〈別二尺、〉

櫃三合〈正月・十一月の料。余の節は設けず〉。

右、五位已上の料。その日、正、*空盞《こうざん》を給え。釈奠の日の空盞もまた同じくせよ。

四尺の台盤一面、朱漆の酒海一口、盞二枚〈正月の四節は各一口を加えよ〉、五寸の盤四枚、銀の盞一枚〈盤を加えよ〉、瓷*の盞二口、金銀の胡瓶一口、提壺一口、四尺の毯四領、風炉一具〈正月の四節・十一月の料。余の節は設けず〉。

右、*内命婦《ないみょうぶ》已上の料、みな内蔵寮より請《う》け、事畢らば返上せよ。

34 供奉の年料〈中宮はこれに准えよ〉

缶《もたい》二口、覆二条〈長さ各七尺、三幅《はば》〉の料、両面の油絁《あぶらぎぬ》各二丈一尺〈みな表の料〉、東絁《あずまぎぬ》四丈二尺〈裏の料〉、糸一両、結綱《ゆいづな》一条〈長さ一丈四尺〉の料、緋の東絁七尺〈二条に割け〉、調布七尺〈二条に割け〉、負瓶《おいかめ》二口〈各二升を受く。*儲《もうけ》の酒を納るる料〉、平瓶《ひらかめ》二口〈各二升を受く〉、御糟を納るる坩《つぼ》二口、結綱二条〈長さ各七尺〉の料、調布七尺〈二条に割け〉、筥形《はこがた》三具〈二具は二缶の料、一具は瓶の料〉、檜《ひ》の杪《おうご》三枝〈二枝は長さ各一丈二尺、一枝は長さ八尺〉、台盤一面〈朝夕の料〉、覆三条〈一条は朝夕の料、二条は諸節の料〉の料、甲纈《こうけち》の油絁一疋三尺〈条別に二丈一尺〉、糸一分、絁《あしぎぬ》の大篩十二条〈別《じょうどと》に五尺〉、絁の小篩二十四条〈別に一尺〉、篩《ふるい》を縫う糸二分、盞を納るる筥に敷く暴布《さらしぬの》の単《ひとえ》十二条〈別に二尺〉、

空盞　酒を盛っていない杯。公宴の際に群官が賜宴・賜酒に対して庭中で謝意を表する謝座・謝酒の儀において空盞が使われた。造酒正が賜酒の意を示す空盞を参集者の上首の者に渡すと上首者は跪いて空盞を受け再拝する。雑式5条、儀式六(元日御豊楽院儀)参照。

瓷の盞　「瓷」はきめの細かな品質の良い焼きもの。主に緑釉陶器を指す。民部式下60条「尾張の瓷器」参照。

内命婦　自ら五位以上の位階を帯びる婦人。

34供奉年料条

儲の酒　予備の酒。

節　底「篩」。考異ニ従イテ改ム。
一　底ナシ。塙校注・版本ニ従イテ補ウ。
雑　底「新」。閣・梵ホカニヨリテ改ム。

布篩十二條、別五尺、筥一合、韓櫃三合、陶瓶二合、乳盆三合、二口朝夕料、一口節料、小匜四口、坩二合、陶鉢一口、洗盤一口、𤭯一口、土片坏一百八十口、明櫃二合、食薦二枚、中取案二脚、刀子一枚、調布襷、褌各十一條、襷別四尺、褌別六尺、並官人三人、酒部四人、取甕四人料、其造レ醴酒部二人、潔衣各絁三丈、調布七尺、袴料、官人二人各絁二丈五尺、調布頭巾一條、別三尺、仕丁一人、調布二丈二尺、頭巾一條、三尺、

右、料物依二前件一、但臺盤等隨レ損請替、

諸節装束

正月三節、酒部八人、紺調布衫八領、人別二丈、御幷中宮各四領、五月節亦同、但十一月新嘗會暴布褌二條、別八尺、酒部二人、

供二奉諸節幷行幸一仕丁十五人、布衫十五領料、紺布六端、別一丈六尺八寸、袴十五腰料、布二端六尺、別六尺、布帶十五條料、布一端一丈八尺、別四尺、縫二衣袴一料、絲一兩、並隔二三年二一申レ省請受、

雑給年料

絹篩十條、別一尺、縫レ篩絲一分、輿籠五脚、缶十六口、坩五合、平瓶十五

布の篩十二条〈別に五尺〉、筥一合、韓櫃三合、陶の瓶二合、乳盆《ちのへ》三合〈二口は朝夕の料、一口は節の料〉、小匜《こはそう》四口、坩二合、陶の鉢《はち》一口、洗盤《すましざら》一口、䍃《さらけ》一口、土《はに》の片坏《かたつき》一百八十口、明櫃《あかひつ》二合、食薦《すごも》二枚、中取の案《つくえ》二脚、刀子《かたな》一枚、調布の襷《たすき》・襌《ちはや》各十一条〈襷は別に四尺、襌は別に六尺、みな官人《かんにん》三人・酒部《さかひと》四人・取甕《みかとり》四人の料〉、その醴《こさけ》を造る酒部二人に潔衣《きよまわりぎぬ》各絁三丈、調布七尺〈袴の料〉、官人二人に各絁二丈五尺、調布の頭巾《こうぶり》一条〈別に三尺〉、仕丁《しちょう》一人に調布二丈二尺、頭巾一条〈三尺〉。

右、料物は前《さき》の件《くだり》によれ。ただし台盤等は損ずるに随いて請け替えよ。

35 諸節*の装束

正月の三節に酒部八人に紺の調布の衫《ひとえぎぬ》八領〈人別に二丈、御《おん》ならびに中宮各四領、五月の節もまた同じくせよ〉。ただし、十一月の新嘗会《にいなめのえ》に暴布の襌二条〈別に八尺、酒部二人〉。

諸節ならびに行幸に供奉する仕丁十五人、布の衫十五領の料の紺の布六端*〈別《りょうごと》に一丈六尺八寸〉、袴十五腰の料の布二端六尺〈別《こしごと》に六尺〉、布帯十五条の料の布一端一丈八尺〈別に四尺〉、衣・袴を縫う料の糸一両。みな三年を隔てて一たび省に申して請《こ》い受けよ。

36 雑給の年料

絹の篩十条〈別に一尺〉、篩を縫う糸一分、輿籠《こしこ》五脚、缶十六口、坩五合、平瓶十五

35諸節装束条

諸節の装束　本条は諸節および行幸に供奉する造酒司の酒部・仕丁に支給される装束の規定。

布六端　本条の布衫・袴・布帯の料の布は計算するといずれも一端が四丈二尺となる。主計式上2・3条でも調布一端・調庸布一端は四丈二尺となっている。

36雑給年料条

盆　底「瓫」。貞ニヨリテ改ム。
僧　考異、計算ニヨリ、コノ上ニ「佛聖二座」四字ノ分注ヲ補ウベシトナス。

37収薪所雑器条
正月十五日に薪を収むる所　→補1

38検納御薪所条
御薪を検納する　→補2
五位…二十七人　→補3
酒一斗二升一合　五位四人分(人別一升)と六位以下二七人分(人別三合)の合計に一致する。
六位已下…省に参り　→補4

39御斎会料条
正月の最勝王経の斎会　国家安寧・五穀豊穣を祈願して宮中の大極殿にて正月八日から十四日まで行なわれた仏教儀礼。御斎会。玄蕃式1条参照。
仏聖　本尊盧舎那仏ならびに脇侍菩薩と聖僧(架空の聖なる僧)。図書式3条参照。
酢一斗三升七合二勺　大膳式下3条に詳細な供養料が記されているが、酢の量を計算すると本条と一致しない。

40盂蘭盆料条
盂蘭盆の料　大膳式下14条によれば東寺・西寺・佐比寺・八坂寺・野寺・出雲

口、土片盤卌口、脚別案六脚、(四脚三位已上節料、二脚侍従料、)食薦廿枚、

正月十五日收㆑薪所雜器
四尺臺盤一脚、朱漆酒海一口、盞十枚、杓二柄、鐺子一口、中酒罇一合、

同日檢㆓納御薪㆒所(五位四人、六位已下官人廿七人、)
酒一斗二升一合、(五位別一升、六位已下三合、)炭五斗、(煖㆑酒料、請㆑直用、)本司六位已下官人一人、參㆑省給㆓空盞㆒、

正月最勝王經齋會佛聖僧沙彌料、酢一斗三升七合二勺、
七月十五日盂蘭盆料、酢二斗五升二合、糟二斗九升一合、十四日送㆓大膳職㆒、
嘉祥寺春冬地藏悔過料、酢各四升、
延暦寺試㆓年分度者㆒僧并使三度料、酢一斗三升、
同寺西塔院試㆓同度者㆒僧并使等料、酢三升、
海印寺試㆓年分度者㆒僧并使等料、酢二升、
大安寺四月大般若經御齋會供養料、酢二斗一升二合八勺、(僧百五十口、供料寺使來受、)

口、土の片盤四十口、土の盞七百二十口、脚別《あしわけ》の案六脚〈四脚は三位已上の節の料、二脚は侍従の料〉、食薦二十枚。

37 *正月十五日に薪《みかまき》を収むる所の雑器
四尺の台盤一脚、朱漆の酒海《さかがめ》一口、盞《さかずき》十枚、杓《ひさご》二柄、鎗子《そうし》一口、中の酒罇《しゅそん》一合。

38 同日に*御薪を検納する所〈*五位四人、六位已下の官人二十七人〉
*酒一斗二升一合〈五位は別《ひとごと》に一升、六位已下は三合〉、炭《あらずみ》五斗〈酒を煖むる料、直《あたい》を請《う》け用いよ〉、本司の*六位已下の官人一人、省に参り空盞《こうざん》を給え。

39 *正月の最勝王経《さいしょうおうきょう》の斎会《さいえ》の*仏聖《ぶつしょう》・僧・沙弥の料、*酢一斗三升七合二勺。

40 七月十五日の*盂蘭盆《うらぼん》の料、*酢二斗五升二合、糟《かす》二斗九升一合、十四日に大膳職に送れ。

41 *嘉祥寺《かしょうじ》の春冬の地《じ》蔵悔《ぞうけ》過《か》の料、酢各四升。

42 *延暦《えんりやくじ》 寺の年分度《ねんぶんど》者《しゃ》を試むる僧ならびに使らの*三度の料、酢一斗三升。

43 同寺*西塔院《さいとういん》の同じき*度者を試むる僧ならびに使らの料、酢三升。

44 *海印寺《かいいんじ》の年分度者を試むる僧ならびに使らの料、酢二升。

45 *大安寺《だいあんじ》の四月の大般若経の御斎会《ごさいえ》の供養の料、*酢二斗一升二合八勺〈僧百五十口、供料は寺使来りて受けよ〉。

寺・聖神寺の七ケ寺への供養料が用意された。

酢二斗五升二合糟二斗九升一合 ↓補5

41嘉祥寺悔過料条

嘉祥寺の… ↓補6

42延暦寺試度料条

延暦寺の年分度者 大膳式下7条参照。

三度の料 三度の課試は三月・八月・十二月に行なわれる。大蔵式42・43条および類聚国史一八七延暦二十三・五・庚寅条参照。

43西塔院試度料条

西塔院 承和元年(八三四)に円澄によって創設、貞観元年(八五九)、度者二人が置かれた(三代格貞観元・八・二十八符)。

度者を試むる僧 大蔵式44条に、三月に課試が行なわれたことが見える。なお、大膳式下8条参照。

44海印寺試度料条

海印寺の… 大蔵式46条、大膳式下12条参照。

45大安寺供養料条

大安寺の… 玄蕃式7条と大膳式下10条によれば、毎年四月六日・七日の両日に行なわれている。

酢二斗一升二合八勺 大膳式下10条によれば仏聖以下、座別に日に酢七勺とあるので、仏聖二座と衆僧一五〇口の二日分に一致する。

聖神寺佛聖二座、一季供養料、酢二斗六升四合、常住寺准レ此、並寺使來受、

侍從所

月料、酒三斛九斗、日別一斗三升、仕丁一人朝夕運送、

長人料酒九升、日別三合、

行在所進物所、甕酒四升、酢一升、雜給酒一石、毎レ有二行幸一爲レ例充之、幕三條、絁一條、布二條、廿年一請、

運下造二御酒一料薪上牛一頭、受二右馬寮一、•無卽直奏受用、

釆女司

凡神今食、新嘗會官人二人、各給二細布褌一條一、釆女八人、新嘗會十人、各望陁布褌一條、•別六尺、下條褌皆准レ此、其新嘗會給二布衫一、見二中務式一、

凡諸節會日、正及令史供二奉御膳前一、令史用二釆女朝臣氏一、

無　底「尻(充ノ譌字カ)」。閣・塙・貞・京ニヨリテ改ム。

別　底ナシ。考異ニ従イテ補ウ。

46聖神寺供養料条

聖神寺　内蔵式36条「諸寺」参照。

仏聖二座…　大膳式下2条によれば、座別に日に酢一合五勺とあるので、二斗六升四合は八八日分となり一季(三ケ月)の料として妥当である。

47侍従所条

侍従所　侍従の候所。外記庁の南にあり南所ともいった。公卿以下の宴がしばしば行なわれた。

48長人料条

長の人　背丈の高い人。内裏式中(十二月大儺式)に「方相一人〈取二大舎人長大者一為レ之〉」とある。大舎人式14条参照。

→補1

酒九升　酒の他に米(大炊式35条)、塩など(大膳式下50条)の支給がある。

49行在所条

行在所　天皇の行幸時の居所。儀制令2条参照。

進物所　行在所の進物所。宮中の進物所は本式24条、東宮の進物所は本式26条に見える。

幕　絁幕・布幕については大蔵式101条参

46 聖*神寺《しょうしんじ》の仏聖*二座、一季供養の料、酢二斗六升四合〈常住寺《じょうじゅうじ》はこれに准えよ〉、みな寺使来りて受けよ。

47 侍従所*
月料、酒三斛九斗〈日別に一斗三升、仕丁一人、朝夕運送せよ〉。

48 長*の人の料の酒九升*〈日別に三合〉。

49 *行在所《あんざいしょ》の進物所*に甕酒《あえざけ》四升、酢一升、雑給の酒一石、行幸あるごとに例として充てよ。幕*三条〈絁《あしぎぬ》一条、布二条〉は二十年に一たび請けよ。

50 御酒《みき》を造る料の薪を運ぶ牛*一頭、右馬寮より受けよ。なくば、すなわち直ちに奏《もう》して受け用いよ。

*采女司《うねめ》

1 凡*そ神今食《かんいまけ》・新嘗会《にいなめのえ》の官人《かんにん》*二人に各《おのおの》細布《ほそぬの》の襌一条を給え。采女*八人〈新嘗会*は十人と中務式*に見ゆ〉には各望陁《もうだ》の布の襌一条〈別《じょうごと》に六尺、下条の襌も皆これに准《なぞら》えよ。その新嘗会に布の衫を給うこと中務式に見ゆ〉。

2 凡*そ諸の節会の日、正《かみ》および令史《さかん》、御膳《おもの》の前に供奉せよ〈令史には*采女朝臣氏《うねめのあそんのうじ》を用いよ〉。

照。

50運薪牛条

牛　左右馬式4条参照。

采女司　→補2

1神今食官人条

凡そ神今食…　神今食・新嘗会における食膳に奉仕する采女司の官人・采女に衣服を支給する規定。なお、大膳式上2・5条に采女の食法が規定されている。奉仕の状況は儀式一(神今食儀)に詳しい。

官人二人　本式2条に、諸節会において正・令史が御膳の前に供奉するとしている。

采女八人　儀式一(神今食儀)に采女八人が「執二供神幷供御雑物等一」と見える。

新嘗会は十人　西宮記恒例三(中卯日新嘗祭事)に「十姫供奉」と見える。

中務式に見ゆ　中務式34条に新嘗会に際して小斎の諸司に青摺の布衫を給う規定があり、「御膳前采女氏二領」「女孺已上一百廿領」と見えている。

2諸節会日条

凡そ諸の節会…　諸節会において采女正・令史が御膳のことに従事する規定。なお、采女が節会の御膳に奉仕することは西宮記臨時四(陪膳事)等参照。→補3

采女朝臣氏　中務式34条では「御膳前采女氏」とする。→補4

凡正月三節采部三人、各給二紺調布衫一領一、（五月節亦同、七月廿五日、九月九日通用、）月粮白米九斗、（人別日一升、）鹽九合、（人別日一勺、）

凡采女卌七人、賜下近二宮城一地上、

凡采女養田各三町、（事見二民部式一、）

凡采女月料、各白米四斗五升、（日一升五合、）鹽四合五勺、（日一勺五撮、）

凡采女無レ故不レ上一百廿日已上者解任、但依二身病及親病一不仕者、雖レ過二限日一、臨時聽レ裁、其解任之代、以二當郡氏女一補之、

凡采女不仕祿物、半分充二司家雜用一、半分充二采女等夏頓給料一、

凡采女各充二樵丁一人、守廬丁一人一、其樵丁每レ月黑米六斗、鹽六合、守廬丁春夏月別庸布一段、秋冬月別庸綿二屯、

主水司

御井神一座祭（春秋並同、）

庸　考異、コノ下ニ「布二段」三字ヲ補ウベシトナス。

3正月三節条

凡そ正月の三節…　諸節に供奉する采部に衣服・食料を支給する規定。衣服は本条分注によれば正月三節（元日・白馬・踏歌）、五月節に支給し、七月節、九月節は支給せず同じものを用いた。

采部　采女司に所属する伴部。令制の定員は六名で、宮内式6条にも「采部六人」とある。本条の月粮の規定は三名分であるが、諸節に供奉する采部の定員が三名であったのであろう。采部には負名氏として采女氏から採られたと思われ、続紀天平神護元・二・辛未条に「采女司采部采女臣家足」が見えている。

4采女賜地条

采女四十七人　→補1

宮城に近き地　拾芥抄中（諸司厨町）に「采女ノ町〈土御門北、東洞院西〉」とある。左京北辺坊の土御門大路北、東洞院大路西に所在する采女司町内に賜与され、宅地等に利用された。

5采女養田条

采女の養田　→補2

民部式に見ゆ　民部式上113条参照。

3 *凡そ正月の三節、*采部《うねべ》三人に各紺の調布の衫一領〈五月の節もまた同じくせよ。七月二十五日・九月九日も通わし用いよ〉、月粮の白米《しらよね》九斗〈人別に日に一升〉、塩九合〈人別に日に一勺〉を給え。

4 凡そ*采女四十七人に*宮城に近き地を賜え。

5 凡そ*采女の養田は各三町〈事は*民部式に見ゆ〉。

6 凡そ*采女の月料は各白米四斗五升〈日に一升五合〉、塩四合五勺〈日に一勺五撮〉。

7 凡そ采女、故なく上《つかまつ》らざること一百二十日已上は*解任せよ。ただし、*身の病および親《しん》の病によりて不仕の者《ひと》は、限日を過ぐと雖も臨時に裁を聴け。その解任するの代《かわり》は*当郡の氏女を以て補《ぶ》せよ。

8 凡そ采女の*不仕の禄物は、半分を司家の雑用に充て、半分を采女らの夏の*頓給の料に充てよ。

9 凡そ采女に各*樵丁《しょうちょう》一人・守盧丁《しゅろちょう》一人を充てよ。その樵丁に月毎《ごと》に黒米六斗、塩六合、守盧丁に春夏は月別《ごと》に庸布一段、秋冬は月別に庸の綿二屯。

*主水司《もいとり》

1 *御井神《みい》一座の祭〈春秋みな同じくせよ〉

6采女月料条

采女の月料　白米は四七人分で大月に二一石一斗五升になるが、大炊式35条の規定と相違する。塩は大膳式下48条の規定と合致する。→補3

7采女解任条

解任　続紀天平勝宝四・十一・壬子条に「諸司無㆑故不㆑上者、令㆑放㆓還本貫㆒」とあり、正当な理由がなく欠勤した官人を処罰する制が出されている。采女にも適用されたものであろう。→補4

身の病　実例として類聚国史四〇大同二・五・庚子条の出雲国采女勝部公真上の例がある。

当郡の氏女　氏女は、本来は後宮に奉仕する女性を特定の畿内諸氏が氏ごとに一人貢進したものであるが（後宮職員令18条）、本条の氏女はこれに該当するものではなく采女の譜第家を指す。→補5

8不仕禄物条

不仕の禄物　→補6

頓給の料　→補7

9樵丁等条

樵丁一人守盧丁一人　→補8

主水司　→補9

1御井神条

御井神　供御用の水を汲む井戸に祭られた神。臨時祭式6条、典薬式1条参照。

五色薄絁各二尺、倭文二尺、木綿一斤、鍬二口、酒五升、糟、米、飯各一斗、鰒、堅魚、腊各一斤、海藻二斤、鹽二升、麻笥一口、杓一柄、祝料商布一段、

御生氣御井神一座祭（中宮准㆑此、）

五色薄絁各二尺、倭文二尺、木綿一斤、鍬一口、酒五升、糟、米、飯各一斗、鰒、堅魚、腊各一斤、海藻二斤、鹽三升、商布一段、（已上祭料、）絹篩一口、（一尺五寸、）缶一口、土椀一合、（加㆑盤、下皆准㆑此、）片盤五口、（已上汲㆑水料、）

右、隨㆓御生氣㆒、擇㆓宮中若京内一井堪㆑用者㆒定、前冬土王、令㆓牟義都首潔治㆒即祭之、至㆓於立春日昧旦㆒、牟義都首汲㆑水付㆑司擬㆓供奉㆒、一汲之後廢而不㆑用、

春宮坊御生氣汲㆑水料雜器

絹篩一口、（一尺五寸、）缶一口、土垸一合、（備㆑盤、）片盤五口、

鳴雷神一座祭（春秋並同、）

五色薄絁各一尺、木綿、麻各三兩、倭文一尺、鍬一口、白米、酒各一斗、糯米六升、大豆、小豆各二升、鰒二斤、腊、海藻各三斤、鹽三升、祝史料商布一段、

祝の料　本条の「祝」は下級神職のハフリではなく祝詞のことで、祝詞を読む者に与えられる料物の意。四時祭式上14条、大嘗祭式14条参照。本式4条では「祝史料」、同式6条では「祝詞料」となっている。

2御生気御井神条

御生気　造酒式10条参照。

御生気の御井　御生気に随い宮中もしくは京内から指定された井戸。天皇・中宮(本条)・東宮(本式3条)、それぞれの井戸があった。一度水を汲んだ後は再び供御用には用いられなかった。瀧川政次郎「立春水考」(『日本社会経済史論考』増補

五色の薄絁《うすぎぬ》各二尺、倭文《しず》二尺、木綿《ゆう》一斤、鍬《くわ》二口《く》、酒五升、糟《かす》・米《よね》・飯《いい》各一斗、鰒《あわび》・堅魚《かつお》・腊《きたい》各一斤、海藻《め》二斤、塩二升、麻笥《おけ》一口、杓《ひさご》一柄、*祝《のりと》の料の商布一段。

2 *御生気《みしょうげ》の御井神一座の祭〈中宮もこれに准えよ〉

五色の薄絁各二尺、倭文二尺、木綿一斤、鍬一口、酒五升、糟・米・飯各一斗、鰒・堅魚・腊各一斤、海藻二斤、塩三升、商布一段〈已上は祭の料〉、絹の篩《ふるい》一口〈一尺五寸〉、*缶《もたい》一口、土《はに》の椀《まり》一合〈盤《さら》を加えよ。下は皆これに准えよ〉、片盤《かたさら》五口〈已上は水を汲む料〉。

右、御生気に随い、宮中もしくは京内の一井の用うるに堪うるものを択び定め、前冬の*土王《どおう》、*牟義都首《むげつのおびと》をして渫治《ちょうじ》せしめ、*すなわち祭れ。立春の日の昧旦に至り、牟義都首、水を汲み*司に付《さず》けて供奉に擬《あ》てよ。一たび汲むの後は廃して用いざれ。

3 春宮坊《とうぐう》の御生気、*水を汲む料の雑器

絹の篩一口〈一尺五寸〉、缶一口、土の埦一合〈盤を備えよ〉、片盤五口。

4 *鳴雷神《なるいかづち》一座の祭〈春秋みな同じくせよ〉

五色の薄絁各一尺、木綿・麻《お》各三両、倭文一尺、鍬一口、白米・酒各一斗、糯米《もちよね》六升、大豆《まめ》・小豆《あずき》各二升、鰒二斤、腊・海藻各三斤、塩三升、祝史《のりとし》の料の商布一段。

新版所収、一九八三年、初出一九六七年）参照。→補1

缶　カメの一種。主計式上1条参照。

土王　暦の雑節の一つで土用のこと。春夏秋冬の各季の終わりの一八日間。冬の土用があけると立春となる。

牟義都首　→補2

すなわち祭れ・司に付けて　東山御文庫蔵新撰年中行事（正月）所引の本条には「即」字に「前式偏字」の傍注が、同じく「付レ司」には「前式付二水司一」という頭書が付いており（西本昌弘編『新撰年中行事』、二〇一〇年）、前式（弘仁式もしくは貞観式）からの字句の修正が知られる（同「『官曹事類』『弘仁式』『貞観式』などの新出逸文」〈『日本古代の年中行事書と新史料』所収、二〇一二年、初出一九九八年〉）。

3春宮坊御生気条

水を汲む料の雑器　本式2条の天皇・中宮の御生気御井の水を汲む料と全く同じ。水に含まれる塵芥類を取り除くため目の細かい絹の篩で濾した。

4鳴雷神条

鳴雷神　元来は大和国添上郡に鎮座する鳴雷神社が祭る司雨の雷神。本条は主水司に移されて官衙神として祭られた神。四時祭式上6条、神名式上2・6条「鳴雷神社」参照。

氷池神十九座祭

座別五色薄絁各五寸、木綿一兩、麻二兩、米、酒各一升、鰒、堅魚各五兩、腊十一兩、海藻、凝海菜各五兩、鹽五合、坩一口、

右、毎年十一月祭之、

氷池風神九所祭 山城國五所、大和國一所、河内國一所、近江國一所、丹波國一所、

所別五色薄絁各一尺、米一升、酒二升、海藻一斤、雑魚二斤、祝詞料商布一段、

右、若有二年温一氷薄、隨卽祭之、尋常寒歳不レ在二此限例一、

神今食料 新嘗會、踐祚大嘗會亦同、

絹篩一口、一尺五寸、水案一脚、帊曝布一條、六尺、下居案一脚、土埦二合、水盆二合、官人一人、水部五人、各襷一條、但新嘗會加二布衫一、見二中務式一、

右、依レ件具錄二色目一、申レ省請受、

同祭解齋御粥料 新嘗會亦同、

雑　底ナシ。塙校注ニ従イテ補ウ。
詞　底「所」。考異ニ従イテ改ム。

5氷池神条

氷池　水を凍らせて宮中で用いる氷を作る池。氷室の周辺に散在していたと考えられる。本式26条によれば山城・大和・河内・近江・丹波各国に合計五四〇処あった。天平勝宝八歳（七五六）の年紀をもつ東大寺山堺四至図（『日本荘園絵図聚影』釈文編一〔古代〕、二〇〇七年）には東大寺の東南、後の春日大社となる「神地」の北に「氷池」という注記が見えている。

6氷池風神条

氷池の風神九所の祭　分注によれば山城国に五ケ所、大和・河内・近江・丹波各国にそれぞれ一ケ所、合せて九ケ所に氷池の風神が祭られていた。気候が温暖で氷池の氷が薄いとき直ちに祭るとある。元日の氷の様の奏との関連が想起される。氷の様の奏は元日節会の諸司奏のう

5 *氷池《ひいけ》神十九座の祭

座別に五色の薄絁各五寸、木綿一両、麻二両、米・酒各一升、鰒・堅魚各五両、腊十一両、海藻・凝海菜《こるもは》各五両、塩五合、坩《つぼ》一口。

右、毎年十一月に祭れ。

6 *氷池の風神《かざかみ》九所の祭〈山城国に五所、大和国に一所、河内国に一所、近江国に一所、丹波国に一所〉

所別に五色の薄絁各一尺、米一升、酒二升、海藻一斤、雑の魚二斤、祝詞の料の商布一段。

右、もし年温かきことありて氷薄くば、ただちに祭れ。尋常の寒き歳は*この限りにあらず。

7 *神今食《かんいまけ》の料〈新嘗会《にいなめのえ》・践祚大嘗会もまた同じくせよ〉

絹の篩一口〈一尺五寸〉、*水案一脚、帊《おおい》の*曝布《さらしぬの》一条〈六尺〉、下居《したすえ》の案《つくえ》一脚、土の埦二合、水盆二合、*官人《かんにん》一人・水部《もいとりべ》五人に各襷《ちはや》一条〈ただし、新嘗会は布の衫《ひとえぎぬ》を加えよ。*中務式に見ゆ〉。

右、件により具に色目を録し、省に申して請《こ》い受けよ。

同じき祭の*解斎《げさい》の御粥の料〈新嘗会もまた同じくせよ〉

ち主水司が氷の厚薄多少を奏上したもの。宮内式31条参照。国史上の初見は類聚国史七一天長九・正・乙未条。

この限りにあらず 原文「限」字の下に「例」字が見え、この字は諸写本にある。延喜式には「この限りにあらず」「この例にあらず」の文言はしばしば見えるが、「不レ在ニ此限例一」は他に見えず、不詳。なお、「例」字を読まなくとも意味は通じるため、現段階では「この限りにあらず」と訓んでおく。

7神今食料条

神今食の料… 神今食・新嘗会・大嘗会において主水司が宮内省に申請して用意する物品および解斎の粥に関する規定。

水案 木工式7条参照。本式27条の「洗案」に同じか。

曝布 白くさらした麻布。造酒式20条「曝布一端」参照。

官人一人水部五人 宮内式2条に主水司から六人が天皇に供奉するとある。水部は主水司に所属する伴部。

中務式に見ゆ 中務式34条の新嘗会の小斎に賜る青摺布衫のなかに「主水八領〈二領中宮〉」とある。

解斎の御粥 神今食・新嘗祭の神事の翌日早旦、解斎の御手水と御粥が天皇に供される。蚫(鰒)以下の物品は内膳式8条に詳しい。

其　↓校補6
二　閣・塙・貞・京「三」。
尺　底ホカ諸本「口」。版本・雲ニ従イテ改ム。

鉋二斤、堅魚八兩、和布一斤、鹽五合、堝二口、
　右、自ニ内膳司一受之供奉、但米用ニ其供內一、

踐祚大嘗會解齋七種御粥料
米、粟、黍子、稗子、葟子、胡麻子、小豆各二斗、鹽二顆、陶瓫、堝各七口、土埦七合、銚形、片坏各十口、阿世利盤七口、洗盤四口、麻笥盤二口、中取案、切案各二脚、陶臼、土火爐各二口、炭二斛、白米九升漿料、著レ足土椀四合、瓫三口、炭六斗、親王已下五位已上通用、

諸祭雜給料

薗韓神祭料 春冬並同、
漿料米四升、高盤四口、土椀四合、陶椀六合、瓫四口、布篩一口、四尺、匏二柄、炭五斗、

春日祭料 春冬並同、
漿料米一斗、盤五口、高盤二口、土椀四合、瓫四口、巾二條、別五尺、布篩一口、四尺、杓二柄、炭五斗、

平野祭料 夏冬並同、
漿料米四升、高盤二口、土椀二合、瓫三口、匏一柄、炭三斗、

蚫《あわび》二斤、堅魚八両、和布《にぎめ》一斤、塩五合、堝《なべ》二口。
右、内膳司より受けて供奉せよ。ただし米*はその供の内を用いよ。

8 践祚大嘗会の解斎の*七種《ななくさ》の御粥の料

米・粟・黍子《きび》・稗子《ひえ》・葟子《みの》・胡麻子《ごまのみ》・小豆各二斗、塩二顆《か》、陶《すえ》の瓫《ほとぎ》・堝各七口《く》、土《はに》の埦七合、鋺形《もいがた》・片坏《かたつき》各十口、*阿世利盤《あせりざら》七口、洗盤《すましざら》四口、麻笥盤《おけざら》二口、*中取の案・*切案各二脚、陶の臼《うす》・*土の火炉各二口、炭《あらずみ》二斛。白米《しらよね》九升は*漿《こんず》の料、足を著けたる土の椀四合、瓫三口、炭六斗〈親王已下五位已上に通わし用いよ〉。

9 *諸の祭の雑給の料

薗《その》・韓神《からかみ》の祭の料〈春冬みな同じくせよ〉
漿の料は米四升、高盤四口、土の椀四合、陶の椀六合、瓫四口、布の篩一口〈四尺〉、匏《なりひさご》二柄、炭五斗。
春日《かすが》の祭の料〈春冬みな同じくせよ〉
漿の料は米一斗、盤五口、高盤二口、土の椀四合、瓫四口、巾《たのごい》二条〈別《じょうごと》に五尺〉、布の篩一口〈四尺〉、杓二柄、炭五斗。
平野《ひらの》の祭の料〈夏冬みな同じくせよ〉
漿の料は米四升、高盤二口、土の椀二合、瓫三口、匏一柄、炭三斗。

米はその供の内を用いよ　粥用の米は本式18条に規定する月料の米を充てる。

8大嘗会粥料条

七種の御粥　本式15条参照。大嘗会の解斎には七種粥が用いられた。

阿世利盤　「あせる」は海・川・湖などの底が浅くなる様。阿世利盤は浅い皿。

中取の案　木工式7条参照。

切案　まないた。木工式7条参照。

土の火炉　土師器の火鉢。造酒式21条「火炉」参照。

漿　後宮職員令12条集解古記に「漿水、以㆓粟米飯㆒漬㆓水汁㆒、名為㆑漿也、粟水訓耳」とある。和名抄はツクリミヅ。中務式77条と内蔵式61条の「水司」参照。関根真隆は米を煮て布篩で濾した重湯のようなものとする(『奈良朝食生活史の研究』二三四・二三五頁、一九六九年)。

9諸祭雑給料条

諸の祭　薗韓神祭・春日祭・平野祭・大原野祭・松尾祭の五祭において主水司が漿を供する規定。官人・水部・仕丁が現地の祭所に赴いて事に仕えた。

料　底ナシ。考異ニ従イテ補ウ。
料　底「米」。考異ニ従イテ改ム。

大原野祭料（春冬並同、）
漿料米四升、高盤二口、土椀二口、瓫三口、匏一柄、炭三斗、巾料調布一丈、
松尾祭（料物同二平野祭一、）
右五祭、官人一人、率二水部二人及仕丁等一、向二祭所一供レ事、

釋奠料
享日、官人一人、率二水部六人、仕丁四人一、汲二花水六斗一供レ祭、雑給料粟一升、陶埦二合、
正月最勝王經齋會佛聖已下沙彌已上粥漿、（口別日米七合、）澡豆、（日別二勺、）薪三千六百斤、（粥漿料一千八百斤、手水料一千八百斤、）松明一百廿把、油一升四合、
同會供奉官人一人、水部四人、仕丁二人、各給二潔衣一、（官人調布二丈一尺、水部別庸布一段、仕丁別商布一段、）

聖神寺七種御粥料
米二斗、粟、黍、薭子、葟子、胡麻子、小豆各五升、鹽一顆、土盤七口、鋺形廿

大原野《おおはらの》の祭の料〈春冬みな同じくせよ〉

漿の料は米《よね》四升、高盤二口、土の椀《まり》二口、瓫三口、匏一柄、炭三斗、巾の料の調布一丈。

松尾《まつのお》の祭〈料物は平野の祭と同じくせよ〉

右の五祭、官人《かんにん》一人、水部《もいとりべ》二人および仕丁《しちょう》らを率いて祭所に向かい、事に供《つか》えよ。

10 釈奠《せきてん》の料

享日《きょうじつ》に官人一人、水部六人・仕丁四人を率いて*花水六斗を汲み、祭に供えよ。雑給の料は粟一升、陶の垸二合。

11 *正月の最勝王経《さいしょうおうきょう》の斎会《さいえ》の仏聖已下《いげ》沙弥已上の粥漿《しるがゆ》〈口別《くどと》に日に米七合〉、*渫豆《さくつ》〈日別に二勺〉、薪《みかまき》三千六百斤〈粥漿の料一千八百斤、手水の料一千八百斤〉、松明一百二十把、油一升四合。

同会に供奉する官人一人・水部四人・仕丁二人に各潔衣を給え〈官人に調布二丈一尺、水部は別《ひとごと》に庸布一段、仕丁は別に商布一段〉。

12 *聖神寺《しょうしんじ》の七種の御粥の料

米二斗、粟・黍・薭子・葟子・胡麻子・小豆《あずき》各五升、塩一顆、土の盤七口、鋺形二

10釈奠料条

花水　大学式の釈奠関係の条文には見えない。大学式12条に、主水司が明水を陰鑑を用いて取るという規定があり、同式1条には明水・玄酒(同条頭注では水)を入れる樽・罍が先聖・先師分で六個あり、同式6条に「樽罍皆一斗為ㇾ量」とあるので、合計六斗となり、本条の花水六斗と一致するので、明水・玄酒の別名である可能性もある。「花水」には朝、最初に井戸から汲んだ水を「井華(花)水」と呼ぶ例もある。

11御斎会料条

正月の最勝王経の斎会　玄蕃式1条参照。

渫豆　「サクツ」の訓みは、九本玄蕃式27条の「渫豆壺」の傍訓に依る。粉末状にした小豆で、体の汚れを洗い落とすのに用いる。本式18条に「御渫豆料、小豆二升五合」とある。

12聖神寺粥料条

聖神寺　内蔵式36条「諸寺」参照。なお、小野宮年中行事(正月)には本条と本式14・15条と関わる弘仁式逸文「中宮、又同㆓聖神寺常住寺料㆒煮備、早旦令㆓水部送㆒」が見える。

早　底ナシ。小野宮年中行事所引弘仁式逸文ニヨリテ補ウ。

13聖神寺粥䉼料条

仏聖二座　造酒式39条参照。

口、片盤十四口、阿西利盤、瓫、堝各七口、陶洗盤四口、麻笥盤二口、臼一口、匏七柄、柏廿把、炭二石、

右、煮備、正月十五日早旦令㆓水部送㆒、

同寺佛聖二座粥䉼料、座別日米五合、

常住寺佛聖二座季料米、幷正月十五日七種粥、一同㆓聖神寺㆒、

正月十五日供御七種粥料中宮亦同、

米一斗五升、粟、黍子、稗子、葟子、胡麻子、小豆各五升、鹽四升、土盤七口、鋺形五口、片盤十口、阿世利盤三口、瓫、堝各七口、陶洗盤、麻笥盤各二口、臼一口、匏八柄、柏廿把、炭二石、

同日雑給粥料検ㇾ薪諸司、及大舎人幷内侍、内教坊女等料、

米一石、小豆五斗、鹽八升、柏廿把、薪三百六十斤、

正月三節、五月五日供奉水部十九人、四人中宮供之、各給㆓紺布衫一領㆒、人別二丈一尺、諸節親王已下五位已上䉼料、節別米九升、瓫三口、著ㇾ足土垸十二合、炭九斗、

右、依㆓前件㆒、但五月、七月、九月三節、各除㆓瓫、炭㆒、

十口、片盤十四口、阿西利盤・瓫・堝各七口、陶の洗盤四口、麻笥盤二口、臼一口、匏七柄、柏《かしわ》二十把、炭二石。

右、煮備えて、正月十五日の早旦、水部をして送らしめよ。

13 同じき寺の*仏聖二座の粥漿の料、座別に日に米五合。

14 *常住寺《じょうじゅうじ》の仏聖二座の季料の米ならびに正月十五日の七種の粥、一《ひとえ》に聖神寺と同じくせよ。

15 *正月十五日の供御《くご》の*七種の粥の料〈中宮もまた同じくせよ〉

米一斗五升、粟・黍子・薭子・葟子・胡麻子・小豆各五升、塩四升、土の盤七口、鋺形五口、片盤十口、阿世利盤三口、瓫・堝《なべ》各七口、陶の洗盤・麻笥盤各二口、臼一口、匏八柄、柏二十把、炭二石。

16 同日の雑給の粥の料〈*薪を検ずる諸司および大舎人ならびに内侍・*内教坊の女らの料〉

米一石、小豆五斗、塩八升、柏二十把、薪三百六十斤。

17 *正月の三節、五月五日に供奉する水部十九人〈四人は中宮に供《つか》えよ〉に、各紺の布の衫《ひとえぎぬ》一領を給え〈人別に二丈一尺〉。*諸節の親王已下五位已上の漿の料は節別に米九升、瓫三口、足を著けたる土の垸十二合、炭九斗。

右、前《さき》の件《くだり》によれ。ただし、五月・七月・九月の三節は各瓫・炭を除け。

14常住寺米粥料条

常住寺　玄蕃式1条参照。

15七種粥料条

正月十五日の供御　西宮記恒例一に「十五日、主水司献二御粥一事」とある。毎年正月十五日に主水司が供御した。年中行事秘抄所引宇多天皇御記寛平二・二・三十条に「俗間行来、以為二歳事一」と見え、民間の風習が宮廷歳事に採り入れられたという（山中裕『平安朝の年中行事』一五一頁、一九七二年）。

七種の粥　本文にあるように米・粟・黍子・薭子・葟子・胡麻子・小豆の七種の穀類で作った粥。今日の七草粥とは別物。

16雑給粥条

薪を検ずる諸司　雑令27条、大膳式下41条参照。

内教坊　節会・内宴で舞楽・踏歌を演ずる舞妓を養成する。中務式88条および鈴木規子「内教坊の成立過程について」（『皇學館史学』二、一九八七年）参照。

17供奉水部条

正月の三節　一日の元日節会、七日の白馬節会、十六日の踏歌節会。

諸節　造酒式29条によれば諸節とは正月元日・七日・十六日・十七日、五月五日、七月相撲節、九月九日、十一月新嘗会のこととなる。

供御月料 中宮亦同、

御粥漿料、日米一斗、御澡豆料、小豆二升五合、小月亦同、麻笥盤二口、洗盤一口、陶鉢二口、臼一口、土盆五口、堝十口、諸節用㆓此内㆒、

凡供御氷者、起㆓四月一日㆒盡㆓九月卅日㆒、其四九月日別一駄、以㆓八顆㆒爲㆑駄、准㆓一石二斗㆒、五八月二駄四顆、六七月三駄、進物所冷料、五八月二顆、六七月四顆、御醴酒幷盛所冷料、六七月一顆、

凡供㆓中宮㆒氷者、五八月日別四顆、六七月六顆、進物所冷料、五八月二顆、六七月三顆、御醴酒幷盛所冷料、六七月一顆、

凡東宮氷者、五八月日別四顆、六七月日別六顆、

凡齋内親王、妃、夫人、尚侍、起㆓五月㆒盡㆓八月㆒、日別一顆、

凡雜給氷者、起㆓五月五日㆒盡㆓八月卅日㆒、侍從料、五八月日別三顆、六七月五顆、

凡儲氷者、五八月各日別四顆、六七月各日別一駄四顆、

御　底ナシ。閣・梵ホカニヨリテ補ウ。

豆　底「麦」。考異所引一本ニヨリテ改ム。

五　底、コノ下「月」字アリ。閣・梵ホカナシ。衍ト見テ削ル。

八　底「六」。例ニヨリテ改ム。

18供御月料条

中宮もまた同じくせよ　↓補1

諸節もこの内を用いよ　節会のある月もこの範囲内で(節会の粥も月料から支出する)という意味。本式7条参照。

19御氷条

供御の氷　↓補2

八顆を以て駄となし　氷を運ぶのに一駄に八顆、一石二斗であるから平均して一顆は一斗五升となる。本式24条の儲の氷まで合計すると約九〇〇駄(一〇八〇石)の氷が四月から九月までの間に宮中へ運ばれたことになるが(福尾猛市郎「主水司所管の氷室について」〈『日本歴史』一七八、一九六三年〉参照)、本式25条および主税式上98条からは七四九駄となる。

進物所　令外の官。内裏安福殿の西、月華門外の南側に位置した。内膳司で作られた天皇への供御物を温め直したり、簡単なものを調理した。内膳式19条、所京子「『所』の成立と展開」(『平安朝「所・後

院・俗別当」の研究』所収、二〇〇四年、初出一九六八年）参照。

盛所　造酒式13条に「内膳盛所」とある。

20中宮氷条

中宮に供ずる氷　本条に見える用途のほか、源氏物語蜻蛉には氷で人体を冷やす描写が見られる。→補3

21東宮氷条

22斎内親王条

斎内親王　賀茂斎院と伊勢斎王。斎王は在京時のみ供給された。伊勢下向後は現地の氷室から調達されたものと思われる。伊勢の氷室の規定は式に見えないが、斎宮で氷室神を祭っていることから伊勢氷室の存在が想定される。斎宮式67条「氷室神」参照。

尚侍　後宮十二司のうちの内侍司の長官。十二司女官の最高位である尚蔵が見えていないことから、本条の成立が後宮における内侍司の地位上昇後のことと考えられる可能性があるが、主水司からの氷の配給が中宮・東宮のほか斎内親王・妃・夫人・侍従とあることから、官職ではなく天皇とその身内筋周辺であったことが推定される。→補4

23雑給氷条

侍従　→補5

24儲氷条

儲の氷　予備の氷。

18供御の月料〈*中宮もまた同じくせよ〉

御粥漿の料は日に米一斗、御澡豆の料は小豆二升五合〈小の月もまた同じくせよ〉、麻笥盤二口、洗盤一口、陶の鉢《はち》二口、臼一口、土の盆五口、堝十口〈*諸節もこの内を用いよ〉。

19凡そ*供御の氷は四月一日より九月三十日まで。その四・九月は日別に一駄〈*八顆を以て駄となし、一石二斗に准《なぞら》えよ〉、五・八月は二駄四顆、六・七月は三駄。*進物所の冷《さま》しの料、五・八月は二顆、六・七月は四顆。御醴《こ》酒《さけ》ならびに*盛所《もりものどころ》の冷しの料、六・七月は一顆。

20凡そ*中宮に供ずる氷、五・八月は日別に四顆、六・七月は六顆。進物所の冷しの料、五・八月は二顆、六・七月は三顆。御醴酒ならびに盛所の冷しの料、六・七月は一顆。

21凡そ東宮の氷、五・八月は日別に四顆、六・七月は日別に六顆。

22凡そ*斎内親王《いつきのひめみこ》・妃《ひ》・夫人《ぶにん》・*尚侍《ないしのかみ》には五月より八月まで、日別に一顆。

23凡そ雑給の氷は五月五日より八月三十日まで。*侍従の料は五・八月は日別に三顆、六・七月は五顆。

24凡そ*儲《もうけ》の氷は、五・八月は各日別に四顆、六・七月は各日別に一駄四顆。

凡運レ氷駄者、以二徭丁一充之、山城國葛野郡徳岡氷室一所、（一丁輸二一駄一）愛宕郡小野一所、栗栖野一所、土坂一所、賢木原一所、（並二丁輸二一駄一）同郡石前一所、（一丁半輸二一駄一）大和國山邊郡都介一所、（六丁輸二一駄一）河内國讚良郡讚良一所、（四丁輸二一駄一）近江國志賀郡龍花一所、（三丁輸二一駄一）丹波國桑田郡池邊一所、（五丁輸二一駄一）牽レ駄丁給レ食、一人日米四合、鹽五撮、駄別秣稲二把、摠計所レ須、毎年申レ省請受、氷標幡十二旒（各長二尺）、料緋帛八尺、（幡料六尺、緒料二尺、三年一請、）

氷室雜用料

氷刀子十二枚、釿廿一口、（已上年料、）鍬五十六口、（掃二氷池一料、）砥一顆、（已上三年一請、）氷室廿一所、（山城十室大半、大和二室半、河内二室、近江二室小半、丹波三室半、）以二見役徭丁内一、隨レ損修之、其收レ氷夫、室別一百卌人、給二間食一、人別日米一升四合、（飯料四合、糟料一升、）徭丁七百九十六人半、（山城四百十四人半、大和百人半、河内七十五人、近江八十八人、丹波百十八人半、）散百七十五人半、副丁在二之中一、（長六十七人半、執鑰五十四）

丁　底ナシ。塙校注・版本ニ従イテ補ウ。

龍花　底「部花」。江家次第一（元日宴会）「龍華」。コレニヨリテ改ム。

秣　底「秼」。貞ニヨリテ改ム。

旒　底「流」。例ニヨリテ改ム。

尺　底「丈」。考異ニ従イテ改ム。

釿　底「釿」。考異ニ従イテ改ム。

所　底ナシ。貞ニヨリテ補ウ。タダシ分注及ビ下文「室別」ノ用例ニヨリ、「室」ナルヤヲハカラズ。

卌　底「卅」。閣・梵ホカニヨリテ改ム。

人別　底、「別」字ナシ。タダシ、「人」字ノ右傍下ニ小字「コ止」アリ。塙校注・版本ニ従イテ改ム。

25運氷駄条

徭丁　→補1

徳岡に氷室…池辺に一所　→補2

一丁半一駄を輸せ　三丁で二駄を輸すこと。計算上の表記であろう。都に一番近い徳岡氷室からの運送を一丁一駄とし、基準としたものと思われる。

秣の稲二把　秣として与える稲。厩牧令1条、左右馬式7条参照。主税式上98条

25 凡そ氷を運ぶ駄は*徭丁を以て充てよ。山城国葛野《かどの》郡*徳岡《とくのおか》に氷室《ひむろ》一所〈二丁、一駄を輸せ〉、愛宕《おたぎ》郡小野《おの》に一所、栗栖野《くるすの》に一所、土坂《はにさか》に一所、賢木原《さかきはら》に一所〈みな二丁、一駄を輸せ〉、同郡石前《いわさき》に一所〈*二丁半、一駄を輸せ〉、大和国山辺《やまのべ》郡都介《つげ》に一所〈六丁、一駄を輸せ〉、河内国讃良《さらら》郡讃良《さらら》に一所〈四丁、一駄を輸せ〉、近江国志賀《しが》郡竜花《りゅうげ》に一所〈三丁、一駄を輸せ〉、丹波国桑田《くわた》郡池辺《いけのべ》に一所〈五丁、一駄を輸せ〉、駄を牽く丁に食《じき》を給うこと、一人、日に米《よね》四合、塩五撮。駄別に*秣《まぐさ》の稲二把。須《もち》うるところを摠計し、毎年省に申して請《こ》い受けよ。*氷の標幡《しるしのはた》十二旒《りゅう》〈各長さ二尺〉の料、緋《あけ》の帛八尺〈幡の料に六尺、緒の料に二尺、三年に一たび請《う》けよ〉。

26 氷室の雑用の料

*氷刀子《ひのかたな》十二枚、*釿《ておの》二十一口〈已上は年料〉、*鍬《くわ》五十六口〈氷池を掃《はわ》く料〉、*砥一顆〈已上は三年に一たび請けよ〉。*氷室*二十一所〈山城に十室大半、大和に二室半、河内に二室、近江に二室小半、丹波に三室半〉、見役《げんやく》の徭丁の内を以て損ずるに随いて修めよ。その氷を収る夫は*室別に一百四十人、*間食《かんじき》を給うこと人別に日に米一升四合〈飯の料に四合、糟《かす》の料に一升〉。

*徭丁七百九十六人半〈山城に四百十四人半、大和に百人半、河内に七十五人、近江に八十八人、丹波に百十八人半〉、散百七十五人半、副丁もこの中にあり〈長は六十七人半、執鑰《かぎとり》は五十四

に「運㆓主水司年料氷㆒駄秣料稲一百卌九束八把、以㆓山城国正税㆒充之」とある。

氷の標幡十二旒　暑月において毎日、氷室から運ばれる氷の駄につけられた緋色の幡。虎尾俊哉『延喜式』一九〇頁(一九六四年)参照。宮内式39条に「凡供奉雑物送㆓大膳、大炊、造酒等司㆒者、皆駄担上堅㆓小緋幡㆒、以為㆓標幟㆒、其幡一給之後、随㆑破請替、以㆓内侍印㆒印之」とある。

26 氷室雑用料条

氷刀子・釿・鍬・砥　いずれも氷池から氷を切り出して氷室へ収納する道具類。鍬で氷池を浚え、氷刀子で氷を切り出し、釿をかけて氷室に貯えた。数量から見て、鍬は一〇池あたり一口、氷刀子は氷室一所に一枚、釿は一室一口の割合か。

氷室　↓補3

二十一所　貞本は「二十一所」であるが、本式25条によれば主水司所管の氷室は山城国に六所、大和・河内・近江・丹波各国にそれぞれ一所の計一〇所であり、本条の文意からも二一室であろう。室は氷室の規模を示す単位か。大半と小半の合計で一室となっている。

室別に一百四十人　後文の国別の徭丁数から見て、延べ人数であろう。

間食　内膳式34条参照。

徭丁七百九十六人半…　↓補4

人、守野山五十四人、見役六百廿一人、山城三百十六人半、大和八十一人、河内五十五人半、近江六十九人、丹波九十九人、氷池五百卌處、山城二百九十六處、大和卌處、河内五十八處、近江六十六處、丹波九十處、

供御年料中宮亦同、

御手巾紵四條、各九尺、貲布篩卅二口、各二尺、磨二御粥一料、絹大篩四口、各八尺、二重、絹小篩廿口、各一尺六寸、絹井篩四口、各七尺、二重、缶帊絹二條、各一尺五寸、曝布二條、各二尺三寸、絹小篩四口、各一尺五寸、牛乳并御澡豆料、絁大篩十四口、各四尺、絁小篩十二口、各二尺、刷料生絲一兩一銖、縫二篩并帊一料絲一兩二分、洗レ器曝布二條、各五尺、竈帊曝布二條、各三尺六寸、冷水槽二口、氷槽四口、槽二隻、切案、擇案、洗案各二脚、中取案六脚、輿籠四脚、箕二枚、置簀四枚、木臼一口、杵二枚、竹百廿株、匏百廿柄、大杓四柄、水瓺麻笥四口、〔石+里〕六口、缶、土湯瓫、大盎、陶叩盆各二口、手湯戸一具、加二臺并杓一、手洗槽三口、已上二種隨レ損請替、明櫃四合、筥六合、土火爐二口、轆轤木蓋五口、桶三口、各受二一斗一、檳榔葉四枚、行幸儲料緋帊、兩面覆二條、一條御膳櫃料、一條牙床料、兩面袋二口、一口御匜料、一口鹽料、油絁覆二

氷池　本式5条参照。

27供御年料条

紵　麻の一種で白布を織ったもの。弾正式59条「紵の布」参照。

貲布　麻布の一種。細糸を用いて織ったもの。主計式上2条参照。

缶　カメの一種。主計式上1条参照。

曝布　白くさらした麻布。造酒式20条「曝布一端」参照。

氷槽　氷室から運ばれてきた氷を保存した容器。

切案　まないた。木工式7条参照。

択案　木工式7条参照。

洗案　木工式7条の「水案」に同じか。

人、守野《やまもり》山は五十四人〉、見役六百二十一人〈山城に三百十六人半、大和に八十一人、河内に五十五人半、近江に六十九人、丹波に九十九人〉、*氷池五百四十処〈山城に二百九十六処、大和に三十処、河内に五十八処、近江に六十六処、丹波に九十処〉。

27 供御《くご》の年料〈中宮もまた同じくせよ〉

御手巾《おんたのごい》の*紵《てづくり》四条〈各九尺〉、*貲布《さよみのぬの》の篩《ふるい》三十二口〈各二尺、御粥を磨《と》ぐ料〉、絹の大篩四口〈各八尺、二重なり〉、絹の小篩二十口〈各一尺六寸〉、絹の井の篩四口〈各七尺、二重なり〉、*缶《もたい》の帊《おおい》の絹二条〈各一尺五寸〉、*曝布《さらしぬの》二条〈各二尺三寸〉、絹の小篩四口〈各一尺五寸、牛乳ならびに御澡豆の料〉、絁《あしぎぬ》の大篩十四口〈各四尺〉、絁の小篩十二口〈各二尺〉、刷《つくろ》う料の生糸《すずしのいと》一両一銖、篩ならびに帊を縫う料の糸一両二分、器を洗う曝布二条〈各五尺〉、竈の帊の曝布二条〈各三尺六寸〉、冷水槽《さましみずのふね》二口、*氷槽《ひのふね》四口、槽二隻、切*案・*択《えり》案《づくえ》・*洗案《すましづくえ》各二脚、*中取の案《つくえ》六脚、*輿籠《こしこ》四脚、*箕《み》二枚、*置簀四枚、木の臼《うす》一口、杵《きね》二枚、竹百二十株、匏《なりひさご》百二十柄、大杓《おおひさご》四柄、*水瓺麻笥《みずみかおけ》四口、*甅《さらけ》六口、缶・土《はに》の*湯《ゆ》瓫《ほとぎ》・大盎《おおほとぎ》・陶《すえ》の*叩盆《たたいべ》各二口、*手湯戸《てゆべ》一具〈台《しり》ならびに杚《おうご》を加えよ〉、手洗槽《たらいぶね》三口〈已上の二種は損ずるに随いて請け替えよ〉、*明櫃《あかひつ》四合、筥《はこ》六合、*土の火炉《かろ》二口、轆轤《ろくろ》の木蓋《きぶた》五口、桶《おけ》三口〈各一斗を受く〉、*檳榔《びんろう》の葉四枚。行幸の儲の料、緋の帊、両面の覆二条〈一条は御膳《おもの》の櫃の料、一条は*牙床《くれどこ》の料〉、両面の袋二口〈一口は御匜《はそう》の料、一口は盥《たらい》の料〉、油絁《あぶらぎぬ》の覆二

中取の案　木工式7条参照。
輿籠　物を入れて運ぶ籠。轅が付いており担いで運ぶ。輂籠とも。民部式下9条「甑…置簀」参照。
箕　穀類を振るい穀とゴミを選り分ける具。主計式上1条参照。
置簀　竹で編んだ簀。水がはねないようにたらいなどの上に置く。民部式下9条「甑…置簀」参照。
水瓺麻笥　水を入れる麻笥。造酒式5条「水麻笥」参照。
甅　広口浅型のカメ。主計式上1条参照。
湯瓫　主計式上1条「手洗盤・手湯瓫」参照。
叩盆　叩いて作る硬めの広口須恵器。主計式上1条参照。
手湯戸　主計式上1条「手洗盤・手湯瓫」参照。手洗いのための湯を入れる土器。湯を手にかけ手洗槽で受けたのであろう。
明櫃　白木造りで足のつかない大型の箱。主計式上1条参照。
土の火炉　土師器の火鉢。造酒式21条「火炉」参照。
檳榔の葉　ヤシ科の大高木の葉。内膳式21条「檳榔」参照。
牙床　椅子の類でやや大型の唐製にならったもの。

條、〔一條御膳櫃料、一條牙床料、〕油絁袋二口、〔一口御匜料、一口御盥料、已上四物並著㆓絁裏㆒、〕緋絁綱五條、〔一條長三丈、四條各長一丈三尺、〕紺布一丈、〔煖㆓御盥水㆒、釜覆料、〕紺布衫八領、布袴八腰、布帯八條、〔並仕丁八人料、〕

右、便納㆓司家㆒、隨㆑時出用、

五位已上幷内命婦等年料

缶十口、陶埦一百口、盤卅口、明櫃六合、

司家年料〔中宮亦同、〕

水部曝布潔褌五領、〔別四尺、〕褌五條、手巾一條、〔六尺、〕采女、女孺手巾四條、〔別六尺、〕陶由加一口、〔汲㆓采女女孺手水㆒料、〕

守御井二人、各日黒米一升、〔中宮東宮亦同、〕

凡水部、仕丁等不仕料物者、充㆓司中公用㆒、

凡中宮水部六人、御井守二人、衣服並申㆑省充之、

延喜式卷第卌

28五位已上年料条

五位已上…　五位以上の官人および内命婦のために主水司が一年分の消耗品として用意した。

内命婦　自ら五位以上の位階を帯びる婦人。

条〈一条は御膳の櫃の料、一条は牙床の料〉、油絁の袋二口〈一口は御匜の料、一口は御盥の料。已上の四物はみな絁の裏を著けよ〉、緋の絁の綱五条〈一条は長さ三丈、四条は各長さ一丈三尺〉、紺の布一丈〈御《み》盥水《ちょうず》を煖むる釜の覆の料〉、紺の布の衫《ひとえぎぬ》八領・布袴《ほうこ》八腰・布帯八条〈みな仕丁《しちょう》八人の料〉。

右、便《たより》に司家に納《い》れ、時に随いて出だし用いよ。

28 *五位已上ならびに*内命婦《ないみょうぶ》らの年料

缶十口、陶の垸《まり》一百口、盤四十口、明櫃六合。

29 *司家の年料〈中宮もまた同じくせよ〉

水部《もいとりべ》に曝布の潔構《きよきまえだれ》五領〈別に四尺〉、褌《ちはや》五条、手巾《たのごい》一条〈六尺〉。采女《うねめ》・女孺《にょじゅ》に手巾四条〈別に六尺〉、陶の由加《ゆか》一口〈*采女・女孺の手水《ちょうず》を汲む料〉。

30 *守御井《みいもり》二人、各日に*黒米一升〈中宮・東宮もまた同じくせよ〉。

31 凡そ水部・仕丁らの*不仕の料物は司中の公用に充てよ。

32 凡そ*中宮の水部六人・御井守《みいもり》二人の衣服、みな省に申して充てよ。

延喜式巻第四十

29司家年料条

司家の年料　主水司で供膳等の雑役に従う者への支給品。宮内式38条に「凡諸司供膳人等、給二潔構幷褌一」とある。

采女女孺の手水を汲む　枕草子(一〇〇段)に「こなたの御手水は番の采女の、青裾濃の裳、唐衣、裙帯、領巾などして、おもていとしろくて、下などとりつぎまいるほど、これはた、おほやけしう唐めきてをかし」と、中宮の手水に仕える采女が見えている。

30御井守条

守御井　天皇・東宮・中宮の御井(本式2・3条)を管理する者。

黒米　籾を脱穀したままの米。玄米。

31不仕料物条

不仕の料物　水部・仕丁等が勤務日数を満たさなかったことで支給されなかった料物は主水司の公用(運営費等)に充てる。同様の規定は隼人式20条、織部式10条、正親式14条、内膳式56条、采女式8条、弾正式161条、左右京式56条などに見える。

32中宮水部条

中宮の水部　三代格弘仁七・九・二十三符に一三人の水部を増員し、「増二加件員数一、将レ令レ直二皇后宮一」とあり、増員した水部を皇后宮へ所属させたことが知られる。

延喜式巻第卌一

彈正臺

凡臺彈レ人者、詞容端嚴、依レ理糺彈、其受レ彈者、敬ニ愼容止一、恭レ聲稱唯、乃陳レ所レ問、違者復彈、

凡臺糺彈不レ當者、卽有ニ得レ彈之官一、其臺彈不レ論ニ合不一、愼須レ受レ彈、

凡彈正不レ得レ彈ニ太政大臣一、太政大臣得レ彈ニ彈正一、其左右大臣與ニ彈正一、若有ニ非違一者、各得ニ互彈一、

凡彈ニ親王及左右大臣一者、弼已上在ニ臺座一、而遣ニ忠一人於堂上一彈之、諸王諸臣三位已上及參議者、就ニ其前座一彈之、預仰ニ所司一令レ設レ座、四位已下不レ問ニ王臣一、皆喚ニ其身於臺一彈之、五位已上設レ座、其被レ彈人者、起レ座稱唯、彈竟之後、亦起稱唯、若不レ起者亦彈之、

凡彈ニ大納言以下一者、就ニ第二堂座一彈之、太政官廳不レ得、

凡爲レ彈ニ參議已上一、差ニ忠一人一令レ度ニ馳道一、嚴 敬

弾正台　→補1

1台弾人条

弾　非法行為の内容を勘問によって確定し、これを検挙すること、あるいはその場でとがめて糺し改めさせること。

詞容を端厳にし　言辞と身のこなしを端正厳格にすること。

糺弾　弾と同義。

容止　立ち居振る舞い。

恭しくして　相手をうやまい行動をつつましくして、の意。

称唯　オーという声を発して応答すること。四時祭式上4条参照。

2糺弾不当条

弾ずるを得るの官あり　弾正台に対し、太政官の太政大臣・左右大臣が弾を行なうことができた。本式3条参照。

3弾正得不得条

凡そ弾正は…　→補2

非違　勅命や律令格式、およびそれに准ずる法令に反する行為。なお、官人の礼儀も法として定立されたため、礼儀を糺すという点で弾正台の職務は式部省の職務と部分的に重なり、ときにその異同が問われた(要略六一所引弘仁七・十一・二十一問答、同承和六・閏正・二十問答)。

4弾親王条

延喜式巻第四十一
*弾正台《だんじょうだい》

1 凡そ台、人を*弾ぜんには、*詞容を端厳にし、理によりて*糺弾せよ。其れ弾を受くる者《ひと》は、*容止を敬慎《つつし》み、声を*恭《うやうや》しくして*称唯《いしょう》せよ。すなわち問うところを陳《の》べ、違わばまた弾ぜよ。

2 凡そ台の糺弾当たらざれば、すなわち*弾ずるを得るの官あり。其れ台の弾は合不を論ぜず、慎みて弾を受くべし。

3 *凡そ弾正は太政大臣を弾ずるを得ず。太政大臣は弾正を弾ずるを得。其れ左右大臣と弾正とは、もし*非違あらば、各《おのおの》互いに弾ずるを得。

4 *凡そ親王および左右大臣を弾ぜんには、*弼《ひつ》已上*台の座にありて、*忠《ちゆう》一人を*堂上に遣わして弾ぜよ。諸王・諸臣の三位已上および参議は、*その前の座に就きて弾ぜよ〈預め所司に仰せて座を設けしめよ〉。四位已下《いげ》は王・臣を問わず、皆*その身を台に喚《め》して弾ぜよ〈*五位已上には座を設けよ〉。其れ弾ぜらるる人は座を起《た》ちて称唯し、弾竟《おわ》るの後、また起ちて称唯せよ。もし起たざればまた弾ぜよ。

5 凡そ大納言以下《いげ》を弾ぜんには、*第二堂の座に就きて弾ぜよ。*太政官庁にては得ず。

6 凡そ参議已上を弾ぜんがためには、忠一人を差《つか》わし、*馳道《ちどう》を度《わた》らしめよ〈厳敬《つつし》みて

凡そ親王および左右大臣を… ↓補3
弼已上 尹と弼のいずれか。
台の座 朝堂院の含嘉堂に置かれた弾正台の朝座。
忠一人 弘仁式では「忠若巡察一人」。巡察（巡察弾正）は寛平八年（八九六）九月七日に廃止（狩野本三代格同日符）。
堂 親王・左右大臣の朝座が置かれた朝堂。延休堂と昌福堂。朝堂院内の諸堂の位置については中巻図3参照。
その前の座 弾ぜられる人の朝座の前に臨時に座が設置される。
その身を台に喚して 当人を弾正台が執務する含嘉堂に召喚して、の意。
五位已上には座を設けよ 四位・五位の官人を召喚する場合、弾正台官人の前に被召喚者の座が設置される。六位以下は起立したままであった。

5弾大納言以下条
第二堂の座 ↓補4
太政官庁 昌福堂。朝堂院の東第一堂にあたる。太政大臣・左大臣・右大臣の朝座が置かれた。ただし公卿聴政が行なわれる際には、大納言・中納言・参議らの朝座も置かれた。式部式上24・27条参照。

6弾参議已上条
馳道 天皇のおなりみち。式部式上26・32条参照。

徐歩、

凡親王、諸王、諸臣威儀進退不㆑合㆑禮、若式部不㆑糺者、喚㆑省而彈之、

凡三位已上有㆑可㆓糺彈㆒、而其身不㆑在㆓朝座㆒者、臺喚㆓家令㆒勘問、若家令告㆓於本主㆒、猶不㆓肯答㆒、如㆑此之類、遣㆓忠已下㆒、就㆓其家㆒對彈、若事大者奏聞、

凡臺奏㆓彈事㆒者、不㆑經㆓太政官㆒而直奏聞、将㆑奏㆑事者、忠詣㆓閤門㆒、告㆓大舍人㆒、令㆑伺㆓奏事狀㆒、有㆑可㆑召者、尹已下忠已上共入上聞、若御㆓大極殿㆒者、忠就㆓大舍人處㆒伺㆓奏事狀㆒、舍人召㆑臺者、准㆑前上聞、但臨時奏㆑事者、忠以上一人詣㆓內侍所㆒、令㆓內侍奏聞㆒之、

凡臺聞㆓官司枉判及閭里犯法㆒者、追㆓所由人㆒勘㆓問其由㆒、得㆑實應㆑奏者、隨卽奏聞、

凡彈㆓官人及雜色人㆒者、具錄㆓犯狀㆒、移㆓刑部省㆒、令㆑斷㆓罪狀㆒、應㆑附㆓考殿㆒、卽移㆓本司幷式兵部等省㆒、

凡諸司人等就㆓臺版位㆒、皆向㆓正北㆒、

7威儀進退条

威儀　規定通りの厳正な姿。

もし式部糺さざれば　式部省が教喩し改めさせることについては、式部式上8・12・241条参照。

省を喚して弾ぜよ　式部省官人を召喚して糺弾する。

8三位已上条

凡そ三位已上…　↓補1

朝座　朝堂の座。太政官式5条参照。

家令　式部式上45条参照。

もし事大ならば奏聞せよ　本式9条参照。

9奏弾事条

凡そ台弾事を奏さんには…　↓補2

直ちに奏聞せよ　内侍を介して直接奏聞する。民部式上58条参照。

閤門　宮城諸門のうち、天皇のいる空間に開かれる門。ここでは内裏に開く門。

大舎人に…**伺い奏さしめよ**　↓補3

徐《しず》かに歩め〉。

7 凡そ親王・諸王・諸臣の*威儀《いぎ》進退《しんたい》、礼に合わずして、*もし式部紏《ただ》さざれば、*省を喚して弾ぜよ。

8 凡そ*三位已上紏弾すべきことありて、その身*朝座にあらざれば、台、*家令《かれい》を喚して勘問せよ。もし家令本主に告げてなお肯《あえ》て答えざれば、かくの如きの類、忠已下を遣わし、その家に就きて対弾せよ。*もし事《こと》大ならば奏聞せよ。

9 *凡そ台、弾事を奏《もう》さんには、太政官を経ずして*直ちに奏聞《そうもん》せよ〈事を奏さんとするときは、忠、*閤門《こうもん》に詣《いた》り、*大舎人《おおとねり》に告げて事の状《かたち》を伺い奏さしめよ。召すべしとあらば、尹《いん》已下忠已上ともに入りて上聞《じょうもん》せよ。もし大極殿に御《おわ》さば、忠、*大舎人の処に就きて事の状を伺い奏せ。舎人、台を召さば、前《さき》に准《なぞら》えて上聞せよ。ただし臨時に事を奏さんには、忠以上一人、*内侍《ないし》所に詣りて、内侍をして奏聞せしめよ〉。

10 *凡そ台、*官司の枉判《おうはん》および*閭里《りより》の犯法を聞かば、*所由《しょゆう》の人を追《め》してその由を勘問せよ。*実を得て奏すべくは、ただちに奏聞せよ。

11 *凡そ*官人《かんにん》および*雑色人を弾ぜんには、具《つぶさ》に*犯状を録し、刑部省に移《い》して*罪状を断ぜしめよ。*考の殿《でん》に附《つ》くべきは、すなわち*本司ならびに式・兵部等の省に移せよ。

12 凡そ諸司の人ら、台の*版位《へんい》に就かば、*皆正北に向け。

大舎人の処 大舎人が控えている場所。

内侍所 内侍が控えている場所、転じて内侍が所属する小さな機関。内裏の温明殿があてられた。

10官司枉判条

凡そ台… →補4

官司の枉判 官司が誤った判断を下すこと。

閭里の犯法 聚落内で犯罪人を隠匿すること。闘訟律60条参照。

所由の人 弾正台がその違法を知るきっかけをもたらした人。

実を得て… 事実であることが確認されて、の意。

11弾官人条

凡そ官人および雑色人を… 本条は公式令8条後半の施行細則。→補5

官人 狭義の官人。各官司の四等官およびこれに准ずる品官・才伎長上。

雑色人 伴部・使部およびこれらに准ずる諸種の下級官人。雑任。

犯状 犯した非法の実状。

罪状を断ぜしめよ 量刑する。

考の殿に附く 勤務評定を下げる手続きをとる。考課令57条参照。

本司 本人が所属する官司。

12就台版位条

版位 中務式3条、中宮式5条参照。

皆正北に向け 式部式上34条参照。

磬　底「聲」。壬校注ニ従イテ改ム。

13尹有犯条

判りて　決裁して。

奏弾せよ　本式9条参照。

座を下りて退れ　尹が朝座から降りて退出する。

14入朝堂条

凡そ親王太政大臣左右大臣…　内容は式部式上29条の前半にほぼ重なる。ただし式部式のほうには退出時の規定が見えない。同条参照。

朝堂　太政官式5条参照。

磬折　磬（「へ」の字型の楽器）のように腰をかがめて頭を下げること。

15開門時条

開門の時　式部式上30条参照。

宮閤門　宮門は朝堂院の南面に開く門（会昌門）。閤門については本式9条参照。朝政時の規定であることより、ここでは大極殿院に開く門。

非違　本式3条参照。

16親王就庁座条

凡そ親王庁座に就かんには…　本条の内容は式部式上26条の後半一部に重なる。また本条の淵源は、儀制令12条集解古記

凡尹若有㆑犯者、弼以下忠以上、共判奏弾、（弾当㆑理者、下㆑座而退、）其弾正之内有㆓非違㆒者、各相弾之、

凡親王、太政大臣、左右大臣入㆓朝堂㆒者、諸司皆起㆑座、（親王、太政大臣者、●磬折而立、）坐定乃以㆑次復㆑座、退出亦同、

凡開門時者、令㆘忠已下立㆓宮閤門㆒糺㆗弾非違㆖、

凡親王就㆓廳座㆒者、前階後階随㆑便、但五位以上、初終必自㆓前階㆒、

凡申㆓政於太政官㆒者、外記立㆓於辨官史上㆒、八省丞亦立㆓史下㆒、唯依㆓考選事㆒、被㆑率之日、外記、史並立㆓式部下㆒、

凡含嘉堂幷顯章堂官人、不㆑得㆘従㆓暉章堂、修式堂後㆒通㆗東門㆖、承光堂官人、不㆑得㆑通㆓西門㆒、

凡官政未㆑竟、諸司不㆑得㆓退座㆒、若有㆑違者、即糺弾之、

凡諸司官人、開門以後就㆓朝座㆒者、即加㆓糺弾㆒、但参議以上、左右大辨、八省卿、弾正尹不㆑在㆓弾限㆒、

13 凡そ尹もし犯すことあらば、弼以下忠以上、ともに*判《ことわ》りて*奏弾せよ〈弾、理に当たらば、*座を下りて退《まか》れ〉。其れ弾正の内に非違あらば、各相《あい》弾ぜよ。

14 *凡そ親王・太政大臣・左右大臣*朝堂に入らば、諸司皆座を起て〈親王・太政大臣には*磬《けい》折《せつ》して立て〉。坐定まりてすなわち次《ついで》を以て座に復《かえ》れ。退出《まか》るときもまた同じくせよ。

15 凡そ*開門の時は、忠已下をして*宮・閤門に立ちて*非違を糺弾せしめよ。

16 *凡そ親王*庁座に就かんには、前の階《きざはし》・後《しりえ》の階は*便《たより》に随え。ただし五位以上は、初め終りは必ず前の階よりせよ。

17 *凡そ政を太政官に申さんには、外記、弁官の史の上に立ち、八省の丞《じょう》もまた史の下に立て。ただし*考選の事によりて、率いらるるの日は、外記・史はみな式部の下に立て。

18 *凡そ含嘉《がんか》堂《どう》ならびに顕章堂《けんしょうどう》の官人は暉章堂《きしょうどう》・修式堂《しゅしきどう》の後より東門を通ることを得ず。承光堂《しょうこうどう》の官人は西門を通ることを得ず。

19 *凡そ*官政未だ竟らざれば、諸司退座することを得ず。もし違うことあらば、すなわち糺弾せよ。

20 凡そ*諸司の官人、開門以後に朝座に就かば、すなわち糺弾を加えよ。*ただし参議以上、左右大弁、八省の卿、弾正尹は、弾ずる限りにあらず。

所引の次の八十一例に求められる。
八十一例云、親王入レ庁者、前後任レ意、但五位以上者、初必自レ前入、
儀式九（朝堂儀）にも次の文が見える。
親王及太政大臣、任従二前階後階一昇降、諸司五位已上、皆従二前階一、

庁座　朝座。

便に随え　随意にせよ、の意。

17申政太政官条

凡そ政を太政官に申さんには…　本条は冒頭部を除き式部式上43条とほぼ同文。同趣旨の規定が既に天平十年（七三八）以前に成立していたことを含め、同条参照。

考選の事　太政官式2条、式部式下19条参照。

18諸堂官人道条

凡そ含嘉堂…　本条は式部式上35条と完全に同文。同条参照。

19官政未竟条

凡そ官政未だ竟らざれば…　本条の前半の内容は式部式上31条とほぼ重なる。同条参照。

官政　弁官申政。太政官式1条参照。

20開門以後就座条

諸司の官人…**朝座に就かば**　宮衛令4条および公式令60条によれば、在京の諸司官人は、第二開門鼓が撃たれ大門が開く前に出勤することになっていた。

ただし参議以上…**限りにあらず**　→補1

赴　底ホカ諸本「起」。版本・雲ニ従イテ改ム。

21未閉門下去条

閉門　公式令60条、宮衛令4条によれば、在京の諸司官人は、退朝鼓が撃たれ大門が閉じた後に退出する。

22京官五位已上条

凡そ京官の五位已上は…曹司に赴け　ほぼ同じ内容が本式131条に規定される。

京官　在京の官司。

五位已上　→補1

先ず朝堂に参り後に曹司に赴け　太政官式5条参照。

式部勘えざれば　式部省が摘発して勤務評定の資料にすることが、式部式上37条に規定される。

23空朝座条

朝座を空しくせば　朝座を離れたら、の意。

台すなわち弾ぜよ　空座は式部省も摘発した。式部式上37条参照。また本式131条にも関連規定が見える。

24朝庭容儀条

容儀　立ち居振る舞い。

凡諸司官人等、未ニ閉門一之間下去、宜ニ嚴糺一之、

凡京官五位已上、先參ニ朝堂一、後赴ニ曹司一、或三日頻不レ參、而式部不レ勘者、臺喚ニ式部一勘之、

凡諸司或空ニ朝座一、臺卽彈之、

凡朝庭容儀、若有ニ怠緩一者、可レ彈彈之、可レ笞笞之、

凡致敬禮者、三位已下拜ニ親王、大臣及一位一、參議已上唯拜ニ親王、大臣一、四位拜ニ二位幷三位參議已上一、五位拜ニ三位幷四位參議一、六位拜ニ四位一、七位拜ニ五位一、神祇官祐、史拜ニ次官已上一、太政官外記拜ニ少納言一、左右史拜レ辨、省、臺、職、坊、使、寮、司判官、主典、諸衛府監、曹、尉、志、大宰監、典拜ニ次官已上一、助教、直講拜ニ博士一、東宮官拜レ傅、六位已下拜ニ學士一、國介拜レ守、鎭守監、曹拜ニ將軍一、官人見ニ本國守一、官卑者致敬、位同者不レ拜、若就レ國見猶拜、諸司、諸國史生、及諸衛府府生已下、二宮舍人等、於ニ判官已上一、不レ論ニ位高卑一皆拜、以外任隨ニ私禮一、不レ拘ニ此制一、

凡親王、大臣及一位、二位於ニ五位以上一答拜、於ニ六位以下一不レ須、

21 凡そ諸司の官人ら、未だ*閉門せざるの間に下去《まか》らば、厳しく糺すべし。

22 凡そ*京官の*五位已上は、*先ず朝堂に参り、後に曹司《ぞうし》に赴け。或いは三日頻りに参らずして、*式部勘《かんが》えざれば、台、式部を喚して勘えよ。

23 凡そ諸司或いは*朝座を空しくせば、*台すなわち弾ぜよ。

24 凡そ朝庭の*容儀、もし怠緩あらば、*弾ずべきは弾じ、*笞《むちう》つべきは笞て。

25 凡そ*致敬《ちぎょう》の礼は、三位已下は親王・大臣および一位を*拝《はい》し〈参議已上はただ親王・大臣を拝せよ〉、四位は二位ならびに三位の参議已上を拝し、五位は三位ならびに四位の参議を拝し、六位は四位を拝し、七位は五位を拝せよ。神祇官の*祐《じょう》・史《さかん》は次官已上を拝し、太政官の外記は少納言を拝し、左右の史は弁を拝せよ。省・台・職・坊・使・寮・司の判官《じょう》・主典《さかん》、諸衛府の*監《じょう》・曹《さかん》・*尉《じょう》・志《さかん》、*大宰の監《じょう》・典《さかん》は次官已上を拝せよ。*助教・*直講《ちょっこう》は*博士を拝し、東宮の官は*傅《ふ》を拝し、六位已下は*学士を拝せよ。*国の介《すけ》は*守《かみ》を拝し、*鎮守の監・曹は*将軍を拝せよ。官人、本国の守を見ば、*官卑しくば致敬し、位同じくば拝せざれ。もし*国に就きて見ば、なお拝せよ〈諸司・諸国の史生、および諸衛府の府生《ふしょう》已下、*二宮の舎人ら、判官已上には、位の高卑を論ぜず皆拝せよ〉。以外は*任《まま》に私礼に随い、この制に拘《かか》わらざれ。

26 凡そ親王・大臣および一位・二位は、五位以上に*答拝せよ。*六位以下にはすべから

弾ずべきは… 本式7条参照。
笞つべきは笞て 弾ずることなくすぐに決笞する。→補2

25致敬礼条

凡そ致敬の礼は… →補3
致敬 敬意を表明すること。
拝 頭を垂れて敬礼する。
祐史 神祇官の判官・主典。
監曹 左右近衛府の判官・主典。
尉志 左右兵衛府・左右衛門府の判官・主典。
大宰の監典 大宰府の判官・主典。
助教 大学寮の助教。
直講 大学寮の明経道教官。
博士 大学寮の明経博士。大学の長。
傅 皇太子傅。皇太子を補導する。
学士 皇太子学士。
国の介 国司の次官。
守 国司の長官。
鎮守の監曹 鎮守府の判官・主典。
将軍 鎮守府の将軍。
官卑しくば 自分の官の相当位が低ければ、の意。
国に就きて その国内で、の意。
二宮 中宮職と春宮坊。
任に 随意に。

26親王等答拝条

答拝 返礼として頭を垂れる。
六位以下にはすべからず →補4

五位以上於㆓六位以下㆒答拜、〔低頭高下亦同ㇾ上、〕
凡三位已下於ㇾ路遇㆓親王㆒者、下ㇾ馬而立、但大臣斂ㇾ馬側立、
凡四位已下逢㆓一位㆒、五位已下逢㆓三位已上㆒、六位已下逢㆓四位已上㆒、七位已下逢㆓五位已上㆒、皆下ㇾ馬、餘應㆓致敬㆒者、皆不ㇾ下、〔其不ㇾ下者、斂ㇾ馬側立、〕應ㇾ下者、乘車及陪從不ㇾ下、〔中宮東宮陪從准ㇾ此、〕
凡無位孫王逢㆓三位已上㆒下ㇾ馬、六位已下逢㆓無位孫王㆒不ㇾ下、
凡元正之日、糺㆓彈五位以上諸王諸臣威儀、并著用物色違制、及朝拜刀禰等非違㆒、〔諸節准ㇾ此、〕
凡朝拜之時、式部省引㆓刀禰㆒列㆓朱雀門外㆒、訖忠以下左右分列、糺㆓彈非違㆒、
凡正月十五日、忠以下向㆓主殿寮㆒、糺㆓檢文武官人等進薪違制㆒、
凡春秋釋奠、檢㆓察祭儀㆒、

低頭の高下も…　→補1

27路遇親王条

凡そ三位已下…　→補2

馬を斂めて側に立て　馬を引きとどめ、乗馬したまま路辺に立つ。儀制令10条集解諸説参照。

28下馬条

凡そ四位已下…　本条は儀制令10条の後半部分を、儀制令9条によりつつ具体的に規定し直したもの。

余の致敬すべき者　例えば一位に遇った三位など。儀制令10条集解諸説参照。

陪従　天皇の行幸に従うこと。

中宮東宮の…准えよ　早く儀制令10条義解・集解跡記等が、名例律51条により三后・皇太子の陪従も同様と述べる。

29無位孫王条

凡そ無位の孫王…　→補3

孫王　親王の子。天皇の孫で二世王とも。

30元正条

元正の日　朝賀が行なわれる元日。太政官式93条参照。

威儀　本式7条参照。

色　種類。

朝拝の刀禰　→補4

ず。五位以上は、六位以下に答拝せよ〈*低頭の高下もまた上《かみ》に同じくせよ〉。

27 *凡そ三位已下、路に於いて親王に遇わば、馬を下りて立て。ただし大臣は馬を*斂《おさ》めて側《かたわら》に立て。

28 *凡そ四位已下、一位に逢い、五位已下、三位已上に逢い、六位已下、四位已上に逢い、七位已下、五位已上に逢わば、皆馬を下りよ。*余の致敬すべき者は、皆下りざれ〈その下りざる者は、馬を斂めて側に立て〉。下るべき者、乗車および*陪従《べいじゅう》せば、下りざれ〈*中宮・東宮の陪従もこれに准えよ〉。

29 *凡そ無位の*孫王、三位已上に逢わば馬を下りよ。六位已下、無位の孫王に逢うも下りざれ。

30 凡そ*元正の日、五位以上の諸王・諸臣の*威儀、ならびに著用の物の色の*違制、および*朝拝の刀禰《とね》らの非違を糾弾せよ〈*諸節もこれに准えよ〉。

31 *凡そ*朝拝の時、式部省、*刀禰を引きて*朱雀門の外に列せよ。訖《おわ》らば忠以下左右に分列し、*非違を糾弾せよ。

32 *凡そ正月十五日、忠以下*主殿寮に向かい、文武の官人らの進《たてまつ》る薪《みかまき》の*違制を*糾検せよ。

33 凡そ*春秋の釈奠《せきてん》には*祭儀を検察せよ。

諸節　年間の節会。太政官式92条参照。

31朝拝条

凡そ朝拝の時…　→補5

朝拝　朝賀。太政官式93条参照。

刀禰　儀式六(元正朝賀儀)は「六位以下刀禰」とする。

朱雀門　宮城の正門。二条大路に面する。

非違　儀式六(元正朝賀儀)は「礼儀及帯仗非違」とする。

32正月十五日条

凡そ正月十五日…　いわゆる御薪進上の儀に関する規定。太政官式58条、式部式下18条、宮内式40条参照。→補6

主殿寮　御薪の進上自体は宮内省で行なわれるが、その後主殿寮にて数量・品質の検査が行なわれ、貯納される。雑令27条、宮内式40条、儀式九(正月十五日於宮内省進御薪儀)参照。

違制　雑令26条に規定された薪の大きさ・数量に合致しないもの。

糾検せよ　宮内省・主殿寮の官人とともに薪の検査を行ない、問題があれば進上した官司を糾弾する。

33釈奠条

春秋の釈奠　太政官式84条、式部式上67・68条、大学式1～23条参照。

祭儀を検察せよ　具体的な職務は大学式9条に規定。同式12・14条も参照。

凡二季大祓日、六月、十二月晦日、忠以下向二祓所一、糺二弾非違一、

凡京中弼以下毎レ月巡察、勘二弾非違一、東西市幷諸寺非違、及客館路橋破穢之類、

凡巡検之日、京職若承二勘當一者、依二下馬法一行之、其史生、坊令、不レ論二位階一皆下レ馬、

凡宮城内外非違及汚穢者、毎レ日忠已下糺察、但禁中者不レ須、

凡諸國調宿處者、忠已下執二問非違一、

凡賜二位祿季祿一者、向二大藏省一検二察非違一、若有二五位以上不參者一、臺卽勘錄移二刑部省一、但左右近衞不レ在二此限一、

凡臺疏以上、自レ非二別勅一、不レ得三權任二他務一、

凡臺召二式部省一者、只可レ稱レ省、若省召レ臺者可レ稱二疏名一、

凡新有レ立レ制宣旨一者、告二示検非違使一、

凡宮中諸司、各令三本司掃二除其廻一、所所亦同、

34 二季大祓条

二季の大祓　四時祭式上29条、太政官式75条、式部式下6条参照。

忠以下　弘仁五年（八一四）以前成立の式部記文（法曹類林二〇〇所載弘仁五・六・三明法勘文所引）も、「弾正忠已下」が大祓に参列することを記す。

35 京中巡察条

凡そ京中は…　→補1

弼以下　→補2

東西市　本式108条参照。

諸寺　本式117条参照。

客館　本式151条参照。

路橋　道・橋の維持は京職の職掌（職員令66条）。本式158条も参照。

36 巡検日条

凡そ巡検の日…　→補3

巡検の日　本式35条参照。

勘当　→補4

下馬の法　本式28条参照。

37 非違汚穢条

凡そ宮城内外の…　→補5

汚穢　よごれ、あるいはよごれた物。

禁中はすべからず　→補6

38 調宿処条

34 凡そ二季の大祓《おおはらえ》の日〈六月・十二月の晦日《つごもり》〉、忠以下《ちゅういげ》祓所に向かい、非違を糺弾せよ。

35 凡そ京中は、弼《ひつ》以下月毎に巡察し、非違を勘え弾ぜよ〈東西市ならびに諸寺の非違、および客館・路・橋の破穢《はえ》の類〉。

36 凡そ巡検の日、京職もし勘当を承けなば、下馬の法によりて行なえ。その史生・坊令は、位階を論ぜず皆馬を下りよ。

37 凡そ宮城内外の非違および汚穢《おえ》は、日毎に忠已下糺察せよ。ただし禁中はすべからず。

38 凡そ諸国の調の宿処には、忠已下、非違を執問せよ。

39 凡そ位禄・季禄を賜わんには、大蔵省に向かい、非違を検察せよ。もし五位以上にして不参の者《ひと》あらば、台すなわち勘録して刑部省に移《い》せよ。ただし左右の近衛はこの限りにあらず。

40 凡そ台の疏《そ》以上、別勅に非ざるよりは、権《かり》に他務に任ずるを得ず。

41 凡そ台、式部省を召さんには、ただ省と称《とな》うべし。もし省、台を召さんには、疏の名を称うべし。

42 凡そ新たに制を立つる宣旨あらば、検非違使《けびいし》に告げ示せ。

43 凡そ宮中の諸司、各本司をしてその廻《めぐり》を掃除せしめよ〈所々もまた同じくせよ〉。

調の宿処 →補7
非違 調を受納する諸司の違法行為。本式112条、雑式22条参照。

39位禄季禄条
位禄季禄 それぞれ太政官式117条、同113条参照。
凡そ位禄季禄を… →補8
左右の近衛はこの限りにあらず 左右近衛府官人は天皇警護から離れない。

40不得権任条
別勅 特別の勅命。
権に他務に任ずる 臨時に他の官職を兼任すること。公式令には、弾正台官人が他司を「摂」する(「権検校」する)際の制限規定も見えている。公式令57・58条参照。

41召式部省条
もし省…疏の名を称うべし 式部式上50条に同趣旨の規定が見える。

42立制宣旨条
制 単行法令。
宣旨 ここでの宣旨は、上卿から弾正台に下された口頭の命令。多くは勅命を奉じたもの。
検非違使に告げ示せ →補9

43宮中諸司廻条
本司 当該官司。
掃除 民部式上79条参照。
所々 →補10

凡八省院廻、左右衞門相分掃除、豐樂院亦同、

凡諸司官人等曹司、或馬子或女人居住、運二出穢物一置二其垣外一、宜三重加二禁斷一、

凡臺官人、不レ得レ充二所所別當一、

凡臨時別勅、莫レ承二辨史傳宣一、

凡五位以上、通二用牙笏、白木笏一、前詘後直、六位以下官人用レ木、前挫後方、

凡諸王、諸臣衣服食物、不レ得三盛レ案以行二宮中一、違者彈之、

凡朝庭儀式、衣冠形製、臺幷式部惣知糺正、

凡衣袖口闊無レ問二高下一、同作二一尺二寸已下一、其腋闊者一尺四寸、其表衣長纔著レ地、

凡除二禮服幷參議已上半臂、五位已上幞頭一之外、不レ得レ著レ羅、

凡無品親王、諸王、内親王、女王等衣服色、親王著レ紫、以下孫王准二五位一、諸王准二六位一、其服色者用レ纁、

所　底ナシ。梵・塙ホカニヨリテ補ウ。井・藤、底ニ同ジ。

詘　底、コノ下「屈」字アリ。他本ニヨルニ傍注ノ竄入ト見ルベシ。削ル。井・藤、底ニ同ジ。

纁　底「纏」。梵・井及ビ要略六七ニヨリテ改ム。

44八省院廻条

凡そ八省院の廻は…　本条は左右衛門式36条とほぼ同文。

八省院　朝堂院。→補1

45運出穢物条

曹司　朝政終了後、官人たちが赴いて執務、休息、止宿する各官司の庁舎。

馬子　馬の世話をする者。

穢物　よごれ物。本式37条も参照。

46不得充別当条

所々の別当　→補2

47臨時別勅条

凡そ臨時の別勅は…　→補3

別勅　本式40条参照。

弁史の伝宣を承ることなかれ　要略六一所引昌泰三・八・十三付左少史惟宗善経勘申は「称レ莫レ承二弁史伝宣一者、是為二弾正威厳一所レ制也」と述べる。

44 *凡そ*八省院の廻は、左右の衛門相分ちて掃除せよ〈豊楽院《ぶらくいん》もまた同じくせよ〉。

45 凡そ諸司の官人《かんにん》らの*曹司《ぞうし》、或いは*馬子或いは女人居住し、*穢物《えもつ》を運び出だしてその垣の外に置くは、重ねて禁断を加うべし。

46 凡そ台の官人は、*所々の別当に充つるを得ず。

47 *凡そ臨時の*別勅は、*弁・史の伝宣を承《うけたまわ》ることなかれ。

48 *凡そ五位以上は、牙《げ》の笏《しゃく》・白木《しらき》の笏を通わし用いよ。*前詘《くつ》後直。六位以下の官人は木を用いよ。*前挫《ざ》後方。

49 凡そ諸王・諸臣の衣服・食物は、案《つくえ》に盛りて以て*宮中を行くを得ず。違わば弾ぜよ。

50 *凡そ朝庭の*儀式、衣冠の*形製、*台ならびに式部、惣《す》べて知りて糺《ただ》正せ。

51 凡そ*衣の袖口《そでぐち》の闊《ひろ》さは高下を問うことなく、同じく一尺二寸已下に作れ。その*腋《わき》の闊さは一尺四寸。その*表衣《うえのきぬ》の長さは纔《わずか》に地に著《つ》けよ。

52 凡そ*礼服《らいふく》ならびに参議已上の*半臂《はんぴ》、五位已上の*幞頭《こうぶり》を除くの外は、*羅《ら》を著《き》ることを得ず。

53 凡そ*無品《むほん》親王・諸王・内親王・女王らの衣服の色、親王は紫を著、以下の孫王は五位に准えよ。諸王は六位に准えよ〈その服の色は*纁《そひ》を用いよ〉。

48牙笏木笏条
凡そ五位以上は… →補4
前詘後直 →補5
前挫後方 →補6

49衣服食物条
宮中 本式43条参照。

50朝庭儀式条
凡そ朝庭の儀式… →補7
儀式 立ち居振る舞いについての定め。
形製 →補8
台ならびに式部 本式7・24条参照。

51衣袖口闊条
衣の袖口の闊さ 衣は、朝服の袍も含めた上着の総称。→補9
腋の闊さ 袍などの左右の裾から腋に向かって縫い合せのない部分の長さか。
表衣の長さは… 表衣は袍のこと。袍は和名抄に「宇倍乃岐沼」とある。→補10

52不得著羅条
礼服 →補11
半臂 袍の下に着る袖の短い上着。正倉院には、裾に羅の付く半臂が伝わる。
幞頭 成人男子のかぶりもの。→補12
羅 経糸がよじれて絡む捩(モジリ)組織の織物。織部式2条参照。

53衣服色条
無品親王… 以下、品位階をもたない皇親の服の色を定める。→補13
纁 薄暗い赤色。主計式上48条参照。

人　要略六七「女」。下同ジ。
中　要略六七「淺」。
妻　底脚注「或本有着字」。貞ヲ除ク諸本ニモアリ。タダシ墒、ミセケチヲ施ス。
限　底、コノ下「本作深」三字ノ分注アリ。削ル。
鈍　底ホカ諸本「純」。意ニヨリテ改ム。

54婦人衣服色条
婦人は…　位階により定められた夫の服の色(位色)を妻も着用できる。↓補1

55朝服色条
大臣の二位を帯ぶる者…　↓補2
朝服　有位の官人が朝廷公事に際し着用する服。衣服令5・11・14条に規定。
中紫　深紫と浅紫の中間の色。縫殿式13条に深紫・浅紫・深滅紫・中滅紫・浅滅紫の染色に要する料物と功程は示されるが、中紫は見えない。

56庶人以上条
襖子　防寒のために着る袷(アワセ)の衣。綿を入れるものもある。延喜式施行以前である天暦元・十一・十三符(要略六七)は、六位以下に対して本条と同じ襖子の重ね着を禁止する。

57綾条

凡婦人得レ著二夫衣服色一、但節會之日、不レ在二此例一、

凡大臣帶二二位一者、朝服著二深紫一、諸王二位已下五位已上、諸臣二位三位、並著二中紫一、

凡庶人以上、不レ得二襖子重著一、

凡綾者、聽レ用二五位已上朝服一、六位以下不レ得二服用一、

凡五位以上女、依二父蔭一得レ著二禁物一、(雖レ爲二六位以下妻一猶得レ依二父蔭一)

凡紵布衣者、雖二深退紅一自レ非二輕細一不レ在二制限一、

凡揩染成レ文衣袴者、並不レ得二著用一、但緣二公事一所レ著、幷婦女衣裙、不レ在二禁限一、

凡淺杉染袴、朝座公會悉聽二服用一、

凡錦衣者、內命婦及女王、幷五位以上嫡妻子、並節會之日聽二通服一、繡者不レ在二聽限一、

凡深淺鈍紫裙者、聽二庶女以上通著一、

凡蘇芳色者、親王以下參議以上、非參議三位、及嫡妻女子、幷孫王並聽二著用一、

54 凡そ*婦人は夫の衣服の色を著ることを得。ただし節会の日は、この例にあらず。

55 凡そ*大臣の二位を帯ぶる者、*朝服は深《こき》紫を著よ。諸王の二位已下五位已上、諸臣の二位・三位は、みな*中《なかの》紫を著よ。

56 凡そ庶人《しょにん》以上は*襖子《あおし》の重ねて著ることを得ず。

57 凡そ*綾は、五位已上の朝服に用うることを聴せ。六位以下は服用《きもち》うることを得ず。

58 凡そ*五位以上の女《むすめ》は、父の蔭《おん》によりて禁物《きんもつ》を著ることを得〈六位以下の妻たりと雖も、なお父の蔭によるを得〉。

59 凡そ*紵《てづくり》の布の衣は、*深退紅《こきあらぞめ》と雖も、*軽細に非ざるよりは制する限りにあらず。

60 凡そ*揩染《すりぞめ》して文《あや》を成す衣・袴は、みな著用《きもち》うることを得ず。ただし公事《くじ》によりて著るところ、ならびに婦女の衣・*裙《も》は、禁ずる限りにあらず。

61 凡そ*浅杉染《あさきすぎぞめ》の袴は、朝座・公会に悉《ことごと》く服用うることを聴せ。

62 凡そ*錦の衣は、*内命婦《ないみょうぶ》および女王、ならびに*五位以上の嫡妻子、みな節会の日に通わし服ることを聴せ。*繍《ぬいもの》は聴す限りにあらず。

63 凡そ深浅《こきあさき》*鈍《にび》紫の裙は、庶女以上に通わし著ることを聴せ。

64 凡そ*蘇芳《すおう》の色は、親王以下参議以上、非参議の三位および嫡妻・女子、ならびに孫王はみな著用うることを聴せ。

綾　→補3

58 五位以上女条

五位以上の女…　→補4

59 紵布衣条

紵の布　→補5

深退紅　退紅は薄桃色。本条が特に深退紅を挙げるのは、原料の紅花が高価で、特に濃い紅色が奢侈禁制の対象となっていったためか。縫殿式13条参照。

軽細　紵の糸が精細で軽いこと。

60 揩染成文条

揩染して文を成す衣袴　→補6

裙　裳とも。腰に巻きつけて下半身を覆うのに用いる。

61 浅杉染袴条

浅杉染の袴　杉染は杉の樹皮で染めた、赤味がかった茶色。→補7

62 錦衣条

錦の衣　→補8

内命婦　五位以上の位階をもつ女性。

五位以上の嫡妻子　五位以上の官人の妻（外命婦）と子。

繍　色糸で文様などを縫い表した錦。織部式3条参照。

63 鈍紫裙条

鈍紫　灰色がかったくすんだ紫色。源氏物語葵に「紫のにばめる紙」が見える。

64 蘇芳色条

蘇芳　→補9

深　底ホカ諸本ナシ。塙校注・京ニヨリテ補ウ。

65衛府舎人刀緒条

刀の緒　→補1

緋の纈　緋の絁の纈の意。以下、素材の表記は省略される。纈は、裂を糸で括ったり板を押し付けて防染することで、文様を白く抜いて表す染色技法。

66囚獄司物部条

囚獄司の物部　罪人の行刑にあたる伴部。式部式上97条、囚獄式4・9条参照。

横刀の緒の色は胡桃染　続後紀承和元・十一・壬申制による。胡桃染は灰色がかった薄い赤茶色。縫殿式19条参照。

帯刀資人　→補2

67諸禁色条

禁色　着用が禁じられた服の色。本人もしくは夫や父の位階などにより異なる。

下衣と雖も…　→補3

68支子染深色条

支子染の深色　支子染は赤味のある黄色。縫殿式13条には、支子だけで染めた「黄支子」と紅花も用いた「深支子」「浅支子」がある。

黄丹に濫るべきものは…　→補4

凡衛府舎人刀緒、左近衛緋絁、右近衛緋纈、左兵衛深緑、右兵衛深緑纈、左門部浅縹、右門部浅縹纈、

凡囚獄司物部横刀緒色胡桃染、帯刀資人黄、

凡諸禁色者、惣雖二下衣一不レ聴二服用一、

凡支子染深色可レ濫二黄丹一者、不レ得二服用一、

凡滅紫色者、参議已上聴二通用一、五位已上聴レ著二半臂一、

凡赤白橡袍、聴二参議已上著用一、

凡公私奴婢服、黄、葡萄、浅紅、赤練、橡、白橡、墨染、其裙青赤絁布等色聴之、紫、緋、緑、紺、縹等不レ須二全色一、唯得二纈紕裁縫一、

凡親王以下車馬従服色、通二著皂及躑躅染青褐一、自餘色皆斷之、其女従衣者、通二著黄、赤練、葡萄、退紅、中緑、浅緑、橡、白橡、墨染等色一、

凡親王以下五位以上、及内親王、孫王、女御、内命婦、并参議以上、非参議三位嫡妻女子、大臣孫、女藏人等従、並聴レ著二染袴一、

65 凡そ衛府の舎人の*刀の緒は、左の近衛は緋《あけ》の絁《あしぎぬ》、右の近衛は*緋の纐《ゆはた》、左の兵衛は深《こき》緑《みどり》、右の兵衛は深緑の纐、左の門部は浅縹《あさきはなだ》、右の門部は浅縹の纐。

66 凡そ*囚獄司の物部《もののべ》の*横刀《たち》の緒《お》の色は胡桃染《くるみぞめ》。*帯刀資人《たちはきのしじん》は黄。

67 凡そ諸の*禁色《きんじき》は、惣べて*下衣《したぎぬ》と雖も服用うることを聴さず。

68 凡そ*支子《くちなし》染の深色《こき》の*黄丹《おうだん》に濫《みだ》るべきものは、服用うることを得ず。

69 凡そ*滅紫《けしむらさき》の色は、参議已上通わし用うることを聴せ。五位已上は半臂《はんぴ》を著ることを聴せ。

70 凡そ*赤白橡《あかしらつるばみ》の袍《ほう》は、参議已上の著用うることを聴せ。

71 凡そ*公私の奴婢《ぬひ》の服は、*黄・葡萄《えびぞめ》・浅紅《あさきくれない》・赤練《あかねり》・橡・白橡・墨染《すみぞめ》。*その裙《も》は、青・赤の絁・布等の色は聴せ。紫・緋・緑・紺・縹等は*全色を須いざれ。ただ*纐《ゆはた》の紕《そえ》に裁ち縫うことを得。

72 凡そ親王以下の*車馬の従《じゅう》の服の色は、*皂《くり》および*躑躅染《つつじぞめ》・*青褐《あおかち》を通わし著よ。自余の色は皆断《や》めよ。其れ女従の衣は、黄・赤練・葡萄・退紅・中緑・浅緑・橡・白橡・墨染等の色を通わし著よ。

73 凡そ親王以下五位以上、および内親王・孫王・*女御《にょうご》・内命婦、ならびに参議以上・非参議の三位の嫡妻・女子、大臣の孫、*女蔵人《にょくろうど》らの従は、みな*染袴を著ることを聴

69 滅紫色条
滅紫　メッシとも。くすんだ紫色。縫殿式8・13条参照。↓補5

70 赤白橡袍条
赤白橡の袍　赤白橡は黄色味がかった赤色。縫殿式8・13条参照。↓補6

71 公私奴婢服条
公私の奴婢の服は…　↓補7
黄…墨染　↓補8
その裙は…　以下は、婢が着用する裙に関する規制。↓補9
全色を須いざれ　紫以下の色一色で染めた裙の使用を禁ずる。↓補10
纐の紕に裁ち縫うこと　↓補11

72 車馬従服色条
車馬の従　貴人の車馬に付き従う従者。本式94条で員数が定められる。下文の女従は、女性の従者。
皂　濃い黒茶色。
躑躅染　躑躅の花に似た青味のある赤。
青褐　青味の強い褐色(カチイロ)。褐色は、紺よりさらに濃い藍染の色。

73 染袴条
女御　天皇の寝所に侍する女性で、夫人・嬪に次ぐ地位。中務式76条、中宮式5条参照。
女蔵人　宮中の雑事や儀式に仕える下級の女官。中宮式4条参照。
染袴　染色した袴。本式61条参照。

凡金銀薄泥、不レ得レ爲二服用幷雑器飾一、但五月五日諸衛府甲冑之飾、不レ在二制限一、

凡純素金銀及白鑞、聽レ爲二五位已上服用之餝一、

凡縹色以レ藍揩者、衞府舍人等儀服、他人不レ得二輙用一、

凡畫餝大刀、五位以上聽之、

凡刻鏤大刀、非二新作一聽二五位已上著用一、

凡刀子刄長五寸以上、不レ得二輙帶一、但衞府者聽之、

凡內命婦三位以上、聽レ用二象牙櫛一、

凡五位以上、聽レ用二虎皮一、但豹皮者、參議以上及非參議三位聽之、自餘不レ在二聽限一、

凡白玉腰帶、聽二三位以上及四位參議著用一、玳瑁、馬腦、斑犀、象牙、沙魚皮、紫檀、五位已上通用、

凡紀伊石帶隱文者及定摺石帶參議已上、刻二鏤金銀一帶及唐帶五位已上、並聽二著用一、

紀伊石帶白皙

74金銀薄泥条

金銀の薄泥　金泥・銀泥を用いて薄く彩色することか。金泥・銀泥は、金銀の微細な粉を膠で溶いたもの。↓補1

諸衛府の甲冑の飾は…　↓補2

75純素金銀条

純素の金銀　装飾に用いる金銀。↓補3

白鑞　錫(スズ)の古名。

76縹色藍揩条

縹色の…　縹色は藍で染めた青色で(縫殿式13条参照)、八位と初位の位色(衣服令5条、本式145条)。本条は、縹色のうち山藍で摺染した青摺を禁制の対象とする。摺染については本式60条参照。

儀服　儀式の際に着用する服。↓補4

77画餝大刀条

画餝の大刀　鞘に絵や文様などを描いて装飾した大刀。↓補5

78刻鏤大刀条

刻み鏤む大刀　↓補6

新作に非ざれば…　新たに製作したもののみを禁制の対象とし、家に伝来したものなどであれば着用が許される。

79刀子刃長条

刀子　小刀。↓補7

衛府は聴せ　武官である衛府の官人は武器を携行できるため、大型の刀子を持つことが認められる。

80象牙櫛条

せ。

74 凡そ*金銀《こがねしろがね》の薄泥《うすだみ》は、服用うることならびに雑器の飾となすことを得ず。ただし五月五日の諸*衛府の甲冑の飾は、制する限りにあらず。

75 凡そ*純素《じゆんそ》の金銀および*白鑞《びやくろう》は、五位已上の服用うるの餝《かざり》となすことを聴せ。

76 凡そ*縹色の藍《あい》を以て揩《す》るは、衛府の舎人らの*儀服にして、他の人は輙《たやす》く用うることを得ず。

77 凡そ*画餝《えかざり》の大刀《たち》、五位以上は聴せ。

78 凡そ*刻《きざ》み鏤《ちりば》むる大刀、*新作に非ざれば、五位已上の著け用うることを聴せ。

79 凡そ*刀子《かたな》の刃の長さ五寸以上は、輙く帯ぶることを得ず。ただし*衛府は聴せ。

80 凡そ*内命婦の三位以上は、*象牙《ぞうげ》の櫛を用うることを聴せ。

81 *凡そ五位以上は、虎の皮を用うることを聴せ。ただし豹の皮は、参議以上および非参議の三位は聴せ。自余は聴す限りにあらず。

82 *凡そ*白玉《はくぎよく》の腰帯は、三位以上および四位の参議の著け用うることを聴せ。*玳瑁《たいまい》・馬《め》脳《のう》・斑犀《はんざい》・象牙《ぞうげ》・沙魚《さめ》の皮・紫檀《したん》は、五位已上通わし用いよ。

83 凡そ*紀伊の石帯の*隠文《いんもん》のもの、および*定摺《じようしよう》の石帯は参議已上、金銀を刻み鏤むる帯および*唐帯《からおび》は五位已上、みな著け用うることを聴せ。紀伊の石帯の*白く晳《あきら》かなるも

内命婦　本式62条参照。
象牙の櫛　象牙製の櫛。正倉院には三枚伝存する。「象牙刀子」については、親王以下、三位以上の嫡妻と子などに着用が許された(後紀弘仁六・十・壬戌条)。

81虎皮豹皮条
凡そ五位以上…　ここでの虎皮・豹皮は馬具・太刀装飾用のもの。↓補8

82白玉腰帯条
凡そ白玉の腰帯は…　↓補9
白玉の腰帯　腰帯は束帯で着用されるベルト。一〇個ほどの銙(カ。飾り)がつき、その銙の材により石帯、玉帯、金銀帯とも。白玉の腰帯は白玉を銙とする玉帯。
玳瑁…紫檀　いずれも銙材。このうち、玳瑁はウミガメ科の亀で、ここではその甲(鼈甲)。斑犀はまだらの犀角。

83紀伊石帯隠文条
紀伊の石帯　石帯の銙材の石の多くは紀伊国と出雲国より産出。
隠文　銙の石に線刻で施した文様。このような銙で装飾された石帯は儀式用。
定摺の石帯　↓補10
唐帯　唐組みの帯。太目の縒り糸を菱目に組みあげた幅広の緒。これは腰帯ではなく太刀の緒か。↓補11
白く晳かなるもの　銙に白く輝く石を使用している腰帯。

者、六位已下不レ得レ用之、

凡烏犀帯、聴二六位以下著用一、但有二通天文一者、不レ在二聴限一、

凡魚袋者、參議已上及著レ紫諸王五位已上金装、自餘四位五位銀装、

凡以二獨窠錦一、爲二鞍褥一者禁之、

凡六位以下、鞍鞦總不レ得二連著一、但聴レ著二鞦衢及後末一、紫鞍褥、紫籠頭、鞍把、緋鞦等、皆禁斷之、纁鞦者、不レ在二制限一、

凡參議已上、檢非違使別當已下府生已上、聴レ著二緋鞦一、

凡貂裘者、參議已上聴二著用一之、

凡羆皮障泥、聴二五位以上著一之、

凡內親王、孫王、女御及內命婦、幷參議以上、非參議三位嫡妻女子、大臣孫、並聴レ乘下用二金銀一装車屋形上、

凡內親王、三位已上內命婦及更衣已上、並聴下乘二絲葺有レ庇之車一、幷著中緋牛鞦上、

84烏犀帯条

凡そ烏犀の帯は… 本条の淵源は左掲の三代実録貞観十二・十二・二十五制に求められる。

聴三六位已下着二烏犀帯一、但有二通天文一者、不レ在二聴限一、

烏犀の帯 黒い犀角の飾りがついた革帯。ただし、犀角は実際には牛角。

通天の文あるは 犀の一種、通天犀の角の文様を飾りとしている場合は、の意。

85魚袋条

魚袋 高級官人や侍衛官らが節会などで参内するときに携行する割符を随身符というが、魚袋はこの随身符を入れる袋。名称は随身符が鯉魚形であることによる。石帯の第一銙と第二銙の間、ちょうど右腰にあたるように吊るす。

紫を著る諸王 諸王が紫を着用するのは、一位以下五位以上の礼服と一位以下三位以上の朝服。以上の場合の魚袋は金装。四位・五位の朝服は深緋・浅緋だから、この場合の魚袋は銀装。→補1

86鞍褥条

独窠 一窠とも。主計式上2条参照。

のは、六位已下は用うることを得ず。

84 凡そ*烏犀《*う さい》の帯は、六位以下の著け用うることを聴せ。ただし通天*の文あるは、聴す限りにあらず。

85 凡そ魚袋《*ぎょたい》は、参議已上および紫*を著《き》る諸王の五位已上は金装《こがねづくり》、自余の四位・五位は銀装《しろがねづくり》。

86 凡そ独窠《*どくか》の錦を以て、鞍褥《*くらしき》となすは禁ぜよ。

87 凡そ六位以下の鞍の鞦《*しりがい》の総《ふさ》は、連著《*れんちゃく》することを得ず。ただし鞦*の衢《つじ》および後末《しりすえ》に著くることを聴せ。紫の鞍褥、紫の籠頭《*おもづら》・鞍把《*くらおおい》、緋《*あけ》の鞦等、皆禁断せよ。纁《*そひ》の鞦は、制する限りにあらず。

88 凡*そ参議已上、検非違使別当已下府生已上は、緋の鞦を著くることを聴せ。

89 凡*そ貂裘《*ちょうきゅう》は、参議已上著用うることを聴せ。

90 凡そ羆《しくま》の皮の障泥《*あおり》は、五位以上著くることを聴せ。

91 凡*そ内親王・孫王・女御および内命婦、ならびに参議以上・非参議の三位の嫡妻・女子、大臣の孫は、みな金銀《こがねしろがね》を用《も》て装《かざ》る車の屋形《*やかた》に乗ることを聴せ。

92 凡そ内親王・三位已上の内命婦および更衣《こうい》已上は、みな糸葺《*いとふき》の庇《ひさし》あるの車に乗り、ならびに緋の牛鞦《しりがい》を著くることを聴せ。

鞍褥　鞍の上の敷物。

87鞍鞦総条

鞦　民部式下63条参照。

連著　総を連続して着けること。

鞦の衢および後末　鞦の緒の組目と末端。

籠頭　オモガイとも。轡を固定するために馬の顔に着ける緒。

鞍把　鞍帊とも(左右馬式18条)。馬の鞍から鐙にかけて覆う布。

緋の鞦　↓補2

纁　薄赤色。

88緋鞦条

凡そ参議已上…　↓補3

89貂裘条

凡そ貂裘は…　本条の淵源は左掲の三代実録仁和元・正・十七条である。始禁ㇾ着二用貂裘一、但参議已上不ㇾ在二制限一、

貂裘　てんの毛皮で作った衣。

90羆皮障泥条

障泥　泥の飛びハネを防ぐ馬具。下鞍の間にさし込んで馬腹の両脇を覆う。

91金銀装車屋形条

凡そ内親王…　↓補4

屋形　牛車や腰車などの上に作った家の形の覆い。

92糸葺庇車条

糸葺　牛車の車箱を糸で飾ったもの。

凡宮人、不レ得下以二白綾夾纈等一爲二車屋形裏一、以二雜揩色一爲二從者衣一、以二綵色一編レ竹成レ文爲レ簾、及將中從四人以上上、

凡車馬從者、親王及左右大臣十四人、大納言十二人、中納言十人、參議八人、一位十二人、二位十人、三位八人、四位六人、五位四人、陪從之日、二位已上八人、三位六人、四位五位四人、六位以下二人、其妃廿二人、夫人廿人、嬪十八人、女御十六人、內親王廿人、二世女王十人、內命婦一位十八人、二位十六人、三位十四人、四位十人、五位八人、陪從之日、內親王十人、三位已上六人、四位五位四人、六位以下四人、更衣十人、女藏人六人、女孺四人、庶女二人、外命婦准二夫從數一、左右大臣女九人、大納言八人、中納言七人、參議六人、一位八人、二位七人、三位六人、四位五人、五位四人、女孺亦四人、女從者各減二車馬從半一、

凡東西仕丁坊販鬻者、一切禁斷、但酒食者不レ在二禁限一、

凡禁下斷刈二大小麥靑苗一爲二馬草一賣買、并桑棗木鞍橋上、

凡鈍縹并賨髻、及紕裙、剪綵作釵等莫レ禁、

宮　底「市」。中原章純本要略六七ニヨリテ改ム。

丁　底ナシ。考異ニ従イテ補ウ。

鈍　底ホカ諸本「純」。タダシ塙ヲ除ク全写本ニ「ニヒ」ノ傍訓アリ。コレニ従イテ改ム。

釵　底「鈒」。意ニヨリテ改ム。

93車屋形裏条

夾纈　四時祭式上7条参照。

雑の揩色…衣となし　従者に摺(揩)衣を着用させること。

綵色　あやぎぬ。

94車馬従条

凡そ車馬の従…　本条のうち、一位から六位以下までの規定の淵源は左掲の続紀天平十八・四・己酉勅である。

勅、一位以下初位以上、馬従多レ数、甚無二制度一、其一位十二人、二位十人、三位八人、四位六人、五位四人、六位以下二人、自今已後、永為二恒式一、但職事一位・二位、不レ在二此例一、

なお、「職事一位二位」とは大臣を指すから、本条のように左右大臣について特例を設けることは、この勅まで遡る。また、内命婦三位以下女孺までについての規定は要略七〇所引天長五・十一・一宣の「祭日、三位内命婦従者十四人、四位

十人、五位八人、女蔵人六人、女孺四人」を淵源とする。

95東西仕丁坊条

仕丁の坊　仕丁の宿所が置かれた厨町。仕丁町とも。現京都市上京区所在の仕丁町は東の仕丁坊の遺称地か。

販鬻　商うこと。

96禁断青刈条

凡そ大小…　本条前半の麦の青苗を馬草として売ることについては、早く天平勝宝三・三・十四格が禁制し、その後大同三・七・十三符(以上、三代格)でも再度禁じたが、後紀弘仁二・四・丁丑勅では一転、百姓の利益追求を認めて禁制を解く。ところが、同十・三・十四符では再び禁制に転じ、同十・六・二符(以上、三代格)もこれを踏襲、さらに続後紀承和六・十・丙辰制も改めて禁制した。また、本条後半の桑・棗の鞍橋については紀略延暦十一・七・戊午条が初めて禁制し、後紀弘仁元・九・乙丑奏が漆塗りの鞍橋を認めた際にも、桑・棗の鞍橋は除外された。桑は葉が養蚕に不可欠、棗も実が食・薬用に供されたからか。

棗の木の鞍橋　斎宮式43条、左右馬式62条参照。

97鈍縹幷宝髻条

鈍縹　くすんだ薄い紺色。

宝髻…剪り綵えて作れる釵　→補1

93 凡そ宮人《くにん》、白綾の*夾纈《きょうけち》等を以て車の屋形の裏となし、*雑《くさぐさ》の揩色《すりいろ》を以て従者の衣となし、*綵色《さいしき》を以て竹を編み文《あや》を成して簾《すだれ》となし、および従四人以上を将《ひき》いるを得ず。

94 *凡そ車馬の従、親王および左右大臣は十四人、大納言は十二人、中納言は十人、参議は八人。一位は十二人、二位は十人、三位は八人、四位は六人、五位は四人〈陪《べい》従《じゅう》の日、二位已上は八人、三位は六人、四位・五位は四人〉、六位以下は二人。其れ妃は二十人、夫人《ぶにん》は二十人、嬪は十八人、女御は十六人、内親王は二十人、二世の女王は十人。内命婦の一位は十八人、二位は十六人、三位は十四人、四位は十人、五位は八人〈陪従の日、内親王は十人、三位已上は六人、四位・五位は四人〉、六位以下は四人。更衣は十人、女蔵人は六人、女孺《にょじゅ》は四人、庶女は二人。外命婦は夫の従の数に准えよ。左右大臣の女は九人、大納言は八人、中納言は七人、参議は六人。一位は八人、二位は七人、三位は六人、四位は五人、五位は四人。女孺もまた四人。女の従者は各《おのおの》車馬の従の半《なかば》を減ぜよ。

95 凡そ東西の*仕丁《しちょう》の坊の*販鬻《はんいく》は、一切禁断せよ。ただし酒食は禁ずる限りにあらず。

96 *凡そ大小の麦の青苗《せいびょう》を刈り、馬草《まぐさ》となして売買する、ならびに桑・*棗《なつめ》の木の鞍橋《くらぼね》を禁断せよ。

97 凡そ*鈍縹《にびはなだ》ならびに*宝髻《ほうけい》、および紕裙《そえも》、剪《き》り綵《いろ》えて作れる釵《かんざし》等は禁ずることなかれ。

凡婦人袷裳、不㆑論㆓貴賤㆒、一裳之外、不㆑得㆓重著㆒、單裳不㆑在㆓制限㆒、

凡裁㆓絹絁㆒爲㆓獵衣袴㆒、縫㆓白絹縑㆒著㆓從女衣裳㆒、以㆑絲葺㆑車及用㆓金銀餝等㆒、悉皆禁斷、但金塗釘非㆓制限㆒、

凡雙六者、無㆑論㆓高下㆒、一切禁斷、

凡京都踏歌、一切禁斷、

凡私養㆓鷹鸇㆒、臺加㆓禁彈㆒、

凡右大臣已上薨者、發哀三日内、諸司理㆑事如㆑常、不㆑可㆓問㆑獄行㆒㆑刑、

凡喪葬盛餝奢僭及淫祀之類、左右京職若不㆑禁者彈之、

凡進㆓告朔函㆒時者、辨官、式部、兵部、彈正五位已上者、立㆓本司廳前㆒、他司五位已上者、立㆓東西廳前㆒、諸六位已下、立㆓辨官、式部廳後㆒、

凡五月五日、五位以上諸王、諸臣獻㆓走馬㆒時、兵部省分頭陣㆓列朱雀東西㆒、訖省申㆑臺云、列㆑馬訖、即忠以下

塗　底「涅」。要略六七ニヨリテ改ム。

98 婦人袷裳条

凡そ婦人の…　→補1

袷の裳　裏地つきの腰から下に巻く服。

単　裏地のついていない衣服。

99 裁絹絁条

白絹縑を…著け　→補2

縑　目を細かく固く織った薄い絹布。

従女の衣裳　→補3

100 双六条

凡そ双六は…　双六の禁断は既に持統紀三・十二・丙辰条に見え、その後、三代格天平勝宝六・十・十四奏も罰則や密告褒賞規定などを付して禁制している。本条はこれらの禁制を継承。

双六　二人が相対して白黒各一五個の駒を賽の目によって進める盤上遊戯。現代のものとは異なる。

101 京都踏歌条

踏歌　→補4

102 私鷹条

凡そ私に…　→補5

103 右大臣已上薨条

発哀三日　発哀は挙哀とも。埋葬以前に死者の棺の前で哭声をあげる喪礼。喪葬令8条によれば、太政大臣・左右大臣の

98 *凡そ婦人の*袷《あわせ》の裳《も》は、貴賤を論ぜず、一裳の外、重ねて著ることを得ず。*単《ひとえ》の裳は制する限りにあらず。

99 凡そ絹・絁を裁ちて猟《かり》の衣・袴となし、*白絹・*縑《かとり》を縫いて*従女《じゅうじょ》の衣・裳に著け、糸を以て車を葺《ふ》く、および金銀の餝《かざり》等を用うるは、悉《ことごと》く皆禁断せよ〈ただし金塗の釘は制する限りに非ず〉。

100 *凡そ*双六《すごろく》は、高下を論ずることなく、一切禁断せよ。

101 凡そ京都の*踏歌《あらればしり》は、一切禁断せよ。

102 *凡そ私に鷹《たか》・鸇《はやぶさ》を養わば、台、禁弾を加えよ。

103 凡そ右大臣已上薨ぜば、*発哀《ほつあい》三日の内は、諸司*事を理《おさ》むること常の如くせよ。*獄を問いて刑を行なうべからず。

104 凡そ*喪葬の盛餝・奢僭および*淫祀《いんし》の類は、左右京職もし禁ぜざれば弾ぜよ。

105 *凡そ*告朔《こうさく》の函を進《たてまつ》る時、弁官・式部・兵部・弾正の五位已上は、*本司の庁の前に立ち、他の司の五位已上は、東西の庁の前に立ち、諸の六位已下は、弁官・式部の庁の後《しりえ》に立て。

106 *凡そ*五月五日、五位以上の諸王・諸臣、走馬《はしりうま》を献ずる時、兵部省分頭して*朱雀《すざく》の東西に陣列せよ。訖らば省、台に申して云わく、馬を列《つら》ね訖る、と。すなわち忠以下

場合の発哀は埋葬の日を含めて三日間。
事を…常の如くせよ　官庁の業務は通常通り行なえ、の意。
獄を…行なうべからず　裁判や刑の執行を行なってはならない、の意。

104喪葬盛餝条
喪葬の盛餝奢僭　京内で喪葬儀を必要以上に飾り立てたり、分不相応に贅沢なものとすることを戒める禁制として三代格延暦十一・七・二十七符がある。本符によれば、京内の富裕民らはみだりに大がかりな葬列を組んだり、使用を認められていない幡や鐘を設営したりするという。左右京職がこれを取り締まる。
淫祀　主として巫覡(シャーマン)の言動への妄信を指す。三代格宝亀十一・十二・十四勅および同大同二・九・二十八符は京内でのこのような淫祀についての禁制。左右京職が取り締まりにあたる。

105進告朔函条
凡そ告朔の…　→補6
告朔　太政官式91条参照。
本司の庁　庁は朝堂。それぞれの朝堂は、弁官が暉章堂、式部・兵部両省が修式堂、弾正台が含嘉堂。

106五月五日走馬条
凡そ五月五日…　→補7
五月五日　兵部式7・8条参照。
朱雀　朱雀門。

位　底「品」。意ニヨリテ改ム。

鄽　底「廛」。貞校注・版本ニ従イテ改ム。

已　底ホカ諸本「以」。上下ノ例ニヨリテ改ム。

主　禁色着用の者を騎乗させて走馬を献上した五位以上の諸王・諸臣。

107供節衛府官人条

凡そ五月五日節に供うる…　→補1

節に供うる諸衛府　左右近衛府と左右兵衛府。左右近衛式25～29条、左右兵衛式10条参照。

五位以上…准えよ　本式106条参照。

108市人集時条

市人　刑部式20条、東西市式6条参照。

市鄽・肆　店舗。

闊さ…盈たざる　幅一尺九寸、長さ六丈は絹布等の一疋の規格。主計式上2条参照。規格に満たない絹織物や麻布の販売が糺弾の対象。この場合、関市令19条により、商品は販売者に返品される。

物を売る者の…題せざる　→補2

行濫　行は欠陥商品、濫は虚偽の商品。

分二立左右一、巡二検禁物一、其走馬装束、聴レ用二純素金銀一、乗人装束、不レ聴二禁色一、若有二違犯一、兵部不レ勘者、喚二省及主一弾之、

凡五月五日、供レ節諸衛府官人以下、除二甲冑餝一之外、不レ聴レ用二金銀一、縦有二違犯一、只弾二禁色一、不レ得二抑留一、五位以上走馬装束、禁色亦准レ此、

凡市人集時、入レ市召二市司一、令二市鄽静定一、毎レ肆巡行糺二弾非違一、謂下錦、紗、綾、紵、若闊不レ盈二一尺九寸一、長不レ盈二六丈一、又売レ物者有二行濫一、及横刀、鞍等不レ題二鑿造者姓名一之類上、又問乙有下皇親及五位以上、遣二帳内資人若家人奴婢等一、興販与二百姓一倶争レ利者上耶甲、

凡大臣已上覆鞍者用二浅紫一、参議已上深緋、諸王五位已上緑色、諸臣黄色、六位已下不レ得レ用、

凡神泉苑廻地十町内、令二京職栽一レ柳、町別七株、

凡神泉、大学廻地、令二京職掃除一之、穀倉院亦同、

凡諸司勘二収諸国貢物一、不レ合二留難一、若有下作二逗留一百姓辛

左右に分立して禁物を巡検せよ。其れ走馬の装束は、純素《じゆんそ》の金銀を用うることを聴せ。乗人の装束は、禁色《きんじき》を聴さず。もし違犯《いぼん》ありて、兵部勘《かんが》えざれば、省および*主を喚《め》して弾ぜよ。

107 *凡そ五月五日、*節に供《つか》うる諸衛府の官人以下、甲冑《かっちゅう》の餝《かざり》を除くの外、金銀を用うることを聴さず。もし違犯あらば、ただ禁色を弾じ、抑留することを得ず〈*五位以上の走馬の装束・禁色もまたこれに准えよ〉。

108 凡そ*市人集《つど》うの時、市に入りて市司を召し、*市鄽《してん》をして静定ならしめよ。*肆《いちくら》毎に巡行し、非違を糺弾せよ〈錦・紗《しゃ》・綾・紵《てづくり》もし*闊《ひろ》さ一尺九寸に盈《み》たず、長さ六丈に盈たざる、また*物を売る者の*行濫《ぎょうらん》ある、および横刀《たち》・鞍等に鑿《え》り造る者《ひと》の姓名を題せざるの類を謂う〉。また*皇親および五位以上、帳内《ちょうない》・資人《しじん》もしくは家人《けにん》・奴婢《ぬひ》らを遣わし、*興販《こうへん》して百姓とともに利を争う者あるかを問え。

109 凡そ大臣已上の*覆鞍《くらおおい》は浅紫を用いよ。参議已上は深緋《こきあけ》、諸王の五位已上は緑色、諸臣は黄色、六位已下は用うることを得ず。

110 凡そ*神泉苑《しんせんえん》の廻《めぐり》の地十町の内は、京職をして柳を栽《う》えしめよ〈町別《ごと》に七株〉。

111 凡そ神泉・*大学の廻の地は、*京職をして掃除せしめよ。*穀倉院《こくそういん》もまた同じくせよ。

112 *凡そ*諸司、*諸国の貢物《くもつ》を*勘収せんには*留難すべからず。もし逗留を作《な》して*百姓の辛

皇親…利を争う者　→補3
興販　盛んに商売すること。

109覆鞍条
覆鞍　鞍帊とも。本式87条参照。

110京職栽柳条
神泉苑の廻の地十町の内　神泉苑は左京三条一坊九～十六町の八町分を占めた。その廻りの地一〇町とは、北は大内裏であるからこれを除き、東は三条二坊一～四町、南は四条二坊九・十六町、西は三条一坊五～八町の計一〇町分を指すか。
本条は左右京式21条と同文。

111神泉大学廻地条
大学　左京三条一坊七・八町を占めた。
京職をして掃除せしめよ　左右京式14条参照。
穀倉院　民部式下12条参照。右京三条一坊一・二・七・八町を占めた。

112勘収貢物条
凡そ諸司…　→補4
諸司　民部省・大蔵省・宮内省など。
諸国の貢物　調・中男作物・庸・交易雑物・年料別貢雑物・年料舂米・年料租舂米・贄など。
勘収　貢物の数量を調帳などの帳簿と照合し、品質を現物に就いて確認した上で受納し、領収書として返抄を発行する。
留難　難癖をつけて受納しないこと。
百姓　綱丁や運脚として上京した人々。

類　底ホカ全写本、コノ下「也」字アリ。本式ノ体例ニ合ワズ。削ル。
京職　底「職京」。塙校注・版本ニ従イテ改ム。

113巡検左右京条
凡そ左右京を…　→補1
114東西二寺斎会条
凡そ東西二寺の…糺弾せよ　→補2
四月八日　灌仏会。
七月十五日　盂蘭盆会。
衆僧および男女の禁色　僧尼令10条によれば、僧尼は木蘭、青碧、皂(黒)、黄、壊色(蘇芳か)以外の色は禁色。俗人男女は天皇の服色の黄櫨染を始め、各人の地位より高い者の服色が禁色。
男女の交雑　→補3
条令　坊令とも。ここは各々の所在地にしたがって、東寺は左京、西寺は右京の九条条令。
115獄中非違条
凡そ台官…　獄令57条によれば、弾正台は毎月在京の獄や徴役の場を巡行し、獄での処遇や徴役が違法の場合は、状況に応じて担当官を糺弾する。本条はその

苦㆖者、臺卽巡檢隨㆑事糺彈、但忠已下之外、弼時時監臨、
凡巡㆓檢左右京㆒之日、量㆑狀決罸、
凡東西二寺齋會日、四月八日、七月十五日、忠已下向㆑寺糺㆓彈非違㆒、糺㆓衆僧及男女禁色幷男女交雜之類㆒、前三日、喚㆓左右京職㆒云、將㆘依㆑例巡檢㆒、宜㆑使㆘條令告㆓寺家㆒辨備㆖之、
凡臺官等、檢㆓校獄中非違㆒、謂㆘杖笞大小、安㆓置罪人㆒、及給㆓薦、席、藥㆒、合㆑法以不之類㆖、
凡禁色惣從㆓破却㆒、但五位已上幷律師已上、錄㆑名奏聞、僧尼依㆑法苦使、
凡喚㆓左右京職㆒云、將㆘遣㆓忠以下㆒檢㆗京中非違、道橋及諸寺㆖、宜㆘嚴仰㆓條令㆒、預定㆓便處㆒會㆗集男女㆖、亦告㆓諸寺三綱等㆒、令㆓辨備㆒如㆑上、卽忠以下到㆓彼會所㆒問云、有㆘京職官人及坊令等、冤㆓枉百姓㆒、凌㆗侮長幼㆖耶、又有㆓孝子順孫義夫節婦㆒以不、又有㆔惡女擾㆓亂閭巷㆒

苦することあらば、台すなわち巡検し、事に随いて糺弾せよ。ただし忠已下の外、弼時々監臨せよ。

113 *凡そ左右京を巡検するの日、状を量りて決罰せよ。

114 *凡そ東・西二寺の斎会《さいえ》の日〈*四月八日、*七月十五日〉、忠已下寺に向かいて非違を糺弾せよ〈*衆僧および男女の禁色ならびに*男女の交雑の類を糺せ〉。前《さきだ》つこと三日、左右京職を喚して云わく、例によりて巡検せんとす。*条令《じょうれい》をして寺家に告げて弁備せしむべし、と。

115 *凡そ台官ら、獄中の非違を検校せよ〈*杖・笞の大小、*罪人を安置す、および*薦《こも》・席《むしろ》・*薬を給う、法に合うやいなやの類を謂う〉。

116 *凡そ禁色は惣べて破却に従え。ただし五位已上ならびに*律師已上は名を録《しる》して奏聞し、僧尼は*法によりて苦使せよ。

117 凡そ左右京職を喚して云わく、忠以下を遣わして京中の非違、道・橋および諸寺を検ぜしめんとす。厳しく条令に仰せ、預め便処を定めて男女を会集《えしゅう》すべし、と。また、諸寺の三綱《さんごう》らに告げて弁備せしむること上の如くせよ。すなわち忠以下彼の会所に到りて問いて云わく、京職の官人および坊令ら、*百姓を冤枉《えんおう》し、長幼を凌侮《りょうぶ》することありや、また*孝子《こうし》・順孫《じゅんそん》・義夫《ぎふ》・節婦《せっぷ》ありやいなや、また、*悪女の閭巷《りょこう》を擾《じょう》

中、獄での処遇の非違についての細則。

杖笞の大小　杖・笞の刑具の規格については獄令63条が規定。

罪人を安置す　獄中での処遇一般か。

薦席　獄令53条により、獄囚には薦や席が与えられる。

薬　獄令54条により、獄囚が疾病の場合は、医薬を与えて治療する。

116禁色条

凡そ禁色は…　本条の淵源は左掲の三代実録貞観十二・十二・二十五制である。

着二諸禁色一、皆従二破却一、但五位已上、録レ名奏聞、僧尼着二禁色一、依レ法苦使、律師已上、録レ名奏聞、

律師已上　僧綱を構成する僧侶ら。

法によりて苦使せよ　僧尼令10条の適用により、苦使一〇日となる。苦使は僧尼のみを対象とする刑罰で、主に仏への功徳となるような寺院内での諸奉仕に従事させること。

117喚左右京職条

百姓を冤枉し長幼を凌侮する　冤罪、年長者への凌辱、年少者への侮蔑。

孝子順孫義夫節婦　孝子は父母に孝養を尽くす子、順孫は祖父母によく仕える孫、義夫は義を尊び守る人、節婦は貞節な妻。いずれも儒教の観念。→補4

悪女の閭巷を擾乱する　悪女が村里を騒がせ乱すこと。

以不、又到二寺家一遣三條令告二三綱一、卽擊レ鐘會レ僧、訖條令申云、坐定、卽忠以下入著座、問二衆僧一云、三綱供二養衆僧一有レ所二闕失一耶、又有下罵二辱衆僧一、并將二三寶物一餉中送官人上耶、又有三三寶燃燈所二闕失一耶、次問二三綱一云、有下衆僧乖二違法式一、擾二亂徒衆一、及罵二詈三綱一、凌二突長宿一、好二小道一卜二吉凶一、懷二巫術一救二疾病一者上耶、又有二飮レ酒醉亂、及與レ人鬪亂者一耶、又有下著二禁色一者上耶、謂二綾、羅、錦、綺之類一、

凡大營造時、工匠役夫之處遣二忠以下一、糺二彈非違一、仰二所司一令レ移二役夫散帳幷人數一、遣レ忠糺二訪郡司、部領等一、勘二糺私驅役一之類、

凡有二非違人一、召二其本司及管省一而彈之、

凡記二非違一者、不二必封一レ記、

凡僧尼等不レ可二賣買一、但隨身品物便得二賣買一、又藥丹等聽レ著レ身、

凡宮城四面墻內、不レ得レ積レ物、不レ聽レ停レ馬、

三宝の…闘乱する者ありや　↓補1
餉送　贈り物として送ること。
長宿を凌突し　長宿は長老宿徳の僧。凌突は犯し欺くこと。
小道　まじないの札。
巫術　シャーマニズム。
禁色を著る　↓補2
綺　錦に似た薄い絹織物。

118大営造時条
凡そ大営造の…　本条は左掲の賦役令27条の施行細則である。
凡在京有二大営造一、役二丁匠一之処、皆令二弾正巡行一、若有二非違一、随レ事弾糺、
大営造　京内の大工事。集解諸説によれば、賦役令27条の「大営造」は動員数五〇〇人以上の工事をいう。
工匠　匠丁とも。技能を持った役民。一般の役夫よりも格上。
所司　修理職などの造営機関。
散帳　役夫の名を配置先ごとに分けて書き上げた帳簿か。
郡司　工匠・役夫の引率責任者。
部領　工匠・役夫の引率にあたった者。

119非違人条
本司および管省　非違の人が所属してい

乱《らん》することありやいなや、と。また寺家に到らば条令をして三綱に告げしめ、すなわち鐘を撃ち僧を会《あつ》めよ。訖《おわ》らば条令申して云わく、坐定まれり、と。すなわち忠以下入りて著座し、衆僧に問いて云わく、三綱の衆僧を供養するに、闕失するところありや、また衆僧を罵辱《ばじょく》し、ならびに*三宝の物をもて官人に*餉送《しょうそう》することありや、また三宝の燃燈《みあかし》闕失するところありや、と。次に三綱に問いて云わく、衆僧の法式に乖違《かいい》し、徒衆を擾乱し、および三綱を罵詈《ばり》し、*長宿を凌突《りょうとつ》し、*小道を好みて吉凶を卜《うら》え、*巫術《ふじゅつ》に懐《なつ》きて疾病を救う者ありや、また酒を飲みて酔乱し、および人と闘乱する者ありや、また*禁色を著《き》る者ありや、と〈綾・羅《ら》・錦《にしき》・*綺《かんはた》の類を謂う〉。

118 *凡そ*大営造の時、*工匠・役夫の処に忠以下を遣わし、非違を糺弾せよ〈*所司に仰せて役夫の*散帳ならびに人数を移《い》せしめ、忠を遣わして*郡司・*部領らを糺訪し、私に駆役するを勘糺せしむるの類〉。

119 凡そ非違の人あらば、その*本司および管省を召して弾ぜよ。

120 凡そ非違を記さんには、*必ずしも記を封ぜざれ。

121 *凡そ僧尼ら、売買すべからず。ただし*随身の品物は便《たより》に売買するを得。また薬丹等は身に著くることを聴せ。

122 *凡そ宮城四面の墻《かき》の内は、物を積むことを得ず。馬を停むることを聴さず。

る官庁とその官庁を統轄している官庁。

120 記非違条

必ずしも記を封ぜざれ 必ずしも封緘する必要はない、の意。

121 僧尼不可売買条

凡そ僧尼ら売買すべからず →補3

随身の…売買するを得 →補4

122 宮城墻内条

凡そ宮城四面の… 本条と同趣の規定として左掲の宮衛令11条がある。

宮墻四面道内、不レ得レ積レ物、其近ニ宮闕一、不レ得下焼ニ臭悪物一及通中哭声上。

本条前半の「宮城四面墻内」とは右の令文のように「宮墻四面道内」とも表される場所で、これは集解諸説によれば、宮城の墻と道路の側溝との間である。また、本条後半の「不レ聴レ停レ馬」は、既に八世紀前半には禁令として行なわれていた可能性がある。というのも、集解の古記が令文の「不レ得レ積レ物」について「官人馬亦不レ得ニ停駐一也」と全く同趣旨の注釈を施しているからである。なお、この古記の注釈からも知られるように、本条に見える馬とは官人所有の馬のことである。本条が宮城四面の墻の内に物を積むことや馬を停めることを禁じているのは、令文を参考にすれば、宮城周辺の清潔や静謐を確保するためであった。さらには宮城内への侵入を防ぐ目的もあったか。

凡娶二宮人一爲二妻妾一者、容二隠私舍一不レ肯二出仕一者、依レ法科罪、又娶二親王及諸臣等駈使婦女一、不レ令レ仕二其主一者、令三本主具レ狀送二京職一、量二加決罸一、

凡隊仗内有二非違一、而臺不レ辨二姓名一者、直至二仗頭一就二主司一問之、

凡在京倉藏、並令二臺巡檢一之、

凡決二死囚一、皆令二臺左右衞門府監レ決、若囚有二寃枉灼然一者、停レ決奏聞、

凡遣二臺官人於五畿内一之儀、預定二忠一人一、然後尹若弼一人、忠一人、參二太政官一請二進止一、訖卽參入被二唱定一、訖還出卽作二下レ國符一、請二官印及官符一、訖教二使忠一云、除二殺罪一之外悉決之、

凡被レ遣二隣國一之使、著二正官座一者不レ禁、

凡辨官有レ犯、擧二辨官名一喚之、若有二身犯一指二其人一喚之、

凡中納言以上召レ臺者、疏以上•參、

参　底ホカ全写本、次ニ「凡巡検左右京之日量状決罰」ノ一条アリ。重出ニツキ削ル。

123 娶宮人条

宮人　後宮に出仕する女性。女官。

私舎に容隠し　自邸に留め置くこと。

親王および諸臣らの駈使せし婦女　後宮職員令17条によれば、親王家に仕える女性としては乳母の他に女豎がいる。諸臣(五位以上か)については不詳。

124 隊仗条

凡そ隊仗の内に…　本条は左掲の宮衛令27条とほぼ同文である。

凡隊仗内有二非違一、弾正不レ弁二姓名一、聴下至二仗頭一、就二主司一問上、

隊仗　行幸時の隊列。陣。義解などはこれを隊と仗に分け、前者は衛士の陣、後者は兵衛・内舎人の陣とするが集解跡記は隊仗を広く「衛府人」と解する。

仗頭に至り　隊列の間近まで来て。

主司　隊列の指揮官。

125 在京倉蔵条

凡そ在京の…　本条の淵源は左掲の倉庫令(9)条である。

在京倉蔵、並令二弾正巡察一、在外倉庫、

巡察使出日、即令㆓按行㆒、

126決死囚条

凡そ死囚を決せんには… →補1

冤枉灼然 冤罪が明白なこと。

127遣五畿内条

台の官人を五畿内に遣わす →補2

殺罪 死刑相当の罪。

128遣隣国使条

隣国に遣わさるるの使… 前条の五畿内に遣わされた弾正忠が某国に滞在中、その使命を帯びた随員が隣国に派遣された場合、本来正官(弾正忠)の着くべき座に着座してもよい、の意か。法意不明。

129弁官有犯条

凡そ弁官犯すことあらば… 要略八一所引斉衡二・閏四・十四弾正台問は次の弘仁式逸文を引く。

台式云、弁官有㆑犯、挙㆓弁官名㆒喚之、

弁官犯すこと…喚せ 弁官全体の規律違反で違反者を特定できない場合は、「左中弁」「右少弁」といった弁官の官名を挙げて召喚せよ、の意。

身の犯すこと…喚せ 弁官内の特定の個人が規律違反を犯した場合はその個人を名指して召喚せよ、の意。

130中納言以上条

凡そ中納言以上… 中納言以上が弾正台を太政官に召喚した場合、主典(疏)以上が参上しなければならない、の意。

123 凡そ*宮人を娶《めと》りて妻妾となす者、*私舎に容隠し出仕を肯ぜざれば、法によりて科罪せよ。また*親王および諸臣らの駈使せし婦女を娶りて、その主に仕えしめざれば、本主をして状を具《つぶさ》にして京職に送らしめ、決罰を量り加えよ。

124 *凡そ*隊仗の内に非違ありて、台、姓名を弁ぜざれば、直ちに*仗頭に至り、*主司に就きて問え。

125 *凡そ在京の倉蔵は、みな台をして巡検せしめよ。

126 *凡そ死囚を決せんには、皆、台・左右衛門府をして決を監《み》しめよ。もし囚に*冤枉灼然たるあらば、決を停《とど》めて奏聞せよ。

127 凡そ*台の官人を五畿内に遣わすの儀は、預め忠一人を定め、然る後に尹もしくは弼一人、忠一人、太政官に参りて進止を請い、訖らばすなわち参入《まい》りて唱定を被れ。訖らば還出《まか》りてすなわち国に下す符を作り、官印および官符を請《う》けよ。訖らば使の忠に教えて云わく、*殺罪を除くの外悉く決せよ、と。

128 凡そ*隣国に遣わさるるの使、正官の座に著くものは禁ぜざれ。

129 *凡そ*弁官犯すことあらば、弁官の名を挙げて喚《め》せ。もし*身の犯すことあらば、その人を指して喚せ。

130 *凡そ中納言以上台を召さば、疏以上参れ。

才伎　底「伎才」。意ニヨリテ改ム。
仗　底ホカ全写本、コノ下「也」字アリ。塙校注・版本ニ従イテ削ル。

131 諸司五位以上条

朝座　朝堂における執務の座席。朝堂と曹司については、太政官式5条参照。

132 侍医条

凡そ侍医…朝服を著ざれ　→補1

諸司の政を申すの日　弁官に対して庶務の上申を行なう場合。弁官の朝堂または曹司で行なわれる。太政官式6条参照。

133 近衛兼雅楽条

凡そ左右の近衛…　近衛は本来帯剣するが把笏はしないのに対し、雅楽の才伎長上は礼服・朝服着用時に把笏する。

雅楽の才伎の長上　歌師等の雅楽諸師。

134 蕃客朝拝条

蕃客朝拝の日　受蕃国使表儀。大儀（左右近衛式1条）。

仮の内舎人　内舎人が不足の場合、太政官から下された名簿によって中務省が任命する臨時の内舎人。中務式1条参照。

飾仗　儀仗用の装飾された刀・槍など。

135 建礼門南庭条

建礼門の南庭　ここは射礼・射遺・荷前などが行なわれる儀礼空間であった。中央に草を生やさないのはこれによる。

凡諸司五位以上、共率二僚下一、且就二朝座一、然後行二曹司政一、怠慢政事有レ闕、嚴加二禁制一、

凡侍醫、近衛府生以上、幷檢非違使等者、並除二節會一之外不三必著二朝服一、申二諸司政一之日、不レ在二此限一、

凡聽下左右近衛兼二雅樂才伎長上一者、令中帶劔把笏上、

凡蕃客朝拜之日、假内舍人得レ著二金銀飾仗一、

凡建禮門南庭者、除二中央一之外、悉令レ生レ草、

凡諸衛府五位以上、通二著朝服一、其著二胡簶一幷立レ仗之日、著二位襖一、但參議已上不レ在二此例一、

凡内外諸司、不レ論二把笏、非把笏者一、公事、公會之所悉著レ靴、自餘時著レ履、把笏者、雖レ非二公會一、雨泥之日聽レ著レ靴、又庶人等通著レ履、

凡文武官人以下、把笏番上以上八位以下之輩、毎年待二式兵兩省移一、遣二忠等一就二本司一、糺二彈其服色違濫一、

凡一世源氏有レ犯、遣レ疏就彈之、

131 凡そ諸司の五位以上、ともに僚下を率い、しばらく*朝座に就き、然る後に曹司《ぞうし》の政を行なえ。怠慢して政事に闕くることあるは、厳しく禁制を加えよ。

132 凡そ*侍医《じい》・近衛の府生《ふしょう》以上、ならびに検非違使らは、みな節会を除くの外、必ずしも朝服を著《き》ざれ〈*諸司の政を申すの日は、この限りにあらず〉。

133 凡そ*左右の近衛、*雅楽の才伎《さいぎ》の長上を兼ぬる者は、帯剣・把笏《はしゃく》せしむることを聴せ。

134 凡そ*蕃客朝拝の日、*仮の内舎人、金銀の*飾仗《しょくじょう》を著くることを得。

135 凡そ*建礼門《けんれいもん》の南庭は、中央を除くの外、悉く草を生《お》えしめよ。

136 *凡そ諸衛府の五位以上は、*朝服を通わし著よ。*其れ*胡簶《やなぐい》を著け、ならびに*仗を立つるの日は、*位襖を著よ。ただし*参議已上はこの例にあらず。

137 凡そ内外の諸司は、*把笏・非把笏の者を論ぜず、公事・公会《くえ》の所には悉く*靴《かのくつ》を著けよ。自余の時は*履《くつ》を著けよ〈把笏の者は、公会に非ずと雖も、雨泥の日は靴を著くることを聴せ〉。また庶人らは通わして履を著けよ。

138 凡そ*文武の官人以下《かんにんいげ》、*把笏の番上以上の八位以下の輩《ともがら》は、毎年*式・兵両省の移を待ち、忠らを遣わして本司に就き、その服の色の違濫を糺弾せしめよ。

139 凡そ*一世源氏犯すことあらば、*疏を遣わして就きて弾ぜしめよ。

136衛府五位以上条
凡そ諸衛府の… 兵部式20条参照。
凡そ諸衛府の…通わし著よ →補2
朝服を通わし著よ →補3
其れ胡簶…位襖を著よ 武官として威儀を整えるべき場合には、位襖を着用して武官の朝服に装う。
胡簶 主税式上76条参照。
仗 儀仗。
位襖 当色の闕腋袍。
参議已上は…あらず 参議以上で武官を兼ねている場合は位襖を着用しない。

137諸司著靴条
把笏 式部式上98条参照。
靴 靴帯を施し靴氈を廻らした深沓。
履 浅沓。衣服令に規定する履としては烏皮履、皮履がある。

138文武官人以下条
文武の官人 ここでの官人は四等官・品官などの長上官を指す。
把笏の番上 史生・掌類（官掌・省掌・寮掌など）を指す。
式兵両省の移 両省から八位以下の長上官と同じく把笏の番上官の名簿が移送される。兵部式21条参照。

139一世源氏条
一世源氏 嵯峨以降の天皇の子または孫で源姓を与えられて臣籍降下した当人。
疏を…弾ぜしめよ →補4

凡犯重應レ捕而拒捍者、發二當處兵一捕之、若犯狀灼然不下肯伏辨二事一爭訴上者、累二加本罪一、

凡犯人逃走、令二檢非違使追捕一、

凡運二民部廩院米一車馬自二美福門脇門一、運二大膳職雜物、大炊寮米并雜穀一自二郁芳門一、運下在二中院西一木工寮木屋材瓦、造酒司米上自二談天門一、運二春宮坊雜物一自二待賢門一、並聽二出入一、

凡王臣馬數、依レ格有レ限、過レ此以外、不レ聽レ蓄レ馬、

凡隨身之兵、各有二儲法一、過レ此以外、不レ聽二貯蓄一、

凡六位七位朝服、同著二深緑一、八位初位共服二深縹一、

凡三位以上、聽レ建二門屋於大路一、四位參議准レ此、•其聽レ建之人、雖二身薨卒一、子孫居住之間亦聽、自餘除レ非二門屋一、不レ在二制限一、其坊城垣不レ聽レ開、

凡職事親王及三位以上諸王、諸臣者、各以二所職官名一爲レ號、

凡廳座者、親王及中納言已上倚子、五位以上漆塗床子、自餘素木床子、

其　底「具」。梵・塙ホカニヨリテ改ム。

140犯重応捕条

凡そ犯重くして…　→補1

拒捍　拒むこと。

伏弁　承服すること。

141犯人逃走条

凡そ犯人…　→補2

検非違使…追捕せしめよ　→補3

142米穀出入門条

凡そ民部廩院の…　→補4

民部廩院　民部式下32条参照。宮城東南隅に位置。

美福門・郁芳門・談天門・待賢門　宮城十二門の諸門。美福門は宮城南面の最東、郁芳・待賢両門は東面の最南とその北、談天門は西面の最南に位置する。

大膳職の雑物　大膳職は宮城東南部に位置。これが扱う雑物は大膳式参照。

大炊寮の米ならびに雑穀　大炊寮は宮城東南部に位置。郁芳門は最寄の門。これが扱う米・雑穀は大炊式参照。

中院　中和院のこと。宮城中央に位置。

木工寮の木屋　木屋は材木等の置き場・

140 *凡そ犯重くして捕うべくも*拒捍《きよかん》せば、当処の兵を発して捕えよ。もし犯状灼然たるにあえて*伏弁《ふくべん》せずして争訴を事とせば、本罪に累《かさ》ね加えよ。

141 *凡そ犯人逃走せば、*検非違使をして追捕《ついぶ》せしめよ。

142 *凡そ*民部廩院《りんいん》の米《よね》を運ぶ車馬は*美福門《びふくもん》の脇門より、*大膳職の雑物、*大炊寮の米ならびに雑穀を運ぶは*郁芳門《いくほうもん》より、*中院の西にある*木工寮の木屋の材・瓦、*造酒司の米を運ぶは*談天門《だんてんもん》より、*春宮坊《とうぐうぼう》の雑物を運ぶは*待賢門《たいけんもん》より、みな出入するを聴せ。

143 *凡そ王・臣の馬の数は、格《きやく》によりて限りあり。これを過ぐる以《よ》り外は、馬を蓄うることを聴さず。

144 *凡そ*随身《ずいじん》の兵は、各*儲《もうけ》の法あり。これを過ぐる以り外は、貯蓄することを聴さず。

145 *凡そ六位・七位の朝服は、同じく深緑《こき》を著《き》よ。八位・初位はともに深縹《はなだ》を服《き》よ。

146 *凡そ三位以上は門屋を大路《おおじ》に建つることを聴せ。四位の参議はこれに准えよ。其れ建つることを聴さるるの人、身薨卒《こうしゅつ》すと雖も、子孫居住の間もまた聴せ。自余は門屋に非ざるよりは、制する限りにあらず。其れ*坊城の垣は開くことを聴さず。

147 *凡そ職事の親王および三位以上の諸王・諸臣は、各所職の官名を以て号となせ。

148 *凡そ*庁の座は、親王および中納言已上は倚子《いし》、五位以上は漆塗りの床子《しょうじ》、自余は素《しら》木《き》の床子。

加工所。場所は未詳。中和院の西に木工内候があるので、その一角にあったか。

造酒司の米　造酒司は宮城西部に位置。これが造酒・造酢等のために要する年間の米については造酒式2〜4条参照。

春宮坊の雑物　春宮(東宮)の居処は内裏の東、宮城東部にある雅院。春宮坊も同所。待賢門は最寄の門。この官司と被管二司に納められる雑物については春宮式・主膳式・主殿署式参照。

143王臣馬数条

凡そ王臣の馬の数は…　→補5

144随身兵条

凡そ随身の兵は…　→補6

随身の兵　個人が私蔵する武器。

儲の法　軍防令44条。

145六位以下朝服条

凡そ六位七位の朝服は…　→補7

146門屋条

凡そ三位以上は…　→補8

坊城の垣　方格の坊の周りを囲む垣。実際に築かれたのは、条ごとに朱雀大路から東西一坊分だけであったとされる。

147所職官名条

凡そ職事の親王…　→補9

148庁座条

凡そ庁の座は…　掃部式56条参照。→補10

庁の座　朝堂の座席。朝座。

凡諸衞府生以上、左右馬寮准レ此、除二衞仗日一之外、皆著レ靴、但著二布帶一時、須レ用二麻鞋一、
凡除レ著レ靴之外、通著二麻鞋一、
凡臨時檢二校鴻臚館一、
凡聽三內外諸司人等著二薄朝服一、
凡部內百姓出二棄病人一者、五位以上取レ名奏聞、六位以下不レ論二蔭贖一決杖一百、其職司知而不レ糺、及條令、坊長、隣保相隱不レ告、並與同罪、
凡散齋之內、不レ得二弔レ喪問レ疾食一レ宍、不レ判二刑殺一、不レ決二罰罪人一、不レ作二音樂一、不レ預二穢惡之事一、若有二違犯一、嚴加二禁制一、
凡十一月中卯日、應レ宿官人歷名、上二左辨官一、
凡臺有レ所レ犯者、式部省加二教正一、
凡宮城衞廬、東面五宇、南北面各二宇、東北東南隅各曲舍一宇、西面五宇、南北面各二宇、西北西南隅各曲舍一宇、並檜皮葺、但直南一面廬四宇、東西兩隅曲舍二宇、特瓦葺、

須用　底・井・藤「用」一字。塙・閣別「須」一字。梵・梵別・壬・貞「須」一字ニ作リ「用」字ヲ補入。版本ニ従イテ改ム。
曲　底ホカ全写本ナシ。版本ニ従イテ補ウ。

149諸衛府生以上条
凡そ諸衛の府生以上…　↓補1
衛仗の日　儀仗を帯びて威儀を整える場合。
150除著靴条
凡そ靴を著くるを…　↓補2
麻鞋　麻糸で編んだ浅沓。おぐつ。
151鴻臚館条
凡そ臨時に…　↓補3
鴻臚館　これは平安京の鴻臚館。左右両京の七条一坊三・四町の地に置かれた。
152薄朝服条
凡そ内外の…　↓補4
153出棄病人条
凡そ部内の百姓…　↓補5
部内の百姓　部内とは管内のことであるが、ここでは弾正台の管轄下である京内を指す。百姓は主として貴族・官僚層。
蔭贖を論ぜず　↓補6

149 *凡そ諸衛の府生以上〈左右馬寮もこれに准えよ〉、*衛仗《えいじょう》の日を除くの外、皆靴《かのくつ》を著けよ。ただし布帯《ぬのおび》を著くる時は、*麻鞋《まがい》を用うべし。

150 *凡そ靴を著くるを除くの外、通わして麻鞋を著けよ。

151 *凡そ臨時に*鴻臚館《こうろかん》を検校せよ。

152 *凡そ内外の諸司の人ら薄き朝服を著ることを聴せ。

153 *凡そ*部内の百姓、病人を出だし棄つれば、五位以上は名を取りて奏聞せよ。六位以下は*蔭贖《おんしょく》を論ぜず決杖一百。その*職司知りて紏《ただ》さず、および条令・坊長・*隣保、相隠して告げざれば、みな*与同罪。

154 *凡そ*散斎《あらいみ》の内、喪を弔い、疾を問い、宍《しし》を食らうことを得ず。刑殺を判ぜず、罪人を決罰せず、音楽を作《な》さず、穢悪《えお》の事に預からざれ。もし違犯《いぼん》あらば、厳しく禁制を加えよ。

155 凡そ十一月の*中つ卯《う》の日、*宿《とのい》すべき官人の歴名《れきみょう》、*左弁官に上《たてまつ》れ。

156 凡そ*台、犯すところあらば、式部省、教正を加えよ。

157 凡そ*宮城の衛廬《えいろ》は、*東面五宇、南・北面各二宇、東北・東南の隅は各曲舎《まがりや》一宇、*西面五宇、南・北面各二宇、西北・西南の隅は各曲舎一宇、みな檜皮《ひわだ》を葺け。ただし*直南の一面の廬四宇、東・西両隅の曲舎二宇は、特に瓦を葺け。

職司　左右京職。

隣保　隣接の五家。戸令9条によれば、この五家(五保)ごとに互いに監視して防犯に努める。

与同罪　同罪。

154散斎条

凡そ散斎…預からざれ　→補7

散斎　四時祭式上1条参照。

155大宿条

中つ卯の日　二番目の卯の日。毎年十一月のこの日は新嘗祭または大嘗祭が挙行される。

宿すべき官人の歴名　大嘗祭式31条では「侍レ宿文武官分番以上簿」。安倍氏が天皇に奏上する。

左弁官に上れ　儀式三(践祚大嘗祭儀中)によれば、弁官が諸司に仰せて進上させ、安倍氏に賜う。

156台所犯条

台犯すところあらば　朝堂において弾正台官人が礼儀を失した場合。式部式上33条参照。→補8

157宮城衛廬条

宮城の衛廬　宮城門付近や宮城四隅に設けられた警備担当者の詰所。仗舎・守屋とも。

東面五宇南北面各二宇　→補9

西面五宇南北面各二宇　→補10

直南の一面…曲舎二宇　→補11

凡臺巡二行京裏一、嚴加二決罸一、令二掃淸一、在二宮外一諸司幷諸家掃二除當路一、又置レ樋通レ水、勿レ露二汚穢一、又條令、坊長等、依レ例每レ旬巡檢催掃、若不レ從二此制一、諸家司幷內外主典以上、移二式部、兵部一、貶レ考奪レ祿、四位五位錄レ名奏聞、無品親王家及所所院家、以二其別當官一准二諸家司一、亦移レ省貶奪、其雜色番上以下、不レ論二蔭贖一決笞、

凡男入二尼寺一、女入二僧寺一之事、除レ非二夜時一任令二出入一、

凡彈正者、月別三度巡二察諸司一、糺二正非違一、若有二廢闕者一、乃具二事狀一移二式部一、考日勘問、

凡闕官、不仕要劇者、充二臺中雜用一、

延喜式卷第卌一

158巡行京裏条

凡そ台は…　→補1

台は京裏を巡行し　弾正台の京中巡検は毎月一度。

条令坊長ら…催掃せよ　条令(坊令)・坊長は月に三度、一〇日ごとに京中を巡検して清掃を促す。ほかに弾正台の巡検に際しても京職官人らに率いられて奉仕する。左右京式13条参照。

考を貶し禄を奪え　当年の勤務評価を引き下げ、季禄を没収せよ、の意。

決笞　笞五〇を執行する。

159男入尼寺条

凡そ男の尼寺に入り…　本条の淵源は三代格弘仁九・五・二十八符である。これはかつて同符所引の弘仁三・四・十六符が治病・看病の要請や檀越の所用といった場合を除いて僧寺・尼寺における男女交雑を一切禁止し、尼寺が一人でも男を、あるいは僧寺が一人でも女を入れた場合は三綱および入れた者をすべて違勅罪に科すとしたのに対し、その禁制の一部を緩和し、白昼礼仏のためであれば日中は「任に出入せしめよ」とするものである。ただし、この弘仁九年符でも「夜時に至りては固く禁止を加う」と夜間の出入りを厳禁している。

158 凡そ*台*は京裏を巡行し、厳しく決罰を加え、掃清せしめよ。宮外にある諸司ならびに諸家は当路を掃除せよ。また樋を置きて水を通し、汚穢《おえ》を露わすなかれ。また条*令・坊長ら、例によりて旬毎に巡検し催掃せよ。もしこの制に従わざれば、諸の家《けい》司《し》ならびに内外の主典以上は、式部・兵部に移《い》して、考*を貶《おと》し禄を奪え。四位・五位は名を録して奏聞せよ。無品《むぽん》親王家および所々の院家は、その別当の官を以て諸の家司に准えて、また省に移して貶奪せよ。其れ雑色の番上以下は、蔭贖《おんしょく》を論ぜず決*笞せよ。

159 凡そ*男の尼寺に入り、女の僧寺に入るの事、夜時*に非ざるよりは任《まま》に出入せしめよ。

160 凡そ*弾正は、月別《ごと》に三度諸司を巡察し、非違を糺正《ただ》せ。もし廃*闕の者《ひと》あらば、すなわち事状を具《つぶさ》にして式部に移《い》し、考日*に勘問せよ。

161 凡そ闕官《*けつかん》・不仕の要劇《ようげき》は、台中の雑用に充てよ。

延喜式巻第四十一

夜時に非ざるよりは　夜以外は、の意。僧寺・尼寺に異性が夜間出入りすることは異性宿泊の禁として既に左掲の僧尼令11条で禁じられている。

凡寺僧房停㆓婦女㆒、尼房停㆓男夫㆒、経㆓一宿以上㆒、其所由人、十日苦使、五日以上、卅日苦使、十日以上、百日苦使、三綱知而聴者、同㆓所由人罪㆒、

160弾正巡察条

凡そ弾正は…　本条の淵源は左掲の続紀和銅五・五・乙酉詔(「其弾正者」以下の部分)に求められる。

詔㆓諸司主典以上幷諸国朝集使等㆒曰、制㆑法以来、年月淹久、未㆑熟㆓律令㆒、多有㆓過失㆒、自今以後、若有㆓違㆑令者㆒、即准㆓其犯㆒、依㆑律科断、其弾正者、月別三度、巡㆓察諸司㆒、糺㆓正非違㆒、若有㆓廃闕㆒者、仍具㆓事状㆒、移㆓送式部㆒、考日勘問、

廃闕　官人としてなすべき職務がなされないこと。考課令50条によれば、「背㆑公向㆑私、職務廃闕」は下中の考(勤務評価)となる。

考日　式部省での考問の日。式部式下33条参照。

161闕官条

闕官不仕の要劇　欠員分と欠勤分の要劇。いわゆる闕官料と不仕料。要劇は太政官式119条参照。

延喜式卷第卌二　左右京 東西市

左京職　右京職准レ此、

凡毎年九月、幣帛使向二伊勢一者、史生一人將二坊令二人、兵士四人一前驅、臨時幣帛使亦同、

凡齋王臨レ河祓除、及向二伊勢一者、進、屬各一人、史生一人、將二坊令二人、兵士十人一前驅、出雲國造奏二神壽詞一、遣二大唐渤海等國一使祭二天神地祇一、若上道等日、及蕃客入朝之時亦同、

凡賀茂齋内親王祓除、及向二齋院一者、進、屬、史生各一人、率二坊令二人、兵士十人一前驅、預營二作道、橋、泥塗等一、

凡踐祚大嘗大祓所レ須、馬一疋、劔九口、鍬九口、鹿皮九張、紙四百五十張、木綿六十三枚、苧小九斤、稻九束、米、鹽各九斗、鮭九隻、堅魚、鰒、海藻各九連、柏九把、食薦九枚、條別均分買備之、其價充二徭錢一、但馬申レ官請受、官人率二坊令、坊長、百姓於羅城外一、東西相對分列、左京西面北上、右京東面北上、朝使者坐二中央一南向、訖即解除、其齋内親王入二大神宮一時大

右京…（五字）　底、大書。九ニヨリテ改ム。

此　九「之」。

渤　底「渤」。塙ニヨリテ改ム。

三　底「五」。考異ニ従イテ改ム。

百　底ナシ。考異ニ従イテ補ウ。

左京職　→補1

1大神宮幣帛使条

幣帛使　伊勢神宮の神嘗祭に発遣した幣帛使。諸王の五位以上が任命された。四時祭式下1条、大神宮式12・13条参照。

史生　→補2

坊令　→補3

兵士　職員令66条には京職の人員として兵士は規定されていない。しかし平安京においては京職が兵士を擁していたことは明らかで、本式33条にも「兵士卌人」という数字が見出せる。

前駆　→補4

2斎王祓条

斎王　斎宮式1条参照。

河に臨みて祓除　斎宮式6条参照。河は鴨川を指す。斎王が初斎院に入る前に行なう禊ぎ。京職以外に、山城国司が郡司を率いて京極路に候した。

出雲の国造の神寿詞を奏す　太政官式132条によると、出雲国造は任命後、還国一

延喜式巻第四十二〈左右京・東西市〉

*左京職〈右京職もこれに准《なぞら》えよ〉

1 凡そ毎年九月、*幣帛使《へいはくし》の伊勢に向かわんときは、*史生《ししょう》一人、*坊令《ぼうれい》二人・*兵士四人を将《ひき》いて*前駆《ぜんく》せよ〈臨時の幣帛使もまた同じくせよ〉。

2 凡そ*斎王《いつきのみこ》の*河に臨みて祓除《はらえ》せん、および伊勢に向かわんときは、進《じょう》・属《さかん》各《おのおの》一人、史生一人、坊令二人・兵士十人を将いて前駆せよ〈*出雲の国 造《くにのみやつこ》の神寿詞《かんよごと》を奏《もう》すとき、大唐・渤海等の国に遣わす使の天神地祇《あまつかみくにつかみ》を祭るとき、もしくは*上道等の日、および*蕃客入 朝《ばんきゃくにゅうちょう》の時もまた同じくせよ〉。

3 凡そ*賀茂《かも》の斎内親王《いつきのひめみこ》の祓除せん、および斎院《さいいん》に向かわんときは、進・属・史生各一人、坊令二人・兵士十人を率いて前駆せよ。預《あらかじ》め*道・橋・泥塗《どろぬり》等を営作せよ。

4 凡そ践祚大嘗の大祓《おおはらえ》に須《もち》いんところは、馬一疋、剣《たち》九口、鍬九口、鹿の皮九張、紙四百五十張、木綿《ゆう》六十三枚《ひら》、苧《からむし》小九斤、稲九束、米《よね》・塩各九斗、鮭九隻、堅魚《かつお》・鰒《あわび》・海藻《め》各九連、柏《かしわ》九把、食薦《すごも》九枚〈*条別《ごと》に均分して買い備えよ。*その価は徭銭《ようせん》を充てよ。ただし馬は官に申して請《こ》い受けよ〉。*官人《かんにん》、坊令・*坊長《ぼうちょう》・百姓を*羅城《らじょう》の外に率いて、東西に相対《あいたい》して分列せよ〈左京は西面して北を上とし、右京は東面して北を上とせよ〉。*朝使は中央に坐して南に向かい、訖《おわ》らばすなわち解除《はらえ》せよ。其れ斎内親王、大神宮に入る時の大

年の潔斎の後に入朝して神寿詞を奏上し、さらに後斎一年を経て入朝後、再度奏した。

上道 出発すること。遣唐使・遣渤海使が遣使国に向けて京を出発すること。

蕃客入朝 玄蕃式92条によると、京までの行路は領客使が率いて来て、京内に入ると京職が担当した。

3 賀茂斎王祓条

賀茂の斎内親王の祓除 斎院式4条によると、左右近衛・左右兵衛・左右門部各二人、左右火長各一〇人が供奉した。

道橋泥塗 斎内親王を乗せた輿の運行を助けるために道や橋の補修をし、街路を整然とさせるため、街路の両面の壁の泥塗りを行なうこと。

4 大嘗大祓条

条別に均分して買い備えよ 大嘗祭の大祓に用いる品物の購入を、一条から九条までの各条が均等に分担すること。

その価は徭銭を充てよ 品物の購入は、京戸の徭銭で支払われた。

官人 京職の官人が坊令以下を引率した。

坊長 →補5

羅城 羅城門のこと。京職の管掌領域は京内であるから、羅城門の外は山城国司の管轄となる。

朝使 大嘗祭式2条に見える大祓使。

祓料物并儀式、亦准㆑此、

凡六月、十二月大祓、預令㆘掃㆓除其處㆒、亦兵士禁㆗人往還㆖、元日質明、掃㆓除蒭靈㆒、

凡毎年九月、神祇官畿內堺祭、差㆓擔夫五人已上㆒送之、

凡毎年二月、八月前㆓上丁㆒三日、各雇㆑夫掃㆓除大學㆒、（二月五十人、八月一百人、）前㆑享一日夕、差㆓兵士四人㆒令㆑衛㆓廟門㆒、

凡東寺文殊會日、進、屬各一人、史生一人、坊令二人、兵士六人、向㆓會所㆒供㆑事、（右京供㆓西寺會㆒、）

凡正月十七日、於㆓豐樂院㆒有㆓射禮節㆒、自㆓豐樂門㆒迄㆓儀鸞門㆒、左右京職中㆓分其庭東西㆒掃除、其夫功食料、充㆓調徭錢㆒、

凡年終儺者、差㆓擊㆑鼓夫六人、馬六疋㆒、送㆓兵庫寮㆒分㆓配宮城六門㆒、其夫馬功賃、以㆓徭錢㆒充之、

凡追儺夜、分㆓配諸門㆒史生已上夾名、廿八日以前進㆓太政官㆒、

凡車駕行幸、京職前驅、若夜卽屬以上及史生、將㆓坊令、書生等㆒、執㆑燎供奉、（其松明職備之、）

5二季大祓条

掃除　大祓が行なわれる朱雀門前の宮城南路を、大祓の儀式に先立って掃除し、人の往還を差し止めた。

質明　夜の明け方。夜明け頃。

蒭霊　草を束ねて作った人形のこと。大祓の儀式に使用。→補1

6畿内堺祭条

畿内の堺の祭　臨時祭式25条によると、畿内にはそれぞれの国堺に一〇箇所の祭場が設置されており、疫神の侵入を防ぐ祭礼が行なわれた。

担夫五人已上　→補2

7掃除大学条

上つ丁　二月、八月の上旬の丁の日。大学式7条参照。

大学を掃除せよ　→補3

享に前つこと一日の夕に　大学式12条によると、「未一刻、左右京兵士衛㆓廟二門㆒」とあり、未の一刻(午後一時頃)に左右京職の兵士が廟門を警護した。

兵士四人　大学式9条に「左右京兵士各四人〈掌㆘衛㆓廟門㆒、禁㆓譁乱㆒事㆖〉」とある。

廟門　大学式12条「廟の二門」の項によると、廟堂院の南門と東門。大学寮には、本寮の門と廟堂院の門があった。

8文殊会条

文殊会　→補4

祓の料物ならびに儀式もまたこれに准えよ。

5 凡そ六月・十二月の大祓は、預めその処を掃除せしめ、また兵士をして人の往還するを禁ぜしめよ。元日の*質明《ほのあかり》に*蒭霊《くさひとがた》を掃除せよ。

6 凡そ毎年九月、神祇官の*畿内の堺の祭に、*担夫五人已上を差《さ》し送れ。

7 凡そ毎年二月・八月の*上つ丁《ひのと》に前《さきだ》つこと三日に、各、夫を雇いて*大学を掃除せよ〈二月は五十人、八月は一百人〉。*享《きょう》に前つこと一日の夕《ゆうべ》に、*兵士四人を差《つか》わして*廟門《びょうもん》を衛《まも》らしめよ。

8 凡そ東寺《とうじ》の*文殊会《もんじゅえ》の日、進・属各一人、史生一人、坊令二人、兵士六人、*会の所に向かいて事に供《つか》えよ〈右京は西寺《さいじ》の会に供えよ〉。

9 凡そ正月十七日、*豊楽院《ぶらくいん》に於いて*射礼《じゃらい》の節《せち》あらば、豊楽門《ぶらくもん》より儀鸞門《ぎらんもん》まで、左右京職、その庭の東西を中分《ちゅうぶん》して掃除せよ。その夫の*功《く》・食《じき》の料は*調・徭銭を充てよ。

10 凡そ*年終の儺《な》には、*鼓を撃つ夫六人、馬六疋を差して、兵庫寮に送り、宮城六門に分配せよ。その夫・馬の功賃は徭銭を以て充てよ。

11 凡そ追儺《ついな》の夜、*諸門に分配せん史生已上の*夾名《きょうみょう》は、二十八日以前に太政官に進《たてまつ》れ。

12 凡そ車駕《きょうが》の行幸には、*京職前駆せよ。もし夜ならばすなわち属以上および史生、坊令・書生《しょしょう》らを将い、*燎《かがりび》を執りて供奉《ぐぶ》せよ〈その松明《たいまつ》は、職備えよ〉。

会の所に向かいて事に供えよ →補5

9射礼条

豊楽院 朝堂院西に設けられた饗宴のための施設。ただし、貞観七年(八六五)以降は、主として建礼門前の大庭で射礼が行なわれ(三代実録同・正・十七条)、豊楽院はほとんど使用されなくなる。

射礼 正月十七・十八日に行なわれた節会。太政官式99条、兵部式4条参照。

功食 功は労働への対価で、食はその間支給される食料。

調徭銭 →補6

10追儺条

年終の儺 →補7

鼓を撃つ夫… →補8

11追儺夜条

諸門 本式10条では「宮城六門」とあるが、内裏式中(十二月大儺式)では方相氏は、「各出二四門一〈方相出二北門一〉、至二宮城門外一」とあり、儀式一〇(十二月大儺儀)では「出レ自二十二門一付二京職一」とある。

夾名 交名とも。儀式などに参加する人の名簿。

12車駕行幸条

京職前駆せよ →補9

燎 鉄製の籠の中に松材を入れて燃やす照明用の火。それに使用する松明は「打松」「折松」とも称した。

凡京路皆令㆓當家毎月掃除㆒、其彈正巡檢之日、官人一人、史生一人、將㆓坊令、坊長、兵士等㆒祇承、（四月八日、七月十五日、巡㆓察東西寺㆒准㆑此、）

凡宮城邊朱雀路溝、皆令㆓雇夫掃除㆒、又左京者大學、神泉苑、鴻臚東館、右京者穀倉院、鴻臚西館、客徒入朝之時、均㆓分客館之內㆒、左右京共掃除、並夫一人日充㆓米二升㆒、其功錢依㆓當時法㆒行之、

凡宮城邊量㆑便立㆑鋪、兵士廿人、爲㆑番守衛、其功食以㆓徭錢㆒充、

凡諸門廐亭、（左京三宇、陽明門、待賢門、美福門、並七間、右京二宇、朱雀門、殷富門、並七間、）令㆓門衛火長等各守㆒之、若致㆓非理損㆒、卽移㆓民部省幷本府㆒奪㆓其月粮㆒、

凡騎馬之輩、不㆑得㆘輙就㆓垣下㆒往還㆖、

凡朱雀大路放飼馬牛、繫充㆓職中雜事㆒、隨㆓其主來㆒、卽加㆓決罰㆒放免、

凡大路建㆓門屋㆒者、三位已上、及參議聽之、雖㆓身薨卒㆒、子孫居

之　底ホカ諸本校注ニヨリ補入。井・藤本文ニアリ。

卒　底「庠」。閣校注・貞校注ニヨリテ改ム。

13京路掃除条

当家をして毎月掃除せしめよ　→補1

弾正巡検の日　→補2

祇承　慎んで仕えること。

四月八日七月十五日　→補3

14朱雀路溝条

朱雀の路溝　朱雀大路の路面と溝の範囲。本条関連条文に弾正式111条がある。

神泉苑　「二条南、大宮西八町」（拾芥抄中）にあった苑池。平安時代初期には禁苑とされた。後紀弘仁三・二・辛丑条に「幸㆓神泉苑㆒、覧㆓花樹㆒、命㆓文人㆒賦㆑詩」と見える。→補4

鴻臚の東館　→補5

穀倉院　京中の非常用備蓄を蓄えた倉。令外官。後に機能拡大し、畿内調銭・各種地子等の収納、宮中饗饌の弁備等も担当した。本式26条参照。

当時の法　掃除夫の功銭の規定。「法」とは法律ではなく、一日の労働対価の相場のこと。

15宮城辺立鋪条

13凡そ京路は皆、*当家《とうけ》をして毎月掃除せしめよ。其れ*弾正巡検《だんじようじゆんけん》の日、官人《かんにん》一人、史生一人、坊令・坊長・兵士らを将いて*祇承《しぞう》せよ〈*四月八日・七月十五日、東・西寺を巡察するも、これに准《なぞら》えよ〉。

14凡そ宮城の辺《へん》、*朱雀《すざく》の路溝は、皆雇夫をして掃除せしめよ。また左京は大学・*神泉苑《しんせんえん》・*鴻臚《こうろ》の東館、右京は*穀倉院《こくそういん》・鴻臚の西館。客徒入朝の時、客館の内を均分して、左右京ともに掃除せよ。みな夫一人に日に米《よね》二升を充てよ。其れ功銭は*当時の法によりて行なえ。

15凡そ宮城の辺には便《たより》を量りて*鋪《こや》を立てよ。兵士二十人、番をなして守衛せよ。その功《く》・食《じき》は徭銭《ようせん》を以て充てよ。

16凡そ諸門の*厩亭《うまや》は〈左京に三宇、陽明門《ようめいもん》・待賢門《たいけんもん》・美福門《びふくもん》、みな七間。右京に二宇、朱雀門《すざくもん》・殷富《いんぷ》門《もん》、みな七間〉、*門衛《みかどもり》の*火長《かちよう》らをして各守らしめよ。もし非理の損を致さば、すなわち民部省ならびに本府に移《い》して、*その月粮《げつろう》を奪え。

17凡そ騎馬の輩《ともがら》、輙《たやす》く*垣下《えんか》に就きて往還することを得ず。

18凡そ朱雀大路に*放ち飼いし馬牛は、繋《つな》ぎて職中の雑事《ぞうじ》に充てよ。その主の来《きた》るに随いて、すなわち*決罰を加えて放ち免せ。

19凡そ大路に*門屋を建つるは、三位已上および参議は聴せ。身薨卒《こうしゆつ》すと雖も、子孫居

鋪 ↓補6

16諸門厩亭条

厩亭 厩と亭。厩は牛馬舎であり、亭は人が停集する所である。諸門には門衛・火長がおり、その用となる牛馬小屋も設置されていたのであろう。

門衛 ↓補7

火長 軍防令5条に「兵士、十人為二一火一」とあり、兵士一〇人の長の意であったが、後に検非違使の下級職員化した。

その月粮を奪え ↓補8

17騎馬之輩条

垣下 築地塀下脇の細路。本式58条には「垣基三尺、犬行一丈五尺」と築地塀と溝との間に一丈五尺の通行可能な空間があった。↓補9

18朱雀放飼条

放ち飼いし馬牛 朱雀大路などの京内の街路に馬牛が放し飼いにされていたと考えられる。

決罰を加えて放ち免せ 馬牛を放し飼いにした飼い主に対して、京職がその場で決罰することができた。↓補10

19大路建門屋条

門屋 続紀天平三・九・戊申条に「宅門」、三代実録貞観十二・十二・二十五条に「家門」と見える。家屋に附属した築地塀に付けられた四脚門や棟門などのことか。

坊城　底「城坊」。弾正式146条ニヨリテ改ム。

院　底ナシ。塙ニヨリテ補ウ。

自余は門屋に非ざるよりは　→補1

坊城の垣　朱雀大路に面した垣。

20衛士仕丁坊条

衛士仕丁らの坊　仕丁坊については弾正式95条参照。→補2

商賈　商売すること。

酒食はこの例にあらず　東西市以外の京内の他の坊でも売買は禁止されていたが、衛士・仕丁の坊では酒食の販売は許可された。

21京職栽柳条

廻の地十町の内　神泉苑は八町の面積を有し、その周囲には一二町の町があるが、その内の一〇町が京職の分担地区であった。本条は弾正式110条と同文。

22道路辺樹条

道路の辺の樹　→補3

当司　その道路に面している役所が樹木を植えることを規定している。

当家　その道路に面した家屋の居住者が樹木を植える。

23京中水田条

水田を営むことを聴さず　京中における水田経営の禁止。→補4

仕之間亦聴、自餘除レ非二門屋一不レ在二制限一、其坊城垣不レ聴レ開、

凡京中衞士、仕丁等坊、不レ得二商賈一、但酒食不レ在二此例一、

凡神泉苑廻地十町内、令二京職栽一レ柳、（町別七株、）

凡道路邊樹、當司、當家栽之、

凡京中不レ聴レ營二水田一、但大小路邊及卑濕之地、聽レ殖二水葱、芹、蓮之類一、不レ得二因レ此廣レ溝迫一レ路、

凡京中閑地者、不レ論二貧富一、量レ力播種時營作、並加二勸課一令レ盡二地利一、

凡京中路邊病者、孤子、仰二九箇條令一、其所レ見所レ遇隨レ便、必令レ取二送施藥院及東西悲田院一、

凡穀倉院勅旨所正倉守、左右京兵士、職別一人、其粮料令二彼所請行一レ之、

凡辨官及省臺下二諸國一符、及癃疾仕丁歸二向本鄉一

住の間もまた聴せ。*自余は門屋に非ざるよりは、制する限りにあらず。其れ*坊城《ぼうじょう》の垣は開くを聴さず。

20 凡そ京中の*衛士《えじ》・仕丁《しちょう》らの坊は、*商賈《しょうこ》することを得ず。ただし*酒食はこの例にあらず。

21 凡そ神泉苑の*廻《めぐり》の地十町の内は、京職をして柳を栽《う》えしめよ〈町別に七株〉。

22 凡そ*道路の辺の樹は、*当司・*当家、栽えよ。

23 凡そ京中は*水田を営むことを聴さず。ただし大・小路の辺および卑《ひ》湿《しつ》の地は、*水《な》葱《ぎ》・芹《せり》・蓮《はちす》の類を殖《う》うることを聴せ。これによりて溝を広げ、路を迫《せば》むることを得ず。

24 凡そ京中の*閑地《かんち》は、貧富を論ぜず、力を量りて播種の時に営作せしめよ。みな勧課《かんか》を加え*地利《ちり》を尽さしめよ。

25 凡そ京中の路辺の病者・孤子《こし》は、*九箇の条令に仰せて、その見るところ、遇《あ》うところ、便に随いて、必ず*施薬院《やくいん》および*東西の悲田院《ひでんいん》に取り送らしめよ。

26 凡そ*穀倉院・勅旨所《ちょくししょ》の正倉守《しょうそうもり》は、左右京の兵士、職別《ごと》に一人。その粮料は彼の所に請《う》け行なわしめよ。

27 凡そ弁官および*省・台の諸国に下さん符、および*瘻疾《りゅうしつ》の仕丁の本郷に帰り向かわん

水葱　コナギの古名。ミズアオイ科の一年草。葉を食用に、花を摺り染に用いた。

24京中閑地条

閑地　空閑地のこと。田令29条に、「其官人於㆓所部界内㆒、有㆓空閑地㆒、願㆑佃者、任聴㆓営種㆒」とある。

地利を尽さしめよ　→補5

25路辺病者条

九箇の条令　一条ごとに置かれた条令は、北辺坊を除くと北から南までに九人の条令が存在した。

施薬院　飢病者への施薬・救済、藤原氏の貧窮子女の救済・葬送等を担当した施設。→補6

東西の悲田院　→補7

26勅旨所正倉守条

穀倉院勅旨所の正倉守　勅旨所は平安時代初期に設置された天皇の官房的役所で令外官。正倉守はその正倉の守衛。→補8

27下諸国符条

省台　省は八省のこと。台は弾正台。

瘻疾の仕丁　瘻疾は史記平原君伝の注(史記索隠)に「罷癃、背疾」とあり、背がもりあがる病のこと。戸令5条によると癈疾は不課戸とされた。同7条では、「癡、瘂、侏儒、腰背折、一支癈、如㆑此之類、皆為㆓癈疾㆒」とある。

等、各受取遞送、

凡蕃客入朝者、進、屬、史生各一人、率二書生二人、兵士六人一、禁二衞館東門一、●南門掖造二假屋一、官人已下直、但幄幕申レ官請用、事畢返上、右京禁二衞南門一准レ此、

凡親王及大臣薨者、官人一人、率二史生一人、坊令一、爲二監護使一祗承、

凡賻物者、先申レ官、然後與二諸司一共出納、右京不レ須、

凡應レ給二賻物一者、喪家申レ官、官下二符職一、以二穀倉院所レ納物一給之、事見二治部式一、

凡賜二賻物一者、依二官符先後次第一下行之、

書生卌四人　十一人長上、廿三人雇、限下勘二造計帳一月上、

坊長卅五人　條別四人、但一二條各三人、北邊坊一人、

兵士卅人

守正倉六人

守客館二人　只置二右京一、左京不レ須、

守朱雀樹四人

門　底「内」。版本ニ従イテ改ム。

28蕃客入朝条

館の東門を禁衛せよ　館は鴻臚館を指す。ただし下文によると、西鴻臚館は南門となっており、東門は南門の誤りか。

29親王大臣薨条

監護使　儀式の管掌者。ここでは親王・大臣の葬儀を管掌するために京職からも担当者が派遣された。喪葬令4条に、各

等は、各受け取りて遞送せよ。

28 凡そ蕃客《ばんきやく》入朝せば、進・属・史生各一人、書生二人・兵士六人を率いて、館*の東門を禁衛せよ〈南門の掖《わき》に仮屋《かりや》を造り、官人已下《かんにんいげ》直《とのい》せよ、ただし幄《あく》・幕《まく》は官に申して請け用い、事畢《おわ》らば返上せよ〉、右京、南門を禁衛するも、これに准えよ。

29 凡そ親王および大臣薨《こう》ぜば、官人一人、史生一人・坊令を率い、*監護使《げんごし》となりて祗《し》承《ぞう》せよ。

30 凡そ*賻物《ふもつ》は、先ず官に申し、然る後に諸司とともに出納せよ〈右京は須《もち》いざれ〉。

31 凡そ賻物を給うべくは、喪家《そうけ》、官に申せ。官、符を職に下し、穀倉院納《い》るるところの物を以て給え〈事は*治部式に見ゆ〉。

32 凡そ賻物を賜わんには、*官符の先後の次第によりて*下行《げぎょう》せよ。

33 *書生《しょしょう》三十四人〈十一人は長上、二十三人は雇《やとい》、計帳を勘造する月に限れ〉
坊長三十五人〈条別に四人、ただし一・二条は各三人、北辺坊《ほくへんぼう》は一人〉
*兵士四十人
*守正倉《しょうそうもり》六人
*守客館《きゃつかんもり》二人〈ただ右京に置け。*左京は須いざれ〉
*守朱雀樹《すざくじゅもり》四人

官位別の「監二護喪事一」が規定されている。太政官式155条参照。

30賻物条

賻物　死者に贈る物。喪葬令5条に、官人・皇親に対する賻物支給の規定がある。相曽貴志「賻物について」(『日本歴史』五〇九、一九九〇年)参照。

31喪家申官条

治部式に見ゆ　治部式9〜15条に賻物支給に関する諸規定が見える。

32賜賻物条

官符の先後　前条に見える太政官符の発給の次第によること。

下行　物品を臣下に下賜すること。→補1

33雇使員数条

書生　京職では計帳を勘造する際に書生が臨時で増員されている。本式39条参照。→補2

兵士　京職には左右それぞれ月別二番の兵士各二〇人が配置されていた。→補3

守正倉　京内の正倉を守衛するために雇役された兵士。本式26条参照。

守客館　東西の客館(鴻臚館)を守衛するために雇役された兵士。本式28条参照。

左京は須いざれ　本式14条「鴻臚の東館」の項参照。

守朱雀樹　朱雀大路の街路樹の管理者。本式21・22条参照。

掃清丁卅六人〈條別四人、但一二條各三人、北邊坊二人、〉

市司執鑰二人

右、依二前件一雇使、功食以二徭錢一充、其食人日米一升二合、鹽一勺、〈但兵士日米二升、鹽一勺、〉

功錢並依二當時法一行之、〈但掃清丁功錢不レ行、〉

凡兵士以二淺桃染一爲二當色一、不レ得下與二衞士一雜亂上、

勘二造授田口帳一、

書生四百二人、紙三千八百張、墨四廷、筆五十管、

右、當二班田年一勘二造件帳一、其紙筆等價用二徭錢一、食法同レ上、唯不レ給レ功、

班田使祗承

屬一人、〈從二人、〉史生三人、〈從各一人、〉書生十四人、〈從各一人、〉擔二公文一夫四人、廝丁四人、紙八千九百廿五張、〈中八千四百廿五張、下五百張、〉墨九廷、筆七十九管、

右、依二前件一、經レ國之間供給、准二國司巡行法一、充二用職寫田直一、其紙筆等以二徭錢一充、

掃清丁　京職は各所の清掃を管掌していた。本式5・7・9・13・14条参照。

市司の執鑰　東西市司は左右京職に属したため、役所である市司の鑰を京職が管理していたのであろう。

34兵士当色条

浅桃染　「桃染」はモモゾメあるいはツキゾメ・トキゾメと読む。紅花で淡く染めた色。左右衛門式1・2・3・4・6・

*掃清丁《そうせいちよう》三十六人〈条別に四人、ただし一・二条は各三人、北辺坊は二人〉
*市司の執鑰《かぎとり》二人
右、前《さき》の件《くだり》によりて雇い使え。功《く》・食《じき》は徭銭《ようせん》を以て充てよ。その食は、人ごとに日に米《よね》一升二合、塩一勺〈ただし兵士は日に米二升、塩一勺〉。功銭はみな当時の法によりて行なえ〈ただし掃清丁の功銭は行なわざれ〉。

34 凡そ兵士は*浅桃染《あさきももぞめ》を以て当色《とうじき》となせ。衛士と雑乱することを得ず。

35 *授田口帳《じゆでんくちよう》を勘造す
*書生四百二人、紙三千八百張、墨四廷、筆五十管。
右、班田の年に当たりて、件《くだり》の帳を勘造せよ。その紙・筆等の価は徭銭を用いよ。食法《じきほう》は上に同じくせよ。ただ功は給わざれ。

36 *班田使の祗承《しぞう》
属《さかん》一人〈従二人〉、史生三人〈従各一人〉、*書生十四人〈従各一人〉、公文《くもん》を担《にな》う夫四人、*廝丁四人、紙八千九百二十五張〈中は八千四百二十五張、下は五百張〉、墨九廷、筆七十九管。
右、前の件によりて、国を経るの間の供給は、*国司巡行の法に准《なぞら》えて、*職写田《しきしやでん》の直《あたい》を充て用いよ。その紙・筆等は徭銭を以て充てよ。

33条では衛士の当色。

35勘造授田口帳条

授田口帳　班田授口帳・授口帳とも。口分田を班給すべき戸口を調査した帳簿。校田使とともに国司が太政官に提出する。民部式上124・126条参照。↓補1

書生四百二人　書生の数は本式33条によると三四人である。四〇二人は勘造のための延べ人数。↓補2

36班田使祗承条

班田使　畿内の班田を実施する官人。校田帳・授口帳をもとに実施し、結果を記入した班田図を民部省に提出する。民部式上123条参照。なお、左右京職による京戸への班田については田令23条集解穴記参照。

書生十四人　三代格天長六・六・二十二符で一七人となっている。一四人とあるのは弘仁式の名残か。↓補3

廝丁　カシワデ。食事の準備をする仕丁。賦役令38条に「仕丁者、毎㆓五十戸㆒二人以㆓一人㆒充㆓廝丁㆒」とある。

国司巡行の法に准えて　主税式上79条参照。

職写田　左右京職の所有する所領。職写戸田とも。京職は、六年以上計帳手実を提出しない戸の田地を没収し、それを職写田として、賃租して地子を得ることが許された。↓補4

田籍造二三通一、其帙料小町席二枚、縁料黄帛三丈八尺、黄絲一兩三分半、褾紙料厚紙五十三張、緒料韋一張、軸料檜榑一村、已上申レ官請用、作レ軸工二人、縫レ帙女五人、功食並以二徭錢一充、

戸籍帙料、小町席、黄帛、黄絲、洗鹿革、盛韓櫃、裝潢手、書手功食並申レ官請用、其紙筆墨並准二令條一、但紙隨二戸口數一、十五人輸二三張一、不レ進二計帳一戸料紙筆墨亦申レ官、紙一千張充二墨一廷一、一百五十張充二筆一管一、寫書幷裝潢功程、●並見二圖書式一、

凡責二計帳手實一者、進、屬各一人爲二別當一、史生二人爲レ預、但書生條別充二一人一、起二六月一日一盡二九月卅日一責訖、大帳十月卅日以前進之、其書生食限二三箇月一給之、

凡不レ進二計帳一者、職錄二夾名及口分田數一進レ官、卽下二畿內諸國一、其料物幷雇書生功食、毎年申レ官請用、

凡進二計帳一戸誤置二職寫一者、進レ帳之後六十日內一度覺擧、

並　底「幷」。意ニヨリテ改ム。

37田籍条

田籍　田令23条集解穴記に「於二田籍一何、答、文称二校勘造レ簿」とあり、同24条集解朱説に「必田籍可レ明二課口不課口数一」とある。民部式下21条「図籍」の項参照。**三通造れ**　田令23条集解穴記に戸籍について「造二二通一、一通送レ官、一通留レ国」とあり、田籍も、太政官・国・京職の三ケ所のために三通を造った。**帙**　巻子を複数巻いた巻子帙であって、和綴本の帙とは異なる。**小町席**　主計式上71条参照。

38戸籍帙料条

令条に准えよ　戸令19条に「所レ須紙筆等調度、皆出二当戸一、国司勘二量所レ須多少一、臨時斟酌、不レ得レ侵二損百姓一」とあり、紙筆の調達は地元民を圧迫しない程度に、国司の裁量で地元から調達した。

39責計帳手実条

計帳の手実　各戸主が戸口の姓名・年齢などを書きあげた申告書。戸令18条に「京国官司、責所部手実、具注家口年紀」とあるが、同条に見える計帳の提出期限は八月三十日であり、本条とは異なる。

書生の食　書生に与える食料は三ケ月とあるが、計帳手実を提出させる期間は四ケ月あり、単純には整合性が生まれない。→補1

40不進計帳条

計帳を進らざる者は…　計帳を提出しない戸の口分田は没収され、京職の職写田となった。本式36条参照。

畿内諸国に下せ　京戸の口分田は京内ではなく、畿内諸国に散在していたため、不在京戸の報告は口分田所在国に伝達する必要があった。そして国衙でその不在口分田を賃租してもらい、京職が利益を得た。

功食　本式33条では雇役書生の功食は徭銭を充当するとあったが、ここでは太政官からの指令により、功食が畿内諸国から支給された。

41誤置職写条

覚挙　律令制における官人が、自ら公務上の過失に気付いた際に、そのことを申告すること。覚挙することによって、本人の処罰および親族の連座が許された。

37
*田籍《でんじやく》は*三通造れ。その*帙《ちつ》の料は*小町席《こまちむしろ》二枚、縁《へり》の料の黄の帛三丈八尺、黄の糸一両三分半、褾紙《そでがみ》の料は厚紙五十三張、緒の料は韋《い》一張、軸の料は檜榑《ひのくれ》一村〈已上は官に申して請け用《う》いよ〉。軸を作る工《たくみ》二人。帙を縫《ぬ》う女五人。功《く》・食《じき》はみな徭銭を以て充てよ。

38
戸籍の帙の料の小町席・黄の帛・黄の糸・洗《あらい》の鹿の革・盛《い》るる韓櫃、装潢手《そうこうしゅ》・書手の功・食はみな官に申して請け用いよ。その紙・筆・墨はみな*令条に准えよ。ただし紙は戸口の数に随え〈十五人で三張を輸《いた》せ〉。計帳を進《たてまつ》らざる戸の料の紙・筆・墨もまた官に申せ。紙一千張に墨一廷を充てよ。一百五十張に筆一管を充てよ〈写書ならびに装潢の功程《くじよう》はみな図書式に見ゆ〉。

39
凡そ*計帳の手実《しゆじつ》を責《こ》わんには、進《じよう》・属《さかん》各一人を別当となし、史生《ししよう》二人を預《あずかり》となせ。ただし書生《しよしよう》は条別《ごと》に二人を充てよ。六月一日より九月三十日までに責い訖れ。大帳《だいちよう》は十月三十日以前に進れ。その*書生の食は三箇月を限りて給え。

40
凡そ*計帳を進らざる者《ひと》は、職、夾名《きようみよう》および口分田《くぶんでん》の数を録して官に進れ。すなわち*畿内諸国に下せ。その料物ならびに雇の書生の*功・食は、毎年官に申して請け用いよ。

41
凡そ計帳を進りし戸、誤りて職写を置かば、帳を進りし後、六十日の内に一度*覚挙《かくきよ》

若過二此程一、令三計帳所官人以下備二償其直一、餘官不レ預、

凡五畿內職寫戸田價、令三當國司收二彼地子一、

凡職寫田帳、十二月十日以前進之、同月內下二諸國一、其沽田帳副二直錢一、明年五月卅日、不沽田地子帳、十一月卅日以前進之、絕戸田准レ此、

凡職寫不沽田例損者、率二不沽帳田數一、除二一分不堪三分損一之外、全收二地子一、其所レ收稻數、載レ帳進レ官、但有損之年、當國申レ損、依二官勘定一職亦徵免、

凡厨料者、每年以二職寫田一百町直一充之、

凡每年出二擧造レ橋料錢二百貫一、取二其息利一隨レ事充用、官人遷替依レ數付領、

凡徭分錢者、載二調帳一進之、

凡調徭錢用帳者、每年起二正月一日一盡二六月卅日一、起二七月一日一盡二十二月卅日一、二度進之、

凡錢文、以二一字明一皆令二通用一、若有二擇棄者一、

毎年　底ホカ諸本「年毎」。版本ニ従イテ改ム。

計帳所　本式40条より、計帳作成時に臨時に設けられた役所と考えられる。

42職写戸田価条

職写戸田の価　職写戸田は職写田とも。本式36条参照。↓補1

43職写田帳条

沽田帳・不沽田地子帳　沽田帳は計帳不進戸の口分田を売却した場合に作成される帳簿。不沽田地子帳は計帳不進戸の口分田を賃租して地子を収益する際につける帳簿。↓補2

絶戸田　ある戸の全戸口が死に絶えた場

せよ。もしこの程を過ぎなば、*計帳所《けいちょうどころ》の官人以下をしてその直《あたい》を備え償わしめよ。余の官は預らざれ。

42 凡そ五畿内の*職写戸田《しきしゃこでん》の価は、当国司をして彼の地子《じし》を収《と》らしめよ。

43 凡そ職写田帳《しきしゃでんちょう》は、十二月十日以前に進りて、同月の内に諸国に下せ。その*沽田帳《こでんちょう》は直の銭を副えて明年五月三十日、*不沽田地子帳《ふこでんじしちょう》は十一月三十日以前に進れ。*絶戸田《ぜっこでん》もこれに准えよ。

44 凡そ*職写不沽田の例損《れいそん》は、不沽帳の田数に率《のっと》りて、*一分の不堪《ふかん》・三分の損を除くの外、すべて地子を収れ。其れ収るところの稲の数は、帳に載せて官に進れ。ただし有損の年は、当国、損を申し、官の勘定によりて、職もまた徴免せよ。

45 凡そ厨《くりや》の料は、毎年、*職写田一百町の直を以て充てよ。

46 凡そ毎年*橋を造る料の銭二百貫を出挙《すいこ》し、その息利《そくり》を取りて、事に随いて充て用いよ。官人遷替せば、数によりて*付領《ふりょう》せよ。

47 凡そ*徭分の銭は、調帳に載せて進れ。

48 凡そ*調・徭銭の用帳は、毎年正月一日より六月三十日まで、七月一日より十二月三十日まで、*二度進れ。

49 凡そ銭文は、一字明らかなるを以て皆通わし用いしめよ。もし*択《えら》び棄《す》つる者あら

合、その戸を絶戸と呼ぶ。その絶戸の保有していた口分田のこと。→補3

44 職写不沽田条

職写不沽田の例損　職写田のうち不沽田に自然災害などで損が生じた際の規定。

一分の不堪三分の損　職写田の内、全体の一割を不堪佃田とし、残りを不三得七とする。→補4

45 厨料条

職写田一百町　→補5

46 造橋料銭条

橋を造る料…出挙し　→補6

付領　分付受領の略。国司が交代する際に、前任官が分付し、後任官が受領する引き継ぎのこと。ここではその際の息利の授受を指す。

47 徭分銭条

徭分の銭　雑徭を実労働ではなく銭で代納した際の銭のこと。→補7

48 調徭銭用帳条

調徭銭の用帳　調銭と徭銭の用度帳のこと。主計式下27条参照。

二度進れ　一般に用度帳の提出は年一度である。ここで京職による調銭・徭銭の用度帳が二期に分けて提出を義務付けられているのは、その使用が細目に亘るからか。

49 銭文条

択び棄つる者　→補8

丈　→校補1

50義倉用度帳条

義倉用度帳　義倉の支出を記録した帳簿。義倉については主計式下20条を、義倉帳については民部式下11・20条を参照。

51京戸課徭条

三月に進れ　→補1

京戸　山城国ではなく平安京に戸籍を貫付された人々を指す。→補2

年徭　京戸が一年に求められた実労働としての雑徭。→補3

52諸王歳満条

諸王　天皇の兄弟および皇子を親王、同姉妹および皇女を内親王とし、二世以下五世までの皇孫を王・女王と定めた。宮内式47条、正親式3条参照。

歳十二に満たば　正親式1条参照。

53貢挙条

三位已上の子孫　官人・貴族の内、三位以上の子・孫と四位・五位の子については、年齢が二一歳になると、蔭位の制によって任官に優遇措置がとられた。

貢挙　律令官人の採用試験に候補者を推挙すること。諸国から太政官に貢送される国学生を貢人と呼び、大学寮から太政官に推挙される者を挙人と呼び、ともに

隨レ狀科責、

凡義倉用度帳、毎年三月進之、

凡京戸課丁年徭、六日爲レ限、

凡諸王歳滿二十二一、毎年十二月錄レ名送二宮內省一、

凡三位已上子孫、幷四位五位子、年到二廿一已上一者、貢二擧式部省一、

凡堀川杭者、不レ論二課不課戸一、皆令二戸頭輸一レ之、其戸十九人已下一株、廿人已上二株、卅人已上三株、（長八尺以下七尺以上、本徑五寸、末徑三寸、）

凡闕官料要劇田地子者、充二職家公用一、

凡兵士幷坊長等不仕料物、充二職中用一、

凡在二施藥院東一呪二合藥一道場、不レ在二禁限一、

京程

南北一千七百五十三丈、

北極幷次四大路、廣各十丈、

宮城南大路十七丈、

ば、状に随いて科責《かしやく》せよ。

50 凡そ*義倉用度帳は、毎年*三月に進れ。

51 凡そ*京戸の課丁の*年徭は、六日を限りとなせ。

52 凡そ*諸王、*歳十二に満たば、毎年十二月、名を録して宮内省に送れ。

53 凡そ*三位已上の子・孫ならびに四位・五位の子は、年二十一已上に到らば式部省に*貢挙せよ。

54 凡そ*堀川《ほりかわ》の杭《くい》は、課・不課戸を論ぜず、皆、*戸頭をして輸《いた》さしめよ。その戸十九人已下《いげ》は一株、二十人已上は二株、三十人已上は三株とせよ〈長さ八尺以下七尺以上、本《もと》の径《さしわたし》は五寸、末《すえ》の径は三寸〉。

55 凡そ*闕官の料の*要劇田《ようげきでん》の地子《しきけ》は、職家の公用に充てよ。

56 凡そ*兵士ならびに*坊長らの不仕の料物《りょうもつ》は、職中の用に充てよ。

57 凡そ施薬院《やくいん》の東にありて*合薬を呪《しゅ》する道場は、*禁ずる限りにあらず。

58 *京程

*南北一千七百五十三丈、
北極《きたのきわ》ならびに次の四の大路《おおじ》は、広《はば》は各十丈、
宮城の南の大路は十七丈、

式部省の監試を受けた。

54堀川杭条

堀川　平安京の左右両京のほぼ中央を南北に流れる人口河川。↓補4

戸頭　戸主と同義。戸令18条集解の手実の項を見ると、義解に「手実者、戸頭所レ造之帳」とあり、古記には「手実、謂二戸主所レ造計帳一也」とあることからも、戸頭は戸主であることが確認できる。

55闕官要劇田条

闕官　ここでは京職官人の内の欠員。

要劇田　↓補5

56不仕料物条

兵士・坊長　兵士・坊長の功食については本式33条参照。

57薬道場条

合薬を呪する　病気に適した薬を調合したものに呪禁を加えること。↓補6

禁ずる限りにあらず　何を禁限しないのか明記されていない。闕文ありか。↓補7

58京程条

京程　拾芥抄中(京程部)に詳しい規定が見える。

南北一千七百五十三丈　平安京建設に用いられた造営尺は、現行の曲尺の九寸八分四厘四毛で、一七五三丈は五二二九・二五メートルとなる(『平安時代史事典』総説二七頁、一九九四年)。

路廣十丈　→校補2
朱雀大路　→校補3
丈　九脚注「大宮」。
東極大路十丈　→校補4
此　九「之」。九傍注「式」。

次六大路各八丈、
南極大路十二丈、
羅城外二丈、垣基半三尺、犬行七尺、溝廣一丈、
路廣十丈、
小路廿六、廣各四丈、
町卅八、各卌丈、
東西一千五百八丈、通計東西兩京、
自朱雀大路中央至東極外畔、七百五十四丈、
朱雀大路半廣十四丈、
次一大路十丈、
次一大路十二丈、
次二大路各八丈、
東極大路十丈、
小路十二、各四丈、一路加堀川東西邊各二丈、
町十六、各卌丈、
右京准此、

次の六の大路は各八丈、
南極《みなみのきわ》の大路は十二丈、
羅城《らじょう》の外は二丈〈垣の基《もと》の半《なかば》は三尺、*犬行《いぬばしり》は七尺、溝《みぞ》の広《はば》は一丈〉、
*路《みち》の広は十丈、
小路は二十六、広は各四丈、
町は三十八、各四十丈、
東西一千五百八丈〈東西両京を通計《つうけい》す〉、
朱雀《すざく》大路《おおじ》の中央より東極《ひがしのきわ》の外の畔《くろ》まで七百五十四丈、
朱雀大路の半の広は十四丈、
次の一大路は十丈、
次の一大路は十二丈、
次の二大路は各八丈、
東極の大路は十丈、
*小路は十二、各四丈〈一路は堀川の東西の辺に各二丈を加う〉、
町は十六、各四十丈、
右京はこれに准えよ。

犬行　イヌユキ、「犬走」とも。築地等の基部とその外側の溝との間の平地部分。拳大の礫を敷き詰めて整備されていた。

路の広は十丈　この項は不要。竄入か。

小路は十二　実際の小路は一一しかないが、堀川の両側の二丈の道をそれぞれ一路として小路に数えている。

大　底ナシ。九ニヨリテ補ウ。
各　底ナシ。九ニヨリテ補ウ。下同ジ。
廣　底「度」。九・閣ホカニヨリテ改ム。
宮　九、コノ下「城」字アリ。
隍　九「湟」。下同ジ。
八　底、コノ上「各」字アリ。九ノミセケチニ従イテ削ル。
丈　→校補5

朱雀大路廣廿八丈、
自二垣半一至二溝邊一、各一丈八尺、垣基三尺、犬行一丈五尺、
溝廣各五尺、
兩溝間廿三丈四尺、
大路廣十丈、
自二垣半一至二溝邊一、各八尺、垣基三尺、犬行五尺、
溝廣各四尺、
兩溝間七丈六尺、
宮城東西大路廣十二丈、
自二宮垣半一至二隍外畔一、三丈八尺、
自二傍町垣半一至二溝外畔一、一丈二尺、
隍溝間七丈、
大路廣八丈、
自二垣半一至二溝邊一、各八尺、垣基三尺、犬行五尺、
溝廣各四尺、
兩溝間五丈六尺、

朱雀大路の広《はば》は二十八丈、
垣の半より溝の辺まで各一丈八尺〈垣*の基は三尺、犬行は一丈五尺〉、
溝の広は各五尺、
両溝の間は二十三丈四尺、
大路の広は十丈、
垣の半より溝の辺まで各八尺〈垣の基は三尺、犬行は五尺〉、
溝の広は各四尺、
両溝の間は七丈六尺、
宮城の東西の大路の広は十二丈、
宮垣《みやがき》の半より隍《ほり》の外の畔《くろ》まで三丈八尺、
傍《かたわら》の町の垣の半より溝の外の畔まで一丈二尺、
隍溝の間は七丈、
大路の広は八丈、
垣の半より溝の辺まで各八尺〈垣の基は三尺、犬行は五尺〉、
溝の広は各四尺、
両溝の間は五丈六尺、

垣の基は三尺　行頭に「垣の半」とあるので「垣の基の半ば」の意となり、この三尺は垣の基の二分の一の長さを指す。以下も同様。

小路廣四丈、

自二垣半一至二溝邊一、各五尺五寸、（垣基二尺五寸、犬行三尺、）

溝廣各三尺、

兩溝間二丈三尺、

宮城四面、自二垣半一至二隍邊一、三丈、（垣基三尺五寸、壖地廣二丈六尺五寸、）

宮城南大路、廣十七丈、（宮垣半三尺五寸、壖地廣二丈六尺五寸、）

隍廣八尺、

南垣半三尺、

犬行五尺、

溝廣四尺、

隍溝間十二丈、

凡町內開二小徑一者、大路邊町二、（廣一丈五尺、）市人町三、（廣一丈、）自餘町一、（廣一丈五尺、）

凡築垣功程牓三示條坊一、莫レ令三違越一、（其法見二木工式一、）

東市司（西市司准レ此、）

丈　底ナシ。九ニヨリテ補ウ。

丈　↓校補6

壖地　築地塀や宮城垣に沿った空閑地。

小路の広は四丈、
垣《かき》の半より溝の辺まで各五尺五寸〈垣の基《もと》は二尺五寸、犬行《いぬばしり》は三尺〉、
　溝の広《はば》は各三尺、
　両溝の間は二丈三尺、
宮城の四面は、垣の半より隍《ほり》の辺まで三丈〈垣の基は三尺五寸、*壖地《あきち》の広は二丈六尺五寸〉、
宮城の南の大路は、広十七丈〈宮垣の半は三尺五寸、壖地の広は二丈六尺五寸〉、
　隍の広は八尺、
　溝の広は四尺、
　犬行は五尺、
　南垣の半は三尺、
　隍溝の間は十二丈、

59 凡そ町内に*小径《こみち》を開かんには、大路の辺の町に二〈広は一丈五尺〉、*市人《いちびと》の町に三〈広は一丈〉、自余の町に一〈広は一丈五尺〉。

60 凡そ*築垣の功程《くじょう》は条坊に牓示《ぼうじ》して、違越《いえつ》せしむることなかれ〈*その法は木工式に見ゆ〉。

東市司*〈西市司はこれに准えよ〉

犬行・犬走とほぼ同義。

59町内小径条

小径　大路・小路とは異なり、一町四方の内側に設けられた小道。庶民の住居はこの小径に面して門戸を開いた。

市人の町　東西の市で商業をすることが許された市人が居住する町。売買が行なわれる市場の町とは異なる。

60築垣功程条

築垣の功程　平安京の基本設計として、各大路・小路に面して垣が設けられていたことは本式58条に明らかで、この垣の寸法については木工式15条に詳細な規定が定められている。ところが、この垣はしばしば壊された。三代格弘仁十・十一・五符には、弘仁六年(八一五)には「京中諸司諸家、或穿レ垣引レ水、或壅レ水浸レ途」という有様であったことが分かる。推察するに、この垣破壊行為が諸司・諸家によって行なわれているため、一見するだけでは、それが修復工事なのか、破壊行為なのか不分明である。そこで京職が功程内容を牓示し、その規矩を守らせようという意図ではなかろうか。「莫レ令二違越一」という厳しい文言もそれゆえと考えると首肯できる。

その法　木工式15条参照。

東市司　→補1

凡市皆毎レ鄽立レ牓題レ號、各依二其鄽一、隨レ色交關、不レ得二彼此就レ便違越一、

凡毎月勘二造沽價帳三通一送レ職、職押署卽以二職印一印之、一通進レ官、一通留レ職、一通付レ司、

凡賣買不レ和較固取者、市司追捉勘當、

凡商賈之輩、沽價之外、若有下妄增二物直一者上、不レ論二蔭贖一登時見決、

凡六衞府舍人等、不レ得三帶レ劒入一レ市、

凡市人籍帳、毎年造進、

凡市裏有二凌奪之輩一者、奏任已上准レ狀散禁請レ裁、判任已下杻禁、隨レ犯決罸、

凡決二罸罪人一者、官人與レ使相二對樓前一罸之、

凡市町准二市裏一本司加二勘糺一、隨レ犯科責、

凡居二住市町一之輩、除二市籍人一令レ進二地子一、卽以充二市司廻四面泥塗、道、橋、及

兩堀河等造料一、其用帳年終申送、

鄽　底「廛」。版本ニ従イテ改ム。以下一々注セズ。

取　底ナシ。唐律及ビ要略五九所引律ニヨリテ補ウ。

兩　底「當」。意ニヨリテ改ム。

1毎鄽立牓条

鄽　東西の市に設けられた店舖。「廛」「肆」なども表記する。

牓を立て　→補1

色に随いて交関せよ　→補2

2沽価帳条

沽価帳　→補3

3売買不和条

和わざる　売り手と買い手の値段が折り合わないこと。

較固取　→補4

4増直条

商賈　商は行商人を指し、賈は店を構えて商売する人を意味する。商賈で商業活動に従事する人々全体を意味する。

蔭贖　→補5

見決　実刑を科すこと。

5六衛入市条

1凡そ市は皆、*鄽《いちくら》ごとに*牓《ぼう》を立て号《な》を題《しる》せ。各《おのおの》その鄽によりて、*色《しき》に随いて交関《こうかん》せよ。彼此《かれこれ》、便《たより》に就きて違越することを得ず。

2凡そ毎月、*沽価帳《こかちょう》三通を勘造《かんぞう》し、職に送れ。職、押署《おうしょ》してすなわち職印《しきいん》を以て印せよ。一通は官に進《たてまつ》り、一通は職に留め、一通は司に付《さず》けよ。

3凡そ売買和《あまな》わざるに*較固《かくこ》取《しゅ》せん者《ひと》は、市司、追《め》し捉えて勘当《かんどう》せよ。

4凡そ*商賈の輩《ともがら》、沽価の外、もし妄《みだり》に物の直を増す者あらば、*蔭贖《おんしょく》を論ぜずただちに*見決《げんけつ》せよ。

5凡そ六衛府の舎人《とねり》ら、*剣《たち》を帯《お》びて市に入ることを得ず。

6凡そ*市人の籍帳は、毎年造り進れ。

7凡そ*市裏《いちうら》に凌奪《りょうだつ》の輩あらば、*奏任《そうにん》已上は状《かたち》に准《なぞら》えて*散禁《さんきん》し、裁を請《こ》え。*判任已下《はんにんいげ》は*杻禁《ちゅうきん》し、犯に随いて決罰《けつばつ》せよ。

8凡そ罪人を決罰せんには、官人《かんにん》と使と*楼前《ろうぜん》に相対して罰せよ。

9凡そ*市町《いちまち》は市裏に准えて、*本司、勘糺《かんきゅう》を加え、犯に随いて科責せよ。

10凡そ市町に居住するの輩は、*市籍人《しじゃくにん》を除きて*地子《じし》を進らしめよ。すなわち以て市司の廻《めぐり》の四面の泥塗《どろぬり》、道・橋および両堀河等の造料に充てよ。その*用帳は年終に申し送れ。

剣を帯びて市に入ることを得ず　→補6

6市人籍帳条

市人の籍帳　→補7

7市裏凌奪条

市裏　裏は内と同義。つまり市の内部を指す。市内で凌奪行為があれば、それは市司の警察権・裁判権に委ねられた。

奏任　太政官において選任し、天皇に奏上して任命される官人。諸司の主典以上と郡領・軍毅が適用範囲。

散禁　→補8

判任　→補9

杻禁　→補10

8決罰罪人条

楼前　→補11

9市町条

市町　市町には、四町から構成される本来の東西市たる内町とその外側に隣接した外町八町が存在した。→補12

本司　市司のこと。市町四町の軽犯罪についても市司が処罰できることを規定している。

10市町居住人条

市籍人　→補13

地子　居住区である市町における家地の地代。

用帳　徴収された地子は、役所の四面の塀塗りだけでなく、道・橋の補修、堀川の造料に使用され、記帳された。

凡闕官要劇料、充㆓司中修理雑用㆒、

凡毎月十五日以前集㆓東市㆒、十六日以後集㆓西市㆒、

凡絹、雑染、土器、聴㆓通賣㆒、

東絁廛　羅廛　絲廛　錦廛　幞頭廛　巾子廛　縫衣廛
帯廛　紵廛　布廛　苧廛　木綿廛　櫛廛　針廛
沓廛　菲廛　筆廛　墨廛　丹廛　珠廛　玉廛
薬廛　大刀廛　弓廛　箭廛　兵具廛　香廛　鞍橋廛
鞍褥廛　韉廛　鐙廛　障泥廛　鞦廛　鐵丼金器廛　漆廛
油廛　染草廛　米廛　木器廛　麥廛　鹽廛　醤廛
索餅廛　心太廛　海藻廛　菓子廛　蒜廛　干魚廛　馬廛
生魚廛　海菜廛

右、五十一廛東市、

絹廛　錦綾廛　絲廛　綿廛　紗廛　橡帛廛　幞頭廛
縫衣廛　裙廛　帯幡廛　紵廛　調布廛　麻廛　績麻廛
櫛廛　針廛　菲廛　雑染廛　蓑笠廛　染草廛　土器廛
油廛　米廛　鹽廛　未醤廛　索餅廛　糖廛　心太廛

麥廛　底、最末尾「海菜廛」ノ次ニアリ。閣・梵ホカニヨリテ改ム。

錦　底ホカ諸本「綿」。意ニヨリテ改ム。

11闕官要劇料条

闕官の要劇の料　→補1

12集東西市条

毎月十五日　→補2

13聴通売条

通わし売らん　東市と西市で共通の商品を扱うことを意味する。東市・西市の存続のため、それぞれ独占販売品があると同時に、日常必需品として共通商品が通売された。ただし、本条に見える商品は西市にのみ廛があった(本式15条)。

14東廛条

東絁廛　東国の絁を扱う店か。縫殿式13条「東絁」の項参照。

幞頭　律令制の成年男子が用いる黒い布帛製の被り物。→補3

巾子　髪を束ねた髻を納めるための壺型の容器で、巾子をつけてから幞頭を着用した。

縫衣　朝服以外の普段着の素服。

紵　紵(イラクサ科の多年草)の茎の繊維から織られた白布。麻布の一種。

11 凡そ*闕官の要劇の料は、司中の修理・雑用に充てよ。

12 凡そ*毎月十五日以前は東市に集《つど》え。十六日以後は西市に集え。

13 凡そ絹・雑《くさぐさ》の染《そめもの》・土《はに》の器は、*通《かよ》わし売らんことを聴せ。

14 東　*絁鄽《あずまぎぬのみせ》　羅《ら》鄽　糸鄽　錦《にしき》鄽　*幞頭《こうぶり》鄽　*巾子《こじ》鄽　*縫衣《きぬぬい》鄽
帯鄽　*紵《てづくり》鄽　布鄽　*苧《からむし》鄽　木綿《ゆう》鄽　櫛鄽　針鄽
沓《くつ》鄽　*菲《わらぐつ》鄽　筆鄽　墨鄽　丹《に》鄽　珠《たま》鄽　玉《ぎょく》鄽
薬鄽　大刀《たち》鄽　弓鄽　箭《や》鄽　兵具《ひょうぐ》鄽　香鄽　*鞍橋《くらぼね》鄽
*鞍褥《くらしき》鄽　*韉《したぐら》鄽　鐙《あぶみ》鄽　*障泥《あおり》鄽　*鞦《しりがい》鄽　鉄《くろがね》ならびに金《こがね》の器鄽　漆鄽
油鄽　染草鄽　米《よね》鄽　木の器鄽　麦鄽　塩鄽　醤《ひしお》鄽
*索餅《むぎなわ》鄽　心太《こころぶと》鄽　海藻《め》鄽　*菓子《くだもの》鄽　蒜《ひる》鄽　干魚《ほしうお》鄽　馬鄽
生魚《なまうお》鄽　海菜《もは》鄽

右、五十一鄽は東市。

15 絹鄽　錦綾鄽　糸鄽　綿鄽　*紗《しゃ》鄽　橡《つるばみ》の帛《はく》鄽　幞頭鄽
縫衣鄽　*裙《もすそ》鄽　帯幡《おびはた》鄽　紵鄽　調布鄽　麻《お》鄽　績麻《おみ》鄽
櫛鄽　針鄽　菲鄽　雑の染鄽　蓑笠《みのかさ》鄽　染草鄽　土の器鄽
油鄽　米鄽　塩鄽　*末醤《みそ》鄽　索餅鄽　*糖《あめ》鄽　心太鄽

苧　苧の茎の繊維で作った糸紵を指す。
菲　藁靴。斎宮式、主殿式にも見える。
鞍橋　乗馬した際に、馬の背に身体を固定させる道具。
鞍褥　ウワシキ。鞍壺の上の敷物。
韉　鞍橋の下につけて馬の両脇にあてる馬具。普通は二枚重ねとし、上を切付、下を膚付と称する。
障泥　アフリとも。鐙と馬の脇腹の間に垂らして泥が付くのを防ぐ馬具。
鞦　馬の頭や胸・尾などに繋ぐ緒のこと。なお馬具類については、木工式1条、左右馬式62条参照。
索餅　干饂飩の類。
菓子　和名抄に「日本紀私記云」としてコノミとあり、樹木系の果物を指す。

15西鄽条
紗　羅よりも織技的に簡易で、大量生産されたと考えられている。
裙　雑令34条義解に「裙者、女裳衣也」とあり、衣服令8条集解穴記に「裙或本作レ裳」とあるので、裙は女性用の衣装で、裳と同義と考えられる。
末醤　醤の一種。大豆・塩・麦などから醸造し、液化したものが醤、固体化したのが末醤とも考えられる。
糖　大膳式下18条に「糖料、糯米一石、萌小麦二斗、得二三斗七升一」とあり、水飴を指す。

海藻鄽　菓子鄽　干魚鄽　生魚鄽　牛鄽

右、卅三鄽西市、

延喜式巻第卅二

海藻鄽　菓子鄽　干魚鄽　生魚鄽　牛鄽

右、三十三鄽は西市。

延喜式巻第四十二

延喜式巻第卌三　春宮 主膳 主殿

春宮坊

元日遲明、二日三日准レ此、主殿署立二火爐於殿庭一、進一人、主藏佑已上一人、率二典藥官人一、舁二御藥案一、出レ自二東細殿南一、進立二殿庭版南一、典藥寮官人、侍醫等、就二案下一、卽調二藥酒一、侍醫先嘗、次進嘗之、然後授二典藥一、典藥率二女孺等幷主膳一供二御肴一、釆女四人候二殿東廂一、便從二東方一進供レ事、訖主藏、典藥等官人、共舁レ案退出、至二于三日一賜レ祿、官人二人、侍醫一人各絹一疋、若五位者賜二衾一條一、史生一人、醫生八人各細布一端、典藥一人衾一條、女孺八人綿各五屯、並用二坊物一、

朝賀儀

前一日、坊官率二屬官一設二東宮次於大極殿東廊昭訓門外北掖一、所司各供二其職一、大藏設二東宮幄於大極殿東南一、掃部寮施二黃端帖於幄下一、傅、大夫及侍從四人座於幄東一、西向北上、傅座去レ幄八尺、大夫座去レ傅三尺、侍從差退左右分設、主

春宮…（六字）　底ナシ。塙・貞ニヨリテ補ウ。

官人舁御藥　底ナシ（空白約四字分）。塙・貞ニヨリテ補ウ。

版南典　底ナシ（空白約二字分）。塙・貞ニヨリテ補ウ。

幷　底「之」。塙校注・貞ニヨリテ改ム。

舁　底「挙」。塙校注・貞ニヨリテ改ム。以下、本巻ノウチ、一々注セズ。

春宮坊　↓補1

1 元日御薬条

元日　正月元日から三日まで行なわれる供御薬儀。典薬式1・4条参照。↓補2

遅明　夜明け頃。天皇への供御薬儀は寅の一刻（午前三時頃）から開始された。

主殿署　主殿署式冒頭補注参照。

火炉　火鉢。薬酒を温めるために用いられる。典薬式1条、造酒式21条参照。

典薬の官人　典薬式4条には、「寮頭已下医生以上」と出てくる。

御薬　皇太子には屠蘇・白散・度嶂散が供される。

侍医　↓補3

薬酒　酒に屠蘇を漬けたもの。製法は典

延喜式巻第四十三〈春宮、主膳、主殿〉

*春宮坊《とうぐうぼう》

1 *元日の*遅明《ほのあかり》〈二日・三日もこれに准《なぞら》えよ〉、*主殿署、*火炉を殿庭に立てよ。進《じょう》一人・主蔵佑《じょう》已上一人、*典薬の官人《かんにん》を率いて*御薬の案《つくえ》を舁《か》き、東細殿の南より出でよ。進、殿庭の版《へん》の南に立ち、典薬寮の官人・*侍医ら、案下に就きてすなわち*薬酒を調えよ。侍医先ず嘗《な》め、次いで進嘗め、然る後に*典薬に授けよ。典薬、女孺《にょじゅ》らならびに主膳を率いて*御肴《おさかな》を供《くう》ぜよ。采女《うねめ》四人、殿の東廂《ひさし》に候し、便《たより》に東方より進みて事に供《つか》えよ。訖らば主蔵・典薬等の官人、ともに案を舁きて退出《まか》れ。三日に至りて禄を賜え。官人二人・侍医一人に各《おのおの》絹一疋。もし五位ならば*衾《ふすま》一条を賜え。史生一人・医生八人に各*細布一端、典薬一人に衾一条、女孺八人に綿各五屯。みな坊の物を用いよ。

2 *朝賀の儀

前《さきだ》つこと一日、坊官、属官を率いて*東宮の次《やどり》を大極殿《だいごくでん》の東の廊《わたどの》の昭訓門《しょうくんもん》外の北掖に設け、所司各その職に供えよ。大蔵、*東宮の幄《あく》を大極殿の東南に設け、*掃部寮、黄端《きべり》の帖《たたみ》を幄下に、*傅《ふ》・大夫《だいぶ》および侍従四人の座を幄の東に施《もう》けよ。*西向北上〈傅の座は幄を去ること八尺、大夫の座は傅を去ること三尺、侍従はやや退《さが》りて左右に分ち設けよ〉。主

薬式1条参照。年の初めに薬酒を飲むと、一年の邪気をはらい、寿命が延びると考えられた。

典薬 後宮十二司の薬司に所属。後宮職員令7条によれば、薬司は尚薬(クスノツカサノカミ)一人、典薬(クスノツカサノスケ)二人、女孺四人から構成される。供御薬儀では天皇に尚薬が、中宮・東宮には典薬が供奉する。

御肴 →補4

衾 寝具。被とも。元日節会において五位以上の官人に支給された。中務式4条、縫殿式18条参照。なお、中宮式では典薬寮官人への賜禄については別条が立てられている。中宮式6条参照。

細布 細い糸を用いて織った上質の布。主計式上2条参照。

2朝賀条

朝賀の儀 元日朝賀儀における皇太子の朝賀を規定する。→補5

東宮の次 幄・幔等によって仮に設けた皇太子の控所。→補6

東宮の幄 皇太子の座を設けるための幄。大蔵省が設けた。大蔵式1条参照。

掃部寮 掃部式26条参照。

傅大夫 皇太子傅と春宮大夫。本式冒頭補注参照。

西向北上 皇帝・天皇が南面するのに対し、皇太子は西面する。→補7

藏設ニ胡床於幄下帖上一、西向、坊官設ニ亮及帯刀舎人胡床於幄北一、南向西上、其日、依ニ時刻一、傅以下、諸侍從、内舎人各著ニ朝服一参詣共候、東宮駕輦以下出、帯刀舎人服ニ上儀服一、被ニ甲脚纏抹額一行ニ立前後一、左右兵衞尉、志各率ニ兵衞一、陣ニ列門外一立ニ前後一、至ニ東廊外一降レ輦、就レ次著ニ禮冠一、若未レ冠者則雙童髻、禮服一帯レ劔、又謁者著ニ禮服一、以ニ坊大夫一爲之、若無者他四位得レ之、與ニ待從一進引ニ東宮一出レ次、舎人三人、執ニ紫蓋一以隨之、亮帯レ仗率ニ帯刀舎人等一在ニ前行一、諸衞亦如ニ常儀一、自ニ東廊昭訓門一入就ニ幄座一、執レ蓋者立ニ於幄後一、傅以下以レ次就レ座、亮率ニ帯刀舎人等一就ニ幄北胡床一、坊官率ニ史生并舎人十人一箇ニ容止合レ禮者一擬ニ雜役一侍ニ廊内東北庭一、群官入就レ位、訖傅進引ニ東宮一出レ幄、事見ニ儀式一朝拜訖還レ宮如ニ來儀一、是日、設ニ御次於豐樂院一、依ニ時刻一、東宮更服ニ朝服一、亮已上若諸侍從、入候ニ宮西細殿南一、主殿署設ニ輦於南階下一、舎人六人相分隨ニ輦前後一東宮駕レ輦、進一人執レ笏、主藏佑已上一人執レ履、若微

抹　底「昧」。諸本類似ノ字体。貞「末」。意ニヨリテ改ム。

童　底「章」。考異ニ従イテ改ム。

謁　底「竭」。閣・梵ホカニヨリテ改ム。

合　底「人々」。閣・梵ホカニヨリテ改ム。

佑　底「佐」。閣・貞ニヨリテ改ム。下同ジ。

胡床　折り畳み式の腰掛け。左右近衛式1条参照。

帯刀舎人　皇太子の身辺を警固する舎人。本式8条に「御子乃宮乃司剣波岐舎人」と見える。宝亀七年(七七六)に先ず一〇名で設置され、大同元年(八〇六)・天安元年(八五七)にそれぞれ一〇名が増員された(三代格大同元・五・二十七符、同天安元・五・八符)。本式43条でも、定員三〇名となっている。同条参照。

内舎人　→補1

朝服　朝庭の公事に着用する服。ただし、五位以上の官人は大祀・大嘗・元日には礼服を着用することになっていたので(衣服令4条)、相当位が正四位上の皇太子傅は本来ならば礼服を着用する。

上儀の服　左右近衛式等ではトネリの儀仗は、大儀・中儀・小儀の三段階に分けていた(左右近衛式1～3条参照)。上儀

という区分は内裏儀式・内裏式・儀式に見える。

甲脚纏抹額　→補2

礼冠　→補3

双童髻　髪を頭の中央から左右に分けて、両耳のあたりで先を輪にして結んだもの。加冠以前の幼時の髪型であった。

礼服　皇太子の礼服についても、衣服令1条に規定がある。続紀霊亀元・正・甲申条には「天皇御二大極殿一受レ朝、皇太子始加二礼服一拝朝」という記事が見える。

剣　→補4

謁者　天皇に拝謁する際の取次を行なう者。儀式六(元正受朝賀儀)も「以二坊大夫一為二謁者一」とする。

紫の蓋　儀制令15条に「凡蓋、皇太子、紫表、蘇方裏、頂及四角、覆レ錦垂レ総」とある。威儀物としての蓋については、大隅清陽「日本律令制における威儀物受容の性格」(『律令官制と礼秩序の研究』所収、二〇一一年、初出一九九九・二〇〇一年)参照。

容止　立ち居振る舞いのこと。

事は儀式に見ゆ　内裏儀式(元旦受群臣朝賀幷会)、内裏式上(元正受群臣朝賀式)、儀式六(元正受朝賀儀)参照。

この日　以下、元日宴会となる。

宮　東宮に一度戻り、そこから豊楽院に出御する。

蔵、*胡床《あぐら》を幄下の帖の上に設けよ。西向。坊官、亮《すけ》および*帯刀舎人《たちはきのとねり》の胡床を幄の北に設けよ。南向西上。その日、時刻によりて傅以下《いげ》・諸侍従・*内舎人《うどねり》各《おのおの》*朝服を著《き》て参《ま》詣《い》り、ともに候せよ。東宮の駕《の》る輦《れん》以下出ずれば、帯刀舎人、*上儀の服を服《き》、*甲《よろい》・脚《あ》纏《ゆい》・抹額《まっこう》を被《こうむ》りて前後に行立せよ。左右の兵衛尉《じょう》・志《さかん》、各兵衛を率いて門外に陣列し、前後に立て。東の廊の外に至らば輦より降り、次《やどり》に就きて*礼冠《らいかん》〈もし未だ冠せざればすなわち*双童髻《みずら》〉・*礼服《らいふく》を著け、*剣《たち》を帯びよ。また*謁者、礼服を著て〈坊の大夫を以てせよ。もしなくば、他の四位これに得《あた》れ〉侍従と進み、東宮を引きて次より出で、舎人三人、*紫の蓋《きぬがさ》を執りて以て随え。亮、仗を帯び、帯刀舎人らを率いて前行にあり。諸衛もまた常儀の如くせよ。東の廊の昭訓門より入りて幄の座に就かば、蓋を執る者、幄の後《しりえ》に立ち、傅以下次《ついで》を以て座に就き、亮、帯刀舎人らを率いて幄の北の胡床に就け。坊官、史生ならびに舎人十人を率いて〈*容止《ようし》、礼に合《かな》う者を簡《えら》びて雑役に擬《なぞら》えよ〉、廊内の東北の庭に侍り、群官入りて位に就け。訖らば傅、進みて東宮を引き幄より出でよ〈*事は儀式に見ゆ〉。朝拝訖らば、宮に還ること、来《きた》る儀の如くせよ。*この日、御次《おんやどり》を豊楽院《ぶらくいん》に設け、時刻によりて東宮さらに朝服を服、亮已上もしくは諸侍従、入りて*宮の西細殿の南に候し、主殿署、輦を南の階《きざはし》の下に設けよ〈舎人六人相分れて輦の前後に随え〉。東宮、輦に駕り〈進一人笏《しゃく》を執り、主蔵佑已上一人履《くつ》を執れ。もし微

雨主殿令史以上一人執二大笠一、帶刀舎人行二立前後一、亮已上若諸侍從奉レ引二東宮一出レ自二西門一、左右侍衛如レ常、至二宮門外一、東宮降レ輦就レ次、左右兵衛各留二門外一、候レ時昇二東階一就二殿上座一、學士幷藏人、亮、進及主藏佑已上各一人、帶刀舎人六人、並候二近衛陣頭一、主膳入就二内膳一、内膳供二御膳一、主膳隨卽奉レ膳、諸節幷每月一日、五日、十一日、十六日、廿一日、廿六日、参二入内裏一儀亦如レ之、其二日東宮拜二中宮一儀、見二中宮式一、

二日受二宮臣朝賀一儀

其日遲明、主殿署設二東宮座於前殿東廂一、西向、典儀坊進、出レ自二東細殿南一、設二宮臣版位於殿庭一、坊官在レ東、管監署在レ西、舎人分二列東西一、倶異位重行、北面相對爲レ首、設二典儀位於群官東北一、贊者坊屬、在レ南、差退倶西向北上、又設二宮臣次於門外一、坊官東、管監署西、重行相向、以レ北爲レ上、左右兵衛各屯二門外一、列仗如レ常、宮臣依二時刻一集二南門外一、各服二其服一就レ位、亮啓請二中嚴一、近仗就レ陣、東宮朝服以出、近仗時動、東宮卽レ座

日　底「自」。閣・梵ホカニヨリテ改ム。
北面　底「北西」。塙、「此面」ヲ「北西」ニ訂ス。コレヲ参考シテ改ム。
群　底「郡」。閣・梵ホカニヨリテ改ム。
東　底ナシ。閣・梵ホカニヨリテ補ウ。

学士　皇太子学士（東宮学士とも）。東宮職員令1条では定員二名。
近衛の陣　左右近衛式11条参照。
内膳　皇太子の食事を管掌するのは本来主膳監であるが、主膳式には節料の記載は見えない。一方、内膳式13条には元日節会等の御膳料が規定されているが、皇太子には言及されていない。しかし、同式24条には東宮供御のための器が、同式28・29条には東宮御膳のための食材が規定されており、内膳司が節会の場における東宮御膳も管掌したことは間違いな

雨ならば主殿令史《さかん》以上一人大笠を執れ〉、帯刀舎人、前後に行立せよ。亮已上もしくは諸侍従、東宮を引き奉《まつ》りて西門より出で、左右の侍衛は常の如くせよ。宮門の外に至らば、東宮、輦より降りて次《やどり》に就き〈左右の兵衛は各門外に留《とど》まれ〉、時を候《み》て東の階より昇《のぼ》り、殿上の座に就く〈*学士ならびに蔵人・亮・進および主蔵佑已上各一人、帯刀舎人六人、みな*近衛の陣の頭《ほとり》に候せよ〉。主膳入りて*内膳に就き、内膳、御膳《おもの》を供《くう》じ、主膳ただちに膳を奉れ〈諸節ならびに*毎月一日・五日・十一日・十六日・二十一日・二十六日、内裏に参《ま》入《い》る儀もまたかくの如くせよ。其れ二日に東宮、中宮を拝する儀は*中宮式に見ゆ〉。

3
二日、*宮臣の朝賀を受くる儀

その日の遅明、主殿署、東宮の座を前殿の東の廊に設けよ。西向。*典儀〈坊の進〉、東細殿の南より出でて宮臣の版《へんい》位を殿庭に設けよ。坊官は東にあり、管する監《げん》・署は西にあり〈舎人は東西に分列せよ〉。ともに*異位重行し、北面して相対するを首となせ。典儀の位を群官の東北に設けよ。*賛者〈坊の属《さかん》〉は南にあり。やや退りてともに西向北上。また宮臣の次を門外に設けよ。坊官は東、管する監・署は西。重行して相向かい、北を以て上となせ。左右の兵衛、各門外に屯《たむろ》し、列仗すること常の如くせよ。宮臣、時刻によりて南門の外に集《つど》い、*各その服を服《き》て位に就け。亮*啓《もう》して中《ちゅう》儼《げん》を請い、*近仗《きんじょう》、陣に就け。東宮、朝服して以て出で、近仗、時に*動け。東宮、座

い。
毎月一日…如くせよ　唐の皇太子入朝制度を受容したもの。毎月六回、五日ごとに内裏に参入する。↓補1
中宮式　中宮式3条参照。実例としては、類聚国史七一天長五・正・己未条に「皇太子已下、奉二賀後宮一、賜レ物有レ差」と見える。

3宮臣朝賀条

宮臣　正月二日、春宮坊および管隷の署・監に属する官人が行なう、皇太子への朝賀儀。↓補2
典儀　儀式の進行を掌る官。唐門下省に属する官に倣ったもの。
異位重行　高位の者より、位階の順に従って並ぶ。同じ位の者は横一列に並び、その後ろに次位の者が並行して重なる。
賛者　典儀の補佐を行なう者。上からの命令を下に伝えることを行なう。
その服　朝服のことか。なお、西宮記恒例一(二日二宮大饗)所引吏部王記延長八・正・一条には「東宮式云、此日宮人着二公服一云々」とある。
啓して中儼を請い　儀礼の場において、厳戒の備えを請うこと。
近仗　帯刀舎人。
動け　いわゆる動座。身分の高い人を見た際に、座(胡床)を避けて礼を表すこと。

傳　底「傅」。閣・塙・井・藤ニヨリテ改ム。下同ジ。
面　底ナシ。考異ニ従イテ補ウ。
氏　底ホカ「岐」。古事類苑ニ従イテ改ム。下同ジ。
面　底「西」。閣校注・塙校注ニヨリテ改ム。
撤　底「徹」。意ニヨリテ改ム。

西向、亮啓二外辨一、左右兵衛尉各一人、率二兵衛二人一開レ門、典儀、贊者共入就レ位、宮臣上下以レ次入就レ位、立定典儀曰、再拜、贊者承傳、宮臣在レ位者皆再拜、宮臣爲レ首者前昇レ自二西階一、當二西第三間一北折進二東宮座前一、東面跪賀、其詞曰、新年能新日尓、萬福乎持參來氐、拜供奉良久登申、賀訖俛伏、興復レ位、宮臣倶再拜、東宮卽令レ喚レ亮、亮稱唯昇レ自二西階一、當二東宮座前一東面跪承レ令、降詣二宮臣西北一、東面宣レ令、其詞曰、御命有利登宣、訖宮臣稱唯倶再拜、訖宣レ令曰、新年能新日尓、萬福乎平久受賜礼登宣、訖宮臣稱唯再拜、儛踏再拜、亮復レ位、典儀曰、再拜、贊者承傳、宮臣在レ位者皆再拜、訖以レ次退出、兵衛闔レ門、東宮降レ座以入、近仗罷レ陣、典儀撤二版位一、

同日受二群官賀一儀

前一日、大藏、木工設二幄幔於南門外一、當日遲明、左右兵

に即《つ》き西向。亮、*外弁《げべん》を啓し、左右の兵衛尉各一人、兵衛二人を率いて門を開けよ。典儀・賛者ともに入りて位に就き、宮臣上下、次《ついで》を以て入りて位に就け。立ち定まりて、典儀曰く、*再拝、と。賛者承け伝えて、宮臣の位にある者皆再拝せよ。宮臣の首たる者、前《すす》みて西の階より昇り、西の第三間に当たりて北折して東宮の座の前に進み、*東面し跪《ひざまず》きて賀す。*その詞に曰く、新しき年の新しき日に、万の福を持ち参り来て、拝み供《つか》え奉らくと申す、と。賀訖らば*俛伏《ふふく》し、興《た》ちて位に復《かえ》れ。宮臣ともに再拝せよ。東宮すなわち亮を喚《め》さしむ。亮、称唯《いしょう》して西の階より昇り、東宮の座の前に当たりて東面し、跪きて*令《れい》を承り、降りて宮臣の西北に詣《いた》り、東面して令を宣《の》る。その詞に曰く、御命《おおみこと》ありと宣る、と。訖らば宮臣称唯してともに再拝せよ。訖らば令を宣りて曰く、新しき年の新しき日に、万の福を平らけく受け賜れと宣る、と。訖らば宮臣称唯して再拝し、*儛踏して再拝せよ。亮、位に復れ。典儀曰く、再拝、と。賛者承け伝えて、宮臣の位にある者皆再拝せよ。訖らば次を以て退出《まか》れ。兵衛、門を闔《た》て、東宮、座を降りて以て入る。近仗、陣を罷《まか》り、典儀、版位を撤せよ。

4 同日、*群官の賀を受くる儀

前つこと一日、大蔵・木工、幄・幔を南門の外に設けよ。当日の遅明《ほのあかり》、左右の兵

外弁 儀礼の場の外を警戒すること。

再拝 →補1

東面 西を向いている皇太子に対し、正対して賀詞を述べる。

その詞に… 皇太子が元日朝賀儀で天皇に奏上する賀詞と比べると、「新月の」の句がない以外は同じ。賀詞については、藤森健太郎「『儀式』『延喜式』における皇太子の正月受賀儀礼について」(『古代天皇の即位儀礼』所収、二〇〇〇年、初出一九九二年)参照。

俛伏 うつむき伏すこと。

令 皇太子の命令。

儛踏 叙位・任官や特別な恩賜に対して、その喜びを表現する作法として行なう。雑式4条参照。中国から受容したもので、弘仁九年(八一八)には儀礼の唐風化が進められ、「百官舞踏」の教習も行なわれた(続後紀承和九・十・丁丑条)。具体的な作法は、侍中群要一(蔵人初参事)・拾芥抄中(儀式暦部)などに載せられている。西本昌弘「古礼からみた『内裏儀式』の成立」(『日本古代儀礼成立史の研究』所収、一九九七年、初出一九八七年)参照。

4群官賀条

群官 正月二日、親王・公卿および五位以上・六位以下の官人が、皇太子に対して行なう拝賀儀。皇后への拝賀の後に行なう。→補2

屯　底「長」。貞ニヨリテ改ム。
賀　底、コノ下「爪」字ヲ小書。閣・梵ホカニヨリテ削ル。

衞各屯二門外一、主殿署洒二掃前殿一設二東宮座於東廊一、西向、親王南向東上、參議以上北面東上、四位於二南榮一北向東上、不二昇殿一者座、於二西細殿東廂一北上、樂官座於二南庭差西一、親王已下座、群官賀畢設之、宮臣朝賀訖、式部入レ自二西門一立レ標、坊屬安レ位、依二時刻一、文武群官會二集門外一、次亮量二時刻一啓二請中儼一、近仗就レ陣、式部列二群官於門外位一、亮啓二外辨一、東宮服二朝服一卽レ座、左右兵衞尉各率二兵衞二人一開レ門、式部入置二群官版位於殿庭一、又掌儀式部輔、位於二群官東南一、贊者二人式部錄、位在レ南差退、俱西向北上、亮乃入昇レ自二西階一、差東北面立、訖群官五位已上入就二庭位一、六位已下就二門外位一、內外列定、東宮降レ座而立、若大臣不レ在者不二降立一、掌儀唱二再拜一、贊者承傳、群官皆再拜、群官爲レ首者一人、昇レ自二西階一、當二西第三間一、北折進二東宮前一、東面跪賀、其詞曰、新年能新日尒、萬福乎持參來氐、拜供奉良久登申、訖降復レ位、群官俱再拜、東宮卽令レ喚レ亮、亮稱唯前、東面跪承レ令、

衛、各《おのおの》門外に屯し、主殿署、前殿を*洒《そそ》ぎ掃《はら》いて東宮の座を東の廊《わたどの》に設けよ。西向。親王は南向東上。参議以上は北面東上。四位は南の栄《のき》に於いて北向東上。昇殿せざる者の座は西細殿の東廂に於いて北上。*楽官の座は南庭のやや西に於いてせよ〈親王已下の座は、*群官の賀畢りて設けよ〉。宮臣の朝賀訖らば、式部、西門より入りて*標《しるし》を立て、坊の属、*位を安《お》け。時刻によりて文武の群官門外に会集《えしゅう》し、次いで亮、時刻を量り啓して中儼《ちゅうげん》を請い、近仗、陣に就け。式部、群官を門外の位に列して、亮、外弁を啓せ。東宮、朝服を服《き》て座に即《つ》き、左右の兵衛尉《じょう》、各兵衛二人を率いて門を開け。式部入りて群官の版位を殿庭に置け。また*掌儀〈式部の輔《すけ》〉の位を群官の東南に、*賛者二人〈式部の録《さかん》〉の位は南にありてやや退り、ともに西向北上。亮すなわち入りて西の階より昇り、やや東北に面《む》かいて立つ。訖らば群官の五位已上は入りて庭の位に就き、六位已下は門外の位に就く。内外の列定まりて、東宮、*座を降りて立つ〈もし大臣あらざれば降り立たず〉。掌儀、再拝と唱え、賛者承け伝えて、群官皆再拝せよ。群官の首たる者一人、西の階より昇り、西の第三間に当たりて北折して東宮の前に進み、東面し跪きて賀す。*その詞に曰く、新しき年の新しき日に、万の福を持ち参り来て、拝み供《つか》え奉らくと申す、と。訖らば降りて位に復れ。群官とともに再拝せよ。東宮すなわち亮を喚さしむ。亮、称唯して前《すす》み、東面し跪きて令を

洒ぎ掃いて　水をかけ、塵を掃うこと。

楽官　雅楽寮のこと。雅楽式8条参照。

群官の賀　群官の拝賀が終わってから、親王以下次侍従以上が参入し饗宴となる。中務式13条参照。式部式下12条、儀式六(二日拝賀皇太子儀)には饗宴の部分は記されていない。

標　標の設置については、儀式六に詳しい。

位　版位。五位以上・六位以下官人の版位は式部省が設置するので、この版位はそれら以外のものとなる。

掌儀　儀式の進行を掌る官。

賛者　掌儀の補佐役。前条参照。

座を降りて…　皇太子が座を降りて立ち、大臣以上に対して敬意を示す。唐制では、皇太子は三品以上の者に対して敬意を表した。藤森健太郎前掲論文参照。

その詞に…　賀詞は宮臣朝賀のものと同じ。儀式六(二日拝賀皇太子儀)には「称詞如二元日内裏儀一、但不レ注二新月一」とある。

降詣二群官西北一、東面宣レ令曰、新年能新日尓、萬福乎平久永久受賜利坐部冬宣、若大臣已上不レ在者無二坐部詞一、訖群官再拜、亮還比レ至二階下一、掌儀唱二再拜一、贊者承傳、群官再拜、東宮卽レ座、群官退出、亮亦退、掌儀、贊者以レ次退出、既而親王已下侍從已上、更入就レ位、倶再拜、訖奉觶郎以二五位一爲之、持二空盞一前授二爲レ首者一、群官倶再拜、訖卽升レ自二西階一各就レ座、但五位就二西殿東廂座一、坐定雅樂寮入レ自二南門一就レ座、主膳奉二坊官一行二群官饌一、行觴一周、雅樂寮作レ樂、行觴五周、坊官積二祿物於殿庭一、主藏陳下盛二衣被一櫃於祿物北上、行觴九周、樂止、雅樂寮退出、亮於二庭中一唱二四位五位名一自レ下唱之、賜二祿物一、四位小袿衣一領、五位綿十屯、訖女藏人各持二白袿衣一襲一賜二親王已下大納言已上一、又持二同衣一領一賜二中納言三位參議一、又持二袿衣一領一賜二非參議三位幷四位參議一、訖群官以下並再拜而退出、所司閉レ門、

凡正月八日、東宮參二御齋會所一、設二次於昭訓門内北一、十

冬　諸本異同ナシト雖モ、或イハ「登」ニ作ルベキカ。
亮　底「高」。塙校注・貞ニヨリテ改ム。
上　底「下」。貞ニヨリテ改ム。
卽　底ホカ「問」。梵別「同」。貞「間」。考異ニ従イテ改ム。
但　天「倶」。塙ニヨリテ改ム。
陳　底「陣」。梵別ニヨリテ改ム。タダシ梵別校注「陣」。
白　底「日」。中宮式4条ニヨリテ改ム。
齋　底ナシ。壬ニヨリテ補ウ。

もし大臣已上…　大臣以上が不在の場合は、「受賜利坐部」の部分が「受賜礼」となり、宮臣朝賀のものとほぼ同じになる。
奉觶郎　酒をすすめて飲ませる役割の者。酒宴の作法については、雑式5条参照。
空盞　からの酒杯。
饌　饗宴の食事。
行觴　酒杯をまわすこと。

衣被　饗宴の後のこととして親王から五位官人までへの賜禄が記されているが、その禄物の中に被は見えない。中宮では、女官らへの賜物の中に被が含まれている(中宮式5条)。

小褂衣　褂衣とは袿(ウチキ)のことで、袴と単(ヒトエ)の上に数枚重ねて着用した。小褂衣とは小型の袿で、裾が短いものと考えられる。儀式の際に下賜される被物(カズケモノ)とされることも多かった。群臣賀における禄物については、山下信一郎「大臣大饗管見」(『日本古代の国家と給与制』所収、二〇一二年、初出二〇〇三年)参照。

女蔵人　雑用に従事する下級女官。東宮にも置かれた。

白の褂衣　白色の袿。白色は、衣服令7条では最上位の色であった。

所司　兵衛。

5東宮御斎会条

御斎会　皇太子はその初日に当たる正月八日に朝堂院へ赴き、大極殿上の北面する座に就いた。太政官式97条には「初後両日、皇太子已下参議以上、及諸王五位已上就㆓殿上座㆒」とあり、掃部式19条には座の位置を「東階上北進二許丈、更西折一許丈」とする。御斎会の式次第は儀式五(正月八日講最勝王経儀)および玄蕃式1条参照。

承り、降りて群官の西北に詣り、東面して令を宣りて曰く、新しき年の新しき日に、万の福を平らけく永く受け賜り坐《まさ》えと宣る、と〈*もし大臣已上あらざれば、坐えの詞なし〉。訖らば群官再拝せよ。亮、還りて階の下に至るころ、掌儀、再拝と唱え、賛者承け伝えて、群官再拝せよ。東宮、座に即き、群官退《ま》出《か》れ。亮もまた退《まか》り、掌儀・賛者、次を以て退出れ。既にして親王已下侍従已上、更に入りて位に就き、ともに再拝せよ。訖らば*奉觶郎《ほうしろう》〈五位を以てせよ〉、*空盞《こうざん》を持ち前みて首たる者に授け、群官ともに再拝せよ。訖らばすなわち西の階より升《のぼ》りて各座に就け〈ただし五位は西殿の東廂の座に就け〉。坐定まりて雅楽寮、南門より入りて座に就く。主膳、坊官を奉《たす》けて群官の*饌《おもの》を行なえ。*行觴《こうしょう》一周せば、雅楽寮、楽を作《おこ》し、行觴五周せば、坊官、禄物を殿庭に積み、主蔵、*衣・被《ふすま》を盛《い》る櫃を禄物の北に陳《つら》ね、行觴九周せば、楽止みて、雅楽寮、退出れ。亮、庭中に於いて四位・五位の名を唱え〈下より唱えよ〉、禄物を賜う。四位に*小《こ》褂衣《うちぎ》一領、五位に綿十屯。訖らば*女蔵人《にょくろうど》各*白の褂衣一襲《かさね》を持ちて親王已下大納言已上に賜う。また同じき衣一領を持ちて、中納言・三位の参議に賜い、また褂衣一領を持ちて非参議の三位ならびに四位の参議に賜う。訖らば群官以下みな再拝して退出り、*所司、門を閉《た》てよ。

5
凡そ正月八日、東宮、*御斎会《ごさいえ》の所に参らんには、次《やどり》を昭訓門《しょうくんもん》の内の北に設けよ。十

四日亦同、其終日若不參者、差㆓進已上一人㆒勞㆓問衆僧㆒、其詞曰、大岐法師多•知乃•此來侍利坐布良牟狀問尓退止仰給布事乎•曰、

凡十六日踏歌妓、自㆓內裏㆒退出、從㆓東南門㆒入候㆓殿東庭㆒、近仗分居㆓東西細殿廂㆒、東宮朝服把笏卽㆑座、妓出㆑自㆑東、踏歌畢卽於㆓殿上㆒賜㆓酒肴㆒、其祿細屯綿五百屯、請㆓內裏節料㆒賜之、內裏女藏人四人在㆓妓中㆒、別給㆓衾各一條㆒、用㆓坊物㆒、

凡正月上卯早旦、東宮參㆓於內裏㆒、坊官率㆓舍人四人㆒預擇㆓定•容貌端正同位者㆒、舁㆓御杖案㆒隨之、天皇御㆓紫宸殿㆒、坊官大夫以下四人舁㆑案、東宮扶入㆓日•華門㆒、昇㆑自㆓南階㆒•安㆓簀子敷上㆒退出、卽入㆓中宮㆒獻亦如㆑之、訖還㆑宮、左右兵衞各屯㆓門外㆒、及開㆑門如㆓常儀㆒、帶刀舍人服㆓中儀㆒、分頭陣㆓階下㆒、主殿署官人率㆓舍人等㆒、舁㆑机參㆔入自㆓南門㆒、安㆓庭中㆒罷出、坊官率㆓品官、舍人等㆒各捧㆑杖、東西相分入立㆓庭中㆒、大夫差進啓曰、正月能上

知　底「如」。閣・梵ホカニヨリテ改ム。
此　底「比」。塙校注・京ニヨリテ改ム。
曰　→校補1
容　底ナシ。閣・梵ホカニヨリテ補ウ。
華　底「花」。例ニヨリテ改ム。
安　底「案」。貞ニヨリテ改ム。

終る日　御斎会最終日の正月十四日。

不参　本来、皇太子は最終日に行啓することになっていたが、行啓しない場合は春宮坊の進以上の者(江家次第三「御斎会竟日」では東宮使は大進)一人を立て、慰労の令旨を伝えた。

6踏歌妓条

踏歌の妓　短尺草では「踏歌女」。中宮式11条には踏歌の妓女は四六人とあり、内蔵式61条には踏歌の人として女蔵人四人、内教坊の歌頭四人、水司の女孺二人が見える。また、江家次第三(踏歌)に

四日もまた同じくせよ。その*終る日もし*不参ならば、進已上一人を差《つか》わして衆僧を労問せしめよ。その詞に曰く、大き法師たちの此《ここ》に来侍り坐《ます》らん状《さま》問いに退《まか》れと仰せ給うことを曰す、と。

6 凡そ十六日、*踏歌《あらればしり》の妓《ひめ》、内裏より退出《まか》り、東南の門より入りて殿の東庭に候せよ。近仗分れて東西の細殿の廂に居し、東宮、朝服・把笏《はしやく》して座に即き、妓は東より出でよ。踏歌畢らばすなわち殿上に於いて酒肴を賜う。其れ禄は*細屯綿《ほそつみのわた》五百屯〈内裏の節の料を請《う》けて賜え〉。内裏の女蔵人四人、妓の中にあり。別に衾《ふすま》各一条を給え〈坊の物を用いよ〉。

7 凡そ*正月の上つ卯《う》の早旦、東宮、内裏に参らんには、坊官、舎人四人を率い〈預め容貌端正の同位の者を択《えら》び定めよ〉、御杖の案《つくえ》を舁《か》きて随え。天皇、紫宸殿《ししいでん》に御《おわ》さば、坊官の大夫《だいぶ》以下四人、案を舁き、東宮、扶《つ》きて日華門《にっかもん》より入り、南の階より昇《のぼ》りて*簀子敷《すのこじき》の上に安《お》きて退出る。すなわち中宮に入りて献るもまたかくの如くせよ。訖らば宮に還る。左右の兵衛、各門外に屯し、および門を開くこと常儀の如くせよ。帯刀舎人、中儀を服《き》、分頭して階の下に陣す。主殿署の官人、舎人らを率い、机を舁きて南門より参《ま》入《い》り、庭中に安きて罷《まか》り出ず。坊官、*品官《ほんかん》・舎人らを率いて各杖を捧げ、東西相分れて入りて庭中に立つ。大夫やや進みて啓して曰く、正月の上つ

は、「坊家妓女外、中宮春宮妓女各二人催レ之〈被レ候二内裏一時〉、女蔵人奉仕〈内裏女蔵人四人必奉仕〉」とする一方、「舞妓出〈西宮抄四十人至二版位下一〉、折南行、更還北行、踏舞三廻了、如レ元退〉」とある。内裏での踏歌の後、この妓女が東宮に移動して皇太子のための踏歌を行なった。

細屯綿　中宮式11条では「六百屯、預請二大蔵省一」とある。調として大蔵省に納められたものから、内裏の節会の料として準備され、さらにその一部が春宮坊に分与された。主計式上2条参照。

7 卯杖条

正月の上つ卯　正月の最初の卯の日、皇太子は先ず紫宸殿で行なわれる卯杖を天皇へ献じる儀、次いで常寧殿で行なわれる皇后へ献じる儀に臨み、その後、東宮において自らに卯杖が献じられる儀に臨んだ。なお、もし、この日が元日に当たっていたならば、群臣が朝賀の儀を行なう前に行ない、また、皇太子が不参の場合は、坊官のみで卯杖を献じた(内裏式上[上卯日献御杖式])。中宮式9条、大舎人式5条、内蔵式33条、左右近衛式3条、左右兵衛式12条参照。

簀子敷　紫宸殿南側の南廂と南の階の間の部分。掃部式20条参照。

品官　本式27条参照。

卯日能御杖供奉弖進良久登申給登申、令曰、置之、主典已上倶稱唯、轉安二案上一退出、

次大舎人寮、次兵衞府、並無二啓辭一、

凡正月十七日射禮節、東宮參二豐樂院一、歩射射手帶刀十人著二抹額、脛巾一、坊進一人執二帶刀歷名札一、趍就二左近陣西南頭一、西向立奏、宸儀不レ幸、屬唱之、其詞曰、御子乃宮乃司劔波岐舎人某姓某丸、事畢還レ宮如レ常、

凡春秋二仲月上丁、東宮觀二釋奠講說一、享畢木工、掃部設二東宮床於執經高座東一、南向、坊官設二東宮次於堂院東北一、其日、依二時刻一、侍從四位二人、五位二人、入候二西細殿南一、主殿署設レ輦如二常儀一、亮啓請二發引一東宮駕レ輦以出、大夫以下及帶刀舎人、各侍衞如二常儀一、侍從俱引二東宮一出レ自二西門一、左右兵衞亦如二常儀一、至二大學東門一降レ輦以入、先升二廟堂一、再二拜先聖先師一、訖入レ自二講堂南東掖門一留二於次一、式部率二刀禰一列二門外一、東宮乃入レ自二堂北東戸一就レ座、講畢還レ宮如二來儀一、

登　底ナシ。塙校注・貞ニヨリテ補ウ。

抹　底及ビ諸本「末」。意ニヨリテ改ム。

輦　底「賛」。塙校注・貞ニヨリテ改ム。

8射礼条

射礼　正月十七日、豊楽院において天皇臨席の下、群臣が歩射を行なう儀。大射ともいう。雑令41条には「凡大射者、正月中旬、親王以下、初位以上、皆射之」とあるが、内裏儀式(十七日観射式)では十七日に「便処」で行なう儀と記され、正月十七日の儀として固定した。また、後紀弘仁二・正・壬子条には「御二豊楽院一観レ射」、内裏式上(十七日観射式)においても豊楽院で行なう儀とされるが、西宮記恒例一(射礼)では建礼門儀と豊楽院儀とを併記しており、やがて、建礼門前で行なう儀と考えられるようになった。太政官式99条、式部式上275条、兵部式4条、掃部式36条参照。

御子の宮の司　春宮坊のこと。

9釈奠講説条

釈奠の講説　日本における釈奠は、廟堂院での祭祀である饋享、都堂院で儒教経典を講読する論議、その後の百度座と宴座という二度の宴会、秋季にはさらに翌

日の内裏紫宸殿で行なわれる内論議からなる。ここはその中の儒教経典の講読を指す。太政官式84条、大学式1～15条参照。

床　床子とも。背もたれや両袖のない四足の腰掛。木工式8条参照。

執経の高座の東　釈奠の講論において経典の釈義をする者を執経といい、その座の東側。儀式七(二月上丁釈奠講論儀)にも「皇太子座在二執経高座東一」とある。中国では皇太子は執経より教えを受ける者として下位に座すが、日本では皇太子は執経の座と並び、南面する形となり、皇太子の神聖な地位と百官の位次を守ることとなっている(彌永貞三「古代の釈奠について」〈『日本古代の政治と史料』所収、一九八八年、初出一九七二年〉)。

廟堂　大学寮の敷地の東北隅に位置する、廟堂院の中心となる建物。ここに先聖・先師のほか一一座が祭られ、饋享が行なわれた。

先聖先師　日本では先聖は孔子、先師は顔回を指す。

講堂　都堂のこと。本朝文粋八所収の都在中の詩序では文章院とも。大学寮廟堂院の西隣にある都堂院の中心となる建物。都堂院には都堂の南側の庭に東堂と西堂が相対し、八足の南門の両側、東西に掖門があった(大内裏図考証二四上)。

卯の日の御杖供《つか》え奉《まつ》りて進《たてまつ》らくと申し給うと申す、と。令して曰く、置け、と。主典《さかん》已上ともに称唯《いしょう》して転じて案上に安きて退出れ。次いで大舎人寮、次いで兵衛府。みな啓辞なし。

8　凡そ正月十七日の*射礼《じゃらい》の節に、東宮、豊楽院《ぶらくいん》に参らんには、歩射《かちゆみ》の射手の帯刀十人、抹額《まっこう》・脛巾《はばき》を著け、坊の進一人、帯刀の歴名《れきみょう》の札を執りて、趁《おもむ》きて左近の陣の西南の頭《ほとり》に就き、西に向かいて立ちて奏《もう》せ〈宸儀幸せざれば属《さかん》唱えよ〉。その詞に曰く、*御子《みこ》の宮の司の剣《たち》はき舎人某姓某丸《まろ》、と。事畢りて宮に還ること、常の如くせよ。

9　凡そ春秋二仲月の上つ丁《ひのと》、東宮、*釈奠《せきてん》の講説を観《み》んには、享《きょう》畢りて木工・掃部、東宮の*床を*執経の高座の東に設けよ。南向。坊官、東宮の次《やどり》を堂院の東北に設けよ。その日、時刻によりて、侍従の四位二人・五位二人、入りて西細殿の南に候し、主殿署、輦を設くること常儀の如くせよ。亮啓《もう》して発引を請い、東宮、輦に駕《の》りて以て出ず。大夫以下および帯刀舎人、各侍衛すること常儀の如くせよ。侍従ともに東宮を引きて西門より出で、左右の兵衛もまた常儀の如くせよ。大学の東門に至りて輦より降り、以て入る。先ず*廟堂に升《のぼ》りて*先聖・先師を再拝し、訖らば*講堂の南東の掖門《わきもん》より入りて次に留まる。式部、刀禰《とね》を率いて門外に列し、東宮すなわち堂の北東の戸より入りて座に就く。講畢りて宮に還ること、来《きた》る儀の如くせよ。

凡二月上申十一月亦同、奉二春日祭一幣帛、五色薄絁各八尺、裹以二調布幷薦一、差レ亮令レ奉、亮若有レ障差二藤原氏五位以上一、差二加史生一人、舎人一人一、前一日遅明、使官令レ持二幣帛一、入レ自二東門一安二東細殿南案上一、預樹二贄上一、主殿署設二東宮座於前殿一、南向、舎人四人舁二幣案一立二庭中一退出、進、藏人等昇レ自二南階一、使者相副扶之、樹二廂座南一、使者等退出、更捧レ幣参入安レ机、使者降侍二階下一、舎人退出、東宮服二朝服一就二廂座一、宮主捧レ麻入跪二庭中一、解除退出、東宮兩段再拝、舎人入舁二幣案一、使官隨卽退出、東宮待二使者過二細殿南一、卽復二本座一、使者更集二於坊廳前庭一、宮主捧レ麻解除、訖達二前所一、主馬署官人令レ牽二御馬二疋一、與レ使共參二於社下一、御馬毛付、韊舎人名簿、前一日進レ坊、

凡二月上卯十一月中子亦同、奉二大原野祭一幣、五色薄絁各八尺、調布二丈一尺、裹レ幣料、其儀同二春日祭一、但使進一人、差二加舎人一人一、

有　底ナシ。塙校注・貞ニヨリテ補ウ。

薄　底ナシ。塙校注・貞ニヨリテ補ウ。

10春日祭条

春日の祭　大和国添上郡に鎮座する「春日祭神四座」の祭祀。→補1

藤原氏の五位以上　春宮亮の相当位が従五位下であり、春日神が藤原氏の氏神的側面を持つことによる措置か。

史生一人舎人一人…　本条および本式11・15条の記載から使は四等官で、史生・舎人等はその随員と考えられる。しかし、本式13条では舎人・幣帛持が特に区別なく記されており、条文間に記述法の差異が見られる。

前つこと一日　発遣儀礼が春日祭前日に行なわれるのは、中宮職、内蔵寮と同じである。中宮式12条、内蔵式2条参照。

南向　春日社の方角に向かって拝礼を行なうため。

舎人四人…　後出の賀茂祭(本式15条)では舎人が幣案を担いでそのまま昇殿する

10凡そ二月の上つ申《さる》〈十一月もまた同じくせよ〉、*春日の祭に奉る幣帛《みてぐら》は、五色の薄絁《うすぎぬ》各八尺、裹《つつ》むに調布ならびに薦《こも》を以てし、亮を差《つか》わして奉らしめよ〈亮もし障りあらば、藤*原氏の五位以上を差わせ〉。*史生一人・舎人一人を差《さ》し加えよ。*前つこと一日の遅明《ほのあかり》、使の官、幣帛を持たしめ、東門より入りて東細殿の南の案上に安《お》け〈預め簀《す》の上に樹《た》てよ〉。主殿署、東宮の座を前殿に設けよ。*南向。*舎人四人、*幣《みてぐら》の案《つくえ》を舁《か》き、庭中に立てて退出《まか》れ。進・蔵人ら南の階より昇り、使者相副《そ》いて扶《つ》け。廂の座の南に樹て、使者ら退出れ。更に幣を捧げて参入《まい》り、机に安け。使者降りて階の下に侍り、舎人退出れ。東宮、朝服を服《き》て廂の座に就き、宮主《みやじ》、麻《ぬさ》を捧げて入りて庭中に跪《ひざまず》き、解除《はらえ》して退出れ。東宮、*両段再拝。舎人入りて幣の案を舁き、使の官はただちに退出れ。東宮、使者の細殿の南を過ぐるを待ちてすなわち本座に復《かえ》る。使者、更に坊の庁の前庭に集い、宮主、麻を捧げて解除せよ。訖らば*前所に達《いた》れ。*主馬署の官人《かんにん》、御馬二疋を牽《ひ》かしめて、使とともに社下に参れ〈御馬の*毛付、*䪊《くちとり》の舎人の名簿は、前つこと一日、坊に進れ〉。

11凡そ二月の上つ卯〈*十一月の中つ子《ね》もまた同じくせよ〉、*大原野《おおはらの》の祭に奉る幣は、五色の薄絁各八尺、調布二丈一尺〈幣を裹む料〉。その儀は春日の祭に同じくせよ。ただし使は進一人。舎人一人を差《さ》し加えよ。

のに対し、本祭では舎人が幣案を担ぐのは坊の庭までで、そこから昇殿するのは春宮進などの官人となっている。このような相違が生じた背景については、式文の撰定の段階で、位の低い舎人が幣案を担いで昇殿することを問題視する醍醐天皇の指示に基づく改訂が行なわれたことが短尺草から窺える(黒須利夫「『延喜式覆奏短尺草写』の基礎的考察」〈『延喜式研究』二六、二〇一〇年〉参照)。

両段再拝　再拝(二度拝礼すること)を二度繰り返す作法。一般には拝を四回することとされ、そこから四度拝とも、また再拝両段ともいう。具体的には二度連続して拝した後に祈念を行ない、さらに二度拝するとされている。北山抄一(元日拝天地四方事)によれば、「両段再拝」は我が国古来の神拝作法であるという。大神宮式8条参照。

前所　次に赴くべき所。

主馬署　主膳式冒頭補注参照。

毛付　馬の体毛の色を記した文書。

䪊の舎人　馬の指縄(サシナワ)を引く役の舎人。

11大原野祭条

十一月の中つ子…　本注記は、短尺草の指示により加えられたものである。

大原野の祭　山城国乙訓郡に鎮座する大原野社の祭祀。→補2

紺　底「絹」。中宮式13条ニヨリテ改ム。
進　底ホカ「遣」。貞「進」。貞ニ従ウモ考異、衍カト疑ウ。
辨　底「拝」。貞ニヨリテ改ム。
旦　底「日」。閣・梵ホカニヨリテ改ム。
列　底「引」。貞ニヨリテ改ム。

12使等装束料条

使ら　各社に発遣される使の装束料について、中宮式、内蔵式では祭ごとに料物が記されているのに対し、本式ではその形を採っていない。春宮大進・少進の相当位が従六位上・従六位下、春宮大属・少属の相当位が正八位下・従八位上であることからすると、本条にまとめてそれらを記したようにも見えるが、一方、本条では春宮亮の相当位である従五位下が含まれる五位官には触れておらず、また、本条が配置されている場所も諸祭の間といささか座りの悪い位置となっている。

当色　供奉の官人に給されるそれぞれの位階相当の色の装束。衣服令5条では、六位は深緑、八位は深縹。

使等裝束料

六位一人、當色一具、絹三疋、綿六屯、細布四端、八位一人、當色一具、絹一疋、細布一端、曝布三端、持レ幣丁料紺調布一端、

凡四月上卯十二月准レ之、奉二進大神祭一幣帛、五色絹各八尺、裹用二調布幷薦一、遙拜儀一同二春日祭之儀一、使進一人、冬屬、舍人一人、幣帛持一人、申二送辨官一下二知當國一、

凡同月上申十一月亦同、奉二平野祭一幣帛、五色薄絁各六尺、裹以二調布一、其日平旦、大藏、木工設二東宮次幄床於神殿東庭一、坊官設二座於床上一、掃部設二東宮座於神殿前一、西向、依二時刻一、坊官幷侍從以下入候二西細殿南一、人數同レ上、主馬設レ駕列二立殿庭一、舍人八人從レ之、東宮御レ駕帶刀舍人行立如レ常、二人步行、坊官以下進引二東宮一出レ自二東門一、左右兵衞陣列如レ常、坊官以下於二宮城門外一騎レ馬、至二神院外一東宮下レ駕、神祇官迎供二神麻一灌二鹽湯一、訖入就レ次、親王已下就レ座之後、出レ自レ次就二幄西座一、神祇官就二祝詞座一、大藏輔供二木綿鬘於東宮一、神祇

12 *使らの装束の料

六位一人に*当色《とうじき》一具、絹三疋、綿六屯、細布四端。八位一人に当色一具、絹一疋、細布一端、曝布《さらしぬの》三端。*幣を持つ丁《よぼろ》の料に紺の調布一端。

13 凡そ四月の上つ卯〈十二月もこれに准えよ〉、*大神《おおみわ》の祭に奉進《たてまつ》る幣帛は、五色の絹 各《おのおの》八尺、裹むに調布ならびに薦を用いよ〈*遥拝の儀は一《ひとえ》に春日の祭の儀に同じくせよ〉。使は進一人〈*冬は属〉、舎人一人、幣帛持《みてぐらもち》一人。弁官に申し送りて当国に*下知せよ。

14 凡そ同月の上つ申〈十一月もまた同じくせよ〉、*平野《ひらの》の祭に奉る幣帛は、五色の薄絁各六尺、裹むに調布を以てせよ。その日の平旦、大蔵・木工、東宮の*次《やどり》の幄・床を*神殿の東庭に設け、坊官、座を床上に設け、掃部、東宮の座を神殿の前に設けよ。*西向。時刻により、坊官ならびに侍従以下入りて西細殿の南に候し〈人数は上に同じくせよ〉、主馬《しゅめ》、駕を設けて殿庭に列立し、*舎人八人これに従え。東宮、駕に御し、帯刀舎人《たちはきのとねり》、行立すること常の如くせよ〈二人は歩行〉。坊官以下進み、東宮を引きて東門より出で、左右の兵衛、陣列すること常の如くせよ。坊官以下、宮城門の外に於《の》いて馬に騎れ。神院の外に至らば東宮、駕より下り、神祇官迎えて*神麻《かんぬさ》を供《くう》じ、*塩湯を灌《そそ》ぎ、訖らば入りて次に就く。親王已下座に就くの後、次より出でて幄の西の座に就く。神祇官、*祝詞の座に就き、大蔵の輔、*木綿鬘《ゆうかずら》を東宮に供ぜよ。神祇

幣を持つ丁　中宮式13条に類例を求めると、料物の記載がほぼ同じであることから幣を持つ仕丁と考えられる。

13 大神祭条

大神の祭　→補1

遥拝の儀　東宮が直接祭祀に参加せず、代わりに奉幣使を派遣する形態を指す。

冬は属　→補2

当国に下知せよ　同じ「東宮幣」の発遣に関わる規定がこの前後に掲載されている中で、本条と15条にのみこの文言が見える。

14 平野祭条

平野の祭　→補3

次　本式2条参照。

神殿　平野社の神殿については掃部式10条参照。

西向　神殿が東面していることによる。

舎人八人　この箇所は短尺草による改正案が示されたものの、採用されていない。本条には以下二箇所、短尺草による改訂箇所が見られる。

神麻　修祓のために用いられる麻（ヌサ）。

塩湯　真水に塩を溶かして浄火で温め、修祓のために用いたもの。塩が穢れを祓う力を持つと考えられたことによる。

祝詞　→補4

木綿鬘　→補5

官兩段再拜、東宮亦拜、群官同拜、讀二祝詞一訖神祇官兩段再拜、東宮亦拜拍レ手、群官倶拜禮亦如レ常、畢卽還レ宮如二來儀一、中臣預候二宮外一供二神麻一、東宮有レ障、差二進已上一人一奉之、主馬署供二奉御馬一同二春日祭一、

凡同月中酉奉二賀茂上下、松尾三社一幣帛、社別五色薄絁各三尺、調布一端、裹以二調布幷薦一、差レ亮令レ奉、亮若有レ障差二學士一、差二加史生一人、走馬舍人二人一、卽申二送辨官一下二知當國一、其日遲明、使史生率二舍人一裹二幣六捧一、社別二捧、使官率二史生等一令レ持二幣帛一、入レ自二東門一、安二東細殿南案上一、預樹二二高案於二簀上一、主殿署設二東宮座於前殿南廂一、北向、史生及舍人惣八人、倶舁二幣案一進昇レ自二南階一、使官相副扶之、樹二兩座北一、使官降侍二階下一、史生、舍人退出、東宮服二朝服一就レ座、宮主捧レ麻入跪二庭中一、解除退出、卽東宮兩段再拜、史生、舍人入舁二幣案一、使官隨卽退出、東宮待二使人過二細殿南一、

官　底ナシ。貞ニヨリテ補ウ。
常　底「之」。塙・京ニヨリテ改ム。
差　底「若」。上文ノ例ニヨリテ改ム。
舍　底ナシ。閣・梵ホカニヨリテ補ウ。
副　底「制」。閣校注・貞ニヨリテ改ム。

東宮に障りあらば…　本朝月令(四月)所引の貞観春宮式の逸文に春宮進以上の代参規定が見える。同書の弘仁式逸文部分には同様の記載がないことから、代参の規定は貞観式段階で規定されたか。このことに関連して、西宮記恒例三(上申平野祭)と江家次第六(平野祭)では皇太子の参会規定がすべて欠落しており、その後の儀式書でも確認できない。これは、一〇世紀後半になると春宮坊官人の代参が通例となっていくためか。

15賀茂松尾社条

賀茂の上下松尾の三社　賀茂の上下は、山城国愛宕郡に鎮座する「賀茂別雷神社」(上社)・「賀茂御祖神社二座」(下社)、松尾は山城国葛野郡に鎮座する「松尾神社二座」を指す。賀茂祭は前二社の祭礼で、

祭儀については儀式一（賀茂祭警固儀・賀茂祭儀）に詳細に記されているが、本朝月令（四月）所引の弘仁神式逸文（「神式」は「官式」の誤りで、本逸文は弘仁太政官式の可能性が大きい）には太政官式72条の条文とほぼ同内容の記載が見えることから、弘仁式の段階でほぼ儀式・延喜式と同様の規定が整備されていたか。賀茂社の恒例祭祀に関しては、本朝月令（四月）所引の秦氏本系帳逸文には欽明天皇の時代に開始されたと見え、また七世紀末期から頻繁に「賀茂祭」の記載が見受けられるが、これらは賀茂社独自の祭祀であり、本条のようないわゆる公祭としての賀茂祭の開始時期は、賀茂社が王城鎮護の神社として奉幣の対象となった長岡京・平安京遷都後の八世紀末から九世紀初頭と考えられる。弘仁年間には賀茂社への斎王の派遣、斎院司の設置が行なわれ、弘仁十年（八一九）には賀茂祭が国家の中祀と定められた。→補1

走馬の舎人　賀茂祭で行なわれる走馬については、太政官式72条、左右馬式10条参照。二人の舎人は儀式一（賀茂祭儀）の「春宮走馬左右各一疋」に対応するか。

北向　皇太子の居所のあった雅院から、賀茂別雷神社がおよそ北北東方向、賀茂御祖神社がおよそ北東方向に位置することから、両社を拝するためか。

官、両段再拝し、東宮もまた拝す。群官同じく拝せよ。祝詞を読み訖らば、神祇官、両段再拝し、東宮もまた拝して手を拍《う》ち、群官ともに拝礼すること、また常の如くせよ。畢らばすなわち宮に還ること、来《きた》る儀の如くせよ。中臣預め宮外に候して、神麻を供ぜよ。*東宮に障りあらば、進已上一人を差わして奉らしめよ。主馬署、御馬に供奉すること、春日の祭に同じくせよ。

15 凡そ同月の中つ酉《とり》に*賀茂《かも》の上下・松尾《まつのお》の三社に奉る幣帛は、社別《ごと》に五色の薄絁各三尺、調布一端、裹むに調布ならびに薦を以てせよ。亮を差わして奉らしめよ〈亮もし障りあらば、学士を差わせ〉。史生一人、*走馬の舎人二人を差《さ》し加えよ。すなわち弁官に申し送りて当国に下知せよ。その日の遅明、使の史生、舎人を率いて幣《みてぐら》六捧《ほう》を裹み〈社別に二捧〉、使の官、史生らを率いて幣帛を持たしめ、東門より入りて、東細殿の南の案上に安《お》け〈預め二つの高案を二つの簀の上に樹《た》てよ〉。主殿署、東宮の座を前殿の南廂に設けよ。*北向。史生および舎人惣べて八人、ともに幣の案を舁き、進みて南の階より昇り、使の官相副い扶《つ》きて、廂の座の北に樹てよ。使の官降りて階の下に侍り、史生・舎人退出れ。東宮、朝服を服《き》て座に就き、宮主、麻を捧げて入り、庭中に跪き、解除《はらえ》して退出れ。すなわち東宮、両段再拝。史生・舎人入りて幣の案を舁き、使の官はただちに退出れ。東宮、使人の細殿の南を過ぐるを待ちて

卽復㆓本座㆒、使官更集㆓於坊廳前庭㆒、宮主捧㆑麻解除、畢使官以下向㆓內藏㆒就㆓庭座㆒、松尾社禰宜、祝二人候㆓于內藏㆒、史生一人、舍人一人、各捧㆓幣帛㆒進授㆓禰宜、祝等㆒、卽內藏給㆑饌、畢各達㆓前所㆒、

凡藥師寺最勝會讀師布施料、絹六疋、綿廿五屯、調布十端、韓櫃一合、（加㆑臺、）毎年送㆓彼寺㆒、但有㆓王氏中宮㆒者、彼職送之、

凡四月廿八日牽駒、前一日、設㆓次於武德殿南㆒、（所司立㆑幄、坊官設㆓御座㆒、）當日、東宮先就㆑次、候㆑時昇殿、

凡五月五日、典藥寮進㆓菖蒲㆒、官人率㆓侍醫一人、藥生等㆒、持㆓菖蒲案㆒候㆓西門外㆒、坊官令㆔舍人引迎入、就㆓西細殿南㆒、典藥官人以下舁㆓供料、雜給料案各一脚㆒、進立㆓殿庭㆒退出、主藏官人、舍人惣八人、入舁㆑案退出、供料附㆓藏人所㆒、雜給料附㆓坊官㆒、前一日、設㆓次於武德殿南㆒、（所司立㆑幄、坊官設㆓御座㆒、）當日、東宮先就㆑次、候㆑時昇殿、

凡同月六日、東宮參入如㆓昨日㆒、騎射射手帶刀十人、著㆓小松揩衣㆒射㆓五寸的㆒、坊進一人執㆓歷名札㆒、自㆓左右近衞陣南

料絹　底「絹料」。塙校注・貞ニヨリテ改ム。

菖蒲　底「昌蒲」。貞ニヨリテ改ム。下同ジ。

供料　底ホカ諸本ナシ。意ニヨリテ補ウ。

内蔵　儀式一（賀茂祭儀）、中宮式18条、内蔵式13条には、本祭において松尾社の神職を内蔵寮に呼び寄せ、そこに集められた諸幣帛（内蔵寮・春宮・中宮。斎院は含まれないか）を授け、その後諸使には酒食が振る舞われると見える。なお、内蔵饌に関しては儀式一、内蔵式13条では掃部寮と主水司が準備に当たるとする。→補1

16最勝会布施料条

薬師寺最勝会　薬師寺で三月七日から十三日まで金光明最勝王経を講説した法会。玄蕃式10条参照。

読師の布施　読師は玄蕃式1条参照。薬師寺の僧が務める。→補2

王氏の中宮あらば…　王氏は諸王の族団のこと。王氏出身の中宮の場合、春宮坊に代わり中宮職が布施を送る（中宮式15条）。→補3

17牽駒条

牽駒　武徳殿にて、五月五日・六日の騎

すなわち本座に復《かえ》る。使の官、更に坊の庁の前庭に集《つど》い、宮主、麻を捧げて解除せよ。畢らば使の官以下*内蔵に向かい、庭の座に就け。松尾社の禰《ね》宜《ぎ》・祝《はふり》二人、内蔵に候せよ。史生一人・舎人一人、各幣帛を捧げ、進みて禰宜・祝らに授けよ。すなわち内蔵、饌《おもの》を給い、畢らば各前所に達《いた》れ。

16 凡そ*薬師寺《やくしじ》最勝会《さいしょうえ》の*読師《とくし》の布施の料、絹六疋、綿二十五屯、調布十端、韓櫃《からびつ》一合〈台を加えよ〉は、毎年彼の寺に送れ。ただし*王氏の中宮あらば、彼の職送れ。

17 凡そ四月二十八日の*牽駒《こまひき》、前つこと一日、*次を*武徳殿の南に設けよ〈*所司、幄を立て、坊官、御座を設けよ〉。当日、東宮先ず次に就き、時を候《み》て*昇殿す。

18 凡そ*五月五日、典薬寮、菖蒲を進《たてまつ》らんには、官人、*侍医一人・薬生らを率い、菖蒲の案《つくえ》を持ちて西門の外に候せよ。坊官、舎人をして引き迎え入れ、西細殿の南に就けしめよ。典薬の官人以下、*供料《くりょう》・雑給の料の案各一脚を舁《か》き、進みて殿庭に立てて退出れ。*主蔵の官人・舎人惣べて八人、入りて案を舁きて退出れ。供料は*蔵人所に附《さず》け、雑給の料は坊官に附けよ。*前つこと一日、次を武徳殿の南に設けよ〈所司、幄を立て、坊官、御座を設けよ〉。当日、東宮先ず次に就き、時を候て昇殿す。

19 凡そ*同月六日、東宮参《まい》入ること昨日の如くす。騎射《うまゆみ》の射手の帯刀十人、*小松の揩《すり》衣《ごろも》を著《き》、五寸の的を射よ。坊の進一人、*歴名《れきみょう》の札を執りて、左右の近衛の陣の南の

射・走馬に出る馬を天皇の前で牽きまわす儀。左右馬式24条参照。

次　本式2条参照。

武徳殿　内蔵式35条参照。

所司　ここでは大蔵省(大蔵式12条)。

昇殿　西宮記恒例二(廿八日駒牽)によれば、天皇が座についた後、近衛次将の昇殿に続き、皇太子が幄を出て昇殿する。

18進菖蒲条

五月五日…　この日、武徳殿にて天皇への菖蒲進上が行なわれるほか、中宮と東宮にも菖蒲が進上される(典薬式8条)。本条前段は、東宮での菖蒲進上儀に関する規定。

侍医一人薬生　本式1条参照。

供料雑給の料の案　→補4

主蔵　主蔵監。主膳式冒頭補注参照。

蔵人所　→補5

前つこと一日…　以下は、皇太子も参加する武徳殿での五月五日節の準備と当日の昇殿等に関する規定。→補6

19五月六日条

同月六日　前日に引き続き、武徳殿において騎射などが行なわれる。→補7

小松の揩衣　→補8

歴名の札　騎射を行なう春宮坊の帯刀舎人の名を記した札。進一人がこれを持ち、武徳殿の東面に移動し、西を向いて射手の名を奏上する。→補9

頭一趁當二於殿東南階一、西向立奏、

凡六月一日、（十二月一日亦同、）內藏寮允、屬各一人、納二御櫛卅枚於柳筥一、居二高案一而舁之、入レ自二西門一立二於前庭一退出、主殿署官人一人、率二舍人三人一自二東細殿南一參入、舁レ案退出、御櫛收二藏人所一、案返レ寮、

凡六月、十二月晦日未刻、主殿署樹二斑幔於南庭東西一、鋪二席一枚於南階下一、神祇官、縫殿寮官人以下辨二備雜物一、入候二西細殿南一、于レ時東宮就レ座、縫殿官人持二荒世服一參入、喚繼二人持二和世服一從二於其後一、各置二席上一（荒服東、和服西、）退出、宣旨率二女孺三人一出レ自二殿南戸一、宣旨進二侍於東宮座前一、（西面、）女孺降レ自二南階一、一人取レ筥、二人取二荒世服一昇レ殿授、宣旨受之、奉レ觸二身體一返授、女孺受之、降置二席上一、結裹如レ初、次供二和世服一、其儀如レ前、訖宣旨以下退歸、縫殿寮及喚繼參入撤之、進以上二人進立二庭中一啓曰、御麻又御贖進牟登、神祇官姓名候登申、令曰、喚、稱唯退出、揚レ聲喚、神祇官稱

持　底ホカ諸本ナシ。意ニヨリテ補ウ。

世　底ナシ。閣・梵ホカニヨリテ補ウ。

殿の東南の階　武徳殿の東面南側の階段。

20納御櫛条

御櫛三十枚　内蔵寮で製作され、天皇・中宮とともに皇太子にも年六〇枚供進される(内蔵式44条)。頓料(本式29条)をはじめ皇太子に供される物品や封戸などについてまとめて配列した式条の中にも、内蔵寮による櫛の供進が規定される(本式31条)。

柳筥　細長く削った柳の枝を編み上げて作った蓋付きの筥。内蔵式44条によれば、櫛一〇枚ごとに白い紙で包み、木綿で結んで柳筥に入れる。柳筥は白い布を

敷いた高案に置かれ、これを内蔵寮の官人が担いで東宮に参入する。

主殿署　主殿署式冒頭補注参照。

21晦日未刻条

六月十二月の晦日　六月・十二月の晦日に行なわれる御贖に関する規定。御贖は身の穢れや身に降りかかる災難などを代わりに負わせる祓の行事。天皇は紫宸殿（四時祭式上30・31条参照）、中宮は常寧殿で行なわれる（中宮式20条参照）。

斑幔　一幅ごとに色を違えて作る幕。

荒世服・和世服　→補1

喚継　召継、召次とも表記され、取り次ぎや連絡を行なう。類苻抄弘仁二・正・五宣旨に「内裏宣、殿上大舎人百廿人、自今以後、為二内竪一、春宮坊召継者、名為二舎人一」と見える。

宣旨　上臈の女官。東宮宣旨は東宮の即位に際して尚侍に任ぜられることも多かった。本式35条に「宣旨所」「宣旨命婦」が見える。

御麻　祓に用いる麻。本条や四時祭式上31条には御麻の所作に関する次第は見えないが、本式35条では東宮が御麻を取って体を四度撫でるとある。また西宮記恒例二（御贖物事）では「天皇自取、摩二御体一返給」とある。

御贖　四時祭式上30・31条に鉄人像等が見えている。

頭《ほとり》より趁《おもむ》き、殿*の東南の階に当たり、西に向かいて立ちて奏せ。

20凡そ六月一日〈十二月一日もまた同じくせよ〉、内蔵寮の允《じょう》・属各一人、御櫛*三十枚を柳*《ひらやない》筥《ばこ》に納れ、高案に居《す》えて舁け。西門より入り、前庭に立てて退出《まか》れ。主殿署*の官人一人、舎人三人を率いて東細殿の南より参入り、案を舁きて退出れ。御櫛は蔵人所に収め、案は寮に返せ。

21凡そ六月*・十二月の晦日《つごもり》の未《ひつじ》の刻に、主殿署、*斑幔《まだらまく》を南庭の東西に樹て、席《むしろ》一枚を南の階の下に鋪《し》け。神祇官・縫殿寮の官人以下、雑物を弁備し、入りて西細殿の南に候せよ。時に東宮、座に就く。縫殿の官人、*荒世服《あらよのみそ》を持ちて参入り、*喚継《めしつぎ》二人、*和世服《にごよのみそ》を持ちてその後に従い、各席の上に置きて〈荒服《あらよのみそ》は東、和服《にごよのみそ》は西〉、退出れ。宣*旨、女孺三人を率いて殿の南の戸より出でよ。宣旨、進みて東宮の座の前に侍り〈西面〉、女孺、南の階より降りて、一人は筥を取り、二人は荒世服を取りて、殿に昇りて授け、宣旨受けよ。身体に触れ奉りて返し授け、女孺受けよ。降りて席の上に置き、結び裹《つつ》むこと初めの如くせよ。次いで和世服を供《くう》ぜよ。その儀は前《さき》の如くせよ。訖らば宣旨以下、退《しりぞ》き帰り、縫殿寮および喚継参入りて撤せよ。進以上二人、進みて庭中に立ち、啓して曰く、*御麻《おんぬさ》また*御贖《みあがもの》進らんと、神祇官姓名候《さぶら》うと申す、と。令して曰く、喚《め》せ、と。称唯《いしょう》して退出り、声を揚げて喚せ。神祇官、称唯捧レ麻進ニ庭中一、令曰、參來、神祇官稱唯昇レ自ニ南階一供之、訖退出、次供ニ御贖物一、事見ニ神祇官式一、事畢給レ祿、神祇官五位一人絁四疋、若六位二疋、中臣女二疋、十二月准レ此、

凡七月廿五日相撲節、前一日、設ニ次於神泉苑一、當日、東宮參入如レ常、

凡九月九日平旦、典藥率ニ女孺等一供ニ呉茱萸一、訖賜レ祿、典藥御衣、若帶ニ五位一御被一條、女孺等細屯綿卌屯、是日、東宮參ニ入節會一如ニ相撲日一、

凡十一月一日、陰陽寮進レ曆、其日、允以上二人率ニ曆博士、史生等一、持下安ニ曆函一案上候ニ西門外一、坊官令ニ舍人引迎入、就ニ西細殿南一、陰陽允以上共昇レ案、進立ニ殿庭一退出、主藏佑以上二人率ニ舍人一出レ自ニ東細殿前一、進昇レ案退出、即曆收ニ藏人所一、案還ニ本寮一、

凡東宮鎮魂日、所司裝ニ東宮内省一同レ御、戌刻、主膳監官人二人、佑已上一人、令史一人、率ニ膳部八人一昇ニ御膳高机二脚一、

絁　底ナシ。閣・梵ホカニヨリテ補ウ。
次　底ナシ。閣・梵ホカニヨリテ補ウ。
佑　底「佐」。貞ニヨリテ改ム。下同ジ。
官　底「宮」。閣・梵ホカニヨリテ改ム。

事は神祇官式に見ゆ　四時祭式上31条参照。

中臣女　四時祭式上31条に「簡ニ中臣氏女堪レ事者一奏定」とあり、九暦逸文天慶九・十・二十八条に「中臣女、謂ニ節折蔵人一」、建武年中行事（六月）に「よをりの命婦」と見える。東宮年中行事（六月）によれば、「よをりのみやうぶ」が東宮の御体の計測を行なうとするが、本条にそうした所作に関する記述は見えない。宮内式23条参照。

22相撲節条

相撲の節　奈良時代以来七月七日に行なわれており、内裏式中（七月七日相撲式）にも七月七日とあるが、天長三年（八二六）に平城天皇の国忌である七月七日（天長元年崩御）を避けて、七月十六日に移された。その後、式日は何回か変更されたようであるが、七月下旬に定着していき、三代格元慶八・八・五符により、

唯し麻を捧げて庭中に進め。令して曰く、参来《もうこ》、と。神祇官、称唯し南の階より昇りて供ぜよ。訖らば退出れ。次いで御贖物を供ぜよ〈*事は神祇官式に見ゆ〉。事畢らば禄を給え。神祇官の五位一人に絁《あしぎぬ》四疋〈もし六位ならば二疋〉、*中臣女に二疋〈十二月もこれに准えよ〉。

22 凡そ七月二十五日の*相撲《すまい》の節、前つこと一日、次《やどり》を*神泉苑に設けよ。当日、東宮参《ま》入《い》ること常の如くせよ。

23 凡そ*九月九日の平旦、典薬、女孺らを率いて*呉茱萸《ごしゅゆ》を供じ、訖らば禄を賜え〈典薬に御衣《みそ》。もし五位を帯ぶれば御被《みふすま》一条。女孺らに細屯綿《ほそつみのわた》四十屯〉。この日、東宮の節会に参入ること、相撲の日の如くせよ。

24 凡そ*十一月一日、陰陽寮、暦を進れ。その日、允以上二人、暦博士・史生らを率いて、暦の函を安《お》く案を持ちて西門の外に候せよ。坊官、舎人をして引き迎え入れ、西細殿の南に就けしめよ。陰陽允以上、ともに案を舁き、進みて殿庭に立てて退出れ。主蔵佑《じょう》以上二人、舎人を率いて東細殿の前より出で、進みて案を舁きて退出れ。すなわち暦は蔵人所に収め、案は本寮に還せ。

25 凡そ*東宮鎮魂《たましずめ》の日に、所司、宮内省を装束すること、*御《おん》に同じくせよ。戌《いぬ》の刻、*主膳監の官人二人〈佑已上一人、令史《さかん》一人〉、膳部《かしわで》八人を率いて御膳《みけ》の高机二脚を舁き、

「節日」が七月二十五日となった。

神泉苑　→補1

23九月九日条

九月九日　重陽節。菊花の宴。雑令40条には節日の規定は見えないが、天武紀十四・九・壬子条に記事が見えている。儀場は六国史によれば天長七年(八三〇)前後に神泉苑より紫宸殿に移り、儀式書も内裏式中(九月九日菊花宴式)では「神泉苑」、儀式八(九月九日菊花節儀)では「紫宸殿」としている。太政官式105条、大蔵式17条では儀場を「神泉苑」としているが、本条では儀場に関する記載は見えない。式部式下24条、左右近衛式3条参照。

呉茱萸　→補2

24陰陽寮進暦条

十一月一日…　毎年十一月一日に陰陽寮で作成された暦(具注御暦・頒暦)を天皇に奏上する儀式で、頒暦は、その後、諸司に分配された(陰陽式3条)。一方、具注御暦は中宮や東宮にもそれぞれ二巻(同式4条)進上されることとなっていた(中宮式25条)。本条はそのうち東宮への暦の進上の次第を規定する。→補3

25東宮鎮魂条

東宮鎮魂の日　→補4

御　天皇。

主膳監　主膳式冒頭補注参照。

主藏監官人二人、〈佑已上一人、令史一人、〉率㆓舎人八人㆒舁㆓御服高机二脚㆒、坊官二人、〈進、屬各一人、〉行列、主殿署官人二人秉㆑燭相從、左右兵衞各四人陣㆓列前後㆒、向㆓祭處㆒入㆑自㆓南門㆒、到㆓堂南東階前㆒而留立、舎人舁㆑階、陳㆓高机於東壁前㆒、訖官人以下相率而出、宣旨量㆑時乃參就㆑座、式部引㆓刀禰㆒參入就㆑座、坊官已下相從、就㆓東細殿㆒、所司給㆓木綿鬘㆒、訖坊官率㆓屬官等㆒、移就㆓堂東幄㆒、神祇官二人、宮內丞一人、侍從二人、坊進已上一人、內舎人、大舎人、坊舎人各二人和舞、訖坊官已下率㆓舎人㆒參入立㆓階前㆒、令㆓舎人舁㆒㆑机、退出如㆓初儀㆒、〈絲綿賜㆓御巫㆒、御衣奉㆑返㆓御匣殿㆒、高机收㆑坊、〉

凡十二月晦日、典藥寮進㆓白散、屠蘇一案、雜給料丸藥一案㆒、其日平旦、官人率㆓侍醫、藥生等㆒進之、如㆘五月五日供㆓菖蒲㆒儀㆖、但屠蘇者、進與㆓侍醫㆒比封漬㆓御井㆒、

凡十二月晦日戌時追儺、坊官率㆓品官、舎人等㆒候㆓南門外㆒、兵衞開㆑門如㆑常、內裏儺聲始發、大夫以下各執㆓桃

列　底「烈」。貞ニヨリテ改ム。
陳　底「陣」。意ニヨリテ改ム。
匣　底「還」。貞ニヨリテ改ム。
高　底「亮」。貞ニヨリテ改ム。

主蔵監　主膳式冒頭補注参照。

宣旨時を量りすなわち参り　短尺草ではこの文言の位置を神祇式や坊例により変更すべきとするが、本条では採用されていない。

所司　大蔵省。大蔵式20条に「祭日輔率㆓属官㆒頒㆓給鬘木綿㆒、所㆑須安芸木綿二斤、凡木綿卅斤〈中宮減㆓安芸木綿一斤、凡木綿十斤㆒、東宮減㆓安芸木綿一斤、凡木綿廿斤㆒〉」とある。

和舞　祭祀に参列した官人が斎戒を解く前に行なう舞。中務式14条参照。

糸綿は御巫に賜わり　短尺草は御巫に賜う糸・綿の根拠を示すべく、「糸綿盛㆓楊筥㆒、置㆓高机一基㆒」と坊例の文を加えるように提案するが、本条では採用されていない。

御匣殿　裁縫や入浴・洗髪のことを掌る所〈所京子「御匣殿の別当」〈『平安朝「所・

*主蔵監の官人二人〈佑已上一人、令史一人〉、舎人八人を率いて御服《みそ》の高机二脚を舁き、坊官二人〈進・属各一人〉、行列し、主殿署の官人二人、燭《しょく》を秉《と》りて相従え。左右の兵衛各四人、前後に陣列し、祭処に向かいて南門より入り、堂の南東の階の前に到りて留まり立て。舎人、階を昇《のぼ》り、高机を東壁の前に陳《つら》ねよ。訖らば、官人以下、相率いて出でよ。*宣旨、時を量り、すなわち参りて座に就き、式部、刀禰を引き、参入りて座に就け。坊官已下、相従いて東細殿に就け。*所司、木綿鬘を給い、訖らば坊官、属官らを率い、移りて堂の東の幄に就け。神祇官二人、宮内の丞一人、侍従二人、坊の進已上一人、内舎人・大舎人・坊の舎人各二人、和*舞《ま》え。訖らば、坊官已下、舎人を率い参入りて、階の前に立て。舎人をして机を舁《か》かしめて退出《まか》ること、初めの儀の如くせよ〈*糸・綿は御巫《みかんなぎ》に賜わり、御衣は*御匣殿《みくしげどの》に返し奉り、高机は坊に収めよ〉。

26 *凡そ十二月の晦日《つごもり》、典薬寮、*白散《びゃくさん》・屠蘇《とそ》一案、*雑給の料の丸薬一案を進《たてまつ》れ。その日の平旦、官人、*侍医・薬生らを率いて進ること、五月五日の菖蒲を供ずる儀の如くせよ。ただし、屠蘇は進と侍医と比べ封じて*御井《みい》に漬《つ》けよ。

27 凡そ十二月晦日の戌《いぬ》の時の*追儺《ついな》には、坊官、*品官《ほんかん》・舎人らを率いて*南門の外に候し、*兵衛、門を開くこと常の如くせよ。内裏に*儺声《やらうこえ》始めて発《おこ》らば、大夫以下、各*桃《もも》

後院・俗別当」の研究』所収、二〇〇四年、初出一九七〇・一九七一年〉。主殿式18条参照。西宮記臨時五(所々事)に「御櫛笥殿〈在二貞観殿中一、以二上﨟女房一為二別当一、有二女蔵人一〉」とあり、また拾芥抄中(宮城部)には「御匣殿〈貞観殿后町北〉」とあることから、内裏内の貞観殿にあった。

26進白散屠蘇条

凡そ十二月の晦日…　→補1

白散屠蘇　典薬式1・4条参照。

雑給の料の丸薬　→補2

侍医薬生ら　本式1・18条参照。

御井　→補3

27追儺条

追儺　大晦日の夜、内裏と並行して東宮でも追儺が行なわれた。内裏での追儺は、太政官式111条、中務式70条、大舎人式14条、陰陽式20条参照。　→補4

品官　→補5

南門　東宮の南に開く門。内裏の承明門に相当。太政官式111条参照。

兵衛　→補6

儺声　儀式一〇(十二月大儺儀)に「儺長称レ儺、小儺及分配人等、随即同称遍駈二宮中一」とある。「ヤラヘ」と叫んだか。

桃の弓葦の矢　内裏ではさらに桃の杖が用いられる(中務式70条、陰陽式21条)。本条に欠く理由は不詳。

弓、葦矢一、入立二庭中一、倶作二儺聲一、分出二諸門一、

凡行幸之時、預宣二可レ攝監署一、各供二其職一、隨二地便宜一張二設幄幔一、

凡東宮初立頓料、絹一百五十疋、調布五百端、調綿五百屯、錢百五十貫文、白米百斛、黑米百石、鹽廿斛、油八斗、

凡東宮湯沐二千戸、

凡六月一日、內藏寮供二御櫛卅枚一、十二月亦同、

凡八月二日御被料、長絹廿疋、白綿二百屯、申レ官請受、

凡十二月二日、來年雜用料、絹三百疋、綿七百屯、絲五百絇、調布一千端、鍬一千口、鐵五百廷、御履革四張、皺文革二張、白革二張、申レ官請受、

凡十二月十一日、陰陽寮啓二來年御忌一、

凡晦日昏時、神祇官祐以上一人、必用二中臣氏一、坊有二此氏一、聽二便用一之、令レ持二神麻一候二西細殿南一、東宮把笏著座、訖啓曰御麻進良牟止、神祇官大中臣某麻呂候止申、令

凡六月一日…(一行)　→校補2

鐵　底及ビ諸本「銭」。「鐵」ノ古字「銕」ノ異体字「銕」ヲ誤リタルモノト見テ改ム。

便　底ホカ諸本「使」。版本ニ従イテ改ム。

啓曰御麻　底ナシ。考異、「訖」ノ下ニ「啓曰御麻」等数字ヲ補ウベキカトス。コレニ従イテ補ウ。

諸門　本式各条より、東宮には南門のほか西門(2条)・東南門(6条)・東門(10条など)の存在したことが確認できる。

28行幸時条

行幸　→補1

宣して　→補2

29東宮初立頓料条

凡そ東宮…　→補3

東宮初めて立つとき　斎院式20条にも「斎王初定」とある。

頓料　→補4

30東宮湯沐条

東宮の湯沐　→補5

31供御櫛条

凡そ六月一日…　→補6

御櫛三十枚　年間六〇枚が内蔵寮から東宮に供せられた(内蔵式44条)。→補7

32御被料条

八月二日　東山御文庫蔵新撰年中行事

の弓《ゆみ》・葦《あし》の矢《や》を執り、入りて庭中に立ち、ともに儺声を作《な》し、分れて諸*門より出でよ。

28 凡そ行*幸の時は預め摂すべき監・署に宣*して、各《おのおの》その職を供ぜしめ、地の便宜に随いて、幄・幔を張設せしめよ。

29 凡そ*東*宮初めて立つときの頓*料は、絹一百五十疋、調布五百端、調の綿五百屯、銭百五十貫文、白米《よね》百斛、黒米百石《こく》、塩二十斛、油八斗。

30 凡そ東*宮の湯沐《とうもく》は二千戸。

31 凡そ*六月一日、内蔵寮、御*櫛三十枚を供ぜよ〈十二月もまた同じくせよ〉。

32 凡そ八*月二日の御*被の料の長絹二十疋・白綿二百屯は、官に申して請い受けよ。

33 凡そ十二月二日、来*年の雑用の料の絹三百疋、綿七百屯、糸五百絇《く》、調布一千端、鍬《くわ》一千口《く》、鉄《くろがね》五百廷、*御履《おんくつ》の革四張〈*皺文《ひきはだ》の革二張、白*革二張〉は、官に申して請い受けよ。

34 凡そ十*二月十一日、陰陽寮、来年の御*忌を啓《もう》せ。

35 凡そ晦*日の昏*れん時に、神祇官の祐《じょう》以上一人〈必ず中*臣氏を用いよ。坊にこの氏あらば、便《たより》に用うることを聴《ゆる》せ〉、*神麻《かんぬさ》を持たしめて、西細殿の南に候せよ。東宮、把笏《はしゃく》して著座し、訖らば啓して曰く、御麻進らんと、神祇官大中臣某麻呂候うと申す、と。令し

(八月)によると八月二日には本条の御被料の行事のほかに「春宮坊中春秋料塩事」(本式45条参照)の行事がある(西本昌弘編『新撰年中行事』、二〇一〇年)。

御被の料　→補8

33来年雑用条

来年の雑用の料　禄令10条に規定されている「東宮一年雑用料」に相当するが、品目・数量に若干の相違がある。中宮式30条によれば中宮も十二月二日に「来年雑用料」を官に申請している。

御履の革　→補9

皺文の革・白革　→補10

34来年御忌条

十二月十一日　陰陽式15条には天皇の来年御忌を「十二月十日進㆓内侍司㆒」とあり、分注で「中宮東宮准㆑此」とし、小野宮年中行事(十二月)にも同様の記事がある。さらに陰陽式14条では「旧年十二月上旬与㆓御忌㆒共奏之」とする。

御忌　東宮の年齢に応じて翌年の宮中の物忌の方位や時期を占申した。陰陽式15条参照。

35晦日昏時条

晦日…　→補11

昏れん時　日暮れ時。

中臣氏を用いよ　→補12

神麻　後出の御麻のことで、祓に用いる麻(ヌサ)。

云、召、進稱唯退出、立上㆑聲召之、大中臣稱唯、捧㆑麻趨立、令云、參來、稱唯昇
㆑自㆓南階㆒供之、東宮取撫四度、訖退出如㆑御、於㆓北殿㆒者、進迎引參入、至㆓中殿
前㆒、進更參入供、訖退出授㆓大中臣㆒、受退出、訖御巫備㆓御贖㆒、候㆓宣旨所㆒、宣旨命
婦率㆓御巫㆒參入、供訖退出、

凡御薪一千三百卅七荷、以㆓得考舍人幷雜色人所㆒㆑進供用、（五百廿一荷主膳監料、八百十六荷主殿署料、）

凡月料紙百八十張、筆四管、墨一廷、請㆓圖書寮㆒、

輕幄一具、斑幔十條、（長八條、短二條、）黃幔六條、緋絲十四斤、（輕幄綱料、）柱一百四枝、（斑幔料五十枚、黃幔料五十四枚、）
紺幕廿條、（絁十四條、布六條、）幕桁廿枝、柱卅枝、
右、幄幔納㆓主殿署㆒、坊官隨㆑損請換、

紫端帖四枚、（厚薄各二枚、）綠端卅二枚、（厚薄各十六枚、）黃端卅二枚（厚薄各十六枚、）料、紫帛三丈六尺八寸六
分、紫絲一兩二分、綠黃帛各三疋五尺一寸二分、絹六疋四丈七尺一寸、綠絲八兩、
黃絲八兩、紫革卅

供　→校補3

幄　底ホカ諸本「幔」。考異ニ従イテ改ム。

北殿に於いて…　→補1

御贖　四時祭式下57条に金人像・銀人像等の品目が見える。なお短尺草は本条の「備㆓御贖㆒」の部分を「備㆓瓮物㆒」とする。

宣旨所　東宮の宣旨(女官)の詰所。

36御薪条

御薪　御薪進上については、太政官式58条、宮内式40条、儀式九を参照。納められた薪は主殿寮に蓄えられたが(雑令27条)、東宮舎人の薪は春宮坊に納められた(同令26条義解)。

一千三百三十七荷　→補2

得考の舎人　得考は考課(勤務評定)の対象になっている者。舎人は本式49条に「坊舎人六百人〈帯刀舎人卅人在㆓此中㆒〉」とある。五位以上の子孫(蔭子孫)から採用されたが(軍防令46条)、その後の変遷がある。同条参照。

雑色人　本式48条に「百五十人」とある。坂本太郎は、延喜式に見られる諸司の雑色人は原則的には伴部と使部を指すとする(「古代における雑色人の意義について」〈著作集七『律令制度』、一九八九年、

て云わく、召せ、と。進、称唯《いしよう》して退出《まか》り、立ちて声を上げて召せ。大中臣称唯し、麻を捧げて趨《おもむ》き立て。令して云わく、参来《もうこ》、と。称唯して南の階より昇りて供ぜよ。東宮取りて撫《な》ずること四度《よたび》。訖らば退出ること御《おん》の如くせよ。*北殿に於いて、進、迎え引きて参入《まい》り、中殿の前に至りて、進、更に参入りて供ぜよ。訖らば、退出りて大中臣に授け、受けて退出れ。訖らば御巫《みかんなぎ》、*御贖《みあがもの》を備え、*宣旨所に候せよ。宣旨の命婦《みようぶ》、御巫を率いて参入り、供じ訖らば退出れ。

36 凡そ*御薪《みかまき》*一千三百三十七荷《か》は、*得考の舎人ならびに*雑色人《ぞうしきにん》の進るところを以て供用《くよう》せよ〈五百二十一荷は主膳監の料。八百十六荷は主殿署の料〉。

37 凡そ月料の紙百八十張、筆四管、墨一廷は、*図書寮より請《う》けよ。

38 *軽幄一具、*斑幔《まだらまく》十条〈長き八条、短き二条〉、黄の幔六条、緋《あけ》の糸十四斤〈軽幄の綱の料〉、*柱一百四枝〈斑幔の料五十枝、黄の幔の料五十四枝〉、*紺の幕二十条〈絁十四条、布六条〉、*幕の桁《けた》二十枝、柱四十枝。

右、幄・幔は主殿署に納め、坊官、損ずるに随いて請け換えよ。

39 *紫端《べり》の帖《たたみ》四枚〈*厚き・薄き各二枚〉、緑端三十二枚〈厚き・薄き各十六枚〉、黄端三十二枚〈厚き・薄き各十六枚〉の料は、紫の帛三丈六尺八寸六分、紫の糸一両二分、緑・黄の帛各三疋五尺一寸二分、絹六疋四丈七尺一寸、緑の糸八両、黄の糸八両、*紫の革四

初出一九五二年〉)。

37月料紙筆等条

図書寮より請けよ　図書式30条によれば、八月一日に図書寮より支給される。

38幄幔条

軽幄　幄は柱を立て棟を設けて、布帛を張りめぐらしたテントのようなもの。軽幄は通常の幄より柱を細くし、棟の裏張りを軽易にこしらえたもの。

斑幔　行事の場所を区画するための布製の用具で、幔は布を縦にしてつなぎ合せた垂れ幕。つなぎ合せのとき互いに異なる色を交互に用いたものが斑幔。

柱　斑幔、黄幔を懸けるための柱。幔の上部に乳を付け、綱を通して柱の折釘に懸けて張る。

紺の幕　紺絁製または紺布製の幕。幕は布を横にしてつなぎ合せたもの。

幕の桁…　柱二枝に桁一枝を渡し、そこに紺の幕一条を張ることとなる。

39帖茵条

紫端の帖…　→補3

厚き薄き　薦を複数枚重ねるものを厚帖、一枚のみを薄帖という(掃部式80条参照)。

紫の革…　本条に見える革は端の材料であるが用法は不明。緑の革が見えないのは記載漏れか、緑端の帖に革が使われなかったのかも不明。

條、二條各方七寸、十•五條各方六寸、十八條各方五寸、三條各方四寸、二條各方三寸、黄革卌二條、十六條各方五寸、十六條各方四寸、調布廾三端三丈八尺、•熟麻大廾六斤十三兩、出雲席卌枚、四枚各廣五尺、卅六枚各廣四尺、東席卅二枚、葉薦一百十八枚、折薦九十六枚、

右、年料、坊官請受供之、

黄端茵二枚、四位一人、五位一人料、折薦茵廾三枚、進、屬各三人、監署官十七人料、並隔二三年一申レ官請受、

凡正月廾二日賜二馬料一、官人一人參二大藏省一、七月亦同、

凡二月廾二日賜二季祿一、坊官五位幷六位已下、率二監署官人等一參二大藏省一、若五位有レ障具レ狀移二彈正臺一、八月亦同、

凡十一月中卯日、大宿官人歷名申二辨官一、

凡帶刀舍人卅人、分配侍衞、

凡帶刀舍人卅人節服、紺襖卅領、黄袍卅領料、•紺絁十五疋、黄絁十五疋、帛卅疋、大衣料、紺細布十五端、•黄細布十五端、綿百五

五　底ホカ諸本「六」。版本・雲ニ従イテ改ム。版本ノ「五」モ改刻ノ如シ。

熟　底「就」。閣校注・貞ニヨリテ改ム。

紺　底ナシ。閣・梵ホカニヨリテ補ウ。

黄　底ナシ。本条上文ニ倣イテ補ウ。

熟麻　麻の茎の皮の繊維を煮たもの。麻糸にして薦を縫い合せて床を作成するのに用いた。掃部式80条によれば薄帖でも使用されている。同条では熟麻とともに細縄も用いられているが本条には見えない。

出雲の席…**折薦**　→補1

黄端の茵　黄絹縁の茵。茵は四周に額縁状に縁のついた織物製の敷物で、今日の座布団の原型。

四位一人五位一人　大夫（従四位下）と亮（従五位下）。

進属各三人　大進一人と少進二人、大属一人と少属二人。

監署の官十七人　→補2

40馬料条

馬料　季禄と同様に、職事官と女官を対象に、所定の勤務日数（半期の上日一二

十条〈二条は各方七寸、十五条は各方六寸、十八条は各方五寸、三条は各方四寸、二条は各方三寸〉、黄の革三十二条〈十六条は各方五寸、十六条は各方四寸〉、調布二十三端三丈八尺、*熟麻《にお》大二十六斤十三両、*出雲の席四十枚〈四枚は各広さ五尺、三十六枚は各広さ四尺〉、東席三十二枚、葉薦《はごも》一百十八枚、折薦《おりごも》九十六枚。

右の年料は、坊官請い受けて供ぜよ。

*黄端の茵《しとね》二枚〈*四位一人・五位一人の料〉、折薦の茵二十三枚〈*進・属各三人、*監・署の官十七人の料〉は、みな三年を隔てて官に申して請い受けよ。

40 凡そ正月二十二日に*馬料《めりょう》を賜わんには、官人一人大蔵省に参れ〈七月もまた同じくせよ〉。

41 凡そ二月二十二日に*季禄を賜わんには、坊官の五位ならびに六位已下、監・署の官人らを率いて大蔵省に参れ〈もし五位に障りあらば、状を具《つぶさ》にして*弾正台に移《い》せよ。八月もまた同じくせよ〉。

42 凡そ*十一月の中つ卯の日、大宿《おおとのい》の官人の歴名《れきみょう》を弁官に申せ。

43 凡そ*帯刀舎人《たちはきのとねり》三十人、*分配して侍衛せよ。

44 凡そ帯刀舎人三十人の*節服、紺の*襖《あお》三十領、黄の袍《ほう》三十領の料は、紺の絁十五疋、黄の絁十五疋、帛三十疋。*大衣《おおきぬ》の料は、紺の細布十五端、*黄の細布十五端、綿百五

五日以上)の者に年二回、官職の等級に応じて与える俸給。正月と七月の二十二日に大蔵省で出給される。太政官式118条、式部式上279条、同式下29条参照。

41季禄条

季禄 在京職事官の上日一二〇日以上の者に対し、官位に応じて二月・八月に支給した俸給。両月の二十二日に大蔵省で季禄支給の儀が行なわれる。式部式下27条、儀式九(二月廿二日賜季禄儀)参照。

弾正台に移せよ 季禄支給の儀には弾正台による非違の検察があり、五位以上の者が不参の場合は摘発され処分されるので(弾正式39条)、参列すべき五位の者に支障があり参列できない場合は不参の理由を弾正台に報告した。

42大宿条

十一月の中つ卯の日… →補3

43帯刀舎人条

帯刀舎人 →補4

分配して侍衛せよ →補5

44帯刀舎人節服条

節服 節会に際して着用する服。→補6

襖 ここでは下級武官が着用する闕腋の上着を指す。袍との差異は不詳。ともに紺絁・黄絁が表地で帛が裏地の料。

大衣 広袖の衣。コートに相当するか。→補7

黄の細布 →補8

十屯、並申㆑官受㆓大藏省㆒、

凡二月十日、啓㆓帶刀舍人春夏祿文㆒、（人別絹二疋、調布三端、）八月十日、秋冬祿文、（加㆓綿二屯㆒、並用㆓坊物㆒、）同月二日、春秋料鹽、申㆑官請受、（各六石、）

凡帶刀舍人、歩射、騎射各十人、亮定㆓手番㆒、訖設㆑饗給㆑祿、歩射人別衾一條、（長加㆓袷小袖衣一領㆒、）騎射半臂、汗衫各一領、（長加㆓單小袿衣一領㆒、）亮若有㆑障大夫代之、

凡四月十一日、請㆓騎射節㆓主殿署今良當色料、調布一端、紺布四端二丈、解文申㆓辨官㆒、

凡雜色人百五十人、式兵二省相通與㆑考、

凡坊舍人六百人、（帶刀舍人卅人在㆓此中㆒、）取㆓蔭子孫及位子㆒、但外散位、帳內、職分位分資人一百人、隨㆑闕通補、又取㆓白丁一百人㆒補之後不㆑補㆑替、（每年卅人內、遷㆓任把笏幷諸衞府舍人㆒之類、並隨㆑闕補㆑替、自餘依㆑理解却之輩、待㆓考解㆒補、但白丁舍人未㆑敍之前、無㆑故不㆑上替、聽㆑補㆓白丁㆒、其敍位之後、依㆑病不㆑上幷遷㆓他色㆒之替、

之後　底ナシ。三代格承和三・正・十五符ニヨリテ補ウ。

不補替　底ナシ。延喜式覆奏短尺草（東山御文庫蔵）ニヨリテ補ウ。

色　底ナシ。閣・梵・梵別・塙・壬ニヨリテ補ウ。

官に申して大蔵省より受けよ　↓補1

45帯刀舎人禄文条

春夏の禄の文　↓補2

同月　二月と八月。

春秋の料の塩　帯刀舎人のみでなく春宮坊全体に対して支給されたものか。↓補3

46歩射騎射条

歩射騎射…　↓補4

衾…　以下の被物は、歩射には冬装束、騎射には夏装束が選ばれたか。

長　↓補5

亮もし障りあらば…　↓補6

47騎射当色料条

四月十一日…　↓補7

騎射の節　五月六日（本式19条参照）。

今良　↓補8

当色　今良の身分に相応した色の服。紺衣を指す。ただし主殿式26条によれば追

十屯。みな官に申して大蔵省より受けよ。

45 凡そ二月十日、帯刀舎人の春夏の禄の文を啓《もう》せ〈人別《ごと》に絹二疋、調布三端〉。八月十日、秋冬の禄の文〈綿二屯を加えよ。みな坊の物を用いよ〉。同月二日、春秋の料の塩を官に申して請い受けよ〈各六石〉。

46 凡そ帯刀舎人の歩射《かちゆみ》・騎射《うまゆみ》各十人、亮、手番《てつがい》を定めよ。訖らば饗を設け、禄を給え。歩射は人別に衾《ふすま》一条〈長には袷《あわせ》の小袖の衣一領を加えよ〉、騎射は半臂《はんぴ》・汗衫《かざみ》各一領〈長には単《ひとえ》の小袿《こうちぎ》衣一領を加えよ〉。亮もし障りあらば、大夫《だいぶ》代われ。

47 凡そ四月十一日、騎射の節に請《う》くる主殿署の今良《いままいり》の当色《とうじき》の料は、調布一端、紺の布四端二丈。解文《げぶみ》を弁官に申せ。

48 凡そ雑色人《ぞうしきにん》百五十人は、式・兵二省相通《かよ》わして考を与えよ。

49 凡そ坊の舎人六百人〈帯刀舎人三十人はこの中にあり〉は蔭子孫《おんしそん》および位子《いし》を取れ。ただし外散位《とのさんい》、帳内《ちょうない》、職《しき》分・位分の資人《しじん》一百人は、闕《か》くるに随いて通わして補《ぶ》せよ。また白丁《びゃくちょう》一百人を取り、一たび補するの後は、替わりを補せざれ〈毎年三十人の内、把《は》笏《しゃく》ならびに諸衛府の舎人に遷任するの類は、みな闕くるに随いて替わりを補せよ。自余の、理によりて解却《げきゃく》するの輩《ともがら》は考の解を待ちて補せよ。ただし白丁の舎人未だ叙せざるの前、故なくして上《つか》えざるの替わりは、白丁を補することを聴せ。其れ叙位の後、病によりて上えざる、ならびに他色《たしき》に遷るの替わり

儺の際には桃染布が支給されており、常に紺衣を着用したわけではない。

紺の布　表衣の料。→補9

48雑色人条

雑色人　春宮坊および被管の監・署に属す伴部・使部などの雑任官(下級職員)のこと。坂本太郎前掲論文参照。

百五十人　→補10

式兵二省…　→補11

49坊舎人条

坊の舎人　→補12

蔭子孫　三位以上のものの子・孫と四位・五位の子。蔭子孫から東宮舎人を採ることは軍防令46条に規定されている。

位子　六位～八位の者の嫡子。式部式上235・246条参照。

外散位　→補13

帳内　→補14

職分位分の資人　→補15

白丁　→補16

三十人　→補17

把笏　手に笏を持つこと。笏を持つことは律令官人としての身分を持つことを示した。式部式上98条参照。

理によりて解却　正当な理由によって解官した者。選叙令9条および式部式上6条の「理を以て解きし者」参照。

考　一年間の勤務評定。

ただし白丁の舎人…　→補18

撮　底「攴」。塙校注・貞ニヨリテ改ム。下同ジ。→校補4

50舎人粮条

粮　大炊寮から毎月支給される食料。月料のこと。大同四年(八〇九)閏二月に諸司官人以下の月料が廃減され(後紀同・閏二・庚寅条)、三月に諸司史生以下雑色人以上の月料が定められている(同・三・庚申条)。大炊式35条によれば「春宮坊史生二人、舎人五十人」が「人別日米一升」支給されるとある。太政官式119条参照。

51舎人衣服条

衣服　→補1

52年中薬条

草薬　薬用の植物。

典薬寮より受けよ　→補2

主膳監　→補3

1日料条

日料　内膳式には本条に相当する供御の日料の規定がない。次条の月料の米・粟子とは別に、毎日、大炊寮より主膳監に送られた米・粟子(大炊式27条)。米の半端な数量に関しては不詳。短尺草には「依二大炊式一記載可レ宜、至二于如レ此日供

以二雑色人一補之、並在二六百人内一、

凡舎人五十人粮、受二大炊寮一、

凡五月廿一日、請二舎人百人衣服一解文、進二中務省一、十一月廿一日、

十二月四日、造二年中薬一料草薬、受二典薬寮一、

主膳監

日料

米七升九合八勺四撮、粟子二升五合、

右、自二大炊寮一進之、

月料

糯米九升、糯糒一斗一升二合五撮、粟子糒三升三合七勺五撮、米秫各一斗一升二合五勺、粟子三斗四升九合九勺、黍子二斗九升二合五勺、小麦二斗四升七合五勺、菫子五升六合四勺、大豆、小豆各九升七合五勺、胡麻子一升五合一勺、荏子四升九合五勺、酒一斗五升、酢一斗二升、糖一斗四升八勺五撮、油一斗六升、一斗二升供料、四升膳所燈料、醤五斗二升五合、未醤一斗一升二合五撮、滓醤七升五合一勺五撮、豉三升三合六勺七撮、鹽四斗六升三合五勺、鳥腊十五斤七兩

は、雑色人を以て補せよ〉。みな六百人の内にあり。

50 凡そ舎人五十人の*粮は、大炊寮より受けよ。

51 凡そ五月二十一日、舎人百人の*衣服を請う解文を中務省に進れ〈十一月二十一日〉。

52 十二月四日、年中の薬を造る料の*草薬は、*典薬寮より受けよ。

*主膳監《しゆぜんげん》

1 *日料

米《よね》七升九合八勺四撮《さつ》、粟子《あわ》二升五合。

右、大炊寮より進《たてまつ》れ。

2 *月料

糯米《もちよね》九升、糯《もちよね》の糒《ほしいい》一斗一升二合五撮、粟子の糒三升三合七勺五撮、米・*秫《もちあわ》各《おのおの》一斗一升二合五勺、粟子三斗四升九合九勺、黍子《きび》二斗九升二合五勺、小麦二斗四升七合五勺、*葟子《みの》五升六合四勺、大豆《まめ》・小豆各九升七合五勺、胡麻子《ごまのみ》一升五合一勺、荏子《えのみ》四升九合五勺、酒一斗五升、酢一斗二升、糖《あめ》一斗四升八勺五撮、油一斗六升〈一斗二升は供料、四升は*膳所《おものや》の燈の料〉、*醤《ひしお》五斗二升五合、*末醤《みそ》一斗一升二合五撮、*滓醤《かすひしお》七升五合一勺五撮、*豉《くき》三升三合六勺七撮、塩四斗六升三合五勺、鳥の*腊《きたい》十五斤七両

之色、不レ可三必称二成数一歟」とある。

2月料条

月料　内膳式19条の供御の月料に相当する東宮の月料。同条にあって本条にない食品は大角豆・安房雑鰒・大凝菜・菱子・蓮子、その逆は螺・鮫楚割・貽貝鮨。また、醸造品は大膳式下18条、肉の加工品と魚類・海藻類は主計式上2～4条を併せ参照。

秫　アワの品種。粳粟(ウルチアワ)に対して、糯粟(モチアワ)。

葟子　イネ科の数子草。ミノゴメ。主水式15条の供御の七種粥の材の一つ。

膳所　配膳を行なう所。斎院の膳所(斎院式6条)、内裏の御膳所(内膳式23条)に当たるか。

醤　→補4

末醤　大豆の穀醤。和名抄によれば、高麗醤で、字は味醤が俗用される。本来は正倉院文書に散見する「末醤」であるが転じて「末醤」。斎宮式38条では「味醤」に作る。

滓醤　シルヒシオとも読む。滓を取り除いていない諸味状の醤で醤滓(醤の絞り滓)とは別物。内膳式19条参照。

豉　→補5

腊　賦役令1条義解に「全干物也」、同条集解令釈に「小物乾也」。丸ごと乾した肉。

二分、脯八斤七兩、東鰒卅六斤九兩、薄鰒八斤七兩、隱伎鰒廿五斤五兩、堅魚一百五斤七兩二分、煮堅魚、熬海鼠各七斤二分、蛸、烏賊各廿二斤八兩、螺卅斤、押年魚十五斤七兩二分、雜魚腊廿斤八兩、鮭廿二隻半、能登鯖一百卅五隻、鮫楚割卅斤、•久惠鱐十二斤十兩、乞魚皮十四斤一兩、鮐皮十五斤十一兩、醬鰒廿條、堅魚煎汁三升一合五勺、海鼠腸三升八合二勺七•撮、腸漬鰒、貽貝鮨、雜鮨各二斗二升五合、醬瓜廿顆半、芥子二升九合九勺三•撮、紫菜十一兩一分、海松一斤二兩二分、海藻五斤七兩、小凝菜八斤四兩二分、意期菜四斤三兩三分、鹿角菜十一斤四兩、滑海藻十二斤十兩二分、干棗子一斗三升、搗栗子二斗八升七合三勺一•撮、干栗子六斗七升五合、生栗子一石八斗七升五合、干柿子廿七連半、胡桃子一斗四升九合、椎子二斗九升二合五勺、橘子廿五蔭、掇橘子•二•斗二合五勺、並小月減二一日料一、

年料

御手巾紵四條、別長九尺、絹大篩二口、別長八尺、絹小篩十口、別長一尺六寸、絹小豆篩二口、別長一尺五寸、絹井篩二口、別長七尺、爲レ給、漿缶絹帊一條、長一尺五寸、絁大篩六口、別長四尺、絁小篩六口、別長二尺、生絲一兩二分四銖、刷料三分二•銖、縫二篩幷帊一料三分二•銖、

久　底「文」。閣・梵ホカニヨリテ改ム。

二斗　底、コノ下「二升」二字アリ。塙・京ナシ。考異ニ従イテ削ル。

銖　底「朱」。意ニヨリテ改ム。下同ジ。

脯　和名抄に「鹿脯　説文云脯〈音甫、和名保之々〉乾肉也、礼記云牛脩鹿脯〈脩亦脯也音秋〉」『雉脯　遊仙窟云西山鳳脯〈音甫、師説保之止利、俗用二干鳥二字一〉」とあって本来は獣肉・鳥肉を切って干したもの。

東鰒・隠伎の鰒　↓補1

押年魚　塩漬けした後に乾燥させて圧搾した年魚。

能登の鯖　↓補2

鮫の楚割　↓補3

久恵の鱐　↓補4

乞魚の皮・鮐皮　↓補5

醬の鰒　大膳式下18条に東鰒を材とした醬の鰒が見える。

堅魚の煎汁　煮堅魚を作る時に出た汁を煮詰め濃縮したもので、調味料。賦役令1条義解に「熟二煮汁一曰レ煎也」、同条集解令釈に「案熟煮也、醬類也」、和名抄に「煎汁　本朝式堅魚煎汁〈加豆乎以呂利〉」とある。

貽貝鮨　和名抄に「貽貝　爾雅注云貽貝一名黒貝〈貽音恰、和名伊加比〉」とある。

二分、*脯《ほじし》八斤七両、*東鰒《あずまあわび》三十六斤九両、薄鰒八斤七両、*隠伎の鰒二十五斤五両、堅魚《かつお》一百五斤七両二分、煮堅魚・熬海鼠《いりこ》各七斤二分、蛸《たこ》・烏賊《いか》各二十二斤八両、螺《さざえ》三十斤、*押年魚《おしあゆ》十五斤七両二分、雑の魚の腊二十斤八両、鮭二十二隻半、*能登の鯖《さば》一百三十五隻、*鮫《さめ》の楚割《すわやり》三十斤、*久恵の鱐《ほしいお》十二斤十両、*乞魚《こつお》の皮十四斤一両、*鮐皮《ひきはち》十五斤十一両、*醤の鰒二十条、*堅魚の煎汁《いろり》三升一合五勺、海鼠腸《このわた》三升八合二勺七撮、腸漬《わたづけ》の鰒・*貽貝鮨《いずし》・雑の鮨各二斗二升五合、醤の瓜二十顆半、芥子《からし》二升九合九勺三撮、紫菜《のり》十一両一分、海松《みる》一斤二両二分、海藻《め》五斤七両、*小凝菜《いぎす》八斤四両二分、*意期菜《おごのり》四斤三両三分、*鹿角菜《ふのり》十一斤四両、滑海藻《あらめ》十二斤十両二分、干棗子《ほしなつめ》一斗三升、搗栗子《かちぐり》二斗八升七合三勺一撮、干栗子六斗七升五合、生栗子一石八斗七升五合、干柿子二十七連半、胡桃子一斗四升九合、椎子二斗九升二合五勺、橘子《たちばな》二十五*蔭《かげ》、*擿橘子《ひろいたちばな》二斗二合五勺〈みな小の月は一日の料を減ぜよ〉。

3 *年料

*御手巾《おんたのごい》の紵《てづくり》四条〈別《じょうごと》に長さ九尺〉、絹の大篩《おおふるい》二口《く》〈別《くごと》に長さ八尺〉、絹の小篩十口〈別に長さ一尺六寸〉、絹の小豆篩二口〈別に長さ一尺五寸〉、絹の井の篩二口〈別に長さ七尺、袷《あわせ》に為《つく》れ〉、*漿《こんず》の缶《もたい》の絹の帊《おおい》一条〈長さ一尺五寸〉、*絁《あしぎぬ》の大篩六口〈別に長さ四尺〉、*絁の小篩六口〈別に長さ二尺〉、生糸《すずしのいと》一両二分四銖《しゅ》〈刷《つくろ》う料三分二銖、篩ならびに帊を縫う料三分二銖〉、

カラス貝とも。

小凝菜 イギス科の紅藻で今日よく刺身のつまにされる。内膳式19条には「伊祇須」とある。

意期菜 式中唯一の表記。他式では「於期(菜)」「於胡菜」「於己」に作る。版本本条は「於期菜」とある。オゴノリ科の紅藻。今日、刺身のつまや寒天の原料にされる。

鹿角菜 →補6

蔭 →補7

擿橘子 →補8

3年料条

年料 内膳式23条の供御の年料に相当する東宮の年料。物品については主殿式20条、主水式27条の供御年料を参照。器類は主計式上2・3条および荒井秀規「延喜主計式の土器について」上・下(『延喜式研究』二〇・二一、二〇〇四・二〇〇五年)参照。

御手巾の紵 紵(苧・カラムシ)の茎の繊維で製した白布。主殿式7条参照。

漿の缶 漿は粟・米を水に浸して発酵させた飲料。後宮職員令12条集解古記に「漿水、以㆓粟米飯㆒漬㆓水汁㆒、名為㆑漿也」とある。

絁の大篩・絁の小篩 主水式27条の供御用と員数は違うも寸法は同じ。主殿式20条の「絁の篩」参照。

曝布単三條、漿缶一口覆料四尺六寸、拭布五尺、竈蓋料三尺五寸、板蓋、後盤各五口、徑八寸、盛㆓水鋺、粥鋺㆒料、冷水槽一口、口闊二尺、深六寸、膳案二脚、一脚長四尺、弘二尺、高八寸、一脚長三尺二寸、弘一尺八寸、高八寸、外居案一脚、長三尺六寸、弘一尺八寸、高三尺二寸、巾案一脚、長二尺六寸、弘一尺六寸、高一尺六寸、盛案一脚、長八尺、弘二尺、高一尺、擇案一脚、長二尺九寸、弘一尺七寸、高一尺八寸、洗案一脚、長三尺九寸、弘一尺六寸、高八寸、中取案二脚、各長六尺八寸、弘八尺九寸、高一尺九寸、手長一尺六寸、御水案一脚、臼一腰、杵二枚、箕一枚、筯竹五十株、篦竹八十株、雑用料、瓠八十柄、明櫃四合、筥四合、御巾料、篚筥二合、擇㆑栗料、缶四口、二口納㆑漿料、二口汲㆓水部手水㆒料、陶由加二口、手湯戸一口、口闊九寸、底闊一尺一寸、腹徑一尺九寸、深一尺三寸、手水槽一口、口闊二尺四寸、弘一尺八寸、深七寸、居㆓手水槽㆒案一脚、長三尺五寸、弘二尺二寸、高五寸、轆轤木蓋五口、各加㆓底盤㆒、膳部六人各褌一條、長各四尺、水部五人襻料各八尺、褌五條料曝布各四尺、巾一條、女孺等巾四條料二丈四尺、望陀布一端一丈二尺、薪五百卌一荷、

右、坊依㆓主膳監解㆒申㆑官請受、餘監署所㆑請

手　底「平」。意ニヨリテ改ム。

料　底ナシ。上文ノ例ニヨリテ補ウ。下同ジ。

闊　底「圖」。塙校注・貞ニヨリテ改ム。

後盤　和名抄の「酒台子」の項に「志利佐良」とある杯を据える台で、尻盤とも呼ぶ。

水鋺粥鋺　延喜式は本来、銀製・白銅製の鋺と土器の椀を区別しているようで（鋺形は鋺を模倣した土器の椀）、本条の粥鋺は内膳式23条の供御の「銀御飯鋺」に相当する。内匠式5条に「水鋺」、同式33条に「銀飯鋺」「銀水鋺」が見える。

外居の案　→補1

巾の案…中取の案　主水式27条の供御年料には切案・択案・洗案・中取案が見え、本条と出入りがある。木工式7条に各種案の寸法が規定されているが、いずれも本条の案と一致しない。中取の案は、食器などを載せて運ぶ机で、木工式7条には手が付くものと付かないものがある。

御水の案　御水は東宮の飲用水。主水式27条には見えない。

曝布《さらしぬの》の単《ひとえ》三条〈醬の缶一口の覆《おおい》の料四尺六寸、拭布《のごいぬの》五尺、竈《かま》の蓋《ふた》の料三尺五寸〉、板蓋《いたのふた》・*後盤《しりざら》各五口〈径《さしわたし》八寸、*水鋺《みずまり》・粥鋺を盛る料〉、冷水《さましみず》の槽《ふね》一口〈口の闊《ひろ》さ二尺、深さ六寸〉、膳《おもの》の案《つくえ》二脚〈一脚は長さ四尺、弘《ひろ》さ二尺、高さ八寸、一脚は長さ三尺二寸、弘さ一尺八寸、高さ八寸〉、*外居《ほかい》の案一脚〈長さ三尺六寸、弘さ一尺八寸、高さ三尺二寸〉、*巾《たのごい》の案一脚〈長さ二尺六寸、弘さ一尺六寸、高さ一尺六寸〉、盛案《もりづくえ》一脚〈長さ八尺、弘さ二尺、高さ一尺〉、択案《えりづくえ》一脚〈長さ二尺九寸、弘さ一尺七寸、高さ一尺八寸〉、洗案《すましづくえ》一脚〈長さ三尺九寸、弘さ一尺六寸、高さ八寸〉、中取《なかとり》の案二脚〈各長さ六尺八寸、弘さ八尺九寸、高さ一尺九寸、手の長さ一尺六寸〉、*御水の案一脚、臼一腰、杵二枚《ひら》、箕《み》一枚、*筯竹《はしたけ》五十*株、*篦竹《のだけ》八十株〈雑用の料〉、*瓠《なりひさご》八十柄《え》、明櫃《あかひつ》四合、筥四合〈御巾の料〉、麁筥《あらはこ》二合〈栗を択《え》る料〉、缶四口〈二口は醬を納《い》るる料、二口は水部《もいとりべ》の手水《ちょうず》を汲む料〉、*陶《すえ》の由加《ゆか》二口、*手《て》湯戸《ゆへ》一口〈口の闊さ九寸、底の闊さ一尺一寸、腹の径一尺九寸、深さ一尺三寸〉、手水の槽一口〈口の闊さ二尺四寸、弘さ一尺八寸、深さ七寸〉、手水の槽を居《す》うる案一脚〈長さ三尺五寸、弘さ二尺二寸、高さ五寸〉、轆轤《ろくろ》の木の蓋五口〈各底盤を加えよ〉、膳部《かしわで》六人各*褌《ちはや》一条〈長さ各四尺〉、水部五人の*襷《たすき》の料各八尺、褌五条の料の曝布各四尺、巾一条、女孺《にょじゅ》らの巾四条の料二丈四尺、望陀《もうだ》の布一端一丈二尺、薪《みかまき》五百三十一荷。

右、坊、主膳監の解《げ》により、*官に申して請い受けよ。*余の監・署の請うところの

筯竹　箸竹に同じ。大膳式上10条参照。

株　竹・竹製品の単位。

篦竹　造酒式15条に「篦竹卅株〈作二匜口及篩柄一料〉」とある。

瓠　瓢簞の実を二分して杓子にしたもの。民部式下9条の「甑…置簀」参照。

陶の由加　陶は須恵器を指し、ここでは由加のみにかかる。由加は大きなカメ。「ゆ」は神聖、「か」はミカの意味で本来は祭事に用いた斎甕(ユカ)。

手湯戸　手湯瓫にも作り、一般に土師器。本条や内匠式6条(漆器)・31条記載の寸法によれば、器高の割に胴が広く口は底よりは狭いものらしい。今の魔法瓶のように湯を保温し、手洗盤の上で杓を用いて手に湯を掛けたのであろう。

褌　神事や喪葬、出産など清浄が求められる場で表着の上に着る貫頭衣状の斎服。白布製の粗雑なもの。襷と一対で用いられるが、名義抄は褌も襷もチハヤ・タスキと訓んでいて、差異は不詳となる。

襷　本来は神を祭る際に供物に袖が触れないように肩に掛けた紐状のものであるが、神事以外でも袖をたくしあげるための紐・帯などを指す。前項の「褌」参照。

官に申して請い受けよ　内膳式23条によれば十月に申請して十一月より供用。

余の監署　→補2

物准レ此、

主殿署

年料

沐槽一隻、加レ案、覆絁一條、長八尺、弘三幅、浴槽一隻、加レ案、覆暴布一條、長五尺、弘二幅、洗牀一脚、覆暴布一條、長六尺、弘二幅、池由加二口、覆絁二條、各長五尺、弘二幅、由加廿一口、覆廿一條、表暴布各長三尺、弘一幅、裏絁各長三尺、弘一幅半、圓槽一隻、加レ案、覆暴布一條、長五尺、弘二幅、楉案一脚、覆暴布一條、長六尺、弘二幅、絁篩七口、圓篩五口、各四尺、泔篩一口、三尺、油篩一口、一尺、薄絁篩三口、各長一丈、唾盤巾布一條、長一丈三尺、簀敷布一條、長一丈一尺、弘二幅、打掃布一條、六尺、拭布一條、二丈、筥二合、麁筥二合、御巾紵布六尺、生絲一絇、土鋺形一口、土唾盤二口、土盤二口、土瓫八口、甅二口、覆暴布二條、各二尺、乳缶四口、覆布四條、各一尺、陶瓫六口、叩瓫十口、洗盤二口、明櫃二合、油瓶二口、足短坏十口、加レ盤、燈炷脂燭布一端一丈四尺八寸、燈油月別三斗、小月減二一升一、簀敷布一條、長八尺、弘三幅、洗二拭御殿一

洗　底ホカ諸本、前項「覆暴布」ノ分注「長五尺」ト「弘二幅」ノ間ニ小書ノ「底」字アリ。考異ニ従イテ改ム。

二　底「三」。次項「覆絁二條」及ビ主殿式20条ニ基ヅキ、考異ニ従イテ改ム。

一　底ナシ。上文「由加廿一口」ニ基ヅキテ補ウ。

暴　底「裏」。考異ニ従イテ改ム。

尺　底ナシ。貞ニヨリテ補ウ。

布　底「巾」。貞・藤ニヨリテ改ム。下同ジ。

泔　底「紺」。考異ニ従イテ改ム。

弘　底ナシ。貞ニヨリテ補ウ。

主殿署　↓補1

1年料条

年料　主殿式20条の供御の年料のほか、同式7条の新嘗祭供奉料に相当する東宮の年料。

沐槽・浴槽　木工式7条、主殿式7・20条参照。

幅　↓補2

洗の牀　主殿式20条の「沐槽…楉案」参照。

物もこれに准《なぞら》えよ。

*主殿署《しゅでんしょ》

1 年料*

*沐槽《かみあらいふね》一隻〈案《つくえ》を加えよ〉、覆《おおい》の絁《あしぎぬ》一条〈長さ八尺、弘《ひろ》さ三幅〉、**浴槽《ゆあみぶね》一隻〈案を加えよ〉、覆の暴布《さらしぬの》一条〈長さ五尺、弘さ二幅〉、*洗《すまし》の牀《ゆか》一脚、覆の暴布一条〈長さ六尺、弘さ二幅〉、*池由加《いけゆか》二口《く》、覆の絁二条〈各《おのおの》長さ五尺、弘さ二幅〉、由加二十一口、覆二十一条〈表は暴布各長さ三尺、弘さ一幅、裏は絁各長さ三尺、弘さ一幅半〉、円槽《まろふね》一隻〈案を加えよ〉、覆の暴布一条〈長さ五尺、弘さ二幅〉、*楉案《しもとづくえ》一脚、覆の暴布一条〈長さ六尺、弘さ二幅〉、絁の篩《ふるい》七口〈円篩《まろふるい》五口は各四尺、*泔篩《ゆするふるい》一口は三尺、油篩*一口は一尺〉、薄絁《うすぎぬ》の篩三口〈各長さ一丈〉、*唾《つ》盤《ざら》の巾《たのごい》の布一条〈長さ一丈三尺〉、簀《す》の敷布《しきぬの》一条〈長さ一丈一尺、弘さ二幅〉、*打掃《うちはらい》の布一条〈六尺〉、拭布《のごいぬの》一条〈二丈〉、筥二合、麁筥《あらはこ》二合、御巾《おんたのごい》の紵《てづくり》の布六尺、生糸《すずしのいと》一絇《く》、*土《はに》の鋺形《もいがた》一口、土の唾盤二口、土の盤二口、*土の瓫《ほとぎ》八口、*𤭯《さらけ》二口、覆の暴布二条〈各二尺〉、*乳《にゅう》の缶《もたい》四口、覆の布四条〈各一尺〉、*陶《すえ》の瓫六口、*叩瓫《たたいべ》十口、*洗盤《すましざら》二口、明櫃《あかひつ》二合、油瓶二口、*足短坏《あしひきつき》十口〈盤を加えよ〉、*燈炷《とうしゅ》の脂燭の布一端*一丈四尺八寸、燈《ともし》油《あぶら》月別《ごと》に三斗〈小の月は一升を減ぜよ〉、簀の敷布一条〈長さ八尺、弘さ三幅〉、御殿を洗

池由加二口　須恵器。主殿式20条の供御の湯殿・釜殿に置かれた池由加二口に相当する。

楉案　楉(細長く伸びた若枝)を並べ束ねた机。

泔篩　主殿式20条の「絁の篩」参照。

油篩　燈火用の油を濾す篩。

唾盤　→補3

打掃の布　主殿式20条参照。

土の鋺形　金属製の鋺を模倣した土師器の椀。土は陶(須恵器)に対して土師器を示す。

土の瓫　瓫は煮沸用の広口の器で、もともとは土師器。ここは、下文の陶瓫(須恵器)に対して土師器であることを示して土を冠す。

𤭯　須恵器。浅甕の一種。主に酒甕であるが、主殿式20条に「油𤭯」があり、内膳式23条では「汲㆓運水㆒料」とある。

乳の缶　→補4

陶の瓫　上文の土の瓫に対して須恵器の瓫を示す。下文の土器類も須恵器。

叩瓫　→補5

洗盤　→補6

足短坏　→補7

燈炷の脂燭の布　→補8

一端一丈四尺八寸　脂燭の布の長さ。主殿式20条に「燈炷調布十二端三尺六寸〈長夜一尺六寸、短夜減㆓三寸㆒〉」とある。

庸布二段、鍬五口、返レ舊請レ新、他亦准レ此、稾七百八圍、

延喜式卷第卌三

い拭う庸布二段、鍬《くわ》五口〈旧きを返して新しきを請《う》けよ。他もまたこれに准《なぞら》えよ〉、藁《わら》七百八囲*。

延喜式巻第四十三

囲　厩牧令1条に「乾草各五囲、木葉二囲周三尺為レ囲」とある。木工式12条には檜皮に「三尺三寸為レ囲」の分注があるが藁についてはない。その藁一囲は周三尺ということであろうが、本条では藁一抱え程度の意味であろうか。なお、正倉院文書を見るに蔬菜類の場合に一囲＝一〇把でもある。民部式下53条の「囲」参照。

延喜式卷第卌四

勘解由使

貞イ 凡勘下内外諸司所レ進不與前司解由狀、令三任用分付二實錄帳、檢交替使帳等上者、辨官外題下三於使局一、卽率三解文紙數一、令三本司本國進二料紙一、〔其料紙百帳加三筆四管、墨一廷一、勘知帳、會赦帳等亦同、但諸寺諸司不レ備三筆墨一、〕諸國七通、〔上紙五通、奏幷內案、端書、長案、解文等料、凡紙二通、草案幷勘判等料、〕諸司五通、〔上紙三通、奏幷端書、長案等料、凡紙二通、草案幷勘判等料、〕先書三其草案一而隨三解文所レ載事條一、召三緣レ事所司一令三勘申二之、〔被管諸司不レ經三惣官一、直喚令レ勘、〕主典已上次官已下、次第勘判、其後長官閱三彼此之所執一、定三勘判之得失一、卽書三熟紙一、長官已下共署進、檢校覆勘既訖、捺三使印一爲三長案一、更書三奏文幷內案及解文等一、〔在京諸司不レ修三內案幷解文一、〕次官已下相共校讀、竟則加レ署、〔署式在レ左、〕大臣奏聞之後、錄三奏了狀一副三解文一進レ官、〔解文捺三使印一、〕其奏文踏レ印訖、〔下三外官一踏三內印一、下三內官一踏三外印一、〕副三之官符一、

卷第卌四　→校補1
三　底「五」。考異ニ従イテ改ム。

勘解由使　→補1

1状帳条

不与前司解由状　→補2

任用をして分付せしむる実録帳　前司が卒去し、任用に分付させるために作成される文書。有実・無実ともに記すが(本式10条の「ただ欠失の類を…注さざれ」参照)、前司が前々司から受領した実物定数を前提として任用に分付させる(佐々木恵介「摂関期における国司交替制度の一側面」〈『日本歴史』四九〇、一九八八年〉参照)。→補3

検交替使帳　前司卒去の場合、後司の申請により交替政のために派遣される検交替使(検交替政使)と、前司の同任の任用国司との間で作成される文書。検交替使実録帳ともいう。北山抄一〇(実録帳事)に「実録帳者、有レ実無レ実相並勘録之帳也」とあり、有実・無実ともに記載し、任用との間の所執も記されたらしい。仁治二年(一二四一)の筑後国検交替使実録帳が現存する(鎌遺八―五八七六、吉岡眞之「検交替使帳の基礎的考察」〈『古代文献の

延喜式巻第四十四

*勘解由使《かげゆし》

1 凡そ内外諸司の進《たてまつ》るところの*不与前司解由《げゆ》状、*任用をして分付せしむる実録帳、*検交替使帳等を勘えんには、弁官外題《げだい》して使局に下せ。すなわち*解文《げぶみ》の紙数に率《のっと》り、本司・本国をして料紙を進らしめよ〈その料紙百帳に筆四管、墨一廷を加えよ。*勘知帳、*会赦《えしゃ》帳等もまた同じくせよ。ただし諸寺・諸司は筆・墨を備えざれ〉。諸国は七通〈*上紙五通は奏ならびに*内案、端書《はしがき》、長案、解文等の料。*凡紙《おおしのかみ》二通は草案ならびに勘判《かんぱん》等の料〉。諸司は五通〈上紙三通は奏ならびに端書、長案等の料。凡紙二通は草案ならびに勘判等の料〉。先ずその草案を書き、解文載するところの事条に随い、*事に縁《よ》れる所司を召して勘申《かんじん》せしめよ〈*被管の諸司は惣官を経ず、直《ただち》に喚《め》して勘えしめよ〉。*主典《さかん》已上次官《すけ》已下《いげ》、次第に勘判し、その後、長官《かみ》彼此の*所執《しょしつ》を閲《けみ》して、勘判の得失を定めよ。すなわち*熟紙に書き、長官已下ともに署して進れ。*検校・覆勘すること既に訖らば、使の印を捺して*長案となせ。更に奏文ならびに内案および解文等を書き〈在京の諸司は内案ならびに解文を修《つく》らざれ〉、次官已下相ともに校読し、竟《おわ》らばすなわち署を加えよ〈署式は左にあり〉。大臣奏聞の後、奏《もう》し了るの状を録し、解文に副えて官に進れ〈解文には使の印を捺せ〉。其れ奏文に印を踏み訖らば〈外官《げかん》に下すときは内印を踏み、内官に下すときは外印を踏め〉、これを官符に副え

基礎的研究』所収、一九九四年、初出一九七五年）、佐々木恵介前掲論文）。

解文の紙数に…進らしめよ　↓補4

勘知帳　↓補5

会赦帳　↓補6

上紙　上質の紙。製造については図書式19条参照。陰陽式4条に御暦の用紙として一二〇帳、典薬式14条に造供御白粉料として四〇帳が見える。

内案　↓補7

凡紙　普通の紙。

事に縁れる所司を召して勘申せしめよ　勘出項目に関係する所司に、不与状等に記載されている内容の当否を勘申させる。本式13条参照。

被管の諸司…勘えしめよ　↓補8

主典已上…次第に勘判　主典・判官・次官の順に勘判する。各段階での勘判の程限は本式16条参照。

所執　前後司の主張。

熟紙　墨が滲み散るのを防ぐために、漉いてから礬砂(ドウサ)をひいて加工した紙。式部省の長案(式部式上89条)や租税の損益帳(主税式上26条)の料紙として見える。

検校覆勘　↓補9

長案　将来の政務処理の参考のために、関係文書の案文を保管したもの。書式は本式4条で規定。

更下二使局一、符直注下奏文、解文下二某司某國及所司一之狀上、使局受取頒行、下二諸司一奏文幷解文、副二官符一、召二物官一付之、下二諸國一召二雜掌一付之、

貞奏式

勘解由使謹奏

勘二某寺某司某國不與解由狀一事　檢交替使幷實錄等帳准レ此注之、

前官位姓名　年月日任幷到來年月日解

合若干條

一某物若干

右寺司國官位姓名等年月日解　寺以レ牒代レ解、　偁云云交替帳注云檢交替政使位姓名等年月日

解偁云云實錄帳注云國官位姓名年月日解偁被二太政官月日符一偁云云

以前事條所レ勘如レ件謹以申聞謹奏

某　底「其」。下文ノ例ニヨリテ改ム。下同ジ。

頒　底「須」。壬ニヨリテ改ム。

云云　底、小書。閣・梵ホカニヨリテ改ム。下同ジ。

2奏式条

検交替使ならびに実録等の帳　検交替使帳と令任用分付実録帳。

前官位姓名　解由状の当該個所には前司の「官位姓名」のみを記し、「前司」の語は記さない（式部式上164条）。不与解由状もこれに準ずるか。ただし、朝野群載二六（諸国公文中）に載せる不与解由状一巻に

付した因幡国解文では「前司守」と記す。しかし同書の土左国式解由・同国式代解由・周防国会赦解由・因幡国已分解由では記載が一定せず、「前司」部分は記載の有無を含め、その前に置かれる事書の記載との関係で若干変化するものと考えられる。

年月日任ならびに到来年月日解　補任日と着任日・解任日。延喜交替式42条にも「凡前司任解年月日、載㆓不与解由状㆒、検交替使帳、令任用分付帳亦同」とある。

一某物若干　上野国交替実録帳や寛治七年勘解由使勘判を見ると、不与解由状や実録帳には交替政で勘出された事柄ごとに前後司の所執が記される。奏文は、本式1条に「随㆓解文所㆑載事条㆒」とあるように、不与解由状などの記載に準拠して、勘出一件ごとにその処理案を書く。

寺司国官位姓名らの…云云　後司により作成された不与解由状。云云の部分は後司の勘出と前司の陳述を繰り返す所執。

検交替政使　検交替使のこと。交替政は交替の作業のこと。

国官位姓名年月日の解　令任用分付実録帳は国を対象としたもの。この解は後司の解か。

太政官の月日の符　検交替使の発遣をとどめて任用に分付させることを指示した官符。

て更に使局に下せ〈符にはただ奏文・解文を某司、某国および所司に下すの状を注《しる》せ〉。使局受け取りて頒ち行なえ〈諸司に下すときは、奏文ならびに解文は、官符に副え、物官を召して付《さず》けよ。諸国に下すときは雑掌を召して付けよ〉。

2　奏式

勘解由使謹《かしこ》み奏《もう》す

某寺・某司・某国の不与解由状を勘うる事〈*検交替使ならびに実録等の帳もこれに准《なぞら》えて注せ〉

　*前官位姓名〈*年月日任ならびに到来、年月日解〉

合せて若干条

*一、某物若干

右、*寺・司・国官位姓名らの年月日の解〈寺は牒を以て解に代えよ〉に偁《いわ》く、云云、と。交替帳の注に云らく、*検交替政使位姓名らの年月日の解に偁く、云云、と。実録帳の注に云らく、*国官位姓名年月日の解に偁く、*太政官の月日の符を被るに偁く、云云、と。

以前の事条、勘うるところ件《くだり》の如し。謹以《かしこみかしこ》みも申したまうことを聞《きこ》しめせと謹み奏す。

奉　底ナシ。閣・梵ホカニヨリテ補ウ。

年　月　日

長官位姓名

次官位姓名

次官位姓名

検校

官位姓名

官位姓名宣•奉㆑勅依㆑奏

年　月　日

内案式

勘解由使謹奏

勘㆓某國不與解由狀㆒事

前官位姓名　年月日任幷到来年月日解

右國官位姓名等年月日所㆓言上㆒

一前司可㆓辨濟㆒

•某物若干

一後司可㆓辨濟㆒

年月日

長官位姓名

次官位姓名

次官位姓名

検校

官位姓名

官位姓名宣《のたま》う、勅を奉《うけたまわ》るに、奏によりぬといえ。

年月日

3 内案式

勘解由使謹み奏す

*某国の不与解由状を勘うる事

前官位姓名〈年月日任ならびに到来、年月日解〉

*右、国官位姓名らの年月日言《もう》し上《たてまつ》るところなり。

*一、前司弁済すべし

某物若干

一、後司弁済すべし

3内案式条

某国の不与解由状を勘うる事　内案は国司の勘判に際してのみ作成されるので、この書式になる。

右国官位姓名らの年月日言し上る　国官位姓名は後司(新司)のもの。不与解由状は後司の解文として提出される。

一前司弁済すべし　以下、内案は勘出された事柄を弁済区分ごとに整理した形式で作成される。

前　底「若」。壬イ本ニヨリテ改ム。

•某物若干

一前後司共可ニ辨濟一

•某物若干

一可レ從ニ恩免一

•某物若干

以前事條所レ勘如レ件謹以申聞謹奏

年　月　日　　署名同レ上

貞長案式

勘解由使

勘ニ某寺某司•某國不與解由狀一事

•前官位姓名　年月日任并到來年月日解

合若干條

一某物若干

右寺司國官位姓名等年月日解　寺以レ牒代レ解、　偁云云

某物若干

一、前後司ともに弁済すべし

某物若干

一、恩免に従うべし

某物若干

以前の事条、勘うるところ件の如し。謹以みも申したまうことを聞しめせと謹み奏す。

年　月　日　　署名は上に同じくせよ。

4 長案式*

勘解由使

某寺・某司・某国の不与解由状を勘うる事

前官位姓名〈年月日任ならびに到来、年月日解〉

合せて若干条

一、某物若干

右、寺・司・国官位姓名らの年月日の解〈寺は牒を以て解に代えよ〉に偁く、云云、

4長案式条

長案式　奏文と長案とは同じ形式・内容をもつ文書であるが、末尾の書止文言（「謹以申聞謹奏」の有無）と位署が異なる。長案は長官以下主典までが加署するが、本式1条の長官以下共署・検校覆勘による長案作成という手順を反映する。

以前事條所レ勘如レ件

年　月　日　　　主典位姓名

長官位姓名　　　判官位姓名

次官位姓名　　　判官位姓名

次官位姓名　　　主典位姓名

主典位姓名

主典位姓名

貞 勘解由使謹奏

勘ニ・某寺・某司・某國不與解由狀一事

前官位姓名 年月日任并到來年月日解

合雜事若干條

色目云云

以前事條所レ勘如レ件謹以申聞謹奏

年　月　日

と。

以前の事条、勘うるところ件《くだり》の如し。

年　月　日

主典位姓名

長官位姓名　判官《じょう》位姓名

次官位姓名　判官位姓名

次官位姓名　主典位姓名

主典位姓名

*勘解由使謹《かしこ》み奏《もう》す

某寺・某司・某国の不与解由状を勘うる事

前官位姓名〈年月日任ならびに到来、年月日解〉

合せて雑事若干条

色目云云

以前の事条、勘うるところ件の如し。謹《かしこみかしこ》み以みも申したまうことを聞《きこ》しめせと謹み奏す。

年　月　日

勘解由使謹み奏す…年月日　この部分は本式2条で定める奏文と同じ。最終行にあるように、奏聞後に長案に続けて裁可を受けた奏文を書き、これによって長案が勘解由使局の正式な保管文書となる。

署名如二上奏式一

官位姓名宣奉レ勅依レ奏

年　月　日

右、奏聞了日、於二長案後紙一記之、

貞 凡不與解由狀幷實錄帳等、依レ次勘奏、但巻小事小、勘判易レ決、及所司勘申無二稽擁一者、不二必據一レ次、特以勘奏、

凡言二上不與前司解由狀幷實錄帳一之後、前司之同任、相三尋解任一、亦修三不與解由狀二言上、所レ載雜事及所執不レ異者、合三載一人狀一、不三再煩二奏聞一、但其除棄之狀、詳注二奏文一、若前後之狀、色目所執相違、事不レ獲レ已、可三共報下一、不レ據二次第一、一度勘奏、

貞 凡內外官人、或自二內官一遷二於外任一、或未レ終二外任一遷二於內官一、•其不與解由狀、內官卅日、外官六十日內、不レ論二前後一、超レ次勘奏、若可レ過二程期一者、注下可レ被二拘留一之色目上、期日已前且以申レ官、

其　底「某」。梵・梵別・塙・貞ニヨリテ改ム。

長案の後紙　いわゆる継文の形式にすることを示すのであろう。

5依次勘奏条

次によりて勘え奏せ　弁官から下された順に勘判作業を行ない奏聞する。

所司の勘申　本式1条にいう「縁レ事所司」の勘申。

稽擁　停滞すること。所司の勘申が滞った場合は本式13条の規定により処分される。

6合載一人状条

凡そ不与前司解由状ならびに…　本条は本式5条の原則の例外規定。前司の解任後、日を置かずして同任も解任を迎え、同様に不与解由状や実録帳を言上された場合の規定。延喜交替式11条「受領任用、同時去レ任者、交替畢後、相共言上」を援用した規定か。

載するところの雑事…合せ載せて　不与解由状などの勘出や所執内容が同じ場合は、一人(おそらくは先に不与状などを提出された前司)の関係文書に合せて記

署名は上の奏式の如くせよ。

官位姓名宣《のたま》う、勅を奉るに、奏によりぬといえ。

年　月　日

右、奏聞了るの日、長案*の後紙に記せ。

5凡そ不与解由状ならびに実録帳等は、次*《ついで》によりて勘え奏せ。ただし巻小さく事小さくして、勘判決し易く、および所司*の勘申に稽擁*《けいよう》なくば、必ずしも次によらず、特《こと》に以て勘え奏せ。

6凡*そ不与前司解由状ならびに実録帳を言上するの後、前司の同任、解任に相尋《かさな》り、また不与解由状を修《つく》りて言上せんに、載*するところの雑事および所執《しょしつ》異ならざれば、一人の状に合せ載せて、再び奏聞を煩《わずらわ》さざれ。ただしその除棄*の状は、詳《つまびらか》に奏文に注《しる》せ。もし前後*の状、色目・所執相違するも、事やむをえず、ともに報下すべきは、次第によらず、一度に勘え奏せ。

7凡そ内外の官人《かんにん》、或いは内官*より外任《げにん》に遷り、或いは未*だ外任を終えずして内官に遷らば、その不与解由状は、内官*は三十日、外官は六十日内に、前後*を論ぜず、次を超えて勘え奏せ。もし程期を過ぐべくは、拘留*せらるべきの色目を注し、期日已前にしばらく*以て官に申せ。

載する。

除棄の状は詳に奏文に注せ　合載する際に記載しなかった事柄については奏文に書く。

もし前後の状…一度に勘え奏せ　前司とその同任の不与状・実録帳の勘出や所執の内容が異なった場合は、それぞれ別個に処理すべきであるが、事情があって決定を一度に伝達しなければならないときは、一度に勘奏して処理する。

7超次勘奏条

内官より外任に遷り　京官から国司に遷任する場合。太政官式21条は、京官から畿内・近江・丹波の国司に遷任する場合は、交替以前の赴任を認め、解由発給を規定している。

未だ外任を終えずして内官に遷らば　遥授・兼任の国司が他国や京官に遷任する場合は、速やかに本任を停止する(太政官式23条)。

内官は三十日外官は六十日内　↓補1

前後を論ぜず次を超えて　弁官から送付された順に拘らず、速やかに勘判して奏上する。

拘留せらるべきの色目を注し　期限内に勘奏できない場合は、保留せざるをえない項目を明記して期限内に太政官に申告する。式部式上169条参照。

しばらく以て　暫定的に。

新　底、「釿」ヲ「雜」ニ訂ス。閣・梵ホカニヨリテ改ム。
色目　底ホカ諸本「色色」。梵・梵別「色」一字。塙校注ニ従イテ改ム。
待　底「得」。閣・梵ホカニヨリテ改ム。井・藤、底ニ同ジ。
縁　底「緣」。閣・壬・貞ニヨリテ改ム。
其　底「某」。考異ニ従イテ改ム。
稽　底ホカ諸本「棨」。版本「礐」(稽ノ異体字)。版本ニ従イテ改ム。

8会赦不会条
凡そ不与前司解由状…　↓補1
9直勘奏条
凡そ諸寺諸司諸国…　↓補2
遷替　太政官式31条には「凡史生已上解任遷替与二解由一者」とあって解任と対になる概念であることが示される。従って、解任後に他官に移ること、遷任に同じ。
意に任せて帰散　国司を対象とする延喜交替式45条は「身去二他処一」、太政官式38条も同文であるが、三代格貞観十二・十二・二十五符および三代実録貞観十六・十二・二十二条では「任レ意帰散」とする。
所執無道にして…**加えざる**　↓補3

凡不與前司解由狀、并令二任用分付一實錄帳、及檢交替使帳等、未二勘奏一之前、前司雜怠、會赦、不會之由、不レ可二勘申一、

凡諸寺諸司諸國遷替之人、或不レ待二與不一任レ意歸散、或所執無道不レ加二署名一、如レ此之輩、不與解由狀、隨レ下直以勘奏、

貞イ 凡諸國所レ進檢交替使并實錄帳等所レ載國內雜物者、修二奏文一曰、只載二缺失之類一、不レ注二見在之物一、但新勘附公益之色目等、不二省除一之、在京諸司准レ此、

貞イ 凡辨官所レ下臨時勘文者、判官、主典各一人加レ署進之、若事緣レ徵二免官物一者、待二上宣一乃勘申、次官以上一人亦同加レ署、

貞イ 凡諸國租舂米未進者、雖レ會下免二租稅未進一之恩赦上、不レ可二原免一、

凡緣二解由并年終帳等事一、任得三召仰二諸司一、其勘申狀、判官、主典各一人署之、一日受レ事、二日令レ申、雖レ云二多條一不レ過二五日一、違レ此稽留、卽責二過狀一、以進レ官、

8 凡*そ不与前司解由状、ならびに任用をして分付せしむる実録帳、および検交替使帳等、未だ勘え奏さざるの前は、前司の雑怠、会赦《えしゃ》、不会《ふえ》の由、勘申すべからず。

9 凡*そ諸寺・諸司・諸国の遷*替の人、或いは与不を待たずして意に任せて帰散する、或いは所*執無道にして署名を加えざる、かくの如きの輩《ともがら》、不与解由状は下*すに随いて直《ただち》に以て勘え奏せ。

10 凡そ諸国進《たてまつ》るところの検交替使ならびに実*録帳等に載するところの国内の雑物は、奏文を修《つく》る日、ただ*欠失の類を載せ、見在《げんざい》の物を注《しる》さざれ。ただし新*たに勘附せる公益の色目等は、省除せざれ。在京の諸司もこれに准えよ。

11 凡そ弁*官下すところの臨時の勘文《かもん》は、判官《じょう》・主典《さかん》各《おのおの》一人署を加えて進れ。もし事*官物《かんもつ》を徴免するに縁らば、上*宣を待ちてすなわち勘申し、次官《すけ》以上一人もまた同じく署を加えよ。

12 凡*そ諸国の租舂米の未進は、租税の未進を免《ゆる》すの恩赦に会うと雖も、原免すべからず。

13 凡*そ解由ならびに年*終帳等の事に縁らば、任《まま》に召して諸司に仰すことを得〈その勘*申の状に判官・主典各一人署せよ〉。一日に事を受くれば、二日に申さしめよ。多条を云うと雖も五日を過ぎざれ。これに違いて稽留せば、すなわち過*状を責《こ》い、以て官に進

下すに随いて直に以て勘え奏せ　弁官から送付され次第、勘判作業に入り、結果を奏上する。不与状の送付後には前司の申請を認めないことは、太政官式38条、延喜交替式45条を参照。

10国内雑物条

実録帳　令任用分付実録帳。

ただ欠失の類を…注さざれ　→補4

新たに勘附せる公益の色目等　検交替使によって勘顕され、後司・任用に分付されたもの。

11臨時勘文条

弁官下すところの臨時の勘文　不詳。

官物を徴免するに縁らば　官物の徴収と免除に関係して。官物の免除は太政官が符を民部省に下し、省符を諸司・諸国に下す(太政官式11条、民部式上93条)。

上宣　上卿の宣。

12租舂米未進条

凡そ諸国の租舂米…　→補5

13召仰諸司条

凡そ解由ならびに…　本式1条に規定する、勘判過程で縁事諸司を召して勘申させることに関する補足規定。諸司は勘解由使へ遅くとも五日以内の報告を求められ、違反した場合は処罰される。

年終帳　→補6

勘申の状　諸司の勘申状。

過状　→補7

若拒捍不レ進、及不レ應レ召者、獨指二某人一、別錄申レ官抑二留要劇、馬料、季祿等一、其身參進辨申之後、可二追給一狀、更亦申レ官、

貞イ凡年終帳、以二弘仁十三年、天長四年一爲二證帳一、自餘三年一除、

貞凡勘二諸司年終帳一者、據二去年帳幷證帳一計二會今年帳一、若有二勘出一者、召二彼本司一告二知其由一、即錄下後年帳可二改正一狀上、長官已下主典已上共署進之、

凡勘判程限、公文四百張已上者、發勘卅日、續勘各廿日、二百張已上者、發勘廿五日、續勘各十五日、二百張已下者、發勘廿日、續勘各十日、

凡校讀始レ自二二月一迄二于八月一合七箇月、日別廿五枚已上、始レ自二九月一迄二于正月一合五箇月、日別廿枚已上、

凡書寫功程、始レ從二二月一迄二于八月一合七箇月、日別奏文六枚、長案幷諸司承知七枚、草案九枚、始レ從二九月一迄二于正月一合五箇月、奏文五枚、長案幷諸司承知六枚、草案八枚、若其手迹狼藉文字脱誤者、從追二上日一、

各　→校補2

独り某人を…季禄等を抑留せよ　司が過状の提出や召喚を拒む諸司の官人の氏名を文書で太政官に報告するとともに、当該官人の俸料などの支給を停止する。公事稽留の罰則は俸料剝奪であるが、京官であるので要劇料・馬料・季禄で対応している。要劇料は職事官に支給される食料米で、前月の勤務実績に応じて翌月に太政官に申請して処理するが、諸司の要劇田から支給する場合は官符を勘解由使に下し（太政官式119条）、勘解由使による年終帳の勘会の資料となる（式部式上169条）。馬料は官位に応じて銭貨で支給される俸料で、式部省を通じて太政官に申請され大蔵省から支出される（太政官式118条）。勘解由使の馬料は、長官から主典までの四等官の定員に対応する九人分が設定されている（式部式上279条）。

その身参進りて…官に申せ　出頭・弁明が終了した後に、俸料を支給する旨の文書を作成し、太政官に申告する。

14年終証帳条

凡そ年終帳…　→補1

三年に一たび除け　三年間は保管し、その後に古い順に廃棄する。

れ。もし拒捍《こかん》して進らず、および召に応ぜざれば、*独《ひと》り某人を指し、別《わか》ち録して官に申し、要劇・馬料《めりよう》・季禄等を抑留せよ。*その身参進《まい》りて弁申するの後、追いて給うべきの状は、更にまた官に申せ。

14 *凡そ年終帳は、弘仁十三年・天長四年を以て証帳となせ。自余は*三年に一《ひと》たび除け。

15 凡そ諸司の年終帳を勘えんには、*去年の帳ならびに証帳によりて今年の帳を計会せよ。もし勘出あらば、彼の本司を召してその由を告知し、すなわち*後年の帳を改正すべきの状を録して、長官《かみ》已下主典已上ともに署して進れ。

16 凡そ勘判の程限は、*公文《くもん》四百張已上は、*発勘三十日、*続勘各二十日。二百張已上は、発勘二十五日、続勘各十五日。二百張已下は、発勘二十日、続勘各十日。

17 凡そ*校読は、二月より始めて八月まで合せて七箇月は、*日別《ごと》に二十五枚《ひら》已上。九月より始めて正月まで合せて五箇月は、日別に二十枚已上。

18 凡そ書写の功程は、二月より始めて八月まで合せて七箇月は、日別に奏文は六枚、長案ならびに*諸司の承知は七枚、草案は九枚。九月より始めて正月まで合せて五箇月は、奏文は五枚、長案ならびに諸司の承知は六枚、草案は八枚。もしその*手迹の狼藉、文字の脱誤は、*従いて上日を追《め》せ。

15勘年終帳条

去年の帳…計会せよ　諸司の年終帳は正月二十一日(被管は二月二十一日)までに太政官に提出。太政官では年号の下に十二月三十日の日付を書き、外題を加えて勘解由使に下す(太政官式152条)。これをその一年前の帳と証帳に基づいて照合する。

後年の帳　今年の帳のこと。

16勘判程限条

公文　奏文や長案など勘判作業に伴う紙数は事前に分かるとは思われないので、この公文は不与解由状・実録帳など交替に伴って提出された文書を指すのであろう。

発勘　主典による最初の勘判作業。

続勘　判官以上の各官による勘判作業。

17校読条

校読　くらべ読み。文書の読み合せをしながら文字等の異同を正し定める作業。

日別…　一日行なうべき仕事量の規定。

18書写功程条

諸司の承知　諸司に対して下す承知の符。民部式下24・25条参照。

手迹の狼藉　書写した文字・文が乱雑であること。

従いて上日を追せ　作成した文書の不都合に対応して「功」としての上日数を奪うの意か。

貞 凡使局官舍、隨レ損申レ官令レ加二修理一、

貞 凡賜二時服一、（春夏長官次官各絹五丈二尺、判官已下使掌以上各四丈五尺、秋冬長官次官各一疋四丈四尺、綿五屯、判官已下使掌以上各一疋三丈、綿四屯、）使修二解文一進レ官、官下二符大藏省一充之、

凡給二熟食一者、據二前月上日一、移二送宮內省一、（長官已下書生已上、日米一升二合、酒六合、魚四兩、鹽二勺、滓醬一合、）但參議長官不レ在二此限一、

貞イ 凡雨日覆レ奏料油絹三尺、納二公文幷紙一料調韓櫃十合、並隨二破損一申レ官請換、

貞イ 凡猿頭硯幷奏料挿文杖、隨二破損一申レ官、官仰二所司一作充、

貞イ 凡年料炭者、（從二十一月一日一迄二二月卅日一、日別三斗、但有二閏月一者、隨加給之、）夏月申レ官、官下二符大藏省一、即准二當時沽一以レ直充之、黑葛筥二合、砥一顆、緣端茵一枚、（檢校座料、）黃端茵三枚、（長官、次官料、）紺布端茵六枚、（判官、主典料、）折薦帖八枚、（史生、使掌、書手等料、）席六枚、（次官已上土敷料、）並三年一度申レ官請換、

五　底ナシ。塙イ本ニヨリテ補ウ。
十　底「云」。閣・塙・壬・貞ニヨリテ改ム。

19使局官舍条

官舎　東寺長者補任や大内裏図考証三〇は、承和年間（八三四〜八四七）に創置された真言院がもとの勘解由使庁であったとの伝を載せる（玄蕃式2条の「真言院」参照）。以後の使庁は太政官の西北隅に所在した（大内裏図考証二〇下）。

20時服条

時服　↓補1

使掌　↓補2

使解文を修りて官に進り　勘解由使の場合は、中務省を経由せずに直接太政官に申請する。

21熟食条

熟食　加熱調理した食物。大炊式34条に毎日料の熟食として「勘解由使〈日米三斗二升二合〉」と見える。

22雨日条

油絹　↓補3

調の韓櫃　↓補4

23硯文杖条

猿頭硯　猿面硯あるいは主計式上2条の猴膝研と同じものとの両説がある（同条

19 凡そ使局の*官舎は、損ずるに随いて官に申し修理を加えしめよ。

20 凡そ*時服を賜わんには〈春夏は長官・次官は各絹五丈二尺、判官已下*使掌《ししょう》以上は各四丈五尺。秋冬は長官・次官は各一疋四丈四尺、綿五屯、判官已下使掌以上は各一疋三丈、綿四屯〉、*使、解文《げぶみ》を修りて官に進り、官、符を大蔵省に下して充てよ。

21 凡そ*熟食《じゆくじき》を給わんには、前月の上日によりて、宮内省に移《い》し送れ〈長官已下書生已上は、日に米一升二合、酒六合、魚四両、塩二勺、滓醤《かすひしお》一合〉。ただし参議の長官はこの限りにあらず。

22 凡そ雨日に奏を覆《おお》う料の*油絹《あぶらきぬ》三尺、公文ならびに紙を納《い》るる料の調の*韓櫃十合。みな破損するに随い、官に申して請《う》け換えよ。

23 凡そ*猿頭硯《さるがしらのすずり》ならびに奏の料の*挿文杖《ふばさみのつえ》は、破損するに随いて官に申せ。官は所司に仰せて作り充てよ。

24 凡そ*年料の炭《あらずみ》〈十一月一日より二月三十日まで、日別に三斗。ただし閏月あらば、随いて加え給え〉、夏月に官に申せ。官、符を大蔵省に下し、すなわち当時の沽《こ》に准えて直《あたい》を以て充てよ。*黒葛筥《つづらのはこ》二合、*砥《と》一顆《か》、*緑端《みどりべり》の茵《しとね》一枚〈検校の座の料〉、*黄端《きべり》の茵三枚〈長官・次官の料〉、*紺《こん》の布端《ぬのべり》の茵六枚〈判官・主典の料〉、*折薦《おりごも》の帖《たたみ》八枚〈史生・使掌・書手らの料〉、席《むしろ》六枚〈次官已上の*土敷《つちしき》の料〉、みな三年に一度官に申して請け換えよ。

の「猴膝研」参照)。延喜式では本条にのみ見える。朝野群載六長治元・九・二十九官宣旨に、太政官召物として尾張国に進上を命じた例がある。

挿文杖　書状等を差し挟む杖。相手から離れて座したまま渡すために用いる。書杖ともいう。

24年料炭条

年料の炭…直を以て充てよ　→補5

黒葛筥　ツヅラハコ。フジツルや竹で編んだ、かぶせ蓋付きの箱。

砥　和名抄は「末度」。肌理細かく研ぐための砥石。

緑端の茵　緑色の帛で縁をかがった茵。茵は座布団状の座具。緑端茵は、大射に供奉する五位以上の調習の間の座料および諸祭等の儲料に見える(掃部式69・73条)。

黄端の茵・紺の布端の茵　掃部式63条では、五位以上は黄の帛の端の茵、六位以下主典以上は紺の布の端の茵を用いる。それぞれの枚数は勘解由使官人の定員に対応する。

折薦の帖　折り返して編んだ薦で作った帖で、長さ八尺、幅四尺(掃部式78条)。史生以下が一枚を数人で使用するのであろう。斎宮式37条に見える。

土敷　殿舎内に貴人用の座として設けた方形の台の上に敷く畳。

凡使部二人衣食、以㆓直丁不仕物㆒給之、

延喜式巻第卅四

25 凡そ*使部《つかいべ》二人の衣食は、直丁《じきちょう》の*不仕の物を以て給え。

延喜式巻第四十四

25使部衣食条

使部 令制では、①位子のうち「身材劣弱、不レ識二文算一」で下等と評価された者(軍防令47条)、②散位のうち「身才劣弱、不レ堪二理務一」者(選叙令24条)、のうちから各官司に配当される。勘解由使には二人配当(式部式上100条)。

不仕の物 官司の年料などの支給対象に含まれながら、何らかの理由で欠員となった定員分の余剰物資。大舎人寮・内膳司・主水司・左右京職・左右衛門府など、多くの官司の規定に見られ、基本的に官司内の雑用等に充てる。

延喜式巻第卌五

左近衞府 右近衞府准レ此、

大儀 謂二元日、即位、及受二蕃國使表一、

其日寅二刻、始撃二動鼓一三度、度別平聲九下、即令二裝束一、大將著二武禮冠、淺紫襖、錦裲襠、將軍帶、飾以二金銀一、金裝横刀、靴一、策二著レ幟殳一、中將武禮冠、深緋襖、錦裲襠、將軍帶、金裝横刀、靴、策二著レ幟殳一、少將武禮冠、淺緋襖、錦裲襠、將軍帶、金裝横刀、靴、策二著レ幟殳一、但供二奉御輿一少將皂緌、挂甲、帶二弓箭一、將監、將曹並皂緌、深緑襖、錦裲襠、白布帶、横刀、弓箭、緋脛巾、麻鞋、府生、近衞並皂緌、深緑襖、挂甲、白布帶、横刀、弓箭、白布脛巾、麻鞋、近衞加二朱末額一、卯一刻、撃二列陣鼓一一度、平聲九下、卯三刻、撃二進陣鼓一三度、度別九下、初發二細聲一、漸至二大聲一、仗初進、撃二行鼓一三度、度別雙聲二下、皆就二隊下一、中將率二將監以下一隊二於大極殿南階下一、大少將率二將監以下一隊二於中務陣以北一、若蕃客朝拜者、降二隊於龍尾道下一、其隊幡、小幡各倍レ數、龍像纛幡一旒、加レ戟、其管

朱　儀式六「緋」。
龍　底ナシ。塙校注ニヨリテ補ウ。
旒　底「流」。下文ニヨリテ改ム。

左近衛府　→補1
1大儀条
大儀　→補2
元日　→補3
即位　→補4
蕃国の使の表を受くる　→補5
寅の二刻　およそ午前三時半。
動鼓　→補6
度別に平声九下　鼓を等間隔で強弱をつけずに九連打すること。
装束せしめよ　儀式六〈元正朝賀儀〉は「装束近衛大将〈謂二権任一也〉」とする。
武礼冠　→補7
浅紫の襖　→補8
錦の裲襠　→補9
将軍帯　武官が礼服着用時に用いた帯。衣服令13条には「金銀装腰帯」が見える。
金装の横刀　刀装具を金で装飾した大刀。→補10
靴　→補11
幟を著くる殳　→補12
御輿　→補13
皂　染色の一つ。古くは黒色、のち褐色がかった黒色。栗色。

延喜式巻第四十五

*左近衛府《さこのえふ》〈右近衛府もこれに准《なぞら》えよ〉

1 *大儀〈*元日、*即位および*蕃国の使の表を受くるを謂う〉

その日の*寅《とら》の二刻、始めに*動鼓を撃つこと三度《みたび》。*度別《ごと》に平声九下《げ》、すなわち*装束せしめよ。大将は、*武礼冠《ぶらいかん》、*浅紫《あさきむらさき》の襖《あお》、*錦の裲襠《うちかけ》、*将軍帯〈餝《かざ》るに金銀を以てせよ〉、*金装《こがねづくり》の横刀《たち》、*靴《かのくつ》を著けよ。*幟《のぼり》を著くる殳《ほこ》を策《た》てよ。中将は、武礼冠、深緋《こきあけ》の襖、錦の裲襠、将軍帯、金装の横刀、靴。幟を著くる殳を策てよ。少将は、武礼冠、浅緋《あさきあけ》の襖、錦の裲襠、将軍帯、金装の横刀、靴。幟を著くる殳を策てよ〈ただし*御輿《みこし》に供奉《ぐぶ》する少将は、*皂《くり》の*緌《おいかけ》、*挂甲《うちかけよろい》、*弓箭《ゆみや》を帯びよ〉。将監《しょうげん》・将曹《しょうそう》は、みな皂の緌、深緑《こきみどり》の襖、錦の裲襠、白布帯《ぬのおび》、横刀、弓箭、緋《あけ》の*脛巾《はばき》、*麻鞋《まがい》。府生《ふしょう》・近衛《このえ》は、みな皂の緌、深緑の襖、挂甲、白布帯、横刀、弓箭、白布脛巾《ぬのはばき》、麻鞋〈近衛は朱の*末額《まっこう》を加えよ〉。*卯《う》の一刻、*列陣鼓を撃つこと一度《ひとたび》、平声九下。*卯の三刻、*進陣鼓を撃つこと三度。度別に*双声二下〈*初めは細声を発し、漸《ようや》く大声に至れ〉。*仗、初めに進め。*行鼓を撃つこと三度。度別に*双声二下。皆、*隊下に就け。中将は将監以下《いげ》を率いて*大極殿《だいごくでん》の南の階《きざはし》の下に隊し、大・少将は将監以下を率いて*中務の陣より北に隊せよ〈もし蕃客*朝拝せば、*竜尾道《りゅうびどう》の下に降りて隊せよ。その*隊幡《たいばん》・小幡は各《おのおの》数を倍せよ〉。*竜像《たつがた》の纛幡《とうばん》一旒《りゅう》〈*戟《ほこ》を加えよ。その*管

緌　→補14

挂甲　→補15

弓箭　弓と矢。

脛巾　→補16

麻鞋　麻を編んで作った浅沓。麻沓。

末額　→補17

卯の一刻・卯の三刻　それぞれおよそ午前五時と午前六時。

列陣鼓・進陣鼓・行鼓　→補18

初めは細声を発し漸く大声に至れ　鼓を初めは弱く、次第に強く打つ打法。

仗　兵部式諸条の「器仗」「儀仗」の語からも明らかなように、「仗」字には武具や威儀具の語義があるが、本条では威儀具およびそれを持つ人を指す。

双声二下　鼓の二連打を二回すること。

隊下に就け　配置の場所(儀式六〔元正朝賀儀〕では蒼竜・白虎楼北辺、大極殿東西階下、小安殿南)へ移動すること。

大極殿　→補19

中務の陣より北…　→補20

朝拝　前掲「元日」参照。

竜尾道　→補21

隊幡小幡　→補22

竜像の纛幡　→補23

戟　→補24

管　幡の柄の部分を差し込み固定するための受けとなる器具。兵庫式1条では「幢柱管」と記す。同条参照。

預前儲備、餘皆准㆑此、鷹像隊幡四旒、小幡卌二旒、緋黄各廿一旒、並著㆑戟、餘亦准㆑此、鉦、鼓各一面、面別加㆓槌并簨簴㆒、餘亦准㆑此、將監率㆓將曹以下㆒隊㆓於大極殿以北後殿南㆒、並居㆓胡床㆒、少將以上胡床各敷㆓虎皮㆒、預奏㆓請內藏寮㆒、永收㆓本府㆒、餘府准㆑此、其供㆓奉駕㆒陣者、駕御㆓後殿㆒卽就㆓本隊㆒、禮畢駕還供奉如㆑初、兵庫寮擊㆓退鼓㆒、群官退出、訖擊㆓退隊鼓三度㆒、度別九下、初發㆓大聲㆒、漸至㆓細聲㆒、餘府以㆑次相應、還入㆓本府㆒、各擊㆑鉦五下、解陣、

中儀 謂㆓元日宴會、正月七日、十七日大射、十一月新嘗會、及饗㆓賜蕃客㆒、

少將已上並著㆓位襖、橫刀、靴㆒、策㆓著㆑幟殳㆒、將監已下府生已上並皂緌、位襖、白布帶、橫刀、弓箭、麻鞋、近衛皂緌、緑襖、白布帶、橫刀、弓箭、麻鞋、大射幷饗㆓賜蕃客㆒之時、著㆓脛巾、末額㆒、

小儀 謂㆘告朔、正月上卯日、臨軒授位、任官、十六日踏歌、十八日賭射、五月五日、七月廿五日、九月九日、出雲國造奏㆓神壽詞㆒、冊㆓命皇后㆒、冊㆓命皇太子㆒、百官賀表、遣唐使賜㆓節刀㆒、將軍賜㆗節刀㆖、

并　底「其」。諸本異同ナキモ意ヲナサズ。ヨリテ意改ス。

上　底「下」。儀式六及ビ本式4条ニヨリテ改ム。

余も皆…　以下の「余」「余府」は左右衛門・兵衛府を指す。→補1

鷹像の隊幡　→補2

小幡四十二旒　→補3

鉦鼓　いくさなどで合図に使われる二種類の打楽器。→補4

槌　鉦・鼓を打ち叩くための器具。円柱形の横に柄をさす形状を指すことが多いが、ここでは鼓用の桴(バチ)を含む。

簨簴　鐘・鼓の類を懸けるつり木。簨は横木で簴は縦木。木工式8条、兵庫式2条参照。

後殿　大極殿の背後にある殿舎。小安殿、大極殿後殿、大極殿後房ともいう。

胡床　コショウとも訓む。→補5

虎の皮　→補6

内蔵寮に…　中務式2条参照。なお内蔵式にはこれらについての規定は見えない。

駕に供奉する陣　陣は各衛府に定められた警衛すべき部署であるが、ここでは天皇が乗った鳳輦を守る隊伍をいう。

兵庫寮…　兵庫式4条参照。

はあらかじめ儲《ま》け備えよ。*余も皆これに准《なぞら》えよ〉、*鷹像《たかがた》の隊幡《たいばん》四旒、*小幡四十二旒〈緋・黄各二十一旒。みな戟を著けよ。余もまたこれに准えよ〉、*鉦・鼓各一面〈面別《ごと》に*槌ならびに*簨簴《しゅんきょ》を加えよ。余もまたこれに准えよ〉。将監は将曹以下を率いて大極殿より北、*後殿の南に隊せよ。みな*胡床《あぐら》に居《すわ》れ〈少将以上の胡床は各*虎の皮を敷け。預め*内蔵寮に奏《もう》し請《う》け、永く本府に収めよ。余の府もこれに准えよ〉。其れ*駕に供奉する陣は、駕、後殿に御《おわ》さば、すなわち本隊に就け。礼畢りて駕還るとき、供奉せんこと初めの如くせよ。*兵庫寮、退鼓を撃ち、群官退出《まか》れ。訖らば、退隊鼓を撃つこと三度、度別に九下〈初め大声を発し、漸く細声に至れ〉。余の府は、次《ついで》を以て相応じ、還りて本府に入れ。各鉦を撃つこと五下、*解陣《げじん》せよ。

2 *中儀〈*元日の宴会《えんえ》、*正月七日、*十七日の大射《おおいくは》、*十一月の新嘗会《にいなめのえ》および*蕃客を饗賜するを謂う〉

少将已上は、みな*位襖《いおう》、横刀、靴を著けよ。幟を著くる殳を策てよ。将監已下府生已上は、みな皂の緌、位襖、白布帯、横刀、弓箭、麻鞋。近衛は皂の緌、緑の襖、白布帯、横刀、弓箭、麻鞋〈大射ならびに蕃客を饗賜するの時は、脛巾・末額を著けよ〉。

3 *小儀〈*告朔《こうさく》、*正月の上つ卯《う》の日、*臨軒《りんけん》の授位・任官、十六日の*踏歌《あらればしり》、十八日の*賭射《のりゆみ》、*五月五日、*七月二十五日、*九月九日、*出雲の国造《くにのみやつこ》の神寿詞《かんよごと》を奏す、皇后を*冊命《さくみょう》す、皇太子を冊命す、百官の賀表、遣唐使に*節刀を賜う、将軍に節刀を賜うを謂う〉

解陣　隊伍をなして退出した近衛府の集団が隊を解くこと。

2中儀条

中儀　本式1条「大儀」の項参照。

元日の宴会　→補7

正月七日　→補8

十七日の大射　→補9

十一月の新嘗会　四時祭式下49条参照。

蕃客を饗賜する　→補10

位襖　本式1条「浅紫の襖」の項参照。

3小儀条

小儀　本式1条「大儀」の項参照。

告朔　→補11

正月の上つ卯の日　→補12

臨軒　天皇が大極殿に出御すること。

踏歌　トウカとも訓む。→補13

賭射　本式23条参照。

五月五日　→補14

七月二十五日　→補15

九月九日　→補16

出雲の国造の神寿詞を奏す　新任の出雲国造（天穂日命の後裔を称する）が一年間の潔斎の後、朝廷に参向して天皇の長寿万歳を祝う詞を奏聞する儀式。文献上の初見は、続紀霊亀二・二・丁巳条。臨時祭式35～37条、祝詞式29条参照。

冊命　サクメイとも訓む。皇后・皇太子を立てる時に宣命をもって任ずること。

節刀　→補17

宸　底「震」。意ニヨリテ改ム。下同ジ。
督察　→校補1
宣仁門　底「宣政門」。貞ニヨリテ改ム。

袍　奈良時代以来の朝服、およびその変化した形式である束帯や衣冠の上着。縫殿式4条参照。

4節会条
節会　→補1
紫宸殿　→補2
日華門・月華門　平安京内裏の内郭門で、紫宸殿前の南庭の東西に位置する。中巻図2参照。→補3

5装束紫宸殿条
装束　→補4
少将将監相共に行事せよ　→補5

6殿上条
凡そ殿上の事…　→補6

7参議以上条
陣の辺　左近衛陣の一隅、かたすみ。→補7
宣仁門　平安京内裏内郭門の一つ。紫宸殿と宜陽殿をつなぐ軒廊の、宜陽殿側に位置する。この門の西方の紫宸殿東北廊の南面に、宜陽殿西廂南部から移った左近衛陣(いわゆる陣座)があった。中巻図2参照。

大將已下亦准二中儀一、但正月上卯、授位、任官、十八日、少將已上執二弓箭一、其大中將帶二參議已上一者、不レ執二弓箭一、其近衛黄袍、

凡節會御二紫宸殿一、中將已下率二近衛等一入レ自二日華門一、將曹一人前行、右入レ自二月華門一、居二胡床一、少將已上胡床各敷二虎皮一、

凡裝二束紫宸殿一、少將、將監相共行事、

凡殿上之事、少將以上督察、

凡參議以上、聽下陪二陣邊一、出三入自二宣仁門一度二紫宸殿階下一、行幸列中輦綱末上、

凡出居侍從十二人聽二昇殿一、但其夾名臨レ時仰下、

凡出居侍從、雖レ非二御膳時一而御二紫宸殿一、卽聽二昇殿一、

凡次侍從四位已上聽二昇殿一、其五位新敍二四位一者、侍二宜陽殿一、殿上侍臣候二進止一召之、一昇殿後則得二直昇一、

凡東宮入朝、學士、亮、進幷藏人各一人、主藏佑已上一人、帶刀舍人六人、聽レ侍二陣邊一、

大将已下は、また中儀に准えよ〈ただし正月の上つ卯、授位・任官、十八日には、少将已上は、弓箭を執れ。その大・中将の参議已上を帯ぶる者は、弓箭を執らず〉。其れ近衛は黄の*袍《ほう》。

4 凡そ*節会に*紫宸殿《ししいでん》に御《おわ》さば、中将已下、近衛等を率いて*日華門《にっかもん》より入《い》れ。将曹一人前行し〈右は*月華門《げっかもん》より入れ〉、胡床に居れ〈少将已上の胡床は各虎の皮を敷け〉。

5 凡そ紫宸殿を*装束せんには、*少将・将監、相共《とも》に行事せよ。

6 凡そ*殿上の事は、少将以上督察せよ。

7 凡そ参議以上は、*陣の辺《ほとり》に陪《はべ》り、*宣仁門《せんにんもん》より出入し、紫宸殿の*階下を度《わた》り、行幸のとき*輦《れん》の綱の末に列するを聴せ。

8 凡そ*出居《でい》の侍従《じじゅう》十二人は*昇殿を聴せ。ただし、その*夾名《きょうみょう》は時に臨みて仰せ下せ。

9 凡そ出居の侍従は、*御膳《おもの》の時に非ずと雖も、紫宸殿に御さば、すなわち昇殿を聴せ。

10 凡そ*次《じ》侍従《じじゅう》の四位已上は昇殿を聴せ。其れ五位の新たに四位に叙せらるるは、*宜《ぎ》陽《よう》殿《でん》に侍り、*殿上の侍臣、*進止を候《うかが》いて召せ。一たび昇殿の後は、すなわち直ちに昇ることを得。

11 凡そ東宮入朝せば、*学士・亮《すけ》・進《じょう》ならびに*蔵人各一人、*主蔵佑《しゅぞうのじょう》已上一人、*帯刀《たちはき》舎人《とねり》六人、陣の辺に侍ることを聴せ。

階下 →補8
輦 台の下に取り付けられた轅(エン・ナガエ、長柄)を輿丁が肩に担いで進む乗り物。ここでは天皇の乗御に供する鳳輦を指す。本式1条「御輿」の項参照。

8 出居侍従条
出居の侍従 →補9
昇殿 →補10
夾名 儀式、宿番などに際して文書に氏名を書き連ねること。また書き連ねた文書。北山抄九(出居侍従事)では、上卿が夾名を左次将に下し給うとする。

9 出居侍従昇殿条
御膳の時に非ずと雖も →補11

10 次侍従昇殿条
次侍従 →補12
宜陽殿 →補13
殿上の侍臣 →補14
進止を候いて 昇殿の可否を天皇に伺うの意。

11 東宮入朝条
学士亮進 春宮式冒頭補注参照。
蔵人 春宮坊に置かれた蔵人所に属する蔵人。設置時期は明確ではないが、職原抄では禁中の蔵人同様種々の御用を勤めるため人物を選ぶとする。春宮式2・10・20・24条参照。
主蔵佑 春宮式冒頭補注参照。
帯刀舎人 春宮式冒頭補注参照。

凡節會日及臨時就レ事、外記率二史生一二人一、聽レ陪二陣邊一、史亦同、
凡外記、史已上就レ事、聽レ度二紫宸殿階下一、太政官史生亦得、
凡出居侍從及內記上日、於レ陣給之、其內記聽レ度二紫宸殿階下一、
凡勘解由使侍レ奏之間、聽下陪二陣邊一度中紫宸殿階下上、
凡侍醫就レ事、聽レ陪二陣邊一、
凡內藏、掃部寮官人已下、聽レ出二入陣一、
凡大雷時、左右近衞陣二御在所一、又左右兵衞直參入陣二紫宸殿前一、內舍人立二春興殿西廂一、不三必待二闈司奏一、
凡閤門者、將曹一人、率二近衞八人一開閉、五人開二閤門一、三人開二腋門一、
凡每月一日、十六日、具錄二當番近衞歷名一、次官已上奏進、若無者判官亦奏、其宿衞者、日別錄二見宿數一、次官以上一人署名申送、闈司惣取奏之、餘府准レ此、

閤　底「閤」。閤・梵ホカニヨリテ改ム。

12外記史聴陪条

凡そ節会の日…　本条の淵源として、類符抄天長六・十一・十六宣旨が挙げられる。

外記史生　太政官式冒頭補注参照。なお、式部式上90条では太政官の史生を一一名(権一人)とする。

史　太政官式冒頭補注参照。

13外記史聴度条

凡そ外記…　本条の淵源として、類符抄弘仁七・四・十七宣旨が挙げられる。

14上日条

上日　官人が出仕して公事を勤めた日。

15勘解由使侍奏条

奏　勘解由式1・2条参照。

16侍医条

侍医　常に宮中にあって天皇を診察し、医薬を供奉することを掌る医師。典薬式7条参照。

17内蔵掃部条

陣に出入　内蔵寮官人の陣への出入りについては内蔵式58条参照。侍中群要一〇(出野御倉物事)にも「内蔵寮官人参二左近陣一、申レ給二御鑰之由一」とある。一方、掃部寮について掃部式には記載がないが、鋪設に関することか。

12 凡*そ節会の日および臨時に事に就かば、*外記《げき》、史生一・二人を率いて、陣の辺に陪ることを聴せ〈*史もまた同じくせよ〉。

13 凡*そ外記・史已上、事に就かば、紫宸殿《ししいでん》の階下を度《わた》ることを聴せ〈太政官の史生もまた得〉。

14 凡そ出居の侍従および内記の上*日は、陣において給え。其れ内記は紫宸殿の階下を度ることを聴せ。

15 凡そ勘解由使、*奏に侍るの間、陣の辺に陪り、紫宸殿の階下を度ることを聴せ。

16 凡そ*侍医、事に就かば、陣の辺に陪ることを聴せ。

17 凡そ内蔵・掃部寮の官人已下《かんにんいげ》は、*陣に出入することを聴せ。

18 凡そ*大雷の時、左右の近衛は御在所《おんざいしょ》に陣せよ。また*左右の兵衛は直ちに参《まい》りて紫宸殿の前に陣せよ。*内舎人《うどねり》は春興殿《しゅんこうでん》の西廂《にしびさし》に立て。必ずしも*闈司《みかどのつかさ》の奏を待たざれ。

19 凡そ*閤門《こうもん》は、将曹一人、近衛八人を率いて開け閉《た》てよ〈五人は閤門を開け、三人は*腋門を開けよ〉。

20 凡そ*毎月一日・十六日、具《つぶさ》に当番の近衛の歴名《れきみょう》を録して、次官已上奏進せよ〈もしなくば判官もまた奏《もう》せ〉。其れ*宿衛は、日別《ごと》に*見宿《げんしゅく》の数を録し、次官以上一人、署名して申し送れ。闈司、惣べて取りて奏せ。余の府もこれに准えよ。

18大雷時条

大雷の時… 雷鳴三度以上大声の時に、内裏を警固するために臨時に組まれた陣立てを「雷鳴の陣」という(中務式59条)。→補1

左右の兵衛は… 左右兵衛式に「雷鳴の陣」に関する規定は見えない。

内舎人は春興殿の西廂に立て 中務式59条に同一の規定がある。春興殿は内裏の殿舎の一つで、紫宸殿の南庭の東側、宜陽殿の南にあって西の安福殿と対をなし、武具が収蔵されていた。三代実録元慶八・二・二十一条参照。→補2

闈司の奏 闈司は後宮十二司の一つで、宮中の鑰の管理と出納を掌る。闈司の奏は、闈司が諸司の奏請を天皇に取り次ぎ、勅答を奉じてこれを諸司に伝えること。類聚国史四〇大同二・五・庚寅条に停止の、後紀弘仁二・九・庚戌条に復旧の記事が見える。大舎人式3条参照。

19閤門条

閤門 →補3

腋門 大門の側にある脇門。大内裏図考証九(承明門)は永安門・長楽門とする。

20番奏条

毎月一日十六日… →補4

宿衛 宿直して護衛すること。また、宿衛者自体を指す。

見宿の数 実際に宿直する人数。

凡正月七日靑馬攏近衞、著二皀緌一、末額、細布靑摺衫、紫小袖、其頭錦小袖、若蕃客朝會緋袍、但頭紫袍、白布帶、横刀、緋脛巾、右紺脛巾、帛襪、麻鞋一、不レ帯二弓箭一、其馬前陣近衞十人、右近衞十人後陣之、裝束同レ攏、但帯二弓箭一、

凡大射人、預前於二本府射場一教習、正月十四日以前試定、其歴名預移二兵部省一、官人二人著二皀緌、緋襖、白布帶、横刀、弓箭、緋脛巾、麻鞋一、近衞廿人、府生若預二射手一在二此數内一、下亦准レ此、白緌、末額、緑襖、白布帶、横刀、弓箭、白布脛巾、麻鞋、其後參官人二人、近衞廿人、亦同、

凡十八日賭射射手官人、近衞惣十人、必備二將監一、當日錄二夾名一奏聞、

凡賭射取箭近衞八人、分爲二二番一、番別四人、不レ帯二弓箭一、

凡騎射人於二本府馬場一教習、其歴名移二兵部一、前レ節一日、同移二馬寮一、又前レ節七日、車駕幸二射殿一試二閲御馬一、訖將監已下惣廿人、便供二騎射一、官人緑布衫、近衞青摺衫、兵衞准レ此、當衞判官一人、立二殿庭一奏二射手姓名一、

亦同　底ナシ。意ニヨリテ、マタ左右兵衛式7条ニ倣イテ補ウ。

21青馬条

正月七日の青馬　白馬の節会。本式2条参照。

攏　馬の指縄(サシナワ)を引いて前行する役目。左右馬式29条によると、白馬の節会の際の攏には左近衛府の近衛が充てられた。→補1

細布の青摺の衫　→補2

小袖　礼服の大袖の下に着る衣。筒袖の形状による名称であるが、盤領(バンリョウ・マルエリ・アゲクビ)とするのが特徴であり、一般の小袖(袖口を狭くした垂領〔タリエリ〕の長着)と異なる。

襪　束帯着用の時などに履く布帛製のはきもので、礼服には錦、朝服には平絹を用いた。二枚の布を合せ、甲から足の裏にかけて縫い目がくるように縫い上げた靴下状のもの。

馬の前に陣する近衛　儀式七(正月七日儀)参照。

22大射人条

大射の人　→補3

本府の射場　射場は射芸を試みる場所。弓場とも。儀式七(観射儀)に「省家南門弓庭」とあり、近衛府は本条のように独

自の射場を有していたようである。
兵部省に移せよ　兵部式4条参照。
その後に参る官人二人近衛二十人　儀式書では、近衛府・兵衛府は射手に先後の二つのグループがあることを記している。また北山抄一（観射事）・江家次第三（射礼）では「近衛兵衛後参、当日不二必射一ㇾ之」としている。

23賭射射手条
賭射　賭弓とも。→補4
必ず将監を備えよ　江家次第三（賭射）には「有二射手障一者、近衛次将進二上卿一申二障由一」とあり、その頭書に「中古以来将監必申ㇾ障、府生為二之代一、号二之儲一也」とある。左右兵衛式8条は「必備ㇾ尉」とする。

24賭射取箭条
取箭　射られた矢を的や垜（アズチ。的をかけるために山形に盛った土。的山ともいう）から外す役。射手以外の近衛から選ばれ、兵衛府のそれと同じように二番が組まれた。左右兵衛式8条参照。

25騎射人条
騎射　馬射とも。→補5
兵部に移せよ　兵部式7条参照。
馬寮に移せよ　左右馬式25条参照。
車駕射殿に幸し御馬を試閲　騎射に先立ち武徳殿で行なわれる駒牽を指す。
当衛の判官　将監。

21 凡そ*正月七日の青馬の*龓《くちとり》の近衛は、皂《くり》の緌《おいかけ》、末額《まっこう》、*細布《ほそぬの》の青摺《あおずり》の衫《ひとえぎぬ》、紫の*小袖《こそで》〈その頭《かしら》は錦の小袖。もし蕃客、朝会せば、緋《あけ》の袍。ただし頭は紫の袍〉、白布帯《ぬのおび》、横刀《たち》、緋の脛巾《はばき》〈右は紺の脛巾〉、帛の*襪《しとうず》、麻鞋《まがい》を著《つ》けよ〈弓箭《ゆみや》を帯びざれ〉。その馬の*前に陣する近衛十人〈右近衛十人は後に陣《しりえ》せよ〉の装束は龓と同じくせよ〈ただし弓箭を帯びよ〉。

22 凡そ*大射《おおいくは》の人は、あらかじめ*本府の射場《ゆば》に於いて教習し、正月十四日以前に試み定め、その歴名は預め*兵部省に移《い》せよ。官人二人は、皂の緌、緋の襖《あお》、白布帯、横刀、弓箭、緋の脛巾、麻鞋を著けよ。近衛二十人は〈府生、もし射手《いて》に預からばこの数の内にあり。下もまたこれに准えよ〉、白の緌、末額、緑の襖、白布帯、横刀、弓箭、白布《ぬの》脛巾《はばき》、麻鞋。その*後に参る官人二人、近衛二十人もまた同じくせよ。

23 凡そ十八日の*賭射《のりゆみ》の射手の官人・近衛は、惣べて十人〈*必ず将監《しょうげん》を備えよ〉。当日夾名を録して奏聞せよ。

24 凡そ賭射の*取箭《やとり》の近衛八人は、分ちて二番となせ。番別《ごと》に四人。弓箭を帯びざれ。

25 凡そ*騎射《うまゆみ》の人は本府の馬場に於いて教習せしめ、その歴名を*兵部に移せよ。節に前《さきだ》つこと一日、同じく*馬寮に移せよ。また節に前つこと七日、*車駕《きょが》、射殿に幸し御馬を試閲。訖らば将監已下惣べて二十人、便《たより》に騎射を供ぜよ〈官人は緑の布の衫、近衛は青摺の衫。兵衛もこれに准えよ〉。*当衛の判官一人、殿の庭に立ちて射手の姓名を奏せ。

五日質明、各就二馬寮一騎レ馬、陣列共進二馬場一、官人二人、著二皂綾、緋布衫、金畫絹甲形、金畫布冑形、白布帶、横刀、弓箭、行縢、麻鞋一、近衛卅人、皂綾、緋大纈布衫、（前後各一人紫大纈）細布甲形、銀畫布冑形、白布帶、横刀、弓箭、行縢、麻鞋、（衫請二内藏一、横刀緒、布帶請二大藏一、並四月十四日以前奏請、事了便給、唯大纈衫返二上内藏一、其甲形、冑形永收二本府一充用、）

凡騎射近衛、隨二中レ的數一賜レ祿、（數見二兵部式一、）兵衛准レ此、

凡騎射的百廿六枚受二木工寮一、但駒牽幷六日的當府備之、

凡騎射立レ的者、簡二近衛容貌端正者九人一用之、著二黄袍一、駒牽及六日、並著二靑揩衫一、

凡五月五日五位已上競馬、將監就二標下一、記二勝負一、

凡五月六日騎射官人、近衛惣十人、（六人五寸的、四人六寸的、）並著二深緑布衫、錦甲形、白布帶、横刀、弓箭、行縢、麻鞋一、其夾名當府判官立二殿前一奏之、訖供二雜戲一、（兵衛准レ此、）

質明　夜明け頃。黎明。

官人二人・近衛四十人　↓補1

甲形・冑形　端午の節会に用いられる武具の甲・冑を象徴した作り物で、布帛に金銀泥や丹で彩色を施した。弾正式74・107条参照。

行縢　乗馬の際に、両足の腿から下を保護するための装具。素材や作りは時代や使用者によって異なる。儀式一(賀茂祭儀)は騎兵の料として熊皮を挙げている。

大纈　纈は結機(ユイハタ)の変化したもので、布地を糸で括ったり板を押しつけることで文様を白く抜く染色技法。大纈は模様の大柄なものをいうか。

内蔵より…　内蔵式・大蔵式に、本条記載の物品に対応する条文は見えない。

26的禄条

的に中たる数　兵部式7条に「射畢即録二中レ的人数一申レ官、毎レ中二一的一給二布一端一」とある。

兵衛もこれに准えよ　左右兵衛式にはこれに対応する条文は見えない。

27騎射的条

的百二十六枚　内匠式37条参照。↓補2

木工寮　木工式8条では的の大きさを一尺五寸とする。

駒牽ならびに六日　四月二十八日の駒牽に伴う騎射と五月六日の騎射を指す。駒

五日の*質明《ほのあかり》、各馬寮に就きて馬に騎《の》り、陣列してともに馬場に進め。*官人二人は、皂の緌、緋の布の衫、金画《こがねが》きの絹の*甲形《よろいがた》、金画きの布の*冑形《かぶとがた》、白布帯、横刀、弓箭、*行縢《むかばき》、麻鞋を著《つ》けよ。*近衛四十人は、皂の緌、緋《あけ》の*大纈《おおゆはた》の布の衫〈前後各一人は紫の大纈〉、細布の甲形、銀画《しろがねが》きの布の冑形、白布帯、横刀、弓箭、行縢、麻鞋〈衫は*内蔵より請《う》け、横刀の緒、布の帯は大蔵より請けよ。みな四月十四日以前に奏し請けよ。事了らば便に給え。ただ大纈の衫は内蔵に返上せよ。その甲形・冑形は永く本府に収めて充て用いよ〉。

26 凡そ騎射の近衛には、的に*中《あ》たる数に随いて禄を賜え〈数は兵部式に見ゆ〉。*兵衛もこれに准えよ。

27 凡そ騎射の*的百二十六枚《ひら》は*木工寮より受けよ。ただし*駒牽《こまひき》ならびに六日の的は*当府備えよ。

28 凡そ騎射の的を立つる者は、近衛の容貌端正なる者九人を簡《えら》びて用いよ。黄の袍を著《き》よ。駒牽および六日は、みな青摺の衫を著よ。

29 凡そ五月五日の五位已上の*競馬《くらべうま》は、*将監、標《しめ》の下に就きて勝負を記せ。

30 凡そ*五月六日の騎射の官人・近衛は、惣べて十人〈六人は*五寸の的、四人は*六寸の的〉。みな深緑《こきみどり》の布の衫、錦の甲形、白布帯、横刀、弓箭、行縢、麻鞋を著けよ。その夾名は当府の判官、殿の前に立ちて奏せ。訖らば*雑戯《ざつぎ》を供ぜよ〈兵衛もこれに准えよ〉。

牽については儀式八（四月廿八日牽駒儀）および左右馬式24条参照。佐藤健太郎「四月駒牽の基礎的考察」（『日本古代の牧と馬政官司』所収、二〇一六年、初出二〇〇五年）参照。

的は…　本朝月令（五月）所引弘仁十四・三・十一符では、木工寮の業務繁多を理由に「内射并五月五日節料的」の作製を諸衛府に求めている。なお、「内射」は正月十七日に建礼門前で行なわれる射礼。

28立的条

29競馬条

競馬　馬を走らせて勝負を争う競技で、「コマクラベ」「キオイウマ」ともいう。また「走馬」と書かれたもののなかにも、競馬を指す例がある。→補3

将監標の下に就きて勝負を記せ　競馬が臨時の行事に変わってからの事例であるが、江家次第一九（臨時競馬事）には、分注で「左監」（左近衛将監）を「標下」に遣わす事例を挙げ、また大監物が審判のため標の床子に着するとしている。

30騎射官人条

五月六日の騎射の官人　具体的な動きは、左右馬式26条に記されている。

五寸の的・六寸の的　→補4

雑戯　種々様々な技芸。一般的には奈良時代に唐より伝えられたもののまね、曲芸などを指すことが多い。

蒲　底ホカ「蒱」。閣校注・貞ニヨリテ改ム。下同ジ。

31供奉行幸条

摺衣　山藍や鴨跖草(ツキクサ)などの染め草の汁を摺り付けて、草木、花鳥など種々の模様を染め出した衣。

草鞋　植物を編んで作った履物の一種。

蒲の脛巾　蒲の葉と茎を編んで作った脛巾。蒲の葉と茎は、他に席・簾・籠などの材料としても使われた。

官馬　左右馬寮によって飼養・供給される馬。

私馬　他の用例(兵部式87条、左右兵衛式4条、兵庫式6条)および官馬に対する語であることから、個人所有の馬とも考えられるが、はたして近衛に個人の馬の飼養が可能であったか疑問も残る。

32行幸条

行幸　太政官式112条参照。

御剣　天皇の玉体の守護のために、昼御座に備え置かれる剣。

印鈴　印は内印、鈴は駅鈴・伝符。主鈴式2条参照。

33行幸還宮条

近臣　→補1

内豎　朝廷の諸行事、および宮中の日常

凡供㆓奉行幸㆒大將以下少將以上、(幸遠著㆓摺衣㆒、幸近臨時處分、)並著㆓皂緌、横刀、弓箭、行騰、草鞋㆒、(幸近除㆓行騰㆒著㆑靴、)將監以下府生以上、並著㆓皂緌、布衫、白布帶、横刀、弓箭、行騰、麻鞋㆒、(幸近以㆓蒲脛巾㆒代㆓行騰㆒、)近衛、皂緌、青摺布衫、白布帶、横刀、弓箭、蒲脛巾、麻鞋、(騎隊廿五人、堪㆓騎射㆒少將以下在㆓此中㆒、皆用㆓官馬㆒、以㆓行騰㆒代㆓脛巾㆒、幸近省㆓五人㆒、自餘府生已上及近衛並乘㆓私馬㆒、)

凡行幸者、將監一人升㆑自㆓西階㆒受㆓取御劔㆒供奉、即率㆓近衛二人㆒護㆑之、亦令㆓近衛二人護㆓印鈴㆒、

凡行幸還宮、少將已上與㆓近臣㆒檢㆓收內豎執物㆒、

凡行幸之時御輿長五人、擇㆓近衛膂力者㆒、預前注㆓夾名㆒奏㆑之、並著㆓紅染布衫㆒、不㆑帶㆓弓箭㆒、其料細布三端一丈四尺、紅花十五兩、隔㆓三年㆒請、

凡車駕行幸經㆑宿者、從行及留守並具㆑數奏、(主典已上具顯㆓夾名㆒、)餘府准㆑此、

凡供㆓奉踐祚祓禊㆒少將已上、並著㆓皂緌、位襖、横刀、弓箭、靴㆒、

の雑事の処理に召し使われた者。少年が多いが成年者の場合もある。小子部の後身と推測されるが令制にはない。はじめ豎子と称されたが、天平宝字七年(七六三)以降に内豎と改められた。→補2

執物　儀式などの時、特定の物品を手に取り持つこと。また、その物品、その役の人を指す。延喜式では本条にのみこの語が見えるが、いかなる物を指すかは明らかではない。なお、儀式二(践祚大嘗祭儀上)の御禊行幸には「執物内豎左右各十人」と見える。

34御輿長条

御輿長　駕輿丁の監督者。左右兵衛府でも、駕行の日に兵衛から二人を出した(左右兵衛式13条)。

膂力　「膂」字は背骨の意で、転じて力が強く強健の者をいう。

紅染　紅花で染めた黄味のある赤。縫殿式13条「中紅花」の項参照。

紅花　縫殿式2条参照。

35行幸経宿条

宿を経るは　宿泊を伴う場合。

みな数を具にして奏せ　兵部式18条参照。

36践祚大祓条

践祚　践祚大嘗祭を指す。大嘗祭式冒頭補注参照。

祓禊　→補3

31 凡そ行幸に供奉せん大将以下少将以上は〈幸《みゆき》遠きは*摺衣《すりごろも》を著《き》よ。幸近きは臨時に処分せよ〉、みな皂《くり》の緌《おいかけ》、横刀、弓箭、行縢、*草鞋《そうかい》を著《つ》けよ〈幸近きは行縢を除き靴《かのくつ》を著けよ〉。将監以下府生《ふしょう》以上は、みな皂の緌、布の衫《ひとえぎぬ》、白布帯、横刀、弓箭、行縢、麻鞋を著けよ〈幸近きは*蒲《がま》の脛巾《はばき》を以て行縢に代えよ〉。近衛は皂の緌、青摺の布の衫、白布帯、横刀、弓箭、蒲の脛巾、麻鞋〈騎隊は二十五人。騎射に堪うる少将以下はこの中にあり。皆*官馬を用いよ。行縢を以て脛巾に代えよ。幸近きは五人を省け。自余の府生已上および近衛はみな*私馬に乗れ〉。

32 凡そ*行幸には、将監一人、西の階より升《のぼ》りて*御剣を受け取りて供奉し、すなわち近衛二人を率いて護れ。また近衛二人をして印*・鈴を護らしめよ。

33 凡そ行幸より還宮せば、少将已上、*近臣とともに*内豎《ないじゅ》の*執物《とりもの》を検収せよ。

34 凡そ行幸の時の*御輿長《みこしおさ》五人は、近衛の*膂力《りよりょく》の者を択び、あらかじめ夾名《きょうみょう》を注《しる》して奏《もう》せ。みな*紅染の布の衫を著、弓箭は帯びざれ。その料の細布三端一丈四尺、*紅花《くれない》十五両は三年を隔てて請けよ。

35 凡そ車駕《きょが》行幸して*宿を経るは、従行および留守、*みな数を具にして奏せ〈主典已上は具に夾名を顕せ〉。余の府もこれに准えよ。

36 凡そ*践祚の*祓禊《みそぎ》に供奉せる少将已上は、みな皂の緌、位襖《いおう》、横刀、弓箭、靴を著け

將監深紅衫、將曹柴揩貲衫、醫師府生黃色柴揩貲衫、並行騰、近衛靑摺衫、蒲脛巾、草鞋、騎隊行騰、並著㆓皂緌、白布帶、橫刀、弓箭㆒、

凡踐祚大嘗會小齋官人已下、並著㆓靑摺布衫㆒、餘裝束如㆓元日㆒、陣㆓於齋院內㆒、其大齋裝束亦如㆓元日㆒、齋院以外隊之、但除㆓纛、隊幡、鉦、鼓㆒、又辰日除㆓武禮冠、褊襠、挂甲㆒、巳午日除㆓脛巾、末額㆒、

凡神今食及新嘗會陣小齋近衛已上、隊㆓齋院內㆒、大齋隊㆓院外㆒、

凡供㆓奉十一月新嘗會㆒小齋官人幷近衛、靑摺布衫卅五領、細布五領、佐渡布卅領、但有㆓中宮陣㆒之時加㆓請十二領㆒、並請㆓縫殿寮㆒、

凡供㆓奉六月十二月神今食㆒小齋官人、近衛裝束料、六月人別細布二丈八尺、紅花大一兩、十二月人別黃絁、帛各三丈、綿二屯、細布七尺、並二百五十人、請㆓大藏省㆒、

凡諸祭供㆓走馬㆒者、春日祉使少將已上一人、但帶㆓參議㆒者不ㇾ須、

蒲　底ホカ「蒱」。貞ニヨリテ改ム。

五　底ホカ「二」。版本・考異ニ従イテ改ム。

柴揩　→補1

みな皂の緌…　左右衛門式4条、左右兵衛式4条では、個人の装備のあとで府として携行すべき纛幡、隊幡、小幡、鉦・鼓が記されているが、本条にはそれが載せられていない。これについて北山抄五(大嘗会御禊事)には「諸衛有㆓幡旗節旗等㆒〈近衛陣無ㇾ之〉」と記している。

37大嘗会小斎条

践祚大嘗会　天皇が即位の後、初めて行なう新嘗会。その年に新たに収穫された穀物を、天皇みずから天照大神をはじめ天地の諸神に捧げ、自らも食する一代一度の大礼で、単に大嘗会ともいう。大嘗祭式および太政官式85条参照。

小斎　散斎を行なう官人の中から卜定され、致斎を行ない祭に専心供奉する者。

斎院　朝堂院前庭の竜尾壇下に造営された大嘗宮。大嘗祭における中心的な殿舎

よ。将監は深紅《こきくれない》の衫《ひとえぎぬ》、将曹は＊柴揩《しばずり》の貲《さよみ》の衫、医師・府生は黄色の柴揩の貲の衫。みな行縢。近衛は青摺の衫、蒲の脛巾、草鞋〈騎隊は行縢〉。＊みな皂の綏、白布帯、横刀《たち》、弓箭《ゆみや》を著《つ》けよ。

37 凡そ＊践祚大嘗会の＊小斎《おみ》の官人已下《かんにんいげ》は、みな青摺の布の衫を著《き》よ。余の装束は元日の如くし、＊斎院の内に陣せよ。其れ＊大斎《おおみ》の装束もまた元日の如くし、斎院より外に隊せよ。ただし纛《とう》・隊幡、鉦・鼓を除け。また＊辰《たつ》の日は武礼冠《ぶらいかん》・裲襠《うちかけ》・挂甲《うちかけよろい》を除き、巳《み》・午《うま》の日は脛巾・末額《まっこう》を除け。

38 凡そ＊神今食《かんいまけ》および新嘗会《にいなめのえ》に陣する小斎の近衛已上は、斎院の内に隊し、大斎は院の外に隊せよ。

39 凡そ十一月の新嘗会に供奉せる小斎の官人ならびに近衛の＊青摺の布の衫三十五領〈細布《ほそぬの》五領、＊佐渡の布三十領。ただし中宮の陣あるの時は十二領を加え請けよ〉。みな＊縫殿寮より請けよ。

40 凡そ六月・十二月の神今食に供奉せる小斎の官人・近衛の装束の料、六月は人別に細布二丈八尺、紅花大一両、十二月は人別に黄の絁《あしぎぬ》・帛各三丈、綿二屯、細布七尺。みな＊二百五十人。＊大蔵省より請けよ。

41 凡そ諸の祭に＊走馬《はしりうま》を供せんには、＊春日《かすが》社に使の少将已上一人〈ただし参議を帯ぶるは須《もち》

である悠紀殿・主基殿を、また悠紀院・主基院とも称したことから、この呼称が用いられたか。

大斎　ゆるやかな斎戒に服する官人。

辰の日は…脛巾末額を除け　卯日より午日までの四日間を大嘗会と称するが、卯日のみ本式1条に規定された装束を着し、他の三日については一部の装束の省略を記したものである。

38神今食条

神今食　四時祭式上24条参照。

39青摺布衫条

青摺の布の衫三十五領　↓補2

佐渡の布　佐渡で製された布の一種。下級官人の料などにあてられた。

縫殿寮より請けよ　縫殿式7条参照。

40神今食装束料条

二百五十人　儀式書の次第にもこの数についての規定は見えない。西宮記恒例二(神今食)の書入れには本条が引かれているが、人数に当たる部分は「云々」と略されている。

大蔵省より請けよ　大蔵式にこれについての規定は見えない。

41諸祭供走馬条

走馬　競馬(クラベウマ)。本式29条参照。

春日社　四時祭式上7条、神名式上6条、内蔵式2条、左右馬式12条参照。

賀茂亦同、近衛十二人、大原野社將監一人、近衛十人、大神社將監一人、近衛十人、賀茂社少將已上一人、近衛十二人、二人先參㆓松尾社㆒供㆓走馬㆒、並每㆑祭左右遞供之、其裝束預奏請受、色數見㆓内藏式㆒、

凡二月八月上丁進㆓釋奠三牲㆒、大鹿、小鹿、猪各一頭、加㆓五藏㆒、並丙日送㆓大學寮㆒、兔一頭、醢料、潔清乾曝、前㆑祭三月送㆓大膳職㆒、其貢進之次、以㆓左近衛府㆒爲㆓一番㆒、諸衛輪轉、終而更始、若享在㆓祈年、春日、大原野、薗韓神等祭之前㆒、停㆑供㆓三牲㆒、代㆑之以㆓鯉、鮒㆒、諸衛准㆑此、

凡正月最勝王經齋會所㆑進雜花一櫃、諸衛府別一日、依㆑次供之、

凡五月五日藥玉料、•菖蒲、艾、物盛㆓一輿㆒、雜花十捧、盛㆑瓫、居㆑臺、三日平旦、申㆓內侍司㆒列㆓設南殿前㆒、諸府准㆑此、

凡國忌日幷御淸食日、前一日獻㆓雜菜㆒、

凡番長八人、近衛六百人、駕輿丁百一人、二人隊正、十人火長、一人直丁、八十八

菖　底「昌」。例ニヨリテ改ム。

大原野社　式外社。四時祭式上8条、内蔵式5条、左右馬式14条参照。

大神社　神名式上6条、中宮式17条、内蔵式8条、左右馬式11条参照。

賀茂社　斎院式諸条、太政官式72条、中宮式18条、内蔵式13条、左右馬式10条参照。

松尾社　四時祭式上16条、神名式上5条、内蔵式13条、左右馬式10条参照。

42 釈奠三牲条

凡そ二月八月の上つ丁に…　本条は左右衛門式16条、左右兵衛式15条と同文である。

釈奠　孔子など儒教の先哲に様々な犠牲・供物を捧げる儀式。大学式1条参照。

三牲　→補1

五蔵　心・腎・肝・肺・脾臓の五つの臓器を指す。大学式2条参照。

醢の料　→補2

大膳職に送れ　大膳式上18条参照。

享　享日の意。大学式4条参照。

祈年…薗韓神　祭祀・神社の沿革については四時祭式上、神名式上の諸条参照。

これに代うるに鯉鮒を以てせよ　→補3

43 御斎会雑花条

いざれ。賀茂《かも》もまた同じくせよ〉、近衛十二人。*大原野《おおはらの》社に将監《しょうげん》一人、近衛十人。*大神《おおみわ》社に将監一人、近衛十人。*賀茂社に少将已上一人、近衛十二人〈二人は先ず*松尾《まつのお》社に参り走馬を供せ〉。みな祭毎に左右遞《たがい》に供《つか》えよ。その装束は預め奏して請《こ》い受けよ〈色数は内蔵式に見ゆ〉。

42 *凡そ二月・八月の上つ丁《ひのと》に、*釈奠《せきてん》の*三牲《さんせい》を進らんには〈大鹿・小鹿・猪各一頭。*五蔵を加えよ〉、みな丙《ひのえ》の日に大学寮に送れ。兎二頭〈*醢《ひしお》の料〉は潔清《きよ》め乾し曝《さら》して、祭に前《さきだ》つこと三月、*大膳職に送れ。その貢進の次《ついで》は、左近衛府を以て一番となし、諸衛輪転し、終らば更に始めよ。もし*享《きょう》、*祈年《としごい》、春日、大原野、薗《その》・韓神《からかみ》等の祭の前にあらば、三牲を供することを停《とど》め、*これに代うるに鯉・鮒を以てせよ。諸衛もこれに准えよ。

43 凡そ正月の*最勝王経《さいしょうおうきょう》の斎会《さいえ》に進るところの*雑の花一櫃《ひつ》〈*諸衛府別《ごと》に一日。次によりて供えよ〉。

44 凡そ五月五日の*薬玉《くすだま》の料の*菖蒲《あやめぐさ》・*艾《よもぎ》〈*惣べて一輿に盛れ〉・*雑の花十捧《ほう》〈*瓫《ほとぎ》に盛り、台に居《お》け〉は、三日の平旦《へいたん》、内侍司に申して*南殿《なでん》の前に列《つら》ね設けよ〈諸府もこれに准えよ〉。

45 凡そ*国忌《こき》の日ならびに*御清食《ごじょうじき》の日、前つこと一日に*雑の菜を献ぜよ。

46 凡そ*番長《ばんちょう》八人、近衛六百人、*駕輿丁《かよちょう》百一人〈二人は*隊正《たいしょう》、十人は*火長《かちょう》、一人は*直丁《じきちょう》、八十八

最勝王経の斎会　図書式3条、玄蕃式1条、左右衛門式7条参照。

雑の花　図書式3条に「梅柳雑花〈諸衛採進〉」とある。

諸衛府別に…　→補4

44薬玉料条

薬玉　→補5

菖蒲　→補6

艾　→補7

惣べて一輿に盛れ　→補8

雑の花　内蔵式37条参照。

瓫　主計式上1条「爐瓫・叩瓫・水瓫」の項参照。

南殿　紫宸殿の別称。

45国忌日条

国忌　→補9

御清食の日　→補10

雑の菜　→補11

46番長条

番長　→補12

駕輿丁　輿を担ぐ者で、長柄を肩で担ぐ者と前後の綱を執る者とがある。左右兵衛府にも五〇人が配属された。左右兵衛式22条参照。

隊正・火長　→補13

直丁　令制で、諸国の正丁の中から五〇戸に二人の割合で徴集された仕丁のうち、中央官司に常時宿直し、雑役に使役された者。立丁。

下　底ホカ諸本「上」。左右兵衛式6条ニヨリテ改ム。

者馬　底ナシ。閣・梵ホカニヨリテ補ウ。

丁　駕輿丁の総数一〇一人から隊正・火長・直丁を除く、実際の輿の移動に従事する者を指す。

47擬近衛条

入色　官途につくための一定の資格を持つ者をいうが、ここでは兵部式34条に見える位子・留省・勲位・蔭子孫などを指すか。笹山晴生「毛野氏と衛府」(『日本古代衛府制度の研究』所収、一九八五年、初出一九六三年)参照。

白丁　→補1

内侍　内侍司の女官を総称する場合もあるが、本条では奏請・伝宣を行なう典侍・掌侍などを指すか。

勅使　→補2

歩射　→補3

もし一箭…　一矢が皮(的を懸けた皮、布製の枠)にも当たらない場合は、的に当たった二矢と相殺して及第・不第を判定するの意。

48異能条

異能　人よりすぐれた才能。兵部式44条

人丁、

凡擬二近衛一者、預擇下定便レ習二弓馬一者、入色卅人已下、白丁十人已下上、修レ奏進二内侍一、奏訖即遣二勅使一試二其才藝一、騎射一尺五寸的、皆中者爲二及第一、歩射卅六歩十箭、中レ的四已上者爲二及第一、若一箭不レ中レ皮者、以二二的一准折、

凡近衛武藝優長、性志耿介、不レ問二水火一、必達レ所レ向、勿レ顧二死生一、以レ一當レ百者、號爲二異能一、兵衛准レ此、（其祿及食法、見二兵部、大膳等式一）

凡看督二人、簡二近衛性識强幹者一充之、左右相交作二二番一、毎レ日一番候二内裏一、一番巡二察京内非違一、其馬者馬寮充之、永置二本府一騎用、（飼見二馬寮式一）

凡行夜者、内裏官人一人、近衛一人、（起二亥一刻一迄二子四刻一、但右起二丑一刻一迄二寅四刻一）大藏近衛二人、内藏近衛一人、（起二戌一刻一迄二亥一刻一、但右起二亥二刻一、迄二子二刻一）

凡儺夜分二遣近衛四人一、聞二夜中事一記奏之、

人は*丁〉。

47 凡そ近衛に擬せんには、預め弓馬を習うに便なる者、*入色《にゅうしき》三十人已下《いげ》、*白丁《びゃくちょう》十人已下を択び定めよ。奏を修《つく》りて*内侍に進れ。奏訖らば、すなわち*勅使を遣わし、その才芸を試みよ。騎射《うまゆみ》は一尺五寸の的に皆中《あ》たる者を及第となせ。*歩射《かちゆみ》は四十六歩にて十箭し、的に中たること四已上の者を及第となせ。もし*一箭皮に中たらざれば、二的を以て准折《じゅんせつ》せよ。

48 凡そ近衛の武芸優長、性志耿介《こうかい》にして、水火を問わず、必ず向から所に達《いた》り、死生を顧みることなく、一を以て百に当たる者は、号《なず》けて*異能となせ。兵衛もこれに准えよ〈その禄および食法《じき》は、*兵部・大膳等の式に見ゆ〉。

49 凡そ*看督《かど》二人は、近衛の性識強幹なる者を簡びて充てよ。左右相交えて二番と作し、日毎に一番は内裏に候し、一番は京内の非違を巡察せよ。*其れ馬は馬寮充てよ。永く本府に置きて騎《の》り用いよ〈飼は馬寮式に見ゆ〉。

50 凡そ*行夜《よまわり》は、内裏に官人一人、近衛一人〈*亥《い》の一刻より子《ね》の四刻まで、ただし右は*丑《うし》の一刻より寅《とら》の四刻まで〉。大蔵に近衛二人、内蔵に近衛一人〈*戌《いぬ》の一刻より亥の一刻まで、ただし右は*亥《い》の二刻より子の二刻まで〉。

51 凡そ*儺《な》の夜には近衛四人を分ち遣わして、*夜中の事を聞き、記して奏さしめよ。

にも「武芸優長、性志耿介、不レ問二水火一、必達レ所レ向、勿レ顧二死生一、一以当レ百者」とある。→補4

兵部大膳等の式に見ゆ　兵部式44条、大膳式下51条参照。

49看督条

看督　→補5

其れ馬は…騎り用いよ　左右馬式31条に「左近衛看督馬二疋〈櫪飼一疋、放飼一疋〉(中略)其櫪飼充二秣、草一」とある。また要略六七長保三・閏十二・八符は、この時代においても本条の規定が遵守されていたことを伝えている。

50行夜条

行夜　夜間の巡視。→補6

亥の一刻より子の四刻まで　およそ午後九時から午前零時半まで。

丑の一刻より寅の四刻まで　およそ午前一時から午前四時半まで。

戌の一刻より亥の一刻まで　およそ午後七時から午後九時まで。

亥の二刻より子の二刻まで　およそ午後九時半から午後十一時半まで。

51儺夜記条

儺　→補7

夜中の事を…　儀式書には、近衛府が追儺に際して陣を置くことが記されているものの、本条に関わる規定は見えない。左右兵衛式21条参照。

人　底「尺」。閣・塙ホカニヨリテ改ム。下同ジ。

52長上番長条

長上番長の近衛　本式59条によれば、長上近衛二〇〇人と番長近衛八人。本条は他事によって彼らを差遣し、内裏警衛の本来的任務から外すことを禁じた規定である。

53節会襖袍条

凡そ節会に…一たび換えよ　本式1〜3条では、衛府官人が着用する装束・武具が私備なのか官備なのかは明確ではないが、本条の規定から少なくとも襖・袍が官備であることが分かる。なお、中務式2条では緌・腰帯・布帯・横刀・弓箭・靴等が私備とされ、また左右衛門式25条では、袷袍・裲襠が本条同様に二〇年に一度換えることが規定されている。

節会　本式4条参照。

54撃鉦鼓人条

鉦鼓を撃つ人　兵庫式3条では諸衛府に各一人とし、その装束が記されている。鉦・鼓については本式1条参照。

執る夫　鉦・鼓の持ち運びを任とする者。兵庫式3条では諸衛府に各四人とし、その装束が記されている。

55器仗条

凡長上番長近衛、不レ得下預二他事一差遣上、

凡節會所レ著襖袍、廿年一換、當府請レ料裁縫、永收二本府一臨レ時出用、若破損者、申レ官請換、餘府准レ此、

凡大儀所レ須撃二鉦、鼓一人及執夫者、移請二兵庫一、其數幷裝束見二兵庫式一、餘府准レ此、

凡威儀及行幸所レ須器仗者、收二於府庫一臨レ時出用、但甲、楯不レ在二此限一、餘府准レ此、

凡車駕巡幸應レ須甲、楯者、預前申奏請二受兵庫一、其數臨レ時聽レ勅、餘府准レ此、

凡年料所レ須雜藥者、申レ官請受、數見二典藥式一、餘府准レ此、

凡胡床三百基緒料緋絲、基別八兩、塗料漆、基別一合、隨レ損申レ官請、

凡大衣者、將監已下府生已上、人別橡帛三丈一尺、帛三丈一尺、綿十屯、近衛二百人、紺細布、白細布各二丈一尺、綿十屯、横刀緒、近衛四百八人•、

威儀…器仗　儀式・行幸の威容を整えるため、衛府の官人が所持する武具類。本式1条に見える幟を著くる殳・纛幡・隊幡・鉦・鼓等が相当し、武具ではないが襖・裲襠等も含まれるか。中務式1・2条、兵部式16条、兵庫式12条参照。

56甲楯条

甲楯はこの限りにあらず　本式56条では、行幸の際の甲・楯は兵庫寮のものを用いるとする。一方兵部式16条では諸儀の際の挂甲を兵庫に請うとあるが、楯についての記載はない。本式65条参照。

甲楯　本式31条には、行幸の際の甲の着装と楯の保持は規定されていない。

57年料雑薬条

数は典薬式に見ゆ　諸衛府へ支給される薬については典薬式21・22・23条参照。

58胡床条

胡床　本式1条参照。

59大衣条

大衣　広袖の衣の普通より大きく仕立てたものの総称。

橡　ドングリなどの堅果類を煮出した汁で染めた色。媒染剤によって色相が異なり、白橡、赤橡、青橡、黒橡などの色名がある。

近衛二百人・近衛四百八人　前者は長上近衛、後者は番上近衛か。本式冒頭補注参照。

52　凡そ*長上・番長の近衛は、他事に預りて差し遣わすを得ず。

53　*凡そ*節会に著《き》るところの襖《あお》・袍《ほう》は、二十年に一たび換えよ。当府、料を請《う》けて裁縫し、永く本府に収め、時に臨みて出だし用いよ。もし破損せば、官に申して請け換えよ〈余の府もこれに准えよ〉。

54　凡そ大儀に須《もち》うるところの*鉦・鼓を撃つ人および*執る夫は、移《い》して兵庫より請けよ〈その数ならびに装束は兵庫式に見ゆ〉。余の府もこれに准えよ。

55　凡そ*威儀および行幸に須うるところの器仗は、府庫に収め、時に臨みて出だし用いよ。ただし*甲・楯はこの限りにあらず〈余の府もこれに准えよ〉。

56　凡そ車駕《きょが》の巡幸に須うべき*甲・楯は、あらかじめ申《もう》奏して兵庫より請《こ》い受けよ。その数は時に臨みて勅を聴け。余の府もこれに准えよ。

57　凡そ年料に須うるところの雑《くさぐさ》の薬は、官に申して請い受けよ〈*数は典薬式に見ゆ〉。余の府もこれに准えよ。

58　凡そ*胡床《あぐら》三百基の緒の料の緋の糸は、基別《ごと》に八両。塗る料の漆は、基別に一合。損ずるに随いて官に申して請けよ。

59　凡そ*大衣《おおきぬ》は、将監已下府生已上に、人別に*橡《つるばみ》の帛三丈一尺、帛三丈一尺、綿十屯。*近衛二百人に紺の細布・白の細布各二丈一尺、綿十屯。横刀《たち》の緒は、*近衛四百八人

八人番長、緋帛各七尺五寸、右近緋纈、皆三年一給、並錄奏請、

凡臨時行幸料青揩衫二百領料、細布一百端、衫別二丈一尺、絲一斤九兩、別三銖、生藍卌圍、直、並隔二三年一申レ官請受、染揩裁縫、常有二四百領一、

凡供二奉行幸一駕輿丁者、駕別廿二人、十二人擎二御輿一、自餘執二前後綱一、皆著二皂頭巾、皂綏、緋帛衫、調布襖、貲布衫、紫大纈褶、白布袴、白布帶、白布脛巾一、惣廿二具、中宮亦准レ此、貯二收府庫一臨時充用、若有二損破一、申レ官請換、但笠蓑請二內藏寮一、

凡近衛、駕輿丁、直丁等月粮米鹽毎月請受、唯漬レ菜料鹽春秋請之、數見二大膳式一、餘府准レ此、

凡近衛、駕丁祿物粮米、府惣請取班給、其不仕料幷節服及青揩衫、大衣、駕丁裝束舊破之物、並充二府中雜用一、兵衛亦同、

凡正月廿一日、年終帳進二辨官一、諸衛准レ此、

錄　底「銀」。閣・梵ホカニヨリテ改ム。

領　底ホカ諸本「餘」。版本ニ従イテ改ム。

褶　底傍注「加裳上者也」。閣ホカ諸本ニモアリ。

緋の帛　弾正式65条は緋の絁とする。なお、後紀弘仁二・三・戊申条に左右の区別を図るため、右近衛の剣帯(緒)の色を緋絁纈に改めるとある。同条が本条の淵源の一つとなったか。

纈　本式25条「大纈」の項参照。

60臨時行幸料条

生藍　刈り取った藍の葉で乾燥させていないもの。

61駕輿丁条

駕別に二十二人…　→補1

頭巾　成人男子の頭上に束ねた髻を覆い包む布帛質のかぶりもの。幞頭ともいう。衣服令6条に無位の官人、庶人の服装として「皂縵頭巾」の記載がある。

紫の大纈の褶　→補2

笠蓑　笠はかぶりがさ。蓑は植物の茎葉を編んで製した雨具。内蔵式54条には、毎年大宰府から檳榔製の蓑(ケラミノ)一二〇領と藺帖笠一三〇蓋、和泉国から藺笠四六枚の進上が記されている。

62月粮米塩条

に〈八人は番長〉、*緋《あけ》の帛各七尺五寸〈右近は緋の*纈《ゆはた》〉。皆、三年に一たび給え。みな録して奏《もう》し請《う》けよ。

60 凡そ臨時の行幸の料の青揩《あおずり》の衫《ひとえぎぬ》二百領の料は、細布一百端〈衫別に二丈一尺〉、糸一斤九両〈別《りようごと》に三銖〉、*生藍四十囲〈直〉。みな三年を隔てて官に申し、請い受けよ。染め摺り裁縫して、常に四百領をあらしめよ。

61 凡そ行幸に供奉《ぐぶ》する駕輿丁《かよちよう》は、*駕別に二十二人〈十二人は御輿を擎《ささ》げ、自余は前後の綱を執れ〉、皆、皂《くり》の*頭巾《こうぶり》、皂の緌《おいかけ》、緋の帛の衫、調布の襖、貲布《さよみのぬの》の衫、*紫の大纈《おおゆはた》の褶《ひらみ》、白布袴《ぬののばかま》、白布帯《ぬののおび》、白布脛巾《ぬののはばき》を著《つ》けよ。惣べて二十二具〈中宮もまたこれに准えよ〉。府庫に貯え収めて臨時に充て用いよ。もし損じ破ることあらば、官に申して請け換えよ。ただし*笠・蓑は内蔵寮より請けよ。

62 凡そ近衛・駕輿丁・直丁らの*月粮《げつろう》の米《よね》・塩は毎月請い受けよ。ただし*菜を漬くる料の塩は、春秋に請けよ〈数は大膳式に見ゆ〉。余の府もこれに准えよ。

63 凡そ近衛・駕丁の*禄物・粮米は、府惣べて請け取りて班給せよ。其れ*不仕の料ならびに*節服および青摺の衫・大衣・駕丁の装束の*旧破の物は、みな府中の雑用に充てよ。兵衛もまた同じくせよ。

64 凡そ正月二十一日に*年終帳を弁官に進れ。諸衛もこれに准えよ。

月粮　毎月支給された官人の食料で、諸国から大炊寮に納入された年料舂米などから支給した。→補3

菜を漬くる料の塩…　大膳式下28条に「菜料塩〈秋亦准レ此〉、(中略)左右近衛府各八石、左右兵衛府各六石、左右衛門府各二石」の記載がある。

63禄物粮米条

禄物　官人が位に応じて与えられる俸禄。正六位以下の官人に対しては、半年ごとに一二〇日以上上日した者に季禄が与えられた。その給付にいたる手順については式部式下27条参照。

不仕の料　支給予定者が出仕しなかった場合、禄物、粮米は支給されない。不仕の料はその残余分のことで、寮内の諸雑費に充てられた。

節服　本式1～3条に記された、官人が儀式の際に着用する襖や袍。春宮式44条、左右衛門式25・37条に見え、25条では「廿年一換」とする。弾正式76条、左右兵衛式26条に見える「儀服」も同一のものを指すか。

旧破の物…充てよ　左右衛門式37条、左右兵衛式26条にほぼ同様の記述がある。

64年終帳条

年終帳　在京諸司の財物に関する決算報告書。毎年正月二十一日に太政官に提出した。太政官式152条参照。

穫　底「獲」。意ニヨリテ改ム。
二　閣・壬・貞「一」。

65元日威儀料条

元日の威儀の料の挂甲　本式1条では、御輿に供奉する少将と近衛が挂甲を着すと規定しており、兵部式16条には衛府が兵庫から挂甲の分付を受けるとある。

御輿長　本式34条参照。

66駕輿丁衣服料条

衣服の料…　中務式74条には隊正と火長は庸布一段(秋は庸布二段と綿二屯)、衛士と駕輿丁は商布一段(秋は商布二段と綿三屯)とある。

商布　東国、北陸道諸国を中心に交易雑物として進上された布。品質は調庸布より劣る。

67従行官人条

執る夫　ここでは行幸に帯同する威儀物を運ぶ者をいう。

馬子　→補1

数は弾正式に見ゆ　弾正式には該当条文は見えない。ただし同式94条に「車馬従」(貴人の車馬に付き従う従者)の員数規定がある。

68蓩陸田条

蓩の陸田十町　→補2

二月一日　春耕の開始時期に合せて設定

凡十二月廿七日、進下請二元日威儀料挂甲一奏、并御輿長歴名上、

凡駕輿丁百人〈隊正二人、火長十人、丁八十八人〉衣服料、夏隊正、火長各庸布一段、丁別商布一段、冬隊正、火長各庸布二段、綿三屯、丁別商布二段、綿三屯、

凡従行官人已下執夫已上、並計二路程一給レ粮、人日米一升六合、鹽一勺六撮、馬子〈數見二弾正式一〉米一升、鹽一勺、餘府准レ此、

凡府蓩陸田十町〈穫二蓩四千斤一〉營刈運賃并食料、以二二月一日一申レ官請受、〈町別營夫六十人、廝丁四人、夫日米二升、鹽二勺、海藻二兩、醬滓一合、糟三合、廝丁日米一升二合、鹽二勺、海藻一兩、醬滓一合、糟三合、功錢駄賃臨時量定、駄別運二蓩十二斤一〉其鍬者町別二口、三年一請、但蓩左府送二左馬寮一、右府送二右馬寮一、〈衛門、兵衛各亦准レ此、〉

射田左右近衛府各十町、〈在二近江國一〉地子充下教二習騎射、歩射一用上、

65 凡そ十二月二十七日に、*元日の威儀の料の挂《うちかけよろい》甲を請う奏、ならびに*御輿長《みこしおさ》の歴名を進れ。

66 凡そ駕輿丁百人〈隊正二人、火長十人、丁八十八人〉の*衣服の料、夏は隊正・火長に各庸布一段、丁別《ちょうごと》に*商布一段。冬は隊正・火長に各庸布二段、綿三屯、丁別に商布二段、綿三屯。

67 凡そ従行の官人已下*執る夫已上に、みな路程を計りて粮を給え。人ごとに日に米一升六合、塩一勺六撮。*馬子《めし》〈*数は弾正式に見ゆ〉に、米一升、塩一勺。余の府もこれに准えよ。

68 凡そ府の*蒭《まぐさ》の陸田十町〈蒭四千斤を穫れ〉。営・刈・運の賃ならびに食《じき》の料は、*二月一日を以て官に申し、請い受けよ〈町別に*営夫六十人、*廝丁《しちょう》四人。夫は日に米二升、塩二勺、*海藻《め》二両、*醤滓《ひしおかす》一合、*糟《かす》三合。廝丁は日に米一升二合、塩二勺、海藻一両、醤滓一合、糟三合。*功銭・*駄賃は臨時に量り定めよ。駄別に蒭十二斤を運べ〉。其れ鍬《くわ》は町別に二口、三年に一たび請けよ。ただし*蒭は左府は左馬寮に送り、右府は右馬寮に送れ〈*衛門・兵衛も各またこれに准えよ〉。

69 *射田は、左右近衛府に各十町〈*近江国にあり〉。*地子《じし》は騎射・歩射を教習する用に充てよ。

された日限か。

営夫　陸田の耕作者。延べ六〇人が一町の耕作に当たったか。

廝丁　令制では五〇戸から二人を出す仕丁のうちの一人で、実働の立丁のために薪水の用意をする者をいう。本条では、営夫の食事の世話に当たる者を指す。

海藻　一般的には食用となる海藻類の総称であるが、延喜式内では稚海藻、荒布、海松等と書き分けられている。

醤滓　大膳式下4・7条参照。

糟　醪(モロミ)から酒を搾ったあとに残る酒糟。

功銭　銭貨で支払われる手間賃。

駄賃　駄馬によって、蒭を運送した際に払われる賃銭。

蒭は…右馬寮に送れ　左右馬式54条に「左近衛府四千斤、(中略)右、左馬寮年中蒭料、右寮准レ此」とあり、本条と量目まで一致している。

衛門兵衛も各またこれに准えよ　左右衛門式40条、左右兵衛式24条参照。

69射田条

射田　→補3

近江国にあり　→補4

地子　射田の賃租料。一年間農民に耕種させ、収穫の一部を収納した。なお、主税式上2条に諸衛射田を不輪租田とするとの記載が見られる。

幕卅條…（一行）　→校補2

幕卅條、絁十條、細布十條、調布十條、並廿年一度申レ官作換、

延喜式巻第卅五

70 幕条

幕　布製の遮蔽具の一種。本来の字義は上部を覆う意で、それに対して横に四方に張るものを帷（タレマク）といい、両者を合せて帷幕（イバク）、幌（ホロ）といった。しかし、後には四方に張るものも幕と称するようになった。延喜式では、単位として本条のように条を用いる例が多いが、他に具（斎宮式43条）、張（大蔵式16条）、宇（大蔵式101条）も用いられている。また、斎宮式6条、斎院式4条の「斎王到レ幕臨レ流而禊」からは、幕が遮蔽の仕切りの役を果たしたことが窺われる。一方、中宮式19条の「幕下」は、ここでの幕が天幕状のものであったことを推測させる。さらに類似のものである幔との相違について、幕はもっぱら布を長く

70 幕*三十条〈絁*十条、細布十条、調布十条〉は、みな二十年に一度、官に申して作り換えよ。

延喜式巻第四十五

広く横に縫い合せるのに対して、幔は布を縦に縫い合せるとする説（三条中山口伝三〔庭上儀〕など）もあるが、一方、内匠式27・32条では幕は桁一枝と柱二枝を一単位としており、柱の頂部に桁を渡しそれに布帛をかける形と推測される。それに対して幔は柱のみが記され、さらに大蔵式101条に「貫レ柱紐」が見えることから、複数の柱の頂部に紐を通し、それに布帛をかける構造であったと考えられる。また、同条に絁幕は七幅、布幕は六幅とあるが、絁の一幅を一尺九寸、麻布の一幅を二尺四寸とすると、前者はおよそ四メートル、後者は四・三メートルの幅となり、それぞれの項に「二戸表料」として「紺帛」「紺布」があることから、この場合の幕は仕切りの壁の役目としてではなく幄の屋根部分に用いられたと考えられる。このように、幕の形状は延喜式内でも相違点が多く、本条記載の幕がどのようなものであったかは明確にし難い。あるいは、支給されたものを必要に応じて幄の一部に用いたり、後世の陣幕のような空間の仕切りとして使用したとも考えられよう。左右衛門式43条、左右兵衛式26条参照。

絁十条…　素材による用度の違いは明らかではないが、各素材の延喜式での使用例については大蔵式101条参照。

延喜式巻第卌六

左衛門府 右衛門府准レ此、

大儀 謂二元日、卽位、及受二蕃國使表一、

其日寅二刻、近衛府始擊二動鼓一、以レ次相應、卽令二裝束一、督著二武禮冠、深緋襖、繡裲襠、將軍帶、餝以二金銀一金裝横刀、靴一、策二著レ幟尖一、佐武禮冠、緋襖、繡裲襠、將軍帶、金裝横刀、靴、策二著レ幟尖一、尉、志並皂緌、深緑襖、志紺襖、錦裲襠、白布帶、横刀、弓箭、緋脛巾、麻鞋、府生、門部並皂緌、紺襖、挂甲、白布帶、横刀、弓箭、白布脛巾、麻鞋、門部加二末額一、衛士皂緌、末額、桃染布衫、挂甲、白布帶、横刀、弓箭、白布脛巾、麻鞋、卯一刻、近衛府擊二列陣鼓一、以レ次相應、卯三刻、擊二進陣鼓一、仗初進、擊二行鼓一、各相應如レ前、皆就二隊下一、督率二尉以下一、隊二於會昌門外左一、若蕃客朝拜者、隊二於應天門内一、鷲像纛幡一旒、鷹像隊幡二旒、小幡卌九旒、鉦、鼓各一面、伴氏五位一人右、佐伯氏、各服二禮服一、率二門部三人一裝束同レ上、不レ著二弓箭一、入レ自二掖門一、居二會昌門内左廂一、門部在二門下一、

次　底ナシ。梵校注・梵別校注・塙・井校注ニヨリテ補ウ。

旒　底「流」。意ニヨリテ改ム。以下、コノ字ニツイテハ一々注セズ。

掖　底「腋」。例ニヨリテ改ム。下同ジ。

左衛門府　→補1

大儀　1大儀条　左右近衛式1条参照。

武礼冠…　以下の装束については左右近衛式1条参照。

深緋の襖　襖については左右近衛式1条参照。衣服令4条によれば深緋は四位に対応する衣の色であるが、本条でこの色が規定されたのは、弘仁二年(八一一)に左右衛士府を改称して成立した左右衛門府において、督の相当位が従四位下であったためと考えられる(冒頭補注参照)。

繡　刺繡を施した錦。織部式3条参照。

桃染の布の衫　桃染はツキソメとも訓む。紅花で桃色に染めたひとえぎぬ。天智紀六・閏十一・丁酉条に「桃染布五十八端」と見える。衣服令14条参照。

近衛府…　→補2

会昌門　平安京の大内裏朝堂院(八省院)の門。十二堂の前にあって南面し、その外に朝堂院の正門である応天門がある。

延喜式巻第四十六

*左衛門府《さえもんふ》〈右衛門府もこれに准《なぞら》えよ〉

1 *大儀〈元日、即位および蕃国の使の表を受くるを謂う〉

その日の寅の二刻、近衛府、始めに動鼓を撃たば、次《ついで》を以て相応じ、すなわち装束せしめよ。督《かみ》は、*武礼冠《ぶらいかん》、*深緋《こきあけ》の襖《あお》、*繍《ぬいもの》の裲襠《うちかけ》、将軍帯〈餝るに金銀を以てせよ〉、金《こがね》装《づくり》の横刀《たち》、靴《かのくつ》を著けよ。幟《のぼり》を著くる殳《ほこ》を策《た》てよ。佐《すけ》は、武礼冠、緋の襖、繍の裲襠、将軍帯、金装の横刀、靴。幟を著くる殳を策てよ。尉《じょう》・志《さかん》は、みな皂《くり》の緌《おいかけ》、深《こき》緑《みどり》の襖〈志は紺の襖〉、錦の裲襠、白布帯《ぬのおび》、横刀、弓箭《ゆみや》、緋の脛巾《はばき》、麻鞋《まがい》。府生《ふしょう》・門《かど》部《べ》は、みな皂の緌、紺の襖、挂甲《うちかけよろい》、白布帯、横刀、弓箭、白布脛巾《ぬのはばき》、麻鞋〈門部は末額《まっこう》を加えよ〉。衛士《えじ》は、皂の緌、末額、*桃染《ももぞめ》の布の衫《ひとえぎぬ》、挂甲、白布帯、横刀、弓箭、白布脛巾、麻鞋。卯《う》の一刻、*近衛府、列陣鼓を撃たば、次を以て相応ぜよ。卯の三刻、進陣鼓を撃て。仗、初めに進め。行鼓を撃ち、各《おのおの》相応ずること前《さき》の如くし、皆、隊下に就け。督は尉以下《いげ》を率いて*会昌門《かいしょうもん》の外の左に隊せよ〈もし蕃客朝拝せば、*応《おう》天門《てんもん》の内に隊せよ〉。*鷲像《わしがた》の纛幡《とうばん》一旒《りゅう》、*鷹像《たかがた》の隊幡《たいばん》二旒、*小幡四十九旒、鉦・鼓各一面。*伴《とも》氏の五位一人〈右は*佐伯《さえき》氏。各礼服《らいふく》を服《き》よ〉は門部三人〈装束は上《かみ》と同じくせよ。弓箭は著けざれ〉を率い、*掖門より入りて、会昌門の内の左廂に居《お》れ〈門部は門下《げ》にあり〉。

中巻図3参照。

応天門　平安京大内裏八省院南面の正門。朱雀門に相対し、東西の廊には栖鳳、翔鸞の二楼が連なる。貞観八年(八六六)の応天門の変で焼失し、同十三年に再建された。中巻図3参照。

鷲像の纛幡　大儀の際に衛門府の陣に立てる威儀の旗の一つ。鷲の姿を描いて竿の先に懸けて垂らす幡。「纛幡」については、左右近衛式1条参照。

鷹像の隊幡　→補3

小幡四十九旒　以下、本式の小幡の数については左右近衛式1条「小幡四十二旒」の項参照。

伴氏　弘仁十四年(八二三)に淳和天皇の諱(大伴親王)を避けて「大」字を削った(紀略同・四・壬子条)、大伴氏の後裔氏族。そのため、要略八二天慶九・八・七符所引弘仁式逸文ではこの部分を「大伴氏」と記している。→補4

佐伯氏　大連大伴室屋の後裔といわれる神別氏族。初め連姓、後に大伴氏とともに宿禰姓を賜う。しかし、奈良時代末に佐伯今毛人が参議になったほかは議政官に上った者はなく、中流貴族の域を出なかった。佐伯部を率いる軍事的氏族という性格から、大伴氏と並んで宮門の警護に当たり、衛府等の武官を輩出した。

掖門　脇門。ここでは章徳門を指す。

依二時刻一令二開門一、佐率二尉以下一隊二於應天門外左一、隊幡二旒、小幡卅五旒、尉一人率二門部三人一居二門下一、開門畢還二本陣一、又尉率二志以下一隊二於朱雀門外一、隊幡二旒、小幡卅八旒、志一人率二門部五人一居二門下一、開門畢還二本陣一、自二朱雀門外一至二于第一坊門傍路一、衞士隊之、又尉率二衞士已上一隊二於龍尾道以南諸門一、小幡四旒、志率二衞士已上一隊二於東西諸門及餘掖門一、其供二奉駕一陣者、駕御二後殿一、各就二本隊一、禮畢駕還、供奉如レ初、兵庫寮擊二退鼓一、群官退出、其隊進退准二近衞府一、

中儀（謂二元日宴會、正月七日、十七日大射、十一月新嘗會、及饗二賜蕃客一、）

督、佐並著二位襖、金裝横刀、靴一、策二著レ幟殳一、尉、志並皂緌、位襖、白布帶、横刀、弓箭、麻鞋、府生、門部並皂緌、紺襖、白布帶、横刀、弓箭、麻鞋、衞士皂緌、桃染布衫、白布帶、横刀、弓箭、麻鞋、並居二胡床一、（門部、衞士大射幷饗二賜蕃客一時、著二脛巾、末額一、）隊幡四旒、小幡六十旒、（大射建之、）

小儀（謂下告朔、正月上卯日、臨軒授位、任官、十六日踏歌、十八日賭射、五月五日、七月

尉一人は門部三人を率いて…　この部分については、要略八二天慶九・八・七符にほぼ同文の貞観式逸文が載せられている。

本陣・本隊　開門や駕に供奉する任のために派遣された官人以下の隊伍が、儀式の際に位置する場所。

朱雀門　平安宮外郭十二門（宮城十二門）の一つ。宮城南面中央にある門で南門ともいう。大内裏の正門で、門外では儀式や歌垣が行なわれた。朱雀門の名称は、中国の長安城に倣ったもので、弘仁九年（八一八）に門号が唐風に改められる（紀略同・四・庚辰条）以前は、天皇警護の中心であった大伴氏の名から大伴門と呼ばれていた。しかし、他門に比してこの門に関しては早くから朱雀門の呼称も用い

時刻により開門せしめよ。佐は尉以下を率いて応天門の外の左に隊せよ。隊幡二旒、小幡四十五旒。*尉一人は門部三人を率いて門下に居《お》り、開門畢らば*本陣に還れ。また尉は志以下を率いて*朱雀門《すざくもん》の外に隊せよ。隊幡二旒、小幡四十八旒。志一人は門部五人を率いて門下に居り、開門畢らば本陣に還れ。朱雀門の外より*第一坊門の傍路まで、衛士、隊せよ。また尉は衛士已上を率いて*竜尾道《りゅうびどう》より南の諸門に隊せよ。小幡四旒。志は衛士已上を率いて東西の諸門および余の掖門に隊せよ。其れ駕に供奉せる陣は、駕、後殿に御《おわ》さば、*各本隊に就け。礼畢りて駕還るとき、供奉せんこと初めの如くせよ。兵庫寮、退鼓を撃ち、群官退出《まか》れ。その隊の進退は近衛府に准えよ。

2
*中儀〈元日の宴会《えんえ》、正月七日、十七日の大射《おおいくは》、十一月の新嘗会《にいなめのえ》および蕃客を饗賜するを謂う〉

督・佐は、みな*位襖《いおう》、金装の横刀、靴を著けよ。幟を著くる殳を策てよ。尉・志は、みな皂の緌、位襖、白布帯、横刀、弓箭、麻鞋。府生・門部は、みな皂の緌、紺の襖、白布帯、横刀、弓箭、麻鞋。衛士は皂の緌、桃染の布の衫、白布帯、横刀、弓箭、麻鞋。みな*胡床《あぐら》に居《すわ》れ〈門部・衛士は、大射ならびに蕃客を饗賜する時は、脛巾・末額を著けよ〉。隊幡四旒、小幡六十旒〈*大射には建てよ〉。

3
*小儀〈告朔《こうさく》、正月の上つ卯《う》の日、臨軒《りんけん》の授位・任官、十六日の踏歌《あらればしり》、十八日の賭射《のりゆみ》、五月五日、七月

られていたようで、その初見は書紀大化五・三・辛酉条に遡る。平安宮のものは基壇建物二階建てで、東西七間五戸、瓦葺きで鴟尾を頂き、柱は丹塗り、白壁であった。中巻図1参照。

第一坊門の傍路　平安京では、左右京の三条から九条までの各条の中央を横断する通り(坊門小路)の朱雀大路に面した場所(左右各条一坊の二町と三町の間)に門が設けられていた。それが坊門で、その第一のものは左右京の三条一坊にあった。朱雀門からこの坊門の位置まで朱雀大路の両側を、およそ一〇〇丈にわたって衛士が列立したことになる。

竜尾道…余の掖門　朝堂院二十五門のうち前出のものを除いた門。

2中儀条

中儀　左右近衛式1条「大儀」の項参照。

位襖…　以下の装束については左右近衛式2条参照。

胡床　左右近衛式1条参照。

大射には建てよ　大儀では六衛府のすべてが隊幡・小幡を樹立したが、中儀では大射の際に左右衛門府が隊幡・小幡を、左右兵衛府が小幡を樹立し、左右近衛府はどちらも樹立しないなど、対応に違いが見られる。

3小儀条

小儀　左右近衛式1条「大儀」の項参照。

式4条ノ例ニヨリテ補ウ。
隊　底ナシ。左右近衛式1条、左右兵衛
騰　底ナシ。塙校注ニヨリテ補ウ。
井・藤、底ニ同ジ。
一　底「二」。閣・梵ホカニヨリテ改ム。
蒲　底「蒱」。閣・貞ニヨリテ改ム。

其れ蕃客の…小儀に准えよ　承和年間には蕃客朝拝（受諸蕃使表及信物）への天皇不出御が通例となる（田島公「日本の律令国家の『賓礼』」〈『史林』六八―三、一九八五年〉）。本規定は、このような実態に対応したものといえよう。同様のことは、隼人式1条にも分注の形で記されている。

兵衛府もこれに准えよ　左右兵衛式3条には対応する記述部分はない。また、左右近衛式にもこのことに触れた文言はない。

4供奉行幸条

みな近衛府に准えよ　左右近衛式31条参照。

祓禊　散斎に入る前に天皇が出御し、穢れを取り除く御禊行幸を指す。大嘗祭式4条、左右近衛式36条参照。

纛を執る一人…纛の綱を執る二人　下文に「装束、並見二兵庫式一」とあるが、兵庫式6条の記載内容には本条と若干の違い

廿五日、九月九日、出雲國造奏二神壽詞一、册二命皇后一、册二命皇太子一、百官賀表、遣唐使賜二節刀一、將軍賜中節刀上、府生以上並准二近衛府一、門部黃袍、衛士桃染布衫、餘准二中儀一、除二末額一、其蕃客上表天皇不レ臨レ軒者、亦准二小儀一、兵衛府准レ此、

凡供二奉行幸一官人以下府生以上、並准二近衛府一、門部皂緌、紺布衫、白布帶、橫刀、弓箭、行騰、麻鞋、幸近以二蒲脛巾一代二行騰一、衛士皂緌、桃染布衫、白布帶、橫刀、弓箭、白布脛巾、草鞋、但踐祚大嘗會祓禊用二鷲像纛幡一旒、其執レ纛一人、著二末額、緋行騰、纈袍、帛博帶一騎レ馬、執二纛綱一二人、黃布衫、布帶、步行、並用二兵庫寮夫一、他皆准レ此、鷹像隊幡四旒、小幡卌旒、少減二於威儀幡一、他亦准レ此、鉦、鼓各一面一、其用度雜物、及擊二鉦鼓一人、執レ纛夫等裝束、並見二兵庫式一、

凡踐祚大嘗會齋院屯陣裝束、一如二元日一、但除二纛、隊幡、鉦、鼓一、

凡大射官人二人、著二皂緌、位襖、白布帶、橫刀、弓箭、緋脛巾、麻鞋一、

が見られる。なお、同条の「執纛一人」は本条では「執レ纛夫」と記されている。

帛の博帯　(細帯などに対して)幅の広い帯。大帯。兵庫式3条に同じく帛の博帯を挙げ、「長五尺、広四寸、以レ布為レ心、以レ帛為二表裏一、其二端各著二細帯一、長各五尺」と分注を加えている。また儀式六(元正受朝賀儀)には撃人の装束として大帯を挙げ、全く同一の分注が加えられている。一方、和名抄には「紳　論語注云紳〈音申〉大帯也、唐令私記云大帯〈今案一云博帯、著二礼服一帯也〉、以レ繒為レ之」とあり、礼服着用の際に用いられたとする。

他は皆これに准えよ　左右兵衛式4条には「其用度准二衛門府一」とある。本条下文の「他亦准レ此」も左右兵衛府を指すか。

少なきは…　供奉する者の数が少なかった場合には。

鉦鼓　行幸に用いられることから、前後二人が担ぐ長柄の中央に楽器本体を吊るした雅楽の荷(ニナイ)鉦鼓、荷太鼓に似た形態の可能性が考えられる。文安御即位調度図参照。

5大嘗会装束条

斎院　左右近衛式37条参照。

6大射官人条

大射の官人…　左右近衛式22条、左右兵衛式7条参照。

二十五日、九月九日、出雲の国造《くにのみやつこ》の神寿詞《かんよごと》を奏《もう》す、皇后を冊命《さくみょう》す、皇太子を冊命す、百官の賀表、遣唐使に節刀を賜う、将軍に節刀を賜うを謂う〉府生以上は、みな近衛府に准えよ。門部は黄の袍《ほう》、衛士は桃染の布の衫《ひとえぎぬ》。余は中儀に准えよ〈末額を除け〉。*其れ蕃客の上表に天皇臨軒せざるも、また小儀に准えよ〈*兵衛府もこれに准えよ〉。

4 凡そ行幸に供奉せん官人以下《かんにんいげ》府生以上は、*みな近衛府に准えよ。門部は、皂の緌、紺の布の衫、白布帯、横刀、弓箭、行縢《むかばき》、麻鞋〈幸近きは蒲《がま》の脛巾を以て行縢に代えよ〉。衛士は、皂の緌、桃染の布の衫、白布帯、横刀、弓箭、白布脛巾、草鞋《そうかい》。ただし践祚大嘗会の*祓禊《みそぎ》には鷲像の纛幡一旒〈その*纛《とう》を執る一人は、末額、緋の行縢、纈《ゆはた》の袍、*帛の博《ひろ》帯《おび》を著け馬に騎《の》れ。纛の綱を執る二人は、黄の布の衫、布帯にて歩行せよ。みな兵庫寮の夫を用いよ。*他は皆、これに准えよ〉、鷹像の隊幡四旒、小幡四十旒〈*少なきは威儀の幡を減ぜよ。他もまたこれに准えよ〉、*鉦・鼓各一面〈その用度の雑物および鉦・鼓を撃つ人、纛を執る夫らの装束はみな兵庫式に見ゆ〉を用いよ。

5 凡そ践祚大嘗会の*斎院に屯《たむろ》する陣の装束は、一《ひとえ》に元日の如くせよ。ただし纛・隊幡、鉦・鼓を除け。

6 凡そ*大射の官人二人は、皂の緌、位襖、白布帯、横刀、弓箭、緋の脛巾、麻鞋を著

門部十人、皂緌、末額、紺袍、白布帶、橫刀、弓箭、白布脛巾、麻鞋、衞士十人、皂緌、末額、桃染布衫、白布帶、橫刀、弓箭、白布脛巾、麻鞋、其次第者在二兵衞府後一、

凡正月講二最勝王經一所、進二衞士十五人、幷雜花一櫃一、〈諸衞以レ次進之、〉其種子稻五十束請二山城國便郡一、簡脩爲二十三荷一、亦進二會所一、

凡正月講二最勝王經一所、進二梅、柳各八株一、七日節舞臺裝束料各四株、

凡鮮鮒御贄、隔二三日一進二藏人所一、〈左、寅午戌、右、卯未亥、〉

凡宮門者、門部閉、

凡黃昏之後出二入內裏一、五位已上稱レ名、六位已下稱二姓名一、然後聽之、其宮門皆令二衞士炬レ火、〈閤門亦同、〉

凡大儀之日、居二兕像於會昌門左一、事畢返二收本府一、〈右府居レ右、〉

凡諸節會之日祿、令二衞士運進一、

脩　諸本異同ナキモ、或イハ「備」カ。
柳　底「折」。閣・梵ホカニヨリテ改ム。
閉　諸本異同ナキモ、コノ上「開」字ヲ脱セルニヤ。
兕　底「光」。井校注ニヨリテ改ム。

その次第は…後にあり　諸儀式書によると、大射(射礼)には甲乙二つの射席・的が設置され、甲では左右近衛府と左兵衛府が、乙では右兵衛府と左右衛門府がそれぞれ順に射ることになっていた。

7御斎会雑花条

正月の最勝王経を講ずる所　図書式3条、玄蕃式1条、左右近衛式43条参照。

種子の稲五十束…　儀式五(正月八日講最勝王経儀)に「山城国以二稲廿四荷一〈以二四束一為二一荷一〉、左右相分」、西宮記恒例一(御斎会)に「左右衛門府、庭中立二稲廿六荷一、山城国進」、江家次第三(御斎会竟日)に「庭前立二山城所レ進稲二行一〈各十二束、或各十三束〉」とある。→補1

8進梅柳条

梅柳各八株を進れ　図書式3条に「梅柳雑花〈諸衛採進〉」とあるが、左右近衛式43条は「雑花」とのみ記す。

七日の節…各四株　七日の節は白馬節会。内裏式上および儀式七(正月七日儀)に「左右衛門樹二梅柳於舞台之四角及三

面二」（儀式七「之」字なし）、江家次第二（七日節会装束）に「其四角三面樹三梅柳一、其東西北面懸三亘帽額二」とある。

9鮮鮒御贄条

鮮けき鮒の御贄　↓補2

三日を隔てて　中三日をあけて。↓補3

蔵人所　↓補4

10宮門条

宮門　内裏外郭の門で内門（閤門）と外門（宮城門）の間にあった中門。平安宮では建礼・春華・建春・朔平・式乾・宜秋・修明の各門をいう。宮衛令1条義解・集解古記、中巻図1・2参照。

11黄昏後条

黄昏　「誰そ彼は」と、人のさまの見分け難い時の意で、夕方の薄暗い時分。

衛士をして火を炬かしめよ　宮衛令7条に「凡理門、至レ夜燃レ火」とあり、該当部分の集解古記では「内門、中門、外門、並衛門府衛士燃レ火也、今行事、又燃三外門一也」とする。

12兕像条

兕像　中務式1条に兕靐幡が見え、治部式2条の兕の分注には「形如レ牛、蒼黒色或青色、有二一角一、重二千斤一」とある。↓補5

13節禄条

諸の節会の日の禄　各節会の禄については、大蔵式84～89条に記載がある。

けよ。門部《かどべ》十人は、皂の緌、末額、紺の袍、白布帯、横刀、弓箭、白布脛巾、麻鞋。衛士十人は、皂の緌、末額、桃染の布の衫、白布帯、横刀、弓箭、白布脛巾、麻鞋。その*次第は兵衛府の後にあり。

7 凡そ*正月の最勝王経《さいしようおうきよう》を講ずる所に、衛士十五人ならびに雑《くさぐさ》の花一櫃《ひつ》を進《たてまつ》れ〈諸衛は次《ついで》を以て進れ〉。其れ種*子の稲五十束は山城国の便郡より請《う》けよ。簡脩して十三荷となし、また会の所に進れ。

8 凡そ正月の最勝王経を講ずる所に、梅*・柳各八株を進れ。七*日の節の舞台の装束の料は各四株。

9 凡そ*鮮《あざら》けき鮒の御贄《みにえ》は、三*日を隔てて蔵*人所に進れ〈左は寅《とら》・午《うま》・戌《いぬ》、右は卯《う》・未《ひつじ》・亥《い》〉。

10 凡そ宮*門は門部閉《た》てよ。

11 凡そ黄*昏の後に内裏に出入せんには、五位已上は名を称《とな》え、六位已下《いげ》は姓名を称え、然る後に聴せ。其れ宮門は、皆衛*士をして火を炬《た》かしめよ〈閤門《こうもん》もまた同じくせよ〉。

12 凡そ大儀の日、*兕像《じのかた》を会昌門の左に居《す》え、事畢らば本府に返し収めよ〈右府は右に居えよ〉。

13 凡そ諸*の節会の日の禄は、衛士をして運び進らしめよ。

凡諸節會日若入ㇾ夜者、令㆔衞士進㆓秉燭㆒、其數十人、若有㆓蕃客㆒者廿人、
凡臨時伊勢奉幣及神今食、新嘗會、諸節日、掃㆓除小安殿廻幷豐樂院、中院•前庭等㆒、
凡二月八月上丁、進㆓釋奠三牲㆒、大鹿、小鹿、猪各一頭、加㆓五藏㆒、並丙日送㆓大學寮㆒、兎二頭、•醢料、潔淸乾曝、前ㇾ祭三月送㆓大膳職㆒、其貢進之次、以㆓左近衞府㆒爲㆓一番㆒、諸衞輪轉、終而更始、若享在㆓祈年、春日、大原野、薗韓神等祭之前㆒、停ㇾ供㆓三牲㆒、代ㇾ之以㆓鯉、鮒㆒、諸衞准ㇾ此、
凡衞士相替者、一國來訖且奏、不ㇾ須㆔必待㆓諸國惣到㆒、若有㆘舊人身材、及便㆓弓馬㆒、情㆓願留㆒者㆖、•移㆓兵部省㆒便配、其諸國皆悉替訖、定ㇾ第惣奏、
凡大替衞士兵仗戎具、隨ㇾ身•領遣、不ㇾ得ㇾ勘㆓收本府㆒、

前　底「馬」。考異ニ従イテ改ム。
醢　底ホカ諸本ノ字形分明ナラズ。大学式1・2条、左右近衛式42条、左右兵衛式15条、雑式56条ニ倣イテ改ム。
移　底ナシ。閣・梵ホカニヨリテ補ウ。
領　底「須」。井ニヨリテ改ム。

14秉燭条
秉燭　「秉」字は手に持つ、「燭」字は明かりの意。中宮式22条、春宮式25条では「燭を秉(ト)り」とする。続紀天平十八・十・甲寅条に見える脂燭(棒状に削った松の木や、紙を細く巻いた上に油や蠟を塗って点火した照明具)の類か。
15臨時伊勢奉幣条
臨時の伊勢の奉幣…　臨時の伊勢の奉幣は大神宮式47条、神今食は四時祭式上24条、新嘗会は同式下49条参照。
小安殿　大極殿の背後にある殿舎。大極殿後殿、大極殿後房ともいう。
豊楽院　平安京大内裏の南部、朝堂院の西にあった一画。朝廷の宴会場で、大嘗会、節会、賜宴、饗宴、射礼などが行なわれた。豊楽殿を正殿として、まわりに瓦垣をめぐらし、四面に門を開く。康平六年(一〇六三)に焼亡した。中巻図1参照。

14 凡そ諸の節会の日、もし夜に入らば、衛士をして*秉燭《へいしょく》を進らしめよ。その数、十人〈もし蕃客あらば二十人〉。

15 凡そ*臨時の伊勢の奉幣および神今食《かんいまけ》・新嘗会《にいなめのえ》・諸の節の日には、*小安殿《こあどの》の廻《めぐり》ならびに*豊楽院《ぶらくいん》、*中院の前庭等を掃除せよ。

16 *凡そ二月・八月の上つ丁《ひのと》に、釈奠《せきてん》の三牲《さんせい》を進らんには〈大鹿・小鹿・猪各一頭。五蔵を加えよ〉、みな丙《ひのえ》の日に大学寮に送れ。兎二頭〈醢《ひしお》の料〉は潔《きよ》め乾し曝《さら》して、祭に前《さきだ》つこと三月、大膳職に送れ。その貢進の次《ついで》は、左近衛府を以て一番となし、諸衛輪転し、終らば更に始めよ。もし享《きょう》、祈年《としごい》、春日《かすが》、大原野《おおはらの》、薗《その》・韓神《からかみ》等の祭の前にあらば、三牲を供することを停《とど》め、これに代うるに鯉・鮒を以てせよ。諸衛もこれに准えよ。

17 凡そ*衛士《えじ》の相替わるは、一国来り訖らば且つ奏《もう》し、必ずしも諸国の惣べて到るを待つべからず。もし*旧人の身材《すぐ》れ、および弓馬に便にして、留るを情願《ねが》う者あらば、兵部省に移《い》して便《たより》に配せよ。其れ諸国皆悉く替わり訖らば、*第を定めて惣べて奏せ。

18 凡そ*大替《おおかわり》の衛士の*兵仗・戎具は、*身に随うは領《おさ》め遣わし、本府に勘収することを得ず。

中院　中和院の略称。神今食院・斎院とも呼ばれ、天皇が天神・地祇を親祭し、また、新嘗祭や神今食が行なわれた。中巻図1参照。

16釈奠三牲条

凡そ二月八月の上つ丁に…　本条は左右近衛式42条、左右兵衛式15条と同文である。左右近衛式42条参照。

17衛士相替条

衛士の相替わるは…　→補1

旧人の身材れ…　兵部式50条参照。

第を定めて惣べて奏せ　新任、留任を順序だてて奏上する意か。衛士の交替に関わる史料として、天平勝宝二・五・二十六造東大寺司移(古三—四〇三頁)がある。

18大替兵具条

大替　衛士は、続紀養老六・二・甲午条で「三年一度交替」の制が定められた。その交替の年を指すか。兵部式50条参照。

兵仗戎具　戦いに用いる器具。ここでは衣服類も含むか。野田嶺志は衛士の武器・装備について、鳥作横刀と弓箭は個人負担、槍・挂甲・裲襠・行縢は給付されたとする(『防人と衛士』二〇八頁、一九八〇年)。

身に随うは…　個人負担の装備、および官給品でも衣服などは回収せずに持ち帰らせる。

左　底「在」。要略六一ニヨリテ改ム。

長　底ナシ。要略六一ニヨリテ補ウ。

一人志従一人府生従　底「志従一人府生従一人」。要略六一ニヨリテ改ム。

19左京非違条

凡そ左京の…　右京は検非違使を兼帯する右衛門府官人が検校。本条には弘仁・貞観両式の逸文が存する。→補1

志一人・火長九人　→補2

看督長　→補3

案主　アンズとも訓む。文書・記録の作成・保管を任とする令制官司の史生に対応するもの。令制外の官司に置かれ、後に政所や荘園にも広がっていった。

20検非違使別当条

検非違使　→補4

別当　→補5

21捉人防援火長条

捉人の防援　捕らえた罪人の警備。

獄所　囚獄司の左右の獄所を指すが、右獄は次第に衰退し、一三世紀後半に消滅したと考えられる(上杉和彦「京中獄所の構造と特質」〈『日本中世法体系成立史論』所収、一九九六年、初出一九九二年〉)。

未弾の人　罪を犯し、まだ判決を得ていない者。裁判の遅滞を防ぐための規定として獄令46条があるが、一般的には裁判

凡検校左京非違者、佐一人、尉一人、志一人、府生一人、火長九人、二人看督長、一人案主、四人佐尉従各二人、一人志従、一人府生従、

凡検非違使別當、充随身火長二人、

凡捉人防援火長七人、三人守獄所未彈人、四人領著鈦囚、

凡釋奠祭日、都堂講宴之時、左右検非違使禁遏堂下濫行之輩、

凡宮城門者、並令衛士衛之、美福、郁芳、待賢、陽明、上東、達智等門左府衛之、皇嘉、談天、藻壁、殷富、上西、安嘉等門右府衛之、但朱雀門左右相共衛之、偉鑒門左右隔年遞以衛之、

凡宮城諸門守屋者、各本府修造、

凡督料給袍一領料、黒緋綾四丈、綠絹四丈、佐料給袍二領料、緋綾一疋二丈、綠絹一疋二丈、錦褊襠廿五領、三領督佐料、七領尉料、十五領志料、尉料給袍七領料、深綠絹四疋四丈、淺綠絹四疋四丈、志料給袍十五領料、深縹絹十疋、練絹十疋、門部料給袍七十六領料、紺絹卅八疋、練絹卅八疋、門部料黄給袍一百領料、黄絹五十疋、練絹五十疋、門部料黄單袍五十領料、絹

は滞りがちであったようで、要略六一寛平七・二・二十一検非違使別当宣には「近者囚徒満レ獄、科決猶遅、或所レ犯是軽、禁固日久、或本罪既重、待レ断終レ身、獄官之道、理不レ可レ然」と見える。
著鈦の囚　囚獄式2・6条参照。

22都堂講宴条
都堂の講宴　大学寮内の都堂院で、釈奠の際に行なわれた講論と宴座。都堂院は大学寮の中央北端、廟堂院の西にあり、都堂(講堂)と東堂(東舎)、西堂(西舎)からなる。史料上の初見は儀式七(二月上丁釈奠講論儀)で、別名を文章院という。
堂下の濫行の輩　大学式17条では「廟院、都堂濫悪之輩」とする。↓補6
禁遏　禁じて止めること。押えつけてやめさせること。

23宮城門条
美福…偉鑒門　↓補7

24宮城門守屋条
諸門の守屋　門の警衛用の小舎。↓補8

25節服条
督の料の袷の袍一領…　武官は闕腋袍(襖)を着した。本条の袍は、本式1条に見える「襖」を言い換えたものか。↓補9
裲襠　左右近衛式1条参照。
深縹　↓補10
練絹　生糸で織ったあと精練した絹布。または練糸で織った絹布。

19 *凡そ左京の非違を検校《けんぎよう》せんには、佐一人、尉一人、*志一人、府生一人、*火長《かちよう》九人〈二人は*看督長《かどのおさ》、一人は*案主《あんじゆ》、四人は佐・尉の従《じゆう》各二人、一人は志の従、一人は府生の従〉。

20 凡そ*検非違使《けびいし》の*別当には、随身の火長二人を充てよ。

21 凡そ*捉人の防援の火長は七人〈三人は*獄所の*未弾の人を守り、四人は*著鈦《ちやくだ》の囚を領《あずか》れ〉。

22 凡そ釈奠の祭の日、*都堂《とどう》の講宴の時に、左右の検非違使、*堂下の濫行の輩を*禁遏《きんあつ》せよ。

23 凡そ宮城の門は、みな衛士をして衛《まも》らしめよ〈*美福《びふく》・郁芳《いくほう》・待賢《たいけん》・陽明《ようめい》・上東《じようとう》・達智《だつち》等の門は左府衛《まも》れ。皇嘉《こうか》・談天《だんてん》・藻壁《そうへき》・殷富《いんぷ》・上西《じようさい》・安嘉《あんか》等の門は右府衛れ。ただし朱雀門《すざくもん》は左右相共に衛れ。偉鑒門《いかんもん》は左右、年を隔てて遞《たがい》に以て衛れ〉。

24 凡そ宮城の*諸門の守屋《もりや》は、各本府修造せよ。

25 凡そ*督の料の袷《あわせ》の袍《ほう》一領の料は、黒緋《くろきあけ》の綾四丈、緑の絹四丈。佐の料の袷の袍二領の料は、緋の綾一疋二丈、緑の絹一疋二丈。錦の*裲襠《うちかけ》二十五領〈三領は督・佐の料。七領は尉の料。十五領は志の料〉。尉の料の袷の袍七領の料は、深緑《こきみどり》の絹四疋四丈、浅緑《あさきみどり》の絹四疋四丈。志の料の袷の袍十五領の料は、*深縹《こきはなだ》の絹十疋、*練絹《ねりぎぬ》十疋。門部の料の袷の袍七十六領の料は、紺の絹三十八疋、練絹三十八疋。門部の料の黄の袷の袍一百領の料は、黄の絹五十疋、練絹五十疋。門部の料の黄の単の袍五十領の料は、絹

部　底ナシ。塙校注・井ニヨリテ補ウ。
白布卅四端　分注ト合ワズ。何レカニ誤リアラン。
布一端一丈八尺　分注ト合ワズ。何レカニ誤リアラン。

節服　官人が儀式の際に着用する服。ただし、本式2・3条で四等官が位襖を着すとあることから、本条の節服は大儀の際に府庫から貸し出されるものを指し、中儀・小儀には私備のものが用いられた可能性も考えられる。二〇年が経過した節服の扱いについては本式37条参照。

26横刀緒料条
番長　左右近衛式46条参照。
浅縹の東絁　弾正式65条は浅縹（省略されているが絁か）とする。
大襖　延喜式では本条のみに見える。本式28条の「大衣」と同一のものを指すか。

27緋末額条
脚纒　左右近衛式1条、本式1条に見える「脛巾」は脛に当てた布を紐止めする形状のもので、後世の脚絆に相当する。脚纒はそれと異名同実か。

28門部大衣条
大衣　左右近衛式59条参照。ただし同条では「将監已下府生已上」に給された大衣が本条では門部に、しかも一〇人を支給

廿五疋、衞士三百廿人衣幷袴料、布二百卌八端、練絲十三絇四兩、
右、節服廿年一換、
凡番長二人、門部一百人、横刀緒料、淺縹東絁十二疋四丈五尺、（人別七尺五寸、但右、淺縹纈、）門部靑揩衣五十領料、細布廿五端、練絲六兩一分、門部大襖十領料、細布紺白各五端、綿一百屯、（別十屯、）
右、隔二三年一請、
凡緋末額七百條、布帶三百廿條料白布卅四端、（以二八尺二寸一爲二一條一、）脚纒五十具料布一端一丈八尺、（以二三尺一充二一具一、）
右、隔二五年一請、
凡門部十人、三年一給二大衣一、並錄奏請、
凡伊勢齋内親王初齋之時、差二門部二人、衞士一人一、爲二門衞一、（門部直レ陣、衞士炬レ火、）其賀茂齋院門衞准レ此、但雖レ遷二齋院一猶充之、
凡門部一人、衞士四人守二八省院一、門部一人守二大極殿一、門部一人守二豐樂院一、但左華樓下所レ收最勝王經齋會辨官行事

二十五疋。衛士三百二十人の衣ならびに袴の料は、布二百四十八端、練糸《ねりいと》十三絇《く》四両。

右、*節服は二十年に一たび換えよ。

26 凡そ*番長《ばんちょう》二人、門部《かどべ》一百人の横刀の緒の料は、*浅縹《あさきはなだ》の東絁《あずまぎぬ》十二疋四丈五尺〈人別《ごと》に七尺五寸。ただし右は浅縹の纈《ゆはた》〉。門部の青揩《あおずり》の衣《きぬ》五十領の料は、細布《ほそぬの》二十五端、練糸六両一分。門部の*大襖十領の料は、細布の紺・白各五端、綿一百屯〈別《りょうごと》に十屯〉。

右、三年を隔てて請《う》けよ。

27 凡そ緋の末額《まっこう》七百条、布の帯三百二十条の料は、白布三十四端〈八尺二寸を以て一条となせ〉。*脚纏《あしまき》五十具の料は、布一端一丈八尺〈三尺を以て一具に充てよ〉。

右、五年を隔てて請けよ。

28 凡そ門部十人に、三年に一たび*大衣《おおきぬ》を給え。みな録して奏《もう》し請けよ。

29 凡そ*伊勢の斎内親王《いつきのひめみこ》の*初斎の時、門部二人、衛士一人を差《さ》して門衛《みかどもり》となせ〈門部は陣に直《とのい》し、衛士は火を炬《た》け〉。其れ*賀茂の斎院の門衛もこれに准えよ。ただし*斎院に遷ると雖もなお充てよ。

30 *凡そ門部一人、衛士四人、*八省院《はっしょういん》を守れ。門部一人、大極殿《だいごくでん》を守れ。門部一人、豊楽院を守れ。ただし、*左の華楼《かろう》の下に収むるところの最勝王経《さいしょうおうきょう》の斎会《さいえ》の*弁官の行事

の対象としたことについて詳細は不明である。

29初斎条

伊勢の斎内親王 斎宮式参照。

初斎 卜定された斎内親王(斎王)が、潔斎のために宮城内に便宜な地を定め、一時移り住んだ所。初斎院。斎宮式に規定は見えないが、初斎院の門衛に左右衛門府が関わることは、西宮記臨時五(斎宮)、江家次第一二(斎王卜定事)からも窺うことができる。

賀茂の斎院 斎院式参照。なお、門衛については同式6条参照。同式31条に「門衛陣屋」は本府(左右衛門府)が作り、「炬舎」は木工寮が作るとある。

斎院 賀茂斎院が初斎院での二年間の潔斎の後に移り常住した御所。初斎院に対して野宮とも、また紫野にあったところから紫野斎院、紫野院、紫野宮とも呼ばれた。

30守諸所条

凡そ門部… 左右衛門府により通常の警衛が行なわれる場所。本条記載の施設に、官人の常駐がなかったためか。

八省院 大極殿を正殿とする大内裏の一区画。朝堂院とも。→補1

左の華楼 豊楽院の東華堂を指す。

弁官の行事所 太政官式97条、大蔵式3条、主殿式8条参照。

所雑物者、令㆘守㆓八省院㆒左門部、衛士掌守㆖、武徳殿幷後殿及廻壁令㆔右衛門衛士守㆒、

凡行夜者、八省院、豊楽院、門部毎㆑夜各一人、起㆓戌一刻㆒迄㆓亥一刻㆒、但右起㆓亥二刻㆒迄㆓子二刻㆒、

凡行幸之日、召㆓集散所衛士㆒令㆓供奉㆒、若致㆓闕怠㆒、毎㆓一日怠㆒奪㆓五斗粮㆒、

凡狩子五十人、冠幷衣袴布卌端三丈之中、紺布一端一丈五尺冠料、桃染布廿五端、白布十四端一丈五尺、練絲十八両三分、

凡内馬場埒料、榀二百卌荷、葛廿荷、其用途並充㆓府物㆒、自㆓四月十二日㆒始掃除幷造㆑埒、

凡毎月晦日掃㆓除宮中㆒者、差㆓将領府生一人、火長四人㆒、送㆓民部省㆒、

凡八省院廻、左右相分掃除、豊楽院亦同、

凡舊破節服幷紺衣、大衣、衛士衣及衛士不仕料物、並充㆓府中雑用㆒、

凡諸門厩亭、便令㆔守門火長衛護㆒、若致㆓非理損㆒者、

迄　底「訖」。上文及ビ左右近衛式50条ニ倣イテ改ム。

差　底「着」。閣・梵ホカニヨリテ改ム。

武徳殿・後殿　武徳殿は平安宮の馬場の正殿で馬埒殿とも。東を正面とし、背後に後殿を置いた。中巻図1参照。

31行夜条

行夜　左右近衛式50条、左右兵衛式14条参照。行夜の場所が重なる部分は、衛府間で時間をずらして設定されている。

32行幸日条

散所の衛士　名目上は衛門府に所属し衛士の地位を得ているものの、実際には府での職掌を持たず、上級官人や諸家に付属・奉仕している者。→補1

闕怠　すべきことを怠けてしないこと。

一日の怠毎に五斗の粮を奪え　→補2

33狩子条

狩子　狩猟の際に鳥獣を駆り出す人。勢子(セコ)。桃染は本式1条の衛士の服色と同じである。→補3

34内馬場埒料条

内馬場　武徳殿の前にあって、節会などの際に、天皇が騎射、競馬を見た馬場。

所の雑物は、八省院を守る左の門部・衛士をして掌り守らしめよ。*武徳殿《ぶとくでん》ならびに*後殿および廻《めぐり》の壁は、右衛門の衛士をして守らしめよ。

31 凡そ*行夜《よまわり》は、八省院・豊楽院は門部、夜毎に各一人〈戌の一刻より亥の一刻まで、ただし右は亥の二刻より子の二刻まで〉。

32 凡そ行幸の日、*散所《さんじょ》の衛士を召し集めて供奉《ぐぶ》せしめよ。もし*闕怠《けたい》を致さば、*一日の怠毎に五斗の粮を奪え。

33 凡そ*狩子《かりこ》五十人の冠ならびに衣・袴の布四十端三丈の中、紺の布一端一丈五尺は冠の料、桃染《ももぞめ》の布二十五端、白布十四端一丈五尺。練糸十八両三分。

34 凡そ*内馬場の*埒《らち》の料は、*椙《しもと》二百四十荷、*葛二十荷。その用途はみな府物を充てよ。*四月十二日より始めて掃除し、ならびに埒を造れ。

35 凡そ*毎月の晦日《つごもり》に宮中を掃除せんには、*将領の府生《ふしょう》一人、火長四人を差し、民部省に送れ。

36 凡そ*八省院の廻は、左右相分ちて掃除せよ〈豊楽院もまた同じくせよ〉。

37 凡そ*旧破の節服ならびに紺の衣・大衣・衛士の衣および衛士の不仕の料物は、みな府中の雑用に充てよ。

38 凡そ諸門の*厩亭《うまや》は、便《たより》に守門《みかどもり》の火長をして衛護《まも》らしめよ。もし非理の損を致さば、

埒 騎射を行なう馬場で、走路の両側に設けた柵。的を立てる左側を高く作り雄埒、右側を低く作り雌埒といった。

椙 若い小枝の長く伸びたもの。

葛 マメ科のつる性多年草。椙を結び合わせて埒を作る縄代わりとしたか。

四月十二日より… 北山抄一(四月)に「十二日、内馬場造事〈若止二五月節一、宣旨下二所司一〉」と見える。

35晦日掃除条

凡そ毎月の… 本条は火長の語を除いて左右兵衛式17条とほぼ同文。なお、晦日掃除については民部式上79条参照。

将領 率いる者の意で清掃の監督者をいう。前項引用の民部式上79条では、府生の夾名を弾正台に移の形式で送付するとしている。

36八省院廻掃除条

八省院の廻は… 弾正式44条に本条と同意の規定が見える。

37旧破節服条

旧破の節服… 左右近衛式63条、左右兵衛式26条に本条対応の規定が見える。

38諸門厩亭条

厩亭 左右京式16条によると、左京は陽明門・待賢門・美福門、右京は朱雀門・殷富門に厩亭が置かれていた。本式24条に見える守屋のうち、馬を繋ぐ場所を備えたものを厩亭とも称したか。

奪二其粮料一充二修理料一、

凡府牛蒭秣請二左馬寮一、事見二馬寮式一、但青蒭者令二衛士刈飼一之、

勅旨蒭畠廿町、在二山城國一、

鍬八十口、營レ畠料、但隔二三年一請、

射田十四町二段百九十六歩、四町在二山城國一、十町二段百九十六歩在二近江國一、右府射田十四町二段百七十歩、在二攝津、近江両國一、

幕卅條、絁十條、細布十條、調布十條、並廿年一度申レ官作替、

延喜式巻第卌六

秣　底「秣」。藤ニヨリテ改ム。

39府牛蒭秣条

府の牛の蒭秣は左馬寮より請けよ…　左右馬式31条に「左衛門牛四頭(中略)牛亦充レ草」とある。

40勅旨蒭畠条

勅旨の蒭の畠二十町　「勅旨蒭畠」は勅旨田の語の用例から類推して、勅旨を以て設置されたと考えられるものの(河内祥輔「勅旨田について」〈土田直鎮先生還暦記念会編『奈良平安時代史論集』下所収、一九八四年〉)、左右兵衛式24条に記された「蒭畠」といかなる違いがあったのか明らかではない。また、左右馬式54条に「左衛門府八千斤、(中略)右、左馬寮年中蒭料、右寮准レ此」の規定が見える。左右近衛式68条に「府蒭陸田十町〈穫二蒭四千斤一〉、(中略)但蒭左府送二左馬寮一、右府送二右馬寮一〈衛門、兵衛各亦准レ此〉」とあるので、本条の畠で収穫された蒭は左馬寮に送られたものと思われる。なお、亀田隆之は、陸田と畠、および園地にははっきりした区別はなかったとしている(「陸田制」〈『日本古代制度史論』所収、一九八〇年、初出一九七二年〉)。

41鍬条

鍬八十口　これが前条の蒭畠の耕作に要

その粮料を奪いて修理の料に充てよ。

39 凡そ*府の牛の蒭秣《まぐさ》は左馬寮より請けよ〈事は馬寮式に見ゆ〉。ただし、青蒭《あおまぐさ》は衛士をして刈《か》りて飼《か》わしめよ。

40 *勅旨の蒭の畠二十町〈山城国にあり〉。

41 *鍬《くわ》八十口〈畠を営《つく》る料。ただし三年を隔てて請けよ〉。

42 *射田は十四町二段百九十六歩〈四町は山城国にあり。十町二段百九十六歩は*近江国にあり〉。右府の射田は十四町二段百七十歩〈摂津・近江両国にあり〉。

43 *幕三十条〈絁《あしぎぬ》十条、細布十条、調布十条〉は、みな二十年に一度、官に申して作り替えよ。

延喜式巻第四十六

するものであるとすると、左右近衛式68条記載の鍬の倍の量となるが、理由は明らかではない。

42射田条

射田　左右近衛式69条参照。ただし、三代格天平宝字元・八・二十五勅には、衛門府の分注に「八町九段一百歩」、左右衛士府の分注に「各十町七段百五十六歩」と記している。なお、大同三年(八〇八)にこの衛門府は廃され、弘仁二年(八一一)に左右衛士府が改称されて新たに左右衛門府となる。三代格の三衛府の射騎田の合計と、本条の二司の射田を合計した数値は近いが、天平宝字以降、射田がどのように引き継がれていったのか詳細は不明である。

近江国にあり　左右近衛式69条参照。なお、橋本裕は、長元八年(一〇三五)と推定する番長文某書状(平遺九―四六一三)に「栗太預」の語があることから、一一世紀段階でも左右衛門府の射田が近江国栗太郡にあったことを推測している(「諸衛射田の成立と藤原仲麻呂」〈『律令軍団制の研究』増補版所収、一九九〇年、初出一九八二年〉)。

43幕条

幕　本条は、「換」と「替」字の違いを除いて左右近衛式70条と同文である。左右兵衛式26条参照。

延喜式巻第卅七

左兵衛府（右兵衛准レ此、）

大儀（謂二元日、即位、及受二蕃國使表一、）

其日寅二刻、近衛府始撃二動鼓一、相應装束、督著二武禮冠、深緋襖、繡裲襠、將軍帯、（餝以二金銀一、）金装横刀、靴一、策二著レ幟旻一、佐武禮冠、緋襖、錦裲襠、將軍帯、金装横刀、弓箭、刀、靴、策二著レ幟旻一、尉、志並皂緌、深緑襖、（志紺襖、）錦裲襠、白布帯、横刀、弓箭、緋脛巾、麻鞋、府生、兵衛並皂緌、紺襖、挂甲、白布帯、横刀、弓箭、白布脛巾、麻鞋、（兵衛加二末額一、）卯一刻、近衛府撃二列陣鼓一、以レ次相應、卯三刻、撃二進陣鼓一、仗初進、撃二行鼓一、各相應如レ前、皆就二隊下一、督、佐率二尉以下一隊二於龍尾道東階下一、（若蕃客朝拝者、隊二於會昌門内外一、）虎像纛幡一旒、熊像隊幡四旒、小幡九十六旒、鉦、鼓各一面、又尉率二志已下一隊二於北殿門左一、（右府隊二於同門右一、餘亦准レ此、）小幡十八旒、志率二兵衛以上一隊二於北掖門東廊門一、其供二奉駕一陣者、駕御二後殿一、各就二本隊一、禮畢駕還、供奉如レ初、

錦　底「綿」。閣・梵ホカニヨリテ改ム。
隊　底ナシ。閣・梵・梵別・貞ニヨリテ補ウ。
御　底「諏」。閣・梵ホカニヨリテ改ム。

左兵衛府　→補1

1大儀条

大儀　左右近衛式1条参照。

武礼冠…　以下の装束については左右近衛式1条参照。

繡の裲襠　衣服令13条には、他の衛府の督が繡の裲襠なのに対し、兵衛督のみ雲錦(クモガタノニシキ)の裲襠を着すると規定されている。これは本式冒頭補注に記したように、当初他の衛府に比して兵衛府の官位相当が低く設定されていたためか。また、本条で繡の裲襠が規定されているのは、相当位の上昇に対応したためか。なお、衣服令13条では礼服着用規定より除外されていた兵衛佐も、位階相当の上昇により礼服着用となったが、裲襠については衣服令14条に見える「会集等日」(大儀か)に着用する錦の裲襠を、本条でも着用することとしている。ただし、左右近衛式1条では大将以下が錦の裲襠を着するとある。

延喜式巻第四十七

*左兵衛府《さひょうえふ》〈右兵衛もこれに准《なぞら》えよ〉

1 *大儀〈元日、即位および蕃国の使の表を受くるを謂う〉

その日の寅の二刻、近衛府、始めに動鼓を撃たば、相応じて装束せよ。督《かみ》は、*武礼《ぶらい》冠《かん》、深緋《こきあけ》の襖《あお》、*繍《ぬいもの》の裲襠《うちかけ》、将軍帯〈餝るに金銀を以てせよ〉、金装《こがねづくり》の横刀《たち》、靴《かのくつ》を著けよ。幟《のぼり》を著くる殳《ほこ》を策《た》てよ。佐《すけ》は、武礼冠、緋の襖、錦の裲襠、将軍帯、金装の横刀、靴。幟を著くる殳を策てよ。尉《じょう》・志《さかん》は、みな皂《くり》の緌《おいかけ》、深緑《こきみどり》の襖〈志は紺の襖〉、錦の裲襠、白布帯《ぬのおび》、横刀、弓箭《ゆみや》、緋の脛巾《はばき》、麻鞋《まがい》。府生《ふしょう》・兵衛《ひょうえ》は、みな皂の緌、*紺の襖、挂甲《うちかけよろい》、白布帯、横刀、弓箭、白布脛巾《ぬのはばき》、麻鞋〈兵衛は末額《まっこう》を加えよ〉。卯の一刻、近衛府、列陣鼓を撃たば、次を以て相応ぜよ。卯の三刻、進陣鼓を撃て。仗、初めに進め。行鼓を撃ち、各《おのおの》相応ずること前《さき》の如くし、皆、隊下に就け。督・佐は尉以下を率いて竜尾道《りゅうびどう》の東の階《きざはし》の下に隊せよ〈もし蕃客朝拝せば、*会昌門《かいしょうもん》の内外に隊せよ〉。*虎像《とらがた》の纛幡《とうばん》一旒《りゅう》、*熊像《くまがた》の隊幡《たいばん》四旒、*小幡九十六旒、鉦・鼓各一面。また尉は志已下《いげ》を率いて*北殿門の左に隊せよ〈右府は同門の右に隊せよ。余もまたこれに准えよ〉。小幡十八旒。志は兵衛以上を率いて*北の掖門、東の廊門《ろうもん》に隊せよ。其れ駕に供奉《ぐぶ》せる陣は、駕、*後殿に御《おわ》さば、各本隊に就け。礼畢りて駕還るとき、供奉せんこと初めの如く

紺の襖　衣服令14条には、会集等の日に兵衛が位襖に代えて紺の襖を着すとある。

会昌門の内外　儀式六(元正受朝賀儀)は、「督在㆑外、佐在㆑内」とする。

虎像の纛幡　大儀の際に兵衛府の陣に立てる威儀の旗の一つ。虎の姿を描いて竿の先に懸けて垂らす幡。「纛幡」については、左右近衛式1条参照。

熊像の隊幡　大儀の際に兵衛府の陣に立てる威儀の旗の一つ。

小幡九十六旒　以下、本式の小幡の数については左右近衛式1条「小幡四十二旒」の項参照。

北殿門　昭慶門。平安宮八省院(朝堂院)二十五門の一つで、大極殿院の北面回廊の中央に開き、小安殿と相対する。大極殿の北の門であるため、この名がある。儀式六(元正受朝賀儀)は左右兵衛府が「隊㆓於昭慶門内左右㆒」とする。中巻図3参照。

北の掖門東の廊門　前者は嘉喜門、後者は宣光門を指す。これに対し、右兵衛府は両門と対称の位置にある永福門、寿成門内に隊した。一方、儀式六(元正受朝賀儀)はこの部分を「隊㆓嘉喜永福等門内㆒」とのみ記す。中巻図3参照。

後殿　小安殿。大極殿の背後、昭慶門の南に位置する。中巻図3参照。

兵庫寮擊二退鼓一、群官退出、其隊進退准二近衞府一、

中儀謂二元日宴會、正月七日、十七日大射、十一月新嘗會、及饗二賜蕃客一、

督、佐並著二位襖、金裝横刀、靴一、策二著レ幟殳一、尉、志並皂緌、位襖、白布帶、横刀、弓箭、麻鞋、府生、兵衞並皂緌、紺襖、白布帶、横刀、弓箭、麻鞋、兵衞大射、饗二賜蕃客一

小儀謂下告朔、正月上卯日、臨軒授位、任官、十六日踏歌、十八日賭射、五月五日、七月廿五日、九月九日、出雲國造奏二神壽詞一、册二命皇后一、册二命皇太子一、百官賀表、遣唐使賜二節刀一、將軍賜中節刀上時、著二脛巾、末額一、 小幡卅旒、大射建之、

督以下並准二中儀一、但兵衞准二近衞一、

凡供二奉行幸一官人以下裝束、並准二近衞一、騎二私馬一、 但踐祚大嘗會祓禊用二虎像纛幡一旒、鷹像隊幡四旒、小幡廿旒、鉦、鼓各一面一、其用度准二衞門府一、

凡踐祚大嘗會小齋官人、兵衞裝束、並准二近衞府一陣二於齋院諸門一、其大齋屯陣裝束一如二元日一、但除二纛、隊幡、鉦、鼓一、

一　底ナシ。閣・梵ホカニヨリテ補ウ。

八　底「七」。左右近衛式3条、左右衛門式3条及ビ本式8条ニヨリテ改ム。

刀將　底「、、」。閣・梵ホカニヨリテ改ム。

2中儀条

中儀　左右近衛式1条「大儀」の項参照。

位襖…　以下の装束については左右近衛式2条参照。

大射には建てよ　左右衛門式2条参照。

3小儀条

小儀　左右近衛式1条「大儀」の項参照。

ただし兵衛は近衛に准えよ　左右近衛式3条では近衛の装束を「黄袍」とする。

4供奉行幸条

行幸に供奉せん官人以下　職員令62条には、行幸時に車駕の前後を左右兵衛府が分衛することが挙げられている。同条集解伴記所引古記は「遠幸行者、必以レ左為レ前、以レ右為レ後也、近幸行者、随レ便

為㆓前後㆒、故曰㆓前後㆒也、分謂分㆓左右㆒而為㆓陳列㆒也」としており、遠所への行幸の際には左兵衛府が車駕の前を、右兵衛府が後を護衛したが、近所の場合には便宜によって前後に供奉したようである。

みな近衛に准えよ　左右近衛式31条参照。

私馬　左右近衛式31条参照。

践祚大嘗会の祓禊　散斎に入る前に、天皇が川に出御して「御禊」を行ない、穢れを取り除く儀礼。大嘗祭式4条、左右近衛式36条参照。

鷹像の隊幡　衛門府については、左右衛門式1条と4条に挙げられた纛幡と隊幡が一致しているが、兵衛府では本式1条の虎像纛幡・熊像隊幡に対して、本条では虎像纛幡・鷹像隊幡としている。校異上の問題点は指摘されていないが、いずれかが誤記である可能性も考えられよう。

その用度は衛門府に准えよ　左右衛門式4条参照。

5大嘗会装束条

みな近衛府に准え　左右近衛式37条参照。

斎院　朝堂院前庭の竜尾壇下に造営された大嘗宮。大嘗祭式22条、左右近衛式37条参照。

せよ。兵庫寮、退鼓を撃ち、群官退出《まか》れ。その隊の進退は近衛府に准えよ。

2 *中儀〈元日の宴会《えんえ》、正月七日、十七日の大射《おおいくは》、十一月の新嘗会《にいなめのえ》および蕃客を饗賜するを謂う〉督・佐は、みな*位襖《いおう》、金装の横刀、靴を著けよ。幟を著くる殳を策てよ。尉・志は、みな皂の緌、位襖、白布帯、横刀、弓箭、麻鞋。府生・兵衛は、みな皂の緌、紺の襖、白布帯、横刀、弓箭、麻鞋〈兵衛は大射、蕃客を饗賜する時は、脛巾・末額を著けよ〉。小幡三十旒〈*大射には建てよ〉。

3 *小儀〈告朔《こうさく》、正月の上つ卯《う》の日、臨軒《りんけん》の授位・任官、十六日の踏歌《あらればしり》、十八日の賭射《のりゆみ》、五月五日、七月二十五日、九月九日、出雲の国 造《くにのみやつこ》の神寿詞《かんよごと》を奏《もう》す、皇后を冊命《さくみょう》す、皇太子を冊命す、百官の賀表、遣唐使に節刀を賜う、将軍に節刀を賜うを謂う〉督以下は、みな中儀に准えよ。*ただし兵衛は近衛に准えよ。

4 凡そ*行幸に供奉せん官人《かんにん》以下《いげ》の装束は、*みな近衛に准えよ〈*私馬に騎《の》れ〉。ただし*践《せん》祚《そ》大嘗会《だいじょうえ》の祓禊《みそぎ》には虎像の纛幡一旒、*鷹像の隊幡四旒、小幡二十旒、鉦・鼓各一面を用いよ。*その用度は衛門府に准えよ。

5 凡そ践祚大嘗会の小斎《おみ》の官人《かんにん》・兵衛の装束は、*みな近衛府に准え、*斎院の諸門に陣せよ。その大斎《おおみ》に屯《たむろ》する陣の装束は、一《ひとえ》に元日の如くせよ。ただし纛・隊幡、鉦・鼓を除け。

凡擬二兵衞一者、預擇下定便レ習二弓馬一者、入色廿人已下、白丁五人已下上、修レ奏進二内侍一、奏訖即遣二勅使一試二其才藝一、騎射一尺五寸的、皆中者爲二及第一、歩射卌六歩十箭、中レ的四已上者爲二及第一、若一箭不レ中レ皮者、以二一的一准折、

凡大射官人二人、皂緌、位襖、白布帶、横刀、弓箭、緋脛巾、麻鞋、兵衞廿人、皂緌、末額、紺襖、白布帶、横刀、弓箭、白布脛巾、麻鞋、其後參官人二人、兵衞十人亦同、

凡十八日賭射射手官人、兵衞物七人、必備レ尉、其取箭兵衞四人、二番、番別二人、

凡四月廿八日小月廿七日、乘輿幸二武德殿一、騎射官人、兵衞物六人、

凡五月五日騎射官人二人、皂緌、深綠貲布衫、佐著二緋布衫一、金畫細布甲形、金畫冑形、白布帶、横刀、弓箭、行騰、麻鞋、兵衞十人、皂緌、緋大纈布衫、其頭二人紫大纈、丹畫細布甲形、冑形、白布帶、横刀、弓箭、行騰、麻鞋、横刀緒請二大藏一、

6擬兵衛条

凡そ兵衛に擬せんには　兵部式34条参照。

入色　左右近衛式47条参照。

白丁　左右近衛式47条参照。

内侍　左右近衛式47条参照。

勅使　兵部式34条、左右近衛式47条参照。

騎射は…及第となせ　左右近衛式30・47条参照。

もし一箭…　左右近衛式47条参照。

7大射官人条

大射の官人…　左右近衛式22条、左右衛門式6条参照。

その後に参る官人二人…　左右近衛式22条参照。

8賭射射手条

賭射　左右近衛式23条参照。

必ず尉を備えよ　左右近衛式23条は「必備二将監一」とする。なお本条については、この部分まで、小野宮年中行事（正月）に、ほぼ同文の貞観式逸文（「惣」を「并」とする）が載せられている。

取箭　射られた矢を的や垜（アズチ）から外す任に当たる。射手以外の兵衛から選ばれた。左右近衛式24条参照。

9四月駒牽条

四月二十八日　この日に五月五日・六日の騎射・走馬に出場する左右馬寮馬や国飼馬を、武徳殿に出御した天皇の前で牽きまわす駒牽の儀が行なわれた。続いて馬寮の騎士による騎乗、左右近衛・兵衛官人による走馬と騎射、奏楽が行なわれた。左右近衛式27条参照。

10五月五日条

凡そ五月五日…　左右近衛式25条参照。

甲形・冑形　左右近衛式25条参照。

丹　赤い色の顔料。古語で赤色を丹と称したが、その原料には辰砂（朱、硫化第二水銀）、鉛丹（四酸化三鉛）、後世のベンガラに相当するもの（酸化第二鉄）など数種があった。本条の丹がこのうちのいずれを指すかは不明。

6凡*そ兵衛に擬せんには、預め弓馬を習うに便なる者、*入色《にゅうしき》二十人已下、*白丁《びゃくちょう》五人已下を択び定めよ。奏を修《つく》りて*内侍《ないし》に進《たてまつ》れ。奏訖らば、すなわち*勅使を遣わし、その才芸を試《こころ》みよ。*騎射《うまゆみ》は一尺五寸の的に皆中《あ》たる者を及第となせ。歩射《かちゆみ》は四十六歩にて十箭し、的に中たること四已上の者を及第となせ。もし*一箭皮に中たらざれば、二的を以て准折《じゅんせつ》せよ。

7凡そ*大射の官人二人は、皂の緌、位襖、白布帯、横刀、弓箭、緋の脛巾、麻鞋。兵衛二十人は、皂の緌、末額、紺の襖、白布帯、横刀、弓箭、白布脛巾、麻鞋。*その後に参る官人二人、兵衛十人もまた同じくせよ。

8凡そ十八日の*賭射の射手《いて》の官人・兵衛は、惣べて七人〈*必ず尉を備えよ〉。その*取箭《やとり》の兵衛は四人〈二番、番別《ごと》に二人〉。

9凡そ*四月二十八日〈小の月は二十七日〉に、乗輿、武徳殿《ぶとくでん》に幸するとき、騎射の官人・兵衛は惣べて六人。

10凡*そ五月五日の騎射の官人二人は、皂の緌、深緑の貲布《さよみのぬの》の衫《ひとえぎぬ》〈佐は緋の布の衫を著《き》よ〉、金画《こがねが》きの細布《ほそぬの》の*甲形《よろいがた》、金画きの*冑形《かぶとがた》、白布帯、横刀、弓箭、行縢《むかばき》、麻鞋。兵衛十人は、皂の緌、緋の大纈《おおゆはた》の布の衫〈その頭《かしら》二人は紫の大纈〉、*丹《に》画きの細布の甲形・冑形、白布帯、横刀、弓箭、行縢、麻鞋〈横刀の緒は大蔵より請けよ〉。

凡五月六日騎射官人、兵衛惣六人、四人五寸的、二人六寸的、

凡正月上卯、督以下兵衛已上、各執ニ御杖一束一、次第參入、立定佐一人進奏、其詞曰、左右兵衛府申久、正月能上卯日能御杖仕奉弖進良久乎申給波久登申、勅曰、置之、醫師已上共稱唯獻、畢以レ次退、其御杖榠櫨三束、一株爲レ束、木瓜三束、比比良木三束、牟保己三束、黑木三束、桃木三束、梅木二束、已上二株爲レ束、椿木六束、四株爲レ束、中宮東宮、宮別榠櫨一束、二株爲レ束、木瓜二束、比比良木二束、牟保己一束、黑木二束、桃木三束、梅木二束、椿木二束、並各長五尺三寸、

凡駕行之日、分ニ配兵衛一者、御輿長二人、不レ帶ニ弓箭一、御膳前二人、御馬副二人、自餘陪レ陣、

凡分ニ配諸處一者、東宮官人一人、兵衛廿人、其行夜者、中隔二人、起ニ亥一刻一迄ニ子四刻一、但右起ニ丑一刻一迄ニ寅四刻一、八省院、豐樂院各一人、起ニ子三刻一迄ニ丑三刻一、但右起ニ丑四刻一迄ニ寅四刻一、大藏二人、內藏一人、起ニ子三刻一迄ニ丑三刻一、但右起ニ丑四刻一迄ニ寅四刻一、馬行二人、巡ニ行京中一、起ニ亥一刻一迄ニ寅四刻一、其馬者、馬寮每レ夜加ニ鞍幷衛士一

久　底ナシ。閣・梵ホカニヨリテ補ウ。
榠櫨　→校補1
牟保己　→校補2
榠櫨　→校補3
處　閣・梵・梵別・塙・壬（「處」ノ校注アリ）・底イ本・井イ本・藤イ本ナド、「家」ニ作ル。
迄　底「訖」。左右近衛式50条ニ倣イテ改ム。下同ジ。

11五月六日条

凡そ五月六日…　左右近衛式30条参照。
五寸の的・六寸の的　左右近衛式30条参照。

12卯杖条

御杖　卯杖、祝いの杖ともいう。→補1
称唯　宮中で官人が天皇の召しを受けたとき、「おお」あるいは「おし」と、恭しく応答すること。
榠櫨　漢名で花梨（カリン。バラ科の落葉高木）を指す。中国原産でカラボケともいう。以下、杖の材となる植物は儀式六（上卯日献御杖儀）に見える左右兵衛府貢進のものと一致するが、同じく儀式六に見える大舎人寮貢進のものや、大舎人式5条に挙げられたものとは一部違いが見られる。
木瓜　バラ科の落葉低木で中国原産。

11 *凡そ五月六日の騎射の官人・兵衛は、惣べて六人〈四人は*五寸の的、二人は*六寸の的〉。

12 凡そ正月の上つ卯《う》に、督以下兵衛已上は、各*御杖《みつえ》一束を執りて、次第に参入《まい》れ。立ち定まりて佐一人、進みて奏せ。その詞に曰く、左右兵衛府申さく、正月の上つ卯の日の御杖仕《つか》え奉《まつ》りて進らくを申し給わくと申す、と。勅して曰く、置け、と。医《くす》師《し》已上ともに*称唯《いしょう》して献り、畢らば次《ついで》を以て退《まか》れ。その御杖の*榠櫨《からなし》三束〈一株を束となせ〉、*木瓜《ぼけ》三束、*比比良木《ひいらぎ》三束、*牟保己《むぼこ》三束、*黒木三束、桃の木三束、梅の木二束〈已上は二株を束となせ〉、椿の木六束〈四株を束となせ〉。*中宮・東宮は、宮別に榠櫨一束〈二株を束となせ〉、木瓜二束、比比良木二束、牟保己一束、黒木二束、桃の木三束、梅の木二束、椿の木二束。みな*各長さ五尺三寸。

13 凡そ駕行の日に兵衛を分配せんには、*御輿長《みこしおさ》に二人〈弓箭を帯びざれ〉、御膳《おもの》の前に二人、御馬副《みうまぞい》に二人。自余は陣に陪《はべ》れ。

14 凡そ諸処に分配する者《ひと》は、*東宮に官人一人、兵衛二十人。その*行夜《よまわり》は、*中の隔《へだて》に二人〈亥《い》の一刻より子《ね》の四刻まで、ただし右は丑《うし》の一刻より寅《とら》の四刻まで〉。八省院《はっしょういん》・豊楽院《ぶらくいん》に各一人〈子の三刻より丑の三刻まで、ただし右は丑の四刻より寅の四刻まで〉。大蔵に二人、内蔵に一人〈子の三刻より丑の三刻まで、ただし右は丑の四刻より寅の四刻まで〉。馬行二人は京中を巡行せよ〈亥の一刻より寅の四刻まで〉。*その馬は、馬寮、夜毎に鞍ならびに衛士《えじ》を加

比比良木　柊(モクセイ科の常緑小高木)のこと。景行記に東方に向かう倭健命に「比比羅木之八尋矛」を賜ったとあり、邪気を払う霊力があると信じられていた。

牟保己　儀式六(上卯日献御杖儀)では「牟保許」、大舎人式5条では「毛保許」と記す。樒(シキミ)の別名か。新撰字鏡に莽草とある。

黒木　今日の黒木(ハイノキ科の常緑小高木)、あるいは針葉樹の総称か。

中宮東宮　中宮式9条、春宮式7条には杖の木の材の内訳は記されていない。

各長さ五尺三寸　約一・六メートル。正倉院宝物に、天平宝字二年(七五八)正月六日に孝謙天皇に献上されたとみられる卯杖二本(焼椿と皮付の椿)があり、その長さは一・五九メートルでほぼ本条の規定どおりである。

13駕行条

御輿長　駕輿丁の監督者。近衛府でも行幸の際に近衛から五名を選んだ。左右近衛式34条参照。

14分配諸処条

東宮　春宮坊。

行夜　左右近衛式50条参照。→補2

中の隔　内裏外郭を指すか。

その馬は…　左右馬式31条に「左兵衛行夜二疋〈櫪飼、加二鞍幷衛士一、毎レ夜充之〉、(中略)其櫪飼充二秣、草一」とある。

諸　底ナシ。閣・梵ホカニヨリテ補ウ。
丑巳酉　底ホカ諸本「酉巳丑」。意ニヨリテ改ム。

穀倉院　倉庫として畿内の調銭、無主の位田職田の地子物、没官田の地子、大宰府の地子交易物、諸国の年料舂米等を収納し、一方、賻物の給付、穀倉院学問料の支給、行事等における饗饌弁備等の支出を扱った。右京三条一坊に立地。左右京式26条参照。なお「分番」とあるように、左右兵衛府が交代で警衛に当たった。

15釈奠三牲条

凡そ二月八月の上つ丁に…　本条は、左右近衛式42条、左右衛門式16条と全くの同文である。左右近衛式42条参照。

16鮮鮒御贄条

鮮けき鮒の御贄　左右衛門式9条参照。ただし、本条では納める先を蔵人所と明

送、穀倉院一人、分番差送、

凡二月八月上丁、進二釋奠三牲一、大鹿、小鹿、猪各一頭、加二五藏一、並丙日送二大學寮一、兎二頭、醢料、潔清乾曝、前レ祭三月送二大膳職一、其貢進之次、以二左近衛府一爲二一番一、諸衛輪轉、終而更始、若享在二祈年、春日、大原野、薗韓神等祭之前一、停レ供二三牲一、代レ之以二鯉、鮒一、諸衛准レ此、

凡鮮鮒御贄、隔二三日一進、左、子辰申、右、丑巳酉、

凡毎月晦日、掃二除宮中一者、差二將領府生一人、兵衛四人一送二民部省一、

凡兵衛卅人、三年一給二大衣一、錄奏請、色同二近衛府一、兵衛四百人、番長四人、横刀緒料深緑帛、人別七尺五寸、隔二三箇年一奏請、但右兵衛深緑纈、

凡臨時行幸靑揩衫二百領料細布一百端、衫別二丈一尺、絲一斤九兩、別三銖、生藍卅圍、直、並隔二三年一申レ官請受、染揩裁縫、常有二四百領一、

記していない。

三日を隔てて　中三日をあけて。左右衛門式9条参照。

17晦日掃除条

凡そ毎月の…　本条は「兵衛」の語を除く同文が、左右衛門式35条に掲載されている。なお、晦日掃除については民部式上79条参照。

18大衣条

大衣　左右近衛式59条、左右衛門式26条「大襖」の項、同28条参照。

番長　左右近衛式46条参照。なお、令制の番長四人が兵衛四〇〇人の員数に入るか入らないかは、明法家の説が分れている。職員令62条に「番長四人、兵衛四百人」とあり、同条集解古記は「番長四人、此即取㆓兵衛四百内㆒也、更不㆑取也」とし（師説・朱説も同様）、義解は「依㆑文、番長者、在㆓兵衛四百人之外㆒」とする（令釈・穴記・跡記も同様）。

深緑の帛　弾正式65条は深緑（省略されているが絁か）とする。右兵衛が用いる纈については、左右近衛式59条参照。

19臨時行幸条

青揩の衫　衫は平織の単の上衣。青揩については、左右近衛式21条「細布の青揩の衫」の項参照。

生藍　山藍（トウダイグサ科の常緑多年草）の生葉を指す。

えて送れ。*穀倉院《こくそういん》に一人〈分番して差し送れ〉。

15
*凡そ二月・八月の上つ丁《ひのと》に、釈奠《せきてん》の三牲《さんせい》を進らんには〈大鹿・小鹿・猪各一頭。五蔵を加えよ〉、みな丙《ひのえ》の日に大学寮に送れ。兎二頭〈醢《ひしお》の料〉は潔《きよ》め乾し曝《さら》して、祭に前《さきだ》つこと三月、大膳職に送れ。その貢進の次《ついで》は、左近衛府を以て一番となし、諸衛輪転し、終らば更に始めよ。もし享《きょう》、祈年《としごい》、春日《かすが》、大原野《おおはらの》、薗《その》・韓神《からかみ》等の祭の前にあらば、三牲を供することを停《とど》め、これに代うるに鯉・鮒を以てせよ。諸衛もこれに准えよ。

16
凡そ*鮮《あざら》けき鮒の御贄《みにえ》は、*三日を隔てて進れ〈左は子《ね》・辰《たつ》・申《さる》。右は丑《うし》・巳《み》・酉《とり》〉。

17
*凡そ毎月の晦日に宮中を掃除せんには、将領の府生一人、兵衛四人を差し、民部省に送れ。

18
凡そ兵衛三十人に、三年に一たび*大衣《おおきぬ》を給え。録して奏《もう》し請《う》けよ〈色は近衛府に同じくせよ〉。兵衛四百人、*番長四人の横刀の緒の料の*深緑の帛は、人別《ごと》に七尺五寸。三箇年を隔てて奏し請けよ〈ただし右兵衛は深緑の纈《ゆはた》〉。

19
凡そ臨時の行幸の*青揩《あおずり》の衫《ひとえぎぬ》二百領の料は、細布一百端〈衫別に二丈一尺〉、糸一斤九両〈別《りょうごと》に三銖〉、*生藍四十囲〈直〉。みな三年を隔てて官に申し、請《こ》い受けよ。染め揩り裁縫して、常に四百領をあらしめよ。

凡捉人將領兵衞二人、毎レ番移二送京職一、

凡十二月晦日、差二兵衞四人一令レ聞二見夜中變異一、其名簿午刻以前進二內侍一、酉刻候レ陣、隨レ召帶二兵仗一、參二入近衞陣一、分頭退出、元日平旦、錄二夜中見聞之事一進二近衞陣一、

凡駕輿丁五十人、

凡供二奉行幸一駕輿丁裝束十一具、中宮准レ此、

蒭畠七町五段、在二山城國一、

射田十町、在二近江國一、其地子者、充下教二習騎射、歩射一用上、但右府射田在二播磨國一、

幕卅條、絁十條、細布十條、調布十條、並廿年一度申レ官作替、其儀服已下破損物、充二府中雜用一、

延喜式卷第卌七

20捉人将領兵衛条

捉人　獄令1条では、衛府が捕えた罪人で京に貫属している者はすべて（宮衛令24条により犯夜の罪を除く）、左右京職に移送することになっているので、ここでは左右兵衛府が捕えた罪人。

京職に移し送れ　前項の任があるため、予め罪人を護送する兵衛について左右京職に連絡したか。

21晦夜変異条

凡そ十二月の晦日…　本条に対応する条文として左右近衛式51条がある。→補1

陣に候し　宣陽門内、陰明門内にそれぞれ置かれた左右兵衛府の陣を指す。

近衛の陣　→補2

22駕輿丁条

駕輿丁　輿を担ぐ者で、長柄を肩で担ぐ者と前後の綱を執る者とに分れる（左右近衛式61条参照）。続後紀承和八・七・甲戌条には、左兵衛府駕輿丁町西北の角から出火し、百姓の盧舎三〇余烟を焼い

20 凡そ*捉人の将領の兵衛二人は、番毎に*京職に移《い》し送れ。

21 *凡そ十二月の晦日《つごもり》に、兵衛四人を差して夜中の変異を聞見せしめよ。その*名簿《みょうぶ》は午《うま》の刻より前に内侍に進れ。酉《とり》の刻に*陣に候し、召《めし》に随いて兵仗を帯びて近衛の陣に参《まい》入《い》り、分頭して退《ま》出《か》れ。元日の平旦《へいたん》、夜中の見聞の事を録して近衛の陣に進れ。

22 凡そ*駕《か》輿丁《よちょう》は五十人。

23 凡そ行幸に供奉《ぐぶ》する*駕輿丁の装束十一具〈中宮もこれに准えよ〉。

24 *蒭《まぐさ》の畠七町五段〈山城国にあり〉。

25 *射田は十町〈近江国にあり〉。その地子《じし》は、騎射・歩射を教習する用に充てよ。ただし右府の射田は*播磨国にあり。

26 *幕三十条〈絁《あしぎぬ》十条、細布十条、調布十条〉は、みな二十年に一度、官に申して作り替えよ。其れ*儀《ぎ》服《ふく》已下の破損の物は、府中の雑用に充てよ。

延喜式巻第四十七

たとの記事が見える。駕輿丁は左右近衛府にも各一〇一人が配属されており(左右近衛式46条参照)、その中には隊正、火長という上位者も置かれているが、本式にはそれに該当する記載はない。

23駕輿丁装束条

駕輿丁の装束十一具　→補3

24蒭畠条

蒭の畠　左右馬式54条に「左兵衛府三千斤、(中略)右、左馬寮年中蒭料、右寮准レ此」の記述が見られる。左右近衛式68条には左近衛府の陸田の蒭は左馬寮に、右近衛府の陸田の蒭は右馬寮に送るとあるので、本条の蒭は左馬寮に送られたものと考えられよう。左右衛門式40条参照。

25射田条

射田　左右近衛式69条参照。続紀天平宝字元・八・辛丑条にも、左右兵衛府の射騎田を各一〇町としている。

播磨国にあり　→補4

26幕条

幕　本条は、「其儀服…」の部分を除けば、左右近衛式70条、左右衛門式43条とほぼ同文である。

儀服已下の破損の物…　左右近衛式63条、左右衛門式37条が本条に対応しているが、両条とも「儀服」の箇所を「節服」と記す。同意と考えてよいか。ただし、本条では不仕料について言及していない。

延喜式巻第卌八

左馬寮 右馬寮准レ此、

御牧

甲斐國 柏前牧、眞衣野牧、穗坂牧、

武藏國 石川牧、小川牧、由比牧、立野牧、

信濃國 山鹿牧、鹽原牧、岡屋牧、平井手牧、笠原牧、高位牧、宮處牧、埴原牧、大野牧、大室牧、猪鹿牧、萩倉牧、新治牧、長倉牧、鹽野牧、望月牧、

上野國 利刈牧、有馬嶋牧、沼尾牧、拜志牧、久野牧、市代牧、大鹽牧、鹽山牧、新屋牧、

右、諸牧駒者、毎年九月十日國司與二牧監若別當人等一、甲斐、信濃、上野三國任二牧監一、武藏國任二別當一、臨レ牧檢印、共署二其帳一、簡二繫齒四歲已上可レ堪レ用者一調良、明年八月附二牧監等一貢上、若不レ中レ貢者、便充二驛傳馬一、信濃國不レ在二此限一、若有二賣却一混二合正稅一、其貢上馬、路次之國各充二秣蒭幷牽夫一、遞二送前所一、其國解者、主當寮付二外記一進二大臣一經二奏聞一、分二給兩寮一、閱二定其品一、

凡牝馬歲卅已上、不レ在二責課之限一、

野　和名抄・小右記永観二年十月二十二日条ナシ。
坂　底「板」。井ニヨリテ改ム。
沼　底「治」。塙・京及ビ要略二二ニヨリテ改ム。
鹽　底「藍」。考異ニ従イテ改ム。
甲斐信濃　底「信濃甲斐」。上下ノ文及ビ兵部式58条ニヨリテ改ム。
閲　要略二二、コノ上ニ「一」字アリ。
馬　兵部式71条、ホボ同文ニシテ、コノ下「牛」字アリ。

左馬寮　→補1

1御牧条

御牧　左右馬寮が管理する牧で、甲斐・武蔵・信濃・上野の四ケ国に置かれた。勅旨牧ともいう。馬を生産・飼育し、その中の良馬を調教して毎年朝廷に貢進した(本式3条)。なお、各牧の比定地は表2参照。→補2
立野牧　→補3
望月牧　→補4
九月十日…　→補5
牧監　本式46条参照。

延喜式巻第四十八

*左馬寮〈右馬寮はこれに准《なぞら》えよ〉

1
*御牧《みまき》

甲斐国〈柏前《かしわざき》牧、真衣野《まきの》牧、穂坂《ほさか》牧〉。

武蔵国〈石川《いしかわ》牧、小川《おがわ》牧、由比《ゆい》牧、*立野《たちの》牧〉。

信濃国〈山鹿《やまが》牧、塩原《しおばら》牧、岡屋《おかや》牧、平井手《ひらいで》牧、笠原《かさはら》牧、高位《たかい》牧、宮処《みやこ》牧、埴原《はいばら》牧、大野《おおの》牧、大室《おおむろ》牧、猪鹿《いか》牧、萩倉《はぎくら》牧、新治《にいはり》牧、長倉《ながくら》牧、塩野《しおの》牧、*望月《もちづき》牧〉。

上野国〈利刈《とかり》牧、有馬島《ありまのしま》牧、沼尾《ぬまお》牧、拝志《はやし》牧、久野《くの》牧、市代《いちしろ》牧、大塩《おおしお》牧、塩山《しおやま》牧、新屋《にいや》牧〉。

右、諸牧の駒は、毎年九月*十日、国司と*牧監《もくげん》もしくは*別当の人らと〈甲斐・信濃・上野の三国は牧監を任じ、武蔵国は別当を任ぜよ〉、牧に臨みて*検印し、ともにその*帳に署せ。*歯《よわい》四歳已上の用に堪うべきものを簡《えら》び繋《つな》ぎて*調良し、*明年《あくるとし》八月、牧監らに附《さず》けて貢上せよ。もし貢するにあたらざれば、便《たより》に*駅伝馬に充てよ〈信濃国はこの限りにあらず〉。もし*売却することあらば、正税に混合せよ。その貢上の馬は、*路次の国、各《おのおの》秣蒭《まぐさ》ならびに牽夫《けんぷ》を充て、前所に逓送《ていそう》せよ。其れ*国解は*主当の寮、外記に付《さず》けて大臣に進《たてまつ》り、奏聞を経よ。*両寮に分ち給い、その品を閲《けみ》し定めよ。

2
凡そ*牝馬の歳二十已上は、*責課《せっか》の限りにあらず。

別当　本式46条参照。
検印　→補6
帳　牧馬帳。本式47条参照。
歯　年齢(数え年)。生まれた翌年が二歳。
調良　調教。
明年八月　→補7
駅伝馬　兵部式78条前文の「駅伝馬」参照。
売却　牧馬を売却して得た代価は正税に繰り入れる。
路次の…逓送せよ　→補8
国解・主当の寮　→補9
両寮に…閲し定めよ　→補10

2牝馬不課条

牝馬　雌馬。
責課　厩牧令6条に「牧牝馬四歳遊牝、五歳責レ課、牝牛三歳遊牝、四歳責レ課、各一百毎レ年課二駒犢各六十一」とあり、牝馬牛に年六割の繁殖率を課すること。遊牝は交尾させること。馬は初夏が繁殖期で、春に出産する。本条は、二〇歳以上の老牝馬は、責課の母数から除くことを定めたもの。責課に満たない課欠が生じた場合については本式6条参照。なお、典薬寮味原牧(宮内式61条、典薬式41条参照)の乳牛について、四歳以上一二歳以下を責課としていたことが三代格元慶八・九・一符に見える。

束　底「斤」。貞校注ニ従イテ改ム。下同ジ。

並　底「并」。意ニヨリテ改ム。

3年貢御馬条

年貢の御馬　→補1

諸牧三十疋・諸牧六十疋　→補2

上野国　→補3

4繫飼馬牛条

繫飼の馬牛　→補4

二寮　左右馬寮。

兵部省に移せよ　繫飼馬牛を検領したことを馬寮から兵部省に連絡する。繫飼馬牛が、兵部省所管の諸国牧からの貢進であるためであろう。

遠江国…　→補5

長牽　→補6

近都の牧に放ち飼え　→補7

5貢繫飼馬条

刷梳剉　本式41条参照。

麻籠頭　轡(クツワ)を馬の顔に取り付けるための緒。面懸(オモガイ)。

6課欠駒条

課欠　責課(本式2条)の不足。

価の稲　主税式上114条の「凡そ課欠の駒の直は…」参照。

凡年貢御馬者、甲斐國六十疋、眞衣野、柏前兩牧卅疋、穂坂牧卅疋、武藏國五十疋、諸牧卅疋、立野牧廿疋、信濃國八十疋、諸牧六十疋、望月牧廿疋、上野國五十疋、

凡諸國所レ貢繫飼馬牛者、二寮均分檢領、訖移二兵部省一、其數遠江國馬四疋、駿河國牛四頭、相摸國馬四疋、牛八頭、武藏國馬十疋、上總國馬十疋、下總國馬四疋、常陸國馬十疋、上野國馬卌五疋、牛六頭、下野國馬四疋、周防國馬四疋、長門國牛二頭、讚岐國馬四疋、伊豫國馬六疋、牛二頭、毎年十月以前長牽貢上、路次之國不レ充二秣蒭、牽夫一、並放二飼近都牧一、

凡諸國貢二繫飼馬一、各隨二馬數一備二刷、梳、剉、麻籠頭一共進、

凡課欠駒價稻、毎レ駒徵二七十束一、

凡細馬十疋、中馬五十疋、下馬廿疋、牛五頭、毎年四月十一日始飼二青草一、十月十一日以後飼二乾草一、馬日二束半、牛二束、束別重十斤二兩、其飼丁馬別一人、以二衞士一充、但刈二青草一丁幷飼レ牛丁惣七十四人、並充二仕丁一、其飼レ秣者、冬細馬日米三升、大豆二升、中馬、下馬各米一升、大豆一升、牛米八合、夏

3 凡そ*年貢《ねんこう》の御馬は、甲斐国六十疋〈真衣野・柏前両牧三十疋、穂坂牧三十疋〉、武蔵国五十疋〈*諸牧三十疋、立野牧二十疋〉、信濃国八十疋〈*諸牧六十疋、望月牧二十疋〉、*上野国五十疋。

4 凡そ諸国貢するところの*繋飼《つなぎがい》の馬牛は、*二寮均分して検領し、訖らば*兵部省に移《い》せよ。その数、*遠江国は馬四疋、駿河国は牛四頭、相摸国は馬四疋・牛八頭、武蔵国は馬十疋、上総国は馬十疋、下総国は馬四疋、常陸国は馬十疋、上野国は馬四十五疋・牛六頭、下野国は馬四疋、周防国は馬四疋、長門国は牛二頭、讃岐国は馬四疋、伊予国は馬六疋・牛二頭。毎年十月以前に*長牽して貢上せよ〈路次の国は秣蒭・牽夫を充てざれ〉。みな*近都の牧に放《はな》ち飼《か》え。

5 凡そ諸国、繋飼の馬を貢せんには、各《おのおの》馬の数に随いて*刷《うまはだけ》・梳《くし》・剉《くさぎり》・*麻籠頭《おもづら》を備え、ともに進《たてまつ》れ。

6 凡そ*課欠の駒の*価の稲は、駒毎《ごと》に七十束を徴《はた》れ。

7 凡そ*細馬《さいめ》十疋、*中馬五十疋、*下馬二十疋、牛五頭を、*毎年四月十一日より始めて青草を飼《くわ》せ、十月十一日より後は乾草《ほしくさ》を飼せよ〈馬は日に*二束半、牛は二束。束別《ごと》に重さ十斤二両〉。其れ*飼丁は、馬別に一人、*衛士を以て充てよ。ただし、*青草を刈る丁ならびに牛を飼《か》う丁惣べて*七十四人は、みな*仕丁を充てよ。其れ*秣《まぐさ》を飼せんには、冬は細馬は日に米《よね》三升、大豆《まめ》二升。中馬・下馬は各米一升、大豆一升。牛は米八合。夏は

7 飼馬条

細馬・中馬・下馬　馬質による区分。合計八〇疋は左馬寮厩舎で櫪飼する馬の総数。細馬は上馬。厩牧令1条では細馬・中馬・駑馬に区分。

毎年四月十一日より…飼せよ　厩牧令1条は「起二十一月上旬一飼レ乾、四月上旬給レ青」とある。

二束半　厩牧令1条に、馬一頭一日当たり「乾草各五囲、木葉二囲周三尺為レ囲、青草倍之」とあり、本条と単位が異なる。なお蒭(飼草)の調達については本式54～56条参照。

飼丁　飼育係。厩牧令1条では「細馬一疋、中馬二疋、駑馬三疋、各給二丁一人一」とあって、馬質により差がある。令制では馬戸から飼丁が上番した。

衛士　左右衛門式冒頭補注参照。

青草を刈る丁　厩牧令1条に「穫丁毎レ馬一人」とあり、令制では馬戸から上番した飼丁を充てた。

七十四人　左馬寮一寮の員数で、民部式上64条に左右馬寮合計一四八人の数が見える。本条で、左馬寮の厩での飼育頭数は馬八〇、牛五であるが、ここで七四人とする内訳は不詳。

仕丁　民部式上61条参照。

秣　草・葉などの蒭に対して、穀物等のいわゆる濃厚飼料。→補8

曰　底ナシ。塙校注・貞校注ニ従イテ補ウ。

8諸祭祓馬条

諸祭祓の馬　諸祭・祓に供奉する馬。本条の掲げる数は原則として左馬寮の頭数で、右馬寮と合せた祭馬・祓馬の総数はその倍となる。

祈年の祭　四時祭式上4条参照。↓補1

月次の祭　四時祭式上23条参照。↓補2

晦の祓　四時祭式上29条参照。↓補3

広瀬竜田両社の祭に各三疋　四時祭式上14・15条参照。↓補4

馬部　本式45条参照。馬丁として両社まで牽進する。

伊勢大神宮の神嘗の祭　四時祭式下1条参照。↓補5

斎宮寮の主神司に六疋　↓補6

斎内親王の…一疋　↓補7

近都の牧に放てる繋飼の馬　↓補8

9平野薗韓神馬条

平野の夏冬の祭　四時祭式上17条参照。↓補9

櫪飼の馬　馬寮の厩で飼育されている馬（本式4条の「近都の牧に放ち飼え」参照）。赤・白は毛の色。

細馬日米二升、中馬一升、下馬及牛不レ須、

凡年中諸祭祓馬者、二月祈年祭十一疋、六月十二月月次祭各二疋、六月十二月晦祓各三疋、四月七月廣瀬、龍田兩社祭各三疋、（四月左二疋、右一疋、七月左一疋、右二疋、増減之數平以輪轉、前レ祭二日差二馬部一人一送之、）九月伊勢大神宮神嘗祭二疋、齋宮寮主神司六疋、齋内親王遷二野宮一祓一疋、並覆奏以下放二近都牧一繋飼馬上充、自餘所レ用臨時聽二處分一、

凡平野夏冬祭櫪飼馬四疋、（二疋赤、二疋白、）薗韓神祭二疋、（白、）籠人疋別馬部二人、毎レ祭官人一人率二馬醫一供奉、其馬祭畢並還二本寮一、

凡賀茂二社祭走馬十二疋、（松尾二疋在二此内一、）馬別轡鞚料調布四尺二寸、表腹帶七尺、結二額髮一絲二兩、（餘祭馬裝准レ此、）其使五位已上官一人、（使者裝束之數見二内藏式一、）皇后宮走馬二疋、（馬裝同レ上、）並二寮遞供奉、（餘祭准レ此、）又女騎料四疋、（内侍已上料、）前レ祭二日經二御覽一、（兩寮之間點二定能否一、）齋院女騎料八疋、屬、馬醫、史生各一人、共預供之、

細馬は日に米二升、中馬は一升。下馬および牛は須《もち》いざれ。

8凡そ年中の*諸祭・祓《はらえ》の馬は、二月の*祈年《としごい》の祭に十一疋、六月・十二月の*月次《つきなみ》の祭に各二疋、六月・十二月の*晦《つごもり》の祓に各三疋、四月・七月の*広瀬《ひろせ》・竜田《たつた》両社の祭に各三疋〈四月は左二疋、右一疋。七月は左一疋、右二疋。増減の数はひとしくし、以て輪転せよ。祭に前《さきだ》つこと二日に*馬部《めぶ》一人を差《つか》わして送れ〉、九月の*伊勢大神宮の神嘗《かんなめ》の祭に二疋、*斎宮寮の主神司に六疋、*斎内親王《いつきのひめみこ》の野宮《ののみや》に遷る祓に一疋。みな覆奏して、*近都の牧に放てる繋飼の馬を以て充てよ。自余の用うるところは、臨時に処分を聴け。

9凡そ*平野《ひらの》の夏冬の祭に*櫪飼《いたがい》の馬四疋〈二疋赤、二疋白〉。*薗《その》・韓神《からかみ》の祭に二疋〈白〉。*龓人《くちとり》は疋別に馬部《めぶ》二人。祭毎《ごと》に*官人《かんにん》一人、*馬医《めい》を率いて供奉《ぐぶ》せよ。その馬は、祭畢らばみな本寮に還せ。

10凡そ*賀茂《かも》二社の祭に*走馬《はしりうま》十二疋〈*松尾《まつのお》の二疋はこの内にあり〉。馬別に*轡鞚《くつわづら》の料の調布四尺二寸、*表腹帯《うわはるび》七尺、*額髪《ひたいがみ》を結ぶ糸二両〈*余の祭の馬装もこれに准えよ〉。その使は五位已上の官一人〈使者の装束の数は*内蔵式に見ゆ〉。*皇后宮の走馬二疋〈馬装は上に同じくせよ〉。みな*二寮遞《たが》いに供奉せよ〈余の祭もこれに准えよ〉。また*女騎《おんなのりうま》の料四疋〈内侍《ないし》已上の料〉。*祭に前つこと二日に御覧を経よ〈*両寮の間、能否を点定《てんじょう》せよ〉。*斎院の女騎の料八疋。*属《さかん》・馬医・史生各一人、*ともに預め供ぜよ。

薗韓神の祭　四時祭式上9条参照。→補10

龓人　馬の手綱を取って牽く者。

官人　馬寮の官人。儀式一等によれば、通例は允。

馬医　→補11

10賀茂祭走馬条

賀茂二社の祭　斎院式8条、太政官式72条、内蔵式13条参照。

走馬十二疋　→補12

松尾　→補13

轡鞚・表腹帯・額髪を結ぶ糸　→補14

余の祭の馬装もこれに准えよ　以下、本式11〜15条の走馬も同様の馬装を供える。

内蔵式　内蔵式13条参照。同条によれば、馬寮使の従として馬部一人が随行した。

皇后宮の走馬　→補15

二寮遞いに供奉せよ　→補16

女騎の料四疋　→補17

祭に前つこと二日に御覧を経よ　→補18

両寮の間能否を点定せよ　左右馬寮馬の中から、女騎料としてふさわしいもの四疋を点定する。本条女騎料以下は「二寮遞供奉」の対象外。

斎院の女騎の料八疋　→補19

属馬医史生　→補20

ともに預め供ぜよ　→補21

凡大神社夏祭走馬十二疋、（二疋儲料、）其使允一人、率㆓馬醫、馬部㆒供奉、

凡春日社春冬祭神馬四疋、（事訖放㆓本牧㆒、）走馬十二疋、其使五位以上官一人、率㆓馬醫一人、馬部八人㆒供奉、但馬部各靑揩布衫一領、申ㇾ官請受、事訖返上、

凡率川春冬祭神馬二疋、差㆓馬醫一人㆒令㆓牽貢㆒、

凡大原野春冬祭神馬四疋、（事訖放㆓本牧㆒、）走馬十疋、其使允一人率㆓馬醫一人、馬部八人㆒供奉、

凡當宗、杜本、山科等社夏冬祭走馬十疋、其使屬一人率㆓馬醫、騎士、馬部等㆒供奉、

凡齋王遷㆓野宮㆒日、鞍馬十疋、（乳母已下御厠人以上料、）車二兩、寮官二人陪從、其向㆓伊勢㆒者、鞍馬十三疋、迄㆓近江國府㆒、（藏人已下女孺已上料、）永充㆓四疋㆒、（一疋御馬、自餘女騎料、其鞍官備、若有㆓闕失㆒、隨卽補之、）

凡諸祭幷大祓料繫飼馬及給ㇾ人馬者、皆燒㆓返印㆒、但臨時奉㆓名神㆒馬非㆓此限㆒、

凡行幸御馬、鞍帊深紫綾一條、（二幅、長八尺、）御笠帒、胡床帒、鞭

社　底「神」。考異ニ従イテ改ム。

馬　底ナシ。貞校注ニヨリテ補ウ。

11大神祭走馬条

大神社の夏の祭　内蔵式8条参照。

走馬十二疋　このうち二疋は予備として用意された儲料。内蔵式8条に「御馬十疋」とある。

使　内蔵式8条は「馬寮允一人、馬部一人」として、その装束を掲げる。

12春日祭神馬条

春日社の春冬の祭　四時祭式上7条、中宮式12条、内蔵式2条参照。

神馬四疋　→補1

本の牧に放て　祭後、もとの近都牧に戻す。

走馬十二疋　→補2

その使は…馬部八人　五位以上官は頭または助。内蔵式2条は「馬寮五位助已上一人、馬部一人」とする。

青揩の布の衫　縫殿式7条参照。

13率川祭神馬条

率川の春冬の祭　内蔵式3条参照。

14大原野祭神馬条

大原野の春冬の祭　四時祭式上8条、内蔵式5条参照。

神馬四疋　→補3

11 凡そ*大神《おおみわ》社の夏の祭に*走馬十二疋〈二疋は儲《もうけ》の料〉。*その使は允一人、馬医・馬部を率いて供奉せよ。

12 凡そ*春日《かすが》社の春冬の祭に*神馬四疋〈事訖らば*本の牧に放《はな》て〉、*走馬十二疋。*その使は五位以上の官一人、馬医一人・馬部八人を率いて供奉せよ。ただし、馬部は各*青揩《あおずり》の布の衫《ひとえぎぬ》一領を官に申して請《こ》い受け、事訖らば返上せよ。

13 凡そ*率川《いざかわ》の春冬の祭に神馬二疋。馬医一人を差《つか》わして牽《ひ》き貢ぜしめよ。

14 凡そ*大原野《おおはらの》の春冬の祭に*神馬四疋〈事訖らば*本の牧に放て〉、*走馬十疋。*その使は允一人、馬医一人・馬部八人を率いて供奉せよ。

15 凡そ*当宗《まさむね》・杜本《もりもと》・山科《やましな》等の社の夏冬の祭に*走馬十疋。*その使は属一人、馬医・*騎士・馬部らを率いて供奉せよ。

16 凡そ*斎王野宮に遷る日、*鞍馬《くらうま》十疋〈乳母《めのと》已下《いげ》御厠人《みかわやびと》以上の料〉、*車二両。寮官二人陪従《べいじゅう》せよ。其れ*伊勢に向かわば、*鞍馬十三疋を*近江国府まで〈蔵人已下女孺《にょじゅ》已上の料〉、*永く四疋を充てよ〈一疋は御馬、自余は女騎の料。*その鞍は官備えよ。もし闕失あらば、ただちに補え〉。

17 凡そ*諸祭ならびに大祓の料の繋飼の馬および人に給う馬は、みな*印を焼き返せ。ただし、臨時に名神《みょうじん》に奉る馬は、この限りに非ず。

18 凡そ*行幸の御馬、*鞍帊《くらおおい》の深紫《こきむらさき》の綾一条〈二幅、長さ八尺〉、御笠の帒《ふくろ》・*胡床《あぐら》の帒・鞭

本の牧に放て　本式12条参照。
走馬十疋　→補4
その使は…供奉せよ　→補5

15当宗等祭走馬条
当宗杜本山科等の社　内蔵式9・11・12条参照。
走馬・その使　走馬および馬寮使のことは内蔵式9・11・12条に見えない。
騎士　本式44条参照。

16斎王御馬条
斎王野宮に遷る日　斎宮式19条参照。
鞍馬十疋　→補6
車二両　→補7
伊勢に向かわば　斎宮群行。
鞍馬十三疋　→補8
近江国府　斎宮式53条参照。
永く四疋を充てよ　→補9
その鞍は官備えよ　斎宮式43条参照。

17返印条
諸祭…人に給う馬　→補10
印を焼き返せ　官馬であることを示す焼印を焼きつぶす。本式1条の「検印」参照。

18御馬鞍帊条
行幸の御馬　行幸に随行する威儀御馬（内蔵式48条参照）。本条はその装束および附属物に関する内容。
鞍帊　鞍を覆う掛け物。
胡床　腰掛け。

帊　底「把」。閤・梵・梵別ニヨリテ改ム。
國　底ナシ。閤・梵ホカニヨリテ補ウ。
條　底「口」。考異ニ従イテ改ム。
枚　底「牧」。意ニヨリテ改ム。
斤　底「行」。貞ニヨリテ改ム。

油絹　油を塗って防水性を持たせた絹。

19行幸御馬条

右兵衛　左右兵衛式13条に「御馬副二人」とある。

狩野の行幸　遊猟のための行幸。新儀式四(野行幸事)、西宮記臨時四(人々装束、野行幸)、北山抄八(野行幸)等参照。

20諸節御馬条

諸節　節会については太政官式92条、宮内式35条参照。正月七日の白馬の節会、五月五日の端午の節会に国飼馬を用いる規定が見える(本式24～28条)。

行幸　行幸時の国飼馬(本式27条参照)の牽進について、太政官式112条に「前十余日、仰二下諸国一、令レ進二国飼御馬一〈左右馬寮定レ数奏之〉」とある。

牧の放飼の馬　近都牧(本式50条参照)の放飼馬。行幸で放飼馬を用いることは、本式23条に見える。また太政官式112条に「左右馬寮儲二負レ印馬一〈用下諸国所レ貢繫二飼御馬放二近牧一者上〉」とあり、印璽を負

帒、筥帒各一口、〈並各加二油絹帊一、〉龓人錦小袖二口、若有二穢損一、返レ故請レ新、

凡行幸御馬一疋、馬子八人、〈右兵衛二人、馬部六人、〉其裝束人別緋袍、〈夏單衣、〉襖子、〈夏不レ須、〉帛汗衫各一領、調布袴一腰、細布帶一條、〈長一丈、〉並隨二穢損一申レ官請受、〈狩野行幸之日、著二緋細布袍、袴一、〉

凡諸節及行幸、應レ用二國飼御馬一者、斟二量須數一奏聞、乃下二官符一令レ進、唯牧放飼馬者、寮移二當國一、國卽令二牧子牽送一、〈但攝津國鳥養牧、豐嶋牧不レ移二當國一、寮直放繫、〉

凡車駕巡幸鈴印駄、用二櫪飼強壯者一充之、龓人二人、〈以二飼丁一充之、〉於二宮門外一負レ駄、以列二駕前一、駕輿丁餉駄一疋、其女騎十八疋、走馬廿五疋、〈近幸走馬廿疋、〉自餘馬數臨時聽二處分一、

凡行幸經レ宿須レ用二幕及行槽一者、御馬四疋、布幕二條、行槽一枚、〈枚別商布四段、緒料煮麻一斤、〉其行槽者收レ寮、但幕臨時請

の帒・笘の帒各一口〈みな各*油絹《あぶらぎぬ》の帊を加えよ〉、𩋨人《くちとり》の錦の小袖二口。もし穢損《えそん》することあらば、故《ふる》きを返して新しきを請《う》けよ。

19 凡そ行幸の御馬一疋に馬子《めし》八人〈*右兵衛二人、馬部六人〉。その装束は、人別《ごと》に緋《あけ》の袍〈夏は単衣《ひとえ》〉、襖子《あおし》〈夏は須いざれ〉、帛の汗衫《かざみ》各一領、調布の袴一腰、細布の帯一条〈長さ一丈〉。みな穢損するに随いて官に申して請い受けよ〈*狩野《かりの》の行幸の日は、緋の細布の袍・袴を著《き》よ〉。

20 凡そ*諸節および*行幸に国飼《くにがい》の御馬を用うべくは、須うる数を斟量《しんりよう》して奏聞せよ。すなわち官符を下して進らしめよ。ただ*牧の放飼《はなちがい》の馬は、*寮、当国に移《い》し、国すなわち*牧子をして牽き送らしめよ〈ただし、摂津国*鳥養《とりかい》牧・豊島《てしま》牧は当国に移せず、寮直ちに放ち繫《つな》げ〉。

21 凡そ車駕巡幸の*鈴印の駄は、櫪飼の強壮なるものを用いて充てよ。𩋨人二人〈飼丁を以て充てよ〉。*宮門の外において駄に負わせ、以て駕の前に列《つら》ねよ。*駕輿丁《かよちよう》の餉《かれい》の駄一疋。其れ*女騎《おんなのりうま》は十八疋、*走馬は二十五疋〈*近幸の走馬は二十疋〉。自余の馬数は臨時に処分を聴け。

22 凡そ行幸宿を経んに幕および*行槽《ゆきふね》を用うべくは、御馬四疋に布の幕二条、行槽一枚《ひら》〈枚別に商布四段、緒の料の*煮麻《にお》一斤〉。その行槽は寮に収めよ。ただし、幕は臨時に請い

う馬に近都牧の放飼馬（諸国牧からの貢繫飼馬）を用いるとするが、本式21条は、鈴印駄は櫪飼強壮の馬を充てるとしており、一致しない。

寮当国に移し　→補1

牧子　牧で馬の飼育に当たる者。本式1条の「九月十日…」参照。

鳥養牧豊島牧　本式50条参照。

21巡幸鈴印駄条

鈴印の駄　→補2

宮門　中務式5条の「宮閤門」参照。

駕輿丁　左右近衛式61条、左右兵衛式23条参照。

女騎は十八疋　行幸に供奉する女官の騎料。儀式二（践祚大嘗祭儀上）には、御禊行幸に供奉する女官として、内侍左右各一人、女蔵人左右各四人、検校女孺左右各一人、女孺左右各三人、采女左右各八人、御厠人左右各一人、洗人左右各一人、検校女左右各一人の合計四〇人が見える。

走馬は二十五疋　左右近衛式31条に「騎隊廿五人、堪㆓騎射㆒少将以下在㆓此中㆒、皆用㆓官馬㆒、(中略)幸近省㆓五人㆒、自余府生已上及近衛並乗㆓私馬㆒」とある。

近幸　中務式49条の「近き処」参照。

22行幸経宿条

行槽　携行用のかいば桶。

煮麻　熟麻。本式40条参照。

覧　底「監」。本朝月令所引弘仁式逸文・貞観式逸文ニヨリテ改ム。

分　底ナシ。塙校注ニ従イテ補ウ。

干　底ナシ。塙校注ニ従イテ補ウ。下同ジ。

23行幸馬具条

籠頭　麻籠頭。本式5条参照。

刷梳　本式41条参照。

放飼の馬　本式20条参照。

24四月駒牽条

御覧駒　五月五日の節で行なう競馬・騎射に出場する騎馬・騎士を検閲する儀。四月駒牽ともいう。左右近衛式25条に「前レ節七日、車駕幸二射殿一、試二閲御馬一」とある。儀式八（四月廿八日牽駒儀）参照。

櫪飼　櫪飼馬は馬寮の厩で飼育されている馬（本式4条の「近都の牧に放ち飼え」参照）。八〇疋は左馬寮櫪飼馬の総数に当たる（本式7条参照）。本儀の寮飼馬の数について、儀式八（四月廿八日牽駒儀）は「細馬十疋」、九条殿記（五月節）は一一疋とする。

国飼　本式27条参照。なお、四月駒牽・五月節会の際に国飼馬の牽夫へ食を支給

受、

凡供二行幸一馬籠頭、刷、梳等類、皆駄二放飼馬一、但近幸者疋別飼丁著レ腰、

四月廿八日御覧駒式（小月廿七日、）

右、當日早朝、調二列櫪飼御馬八十疋、國飼卅一疋一、車駕幸二武德殿一、登時官人率二御馬一自二便門一出、至二於馬出埒下一、寮頭以二御馬名奏一進二於御監一、御監即執レ奏、而後左右寮頭左右分立二於御馬之前一、允一人執レ簿進立二殿前一、乃從二埒西外一、御馬稍進比レ至二御前一奏二馬名一、詞云、某司御馬合若干、寮飼若干、某國御馬、駒若干、有二臣下貢一者、稱二姓名貢御馬一、度盡退出、次右寮御馬如レ前、左右寮助亦左右分立、度畢即二左兵衛陣前一、（預前兩寮立下繋二不調馬一之柱各一株上、以爲二鞍騎之便一、五月四日以前各抽收、）鞍二不調馬一、騎以二騎士一、但允以下率二近衛、兵衛官人、舍人等一、還二至於寮家一、悉鞍レ馬令レ騎、其不レ堪レ騎者、騎以二騎士一、但不レ誤二馬次第一

受けよ。

23 凡そ行幸に供ずる馬の*籠頭《おもづら》・*刷《うまはだけ》・梳《くし》等の類は、皆*放飼の馬に駄《おわ》せよ。ただし、近幸には疋別の飼丁、腰に著《つ》けよ。

24 四月二十八日の*御覧駒《ごらんこま》の式〈小の月は二十七日〉

右、当日早朝、*櫪飼《いたがい》の御馬八十疋、*国飼三十一疋を調列せよ。車駕、*武徳殿に幸せば、ただちに官人、御馬を率いて便門より出で、*馬出《うまだし》の埒《らち》の下に至れ。寮の頭《かみ》、*御馬の名の奏を以て*御監《ごげん》に進《たてまつ》れ。御監すなわち奏を執れ。しかる後、*左右の寮の頭、左右に分れて御馬の前に立て。*允《じよう》一人、簿を執りて進みて殿前に立て。すなわち、埒の西の外より御馬やや進みて御前に至るころ、馬の名を奏《もう》せ。詞に云わく、某司の御馬合せて若干、寮飼若干、某国の御馬・駒若干、と。*臣下の貢するあらば、姓名貢する御馬と称《い》え。度《わた》り尽さば退出《まか》れ。次いで右寮の御馬も、前《さき》の如くせよ。*左右の寮の助もまた左右に分立す。度り畢《おわ》らば、*左兵衛の陣の前に即《つ》き〈あらかじめ両寮、*不調の馬を繫ぐの柱各一株を立て、以て鞍し騎《の》るの便となせ。五月四日より前に各抽《ぬ》き収めよ〉、不調の馬に鞍し、騎るに*騎士を以てせよ。*ただし、允以下、近衛・兵衛の官人・舎人《とねり》らを率いて、寮家に還り至り、悉く馬に鞍して騎らしめよ。その騎るに堪えざるは、騎るに騎士を以てせよ。ただし、*馬の次第を誤た

することが主税式上105条に見える。

武徳殿　太政官式101条、内蔵式35条参照。

馬出の埒の下　→補1

御馬の名の奏　→補2

御監　→補3

左右の寮の頭…御馬の前に立て　埒の北方に集合した左右馬寮の馬の先頭に、左右馬頭が立つ。九条殿記(五月節)では、左馬寮が西、右馬寮が東に立つとある。

允一人…馬の名を奏せ　→補4

臣下の貢する　太政官式102条、兵部式8条参照。

左右の寮の助も…分立す　馬列が進み終わって、その後ろに左右馬寮の助が分立して進む意であろう。儀式八(四月廿八日牽駒儀)に「右馬亦如レ之、訖左右助立二御馬後一而度」とある。

左兵衛の陣　→補5

不調の馬を繫ぐの柱　進行中に興奮するなどして牽き手の抑えがきかない馬を繫ぎとめておくための柱。

騎士　本式44条参照。

ただし允以下…騎らしめよ　不調馬柱に繫ぎとめた馬以外は、一旦馬寮に戻って鞍をつけてから再び武徳殿前に戻り、近衛・兵衛の官人・舎人が騎乗し、埒内を北上する。

馬の次第　先の駒牽の際の入場順。

入㆑埒盡度、度畢登時寮官率㆓馬醫幷近衞、兵衞官人等㆒、就㆓於馬留埒西邊㆒、點㆓定馬走品㆒、寮屬一人執㆓馬簿㆒立㆓馬出埒西邊㆒、每㆓馬出㆒奏、內豎傳奏、馬馳畢更還㆑寮、簡㆓定騎射料馬㆒、

五月五日節式

右、當日早朝、鞍㆓簡定馬㆒授㆓二府㆒、騎射官人率㆓舍人㆒到來裝束、車駕幸㆓武德殿㆒、左右各以㆓奏文㆒附㆓御監㆒、（一寮奏載㆓射手官人以下官姓名㆒、一寮奏載㆓所出之國、毛色㆒、左右隔㆑年互奏、）其後騎㆑馬陣列而行、寮五位以上官一人、騎㆑馬在㆑前、諸衞射人皆以㆑次列向㆓於馬場㆒、御馬度畢、右五位以上官一人、在㆑後而行、其所㆑須裝束料物、疋別結㆓額髮㆒料緋絲大二分四銖、韁鞚料調布四尺二寸、表腹帶料七尺、馬幷舍人名札二枚、袋料緋油絹二丈、裏絹等、經㆑奏請之、

同月六日競馬幷騎射式

右、當日早朝、鞍㆓細馬十疋㆒、（雖㆑有㆓駿馬㆒、不㆑載㆓駒牽奏文㆒、莫㆑預㆓此列㆒、）

入　底「八」。梵・梵別・井・壬ニヨリテ改ム。
授　底「受」。版本ニ従イテ改ム。
車　底「居」。上下ノ文ニヨリテ改ム。

馬留の埒の西辺　埒西側の南端あたり。儀式八（四月廿八日牽駒儀）に「就㆓第三的南与㆓埒西辺㆒、定㆓馬走品㆒」、九条殿記（五月節）に「就㆓左兵衛陣東南、西埒西辺㆒、定㆓御馬走品㆒」とある。もう一度埒内を南下して走らせ、走力・技量を検閲する。

馬出の埒の西辺　埒西側の北端あたり。九条殿記（五月節）に「右兵衛陣東頭」とある。儀式八（四月廿八日牽駒儀）が「左兵衛陣東頭」とするのは左右を誤るか。

馬を出だす毎に奏し　儀式八（四月廿八日牽駒儀）に「奏㆓御馬牧乃次第、毛色㆒」とあり、一頭ごとに奏する。

内豎伝奏せよ　内豎が寮属の奏した内容を取り次ぐ。九条殿記（五月節）に「内豎一人又趁出〈経㆓埒西、属東㆒而出〉、立㆓殿前馳道北頭㆒、而相承伝奏〈毎㆑馳㆓御馬四五疋許㆒、内豎相替〉」とある。なお馳道は、東方から武徳殿正面中央へ通じるもので、埒東門・埒西門（本条の「馬出の埒

ず、埒に入れて尽《ことごと》く度れ。度り畢らば、ただちに寮官、馬医ならびに近衛・兵衛の官人らを率いて*馬留《うまどめ》の埒の西辺に就き、馬の走品《そうほん》を点定《てんじょう》せよ。寮の属一人、馬の簿を執りて*馬出の埒の西辺に立ち、*馬を出だす毎《ごと》に奏《もう》し、*内豎、伝奏せよ。馬馳《は》せ畢らば、更に*寮に還りて騎射《うまゆみ》の料の馬を簡《えら》び定めよ。

25
*五月五日の節《せち》の式

右、当日の早朝、簡び定めし馬に鞍して*二府に授けよ。騎射の官人、舎人を率いて到来し装束せよ。車駕、武徳殿に幸し、左右各*奏文を以て御監に附けよ〈一寮の奏には射手の官人以下の官姓名を載せ、一寮の奏には所出の国、毛の色を載せよ。左右年を隔ててこもごも奏せ〉。*その後、馬に騎り陣列して行け。寮の五位以上の官一人、馬に騎りて前にあり、諸衛の射人は皆次《ついで》を以て列《つら》ねて馬場に向かえ。御馬度り畢らば、右の五位以上の官一人、後にありて行け。其れ須うるところの装束の料物は、疋別に額髪《ひたいがみ》を結ぶ料の緋の糸大二分四銖、轡鞚《くつわづら》の料の調布四尺二寸、*表腹帯《うわはるび》の料七尺、馬ならびに舎人の*名札二枚、*袋の料の緋の油絹二丈、裏の絹等。奏を経て請けよ。

26
同月六日の*競馬《くらべうま》ならびに騎射の式

右、当日の早朝、細馬《さいめ》十疋に鞍せよ〈駿馬ありと雖も、*駒牽《こまひき》の奏文に載せざれば、この列に

の下」参照)は馳道と埒が交差する位置にある。

寮に還りて →補1

25五月五日条

五月五日の節 →補2

二府 左近衛府と右近衛府。左近衛式25条参照。

奏文 騎射の射手の官姓名を記した奏文(名奏)と、射人(射手)の騎る馬の生国・毛色を記した奏文(毛奏)。左馬寮が名奏、右馬寮が毛奏を奏する年と、その逆の年と、交互に入れ替える方式を取る。

その後…後にありて行け →補3

表腹帯 本式64条参照。

名札・袋の料の緋の油絹 名奏・毛奏の内容を記した木札とそれを入れる袋。馬寮馬の入場に際して名奏・毛奏を行なう「奏事大夫」が従者に携行させた。儀式八(五月五日節儀)に、「奏事大夫二人〈一人四位、一人五位、各令下馬従執中入二緋袋一牘一枚上〉、駕レ馬入二埒内一北行、更出レ自二東門一、四位先就二奏事位一、次五位南去二許丈、平頭而執レ牘、随二馬至一而奏レ之〈四位奏二騎者官姓名一、五位奏二馬所レ出国及毛色一〉」とある。兵部式8条参照。

26競馬騎射条

競馬ならびに騎射 →補4

駒牽の奏文 本式24条参照。

車駕幸二武德殿一、登時寮頭以二御馬名簿一進二於御監一則傳奏、寮官率二近衛十人一、令レ騎二細馬一、卽以レ次度、度畢頭已下、從二殿後一至二於馬出埒下一、左右近衛中、少將與二寮頭、助一共令二競走一、左右寮允各一人、立二馬出埒左右側一奏二馬名一、詞云、某牧若干某毛御馬若干、有二臣下貢一者同二上條一、內豎傳奏、左右近衛將監、左右馬寮允、屬各一人、率二馬醫一就二馬留標下一注二勝負丈尺一、競走畢還レ寮、近衛、兵衛官人率二舍人等一到來、裝束而騎二調馬一陣列向二射場一、騎射訖諸衛更亦騎二御馬一供二奉雜戲一、

凡國飼御馬者、山城國六疋、（左寮、）大和國五疋、（右寮、）河內國六疋、（右寮、）攝津國十疋、（右寮、）伊勢國十疋、（右寮、）近江國十疋、（左寮、）美濃國十疋、（左寮、）丹波國五疋、（左寮、）每年預前二五月五日節一差二專當國司一牽進、

凡靑馬廿一疋、自二十一月一日一至二正月七日一、二寮半分飼之、（一疋互飼、）其料日秣米五升、大豆二升、燈油二合、奏聞請受、國飼以二正稅一充之、

駕　底「賀」。版本ニ従イテ改ム。
則　コノ上「御監」二字脱カ。
右　井・藤「左」。
左　梵・梵別「右」。

御馬の名簿　この日出場する馬の名簿。

寮官…次を以て度れ　馬寮官人が、細馬一〇頭に騎馬した近衛を率いて、埒内を南から北に進む。

殿の後より馬出の埒の下に至れ　武徳殿の後ろ（西側）を通って、馬出埒（埒北端）に向かう。儀式八（五月六日儀）に「従二殿後一廻到二於埒北頭一」とある。

馬留の標…丈尺を注せ　この標について、儀式八（五月六日儀）は「埒南頭標」と称し、「当二第三的南一建レ標〈到二此標下一、定二馬遅速一、先レ是、雅楽寮率二雑色人一、執二標戈二竿一、候二馳道南埒下道一〉」としている。競馬は埒内を北から南に走り、埒南端寄りの標をどちらが先に通過するかで勝負を競い、その差を記録する。

預かることなかれ〉。車駕、武徳殿に幸せば、ただちに寮の頭、*御馬の名簿を以て御監に進《たてまつ》り、すなわち伝奏せよ。*寮官、近衛十人を率いて、細馬に騎《の》らしめよ。すなわち次を以て度《わた》れ。度り畢らば、頭已下、*殿の後《しりえ》より馬出の埒の下に至れ。左右近衛の中・少将、寮の頭・助とともに競走せしめよ。左右の寮の允各一人、馬出の埒の左右の側《かたわら》に立ちて馬名を奏せ。詞に云わく、某牧若干の某毛の御馬若干、と。臣下の貢するあらば上の条と同じくせよ。内豎伝奏せよ。左右近衛の将監、左右馬寮の允・属各一人、馬医を率いて*馬留の標《しめ》の下に就きて勝負の丈尺を注せ。競走畢らば寮に還れ。近衛・兵衛の官人、舎人らを率いて到来し、装束して調馬に騎り、陣列して射場に向かえ。*騎射訖らば、諸衛更にまた御馬に騎りて雑戯を供奉せよ。

27 凡そ*国飼の御馬は、山城国六疋〈左寮〉、大和国五疋〈右寮〉、河内国六疋〈右寮〉、摂津国十疋〈右寮〉、伊勢国十疋〈右寮〉、近江国十疋〈左寮〉、美濃国十疋〈左寮〉、丹波国五疋〈左寮〉。毎年預め五月五日の節に前《さきだ》ちて*専当の国司を差《さ》して牽《ひ》き進れ。

28 凡そ*青馬二十一疋、*十一月一日より正月七日まで、*二寮半ばを分ちて飼え〈一疋はこもごも飼え〉。その料は日に秣《まぐさ》の米五升、大豆二升、*燈油《ともしあぶら》二合。奏聞して請《こ》い受けよ。*国飼は正税を以て充てよ。

騎射　儀式八(五月六日儀)に「近衛、兵衛官人率㆓舎人等㆒、到㆓馬寮㆒装束、(中略)各騎㆓調馬㆒、陳〔陣ヵ〕列向㆓馬場㆒供奉、先射㆓五寸的㆒〈近衛府各六人、兵衛府各四人〉、次六寸的、並当府判官立㆓殿前㆒、奏㆓射者夾〔交ヵ〕名㆒」とある。

27国飼御馬条

国飼の御馬　→補1

専当の国司　民部式上18条参照。

28青馬条

青馬　正月七日節会に牽進する。式次第は、内裏式上(七日会式)、儀式七(正月七日儀)等に見える。左右近衛式21条も参照。

十一月一日より…　七日節会に先立って二ケ月ほど特別の扱いで飼育する。下文の秣は、本式7条の細馬より量が多い。

二寮…こもごも飼え　二一疋を左右馬寮で半数ずつ飼育すると、一〇疋ずつと余り一疋となり、その一疋は左右馬寮で年毎に交互に飼育する。

燈油二合　主殿式12条参照。

国飼は…充てよ　青馬として国飼馬(本式27条)を牽進する場合、その秣は所出国の正税から充てる。なお、主税式上105条に、十二月二十五日から正月八日まで「牽㆓青馬㆒夫」に食米・塩を給する規定があるので、七日節会のための国飼馬はこの期間在京したのであろう。

疋　底「丶七」。諸本スベテ書体シドケナク読ミ難ク、或イハ意ヲナサズ。塙校注ニヨリテ改ム。
七疋　底ホカ諸本「一七」。雲（考異ナシ）ニ従イテ改ム。下同ジ。
掌　底「常」。閣・梵ホカニヨリテ改ム。
放　底「弥」。塙校注ニ従イテ改ム。
加　底「如」。井ニヨリテ改ム。

凡正月七日青馬籠頭、鑣、一疋、前頭及最後馬別著ニ金裝一、自餘烏裝、尾帒、當額花形、已上二種各著レ鈴、及龓人錦、紫兩色小袖、紺絁脛巾、並收ニ寮家一出用、但韁鞚紺細布、以ニ一端一充ニ二疋一、結ニ額髮、尾一絞絲、臨時請受、其龓人以ニ左近衞一充之、著ニ本府青揩衫、末額、寮小袖一、第一者錦、自餘紫、若蕃客入朝之日著ニ寮緋、紫袍一、第一者紫袍、自餘緋袍、同收ニ寮家一、其前陣左近衞舍人、次左右寮頭、次馬七疋、次左右允、次馬七疋、次左右屬、次馬七疋、次左右助、次後陣右近衞舍人、近衞裝束見ニ各本府式一、

凡蕃客乘騎唐鞍、寮家掌收、若有ニ壞損一、隨卽修理、其馬子簡ニ飼丁容貌端正者一充、大使、副使各四人、判官、錄事各二人、使丁各一人、其裝束黃袍、汗衫、調布袴、革帶、布襪、長緒幞頭、巾子、麻鞋、並請ニ大藏一、事畢返上、但幞頭、巾子、襪、麻鞋不レ在ニ此限一、

凡馬牛分ニ充衞府一者、左近衞看督馬二疋、櫪飼一疋、放飼一疋、左兵衞行夜二疋、櫪飼、加ニ鞍幷衞士一、每レ夜充之、左衞門牛四頭、其

29凡そ正月七日の青馬の籠頭《おもづら》、鑣《くつわ》〈一疋。前頭および最後の馬は別に*金装《こがねづくり》を著けよ。自余は*烏《くろ》装《づくり》〉、*尾俤、当額《ひたいあて》の花形〈已上二種は各鈴を著けよ〉、および龓人《くちとり》の錦・紫両色の小袖、紺の絁《あしぎぬ》の脛巾《はばき》は、みな寮家に収めて出だし用いよ。ただし、韁鞚の紺の細布〈一端を以て二疋に充てよ〉、額髪・尾を結ぶ緂《だん》の糸は臨時に請い受けよ。其れ、龓人は左近衛を以て充て、本府の青揩の衫、末額《まっこう》、寮の小袖を著《き》よ〈*第一の者は錦、自余は紫〉。もし蕃客入朝の日は寮の緋・紫の袍を著よ〈第一の者は紫の袍、自余は緋の袍。同じく寮家に収めよ〉。其れ*前陣は左近衛の舎人、次いで左右の寮の頭、次いで馬七疋、次いで左右の允、次いで馬七疋、次いで左右の属、次いで馬七疋、次いで左右の助、次いで後陣は右近衛の舎人〈近衛の装束は各*本府の式に見ゆ〉。

30凡そ*蕃客の乗騎の*唐鞍《からぐら》は、寮家掌収せよ。もし壊損《えそん》することあらば、ただちに修理せよ。其れ馬子《めし》は、飼丁の容貌端正なる者を簡びて充てよ〈大使・副使に各四人、判官・録事に各二人、使丁に各一人〉。その装束の黄の袍、汗衫《かざみ》、調布の袴、革帯、布の襪《しとうず》、長緒の幞頭《こうぶり》、巾子《こじ》、麻鞋《まがい》は、みな大蔵より請け、事畢らば返上せよ。ただし、幞頭・巾子・襪・麻鞋はこの限りにあらず。

31凡そ馬牛を衛府に分ち充てんには、*左近衛の看督《かど》の馬二疋〈櫪飼《いたがい》一疋、放飼《はなちがい》一疋〉、*左兵衛の行夜《よまわり》に二疋〈櫪飼。鞍ならびに衛士を加え、夜毎《ごと》に充てよ〉、*左衛門に牛四頭。其れ

29正月七日条

金装　金色の装束。

烏装　黒色の装束。

尾俤　馬の尾に付ける覆い。

第一の者　先頭の馬を牽く龓人。

前陣は…右近衛の舎人　青馬牽進の際の次第。先頭から左近衛一〇名、左右馬寮頭、青馬七疋、左右馬寮允、青馬七疋、左右馬寮属、青馬七疋、左右馬寮助、右近衛一〇名の順に進む。

本府の式　左右近衛式21条参照。

30蕃客乗騎条

蕃客　太政官式51条参照。

唐鞍　朝廷の儀式に用いる正式の鞍で、皆具(カイグ、馬具一式)として豪華な装飾が施されたもの。蕃客来朝のほか、大嘗会御禊に供奉する王卿(西宮記臨時七〔次第司事〕)、賀茂祭使(西宮記恒例二〔定禊日前駈〕)等が用いる事が見える。本式65条参照。

31馬牛分充衛府条

左近衛の看督　左右近衛式49条参照。

左兵衛の行夜　左右兵衛式14条参照。

左衛門に牛四頭　左右衛門式39条参照。

櫪飼充二秣、草一、牛亦充レ草、

凡検非違使馬四疋、〈櫪飼、〉其冬月便割二左衛門乾蒭内四百斤一充之、〈右寮割二右衛門料一充之、〉

凡頭已下史生已上、聴レ騎二用放飼御馬各一疋一、

凡應レ放二父馬一者、具録二色數一奏、訖即申レ官施行、

凡馬薬毎レ季胡麻油一斗二升五合、槾椒油六升二合五勺、猪脂三升二合五勺、硫黄一升六合、毎レ年作二馬蹄一料砥二顆、並申レ官請受、但藺大四斤、干薑小十斤奏請、随二用盡一請、不レ限二年月一、

凡車五兩、屋形五具、鞦五具料桃染調布四端、〈具別二丈七尺五寸、〉縫絲大二分四銖、敷茵五枚、並支度三年一、申レ官儲備、但車油一斗八升、毎年請受、其釧取レ舊廻充レ新、随レ損乃請、不二必限一レ年、

凡煮二秣豆一釜一口、若有二損壊一申レ官、返レ舊請替、

四端　分注ト合ワズ。恐ラク誤リアラン。

度　底ナシ。版本ニ従イテ補ウ。

一　底ナシ。塙校注ニ従イテ補ウ。

32検非違使馬条

検非違使　大学式17条、左右衛門式19条参照。

冬月　飼料に乾草を給する十一月上旬より四月上旬の六ケ月。主税式上105条、本式7条参照。

左衛門の乾蒭　本式54条参照。

33頭已下条

34父馬条

父馬　種付けのための優秀馬。御牧・諸国牧では、良馬生産のために雌馬・雄馬の自由な交配を規制し、優れた雄馬を種馬とする生殖管理が行なわれていたとみられる(山口英男「信濃の牧」〈『長野県史』

通史編一所収、一九八九年〉）。なお、天平六年度尾張国正税帳に「下上野国父馬壱十四」に秣を支給した記事が見える（古一—六一一頁）。

35馬薬条

馬の薬　厩牧令3条に「凡官畜、応下請二脂薬一療上病者、所司預料二須数一、毎レ季一給」とある。主殿式12条参照。

槾椒の油　槾椒は犬山椒。ミカン科の低木で、葉は打撲傷の外用薬となる。主殿式3条参照。

猪の脂　主殿式12条には猪膏とある。主計式上4条参照。

馬蹄を作る料の砥　馬蹄を削るための砥石。

蔄　蜜蠟。内匠式16条参照。

干薑　乾燥させた生姜。典薬式1条参照。

36車条

車　牛車。内匠式24条参照。

鞦　牛車の轅（ナガエ）を牛の尻に固定させる緒。

車油一斗八升　主殿式12条参照。

釧　釭（カリモ）に同じ。内匠式23条参照。鞦等は三年に一回更新するが、釧は元のものを用い、釧の更新は破損した場合に行なう。

37釜条

秣の豆　本式7条参照。

櫪飼は秣《まぐさ》・草を充てよ。牛もまた草を充てよ。

32
凡そ*検非違使《けびいし》には馬四疋〈櫪飼〉。其れ*冬月は便《たより》に*左衛門の乾蒭《ほしぐさ》の内四百斤を割き充てよ〈右寮は右衛門の料を割き充てよ〉。

33
凡そ頭已下史生已上、放飼の御馬各一疋を騎用することを聴せ。

34
凡そ*父馬を放つべくは、具《つぶさ》に色・数を録《しる》して奏《もう》せ。訖らばすなわち官に申して施行せよ。

35
凡そ*馬の薬は、季毎《ごと》に胡麻の油一斗二升五合、*槾椒《ほそき》の油六升二合五勺、*猪《い》の脂《あぶら》三升二合五勺、硫黄一升六合。年毎に*馬蹄を作る料の砥《と》二顆《か》。みな官に申して請い受けよ。ただし、*蔄大四斤、*干薑《ほしはじかみ》小十斤を奏し請うは、用尽に随いて請い、年月を限らざれ。

36
凡そ*車五両、屋形《やかた》五具、*鞦《しりがい》五具の料の桃染の調布四端〈具別《ごと》に二丈七尺五寸〉、縫糸《ぬいいと》大二分四銖、敷茵《しきしとね》五枚、みな支度して三年に一たび、官に申して儲《ま》け備えよ。ただし、*車油一斗八升は毎年請い受けよ。其れ*釧《かも》は旧きを取りて廻らして新しきに充てよ。損ずるに随いてすなわち請け、必ずしも年を限らざれ。

37
凡そ*秣の豆を煮る釜一口は、もし損壊《そんえ》することあらば官に申し、旧きを返して請け替えよ。

凡寮馬牛斃者、以二其皮一充二鞍調度幷籠頭等料一、唯御靴料牛皮七張半充二內藏寮一、年中神事料馬皮一張充二木工寮一、騎射的料馬皮各二張、充二近衞、兵衞等府一、其除二年中用一之外、賣却充二寮中用一、

凡櫪飼馬籠頭鏁、若有二破損一者、取二諸國貢馬籠頭鏁一充用、

凡櫪飼馬每年絆繩料熟麻三斤、分爲二三度一、疋別一斤、申レ官請受、

凡刳槽者、十疋充二一口一、方一丈、深二尺、若有二壞損一、寮加二修理一、刷、梳疋別各一枚、刳二疋一枚、並有二破壞一、斟量充之、但碾寮採備之、

凡馬底板者、廣一尺、厚六寸、長一丈一尺、疋別十枚、櫪長一丈六尺、以二一艘一充二二疋一、若有二朽損一者、申レ官修理、但底板亦令二諸國採送一、

凡馬水桶、杓、杴、箒及炬松、寮斟量儲充、

凡騎士十人、隨二其才一移二兵部一、勘籍卽預二寮考一、若

七　内蔵式46条「六」。

槽　底「斛」。塙校注ニ従イテ改ム。

尺　底ナシ。閣・塙・貞ニヨリテ補ウ。

38馬牛斃条

馬牛斃れなば…　厩牧令26条に「凡官馬牛死者、各収二皮、脳、角、胆一、若得二牛黄一者、別進」の規定がある。

調度ならびに籠頭等の料　本式62条参照。

38 凡そ寮の*馬牛斃《たお》れなば、その皮を以て、鞍の*調度ならびに籠頭等の料に充てよ。ただ、*御靴の料の牛の皮七張半を内蔵寮に充て、年中の*神事の料の馬の皮一張を木工寮に充て、*騎射の的の料の馬の皮各二張を近衛・兵衛等の府に充てよ。其れ年中の用を除くの外は、売却して寮中の用に充てよ。

39 凡そ櫪飼の馬の籠頭の鏁《くさり》は、若し破損することあらば、*諸国貢馬の籠頭の鏁を取りて充て用いよ。

40 凡そ櫪飼の馬の毎年の*絆縄《ほだしなわ》の料の*熟麻《にお》三斤は、分ちて三度となし、疋別に一斤を官に申して請い受けよ。

41 凡そ*剉《くさぎり》の槽《ふね》は、十疋に一口《く》を充てよ。方一丈、深さ二尺。もし壊損することあらば、寮修理を加えよ。*刷《うまはだけ》・*梳《くし》は疋別に各一枚《ひら》、*剉は二疋に一枚。みな破壊《はえ》することあらば斟量して充てよ。ただし、*碪《きぬた》は寮採り備えよ。

42 凡そ*馬の底板《しきいた》は、広さ一尺、厚さ六寸、長さ一丈一尺、疋別に十枚。*櫪《ふね》は長さ一丈六尺、一艘を以て二疋に充てよ。もし朽損することあらば、官に申して修理せよ。

43 凡そ馬の水桶・杓・*杴《こすき》・箒《ははき》および炬松《たいまつ》は、寮斟量して儲け充てよ。ただし、底板はまた諸国をして採り送らしめよ。

44 凡そ*騎士は十人。その才に随いて兵部に移《い》し、勘籍してすなわち寮の考に預れ。も

御靴の料　内蔵式46条に造御靴料として「牛皮六張半」と見える。

神事の料の馬の皮　木工式27条に大祓刀の「大刀鞘料馬革二張〈各長五尺、広三尺〉」と見える。

騎射の的の料　左右近衛式27条参照。

39櫪飼馬籠頭鏁条

諸国貢馬の籠頭の鏁　本式5条参照。

40櫪飼馬絆縄料条

絆縄　牛馬を繋ぐ縄。

熟麻　斎宮式43条、主計式上4条参照。

41剉槽条

剉の槽　切ったまぐさを貯め置くための木槽。

刷　馬体の汚れを払うブラシ。

梳　たてがみなどをすく櫛。

剉　まぐさを切る包丁。

碪　まぐさを切る台。

42馬底板条

馬の底板　厩に敷く床板。

櫪　馬が食べるために切ったまぐさを入れるかいばおけ。

43馬水桶条

杴　鍬(スキ)状の木製の用具。

44騎士条

騎士　騎士は職員令には見えない。兵部式30条によれば定員は一〇名。乗馬の技能に優れ、儀式ではしばしば暴れ馬を乗りこなすなどの役を務める(本式24条)。

無レ故不レ上者還レ本、其衣服夏冬二季申レ官、

凡馬部卅人、取二負名入色者一充之、

凡甲斐、信濃兩國牧監、左寮、武藏國別當、上野國牧監、右寮、各•檢二功過上日一寮考、十一月卅日以前移二兵部省一、

凡官牧馬帳、甲斐國、信濃、上野附二牧監一、武藏國附二別當一進レ寮、寮勘二損益一移二主計寮一、

凡非色之人所二著用一緋鞦者、勘收以充二寮用一、

凡放二播磨國家嶋一御馬、寮直移レ國放繫、寮別卅疋、從二當年十月一始放飼、來年三月下旬繫取、其路次之國、各充二使等食幷牽夫一遞送、

攝津國鳥養牧、右寮、•豐嶋牧、右寮、爲奈野牧、右寮、近江國甲賀牧、左寮、丹波國胡麻牧、左寮、播磨國垂水牧、左寮、

右、諸國所レ貢馬牛、各放二件牧一、隨レ事繫用、

大和國京南庄幷率川庄墾田廿四町一段一百卅五歩、佃十六町一段一百卅五歩、攝津國二町、信濃國一百八十四町五段二百五十三歩、越前國少名庄卅五町八段二百九十六歩、佃十町、播磨國一町、

檢　底ホカ諸本「拾」。梵・梵別・壬「拎」。版本ニ従イテ改ム。

右　底「左」。考異ニ従イテ改ム。

45馬部条

馬部　↓補1

46牧監条

牧監　↓補2

別当　↓補3

47官牧馬帳条

官の牧馬帳　↓補4

48緋鞦条

非色の人　その色を用いることが許されない人。

緋の鞦　鞦は、緒と装飾等からなり、鞍橋が前後に移動することを防ぐための馬具で(民部式下63条の相撲国項)、いわゆる三懸(面懸〈オモガイ〉、胸懸〈ムナガイ〉、尻懸〈シリガイ〉)を指す。緋は濃く明るい赤。緋鞦の使用は、参議以上および検非違使の別当已下府生以上にのみ許された(弾正式87・88条)。

49播磨国家島馬条

家島　播磨国揖保郡。播磨灘に浮かぶ島で、現在の兵庫県姫路市家島町。

寮直ちに国に移して放ち繫げ　本式20条に見える近都牧のうち鳥養牧・豊島牧と

同じ方式。本式50条参照。

50諸国貢馬牛条

摂津国…　以下は近都牧。↓補5

鳥養牧　摂津国島下郡の淀川流域にあった牧。現在の大阪府摂津市鳥飼付近。

豊島牧　摂津国豊島(テシマ)郡の北摂山地山麓にあった牧。現在の大阪府箕面市付近。

為奈野牧　摂津国川辺郡の為奈野にあった牧。現在の兵庫県伊丹市付近。

甲賀牧　伊賀国甲賀郡にあった牧。現在の滋賀県甲賀市信楽町付近。

胡麻牧　丹波国船井郡にあった牧。現在の京都府南丹市日吉町付近。

垂水牧　播磨国賀茂郡にあった牧。現在の兵庫県小野市付近。あるいは、明石郡(現在の神戸市垂水区付近)にあったとする説がある。

諸国貢するところの馬牛　本式4条に、諸国貢繋飼馬牛を近都牧で放飼することが見える。

事に随いて繋ぎ用いよ　近都牧の放飼馬を用いる際の手続きは本式20条参照。

51左馬寮営田条

大和国…　以下は左馬寮の庄田。↓補6

京南庄ならびに率川庄　大和国添上郡の荘園。現在の奈良市内。

少名庄　比定地未詳。和名抄に越前国足羽郡少名(オタ)郷が見える。

し故なくつかえざらば本に還せ。其れ衣服は夏冬二季、官に申せ。

45 凡そ*馬部は三十人。負名《なおい》の入色の者を取りて充てよ。

46 凡そ甲斐・信濃両国の*牧監《もくげん》〈左寮〉、武蔵国の*別当、上野国の牧監〈右寮〉は、各功過上日を検して寮考し、十一月三十日以前に兵部省に移せよ。

47 凡そ官の*牧馬帳は、甲斐国、信濃、上野は牧監に附《さず》け、武蔵国は別当に附けて寮に進《たてまつ》れ。寮、損益を勘《かんが》えて主計寮に移せよ。

48 凡そ*非色の人の著用するところの*緋《あけ》の鞦は、勘収して以て寮の用に充てよ。

49 凡そ播磨国*家島《いえしま》に放てる御馬は、*寮、直ちに国に移して放ち繋げ。寮別《ごと》に三十疋。当年十月より始めて放ち飼い、来る年の三月下旬に繋ぎ取れ。その路次の国は各使らの食ならびに牽夫を充てて逓送せよ。

50 *摂津国*鳥養《とりかい》牧〈右寮〉、*豊島《てしま》牧〈右寮〉、*為奈野《いなの》牧〈右寮〉、近江国*甲賀《こうが》牧〈左寮〉、丹波国*胡麻《ごま》牧〈左寮〉、播磨国*垂水《たるみ》牧〈左寮〉。

右、*諸国貢するところの馬牛は、各件《くだり》の牧に放ち、*事に随いて繋ぎ用いよ。

51 *大和国*京南庄ならびに率川《いざかわ》庄墾田二十四町一段一百三十五歩〈佃《つくだ》十六町一段一百三十五歩〉、摂津国二町、信濃国一百八十四町五段二百五十三歩、越前国*少名《うすな》庄三十五町八段二百九十六歩〈佃十町〉、播磨国一町。

鼠　貞「興」。考異コレヲ採ル。

自余　上文の佃を除く庄田。佃は、寮に

右、左馬寮、毎年依レ件營種、自餘皆收二地子一以充二秣料及雜用一、其遠國地子者、交二易輕物一送レ寮、運功便割二其內一、但信濃國馬冬蒭幷貢馬籠頭料亦用二地子一、所レ殘交易送之、

大和國京南庄一處、墾田廿四町一段一百卌五歩、佃十六町一段一百卌五歩、•鼠栗栖庄一處、地十五町、栗林一町、信濃國一百八十四町五段二百五十三歩、越前國桑岡、尾箕兩庄卅五町八段二百九十六歩、佃八町、播磨國一町、

右、右馬寮、並准二上條一、

諸國毎年進秣料

近江國米百五十斛、備前國大豆八十斛、

右、左馬寮料、以二正稅一舂備、幷交易充之、若有二未進一者、毎年十二月卅日以前、具錄二其數一進レ官、官下二所司一拘二調庸返抄一、

播磨國米百五十斛、阿波國大豆八十斛、

右、右馬寮料、亦准二上條一、

諸衞府幷兩國年料蒭

右、左馬寮。毎年件《くだり》によりて営種せよ。*自余は皆地子を収め、以て秣の料および雑用に充てよ。其れ*遠国の地子は、軽物に交易《きょうやく》し寮に送れ。運功は便《たより》にその内より割け。ただし信濃国は、馬の冬の蒭ならびに貢馬の籠頭《おもづら》の料にもまた地子を用い、残るところを交易して送れ。

52 *大和国京南庄一処、墾田二十四町一段一百三十五歩〈佃十六町一段一百三十五歩〉、*鼠栗《ねずくる》栖《す》庄一処〈地十五町、栗林一町〉、信濃国一百八十四町五段二百五十三歩、越前国*桑《くわ》岡《おか》・尾《お》箕《み》両庄三十五町八段二百九十六歩〈佃八町〉、播磨国一町。

右、右馬寮。みな上の条に准《なぞら》えよ。

53 *諸国毎年進る秣の料

近江国米百五十斛、備前国大豆八十斛。

右、左馬寮の料。正税を以て舂き備えならびに交易して充てよ。もし未進あらば、毎年十二月三十日以前に、具《つぶさ》にその数を録して官に進《たてまつ》れ。官、所司に下して調庸の返抄を拘《とど》めよ。

播磨国米百五十斛、阿波国大豆八十斛。

右、右馬寮の料。また上の条に准えよ。

54 諸衛府ならびに両国の*年料の蒭《まぐさ》

よる営種が行なわれる。

遠国の地子　ここでは信濃国のみが該当か。主計式下15条参照。

52右馬寮営田条

大和国京南庄…　以下は右馬寮の庄田。前条の「大和国…」参照。

鼠栗栖庄　比定地未詳。和名抄に大和国忍海郡栗栖郷が見える。

桑岡尾箕両庄　桑岡庄は比定地未詳。尾箕庄は福井市大味に比定する説などがある。

53諸国進秣料条

諸国毎年進る秣　主計式下14条参照。

54年料蒭条

年料の蒭　馬寮の蒭について、厩牧令2条は、馬戸の調草として「正丁二百囲、次丁一百囲、中男五十囲」を出すとするが、同条集解古記に「今行事、調草輸停、官以㆑銭仰買㆓畿内㆒充㆓馬寮㆒」とあり、蒭の現物を輸すのではなく、畿内諸国の調銭を充てて交易により調達していた。調銭による馬寮蒭の交易調達については、九条家本延喜式裏文書の民部省宛て宝亀四・二・二十五符(古二一—二七八頁)に見える。なお、この時期は、左右馬寮と内厩寮が鼎立していたが(本式冒頭補注)、同符によると、内厩寮の蒭は、調銭ではなく、同寮の銭による交易調達となっている。

左近衛府四千斤、左衛門府八千斤、左兵衛府三千斤、山城國六千八百卅三斤、畠蒭五千八百斤、野蒭一千卅三斤、攝津國千斤、

右、左馬寮年中蒭料、右寮准レ此、

凡閏月料御馬蒭者、申レ官令二畿內國進一之、

凡諸衛府營作蒭畠、二月耕種、七月以前苅收、不レ得レ申二旱損一、

山城國美豆廐、畠十一町、野地五十町餘、

右、二寮夏月簡二御馬不レ肥者一遣飼、亦諸祭料馬同令二放飼一、

畿內畠

山城國十四町六段一百八十歩、大和國二町五段、

右、左馬寮、每年耕營、充二年料蒭不足及寮雜用一、

山城國十四町六段一百八十歩、大和國二町五段、

右、右馬寮、並准二上條一、

公廨田、大和國七町、山城國三町、左馬寮五町、右馬寮五町、

右、官人公廨、若有二不仕輩一者、充二寮中雜用一、

國　底、弥書。井・藤ニヨリテ削ル。

畠十一町　底、小書シテ分注トナス。雲（考異ナシ）ニ従イテ改ム。

左近衛府　左右近衛式68条参照。

左衛門府　左右衛門式40条参照。

左兵衛府　左右兵衛式24条参照。

左*近衛府四千斤、左*衛門府八千斤、左*兵衛府三千斤、山*城国六千八百三十三斤〈畠の蒭五千八百斤、野の蒭一千三十三斤〉、摂*津国千斤。

55 凡そ閏月の料の御馬の蒭は、官に申して畿内の国をして進らしめよ。

右、左馬寮の年中の蒭の料。右寮これに准えよ。

56 凡そ諸衛府の営《つく》作る*蒭畠《くさばたけ》は、二月に耕《かえ》し種《う》え、七月以前に苅り収めよ。旱損を申すことを得ず。

57 山城国*美豆《みず》廐、畠十一町、野地五十町余。

右、二寮、夏月に*御馬の肥えざるものを簡《えら》びて遣わし飼え。また諸*祭の料の馬を同じく放ち飼わしめよ。

58 畿内畠*

山城国十四町六段一百八十歩、大和国二町五段。

右、左馬寮。毎年耕し営《つく》り、年料の蒭の不足および寮の雑用に充てよ。

山城国十四町六段一百八十歩、大和国二町五段。

右、右馬寮。みな上の条に准えよ。

59 *公廨田《くげでん》、大和国七町、山城国三町〈左馬寮五町、右馬寮五町〉。

右、官人《かんにん》の公廨。もし不仕の輩《ともがら》あらば、寮中の雑用に充てよ。

山城国　畠蒭とあることから、衛府と同様に蒭を刈り取るための陸田が設定されていたと思われる。本式57条の美豆廐の畠や本式58条の山城国の畠がこれに当たるか。また、主税式上5条の山城国の項に「交易蒭直八千三百卅三束」とあり、正税を財源とした交易による調達も行なわれた。

摂津国　調銭を充当した交易調達のことが、九条家本延喜式裏文書の宝亀四・二・二十五符(古二五—二七八頁)に見える。

55閏月料蒭条

56衛府蒭畠条

蒭畠　左右近衛式68条、左右衛門式40条、左右兵衛式24条参照。

57美豆廐畠条

美豆廐　美豆野・美豆御牧とも称される。山城国綴喜郡のうち。桂川・宇治川・木津川の合流点付近。現在の京都市伏見区淀美豆、久御山町付近。

御馬　馬寮の櫪飼馬。

諸祭の料の馬　本式9条等参照。

58畿内畠条

畿内畠　本式51条の「大和国…」参照。

59公廨田条

公廨田　主税式上2条の「神田…造船瀬料田」「左右馬寮田」の項、本式冒頭補注参照。

飼戸

山城國六烟、大和國卅烟、河内國一百八烟、美濃國三烟、尾張國九烟、

右、隷㆓左馬寮㆒、毎年當國計帳進㆑官、官先下㆓民部省㆒令㆑勘㆓損益㆒、乃下㆑寮、

右京職三烟、山城國五烟、大和國卅九烟、河内國五十一烟、攝津國十六烟、美濃國三烟、

右、隷㆓右馬寮㆒、並准㆓上條㆒、

凡飼戸計帳者、國司毎年勘造進㆑寮、其絶戸田毎年賃租送㆑官、

造㆓御鞍一具㆒料

鞍橋一架、奏請、打立、内匠寮造送、　韉皮、奏請、　障泥皮、數隨㆓大小㆒、　紫革四條、各長二尺已上、廣一寸、結㆓鞍橋㆒料、並請㆓内藏㆒、　緋革十條、鞍褥、貫鞘緒、著㆑韉障泥結料、　牛革四條、各長四尺已下二尺四寸已上、廣三寸已下一寸已上、鐙靼幷力革料、並請㆓大藏㆒、　錦三尺二寸、二尺二寸鞍褥表料、一尺屜脊端料、　紫絲大一斤六兩一分四銖、一兩二銖鞍褥料、一斤五兩一分二銖鞦料、　綠絲大二兩二分四銖　一兩韉料、一兩二分四銖屜脊料、並

屜脊　底ホカ諸本「脊屜」。和名抄・名義抄・新撰字鏡ニ従イテ改ム。コノ二字ニツイテハ、以下、本巻ノウチ一々注セズ。

銖　底「朱」。版本ニ従イテ改ム。下同ジ。

並　底「幷」。意ニヨリテ改ム。

60 飼戸条

飼戸　令制で雑戸として馬寮に属した飼部の系譜をひく戸。馬寮の飼丁として仕え、職員令63条の頭の職掌に「飼部戸口名籍事」と見える。同条集解古記および令釈所引官員令別記に「左馬寮、（中略）馬甘三百二戸、右馬寮、（中略）馬甘二百六十戸、（中略）其馬甘為㆓雑戸㆒、免㆓調雑徭㆒」とある。天平十六年（七四四）二月に雑戸身分から解放され（続紀）、天平勝宝三年符で、雑徭として従来通り馬寮に上番することとされた（職員令63条集解所引）。

60 飼戸*

山城国六烟、大和国四十烟、河内国一百八烟、美濃国三烟、尾張国九烟。

右、左馬寮に隷《つ》けよ。毎年、当国の計帳を官に進り、官、まず民部省に下して損益を勘えしめ、すなわち寮に下せ。

右京職三烟、山城国五烟、大和国四十九烟、河内国五十一烟、摂津国十六烟、美濃国三烟。

右、右馬寮に隷けよ。みな上の条に准えよ。

61 凡そ飼戸の計帳は、国司毎年勘造して寮に進れ。その絶戸*の田は、毎年賃租し官に送れ。

62 御鞍*一具を造る料

*鞍橋《くらぼね》一架〈奏《もう》し請《う》けよ〉、*打立《うちたて》〈内匠寮造り送れ〉、*韉《したぐら》の皮〈奏し請けよ〉、*障泥《あおり》の皮〈数は大小に随え〉、紫の革四条〈各長さ二尺已上、広さ一寸。鞍橋を結ぶ料。みな内蔵より請けよ〉、緋の革十条〈*鞍褥《くらしき》・*貫鞘《ぬきざや》の緒、韉を著く、障泥を結ぶ料〉、牛の革四条〈各長さ四尺已下二尺四寸已上、広さ三寸已下一寸已上。*鐙靼《みずお》ならびに*力革《ちからがわ》の料。みな大蔵より請けよ〉、錦三尺二寸〈二尺二寸は鞍褥の表の料、一尺は*屉脊《なめ》の端《へり》の料〉、紫の糸大一斤六両一分四銖〈一両二銖は鞍褥の料、一斤五両一分二銖は*鞦《しりがい》の料〉、緑の糸大二両二分四銖〈一両は韉の料、一両二分四銖は屉脊の料。みな

61飼戸計帳条

絶戸　主計式下37条38行参照。

62造御鞍料条

御鞍　馬寮御馬の鞍。装飾の少ない実用的な鞍の仕様となっている。

鞍橋　鞍の本体で人の腰掛ける部分。前輪・後輪（シズワ）と、騎者が腰掛ける座となる居木からなる。

打立　兵庫式19条参照。

韉　鞍橋の下に取り付け、馬への衝撃をやわらげる緩衝具で、馬の左右の背に振り分けて装着する。

障泥　馬腹の両脇にたらす泥よけのための馬具。

鞍褥　鞍の座面に敷く騎者のための敷物。独窠錦を鞍褥に用いること、六位以下が紫の鞍褥を用いることの禁制が弾正式86・87条に見える。

貫鞘　鞍の両脇に付けられた力革（次項参照）を覆うもの。虎・豹の毛皮等を用いる。

鐙靼・力革　ともに幅広の革紐で、力革を居木の両脇にたらし、その先に、鐙（アブミ）に取り付けた鐙靼を装着する。鐙は騎者の足を踏みかける馬具。

屉脊　韉と馬の背の間に置く装具で、馬の背の形に合せた山形の薄いマット状をなす。

鞦　本式48条参照。

（請㆓内藏㆒、）緋帛二尺二寸、（鞍褥裏料、）練絁二丈三尺四寸、（四尺四寸鞍褥料、七尺屜脊料、一丈二尺韉鞚料、）細布二丈八尺四寸、（四尺四寸鞍褥料、七尺屜脊料、五尺小腹帯料、一丈二尺韉鞚料、）信濃調布一丈六尺五寸、（一丈三尺障泥裏料、三尺五寸屜脊料、）商布一丈七尺九寸、（四尺四寸鞍褥料、六尺五寸韉料、七尺屜脊料、）生絲大二兩、（一兩韉料、一兩屜脊料、）苧大二兩二分、（一兩四銖鞍褥、韉料、一兩一分二銖屜脊料、）鐵三廷半、（一廷鑣料、二廷半鐙料、）和炭十石、（三石鑣料、七石鐙料、）漆一升三合五勺、（一升二合障泥料、一合鐙料、五勺鑣料、並請㆓大藏㆒、）栟九把、（四把韉料、五把屜脊料、請㆓大膳㆒、）東席二枚、（一枚鞍褥、韉料、一枚屜脊料、請㆓掃部㆒、）作縫工單六十六人、（鞍褥三人、韉四人、屜脊五人、貫鞦廿二人、鑣十人、鐙七人、障泥二人、靻一人、絡㆓鞦料絲㆒女十二人、）食米工別日一升六合、女一升二合、鹽二合、魚二合、海藻二分四銖、醬滓二合、酒六合、

造㆓女鞍一具㆒料

紫革四條、（各長二尺、廣一寸、）韉皮、（臨時定㆑色、）障泥熊皮一張、（長六尺已上、並請㆓内藏㆒、）牛皮一條、（長三尺、廣三寸、鐙靻料、）牛皮一條、（長三尺、廣一寸五分、力革料、）洗革、（數隨㆓大小㆒、並請㆓大藏㆒、）錦三尺

八　底「七」。考異ニ従イテ改ム。

鞍褥　底、「屜脊」ノ下ニアリ。本式63条ノ例ニヨリ、考異ニ従イテ改ム。

鑣　底「鏕」。ホカノ諸本モ「鑣」ナドニ作ル。版本ニ従イテ改ム。下同ジ。

絡鞦　底「給秋」。梵別ニヨリテ改ム。

一　考異、「二」ニ作ルベシトナス。下同ジ。

長　考異、コノ上「各」字ヲ補ウベシトナス。下同ジ。

内蔵より請けよ〉、緋の帛二尺二寸〈鞍褥の裏の料〉、練絁《ねりぎぬ》二丈三尺四寸〈四尺四寸は鞍褥の料、七尺は屜脊の料、一丈二尺は*韁鞚《くつわづら》の料〉、細布二丈八尺四寸〈四尺四寸は鞍褥の料、七尺は屜脊の料、五尺は*小腹帯の料、一丈二尺は韁鞚の料〉、*信濃の調布一丈六尺五寸〈一丈三尺は障泥の裏の料、三尺五寸は屜脊の料〉、商布一丈七尺九寸〈四尺四寸は鞍褥の料、六尺五寸は韉の料、七尺は屜脊の料〉、生糸大二両〈一両は韉の料、一両は屜脊の料〉、苧《からむし》大二両二分〈一両四銖は鞍褥・韉の料、一両一分二銖は屜脊の料〉、鉄《くろがね》三廷半〈一廷は*鑣《くつわ》の料、二廷半は鐙《あぶみ》の料〉、*和炭《にごすみ》十石〈三石は鑣の料、七石は鐙の料〉、漆一升三合五勺〈一升二合は障泥の料、一合は鐙の料、五勺は鑣の料。みな大蔵より請けよ〉、*槲《かしわ》九把〈四把は韉の料、五把は屜脊の料。大膳より請けよ〉、*東《あずま》席《むしろ》二枚〈一枚は鞍褥・韉の料、一枚は屜脊の料。掃部より請けよ〉、作・縫の工《たくみのべ》単六十六人〈鞍褥に三人、韉に四人、屜脊に五人、貫鞦《ぬきしりがい》に二十二人、鑣に十人、鐙に七人、障泥に二人、鞧《みずお》に一人、鞦の料の糸を絡《く》る女十二人〉、食米《じきまい》は工別《ごと》に日に一升六合、女は一升二合、塩二合、魚《うお》二合、海藻《め》二分四銖、醤滓《ひしおかす》二合、酒六合。

63 *女鞍《おんなぐら》一具を造る料

紫の革四条〈各長さ二尺、広さ一寸〉、韉の皮〈臨時に色を定めよ〉、*障泥の熊の皮一張〈長さ六尺已上。みな内蔵より請けよ〉、牛の皮一条〈長さ三尺、広さ三寸。鐙鞧《みずお》の料〉、牛の皮一条〈長さ三尺、広さ一寸五分。力革の料〉、洗革《あらいがわ》〈数は大小に随え。みな大蔵より請けよ〉、錦三尺

韁鞚　たづな(手綱)。

小腹帯　本式64条参照。

信濃の調布　内匠式3条、主計式上31条の「布」参照。

鑣　馬の口に装着し、手綱を取り付けて馬を制御するための馬具。

和炭　斎宮式43条、内匠式5条の「炭」参照。

槲　柏の葉。韉や屜脊の芯に用いる。

東席　内匠式23条参照。

63女鞍料条

女鞍　漆塗りの鞍橋、熊皮の障泥や、木鐙・総鞦を用いるなど、装飾的要素が強い。下文の紫糸・緑糸・纐・熟銅・滅金・金漆も、用途を記していないが、鞍橋や鞦等に付ける装飾具のためのものであろう。

障泥の熊の皮　障泥に羆皮を用いることは五位以上に許された。弾正式90条参照。

二寸、二尺二寸鞍褥表料、一尺屜脊端料、紫絲大一兩、緑絲大三分二銖、銀小五兩二分、臈四銖、鞍橋、木鐙、已上二種請㆑直、熟銅大三兩三分二銖、滅金大一銖七分之五、金漆二勺八撮、緋帛二尺、鞍褥裏料、東絁七尺五寸、四尺鞍褥料、三尺五寸屜脊料、細布一丈一尺、三尺五寸屜脊料、七尺五寸轠鞚料、調布二丈九尺、一丈三尺障泥裏料、五尺小腹帶料、四尺鞍褥料、七尺屜脊料、商布一丈七尺五寸、四尺鞍褥料、六尺五寸韉料、七尺屜脊料、生絲二兩二銖、二銖鞍褥料、一兩韉料、三分二銖屜脊料、四銖靻料、練絲一斤六兩四銖、一斤五兩一分二銖總鞦料、三分二銖屜脊料、苧二兩二分、四銖鞍褥料、一兩韉料、一兩一分二銖屜脊料、漆四合五勺、四合鞍橋、木鐙料、五勺鑣料、絁三尺、綿一兩、並絞㆑漆料、鐵一廷二兩二分、一廷鑣料、二兩二分鉄料、和炭三石一斗、三石鑣料、一斗鉄料、並請㆓大藏㆒、槲九把、四把鞍褥料、五把屜脊料、東席二枚、一枚鞍褥幷韉料、一枚屜脊料、韉裏馬革、准㆓表皮㆒用㆓在㆑寮者㆒、熟㆓馬皮㆒料油、枚別一合三勺、請㆓主殿寮㆒、作工單七十一人、鞍褥三人、韉四人、屜脊五人、鞍十四人、鑣十人、靻一人、韉裏革一人小半、鉄大半人、角代六人、障泥二人、貫鞦十四人、絡㆓鞦絲㆒女十人、餘鞍准㆑此、但韉用㆓皺文革㆒、鞦料練絲大一斤三兩二分四銖、

二寸　考異、衍トナス。下同ジ。
三分　底、弥書。塙・井・壬ニヨリテ削ル。
銖　底「朱」。梵別ニヨリテ改ム。
一　底「二」。考異ニ従イテ改ム。下同ジ。
料　底ナシ。雲(考異ナシ)ニ従イテ補ウ。下同ジ。
用　底「月」。閣・梵ホカニヨリテ改ム。
寮　底ナシ。雲(考異ナシ)ニ従イテ補ウ。
韉　底「鞍」。考異ニ従イテ改ム。

二寸〈二尺二寸は鞍褥の表の料、一尺は屜脊《なめ》の端《へり》の料〉、紫の糸大一両、緑の糸大三分二銖、銀《しろがね》小五両二分、蒚四銖、鞍橋《くらぼね》、*木鐙《きあぶみ》〈已上二種、直《あたい》を請え〉、熟銅《にぎあかがね》大三両三分二銖、滅金《めっきん》大一銖七分の五、金漆《こしあぶら》二勺八撮、緋の帛二尺〈鞍褥の裏の料〉、東絁《あずまぎぬ》七尺五寸〈四尺は鞍褥の料、三尺五寸は屜脊の料〉、細布一丈一尺〈三尺五寸は屜脊の料、七尺五寸は韂鞓の料〉、調布二丈九尺〈一丈三尺は障泥の裏の料、五尺は小腹帯の料、四尺は鞍褥の料、七尺は屜脊の料〉、商布一丈七尺五寸〈四尺は鞍褥の料、六尺五寸は韉の料、七尺は屜脊の料〉、生糸《すずしのいと》二両二銖〈二銖は鞍褥の料、一両は韉の料、三分二銖は屜脊の料、四銖は靻の料〉、練糸《ねりいと》一斤六両四銖〈一斤五両一分二銖は*総鞦《ふさしりがい》の料、三分二銖は屜脊の料〉、苧《からむし》二両二分〈四銖は鞍褥の料、一両は韉の料、一両一分二銖は屜脊の料〉、漆四合五勺〈四合は鞍橋・木鐙の料、五勺は鑣の料〉、絁三尺、綿一両〈みな漆を絞る料〉、鉄一廷二両二分〈一廷は鑣の料、二両二分は*鉸《かこ》の料〉、和炭三石一斗〈三石は鑣の料、一斗は鉸の料。みな大蔵より請けよ〉、槲九把〈四把は鞍褥の料、五把は屜脊の料〉、東席二枚〈一枚は鞍褥ならびに韉の料、一枚は屜脊の料〉、韉の裏の馬の革〈表の皮に准《なぞら》えて*寮にあるものを用いよ〉、馬の皮を熟する料の油〈枚別に一合三勺。主殿寮より請けよ〉、作の工《たくみ》単七十一人〈鞍褥三人、韉四人、屜脊五人、鞍十四人、鑣十人、靻一人、韉の裏の革一人小半、鉸大半人、*角代《しおで》六人、障泥二人、貫鞦十四人、鞦の糸を絡《く》る女十人〉。*余の鞍はこれに准えよ。ただし、韉は*皺文《ひきはだ》の革を用いよ。鞦の料の練糸は大一斤三両二分四銖。

木鐙　木製の鐙。
総鞦　総を付けること等の鞦に関する禁制が弾正式87条に見える。
鉸　木工式1条参照。
寮にあるもの　本式38条参照。
角代　鞖（シオデ）。鞍の前輪と後輪の左右合計四ケ所に取り付けた緒および金具で、胸繋と尻繋を鞍橋に取り付けるためのもの。
余の鞍　蕃客乗騎唐鞍（本式30条）など。
皺文の革　表面に皺を作った革。

尺　底「寸」。考異ニ従イテ改ム。
料　底ナシ。考異ニ従イテ補ウ。下同ジ。
寮　底ナシ。井・壬ニヨリテ補ウ。
卌　底「此」。閣・梵ホカニヨリテ改ム。

造㆓走馬鞍一具㆒料

屜脊料緋革、以㆓一張㆒充㆓二具㆒、有㆓革大小㆒准量充之、洗革一張、結㆑鞍、著㆑韉、接㆑鞦、貫鞘靻等料、韉料牛革、以㆓一張㆒充㆓三具㆒、鞍橋一具、大壺鐙一具、鑣一具、已上三種請㆓大藏省㆒、絁三尺、綿二兩、並絞㆑漆料、調布二丈三尺、七尺屜脊料、五尺小腹帶料、七尺表腹帶料、四尺韁鞚料、信濃調布三尺五寸、屜脊料、商布一丈三尺、六尺韉料、七尺屜脊料、生絲一兩二銖、一兩韉、屜脊料、二銖接㆑鞦料、練絲大一斤六兩一分二銖、一兩屜脊料、一斤五兩一分二銖鞦料、苧二兩一分二銖、一兩韉料、一兩一分二銖屜脊料、鐙鑠料鐵一廷、和炭二石、作㆓鐙鑠㆒料、韉裏馬革准㆑表、漆五合五勺、一合三勺韉料、五勺貫鞘料、三合鞍料、二勺鑣料、五勺鐙料、東席一枚半、槲九把、掃墨五勺、請㆓圖書寮㆒、榎椒油一升、塗㆓馬皮㆒料、請㆓主殿寮㆒、茜三斤、染㆑鞦料、請㆓大藏省㆒、縫備功單卌二人、其功食准㆓上條㆒、

凡雜鞍者、十年一度作㆓替五十具㆒、其十具用㆓舊橋㆒、但唐鞍隨㆑損、臨時申㆑官修理、

延喜式卷第卌八

64 *走馬の鞍一具を造る料

屜脊《なめ》の料の緋の革〈一張を以て二具に充てよ。革に大小あらば准量して充てよ〉、洗革一張〈鞍を結ぶ、韉《したぐら》を著く、鞦《しりがい》を接《つ》ぐ、貫鞘《ぬきざや》・韄《みずお》等の料〉、韉の料の牛の革〈一張を以て三具に充てよ〉、鞍橋一具、*大壺鐙《おおつぼあぶみ》一具、鑣《くつわ》一具〈已上三種は、大蔵省より請けよ〉、絁三尺、綿二両〈みな漆を絞る料〉、調布二丈三尺〈七尺は屜脊の料、五尺は*小腹帯の料、七尺は*表《うわ》腹帯の料、四尺は韁《くつ》鞚《わづら》の料〉、信濃の調布三尺五寸〈屜脊の料〉、商布一丈三尺〈六尺は韉の料、七尺は屜脊の料〉、生糸一両二銖〈一両は韉・屜脊の料、二銖は鞦を接ぐ料〉、練糸大一斤六両一分二銖〈一両は屜脊の料、一斤五両一分二銖は鞦の料〉、苧二両一分二銖〈一両は韉の料、一両一分二銖は屜脊の料〉、*鐙の鏁《くさり》の料の鉄一廷、和炭二石〈鐙の鏁を作る料〉、韉の裏の馬の革は表に准えよ、漆五合五勺〈一合三勺は韉の料、五勺は貫鞘の料、三合は鞍の料、二勺は鑣の料、五勺は鐙の料〉、東席一枚半、槲《かしわ》九把、*掃墨《はいずみ》五勺〈図書寮より請けよ〉、槾椒《ほそき》の油一升〈馬の皮に塗る料。主殿寮より請けよ〉、茜《あかね》三斤〈鞦を染むる料。大蔵省より請けよ〉、縫い備うる功単四十二人〈その功食は上の条に准えよ〉。

65 凡そ*雑《くさぐさ》の鞍は、十年に一度、五十具を作り替えよ。その十具は、旧き橋《ほね》を用いよ。ただし、*唐鞍《からぐら》は損ずるに随いて臨時に官に申して修理せよ。

延喜式巻第四十八

64走馬鞍料条

走馬の鞍　本式24～26条参照。

大壺鐙　壺鐙は、輪鐙・舌長鐙と異なり、つま先部分を覆った壺形の鐙。落馬の際に足が抜けなくなることを防ぐ。

小腹帯・表腹帯　腹帯は鞍を馬体に装着固定するための帯。鞍に取り付けてある腹帯根（ハルビノネ、居木の両脇から韉・屜脊の穴を通して鞍の裏側にたらしてある革紐）と馬腹の下で結ぶ。腹帯を二重にする場合は、小腹帯の上に、より長い表腹帯を巻く。小腹帯は五尺（本式62・63条）。表腹帯は七尺と見え（同10・25・本条）、表腹帯は走馬鞍に用いられており、激しい動きでも鞍を安定させるため、腹帯を二重にするのであろう。

鐙の鏁　鎖製の鐙靼。鐙が横を向くことを防ぐ。

掃墨　内匠式6条参照。

65雑鞍条

雑の鞍　本式62～64条の鞍。

唐鞍　本式30条参照。

延喜式卷第卌九

兵庫寮

凡元日及即位構㆓建寶幢等㆒者、預錄㆓色目㆒移㆓送兵部㆒、前十五日、復請㆓夫單廿人、各日飯五升、鹽二勺、鋤十五口㆒、事訖返上、待㆓官符到㆒、寮與㆓木工寮㆒共建㆓幢柱管於大極殿前庭龍尾道上㆒、前一日、率㆓内匠寮工一人、鼓吹戸卌人㆒、構㆓建寶幢㆒、從㆓殿中階㆒南去十五丈四尺建㆓烏像幢㆒、左日像幢、次朱雀旗、次靑龍旗、此旗當㆓殿東頭楹㆒、玄武旗當㆓西頭楹㆒、右月像幢、次白虎旗、次玄武旗、相去各二丈許、與㆓蒼龍白虎兩樓南端楹㆒平頭、訖並返納、

凡大儀立㆓鼓、鉦㆒者、大極殿東南閤内、大臣幄西南去一丈立㆑鉦、又南去一丈立㆑鼓、鉦加㆓角槌二柄、鼓木槌二柄㆒、並有㆓簨簴㆒、下皆准㆑此、擊人各一人、長一人、用㆓寮頭㆒著㆓朝服㆒、下皆准㆑此、次會昌門外東去九丈、自㆑廊南去五丈立㆑鉦、又去一丈立㆑鼓、用㆑允爲㆑長、次栖鳳樓西南角壇以西相去一丈立㆑鼓、以北相去六

鼓鉦　→校補1
簨簴　→校補2

兵庫寮　→補1
　1元日即位条
宝幢　→補2
兵部に移し送れ　兵部式1条には当日の平旦に兵部省が幢旗を検校するとある。
夫　作業に当たる人夫。
幢の柱の管　幢の柱を差し込むための受けの部分。
鼓吹戸　→補3
烏像幢　→補4
日像幢　元日や即位式で、儀場(大極殿・紫宸殿など)の前庭に建てる飾り物の一つ。黒塗りの柱に九輪を付け、その上に太陽を象った金地の円板に、朱で太陽の精を意味する三本足の烏を描いた。
朱雀旗　祭典用の威儀の旗で四神旗の一つ。南方の守護神である朱雀を刺繡、描いた旗。朱雀幡。
青竜旗　祭典用の威儀の旗で四神旗の一つ。東方の守護神である青竜を刺繡、描いた旗。青竜幡。
玄武旗　祭典用の威儀の旗で四神旗の一つ。北方の守護神である玄武(亀と蛇が合体した図、または亀に蛇がからみついた図)を刺繡、描いた旗。玄武幡。

延喜式巻第四十九

*兵庫寮《ひょうごりょう》

1
凡そ元日および即位に*宝幢《ほうどう》等を構え建てんには、預め色目を録して兵部*に移《い》し送れ。前《さき》つこと十五日、また*夫単《のべ》二十人〈各《おのおの》日に飯《いい》五升、塩二勺〉、鋤《すき》十五口を請けよ〈事訖らば返上せよ〉。官符の到るを待ちて、寮、木工寮とともに幢*の柱の管を大極殿《だいごくでん》前庭の竜尾道《りゅうびどう》の上に建てよ。前つこと一日、内匠寮の工《たくみ》一人、*鼓吹戸《くすいこ》四十人を率いて、宝幢を構え建てよ。殿の中の階《きざはし》より南に去ること十五丈四尺に*烏像幢《うぞうどう》を建てよ。左に日像幢*、次いで*朱雀《すざく》旗、次いで*青竜《せいりゅう》旗〈この旗は殿の東頭の楹《はしら》に当たる。*玄武《げんぶ》旗は西頭の楹に当たる〉、右に月像幢*、次いで*白虎《びゃっこ》旗、次いで玄武旗〈相去ること各二丈許《ばか》り。蒼*竜・白虎の両楼の南端の楹と平頭*せよ〉。訖らばみな返し納れよ。

2
凡そ大儀*に鼓*・鉦を立てんには、大極殿の東南の閤《こう》内、大臣*の幄《あく》を西南に去ること一丈に鉦を立て、また南に去ること一丈に鼓を立てよ〈鉦は角の槌《つち》二柄《え》、鼓は木の槌二柄を加えよ。みな*簨簴《しゅんきょ》あり。下は皆、これに准《なぞら》えよ〉。撃*つ人各一人、長一人〈寮の頭を用《もっ》てし、朝服を著けよ。下は皆、これに准えよ〉。次いで会昌門《かいしょうもん》の外、東に去ること九丈、廊《わたどの》より南に去ること五丈に鉦を立て、また去ること一丈に鼓を立てよ〈允を用て長となせ〉。次いで*栖鳳楼《せいほうろう》の西南の角の壇より西に相去ること一丈に鼓を立て、北に相去ること六

月像幢　ガツゾウドウ・ゲツゾウドウ。元日や即位式で、儀場(大極殿・紫宸殿など)の前庭に建てる飾り物の一つ。黒塗りの柱に九輪を付け、その上に光彩をめぐらした銀地の円盤をつけ、中に月桂樹・兎・蛙を描き入れて月像を表示した。

白虎旗　祭典用の威儀の旗で四神旗の一つ。西方の守護神である白虎を刺繡、描いた旗。白虎幡。

蒼竜白虎の両楼　→補5

平頭　位置を揃えること。

大儀　左右近衛式1条参照。

2 大儀条

鼓鉦を立てん　左右近衛式1条参照。

大臣の幄　掃部式26条には「大臣座於二其巽角幄一」、儀式六(元正受朝賀儀)には「設二内弁大臣幄一〈幄南懸二鉦、鼓一、北鉦、南鼓〉」の記述が見える。

簨簴　鐘・鼓の類を懸ける吊り木。木工式8条には鉦簴、鼓簴に分けて、同寮が製作する簨簴の功と寸法が記されている。左右近衛式1条参照。

撃つ人　鉦・鼓の奏者。

栖鳳楼　平安京大内裏の八省院四楼の一つ。応天門の東廊南出部分の端にあり、屋舎は方二間のものが二つ斜めに連なり、二層瓦葺で鴟尾を置いた。応天門外東楼ともいい、西の翔鸞楼に対する。

須うるところの…　兵庫寮の庫に収納されたものであっても、このように出納に注意が払われたのは、これらが軍陣にも使用されるという性格によるためか。

3 撃鉦鼓人条

会昌以外の三門　本式2条に記された、朝堂院の内から外に向かって順に建つ会昌・応天・朱雀の三門を指す。なお、同条で応天門は明記されていないが、「栖鳳楼西南角壇」は同門を基準としている。

中務は…　「撃鉦鼓人各二人」は中務式1条の「鉦、鼓各二面」に対応しており、「執夫八人」も人数は記されていないものの、同条記載の「執夫」に当たると考えられる。一方、同条には兕纛幡の樹立と執纛夫を兵庫寮より充てることが記されているが、本条ではそれには触れていない。なお、儀式六(元正受朝賀儀)には中務式1条と同様の記載が見える。

諸衛は…執る夫四人　左右近衛式54条、儀式六(元正受朝賀儀)参照。

執纛四人　→補1

執戟　戟を執る者。

平巾の冠　類例が少なく、歴世服飾考は「コノ製詳ナラズ」とする。なお、儀式六(元正受朝賀儀)には、撃人の装束として平巾の冠以下烏舃まで同一の物品を挙げている。

尺立レ鉦、（用ニ少属一為レ長、）次朱雀門内、東去十丈、自レ垣北去七丈立レ鉦、又去一丈立レ鼓、（用ニ大属一為レ長、）所レ須鉦、鼓、簨簴、槌等、預前申請用、事訖返上、

凡大儀分下配撃ニ鉦、鼓一人及執夫上者、大極殿及會昌以外三門、別撃ニ鉦、鼓一人各一人、執夫四人、中務撃ニ鉦、鼓一人各二人、執夫八人、諸衞、別撃ニ鉦、鼓一人一人、執夫四人、執纛四人、（左右衞門府執レ纛夫各十六人、）執戟四人、大儀撃ニ鉦、鼓一人、著ニ平巾冠、（漆羅開レ頂、）緋大袖袍、緑襖子、帛博帯、（長五尺、廣四寸、以レ布為レ心、以レ帛為ニ表裏一、其二端各著ニ細帯一、長各五尺、）大口帛袷袴、白布襪、烏舃一、執ニ鉦、鼓一夫、著ニ皂縵頭巾、皂緌、朱末額、緋大纈袍、白布帯、（長八尺、廣四寸、四重為レ疊、）白布袴、紺布脛巾、鞋一、並收ニ寮庫一臨レ時出用、但分ニ配中務、衞府一撃人、執夫装束者、省、府充之、

凡大儀撃ニ鉦、鼓一節、群官陣列畢、閤外大臣仰ニ兵部省一、省令ニ寮撃ニ外辨鼓一、平聲九下、諸門依レ次相應、（殿下）

尺に鉦を立てよ〈少属を用て長となせ〉。次いで朱雀門《すざくもん》の内、東に去ること十丈、垣より北に去ること七丈に鉦を立て、また去ること一丈に鼓を立てよ〈大属を用て長となせ〉。*須《もち》うるところの鉦・鼓・箕簾・槌等は、あらかじめ申し請いて用い、事訖らば返上せよ。

3 凡そ大儀に鉦・鼓を撃つ人、および執る夫を分配せんには、大極殿および*会昌以外の三門は、別《もんごと》に鉦・鼓を撃つ人各一人、執る夫四人。*中務は、鉦・鼓を撃つ人各二人、執る夫八人。*諸衛は、別《えごと》に鉦・鼓を撃つ人一人、執る夫四人、*執纛《しっとう》四人〈左右衛門府は纛を執る夫各十六人〉、*執戟《しつげき》四人。大儀に鉦・鼓を撃つ人は、*平巾の冠〈*漆《ぬり》の羅《ら》、頂《いただき》を開けよ〉、緋《あけ》の*大袖の袍《ほう》、緑の*襖子《あおし》、帛の*博帯《ひろおび》〈長さ五尺、広さ四寸。布を以て心となし、帛を以て表裏となせ。その二端に各細帯を著けよ。長さ各五尺〉、*大口の帛の袷《あわせ》の袴、白布襪《ぬのしとうず》、烏舄《くりのくつ》を著けよ。鉦・鼓を執る夫は、*皀《くり》の縵《かずら》の頭巾《こうぶり》、皀の*緌《おいかけ》、朱の*末額《まっこう》、緋《あけ》の*大纈《おおゆはた》の袍、白布帯《ぬのおび》〈長さ八尺、広さ四寸。四重に畳をなせ〉、白布袴《ぬのばかま》、紺の布《ぬの》*脛巾《はばき》、鞋《くつ》を著けよ。みな寮庫に収め、時に臨みて出だし用いよ。*ただし中務・衛府に分配する撃つ人・執る夫の装束は、省・府充てよ。

4 凡そ大儀に鉦・鼓を撃つ節《せち》は、群官の陣列畢らば、閤外の大臣、兵部省に仰せ、省、寮をして*外弁鼓を撃たしめよ。*平声九下《げ》。諸門、次《ついで》によりて相応ぜよ〈殿下の

漆の羅　絹布の一種である羅に漆をかけたもの。類似の物として、天武紀十一・六・丁卯条に漆紗冠が見える。

大袖の袍　袖口が広くたもとが長くなるように仕立てた盤領(マルエリ)の表衣。

襖子　襖と同意で、衣服令13・14条に見えるように武官の表衣として用いられた。本項では前に袍が挙げられていることから、袍の下に着用したと思われる。縫殿式5条参照。

博帯　朝服着用の際に用いる大帯と異名同物。儀式六(元正受朝賀儀)には、大帯として本条の博帯と全く同一の仕様が記されている。

大口の帛の袷の袴　大口袴。裾口に括りの緒を付けず、裾口が広く見えることからこの名がある。

皀の縵の頭巾　「皀」は古くは黒色、のち褐色がかった黒色。栗色。「縵」は無地の絹布。頭巾は左右近衛式61条参照。

緌・末額・脛巾　左右近衛式1条参照。

大纈　左右近衛式25条参照。

ただし中務衛府…充てよ　中務式2条、左右近衛式54条参照。

4大儀撃鉦鼓条

外弁鼓　外弁の指示により打たれる鼓の意で、外弁鼓という鼓の種類や演奏法があるわけではない。兵部式1条参照。

平声　左右近衛式1条参照。

(鼓不レ應、)開門畢、寮頭進申二閤內大臣一令レ擊二殿下喚鼓一、雙聲九下、諸門依レ次相應、群官入就レ位、畢殿下擊下褰二御座帳一鉦上、平聲三下、(諸門鉦不レ應、)禮畢擊二下レ帳鉦一如レ初、卽殿下擊二退鼓一、雙聲九下、諸門依レ次相應、群官退出、訖外門擊レ鉦五下、諸門鉦依レ次相應、(殿下鉦不レ應、)然後諸衛擊二退隊鼓一、(事見二衛府式一、)

凡大射建二羅、幡一者、烏羅十二旒、旒別張竹二株、著二鈴二口、帛巾二條一、(六旒縹、六旒緋、各長八尺、廣八寸、)阿禮幡十二旒、各著レ柄、(左第一紫色、次深綠、次緋、次綠、次黃、次淺綠、右方准レ此、)花槍廿口、幡廿旒、旒別著レ柄、(建二兵部及寮官人等幄下一、)預前十日、移二送兵部、木工寮一、射殿之前量二定步數一、便建二標杭一、當日質明、列二建羅、幡一、訖卽返上、其所レ須木綿、黑葛請二受大藏一、大射第一、第二侯、侯別鉦、鼓各一面、(並在二乏傍一、)引鉦一面、(在二射頭前左邊一、)外辨鼓一面、擊者各一人、射手人等列立、訖擊二外辨鼓一、平聲九下、卽擊下喚二群官一鼓上、雙聲無算、群官就レ座擊レ鉦、平聲三下乃止、

喚鼓　官人を召し集める合図に打つ鼓。

双声　左右近衛式1条参照。

外門　一般的には宮城門の別称であるが、本条の場合は本式2条の鼓・鉦の配置の状況から朱雀門を指すか。

退隊鼓　所定の位置に陣していた諸衛府の各隊が、帰陣する合図に打つ鼓。

5大射条

大射　射礼。左右近衛式22条参照。

烏の羅　形状は不明であるが、後掲の阿礼幡とともに、既に儀式七(十七日観射儀)に全く同じ仕様が記されている。一方、北山抄三(射礼事)には、阿礼幡とともに馳道に沿って立てるとある。

阿礼幡　アレノハタともいう。正月十七日の大射の際に立てられた幡。色は分注記載の六種。語義には諸説があり未詳。

紫色　色名に「色」字を付ける例は、「藍色」など原料との区別が必要な場合以外は稀である。「色」字はあるいは衍字か。

花槍　儀式用に飾りを付けた槍。

歩数を…標の杭を建てよ　距離を測り、射席や的を立てる場所を示す杭をあらかじめ設置しておくこと。

木綿　楮の皮を剥いでその繊維を蒸し、水にさらして細かく糸状に裂いたもので、白木綿ともいう。神事において幣帛として捧げるほか、榊や斎瓮(イワイベ)

に掛けたり、襷（タスキ。木綿襷）としても用いられたが、ここでは結束用か。
黒葛　ツヅラフジなど、じょうぶな蔓性の植物をいう。籠の材となるほか、本条のように結束にも用いた。
侯・乏　侯は的を取り付ける皮。儀式七（十七日観射儀）はこの皮を鹿皮とし、甲乙の侯を射席から三六歩の位置に設置し、後に山形と称して紺の布を張り、侯の辺には板製の矢留め「乏」を作るとある。このことは内裏式上（十七日観射式）にもほぼ同文が載せられているが、侯を本条のように第一、第二とするほか、儀式が侯と山形の距離を「一許丈」とするのに対し、内裏式は「四許丈」とする点が異なる。ただし、儀式の異本には「四許丈」と記すものも存在する。乏はまた乏形ともいう。年中行事絵巻四（射遺賭弓）にも二組の侯と山形が描かれており、山形は枝付きの木を土台にして紺の布を張っている。一方、乏に相当するものは見えない（絵巻二三頁）。木工式8条には、山形について「方二丈、以㆓簀子㆒為㆑之」と記されている。
引鉦　ヒキガネ。射手を誘導する鉦鼓。本文に「且撃且進」とあることから、荷（ニナイ）鉦鼓か。
射頭　射手が入場する前の待機する場所をいうか。

鼓は応ぜざれ〉。開門畢らば、寮の頭、進みて閤内の大臣に申し、殿下の*喚鼓を撃たしめよ。*双声九下、諸門、次によりて相応ぜよ。群官入りて位《い》に就き、畢らば殿下の御座の帳《とばり》を褰《かか》ぐる鉦を撃て。平声三下〈諸門の鉦は応ぜざれ〉。礼畢らば帳を下《お》ろす鉦を撃つこと初めの如くせよ。すなわち殿下の退鼓を撃て。双声九下、諸門、次によりて相応ぜよ。群官退出《まか》り、訖らば*外門、鉦を撃つこと五下。諸門の鉦、次によりて相応ぜよ〈殿下の鉦は応ぜざれ〉、然る後、諸衛、*退隊鼓を撃て〈事は衛府式に見ゆ〉。

5 凡そ*大射《おおいくは》に羅・幡を建てんには、*烏《う》の羅十二旒《りゅう》は、旒別《ごと》に張竹《はりたけ》二株、鈴二口、帛の巾二条を著《つ》けよ〈六旒は纁《はなだ》、六旒は緋。各長さ八尺、広さ八寸〉。*阿《あ》礼《れ》幡《はた》十二旒は、各柄を著けよ〈左の第一は*紫色、次は深緑《こきみどり》、次は緋、次は緑、次は黄《き》、次は浅緑《あさきみどり》。右方はこれに准えよ〉。*花槍《はなぼこ》二十口、幡二十旒は、旒別に柄を著けよ〈兵部および寮の官人《かんにん》ら、幄下に建てよ〉。さきだつこと十日、兵部・木工寮に移《い》し送り、射殿の前の*歩数を量り定め、便《たより》に標《しめ》の杭《くい》を建てよ。当日の質明《ほのあかり》、羅・幡を列《つら》ね建て、訖らばすなわち返上せよ。その須うるところの*木綿《ゆう》・*黒葛《つづら》は大蔵より請い受けよ。大射の第一・第二*侯は、侯別に鉦・鼓各一面〈みな*乏の傍らにあり〉、*引鉦一面〈*射頭の前の左辺にあり〉。外弁鼓一面、撃つ者各一人。射手《いて》の人ら列立し、訖らば外弁鼓を撃て。平声九下、すなわち群官を喚す鼓を撃て。双声無算。群官座に就かば鉦を撃て。平声三下にしてすなわち止《や》め

並便用二第一侯鉦鼓一、射手人入、引鉦在レ前、且撃且進、鉦留二庭中一、第一射手將レ至二射位一、撃レ鉦三下、引鉦聲止、還而退出、射手依レ次就レ位射之、若中レ的者撃レ鉦、外院一下、中院二下、内院三下、如著レ侯者、度別撃レ鼓一下、射畢撃レ鉦三下、訖撃二退鼓一、雙聲無算、群官退出、畢撃レ鉦五下、若射手未レ盡唯三下、

車駕行幸執纛一人、騎レ馬、牧子二人執レ轡、著二皂末額、緋大纈袍、布汗衫、帛袴、布帶、鞋、行縢一、執二纛綱一二人、著二桃染布衫、布袴、布帶一、執戟一人、從二執レ纛人一、執鉦二人、執鼓二人、以二熊皮一蓋二鉦鼓一、撃者二人、已上服色同二執レ纛人一、鉦、鼓師各一人、騎レ馬、服色同二執レ纛人一、寮官二人、著二公服、行縢一、騎二私馬一、並陣二大臣前一、其所レ須裝束、申レ官請受、事訖返上、行幸撃二鉦、鼓一節、其日質明、寮承二大臣命一撃二動鼓一三度、度別平聲九下、卽裝束訖撃二列陣鼓一一度、平聲九下、諸司陣列訖撃二進鼓一三度、度別九下、初撃二細聲一、漸登二大聲一、

射位　矢を射る場所。儀式七(十七日観射儀)では「射席」とし牛皮を敷くとする。

的　木工式8条に「歩射的〈径二尺五寸〉、中功卅五枚〈三尺的准レ此〉」「三尺的十枚、二尺五寸的百七十枚、右、正月十七日大射節料、内匠寮預前来画、即寮官率二長上工部等一供之」とある。

外院…　歩射の的は、万葉集六一番歌に「ますらをのさつ矢手挟み立ち向ひ射る円方(マトカタ)は見るにさやけし」とあるように、円形に画くのを例とした。画は三本の輪とし、内側から一の黒、二の黒、三の黒とも、内の黒、中の黒、外の黒とも称し、一方、中心の白は、中の白という。この三つの輪は、続紀慶雲三・正・壬辰条では内院・中院・外院と記し、内裏式上(十七日観射式)には、内規・次規・外規とある。

射手未だ尽きざれば　射礼では、夕暮れになっても射終わらない場合には、残った射手は翌日同所で行なわれた「射遺」で射ることを通例としていた。

6車駕行幸条

執纛　左右衛門式4条参照。

牧子　左右馬寮管轄の近都牧の牧子か。左右馬式20条参照。↓補1

轡　馬の口にはませる金具。口の中に入れる嚙(ハミ)と、面懸(オモガイ)にとりつける立聞(タチギキ)につづく鏡(カガ

よ〈みな便《たより》に第一侯の鉦・鼓を用いよ〉。射手の人入らば、引鉦は前にありて且つ撃ち且つ進み、鉦を庭中に留めよ。第一の射手、*射位に至らんとするとき、鉦を撃つこと三下、引鉦の声止まば、還りて退出《まか》れ。射手、次によりて位に就き射よ。もし*的に中たらば鉦を撃て。*外院は一下、中院は二下、内院は三下。もし侯に著かば、度別に鼓を撃つこと一下、射畢らば鉦を撃つこと三下、訖らば退鼓を撃て。双声無算。群官退出《まか》り、畢らば鉦を撃つこと五下〈もし射手*未だ尽《つ》きざれば、ただ三下〉。

6 車駕《きょが》行幸の*執纛《しっとう》一人〈馬に騎《の》れ。*牧子二人は*轡《くつわ》を執れ〉は、皂の末額、緋の大纈の袍、布の*汗衫《かざみ》、帛の袴、布の帯、鞋、*行縢《むかばき》を著けよ。纛の綱を執る二人は、*桃染《ももぞめ》の布の衫《ひとえぎぬ》、布の袴、布の帯を著けよ。執戟《しつげき》一人〈纛を執る人に従え〉、*執鉦《しつしょう》二人、*執鼓《しっこ》二人〈熊の皮を以て鉦・鼓を蓋《おお》え〉、撃つ者二人〈已上の服の色は纛を執る人と同じくせよ〉、*鉦鼓師各一人〈馬に騎れ。服の色は纛を執る人と同じくせよ〉。寮官二人は*公服・行縢を著けよ〈私馬に騎れ〉。みな大臣の前に陣し、その須うるところの装束は、官に申して請い受け、事訖らば返上せよ。

7 行幸に鉦・鼓を撃つ節《せち》は、その日の質明、寮、大臣の命《おおせ》を承けて*動鼓を撃つこと三度。度別に平声九下。すなわち装束訖らば*列陣鼓を撃つこと一度。平声九下。諸司の陣列訖らば*進鼓を撃つこと三度。度別に九下〈*初めは細声を撃ち、漸く大声に登《あ》げよ〉。

ミ)、手綱をつける承鞚(ミズツキ)から成る。

汗衫　汗取りのための一重の下着。

行縢　左右近衛式25条参照。

桃染の布の衫　紅花で桃色に染めたひとえぎぬ。桃染は「ツキソメ」とも訓む。衣服令14条参照。

執鉦・執鼓　中務式1条、左右近衛式54条等に見える執夫を、楽器別に記したものか。

鉦鼓師　鉦鼓長上とも。鉦鼓師は鉦鼓の教習に当たる官職として、延暦十九年(八〇〇)、当時の鼓吹司に設置された(三代格同・十・七符)。

公服　有位官人の朝服と無位官人の制服を指す。式部式上52条参照。

7行幸撃鉦鼓条

動鼓　ここでは衣服を改める合図の鼓。大儀の際の動鼓は左右近衛式1条参照。

列陣鼓　隊列を整える合図の鼓。大儀の際の列陣鼓は中務式1条、左右近衛式1条参照。

進鼓　隊列の始動の合図の鼓。大儀の際の進鼓は中務式1条参照。

初めは細声…　鼓を初めは弱く、次第に強く打つ打法。一方、左右近衛式1条には退隊鼓として「初発㆓大声㆒、漸至㆓細声㆒」とこれとは逆の打法が記されている。

夫　コノ下、「各」字ヲ補ウベキカ。
符　底「府」。閣・梵ホカニヨリテ改ム。下同ジ。
管　底「竿」。井・藤ニヨリテ改ム。
待　底ナシ。閣・梵ホカニヨリテ補ウ。

行鼓　左右近衛式1条参照。
行宮　天皇の行幸の際に仮に設けられる御所。仮宮。
静陣　隊列の歩みを止めること。
解陣　左右近衛式1条参照。

8年終行儺条
儺　疫鬼を追い払うこと。また、朝廷の年中行事の一つである追儺のこと。オニヤライ。陰陽式20条参照。
左右京職　律令制下、京の行政をつかさどった官司で、京職の和訓はミサトノツカサ。左右京式冒頭補注参照。
夫馬は職備えよ　左右京式10条参照。

9大儀行幸条
大儀および行幸に…　左右近衛式1条、左右衛門式1・4条、左右兵衛式1・4条参照。

10御斎会条
正月に最勝王経…　御斎会を指す。玄蕃式1条参照。

次撃二行鼓一三度、度別雙聲二下、陣行或遅相尋撃之、御二行宮一撃二靜陣鉦一三下、還二本宮一亦如レ之、次撃下喚二隊司一謂二諸衛次官已上一鼓上三下、訖撃二解陣鉦一五下、並諸衛相應、

年終行レ儺者、鼓十二面付二左右京職一、職別六面、撃者各一人、夫一人、但夫、馬職備、

大儀及行幸、諸衛府所レ須撃二鉦、鼓一人及執夫、本府臨レ時具録二其數一申レ官、然後分配、

毎年正月講二最勝王經一所、充二鼓吹夫卅人一、駈使七日、

凡節會日、大歌雜樂器令二寮夫運一、

凡出二充諸衛及中務省元日儀仗、並待二官符一充行、

凡鼓吹雜生習業所レ須鉦一口、大鼓一面、楯領鼓二面、多良羅鼓四面、荅鼓一面、大角廿口、小角卅口、大笛四口、緋幡二管、鉦、鼓、箕簏九脚、並待二官符一充之、

凡破損甲、毎年五十領、待二官符到一請レ料修理、即

次に*行鼓を撃つこと三度。度別に双声二下〈陣行或いは遅きは相尋ねて撃て〉。*行宮《あんぐう》に御《おわ》さば*静陣の鉦を撃つこと三下〈本宮に還るときもまたかくの如くせよ〉。次に隊司〈諸衛の次官已上を謂う〉を喚《め》す鼓を撃つこと三下。訖らば*解陣《げじん》の鉦を撃つこと五下。みな諸衛相応ぜよ。

8 年終に*儺《な》を行なわんには、鼓十二面を*左右京職に付《さず》けよ〈職別《ごと》に六面。撃つ者は各一人、夫一人。ただし*夫・馬は職、備えよ〉。

9 *大儀および行幸に、諸衛府の須うるところの鉦・鼓を撃つ人および執る夫は、本府、時に臨みて具《つぶさ》にその数を録して官に申し、然る後に分配せよ。

10 毎年*正月に最勝王経《さいしょうおうきょう》を講ずる所に、*鼓吹夫三十人を充てよ〈駈使すること七日〉。

11 凡そ節会の日に、*大歌《おおうた》の*雑《くさぐさ》の楽器は寮の夫をして運ばしめよ。

12 凡そ諸衛および*中務省に出だし充つる元日の儀仗は、みな官符を待ちて充て行なえ。

13 凡そ*鼓吹の雑生の習業に須うるところの鉦一口、*大鼓一面、*楯領鼓二面、*多良羅鼓《たららこ》四面、*答鼓一面、*大角《はらのふえ》二十口、*小角《くだのふえ》四十口、*大笛《おおぶえ》四口、緋の幡二管、鉦・鼓・*簨簴《しゅんきょ》九脚は、みな官符を待ちて充てよ。

14 凡そ*破損せる甲《よろい》は、*毎年五十領、官符の到るを待ちて料を請けて修理し、すなわち

鼓吹夫　兵部式30条、本式36条の鼓吹生、本式13条の鼓吹の雑生、本式35条の鼓吹部と同一のもので、鼓吹戸（本式33条）から出る奏者を指すか。

11大歌雑楽器条

大歌　→補1

雑の楽器　笏拍子、和琴、笛など大歌で用いられる楽器を指すか。

12元日儀仗条

中務省　中務式1条参照。

13鼓吹雑生習業条

鼓吹の雑生の習業　鼓吹の雑生は本式10条の「鼓吹夫」参照。習業は太政官式134条、本式33条参照。

大鼓・楯領鼓・多良羅鼓・答鼓　→補2

大角　→補3

小角　古代の管楽器の一つ。和名抄では「久太能布江（クダノフエ）」。管の形をした小さな笛。戦場で大角とともに用いた。管（クダ）、管笛（クダブエ）。

大笛　→補4

簨簴九脚　鉦から答鼓までの九つの楽器に対応。左右近衛式1条参照。→補5

14破損甲条

破損せる甲　→補6

毎年五十領　三代実録貞観八・五・十九条に、同五年（八六三）に造兵司の修理の年料の甲一〇〇領を五〇領に減じたとあるので、本条の成立はそれ以降のことか。

部　底、弥書。閣・梵ホカニヨリテ削ル。
與　底、弥書。閣・梵ホカニヨリテ削ル。
修　底「條」。版本(脩ニ作ル)ニ従イテ改ム。
太　底「大」。塙・壬・貞・藤ニヨリテ改ム。
太　底「大」。上文ニヨリテ改ム。

15諸国様器仗条
様の器仗　→補1
数は兵部式に見ゆ　兵部式75条参照。
16器仗曝涼条
凡そ器仗を曝し涼す…　→補2
十日の内に了らしめよ　大膳式下42条には、「曝曬」に立ち会う監物・兵部官人以下に対して、一〇日を限って食を給するとある。
奏聞　兵部式23条はこの箇所を「府奏聞」とし、奏聞の主体を明確に記している。
17大祓大刀条
大祓の大刀　→補3
弓箭　民部式下8条、本式20条参照。
18出納雑器仗条
雑の器仗を出納せんには…　→補4

返二納本庫一、
凡諸國様器仗、皆先進二兵部一、即與二寮官一共加二校閲一、御覧訖乃勘收、數見二兵部式一、
凡器仗應レ須二曝涼一者、預移二兵部一、諸司、兵部就レ庫監曝、十日内令レ了、曝涼隨レ時辨二置異所一、所レ須人力寮申レ官、官仰二衞門府一奏聞、然後充之、
凡六月、十二月大祓大刀幷弓箭等、隨二官符到一即充、
凡出二納雜器仗一者、皆寮官隨レ事覆奏、訖與二諸司一出收、
凡伊勢大神宮祭所レ須、女鞍二具、毎年造備、九月五日迻二神祇官一、其料牛革一條、長五尺、廣二尺、申レ官請受、但打立受二木工寮一、自餘料物見二内藏寮式一、造功十五人、採レ材五人、作十人、但廣瀨、龍田祭鞍隨レ損作迻、
凡御梓弓一張、以二寮庫弓一充之、修造功五人、箭四具、一具角太伊多都伎、一具角細伊多都伎、一具木太伊多都伎、一具麻麻伎、各五十隻爲二一具一、具別功五

本庫に返し納れよ。

15 凡そ諸国の*様《ためし》の器仗は、皆、先に兵部に進《たてまつ》り、すなわち寮官とともに校閲を加え、御覧訖らばすなわち勘収せよ〈*数は兵部式に見ゆ〉。

16 *凡そ器仗を曝《ほ》し涼《さら》すべくは、預め兵部に移《い》し、諸司・兵部、庫に就きて監曝し、十*日の内に了らしめよ。曝し涼さんには、時に随いて異所に弁置し、須うるところの人力は、寮、官に申し、官、衛門府に仰せて*奏聞し、然る後に充てよ。

17 凡そ六月・十二月の*大祓《おおはらえ》の大刀《たち》ならびに*弓箭《ゆみや》等は、官符の到るに随いてすなわち充てよ。

18 凡そ*雑の器仗を出納せんには、皆、寮官、事に随いて覆奏し、訖らば諸司と出だし収めよ。

19 凡そ*伊勢大神宮の祭に須うるところの*女鞍《おんなぐら》二具は、毎年造り備え、九月五日に神祇官に送れ。その料の牛の革一条〈長さ五尺、広さ二尺〉は、官に申して請い受けよ〈ただし*打立《うちたて》は木工寮より受けよ。*自余の料物は内蔵寮式に見ゆ〉。造功十五人〈材を採るに五人、作るに十人〉。ただし、*広瀬《ひろせ》・竜田《たつた》の祭の鞍は損ずるに随いて作り送れ。

20 凡そ*御梓弓一張〈寮庫の弓を以て充てよ。修造の功五人〉、箭四具〈一具は角《つの》の太《ふと》き*伊多都伎《いたつき》、一具は角の細き伊多都伎、一具は木の太き伊多都伎、一具は*麻麻伎《ままき》。各五十隻を一具となせ、具別《ごと》に功五

19大神宮女鞍条

伊勢大神宮の祭　毎年九月に行なわれる神嘗祭を指す。

女鞍　婦人乗用の馬鞍。鈴木敬三は、その特徴を女房の装束の裾の汚れを防ぐために、鞍橋の背面から馬腹に懸け垂れた長方形の「垢取（アカトリ）」と呼ぶ布帛の存在にあるとし、信貴山縁起、粉河寺縁起等の絵巻にもその様子が描かれていることを指摘している（『国史大辞典』二〈「女鞍」の項「鈴木敬三執筆担当」、一九八〇年〉）。左右馬式63条参照。

打立は木工寮より受けよ　「女」字を欠くが、木工式1条掲載の「鞍」に関わる金具類が打立か。→補5

自余の料物は…見ゆ　内蔵式14条参照。

広瀬竜田の祭　→補6

20御梓弓条

御梓弓　→補7

伊多都伎　平題（イタツキ）の意で、角・木・鉄等の材で先端を平面に作った鏃。内蔵式53条では「伊太豆伎」。先がとがっていないため、儀式・遊戯・調練などに用いる。ここではその鏃をつけた矢を指す。

麻麻伎　和名抄は、「細射」に「万々岐由美」の訓を付す。本来は射技の一種であるが、ここではその際に用いられる矢を指す。内蔵式53条では「万万伎」とする。

十人、鞆一枚、功一人、其料枲三分四銖、弦料、鹿角一隻、弣料、長一尺、木賊小一兩三分、錯弓料、篦二百廿隻、廿隻損分、大和國十一月以前進納、雉羽四百廿隻、廿隻損分、受二進物所一、鹿角本末各五十四隻、伊多都伎料、熊革一條、鞆料、長九寸、廣五寸、牛革一條、鞆手料、長五寸、廣二寸、鐵十二兩二分、熟銅三分、已上麻麻伎鏃料、用二寮家物一、漆一合九勺二撮、漆二箭幷鞆一料、金漆一合、塗レ箭料、生絲小二兩一分、纏レ箭縫レ鞆料、生絁五寸、調布五寸、白綿小二兩、已上絞レ漆料、木綿七兩、編レ箭料、弓俗料紫表、緋裏帛各一條、各長一丈一尺三寸、廣八寸、鞆俗料紫表、緋裏帛各一條、各長二尺三寸、廣一尺一寸、縫紫絲二銖、纏レ弣料綠組一條、長四丈五尺、纏レ弦料縹幅一條、長六尺、鞆緒料紫組一條、長二尺五寸、塗二金漆一櫃二合、納二弓箭一料、漆塗案二脚、安二弓箭櫃一料、其料物毎年申レ官請受、正月七日供進、事見二儀式一、但櫃、案就二內藏一請受、永收二寮家一、臨レ時出用、

凡二季大祓横刀八口、金装二口、烏装六口、其料鐵廿四斤、口別三斤、熟銅四斤、練金一分、銀一兩、水銀一兩、鹿革八條、各長二尺五寸、廣四寸、

弦　底「絃」。梵及ビ本条下文ノ例ニヨリテ改ム。
弓　考異、コノ下ニ「幷箭」二字ヲ補ウベキカトナス。
料　考異、コノ下ニ「各四隻損分」五字ヲ補ウベキカトナス。
熟　底「就」。閣・梵ホカニヨリテ改ム。下同ジ。
料　底ナシ。考異ニ従イテ補ウ。下同ジ。
受　底ホカ諸本「返」。版本・雲ニ従イテ改ム。

鞆　→補1
枲　イラクサ科の多年草。本州、四国、九州の原野に生え、畑でも栽培される。茎の繊維から織物をつくるが、ここでは弓の弦の材料。
鹿角　ロッカクともいう。賦役令1条では、調の副物として正丁七人につき一頭を規定。主計式上の国別諸条には見えないが、交易雑物や年料雑物としては多くの貢納がある。
弣　矢を射る時に弓を握る部分。
木賊　→補2
小　雑令1条では二四銖が小一両、小三両が大一両、大一六両が大一斤。大一斤

の今量は六〇〇～六七〇グラム。
箆二百二十隻　→補3
雉の羽四百二十隻　→補4
進物所　→補5
熊の革　天平六年度尾張国正税帳(古一―六一二頁)では「鹿韋」、同十年度駿河国正税帳(古二―一一九頁)では「馬皮」ながら、鞆製作の料として本条と同じく「長九寸、広五寸」としている。
熟銅　精錬した良質の銅。
漆　→補6
金漆　→補7
生糸　まだ練らない状態の絹糸。
生絁五寸…白綿小二両　漆の中に混入している塵埃などを濾過して精製するためのものであるが、詳細は不明。
櫃　上に向かってふたがあく大形の箱。
案　物を載せる台。机。
事は儀式に見ゆ　儀式七(正月七日儀)参照。
寮家　→補8
21大祓横刀条
練金　こなれた金の意で、精錬した金。
銀　→補9
水銀　→補10
鹿の革八条　鞘製作の料。天平十年度駿河国正税帳(古二―一一八頁)にも「馬皮」ながら「鞘別充長二尺五寸、広四寸」の記載がある。

十人〉、*鞆《とも》一枚《ひら》〈功一人〉。その料の*臬《けむし》三分四銖《しゅ》〈弦《つる》の料〉、*鹿角《かづの》一隻〈*弭《ゆづか》の料。長さ一尺〉、*木賊《とくさ》*小一両三分〈錯弓の料〉、*箆《の》二百二十隻〈二十隻は損分。大和国、十一月以前に進り納めよ〉、*雉の羽四百二十隻〈二十隻は損分。*進物所《しんもつどころ》より受けよ〉、鹿角の本末各五十四隻〈伊多都伎の料〉、*熊の革一条〈鞆の料。長さ九寸、広さ五寸〉、牛の革一条〈鞆手の料。長さ五寸、広さ二寸〉、鉄《くろがね》十二両二分、*熟銅《にぎあかがね》三分〈已上は麻麻伎の鏃《やじり》の料。寮家の物を用いよ〉、*漆一合九勺二撮〈箭ならびに鞆に漆《ぬ》る料〉、*金漆《こしあぶら》一合〈箭に塗る料〉、*生糸《すずしのいと》小二両一分〈箭に纏《ま》き、鞆を縫う料〉、*生絁《すずしのきぬ》五寸、調布五寸、白綿小二両〈已上は漆を絞る料〉、木綿《ゆう》七両〈箭を編む料〉、弓帒《ゆぶくろ》の料の紫の表・緋の裏の帛各一条〈各長さ一丈一尺三寸、広さ八寸〉、鞆の帒の料の紫の表・緋の裏の帛各一条〈各長さ二尺三寸、広さ一尺一寸〉、縫う紫の糸二銖、弭に纏く料の緑の組一条〈長さ四丈五尺〉、弦に纏く料の縹の幅一条〈長さ六尺〉、鞆の緒の料の紫の組一条〈長さ二尺五寸〉、金漆を塗る*櫃《ひつ》二合〈弓箭を納《い》るる料〉、漆塗の*案《つくえ》二脚〈弓箭の櫃を安《お》く料〉。その料物は毎年官に申して請い受け、正月七日に供進《ぐしん》せよ〈*事は儀式に見ゆ〉。ただし櫃・案は内蔵に就きて請い受けよ。永く*寮家に収め、時に臨みて出だし用いよ。

21
凡そ二季の大祓の横刀《たち》八口《く》〈金装《こがねづくり》二口、烏装《くろづくり》六口〉。その料の鉄二十四斤〈口別に三斤〉、熟銅四斤、*練金《ねりがね》一分、*銀《しろがね》一両、*水銀《みずがね》一両、*鹿の革八条〈各長さ二尺五寸、広さ四寸〉、

生絲小十五兩、纏レ柄料、　漆八合、膠四兩、已上鞘料、猪膏五合、瑩レ刀料、　胡麻油一合、洗レ刷料、　生絁一尺五寸、調布一尺五寸、白綿小九兩、已上絞レ漆料、伊豫砥二顆、麁砥二顆、槀八圍、已上磨レ刀料、　作功二百五十人、金裝口別廿六人、烏裝口別廿三人、請レ料造備、六月、十二月廿八日送㆓神祇官㆒、

凡踐祚大嘗會新造神楯四枚、各長一丈二尺四寸、本闊四尺四寸五分、中闊四尺七寸、末闊三尺九寸、厚二寸、丹波國楯縫氏造、　戟八竿、各長一丈八尺、紀伊國忌部氏造、　其料黑牛皮八張、各長八尺、廣六尺、　掃墨一斗三升六合、楯別二升八合、戟別三合、　膠一斤十二兩、以㆓二兩㆒和㆓掃墨一升㆒、　酒六升八合、以㆓一升㆒和㆓掃墨二升㆒、　商布四段四尺、裏料、楯別二丈六尺、　糯米六升二合、著レ裏料、　漆二合、燒塗料、　面金四枚、長各四尺、廣五寸、厚一分、　料鐵卌九斤十二兩、和炭十二石、工十二人、手力十二人、　六寸平釘六十四隻、楯別十六隻、　料鐵十六斤、和炭五石、工五人、手力五人、　二寸平釘七百八十隻、楯別百九十五隻、　料鐵廿四斤六兩、和炭十一石五斗、工十五人、手力十五人、　戟鋒八隻料鐵廿六斤八兩、和炭十二石、工廿人、手力十二人、食料一人日米二升、鹽二勺、海藻一把、醬滓二合、功錢、其數隨レ時、　並申レ官

二百五十人　分注ト合ワズ。本文・分注ノ何レカニ誤リアルベシ。

二　底「三」。閣・梵ホカニヨリテ改ム。

力　底「刀」。閣・梵ホカニヨリテ改ム。コノ字ニツイテハ、以下、本巻ノウチ一々注セズ。

膠　「煮皮」の意で、牛の皮などを煮詰め、溶液を固めたゼラチン質の接着剤。

猪の膏　→補1

胡麻の油　→補2

伊予の砥　伊予国から産出した砥石。白く柔らかい質で、刀剣を研ぐのに適するとされた。

麁砥　荒研(アラトギ)に用いる、きめのあらい砥石。荒砥石。

作功二百五十人　→補3

22大嘗会神楯条

神楯　→補4

丹波国の楯縫氏　牛皮を縫い合せて楯を作るのでこの名がある。井上辰雄は、川内多々奴比神社(兵庫県篠山市下板井鎮座)の存在から、この付近を同氏の故地ではないかとする(「忌部の研究」〈『古代王権と宗教的部民』所収、一九八〇年〉)。

生糸小十五両〈柄に纏く料〉、漆八合、*膠《にかわ》四両〈已上は鞘の料〉、*猪《い》の膏《あぶら》五合〈刀《たち》を瑩《みが》く料〉、*胡麻《ごま》の油一合〈刷《はけ》を洗う料〉、生絁一尺五寸、調布一尺五寸、白綿小九両〈已上は漆を絞る料〉、*伊予の砥《と》二顆、*麁砥《あらと》二顆、稾八囲《い》〈已上は刀を磨く料〉。*作功二百五十人〈金装は口別に二十六人、烏装は口別に二十三人〉。料を請けて造り備えよ。六月・十二月の二十八日に神祇官に送れ。

22 凡そ践祚大嘗会《せんそだいじょうえ》に新造せる*神楯《みたて》四枚〈各長さ一丈二尺四寸、本《もと》の闊《ひろ》さ四尺四寸五分、中の闊さ四尺七寸、末の闊さ三尺九寸、厚さ二寸。*丹波国の楯縫《たてぬい》氏造れ〉、*戟《ほこ》八竿〈各長さ一丈八尺。*紀伊国の忌部《いんべ》氏造れ〉。その料の黒牛の皮八張〈各長さ八尺、広さ六尺〉、*掃墨《はいずみ》一斗三升六合〈楯別に二升八合。戟別に三合〉、膠一斤十二両〈二両を以て掃墨一升に和《か》てよ〉、酒六升八合〈一升を以て掃墨二升に和てよ〉、*商布四段四尺〈裏の料。楯別に二丈六尺〉、*糯米《もちよね》六升二合〈裏を著くる料〉、漆二合〈*焼き塗る料〉。*面金《おもかね》四枚〈長さ各四尺、広さ五寸、厚さ一分〉の料の鉄三十九斤十二両、*和炭《にごすみ》十二石、工《たくみ》十二人、*手力《たぢから》十二人。*六寸の平釘《ひらくぎ》六十四隻〈楯別に十六隻〉の料の鉄十六斤、和炭五石、工五人、手力五人。*二寸の平釘七百八十隻〈楯別に百九十五隻〉の料の鉄二十四斤六両、和炭十一石五斗、工十五人、手力十五人。戟鋒《ほこさき》八隻の料の鉄二十六斤八両、和炭十二石、工二十人、手力十二人。食《じき》の料は一人に日に米《よね》二升、塩二勺、*海藻《め》一把、*醤滓《ひしおかす》二合。*功銭〈その数は時に随え〉。みな官に申して

戟　左右近衛式1条参照。
紀伊国の忌部氏　→補5
掃墨　→補6
商布四段四尺・糯米六升二合　小林行雄は、楯一枚当たり一丈三尺に裁断した商布を二列に並べ、それを裏地として糯米の糊で牛革に貼ったとする（『古代の技術』九〇頁、一九六二年）。
焼き塗る料　塗った漆に高温を与えることで、短時間のうちに固着させる乾燥法。本条では次項の面金に施した。本式25条参照。
面金　楯の表面の飾り金具。
和炭　松・栗などの柔らかい木材を焼いて作った、火力は弱いが炎の立つ炭。特に鍛冶に用いる。
手力　工匠（本条では「工」）の下で雑用に当たる者。
六寸の平釘六十四隻　骨組みとなる木材を「目」字状に留めるためのもの。木工式10条参照。
二寸の平釘七百八十隻　骨組みの木材に牛革を留めるためのもの。なお、木工式10条には「二寸半平釘」はあるが、「二寸平釘」は見えない。
海藻　左右近衛式68条参照。
醤滓　左右近衛式68条参照。
功銭　雇用した者に対して、銭貨で支払われる手間賃。

請受、

梓弓一張、長七尺六寸、槻、柘、檀准レ此、長功十五日、中功、短功遞加一日、削成三日、一日小斧削、二日鉇、作レ本一日、瑩理一日、造二弣角一、裁レ韋、纏レ弣、料二理杲一、續レ弦、著レ弓一日、勾レ本令レ熟三日、塗レ漆三遍、毎レ遍乾二日、造二弣角一長功日十枚、中功日八枚、短功日六枚、裁二弣、韋一長功七十條、中功六十條、短功卌五條、纏レ弣長功卌五張、中功廿五張、短功十五張、料二理杲一、續レ弦長功五條、中功四條、短功三條、

征箭五十隻、長功廿二日大半、中功廿五日、短功廿九日、篦麁揉大半日、削レ節、洗磨一日、精揉一日、精磨半日、料二理羽一、搓レ線二日、著レ羽一日、造レ筈一日、初漆幷乾一日、中漆一日、乾一日、裁レ羽半日、次中漆一日、乾一日、花漆一日、乾一日、削二箭本一、搓レ線、纏一日、打二箭鏃一、錯磨二日、著二箭鏃一一日、漆レ本三遍、毎レ遍乾一日、金二漆箭鏃一乾一日、

韋　底「革」。閣・梵ホカニヨリテ改ム。

勾　底「句」。「句」「勾」同義ナレド、慣用ニ従イ、塙ニヨリテ改ム。

半　底、コノ上「大」字アリ。考異、衍カト見ル。コレニ従イテ削ル。

23梓弓条

槻　欅(ケヤキ。ニレ科の落葉高木)の古名。欟とも。弓材としての使用例は多く、古事記下に「都久由美能、許夜流許夜理母、阿豆佐由美、多弖理多弖理母」、播磨国風土記(揖保郡)に「欟折山、品太天皇、狩二於此山一、以二欟弓一射二走猪一」とある。臨時祭式70条には甲斐国からの槻弓八〇張の進上が規定されている。

柘　ツゲ科の常緑小高木で黄楊とも書く。その材が堅く緻密で狂いが少なく、かつ粘り気が強いことから櫛材等にも用いられた。

檀　↓補1

長功は…　令制では丁匠の就労時間は昼間であったため、季節による日照時間の違いによって、一人一日の労働量を三段階に規定していた(営繕令1条参照)。このうち、陰暦四月から七月を長功、二・三・八・九月を中功、十・十一・十二・正月を短功とする。

遞加すること一日　遞加は段階的に増え

請い受けよ。

23 梓弓一張〈長さ七尺六寸。*槻《つき》・*柘《つげ》・*檀《まゆみ》はこれに准えよ〉。*長功は十五日、中功・短功は*遁加《ていか》するに一日。瑩理《みが》くこと一日。削り成すに三日〈一日は*小斧《ておの》削り、二日は*鉇《かんな》〉。本を作るに一日。弣《ゆづか》の角を造り、*韋《い》を裁ちて弣に纏《ま》き、枲《けむし》を料理《つく》りて弦《つる》に続《つ》ぎ、弓に著くるに一日。本を勾《ま》げ熟《な》れしむるに三日。漆を塗ること三遍、遍毎に乾すに二日。弣の角を造るは、長功は日に十枚、中功は日に八枚、短功は日に六枚。弣・韋を裁つは、長功は七十条、中功は六十条、短功は四十五条。弣に纏くは、長功は三十五張、中功は二十五張、短功は十五張。枲を料理りて弦に続ぐは、長功は五条、中功は四条、短功は三条。

24 *征箭《そや》五十隻。長功は二十二日大半、中功は二十五日、短功は二十九日。*篦を麁《あら》く揉むに大半日。節を削りて洗い磨《と》ぐに一日。精揉《まもみ》に一日。精磨《まとぎ》に半日。羽を料理りて線《いと》を搓《よ》るに二日。羽を著くるに一日。筈《やはず》を造るに一日。*初漆《したぬり》ならびに乾すに一日。*中漆に一日。乾すに一日。羽を裁つに半日。次の中漆に一日。乾すに一日。*花漆《はなぬり》に一日。乾すに一日。箭の本を削り、線を搓りて纏くに一日。箭の鏃を打ちて錯《す》り磨ぐに二日。箭の鏃を著くるに一日。本を漆《ぬ》ること三遍、遍毎に乾すに一日。箭の鏃に金漆して乾すに一日。

ること。ここでは長功一五日に対して、中功一六日、短功一七日となる。

小斧　訓は名義抄による。木材の表面を平らに加工する道具である手斧(チョウナ)と同意と考えてよいか。

鉇　鉇は鉋の異体字。室町後期に台鉋が出現するまでは、槍鉋を指す。槍の穂先の反った形の身を柄に付け、手前に引くことで木材の表面を削った。

韋　和名抄はオシカワと訓じ「柔皮也」とする。春田永年の延喜式工事解は本式27条にも見える「洗革」と同じとしている。

24征箭条

征箭五十隻　→補2

篦を麁く揉む　「削レ節」の工程からも明らかなように、本条の箭の矢柄の材は矢竹(篠竹)である。矢柄には堅篦(カタノ)といって身のしまった三年竹が最適とされ、節を削り火で炙って曲がりを直した後、漆を塗るなどの仕上げを施した。

初漆・中漆・花漆　矢柄に漆を塗り重ねる工程。中世には矢柄の節のくぼんだ部分に漆を注すことを節陰(フシカゲ)、透漆を薄くかけた篦を酬篦(サワシノ)、漆塗りの篦を塗篦(ヌリノ)と称したが、古代においても類似の工程がとられたと思われる。なお、花漆は油を混入した上塗用の漆で光沢を発し、塗立漆、花塗漆ともいう。小林行雄前掲書一三四頁参照。

烏装横刀一口、長功廿一日、中功廿五日、短功廿八日、打レ胚一日、手力一人、破レ兼合レ兼幷打レ刄二日、別手力一人、剪幷錯一日、麁砥磨一日、焼幷中磨一日、精磨一日、瑩一日、鐫レ鞘幷裹レ革一日、元漆三遍、毎レ遍塗乾一日、中漆二遍、毎レ遍塗乾一日、作二鉸具一二日、麁錯、精錯幷焼、塗レ漆二日、搓レ線幷纏レ柄、中漆一日、柄鞘花漆一遍一日、著二鉸具及柄一一日、

挂甲一領、札八百枚、長功百九十二日、中功二百廿日、短功二百六十五日、打レ札廿日、麁磨卅日、穿レ孔廿日、錯レ穴幷裁レ札卅五日、錯レ稜十三日、砥磨、青砥磨幷瑩卅日、横縫幷連七日、縫二頸牒一幷繼著二日、著レ縁一日、擘拘幷裁レ韋四日、擘縮有二手力一、下同、中功日打レ札廿三日、麁磨卅六日、穿レ孔廿三日、錯レ穴幷裁レ札五十二日、錯レ稜十五日、砥磨、青砥磨幷瑩卅六日、横縫幷連八日、縫二頸牒一幷繼著二日、著レ縁一日、擘拘幷裁レ韋四日、短功日打レ札廿七日、麁磨五十六日、穿レ孔

胚　→校補3
破兼合兼　→校補4
幷　底ナシ。例ニヨリテ補ウ。下同ジ。
元　→校補5
六十五　底「五十六」。考異ニ従イテ改ム。
廿　底ナシ。閣・梵ホカニヨリテ補ウ。

25横刀条
烏装の横刀　柄・鞘・金具をすべて黒漆で塗装した横刀。横刀については、左右近衛式1条の「金装の横刀」参照。木工式5条参照。
胚を打つ…　→補1
元漆　川口陟は、「元」は「丸」の誤りで、丸漆(灰漆)は今日の研出しと同一方法であろうとする(『定本日本刀剣全史』二、三〇六頁、一九七三年)。春田永年の延喜式工事解も「元」は「丸」の誤りとしている。
焼き漆を塗るに　→補2
26挂甲条

25 *烏装《くろづくり》の横刀一口。長功は二十一日、中功は二十五日、短功は二十八日。*肸を打つに一日〈手力一人〉。秉《へい》を破り秉を合せならびに刃を打つに二日〈別《ひどと》に手力一人〉。剪《きり》ならびに錯《すり》に一日。麁砥《あらと》磨《とぎ》に一日。焼《やき》ならびに中磨に一日。精《ま》磨《とぎ》に一日。瑩《みがき》に一日。鞘を鐫《ほ》りならびに革で裹《つつ》むに一日。*元漆三遍、遍毎に塗り乾すに一日。中漆二遍、遍毎に塗り乾すに一日。鉸具《かこ》を作るに二日。麁錯《あらすり》・精《ま》錯《すり》ならびに*焼き、漆を塗るに二日。線《いと》を搓りならびに柄に纏き、中漆に一日。柄鞘の花漆《はなぬり》一遍に一日、鉸具および柄を著くるに一日。

26 *挂甲《うちかけよろい》一領〈札《こざね》八百枚《ひら》〉。長功は百九十二日、中功は二百二十日、短功は二百六十五日。*札を打つに二十日。麁磨に四十日。孔を穿《うが》つに二十日。穴を錯るならびに札を裁つに四十五日。*稜《かど》を錯るに十三日。砥《と》磨《とぎ》・*青砥磨ならびに*瑩に四十日。*横縫ならびに連ぬるに七日。*頸牒を縫うならびに継ぎ著くるに二日。縁を著くるに一日。*韠拘《はくこう》ならびに韋を裁つに四日〈韠縮に手力あり。下も同じくせよ〉。中功は日に札を打つに二十三日。麁磨に四十六日。孔を穿つに二十三日。穴を錯るならびに札を裁つに五十二日。稜を錯るに十五日。砥磨・青砥磨ならびに瑩に四十六日。横縫ならびに連ぬるに八日。頸牒を縫うならびに継ぎ著くるに二日。縁を著くるに一日。韠拘ならびに韋を裁つに四日。短功は日に札を打つに二十七日。麁磨に五十六日。孔を穿

挂甲　→補3

札を打つ　鉄板を裁断して薄片とする工程。春田永年は、一枚が幅二寸三分長七寸ほどのもので、「裁レ札」の工程でそれをさらに一〇枚の札に分割するので、一日に薄片を四枚切り出せば、長功の場合には二〇日で札八〇〇枚となるとしている。

稜を錯る　裁断を終えた札の四辺の角を落とす工程。

青砥　一般的には荒砥(アラト)と、仕上げ用の真砥(マト)との中間に用いる青みを帯びた砥石。石質の細かい粘板岩で製する。ただし、本条では研磨の仕上げの工程に用いられている。

瑩　春田永年は、次条に漆、金漆、掃墨が挙げられていることから、これらを利用した塗装の工程としている。

横縫…連ぬる　宮崎隆旨は、「横縫」は隣接する札の横間の固定、「連」は威毛(オドシゲ。緒通しの転訛)とする(「文献からみた古代甲冑覚え書」『関西大学考古学教室開設参拾周年記念　考古学論叢』所収、一九八三年)。

頸牒　鎧の上端で頸筋に当たるところ。春田永年は「クビカミト訓ズベシ」としている。

韠拘　韋を、厚みが均一になるように引きのばすこと。

銖　底ホカ諸本、コノ下「絲」字アリ。衍ト見テ削ル。

功　底ナシ。塙校注・貞校注ニヨリテ補ウ。

七十一　底「六十」。閣・梵ホカニヨリテ改ム。

27修理挂甲料条

洗革　なめし革の表面を削り、揉んで柔らかくしたもの。アラカワ。

単功　一人一日の労働量。延喜式では、本式23条のように、季節によって長・中・短の三つに分けて労働量を記す場合と、本条のように区分せずに単功として挙げる場合がある。

28諸国修理甲料条

凡そ諸国の…　ほぼ同文が民部式下45条にも見える。

甲を修理する料の馬の革　民部式下45・53条参照。なお、近藤好和は「甲」と記す場合には短甲、挂甲の両方を指すとしている（「大鎧の成立」〈『中世的武具の成立と武士』所収、二〇〇〇年、初出一九八五・一九九八年〉）。

尾張六張…阿波十張　→補1

駅伝牧等の死馬の皮　主税式下1条には、死亡した駅馬、伝馬、牧馬の皮の売却による収入の項目が挙げられている。

廿八日、錯レ穴幷裁レ札六十三日、錯レ稜十八日、砥磨、青砥磨幷瑩五十六日、横縫幷連九日、縫二頸牒一幷繼著二日、著レ縁一日、擘拘幷裁レ韋五日、

修二理挂甲一領一料、漆四合、金漆七勺六撮、緋絁二尺五寸、緋絲三銖、調綿一屯六兩、商布一丈三尺、洗革四張半、掃墨一合、馬革一張半、絲一兩三銖、單功卌一人、

凡諸國所レ進修二理甲一料馬革者、尾張六張、近江十七張、美濃廿四張、但馬十一張、播磨卅二張、阿波十張、並以二驛、傳、牧等死馬皮一熟而送之、若不レ足者、買備滿レ數、

造二弩一具一、單功六百卅三人、爲二丁十二人五十分丁之卅三一、

建二大門一楯六枚、戟十二竿、若有二破損一者、待二衞門府移一寮卽修理、其料物隨二損多少一請受、

雜工戸

左京廿五烟今絶戸　右京卅九烟今絶戸　大和國六十九烟

攝津國五十烟　河内國七十一烟　和泉國五烟

伊勢國四烟　尾張國四烟　遠江國廿烟

つに二十八日。穴を錯るならびに札を裁つに六十三日。稜を錯るに十八日。砥磨・青砥磨ならびに瑩に五十六日。横縫ならびに連ぬるに九日。頸牒を縫うならびに継ぎ著くるに二日。縁を著くるに一日。擘拘ならびに韋を裁つに五日。

27 挂甲一領を修理する料、漆四合、金漆七勺六撮、緋《あけ》の絁二尺五寸、緋の糸三銖、調の綿一屯六両、商布一丈三尺、*洗革《あらいがわ》四張半、掃墨一合、馬の革一張半、糸一両三銖。*単功四十一人。

28 *凡そ諸国の進るところの、*甲を修理する料の馬の革は、*尾張六張、近江十七張、美濃二十四張、但馬十一張、播磨三十二張、阿波十張。みな*駅・伝・牧等の死馬の皮を以て*熟《つく》りて送れ。もし足らざれば、買い備えて数を満たせ。

29 *弩《おおゆみ》一具を造るに、*単功《のべ》六百三十三人〈丁十二人五十分丁の三十三となせ〉。

30 *大門に建つる楯六枚、戟十二竿。もし破損することあらば、衛門府の移を待ちて、寮、すなわち修理せよ。その料物は損の多少に随いて請い受けよ。

31 *雑《くさぐさ》の工《たくみ》の戸

*左京二十五烟《えん》〈今は絶戸〉　右京三十九烟〈今は絶戸〉　大和国六十九烟
摂津国五十烟　河内国七十一烟　和泉国五烟
伊勢国四烟　尾張国四烟　遠江国二十烟

死亡官馬牛の皮等を取るべきことは厩牧令26条、公用中に死亡した馬牛の皮肉を売るべきことは同令27条に見える。→補2

熟りて 皮をなめすこと。

29造弩条

弩 機械仕掛けの弓の一種。弓、弦、臂(ヒ。腕木のこと)、機(引き金の仕掛け部分)からなる。わが国での遺例は少ないが、中国出土のものは、臂を弓の中央部に直角に取り付け、その上面に刻まれた凹槽(オウソウ)に矢を挿入して発射した。その際に、臂の弦側の一端に引き金としての機が組み込まれていた。弩の操作を教授する弩師については式部式上146条参照。

単功六百三十三人… →補3

30大門楯条

大門に建つる楯六枚戟十二竿 大嘗祭式24条には、大嘗祭に際して、朱雀・応天・会昌の三門にも儀仗の楯・戟が立てられることになっており、その修理は左右衛門府が申請して兵庫寮が行なうことが記されている。朱雀・応天・会昌の三門は、朱雀大路から大嘗宮までの路次にある門である。

31雑工戸条

雑の工の戸 →補4

左京二十五烟… →補5

卅二　底「卅」。閣・梵ホカニヨリテ改ム。

雑の工の戸は調庸を免じ…　↓補1

貢調使　四度使の一つで、諸国の調、庸、雑物の現在高を記した調帳・庸帳・租帳を、調庸とともに朝廷に運納する使い。調使。

摂津国有馬郡の羽束の工の戸　和名抄には同国同郡に羽束郷が見える。↓補2

32雑工部条

雑の工部二十人　雑の工部は令制の伴部の一つ(職員令26・34条)。ゾウクベともいう。品部・雑戸である雑工戸から採られ、鍛冶や武器・武具製造などの手工業技術をもって番上した。ただし、天長十年(八三三)に兵部省の奏上に基づき、二人が同省の書生に振り替えられている(続後紀同・六・庚午条)。

戸内の百姓の芸業衆に勝りたる者　雑工戸の中から選ばれるが、職員令26条義解では適任者がいない場合には他氏から取ることを認めている。

兵部省…補せよ　兵部式30条参照。

33鼓吹戸条

鼓吹戸　本式1条参照。

山城国七十五烟…　職員令27条集解古記

近江國十八烟　美濃國卅二烟　丹波國七烟
播磨國四烟　紀伊國廿六烟

右、雑工戸免二調庸一、毎年自二十月一日一至二二月卅日一役使、雑作人別不レ得レ過二五十日一、其役分物、毎年附二貢調使一進之、但攝津國有馬郡羽束工戸役十五日、不レ免二其調一、若有二絶戸一、其口分田、准レ價賃租充二雑工食一、不レ給二公粮一、

凡雑工部廿人、簡二取戸内百姓藝業勝レ衆者一、移二兵部省一勘籍補之、

鼓吹戸

山城國七十五烟　攝津國二烟　河内國廿三烟 烟別六丁

右、起二十月一日一盡二二月卅日一、以二十人一爲二一番一、番別卅日、更代教習、若有二破除一、隨卽補之、其始發レ聲日、申レ官待レ報、三月一日、辨官幷兵部省官人就レ寮簡二試能不一、訖乃放却、

凡鼓吹戸計帳之日、屬已上一人到レ國、與二國司一共以二中上戸一定之、

および令釈所引官員令別記には「大角吹丼二百十八戸」、続紀神亀三・八・壬戌条には「定二鼓吹戸三百戸一」と見えるが、両者の関係は明らかではない。本条では三国で計一〇〇戸と、三分の一に減じられている。

右十月一日より二月三十日まで　職員令27条集解古記および令釈所引官員令別記に見えるように、鼓吹戸の教習期間は古くは九月から二月の六ケ月間であった。それが、鼓吹戸から補任される吹部の教習期間が、和銅二年（七〇九）六月十二日に五ケ月間に短縮された（同条集解伴記所引同・六・十二宣）のに合せて、同じく五ケ月間とされたものと思われる。

破除　計帳から除くこと。民部式上95条参照。

其れ始めて声を…放し却せ　太政官式134条、兵部式24条、儀式九（三月一日於鼓吹司試生等儀）参照。

34 鼓吹戸計帳条

中上戸　九等戸制で上から第四位の戸。令制では戸の評価法として三等戸制（田令16条）と九等戸制（田令36条、賦役令6条、厩牧令16条）とがあり、前者が課丁数を基準とするのに対し、後者は資産を基準としていた。本条で、なぜ中上戸に限定する必要があったのかは不明である。

近江国十八烟　美濃国三十二烟　丹波国七烟
播磨国四烟　紀伊国二十六烟

右、*雑の工の戸は調庸を免じ、毎年十月一日より二月三十日まで役使せよ。雑の作人は別《ひとごと》に五十日を過ぐることを得ず。その役分の物は、毎年*貢調使《こうちょうし》に附《さず》けて進れ。ただし*摂津国有馬《ありま》郡の羽束《はつかし》の工の戸の役は十五日、その調を免ぜざれ。もし絶戸あらば、その口分田は價に准えて賃租し、雑の工の食に充て公粮を給わざれ。

32 凡そ*雑の工部《たくみべ》二十人は、*戸内の百姓の芸業衆に勝《まさ》りたる者を簡び取りて*兵部省に移《い》し、勘籍《かんじゃく》して補せよ。

33 *鼓吹戸《くすいこ》
*山城国七十五烟　摂津国二烟　河内国二十三烟〈烟別に六丁〉
*右、十月一日より二月三十日まで、十人を以て一番となせ。番別に三十日。更に代わりて教習し、もし*破除あらば、ただちに補せよ。*其れ始めて声を発する日、官に申して報を待て。三月一日、弁官ならびに兵部省の官人、寮に就きて能不を簡試し、訖らばすなわち放《ゆる》し却《かえ》せ。

34 凡そ鼓吹戸の計帳の日、属已上一人国に到らば、国司とともに*中上戸を以て定め、

莫レ令二他役一、長上三人、大、小角、鉦鼓各一人、

凡鼓吹部者、簡二取戸内百姓才業秀レ衆者一、移二兵部省一勘籍補之、大角生十人、小角生八人、大笛生二人、鼓生十人、鉦生四人、

凡鼓吹生等年料、萬病膏、神明膏、百毒散、茯苓散各一劑、清酒五斗、並申レ官請受支給、

延喜式巻第卌九

百毒散　典薬式25条、「半劑」トス。

長上三人　長上は番上に対する語で常勤の意。寛平八年(八九六)に鼓吹司が他司と合併して兵庫寮となったことにより、従来鼓吹司に所属していた大・小角、鉦鼓の三長上が兵庫寮の所属となった(三代格同・十・五符)。兵部式25条参照。

35鼓吹部条

兵部省に…補せよ　兵部式30条参照。

大角生十人…鉦生四人　延暦十五年(七九六)に吹部の称が定められ、三四人が置かれた(後紀同・十・甲申条)。本条の鼓吹部の合計はこれと一致するが、前者には鼓・鉦生は入っていない可能性がある。あるいは、延暦十九年に大笛長上を廃して鉦鼓長上が置かれたこと(三代格同・十・七符)を機に鼓・鉦生が加わり、名称も鼓吹部となったか。↓補1

36年料薬酒条

鼓吹生　本式10条参照。

万病膏　医心方に処方は見えないが、典薬式では左右近衛府や兵庫寮、諸使に支給される年料雑薬に挙げられ、また天平十一年度伊豆国正税帳(古二―一九七頁)にも記載があることから、国医師レベルでも調剤可能な万能傷薬であったと推測される。薬物請求文書草案(古二五―六

他役せしむることなかれ。*長上三人〈大・小角、鉦鼓各一人〉。

35 凡そ鼓吹部は、戸内の百姓の才業衆に秀でたる者を簡び取りて*兵部省に移し、勘籍して補せよ〈*大角生十人、小角生八人、大笛生二人、鼓生十人、鉦生四人〉。

36 凡そ*鼓吹生らの年料は、*万病膏《まんびょうこう》・*神明膏《しんみょうこう》・*百毒散《ひゃくどくさん》・*茯苓散《ぶくりょうさん》各一剤、*清酒《すみさけ》五斗。みな官に申し、請い受けて支給せよ。

延喜式巻第四十九

二九頁)にも見える。丸山裕美子「供御薬儀の成立」(『日本古代の医療制度』所収、一九九八年、初出一九九〇年)参照。

神明膏　医心方五(治目赤爛皆方)に処方が見えるように、目が赤く爛れた時の治療に用いられる塗り薬。一方、唐の玄宗の勅撰である広済方には「諸風頑痺、筋脈不利」の際の治療薬として見える(唐の王燾の外台秘要所引)。万病膏と同様、天平十一年度伊豆国正税帳(古二―一九七頁)に記載がある。斎宮式71条、典薬式3条以下の諸条参照。

百毒散　典薬式では左右衛門府や兵庫寮、諸使に支給される年料雑薬に挙げられている。同式22・25条参照。

茯苓散　茯苓(マツホド、マツノホヤ)を主成分とする散薬か。茯苓は担子菌類サルノコシカケ科に属するきのこの菌核で、各地に分布し、アカマツ・クロマツなどの根に寄生する。不規則な塊状で外皮は黒褐色の鱗片状、内部は肉質で淡紅色を帯び、乾燥すれば白色にかわる。鎮静・利尿・強壮の効果がある。典薬式では貢進すべき薬材として多くの国にこれが課せられており、左右近衛府や左右衛門府、兵庫寮、諸使に支給される年料雑薬に挙げられている。

清酒　布製の篩(フルイ)で滓を漉し、澄んだ状態にした酒。

延喜式巻第五十

雑式

凡諸國鎮二害氣一者、於二國郡郷邑一、毎年正月上厭日作レ坑、方深三尺、取二東流水沙三斛一置二坑内一、以二醇酒三斗一灌レ沙、然後以レ土覆之、大小各踏二其上一、以レ杵築之、各二七杵、呪曰、害氣消除、人無疾病、五穀成熟、

凡大宰府應レ奏二神事一者、帥獨署、若帥有レ故者、少貳以上一人署奏、

凡御所及中宮東宮稽首、餘皆跪拜、但頭高下随二人貴賤一

凡授位任官及別有二恩命一者儛踏、中宮東宮准レ此、

凡公宴賜二酒食一、親王以下皆列二庭中一再拜、謂二之謝座一　訖行酒人、把二空盞一授二貫首者一、跪受レ盞再拜、謂二之謝酒一　中宮東宮賜レ宴准レ此、自餘謝座訖就レ座後把二巡盞一起拜、若三位以上在レ座者、四位參議同レ此、　五位以上堂上拜、六位以下堂下拜、若四位五位在レ座

凡諸國　→校補1
斗　底「升」。陰陽式1条ニヨリテ改ム。
凡御所　→校補2
凡公宴　→校補3
者　底「人」。「者〈本〉」ノ傍注アリ。西・梵ニヨリテ改ム。

雑式　→補1

1鎮害気条

諸国害気を鎮めんには　以下、陰陽式1条とほぼ同内容。ただし本条は宮城ではなく地方諸国についての規定。文徳実録仁寿三・十二・甲子条に「陰陽寮奏言、使下諸国郡及国分二寺拠二陰陽書法一、毎年鎮中害気上、従レ之」とあるのが初見。

厭日　凶日の一種。正月の上の厭日は、正月の最初の戌の日にあたる。陰陽式1条参照。

東流水沙　害気の在処の東側を流れる川の砂。宮城の場合は賀茂川の砂を指すと考えられるが(陰陽式1条参照)、諸国については不明。

醇酒　まじりけのない酒。陰陽式1条には「清酒」とある。

二七杵　七回ずつ二度つく。

2大宰奏神事条

神事を奏すべくは　六国史では、大宰府の奏上は新羅使の来着や遣唐使に関する

場合がほとんどで、神事の奏上の実例は見えない。

帥独り署せ 公式令10条に、国司が飛駅によって奏上する場合、長官のみが署すことを規定し、さらに「若長官不ㇾ在者、次官以下、依ㇾ式署、(中略)大宰府准ㇾ此」とある。

3稽首条

稽首 頭を深く下げて地につけて敬礼する作法。

4授位任官条

跪拝 ひざまずいてする拝礼。→補2

儛踏 祝意や謝意などを表す作法。拝舞とも。まず再拝して、立ったまま上体をかがめて袖を垂らし、左右左と袖を振り、その方向に顔を振り向ける。次にひざまずいて同様の動作をくり返し、そのまま一揖し、さらに立って再拝する。

5公宴酒食条

親王以下 内裏式上(元正受群臣朝賀式幷会)に「親王以下五位以上東西分頭、立㆓庭中㆒」、儀式六(元日御豊楽院儀)に「親王以下五位以上東西相分(分注略)立㆓庭中㆒」とある。

謝座 着座の前に群臣が再拝すること。

貫首 筆頭の人。内裏式上(元正受群臣朝賀式幷会)には「第一人」と見える。

謝酒 群臣が酒の下賜に対して再拝して謝意を表すること。

延喜式巻第五十

*雑式

1 凡そ*諸国、害気を鎮めんには国郡郷邑に於いて、毎年正月の上《かみ》の*厭日《えんじつ》に坑《あな》を作れ。方・深三尺、*東流水沙《とうりゅうすいさ》三斛《こく》を取りて坑の内に置き、*醇酒《かたさけ》三斗を以て沙に灌《か》け、然る後に土を以て覆え。大小各《おのおの》その上を踏み、杵《きね》を以て築《つ》くこと各*二七杵。呪《しゅ》して曰く、害気消除、人無疾病、五穀成熟、と。

2 凡そ大宰府、*神事を奏《もう》すべくは、*帥《そち》独り署せ。もし帥に故あらば、少弐《しょうに》以上一人署し奏せ。

3 凡そ御所および中宮・東宮には*稽首《けいしゅ》せよ。余は皆*跪拝《きはい》せよ〈ただし頭の高下は人の貴賤に随え〉。

4 凡そ授位・任官および別に恩命ある者は*儛踏せよ。中宮・東宮もこれに准《なぞら》えよ。

5 凡そ公宴には酒食を賜え。*親王以下《いげ》は皆庭中に列して再拝せよ〈これを*謝座《しゃざ》と謂う〉。訖らば行酒《こうしゅ》の人、空盞《こうざん》を把《と》りて*貫首《かんじゅ》の者に授けよ。跪《ひざまず》きて盞《さん》を受けて再拝せよ〈これを*謝酒《しゃしゅ》と謂う〉。中宮・東宮の宴を賜うこともこれに准えよ。自余は謝座し訖らば座に就き後に巡盞《じゅんさん》を把りて起拝せよ。もし三位以上座にあらば〈四位の参議もこれに同じくせよ〉、五位以上は堂上にて拝し、六位以下は堂下にて拝せよ。もし四位五位座に

腰輿　底ナシ。西ニヨリテ補ウ。

王　底ナシ。西・井ニヨリテ補ウ。

六位の長官座にあらば　長官が六位の場合、位階制秩序が優先され、判官以上が堂上で拝するのであろう。次官が六位の場合も同様に、主典以上が堂上で拝する。

6諸司公廨条

諸司の公廨　諸司とあるので京官諸司を念頭に置いたもの。→補1

利を以て本となして　複利計算をする。

7度量権衡条

官私悉く大を用いよ　→補2

晷景を測り　ひかげの長さを測る。日時計。

六尺を以て歩となせ　雑令4条に「凡度レ地、五尺為レ歩、三百歩為レ里」、田令1条集解古記に「和銅六年二月十九日格、其度レ地以二六尺一為レ歩」とある。和銅六年(七一三)の改正が本条に定着したことを示すが、一歩の長さは変わらず、高麗尺

者、判官以上堂上拜、主典以下堂下拜、若本司長官在レ座者、次官堂上拜、判官以下堂下拜、六位長官在レ座、判官以上堂上拜、次官在レ座者、判官以下拜准レ上、若次官六位者、判官、主典堂上拜、判官在レ座者、主典堂上拜、史生堂下拜、

凡諸司公廨限二三箇年一出擧、其本依レ數返納、仍以レ利爲レ本出息、毎年十二月錄二定本數一申二送於官一、交替官長分明付領、然後放還、其處分法者、長官五分、次官四分、判官三分、主典二分、史生一分、若無二次官或判官一者、止准二見官一爲レ差、

凡度量權衡者、官私悉用レ大、但測二晷景一合二湯藥一、則用二小者一、其度以二六尺一爲レ步、以外如レ令、

凡乘二輦車、腰輿一出二入內裏一者、妃限二曹司一、夫人及內親王限二溫明、後涼殿後一、命婦三位限二兵衞陣一、但嬪、女御及孫王大臣嫡妻乘輦限二兵衞陣一、

凡乘レ車出二入宮城門一者、妃已下大臣嫡妻已上限二宮門外一、

あらば判官《じょう》以上は堂上にて拝し、主典《さかん》以下は堂下にて拝せよ。もし本司の長官《かみ》座にあらば、次官《すけ》堂上にて拝し、判官以下は堂下にて拝せよ〈*六位の長官座にあらば、判官以上堂上にて拝せよ〉。次官座にあらば、判官以下の拝は上に准えよ〈もし次官六位ならば、判官・主典堂上にて拝せよ〉。判官座にあらば、主典は堂上にて拝し、史生《ししょう》は堂下にて拝せよ。

6 凡そ*諸司の公廨《くげ》は三箇年を限りて出挙《すいこ》し、その本《もと》は数によりて返し納《い》れよ。仍りて*利を以て本となして出息《しゅっそく》し、毎年十二月、本数を録定して官に申し送れ。交替の官長は分明に付領し、然る後に放還せよ。その処分の法は、長官に五分、次官に四分、判官に三分、主典に二分、史生に一分。もし次官或いは判官なければ、ただ見《げん》官《かん》に准えて差をなせ。

7 凡そ度量権衡《どりょうごんこう》は、官*私悉《ことごと》く大を用いよ。ただし*晷景《きえい》を測り、湯薬《とうやく》を合さんには、すなわち小なる者を用いよ。其れ度は*六尺を以て歩《ぶ》となせ。以外は令の如くせよ。

8 凡そ*輦車《てぐるま》・*腰輿《たごし》に乗りて内裏に出入せんには、*妃《ひ》は*曹司《ぞうし》までを限り、*夫人《ぶにん》および内親王は*温明《うんめい》・*後涼殿《こうりょうでん》の後《しりえ》までを限り、命婦《みょうぶ》の三位は*兵衛《ひょうえ》の陣までを限れ。ただし*嬪《ひん》・*女御《にょうご》および孫王、大臣の嫡妻の乗輦は兵衛の陣までを限れ。

9 凡そ*車に乗りて*宮城門を出入せんには、妃已下《いげ》大臣の嫡妻已上は*宮門の外までを限

(大尺で、唐尺の一・二倍)の廃止・唐尺(小尺)の採用と関わると考えられる。

8 輦車腰輿条

輦車　轅(ナガエ)に手を添えて引く車。内匠式23条参照。

腰輿　担ぎ手が、轅を手で腰のあたりまで持ち上げて運ぶ。内匠式22条参照。

妃　後宮職員令1条に「妃二員、右四品以上」とある。

曹司　ここでは内裏北部の局(妃の部屋)をいう。

夫人　後宮職員令2条に「夫人三員、右三位以上」とある。

温明　内裏の綾綺殿の東方に位置する殿舎。

後涼殿　清涼殿の西に位置する殿舎。

兵衛の陣　左右兵衛府が警備した内裏内閣の宣陽門・陰明門をいう。

嬪　後宮職員令3条に「嬪四員、右五位以上」とある。

女御　平安時代以降、更衣や御息所などとともにおかれた後宮女官。皇后や中宮の下で、更衣の上。

9 乗車出入条

車　牛車を指す。

宮城門　宮城(大内裏)の外郭に開く門。

宮門　宮城(大内裏)内の門のうち、朝堂院に開く門など、宮城外郭より一つ内側の門の総称。

四位已下及內侍者、聽㆑出㆓入土門㆒、但不㆑得㆑至㆓陣下㆒、

凡大甕聽㆓妃已下三位已上、及大臣嫡妻㆒、其鳥尾扇聽㆓四位及參議已上嫡妻及女子自持㆒、不㆑得㆑令㆓人執㆒㆑翳、

凡諸司官人、或率㆓婦女及馬子㆒宿㆓於曹司㆒、忽有㆓疾病㆒不㆓速出却㆒、以穢㆓宮中㆒、隨㆑事重科、

凡內豎分番奏㆓傳漏㆒、晝夜各一時、假令、奏㆓午時㆒者轉奏㆓子時㆒、奏㆓未時㆒者轉奏㆓丑時㆒之類、

凡內外諸司解文、不㆑得㆑用㆓薄臭紙㆒、其字必令㆓分明㆒、不㆑得㆔一行過㆓十三四箇字㆒、

凡出㆓納蕃客儲料雜物㆒、遣㆓行事史㆒檢行、

凡故僧正行基混陽院雜事者、攝津國司與㆓別當僧㆒共知檢校、

凡細微事類、不㆑得㆓輙稱㆓勅旨㆒、勅旨交易、及勅旨田之類、但中務奉㆑勅、具錄㆓勅狀㆒、中㆓送辨官㆒、施行之日、當㆑言㆓勅旨㆒、

陣　底「陳」。西・塙・貞・藤ニヨリテ改ム。

婦　底「嫡」。西ニヨリテ改ム。

子　底ナシ。西(抹消ス)及ビ弾正式45条ニヨリテ補ウ。

凡內豎…　底、コノ条ナシ。西ニヨリテ補ウ。

傳　西「轉」。意ニヨリテ改ム。

必　底「女」。西・京ニヨリテ改ム。

史　考異、恐ラク「使」ニ作ルベキカトナス。

土門　上東門・上西門。

陣下　↓補1

10大甕条

大甕　さしがさ。柄があって大きく、貴人にさしかけるもの。

鳥尾の扇　鳥の羽で作った団扇状のもの。

人をして翳を執らしむることを得ず　他の人に扇の柄を持たせてはならない。

11官人疾病条

婦女および馬子　弾正式45条に「諸司官人等曹司、或馬子或女人居住、運㆓出穢物㆒置㆓其垣外㆒、宜㆔重加㆓禁断㆒」とある。

曹司　ここでは宮中の宿直所を指す。

12伝漏条

内豎　はじめ豎子と称し、天平宝字七年

れ。四位已下および内侍《ないし》は*土門《つちみかど》を出入することを聴せ。ただし陣下*に至ることを得ず。

10凡そ*大簦《おおがさ》は妃已下三位已上、および大臣の嫡妻に聴せ。其れ*鳥尾《とりお》の扇《おうぎ》は四位および参議已上の嫡妻および女子自ら持つことを聴せ。人*をして翳《さしば》を執らしむることを得ず。

11凡そ諸司の官人《かんにん》、或いは婦女*および馬子《めし》を率いて曹司*に宿《とのい》して、忽《たちま》ち疾病《しっぺい》あるに、速《すみ》やかに出だし却《や》らず、以て宮中を穢《けが》すは、事に随いて重く科《つみ》せよ。

12凡そ*内豎《ないじゅ》*分番して漏《ろう》を奏《もう》し伝うるは、昼夜各一時《とき》とせよ〈たとえば、午《うま》の時に奏す者《ひと》は転じて子《ね》の時に奏し、未《ひつじ》の時に奏す者は転じて丑《うし》の時に奏すの類〉。

13凡そ内外諸司の*解文《げぶみ》は*薄く臭き紙を用うるを得ず。その字は必ず分明ならしめ、一行に十三四箇字を過ぐることを得ず。

14凡そ*蕃客の儲料の雑物を出納せんには、*行事の史を遣わして検行せしめよ。

15凡そ故僧正*行基《ぎょうき》の*混陽院《こんよういん》の雑事は、摂津国司と別当僧とともに知りて検校せよ。

16凡そ細微の事類は、輙《たやす》く勅旨と称することを得ず〈*勅旨交易、および*勅旨田の類〉。ただし中務、勅を奉《うけたまわ》り、具《つぶさ》に勅の状を録《しる》して弁官に申し送らば、施行の日、勅旨と言うべし。

(七六三)以降、内豎と改称。少年や成年男子を主体とし、宮中で天皇の側近に仕えた。

分番して漏を奏し伝うる　漏は漏刻(陰陽式2条参照)。→補2

13諸司解文条

解文　被管官司から所管官司への上申文書。公式令11条参照。

薄く臭き紙　漉き返しの紙である薄墨紙(宿紙)のことか。

14蕃客儲料条

蕃客の儲料　いわゆる蕃客に対する饗宴、渡海料、賜禄やその他の経費の財源として大宰府で確保されているもの。

行事の史　担当の史。史は弁官に置かれた左右の大少史を指す。

15混陽院雑事条

行基　→補3

混陽院　行基年譜天平三年条に「島陽施院　三月廿日起、在摂津国河辺郡山本村」とあるのにあたる。なお民部式上115条に「凡摂津国惸独田、国司営種、所穫苗子、毎年申官、待有処分乃後充用」とあり、混陽院付属の「惸独田」も摂津国の管轄下にあったことが分かる。

16細微事類条

勅旨交易　民部式下69条参照。

勅旨田　勅旨により国司が正税等を財源として開発した耕地。

凡商賈之輩、依二錢文不明一嫌而不レ受、所司決レ笞、

凡遣二鑄錢司一舊錢、路次國差二加勇幹健兒一遞送、若致二亡失一者、令二當國司塡納一、

凡女官厨年料雜物者、隔二三年一一充、

凡美濃國互差二掾若目一人一、令レ檢二校土岐、惠奈兩郡雜事幷驛家遞送事一、

凡越前國松原客館、令二氣比神宮司檢校一、

凡諸司及有封所所、不レ得レ責二取諸國前分一、

凡京職諸國造二過所一者、具錄二馬毛尺寸歳驗一、依レ實勘過、以絕二姧欺一、

凡天下百姓、親勤二農業一、貯二積雜穀一、救二濟孤獨一、戸口增長、夫婦和順、名聞二鄉里一、親疎相識者、長官歷門訪審、的知二虛實一、具錄二姓名年紀一、附二便使一申二送官一、

凡國司等、各不レ得レ置二資養郡一、

凡國司等、就レ使及請レ假入京、過レ限未レ還者、錄レ名申送、若隱忍不レ告者、事覺之日、准レ狀科附、

凡商賈… 底、コノ条ナシ。西ニヨリテ補ウ。
歳験 →校補4
絶 底「紀」。西ニヨリテ改ム。
的 西傍注「明也」。
凡國司等就使 →校補5

17銭文不明条

銭文不明 大蔵式62条、左右京式49条に同様の規定がある。ただし本条は「商賈之輩」に対する規定である。→補1

18遣鋳銭司旧銭条

鋳銭司 銭貨の鋳造にあたった令外の官。ここでは周防国に置かれた鋳銭司を指すか。→補2

旧銭 →補3

健児 軍団兵士制に代わり、八世紀末から平安時代に設けられた地方兵制。郡司子弟などからなる。九世紀半ば以降になると、健児は軍事的動員のほかに、伊勢使通過の路次の清掃などにも動員された例がある(三代格貞観四・十二・五符、同元慶六・九・二十七符)。

19女官厨年料条

女官厨 拾芥抄中(宮城部)の「諸司厨町」の中に「女官町」が見える。

三年を隔てて一たび 四年に一度支給す

17凡そ商賈《しょうか》の輩《ともがら》、*銭文不明により嫌《いと》いて受けざれば、所司、笞に決せよ。

18凡そ*鋳銭司《じゅせんし》に遣わす*旧銭は、路次《ろじ》の国、勇幹の*健児《こんでい》を差《さ》し加えて逓送《ていそう》せよ。もし亡失を致さば、当国司をして塡納《てんのう》せしめよ。

19凡そ*女官厨《にょかんくりや》の年料の雑物は、*三年を隔てて一たび充てよ。

20凡そ美濃国は、互《かた》みに掾《じょう》もしくは目《さかん》一人を差《つか》わし、*土岐《とき》・恵奈《えな》両郡の雑事ならびに駅家逓送の事を検校せしめよ。

21凡そ越前国の*松原《まつばら》客館は、*気比《けひ》*神宮司をして検校せしめよ。

22凡そ諸司および有封の所々は、諸国の*前分《ぜんぶん》を責め取ることを得ず。

23凡そ京職・諸国、*過所《かしょ》を造らんには、*具に馬の毛・尺寸・歳・験を録して、実によりて勘過し、以て奸欺を絶て。

24凡そ天下の百姓の、親《みずか》ら農業を勤め、雑《くさぐさ》の穀を貯積し、*孤独を救済し、戸口増長し、夫婦和順し、名、郷里に聞こえ、親疎相識る者、*長官、歴門訪審して的《あきらか》に虚実を知り、具に姓名・年紀を録し、便使に附《さず》けて官に申し送れ。

25凡そ国司らは、各*資養の郡を置くことを得ず。

26凡そ国司ら、*使に就きおよび*假《け》を請いて入京し、*限りを過ぎて還らざる者は、名を録して申し送れ。もし隠忍して告げざれば、事覚《あらわ》るるの日、状に准えて*科附せよ。

る。

20美濃国掾目条

土岐恵奈両郡の雑事ならびに駅家逓送の事 →補4

21松原客館条

松原客館 →補5

気比神宮司 神名式下12条の敦賀郡の項に「気比神社七座〈並名神大〉」。続後紀承和六・八・己巳条によれば、遣唐使の派遣にあたり、奉幣されている。

神宮司 →補6

22諸国前分条

前分 →補7

23造過所条

過所 カソとも。→補8

具に馬の毛尺寸歳験を録して →補9

24天下百姓条

孤独 孤は幼くて父のない者、独は老いて子のない者。

長官 国司の長官。→補10

25資養郡条

資養の郡 国司の私的な必要物や労役を課される郡。→補11

26就使請假条

使 四度使など、京へ向かう使者。

假 休暇。

限りを過ぎて還らざる者 期限が過ぎても任国に戻らない者。→補12

科附せよ 罪状にしたがって罪を科す。

凡公私運米五斗爲㆑俵、仍用㆓三俵㆒爲㆑駄、自餘雜物亦准㆑此、其遠路國者斟量減之、

凡朝使到㆑國、國司不㆑得㆓迎送㆒、各著㆓當色㆒候㆓待國府㆒、但接㆑堺郡司率㆓騎馬子弟四人㆒迎送、服色如㆑常、其充㆓馬子㆒者、五位已上四人、六位已下二人、

凡國司一任之內、不㆑得㆓所部交關㆒、但聽㆑買㆓衣食㆒、其私物運㆑京者、除㆓公廨㆒外不㆑得㆓更加㆒、若有㆓違犯㆒、依㆑法科罪、

凡諸國驛路邊植㆓菓樹㆒、令㆔往還人得㆓休息㆒、若無㆑水處、量㆑便掘㆑井、

凡百姓被㆑雇刈㆑稻之日、不㆑得㆓率㆑人拾㆒㆑穗、

凡解、移者、史生以上隨㆑狀送之、

凡驛使遇㆘應㆓致敬㆒者㆖下馬、若急速者不㆑下、

凡難波津頭海中立㆓澪標㆒、若有㆓舊標朽折㆒者、搜求拔去、

凡大宰貢㆓雜官物㆒船、到㆓緣海國㆒、澪引令㆑知㆓泊處㆒、

弟　底「第」。意ニヨリテ改ム。

使遇　底「吏過」。西及ビ儀制令10条集解古記所引八十一例ニヨリテ改ム。

令　底「合」。西・梵・梵別・井ニヨリテ改ム。

27公私運米条

五斗を俵となせ　帝王編年記天平十一年条に「依㆓諸兄大臣之計㆒、以㆓米五斗㆒為㆓一俵㆒」とある。平城宮をはじめとして出土する米の荷札木簡の多くは、五斗を一俵としている。↓補1

三俵を用て駄となせ　続紀天平十一・四・乙亥条には「令㆘天下諸国改㆓駄馬一匹所㆑負之重大二百斤㆒、以㆓百五十斤㆒為㆖㆑限」とある。

28朝使到国条

朝使　朝廷の使者。

迎送することを得ず　↓補2

当色を著て　規定通りの色の服を着て。

29国司不交関条

所部に交関することを得ず　↓補3

私物を京に運ぶは　↓補4

法によりて科罪せよ　↓補5

30駅路植菓樹条

菓樹を植え　↓補6

31被雇刈稲条

雇われて　ここでは、飲食を支給して労

27凡そ公私の運米は*五斗を俵となせ。仍りて*三俵を用《もっ》て駄となせ。自余の雑物もまたこれに准えよ。その遠路の国は斟量して減ぜよ。

28凡そ*朝使国に到らば、国司*迎送することを得ず。各*当色《とうじき》を著《き》て国府に候し待て。ただし堺に接する郡司は騎馬の子弟四人を率いて迎送せよ。服色は常の如くせよ。その馬子を充つるは、五位已上に四人、六位已下に二人。

29凡そ国司一任の内、*所部に交関することを得ず。ただし衣食を買うことを聴せ。其れ*私物を京に運ぶは、公解を除くの外、更に加うることを得ず。もし違犯《いぼん》あらば、*法によりて科罪せよ。

30凡そ諸国の駅路の辺には*菓樹《かじゅ》を植え、往還の人をして休息することを得さしめよ。もし水なき処には、便を量りて井を掘れ。

31凡そ百姓、*雇われて稲を刈るの日、*人を率いて穂を拾うことを得ず。

32凡そ*解《げ》・*移《い》は、*史生以上、状に随いて送れ。

33凡そ*駅使、*致敬《ちぎょう》すべき者に遇わば下馬せよ。もし急速ならば下りざれ。

34凡そ*難波津《なにわづ》の頭《ほとり》の海中に*澪標《みおつくし》を立てよ。もし旧き標《くし》の朽ち折ることあらば、捜し求めて抜き去れ。

35凡そ大宰の*雑の官物を貢する船、*縁海の国に到らば、澪引《みおびき》して泊《は》つる処を知らしめ

働に従事させること（吉村武彦「初期庄園の耕営と労働力編成」（『日本古代の社会と国家』所収、一九九六年、初出一九七四年））。

人を率いて　→補7

32解移条

解　本式13条参照。

移　直接の所管・被管関係にない官司間で用いられた文書。公式令12条参照。

史生以上…　公式令89条集解古記所引八十一例に、「凡解移送二諸司一者、主典以下史生以上、随二事軽重一相送」と見える。式部式上156条参照。

33駅使下馬条

駅使致敬すべき者に遇わば　→補8

34難波津条

難波津　→補9

澪標　通行する船に水脈や水深を知らせるために目印として立てる杭。水深の浅い河口港に設けるもの。土佐日記に「六日、みをつくし（澪標）のもとよりい（出）でて、なには（難波）につ（着）きて、かはじり（河尻）にい（入）る」などとあり、難波の澪標は有名であった。

35大宰貢物船条

雑の官物　大宰府から京進される綿、調絹、隼人調布、調糸、交易雑物、年料別貢雑物、贄など。

縁海の国　ここでは瀬戸内海沿岸諸国。

凡大宰貢二御贄一•使、不レ得下私持二他物一以致中人患上、
凡運二漕對馬嶋粮一者、毎レ國•作レ番以レ次運送、
凡對馬嶋銀者、任聽二百姓私採一、•但國司不レ在二此例一、
凡王臣家使、不レ得下到二對馬嶋一、私買二眞珠一擾中亂百姓上、
凡王臣家及諸商人船許レ出二入大宰•部內一、但不レ得下•因レ此擾二勞百姓一、及•糴レ米買上レ馬、
若有レ違者、依レ法科罪、
凡對馬嶋朝集、計帳、並附二一使一、
凡大宰於二•南嶋一樹レ牌、具顯二著嶋名、及泊レ船處、有レ水處、幷•去就國行程、遙見嶋名一、仍令二漂著船人必知上レ有レ所二歸向一、
凡大宰貢二綿穀一船者、擇二買勝載二百五十石以上三百石以下一、•著レ柂進上、便卽令レ習レ用レ柂、其用度充二正税一、
凡監臨主守、以二官物一私自貸若貸レ人、所レ貸之人、不レ能二•備償一及身死者、並徵二•判署之人一、卽•判署亦

使　底「吏」。西ニヨリテ改ム。コノ類ノ誤写ニツイテハ、以下、本巻ノウチ一々注セズ。
作　底「任」。西ニヨリテ改ム。
但　底、コノ下「馬」字アリ。西ナシ。衍ト見テ削ル。
部　底「郡」。西ニヨリテ改ム。
因　底「自」。西ニヨリテ改ム。
糴　底「雑」。西ニヨリテ改ム。
南　底「兩」。西ニヨリテ改ム。
去　底「者」。西・壬イ本ニヨリテ改ム。
著　底、コノ上「不」字アリ。西・塙・貞・京ナシ。衍ト見テ削ル。
備　底「傳」。西ニヨリテ改ム。
判　底「衛」。西ニヨリテ改ム。下同ジ。

36大宰貢贄使条
御贄を貢する使　→補1
37運漕対馬粮条
対馬島　国司に相当する島司が置かれ、下国に等級づけられた(民部式上8条)。
粮　主税式上18条によれば、島司ならびに防人等の粮を指すか。
国毎に　主税式上18条には「筑前、筑後、肥前、肥後、豊前、豊後等国」とある。
38対馬島銀条
対馬島の銀　→補2
百姓の私に採ることを聴せ　雑令9条の

「凡国内有下出二銅鉄一処上、官未レ採者、聴二百姓私採一」に准じた規定。

39対馬真珠条

王臣家　親王・内親王・諸王やおおむね五位以上の貴族の家政機関を指す。

真珠　対馬国貢銀記には「島中珍貨充溢、白銀鉛錫真珠金漆之類、長為二朝貢一」とある。

40王臣商人船条

米を糴い馬を買う　→補3

41対馬朝集計帳条

朝集　朝集帳。国司が国務報告のため上京させる朝集使が進上する公文。四度公文の一つ。国郡司の考課に関わる公文や計会帳のほか、国務に関わる雑多な帳簿を進上した。民部式上32条参照。

計帳　調庸収取のため国司が毎年作成し太政官に提出した文書。四度公文の一つ。民部式下15条、主計式下37条参照。

一使に附けよ　→補4

42大宰樹牌条

南島　南西諸島を指す。→補5

牌を樹て　→補6

43大宰貢綿穀船条

綿　調庸物として京進される綿。

勝載　船の積載能力。

44監臨主守条

監臨の主守　→補7

判署の人　署名をした人。

よ。

36凡そ大宰の*御贄《みにえ》を貢する使、私に他物を持ちて以て人の患いを致すを得ず。

37凡そ*対馬島の*粮を運漕せんには、*国毎《ごと》に番を作《な》し、次《ついで》を以て運送せよ。

38凡そ*対馬島の銀は任《まま》に*百姓の私に採ることを聴せ。ただし国司はこの例にあらず。

39凡そ*王臣家の使、対馬島に到りて、私に*真珠を買い、百姓を擾乱《じょうらん》するを得ず。

40凡そ王臣家および諸商人の船は大宰の部内に出入するを許せ。ただしこれに因りて百姓を擾労《じょうろう》し、および*米《よね》を糴《か》い馬を買うを得ず。もし違《たが》うことあらば、法によりて科罪せよ。

41凡そ対馬島の*朝集・*計帳は、みな*一使に附《さず》けよ。

42凡そ大宰は*南島に*牌《はい》を樹《た》て、具《つぶさ》に島名、および船を泊つる処、水ある処、ならびに去就《きょしゅう》の国の行程、遥かに見ゆる島の名を顕わし著《しる》せ。仍りて漂著の船人をして必ず帰向する所あるを知らしめよ。

43凡そ大宰、*綿・穀を貢する船は、*勝載二百五十石以上三百石以下を択《えら》び買い、梶《かじ》を著けて進上し、すなわち梶を用うることを習わしめよ。その用度は正税を充てよ。

44凡そ*監臨《げんりん》の主守、官物を以て私に自ら貸し、もしくは人に貸し、貸すところの人、備償する能わざるおよび身死なば、みな*判署の人より徴《はた》れ。すなわち判署するもま

死後免、

凡國司不レ乗二驛傳馬一、但正税、大帳、朝集等使乗二驛馬一、國司新向レ國乗二傳馬一、其大宰管內諸國向レ府准レ此、

凡諸國遞送須レ夫、皆以レ近及レ遠、均通差充、其發遣之司、及綱典幷初給レ遞處、先定二應レ差車馬人夫數、幷發處時日一、預定二行程一、先與二前所國郡一相知、明爲二期會一、不レ得下預集妨二廢生業一及致中飢寒上、

凡國司遷代者、皆給二夫馬一、長官夫卅人、馬廿疋、六位以下官長幷次官夫廿人、馬十二疋、判官夫十五人、馬九疋、主典夫十二人、馬七疋、史生以下夫六人、馬四疋、其取二海路一者、水手之數准二陸道夫一、大宰帥七十人以下、少貳以上五十人以下、判官以下卅人以下、史生十人以下、並量レ事給之、不二必滿一レ數、但依レ犯解任之輩、不レ在二給限一、

凡陸奥、出羽兩國國司幷鎮守府官人已下給二遷替料夫馬一、

管　底ホカ諸本「以官」二字ニ作ル。西ニヨリテ改ム。
遞　底「運」。西ニヨリテ改ム。下同ジ。
司　底「日」。西ニヨリテ改ム。
判官　底「衛間」。西及ビ要略五九ニヨリテ改ム。
人　底、コノ下「史」字アリ。西及ビ要略五九ニヨリテ削ル。

45不乗駅伝馬条
正税大帳朝集等の使　四度使のうち、貢調使を除く三使。→補1
伝馬　厩牧令16条によれば「其伝馬、毎レ郡各五、皆用二官馬一、若無者、以二当処官物一市充、通取二家富兼丁者一付之、令三養以供二迎送一」とある。→補2

46諸国遞送条
近きより遠きに及ぼし　行程に近い者から順に人夫を差し充てる。
均しく通わして　負担が均しくなるようにする。
発遣の司　出発する側の担当者。
綱典　運送の責任者。
遞を給う　車馬・人夫を供給する。
前所の国郡…期会をなせ　目的地の国郡と連絡をとり、確実な計画をたてよ。

47国司遷代条
遷代　国司の交替。

た死後は免ぜよ。

45 凡そ国司は駅伝馬に乗らざれ。ただし、*正税・大帳・朝集等の使は駅馬に乗り、国司新たに国に向かうは*伝馬に乗れ。其れ大宰管内諸国の府に向かうもこれに准えよ。

46 凡そ諸国、逓送に夫を須《もち》いんには、*皆近きより遠きに及ぼし、*均しく通《かよ》わして差《さ》し充てよ。その*発遣の司および*綱典ならびに初めて*逓を給うの処、先ず差すべき車馬・人夫の数、ならびに発処の時日を定め、預め行程を定めて、先ず*前所の国郡と相知り、明らかに期会をなせ。預め集《つど》えて生業を妨廃するおよび飢寒を致すことを得ず。

47 凡そ国司の*遷代《せんたい》には、*皆夫・馬を給え。長官《かみ》には夫三十人・馬二十疋、六位以下の官長、ならびに次官《すけ》には夫二十人・馬十五疋、判官《じょう》には夫十五人・馬九疋、主典《さかん》には夫十二人・馬七疋、史生以下には夫六人・馬四疋。其れ*海路《うなじ》を取らば、*水手《かこ》の数は陸道《くがじ》の夫に准えよ。大宰帥《そち》には七十人以下、少弐《しょうに》以上には五十人以下、判官以下には三十人以下、史生には十人以下、みな事を量りて給え。必ずしも数を満たさざれ。ただし犯によりて解任《げにん》の輩《ともがら》は、給う限りにあらず。

48 凡そ陸奥・出羽両国の国司ならびに*鎮守府の官人已下には、*遷替《せんたい》の料の夫・馬を給

皆夫馬を給え　続紀和銅五・五・甲申条に「初定㆘国司巡行并遷代時、給㆓粮馬脚夫㆒之法㆖、語具㆓別式㆒」とあり、賦役令37条集解古記にはこの時の格の具体的な内容について「和銅五年五月十六日格云、国司、(中略)其遷代者、長官馬廿疋、夫卅人、以下節級給之、(中略)其取㆓海路㆒者、水手准㆓陸夫数㆒」と記す。本条と数字が一致することから、和銅五年(七一二)の段階で本条の規定は成立していたとみるべきであろう。なお、延喜交替式にもほぼ同文の規定がある。

海路　西海道諸国や山陽道諸国の国司は海路による赴任が許可されていた。

水手　船頭などの役付ではない水夫。

48陸奥出羽条

鎮守府　陸奥国に置かれた軍政機関。養老六年(七二二)に「鎮」「陸奥鎮所」と見える(続紀同・閏四・乙丑条、同・八・丁卯条)。当初は多賀城(宮城県多賀城市)に併置されたが、延暦二十一年(八〇二)に胆沢城(岩手県奥州市)が造営されて同城に移された。

遷替の料の夫馬　三代実録貞観五・四・二十一条に「是日制、准㆓陸奥国例㆒、給㆓出羽国司交替料夫馬㆒」とあり、少なくともこれ以前に陸奥国司には夫馬が支給されていた。また、要略五九所引貞観式逸文は本条とほぼ同文である。

但延任之輩、不レ在二此限一、

凡鑄錢司官人已下、准二國司一給二遷替料夫馬一、

凡諸國貢二御馬一者、路次國馬別充二牽夫一人一、但長牽不レ在二此例一、其使牧監、別當、並人別充二夫三人、馬三疋一、馬醫、書生等每二一人一充二夫一人一、人別馬一疋、

凡山城國宇治橋敷板、近江國十枚、丹波國八枚、長各三丈、廣一尺三寸、厚八寸、山崎橋、攝津、伊賀等國各六枚、播磨、安藝、阿波等國各十枚、長各二丈四尺、廣厚並同レ上、並以二正稅一充レ料、每年採送二山城國一、國取二返抄一備二所司勘會一、

凡山城國泉河樺井渡瀨者、官長率二東大寺工等一、每年九月上旬造二假橋一、來年三月下旬壞收、其用度以二除帳得度田地子稻一百束一充之、

國司上下相牒式

其事

牒云云今以レ狀牒牒至准レ狀故牒

年　月　日

主典位姓名牒

並　底「幷」。西ニヨリテ改ム。
三　底「二」。西・梵ホカニヨリテ改ム。
廣　底「弘」。西ニヨリテ改ム。下同ジ。
主　底ナシ。西ニヨリテ補ウ。

49鋳銭司官人条

鋳銭司　本式18条参照。

50諸国貢馬条

御馬　御牧のある甲斐・武蔵・信濃・上野から貢上される馬。

路次の国　貢上される御馬が通過する国。

長牽　貢上する国から同一の牽夫が引き連れて来る馬。主税式上107条参照。

牧監別当　御牧の官人。左右馬式1条参照。

馬医　左右馬式9条参照。

51宇治山崎橋条

宇治橋　京都府宇治市にあり、宇治川に架かる橋。続紀文武四・三・己未条は、飛鳥寺東南隅の禅院に住んだ道照の創建と記すが、同市橋寺にある宇治橋断碑は大化二年(六四六)に山尻(山背)の恵満の家出身の道登による架橋と伝える(霊異記上一二にも同説あり)。奈良時代の東山道・北陸道が通る重要な場所であった。

山崎橋　京都府乙訓郡大山崎町にあり、

え。ただし延任の輩は、この限りにあらず。

49 凡そ*鋳銭司《じゅせんし》の官人已下、国司に准えて遷替の料の夫・馬を給え。

50 凡そ諸国*御馬《みうま》を貢せんには、*路次の国は馬別《ごと》に牽夫《けんぷ》一人を充てよ〈ただし*長牽《ながひき》はこの例にあらず〉。その使の*牧監《もくげん》・別当には、みな人別《ごと》に夫三人・馬三疋を充てよ。*馬医《めい》・書生らには、二人毎《ごと》に夫一人を充て、人別に馬一疋。

51 凡そ山城国の*宇治橋《うじばし》の敷板《しきいた》は、近江国に十枚《ひら》、丹波国に八枚〈長さ各三丈、広さ一尺三寸、厚さ八寸〉、*山崎橋《やまざきばし》は摂津・伊賀等の国に各六枚、播磨・安芸・阿波等の国に各十枚〈長さ各二丈四尺、広さ・厚さはみな上に同じ〉、みな正税を以て料に充てよ。毎年採りて山城国へ送れ。国、*返抄を取りて*所司の勘会に備えよ。

52 凡そ山城国の*泉河《いずみがわ》の*樺井《かばい》の*渡瀬《わたせ》は、官長、東大寺の工《たくみ》らを率いて、毎年九月上旬に仮橋を造り、来年三月下旬に壊し収めよ。その用度は*除帳・得度田の*地子稲《じし》一百束を以て充てよ。

53 国司上下相牒式

其の事

*牒《ちょう》すらく、云々。今状を以て牒す。牒至らば状に准えよ。*故《ことさら》に牒す。

年　月　日　　　主典位姓名牒す。

淀川に架かる橋。行基年譜によれば、神亀二年(七二五)、行基により架橋されたという(扶桑略記では三年)。続紀延暦三・七・癸酉条には「仰二阿波、讃岐、伊予三国一、令レ造二山埼橋料材一」とあり、この時に諸国から料材を集めるようになったことが分かる。その背景には、この時期の長岡京造営に伴って、山崎橋が重要視されるようになったことが関係しているとみられる。以後、料材の負担国の数は増加し、本条に定着したと考えられる。

返抄　領収書。

所司の勘会　主税寮による正税帳の監査。

52 泉河仮橋条

泉河　→補1

樺井　現京都府京田辺市大字大住付近か。なお城陽市に樺井月神社がある(神名式上5条の綴喜郡の項参照)。

渡瀬　歩いて渡ることのできる浅瀬。

除帳得度田　逃亡除帳口分田と出家得度田の意。主税式上2条参照。

地子稲　主税式上19条参照。収穫の五分の一を地子と称して収納した。

53 国司相牒式条

牒すらく　→補2

故に牒す　唐公式令復旧第九条(牒式)は、結文を「故牒」としており、本条と対応する。

郡　底「部」。西・塙ニヨリテ改ム。
主　底ホカ諸本ナシ。意ニヨリテ補ウ。下同ジ。
治郡　ここでは国衙を指す。
部内　任国の領内。
検調物所　調物を検ずるための国司配下の機構。ここでは例示としてあがっている。
国衙頭　頭はほとりの意。

守姓名
右、守在二治郡一、牒下入二部内一介以下上式、若守入二部内一牒下在二治郡一介以下上、云二検調物所牒國衙頭一、介以下報、云二國衙頭牒上検調物所案典等一、若長官不レ在者、以レ介准レ守、餘官不レ在、節級相准亦同、年月日下主典者史生通之、
検調物使　牒二上國衙頭一
其事
牒云云具錄二事狀一謹請二進止一謹牒
年　月　日　　主典位姓名牒
介姓名
右、介入二部内一牒下在二治郡一守上式、掾以下署如レ令、

諸國釋奠式

釋奠二座　先聖文宣王、先師顔子、但大宰府者、先聖、先師、閔子騫三座、
器數
籩十六　座別八、竹豆謂二之籩一、其實石鹽、乾魚、乾棗、栗黃、榛人、菱人、

守姓名

右、守、*治郡にありて、*部内に入れる介以下に牒する式。もし守、部内に入りて治郡にある介以下に牒するときは、*検調物所牒*国衙頭、と云え。介以下報じて、国衙頭牒上検調物所*案典等、と云え。もし長官あらざれば、介を以て守に准え、余の官あらざれば、*節級して相准うることまた同じくせよ〈年月日の下の主典は史生に通わせよ〉。

54 検調物使、国衙頭に牒上す。

　其の事

牒すらく、云々。具に事状を録し、謹みて進止を請う。*謹みて牒す。

　年　月　日　主典位姓名牒す。

介姓名

右、介、部内に入りて治郡にある守に牒する式。掾以下の署は*令の如くせよ。

55 *諸国釈奠式

*釈奠《せきてん》二座〈*先聖文宣王《ぶんせんのう》、*先師顔子《がんし》、ただし*大宰府は先聖、先師、*閔子騫《びんしけん》の三座〉

器数

*籩《へん》十六〈座別《ごと》に八、竹の豆《とう》これを籩という。その実《じつ》は*石塩《かたしお》、乾魚、*乾棗《なつめ》、*栗黄《りっこう》、*榛人《はしばみのみ》、菱人《ひしのみ》、

案典　他に見えず。
節級　位階や官職に応じて。
54検調物使条
謹みて牒す　公式令14条は、結文を「謹牒」としており、本条と対応する。
令の如くせよ　この令が何を指すかは不明。あるいは「介」の誤写か（法政大学延喜式攷究会「延喜雑式の研究　国司相牒条・調物使牒条」（戸川点執筆）〈『延喜式研究』七、一九九二年〉）。
55諸国釈奠式条
諸国釈奠式　→補1
釈奠　→補2
先聖文宣王　孔子のこと。大学式1条参照。
先師顔子　孔門十哲の首位、顔回のこと。大学式1条参照。
大宰府　→補3
閔子騫　春秋時代の魯の人。孔子の弟子。閔損。徳行にすぐれていた。
籩　竹を編んで作ったたかつき。
石塩　堅塩。固まりになっている堅い塩。
乾棗　原産は中国とされ、食用に供される。内膳式61条に大棗三〇株が植えられていたことが見える。
栗黄　栗の実。
榛人　榛はカバノキ科の落葉低木。果実は食用に用いる。

醓　底ホカ「醧」。塙・閣別「醐」。大学式1条ニヨリテ改ム。
粱　底「梁」。梵別及ビ大学式1条ニヨリテ改ム。
別　↓校補6
別　底、コノ下「各」字アリ。衍ト見テ削ル。下同ジ。

芡人　おにばすの実。
鹿の脯　鹿の肉を薄く切って乾燥させたもの。
豆　木製のたかつき。
韭菹　韮漬け。
醓醢　大学式1条参照。
鹿の醢　鹿肉のしおから。
笋菹　笋は筍と同じ。たけのこの漬物。
簠・簋　ここでは、簠は外側が方形で中の穴が円形の外方内円の器、簋は外側が円形で中の穴が方形の外円内方の器。ただし、外円内方を簠、外方内円を簋とする説もある。↓補1
俎　牲を載せるための脚のついたまな板。
大鹿小鹿豕　大学式1条の「三牲の肉」参照。
樽罍　酒樽のこと。樽と罍ではなく、ここでは樽罍で一つの酒樽を指す。本式

芡人、鹿脯、
豆十六　座別八、木豆謂二之豆一、其實韭菹、醓醢、菁菹、鹿醢、芹菹、兎醢、笋菹、魚醢、
簠　四　座別二、外方内圓謂二之簠一、其實黍飯、稷飯、
簋　四　座別二、外圓内方謂二之簋一、其實稻飯、粱飯、
俎　六　座別三、其實大鹿、小鹿、豕、
樽罍四　座別二、其實玄酒、醴齊、
杓　四　樽別加レ上、
篚　二　座別一、其實幣幷祭文版、
爵　八　座別三、福酒二、
坫　一　聖賢同レ坫、
胙宍俎一
籩　一
盥罍一　實レ水、
杓　一
洗　一

*芡人《みずふきのみ》、*鹿の脯《ほじし》〉

*豆十六〈座別に八、木の豆これを豆という。その実《じつ》は*韮菹《こみらにらき》、*醯醢《すひしお》、菁菹《あおなにらき》、*鹿の醢《ひしお》、芹菹《せりにらき》、兎の醢、*筍菹《たかんなにらき》、魚醢《いおひしお》〉

*簋《き》四〈座別に二、外方内円これを簋という。その実は黍飯《きびいい》、稷飯《あわきびいい》〉

*簠《ほ》四〈座別に二、外円内方これを簠という。その実は稲飯《いないい》、粱飯《あわいい》〉

*俎《そ》六〈座別に三、その実は*大鹿、小鹿、豕《いのこ》〉

*樽罍《そんらい》四〈座別に二、その実は*玄酒、*醴斉《らいせい》〉

杓四〈樽別に上に加えよ〉

篚《ひ》二〈座別に一、その実は幣ならびに祭文の版《はん》〉

*爵《しゃく》八〈座別に三、福酒に二〉

*坫《てん》一〈聖・賢、坫を同じくせよ〉

*胙宍《そのしし》の俎一

籩一

*盥罍《かんらい》一〈水を実《い》れよ〉

杓一

*洗《せい》一

61・62条などでは盥罍(罍と表記される)と区別するためであろうか樽と表記される。玄酒と醴斉を入れた。堂上前楹の間、先聖・先師それぞれの樽所に置かれ、玄酒の樽は樽所の西側、醴斉の樽は東側に置かれた。三献のそれぞれの終わりに玄酒と醴斉を一つの爵に汲み合せてブレンドし、献官が祭り飲み干した。

玄酒　祭や礼式に用いる水。

醴斉　濁り酒。祭祀に用いる。大学式1条参照。造酒式21条によれば白米一斗八升を粉とし、九升を麴として清酒五升を加えて作った。

爵八　青銅製のさかずき。本式61条によれば座ごとに三とあるうち、先聖三献用の爵三は東栄にあたって作られた洗所の篚の中に入れられた。先師三献用の爵三と福酒用爵二は廟堂上、前楹の間の坫に置かれた。福酒は三献のそれぞれの最後に飲み干された。

坫　先師に捧げる爵と、福酒の爵を置く台。

胙宍の俎　初献の最後に三牲の前脚第二骨が取り分けられて守に授けられる。その取り分けた胙宍を載せるためのもの。

盥罍　手を洗うのに用いるたらい。本式61・62条などでは罍と表記される。

洗　盥罍から杓で水を汲み、手を洗い、その際に手にかけた水を受けるたらい。

厚　底ナシ。西ニヨリテ補ウ。
豆　底ホカ諸本ナシ。西ニヨリテ補ウ。
簋　底「簠」。西・梵ホカニヨリテ改ム。
粱　底「梁」。上文ノ例ニヨリテ改ム。
下　底ナシ。大学式6条ニヨリテ補ウ。
脡　底、誤字ニテ読メズ。西・塙・閣別・貞ニヨリテ改ム。
代　底「伐」。西ニヨリテ改ム。

罇巾篚一
幣帛二條 各長一丈八尺、
巾二條 各長四尺、
楸版二枚 書二座祭文一料、各長一尺二寸、廣七寸、厚六分、
筥二合 盛レ幣料、
炭一斗 燒二祭文板一料、
松明卅把
油一升 廟中燈料、
盞四口 燈盞料、

凡盛物、籩實、石鹽五顆、乾魚、乾棗、栗黃、榛人、菱人、芡人各一升、鹿脯一斤八兩、豆實、韭菹一升、醓醢五合、菁菹一升、鹿醢五合、芹菹一升、兎醢五合、笋菹一升、魚醢五合、簠簋實、稷飯用二米六合一、黍稻粱飯各用二米七合一、樽罍皆一斗爲レ量、牲者皆載二右胖一、前脚三節、肩臂臑節一段皆載之、後脚三節、節一段、去二下一節一、載二上肫骼二節一、又取二正脊、脡脊、橫脊、短脇、正脇、代脇各二骨一以並、餘皆不レ設、若土無者、皆以二其類一充之、

爵*・巾《きん》の篚一

幣帛二条〈各長さ一丈八尺〉

巾二条〈各長さ四尺〉

*楸《ひさぎ》の版二枚〈二座の祭文を書く料、各長さ一尺二寸、広さ七寸、厚さ六分〉

筥二合〈幣を盛《い》る料〉

*炭《あらずみ》一斗〈祭文の板を焼く料〉

松明《たいまつ》三十把

油一升〈廟中の燈の料〉

*盞《さん》四口《く》〈燈盞《あぶらつき》の料〉

56 凡そ盛る物、籩の実は石塩五顆《か》、乾魚、乾棗、栗黄、榛人、菱人、芡人各一升、鹿の脯一斤八両。豆の実は韮菹一升、醓醢五合、菁菹一升、鹿の醢五合、芹菹一升、兎の醢五合、笋菹一升、魚醢五合。簠・簋の実、稷飯は米六合を用いよ。黍・稲・粱飯は各米七合を用いよ。樽罍は皆一斗を量とせよ。牲は皆右の髀《かたみ》を載せよ。*前脚三節、肩・*臂《ひ》・*臑《どう》の節一段を皆載せよ。後脚三節、節一段は下一節を去り、上の*肫《じゅん》・*骼《かく》の二節を載せよ。また*正脊《せいせき》・*脡脊《ていせき》・*横脊《おうせき》・*短脇《たんきょう》・*正脇・*代脇各二骨を取り以て並べよ。余は皆設けざれ。もし土のものなくば、皆その類を以て充てよ。

爵巾の篚 先聖の爵と、手や爵を拭く布とを入れた箱。本式61条によれば、先聖用の爵三と巾二が入れられ、洗の西に置かれた。

楸 キササゲまたはアカメガシワのことをいう。楸で祭文(祝文)を書く版を作った。

炭 饋享の最後に祭文(祝文)を書いた版を燃やすのに用いる。

盞 油を盛って火をともす燈盞に用いた坏。

56盛物条

前脚三節 前脚の肩・臂・臑の三節。これらを一段として俎に載せた。

臂 肩からひじまで。

臑 すね。膝からくるぶしまで。

肫 すねの骨。

骼 うしろはぎの骨。

正脊 脊椎の前の部分。

脡脊 脊椎の中央部。

横脊 脊椎の後の部分。

短脇 肋骨の後部のもの。

正脇 肋骨の中央のもの。

代脇 肋骨の最前のもの。

終獻事　→校補7
饌等事　→校補8
儀式事　→校補9
冪　底「幕」。西ニヨリテ改ム。コノ字ニツイテハ、以下、本巻ノウチ一々注セズ。
胙　底「位」。西ニヨリテ改ム。
事　→校補10
別　底、コノ上「廳」字アリ。西ナシ。衍ト見テ削ル。

57職掌条
三献官　→補1
博士　国学の教官である国博士のこと。→補2
もし守介故あらば…　もしも守や介に差し障りがあれば次の官が代わりを勤め、博士に障りがあれば史生以上が代わりを勤めよ。
参軍事・賛礼　参軍事は釈奠儀礼の開始を告げ、初献の誘導を行なう。これに対し賛礼は亜献・終献の誘導を行なう。大学寮の釈奠ではともに謁者が行なった。
祝　幣を献官に授け、祭文を読み、福酒を賜う役。大学式では大祝。
掌事　幣と神位を設け、樽・罍・坫・爵を並べ、饌を用意する役。大学式では郊

職掌
三獻官三人守爲ニ初獻一、介爲ニ亞獻一、博士爲ニ終獻一、若守介有レ故、並以レ次差攝、博士有レ故、取ニ史生以上一攝、
參軍事一人掌下請謁幷導ニ引初獻一事上、
贊禮二人掌下導ニ引亞獻終獻一事上、
祝二人掌下授レ幣讀ニ祭文一賜ニ福酒一事上、
掌事二人掌下設ニ幣神位一及陳ニ樽罍坫爵一、辨ニ備饌等一事上、
贊唱一人掌ニ廟庭諸位及儀式事一、
協律郎一人掌ニ執レ麾節レ樂事一、
贊引一人掌下導ニ引學生一事上、
執樽四人先聖二人、先師二人、掌ニ擧レ冪授レ杓事一、
洗所三人一執洗、一執篚、一執罍、掌ニ獻官盥具事一、
執俎二人掌ニ賜レ胙事一、
執籩一人掌同レ上、
執饌十人掌下奠ニ俎豆一事上、
前レ享三日、守散ニ齋於別寢一二日、致ニ齋於廳事一一日、

57
職掌

＊三献官《さんこんかん》三人〈守を初献《しょこん》となし、介を亜献《あこん》となし、博士＊を終献《しゅうこん》となせ。もし＊守・介故あらば、みな次《ついで》を以て差し摂《か》えよ。博士故あらば、史生以上を取りて摂えよ〉

＊参軍事《さんぐんじ》一人〈請謁《しょうえつ》ならびに初献を導引する事を掌る〉

＊賛礼《さんれい》二人〈亜献・終献を導引する事を掌る〉

＊祝《しゅく》二人〈幣を授け、祭文を読み、福酒を賜う事を掌る〉

＊掌事《しょうじ》二人〈幣・神位を設くる、および樽・罍・坫・爵を陳《つら》ね、饌等を弁備する事を掌る〉

＊賛唱《さんしょう》一人〈廟庭の諸《もろもろ》の位および儀式の事を掌る〉

＊協律郎《きょうりつろう》一人〈麾を執り、楽を節《かぎ》る事を掌る〉

＊賛引《さんいん》一人〈学生《がくしょう》を導引する事を掌る〉

＊執樽《しっそん》四人〈先聖に二人、先師に二人。冪《べき》を挙げ、杓を授くる事を掌る〉

＊洗所《せいしょ》三人〈一《ひとり》は執洗、一は執篚、一は執罍。献官の盥具の事を掌る〉

＊執俎《しっそ》二人〈胙を賜う事を掌る〉

＊執籩《しっへん》一人〈掌ること上に同じくせよ〉

＊執饌《しっせん》十人〈俎・豆を奠《お》く事を掌る〉

58
享に前《さきだ》つこと三日、守は＊別寝《べっしん》にて＊散斎《さんさい》すること二日、＊庁事にて＊致斎《ちさい》すること一日。

社令。

賛唱　廟庭に版位を設け、儀式の進行を司る。大学式では奉礼郎。

協律郎　演奏の開始と終了を指揮する役。

賛引　学生を誘導する役。

執樽　先聖、先師の酒樽所で酒樽の冪(おおい)を挙げ、献官に杓を授ける役。

洗所　洗所には献官の手洗いを掌る執洗者、執篚者、執罍者がいた。執罍者は水を酌み、執洗者は水を受ける盤を取り、執篚者は篚から献官が手を拭くための巾を取り出した。

執俎・執籩　先聖・先師に捧げられた胙は献官らに下されるが、執俎・執籩はその際、胙宍や黍飯・稷飯を俎や籩に取り献官に授ける準備をする。また、祝が献官に授けた後はそれを献官より受け取る役を果たす。

執饌　俎・豆を奠く役。大学式では斎郎。

58前享三日条

別寝　守が散斎を行なう場所。以下散斎、致斎の場所として庁事、正寝、学館などの語が見えるが、いずれも大唐開元礼の表記を踏襲したもので、具体的な場所・施設については不明である。

散斎・致斎　大学式9条参照。

庁事　国衙内の殿舎を指すか。

亞獻以下預レ享之官、散齋二日各於二正寢一、致齋一日於二享所一、散齋理レ事如レ舊、唯不レ弔二喪問疾一、不レ作レ樂、不レ判二署刑殺文書一、不レ行二刑罰一、不レ預二穢惡一、致齋唯享事得レ行、其餘悉斷、其享官已齋而闕者、通攝行レ事、其諸學生皆淸二齋於學館一、一宿、若上丁當二國忌及祈年祭一、改用二中丁一、其諒闇之年、雖レ從二吉服一、一從二停止一、

前レ享二日、掃二除廟内外一、設二樂懸於廟庭一、又爲二瘞埳於院内堂之壬地一、方深取レ足レ容レ物、南出レ陛、設二守以下次於門外一、隨二地之宜一、

前レ享一日晡後、令二健兒守二廟門一、享官以下習禮設レ位、贊唱者設二三獻位於東階東南一、每レ等異レ位、倶西面、設二參軍事位於守之左一、差退設二掌事位於三獻東南一、西面北上、設二望瘞位於堂東北一、當二瘞埳一西向、設二贊引位於西階西南一、當二掌事位一、設二學生位於贊引之後一、倶東面北上、設二贊禮者位於三獻西南一、西面、又設二贊唱者位於瘞埳東北一、

行　底「得」、西及ビ大学式9条ニヨリテ改ム。
唯　底ナシ。西及ビ大学式9条ニヨリテ補ウ。
祈　底「所」。西・梵ホカニヨリテ改ム。
丁　底ナシ。西及ビ大学式7条ニヨリテ補ウ。
廟　底ホカ諸本「廣」。西ニヨリテ改ム。下同ジ。
瘞埳　底、譌字ニテ読メズ。井ニヨリテ改ム。コノ字ニツイテハ、以下、本巻ノウチ一々注セズ。
贊　底「替」。西・井ニヨリテ改ム。下同ジ。
設　底ナシ。塙校注ニ従イテ補ウ。
面　底「西」。西・井ニヨリテ改ム。
禮　底ホカ諸本「唱」。大唐開元礼六九・七二ニヨリテ改ム。

正寝　国衙正庁など通常執務する場所を指すか。
享所　国学にある孔子廟。
事を理むるは…　散斎の間に政務を行なうのは以前と同じでよいの意。
其れ享官…　享官で既に潔斎をしていた者が何らかの事情で出られなくなった場合には融通せよ、の意か。
学館　学生の宿舎か。上野国交替実録帳

亜献以下、享に預かるの官は、散斎二日は各*正寝《せいしん》に於いてし、致斎一日は*享所に於いてせよ。散斎に事を*理《おさ》むるは旧《もと》の如くせよ。ただ弔喪問疾《ちょうそうもんしつ》せず、楽を作《な》さず、刑殺の文書に判署せず、刑罰を行なわず、穢悪《えお》に預からざれ。致斎はただ享事のみ行なうを得《う》。その余は悉く断《や》めよ。*其れ享官已《すで》に斎《ものいみ》して闕《か》かば、通摂《つうせつ》して事を行なえ。其れ諸の学生は、皆*学館にて清斎《せいさい》し一宿せよ。*もし上つ丁《ひのと》、国忌《こき》および祈年《としごい》の祭に当たらば、改めて中つ丁を用いよ。*其れ諒闇《りょうあん》の年は吉服《きつぷく》に従うと雖も、一《ひとえ》に停止《ちょうじ》に従え。

59 享に前つこと二日、廟の内外を掃除し、*楽懸《がっけん》を廟庭に設けよ。また*瘞埳《えいかん》を院内の堂の*壬《みずのえ》の地に為《つく》れ。方・深は物を容《い》るるに足るを取り、南に*坒《きざはし》を出《いだ》せ。守以下の次《やどり》を門外に設くること地の宜しきに随え。

60 享に前つこと一日、*晡《ほ》後、*健児《こんでい》に廟門を守らしめよ。享官以下は*習礼《しゅうらい》して位を設けよ。賛唱の者《ひと》、三献の位を東の階《きざはし》の東南に設けよ。*等毎《しなごと》に位を異にせよ。ともに西面。参軍事の位を守の左に設けよ。差退《ややさが》りて掌事の位を三献の東南に設けよ。西面北上。*望瘞《ぼうえい》の位を堂の東北に設けよ。瘞埳に当《む》かいて西向。賛引の位を西の階の西南に設け、掌事の位に当けよ。学生の位を賛引の後《しりえ》に設けよ。ともに東面北上。賛礼の者の位を三献の西南に設けよ。西面。また賛唱の者の位を瘞埳の東北に設け

(平遺九—四六〇九)によれば、上野国学には「学生屋」が存在した。

もし上つ丁… 大学式にも同様の規定がある。同式7条参照。

其れ諒闇の年は… 大学式にも同様の規定がある。同式7条参照。

59前享二日条

楽懸 楽器を懸けておくもの。

瘞埳 釈奠では饋享の最後に幣を埳(穴)に埋める。そのための埳のこと。

壬の地 壬は方位で北にあたる。享所となる孔子廟の北側。

坒 不詳。坒は陛と同字できざはしの意。幣を埋める埳の南側に段を設けたか。なおこの句は大唐開元礼諸州釈奠条と同文。大学式にはこの句は見えない。

60前享一日条

晡後 晡は夕方、申の時(午後三時から五時)を指す。

健児 延暦十一年(七九二)軍団兵士制廃止に伴って設置された兵士。陸奥・出羽・壱伎・対馬などの辺要諸国を除く全国に置かれ、兵庫、郡司子弟を中心に採用した。国府、兵庫、祭祀の警備などにあたった。

習礼して位を設けよ 予行演習を行なって版位を設けた。

等毎 位階ごと。大学式12条参照。

望瘞の位 瘞埳の儀を望むための場所。守がここに就く。大学式12・14条参照。

南向、設二祝二人位於瘞埳西南一、東面、設二協律郎位於廟堂上前楹之間一、近レ西東向、設二三獻門外位於道東一、毎レ等異レ位、倶西面、掌事位於二終獻之後一、北上、執饌位於二掌事之後一、重行西面北上、執俎、執籩在二其中一、

陳設

掌事者以二罇、坫一升設二於堂上前楹間一、北向、自二東階一升、先聖之罇在レ西、先師之罇在レ東、倶西上、皆加二杓、冪一、玄酒在レ上、坫在二兩楹之間一、先聖福酒爵一、先師三獻爵三、福酒爵一、並在二其上一、設二幣篚於罇所一、設レ洗直二東榮一北向、南北以二堂深一、罍水在二洗東一加二杓、冪一、篚在二洗西一、南肆、實二爵三、巾二一加レ冪、爵三、倶先聖三獻爵也、巾二者、一拭レ爵料、一獻者拭レ手料、執二罇、罍、洗、篚一者、各位二於罇、罍、洗、篚之後一、

享日未明、烹二牲於厨一、掌事者服二其服一、升設二先聖神席於堂上西楹間一、南面、設二先師神席於先聖神座東一、南向、席皆以レ莞、

升　底「外」。西・塙ホカニヨリテ改ム。下同ジ。
倶　底「但」。西ニヨリテ改ム。
加　底ナシ。西ニヨリテ補ウ。
杓　底ホカ諸本ナシ。大唐開元礼六九ニヨリテ補ウ。
洗　底ナシ。下文及ビ大唐開元礼六九ニヨリテ補ウ。
烹　底ホカ諸本「享」。大唐開元礼六九ニヨリテ改ム。
牲　底「特」。西ニヨリテ改ム。
西　→校補11
南向　→校補12
莞　→校補13

よ。南向。祝二人の位を瘞埳の西南に設けよ。東面。協律郎の位を廟堂の上、*前楹《ぜんえい》の間に設けよ。西に近く東向。三献の門外の位を道の東に設けよ。等毎に位を異にせよ。ともに西面。掌事の位は終献の後に於いてせよ。北を上とせよ。執饌の位は掌事の後に於いてせよ。重行して西面北上。執俎、執籩はその中にあり。

61 陳設

掌事の者《ひと》、樽・坫を以て升《のぼ》り、堂上の前楹の間に設けよ。北向〈東の階より升れ〉。先聖の樽は西にあり。先師の樽は東にあり。ともに西を上とせよ。皆杓・冪を加えよ〈玄酒は上にあり〉。坫は両楹の間にあり〈先聖の福酒の爵一、先師の三献の爵三、福酒の爵一、みなその上にあり〉。幣の篚を樽所《そんしょ》に設けよ。洗を設くること、*東の栄《のき》に直《あた》りて北向。南北は堂の深さを以てせよ。罍《らい》水は洗の東にありて杓・冪を加えよ。篚は洗の西にありて南へ肆《つら》ね、爵三・巾《きん》二を実《い》れ、冪を加えよ〈爵三はともに先聖の三献の爵なり。巾二は、一は爵を拭《のご》う料、一は献者の手を拭う料〉。樽・罍・洗・篚を執る者は各樽・罍・洗・篚の後《しりえ》に位せよ。

享日未明、*牲を厨《くりや》に烹《に》よ。掌事の者その服を服《き》、升りて先聖の*神席を堂上の西楹の間に設けよ。南面。先師の神席を先聖の神座の東に設けよ。南向。席は皆*莞《い》を以てせよ。

前楹　廟堂の前の柱のこと。ただし、廟堂がどのような構造で前楹が何本あったかなどは明らかではない。

61陳設条

東の栄に直りて…　栄はやねづま、のきづま。「東栄」は東の屋根妻、またはその延長線上のこと。「堂深」は堂の奥行きのこと。この文は洗の設置場所を示すもの。つまり、洗は東の屋根妻(を南に延長したところ)に北向きに設置する。廟堂と洗の距離は廟堂の奥行きと同じ距離とせよ、の意。

牲を厨に烹よ　牲を厨で調理する。

神席　先聖・先師の座に莞で織った席をひいた。

莞　莞は蒲の一種、まるがま。席を織るのに用いられた。

樽　底「蹲」。上文ノ例ニヨリテ改ム。下同ジ。
入　底ホカ諸本ナシ。大学式14条ニヨリテ補ウ。
祝　底ナシ。西ニヨリテ補ウ。ナオ、コノ下ノ「入」字、大唐開元礼六九ニハナシ。
次　↓校補14
引　底「門」。西ニヨリテ改ム。
跪　底ホカ諸本ナシ。大唐開元礼六九ニヨリテ補ウ。下同ジ。

62饋享条
饋享　饋はおくる、進めるの意。享も進める、献上するの意。先聖先師に供物を供える釈奠の中心的な祭祀。大学式14条

饋享

質明、諸享官各著二當色服一、掌事者入實二樽、罍及幣一、祝版各實二於篚一、贊唱者先入就レ位、入レ自二南門一、祝二人與下執二樽、罍、篚一者上入立二於庭一、重行北面西上、入レ自二東門一、立定贊唱者曰、再拜、祝以下皆再拜、訖執二樽、罍、篚一者各就レ位、祝升レ自二東階一行二掃除於上一、降行二樂懸於下一、訖就二門外之位一、贊唱者次還二門外之位一、守將レ至、贊禮者引二享官以下一、俱就二門外位一、贊引、學生並入就二門內位一、協律郎帥二樂人一、次入レ自二南門一就レ位、守至參軍事引之、次贊唱者先入就レ位、祝入升レ自二東階一、各立二於樽後一、守停二於次一、少頃服二當色一出、次參軍事引レ守入就レ位、西向立、參軍事退立二於左一、贊禮者引二享官以下一次就レ位、凡導引者、每レ曲一逡巡、立定贊唱者曰、再拜、守以下皆再拜、參軍事少進二守左一北面白、請行事、退復レ位、協律郎跪俛伏擧レ麾、凡取レ物者、皆跪俛伏而取以興、奠レ物則奠訖

参照。

質明　夜明け頃。

当色の服　釈奠参列者はそれぞれの祭服を着した。上野国交替実録帳(平遺九－四六〇九)には無実となった礼服として「緋絁礼服陸領〈長三尺、袖経〔径〕二尺〉、同裳弐腰〈各単長三尺、径二尺〉、緑絁礼服弐領〈長各三尺、袖径二尺〉、藍染絁裳参腰〈長各二尺四寸〉、礼冠弐拾捌領、蔭染調布衣弐拾肆領」があげられている。

升りて掃除を上に行ない…　堂上と楽懸の掃除の状況などを点検したのであろう。大学式では賛引・弾正忠・大祝の点検と、その後大学助の行なう点検と二回点検がある。

すべて導引する者は…　参軍事、賛礼ら導引する者は曲がるたびに少し立ち止まり、一呼吸置く。

請行事　釈奠の開始を請うの意である。釈奠の開始を告げることば。

俛伏　笏を持って腰をおり、深く礼をすること。

麾を挙ぐ　楽を始める合図として麾を挙げる。大学式14条参照。なお、本条には楽懸、楽、登歌など音楽に関する記載が見られるが、大唐開元礼の諸州・諸県の釈奠にはこれらの記載はない。本条の音楽に関する記述は大学式などを参照に加えられたものと考えられる。

62
*饋享《ききよう》

*質明《ほのあかり》、諸の享官、各《おのおの》 *当色《とうじき》の服を著よ。掌事の者《ひと》、入りて罇・罍および幣を実《い》れよ。祝の版は各篚《ひ》に実れよ。賛唱の者、先ず入りて位に就け〈南門より入れ〉。祝二人、罇・罍・篚を執る者と入りて庭に立て。重行して北面西上〈東門より入れ〉。立ち定まりて賛唱の者曰く、再拝、と。祝以下皆再拝せよ。訖らば罇・罍・篚を執る者、各位に就け。祝、東の階より*升《のぼ》りて掃除を上に行ない、降りて楽懸を下に行ない、訖らば門外の位に就け。賛唱の者、次いで門外の位に還れ。守至らんとするとき、賛礼の者、享官以下を引きてともに門外の位に就け。賛引・学生はみな入りて門内の位に就け。協律郎、楽人を帥《ひき》い、次《ついで》のままに南門より入りて位に就け。守至らば参軍事引け。次いで賛唱の者、先ず入りて位に就け。祝、入りて東の階より升り、各罇の後に立て。守、次に停《やど》まり、しばらくありて当色を服《き》て出でよ。次いで参軍事、守を引きて入り位に就け。西向して立て。参軍事、退きて左に立て。賛礼の者、享官以下を引きて、次のままに位に就け〈*すべて導引する者は曲がる毎《ごと》に一たび逡巡せよ〉。立ち定まりて賛唱の者曰く、再拝、と。守以下皆再拝せよ。参軍事やや守の左に進み北面して白さく、*請行事《せいこうし》、と。退きて位に復《かえ》れ。協律郎、跪き*俛《ふ》伏《ふく》して*麾《き》を挙ぐ〈すべて物を取れる者、皆跪き俛伏して取り、以て興《た》て。物を奠《お》かんには、すなわち奠き訖り

聖　底「師」。西ニヨリテ改ム。
執　底ナシ。意ニヨリテ補ウ。
撤　底ホカ諸本「徹」。大唐開元礼六九モ「徹」。両字同義ナレド通用ニ従ウ。以下、本巻ノウチ一々注セズ。

跪俛伏而後興、樂作三成、偃レ麾樂止、贊唱者曰、再拜、守以下皆再拜、祝俱跪取二幣於篚一興、各立二於樽所一、掌事者出帥二執饌者一奉レ饌陳二於門外一、參軍事引レ守升レ自二東階一、入レ自二中戸一、進二先聖神座前一、北面立、祝以レ幣入レ自二中戸一、東向授レ守、守受レ幣、登歌作レ樂、參軍事引レ守進、北向、跪奠二於先聖神座一、興少退北向再拜、參軍事引レ守當二先師座前一、北向立、祝以レ幣入レ自二東戸一、西向授レ守、守受レ幣、參軍事引レ守進、北向、跪奠二於先師神座一、興少退北向再拜、登歌止、參軍事引レ守降復レ位、掌事引二執饌一入升レ自二東階一、祝迎引二於階上一、各設二於神座前一、籩豆、蓋冪先撤乃升、簠簋既奠却二其蓋於下一、籩居レ右、豆居レ左、簠簋居二其間一、大鹿、小鹿二俎横而重二於右一、豕特二於左一、訖掌事與二執饌者一、降出復レ位、祝復二樽所一、參軍事引レ守詣二罍、洗一、執罍者酌レ水、執洗者跪取レ盤、興承レ水、守盥レ手、執篚者跪取二巾於篚一、興進、守拭レ手、訖執篚者受レ巾、跪

て跪き俛伏して後に興て〉。楽作《おこ》りて三たび成《な》り、麾を偃《ふ》せ楽止《や》む。賛唱の者曰く、再拝、と。守以下皆再拝せよ。祝ともに跪きて幣を篚より取りて興ち、各樽所に立つ。掌事の者、出でて執饌の者を帥《ひき》い、饌を奉りて門外に陳《つら》ぬ。参軍事、守を引きて東の階より升り、中戸より入りて、先聖の神座の前に進み、北面して立て。祝、幣を以て中戸より入りて、東向して守に授けよ。守、幣を受く。*登歌《とうか》楽を作《おこ》す。参軍事、守を引きて進み、北向し跪きて先聖の神座に奠く。興ちてやや退き、北向して再拝せよ。参軍事、守を引きて先師の座の前に当《む》かい、北向して立て。祝、幣を以て東戸より入り、西向して守に授く。守、幣を受く。参軍事、守を引きて進み、北向し跪きて先師の神座に奠く。興ちてやや退き、北向して再拝せよ。登歌止む。参軍事、守を引き、降りて位に復《かえ》る。掌事、執饌を引きて入り東の階より升れ。祝、迎えて階上に引き、各神座の前に設けよ〈籩・豆は蓋・冪を先に撤《てっ》してすなわち升れ。簠・簋既に奠かば、その蓋は下に却《かえ》せ。籩は右に居《す》え、豆は左に居えよ。簠・簋はその間に居えよ。大鹿・小鹿の二俎は横にして右に重ね、豕は左に特《ひとつ》にせよ〉。訖らば掌事と執饌の者、降り出でて位に復り、祝は樽所に復れ。参軍事、守を引きて罍・洗に詣《いた》れ。執罍の者、水を酌み、執洗の者、跪きて盤を取り、興ちて水を承けよ。守、手を盥《あら》え。執篚の者、跪きて巾を篚に取り、興ちて進め。守、手を拭え。訖らば執篚の者は巾を受け、跪

登歌 堂上に登って歌う歌。

巻第五十 雑式 62

酒　底ナシ。西ニヨリテ補ウ。
執　底ナシ。西・梵ホカニヨリテ補ウ。
奠　底ナシ。西・塙校注ニヨリテ補ウ。
合　底「各」。西及ビ下文ニヨリテ改ム。

奠二於篚一、遂取レ爵興以進、守受レ爵、執罍者酌レ水、守洗レ爵、執篚者、又跪取二巾於篚一、興進、守拭レ爵、訖執篚者受レ巾、跪奠二於篚一興、奉盤者跪奠レ盤興、參軍事引レ守升レ自二東階一、詣二先聖酒樽所一、執樽者擧レ冪、守酌二醴齊一樂作、參軍事引レ守入レ自二中戸一、詣二先聖神座前一、北向跪奠レ爵、興少退北向立樂止、祝持レ版進二於神座之右一、東向跪讀二祝文一、訖祝興、守再拜、初讀二祝文一、訖樂作、祝進跪奠二版於神座一、興還二樽所一、守拜訖樂止、參軍事引レ守詣二先師酒樽所一、取二爵於坫一、執樽者擧レ冪、守酌二醴齊一樂作、參軍事引レ守進二先師神座前一、北向跪奠レ爵、興少退北向立樂止、祝持レ版進二於神座之左一、西向跪讀二祝文一、訖興、守再拜、初讀二祝文一、訖樂作、祝奠二版於神座一、興還二樽所一、守拜訖樂止、參軍事引レ守詣二東廊一、西向立、祝各以レ爵酌二福酒一、合置二一爵一、一祝持レ爵進二守之左一、北向立、守再拜受レ爵、跪祭レ酒、

きて篚に奠け。遂《おわ》らば爵を取り、興ちて以て進め。守、爵を受けよ。執罍の者、水を酌め。守、爵を洗え。執篚の者、また跪きて巾を篚に取り、興ちて進め。守は爵を拭え。訖らば執篚の者、巾を受け、跪きて篚に奠きて興て。奉盤の者、跪きて盤を奠きて興て。参軍事、守を引きて東の階より升り、先聖の酒樽所《しゅそんじょ》に詣れ。執樽の者、冪を挙ぐ。守、醴斉を酌むとき楽作《おこ》る。参軍事、守を引きて中戸より入りて先聖の神座の前に詣り、北向して跪き爵を奠く。興ちてやや退き、北向して立つとき楽止む。祝、*版を持ちて神座の右に進み、東向して跪き祝文を読め。訖らば祝興ち、守、再拝せよ。*初め祝文を読み、訖らば楽作る。祝、進み跪きて版を神座に奠き、興ちて樽所に還れ。守、拝し訖るとき楽止む。参軍事、守を引きて先師の酒樽所に詣り、爵を坫に取る。執樽の者、冪を挙ぐ。守、醴斉を酌むとき楽作る。参軍事、守を引きて先師の神座の前に進み、北向して跪き爵を奠く。興ちてやや退き、北向して立つとき楽止む。祝、版を持ちて神座の左に進み、西向して跪き祝文を読み、訖らば興て。守、再拝せよ。初め祝文を読み、訖らば楽作る。祝、版を神座に奠き、興ちて樽所に還れ。守、拝し訖るとき楽止む。参軍事、守を引きて*東の廊《わたどの》に詣り、西向して立つ。*祝、各爵を以て福酒を酌み、合せて一つの爵に置く。一《ひとり》の祝、爵を持ちて守の左に進み、北向して立つ。守、再拝して爵を受け、跪きて*酒を

版　祝文の書いてある版。

初め祝文を読み…　最初に祝が祝文を読み、読み終わったら音楽が始まる。

東の廊　廟堂上の東側にあったほそどの。廟堂の構造が不明のためはっきりとしないが、樽、坫が置かれた所や東側の前楹よりもさらに東側にあったと思われる。

祝各爵を以て…　樽罍(樽)に入った玄酒と醴斉を酌み、一つの爵に入れてブレンドする。

酒を祭れ　おそらく爵を軽く持ち上げるなどして酒を祭ったのであろう。その後、軽くなめるのである。酒を飲み干すのは供物が分配されてからである。

禮　底ナシ。西ニヨリテ補ウ。

啐レ酒奠レ爵俛伏興、祝帥二執俎者一進レ俎、跪減三取二座所胙宍一、各取二前脚第二骨一、共置二一俎一、又以レ籩取二黍稷飯一、共置二一籩一、興祝先以レ飯進、守受以授二執籩者一、又以レ俎進、守受以授二執俎者一、執籩者等廻二參軍事左一到二獻者後一受取、隨レ行到二獻者位後一立、守跪取レ爵遂飲卒レ爵、祝進受レ爵復二於坫一、守興再拜、參軍事引レ守復レ位樂作、立定樂止、初守獻將レ畢、贊禮者引二亞獻一詣二罍、洗一、盥レ手洗レ爵、訖贊禮者引升レ自二東階一、詣二先聖酒樽所一、執樽者擧レ冪、亞獻酌二醴齊一、訖樂作、贊禮者引二亞獻一進二先聖神座前一、北向跪奠レ爵興、贊禮者引少退北向再拜、訖贊禮者引詣二先師酒樽所一、取二爵於坫一、執樽者擧レ冪、亞獻酌二醴齊一、贊禮者引進二先師神座前一、北向跪奠レ爵興少退、亞獻再拜、訖贊禮者引詣二東廊一、西向立、祝各以レ爵酌二福酒一、合置二一爵一、一祝持レ爵進二亞獻之左一、亞獻再拜受レ爵、

祭れ。酒を啐《な》め、爵を奠きて俛伏して興て。*祝、執俎の者を帥《ひき》いて俎に進み、跪きて二座の所の胙宍《そのしし》を減《おろ》し取り〈各前脚の第二骨を取る〉、ともに一つの俎に置く。また籩を以て黍《きび》・稷《あわきび》の飯を取り、ともに一つの籩に置く。興ちて祝、先ず飯を以て進め。守、受けて以て執籩の者に授く。また俎を以て進め。守、受けて以て執俎の者に授く〈執籩の者らは参軍事の左を廻り、献者の後《しりえ》に到りて受け取れ。行《め》ぐるに随いて献者の位の後に到りて立て〉。守、跪きて爵を取りて遂《つい》に飲み、*爵を卒《お》う。祝、進みて爵を受け、坫に復《かえ》す。守、興ちて再拝す。参軍事、守を引きて位に復るとき楽作《おこ》る。立ち定まりて楽止む。*初め守の献、畢らんとするとき、賛礼の者、亜献を引きて罍・洗に詣り、手を盥い、爵を洗う。訖らば賛礼の者、引きて東の階より升り、先聖の酒樽所に詣る。執樽の者、冪を挙ぐ。亜献、醴斉を酌み、訖らば楽作る。賛礼の者、亜献を引きて先聖の神座の前に進み、北向して跪き、爵を奠きて興つ。賛礼の者、引きてやや退き、北向して再拝す。訖らば賛礼の者、引きて先師の酒樽所に詣り、爵を坫に取る。執樽の者、冪を挙ぐ。亜献、醴斉を酌む。賛礼の者、引きて先師の神座の前に進み、北向して跪き、爵を奠き、興ちてやや退く。亜献、再拝す。訖らば賛礼の者、引きて東の廊に詣り、西向して立つ。祝、各爵を以て福酒を酌み、合せて一つの爵に置く。一《ひとり》の祝、爵を持ちて亜献の左に進む。亜献、再拝して爵を受け、

祝執俎の者を帥いて… 以下胙を守に授ける手順。祝は執俎者とともに俎まで進み、胙宍を取り分ける。同様に籩に黍・稷の飯を取り、それを守に授ける。守はそれをさらに執籩者に渡し、俎についても同様に執俎者に授ける。

爵を卒う 爵を飲み干す。

初め守の献畢らんとするとき… 守による初献が終わろうとするとき、それと並行して賛礼者は介を罍・洗の場所へ連れていく。以下亜献が始まる。亜献および終献の次第は初献と基本的には同じだが、亜献以下では祝文は読まず、胙の分配も行なわない。

跪祭レ酒、遂飲卒レ爵、祝進受レ爵復ニ於坫一、亞獻興再拜、贊禮者引降復レ位、初亞獻將レ畢、贊禮者引ニ終獻一詣ニ罍、洗一盥洗、訖升酌ニ醴齊一、如ニ亞獻之儀一、訖引降復レ位、樂止、祝各進ニ神座前一、跪撤レ豆興還ニ樽所一、撤者籩豆各一、少移ニ於故處一、贊唱者曰、賜胙再拜、諸在レ位者皆再拜、已飲レ福受レ胙者不レ拜、凡謁者、贊引者無ニ禮拜一、樂作、贊唱者曰、再拜、守以下在レ位者皆再拜、樂一成止、參軍事少進北面白、請就望瘞位、參軍事引レ守就ニ望瘞位一、西向立、贊唱者轉就ニ瘞埳東北位一、初在レ位者將レ拜、祝各以レ篚進ニ神座前一跪取レ幣、降レ自ニ西階一詣ニ瘞埳一、以レ幣置ニ於埳一、訖贊唱者曰、可瘞埳、東西廂各二人實レ土半埳、埋訖、賓レ土者以レ篚出、參軍事少進北面曰、禮畢、遂引レ守出、贊禮者各引ニ享官以下一、以レ次出、初曰ニ禮畢一、贊唱者還ニ本位一、祝興、執ニ樽、罍、篚一者復ニ庭中位一、立定贊唱者曰、再拜、祝以下共再拜、

齊　底「各」。西ニヨリテ改ム。
祝　底ナシ。西ニヨリテ補ウ。
豆　底「立」。西・井ニヨリテ改ム。
於　底ナシ。井・塙校注ニヨリテ補ウ。
處　底「復」。西・井ニヨリテ改ム。
位　底傍注「故實不讀位」。西・梵・閣別ホカ諸本ニモアリ。
埳　底「坎」。「埳」「坎」同義ナレド、上文ノ例ニ従イテ「埳」トス。下同ジ。
瘞埳　底、「埳」字ニ傍注「故實坎不讀」アリ。西・梵・閣別ホカニモアリ。
二人　壬頭注「大學式工所扇也、仍稱二人歟」。井ニモアリ。
實　大唐開元礼六九・七二、下文分注ト同ジ「賓」ニ作ル。
以　底ナシ。塙校注ニヨリテ補ウ。

跪きて酒を祭り、遂に飲み、爵を卒う。祝、進みて爵を受け、坫に復す。亜献、興ちて再拝す。賛礼の者、引き降《くだ》りて位に復る。初め亜献の畢らんとするとき、賛礼の者、終献を引きて罍・洗に詣り、盥洗《あら》う。訖らば升りて醴斉を酌むこと、亜献の儀の如くせよ。訖らば引き降りて位に復り、楽止む。祝、各神座の前に進み、跪きて豆を撤《てっ》し、興ちて樽所に還る〈*撤する者は籩・豆各一を少しく故《もと》の処より移せ〉。賛唱の者曰く、*賜胙《しそ》、再拝《さいはい》、と。諸の位にある者、皆再拝せよ〈已に福を飲み、胙を受けし者は拝さず。すべて謁者・賛引は礼拝なし〉。楽作る。賛唱の者曰く、再拝、と。守以下位にある者、皆再拝せよ。楽一たび成《な》りて止む。参軍事やや進みて北面して白さく、請就《せいしゅう》望瘞位《ぼうえいい》、と。参軍事、守を引きて*望瘞の位に就き、西向して立つ。賛唱の者、転じて瘞埳の東北の位に就く。初め、位にある者、拝さんとするとき、祝、各篚を以《も》ちて神座の前に進み、跪きて幣を取る。西の階より降りて瘞埳に詣《いた》り、幣を以ちて埳《かん》に置く。訖らば賛唱の者曰く、可瘞埳《かえいかん》、と。東西の廂のもの各二人、土を実《い》れ半《なかば》を埳《うず》めよ〈埋め訖らば土を窴《うず》むる者は篚を以ちて出でよ〉。参軍事やや進みて北面して曰く、礼畢《れいひつ》、と。遂に守を引きて出ず。賛礼の者、各享官以下を引きて次《ついで》を以て出でよ。初め、礼畢、と曰うとき、賛唱の者は本位に還り、祝は興つ。樽・罍・篚を執る者は庭中の位に復る。立ち定まりて賛唱の者曰く、再拝、と。祝以下ともに再拝し、

撤する者は籩豆各一を…　終献の後、儀礼的に籩・豆を片付ける。撤する者は籩豆各一つを元の位置より少しずらし、それで撤することを象徴した。

賜胙再拝　孔子以下に供えた供物を参列者に与える、再拝せよ、の意。

望瘞の位　本式60条参照。

以レ次出、其祝版燔ニ於齋所一、

祝文

維某年歳次月朔日、守位姓名敢昭ニ告于先聖文宣王一、惟、王、固天攸レ縱、誕降生知、經ニ緯禮樂一、闡ニ揚文教一、餘烈遺風、千載是仰、俾茲末學、依レ仁遊レ藝、謹以ニ制幣、犧齊、粢盛、庶品一、祗ニ奉舊章一、式ニ陳明薦一、以ニ先師顏子一配、尚饗、

維某年歳次月朔日、守位姓名敢昭ニ告于先師顏子一、爰以ニ仲春一仲秋、率ニ遵故實一、敬ニ修釋奠于先聖文宣王一、惟、子、庶ニ幾體二一、德冠ニ四科一、服ニ道聖門一、實ニ臻壼奧一、謹以ニ制幣、犧齊、粢盛、庶品一、式ニ陳明獻一、從祀配レ神、尚饗、

延喜式巻第五十

維　底頭注「已下祝文音讀而已」。西・梵・閣別ホカ同文ノ頭注アリ。
某　底「其」。西ニヨリテ改ム。下同ジ。
惟　底「維」。大学式14条、大唐開元礼六九ニヨリテ改ム。
載　底「裁」。意ニヨリテ改ム。
庶　底「鹿」。井ニヨリテ改ム。
秋　底「春」。西・井ニヨリテ改ム。
子　底「王」。西及ビ大学式14条ニヨリテ改ム。
庶幾體二徳冠四科　→校補15
祀　底「礼」。西及ビ大学式14条ニヨリテ改ム。

其れ祝の版は斎所に燔け　斎所はおごそかな所の意。大学式14条参照。

63祝文条

祝文　大学式14条参照。朝野群載二二(諸国雑事上)にも同文が見える。
昭告　明らかに告げる。
天の縦す攸　天がほしいままにすることを許す。生まれつき優れていることを意味する。
誕降して生知し　生知は生まれながらに知ること。学ばないでも道理に通じていること。
礼楽を経緯し　礼楽は礼節と音楽。礼は行動を修め、楽は精神を修め、人間の品

次《ついで》を以て出でよ。*其れ祝の版は斎所に燔《や》け。

63 *祝文

維《こ》れ某年歳《ほしはやどる》次月朔日、守位姓名敢《おそ》れながら先聖文宣王に*昭告す。惟《おも》うに、王、固《もと》より天の*縦《ゆる》す攸《ところ》、*誕降《たんこう》して生知《せいち》し、*礼楽を経緯し、文教を*闡揚《せんよう》す。*余烈・遺風、千載これ仰ぎ、*俾茲《ひじ》の末学、*仁により芸に遊ぶ。謹みて*制幣《せいへい》・*犠斉《ぎせい》・*粢盛《しせい》・*庶品を以て*旧章を祗《うやま》い奉り、*明薦《めいせん》を式陳《しきちん》し、先師顔子《がんし》を以て配す。こいねがわくば饗《う》けたまえ。

維れ某年歳次月朔日、守位姓名敢れながら先師顔子に昭告す。爰《ここ》に仲春〈仲秋〉を以て、*故実に率遵《そつじゅん》し、釈奠を先聖文宣王に*敬修《けいしゅう》す。惟うに、子《し》、*体二に庶幾《ちか》く、*徳は四科に冠《すぐ》れ、*聖門に服道《したが》いて、*壼奥《こんおう》に実臻《いた》る。謹みて制幣・犠斉・粢盛・庶品を以て明献を式陳し、従祀して神に配す。こいねがわくば饗けたまえ。

延喜式巻第五十

性を育てる重要なものとされていた。経緯は秩序を立てて治めること。孔子は論語(八佾)の中で仁を根底に置き礼楽を重視している。

闡揚　明らかにあらわしあげる。

余烈遺風　余烈は後代まで影響を及ぼしている先祖の仁徳。遺風は後世に残された名声。

俾茲の末学　俾はます、茲はしげる。ふえさかえる後進の学者学生。

仁により芸に遊ぶ　心に仁を離さず、諸芸の中に遊ぶ。論語(述而)が出典。

制幣　形を整えた祭祀用の幣。

犠斉　犠はいけにえ。斉は酒。

粢盛　供物として供える穀物。

庶品　いろいろのもの。

旧章　古くからのしきたり。

明薦を式陳し　明は尊敬の意を表す接頭辞。薦はお供え。式は語調を整える助辞。

故実に率遵し　故実に従って。

敬修　つつしんでおさめる。

体二　不詳。「体仁」の誤写か。「体仁」は仁徳を身につけるの意。校補15参照。

徳は四科に冠れ　孔門の四科(徳行・言語・政治・文学)にすぐれ。大学式14条参照。

聖門　聖人の道に入る道。

壼奥に実臻る　物事の奥底に届く。

校異補注・補注

校異補注

巻第二十八

1常陸國　九本傍注「常陸国榛谷古式為坂田、又雄薩為刑部」。

2面治　考異は神名式下21但馬国条に面沼神社があるので、むしろ「面沼」を採る方に傾き、原文を「面沼」と改めている。しかし、駅跡想定地の兵庫県美方郡新温泉町竹田に米持(メジ)・米持前(メジマエ)の小字があり、この米地前に神社があるので、ここは面治のままでよいであろう。

3伊豫國　九本傍注「伊与国之驛、案周敷郡驛者稱榎井、越智郡驛者又稱波古多、是可私号也、而此式只以郡名而稱之」。

4土左國　九本傍注「土左国之驛、案郡頭誤不加郡、又吾字誤作五也云々」。

巻第二十九

1巻第廿九　本巻の標注は底本になく、すべて九本より採ったものなので、ここにそのことを明記して一々出典を注記することを省く。

2凡訴訟人…　九本頭注「大寶三年太政官處分」。

3凡流移人…　九本頭注「件条注弘仁刑格」。

4凡徒人…　九本裏書「貞觀六年八月十五日、右大弁大枝朝臣音人傳宣、右大臣宣、検非違使行事、停本府之局、罷市司行者、私案所注付也」。

5凡左右大臣…　九本頭注「件条載神祇式幷刑部式」。

6凡僧尼…　九本頭注「和銅元年太政官處分」。

7凡徒役人者…　九本頭注「慶雲元年官判」。

8凡徒人役滿…　九本頭注「神龜元年官判」。

巻第三十

1布二端二丈六尺　考異は、前30春日祭条が布四丈一端制によって、御馬一二疋分の曝布を算出していることを援用し、「布二端三丈二尺」と改めるべきであるとする。ただし布四丈二尺一端制によって算出すれば、「布二端一丈八尺」となり、訂正は一字分だけとなるので、この可能性もかなり大きい。

2水織絁　底本傍注「織特以水湿織、故甚厚美云々」。貞本・藤本にもある。「特」字は貞本によれば「時」字で、この方が意味が通ずる。

3黃絁　底本脚注「以下□等随宜可用唐音或嶋音」。貞本・藤本にもある。「以下□等」の一字は読みにくいが、以下、99賜新羅王条までの三条中に見える官号や職名を指すものと考えられる。また「嶋音」とは「對馬音」すなわち呉音のことと思われる。

4巳下村長　九本は「村」字を「材」字に作り、「已下」に「四等」、「材」に「帯村」の校注を施している。あるいは「四等巳下帯村長」と校訂したものであろうか。

5繡錦　底本傍注「謂浮文錦云々」。閣本・貞本・藤本にもある。ただし貞本は「浮」字を「後」字に作る。

巻第三十一

1大　壬本脚注「勘解由本作大、勘式所草改大作新」。

2橧　この部分の原文は「中取机幷槽、臼、杵、槽等」とあって、「槽」が重出しており、何れかの「槽」が誤写と考えられるが、大膳式下55年料雑器条に中取案・切案・大槽・小槽・木臼・杵・橧と次第して掲げられているのを参考すると、後の方の「槽」字を「橧」字の誤写と見る方に分があるようである。なお漢字「橧」には邦語コシキ(甑)の意はないが、木製のコシキを指す字として一種の国字のごとき使われ方をしていた。新撰字鏡に「橧」を「己志支」と訓んでいる。

3男女　九本は「王女王」三字に作り「女王」二字をミセケチして、結局「王」一字に改訂している。底本頭注に「勘解由本作王也、式所本作女非也」とあり、同文が九本・梵別本を除く全写本にもある。ただし閣本・梵本・塙本・壬本・貞本は末尾の「也」字を「歟」字に作る。なお壬本はこの頭注の前に「朱本定ィ」とある。

4縒　閣本頭注「縒、且各反参々也、アサヤカナルコフ、スアセタルコフ」。梵本・塙本・壬本・貞本にもある。なお壬本はこの頭注の前に「朱本定ィ」とある。

巻第三十二

1八両　底本のほかに梵本・壬本・藤本が「八両四」三字に作り、閣本のほかに梵別本・塙本・井本・貞本がこの部分を「八両」二字に作る。ただしこの中、梵別本・井本・貞本は校注によって「四」一字を補い、塙本は同じく「四分」二字を補っている。そして版本と雲本のみが「八両四分」とし活字刊本はこれを襲ってきたが、基づくところは不明である。しかし、「四分」すなわち「一両」であるから、もともと斤量の表示に「四分」というケースはありえない道理であり、ここは閣本に準拠すべきであろう。

2一端二丈六尺　底本の「一端六尺」は分注と合わない。考異は四丈二尺一端制に基づいて計算し、「一端二丈四尺」に改めているが、ここはむしろ四丈一端制に基づいて「一端二丈六尺」と改める方がよいであろう。

巻第三十三

1生道　底本傍注「生道鹽、讀云イクチ、堅鹽也、大如大瓫、一果搗得鹽一斗許、生道尾張國郡里名也」。梵本・梵別本を除く全対校本にもあり、それらの中、閣本・塙本・貞本は本文中に分注の形で記している。文中の「讀云イクチ」の部分は、底本「讀云々々クチ」で義をなさず、閣本ほかによって訂した。

2舌就　底本傍注「或本舌就作仙沼子シタツ」。梵本・梵別本・版本を除く全対校本にもあり、すべて「シタツキ」の「キ」字を脱している点で共通する。

3内舎人　底本頭注「或所本書一行、勘解由本書二行」。閣本・塙本・井本・壬本・藤本にもある。文中の「一」字は底本にはなく、井本・壬本によって補った。

巻第三十四

1四座置　底本頭注「四座置躰削木作方、八座置又同」。梵本・梵別本を除く全写本にある。

巻第三十六

1圓篩…（分注一九字）　底本、「圓篩四口〈各四尺〉、泔篩一口〈三尺〉、油篩一口〈一尺〉」のごとく本文の一部に作る。九本によって改める。

2一百領　底本頭注「兵庫式稱五十領、此式誤歟、何者、彼寮例申請五十領料」。梵本・梵別本・井本・壬本・貞本・藤本にもある。

巻第三十七

1白散・度嶂散・屠蘇・盞子　以下10項まで、それぞれ底本に書入れがあり、閣本・梵本ほか全写本にも同様の書入れがある（井本は分注に作る）。それらを彼此参看すると、底本の書入れにはかなり疎漏があり、塙本のそれが最も整っている。よって繁を避け、塙本の書入れを適宜借用して掲げた。

〔白散〕底本書入れ「白散、歳旦以温酒服五分匕、一家有薬則一里無病、帯是散病氣皆消、若他人有得病者、便温酒服方寸匕、若四五日以散三方寸匕水三升煮、三沸服一升取汗愈」。

〔度嶂散〕底本書入れ「度嶂散、辟嶂山惡氣、若有黑霧欝勃及西南温風、皆爲疫癘之候、平旦以温酒服一銭匕、辟諸毒氣、夜冒霧行彌宜服之」。

〔屠蘇〕底本書入れ「屠蘇酒、治惡氣温疫、辟邪風毒氣、度嶂山三人、一人服酒、一人服粥、一人空服也、服酒者免、又往至長安中時氣免者比門華他、以此方與曹武帝、作此酒皆、他分布者民家恙並者験、及江東蔡司徒家用至有良驗、名屠蘇酒也、朱本云々」。

〔盞子〕底本書入れ「兼名苑云、盃一名巵、注云、盞盃最小者、鎗音倉、或又作鐺」。

2大黄・蜀椒・防風・細辛

〔大黄〕底本頭注「大黄、一名黄良」。

〔蜀椒〕底本書入れ「蜀椒之音蕭生蜀郡故名」。

〔防風・細辛〕底本頭注「防風、一名屏風、釋藥性云、細辛、一名小辛」。

3干薑 底本脚注「養性要集云、乾薑一名定薑、音居良反」。

4黄芩 底本脚注「黄芩、音琴、一名也戴天」。

5地黄 底本脚注「地黄、一名地髄」。

6犀角丸 底本書入れ「犀角丸、治一切毒腫癰、服之止痛膿化」。

7芍藥丸 底本書入れ「芍藥丸、治寒食蔵府有客熱往来寒熱昌氣不平」。

8調仲丸 底本書入れ「調仲丸、治大病之後腹中不調寒熱不適也」。

9芒消黒丸 底本書入れ「芒消黒丸、治水病身躰腫」。

10豉丸 底本書入れ「解寒食散有□〔澹ヵ〕澼、頭痛目疼乍寒、小便不利用之乍熱、面目黄黒及傷寒也、朱本云々」。

11藍漆 長屋王木簡に「藍染」の例があるが(『平城京木簡』三一―三二九八、二〇〇一年)、これは染色の用語であろう。延喜式においても、内蔵式49染物条に「藍染綾」、掃部式66諸司年料条に「内藏寮年料藍染所」などの例が見える。

12五 底本脚注「勘解由本作七、爲正歟」。閣本・藤本・井本傍注・壬本脚注は同文。ただし壬本は機械的に親本から転写したらしく、どの語に対する注か不明で意味をなさない。

13二具 底本脚注「勘解由本作也」。閣本・藤本・塙本(細字一行注に作り、ミセケチ)にも同文があるが、文章をなさない。井本・壬本では「勘解由本作二」とするので、文章としては成り立つが、これではここに付注する意味がない。

14大一 底本脚注「勘解由本作六」。閣本・井本・壬本にもある。塙本は細字一行注に作り、ミセケチ。

15廿 底本脚注「勘解由本作百廿斤、式所草作卅斤」。閣本・井本・壬本・藤本にもある。

16牡荊子 底本傍注「唐殖近國云々」。井本・壬本・貞本・藤本にもある。

巻第三十八

1廂舎 底本頭注「廂舎彼省號細殿」。閣本・井本・壬本・貞本・藤本にも見える。

2布單 九本脚注「布単及巻葉薦」。

3折薦帖 底本頭注「折薦帖者世葉帖是也」。九本・梵本・梵別本・塙本を除く諸本にも見える。

4百子帳 底本頭注「百子帳、躰如穿丸栗片腹居、高七尺徑六尺餘許、以錦絹等縫張也」。九本・梵本・梵別本を除く諸本にも見える。

5正月御齋會 底本頭注「正月御齋會日事不見、或云尋」。九本・梵本・梵別本を除く諸本にも見える。

6位氈 底本頭注「位氈置侍従少納言等可立所、仍称位氈、或云、乍著履立其上云々」。九本・梵本・梵別本を除く諸本にも見える。

7通障子 底本頭注「長一丈二尺高七尺許、上下張錦内張隼人簀」。梵本・梵別本を除く諸本にも見える。九本傍注は「上下」を「上々」に、「内張」を「中張」に作り、末尾に「也」がある。

8囊床子 底本頭注「其躰面圓如鑽笥、長三尺廣一尺五寸高一尺許、有三足、在寮、内侍爲女座」。九本・梵本・梵別本を除く諸本にも見える。

9蔣食薦 底本頭注「以蔣二寸間以赤絲編也、今只切荒薦作也、但方四尺許、亦只称食薦者編竹歟、何者別称蔣食薦之故」。梵本・梵別本を除く諸本にも見える。

10葛野席 底本頭注「今世所謂佐比席也、山城國所貢」。九本・梵本・梵別本・貞本を除く諸本にも見える。「比」字は閣本ほかによって補った。

11**暴布…六寸**（分注マデ一九字） 考異、上下の文によって「裏料曝布二條〈各長四尺五寸、一條廣二尺四寸、一條廣一尺六寸〉」に作るべきかとする。おそらく是であろう。

12**軾** 九本傍注「以蒋作、後高一尺許、前高五寸許、其體前垂也、神事時為御脚息、度縫殿寮」。

13**稈蒋** 底本頭注「玉篇音除致反、爾雅幼稚也、方言稺小也、説文幼禾也、稚字也、或云擇取蒋中子編作食薦云々」。九本・梵本・梵別本・貞本を除く諸本にも見える。

巻第三十九

1**月日春祭** 考異は縫殿寮の御匣殿神の祭神ではないかと見る。九本はこの行頭におそらく二字分の残画があるが、破損および水損のため判読不能で、この表題の字数も不明。

2**醬鮒** 底本傍注「煎鹽大豆交鮨鮒」。閣本・壬本・藤本にも見える。なお九本傍注「煎塩煎地豆交鮨鮒」。

3**廿四蔭** 九本傍注「以蕖十筋許作、徑四寸許輪以花橘五六果結付、件輪估却、俗謂一輪為一蔭」。

4**桙橘子** 底本傍注「着竿橘也」。九本・井本・壬本・貞本・藤本にも見える。ただし九本は「也」字を欠く。

5**六** 底本頭注「或所草作四、而勘解由本作六、可校他本」。「或所」は「式所」の誤写の可能性大。九本・梵本・梵別本を除く諸本にも見える。

6**秫** 底本傍注「玉時律反、説文稷黏者也、在禾部」。九本・梵本・梵別本を除く諸本にも見える。

7**衦** 底本傍注「玉有夫反、字盡衣裳也」。九本・梵本・梵別本・藤本を除く諸本にも見える。なお九本には異なる傍注「公但反、展衣也、或為紆字、在糸部」がある。

8**九尺** 考異は、四丈二尺一端制に基づき、分注によって「三尺」に改め、また分注のなかの襷についても「襷料十條料、各長四尺六寸」と大はばに改めている。しかし四丈一端制に基づけばその必要性はない。もっとも分注のうち、端に言及する巾・駈使の襷・宮人の襷・仕女の衫の四品目は、すべて四丈二尺一端制に基づいて算出されているので、二通りの基準が併用されていることになり、この点に問題が残る。

9**五寸五分** 考異は主水式25運氷駄条においても本条に触れ、ここは「四寸五分」に作るべきとする。確かに一理あるが、九本ほか諸本に異同がないので、しばらく旧を存することとする。

10**乾** 底本の字体はしどけない譌字で、「或本作乾可勘他本」という傍注がある。これに従った。なおこの傍注は九本・梵本・梵別本を除く諸本にも見える。

11**鷩** 九本脚注「鷩字、勘諸本皆作鷩、但尋物實進干蕨、今勘鷩字韲蕨云々、然則韲誤作鷩歟」。

12**玉貫** 底本傍注「放耳、食粉、杏葉、薄鰒長也六寸許也」。九本・梵本・梵別本を除く諸本にも見える。ただし閣本・塙本・貞本は「杏葉」二字を「杏粉葉」三字に作る。

13**播殖…**（分注マデ一一字） 考異、この一一字を直前の「殖功十五人」の注と見れば「惣単功五十三人」に合うとなす。おそらく是か。

巻第四十

1**三座** 底本脚注「古老口傳、於保太宇女、古太宇女、預伎乃太宇女止云、就字案之、於保伊於布止師、預太小伊於保止師、預伎乃於布止師止可讀歟」。貞本を除く全写本に全く同文がある。「預」（三ケ所）は「須」の、「太小」二字は「奈」一字の誤りと見るべきであろう。

2**醞** 底本頭注「於道反、醸也、酒母也」。梵本・梵別本・貞本を除く諸本にある。ただし「道」字は閣本・塙本・壬本によれば「遵」字の誤り。

3**絡** 底本傍注「絡字若絡歟、庄子馬蹄扁疏云、絡謂着籠頭也、者カラクトヨムヘシ」とする。この内、閣本・梵本・梵別本を除く諸本にもある。

別本・塙本・貞本は「也」字より下を「結料者カラクトヨムヘシ」とする。共通の藍本に存した混乱か。

4**日酒…四合**(二六字)　底本「日酒六升〈諸節別二斗、已上付二主膳監一〉、汁糟五合、韲酒四合、酢四合」。考異に従って改める。

5**五合**　斎宮式38野宮月料条は「酢一斗二升」に作る。これに基づいて算出すれば、「四合」の誤りか。しばらく旧を存することとする。下同じ。

6**其**　底本および諸写本・版本「且」。雲本および諸活字本「旦」。考異所引一本によって改める。ただし「日」である可能性も大きい(「日供の内を用いよ」となる)。

巻第四十二

1**丈**　九本脚注「今勘、千七百五十一丈、今二丈可尋之」。「四位大外記中原師重之本云、除大路小路各見式文、定残卅八町、一町卅丈」。

2**路廣十丈**　九本傍注「今案、大路北畔垣基半三尺、犬行五尺、溝廣四尺者、兩溝間八丈八尺」。

3**朱雀大路**　九本傍注「式云、除大路小路、今定残十六町」。

4**東極大路十丈**　九本傍注「東西洞院也」。ただし、この傍注は前項の「次二大路各八丈」に付されるべきものである。

5**丈**　九本脚注「今案、宮城以南東西畔、垣基犬行溝廣間等、兩溝間九丈六尺」。ただし、この脚注は前項の「隍溝間七丈」に付されるべきものである。

6**丈**　九本傍注「今案、傍町無壖地及湟、然則垣基犬行溝廣南北等同、兩溝間十四丈六尺」。

巻第四十三

1**曰**　底本および閣本・井本・貞本・藤本、小字「四」。梵本・梵別本・壬本、大字「四」。塙本、小字「皿」。版本、大字「曰」。考異、小字「止」あるいは大字「申」の誤りかとする。しばらく版本に従う。

2**凡六月一日…**(一行)　本式20納御櫛条に本条と同趣旨の、より詳しい規定がある。

3**供**　底本ほか全写本、この下に「舊例宣旨命婦受取供之」一〇字の分注がある。傍注の竄入と見て削る。ただし、延喜式覆奏短尺草(東山御文庫蔵)に「坊例」「坊舊例」の引用があり、この傍注の来歴は古いようである。

4**撮**　撮の異体字(略字と言うべきか)「扌」を、「文」と誤記したものであろう。

巻第四十四

1**巻第卅四**　本巻の標注は底本になく、すべて壬本より採ったものなので、ここにそのことを明記して一々出典を注記することを省く。従って、例えば「貞ィ」とあるのは、壬イ本に「貞」の標注の存することを示す。

2**各**　底本傍注「毎人各廿日之義歟」。梵本・梵別本を除く全写本にもある。ただし閣本・塙本・貞本は「歟」字を「也」字に作る。

巻第四十五

1**督察**　要略六一、この下に「右近衞府准此」六字の分注がある。ただし、要略の地の文(本巻内題の分注をそのまま移したもの)と見るべき可能性もあるので、採用しない。

2**幕卅條…**(一行)　底本・塙本は、奥題の前の規定の空行一行を利用して、この一行を別筆で後補している。また閣本・貞本はこの一行を欠いている。すなわちこれら四本の藍本はいずれもこの一行を欠いた同系のものということになろう。これに対し、梵本・梵別本・井本・壬本・藤本は後補ではなく、奥題の前に通例の空行をおいて同筆で写している。従ってこの五本は、本来この一行を具備した本または底本や塙本のごとく、すでにこの一行を補ったものを藍本としたということになろうが、これらの五本の他に、底本の後補部分にも、ここに一行を立てることに対する不審を表明した頭注が付されているので、問題はそれほど簡単ではない。すなわち梵本・梵別本・井本には「別行歟否不審之間如此」、底本・井本・藤本には「別行歟否不審之先出加重可考也」(前者が原形か)とあり、これだけの材料で近世写本の系統にまで踏み込むのは難しい。記して後考に備えたい。

巻第四十七

1**榠樝**　底本頭注「榠樝東大寺東北院生木也、和名唐梨」「庄遐反、似梨、箕山之耳樝是也、枝榦皆赤葉黄花白實黒也」。同傍注「側加反、似梨也」。井本・壬本・貞本・藤本にもある。

2**牟保己**　底本傍注「此樹宜作杖、見在東大寺云々」。井本・壬本・貞本・藤本にもある。ただし閣本・梵本・梵別本は同文を「比比良木」の傍注とする。

3**榠樝**　底本傍注「冥鼎反、堺蒼木似梨、今爲苔在草部」。井本・壬本・貞本・藤本にもある。

巻第四十九

1**鼓鉦**　中務式・六衛府式および本式下文はすべて「鉦鼓」に作るが、軍防令44私家鼓鉦条に「鼓鉦」の用例があるので、敢えて改めることはしない。

2**箕簾**　底本頭注「礼注云、横曰箕、植曰簾、礼第九明堂篇、植タ、セナルヲ、時力反」。貞本を除く全写本にある(塙本は「タ、セ」以下なし)。

3**胚**　底本ほか「杯」。貞本「坏」。考異は春田永年の延喜式工事解の説を一歩進めて、「胚」の誤りであろうと推定する。しばらくこれに従う。

4**破秉合秉**　底本傍注「ハカネ、四字并木タ江、可勘、允説也」。貞本を除く全写本に同じ傍注がある。更に井本・壬本には次のような別の傍注がある。「破承合承可尋日ィ、勘或本、破承合承讀云、刃ヲ破ル、腊鐵之心云々、又秉爪キィニ」(壬本は「秉」字を「朱」字に作る)。また底本には次の脚注もある。「ハカネ、鍛冶傳之、あはセウけ、あはせ、允点書説也」。梵本・梵別本・井本・壬本・藤本も同じ(梵本・井本・壬本は「ウけ」に「ヤフリ」の訓を付す)。なお延喜式工事解は「秉」は「葉」の訛であって、「鏶」と同じとみている。

5**元**　底本ほか諸本「云」。版本に従って「元」としたが、延喜式工事解は「丸」に作るべしとする。

巻第五十

1**凡諸國**　西本には、この条の前に「凡神社四至之内、不得伐樹木及埋藏死人」「凡鴨御祖社南邊者、雖在四至之外、濫僧屠者等不得居住」の二条がある。しかし前者は臨時祭式60神社四至条と、後者は同式61鴨社南辺条と全く同文であり、この雑式に規定すべき必然性のない内容であるから、衍と見て採らない。なお西本には、この二条について「三行無本書」の頭注があるが、この類の頭注については、以下、本巻のうちでは一々付注しない。

2**凡御所**　西本には、この条の前に「凡諸社寺請借庫物者、不可輙充、若脱漏下符所司申返」の一条がある。太政官式56社寺借物条と同文なので、衍と見て採らない。

3**凡公宴**　西本には、この条の前に「凡親王大臣及一位二位、於五位以上答拝、於六位以下位以上、於六位以下亦答拜〈但頭高下亦同上〉」の一条がある。中間に意味の通じない所があるが、「下」の次に「不須、五」の三字を補えば、弾正式26親王等答拝条とほぼ同文なので、衍と見て採らない。

4**歳驗**　考異は衛禁律26不応度関条・廐牧令10駒犢条に「齒歳」の用例があるのに着目して「歳齒」に改めているが、この字は諸本に異同なく、かつ「歳験」でも意味は通ずるので、旧のままとする。

5凡國司等就使　西本には、この条の前に「凡左右馬寮飼戸計帳者、國司毎年勘造進、其絁戸田毎賃租送官」の一条がある。「進」の下に「寮」字、「毎」の下に「年」字を補えば、左右馬式61飼戸計帳条と全く同文なので、衍と見て採らない。

6別　底本はこの下に「各」字がある。大学式1釈奠条では、座毎に樽と罍とを別々に数え、その計は座毎の杓の数と合っている。しかし本式では、「杓四」から逆算して「樽罍」を一語と見るほかはあるまい。よって「各」字を衍と見て削る。

7終獻事　西本はこの分注の下文に続けて「参軍事賛礼大學寮式惣謂之謁者」一四字がある。脚注の竄入と見るべきであろう。

8饌等事　西本はこの分注の下文に続けて「大學寮式謂之郊社令」九字がある。脚注の竄入と見るべきであろう。

9儀式事　西本はこの分注の下文に続けて「大學寮式謂之奉礼郎」九字がある。脚注の竄入と見るべきであろう。

10事　西本はこの分注の下文に続けて「大學寮式謂之齋郎」八字がある。脚注の竄入と見るべきであろう。

11西　考異はこの字を「兩」に意改している。あるいはこれが正しいかもしれないが、諸本および大唐開元礼六九、すべて「西」に作って異同がないので、しばらく旧を存する。

12南向　西本には行末に分注の形で次の脚注がある。「今案、東北、南向者、先聖東面之時、今據大學寮式、在先聖坐東面倶南面」。これは大唐開元礼六九を踏まえたもののようである。

13莞　西本「菀」。考異は周礼によって「莞筵」二字に作るべきだとするが、おそらく非であろう(大唐開元礼六九も「莞」一字に作る)。なお貞本が「莞還」二字に作るのは、諸本に見える傍訓「還」字が紛れ込んだものであろう。

14次　底本・西本は、ここに「マヽ」の傍注がある。大唐開元礼六九・七二ではこの下に「入」字があるので、本式にこの字のないことを指摘したものであろうか。

15庶幾體二徳冠四科　底本ほか諸写本「庶幾體ニ二徳一、冠ニ四科一」と返点を施し、「庶幾(聖人の意)にして二徳(信と仁)に體(カナ)い、四科に冠(スグ)れ」と読んでいる。しかし、大唐開元礼五三・五四には「服膺聖教、徳冠四科」とあり、これを承けて大学式14饋享条も同文を掲げ、また大唐開元礼六九・七二には「庶幾具體、二徳冠四科」とあって、殊に「徳冠四科」の四字は全く異同がない。よってこれに従う。

補注

巻第二十八

兵部省(三頁1)　八省の一つで軍政一般を掌り、令制では兵馬・造兵・鼓吹・主船・主鷹の五司を管した。和訓はツワモノノツカサ。先行官司として、天武朝に「兵政官」があった(天武紀朱鳥元・九・乙丑条)。藤原仲麻呂政権下、続紀天平宝字二・八・甲子条で武部省と改称したが、同八・九・丙辰条に旧に復した。

令による四等官構成は卿、大・少輔、大丞各一人、少丞二人、大録一人、少録三人。この他に史生一〇人、省掌二人、使部六〇人、直丁四人が配属されていた。卿の職掌は職員令24兵部省条に「掌、内外武官名帳、考課、選叙、位記、兵士以上名帳、朝集、禄賜、假使、差㆓発兵士㆒、兵器、儀仗、城隍、烽火事」とある。「内(武官)」は中央官制に基づく武官、「外武官」は軍団の軍毅(本式14位記請印条の「内外武官の考選」参照)。「名帳」は武官の叙位・任官の名簿。「考課」は武官の考文の校定。「選叙」は候補者を試練等によって選抜し、武官に叙すること。なお、武官の人事を令制当初式部省が管掌していたことは、式部式上冒頭補注参照。「兵士以上」は外武官とされた軍毅以外の軍団の職員を指すが、同条義解は「校尉以下也、即主帳亦同」とし、主帳・校尉・旅帥・隊正の範囲とする。「朝集」は朝集使、「禄」は季禄と位禄、「假」は休暇、「使」は遣使。「差㆓発兵士㆒」は軍防令17差兵条に、「凡差㆓兵廿人以上㆒者、須㆓契勅㆒、始合㆓差発㆒」とある。「兵器、儀仗」について軍防令42従軍甲仗条は、「其国郡器仗、毎㆑年録㆑帳、附㆓朝集使㆒、申㆓兵部㆒、勘校訖、二月卅日以前録進」とする。「城」は城柵、「隍」は堀で、軍防令53城隍条によれば城隍の修理のことを掌る。兵部卿について職原抄は、「近代多為㆓公卿以上兼官㆒、四位不㆑任㆑之、或又親王任㆑之、凡八省之中、中務、式部親王官也、兵部時々任㆑之」とする。

関連官司再編の流れは、大同三年(八〇八)正月二十日に兵馬司を廃して兵部省に併せ(三代格弘仁四・七・十六符)、同日、鼓吹司に治部省喪儀司を併せた(三代格同日詔)。鼓吹司は寛平八年(八九六)九月七日に兵庫寮・造兵司とともに兵部省に併せられた(狩野文庫本三代格同日符)。主船・主鷹司は延喜式に見えないが、廃止の時期は未詳である。一方、弘仁四年(八一三)七月十六日に、「衆務繁劇」により式部省の書生三〇人のうち一〇人を割いて兵部省につけ(三代格同日符)、また、類聚国史一〇七天長十・六・庚午条によれば、造兵司雑工二〇人中の二人、鼓吹々部三四人中の三人を割いて書生とした。文化財研究所奈良文化財研究所編『平城宮兵部省跡』(二〇〇五年)参照。

史生(三頁2)　諸官司の四等官の下に位置する下級官人で、公文書を浄書・複写・装丁し、四等官の署名を集めることを職掌とする。交替勤務する内分番の官で、八年(のち六年)ごとに成績が審査される雑任の一つ。任用には書算が巧みで、律令格式・維城典訓に通じている者を採り、式部・兵部・民部三省の史生は、原則として畿内の人を行状や業績の試練をした後に採用した。兵部省の場合、養老令制では定員が一〇人(職員令24兵部省条)。続紀和銅元・八・庚辰条で六人、後紀大同四・三・己未条でさらに四人が増員されて二〇人となり、式部式上90諸司史生条に継承された。

省掌(三頁3)　八省での庶務を担当した下級官人。職員令諸条では八省に各二人が置かれ、式部式上141官掌省掌等条に継承された。続紀神護景雲二・十一・癸未条で、式部省と兵部省の省掌に初めて把笏が許された。なお、正員のほか、これを補う者として扶省掌二人を置いた省もあった。式部式上206扶省台掌条、本式27扶省掌条参照。

八省院に入り(三頁4)　八省院は大内裏の正庁。紀略弘仁九・四・庚辰条で、平安宮朝堂の各堂・各門に唐風の号をつけることが制せられ、朝堂院も「八省院」と称されるようになった。朝堂院は、本来、八省の官人が執務し、公卿が政務を評議して天皇が決裁する朝政の場であったが、次第に即位・朝賀などの儀式や饗宴に使用されることが多くなった。兵部省の官人一行は会昌門の両側に位置する章徳門、興礼門より入り、朝庭を北上して壇上に至る。

兵庫の幢旗(三頁5)　幢(ハタホコ)は旗竿の先端に諸種の像をとりつけ、周囲に装飾を施したもの。旗(ハタ)は旗竿の先端に鉾をとりつけ、その下に布を垂らしたもの。具体的には、兵庫式1元日即位条に見える三つの幢と四つの旗を指すか。文安御即位調度図参照。なお、同書については、山本崇「平安時代の即位儀とその儀仗」(『立命館文学』六二四、二〇一二年)参照。七本の宝幢を立てることは続紀大宝元・正・乙亥条に初めて見え、藤原宮の時代には鋪設が既に行なわれていたと思われる。なお、この七本の宝幢を立てた痕跡とみられる遺構が平城宮址で発見されている。兵庫式1条参照。

諸衛の儀仗(三頁6)　近衛・衛門・兵衛各府の陣する位置については、それぞれ左右近衛式1大儀条、左右衛門式1大儀条、左右兵衛式1大儀条に記載があるほか、儀式六(元正受朝賀儀)にも詳細が記されている。ただし、延喜式の記載と儀式の記載には、陣の位置や幡の数などに微妙な違いが見られる。

外弁鼓(三頁7)　外弁の指示により打たれる鼓の意。外弁は内弁に対する語で、語義は門外(儀式が大極殿で行なわれる際には会昌門外、紫宸殿で行なわれる際には承明門外)で諸事の弁備に当たることに由来する。内弁は内弁大臣(または納言)一人を指すが、外弁は複数の公卿を総称し、特にその上首を指す場合は外弁上卿、外弁上などと称した。兵庫式4大儀撃鉦鼓条参照。

武官の叙位の標(三頁8)　武官は軍事・警察関係の官庁所属の官人で、公式令52内外諸司条では、衛府・軍団および帯仗する者(同条集解では、馬寮・兵庫)とする。ただし、中務省の丞以上、大宰府および三関国の官人、内舎人は武装する定めであるが文官である(公式令52条および同条義解参照)。延暦三年(七八四)頃より、正月七日に叙位の儀が行なわれることが固定化したことから、同日平旦に標の鋪設が行なわれるようになった。その設置場所は、儀式七(正月七日儀)に詳しい。版位を基準として、参列者である親王以下百官の列立すべき位置を示す白木の標が立てられた(橋本義則『平安宮成立史の研究』一三五頁、一九九五年参照)。

御弓(三頁9)　正月七日の節会に際して、兵部省より弓・矢を天皇に献上する儀式が御弓(オンタラシとも)奏である。後には内侍所に付して奏するのが例となったらしい。兵庫式20御梓弓条によれば、弓は梓製で、弓の握り手である弣(ユヅカ)に鹿角を入れ、その上を緑の糸組の緒で巻き上げるのを例とした。矢は四具で、伊多都伎(イタツキ)と麻麻伎(ママキ)。これらの弓・矢は射場殿に天皇出御の際、御座の装束の御弓台と御箭台を立てて、天皇の射技の用にあてるためとした。この弓・矢を始めとして、延喜式に記された武具については、春田永年の延喜式工事解が参考となる。春田については、兵庫式冒頭補注参照。

薪(三頁10)　毎年正月十五日に、在京諸司および畿内の国(郡)司が、宮内省において、年中用いる薪を天皇へ奉献する儀式「御薪」に用いられる薪。「ミカマギ」とは御竈木の意。本条は雑令27進薪条の施行細則で、次第は儀式九(正月十五日於宮内省進御薪儀)に詳しい。瀧川政次郎は、この儀式の淵源を中国にあるとし、「天皇に対する忠誠の念を新たならしめることを目的」に始められたとする(「百官進薪の制と飛鳥浄見原令」〈法制史論叢一『律令格式の研究』所収、一九六七年、初出一九六一年〉)。一方、三上喜孝は、これを日本独自の制度とし、薪を貢進する官人の範囲から、いわゆる「畿内政権論」との関わりで捉えられるとする(「雑令の継受にみる律令官人制の特質」〈『延喜式研究』一三、一九九七年〉)。

官人たちは文武に分れ、式兵二省に率いられて御薪進上の儀が行なわれた後、謝座・謝酒の儀があり、酒饌や粥を賜った(宮内式40御薪条)。雑令26文武官人条に薪の分量の規定があり、集められた薪は主殿寮に納めて蓄えられ、ここからまた諸司にも配られた。なお、本儀式は天武紀四・正・戊申条を初見とし、同五・正・甲寅条をもって、十五日慣例化の初めとする。平安時代を通して行なわれた儀と考えられる。太政官式58進薪条参照。

大射(三頁11)　毎年正月十七日、親王以下五位以上および六衛府の官人などが弓を射る儀式。初見は清寧紀四・九・丙子条で、類聚国史七二もこれを初見とするが、正月に行なわれたのは、書紀大化三・正・壬寅条である。朝廷の儀式として整備されたのは天武紀四・正・壬戌条からであり、その時より十七日と式日も一定した。雑令41大射者条には正月中旬とある。なお大射の語の正史上の初見は天智紀九・正・辛巳条。また射礼ともいい、その正史上の初見は続紀天平宝字四・正・己卯条である。

大射に先立って、二日前の十五日に兵部手結(テツガイ)と称し、兵部省で親王以下五位以上三〇人を選び、その中よりさらに二〇人を選んで、練習のために射させた。六衛府でもそれぞれ手結を行なった。当日、天皇の出御がある場合には親王以下諸臣とともにこれを観覧し、的を二つ設け、親王以下五位以上と左右近衛・左兵衛の射る的、右兵衛・左右衛門の射る的とした。能射の者には禄を賜い宴が開かれた。出御のない時は舎人たちのみが射た。内裏式、儀式などでは「観射」の語が使われるが、これは中国の大射と異なって、我が国では天皇自らが弓をとって射るという儀ではないためである。

大射の開催される場所は、弘仁六年(八一五)以降豊楽院に固定化していく(橋本義則「平安宮草創期の豊楽院」〈前掲書所収、初出一九八四年〉)。一方、貞観七年(八六五)以後仁和三年(八八七)に至る間は、元慶七年(八八三)の射礼が豊楽院で行なわれた以外は、すべて建礼門前庭で行なわれた。内裏式上(十七日観射式)、儀式七(十七日観射儀)、掃部式36観射条、春宮式8射礼条は豊楽院での開催とするが、西宮記恒例一(射礼)、北山抄一(観射事)は建礼門儀と豊楽院儀を併記する。また、江家次第三(射礼)では観射は建礼門前で行なわれることを通例とし、代始めには豊楽院で行なわれるとする。

賭射(五頁1)　正月十八日に内裏の弓場で賭物(ノリモノ)を出して弓技を競う儀式。勝方は賭物を賜わり、負方は罰酒が課された。左右近衛式23賭射射手条参照。

騎射(五頁2)　五月五日の節の行事の一つ。馬場殿(武徳殿)に天皇の行幸を仰ぎ、近衛・兵衛が弓技を天覧に供した。馬の走路を示す埒(ラチ)を設けてそれに沿って順に三つの的を立て、射手は馬を走らせながら「矢継早」に矢をつがえて放ち、その的中を競った。五月五日節(端午節)は、七世紀の薬猟(推古紀十九・五・五条)を濫觴として、雑令40諸節日条にも節日として規定された。平安時代には、四月二十八日(小月の場合は二十七日)の駒牽から、五月五日、六日の菖蒲献上、騎射、走馬、奏楽までの一連の儀式となった。しかし、一〇世紀後半には村上天皇の国忌を理由に停止され、菖蒲献上などの個別行事のみが残った。

前月に…省に移せよ(五頁3)　本朝月令(五月)は本条とほぼ同一の弘仁式逸文を引く。

弘仁兵部式云、五月五日騎射、前一日、左右近衛左右兵衛等府、各試二練応レ射人一、造レ簿移レ省〈其数見二衛府式一〉、射畢即録二中レ的人数一申レ官、毎レ中二一的一給二布一端一、

本条との違いは、本条の「前月」を「前一日」としているところであるが、「造レ簿移レ省」という行程を考えると、「試練」を「前一日」に行なったとは考えにくく、儀式八(五月五日節儀)でもそれを「前一月」に規定していることから、誤記である可能性も考えられる。なお、左右近衛式25騎射人条では、「其歴名移二兵部一」とあるものの日時については記されていない。一方、それに続けて「前レ節一日、同移二馬寮一」としているので、あるいは両官司が混同されたことも考えられ

る。

その数は衛府式に見ゆ（五頁4）　左右近衛式25騎射人条では、五月五日の騎射出場者を「官人二人」「近衛卌人」とし、左右兵衛式10五月五日条では、それを「官人二人」「兵衛十人」とする。各衛府の左右を考えて二倍すると総計一〇八人となる。さらに各人が三つの的を射るとすると、その的の数三二四は木工式8雑作条の「一尺五寸的三百廿四枚、右、五月五日四衛府騎射料」の記述と一致する。

同節に…（五頁5）　本条の弘仁式逸文が、本朝月令（五月）に、

同節、五位以上進二走馬一、親王一品八疋、二品六疋、三品四品四疋、太政大臣八疋、左右大臣六疋、大納言四疋、中納言三疋、三位四位参議二疋、一位二位三疋、三位二疋、四位五位一疋、前十日走馬結番之文従二太政官一賜レ省、其馬毛色各令二諸家申一、訖造二奏文二通一〈一通録二進レ馬五位已上歴名一、一通録二結番一〉、又造二奏札三枚一〈一枚五位已上馬目録、卿奏、一枚四位已上諸王五位姓名幷馬毛、大輔奏、一枚諸臣五位姓名幷馬毛、少輔奏、並納二黄帛袋一収、省二出用一〉、前一日明旦卿賷二奏文二通一、入付二内侍一令レ進〈若卿不レ在者、輔代〉、

また小野宮年中行事（五月）に、

弘仁兵部式云、明旦卿賷二奏文一、付二内侍一令レ進、若卿不レ在者、輔代、

と引かれているが、記述内容には本条と若干の違いがある。

走馬（五頁6）　二頭一組で馬を馳走させ競う行事。平安京では、武徳殿の東側の馬場で行なわれた。五月五日に五位以上が馬を進上して走馬を行なうことは、続紀大宝元・五・丁丑条が初見。既に天武朝において、親王・諸臣らに兵馬を備えることがたびたび命じられ（天武紀八・二・乙卯条、同十三・閏四・丙戌条）、天武八年（六七九）には王卿が出した馬の馳走を天皇が観閲している（天武紀八・八・己未条）。左右近衛式29競馬条参照。

走馬の結番の文（七頁1）　馬を進上した五位以上の歴名と、走馬の出走の順が記された文書。儀式八（五月五日節儀）では、兵部省がさらに一通を写して侍従所に送るとするが、他に見えない。九条殿記（五月節）では、外記が三通を写して検非違使・造酒司・標勅使に給い、勝負を記すとしている。

菖蒲の蘰（七頁2）　菖蒲の葉を輪にして頭髪や冠に着ける飾り。菖蒲はその強い香りによって邪気を払うと考えられた。五月五日節に菖蒲の蘰を着用することは、続紀天平十九・五・庚辰条の元正太上天皇の詔で定められたが、万葉集にはこれより先に菖蒲を蘰にすることが見える（四二三番歌、一九五五番歌、四〇三五番歌など）。形状と作り方は、九条殿記（五月節）に詳しい。

正月十七日…七月二十五日（七頁3）　正月十七日は大射で本式4大射条参照。五月五日は端午節で本式7騎射条参照。七月二十五日は相撲節。同節は弘仁式段階では七月七日に行なわれていたが、平城上皇が天長元年（八二四）七月七日に崩じたため（類聚国史二五同・甲寅条）、貞観式では節日を明記しなかった（虎尾俊哉『延喜式』五〇頁、一九六四年）。それが、三代格元慶八・八・五符で二十五日に規定されたことで、延喜式に記されるようになった（太政官式103相撲条、中務式29相撲司条・30相撲節条参照）。太政官式109節会見参条、式部式上7節会点検条によれば、元日朝賀・白馬節会・新嘗会の点検・見参は式部省が担当する。式部式上17両節不参条では、本条規定の三節のうち七月二十五日（相撲節）のみ見えないが、三代格貞観十六・六・二十八符によって相撲節の執当が式部省から兵部省に移り、本条および本式12三節不参条へ継承された。

事は儀式に見ゆ（七頁4）　端午節については儀式八（五月五日節儀）に「当日寅一刻、兵部省輔以下就レ座〈分注略〉点二検五位以上一」とあり、相撲節については同じく「五位已上就レ版受レ点」（儀式八「相撲節儀」）とある。これに対して大射（観射）については、儀式七（十七日観射儀）に兵

部省の卿以下が「唱二射者官姓名一」とある。

位記の請印（九頁1）　位記は位階を授与する際に発給される文書。叙位の手続きについては、選叙令1応叙条、太政官式125諸司考文条～128擬階条参照。請印については、太政官式2庶務申官条・129位記請印条・130位記召給条、式部式下23授位記条参照。

内外武官の考選（九頁2）　武官については、本式2正月七日条参照。内武官は在京諸司所属の武官。外武官は軍団の大少毅（職員令24兵部省条集解諸説）であるが、大少毅は次第に「軍毅」と一括して称されるようになった（本式51軍団毅条・52軍毅補任条参照）。一方、鎮守府が成立すると（本式54鎮守官人条参照）、その官人も外武官に加わった。

なお、続紀天平三・十一・丁未条で、下級武官の考選権限と武官の解任については兵部省が掌握することとなった。大宝令の施行当初において、事実上兵部省の考選権限が限定されていたことは、続紀神亀五・十一・壬寅条に「制、衛府々生者兵部省補焉」とあることからも明らかであり、徐々に兵部省に武官人事の権限が委譲されていったと考えられる（北啓太「律令制初期の官人の考選について」〈『史学論叢』六、一九七六年〉、渡辺晃宏「兵部省の武官人事権の確立と考選制度」〈奈良国立文化財研究所編『文化財論叢』Ⅱ所収、一九九五年〉）。太政官式125諸司考文条～127列見条参照。

馬料（九頁3）　馬の飼育料の名目で支給された文武職事と女官への令外の俸禄。支給手続きは季禄に準ずるが、必ずしも在京職事官全員が対象ではない。太政官式118馬料条、式部式上279馬料条・280権官馬料条、本式67馬料条参照。

一に式部に准えよ（九頁4）　本条に挙げられた政務が、弁官申政ではなくいわゆる三省申政の形で行なわれることを述べたもの。太政官式2庶務申官条、式部式上28申政条、吉川真司「律令官僚制の基本構造」（『律令官僚制の研究』所収、一九九八年、初出一九八九年）参照。

器仗（九頁5）　兵器・儀仗のこと。軍防令41出給器仗条義解には、「器者、軍器也、仗者、儀仗也」、職員令24兵部省条義解には「用二之征伐一曰二兵器一、用二之礼容一曰二儀仗一也」とあり、同条集解古記は「兵器儀仗、謂二左右及内兵庫之兵器儀仗等一」とする。一方、本式75諸国器仗条では、甲・横刀・弓・征箭・胡簶の五種の兵器のみが挙げられている。軍防令45在庫器仗条に「在京庫者、送二兵部一、任充二公用一」とあり、廃棄の際には兵部省によって処理された。

庫（九頁6）　宮城内の軍器は兵庫寮に収納されるのが原則であるが、本条に見られるように、威儀具等については衛府が保管する場合があった。なお、府庫の存在については、左右近衛式55器仗条参照。

儀仗を立つるの日（九頁7）　儀仗については前条参照。本条では、幟を著くる殳・纛幡・隊幡・鉦・鼓をも含むか。左右近衛式1大儀条、左右衛門式1大儀条、左右兵衛式1大儀条参照。なお、儀仗を立てる日については宮衛令22元日条参照。

胡床に坐して揖せよ（九頁8）　胡床は腰掛けの一種。脚をX字形に組み、座面に皮・紐・布などを張り、折りたためるようにしたもので、武官が儀式に列するときに用いられた。中務式1大儀条、左右近衛式1大儀条・4節会条参照。「揖」は上体を軽く前に傾ける礼のこと。

諸衛府の留守の人（九頁9）　兵部省は諸衛府に史生を派遣し、奏上された名簿にもとづき、宮門の警備に当たっている者についても確認を行なったと思われる。

もし内裏にあらば…（九頁10）　延喜式では、閤門の警備を担当するのは左右近衛府であり（左右近衛式19閤門条）、従って、兵部省の録が内裏に出向き確認するのは、原則的には近衛府の者である。

漆の弓（九頁11）　小野宮年中行事（正月）所引貞観式逸文に「貞観兵部式云、武官人皆用二漆弓一」と見え、この条文が弘仁式以降貞観式までの間に成立したことが分かる。なお、江次第抄三（賭弓）には「黒漆弓」と見える。

武官の五位已上の朝服…聴せ（九頁12）　朝服

は、礼服の着用が求められる場合以外の儀式や、日常公務で着用された公服。衣服令14武官朝服条では、衛府の督・佐の衣服として袍の両腋を縫い合せず襴を付けない位襖(闕腋袍)を定めている。文官の縫腋袍に対して闕腋袍が用いられたのは、武装する武官の性格上動きやすさが重視されたためか。

なお、本条の「聴レ著レ襴」の意は、文官の朝服である縫腋袍の着用を許すということである。本条は、儀仗を立てる日、すなわち大儀など威儀を整える必要がある日以外は、五位以上の武官に、文官と同じく縫腋袍の着用を認めるという内容である。ただし、その理由は明らかではない。しかし、紀略弘仁五・四・丙申条に「武官五位已上聴二朝服位襖通著一」とあり(ここに見える「朝服」も文官の朝服を指す)、文官の朝服(縫腋袍)を武官の朝服である位襖に代えて着用することを許す規定があることから、既にこの段階で武官は位襖を着するという原則は崩れていたといえよう。なお、弾正式136衛府五位以上条にも同様の記述が見られる(同条の補注「朝服を通わし著よ」参照)。

凡そ毎年…(一一頁1) 続後紀承和五・十二・甲午条では、弾正台から官人の朝服の色の規定が守られていないことが指摘され、対応策として、式兵二省には管轄下の文武諸司に八位以下の官人の「位姓名」を台へ報告させることとし、それに対して台が巡察等を派遣して点検を行なう旨の請が出され認められている。あるいは、本条の成立に関係するか。なお、弾正式138文武官人以下条に本条に対応する規定がある。

把笏(一一頁2) 把笏は、官人が威儀を整えるために儀式等の際に笏(細長い板状の物)を保持すること。またそれを認められた者を指す。笏の材質は、衣服令諸条に礼服(皇太子・諸王・諸臣五位以上)では牙笏、朝服では五位以上は職事・散位を問わず牙笏、六位以下職事は木笏と規定されている。この規定は続紀養老三・二・壬戌条にも見えるので、養老三年(七一九)以降には実施されていたが、大宝衣服令に規定されていたか否かは不明である。紀略大同四・五・癸酉条には「聴三五位已上通用二白木笏一」という変化が見られ、これは弾正式48牙笏木笏条に反映されている。

凡そ御馬…(一一頁3) 本条は、御馬以下の事項の廃置を行なう際の手続きについて述べたもので、太政官式11内外印条に対応したものである。同条の「増二減官員一」が本条の「軍毅兵士」に、「出二納兵庫器仗一」が「器仗」に、「廃二置郡駅一」が「駅家」に相当し、本条の「御馬」について同条は、「蕃人還レ国御馬」としている。これがいかなることを意味するのか定かではないが、あるいは、帰国する蕃客に対し、御馬を贈ることがあったか。御馬は勅旨牧から貢進される馬で(左右馬式1御牧条参照)、朝廷の儀式等に用いられ、左右馬寮で管理された。本条で御馬が扱われているのは、令制で牧を管轄していた兵馬司が大同三年正月二十日に兵部省に併合されたことによる(三代格弘仁四・七・十六符)。

内案(一一頁4) 西宮記臨時一(内印)によれば、内印請印に際して奏上される内文(捺印すべき官符等)の案文。同書の記述では「内案小二書枚文半紙一」とあり、施行文書とは形状を異にするものであった(吉川真司「外印請印考」〈前掲書所収、初出一九九五年〉)。太政官式13請内印文条参照。内案の語の初見は類符抄延暦九・五・十四内侍宣である。またこの内案の現物とされるものに、東山御文庫所蔵の宇多天皇宸筆と伝えられる周易抄の紙背文書に見られる、寛平九年(八九七)の任符(大日本史料一―補遺〈別冊一〉寛平九年二月条)がある。一方、延喜式には、「内案」は本条のほか勘解由式に二例見られるが、いずれも不与解由状に関するものである。

預め省に移し(一一頁5) 次条の「申し」に対し、本条では「移し」が用いられている。狩野文庫本三代格昌泰元・十・五符によると、この日に兵庫寮は兵部省の「被管」から「管隷」へと関係が改められた。この場合の「管隷」は「因事管隷」を指すとされている(日本思想大系『律令』六四六〜六四八頁補注11a、一九七六年)。「因事管隷」は、近年、吉川真司（「律令官司制論」〈『日本歴史』五七七、一九九六年〉）、吉川聡（「律令官司制の構造とその成立」〈『日本史研究』四四四、一九九九年〉）によって再検討され、臨時に発生する指揮関係としての「管隷」関係であり、官司間では文書行政上「移」が用いられることが明らかとなった。本条は、まさに昌泰元・十・五符を反映したものといえよう。一方、次条で「申し」が使われていることについて早川万年は、延喜式の編纂段階で条文中の鼓吹司が兵庫寮に置き換えられたものの、「申」を「移」に変えるところまでは改訂が及ばなかったとしている（「延喜兵庫式の成立」〈『延喜式研究』二三、二〇〇七年〉）。

凡そ鼓吹…（一一頁6）　鼓吹の教習および課試について定めた条文。太政官式134鼓吹条に同様の規定が見える。職員令27鼓吹司条集解古記および令釈所引官員令別記では教習期間を九月から二月としているが、職員令27条集解伴記では十月一日から二月三十日とする。太政官式134条では十月から二月にかけて鼓吹の教習を行ない、儀式九（三月一日於鼓吹司試生等儀）によれば三月一日にその成果が試された。

扶省掌（一一頁7）　省掌は史生より下位の下級官人（本式1元日条の「省掌」参照）。扶省掌は正員を補う者として置かれたが、兵部省については、類聚国史一〇七天長七・八・戊申条および承和五・七・丙寅条に設置の記事が見える。宮城栄昌は、前者の記事を「式部省」の誤りとする（『延喜式の研究』史料篇四〇一頁、一九五五年）。式部式上205扶省掌条・206扶省台掌条参照。

府生（一一頁8）　六衛府の下級官人で文官の史生に相当する。四等官・医師の下、番長の上に位置する。近衛府の府生は、三代格天平神護元・二・三勅に授刀衛を改編して近衛府を置いた際に六人とある。衛門府・兵衛府での設置時期は不明であるが、続紀神亀五・十一・壬寅条に「制、衛府々生者兵部省補焉」とあり、狩野文庫本三代格同・七・二十一勅に、中衛府が置かれた際に府生六人が見えることから、笹山晴生は、それまでに置かれていたものが、中衛府の設置を契機に定員化されたのではないかとする（「中衛府設置に関する類聚三代格所載勅について」〈『日本古代衛府制度の研究』所収、一九八五年、初出一九五五年〉）。

馬医各二人史生各四人（一一頁9）　馬医は職員令63左馬寮条の規定に二人とある。続紀天平三・十一・丁未条で、馬医の帯仗する者の考選が式部省から兵部省に移された。一方、史生は三代格大同四・三・十四符により二人から四人に増員されているが、職員令には規定がなく、もとの二人の設置時期は不明である。中務式74諸司時服条では四人と記載する。なお、弘仁四年（八一三）三月十三日には、左右馬寮の史生に帯剣させることとなった（職員令63条集解所引同日符）。公式令52内外諸司条義解では武官とする。

兵庫寮の長上三人史生四人（一一頁10）　兵庫長上は大角長上・小角長上・鼓鉦長上。三代格寛平八・八・二十九官奏によって、左右兵庫・造兵司・鼓吹司を併合して兵庫寮としたが、狩野文庫本三代格昌泰元・十・五符で、大角長上・小角長上・鼓鉦長上各一人が兵庫寮に属することとなった。史生については同符事書に「史生四人」と見える。

宣旨を待ちて補任せよ（一一頁11）　続紀神亀五・十一・壬寅条に、衛府の府生は兵部省が補すとあり、三代格大同四・五・九符で、兵部省所管の諸司史生についても兵部省が補任することとなった。しかし、西宮記臨時二（諸宣旨例）、北山抄六（下宣旨事）、公卿宣下抄には諸衛府生・馬医等は宣旨により補任するとある。式部式上90諸司史生条の「宣旨」参照。

寮掌使部馬部（一三頁1）

［寮掌］官掌・省掌（本式1元日条の「省掌」参照）に相当する下級官人で、庶務に従事する。令制では太政官・八省に官掌・省掌が置かれたが、次第に台・府・職・坊・寮・司にも「掌」が設置されるようになった。兵庫寮・左右馬寮での設置時期は明らかでないが、野村忠夫は貞観四年（八六二）頃から典薬寮等での寮掌の設置が確

認できるとする(「官人的把笏の問題」〈『律令官人制の研究』増訂版所収、一九七〇年、初出一九六五年〉)。

〔使部〕所属官司の雑務に従事する下級職員。馬寮については職員令63左馬寮条に左右で使部四〇人とあり、三代格寛平八・十・五符に兵庫寮の使部一二人と見える。軍防令47内六位条参照。

〔馬部〕馬飼造戸の中から左右馬寮に上番した伴部(職員令63左馬寮条集解古記および令釈所引官員令別記)。同条では左右で一二〇人、左右馬式45馬部条では左右で六〇人。諸国の牧から貢される馬の飼育・調教に当たった。

儀式(一三頁2) 省掌が携わる儀式には、正月元日に八省院で兵庫寮幢旗・諸衛儀仗・隼人陣を検校すること(本式1元日条)、正月七日御弓の献上に際して武官叙位標を立てること(本式2正月七日条)、正月十八日賭射に際して的に当たる毎に申すこと(本式6賭射条)等がある。

把笏(一三頁3) 省掌の把笏は、式兵二省ともに続紀神護景雲二・十一・癸未条で許されているが、これは諸掌類の中では早い例である。続いて続紀宝亀五・六・庚午条では左右官掌、類聚国史一〇七大同元・十・壬申条では残る六省の省掌の把笏が許され、嵯峨朝には他の官司にも拡大した。しかし、式兵二省以外の諸官司の扶省掌・台掌等は、式部式上206扶省台掌条によると把笏を許されていなかった。兵部省の扶省掌が本条のように隼人司の権史生に、一方、式部省の扶省掌が大学寮の権史生に任ぜられた(式部式上205扶省掌条)のは、いずれも被管官司の史生の身分を与えることで、把笏させることが目的であったか。

射田(一三頁4) 射田には兵部省射田、諸衛射田、諸国射田の三種類があるが、本条は兵部省射田に関するものである。本式66射田条、主税式上2勘租帳条の「神田…造船瀬料田」参照。

書生は式部省を経ずして(一三頁5) 書生は文書の筆写・校正を担当する下級官人。三代格弘仁四・七・六符および同・十六符には、式部省の書生三〇人のうち一〇人を割いて置いたと見える。さらに類聚国史一〇七天長十・六・庚午条には、兵部省の奏によって造兵司雑工二〇人の中から二人、鼓吹々部三四人中の大角生・小角生・鼓生から各一人を割いて、省の書生とすることが許されている。

後紀弘仁三・十・乙巳条で、式部省の書生三〇人が設置された際に、「省試二手跡一令レ得二出身一」とあるように、兵部省の書生についても、兵部省が独自に課試することを定めた(三代格弘仁四・七・十六符)。

勘籍(一三頁6) 課役免除に先立って、戸籍で身元を確認する手続き。勘籍の対象となることは、書生などを含めた広義の官人身分となることを意味する。民部式上87勘籍条によると、位子ならびに雑色は三比とあり、奈良時代の五比から比べると簡略化されたか(野村忠夫「勘籍の本質と機能」〈『官人制論』所収、一九七五年〉)。

兵庫寮の工部二十人(一三頁7) 兵庫式32雑工部条に、「凡雑工部廿人、簡二取戸内百姓芸業勝レ衆者一、移二兵部省一勘籍補之」と見える。雑工戸については、同式31雑工戸条参照。

不合ならば(一三頁8) 本条や太政官式151勘籍条によると、諸衛異能を除くほかは、勘籍で不合と判断された場合には、改めて勘籍することができなかった。民部式上87勘籍条には、勘籍してもし不合であれば還却することが見える。

諸衛の異能(一三頁9) 近衛・兵衛の中で「異能」(武芸に秀でる)という評価を受けた者。左右近衛式48異能条参照。「異能」の近衛・兵衛には別禄が給された。本式44武芸条参照。

入色(一三頁10) 八世紀末までの史料では、雑色・才伎長上・中宮舎人・軍士などの下級官人等になる動詞的用法を意味したが、九世紀から延喜式におよぶ史料では、大学生、薬生・雑薬師、東宮・中宮・斎宮舎人、近衛・兵衛、掌類、伴部、傔仗、坊令、神主、禰宜、祝等に任用され得る有資格者を一括して、名詞的用法で「入色」と称するようになった。これは、近衛・兵衛が位子・留省・勲位から(本式34近衛兵衛条)、春宮坊舎人が蔭子孫・位子から(春宮式49

坊舎人条)任用されるなど、官によって具体的な有資格者の内容に差異があることによるか(以上、野村忠夫「官人制上の二・三の用語について」〈『岐阜大学研究報告(人文科学)』一四、一九六六年〉)。

中宮職の舎人(一三頁11)　中宮職に属す下級官人で、中宮に近侍して宿直や遣使を務める。定員は四〇〇人(職員令4中宮職条)。軍防令46五位子孫条義解が「謂、中宮舎人亦准ㇾ此也」とするように、蔭子孫である五位以上の子・孫より採用された。式部式上208諸宮舎人条では、四〇〇人の内訳を入色一五〇人、外位一〇〇人、白丁一五〇人とする。

被管および兵庫寮の史生使部(一三頁12)　被管は隼人司。隼人司の史生は五人、兵庫寮の史生は四人。いずれも宣旨を待たずに直接兵部省が補任できた(本式25武官補任条)。使部については、本式26寮掌条参照。

春宮坊の舎人(一三頁13)　東宮職員令3舎人監条に六〇〇人と規定される。令制では蔭子孫から採用されたが(軍防令46五位子孫条)、式部式上208諸宮舎人条では、六〇〇人の内訳を入色四〇〇人、外位一〇〇人、白丁一〇〇人とする。春宮式49坊舎人条参照。

近衛兵衛(一三頁14)

〔近衛〕左右近衛府に所属する舎人。奈良時代の授刀舎人、中衛舎人の系譜を引くもので、定数は左右各六〇〇人(左右近衛式46番長条)。内裏閤門内の警衛や門の開閉、儀式への参列、行幸時の警固などに当たった。

〔兵衛〕左右兵衛府に所属する舎人。定数は左右各四〇〇人(左右兵衛式18大衣条)。令には、内六位以下八位以上の者の嫡子(位子)からの採用と、郡司子弟のうち弓馬に巧みな者を国司が貢上することが定められている(軍防令38兵衛条・47内六位条)。内裏の警衛、儀式への参列、行幸時の警固などに当たった。

位子(一三頁15)　内六位以下八位以上の官人の嫡子をいうが、ここでは彼らのうち未だ大舎人、兵衛、使部などに補されず、式兵二省に留まっている者を指す。

留省(一三頁16)　大学を経て式部省に属しながら補任の機会を待つ者、あるいは帳内・資人で本主が出家したため式部省に留まる者(式部式上101出家条)、また、職分資人で本主が死亡、解官して式部省に留まる者などを指す(同102資人条)。平城宮跡出土木簡のうち、官人の考選に関わる木簡にもこの記述が何点か見える(『平城宮木簡』四〈一九八六年〉、五〈一九九六年〉)。

勲位(一三頁17)　軍功のあった者に授与される栄爵。本来、位階の昇叙や任官とは無関係であるが、続紀慶雲元・六・己未条で、勲七等以下で官位を持たない者が考選の対象となった。実際に、無位と思われる帯勲者の考選に関わる木簡も見つかっている(『平城宮木簡』四〈一九八六年〉、五〈一九九六年〉)。

蔭子孫(一三頁18)　蔭位の対象者(軍防令46五位子孫条)。蔭子孫の情願者で、本府の試を通った者を近衛・兵衛の候補者として奏上する際には、勅使による覆試は行なわれない。

外考(一三頁19)　外長上・外散位(外分番)としての考。選限は令制で前者は一〇年、後者は一二年。続紀慶雲三・二・庚寅条で内考とともにそれぞれ二年ずつ短縮された。

門部(一五頁1)　左右衛門府所属の伴部(職員令32囚獄司条義解)で、宮門の開閉、警衛などに当たり、儀式に参列した。本来、舎人と伴部は区別されるが、門部本来の氏族的性格が希薄化したことにより、近衛・兵衛とともにしばしば「六衛府舎人」と称された(本式38舎人解却条、笹山晴生「毛野氏と衛府」〈前掲書所収、初出一九六三年〉参照)。令制では二〇〇人であったが(職員令59衛門府条)、三代格大同三・七・二十官奏により衛門府が廃止されると、左右衛士府に一〇〇人ずつ分属された。さらに同府は、職員令61左衛士府条集解所引弘仁二・十一・二十八符で左右衛門府に改称されている。中務式74諸司時服条には左右各六六人と見える。

奏聞(一五頁2)　兵部省の移を受けて、各々の衛府が帯仗について奏聞することか。府生については、本式25武官補任条にあるように、宣旨が兵部省に下されて兵部省が補任した。兵部省が奏聞するとなれば、奏聞の結果をさらに衛府に移する必要があるが、本条ではそれが規定されていないこと、また、これに続く「但(ただし)」が「本府奏聞」にかかるのではなく、「不レ待ニ省移一」にかかると解せられることから、奏聞の主語は諸衛と考えられる。

員外(一七頁1)　三代格寛平三・十二・十五符で、衛府の員外舎人の数が定められた。これは様々な理由を挙げて諸衛府が増員を申請し、人員がほとんど定員に倍するほどに膨らんでいることから、それを制限した規定である(笹山晴生「平安前期の左右近衛府に関する考察」〈前掲書所収、初出一九六二年〉)。本条からは、員外舎人は得考の舎人と扱いを異にしていたことが分かる。

四季の徴免課役帳(一七頁2)　課役を負担する身分から負担しない身分へ、またはその逆の変更が生じた場合に、変更の生じた人名等を年四回、季ごとに列挙した帳簿。式部・治部・兵部の三省から太政官へ進上した。太政官式8弁官牒式条、式部式上163四季徴免条、玄蕃式79徴免条、民部式上93入色課役条参照。

門部司(一七頁3)　斎宮寮の官人を欠失なく載せる狩野文庫本三代格神亀五・七・二十一勅にも本司は見えず、西宮記臨時五(斎宮)には、本司と馬部司の官人は負名代から任じられるとある。負名代は「負名氏」と同様に特定の職能をもって仕える家柄をいうか。なお、斎宮の周囲の様子については、斎宮式88殖樹木条参照。

馬部司(一七頁4)　斎宮において、斎王・女孺用の馬八疋(斎宮式44御馬条・92秣蒭条)、宮売祭馬三疋・大祓馬八疋(本式74斎宮祭馬条)、主神司馬六疋などを飼育した(左右馬式8諸祭祓馬条)。斎宮式54監送使条参照。

神税(一七頁5)　神戸が負担し、正倉に貯えられた田租。正税とは別会計として国司が管理し、それぞれの神社の諸経費に充てられた(臨時祭式58神税等帳条参照)。伊勢神郡の神税は、大神宮司が直接管理した。斎宮寮との関係では、寮官人の季禄・馬料や、斎宮用度に充てられた。後紀弘仁三・五・辛酉条、本式67馬料条参照。

補任帳(一七頁6)　現に官職に任じられている官人名を記した名簿で、除目の参考資料となった(式部式上127郡司補任帳条参照)。毎年二回作成され、正月一日と七月一日に太政官に提出された。兵部省が武官補任帳を、式部省が内外諸司主典已上及諸国史生博士医師陰陽師弩師補任帳を(式部式上146内外補任帳条参照)、中務省が女官補任帳を作成した(中務式43女官補任帳条参照)。なお、年一回正月一日に提出されるものに諸国郡司補任帳(式部式上127条)、威儀師已上并従儀師補任帳・諸国講読師補任帳がある(治部式19補任帳条参照)。

内裏の料(一七頁7)　式部式上146内外補任帳条には、式部省が文官の補任帳を正月・七月の一日に太政官に進り、さらに写しを作成して蔵人所にも六月・十二月の二十日に進ることが記されている。本条はそれに対応して、武官の補任帳の進上を述べたもの。「内裏料」は式部式上146条の「蔵人所料」に同じ。

禄の鍬(一七頁8)　禄令8兵衛条は、兵衛がもともと官位相当の例に入らないために立てられた条文であるが、井上薫は、兵衛はせいぜい昇叙しても大初位上までであるとし(「舎人制度の一考察」〈『日本古代の政治と宗教』所収、一九六一年、初出一九六〇年〉)、高橋崇はそれを踏まえ、この規定が実態に叶ったものであったとする(「季禄の研究」〈『律令官人給与制の研究』所収、一九七〇年〉)。なお、同条集解令釈では、天平宝字三年(七五九)の格として、授刀舎人・兵衛等の鍬の数の削減が記されており、その結果有位に八口、無位に四口が与えられることになった。高橋は、おそらく本条の淵源はこの格であろうとし、門部云々については不明とする。

武芸…百に当たる者(一九頁1)　武芸に特に優れ、「異能」と呼ばれる近衛・兵衛のこと。「耿介」とは意志が固く節操を守ることを意味する。左右近衛式48異能条にもほぼ同文の規定がある。選叙令12考満応叙条には、成選に当たり才能に優れた者を抜擢することが規定されているが、武芸の才に関するものでは、続紀天平元・八・癸亥条で陸奥鎮守兵と三関兵士について、勇猛の程度によって三等を決定し奏聞すること、および諸衛府で武芸の優れた者を奏聞することが定められた。そもそも近衛・兵衛に任用されるにはいくつかの経路があるが、その中で「白丁の異能の者」は京職・諸国から太政官に申上され、衛府の試と勅使の覆試を経て任用されることになっていた(本式34近衛兵衛条、左右近衛式47擬近衛条、左右兵衛式6擬兵衛条)。本条はこの近衛、兵衛の中からさらに異能の者を選ぶことを定めたものである。後紀弘仁三・三・丁卯条には「異能之兵衛毎レ府四人、准二近衛一給二別禄月粮一」とあり、これによって異能の兵衛が設置されたこと、近衛についてはこれ以前から置かれていたことが分かる。従って、本条は弘仁式の段階で成立していた可能性が大きい。笹山晴生は、後紀弘仁二・六・乙丑条に「令三諸国進二武芸人年卅已下一、補二左右近衛一」とあるのを異能の近衛の設置を示すとし、この時期の近衛・兵衛に対する措置は、嵯峨天皇による積極的な武備充実策によるものと推測している(前掲「平安前期の左右近衛府に関する考察」)。本式31出身徒条参照。

凡そ諸衛の人ら…(一九頁2)　本条は諸衛府舎人の勤務評定に関する規定である。兵衛の勤務評定については、考課令52兵衛条に規定があり、「恭勤謹慎、宿衛如レ法、便習二弓馬一、為レ上」等の基準で三等に決定するとされている。ただし、毎年舎人の考を定める時に歩射・騎射の試を行なっていたとすれば、どのような方法が用いられたのかなど、詳細は明らかではない。なお、歩射・騎射を試みるのは近衛・兵衛を擬す際の勅使による覆試と同じであるが、その方法は異なる(左右近衛式47擬近衛条、左右兵衛式6擬兵衛条)。

恭勤謹慎…上考を与えよ(一九頁3)　恭勤・謹慎はいずれも行ないが慎み深いことを意味する。宿衛については、衛禁律18宿衛人上番条、同19宿衛兵仗条、宮衛令21上番条参照。当該部分については、考課令52兵衛条にほぼ同文がある。ただし、本条では歩射・騎射に特に優れている者以外を対象とする規定となっているため、弓馬のうち一つでも優れていれば良いと条件が緩和されている。なお、考課令52条は、唐の親衛・勲衛・翊(ヨク)衛の評定(『唐令拾遺』考課令四五条)とほぼ同文である。

中務省に移し送れ(一九頁4)　本条の武官のみならず、文官を兼帯する次侍従も解由の与不を中務省に知らせなければならなかった(中務式57遷任解由条、式部式上174職事侍従条)。本条の眼目は、解由が与えられない者は、次侍従を帯びていても節会に参列できないというところにあると考えられる。解由の与不と節会への参列は、式部式上1賀正条・169解由日限条においても関連づけられている。なお、次侍従を帯びていない、すなわち節会への参列が限定的にしか認められていない五位以上の官人については、延喜交替式の「凡五位以上未レ得二解由一者、奪二位禄食封一」という規定が適用される。

凡そ武官の史生巳上…(一九頁5)　武官の史生については、本式25武官補任条参照。解由は、通常二通作成されて太政官に提出され、一通は勘解由使、一通は式部省(または兵部省)に下された。ただし、史生の解由は太政官を経由せず、作成した官司から式部省または兵部省へと直接移送された(式部式上164解由条、延喜交替式)。この規定では、武官から文官へと遷任した場合に、解由は本司(もとの官司)から兵部省へともたらされ、式部省側は解由の発給を確認できない。これでは、交替業務が完了したことを知ることはできず、新たな職での勤務の開始時期が曖昧となる。そこで、三代実録貞観十二・十二・二十五条で、文官と武官との間での遷任がある場合、式兵二省が互いに移送することが定められた。この貞観十二年(八七〇)の制は造式所起請によって定められたものであり、本条は貞観式において初めて立制されたと考えられる。なお、式部式上184諸衛府条には、諸衛府官人、舎人が諸国史生以上を兼任する場合は、式部省から兵部省に移送することが定められているが、この条文も貞観十二年の造式所起請によって成立した規定である。

考文（一九頁6）　官司が所属官人の毎年の勤務成績を報告する文書。上日数・善最・考第等が記された。考課令1内外官条によれば、内外文武官初位以上の官人の考文は、所属する官司の長官によって九等の考第が定められ、八月三十日までに太政官に提出された。しかし、この規定では文武官の考課・選叙を担当する式兵二省に、どのように考文が移送されるのかは明記されておらず、この曖昧な点を解消するため、和銅年間（七〇八～七一四）に二度の改定が行なわれ、諸司の考選文はまず弁官に送られ、そこから式部省に（おそらく兵部省にも）送られることとなった。そして、両省の処分を経た後に再び太政官に進上されたものと推測される（続紀和銅二・十・甲申条、同六・十一・丙子条）。ただし、番上官の考文については、京官・畿内は十月二日、外国は十一月二日に式部省に提出された。太政官式125諸司考文条・126諸国考文条、式部式下30長上考文条・31番上考文条参照。式の規定によれば、長上・番上のいずれの場合も、会集して考文提出の儀式が行なわれた。

考問（一九頁7）　ここでは、諸司から提出された考文に関する兵部省での査問を指す。十月七日より、各司の主典以上や朝集使を責任者として召喚し行なわれた。式部式上213考問不参条、同式下33考問条参照。

遣唐使の射手（二一頁1）　遣唐使に護衛として随行する武官。遣唐使に随行する官人の構成は、大蔵式94入唐大使条に記載されている。入唐求法巡礼行記開成四・七・二十一条には、「射手左近衛丈部貞名」とあって、近衛から選ばれていたことが確認できる。同書には他にも四人の名が記されており、射手が水手等とともに様々な雑用に供奉していたことが窺える。

式部（二一頁2）　式部式上233遣唐使条には、「凡遣唐使下無位者、叙二一階一」と規定されている。外八位と内外初位の授与は官の判授であり（選叙令2内外五位条）、式兵二省の結階案を太政官で審査して直ちに授位が確定した。公式令18判授位記式条参照。渡航前の賜位は、続紀天平勝宝三・二・庚午条に「遣唐使雑色人一百一十三人、叙レ位有レ差」、続後紀承和三・二・丙戌条に「於二八省院一賜二遣唐使史生已下将従已上位記一」の例がある。いずれも使節の権威を増すための措置であると考えられる。

三年（二一頁3）　衛士の任期は軍防令8兵士上番条に一年とあるが、続紀養老六・二・甲午条および三代格同・二・二十二勅によれば、この時に「三年一度交替」の制が定められた。この勅には「依レ式交替」とあり、本条の成立に関連する。本来の趣旨としては、三年を限度とするものであり、三年交替を定めたものではないと思われる。また、新しい衛士は国ごとに交替したと考える見方がある（野田嶺志『防人と衛士』一九九～二〇二頁、一九八〇年）。一方、「現実には防人の場合のような集団的な交替は考えられない」とする説もある（笹山晴生「令制五衛府の成立と展開」〈『日本古代衛府制度の研究』所収、一九八五年〉）。なお、衛士の交替に関わる史料として、天平勝宝二・五・二十六造東大寺司移（古三―四〇三頁）がある。

軍団（二一頁4）　令制下、諸国に設けられた兵団。軍防令1軍団大毅条参照。軍団の制度も兵士制と同様に推移したと考えられており、三代格天長三・十一・三符が出されて以降は、基本的に長門・佐渡・陸奥・出羽の国々のみに置かれた。本条は、職員令79軍団条集解所引八十一例に見えるところとほぼ一致し、その成立は、続紀養老三・十・戊戌条によると考えられる（虎尾俊哉「『例』の研究」〈『古代典籍文書論考』所収、一九八二年、初出一九六二年〉）。これ以前は軍団は一〇〇〇人からなる構成を基準としていたが（軍防令1条）、これ以降、人員規模によるいくつかのランクに分けられた。

毅（二一頁5）　前項に記したように、職員令79軍団条では、軍団は一〇〇〇人を基準とし、指揮官として大毅一人、少毅二人が規定されていた。しかし、総員が五〇〇人を下回り、指揮官として毅一人が任ぜられる小規模な軍団が置かれるようになると、大毅・少毅は軍毅と総称されることが多くなる。その時期は天平年間(七二九～七四八)頃からと考えられている(橋本裕「軍毅についての一考察」〈『律令軍団制の研究』増補版所収、一九九〇年、初出一九七三年〉)。軍防令1軍団大毅条・13軍団大毅条参照。

三等已上の…(二二頁6)　郡領と軍団指揮官たる軍毅を近親で占めることを禁止する意であるが、同郡の軍毅とある点が問題となる。軍団所在の郡と解すべきか。続紀霊亀二・五・己丑条では、同じ国に「三等以上親」の補任を認めないとする。郡内において、特定氏族の力が強まることを予防する措置であろう。

簿(二三頁1)　兵部省は年二回「武官補任帳」を太政官に提出した。本条の簿はその基になる帳簿で、公式令84任授官位条に規定されているものか。なお、軍毅の解任が国司によってなされるのは、橋本裕前掲「軍毅についての一考察」の指摘のように、国司の持つ広範な軍事権に基づくものか。

鎮守府の官人(二三頁2)　鎮守府は東北経略のため陸奥国に置かれた官司で、延喜式段階では胆沢城に所在。鈴木拓也は鎮守府官人を次の三期に区分する(「古代陸奥国の官制」〈『古代東北の支配構造』所収、一九九八年、初出一九九四年〉)。

①神亀元年(七二四)頃～天平勝宝年間(七四九～七五六)
　官制は将軍・判官・主典の三等官制。
②天平宝字元年(七五七)～弘仁三年(八一二)四月二日
　官制は将軍一人、副将軍一人、軍監二人、軍曹二人の四等官制。ただし、大同三年(八〇八)までは国司の兼任であり、国司と別個に任ぜられたのは大同三年から弘仁三年までの四年間。
③弘仁三年四月二日以降
　官制は将軍一人、軍監二人、軍曹二人の三等官制。

ただし、鎮守府・鎮守将軍が律令国家東北経略に果たした役割については見解が分れている。このことについて、「律令国家の対蝦夷政策の中心に位置するもの」と高い評価を与える説(渡部育子「律令制下における陸奥・出羽への遣使について」〈高橋富雄編『東北古代史の研究』所収、一九八六年〉)がある一方、「似たような職掌の官に兼官され易い性格があり、従って一個の軍事機関としても徹底し得なかった」との評価にとどめる説(吉沢幹夫「鎮守府についての一考察」〈『東北歴史資料館研究紀要』三、一九七七年〉)も存在する。また、天平宝字元年以前は、鎮守将軍は常置のものではなく、臨時的な官にとどまるものであった可能性を指摘する見解(中村光一「鎮守府および鎮守将軍について」〈『社会文化史学』三五、一九九六年〉)もある。

なお、大同三年までには医師が(後紀同・七・丙申条)、宝亀年間(七七〇～七八〇)には弩師が(三代格天長五・正・二十三符)、元慶六年(八八二)には陰陽師が置かれており(三代格同・九・二十九符)、鎮守将軍の傔仗が三代格弘仁三・四・七符で一人を減じて二人とするとあるので、それまでには置かれていたことが分かる。なお、鎮兵は「鎮守府官人」に含まれない。

陸奥国の…得ず(二三頁3)　続紀神護景雲二・二・癸巳条に道嶋三山が、また類聚国史一九延暦二十一・十二・庚寅条に道嶋御楯が、軍監に任命・見任している。御楯はさらに後紀大同三・六・庚申条に副将軍となっている。ここに見える道嶋氏は陸奥国牡鹿郡(後の桃生郡も含む)地方の丸子氏を出自とする氏族と考えられることから(井上光貞「陸奥の族長、道嶋宿禰について」〈著作集一『日本古代国家の研究』、一九八五年、初出一九五六年〉、伊藤玄三「道嶋宿禰一族についての一考察」〈高橋富雄編『東北古代史の研究』所収、一九八六年〉)、少なくとも九世紀の初頭までは、本条に見られるような陸奥国人を任じないという規定はなかったとみられる。

鎮守府の陰陽師(二三頁4)　三代格元慶六・九・二十九符によって置かれた。辺境の国では国内で起きる怪異の意味を即座に判断して、それが外部からの侵攻の予兆と考えられた場合には、急ぎそれに備える必要があるとして設置されたものである。この官符で陰陽師の設置を申請する文言の中に「軍団之用卜筮尤要」とあり、陰陽師の占術が国家の軍事行動や防衛に際しても、重要な役割を担っていたことが窺える（高田義人「古代国家と陰陽寮」〈『月刊しにか』一三―一三、二〇〇二年〉）。

医師（一三三頁5）　後紀大同三・七・丙申条に、鎮守府医師の選限を八考とするとあるのが初見である。三代格弘仁三・四・二符に「医師弩師各一員」とあるが、この定員は「鎮兵之数減定」に伴うものである。新村拓は、これ以前、特に延暦年間（七八二～八〇五）末の坂上田村麻呂による積極的な征夷が行なわれていた頃は鎮兵も多く、従って医師も二人が置かれていたのではないかとしている（「鎮守府医師と大宰府医師」〈『古代医療官人制の研究』所収、一九八三年、初出一九七六年〉）。秩限については五年とされていたが、三代格貞観八・十二・五符により六年に改定された。

侍医（一三三頁6）　職員令11内薬司条によれば、侍医は内薬司に属する官人であったが、同司は狩野文庫本三代格寛平八・九・七符によって典薬寮に併合され、また同・十・五符により、侍医四人、女医博士一人、薬生一〇人が典薬寮に配置換えとなった。

鎮守府の権任の官人（一三三頁7）　これについて史料上確認できるのは、いずれも権副将軍で以下の三人。佐伯宿禰久良麻呂（続紀宝亀七・五・戊戌条）、安倍猨嶋臣墨縄（同延暦元・六・戊辰条）、百済王英孫（同延暦四・五・甲寅条）。

鎮守将軍の傔仗（一三三頁8）　傔仗は、一般に国司・大宰府官人・鎮守将軍・陸奥出羽按察使といった外官に支給され、武装して主に付き従った。待遇は基本的には史生に準ずる。鎮守将軍の傔仗は、三代格弘仁三・四・七符で一人を減じて二人とするとあるので、それまでには置かれていたことが分かる。さらに、三代格承和十四・閏三・二十五符により、補任権が式部省から兵部省に移った。そのため、鎮守将軍の傔仗補任の規定が本式に載せられたのであろう。この他に、鎮守将軍の傔仗の史料として朝野群載二二康保二・五・二十五符がある。

もし子を将いんと（一三三頁9）　自分の子の任用を願うの意。これより、傔仗の任用には被支給者側の意思が容れられることが公認されていたことが分かる。類符抄長保三・五・二十九符には、「依ㇾ例」によって大宰帥平惟仲の奏状が出され、それにより傔仗の補任が行なわれている。永田英明は、この補任の形態が続紀天平元・五・庚戌条に見える本来の傔仗の補任形態である式部省判補という形と異なり（鎮守将軍の傔仗は兵部省が補任）、被支給者の意思が反映されている点に注目し、こうした補任形態は、八・九世紀まで遡らせて考えることも可能ではないかとしている（「傔仗について」〈『川内古代史論集』六、一九九二年〉）。

牧監（一三三頁10）　山口英男は、牧監は内厩寮管牧の牧主当（三代格神護景雲二・正・二十八格）が発展したものであるが、牧主当は郡司の中で牧について担当する官にすぎず、牧監のように専当官ではないとしている（「八・九世紀の牧について」〈『史学雑誌』九五―一、一九八六年〉）。一方、三代格延暦十六・六・七符に信濃国の「監牧」が見えるが、山口はこれを牧監のこととする。この符によれば、監牧は中央から派遣される官としてあるので、この段階で信濃国については、延喜式制に連続する牧監が置かれていたと考えることができる。ただし、同符に「監牧之司雖ㇾ非二正職一」とある点は注意すべきであろう。その後、牧監は三代格天長三・二・十一符に「須下信濃上野両国各牧監一人、甲斐武蔵両国各主当一人、馬医毎ㇾ国一人、但騎士者率二馬六疋一以充中一人上」と、上野国にも見え、さらに三代格天長四・十・十五符により甲斐国にも置かれるようになった。しかし、武蔵国のみは依然として「主当」であり、要略五五延喜四・五・二十四符段階、延喜式段階（左右馬式46牧監条）でも「別当」とある。ただし「別当」の職掌・責任・交替規定等は牧監とほとんど同じである。こうした差について山口は、信濃・上野・甲斐国が一国全体が御牧だったのに対し、武蔵国が一国全体の御牧化が進んでいなかったためであり、牧監は一国全体が御牧でなければ置けなかったとしている。

一方、川尻秋生は、監牧と牧監を制度的に連続したものとする点で山口説を継承する一方、当初甲斐・武蔵という東海道の国々では「主当」として在地有力者が、信濃・上野という東山道の国々では「牧監」という中央派遣の官人が、それぞれの牧の経営に当たった理由を、「道」による政策の違いや、牧数・貢進数の違いによるものとしている（「御牧制の成立」〈『古代東国史の基礎的研究』所収、二〇〇三年、初出一九九九年〉）。

大宰府の官ならびに品官（二三頁11）　大宰府の官人については、職員令69大宰府条参照。野村忠夫は品官を狭義の官人に含まれる職事官とし、府の四等官を除く内長上の四等官クラスを指すとする（『官人制論』一〇一頁、一九七五年）。一方、倉住靖彦は「主神および大判事以下」を品官とする（『古代の大宰府』一四〇頁、一九八五年）。

得考の書生（二三頁12）　森公章（「国書生に関する基礎的考察」〈『在庁官人と武士の生成』所収、二〇一三年、初出一九九三年〉）は、大宰府には一〇〇人もの書生がいたが、諸国の書生が白丁身分から選ばれたのに対し、大宰府の場合には郡司クラスの出身者が少なくなかったことは、三代格天長二・八・十四符や式部式上129大宰府書生条、民部式上119権任郡司条からも明らかとする。本条で、大宰府について特に「得考」と記されたのは、郡司クラスの出身者を想定してのことか。

武蔵…帯仗する（二三頁13）　「仗」は器仗、兵仗で武器のこと。三代実録貞観五・十二・二十一条に「勅賜二長門国司帯剣一」とある「剣」と同意。三代実録には、貞観年間（八五九〜八七六）に国司以下への帯剣勅許の事例が頻出する。降って朝野群載二二天暦十・六・二十一駿河国司解では、「諸国例」に準じて「帯剣」を許されたいと申請している。「諸国例」とは、本条に挙げられた国々を指すのであろう。本条に挙げられている大宰府および諸国は、蝦夷、群盗の跳梁という問題、また、新羅等の海賊の来航の恐れがあることから帯仗が許されたか。

大宰府管内諸国の射田（二三頁14）　諸国射田は、諸国の兵士が弓射を調習するための資として置かれた田。続紀天平勝宝六・十・己卯条に「仰二畿内七道諸国一、令レ置二射田一」とあり、この年初めて置かれた。大宰府管内では、三代格天応元・三・八符にそれまで毎郡一町であったものが、兵士選士の人数が多いことを理由に毎郡二町に増やされており、それが本条に継承されている。

橋本裕「射田の制度的考察」（前掲書所収、初出一九八〇年）は、諸国射田は天平期まで郡司の私的経営下に置かれて輸租田とされ、天平十一年（七三九）に軍団兵士の停止に際して機能停止、無主田化（輸地子田）が命じられ、事実上は乗田となり中絶する。天平勝宝六年（七五四）に再置され、国司によって管理運営されるという方針が明瞭となり、不輸租田となる。そして、延暦十一年（七九二）の辺境地を除く軍団廃止後再び乗田化し、延暦二十年に設定された健児田は諸国射田の制度的系譜を引くと結論づけている。さらに、延暦十一年以降、軍団が存続した諸国（陸奥・出羽・佐渡・大宰府管内）のうち、陸奥・出羽・佐渡には健児が置かれるようになった。射田と健児田の並置が確実とみられるのは陸奥のみであるが、佐渡もその可能性が指摘できるとする。大宰府管内の軍団は天長三年（八二六）に廃止され、統領・選士が置かれているので、本条は弘仁式において成立したと考えられる。橋本説に従うと、「自余有二兵士一国」とは延暦十一年以降弘仁式成立まで軍団が存続していた国のことで、大宰府以外の陸奥・出羽・佐渡を指すと考えられる。

歩射・騎射（二三頁15）　ともに弓法の種類。軍防令7備戎具条によると、兵士は弓の他にも様々な物品を自弁しなければならなかった。また同令2隊伍条にあるように、諸国の軍団には弓馬(騎射)をよくする兵士たちで構成される騎兵隊、その他の歩射などを担当する歩兵隊があった。

国司の簡試せる上番の兵士(二五頁1)　橋本裕前掲「射田の制度的考察」は、国司による簡試や朝集使を通しての中央への報告といった方針は、天平勝宝六年(七五四)に諸国射田が再置された時に定められたのではないかとする。

能く射る人…省に送れ(二五頁2)　軍防令14兵士以上条によると、国司は朝集使を通じて兵士歴名簿を兵部省に提出する必要があり、本条はこれに基づく規定である。また、本条末尾の「所レ給物数」の「物」は、射田の地子と交易した「軽貨」を指しているとみるべきであろう。

統領(二五頁3)　軍団兵士・防人に代わる役割を担う選士の統率者。三代格天長三・十一・三符には、大宰府管内の兵士・軍毅を全廃して、その代わりに「富饒遊手之児」を選んで一七二〇人の選士を、その統率者として統領四二人を置いたとある。その内訳は大宰府八人(番別二人)、六国(筑前・筑後・肥前・肥後・豊前・豊後)各四人(番別一人)、三国二島各二人(番別更上)であり、それぞれに職田二町・徭丁三人を賜い、戍(駐屯地)にある時には日粮二升を給した。統領の補任については、同符に「統領者准三軍毅二府銓三擬其人二言上、即令三兵部省補任二」と見える通り、大宰府の銓擬に基づいて兵部省が補任した。本条の府の銓擬を待ちて補する主体は兵部省であり、本条が兵部式に載る理由はそこにある。本条には「大宰府統領」とあって、大宰府に配置される統領だけを指しているかのように見えるが、大宰府管内諸国に配置される統領すべてを指すと考えられる。しかし、三代実録貞観十一・十二・五条によると、新羅の海賊が九州に侵掠した日に統領・選士らを差し遣わしたが、皆「懦弱」(弱兵)であったため、その代わりに夷俘を大宰府管内諸国に配置して守備に当たらせたというように、早くも弱体化が生じていた。

壱伎対馬の防人(二五頁4)　防人は諸国軍団の兵士から選ばれ辺境を守る者をいい、実際には大宰府防人司の下で所定の部署に配置され、九州北部の防衛に当たった。八世紀には多くを東国の民から選んで派遣し、令では三年交替と規定されていたものの、それよりも長い期間拘束されることも珍しくなかった。天平二年(七三〇)にいったん停止されたが(続紀同・九・己卯条)、その間も壱伎・対馬の守備は重要視されたようで、天平九年には筑紫の人を差してその守りに充てている(続紀同・九・癸巳条)。その後、防人は復活したが、延暦十一年(七九二)に辺要を除いて兵士制が廃止されると(三代格同・六・七勅)、同十四年には壱伎・対馬を除いて防人も廃止となった(三代格同・十一・二十二官奏)。同二十三年には壱伎の防人も廃止され、兵士三〇〇人が配置されている(後紀延暦二十三・六・甲子条)。しかし、大同元年(八〇六)には前年に置いた防人四一一人をみな停廃して、近江の夷俘六四〇人を大宰府に移して防人としている(類聚国史一九〇同・十・壬戌条)。天長三年(八二六)には大宰府管内の兵士を全廃して、その代わりに統領・選士が置かれたが、承和十年(八四三)には対馬島司の要請で「旧例」により筑紫の人をもって防人とした(続後紀同・八・戊寅条)。これは新羅の海賊の脅威に対抗するための措置と考えられる。しかし、貞観十二年(八七〇)には対馬に選士五〇人が置かれた(三代実録同・六・七条)。

　このように、配置と廃止を繰り返しながら、防人制度は次第に解体していったと考えられるが、壱伎・対馬の二島では、大宰府管内の防人が廃止されてもなお置かれているなど、防衛の拠点として重視されていたといえよう。

烽(二五頁5)　煙や火を高く立ち上らせることで、変事を急報する通信施設。日本では、白村江の敗戦後の天智三年(六六四)に、西日本の海防を強化する目的で、対馬・壱伎・筑紫に防人とともに烽が置かれている(天智紀同年是歳条)。軍防令では66置烽条～76放烽条にわたって規定されているが、それらによると四〇里ごとに設置され、烽を放つ(上げる)際の「賊衆多少、烽数節級」は「別式」に定められていた。諸風土記によれば、出雲、豊後に五ケ所、肥前に二〇ケ所の烽が置かれていたという。また、宮都の周辺にも設置され、たとえば、和銅五年(七一二)に高安烽を廃止して、生駒山に高見烽、奈良に春日烽を置いている(続紀同・正・壬辰条)。延暦十五年(七九六)には、平安京遷都に伴って牡山(男山)にも烽を置いている(後紀同・九・己丑条)。ただし、延暦十八年には「今内外無事、防禦何虞、徒置二烽候一、空罄二民力一」ことを避けるため、大宰府管内を除いて廃止された(三代格同・四・十三符)。

もっとも、八世紀末葉から九世紀中葉のものと推定される宇都宮市内の遺跡から、「烽家」と記した墨書土器が出土し、また、三代実録仁和三・五・二十条には、出羽国内で烽が機能していたことを窺わせる記事があるなど、東日本では烽が再度設置された可能性も考えられる。

大宰府管内については、その後、九世紀半ばの貞観～寛平年間(八五九～八九七)には新羅との緊張関係から一時的に体制が強化された(三代格貞観十二・二・二十三符、寛平六・九・十九符)。一〇世紀に入ると、大宰府管内を含めて烽は廃止されており、本条は弘仁式ないし貞観式の条文を引き継いだものであろう。佐藤信「古代国家と烽制」(平川南・鈴木靖民ほか編『烽[とぶひ]の道』所収、一九九七年)参照。

器仗帳(二五頁6)　国郡の保有する器仗は、毎年、帳を作成して朝集使が兵部省に進めることが軍防令42従軍甲仗条に規定されている。要略五七(雑公文事上)には、主税寮への公文として国器仗帳と郡司器仗帳が挙げられているが、これらは兵部省にも提出したと思われる。なお、天平六年出雲国計会帳(古一―五九八頁)には、朝集使の進上した公文として「官器仗帳一巻」「伯姓器仗帳一巻」の記載がある。

駅家の舎屋および鋪設等の帳(二五頁7)　令制では兵馬司が駅を管轄していたが、大同年間(八〇六～八〇九)の官司の統廃合によって兵馬司が兵部省に吸収されたことで兵部省の管轄となった。駅家の様子は、門を構え(儀制令21凶服不入条義解)、倉を備え(続後紀承和八・閏九・庚戌条)、庭には梅や柳を植えた(菅家文草四)。山陽道では瓦葺に粉壁であった(後紀大同元・五・丁丑条)。その維持管理は一般には国郡司に負わされており(本式86駅家専当条)、一方、伊勢の神郡では神宮司が当たっていた(大神宮式60宮司解由条)。こうした駅家の管理状態を記したものが本項の帳で、「駅馬帳」「駅家帳」などの名称で呼ばれ、朝集使によって都にもたらされた(要略五七[雑公文事上])。しかし、九世紀には各地で駅家の疲弊が顕著になっている様子が窺える(延暦交替式延暦十九・九・二符、続後紀承和七・四・戊辰条等参照)。

射田(二五頁8)　兵部省射田(本式28権史生条の「射田」参照)。その設置は類聚国史七二承和元・十一・癸亥条に、「依二兵部省所一レ請、以二国造田廿町地税一、永充下親王已下五位已上廿人調二習内射一之資上」と見える。国造田については主税式上2勘租帳条参照。本条において「丹波国六町、備前国六町」とあるのは、両国のいずれかの郡に置かれた国造田が現任者がいないために輸地子田となっており、それらをそのまま使用したものと思われる。近江国については明らかでないが、三国の合計二〇町は類聚国史の記事と一致している。なお、本式28条に記された射田も、国の組み合せから兵部省射田であることが分かる。

鎮兵(三一頁1)　陸奥国での鎮兵の語の初見は続紀天平九・四・戊午条であるが、同神亀元・二・乙卯条の「陸奥国鎮守軍卒」、同天平元・八・癸亥条の「陸奥鎮守兵」、同・九・辛丑条の「在レ鎮兵人」も鎮兵を指すとする説がある。養老六年(七二二)から神亀元年(七二四)にかけての陸奥鎮所への私穀の運送(続紀養老七・二・戊申条など)も、鎮兵制度の創設に必要な粮米の備蓄を行なったものとの指摘もある。その後、律令国家の東北経略策によって陸奥国の鎮兵は減員・停止・復活を繰り返し(鈴木拓也「古代陸奥国の軍制」〈『古代東北の支配構造』所収、一九九八年、初出一九九一年〉)、最終的には弘仁六年

(八一五)に廃止され、代わりに国内の兵士と新たに勲位者からなる健士を配置することとなった(三代格弘仁六・八・二十三符)。なお、続紀神護景雲三・正・己亥条からは、この時期に三〇〇〇人の鎮兵が五〇〇人余に減じられたことが窺えるが、この五〇〇人という数が一つの基準として認識され、本条に定着したと推測される。

一方、出羽国の鎮兵は、宝亀六年(七七五)に三年を限って相摸、武蔵、上野、下野の四国から九九六人の鎮兵を発遣させたのが初見である(続紀同・十・癸酉条)。降って元慶の乱の際には、出羽権守藤原保則が鎮兵六五〇人を置き、うち四五〇人を秋田城、二〇〇人を雄勝城に配することを願い出ている(三代実録元慶三・六・二十六条)。鎮兵六五〇人という体制は、三代実録元慶五・三・二十六条にも見え、これが元慶の乱発生以前の出羽国の軍制の一端を述べたものであることが窺える。鈴木拓也「古代出羽国の軍制」(前掲書所収、初出一九九二年)によれば、出羽国の鎮兵制は八世紀末に成立し、鎮兵と兵士による守衛という体制となるが、承和年間(八三四〜八四七)にはこうした体制が衰退してその役割を健児が担うようになり、そして元慶の乱を契機に、再び鎮兵と兵士による本来の体制に一時的に復した。

本条の「鎮兵六百五十人」という体制がいつ始まるのか明確ではないものの、「陸奥国五百人」という規定の淵源が弘仁六年の鎮兵制廃止以前のものであることからすれば、本条は弘仁式において立てられ、以後改定されることなく延喜式に至ったものと推測される。

馬の五六歳牛の四五歳(三三三頁1)　三代格延暦十五・十・二十二符によって、諸国牧から貢上される馬牛の年齢が、馬は五・六歳、牛は四・五歳と定められ、これが本条の規定となる。なお、馬と牛の一歳の違いについては、厩牧令6牧牝馬条も牝の馬牛の交尾と増殖義務を課す年齢に、同じく一歳の差を設けている。

左右馬寮に進れ(三三三頁2)　厩牧令13牧馬応堪条は、牧の馬の乗用に堪えるものを軍団に付すことを定める。しかし、軍団への供給だけでなく、本条が規定する中央への貢上は、既に天平期には行なわれていた(続紀天平四・八・壬辰条)。諸国からの馬牛の貢上については、別に左右馬式4繋飼馬牛条に規定がある。山口英男前掲論文は西宮記恒例三(上野御馬)に「官牧在二兵部式一、諸国進二繋飼一是也」とあることや、三代格延暦十五・十・二十二符における貢進馬牛の年齢規定が本式に同じことなどから、左右馬式4条の貢繋飼馬牛制は、諸国牧からの貢上を規定したものであるとする。貢上された馬牛は、摂津や近江、丹波、播磨に設けられた「近都牧」(左右馬式50諸国貢馬牛条)に放牧された。

ただし、左右馬式4条に貢上規定がありながら、本条に対応する牧が見えない国がある。それは遠江(馬)、駿河(牛)、上野(馬・牛)、讃岐(牛)の四ケ国であるが、このうち駿河国については、牧の牛を売却して代価を正税に混合し、以後は出挙利息をもって牛を調達するという措置がとられたことが、続後紀承和十二・三・癸酉条に見える。これと対応して、主税式上5出挙本稲条の同国の項には「官牧牛直一千三百卌四束」とある。主税式上5条には、遠江・上野にも同様の規定があり、同じような措置がとられたと推測される。讃岐については、三代実録貞観七・十二・九条に「停二廃讃岐国三野郡託磨牧一」とあるように、牧が停廃されている。一方、本条に牧がありながら左右馬式4条に規定のない国はさらに多く、山口英男は諸国牧の衰退を示すと説く。

責課(三三三頁3)　牝馬・牝牛に駒・犢を産む義務を課すこと。厩牧令6牧牝馬条は、馬には四歳で交尾、五歳より駒を産む義務を課し、牛には三歳で交尾、四歳より犢を産む義務を課し、その数を母畜一〇〇につき六〇と定める。この責任数を超えて増殖した場合の牧子や牧長・牧帳に対する褒賞は、同令7毎乗駒条に見える。逆に責任数に達しなかった場合には科罪された(要略二二年中行事八月上所引厩庫律逸文)。つまり、牧の牝馬数の数により責任増殖数はおのずと決まってくるが、本条は二〇歳以上の馬牛には増殖義務を課さないことを規定する。この規定は、同令8死耗条の集解諸説が注釈するように既に唐厩牧令にあるが、日本ではこれを式で定めた。なお、左右馬式2牝馬不課条は本条と同意であるが、馬のみの規定となっている。

大宰の兵馬(三三頁4)　本式85西海道駅伝馬条に「大宰府〈兵馬廿疋〉」とあることに相当する。本式73定額兵馬条には「大宰府定額兵馬廿疋」とある。同条にあるように緊急時に備えて鴻臚館に配置されるほか、その役割は不詳だが、大宰府の守衛などに用いられたか。三代格天長三・十一・三符に、それまでの「兵馬廿疋」の飼丁、草丁に兵士を充てていたが、兵士制を廃止するに伴い、以後は衛卒にこれを行なわせることが見える。

当国他国の駅伝馬(三三頁5)　肥後国と他の西海道諸国の駅馬・伝馬。甲斐・武蔵・信濃・上野の四ケ国に置かれた御牧の馬は、貢上されないものが駅伝馬に充てられた(左右馬式1御牧条)。一方、諸国牧の場合、貢上に堪えない馬は売却・出挙して、その利息を貢上の際の秣料に充てられることになっており(主税式上106牧馬売却条)、本式87買百姓馬条は「百姓馬」を購入することで駅伝馬を調達することを規定する。諸国牧の馬を駅伝馬に充てる規定は本条のみであり、これも二重牧の馬が良質であることによると考えられる。

鴻臚館(三三頁6)　外交使節の迎接機関で、博多津(福岡)、難波(大阪)、平安京(京都)に置かれたが、ここでは博多津に置かれたものを指す。当初「筑紫館」と呼ばれており、「鴻臚館」は九世紀になってからの呼称である。発掘調査により七世紀から一一世紀の遺構が見つかっており、九世紀に大規模な礎石建物に変わることなどが判明している。三代実録貞観十一・六・十五条によれば、新羅の海賊が博多津に現れ、豊前国の年貢絹綿が掠奪される事件が起き、これを機に、鴻臚館に兵と武具を配備する措置がとられた(三代格同・十二・二十八符)。緊急時に備えて、鴻臚館に大宰府の兵馬と牧の馬を置く措置がいつからとられたのか明らかではないが、これも警固増強の一環としてなされたと推測される。

宮売の…充てよ(三三頁7)　斎宮式22野宮祈年祭条・61祈年祭神条では、「大宮売神」を「宮売神」といい換えており、本条の「宮売祭」も「大宮売神」を祀る祭祀と解するのが妥当であろう。ちなみに「大宮売神」について、神名式上2宮中条では宮殿を守護する女神と解し、その祭祀が四時祭式上10大宮売神祭条に見える。なお、斎宮式22・61条および23月次祭条では、宮売神に料物として馬一疋が加えられている。斎宮式23条は六月・十二月で二疋となるので、計三疋は本条の規定と一致する。また、斎宮式26大祓条には「馬二疋〈其在国之日四疋〉」とあり、在国の六月・十二月の分を合せると八疋となり、こちらも本条の規定と一致する。本式70馬牛牧条の示す通り、延喜式段階で下総国には四つの馬牧が存在した。しかし、なぜ同国の牧だけに貢進が限定されたかは不明である。

諸国の器仗(三五頁1)

「本条の成立」続紀霊亀元・五・甲午条によって、同年以前から諸国で年料器仗生産が行なわれていたこと、そしてこれ以降、様の器仗の貢進が定式化したことが分かる。この段階で巡察使に校勘が命じられているのは、続紀和銅五・五・乙酉条で巡察使の毎年派遣が宣せられたことによるものと思われる。しかし、実際には巡察使の毎年派遣は行なわれなかったようである。また、霊亀元年(七一五)段階で西海道諸国では年料器仗の生産が行なわれていなかったことは、続紀天平宝字五・七・甲申条に至って西海道の七国に器仗の生産と、様の器仗の大宰府貢進が命じられていることからも明らかである。本条は霊亀元年、天平宝字五年(七六一)の二つの法令がもとになって形づくられたといえよう。

この二つの時期にそれぞれの命が出されたことについて、松本政春は、前者は中央での武器の不足(京職兵士の増員と役民による武器窃盗・逃亡の横行)があり、また国郡創設期に当たって政府が器仗生産の管理・掌握を徹底しようとしたためであり、後者は天平宝字元年の西海道七国兵士防人制の成立や新羅征討計画といった、対外的緊張が背景にあったとしている(「延喜兵部省式諸国器仗条をめぐる諸問題」〈『奈良時代軍事制度の研究』所収、二〇〇三年、初出一九八一年〉)。しかし、役民による武器窃盗・逃亡の横行を理由とするには、さらなる検討の必要があろう。また、松本は本条の器仗数が天平期の諸国正税帳の数字とほぼ一致するところから、本条に規定された各国の器仗数も天平宝字五年段階でほぼ成立したとする。しかし、三代格弘仁十三・閏九・二十符からは、弘仁段階で年料器仗の生産が国の等級を基準に行なわれていたことが窺え、国の等級に変化があったことを考えれば、各国の生産数すべてを天平宝字段階まで遡らせることは難しいといえよう。

〔未記載国〕本条には、山城、大和、河内、和泉、摂津、出羽、加賀、大隅、薩摩、壱伎、対馬の各国が挙げられていない。摂津までは畿内国で中央から器仗が支給されたためか。大隅以下の四国は、続紀天平宝字五・七・甲申条で西海道諸国での器仗製作が命じられた際にも除かれているので、それを踏襲したか。加賀は越前から同国が分国する(弘仁十四年〈八二三〉)以前の状態を表しているためか。出羽については不明である。

〔五種の器仗数の特徴〕甲は一から六まで各数がある。横刀は最小で二、最大で二〇であるが、倍数の関係にはなっていない。弓・征箭・胡簶について、軍防令7備戎具条に征箭五〇隻と胡簶一具が併記されており、三代実録貞観十六・九・十四条から、一つの胡簶に箭五〇隻を納めるのが基準であったと思われる。そのため征箭と胡簶の数が異なっている備後国については、収納の状況から考えて転写時の誤りの可能性も考えられる。なお、この三種が同一の数字なのは備後国を除くと三八国。弓が征箭・胡簶より多いのは三国で、その逆は一五国である。西海道諸国はすべて後者の形をとる。いずれにしても、民部式上に記された国の等級と器仗数は必ずしも対応関係になっていないようである。

〔生産された年料器仗の用途〕平野邦雄は官人用、武将用のものとする(「日本における古代鉱業と手工業」〈石母田正・井上光貞他編『古代史講座』九、一九六三年〉)。一方、吉沢幹夫は、本式で生産が五種に限定されていることから、一般兵士に供給したものとし(「九世紀の地方軍制について」〈高橋富雄編『東北古代史の研究』所収、一九八六年〉)、また、下向井龍彦は、一般兵士用の廃棄分または破損用の補充を目的としたものとする(「日本律令軍制の基本構造」〈『史学研究』一七五、一九八七年〉)。中村光一は下向井説を支持しつつも、諸国正税帳の大方の記載より甲のみはそれが挂甲であることから、指揮官用のものであったことを推測している(「令制下における武器生産について」〈虎尾俊哉編『律令国家の地方支配』所収、一九九五年〉)。しかしながら、続紀宝亀十一・八・庚戌条で従来の鉄甲が革甲に変更され、それを反映したと思われる条文が主税式上76戎具料度条にあり、そこでの記載が短甲であること、同条には甲とともに冑の製作も記されていることなど、本条との違いもあり、諸国における年料器仗生産の解明には未だ検討の余地を残しているといえよう。

駅伝馬(四三頁1) 律令国家では国土を統一支配するために、中央政府と地方官庁との間の緊密な連絡を必要とし、地方官も中央から派遣されたため、その旅行のための設備を整備した。駅馬は緊急連絡や公文書の逓送など主として通信に用いられ、伝馬は急を要しない公用旅行者に供されたが、駅馬は駅鈴、伝馬は伝符の提示を必要とし、それらに付された剋数と同数の駅馬・伝馬が支給された。

書紀には大化前代にも駅馬や駅の語が見えるが、制度として確立したのは、大化二・正・甲子条の改新詔に「其二曰、初修二京師一、置二畿内国司、郡司、関塞、斥候、防人、駅馬、伝馬一、及造二鈴契一、定二山河一とあるのに始まり、養老令では厩牧令16置駅馬条に大路（山陽道と大宰府までの西海道）の諸駅には各二〇疋、中路（東海道・東山道）には各一〇疋、小路（その他の諸道）は各五疋の駅馬を置くのを原則とすること、駅馬は筋骨強壮なものを選び、各馬は中中戸に飼養させ、欠けた場合は駅稲をもって補充すること、伝馬は郡ごとに各五疋を置き、官馬を用いること、欠けた場合は官物をもって補充することなどを規定している。駅馬は三〇里（約一六キロメートル）を基準に設置された駅家に置かれ、伝馬は原則として郡家に置かれたと考えられるので、駅馬と伝馬は別路を通ることもあったと考えられる。

　駅制については厩牧令・公式令を中心に職員令・戸令・賦役令・選叙令・捕亡令・獄令・雑令に関係条文が見え、律には職制律・詐偽律に関係処罰規定があるが、伝制については前記厩牧令16条の他に同令18乗駅条（駅馬・伝馬は「前所」〔次の地点〕に至れば「替換」することを規定する）、同令20駅伝馬条（駅伝馬は毎年国司が「検簡」することを規定する）、同令21公使乗駅条（駅伝馬が不足する場合は私馬をもって充てることを規定する）、同令22乗伝馬条（「所レ至之処」〔同条集解令釈所引の或云によれば「毎レ郡」〕で供給を受けることを規定する）などの条文に限られるため詳細は不明である。

　柳雄太郎は、本来伝馬はすべての郡に置かれたとする青木和夫「古代の交通」（『日本律令国家論攷』所収、一九九二年、初出一九七〇年）の説を継承し、駅制と伝制とは本来別々の制度であったが、奈良時代後期から平安時代初期における駅伝制の変革の結果、延喜式に見られるように、伝制は駅制の補助的制度になったと解した（「駅伝制についての若干の考察」〈井上光貞博士還暦記念会編『古代史論叢』中所収、一九七八年〉）。すなわち、駅制は律令国家が新たに採用した中央集権的な交通制度で、伝制は大化前代に国造などが負担した交通制度を継承し再編成したものであるとする。なお、唐制では駅と伝（車を用いる）は同一の設備を用いたが、我が国では二重の制度として、唐制とは異なる仕組みになったので、伝制に関する律令の条文も少ないのではなかろうか。

　後紀弘仁三・五・乙丑条によれば、「伊勢国言、伝馬之設、唯送二新任之司一、自外無レ所二乗用一」とあり、国司の帰任には利用できなかったことが分かるが、永田英明「伝馬制の機能とその成立」（『古代駅伝馬制度の研究』所収、二〇〇四年、初出一九九二年）が指摘するように、伝符は中央政府と大宰府しか発給しなかったため、大部分の伝使は供給を受けても伝馬は利用できなかったので、その利用は極めて限定されていた。これに対して、駅制では公式令51朝集使条によって遠国の朝集使に駅馬の乗用を認めたが、後には中・近国にも広がり、また正税帳使・大帳使なども利用するようになって、次第に駅制に重点が移った結果、神護景雲二年（七六八）の山陽道の伝馬の廃止（続紀同・三・乙巳条）、延暦十一年（七九二）の全国の伝馬廃止があったが（三代格延暦二十一・十二符所引同十一・六・七勅）、延暦二十四年に土左国で駅路を帯する郡に伝馬を置いているので（後紀同・四・甲辰条）、この頃から山陽道を除いて伝馬を復活し、本式に見られるように駅制の補助的制度にしたと考えられるが、南海道ではその後また廃止したことになる。

　本式78畿内駅馬条〜85西海道駅伝馬条は全国の駅名と駅馬数、伝馬の配置場所・伝馬数などを記す唯一の史料であるが、六国史・風土記・万葉集・出土文字資料などには本式にない駅名が見られるので、駅制施行以来本式に至るまでにかなりの変化があったことが知られる。本式において標準数以上の駅馬を置く駅は、駅の統廃合による場合と、難路に備えて峠の両側などに立地する場合がある。標準数以下の駅は支路・連絡路など使用の少ない路線であるが、一部別路がある場合が考えられる。伝馬は郡に置かれる場合と駅に置かれる場合とがあるが、駅に置かれるのは平安時代に入ってからの措置であろう（木下良「古代の交通体系」〈岩波講座『日本通史』五所収、一九九五年〉)。本式に見える諸駅の所在地については、武部健一『完全踏査古代の道』〔畿内・東海道・東山道・北陸道〕(二〇〇四年)、同『完全踏査続古代の道』〔山陰道・山陽道・南海道・西海道〕(二〇〇五年)、木下良『事典日本古代の道と駅』(二〇〇九年)、駅家や駅路などの発掘調査については古代交通研究会編『日本古代道路事典』(二〇〇四年)に詳しい。

山埼(四三頁2)　後紀弘仁二・閏十二・甲辰条では、嵯峨天皇は水生野遊猟の際に山埼駅に寄り、同四・二・己亥条では交野に遊猟し、山埼駅を行宮にした。紀略同五・二・乙未条に「山埼離宮」と見えるが、同十・二・己巳条の「河陽宮」を初見として、河陽離宮と称された。三代実録貞観三・六・七条では、離宮を廃することなく山城国府に転用した。朝野群載四延喜八・十一・十一符によれば、離宮院には雑舎四宇、五間瓦葺殿一宇、六間殿一宇、十間屋一宇、三間楼一宇の建物があった。京都府乙訓郡大山崎町大山崎で遺構の一部が発掘確認されている。

草野須磨に各十三疋葦屋に十二疋(四三頁3)　いずれも大路としての標準駅馬数二〇疋に満たない。三代格大同二・十・二十五符によれば、摂津国には五駅があり、駅別に三五疋あった駅馬を各一五疋減じて二〇疋にしているので、以後駅数も駅馬数も減ったことになる。上記の駅馬減省は貢上雑物の減少を理由にしているが、本来伝馬によるべき雑物の輸送を駅馬が行なっている事情については、続紀神護景雲二・三・乙巳条に見えるように、山陽道において伝馬を廃し、駅馬を充てたからであるが、摂津国における以後の駅と駅馬の減省は、雑物の輸送を水運に振り替えることによって可能になったのではなかろうか。

猪鼻(四五頁1)　続後紀承和十・十・癸酉条に、廃されて久しかった遠江国猪鼻駅を復興したことが見えるので、一時期浜名湖の南側を通る駅路は使用されなかったと考えられる。一方、文徳実録嘉祥三・五・壬辰条に見える板築駅は浜名湖北岸にあったので、北側を通る別路があったことが分かる。

甲斐国(四五頁2)　甲斐国三駅中、山梨県南都留郡富士河口湖町河口に比定される河口駅以外に遺称地名はない。従来、駿河国から甲斐国に入る駅路は、国境の籠坂(加古坂)峠を越えるものとし、第三駅の加吉を加古の誤記として山中湖南岸に駅の所在を想定し、記載順とは逆路線を考えるのが一般であった(磯貝正義「甲斐の古駅路について」〈『郡司及び采女制度の研究』所収、一九七八年、初出一九五〇年〉)。これに対して平川南は諸道の本路から支路の駅を記載する場合は、本路から支路の国府に至る順序に記すのが一般的であり、甲斐の場合も記載順に考えるべきであるとして、加吉はカキ、水市はミズチと訓まれたであろうことを指摘した(「甲斐の交通」〈『山梨県史』通史編一、二〇〇四年〉)。九本は加吉の「吉」字に「キ」と傍訓を付しているので、これに従えば加古の誤記説は成立しない。一方、紀略延暦二十一・五・甲戌条に見えて足柄坂の通行を不能にした、富士山の噴火による溶岩流は山中湖に達しているが、甲斐国駅路の不通記事はないので、水市駅は山中湖北岸にあった可能性が大きい。なお、平川は富士山の活動期は東海道に代わって東山道の利用が想定できるとしている。

天前(四五頁3)　従来の諸本には「大前」とあったので、オオマエと訓んで千葉県市原市大厩に比定する説が行なわれたが、経路と駅間距離の点から不適当で、大厩は廃止された大倉駅(古二五―八六頁)関係地名とみるべきであろう。本式では天前を最初に記すが、下総国からの駅順は島穴駅が第一駅であったと考えられるので、天前駅は遺称地名もなく所在不明であるが、奈良時代に相摸国御浦郡から渡海した駅路の、上陸第一駅として周准郡にあった可能性がある。すなわち、本式の駅名記載順は奈良時代の駅路上陸地から下総国に向かう駅順に記した後、安房国に向かう一駅を記したと考えられる。

井上に十疋浮島河曲に各五疋(四五頁4)　続紀

神護景雲二・三・乙巳条により、井上・浮島・河曲の三駅は東山・東海両道を承けて使命繁多なるをもって、中路に準じて駅馬一〇疋を置くことになったが、本式では井上を除く浮島・河曲二駅は駅馬五疋になっている。これは後紀延暦二十四・十・庚申条によって下総国印播郡鳥取、埴生郡山方、香取郡真敷・荒海などの駅が廃止され、常陸国に通じる東海道主路の路線が、駅馬各一〇疋を置く井上・茜津・於賦の路線に変更されたことによる。

常陸国（四五頁5）　常陸国風土記および万葉集註釈所引同逸文によれば、延喜式に見えない信太郡榎浦、行方郡曾尼・板来、那賀郡平津・河内、久慈郡助川、多珂郡藻島、新治郡大神の諸駅があり、また後紀弘仁三・十・癸丑条に安侯・河内・石橋・助川・藻島・棚島の六駅が廃されているので、駅路は奈良時代から平安時代初期にかけて大きく変化したことになる。

大野方県各務に各六疋可児に八疋（四七頁1）　これら諸駅の駅馬が中路の標準の一〇疋に満たないことについて、足利健亮は、三代格承和二・六・二十九符に「尾張美濃両国堺墨俣河四艘〈元二艘、今加二二艘一〉」と見え、東海東山両道の要路に加えられていることから考えて、不破駅から土岐駅までの間に尾張国を経由する東山道支路があり、その支路に相当する駅馬数が減じられたと解している（「東国〈交通〉」〈藤岡謙二郎編『日本歴史地理総説』古代編所収、二三九〜二四二頁、一九七五年〉）。また、川尻秋生は、諸史料に見る東国交通の実態は、東海道は伊勢・尾張間の木曾・長良・揖斐三川合流部、東山道は神坂峠の難所を避けるため、制度上の東海道・東山道を通らずに、東山道美濃国から東海道尾張国に出て、武蔵国から以遠の諸国に至る経路が多用されたことを指摘し、美濃・尾張両国を繋ぐ経路を「東日本の幹線路」と称している（「古代東国における交通の特質」〈『古代交通研究』一一、二〇〇一年〉）。

坂本に三十疋・阿知に三十疋（四七頁2）　美濃国坂本駅と信濃国阿知駅の間は、三代格斉衡二・正・二十八符に見えるように、七四里と通常の駅間の二倍以上の距離があり、東山道随一の難所といわれる一五九五メートルの神坂峠を越えなければならなかったので、駅馬も標準の三倍を置き、主税式上108駅馬飼秣条にあるように坂本・阿知両駅の駅馬には格別に多量の秣を与えたが、また、駅子の負担も大きいので民部式上38駅子条に見えるように、美濃国側の坂本、土岐、大井三駅と信濃国阿知駅の駅子は課役を免じられていた。信濃国の防人主帳である埴科郡の神人部子忍男が「ちはやふる神の御坂に幣奉り斎ふ命は母父がため」（万葉集四四〇二番歌）と歌っているように、峠で旅の安全を祈ることが行なわれていたので、神坂峠には古墳時代から中世にかけての祭祀遺跡がある。また、最澄は神坂峠の難路を行く庶民のために、峠の両側に布施屋を設けた。

船十隻（四九頁1）　廐牧令17水駅条に、水駅は馬を配せず船四隻以下二隻以上を置くことが規定されているが、本式でこれに該当する駅は、81北陸道駅伝馬条に見える越後国渡戸駅だけである。しかし同令17条義解に「若応二水陸兼送一者、亦船馬並置之」とあるので、本駅は船馬並置の水駅と解されている（坂本太郎「上代駅制の研究」、同「水駅考」〈著作集八『古代の駅と道』、一九八九年、初出一九二八・一九六二年〉）。なお坂本以来の諸説は、本条に見えて船を置く野後・避翼・白谷の諸駅も水駅に加えているが、これらは伝船であるから、厳密には区別すべきであろう。

撰才（四九頁2）　この駅名の訓みは不明である。邨岡良弼『日本地理志料』（京都大学文学部国語学国文学研究室編『諸本集成倭名類聚抄』外篇、増訂再版所収、一九七一年、初出一九〇二・一九〇三年）の能登国能登郡「与木」の項は、「才」は「木」字の一画が失われたものとして、撰木（ヨキ）と訓み、能登郡与岐（高山寺本和名抄「与木」）郷の地であるとしているが、郷名に適応させるための誤記説には疑問があるので、そのまま仮にセンザイと訓んでおく。

伊神（四九頁3）　遺称地名がなく、従来は対応郷名も知られていなかったので、越後国最北の駅として蒲原郡に比定され、また伊夜比古神(弥彦神社)を二字で表記したとの説も行なわれていた。しかし、新潟県上越市延命寺遺跡出土の天平七年(七三五)の二一号木簡に「伊神郷」が見え、同郷は頸城郡内にあったと考えられるので(山崎忠良・田中一穂「新潟・延命寺遺跡」〈『木簡研究』三〇、二〇〇八年〉)、伊神駅は従来、越後国には駅が置かれなかったと考えられてきた信濃・越後両国間の東山道・北陸道連絡路の駅になる可能性がある。

明石に三十疋…草上に三十疋(五二頁1) 大路の標準駅馬数の二〇疋より多いことについて、高橋美久二は、本条に見える九駅のうち主道の駅は七駅であるが、三代格大同二・十・二十五符には九駅あったから二駅が減じられ、その一駅は続後紀承和六・二・戊寅条に見える佐突駅で、同駅は賀古駅と草上駅の間にあり、もう一駅は明石駅と賀古駅の間にある瓦出土地に比定できるとして、廃止された二駅の駅馬各二〇疋を一〇疋ずつ前後の駅に増置した結果であると解した(「駅家の廃止と移動」〈『古代交通の考古地理』一九一・一九二頁、一九九五年、初出一九七八年〉)。

看度(五二頁2) 底本その他が「者度」とするのは、和名抄に見える備後国御調郡者度(訓みは「伊都土」とする)郷と同所とみたためであろう。通説は御調川の谷沿いに直通する駅路に沿って郷と駅を同所に想定するが、足利健亮は者度郷を広島県世羅郡甲山町(現、世羅町)宇都戸に比定し、御調川の河谷狭隘部を避けて北方に迂回する駅路を想定した(「吉備地方の古代山陽道の復原」〈『日本古代地理研究』所収、一九八五年、初出一九七四年〉)。者度郷と看度駅が別地とすれば、郷は足利の比定に従い、駅は通説によるべきであろう。

種篦(五三頁1) 和名抄に佐伯郡種篦郷があり同所と考えられるがともに訓みは不明。芸藩通史は現在の広島県廿日市市平良(ヘラ)に比定するが、「種」の字義は不明とする。地名辞書は「タネヘラ」または「ウヘラ」と訓み平良に比定する。

臨門(五三頁2) 一般に音読みでリンモンとするが、九本では「門」字に「ト」の訓みを付し、「臨」字の訓みは不明。山口県下関市に唐戸町があるので、臨を軀の誤記としてカラトとする長門国志などの説もあるが、高山寺本和名抄(居処部)の駅名も「臨門」なので、誤記説は採り難い。仮にリンモンと訓んでおく。

阿津…小川に各三疋(五三頁3) 類聚国史一〇七弘仁九・八・戊午条によれば、長門国の不要の駅家一一所、駅馬五五疋は、朝使往還の要なく公民守飼の費があるので、勅によって、駅ごとに一疋(「一」、原闕、拠大永本補)を残して、自余の馬は鋳銭料の鉛駄に充てている。駅馬五疋は小路で山陽道本道の駅ではないから、山陰道の終点である石見国に通じる陰陽連絡路に当たる。本式では同駅路の駅は阿津以下の一〇駅で、一駅が廃されたことになるが、各駅の想定地から考えて、この一駅は阿武駅と小川駅との間にあったとみられる。なお、駅鈴の剋数は最少二剋で、駅馬一疋では不足することになるので、残置された駅馬数は本式に見る三疋ではなかったろうか。

埴田(五三頁4) 三代実録貞観十五・十二・十五条では長門国の「土地神」に従五位下を授くとある。「土地」はハニと訓む。大槻如電によれば山口県萩市古萩町に比定される(『駅路通』下、五四頁〈一九一五年〉)。

萩原(五三頁5) 後紀弘仁二・八・丁丑条に「廃㆓紀伊国萩原、名草、賀太三駅㆒、以㆑不㆑要也」とあり、また同三・四・丁未条に「廃㆓紀伊国名草駅㆒、更置㆓萩原駅㆒」とあるので、その解釈には各種の議論があった。従来、萩原駅は和歌山県伊都郡かつらぎ町萩原に比定されていた。磯貝正義は、承和十二・十二・五那賀郡司解(平遺一―七九)に那賀郡山前郷萩原村が見え、売買された土地の四至の南と西に駅路があることから、その地を萩原駅とした(「紀伊古駅路について」〈前掲書所収、初出一九五五年〉)。現在の和歌山県岩出市山崎に当たる。磯貝は弘仁二年(八一一)廃止の萩原駅も同所と考えているが、紀ノ川沿いに通った奈良時代の駅路において名草駅との距離を考えると、弘仁二年に廃置された萩原駅はかつらぎ町萩原とすべきであろう。すなわち両萩原駅は別地で、本条記載の萩原駅は隣接する名草郡にあった名草駅に替わって新置されたもので、これらの変更は平城京から平安京への遷都に伴う駅路の変更によるものである。九本には「荻原」として「ヲハラ」の傍訓を付し、また、高山寺本和名抄(居処部)の駅名も「荻原」であるが、以上により駅名は萩原が正しいとすべきであろう。なお、「萩」と「荻」は互いに誤りやすい字であるが、植物としての萩は高燥地に生育する灌木で、荻は低湿地に生育する草本である。萩原駅比定地は台地上にあって萩の生育に適合する。

丹川(五三頁6)　所在地は高知県長岡郡大豊町立川に比定され、九本の傍訓も「タチカハ」である。後紀延暦十六・正・甲寅条に見える「舟川」は丹川の誤記であろう。

島門に二十三疋津日に二十二疋(五三頁7)　前後の諸駅が駅馬一五疋を置くのに対して異例である。三代格大同二・十・二十五符によれば、筑前国の大路の駅数は九駅で、延喜式より一駅多い。すなわち、島門・津日両駅の中間にあった一駅が廃され、その一五疋の駅馬の八疋を島門に、七疋を津日駅に増置したものであろう。島門駅は渡辺正気によって福岡県遠賀郡芦屋町月軒の浜口廃寺と呼ばれていた瓦出土地に比定される(『日本の古代遺跡』三四〔福岡県〕、一九八七年)。三代格貞観十八・三・十三符によれば、同駅の修理は肥後国が担当していたが、肥後国からは遠いので、筑前国に修理させるように改めている。駅の修理を他国に担当させるのは大宰府の管轄下に広域行政を行なっていた西海道特有のことと思われるが、比定地の出土瓦に熊本県菊池市泗水町田島廃寺と同系瓦があることは、同駅の修理を肥後国が担当していたことを裏付けるものであろう。津日駅は貝原益軒『筑前国続風土記』(一七〇九年)が、現在の福岡県宗像市上八(コウジョウ)に当たる津日の浦に比定して以来、諸説これに従うが、同地に津日駅を想定すれば島門駅との間に廃止駅を想定するほどの距離はなく、一方、次駅席打との駅間距離は極めて長くなり、また以上の路線はかなりの迂回路になるなど疑問が多い。これに対して、大路の駅館は後紀大同元・五・丁丑条に見えるように、蕃客に備えて「瓦葺粉壁」であったと考えられることから、日野尚志は瓦出土地に注目して津日駅を福岡県福津市畔町遺跡に、島門駅との中間にあったと考えられる廃止駅を宗像市武丸大上げ遺跡に比定した(「西海道における大路〈山陽道〉について」〈『九州文化史研究所紀要』三二、一九八七年〉)。津日駅の遺称地名はないが、三駅の想定地はほぼ近世の唐津街道に沿って等区間になるので適当と思われる(木下良「律令制下における宗像郡と交通」〈『宗像市史』通史編二所収、一九九九年〉)。

安覆(五五頁1)　地名辞書は「アナフセ」、所在地は大分県宇佐市安心院(アジム)町に比定されるので、安西復(アシブ)を二字にまとめたとする木島甚久の説(「安西復駅の所在地」〈『豊日史学』一一八、一九五七年〉)が適当であろう。

優通(五五頁2)　高山寺本和名抄(居処部)の駅名も同様であるが、同本(郷里部)には時通郷に「駅家」と付記しているので、いずれかに誤記があると思われる。長崎県壱岐市石田町石田西触に勇頭(ユウズ)の地名があるので、優通が正しいとしてユウズと訓んでおく。遣新羅使雪連宅満が死去した時の挽歌「石田野に宿りする君家人のいづらと我れを問はばいかに言はむ」(万葉集三六八九番歌)のイワタノも同所と考えられる。

国郡司をして専当せしめ…(五七頁1)　駅家の管理における国司の関わりは、職員令70大国条、厩牧令16置駅馬条・20駅伝馬条等に関連する記述が見え、また、三代格貞観十八・三・十三符では、駅家の修理の責を国が負っていた様子を窺うことができる。主税式下1正税帳条には駅家についての記述の雛形が見え、天平十年度周防国正税帳(古二—一三六頁)、天平六年出雲国計会帳(古一—五九八頁)にも記載が見られる。この状況は、延暦交替式延暦十九・九・二符、貞観交替式承和八・二・二十二符でも確認することができる。駅家利用の国司らの違反行為については、三代格天平宝字八・十・十勅に国司が意に任せて駅馬に乗り、往来の便がそれによって阻害される問題が述べられている。

　郡司と駅家との関わりについて、坂本太郎は、令制では駅家は国司が監督し、駅長が実務に当たることになっているが、実際には駅家の運営に郡司が関わったことを推測している。続後紀承和七・四・戊辰条でも、駅の衰退を郡司の責任として言及している(「上代駅制の研究」〈前掲書四八頁、一九八九年、初出一九二八年〉)。

　馬場基は、律令駅伝制は、国を通じて律令国家と直結している「駅制」と、郡に付属して相対的に独立した「伝」との二重構造からなるとする。それは、和銅・養老年間(七〇八〜七二三)を通じて整備されていくが、同時に律令国家の地方支配の深化に伴い、制度と実体との間に乖離が生じ、伝は律令国家により内部まですべて直接掌握され、「郡務」の一部として位置づけられるものへと変化した。延暦以降構造そのものの改革が行なわれ、駅制、駅制の補助としての伝馬制、その他のさまざまな交通が「国の下部機関」として郡のもとに並立し、それらが「律令国家—国—郡」という系統で管理される体制となったとしている(「駅と伝と伝馬の構造」〈『史学雑誌』一〇五—三、一九九六年〉)。本条に見られる郡司の関わりも、このような流れの中で理解すべきであろう。国司についての専当制の採用は三代格延暦元・十一・三符、郡司についての専当制の採用は同承和五・十一・十七符、これらによって窺うことができる。

駅長(五七頁2)　駅家の運営のため、駅戸の中から富裕の者を選んで任命した駅の長。駅使の送迎・接待、駅家・駅田の管理、駅馬・駅子の仕立、駅稲の収納・支出などを任とし、課役が免除された。終身官で、後任と交替する際に駅馬や鞍具の欠失があった場合には、特別の事情を除き補塡の義務を負っていた。厩牧令15駅各置長条参照。

諸国の駅伝馬(五七頁3)　駅馬・伝馬の補充については、令文では厩牧令16置駅馬条が該当する。そこには、駅馬は駅稲による購入が、伝馬は官馬の使用が記されているが、同条集解では義解をはじめ諸説が、駅馬・伝馬の区別なく官馬を使用すると解している。また、左右馬式1御牧条は、馬寮御牧の馬は毎年牧監に付して貢上し、信濃を除く甲斐・武蔵・上野三国は貢にあたらない馬を駅伝馬に充てるとし、一方、本式72肥後牧馬条は、肥後国二重牧の馬は優良なるものを進上、残りは大宰府兵馬および当国他国駅伝馬に充てるとしている。

　この点について坂本太郎は、主税式上109駅馬直法条に馬の直が明快に記され、主税式下1正税帳条(120行)に買立駅馬の条が存在することから、「民間購買を以て補充の原則」とし、一見史料間の矛盾と思われるものは地方差として解釈できるとした(前掲書三八頁)。

　これに対し青木和夫は、駅馬は駅稲による購入(ただし、駅稲は天平十一年(七三九)に正税に併合)、伝馬は官馬(官有の牧場で繁殖)の利用、または官物=郡稲(ただし、郡稲は天平七年に正税に併合)による購入となっており、前者が厩牧令16条で特に「筋骨強壮」と記され、主税式上109条でも後者は前者に比べて五〇束ずつ安いことから、そこには「駅馬優先主義」が窺えるとする(「古代の交通」〈『日本律令国家論攷』所収、一九九二年、初出一九七〇年〉)。

　また井上辰雄は、天平期の正税帳の記載の中で、正税(郡稲)で買い替えられた伝馬がかなりの比重を占めている理由について、「天平期の特殊事情」すなわち、対外的な緊張から国防体制の強化が行なわれ、軍馬優先から官馬による伝馬の確保が困難となったのではないかとしている(「周防国正税帳をめぐる諸問題」〈『正税帳の研究』所収、一九六七年、初出一九六六年〉)。

百姓の馬(五七頁4)　百姓は、通常一般の人民・公民と解されるが、馬を所有できる百姓は有力農民といえよう。佐々木虔一「古代の交通と馬の利用」(『古代東国社会と交通』所収、一九九五年、初出一九八一年)参照。

隼人司(五七頁5)　養老令の規定では衛門府の被管で中司。和訓はハヤヒトノツカサ。職員構成は正一人、佑一人、令史一人、使部一〇人、直丁一人、隼人(定員なし)。官人の官位相当は、正は正六位下、佑は正八位上、令史は大初位下。隼人は南九州(薩摩・大隅)原住の民で、古代には異民族視されていた。それが、「畿内隼人」として天武朝以降畿内近国への移配が本格化し、また「大替隼人(朝貢隼人)」として六年ごとの朝貢が行なわれるようになると、彼らの朝廷での勤務の管理を任とする官司が必要となった。職員令60隼人司条集解に古記が引かれていることから、本司が大宝令段階で設置されていたことは確実であるが、それがどこまで遡りうるか、明証する史料は残されていない。しかし、先述の隼人移配の状況から考えて、飛鳥浄御原令には既に何らかの規定が盛られていたと推定される(中村明蔵「隼人司の成立とその役割」〈『熊襲・隼人の社会史研究』所収、一九八六年〉、永山修一「隼人司の成立と展開」〈隼人文化研究会編『隼人族の生活と文化』所収、一九九三年、初出一九八九年〉)。なお、正の職掌が職員令60条に「検㆓校隼人㆒、及名帳、教㆓習歌儛㆒、造㆓作竹笠㆒事」とあるように、隼人に課せられた主な任は、儀式の際の歌舞と竹器の製作であった。

　本司は類聚国史一〇七大同三・正・壬寅条で衛門府に併合されたが、後紀同・八・庚戌条(狩野文庫本三代格では、同・七・二十六官奏)で復置され、兵部省に隷せられた。隼人自体は次第にその独自性を失い、本司の任も形骸化したが、本司自体は中世に入っても存続した。

史生(五七頁6)　三代格大同四・四・三符で初めて史生二人が設置された。延喜式では、隼人司の史生は五人で、このうち権史生が三人(うち二人は兵部扶省掌の兼任)と規定されている(式部式上90諸司史生条)。

大衣(五七頁7)　大衣とは、広袖の衣を普通より大きく仕立てたものの総称であるが(左右近衛式59大衣条参照)、ここでは、この大衣を着て配下の隼人を統率し、朝廷の儀式に参加する者を指す。大隅隼人・阿多隼人から各一人を選び、大隅が左大衣、阿多が右大衣となる(本式9大衣条)。続後紀承和三・六・壬子条には、「山城国人右大衣阿多隼人逆足賜㆓姓阿多忌寸㆒」と見える。

番上の隼人(五七頁8)　職員令60隼人司条には、司の職員として「隼人」が記されており、同条義解では「隼人者、分番上下、一年為㆑限、其下番在㆑家者、差㆓科課役㆒、及簡㆓点兵士㆒、一如㆓凡人㆒」とする。定員については規定されていない。続紀神護景雲元・九・己未条には「隼人司隼人百十六人」とあるが、これが当時の定数か否かは明らかではない。三代格延暦二十四・十一・十官奏(後紀では同・十二・壬寅条)では、それまでの隼人の定員の男女各四〇人を半減し、各二〇人とすることが定められた。そこでは、疲弊に対する優恤の措置とあるが、紀略延暦二十・六・壬寅条で大宰府からの隼人貢進が停止され(類聚国史一九〇にも収載)、後紀同二十四・正・乙酉条で大替隼人の風俗歌舞が停止されたこととの関連も考えられよう。本条の「番上隼人廿人」は、本式10番上隼人条からすると総員であり、かつ職務から男性と考えられるため、延暦二十四年(八〇五)の太政官奏の男性分と人数が一致する。

　他に隼人司の隼人と考えられるものに「作手隼人」(本式13油絹条)があり、兵部式30騎士勘籍条ではそれを「廿人」とするので、両者を合せた四〇人は延暦二十四年制と人数的には一致することになる。しかし、作手隼人の性別は史料上からは窺うことはできず、それが女性であったとは断定できない。一方、本式10条で「幹了者」を選ぶとあること、また、本条、本式3駕行条で大衣とともに帯刀して他の隼人を領導する立場をとるなど、延喜式での「番上の隼人」は武官的要素の強い役割を演じているといえよう。本式10条によれば、番上隼人は畿内および近国より取られ、今来隼人と異なって時服・粮の支給はなかった。

今来の隼人(五七頁9)　それまで八年ごと(霊亀二年〔七一六〕以降は六年ごと)に大隅・薩摩から貢進されていた大替隼人が、延暦二十四年(八〇五)に隼人朝貢が停止(後紀同・正・乙酉条)された際に、最後の集団のうちの一部が畿内に抑留されたことによって成立した。その理由としては、彼らの吠声による呪力が期待されたことが考えられ、人数は、おそらく男女半数ずつの四〇人ほどであったと推定できる(以上、鈴木拓也「律令国家転換期の王権と隼人政策」〈『国立歴史民俗博物館研究報告』一三四、二〇〇七年〉)。役務の上での扱いは番上隼人より劣るが(本式3駕行条)、番上隼人には支給されない時服・粮(本式11時服条)が支給された(中務式74諸司時服条参照)。

白丁の隼人(五七頁10)　儀式に際して臨時に徴発された一般の隼人で、本式6大儀喚集条では「諸国隼人」と記されている。儀式の際に、今来隼人のみではかつての大替隼人の人数に及ばないことから、それを補うことを目的とした。なお、本式18威儀物条では、横刀・楯・槍・胡床などの威儀物がすべて一八〇人分用意されている。

吠声(五七頁11)　鎮魂や邪霊の払除のために、隼人が狗のように吠えること。神代紀第一〇段一書第二には、火酢芹命の子孫である隼人がこれを行なって宮城を守護する起源譚が見える。また、万葉集二四九七番歌に見える「隼人の名負ふ夜声」も吠声を指すと思われる。その方法については、本式7習吠条に見える。高林實結樹「隼人狗吠考」(『日本書紀研究』一〇、一九七七年)参照。

大横の布の衫…布袴(五七頁12)　儀式六(元正受朝賀儀)にも「大横布衫(分注略)、布袴」と見える。本式5大儀装束条で、衣料・袴料の分注に「並揩二大横一」の記述があることからすると、あるいは青摺布衫と同様な手法によって、藍等で大柄の模様を染め出した一重の衣・袴か。また、他に例のない衣類が規定されているのは、隼人に異装・異俗が強制されたためか。

肩巾(五七頁13)　首から肩に掛けて左右に長く垂らした薄く長い裂(キレ)。一般には女性が着用したが、隼人の場合に男女とも用いているのは、天皇あるいは皇子の側近にあり、その呪力によって警護に当たるという役割が与えられていたためか(中村明蔵前掲論文)。

弾琴…(五九頁1)　大嘗祭式31卯日条では「進二於楯前一、拍レ手歌儛」、儀式三(践祚大嘗祭儀中)では「次隼人司率二隼人等一、従二興礼門一参入、於二御在所屏外一、北向立、奏二風俗歌舞一〈主基亦同〉」とのみ記された部分を、本条では人数まで詳細に記している。弾琴については四時祭式上7春日祭条参照。撃百子は後世の田楽でも用いられたササラ様の楽器(林屋辰三郎『中世芸能史の研究』一一六頁、一九六〇年)。ビンザサラ・編木・拍板ともいい、短冊形の薄い板を多数連ねて一方を紐で綴じ合せ、振り合せて音を出した。また拍手について三代実録元慶三・十・八条には、大極殿の落成を祝う祝宴の席で飛騨工らが「拍レ手歌舞、合座大為二咲楽一」とある。それから類推すると、奏される音楽に合せて手を打ち鳴らす役目をいうか。なお、大替隼人が儀式で歌舞を演じていたことからすると、その停止後にこの役を担ったのは今来隼人と考えるのが順当であろうが、それを窺わせる文言を史料上に見出すことはできない。一方、中村明蔵前掲論文は、三代格延暦二十四・十一・十官奏に記された雑色としての隼人(男女各二〇人)の中に、作手隼人(本式13油絹条参照)とともに歌舞に従事した隼人も含まれるとする。

風俗の歌儛(五九頁2)　本条のように、践祚大嘗祭の卯日の儀や隼人の朝貢の際に、隼人によって服属儀礼として演じられた舞。史料上では、この他、「方楽」(続紀天平七・八・辛卯条)、「土風歌儛」(同天平勝宝元・八・壬午条)、「隼人等楽」(同天平宝字七・正・庚申条)、「俗伎」(同神護景雲三・十一・庚寅条、同宝亀七・二・丙寅条)とも記されている。その芸態は明らかではないが、神代紀第一〇段一書第四では、海幸が弟の山幸に敗れた際に水に溺れる様を舞ったことを起源とする。井上辰雄は、隼人の社会で新嘗祭の時に新しい穀霊を招く早いテンポの歌舞を、服属儀礼に変えたものではないかとする(『隼人と大和政権』一九九頁、一九七四年)。

官に申し(五九頁3)　本来、兵部省被管の隼人司が直接弁官に申すことはできない(職制律27事応奏而不奏条)。そこで、この場合は省を経ることが記載の上で省略されたのか、実際に省を経ないで上申がなされたのかが問題となる。延喜式内では、省の被管官司が「申官」する例がまま見られる(主計式下2損益条など)。なお、この場合の「官」が弁官と考えられることは、大隅清陽「弁官の変質と律令太政官制」(『律令官制と礼秩序の研究』所収、二〇一一年、初出一九九一年)参照。

諸国の隼人(五九頁4)　畿内およびその近国の隼人。本式10番上隼人条に五畿内・近江・丹波・紀伊の隼人とあり、北山抄五(大嘗会事)には、大和・河内・和泉・摂津・丹波・伊勢の隼人が見える。隼人の移配地については、岩本次郎が中原康富(中原氏は隼人正を世襲)の康富記によって、山城二ケ所・河内・近江・丹波と推定している(「隼人の近畿地方移配地について」〈『日本歴史』二三〇、一九六七年〉)。その後、中村明蔵は、大和を増補し六ケ所とした(「隼人の移配と律令国家の形成」〈『古代隼人社会の構造と展開』所収、一九九八年、初出一九九七年〉)。

大隅・阿多(六一頁1)　大隅(志布志湾沿岸部)、阿多(薩摩半島西岸部)はともに地域名。大隅・阿多の隼人とは、南九州の二国(大隅・薩摩)を出自とする隼人が畿内およびその近国に移配され、隼人司の隼人として上番し、竹器製作等に従事した者をいう。姓氏録(大和神別)に「大角隼人」が見え、天武紀十四・六・甲午条には大隅直に忌寸の姓を与えるとあり、続紀宝亀六・四・庚午条には、外従五位下大隅忌寸三行を隼人正とするとある。阿多隼人は、姓氏録(山城神別)に「富乃須佐利乃命之後也」とあり、神代紀第一〇段本文に「吾田君小橋」、古事記神武天皇段に「阿多之小椅君」が見える。続後紀承和三・六・壬子条に「山城国人右大衣阿多隼人逆足賜二姓阿多忌寸一」とあり、本条に見えるところと一致する。また、天平十四年近江国滋賀郡古市郷計帳(古二―三二八頁)に阿多隼人乙麻呂らの名が見える。大隅・阿多の隼人が併記される例として、天武紀十一・七・甲午条、朱鳥元・九・丙寅条、持統紀元・五・乙酉条、同七・辛未条、同六・閏五・己酉条等がある。山背国綴喜郡大住郷のものと考えられる天平七年計帳(古一―六四一～六五一頁では国郡未詳計帳とする)に、「大住隼人」「大住忌寸」「阿多君」が見える。

本条の成立について、中村明蔵は大隅と阿多で隼人を代表させる理解は、隼人司成立当初からのものであったとする(「大隅と阿多」〈『隼人の研究』新訂版所収、一九九三年、初版一九七七年〉)。一方、永山修一前掲論文は、阿多隼人は南部九州においても畿内においても必ずしも有力な一族ではなかったこと、また阿多隼人逆足が忌寸の姓を与えられたのが承和三年(八三六)まで下ることから、むしろこの賜姓を契機に本条の規定が成立したのではないかとする。いずれにしても、狩野文庫本三代格大同三・七・二十六官奏には「大衣二人」とあるので、この時には既に大衣が左右に分けて任じられていた可能性が大きいといえよう。

五畿内…紀伊等の国の隼人(六一頁2)　井上辰雄は、天武紀十一・七・甲午条に「隼人多来、貢二方物一、是日、大隅隼人与二阿多隼人一相二撲於朝庭一」とあることから、移住の時期をこの頃ではないかとする。また居住地について、山城国綴喜郡大住郷(古一―六四一頁)、近江国滋賀郡古市郷(古二―三二六頁)、大和国宇智郡阿陀郷(姓氏録)等を挙げている(前掲書一二三～一二四頁、一八九～一九〇頁)。

時服(六一頁3)　中務式74諸司時服条には時服の支給対象者として「隼人廿人」とあるが、本式1大儀条に見える番上、今来、白丁の三種の隼人のうち、時服が給されたのは今来隼人のみであった(本式11時服条・12身亡条)。その間の事情については不詳。

臨時の任である白丁隼人に時服が付与されないのは当然としても、「幹了者」で(本式10番上隼人条)、「大衣につぐ力量のある者」とされる番上隼人ではなく、今来隼人に時服が与えられたのは、次第に畿内隼人によって代行されるようになったものの、今来隼人が南九州から交替で上京した隼人たちの後継であることによると思われる(中村明蔵「隼人の移配と律令国家の形成」『古代隼人社会の構造と展開』所収、一九九八年、初出一九九七年)。時服については、太政官式116諸司時服条、中務式74諸司時服条、大舎人式25中文条等に詳しい。

賻物(六三頁1) 官人が死亡した際に、喪家に対して支給される物品。喪葬令5職事官条および職員令16治部省条義解によれば、原則的には初位以上もしくは無位皇親に対して大蔵省より支給されることとなっていた。しかし、支給対象は郡司、鎮守府の史生・傔仗・博士・医師・陰陽師・弩師、大宰府の傔仗・史生等、今来隼人と次第に拡大し、支給場所が穀倉院に、財源が諸国正税となるなどの変化も見られる。

延喜式の中では、本条のように具体的に支給品目および支給量を記載した規定は他に見えない。特に本条のみに酒・腊・塩が見える点が特徴的である。治部式9賻物条参照。

凡そ今来の隼人…(六三頁2) 後紀大同三・十二・壬子条では、「定額隼人」(今来隼人を指す)に欠員が出た際に京畿隼人を充て、その衣服・粮料は旧人と同額ではないとする。この記事は衣服・粮料の具体的な支給量についての規定はないものの、本条とほぼ同じ内容であり、本条の成立は大同三年(八〇八)まで遡ることができる。なお、三代格大同四・正・七符には、後紀とほぼ同文が収められているが、その事書では、「定額隼人」を「便補隼人」としている。

油絹(六三頁3) 油を塗って防水加工した絹。斉明紀元・五・庚午条に「青油笠」と見えるのが初見か。また、斎宮式37野宮年料供物条や斎院式27三年一請条に見える「油絁」は、同じ製法によるものか。原料である絹を内蔵寮から受け取り、できあがった油絹は再び内蔵寮に送られた(内蔵式53諸司年料条・56油絹条参照)。民部式下8造箭料条など延喜式にも散見する他、類聚雑要抄二にも見える。

作手の隼人(六三頁4) 兵部式30騎士勘籍条に「作手隼人廿人」と見える。一方、本条には「作手隼人二人衣袴料」とあり、また、油絹六〇疋の造功を七二〇人としている。この七二〇人は、作手の隼人二人の年間三六〇日の延べ人数と一致する。従って、作手の隼人二〇人のうち二人が油絹の造作に従事し、残りの一八人が竹製品の製作に携わったと考えられる(小林行雄「隼人造籠考」『日本書紀研究』一、一九六四年)。分注からは、二人の作手の隼人は六日で一疋の油絹を作成したことになる。なお、平安時代の隼人は男女とも袴・領巾を着用したので、本条の料物から作手の隼人の男女の別を判断することはできない(鈴木拓也前掲「律令国家転換期の王権と隼人政策」)。

絹の結解帳(六三頁5) 延喜式では、結解帳は各公文の勘会に際して国ごとの損益を計算し、それを元に全国的規模で損益を総計した帳簿をいう場合が多い。しかし、本条に見えるものは、内蔵寮から請け取った油絹の料物の種類と数量、そのうち使用した数量等を記した収支報告書と考えられる(堀部猛「民部省勘会と損益帳」『延喜式研究』一八、二〇〇二年)。内蔵式56油絹条参照。

索餅(六五頁1) 小麦粉と米の粉を練って細長くし縄の形に捩った、今日の干ウドンのようなもの(関根真隆『奈良朝食生活の研究』二八四~二八六頁、一九六九年)。大膳式下18造雑物法条に材料等が見える。

年料の竹器(六五頁2) 本条および前条に見える竹器は籠や簀であり、職員令60隼人司条に規定する竹笠の造作に関する規定は、本式には見えない。しかし内蔵式53諸司年料条には「竹笠十四枚〈大小各七〉」が「隼人司所レ進」とあり、隼人司で竹笠が造作されていたことが分かる。また本条に規定された竹器に用いられる篦竹には、本式17年料雑籠料条に見える「司園竹」が充てられた。

茶籠（六五頁3） 小林行雄前掲論文は、「方二尺」とあることから、形状は角籠であろうとする。あるいは（薬草としての）茶葉を乾かす目的のものか。

竹の綾刺の帙（六五頁4） 帙は書物の損傷を防ぐために覆い包むもの。分注の「竹搓線」の語から考えて、竹を編んで表地にしたものと考えるのが妥当か。正倉院文書には「竹綾刺帙」の語は見えないが、「竹帙」（古一―五五三頁など）、「竹綵帙」（古三―六一八頁など）、「竹繡帙」（古九―六〇九頁など）、「竹麁帙」（古五―四三五頁など）、「竹縫帙」（古一一―三五四頁など）の語があり、竹を素材として幾種類かの帙が作られていたことが分かる。なおこれらの中には錦等の裏地を張り、縁を回し、組緒が付けられているものがあるが、本条のものに同様の処置が施されたか否かは不明である。

年料の雑の籠の料（六五頁5） 本式15年料竹器条の籠（「薫籠大一口」、「中一口」、「茶籠廿枚」）の料物の竹の合計は二一〇株。それに漉紙簀一〇枚分の二〇〇株を加えても四八〇株にはならない。また、15条の篦竹に対して本条は竹であり、その点でも一致していない。

司の園（六五頁6） 隼人の畿内移配地が選定される際には、竹製品の生産環境がその重要なポイントとなったとする見方がある（井上辰雄前掲書一九五頁、沖浦和光『竹の民俗誌』一三二頁、一九九一年）。なお、隼人司の管轄ではないが、竹林のある官営の園地として、内膳式19供御月料条には山城国乙訓郡の乙訓園、同国相楽郡の鹿鷺園が挙げられている。

鉤形（六五頁7） 「鉤」は「はり」「かぎ」の意。平城宮出土の楯（本条の「楯」参照）の中央部に描かれた、二つの連続渦巻紋（逆S字形）を指す（中村明蔵「隼人の楯　隼人の赤色」〈前掲書所収、初出一九九五年〉）。これを、記紀の海幸山幸説話に登場する釣針に由来するとする見方もある（井上辰雄『熊襲と隼人』一六六～一六七頁、一九七八年）。

隼人の計帳（六五頁8） 隼人は百姓とは異なる計帳で把握された。山城国綴喜郡大住郷のものと推測されている天平七年計帳（古一―六四一～六五一頁では国郡未詳計帳とする）が現存し、そこには隼人八一人が載せられている。

巻第二十九

刑部省（六九頁1） 刑部省の職掌は訴訟・裁判・行刑。刑部省の訓については、和名抄はウタヘタタスツカサ、紅葉山文庫本令義解官位令16正八位条の刑部中解部の傍訓には「ウタヘサタムル司（ツカサ）」とある。三代実録貞観七・三・七条には、刑部省を「訴訟之司」と訓じていたのを「判法之司」と変更したいとの省の申請に対し、「定訟之司」と訓ずるよう勅定されたとの記事があり、ここから坂本太郎は義解の傍訓を妥当とする（『訳註日本律令』一〇、二六三頁、一九八九年）。書紀には天武朝の刑官（朱鳥元・九・丙寅条）、持統朝の刑部省（持統紀四・正・丁酉条、同六・二・乙卯条）が見える。天武朝から浄御原令制下までは刑官と称されていたとみられるが、小野毛人墓誌には「刑部大卿」が見え、大宝令以前の形態については議論がある。令制では贓贖司・囚獄司の二司を所管し、省は卿・大少輔・大少丞・大少録・史生等の本体職員と、審理および判決原案の作成にあたる大中少判事・大少属・大中少解部から成る判事局ともいうべき部局とから構成される（職員令30刑部省条）。大同三年（八〇八）には贓贖司を省本体に統合し、解部が廃止された（三代格同・正・二十詔）。延喜式で本式に続いて判事式が存するのは、その独立的な職掌と、大判事の官位相当が大輔と同階の正五位で、大判事の下に大少属が配置されるなど、判事局が刑部省の内局として構成されていたことと関係すると考えられる。刑部式は、刑部省の所管事項との関係から、獄令・律条文の細則として立てられたものが多く、集解などに引かれる刑部省例を継承して、弘仁式以降の式制に引き継がれた規定も見られる。

仏像（六九頁2） 仏像の盗毀犯の場合は、賊盗律29仏像条の規定により、一般人は徒三年、僧尼は中流に処し、贓があれば同35窃盗条に規定する凡盗法により、毀損の場合は坐贓により修復させる。また、本条で仏像と菩薩像とを分けて扱っている点は、同29条に「菩薩減二一等一」とある規定に準拠したものである。

皆衆証によりて…捶拷すべからず（六九頁3） 僧尼の罪は大きくは還俗と苦使とに分けられ、僧尼令21准格律条では、徒一年半以上の罪は還俗、それ以下は苦使に対応させている。自主的な還俗の場合の手続きは、京は僧綱、他は国司を経由して治部省に申告し除附されるものであるが（僧尼令3自還俗条）、同条集解の穴記には「省受取即申レ官、官下二民部一、々々下二本属一除附耳」とあり、本条の規定はこれを具体的に示したものである。

還俗（六九頁4） 還俗の対象となる行為については、僧尼令2卜相吉凶条（吉凶占卜や巫術による治療行為）・5非寺院条（寺院外教化や長老・宿徳への暴行）・7飲酒条（飲酒による闘争）・16方便条（詐って俗人を僧となす行為）で規定されているが、それ以外の一般的規定として、同21准格律条では徒一年以上に相当する罪を犯した場合の還俗（それ未満は苦使）が定められている。なお、判事式4僧尼犯徒条参照。

臈数（六九頁5） 夏臈ともいう。雑令38造僧尼籍条義解に「臈猶レ年也、年終有レ臈、故称レ年為レ臈、言僧尼夏月安居、乃得二一臈一、故云二夏臈一也」とある。

治部民部等の省に移し送り（六九頁6） 雑令38造僧尼籍条によれば、僧尼の戸籍は京国官司から太政官に送られ、さらに中務・治部両省に送付される。治部省では玄蕃寮が担当する（職員令18玄蕃寮条）。治部・民部両省に移し送るとは、治部省（玄蕃寮）所管の僧尼の名籍から民部省所管の俗人の名籍に移管するために必要な手続きになる。

省の丞録および…を遣して（六九頁7） 僧尼令1観玄象条集解令釈所引刑部省例に「大宝三年三月九日、太政官処分、訴訟人等引二証僧尼一者、解部就二於当寺一、定二問虚実一也」とある。解部は職員令30刑部省条では刑部省に大・中・少解部計六〇人が配置され、訴訟事実の追求を担当したが、大同三年（八〇八）に廃止されているので(三代格同・正・二十詔)、本条はこれを受けての規定。

五位以上(六九頁8)　獄令43五位以上条に「凡五位以上犯レ罪合レ禁、在京者、皆先奏、若犯二死罪一、及在外者、先禁後奏、並聴二別所坐一」とあり、五位以上の犯罪者は在京の場合は奏上の後に拘禁し、在外の場合は拘禁後に奏上し、他の罪囚と区別して監禁する(女性も同じ)。同条の紅葉山文庫本令義解裏書書入れの令釈にも、「又五位以上、是雖二死刑一而聴レ乗レ馬、此異二凡人一故」とある。本条はこうした五位以上への特別な扱いと関係すると思われる。なお、雑令14庁上及曹司座者条では五位以上には庁上・曹司の座に牀・席を支給することとなっているが、掃部式56庁座条では庁座として親王・中納言以上に椅子、五位以上に漆床子、自余は白木床子を用いるとされ、弾正式148庁座条にも同様の規定がある。本条の床・席の支給は雑令の規定を下敷きにした措置とみてよいであろう。

流罪以下(六九頁9)　刑部省が断決するのは、在京諸司の事発の場合の徒罪以上、および衛府が捕捉した犯罪者のうち京貫でない者(獄令1犯罪条)。ただし、京職・国の判決し得ない事案も上級審として担当する。弾正台が捕捉した罪人の断決については判事式2弾正移条参照。要略八四寛平七・十二・二十二符所引左右検非違使式には「又条云、盗人不レ論二軽重一、停レ移二刑部一、別当直著鈦、配二役所一令二駈使一、如官当収贖、各依二本法一、自余犯並従二常律一」とあり、盗犯は刑部省に送進せずに使庁で断決して配所で駈役させ、他の犯罪は律の規定に従い刑を科すこととしている。本条は、獄令2郡決条に定める流罪以上と除免官当の場合に刑部省から太政官へ報告する規定に由来し、徒・流罪の場合は随時判決を下すこと、死罪は一括して判決を下した後に十月四日に太政官に報告すること、断罪文は判事と属に報告させることの、刑部省の処理方針を定めている。なお、末文の規定は「判事の属をして申し送らしめよ」と読み、判事局の属に報告させるとの意に解することも可能か。

死刑は皆…十月四日に官に申せ(六九頁10)　死刑については、一括して判決を下した後、十月四日に太政官に報告する。十月四日は断罪奏上の儀がある。太政官式135断罪文条によれば、断罪文は二通作成して十月四日に弁官に進め、二十日以前に奏聞する。同条には刑部省が送る断罪文について「謂二流罪以上及除免官当一」の分注があり、この点は本条との間に矛盾があるように見受けられるが(同条校異補注参照)、森田悌は太政官式は天皇への奏上規定、刑部式は太政官への上申規定であり、死罪・流罪を併せて十月四日に太政官に上申すると解して矛盾はないとする(「書評・虎尾俊哉編『訳注・日本史料　延喜式　中』」〈『延喜式研究』二四、二〇〇八年〉)。あるいは、流罪は、一旦太政官に集められた獄案が刑部省に一括して下付され、最終的に刑部省が年終断罪文を作成するとする理解もある(長谷山彰「律令裁判における太政官の覆審制」〈『日本古代の法と裁判』所収、二〇〇四年、初出一九九五年〉)。十月四日を断送時期とする規定は、三代格弘仁六・十一・二十符で十月初めに断奏を終えよと規定されたことに由来する。また、死刑の決定時期については、獄令8五位以上条に「凡決二大辟罪一、(中略)不レ得レ奏二決死刑一、若犯二悪逆以上一、及家人奴婢殺レ主者、不レ拘二此令一」、断獄律28立春以後秋分以前不決死刑条に「立春以後秋分以前、決二死刑一者、徒一年〈依二獄令一、従二立春一至二秋分一、不レ得レ奏レ決二死刑一、違者徒一年〉」とある。前掲の弘仁六年符では十一月一日から十二月十日までは祭事を理由に京官の死刑決定を禁じており、これに従えば、死刑の断は実際には秋分より十月初めまでの間にしか下すことができなかった。このため死刑についてはこの期間内に「惣べて断ずる」ことになったと考えられる。しかし弘仁六年符で直接問題とされたのは大辟罪すなわち死罪であり、流罪に関しては随時断決という本条規定と、断罪奏聞の後の断決とする太政官式規定とはやはり整合性に疑問が残ると思われる。太政官式を優先すれば、死罪・流罪の対象者はともに、一方は断決後、他方は未断のまま刑部省の監察下におかれ、十月の断罪奏聞後に正式に処断が決定されることになる。流罪も含めてこうした処理が規定されるのは、ともに奏聞により決定される刑であること、また死罪は一等を減じて流罪とすることが慣例とされ、流罪が事実上の最高刑になったこと等により、死罪・流罪を一括して処理することが合理的と考えられたことによると考えられる。

省官に申して（六九頁11） 流移人の発遣は、太政官の指示に基づき、防援を差し、専使が部領して配所に送達する（獄令13流移人条）。同条義解によれば、刑部省からの流人は太政官が専使を派遣して領送する。配所の内定については本式18遠近条。また、本条の規定に見られる防援については、流移人の発遣の場合は、獄令14逓送条に死囚以外の移送について「余逓ニ送囚徒一応ニ禁固一者、皆少毅部領、并差ニ防援一、明相付領」とあり、諸国兵士があたる。本条の規定は、獄令13条にある「専使部領」の専使が刑部省からの発遣の場合は兵衛であること、および省符を授けること、これらを定めて防援との区別を明確にしたものであろう。

防援（七一頁1） 本条の防援は流移人発遣の場合の規定であるが、服役の場合は、防援は囚人一人につき二名の割合で配当され、在京は物部・衛士、在外は当処（国）の兵士があたる（獄令20徒流囚条）。物部は囚獄司・衛門府・市司に配属されており（職員令32囚獄司条・59衛門府条・67東市司条）、獄令の規定は衛門府の物部・衛士を指すことが趣旨で、これに対応して左右衛門式21捉人防援火長条に防援の火長を七人（三人は獄所に、四人は著鈦囚の領送に配当）とする規定がある。

格式…律によりて罪せよ（七一頁2） 断罪に際しては根拠となる法規定を明示することが原則で、獄令41諸司断事条に「凡諸司断レ事、悉依ニ律令正文一」、断獄律16断罪引律令格式条に「凡断レ罪、皆須ニ具引ニ律令格式正文一、違者笞卅」とあり、律・令・格・式いずれも判決に際しての正文となりえた。また、名例律49本条別有制条では、適用すべき条文が複数あり、その処罰規定が通則と異なるときは各個法の規定に従うこととされており、獄令31犯罪未発条には「凡犯レ罪未レ発、及已発未ニ断決一、逢レ格改者、若格重、聴レ依ニ犯時一、若格軽、聴レ従ニ軽法一」とあり、断決以前に法改正が行なわれた場合の原則が規定されている。本条は直接には獄令41条、断獄律16条に由来し、個別法に罪が定められていない場合は律条によって科罪することを定めたものである。なお、実例を見ても、三代実録貞観八・十・二十五条、同仁和元・十二・二十三条などでは対象条文を明示し、要略八一に載る勘文でも明法家は律令等の正文を引用して根拠を明示している。また雑律61違令条に「別式、減ニ一等一」とあり、違式罪は罪一等を減ずることとされていた。

戸口逃亡の罪・兵士逃亡の法（七一頁3） 囚人および征人（征行の軍に随う兵士）・防人・衛士・仕丁・流移人の逃亡については、捕亡令1囚及征人条に法による科罪の規定があり、具体的な刑罰は捕亡律で規定している。唐捕亡律によれば、兵士の逃亡は、捕亡律7従軍征討亡条により、従軍中の逃亡は一日につき徒一年で、十五日の逃亡で絞を最高刑とする。戦闘中の逃亡は斬。帰還の途次もしくは帰還後の逃亡は在家の逃亡と同じ扱いで、一日につき笞四〇で、最高刑は流罪。同8防人向防条では、防人の任中の逃亡は一日につき杖八〇、最高刑は流罪。宿衛人は同10宿衛人亡条で一日につき杖一〇〇。これに対し流徒囚が逃亡した場合は、同9流徒囚役限内亡条に一日につき笞四〇、三日で一等を加え、杖一〇〇を超えた場合は五日で一等を加えるとあり、兵士の逃亡罪は流徒囚のそれよりも重罪に扱われる。本条には直接の対応条文は見あたらないが、逃亡した軍兵の死罪を免じて柵戸として配した例は紀略延暦十四・十二・己丑条にあり、柵戸となった由来に応じて二つの類型に分類して罪を対応させたものと考えられる。

特に死罪を宥して…（七一頁4） 平城太上天皇

の変(薬子の変)以後は死罪の執行はなかったと言われるが、刑法上の死罪が消滅したわけではなく、死罪の判決がなされた後に罪一等を減じて遠流に処すのが通例であった。要略二五所引清涼記は「廿日以前奏二年終断罪一事、大臣参上、以二断罪文一奏レ之、勅減二死罪一処二遠流一、自余拠二省断一」とする。西宮記恒例三(大臣奏断罪文事)も「勅可下減二死罪一等一、処中遠流上、余依二省断一」、北山抄二(奏年終断罪文事)も「廿日以前、奏二年終断罪文一事、大臣参上奏レ之、(中略)勅減二死罪一処二遠流一、自余依二省断一」と同様である。三代実録貞観八・十・二十五条、同仁和元・十二・二十三条に見える事例でも、詔によって死一等を減じて遠流に処している。

私に銭を鋳ば(七一頁5)　私鋳銭に関する雑律規定については、続紀和銅四・十・甲子条に「於レ律、私鋳猶レ軽二罪法一」とあること、京都大学蔵狩野亨吉蒐集文書一二に「私鋳銭者、雑律云、徒三年」とあることから、日本律にも当初から存在したとする説(竹内理三「律逸五条」〈『歴史地理』七三—四、一九三九年〉、利光三津夫「大宝律考」〈『律の研究』所収、一九六一年〉、小林宏編「律条拾零」〈國學院大学日本文化研究所編『日本律復原の研究』所収、一九八四年、初出一九七二年〉、小林宏「律条拾穂」「律条拾塵」〈『同』所収、初出一九七三年〉、『訳註日本律令』三〈一九七五年〉、早川庄八「雑律私鋳銭条について」〈『日本古代の財政制度』所収、二〇〇〇年、初出一九八二年〉など)と、それを否定あるいは慎重に考える説(宮城栄昌『延喜式の研究』論述編二二九・二三〇頁〈一九五七年〉、虎尾俊哉「雑律私鋳銭条の存否」〈『古代東北と律令法』所収、一九九五年、初出一九六八年〉)との両説がある。続紀和銅二・正・壬午詔では、銀銭の私鋳は没官、財物は没入して告人に入れ、罪は杖二〇〇・徒刑。同和銅四・十・甲子勅では、主犯は斬、従犯は没官、家口は流。三代格宝亀十一・十一・二符によると、天平勝宝五年(七五三)に主犯の罪は遠流に減ぜられ、宝亀十一年(七八〇)に主犯は遠流、従犯は徒三年、家口は徒二年半とされた。延喜式段階での私鋳銭犯への処分はこの宝亀十一年符が基礎になる。平安期に入ってからは、同弘仁十三・二・七符で「其私鋳銭不レ論二首従一、令二鋳銭使終身役一レ之」とされ、これ以後は終身の駈役が課せられ、財物は没官された。本条はこの格規定に由来し、作具と鋳銭と原料銅等を没官することが定められている。なお、私鋳銭の罪人は著鈦して囚役に服さしめられた(囚獄式2著鈦盤枷条)。本条と異なる規定として壬生本西宮記(成勘文事)所引左右検非違使式には、「私〔鋳脱カ〕銭之輩、停レ送二鋳銭司一者着レ鈦、与二盗人一同令レ没二入資財田宅一」とあり、使庁では犯罪者の田宅資財の没収に及んでいる。三代格貞観十六・十二・二十六符は、検非違使起請を受けて、私鋳銭犯の田地資財の没収を認めており、同式はこれを受けて成立したとみられる。鋳銭司への移送およびその停止については不詳であるが、前者については弘仁十三年符が関わることは確実で、恒常的作業としての鋳銭業務が停滞していったことによるか。

赦降の…罪を免せ(七一頁6)　三代格弘仁四・三・二十官奏によると、人身売買や良賤婚姻等の身分に関わる犯罪は赦令発布後一〇〇日以内に自首しなければ赦免せず(名例律35略和誘条)、嫡庶や違法な養子、私入道等の不正申告を訂正しない場合は赦令の対象外となるが(同36会赦改正徴収条)、これ以外の犯罪については赦令と赦免との時間的関係が明確ではなかったようである。弘仁四年官奏は赦令発布後三六〇日以内に自首した場合までを赦免の対象とすることを奏上したもので、本条の規定はこれを背景とする。

犯罪を…罪なし(七一頁7)　告言があった場合は、獄令32告言人罪条により、謀叛以上でない事案は三審の後に推断。同条義解に「凡告二言人罪一、皆当レ依レ実、若其虚妄者、自得二反坐一」とあるように、嫌疑のみでの告言はできない。違反した場合は闘訟律41誣告人条などにより処罰される。

その人と為り凶悪…禁固せよ(七一頁8)　三代

格弘仁十三・二・七符に「若役畢之後不レ悔二前過一、亦有下犯盗、或為レ人凶悪為二衆人一所二明知一、或量二其意況一難レ恤之色上、並是終身配役不レ可二放免一」とあり、本条はこれに基づく規定。

服不を覆問せよ（七一頁9） 徒罪以上の判決に際しては、罪囚に判決への承服・不服を問う。承服がなければ再度調査（獄令2郡決条・3国断条）。また、訊問調書の作成に際しては、被疑者の口述を録した供述書を作成し、被疑者と対読する（獄令38問囚条）。

凡そ罪を犯すの人…（七一頁10） 病人に対して刑の執行に配慮する規定は、断獄律9拷囚条に「即有二瘡病一、不レ待レ差而拷者、杖六十、若依レ法拷決、而邂逅致レ死者勿レ論」とあり、本条はこれに関わる細則。

諸国犯罪人の位記を進らざれば（七三頁1） 獄令28応除免条には「応レ毀者、並送二太政官一毀」とあるが、紅葉山文庫本令義解同条裏書書入れの令釈には「刑部惣収二応レ毀位記一送二太政官一」とする。本条は令釈の理解を裏付ける。

罪人の位記を毀る（七三頁2） 本条の手続きは式部式下40毀位記条に対応する。なお、弘仁式部式下断簡に「事見二儀式并刑部式一」とあり、弘仁式部式下と式部式下40条がほぼ同文であることから、本条が弘仁刑部式にほぼ同文で存在していた可能性が指摘されている（宮城栄昌「刑部省式の成立」〈『史潮』四八、一九五三年〉）。

毀る（七三頁3） 「毀」の文字を書き込み、その上に太政官印を捺す（獄令28応除免条、式部式下40毀位記条）。儀式一〇（毀位記儀）によれば、儀当日、犯罪人の位記は筥に収められ、刑部録から外記の手を経て先ず大臣の確認をうける。次いで、式部省の位案に「毀」字を書き、その上に官印を捺す。その後、外記が位記の枚数と毀る旨を言い、大臣の指示を待って毀り、終了後に刑部録が位記の筥を受け取る。位案と同様の「毀」字記入、捺印の手順がないところから、刑部省の位記を毀るとは、文字通り破棄することになる。罪人の位記の送進については、北山抄四（収罪人位記事）には「延喜十一年悦、天慶俊等例、給二官符於京職一、安和二年敏延例、召二京職官人一仰レ之〈進二位記一、検非違使収レ之〉、寛弘、朝兼時、給二宣旨於検非違使一、時人難云、非レ例、上卿不レ尋二旧例一、所レ被レ行歟、但検二儀式刑部式等一、刑部収レ之、令レ付二検非違使一、糺弾之者便仰レ之、非レ無レ所レ拠乎、近例、仰二京職一」とある。安和二年（九六九）の例は安和の変で罪に問われ土左国に配流された橘敏延の件であるが、すでに当時、本来は刑部省が収めて検非違使に付していた位記は京職から検非違使に収められ、刑部省には糺弾の趣旨が伝達されるのみになっていた。

凡そ徒罪以上は…（七七頁1） 獄令47盗発条に「凡盗発及徒以上囚、各依二本犯一、具録二発及断日月一、年別摠レ帳、附二朝集使一、申二太政官一」とある。民部省にも移送するのは、賦役令19舎人史生条に「徒人在レ役」は「免二課役一」（主計式下1勘大帳条に「見不輸」）、同令20除名未叙条に「除名未レ除人」は「免レ役輸レ庸」とされる規定に関係するか。

徒役満たば…本郷に逓送せよ（七七頁2） 獄令19流徒罪条に「役満逓二送本属一」とあり、本条はこの補足規定。本郷は本貫地（本属）のこと（戸令12聴養条）。本条のこの部分は壬生本西宮記裏書所引天暦十一・五・二十六勘文所引の弘仁式あるいは貞観式逸文と同文。

勘籍（七七頁3） 本条は壬生本西宮記裏書所引天暦十一・五・二十六勘文所引の弘仁式あるいは貞観式逸文と同文。

粮（七七頁4） 配所における流人への衣粮の支給は獄令56至配所条に規定する。同条末尾に「其見囚絶レ餉者、亦准レ此」とあり、同条義解は「在レ禁未レ断、及断訖未レ配之類」とする。本条はこれによる。支給量については、紅葉山文庫本令義解同条裏書書入れの令釈所引天平勝宝九・七・二十九符に「給二流人一粮、不レ論二良賤男女大小一、一人日米一升、塩一勺」とあり、本条の支給量はこれと一致する。

贓贖の物（七七頁5） 罪人が官に納めた贓または贖の物。名例律32彼此倶罪条によれば、贓および犯禁の物は没官。贓贖物は贓贖司に収め

(捕亡令13博戯条・15得闌遺物条)、獄囚に支給する物資に充てることになっていた(獄令55応給衣粮条)。ただし贓贖司は大同三年(八〇八)に省本体に統合(本式冒頭補注参照)。

凡そ罪人逃亡せば…(七七頁6)　流移人の逃亡については、捕亡令1囚及征人条に、随近の官司に申牒して追捕すること、逃亡をゆるした官司も捕捉した官司も太政官に報告することが定められている。

凡そ父母…(七七頁7)　本条は要略八四長徳三・十・二十七惟宗允亮答所引弘仁式逸文とほぼ同文。本条は子供を奴婢として売った場合の規定。内容は大きく二つに分れ、(1)父母が貧窮により子を奴婢として売った場合、(イ)持統三年(六八九)より以前ならば賤のままとすること、(ロ)同四年以降である場合または負債により強制的に奴婢とされた場合と、(ハ)両親以外の親族が売った場合は、契約を無効として良民身分に戻すこと、(2)大宝二年(七〇二)以後は律の規定により処罰することである。(1)は庚寅年籍を定点として身分を確定している点で注目されるが、持統五年に父母が売った子は賤とする詔が出されているところから(持統紀同・三・癸巳条)、この改正法として発布された法が本条の由来になるとの理解がある(虎尾俊哉『延喜式』一七一～一七六頁、一九六四年)。小野宮年中行事裏書と推定される田中教忠旧蔵「寛平二年三月記」に本条の弘仁式逸文が載せられているが、「検二延喜式一不レ載二此条一」との注記があり、本条が延喜刑部式になかった可能性も指摘される(鹿内浩胤「田中教忠旧蔵『寛平二年三月記』について」〈『日本古代典籍史料の研究』所収、二〇一一年、初出二〇〇三年〉)。

価に准えて銭を徴れ(七九頁1)　要略八二天暦四・十・十三符所引同・閏五・十刑部省解によると、贓贖司廃止後の贖銅物の処理は、当初、刑部省が徴納していたが、弘仁十一・十一・二十五格で検非違使が徴収して刑部省に勘納する方式に変更され、天長九・七・九格では再び刑部省が徴納し、本式30贖銅銭条の貞観式逸文では囚獄司が収納し、省がともに出納するというように、再三の変更があった。刑部省解は、延長四・五・二十七宣旨で贖銅代物を獄囚の冬季の衣服や臨時の食料あるいは獄舎修理の費用に充てるとしたものの、実際には贖銅代物の処理は検非違使が行なっており、贖銅代物の徴収や決罪は刑部省が関与できなくなっている実情を述べ、従来通り贖銅代物の徴収は検非違使が行なうものの、刑部省に納入するよう申請している。この刑部省解は前掲の符によって認められたが、以上からすると天暦年間頃には裁判・行刑の実権は検非違使に遷っていることになる。なお、要略八二天慶九・八・七符で刑部省に対し会昌門の開門を怠った右衛門府官人の贖銅の徴納が命じられていることからすると、実態はともかく、本条の規定は原則としては生きているとみてよさそうである。

省の丞…**省の録を召すことを得**(七九頁2)　本条は刑部省官人と判事官人の相互の地位に関する規定。延喜式段階の判事は大判事・少判事(中判事は寛平八年〔八九六〕九月に廃止)・大属・少属から成るが、本条によれば判事は省の丞以上に、属は録に相当する。刑部大丞・少丞・大録・少録の官位相当はそれぞれ正六位下・従六位上・正七位上・正八位上、大判事・少判事・大属・少属は正五位下・従六位下・正七位下・正八位下。また、本条後半部の「各為レ牒」の規定からは、刑部省と判事とが所管―被管関係、あるいは事案によっては上下の統属関係が生じる、いわゆる因事管隷の関係でも捉えられていないことが示される。

発哀三日(八一頁1)　儀制令7太陽虧条には「皇帝二等以上親、及外祖父母、右大臣以上、若散一位喪、皇帝不レ視レ事三日」とあり、本条の発哀三日はこれに相当する。式文には大臣以上とあるが、令文に従い散一位を含むと考えられる。同条義解には三日の発哀期間について「其皇帝不レ視レ事日、百官不レ停レ理レ務」と記しており、諸司の通常事務は行なう。また同条集解令釈には「案皇帝二等以上、及百官三位以上喪日、百官不レ停レ理レ務、何者皇帝不レ視レ事之日、百官亦停レ理レ務者、何更注文顕、依二別式一令二廃務一乎」とあり、本条はこの別式の例にあたる。このような規定が設けられたのは、刑部省の業務の中に断罪・行刑が含まれることによる。

判事（八一頁2） 判事の職掌は職員令30刑部省条によれば「案二覆鞫状一」（訴訟の事実審理）・「断二定刑名一」（判決）・「判二諸争訟一」（訴訟の審理）であるが、このうち「断二定刑名一」について同条集解朱説は「卿職掌三鞫レ獄定二刑名一、与下大判事案二覆鞫状一、断中定刑名上一同也」とする。一方、刑部卿の職掌にある「鞫レ獄」「定二刑名一」について、同条義解は「覆二審解部所レ鞫、与二判事以上一共断定也」、集解令釈は「鞫獄、謂解部所レ鞫勘知耳、但定二刑名一者、判事以上与二輔以上一、共断定」とする。大判事の官位相当が大輔と同階（正五位下）であることも考えると、刑部卿が長官として最終的な権限を持つとはいえ、実務上は解部の調書に基づいて判事が下した断案が判決の基本とされたと考えられる。令制では判事は大判事二人・中判事四人・少判事四人の計一〇人が置かれたが、狩野文庫本三代格寛平八・九・七符により大判事一人・少判事二人に減員された。三善清行の意見十二箇条は、寛平四年詔により大少判事各一人とし、大判事のみ明法家を任用したとするが不詳。官職秘抄下は「大判事、明法博士兼レ之、此職元二人、寛平四年省二一人一、延長四年復レ旧加二置之一、但不レ任レ之、少判事、明法道者必任レ之」とし、大判事の員数は延長四年（九二六）の復旧後も実際には一人しか任命されなかったが、慣例として明法博士の兼任となっていること、少判事は明法道出身者が任用されることを記す。実例を見ても、九世紀以降は大判事と明法博士の兼任例は多くなる。

獄訟を訊いて書かんには（八一頁3） 戸令33国守巡行条義解に「争レ罪曰レ獄、争レ財曰レ訟」。判事の職掌は「案二覆鞫状一、断二定刑名一、判二諸争訟一」（職員令30刑部省条）とあるので、判決文を作成するのは判事の仕事になる。獄令2郡決条義解によれば、流罪以上もしくは除免官当の場合は、鞫状（訊問調書）・伏弁（罪人が罪を認めた場合に作成される文書）・断文（判決文）を連写して文書を作成し太政官に送付する。この作業は判事の属の職掌。

弾正台の移し送れる罪人（八一頁4） 本条では、弾正台が摘発した犯罪人は刑部省に移送されることが前提となっている。これは公式令8奏弾式条義解に弾正台を「是糺劾之職、非二科断之官一」とするように、京官の杖罪以下の決罰権は各官司が保有し、徒罪以上は刑部省が推断して、徒罪は刑部省が、流罪以上は太政官を通じて奏聞した後に刑が決定する原則（獄令1犯罪条・2郡決条）に基づく。弾正台が摘発した罪人の処置についての経緯を語る史料は、三代格嘉祥二・十二・十六符である。そこに引く刑部省解は公式令8条および同条義解を引いて、親王・五位以上の容疑で重大な事案ではないものや六位以下の場合は「並糺移二所司一推判」の所司に刑部省が該当することを述べ、次に「案二獄令一云、衛府糺二捉罪人一、非レ貫二属京一者、皆送二刑部省一、即明貫二属京一者送二於京職一、其弾正糺二捉罪人一、亦須レ准レ此、故云糺移二所司一者」とし、弾正台の摘発した罪人も衛府の捕捉した罪人と同じように、京貫人は京職に、外国人は刑部省に移送すべきとする。当時の現実は弾正台が犯罪者の本貫を明らかにしないままに刑部省に移送していたらしい。官符に引用された弾例に「弾二官人及雑色人一者、具録二犯状一移二刑部省一、令二断罪一者」とあり、貫属を問わず一律に刑部省に移送することが慣例であった。嘉祥二年符はそれに対し、弾正台の処置が長年行なわれてきた慣例であるところから変更せず、貫属を明記した上ですべて刑部省に移送し、刑部省で断罪することとした。本条の弾正台関係の規定はこれに基づく。一方、検非違使の捕捉した犯罪人の処理については、本条と左右検非違使式との間に相違がある。刑部式6流罪以下条の「流罪以下」参照。なお、検非違使が捉えた盗犯者は承伏した後も一律に杖七〇が科され（壬生本西宮記〔与奪〕所引左右検非違使式）、配役期限も明確ではないなど(三代格弘仁十三・二・七符、壬生本西宮記〔成勘文事〕所収寛和二・五・十七着鈦勘文)、律令規定と異なる扱いがされた。壬生本西宮記(成勘文事)所収長徳二・十一・十六検非違使別当宣には「依ニ盗窃之犯一入ニ徒役一之輩、貞観以往、移ニ刑部省一任レ法断定、乃是先定ニ罪名一、次及ニ決配一者也、爰貞観以後、別当直着レ鈦配ニ役所一」とあり、これによると、少なくとも盗犯の場合は貞観以後は刑部省に移送されなかったことになる。延喜式の制定段階で既に刑部式と左右検非違使式とには不整合があるとみるべきであろう。

税帳の外に租税を隠截せば(八一頁5)　国司による官物の不正流用・蓄財等については、三代格宝亀十・十一・二十九符では国司による官稲の隠截は解任・除名とすることが規定され、貞観交替式延暦四・七・二十四符で、一官犯用・余官同坐の連座制、見任解却、欠物共塡の原則が出され、以後はこの原則の確認・修正の歴史をたどる。同交替式延暦十七・十・十九符ではこれを隠截として扱い、贓を計って科罪し解任とされている。延喜式段階では三代格貞観十四・七・二十九符で、欠物は共塡、科罪は犯人一人に限定された。

弁官の宣の下るに随い…(八一頁6)　本条の趣旨は、断案と隠截とされた事状および対象官物数の対応関係の明確化を図ることにある。要略五九天慶二・二・十五符によれば、寛平六・十一・三十符で、天長二・五・二十七式条に従って、官物犯用国司の未得解由者を法により科罪することが刑部省に指示され、昌泰三・八・十六符では、刑部省は勘解由使局から不与解由状の勘判が送られるのを待って断罪し、その断案を使局に附し、使局から奏上するようになった。本条の規定はこの手続き規定を前提とする。この措置は延喜七・七・七符で一部修正されたが、「使須下依ニ符旨一勤中行事上、而立制以来、未レ有ニ移断一」という状態であり、天慶二年符は隠截の対象を「国儲過用」「置ニ未納一受ニ用公廨一」「無実不動々用穀穎糒」などに限り、違反があれば使局は事状を注して刑部省に移し、断ぜしめることとしたものであるが、天慶二年符所引延喜七年符の文言からみると実効性には疑問がある。

僧尼…還俗して徒すべし(八一頁7)　僧尼令21准格律条集解讃記に、「又戸律云、犯レ法還俗、合レ出レ寺、官人断訖、牒レ寺令レ知、仍不ニ還俗一者、従ニ私度法一之故、但罪合ニ徒以上一者、先還俗訖後、以ニ告牒一当ニ一年徒一、科ニ残罪一耳」とあり、本条の前半部は戸婚律5私入道私度条の規定に基づく。なお、要略八一安和二・四・四惟宗公方勘申は、入道していた源高明の処分に関して、僧尼令21条および同条義解を引き、「拠ニ検此文一、未レ犯レ罪前入道之人、犯ニ死罪一者、先令ニ還俗一可レ科ニ其罪一、況謀反罪発覚之後、断ニ其罪一間、入道之人至ニ于還俗一可レ无ニ疑似一」としており、本条に規定する手順が遵守されるべきものであったことが示されている。

もし赦に会いて…聴せ(八一頁8)　僧尼令1観玄象条集解令釈所引刑部省例には、「和銅元年正月廿二日太政官処分、僧尼犯ニ徒以上一還俗、応ニ徒会レ赦免一者、聴レ為ニ僧尼一也」とある。本条後半の規定はこの省例に基づく。

囚獄司(八三頁1)　和名はヒトヤノツカサで、ヒトヤとは獄のこと。罪人の禁囚、徒役、徒役の功程(作業量)、刑の執行を担当する官司(職員令32囚獄司条)。要略八二天暦四・十・十三符所引の刑部式30贖銅銭条貞観式逸文では、贖銅銭は囚獄司が収納し省がともに出納することとされており、大同三年(八〇八)の贓贖司の廃止によってその職務が刑部省の職掌に統合されてからは、贖銅銭の収納も職務とするようになったようである。令制では正・佑・大令史・少令史各一人と、刑の執行にあたる物部四〇人が配置される。官職秘抄上には、囚獄正には諸道の得業生・文章生・問者生等が任ぜられるとある。拾芥抄によれば、左京一条二坊十四町に囚獄司と東獄(左獄)があった。西獄(右獄)の位置は拾芥抄に見えないが、右京一条二坊十二町か(『平安京提要』三一四頁、一九九四年)。

物部丁(八三頁2)　職員令32囚獄司条では囚獄

司に二〇人配当されているが、本式9物部条では八人。職員令32条義解によれば、民部省から配当される仕丁で、武器を帯して獄舎の守衛にあたるが、刑の執行そのものには関与しない。職員令規定のほかの職務としては、刑部式20決罪条（行決の儀への参加）、本条（笞・杖の採取）、本式4毎夜巡検条（禁所の巡検）がある。職員令32条集解朱説で「物部丁可レ守二罪人身一」とするのはこうした職務ゆえか。

鈦もしくは盤枷を著けよ（八三頁3）　獄令19流徒罪条に「凡流徒罪居作者、皆着二鈦若盤枷一」とあり、本条はこの細則。本条の規定に違反した場合は断獄律1囚禁条により処罰される。なお要略八四寛平七・十二・二十二符および壬生本西宮記（成勘文事）所引左右検非違使式では、盗犯の罪人は直ちに着鈦し配所で駈役される（判事式2弾正移条の「弾正台の移し送れる罪人」参照）。

罪人死亡せば（八三頁4）　獄令34囚逮引人条に「囚在レ獄死者、年別具レ状、附二朝集使一、申二太政官一按覆」とある。囚獄司の管理する獄囚の場合は、同条の規定に准じて、囚獄司から刑部省を経由して太政官に報告される。

凡そ獄囚を看侍い…（八三頁5）　獄囚が重病の場合は、家内の一人が禁所で看侍することが許可され（獄令54有疾病条）、この規定に違反した場合は断獄律5囚応請給衣食条により処罰される。また、獄令53給席薦条に「其紙筆及兵刃、杵棒之類、並不レ得レ入」とあり、本条はこれを補足するもの。

巻第三十

大蔵省（八七頁１）　朝廷に貢納された調や財物を保管する蔵を管理する官司。律令制導入以前からツキを保管する官司として存在していたと考えられる。古語拾遺、姓氏録などによれば、以前からあった斎蔵、内蔵に加えて、雄略朝に秦氏が調を貢納したのを契機に大蔵を建てたという伝承が見える。しかし、斎蔵の実在は確認できず、実際は単一のクラが大蔵と内蔵に分立したものであろう。その時期は、大蔵衣縫造、内蔵衣縫造の氏姓が見える斉明～天武朝より以前と考えてよい。なお、これらの氏族は、それぞれ後の大蔵省縫部司、中務省縫殿寮に関係するとみられる。ついで、天武朝末年には六官の一つとして大蔵が見え、続く浄御原令制でも規定されていたことは確実である。

養老令制（大宝令もほぼ同じと推定）では、諸国から貢納された調や銭のほか、金銀珠玉銅鉄骨角歯羽毛漆などの財物、帳幕などの調度を保管、出納すること、市場統制のために度量衡を管理し、市場価格を把握することを職掌とした（職員令33大蔵省条）。また、本来民部省に保管されることになっていた庸のうち、繊維製品は、慶雲三・閏正・十三勅により大蔵省に収納されることとなった（続紀）。職員として四等官・史生のほか、蔵のカギを管理する大少主鑰、物品の出納を担当する蔵部、市場価格を管理し、物資の交易を行なう価長、靴・鞍などの皮革製品を製造する才伎長上である典履、典履の指揮下で作業を行なう伴部の百済手部、材料の革の染作に当たる才伎長上である典革、典革の指揮下で作業を行なう伴部の狛部等が所属し、雑戸として百済戸、品部として狛戸が配されていた。このうち、大少主鑰、蔵部、価長、典履、百済手部は内蔵寮にも所属しているが、大蔵省の典履、百済手部、典革、狛部は大同元・十・十一符（職員令33条集解および同令7内蔵寮条集解）により内蔵寮に配置換えとなった。後、大同三・十二・十五符（同令7条集解）によれば、内蔵寮の典履は減員、典革は停止された。

養老令制における被官官司として、典鋳司、掃部司、漆部司、縫部司、織部司の五司がある。典鋳司は、金属製品、ガラス製品、玉製品などの製作を職掌としたが、宝亀五年（七七四）に中務省被官の内匠寮に併合された。掃部司は薦席などの調度品の管理、朝廷行事の設営や清掃を職掌としたが、弘仁十一年（八二〇）に宮内省被官の内掃部司と統合のうえ、寮に昇格して宮内省被官の掃部寮となった。漆部司は、漆塗製品の製作を職掌としたが、大同三年（八〇八）に内匠寮に併合された。縫部司は、所属する縫部、縫女部を指揮して、官から衛士に支給する衣服を縫製することなどを職掌としたが、同年に中務省被官の縫殿寮に併合された。織部司については織部式冒頭補注参照。

繡額（八七頁２）　刺繡で装飾した帽額。図書式3御斎会条の「帽額」では、御簾・斗帳の布地のかけ際を隠すため長押部分に横に張りわたしたものについて解説しているが、殿舎にかけるものもある。文安御即位調度図に「大極殿南栄上十一間、懸㆓亘獣形繡帽額㆒」と見え、また年中行事絵巻七（御斎会）に、大極殿南面の内法長押部分に縦に垂らした布帛のかけ際を隠し、そこを飾るための横長の布帛が見える（ただし、刺繡は表現されていない）。これらに当たるか。

柳筥（八七頁３）　本条では、大蔵省が内蔵寮から柳筥を受領する日を「前一日」とするが、内蔵式30元日威儀具条では「前㆑節二日」とする。なお当日の儀として、儀式六（元正受朝賀儀）に「内蔵寮允属各一人、大蔵省丞録各一人、各率㆘執㆓威儀柳筥㆒蔵部八人㆖列立」とある。

五僧（一〇三頁１）　三代格仁和二・七・二十七符により西塔院に置かれた五人の僧で、昼に御願大般若経を転読、夕に釈迦仏眼真言百遍を念誦することになっていた。

延暦寺の三月試度の年分の沙弥（一〇三頁２）　年分の沙弥（玄蕃式73沙弥沙弥尼条）は年分度者のこと（大学式46音試条・玄蕃式69度縁条参

照)。天台宗の年分度者は、華厳、律、三論、法相の諸宗とともに、延暦二十五・正・二十六符により二人(一人は大毘盧舎那経、一人は摩訶止観)が認められた。弘仁十四・二・二十七符によれば、天台宗分の年分度者の試度は桓武天皇の国忌に当たる三月に延暦寺において行なうことになった。その後、嘉祥三・十二・十四符で二人(一人は金剛頂業、一人は蘇悉地業)、同・同・十六符で二人(いずれも止観業)の増加が認められたが、貞観十年(八六八)までは計六人の試を文徳天皇の国忌にあわせて八月に行なっていた。しかし、貞観十一・二・一符により日程を変更し、延暦二十五年格の分については三月十四日から試、十七日に得度(桓武国忌)、嘉祥三年(八五〇)の分については八月二十三日から試、二十七日(文徳国忌)に得度することとした。これとは別に、延暦寺西塔宝幢院分の年分度者として、貞観元・八・二十八符により二人(一人は賀茂名神のため。大安楽経。一人は春日名神のため。維摩詰所説経)が認められたが、これは三月下旬に試度することになっていた。その後、比叡山の主神の分がないとして、仁和三・三・十四符により二人(一人は大比叡明神のため。大毘盧遮那経。一人は小比叡明神のため。仏頂輪王経)の増加が許可され、延暦格の分とともに三月十七日に得度することとした(以上、いずれも三代格)。

灌頂(一〇三頁3) 頭頂に水を灌ぎ、一定の資格を伝授する儀式。真言宗では結縁灌頂、伝法灌頂、天台宗では結縁、伝法のほか、蘇悉地灌頂が行なわれた。主税式上57延暦寺灌頂条参照。

正倉院を巡検する衛府(一〇五頁1) 令制で、宮内にある庫蔵の警衛に関する規定は、宮衛令4開閉門条および同9庫蔵門条である。4条には、「諸衛按ニ検所部及諸門一、持レ時行夜者、皆須ニ執レ仗巡行一」とあり、集解のこの部分に付された古記、古記所引別式によれば、大蔵・内蔵・民部外司などの保管官司については左右衛士府が所属の衛士をもって警備することとなっていた。一方、9条では「凡庫蔵門、及院外四面、恒持レ仗防固、非レ司不レ得ニ輙入一、夜即分レ時検行」とあり、集解古記によれば衛門府が衛士府とともに警衛することとされており、齟齬がある。しかし、衛士府、衛門府とも、実際に警備するのは衛士であり、衛士が警備するという点では一致している。その限りでは令釈、義解も同じである。しかし、延喜式では、大蔵省における行夜の担当者として、左右近衛式50行夜条によれば近衛二人、左右兵衛式14分配諸処条によれば兵衛二人が配されていた。おそらく衛士の質が低下したことを背景に、衛士は大蔵等の警備の任を解かれ、替わって近衛、兵衛が担当するようになったものであろう。

期月(一〇五頁2) 賦役令3調庸物条では、調庸の納入期限を定めている。それによれば、八月中旬に徴収を開始し、京からの遠近に従って、近国は十月三十日、中国は十一月三十日、遠国は十二月三十日以前に中央に納入することになっていた。遠中近国の別は、同令3条集解古記所引の、和銅五年(七一二)以前に成立した「民部省式」にすでに見えるが、民部式上1畿内条〜9辺要条とは異同がある。

なお、本条では期月の後二十日以前に収納せよとして、近国は十一月二十日以前云々となっているので、賦役令3条規定の期限は到着の期限であり、本条規定の期限は収納完了の期限とされていたことが分かる。この規定は納入側を規制するだけでなく、収納する在京の出納諸司の側をも統制するものであった。すなわち、天平勝宝八・十一・十七勅や寛平三・五・二十九符によれば(いずれも三代格)、出納諸司が貢調使や綱領郡司から、納入手続きを早めるために前分と称する賄賂の一種を貪り取ることが禁止されており(雑式22諸国前分条も参照)、こうした事態を防ぐためにも納入完了期限を定めたものであろう。

印書(一〇七頁1) 直前に見える「符」つまり外印(太政官印)を捺した太政官符のこと。民部式上68給公粮条、主殿式13諸祭節会油条にも見える。

倉蔵にある物資の出給に際しては、倉庫令(5)倉蔵給用条に、「倉蔵給用、皆承二太政官符一」とあり、太政官符が必要であったが、受納(および返納)についてはその規定がない。しかし、本式51受納出給条によれば、受納・出給とも弁官の指示の下で行なわれ、53出納庫物条によれば、弁官以下の諸司が出納帳を管理することになっていたから、諸司から返納された雑物についても同様に太政官が管理する必要があり、本条で規定するように太政官符を要したのであろう。

なお、返上される雑物として、消費すべき物資が余った場合のほか、使用した器物を返納する場合も考えられる。新品と交換する古い器物の返納については、前記倉庫令(5)条の後半に「其器物之属、以レ新易レ故者、若新物到、故物並送二還所司一、年終両司、各以二新故物一計会、非理欠損者、徴二所由人一」と規定されているが、令本文「器物之属」に付された義解に「謂、鋪設雑器之類」とあるので、そのようなものが想定できる。ただし、「鋪設」に当たる幄・幔についても、本式19懸幔条で諸司に対して出給した幔の返納が規定されているが、29在省幔幄条を見ると幄・幔は本条の「正倉」とは異なる「別倉」に収納されており、また、「随レ事供設」とあるので、出納の都度太政官符を発給することは必要ではなかったとみられ、本条の対象外であったと思われる。

日収文（一〇七頁２）　調庸などの貢納物につき、その日に納入した分に対して綱領郡司に宛てて出された領収書。本条の規定により、納入が完了した段階で、日収文をすべて提出させ、これに基づいて主計寮から当該年分の納入を証明する返抄が発給されることになる。

日収文(収文、日収)の制の沿革を遡ると、まず、三代格天長三・五・二十五符が挙げられる。これによれば、調庸などが納入された際、出納諸司が、現に納入された分について記録し、本司印を捺して返抄として綱領郡司に与えることになっていたことが分かる。ここでいう「返抄」は、現納分に対してのみ出されるものであるから、次に述べる格で「収文」と称しているものに当たる。収文は本来、本司と主計寮など出納諸司との間で取り交わされ、納入を確認する文書であったと考えられるが、写しを一通作成し、見納分についてのみの納入証明として綱領に与えられるものである。後日、個々の収文を基に主計寮で勘会し、調や庸など全体についての納入が確認されると、主計寮から国に対して返抄が与えられるのである。なお、先の天長三年符を引く承和十・三・十五符では、諸司に準じて諸社、諸寺、諸院、諸家などの封戸納物についても同様に返抄を与えることとされた。

ついで、承和十一年(八四四)には、収文の制の徹底化が図られる。すなわち、先の規定により、貢納物に対する収文一通に本司印を捺して綱領に与えることになっていたが、実態としては、発給が後日になってしまい、問題が多かった。そこで、出納諸司立ち会いの下で収文一通に本司印を捺して、その日のうちに綱領に与えることとなった(三代格承和十一・閏七・七符)。つまり、見納分について即日捺印して発給される収文が規定されたことになる。

最後に、諸司以外の諸寺、諸社、諸院、諸家の日収文のあり方についても付言する。斉衡三年(八五六)には、諸司では捺印日収(先に述べた官符に見える、即日捺印の上発給される収文)が規定されていたのに対し、諸社、諸寺、諸院、諸家の封戸の調庸について、現状では「白紙日収」つまり無印の日収や「丹封借収」(改変防止のため朱で「封」と重ね書きした仮の収文)が行なわれていて不都合なので、これにも捺印日収を用いることとされた(三代格斉衡三・六・五符)。なお、これを受けて貞観十年(八六八)には臣家の印が公認され、法量の規格が定められることになる(三代格同・六・二十八符)。北条秀樹「文書行政より見たる国司受領化」(『日本古代国家の地方支配』所収、二〇〇〇年、初出一九七五年)、俣野好治「律令中央財政機構の特質について」(『史林』六三—六、一九八〇年)、同「律令中央財政の歴史的特質」(『日本史研究』二二三、

一九八一年)、古尾谷知浩「律令中央財政機構の出納体制」(『律令国家と天皇家産機構』所収、二〇〇六年、初出一九九五年)など参照。

解文(一〇七頁3) 三代格寛平八・閏正・一符により、「門文」にまかせて調庸および例進雑物を納入すべきことが徹底された。「門文」とは、同符所引倉庫令逸文(倉庫令⑽調庸物応送京条)に「国明注二載進物色数一、附二綱丁等一、各送二所司一」とあるのに基づいて作成された文書で、解の様式を取ったらしい。本条にある「国解文」はこの「門文」に相当するか。

漆(一〇九頁1) 諸国からの漆の貢納は、賦役令1調絹絁条に、調副物として、正丁一人あたり「漆三夕、金漆三夕」と規定されている。調副物は三代格養老元・十一・二十二格により廃止され、中男作物制に移行するが、延喜式制では、主計式上4中男作物条に、「凡中男一人輸作物(中略)漆、金漆各一合五勺」とあり、中男作物として漆を貢納することになっている国として美濃(金漆)、上野、越前、能登、越中、越後、丹波、丹後、但馬、因幡、備中、備後、筑前、筑後、豊後の各国が規定されている。この他、交易雑物として漆、金漆を貢納する国に、美濃(金漆)、越前、越中、越後、讃岐(金漆)、大宰府(金漆)が(民部式下63交易雑物条)、年料別貢雑物として貢納する国に丹波が(民部式下53年料別貢雑物条)、諸国年料供進として内蔵寮に貢納する国に越前がある(内蔵式54諸国年料条)。

ところで、考古資料を見ると、漆を輸送する容器として須恵器長頸壺などの土器と木製曲物がある。奈良時代より前、たとえば飛鳥池遺跡出土資料を見ると土器のみが見いだされ、木製曲物を使用した形跡がないのに対し、平城宮・京出土資料では両者が併存し、長岡京出土資料では、漆容器としての土器はわずかであり、木製曲物の出土もないものの、これに付された大型の蓋紙は出土しているため、曲物が卓越していると考えられる。こうした状況から見ると、漆運搬容器は、奈良時代を長い過渡期として、須恵器壺から木製曲物に移り変わっていることが想定できる。

文字…択び棄つることなかれ(一〇九頁2) 交易に際し粗悪な銭を排除することを禁止する法令は、続紀和銅七・九・甲辰条に「制、自レ今以後、不レ得レ択レ銭、若有下実知二官銭一、輙嫌択者上、勅使レ杖一百、其濫銭者、主客相対破之、即送二市司一」とあるのを初めとする。また、三代実録貞観七・六・十条には、「禁三京畿及近江国売買之輩、択二棄悪銭一曰、弘仁十一年六月九日下二知大蔵省一曰、鋳銭司所レ進新銭、雖二文字頗不一レ明、而不レ失二体勢一、亦有二小疵一、行用無レ妨、宜二猶検納一、而間愚者不レ悟二此旨一、専任二己心一、択棄不レ受、或称二文字不一レ全、計レ十嫌二二三一、或号二輪郭有一レ欠、挙レ百欠二八九一、是以要二升米一者、飢口難レ餬、買二屯綿一者、寒身不レ暖、宜下牓二於路頭一、厳加中禁止上、若有二乖違一、随即決笞」とある。ここに引用された弘仁十一年(八二〇)六月九日の大蔵省に対する下知が本条の直接の淵源であろう。なお、左右京式49銭文条、雑式17銭文不明条参照。

結政所(一〇九頁3) 結政を行なう場。結政とは上卿主導で行なわれる政の前に、弁官が文書を開き見て確認、決済する政務。政には官政と外記政があり、前者は太政官曹司庁、後者は外記庁で行なわれるが、結政所もこれに対応して、太政官曹司庁の西廊に置かれた官結政所と、外記庁の南側に置かれた外記結政所がある。本条がいずれを指すか不明であるが、西宮記臨時六(弁官事、結政所作法)によれば、外記結政の直後に正倉諸司に鑰を支給する政務が行なわれている。このことからすれば、出給関係の文書は外記結政所に進上するのが自然か。太政官式129位記請印条参照。

内蔵寮(一〇九頁4) 倉庫令⑷大蔵出給条には、「大蔵准二一季応レ須物数一、量出別貯、随レ用出給、其内蔵者、即納二一年須物一、毎月別貯出用、並乗者附レ帳、欠者随レ事徴罰」とあり、職員令7内蔵寮条集解穴記によれば、「此司雑物、支二度一年用物一、自二大蔵一分受、毎月別貯出用也」とある。このことからすれば、御服をはじめとする内蔵寮の用物は、一年分まとめて大蔵省から受け取って、毎月必要な分を分けて保管することになっていた。

しかし、式制では、内蔵式52季料条にあるように、内蔵寮は一季毎に大蔵省から分受する用物を申請することになっており、実際には前条にあるように毎月二回出用することになっていた。なお、先に引用した集解穴記によれば、内蔵寮の用物はすべて大蔵省から分受するように書かれているが、内蔵式53諸司年料条・54諸国年料条、主計式下31勅旨交易条などを見ると、大蔵省以外の諸司、諸国から直接進上された物が多数にのぼることが分かる。

施薬院・悲田（一一一頁1）　施薬院については太政官式148薬分稲条・149施薬院別当条参照。悲田は悲田院のことで、孤児、病人を救済する施設。左右京式25路辺病者条も参照。「悲田」は仏教用語で、福田思想に基づく。養老七年（七二三）に興福寺に施薬院とともに設けられたとする記事が扶桑略記にあるのを初見とする。その後、光明皇后が皇后宮職内に施薬院とともに設置したことが、その崩伝に見える（続紀天平宝字四・六・乙丑条）。設置年代は明記されないが、恐らく施薬院と同じ天平二年（七三〇）のことであろう（続紀天平二・五・辛未条）。平安京では東西悲田院が置かれ、施薬院の別所とされた。西宮記臨時五（諸院）に「悲田院〈在二鴨河西一、薬院別所、養二孤子病者一〉」とある。三代格寛平八・閏正・十七符および要略七〇同日格によると、施薬院の奏上に基づいて、施薬院および東西悲田院に収容されている病人、孤児について、左右看督近衛らが旬ごとに巡検して安否を確認すべきこと、および看督近衛らが京中を巡検する際に病人孤児を見つけたら施薬院および東西悲田院に送ることを定めた後に、「又大蔵宮内両省所レ充綿及古弊幄（要略では「幔」）畳等、施薬院司請納之後、与二彼院司一共相知、頒二給三所病者孤子等一、莫レ致二疎略一」とある。これが本条の淵源であろう。

諸節禄法（一一五頁1）　節禄については雑令40諸節日条に「凡正月一日、七日、十六日、三月三日、五月五日、七月七日、十一月大嘗日、皆為二節日一、其普賜、臨時聴レ勅」と規定されている。奈良時代の実例を見ると、延喜式の諸節禄法に見える絁や綿とは異なり、衣服や被（衾）の支給が多く、制度として定まったものではなかった。これは、雑令の「臨時聴レ勅」にふさわしいあり方といえ、天皇の個別的な意志に基づき、天皇との人格的な関係を再生産するものであった。

嵯峨朝に至ると、内裏式制定に象徴されるように儀式が整備されるが、節会、節禄の制もここに規定された。内裏式上（元正受群臣朝賀式幷会）を見ると、元日節会では内蔵寮、縫殿寮から被が支給されることになっており、縫殿式18御礼服条に対応し、その他の節会では大蔵省から支給されることになっており、本条に対応する。このことから、延喜式の諸節禄法は嵯峨朝に整備されたと考えられる。諸節禄法の成立により、元日節会においては前代からの天皇との人格的関係を再生産するという側面を維持しながら、他の節禄は定期的給付として、経済的な意義を強く持つようになる。例えば、官人に対する処罰の一つとして、節会への出席停止処分が見えるが（例えば式部式上2元正不参条など）、このことは給与としての性格を持つ節禄を支給しないことを通じて官人を統制しようとしたことを示している。

平安中期以降、財政困難を背景に、節禄の不給、遅配、代物支給という事態も生ずるが、諸節禄法を維持しようとする原則は守られた。一四、一五世紀に至っても延喜式諸節禄法に基づいて節禄が支給されている例が、饗場宏・大津透「節禄について」（『史学雑誌』九八―六、一九八九年）によって紹介されている（師守記暦応四・正・七条、同十六条、康富記文安四・十一・十六条）。

他の関係論文として、森田悌「平安中期の大蔵省」（『平安時代政治史研究』所収、一九七八年、初出同年）、梅村喬「饗宴と禄」（『日本古代社会経済史論考』所収、二〇〇六年、初出一九

八六年)、黒須利夫「節禄考」(『延喜式研究』三、一九八九年)、古尾谷知浩「内蔵寮の出納体制」(前掲書所収、初出一九九一年)、山下信一郎「『延喜式』からみた節会と節禄」(『日本古代の国家と給与制』所収、二〇一二年、初出一九九四年)がある。

内外の命婦…准えよ(一一五頁2)　命婦の節禄は、それぞれ位に応じて男官に准じて支給された。なお、女官の節禄は、男官に支給した後、その残りが分配されることになっていた。本式89節会日給禄条、内裏式上(七日会式)、儀式七(正月七日儀)参照。

六位の女王(一一五頁3)　この部分を「六位」と「女王」とする説もあるが(黒須利夫前掲論文)、安田政彦が指摘するように「六位の女王」と解するのが妥当である(「女王禄」〈『平安時代皇親の研究』所収、一九九八年、初出一九九〇年〉)。正月七日の節において、男官は原則的に五位以上が賜宴の対象であるが、女官は六位以下でも奉仕することがあった。六位を帯する王(女王)は、令制では皇親の蔭位が親王の子で従四位下、諸王の子・五世王で従五位下であったものが、後紀延暦十五・十二・丙寅勅で四世王・五世王・五世王の嫡子を正六位上(庶子は降一階)に叙するように改正されたために生じた。六位女王が節禄支給対象とされたのは、本来女王は五位以上で、賜禄に預かるべきであったためか。

女王は明日に給え(一一五頁4)　この部分は、「六位女王」の分注として記されているので、「女王」は六位のみを指すようにみえるが、正親式8女王節禄条には「凡給㆓女王節禄㆒見参簿、当日早旦奏之」とある。節会当日早朝だと、見参を奏上することは不可能であり、ここに見える「当日」とは、節会よりも後の節禄支給日を指すとみられる。正親式8条は六位以下と限定しているわけではないので、節禄支給対象となるすべての女王を含む。従って本条の「女王」も内外命婦の女王および六位の女王を指す。「明日」は正月八日(および十一月新嘗会翌日の巳日)で、女王禄の支給日に当たる。女王禄については本式4女王禄条参照。女王の正月七日・新嘗会の節禄と女王禄は密接な関係がある。なお、これらの支給日について、儀式および内裏式と本条では相違がみられる。内裏式上(七日会式)、儀式七(正月七日儀)では、女官一般に節禄は当日に支給されることになっており、女王について日を改める記述はない。一方、内裏式上(八日賜女王禄式)、儀式八(正月八日賜女王禄儀)では、内外命婦である女王の禄を支給する日について、「或七日夕、或此日(八日)」とあり、七日節と同時に支給するか、八日女王禄儀の式日に行なうか、一定していなかったようである。その後、内外命婦を含む女王の節禄自体を八日に支給し、節禄と女王禄を同日に行なう形に整えられ、本条の規定となったと考えられる。以上、節禄と女王禄との関係が深いことについては、安田政彦前掲論文を参照。岡村幸子はさらに進んで、女王禄が本来正月七日・新嘗会節禄であったことを指摘する(「女王禄について」〈『ヒストリア』一四四、一九九四年〉)。しかし、岡村が、女王禄の「女王」が「年十三以上の無位男王に相当する女王」であると解したのは、橋本義則が批判するように当たらない(「『後宮』の成立」〈『古代宮都の内裏構造』所収、二〇一一年、初出一九九五年〉)。ただし、橋本は、さらに踏み込んで、遅くとも嵯峨朝に女王に限らず女性の節会参列がなくなったとしたが、内裏式・儀式では節禄を七日夕に支給する場合があり、本式でも翌日に賜禄されるのは女王のみであり一般の命婦は節会当日に賜与されたとみられ、女王についても正親式8条に「女王㆓節禄見参簿」が見えることから、検討を要する。

征夷使(一二二頁1)　軍防令24将帥出征条に征夷使の編成が規定されている。兵一万人以上の場合は将軍一人、副将軍二人、軍監二人、軍曹四人、録事四人を置き、五〇〇〇人以上の場合は、これより副将軍と軍監それぞれ一人、録事二人を減じ、三〇〇〇人以上の場合はさらに軍曹二人を減ずることになっていた。この編成をそれぞれ一軍とし、三軍を統率する場合に大将軍一人を置くことになっていた。実際の征夷使の編成は場合によりまちまちである。なお、本条は大蔵省からの賜物の規定であるが、儀式一〇(賜将軍節刀儀)によれば、節刀を授与した後、「侍従一人持二御衾一、内蔵寮持二御衣及采帛并綿等一、相続賜レ之」とあり、侍従や内蔵寮を通じても天皇から賜物があったことが分かる。

入諸蕃使(一二一頁2)　これと後出の「蕃客に賜う例」については東野治之による一連の研究がある(「遣唐使の文化的役割」〈『遣唐使と正倉院』所収、一九九二年、初出一九七九年〉、「『延喜式』にみえる遣外使節の構成」〈『同』所収、初出一九九二年〉)。以下、東野論文に従って述べるが、行論の都合上「賜蕃客例」を先とする。また、遣諸蕃使、蕃客一般については太政官式51蕃客条、式部式上233遣唐使条・234帰朝条、同式下25諸蕃使条・26蕃使宴条、玄蕃式92諸蕃使人条～94新羅客条、主税式上81渤海客食法条なども参照。

賜蕃客とは、本来は日本に朝貢してきた「蕃国」の使者に対する賜物のことである。日本の律令制においては、天皇は天子、皇帝と位置づけられ、他の国はすべてこれに服属する「蕃国」扱いである。しかし、唐についてはこれを朝鮮半島諸国と同様に日本の諸蕃として扱う立場がある一方で、両者の力関係を考慮して隣国と位置づける立場もあり、現実の外交儀礼上は譲歩せざるを得ず、日本は唐に対して朝貢を行なっていた。まして、唐の皇帝が日本に蕃客として朝貢に来ることは現実にはあり得ず、本式97賜大唐皇条は日本の遣唐使が唐の皇帝に献上する朝貢品を規定したものである。この規定は冊府元亀九七一(外臣部、朝貢四)にある「(開元二十二年〈七三四〉)四月、日本国遣レ使来朝、献二美濃絁二百匹一」という記事と対応するので、天平五年(七三三)に入唐した遣唐使は本式97条の規定とほぼ同じ規定に基づいて貢物を献じたと考えられる。一方、渤海王、新羅王への賜物を続紀の記事と対照すると、渤海王については神亀五・四・壬午条は本式98賜渤海王条と一致しないが、天平十二・正・甲午条以降ほぼ一致し、新羅王については和銅二・五・壬午条は本式99賜新羅王条と一致しないのに対し、宝亀元・三・丁卯条ではほぼ合致する。以上のことをもって、東野は延喜式の賜蕃客例の一連の規定が、天平初年頃に成立したとみている。なお、東野は、日本から唐への朝貢品の品目を見ると、原料品や単純加工品がほとんどで、日本の工芸品の水準を示しているとする。

一方、延喜式の入諸蕃使への給法について、東野はまず遣渤海使と遣新羅使の規定に副使が欠けている、つまり副使の任命がないことを前提としている点に着目する。次官を欠くのは令制官司の司(長官は六位相当)に相当する。これを踏まえて遣渤海使、遣新羅使の位階について実例を検索すると、前者は天平宝字六年(七六二)以降、後者は宝亀十年(七七九)以降六位の大使が任命され、副使が任命された形跡がないのに対し、これ以前はほぼ五位の大使が任命されていたことが分かる。このことから本式の「入諸蕃使」の禄物規定のうち、95入渤海使条および96入新羅使条は天平宝字年間、五年末から六年頃に成立したと推定する。遣唐使に対する賜物の規定については成立時期を示す明証がないが、遣渤海、新羅使の規定と同時とみるのが妥当であり、承和の遣唐使に対する賜物として続後紀承和三・二・戊寅条に本式94入唐大使条の「別賜」としてあげられているものにほぼ相当する品目、数量がかかげられているので、少なくともこれ以前に式条が成立していたとする。

なお、酒井健治「『延喜大蔵式』賜蕃客例条の性格と成立時期について」(栄原永遠男編『日本古代の王権と社会』所収、二〇一〇年)は、東野前掲論文が、本式97条を日本の遣唐使が唐皇帝に献上する朝貢品リストであると解した点を批判して、来日した唐使に託して唐皇帝に賜与する品目の規定であるとし、また、賜蕃客例条の成立時期については、新羅の部分(本式99条)は天武朝、渤海の部分(本式98条)は天平宝字年間から延暦十八年(七九九)の間、唐の部分(本式97条)は宝亀の唐使来日以後、これを余り降らない時期であるとしている。

水織の絁(一二五頁1)　東野治之は、水が五行で黒すなわち烏の色に通ずるため、常陸国風土記(久慈郡)に見える、美濃国より移住した長幡部が織ったという烏織の絁(これは主計式上27常陸国条に見える長幡部絁に当たる)ではないかと推定する(前掲「遣唐使の文化的役割」)。

幄幕幔を造る用度(一二七頁1)　内匠式27幄条・32野宮装束条では、柱・桁などの漆塗り作業について規定している。内匠式同条によれば、幔については柱のみが見え、本条には「柱を貫く紐」が見えることから、複数の柱の頂部に紐を通し、それに布帛をかける構造であることが分かる。一方、幕は同式27・32条によれば桁一枝と柱二枝で一単位となっており、柱の頂部に桁を渡し、それに布帛をかける形である。幔と幕の違いについて、幔は布帛を縦に継ぐのに対し、幕は横に継ぐとする説もあるが(三条中山口伝、庭上儀など)、後述するように本条の規定とは合致しない。なお、本条で、幕は「宇」で数えるので、屋根を持つようにもみえるが、本式16相撲節条では「張」、斎宮式43造備雑物条では「具」、斎院式22行具条などでは「条」で数えている。内匠式に見える部材からみれば、屋根状の構造は想定できない。

紺の幄(一二七頁2)　帛の幅一尺九寸として、三九条を縫い合せると、幅七丈四尺一寸(長さ二丈四尺)のものができあがる。縫い代を考慮すれば、長さ七丈の幄の屋根に相当する。七丈の幄は、本式5大射条・10平野祭条・24諸陵幣条に見える。また、本式29在省幔幄条の「紺の幄十一宇」も七丈の幄と推測される。なお、年中行事絵巻四(射遺)に、桁行七間、梁間二間の紺色の幄が見え、七丈の幄に当たるかと思われるが、図像上では帛は桁行方向に使用しており、帛の長辺を梁間方向にして継いでいる本条の規定とは合わず、紐・綱の色も紺で、本条が緋とするのとは異なる。屋根の帛の縫い合せに限れば、年中行事絵巻三(闘鶏)に見える幄が本条のものと合致する。

五行の器(一三一頁1)　大隅清陽「儀制令と律令国家」(『律令官制と礼秩序の研究』所収、二〇一一年、初出一九九二年)は、天聖雑令宋39条や、通典二三、職官五、工部侍郎条にある「五行」が官衙の備品全般を指すと指摘し、本条の「五行器」も同様であるとする。

織部司(一三三頁1)　錦・綾・羅などの高級絹織物の製織を掌る官司。令制では五つあった大蔵省被管官司のうち、延喜式で確認できる唯一の官司である。職員令38織部司条によれば、正(正六位下)一人、佑(正八位上)一人、令史(大初位下)一人と、錦・綾の製織に関わる挑文師(アヤトリシ)四人・挑文生八人が置かれた。挑文師は、官位令に相当位階(大初位下)が定められた才伎長上で、織物の製織全般を指導する技術官人である。和銅四年(七一一)に地方諸国に錦綾の製織技術が伝えられ、以後地方諸国から調として貢納されるようになるが(主計式上2諸国調条、主税式下1正税帳条など)、このとき派遣されたのが挑文師である(続紀同・閏六・丁巳条)。挑文生は、職員令同条義解に「謂、取二綾錦文一者、名為二挑文生一、即得考也、以二自挑織一故也」とある。この他、織部司には品部である染戸が所属する。その内訳として同条集解古記所引官員令別記には、錦綾織一一〇戸、呉服部七戸、川内国広絹織人三五〇戸のほか、染色を行なう緋染七〇戸、藍染三三戸などが挙げられる。「織手等一二人在レ司上、多在レ国織進耳」とされるように、畿内近国に居住し、所定の量の貢納が義務づけられた。ただし、緋染と藍染については、そうした数量指定はない。

これに対し、延喜式から判明する職員構成は工人編成の面で令制と大きく異なる。まず、品部である染戸が式には見えない。染戸の一つである川内国広絹織人が天平神護元年(七六五)に停廃されているように(続紀同・閏十・己酉条)、奈良時代中頃までに順次解体されていったのであろう。挑文生も式に見えない。これらに代わり式では、織手・共造・機工が三五名、薄機の織手五名、絡糸女三名のほか、今良が男女合せて三〇名置かれている(本式6織手衣粮条)。挑文師は大同三年(八〇八)に四名から二名に減員され(三代格同・十二・十五符)、式もこれを継承する(中務式74諸司時服条)。なお、権挑文師の補任を式部省に命じた太政官符が類符抄に収められている(延喜十三・十一・十符)。総じて工人編成の面では、品部を編成して製品を貢納させる方式から、官司内の工房における集中的な生産へと変化している点に最も大きな違いを見出すことができよう。

令制との違いは職掌にも及ぶ。職員令が定める織部正の職掌の一つに「雑染事」があり、緋染・藍染という染色作業に従事する品部も配属されている。しかし、式では織部司が染色作業に直接関わったことを明確に示す条文は見出せず、ある段階で染色部門が停止されているようである(新井喜久夫「内染司の品部」〈『日本歴史』五〇三、一九九〇年〉)。織部司と同じく職員令に染色を職掌とすることが定められているのは宮内省被管の内染司であるが、これも大同三年に中務省被管の縫殿寮に併合されている(官職秘抄後附)。すなわち染色を職掌とする二司はその機能を喪失していることになり、これに代わって新たに染色を担うようになったのが縫殿寮と内蔵寮である。縫殿寮には「御服染作所」(縫殿式16三年雑物条)、内蔵寮には「内蔵寮染作之処」(続後紀天長十・八・丙戌条)、「内蔵寮年料藍染所」(掃部式66諸司年料条)といった染色のための工房が確認できる。また、染色に関わる原料・用具・工人などの諸規定が、縫殿・内蔵両式に見える(縫殿式13雑染用度条・15年料雑物条・16三年雑物条・26染手条、内蔵式41御服料条・49染物条・68雑作手条)。両官司とも御服に関わる中務省被管官司であり、染色部門の再編と集約化がなされたと評価できる。

こうした趨勢は染色部門のみならず、織部司が中心的役割を果たす織物生産でも認められる。本式2年料条に規定する織物は、材料の糸を内蔵寮が供給し、織部司で織られて、内蔵寮に納められる(内蔵式53諸司年料条参照)。また内蔵寮に属する織手は、恒常的に「織部司臨時所」に出向して製織に当たっており(本式1織女祭条の「臨時所」参照)、織部司の生産活動に内蔵寮が少なからず関与していることが認められる。

勅旨省の廃止に伴って雑色匠手が内蔵寮に移され(続紀延暦元・四・癸亥条)、三代格大同元・十・十一符により大蔵省の典履二人、百済手部一〇人、狛部六人等が内蔵寮に移されたことなどが示すように、内廷供御の中枢機関として内蔵寮の手工業部門はこの頃拡充されている(森田悌「平安中期の内蔵寮」〈『平安時代政治史研究』所収、一九七八年、初出同年〉)。同じ中務省被管の内匠寮も大同期に再編強化されており(内匠式冒頭補注参照)、延暦〜大同期にかけて手工業部門は内蔵寮を中核にして中務省管下に再編されてゆく。織部司が染色部門を喪失し、織物生産に内蔵寮が深く関与する体制に移行してゆくのも、以上のような手工業部門の再編の一環として位置づけることが可能であろう。

織女の祭(一二三三頁2)　中国では後漢の頃より、七月七日の夜に織女星と牽牛星とが天の川を渡って再会するという伝説があり、二星を祭る星祭りの行事となっていった。日本にも天武朝以前に七夕聚会伝説が伝えられ、古くからの棚機津女(タナバタツメ)の習俗とも融合した。万葉集には多くの七夕歌を見ることができる。雑令40諸節日条で七月七日が節日とされ、相撲や詩宴が催されたことが知られるが、この日の行事で七夕聚会伝説に最も関わりが深いのが乞巧奠(キコウデン)である。これは、裁縫の上達を願い、二星会合を眺める行事であり、平安中期以降に形式が整えられていった。江家次第八(乞巧奠事)には、天皇の私的な行事として清涼殿東庭において執り行なわれる乞巧奠について詳細に記されている。天皇に限らず、後宮や貴族の私邸でも乞巧奠は行なわれたようである。織部式本条が定める織女祭は、乞巧奠と同様に棚が設けられるが、そこに並べられる物は神祇祭祀の幣物に近い。塚越奈津江は、織部司の織女祭が機織りの職業神を祭るもので、乞巧奠とは別系統の行事であると指摘する（「古代の七夕について」〈『お茶の水史学』三六、一九九二年〉）。儀式書では、年中行事秘抄および師遠年中行事・師元年中行事・師光年中行事に項目のみが見える。

臨時所（一三三頁3）　臨時所での織物の生産については、内蔵式63臨時所御服条～65機覆条に規定される。「御服八十一疋」という生産量やそれに要する糸の数量（63条）、また製織に当たる織手への時服や季禄（64臨時所料条）、機の覆や襷・襌などの物件費（65条）、これらが内蔵式に定められていることは、この臨時所における生産を内蔵寮が管轄することを示している。同64条では時服や季禄が季別に定められており、「臨時」という名称ながら、年間を通してなされる恒常的な生産であったと推測される。

この臨時所での生産に織部司も関与した。上日数や勤務内容、技能に応じて支給される等第の禄（本式7定額作手条参照）は、織部司から出される「司解文」に応じて織手に支給することが内蔵式65条に定められている。また、彼らの考文も織部司から内蔵寮に送られることになっており（本式8内蔵寮織手条）、内蔵寮より派遣される織手の上日管理や勤務評定を織部司が行なっていることが窺える。本条が定める織女祭において、織部司と臨時所は棚が別に設けられること、ともに織部司が祭を執り行なっていること、これらは上述の臨時所における生産とその管理の様相に符合する。

臨時所に派遣される内蔵寮所属の織手とは、延暦十五年（七九六）に内匠寮より内蔵寮に移管された工人であり（本式8条参照）、臨時所の設置もこの頃まで遡ると考えられる。平安京では本司も含めて工房・クラなどの織部司の諸施設は宮外にあったようであり、平安遷都に伴い整備された織部司の宮外官衙の一角に臨時所が設けられたとみられる。これは織部司の保有する技術体系と生産機構を利用しながら、内蔵寮が高級絹織物生産に関与し、御服等の生産を強化する体制を構築するのに大きな役割を果たしたと考えられる（堀部猛「織部司臨時所と内蔵寮」〈『史境』五九、二〇〇九年〉）。

冠の羅・雑の羅（一三三頁4）　一本の経糸が左右の経糸に交替で絡み合ってできる組織を網捩（アミモジ）りという。さらに左右の捩りを緯糸一越（ヒトコシ）おきに外すと籠目状の組織である籠捩りとなる。これが地の薄い部分となり、より目の細かい網捩りで文様を表した。正倉院には文様のある羅が多数伝えられており、文様は菱文系が多い。羅は生地の表面に透けた空隙を生じることから、本条のような冠をはじめ服飾品に用いられることが多い。衣服令5朝服条には、一品以下五位以上の朝服として「皀羅頭巾」を用いることが定められている。弾正式52不得著羅条は、礼服や参議以上の半臂、五位以上の幞頭などに限って羅の着用を認める。冠の羅は、この幞頭に相当しよう。本式次条には、冠の羅と雑の羅双方の製織に要する糸の量や功程などが定められる。冠の羅は、雑の羅に比して織り幅が一・三倍あるが糸の重量は約二・八倍もあることから、雑の羅より二倍以上緻密であることが分かる。雑の羅よりも織りにくいことが想定されるが、無文である冠の羅と雑の羅の一日に織ることのできる寸法は二寸しか差がないことから、尾形充彦は雑の羅が有文であること、また正倉院に伝存する文様のある羅が本式の雑の羅に相当することを指摘する（「正倉院の染織品について」〈正倉院事務所編『新訂 正倉院宝物 染織 下』所収、二〇〇一年〉）。主計式上の国別諸条には、尾張・伊豆両国の調に冠の羅があるほか、四点の羅、九点の羅、小許春の羅、襷の羅、藻の羅、鼠跡の羅など有文と思われる羅が見える。

白綾（一三三頁5）　綾は生糸を用いて織り、それを灰汁（アク）などに漬けて煮て膠質を取り除く精練を施し、染色することが一般的であるが、織った後に練らずに生のままで使用する綾がある（土屋朝義「綾の織組織について」〈『日本の美術』四四一、正倉院の綾、二〇〇三年〉）。斎宮式43造備雑物条や内蔵式1大神宮祭条で、白綾と併記される生綾がこれに当たる。一方の白綾とは、精練して染色しない綾を指すと考えられる。縫殿式14練絁用度条は、綾一〇疋あたりの精練に要する藁と薪の量を定める。

色の綾（一三三頁6）　本式次条では、錦に緋地や韓紅地など地色を明示したものが多いのに対し、綾には特定の色名を冠するものがない。錦が織る前に糸を染める先染めの織物であるのに対し、綾は通常織った後に染色されるが、その綾に色彩名を冠した名称が見えないということは、最終工程である染色に織部司が関与しないことを示している（本式冒頭補注参照）。ここの「色の綾」も織部司が染色を行なうのではなく、縫殿寮など他の官司が染色を請け負うか、あるいは納品先である内蔵寮自身が行なうことなどが想定される。

両面（一三三頁7）　色糸を用いて表と裏に文様を織り出した絹織物。式では両面という表記で統一され、本式2年料条～4雑機綜糸条では錦とは別に立項されているが、法隆寺縁起資財帳（古四―五一五頁）などに「両面錦」との表記も見え、広い意味で錦に属すると認識されていたようである。地方諸国でも両面を織っていたことは、主計式上2諸国調条に羅・綾と並んで両面が調品目に挙げられていることから分かる。同式の国別諸条には伊勢以下の諸国から計七三疋にのぼる両面の貢納が規定されているほか、主税式上77織綾料度条には両面の綜絖や織手への給粮が規定されている。一方、これらの条文に錦が見えないことも注意される。地方諸国には和銅四年（七一一）に挑文師によって錦の製織技術が伝えられ、天平四年度越前国郡稲帳（古一―四六六頁）や同六年度尾張国正税帳（古一―六〇九・六一〇頁）などで錦の製織が確認される。にもかかわらず式に地方諸国からの錦の貢納が見えないのは、技術的な困難さゆえか、錦に代わるものとして品目の変更がなされていったと推測される。

式には両面が散見し、その用途を知ることができる。座具（掃部式53設座条）や敷物（図書式3御斎会条）、覆（斎院式27三年一請条）、帖の縁（斎宮式37野宮年料供物条）が多いが、ほかに袋（斎院式22行具条）や紐（縫殿式6鎮魂斎服条）などもある。衣服では、追儺の方相氏や大儀の際の隼人の衣装の一部（大舎人式14追儺条、隼人式5大儀装束条）など、やや特殊な用途に限られる。掃部式53条および同52御座条は、天皇と皇太子には錦の草墪、親王・大臣以下中納言までには両面の草墪の座を設けることを定めており、両面が錦より一格低い位置づけとなっている。本式3雑織条によれば、一日に織ることのできる量は、錦が長功一尺一寸から三尺であるのに対して両面は長功五尺であり、錦に比して両面は作業が容易であることが窺える。両面は広い意味での錦の一種と認識されながら、製織が比較的容易で錦ほど複雑な文様を織り出すこともなく、それゆえ座具における身分の差を視覚的に表現するのに錦と併用されたのであろう。掃部式53条には「藍染両面」や「黄地両面」、また「紫地車前子両面」のように植物の文様を織り出した両面が見える。

伝存する古代の染織品のいずれにこの両面を当てるかは、必ずしも明確ではない。佐々木信三郎は、風通と称される錦の一種が両面に相当する可能性を指摘する（『新修 日本上代織技の研究』〈川島織物研究所報告第二報〉一三九頁、一九七六年）。風通とは、文様に応じて二重組織の表裏を交換することにより、色糸や組織を表裏で変化させて文様を表した錦をいう（正倉院事務所編『新訂 正倉院宝物 染織 上』「用語の解説」、二〇〇〇年）。また佐々木は、風通のほか杼二挺で織られる緯錦なども両面に属すること（前掲書）、また正倉院に伝わる「花立涌文風通」などは織技上両面とは言えず、風通のすべてが両面ではないことも指摘する（『上代錦綾特異技法攷』〈川島織物研究所報告第五報〉九七頁、一九七三年）。

白き広き紗（一三三頁8）　紗は羅と同じ捩組織であるが、隣り合う二本の経糸だけで絡む、より簡易な技法の薄地の織物。本条と対応する内蔵式53諸司年料条に「紗卅疋」とあるほか、紗については同50駕輿丁褶条にも「白紗卅疋料糸卅五絇〈疋別一絇四両〉」とあり、「右、儲料依二前件一、用二寮糸一充二織部司一令レ織之、貯二収寮庫一、其功所レ須商布六十段〈疋別二段〉、録レ数申レ省、以二官物一充」とされる。内蔵式53条に見える織物のうち、右のように織部司に供する糸の量や功布を別途に定めるのは紗のみである。内蔵式が雇功として商布を計上するものに御服の絁(カトリ)があり、内蔵寮の糸を河内国に供し、疋別三段の商布をもって雇織することが定められている(同式42御服絁料条)。紗についても、材料となる糸と功布を内蔵寮より受け、織部司が所属の織手とは別の織工に雇功を支給して製織させていた可能性がある。本式4雑機綜糸条において紗の綜に関する規定が見えないことも、これに関わるか。

共造(一三三頁9)　機には緯糸を通すため経糸を上下に分割する綜という開口具があり(次条参照)、織手が踏木を踏んで操作する。織物の種類や文様に応じて必要とする綜の数は異なり、その数が多くなれば、織手とは別にこれを操作する者が必要になる。本条に見える共造とは、主にこの綜を操作する者であろう。綾と両面が二名、羅と錦が一名であり、紗には共造が見えない。

遠山(一三五頁1)　遠くに見える山を図案化した文様。弘仁十四・四・十四返納注文(古二五—附録六九頁)には、新羅琴の裏面に「遠山并雲鳥草等形」という図様のあることが記載される。

襪の脛の錦(一三九頁1)　脛は脛巾とも書き、足を保護するためスネに付ける幅広の布帛をいう。正倉院には立挙(タテアゲ)が膝下まである深襪が伝わっており、上部の縁に錦が当ててある(関根真隆『奈良朝服飾の研究』二八八頁、一九七四年)。式部式上63深履条などに見える深履(フカグツ)のための襪であり、本項の錦とはこの深襪の脛の部分に用いる錦であろう。

唐経錦(一三九頁2)　錦には経糸で文様を織り出す経錦(タテニシキ)と、緯糸で文様を織り出す緯錦(ヌキニシキ)がある。製織上の区分である経錦の語がそのまま古代の文献に登場する例は他になく、経錦が八世紀を通じて衰微していったことも勘案すれば、本条のそれが右のような意味での経錦であるとは考えにくい。藤貞幹は好古日録において、この唐経錦が古記録などに散見する東京錦に当たると指摘する。本来は舶来品であるが、それを模した国産品も織られた。新猿楽記にも「本朝物」に「東京錦」が挙げられる。主に褥などの縁に用いられるもので(九暦天暦四・八・五条など)、源氏物語初音には「とうきやうき」とある。

縠皮の両面(一四三頁1)　文様のある次項の一窠・二窠・小花の両面と料糸・功程が同じであることから、縠皮の両面も何らかの文様のある両面と推測されるが、詳細は不明。縠はクワ科の落葉高木カジノキ。紙の原料になり(主計式上4中男作物条の「縠の皮」参照)、「縠皮紙帙」(古七—二〇四頁)のように経巻を包む帙に用いた例などがある。縠の樹皮は灰褐色で赤い色の斑があり、あるいはこれに似た文様を織り出すことからその名があるか。

絡糸(一四三頁2)　緫糸とは、繭から引き集めて回転体である枠に繰り取った糸を、枠から外して束ねたもの。本条下文が定めるように、糸は大蔵省に申請して受け取る。織部司ではそれを複数の糸枠に巻き直して小分けにし、次に糸枠を並べて糸を引き出し、織物の大きさに合せて経糸の本数と長さを設定する整経を行なう。その後、これを機にかけて織る。都城や国府附属の工房では製糸と製織の分業が成立しており(東村純子「律令国家の成立と紡織体制」〈『考古学からみた古代日本の紡織』所収、二〇一一年、初出二〇〇六年〉)、本式も製糸に関わる規定は見えない。

練染(一四三頁3)　生糸を練糸にし、さらに染色を施すこと。練染の後に織ることを定めるが、織部司が製織する絹織物のうち糸を先染めするものは錦に限られる。本条で錦と並んで多くの種類が見える綾は、通常生糸を用いて織り、その後に染色される。よって、ここでの練染の対象となるのは、錦の製織に用いる糸となるが、織部司が染色を行なっていたことは式からは読み取ることができない（本式冒頭補注、2年料条の「色の綾」参照）。錦の製織には、主に諸国から貢納される各種の染色された糸を用いると考えられる。ここでの練染とは、必ずしも織部司が行なうことを意味するものではなく、あくまで錦の製織に当たっての前提条件を示したものとみるべきか。

綜（一四三頁4）　緯糸を通す杼道（ヒミチ）を作るため経糸を上下に分割させる織機の開口具。棒に多くの糸を掛け渡したもので、文様に応じて複数枚の綜を用いる。複雑な文様のものは、綜を操作する者が別に必要で、共造がこれに当たった。本条は、織物の種類によって異なる綜の糸の量を定めるとともに、織機の使用に応じて消耗する綜の修理・交換についても定める。主税式上77織綾料度条も地方諸国が保有する機の綜の糸などに関する条文であり、天平期の正税帳にも糸の修理や交換に正税が支出されたことが記載されている。

師子鷹葦遠山等の綾（一四三頁5）　本条の冠の羅と同じく、これらの綾は前条に見える。次の一窠の綾・二窠の綾も前条にあるように、本条の多くの織物は前条と対応する。ただし、六窠の錦や鸚鵡形の綾、四窠の綾などは前条には見えない。条文内の順番は、前条が羅（紗）・綾・錦・両面の順であるのに対し、本条も縠皮の両面まではこれに対応した配置をとる。しかしながら、腰の錦以下に再び錦・綾・羅が見え、織物の種別ごとに整然とは並ばない点が前条と異なる。貞観式または延喜式の編纂時に、腰の錦以下の後段部をそのまま付加したため、こうした構成となった可能性も考えられよう。

機の用度の…（一四七頁1）　織機の部材や用具などで竹の使用が知られているものに筬（オサ）がある。筬は機で織る際に緯糸を打ち込むのに用いる部品で、竹を六〜七センチほどの長さに細く平坦に削り、木製の枠に等間隔に並べて固定し、隙間（筬目）に経糸を通して使用する。織物の種類・品質に応じて筬を替え、必要とする密度のものを織る（角山幸洋「古代の染織」〈『講座・日本技術の社会史三 紡織』所収、一九八三年〉）。三代格弘仁十三・閏九・二十符に「調綾師并生及造レ筬等丁」が見え、地方諸国にも筬を作る専門工のいたことが知られる。織部司では、次条に見える機工が筬の製作に当たるのであろう。

衣粮は…（一四七頁2）　今良の時服は、中務式74諸司時服条の主殿寮の項に男一四一人、女二二六人が支給対象として定められている。主殿式33今良月粮条は、これと同数の今良に対し、月粮を給することを定める。三代格弘仁四・十二・九符は、今良である後宮の御火炬と御井守各二人に月粮を給することを命ずる官符を、主殿寮を所管する宮内省のほか民部省にも下したことを伝えている。このことは、この月粮が民部省より出給される大粮であることを示している（大粮については、民部式上68給公粮条参照）。主殿式33条は、大粮の支給について「諸司所所之散、不レ経二此寮一請レ之」とする。織部式本条も同じ趣旨の規定であり、今良の本寮である主殿寮を経ずに、織部司が「所司」すなわち時服は中務省、大粮は民部省に申請して受領することを定める。同じような内容の条文として、縫殿式28今良服米条がある。

加うる物の布綿（一四七頁3）　織手や今良などに食料と時服を支給することは前条が定める。「加うる物の布綿」とは、このいわば基本給に加えて彼らに支給される布と綿を指す。こうした工人への特別な給禄としては、等第の禄がある。上日や勤務内容・技能などを勘案して等級をつけ支給される禄で、内匠寮では史生から長上工・番上工までに庸布をもって支給する（内匠式40史生以下禄条参照）。織部司に派遣される内蔵寮の織手に対しても、等第の禄として絹、綿、庸布を三年に一度支給することが内蔵式65機覆条に定められる。内匠式・内蔵式いずれも工人らに支給する点で共通しており、織手や今良などに支給する本条の布・綿もこの等第の禄に当たると推測される。技術をもって仕える工人特有の禄であると考えられるが、その給付内容は官司ごとに異なっているようであり、支給も一部の官司に限られていた可能性が大きい。

内蔵寮の錦綾の織手（一四七頁4） 神亀五・七・二十一勅によって内匠寮に置かれた織錦綾羅等手二〇人が、延暦十五年（七九六）に内蔵寮に配置換えになった（三代格同・八・二符）。本条に見える内蔵寮所属の錦綾の織手とは、この内匠寮より移管された織手であり、織部司の臨時所に派遣される。本条では延暦十五年符と同じく二〇人と定めるが、内蔵式64臨時所料条は「臨時所の定額二十八人」とする。織部式本条がわざわざ「錦・綾の織手の勘籍人」としていることを踏まえれば、正式に勘籍を経て官人となった二〇人のほかに、未だ官人となっていない者も出仕するようになり、双方合せて二八人という数が一応の定員であったとみるべきか。

凡そ宮人三人は…（一四七頁5） 本式6織手衣粮条に見える絡糸女は衣粮を支給されるので、本条の宮人はそれ以外の女官を指す。大蔵省や掃部寮に配属される宮人は縫製に従事する（三代格弘仁二・二・十符、内匠式44縫物条、掃部式80雑給料功程条）。宮人に与えられる考禄とは、勤務評定である考と禄物。禄の申請と考文の送付は、いずれも中務省に対して行なうと推測される（中務式19女官季禄条・45宮人考条参照）。

定額の人の衛府を帯ぶる者（一四七頁6） 衛府との兼帯者の衣粮は衛府より支給を受けるため、その分は織部司の雑用に充てられる。中務式74諸司時服条は、侍従の時服に関して「若帯二六衛府及左右馬寮兵庫一者、宜レ依二本司日夜一」と定めるが、衛府兼帯者の衣粮の措置を不仕料とともに定めるのは本条のみである。高橋周は、五月六日の騎射での的の製作に関わる内匠寮と木工寮の工人が近衛に任用されることに着目し、的の製作から騎射までを衛府内で完結させることを示すため、それぞれの官司の工人としてではなく衛府舎人として儀礼に奉仕させることに重要な意味があったと論じる（「平安前期の衛府と三寮考人」〈『延喜式研究』二四、二〇〇八年〉）。織部司の織手が衛府を兼帯するのも、五月六日の騎射において近衛が着用する錦の甲形（左右近衛式30騎射官人条）などに用いる織物を、衛府舎人として織るためにとられた措置と推測される。

巻第三十一

宮内省（一四九頁1）

〔名称〕和名抄ではミヤノウチノツカサ。天平宝字二年（七五八）、恵美押勝（藤原仲麻呂）によって「智部省」と改称されるが、その失脚により旧称に復された。

〔被管官司〕職員令では大膳職、木工寮、大炊寮、主殿寮、典薬寮、正親司、内膳司、造酒司、鍛冶司、官奴司、園池司、土工司、采女司、主水司、主油司、内掃部司、筥陶司、内染司の一職・四寮・一三司を所管したが（同令39宮内省条～57内染司条）、大同三年（八〇八）の大幅な機構整理等を経て、延喜式では大膳職、木工寮、大炊寮、主殿寮、典薬寮、掃部寮、正親司、内膳司、造酒司、采女司、主水司の一職・五寮・五司とされている。

〔職員構成〕令制では、卿一人、大輔・少輔各一人、大丞一人、少丞二人、大録一人、少録二人、史生一〇人、省掌二人、使部六〇人、直丁四人。

〔職掌〕職員令39条では宮内卿の職掌として「掌、出納諸国調雑物、舂米、官田及奏宣御食産、諸方口味事」とあり、①被管の大膳職に収納される調雑物、大炊寮に収納される舂米の出納に関わること、②供御料田である官田のこと、および官田や園池、氷室の生産の状況を奏上すること、③地方から進上される御贄のこと、以上を掌ることが宮内卿の職掌として規定されている。また同条集解古記の記事から、大宝官員令にはこのほかに「仕女丁」（養老令では女丁）が職掌に明記されていたとみられる。本式を見ると、宮内省は宮中での祭儀に積極的に関与していることが分かる。特に大嘗祭・新嘗祭・神今食という天皇親祭の祭儀や鎮魂祭・御贖・御卜などの天皇の身体に関わる祭儀に宮内省の関与が顕著に見られる。それらの祭儀や諸節会、釈奠などにおいては大膳職、大炊寮、造酒司、内膳司などが天皇や神への供膳、供奉する官人や参列者への食膳の準備にあたるが、宮内省は監督官庁としてそうした儀式に積極的に関与していることも本式からみてとることができる。

〔官司の成立〕天武紀九・七・戊戌条に「宮内卿」、同十一・三・甲午条に「宮内官大夫」、同朱鳥元・九・甲子条に「宮内」と見えることから天武朝には「宮内」のことを掌る官司が存在していたことが分かる。天武朝末期の官司制は同朱鳥元・九・甲子条～丙寅条に見える天武天皇の殯宮における誄儀礼の記事によると、「大政官」（後の太政官）と「法官」「理官」「大蔵」「兵政官」「刑官」「民官」の六官体制で、「宮内」のことを掌る官司（「宮内官」）は後の中務省となる「中官」とともに「大政官」の管下にはなかった。その後の太政官八省体制の成立過程については、持統四年（六九〇）の浄御原令で「宮内官」と「中官」が加わり八官となり、それが大宝令の太政官八省の体制に引き継がれるとみる説（青木和夫「浄御原令と古代官僚制」〈『日本律令国家論攷』所収、一九九二年、初出一九五四年〉）と、浄御原令制では六官制のままで大宝令において中務省と宮内省がはじめて成立するとみる説（直木孝次郎「大蔵省と宮内省の成立」〈『飛鳥奈良時代の考察』所収、一九九六年、初出一九七六年〉）がある。宮内省の性格については、一般に天皇の家政を掌る内廷的機関が発展したものと理解されている。これに対して東野治之は宮内省被管の大膳職、大炊寮、造酒司などの職務が内廷外廷未分化であり、むしろ外廷的性格を兼ね備えていることを重視し、「宮内」は単に内廷だけではなく内裏・官衙を合せた宮城内すべてを指すと捉え、宮内省は宮城内の諸事に関わる総合官庁であったとみる（「内廷と外廷」〈『長屋王家木簡の研究』所収、一九九六年、初出一九八〇年〉）。

〔曹司の位置〕平城京ではいわゆる第二次内裏の東外郭南半分に推定されている。平安宮では大内裏の太政官の東に位置し、東に大炊寮がある。曹司の西北隅には薗・韓神が鎮座する。

凡そ神事に…（一四九頁2）本条は神今食・新嘗祭・大嘗祭に供奉する六位以下の小斎人のト

定の儀式次第に関する規定。以下神今食を例に小斎人選定方法について述べる。太政官式74月次祭条に「諸司六位已下及女孺等、致斎之日、本司各録二歴名一、送二宮内省一、即神祇官卜〈事見二宮内式一〉」とあり、また四時祭式上23月次祭条に「祭畢即中臣官一人率二宮主及卜部等一、向二宮内省一、卜下定供二奉神今食一之小斎人上」とあるように、月次祭終了後、神祇官に率いられた宮主・卜部が宮内省に参向し、諸司六位以下の小斎人を卜定する。その次第はまず候補者の名簿の提出が行なわれ、縫殿寮が女官の名簿を中務省に、小斎人を出す諸司の官人が官司ごとに候補者の名簿を宮内省に提出する。名簿提出の完了が宮内省から神祇官に報告されると、神祇副が候補者の参入を命じ、候補者は所定の順番に従って宮主・卜部の座す正庁に昇り、宮主が兆竹による卜占を行なう。卜にかなった人は庭中に整列し、神祇副の「祓清供奉」(儀式一〔神今食儀〕)の命を受けて退出する。このあと小斎人は舎に戻り沐浴して斎服に着替えて神事に供奉した。なお五位以上の小斎人の卜定は神今食の前日に神祇官庁で行なわれた。太政官式74条、中務式23小斎侍従条、儀式一参照。

八男八女(一四九頁3) 神今食で見ると儀式一(神今食儀)に「次采女八人、(中略)次膳部六人〈分注略〉、次酒部四人」とあり、内膳司の膳部と造酒司の酒部が八男、采女が八女にあたるとみられる。儀式一に「八社男、八社女」、本朝月令(六月)所引高橋氏文逸文に「八乎止古八乎止咩」、斎宮式66供新嘗料条に「八男十女」などと見え、中務式81女官衣服条に「神今食八姫装束料」が見える。

神今食に供奉する小斎(一四九頁4) 神今食は六月・十二月の十一日、月次祭後に、天皇が中和院神嘉殿において神との共食を行なう祭儀(四時祭式上24神今食条参照)。儀式一(神今食儀)や太政官式74月次祭条、中務式23小斎侍従条には神今食・新嘗祭の小斎人の中に親王が見えるが、本条には見えない。本朝月令(六月)所引の太政官式74条の貞観式逸文に「今案、加二親王一人一」とあることから、小斎人に親王が加わるのは貞観式からであることが分かり、本条は弘仁式の式文がそのまま引き継がれたものであろう。

命婦已下…食一度を給え(一五一頁1) 大膳式上5新嘗祭条には、新嘗祭の神事の際、小斎三三四人に対して男官には「辰の日の旦」の一度、女官には「卯の日の夕」と「辰の日の旦」の二度の食事が支給されること、「辰の日の夕」に宮内省庁舎で行なわれる小斎の解斎に際して二二七人分の食事が支給されること、これらが規定されている。本条と同条を比較すると、本条の命婦以下の女官の人数と五位以上と六位以下の男官の人数とその総計三三四人は同条の神事の際の給食の人数と一致し、本条の「兆人楽工、上卌人、下百八十七人」は宮内省での解斎に食事が支給される「五位已上卌人、六位已下一百八十七人」と一致する。

神事に供奉する諸司の行列(一五五頁1) 神今食、新嘗祭、大嘗祭の大御饌搬入の行列次第。神今食の行列次第を基本とし、新嘗祭で異同のある部分は分注で規定する。大嘗祭の行立次第は新嘗祭と同じで、大嘗祭式31卯日条の行立次第の部分は本条とほぼ同文。本条は前後が大嘗祭関係の条文であることからみて、大嘗祭の行列次第を意識した条文の配置とみられる。

刷の筥(一五五頁2) これに相当するものが儀式一(神今食儀)・三、江家次第一五(大嘗会卯日)では「刀子筥」、天仁大嘗会記には「楊枝葛筥」と見える。西宮記臨時七(大嘗会事、卯日行幸)は「刷筥」。天仁大嘗会記には筥の中身について「御楊枝、刀子、藁〈藁穂一把、十筋許〉」という注記があるが、川出清彦はこの刀子と藁しべは宮主が槲葉(カシワバ)を幾束も重ねて作る本柏と称する酒杯を「刷(ツクロ)う」ための用具であることから「刷筥」とも称されたとする(『祭祀概説』三三二〜三三三頁、一九七八年)。

具に掃部寮式に見ゆ(一五七頁1) 掃部式14大嘗会条に、「天皇幸二愈紀殿一、宮内両輔於二御前左右一膝行、随二御歩一陳二敷葉薦一、官人二人於二御後左右一膝行、随二御歩一巻」とある。大嘗祭式

31卯日条には廻立殿から大嘗宮への道について、「其道者大蔵省預鋪二二幅布単一、掃部寮設二葉薦一、且随二御歩一、敷二布単上一、前敷後巻〈宮内輔以上二人敷之、掃部允以上二人巻之〉、人不二敢蹋一、還亦如レ之」とある。儀式三も参照。

新嘗の祭に…粟等（一五七頁2） 天皇の即位後に行なわれる一代一度の新嘗儀である大嘗祭では、畿外の悠紀国・主基国が卜定されて稲が進上されたが、毎年の新嘗祭では天皇の供御田である畿内の官田で収穫された稲・粟が用いられた。官田は令制前代のヤマト王権の直営田であるミタ（屯田）の系譜を引く田地であり、天皇の新嘗祭に官田収穫の稲・粟が用いられるのは、令制以前の大王の新嘗祭がミタの収穫物を用いて行なわれていたことに由来するものとみられる。大炊式2神今食条によれば新嘗祭の稲・粟は稲八束、粟四束。粟は山城国から進上される（民部式上141供御料条）。毎世（一代一度）の大嘗祭と毎年の新嘗祭にはいくつかの相違点があるが、新嘗祭に稲だけでなく粟が用いられることも大嘗祭と異なる点である。

官すなわち仰せ下せ（一五七頁3） 官は太政官。延喜式撰進後の事例ではあるが、類符抄に次の天暦六・十・六符が見える。

太政官符民部省外

応レ進二上新嘗会供御稲并粟一事

稲山城国葛野郡　　粟同国綴喜郡

右得二神祇宮内大炊等官省寮解一偁、件供御稲粟等卜定如レ件者、大納言正三位兼行中宮大夫藤原朝臣顕忠宣、奉レ勅、依レ件行レ之者、省宜二承知依レ宣行一レ之、符到奉行、

左少弁　　　　右少史

天暦六年十月六日

これによれば、太政官は官符を民部省に下して卜定された稲・粟を進上すべき国郡を伝えており、さらに民部省はこれを受けて山城国に省符を下して供御の稲・粟の準備を命じたものとみられる。

凡そ神今食…（一五七頁4） 宮内省管下で神今食、新嘗祭に関わって行なわれる「卜」には、小斎人の卜定（本式1小斎人条）、新嘗祭に供する稲・粟の卜定（同式10新嘗官田稲条）、新嘗祭の黒・白二酒用の酒稲の卜定（同式13新嘗黒白酒条）などがある。本条の物品はその際に用いられたものであろう。

内侍…仰せ下せ（一五九頁1） 太政官が民部省に官符を下し、九月下旬に民部省から卜定された国に省符が下される。民部式上143新嘗酒米条では、当該国はただちに省営田の稲を舂いて造酒司に送るとするが、造酒式10新嘗白黒酒料条によれば、官田の稲二〇束が造酒司に進上され、同司において女丁が舂いて米一石とする。

美濃（一五九頁2） 大嘗祭式17雑器条では「参河」とあり本条と一致しない。美濃国は、主計式上29美濃国条に同国の調物品として多種類の陶器が見えるように窯業の先進地。一方、三河国で渥美半島を中心に本格的な陶器生産が始まるのは平安期以降であることからすると、平安時代のある時期に貢進国が美濃国から三河国にかわったとみられる。

百度食（一五九頁3） 通説では激務の官人に支給される特別食とされるが、天皇身辺の諸事に奉仕する官人に対する給食とする説もある（相曽貴志「百度食と熟食」〈『延喜式研究』二三、二〇〇七年〉）。

凡そ神今食の…（一五九頁4） 本条の内容は、儀式一（神今食儀）に見える神今食の解斎の次第と一致する。薗・韓神祭、平野祭、松尾祭もほぼ一致。春日祭、大原野祭は弁官が大臣、宮内の録が丞、鎮魂祭は宮内の録が丞と若干の相違点がある。

凡そ新嘗会の解斎…（一五九頁5） 新嘗祭参列の小斎人の解斎の次第は践祚大嘗祭と同じ。儀式四によると、豊楽殿における宴のあと小斎人が宮内省に移り、神祇官・雅楽寮による解斎の歌に続いて和儛が行なわれ、まず宮内丞二人、次いで神祇祐一人、侍従二人、内舎人二人、大舎人二人の順に舞う。本条では「丞已上一人」とするが、儀式では「宮内丞二人」とある。鎮魂祭の次第を記す四時祭式下48鎮魂祭条、儀式五（鎮魂祭儀）には和儛と明記されてはいないが、

御巫らによる宇気槽を桙で撞く所作の舞のあと、神祇官の五位・六位各一人、侍従の五位以上二人、宮内丞一人、内舎人二人、大舎人二人が順に庭に進んで舞うのが和儛にあたる（儀式五には神祇官の五位・六位各一人は見えない）。薗韓神祭では供祭の後神祇祐以上、宮内丞一人、侍従二人、内舎人二人、大舎人二人の順で和儛が行なわれる（儀式一〔園幷韓神祭儀〕）。

祭所に向かいて行事せよ（一五九頁6） 大膳職、大炊寮、造酒司、主水司等の諸司の式に見えるように、諸祭祀の祭料や参列者の給食にこれら宮内省被管の諸司が関与しており、宮内省は祭祀当日、祭所においてその職務を監督する。

余の月…同じくせよ（一六一頁1） 四時祭式下55毎月御麻条～57毎月御贖条に毎月晦日の御麻、御贖の儀の規定があり、六月・十二月の二季以外の晦日にも、二季御麻・御贖儀と同様の天皇の祓の儀が行なわれていた。しかし毎月の儀では中臣女の参加はなくその所役を内侍が勤め、また東西文部の祓刀奉献・祓詞奏上もなく、二季の儀とは同じではない。従ってここでいう「同じくせよ」は必ずしも厳密に同じということではない。

刀禰の数の札…（一六一頁2） 儀式五（大祓儀）によれば、大祓に参集する官人（刀禰）は各人が人数を確認するための「刀禰数札」を持って参列（見参）し、札は集められて、文官は式部省、武官は兵部省、女官は中務省がそれぞれ数を集約して目録が作成され、全体の見参者数が弁官に報告された。本条はこの大祓の見参者数掌握の儀における宮内省の対応を規定している。儀式五では各官人が札を持って参列し、提出された札を式部・兵部・中務の三省が集計したのに対し、本条では宮内省が同省に関わる官人の見参者の数を集計した目録を「刀禰数札」と称して中務省、式部省に送っており、集計の方式に違いがある。式部式下6大祓条には、同儀について「三省省掌各置㆓版位㆒、諸司就㆑版、進㆓番上以上見参簿㆒〈事見㆓儀式㆒〉」とあるが、この「見参簿」は目録であり、本条の「刀禰数札」はこれにあたるとみられる。ただし「事は儀式に見ゆ」とあるにもかかわらず、儀式五には諸司が三省に見参簿を進上する記事はない。なお「刀禰数札」による見参数の掌握は、式部式下14朔日見参条の毎月朔日の諸司見参儀にも見える。

賀茂の…祓禊の日（一六三頁1） 儀式一（賀茂祭儀）では四月の中つ酉の日の賀茂祭に先立って陰陽寮が吉日を択んで行なうとするが、後に賀茂祭三日前の午の日に行なわれるのが慣例となる。斎院式11尋常四月禊条に「供神料幷儀式同㆘入㆓初斎院㆒之禊儀㆖」とあり、初斎院の禊の儀は同式3初斎院条・4祓物条に規定されている。

月別の晦日の御贖（一六三頁2） 六月・十二月の大祓に先立って行なわれる二季御贖儀（四時祭式上30御贖条～32供奉人禄条）とは別に、それ以外の月の晦日に行なわれる御贖儀。御贖は天皇・中宮・東宮の行なう祓。四時祭式下57毎月御贖条参照。

金人…二十八枚（一六三頁3） 金人、銀人、鉄人は金・銀・鉄の人像。木工式6御贖料条によれば、鉄の人像に金薄、銀薄を押し付けたものがそれぞれ金人像、銀人像。本条は年間の必要枚数が規定されており、一回あたり（月ごと）の使用枚数は、金人、銀人についてみると、年一〇回として各二四枚ということになる。一方、四時祭式下57毎月御贖条、内蔵式23毎月御贖条、木工式6条に一回の使用枚数の規定があるが、それによると金人・銀人それぞれは四時祭式下57条と木工式6条では天皇一六枚、中宮一六枚、東宮八枚（計四〇枚。木工式27年料条の「御贖鉄人像料」の金薄・銀薄の枚数から算出される金人・銀人の数も各四〇枚）、内蔵式23条では三者とも一六枚（計四八枚）とあり、いずれも本条の数とは合わない。また鉄人は年間で二八枚とあるが、この数値では一回あたりの使用枚数は算出できない。木工式6条には天皇四枚、中宮四枚（計八枚）、四時祭式下55毎月御麻条・56毎月中宮御麻条には天皇・中宮・東宮それぞれ四枚（計一二枚）とある。

請に随いて充てよ（一六三頁4）　臨時祭式38御贖物条によれば、御贖の物は、神祇官が毎月十五日以前に木工寮を所管する宮内省に請求し、二十七日に受け取るとされている。

供養を臨検せよ（一六三頁5）　供養は法会の本尊や参加する僧に供える食膳。大膳式下3御斎会条に供養料物の詳細が規定されている。その他大膳式下17醬瓜料条・21御斎会雑菜料条、大炊式17御斎会料条、主殿式8御斎会料条、内膳式11御斎会料条、造酒式39御斎会料条、主水式11御斎会料条に御斎会の供養に関わる条文があり、宮内省被管の複数の官司が供養に関与しており、宮内省はそれを統括する立場にあった。

盂蘭盆（一六三頁6）　盂蘭盆経に基づいて七月十五日に祖先の霊を供養する行事。推古紀十四・四・壬辰条が初見。続紀天平五・七・庚午条に「始令㆓大膳備㆒盂蘭瓮供養㆒」とあり、この時から大膳職が供養物を用意することとなった。

氷を…氷様を進れ（一六五頁1）　儀式六（元日御豊楽院儀）によれば、群臣の節会参入に先立ち、中務省による七曜御暦奏に続いて宮内輔以下の官人が氷様を執る主水司官人と腹赤の御贄を執る大宰府使を率いて参入し、それらを庭中に安置すると宮内輔が本条にある詞を奏上する。職員令39宮内省条集解の宮内卿の職掌についての令釈にも氷様奏のことが見え、令釈が成立した延暦六（七八七）～十年頃には実施されていた。

大宰府の進れる腹赤の御贄（一六五頁2）　内膳式42年料御贄条によれば筑後・肥後両国から進上される。腹赤はマスの類、ニベウオ。江次第鈔によれば大宰府の腹赤の進上が天平十五年（七四三）に始まるとし、景行天皇の時代に筑紫の宇土郡長浜で海人がこの魚を釣り上げて献上した故事に由来するという。釈紀一六所引肥後国風土記逸文にも、景行天皇が同国玉名郡の長渚浜に停泊した時、船のまわりを泳いでいる魚を吉備国の朝勝見が大量に釣り上げて天皇に献上し、名称不明のその魚を天皇が「爾陪魚（ニベウオ）」と名づけたという説話が見える。天平十五年開始説の確証はないが、成立の背景に有明海東岸地域の勢力の王権への服属儀礼があったとみられる。また内裏式上（元正受群臣朝賀式幷会）に見えることから嵯峨朝には儀式として整えられていたことが分かる。本条では後半の奏上する詞の中に腹赤の御贄のことがあるにも拘らず、前半の儀式内容を記述した部分では腹赤の御贄には全く触れていない。当初元日節会で宮内省が奏上したのは氷様奏だけであり、後に腹赤奏が加わった可能性が考えられる。大舎人式3暦氷条参照。

凡そ典薬寮…（一六五頁3）　万葉集四二三番歌の山前王の長歌に「ほととぎす鳴く五月にはあやめぐさ花橘を玉に貫きかづらにせむと…」と見え、五月―菖蒲―蘰という連関で詠まれていることから、その習俗は山前王の時代の奈良時代初期までさかのぼる。続紀天平十九・五・庚辰条に「天皇御㆓南苑㆒、観㆓騎射、走馬㆒、是日、太上天皇詔曰、昔者、五日之節、常用㆓菖蒲㆒為㆑縵、比来、已停㆓此事㆒、従㆑今而後、非㆓菖蒲縵㆒者、勿㆑入㆓宮中㆒」とあり、元正太上天皇の詔によって同節に菖蒲縵を着けることが義務付けられた。当日は武徳殿に天皇が出御し、大臣・皇太子以下諸官人が着座すると、まず菖蒲献上の儀が行なわれる。儀式八（五月五日節儀）によると菖蒲献上の儀式は次のように見える。

①中務省が内薬司を率い、宮内省が典薬寮を率い、「菖蒲の案（机）」を持って埒門から参入し、それぞれ二つの案に菖蒲を盛り南北に並べる。中務省・内薬司の菖蒲は天皇に進上する供御料、宮内省・典薬寮の菖蒲は人給の料である。

②中務輔、宮内輔がそれぞれ版に就いて菖蒲献上の詞を奏上する。

③内蔵寮が蔵部を率いて参入し、「菖蒲の案」を持って退出する。

　このように儀式八では（内裏式中〔五月五日観馬射式〕も同じ）中務省の率いる内薬司が供御の菖蒲を持参し、宮内省の率いる典薬寮が人給の菖蒲を持参して、中務輔と宮内輔がそれぞれ奏進の詞を奏上したが、寛平八年（八九六）に内薬司が典薬寮に併合されたことにより、本条のように宮内省・典薬寮が供御の菖蒲の進上も併せて行なうこととなった。従って本条は延喜式段階で改訂された式である。大舎人式7五月五日条、典薬式8五月五日条も参照。

凡そ諸節に…(一六七頁1)　ここに見える八つの節会は、官人の饗応の対象を天皇の近臣である次侍従以上とする「正月一日、十六日、九月九日等三節」と、五位以上とする「正月七日、十七日、五月五日、七月廿五日、十一月新嘗会等五節」に二分されるが(ただし正月七日節は六位以下主典以上も含めた全官人)、山下信一郎「『延喜式』からみた節会と節禄」(『日本古代の国家と給与制』所収、二〇一二年、初出一九九四年)によれば、前者の三節会は比較的私的なものであり、後者の五節会はより国家的・公的なものであるという。なお正月十六日の節会は、内裏式上(十六日踏歌式)、儀式七(十六日踏歌儀)によれば、蕃客が参列する場合は正月七日の節会と同じく全官人が対象とされる。

群官未だ入らざるの前に…(一六七頁2)　儀式六(元日御豊楽院儀)によれば、当日朝、参列者の座が設定されると、造酒司が参議以上と次侍従以上の酒台を安置し、大膳職が次侍従以上の饌を供膳する。ただしここでいう「饌」は菓子・餅類のことで、飯・羹等は含まれていない。

供奉の諸司の伴部(一六七頁3)　斎宮式39正月三節料条・40五月節条によれば、斎宮の正月三節では膳部・水部・酒部・炊部・殿部に衫と褠・褌が、五月節では膳部・水部・酒部に衫と褌が支給されていることから、本条の諸司の伴部も大膳職・内膳司の膳部、主水司の水部、造酒司の酒部、大炊寮の炊部、主殿寮の殿部などであろう。

色目は本司の式に見ゆ(一六七頁4)　内膳式13正月三節条・16五月五日条には、正月三節と五月五日節に供奉する膳部に「紺布衫」を支給することが規定されているが、褌の支給の規定は見えない。ただし同式9新嘗豊楽条に、新嘗の豊楽に供奉する官人と膳部に衫・褌を支給することが見える。造酒式35諸節装束条でも正月三節と五月節に供奉する酒部の装束は衫とされており、新嘗会のみ褌とする。主水式17供奉水部条でも正月三節と五月節は衫のみである。主殿式25五月五日条では五月五日節に供奉する殿部に紅染曝布が支給されるが衫の料か。大膳式・大炊式には節会の装束に関する規定は見えない。

供奉る…標幟とせよ(一六七頁5)　続紀天平十三・十一・庚午条に「始以二赤幡一、班三給大蔵、内蔵、大膳、大炊、造酒、主醤等司一、供御物前建以為レ標」とあり、天皇に供進する物品の運搬に際しては荷に赤幡を立てて一般の進上物と区別するようになった。本条の淵源はここに求めることができる。緋色は赤。幟の大きさは内膳式26標緋幡条に長一尺九寸、広五寸五分とあり、主水式25運氷駄条に長二尺とある。

内侍の印(一六七頁6)　内侍司は後宮の中心で、天皇の命令を伝宣する役割を担っており、内侍の印は天皇の意思を伝達する効力がある。貢納物品であることの標識となる緋の幡にそのような内侍の印が押印されていることにより、それらの品々が天皇への貢献物であることが強く意識づけられることになる。

毎年の…検校せよ(一六七頁7)　御薪は正月十五日に宮内省において諸司の官人が進上する薪。雑令26文武官人条に「凡文武官人、毎レ年正月十五日、並進レ薪」とある。御薪の検校については、同令27進薪条に「凡進レ薪之日、弁官及式部兵部宮内省、共検校、貯二納主殿寮一」とあり、本条はこの施行細則。太政官式58進薪条、式部式下18収薪条、兵部式3武官薪条参照。儀式九(正月十五日於宮内省進御薪儀)に儀式次第が見える。

訖らば…検校せよ(一六九頁1)　宮内省における儀式では御薪の現物ではなく札や移文による進上が行なわれ、現物は主殿寮に納品されており、儀式終了後、宮内省の丞以下が主殿寮に出向き、儀式で報告された数と現物の数が照合された。

其れ…食を給え(一六九頁2)　大膳式下41検納薪諸司条、大炊式38検納御薪条、造酒式38検納

御薪所条参照。大膳式下41条によれば、食を給わる官人は弁官四名、式部・兵部・宮内の各省それぞれ八名の合計二八名となるが、造酒式38条には「五位四人、六位已下官人廿七人」とあり、数が合わない。

男女（一六九頁3）　この部分は諸本の異同が多い（校異注、同補注参照）。本書の原文校訂はとりあえず底本に従い「男女」としているが、東山御文庫蔵新撰年中行事（正月十六日）に「男王饗事（宮内式云、於省庁給、丞宣云々）」とあり（西本昌弘編『新撰年中行事』、二〇一〇年）、あるいは「男王」と校訂すべきか。とすると本条は正月十六日節会（踏歌）における男王への饗膳支給に関わるとみられるが、なお検討を要す。

諸国進るところの御贄（一六九頁4）　本条の年中節料、旬料、正月三節の部分は内膳式40諸国貢進御贄条の諸国貢進御贄と対応する。年中の節は、同条から元日（正月一日）・白馬（同七日）・踏歌（同十六日）・端午（五月五日）・相撲（七月七日）・重陽（九月九日）・新嘗会（十一月）の七節を指し、正月の三節は元日・白馬・踏歌の節会に相当することが分かる。同条は相撲の節日を七月七日としており、雑令40諸節日条の規定によっているが、同節会は天長元年（八二四）七月七日に平城上皇が崩御してこの日が国忌になったことにより、太政官式103相撲条のように七月二十五日が節日となる。また内膳式40条の正月の三節には雑令40条と同じく大射（射礼）は含まれていないが、太政官式99大射条や本式35群官賜饗条では正月十七日の大射が節会とされており、大膳式下22正月四節料条では正月四節とする。一方、内膳式40条は雑令40条にない重陽を含んでいるが、天武紀十四・九・壬子条を初見とする九月九日の重陽の節会は、翌朱鳥元年（六八六）九月九日に天武天皇が没したことによって、以後停止されて雑令にも規定されず、弘仁三年（八一二）嵯峨天皇によって再開され、節会として復活する。従って、内膳式40条は雑令の規定を基準としつつ、嵯峨朝に再開された重陽も含んでいることから弘仁式を継承した式文とみることができるが、この内膳式40条と対応する本条にも「正月三節」とあることから、本条も弘仁式を継承した式文であろう。佐藤全敏「古代天皇の食事と贄」（『平安時代の天皇と官僚制』所収、二〇〇八年、初出二〇〇四年）参照。

内膳式40条によれば、貢進される御贄は「雑鮮味物」、すなわちさまざまな新鮮な美味しい物とされており、三河国のみ雉の進上が指定され、また近江国は元日の節会には猪と鹿を副えることになっていた。伊賀国以下一一国が進上する「同（正月）三節雑給料」の御贄は大膳職に納入されるので、内膳式40条には見えない。

山城…年中の節の料（一六九頁5）　五畿内諸国の記載順が内膳式40諸国貢進御贄条と異なる。同条は山城、大和、河内、和泉、摂津の順に記すが、この順番は神名式上や民部式上の記載順とも一致し、標準的な記載順である。それに対して本条では摂津が河内・和泉よりも先に記載されている。なお典薬式45山城年料雑薬条～48河内年料雑薬条の諸国進年料雑薬の畿内諸国の記載順は山城、大和、摂津、河内（和泉はなし）となっており、本条に近い。

同じく三節の…（一六九頁6）　大膳式下22正月四節料条に「正月四節料　親王已下食法、並同二新嘗会一〈余節准レ此、但除二雑餅并蒜一〉」とあり、ここでは正月十七日の大射の節会を加えて四節とするが、それらの節会で親王以下に振舞われる食事の内容は新嘗会と同じであるという。新嘗祭の節会の親王以下の食事の料物については、大膳式上7宴会雑給条に食材や調味料などが列記されているが、この中で「親王以下三位已上并四位参議」を対象とする食材に見える「鮮物」が、本条の伊賀国以下一一国が進上する御贄と関係するものと思われる。同条には新嘗祭の節会ではこの「鮮物」は「充直」とあり、購入して調達するとされているが、正月の節会では伊賀国以下一一国が進上する御贄がこの「鮮物」に充てられたのであろう。

諸国例貢の御贄（一六九頁7）　本式44御贄国条の諸国所進御贄と内膳式40諸国貢進御贄条に見える諸国貢進御贄の旬料と節料の対応が明らか

であることから、本条の諸国例貢御贄と内膳式42年料御贄条に見える諸国貢進御贄の年料についても両者の関係が問題となる。例貢御贄と年料の御贄とでは品目の内容に違いがある。すなわち例貢御贄には水産物・菓子の両方が含まれているのに対し、年料の御贄は、一部の例外はあるものの、水産物がほとんどで菓子類を含んでおらず、菓子類は大膳式下54貢進菓子条の諸国貢進菓子に規定されている。また例貢御贄は内裏に直接進上されるのに対し、年料の御贄は内膳司の贄殿に収納されるという違いもある。勝浦令子は諸国例貢御贄を賦役令35貢献物条に見える「服食」の定期的な貢納とみなし、その他の別貢や臨時貢進を含めた贄の中で水産物・獣類の細則が年料として内膳式42条に、菓子類の細則が大膳式下54条に規定されているという(『律令制下贄貢納の変遷』〈『日本歴史』三五二、一九七七年〉)。これに対して山尾幸久は、諸国例貢御贄が賦役令35条の「服食」に相当するという勝浦説は認めつつ、内膳式の年料の御贄と大膳式下の諸国貢進菓子との関係については否定し、八世紀の聖武朝ごろから行なわれる冬至の賀宴のために諸国朝集使が持参する「冬至御贄」が例貢御贄の起源ではないかと推察する(「『延喜式』の御贄をめぐって」上・下〈『古代文化』四三―二・三、一九九一年〉)。しかし今津勝紀は、内膳式の年料御贄の信濃国の記載に例貢と別貢の区分があること、年料御贄と例貢御贄に品目の共通性があること、これらのことから両者の密接な関係を認め、例貢御贄の品目は年料御贄と貢進菓子の一部で、直接内裏に進上された分と考えるべきであるとする(「律令調制の構造とその歴史的前提」〈『日本古代の税制と社会』所収、二〇一二年、初出一九九二年〉)。

氷魚(一六九頁8)　鮎の稚魚。二～三センチメートルくらい。無色透明で死ぬと白濁する。九月～十二月三十日山城・近江の網代で取り、御贄として献上される(内膳式44氷魚網代条)。

皮菌(一六九頁9)　皮茸とも。各地の広葉樹林下に群生する日本特産のキノコ。体は一〇～二〇センチメートル、傘は中央がへこんだ径五～一五センチメートルの漏斗形で暗褐色を帯び、表面には粗い鱗片、裏面には針状で褐紫色の突起がある。柄は太く下部まで中空。乾燥すれば黒色に変わる。美味で香りもよく精進料理などに用いられる。

甘子・橘子(一六九頁10)

〔甘子〕　大膳式下15仁王会料条には「柑子」。みかんの一種でやや小さいもの。後にコウジに転じた。続紀神亀二・十一・己丑条によれば、この日冬至の賀で佐味朝臣虫麻呂と播磨直弟兄に従五位下が授与されたが、弟兄は甘子を唐から持ちかえり、その種を虫麻呂が栽培して実を結んだ功績によるという。当日は天皇が親王・侍臣から「奇翫珍贄」の奉進を受けたが、両名は多年栽培してようやく結実した甘子を天皇に進上したのであろう。

〔橘子〕　柑橘類の果実。天平十年度駿河国正税帳に「相摸国進上橘子御贄部領使余綾郡散事丸子部大国」の記載がある(古二―一一三頁)。類聚国史三三延暦十一・十・丁未条に「停ニ相摸国献レ橘、伊予国献レ瓜、以ニ路遠一也」とあり、相摸国からの橘子の進上は停止されているが、延喜式成立までの間に再開されたか。

干棗…緂昆布(一七一頁1)

〔干棗〕　棗はクロウメモドキ科の落葉小高木。果実は長さ二センチメートルの楕円形で中に紡錘形の大きな核があり、暗紅色に熟した甘酸っぱい味がする。

〔姫胡桃子〕　オニグルミの変種で、本州中部以北で栽植される。果実は扁平で表面にしわが少なく、頂端は鋭くとがり砕けやすい。

〔楚割の鮭〕　楚割は魚肉を細く割いて乾燥したもの。削って食する。

〔昆布〕　和名抄に「比呂米、一名衣比須女(エビスメ)」。霊亀元年(七一五)十月に蝦夷須賀君古麻比留らは先祖以来昆布を貢献していると主張している(続紀同・十・丁丑条)。民部式下63交易雑物条の陸奥国に昆布・索昆布・細昆布があり、北方との交易品。

〔緂昆布〕　大膳式下3御斎会条・5大元帥法料

条、内膳式42年料御贄条に見える索昆布と同物。縒は撚る、よじりあわせることで、索=なわ、なわなうと同義。よじりあわせた昆布か。

諸成（一七一頁2） 胡頽子（グミ）の古名。和名抄の胡頽子の項に「和名久美、一云毛呂奈里、本朝式用二諸生子三字一」とあり、「諸生子」とも表記した。

省すなわち検領し（一七一頁3） 諸国からの御贄は八世紀段階では調とともに民部省で受理され主計寮で勘会されたが、八世紀末以降、天皇の食事の食材である御贄が他の官人の食材と区別して特別に扱われ、宮内省で受理されるようになったとみられる（佐藤全敏「古代天皇の食事と贄」〈『平安時代の天皇と官僚制』所収、二〇〇八年、初出二〇〇四年〉）。

例貢の…内裏に進れ（一七一頁4） 山尾幸久は内裏の御厨子所に進上されたとみる（前掲論文）。所京子によれば、御厨子所は九世紀後半には存在していたという（「『所』の成立と展開」〈『平安朝「所・後院・俗別当」の研究』所収、二〇〇四年、初出一九六八年〉）。

其れ…行ない下せ（一七一頁5） 諸国例貢の御贄を進上するほとんどの国々が宮内省から返抄を受ける中で、甲斐・相摸・信濃の三国と大宰府だけが太政官から返抄を受ける。その理由について山尾幸久は、主税式上22交易贄条の「凡諸国交易雑贄直、用二地子一者、以二太政官厨返抄一勘会」が本条のこの部分と直接関わり、これら三国と大宰府の例貢御贄が公田（乗田）の地子をもって交易して貢進されていたことによるとみる（前掲論文）。

贄殿に…准えよ（一七一頁6） 甲斐、相摸、信濃の三国と大宰府の御贄のうち、内裏に直接進上される例貢の御贄以外の、贄殿に納入される分（内膳式40諸国貢進御贄条の年料）も、宮内省ではなく太政官が返抄を発行するということ。

梁作ならびに厨作等の物（一七一頁7） 梁は河川の一部を仕切り木や竹などを並べて魚を誘導し、その最奥部の流路を筌や竹簀でふさいで魚を捕獲する仕掛け。梁作の物は年魚の加工品で鮨年魚・煮塩年魚・内子鮨年魚（内膳式42年料御贄条）。平城宮から霊亀年間の筑後国生葉郡の煮塩年魚の木簡が二点（『平城宮木簡』二―二二八七・二二八八、一九七四年）出土しており、梁作の物との関係が考えられる。生葉郡は筑後国の北東部（現福岡県うきは市）、北に筑後川が流れる。景行紀十八年八月条および筑後国風土記逸文に「いくは」の地名起源説話が見え、その中に膳夫・膳司の存在が語られていること、また同郡は平安中期に発展する大宰府の御厨である宇野御厨の拠点の一つでもあり、贄人の活動が確認できること（平遺四―一二七二・一二七五・一二七七）、これらのことから生葉郡を拠点として筑後川の年魚等の川魚を大宰府に貢納する組織があったとみられる（勝浦令子前掲論文）。厨作の物は鯛醤・宍醢・蒜房漬（内膳式42条）。大宰府の所管の主厨司は蕃客への饗応を主任務とするとともに御贄の貢進も掌っており、配下に会食の食材や中央への貢進物の採取・加工を担当する厨戸を組織していたが、厨作の物はこの厨戸から供進された食品であろう。民部式下43大宰仕丁条に「厨戸三百九十六烟」と見えるが、板楠和子は、これらの厨戸は博多湾や肥前国の松浦地方の海人を中心として設置されたもので、筑前国糟屋郡厨戸郷とその周辺の志珂郷・阿曇郷、怡土郡海部郷、那珂郡海部郷、宗像郡海部郷、肥前国松浦郡値嘉郷がこれにあたるとみる（「主厨司考」〈九州歴史資料館編『大宰府古文化論叢』上所収、一九八三年〉）。このうち筑前国糟屋郡の志珂郷・阿曇郷は海人の拠点であり、内膳司奉膳職（長官）を継承した安曇氏の強い影響下にあった。

歳十二に…省に送り（一七一頁8） 皇親戸籍を管理する京職に、翌年から時服支給の対象年齢となる諸王の名簿を宮内省に提出させる。左右京式52諸王歳満条にも同様の規定がある。

符を下して給え（一七三頁1） 正親式1諸王年満条は本条とほぼ同じ内容の規定であるが、この部分は「明年正月待二官符到一、始預下賜二時服一之例上」とある。明年正月、一三歳に達したことにより、太政官符が下されて時服の支給対象者とされる。

見参の者を勘えて（一七三頁2）　時服は二月・八月の二十二日に諸王が大蔵省に出向いて支給されるが（太政官式113季禄条）、それに先立って男王は正親司において宮内省により見参の点検を受ける。時服は代理人による受給が認められず（正親式7諸王時服条）、本人の参向を確認した上で支給された。

女王はこの限りにあらず（一七三頁3）　女王は時服の受給に見参しなくても男王のように没収されることはないということ。すなわち女王は代理の者を派遣して時服を受給することが認められていたことになる。

凡そ親王諸王…（一七三頁4）　職員令45正親司条集解古記に「凡親王及諸王名籍、皆於二正親司一案記、有位内親王、若有二請求一者、由二宮内省一、朝参及勅召者、由二縫殿寮一、必内侍司兼知レ之也」とあり、本条はこの内容を引き継いだもの。本条は前半で親王と諸王について、後半で有品の内親王について、それぞれの名簿作成の対応を規定している。女王の規定が見えないことから、前半の諸王に女王も含まれるとする説（安田政彦「女王禄」〈『平安時代皇親の研究』所収、一九九八年、初出一九九〇年〉）もあるが、女王は諸王に含まれないとする説（岡村幸子「女王禄について」〈『ヒストリア』一四四、一九九四年〉）もある。大蔵式84正月七日節禄条参照。

其れ有品の内親王…（一七三頁5）　有品の内親王の名籍案記は、本人が名簿を請求する場合は宮内省に、朝参の参列者や天皇の召喚する者を確認する場合は担当する所司が縫殿寮に、それぞれ申請し、前者では正親司の名籍、後者では縫殿寮の名籍が用いられたとみられる。縫殿寮には「女王及内外命婦、宮人名帳」の職掌があり（職員令8縫殿寮条）、この女王の名帳は同令45正親司条集解古記の一説に、正親司が「又有位女王名籍、送二縫殿寮一」とあることから、正親司より縫殿寮に送付されたものである。ここには「有位女王」の名籍しか見えないが、「有品内親王」の名籍も正親司から縫殿寮に送付されていたとみられる。なお正親司から縫殿寮に送付される有位女王（有品内親王）の名籍は案文（写し）であり、原簿は正親司に留められているとみるべきである。また本条の有品内親王の名籍案記の扱いは有位の女王にも準用されたと考えられる。

内侍知れ（一七三頁6）　内侍司長官の尚侍の職掌に「兼二知内外命婦朝参及禁内礼式一」があり（後宮職員令4内侍司条）、内侍司は内外命婦の朝参や後宮の儀式を担当した。同令16朝参行立次第条には朝参の際の内親王・女王・内命婦・外命婦の行列の順序が規定されており、内侍司は朝参の職務遂行にあたって内外命婦とともに内親王や女王の順位の把握も必要となる。同条によれば朝参の行立次第は内親王・女王・内命婦は「本位」に従って決定されるので、内侍司は参列者の名簿によって行立の順位を確定したとみられる。天皇の召喚（勅の召）による参列においても同様であろう。

凡そ無位の諸王…（一七三頁7）　六位以下の諸王が死去した場合は、喪家が正親司に申し出ることになっていたが（正親式12諸王死去条）、無位の諸王死去の場合は、戸籍を管理する京職からの移を受けた宮内省が、正親司に符を下して皇親名籍との勘会が行なわれた。

省営田（一七三頁8）　官田のうち宮内省によって経営される田地。官田は宮内省経営の省営田と国司経営の国営田に分れる（民部式上96官田条）。このうち令制以前の天皇の供御田の性格を引き継ぐのは省営田。三代格貞観二・四・十九符所引の弘仁式（民部式上141供御料条に対応）に省営田の語が見えることから、弘仁式段階では省営・国営に分れていたことが分かる。

穫稲は町別に五百束（一七三頁9）　官田の稲の収穫量の規定は令文にはないが、田令37役丁条集解令釈所引神護景雲二・二・二十八符で町別五〇〇束とされている。この五〇〇束という数字は主税式上19公田穫稲条の上田の収穫量にあたる。民部式上96官田条では、畿内の官田のうち和泉国の穫稲量だけが四〇〇束であり、同国の官田のみ中田であったとみられる。ただし同国の官田は国営田のみで省営田はないので、本条とは関係ない。

造酒司の料米…九勺九撮（一七三頁10） 造酒式2年料醸酒条に「御酒料二百十二斛九斗三升六合九勺九撮」が見え、一升の違いがあるが、これにあたるとみられる。従って本条の米は御酒の料米。ただし同条によると御酒の料として、山城国・摂津国は省営田の稲、和泉国は国営田の稲、すなわち官田の稲が進上されているが、大和国・河内国は正税の稲が進上されており、官田の稲ではない。この点に齟齬が見られる。御酒については造酒式2条参照。

省営田の収納帳（一七三頁11） 省営田の収納帳の進上に関する規定は延喜式では他に見えない。国営田の収納帳については民部式上139国営田条に「其収納帳附二税帳使一進レ官」、内蔵式66国営田条に「凡畿内諸国国営佃収納帳、毎年進レ寮」という進上の規定が見える。

大炊寮をして…充て奉れ（一七三頁12） 天皇および中宮、東宮、在京中の斎宮の日常の食膳に供される米は官田(省営田)で収穫された稲・粟が用いられた。供御料の稲・粟は大炊寮に納入されて女丁によって舂米にされ(大炊式28供御料稲粟条)、日ごとに内膳司(東宮分は主膳監)に送られて調理された(同式27供御稲米等条)。供御の稲・糯・粟は大炊寮が一年分の必要数を見積もって宮内省に申告し、その上申を受けた太政官が民部省に官符を下し(本条)、同省が畿内諸国に省営田からの進上を命ずる(民部式上141供御料条)というのが延喜式の年中供御料の規定である。しかし三代格貞観四・二・十五符によると、年中供御料の稲の大炊寮への進納は、山城国が九月〜十二月分を八月二十日までに、摂津国が一月〜四月分を十二月二十日までに、河内国が五月〜八月分を四月二十日までに運進することとされ、数量も各国とも四ケ月分二二五四束四把と定められた。このような年中の供御料稲を三国が四ケ月ごとに分担するという方式は、同符所引承和二・十一・九符によって施行されたが、この方式の採用により本条に規定されている大炊寮の見積もりの申告は不要になったとみられる。

当国の長官専当して行事せよ（一七五頁1） 田令37役丁条の規定では、官田の現地経営は、一年交替の「田司」(大宝令では「屯司」)が担当することになっている。同条義解に「謂、宮内省、差二管内雑任一、令レ掌二其事一、是為二田司一」、同条集解古記には「其屯司、謂宮内省所管諸司判〔伴ヵ〕部使部等、省判差遣也」とあることから、田司として派遣されたのは宮内省所管諸司の雑任(伴部・使部)であり、官田の経営は宮内省の全般的な管理のもとに置かれており、その中で国司は役丁の差配にあたるだけであった。しかし延喜式では、本条のように国司長官が官田の経営を専当することになっており、宮内省が関与するのは損の時の巡検のみとされている。このような国司長官専当による官田経営方式は、三代格貞観二・四・十九符に「官田者国別長官主二当其事一」という弘仁式逸文が引用されていることから、弘仁式段階で既に成立していた。官田の経営方式が、令制の宮内省による田司派遣方式から国司長官専当方式に切り替わるのは、田令37条集解令釈所引神護景雲二・二・二十八符に「営二造官田一、令二当時長官一人主当、為レ佃、町別定二稲五百束一也」とあることによって明らかである。このような官田の経営方式の転換の背景について、三谷芳幸はその前年に施行された班田との関連を想定し、この班田が天平神護元年(七六五)三月に出された「加墾禁止令」以後初めての班田であったことからかなりの混乱があり、そうした班田状況の中で官田経営を安定的に維持するために国司長官に大きな責任を持たせて、より現地に密着した経営を行なうようにした可能性を考える(「令制官田の構造と展開」〈『律令国家と土地支配』所収、二〇一三年、初出一九九八年〉)。

その収穫の多少…奏聞せよ（一七五頁2） 「収穫多少」は当年の収穫量で、奏詞の「穫稲若干束」に相当し、「用残数」は去年の穫稲のうち供御等に用いられず残った稲の量で、奏詞の「其年以往古稲若干束」に相当する。「用残」の稲の取り扱いについては本式52省営田稲条に規定がある。職員令39宮内省条の卿の職掌に「奏宣御食産」があり、義解によると、この中に官田の収穫の多少を奏上することが含まれている。この奏上の儀式については儀式一〇(十一月丑奏御宅田稲数儀)、内裏式中(十一月奏御宅田稲数式)に具体的な次第が見える。それらによると、この儀式は十一月中の丑の日に行なわれる。その次第は宮内省の官人が箱に納めた奏文を机に置き、延政門の外に候して開門の申請を行ない、許可されると入り、机を庭中に置き、宮内省の輔以上一名が奏文を上奏する。これに対する勅答はない。このあと内侍が箱を取って天皇に見せる奏覧が行なわれる。

百度食(一七五頁3) 百度食は本式16御卜官人条参照。出納諸官司への百度食の支給については、主計式下19出納諸司条、大膳式下39出納諸司条、大炊式37出納諸司百度条に規定がある。諸官司への百度食は官物出納の行なわれる日ごとに支給されるが、大膳職・大炊寮はその一ケ月分を諸司に先渡しすることになっていた。それに先立ち宮内省は太政官に「百度文」を上申して支出の許可を求めた。「百度文」は朝野群載六(官中政申詞)に次のように見える。

百度文二枚

宮ノ内ノ省ノ申久、大膳職乃申セル、官物収下司々乃人等乃、此乃月乃百依分乃、魚六斤塩二斗、給ラント申津、

宮内省申久、大炊寮乃申セル官物収下爪司々乃人等乃、此ノ月乃百依乃料乃米、三坂給ラント申津、

なお、主計式下19条の「一度に請い受け…惣べて録して」の項参照。

諸司の…監物式に見ゆ(一七五頁4) 監物式3出納大蔵物条によれば、官物の出納に関与する官人については、「大蔵物」のうち絁・絹・綵帛・糸・綿・布・銭の出納には「少弁已上一人、中務、民部、大蔵三省輔各一人、監物一人、主計助已上一人」、「大蔵物」の鉄・鍬等の類および「大蔵物」以外の官物の出納には「官史一人、三省録各一人、監物及主計属各一人」とある。後者の「三省」は、「大蔵物」の鉄・鍬等の場合は中務・民部・大蔵の三省であるが、「大蔵物」以外の場合は大蔵省ではなく、その官物の保管を掌る省を含む三省となる。従って官人の数は太政官から一名と中務省・民部省と出納する官物の保管を掌る省から各一名(計三名)と史生各一名(計四名)、監物一名、さらに主計寮から一名で、合計一〇名となる。

凡そ諸司の…(一七五頁5) 宮内省は被管の大膳職・大炊寮を通して食品類の保管、支給を掌るが、本条は一度諸官司に支給した食品類が返上される場合の細則である。たとえば民部式上79晦掃丁条によれば、諸司の仕丁が毎月晦日に行なわれる宮中の掃除を闕怠した場合は、「月粮一斗」が与えられず、民部省は太政官にその返上を申告することになっている。本条によれば、これを受けた太政官は、宮内省に民部省から月粮の返上があることを官符で通知するが、その通知後一月たっても返上がない場合、宮内省は具体的に品目を記録して太政官に報告する。大蔵式52返上雑物条に本条とほぼ同じ内容の規定がある。

諸国の女丁は…分ち配れ(一七五頁6) 職員令39宮内省条集解の古記、令釈にそれぞれ「仕女丁者、宮内省検校分ニ配諸司一也」「女丁者、宮内省検校分ニ配諸司一也」とあり、宮内省が女丁(大宝令では仕女丁)を検校し、諸司に分配するのは令制当初からの規定であった。この古記の存在から大宝令では宮内卿の職掌規定に「仕女丁」があったと推定されている(瀧川政次郎『律令の研究』四三九〜四四一頁、一九三一年)。女丁の主たる配属先について、寺内浩は、①紅葉山文庫本令義解賦役令38仕丁条の「女丁」に付された「十二女司駈使丁耳」という傍書、②後宮の女孺が女丁を率いて内膳司に出向き、料理をしていること(大膳式下16年料条)、③女丁の時服申請が宮人時服と同様に内侍司によって申請・支給されていること、④後宮でも女孺・采女の下で雑役に従事すべきものがいたはずだが、後宮職員令にはその規定がないこと、これらのことか

ら、女丁が労役に従事したのは後宮十二司であったと指摘する(「女丁について」〈『続日本紀研究』二七〇、一九九〇年〉)。延喜式には女丁(仕女)の労働の内容や料物が中務省管下の縫殿寮(縫殿式29仕女養物条)、宮内省管下の大膳職(大膳式下16年料条)、大炊寮(大炊式2神今食条・6新嘗祭料条・28供御料稲粟条)、内膳司(内膳式1春日春祭条・23年料条等)、造酒司(造酒式10新嘗白黒酒料条)の各式に見えるが、寺内はこうした一般官司への女丁の出向・配属を例外的なものとみる。これに対して義江明子は、女丁の主たる配属先が後宮であったことを認めつつ、寺内が例外的とした事例にこそ女丁の本質的な役割があったとみる(「女丁の意義」〈阿部猛編『日本社会における王権と封建』所収、一九九七年〉)。義江は延喜式に見える女丁が宮内省管下の天皇や神への供御、供神に関わる事項に関与し、その内容が実質的ではなく象徴的であることに着目し、律令国家の支配原理の中での女性の位置づけという視点から女丁の役割の意義を考える。義江によれば、律令国家の支配は男性賦課を立前とするが、男性への調・庸・雑物の賦課を通じて、その貢納物の作成の過程における女性の労働成果も収取しており、諸国からくまなく差点される女丁は、貢納物に内在する女性の労役を原理的・象徴的に示す存在であり、天皇や神にその成果を直接タテマツル役割を担わされたものであるという。

践祚大嘗の時…舂かしめよ(一七五頁7)　践祚大嘗祭の黒・白酒料の舂米を規定する大嘗祭式20酒米条には、造酒児がまず手を下し、次いで「諸女」がともに舂くとあり、女丁の関与は具体的には記されてないが、この部分と対応する儀式三(践祚大嘗祭儀中)に「次始各舂二御稲一、造酒童女先レ之〈大酒波、仕女等終レ之〉」とあり、「諸女」に仕女(女丁)が含まれていることが分かる。なお毎年の新嘗会の白黒二酒の造酒にあたっては、「舂稲仕女(女丁)」四人が奉仕して官田の稲を舂くことが造酒式10新嘗白黒酒料条に明記されている。

凡そ諸の節会…(一七七頁1)　本条と対応する弘仁式の逸文が陽明文庫所蔵勘例に存在し、それによれば、弘仁式には「凡供奉節会吉野国栖、御勝笛工、毎節以十七人為定〈国栖十二人、笛工五人〉、其正月十六日、十一月新嘗会、各給禄〈有位調布二端、無位庸布二端〉」とあったことを、最近小倉慈司が明らかにした(「陽明文庫所蔵『勘例　御薬・朝賀・小朝拝』所引弘仁宮内式逸文」〈田島公編『禁裏・公家文庫研究』五所収、二〇一五年〉)。本条との違いについて、小倉は①弘仁式では本文で国栖と笛工が列挙される形で記されているのに対し、延喜式では国栖として一括され、「供奉」ではなく、「献御贄奏歌笛」と具体的に記されていること、②笛工のうち二人が山城国綴喜郡在住であるとされていること、③禄を支給される節会が年二回であったものが十一月のみに減じていることを指摘し、また弘仁式逸文に「御勝笛工」と見える「勝」字については他史料に見えず、誤字の可能性もあるという(前掲論文)。

諸の節会(一七七頁2)　本式35群官賜饗条によれば、吉野の国栖は正月の一日(元日)、七日(白馬)、十六日(踏歌)、十七日(大射)、五月五日(端午)、九月九日(重陽)、十一月新嘗会の七節会で歌笛を奏し御贄を献上する(国栖奏)。七月の相撲の節会にのみ国栖奏はない。新撰姓氏録(大和国神別)では国栖の御贄進上の起源について「允恭天皇御世乙未年中七節進二御贄一、仕二奉神態一、至レ今不レ絶」とあり、姓氏録の段階で御贄進上が七節とされている。なお国栖奏は、大嘗祭の卯日にユキ・スキの神事と並行して行なわれる歌舞奏上儀の中でも、「古風」として行なわれる(大嘗祭式31卯日条参照)。

御贄(一七七頁3)　応神紀十九年十月条に、国栖来朝の起源説話があり、国栖はそれ以降しばしば朝参し、「土毛」として栗・菌(キノコ)・年魚(アユ)などを献上したという。「土毛」とは土地の産物の意であるが、応神記ではこれを「大贄」と称しており、本条の「御贄」に相当する。その内容は吉野の山中で採れる木の実やきのこ類、吉野川上流で捕獲される魚貝類であったとみられる。

歌笛を奏せよ（一七七頁4） 応神紀十九年十月条の国栖来朝の起源説話では、応神天皇が吉野宮に行幸した時に「国樔人」が来朝して醴酒を天皇に献上し、「橿の生に 横臼を作り 横臼に 醸める大御酒 うまらに 聞し持ち食せ まろが父」と歌よみして口を打って仰ぎ笑ったとあり、書紀編纂時の国栖奏でも同様の所作が行なわれていたという。一方、応神記には「口鼓を撃ち、伎を為して歌曰ひけらく」として応神紀と同じ歌を詠ったとあり、古事記編纂当時の国栖奏で詠われているという。

国栖十二人笛工五人（一七七頁5） 本式6大斎条によれば、大嘗祭卯の日に古風の歌舞を奏上するのは国栖一二人・笛工五人とされており、本条の節会の際の人数と一致している。ただし大嘗祭式31卯日条では「吉野国栖十二人、楢笛工十二人」とあり、笛工の人数が本式6条と合わない（儀式三では国栖二〇人、楢笛工一二人とあるので、これも整合しない）。

笛工二人は…にあり（一七七頁6） 類符抄天暦二・八・二十符では、国栖の笛工山城是行・山城真生の徭役と戸田の正税の免除が山城国司に命じられており、両名が同国綴喜郡島郷の戸主山城田村の戸口であることから、山城国在住の笛工の当時の本貫地が綴喜郡島郷であり、また山城姓を称していたことが分かる。

六年に一たび除け（一七七頁7） 三代実録貞観七・十・七条によれば、被管諸司の考文は三通作成され、本司と式部省と管する省の三箇所で保管されていたが、省保管の考文については長上官は三年、番上官は六年保管後に廃棄することとなった。しかし宮内省では既に被管諸司の考文は三年で廃棄（「三年一除」）されていた。本条の「六年一除」は、貞観七年の制にもそれ以前の宮内省の「三年一除」とも合わない。式部式下32諸家考文条参照。

味原の牛牧（一七七頁8） 典薬寮別院の乳牛院に乳牛を貢上する牧で、延喜式では唯一の乳牛牧。乳牛院で搾乳された生乳は供御に充てられる。摂津国東成郡、淀川北岸の江口付近、現大阪府摂津市鳥飼上から同市南部を横断し、大阪市東淀川区北大道町に至る地域に比定されている。三代格元慶八・九・一符が史料上の初見。

各本司の庫に納め（一七七頁9） 大蔵式82蕃客資具雑物条は本条とほぼ同文であるが、本条の「各納二本司庫一」の部分が「納二省庫一」とある。ここから本条の「本司の庫」は宮内省の省庫ではなく、大膳職以下の宮内省被管の諸司の庫を指すことが分かる。

巻第三十二

大膳（一七九頁1）　大膳職は宮内省所管の官司。和名抄ではオオカシワデノツカサ。

令制の職員構成は、大夫一人、亮一人、大進・少進各一人、大属・少属各一人の四等官のほか、品官に主醬二人、主菓餅二人、伴部に膳部一六〇人がおり、他に使部三〇人、直丁二人、駈使丁八〇人を配し、品部として雑供戸を持つ（職員令40大膳職条）。

令制の職掌は、①調雑物として各地から貢納される食品類のこと、②官人への食事を作ること、③その食事の食材・調味料のこと、④食膳を配膳して提供することとされる。このうち③の調味料（雑醬・豉〔クキ〕・未醬）は醬院で、菓子（クダモノ）・雑餅は菓餅所でそれぞれ準備され、主醬、主菓餅が所管した。主醬と主菓餅は大同三年（八〇八）に廃止されたが、それを補うため少進・少属が各一名増員された（三代格同・七・二十六官奏）。また②と④の実務は膳部によって行なわれた。

延喜式ではこれらの職掌の細則が具体的に規定されている。本式は上下二巻に分れ、上には神祇、釈奠の供神や参列者の食について、下には仏事の供養や参列者の食、節会の食、天皇・皇族、女官・侍従等への年料・月料、官人に支給する百度食、食品の造法、諸国貢進菓子、食器・配膳具等についての規定がある。

宮中で食膳を担当する官司には他に内膳司があり、天皇への供御の食膳は内膳司、親王以下諸官人への食膳は大膳職が担当する。しかし両者は天武朝段階では未分化であったとみられる。書紀によれば朱鳥元年九月条に天武天皇の殯宮で「膳職」の事を誄したと見える紀真人が、持統元年正月条に「奉膳」とあり、奉膳は令制では内膳司長官にあたることから、当初宮中の食膳全般を掌る官司として成立した膳職が後に（大宝令か）大膳職と内膳司に分離したものとみられる。

大膳職に隷属する雑供戸は、職員令40条集解所引の官員令別記によれば、鵜飼三七戸、江人八七戸、網引一五〇戸と未醬二〇戸があった。このうち江人と網引は延暦十七年（七九八）に内膳司に移管されており（三代格同・六・二十五符）、延喜式では「和泉国網曳厨」「河内国江厨」からの貢納の規定が内膳式に見える（内膳式37造雑味塩魚条・38造雑魚鮨条）。また近江国坂田郡の筑摩御厨も同十九年に大膳職から内膳司に移管されていることから（三代格同・五・十五符）、当初は大膳職の雑供戸であったとみられる。

平城宮では中央区（第一次）大極殿の北側の官衙が出土した木簡の記載内容から大膳職と推定されている。また平安宮では大内裏図によれば、東面する待賢門を入ってすぐ南側に位置し、南の区画に大炊寮、西の区画の東南部に醬院があった。

東鰒・島鰒（一七九頁2）　東鰒は主に安房国から貢納された鰒（主計式上24安房国条参照）、島鰒は志摩国から貢納された鰒（同式15志摩国条参照）。両国とも内膳司長官（奉膳）を勤める高橋氏との関係が深い。東野治之「志摩国の御調と調制の成立」（『日本古代木簡の研究』所収、一九八三年、初出一九七八年）、狩野久「御食国と膳氏」（『日本古代の国家と都城』所収、一九九〇年、初出一九七〇年）、川尻秋生「古代安房国の特質」（『古代東国史の基礎的研究』所収、二〇〇三年、初出一九九五年）、佐藤信「古代安房国と木簡」（『日本古代の宮都と木簡』所収、一九九七年、初出一九九三年）参照。

高部神一座（一七九頁3）　神名式上2宮中条では「高倍神社」。神名は高＋瓮（ヘ）の意で、醬等を醸造する容器の瓮（ホトギ・ヘ）を神格化したもの。貞観元年（八五九）三月二十日に従五位下（三代実録）。神名式上22安房国条の安房国朝夷郡の項に「高家神社」が見える。和名抄では佐渡国羽茂郡の高家郷を「多加倍」と訓じており、同社も「タカヘ」神社であったとすると、高橋氏文に見える安房大神が大膳職の御食津神として祭れたとする説と同様の関係が、同社と醬院の高部神にも考えられる。

輿籠（一八一頁1） 手がついて担いで運ぶようになっている籠（四時祭式上6鳴雷神祭条の「匏…葦籠」参照）。単位が脚であり、台（脚）付であったとみられる。神に供える食膳を運搬する用具であろう。儀式一（神今食儀）の行立次第によれば采女八人と内膳司の膳部六人が「執ニ供神幷供御雑物等一」とあり、供神の食膳を輿籠に納めて担いで神殿に搬入したのは内膳司の膳部であろう。

大直神（一八一頁2） 記紀神話では黄泉国から逃げ戻ったイザナキが日向のアワギハラで禊祓を行なったとき、汚垢からマガツヒの神が化成し、そのマガ（禍・曲＝誤りのこと）を直すために神直日命、大直日命が化成したとする。大殿祭祝詞では、同祭の施行によっても行き届かないところがあれば神直日命、大直日命がそれを補うという神徳を説いている（祝詞式10大殿祭条）。鎮魂祭における大直日神の祭祀については、神事の中心である宇気槽（ウケフネ）の儀、玉結の儀、御衣振動の儀の次に歌女が大直歌を奏し、その間に祭主が大直日神に拝礼を行なっている（伯家部類〈鎮魂祭之事〉）。神事の中での咎過の補正を大直日神に祈念したとみられる（川出清彦『祭祀概説』一八三頁、一九七八年）。大直神一座に対する供神物の数量は、神八座の一座ごとよりも多く、厚遇されていることが分かる。職員令1神祇官条集解に見える神祇官式（四時祭式下48鎮魂祭条の弘仁式逸文とみられる）の鎮魂祭祭神にはこの神は見えない。

橘子二蔭（一八三頁1） 柑橘類の果実。ミカンの古名。蔭は通例「縵」と書き、橘の実を葉の付いたまま枝ごと折り取ったものを指す。

四座の菓餅の料（一八三頁2） 神八座の中の特定の四座に菓餅が供されるが、この四座は次に見える酒を甕で供する四座と同じであろう。鎮魂祭の祭神の神八座は神祇官西院に坐す御巫の祭る神八座（神名式上2宮中条）と同神であるが、三代実録貞観元・二・一条に、この八神のうち神産日神・高御産日神・玉積産日神・足産日神の四神に最高位の正一位の神階が授与されており、他の四神より格式が高いことから、これらがこの四座にあたると考えられる。

雑給の料（一八三頁3） 鎮魂祭に供奉する諸司官人に給する酒食の料物。四時祭式下48鎮魂祭条に、神事のあと「喚ニ宮内省一、令レ賜ニ酒食一」とある。本条は宮内式4新嘗寅日条と対応し、同条の「供奉諸司上十人、中卅人、下二百六十人」の「上」が「参議已上」、「中」が「五位已上」、「下」が「六位以下」にあたる。

漬蒜房蒜英（一八三頁4） 蒜はノビルなどのユリ科の植物。蒜房はその根、蒜英はその花で、それぞれを塩漬けにしたもの。造法は内膳式34漬年料雑菜条を参照。大嘗祭の神事で天皇と神に供献される由加物の中に「蒜英根合漬」が見え（大嘗祭式18由加物条）、ここでは花と根を合せて漬物にしている。漬蒜房・蒜英が臣下に給食されるのは、鎮魂祭の雑給（本条）と新嘗祭の小斎人への給食（本式5新嘗祭条・6皇后宮新嘗祭条）、および釈奠の雑給（本式17釈奠雑給料条）のみであり、対象も五位以上に限られている。

韮搗（一八三頁5） 韮はネギ科の多年草。古事記には「賀美良」、万葉集には「久久美良」、正倉院文書には「美良」と見え、和名抄には「古美良」とあり、古代にはミラと訓まれていた。韮搗は韮の葉をすりつぶしてよく搗いて塩漬けにしたもの。造法は内膳式34漬年料雑菜条を参照。

国栖笛工（一九三頁1） 吉野の国栖と楢の笛工。吉野の国栖については大嘗祭式31卯日条参照。大和国の吉野に住む山の民で天皇へ服属の伝承に基づき、大嘗祭や新嘗会をはじめとする諸節会で御贄を貢納し歌舞を奏す。楢の笛工については大嘗祭式30斎服条参照。吉野の国栖の奏する歌舞の伴奏を受け持つ。

その雑の器は…土の器（一九三頁2） 大炊式8宴会雑給条の新嘗会の「飯器」の規定では、「参議已上」「五位以上」「命婦三位以上」「五位以上命婦」「大歌、立歌、国栖、笛工」にそれぞれの器の種類を定めている。これを参考にすると、本条の「親王已下三位已上」には「命婦三位以上」が含まれ、「四位已下五位已上」には「五位以上命婦」が含まれ、「土器」は「大歌、立歌、国栖、笛工」の器と理解することができる。

饌の案六脚・折櫃六十合・大笥六十合（一九三頁3）　案、折櫃、大笥はそれぞれ一人分の食事を盛り付ける配膳具。案は机に同じ。折櫃は前条参照。笥は曲物製で蓋付きの器。和名抄に「盛二食器一」とあり、大笥は大形の笥。天平宝字六年（七六二）の造石山院所解案（古一六―一九九頁）から食物器を作製する工人の手間が分かり、それによると一定期間に折櫃は人別二合、大笥は人別五合が作製されており、折櫃は大笥の倍以上の手間がかかっている。また価格も折櫃は大笥の倍となっている（古一六―三八〇頁）。おそらく案は上位者、折櫃は中位者、大笥は下位者の配膳具であったとみられる。本条以下に見える平野・賀茂・春日・大原野・松尾の諸祭についても同様である。

山城国の進るところ（一九五頁1）　内膳司の「供御月料」の箸竹は、同司所管の乙訓園（山城国乙訓郡）と鹿鷺園（同国相楽郡）で栽培された竹製であり（内膳式19供御月料条）、ここでも山城国から箸竹が供給されている。また、隼人式14大嘗会竹器条～17年料雑籠料条によれば隼人司は竹器の製作を行なったが、同司は所管する園で材料の竹を栽培していた（同式17条）。畿内隼人の居住地が山城国綴喜郡大住郷であったことからすると、同園もその近辺に所在したと考えられ、ここからも山城国と竹栽培との関係をみることができる。

饌の案十脚・上中の折櫃各六十合・大笥百合（一九七頁1）　直会の食に与かる参列者の人数は、饌案、折櫃、大笥の数から夏の祭は合せて二三〇人、冬の祭にはさらに増える。冬の祭に参列者が多いのは、大蔵省より禄綿の頒賜があるからであろう（儀式一〈平野祭儀〉）。

石塩十顆（二〇三頁1）　大学式では堅塩と表記。固まりになっている堅い塩。大学式1釈奠条によれば先聖（孔子）先師（顔回）二座の籩（ヘン、竹で編んで作ったたかつき）に盛られることになっており、また同式6器実条に「籩実、堅塩五顆」とある。従って石塩一〇顆となる。次の乾魚二升も同条に籩につき一升とあり、二座分として計算が合う。

鹿の脯三十斤（二〇三頁2）　鹿の肉を薄く切って乾燥させたもの。先聖先師、従祀（閔子騫以下九座）合せて一一座すべての籩に盛られる。大学式6器実条には大鹿の脯、小鹿の脯各一斤八両とある（一斤＝一六両）。従って籩一つに鹿の脯は大小合せて三斤盛られると考えられるが、籩は一一あるので脯の数量は三三斤必要で数量が合わない。なお、下文に「羊脯十三斤八両〈代用二鹿脯一〉」とある。大鹿の脯を一一座分一六斤八両、羊の代用として小鹿の脯を一三斤八両とすると合計は本条文の通り三〇斤になる。しかしそれにしても小鹿の脯は九座分の分量しかなく不審。

鹿の醢一升魚醢一升兎の醢一升（二〇三頁3）　鹿醢は鹿肉のしおから、漬物。大学式1釈奠条では豆（トウ、木製のたかつき）に盛ることになっており先聖先師、従祀合せて一一座に備えられる。同式6器実条には豆の実として五合とあるから五升五合必要なはず。本条の一升とは計算が合わない（一升は二座分）。大膳式編纂時に従祀九座分を落として計算してしまったか、あるいは釈奠の際、実際には先聖先師にしか奠（オ）かれなかったか。魚醢は先聖先師二座に対し、五合ずつなので本条の一升と合致する。なお大学式5魚醢条に「凡魚醢者、大膳職造備、臨レ祭弁貢之」とある。兎醢については本式18六衛府輪転条および大学式2三牲条参照。

豚胉一升（二〇三頁4）　豚胉は豚の脇腹の肉。大学式1釈奠条によると、先聖先師の二座の豆に盛られる。同式6器実条に五合とあり計算も合致する。

鹿の五蔵一升（二〇三頁5）　大学式2三牲条に三牲には「各加二五蔵一」とある。五蔵は心、腎、肝、肺、脾。一升という数量がどのように計算されたかは不明。

脾析葅一升（二〇三頁6）　脾析は牛またはけものの胃。本来中国では三牲に牛を用いたので脾析も牛の胃のことであろう。しかし日本では三牲も牛を大鹿に代え、大学式6器実条にも「用二鹿百葉一」とあるので、ここでは鹿の胃で作った漬物となろう。豆に盛られ二座に奠かれた(同式1釈奠条)。一つの豆に五合なので(同式6条)、本条の数量と計算も合う。

羊の脯…鹿の脯を用いよ(二〇三頁7)　大学式には羊脯の記載なし。同式6器実条の小鹿の脯に該当するか。中国の三牲は牛・羊・豚。日本ではこれを大鹿・小鹿・豕としたので、羊の脯も小鹿としたものと考えられる。小鹿の脯は籩(ヘン)ごとに一斤八両。一一座に奠かれると一六斤八両必要。一三斤八両は一六斤八両の誤りか。あるいは従祀九座分と考えると数量は合致するが先聖・先師に供さないというのも不審。なお、大鹿の脯も籩ごとに一斤八両なので、一一座分で一六斤八両。この羊(小鹿)脯一三斤八両と合計すると鹿の脯は三〇斤となり、本条の鹿の脯の数量と合致する。

糯米四升(二〇三頁8)　糯はもち米。大学式1釈奠条に先聖先師二座の籩に盛るものとして白餅、黒餅があり、同式6器実条に白餅・黒餅は各米二升を用いよとある。このうちの白餅用のもち米であろう。

乾棗子(二〇三頁9)　二座の籩に盛った(大学式1釈奠条)。同式6器実条に籩ごとに一升とあり計算も合致する。

黍子四升(二〇三頁10)　大学式1釈奠条に先聖先師二座の籩に盛るものとして白餅、黒餅があり、同式6器実条に「白餅、黒餅各用二米二升一」とあるが、分注に「黒餅以二黒黍一」とある。この黒餅用の黒黍であろう。

栗黄一斗一升(二〇三頁11)　栗の実。籩に盛り一一座に奠(オ)いた。大学式6器実条に籩ごとに一升とあるので計算も合致する。

榛人菱人芡人(二〇三頁12)　榛はカバノキ科の落葉低木。果実は食用に用いる。菱はヒシ科の一年生水草。果実はかたい殻でおおわれ両側に鋭いとげがあるが食用とされる。芡人はおにばすのこと。スイレン科の一年生水草。種子は球形で食べられる。それぞれ籩に盛られ、二座に奠かれた(大学式1釈奠条)。計算も同式6器実条と合致する。

芹葅笋葅各二升(二〇三頁13)　豆に盛り二座に奠いた(大学式1釈奠条)。計算も同式6器実条と合致。なお、本式下20釈奠料条に「笋子一囲〈択二得二升一〉料、塩九合、搗糟三升　右、釈奠料」とあるのは笋葅の製法であろうか。

三牲の宍各一頭(二〇三頁14)　中国では牛・羊・豚を三牲としたが、日本ではこのうち牛を大鹿、羊を小鹿に代替した。大学式2三牲条に「三牲〈大鹿、小鹿、豕、各加二五蔵一〉、兎〈醢料〉、右、六衛府別大鹿、小鹿、豕各一頭、先レ祭一日進レ之、以充レ牲」、左右近衛式42釈奠三牲条、左右兵衛式15釈奠三牲条、左右衛門式16釈奠三牲条には「凡二月八月上丁、進二釈奠三牲一(中略)並丙日送二大学寮一」とあり六衛府から大学寮に直送するよう規定されているが、本条によれば六衛府から大膳職を経由して大学寮へ届けられたことになる。

また数量は大学式2条により六衛府ごとに三牲を各一頭ずつ送ったとすれば一八頭送られることになり、本条の「三牲の宍各一頭」とは合致しないことになる。なお、三牲の宍は同式6器実条に右の胖(カタミ)を用いるよう規定されている。先聖先師以下一一座すべてに三牲の胖が供えられたとすれば三牲は三三頭必要になる。この場合、同式2条の計算とも本条の数とも合わず、三牲の宍がかなり不足することになる。同式1釈奠条によれば先聖先師二座には三牲用の俎(ソ)が座ごとに三つ用意されるが、従祀九座には座ごとに俎が一つだけである。また分注にも三牲ではなく「牲肉」とだけある。ここより従祀の場合は三牲のうちの一頭だけとすれば必要な三牲は一五頭となり、同式2条の数値にやや近づくが、それでも合致はしない。ちなみに弘仁式ないしは貞観式には「三牲各加二五蔵一、六衛府別、各一頭供レ之」とある(三代実録仁和元・十一・十条)。この式文の場合は同式2条同様六衛府ごとに三牲をそれぞれ一頭納めたとも、六衛府がそれぞれ三牲のうちの一頭ずつを納めたとも解釈できる。後者の解釈の場合、六衛府貢納のものがすべて集まれば三牲が二組、先聖・先師分揃うことになるが、従祀九座の牲についてどう入手したかが不明となる。いずれにしても本式の「三牲の宍各一頭」は関連条文の規定と整合しない。

鹿一斗五升〈大羹の料〉（二〇三頁15） 羹は肉や菜を入れた吸い物。大学式1釈奠条には先聖先師二座に対しては座ごとに瓴（ドウ、焼き物のたかつき）三に大羹を入れ、従祀九座には座ごとに瓴一に入れることになっている。同式6器実条によれば瓴いっぱいに満たすことになっている。すべてで瓴は一五あるので一つにつき鹿肉一升を使う計算になる。なお、同式1条には鉶（ケイ、両耳・三足の鼎）に肉の羹を入れることになっているが（二座に各三、従祀に各一）これに関する記述は大膳式には見当たらない。

鹿一斗〈醢の料〉（二〇三頁16） 大学式1釈奠条および6器実条によれば、先聖先師、従祀合せて一一座の豆に、豆ごとに五合の鹿の醢を盛ることになっている。一方、本条には一升とある。大学式によれば一一座で五升五合、本条によれば一斗一升必要となる。鹿一斗から醢五升五合または一斗一升作ったのであろう。

串貫の羽割（二〇三頁17） 延喜式では本条が初出だが、串鰒、横串鰒、羽割鰒は主計式上2諸国調条に見える。串刺しにして貫いたものであろう。羽割鰒は、アワビの一片を割き開き、一片を連続してこれを披き、ちょうど蝶が羽を振ったような形にしたもの（本朝食鑑）、アワビの肉を鳥の羽のように薄くさいて加工した食品（『日本国語大辞典』）などの説がある。串貫羽割とは羽割鰒を串刺しにしたものか。あるいは串貫鰒と羽割鰒の可能性もあるか。

享官の五位二人六位已下九十八人（二〇五頁1） 享官で五位以上に相当するのは三献の初献を務める大学頭（従五位上相当）。亜献、終献の大学助・博士は正六位下である。ほかに五位の可能性があるのは大膳職、大炊寮、主殿寮、雅楽寮などで長官クラスが参加した場合＝大膳大夫（正五位上）、大膳亮（従五位下）、大炊頭（従五位下）、主殿頭（従五位下）、雅楽頭（従五位上）である。大学式21執当官人条に「凡釈奠祭大膳職執当官人名、自レ官下二知寮家一、若有二奠祭不如法之事一、言二上其状一」とあり、釈奠において大膳職の責任は重視されていたが、この点より推測すると大膳大夫または亮であろうか。ただしこれは推測に過ぎず大学頭以外誰が該当するのかは不明とせざるを得ない。

六衛府輪転して…兎一頭（二〇五頁2） 下文の「以二左近衛府一為二一番一、依レ次貢進」することと文意は同じ。具体的には釈奠祭の醢の料の兎一頭を一番左近衛、二番右近衛、三番左衛門、四番右衛門、五番左兵衛、六番右兵衛という順番で貢進するということ。三代実録仁和元・十一・十条によれば、当時の大学式（弘仁式または貞観式か）には「三牲及兎、六衛府各一頭供レ之」とあり、兎は六衛府すべてが一頭ずつ、計六頭が貢進されていたが、これを六衛府輪転という方式に改められたという。

　また三代実録同日条によれば兎醢は乾した兎を用いて一〇〇日かけて作るものであった。しかしこの段階の式には「三牲及兎、六衛府各一頭供レ之」としか規定がなく、おそらく三牲とともに釈奠前一日に送られ、鮮兎で醢が作られていた。そのため釈奠三ケ月前に乾兎二頭を輪転して納めることが仁和元年（八八五）に勅定された。本条はこの仁和元年の勅定を受けて延喜式で定立された条文である。ちなみに三代実録同日条や左右近衛式42釈奠三牲条、左右衛門式16釈奠三牲条、左右兵衛式15釈奠三牲条では兎二頭を送ることになっており、本条および大学式と頭数が異なる。本条の場合は延喜式文として定立される際に従来の兎一頭の記述がそのまま残ってしまったか。

巻第三十三

生道の塩…醬(二〇七頁1)

〔生道の塩〕尾張国智多郡生道郷に関わる堅塩。主計式上16尾張国条参照。

〔海藻〕アイヌワカメ科の緑褐色の一年生海藻。主計式上2諸国調条の「海藻…鹿角菜」参照。

〔滑海藻〕コンブ科の緑褐色の多年生海藻。主計式上2条の「海藻…鹿角菜」参照。

〔未醬〕大豆や小麦を原料とした調味料。斎宮式38野宮月料条の「味醬」参照。なお製法については本式18造雑物法条参照。

〔醬〕大豆や糯米、小麦などを原料とし、塩を加え麴で発酵させた調味料。その製法は本式18条参照。

糯米…芥子(二〇七頁2)

〔糯米〕粘りが強く、主に餅料に使用される米。

〔米〕稲を脱穀した後、もみがらを取り去った種子。

〔胡麻子〕ゴマ科の一年草の種子。斎宮式38野宮月料条、主計式上4中男作物条の「胡麻の油…閉美の油」参照。

〔滓醬〕カスが多少残った醬、もしくはもろみに近いものか。醬滓とは異なる。斎院式27三年一請条参照。

〔酢〕製法は造酒式4造雑給酒酢法条参照。

〔胡麻の油〕胡麻の種子を絞って得られる油。主計式上4条の「胡麻の油…閉美の油」参照。

〔塩〕海水を煮詰めて作り、調味料や食料の保存に用いる。四時祭式上4祈年祭官幣条の「庸布…裹葉薦」、主計式上3諸国庸条参照。

〔芥子〕アブラナ科の一年もしくは二年草。カラシナ。主計式上4条参照。

干柏…油(二〇七頁3)

〔干柏〕柏の葉を干したもの。盛りつけ用の器にしたものか。

〔薪〕燃料として用いる細枝や割り木。

〔炭〕樹木を焼いて作る。荒炭。内匠式5銀器条参照。

〔箸竹〕竹製の箸。筋竹とも。民部式下7仰畿内条の「神祇官の卜竹…山藍」参照。

〔松明〕火をともし、照明用に用いるもの。

〔油〕和名抄によれば、熟した胡麻の実を煎って圧搾して得るものをいう。主計式上4中男作物条の「胡麻の油…閉美の油」参照。

菜(二〇七頁4)　最勝王経斎会の菜については、本式17醬瓜料条に醬瓜の料が規定されている。また本式21御斎会雑菜料条に最勝王経斎会の雑の菜が見える。さらに内膳式11御斎会料条には、「最勝王経斎会料、雑菜六石五斗四升五合充二大膳職一」と見え、本条の菜の料を規定している。

甜物…麁未醬(二〇七頁5)

〔甜物〕米や小麦、糖を材料として用い甘みを加えた食品のことか。

〔糯の糒〕糯米を蒸して乾燥させ、保存や携帯食品として利用した。主税式下1正税帳条の「糒」参照。

〔糖〕本式18造雑物法条によれば、糯米と萌小麦を原料に作られる。その汁を煮詰めた甘味料。

〔索餅〕小麦粉や米粉および塩を用い縄状に練ったもので、うどんのようなものか。

〔薄餅〕醬・麁醬・塩などで味付けした、小麦粉で作る薄い餅。

〔大角豆〕マメ科の一年生作物の種子。斎宮式40五月節条参照。

〔麻子〕麻の種子。食用、薬用に用いる。主計式上4中男作物条の「胡麻の油…閉美の油」参照。

〔麁醬〕品質の劣る醬。醬については本式1東寺中台等条参照。

〔豉〕大豆とワカメを原料とした醸造物で調味料として用いた。民部式下63交易雑物条参照。

〔麁未醬〕品質の劣る未醬。未醬は本式1条参照。

紫菜…大凝菜(二〇九頁1)
〔紫菜〕ムラサキノリとも。主としてアサクサノリ(ウシケノリ科の紅藻)。主計式上2諸国調条の「海藻…鹿角菜」参照。

〔於期菜〕於胡菜にも作る。オゴノリ科の紅藻。主計式上2条の「海藻…鹿角菜」参照。

〔鹿角菜〕紅藻類スギノリ科の海藻。食用の他、糊料としても用いられる。主計式上2条の「海藻…鹿角菜」参照。

〔角俣菜〕鹿角菜と同じ紅藻類に属するが、別種であったか。主計式上2条の「海藻…鹿角菜」参照。

〔稚海藻〕海藻(メ)の若芽。ワカメ。主計式上2条の「海藻…鹿角菜」参照。

〔海松〕ミル科の緑藻。主計式上2条の「海藻…鹿角菜」参照。

〔海藻根〕メカブのこと。主計式上2条の「海藻…鹿角菜」参照。

〔大凝菜〕紅藻類テングサの古称で、今日のトコロテン。主計式上2条の「海藻…鹿角菜」参照。

醤漬の瓜…菁根漬(二〇九頁2)

〔醤漬の瓜〕醤で漬けた瓜。本式17醤瓜料条に醤瓜の料として瓜四斛七斗六升と見える。本式21御斎会雑菜料条には見えないが、内膳式34漬年料雑菜条は、醤漬瓜九斗とする。

〔糟漬の瓜〕糟で漬けた瓜。本式21条には見えない。内膳式34漬年料雑菜条は糟漬瓜九斗とする。

〔荏裹〕荏胡麻の葉に包んで作った食品。本式21条には荏裹の数量および材料が規定されるが、内膳式34条の荏裹の材料とは一致しない。

〔冬瓜〕ウリ科のつる性一年草。トウガン。本式21条に未醤の冬瓜二五顆、漬糟の冬瓜二四顆と見える。内膳式34条は醤漬の冬瓜四斗、糟漬の冬瓜一石とするが、未醤の冬瓜は見えない。

〔茄子〕ナス科の一年草。本式21条には糟漬の茄子は見えない。また、内膳式34条には、未醤漬の茄子が見えない。

〔漬薑〕ショウガの漬物。本式21条には漬生薑一斛、内膳式34条には稚薑三斗と見える。

〔蘘荷漬〕茗荷の漬物。本式21条に漬蘘荷九斗五升二合、内膳式34条に蘘荷六斗と見える。

〔菁根漬〕カブラの漬物。本式21条に漬蔓菁根九斗五升二合、内膳式34条には醤菁根三斗および糟菁根五斗が見える。

菁の須須保利漬(二〇九頁3)　内膳式34漬年料雑菜条には「蔓菁の須須保利」・「菁根の須須保利」と見えるので、本条の「菁」は葉と根の両方を含意してカブラの総称として一字に記述されている可能性がある。

菁葅(二〇九頁4)　「菁」については、前項同様、葉と根の両方を含めたカブラの総称として使用されている可能性がある。

荊根…梨子(二〇九頁5)

〔荊根〕スイレン科の水草、漢方薬として用いる。

〔根蓴〕ジュンサイ(蓴菜)のこと。

〔蕓薹〕アブラナ(油菜)のこと。

〔胡荽〕和名抄では胡荾。セリ科の一年草。コリアンダー。色葉字類抄に「コニシ　コスキ」と見える。

〔胡桃子〕クルミ科の落葉高木の種子。主計式上4中男作物条の「胡麻の油…閉美の油」参照。

〔生栗子〕生栗のこと。

〔干柿子〕干した柿。

〔梨子〕バラ科の落葉高木の果実で、水分と甘みに富む。

𦬇・芋(二〇九頁6)

〔𦬇〕ヤマノイモ科の多年生蔓草の根茎。典薬式47摂津年料雑薬条・63近江年料雑薬条・78丹波年料雑薬条・81因幡年料雑薬条・83出雲年料雑薬条・93紀伊年料雑薬条・94阿波年料雑薬条の各条に見える萆薢とは同じ植物である。ただ萆薢が山野に自生する野生種で、主に薬材として用いられたのに対し、𦬇は食用として栽培されたものであった。菊地照夫「延喜式にみえる『𦬇』と『萆薢』」(『延喜式研究』一八、二〇〇二年)参照。

〔芋〕植物の根茎が養分を蓄え発達したものの総称であるが、ここではサトイモのことか。本式上10斎院給食料条には「芋子」とある。

延暦寺定心院(二一一頁1)　仁明天皇の御願に

より、承和五年(八三八)から同十三年にかけて創建された(続後紀承和十三・八・丙戌条)。民部式下4延暦寺条の「同寺定心院の…修法の料」参照。

年分度者を試むる三度の料(二一一頁2) 年分度者とは毎年一定数の得度にあずかる者で、ここでは年間三度行なわれる課試に要する料物を規定する。三度とは、大蔵式42三月試度年分条～44西塔院試度条によれば三月および八月、さらに類聚国史一八七延暦二十三・五・庚寅条に「自レ今以後、旧年十二月中旬以前試定」と十二月に試することが見える。よって三度とは、三月・八月・十二月をいうのであろう。民部式下4延暦寺条参照。

僧(二一一頁3) 民部式下4延暦寺条には延暦寺の「試二年分度者一証師幷使」、「同寺西塔院試二年分度者一証師幷使」と見え、本条の僧が証師であることが知られる。また次条の僧も同様である。証師については本式13安祥寺試年分条の「証師」参照。

海印三昧寺(二一三頁1) 京都府長岡京市奥海印寺に所在する真言宗寺院。文徳実録仁寿元・六・己酉条の権少僧都伝燈大法師位道雄の卒伝に「名二海印寺一、伝二華厳教一」と見え、海印寺が華厳宗道場として創建されたことが知られる。また年分度者については三代格嘉祥四・三・二十二符に、「特於二此寺一度二年分二人一、受戒了則還二住此寺一、一十二年不レ許レ出レ山」と、年分度者二人が受戒の後海印寺にて一二年間修行したことが見える。

七寺(二一五頁1) 小野宮年中行事(七月)に「弘仁大膳式云、送二東、西、佐比、八坂、常住、出雲、聖神一」と見え、本条の弘仁式逸文が知られる。宮内式30盂蘭盆条では「七箇寺」と見える。

盂蘭盆(二一五頁2) 七寺盂蘭盆会の成立については、桓武天皇の仏教政策のもと、平安京遷都後の東寺創建と関連させて考える説もある(黒須利夫「七寺・七廟考」〈あたらしい古代史の会編『王権と信仰の古代史』所収、二〇〇五年〉)。

竃杵米…荷葉(二一五頁3)

〔竃杵米〕蒸して搗いた米のことか。

〔黍米〕黍の実。

〔干薑〕乾燥させた生薑、薬用または食用に用いられる。斎宮式66供新嘗料条、内蔵式26御斎会蘇条参照。

〔生薑〕ショウガ。食材や薬用に用いる。

〔青大豆〕大豆の一品種で、一般的な大豆に比べ緑色を呈する。なお下文に「青大豆三束」とあるが、「卅把」と「三束」は同値なので、いずれかを重出とすべきか。

〔熟瓜〕よく熟した真桑瓜。斎宮式41七月節条参照。

〔青瓜〕白瓜の一種、皮の青いもの。和名抄に「一名青登〈和名阿乎宇利〉青瓞瓜也」と見える。

〔水葱〕ミズアオイ科の一年草。

〔蓼〕タデ科タデ属の総称。

〔蘭〕フジバカマあるいはヒヨドリバナのことか。

〔青橘子〕熟して黄色になる前の橘の実、皮を薬用にする。

〔李子〕バラ科の落葉小高木の実。

〔桃子〕内膳司所管の園地には「桃百株」が栽培された(内膳式61雑菓樹条)。

〔支子〕アカネ科の常緑低木の実。薬用、もしくは染料として用いられる。

〔荷葉〕蓮の葉、盛り具として用いられたか。内膳式に荷葉の種類として稚葉・壮葉・黄葉が見える。同式22荷葉条参照。

仁王経の斎会(二一五頁4) 護国教典である仁王護国般若波羅蜜多経を講説する国家的仏教法会。毎年春秋二期に実施される他、災異など国難に際しても臨時に執り行なわれた。また玄蕃式25仁王会条に「凡天皇即位則講二説仁王般若経一〈一代一講〉」と見え、天皇の即位儀礼の一環として講説が行なわれた。同条の「一代一講」参照。

紀伊の塩…承塵の帳(二二一頁1)
〔紀伊の塩〕紀伊国が調物として貢進する。本条では供物料に用いられるが、造酒式6紀伊国塩条に御酒料として「紀伊国塩三斛」と見える。

〔薄絁の篩〕糸を細くし、地を薄くした絁を底に張った篩。

〔曝麦〕日に干した麦。今昔物語一〇―二五に「妻、隣ノ家ニ行テ、麦ヲ求テ持来テ、夕サリノ食ニ充テムトシテ庭ニ曝ス」と見える。

〔承塵の帳〕屋根裏からの塵を防ぐため、室の上面に張りわたした布。和名抄に「釈名云、承塵〈此間名如㆑字〉、施㆓於上㆒承㆓塵土㆒也」と見える。また、大嘗祭式15在京斎場条・22大嘗宮条参照。

匏…杵(二二二頁2)

〔匏〕瓢箪の実を二つに割って杓子にしたもの。民部式下9諸司雑具条の「甑…置簀」参照。

〔槽〕水や酒などの液体を入れる容器。

〔箕〕穀物や豆を振るい、ゴミをより分ける農具。

〔臼〕主に穀物を脱穀するのに用いる。民部式下9条の「甑…置簀」参照。

〔杵〕棒状の農具。脱穀のための臼とともに用いられる。民部式下9条の「甑…置簀」参照。

薪を検納する諸司(二四一頁1)　御薪進上に際し、数や品質を検査して収納する諸司。本条分注によれば弁官・式部省・兵部省・宮内省の官人が担当する。なお、造酒式38検納御薪所条には、五位が四人、六位以下の官人が二七人と見え、本条の二八人と一致しない。雑令27進薪条、太政官式58進薪条、式部式上161薪条、兵部式3武官薪条、宮内式40御薪条参照。

百度の法(二四一頁2)　「食」ではなく「法」としているのは百度食支給の基準を含意すると推定される。その点について、相曽貴志は大炊式34中宮等雑給条の熟食規定をもって本条の「百度法」にあたると指摘し、宮内省管理のもと、前月の上日状況に応じて一日一回支給をするシステムが「百度法」ではなかったかとする(「百度食と熟食」〈『延喜式研究』二三、二〇〇七年〉)。なお、百度については本式39出納諸司条の「百度の料」参照。

内豎二百人(二四一頁3)　内豎所にあって主に時刻の上奏を掌る。類聚国史一〇七大同二・十・己巳条に「停㆓内豎㆒、隷㆓左右大舎人寮㆒各一百人」と見え、この時内豎は廃されたが、廃止以前の定員が二〇〇人であったことが知られる。しかし後紀弘仁二・正・庚子条では「制、上殿舎人一百廿人、復㆓旧名㆒為㆓内豎㆒」と見え、わずか四年たらずで再び制度化された。しかし定員は以前の二〇〇人に対して一二〇人と、その数を減じての復置であった。本条および大炊式36内豎月料条では「内豎二百人」とあるので、弘仁二年(八一一)以降、内豎の定員は何時の時点かで以前の二〇〇人に戻り、式制となったのであろう。このように、内豎の定員に関しては変遷があったことが知られる。

長の人(二四三頁1)　式には本条以外に、大炊式35親王已下月料条に「長人〈日五升〉」また造酒式48長人料条に「長人料酒九升〈日別三合〉」と見えるのみである。

まず長人とは何かが問題であるが、文徳実録斉衡元・十二・辛巳条に「武蔵国貢㆓長人一枚㆒、以備㆓駆儺㆒」と武蔵国が追(駆)儺の準備のため長人一人を貢上してきたと見える。長人が追儺の儀に列したことは故実叢書本内裏式中(十二月大儺式)に「方相一人〈取㆓大舎人長大者㆒為㆑之〉」、また要略二九所引清涼記に「方相一人〈取㆓大舎人長大者㆒為㆑之〉」と見える。さらに儀式一〇(追儺儀)には「儺長大舎人著㆓方相面、緋衣、皂裳㆒、持㆓楯、槍㆒」と見え、追儺儀に参加する「儺人」(儀式一〇)集団の長として、大舎人が方相氏を演じたことが知られる。ところで大舎人寮の長大なる者を方相氏にあてたとすることから、長人とは背の高い大柄な人物であると想像されよう。そのことをさらに具体的に知りうるのは三代実録貞観八・五・十九条である。

下㆓知相撲、武蔵、上総、下総、常陸等国㆒、選㆓進長人六尺三寸以上者㆒。

これは先述の武蔵国が長人を貢上したことに関連するものであるが、武蔵国など東国諸国に対し、六尺三寸以上の長人を貢進せしめたことが知られる。六尺三寸はおよそ一八七センチメートルであり、「以上」ということであれば一九〇センチメートルを超えるかなり背の高い人物であった。しかし方相氏は本来、大舎人寮の官人のうち、長大なる者を取る定めであり、東国との関連については一考を要する。

雑盛一籠(二四三頁2) 式に見える雑盛(合盛・相盛含む)を列記すると

(a)四時祭式上7春日祭条

解除料(中略)鰒、堅魚、腊雑盛二籠、

(b)四時祭式上9薗韓神祭条

合盛腊四籠、

(c)四時祭式上21御贖祭条

相盛八籠〈雑海菜、雑腊、鰒、堅魚等之類〉、

(d)四時祭式下57毎月御贖条

雑盛一籠、

(e)斎宮式60鎮祓条

雑盛六籠、

(f)斎宮式62三時祭禊料条

雑盛九籠、

(g)大膳式上12春日雑給料条

合盛雑腊一籠、

(h)大膳式下52雑盛一籠条

凡称二雑盛一籠一者、鰒、堅魚、海藻各盛二一斤一、称二海菜雑盛一籠一者、大小凝菜、鹿角菜各盛二一斤一、

(i)造酒式1祭神条

相盛各三斤、

となる。以上により、まず雑盛と合盛・相盛は表記の違いはあるものの、同内容と見られよう。四時祭式の腊は本条では見られないが、内容は海産物で一致している。また史料はいずれも解除・祓・御贖に関するものであり、雑盛が祓えに関わる料であることが知られる。よって雑盛とは、種々の海産物を一つの器物に盛り合せたもので、祓料に用いられたといえよう。また合盛・相盛とも表記されるといえる。

駿河国の堅魚の煎汁(二四三頁3) 仁藤敦史は、延喜式および木簡の検討から、堅魚の煎汁が、駿河国と伊豆国の独占的な貢納物であったことを指摘する。また本条が上等な煎汁を別容器で貢納する規定になっていることから、そこに儀礼的な意味合いが強い贄の性格を想定している(「駿河・伊豆の堅魚貢進」〈静岡県地域史研究会編『東海道交通史の研究』所収、一九九六年〉)。

巻第三十四

木工寮(二五一頁1)　宮内省所管の官司。コタクミノツカサ(和名抄)。土木建築や材木の調達を担当する。営繕令11京内大橋条によれば、「凡京内大橋、及宮城門前橋者、並木工寮修営」とあり、京内の大橋や宮城門前の橋の造営なども担当した。職員令41木工寮条によれば、職員構成は、頭・助・大允各一人、少允二人、大属・少属各一人、工部二〇人、使部二〇人、直丁二人、駈使丁とある。駈使丁には定員が定められていないが、同条集解古記によれば、「駈使丁、分二配諸司一以外、余仕丁皆配二此寮一」とあり、他司に分配した駈使丁の残りを木工寮に配属する仕組みになっていた。正倉院文書には、甲賀宮や恭仁宮で働く官人や工匠の公粮を申請した天平十七・四・十七木工寮解(古二―四〇一頁)と同・十・十七木工寮解(古二―四六三頁)が残っており、それによると、前者では「史生三人、長上十一人、番上百七人、斐太匠卅八人、廝十人、直丁二人、廝二人、仕丁九十人、廝四十五人」の計三〇八人が、後者では「史生三人、長上十一人、番上九十一人、直丁二人、廝二人、飛驒匠卅七人、廝十人、駈使丁七十六人、廝卅八人」の計二七〇人が記載されている。中務式74諸司時服条によると、時服を賜る木工寮の定員は一三四名で、その中には四等官の他に、史生一〇人、算師四人、大工・少工各一人、長上一三人、将領一〇人、工部五〇人、飛驒工三七人があげられている。

　木工寮は、造営に関する唯一の令制官司であるにも拘わらず、内廷的な性格の強い宮内省の被管官司とされている点が大きな特徴である。そもそも唐の官制では、造営に関係ある官に工部と将作監の二つがあり、いずれも外廷的な官司として、大規模な造営事業に関わっていた。それに対して日本では、大規模な造営事業には、臨時に設置された造京司・造宮省などの専門官司が直接これにあたり、木工寮が積極的な役割を果たすことは少なかったと思われる。象徴的なのは、本式の規定である。冒頭には伊勢大神宮料、新嘗会、神今食などの神事に必要な料物についての規定が並んでおり、こうした規定が重視されたのは、木工寮の前身官司が、宮廷祭祀への奉仕をその重要な職務としていたことに由来するとも考えられている(長山泰孝「木工寮の性格と造営事業」〈『律令負担体系の研究』所収、一九七六年、初出同年〉)。

　こうした内廷的性格が認められる一方で、木工寮は造営事業全般における労働力徴発や、徴発後の工人支配・運用に関わるなど、唐制にくらべて造営事業の行政面における役割が強く、むしろ律令が規定する徭役制度を担う「外廷」的な性格もみられるとする評価もある(十川陽一「八世紀の木工寮と木工支配」〈『日本古代の国家と造営事業』所収、二〇一三年、初出二〇〇七年〉)。

　木工寮は大同元年(八〇六)に造宮職を(後紀同・二・丁酉条)、同三年に鍛冶司を併合し(類聚国史一〇七同・正・壬寅条)、さらに天長年間(八二四～八三三)に修理職を、仁寿二年(八五二)に修理左右坊城司を併せるなど、造営・修理関係の官司を併合し、平安時代以降は組織が拡大し、職掌も多様化した。ただし、後に修理職と修理左右坊城司は旧に復した。

　拾芥抄中(宮城部)によれば、木工寮は左京三条二坊八町に所在した。貞観十七年(八七五)に木工寮で火事があり、役人の詰所である「官人直廬」が焼失している(三代実録同・五・十二条)。また、木工寮の厨町である木工町は左京三条二坊一・二町に存在したが(拾芥抄中〔宮城部〕)、承和九年(八四二)に火災に遭い、二〇戸の廬舎が焼失している(続後紀同・七・辛亥条)。

御湯殿(二五一頁2)　掃部式3神今食条によると、六月の神今食の際に、内裏の西にある中和院の正殿である神嘉殿の西廂に床一脚を立て、御湯殿の料とするとあり、十二月神今食と十一月新嘗祭にも同様の鋪設がなされた。江家次第七(中和院神今食御装束)には「西庇戸内供二御湯船、御床子等一、御床子敷二小畳一、御湯〈東西妻〉、床子二脚並立㆓其北㆒〈東西妻〉」と、やや詳しい記述が見える。

賀茂の上下の祭…(二五一頁3)

〔賀茂の上下の祭〕 山城国愛宕郡の賀茂別雷神社(上社)・賀茂御祖神社(下社)で行なわれる祭。中宮式18賀茂祭条、内蔵式13賀茂祭条参照。

〔松尾〕 山城国葛野郡の松尾神社で行なわれる松尾祭。四時祭式上16松尾祭条、中宮式18賀茂祭条参照。

〔春日〕 大和国添上郡の春日神社で行なわれる春日祭。四時祭式上7春日祭条、中宮式12春日祭条、内蔵式2春日祭条参照。

〔率川〕 大和国添上郡の率川阿波神社で行なわれる率川祭。内蔵式3率川祭条参照。

〔大原野〕 山城国乙訓郡の大原野神社で行なわれる大原野祭。四時祭式上8大原野祭条、中宮式13大原野祭条、内蔵式5大原野祭条参照。

〔大神〕 大和国城上郡の大神社で行なわれる大神祭。中宮式17大神祭条、内蔵式8大神祭条参照。

〔山科〕 山城国宇治郡の山科神社で行なわれる山科祭。内蔵式9山科祭条参照。

〔当麻〕 大和国葛下郡の当麻都比古神社で行なわれる当麻祭。内蔵式10当麻祭条参照。

〔杜本〕 河内国安宿郡の杜本神社で行なわれる杜本祭。内蔵式11杜本祭条参照。

〔当宗〕 河内国志紀郡の当宗神社で行なわれる当宗祭。内蔵式12当宗祭条参照。

〔賀茂の臨時の祭〕 十一月下酉日に上社・下社で行なわれる祭。寛平元年(八八九)、宇多天皇が即位前に託宣に従って勅使を派遣したことに始まり(大鏡裏書所引の宇多天皇御記同・十・壬午条)、昌泰二年(八九九)以降、年中恒例の儀として定着した(紀略同・十一・己酉条、要略二八〔賀茂臨時祭〕所引外記日記同日条)。

〔同じき松尾の祭〕 賀茂臨時祭の際に松尾神社にも奉幣される(江家次第一〇〔賀茂臨時祭〕)。

方八寸の版位七枚(二六五頁1) 儀制令14版位条では、版位の大きさを方七寸、厚さ五寸とし、漆字で品階・位階を書くとする。元日朝賀の際の版位については、中務式3版位条に「凡元会、前一日録率㆓史生、省掌等㆒、置㆓版位於大極殿前竜尾道上㆒〈其数幷相去丈尺見㆓儀式㆒〉」と見える。また、儀式六(元正受朝賀儀)に「中務置㆓皇太子版於中階南十丈㆒、南去二丈、置㆓奏賀版㆒、自㆓奏賀位㆒東去二丈、置㆓皇太子謁者版㆒〈以㆓坊大夫㆒為㆓謁者㆒〉、自㆑此南去二丈、更東折一丈、双㆓置奏賀、奏瑞行立版㆒〈奏賀在㆑西、奏瑞在㆑東、相去一丈五尺〉、自㆓中階㆒南去三丈、更東折二丈、置㆓皇太子謁者版㆒〈太子升㆑殿之間、祗㆓候之位㆒〉、南去三丈置㆓詔使版㆒、自㆓中階㆒南去十二丈、西折与㆓奏賀位㆒相対、置㆓典儀版㆒、差西南退、置㆓賛者版㆒」とある版位を指すか。

工(二七七頁1) 瓦を葺く工人。天平宝字六年(七六二)の造金堂所解案に「七貫百九十文堂瓦葺工六百八十人功〈三百九十人別十一文、二百九十人別十文〉、一十貫百九十文垣於瓦葺工一千十九人功〈人別十文〉」(古一六―二九三頁)と見える。

堤瓦(二七七頁2) 瓦屋根の棟上に置かれる瓦。熨斗瓦を積み上げ、その隙間を衾瓦(丸瓦や平瓦)で覆った棟構造全体を指す場合もある。天平宝字六年(七六二)の造金堂所解案に「四百五十文借堤瓦九百枚運車九両賃〈別五十文〉」(古一六―二八五頁)と見える。

埴を打つこと(二七七頁3) 天平宝字六・四・一造東大寺司告朔解には、造瓦所の労働力として「打埴十三万七千八百斤　功三百五十一人」(古五―一九二頁)と見える。これによれば、一人一日平均約三九二斤を打つことになる。

十六村(二八三頁1) 「村」は檜榑や榲榑などの建築材・工芸材に用いられる単位。「寸」とも表記する。本式26桴担条に「榲榑五十村〈各長一丈二尺、広五寸、厚四寸〉」、内匠式25屛風条に「檜榑一村〈長五尺二寸、方二寸〉」とあるように、一定の大きさを示す単位ではない。桑原祐子「助数詞『村』の意義と訓について」(『正倉院文書の国語学的研究』所収、二〇〇五年、初出二〇〇三年)参照。十六村の実例としては、長岡京左京から、塼の進上状とみられる木簡が複数点出土し、いずれも塼十六村と記載されている。一例を示すと、次の通りである(京都市埋蔵文化財研究所編『長岡京左京出土木簡』一所収、一九九七年、一七号木簡)。

㊤進○上塼十六村〈附使川原万呂進上如件以
　解〉
　　『請』(朱書)
㊦　○　四月廿二日板茂千依
　　　　『少志』(朱書)　(○は穿孔)

川原万呂は運搬責任者、板茂千依は進上責任者であり、『請』『少志』の朱書は、受領責任者(少志は、五衛府のいずれかの第四等官)が塼を受け取った際の追記であると考えられる。出土木簡にはいずれも「十六村」と見えるが、これは本条の車一両あたりの積載量に対応していることから、本木簡に見える塼が車で運ばれたことを示す(橋本義則「左京第二〇三次調査出土木簡の性格」〈前掲『長岡京左京出土木簡』一所収、一九九七年〉)。進上された塼は衛府に送られ、受領責任者である少志が木簡に受領文言を朱で書き込み、上端近くに穴を開けて綴られたものと思われる(前掲『長岡京左京出土木簡』一、九三頁、一九九七年)。

ただし、この「塼十六村」は、本条の車載の量と一致するものの、若干問題が残る。三代格貞観七・九・十五符では塼の車載を「卌二材」(三代実録・類聚国史八〇では「卅二材」)と定めており、さらに貞観十年(八六八)に至って車載の量を二〇材に改めている(三代格同・三・十符)。従って長岡京造営段階の「塼十六村」と本条の規定との関係は、やや検討を要する。あるいは八世紀末段階の規定が、弘仁式を経て本条に引き継がれたものか。

大坂の石(二八三頁2)　崇神紀十年九月条に、箸墓の造営に際して大坂山の石を運んで築造したとあり、大阪府柏原市にある芝山南東部に分布する芝山火山岩を指すと考えられる(奥田尚『石の考古学』七五頁、二〇〇二年)。なお、「大坂沙」が内匠式14御帯条に見える。

歩板(二八三頁3)　平たく長い板材。天平宝字六・三・二十五山作所告朔解には「歩板五十五枚〈各長二丈、広一尺、厚二寸〉」(古五―一五二頁)と見えるが、延暦十五年(七九六)に、長さ二丈以上、厚さ二寸五分以上と定められた(三代格延暦十五・二・十七符)。だが実際にはなかなか規格が守られなかったらしく、たびたび禁制が加えられている(三代格貞観十・三・十符)。

小野(二八五頁1)　京都市左京区上高野小野町に所在する窯跡。オカイラの杜窯跡がこれにあたるとされる。発掘調査は行なわれていないが、瓦当面に「小乃」銘のある軒瓦が採集されており、この遺跡が小野瓦屋に比定される(『平安京提要』六四七頁、一九九四年)。

瓦屋(二八五頁2)　平安京造営の瓦窯は、大阪府吹田市岸部瓦窯跡(紫金山瓦窯跡)や同枚方市牧野瓦窯跡(坂瓦窯跡)といった摂津・河内地域に築かれたが、造営が本格化すると、平安京の北側に設置されるようになり、西賀茂窯跡群といった瓦窯が展開した。九世紀前半頃までは西賀茂窯跡群が主体となって瓦生産が行なわれたが、九世紀後半以降になると、西賀茂窯を主体とする瓦生産の体制は崩れ、生産の主体は岩倉盆地に移ることになる。本条に見える小野瓦屋・栗栖野瓦屋はいずれもこの岩倉窯跡群に属する窯であり、この窯跡群における瓦生産は平安後期に至るまで存続した(『平安京提要』六〇二〜六〇四頁、一九九四年)。

木賊(二八五頁3)　シダ類トクサ科の常緑多年草。北海道や本州中部以北の渓流沿いの林下などに自生する。茎に珪酸塩を多量に含み、硬くざらつくので、木地などを磨くのに用いられる。賦役令1調絹絁条に「木賊六両」とあり、信濃国の年料別貢雑物に「木賊二囲」が見える(民部式下53年料別貢雑物条参照)。

猪の膏(二八五頁4)　主殿式12諸司年料油条に「木工寮、胡麻油一升一合、猪膏五合〈並造二年料雑物一料〉、猪膏卅斤〈造二雑工已下仕丁已上薬一料〉」とあり、年料雑物と雑工や仕丁の薬として用いられた。賦役令1調絹絁条の調副物に「猪脂三合」、主計式上4中男作物条に「猪膏一升」とある。交易雑物として甲斐・信濃・美作・大宰府などから(民部式下63交易雑物条)、中男作物として甲斐・信濃国から貢進された(主計式上21甲斐国条・31信濃国条)。

百姓の調庸徭分(二八七頁1)　職員令48鍛冶司条集解古記および令釈所引の官員令別記では、鍛冶戸について「為二雑戸一、免二調徭一」とする。だが、天平十六年(七四四)二月に、馬飼・雑戸の身分を解放し、姓を改め良民と同じくすることが定められた(続紀同・二・丙午条)。これより調庸などの負担が課されることになる。その後、天平勝宝四年(七五二)二月に雑戸の身分の時の手伎をもって旧のごとく役使されることになるが(続紀同・二・己巳条)、このとき雑戸の身分には戻されなかったものと思われ、調庸等の負担は引き続き課されたものとみられる。民部式上66養物条では、衛士・仕丁に養物として徭分稲が送られた。本条の徭分もこれに準じるか。

野宮(二八九頁1)　斎王が、初斎院での潔斎を終え、さらに約一年間、潔斎を重ねる宮城外の浄野に造営された宮。斎宮式3祓禊条・17鎮野宮地祭条~41七月節条参照。三代実録元慶七・十一・五条によれば、「是日、減下定造二伊勢斎内親王野宮一工夫数上、元工三千十五人、夫一万五百卌五人、今定二工一千四百六十五人半、夫五千二百七十二人半一、先レ是、木工権大允正六位上内蔵朝臣有永等解偁、謹検二先例一、徴二発五畿内幷近江、美濃、丹波、但馬、播磨等国一、所レ役人別十日、而右弁官宣、済レ事之道、公平為レ先、支度之程、何拘二恒例一、今美濃、但馬、播磨等国、往還稍遠、人民多レ煩、宜下暫停二件三箇国一、随レ状増加上者、今所レ作屋舎之数、頗倍二於先一、結構之功、合レ期而成、減二定単功一既過二半分一、望請、顕二功当時一、遺二例後代一者、勅、依レ請、立為二恒例一」とあり、もとは工三〇一五人、夫一万五四五人を五畿内・近江・美濃・丹波・但馬・播磨等の国から動員していたが、陽成朝の掲子斎内親王の時、この負担を減らし、美濃・但馬・播磨からの徴発を停め、工・夫を減半したという。これが本条に定着した。

飛驒国の匠丁三十七人(二九一頁1)　中務式74諸司時服条によれば、時服を給される職員として木工寮には「飛驒工卅七人」が見える。同条に見える修理職所管の「飛驒工六十三人」と合せ、一〇〇名がおり、民部式上47飛驒匠丁条の「凡飛驒国毎年貢二匠丁一百人一、其返抄准二諸国調庸例一」という規定から、毎年貢進されるこの一〇〇名が木工寮と修理職とに分配されたと考えられる。なお、甲賀宮と恭仁宮で働く官人や工匠の公粮を申請した天平十七・四・十七木工寮解では「斐太匠卅八人」(古二―四〇一頁)、同・十・十七木工寮解では「飛驒匠卅七人」(古二―四六三頁)と見え、後者が中務式74条に見える人数と一致している点は注目される。

巻第三十五

大炊寮（二九三頁1） 訓は和名抄にオオイノツカサとする。諸国からの年料舂米を収納するとともに、官人に対して給与として月料や要劇料等を支給する他、調理した飯の形でも供給したりした。また宮内省が経営する省営田からの穫稲も大炊寮に収められ、供御として内膳司に送られた。

まず大炊寮に収納されるものとしては年料舂米が挙げられるが、これは畿外の随近・沿海の諸国から、毎年一定量の舂米を京進させて官人の食料等に充てた制度である。田令2田租条において既に諸国の田租の中から一定量を割いて舂米として運京することが規定されており、実際に天平期の諸国正税帳にも舂米を運京する国が定められていたようである（早川庄八「律令財政の構造とその変質」〈『日本古代の財政制度』所収、二〇〇〇年、初出一九六五年〉）。弘仁式では一七国が指定されていたが（三代格貞観四・九・二十二符、早川前掲論文参照）、延喜式ではこれに五国が加わり二二国となっている（民部式下50舂米運京条）。同式49年料舂米条によれば、運京された舂米のうち精米された白米と糯米は大炊寮に、玄米（黒米）は民部省と内蔵寮にそれぞれ送られ、これら大炊寮に送られる米の総数は白米一万七三三〇石二升五合、糯米二六〇石となる。

官田は令制ではすべて宮内省による所管であったが、延喜式では国が経営する国営田と宮内省が経営する省営田に分れている（民部式上96官田条）。このうち令制の官田の系譜を引くのは省営田とみられ（三谷芳幸「令制官田の構造と展開」〈『律令国家と土地支配』所収、二〇一三年、初出一九九八年〉）、本式で取り上げられているのは省営田である（本式28供御料稲粟条）。国営田と省営田の分離は遅くとも弘仁式段階まで遡る。省営田の穫稲のうち、穎稲、粟、糯米は大炊寮に納められて供御に供される（民部式上141供御料条、本式28条）。そして本寮にて米は精白され、日ごとに内膳司に送られた（本式27供御稲米等条）。

官田からの穫稲が収納される機関として供御院が置かれていた（西宮記臨時五〔諸院〕）。供御院の設置時期は不詳であるが、紀略承平元・二・甲午条に「大炊寮申、今夜犬咋㆓死童於供御院㆒、仍仰㆓宮内省㆒、以㆓寮外御稲㆒、令㆑備㆓供御㆒」と見えている。このように大炊寮は年料舂米や省営田の穫稲を収納する保管官司であり、供御院の他に収納庫として「大炊廩院」（類符抄寛平六・八・四符）や「糒御倉」（紀略天延三・五・庚子条）が見えている。ちなみに大炊寮の料物の出納には宮内省が関与していた（宮内式53省営田収納帳条・56出納官物条等）。

次いで大炊寮から支給されるものとして要劇料・番上粮・月料や祭儀や儀式の際に支給される飯等が挙げられる。要劇料は養老三年（七一九）に劇官を選んで銭を支給したのが始まりであるが（三代格天慶五・十一・二十五符）、大同三年（八〇八）に衆司に支給することとなった（後紀同・九・己亥条）。これと同様に番上官の劇官に支給された給与が番上粮である。これら要劇料・番上粮は本式に規定は見えないが、本寮より支給されたものと推測される（早川前掲論文）。月料の起源についてはよく分からないが、三代格天平三・六・二十四勅に戸座への月料が見えている。同大同四・閏二・四符で要劇料が食料給になったことを受けて、後紀同・閏二・庚寅条で諸司官人の月料が廃止され、後紀同・三・庚申条で諸司の史生以下雑色人以上に対する月料支給法が定まり、同日、番上粮の支給範囲も定まった（三代格同・三・十五符）。しかしこれら月料・要劇料・番上粮は次第に京庫（大炊寮のクラ）からの支給が困難となり、元慶三年（三代格同・十二・四符）に官田が置かれ、それを財源とするようになった（元慶官田）。さらにこれらの官田は諸司に分割され諸司田となり、要劇料・番上粮についてはそこで賄われるようになる。

大炊寮からは米だけではなく、祭儀や儀式に際して調理した飯の形での供給もあった。同様に副食に関しては大膳職が供給した。本式17御斎会料条に「炊料薪千四百卅斤」と見えるが、各条文に見える薪も本式17条同様に飯を炊く燃料であったと考えられる。

　この他に大炊寮からの食料給としては、特定の業務に従事する官人へ臨時的に支給される百度食が挙げられるが、本式では松尾祭（13松尾祭料条）、官物を出納する諸司（37出納諸司百度条）、御薪を検納する官人（38検納御薪条）等への支給規定が見えている。他式には勘解由使をはじめ、巡検する弾正台の官人（宮内式43弾正巡検条）、神今食の御卜に関わる官人（同式16御卜官人条）、曝涼に従事する官人（図書式11御書図絵条、大膳式下42曝曬兵庫器仗条）等への支給規定が見えている。このうち勘解由使への百度食に関して、本式でははっきりとした規定は見えないが、相曽貴志は本式34中宮等雑給条に見える勘解由使の熟食と大膳式下40勘解由百度料条、勘解由式21熟食条、東山御文庫蔵延喜式覆奏短尺草第三度を検討して、本式34条の勘解由使への熟食が百度食であるとする（「百度食と熟食」〈『延喜式研究』二三、二〇〇七年〉）。

　最後に職員に関しては、職員令42大炊寮条に、頭、助、允、大属、少属各一人、大炊部六〇人、使部二〇人、直丁二人、駈使丁三〇人とあるが、延喜式では使部が一〇人となっているほか（式部式上100諸司使部条）、米を舂く女丁が八人見えている（本式28供御料稲粟条）。また養老二年に史生四人が置かれているが（続紀同・六・丁卯条）、延喜式では五人（権一人）となっている（式部式上90諸司史生条）。

大歌（二九七頁1）　大歌は神楽歌・風俗歌といった大歌所で採用・伝習された歌曲であるが、本条の場合は大歌を歌う者で、大歌所に所属する。西宮記臨時五（所々事）によれば大歌所は新嘗祭の際に供奉するとあり、儀式五（新嘗会儀）にも「大歌別当大夫率㆓歌者㆒参入、就㆑座、座定奏㆓大歌㆒」とある。式部式上64大歌召条、宮内式35群官賜饗条参照。

磨飯・平飯（二九七頁2）　本式10薗韓神祭料条〜12大原野祭料条・33侍従条・34中宮等雑給条にも磨飯・平飯が見えている。そのなかで米と磨飯・平飯が併記されている本条〜12条における米と飯（磨飯と平飯の和）の比率を調べてみると、若干の誤差はあるものの、いずれも飯は米の分量の二・四倍前後となっている。このように磨飯と平飯は、炊きあがる量に差がないことから、両者の差は質的なものと推測される。平飯は精白度の低い米を炊いたものとされるので、磨飯は精白度の高い米を炊いたものか。なお、古代における米と飯の比率を検証した吉野秋二によれば、一般的に飯の分量は米の二倍もしくは二・五倍に設定されていたとするが（「古代の『米』と『飯』」〈『日本古代社会編成の研究』所収、二〇一〇年、初出二〇〇七年〉）、本条の場合、いずれにも当てはまらない。

大和国に供えしめよ（二九九頁1）　春日社が大和国所在であったためか。類符抄天徳二・五・十七官宣旨で僧を諸寺社に遣わして仁王般若経を転読せしめた際にも、春日社の料物は本条同様に大和国に請えとある。

百度の料（二九九頁2）　百度食のための料米。本条に見えるような百度食の支給規定は松尾祭以外の諸祭には見えない（大膳式上14松尾雑給料条）。百度食はおそらく祭を管理・運営する官人たちへ支給されたものと推測されるが具体的な支給対象や方法については不詳。なお、儀式一（松尾祭儀）に「賜㆓御飯㆒」とあるが、こうした次第は儀式一の春日祭、大原野祭、薗韓神祭、平野祭の各条にも見えているので、本条の百度料がこれに当たるとは考え難い（相曽前掲論文）。

稷米（二九九頁3）　簋（キ、外円内方の器）に盛られる。本条では一一座の総量として六升六合が計上されているが、大学式6器実条に「稷飯用㆓米六合㆒」とあることから、一座あたり六合であることが分かる。

黍米（二九九頁4）　先聖・先師の簋と閔子騫以下九座の簋に盛られる。本条では一一座の総量として七升七合が計上されているが、大学式6

器実条に「黍稲粱飯各用二米七合一」とあることから、一座あたり七合であることが分かる。

享官一百人(二九九頁5) 大学式9散斎致斎条に致斎の日に享官一〇〇人に朝夕酒食が支給されるとある。この致斎は二日にわたって行なわれるにもかかわらず、本条では享官一〇〇人、学生三五〇人に人別一升で総計四石五斗とあり、一日分しか計上されていない。致斎の一日目は所属する官司で行なわれることから、それぞれの官司より給食され、本条に見える給食は二日目の享所(大学の廟堂院)におけるものか。

炊部使部(二九九頁6) 炊部は中務式74諸司時服条では五人に時服が支給されるとある。一方、使部は令制では二〇人であるが(職員令42大炊寮条)、式部式上100諸司使部条に一〇人とある。

斎内親王(二九九頁7) 当代の天皇に代わり、天照大神の御杖代として、伊勢神宮の祭祀に奉仕する未婚の皇女を斎内親王、女王を斎王とするが、延喜式では両者が混用されている。榎村寛之は、「斎内親王」の表記がある条文は弘仁式段階で成立した部分を基本にしているとする(「『斎王』という称の成立について」〈『伊勢斎宮の歴史と文化』所収、二〇〇九年、初出一九九六年〉)。斎宮式1定斎王条参照。

間食(三〇一頁1) 一般的に正規の朝夕二度以外の食とされてきたが、定例の受食者ではなく、臨時受食者への食を意味するという見解が出されている(山口英男「正倉院文書から見た『間食』の意味について」〈『正倉院文書研究』一三、二〇一三年〉)。本条では、諸司の間食と童子等の食とに分れているので、「童子等」は童子の他、御斎会を執り行なう僧侶等であり、「諸司」は御斎会に参列する官人のことを指すとみられる。なお炊料として薪が見えることから、調理された飯が支給されたことがうかがえる。主税式上87兵士間食条に見える陸奥国の兵士や内膳式34漬年料雑菜条に見える蘁(ハジカミ)を択(ムシ)る女孺・女丁の間食は一日に八合となっているが、本条では七日間の御斎会一日あたり三石五斗なので、人別七合で五〇〇人分と試算できる。

東寺の…仏供(三〇三頁1) 三代格承和十・十一・十六符により東寺において春秋二季の灌頂が行なわれることが決まり、翌年(八四四)三月十五日より春秋の灌頂が実施された。当初より春秋各米一〇石、油三斗がその料として定められていた(東宝記四〔法宝上・二季灌頂会料物事〕)。その後、三代格承和十三・三・十五符により春季の灌頂を停めて修法とすることとした。なお、本条では「春秋修法」となっているが、主殿式11諸寺年料油条では「春修法料」・「秋灌頂料」となっているので、「秋」は衍字とみられる。

七寺の盂蘭盆(三〇三頁2) 盂蘭盆は七月十五日に祖先などの死者の霊に供物を供えて供養する行事。推古朝に日本に伝えられ、七月十四日に大膳職が用意した供養物を検校ののち(太政官式104盆供条、大蔵式15盂蘭盆条、宮内式30盂蘭盆条、大膳式下14盂蘭盆供養料条、主殿式11諸寺年料油条、内膳式12盂蘭盆料条、造酒式40盂蘭盆料条)、大舎人七人を使として東寺・西寺・佐比寺・八坂寺・野寺(常住寺)・出雲寺・聖神寺の各寺に送らせた(大舎人式10盆供養条)。古瀬奈津子「盂蘭盆会について」(福田豊彦編『中世の社会と武力』所収、一九九四年)、黒須利夫「七寺・七廟考」(あたらしい古代史の会編『王権と信仰の古代史』所収、二〇〇五年)参照。

新旧各六斗三升(三〇三頁3) 寺別九升で六升三合、総量は一石二斗六升なので、「新旧」は二回もしくは二ケ所分である。「新旧」の意味するところは判然としないが、「新」は大膳式下14盂蘭盆供養料条に見える七寺を、また「旧」は平城京における七大寺を指したか。

当月の上旬に寺家に運び送れ(三〇三頁4) 大膳職からの料物(大膳式下11地蔵悔過料条)をはじめ主殿寮からの油(主殿式11諸寺年料油条)、造酒司からの酢(造酒式41嘉祥寺悔過料条)も同様に運ばれたか。ただし布施料は「会月以前送之」とあるので(大蔵式45嘉祥寺悔過料条)、食料とは別送だったとみられる。

侍従已上の儲の料(三〇七頁1)　四月一日と十月一日に行なわれる二孟旬に際して、侍従以上への給食のための料物。令制では侍従は定員が八人であったが(職員令3中務省条)、延喜式では正侍従八名を含み、参議以上を含まない総計一〇〇人を限りとする次侍従が任じられるとある(中務式56侍従員条)。永田和也はこうした次侍従の意味する範囲として、①中務式が規定するような正侍従八名を含む総勢一〇〇人以内の集団、②正侍従を引いた九二名の集団、③最初に掲げた一〇〇人の集団に参議以上や正侍従から他官への遷任者を合せた集団、すなわち参議以上を含む広義の次侍従を想定するとともに、正侍従八名を超える員数の場合には次侍従のことを侍従と称したとする(「『次侍従』について」〈『延喜式研究』一二、一九九六年〉)。本条の侍従は③の広義の侍従の集団とみられる。

侍従三十人(三〇七頁2)　本条に対応する大膳式下35侍従条では三〇名の内訳のうち七人が参議以上、その他が五位以上となっていることから、前項③に掲げた正侍従八名を含み、参議以上を含まない総計一〇〇人の集団に参議以上や正侍従の遷任者を合せた集団である広義の侍従の集団に相当するとみられる(永田前掲論文)。なお、本条の三〇人という員数について、永田は三〇人ずつが交替で出仕していたとする。

彼らが給食された場所としては、西宮記臨時五(所々事)に「熟食、大粮有ㇾ厨」とある侍従所が考えられる。侍従所では外記政の後に給食が施されていたり(西宮記臨時一〔外記政〕)、続後紀嘉祥二・閏十二・庚午条に「公卿已下、於二侍従所一宴飲歌舞」とあるように、公卿以下が参集して宴を賜った記事が見えるなど、食事所として機能していた。延喜式でも毎日酒一斗三升が朝夕運ばれていたり(造酒式47侍従所条)、食器として用いられたとみられる青槲、干槲(大膳式下36東宮条)や中取案等の調理器具(同55年料雑器条)が見えている。

内舎人二十五人(三〇七頁3)　令制では九〇人とあるが(職員令3中務省条)、大同三年(八〇八)に四〇人に減ぜられた(類聚国史一〇七同・正・壬寅条)。中務式74諸司時服条に内舎人四〇人への時服の支給が見えるので、延喜式段階でも定員は四〇人であったと思われる。これに対し本条の給食規定では二五人となっており、内舎人全員への給食ではないことが分かる。一方、類聚国史一〇七同・正・庚戌条に内舎人が監物・主計とともに所司雑物の出納にあたるようになり、後紀同・四・甲子条にこれらの内舎人二〇人に馬料が支給されるようになったが、この規定は延喜式に受け継がれなかった。西宮記臨時五(所々事)に内舎人所が見え、熟食の支給がある。なお大膳式下37内舎人条にも内舎人二五人への給食規定が見えている。

中宮の雑給…(三〇七頁4)　大炊寮からは米だけではなく、調理された飯(熟食)も官司や官人に支給された。以下に本条に見える熟食の支給対象について列記する。

〔中宮の雑給〕中宮職の官人への給食。中宮式に関連条文は見えず、具体的な支給対象は不詳。ちなみに本条で磨飯を支給されているのは中宮の雑給と内膳司のみである。

〔図書寮〕これに続いて紙工への給食規定が見えるので、この紙工の業務に関係する図書寮官人への給食か。

〔同寮の紙工〕紙工は職員令6図書寮条には見えていないが、おそらく同条に見える造紙手にあたると思われる。本条に見える紙工がどのような紙を製作していたかは不明だが、本条で熟食を支給されているのが天皇の身辺に関わる官人や官司が多いことから(相曽前掲論文)、図書式13年料紙条に見えるような年料紙の製作に対するものとは考え難い。とすると宣命に用いられる黄紙(内記式4宣命紙条)のような特殊な紙が想定される。これらの色紙は美濃国に図書寮より造紙長上一人を遣わして年間四六〇〇張を造らせることとなっていたが(内蔵式51年料色紙条)、本条に見える給食はこの造紙長上へのものか。

〔雅楽寮の蕃の楽人〕職員令17雅楽寮条に見え

る唐楽師、高麗楽師、百済楽師、新羅楽師に対するものか。雅楽式18蕃楽人料条に飯四斗を支給するとあるが、本条の米一斗六升を炊いたものである。ちなみに炊くことにより二・五倍の分量になるのは、本条では破飯が該当する。

〔内膳司〕中宮雑給同様、磨飯が支給されているが、具体的な支給対象については不詳。

〔御火炬の童〕主殿式31火炬条に見える「火炬小子」。火炬は、照明を目的とする浄火の意味での庭火(竈神としての庭火ではなく)に関わっていた(小川徹「戸座の貢進について」〈和歌森太郎先生還暦記念論文集編集委員会編『古代・中世の社会と民俗文化』所収、一九七六年〉)。

〔春宮坊の帯刀〕令制(職員令3中務省条)の東宮舎人では果たしえぬ、東宮身辺の警衛の任務などを担う帯刀舎人(笹山晴生「春宮坊帯刀舎人の研究」〈『日本古代衛府制度の研究』所収、一九八五年、初出一九七二年〉)。宝亀七年(七七六)にはじめて一〇人が置かれ、その後、天安元年(八五七)に三〇人となって(三代格同・五・八符)、延喜式に引き継がれた(春宮式43帯刀舎人条)。

〔監物〕物資の出納を監察する。職員令3中務省条では大監物二人、中監物四人、少監物四人であったが、遅くとも天平宝字七年(七六三)十月(続紀同・十・丁酉条)から大同三年(八〇八)の廃止まで、定員は不明ながら監物主典が置かれていた(後紀同・八・癸酉条)。その後、大同四年に中監物二人、少監物二人が増員されたが(後紀同・二・己巳条)、弘仁四年(八一三)旧に復され(類聚国史一〇七同・十・甲辰条)、延喜式段階では令制と同じ員数であった。本条で同じ中務省の品官である主鈴や典鑰への支給量が八合とみられることから、監物の場合もこれと同量とすると一一人分となる。この支給対象人数は、職員令の規定に見える監物の総員数一〇名に比して一名多い。ところが監物主典の定員が一人であったとすると、これを加えた員数と合致し、大同三年までの員数ということになる。なお、監物一人あたりの支給量を八合とした場合、本式37出納諸司百度条に見える出納業務担当者への給食量(百度食)より多いことになる。

〔主鈴〕諸国に下す公文に内印を捺す。職員令3中務省条では四人であり、本条でも八合ずつで四人分となる。大膳式下45主鈴典鑰条参照。

〔典鑰〕監物のもとで諸司の管鑰の出納に預かる。職員令3中務省条では四人であり、本条でも八合ずつで四人分となる。大膳式下45主鈴典鑰条参照。

〔勘解由使〕勘解由使の定員は天長元年(八二四)段階で長官一人、次官二人、判官三人、主典三人、史生八人であったが(類聚国史一〇七同・九・乙卯条)、天長五年に書生一〇名が増員された(三代格同・十一・二十五符)。その後、貞観十四年(八七二)に史生二人、書生三人が増員されるが(三代格同・八・八符)、元慶五年(八八一)に書生二人を減員し、史生二人を増員した(三代格同・十一・二十七符)。本条の支給量は勘解由式21熟食条に見える一人あたりの米の支給量(一升二合)の整数倍にはならない。ただし本条の総量に二合を加えて三斗二升四合とすると、一人あたり一升二合で二七人分になる。ちなみにこの二七人という員数は天長五年から貞観十四年までの勘解由使の長官以下書生以上の定員と合致する。大膳式下40勘解由百度料条参照。

〔内裏殿上の侍所〕清涼殿の殿上の間のことで(西宮記臨時三(座体類))、天皇が饗宴を催したり、殿上人が候したりする所であり、近臣の詰所と位置づけられている。醍醐天皇御記にも散見される(中原俊章『『侍』考』〈『ヒストリア』八三、一九七九年〉)。本条に見える給食は侍所に候した近臣に対するものとみられる。

〔蔵人所〕西宮記臨時五(所々事)では熟食支給は見えないが、拾芥抄中(宮城部)では「有二熟食年官一」とある。大膳式下49蔵人所料条参照。

〔女蔵人〕殿上における御燈の出し入れの検校、また御手水、御膳の供進・撤却等の日常行事への奉仕の他、御剣・御璽の捧持や即位・親王元服・大嘗祭での奉仕が知られている(須田春子「女蔵人」〈『平安時代後宮及び女司の研究』所収、一九八二年〉、所京子「御匣殿の別当」

〈『平安朝「所・後院・俗別当」の研究』所収、二〇〇四年、初出一九七〇・一九七一年〉）。西宮記臨時五（所々事）によれば、女蔵人は貞観殿内の御櫛笥殿に候するとあるが、そこには熟食支給の規定は見えていない。

［御膳宿の采女］御膳宿は内裏における配膳所であり、大炊寮調備の御飯、造酒司醸造の御酒、その他御厨子所調備の品々も運び込まれたとみられる。寛平御遺誡や延喜蔵人式の段階では、そこに伺候する采女は天皇への配膳や陪膳を務めていたと考えられている（佐藤全敏「古代天皇の食事と贄」〈『平安時代の天皇と官僚制』所収、二〇〇八年、初出二〇〇四年〉）。

［御厨子所］日常や儀式における供御を調備する機関。西宮記臨時五（所々事）には熟食支給は見えない。

［同所に候する宮主］宮主は卜部の中から任じられた（臨時祭式42宮主卜部条）。御厨子所に所属する官人に宮主は見えないが、御燈に先立ち、「朔日先令㆔宮主占㆓御燈奉否之由㆒、於㆓御厨子所㆒卜㆑之」とあり（江家次第六〔三日御燈事〕）、御堂関白記寛仁元・二・三十条にも「蔵人範国来申云、御燈御卜、例明日宮主参㆓御厨子所㆒奉仕」とある。これに関連して宮主秘事口伝に「宮主奏㆓御燈㆒、御卜形挿㆓入三四尺之杖㆒、以㆓使者㆒付㆓進御厨子㆒也」とある。この他に小右記永祚元・正・八条に「今明御物忌、仍以㆓宮主㆒於㆓御厨子所内膳司㆒令㆑奉㆓仕御禊㆒」と見える。

［内裏に候する侍医］安福殿にあった薬殿に侍医・薬生が見えており、熟食の支給があるとする（西宮記臨時五〔所々事〕）。

［薬生］侍医とともに内裏に候する。西宮記臨時五（所々事）の薬殿に侍医・薬生が見えている。

［校書殿］天皇の特旨により抜擢された官人が直（チョク）したり、所としては文殿と呼ばれていたらしく、納めた文書を整理、管理する機関（黒板伸夫「四所籍小考」〈『摂関時代史論集』所収、一九八〇年、初出一九七二年〉）。西宮記臨時五（所々事）に熟食支給が見えている。

［進物所］日常や儀式における供御を調備する機関（佐藤前掲論文）。西宮記臨時五（所々事）に熟食支給が見えている。

［贄殿］内膳司にあり、全国から貢進される贄を収納する。西宮記臨時五（所々事）には熟食支給は見えない。なお、ここに見える内豎料も本式36内豎月料条の「内豎二百人月料」から割かれたものとみられ、二人分となる。

［御書所］天皇が必要とする書籍を蒐集・保管し、利用に供するためのいわば天皇の個人ライブラリーともいうべき機関（永田和也「御書所と内御書所」〈『國學院大學大學院紀要』二〇、一九八九年〉）。西宮記臨時五（所々事）に熟食支給が見えている。

［画所］内匠寮から分かれた所で、屏風等の本格的な作画から小物の装飾の衣装の模様のデザインまで朝廷の様々な作画を行なう（芳之内圭「平安時代の画所」〈『日本古代の内裏運営機構』所収、二〇一三年、初出二〇〇三年〉）。西宮記臨時五（所々事）に熟食支給が見えている。大膳式下47画所年料条参照。

［作物所］天皇や天皇に近しい人々が、内裏内外の儀式や日常生活で使用する調度品を製作する機関（芳之内圭「平安時代の作物所の職掌」〈前掲書所収、初出二〇〇六年〉）。西宮記臨時五（所々事）に熟食支給が見えている。

熟食（三〇九頁1）　熟食は一般には調理した食事。本条の分注には米の支給量が記載されているが、原則として飯での支給であったと考えられる。おそらく調理された飯で日々支給されるため、本式35親王已下月料条以下のように月料ではなく、日ごとの支給量が記載されているのであろう。飯の種類の記載の有無については不詳。相曽貴志は本条のような熟食の支給については、蔵人所延喜例とされる西宮記臨時五（所々事）にも同様なものが見えていることを指摘する（相曽前掲「百度食と熟食」）。

月料（三〇九頁2）　諸国から進上された年料舂米等を財源とする官人への食料給。八世紀までは一般的な食料給であったが、大同年間（八〇六〜八〇九）に要劇料・番上粮と同質化して、これら三者の被支給者が重ならないようになった(早川庄八前掲「律令財政の構造とその変質」)。なお、要劇料は前月の上日に基づいて支給されるのに対し、月料・番上粮は来月分をあらかじめ請求する形が取られた(太政官式119月料要劇大粮条、大舎人式11番上粮条、および相曽貴志「延喜式に見える大炊寮からの給食」〈『延喜式研究』三〇、二〇一五年〉参照)。弘仁十一年(八二〇)に所司から出される申請を各省が受け取り、増減があった時のみ官裁を請うこととし、さらに斉衡三年(八五六)には「満限及薨卒之類」といった減ぜられる時のみ官裁を請うように簡略化された(三代格同・十・七符)。

無品親王内親王(三〇九頁3)　品位を持たない親王および内親王。月料支給に関して、太政官式119月料要劇大粮条に「親王以下」とあり、本条冒頭には「親王已下月料」、大膳式下29無品親王月料条にも「親王以下」とあるが、本条および大膳式下29条には無品親王・内親王への支給規定しか存しないことから、有品親王へは支給されなかったことが分かる。ちなみに有品親王への月料は後紀大同三・五・乙巳条で停止されたので、それまでは支給されていたとみられる。これら親王の月料の起源については不詳であるが、続紀天平宝字五・二・丙辰条に議政に預かる親王の月料・馬料・季禄・衣服の支給改善を図る記事が見えている。

妃夫人女御(三〇九頁4)　妃は後宮職員令1妃条に「四品以上」とあることから、内親王を対象とし、皇后に次ぐ天皇の妻室としたとみられる。妃の例としては桓武天皇の妃酒人内親王以下、醍醐天皇の妃為子内親王まで八例が知られている。夫人は妃に次ぐ地位であるが、嵯峨天皇の夫人多治比高子が妃に進んだのを最後に淳和天皇以降は見えなくなる(宮内庁書陵部編『皇室制度史料』后妃三、一九八九年)。女御は桓武天皇の後宮に紀乙魚や百済教法が見え、本朝月令(四月)所引の弘仁中務式に「後宮時服云々、妃、夫人、嬪、女御、更衣云々」とあるので、この段階で既に夫人・嬪に次ぐ地位にあったことが分かる。紀乙魚や百済教法は四位、五位であったが、承和六年(八三九)に藤原貞子(仁明天皇女御)、同十一年に藤原順子(仁明天皇女御)が従三位に昇ってからは、夫人の位階に相当する三位の女御が現れるようになった(宮内庁書陵部編『皇室制度史料』后妃四、一九九〇年)。なお中務式76後宮時服条の後宮時服では嬪が妃・夫人に続いて見えているが、本条や大膳式下31妃月料条～33女御月料条の月料の規定には見えていない。

幼親王の乳母(三〇九頁5)　幼親王の乳母への月料を親王への養育料とみる解釈があるが(勝浦令子「乳母と皇子女の経済的関係」〈『史論』三四、一九八一年〉)、本条に無品親王・内親王の月料支給の規定が別に見えることから、幼親王の乳母への月料は、乳母本人へのものと考えられる。ちなみに大膳式下34女官月料条では「親王乳母」の月料が見えている。

七歳以後は停止せよ(三〇九頁6)　吉海直人は無力な乳母の子より母を奪い取ったことに対する迷惑料・慰謝料にあたるのではないかとする(「平安朝における乳母子の諸相」〈『國學院雑誌』九六―二、一九九五年〉)。

同じき院の雑色人(三〇九頁7)　斎院式29雑色人衣服料条によれば、雑色人は男四〇人、女四一人とある。本条に見える一日あたりの総支給量は大の月の分の二二石六斗八升より小の月の分の二一石九斗二升四合を引いた七斗五升六合となるが、これは人別一升二合で六三人分であり、雑色人の人数と合わない。

平野古関久度の三神(三〇九頁8)　今木・古関・久度の三神に相殿比売神を加えた四神が平野社の祭神。このうち今木神が主祭神。今木・古関・久度の三神が承和三年(八三六)に神階を進められたが(続後紀同・十一・庚午条)、ここに相殿比売神は見えていない。承和十年十月に「平野社一前、預㆔之名神㆓」とあり(続後紀同・壬申条)、義江明子はこの「平野社一前」が相殿比売神であるとし、相殿比売神の合祀は承和三年の今木・古関・久度の三神の進階以後、同十年までの間とする(「平野社の成立と変質」〈『日本古代の氏の構造』所収、一九八六年、初出一九八四年〉)。なお、本朝月令(四月)に「貞観式云、平野久度古開三神〈今案、平野是物号非二一神名一、可レ注二今木久度古開一、更加二相殿比売神一座一〉」とあり、「相殿比売神一座」が貞観式で加えられたことが分かる。四時祭式上17平野祭条参照。

物忌(三〇九頁9)　斎戒して今木・久度・古関の三神に仕える童女・童男。王氏・和氏・大江氏から各一名ずつがあたる。四時祭式上17平野祭条「平野神四座の祭」の項では、王氏の物忌について「皇太子の守護をはじめ桓武天皇の後胤の守護を意図」するものとし、一方「今木神は和氏の、久度神・古関神は大江氏の氏神かそれに類する神」とみられるとする。これら物忌のなかで、王氏は、和氏や大江氏に比して装束料が高く設定されていた(四時祭式上17条、中務式35平野物忌条参照)。太政官式80平野祭見参条参照。

采女四十七人の料(三〇九頁10)　大月分(三〇日)の一八石九斗から小月分(二九日)の一八石二斗七升を引くと六斗三升となり、これが采女への一日分の総支給量となるが、これは一人あたり一升五合支給で四二人分である。この四二人という数は、本条の四七人と合わないが、類聚国史四〇大同二・十一・辛丑条に見える「停二諸国貢二采女一、唯択二留其年老有レ労者卌二人一、任レ旧終レ身」の数と一致する。ちなみに大膳式下48采女条に見える塩は一日あたり一勺五撮で、四七人分となる。

中宮の女孺(三〇九頁11)　中宮職に配された下級女官。中務式77宮人時服条に九〇人と見える。本条の場合、大小月で支給量に差がないが、大の月で換算してみると、一日の総支給量は九斗二升となり、これは一人一升で九二人分となる。

女官の厨(三〇九頁12)　女孺厨ともいう(中務式89女孺厨条)。本条に見える采女、中宮の女孺を除く宮人に対する月料を支給する窓口となる。縫殿式24女孺月粮条参照。

諸の得業生(三〇九頁13)　大学寮最高課程の学生。明経四人、文章二人、明法二人、算二人の一〇人からなる。職員令14大学寮条集解令釈所引の天平二・三・二十七官奏によれば、日に米二升、堅魚・海藻・雑魚各二両、塩二夕(勺)の支給とあるが、これらは本条および大膳式下43諸講書博士条の支給量とほぼ同じとなっている。なお、大学式29得業生時服条には時服の支給規定が見え、その支給量も天平二年太政官奏と同じである。

漢語の師(三〇九頁14)　紀略弘仁八・四・丙午条に大学寮において入色四人、白丁六人に「漢語」を習わしめたとあり、桃裕行はここに見える入色四人が音生、白丁が漢語生とするが(著作集一『上代学制の研究』修訂版、一二八頁〈一九九四年、初版一九四七年〉)、大学式30漢語師時服条「漢語の師ならびに生」の項では、続紀天平二・三・辛亥条に「諸蕃、異域、風俗不レ同、若無二訳語一、難二以通一レ事、仍仰二粟田朝臣馬養、播磨直乙安、陽胡史真身、秦朝元、文元貞等五人一、各取二弟子二人一、令レ習二漢語一」とある訳語養成の師を漢語師、それを習うのが漢語生ではないかとしている。大膳式下44漢語師条参照。なお、大学式30条に時服の支給規定が見える。

大蔵の縫女(三〇九頁15)　大同三年(八〇八)正月二十日に縫部司が廃されて幄幔等を修縫する者が無くなっていたが、弘仁二年(八一一)二月十日に宮人三〇人を縫殿寮から割き、これらに従事させたもの(三代格同日符)。ただし大膳式下34女官月料条で塩を支給されるのは二六人となっている。

長の人(三〇九頁16)　追儺の方相(楯と槍を持ち疫鬼を退ける)役の大舎人。大膳式下50長人日別条に塩・鮭・鮨・海藻、造酒式48長人料条に酒の支給の規定が見えている。大舎人式14追儺条、中野栄夫「『長人』について」(『日本社会史研究』九一、二〇一一年)参照。

　本条では「大蔵の縫女」と「長の人」が同一行におさめられているが、故実叢書本内裏式中(十二月大儺式)に「方相一人〈取二大舎人長大者一為レ之〉」、要略二九所引清涼記にも「方相一人〈取二大舎人長大者ニ為レ之〉」とあるように、「長の人」は大舎人より選ばれ、また大膳式下では「長の人」とは別条文に「大蔵の縫女」の塩支給が見えることから（34女官月料条）、「大蔵の縫女」と「長の人」はそれぞれ属する官司が異なり、両者の間に関係性はうかがえない。本書のような行取りは雲本や旧大系本以降の活字本と同じであるが、底本である土御門本をはじめとする諸写本（貞本を除く）や版本では、本条の「平野」以下「門部五十人」まで改行がないものが多い。このように校訂のうえからも「大蔵の縫女」と「長の人」のみを同一行におさめる必要はなく、内容から勘案すれば「長の人」の前で行を改めるべきかと思われる。

中務の史生（三〇九頁17）　令制では二〇名であったが、和銅六年（七一三）に一〇名を加え（続紀同・十二・庚子条）、大同三年（八〇八）に一〇名を減じ（類聚国史一〇七同・三・戊申条）、貞観十二年（八七〇）十二月に六名を減じた（三代実録同・十二・二十五条）。式部式上90諸司史生条では二〇名となっている。

省掌（三〇九頁18）　中務省の省掌。史生の下、使部の上に位置して雑務を担当する令外の分番官。式部式上141官掌省掌等条によれば内外諸司に二人ずつ置かれた。

博士（三〇九頁19）　大学寮における博士は明経博士一人、明法博士二人、文章博士二人、算博士二人、音博士二人、書博士二人で計一一人であるが、これらに助教二人と直講二人を加えると一五人となる。

史生（三〇九頁20）　大学寮の史生。式部式上90諸司史生条に「大学寮八人〈権四人、其二人以ニ省扶省掌ニ兼任〉」とある。同式205扶省掌条参照。

学生（三〇九頁21）　職員令14大学寮条に四〇〇人とある。本条では日別一升二合の米の支給となっているが、三善清行の意見十二箇条に「毎レ日給ニ大炊寮百度飯一石五斗ニ〈人別三升、五十人料〉」とあることより、学生へは飯の形で支給されており、またその飯も百度飯（食）と認識されていたことが分かる。なお、意見封事に見える飯の量は本条の米の二・五倍になっているが、これは本式34中宮等雑給条に見える飯の種類でいえば破飯に相当する。

内豎二百人（三一一頁1）　大同二年（八〇七）に廃止され、左右大舎人寮に各一〇〇人が配されたことから、それまでの定員が二〇〇人であった（類聚国史一〇七同・十・己巳条）。弘仁二年（八一一）に上殿の舎人一二〇名を旧名に復して内豎としているが（後紀同・正・庚子条）、その後、延喜式では二〇〇名となっている。大膳式下46内豎条参照。なお、西宮記臨時五（所々事）に内豎所が見え、熟食の支給があるとする。

官物を出納する諸司（三一一頁2）　宮内式56出納官物条では「諸司及本司並給ニ百度食ニ〈諸司官人数見ニ監物式ニ、但毎レ司各率ニ史生一人ニ〉」とある。この場合の「本司」は宮内省を指す。「諸司」は監物式に人数が見え（同式3出納大蔵物条）、さらに、これに各司の史生が加わる。監物式3条によれば、「大蔵物」のうち「絁絹綵帛糸綿布銭等類」の出納には「少弁已上一人、中務、民部、大蔵三省輔各一人、監物一人、主計助已上一人」とあり、「鉄鍬等類及自余諸司物」の出納には「官史一人、三省録各一人、監物及主計属各一人〈若録属不レ在者、丞允代之〉」がそれぞれ当たるとする。ただし監物は既に本式34中宮等雑給条において熟食の支給があるのでこれから外れ、結局、太政官の少弁以上と史、中務・民部・大蔵各省の輔と録、主計寮の助と属、宮内省官人および各司の史生が「官物を出納する諸司」ということになる（相曽前掲「百度食と熟食」）。

百度の料（三一一頁3）　百度食。本条に見えるような出納に関わる官司、勘解由使や弾正台といった監察・巡検に関わる官司、兵器や御物の曝涼に関わる官人、特定の神事に奉仕する官人、天皇に近侍する官人等に対して、その勤務に応じて大膳職や大炊寮の料物が支給される食料給（相曽前掲論文）。大膳式下39出納諸司条参照。

前帳を進りて（三一一頁4）　百度食の支給システムについては、主計式下19出納諸司条に「寮随二日用一、且与二返抄一とあることから、支給記録(「日用」)が日々出納諸司より主計寮に報告され、それに対して主計寮から大膳職や大炊寮に支給が行なわれた旨の返抄が下された。これに基づいて大膳職や大炊寮で「費用帳」(大膳式下39出納諸司条)なる支給記録の帳簿が作られた。この「費用帳」は、料物を百度食として官人に供給し、無くなった時点で作成される(「用尽之日」)。その「前月費用帳」(大膳式下39条)が本条の「前帳」であり、宮内省を通して主計寮に提出する。それを算師が「勘会」(主計式下19条)し、主計寮官人が加署した後、再び宮内省を通して大膳職や大炊寮に下され、次の一ケ月分を申請する(相曽前掲論文)。

御薪を検納する官人(三一一頁5) 毎年正月十五日に文武百官が天皇に御薪を進上する儀式において、進上された御薪を検校する官人。太政官式58進薪条、宮内式40御薪条によれば、弁官、式部・兵部両省の官人。式部式上160得考人条、同式下18収薪条、造酒式38検納御薪所条参照。

飯を給え(三一一頁6) 本条の関連条文である大膳式下41検納薪諸司条の直前の条文は勘解由使への百度食の支給の規定(同40勘解由百度料条)であり、大膳式下41条に続く兵庫寮の器仗を曝涼する官人への食料支給の条文(同42曝曬兵庫器仗条)も「准二百度法一」とある。こうした条文の配列より大膳式下41条に見える食料支給も百度食と考えられる。同様に本条も出納官司の百度食の条文(本式37出納諸司百度条)に続いていることから、百度食の支給規定とみなすことができる。

供御の米粟を収むる舎(三一一頁7) 西宮記臨時五(諸院)に「在二大炊寮中一、納二畿内御稲一、(充二)供御中宮、東宮御飯一〈以二史生一為レ預〉」とある供御院のことか。本式27供御稲米等条、内膳式19供御月料条参照。

巻第三十六

主殿寮（三一五頁1）　宮内省被管官司の一つ。トノモリノツカサ（和名抄）とも称される。

職員は頭（従五位下）一人・助（従六位上）一人・允（従七位上）一人・大属（従八位下）一人・小属（大初位上）一人という四等官のほか殿部四〇人・使部二〇人・直丁二人・駈使丁八〇人から構成され、供御の輿輦・蓋笠・繖扇・帷帳・湯沐のこと、殿庭の洒掃のこと、燈燭・松柴・炭燎などのことを掌った（職員令43主殿寮条）。

大同三年（八〇八）に宮内省被管の官奴司が主殿寮に併合され官戸・官奴婢の名籍や口分田の管理が加わった（職員令49官奴司条、類聚国史一〇七、三代格大同三・正・二十詔）。また、同四年三月十四日には仕事繁多の官司に史生が増員・新置される中で主殿寮にも二員の増員がなされている（後紀大同四・三・己未条）ことから、これ以前に既に史生の官職が置かれていたことが分かる。式部式上90諸司史生条では史生の定員は五人、うち一人は権史生と規定されている。弘仁十一年（八二〇）正月十八日、大蔵省被管の掃部司と宮内省被管の内掃部司と併合する奏上の中に「官員一同㆓主殿寮㆒」と見え（類聚国史一〇七）、この掃部寮の史生がやはり式部式上90条において「五人〈権一人〉」とあることから、この段階で四人（後に権史生一人を増員）または五人となっていた可能性もある。さらに寛平八年（八九六）には、やはり宮内省被管の主油司も併合され、調の膏油の管理業務もなされるようになり（職員令54主油司条、三代格寛平八・九・七符）、職掌の範囲が拡大した。

一方、職掌が類似することから、一〇世紀後半になると後宮十二司の一つである殿司との関係も曖昧になったと考えられ、主殿司ないし主殿女官と呼ばれる女官も史料に見られるようになる（角田文衞『日本の後宮』〈一九七三年〉、関口力「殿司」〈『平安時代史事典』本編下所収、一九九四年〉、中原俊章「中世の女官」〈『中世王権と支配構造』所収、二〇〇五年、初出二〇〇一年〉）。西宮記臨時五（所々事）には「内侍所〈在㆓温明殿㆒、載㆑令有㆓月料㆒、主殿掃部女官同候㆑之〉」とある。こうしたことにより、後宮における輿繖・膏・沐・燈油・火燭・薪炭のこと（後宮職員令10殿司条）もこの寮の職掌に加えられたと考えられ、枕草子二五九段には「殿司の女官御きよめなどにまいりはてて」と中宮身辺の清掃の行なわれていることが確認されるほか、建武年中行事に「ところところの御装束ども、とのもり、かもりの女ずども、さはがしくいそぎとのへたるに、つゐなはてて砌のともしびどもかすかに見えわたる程、四方拝の御装束どもいそがすめり」、また、日中行事には「辰のときに、とのもりのつかさ御湯を供ず。すましといふ女官、是をととのふ」など清涼殿のことにも深く関与していることが分かる。禁秘抄上では「六人、近代十二人」と定員を記し、「主殿司美麗姿也、公人内可㆑称㆓神妙之職㆒」とその官職にある人を指すものとして理解されている。

さらに、延長年間以降の皇太子は西雅院を用いず、職御曹司や後宮の殿舎に居住するようになるため、事実上、主殿署の機能も吸収していったものと思われる。なお、類似の職掌を持つ官司として、この他に伊勢斎王の野宮に殿部所（斎宮式29野宮新嘗祭条と同37野宮年料供物条から推定）・斎宮寮被管の殿部司（官位令15従七位条集解所引神亀五・七・二十一格、斎宮式71年料供物条など）・上皇の院における主殿所（西宮記臨時五〔院宮事〕）などが認められる。

本寮が持つ職掌は行幸や殿舎の維持管理に関わるものであることから、その起源は令制以前にまで遡りうるものと考えられる。三代実録元慶六・十二・二十五条には「聴㆘主殿寮殿部十人以㆓異姓㆒入㆑色加㆗補其闕㆖、先㆑是、宮内省言、主殿寮申請、検㆓職員令㆒、殿部卌人以㆓日置、子部、車持、笠取、鴨五姓人㆒為㆑之、今、或氏挙㆑家絶滅、或氏無㆑心㆓直寮㆒、因㆑茲、差役雑事、常煩㆓人乏㆒、為㆑済㆓公事㆒、仮補㆓異姓㆒、功積〔績〕労成、移㆓式部省㆒、而称㆑不㆑載㆓考帳㆒、常事㆓勘却一、望請、承和六年八月十四日補異姓白丁五人之外、充二補十人一、其遺廿五人、待二五姓人一以補レ之、従レ之」と見え、主殿寮の殿部は負名氏から採ることになっていた。また、河合神職鴨県主系図の大二目命の譜文には「主殿寮、主水司、為二名負一仕奉」、また、大山下であった久治良の系譜には「小治田朝ゝゝ、岡本朝、飛鳥板蓋朝、主殿寮ゝゝ難波長浦朝祝仕奉」と見える。さらに、神武紀二・二・乙巳条は葛野主殿県主部が神武天皇の大和入りを助けた頭八咫烏の苗裔であるとするが、これは、主殿寮の殿部が燈燭を点して行幸を導くという実際の職掌をもとに作られた説話と思われる（佐伯有清「ヤタガラス伝説と鴨氏」〈『新撰姓氏録の研究』研究篇所収、一九六三年、初出一九五六年〉、井上光貞「カモ県主の研究」〈著作集一『日本古代国家の研究』、一九八五年、初出一九六二年〉）。一方、上下賀茂社の北側から西北側にかけての愛宕郡・葛野郡には主殿寮領が広く存在した（朝野群載六所収貴布禰神社奏状）。本式1春祭料条に見える松山・炭山も主にこの地域に存したものと考えられ、令制以前のある段階から、この地域に勢力を持った葛野県主である賀茂氏（釈紀九所引山城国風土記逸文）の奉仕形態が、令制の整備の過程でこの主殿寮の職掌の核となったものと思われる。

　平安京主殿寮の殿舎は宮城の北東、茶園の西側、大蔵の東、達智門の南東に位置する。四〇丈四方の敷地は四面が築垣で囲まれ、その南北に門がある（大内裏図考証）。天慶九年（九四六）七月十日には、朱雀太上天皇・穏子太皇太后が主殿寮に仮の御座をおいた（紀略）ことからみて、敷地内にはかなりの殿舎があったと考えられる。また、東宮年中行事（四月）の灌仏会には「主殿寮のおほきのもと」とあり、敷地内に大木も生えていた。さらに、外記庁東側に釜殿、内裏内郭の南東隅には主殿寮内候があった（所京子『「所」の成立と展開』〈『平安朝「所・後院・俗別当」の研究』所収、二〇〇四年、初出一九六八年〉）。

　本寮は独自財源として寮田も保有していた。元慶五年（八八一）十一月二十五日、多くの官司とともに、要劇料・番上粮料のため大和国に二四町五段一八歩の田を与えられ（三代格同日符）、また、これは翌年の官符においても確認された（三代格元慶六・四・十一符）。さらに仁和四年（八八八）十二月二十五日には、主殿寮殿部二〇人の粮料として山城国二一町二段二〇四歩の官田が給された（三代格同日符）。

　なお、本寮に関する式文は、弘仁式では巻三三に木工・大炊の各寮、貞観式では巻一五に宮内省・大膳職および木工・大炊の各寮とともに収録された（本朝法家文書目録）が、延喜式にいたって初めて独立した一巻の構成となった。

釜殿（三一五頁2）　後紀弘仁二・六・丁亥条には「主殿寮釜殿自倒」と見える。この釜殿は三代実録貞観十七・十・十二条に「麋鹿一入二主殿寮御湯舎一、有レ人捕獲、放二之北野一、其舎在二太政官候庁東一」、また、本朝世紀長保元・六・十四条の内裏焼亡の記事に「件火末付二左衛門陣屋前局庁幷雑舎等上一、登二使部一、且運二出雑文等東釜殿辺一、又外記車等引二向局門一、積二文書一、引二出櫛笥小道許一」、権記長保二・十二・十条の「参二結政一之間、比レ至二釜殿北一、内豎ム丸相逢」、左経記万寿二・十一・三十条の「有レ召、参二関白一、仰云、式〔職〕御曹司、南築垣一町、幷釜殿北垣十余本顚倒不レ全、周防国所レ宛之大垣、依レ為二御忌方一、忽不レ可レ築、免二彼大垣一可レ改二宛此垣一之由、可レ仰二右府一者」などとある釜殿と同一のものと考えられ、内裏東側の外記庁の東側にあり、大内裏図に見える「釜所」がこれにあたろう。中巻図1参照。

松山・炭山（三一五頁3）　平安京東北方の愛宕郡から葛野郡にかけての比叡山北方に連なる山岳地帯は小野山と総称され、「みやこにも初雪降れば小野山の真木の炭竈焚きまさるらん」（後拾遺和歌集六）と詠まれるように、京の燃料供給地としての機能をもっていた。主殿寮の松山・炭山もこの地域にあったものと思われ、朝野群載六所収貴布禰社奏状にはこの神社の神山が主殿寮領と境を接しているため争論が起きていたことが記されている。

寮物（三一五頁4）　主殿寮にも収蔵庫があり（典鑰式1請匙条）、その鑰匙は毎朝、中務省の監物・典鑰が勅許を得て内裏から借り出し、夕方には返却していたことが分かる（監物式1請鑰条）。従って、通常の使用物品は主殿寮に備蓄されていたと考えられる。

内蔵寮より請けよ（三一五頁5）　内蔵式に対応の記述なし。釜殿の神のみ、その幣物が担当官司の主殿寮からではなく、内蔵寮から出されるのは、釜殿が内裏に距離的に近いからだけでなく、天皇の湯浴みに関係するためか。

　なお、内蔵寮からの物品の出給には、弁官等が関与せず、内侍宣によって手続きが行なわれた。内蔵式冒頭補注参照。

釈奠の料（三一五頁6）　釈奠は二月と八月の上丁の日に大学寮と大宰府・国府の国学で行なわれる孔子らを祭る儀式である（学令3釈奠条、大学式1釈奠条、雑式55諸国釈奠式条）。ここは大学寮で行なわれる儀式のうち饋享で用いられる物品で主殿寮が備えるものを示す。

　大学寮での釈奠において、主殿寮は「主殿寮一人〈掌下灑二掃堂上一供二焼香、燈燭、庭燎一事上〉」（大学式9散斎致斎条）、「主殿寮滌二掃廟内外一」（同11前享二日条）などの職掌を担ったが、本条は大学寮廟堂院での饋享において使われる物品の一部を主殿寮が準備することを示している。大学式1条には「名香二両、油二升、盞八口、燈炷料布八条、炭一籠、松明六束、右、所司供設」とある。

名香（三一五頁7）　大学式1釈奠条に「名香二両」。西宮記恒例一（八日大元所遣御衣事）の「大元御修法所レ請雑香事」や「真言院御修法所レ請雑香事」には丁子香・白檀香・浅香・薫陸香・安息香・百和香・青木香・苓陵香・竜脳香などの名が見え、また、源氏物語鈴虫には「名香に唐の百部の薫衣香を焚き給へり」「かえうのほうを合はせたる名香」とある。薫集類抄には藤原冬嗣以後の香の合せ方が示されていることから、本条の「名香」も何種類かの香を組み合せて作れたと考えられる。

蔵人所より受けよ（三一五頁8）　蔵人所は校書殿の北の部分にあり、ここの納殿には恒例の御物が収納され（西宮記臨時五〔所々事〕、拾芥抄中〔宮城部〕）、儒仏の儀式の薫物で用いられる香料もここに置かれていた。

胡麻の油（三一五頁9）　胡麻の実を搾って採れる油。調副物として正丁一人に「胡麻油七夕」が割り当てられていた（賦役令1調絹絁条）が、養老元・十一・二十二格により、中男作物に編入された（三代格）。本式15中男作物雑油条および主計式上4中男作物条でも中男一人の作物として「胡麻油七合」を輸すとある。延喜式において単に「油」とある場合はこの胡麻油を指す。

　令制下では、調副物（のちの中男作物）の油は国ごとにまとめられて京へ運ばれ、民部省・主計寮の計納を経て主油司に収納された。しかし、寛平八年（八九六）九月七日に主油司が主殿寮に併合される（三代格同日符）に及び、それ以降は主殿寮が油の運上がなされた段階で主油司に代わって収納にあたったものと考えられる。

油瓶一口・燈盞八口（三一五頁10）

〔油瓶一口〕　大学式1釈奠条にはこの「油瓶一口」が見えず。「胡麻油二升」はこの瓶に入れた形で主殿寮が準備したものであろう。

〔燈盞八口〕　大学式1条では先聖先師の二座と従祀九座が祭られているが、同条でも「盞八口」とある。また、雑式55諸国釈奠式条では二座に対して「油一升〈廟中燈料〉、盞四口〈燈盞料〉」と大学寮釈奠の半分の分量としている。これらから「八口」とは先聖先師の二座のみにそれぞれ四口ずつ備えられたものか。

燈炷の布二寸（三一五頁11）　大学式1釈奠条には「燈炷料布八条」と見える。本式20供奉年料条に「燈炷調布」とあり、本条の燈炷も幅二尺四寸の調布を裁断し、それを撚って長さ二寸のものを作製したと考えられる。十一月の鎮魂祭では「二寸四分」とあり、夜の祭儀の長さによるか。

松明（三一五頁12）　本条の松明は本式1春祭料条の主殿寮の「松山」から供給されたものであろう。大学式1釈奠条では「炭一籠、松明六束」とあり、本条と相違する。色葉字類抄には「以二十分一為レ把、以二十把一為レ束」と見え、これによれば「松明六束」は松明六〇把に相当する。

また、軍防令72火炬条には「火炬、乾葦作レ心、葦上用二乾草一、節縛、縛処周廻、挿二肥松明一」とあり、義解はこれについて「謂、松明是松之有レ脂者也」とする。これを踏まえるならば、本条の「松明」は燎や幣物を焼却する際のよく燃えて火持ちのする燃料それ自体を指すと考えられる。斎宮式38野宮月料条においても「松明三百把、薪五千四百斤、炭廿四石」とあるのはこの意味か。

鎮魂の料(三一五頁13)　鎮魂祭は新嘗祭・大嘗祭の前日にあたる十一月下の寅(月三回の際は中の寅)の日、日暮れ時より宮内省正庁で行なわれる天皇の魂を安鎮せしめるための儀式。本条はそこで用いられる燈明関連の物品を示す。また、この日、同じ場所で中宮のための鎮魂祭も行なわれ(儀式五、四時祭式下48鎮魂祭条、中宮式22鎮魂祭条)、そこでの物品も兼ねる。

鎮魂祭が薗韓神祭とともに本式において取り上げられるのは、どちらも所管官司である宮内省で行なわれるものであり、主殿寮との特殊な関係があるためか。

槾椒の油(三一五頁14)　皇極紀三年七月条に「蔓椒、此云二褒曾紀一」、新撰字鏡に「蔓椒、保曽支」、和名抄に「蔓椒　本草云蔓椒〈和名以多知波之加美、一云保曾木〉」とある。賦役令1調絹絁条には調副物として正丁一人に「槾椒油一合」が割り当てられていたが、養老元・十一・二十二格(三代格)での調副物廃止に伴い、中男作物の中に組み入れられた。主計式上4中男作物条では中男一人に五合とあり、また、本式15中男作物雑油条にも「槾椒油五合」とある。

鎮魂祭で、釈奠や薗韓神祭よりも四升多く割り当てられるのは、祭の時間が長いためであろうが、ここでのみ槾椒油が使われるかは不明。

薗韓神の祭の料(三一五頁15)　薗韓神祭は宮内省の西北隅に鎮座した三座の神の祭で、二月と十一月の丑の日に行なわれた(四時祭式上9薗韓神祭条)。よって、本条はその祭で使われる燈明に関連した物品を示すが、一度の使用量であり、「春冬並同」という文が省略されていると考えるべきである。

賀茂の神の祭の料(三一五頁16)　賀茂の神の祭とは毎年四月中の申・酉の両日に行なわれるもので、山城国愛宕郡に鎮座する賀茂別雷神社一座と賀茂御祖神社二座の祭(斎院式8賀茂祭条、神名式上5山城国条、太政官式72賀茂祭条、中宮式18賀茂祭条、内蔵式13賀茂祭条、左右馬式10賀茂祭走馬条参照)。本条はその際に使われる燈明に関連した物品を示す。中宮式18条や内蔵式13条と同じく、本式においても賀茂神祭が松尾祭とともに記される。これはこの三社が平安遷都の後、皇城を鎮護することから奉幣の重要な対象となるとともに、本寮が愛宕郡から葛野郡にかけて松山をもち、負名氏として賀茂氏が関係してきたためであると考えられる。

続松(三一七頁1)　和名抄に「今案松明者今之続松乎」とあり、日葡辞書においても「タイマツに同じ。たいまつ。詩歌語」としている。従って、本条が本式2釈奠料条の「松明」と表記を異にするのは、あるいは原資料における表記に影響されたためか。一方、大嘗祭式31卯日条には「続松三百廿炬〈長各八尺、夜別八十炬〉」とあり、大型で照明に使うものを「続松」とし、小型で照明にも燃料にも使えるものを「松明」と区別した可能性もある。

松尾の祭の料(三一七頁2)　松尾祭は神名式上5山城国条葛野郡の項に「松尾神社二座〈並名神大、月次相嘗新嘗〉」と見える社の祭(四時祭式上16松尾祭条参照)。中宮式18賀茂祭条、内蔵式13賀茂祭条では上下賀茂神社とともに記され、また、左右馬式10賀茂祭走馬条では賀茂二社の走馬一二疋の中に松尾社の二疋が含まれるなど相互に関連性が強い。祭は四月の上の申の日、後には十一月上の酉の日が加わり年に二度となる。本条はその際の物品を示す。

新嘗会に供奉する料(三一七頁3)　新嘗会は新嘗祭の豊明の節会に注目した際の名称として使われることもあるが、ここでは新嘗祭の神事の部分を指す。十一月下の卯の日（月三卯の時は中の卯の日）に中和院の神嘉殿を中心にして行なわれる祭祀を指し、本条はそこで用いられる供奉の物品を示す。木工式33供神雑物条には「凡供神雑物、幷節料、年料、諸司所レ儲雑器等、並依レ例造備、待二官符幷宣旨一充之〈東宮主膳、主殿所レ儲雑器准レ此、其数各見二本司式一〉」とあり、主殿寮も太政官符と宣旨を受けて、これらの物品を木工寮などから受け取り、準備したものと考えられる。四時祭式上24神今食条には「供御雑物、各付二内膳主水等司一、神祇官官人率二神部等一、夕暁両般参二入内裏一、供二奉其事一」と見え、神祇官の指揮のもとで配備・運営がなされた（四時祭式上23月次祭条・24条、同式下49新嘗祭条、斎宮式66供新嘗料条参照）。

中宮もこれに准えよ（三一七頁4）　皇后の新嘗祭への関与については不明な点が多いが九条家本神今食次第所引内裏式に嵯峨天皇の皇后橘嘉智子が斎院に行啓していることを根拠に、皇后も天皇の新嘗祭の場所に同席して自らの神座等を用いて助祭を行なったとする見解もある（西本昌弘「九条家本『神今食次第』所引の『内裏式』逸文について」〈『日本古代の年中行事書と新史料』所収、二〇一二年、初出二〇〇九年〉）。

沐槽…御巾の紵の布（三一七頁5）

〔沐槽〕木工式7神事供御料条に「沐槽〈長三尺、広二尺一寸、深八寸〉」とある。斎宮式71年料供物条に「洗頭槽一隻」とあるものと同じか。

〔覆の絁の帷一条〕西宮記恒例二（神今食付中院儀）の記述から、この帷は沐槽の上を覆い、飛沫を防ぐ波絹（ナミギヌ）であることが判明する。

〔浴槽〕木工式7条に「浴槽〈長五尺二寸、広二尺五寸、深一尺七寸、厚二寸〉」と見える。儀式一（神今食儀）には「当日平旦主殿寮供二浴湯一」「主殿寮預設二浴湯一供レ之」と見え、潔斎がなされた。また、その場所は掃部式3神今食条に神嘉殿の「西廂立二床一脚一〈御湯殿料〉」、九条年中行事（十一月）の中卯日新嘗会事には「主殿寮先設二御湯殿於寝側一、天皇就レ之」、西宮記恒例二（神今食付中院儀）には「主殿供二御湯殿一〈御槽在二西庇一、主殿寮候二壁外一、自レ樋入二御湯一、樋口居レ斗、侍臣中伝二故実一者、供奉入二御湯一、以レ覆置二御槽一、七度攬〔攪〕二御湯一〉」とあり、神嘉殿の西廂に御湯殿があったことが分かる。

〔覆の暴布〕浴槽の上を覆う波絹（ナミギヌ）。

〔下敷の調布の帷〕浴槽の傍らの床に敷かれた足ふきの布。

〔池由加〕由加は大型のカメで、池由加はさらに大型のもの。本式20供奉年料条には「池由加二口〈一口湯殿、一口釜殿〉」とあり、湯を入れるのに用いた。

〔覆一条〕池由加を覆う暴布。本式20条では「覆絁二条〈各長五尺、広二幅〉」とやや規格が異なる。なお、四時祭式上24神今食条には「曝布一丈二尺〈覆二水甕一料〉」が見える。

〔板蓋十一枚〕木工式7条に「径二尺五寸」とある。この一一枚は池由加一口と由加一〇口のためのものであろう。

〔円槽〕水などを入れる丸い桶。浴槽二隻に対応か。木工式7条に「円槽〈径二尺、深八寸〉」とある。内膳式23年料条にも「円槽十三隻」が見える。

〔覆の暴布二条〕円槽二隻を覆うもの。

〔椙案〕椙は若枝の細く伸びた物。これを並べ作った祭祀用の机。木工式7条に「以レ檜為之、長五尺三寸、広三尺四寸、高二尺五寸」とある。

〔絁の篩〕篩は、和名抄には「説文云篩〈音師字亦作簁、和名布流比〉、除レ麁去レ細之竹器也」とある。四時祭式上24条の供神今食料には「絹二丈二尺〈篩料〉、糸四両〈縫二篩等一料〉」が見え、主水式7神今食料条には「絹篩一口〈一尺五寸〉」、同27供御年料条には「絁大篩十四口〈各四尺〉、絁小篩十二口〈各二尺〉」と見える。

〔泔篩〕泔は洗髪して梳ること、またそのための液体で、強飯を蒸した後の水を濾すための篩。この水を洗髪に用いる。

〔洗槽の布〕沐槽・浴槽を洗い清める布か。

〔拭布〕雑器などを拭くための布か。

〔筥〕四時祭式上24条および主水式27条には「筥六合」と見える。

〔麁筥〕簡素な筥。荒筥に同じか。

〔御巾の紵の布〕沐浴した天皇が用いる白い麻の一種の布。四時祭式上24条には「紵一丈二尺〈御巾料〉」とあり、主水式27条には「御手巾紵四条〈各九尺〉」と見える。

生糸二両三分(三一七頁6) 雑物を縫う料とは、江家次第一〇(新嘗祭)には「主殿官人取二御輿帊一〈判官以上〉」とあり、紫宸殿から神嘉殿への移動には御輿が使われたが、これに用いたものか。衣裳を縫う料は、左右近衛式39青摺布衫条・40神今食装束料条によれば、新嘗祭に加わる小斎官人および近衛の青摺布衫は縫殿寮より請けるのに対し、神今食での装束は大蔵省より請けるとある。本条でも青摺袍は縫殿寮より請けるとあり、これらの生糸は大蔵省より請けたか。

澡豆の料(三一七頁7) 和名抄には「温室経云、澡浴之法、用二七物一、其三曰二澡豆一」とあり、また、主水式18供御月料条に「御澡豆料、小豆二升五合〈小月亦同〉」、同27供御年料条には「絹小篩四口〈各一尺五寸、牛乳并御澡豆料〉」と見える。壺などに入れて置かれ、玄蕃式27仁王会講師条には「澡豆壺一合」とある。江家次第七(解斎事)に「置二粉一坏一〈入二小土器一〉」とあるのも手水の際のもので澡豆のことか。

土の鋺形(三一七頁8) 主計式上1畿内調条参照。椀を模した土製の丸い半球形の器で高台が付く。主水式8大嘗会粥料条等では鋺形が解斎七種の粥を入れる器とされている。

土の唾盤(三一七頁9) 唾壺に被せる土製の小皿か。本式20供奉年料条に「土唾盤三口」、主殿署式1年料条に「土唾盤二口」と見える。主計式上1畿内調条に「吐盤」とあるのも同じものか。

菲三両(三一七頁10) 天平宝字四年の東寺写経所解には「菲廿六両」(古一四―二九七頁)などとあり、奈良時代には「扉」とも記された(関根真隆『奈良朝服飾の研究』本文編、二六九頁、一九七四年)。新撰字鏡には「扉」を「苧履也」とし、和名抄には屩に注して「和良久豆」とし「草扉也」とする。藁草履のようなものか。神事に奉仕するというハレの意味とがあったか。なお、斎宮式66供新嘗料条には「菲一両」とあり、カオリグサの意に解す。

今木人の女(三一七頁11) 今木とは湯巻が転じた言葉で湯殿において着ける衣。侍中群要五の定詞には「今支〈奉二仕御湯殿一之人、所レ著衣也、生白絹也〉」と見える。また、日中行事には「辰のときに、とのもりのつかさ御湯を供ず。すましといふ女官、是をととのふ。内侍、御湯のあつさぬるさをさぐりて、ことのよしを申す。御湯どのつかうまつる内侍、湯巻(いまき)をきる事もあり」とあり、よって、ここでは湯殿において今木を着て奉仕した女官をいう。

小斎の侍従の候所の三度の料(三一九頁1) 荒い忌みである大斎(大忌)に対して厳重な忌みを小斎(小忌)といい、新嘗祭・神今食では中和院中門の内側で神事に奉仕する人々は厳重な潔斎を行なった。その候所は東廂殿・北殿・西廂殿にあり、掃部式3神今食条には、「北殿設二御厨子所并薬殿、主水等座一、東廂殿弁二備神供一、神祇官、宮内省、内膳司、采女司座、西廂殿設二小斎親王以下座一」とある。三度とは十一月の新嘗祭と六月・十二月の神今食を指すか。

青摺の袍(三一九頁2) 白地の細布や調布に山藍で文様を摺り染めにした単衣。奈良時代までは群臣が着用したが、弘仁以降は新嘗祭などに奉仕する小忌人が専ら着用した。中務式34新嘗青摺条には「主殿廿二領」と見え、これらが新嘗祭に奉仕する主殿寮官人のものであったことが分かる。九条年中行事(十一月)の中卯日新嘗会事にも「早旦供二御湯殿一、戌刻以前、応レ斎者潔斎参二入内裏一、着二青摺一」とある。

その二度の…神祇官に充てよ(三一九頁3) 新嘗祭と神今食との重要な違いは、神饌に新穀を用いるか否かであるが、本条の供奉料も新嘗祭のときのみ、主殿寮が木工寮や縫殿寮から受け取り、六月・十二月の神今食には新嘗祭で一度使ったものを再利用した。これらの供奉料は翌年六月まで神祇官に保管されていた。

堂の僧房の料(三一九頁4) 堂は講堂である朝堂院大極殿を指し、僧房は小安殿を指す。儀式五(正月八日講最勝王経儀)には「衆僧依レ次起レ座降レ階帰レ房」とあり、僧が僧房に起居して朝堂院の御斎会に参加したことが窺える。また、大蔵式3御斎会条には「丞、録各一人率二史生、蔵部等一、装二束講堂、僧房及所司供事所一並懸レ幔」と見え、図書式3御斎会条には「燈油〈主殿寮供之〉」とある。

六口は仏供の料(三一九頁5)　図書式3御斎会条には「盧舎那仏并脇侍菩薩檀像一龕」とあり、この三尊像それぞれに一対か。一方、大膳式下3御斎会条には「仏聖二座、四王四座」とある。

炭(三一九頁6)　元日朝賀の儀では主殿寮の官人が火炉に炭を入れて火をおこし、それに図書寮官人が香を焚く。儀式六(元正受朝賀儀)には「主殿、図書官人各二人、以レ次出二東西一、就二炉下一、生レ炭焚レ香〈主殿先生レ炭、図書次焚レ香〉」と見える。また、図書式3御斎会条には「火炉火〈主殿寮弁備、寮堂童子供之、但始終之日寮官人供之〉」と見える。

真言の法を修する料(三一九頁7)　後七日御修法は承和元年(八三四)十二月十九日、空海の上奏によって始められ(続後紀)、翌年正月より恒例行事として実施された(東寺長者補任承和元年条・同二年条)。最初、内裏西側にあった勘解由使庁が曼荼羅道場として使われたが、勘解由使庁が太政官の北西に移動したため、これが宮中真言院となった。

五大菩薩…行事所(三一九頁8)

〔五大菩薩〕平安宮真言院の壇所の北側中央の壁に南向きに懸けられた五体の仏画の軸物をいう。普通、五大菩薩とは仁王般若経に記された五つの方角を守る菩薩をいい、金剛吼菩薩(中央)、無量力吼菩薩(東)、竜王吼菩薩(南)、無畏十力吼菩薩(西)、雷電吼菩薩(北)を指す。年中行事絵巻・御質抄・永治二年真言院御修法記では不動明王を中央にして、その右側に降三世明王・金剛夜叉明王、左側に軍荼利明王・大威徳明王となっている。従って、ここは五大明王あるいは五大尊とあるべきである。

〔十二天〕平安宮真言院の壇所東廂の北・東・南の壁面内側に懸けられた仏画の軸物をいう(永治二年真言院御修法記・御質抄)。もともと十二天とは仏教護法する十二の神々であり、帝釈天(東)、火天(南東)、焔摩天(南)、羅刹天(西南)、水天(西)、風天(西北)、毘沙門天(北)、伊舎那天(東北)、梵天(天)、地天(地)、日天(日)、月天(月)をいう。永治二年真言院御修法記では北壁の東側に梵天、西側に地天、東壁に北東隅から順に毘沙門天(御質抄では多聞天)・伊舎那天・帝釈天・火天・焔摩天・羅刹天・水天・風天、さらに南壁の東側に日天、西側に月天と並べられた。これらの画像の前にそれぞれ供物机が置かれ、燈台も備えられた。

〔仏供〕仏供は仏に供える物を指す。壇所中央の部屋の東壁内側には胎蔵界曼荼羅が、また、西壁内側には金剛界曼荼羅が懸けられ、その前には祭壇が設けられていた。壇所内にはその他に息災壇や増益壇なども設けられ、さらに壇所の西隣には護摩堂があった。従って、この仏供とは、五大尊・十二天以外の仏事で使う燈明をいうか。

〔僧沙弥三十二口の料〕壇所北側には伴僧宿所があり、大内裏図考証三〇は「七間三面板葺」とする。ここで伴僧や沙弥が用いる燈明の油。

〔僧房〕平安宮真言院の区画内には、壇所を中心にしていくつかの建物があるが、これは壇所の東側にある長者坊を指すか。

〔行事所〕真言院の区画内で伴僧宿所の北側にある舎屋には東端に大行事宿所、中央に御厨子所、西端には雑舎が置かれた。大内裏図考証三〇では「九間三面、無北廂」とする。

護摩壇の供料…行事所の料(三一九頁9)

〔護摩壇の供料〕大膳式下5大元帥法料条には「護摩壇供所料」とある。大元帥明王を本尊として、その像の前に護摩壇が設けられたが、そこでの供養に使われる油をいう。

〔僧の供料〕阿闍梨など高位の僧の宿房で用いる油か。

〔僧十五口の房の料〕大膳式下5条には「僧沙弥各十五口料」とある。伴僧一五人の宿所の燈明の油をいうか。

〔行事所の料〕治部省内の舎屋の一つが充てられたものと思われ、ここで大元帥法を施行するための準備などが行なわれたが、ここで用いる燈火のためのもの。

聖神寺(三一九頁10) 内蔵式36五月五日条に見える十五寺、大膳式下14盂蘭盆供養料条の七寺、拾芥抄下(諸寺部)の二十一寺などの中の一寺。大膳式下2聖神寺季料条参照。

法華寺(三一九頁11) 現在の奈良市法華寺町に所在する尼寺。続紀天平十三・三・乙巳条には「法華滅罪之寺」とあり、主税式上5出挙本稲条に見える「京法華寺」も同じものであろう。玄蕃式20大和国分寺条によれば大和国の国分尼寺とするとあり、天平年間以降、この寺格が与えられた。内蔵式18法華寺神子条、玄蕃式20条・43従僧条参照。

霊巌寺(三二一頁1) 平安京の北山に所在した寺院。延暦二十三・九・二十二符に一切経がこの寺に送られた(平遺八—四二九五)ことが見え、創建はそれ以前であることが分かる。また、要略七〇所載の弘仁五年(八一四)十月十日宣旨では、宮城以北の山野の禁制で四至の北限は霊巌寺とある。さらに三月三日の御燈について、西宮記恒例二(御燈)は「内蔵寮奉二御燈於霊巌寺一〈仁和以往、被レ奉二円成寺一〉」、同裏書(故実叢書本)には「延木二、三、二、内蔵寮請レ被レ定下可レ奉二御燈一寺上、依レ不レ髄二旧例一、召二右大将一問之、奏曰、貞観以来、於二霊巌寺一被レ奉、寛平初用二月林寺一、後用二円成寺一〈云々〉、故因二旧例一、於二霊巌寺一可レ奉状仰了」、年中行事秘抄(三月)は「桓武遷都之後、登二霊巌寺一、供二奉御燈一」とある。中宮式14潔斎条および内蔵式7御燈料条参照。しかし、権記長保元・十二・九条では寺が相当に荒廃しており、今昔物語集三一—二〇では堂舎がなかったとされているので、一条朝以後に廃絶したこととなる。

東寺(三二一頁2) 現在の京都市南区九条町に所在する寺院。教王護国寺ともいう。内蔵式36五月五日条に見える十五寺、大膳式下14盂蘭盆供養料条の七寺、拾芥抄下(諸寺部)の二十一寺などの中の一寺。治部式5国忌条、玄蕃式64東西寺三綱条参照。

真言の中台の五仏・左方の五菩薩・右方の五忿怒(三二一頁3) 真言の中台とは東寺の講堂の壇を指し、二一体の像が安置されていた。これらは、仁明天皇の発願にかかり、承和六年(八三九)六月十五日に開眼供養が行なわれた(続後紀)。その壇の中央には大日如来を中心に、宝生・阿弥陀・不空成就・阿閦の金剛界の五仏、左側には金剛波羅蜜菩薩を中心に金剛宝菩薩・金剛法菩薩・金剛業菩薩・金剛薩埵菩薩の五菩薩、右側には不動明王を中心に降三世明王・軍荼利夜叉明王・大威徳明王・金剛夜叉明王という仁王経による五忿怒を配する。このほか壇の東西の隅には梵天と帝釈天、四隅には持国天・増長天・広目天・多聞天の四天王という護法六天が置かれていた(東宝記一)。大膳式下1東寺中台等条、大炊式21東寺中台五仏条参照。

春の修法の料(三二一頁4) 修法とは密教により攘災や祈福のための壇を設け、加持などを行なうこと。後七日の御修法や大元帥の法をはじめ多くの種類があるが、ここは修正会・修二会など春に行なわれる堂ごとの修法。東宝記六には金堂(正月八日)、御塔(同九日)、二王堂(同十日)、講堂(同二十八日)の修正会、食堂(二月一日から三日)の修二会などを指すか。大炊式20東寺修法条には「春秋修法」が見える。

秋の灌頂の料(三二一頁5) 灌頂は頭頂に聖水を灌ぎ仏法を授ける儀式で、真言宗では伝法灌頂と結縁灌頂の二種類がある。東寺には五間四面の正堂・七間二面の礼堂等から成る灌頂院があり(東宝記二)、承和十一年(八四四)より毎年春秋の灌頂が始められたが同十三年から春の灌頂が停止され、秋のみとなった(三代格承和十・十一・十六符および同十三・三・十五符)。東宝記四の二季灌頂会の料物には「油六斗、米二十石〈一季各油三斗、米十石云々〉」、大炊式20東寺修法条には「秋灌頂仏供料」が見える。

神護寺(三二一頁6) 現在の京都市右京区梅ヶ畑高雄にある寺院。高雄山寺ともいう。和気清麻呂が延暦年間に建立した神願寺の寺地を高雄山寺と交替させ、神護国祚真言寺と名づけた（三代格天長元・九・二十七符）。主税式上63神護寺条には「神護寺宝塔院仏燈油一斛四斗四升」とある。

常住寺（三二一頁7）　現在の京都市北区北野紅梅町・白梅町付近に所在した寺院。諸寺略記・拾芥抄下（諸寺部）では「野寺」とも称される。後紀延暦十五・十一・辛丑条に「始用㆓新銭㆒、奉㆓伊勢神宮、賀茂上下二社、松尾社㆒、亦施㆓七大寺及野寺㆒」と見えるのもこの寺か。北野廃寺跡から「野寺」と記された墨書土器が出土したことから、ここが常住寺であった可能性が大きい（『京都市埋蔵文化財研究所調査報告』七〔北野廃寺〕、一九八三年）。紀略弘仁十一・閏正・丁卯条には「先㆑是、鋳㆓銅四天王像於常住寺㆒、至㆑是功成、遷㆓近江国梵釈寺㆒」とあり、文徳実録天安二・正・庚申条には「常住寺西南別院火」と見え、さらに三代実録元慶八・三・十五条には「夜大雷雨、震㆓常住寺塔㆒、火自㆓第五層㆒起、延焼㆓講堂、金堂、鐘楼、経蔵、歩廊、中門㆒、一時蕩尽」とあることから、かなりの規模の寺院であった思われる。本朝世紀天慶元・七・三条には地震を鎮めるため、仁王経一万部を奉読させる宣旨を下した諸寺諸社の中に常住寺の名が見えることから、このときには既に再建されていたものと思われる。玄蕃式1御斎会条参照。

延暦寺の灌頂の料（三二一頁8）　三代格嘉祥元・六・十五符によれば、延暦寺の毎年灌頂は延暦二十五年（八〇六）に天台年分度者二人を賜り、それを機に始められた。主税式上57延暦寺灌頂条には近江国から輸される「延暦寺灌頂料白米五斛」、大蔵式43八月試度年分条には「九月十五日修㆓灌頂㆒衆僧菜料直布五端」が見える。なお、ここのみ「寮家送之」とあるのは、それ以外では主殿寮が運送して行くのではなく、各寺から主殿寮に油を取りに来たためか。

嘉祥寺（三二一頁9）　京都市伏見区深草瓦町にあった寺院。現在の嘉祥寺は近くに再興されたもの。文徳実録仁寿元・二・丙辰条には「移㆓清涼殿㆒、為㆓嘉祥寺堂㆒、此殿者先皇之讌寝也、今上不㆑忍㆑御之、故捨為㆓仏堂㆒」とあり、前年の嘉祥三年（八五〇）七月に崩御した仁明天皇の追善のために山陵傍らに建立された寺である。内蔵式36五月五日条参照。

供御の地黄を煎ずる料（三二一頁10）　地黄はゴマノハグサ科の多年草。この根を煮出したものは、地黄煎と呼ばれ漢方の強壮剤となる。菅家文草三―二二七の「分㆓良薬㆒寄㆓倉主簿㆒」では地黄煎を酒に混ぜて飲めば長命をたもって仙人となろうと詠む。和名抄も煎薬の一つに地黄煎を挙げる。天皇が口にする地黄は典薬寮で調製されたが、この油はその際の燈火用のもの。典薬式7地黄煎料条には「燈油六升」とあり、九月一日に典薬寮は宮内省に申請して受け取ることになっていた。

猪の膏（三二一頁11）　「猪膏」は賦役令1調絹絁条では調の副物として正丁一人につき三合、主計式上4中男作物条では中男一人につき一升とされ、民部式下63交易雑物条に大宰府から「猪膏二石」、主計式上31信濃国条に中男作物として「猪膏」と見える。木工式27年料条や兵庫式21大祓横刀条では太刀を磨くものとして使われているが、典薬寮では薬の材料としても用いられた。典薬式1元日御薬条には一〇斤、同2臘月御薬条には一斤一〇両三分、同3中宮臘月御薬条には五斤、同6雑給料条には五斤とある。

御索餅糖の料（三二一頁12）　索餅は小麦粉と米粉とを練って縄の形にした菓子とも干しうどんの様な食品ともいわれる。大膳式下16年料条に「索餅料小麦卅石〈御并中宮料各十五斛〉、粉米九斛〈同料各四斛五斗〉、紀伊塩二斛七斗」、同18造雑物法条に「索餅料、小麦粉一石五斗、米粉六斗、塩五升、得㆓六百七十五藁㆒〈粉一升得㆓四藁半㆒、藁別煠得㆓三合㆒〉」とある。

掃部式66諸司年料条には大膳職の「造㆓索餅㆒所」に狭席二枚、「造㆓供御年料索餅㆒所」に折薦二枚が充てられていて、大膳職内には造索餅所があり、製品は隼人司から供給されたと考えられる「乾㆓索餅㆒籠」（隼人式14大嘗会竹器条）を用いて乾燥させていた。また、糖は飴のこと。大膳式下16条には「糖十斛八斗九升四合六勺〈御并中宮各一斛六斗八升三合、東宮一斛六斗七升八合八勺、雑給五石八斗四升九合八勺〉」、同18条には「糖料、糯米一石、萌小麦二斗、得二三斗七升一」とある。主殿寮から供給された胡麻の油はこれらの食品を作るために食材として使われたか。同式下3御斎会条には「糖一合」や「索餅一藁」、同24七月二十五日節条には「索餅〈親王已下五位已上別二藁〉」などと見え、貴重な食品であったため法会や節日でのみ用いられたと考えられる。

御装束所(三二一頁13) 元日の儀式で天皇・皇后の用いる調度類を置く所。元日明け方の四方拝に際して、天皇および中宮が属星・天地・二陵を拝する御座三所は、西宮記恒例一(四方拝)では「主殿女官供レ燈、書女官供二作花香一〈盛二香花一坏、炉机等、在二図書一、紛失後、用二土器類一〉」とあり、江家次第一(四方拝事)にも「近例拝二天地一座前机、亦燃レ燈〈件机、炉、坏等在二図書一〉」と見える。

奉写年料新翻仁王経所(三二一頁14) 仁王会のために図書寮内に置かれた仁王経を書写する所。図書式10写経条には年料の仁王経を書写する際に「油一升〈菜料〉」が見える。

仁王経二巻八品は護国三部経の一つで鳩摩羅什訳と不空訳のものがあるが、ここでは後者。天長元年(八二四)以降、不空訳のものが使われるようになった(高野大師御広伝下所引天長元・九・十二符)。

漏刻所(三二三頁1) 陰陽式2漏刻条には「漏刻燈油、随二月大小一請二受所司一〈従二三月一至二八月一夜別四合、従二九月一至二二月一夜別五合〉」とあり、本条と一致する。しかし、陰陽式2条ではその他に「調布三丈六尺〈燈心料、月別三尺〉」、「油坏二口」「炭十二石〈温二解竜口凍一料、起二十月一迄二正月一、日別一斗〉」とあり、これらも主殿寮からの支給であろう。

甲一百領を修理する料(三二三頁2) 兵庫式14破損甲条には「毎年五十領、待二官符到一請レ料修理」とあり、分量が一致しない。また、同26挂甲条や同27修理挂甲料条には胡麻油の記載は見えないが、26条には「瑩」とあり、革の艶出しに用いたか。

甲はもと鉄製が主流であったが、修理や製作・取扱いの簡便さから、諸国の甲は宝亀十一・八・庚戌条の勅により革甲に切り替えられ(続紀)、翌年の天応元年(七八一)四月十日にはその太政官符も出された(三代格)。主税式上76戎具料度条にも「造二革短甲冑一具一料」とある。

大祓の大刀…鞍を造る料(三二三頁3) 兵庫式21大祓横刀条には、金装二口と烏装六口の二季大祓の横刀八口の作製料として「猪膏五合〈瑩レ刀料〉、胡麻油一合〈洗レ刷料〉」とある。また、同式19大神宮女鞍条には「伊勢大神宮祭所レ須、女鞍二具、毎年造備」とあるが、胡麻油や猪膏は見えない。四時祭式上29大祓条、同式下1伊勢神嘗祭条、木工式1伊勢神宮料条・5供神料条参照。

鼓吹生らの薬(三二三頁4) 令制では兵部省の被管官司に鼓吹司があり、職員令27鼓吹司条集解古記には「鼓吹師幷生等」が見える。大同三年(八〇八)正月二十日には鼓吹司に喪儀司を併合し、寛平八年(八九六)十月五日には左右兵庫・内兵庫とともに兵庫寮に再編された(ともに三代格)。従って、ここの部分は延喜式段階で成立。兵庫式35鼓吹部条によると鼓吹部は鼓吹戸(同33鼓吹戸条)の中から才業が秀でた者を簡び取るとあり、その数は大角生一〇人、小角生八人、大笛生二人、鼓生一〇人、鉦生四人とする。本条の鼓吹生らとはこれら鼓吹部で教習段階にあるものとその長上(兵庫式34鼓吹戸計帳条)を指すのであろう。典薬式25兵庫寮雑薬条には兵庫寮あての年料薬物に「猪膏廿斤」が見え、兵庫式36年料薬酒条には「鼓吹生等年料」として典薬式25条に示された薬の名が見える。

年料の油絁を造る料(三二三頁5) 油絁は油絹に同じか。油絹は油を塗布した絹で雨具などに用いられ、隼人の製作するものとされていた。隼人式13油絹条には「毎年造進油絹六十疋〈緋卅疋、縹廿五疋、白五疋〉」とあり、「荏油一斛三斗八升〈疋別充二二升三合一〉」と見える。

雑工らの薬を造る料(三二三頁6) 典薬式19内

匠寮雑薬条には二五種類の薬の素材が見え、本条の油はこれらを調合するためか。内匠式42典薬直条には典薬寮の医師を内匠寮に常駐させることが規定されており、本条の規定も負傷の多い雑工への対策であると考えられる。

雑工已下仕丁已上の薬(三二三頁7)　職員令41木工寮条には四等官の下に「工部廿人、使部廿人、直丁二人、駈使丁」があり、中務式74諸司時服条には「大工一人、少工一人、長上十三人、将領十人、工部五十人、飛騨工卅七人」、また、式部式上217木工寮条には長上工として「木工七人、土工一人、瓦工二人、轆轤工一人、檜皮工一人、鍛冶工一人、石灰工一人」と見える。本条の猪の膏は木工寮で現業部門を担当する者のための薬を造る素材をいう。典薬式20木工寮雑薬条参照。

御服所(三二三頁8)　拾芥抄中(院司部)には院司の中に「御服所〈別当〉」とあり「女院同之」とするほか、摂関家の中にも「御服所」が見え、「大臣家大略同」とある。一方、中右記には藤原宗忠が内蔵頭になった際に、邸内に御服所を置いて女工に縫製を行なわせている。縫殿式16三年雑物条には御服所の他に中宮御服所の称も見える。ここから考えるに、縫殿寮内あるいは縫殿頭の邸内に置かれたものか。縫殿式16条参照。

御酒殿の十二月の晦の夜の料(三二三頁9)　造酒司には酒弥豆男神と酒弥豆女神を祭る酒殿神社がある(神名式上2宮中条)が、外記庁の東側にも酒殿があった(拾芥抄中〔宮城部〕)。本条の御酒殿がどちらを指すかは不明。また、「十二月晦夜料」は乳牛院にも同様の記述があり、大祓・追儺に関係したか。

青の御馬を飼う所(三二三頁10)　正月七日の白馬節会に用いられる馬を飼育していた所で左右の馬寮にそれぞれ厩舎があったと考えられる(百練抄安元二・十一・八条)。左右馬式28青馬条には「青馬廿一疋、自㆓十一月一日㆒至㆓正月七日㆒、二寮半分飼之〈一疋五飼〉」とあり、その飼育料として「燈油二合」とあるが、これは十一月の二九日、十二月の三〇日、正月の七日間として左右二寮の使用合計とすると本条の数値と一致する。

画所(三二五頁1)　内裏外郭の東側に位置する建春門(西宮記臨時五〔所々事〕では式乾門)の内側、東腋の三舎の中央にある令外の官司(三代実録仁和二・九・十二および十七条、拾芥抄中〔宮城部〕)。職員には五位蔵人があたる別当のほか預・墨画がおり、内竪所より内豎も分けられていた(西宮記)。内匠式3諸節条参照。

作物所(三二五頁2)　史料上の初見は承和七年(八四〇)四月八日(西宮記恒例二〔御灌仏事〕)。九本延喜式巻第四十二の付図では、殿舎は二箇所描かれており、それぞれが工房と政所である可能性がある(所京子前掲「『所』の成立と展開」)。

内侍司(三二五頁3)　後宮職員令4内侍司条、中務式77宮人時服条では尚侍二人・典侍四人・掌侍四人・女孺一〇〇人の定員とする。命婦は本人または夫が五位以上の宮人をいい、三代格大同二・十二・十五官奏(類聚国史四〇大同二・十二・辛未条)により尚侍は従三位、典侍は従四位、掌侍は従五位に相当することから、本条は内侍以下のすべての職員を指す。なお、本条の「中宮」とは中務式82十二月雑給条に見える「皇后宮女孺等」のこと。

十二月の晦の夜の雑給の料(三二五頁4)　十二月晦日の夜には追儺の儀式が行なわれるとともに、所々に燈火が点され饗宴が設けられる。中務式82十二月雑給条参照。

侍従所(三二五頁5)　続後紀承和三・閏五・壬午条が史料上の初見とされる。しばしば講書や饗宴にも使われた。造酒式47侍従所条参照。

親王ならびに妃夫人(三二五頁6)

〔親王〕継嗣令1皇兄弟子条では天皇の兄弟および皇子を親王と規定するが、淳仁天皇が二世王から皇位に即いたことから、天平宝字三年(七五九)から親王宣下が始められ(続紀同・六・庚戌条)、やがて嵯峨朝以後は皇子女の賜姓が多くなり、親王宣下によって、親王が決定されることとなった。内親王もこれに準ずる。

〔妃〕皇后に次ぐ天皇の第二位の配偶者で定員は二名。内親王より選定されるのが原則であったが、醍醐天皇の妃為子内親王以後は置かれなくなった。

「夫人」妃に次ぐ天皇の第三位の配偶者で定員は三名。三位以上の者から選定されたが、淳和天皇以後は置かれなくなった。後宮職員令では、さらにこの下に天皇の第四位の配偶者の「嬪」を規定するが、文武朝に置かれて以後、実際には置かれなかったため、既に現実的な存在とは考えられておらず、本条では記されていない。

女御(三二五頁7) 桓武朝の紀乙魚・百済王教法より始まる天皇の寝所に侍する女性の地位の一つ(続後紀承和三・八・丁巳条、同七・十一・辛丑条)。醍醐朝の藤原隠子以後、女御の中から皇后を立てる慣例が確立した。宣旨によって補任されて女御となると、家司が与えられた(西宮記臨時一、北山抄六、侍中群要八、台記別記久安六・正・十九条)。その待遇は嬪に準ずるものであり(雑式8輦車腰輿条)、四位・五位に叙されたが、やがて地位の上昇に伴って二位・三位も叙されるようになった(続後紀承和十一・正・壬辰条、文徳実録仁寿元・九・甲戌条、三代実録天安二・十一・七条、同仁和二・十・二十九条、権記長保二・八・二十条)。

頓料(三二五頁8) 天平宝字六年(七六二)三月の造石山寺所食物用帳(正倉院文書続修後集)の中では、頓給が過去に遡って米を与える行為として使われている。また、朝野群載二二所収延喜十年藤原某頓料解文では国司交替に際して前任国司から後任国司へ与えられるものとして、さらに、采女式8不仕禄物条では頓給料が諸司時服のごとく夏に采女などに支給される定期的な料物として記されている。しかし、本条では親王宣下に際して天皇より賜る臨時の料物であり、内匠式34親王頓料条もこの用例である。

名号を下知するの日(三二五頁9) 天平宝字三年(七五九)六月十六日、淳仁天皇は自らの即位に伴い、兄弟姉妹に親王の称号をあたえ(続紀)、これが親王宣下の初例とされる。新儀式五には「皇子給二親王号一事」として大臣が勅を奉じて所司に宣下し、外戚の氏の公卿は仁寿殿東庭で慶賀の由を奏上して舞踏しその後に退出することが記される。

印書(三二五頁10) 官司が捺印した文書。倉庫令(5)倉蔵給用条には「倉蔵給用、皆承二太政官符一、其供奉所レ須、及要速須レ給、幷諸国依レ式合二給用一、先用後申」とあり、公式令40天子神璽条では「外印方二寸半、六位以下位記、及太政官文案、則印」とある。また、太政官式11内外印条では太政官が諸司諸国に下す符で内印を捺す事項を示し「余皆外印」とする。従って、本条では油庫から油を出給するための太政官符を指す。民部式上68給公粮条、大蔵式52返上雑物条参照。

数は各本司式に見ゆ(三二五頁11) 薗・韓神の祭については四時祭式上9薗韓神祭条に「油二升」、大膳式上8薗韓神雑給料条に「胡麻油八升二合」など、平野祭については同式上9平野雑給料条に「胡麻油二斗二升〈冬加二一斗二升一〉」「燈油三升五合〈冬同〉」、また、五月五日の端午の節会は内膳式16五月五日条に「酢、油各五升」などと見える類である。しかし、神祇令で規定する四時祭や雑令に見える節会すべてについて担当する官司の式に記載があるわけではない。

中男作物の雑の油(三二五頁12) 本条で中男一人あたりの油量が見えるのは調の油を大蔵省へ収納する際に主殿寮(併合前の主油司)が関与したためか。続紀慶雲三・閏正・戊午条には「勅、収二貯大蔵一諸国調者、令二諸司毎レ色検校相知一」とある。監物式3出納大蔵物条の官人の中には主殿寮は見えないものの、大蔵式61年料漆条では内匠寮が品質確定に関わる例が見られる。

胡麻の油(三二五頁13) 賦役令1調絹絁条には調の副物として正丁一人に胡麻油七勺とあるが、主計式上4中男作物条には七合とあり、本条と一致する。胡麻油は燈火用のほかに、食用・薬用・工芸用など広い範囲に用いられるが、主殿寮ではほとんどが燈火の燃料であったと思われる。なお、民部式下63交易雑物条には胡麻子(ゴマノミ)が見える。本式2釈奠料条参照。

荏の油（三三五頁14）　賦役令1調絹絁条には調の副物として正丁一人に荏油一合であるが、主計式上4中男作物条には五合とあり、本条と一致する。民部式下63交易雑物条にも見える。

麻子の油（三三五頁15）　賦役令1調絹絁条には調の副物として正丁一人に麻子油七勺とあり、主計式上4中男作物条でも五合として、いずれも本条と一致しない。また、主計式上13伊賀国条以下の中男作物に胡麻油・海柘榴油・荏油・閉美油は見えるのに、麻子油は見えない。

呉桃子の油（三三五頁16）　呉桃子は呉桃・胡桃とも表記し、和名抄では「久流美」とあり、博物誌を引き張騫が西域から持ち帰ったのでこの名があるとされる。その実を搾って採れる油で食用・塗料用にも用いられた。冬でもまったく凍結しないという利点がある一方、硬い殻を割らねば中身が取り出せず、そこからさらに搾油するには大変な労働を必要とするため、大量に確保するのは難しかったとされる。クルミにも種類があり、日本古代ではほとんどすべてオニグルミであったといわれ、その実については天平宝字六年（七六二）の奉写二部大般若経銭用帳（古一六―一〇一頁）に「十八文買二胡桃二升一直」とあるのが史料上の初見である。大同二年（八〇七）撰上の古語拾遺にも神事に胡桃の葉が用いられているが、油としては延喜式が最も古いと考えられる。主計式上4中男作物条には三合とあり、本条に一致する。同式上13伊賀国条以下の中男作物では21甲斐国条に「胡桃油」、37越前国条に「呉桃子幷油」が見えるが、実の状態で輸す国々もあった。

油を量り収むる直丁（三三七頁1）　仕丁は五〇戸につき二人の割合で徴発される（賦役令38仕丁条、民部式上61仕丁条）が、このうち官司に常時宿直して雑役に従事する者を直丁といい、山野での雑役に従事する者を駈使丁という。職員令54主油司条では「直丁一人」、一方、同43主殿寮条には「直丁二人」とある。寛平八年（八九六）の主油司の併合に際して、主殿寮の直丁へ機能も移されたか。

主殿寮で扱う油は、調や中男作物として貢調使によって京に進上されたもので、民部省を経た後、大蔵省の正倉で勘会が行なわれた。主殿寮の直丁は品質・分量を確認した後、油を主殿寮へ移したか。

調布の衫…襌（三三七頁2）

〔調布の衫〕　調布で織られた単の上衣。

〔襷〕　神事や労働の際に袖をたくし上げて動きやすくするための紐。肩から脇に掛けて結えた。

〔襌〕　和名抄に「知波夜」。神事や労働時に使う貫頭衣状の衣ともされるが、襷との差異不詳。

御薪（三三七頁3）　天武紀四・正・戊申条が史料上の初見で、この時期に始まったものと考えられる。雑令26文武官人条には「凡文武官人、毎レ年正月十五日、並進レ薪〈長七尺、以二廿株一為二一担一〉」とあり、その位階に応じた分量を規定する。また、同令27進薪条には「凡進レ薪日、弁官及式部兵部宮内省、共検校、貯二納主殿寮一」とある。薪を進上する文武官人について、同令26条義解は「在京官人、其親王及婦女、不レ在二此限一」とするが、儀式九（正月十五日於宮内省進御薪儀）はその次第を記すとともに、「諸司幷畿内国司」から進上されるとあり、天長から貞観の間に適用される範囲に拡大があったか。太政官式58進薪条、式部式上160得考人条・161薪条、宮内式40御薪条参照。

湯殿の料（三三七頁4）　九本延喜式巻第四十二の付図によれば、清涼殿の北西に位置する。禁秘抄上（恒例毎日次第）には「早旦供二御湯一、主殿官人奉二行之一〈近代多経レ允五位也〉、釜殿運レ湯、須麻志女官〈二人〉取伝」と見える。また、侍中群要四には「参候二後涼殿庙長押下一〈当二御湯殿西戸南方一、時々鳴弦〉」とある。

御匣殿の御洗の料（三三七頁5）　御匣殿は貞観殿内にあり、裁縫や入浴・洗髪などをつかさどるようになった所。西宮記臨時五（所々事）には「御櫛笥殿〈在二貞観殿中一、以二上﨟女房一、為二別当一、有二女蔵人一〉」と見える。和名抄には「貞観殿〈在二常寧殿北一、謂二之御匣殿一〉」とあり、皇后宮の正庁のある貞観殿自体を指す場合や栄花物語八に「故関白との四の御かたは、御くしげどのとこそはきこゆる」など、御匣殿別当を御匣殿と称することもある。縫殿式1寮神祭条参照。なお、西宮記臨時六(侍中事)には「洗御髪事〈如御湯時、御匣殿女官候、召泔主殿寮、自内蔵寮進練絹、樋蒿等進之〉」とあり、御匣殿において天皇の御髪や器物などを洗うためのもの。

中宮もこれに准えよ(三二七頁6) 湯殿料から儲料までにかかる。後宮職員令10殿司条には尚殿の職掌として「掌、供奉輿繖、膏、沐、燈油、火燭、薪炭之事」とあり、中宮の湯沐については殿司が担当した。

御贄殿(三二七頁7) 進上された贄を収納する建物。西宮記臨時五(所々事)、拾芥抄中(宮城部)には贄殿は内膳中に在りとし、紀略長和二・十一・丁巳条では内膳司贄殿の焼失が記される。宮内式45例貢御贄条・46大宰府御贄条によれば、例貢御贄と大宰府御贄は直ちに内裏へ進上して贄殿に収めるとある。

内膳式42年料御贄条には諸国が貢上する御贄は「収贄殿、以擬供御」とあり、同23年料条には御贄殿も見える。

御輿一腰の綱二十六条の料(三二七頁8) 御輿は天皇および皇后・上皇など天皇に準ずる者の乗る輿であり、主殿寮が管理する(職員令43主殿寮条、中宮式19神今食条)。職員令43条集解では輿を「母知許之」と訓じる。年中行事絵巻では朝覲行幸の場面で葱花輦の御輿の長桁と朸を組み合せるところと斗の上に載せた蓋と長桁を結ぶところに緋の綱が使われている。内匠式21御輿条参照。

心の料…壁代の帷三条の料(三二七頁9)

〔心の料〕「心」は「中子」とも表記し、ものの中央部をいう。ここでは御輿の斗の内側に使う料物か緋の綱の芯とする料物かは不詳。縫殿式16三年雑物条には「緋綱六条〈各長二丈〉料緋絁一疋、調布一端二丈〈中子料〉」とあり、内匠式32野宮装束条には「御輿中子菅蓋」と見える。

〔帊一条の料〕御輿の斗の前面に掛けられた布の料か。

〔壁代の帷三条の料〕御輿の斗の左右と後ろ側を仕切るための三枚の布の料か。

沐槽…椙案(三二七頁10)

〔沐槽〕本式7新嘗供奉料条と同じ。覆絁帷と一組になっていたものと思われ、湯殿に置かれて使われた。

〔浴槽〕本式7条と比べると浴槽の案を欠く。覆暴布・下敷調布帷と一組にして使われた。西宮記臨時六(侍中事)には、「御槽、六月、十二月替之」とあり、鷺森浩幸は本条の「浴槽一隻」とはこの二回のものとする(「主殿寮と年中行事」〈『帝塚山大学人文科学部紀要』二二、二〇〇七年〉)。

〔洗の牀〕本式7条には見えない。覆暴布と一組になっている。主殿署式1年料条に「洗牀一脚」が見える。なお、木工式3新嘗等料条によれば、十一月の新嘗祭や六月・十二月の神今食には、御湯殿の御座の料として、方四尺、高さ九寸の牀が木工寮で製作された。また、掃部式3神今食条にも「西廂立床一脚」とある。

〔池由加〕覆絁と一組になっている。本式7条と比べると、新嘗祭で用いる覆は裏表があるのに対して、長さは一尺だけ本条の方が長い。

〔由加〕覆・板蓋と一組になっている。本式7条と比べると、数量が倍になっているのは、湯殿と釜殿に置かれたためか。

〔円槽〕本式7条では二隻で覆暴布が伴うが、本条にはない。

〔椙案〕覆暴布と一組になっている。本式7条と比べると、本条の方が布が二寸ほど短い。

打掃の布(三二九頁1) 斎宮式66供新嘗料条には掃部が斎宮寮より請けるものとして「払細布一丈二尺、筥一合」、同71年料供物条にも掃部司が請けるものとして「払細布一丈二尺〈已上寮充之〉、筥一合〈当国充之〉」が見える。また、掃部式14大嘗会条では悠紀正殿と主基正殿に「又設打払布一条〈納楊筥〉」とあり、同65年料鋪設条には六月・十二月の神今食および十一月の新嘗祭に関して「打払布二条〈各長一丈三尺〉、柳筥二合〈納払布料〉」と見える。さらに、同

76打掃布条には「打掃布四条〈各長一丈二尺〉、盛筥二合〈各長一尺六寸、広一尺四寸〉、砥一顆、並毎年所レ請」とある。兵範記仁安三・十一・二十二条にも掃部寮が奉仕する中に「其上置二打掃布一〈件布置二柳筥一、官人申云、六尺五寸〉」とある。こうした用例からすると、払細布は細布で作ったハタキ状のものと思われ、打払布と打掃布とはそれに類似したもので、筥と組んで清浄さを重視する際に用いられたものか。

乳の缶(三二九頁2)　缶(もたい)は瓮・盆(ほとぎ)よりすこし大きいカメであるが、ここは乳首状の突起の付いたものか。缶とは器形が異なるものの、主計式上2諸国調条に「乳戸」、また、造酒式には「乳盆」が散見する。黒川真頼『工芸志料』(一八七八年)は「乳戸」を牛乳を蓄える器と解するが、主計式上2条には「著レ乳瓮」も見えることから、「乳の缶」とは口縁部に綱などを通す耳状の乳(チ)が付いた器であろう。主殿署式1年料条参照。

杓(三二九頁3)　和名抄には「比佐古」。ここは水汲みまたは水撒きに用いる柄のついた小容器。四時祭式上7春日祭条や大膳式下55年料雑器条には匏と杓がともに記されることから、瓢簞を使ったものを匏とするのに対し曲げ物を杓としたものと考えられる。木工式7神事供御料条には「杓、長功六柄、中功四柄、短功二柄」とある。

砥(三二九頁4)　賦役令1調絹絁条には調の副物として正丁七人につき一顆と見え、民部式下63交易雑物条では伊予国に一八〇顆、主計式上4中男作物条からは中男作物として一人につき長さ一尺三寸・広さ六寸五分・厚さ二寸七分のもの二顆を輸していたことが分かる。

燈楼の料の紗(三二九頁5)　燈楼には吊り下げる形と案の上に置く形があるが、本式29燈楼条と同じで吊り下げる形のものであろう。火が風で消えるのを防ぐため、燈楼の火皿を入れる枠組にはウスギヌを張ったものか。

簀敷の調布…蔣(三二九頁6)

〔簀敷の調布〕竹・葦・細板を並べて作った敷物である簀の上に敷く調布。賦役令1調絹絁条には調の副物として正丁二人につき簀一張とある。なお、九本は「簀子敷調布」とする。

〔御殿を洗い拭う庸布〕天皇の常の御殿である仁寿殿(儀式一〔大殿祭儀〕)、後には清涼殿を指し、ここの清掃をするための庸布。

〔御川殿〕四時祭式上25大殿祭条には「厠殿」、中務式87殿司条では「御厠殿」。御湯殿の西側にある便所。

〔洗の料の酒〕禁秘抄上(恒例毎日次第)には釜殿より湯を運ぶ「須麻志女官」が、また、日中行事には「辰のときに、とのもりのつかさ御湯を供ず。すましといふ女官、是をととのふ」とある。このスマシの者に与えられる酒の意か。

〔糟〕和名抄は「加須」と訓じ、「酒滓也」とする。酒粕。造酒式3造御酒糟法条参照。

〔箒〕和名抄には「波々木」。侍中群要一の「上格子事」には「寛平小武〔式〕云、主殿頭以下、擁レ箒払二清庭墀一」とあり、枕草子一三五段には「掃部司の物ども、畳とるやおそしと、主殿の官人、手ごとに箒とりて砂子馴らす」と見える。

〔稾〕稲などの葉や茎を干したもの。図書式13年料紙条には「稾五百囲〈河内国所レ進〉」とあるが、主計式上10河内国条の調には見えない。四時祭式上33鎮火祭条、臨時祭式24宮城疫神祭条・25畿内疫神祭条などでは神事の燃料として用いられたか。また、木工式11土工条には「稾四囲半〈麁塗一囲半、中塗三囲〉」とあり土壁の材料にも使用した。本条での用途は不詳。囲は束の単位で厩牧令1厩細馬条には「乾草各五囲、木葉二囲〈周三尺為レ囲〉」とある。

〔蔣〕水辺に群生するイネ科の植物。その芽は食用にもなるが、茎はムシロの素材となる。掃部式77薗田条には掃部寮が河内国茨田郡に蔣沼一九〇町を持っており、ここから河内国の正税で雇役した人夫を使って一〇〇〇囲の蔣を刈り取らせて運ばせていたとある。また、同80雑給条には草塾の材料としての蔣が見える。

漆の槽…漆の榻(三二九頁7)

〔漆の槽〕漆塗りの湯具。本条ではこの槽をはじめ二つずつの漆器・物品から構成されている。これらは前条の「浴槽二隻」などに対応するものか。内匠式6漆器条には「水槽一口〈周三尺五寸、高一尺二寸五分〉」「手洗槽一口〈周七尺一寸、高九寸、已上四種木工寮所レ作〉」と記されるが、木工式にはこれに該当するものが見えない。おそらく木工寮で作製されたのち、内匠寮で漆塗りされたものと思われる。

〔漆の大案〕 漆塗りの大きな台。

〔漆の榻〕 漆塗りが施された榻。榻は牛車の轅の先端の軛を支え、また、乗降の際の踏み台にも使われる道具。

今木人の衣裳の料(三三一頁1) 今木とは湯巻が転じた言葉で湯殿において着ける衣。ここでは、湯殿に奉仕する男女四〇人分の衣・裳の素材の総量。西宮記臨時四(人々装束)の天皇礼服には「平生奉二仕帝王御饗一者、着二今木衣一」、侍中群要五の定詞には「今支〈奉二仕御湯殿一之人、所レ著衣也、生白絹也〉」と見える。

大鉾(三三一頁2) 軍防令7備戎具条は兵士一〇人の単位である火ごとに「斧一具、小斧一具」を備えることとなっている。また、正倉院文書などでは鉾と手鉾を区別している。儀式四(践祚大嘗祭儀下)所収の宮内省等に下した太政官符には「鉾二具、小鉾二具」、和名抄では鉾を「天乎乃」と訓じている。ここは両手で使う鉞よりも小さく、片手で使う大型の鉾を指すか。

鉇(三三一頁3) 室町期に現れる台かんなとは異なり、槍状のものであった(正倉院御物・石山寺縁起絵巻)。大神宮式21採柱条・同23造船代祭条、大嘗祭式16神服条・同18由加物条、縫殿式15年料雑物条にも鉇が見えるが、いずれも「枚」という単位を使っており、本条のものは柄が長い形式か。新撰字鏡の「鏟」も「加奈」、和名抄の「鏩」も「賀奈」と訓じている。

故きを返せ(三三一頁4) 木工寮には鍛冶司より引き継いだ鍛冶戸があり十月一日より二月三十日まで上番させて使役した(木工式29鍛冶戸条)。一方で、修理すべき物品はそれを使っている官司が木工寮に持ってくることになっていた(同式35修理雑器物条)。

鍬(三三一頁5) 和名抄には「久波」。賦役令1調絹絁条には「若輸二雑物一者、鉄十斤、鍬三口、毎レ口三斤」とあり、主計式上にも伯耆・美作・備中・備後から貢納されている。これらの調は、諸国から京へ貢納された(賦役令3調庸物条)のち、主計寮が計納し(職員令22主計寮条)、大蔵省に収納された(職員令33大蔵省条)。そして、主殿寮の物品については、宮内省が出納に関与することになっていた(職員令39宮内省条義解)。なお、斎宮式37野宮年料供物条には「鍬八口〈掃除料〉」とあり、本条の鍬もこうした用途で使われたか。

藺笠(三三一頁6) 監物式5年料条には「藺笠十枚〈並官人料〉、登美蓑八領〈裹レ鑰料、已上並請二内蔵寮一〉」とある。内蔵式54諸国年料条には和泉国の調として藺笠四六枚、民部式下63交易雑物条には大宰府に檳榔の馬蓑六〇領、螻蓑一二〇領、藺の帖笠一三〇蓋、主計式上1畿内調条には「藺笠二枚」、同12和泉国条には「藺笠卌六枚」などと見える。また、左右近衛式61駕輿丁条には行幸供奉する駕輿丁の物品について「若有二損破一、申レ官請換、但笠蓑請二内蔵寮一」とある。主殿寮の蓑・笠も内蔵寮から請けたものと思われ、本条で等美蓑・藺笠の数量が同じであるのは、雨天の際などに蓑と笠が一組として使われているためであろう。

菜を漬くる塩(三三一頁7) 賦役令1調絹絁条に正丁一人につき調の塩三斗、調副物として塩一升、主計式上2諸国調条に塩三斗、同3諸国庸条に塩一斗五升、同4中男作物条には破塩七升五合、同69肥後国条の中男作物に破塩と見える。こうして貢納された塩は大膳職に備蓄されていたものと思われ、大膳式下28菜料塩条には「主殿寮六斗」とあり、「毎年二月、八月随レ符給之」としている。従って、本条の一斛二斗は、この年二回の給付の合計を示したものである。

日毎早朝(三三一頁8) 東山御文庫本日中行事には「卯剋、主殿寮奉二仕朝清一事」とある(翻刻については芳之内圭「平安時代の内豎時奏」〈『日本古代の内裏運営機構』所収、二〇一三年、初出二〇〇八年〉を参照)。なお、西本昌弘はこの写本は一一世紀前半の摂関期における日中行事を伝えるものであるとする(「東山御文庫本『日中行事』について」〈『日本古代の年中行事書と新史料』所収、二〇一二年、初出二〇〇八年〉)。

頭僚下を率いて(三三一頁9)　東山御文庫本日中行事には「官人以下〈束帯、僚下褐衣〉、率二僚下一」、また、「上古頭以下供奉、近代者官人一人率二僚下六人一、執レ物下部二人、供奉」とある。

御前(三三一頁10)　東山御文庫本日中行事には「払二清南殿庭并清涼殿東庭、朝餉壺、台盤所壺及所々一〈朝餉壺者、昇レ自二御湯殿戸一、経二後涼殿東縁一、参入、台盤所壺者、昇レ自二高遣戸一、参入、僚下者不レ入〉」とある。また、後醍醐天皇撰の群書類従本日中行事は「堂上はかもんとのもりの女孺これをはく。かどのわらはといふものあり。なげしのうへへはのぼらず。今の世はいづれともみえず。御殿の内はくら人どもつかうまつるべき也」とする。百寮訓要抄には「禁中殿庭」とある。従って、日常的には内裏内側の庭の部分を担当したものと思われる。

香を焼く史生(三三一頁11)　朝賀式では大極殿の中央の階段から南側一〇丈に火炉を一対、六丈の距離をおいて設け、主殿寮と図書寮の者が二人ずつ礼服を着て炉から三丈ほど離れた所に東西に列なる。そして、天皇が出御すると、先ず主殿寮の二人が東西から二つの炉に進み出て炭を熾し、次に図書寮の二人が、やはり東西から二つの炉に進み出て香を焚いた(内裏式上〈元正受群臣朝賀式〉・儀式六〈元正受朝賀儀〉)。この火炉一対は内匠式1大極殿飾条によれば、「整二立南庭白銅大火炉二口一〈備二台及鉄火袋一〉、中階以南相去十丈、東西之間相去六丈」とあり、また、図書式1元日焼香条にも「凡元日、大極殿前庭左右設二火炉榻一脚一」「所レ須香小六斤十二両〈盛レ奩〉、預前請受〈香奩炉榻及礼服、並在二寮家一〉」と見え、火炉は白銅製で内匠寮が前日に準備し、図書寮も香を初めとする物品を用意したことが分かる。従って、この場合の主殿寮の関与は史生二人が炭を熾して火炉に入れることのみであったと考えられる。なお、朝賀式は即位式とほぼ同じ形態をとっているが、代始和抄の御即位事には「主殿、図書寮のつかさ、火炉のもとにつきて香を焼、この香は天子位につかせ給ふよしを天に告る焼香なり」とあり、あるいは朝賀式の香もこうした意味を持っていたか。

鼻切履(三三一頁12)　西宮記臨時三(沓)には「鼻切　四位五位上官着二用之一、近代、公卿及六位、任意着用、未レ知二可否一」とあり、江家次第六(御禊日)では賀茂祭の禁中の儀で前駈が鼻切履を用いるとする。一方、西大寺資財流記帳の呉楽衣服条には鼻広履(寧遺中—四二三頁)、和名抄には鼻高履が見える。

殿部(三三一頁13)　殿部は本式冒頭補注参照。内裏式上(元正受群臣朝賀式)には大極殿前庭で威儀の物を執って東西に分立する諸司の中に主殿寮も見え「並自二大舎人一東退一丈平頭、西亦同」とあり、儀式六(元正受朝賀儀)には「主殿寮官人亦各一人率二殿部十一人一〈著二黄袍一〉列立〈二寮与二内蔵大蔵一平頭〉」とある。

梅杖(三三一頁14)　大舎人式5卯杖条には「其杖曾波木二束、比比良木、棗、毛保許、桃、梅各六束〈已上二株為レ束〉、焼椿十六束、皮椿四束、黒木八束〈已上四株為レ束〉、中宮比比良木、棗、毛保許、桃、梅各二束、焼椿、皮椿各五束〈但奉儀見二両宮式一〉」とあり、卯杖にも梅の木が用いられている。本条の場合も神聖な木によって作られた杖で邪気を払うために加えられているものと考えられる。

紫の繖・紫の蓋(三三一頁15)　紫草で染色した繖と蓋。職員令43主殿寮条には主殿頭の職掌に「蓋笠、繖扇」とあり、義解は「繖繖蓋」、古記も「繖蓋也」とする。一方、大神宮式28大神宮装束条には「蓋一枚、浅紫綾表、緋綾裏〈表各三丈、裏如レ之〉、頂及角覆錦〈枚別所レ須一丈〉、垂二浅紫組総一〈枚別所レ須八両、但縫料糸臨時斟酌請受、以下准レ此〉、緋綱四条〈二条蓋料、二条菅笠料、長各二丈〉、紫扇二枚、菅笠二枚、菅扇二枚」とあり、斎院式22行具条にも「蓋一条〈各方一丈四尺〉料深紫、浅紫、黄帛各五丈六尺、緋帛一疋一丈二尺、同裏料緋帛四疋」、さらに儀制令15蓋条には「凡蓋、皇太子、紫表、蘇方裏、頂及四角、覆レ錦垂レ総、親王紫大纈、一位深緑」と見える。今日、伊勢神宮の遷宮では四角形の蓋と円形の笠が用いられるが、蓋と繖はこうした違いか。上巻図7「内宮・外宮装束(1)(2)」参照。

五月五日の節(三三一頁16)　端午の節会。雑令40諸節日条では五月五日を節日の一つに挙げる。また、大宝元年(七〇一)五月五日には天皇が群臣の出した走馬を臨観したこと、天平十九年(七四七)五月五日には儀式に際して菖蒲の縵を付けることを復活させた(続紀)など、この儀が奈良時代以前に始まることを窺わせる。

　この儀における主殿寮の関与は十分明確でないが、年中行事絵巻別本巻二には紫宸殿南階の両側に六衛府が献じた菖蒲の棚が設けられている。故実叢書本西宮記恒例二(菖蒲事)に「四日夜、主殿寮、内裏殿舎葺二菖蒲一〈不レ見レ式〉」、建武年中行事に「とのもむ寮、所々にしやうぶをふく」と見え、行幸供奉のほかに、献じられた菖蒲を用い、こうした整備も受け持ったか。太政官式101五月五日条参照。

水を洒ぐ今良の男(三三一頁17)　今良については本式33今良月粮条参照。この儀で今良は紺の調布の上着、無地の調布の袴、無地の調布の布帯という衣装をしており、八人がそれぞれ持麻笥と杓を持っていたものと考えられる。西宮記恒例二(幸武徳殿)には五月六日の競馬の後の打毬の場の整備にあたり「主殿打レ水」とあり、これを今良が行なったものと思われる。内匠式29毬子条参照。

七月二十五日もこれに准えよ(三三一頁18)　相撲の節。本来、七月七日に行なわれた(雑令40諸節日条)。内裏式中(七月七日相撲式)では七月七日に神泉苑で、同八日に紫宸殿前庭で行なうとされ、天長三年(八二六)六月三日には平城上皇の国忌を避けるため十六日に変更となったが、承和二年(八三五)から再び七月上旬に戻り、同四年七月八日以降からは紫宸殿前庭が用いられるようになる(ともに類聚国史七三)。貞観四年(八六二)七月十六日には七月上旬の内に実施することを定め(三代実録)、儀式八(相撲節儀)では場所を「便処」とし明示しないが紫宸殿が想定されていると考えられる。元慶八年(八八四)八月五日には七月二十五日と再改定され(三代格)、延喜式に至っている。従って、この注記は延喜式編纂段階で記されたものである。西宮記恒例二(相撲事)には紫宸殿の儀において「有二飛塵一者、主殿灑レ水、掃部撤二張筵一〈少将解レ綱〉」とある。

十二月の晦(三三二頁1)　歳末のこの日は、儀式五(大祓儀)によれば午の四刻(十二時半頃、四時祭式上29大祓条では申の時以前で午後三時以前)から百官は朱雀門前に会集し、未の一刻(午後一時頃)から大祓が始まる。また、二季晦日の御贖物儀がそれに先んじて(宮内式23供奉御麻条では申の時に)行なわれた。西宮記恒例一(四方拝)によれば、その後追儺の儀が実施され、さらに、主殿寮による御湯を供ずる儀を経て、元日の鶏鳴(午前二時頃、掃部式25元日平旦条では平旦)には四方拝へと続く。

儺の料(三三二頁2)　大晦日の夜に行なわれる追儺の儀の際に内裏・大極殿・豊楽殿・武徳殿で使用される照明用物品および今良への支給物。太政官式111追儺条、中務式70追儺条、大舎人式14追儺条、陰陽式20儺祭条参照。

中宮の油(三三二頁3)　この「油八斗」から「燈炷布一丈三尺」までが中宮の追儺の際の燈火関連物品である。この中宮についての部分は燈盞に「油坏」の字を用い、「盤百三十口」を分注とせず、油瓶を単に「瓶」、燈炷調布を「燈炷布」とするなど、その前の部分とは用字法が異なる。これはこの部分の元となった資料が本条のそれ以前と異なるためか。

追儺の今良(三三二頁4)　内裏式中(十二月大儺式)に「侲子廿人〈取二官奴等一為レ之〉、同著二紺布衣、朱末〔袜〕額一、共入二殿庭一列立」、大舎人式14追儺条には「侲子八人、紺布衣八領〈料紺調布四端〉」、さらに、要略二九所引清涼記には「侲子廿人〈取二官奴等一為レ之〉、共入列二立殿庭一〈其装束等、見二式文一也〉」と見える。これらの

「侲子」とは儀式一〇(追儺儀)に「小儺今良著二紺布衣、緋末額一、持二桃弓、葦矢(故実叢書本では「弓」)、桃杖、砕瓦一」とあることから、本条のこの今良に相当すると考えられる。

衣服(三三三頁5)　大舎人式14追儺条には「侲子八人、紺布衣八領〈料紺調布四端〉」とあり、本条と相違する。方相の仮面をはじめ、追儺の装束については同条に「並納二寮庫一、当レ時出用〈侲子装束度二主殿寮一、事畢返納〉」と見え、侲子のものだけは主殿寮が整えたことが分かる。

桃染の布(三三三頁6)　衣服令14武官朝服条には衛士が朔日や節日に服するものとして桃染衫とあり、また、大神宮式31禰宜内人装束条にも大神宮・度会宮の遷宮の際の禰宜・内人らの明衣を運ぶ担夫に桃染衫が与えられている。

官人(三三三頁7)　要略二九に引く装束記文には「主殿寮持二燈階一、率二僚下一、参入、打二立南庭幷御在所及殿前庭一、于レ時、女官挙二南殿隔子一」とある。主殿寮の四等官は頭一人、助一人、允一人、大属一人、小属一人であるが、この人々が史生以下を率いた。

晩頭(三三三頁8)　儀式一〇(追儺儀)は戌二刻(午後七時半頃)、太政官式111追儺条、大舎人式14追儺条、西宮記恒例三(追儺事)、江家次第一一(追儺)では戌の刻に親王・大臣以下の参加者が承明門外に集うとある。従って、主殿寮による燈火の準備はそれ以前の日没後ほどなくの時間帯になされたものと考えられる。

大内の前庭(三三三頁9)　内裏の前庭。雲図抄には「尅限南殿事了、儺王率二侲子一、入二仙華門一、経二東庭一、出二滝口戸一、侍臣於二孫庇一射レ之〈女官献二葦弓箭一〉」とあり、建武年中行事には「大舎人寮、鬼をつとむ。陰陽寮祭文をもちて、南殿のへんにつきてよむ、上卿以下これをおふ。殿上人どもは、御殿の方にたちて、桃の弓、葦の矢にている。仙花門より入りて東庭をへて滝口の戸にいづ。こよひ所々にともし火をおほくともす。東庭、あさがれい、台盤所のまへ、みぎりに、灯台をひまなくたてゝともすなり」と見える。本式26十二月晦夜条は、「燈台八十基〈紫宸殿幷御在所料〉」としており、紫宸殿の南庭から清涼殿の東庭を指す。

御湯を供奉せよ(三三三頁10)　西宮記恒例一(四方拝)、江家次第一(四方拝事)に「追儺後、主殿寮供二御湯一」、また、雲図抄には「追儺畢、奉二仕御装束一〈行事蔵人、不レ脱二装束一例也〉、尅限奏二事由一、先供二御浴一出御」とあり、実際には大晦日の夜の追儺から元旦の寅の刻(午前三時頃)に始まる四方拝は引き続いて行なわれた。建武年中行事には「とのもりのつかさ御湯を供ず〈これよりさきに、御ゆする有るべし〉。御ゆどのはてぬれば、寅の時に、みうちきの人めして、御装束たてまつる。黄櫨染の御袍つねのごとし。清涼殿の三間のかうしをあげて、出おはします道とす」とあり、大嘗祭式31卯日条には「主殿寮供二奉御湯一三度〈一度大斎湯、於二常宮一供之、二度小斎湯、並於二廻立殿一供之〉」とある。ここでは清涼殿の中で行なわれたものか。

車駕の行幸に供奉(三三三頁11)　車駕は行幸の際の天皇の尊称。儀制令1天子条は「行幸所レ称」、また、同条集解では「車駕、謂乗輿行幸之時名、謂二之車駕一也」とする。行幸に際しては、供奉する者の順序が鹵簿図において規定されていた(宮衛令26車駕出入条)が、御輿は左右の近衛府および兵衛府の駕輿丁に担われており(左右近衛式46番長条・61駕輿丁条、左右兵衛式22駕輿丁条)、主殿寮の者はその補助を行なった。北山抄九(行幸)には「主殿寮撤二御輿覆一」「若入レ夜者、主殿寮四人炬レ火、候二御輿前後一」と見える。なお、斎宮式19野宮河頭禊条でも「斎王駕レ輿〈輿者、主殿官人率二史生一、前レ禊二日設候〉」とあり、斎王の輿自体は左右の近衛府と兵衛府から出た輿長・駕輿丁によって担がれていた。

紅染の細布の衫(三三三頁12)　紵麻の細い糸で織った布を細布といい、それを紅花で染めた衣。五月五日の端午の節会には紅染の曝布が用いられる(本式25五月五日条)。また、近衛府の御輿の長は行幸の際に紅染の布の衫を着けた(左右近衛式34御輿長条)。

燈楼(三三三頁13)　本式7新嘗供奉料条には

「燈楼六具〈各加レ案〉」とあり、毎年新嘗会ごとに神祇官より請けるとあるが、本条のものはそれらとは異なる。案を伴っていないのは、掛ける形態であるためか。東山御文庫本日中行事の供御殿燈事には「主殿女孺、昇レ自二青瑣門一、先懸二燈楼於綱一、次供レ燈」、また、下格子事にも「蔵人先出レ自二殿上々戸一、取二孫廂燈楼一〈但南第一間燈楼不レ取レ之〉、懸二於昼御座廂鈎金所レ在之綱一〈第一間北、第三間南、第五間南等鈎金〉」と見える。

斑幔(三三三頁14) 異なる色の布を交互に縦に縫い合せた横長の幕。和名抄には「幔」と見え、「本朝式斑幔〈読万多良万久〉」とある。

儀式二(践祚大嘗祭儀上)には、大嘗祭に先立つ御禊の禊処の門の内外に斑幕を懸け、また、皇太子のための五丈の斑幕二宇を並び立てたことが見える。

火炬の小子(三三三頁15) 宮内式5大嘗祭小斎条には主殿寮に火炬小子二人とある。大嘗祭・新嘗祭・月次祭などにおいて忌火・庭火に関与したと思われる(小川徹「戸座の貢進について」〈和歌森太郎博士還暦記念論文集編集委員会編『古代・中世の社会と民俗文化』所収、一九七六年〉)。この類例が伊勢の斎王が初斎院から伊勢の斎宮に入るまで奉仕した火炬二人と卜戸座一人であり、この場合は、斎王が伊勢に着くと現地の炬火・戸座に引き継がれ、京へ戻された(斎宮式35卜戸座火炬条・80戸座炬火条)。伊勢斎王に供奉する者は、既に養老五年(七二一)九月十一日に「戸坐一人、御炬二人」が見える(要略二四所引官曹事類)。

山城国葛野郡の秦氏の子孫(三三三頁16) 姓氏録左京諸蕃上・右京諸蕃上・山城国諸蕃・河内国諸蕃などには秦忌寸・秦造・秦公・秦人・秦勝・太秦公宿禰が見え、そのほとんどが秦の始皇帝の後裔を称する。応神紀十四年是歳条、同十六年八月条に弓月君および弓月の人夫が百済から来朝したことが記され、また、応神記では秦造の祖の来朝の記事が見える。これらを姓氏録では同一のものとし、自らの始祖伝承として記している。秦造は天武紀十二・九・丁未条に造から連へ、同十四・六・甲午条に連から忌寸に賜姓されたとある。本朝月令(四月)所引秦氏本系帳には「正一位勲一等松尾大神御社者、筑紫胸形坐中部大神、戊辰年三月三日、天二下坐松埼日尾一〈又云二日埼岑一〉、大宝元年、川辺腹男、秦忌寸都理、自二日埼岑一更奉レ請二松尾一、又田口腹女、秦忌寸知麻留女、始立二御阿礼一畢、知麻留女之子秦忌寸都駕布、自二戊午年一為レ祝、子孫相承、祈二祭大神一、自レ其以降、至二于元慶三年一、二百卌四年」とあり、また、推古紀十一・十一・己亥条、朝野群載二所収承和五年十二月十五日広隆寺縁起には秦造河勝が天皇より仏像を受け、寺を建立したとある。こうしたことから、山城国葛野郡に各地に居住する秦氏の中心があり、松尾社・広隆寺をそれぞれ氏神、氏寺としていたと考えられる。なお、伊勢の斎宮の初斎院から群行まで奉仕する火炬二人も、やはりこの秦氏の童女から取られ、卜戸座一人は山城国愛宕郡の鴨県主氏の童子から取られていた(斎宮式35卜戸座火炬条)。主殿寮の殿部が鴨氏などの負名氏から採られ(三代実録元慶六・十二・二十五条)、また、葛野主殿県主部という呼称が見える(神武紀二・二・乙巳条)ことなどからすると、愛宕郡の賀茂氏と葛野郡の秦氏は主殿寮の薪・炭供給などの職掌を通じて相互に関連が深く、採用を特定の氏からのみ行なうことが固定化したものと思われる。こうした神事に関係した職掌に預かるものを特定の氏からのみ採る類例は、座摩巫は都下国造の氏の子女から採る(臨時祭式44座摩巫条)、伊勢の斎宮寮の戸座は斎王が伊勢国に到着する日に、度会郡二見郷の磯部氏の童男からも卜定され、炬火は多気郡の童女から卜定された(斎宮式80戸座炬火条)ことなどにも認められる。

時服(三三五頁1) 夏・冬の年二回、諸司が解を中務省に提出し、それを集計した中務省解が太政官に申上される。それを受けて太政官符が大蔵省に下され、弁官・中務省の立会いの下で、大蔵省から諸司に衣服の料物が支給された。主殿寮については中務式74諸司時服条にも規定されるが、火炬小子については記載がない。また、本条の支給される分量も同条の「諸司官人已下絹四丈五尺〈秋絁一疋三丈、綿四屯〉、今良男女各絁三丈、調布一端〈秋絁一疋、布一端、綿三屯、但女綿二屯〉」に比べ、少ないのは小子であるためか。臨時祭式45御巫時服条、太政官式116諸司時服条、大蔵式75諸司時服条参照。

諸司に充つる炭松（三三五頁2）　油については本式12諸司年料油条に見えるが、炭・松などについても、こうした一覧が作成されていたものと思われる。油と扱いが不統一なのは、主油司が寛平年間に本寮に併合されたためか。雑令28給炭条では主殿寮から後宮・親王への炭の供給は十月一日から二月三十日までとされている。

内侍の宣（三三五頁3）　内侍が天皇の意を受けて出す宣旨。後宮職員令4内侍司条には尚侍二人の職掌として奏請と宣伝、典侍四人も尚侍がいない場合は奏請・宣伝することができるとあるが、実際には掌侍が行なうこともあった。この方式では勅旨が内侍に伝えられそれを蔵人が太政官の上卿を経由せず、直接諸司に下すところに特徴がある。この形式が整うのは平安中期とされるが、天平八年（七三六）七月二十九日および同年八月二十六日付けで内侍司から主薪所に薪を求める牒が出されており（古二―四・八頁）、本条に見られる薪の支給手続きが天平年間には既に行なわれていたことを窺わせる（土田直鎮「内侍宣について」〈『奈良平安時代史研究』所収、一九九二年、初出一九五九年〉）。本条では御薪の儀が内廷に直結することから特にこの方式が採られたか。内蔵式41御服料条、式部式上86叙位条参照。

今良（三三五頁4）　イマリョウ・ゴンラ・ゴンロウなどの訓がある。本来、官奴司の管轄下にあった官戸・公奴婢のうち放免されて良人となった者をいう。天平宝字二年（七五八）七月四日に放免されて良となった官奴婢・紫中台奴婢（続紀）に起源すると考えられる。大同三年（八〇八）正月二十日の詔で官奴司は主殿寮に併合されるが（三代格）、本条があるということは賤民から放免され今良となった後も、官奴司が管轄を継続し、それが大同以降も主殿寮に引き継がれたことを意味していよう。なお、ここの人数は中務式74諸司時服条に見える主殿寮の今良男女の数に一致する。

月粮（三三五頁5）　賦役令5計帳条に記された「充二衛士、仕丁、采女、女丁等食一」に相当し、太政官式119月料要劇大粮条では「大粮」、また、民部式上68給公粮条では「公粮」と表記される。これらの式文によれば、風雪などが激しくなければ、主殿寮は毎月十一日（六・九・十二月は十三日）に必要量を民部省に申請し、同十六日には民部省から太政官に申請がなされる。同二十日、太政官符が民部省に下され、同二十二日には民部省から主殿寮に出給された。

財源について賦役令4歳役条集解古記には「凡庸布綿者納二大蔵一也、米塩者納二民部一也」、また、田令2田租条集解古記には「問、庸米春米、如何其別、答、庸米者歳役料輸、即送二納民部省一、充二衛士、仕丁等食一、春米者租春送二大炊寮一、充二諸司常食一」とあり、諸国から京進され民部省に備蓄されていた。庸米や庸塩が月粮として用いられていたと考えられる。一方、黒米については、民部式下49年料春米条に「各以二正税一春運、白米送二大炊寮一、黒米送二省及内蔵寮一」とあり、一部には年料春米も月粮に使われていた。やがて、庸米の不足が顕著になってくる九世紀中葉になると、民部式下51年料租春米条に示される春米を用いることとなっていった（早川庄八「律令財政の構造とその変質」〈『日本古代の財政制度』所収、二〇〇〇年、初出一九六五年〉、佐藤信「民部省廩院について」〈『日本古代の宮都と木簡』所収、一九九七年、初出一九八四年〉）。

諸司の所々の散けん（三三五頁6）　続紀天平十四・二・戊寅条には中宮職奴が見え、天平宝字二・七・甲戌条にも紫微中台奴婢とあることから、既にこの段階で官奴婢もすべてが官奴司にあったわけではなく、諸司に分属していたものと考えられる。また、三代格弘仁四・十二・九符では、後宮に時服が支給されていない御火炬二人と御井守二人の今良がおり、また、縫殿式28今良服米条には縫殿寮に宿直する男二人・女二二人の今良が見え、衣服・粮米を支給されている。こうした今良はそれぞれの所属官司から宮内省に移・解を出し、民部省から米・塩を支給されていた。

巻第三十七

典薬寮(三三七頁1)　宮内省の被管官司で、医学教育と天皇・中宮・東宮および官人の医療を掌る。和訓はクスリノツカサ(和名抄)。

令制では、頭・助・允・大属・少属各一人の四等官と、官人の診察・治療を担当する医師一〇人、針師五人、案摩師・呪禁師各二人、医学教育を担当する医博士・針博士・案摩博士・呪禁博士が各一人、学生として医生四〇人、針生二〇人、案摩生一〇人、呪禁生六人、寮附属の薬園を管理する薬園師二人と薬園生六人、他に雑務担当の使部二〇人と直丁二人が所属していた。薬戸と乳戸も典薬寮に付されていた(職員令44典薬寮条)。他の官員として、延暦十五年(七九六)十月五日に史生四人が置かれ(後紀)、貞観四年(八六二)十二月七日に寮掌一人が置かれている(三代実録)。

寛平八・八・二十九論奏によって、天皇・中宮・東宮の医療を掌っていた内薬司が典薬寮に併合されることが決定し、同・九・七符により、散位寮や主油司・園池司とともに「職各清閑」であるとして併省が実施され、同・十・五符で、侍医四人・女医博士一人・薬生一〇人は典薬寮に所属することになった(以上、狩野文庫本三代格)。女医博士は狩野文庫本三代格養老五・十・一勅で置かれた令外官で(実際の設置は続紀養老六・十一・甲戌条によると翌年)、女医(官婢)を教育する男官である。

医・針・案摩・呪禁の師・博士・生の医療・医学教育体制は、唐の太常寺太医署のシステムに倣ったものであるが、養老令制下において、案摩師・案摩博士の実例は知られず、実際に置かれたかどうかは不明である。呪禁師・呪禁博士も渡来系氏族の在官が八世紀後半までは認められるものの(持統紀五・十二・己亥条、武智麻呂伝、続紀神護景雲元・八・癸巳条など)、九世紀以降は見えず、延喜式制までには除かれてしまったものと考えられる。

医療と医学教育の諸制度は医疾令に規定されており、日本の医疾令は散逸してしまったが、要略などにその逸文が残り、江戸時代以来の復原研究によって、ほぼ全容が判明している。また近年中国寧波の天一閣で発見された北宋天聖令残巻には医疾令が含まれており、唐医疾令の復原が可能になった。その結果、唐医疾令を継受した日本の医疾令の復原も、より精度を上げることが可能になっている。復原した日・唐医疾令を比較すると、「薬部」の存在など、令制以前の部民制の要素を除いて、日本古代の医療制度・医学教育制度は、規模は異なるものの、基本的には唐の制度を忠実に継受しようとしていたことが明らかである(丸山裕美子「北宋天聖令による唐日医疾令の復原試案」〈『愛知県立大学日本文化学部論集』一、二〇一〇年〉)。

推古紀三十一年七月条で、「大唐国」の「法式」導入を進言した中に「医」の恵日・福因らがあったことからも、七世紀前半以降、唐制に倣った医療体制・医学制度の整備が積極的に進められたことは間違いない。それ以前の六世紀には朝鮮半島からの医博士・採薬師の交替派遣に頼っており(允恭紀三年正月条、同三年八月条、欽明紀十四年六月条、同十五年二月条)、七世紀においても実際の医療や医学教育に関わったのは、朝鮮半島からの渡来系氏族や百済からの亡命者が中心であったと思われるが(姓氏録「左京諸蕃下」和薬使主氏の項、天智紀十年正月条など)、七世紀末には、「外薬寮」(天武紀四・正・丙午条)や「内薬官」(続紀文武三・正・癸未条、書紀朱鳥元・四・丁丑条には「侍医」が見える)などの典薬寮・内薬司の前身官司が成立していた。日本古代の医療制度については、新村拓『古代医療官人制の研究』(一九八三年)、丸山裕美子『日本古代の医療制度』(一九九八年)参照。

本式では左記の史料・文献について、史料年紀・編者名・刊行年などを省略して用いた。

・医心方(丹波康頼撰)…『国宝半井家本医心方』一〜六(一九九一年)
・外台秘要(唐、王燾撰)…『宋版　外台秘要方』上・下(東洋医学善本叢書四・五、一九八一

年）

・千金方（唐、孫思邈撰）…『宋版 備急千金要方』上・中・下（東洋医学善本叢書九〜一一、一九八九年）

・買新羅物解…鳥毛立女図屏風下貼文書（天平勝宝四年〔七五二〕、正倉院文書）

・種々薬帳…天平勝宝八歳六月二十一日盧舎那仏種々薬帳（正倉院文書）

・『図説正倉院薬物』…宮内庁正倉院事務所編『図説正倉院薬物』（二〇〇〇年）

・木研…木簡学会『木簡研究』

元日の御薬（三三七頁2） 正月一日・二日・三日に天皇に供する薬。白散・度嶂散・屠蘇と千瘡万病膏からなり、これらの薬を天皇が服することによって、一年の無病息災を願ったもので、中国の習俗に倣って宮中儀礼に取り込まれた。天皇に供する薬なので「御薬」といい、中宮・東宮もこれに準じた儀式を行なった。この元日の供御薬儀の儀式次第は、内裏式中（十二月進御薬式）・儀式一〇（進御薬儀）では十二月晦日の儀として載せられている。

中国の歳時記には、正月一日に屠蘇酒や椒柏酒などの薬酒やさまざまな丸薬・散薬を摂取して、邪気を払い長寿を願う習俗が見え、こうした中国の習俗に倣った儀礼である。屠蘇・白散・度嶂散とも、中国の医書に見えるが、いずれも五〜七種の生薬を調合して作られる薬剤であり、中国の医書が舶載され、本草の知識を得た上ではじめて成り立ちうる行事である。初見は天武紀四・正・丙午条で、典薬寮の前身とされる外薬寮などが薬と珍異の物を奉っている。白散（老君神明白散）や度嶂散は道教的な要素を含んだ薬であり、遁甲をよくしたという天武天皇が摂取した習俗としてふさわしいように思われる。江家次第一（供御薬）は弘仁年中（八一〇〜八二四）に始まったとするが、皇太神宮儀式帳（年中行事幷月記事）にも元旦に白散を供する行事が見えており、八世紀末には宮中の年中行事として成立していたと考えるのが妥当であろう。

本条に関しては、延喜式覆奏短尺草（1）項に内薬式の逸文がある。春宮式1元日御薬条について「内薬式云、中宮、東宮亦同」と見え、また「但彼式記㆓女孺五人㆒」「但彼式雖㆑記㆘賜㆓潔衣㆒之人数㆖」とある「彼式」も内薬式を指す。内薬司は寛平八年（八九六）に典薬寮に併合されたので、延喜式には内薬式はない。この内薬式は弘仁式または貞観式の逸文であり、内容は典薬式本条に継承されている（虎尾俊哉編『弘仁式貞観式逸文集成』一一三頁、一九九二年）。

儀式次第については、内裏式や儀式、西宮記恒例一（供御薬事）・江家次第に詳しい。李献璋「屠蘇飲習俗考」（『東洋史研究』三四―一、一九七五年）、丸山裕美子「供御薬儀の成立」（前掲書所収、初出一九九〇年）、井上亘「供御薬立制史考証」（『日本古代の天皇と祭儀』所収、一九九八年、初出一九九五年）参照。

白散・度嶂散・屠蘇（三三七頁3） いずれも医心方一四（避傷寒病方）に処方が載る。以下、処方薬については表4「典薬式処方薬一覧」を参照のこと。

〔白散〕 老君神明白散とも言う。白朮・附子・烏頭・桔梗・細辛を調合して作る散薬で、医心方一四（避傷寒病方）に葛氏方（東晋の葛洪撰、梁の陶弘景が増補改訂か）を引用してその処方を載せる。「歳旦、以㆓温酒㆒服㆓五分匕㆒、一家有㆑薬則一里無㆑病、帯㆓是薬散㆒以行所経過、病気皆消」とあり、元旦に、温めた酒に入れて飲む。一家にこの薬があれば、一里に病なく、これを携行すれば行くところの病が消えるという絶大な効能を持つとされている。延暦二十三年（八〇四）撰進の皇太神宮儀式帳（年中行事幷月記事）に、元日「白散御酒」を供奉することが見え、土佐日記でも承平四年（九三四）の十二月晦日に国医師が白散を紀貫之に届けている。御薬の他に、人給白散もあったから（本式5白散条）、平安時代初期までは、屠蘇よりもむしろ白散の方が元日の薬として普及していたらしい。

〔度嶂散〕 麻黄・蜀椒・烏頭・細辛・防風・桔梗・干薑・桂心・白朮を調合して作る散薬で、医心方一四（避傷寒病方）に白散に続けて処方が載せられ、底本書入れ（校異補注参照）と同文の記載が見え、疫病の流行を避けることができるとされた。

〔屠蘇〕小品方（肘後備急方所引）には「十二月晦日正中時、懸二置井中一至レ泥、正暁拝慶前出レ之、正旦、取レ薬置二酒中一、屠蘇飲レ之、（中略）従レ小至レ大、少随レ所レ堪、一人飲、一家無レ患、飲レ薬三朝」とある。晦日に井戸に漬けておくこと、元旦に井戸から取り出して、酒に入れて、「小より」飲むことが記されている。一人がこれを飲めば、一家に患いがないとされた。白朮・桔梗・蜀椒・桂心・大黄・烏頭・菝葜・防風を調合して作る散薬で、医心方一四（避傷寒病方）には玉箱方（葛洪の玉函方か）の処方が載せられている。唐初の孫思邈の千金方や、八世紀半ば王燾の外台秘要などにもほぼ同内容の処方が見える。

荊楚歳時記（梁の宗懍撰、隋の杜公瞻が加筆補訂）などの歳時記にも載せられて、「凡飲酒次第従レ小起」（同〔正月〕）とある。荊楚歳時記は八世紀には日本に舶載されて、広く流伝していたことが認められ（坂本太郎「荊楚歳時記と日本」〈著作集四『風土記と万葉集』、一九八八年、初出一九五一年〉）、医書にしか記載がない白散よりも、一般に浸透していったものと思われる。

千瘡万病膏（三三七頁4）　元日御薬の一つとして膏薬を供することは延喜式以前には確認されない。江家次第一（供御薬）には「主上取レ之、以二右手無名指一令レ塗二於左掌一給」とある。処方については、不明であるが、和名抄の膏薬の項に「千瘡膏〈一名病膏〉」とあるものに相当するか。臘月御薬・中宮臘月御薬にも入れられている。江戸時代後期の国学者屋代弘賢は「その薬物を照してこれを肘後方、千金方及び外台秘要等を閲するに、此即蛇銜膏一名細膏なり」と推測している（古今要覧稿）。

人参…薤白（三三七頁5）　本式に見える薬物については、原則として、上海科学技術出版社・小学館編『中薬大辞典』全五冊（一九八五年）によって、基原（生薬の元となる植物・動物・鉱物等の名称および使用部位、加工方法を含む）を記した。ただし薬物名が同じであっても、現在知られる薬物と同じものであるとは断定できない。古代においても中国の本草書に記載される薬物を日本で同定することには困難があった。本式の比定はあくまでも一案として理解していただきたい。表3「典薬式薬物一覧」を参照のこと。

〔人参〕ウコギ科の植物オタネニンジンの根に比定される。本草和名にカノニケクサ・ニコタ・クマノイとある。俗に高麗人参・朝鮮人参と言われるもので、買新羅物解にも新羅からの購入品目として見える（古三―五七九・五八〇頁、古二五―四五・四八頁など）。天平勝宝八歳（七五六）六月二十一日に光明皇太后が東大寺の大仏に献納した六〇種の薬物（以下「正倉院薬物」と呼称する）には、人参五四四斤七両が含まれ、約九キログラムが現存する（『図説正倉院薬物』）。出雲国風土記（楯縫郡）、播磨国風土記（讃容郡）にも見え、藤原宮出土木簡にも散見している。

〔甘草〕マメ科の植物カンゾウの根および根茎に比定される。本草和名にアマキとあり、また「出二陸奥国一」とある。飛鳥池遺跡や藤原宮跡から甘草を使用する処方あるいは薬物請求・受領の木簡が出土している（『飛鳥藤原京木簡』一―七一一、二〇〇七年）。正倉院薬物には、甘草九六〇斤が含まれていたが、斉衡三年（八五六）には四五斤二両に減じており、この間に多くが出蔵、使用されたことが知られる。現存するものは、径〇・七～一・二センチメートルの根で、中国産と考えられている（『図説正倉院薬物』）。買新羅物解では、甘草は新羅からの購入品目として見える（古三―五七九・五八〇頁）。要略九五所引私教類聚にも、丸料薬として「甘草〈炙〉」と見え、当時の貴族にとって基本的な薬物の一つであった。

〔桂心〕牡桂・肉桂・桂皮とも。本草和名に「牡桂（中略）一名桂心〈出二蘇敬注一〉」とある。クスノキ科の植物ケイの樹皮に比定される。和名は本草和名には載せない。藤原宮からは「桂心」を使用する処方を書き付けた木簡が出土しており(奈良県教育委員会『藤原宮』、一九六九年)、薬物請求の木簡と考えられるものにも「桂心三両」と見え(木研11)、飛鳥池遺跡出土の薬物請求・受領か処方を記した木簡にも桂心が見える(『飛鳥藤原京木簡』一―七一一、二〇〇七年)。正倉院薬物には五六〇斤が含まれており、現存するものは長さ二〇～五〇センチメートル、幅三～五センチメートル、厚さ三～七ミリメートルの樋状半管状肉厚のものが六束と裹が三包みで、いずれも中国南部またはインドシナ産である(『図説正倉院薬物』)。買新羅物解では、桂心は新羅からの購入品目として見え(古三―五七九・五八〇頁、古二五―四五・四六頁)、新羅が東南アジアとの中継貿易を行なっていたことが知られる。要略九五所引私教類聚に、丸料薬として「桂心〈去レ皮〉」と見え、当時の貴族にとって基本的な薬物の一つであった。

〔白朮〕朮とも。キク科の植物オオバナオケラの根茎に比定される。朮は本草和名にヲケラとある。天武紀十四・十・庚辰条に「遣二百済僧法蔵、優婆塞益田直金鍾於美濃一、令レ煎二白朮一」と見え、同・十一・丙寅条に「法蔵法師、金鍾、献二白朮煎一」とあり、病床にあった天武天皇の治療に関わるものと思われる。出雲国風土記(意宇郡・島根郡・秋鹿郡・楯縫郡・飯石郡)、播磨国風土記(揖保郡)にも見え、藤原宮から「白朮四斗」と記した付札木簡が出土している(木研11)。

〔大黄〕タデ科の植物ショウオウダイオウなどの根茎に比定される。本草和名にオホシとある。藤原宮から(表)「高井郡大黄」(裏)「十五斤」と記した荷札木簡が出土している(木研5)。「高井郡」は信濃国高井郡であるが、長屋王家木簡に「播信郡五十斤、讃信郡七十斤、合百廿斤」とあるのも、信濃国からの大黄の貢進荷札木簡であると考えられる(『平城京木簡』一―七六、一九九五年)。正倉院薬物に九九一斤八両と大量に含まれていたが、斉衡三年(八五六)には八七斤一三両二分に減じており、この間に多くが出蔵、使用されたことが知られる。約三〇キログラムが現存し、中国産の錦紋大黄(断面につむじ紋が多く見られる重質の大黄)であるとされ、調製の際に穿孔して天日乾燥させたための孔が残っている(『図説正倉院薬物』)。買新羅物解では、大黄は新羅からの購入品目として見え(古三―五七九・五八〇・五八一頁など)、要略九五所引私教類聚に、丸料薬として「大黄〈先擣細篩〉」と見え、湯料薬としても「大黄」を挙げ、当時の貴族にとって基本的な薬物の一つであった。

〔附子〕キンポウゲ科の植物トリカブトの傍生塊根(子根)に比定される。トリカブトの根は、母根を「烏頭」と称し、母根に附生する子根を「附子」、子根が派生せず母根が長く延びたものを「天雄」と称して区別する。本草和名には和名は載せない。猛毒であるため、賊盗律16毒薬条の疏議に「毒薬」の類として「鴆毒、冶葛、烏頭、附子之類」と挙げられている。出雲国風土記(仁多郡)にも見え、営繕令6在京営造条集解の跡記に「預定二出所一科備」の例として、「附子科二陸奥一」とあり、要略九五所引私教類聚に、丸料薬として「烏頭、附子〈並炮〉」とある。平城宮内裏東方東大溝から「附子」と記した木簡が出土している(木研9)。

〔蜀椒〕ミカン科の植物サンショウ類の果実に比定される。本草和名にフサハジカミとある。正倉院文書の写経所関連の帳簿類には、蜀椒を漬物の調味料として購入使用している例が散見する(古六―九八頁など)。出雲国風土記(秋鹿郡・楯縫郡・出雲郡・神門郡)に見え、要略九五所引私教類聚に、丸料薬として「蜀椒〈汗〉」とある。

〔防風〕セリ科の植物ボウフウの根に比定される。本草和名にハマスガナ・ハマニガナとある。藤原宮から「防風三両」を含む処方や「防風十斤十二□」を記した木簡が出土している(木研11)。

〔烏頭〕キンポウゲ科の植物トリカブトの根(母根)に比定される。藤原宮から「无邪志国(武蔵国)薬烏□」と記した荷札木簡が出土しているが(『評制下荷札木簡集成』七四、二〇〇六年)、武蔵国の年料雑薬には烏頭が含まれているので（本式58武蔵年料雑薬条）、「烏□」は烏頭であろう。要略九五所引私教類聚に、丸料薬として「烏頭、附子〈並炮〉」とある。前掲「附子」参照。

〔細辛〕ウマノスズクサ科の植物ケイリンサイシンあるいはウズバサイシンの根つき全草に比定される。本草和名にミラノネクサ・ヒキノヒタヒクサとある。藤原宮跡から「細辛一夕」と記した木簡や「西辛一両」と記した木簡が出土している（木研5）。いずれも薬物受領の文書木簡であるが、「西辛」はサイシンで細辛を指すと考えられ、薬物名が和名ではなく呉音で発音されていたことを示している。また平城宮内裏北方官衙跡から「細辛一斤八両」と記した付札木簡が（『平城宮発掘調査出土木簡概報』一五、一九八二年）、別に内裏東方大溝から「細辛」と記した木簡が出土している（『同』一九、一九八七年）。出雲国風土記（意宇郡・秋鹿郡・楯縫郡・神門郡・飯石郡・大原郡）に見え、播磨国風土記（讃容郡）にも見える。

〔菝葜〕ユリ科の植物サルトリイバラの根茎に比定される。本草和名にウグヒスノサルカキ・サルトリ・オホウバラとある。出雲国風土記（仁多郡）に見える。

〔干薑〕乾薑とも書く。ショウガ科の植物ショウガの乾燥した根茎に比定される。本草和名にクレノハジカミとある。飛鳥京苑池遺構から乾薑を使用する西州続命湯方の処方を記した木簡が出土している（木研25）。

〔麻黄〕マオウ科の植物マオウの草質茎に比定される。本草和名にカツネクサ・アマナとある。飛鳥京苑池遺構から、麻黄を使用する西州続命湯方の処方を記した木簡が出土し（木研25）、藤原宮からも「麻黄三十四□」と記した付札木簡や、麻黄を使用する漏盧湯方の処方を記す木簡が出土している（木研5）。

〔桔梗〕キキョウ科の植物キキョウの根に比定される。本草和名にアリノヒフキ・ヲカトトキとある。藤原宮から「无邪志国薬桔梗三十斤」と記した荷札木簡が出土している（『評制下荷札木簡集成』七三、二〇〇六年）。本式58武蔵年料雑薬条でも武蔵国は年料雑薬として桔梗の貢納が規定されている。出雲国風土記（神門郡・飯石郡・大原郡）にも見える。

〔当帰〕セリ科の植物トウキの根に比定される。本草和名にヤマセリ・ウマセリ・カハサクとある。飛鳥京苑池遺構から、当帰を使用する西州続命湯方の処方を記した木簡が出土し（木研25）、藤原宮から「当帰十斤」（木研11）、㊤「伊看我評（丹波国何鹿郡）」㊦「当帰□（五ヵ）斤」（『評制下荷札木簡集成』一四九、二〇〇六年）と記した荷札・付札木簡が出土している。出雲国風土記（神門郡・飯石郡）にも見える。

〔大戟〕トウダイグサ科の植物ダイゲキなどの根に比定される。本草和名にハヤヒトクサとある。藤原宮から「大戟」と記した付札木簡が出土している（木研11）。

〔升麻〕キンポウゲ科の植物ショウマの根茎に比定される。本草和名にトリノアシクサ・ウタカクサとある。藤原宮出土木簡に升麻を使用する漏盧湯方の処方などが見える（木研5）。出雲国風土記（楯縫郡・神門郡・飯石郡・仁多郡）、播磨国風土記（讃容郡）にも見える。

〔白芷〕セリ科の植物コウアンビャクシの根に比定される。本草和名にカサモチ・サハウド・ヨロヒグサとある。藤原宮出土木簡に、白芷を使用する処方を記したものが見える（木研5・11）。出雲国風土記（神門郡・大原郡）にも見える。

〔芍薬〕キンポウゲ科の植物シャクヤクの根に比定される。本草和名にエビスクスリ・ヌミクスリとある。出雲国風土記（島根郡・秋鹿郡）に見える。

〔莨草〕モウソウ。莽草とも。本草和名に「莽草〈陶景注云、字或作莨、音罔（モウ）〉」とある。モクレン科の植物キョウヨウウイキョウの葉に比定される。和名は本草和名にシキミノキとある。

〔黄芩〕シソ科の植物コガネヤナギの根に比定される。本草和名にヒヒラギ・ハヒシバとある。藤原宮から黄芩を使用する漏盧湯方の処方を記した木簡などが出土しており（木研5）、出雲国風土記（意宇郡）にも見える。

〔独活〕セリ科の植物シシウドやウコギ科の植物ウドの根や根茎に比定される。本草和名にウド・ツチタラとある。藤原宮から「独活十斤」と記された付札木簡が出土し（木研11）、平城宮からも「独活一両」と記す薬物請求文書と思われる木簡が出土している（木研4）。出雲国風土記（意宇郡・島根郡・秋鹿郡・出雲郡・神門郡・飯石郡・大原郡）に見え、播磨国風土記では讃容郡の室原山に産出するとある。

〔蛇含〕バラ科の植物オヘビイチゴの全草に比定される。本草和名にツマメとある。

〔生地黄〕ショウジオウ。ゴマノハグサ科の植物ジオウの新鮮な根茎に比定される。藤原宮から「□地黄五□」という付札木簡や、「石川阿曾弥　所賜　忽生地黄×」と記した木簡が出土している（木研11）。

〔薤白〕ユリ科の植物ラッキョウの鱗茎（地下茎）に比定される。「薤」は本草和名にオホミラとある。

内蔵寮（三三七頁6）　典薬式で内蔵寮に請求することになっている薬物は、人参・甘草・桂心・犀角・巴豆・薫陸香・楓香・蜜。職員令7内蔵寮条集解穴記に、諸蕃貢献の香は、内蔵寮から内・典薬に分つと見える。

薬を造る官人…（三三七頁7）　御薬の調合・監視に当たるのは、職員令11内薬司条、医疾令㉓合和御薬条によれば、中務少輔以上一人・内薬正・侍医・薬生・使部。延喜式段階では、宮内少輔以上一人・典薬頭・侍医・薬生・使部であろう。

御生気（三三九頁1）　天皇の生年の星と当年の星との関係によって定まる吉とされる方角で、陰陽寮が毎年勘申し、女官らは、その生気の方角の色の衣を着用した。朝野群載一五（陰陽道）に陰陽寮元日御薬童女勘文書様が載り、「御年若干／生気在二某方一色某／童女年若干某年／件女可レ着二某色衣一」とある。

薬司の童女（三三九頁2）　屠蘇を天皇より先に嘗める役を務める童女。屠蘇は年少者から飲むものとされていた。薬子とも。天皇に薬を供する際には、侍医・内薬正（延喜式制では典薬頭か）・中務卿（延喜式制では宮内卿か）の順にまず嘗めることになっていたが（医疾令㉓合和御薬条）、屠蘇の場合、医書に「従レ小至レ大」、荊楚歳時記（正月）には「飲酒次第従レ小起」とあるように、年少者から飲むという約束事があった。そのために元日の供御薬に際しては、年少者が用意された。内裏式中（十二月進御薬式）には「少年」（年少者）とあり、男女の区別はなかったようであるが、儀式一〇（進御薬儀）以降、「薬司童女」とある。江家次第一（供御薬）によると、未婚の少女が選ばれた。「薬子」とも称され、枕草子一四九段に「えせものの所うるおり」として「元三の薬子」が挙げられている。なお薬子の年と衣の色とは、毎年十二月上旬に陰陽寮が勘申し、御忌とともに奏上した。陰陽式14元日御薬条参照。

女医博士（三三九頁3）　女医の教習に当たった男官であるが、本条に見えるのは不審。元日御薬の調進に女医博士が関わっていたことは他に見えない。本条の「侍医、女医博士」を貞本は「医博士」、京本は「侍医博士」に作るが、「侍医、医博士」とあるべきか。

臘月の御薬（三四一頁1）　臘月は十二月のことであるが、宮内式34晦日進薬条や中宮式8年料御薬条では、この「臘月御薬」に当たるものを「年料御薬」と称しているので、「臘月御薬」とは天皇・中宮の年料薬であることが分かる。いわば常備薬で、正月八日に八省御斎会所に送って加持を受け、十四日に返されることになっていた。医疾令㉕典薬寮合雑薬条では典薬寮が毎年、傷寒・時気・瘧・利・傷中・金瘡などの雑薬を調合することになっており、本条および本式3中宮臘月御薬条に見える調合薬は、犀角丸は癰疽（悪性のはれもの）、升麻膏は丹毒瘡（丹毒による傷）、芍薬丸は心腹脹満、温白丸は癥瘕（腹中のしこり）、調中丸は腹中不調、七気丸は時行の病（時気）、理中丸は霍乱、烏梅丸は利病（下痢）それぞれの薬であり、ほぼ医疾令の規定にかなっている。中国には十二月に年料薬を調合する風習があり、唐末の四時纂要(十二月)に、犀角丸と温白丸が見え、「以前諸薬、臘月合」とある。南宋の歳時広記にも、「医工以二臘月一献レ薬」とか「凡治二合丸剤一、必用二臘月一、乃経レ夏不レ損」とあり、これを儀礼化したと考えられる(丸山裕美子「供御薬儀の成立」〈『日本古代の医療制度』所収、一九九八年、初出一九九〇年〉)。中宮式8条、図書式3御斎会条、宮内式34条参照。

耆婆膏・調仲丸・芒消黒丸(三四一頁2)

〔耆婆膏〕耆婆は仏弟子にして古代インドの名医。中国の扁鵲と並び称される。耆婆膏は和名抄の膏薬の項に「耆波膏」と見え、「治一切風毒」とある。医心方一四(治注病方)には「一名耆婆丸」として、万病に効く薬が見え、千金方一二(万病丸散)にも耆婆万病丸が見える。

〔調仲丸〕調中丸とも。医心方九(治寒冷不食方)に載る。人参・茯苓・甘草・白朮・干薑を調合して作る丸薬で、食欲不振の治療薬。散薬は医心方一一(治冷利方)に載り、下痢の治療薬である。胃腸薬。

〔芒消黒丸〕底本書入れによれば水病(体内に漿液が溜まって小便不通となる病気)の治療薬(校異補注9参照)。和名抄の丸薬の項に水病の丸薬として芒消丸を載せ、芒消丸は千金方一五(治脹満不通方)などに載る。(天平宝字四ヵ)・九・十三作院所解(古一六—九頁)に「芒削〔消ヵ〕黒丸一丸〈如二桃子核一〉」と見える。

犀角…青木香(三四一頁3)

〔犀角〕サイ科の動物インドイッカクサイなどの角に比定される。本草和名には和名は載せず、「唐」とある。南アジア産の輸入薬である。正倉院薬物には、犀角三個・犀角一袋・犀角器一口が含まれており、このうち犀角器一口のみが現存するが、この犀角器はインドイッカクサイの角の加工品である(『図説正倉院薬物』)。

〔巴豆〕トウダイグサ科の植物ハズの種子に比定される。本草和名に和名は載せず、「唐」とある。東南アジア産の輸入薬である。正倉院薬物には、巴豆一八斤が含まれており、現在約二キログラムが現存する(『図説正倉院薬物』)。また要略九五所引私教類聚に、丸料薬として「巴豆〈去二心皮一熬レ之〉」とある。

〔薫陸香〕ウルシ科の植物クンロクコウの樹脂の化石化したものに比定される。買新羅物解でも、薫陸香は新羅からの購入品目として見え(古三—五七九・五八〇頁、古二五—四六・四八頁)、正倉院には、約一キログラムの「薫陸」が現存するが(『図説正倉院薬物』)、種々薬帳には載せられていない。天平十九年(七四七)の法隆寺伽藍縁起并流記資財帳や大安寺伽藍縁起并流記資財帳にも見え(寧遺中—三五五・三七二頁)、当該期の寺院に必須の香であったらしい。天平宝字六・十二・二十一写経所銭用帳に、他の香とともに、一両五〇文で購入したことが記録されており(古五—三二五頁)、八世紀にはある程度流通していたことが確認される。

〔楓香〕楓香脂とも言う。マンサク科の植物フウの樹脂に比定される。本草和名にカツラとある。天平十九年の法隆寺伽藍縁起并流記資財帳には「香」として見える(寧遺中—三五五頁)。

〔蜜〕石蜜、蜂蜜とも。本草和名に「石蜜〈蘇敬注云、可レ除二石字一〉」とある。ミツバチ科の昆虫ミツバチなどが作った蜜糖に比定される。和名は本草和名に載せない。皇極紀二年是歳条に「百済太子余豊、以二蜜蜂房四枚一、放二養於三輪山一、而終不二蕃息一」とあり、ミツバチの養蜂が百済から伝わったが定着しなかったことが知られる。また渤海からの貢納品に蜜が見え(続紀天平十一・十二・戊辰条、三代実録貞観十四・五・十八条)、朝鮮半島からの輸入によるところが大きかったらしい。平城宮内裏北方官衙跡から(表)「上蜜一斗二升」(裏)「天平□年六月八日□(定ヵ)」と記した付札木簡が出土している(木研4)。

〔黄耆〕マメ科の植物キバナオウギの乾燥した根に比定される。本草和名にヤハラクサ・カハラササゲとある。

〔支子人〕枝子、支子仁とも。アカネ科の植物クチナシの果実に比定される。本草和名にクチナシとある。天武紀十・八・丙戌条に「多禰島(種子島)」の土毛として「支子」が見え、肥前国風土記(松浦郡)にも「枝子」が見える。二条大路木簡に「伊予国枝子壱斗」と記した荷札木簡がある(『平城宮発掘調査出土木簡概報』三一、一九九五年)。

〔干藍〕タデ科の植物アイの干した実であろう。

〔防葵〕ツヅラフジ科の植物アオツヅラフジの根茎に比定される。本草和名にヤマナスビとある。

〔黄連〕キンポウゲ科の植物オウレンの根茎に比定される。本草和名にカクマクサとある。二条大路木簡に「黄連」と記した削り屑があり(『平城宮発掘調査出土木簡概報』三三、一九九七年)、播磨国風土記(讃容郡・宍禾郡)にも見える。

〔亭歴子〕亭歴とも。本草和名にハマタカナ・アシナヅナ・ハマセリとある。平城京左京二条二坊から亭歴子を使用する処方を書き付けた木簡が出土している(木研17)。要略九五所引私教類聚に、丸料薬として「亭歴子〈熬〉」とある。

〔杏人〕杏仁とも。バラ科の植物アンズなどの乾燥させた種子に比定される。本草和名に「杏核」はカラモモとある。飛鳥京苑池遺構から杏人を使用する西州続命湯方の処方を記した木簡が出土している(木研25)。要略九五所引私教類聚に、丸料薬として「杏人〈去二心皮一熬レ之〉」とある。

〔茈胡〕柴胡とも。セリ科の植物ミシマサイコなどの根に比定される。本草和名にノゼリ・ハマアカナとある。出雲国風土記(島根郡)に見える。

〔紫菀〕キク科の植物シオンの根および根茎に比定される。本草和名にノシとある。

〔呉茱萸〕ミカン科の植物ニセゴシュユの未成熟の果実に比定される。本草和名にカラハジカミとある。芳香があり、九月九日にこの実を身につけると邪気を払うとされる。本式10九月九日条参照。

〔菖蒲〕石菖蒲とも。サトイモ科の植物セキショウの根茎に比定される。本草和名にアヤメグサとある。葉には芳香があり、五月五日にこれを献じて邪気を払う習俗があった。本式8五月五日条参照。

〔厚朴〕モクレン科の植物コウボクの樹皮あるいは根皮に比定される。本草和名にホホカシハノキとある。種々薬帳に「厚朴十三斤八両并袋」とあり(古四―一七三頁)、正倉院に現存する(『図説正倉院薬物』)。

〔皂莢〕マメ科の植物ソウキョウの果実に比定される。本草和名にカハラフヂノキとある。

〔茯苓〕サルノコシカケ科の植物ブクリョウの乾燥した菌核(菌糸の固まり)に比定される。本草和名にマツホドとある。藤原宮跡から「茯苓　□□□」と記した木簡が出土しており(木研5)、常陸国風土記(香島郡)、出雲国風土記(秋鹿郡・楯縫郡・神門郡)にも見える。

〔前胡〕セリ科の植物ハクカゼンコなどの根に比定される。本草和名にウタナ・ノゼリとある。出雲国風土記(意宇郡・飯石郡・大原郡)に見える。

〔麻子〕麻実とも。クワ科の植物アサの果実に比定される。本草和名にアサノミとある。藤原宮から「麻子一斗五升」と記した付札木簡が出土し(木研5)、平城宮からも「麻子二斗六升」と記した付札木簡が出土している(木研4)。

〔竜骨〕ゾウ・サイ・三趾馬・鹿などの古代哺乳動物の骨の化石に比定される。本草和名にタツノホネとあり、「出二大宰一」とある。藤原宮から「竜骨五両」と記した付札木簡が出土しており(木研5)、豊前国風土記逸文にも見える。主として輸入によったと考えられ、正倉院薬物には「竜骨」「五色竜骨」「白竜骨」「竜角」「五色竜歯」の五種類の化石由来の薬物が見え、このうち五色竜骨を除いた四種は現存する。竜骨・白竜骨・竜角は化石鹿の四肢骨や角を中心とし、竜歯はナウマンゾウの臼歯の化石である(『図説正倉院薬物』)。天平十九年(七四七)の法隆寺伽藍縁起并流記資財帳にも「薬」として「五色竜骨」が見える(寧遺中―三五五頁)。

〔鼈甲〕スッポン科の動物シナスッポンの背甲に比定される。本草和名にカハガメとある。

〔䗪虫〕ゴキブリ科またはマダラゴキブリ科の昆虫に比定される。本草和名にオメムシとある。

〔枳実〕ミカン科の植物カラタチあるいはダイダイなどの未熟な果実に比定される。本草和名にカラタチとある。藤原宮跡から枳実を使用する漏盧湯方の処方を記した木簡などが出土している(木研5)。

〔芒消〕天然の芒硝(硫曹石)を再結晶精製して得られた結晶に比定される。本草和名には和名は載せない。もともとは輸入薬で、買新羅物解でも、芒消は新羅からの購入品目として見える(古二五―四六頁)。種々薬帳に「芒消 一百廿七斤八両幷袋及壺」とあり(古四―一七四頁)、正倉院には須恵器の薬壺に半透明、長柱状の含水硫酸マグネシウムの結晶体が残存する(『図説正倉院薬物』)。飛鳥京苑池遺構から「亡肖」と記した処方箋と考えられる木簡が出土し(木研25)、平城京左京二条二坊からも芒消を含む処方を書き付けた文書木簡が出土している(木研17)。また天平十九年(七四七)の法隆寺伽藍縁起幷流記資財帳にも「薬」として芒消三八二両三分が見える(寧遺中―三五五頁)。要略九五所引私教類聚に、丸料薬として「芒消〈熬合レ白〉」とある。

〔栝楼根〕ウリ科の植物トウカラスウリの根に比定される。本草和名にカラスウリとある。

〔竜胆〕リンドウ科の植物リンドウの根および根茎に比定される。本草和名にエヤミグサ・ニガナとある。出雲国風土記(神門郡)に見える。

〔苦参〕マメ科の植物クララの根に比定される。本草和名にクララ・マヒリグサとある。出雲国風土記(意宇郡・島根郡・秋鹿郡・大原郡)に見える。藤原宮から出土した薬物受領の木簡に「久参四両」と見える「久参」は「苦参」のことであろう(木研5)。

〔豉〕香豉とも。マメ科の植物ダイズの種子を蒸して加工したものに比定される。調味料としても用いられた。平城京跡から相摸国や武蔵国の貢進荷札木簡が出土している。荒井秀規「古代相模・武蔵の特産物たる豉に関するノート」(『大磯町史研究』二、一九九三年)、大膳式下18造雑物法条参照。

〔芎藭〕セリ科の植物センキュウ(川芎)の根茎に比定される。本草和名にオムナカヅラグサとある。藤原宮から(表)「伊看我評(丹波国何鹿郡)」(裏)「芎藭八斤」と記した荷札木簡が出土している(『評制下荷札木簡集成』一四八、二〇〇六年)。

〔白蘝〕白蘞とも。ブドウ科の植物カガミグサの根に比定される。本草和名にヤマカガミとある。藤原宮から白蘝を使用する漏盧湯方の処方を記した木簡が出土している(木研5)。出雲国風土記(秋鹿郡・楯縫郡・神門郡・大原郡)に見える。

〔漏蘆〕キク科の植物ロウロの根に比定される。本草和名にクロクサ・アリクサとある。藤原宮から漏盧湯方の処方を記した木簡が出土している(木研5)。

〔連翹〕モクセイ科の植物レンギョウの果実に比定される。本草和名にイタチハゼ・イタチグサとある。出雲国風土記(意宇郡・秋鹿郡)に見える。

〔蒴藋〕サクチョウ。スイカズラ科の植物ソクズの全草または根に比定される。本草和名にソクトクとある。

〔松脂〕マツ科の植物の幹からとった油状樹脂に比定される。本草和名にヲカマツノヤニとある。

〔白薇〕ガガイモ科の植物フナバラソウの根に比定される。本草和名にミナシゴグサ・クロクサ・アマナとある。藤原宮から白薇を使用する漏盧湯方の処方を記した木簡が出土している(木研5)。

〔青木香〕木香とも。ウマノスズクサ科の植物ウマノスズクサの根に比定される。本草和名には和名は載せず、「出二播磨国一」とある。もともとは輸入香薬で、買新羅物解でも、青木香は新羅からの購入品目として見える(古二一―五七九・五八一頁、古二五―四五頁)。種々薬帳には見えないが、正倉院には青木香と「青木香」と墨書された布袋などが現存しており(『図説正倉院薬物』)、種々薬帳と同じ天平勝宝八歳(七五六)の法隆寺献物帳によれば、法隆寺には青木香が献納されており、これも現存する(寧遺中―四五八頁、東京国立博物館法隆寺宝物館に保存)。また天平十九年(七四七)の法隆寺伽藍縁起幷流記資財帳や大安寺伽藍縁起幷流記資財帳にも「香」として見え(寧遺中―三五五・三七二頁)、当該期の寺院に必須の香であったらしい。天平宝字六・十二・二十一写経所銭用帳に、他の香とともに青木香五両を二五文で購入している記録があり、八世紀にはある程度流通していたことが確認される(古五―三二五頁)。

七気丸(三四三頁1) 医心方一〇(治積聚方)に小品方の処方が載る。七気による病気の治療薬として著名で、処方も各種知られる。小品方の処方は、甘草・栝楼・芎薬・椒・半夏・人参・干地黄・茱萸など八種を使用するが、千金方一七(積気)では二〇種あるいは一五種の生薬を調合するものが載せられている。和名抄の丸薬の項にも見え、「治二七気病一、七気者寒熱気之類、其状各異」とある。

烏梅丸・呉茱萸丸・当帰丸(三四三頁2)

〔烏梅丸〕医心方一一(治雑利方)、同(治冷利方)に范汪方や集験方の処方が載る。范汪方の処方は、干薑・黄連・蘗・黄芩・艾・烏梅を用いるもの、集験方のものは、烏梅・附子・黄連・乾薑を使用する処方である。さまざまな症状の下痢の治療薬。和名抄の丸薬の項にも見え、「治二丁腫下痢一」とある。

〔呉茱萸丸〕外台秘要七(寒疝不能食方)に深師方の処方が見える。腹痛の治療薬。

〔当帰丸〕医心方二一(治妊婦脹満方)に載る。妊婦の腹痛・心胸不調の治療薬。散薬(当帰散)は医心方一一(治重下方)に載る。重い下痢の治療薬。和名抄の丸薬の項に見える。

半夏…玄参(三四三頁3)

〔半夏〕サトイモ科の植物カラスビシャクの塊茎に比定される。和名は本草和名にホソクミとある。

〔石膏〕硫酸塩類鉱物石膏の鉱石に比定される。和名は医心方一(諸薬和名)にシライシとある。飛鳥京跡からの出土例がある(『飛鳥京跡二〇〇一年度発掘調査概報』、二〇〇二年)。

〔桃人〕桃仁・桃核とも。バラ科の植物トウまたはサントウの種子に比定される。本草和名に「桃核」がモモとある。藤原宮跡から「桃人七升」と記した付札木簡(木研11)や「弾正台笠吉麻呂請根大夫前〈桃子一二升、奉直丁刀良〉」と記した木簡(木研5)、㊤「人参一両、桃人一升、芃九」㊦「□□大夫」と記した木簡(『飛鳥・藤原宮発掘調査出土木簡概報』五、一九八〇年)、また「桃〔人脱〕四両」を含む木簡など薬物請求の文書木簡(木研11)が出土している。

〔黄蘗〕蘗木とも。ミカン科の植物キハダの樹皮に比定される。「蘗木」は本草和名にキハダとある。染料としても使用される。縫殿式13雑染用度条参照。

〔熟艾〕キク科の植物ヨモギの熟した果実に比定される。「艾」は本草和名にヨモギとある。

〔蘆茹〕閭茹と同じであろう。閭茹は神農本草経(下品)に載る生薬であり、トウダイグサ科の植物トウダイグサ属の根と考えられているが、植物は不明とされる。本草和名にネアザミ・ニヒマグサとある。

〔商陸〕ヤマゴボウ科の植物ヤマゴボウの根に比定される。本草和名にイヌスギとある。藤原宮から「商陸漆斤」と記した付札木簡が出土している(木研5)。出雲国風土記(意宇郡・出雲郡・神門郡)にも見える。

〔地楡〕バラ科の植物チユの根および茎に比定される。本草和名にアヤメタム・エビスネとある。出雲国風土記(仁多郡)に見える。

〔牡丹〕ボタン科の植物ボタンの根皮に比定される。本草和名にフカミグサ・ヤマタチバナとある。出雲国風土記(意宇郡・秋鹿郡)に見える。

〔玄参〕ゴマノハグサ科の植物ゲンジンの根に比定される。本草和名にオシグサとある。平城宮内裏北外郭から「玄蔘一斤×」と記した荷札木簡が出土しており(木研5)、出雲国風土記(意宇郡・仁多郡)にも見える。

東宮(三四五頁1)　東宮の元日の御薬(白散・度嶂散・屠蘇)と、東宮の臘月の御薬(七気丸・四味理仲丸)についての規定。天皇・中宮と異なり、元日の御薬に千瘡万病膏が含まれない。

七気丸・四味理仲丸(三四五頁2)　本条では、この二種の薬を東宮の臘月の御薬(東宮の年料常備薬)と解するが、春宮坊の雑給料(官人の年料常備薬)と解釈することも可能か。春宮式26進白散屠蘇条参照。なお七気丸・四味理仲丸は、本式6雑給料条・22衛門府雑薬条・23兵衛府雑薬条などでも官人の年料常備薬として見える。

元日の料の白散(三四七頁1)　元日の人給料の白散。五位以上の官人に支給された。内裏式中(十二月進御薬式)や儀式一〇(進御薬儀)に「人給白散」と見えており、下文によれば、五位以上の官人に支給する白散である。儀式では、天皇に供する御薬は十一月下旬から二十八日までに内薬司が調合するものとし、人給白散は典薬寮が十二月に造るものとしている。なお白散は衛府官人にも支給された。屠蘇ではなく、白散のみが人給とされているのは、白散が「帯二是薬散一以行所経過、病気皆消」という広範な作用を持っているとされていたためか(医心方一四「避傷寒病方」)。本式1元日御薬条参照。

四百十五剤(三四七頁2)　下文には白散の裹紙、散を挟む木とも五〇三枚とある。白散は散薬(粉薬)であるので、一定量ずつ紙に包んで保存した。下文によれば、一張の紙で一升を包んだので、五〇三張の紙では五〇三升の白散を包んだことになり、これが四一五剤分に相当するとなると、白散一剤は約一・二升という計算になる。医心方一四(避傷寒病方)所引の「老君神明白散避温疫方」の処方では、白朮二両、桔梗二両半、烏頭一両、附子一両、細辛二両を擣き篩って調合するので、これを一剤とすると、単純計算で重量は八両半となる。両(衡)と升(量)との換算は薬によってさまざまで、例えば福田方一一(薬升両)によれば、蜀椒は一升が三両であるが、呉朱萸は一升が九両である。白散一剤≒一・二升≒八・五両というのは妥当なところかもしれない。

なお前述の医心方の処方によれば、白散の服用に当たっては、「五分匕」あるいは「一方寸匕」を温酒で飲んだ。「一方寸匕」は方一寸の匙で、約三合の散をすくうことができたとされ、「五分匕」はその半分の量である。これによると、一裹(一升)は三～六回分の量ということになる。

殖薬の様(三四七頁3)　殖薬の様は典薬寮附属の薬園に植える薬種の様であると推測されるが、二五種のうちには、本式45山城年料雑薬条以下の諸国進年料雑薬に見られない菴閭や萱草・大蒜が含まれる半面、使用頻度の高い人参・甘草・細辛・白朮などは入れられていない。薬用植物は、産出地や採取時期によって、効能が異なるとされることが背景にあるのかもしれない。なお薬園は薬園師によって管理されていた(職員令44典薬寮条、医疾令(22)採薬師条)。本式41味原牧条・43地黄地条参照。

丹参…山茱萸(三四七頁4)

〔丹参〕シソ科の植物タンジンに比定される。根を薬物とする。本草和名には和名は載せず、「唐、又殖二美濃国一」とある。

〔地黄〕ゴマノハグサ科の植物ジオウに比定される。根茎を薬物とする。乾地黄(干地黄)・生地黄。本草和名には和名は載せない。

〔菴閭〕菴蘆とも。キク科の植物イヌヨモギに比定される。実を薬物とする。菴蘆子は本草和名にヒキヨモギ・ハハコとある。

〔萱草〕ユリ科の植物ホンカンゾウあるいはマンシュウキスゲなどに比定される。根を薬物とする。

〔麦門冬〕バクモンドウ。ユリ科の植物ジャノヒゲに比定される。塊根を薬物とする。本草和名にヤマスゲとある。藤原宮から「麦門冬三合」と記した付札木簡が出土し(木研5)、平城宮佐紀池南辺からは「美濃国麦門冬五升」と記した荷札木簡が出土している(木研9)。常陸国風土記(行方郡)、出雲国風土記(意宇郡・島根郡・楯縫郡・神門郡・大原郡)にも見える。

〔天門冬〕テンモンドウ。ユリ科の植物クサスギカズラに比定される。塊根を薬物とする。本草和名にスマロクサとある。

〔瞿麦〕ナデシコ科の植物エゾカワラナデシコまたはセキチクに比定される。全草を薬物とする。本草和名にナデシコとある。出雲国風土記(仁多郡)にも見える。藤原宮跡から「瞿麦一斤十両」と記した付札木簡が出土している(木研11)。

〔黄菊〕キク科の植物キクに比定される。花を薬物とする。菊花は本草和名にカハラオハギとある。

〔枸杞〕ナス科の植物クコに比定される。成熟した果実を薬物とする。本草和名にヌミクスネとある。要略九五所引服薬駐老験記(善家異記逸文)には、枸杞によって、七〇歳を過ぎても少年のようであった竹田千継の話が見える。千継は典薬寮の医生となって本草経を読んで枸杞の効能を知り、枸杞の葉・根を食べ、茎根を煮出し、その汁で酒を醸し、その水で沐浴したとある。また九〇歳を超えた千継の若さに感服した文徳天皇の命により、典薬寮の薬園に枸杞を多く植えたことが見える。

〔赤小豆〕マメ科の植物ツルアズキあるいはアズキに比定される。種子を薬物とする。本草和名にアカアヅキとある。

〔百合〕ユリ科の植物テッポウユリおよびその同属に比定される。鱗茎(地下茎)を薬物とする。本草和名にユリとある。

〔大蒜〕ユリ科の植物ニンニクに比定される。鱗茎(地下茎)を薬物とする。蒜は本草和名にコヒルとある。

〔山茱萸〕ミズキ科の植物サンシュユに比定される。果肉を薬物とする。本草和名にカリハノミとある。

呵唎勒・檳榔子(三四九頁1)

〔呵唎勒〕訶梨勒とも。シクンシ科の植物カシの果実に比定される。新修本草に初めて収載される薬物で、インド・東南アジア原産。もともとは輸入薬で、買新羅物解でも新羅からの購入品目として見える(古三—五七九頁、古二五—四五・四八・五〇頁)。種々薬帳に「呵梨勒一千枚」と見え(古四—一七三頁)、頻繁に利用されたらしく、出蔵記録も残る。正倉院に長径二三ミリメートルの丸い木の実が一個現存する(『図説正倉院薬物』)。十三物呵唎勒丸の調合に使用される。

〔檳榔子〕ビンロウジ。檳榔とも。シュロ科の植物ビンロウジュの種子に比定される。東南アジア原産。本草和名にアヂマサとある。種々薬帳に「檳榔子七百枚」と見え(古四—一七三頁)、正倉院にそれらしい種子の破片が現存する(『図説正倉院薬物』)。肥前国風土記(松浦郡)に「檳榔」と見えるが、これはビンロウジュではなく蒲葵(ビロウ)か。

地黄煎(三五一頁1) 医心方一三(治虚労五労七傷方)には、生地黄・干地黄を使用する処方が各種載せられており、地黄が虚労・疲労回復の薬として広く使用されていたことが知られる。医心方一三には、地黄煎は録験方の処方が載せられており、「生地黄煎、補レ虚除レ熱将レ和取レ利也」とある。生地黄の根を搗いて汁を絞り取る作業を繰り返し、新しい布で滓を濾し取り、これを煎じつめて作成した。菅原道真の五言絶句「分二良薬一寄二倉主簿一」で言う「良薬」は「地黄煎」であり、これを酒に混ぜて飲めば、老いを留めることができ、「飲酒仙」となれると詠まれている(菅家文草三—二二七)。不老長寿・強壮の妙薬と見做されていたことが知られる。後には「地黄煎売り」なども現れる(三十二番職人歌合)。

和泉(三五一頁2) 天平九年度和泉監正税帳の首部に「依二民部省天平九年十一月符一、給二大鳥連大麻呂造地黄煎所米漆斛料稲壱伯肆拾束一」(古二—七七頁)、日根郡部に「依二民部省天平九年十一月九日符一、給二大鳥連大麻呂地黄煎料米弐斛料、稲肆拾束一」とあり(古二—九〇頁)、和泉国には天平年間(七二九〜七四八)には「造地黄煎所」が置かれていた。正税帳で地黄煎を造っている大鳥連大麻呂は、大鳥郡在地の氏族であろうから、和泉の地黄園は大鳥郡に所在した可能性がある（井上薫「地黄に関する二、三の史料」〈『日本歴史』一六〇、一九六一年〉）。三代実録元慶四・八・六条に「去貞観十九年二月十五日、令三和泉国、充二奉徭廿人於清和院地黄園一、至レ是加二十人一為二卅人一」とあり、和泉国には清和院領の地黄園もあったことが知られる。

　また内薬正を務めた大神虎主の卒伝には、戯謔を好んだ虎主が、禁中を出て「作二地黄煎一之処」に向かう際に出会った友人に、「奉二天皇命一、向二地黄（地皇）処一」と答えたという逸話が載せられており（三代実録貞観二・十二・二十九条）、これはおそらく侍医として和泉国の地黄煎所に派遣されたときの話であろう（井上薫「大神虎主が和泉国の造地黄煎所に赴く」〈『大美和』九五、一九九八年〉）。

　貞信公記延長二・九・二十二条に「有二奏、申文一、依二地黄御園事一、可レ遣二検非違〔使脱カ〕於和泉一之状、仰二右大弁一」と見え、検非違使の派遣は何らかの事件が発生したことを窺わせるが、九月二十二日という時期からして、本条の和泉国の供御の地黄煎に関わるものであろう。

　なお仁安二・十二・十典薬寮解によれば、和泉国の他に摂津国にも典薬寮附属の地黄園が所在したことが知られる（平遺七—三四四二）。承久二・四・二十一地黄御薗供御人等解（鎌遺四—二五九九）の「地黄御薗」もおそらく摂津国の地黄園を指すと思われ、承和年中（八三四〜八四七）に置かれたとある。「地黄」の地名が残る能勢郡に所在したと考えられる。なお和泉国の中世の地黄供御人については、丹生谷哲一「和泉国における地黄供御人について」（『日本中世の身分と社会』所収、一九九三年、初出一九七九年）参照。

九月一日（三五一頁3）　年中行事御障子文や小野宮年中行事には、十月二十日以前に典薬寮が「生地黄様」を進上するとされており、小野宮年中行事（十月）には「即差二定地黄煎使一」とある。東山御文庫蔵新撰年中行事（九月二日）に「典薬式云、右件雑物、九月一日申レ省□〔請〕受、但地黄有二多少一、所レ須料随亦増減、其造レ煎之間、限二十六日一給二酒食一」と本条を引用し、同（十月二十日）に「典薬進二生地黄様一事〈西宮云、在二五日前一、遣二所上労人一、侍医進二料物文一云々〉、蔵人式云、廿日以前云々、是奏聞差二定煎地黄使一（下略）」とあり、同（十一月一日）に、「典薬寮進二生地黄煎一事〈多少随二生地黄数一〉、延喜例、定二地黄煎使一事〈西宮新抄、十月、差二蔵人所上労一、侍医進二料物一〉」と見える（西本昌弘編『新撰年中行事』、二〇一〇年）。西宮記恒例三（定煎地黄使事）にも恒例十月に「定二煎地黄使一事〈遣二所上労人一、侍医進二料物文一〉」とあり、侍中群要八（諸使事）に「地黄煎、氷魚使〈蔵人所上﨟滝口〉」とある。

　以上から、まず九月一日に、地黄煎を造るために必要な物品を典薬寮が宮内省に申請して調達する。ついで十月二十日以前に「生地黄様」を進上し、蔵人所の上労人が、煎地黄使として派遣され、十一月一日頃までに生地黄煎が進上されたのであろう。

五月五日（三五三頁1）　荊楚歳時記（五月）には「以二菖蒲一、或鏤、或屑、以泛レ酒」と見え、この五月五日に菖蒲を用いて病気を除き邪気を避ける中国の習俗を取り入れたものである。続紀天平十九・五・庚辰条の元正太上天皇の詔には「昔者、五日之節、常用二菖蒲一為レ縵、比来、已停二此事一、従レ今而後、非二菖蒲縵一者、勿レ入二宮中一」とあり、これは太政官式101五月五日条、兵部式10菖蒲蘰条に継承されているが、五月五日節会に菖蒲を用いる風習は、かなり早くに日本に入っていた。五月五日の菖蒲は、官人たちが菖蒲蘰をつけたり、菖蒲・蓬と季節の花と色糸を使った薬玉を作成して宮内に懸けたり、菖蒲を入れた薬酒を飲んだり、さまざまに使用された。内蔵式36五月五日条・37衛府菖蒲条、左右近衛式44薬玉料条参照。

　節会がない場合も、菖蒲の進上は行なわれ（西宮記恒例二〔五日菖蒲事〕）、奏進後の菖蒲は内蔵寮の允以下が撤去した（内蔵式38典薬寮菖蒲条）。大舎人式7五月五日条、宮内式33典薬寮菖蒲条に奏進の詞が載る。春宮式18進菖蒲条参照。

黒木の案(三五三頁2)　菖蒲机(案)の奏進は儀式八(五月五日節儀)に詳しい儀式次第が見え、天皇のための「供御菖蒲」を盛った黒木案二脚は内薬司が、官人のための「人給菖蒲」を盛った黒木案二脚は典薬寮が進上している。寛平八年(八九六)に内薬司が典薬寮に併合されたため、本式では四脚とも典薬寮が進めている。

九月九日(三五三頁3)　荊楚歳時記(九月)の注に「九月九日宴、不レ知レ起二於何代一、然自二漢世一以来未レ改、今北人(揚子江以北)亦重二此節一、佩二茱萸一、食レ餌、飲二菊花酒一、云三令人長寿二」と見える。要略二四所引続斉諧記(梁の呉均の撰)には「汝南桓景随二費長房一遊学、房謂レ之曰、九月九日汝家当レ有二災厄一、急去令下家人各縫レ嚢、盛二茱萸一以繋レ臂、登レ山飲中菊酒上、此禍可レ消、(中略)今世人毎レ至二九月九日一登レ山飲二菊酒一、婦人帯二茱萸嚢一」という故事を載せ、北魏の賈思勰の斉民要術には茱萸の実を屋内に懸ければ、鬼が恐れて入らないともあり、九月九日に茱萸の実を入れた嚢を帯びたり、屋内に懸けたりして災厄を避けるという習俗は、中国南北朝期には広範に行なわれていた。この習俗を取り入れたもので、東山御文庫蔵新撰年中行事(九月九日)には「薬司式云、裹二茱萸一料云々〈皇后宮亦同〉、典薬式、呉茱萸廿把、附二薬司一供レ之」と中務式85薬司条と本条とが引用されている(西本昌弘編前掲書)。西宮記恒例三(九日宴)所引の吏部王記延長四・九・九条に「当二御帳前之最屋左右柱一、嚢盛二茱萸一、向レ外着レ之」と見え、典薬寮が供した呉茱萸は薬司が嚢に盛って御帳の左右の柱に懸けた。なお九月九日の重陽節・菊花宴は、醍醐天皇が九月に亡くなったために行なわれなくなり、天暦四年(九五〇)以降は十月に残菊宴が行なわれることになったが、東山御文庫蔵新撰年中行事(九月)に「同日(九月九日)薬司献二茱萸一事〈二嚢、蔵人取レ之結付、撤二薬玉一改附云々〉」とあるように(西本昌弘編前掲書)、九月九日に呉茱萸を献じ、御帳の柱に五月五日の薬玉に換えて結いつけることはその後も行なわれていた。

供御の乳(三五三頁4)　牛乳は新修本草一五(獣禽部)に「補二虚羸一、止レ渇、下レ気」とある。滋養強壮の薬物である。本草和名に和名は載せないが、医心方三〇(五宍部)に和名をウシノチとある。煮沸して飲用したらしい。

日本における牛乳の服用は、孝徳朝に遡る。姓氏録(左京諸蕃下)和薬使主の項に、欽明朝に渡来した智聡の子「善那使主」が、孝徳天皇の時に牛乳を献上した功績によって姓を「和薬使主」と賜ったとあり、三代格弘仁十一・二〔六カ〕・二十七符には、やはり孝徳天皇の時に「大山上和薬使主福常」が「習二取レ乳術一始授二此職一(典薬寮乳長上)、自レ斯以降子孫相承、世居二此任一、至レ今不レ絶」と見える。善那と福常は同一人物と思われる(佐伯有清『牛と古代人の生活』六八頁、一九六七年)。

職員令44典薬寮条によれば、典薬寮には品部として「乳戸」が置かれており、同条集解古記・令釈所引官員令別記に「乳戸五十戸、経レ年一番、役二十丁一」とあり、続紀和銅六・五・丁亥条には「始令三山背国点二乳牛戸五十戸一」と見え、令制当初は、乳牛戸が供御の牛乳の生産に携わっていた。乳牛戸(乳戸)は、天平宝字三年(七五九)の品部停廃に伴って公戸に混入されたであろうが(続紀同・九・戊寅条)、牛乳生産に関しては、専門職として「典薬寮乳長上」があり(続紀養老三・六・丙子条、三代格天平勝宝九・八・八官奏には「典薬取乳長上」とある)、上述の官符にあるように七世紀半ば以来、世業を相伝していたものと思われる。乳長上は和薬使主氏から選ばれるのが慣例となっており、もとは終身であったが、三代格弘仁十一・二〔六カ〕・二十七符で六年ごとに交替することが認められている。類聚国史一〇七天長二・四・丁丑条に乳長上は乳師と改称されたことが見える。古代の牛乳については、瀧川政次郎「日本上代の牛乳及び乳製品」(『増補新版日本社会経済史論考』所収、一九八三年、初出一九三〇年)参照。

長屋王家木簡には「牛乳持参人」(『平城京木簡』一―三二一、一九九五年)や「牛乳煎人」(木

研12)が見え、八世紀には天皇だけでなく、皇族も牛乳を飲用していたことが知られる。摂関期にも公卿の飲用例が見える(春記長暦三・十・十四条など)。

乳牛は味原牧で飼育され、ここから輪番で母牛七頭・子牛七頭が京内の乳牛院に運ばれていた(三代格元慶八・九・一符)。乳牛院は、故実叢書本西宮記八(諸院)に「典薬別所、在二右近馬場西一、有二別当、乳師預等一、納二山城、丹波蒭、大炊雑穀一、遞取二立味原牛一、供二御三宮乳一」とある。本式12乳牛条・41味原牧条参照。

東山御文庫蔵新撰年中行事に「毎月事」として、毎月一日に「典薬寮申二乳牛秣料一事」とあって、本条が引用されている(西本昌弘編前掲書)。

女医(三五七頁1)　医疾令⒃女医条の規定では、官戸婢の年一五以上二五以下の「性識慧了」のもの三〇人が選ばれて別所に安置され、婦人の治療専門に養成された。要略九五所引の同条義解によると、内薬司側に別院を造るとされている。医博士が「安胎産難」と「創腫傷折、針灸之法」とを、テキストを使用せず口頭で教授し、按摩や針灸は別に専門の博士らが教えるものとされ、毎月の医博士による試験と年末の内薬司による試験を経て、七年で成業という規定であった。

医疾令の規定では、唐の制度に倣って、医博士が教授することになっていたが、狩野文庫本三代格養老五・十・一勅で、女医を専門に教育する女医博士が令外官として置かれることになり、翌年十一月に実際に設置された(続紀養老六・十一・甲戌条)。女医博士は男官で、官位相当は正七位下(官職秘抄)、平安時代後期以降の補任例が知られる(新村拓『古代医療官人制の研究』三〇頁、一九八三年)。

女医の八世紀の実例としては、長屋王家木簡に女医に対する米の支給伝票木簡が二点ある(『平城宮発掘調査出土木簡概報』二三・二五、一九九〇・一九九二年)。その中の一点には「竹野王子女医二口」と見え、この「竹野王子」は竹野女王であると考えられるので、この二人の女医は、王家に居住する女性に仕えていたことが知られる。長屋王家木簡以外には「女医」の実例は見えないが、枕草子二四〇段に見える「腹などとる女」や、栄花物語三九の「腹とりの女」などは、女医の系譜に連なる可能性があろう。

雑の方経(三五七頁2)　医書は一般に「医経」と「経方」に分けられ(漢書・芸文志など)、「医経」は黄帝内経・神農本草経・黄帝針経など医学・薬学理論と物理療法を説いた基礎的な典籍、「経方」は小品方・集験方などの臨床的な処方集である。性霊集九に見える「方経」は「方(経方)」と「経(医経)」とを合せた医書全般を指すと思われるが、本条の「方経」は処方を記した典籍(経方)であろう。一泊以上の行幸の場合は、製剤だけでなく、生薬を各種用意し、状況に応じて、医書に基づいて調合を行なった。

陪従(三五七頁3)　儀式二によれば、大嘗祭御禊行幸には、五位以上の八〇人を含め、一五〇〇人を超える官人が供奉した。本式15行幸条参照。

長送使(三五七頁4)　伊勢斎王が宮城外に設けられた野宮での潔斎を終え、伊勢神宮に赴く際の群行を率いる使官。斎宮式54監送使条や太政官式87定斎王条には「監送使」とある。西宮記臨時五(斎宮)には「長送使」として、斎宮式の「監送使」の規定とほぼ同じく、中納言もしくは参議一人、弁・史・中務丞(斎宮式では六位以下官人)各一人の計四人を点定することが見える。

遼東丸(三五七頁5)　千金方四(月水不通)に「遼東都尉所レ上丸」が見え、この処方を指すと思われる。月経不通の場合の治療薬。本条のみに見えるが、女性である斎内親王のための薬であろう。

治篩(三五七頁6)　未詳。本条と本式28渤海使雑薬条のみに見える。いずれも絹ではなく紗を用いる篩なので、目の粗い篩か。医心方などには「治篩」あるいは「冶篩」が処方の動詞として散見し、「ツキフルウ」の訓がついているものもある。本条のみに見える遼東丸、28条のみに見える素女丸の処方に関わる器具か。本草集注序録に「凡簁《・》〔篩〕二丸薬一、用二重密絹一令レ細、（中略）簁《・》〔篩〕二散草薬一、用二軽疎絹一」とあるように（医心方一〔合薬料理法〕にも同文が見える）、篩には目の密な絹を使用するものと、粗いものを使用するものがあった。

薯蕷…夜干（三六一頁1）

〔薯蕷〕ヤマイモ科の植物ヤマイモの根茎に比定される。本草和名にヤマツイモとある。藤原宮から「署預二升半」と記した付札木簡や㊤「左大舎人寮少允正八位下高□日臣男足」㊢「□□一夕　細辛一夕　署預五升」と記した木簡が出土し（木研5）、出雲国風土記（意宇郡・島根郡・秋鹿郡・楯縫郡・飯石郡・大原郡）にも見える。弘仁三・十一・十三最澄書状に、三宝に供する料として薯蕷などを進上したことが見える（平遺八―四三六三）。

〔楡皮〕ニレ科の植物ユジュの樹皮に比定される。本草和名にヤニレとある。藤原宮から「大宝三年十一月十二日御野国楡皮十斤」と記した荷札木簡が出土している（『藤原宮木簡』一―一六一、一九七八年）。専論に瀧川政次郎「楡樹楡皮考」（『日本上古史研究』七―三、一九六三年）がある。

〔干地黄〕乾地黄とも。ゴマノハグサ科の植物ジオウの乾燥させた根茎に比定される。本草和名には和名を載せない。本式1元日御薬条の「人参…薤白」参照。

〔木蘭〕木蘭皮とも。モクレン科の植物モクレンの樹皮に比定される。本草和名には和名は載せず、「出二大宰一」とある。肥前国風土記（松浦郡）に見える。

〔杜仲〕トチュウ科の植物トチュウの樹皮に比定される。本草和名にハヒマユミとある。藤原宮から「杜中十斤」と記した付札木簡や、「杜中」と記した文書木簡が出土している（木研11）。出雲国風土記（島根郡・楯縫郡・神門郡・飯石郡）にも見える。

〔葛根〕マメ科の植物クズの塊根に比定される。本草和名にクズノネとある。藤原宮から「葛根六斤」と記した付札木簡が出土している（木研11）。出雲国風土記（意宇郡・島根郡・出雲郡・神門郡・飯石郡・大原郡）に見える。

〔石斛〕ラン科の植物コウキセッコクなどの茎に比定される。本草和名にスクナヒコノクスネ・イハクスリとある。藤原宮から「石斛」と記した木簡や「石斛酒方」と記した木簡が出土し（木研5）、平城宮から「石斛壱拾斤」と記した付札木簡が出土している（木研9）。出雲国風土記（意宇郡・島根郡・神門郡・飯石郡・仁多郡）にも見える。

〔牛膝〕ヒユ科の植物ゴシツの根に比定される。本草和名にイノクツチ・ツナギグサとある。藤原宮から「牛膝十三斤」と記した付札木簡が出土している（木研11）。

〔夜干〕射干とも書く。アヤメ科の植物ヒオウギの根茎に比定される。本草和名にカラスアフギとある。藤原宮から「夜干十斤」と記した付札木簡が出土しており（木研11）、出雲国風土記（出雲郡）にも「夜干」と見える。

秦膠・甘遂・枳子・茵芋（三六一頁2）

〔秦膠〕秦艽とも。リンドウ科の植物ダイヨウリュウタンなどの根に比定される。本草和名にツカリグサ・ハカリグサとある。

〔甘遂〕トウダイグサ科の植物カンズイの根に比定される。本草和名にニハソ・ニヒソとある。

〔枳子〕枳実とも。ミカン科の植物カラタチあるいはダイダイの幼果に比定される。本式2臘月御薬条の「犀角…青木香」参照。

〔茵芋〕ミカン科の植物リュウキュウヤマシキミの茎・葉に比定される。本草和名にニツツジ・ヲカツツジとある。

右…料（三六一頁3）　諸司年料雑薬のうち、本条の左右近衛府および22衛門府雑薬条の左右衛門府、23兵衛府雑薬条の左右兵衛府は、草薬のリストを挙げた後に、「右、府別白散八十八剤…料」と記す。草薬は白散以下の調合薬に使用されるもののごとくであるが、例えば「大棗丸」の主要材料である大棗や、「六物干薑丸」に使用される干薑、膏薬に必要な猪膏などが草薬リストに見えない。草薬とは別に、白散以下の調合薬が常備されたものか。

大棗丸（三六一頁4） 和名抄の丸薬の項に見え、医心方九（治欬嗽方）に大棗・杏人・豉を調合する張仲景方の処方が載っている。外台秘要九（療欬嗽方）にも、「大乾棗三味丸（大棗丸）」が載せられている。咳病の薬。延喜式では本条のみに見える。

馬薬（三六五頁1） 馬の治療のための薬。厩牧令3官畜条には、「凡官畜、応下請二脂薬一療上病者、所司預料二須数一、毎レ季一給」とあり、同条義解は「脂薬」は脂と薬、「所司」は左右馬寮であるとする。左右馬式35馬薬条に「凡馬薬、毎レ季胡麻油（中略）、槾椒油（中略）、猪脂（中略）、硫黄一升六合、（中略）並申レ官請受」とあり、脂と硫黄（薬）とを季ごとに太政官に申請して受領する規定であった。

大戟丸（三六五頁2） 処方不明。本条のほか28渤海使雑薬条に見える。大戟を主原料とする丸薬であろうから、大戟の薬効に関わる水腫の薬か。

黄良膏（三六五頁3） 「黄良」は大黄の異名なので（和名抄）、「大黄膏」と同義だとすれば、本式6雑給料条参照。（宝亀二〔ヵ〕）・二・十八小野大庭啓に「黄良高〔膏ヵ〕」が見える（古一八—二〇八頁）。

防己…**僕奈**（三六七頁1）

〔防己〕 木防己とも。ツヅラフジ科の植物シマハスノハカヅラの根に比定される。本草和名にアヲカヅラとある。

〔石韋〕 ウラボシ科の植物セキイの葉に比定される。本草和名にイハノカハ・イハシ・イハクサとある。出雲国風土記（神門郡）に見える。

〔沢写〕 沢瀉とも。オモダカ科の植物サジオモダカの塊茎に比定される。本草和名にナマイ・オモダカとある。

〔槀本〕 セリ科の植物コウホンの根茎および根に比定される。本草和名にカサモチ・サハソラシとある。出雲国風土記（意宇郡・島根郡・仁多郡）に見える。

〔藜蘆〕 リロ。ユリ科の植物コクリロの根および根茎に比定される。本草和名にヤマウバラ・シシノクヒノキとある。

〔桑根白皮〕 クワ科の植物ヤマグワの根皮のコルク層を除去したものに比定される。本草和名にクハノカハとある。飛鳥池遺跡から「桑根白皮」と記した付札木簡が出土している（『飛鳥藤原京木簡』一—一二二、二〇〇七年）。

〔五味子〕 モクレン科の植物チョウセンゴミシの果実に比定される。本草和名にサネカヅラとある。出雲国風土記（意宇郡・島根郡）に見える。

〔兔糸子〕 菟糸子とも。ヒルガオ科の植物ハマネナシカズラあるいはネナシカズラの種子に比定される。本草和名にネナシグサとある。藤原宮から出土した漏盧湯方の処方を記した木簡に「兎糸子□」と見える（木研5）。

〔蛇床子〕 セリ科の植物ジャショウの果実に比定される。本草和名にヒルムシロ・ハマセリとある。藤原宮から「蛇床子一升」と記した付札木簡が出土している（木研11）。

〔蒲黄〕 ガマ科の植物ガマの花粉に比定される。本草和名にガマノハナとある。古事記上に「稲羽之素兎（因幡の白兎）」が大国主命の教えによって、蒲黄を敷いた上をころがって治療した神話があり、止血剤としての薬効は早くから知られていた。

〔僕奈〕 本草和名の「本草外薬」のうちに見え、和名はクルベキナとあり、仙沼子・続随子・藍漆とともに「已上四種施用多レ験、但所レ出未詳」とある。延齢草（ユリ科の多年草）の異名かとされ、江戸時代の屋代弘賢は、目がくるめき反転する病に効能があるところからこの名がついたとする（古今要覧稿）。

客徒に給う白散（三七一頁1） 諸蕃使への白散支給が立条されていることは、彼らが元日に滞在していること、つまり朝賀に参列することが前提であったことを示す。元日朝賀に諸蕃使が参列することには、天皇の徳化が蕃国にまで行きわたっていることを誇示する意味があった。実際、新羅使は文武二年（六九八）から奈良時代前期まで、渤海使は弘仁十三年（八二二）までに一二回元日朝賀に参加している。弘仁末年以降、元日朝賀に諸蕃使が参加したことは認められないので(田島公「日本の律令国家の『賓礼』」(『史林』六八—三、一九八五年))、本条の成立は弘仁式ということになろう。

大素経…八十一難経(三七一頁2)　医生らが学ぶべき医経については、医疾令の規定から変遷があって異なっている。また医疾令には講義日数についての規定はなかった。医疾令(3)医針生受業条に「医針生、各分レ経受レ業、医生、習二甲乙、脈経、本草一、兼習二小品、集験等方一、針生、習二素問、黄帝針経、明堂、脈決一、兼習二流注、偃側等図、赤烏神針等経一」とあり、要略九五所引の同条義解には、各テキストを「甲乙経十二巻、脈経二巻、新修本草廿巻、小品十二巻、集験十二巻」「素問三巻、黄帝針経三巻、明堂三巻、脈決二巻、流注経一巻、偃側図一巻、赤烏神針経一巻」と規定している。このうち新修本草は延暦六年(七八七)に本草経集注から変更されたものである(続紀同・五・戊戌条)。令義解の段階までは、なおこの医疾令の規定が生きていたものと思われるが、一方で、続紀天平宝字元・十一・癸未条では、諸国博士の任用に際して履修すべきテキストとして、「医生者、大素、甲乙、脈経、本草、針生者、素問、針経、明堂、脈決」と見え、医生の必修に大素経が加わっている(三代格同日勅参照)。

また紀略弘仁十一・十二・癸巳条で新たに置かれた針生のテキストとして「新修本草経、明堂経、剄〔劉〕涓子鬼方各一部、兼少公〔小〕、集験、千金、広洛〔済〕方等中治瘡方」とあり、劉涓子鬼方や少小方・千金方・広済方などが使用されている。テキストの変更は慎重に行なわれたらしいが、舶載された医方書を積極的に取り入れていたことが窺える。

なお以下の医書の解説については、小曽戸洋『中国医学古典と日本』(一九九六年)参照。

〔大素経〕黄帝内経太素、内経太素とも言う。唐初(六二〇年頃)に楊上善が撰した黄帝内経の注釈書である。素問(黄帝内経素問)と霊枢(黄帝針経)本文を再編集して注釈を加えたもので、三〇巻(新旧唐書・日本国見在書目録)。医疾令には規定されないが、八世紀前半には将来され、続紀天平宝字元・十一・癸未条では、医生の教科書として挙げられている。中国では散逸したが、日本には一二世紀の古鈔本が、仁和寺に二三巻(国宝)、杏雨書屋に二巻現存する。前者は東洋医学善本叢書『仁和寺本　黄帝内経太素』(一九八一年)に影印され、後者は(財)武田科学振興財団杏雨書屋編『黄帝内経太素　巻第二十一・巻第二十七』(二〇〇七年)に影印・翻刻されている。

〔新修本草〕唐の高宗の命を受けて顕慶四年(六五九)に撰進された勅撰の本草書で、梁の陶弘景が六世紀初めに撰した神農本草経集注(本草集注、集注本草とも)を修訂・増補し、同時に天下の州県から所出薬物を徴収してこれを記述・図譜させたもので、本草本文二〇巻、目録一巻、薬図二五巻、薬図目録一巻、図経七巻から成るとされる。要略九五所引医疾令(3)医針生受業条義解は二〇巻とし、これは本文のみの巻数である。

日本においては、姓氏録(左京諸蕃下)和薬使主の項に、和薬使主氏の祖が六世紀後半に「薬書」(本草書であろう)を持って渡来したことが見え、本草の知識は早く百済経由で伝わっていたことが知られる。藤原宮跡からは「本草集注上巻」と記した木簡が出土しており(木研5)、これは三巻本の神農本草経集注であると考えられ、大宝・養老医疾令で規定した「本草」はこの神農本草経集注であったと考えられる。その後、続紀延暦六・五・戊戌条の典薬寮言に「蘇敬注新修本草、与二陶隠居集注本草一相検、増二一百余条一、亦今採用草薬、既合二敬説一、請行二用之一」とあり、これが許可され、以後、新修本草が正規のテキストとされた。式部式上202医生条参照。

なお新修本草は、天平三年(七三一)の本奥書を持つ鎌倉時代の鈔本が杏雨書屋に現存し、また同二十年に東大寺写経所で作成された典籍目録にも「新修本草二帙〈廿巻〉」とその名が見え(古三一八九頁)、八世紀初めには舶載されていたことが確認される。従って舶載から五〇年以上たって正規テキストに認定されたことになる。杏雨書屋所蔵の鎌倉時代の鈔本は、(財)武田科学振興財団杏雨書屋編『零本新修本草巻第十五』(二〇〇〇年)として影印出版されている。宮内庁書陵部『図書寮叢刊 新修本草残巻』(一九八三年)は書陵部所蔵の近世写本の翻刻である。

〔小品〕 小品方、経方小品とも言う。南朝宋の陳延之が撰した医方書で、一二巻(要略九五所引医疾令(3)医針生受業条義解・隋書・新旧唐書・日本国見在書目録とも)。医疾令(3)条では医生の兼習書として、集験方とともに規定されている。一〇世紀末の医得業生補任官符に、新修本草経・黄帝明堂経とともに「読書」に挙げられており(朝野群載一五〔医道〕)、医心方にも多く引用され、医方書として高く評価されていたことが知られる。長らく亡佚したと思われていたが、近年尊経閣文庫に首巻が現存することが発見され、その全文が北里研究所附属東洋医学総合研究所医史文献研究室編『小品方・黄帝内経明堂 古鈔本残巻』(一九九二年)に影印・翻刻されている。

〔明堂〕 唐初に楊上善が撰した黄帝内経明堂のことを指すのであろう。明堂は針灸経穴学の基本文献で、黄帝明堂経三巻に楊上善が注をつけて黄帝内経明堂一三巻を撰したとされる。楊上善は、黄帝内経太素(太素経)も撰しており、理論書である太素と対になる具体論として明堂を著したと考えられる。要略九五所引医疾令(3)医針生受業条義解には「三巻」とあるから、医疾令(3)条で針生の必修テキストとされた「明堂」は黄帝明堂経三巻を指すのであろう。医疾令では医針生がまず習うべきテキストとして、本草・脈決と明堂を挙げ、「読二明堂一者、即令三験レ図識二其孔穴一」と規定している(医疾令(4)医針生初入学条)。続紀天平宝字元・十一・癸未条では、やはり針生のテキストとして見え、紀略弘仁十一・十二・癸巳条でも新たに置かれた針生の必修テキストとして、新修本草経と並んで挙げられ、一〇世紀末の医得業生補任官符でも、新修本草経・小品方とともに「読書」に挙げられている(朝野群載一五〔医道〕)。仁和寺に鎌倉時代の古鈔本一巻(国宝)、尊経閣文庫に平安時代の古鈔本一巻(重要文化財)が現存する。前者は前掲東洋医学善本叢書『仁和寺本 黄帝内経明堂』に影印され、後者は前掲『小品方・黄帝内経明堂 古鈔本残巻』に影印・翻刻されている。

〔八十一難経〕 黄帝八十一難経、難経とも言う。隋書や新旧唐書には一巻あるいは二巻とあるが、日本国見在書目録には、唐初の楊玄操が注をつけた九巻本が挙げられている。三国史記や高麗史によると、朝鮮半島では長く医学生の必修テキストであった。医疾令には規定されないが、九世紀には出雲広貞が難経開委一巻を著しており(本朝書籍目録)、これは日本で最初の中国医書の解説書とされる。

大経・中経・小経(三七一頁3) 学令には大学生の学ぶべき諸経について、大中小の別が規定されていたが、医経の大中小は医疾令には定められていなかった。学令5経周易尚書条〜7礼記左伝各為大経条や同13算経条に規定される諸経は、巻数をもとに大中小に分類されており、本条の場合も、大経の大素が三〇巻、中経の新修本草が二〇巻、小経の小品が一二巻、明堂が一三巻、難経が九巻であり、巻数と対応していると言える。ただし本式32読医経条で、同じ三一〇日の講義とされていた新修本草と小品方が、前者は中経、後者は小経とされるなど、講義日数と大中小の別は対応していない。大学式25講書日限条参照。

得業生(三七一頁4) 大学の得業生を定めた続紀天平二・三・辛亥条の官奏に「又陰陽、医術及七曜、頒暦等類、国家要道、不レ得二廃闕一、但見二諸博士一、年歯衰老、若不二教授一、恐致レ絶レ業」とあり、陰陽・医術は各三人、曜・暦は各二人が選ばれて、博士の弟子となって学ぶことになり、大学得業生に準じた待遇を受けることになった。いわば特待生で、このとき選ばれた医術の三人が医得業生である(職員令44典薬寮条集解)。

この後、職員令44条集解所引弘仁五・三・十二符により、得業生が四人置かれている。これは内薬司から「医針之道、国家大要、其業衰絶、无二人可レ師、望請、永置二件生一、教二伝医業一」という内容の解が出たための処置であった。本条の医得業生四人の直接の淵源はこの官符であろう。菅原峯嗣の卒伝に「峯嗣自申請、欲レ継二家業一、仍補二医得業生一、医得業生自レ此而始」とあるのは(三代実録貞観十二・三・三十条)、この弘仁五年(八一四)官符を受けてのものであろう。峯嗣はその後奉試及第して、同十三年に左兵衛医師に任ぜられているから、七年の医得業生を経て、八年目で任官ということになり、大学得業生の「補了更学七年已上、不レ計二前年一、待二本道博士挙一、録下可二課試一之状上申レ省」(大学式31得業試条。式部式上195得業生課試条も同意)に合っている。

　朝野群載一五(医道)には一〇世紀末の医得業生補任官符が載せられている。それによると、得業生が一人奉試及第すると、その替わりとして、医生から新たな得業生一人の推挙が宮内省から申請され、承認されれば、太政官符が式部省に下されるという手順で補任された。この官符で得業生に補された医生は、この時すでに正六位上の位を有しており、「読書」として新修本草・黄帝明堂経・小品方が挙げられている。

諸国の医師(三七一頁5)　令制では国医師は国博士と同じく、国別各一人が置かれることになっており(職員令80国博士医師条)、大宰府には二人の医師が置かれていた(同令69大宰府条)。国医師は、診療を行なうとともに、典薬寮の教習法に準じて、国医生らに医方を教授した(医疾令(18)国医師条・(19)国医生試条)。効験の多少により三等の評定が下されることになっており(考課令68国博士条)、医生らに教授することより、実際の診療が重視されていたと思われる。

　唐においては、貞観三年(六二九)に初めて諸州医学が設置され、医薬博士(医博士とも。後に医学博士と改称された)・医学生が置かれた。この唐の州医薬博士の制度を継受したものであるが、国「医博士」とせずに国「医師」としているところからも、日本の国医師が、地域の医学教育より、地域医療の担い手として期待されていたことが窺われる。

　天平十一年度伊豆国正税帳には「神明膏、万病膏等酢分」が見え(古二―一九七頁)、多賀城跡からは医書断簡漆紙文書が出土しており、実際に中国の医書に基づく治療がなされていたことが認められる(『宮城県多賀城跡調査研究所年報一九九一』、一九九二年)。また国医師は、諸国における年料雑薬貢進の責任者であり(延喜交替式、続後紀承和五・六・甲午条)、同時に国衙の職員として、調使(古一―六〇五頁)や検米使(古四―一二九頁)、官倉検使(平遺一―二〇四)なども務めたことが知られる。

　部内任用が原則で、部内に適任者がない場合は傍国から採ることになっており、郡司(大宝令では主政)と同様の考選法をとった(選叙令27国博士条)。ただし実際には部内任用は難しかったらしく、中央の典薬寮医生のうちの成業者を任用することが早くから行なわれ、その考選は史生と同じとされた(続紀和銅元・四・癸酉条、同霊亀二・五・丁酉条)。後には受業者でなくても国医師に任ぜられる非業国医師が認められるようになり(三代実録仁和元・三・十五条)、さらに師を持たない薬生も侍医らの推挙により、国医師に任ぜられるようになった(式部式上192薬生条)。同式上172非業博士医師条・187受業非業条参照。

　各国一人という国医師の定員は、国博士が三、四国に一人と減定された際にも守られ(続紀神亀五・八・壬申条)、天平神護二年(七六六)に一旦複数国の兼任が認められるが(続紀同・五・乙丑条)、「病人困二於救療一」という理由で、宝亀十年(七七九)再び国ごとに一人置かれることになっている(続紀同・閏五・丙申条)。なお大宰府管内の筑後・肥前・肥後・豊前・豊後の五国は、大宰府で教授・診療が行なわれていたらしいが、三代格承和十二・四・十七符により、史生一人を減員して国ごとに医師一人を置くよう定められている。

十分の一(三七一頁6)　この授業師料は、続紀天平宝字元・十一・癸未条で公廨一年分と定められて始まった制度であるが、負担が大きすぎるために改定され、三代格貞観十二・十二・二十五符により、一〇分の一を毎年送ることとなった(三代実録同日条参照)。国博士の場合も大学寮の授業師に公廨の一〇分の一を送ることになっていた。大学式35講経条参照。

薬斗・薬升(三七三頁1)　福田方一一(薬升両)に「本朝薬定法」が見え、「大升者九合ノ升也、公家ノ薬殿ニ用ㇾ之経ニ年序ニ畢ヌ、又天平宝字年中遣唐回使ノ定式所用法ハ以ニ大一升ニ為ニ小四升ニ云々、侍医出雲宿禰広貞カ勘申ス所ナリ、(中略)湯薬方ニ常所用者大升也、小升者散薬等ニ用之処也、又小升者今上径一寸、下径六分、深八分是也、(中略)又先所謂以ニ大升ニ為ニ小升四升ニ者、所勘者九合升ノ二合五勺〔二合二勺五才ヵ〕ヲ小一升ニアツル」とある。内裏の薬殿には、九合(約一・六リットル)の大枡と、その四分の一である二合二勺五才(約〇・四リットル)の小枡とがあったわけで、本条の「薬斗」はこの大枡、「薬升」は小枡を指すか。

なお医心方一(薬斤両升合法)には、「薬升方作、上径一寸、下径六分、深八分、内ニ散薬ニ勿ㇾ按ニ抑之ニ、正爾微動、令ニ平調ニ耳」とある(本草集注序録にもほぼ同文が見える)。これは小枡であり、散薬の調合は小枡で行なわれた。

味原の牧(三七三頁2)　遊女記に「分ㇾ流向ニ河内国ニ謂ニ之江口ニ、蓋典薬寮味原厨、掃部寮大庭庄也」と見え、平範国の宇治関白高野山御参詣記永承三・十・十一条には、「乳牛牧」が見える。和名抄の摂津国東生郡味原郷(淀川河口部南側)ではなく、摂津国江口(淀川河口部北側)付近に所在したと考えられる。続紀延暦四・正・庚戌条に見える「鯵生野(アジウノ)」と同じ。現在の大阪市東淀川区から摂津市にかけての地域。

山城国の地二町(三七五頁1)　山城国内の薬園については、三代格貞観十四・十二・十五符に、山城国葛野郡上林郷九条荒見河西里二四坪内にあった平野神社地一町の四至について、延暦年中(七八二〜八〇五)に「東限ニ荒見河ニ、南限ニ典薬寮園ニ、西限ニ社前東道ニ、北限ニ禁野地ニ」と決められたとある。そしてこの平野神社地一町のうち「野地二段」が承和五年(八三八)十月以降に、典薬寮に支給され、もとから寮が有していた「薬園地」とともに耕作されることになったことが見える(三代格同日符参照)。本条の葛野郡一三条水谷下里は、この周辺の薬園地に当たるか。ただし、葛野郡班田図による福山敏男らの葛野郡の条里復原では、葛野郡は九条までしかなく、一三条というのは錯誤の可能性がある(福山敏男「山城国葛野郡の条里について」〈『歴史地理』七一―四、一九三八年〉、宮本救「山城国葛野郡班田図について」〈『律令田制と班田図』所収、一九九八年、初出一九五九年〉)。

あるいは、続後紀承和四・七・庚寅条に、宮城北の園池司の地三二町(類聚国史一〇七同日条は二二町に作る)のうちの荒廃地二町を典薬寮に充てるとあり、山城国の地二町はこれを指す可能性もある。承和年間(八三四〜八四七)には、他にも続後紀承和六・八・辛酉条に、「東鴻臚院地二町」(左京七条坊門)を典薬寮に充てて「御薬園」とすると見え、典薬寮附属の薬園がこのころ拡張整備されていたことが窺える。

なお典薬寮附属の地黄園は摂津・和泉国にもあった。本式7地黄煎料条参照。

勧学田(三七五頁2)　典薬寮諸生の衣食に充てるために設けられた田地。三代格天平宝字元・八・二十三勅で、天文・陰陽・暦・算などとともに医・針の学は「国家所ㇾ要」として、諸生の供給のため、内薬司に八町、典薬寮に一〇町の公廨田が置かれている(続紀同・八・己亥条参照)。このとき陰陽寮に与えられた一〇町は、そのまま陰陽式27勧学田条の勧学田一〇町に相当すると考えられ、本条の典薬寮の勧学田一八町も、内薬司の八町が典薬寮に併合・吸収されたとすると、そのままで数字は合う。ただし三代格延暦十七・九・八符では、元大学寮の勧学田のうち八町を割いて「典薬寮勧学田」に充てるとし、「更加置ㇾ之」と言っているので、先の内薬司の八町は、内薬司が寛平八年(八九六)に典薬寮に併合された時点で、返収されたものと思われる。延暦十七年(七九八)に加わった典薬寮勧学田は、大和国四町、近江国四町であり、大和国は十市郡に、近江国は栗太郡に所在したことが同官符から知られる。なお典薬寮には別に、天長三年(八二六)九月二日に河内国渋河郡の荒廃閑地二〇町が、同七年正月二十三日に近江国荒廃田三七町八段と空閑地二〇町五段が充てられている(類聚国史一〇七)。

諸国の進る年料の雑薬(三七五頁3)　賦役令37雑徭条集解古記所引の大宝医疾令逸文によれば、毎年中央で必要とされる薬物については、典薬寮が推計し、太政官から諸国に命じて薬物が輸進されることになっていた。輸薬の諸国には採薬師が置かれ、その指示のもと、薬物採取の人功には雑徭をもって充てる規定であった(医疾令㉑依薬所出収採条・㉒採薬師条)。この規定は養老令にも存在したことが確認され、これが典薬式の諸国進年料雑薬制の法的な淵源であると考えられる。一方賦役令35貢献物条には「香薬」の項目があるが、これは儀礼的な規定と考えられ、諸国進年料雑薬制とは直接の系譜関係はないであろう。

延喜式においては、民部式下53年料別貢雑物条に「年料別貢雑物」が、同式下63交易雑物条に「年料交易雑物」が規定され、それぞれ薬物が含まれている。同式下53条には「自余雑薬見㆓典薬式㆒」とあり、本式の諸国進年料雑薬は年料別貢雑物の一種であると見做される。本式98大宰年料雑薬条の後に「其大宰便附㆓別貢使㆒」とあるのも、西海道は貢調使の上京がないためではあるが、この諸国進年料雑薬制が、年料別貢雑物制の一環であることを示していよう。

徴収責任者は、延喜交替式に「凡年料雑薬、不㆑論㆓未進多少㆒、拘㆓留医師公廨㆒、待㆓返抄到㆒而後充行、国司寄㆓言医師㆒、不㆑事㆓催勘㆒、令㆑致㆓未進㆒、量㆑状科㆑罪」(続後紀承和五・六・甲午条、貞観交替式にも載せる)とあるので、国医師であったと考えられる。医疾令に規定する諸国の採薬師については、実在を示す史料はなく、実際にどの程度機能していたかは不明である。

民部式下53条に見える品目のうち、本式の諸国進年料雑薬と重複するものは、青木香・零羊角・胡桃子・麻黄・麻子・支子・杏仁・麦門冬(煎)であり、同式下63条に見える品目のうちで重複するものは、胡麻子・水銀・鹿角・干薑・豉・朴消である。このうち傍線を附した品目は、内蔵式54諸国年料条に見え、これらが典薬寮以外の官司に納入され、特に供御のために別途徴収されていたことが窺える。青木香は香料として、支子は染料、水銀や零(羚)羊角・鹿角は工芸用で、麻子や胡麻子は油を使用するのであろうし、胡桃子は食用、豉は調味料であろう。干薑は正月御斎会で講読師や僧綱・聴衆に支給された(同式26御斎会蘇条)。麻黄・杏仁・朴消の用途は不明。

この制度の成立については、藤原宮跡から「无邪志国薬桔梗卅斤」や(表)「伊看我評(丹波国何鹿郡)」(裏)「芎窮八斤」、(表)「伊看我評」(裏)「当帰□[五ヵ]斤」(『評制下荷札木簡集成』七三・一四九・一四八、二〇〇六年)と記した荷札木簡が出土しており、七世紀末の浄御原令制下の段階で、中国の本草に基づく薬物の同定と、産出地の把握がある程度なされていたことが知られる。藤原宮跡出土木簡には三巻本本草経集注の書名の記されたものもあり(木研5)、他にも多くの薬物の付札木簡や薬物請求・受領の木簡、処方箋などが見える。大宝令制下の藤原宮跡からも(表)「高井郡(信濃国)大黄」(裏)「十五斤」という木簡が出土しており(木研5)、郡単位での貢納システムが機能していたものと思われる。

藤原宮出土木簡においては、「細辛」を「西辛」、「苦参」を「久参」と記しており(木研5)、薬物名は和名ではなく、呉音で発音されていたらしい。六世紀には百済から採薬師が派遣されており(欽明紀十五年二月条)、欽明朝に「薬書」を将来した和薬使主の祖があったことや(姓氏録[左京諸蕃下])、「解薬」とされた百済遺民(天智紀十年正月条)や美濃で白朮を煎じた百済僧

（天武紀十四・十・庚辰条）の存在からも、六・七世紀に中国の本草書によって、朝鮮半島の技術者の指導のもとで、薬物の同定が行なわれたことが窺われる。

八世紀の出雲国風土記には詳細な薬物（草品）のリストが載せられており、また常陸国風土記、播磨国風土記、肥前国風土記、および豊前国風土記逸文にも、植物名が和名ではなく薬物名で記されている。常陸国風土記（香島郡）においては、「伏苓」「伏神」は「毎レ年堀之」とあり、年料の貢進物であったことは明らかである。これらの風土記に挙げられた薬物は、延喜式のそれぞれの国の年料薬物と一致するものもあれば、一致しないものもある。八世紀以降も薬物規定の変遷があったことが窺われる。また風土記には「銅牙石」（播磨国風土記）、「鍾乳」（肥前国風土記）、「竜骨」（豊前国風土記逸文）などの鉱物性薬物も見えるが、多くは草品であり、鉱物・動物性の薬物の同定は植物性のものより遅れた可能性がある（丸山裕美子「延喜典薬式「諸国年料雑薬制」の成立と『出雲国風土記』」〈『延喜式研究』二五、二〇〇九年〉）。

なお和泉・志摩・隠伎・淡路の四国にはこの年料雑薬の貢納規定がない。

鼠尾草・白粟（三七七頁1）

［鼠尾草］ミソハギ科の植物ミソハギの全草に比定される。本草和名にミソハギとある。本式では山城国のみが貢納。

［白粟］白粱粟（粟米）か。イネ科の植物アワの種子の仁（サネ）に比定される。粟米は本草和名に「白粱粟」とあり、和名はアハノウルシネとある。本式では山城国のみが貢納。

知母…葵子（三七七頁2）

［知母］ユリ科の植物チモの根茎に比定される。本草和名にヤマトコロとある。藤原宮出土木簡に「知苺五斤」と記した保管用の付札木簡がある（木研11）。

［薔薇根］バラ科の植物ノイバラの根に比定される。本式では摂津国のみが貢納。

［烏賊骨］コウイカ科の動物コウイカの甲に比定される。本草和名にイカとある。

［松蘿］サルオガセ科の植物ナガサルオガセなどの糸状体に比定される。松などの針葉樹に付生する。本草和名にマツノコケとある。飛鳥京苑池遺構から松蘿を含む処方を書きつけた木簡が出土し（木研25）、藤原宮からは「松羅五斤」と記した付札木簡が出土している（木研5）。

［萆薢］ヤマイモ科の植物サンヒカイなどの根茎に比定される。本草和名にオニトコロとある。出雲国風土記（島根郡・出雲郡・飯石郡・大原郡）に見える。

［桑螵蛸］カマキリ科の昆虫の卵鞘に比定される。本草和名にオホチカフグリとある。

［桃花］バラ科の植物トウまたはサントウの花に比定される。「桃核（桃の種子）」は本草和名にモモとある。

［茜根］アカネ科の植物アカネの根に比定される。本草和名にアカネとある。染料としても使用されるが、その場合は「茜」と記される。染料としての茜に関しては、縫殿式13雑染用度条参照のこと。

［蜂房］露蜂房とも言う。スズメバチ科の昆虫キホシアシナガバチなどの巣に比定される。「露蜂房」は本草和名にオホハチノスとある。皇極紀二年是歳条に「百済太子余豊、以二蜜蜂房四枚一、放二養於三輪山一、而終不二蕃息一」とあり、このときは成功しなかったが、ミツバチの養蜂が百済から伝わったことが知られる。

［蓼子］蓼実とも。タデ科の植物スイリョウの果実に比定される。本草和名にタデとある。本式では摂津国のみが貢納。

［荏子］シソ科の植物ビャクソ（白蘇）の果実に比定される。本草和名にオホエノミとある。

［胡麻子］胡麻とも。ゴマ科の植物ゴマの種子に比定される。本草和名には和名は載せないが、和名抄にはウゴマとある。

［鹿角］シカ科の動物シカまたはアカシカの生長して骨化した角。骨化していない幼角は「鹿茸（ロクジョウ）」と呼んで区別する。

［葵子］アオイ科の植物イチビの種子に比定される。本草和名には「冬葵子」とあり、アフヒノ

ミとある。平城京出土木簡に処方を記したものがあり(木研17)、二条大路木簡には園池司や南園から進上された蔬菜の中に「葵」が見える(『平城宮発掘調査出土木簡概報』二二・二四、一九九〇・一九九一年)。

黒大豆(三七九頁1)　大豆とも。マメ科の植物ダイズの黒色の種子に比定される。本草和名に「生大豆」の和名をオホマメとする。

馬刀・蘇子・胡桃子(三八一頁1)

〔馬刀〕バトウ。マテガイ科の貝に比定される。本草和名にマテノカヒとある。

〔蘇子〕シソ科の植物シソの種子に比定される。本草和名にイヌエ・ノラエとある。

〔胡桃子〕クルミ科の植物クルミの種子に比定される。本草和名にクルミとある。平城宮跡から(表)「甲斐国山梨郡雑役胡桃子一古」(裏)「天平宝字六年十月」と記した荷札木簡が二点出土している(『平城宮木簡』一―一九・二〇、一九六六年)。

土瓜・地膚子・荳蔻子(三八五頁1)

〔土瓜〕ヒルガオ科の植物ドカの塊根に比定される。本草和名にヒサクとある。

〔地膚子〕アカザ科の植物ホウキギの果実に比定される。本草和名にニハクサ・マキクサとある。

〔荳蔻子〕ショウガ科の植物の種子に比定される。本草和名にカウレムカウノミとある。

葛花・旋覆花・貝母(三八五頁2)

〔葛花〕マメ科の植物クズの花に比定される。

〔旋覆花〕キク科の植物センプクカなどの頭花に比定される。本草和名にカマツボ・カマボとある。

〔貝母〕ユリ科の植物アミガサユリの鱗茎(地下茎)に比定される。本草和名にハハクリとある。出雲国風土記(秋鹿郡)に見える。

美濃国(三八九頁1)　天武紀十四・十・庚辰条、同・十一・丙寅条に、百済僧らを美濃国に派遣して「白朮」を煎じさせたことが見えるように、美濃国は早くから薬物の把握が進んでいたものと思われる。

本草和名は一部の薬物については「出二播磨国一」「出二大宰一」のように、産出地を示している。国内に産しない場合は「唐」と記して和名を注しない。「丹参」の項には「唐、又殖二美濃国一」とあり、本来国内に産しない薬草を、美濃国に植えて栽培したことが知られる。本草和名で他に「殖」と書かれたのは、「蔓荊実小荊」の項の「殖二近江国一」のみであるが、近江国は諸国進年料雑薬の薬種が最も多い国であり、薬物徴収システムにおいて、近江国と美濃国とが特に重要な役割を果たしていたことは明らかである。

延久四・九・一官宣旨案や同・九・十三美濃国司解案、同・九・二十三美濃国牒案などによると、美濃国の東大寺領荘園である大井荘・茜部荘内に、典薬寮が「草薬官使」「寮使」を派遣し、すでに停止されたにも拘らず草薬を徴収し、荘園の住人に負担を強いていることが訴えられている(東南院三―四〇六〜四〇八頁)。この地域に典薬寮の薬物徴収拠点が置かれていた可能性を示唆している。

巻柏・巴戟天(三九一頁1)

〔巻柏〕イワヒバ科の植物イワヒバの全草に比定される。本草和名にイハクミ・イハコケとある。出雲国風土記(神門郡)に見える。

〔巴戟天〕アカネ科の植物ハゲキテンの根に比定される。本草和名にマヒラギとある。

熊胆・鹿茸・熊掌(三九一頁2)

〔熊胆〕クマ科の動物ツキノワグマの胆嚢に比定される。新修本草において「熊脂」の項に新注(唐本注)として「熊胆」の記述が見える。唐代に新たに薬物に加えられた(薬性論に見える)。本草和名には載せない。

〔鹿茸〕シカ科の動物シカあるいはアカシカのまだ骨質化していない幼角に比定される。本草和名にカノワカツノとある。要略九五所引私教類聚に、丸料薬として「鹿茸〈炙〉」とある。

〔熊掌〕クマ科の動物ツキノワグマの足掌に比定される。宋代の本草書、日華子諸家本草に初出する。本式では美濃国のみが貢進。

出雲国(四〇一頁1)　出雲国の年料雑薬は五三種で、近江国の七三種(本文は七二種)、美濃国の六二種に次いで多くの薬物を貢納することになっていた。このうち本草草品に分類される三二種(「稾梁香」を「高梁薑」と同じとし、「女葦」を「女委」と同じとすると三四種)は出雲国風土記に記載される薬物である。また本草木品に分類される松蘿・松脂や柏子仁、榧子、楡皮などについては、その原植物である松・柏・榧・楡などが、やはり出雲国風土記に見えている。

天平五年(七三三)勘造の出雲国風土記には六〇種を超える薬用植物が載せられており、江戸時代以来、これらの薬用植物の同定がなされてきた。加藤義成『出雲国風土記参究』(一九五七年)はそうした研究の集大成と言える。

出雲国風土記においては、郡ごとに「凡諸山野所在草木」として植物がリストアップされているが、まず「草」が、次いで「蔬菜(蕨など)」「木」の順に挙げられ、「草」はいずれも和名ではなく、中国の本草書に載せる薬名で載せられている。「木」は薬名そのものではなく、動物性・鉱物性の薬物名は見えない。もっとも本条には鉱物性薬物は含まれておらず、動物性薬物は「桑螵蛸」のみである。出雲国風土記においては、「紫草」や「塩味葛」は「凡諸山野所在草木」の部分とは別の個所に記載され、植物が何らかの基準をもとに書き分けられていることは明白である。このことは「凡諸山野所在草木」の「草」リストが、植物の和名ではなく薬物名で書かれていることとともに、年料雑薬の基準データになった可能性を示唆している。おそらくまずは植物・草品の薬物の同定とリストアップが行なわれたのであろう。

出雲国風土記にあって本条に見えない薬物は二九種、逆に本条に挙げられていて出雲国風土記に載せられていない薬物は、木品薬物と「稾梁香」「女葦」を除くと、一四種である。他国の年料雑薬との兼ね合いもあり、リストの変遷があったことが窺える。

巻第三十八

掃部寮（四一五頁1）　掃部寮とは、宮中・中央諸官司、および中央の諸行事に用いる座具・敷物類（ここでは鋪設具と総称する）の製造・管理・設営を担当した官司である。掃部寮の名称について、和名抄には「加牟毛里乃豆加佐」とあり、カムモリノツカサと呼んでいた。カニモリノツカサ・ソウブリョウという呼び方もある。掃部（カニモリ）の起こりについては、古語拾遺に豊玉姫命に供奉した掃部連の遠祖天忍人命が箒を作って蟹を掃いたことから「蟹守」と号したことが記されているが、詳細は不明である。

〔掃部司と内掃部司〕掃部寮は、大蔵省被管の掃部司と宮内省被管の内掃部司とが弘仁十一年（八二〇）に統合して成立した官司である。掃部寮の成立については、橋本義則の専論がある（「掃部寮の成立」〈奈良国立文化財研究所編『文化財論叢』Ⅱ所収、一九九五年〉）。以下に言及する橋本の所説は、すべて同論文による。

大蔵省被管の掃部司は、職員令35掃部司条によると、正一人（正六位下相当）・佑一人・令史一人・掃部一〇人・使部六人・直丁一人・駈使丁二〇人からなる。その職掌は、

　掌、薦席牀簀苫、及鋪設、洒掃、蒲藺葦簾等事、

と記されている。これは、①薦以下の鋪設具、②鋪設具の設営、③清掃、④蒲以下の鋪設具の原材料、と分類できる。

一方、宮内省被管の内掃部司は、職員令55内掃部司条によると、正一人（従六位上相当）・佑一人・令史一人・掃部三〇人・使部一〇人・直丁一人・駈使丁四〇人からなる。その職掌は、

　掌、供御牀狭畳席薦簀簾苫、鋪設、及蒲藺葦等事、

と規定されている。同様に、①供御のための鋪設具、②鋪設具の設営、③鋪設具の原材料、と分類できる。

二つの官司の職掌はほぼ対応しているが、掃部司に清掃の職掌があること、および内掃部司が担当する鋪設具は供御のものに限定されていること、などが相違点としてあげられる。清掃の職掌について橋本は、掃部司の場合は従来からの職掌であった清掃が大宝令制定時にもそのまま規定されたが、大宝令制定時に新しく成立した内掃部司の場合は主殿寮・掃司という宮中の清掃を職掌とする官司の成立もあって（職員令43主殿寮条、後宮職員令11掃司条参照）、清掃は職掌として規定されなかったと指摘している。

鋪設具については、伴部である掃部以下の職員の数が注目される。鋪設具の製造および設営について、内掃部司は供御のための官司であるからこそ、掃部司よりも多くの人員が確保されていると考えられる。また、内掃部司の鋪設具には、掃部司にはない「狭畳」が記されている。続紀宝亀元・三・壬午条には、

　内掃部司員外令史正六位上秦刀良、本是備前国仕丁、巧造㆓狭畳㆒、直㆑司卅余年、以㆑労授㆓外従五位下㆒、

とあり、内掃部司の員外令史秦刀良が四〇年以上も司に直して狭畳を製造していたことが分かる。この記事より、内掃部司において実際に狭畳を製造していたことが確認できるとともに、元は備前国の仕丁であった者が外従五位下の地位を得られるのであるから、製造していた狭畳は供御のための特別なものであったと推定できるであろう。

本朝法家文書目録所載の弘仁式の目録には、掃部式と内掃部式が存在している。掃部司・内掃部司が統合された弘仁十一年閏正月というのは、まさしく弘仁式の編纂が進行していた時期であった。弘仁格式序（三代格）によれば、弘仁格式が対象とするのは大宝元年（七〇一）から弘仁十年までであり、両司の統合は弘仁格式には反映されなかったと考えられる。

儀式書では、内裏儀式にのみ、内掃部司の活動が確認できる。例として、内裏儀式（七日宴会式）の関連する部分のみを掲げる。

　内掃部司入布㆓簀於殿庭東西㆒〈若有㆓三位已上

応レ叙者一、設レ席〉、式部兵部丞各擎二位記筥一入安二簀上一退出、

内裏式上(七日会式)の対応する規定は、次のようになっている。

掃部寮立二位記案於版位東西一(中略)大臣宣、喚二式部一、称唯、升レ殿賜二位記筥一復二本所一、兵部亦同、訖各捧二位記筥一、趨置二案上一〈兵部度二馳道一置レ之〉、相引退出、

西本昌弘によれば、殿庭に簀を敷き、簀の上に位記筥を置くという記述は、出雲国造の任命儀礼と共通するもので、叙位儀礼の古儀を示すものと推定される(「『孝謙天皇詔勅草』と八世紀の叙位儀礼」〈『日本古代儀礼成立史の研究』所収、一九九七年〉)。内裏儀式には他にも元旦受群臣朝賀式幷会、上卯日献御杖式などにおいて内掃部司の記述があり、いずれも簀を殿庭に敷いている。叙位儀に限らず、内掃部司が殿庭に簀を敷くことは朝儀において重要な意義を担っていたのである。

なお、内裏儀式の元旦受群臣朝賀式幷会・少納言尋常奏式には「掃部寮」という新しい名も見えているが、これらは「掃部」に後から「寮」が書き加えられたものであると考えられる。西本昌弘「古礼からみた『内裏儀式』の成立」(前掲書所収、初出一九八七年)参照。

〔掃部寮の成立〕先述のように、掃部司と内掃部司は弘仁十一年(八二〇)に統合され、宮内省被管の掃部寮となった(狩野文庫本三代格弘仁十一・閏五〔正〕・五奏)。この官司統合について橋本は、司の併合により寮に昇格したこと、掃部寮の長官が従五位官となり相当位階が上昇していることなどをあげて、通常の官司の統廃合とは異なる意義を有するものであると評価している。

延喜式の段階における掃部寮の内部構成は、中務式74諸司時服条によると、頭一人・助一人・允一人・大属一人・少属一人・史生四人・掃部八人・作手八人となる。ただし、掃部については、儀式六(元正受朝賀儀)に「掃部寮官人左右各二人、各率下執二胡床一掃部五人上列立」とあり、左右各五人であるとすると掃部は計一〇人ということになる。延喜式の段階で減員されたことも考えられるが、中務式の条文が全員を網羅していない可能性がある。式部式上90諸司史生条によれば、掃部寮の史生は五人で、権史生が一人含まれる。他に同式100諸司使部条には使部一〇人、同式216織部掃部考人条には雑色五〇人が規定されている。本式では、75供奉仕丁条に「諸節幷行幸供奉仕丁卌一人」、77藺田条に「寮家仕丁」などの寮所属の仕丁が見える。また、寮所属ではないが、80雑給料功程条の「績レ麻宮人」のように、女性の労働力を借りることもあった。

橋本が指摘するように、貞観式編纂の段階になると、弘仁掃部式・内掃部式を一つの式に統合しなければならず、他式と比較して大がかりな編纂であったと想定される。しかし、掃部式は逸文が少なく(4進御贖物条・58暉章堂条の貞観式逸文のみ)、具体的に個別の式条からその過程を知ることは難しい。わずかに本式4条の逸文から、その一部がうかがえる程度である(同条の「席」参照)。

なお、和名抄は承平四年(九三四)頃の成立であり、同書に引く「本朝式」は弘仁式・貞観式逸文の可能性がある(宮城栄昌「倭名類聚抄引用の本朝式について」〈『日本歴史』一七四、一九六二年〉)。和名抄の中では、「倚子」「床子」「草墪」「畳」などに本朝式の引用があり(いずれも巻一四調度部坐臥具)、しかもこれらは明らかに掃部式を引用している。

倚子　本朝式云、紫宸殿設二黒柿倚子一、

床子　本朝式云、行幸用二赤漆床子一、

草墪〔墪〕　本朝式云、清涼殿設二錦草墪〔墪〕一、

(中略)

畳　本朝式云、掃部寮長畳短畳、

しかしながら、和名抄の成立過程には不明な点が多く、現在のところは式逸文と認定することは困難である。黒須利夫「倭名類聚抄所引の『本朝式』について」(虎尾俊哉編『弘仁式貞観式逸文集成』所収、一九九二年)参照。

〔掃部寮の職務〕掃部寮が取り扱った鋪設具に

は、席・薦類、帖(畳)類、毛氈、茵(褥)、牀、倚子・床子、草墪、円座、枕などがあった。これらの物品については、主に以下の研究を参照した。

・『日本の美術』三、調度(岡田譲編)、一九六六年
・川本重雄ほか編『類聚雑要抄指図巻』(一九九八年)
・『日本の美術』二九四、正倉院の調度(木村法光編著)、一九九〇年
・小泉和子『家具と室内意匠の文化史』(一九七九年)
・小泉和子『家具』(一九八〇年)
・小泉和子『室内と家具の歴史』(二〇〇五年)
・林巳奈夫『漢代の文物』(一九七六年)
・米田雄介『正倉院宝物と平安時代』(二〇〇〇年)

冒頭に述べたように、掃部寮の職務は宮中・中央諸官司、および中央の諸行事に用いる鋪設具の①製造・②管理・③設営にあった。ここでは、本式および他の諸司式を参照しながら、その概略を述べる。

①製造

掃部寮は藺田・蔣沼などの土地を所有し(77藺田条)、そこからの藺草・マコモ・菅・蒲を用いて、寮内で鋪設具を製造していた(78神事料功程条〜80雑給料功程条)。中でも、席・薦類は調・交易雑物などとして貢進されるもの(民部式下63交易雑物条、主計式上1畿内調条・2諸国調条・4中男作物条)とは規格が異なる。寮造の席・薦を用いて造った帖も当然ながら規格が異なり、それらは神事および供御用となっていた。ただし、掃部寮の人員からすると、律令国家に必要な帖・茵などをすべて寮が製造するというような大規模な体制が構築されていたとは考えられない。例えば、臨時祭式75薦条によれば、神祇官では年中の祭祀に用いる薦三七八枚を摂津国の正税により交易して調達している。平安時代には鋪設具製造の技術も一般的になっており、掃部寮が製造するのは神事・供御用などの特殊なものを中心とするようになっていたのであろう。

②管理

諸国から調・交易雑物として貢進される席・薦類は、出納の諸司(弁官・中務省・監物・民部省・主計寮。太政官式53出納条参照)とともに、掃部寮が立ち会い、検査して収納された(本式54諸国席薦条)。寮が関与する物品は、これら諸国からの席・薦類と①で触れた寮造の鋪設具などがあるが、これらは実際にどのように保管されていたのかは、不明な点が多い。席・薦類の多くは主計式上の諸条に規定されているように畿内の調で貢進されるわけであるが、畿内の調は専当の国司が部領して京庫(大蔵省正倉)に収納された(民部式上19畿内調物条)。一方、掃部寮にもクラがあったことは、典鑰式1請匙条より明らかである。本式において寮のクラに保管されていることが明瞭なのは、15大嘗会祓禊条・73儲料条で、軽幄など他の官司より調達したものと帖・茵などの製品で、いずれも儀式・祭祀などに用いるものとなっている。

③設営

鋪設具の設営に関する規定は、本式の中では多数を占める。他の式においても、例えば四時祭式上4祈年祭官幣条に「掃部寮設二座於内外一〈諸祭設レ座准レ此〉」という規定があるように、寮の職務として度々言及されている。

橋本は弘仁十一年に掃部司と内掃部司が統合された理由として、嵯峨朝に行なわれた儀式整備により儀式の場が変化し、それぞれの分担が問題となったと推定している。両司を統合することにより鋪設担当官司の一元化がなされ、新たな儀式政策に対応することが図られたと指摘した。弘仁年間(八一〇〜八二三)に行なわれた跪礼から立礼への変化などは、座具の変更を伴うものであり(本式56庁座条参照)、橋本の指摘も肯けるものであろう。

以上、延喜式よりうかがえる掃部寮の職務について概観した。最後に、掃部寮と清掃との関係について言及したい。橋本は、「掃」の字を冠する掃部および掃部司は清掃を本来的な職掌と

していたと考えられるが、延喜式を検討しても掃部寮が清掃に係わっていたことを示すものは存在しないと指摘している。しかしながら、寮が準備する物品の中には数多くの鋪設具に混じって、打掃布（打払布とも。塵や埃を払うための布。本式76打掃布条参照）が存在する。これは、本式では3神今食条・14大嘗会条・78神事料功程条などから、神事においては必須のものであったと考えられる。この打掃布こそ、掃部が本来は清掃と係わっていたことを示すものではないだろうか。

座（四一五頁2）　参列者の座の配置については、四時祭式上4祈年祭官幣条および儀式一（祈年祭儀）の記述とも合致する。四時祭式上4条には「掃部寮設㆓座於内外㆒〈諸祭設㆑座准㆑此〉」とあり、神祇祭祀における掃部寮の職掌について規定している。

小斎人をトうる座（四一五頁3）　祭の当日には六位以下と女官の小斎人が、宮内省においてト定される。小斎人の人数は中務式23小斎侍従条・34新嘗青摺条、宮内式2神今食小斎条・3新嘗小斎条などに規定されているが、整合しない点がある。

折薦の帖…寮の造る食薦（四一五頁4）

〔折薦の帖〕薦を折り返して重ね、黒山席（本式78神事料功程条参照）を表に張った帖（畳）。

〔狭帖〕長方形の帖。本式78条参照。

〔短帖〕正方形か、または正方形に近い形の帖。本式80雑給料功程条参照。

〔折薦〕薦を折り返して作った敷物。本式80条の「薦」参照。

〔簀〕割竹・細板や葦などを並べて、糸で粗く編んだ敷物。

〔山城の食薦〕食薦は、竹や茅を編んで作った敷物。食事や神饌の下に敷いた。山城国の調として貢納されていた。主計式上1畿内調条・8山城国条参照。

〔寮の造る食薦〕掃部寮が製作した食薦。本式65年料鋪設条・80条参照。

八物（四一七頁1）　祝詞式27遷却祟神条には、幣帛を「横山の如く八つの物に置き足らわして」という表現がある。これは、八物（折薦帖などの敷物）に幣帛を山のように積み上げた状態で奉ったことを意味していると考えられる。松下洋子「『遷却祟神』祝詞における『八物』について」（『皇学館大学神道研究所紀要』二七、二〇一一年）参照。なお、本式14大嘗会条には践祚大嘗会の際に悠紀殿の御膳に用いるものとして、「折薦帖八枚、折薦八枚、折薦短帖八枚、葉薦八枚、山城食薦八枚、寮造食薦八枚」とほぼ同様の敷物が列記されている。

御帖（四一七頁2）　儀式一（神今食儀）には、闈司奏を経て親王以下次侍従以上により御帖の搬入が行なわれることが記されている。儀式一では明確ではないが、西宮記以下の儀式書によると、打掃筥・坂枕・御畳がともに搬入され、親王以下の者が供奉する鋪設具はあらかじめ定められていた。西宮記恒例二（神今食）には次のように記されている。

親王執㆓打払筥㆒〈无㆓親王㆒者、次人々執㆑之〉、納言、参議舁㆓坂枕㆒〈納言束、巻㆑薦為㆑枕〉、弁、少納言已下供㆓御畳㆒〈掃部官人、伝取供㆑之、宮主、陪膳采女候〉、

席（四一七頁3）　本条は、本朝月令（六月）に貞観式逸文が引用されている。

貞観掃部式云、六月、進㆓御贖物㆒設㆑簀云云、今案加㆓設席一枚㆒、

貞観式逸文により、本条の弘仁式文では簀の設置のみが記されたが、貞観式の段階で席一枚の設置も加えられたことが分かる。本条の成立過程はこれで明瞭であると思われるが、他の式逸文と比較すると興味深い点が存する。

二季晦日御贖儀の式次第は、四時祭式上31中宮御贖条に規定されている。掃部式と関連する部分のみ引用する。

次中臣率㆘卜部執㆓荒世㆒者㆖、就㆓階下㆒置㆓於席上㆒〈掃部寮預敷㆓簀席於階下㆒、縫殿寮置㆓荒世和世御服於席上㆒〉、

同条の弘仁式逸文が、やはり本朝月令（六月）に引用されている。対応する部分を引用する。

次中臣率㆘卜部執㆓荒世㆒者㆖、就㆓階下㆒置㆓於席

上〈内掃部預敷二簀席於階下一、縫殿置二荒世和世御服於席上一也〉、

右の逸文から、晦日御贖儀において紫宸殿南階の下には、弘仁式段階では内掃部司が簀・席を敷いていた。対応する延喜式文は内掃部司の部分をそのまま掃部寮に替えただけである。担当官司の相違はあるが、既に弘仁式段階から簀・席が設置されていたのである。すると、先の貞観掃部式がなぜ存在するのか不審である。

いくつかの可能性が考えられるが、本条については次のような成立過程を想定するのが妥当ではないだろうか。掃部司・内掃部司は弘仁式が編纂されていた弘仁十一年(八二〇)という時期に併合され、掃部寮となった(本式冒頭補注参照)。そのため、弘仁式には掃部式と内掃部式が存在したが、貞観式では統合されて掃部式のみとなり、式の内部も大幅な訂正や変更があったと推測されている(橋本義則前掲論文)。

本条は内裏の中での鋪設に関する規定であり、内掃部司が担当するに相応しい。従って、本条は弘仁式では内掃部式に載せられていたと考えられる。ただし、弘仁神祇式と比較すると、内掃部式には席設置の記載がないという不備があった。そのため、貞観式段階で掃部式に統合された際、今案として席設置のことが追加されたのではないだろうか。

臨時の大祓(四一九頁1)　臨時の大祓としては、大嘗祭や斎王群行などの臨時の重要な儀式に伴うものと、全国的な疫病・天災などの凶事に伴うものがある。いずれも全国を対象とする諸国大祓儀として実施された。三宅和朗「諸国大祓考」(『古代国家の神祇と祭祀』所収、一九九五年、初出一九九〇年)、矢野建一「天下(四方)大祓の成立と公民意識」(『歴史学研究』六二〇、一九九一年)参照。

著到殿(四一九頁2)　春日社社殿の配置については、福山敏男「春日神社の創立と社殿配置」(『日本建築史の研究』所収、一九四三年、初出一九三六・一九三八年)、三宅和朗「平安期の春日祭について」(『古代の王権祭祀と自然』所収、二〇〇八年、初出二〇〇一年)参照。

九月十一日…幣帛を奉らん(四二五頁1)　伊勢神宮にて神嘗祭が行なわれるに際し、朝廷から奉幣のための使者が発遣された。四時祭式下1伊勢神嘗祭条参照。

宣命(四二五頁2)　大臣から幣帛使の王に宣命が授けられるのであるから、「大臣、宣命を」と、大臣を主語として訓読すべきか。東福門の座において大臣が使の王を召し、宣命を渡していることは、後掲の史料からも明らかである。

西宮記恒例三(十一日奉幣)には、「此間、大臣起着レ座〈経二廊内一就二東福門南面西掖座一、(下略)〉」とあり、下文には「上卿令レ召二大夫一給二宣命一」とある。さらに裏書には、

延喜十五年九月七日、(中略)又十一日、大神宮幣、依レ例被レ奉、有二八省行幸一、右大臣〈貞信公〉着二東福門外座一、令三外記召二使王一、賜二宣命一云々、

(中略)

正暦四年九月十一日、(中略)左大臣将レ給二宣命一之間、不レ拝二調度一、又可レ着二軒廊南面座一、而着二北面弁座一給二宣命一、是大失也云々、

と見える。大神宮式45幣帛使・46幣帛使禄条、太政官式76伊勢使条参照。

鎮魂の祭(四二五頁3)　天皇や中宮・東宮の魂を身体から離れないように鎮めるための祭。大嘗祭・新嘗祭の前日に宮内省で行なわれる。四時祭式下48鎮魂祭条参照。

践祚大嘗会(四二五頁4)　天皇即位後最初の新嘗祭。大嘗祭式冒頭補注参照。卯日に大嘗宮の悠紀殿・主基殿にて神饌親供の神事が行なわれる。辰日には豊楽院にて中臣の天神寿詞奏上と忌部の神器奉上が行なわれ、その後国風・風俗歌・田舞の奏上と饗宴が行なわれる。巳日にも、同様の饗宴が実施される。午日には豊楽院にて豊明節会が行なわれ、解斎の後に五位以上への賜禄がある。

席を表に…(四二五頁5)　以下の文について雲本は「席著二表裏一、木工寮共蓈」と返点を付しており、あるいは「席を表裏に著けよ。木工寮共に蓈え」と訓読すべきか。大嘗祭式22大嘗宮

条・23廻立殿条参照。

愈紀主基の正殿（四二五頁6） 愈紀・主基の正殿は、北三間の室に神座が置かれ、南二間の堂には采女らが控えた。大嘗祭式22大嘗宮条参照。

御牀（四二五頁7） 牀は隋唐社会で一般的な座具であり、履物を脱いで上に座るものであった。桓武天皇が牀を用いていたことは、史料上で確認できる。紀略延暦二十二・三・庚辰条によれば、進発する遣唐使藤原葛野麻呂に対して桓武天皇は宴を催し、「宴設之事一依二漢法一、酒酣、上喚二葛野麻呂於御床下一賜レ酒」とあって、宴席で天皇が牀を用いていることが確認できる。天皇の牀については、後紀延暦二十三・三・庚子条、同二十四・正・甲申条にも記載がある。以上、牀については、佐藤全敏「古代天皇の食事と贄」（『平安時代の天皇と官僚制』所収、二〇〇八年、初出二〇〇四年）を参照。

正倉院には東大寺献物帳所載の「御牀二張」が残る。御牀はヒノキ材が用いられ、長さ二三七センチメートル（七尺九寸）、幅一一九センチメートル（四尺）、高さ三八・五センチメートル（一尺三寸）で、二台を並べて使用したと考えられる。同じサイズの帖も、現存している。『日本の美術』二九四（正倉院の調度［木村法光編著］、一九九〇年）参照。

暈繝端の御帖（四二五頁8） 文様の色を段階的にぼかすように折りだした錦を端に用いた畳。天皇・中宮に用いられる。本式65年料鋪設条・79供御料功程条参照。

卜食める者（四二五頁9） 宮内式5大嘗祭小斎条に「掃部寮十人〈官人二人、掃部八人〉」とある。儀式四では、掃部寮の小忌人に支給される青摺袍として、細布のものが四領、佐渡布のものが六領とされている。

大床子（四二九頁1） 天皇のための座具。佐藤全敏によれば、朝夕御膳に際して「御大盤」（テーブル）とともに用いられるもので、基壇上で生活する漢文化に由来する（前掲論文）。

なお、大床子と御牀とは同じものと考えられるが、木工式8雑作条にある大床子の規格（「長四尺五寸、広二尺四寸、高一尺三寸」）と、正倉院に現存する御牀（長さ七尺九寸、幅四尺、高さ一尺三寸）とでは、大きさが異なる。本式14大嘗会条参照。

釈奠の祭（四二九頁2） 毎年二月・八月に孔子とその弟子（先聖先師）を祀る儒教儀礼。大学式1釈奠条・9散斎致斎条参照。なお、同式10前享三日条には掃部寮による次（ヤドリ）の設営が規定されているが、本式には見えない。また、八月の釈奠の翌日には内裏で論義が行なわれたが、この儀については大学式19内論義条、本式48釈奠内論議条参照。

伊勢斎宮に入らん（四二九頁3） 天皇の即位後、卜定された斎王は、初斎院・野宮で潔斎の生活を送った後、三年目の九月に伊勢の斎宮に入る。この際、大極殿にて天皇出御のもと、斎王の発遣儀礼が行なわれる。斎宮式58発日条参照。

出雲の国造の神事を奏す（四三一頁1） 出雲国造は、任じられた際に二度にわたって神賀詞を奏上する。臨時祭式35負幸条、祝詞式29出雲国造神賀条参照。神賀詞奏上の儀礼は大極殿前庭で行なわれた。中務式48出雲国造条、大舎人式23出雲国造条参照。

告朔の儀（四三一頁2） 諸司が、朝堂院にて前月の行政報告を記した公文を天皇に進奏する儀礼。太政官式91告朔条参照。なお、告朔儀については本式58暉章堂条・62行幸神泉苑条参照。

最勝王経の斎会（四三一頁3） 正月八日から十四日まで、大極殿に僧侶を招いて金光明最勝王経を講説させ、吉祥天悔過を行なって、国家の安寧と五穀豊穣を祈る法会。太政官式97御斎会条、玄蕃式1御斎会条参照。

初終の日（四三一頁4） 校異注にあるように九本には「終」字がない。太政官式97御斎会条では御斎会の初日と終日（竟日）に皇太子以下、公卿・官人が参列することが規定されているが、天皇の行幸に関しては「初日若有二行幸一、設二内弁大臣座一」と初日のみが言及されているにすぎない。儀式五（正月八日講最勝王経儀）では初日・終日ともに天皇出御の記載がなく、西宮記恒例一(御斎会)・北山抄一(正月八日御斎会始事、正月十四日御斎会畢幷殿上論議事)では、終日の天皇行幸が記されていない。あるいは「終」字は衍字か。

御斎会の終の日(四三一頁5) 御斎会の最終日、右近陣で酒宴が設けられ(年中行事絵巻)、法会に供奉した僧を内裏に招いて、教学についての論議を行なわせた(内論義)。内論義は後紀弘仁四・正・戊辰条が初見。

春秋二季の御読経(四三三頁1) 季御読経。春秋二季(二月・八月)の各四日間、宮中に僧一〇〇名を召して大般若経を転読させ、国家の安泰と天皇の安寧を祈願した。太政官式100二季読経条、図書式4二季読経条参照。

一代一講の仁王会(四三三頁2) 天皇即位に際し、宮中や諸国国分寺に「百高座」を設け、仁王経を講説する行事。太政官式90仁王会条、図書式7仁王会条、玄蕃式25仁王会条参照。

山陵に幣を奉らん(四三三頁3) いわゆる別貢幣の儀。建礼門前に天皇が出御し、天皇の直接の祖先の陵墓(近陵・近墓)のみを対象として奉幣が行なわれた。太政官式110山陵幣条、中務式64荷前使条、内蔵式22諸陵幣条参照。

建礼門(四三三頁4) 大蔵式24諸陵幣条に「当日早朝、掃部寮設二幄下座及所司座一、又鋪下積二幣物一薦於幄前上」と寮の鋪設が規定されている。

なお、弘仁式段階では、別貢幣儀は建礼門前に限定されていなかった可能性が大きい。中務式64荷前使条参照。

天地四方を拝み奉る(四三三頁5) 元日の朝に天皇が清涼殿東庭に出御し、属星・天地四方・山陵を拝礼する儀。中務式84書司条参照。内裏儀式(正朔拝天地四方属星及二陵式)では「掃司」が御座を設置するとしている。

御帳を褰ぐる命婦(四三三頁6) 元日朝賀・即位式において、高御座の帳を持ち上げる者。その次第は、まず執翳の女孺が翳(サシハ)をさしかざして高御座の前を隠し、次に御帳を褰ぐる命婦が帳を持ち上げる。執翳の女孺が翳を下げて本座に復すると、天皇が初めて群臣の前に姿を現すことになる。内裏式上(元正受群臣朝賀式)においては、「褰帳命婦二人〈内親王以〔已〕下三位已上為レ之、若無者、王氏四位五位亦得〉」とある。儀式六(元正受朝賀儀)では「褰帳内親王」と記されている。

威儀の命婦(四三三頁7) 天皇の前に近侍して威儀を整える命婦。内裏式上(元正受群臣朝賀式)には、「威儀命婦四人〈三位已下五位已上為レ之、各一人、同色相対、用レ南為レ上〉」とある。

位の氈(四三三頁8) 朝賀儀では大極殿高御座の前に、侍従四人・少納言二人が左右相対して位の氈の上に立つ。儀式六(元正受朝賀儀)では、前一日に「侍従立二於南廂第二間一、以レ北為レ上」「少納言位氈於二南栄一、当二第一、第二楹間一、並左右相対」とあり、当日辰一刻には「侍従四人〈若不二帯剣一者権帯、以レ北為レ上、服色同上〉、相分共立、次少納言二人分入レ自二昭訓、光範両門一、対立二氈上一」とある。

少納言が八世紀の段階から殿上に立っていたことは、続紀で確認できる。神護景雲二・正・丙午条には、

御二大極殿一受レ朝、旧儀、少納言侍二立殿上一、是日、設二坐席一、余儀如レ常、授二従四位下大和宿禰長岡正四位下一、

とあって、「旧儀」では少納言は殿上に立つのであるが、神護景雲二年(七六八)の元正朝賀儀では座が設けられた。この記事は制度の改変を示すものではなく、朝賀に参加し殿上に侍することを許された大和宿禰長岡が、八〇歳の高齢であったために取られた臨時の措置であった(同神護景雲三・十・癸亥条参照)。このことから、八世紀の段階においても元正朝賀儀において少納言は殿上に立ちながら侍していたことが分かるのである。

執翳の者(四三三頁9) 元日朝賀・即位式において、鳥の羽で作った扇である翳(サシハ)を天皇の左右からさしかざす女官。内裏式上(元正受群臣朝賀式)には、「二九女嬬執レ翳、左右分進奉レ翳〈見レ御二高座一即奉レ翳(下略)〉」とあり、天皇が高御座の中に入ると、左右九人ずつ分かれ

た女孺がすぐに翳をさしかざしたことが分かる。

なお、続紀天平十二・正・戊子条の元日朝賀の記事では、「奉翳美人、更着二袍袴一」とあり、元日朝賀において女官が翳をさしかざすことは八世紀半ばまで遡ることが確認できる。

七日（四三七頁1）　正月七日の白馬節会。天皇が豊楽殿に出御し、五位以上への叙位や白馬の御覧を行なう。式部式下16七日叙位条に「当日質明、掃部寮設二座於便所一」とある。太政官式95正月七日条参照。

女王禄（四三七頁2）　白馬節会の翌日、女王に対する節禄として内裏において支給された禄。十一月新嘗会においても同様の賜禄があった。正親式5女王禄条・6女王定条、内裏式上（八日賜女王禄式）、儀式八（正月八日賜女王禄儀）参照。

掃部女孺（四三七頁3）　後宮十二司の掃司に属する女孺は「掃司女孺」と表記されることから（中務式81女官衣服条など）、本条の訓読では「掃部」「女孺」の並記と解している。ただし、本条において座が設けられる官人は、正親司（女王を引率する）以外は女官のみと考えるべきであろう。正親式5女王禄条には「内侍率二女官一就レ座、本司官人引二女王一自二月華門一参入」とあり、内侍に率いられて内裏内の座に就くのは女官であったことが分かる。従って、掃部寮の関与は座の鋪設のみに限定されていた可能性が大きく、「掃部女孺」とは掃司の女孺を指すか。なお、江家次第一（元日宴会）などにも「掃部女孺」の表記が見える。

御薪（四三九頁1）　毎年正月十五日に文武百官が天皇に薪を進上する儀。太政官式58進薪条参照。天皇への進薪儀は宮内省にて行なわれる。座の設置については、儀式九（正月十五日於宮内省進御薪儀）が詳しい。

弁官ならびに三省の輔已下（四三九頁2）　弁大夫と式部・兵部・宮内省輔。弁官による諸司の引率と薪の検校は、雑令27進薪条に「凡進レ薪之日、弁官及式部兵部宮内省、共検校」と規定されている。式部式下18収薪条、兵部式3武官薪条、宮内式40御薪条参照。

観射（四三九頁3）　正月十七日の節会。天皇の前で官人が弓を射る行事。射礼・大射とも。太政官式99大射条、兵部式4大射条参照。座の設置については、内裏式上（十七日観射式）・儀式七（十七日観射儀）が詳しい。

四月一日（四四一頁1）　四月・十月一日に衣替えが行なわれる鋪設具の詳細は、内裏・中宮に関しては本式65年料鋪設条に規定されている。春宮の鋪設具については、春宮式39帖茵条に規定されている。

鋪設具の衣替えについては、小野宮年中行事・年中行事秘抄・西宮記（恒例二・三）のそれぞれ四月・十月一日に記載が見られる。また、東山御文庫蔵新撰年中行事（三月）には、関連する蔵人式が引用されている（西本昌弘編『新撰年中行事』、二〇一〇年）。

毎日、所司進二夏御座等一事、
蔵人式云、掃部寮進二夏御座幷所畳一、内蔵寮進二殿上男女房畳一、色目見二所例一、

五月五日（四四三頁1）　端午節会。天皇出御のもと、菖蒲献上や騎射・競馬などの儀が行なわれた。太政官式101五月五日条、左右馬式25五月五日条参照。

六日（四四三頁2）　五月五日儀の余興ともいうべき儀で、騎射・競馬などが参列者を限定して行なわれる。承和年間（八三四〜八四七）から打毬（マリウチ）も行なわれていた。内匠式29毬子条、前条、左右馬式26競馬騎射条参照。

神泉苑の殿上（四四三頁3）　神泉苑の正殿である乾臨閣の殿上。内裏式中（七月七日相撲式）では儀場を神泉苑とするが、儀式八（相撲節儀）では宮城内の便所とするのみである。太政官式103相撲条参照。

二十六日（四四三頁4）　内裏式中では八日。紫宸殿にて「参議、非参議三位以上」が参列して実施された。前日の節会と比較して参列者が限定される。

答者（四四三頁5）　座主の博士が問者の疑問に答える。江家次第八（釈奠紫宸殿内論義装束）で

は答者座は赤漆床子であり、白木床子を用いる問者座との差異を設けている。

博士已下（四四三頁6）　西宮記恒例三（内論議）では「博士、座主、学生〈十一人〉」とし、江家次第八（釈奠後朝）では「博士五人、得業生四人、問者生二人」とする。

追儺（四四三頁7）　大晦日の夜に、方相氏に扮した大舎人が、桃弓・葦矢を持った群臣らとともに悪鬼を追い払う行事。太政官式111追儺条、大舎人式14追儺条、陰陽式20儺祭条参照。

御の座（四四五頁1）　本条は場所や儀式によって異なる、座具利用の基本を示したものと考えられる。本条の成立については、佐藤全敏の研究に言及がある。佐藤は、帖が奈良時代以前から最も一般的に用いられていた座具であったことを示し、本条が仁寿殿の座具として短帖を規定していることから、本条は仁寿殿が御在所であった時代である弘仁式あるいは貞観式の段階で定立されたものと指摘している。佐藤前掲「古代天皇の食事と贄」参照。

錦の草墪（四四五頁2）　節会の宴会などで食事をする際に用いられる。年中行事絵巻（内宴）において、設置されている様子をうかがうことができる。

本条と次の53設座条から、草墪は表・縁・裏の素材によって身分による差異が設定されていたことが分かる。ただし、草墪の製作を規定した本式80雑給料功程条には、詳細は規定されていない。

黒柿の木の倚子（四四五頁3）　黒柿は柿の木の心材で暗紫色のもの。工芸材として貴重なものであった。倚子は背もたれ・手すりのついた方形四脚の腰掛。

座（四四五頁4）　殿上に座を有する官人については、古瀬奈津子「昇殿制の成立」（『日本古代王権と儀式』所収、一九九八年、初出一九八七年）参照。行幸に供奉する官人については、太政官式112行幸経宿条、中務式51城外行幸条参照。

散花の錦（四四五頁5）　内宮長暦送官符には荒祭宮の装束として「散花文錦御衣」「散花文錦御裳」が記載されている。その文様は、承安元年御装束絵巻物に見える。

庁の座（四四七頁1）　朝堂・曹司の座については、雑令に関連規定が存する。雑令14庁上及曹司座者条・15在京諸司条には、

凡庁上及曹司座者、五位以上、並給二牀席一、其制従二別式一、

凡在京諸司主典以上、毎レ年正月、並給二座席一、以下随レ壊即給、

とあり、これら二条と本式との関係について、三上喜孝・大隅清陽に専論がある（三上「雑令の継受にみる律令官人制の特質」〈『延喜式研究』一三、一九九七年〉、大隅「座具から見た朝礼の変遷」〈『律令官制と礼秩序の研究』所収、二〇一一年、初出二〇〇二年〉）。両氏の研究に依拠して、本条成立に至る背景を述べる。

三上によれば、雑令14・15条は互いに補う関係にあり、前者は五位以上の官人に対して「牀」（＝床子）と「席」、即ち座具と敷物を支給することを定め、後者は六位以下の官人に「座席」（敷物）のみを支給することを定めている。これらの条文は、大宝令にもほぼ同文があったと考えられるが、大隅によれば続紀慶雲元・正・丁亥条に、

天皇御二大極殿一受レ朝、五位已上坐始設レ榻焉、

とあり、五位以上官人への「榻」（＝床子）支給は実際には慶雲元年（七〇四）から開始された。なお、本式に見えるような親王・大臣への倚子の支給は、両氏とも七世紀に遡るとしている。

唐令との関係については、三上に指摘がある（「唐令から延喜式へ」〈大津透編『日唐律令比較研究の新段階』所収、二〇〇八年〉）。天聖雑令（宋19条）には、

諸在京諸司官、応レ官給二牀席、氈褥、帳設一者、皆儀鸞司供備、及諸処使人在レ駅安置者、亦量給二氈被一、若席経二二年一、氈経二五年一、褥経二七年一有二破壊一者、請レ新納レ故、諸司自有二公廨一者、不レ用二此令一、

とあり、これと対応する条文が唐令にも存在したと考えられる。『唐令拾遺補』唐雑令復原新条

文補二では、新唐書四八(百官志三)衛尉寺守宮署条を典拠として、

京諸司長上官、以品給其牀罽、

と復元されている。唐では在京諸司の官には、官品にかかわらず全員を対象とした「牀席」の支給が規定されていたが、日本の場合は五位以上と六位以下に差を設けている点に特徴があった。

本式には、六位以下に対しても白木床子を支給するとしている。大隅により、六位以下への支給は弘仁年間(八一〇～八二三)に開始されたことが明らかにされている(大隅前掲論文)。政事要略六九所引延喜二・八・十一惟宗直本勘文には、

今案弘式格、庁座者、親王及中納言已上倚子、五位已上漆床子、自余白木床子、

というように、弘仁式部格として本条と同一の規定が引用されている。この式部格は、弘仁格抄上(式部上)に、「庁座事取詮　弘仁九年三月廿五日」として掲出されているものである。紀略弘仁九・三・戊申条によれば、

制、朝堂公朝、見親王及太政大臣者、左大臣動座、自余共立床子前、但六位以下、磬折而立、

とあり、同日に跪伏礼が停止され、六位以下も含めて立礼に改められていることが分かる。大隅は、六位以下への床子の支給と立礼の全面的な改定は同時に行なわれたと推定している。

本条とほぼ同じ規定は、弾正式にも見える(弾正式148庁座条)。これらのことから、庁座での床子使用に関する規定は、弘仁九年(八一八)の段階で成立し、弘仁式部格として収められ、さらには掃部式・弾正式にも収載されたと考えられる。

朝堂院…延休等の堂(四四七頁2)　それぞれの堂に座を有する者は昌福堂(太政大臣・左右大臣)、含章堂(大納言・中納言・参議)、延休堂(親王)となり、参議を除いてほぼ前条の「親王及中納言已上倚子」と対応する。式部式上24朝堂座条参照。

暉章堂の告朔(四四七頁3)　朝堂院の暉章堂には弁官の朝座があった(式部式上24朝堂座条)。雨天などで朝堂院での告朔が停止された時、告朔公文を弁官に提出することは既に儀制令5文武官条に規定されている。延喜式では、雨天以外に、天皇が出御しない孟月以外の月にも弁官に提出することが、太政官式91告朔条、式部式上41進告朔文条、同式下13孟月告朔条などに規定されている。

なお、本条の貞観式逸文が、本朝月令(四月)に収められている。

貞観掃部式云、凡暉章堂告朔、諸司五位已上座者、毎朔日旦、以儲料舗之〈曹司庁准此〉、但皇帝臨軒不須、

太政官の政を聴く庁(四四七頁4)　内裏建春門の東にあった太政官の曹司の一つ。太政官候庁・外記庁とも。

諸司の考選の文(四四七頁5)　京官諸司・畿内国司の長上の考選文は十月一日、畿内を除いた諸国のものは十一月一日にそれぞれ弁官に進上された。太政官式125諸司考文条、式部式下30長上考文条参照。

孟月の告朔(四四九頁1)　告朔とは、本来毎月朔日に行なわれる諸司の行政報告であるが、平安時代には四孟月(正月・四月・七月・十月)に限定して行なわれるようになった。弘仁式部式下断簡では「四孟月告朔」とされている。太政官式91告朔条、式部式下13孟月告朔条参照。

諸の祭(四五三頁1)　それぞれの祭に対応すると考えられる式条を列記する。ただし、本式と四時祭式とで数量等が一致しない場合もある。

〔狭席五十八枚〕

・鳴雷神春秋祭料一二枚…四時祭式上6鳴雷神祭条。
・御巫等奉斎神祭料一〇枚…同式下2御巫斎神条～5生島巫条。
・四面御門神春秋祭料八枚…同式上18四面御門祭条。
・六月十二月御卜所料二〇枚…同式上22卜御体条。
・六月十二月御卜所短帖料三枚…短帖の材料であるが、同式上22卜御体条には見えず。

・御川水神春秋祭料四枚…同式上19御川水祭条。
・六月十二月大祓祝詞座短帖料一枚…短帖の材料。同式上29大祓条。
〔折薦四十四枚〕
・御井東宮鎮魂料二枚…同式下48鎮魂祭条。
・御巫等奉斎神祭料一二枚…同式下2御巫斎神条～5生島巫条。
・四面御門神春秋祭料八枚…同式上18四面御門祭条。
・六月十二月御卜所料一八枚…同式上22卜御体条には見えず。
・道饗祭料四枚…同式上34道饗祭条。
〔葉薦十六枚〕
・鎮花祭料四枚…同式上12鎮花祭条。
・春秋大忌風神二祭料一〇枚…同式上14大忌祭条・15風神祭条。
・御井東宮鎮魂祭料二枚…同式下48鎮魂祭条。
〔食薦一百八十五枚〕
・平野春秋祭料二四枚…同式上17平野祭条。
・春日春秋祭料二四枚…同式上7春日祭条。
・大原野春秋祭料二四枚…同式上8大原野条。
・鳴雷神春秋祭料一二枚…同上6鳴雷神祭条。
・御巫等奉斎神祭料三一枚…同式下2御巫斎神条～5生島巫条。
・四面御門神春秋祭料三二枚…同式上18四面御門祭条。
・六月十二月御卜所料四枚…同式上22卜御体条。
・毎月晦御贖料二四枚…同式下57毎月御贖条。
・御川水神春秋祭料一〇枚…同式上19御川水祭条。
〔簀十六枚〕
・御巫等奉斎神祭料一二枚…同式下2御巫斎神条～5生島巫条。
・六月十二月御卜所料四枚…同式上22卜御体条には見えず。

大膳職(四五五頁1)　それぞれの料物に対応すると考えられる式条を列記する。ただし、本式と大膳式とで数量等が一致しない場合もある。
〔食薦一千九十枚〕
・御井東宮鎮魂料一〇枚…大膳式上3鎮魂条。
・平野春秋祭料一六〇枚…同式上9平野雑給料条。
・春日春秋祭料一五六枚…同式上12春日雑給料条。
・大原野春秋祭料一五六枚…同式上13大原野雑給料条。
・御膳神春秋祭料八枚…同式上1四祭春料条。
・最勝王経御斎会所料一〇〇枚…同式下3御斎会条には見えず。
・雑用料五〇〇枚…同式下55年料雑器条。
〔狭席六枚〕
・年料供御四枚…対応式条なし。
・造索餅所二枚…同式下16年料条。
〔長席八枚〕
・干供御年料糒所二枚…同式下16年料条。
・暴醤幷未醤大豆所六枚…対応式条なし。
〔折薦十枚〕
・供御年料四枚…対応式条なし。
・造供御年料索餅所二枚…同式下16年料条。
・干供御年料大棗所四枚…対応式条なし。
〔苫十枚〕
・同式下55年料雑器条。

なお、大膳式には食薦使用の記載があるのに、本条には対応する記述が見えないものが存する。薗韓神祭(大膳式上8薗韓神雑給料条)、賀茂祭(同式10斎院給食料条・11斎院別当以下条)、松尾祭(同式14松尾雑給料条)などがあげられる。

延暦寺の年分度者(四五七頁1)　得度の前に加えられる試業については、玄蕃式71年分度者条参照。延暦寺の年分度者の試業については、民部式下4延暦寺条、主税式上68天台年分度者条、大蔵式42三月試度年分条～44西塔院試度条参照。試業の際には証師と勅使が発遣される。

東西の悲田(四五七頁2)　東悲田院は九条南の鴨川の河原、西悲田院は桂川の河原に設けられた。東山御文庫蔵新撰年中行事(冬)には「東西悲田料畳〔下脱ヵ〕ニ施薬院ニ事」として、本条が引用されている(西本昌弘編『新撰年中行事』、二〇一〇年)。

儲の料(四五七頁3)　あらかじめ準備しておく鋪設具類。本式の諸条で神事・斎会・節会に必要な数量は規定されているのであるから、本条はそれぞれの儀で臨時的な使用がある場合に備えての規定であろう。

仕丁(四五七頁4)　律令制下で五〇戸から二人(一人立丁、一人厮丁)を出して、在京諸司の雑役に従事させた(賦役令38仕丁条)。本条の仕丁の数四一人は、職員令55内掃部司条に見える直丁一人・駈使丁四〇人の総計と同数である。なお、掃部寮では寮の藺田においても仕丁が使役されている。本式77藺田条参照。

席を張る料の檜の棹(四五九頁1)　檜の棹は、本式65年料鋪設条・80雑給料功程条に見える「張席」のための料物と考えられる。本式80条には、「張席一具〈長二丈、広七尺二寸〉料」として「長席二枚」があげられている。長席については、主計式上2諸国調条に、「長席二枚〈長二丈、広三尺六寸〉」という規格が規定されている。すると、本式における張席の「長二丈、広七尺二寸」という大きさは、長席二枚を並べたものになる。檜の棹については、縫殿式16三年雑物条に「檜棹四枚〈各長二丈〉」という記載があり、張席の長辺の長さと合致する。以上から張席とは、檜の木材で木枠を造り、そこに長席二枚を縫い付けたものと推定できる。

なお、縫殿式16条では檜の棹は「四枚」と数えられている。本条においても、九本では「枚」字が使用されており、本文は「檜棹百枚」とすべきか。

神事の料(四五九頁2)　以下、本式80雑給料功程条までは掃部寮で製作する鋪設具の功程を示す。ただし、本式65年料鋪設条の神今食に用いられる黄帛端短帖(方四寸)が本条・79供御料功程条に見えないように、掃部寮が製作している鋪設具のすべての規格が本条～80条に網羅されているわけではない。80条の草墪の項に「功程臨時量定」とあるように、必要に応じて規格などを変えて製作されていたと考えられる。本条は神事に用いるものが列記されている。80条の雑給用より規格が大きいこと、端・裏に曝布が用いられていること、供御や上級官人のものとは異なり革が使用されていないところなどに特徴がある。本式3神今食条・14大嘗会条・65条参照。

狭帖(四五九頁3)　長方形の帖。本来「タタミ」とは、折り畳んだり、幾重にも重ねて用いた敷物の総称であった。万葉集(二七七七番歌)には「畳薦　隔て編む数　通はさば　道の芝草　生ひずあらましを」という歌があったり、景行記に「菅畳八重、皮畳八重、絁畳八重」と列記されているように、多様な帖が存在した。小泉和子「畳」(『家具』所収、一九八〇年)参照。

正倉院には東大寺献物帳所載の帖が残る。献物帳には聖武天皇が使用した寝台である「御床二張」と、付随する「緋(黒)地錦端畳」が記載されていて、これらは現存している。御床は長さ二三七センチメートル(七尺九寸)、幅一一九センチメートル(四尺)、高さ三八・五センチメートル(一尺三寸)で、二台を並べて使用したと考えられる。帖の方も、残欠ではあるが二床分残っており、幅が約一二〇センチメートルと御床と同じサイズであることが確認できる。『日本の美術』二九四(正倉院の調度〔木村法光編著〕、一九九〇年)参照。すると、本式79供御料功程条に規定されている「狭帖一枚〈長八尺、広四尺〉」という規格は、聖武天皇が用いた御床の帖と同じものであり、少なくとも延喜式の規格の一部は八世紀にまで遡ることが分かるのである。

木村前掲論文によると正倉院に伝存する帖は、マコモの席三枚を二つに折って六重にして一旦綴じ、この表側から藺席で包み、裏面を白麻布で覆った。両長側の縁と小口は、白絁の裏打ちのある錦で包まれていた。この帖の構造は、本式79条に記載された供御用の帖の功程と基本的に矛盾しないであろう。延喜式の帖は正倉院伝存のものと基本的に同じ構造であり、本条と80雑給料功程条にあるように、使用する目的・場所や使用する者の身分により、規格・材料・装飾に差異が設けられていたのである。

席（四六七頁１） 藺・マコモ・藁・蒲・竹などで編んで作った敷物の総称。筵とも。本条の織席が藺を用いたものであるように、奈良・平安時代の席は藺の席が中心であったと思われる。小泉和子「席・薦」（『家具』所収、一九八〇年）参照。正倉院にもいくつかの席が残っているが、すべて藺の席である。縁には縫い糸の痕があり、元は錦や綾で飾られていたと推定されている。『日本の美術』二九四（正倉院の調度〔木村法光編著〕、一九九〇年）参照。

　席と同様に植物を編んで作った敷物に薦があるが、席と薦とでは製作の技法や功程に相違があった。本条によれば、席を作る場合は「織る」と表現されるのに対し、薦の場合は「編む」とされた。また、同条の功程を比較すると、席を織る方が食薦・薦よりも功数を要している。木工式８雑作条には「席杼」が見え、席を織る際には、布と同じように杼が用いられた。これらのことから、一般的に席の方が、薦と比較して緻密で上等であったと考えられる。小林行雄「簀席編織」（『続古代の技術』所収、一九六四年）参照。

　賦役令１調絹絁条に、調副物として正丁七人が席一張を輸すことが定められている。同条集解古記には「問、席以下、無㆓長広之法㆒如何、答、依㆓別式㆒耳、此条依㆓時々格㆒、改張頻繁、但放㆓当時行用㆒耳」とあり、八世紀の段階では席や苫・簀・薦などの規格が一定していなかったことがうかがえる。しかし、延喜式の段階では主計式上１畿内調条・２諸国調条・４中男作物条などにより、席は長さ一丈、幅三尺六寸が標準となっていた。標準規格よりも長いものが長席、広いものが広席と呼ばれた。標準規格の席は、長席に対して短席、広席に対して狭席と呼ばれることもあった。なお、西海道の調席のみ、幅四尺となる。主計式上１条の「狭席・広席」参照。

　席の調達については、①諸国からの調・交易などによるものと、②掃部寮において製造するものとに分けられる。①については、民部式下63交易雑物条に交易雑物、主計式上８山城国条以下の諸条において調・中男作物（薩摩国のみ庸。同式３諸国庸条・74薩摩国条）による席の調達が規定されている。諸国から集められた席には、竜鬚席（武蔵）・細貫席（武蔵・信濃・上野）・黒山席（河内）・小町席（豊後）などの特別なものもあった。本式54諸国席薦条にも関連規定があり、諸国からの席は掃部寮による検定と諸司とともに行なう収納のことが定められている。②については、本条に四種類の大きさの織席が規定されている。

　寮に収納された席の利用については、①そのまま敷物として利用される場合と、②帖・茵などの鋪設具の材料として利用される場合とがあった。①については、例えば本式３神今食条・16釈奠条では長席が建物内に敷かれている。一方、②については、本式78神事料功程条・79供御料功程条および本条が参考となる。先述したように、寮で製作する本条の織席には四種の規格があったが、これらは帖などの鋪設具の規格と関係している。本条によると、

(イ)織席〈長九尺、広五尺〉
(ロ)織席〈長九尺、広四尺〉
(ハ)織席〈長九尺、広三尺六寸〉
(ニ)織席〈長九尺、広三尺二寸〉

とあり、長さ九尺はすべて共通で広さのみが異なっていた。いずれも調・中男作物などの長さ一丈、幅三尺六寸という標準的な規格とは異なっていた。これらのうち、(イ)幅五尺の席が使用されたのは、供御用の狭帖（長さ八尺、幅五尺のもの）のみと考えられる（本式79条）。(ロ)幅四尺の席が使用されたのは、神事用の狭帖（長さ八尺、幅四尺など）・御坂枕（長さ三尺、幅四尺）（以上、本式78条）、および供御用の狭帖（長さ八尺、幅四尺など）・短帖（長さ四尺五寸、幅四尺）（以上、本式79条）など、多種にわたる。(ニ)幅三尺二寸の席が使用されたのは、雑給用の短帖（長さ三尺五寸、幅三尺二寸）である（本条）。(ハ)幅三尺六寸の席のみ、用途が明確ではない。幅三尺六寸は調の席と同じであるが、雑

給の狭帖など幅三尺六寸の狭帖はいずれも材料を「調席」と明記しているので、寮造の(ハ)は使用されていないと思われる。以上からすると、寮で製造された席は主に神事や供御用に用いられたのであり、通常の調席とは大きさのみならず、品質も異なっていたと想定される。

薦（四六九頁1） 本来はマコモ（真菰）を編んで作った敷物のことであるが、八世紀以降の段階では藺・菅・蒲なども原材料として用いられた。同じ植物製の敷物である席とは織り方の精粗によって区別され、目の粗いものが薦と呼ばれた。席の項で述べたように、八世紀の段階では薦も規格は一定していなかったと考えられる。主計式上によると、薦類を貢進する国は山城・河内・摂津・能登・筑前・筑後・肥前・肥後・豊前であった。これらのうち、西海道諸国は大宰府に貢納したと考えられる。薦類は席に比してかさ高いため、輸送に困難を伴い、貢進は主に畿内諸国に限定された（薗田香融「畿内の調」〈有坂隆道先生古稀記念会編『日本文化史論集』所収、一九九一年〉）。

なお、臨時祭式75薦条には、摂津国が神税でもって交易して薦三七八枚を神祇官に貢進し、毎年の祭祀に充てることが規定されている。薦や席のような官司運営上の必需品は、各官司が独自に調達することもあったと想定される。

主計式上1畿内調条には、葉薦・折薦・食薦の三種が載せられている。以下、これらの薦類について解説する。

〔葉薦〕 マコモの葉・茎を編んで作った敷物。延喜式の中には菅薦（主計式上4中男作物条など）、蒲薦（主計式上66筑前国条など）のように、原材料によって区別された薦の名称が見受けられる。主計式上1・4条によれば、調・中男作物の葉薦は長さ二丈、広さ四尺が標準規格であった。

葉薦の用途としては、①敷物、②幣物などの包装、③帖・茵類の材料などがあげられる。①で特徴的な使用法としては、本式14大嘗会条において天皇の歩く道に「巻葉薦」を敷くというものがあげられる。その他、元日朝賀・宴会においても使用されている（本式26元正条・28朝賀条）。②としては、四時祭式に「裹葉薦」として頻出する他に、本式55供御雑用料条では山陵幣、66諸司年料条では御贖物をそれぞれ包むために使用されている。③については、供御用の狭帖・短帖（本式79供御料功程条）、倚子や三位以上の茵、および五位以上の短帖（以上、本条）などがあげられる。

幣物を包んだり、天皇や上級貴族の帖などに用いられるということは、葉薦が柔らかく上等なものであったことを示すと思われる。主計式上1条を見れば折薦・食薦と比べて葉薦の方が功数を要していることが分かり、このことを裏付けてくれる。

〔折薦〕 藺を編み、折り返して作った薦。最も一般的なものであったと考えられる。主計式上1条によると畿内の調では長さ二丈、幅三尺六寸が標準規格であった。

折薦の用途としては、①敷物、②帖・茵類の材料などがあげられる。これらの用途は葉薦と重なるが、②については雑給用の帖や五位以下の茵、六位以下の短帖など、一般の官人向けになっている（本条）。なお、神事に用いられる折薦帖には調折薦が用いられることになっているが（本式78神事料功程条）、折薦帖は広さ四尺とされていて調折薦の広さ三尺六寸と合わない。

〔食薦〕 藺やマコモを編んで作った小型の薦。簀薦とも。食事の時に膳の下に敷くなどの用途に用いられた。食薦の調達は、延喜式では山城国からの調（主計式上8山城国条）と掃部寮における製造（本条）とに限定されている。主計式上1条より、山城国の調の食薦は長さ六尺、幅二尺五寸であった。これに対し、寮造の食薦は本条によれば、藺を用いたものもマコモのものも長さ六尺、幅三尺と規格が異なっていた。本式3神今食条・14条では、「山城食薦」「寮造食薦」と列記されている。なお、この寮造の食薦は、本式65年料鋪設条から蔣食薦であることが分かる。

本式66条を見ると、食薦を使用する官司としては大膳職が他を圧倒している。66条にあげられた食薦の数を合計すると一三四三枚となり、これは山城国より貢進される食薦の数一五〇〇枚に近い。食薦に関しては、山城国からの貢進物が諸司の年料として支給され、神今食・新嘗祭や大嘗祭などの特別な祭祀・儀礼では寮造の食薦も用いられたと想定される。

以上の他に、寮造の薦があった。本条によると、長さ二丈四尺、幅四尺の長方形のものと、方三尺の正方形のものがあった。後者はどのように使用されたのか本式からは明らかでないが、あるいは茵の材料に用いられたか。前者は神事用の狭帖(それぞれ幅四尺)と合致するので(本式78条)、これらの材料として用いられたと考えられる。

巻第三十九

正親司（四七七頁１）　オオキムタチノツカサ（和名抄）。皇親の名簿を管轄する官司であり、それを通じて諸王への禄・時服の支給等を担当する。職員令45正親司条に「正一人〈掌、皇親名籍事〉」とある。長官（正）は正六位上、次官一人（佑）は従七位下の相当、その下に大令史一人、少令史一人が置かれ、それぞれ大初位上、大初位下の相当官。職員令45条義解によれば、皇親名籍とは二世以下四世以上の名籍とする。正親司の職掌については、大宝令と養老令に違いがあったとの指摘があり（阿部猛『日本古代官職辞典』一九九五年、一七七頁）、考課令66家令条集解には「釈云、（中略）其女王資人考選者、前令、正親司掌レ之、此令既除、故其家定送二式部一耳、（中略）古記云、（中略）其女王資人考選者、正親司校定送二宮内省一、即宮内省率二嬪以上家考文、内親王家令、正親司等一送二式部省一耳」とある。また職員令39宮内省条集解にも「女王命婦等家事、古説、送二正親司一、（此古令文也、見二正親司古記一）、（　）は内閣文庫本によって補う」と見え、職員令45条集解古記にも「資人等考仕、謂二有位女王資人一也」とあり、大宝令文には皇親の名籍だけでなく、「女王資人考選」「女王命婦等家事」が正親司の職掌として扱われていたと考えられる。なお皇親の範囲については、続紀慶雲三・二・庚寅条の「制七条事」の中に「准レ令、五世之王、雖レ得二王名一、不レ在二皇親之限一、（中略）自レ今以後、五世之王、在二皇親之限一」とあって、大宝令においては四世までが皇親とされていたのが、この時に五世王まで拡大された。その後、延暦十七・閏五・二十三勅（三代格・継嗣令1皇兄弟子条集解）によって、令条に復された。

諸王（四七七頁２）　禄令11皇親条の「皇親」については、男王のみとする見解（岡村幸子「女王禄について」〈『ヒストリア』一四四、一九九四年〉）と、男女王双方を含むとする見解（安田政彦「女王禄」〈『平安時代皇親の研究』所収、一九九八年、初出一九九〇年〉など）に分れる。女王の場合は本式5女王禄条に見えるように女王禄が与えられることからすれば、皇親時服賜与の対象に女王が含まれていなかったとも考えられるが、宮内式48男王時服条に男王に春秋の時服を給う際の規定があり、そこに「女王不レ在二此限一」との分注があることからすれば、男王とならんで女王へも皇親時服が与えられていたとみられる。

四百二十九人（四七七頁３）　三代実録貞観十二・二・二十条に

公卿奏下請減二諸王季禄一兼立中給禄定額上曰、（中略）伏見二故従四位上豊前王等意見表一曰、利レ国之政、節レ用為レ先、今府帑稍空、貢賦少レ入、当下停二諸王之禄一存中救弊之計上者、臣等商二量上表之旨一、（中略）伏望、当時預レ禄者四百廿九人為二定員一、後生年足者随レ闕補レ之

とあり、この時に定められたことが分かる。その際、本条に見えるように、賜姓された者の員数は欠員としないとされているが、貞観十二年（八七〇）二月以後も、親王の子をはじめとして多くの皇親に賜姓されているにもかかわらず、定員数の変更が本式に反映していない。なお、相曽貴志「皇親時服について」（『延喜式研究』創刊号、一九八八年）、山下信一郎「皇親時服料とその変遷」（『日本古代の国家と給与制』所収、二〇一二年、初出一九九四年）、同「皇親給禄の諸問題」（前掲書所収、一六八〜一七四頁）、伴瀬明美「八〜九世紀における皇子女扶養体制について」（『続日本紀研究』三〇六、一九九七年）、藤井貴之「時服の変遷に関する基礎的考察」（『古代史の研究』一七、二〇一一年）参照。

諸王の計帳（四七七頁４）　職員令45正親司条義解に「於二京職一亦可レ有二皇親戸籍一也」とあり、同令66左京職条集解朱云には、京職大夫の職掌に関して「但計帳亦可レ掌」とする。毎年、諸王の計帳が左右京の計帳とは別に作成されていたのであろう。後紀延暦二十三・正・己亥条には諸王の改姓に関連して、「計帳を抑止」しても姓を改めるとの制が見られる。

季禄（四七七頁５）　禄令11皇親条集解令釈所引の延暦六年格には、六位の王が六位の官に任じられたならば官禄（季禄）により、七位の官に任じられたならば王禄（時服）によるとする。任官している有位の王の場合は季禄を支給されるのが原則であったと推測される。

正月八日（四七七頁６）　皇親時服は季禄と同日に与えられていた（式部式上270皇親時服条）のに対して、女王禄は正月八日と新嘗会翌日に支給される。いつはじめられたか不明であるが、弘仁年間頃かと推測されている。従来、女王禄は皇親時服との類似が指摘されていたが、安田政彦は皇親時服と女王禄は並行して給付され、女王禄は節禄と近似すると指摘する（前掲論文）。これを受けて橋本義則も、この二節の儀を女性に対する賜禄の場とする（「『後宮』の成立」〈『古代宮都の内裏構造』所収、二〇一一年、初出一九九五年〉）。

内膳司（四八一頁１）　食膳を担当する令制官司としては、内膳司のほかに大膳職があるが、その長官（大夫）が正五位の官であるのに対して、内膳奉膳は正六位官であって、所属する膳部の員数も大膳職の一六〇人に対し内膳司はその四分の一の四〇人に過ぎない。このことから分かるように供膳の官司としては大膳職が中心的な位置を占める。同様の職掌を有しながら天皇のための官司が設けられている例として、内薬司と典薬寮などがあるが、本来、内膳司は大膳職の出先機関的な位置づけであったと思われる。それが、大膳職に属していた網曳御厨長、江御厨長が内膳司に移され（三代格延暦十七・六・二十五符）、同じく筑摩御厨も内膳司に改隷されているように（三代格延暦十九・五・十五符）、平安初期頃に天皇供御の機関として内膳司の充実が図られた形跡が認められる。ただし大膳職には調のうちの食品が納入されるのに対し、内膳司には、山城・大和・摂津・河内・和泉・志摩・近江・若狭・紀伊・淡路・参河の諸国からの御贄が節料・旬料・正月三節料として充当され（宮内式44御贄国条）、園からの菜や御厨からの御贄も進上されたが、それ以外の多くの物品は他司からの供給に依らねばならなかった。内膳司の基本的な職掌は供御の膳の統括であり、特に節会等の食膳の準備が念頭に置かれている。実際には本式の各所に見られるように、関係の深い部署として、料理所（13正月三節条）、盛所・進物所（19供御月料条）、菓子所・大炊所・煮雑物所（20供御日料条）などがある。これらの中には単にその場所を示すと思われるものも少なくないが（森田悌「宮廷所考」〈『王朝政治と在地社会』所収、二〇〇五年、初出一九九九年〉）、進物所のように頭・別当などが置かれていた場合もあった（朝野群載一一所収貞観十八年二月七日進物所請奏）。進物所は御厨子所とならんでおよそ九世紀後半には天皇の食膳に関わる傾向が明らかになり（佐藤全敏「宮中の『所』と所々別当制」〈『平安時代の天皇と官僚制』所収、二〇〇八年、初出一九九七年〉）、儀式等の場合を除いて内膳司の実質的な関与は次第に後退するとみられる。これらの担当部署が関わって食膳が整えられる状況は、櫻井秀・足立勇『日本食物史』上（新装版一九九四年、初版一九三四年）一九七頁以下に引かれるように、うつほ物語（吹上上）に見られる紀伊国の神南備種松邸の様子がとりあえず参照されよう。

内膳司の長官は奉膳二名と、律令官司としては異例の配置となっているが、続紀神護景雲二・二・癸巳条に、高橋・安曇二氏を内膳司に任じる場合は奉膳とし、他の氏を任じる場合は正と称せとの勅が見られ、それは式部式上148内膳長官条に受け継がれている。従って、奉膳二名という長官は、高橋・安曇という伝統的に宮廷の食膳に奉仕したとされる氏族の職掌に由来するとも考えられるが、実際に内膳司奉膳に高橋・安曇両氏が常に任じられているかというと、必ずしもそうではなく、これら二氏のために奉膳二名が設けられたとは言えないようである（坂本太郎「安曇氏と内膳司」〈著作集七『律令制度』、一九八九年、初出一九七五年〉、小林泰文「高橋・安曇二氏と内膳奉膳」〈下出積與編『日本古代史論輯』所収、一九八八年〉）。延暦年間には高橋氏文が成立しており、宮廷の祭儀にあたって天皇の食膳に奉仕する由来が高橋氏によって強調されている(早川万年「高橋氏文成立の背景」〈『日本歴史』五三二、一九九二年〉、森田喜久男『日本古代の王権と山野河海』〈一四五頁以降、二〇〇九年〉。なお上代文献を読む会編『高橋氏文注釈』〈二〇〇六年〉参照)。要略二六所引の高橋氏文には、景行天皇が膳氏(高橋氏)の祖である六鴈命の子孫を「膳職乃長」とするとしたとあるが、八世紀にはしばしば安曇氏との間で争論が起こり、延暦十一年(七九二)三月には内膳奉膳であった安曇宿禰継成が高橋氏との争いのため流罪に処せられている。しかしながら、本式にはそのような氏族の関わりを反映する規定は見られない。

本式の基本的な構成として、およそ神祇祭祀・年中恒例の儀式等に際しての料物、天皇の食膳に供される料物、天皇・中宮に貢進される贄、内膳司関係の雑則の順に配列されており、57作園牛条以降は、寛平八年(八九六)九月七日に内膳司に統合された(狩野文庫本三代格)園池司に関する条文である(園および園池司については伊佐治康成「日本古代『ソノ』の基礎的考察」〈『学習院史学』三八、二〇〇〇年〉、同「園池司について」〈黛弘道編『古代国家の政治と外交』所収、二〇〇一年〉、鷺森浩幸「園の立地とその性格」〈『日本古代の王家・寺院と所領』所収、二〇〇一年〉、北村安裕「ハタケ所有の階層性」〈『日本古代の大土地経営と社会』所収、二〇一五年、初出二〇一〇年〉、柳沢菜々「古代の園と供御蔬菜供給」〈『続日本紀研究』三八九、二〇一〇年〉、伊佐治康成「律令国家の蔬菜栽培奨励策」〈『日本歴史』七六七、二〇一二年〉参照)。

特に従来の研究において注目されてきたのは、本式40諸国貢進御贄条以降に列挙される贄についての規定である。これらは基本的に宮内式44御贄国条・45例貢御贄条に対応しており、節会や日常の供御の食品を列挙する。贄については養老令に規定は見られないものの、藤原宮・平城宮跡等の出土木簡には大贄・御贄を貢進する文言が見られる場合があり、早くから宮廷への貢納の名称として成立していた。宮内式46大宰府御贄条に、大宰府の貢する御贄を調物・中男作物・梁作厨作等物・斤物・斗物とするように、贄は調の食品、すなわち賦役令1調絹絁条に列挙される調雑物と品目上は重複する場合が多い。これら贄の貢進実態、また延喜式の規定との関係については多くの議論がなされている(勝浦令子「律令制下贄貢納の変遷」〈『日本歴史』三五二、一九七七年〉、鬼頭清明『古代木簡の基礎的研究』〈一九九三年〉、樋口知志「『二条大路木簡』と古代の食料品貢進制度」〈『木簡研究』一三、一九九一年〉、苅米一志「内膳司御厨の展開について」〈『延喜式研究』八、一九九三年〉、俣野好治「木簡にみる八世紀の贄と調」〈『新しい歴史学のために』二三三、一九九九年〉、亀谷弘明「古代王権と贄」〈『古代木簡と地域社会の研究』所収、二〇一一年、初出二〇〇三年〉、佐藤全敏「古代天皇の食事と贄」〈前掲書所収、初出二〇〇四年〉など)。

このように本式は、天皇を中心とする宮廷の食品供給についてきわめて具体的に規定し、野菜や魚、それらの加工品、副食物や調味料なども列挙されていることから、大膳式とならんで古代食物史を検討する上に基本的な資料となる。なお個々の物品の多くは主計式上所掲のものと重なる。

神今食(四八五頁1)　本条には天皇が自ら祭祀に臨むため供御の料が掲げられる。内膳司は、儀式一(神今食儀)に「内膳司率二諸氏伴部及采女等一、各供二其職一、料二理御膳雑物一、(下略)」とあるように、伴部を引率して天皇に供奉するという伝統的な役割を有していた。新嘗祭の場合も同様。

進物所(四九七頁1)　進物所は、朝野群載一一所収貞観十八年二月七日進物所請奏が初見と考えられており(所京子「『所』の成立と展開」〈『平安朝「所・後院・俗別当」の研究』所収、二〇〇四年、初出一九六八年〉、永田和也「進物所と御厨子所」〈『風俗』二九―一、一九九〇年〉)、このときに頭(大膳亮が兼ねている)・別当のほか、進物所の膳部が置かれていたことが分かる（大蔵式68進物所膳部条）。本式のほか大炊式34中宮等雑給条に贄殿とならんで挙げられ、造酒式24汁糟条に御厨子所と並記されており、西宮記臨時五（所々事）には「在二月華門外南腋一、外候在二右兵衛陣北一、（中略）請二内膳所一渡之御菜一供二朝夕御膳一」とある。御厨子所とならんで供御の膳を実際に整えるにあたり中心的役割を占めていた。本式では、盛所・菓子所などと並記されるが、兵庫式20御梓弓条に進物所からの雉羽の供給が見られ、造酒式24条・26東宮日料条に進物所への供給が見られるなど、必ずしも内膳司内の一部局とは言えず、独立的な性格を有していたようである（佐藤全敏「古代天皇の食事と贄」〈前掲書所収、初出二〇〇四年〉）。なお、中宮・東宮それぞれの進物所があったことは造酒式26条、主水式20中宮氷条から分かる。

銀の御飯の鋺（四九九頁1）　天皇の食器に銀器が用いられたことについては、西宮記恒例二（一日内膳司供忌火御飯）に進物所の例として「六月一日早旦、供二奉忌火御膳一、四種例銀器」とある。

御贄殿（五〇三頁1）　贄殿は基本的に内膳司の管轄下にあったと思われるが、本式42年料御贄条末尾および50木器土器条には司家と贄殿を並記しており、贄の収納場所としては内膳司と区別されているように見受けられる。大炊式34中宮等雑給条において、贄殿は御厨子所・進物所などと列挙されて米の支給が規定されており、主殿式18年中御薪条に、御贄殿の御薪を五荷としていることからすれば、単なる内膳司取扱食品の収納場所とも言えない。鬼頭清明は内膳司と内裏の双方に贄殿があったとする（「『延喜式』と贄」〈前掲書所収、初出一九七八年〉）。貢献された贄を収蔵するところを贄殿と称するのであれば、確かにそのように解釈できるが、宮内式46大宰府御贄条においても、収納先として司と贄殿を区分する記載が見られ、贄殿は内裏にあるとの認識が窺われる。ただし大嘗祭式14料理院条に、盛屋・酒屋などと並んで贄屋が見えるように、本来は贄とされる食品が置かれる場所を贄殿と称したと思われ、それが次第に管理者を置く収納機関として定立していくことになったのであろう。

生瓜（五〇七頁1）　マクワウリあるいはキュウリ、シロウリなどと推定されている。瓜類は広く食用とされていたようであり、和名抄には瓜・青瓜・斑瓜・白瓜など多くの種類が列挙されている。生瓜は瓜類のなかでは下級品であったとされる。以下、野菜については関根真隆『奈良朝食生活の研究』（一九六九年）、高井佳弘「『延喜内膳式』耕種園圃条注釈」（『群馬県埋蔵文化財調査事業団研究紀要』一五、一九九八年）、永山久夫『日本古代食事典』（一九九八年）、川上行蔵著、小出昌洋編『完本日本料理事物起源』（二〇〇六年）による。

蕗（五〇九頁1）　出雲国風土記（島根郡）にもオハギと並記され、天平勝宝二年五月二十六日には藍薗蕗蔓菁進上文が見える（古二五―八頁）。

茎立（五〇九頁2）　天平宝字八年三月二日銭用帳では茎（荎）立一〇把を三〇文とする（古一六―四七九頁）。万葉集にも「上野佐野の茎立…」と見える（三四〇六番歌）。

生薑（五〇九頁3）　和名抄には俗にアナハジカミとする。薑は今日のショウガのこと。大膳式下14盂蘭盆供養料条に「生薑六房」、同式15仁王会料条には「生薑」とともに「有レ茎生薑」が見える。

蓼（五〇九頁4）　天平宝字二年（七五八）九～十月の下雑物食料帳には、茄子・大豆などと並んで蓼がしばしば見える（古四―三二七頁以下）。本式23年料条参照。

蘿菔根（五〇九頁5）　本条にあるように多くは冬に食されたが、天平宝字二年八月三十日写経所解に「蘿（菔）二束」と見える（古一三―三五一頁）ように、年中食されたようである。

水葱（五〇九頁6）　葉や茎を食用にした。万葉集に「春日の里の植ゑ小水葱」（四〇七番歌）と見え、正倉院文書にも西園からの進上が見える（古六―一九〇頁など）。なお左右京式23京中水田条参照。

熟瓜（五〇九頁7）　二条大路木簡に園池司から熟瓜三〇顆が進上されている例がある（『平城京木簡』三―四五二六、二〇〇六年）。

覆瓮子（五〇九頁8）　実のかたちが山型の瓮を伏せたようであることからこの表記を用いる。大膳式下54貢進菓子条には山城・河内・摂津から進上するとあり、本式61雑菓樹条には覆瓮子園が見える。

斗を停めて…（五一一頁1）　供奉の菜は総量で表すのではなく、菜の名称で示しそれぞれの菜と数を対応させて供奉の量を定めることを述べたものであろう。本式28供奉雑菜条には生瓜三〇顆を三升とするなどの対応規定が見える。

蕨（五一一頁2）　今日のワラビに同じ。以下、供御の量として各菜の品目と塩を示している。宝亀二年五月二十九日写経所告朔解には蕨四斗に対して塩一升六合が用いられている（古六―一八一頁）。

多多良比売の花搗（五一一頁3）　天平勝宝二年七月二十九日浄清所解に見える（古一一―三五二頁）。その花を軽く搗いて塩漬けにしたものか。なお、搗（カチ）は舂くと同様に、臼や椀などに入れて突き砕く、あるいは柔らかくするなどの調理法。万葉集三八二九番歌に「醤酢（ヒシホス）に蒜搗き合（カ）てて鯛願ふ」とあり、この場合は醤や酢に蒜をつき和えたところに鯛を入れて食いたいという願望を述べたもの。

網曳厨（五一五頁1）　厨については伊勢神宮の御厨が大神宮式54御厨条に見える。本式の御厨は供御の贄を確保する拠点であり、令制の雑供戸に由来する。本式47御厨御贄条に、輪番で御厨御贄を貢進する国として、和泉・紀伊・淡路・近江・若狭が挙げられており、38造雑魚鮨条に河内国の江厨、また40諸国貢進御贄条に大和国吉野御厨・志摩国御厨が見えるが、具体的な場所としては網曳・江・筑摩である。このうち近江国には筑摩厨が見られるものの、三代格元慶七・十・二十六符に、近江国には筑摩以外に勢多・和邇の御厨があったとされるように、御厨は本式に具体的に見られるところ以外にも設置されていたと考えられる。また同符では、御厨において労役に従事する者を徭人・贄人と称し、国衙の意図に反する行動があるとして指弾しており、三代格延喜二・三・十二符においても、諸院諸宮等が厨を立てることで近辺の百姓の利便を害していると指摘されている。このように、御厨は内膳司以外にも設置主体があったことが分かるが、国衙支配と衝突する局面が比較的早くから現れていた。そして雑供戸が調・雑徭を免除されていたように、御厨に関与する者も賦役の一部を免除される実態があったと思われる。

本式からは御厨の経営形態は分からないが、贄の貢納にあたっては、国衙が中心になって調を交易して調達する場合がある一方（40諸国貢進御贄条等）、本条のように商布等を司の側が準備して調達する場合がある。おそらく網曳・江・筑摩三ケ所の御厨は内膳司の直営的な位置づけを有し、雑供戸、そして贄人を前身とする集団が贄の調達に従事していたのであろう。瀧川政次郎「雑供戸考」（『律令諸制及び令外官の研究』所収、一九六七年、初出一九六〇年）、白木一好「御厨小考」（下出積與編『日本古代史論輯』所収、一九八八年）、苅米一志「内膳司御厨の展開について」（『延喜式研究』八、一九九三年）参照。

なお、御厨から贄を貢進することは、本式40諸国貢進御贄条をはじめ主税式上93志摩潜女条などにも見られるところであり、本式の網曳・江・筑摩の御厨も同様に供御の贄を貢納すると理解されているが（先に引いた元慶七・十・二十六符にも贄人とある）、本式に限ってはこれら三ケ所の御厨から贄を貢納するとは明記されていない。同じ御厨でありながらこれら三ケ所の御厨には他の御厨とは異なる由来があったことを示唆する。三代格延喜二・三・十二符には「内膳司元来所レ領厨、及所二禁制一山河池沼等以外、不レ論二公私一、宜レ従二停止一」とする。

江厨（五一五頁2）　類聚国史三三天長八・五・戊申条に「停二止河内国供御、堤外赤江、堤内赤江二処一、定二竹門江・賀沼絁〔絶ヵ〕間江・大治

江三処一、又停二摂津国供御江四処一」とあり、おそらくは河内国の若江郡を中心に、河内国から摂津国にわたって何ケ所か「供御江」が設けられていたのであろう。後の大江御厨の前身であったか。その地で魚を集め加工する施設が厨であったと思われる。網曳・筑摩とならび内膳司の直轄的な御厨であった。江人は網曳と同じく雑供戸とされ、職員令40大膳職条集解令釈別記に江人八七戸とある。東大寺要録八所収天平勝宝八・五・二十二勅に「大膳職江人、近江・若狭・紀伊・淡路・志摩等国久代已来、毎月常貢二供御異味一」とあって、これらを停止する旨が述べられているがその後復活したのであろう。三代格延暦十七・六・二十五符では、網曳長とともに江長一人が大膳職から内膳司に改隷されている。また、姓氏録(河内国皇別)に江首が見え、「江人附」、彦八井耳命七世孫来目津彦命之後也」とあり、江御厨の譜第の管理者的地位を有していたと思われる。

筑摩厨(五一五頁3)　近江国坂田郡の琵琶湖沿いに設けられていたと推測される。湖や川で捕った魚を集め加工した。三代格延暦十九・五・十五符に筑摩御厨長が見える(本式54筑摩長条参照)。同元慶七・十・二十六符には、近江国の御厨として勢多・和邇とならんで筑摩が見られ、田上御網代と併せて徭人は一六四人であったとする。網曳・江とともに内膳司の直轄的な御厨であった。二条大路木簡に「筑麻醤鮎肆斗壱□〔升ヵ〕　供御料」とされる例があり(『平城宮発掘調査出土木簡概報』三〇、一九九五年)、早くから供御料を出すところであった。

御贄(五一七頁1)　本条および本式42年料御贄条では贄を旬料・節料・年料に区分する。本式の贄関係条文は宮内式の贄関係条文と対応しており、本条は宮内式44御贄国条に該当し、本式42条は宮内式45例貢御贄条に対応する(鬼頭清明前掲論文)。これらの贄の多くは対象国、数量等を明示した上で貢進させるとあるが、特定期日に生鮮品を貢進させる場合、さらには品目・数量を示して継続的に貢進させる場合がある。

　本式42条は畿内外諸国に具体的な品目・数量を年料として課すもので、国衙が納入責任者として準備・運送を行なったのであろう。ここで注目されるのは末尾の大宰府の項に明らかなように、調あるいは中男作物として府に納入されたものが贄として貢進されていることである。

　本条の旬料の場合は、特定国に対して継続的に貢進させることに特徴があるが、大和国と志摩国は御厨としているのに対し、若狭・紀伊の二国は調物を交易するとしている。問題は交易するのが司か国かということであるが、鮮物に交易するとなると、やはり国衙ではあるまいか。同じく本条の節料は、畿内およびその近国に七節の節会の生鮮品を課した規定で、その中心となる五畿内・近江は正税交易で出させることになっており、やはり国衙が主体となる。

　従って大和・志摩の御厨から継続的に納入される贄がある一方で、国衙を通じて納入されるべきものが各種あったということになろう。

　また、年料御贄の大部分が贄殿に納入される(本式42条)のに対し、旬料・節料の贄は司家に納入される点にも注目したい。この場合、贄殿の所在が問題となるが(本式23年料条の「御贄殿」参照)、本式42条などで司家と贄殿を区別して書いている点からすれば、年料として納入される贄は内裏に直送される手はずとなっていたようである。従って、贄は貢進された段階で宮内省が検領するが(宮内式45例貢御贄条)、内膳司が主導的な役割を果たす節会の節料等においては、贄もその直接管理下に入るのに対し、進物所等が実質的な役割を有する日常的な食膳に関わる部分では、本司の直接の管理下に入らなかったとみられる。にもかかわらず本式42条において内裏に直送される贄が具体的に示される理由は、進物所等が本来、内膳司の出先機関であったことに加え、本司の職掌からして天皇の食膳を調達する贄の全容を把握、提示しておく必要があったからであろう。

　なお、贄は平城宮跡等出土の荷札木簡にしばしば見られるにもかかわらず、養老令には何ら規定がなされていないといった大きな特徴があり、同様に地方から貢納される調との違い、本式の規定にいたる制度的変遷等について多くの研究が重ねられている（勝浦令子前掲論文、樋口知志「贄と公出挙をめぐって」〈吉村武彦・吉岡眞之編『争点日本の歴史』三所収、一九九一年〉、俣野好治「木簡にみる八世紀の贄と調」〈『新しい歴史学のために』二三三、一九九九年〉、佐藤全敏「古代天皇の食事と贄」〈『平安時代の天皇と官僚制』所収、二〇〇八年、初出二〇〇四年〉等参照）。

吉野御厨（五一七頁2）　古くから宮廷と結びつきのあった大和国宇智郡阿陀郷あたりの吉野川沿いの地に御厨が設けられており、鮎をはじめとする贄が貢進されていたのであろう。なお宮内式59国栖条に節会の際に御贄を献ずる吉野国栖が見られるが、本条の吉野御厨との関係は明確でない（民部式上37国栖条参照）。

古事記中巻に、神武天皇が吉野河の河尻で魚を取る人に出会ったところ、国つ神の「贄持之子」と言ったとし「阿陀之鵜養之祖」とする。神武即位前紀にも梁を打ち取魚する者があり、「苞苴担之子（ニヘモツコ）」と言い、やはり阿太の養鸕部（ウカイベ）の始祖とする。万葉集三八番歌にも、吉野川の神が鵜飼やすくい網で天皇の食事に仕えるとの表現がある。また、鵜飼の集団が語られていることからすれば、職員令40大膳職条集解令釈別記に見える雑供戸の鵜飼三七戸はこの地に置かれていた可能性が大きい（瀧川政次郎前掲論文）。なお古代の吉野については、和田萃「古代の吉野」（『日本古代の儀礼と祭祀・信仰』下所収、一九九五年、初出一九八四年）参照。

志摩国の御厨（五一七頁3）　主税式上93志摩潜女条に、御贄を供する潜女三〇人として、その分注に御厨二〇人・中宮一〇人とする。海女が中心となってアワビ等を取ったのであろう。該当する弘仁主税式条文には御厨・中宮の分注が見えない。

主計式上15志摩国条によれば志摩国の調庸はすべて海産物であった。持統天皇六年（六九二）三月の伊勢行幸の際、志摩の行宮において贄の貢進がなされており、また万葉集一〇三三番歌で御食国（ミケツクニ）志摩と表現されている。のちに志摩国には伊勢神宮の御厨が多く見られるが、本条に該当する御厨の所在は明らかでない。

本条にはナマアワビが見られ、京への行程が六日（主計式上15条）とされる志摩からの運送は急を要した。そのため三代格斉衡二・正・二十八符には、志摩国の解を受けて御贄の専当国司を定めることを命じており、三代実録元慶六・十・二十五条においても「志摩国年貢御贄四百卅一荷、令二近江伊賀伊勢等国駅伝貢進一」とする。

なお志摩国からの荷札（付札）木簡は数多く出土しているにもかかわらず、それらには贄の表記が見あたらない。そのため志摩においては、調とあっても実質的には贄の場合があったとする見解（東野治之「志摩国の御調と調制の成立」〈『日本古代木簡の研究』所収、一九八三年、初出一九七八年〉）、贄という表記がないものの同様の形式の荷札木簡群を贄荷札と判断する見解（渡辺晃宏「志摩国の贄と二条大路木簡」〈奈良国立文化財研究所編『長屋王家・二条大路木簡を読む』所収、二〇〇一年〉、同『平城京一三〇〇年「全検証」』一八〇頁、二〇一〇年）が提示されている。

志摩国の贄にはいくつかの種類があり、年料御贄は深海松だけであるが、継続的に貢進する旬料は御厨からのものであって、節料と同じく宮内省を経由して内膳司に納入する。弥永貞三は御厨を通じての収取機構が成立したのを弘仁以降とするが（「古代志摩国とその条里」〈『日本古代社会経済史研究』所収、一九八〇年、初出一九七五年〉）、いずれにしても志摩国府が納入の責任を負う以上、国衙主導で贄の確保が進められたと思われる。

味漬…夏鰒（五一七頁4）

［味漬］アワビの塩漬けであろう。アワビは海産物貢納品のなかで代表的な品目の一つ。伊勢

神宮の祭儀においても同様のアワビ加工品が貢献される。渋沢敬三「『延喜式』内水産神饌に関する考察若干」(著作集一、一九九二年、初出一九四三年)、矢野憲一『鮑』(一九八九年)、同『伊勢神宮の衣食住』改訂版(二〇〇八年)、狩野久「古代における鰒の収取について」(『発掘文字が語る古代王権と列島社会』所収、二〇一〇年、初出一九九五年)参照。

〔腸漬〕アワビの塩辛であろう。

〔蒸鰒〕殻と内臓を取ってから蒸したアワビのことか。

〔玉貫〕伊勢神宮の同名のものは、アワビの肉を薄く切り長方形状にしたものを干して、二本の藁紐で編み梯子状の一連にしたもの。

〔御取〕アワビの肉を小刀でカンピョウの皮をむくように桂剝きして乾燥させたもの。伊勢神宮では藁紐でくくって一連とする。なお、主計式上2諸国調条参照。

〔夏鰒〕アワビの旬の時期である夏場に取ったものであろうが、その形状を残して加工したものか。なお、校異注参照。

猪鹿(五一九頁1) 本式14元二三日料条の鹿宍・猪宍にあたる。主計式上4中男作物条に鹿脯・猪脯が見える。仁徳紀三十八・七条に猪名県の佐伯部が天皇に献じた苞苴(ニエ)が牡鹿であったとし、続紀天平宝字二・七・甲戌条には「以二猪鹿之類一、永不レ得二進御一」とある。三代実録元慶三・正・三条には陸奥国鹿腊を「莫下以為レ贄奉上充二御膳一」とする。

索昆布・細昆布・広昆布(五一九頁2) 索昆布はなわ状のコンブであろう。いずれも昆布の製品上の形態か。コンブは陸奥国から輸納されていたが(民部式下63交易雑物条)、稀少品とされていたようである。続紀霊亀元・十・丁丑条に「蝦夷須賀君古麻比留等言、先祖以来、貢二献昆布一、常採二此地一、年時不レ闕」とある。大膳式下3御斎会条・5大元帥法料条等参照。

大宰府(五二一頁1) 府からの贄は宮内式46大宰府御贄条に調物二二九二斤のほか、斤物一七七八斤、斗物二石二斗八升とあり、本条と同様に贄殿に納め太政官が返抄を出すとする。本条に見えるのはこの宮内式46条の調物以下の内訳に相当し、それぞれの数量も合致する。なお類聚国史三三天長八・四・己丑条に「停二止大宰府例進鹿尾〔菟ヵ〕脯等御贄一」とあるように、時期的な変遷があったようである。板楠和子「主厨司考」(九州歴史資料館編『大宰府古文化論叢』上所収、一九八三年)、同「西海道貢進の贄」(『新版古代の日本』三所収、一九九一年)参照。

煮塩年魚(五二一頁2) 霊亀二年(七一六)、同三年の年紀のある筑後国生葉郡の煮塩年魚の貢進木簡が平城宮跡から出土しており、これが本条の贄にあたると考えられている(鬼頭清明ほか「平城宮出土の西海道木簡」〈九州歴史資料館編『大宰府古文化論叢』上所収、一九八三年〉)。本式6神今食条参照。

厨作(五二一頁3) 主計式下1勘大帳条に大宰の厨戸を不課とする。職員令69大宰府条に大宰府の主厨一人が挙げられ、弘仁十四年(八二三)正月に主船とともに停廃されたが、三代格承和七・九・二十三官奏によって復置された。「所レ掌之職最在二蕃客一、加以供御之儲不レ可二闕乏一」を復置の理由としている。民部式下43大宰仕丁条には大宰府の厨戸を三九六烟とし、かなりの規模であったことが分かる。和名抄には筑前国糟屋郡に厨戸郷、三代実録貞観十一・十二・五条に「津厨」が見える。大宰府正庁跡出土の木簡に「十月廿日竺志前贄駅(下略)」とあり、津厨に対して大宰府に納める贄の一部を駅に割き留める旨を指示したと解釈されている(九州歴史資料館編『大宰府正庁跡』四一五頁、二〇〇二年)。「贄」が府庁に差し出されていたことになる。

結番(五二三頁1) 本条は和泉以下の各国に御厨が置かれていること、それら御厨の御贄を貢納する主体が国衙であることを示した上で当番の国を定めたもの。紀伊・淡路・若狭の三ケ国で四分の三を負担する。侍中群要二所引御厨子所例に六箇国日次御贄として延喜十一・十二・二十制を引き、山城国・大和国・河内国・和泉国・摂津国・近江国が列挙され、やはり輪番制とされる。本条とは列挙される国が異なり輪番の仕組みも違う。御厨を拠点とする贄貢納から、畿内近江に依存する体制への移行を示すものであろう。

筑摩の長(五二五頁1)　近江国筑摩御厨の管理担当者。三代格延暦十九・五・十五符で大膳職の所管から内膳司所管に変更された(本式39造醤鮒条参照)。その後、三代実録仁和元・九・七条に「停二近江国筑摩御厨長幷調丁一、充二徭丁一」とあり、いったん廃止された。同仁和三・六・十一条に復置する旨の勅が見えるが、その理由として「以三供御之事多致二闕乏一也」とある。北山抄六(下宣旨事)に内膳御厨別当筑摩長等事として「上卿給二名簿一下二弁官一、筑摩長等者、給二官符於式部省一、是載レ式也」とする。

辛鉏の閉良・鋒(五二七頁1)　カラスキは馬牛に引かせて田畑を耕す道具であるが、本条の場合は牛に引かせて園を耕す道具で、ヘラ・サキは鉄製の刃に相当するのであろう。両者の違いは明らかでないが、ヘラが耳(舌)状であるのに対し、サキは先が鋭くなっていたものか。歌経標式(三―二査体)に「何羅須岐能幣羅」と見える。本式63耕種園圃条では犁と書かれ、すべての耕種目において土を掘り起こすのに用いられる。なお正倉院に儀礼用具ではあるが子日手辛鋤(ネノヒノテカラスキ)が残されている。

営園の仕丁(五二七頁2)　職員令50園池司条集解古記および令釈別記に「園三百戸、経レ年一番役百五十戸、為二品部一、免二調雑徭一」とする。園戸が廃された時期は不明であるが、本条の仕丁がそれに代わるものであろう。ただしこの人数は前条の鍬七四口などからみてもやや少なすぎる(新井喜久夫「品部雑戸制の解体過程」〈弥永貞三先生還暦記念会編『日本古代の社会と経済』上所収、一九七八年〉参照)。

園地(五二七頁3)　職員令50園池司条では、その職掌を「諸苑池、種二殖蔬菜樹菓等一事」として、園池司の管轄するところは広いようであるが、田令15園地条の園地と異なり、本式の園は原則として供御のための蔬菜、樹菓の育成・栽培を行なう場所である。園池司は類聚国史一〇七天長六・五・丁亥条に「園池司地四段、賜二内膳司膳部曹司処一」とあるように、内膳司の膳部と関わりを深め、寛平八年(八九六)九月には内膳司に統合された(狩野文庫本三代格)。なおここに見える以外にも本式4園神祭条に長岡園、同式19供御月料条に乙訓園・鹿鷺園(ともに箸竹を貢献)があり、これらの園は内膳司との密接な関わりが明らかであるが、大学式56畠園地条には京中の園地に得業生を居住させ、その余地に雑菜を種殖するとあり、内蔵式54諸国年料条にはクチナシを貢献するところとして、山城・大和・河内・遠江・美濃諸国の園が挙げられている。正倉院文書には、藍薗(古三―四〇六頁など)・西薗(古六―一八九頁など)をはじめ、いくつかの薗の名称が見られる。また、長屋王家木簡には、長屋王・吉備内親王宅に菁・大根・茄子等が「薗」から進上されていることが判明した(『平城京木簡』一、一九九五年。森公章「長屋王家木簡と田庄の経営」〈『長屋王家木簡の基礎的研究』所収、二〇〇〇年、初出一九九八年〉。鷺森浩幸「園の立地とその性格」〈『日本古代の王家・寺院と所領』所収、二〇〇一年〉)。近年出土の木簡には「東薗」も見られる(『平城宮発掘調査出土木簡概報』三九、二〇〇九年)。このように、宮廷だけでなく貴族や大寺院等にも薗(園)が付属しており、そこでは多種の野菜の生産が行なわれていたようである。池尾直洋「山背御田・御薗の再検討」(『古代史の研究』一三、二〇〇六年)、柳沢菜々「園池司の職掌と内膳司への併合」(『日本歴史』七七五、二〇一二年)参照。

巻第四十

造酒司(五四一頁1)　和名抄にサケノツカサとある。宮内省被管官司。職員令47造酒司条によれば、正一人、佑一人、令史一人、酒部六〇人、使部一二人、直丁一人、および酒戸で構成されていた。正以下の職掌は「醸二酒醴酢一事」であり、式の内容からすれば供御・諸節会・神事などに用いられる酒・醴・酢などを醸造することであった。酒部は同条に「掌、供二行觴一」とあり、宴の列席者に酒を供することや神事の際の献酒などが職掌となっていた。三代格弘仁七・六・八符によれば、大同二年(八〇七)に二〇人減員して四〇人となったが、弘仁七年(八一六)に令制の六〇人に復した。類聚国史一〇七天長八・二・甲申条に「通取二他氏廿人一、補二造酒司名負酒部闕一、見直少数、供レ事多レ闕也」とあって、酒部に充当する負名氏が不足しているので二〇人を他氏から充てることとされ、式部式上211伴部条に受け継がれている。酒部の負名氏は姓氏録(右京皇別下)に見える酒部公氏か。酒戸は延喜式には見えないが、職員令47条集解古記および令釈所引官員令別記に「酒戸百八十五戸、倭国九十戸、川内国七十戸、合定二百六十戸一、一番役八十丁、為二品部一」「津国廿五戸、今定二十戸一、客饗時役也」とあり、大和国・河内国に指定された酒戸から八〇丁ごとに上番して醸造に従事していたと考えられる。摂津国の酒戸は外国使節などの客饗に充てられていた。なお、玄蕃式94新羅客条参照。史生は令制に規定されていないが、後紀延暦十五・十・壬戌条に始めて二人が置かれたことが見え、さらに類聚国史一〇七弘仁七・四・壬戌条に二人が増員されたことが見え、合計四人となり延喜式に受け継がれている(式部式上90諸司史生条)。使部は同式100諸司使部条に六人とあるが、いつ減員されたかは不明。

平城宮における造酒司の位置は文献上明らかでないが、発掘調査の結果、内裏外郭東方で大型の甕の据え付け穴を持つ建物群や覆屋のある二基の井戸を伴なった遺構が発見され、造酒関係のまとまった木簡が出土したことから、この地区が造酒司の一部であったと推定されている(『平城宮木簡』三一、解説三六頁、一九七五年)。遺構は奈良時代を通じて存続し、南北九〇メートル以上、東西六〇メートル以上の広大な面積を有している(『木簡研究』一六、一九九四年)。平安宮の造酒司は九条家本や陽明文庫本の宮城図では宮の西方で豊楽院の西北に位置することから京都市中京区聚楽廻松下町地区に比定されており、同地区では造酒司関連と推定される遺構も確認されている。平城宮と平安宮とでは造酒司の位置が異なることになるが、醸造に必要な水の得られる場所が選定されたためと推定されている(前掲『平城宮木簡』三一、解説四〇頁)。

造酒司で醸造される酒・醴・酢は、本式2年料醸酒条によると、御酒、御井酒、擣糟、醴酒、三種糟、内膳司供御唐菓子韲甘醴、雑給酒(4造雑給酒酢法条に頓酒・熟酒・汁糟・粉酒などと見える)、酢が主なもので、このほかに新嘗会白黒二酒(10新嘗白黒酒料条)、釈奠用の醴斉・醠斉・清酒(21釈奠料条)などがある。本式では、酒造用の年料米等を規定する本式2条以下、3造御酒糟法条～6紀伊国塩条で、醸造に用いる原料や造法・器物類が規定されている。また、用途としては、22供奉日料条～29諸節会料酒条に宮中用(天皇・中宮・東宮の毎日の料)、伊勢斎内親王の在京中の料、賀茂斎内親王の毎日の料、正月元日以下の諸節会の料、神事として7神今食料条～15大嘗祭雑給料条・30神事給酒法条・31県醸酒条に宮中神今食や宮中鎮魂祭と新嘗祭および大嘗祭に関わる料、16薗韓神祭料条～21釈奠料条に薗韓神祭以下の諸祭料、仏事として39御斎会料条～46聖神寺供養料条に最勝王経斎会や盂蘭盆会と嘉祥寺以下の諸寺の料などがあげられている。

なお、本式には造酒に用いる料米や麴といった原料について規定されているが、アルコール発酵を促す酵母については記載が一切見られない。一般に穀物から酒類を製造する場合、米等の穀物の澱粉質を分解して糖質化する必要があり、麹はこの糖質化の役割を担うカビ類である。一方、酵母は糖質化の後にアルコール分解を行なう菌類である。西洋ではアルコール発酵に酵母が関与しているという認識がパスツール以前にはなかったと言われているが、延喜式にも酵母の記載がないことから、日本古代の醸造においてもアルコール発酵は空気中に浮遊する自然酵母が行なったのであろう。

元慶五年(八八一)、要劇ならびに番上粮料として摂津国に九町二段三三三歩の諸司田が割り当てられた(三代格同・十一・二十五符)。なお、延喜式には醸造の場として「内酒殿」(民部式下29内酒殿等料条)、「御酒殿」(主殿式12諸司年料油条)、「東酒殿」(本式2年料醸酒条)が見えるが、各々については本式2条参照。

祭神九座(五四一頁2)　神名式上2宮中条の宮中神三六座のうち「神祇官西院坐御巫等祭神廿三座」を除く一三座が宮内省・大膳職・造酒司・主水司に祭られている。造酒司については、同条は「造酒司坐六座」としており、このうち「酒殿神社二座〈並小〉　酒弥豆男神・酒弥豆女神」が本条と一致するが、「大宮売神社四座」は本条に見えない。本条の竈神四座を大宮売神社四座に当てる説(伴信友の神名帳考証および四時祭式上10大宮売神祭条参照)があるが、異論もある(二宮正彦「宮中神一三座について」〈直木孝次郎先生古稀記念会編『古代史論集』下、一九八九年〉は、竈神四座は宮中神に採録されなかったとする)。四時祭式上10条の「大宮売神四座祭〈坐二造酒司一〉」は春二月・冬十一月の上の午の日に祭ることとされているが本条の祭神九座は春秋に祭ることとなっているのも気にかかる。宮殿守護の大宮売神と竈神を同一視することはできないと思われるので、神名式上2条の大宮売神社四座に「延」の標注があることを考えれば、延喜式の段階で大宮売神が新しく記載され、本条はそれ以前の段階の竈神の記載をとどめているものであろう。また本条の大邑刀自・小邑刀自・次邑刀自の三座は神名式に記載されていないが、宮中の他の諸官衙においても式外の諸神を奉斎し祭祀を行なっている例は多々ある。

大邑刀自・小邑刀自・次邑刀自(五四一頁3)　訓みについて底本脚注に「古老口傳、於保太宇女、古太宇女、預〔須ヵ〕伎乃太宇女止云、就字案之、於保伊於布止師、預〔須ヵ〕大小〔二字デ奈ヵ〕伊於布止師、預〔須ヵ〕伎乃於布止師止可讀歟」とあり(本巻校異補注1参照)、「邑刀自」を「太宇女(タウメ)」もしくは「於布止師(オフトシ)」としている。義江明子は、「タウメ」は「専女」で老女あるいは老女の刀自を指し、「オフトシ」は「大刀自」「夫人」で刀自の尊称あるいは天皇・貴人の妻の呼称の一つと解釈し、傍証として類符抄弘仁八・六・二十三宣旨に見える「妃某姓邑刀自」を挙げ、妃(夫人)＝「オホトジ」＝邑刀自の表記が確認できるとしている(「祭祀の編成　刀自神考」〈『日本古代女性史論』所収、二〇〇七年、初出一九九七年〉)。「オホトジ」の訓みについては、三代実録貞観元・正・二十七条の「京畿七道諸神進レ階及新叙」記事のなかにある「造酒司従五位下大戸自神」を加えることができる。小右記永祚元・六・九条には「造酒進司〔司進〕大刀目〔自〕、小刀目〔自〕各一瓶」とあり、酒の入った器そのものを指している例もみられる。続古事談一(王道・后宮)に「造酒司ノ大刀自ト云ツボハ、三十石入也、土ニ深クホリスエテ、ワヅカニ二尺バカリイデタルニ、一条院ノ御時、ユエナク地ヨリヌケ出テ、カタハラニフシタリケリ、人オドロキアヤシミケルホドニ、御門ウセ給ニケリ、三条院御時、大風フキテ、カノツカサフレニケルニ、大トジ、小刀自、次トジ、ミナウチワリテケリ」とあり、造酒司には大甕が土中に据えてあったことがうかがえる。平城宮の造酒司推定地からは大型の甕の据え付け穴も確認されており、出土した造酒関係の木簡に「二条六瓺三石五斗九升」「三条七瓺水四石五斗九升」と記したものがあり、「二条六」「三条七」は縦・横の位置関係を示すもので造酒司には醸造・貯蔵用の甕が整然と並んでいたことも推定されている(『平城宮木簡』二、解説四一頁、一九七五年)。

東酒殿(五四三頁1) 御酒料米の内から「割二十石一付二東酒殿一」とあることから、東酒殿は造酒司とは別の場所にある醸造施設であることが推定される。

紀略承平三・正・二十三条には「今夕、陽明門内近衛陣直大沢有春、為二同府近衛小槻滋連一被二忿怒一、於二酒殿北辺一、以二太刀一被レ傷之、即逃去、有春僅存命」という記事があり、「酒殿」が宮城東面大垣にある陽明門および左近衛府から遠くない位置にあったと推定されている。小右記万寿二・十二・一条には「酒殿北垣、式曹司南垣多以破壊」と見え、拾芥抄中(宮城部)の酒殿の項には「在二外記庁東一」とある。陽明文庫本の宮城図では外記庁が内裏のすぐ東に描かれているが、酒殿は記されていない。大内裏図考証二六は外記庁・釜所とならべて酒殿の位置を示している。以上のことから平安宮には造酒司とは離れた内裏東方に酒殿が所在していたことが確認される。本条の「東酒殿」の呼称は内裏東方という所在位置に由来するためであろう。

延喜式には本条の「内酒殿」、「東酒殿」以外に民部式下29内酒殿等料条の「内酒殿」、主殿式12諸司年料油条の「御酒殿」が見える。民部式下29条「内の酒殿」では「内酒殿」を内裏内にあった酒殿と推定しているが、「内酒殿」や主殿式12条の「御酒殿」のように「内」「御」が冠されているのは内裏近くに所在し、内裏のみに関わる酒関係の施設であるからとも考えられ(『平城宮木簡』二、解説三八頁、一九七五年)、両者は同じものを指すとみられる。また、一九九五年度に京都市上京区下立売智恵光院上ル分銅町(平安宮内裏に東接する官衙群推定地)の平安時代の井戸跡から弘仁元年(八一〇)の年紀をもち「内酒殿」と記された木簡が出土していることから(『木簡研究』一八、一九九六年)、内酒殿(=御酒殿)も東酒殿と同じ内裏外の東側にあったことが推察される。主殿式12条の規定からは御酒殿が東酒殿同様に造酒司管下であることも窺われ、東酒殿と内酒殿・御酒殿は同一のものであった可能性が大きい。

なお、酒殿には酒殿神二座が祭られていたが(本式1祭神条「酒弥豆男神・酒弥豆女神」参照)、造酒司内の酒殿と東酒殿のいずれで祭られていたのかは不明。

省営田の稲・正税の稲・国営田の稲(五四三頁2) 皇室供御田として大和国・摂津国に各三〇町、河内国・山背(山城)国に各二〇町置かれていた令制官田(田令36置官田条)を宮内省が管轄していたが、後に省営田と国営田に分けられた。延喜式では省営田四〇町、国営田四六町の合計八六町となっている。民部式上142御酒米条および宮内式51省営田条によれば、大和・山城・河内・摂津各国の省営田の穫稲のうちから、それぞれ国司が舂米にするための功賃と運送料を割き、二一二石九斗二升六合九勺九撮の米を造酒司へ納めることとなっているが本条との数値が一升分不整合である。また、本条では大和・河内両国からは省営田稲ではなく正税稲となっており、両国の省営田の穫稲に余裕がないかあるいは無実となっていた可能性が大きい(民部式上96官田条「大和国に十六町」参照)。

御井の酒(五四三頁3) 臨時祭式5御竈祭条・6御井祭条・20行幸御井竈祭条によれば、宮中は勿論のこと行幸中においても、天皇供御の井(水)と竈は神聖視され鎮祭の対象となっている。平安宮大内裏の豊楽院西・典薬寮南に天皇に供される水を汲む井戸(御井)があった。名称から推定して御井酒とは供御用の水で醸造した酒と思われる。なお典薬式1元日御薬条参照。

擣糟(五四三頁4) 原料の米を擣いて醸造したもろみ(酒)か。米を擣くことによって、現代の吟醸酒のように米粒の周囲の部分が磨き落とされて雑味の元であるタンパク質等が排除され、芯の部分の炭水化物のみが利用できる状態にしたものか。米粒を砕いたとみる説もあるが、それでは酒の質が落ちてしまうと思われる。糟とは液体を漉したあとに残った滓を意味する場合と醸造後まだ濾していないもろみの状態を意味する場合がある。万葉集八九二番歌の貧窮問答歌に見られる糟湯酒は酒を醸造したあとに残った酒滓を湯に溶いたものである。しかしながら本式の糟の用法は、滓ではなくもろみを意味している。加藤百一は「酒の名称に『糟』とあるが、もろみのまま飲んだのではなく、やはりろ過した甘口の酒であった」とする（「日本の酒造りの歩み」〈『日本の酒の歴史』所収、一九七七年〉）。本式5造酒雑器条の三種糟に篩の料の絹が見えていることからもその可能性が大きい。

醴酒（五四三頁5）　和名抄にコサケ、「一日一宿酒也」とある。職員令47造酒司条集解古記に「醴甘酒、多レ麴少レ米作、一宿熟也」とある。本式3造御酒糟法条によれば醴酒は御酒よりも米に対する蘗の比率が高く、同式4造雑給酒酢法条によれば「日造二一度一」となっており、一日単位の醸造であった。米の澱粉が麴菌によってブドウ糖などの糖分に分解（糖化）される一方で、酵母によるアルコール発酵があまり進んでいない状態なので甘い酒となる。このため仕込み水代わりに酒が使用されている。六月一日より七月三十日まで天皇・中宮に日に六升供された。

三斗は三種の麴各一斗の料（五四三頁6）　延喜式では、米や麦などの穀物にカビを生じさせて糖化剤として使うものを広義の意味で「麴」とするが、狭義の意味で「餅コウジ」を「麴」、「散コウジ」を「蘗」と表記して使い分けている場合がある。延喜式における「蘗」は本式3造御酒糟法条、狭義の「麴」については、本式21釈奠条参照。

御酒糟を造る法（五四五頁1）　醸造に際しては酵母によるアルコール発酵が必要であるが、酵母には原料である穀物の澱粉を代謝する能力がないため、あらかじめ多糖類である澱粉を抵糖類（ブドウ糖や果糖）に分解（糖化）しておかねばならない。麦・米などの穀物は発芽すると実の内部に様々な酵素（アミラーゼなど）が生み出され、炭水化物やタンパク質などを分解して、成長するのに必要な養分としての糖分やアミノ酸などを調達している。麦芽のアミラーゼは活性が強くその糖化作用は大きい一方、米（稲）芽の糖化作用は小さい（野尾正昭『おいしい微生物たち』三三頁、一九九八年）。このため糖化剤として、一般的に西洋では麦芽を中心としたモルト類が使われ、東洋ではカビ類（日本ではコウジカビ、日本以外のアジア諸国はクモノスカビ）が使われてきた。坂口謹一郎は「諸民族に固有の酒の原料は多くその民族の主食と一致する」と述べ、さらに主食の加工・調理法も酒造りに影響を与えているという（「麴からみた中国の酒と日本の酒」〈『日本醸造協会雑誌』七五―一〇、一九八〇年〉）。主食を粉化加工する中国では、原料である穀物（麦・コウリャンなど）を粉にして水で練り、手でこねて餅状に成形して加熱せずに生のままでクモノスカビを繁殖させた「餅コウジ」を用いてきた。主食を粒食する日本は穀物（米・麦・大豆など）を粉にせず、そのままの粒の状態で蒸してコウジカビを繁殖させた「散（バラ）コウジ」であった。米を蒸すと水分含有率が三五％前後となり、コウジカビの繁殖には最適であり、他の雑菌やクモノスカビは繁殖できないという（小泉武夫「米麴の発生と日本の酒造り」〈石毛直道編『論集　酒と飲酒の文化』所収、一九九八年〉）。

蘗（五四五頁2）　蘗の中国での文献の初見は、書経（説命篇）の「若作二酒醴一、爾惟麴蘗」で、殷の高宗（武丁）が臣下を評する言葉として書かれている。その後も麴蘗と併記される文献が続き、酒醴を作るときの糖化剤として麴蘗が使われていたことが知られる。漢代になって「蘗酒」という蘗単独で作ったと思われる例があらわれ、漢書匈奴伝には漢から匈奴への贈り物として蘗酒が使われている（なお、唐代の顔師古の注に「以レ蘗為レ酒、味尤甜」とあり、甘い酒という認識が示されている）。麴蘗の実体については、麴は餅コウジ・蘗は散コウジとする説、麴はカビを生やした穀物だが蘗は麦芽（穀芽）とする説がある（坂口謹一郎「中国の麴蘗と日本酒」〈『全集　日本の食文化』六所収、一九九六年〉）。後漢代以後、蘗は麦芽と限定されてくる。釈名に「蘗欠也、漬レ麦覆レ之、使レ生レ芽開レ欠也」とあり、六世紀の斉民要術でも蘗は麦芽であり、もっぱら飴造りに使われている。なお、斉民要術における酒造りはすべて餅コウジが用いられ、散コウジは造酒には使用されず調味料や漬物に使われている(吉田集而『東方アジアの酒の起源』二四四〜二四六頁、一九九三年)。

日本古代では、糵は木簡や正倉院文書では確認できず、奈良時代の醸造における糖化剤は「麴」と表記されている。長屋王家木簡に「御酒□所充仕丁(下略)」「大[illegible]米三石麴一石水□石(下略)」(『平城宮発掘調査木簡概報』二三、一九九〇年)とあり、正倉院文書にも天平宝字六年(七六二)の経所食物下帳に「又下黒米伍升〈麴替所〉」(古一五—四八六頁)と見えている。なお、和名抄では「麴」の和名をカムタチとするが、二条大路側溝出土の天平三年(七三一)四月六日の年紀をもつ木簡に「造醬大豆六石／四斗　塩六石四斗　可无多知六斗四升」「酒一斗二升」(『平城宮発掘調査出土木簡概報』三一、一九九五年)というものがあり、「可无多知」は「麴」であろう(向林八重「日本古代における醬の製法について」〈『早稲田大学大学院文学研究科紀要』五二、二〇〇七年〉)。一〇世紀の延喜式のみが酒・醬・未醬などの醸造に使われる糖化剤を「糵」と表記する。延喜式における糵の実体は本式4造雑給酒酢法条から分かるように、粒状の蒸米にコウジカビを生やした散コウジである。新撰字鏡は「麴」を「九六反、酒母也、姓也、亦糵也」とし、「糵」を「二形同、魚列反、牙米也、麴也」として両者は同じものとするが、延喜式は「麴」「糵」を使い分ける場合がある。

酒八斗の法(五四七頁1)　天平年間の諸国正税帳を見ると、酒一石を得るのに原材料の米は大倭国・和泉監で約九斗、駿河国・摂津国・豊後国などで七斗となっており、同量の酒を造るのに延喜式の方がより多くの米を使用している(関根真隆『奈良朝食生活の研究』二六五頁、一九六九年)。なお、小泉武夫によれば、現代の日本酒は平均してアルコール度数一五パーセント、糖分四パーセントであるが、延喜式の規定通りに実験醸造したところ、できた酒は琥珀色でアルコール度数三パーセント、糖分三四パーセントと、かなり甘くて味の濃い、且つアルコール分の低いものであるという(『日本酒ルネッサンス』五二頁、一九九二年)。糖分の高い酒は浸透圧が高く、酒を変質または腐食させる雑菌が混入しても増殖することができず、結果として酒の質が保たれるという。

醞(五四七頁2)　蒸米・糵・水を容器に仕込み、旬日(一〇日間)ほど発酵させたものを「醞」といい、濾過した液体分を仕込み水代わりにして再度、蒸米・糵を仕込むものと推定される。これを四度繰り返して成酒した。繰り返すうちにアルコール度が高まった。なお、中国の三国時代に「九醞酒」という何回も醸造を繰り返す段掛法の酒があった。文選南都賦注所引魏武集・斉民要術七所引魏武帝上九醞法奏には「三日一醸、満九斛米止」とある(花井四郎『黄土に生まれた酒』九二頁、一九九二年)。

供奉の酒の料(五四七頁3)　中取の案から匏までは天皇・中宮・東宮に供される酒を造る器具類。臼一腰と杵二枚のセットは延喜式の他の条文にも多々見られる。木蓋二〇〇枚・帊調布一〇〇条から酒を仕込む甕が二〇〇個もしくは一〇〇個あることが推定され、筌一〇〇口・箕二〇枚・水麻笥二〇口・小麻笥二〇口・水樽一〇口・匏一〇口の整数倍となっている。

糟垂袋(五四九頁1)　槽に積み重ね、自然圧もしくは圧力を加えて酒と滓に分離する。三二〇条の内、二四〇条が酒用、八〇条が酢用。「度別に六十条」「度別に二十条」とあるのは、本式4造雑給酒酢法条にあるように酒・酢は四度の仕込みを繰り返して醸造することから、その度ごとに酒垂袋で濾過したからであろう。

紀伊国の塩(五四九頁2)　主計式上59紀伊国条によれば紀伊国の調の品目に塩があり、平城宮跡出土木簡や長屋王家木簡にも多数の紀伊国からの調塩木簡が見られる(同条「塩」参照)。何のために御酒に塩を入れるのかは不明であるが、小泉武夫は防腐効果や糖化酵素の活性化を推定している。発酵中のもろみの表面に塩を薄く被せるように撒けば雑菌の侵入を防ぐことができるとともに、塩分の存在は麴からの糖化酵素

（アミラーゼ）の溶出を促進するという（『酒に謎あり』六二頁、一九九八年）。加藤百一は、御酒の味の調節用としては三石とは量が多すぎるとし、造酒の際の「清め塩」かとしている（前掲論文）。

酒波（五五一頁1）　白黒二酒の醸造に従う女性。大嘗祭式9抜穂条に大嘗祭の白黒二酒の醸造に従う在地の女性として「御酒波一人」が見えている。

もし子の日に当たらば（五五一頁2）　江家次第一八（軒廊御卜）に「史記亀策伝曰、卜禁日、子亥戌不レ可ニ以レ卜及殺ヒ亀」とあり、卜部氏の亀卜書である新撰亀相記の忌日条に「忌子日」とある。

久佐木灰（五五三頁1）　本条によれば黒酒（貴）と白酒（貴）呼称の別は灰の有無による色の違いのように思われるが、加茂正典は、本来は酒の色ではなく黒酒殿（黒木造り）で醸造されたものを黒酒、白酒殿（白木造り）で醸造されたものを白酒とする解釈を示している（「白酒・黒酒のこと」〈『悠久』一二二、二〇一〇年〉）。すなわち、儀式二（践祚大嘗祭儀上）では「黒酒殿一宇」「白酒殿一宇」と見え、「黒酒殿者構以ニ黒木一」「白酒殿者構以ニ白木一」とされており、特に白酒殿は確認できる大嘗祭諸殿舎のうち唯一の白木造りであるという。それが、大嘗祭式15在京斎場条では「内院所レ造、八神殿一宇、稲実殿一宇、黒酒、白酒屋各一宇（中略）皆以ニ黒木及草一構葺」と、すべての殿舎は黒木造りとなった。このため、黒酒・白酒を灰の有無による酒の色の違いに変えたのではないかと推定している。

践祚大嘗祭の供神の料（五五五頁1）　本条の供神物の土器類の数量は八の倍数であり、九月中旬に造酒司の敷地内に建てられる黒木舎一宇に大嘗祭の当日（卯の日）まで置かれているが、黒木舎の長さ四丈八尺も八の倍数、使われた苫・薦（蔀を作る料）も八枚であることから、御膳八神に対する供物と思われる。これらの供神物は卯の日の申時に朝堂院の東の中門（宣政門）より入り昌福堂の南に陳べられ、辰の日の平旦に北野の清地に廃棄される。なお、儀式三（践祚大嘗祭儀中）には、「宮内省官人左右分、率ニ大膳職造酒司一（中略）其膳部〔酒部脱ヵ〕亦依レ次而立、並入ニ大嘗宮一」と見える。

清酒（五六三頁1）　発酵後のもろみから酒垂袋や篩などで濾して得た成酒は白濁しており清酒とはならない。なお、ここは白濁酒を放置して沈殿させた上澄み液を指すものと思われる。

麹（五六五頁1）　醴斉・醠斉は原料の米を粉にしており、その半分を糖化剤のコウジにも用いているので、米粒を蒸した散コウジではなく、粉を水で練り固めた餅コウジである可能性が大きい。なお、「麹」は典薬式にも散見するが同式9合薬麹料条に「合薬所レ須麹料小麦一石」と見え、薬物として用いる麹は小麦で作られた（吉田集而前掲書二三五頁）。

御厨子所（五六五頁2）　令外の官。内膳司に属し、のち蔵人所の支配下にあって天皇の朝夕の御膳を供し、節会などの酒肴を用意した。後涼殿の西庇に所在した。所京子「『所』の成立と展開」（『平安朝「所・後院・俗別当」の研究』所収、二〇〇四年、初出一九六八年）参照。なお、大炊式34中宮等雑給条参照。

進物所（五六五頁3）　令外の官。内膳司に属し、のち蔵人所の支配下に組み入れられた。内膳司で作られた供御物を温めなおしたり簡単な料理を行なった。安福殿の西、月華門外の南腋に所在した。所京子前掲論文、内膳式19供御月料条参照。

濁酒（五六七頁1）　関根真隆は、天平十一年度伊豆国正税帳（古二—一九七頁）の「醸加酒清濁並壱拾斛」の記載から清酒に対する濁酒で、清酒が滓を除去した酒なら濁酒は滓がそのまま交ざったドブロクの類とする。また、万葉集の大宰帥大伴卿讃酒歌（三三八・三四五番歌）から「にごれるさけ」と訓むという（『奈良朝食生活の研究』二六七頁、一九六九年）。なお、御酒や汁糟などの酒は酒垂袋・篩等で濾して滓を取り除いたものであるが白濁している。

正月十五日に薪を収むる所（五七五頁1）　毎年正月十五日に宮内省において行なわれる御薪を

進る儀。太政官式58進薪条、宮内式40御薪条、儀式九(進御薪儀)参照。薪進上の後、謝座・謝酒が行なわれて粥や酒食を賜った。

御薪を検納する(五七五頁2) 諸司と国司が進上した薪について、弁官・式部・兵部の官人が数や質の良し悪しを検校した。その官人には酒(本条)・食(大膳式下41検納薪諸司条)・飯(大炊式38検納御薪条)・粥(主水式16雑給粥条)が給された。

五位…二十七人(五七五頁3) 大膳式下41検納薪諸司条には「検二納薪一諸司廿八人」とあり、分注にその内訳として弁・式部輔・兵部輔・宮内輔の五位相当者が各一人、六位以下が二四人列挙されている。六位以下の人数は本条と一致していない。

六位已下…省に参り(五七五頁4) 薪進上儀の後、造酒司の官人が空盞を渡して賜酒の意を示すこと。本式33諸節雑給酒器条参照。造酒正が六位相当なので行官を除く造酒司の官人すべてが該当する。

酢二斗五升二合糟二斗九升一合(五七五頁5) 大膳式下14盂蘭盆供養料条に酢は寺別三升六合とあり、七ケ寺分の合計が本条と一致するが、糟は寺別四升一合六勺で合計二斗九升一合二勺となり、数値が若干異なる。

嘉祥寺の…(五七五頁6) 嘉祥寺で春三月・冬十月に行なわれる地蔵悔過料として酢を造酒司が用意した。大蔵式45嘉祥寺悔過料条、大膳式下11地蔵悔過料条、大炊式24嘉祥寺悔過料条参照。

長の人(五七七頁1) 文徳実録斉衡元・十二・辛巳条に「武蔵国貢二長人一枚一以備二駆儺一」とあり、三代実録貞観八・五・十九条に「下二知相摸、武蔵、上総、下総、常陸等国一、選二進長人六尺三寸以上者一」とある。

采女司(五七七頁2) 宮内省被管官司。職員令52采女司条に正一人、佑一人、令史一人、采部六人、使部一二人、直丁一人とある。令制前の采女氏の職掌を官制化したものと考えられ、正以下は「掌検二校采女等一事」とあり、同条集解古記・穴記・朱説によれば、采女の名帳管理・後宮諸司への分配・上日および行動の記録などを行なった。また、続紀天平神護二・五・丁巳条に「始令下七道諸国、采女養物、不レ論二存亡一、並全中納采女司上」とあり、資養物の出納も行なったと思われる。

采女は諸国郡司の大領・少領の姉妹・女で容姿端正な者から選ばれて貢進された(後宮職員令18氏女采女条、軍防令38兵衛条)。ただし采女は、采女司には所属せず、後宮の水司に六人(後宮職員令12水司条)、膳司に六〇人が配属された(同令13膳司条)。同令13条集解古記には「水司、膳司二司、必以二采女一、則顕二職掌一之司耳」と見える。この他に采女は後宮諸司の女孺に充てられたり、縫司・縫殿寮・中宮職・内教坊などにも分配されたことが知られる。また、本式には見えないが、主水式29司家年料条に手水に供奉する采女が見える。

采女制度全般については門脇禎二『采女』(一九六五年)、磯貝正義『郡司及び采女制度の研究』(一九七八年)、広川雅之「古代采女についての一考察」(『北大史学』三三、一九九五年)、伊集院葉子「采女論再考」(『日本古代女官の研究』所収、二〇一六年、初出二〇一二年)を参照。采女制度の本質的意義についての通説的理解は、国造クラスの在地豪族が王権への服属の証しとして一族の女性を差し出したものという磯貝説であるが、近年では、天皇と神との共食・共寝の儀式に采女が不可欠の存在であることから宗教的役割を重視する広川説などが出されている。

なお、采女の装束について、西宮記臨時四(女装束)は「采女、纐纈唐衣、比礼、同裳、簪、如レ常、旬日及尋常、青麹塵唐衣、裳、比礼等也」とし、枕草子(一〇〇段)は采女の正装を「青裾濃の裳、唐衣、裙帯、領巾などして、おもていとしろくて」「おほやけしう唐めきてをかし」などとしている。これに関連して、奈良県明日香村の酒船石遺跡で「三重評青女五十戸人」と記された荷札木簡が出土しており(『木簡研究』二

五、二〇〇三年）、市大樹は、和名抄に伊勢国三重郡采女郷が見えていること、続紀宝亀四・五・辛巳条の「官判、依二庚午籍一為レ定、又其天下氏姓、青衣為二采女一（中略）、諸如レ此類、不二必従一レ古」と関連させて「青女」「青衣」を「采女」のこととする見解を示した（前掲『木簡研究』二五、五五～五六頁）。木簡の（国）―評―五十戸という表記は天武十年（六八一）以前の可能性が大きいと考えられており、天武朝において采女は「青衣」「青女」と表記されていたことが知られた。青色が采女の装束の特徴であったようで、平安時代の采女の装束が「青裾濃の裳」と言われていることに一脈通じるものがある。

大同二年（八〇七）、采女貢上が停止されて、「唯択二留其年老有レ労者卌二人一、任レ旧終レ身」（類聚国史四〇同・十一・辛丑条）という措置がとられ、翌三年には、采女司は縫部司とともに縫殿寮に合併された（類聚国史一〇七同・正・壬寅条）。その後、采女司は弘仁三年（八一二）に復置され（後紀同・二・庚戌条）、翌四年正月、伊勢国壹志郡・尾張国愛智郡・常陸国信太郡・但馬国養父郡に対して郡司の子妹の年一六歳以上二〇歳以下、容姿端麗にして采女たるに堪えうる者を一人ずつ貢がせるよう命じられた（後紀同・正・丁丑条）。この間の後宮や采女のあり方の変化について門脇禎二前掲書は、藤原薬子の後宮入りとその失脚によるところが大きいとしている（一四〇～一四七頁）。

承和八年（八四一）二月に史生二名が定員として新置され（続後紀同・二・庚辰条）、延喜式に受け継がれている（式部式上90諸司史生条）。使部は同式100諸司使部条に六人とあるが、いつ減員されたかは不明。元慶五年（八八一）、要劇田八町四段余が山城国に置かれた（三代格同・十一・二十五符）。平安宮における采女司の位置は、陽明文庫本の宮城図には描かれていないが、大内裏図考証二六では宮の西北隅にあった漆室の南隣の方四〇丈の一区画を正親司と分け合う形で復元されている。

凡そ諸の節会…（五七七頁3）　西宮記臨時四（陪膳事）に「節会、陪膳采女奉仕、内宴、更衣若典侍奉仕」とあり、枕草子（一四九段）には「節会の御まかなひの采女」とある。大津透は、一一世紀末に至るまで節会の陪膳は采女の奉仕に限られており、天皇の食事は、天皇固有の宗教的意味をもつ神聖な営みで、節会の陪膳の采女は天皇の本質的機能を示すものという（「節会の御まかなひの采女」〈『むらさき』四二、二〇〇五年〉）。

采女朝臣氏（五七七頁4）　姓氏録（右京神別上）に天神系として「采女朝臣、石上朝臣同祖、神饒速日命六世孫、大水口宿禰之後也」と見える。令制前に采女を管掌していた伴造に采女臣がおり、天武十三年（六八四）十一月に臣姓から朝臣姓に改賜姓された（天武紀同・十一・戊申条）。天武の崩時には直大肆采女朝臣筑羅が内命婦の事を誄している（書紀朱鳥元・九・甲子条）。また、続紀天平神護元・二・辛未条に「摂津職島下郡人右大舎人采女臣家麿、采女司采部采女臣家足等四人賜二姓朝臣一」とある。なお、天武十二年十月に采女造が姓連を賜っているが（天武紀同・十・己未条）、采女造は他に見えない。磯貝正義は、采女臣が采女に関する政務を管掌したのに対し采女造は采女資養の部を統率する地位にあったと推定している（前掲書二二六頁）。

采女四十七人（五七九頁1）　令制では采女は水司に六人（後宮職員令12水司条）、膳司に六〇人（同令13膳司条）、合計六六人が定員となっているが、中務式77宮人時服条によれば時服を給う采女が水司に六人、膳司に四一人の合計四七人、大膳式下48采女条と大炊式35親王已下月料条にそれぞれ「采女四十七人料」とあり、本条の人数とも一致するので、四七人が式制の定員であろう。

その淵源は、寛平九年（八九七）に「縁レ無二定例一」という傾年の事情からあらためて国ごとの采女の定員が決められ、総計四七人が定額采女とされた事に求められる（三代格同・正・二十五符）。采女の貢進単位は郡ではなく国となっており、采女の呼称も「某郡采女某」から「某国采女某」へと変わっていったという(磯貝前掲書二一七頁)。

采女の養田(五七九頁2)　采女を資養するために設置された田。采女の養田は令に規定がなく、その設置時期は不明だが令制前の「采女肩巾田」に由来すると考えられている。続紀慶雲二・四・丙寅条に「先ㇾ是、諸国采女肩巾田、依ㇾ令停ㇾ之、至ㇾ是復ㇾ旧焉」とあり、大宝令施行によって肩巾田が一旦廃止され(門脇禎二前掲書五〇頁では浄御原令によるとする)、慶雲二年(七〇五)に復活された。民部式上113養田条では、養田の獲稲のうち必要経費を除いた分を舂米もしくは軽物に交易して「送ニ納其主一」とするが、続紀天平神護二・五・丁巳条には「始令下七道諸国、采女養物、不ㇾ論ニ存亡一、並全中納采女司上」とある。要略五三および別符抄延喜十四・八・八符によると、諸国に無主采女田が四八町あり、「一身之間為ニ其料田一、死闕之後不ㇾ補ニ其替一、可ㇾ為ニ无主田一」とされていた。

　このように采女の資養物は肩巾田および養田から供給されているが、一方で改新詔(書紀大化二・正・甲子条)に「凡采女者、貢ニ郡少領以上姉妹及子女形容端正者一〈従丁一人、従女二人〉、以ニ一百戸一、充ニ采女一人之粮一、庸布庸米、皆准ニ仕丁一」とあり、賦役令5計帳条に「主計、計ニ庸多少一、充ニ衛士、仕丁、采女、女丁等食一」とある。

　改新詔の解釈には諸説あるが、松原弘宣は、采女貢進のはじまった当初より延喜式制に至るまで「養田」が存在していたとし(「采女資養法について」〈『日本歴史』三二三、一九七四年〉)、広川雅之は、日本の律令国家は「養田」を認めない方針であったが、現実には容認せざるを得なかったとする(前掲論文)。

采女の月料(五七九頁3)　天平十七・十・十八縫殿寮解(古二―四六七頁)において、縫殿寮が所属する采女・官人等の一月分の公粮を申請しているが、一人分の米は四斗五升、塩は四合五勺とあり、本条と同量である。

解任(五七九頁4)　采女の任期についての規定はないが、類聚国史四〇大同二・十一・辛丑条に「任ㇾ旧終ㇾ身」とあるように原則として終身であった。続紀神護景雲三・四・癸卯条の「散事従四位下牟漏采女熊野直広浜卒」のように奈良時代の采女が采女の名を帯びたまま一生を終えた実例も散見する。

当郡の氏女(五七九頁5)　式制の氏女については中務式62氏女条参照。本条に見える「氏女」について磯貝正義は、もともと別個の存在であった采女と氏女が混用されており、両者の貢進者に明確な区別が失われていたからとする(前掲書二八一頁)。また、寛平期以降、采女職の世襲が普遍化し老病の采女が同姓の姪に辞譲する例が多く見られ、その際、郡領との関係よりも采女の譜第家(代々采女を出す家柄)であることが強調されているという(前掲書二一八頁)。実例として類符抄天暦元・十二・二十八符に「采女大和真子解偁、真子奉ニ仕公庭一、卌四箇年、漸及ニ八十一、難ㇾ堪ニ進退一、今件安子、正為ニ己姪一、始ㇾ従ニ少年一、相ニ従老身一、年歯強壮、情操謹慎、加之已為ニ譜第一、尤堪ニ其職一」と見える。

　なお、中世以降の采女の譜第については中原俊章「中世の采女について」(『中世王権と支配構造』所収、二〇〇五年)参照。

不仕の禄物(五七九頁6)　本条の、不仕分として他へ回される采女の禄物には、月料として与えられる米(大炊式35親王已下月料条)・塩(大膳式下48采女条)のほか、時服等も含まれたか。

頓給の料(五七九頁7)　「頓給料」は律令に規定が見られない。延喜式には本条の他に斎院式20頓給料条、内匠式34親王頓料条、主殿式12諸司年料油条、春宮式29東宮初立頓料条に見られるが、本条以外はいずれも斎院・親王・東宮が新たに定められたとき、とりあえず諸経費に充てるために支給される料物規定である。これらに対して本条の「采女等夏頓給料」を早川庄八は諸司時服の一環として推定している(「律令財政の構造とその変質」〈『日本古代の財政制度』所収、二〇〇〇年、初出一九六五年〉)。

樵丁一人守廬丁一人(五七九頁8)　采女の従者。民部式上61仕丁条に「採薪、守舎」、主計式

下1勘大帳条に「守廬、採樵」と見える。天平十七・十・十八縫殿寮解（古二―四六七頁）に采女と同人数の樵・廬守がそれぞれ見えており、米・塩・庸綿の支給もされている。遡って天平十年度駿河国正税帳（古二―一〇七頁）に「下総国印波郡采女丈部直広成」「従二口」とあり、采女が二名の従者を伴っていた。なお、令制以前の采女の従者としては安閑紀元年閏十二月是月条に「采女丁」と見え、書紀大化二・正・甲子条（改新詔）に「従丁一人、従女二人」と見える。

主水司（五七九頁9）　和名抄にモイトリノツカサとある。モイは水を入れる容器のこと。宮内省被管官司。職員令53主水司条に「正一人、（中略）佑一人、令史一人、氷部卌人、使部十人、直丁一人、駈使丁廿人、氷戸」とある。正以下の職掌に「樽水、饘、粥、及氷室事」とあり、宮廷において水・饘（アメ）・粥・氷の事を扱った。伴部である「氷部」と品部である「氷戸」は、令集解・令義解の写本によって「水部」「水戸」とするものがある。井上薫は「水と氷の字体が類似していることに起因するが、主水司が水（樽水）と氷（氷室）の両者を管理することも原因である」と指摘している（「都祁の氷池と氷室」〈『ヒストリア』八五、一九七九年〉）。井上光貞は三代格弘仁七・九・二十三符に「水部」とあること、官司の名も主水司であり、伴部の名はそれが所属する官司の名と関係を持つから水部がよいとする（「カモ県主の研究」〈著作集一『日本古代国家の研究』、一九八五年、初出一九六二年〉）。これを受けて日本思想大系『律令』一八四頁（一九七六年）は氷部・氷戸は水部・水戸の誤りかとする。高橋和広は、職員令53条集解古記・令釈所引官員令別記に「氷戸百卌四戸、自二九月一至二二月一、毎丁役、自二三月一至二八月一、一番役卅丁、為二品部一、免二調雑徭一」とある氷戸の労役は九月から二月に労働力の集中する氷室関係のものと思われるから、大宝令では氷戸となっていたとし、令制前の主水司の前身をなす官司的組織が飲料水を貢進する部と氷を貢進する部の二つを統合して構成されたと考えられるから氷部・氷戸も存在したという（「古代日本の氷室制度について」〈『山形大学史学論集』一二、一九九二年〉）。その後、氷戸は廃止され（後掲「徭丁」参照）、式制では氷室関係の労役は徭丁による労働力徴発に転換されている。水部は前掲弘仁七年符に一三人が増員され名負雑色人が充てられることになったが、式部式上211伴部条では「取二負名外異姓白丁五人一」となっている。水部の負名氏として知られているのは、鴨県主（井上光貞前掲論文）・水取連（大嘗祭式31卯日条、三代実録貞観六・八・二十五条）の他、ウジ名に氷を持つ氏族（氷部・氷連など）も可能性があるという（直木孝次郎「人制の研究」〈『日本古代国家の構造』所収、一九五八年〉）。史生は令制に規定されていないが、後紀大同四・三・己未条に二名新置されたことが見え、式部式上90諸司史生条に受け継がれている。使部は同式100諸司使部条に六人とあるがいつ減員されたかは不明。平安宮における主水司の位置は内裏東南で大膳職の西にある（中巻図1参照）。承和十一年（八四四）に事務繁多のため、内膳司・采女司に准じて主水司印の頒布を申請し許可された（続後紀同・六・戊寅条）。元慶五年（八八一）、摂津国の官田九町二段三二四歩が要劇料田に充てられた（三代格同・十一・二十五符）。

御生気の御井（五八一頁1）　瀧川政次郎前掲論文によれば、天皇・中宮・東宮の御生気の御井から立春の日の早朝に汲む水を「立春水」と称したことは史料的には江家次第一（供立春水事）に「旧年封二御生気方人家井一、用之後廃而不レ用レ之（中略）大土器盛二立春水一（中略）主水司（中略）次充二供御一」と見えていることから明らかという。また、その水は老いを若返らせ命を延ばす霊力をもつと信じられていたため「若水」とも呼ばれており、若水の語については出雲国造神賀詞にも見え（祝詞式29出雲国造神賀条）、奈良時代、天平勝宝年間に創始された東大寺二月堂修二会（御水取り）も立春水と関係があるのではないかとの推定がなされている（瀧川前掲論文）。なお北山抄一に「立春日、主水司献二立春水一事〈主水司付二女官一供レ之〉」とあるほか、撰集秘記・東山御文庫蔵新撰年中行事所引清涼記逸文(西本昌弘編『新撰年中行事』、二〇一〇年)、小野宮年中行事(正月)、年中行事秘抄(正月)にも立春水の事が見えている。なお、若水については三宅和朗「古代の神々の示現と神異」(『古代の王権祭祀と自然』所収、二〇〇八年、初出二〇〇四年)も参照。

牟義都首(五八一頁2) 佐伯有清は「首が姓であるのか、単に人を意味する言葉として用いられているのかは判断に苦しむが、牟義氏に首姓のものが見られないことからすれば、牟義都の人と解する方が妥当」とする(『新撰姓氏録の研究』考證篇二〔一〇四頁〕、一九八二年)。姓氏録(左京皇別下)には「牟義公」が載せられ「牟義都首」は見えない。また延喜式本条以外に牟義都首の史料は皆無である。牟義都氏は美濃国北部の長良川周辺を基盤とした牟義都国造(釈紀一三所引上宮記一云に見える)で後の美濃国武義郡の郡領級豪族と考えられており、天応元年(七八一)三月庚申に「采女従六位上牟義都公真依」が外従五位下に叙せられている(続紀)。近年発見された弥勒寺官衙遺跡群(岐阜県関市)では長良川の流路がほぼ直角に曲がる右岸に七世紀末の評関係と思われる遺構と八世紀の郡家(品字型の建物配置・整然と並んだ総柱建物の倉庫群)遺構が重層的に確認され、さらに豪族居館・寺院・水辺の祭祀遺構・古墳が一体となったもので牟義都氏の本拠地と考えられている(田中弘志『律令体制を支えた地方官衙・弥勒寺遺跡群』、二〇〇八年)。壬申の乱で大海人皇子のトネリとして活躍した身毛君広(牟宜都君比呂)も牟義都氏の一族(天武紀元・六・壬午条、続紀大宝元・七・壬辰条)。牟義都氏が立春昧旦の汲水儀にかかわることになったことについて野村忠夫は、畿内のカモ県主のように牟義都氏が大和王権への服属の証として支配領域内の美泉の水を献ずる儀礼関係のなかに組み込まれ、後に主水司に発展する内廷的な職掌へ一族を勤仕するようになり、霊亀三年(七一七)九月の元正天皇の美濃国当耆郡醴泉行幸(十一月癸丑の養老改元の契機)と同年十二月丁亥の「令下美濃国、立春暁挹二醴泉一、而貢中於京都上為二醴酒一也」(以上続紀)という命令が契機の一つとなったのではないかと推定している(「村国連氏と身毛君氏」〈『律令官人制の研究』所収、一九六七年〉)。

中宮もまた同じくせよ(五九一頁1) 延長元年(九二三)の藤原穏子立后(紀略同・四・二十六条)に伴う、別符抄同・五・四符によれば主水司関係の中宮月料が「麻笥盤二口〈減二一口一、定二一口一〉、陶鉢二口〈減二一口一、定二一口一〉、堝十口〈減二五口一、定二五口一〉、土盆五口〈減二二口一、定二三口一〉」とされており、定数が減じられているが本条には反映されていない。

供御の氷(五九一頁2) 本条より23雑給氷条まで主水司が供する氷の対象者を規定。冬季に氷池より切り出し氷室で保存してきた貴重な氷のため、供給期間・量などが身分により細かく定められている。本条に見られる進物所・盛所でその飲食物を冷ます料としての用途のほかに、氷そのものの飲食として「削り氷」がある。枕草子(三九段)「あてなるもの」として挙げられた「削り氷にあまづらいれて、あたらしき金椀にいれたる」や江家次第二〇(新任大臣大饗)に「暑月削氷」とある。また、疫病が大流行した天平九(七三七)年の官符(類符抄同・六・二十六符)では「不レ得レ飲レ水喫レ氷、固可二戒慎一」と東海道以下諸道に、発病したら水を飲んだり氷を食することを固く慎むようにと命令している。次に暑月の遺体防腐用として、喪葬令14親王条に「凡親王及三位以上、暑月薨者、給レ氷」という規定がある。この規定は唐の制度を引き継いだもので、通典八四(礼四四凶六設氷条)には「大唐之制、諸職事官三品以上、散官二品以上、暑月薨者、給レ氷」とある。

中宮に供する氷(五九一頁3) 源氏物語蜻蛉には明石中宮の営む法華八講で、薫大将が女一宮を垣間見るくだりに「氷を物の蓋にをきて割るとて、もてさはぐ人々、大人三人ばかり、童といたり。唐衣も汗衫も着ず、みなうちとけたれば、御前とは見給はぬに、白き薄物の御衣着かへ給へる人の、手に氷を持ちながら、かくあらそふをすこし笑み給へる御顔、言はむ方なくうつくしげなり、（中略）心づよく割りて、手ごとに持たり、頭にうちをき、胸にさし当てなど、さまあしうする人もあるべし」とあり、中宮に配られた氷を砕いて、仕える女官たちに分配する場面で、ある者は頭の上にのせ、ある者は胸にさし当て、涼をとる姿が描かれている。

尚侍（五九一頁4）　瀧川政次郎は、臣下に給わる氷は式には侍従しか記載されていないが、摂関以下、三位以上の公卿、参議等にも配給があったとし、さらに、朝野群載八永久四・六・一太政官厨家差進氷注文から太政官の官人は史生に至るまで厨家から氷の配給を受けており、他の京官も所属官司の厨家から氷の配給を受けていただろうとする（「香落・都祁紀行」下〈『史迹と美術』四五〇、一九七四年〉）。しかし、これらすべての氷を主水司所管の氷室から供給することは無理であろう。主水司から配給する氷は宮中と節会で使用されたものに限られたと思われる。主水司所管の氷室以外にも多数の氷室があった可能性が大きい。暑月における氷の消費は宮中に限られたものではなく、平城京の市には氷を売る肆があった（天平宝字四・六・十五土師成男銭用文〈古一四―三四八・三四九頁〉）。また、類符抄天平九・六・二十六符によれば、全国の百姓まで氷を消費していたことがうかがえる。中山晋はこのような観点から全国に氷室が展開していたはずと考え、栃木県を中心に氷室跡を考古学的に検証している（「古代日本の氷室の実体」〈『立正史学』七九、一九九六年〉）。下野国府から「国厨氷」と書かれた墨書土器が出土しており（栃木県教育委員会編『下野国府跡資料集』三、一九八六年）、栃木県河内郡上三川町多功南原遺跡から「氷」と書かれた墨書土器が出土している（栃木県文化振興事業団埋蔵文化財センター編『多功南原遺跡』奈良・平安時代編、一九九九年）。

侍従（五九一頁5）　令制では中務省に属し定員八名（職員令3中務省条）。本条には人数が挙げられていないが、大膳式下35侍従条、大炊式33侍従条に「侍従卅人」とあるので、次侍従も含まれていた可能性がある。

徭丁（五九三頁1）　力役に動員された役夫。令制下では主水司の品部である氷戸の労働力が充てられていた（職員令53主水司条集解古記・令釈所引官員令別記）が、式制では雑徭の徭丁が動員された。通常、雑徭には食料支給がないが氷室の労働には食料が支給された。高橋和広は、氷戸から徭丁への転換を天平宝字三年（七五九）の品部停廃によるものと指摘している（前掲「古代日本の氷室制度について」）。続紀同・九・戊寅条に「停二廃品部一、混二入公戸一、其世業相伝者、不レ在二此限一」とあり、氷戸の労役は世襲により技術を維持するほどのものではなく、このとき停廃されたと思われ、以後の品部停廃記事に氷戸は見られない。

徳岡に氷室…池辺に一所（五九三頁2）

〔徳岡〕朝野群載八康和三・正・二十一主水司氷解文に「徳岡御室六合」、広島大学所蔵猪熊文書の文永三年正月主水司注進状（氷室文書四）に「徳岡氷室一所」と見え、山城名勝志は竜安寺の西、住吉山に比定する。現在の京都市右京区御室住吉山町付近で諸説一致しているが、氷室跡は確認されていない。なお、神名式上5山城国条の葛野郡の「天津石門別稚姫神社」に、剛本傍訓に「トクノヲカ」と見えることが指摘されている。

〔小野〕和名抄に愛宕郡小野郷があり、現在の左京区上高野氷室山とされる。叡山電鉄宝ケ池駅の東にある氷室山の山腹にあったと考えられているが、氷室跡は発見されていない。近くには小野毛人の墓（上高野西明寺山）があり、小野氏の拠地と言われている（地名大系二七〈一一六頁〉、一九七九年）。

〔栗栖野〕現在の北区西賀茂氷室町・西氷室町一帯。広島大学所蔵猪熊文書の天正十三年正親町天皇綸旨案（氷室文書一四）に見える「西賀茂氷室」が該当すると考えられている。瀧川政次郎前掲論文は西氷室から杉坂へ向かう路の北側に氷室跡の窪地が確認されていると紹介している。付近には、鎌倉時代以降主水正を世襲した清原氏が勧請したといわれる氷室神社がある。

〔土坂〕延喜式の写本はすべて「土坂」であるが、地名辞書二(一二六頁)が「土」を「中」の誤りとし、諸説とも現在の北区鷹峯長坂に比定する。広島大学所蔵猪熊文書の文永三年正月主水司注進状(氷室文書四)に「長坂氷室」が見える。

〔賢木原〕現在の西京区樫原(カタギハラ)付近とされるが、不詳。朝野群載八康和三・正・二十一主水司氷解文に見える「柿原西御室」「同中御室」「同東御室」に該当するか。

〔石前〕現在の北区衣笠氷室町付近。金閣寺の西から蓮華谷にかけて、氷室町の地名と宇多川西岸に「氷室池」と称する池がある。「石前」の地名は残っていないが、現在の左大文字山東麓(北区衣笠鏡石町)付近に「石陰(イワカゲ)」なる地名が江戸時代初期まで残存し、三条天皇が一条天皇と同じく「石陰」で火葬されたことが御堂関白記寛仁元・五・十二条に記されている。石前が石陰に転訛したものか(地名大系二七〔四九四・四九五頁〕、一九七九年)。井上薫は、朝野群載八康和三・正・二十一主水司氷解文に見える「霊厳御室」に当たるとするが(前掲「都祁の氷池と氷室」)、この「霊厳」は今昔物語集三一—二〇に見える「霊厳寺」と考えられ、この場合の比定地としては北区鷹峰の北方となる。また井上は石前とは石門のことで、鷹峰の北峯に巨巌が門戸状をなしているからとする(前掲論文)。なお、石前氷室にのみ「同郡」(=愛宕郡)と記しているのは、同じ愛宕郡でも他の氷室とは一駄の徭丁数が異なるからであろう。

〔都介〕和名抄に山辺郡都介郷があり、現在の奈良県天理市東方から山辺郡にかけての高原地帯が該当地。仁徳紀六十二年是歳条に、「闘鶏」に猟をした額田大中彦皇子が野中に「窟」を発見し、闘鶏稲置大山主から「氷室」であることを聞き、天皇へ初めて氷を献上したと伝える。和銅五年(七一二)の年紀をもつ長屋王家木簡(『平城京木簡』二—一七一九、二〇〇一年)に「都祁氷室二具」とあり、同時に出土した他の木簡によれば六月から九月にかけて盛んに氷が平城京へ運ばれていたことが分かる。この氷室が主水司所管のものとは断定できないが、奈良時代のこの地域に氷室があったことは確実。井上薫は奈良時代より前から都祁に氷室があり飛鳥・藤原宮へ氷を供給していたことを想定している(前掲論文)。現在の天理市福住町の室山(福住小学校の北)には氷室跡とされる数個の竪穴状遺構が確認されており、近辺に氷室神社(創建年代は不明)も鎮座している。井上は、福住は都祁地域の中心部ではなく西に位置しており平城京に近いことから、霊亀元年(七一五)六月の「都祁山之道」開通(続紀同・六・庚申条)に伴って中心部から氷室が移動され、平安京遷都後もそのまま存続したとする。川村和正は「都祁氷室の成立と変遷について」(由良大和古代文化研究協会編『研究紀要』一〇、二〇〇五年)において、福住町周辺の氷室跡(池ノ内群・奉書谷群・尾広群・小野味群など)の詳細な報告に加えて、旧都祁村(現奈良市)に点在する藺生群・ゼニヤクボ群などの多くの氷室跡と考えられる遺構を確認している。平安京遷都後は遠隔地となったにも拘わらず、本式の規定に「六丁、輸㆓一駄㆒」とあるように引き続き氷が運ばれていたのは、高橋和広前掲論文によれば九条年中行事所収承平七・七・二十三右弁官下文に「右得㆓主水司解㆒偁、件氷、国々申㆓請消失㆒之由、謹検㆓所㆑遺之氷㆒、啻大和国也」とあり、他の氷室の氷が無庫の状態になっても氷を保持していた環境にあったからという。また、朝野群載八康和三・正・十五主水司氷解文にも「大和国都介御室、昔毎年厚封」と記されている。延長六・十二・十五安倍乙町子売券(平遺一—二三〇)、承平元年安倍乙町子解(平遺一—二三八)、に「散位供御都介氷所勾当従六位上氷部」が見えており、「勾当」は氷室の現地管理に関わると考えられる。

〔讃良〕現在の四條畷市南野室池(ムロイケ)の山中と推定されている。養老の年号をもつ平城宮跡出土木簡(『平城宮木簡』三—二八五九、一九八一年)に「更浦氷所」と書かれたものがあり、「更浦」は、天平十九年法隆寺伽藍縁起并流記資材帳(古二—六一六頁)に河内国讃良郡を更浦郡と記す例があることから、讃良氷室と考えられ、奈良時代から存在していたことが知られる。紀略天長八・八・乙酉条に「山城河内両国各加二置氷室三宇一、供御闕乏也」とあり、氷室が増設された。また、江家次第一(元日宴会)には「氷　山城国徳岡、大和国都介、河内国更占、近江国龍華、丹波国神吉」とあり、朝野群載八康和三・正・二十一主水司氷解文には「河内国讃良北御室」とある。

〔竜花〕洛北から八瀬・大原を経て途中峠(トチュウトウゲ)を越えて途中集落から東進すると現在の滋賀県大津市伊香立上龍華町・下龍華町に至る。還来(モドロキ)神社西の山中の「イムロノネヤ」「ネヤノタニ」と呼ばれる谷を氷室跡とする伝承があるという(『新修大津市史』七〔一二五頁〕、一九八四年)。

〔池辺〕和名抄に丹波国桑田郡池辺郷があり、現在の京都府亀岡市・南丹市が該当する。江家次第一(元日宴会)に「丹波国神吉」とあり、広島大学所蔵猪熊文書の承久三・八・二十四北条時房書状(氷室文書一)ほかに見える「丹波国神吉氷室」、朝野群載八康和三・正・二十一主水司氷解文に見える「丹波国神谷(「吉」とする写本もある)御室」が、池辺氷室の後身と推定されており(福尾猛市郎「主水司所管の氷室について」〈『日本歴史』一七八、一九六三年〉)、現在の南丹市八木町神吉がその故地であろう。

氷室(五九三頁3)　冬季に池の結氷を採取し、使用する夏季まで貯蔵した穴室。仁徳紀六十二年是歳条では氷室の形態を「其形如レ盧」とし、さらに「掘レ土丈余、以レ草蓋二其上一、敦敷二茅荻一、取レ氷以置二其上一」と具体的に記している。長屋王家木簡にも「都祁氷室二具深各一丈〈廻各六丈〉取置氷〈一室三寸／一室二寸半〉令被草千束〈一室各五百束〉(中略)戸加須加比二具応造鉄二斤」「和銅五年二月一日」と記されたもの(『平城京木簡』二―一七一九、二〇〇一年)があり、書紀の記述に一致する。穴室の上に構造物のあったことも推定され、「戸加須加比」とはドアにつけた鎹(カスガイ)のことであろう。考古学的にも竪穴の口縁部の周囲に柱穴用のピットが確認できるものもあるという(川村和正前掲論文)。氷室跡を考古学的に検証している中山晋前掲論文は、遺構としての氷室は地面に掘りこまれた有段の竪穴として残存し、一ケ所に単体ではなく複数存在するという。この竪穴の底に茅草を敷き詰め、氷池から切り出した氷を積み上げて、さらに草をのせて盧状にした。中山の試算によれば、長屋王家木簡の記述から推定して氷室全体の容積は約四五立方メートル、その三分の一を氷の収納量として、一駄による氷の運搬量一石二斗(一石は今量の四斗)から約一七四駄分に相当するという。現在の天理市福住にある氷室跡とされる数個の竪穴遺構のなかには、現状で長径一〇メートル、短径八メートルの長円形、深さ三メートルほどの擂り鉢状を呈するものがあるという。なお、滋賀県栗東市狐塚遺跡からは奈良時代前半の遺物を多く含む溝から「氷室」と墨書した須恵器片が出土している(栗東町文化体育振興事業団編『栗東町埋蔵文化財発掘調査年報』〔一九九二年度〕、一九九三年)。

徭丁七百九十六人半…(五九三頁4)　散一七五人半と見役六二一人の合計数に一致する。見役の徭丁は氷室の修理・氷の切り出しから貯蔵・都までの運送などの力役に従事した。散とされた徭丁は長(管理責任者)・執鑰(鍵の保管者。氷室・氷池の周囲には囲繞施設があったかあるいは氷室の戸〔ドア〕の鍵か)・守野山(氷室・氷池周辺地の巡回・監視)の任にあたった。また、副丁(力役従事者に対して日数分の養物を供給する)の役割も含まれていた。国別の内訳は山城国(氷室六所一〇室大半、見役三一六人半・散九八人)・大和国(氷室一所二室半、見役八人・散一九人半)・河内国(氷室一所二室、見役五五人半・散一九人半)・近江国(氷室一所二室小半、見役六九人・散一九人)・丹波国(氷室一所三室半、見役九九人・散一九人半)となっており、見役の人数は氷室の室数に応じた配分、散の人数は氷室一所ごとにほぼ一定数が配置されていたか。

巻第四十一

弾正台(五九九頁1)　弾正台は律令官人の非法行為を摘発する官司。規模や官人の官位相当などはほぼ八省に准じる。唐の御史台をモデルにつくられ、和訓は「タダスツカサ」(和名抄)。

〔弾正台の構成とその変遷〕令制では、尹一人(従四位上)、弼一人(正五位下)、大忠一人(正六位上)、少忠二人(正六位下)、大・少疏各一人(正七位上・正八位上)からなる四等官構成をとり、分番官として史生六人、使部四〇人、さらに品官として巡察弾正一〇人(正七位下)が所属する。直丁二人。

もともと大・少忠の相当官位は八省の大・少主典より一階上であったが、天平宝字三年(七五九)に尹を従三位とし、また弘仁十四年(八二三)には弼を大弼と少弼に分け、そのうち前者を従四位下とするなど、八世紀から九世紀前半にかけて相当官位は上昇した。員数も、弘仁十四年に弼を大・少分置して増員したほか、早く同四年に少疏一人を加員しており、四等官は増加していった。史生は大同年間(八〇六〜八一〇)に平城朝の改革で二人減とされたが、弘仁四年に復旧され、また貞観三年(八六一)には八省の省掌に准じた台掌二人も新置されて、官司としての拡充が認められる。

品官の巡察弾正は、弘仁四年と同十四年に二人ずつ削減されたが(弼・疏の増員に伴う措置)、その後、天長三年(八二六)に巡察大・少属各一人が新置され(代わりに巡察弾正を二人削減)、さらに同十年には巡察史生二人が新置されて、〈巡察弾正—巡察大・少属—巡察史生〉という部局を構成するようになる(井上正望「九世紀弾正台の京内巡察体制」〈『日本歴史』七九八、二〇一四年〉参照)。ただし、この部局は寛平八年(八九六)に全面的に廃されている。

なお大同三年(八〇八)には、宮内の非法行為を禁察する内礼司(中務省被管)を併合している。

〔弾奏と糺弾〕職員令58弾正台条は、尹・忠・巡察弾正の職掌として「弾二奏内外非違一」「巡二察内外一、糺二弾非違一」と規定する。この「弾奏」と「糺弾」の具体的内容を示すのが公式令8奏弾式条である。これによれば、親王以下すべての官人の非法行為は、弾正台によって勘問され、糺し改められた後に、量刑・処罰のため刑部省や式部省などに報告される。このように非法行為の内容を勘問によって確定し、これを検挙すること、また場合によっては、その場でとがめて糺し改めさせることを「弾」ないし「糺弾」という。一方、特に親王・五位以上官人の非法行為のうち大なるものは、事実が確認され次第、直ちに奏聞する。これを「弾奏」という。その手続きは本式9奏弾事条に規定される(佐藤全敏「弾正台の弾と京中巡察をめぐって」〈『日本歴史』七七二、二〇一二年〉参照)。

ただし、対応する唐令と比較すると、二つの点で大きく異なっている。第一に、唐では、大きな非法行為は「流内九品以上官」すべてについて皇帝に奏されたが、日本の養老令ではこれを「親王及五位以上」に限定し(大宝令は「一位以下」)、「六位以下」を切り捨てている(大宝令については日本思想大系『律令』同条補注8b〈一九七六年〉参照)。天皇は、親王と五位以上官人(マヘツキミ)の非法行為しか報告を受けなかったことになる。

第二に、唐令では奏された弾奏の文書は皇帝が「御注」を加えて返却し、御史台はその写しを大理寺(刑部省に相当)に移送して量刑させることになっていたが、日本の養老令では「御注」や刑部省に移送することがなく、弾正台は返却された文書をただ保管するだけであった。日本では、弾奏後の措置はいっさい天皇に委ねられていたといえよう。

以上は令文から導かれる事柄であるが、一方で、従来、令に規定された弾正台の糺弾機能は、実際はほぼ有名無実だったのではないかとの理解も広く行なわれてきた(武光誠「弾正台と御史制度」〈『増訂律令太政官制の研究』所収、二〇〇七年、初出一九七八年〉、笠原英彦「律令政治と弾正台」〈『法学研究』六一—五、一九八八年〉ほか）。だが、弾正台が親王・公卿以下の官人を糺弾する際の具体的手続きが、奈良時代から弾例や記文（集解古記所引など）という形で多数つくられており、平安時代に入ってからも、それらは多く弘仁式に取り込まれ、延喜式まで引き継がれている。延喜式にはこのほか弁官や諸司を糺弾する際の作法も多数載せられており、以上の情況は三代格や要略をひもといても同様である（例えば三代格貞観十八・七・二十三符参照）。公式令8条をはじめとする令文がほとんど空文になっていたと考えるのは難しいかと思われる。これまで六国史に糺弾の実例が見られないとされ、これが令文の実効性を疑う大きな根拠とされてきたが、六国史の編纂方針という観点から考えるべきか（なお弾奏の実例として続後紀承和十一・十・壬寅条が確認される）。

〔太政官との関係〕公式令8条や本式9条から知られるように、弾正台は太政官から独立して天皇に奏聞したが、これは唐の御史台を模したことに由来する。ただし唐制と子細に比較すると、弾正台の機能はかなり縮小されていたことが知られる。

第一に、唐では全国から皇帝に寄せられる「意見」について、「訴訟」とそれ以外とに分け、「訴訟」については御史台・門下省・中書省それぞれの判官が受理・審査し、その中に官人の害政・抑屈に関するものがあれば皇帝に奏することになっていた。「訴訟」以外であれば、中書省の判官が受理し、すぐに奏聞する（公式令65陳意見条集解令釈所引「唐令」）。これに対し、日本の公式令65条では、「訴訟」・「非訴訟」とを分けることなく、官人の害政・抑屈以外については、すべて少納言が受理・奏聞する形へと変更されている。そして官人の害政・抑屈に関するもののみを、弾正台が単独受理するものと規定する。日本令では、官人の害政・抑屈でない限り、「意見」はすべて太政官の扱いへと変更したのである。

第二に、その官人の害政・抑屈についても、実際の運用にあたっては、弾正台ではなく弁が受理・審議していた。これは公式令65条集解古記が「今行事」として述べることによる。官人の非法行為は、一般政務案件と区別なく、太政官で処理されたことになる。

第三に、唐の御史台には、地方官人を巡察して糺弾する監察御史が置かれていたが（『唐令拾遺補』三師三公台省職員令復旧第28条〔開元七年・同二十五年令〕）、日本ではこれが置かれず、弾正台の恒常的な管轄範囲は京内とされていた（職員令58条集解諸説）。代わりに諸国を巡察したのが太政官の巡察使である（職員令2太政官条）。ここでも太政官による機能吸収が認められる。なお八世紀には、弾正台の畿内巡察が制度化されていたとする説もある（黒須利夫「弾正台と畿内」〈『史境』六三、二〇一一年〉）。

このように唐の御史台の機能は、日本では相当程度太政官に移されており、弾正台の職掌は唐制に比して縮小されている。こうした日唐間の違いを指摘した石尾芳久や佐藤全敏は、それを、皇帝と天皇の権力のあり方の相違に由来するとした（石尾「律令国家の裁判制度」〈『日本古代法の研究』所収、一九五九年〉、佐藤「弾正台と日本律令国家」〈『日本史研究』六〇一、二〇一二年〉）。

〔弾正台の成立と機能拡張〕弾正台の前身は、続紀天平十四・十一・癸卯条に「飛鳥朝庭糺職大夫」と見える糺職である。弾正台の和訓はこの糺職の和訓を受け継いでいる。糺職の成立時期は明確には知りがたいが、天武十一年（六八二）十一月乙巳詔が弾正台につながる糺弾のあり方を種々規定していることより（天武紀同日条）、少なくとも弾正台のような糺弾機能をもつ糺職は、この詔以後に現れたといってよい。糺職は、宮内と朝庭において、行政法と礼儀作法とを問わずその違反者を糺弾したが、その後、大宝令施行に伴って弾正台と改称・改編されると、基本的に朝堂院（朝庭）内を担当するようになり（宮内は新設の内礼司が担当することになっていた）、あわせて弾正台は、令に規定のある限りで、随時、京中を巡察するようになった。しかし、和銅五年(七一二)五月乙酉詔により、にわかに巡察・糺弾範囲が曹司区域まで拡大され(続紀同日条)、その後さらに、八世紀前半ないし八世紀末までには左右京中をも巡察・糺弾するようになっていった。その背景には、大宝令施行以後になっても、依然官人たちの間では、政務に必須のはずの礼儀作法や風俗などに乱れがあり、さらには彼らがなかなか律令法典に習熟せず、また勤勉に勤務しないという現実があったと考えられる(佐藤前掲「弾正台と日本律令国家」)。

　弾正台は、こうして成立当初から礼儀違反をも糺弾対象としており、そのため礼儀の教習・監督を担う式部省と共同して任にあたることも多かった。本式および式部式に全く同一の条文や密接に関係する条文が複数収められているのもこれによる(小坂慶介「弾正台の活動に関する一考察」〈『関西学院史学』三三、二〇〇六年〉の条文対照表を参照)。

　京中を巡察する職務は、その後、九世紀の天長年間(八二四～八三三)になってさらに強化され、巡察弾正が部局化されるほか、京職の職掌の一部が弾正台に移されるにいたる。しかし貞観年間(八五九～八七六)に検非違使の機能が拡張されると、こうした弾正台の職務は限定的なものとなっていった(井上前掲論文)。

　なお、弾正台に関する二〇〇〇年代までの研究史は佐藤全敏「弾正台研究についての覚書」(『(信州大学)人文科学論集』人間情報学科編四七、二〇一三年)参照。

　〔弾例と式〕弘仁弾正式にさきだつ法令集として弾例がある。弾例の逸文を集成し検討を加えた虎尾俊哉によれば、弾例には、八世紀前半成立と推定される旧弾例、延暦十一年(七九二)公布の新弾例、大同二年(八〇七)公布の弾例、の少なくとも三種が存在した。これら弾例の内容は弘仁式編纂時に取捨され、同式の公布とともに法源としての地位を失った(「『例』の研究」〈『古代典籍文書論考』所収、一九八二年、初出一九六二年〉)。また川尻秋生は、大同二年弾例が儀式簡略化をめざした内容であったとみられること、新弾例と大同二年弾例は法的に併存していたことを指摘し、あわせて弾例逸文を二ケ条追加した(「新弾例と大同二年弾例」〈『日本古代の格と資財帳』所収、二〇〇三年、初出一九八九年〉)。その後、弾例逸文はさらに二ケ条追加されており(本式35京中巡察条・37非違汚穢条の各補注参照)、本式35条は、新弾例・弘仁式・貞観式・延喜式の各段階を知りうる貴重な事例となっている。なお、弾例が「弾正台の例」ではなく「弾の例」とされたのは、その内容が、全官人の熟知すべき糺弾の基準を示すものであったことによる(虎尾前掲論文)。また「勅例」とも呼ばれたのは、勅による公布であることを強調し、さらにこれによって糺弾を行なう弾正台の権威を高めようとする意図によるものであった(堀部猛「天長三年十二月二十九日太政官符所引の弾例」〈『日本歴史』七七二、二〇一二年〉)。

凡そ弾正は…(五九九頁2)　要略六一所引の某年四月九日問答(答者大判事讃岐永直〈七八三～八六二〉)は次の弘仁式逸文を引く。

　式云、(中略)又云、弾正不レ得レ弾二太政大臣一、太政大臣得レ弾二弾正一、其左右大臣与二弾正一、若有二非違一者、各得二互弾一者、

既に職員令2太政官条が左大臣の職掌(右大臣も同じ)に「弾正糺不レ当者、兼得レ弾之」と付記し、また公式令8奏弾式条が弾正台の糺劾対象を掲げるなかで「太政大臣、不レ在二此限一」と述べる。これらの内容が基本的に大宝令まで遡ることは、職員令2条集解古記が、左大臣の職掌に関する大宝令文の字句として「得レ弾二弾正糺不レ当一」を引き、加えて次の如く述べることより確認される。

　太政大臣者得レ弾二弾正一、及左右大臣、弾正者互相弾之、唯不レ得レ弾二太政大臣一也、

凡そ親王および左右大臣を…(五九九頁3)　本条の淵源は、さしあたり職員令58弾正台条集解令釈所引の左掲の文に求められる。

　凡弾二親王諸王諸臣三位已上及参議一者、就二其前座一弾之、弼以上官在二台座一、而遣二忠若巡察等一人一、就二其前座一而弾之、其座臨レ事

預仰二所司一設焉、被レ弾人者、初下レ座称唯、若不レ下者亦弾之、弾竟之後、亦下称唯、其弾二親王及左右大臣一者、跪二於殿上一弾之、不レ得レ設レ座、若台座无二弼已上官一者、待二弼以上一弾之、其四位以下不レ問二王臣一、皆喚二於台一弾之、五位已上設レ座、其被レ弾人、下レ座称唯、同レ上、若座无二弼以上官一者、不レ得三輙弾二五位已上一、

右の文について、虎尾俊哉は弾例の内容を窺うに足るものとし(前掲「『例』の研究」)、川尻秋生は弾例の逸文そのものとする(前掲「新弾例と大同二年弾例」)。内容・形式からみて弾例の逸文と見て大過あるまいが、なお複数の弾例条文を合叙している可能性を残す。

なお、職員令58条集解古記には本条や右掲弾例逸文によく似た内容をもつ次の文が見える。

(a)糺二正非違一者、親王及三位以上者、遣三大忠以下巡察以上二、就レ座昇レ庁糺弾、以下皆於レ台追糺正、但五位以上聴レ席、(後略)

(b)凡有二弾事一者、大忠以下、不レ得三輙追二弾五位以上一、必須二弼以上判一、然後弾之、

川尻秋生が推測するように先掲弾例の取意文ともとれるが、大同元年(八〇六)以前の弾例に新旧の二種あったことを考慮すれば、あるいはこの文も弾例そのものの逸文である可能性を残す。その場合、新弾例の下賜が延暦十一年(七九二)であることより、古記に引かれる後掲の文が旧弾例、先掲弾例逸文が新弾例か。

一方、要略六一所引の某年四月九日問答は次の弘仁式逸文を引く。

式云、弾二親王及左右大臣一者、弼以上在二台座一、而遣二忠若巡察一人於堂上一弾之、

第二堂の座(五九九頁4)　朝堂院の北から第二番目の堂に置かれた座の意。朝堂は朝庭をはさんで東西両方に縦列するため、「第二堂」という表現のみでは、東側の含章堂(大納言・中納言・参議の朝座が置かれる)を指すのか、西側の含嘉堂(弾正台の朝座が置かれる)を指すのか、必ずしも明らかではない。岸俊男は「第二堂」を後者の含嘉堂とみなし、「第二堂の座」は弾正台の朝座とする(「朝堂の初歩的考察」〈『日本古代宮都の研究』所収、一九八八年、初出一九七五年〉)。ただし、(i)諸臣三位以上および参議が弾ぜられる場合には、弾正台に喚されることなく各々の朝座において弾ぜられることになっていたこと(本式4弾親王条)、(ii)「第二堂」が、太政大臣・左右大臣の朝座が置かれる「太政官庁」(東第一堂)との対比で用いられていること、の二点からすれば、「第二堂の座」は、含章堂に置かれた大納言以下の朝座(の前の座)とみるのが穏当か。

凡そ三位已上…(六〇一頁1)　職員令58弾正台条集解古記には、本条に似た内容をもつ次の文が見える。

若弾問有レ争者、三位以上、追二家令等一問定、事猶不レ明、遣二大忠以下巡察以上一問定、

川尻秋生はこれを弾例の取意文とするが(前掲論文)、旧弾例そのものの逸文である可能性も残る(本式4弾親王条の「凡そ親王および左右大臣を…」の項参照)。いずれにせよ右掲の文が本条の淵源。

凡そ台弾事を奏さんには…(六〇一頁2)　本条はいわゆる弾奏の手続きを規定する。弾奏に際しての公文書の書式および弾奏の対象は、公式令8奏弾式条に規定される。日本思想大系『律令』同条補注8a(一九七六年)は、これと獄令1犯罪条・2郡決条の内容とを斟酌して、弾正台の弾奏する非法の内容は、(i)量刑・刑執行すべき関係諸司が看過した犯罪、(ii)そうした関係諸司の量刑・刑執行に疑義のある犯罪、の二つに限られたとの理解を示し、その後の研究に大きな影響を与えてきた。

しかし、延喜式や三代格を通覧すれば明らかなように、弾正台の弾の対象となる非法行為の内容は、犯罪行為一般ではなく、原則として官司・官人が職務中に犯した非法にほぼ限られており、(i)(ii)と相容れない。このことは、弾正台の弾が、官司・官人の非法行為に特化したものであり、獄令1・2条に規定された一般犯罪処理システムと別個かつ重層的に存在していたことを示している。

大舎人に…伺い奏さしめよ（六〇一頁３） 大舎人式16奏事条等によれば、諸司が直奏を行なう際、大舎人が閤門内にいる闈司にその旨を伝え、闈司がそれを天皇に奏聞、勅許を得てはじめて諸司は閤門内に入って直奏することができた。吉川真司「律令国家の女官」（『律令官僚制の研究』所収、一九九八年、初出一九九〇年）参照。

凡そ台…（六〇一頁４） 本条の淵源は職員令58弾正台条集解古記所引の左掲の文に求められる。

(a)凡聞二官司枉判一官〔衍ヵ〕者、案覆得レ実、然後奏聞、官司及郷中蔽二匿殺人若盗賊等事一、而不二顕申一者、亦追問、

(b)聞二官司枉判及郷閭蔽二匿罪人一者、随レ状勘問、（穴記所引伴説の引く古記）

川尻秋生前掲論文は(a)を旧弾例の取意文とするが、なお旧弾例の逸文そのものである可能性も残る。また、要略八四延長七・九・十九符所引寛平七・十二・二十二符は次の式逸文を引く。

台式云、聞二官司枉判及閭里犯法一者、追二所由人一勘二問其由一、得レ実応レ奏者、随即奏聞、

これは旧弾例を受けてのものであり、弘仁式で成立した条文である可能性が大きい。

凡そ官人および雑色人を…（六〇一頁５） 三代格嘉祥二・十二・十六符は左掲の弾例逸文を引く。

案二弾例一云、弾二官人及雑色人一者、具録二犯状一、移二刑部省一、令二断罪一者、

虎尾俊哉前掲論文は右の弾例を大同二年弾例逸文とし、川尻秋生前掲論文は旧弾例もしくは新弾例、特に新弾例逸文の可能性が大きいとする。

ただし参議以上…限りにあらず（六〇三頁１） 参議以上・左右大弁・八省卿・弾正尹の遅刻を容認することは式部式上30開門後就座条に規定される。こうした特権は、これらの官職が勅任官であることに由来するものと考えられている。式部式上7節会点検条、佐藤全敏「古代日本の四等官制」（『平安時代の天皇と官僚制』所収、二〇〇八年、初出二〇〇七年）参照。

五位已上（六〇五頁１） 朝堂では、五位以上官人が六位以下官人を統率して執務するものとされた。虎尾達哉「律令官人社会における二つの秩序」（『律令官人社会の研究』所収、二〇〇六年、初出一九八四年）参照。

笞つべきは笞て（六〇五頁２） 一般に弾正台は裁判権・刑執行権をもたず、その「糺弾」権は、非法を犯した者の摘発に留まったと考えられている（日本思想大系『律令』公式令補注8a〈一九七六年〉、小坂慶介「弾正台の役割についての再検討」〈『ヒストリア』一八三、二〇〇三年〉）。しかし三代格弘仁四・六・一符および本式113巡検左右京条・158巡行京裏条より、少なくとも九世紀の弾正台が決笞権を有していたことは明らかであり、本条の決笞主体も弾正台と解される。そもそも獄令1犯罪条による限り、弾正台の管轄範囲内での笞・杖罪相当の非法は弾正台での決罰とされたはずである。弾ずるに及ばない軽微な非法は、弾正台が決笞・決杖したとみて大過なかろう。

ただし、たとえ軽微な非法であっても、五位以上に対しては決笞・決杖は行なわれなかった（大隅清陽「儀制令における礼と法」〈『律令官制と礼秩序の研究』所収、二〇一一年、初出一九九三年〉）。したがって、本条のいう「笞つべき」場合とは、弾ずるまでもない軽微な非法であり、かつ違反者が六位以下官人である場合についてであったと考えられる。

凡そ致敬の礼は…（六〇五頁３） 本条の前提となる規定は、儀制令9元日条・11遇本国司条、続紀養老五・正・己酉条となる。ただし本条の成立に際し直接的な影響を与えたのは、宮城栄昌が説くように（『延喜式の研究』論述篇六七九頁〈一九五七年〉、『同』史料篇八三七頁〈一九五五年〉）、唐開元七年・同二十五年儀制令一四乙や大唐開元礼三「序列下雑制」の如き唐の規定であった考えられる（本条において「坊官」が「東宮官」と表記されるのも唐式・礼に依拠したゆえか）。もっとも実際に参考にされたのは永徽式

や永徽礼であった可能性もある。

本条を開元令・礼にみられる唐制と比較すると、官職名の相違以外にも大きな違いが見出される。その背景として、大隅清陽や佐藤全敏は支配者層内部における七世紀にまで遡る身分制的・貴族制的な構造の存在を指摘している。大隅「儀制令と律令国家」（前掲書所収、初出一九九二年）、佐藤前掲「古代日本の四等官制」参照。

六位以下にはすべからず（六〇五頁４）　大臣または一位・二位の官人が五位以上に対してのみ答拝するのは日本独自のもの。大隅清陽前掲「儀制令と律令国家」参照。

低頭の高下も…（六〇七頁１）　頭を垂れる高さは既述の規定に従えとするが、相当する式文を見出せない。先行する弘仁式ないし貞観式に存したか。「延喜式の杜撰」の一つ。

凡そ三位已下…（六〇七頁２）　親王に対する下馬規定については、大宝令以来変遷が認められる。

⑴儀制令10在路相遇条

凡在レ路相遇者、三位以下遇二親王一、皆下レ馬、以外准二拝礼一、其不レ下者、皆斂レ馬側立、雖レ応レ下者、陪従不レ下、

⑵弾例（要略六九所引）

弾例云、凡相二遇親王一者、三位下レ馬而立、四位已下跪坐、但大臣斂レ馬側立、

集解諸説より、大宝令文も⑴とほぼ同内容であったことが知られる。⑵については虎尾俊哉が大同二年弾例かとし、川尻秋生が旧弾例ないし新弾例とする（両氏前掲論文）。いずれにせよ、⑵において四位以下が親王に対し下馬し跪くことが追加規定されている。本条は再びここから四位以下の「跪坐」規定を削除したもの。跪礼の廃止が弘仁九（八一八）・十年であることより（西本昌弘「古礼からみた『内裏儀式』の成立」〈『日本古代儀礼成立史の研究』所収、一九九七年、初出一九八七年〉）、その改定は弘仁式段階であった可能性が大きい。

なお、四位以下に関する規定が削除されたことから、本条では⑵の語順を改めて「三位已下」を主語としているが、その結果として、「但大臣」から始まる但し書きの文意がとりにくいものとなってしまっている。

凡そ無位の孫王…（六〇七頁３）　本条の淵源は左掲の三代実録貞観十二・十二・二十五制に求められる。

制、（中略）无位二世王、遇二三位一下レ馬、七位已下、遇二无位二世王一不レ下レ馬、

この制は造式所起請に基づくものであり（早川万年「弘仁式・貞観式研究の成果と課題」〈虎尾俊哉編『弘仁式貞観式逸文集成』所収、一九九二年〉）、本条の原型が貞観式文として定立されたことは確実。ただし貞観十二年制で「七位已下」とあるところが本条では「六位已下」となっている。

朝拝の刀禰（六〇七頁４）　朝賀に参加する刀禰。刀禰は儀式の場における官人の汎称。虎尾達哉「刀禰源流考」（前掲書所収、初出二〇〇三年）参照。ただし本条では特に六位以下官人を指すか。本式31朝拝条も参照。

凡そ朝拝の時…（六〇七頁５）　貞観儀式とされる儀式六には、元正朝賀儀として、本条の内容をさらに詳細にした文を掲げており、本条の内容が少なくとも貞観儀式成立時まで遡ることが判明する。

凡そ正月十五日…（六〇七頁６）　儀式九（正月十五日於宮内省進御薪儀）には、「巳刻、弾正忠并巡察已下、主殿寮、検二察御薪一」との文が見えており、本条の内容が少なくとも貞観儀式成立時まで遡ることが知られる。

凡そ京中は…（六〇九頁１）　以下、弾正台による京中巡察について、本条に直接関わる史料に限って年代順に掲げる。

⑴三代格天長三・十二・二十九符所引弾例逸文

謹案二　勅□一□□〔云凡〕毎年〔月カ〕巡察弾正、検二巡京中及東西市、諸寺一、糺二弾非違、□橋破損汙穢等一者、（下略）

⑵三代格貞観七・十一・四符

応下不レ清二掃道路溝洫一并壅レ水浸レ途之責両職直移二式兵二省一貶二奪考禄一亦弾正台隔レ月巡中検京中上事

右得二左京職解一偁、（中略）又承前之例、弾正毎レ月巡二検京中一、今毎二月三旬一職応二巡督一、台職之巡事似二繁促一、仍須レ令二弾正季別一巡察一、謹請二官裁一者、右大臣宣、奉レ勅、（中略）又弾正者紏弾之官、威厳之職、若待レ季巡検、人情懈怠、宜三隔レ月一度必令二巡督一、

(3)三代実録貞観十二・十二・二十七制

制、弾正台復二天長九年十一月廿九日格一、毎月巡二検京中一、幷勘二紏諸司、諸院、諸家及内外主典已上犯状一、直移二式部、兵部二省一、貶二奪考禄一、

(4)新撰年中行事所引貞観式逸文（西本昌弘編『新撰年中行事』三頁、二〇一〇年）

同式云、今案、雖三格有二隔月之制一、然依二彼符一毎レ月巡察云々、

(1)の「勅□」は、「勅□云」で始まること、後文から判断して「凡」を冠した条文であったと推定できること、その後変更が加えられながらも延喜式文として定着していることの三点より、「勅例」すなわち弾例であったと推考される（堀部猛前掲「天長三年十二月二十九日太政官符所引の弾例」、佐藤全敏前掲「弾正台の弾と京中巡察をめぐって」参照）。弾例には旧弾例・新弾例・大同二年弾例の三種が存したが、大同二年弾例は儀式関係に限定してのものであったとみられること（川尻前掲「新弾例と大同二年弾例」）、旧弾例は新弾例の施行に伴い廃棄されたと目されること（虎尾前掲「『例』の研究」）、の二点からして、(1)は新弾例であると考えられる。すなわち弾正台の京中巡察は、八世紀末期には成文化されていたことが判明する。なお、新弾例は旧弾例を補訂して成立したものであった可能性があり、その場合は、京中毎月巡察という規定が既に八世紀前半には存在していた可能性も出てくる。

その後、京中巡察は(2)で隔月とされたが、まもなく(3)で毎月に復される。直後に撰進された(4)の貞観式逸文はその間の事情を述べている。また貞観式が「今案」ではじまる体裁をとっていることより、既に先行条文が弘仁式に存在していたことも確実（貞観式の体裁と弘仁式との関係については虎尾俊哉「貞観式の体裁」〈前掲『古代典籍文書論考』所収、初出一九五一年〉参照）。なお貞観式逸文中の「彼符」を三代格天長九・十一・二十八格に相当するとみて、貞観式は貞観格を否定して天長九年格を採用したとする理解もあるが、(3)を見逃した見解であろう（井上前掲「九世紀弾正台の京内巡察体制」参照）。

弼以下（六〇九頁2）　京中を巡察する弾正台官人について、本条は「弼以下」、前掲の勅例（弾例）は「巡察弾正」としており、この間に変更があったことが知られる。ただし、本式117喚左右京職条は「忠以下」としており、延喜式文内でも矛盾する。本式37非違汚穢条も参考にすれば、あるいは〈巡察弾正→忠以下→弼以下〉という変遷を想定すべきか。

凡そ巡検の日…（六〇九頁3）　京中巡察の日、管理責任を問われて弾正台官人より勘当されることになった京職官人の下馬に関して定めたもの。本条の前提となったのは、(1)続後紀承和七・九・丁丑太政官議奏、(2)続後紀承和十・十二・甲戌制である。このうち(1)は、慣例的に行なわれてきた京職官人の下馬を制度化したものであり、勘当主体である弾正台官人の官職が下馬するか否かの基準とされる。ただし京職史生・坊令はすべての場合に下馬するものとされ、この点は延喜式にいたるまで変更されない。(2)では(1)を修正し、弾正台官人・京職官人両方の官職を考慮して、一部に位階関係をも取り込んだ基準が採択される。本条ではさらにこれを変更して、位階関係だけを基準とする下馬の法が準用されている。

勘当（六〇九頁4）　京職に加えられる勘当の具体的内容は以下のように変遷する。考禄の貶奪（三代格天長四・九・二十一符）→贖銅（天長四・十二・十六符）→考禄の貶奪（三代格貞観十八・七・二十三符等）。櫛木謙周「古代国家の都市政策」（『日本古代の首都と公共性』所収、二〇一四年、初出二〇〇五年）も参照。

凡そ宮城内外の…（六〇九頁5）　本条の淵源は、三代格天長三・十二・二十九所引の次の文

に求められる。
又云、凡宮城内外及汙穢者、毎レ日遣巡察
右は本式35京中巡察条の補注で弾例と推定した文と一連のものであり、やはり弾例と推断される。巡察する主体について、右掲弾例で「巡察(弾正)」とあったところが、延喜式にいたるまでに「忠已下」と変更されたことが知られる。
なお、要略六一所引の年月日未詳問答には、本条と同一の文が引かれているが、前後の文脈より弘仁式逸文である可能性がある。

禁中はすべからず(六〇九頁6) 大同三年(八〇八)の内礼司廃止以後、内裏は近衛府の看督が担当したと考えられている(渡辺直彦「看督・看督使について」〈『日本古代官位制度の基礎的研究』増訂版所収、一九七八年、初出一九七〇年〉)。左右近衛式49看督条参照。

調の宿処(六〇九頁7) 調を納入するために上京した人々のための宿泊施設。調邸。舘野和己「相模国調邸と東大寺領東市庄」(『日本古代の交通と社会』所収、一九九八年、初出一九八八年)参照。

凡そ位禄季禄を…(六〇九頁8) 本条前半の淵源および直接的な前提となる法規は左掲の三つ。

(1)続紀大宝元・八・丁未撰令所処分
　職事官人、賜レ禄之日、五位已下皆参二大蔵一受二其禄一、若不レ然者弾正糺察焉、
(2)三代格延暦十一・十一・十九勅例
　勅例偁、賜二位禄、季禄一時者、諸五位已上自参二大蔵省一受、若不レ参者弾正糺之者、
(3)三代格弘仁二・五・十三符
　応レ送二五位已上歴名一事
　右得二弾正台解一偁、去延暦十一年十一月十九日勅例偁、賜二位禄、季禄一時者、諸五位已上自参二大蔵省一受、若不レ参者弾正糺之者、而依レ無二歴名一不レ便レ勘之、謹請二処分一者、右大臣宣、奉レ勅、式部省写二五位已上歴名一、臨レ時送レ台、其六位已下者、専預二彼省一者、宜二承知依レ宣行一之、自今以後、永為二恒例一、

このうち(1)は季禄にのみかかる規定とされることが多いが、位禄にも適用された可能性も十分に存する。また(2)は虎尾俊哉によって新弾例であることが指摘されている(前掲「『例』の研究」)。
　賜禄儀の際にみずから大蔵省に出向く官人の範囲について、(1)は「五位已下」とし、(2)は「五位已上」とする。その後の史料によれば、五位以上・六位以下ともに参集することになっているから(3)、儀式九〔二月廿二日賜春夏禄〕)、(2)は(1)の「五位已下」を前提にして、さらに「五位以上」(実際は四位以上)を追加する措置であったと解される。その後、三代格延暦十九・十二・十九符や同二十一・十・二十二符では、「給二春秋禄一日不レ参五位及雑任六位已下」についての罪名が問題とされている(「五位」は五位以上を指すか)。(3)になると、弾正台による不参者確認の便を図って、式部省より弾正台に対し事前に五位以上官人の歴名が移送されることになる。あわせて六位以下の参不については式部省が担当することに変更されている。本条にて弾正台が五位以上の不参者のみを勘録するとあるのは、この弘仁二年(八一一)の改変を受けてのものであった。
　なお、儀式九では二月廿二日賜春夏禄儀として、弾正台が五位以上の歴名を保持しつつも「五位已下」を点検するとあるが、「五位已上」の誤記ないし誤写の可能性を想定すべきか。

検非違使に告げ示せ(六〇九頁9) 検非違使は弾正台とともに新制違反者を糺弾した。貞観十七年(八七五)撰進の検非違使式逸文(要略六一所引)に次のようにある。
　検非違使式云、使之所レ掌、准二弾正弾事一、并依二臨時宣旨一行之、

所々(六〇九頁10) 天皇に奉仕する令外の小規模な機関。蔵人所・作物所・御厨子所など多数存在した。所京子「『所』の成立と展開」(『平安朝「所・後院・俗別当」の研究』所収、二〇〇四年、初出一九六八年)、佐藤全敏「宮中の『所』と所々別当制」(前掲書所収、初出一九九七年)参照。

八省院(六一一頁1) 飯田剛彦は弘仁九年(八一

八）に「朝堂院」が「八省院」に改称され、元慶三年（八七九）に再び「朝堂院」に戻されたとする（「『太政官院』について」〈笹山晴生編『日本律令制の構造』所収、二〇〇三年〉）。

所々の別当（六一一頁2）　(i)蔵人所など、宮中で天皇に奉仕したいわゆる各種「所」の別当を指すのか、(ii)「あちらこちら」の様々な機関の別当を指すのか、必ずしも明らかではない（「所々」を「あちらこちら」の意で用いる例は本式158巡行京裏条などに見える）。(ii)とすれば、所々別当のほか、検非違使別当、諸司別当、諸寺俗別当、諸家別当等々を指すことになる。これらの別当については佐藤全敏前掲『平安時代の天皇と官僚制』第二部参照。

凡そ臨時の別勅は…（六一一頁3）　要略六一所収昌泰三・八・十三付左少史惟宗善経勘申は、弘仁式か貞観式か未詳ながら次のような先行する式の逸文を引く。

弾正式云、凡臨時別勅、莫ㇾ承㆓弁史伝宣㆒、

凡そ五位以上は…（六一一頁4）　五位以上・六位以下の笏をそれぞれ象牙製・木製とする規定は、衣服令1皇太子条～5朝服条に見えており（大宝令には相当記述がなかったと推定されている）、これが本条の淵源ともみなされるが、野村忠夫が述べる如く、左掲の続紀養老三・二・壬戌条が養老衣服令に先行していた可能性も小さくない（野村忠夫「官人的把笏の問題」〈『律令官人制の研究』増訂版所収、一九六七年、初出一九六五年〉）。

初令㆓天下百姓右ㇾ襟、職事主典已上把ㇾ笏、其五位以上牙笏、散位亦聴ㇾ把ㇾ笏、六位已下木笏、

五位以上については、その後、大同四年（八〇九）五月二十八日に白木の通用が認められ（紀略同日条）、式に定着する。式への定着は貞観式からか。

前詘後直（六一一頁5）　上端が「詘」、下端が「直」。「詘」は要略六七にならって礼記（玉藻）の鄭元注を参考にすれば、角を削って半円状にすることか。「直」は角を落とさないこと。

なお旧唐書輿服志や唐会要三二（輿服下、笏）によれば、(i)隋代は三品以下（上ヵ）＝前挫後直、五品以上＝前挫後屈（詘）、(ii)唐・武徳年間以降は五品以上＝上円下方、六品以下＝上挫下方、(iii)唐・開元八・九・某勅以後は三品以下＝前屈（詘）後直、五品以上＝前屈（詘）後挫、九品以上＝上挫下方、と変遷したことが知られるが、日本の規定はこれらのうちどの段階とも一致しない。

前挫後方（六一一頁6）　要略六七にならって礼記（玉藻）の鄭元注を参考にすれば、「挫」は円みをもたせて角を落とすこと、「方」は角を斜めに切り落とすことか。

凡そ朝庭の儀式…（六一一頁7）　本条の淵源は左掲の続紀養老七・八・甲午太政官処分に求められる。

太政官処分、朝廷儀式、衣冠形制、弾正、式部惣知糺弾、若其存ㇾ意督察、自然合ㇾ礼、頃者、文武官人、雑任以上、衣冠違ㇾ制、進退緩惰、（中略）如ㇾ此之徒、其類稍多、台省二司、明加㆓告示㆒、

形製（六一一頁8）　本条の淵源となる続紀養老七・八・甲午条では「形制」。「儀式」と対になることより「形制」が正しいか。「形制」は、形状についての定めの意。

衣の袖口の闊さ（六一一頁9）　袖口の広さについては、度々規制が加えられてきた。和銅元年（七〇八）には「八寸已上一尺已下」とされ、狭い袖口を禁ずる文言まで付加されている（続紀同・閏八・丙申条）。この後は広い袖口が好まれるようになり（要略六七神護景雲四・九・四格）、宝亀二・閏三・十九勅（要略六七）では、五位以上は一尺まで、六位以下は八寸までとされた。さらに天長五・四・二十六符（要略六七）により、「衣袖口闊一尺二寸已下、表衣長纔着ㇾ地」とされ、本条に継承されている。

表衣の長さは…（六一一頁10）　要略六七の引く弾例は「衣之体制、准ㇾ袖裁㆓縫之㆒、其表衣長令ㇾ見㆓袴襴㆒、不ㇾ得ㇾ着ㇾ地、襖子汗衫、宜㆓亦准ㇾ此減却㆒」とあって、袍の裾を地に着けないとする。しかし、前項に引いた天長五年符では裾

をわずかに地に着けるように定められている。要略はこの弾例を「古事」であるとして、続後紀承和五・三・乙丑条の池田朝臣春野の卒伝に見える天長十年(八三三)の大嘗祭の装束の例を引く。

礼服(六一一頁11)　五位以上が大祀・大嘗・元日に着用する服(衣服令4諸臣条)。弘仁十四年(八二三)、礼服着用者が「皇太子及参議、非参議三位以上、并預二職掌一人」に限定された(紀略同・十二・壬辰条)。この措置は凶年にあたっての特例であったが、その後通例化し、式に継承されている(式部式下10朝賀条参照)。天平勝宝四年(七五二)の大仏開眼会で聖武太上天皇および光明皇太后が着用したと推測される礼服について、延暦十二・六・十一曝涼使解などの曝涼関係文書に記録がある(古二五—付録五〇頁)。「褶一腰〈羅襴〉」との記載が見え、褶(ヒラミ)の裾下につけられる、襴と呼ばれる帯状の裂に羅が用いられていたことが分かる。衣服令は皇太子以下の礼服で褶を着用することを定めるが、礼服では主にこの褶の一部に羅を用いるのであろう。

幞頭(六一一頁12)　衣服令5朝服条に見える頭巾に相当するもので、五位以上が皂羅頭巾、六位以下が皂縵頭巾とある。続紀霊亀二・十・壬戌条で、六位以下が羅の幞頭を着用することが禁止されている。

無品親王…(六一一頁13)　品位階を有する親王・諸王・内親王・女王の服の色は、衣服令に規定があるが、無品・無位の皇親のそれは規定がない。二世王である孫王以下の無位の諸王については、養老四年(七二〇)に「制、皇親服制者、以二王孫一准二五位一、疏親准二六位一焉」との措置がとられた(続紀同・五・辛酉条)。孫王は従四位下に初叙されることから(選叙令35蔭皇親条)、無位孫王の服制上の位置づけはその下の五位に、同様に三世王以下は五位に初叙されることから、無位三世王以下の服制をその下の六位に准ずると定めたものであり、本条はこれを受けて立てられている(虎尾達哉「孫王について」〈『律令官人社会の研究』所収、二〇〇六年、初出一九八八年〉)。その後、四世王・五世王の初叙位がそれまでの従五位下から各々正六位上・従六位下に引き下げられ、それに伴い諸王六位の朝服の色が諸臣六位とは異なる纁色と定められた(続紀神護景雲元・四・辛巳条)。本条分注はこれを継承する。なお、要略六七天慶五・二・十勘文は「无位孫王准二五位一、其服色者用レ纁」という弘仁式逸文を引くが、諸王に関する部分を脱している可能性が大きい。また、本条の構文からすれば、無位女王の服制上の位置づけについても、二世王(孫王)とそれ以下に区別して適用するのが式意のようである。本式94車馬従条に「二世女王」と見え、女王の場合も二世王を優遇したことは認められるが、本条が無位女王の服制にどこまで適用されたかは明確でない。

婦人は…(六一三頁1)　夫の位色の着用については、もともと礼服と朝服では異なっていた。礼服については、衣服令10内命婦条に「外命婦、夫服色以下、任服」と見え、大宝令も同じであったことが同条集解古記から分かる。一方の朝服は、初位以上の位色が同令11朝服条で定められ、大宝令同条では「著二当色服一」という規定まであった(同条集解古記)。朝服の場合、婦人自身のもつ位階に応じた服色を着用するのが原則であったとみられる。大宝令の施行から間もない続紀大宝元・十二・癸丑条には、「制、五位以上婦、不レ得レ着二夫服色一、但朝会之日、聴レ着二得色已下一」とある。前段は大宝令の女性の朝服の規定に対応し、「但」以下は礼服の規定に対応するもので、大宝令制の遵守を命じたものと推測される(新日本古典文学大系『続日本紀』一、三三二頁補注「外命婦の服色」の項、一九八九年)。しかし、大宝令に存した「著二当色服一」の字句は、養老衣服令11条では削除されていることから、朝服も礼服と同じく夫の服色の着用を許すことになったとみられ、この原則が弾正式本条に継承されたと考えられる。

　ただし本条後段が定めるように、節会の際の服制は、右の原則とは異なっていた。弘仁六年(八一五)の勅では、女性が「褐及黄櫨染等色」を着用することを禁止する一方で、節会の日だけは許可されている(後紀同・十・壬戌条)。本式62錦衣条も、節会の日に錦の衣を着用することを認めている。儀式の唐風化が進む平安初期に節会が整備されるなかで、従来の服制の枠を超えるものが認められるようになったと推測される。本条が節会の日を例外とすることは、夫の服色の着用を禁ずることを意味するのではなく、右のように節会の日が通常の服制とは異なることから付加された規定とみられる。

大臣の二位を帯ぶる者…(六一三頁2) 続紀宝亀五・正・辛亥条に「勅、先令下大臣身帯二二位一者、着中中紫上、自レ今以後、宜三為レ例行二之一」とあり、二位を有する大臣は中紫の着用を恒例とすることが定められた。しかし、大同二年(八〇七)に三位以上はすべて浅紫とするように改められ(紀略同・十・丙辰条)、大同四年には右大臣従二位藤原内麻呂に中紫の朝服を着ることを認める勅が出されている(後紀同・二・丁巳条)。その後、後紀弘仁元・九・壬戌条で「制、大臣身帯二二位一者、聴レ著二中紫一、今宜三改著二深紫一、又諸王二位已上、及諸臣二位三位者、依二令条一、著二浅紫一、今改著二中紫一」とされ、これが本条に継承されている。本条でわざわざ「朝服」の語が加えられているのは、同じ色を用いる礼服の着用が弘仁十四年(八二三)に大幅に縮小されたこと(本式52不得著羅条参照)と関わるか。なお、六位以下の朝服の色については、本式145六位以下朝服条に規定される。

綾(六一三頁3) 経糸と緯糸で地と文様の異なる組織を織り出した絹織物。朝服に綾を用いることは、持統紀四・四・庚申条に「浄広弐已上、一畐一部之綾羅等、種々聴レ用、浄大参已下、直広肆已上、一畐二部之綾羅等、種々聴レ用」と見える。綾や羅一幅に対して高位の者は一つの大きな文様を用いることが許され、それに次ぐ者(後の五位相当)には二つのやや小さめの文様が許された。持統紀にはこれより下位の者についての規制は見えないが、衣服令14武官朝服条集解古記(あるいは古記所引一云)に「六位以下、聴レ服二用四窠以下及小綾一」とあり、八世紀前半には六位以下であっても一定の文様規制のもと朝服に綾を用いることができたようである。その後、一旦は禁止されていた一窠から四窠までの文様を、五位以上が用いることが弘仁元年(八一〇)に許可されているが(後紀同・九・壬戌条)、本条が定める六位以下の朝服への綾の使用禁止がいつ始まったかは定かでない。

五位以上の女…(六一三頁4) 女性本人の身分では許されない衣服や装飾品を、父が五位以上であれば身につけることができることを意味する。同様の措置は、衣服令12制服条にも見え、父が五位以上であれば「除二父朝服一以下色」を制服に用いることができるとする。続紀霊亀元・九・己卯条には「禁下文武百寮六位已下、用二虎豹羆皮及金銀一、飾中鞍具幷横刀帯端上、但朝会日用者、許之、婦女依二父夫蔭一服用、亦聴之」とあり、女性の場合、六位以下では禁じられた金銀などを用いた服飾を父や夫の蔭で着用できるとする。こうした例に照らせば、弾正式本条が定めるような原則は、八世紀の比較的早い段階から存したと推測される。

紵の布(六一三頁5) カラムシの茎の繊維から織られた白布。営繕令5錦羅条に見え、同条集解古記に「俗言手作之布也、依二別格一、広一尺九寸、長六丈為レ定也」とある。公定寸法は、両面や綾などと同じであり(主計式上2諸国調条)、本式108市人集時条もその寸法を前提とした規定となっている。古記の記す「てづくり」の名称は、万葉集三三七三番歌に「弖豆久利」との表記で多摩川の水にさらす情景が詠まれ、霊異記中二七にも郡司の妻が織り出すことが見える。式では、内匠式33賀茂装束条に「手作布」という表記で見えるほかは、「紵」もしくは「紵布」として散見し、唐皇帝に献上する朝貢品にも挙げられている(大蔵式97賜大唐皇条)。いずれも丈や尺を単位とする織物で、「布」字の有無は表記上の差異に過ぎない。要略六七天暦元・十一・十三符では、諸衛舎人や諸院諸家の雑色人らが「手作」を着ることを禁じている。糸が精細で軽いものが好まれたようで、そうしたものでなければ本条では紵の着用を許可する。次第に禁制の対象となってゆく前段階の様相を本条から読み取ることが可能であろう。なお、増井敦子「紵と手作布について」(『風俗史学』三三、二〇〇六年)は、本条の「紵布衣」を「紵の布衣(ホイ)」、すなわち紵製の狩衣と解する。しかし、式では「紵布」という表記が多いうえ、本式99裁絹絁条に「獵衣袴」が見えること、また紵製の狩衣に関する法令が他に見出せないことなどから、ここでは紵製の衣という広い意味に解した。

揩染して文を成す衣袴(六一三頁6)　型木を用いて染め草の汁を摺(揩)り付け、文様を表した衣や袴。摺染には山藍の葉を用いる青摺や、榛(ハンノキ)の実の汁を用いる榛摺などがある。大嘗祭で小斎の官人が着る「青揩袍」(大嘗祭式30斎服条)、同じく新嘗祭で着る「青摺布衫」(中務式34新嘗青摺条、縫殿式7新嘗小斎服条)のように祭会奉仕の物忌の標識として用いられた。また、衛府舎人の儀服として式に散見するほか(本式76縹色藍揩条参照)、野行幸に供奉する鷹飼の官人などが摺衣を着用した(要略六七天長二・二・四宣旨)。このように特定の祭祀や儀服に用いることから、本条ではその日常使用を禁ずる。摺衣の文様や技法などについては、『日本の美術』五〇九(有職文様〔猪熊兼樹編著〕二〇〇八年)参照。

浅杉染の袴(六一三頁7)　袴はもともと白袴を基調とし(持統紀四・四・庚申条、続紀慶雲三・十二・己卯条)、衣服令も皇太子以下の礼服と朝服に白袴を定める。それゆえ、染色が施された袴は染袴と称された(本式73染袴条など)。後紀延暦二十三・四・丁卯勅は、「聴レ著ニ染袴一、先有ニ限制一、自今以後、浅杉染、不レ論ニ高卑一、宜ニ特聴一レ之、但著ニ朝服一時、不レ得ニ同襲一、其深染及常所レ禁、不レ在ニ聴限一」とする。朝座や儀式などで浅杉染の着用を認める本条は、この勅を承けて立てられた式条であろう。さらに続後紀承和五・三・癸未勅は、貴色でなく汚れが目立たないとして、黄墨染・皂染とともに杉染の袴を、浅深いずれの染め方であっても諸人が着用することを認め、さらに参議以上にはこの三色に加えて、呉桃(クルミ)染の袴の着用を認めている。

錦の衣(六一三頁8)　錦は先染めした二色以上の色糸を用いて文様を織り出した絹織物。式では輿や車、屏風などの調度品、座具などの一部に用いる例が散見し、衣服では衛府の官人が儀服として着用する裲襠などがある(左右近衛式1大儀条など)。錦を服飾品に用いることに身分に応じた規制のあったことは、既に天武紀十・四・辛丑条に見える。本条が内命婦以下に錦の着用を認めるのも節会の日の特例とみるべきであろう(本式54婦人衣服色条参照)。

蘇芳(六一三頁9)　蘇方とも。やや青みのある赤色。縫殿式10中宮御服条・13雑染用度条参照。衣服令7服色条で、白・黄丹・紫に次ぐ色とされ、親王・内親王および五位以上の王・女王と三位以上の諸臣が着用できることになる。実際にはこれ以下の者にも蘇芳色の服は着用されていたようで、和銅五年(七一二)には六位以下の着用と売買が禁じられた(続紀同・十・癸丑条)。続紀養老四・四・庚戌条では三位以上の妻と娘および四位・五位の妻の着用が認められている。しかし、後紀弘仁六・十・壬戌勅で、親王・内親王・女御・三位已上の嫡妻子に限るとされ、この頃さらに制限が加えられていったことが窺える。本条もこうした趨勢のもとで立てられたのであろう。

刀の緒(六一五頁1)　刀を佩くために帯執の端に通して腰に結ぶ紐。佩用者の所属する衛府を識別するため、刀の緒の色と模様を本条は定める。後紀弘仁二・三・戊申勅に「左右近衛兵衛等剣帯、同レ色、彼此難レ弁、改ニ旧色一、右近衛用ニ緋絁纈一、右兵衛用ニ青褐纈一」とあり、近衛と兵衛についてそれぞれ所属する衛府の左右を識別するため、刀の緒の色が改められた。同じ衛府の緒は同色で、右方のみ纈という模様染を施すという基準もこの弘仁二年勅に淵源をもつ。ただし、近衛の緒の色は本条に継承されているが、兵衛は異なっている。弘仁格抄八には、この弘仁二年勅と並んで、弘仁四年四月二十日の日付をもつ「応レ改二兵衛横刀緒色一事」が見える。格の本文は伝わっていないが、兵衛の緒はおそらくこのときに青褐から深緑に変更されたと推測される。門部も、同じ弘仁四年(八一三)に「改二門部剣帯色一、左門部著二浅縹一、右門部浅縹纈」と定められ(後紀同・二・甲午条)、本条に継承されている。なお、本条は緒の素材を絁とするが、左右近衛式59大衣条と左右兵衛式18大衣条は、近衛・兵衛の緒を帛とし、左右衛門式26横刀緒料条は門部の緒を東絁とする。

帯刀資人(六一五頁2) 大臣や納言などの高官に対して勅により与えられる、帯刀を許された従者。授刀資人・帯仗資人とも。続紀養老四・三・甲子条には藤原不比等に「授刀資人」三〇人を加えたことが見え、翌年には右大臣の長屋王に「帯刀資人」一〇人、中納言の巨勢邑治と大伴旅人、藤原武智麻呂にそれぞれ四人を支給したことが見える(同五・三・辛未条)。また、藤原仲麻呂や藤原豊成への支給例も続紀に見える(天平宝字三・十一・壬辰条、同六・五・丙午条、同八・九・戊申条)。平安時代では、太政大臣藤原良房に対して、内舎人・近衛・兵衛からなる随身とともに「帯仗資人」三〇人が与えられた例が知られる(三代実録貞観十三・四・十条)。

下衣と雖も…(六一五頁3) 下衣とは、袍などの下に着る内衣。貞観式編纂に関わる三代実録貞観十二・十二・二十五条に「不レ聴二禁色為一下衣一」と見え、本条は貞観式で立てられたとみられる。

黄丹に濫るべきものは…(六一五頁4) 黄丹は、支子で下染めしたうえに紅花で染め重ねた橙色。衣服令で皇太子の服色と定められている(縫殿式13雑染用度条の「黄丹」の項参照)。黄丹と支子染はともに支子と紅花を用いて染色することから、赤味を増した支子染は禁色である黄丹とまぎらわしくなるため、その着用を本条は禁ずる。元慶五・十・十四宣旨(要略六七)は本条と同文の弘仁式または貞観式を引用し、茜や紅を支子に交染したものは、色の浅深を問わず禁じている。天安年間(八五七〜八五九)、男女貴賤を問わず衣や袴を支子で染めることが流行し、貞観年間(八五九〜八七七)に入ると、火色と呼ばれた「深紅之色」に染めることが流行したことが知られる(要略六七延喜十七・十二・二十五奏議)。これを踏まえれば、元慶五年(八八一)の宣旨に引かれる逸文は貞観式で定立された式条である可能性が大きい。

滅紫(六一五頁5) 紀略天長八・六・丙子条で「禁二断紫色、滅紫色已上一、止二僭濫一也」と滅紫の使用が禁じられたが、紫系統への志向が強かったためか、本条では半臂であれば四位・五位でも着用が許されている。

赤白橡の袍(六一五頁6) 古記録に散見する赤色袍に同じ。本条では参議以上の着用を認めるが、平安中後期には、天皇・上皇・摂関や大臣が内宴や殿上賭弓などの特定の行事、また行幸・御幸などにおいて着用するものとなる(末松剛「摂関家における服飾故実の成立と展開」〈『平安宮廷の儀礼文化』所収、二〇一〇年、初出二〇〇〇年〉)。

公私の奴婢の服は…(六一五頁7) 奴婢の服制については、衣服令6制服条に「家人奴婢、橡墨衣」とある。制服とは「朝庭公事」に際して着用するもので、奴婢についても朝参する場合に限って右の服制が適用されたようである(同条集解穴記)。橡の衣は、主に写経生に支給する服として正倉院文書に散見するほか、万葉集にも見え、奈良時代には一般に広く着用された日常衣であった(増田美子「橡に関する一考察」〈『風俗』一〇三、一九九〇年〉、山田英雄「橡衣考」〈『万葉集覚書』所収、一九九九年、初出一九九一年〉)。こうしたことから榎本淳一は、賤民の明確な身分標識として機能した特定の服色はなかったとし、弾正式本条についても、禁色や過差を制限するため服用可能な色種を示した式条であるとする(「日唐賤民の身分標識について」〈笹山晴生編『日本律令制の構造』所収、二〇〇三年〉)。

黄…**墨染**(六一五頁8)

〔黄〕染料は刈安草。縫殿式13雑染用度条参照。

〔葡萄〕赤味がかった紫色。縫殿式8衆僧法服条参照。

〔浅紅〕紅は、紅花で染めた黄色味のある赤色。衣服令7服色条では六番目に位置づけられる。

〔赤練〕赤味のある練色。練色とは、生絹を灰汁(アク)などで煮て膠質を取り除く精練を施した練絹の色のことで、いくらか黄茶味のある白色(山崎青樹『草木染日本色名事典』一九八九年)。

〔橡〕やや赤味のある茶色。縫殿式13条参照。

〔白橡〕白味のある薄茶色。縫殿式9年中御服条参照。

〔墨染〕榛・櫟・楢などの雑木で染めた黒茶色。なお、先に引いたように衣服令6制服条に「橡墨衣」とあり、同令7条には服色の最下位に「橡墨」がある。持統紀七・正・壬辰条に「詔令㆓天下百姓服㆓黄色衣㆒、奴皁衣㆒」と見えることから、これまで一般に「橡墨」という一つの色名と解釈されてきたが、本条では橡と墨染が別に挙げられている。橡が正倉院文書などに散見するのに対して橡墨は見えないこと、また黄橡・白橡のように橡の上に色名を加える表記が一般的であることなども踏まえれば、衣服令の「橡墨」も橡と墨という異なる色を併記したものと解すべきであろう。

その裙は…(六一五頁9)　官戸奴婢には布製の袴や裙を支給することが雑令34給衣服条に定められている。本条が色だけでなく、「絁・布」と材質まで規定しているのも、こうした令以来の原則を踏まえたものであろう。なお、「赤色」は平安中期には赤白橡を指す語として見えるが(前条参照)、ここでは下文にある緋を除いた紅染めなどを広く指すと考えられる。

全色を須いざれ(六一五頁10)　無位の宮人と庶女の制服を定めた衣服令12制服条の「緑、縹、紺纈、及紅裙」について、同条集解古記は「謂全一色、不㆓紕縫㆒也」としている。「全色」とは、この古記の説明する「全一色」に同じであり、紫・緋・緑・紺・縹という朝服にも用いられる色一色で染めた裙の使用を禁ずる。

纈の紕に裁ち縫うこと(六一五頁11)　前項に引いた古記の「紕縫」に通じるもので、衣服令11朝服条に見える「緑縹纈紕裙」と同じ様式のものであろう。同条集解或云は「紕裙集㆓衆色㆒、裁制縫㆑裙也」としており、纈で文様を表した色の異なる複数の裂をつなぎ合せた裙と考えられる(増田美子『古代服飾の研究』二四七頁、一九九五年)。これと同じく細幅の裂を細かく接いだ裳が正倉院に残されている(『日本の美術』五二〇、正倉院の舞楽装束〔田中陽子編著〕、二〇〇九年参照)。

金銀の薄泥(六一七頁1)　本条下文で金銀の薄泥の使用が許される五月五日節の諸衛府官人の甲冑は、布帛に描かれる金画甲形などであり(次項参照)、薄泥が彩色に用いられることが分かる。格勅符抄長保元・七・二十七符では、本条の前段部を引いた上で「而比来多費㆓薄泥㆒絵㆓扇火桶㆒」として「扇火桶等之類、所㆑用之人及画工」を罰することを定める。官符の事書にも「以㆓金銀薄泥㆒画㆓扇火桶㆒」とあるように、金銀の薄泥が同じく彩色に用いられている。従って、薄泥とは金銀の薄(箔)と金泥・銀泥という異なる加飾技法を並列させた用語ではなく、器物や布帛に文様を描く金銀泥を指し、「薄」の字を冠することから薄く彩色するのに特に用いたものと推測される。賀茂祭において斎王とそれに従う女官の衣装は、金銀泥を用いて文様が手描きされる(斎院式18画祭日服料条)。本条の「服用」とはこうした描文(カキモン)と称される衣服への彩色などを指し、火桶のような例が「雑器飾」にあたるのであろう。位階を問わず金銀の薄泥の使用を禁じた本条の前段部は、続後紀承和元・二・癸巳条の「勅曰、金銀薄泥、用㆓之公私㆒、有㆑費无㆑益、宜㆑禁㆓断之㆒」に淵源を求めることができる。

諸衛府の甲冑の飾は…(六一七頁2)　五月五日節に供奉する騎射の官人二人は「金画絹甲形、金画布冑形」を身に着け、近衛四〇人は「細布甲形、銀画布冑形」を着ける(左右近衛式25騎射人条)。同じく左右兵衛府の騎射の官人二人も金画の甲形と冑形を着ける(左右兵衛式10五月五日条)。これらは、節会などの際に装束の上に着用する、装飾化した儀仗用の甲冑で、本条の「甲冑之飾」とはこれを指す。この甲冑の飾りに限って金銀の薄泥の使用を認める本条後段部は、次の続後紀承和九・五・乙未勅が淵源となっている。

勅、五月五日、供レ節四衛府六位官人已下装束、除二甲冑飾一之外、不レ得レ用二金銀及薄泥一、五位已上走馬之鞍幷馬飾、不レ論二新旧一、聴レ用二金銀一、但薄泥不レ在二聴限一、

右の勅では「金銀及薄泥」と表記され、弾正式本条の「金銀薄泥」を金銀と薄泥に分けて理解すべきことを示すかのようであるが、これは「金銀」と「(金銀の)薄泥」という二つの加飾方法を併記したもので、前者が本式次条および106五月五日走馬条に見える「純素金銀」、後者が本条の「金銀薄泥」にあたる。

純素の金銀(六一七頁3) 純素とは「純粋な、まじりけのない」という字義。本式では、前条の「金銀薄泥」という金泥・銀泥を用いて彩色する加飾技法と区別するため、鍍金や鍍銀なども含め、金属の状態で装飾に用いる金銀を指して「純素金銀」と表記したと考えられる。五位以上が金銀を身につけることを認める本条は、「六位已下不レ得下以二金銀一為上レ飾」とした後紀弘仁六・十・壬戌勅に淵源を求めることができよう。

儀服(六一七頁4) 正月七日白馬節会(左右近衛式21青馬条)、五月五日の騎射(同式25騎射人条)、大嘗祭(同式36践祚大祓条・37大嘗会小斎条)、新嘗祭(同式39青摺布衫条)、行幸(同式31供奉行幸条・60臨時行幸料条、左右兵衛式19臨時行幸条)など、門部も含めて(左右衛門式26横刀緒料条)、六衛府の舎人が青摺の服を着用する例は多い。

画餝の大刀(六一七頁5) 大神宮式27神宝条は、「須我流横刀」について「其鞘以二金銀泥一画之」とする。鞘に文様などを表現する技法は、この金泥・銀泥のほか、正倉院伝来の刀剣に見られる平脱や蒔絵などが挙げられる(猪熊兼樹「奈良平安時代の儀仗剣」〈『國華』一一三―一一、二〇〇八年〉)。画餝の大刀は、いわゆる大同二年弾例によって使用が全面的に禁止されていたが、弘仁元年(八一〇)九月の公卿奏議により、節会や蕃客入朝の際に「餝刀」がなければ国威が損なわれることを事由に一部禁制が解かれ、「画飾刀者、除二節会蕃客一之外、将レ加二禁制一」となった(後紀同・九・乙丑条)。さらに、後紀弘仁六・十・壬戌勅は、「五位已上聴三恒服二餝刀一」として五位以上の着用を認め、弾正式本条に継承されている(虎尾俊哉「『例』の研究」〈『古代典籍文書論考』所収、一九八二年、初出一九六二年〉)。

刻み鏤むる大刀(六一七頁6) 鞘装飾の技法による大刀の識別が平安時代を通じて一般化することからすれば(猪熊兼樹前掲論文)、これも鞘などの外装に因む名称と推測される。しかし、「鏤」の語で表現される技法は単一ではない。正倉院に伝存する刀剣のうち、国家珍宝帳所載のものは三口あるが、金の粉末を蒔いて研ぎ出したいわゆる研出蒔絵が「末金鏤」と表記される一方、鉄製の鞘尾に銀象嵌で唐草文を表したものが「銀鏤」、また刀身に飛雲や星形を金象嵌で表したものが「金鏤」と表記される(古四―一三二・一四〇・一四一頁)。式でも、屏風の肱金を鍍銀することが「鏤二肱金一」と記され(内匠式11年料屏風条)、「鏤」が蒔絵や象嵌、鍍金・鍍銀など多様な技法を含む加飾を指すことが窺える。従って、本条の「刻鏤」も技法の特定は容易ではないが、「刻」という工程を含むこと、また本式83紀伊石帯隠文条の「刻二鏤金銀一」をも勘案すれば、あるいは大刀に附属する種々の金具に金銀の象嵌をあしらったものを指すか。

刀子(六一七頁7) 刃渡り五寸を超える大型の刀子は武器にもなる。続紀天平宝字元・六・乙酉勅五条其四で、武官以外の者が京内で武器を携行することが禁止され、貞観九・六・二十宣旨(法曹至要抄中)は、そうした者が携行した場合の処罰を定める。本条も、こうした武器携行

の規制の一環として立てられた式条であろう。

凡そ五位以上…（六一七頁8） 既に霊亀元年（七一五）九月には六位以下官人による虎・豹・羆の皮および金銀での装飾が禁じられている（続紀同・九・己卯条）。その後、豹皮の使用が五位以上からさらに公卿（参議以上および非参議三位）のみに限定された時期は不明。

凡そ白玉の腰帯は…（六一七頁9） 本条前半の淵源は左掲の紀略延暦十四・十二・丙子条に求められる。

A聴㆓参議已上著㆒白玉帯㆒、

また、本条後半のうち、玳瑁についての淵源は左掲の後紀延暦十八・正・庚午勅に求められる。

B勅、玳瑁帯者、先聴㆓三位已上著用㆒、自今以後、五位得㆓同著㆒、

他の馬瑙以下についての淵源は不明である。なお、川尻秋生は故実叢書本西宮記一七および一九に勘物として引かれた天長格抄が引く左掲の太政官符の年紀を延暦十五年（七九六）正月五日と考定し、

C太政官符弾正台
応㆑聴㆑着㆓皮腰帯㆒事
右被㆓右大臣宣㆒偁、奉㆑勅、自今以後、四位参議聴㆓之着用㆒、

白玉腰帯の着用はAでは三位参議以上に認められたが、直後のCではさらに四位参議にも認められるに至ったと推定している（「白玉腰帯考」〈『日本古代の格と資財帳』所収、二〇〇三年、初出一九八九年〉）。これに対し、虎尾達哉は川尻前掲書に対する書評の中で、AとCを同一の法令とみなし、それまで三位以上に認められていた白玉腰帯の着用をA（C）に至って四位参議にも拡大し、いわゆる公卿全体に着用を認めたものとする解釈を示した（『法制史研究』五四、二〇〇五年）。ただ、いずれにせよ、従来三位以上にのみ認められていた白玉腰帯と玳瑁腰帯が、前者はA・Cによって四位参議にも認められ、後者はBによって四位・五位にも認められたのであるから、馬瑙以下腰帯については不明ながら、本条全体の骨子は延暦十八年正月に成立を見たことになる。ところが、この制は大同二年（八〇七）の弾例（故実叢書本西宮記一七・一九勘物所引天長格抄）によって変更が加えられ、詳細は不明であるが、おそらくは白玉・玳瑁いずれの腰帯も、再び着用が三位以上にのみ限られることとなった。しかし、その後大同四年五月に至ると、この制限は撤廃され、それらの着用はかつてのB・Cに復旧したのである（紀略同・五・癸酉条）。やはり馬瑙以下腰帯については不明であるが、ここに再び本条の骨子は復活し、以後弘仁式を経て延喜式にまで継承されたと思われる。

定摺の石帯（六一七頁10） 不詳。「摺」からは摺り染め、または摺り貝（螺鈿）が連想される。前者は帯の生地への染色、後者は銙に紫檀を用いた場合のこれへの細工か。ただし、紫檀を銙材とするものをも石帯というかは疑問。

唐帯（六一七頁11） これが太刀（横刀）の緒であるとすれば、本条のこの唐帯規定の淵源は左掲の貞観十六・九・十四検非違使起請五条の第五条に求められる（三代実録同日条）。

其五、応㆑令㆓横刀之緒上下有㆒㆑別事、案㆓士大夫服用之物㆒、始㆑自㆓朝服㆒至㆓于馬鞦㆒、皆有㆓其色㆒、是則所㆘以別㆓上下㆒弁㆗尊卑㆖也、而今横刀之緒、上下相同、論㆓之物情㆒、理不㆑当㆑然、望請、五位已上同用㆓唐組㆒、六位已下並用㆓綺新羅組等㆒、不㆑令㆓違越㆒、行来時久、難㆑可㆓忽変㆒、自㆓来十一月新嘗会節㆒、将㆑加㆓禁遏㆒、有㆑勅、依㆑之、頒㆓下所司㆒、

紫を著る諸王（六一九頁1） 五位以上の諸王。諸王は、一位は礼服・朝服ともに衣服令3諸王条・5朝服条により深紫を着用、二位以下五位以上は礼服・朝服ともに後紀弘仁元・九・壬戌制により令制の浅紫から中紫の着用に改められたが、五位以上の服色はいずれも紫である。

緋の鞦（六一九頁2） 緋の鞦を禁じることは後紀弘仁六・十・壬戌勅に見えている。この時の対象者は親王・内親王・女御・三位以上嫡妻子であるが、六位以下は当然禁止されていたはずである。また、要略七〇貞観九・六・二十藤原

氏宗宣によれば、緋の鞦を着用した場合、五位以上は旧例により名を録して奏聞し、六位以下はその身を拘束する。また、その鞦は同宣所引の仁寿四年宣旨により、左右馬寮に送られて寮用に充てられる。

凡そ参議已上…(六一九頁3)　本条は六位以下について緋の鞦の着用を禁じる本式87鞍鞦総条の例外規定である。また、後紀弘仁六・十・壬戌勅によれば、五位以上についても緋の鞦は禁じられているが、これが延喜式まで継承された確証はない。しかし、本条で「参議已上、検非違使別当已下府生已上」といった一部の官人にのみ許されていることから推せば、五位以上についても一般には緋の鞦の着用は禁じられていたであろう。

凡そ内親王…(六一九頁4)　本条の淵源は後紀弘仁六・十・壬戌勅の左掲部分である。

内親王孫王及女御已上、四位已上内命婦、四位参議已上嫡妻子、大臣孫、並聴レ乗ニ金銀装車一、

ここでは五位の内命婦は含まれないが、後にこれを含めて本条に継承されたものであろう。

宝髻…剪り綵えて作れる釵(六二二頁1)

「宝髻」垂髪を頭上に瘤状に結う結髪。

「紕裙」ふちかざりをつけた裾。

「剪り綵えて作れる釵」切り整え彩色して作ったかんざし。

凡そ婦人の…(六二三頁1)　本条のうち、「一裳之外、不レ得ニ重著一」は左掲の続後紀承和七・三・乙未勅を淵源とするか。

勅、頃者、風俗澆醨、凋弊相属、省費之術、倹約是憑、宜下自今以後、女所レ服裳、夏之表紗、冬之中裙、不レ論ニ貴賤一、一切禁断、一裳之外、不上レ得ニ重著一、京畿七道准レ制禁断、

白絹縑を…著け(六二三頁2)　従女に限らず、身分の低い者が高価な白絹・縑を着用することは禁止された。要略六七天暦元・十一・十三符では、当時の諸司史生が身分を顧みず高価な白絹・縑を着用する弊風が指摘され、「宜下加ニ下知ニ諸司史生以下着ニ縑及白絹一早従中禁止上」と禁令が発せられている(要略六七天暦二・三・十五符)。

従女の衣裳(六二三頁3)　本条では白絹・縑を縫って従女の衣裳とすることを禁じているが、おそらくはその前提となる法令として、従者(従女)による麻服以外の着用を禁じる左掲の弘仁九・四・八宣旨(要略六七)がある。

一、禁ニ制女人装束一事

少将滋野宿禰貞道宣、奉レ勅、既改ニ先風一、可レ随ニ唐例一者、具在ニ勅書一、而至ニ于今一、未レ有ニ改脩一、従者麻服之外、悉禁断、若教喩重レ度者、禁レ身申送者、

弘仁九年四月八日　(略)

踏歌(六二三頁4)　我が国の朝儀としての踏歌は、中国の踏歌と日本で古くから民間で行なわれてきた歌垣とが合体したものであるが、本条の踏歌はこの民間の歌垣を指す。男女混合で夜間に行なわれ、性的放縦を伴うことから、律令制下では禁制された。現存の法令では京畿での踏歌を禁じる三代格天平神護二・正・十四符が最も早いが、本官符もそれが既に従前より禁断されていたと記している。本条はこのような従前からの禁制を継承した式文である。

凡そ私に…(六二三頁5)　狩猟のための鷹・鷂の飼養を禁止することは、奈良時代から平安時代にかけてしばしば行なわれた。放鷹司・主鷹司による公的飼養の中止を命じたものもあるが、本条が禁じる個人の私的飼養に関する禁制に限っても、①続紀神亀五・八・甲午詔、②三代格宝亀四・正・十六符、③紀略延暦十四・三・辛未勅、④後紀延暦二十三・十・甲子勅、⑤三代格大同三・九・二十三符、⑥要略七〇弘仁八・九・二十三宣旨、⑦三代格貞観五・三・十五符の多数に及ぶ。これは禁制が遵守されなかったからであるが、その一因には飼養の全面禁止にまでは至らなかった点が挙げられる。たとえば、②では「一二陪侍者」が、また④でも「三〔一二ノ誤リカ〕王臣」が、さらに⑤では明らかに太政官の法制定者たちを含む「親王」「観察使已上」「六衛府次官已上」が、飼養を許されるといった特例が認められ、⑥でもそのような特例

は廃止されていない。このような不徹底が、飼養するだけの資力がありながら特例の対象とはならない官人貴族層の不正飼養を誘発することとなる。なお、特例対象者には許可証（天皇からの「印書」や太政官発給の「公験」）が与えられた。弾正台はこの許可証を持たずに鷹鷂を飼養する官人貴族を糺弾する。

凡そ告朔の…（六二三頁6） 本朝月令（四月）は次の弘仁式逸文を引く。

弘仁弾正式云、凡進二告朔函一時者、弁官、式部、兵部、弾正六〔五〕位已上者、立二本司庁前一、他司五位已上者、立二東西庁前一、六位以下、立二弁官式部庁後一、

凡そ五月五日…（六二三頁7） 本条のうち、「走馬装束、聴レ用二純素金鋹一」の淵源は、左掲の続後紀承和九・五・乙未勅の後半に求められる。

勅、五月五日、供レ節四衛府六位官人已下装束、除二甲冑飾一之外、不レ得レ用二金銀及薄泥一、五位已上走馬之鞍幷馬飾、不レ論二新旧一、聴レ用二金銀一、但薄泥不レ在二聴限一、

なお、この勅の但書で薄泥を禁じていることについては、本式74金銀薄泥条参照。

凡そ五月五日節に供うる…（六二五頁1） 本条前半の淵源は続後紀承和九・五・乙未勅（前項参照）前半に求められる。なお、この勅によれば、本条の「諸衛府」とは具体的には四衛府（左右近衛府・左右兵衛府）、「官人以下」とは同じく「六位官人以下」を指す。

物を売る者の…題せざる（六二五頁2） 本条のこの部分は左掲の関市令17出売条の規定に基づく。

凡出売者、勿レ為二行濫一、其横刀、槍、鞍、漆器之属者、各令レ題二鑿造者姓名一、

皇親…利を争う者（六二五頁3） 本条のこの部分は左掲の雑令24皇親条の規定に基づく。

凡皇親及五位以上、不レ得下遣二帳内資人及家人奴婢等一、定二市肆一興販上、其於レ市沽売出挙及遣レ人於二外処一貿易往来者、不レ在二此例一、

凡そ諸司…（六二五頁4） 本条の淵源は左掲の三代格天平勝宝八・十一・十七勅である。

勅、如レ聞、出二納官物一諸司人等、苟貪二前分一巧作二逗留一、稍延二旬日一不レ肯二収納一、宜レ令二弾正台巡検一、自今以後、勿レ使二更然一、

天平勝宝八歳十一月十七日

凡そ左右京を…（六二七頁1） 三代格貞観七・十一・四符により、弾正台は隔月に一度、諸司諸家による道路清掃の怠慢を摘発するために、京職官人らとともに京内を巡検する（この巡検はその後、三代実録貞観十二・十二・二十七制により、天長九・十一・二十九格が復活して、毎月となった）。その際、摘発された諸司諸家の担当者が雑色番上以下の下級官人の場合は、その場で笞刑も執行する。本条の決罰とはこれを指す。本条はこの笞刑の執行を罪状に応じて適正に行なえというもの。本式13京路掃除条、左右京式158巡行京裏条、

凡そ東西二寺の…糺弾せよ（六二七頁2） 東西二寺建立以前においても、四月八日と七月十五日には弾正官人らが京中諸寺（南都諸寺）に派遣され、非違を糺弾することとなっていた。左掲の本朝月令（四月）所引延暦十一・十一・十九弾例はそのことを示している。

弾例云、四月八日、七月十五日、京中諸寺、斎会之時、遣二巡察弾正等一、糺二弾非違事一〈延暦十一年十一月十九日〉、

本条は、平安遷都後、京内寺院として建立された東西二寺において、かつての「京中諸寺」と同様に、弾正官人が非違糺弾を行なうことを定めた細則である。ただし、東西二寺に対しては巡察弾正のみならず、より上位の弾正忠・疏も派遣される点が先の弾例とは異なる。

男女の交雑（六二七頁3） 北山抄一（灌仏事）および江家次第六（御灌仏事）によれば、灌仏会では女房の灌仏は王卿・侍臣の退出を待って行なわれ、またその際には庇に御簾が垂らされて外見から遮断される。男女の交雑を避けるための処置である。また、おそらく女房だけではなく、これに随行してきた女官らと男官との交雑も避けられたであろう。盂蘭盆会の男女の交雑については不詳。

孝子順孫義夫節婦（六二七頁4）　賦役令17孝子順孫条によれば、孝子・順孫・義夫・節婦で志行が国郡に聞こえる者は、国司が太政官に報告し、奏聞を経て表彰する。その報告は京においては京職が担当することになる。それ故、本条で弾正台官人がこの孝子・順孫・義夫・節婦の有無を京の男女に問うているのは、京職官人が右の賦役令規定に沿って遺漏なく孝子等を報告しているかを確かめるためであった。

三宝の…闘乱する者ありや（六二九頁1）　本条のこの部分の大半は、以下の四条の僧尼令文の一部か、またはそれに基づく文言（傍線）によっている。

①凡僧尼、将㆓三宝物㆒餉㆓遺官人㆒、若合㆓構朋党㆒、擾㆓乱徒衆㆒及罵㆓辱三綱㆒、凌㆓突長宿㆒者、百日苦使、（略）　（4三宝物条）

②凡僧尼、卜㆓相吉凶㆒及小道巫術療㆑病者、皆還俗、（略）　（2卜相吉凶条）

③凡僧尼、（略）若飲㆑酒酔乱及与㆑人闘打者、各還俗、　（7飲酒条）

④凡僧尼、聴㆑着㆓木蘭、青碧、皀、黄及壊色等衣㆒、余色及綾、羅、錦、綺、並不㆑得㆓服用㆒、違者、各十日苦使、（略）　（10聴着木蘭条）

禁色を著る（六二九頁2）　三代実録貞観十六・九・十四検非違使起請五条の第三条は僧尼令10聴着木蘭条を引き、僧尼が法服に綾羅錦綺等の違法の織物を用いることを禁じる内容となっている。その中で検非違使は、僧尼のこのような禁色着用は檀越から受ける布施によるものであり、この布施を生活の資とせざるをえない僧尼の弱い立場を考慮して従来は糺弾を控えてきたが、今後はその違法なることを天下に明示し檀越・僧尼ともに処罰すべきとし、勅によって裁可されている。これによれば、貞観十六年（八七四）当時、僧尼の禁色着用の犯を糺弾するのは弾正台ではなく、検非違使である。本条と右の検非違使起請第三条との関係は不詳である。

凡そ僧尼ら売買すべからず（六二九頁3）　本条の淵源は僧尼の蓄財や売買・貸借を禁じた左掲の僧尼令18不得私蓄条である。

凡僧尼、不㆑得㆘私畜㆓園宅財物㆒及興販出息㆖、

随身の…売買するを得（六二九頁4）　大宝令の注釈書で天平十年（七三八）頃成立したとされる古記は、僧尼が市に出向いて随身の宿具を売買することは許されると述べている（僧尼令18不得私蓄条集解）。

凡そ死囚を決せんには…（六三一頁1）　本条は獄令8五位以上条の末尾とほぼ同文である。なお、令文の衛士府はのちに衛門府と統合し、弘仁二年（八一一）以後は左右衛門府と称された。また、令文では弾正台以下が立ち会う死刑を「在京」と明記している。刑部式19決死囚条参照。

台の官人を五畿内に遣わす（六三一頁2）　本条によれば、派遣されるのは忠一名のみであるから、この一名が五畿内諸国を巡察することになる。実際に弾正台官人が畿内を巡察した例としては、続紀大宝元・十一・丁丑条の「令㆔弾正台巡㆓察畿内㆒」がある。このような巡察の形態や、この使人が太政官によって任命される形式をとること、さらに死刑相当を除くすべての犯罪について判決権を認められている点で国司の権限（判決権は徒罪以下）を上回ること、以上の点からすると、この使人は同じく太政官によって任命される巡察使と近しい関係にあるといえよう。畿内にも七道と同様に巡察使が派遣されることはあるが、常にというわけではない。弾正台官人による畿内の巡察はあるいは畿内巡察使に代わるものであったか。なお、黒須利夫は、大宝令制下では、当初畿内を弾正台、七道諸国を巡察使が分掌して監察する体制が構想されていたとより踏み込んだ想定を行ない、その弾正台による畿内監察の規定が弘仁式で条文化し、延喜式本条に継承されたと推定している（「弾正台と畿内」〈『史境』六三、二〇一一年〉）。

凡そ侍医…朝服を著ざれ（六三三頁1）　天皇の医療や身辺警護、警察を担当する者たちは、緊急事態に即応するために、朝服よりもその職務にふさわしい機能的な服装をすることが求められたのであろう。

凡そ諸衛府の…通わし著よ（六三三頁2）　本条のこの部分の淵源は左掲の紀略弘仁五・四・丙

中条である。

武官五位已上聴二朝服位襖通著一、

朝服を通わし著よ（六三三頁3） 衣服令5朝服条・14武官朝服条によれば、文官の朝服と武官の朝服の相違は帯刀を除けば、文官が当色の衣と白袴を着用するのに対し、武官は位襖を着用することにある。本条にいう朝服とは、武官に特有の位襖と対比されているから、実は文官の朝服のことである。要するに、衛府五位以上は「必ずしも位襖を着用しなくてもよい」の意となる。

疏を…弾ぜしめよ（六三三頁4） 糺弾を受けるに際して、その官職・位階を問わず、当人が弾正台に出向かず、逆に弾正台から官人が遣わされる点は、一世源氏としての優遇である。このように出自によって優遇を受けるのは親王と同じである。ただ、親王の場合、本式4弾親王条により、疏より上位の忠が遣わされるから、一世源氏はこれよりは優遇の度合が低い。

凡そ犯重くして…（六三五頁1） 本条の淵源は左掲の天武紀十一・十一・乙巳詔である。

詔曰、親王、諸王及諸臣至二于庶民一、悉可レ聴之、凡糺二弾犯レ法者一、或禁省之中、或朝庭之中、其於二過失発処一、即随レ見随レ聞、無二匿弊一而糺弾、其有二犯レ重者一、応レ請則請、当レ捕則捉、若対捍以不レ見レ捕者、起二当処兵一而捕之、当二杖色一乃杖一百以下、節級決之、亦犯状灼然、欺言レ無レ罪、則不二伏弁一以争訴者、累加二其本罪一、

凡そ犯人…（六三五頁2） 本条の淵源は左掲の続後紀承和六・六・乙卯勅に求められる。

勅、弾正台及検非違使、雖二配置各異一而糺二弾違犯一、彼此一同、但至二犯人逃走、姦盗隠遁一、弾正之職、不レ堪二追捕一、自今以後、縁レ糺二違犯一、有下可二追捕一者上、台使相通、遣二検非違長等一、随レ事追捕、立為二永例一、

検非違使…追捕せしめよ（六三五頁3） 続後紀承和六・六・乙卯勅によれば、弾正台・検非違使間で連絡を取り合い、「検非違長」（看督長か）らが犯人逮捕に向かう。

凡そ民部廩院の…（六三五頁4） 本条の淵源は左掲の三代実録貞観十二・十二・二十五制に求められる。

運二廩院雑物一車馬、聴レ出二入自二美福門腋門一、大膳職自二郁芳門一、春宮坊自二待賢門一、中院木屋自二談天門一、

本条では右掲のほかに大炊寮の米・雑穀および造酒司の米についての規定が加わっているが、その時期は不明。

凡そ王臣の馬の数は…（六三五頁5） 本条にいう格とは左掲の続紀養老五・三・乙卯官奏を指す。

有司条奏、依二官品之次一、定二畜レ馬之限一、親王及大臣不レ得レ過二廿疋一、諸王諸臣三位已上二駟、四位六疋、五位四疋、六位已下至二于庶人二三疋、一定已〔以カ〕後、随レ闕宛〔充カ〕補、若不レ能二騎用一者、録レ状申二所司一、即校二馬帳一、然後除補、如有レ犯者、〔以脱カ〕二違勅一論、其過二品限一、皆没入レ官、

この制限が左掲の続紀天平宝字元・六・乙酉勅五条其二で再布告され、本条に継承された。

王臣馬数、依レ格有レ限、過レ此以外、不レ得レ蓄レ馬、

凡そ随身の兵は…（六三五頁6） 本条の淵源は左掲の続紀天平宝字元・六・乙酉勅五条其三に求められる。

依レ令、随身之兵、各有二儲法一、過レ此以外、亦不レ得レ蓄、

凡そ六位七位の朝服は…（六三五頁7） 本条の淵源は左掲の要略六七大同元・十・七符（カ）に求められる。

応レ改二七位初位当色一事

右被二右大臣宣一偁、奉レ勅、今聞、漢家之制、略異二此間一、緑縹之浅、不レ著二当色一、知而不レ改、服制无レ節、蕃客朝覲、如見レ之何、宜下七位者同著二深緑一、初位者共服中深縹上、自今以後、立為二恒例一、

衣服令5朝服条によれば、六位以下の朝服の色は、六位が深緑、七位が浅緑、八位が深縹、初位が浅縹となっている。右掲の官符は中国において浅緑・浅縹が用いられていないことを理由

に七位を六位と、また初位を八位とそれぞれ同色とする改正を行なったものである。その後、同官符は弘仁雑格に収められ、さらにその主旨は本条として伝わることとなった。

凡そ三位以上は…（六三五頁8）　本条前半の淵源は天平三年（七三一）九月以前に遡る。続紀天平三・九・戊申条によれば、この時既に三位已上が大路に面した宅門を建てることは認められている。ただしこの時は、当人が死去した場合、宅門は撤去すると定められた。本条のように四位の参議をも対象に含め、また当人死去の場合も子孫居住の間は宅門の存置を認めたのは、左掲の三代実録貞観十二・十二・二十五制によってであった。本条前半はこの制の内容を式条化したものである。

　三位已上及四位参議家門、聴レ建二大路一、薨卒之後、子孫居住者亦聴之、

本条後半の淵源については不明。

凡そ職事の親王…（六三五頁9）　本条の淵源は不明であるが、既に公式令68授位任官条は、右大臣以上の名を天皇の面前で呼ぶ場合（授位・任官は除く）、官名を称すると定めている。集解穴記によれば、その喚辞はたとえば「右大臣藤原朝臣」のごとくなるという。本条の号もまた喚辞のことである。いかなる場面での喚辞か不明であるが、諸臣については、右の右大臣以上に対する喚辞が職事三位以上に拡大して用いられるようになったものか。また、親王については、天長三・十一・二十四東寺請曳材状案（平遺一—五二）に、数人の親王の名が「弾正尹親王」「常陸守親王」などと表されている。喚辞も同様であろう。さらに、諸王の喚辞については、八世紀半ばに、三位以上ではなく正五位下ではあるが、玄蕃頭市原王が天平勝宝三年（七五一）の経疏出納帳などで「玄蕃頭王」と書かれている（古三—五四三頁）ことが参考になる。

凡そ庁の座は…（六三五頁10）　本条は左掲の要略六九弘仁格逸文により、もと弘仁式部格に収められた格文であった。

　今案二弘式格一、庁座者、親王及中納言已上倚子、五位已上漆床子、自余白木床子、

凡そ諸衛の府生以上…（六三七頁1）　本条の淵源は左掲の紀略弘仁九・三・戊申制に求められる。

　諸衛府生以上、除二衛仗一之外、皆著レ靴、唯著二布帯一時、須二麻鞋一、

凡そ靴を著くるを…（六三七頁2）　本条の淵源は左掲の紀略弘仁九・三・戊申制に求められる。

　除レ著レ靴之外、通著二麻鞋一、

凡そ臨時に…（六三七頁3）　本条の淵源は左掲の後紀弘仁六・三・癸酉制に求められる。

　制、蕃国之使、入朝有レ期、客館之設、常須二牢固一、頃者、疾病之民、就レ此寓宿、遭レ喪之人、以為二隠処一、破二壊舎垣一、汚二穢庭路一、宜レ令二弾正幷京職検校一、

凡そ内外の…（六三七頁4）　本条の淵源は左掲の要略六七弘仁五・閏七・二十六符に求められる。

　太政官符

　　応レ聴二内外諸司人着二薄朝服一事

　右検二去延暦十一年十一月十九日勅例一、禁レ着二件色一、今被二右大臣宣一偁、奉レ勅、自今以後、宜レ莫二禁制一、

薄い布地の朝服は延暦十一年（七九二）の勅例によって着用を禁じられていたが、右掲の弘仁五年符によってその禁制が解かれた。この延暦十一年の勅例とは、川尻秋生によれば、いわゆる新弾例を指すから、弘仁五年符は新弾例の一条を改正したものである（「新弾例と大同二年弾例」〈『日本古代の格と資財帳』所収、二〇〇三年、初出一九八九年〉）。要略によれば、この官符はその後「弘弾格」に収められたことが知られる。一方、弘仁格抄九弾正台には「応レ聴二内外諸司人着二朝服一事　弘仁五年閏七月廿六日」と見えている。「薄朝服」ではなく「朝服」と「薄」字を脱するものの、年月日や文言の同一性・類似性からすれば、これが要略の「弘弾格」を指すことは疑いない。すなわち、先の弘仁五年符は弘仁弾正格を経て本条に継承されたのである。なお、川尻はこの弘仁格のみならず、さらに弘仁式に

も同様の規定が存在した可能性を指摘している。ところで、本条や右掲の官符にいう「薄朝服」とは具体的には紗(薄い絹織物)の朝服のことであろう。続紀霊亀二・十・壬戌条には「重禁二内外諸司薄紗朝服一」と見え、この種の朝服は既に八世紀前半にはたびたび禁じられていた。その禁制がやがて八世紀末には右掲の新弾例の一条に取り入れられたのであろう。

凡そ部内の百姓…(六三七頁5)　本条の淵源は左掲の三代格弘仁四・六・一符に求められる。

太政官符
　応レ禁二断京畿百姓出二棄病人一事
右右大臣奏偁、念レ旧酬レ労、賢哲遺訓、重レ生愛レ命、貴賤無レ殊、今天下之人、各有二僕隷一、平生之日、既役二其身一、病患之時、即出二路辺一、無二人看養一、遂致二餓死一、此之為レ弊、不レ可二勝言一、伏望、仰二告京畿一、早従二停止一、庶令下路傍無二天枉之鬼一、天下多中終命之人上者、被二中納言従三位藤原朝臣縄主宣一偁、奉レ勅、宜三早下知令一レ加二禁制一、如不二遵改一、猶致二違犯一者、五位已上注レ名申送、六位已下不レ論二蔭贖一、決二杖一百一、台及職国知而不レ糺及条令、坊長、郡司、隣保相隠不レ告、並与同罪、自今以後、永加二禁断一、仍牓二示要路一、分明告知、

ただし、右掲は京内および畿内五国を対象とする禁令であるが、本条は京内のみを対象としている。これは弾正台の管轄範囲が京内にとどまることによる。また右掲により、病人を路上に放棄する百姓とは、「僕隷」(私奴婢や家人)を有する階層、つまり主として貴族・官僚層であって、一般庶民ではない。

蔭贖を論ぜず(六三七頁6)　蔭とはここでは名例律8議・9請・10減の諸条に規定された議・請・減の減刑特権。贖とは同律11贖条に規定された贖銅を納めることによって実刑を免れる換刑特権。どちらも特定の身分や階層およびその親族を有資格者とする。六位以下の官僚層も蔭贖の有資格者。「不レ論二蔭贖一」とは、そのような減刑・換刑特権を認めず実刑を科す場合の定型表現。

凡そ散斎…**預からざれ**(六三七頁7)　本条のこの部分は左掲の神祇令11散斎条傍線部に基づく。

凡散斎之内、諸司理レ事如レ旧、不レ得二弔レ喪、問レ病、食一レ完、亦不レ判二刑殺一、不レ決二罰罪人一、不レ作二音楽一、不レ預二穢悪之事一、致斎、唯為二祀事一得レ行、自余悉断、其致斎前後、兼為二散斎一、

台犯すところあらば(六三七頁8)　職員令13式部省条集解令釈は弾正尹らが礼儀を失した場合、式部省が糺正するのか否かという問いを立て、八世紀前半の明法家(法律学者)である塩屋連古麻呂の次のような説をもって答えに当てている。すなわち、式部省は朝廷内の礼儀を惣知する立場から、礼儀違犯に対しては違犯者の尊卑を論ぜず、教道糺正すべきである。弾正台官人の場合、道理に合わない行ないがあっても、式部省はただちに糺弾できるわけではない。しかし、こと礼儀違犯に限っては、問題なく糺正できる、と。この所説は一明法家の見解にとどまらず、いわば公定解釈化し、やがて弘仁式を経て延喜式にまで継承された。式部側の延喜式条は式部式上33弾正失礼条、弾正側は本条である。式部式上33条についての弘仁式逸文も認められる。本条についても弘仁式文は確認されていないが、以上から考えて同内容の条文が存在した可能性は大きい。

東面五宇南北面各二宇(六三七頁9)　以下、詳細は不明であるが、東面五宇とは郁芳・待賢・陽明・上東の東面四門付近に設置された五つの衛廬、南北面各二宇とは南面の朱雀門東側と美福門付近、北面の偉鑒門東側と達智門付近に設置された各々二つの衛廬か。このうち、朱雀門東側の衛廬は式部式下6大祓条では東仗舎と呼ばれ、別に左仗舎とも言われる。

西面五宇南北面各二宇(六三七頁10)　以下、詳細は不明であるが、西面五宇とは談天・藻壁・殷富・上西の西面四門付近に設置された五つの衛廬、南北面各二宇とは南面の朱雀門西側と皇嘉門付近、北面の偉鑒門西側と安嘉門付近に設

置された各々二つの衛廬か。このうち、朱雀門西側の衛廬は式部式上6前参議以上条では西仗舎と呼ばれ、別に右仗舎とも言われる。

直南の一面…曲舎二宇(六三七頁11)　直南の一面の廬四宇とは、朱雀門の東西、美福門付近、皇嘉門付近に設置された四つの衛廬、東西両隅の曲舎二宇とは、東南隅と西南隅の二つの曲舎を指すか。以上について檜皮ではなく特に瓦で葺くのは、これらが朱雀大路や二条大路を通過する外国使節からよく見えるからであろう。衛廬であれ偉容を誇示する必要があった。

凡そ台は…(六三九頁1)　本条の淵源はA弘仁六・二・九符であるが、その後B弘仁十・十一・五符、C天長九・十一・二十八格、D貞観七・十一・四符(以上、三代格)、E三代実録貞観十二・十二・二十七制を経て、延喜式本条に継承された。

まず、Aは京中諸司・諸家が垣を穿って水路の水を自分の地に引いたり、水路をせき止めて道路を水浸しにする事態に対し、水路の中の汚物が露わにならないよう当事者に樋を設置させて水路の流水を確保させることを命じたもの。この命に従わない場合、諸司・諸家および内外主典以上については、京職より式部・兵部両省に連絡して「貶考奪禄」、四位・五位の事業および雑色番上以下の下級官人については「決笞五十」とした。なお、このAは水路の水を自分の地に引くこと自体は禁じていない。引水の結果、水路の汚物が露わとなったり、冠水した道路に水路のごみが散乱することを咎めているのである。これは以降の官符等でも同様である。

ついで、BはAにはなかった道路清掃の義務を追加したもの。制裁についても、Aがふれていない四位・五位の貴族本人について「録名奏聞」すること、および無品親王家、諸院家については各々の別当を諸家の家司に準じて「貶考奪禄」することを追加。また、京職の京中巡検では、六位以下官人に対して馬上から叱責することを認めた。

ついで、CはBの道路清掃が実際には行なわれていない現状をふまえ、弾正台による京中巡検に際して、諸司・諸家および内外主典以上が清掃を怠っていた場合、弾正台が京職とともに記録し、三度にわたってそれが続いた時は、従来制裁を科するに当たって障害となっていた過状の提出を廃止し、従前の京職に代わって弾正台が式兵両省に通報して「貶考奪禄」することとした。なお、諸院家などの別当もやはり諸家の家司に準じて同様の制裁手続きをとる。

ついでDは、その後の左京職からの要請を認め、式兵両省への通報を再び京職が行なうこととした。また、左京職は弾正台の京中巡検を毎月から三月に一度に減じることも要請していたが、これは認められず、弾正台は「糺弾之官、威厳之職」であるとの理由から、巡検は隔月に一度となった。なお、京職の巡検は従前どおり、十日に一度(毎月三度)とされた。

さらにEでは、このDが改正され、かつてのCが復活。弾正台の京内巡検は毎月となり、式兵両省に対してなされる諸司・諸家・諸院および内外主典以上の犯状通知は、京職に代わって弾正台が行なうこととなった。

本条は以上のような変遷を経て成立したものである。

巻第四十二

左京職（六四一頁１）　律令制下において京を管掌した中央行政官司。京職の和訓はミサトツカサ（和名抄）。太政官が国政を預かるのに対して、京職は京内のほぼ全般にわたる業務に関わる。その職掌については、職員令66左京職条に、戸口名籍・字養百姓・糺察所部・貢挙・孝義・田宅・雑徭・良賤・訴訟・市鄽・度量・倉廩・租調・兵士・器仗・道橋・過所・闌遺雑物・僧尼名籍を掲げている。これらの職掌の多様性から、京職はしばしば国司と比較して論じられることが多かった（『京都の歴史』一、一九七〇年）。しかし、国司は地方官であり、京職は中央官司であるから、両者には明確な違いがあった。それは、地方には天皇は存在しないということである。それに対して、京は天皇の住まう地であり、王城である。平安京で考えると、地方行政は山城国司の職務であり、京職は天皇が関係する儀式にまつわるほとんどすべてを裏側から支える役割があった。

本式14朱雀路溝条や21京職栽柳条・22道路辺樹条に見えるように、宮城の周りの植栽や清掃に関する業務などはその一端である（関口明「古代の清掃と徒刑」〈『日本歴史』四一二、一九八二年〉）。王城の周辺環境の整備が京職の重要な任務の一つとなっていた。これらの業務は職員令66条に定める「道橋」に関する京職業務ともやや異なるものである。平城京ができた段階から都城も成長を遂げ、平安京においては、王城の地の行政官としての京職の役割が、奈良時代の規定とは、やや変化を遂げたといえよう。ことに、本式12車駕行幸条では、京職が天皇の行幸の前駆を務めるべきことが定められており、京内における天皇の威儀を維持・表明する役柄を帯びている。また、本式10追儺条・11追儺夜条では、平安京の結界を守る役割すら担っていたことが分かり、京職が刻々と進化する平安京と一体化した官司に変化していることを示している。

さらに地方国司との違いは、都城は流民の流入が激しいことである。正式な都城民以外に、臨時の住民や非合法の住民の存在を処理しなければならないし、彼らの内の希望者を京戸に貫付する京貫業務という特殊な仕事が存在した。本式33雇使員数条には計帳作成時には一一人の長上以外に二三人の臨時の書生の雇役が定められている。住民把握は国家の根幹である税の台帳作成を必要とする。そのための書生にかける費用は惜しまなかったであろう。本式35勘造授田口帳条から51京戸課徭条までがほぼ課税に関する規定であることを見ても、京職の業務の主体が職員令66条でいうところの戸口名籍にあったことが確認できる。

増加する都城民と同時に、犯罪も増加し、それに対応する必要も生じた。糺察所部の業務については京職に兵士が配属されていることや本式16諸門厩亭条に門衛・火長を監督していることからも間違いない所である。しかし多発する犯罪に対して京職や弾正台だけでは対応しきれず、弘仁年間に検非違使が設置される。その後の検非違使の活躍で京職の存在が有名無実化したとみる考えもあるが、それは誤解で、平安京が存在する以上、京職の業務は増えこそすれ減ることはなかった（中村修也「京職論」〈『延喜式研究』一〇、一九九五年〉）。たとえば、京内に広大な土地を構える貴族たちの私邸建設による都城の土木被害などにも対処しなければならず、京職には良吏が求められた（中村修也『平安京の暮らしと行政』、二〇〇一年）。

また、勧課農桑はないとされながらも、実際には都城内で水田は発生し、放牧すら行なわれるという現実問題に対処しなければならず、そのためには下部組織としての坊令・保長との連携が必要とされた。京職の組織は、大夫一人、亮一人、大進一人、少進二人、大属一人、少属二人、坊令一二人、使部三〇人、直丁二人という小規模の人数に過ぎなかった（職員令66条）。そのため現場の坊令・保長の成長が必要となった。彼らが今や京内で在地実力者となることで、京職の業務はかろうじて運営されたともいえる(北村優季『平安京』、一九九五年)。

史生(六四一頁2) 式部式上90諸司史生条によると、史生は左右京職に各一一人、権史生が各一人配置されている。令制では史生は置かれず、和銅元年(七〇八)八月庚辰に各六名が新置され、養老元年(七一七)七月己未に各四名が増員されている。式部式上90条「凡そ諸司の史生」の項参照。

坊令(六四一頁3) 京職の下部で、一条ごとに一名が配置されたため、条令とも呼ばれた。職員令66左京職条によると、坊令の人数は一二名となっている。戸令4取坊令条によると、「取下正八位以下、明廉強直、堪二時務一者上充」とあり、正八位以下から選ばれた。類聚国史一〇七延暦十七・四・庚午条では、少初位下の官人に准じて禄と職田を給されることとなり、この時、初めて坊令が職事官として意識された。

前駆(六四一頁4) 三代格貞観四・十二・五符によると、左右の京職の主典以上は、坊令・兵士を引率して、宮城門の外で幣帛使を迎え、京極まで送り出すことになっていた。その後は、近江・伊賀・伊勢等の国司の目以上が、郡司と健児を率いて幣帛使を国界に迎えた。

坊長(六四一頁5) 京職の下部で、一坊に一人置かれた。戸令4取坊令条によると、「里長坊長、並取二白丁清正、強幹者一充」とあり、白丁の中から選ばれ、当坊に適任者がいない場合は隣接の坊から選んでもよいとされていた。直接の監督官は坊令となる。

蒭霊(六四三頁1) 四時祭式上29大祓条によると、「金銀塗人像各二枚」を東西の文部が準備したことが見えるが、これは鉄製の人形に金箔・銀箔を貼ったもので、しかも朱雀門で使用しているから、これとは別のものであろう。宮城門である朱雀門で祓の儀式を行ない、さらに都城門である羅城門でも二度目の祓の儀式を行なう際に、この蒭霊を使用したと考えられる。また、この蒭霊が掃除の対象になっていることから考えると、朱雀門から羅城門までの「往還」の街路上にも置かれた可能性がある。

担夫五人已上(六四三頁2) 臨時祭式25畿内疫神祭条には「担夫二人〈京職差レ徭充之〉」とある。彼らは堺祭に必要な祭具を運んだ。また、担夫は雑徭として徴発された。本条では堺ごとに各一人の分担となる。

大学を掃除せよ(六四三頁3) 大学式7前享廿日条によると、「具注下享日及幣帛并掃二除寮内一夫等数上申レ省」とあり、祭礼の二〇日前にも大学寮内の掃除夫の人数が提出され、その数は春は一〇〇人、秋は二〇〇人であった。

文殊会(六四三頁4) 毎年七月八日に行なわれた文殊菩薩を供養する法会。天長五年(八二八)に京畿七道諸国郡別一村における文殊会が許可され(三代格同・二・二十五符)、承和二年(八三五)には京の僧綱も法会を検校するようになり(同・六・三符)、同七年には正税出挙から文殊会料が出されることになった(続後紀同・三・庚寅条、三代格同日符)。大舎人式27文殊会条、小山田和夫「文殊会の成立とその実施」(『立正史学』四一、一九七七年)、上田純一「平安期諸国文殊会の成立と展開について」(『日本歴史』四七五、一九八七年)参照。

会の所に向かいて事に供えよ(六四三頁5) 三代格承和二・六・三符によると、「頃年之間、京兆所レ修、独任二俗官一、僧綱未レ預」とあり、僧綱が関与する以前から、京職は文殊会を准公事として管理していた様子が窺える。また、東山御文庫蔵新撰年中行事(七月)に「八日、文殊会事(中略)左右史生二人、執二当其事一、当日相分参行之」とあり(西本昌弘編『新撰年中行事』、二〇一〇年)、本条に見える東寺に派遣される左京職の史生一人(右京職は西寺)に相当すると考えられる。

調徭銭(六四三頁6) 調銭と徭銭。京・畿内の調は、規定雑物以外は銭を輸すことになっており、京の雑徭についても、天平期から銭による代納が行なわれていた。貞観期には調銭・徭銭の実質的な区別はなくなり、役夫を雇う費用に充当された。栄原永遠男「和同開珎の流通」(『日本古代銭貨流通史の研究』所収、一九九三年、初出一九九一年)参照。

年終の儺(六四三頁7)　追儺のこと。おにやらい。大晦日の夜に陰陽師が呪文を読んで疫神を祓う儀式。文武朝の慶雲三年(七〇六)十二月に行なわれたのが史料上の初見(続紀同年是年条)。追儺の次第は、まず、承明門の外に参集した人々(儺人)に桃弓・葦矢が頒給される。承明門が開かれると、闈司が桃弓・葦矢を内侍に渡して女官に頒給する。参列者が承明門から参入すると、陰陽師が斎郎を率いて奠祭を行なう。方相氏が儺声をあげて楯を三回撃つと、群臣が唱和して、あらかじめ分配された四門から疫神を追い出す。方相氏は清涼殿前を通って北門から出る。京職は、宮城門外で方相氏から引き継ぎ、鼓を打って疫神を郭外に追い出す。この時、儀式一〇(十二月大儺儀)によると、京職の打つ鼓は、まず鼓吹司が兵庫から受け取り、それを左右京職に各六面わたす。京職は、門ごとに夫一人・馬一匹を配置し、十二門で引き継いで、鼓を打ちながら、馬に乗せて疫神を京外に追放する。太政官式111追儺条、中務式70追儺条、大舎人式14追儺条、陰陽式20儺祭条、兵庫式8年終行儺条参照。

鼓を撃つ夫…(六四三頁8)　儀式七(十七日観射儀)に「所司開二儀鸞豊楽両門一、兵庫寮撃下喚二群官一鼓上」とあり、京職から派遣された人員が兵庫寮の指揮のもと、親王以下群官が入門する際の合図の鼓が撃たれた。

京職前駆せよ(六四三頁9)　宮衛令26車駕出入条集解古記によると、「左右京職列レ道、(中略)至二羅城之外一、倭国列レ道、京職停止也」とあり、京職が前駆するのは羅城門までで、そこからは大和国司が同行したことが分かる。二中暦八(行幸)には、「前陣京職」とある。三代格延暦二十・四・二十七符、同弘仁十・十一・五符、儀式二(践祚大嘗祭儀上)参照。

当家をして毎月掃除せしめよ(六四五頁1)　京路に面した家。京内の街路の清掃は原則として、街路に面した家々の分担であった。弾正式158巡行京裏条に「台巡二行京裏一、厳加二決罰一、令二掃清一、在二宮外一諸司幷諸家掃二除当路一」とあり、京職ではなく、弾正台が直接、掃除の監督を行なっていた状況を示している。

弾正巡検の日(六四五頁2)　三代格貞観七・十一・四符に京内巡検についての変遷が詳しく記述されている。それによると、「職吏毎レ旬一度巡二検京条一、若三度之内、猶不二遵勤一、職直移二式兵二省一、貶レ考奪レ禄」とあり、まず京職が一〇日ごとに京内を巡検し、清掃を怠っている状態が三度に及んだ場合は、弾正台を通さず、直接に式部省・兵部省に書類を送り、街路に面した家の考を貶め、禄を奪うことにしたい考えを持っていた。と同時に、「弾正毎月巡二検京中一、今毎二月三旬一、職応二巡督一、台職之巡事似二繁促一、仍須レ令二弾正季別一巡察一」と京職と弾正台が行なう巡検が煩雑になることを嫌い、弾正台の巡検を季節ごとにしてはどうかという提案をしている。しかし、太政官が出した結論は、「宜三隔月一度必令二巡督一」とあるように、弾正台の巡検は隔月に行なわれることになった(中村修也前掲『平安京の暮らしと行政』七六〜八一頁)、弾正式35京中巡察条・36巡検日条・113巡検左右京条・158巡行京裏条参照。なお、続後紀承和七・九・丁丑条に本条とほぼ同文の弘仁式逸文が見える。

四月八日七月十五日(六四五頁3)　四月八日は灌仏会、七月十五日は盂蘭盆会が行なわれる日である。玄蕃式85東西寺非違条「四月八日七月十五日」の項参照。弾正式114東西二寺斎会条に「前三日、喚二左右京職一云、将レ依レ例巡検一」とあり、弾正台は巡検の三日前に京職に連絡していることが分かる。

神泉苑(六四五頁4)　平安京大内裏の南東に設けられた園地。唐長安城の興慶宮を模したものと考えられている。紀略延暦十九・七・乙卯条の桓武天皇による「幸二神泉一」が初見史料である。その後、神泉苑は天皇の御遊地として恒例儀式と臨時行幸地に利用された。太田静六『寝殿造の研究』(一九八七年)、吉野秋二「神泉苑の誕生」(『史林』八八―六、二〇〇五年)参照。

鴻臚の東館(六四五頁5)　鴻臚館は東西の二館

存在し、通常は東館は左京職が、西館は右京職が担当し、外国使節が入館した場合は、その館を左右京職が均分して掃除を担当した。鴻臚館は外国使節が入朝した際に宿泊する施設。玄蕃寮に属して、もとは客館と称したことが、後紀弘仁六・三・癸酉条に「蕃国之使、入朝有レ期、客館之設、常須三牢固二」とあることより確認できる。弾正式35京中巡察条にも「客館路橋破穢之類」とある。また、続後紀承和六・八・辛酉条に「以三東鴻臚院地二町一、充三典薬寮一、為三御薬園二」とあり、この段階で、東鴻臚館は廃止されたことが窺える。角田文衞によると、東西鴻臚館は平安京造営当初から建設されており、所轄は玄蕃寮であったが、京職の兵士が守衛を担当していたとする。さらに鴻臚館は外国使節の宿泊だけではなく、海外に渡航する日本の使節の集合・進発所にも用いられていた(「平安京の鴻臚館」〈『古代文化』四二―八、一九九〇年〉)。

鋪(六四五頁6)　宮衛令24分街条に「京路、分レ街立レ鋪、衛府持レ時行夜」とあり、街路に設置された守衛小屋。和名抄に「助鋪〈和名古夜〉、一云〈比太岐夜〉」とあり、コヤあるいはヒタキヤと称された。また宮衛令24条集解古記には「守レ道屋也」とある。同条集解令釈に「四通道也、鋪屋也、街音、古賸反、案鋪捉レ街小舎人・〔衍カ〕也、音普胡反、如三今皇城助鋪二是也」とある。令の「鋪」が平安期の「皇城助鋪」に相当するという説であり、それは街に設置された「小舎」であるとする。本来は都城の街路の交差点ごとに設置されるべきものであったと考えられるが、平安京では「宮城辺」にのみ設置されたようである。令釈の「皇城助鋪」という表現もそれを支持する。東京大学法学部法制史資料室蔵宮崎道三郎旧蔵本集解古記の「守道屋」には「チモリヤ」の訓が付されており、平城京ではそのように呼称されていた可能性がある。平安京では、宮城周辺の夜間の守衛のためという機能が主体となり、ヒタキヤと称されるようになったのであろうか。

門衛(六四五頁7)　門を守衛する人。左右衛門式29初斎条に「差三門部二人、衛士一人一、為三門衛二〈門部直レ陣、衛士炬レ火〉」とあり、門部は宮城門を守衛する伴部で、門ごとに負名氏がいた。

その月粮を奪え(六四五頁8)　本条の主体が左右京職であることを考えると、月粮を奪う主体も京職と考えがちであるが、その権限が京職にあるとは考え難い。門衛(門部＋衛士)・火長ともに京職の所属ではない。左右衛門府や検非違使に所属する官人たちである。月粮の管理は民部省が行ない(太政官式119月料要劇大粮条、民部式上68給公粮条)、しかも左右衛門式38諸門厩亭条に、「諸門厩亭、便令三守門火長衛護一、若致三非理損二者、奪三其粮料二充三修理料二」とあり、非理の損を生ぜしめた火長の月粮を奪うのは左右衛門府であったことが分かる。京職の職務は、諸門厩亭の管理とそこに勤務する門衛・火長の非理損の所属官庁への報告にあった。

垣下(六四五頁9)　本条は、騎馬の人々が犬行を通行することを禁止したものである。騎馬による犬行通行は築地や溝の破損につながるからである。類聚国史七九延暦二十二・十一・己卯条に、「今聞、騎乗之輩、不レ由三道路一、好就三垣下一、基地易レ崩、徒歩有レ妨」とあり、早くから騎馬の人たちが好んで垣下を通行したことが見える。これは、一般街路は人の往来があり、騎馬で疾走するのに障害があったためであろう。しかし、垣下を走ることは、その基壇となる犬行を崩壊させることを意味した。そこで、それを禁止して、「左右両職、厳加三捉搦一、兼牓三街巷二」とすることになった。つまり犬行を走る騎馬の取り締まりは左右京職の職務となったのである。宮城内の垣については弾正式122宮城墻内条参照。

決罰を加えて放ち免せ(六四五頁10)　平安京内は原則的に家畜の放牧は禁止されていた。ところが、現実的には、荒廃地などで牛馬の放牧が行なわれ、ついには朱雀大路においてすら、家畜の飼養が行なわれる事態となった。要略七〇所引左右検非違使式に、「闌三入宮中及北野一馬牛、惣送三馬寮一令レ充三公用一、但彼主申者決笞、其囲牧者五十、然後給了」とあり、宮中や北野に馬牛が迷い込んできたことが確認できる。その闌入馬牛は、馬寮に送られて、公用に使役されている。そして飼い主が分かった場合は笞打ちの刑に処せられている。さらに、同寛平三・十二・十宣旨には、「宮中闌遺牛馬、随二検非違使取送二於寮一検納、若有二其主請申一者、一度決笞五十免レ之、犯二度者、准二北野闌遺馬牛一、作二小印一焼レ額、為二官馬牛一充二用雑役一、立為二恒例一」とある。ここでは検非違使の判断事項になっている。初犯者は笞打ちが五〇回分減じられた。しかし、反対に二度目となると牛馬の額に焼印を入れられ、官の雑役に用立てられた。つまり放牧されていた牛馬は没収されたのである。

自余は門屋に非ざるよりは（六四七頁1） 続紀天平三・九・戊申条に「左右京職言、三位已上宅門、建二於大路一、先已聴許、未審、身薨、宅門若為処分、勅、亡者宅門、不レ在二建例一」、三代実録貞観十二・十二・二十五条には「三位已上及四位参議家門、聴レ建二大路一、薨卒之後、子孫居住者亦聴レ之」とあり、大路に面した垣に家門を開くことが、位階によって許可されている。ここでは、位階と場所が問題とされている。本条における「自余」とは大路以外の小路を指していると考えられる。弾正式146門屋条に、「凡三位以上、聴レ建二門屋於大路一、四位参議准レ此、其聴レ建之人、雖二身薨卒一、子孫居住之間亦聴、自余除レ非二門屋一、不レ在二制限一、其坊城垣不レ聴レ開」とほぼ同文の条文が存在する。門屋ほどの規模でない出入口の門は大路以外の街路に面して設ける分においては制限がなかったと考えられる。三上喜孝「唐令から延喜式へ」（大津透編『日唐律令比較研究の新段階』所収、二〇〇八年）参照。

衛士仕丁らの坊（六四七頁2） 坊は、本来は一六町で構成された平安京の構成単位。ここでは衛士や仕丁などの下級官人や役夫の居住する諸司厨町。後紀大同三・十・丙辰条に、「左衛士坊失火、焼二百八十家一」とあり、左衛士坊が見える。これについて、『京都の歴史』一（一九七〇年）は「左衛士府の衛士たちが居住していた居坊のことで、居区とも町とも所見する」とし、さらに続後紀承和五・七・戊辰条に、「以二仕丁町地長廿四丈広四丈一、為二陰陽寮守辰丁廿二人廬居一」とあることより、「約二二戸主分（弱）の土地に二十二人が住める一つの建物を建てたことを意味している。だからここは以後、陰陽寮町とか守辰丁町などとよばれたにちがいない」とし、「衛士仕丁らは出身国の如何を問わず、諸司諸衛に配属され分番・宿直をしたが、その宿舎は所属の官司ごとに設けられ、そこに集団的に居住せしめられた」とする。また、拾芥抄中（諸司厨町）には、左衛門府は「鷹司南大宮東、近衛北堀川西」にあり、右衛門府四町は「土御門南西洞院東、近衛北室町西」に所在した。弾正式95東西仕丁坊条参照。

道路の辺の樹（六四七頁3） 本式21京職栽柳条では京職が柳樹を植えると、植栽すべき樹木の種類を規定しているが、本条では具体的な樹木の規定はない。しかし、続後紀承和三・七・戊子条に「雷雨殊切、人皆讋伏、至二于夜分一、震二朱雀柳樹一」とあることや、同承和五・八・己亥条に「霹二靂於監物前柳樹一」とあることなどから、一般に街路に植栽されたのは柳樹であったと考えられる。また平安時代の民間歌謡である催馬楽一四「大路」にも、「大路に沿ひてのぼれる青柳が花や青柳が花や」という表現もある。

水田を営むことを聴さず（六四七頁4） 計画都市である平安京の内部における水田耕作は原則として禁止されたはずであるが、三代格弘仁十・十一・五符によると、「京中閑地不レ少」という状況に対して、中央政府は放置したまま時間がたつと藪沢になってしまうから、「惣二計空閑地一、先申二其数一重課二其主一、悉令二耕種一」として、空閑地の開発を奨励している。また同天長四・九・二十六符においても、「人稀居少不レ事二耕営一」という状況だから、一層の耕作を勧めている。そうした一方において、続後紀承和五・七・丙辰条に「如レ聞、諸家京中、好営二水田一、自今以後、一切禁断、但元来卑湿之地、聴レ殖二水葱芹蓮之類一」とある。本条のもとになった記事であるが、ここでは基本的な水田耕作を禁止している。ここにいう元来卑湿な地というのは右京の湿地帯や河辺を指すものと考えられる。三代格寛平八・四・十三符によると、「応レ許レ耕二作鴨河堤辺東西水陸田廿二町百九十五歩一事」とあり、鴨川の周辺に水田・陸田合せて二二町一九五歩が耕作を許されていたことが確認できる。しかも「三条〔大脱〕路以南有二荒廃私田五六町一」という状況が記されている。この京中水田化は一層の拍車がかかり、扶桑略記応徳三年七月条には西京の内に田が三〇〇余町あったと見える。そして兵範記仁安三・十・五条所引同日宣旨には「今開二鑿溝渠一煩二往来一、侵二奪道路一、耕二作田畝一」という状況に至り、京職と検非違使にその停止を命じられている。

地利を尽さしめよ(六四七頁5)　本条は本式23京中水田条と相反する内容となっている。三代実録貞観八・五・二十一条に、弘仁十・十一・五格を引いて、「巡二検京中一、閑地不レ少、或貧家疎漏、徒余二空地一、或豪門占買、曾不二作営一、彼此閑廃、多失二地利一、須下並加二勧課一、令上尽二地利一者」とあり、空閑地利用は許可されたものの、なかなか勧課が進まなかったため、「悉令下二耕種一、一年不レ耕者収賜二糞人一、若授レ地之人二年不レ開者、改判賜二他人一、遂以二開熟之人一、永為二彼地主一」という規定を設けた。本式23条との違いは、水田と陸田畑の違いであろう。ここではあくまで空閑地の利用であり、都城の変形は少ない。しかし本式23条のように水田の耕営には水路の確保のため、溝の拡張などの都城の改変が伴う。それが問題視されたのであろう。本朝世紀康和五・六・三十条には「今日、弾正官人等令レ苅二宮城中田畠等一云々」とあり、宮城内にも田畑があったことが窺える。

施薬院(六四七頁6)　施薬院の位置については、「平安京の施薬院は左京九条三町烏丸あたりに設置された」(『平安時代史事典』〈「施薬院」の項〔新村拓執筆担当〕、一九九四年〉)とされるが、拾芥抄中(諸院)には「施薬院」の説明として「薬院唐橋南室町西云々、施薬院同所也、東五条藤氏先祖申二納諸国薬種一、養二病人一所也、有レ使、以二弁別当主典及外記一為二別当一」とある。これによると、施薬院は薬院と同じ場所にあり、それは唐橋南、室町西という地点であった。唐橋は九条坊門小路の別称。しかし、九条坊門小路南、室町西には藤原師輔の九条殿が所在した。『京都の歴史』一(一九七〇年)別添地図では、施薬院を九条殿の西に比定している。

東西の悲田院(六四七頁7)　病者・孤児の収容・救済施設。拾芥抄中(諸院)に「在二鴨川西畔一、施薬院別所也、養二孤子病者一也」として、以下に本条を引用している。続後紀承和九・十・甲戌条に「勅二左右京職東西悲田一、並給二料物一、令レ焼二歛島田及鴨河原等髑髏一、惣五千五百余頭」とあり、京職が悲田院と関わっていたことが分かる。同承和十二・十一・丁巳条に「鴨河悲田預僧賢儀所レ養孤児」と見え、悲田院が鴨河原に所在したことを推測させる。さらに三代格寛平八・閏正・十七符に「応レ令三左右看督近衛等毎レ旬巡二検施薬院幷東西悲田病者孤子多少有無安否等一事」とあり、左右近衛府も施薬院・悲田院の運営に関与したことが確認できる。

穀倉院勅旨所の正倉守(六四七頁8)　穀倉院は、大同年間に京中の非常の際の備蓄のために設置された令外官。九世紀後半以降は機能を拡大し、畿内調銭、無主の位田・職田の地子、没官田の地子、大宰府の地子交易物なども収納するようになり、内廷経済にも深く関わった(山本信吉「穀倉院の機能と職員」〈『摂関政治史論考』所収、二〇〇三年、初出一九七三年〉)。勅旨所は延暦元年(七八二)四月に停廃された勅旨省が、規模を縮小して内蔵寮官人運営の勅旨所となったものである。勅旨省は天皇の命をうけて、供御の調度・器物を調達することを職務とした。この両官司の稲穀や財物を収納したのが正倉であり、その正倉の守衛を京職内の兵士が正倉守として担当したと考えられる。

下行(六四九頁1)　賻物支給の変遷について、簡略に記すと次のようになる。神亀五年(七二八)、外位の賻物は内位の半分を支給し、女性はその三分の二とする（三代格同・三・二十八奏）。宝亀五年（七七四）、五位以上官人が外国に赴任して没した場合は、当国の正税から支給する（同・八・十七格）。宝亀八年、諸国の五位以上の郡司の賻物は当国の正税から支給する（同・三・二十六格）。延暦八年（七八九）、外国官人の賻物は京庫から支給していたが、今後は当国の正税から支給することにする。ただし新任国司が赴任以前に没した場合は京庫からの支給とする（同・八・十一格）。天長元年（八二四）、官人が卒した場合は、符を待たずにすぐに賻物を支給する（同・九・二符）。また諸司の主典以上が卒した場合は、即日に賻物を支給する（同・六・二十符）。

書生（六四九頁2）　本条で書生は三四人とされているが、その内訳は長上一一人、臨時雇いが二三人である。本条は左右京職の両方の人数が規定されている可能性もあるが、長上も臨時雇いも奇数なので、この三四人は左京職の書生数と考えてよかろう。三代格天長六・六・二十二符に「応レ雇二充書生卅四人一〈左右京各十七人、元各十四人、今加二三人一〉従各一人事」とあり、もとは臨時雇いの書生類が一四人であったのが、三人増加され、左右各京職で一七人に増員されたことが見受けられる。この一七人は通常の臨時雇い数であろう。本条には計帳勘造の繁忙期は特別に臨時書生を二三人に増員したことが窺える。

兵士（六四九頁3）　延暦十一年（七九二）に兵士は健児に代わったとされるが（三代格同・六・十四符）、弓野瑞子によると、「京内では雑徭の一種として兵士の差発は続けられており、宮城の警備などに使役されていたらしい。（中略）兵士役は徭銭の中から功を支給する雇役兵士制に変更せざるを得なくなった」（「九・一〇世紀の平安京を中心とした貨幣の流通構造について」〈『歴史評論』四二六、一九八五年〉）とある。三代格延暦二十・四・二十七符に、「応レ差二左右京職兵士四百八十人一〈職別二百卅人、各以二廿人一為二一番一、月別役二二番一、々別十五箇日〉」とあり、本文に「左右両京停二却健児一、更置二兵士一」ともあり、延暦二十年には京中に関しては健児を廃止して、兵士を配備したことが分かる。さらに大同四・六・十一符には、兵士は雑徭の中でも「尤苦」もので、計帳の日に簡点しても参向しないので、「人別可レ輸二徭銭捌拾文一〈先所レ定五十文、今所レ加卅文〉」として、この徭銭で雇役することになったとある。

授田口帳（六五一頁1）　三代格延喜二・三・十三符によると、「一紀一度校レ田言上、并進二授口帳一、待レ裁班給、即以二新制之年一為二計班之初一、毎レ満二班年一、必令二勤行一、若有二習レ常緩怠空過二班年一者、依レ法科処、兼拘二勘租帳一」とあり、現実的には班田は行なわれなくとも、授口帳の提出は厳しく課せられた。一方、校田とは、三代格仁寿三・五・二十五符によると、「国郡官司校二定国内之田数一、惣二計当年之見口一」とあることから、国司・郡司が国内の田数を校定し、その年に実際に班給すべき田数を総計しておくことを意味した。

書生四百二人（六五一頁2）　四〇二人という数を、授田口帳を勘造する書生の延べ人数と考えられる。仮に勘造に必要な日数を一ケ月間として、計帳勘造の書生数と同一と仮定すると、長上が二四日、臨時雇いが六日間労働すると、ちょうど延べ人数が四〇二人となる。ただしその場合は書生数は三四人となり、筆の数や墨の数が整合しない。墨は共用して使用するものと考えることができるが、筆の数が五〇管というのは、規定の書生数三四に近い数であることを考えると、損耗分の筆一六管を用意した数と考えられる。

書生十四人（六五一頁3）　畿内班田使に付き従う書生の増員については、三代格天長六・六・二十二符に「応レ雇二充書生卅四人一〈左右京各十七人、元各十四人、今加二三人一〉従各一人事」とある。また同符によると山城・河内・摂津・和泉の四ケ国の京戸の田籍は各国の国司が作成していたが、大和国だけは「職官人率二書生等一、向レ国勘造」とあり、京職が所属の書生を引率して大和国に出向して勘造していた。

職写田(六五一頁4)　職写田については続紀宝亀十・九・戊子条に「職検下不レ進二計帳一之戸上、無レ論二不課及課戸之色一、惣取二其田一、皆悉売却、一取之後、更無二改還一」とあり、計帳を提出しない戸は不課戸と課戸の区別なく、その田地を没収して、賃租に出すこととなった。没収田地が京職の職分田的存在として賃租対象となり、その利が京職の雑用費に充てられるようになった。

また、宝亀十年(七七九)の規定では、計帳不提出の回数などの規定がなく、一回でも提出されないと売却したように解される。ところが、三代格貞観十八・六・三符によると、「六年已上不レ進二計帳一之戸、准二戸口逃法一、以為二除レ帳期一、其口分田還二収公家一」とあり、六年以上計帳を提出しない戸は逃走戸の処理に准じて計帳から除いて、その戸の田地は収公することになったことが分かる。ただし本式42職写戸田価条の規定により、職写田の経営は実際の所在地の畿内国司に委ねられていた。これは京戸の口分田がすべて京外に班給されていたためである。

書生の食(六五三頁1)　本式33雇使員数条によれば、この計帳作成時期には二三人の雇役書生が許され、長上の一一人の書生と合せて三四人の書生が計帳作成に従事することになる。本条では、平安京の条ごとに二人の書生が作成に割り当てられることになっている。平安京は九条あり、各条二人とすると一八人。北辺の条を半分の一人で担当しても一九人となり、二三人、三四人のどちらの数字とも整合しない。また、手実を提出させる期間は、六月一日から九月三十日までであるから、まる四ケ月となり、支給される書生の食料は三ケ月分だけで、一ケ月分足りないことになる。まず、食料の件については、これは臨時雇役の書生の分だけと考えるべきであろう。長上の書生については通常業務と見なされ、特別な食料は支給されなかったと考えられる。雇役が二三人であるのは、予備を含めた人数なのかもしれない。各条二名ということは、左右京で一名ずつと考えるべきか。

職写戸田の価(六五五頁1)　職写田については、本式36班田使祗承条においても説明したが、三代格寛平三・七・二符によると、「至二不レ進戸一、必没二戸田一、号為二職写一、以充二公用一」とあり、計帳手実を不進の戸については、その戸田を没収して職写田となし、それを賃租して、その利益を公用(京職の用務)に使用したことが窺える。その際の賃租の利益がここでいう「職写戸田の価」に相当するのであろう。しかし、なぜ計帳手実を提出しない戸が出現するのであろうか。口分田を没収されることは、その京戸にとって不利益である。冒名仮蔭の住人がいたためではなかろうか。つまり、居住地所に本来住むべきではない人々が住んでおり、正式な住民の行方が分からない場合が生じたのであろう。そうした場合、京職は単純にその戸を絶戸とすることができず、その京戸の口分田を預かる必要性が生まれる。こうして職写田は次々に生まれたのであろう。しかし、職写田の初見史料である類聚国史八四延暦十七・十・乙未条には、「至レ有下剰二徴田租一奸中折調銭、職写田直、徭銭等類上、贓汚多端」とあり、官吏の汚濁について書かれた記事に、「職写田直」が登場している。ここでは、職写田直は田租・調銭・徭銭と並んで記されていることより、税の一種として意識されていることが分かる。とすると、悪徳官吏が不正利用するだけの額が職写田直にあったこと、また、利用されやすい存在であったことが読み取れる。これも職写田が京職に所属しながら、運営については諸国に委任していたことによって生まれてくる弊害であったのであろう。

沽田帳・不沽田地子帳(六五五頁2)　沽田帳・不沽田地子帳については、北村優季が「職写田には春先に価直を収める場合(＝沽田帳)と収穫後に地子を徴収する場合(＝不沽田地子帳)があり、それぞれの帳簿が五月末、十一月末に京進されたことが知られよう」(『平安京』六六頁、一九九五年)と論じて、定説化している。しかし、「沽田」「不沽田」の意味を検討すると、以下のように理解することもできるのではなかろうか。

すなわち、沽田帳は字の通り、計帳不進戸の口分田を沽却した際に、その口分田の田数や売却価格などを記録するものであろう。それゆえ、沽田帳は売却した「直銭」を副えて提出しなければならなかったと考えられる。そして、不沽田地子帳は、不沽田なのだから、沽却しない口分田についての帳簿であり、地子についての帳簿であるから、職写田のうち、賃租して地子収入が見込まれた田地に関する帳簿と見なすことができる。

絶戸田(六五五頁3)　およそ京内の戸は、田令15園地条義解に、「其戸内所貫、有二一人存一者、不レ別二親疎一、不レ為二絶戸一也」とあるように、一人でも戸内に住人が存在すれば絶戸と見なされない。しかし、逆に一人も存在しなくなった時は絶戸と見なされるということである。そして、三代実録貞観五・二・十七条に、「左京職言、此是絶戸、因而除レ帳」とあるように、絶戸と見なされると戸籍から除かれたのである。京内においては、こうした絶戸の居宅に流入者たちが住みつくことがあった。京戸は口分田を京外に持っていたから、京内居住者と口分田を結びつけるものがなく、絶戸は冒名仮蔭の拠点となりやすかった。こうした存在は京内の治安の問題にも関係する。それゆえ京職は絶戸の把握をしっかりとする必要があった。そして本来、絶戸の口分田は国に返還されるべきものであったが、口分田の班給が行なわれなくなった以上、返還することに意味はなく、京職が没収田として公務に活用したのであろう。つまり絶戸田も職写田と同等に扱われたということである(佐伯有清「新撰姓氏録の成立」〈『新撰姓氏録の研究』研究篇所収、一九六三年、初出一九五七年〉参照)。

一分の不堪三分の損(六五五頁4)　京職は職写田の内で賃租に出して地子をとる不沽田の扱いを、一般の口分田とほぼ同じ扱いで考えている。まず、自然災害などで損が生じた場合は、職写田全体の一割までを不堪佃田つまり作付の行なわれなかった田地として損を認め、その残りの九割のうち三分は、一般の口分田の田租と同じように、不三得七法を適用している。不三得七とは、読んで字のごとく、三割の税の免除を行ない、確実に七割の収入を期待したものである。この不三得七法は延暦年間に三度の改正が行なわれ、国内通計の収租定率法をやめて、戸別の定免法を採用するが、定免法では凶年において農民がその負担に堪え得ないことを理由とする国司層の反撥を受け、大同元年(八〇六)の制で旧来の国内通計不三得七法に復し、弘仁式を経て延喜式に引き継がれたとされる(虎尾俊哉「不三得七法について」〈『日本上古史研究』一—一二、一九五七年〉)。つまり、職写田に関しては、全体として四分損を見越して、六割の地子の確保を在地国司の責任としたのであろう。

職写田一百町(六五五頁5)　京職の厨の費用は職写田一百町の地子で賄っていたようであるが、三代実録元慶五・七・十三条によると、「両職厨料、以二職写田一毎年治用、今年無二職写一、仍一箇年間給二官田一」とあり、元慶五年(八八一)には京職所有の職写田は一つもなくなり、官田の支給を受けている。そして、その官田の面積は、「山城国官田二十町、河内国三十六町二段二百六十歩、摂津国三十六町二段二百六十歩、給二左京職一、山城国官田二十町、河内国四十町、摂津国四十町、給二右京職一」とあり(三代実録同日条)、左京職は九二町五段一六〇歩、右京職はちょうど一〇〇町となり、それぞれほぼ一〇〇町となる。

橋を造る料…出挙し(六五五頁6)　本条に関連して京職の道橋の修理費用については、三代実録貞観十八・二・十条に、「右京職言、返下上出挙修二理官舎道橋一料貞観銭六十貫文上、職司以二乗物一、買二収米二百斛一、納二其息利一充二彼料一」と見える。

徭分の銭(六五五頁7)　徭分銭については、早くに天平年間に京戸が徭銭納入をしていることが確認できる。続紀天平六・五・戊子条に「太政官奏偁、左右京百姓、夏輸二徭銭一、其不レ堪レ弁」とあり、同九・十・壬寅条に、「令三左右京職停レ収二徭銭一」とあるのが、それである。京戸の徭役忌避傾向は、律令制実施の初期からあったといえよう。三代格大同四・六・十一符には、「応下加二増徭分一雇中役兵士上事　人別可レ輸二徭銭捌拾文一」とあり、京戸に対する徭分銭を五〇文から八〇文に増加して兵士を雇役すべきことが定められている。

択び棄つる者（六五五頁8）　銭貨の鋳造は技術を要し、しばしば銭文が不分明な銭貨ができることがあったようである。続紀和銅七・九・甲辰条に、「制、自レ今以後、不レ得レ択レ銭、若有下実知二官銭一、輙嫌択者上、勅使レ杖一百、其濫銭者、主客相対破之、即送二市司一」とあり、撰銭をした者は杖一〇〇の刑に処せられた。三代実録貞観七・六・十条には、「禁二京畿及近江国売買之輩、択二棄悪銭一」とあり、平安時代になっても引き続き、悪銭忌避の傾向はやむことがなかった。そこで、弘仁十一年（八二〇）六月九日の大蔵省への下知を引き合いに出して悪銭忌避を止めようとしている。その下知の内容は、「鋳銭司所レ進新銭、雖二文字頗不一レ明、而不レ失二体勢一、亦有二小疵一、行用無レ妨、宜二猶検納一」というもので、使い古された銭貨ではなく、鋳銭司で鋳造されたばかりの銭貨の銭文が不分明であることを嫌った様子が窺い知られる。そのことは、大蔵式62鋳銭司銭条に「凡鋳銭司所レ貢銭、雖二文字不一レ明、而不レ失二体勢一、無レ妨二行用一者莫二択棄一」と規定されていることに対応する。

三月に進れ（六五七頁1）　義倉用度帳の提出時期については、三代格貞観六・五・三符に、「其未進夾名十一月移二送三省一、用帳即来年二月十五日進レ官」とあり、かつては二月十五日の提出であった。しかるに「当年未進夾名、来年三月一日移二送三省一、其用帳者同月十日進レ官」と願い出て、許可されている（同九・四・二十符）。これによって、義倉未進の名簿の提出と義倉用度帳の提出時期とをほぼ同じ時期に設定して、関連性を持たせている。これらより、本条の成立は貞観式であったと考えられる。

京戸（六五七頁2）　平安京の住民には出仕・労役のために在京している者をはじめとして、浮浪・逃亡で京に住みついた者も存在した。当然のことながら彼らは京戸に貫付（これを京貫という）されておらず、京戸とは認められなかった。官人・貴族も京職の行政下にあり、京戸として認識されたが、天皇・三后・親王・内親王は除外された。一方、京内には京戸と区別される存在として土人がある。では、土人とはどのような人々を指すのであろうか。三代格大同五・二・二十三符の「応下陸奥国浮浪人調庸准二土人一輸中狭布上事」、同元慶五・二・八符の「不レ問二土人浪人一」という使用例などを勘案すると、土着の人という一般的な意味と解釈できる。そのほかにも、「当土之民」「土民」という表現もある。では、平安京における京戸以外の土人とはどういった人々か。もちろん明確な規定はない。ただし、同寛平三・九・十一符に、「頃年京貫人庶王臣子孫、或就二婚姻一、或遂二農商一、居二住外国一、業同二土民一、既而凶党相招横二行村里一」とあり、ここでは、京貫人（＝京戸）・王臣家の子孫が外国に居住して、生業が「土民」と変わらないことを嘆いている様子が窺える。このことからも、土人とは本来、京外の国に在住する公民を指すはずである。しかし、三代実録貞観四・三・二十六詔に登場する土人はあきらかに京内に居住する人々を指している。彼らが京戸ではないとすると、山城国に戸籍を持ちながら京内に居住する公民を意味するとしか考えられない。彼らは、さまざまな事情から京内に居住することを黙認された存在で、京内に居住するゆえに京職の行政下におかれたものと推測する。

年徭（六五七頁3）　京・畿内の公民は畿外の公民と比較して、税制上の差異があった。賦役令1調絹絁条に「京及畿内、皆正丁一人、調布一丈三尺、次丁二人、中男四人、各同二一正丁一」とあり、同4歳役条に「中男及京畿内、不レ在二収レ庸之例一」とあるように、両者は調が畿外の半分で、庸は免除されていた。さらに京戸は口分田を京外に班給されるのが通例であったから、税の銭納が一般的になり、雑徭による六〇日の労役も実際に本人によって行なわれる可能性が少なかった。三代実録貞観四・三・二十六詔によると、「京戸土人口分田、旧例段別一束五把、今増二加一束五把一、雑色田段別五把、因即京戸咸免二徭分一、土人復二徭廿日一、但土人例役之内所レ不レ足者、便以二租稲一、充二於功食一」とあり、貞観四年(八六二)には京戸の徭は免除され、その代わりに租が一束五把から三束に倍加されている。ところが、この方策は二年後の貞観六年には左京大夫となった紀今守によって変更される(三代実録同・正・二十八条)。今守は徭丁にかかる費用が莫大で捻出しがたいことを理由に、「出挙正税」の復活、「減二徴田租一」、「増二加民徭一」の三事を願い出て、勅許されている。この三番目の「増二加民徭一」の内容が本条と関わる。今守は「給二功食一役、而民無二休息一、徒尽二官物一、須依二今年正月七日詔一、永復二十日一、可レ役二廿日一」と主張する。いささか意味が取りにくいのであるが、おそらく、貞観四年の詔で、「土人」の徭は二〇日とされたものの、実質的には一〇日で、残りの一〇日は雇役によって賄っていたのであろう。しかしそれでは出費が嵩むので、「永復二十日一」として、実労働を二〇日にしたということではなかろうか。

貞観六年段階では、徭役労働は京戸に及ばず、京内の土人労働の確保で処理できたのであろうが、延喜式の段階では、京戸にも実労働六日を課さなければならない状況が生まれていたといえよう。

堀川(六五七頁4)　堀川の位置については、京都市の平安京復元図(『京都の歴史』一〔別添地図〕、一九七〇年)によると、東堀川は賀茂川を水源として引水し、堀川小路に沿って南北に流れ、西堀川は紙屋川を延長させて西堀川小路に沿って南流させている。後紀延暦十八・六・丙申条に、「近巡二京中一、過二堀川処一、鉗鏁囚徒、暴レ体苦作、興言於茲、愀二然于懐一」とあり、囚人たちが裸体で堀川の工事に従事している様子を、桓武天皇が目にしている。遷都以後も造都工事が続いていたことが確認できる。このように人口河川と言い条、自然流路の延長であるため洪水の危険性もはらんでいた。文徳実録天安二・五・壬午条に、「大雨、洪水汎溢、河流盛溢、水勢滔々、平地浩々、橋梁断絶、道路成レ川、東堀川水入二冷然院一、庭中如レ池」とあるように、被害をこうむる邸宅も存在した。鴨川の氾濫の影響で東堀川もしばしば氾濫したのであろう。そのたびに本条に見られるような、堀川の護岸工事のための杭の修復が必要となったと考えられる。続後紀天長十・五・甲寅条に、「太政官処分、課二左右京戸一、令レ輸二檜柱一万五千株一、以充二東西堀河杭料一」とあり、一万五〇〇〇株という大量の檜柱が東西堀河の杭として徴収されている。堀河の氾濫は平安京全域の問題として京戸全員に負担が課されたのであろう。

要劇田(六五七頁5)　宮内省から劇官の諸司に支給された給与が要劇料。もとは銭による支給であったが、後に米の支給となり、最後には官田経営の委託となった。要劇料は早く三代格大同四・閏二・四符に、「応レ給二職事四位已下初位已上要劇料一事」として観察使以外の職事官に日ごとに米二升を支給することが定められている。これは、もとは銭で支給していたが、米価が高騰して銭では劇官の食料を賄えなくなったという事情によるものであった。興味深いのは、この時、坊令は要劇料支給の対象から外されていることである。その理由は、「夫奉レ公之道、清慎為レ先、無レ功之賞、廉吏所レ恥」というものであった。実態はともかくとして、京職差配下の坊令は劇官とは認識されていなかったようである。同元慶五・十一・二十五符には、「応下割二官田一充中諸司要劇幷番上粮料上事」として一二三五町二段三三九歩が諸司に分配されている。その内、京職の配分は、左右京職各二六町八段三二四歩であった。さらに同六・四・十一符には米を支給する官司と官田を支給する官司が分けられている。要するに、食料となる米を直接支給する官司と、耕作して米を得る官田を支給する官司とに分けられており、いずれにせよ米が基本と考えられている。三代格を見ると、元慶年間には要劇料諸司官田に関する規定がさまざまに定められたことが分かる。

合薬を呪する（六五七頁6）　医疾令㉕典薬寮合雑薬条に「典薬寮、毎レ歳量二合傷寒、時気、瘧、利、傷中、金創、諸雑薬一」とあり、同条義解に「合者、和二合雑薬一也」とあり、本条の「合薬」も薬を調合することである。また医疾令㉓合和御薬条には「合二和御薬一、中務少輔以上一人、共二内薬正等一監視」とあることから、一般の薬の調合は典薬寮が単独で行なったが、天皇の薬については中務省の少輔以上の官人一人が監視したことが分かる。さらに同⒁按摩呪禁生学習条に「呪禁生、学二呪禁解忤持禁之法一」とあることから調合した薬に呪を加えたのは呪禁師と考えられる。さらに同⑵医生等取薬部及世習条によると呪禁生も薬部と世襲者から選択されているから、元来、薬の知識を有していたと考えられる。

禁ずる限りにあらず（六五七頁7）　道場については、僧尼令5非寺院条に「凡僧尼、非レ在二寺院一、別立二道場一、聚レ衆教化、幷妄説二罪福一、及殴二撃長宿一者、皆還俗」とあり、僧尼は寺院定住を原則とされ、寺院とは別に道場を設けて民衆教化することは禁じられた。そのことは続紀延暦二・六・乙卯条に京畿の定額寺に関する禁断規定があり、その中に「私立二道場一、及将二田宅、園地一捨施幷売易与レ寺」とあることからも確認できる。また三代実録貞観五・九・六条にも「私立二道場一者、格式之所レ禁也」とある。ただし本条を見る限り、医学的に合薬を呪するための道場は例外的に存在が認められた。

東市司（六六三頁1）　東西の市司は都城の経済の根幹となる官司である。職員令には京職の被管として位置づけられている。同67東市司条には、市司の職掌としては、財貨交易・器物真偽・度量軽重・売買沽価・禁察非違が挙げられており、その構成は正一人・佑一人・令史一人・価長五人・物部二〇人・使部一〇人・直丁一人である。

平城京の市に関する規定は関市令11市恒条から同20除官市買条までの一〇条に規定がある。市は都城経済の中核であるから、遷都の際には一番に設営された。たとえば長岡京遷都の際、続紀延暦五・五・辛卯条に「新遷二京都一、公私草創、百姓移居、多未二豊贍一、於レ是、詔、賜二左右京及東西市人物一、各有レ差」とあり、平安京遷都においても紀略延暦十三・七・辛未条に「遷二東西市於新京一、且造二廛舎一、且遷二市人一」とあることからも、遷都において、市と市人の移転・移居が重視されたことが分かる。天平十六年（七四四）閏正月乙丑に、聖武天皇は、官人たちに恭仁京と難波京のどちらに遷都すべきかを尋ねた後、同月戊辰に市人たちにも同じ質問をしている（続紀）。市人の意見が重要視されたことの現れである。

他の官司が基本的に官人によって運営されたのに対して、東西の市は、市司が管理し、市の運営は市人が行なうという関係が当初から成立していた。それは市あるいは経済というものが、律令制とは無関係に存在するものだったからであろう。都城が成立する以前から、各豪族による経済行動は活発に行なわれていた（中村修也「都城制以前の市の成立と経営形態」〈『日本古代商業史の研究』所収、二〇〇五年、初出一九八八年〉）。

また、市の区画については、大内裏図考証所引の古図や一遍聖図の市屋道場の図などを参考にしながら、拾芥抄中（諸司厨町）「東市屋」の記載を検討すると、一二町の内訳が、市屋一町・内町三町・外町八町に区別されることが分かる。つまり、都城の市は市屋一町・内町三町の四町が基本で、外縁部は発展の度合いによって変化する外町（市司管理外の町）であることが分かった。さらに大内裏図考証一上・二七所引古本拾芥抄東京市町図を参考にすると、この内訳は、市屋一町・市司一町・内町二町に細分され、市屋が商業区域であるとすると、内町二町は市人たちの居住区であると想定すべきこととなる（中村修也前掲書一七五～一八〇頁、二二七～二三四頁）。

本式6市人籍帳条より、市人には籍帳があり、それによって市司に管理されていたことが分かる。また本式10市町居住人条によると、市人とは別に市籍人という存在があったことが確認できる。市町に居住する市人の中で、市籍人は地子を免除される特別な存在であった。おそらく市籍人＝市鄽人で、本式14東鄽条・15西鄽条に見える東市・西市に設営された鄽(店舗)を経営する権利を許されていたと考えられる。

東市と西市は、本式12集東西市条から、毎月、前半と後半のそれぞれ一五日ずつの開催が認められていたが、次第に西市が衰退し、中央政府が何度か西市の立て直しを図り、西市の専売制を許可したりしたが、結局はうまくいかなかった(『京都の歴史』一、一九七〇年)。

市司の重要な業務は、市における安全で安定した売買の成立である。本式3売買不和条には、売買者相互で納得のいかない取引を強引に行なった場合、市司の捕縛に会うことが定められており、また本式7市裏凌奪条では、市内での略奪行為の取り締まりが定められているなど、市司にはある程度の警察権が認められていたことが分かる。

しかし、困難なのは市場価格の安定であった。本式2沽価帳条には、市司が価格安定のために沽価帳を作成すべきことが規定されている。この沽価とは、関市令12毎肆立標条に市司が毎月一〇日に一度、市内の価格帳を作ることが規定されていること、同13官私交関条に官と民間商人が取引する際には、価格帳の中等価格で行なうことが記されているのを参考にすると、市内での取引相場価格で、市司はそれを調査することで、官物の払い下げ、必要物資の購入に損益を出さないことを任務としていたと考えられる(中村修也「沽価法の性格とその変質」〈前掲書所収、初出一九八七年〉)。

牓を立て(六六五頁1) 牓は立札。市内の鄽は扱う商品名を明示した立札を店の前に立てることが義務づけられた。関市令12毎肆立標条には、「凡市、毎レ肆立レ標題二行名一」とあり、市内にある肆は、標識を立てて何を商品としている店であるかを明示すべきことが定められている。大唐六典二〇―一二にも同様の規定が「凡建レ標立レ候、陳レ肆弁レ物」と記されている。「建レ標」とは、日本令の「立レ標」と同義である。佐藤武敏によると、「候」とは、市肆を監視するために、土で築いた物見櫓のことで、唐では市署のほかに、市肆ごとに簡単な物見が設置されていた。「陳レ肆弁レ物」とは、同業の店が並べられ、商品ごとに区画されることで、同業店舗を集めることで、価格の安定を図ったものである(「唐代の市制と行」〈『東洋史研究』二五―三、一九六六年〉)。

色に随いて交関せよ(六六五頁2) 表示された商品のみを扱うべきこと。他の商品を扱うと他の鄽の経営を圧迫するため。令制では「交易」と「交関」が同義で使用されている場合がある。関市令13官私交関条には、「凡官与レ私交関、以レ物為レ価者、准二中估価一、即懸評二贓物一者、亦如レ之」とあるが、大唐六典二〇―一二には、「凡与レ官交易、及懸評二贓物一、並用二中賈一」とあり、本来「交易」とあったのが「交関」に書き改められていることが分かる。交関の使用例は、令制では他に見えず、続紀に九例見出せる。「交関雑物」「百姓交関」「交二関所部一」「求レ利交関」「交関取レ息」「所部交関」「任為二交関一」「新羅交関物」「以二私玩好一交二関其間一」といった使用法で、なんら交易と変わる所はない。

沽価帳(六六五頁3) 市で売買されている品物の価格を記録した帳簿。本条によれば毎月三冊作成された。官が交易する際の基準価格を知るためと、適正価格での取引を指導するためであろうか。沽価については市司が定めた公定価格という説が一般化したが、古代の商業活動において公定価格が定められたという事例は見出せない。関市令12毎肆立標条に「市司准二貨物時価一、為二三等一、十日為二一簿一、在レ市案記、季別各申二本司一」とあり、同条義解が「為二三等一」について、「准二貨物時価一者、凡物各有二上中下三品一、即其価値、亦物別各有二上中下三等一、故惣有二九等沽価一、即下条云レ准二中沽価一、是准二中物中沽価一」とあるのを見ると、物には上・中・下の三品級があり、さらにその各品級ごとに上・

中・下の三価格があるから、総て合せると九等の沽価があるとして、市場における変動物価を九段階に分類していることが分かる。また、「在レ市案記」とあることからも、市司が実際に市に出向いて物価を調査している状況が推測される。公定価格ならば、そのような必要はない。では沽価帳が作成される理由はなにか。それは税物として中央に集積された物品を売りさばく際、また必要物資を国家が購入する際に、国家に損益が生じないようにするためであった（中村修也前掲「沽価法の性格とその変質」）。

較固取（六六五頁4） 唐雑律33売買不和較固条に「較、謂専略二其利一、固、謂障固二其市一」とあることより、「較」は利益を独占することを意味し、「固」は市場を封鎖して他人の売買を妨害することをいう。すなわちここでは取引商品の利益を独占するために、取引が不成立に終わったにも関わらず、その商品について他人の売買を許さないことを指す。

蔭贖（六六五頁5） 蔭位を賜った人が、贖銅などで一定の弁済を行なって、犯罪に対する身体刑を免除されること。選叙令34授位条によれば、父祖が五位以上の官位についていれば、子孫は二一歳になると一定の位につくことができ、名例律1笞罪条によれば、笞刑の場合、一〇の者は贖銅一斤、二〇の者は二斤で刑を免除された。蔭贖とは何を指すのかという問題がある。①蔭位と贖銅の二つの意味か、②蔭による贖銅と考えるか、二つの考え方がある。少なくとも令義解には蔭贖の熟語は見当たらない。利光三津夫は「律令制度における贖罪の特典の一つ。（中略）律令は、特定の地位を有する者の近親を優遇するために、いくつかの資蔭制を定めているが、蔭贖は、その中の一つである」とする（『国史大辞典』二（「蔭贖」の項）、一九八〇年）。考課令52兵衛条集解に「有二位蔭一贖レ罪者」「有レ蔭可レ贖之色、皆同哉」とあることからも、ここでは蔭による贖銅措置と考えるべきであろう。つまり本条の「不レ論二蔭贖一」とは、そのような免除規定を適用しないで実刑に処すべきことを定めている。そのことは弾正式153出棄病人条に「六位以下不レ論二蔭贖一決杖一百」とあることや、同158巡行京裏条に、「其雑色番上以下、不レ論二蔭贖一決笞」とあり実刑が規定されていることからも確認できる。

剣を帯びて市に入ることを得ず（六六五頁6） 東西の市には武器となる剣を帯びて入市することはできなかった。「不レ得二帯レ剣入一レ市」の禁令に抵触するのが六衛府の舎人だけなのか、他の舎人も含まれるのかという問題がある。六衛府の舎人以外でも授刀舎人・帯刀舎人が存在したことは間違いない。ここでは帯剣が当然である六衛府の舎人ですら入市に際しては、剣を帯びることを許されなかったことを意味しており、いわんや他の舎人についても同様に禁制に触れたはずである。そして、市内の警察権は市司・京職に委ねられており、直接の非違の糾弾は弾正台が行なった（弾正式35京中巡察条・108市人集時条・117喚左右京職条）。

市人の籍帳（六六五頁7） 市人が市内で営業することを認められると、市人籍帳に登録された。市人籍帳が市内の商人の登録名簿であることは自明であるが、問題は、それが実体としてどのようなものであったかである。しかし市人籍帳に関する史料はほとんどない。そこで参考になるのが漢王朝における市租の存在である。平中苓次によると、漢王朝では官設市に税をかけて、それが国家財政において大きな比重を持っていた。その税を市租とよんだ。そしてその市租の徴収方法として、①販売額に応じてそのつど徴収する方法と、②「占租」といって売り上げをある期間分一括して申告納税する方法の二種類があった。①は行商人などの流動的な商人に対するもので、②は営業登録した固定商人に対するものであり、彼らは市籍に登録されたとする（「漢代の営業と『占租』」〈『中国古代の田制と税法』所収、一九六七年、初出一九五二年〉）。

市での税を漢王朝のように行商人などの範囲にまで厳しく徴収することは日本では不可能であったと思われる。しかし、東西市を管理し、市内で恒常的に営業する市人から税を徴収することは必要であり、可能なことであった。日本では東西市で恒常的な営業を許された市人に対して、市人籍帳に登録させ、そこから市内営業許可税を徴収したと考えたい。商業は不安定性があり、必ず盛衰が生じるため、営業許可者を確認する意味で、毎年、市人籍帳が作成されたのであろう(中村修也「市人・市籍人と市の構造」〈前掲『日本古代商業史の研究』所収、初出一九八七年〉)。

その管轄に関しては、三代格貞観六・九・四符には「右得二左京職解一偁、凡在二市籍一者、市司所二統摂一、而市人等属二仕王臣家一不レ遵二本司一」とあり、市籍に登録された者たちに関しては市司の統括に入り、それ以外の市人は京職が統括した様子が窺える。

散禁(六六五頁8)　刑具をつけず自由な状態で監禁しておく罪科。獄令39禁囚条に「杖罪散禁」とあり、杖罪になった者は散禁状況で獄につながれた。

判任(六六五頁9)　式部省が人選し、天皇の許可を待たずに太政官が任命する官人。郡の主政・主帳、家令・内舎人・文学・才伎長上等が適用範囲。

杻禁(六六五頁10)　杻は本来は手かせのことであるが、獄令4覆囚使条義解に「在レ頸曰レ枷、在レ足曰レ杻也」とあり、ここでは足かせの意味。継体紀二十四年九月条にも杻を「アシカシ」と訓んでいる。獄令39禁囚条に「凡禁レ囚、死罪枷杻、婦女及流罪以下、去レ杻」とあり、死罪に決定した者に枷杻が加えられた。

楼前(六六五頁11)　楼は市楼のこと。その前で罪状が宣言され、決行された。市町は四町で成立しており、その構成は、一町が市屋で、もう一町が市司、残り二町が市人の居住区と考えられる(中村修也前掲論文)。日本ではまだ市楼の発掘は見られないが、中国漢代の成都市西郊出土画像磚が参考となる。それによると、市場地区は東西南北の十字路を持つ構造で、その中央部に市楼が設けられている。市楼は市内を見張るための高楼であり、市のシンボルであったと考えられる。しかし、刑部式20決罪条を見ると、「凡弁官所レ下罪人、到レ省付二囚獄司一(中略)赴二向市司一、便令三本司喚二集市人一、列二立司南門一、示レ衆決之、於二囚獄司一決者、於二庁前一決之」とあり、市場地区ではなく市司地区で決罰されている。このことを考えると、市楼も市司地区に建てられていた可能性がある。

続後紀承和九・七・辛亥条に「於二東市楼前一、脱二盗人鉗一、各給レ粮放却」とあり、東市の市楼の前で罪人の首枷を外して解放している。また、壬生本西宮記(与奪)所引勘問式には、着鈦について天暦年間頃の状況として「着二市楼下一行二此政一、是則相二対楼前一、決二罰罪人一之儀歟」とあり、着鈦政が市楼の楼前で行なわれたことが確認できる。

市町(六六五頁12)　市町には内町と外町の二種類があるが、拾芥抄中(諸司厨町)には「市領十一町」として「内町三町」「外町八町」として同等に記されている。このことを見ても、本来は「市屋十内町三町」の四町が東市(西市)の構成区であり、その後、その外縁部に外町が形成されたことが推測される。拾芥抄中の付図には十字に一二町の市町が描かれ、東市・西市がそれぞれ一二町構成と思われていたが、実は外郭の八町は後に成立した外町で、基本は内町四町と考えるべきである。そして、その内訳は、大内裏図考証一上・二七所引の古本拾芥抄東京市町図によると、東市司・市屋・内町二町で構成されていた。東市司はいうまでもなく、市司の置かれた役所区域であり、市屋は市場区域である。となると内町二町は市人の居住区域と考えられる。一町を四行八門制で考えると、一町に三二戸主が存在し、二町で六四戸主の住宅が想定できる。これは本式14東鄽条に見える東市の鄽数が五一であるのに近い数字である。本来、両者の数は一致したはずであろうが、店舗の衰退で六四から五一に減ったと考えられる。中村修也「平安京市町成立の構造」(前掲書所収、初出一九九〇年)参照。

市籍人(六六五頁13)　市町に居住する市人で、

地子を免除されていた特権を有する存在。本条から市籍人と一般の市人は違いがあることが明確になる。両者ともに市内に居住する場合があるが、市籍人は地子を免除されたが、それ以外の市人は地子を支払っている。また史料的に、律令には市籍人の規定はない。他の史料でも平安時代になるまで「市籍」という用語は登場しない。三代実録貞観十四・五・二十二条に、「聴下諸市人与二客徒一私相市易上。是日、官銭卌万賜二渤海国使等一、乃喚二集市廛人一、売二与客徒此間土物一」とあり、ここでも一般の市人と市廛人が区別されている。市人一般に渤海使との市易が許されている場面で、市廛人だけが特別に招集されて「土物」の売与が行なわれている。また、三代格承和元・十二・二十二符に、「市司解偁、件等百姓多任二衛府一、恒住二市辺一」とあることから、市廛百姓の多くは衛府に任ぜられた官人であった状況が読み取れる。こうした市籍人・市廛人・市廛百姓の三者がいかなる関係かを明確に示す史料は見当たらないが、ほぼ同義と考えてよいのではなかろうか。また、本式6市人籍帳条の「市人籍帳」と市籍人の「市籍」を混同する考えがあるが、市人籍帳は市内で商行為を行なう人々を把握し、彼らから営業税を徴収するための台帳で、そこには特権のある市人とそうでない市人の両方が登録されており、市人と区別されている市籍人の「市籍」を同一のものと見なすことは誤りである。では市籍とは何かという問題が残るが、これについては平城京出土木簡に「東□〔市カ〕交易銭計絁廛人服マ(部)真吉」(『平城宮発掘調査出土木簡概報』二七、一九八四年)という記載があるのが参考になる。絁廛人とは絁を扱う市廛人のことであろう。とすると、本式14東廛条の「東絁廛」という表記との関連から考えると、市廛人とは東市・西市に公的に廛を与えられた特権商人と考えることができる。その公的な廛を有することを、市籍を有するという意味で市籍人と称したのではなかろうか。おそらく、最初は国家が用意した廛で営業する市人だけを想定しており、市籍を設定していたところ、平安京人口の増加、商品の需要に対応するため、固定店舗を持たない商人が市に入り込み、彼らも市人と見なされるようになり、国家は市籍人だけではなく、そうした市人の統制も必要となった結果、広義の市人籍帳が必要になったのであろう(中村修也前掲「市人・市籍人と市の構造」)。

闕官の要劇の料(六六七頁1)　要劇料は最初激務の職事官に給されたが、後にすべての長上官・番上官に月料・要劇料・番上粮のいずれかの名目で支給されるようになる。市司の欠官分はそのまま市司に支給され、修理・雑用費に充当された。

毎月十五日(六六七頁2)　月の前半と後半で東市と西市が開市を交代することを意味する。実態としては西市の衰退が見られる。東市・西市の二つの市の存続を図るために月の前半と後半で交代して市を開いている。西市の沿革は続後紀承和九・十・庚辰条に、次のように記されている。

西市司言、依二承和二年九月符旨一、錦綾、絹、調布、糸、綿、紵、染物、縫衣、続麻、針、櫛、染革、帯幡、油、土器、絹冠、牛厘等類興二販於西市一、而東市司論云、検二承和七年四月符一、依二弘仁十一年四月式一、件等色物、両市共可二興販一、不レ可二更度一、今百姓悉遷二於東一、交二易件物一、市廛既空、公事闕怠者、去承和二年彼此中折、施行既訖、而承和七年四月班レ式之日、遺漏不レ改、勅、宜レ依二前格一、不レ可レ拠レ式、

これによると、次のような政策の変遷が窺える。

①弘仁十一年(八二〇)にはまだ東西両市はともに栄えていたが、
②承和二年(八三五)にはすでに西市は衰退の状況にあり、
③西市立て直し策として、錦綾以下の商品を西市の独占販売とした。
④承和七年には、逆に東市から苦情が出て、再び弘仁十一年の制に戻し、東西両市共通の販

売となる。
⑤承和九年、百姓悉く東市に向かうので、再度西市は商品の独占を主張し、東市と論争した結果、政府は西市の救済策を取る。
西市の衰退は、単に市のみの問題ではなく、右京自体がその立地条件の悪さゆえに、当初から衰退の運命にあったことを意味し、そのことは広く認められているところである。東市についても、以後も史料上はごくまれに散見できるが、それをもって東市のみ正常に機能していたとみることはできない。池亭記の描くように四条以北に住居が集中していることから、東市も一〇世紀には衰退していたとみるべきであろう。これには東西市が平安京の南方にあり、宮城域から遠くに位置したという単純な地理上の理由も関与したと考える(中村修也前掲「平安京市町成立の構造」)。

幞頭(六六七頁3)　続紀霊亀二・十・壬戌条に「重禁二内外諸司薄紗朝服、六位以下羅幞頭一」とあり、六位以下の官人が羅の幞頭を身につけることが禁じられていた。

巻第四十三

春宮坊（六七一頁1）　皇太子に附属する家政機関。和名抄によると、和訓はミコノミヤノツカサ。東宮職員令2春宮坊条における春宮坊の職員は、大夫（従四位上）一人・亮（従五位下）一人・大進（従六位上）一人・少進（従六位下）二人・大属（正八位下）一人・少属（従八位上）二人・使部三〇人・直丁三人から構成される。大夫の職掌は、「掌、吐二納啓令一、宮人名帳、考叙、宿直事」と規定されている。

なお、東宮職員令1東宮傅条には、皇太子の輔導・訓育の官である東宮傅（正四位上相当）一人・東宮学士（従五位下）二人が記載され、中務式74諸司時服条においても春宮坊官人の中に列記されているが、これらは春宮坊を統括する任にあるわけではない。東宮傅・東宮学士については、笠井剛「東宮傅・東宮学士の研究」（『皇學館論叢』三二―四、一九九八年）参照。

東宮職員令3舎人監条～11主馬署条には、春宮坊の下に所属する三監・六署の官司も規定されている（後掲主膳式冒頭補注参照）。

春宮坊と三監・六署によって構成される東宮機構については、次のような研究がなされている。荒木敏夫は、①春宮坊の被管諸司の構成は、令制下の宮内省と中務省の諸司の機能をはたしうる構成となっていて、その構成原理は令制前の大王の家産制組織に求められること、②しかしながら令制下ではその機能を自律的にははたしえない構造になっていたことを指摘した（『日本古代の皇太子』二四四頁、一九八五年）。坂上康俊は皇太子と東宮機構に関する令の規定を検討し、日本の場合は唐の皇太子制度を直輸入したわけではなく、皇太子が政治的な基盤を作ることを防ごうとする配慮があったと指摘した（「東宮機構と皇太子」〈九州大学国史学研究室編『古代中世史論集』所収、一九九〇年〉）。保母崇は日本の東宮機構について、唐制東宮機構被管諸司の機能を網羅し、その上に天皇の家産を管轄する内廷的諸官司の構成・機能を融合させたものであるとする（「律令制下における春宮坊の構造とその特質について」〈『待兼山論叢』史学篇三四、二〇〇〇年〉）。

春宮坊官人の補任については、特に平安初期における天皇と皇太子時代の坊官との結びつきが注目されている。いわゆる「藩邸の旧臣」と呼ばれるもので、この点については、福井俊彦「承和の変についての一考察」（『日本歴史』二六〇、一九七〇年）、保母崇「奈良末期から平安初期の東宮官人と皇太子」（『日本歴史』六二五、二〇〇〇年）参照。

「東宮機構の変化」　九世紀に入ると、大同二年（八〇七）には主書署・主兵署が主蔵監に、主漿署が主膳監に併合され、それぞれの監に令史一人が加え置かれることとなった（三代格大同二・八・十二符）。延喜式巻第四十三に項目が立てられたのは春宮坊・主膳監・主殿署のみで、春宮坊被管の監・署の活動については不明な点が多い。しかしながら、少なくとも九世紀の段階では三監・三署の体制であったと推測できる。続後紀承和九・七・戊午条には承和の変により左遷された春宮坊および関連諸司の官人が列記されているが、この中には舎人監・主膳監・主蔵監・主殿署・主工署・主馬署の長官も含まれている。延喜式で編目が立てられていない監・署でも、主蔵監については本式1元日御薬条・2朝賀条・4群官賀条・18進菖蒲条・24陰陽寮進暦条・25東宮鎮魂条、主馬署については本式10春日祭条・14平野祭条からその活動が窺える。舎人監・主工署についても、延喜式の中で職員の存在を確認することができる（中務式74諸司時服条、式部式上90諸司史生条・100諸司使部条）。坊被管の監・署については、早川万年「古代官制表の〝陥穽〟」（『日本歴史』七五五、二〇一一年）、田原光泰「春宮坊・中宮職内の『庁』について」（『ヒストリア』二三四、二〇一二年）参照。

職員について、史生は続後紀承和十四・七・丙寅条に「置二春宮坊監署六司史生各二員一」とある。この六司とは式部式上90諸司史生条より、春宮坊・舎人監・主膳監・主蔵監・主殿署・主馬署であると考えられる。ただし、同条では坊の史生は四人となっており、二人増員された時期は不明である。次に坊掌は、弘仁六年(八一五)に二名が設置された(後紀同・三・丁酉条、式部式上141官掌省掌等条参照)。続後紀承和五・二・庚寅条には「春宮坊主□永預二把笏一也」と記されているが、これは坊掌の把笏を示すものであろう(式部式上142把笏条、「東宮」〈阿部猛編『日本古代官職辞典』、一九九五年〉参照)。この他、使部等の雑色については式部式上100諸司使部条・本式48雑色人条に、東宮舎人については式部式上208諸宮舎人条、本式49坊舎人条などに規定がある。帯刀舎人は宝亀七年(七七六)に設置され(三代格天安元・五・八符)、本式43帯刀舎人条から46歩射騎射条に関連式文がまとめられている。

東宮職員令に規定された者以外で皇太子に供奉した者として、春宮宣旨が特筆される。藤原薬子が春宮宣旨として平城上皇と密接な関係を結んだことは、後紀弘仁元・九・己酉条に「長女太上天皇為二太子一時、以レ選入レ宮、其後薬子以二東宮宣旨一出二入臥内一、天皇私焉」と見えることからも分かる。春宮宣旨は、本式では21晦日未刻条・35晦日昏時条に出てくる。この他、皇太子には女孺・采女などが奉仕していたと考えられるが、不明な点が多い(橋本義則『後宮』の成立」〈『古代宮都の内裏構造』所収、二〇一一年、初出一九九五年〉参照)。

〔東宮の所在〕平安京における東宮(春宮坊)の所在地については、山下克明の研究があり(「平安時代初期における『東宮』とその所在地について」〈『古代文化』三三―一二、一九八一年〉)、次のようにまとめられる。①平安京遷都後、桓武朝安殿親王から醍醐朝保明親王までの皇太子の居所は、東宮として宮城の一角に恒久的に設置され、後世の宮城図でいう西前坊(西雅院とも)に所在した。②雅院・東宮雅院とは皇太子の遊宴の場であり、宮城図の東前坊(東雅院とも)に所在した。③保明親王の死去は菅原道真の怨霊の仕業とされ、東宮は凶事の場として忌避されるようになり、それ以降皇太子の居所は職曹司を経て内裏後宮の殿舎が使用されることとなった。東宮の空間構造については、三輪仁美が文献史料から復元している(「東宮の構造とその機能」〈『史学研究集録』三六、二〇一一年〉)。なお、現在のところ東前坊・西前坊では明確な遺構は確認されていない(『平安京提要』一六八頁、一九九四年)。一〇世紀以降の皇太子の居所については、中町美香子「平安時代の皇太子在所と宮都」(『史林』八五―四、二〇〇二年)を参照。

長岡宮以前の東宮の所在地については、不明な点が多い。ただし、長岡宮からは「春宮坊」「主膳監」と書かれた木簡、「主工署」と書かれた墨書土器などが出土しており、皇太子安殿親王に仕えた春宮坊に関連する遺物群であると推定されている(向日市埋蔵文化財調査報告書六二集『長岡宮春宮坊跡』、二〇〇四年)。

〔短尺草〕巻第四十三に関係の深い史料として、東山御文庫に延喜式覆奏短尺草写(以下、短尺草と略す)が残されている。延喜式の編纂過程を窺い知ることができる貴重な史料として、以下の研究が積み重ねられてきた。

虎尾俊哉『延喜式』六八頁〜七九頁(一九六四年)、今江廣道「延喜式覆奏短尺草写」(『書陵部紀要』二四、一九七二年)、虎尾俊哉「『延喜式覆奏短尺草』について」(『国立歴史民俗博物館研究報告』六、一九八五年)、吉岡眞之「『延喜式覆奏短尺草写』の一問題」(『古代文献の基礎的研究』所収、一九九四年、初出一九八六年)、虎尾俊哉「『延喜式覆奏短尺草』補考」(『日本歴史』四六九、一九八七年)、吉岡眞之監修「『延喜式覆奏短尺草写』の研究」(『國學院大學大學院紀要』文学研究科三一、二〇〇〇年)、黒須利夫「『延喜式覆奏短尺草写』の基礎的考察」(『延喜式研究』二六、二〇一〇年)、吉岡眞之「『延喜式覆奏短尺草写』をめぐって」(『延喜式研究』二八、二〇一二年)。

これまでの研究から短尺草の史料的性格については、主に虎尾・吉岡の研究により次のようにまとめられる。短尺草は、延喜式の第三次草案に対する醍醐天皇の下問に対して、延喜式編纂の最高責任者である藤原忠平が答えた意見書（覆奏）の草案である。醍醐天皇は延喜式第三次草案に対する質問・意見を「御短尺」として下し、藤原忠平らの編纂委員に再検討することを命じた。再検討の際には、あらためて編纂委員である伴久永による意見書（「久永勘文」）や、官司からの意見書（「坊勘申」など）が集められた。これらを基に編纂委員による回答が「今案」としてまとめられ、さらに忠平の意見である短尺草が執筆された。短尺草は奏上する前の草案であり、清書されたものが天皇への覆奏として提出されたと考えられる。ただし、短尺草を藤原忠平の執筆とする点については、疑問も出されている（川尻秋生『揺れ動く貴族社会』八三・八四頁、二〇〇八年）。また、「御短尺」についても、村上天皇の手によるという説が出されている（西本昌弘「『蔵人式』と『蔵人所例』の再検討」〈『日本古代の年中行事書と新史料』所収、二〇一二年、初出一九九八年〉）。

　現存する短尺草は巻第四十三と巻第四十四（勘解由式）に関するものであるが、延喜式写本の中には巻第五・六（斎宮式・斎院式）に関する「御短尺」逸文が記載されているものがあることが、虎尾により指摘されている（虎尾俊哉前掲「『延喜式覆奏短尺草』について」）。醍醐天皇・藤原忠平らによる式文修訂が、延喜式の全巻に及んだか否かというのは重要な問題である。この点については、短尺草においてなされた春宮式の改訂が他の諸司式に及んでいないものがあることから、天皇・忠平らの関心は一部の式に限られていた可能性が指摘されている（黒須利夫前掲論文）。

　短尺草の内容を分析すると、議論されている事項は、字句や文章の改訂など、式文の体裁を整えることが多い。また、短尺草における議論がすべて完成された延喜式に反映されているわけではなく、短尺草からは延喜式編纂過程の一部しか知ることはできない。しかしながら、短尺草の中には草案から大嘗会に関する条文を削除したり（㉓項。項の番号は虎尾前掲論文より）、「御短尺」により春宮式の条文配列を改めたりと、重要な改訂がなされているものも、存在する（㉖項）。

　このように、日本古代における法典編纂の過程の一部を明らかにしてくれるという点において、短尺草が他に類例を見ない貴重な史料であることは間違いない。

元日（六七一頁2）　本条に関する短尺草の言及は、第一張四行から第三張一一行にまで及ぶ。ただし、第二張五行までと六行以下の部分とは、第一稿と書き直した第二稿という関係にある。引用する文献は第二稿の方が増えているが、内容としては重なっているといえる。ここでは、第二稿である第二張六行以下の部分に基づいて内容を記述する。短尺草は、本条の四ケ所の部分について言及している。

①「女孺八人綿各五屯」　女孺の人数を問題にしている。久永勘文・坊勘申により「女孺八人」としたが、これでは天皇に供奉する女孺の人数五人を超えてしまう（典薬式1元日御薬条）。人数・禄法が坊例・典薬式・中宮式でそれぞれ異なり、八人とは定めがたいとしている。しかし、本条では八人のままであり、短尺草の記述は反映されなかったといえる。

　なお、短尺草には内薬式逸文「中宮、東宮亦同」、および弘仁・貞観中宮式に関する記述が含まれている。

②「采女四人」　①と同様に、天皇に供奉する采女の数（典薬式1条では二人）を超えていることを問題視している。ただし、現行の式条でも四人のままである。

③「主膳」　主膳監・主殿署らの活動について、主膳式・主殿署式があるにも拘わらず、本条に載せることを問題にしている。本式2朝賀条・4群官賀条を参照しながら、草案のまま、本条に載せるべきであるとする。

④「一人、医生」　草案に抜けていた「一人医生」の四文字を補うことを指示している。これは草案の単純な誤りを訂正したものであろう。

　以上の他に、短尺草からもう一点、本条の成立過程を窺わせる部分がある。短尺草では本条の引用を次のように行なっている。

元日遅明云々注、臨時賜レ禄事

すなわち、本条の草案では「臨時賜禄」という四文字があったが、どこかの段階で現行のように「至二于三日一賜レ禄」と改訂されたと考えられる。

侍医（六七一頁3）　職員令11内薬司条によれば、侍医は内薬司に所属し、定員は四人であった。同司は寛平八年（八九六）に典薬寮に併合され（狩野文庫本三代格寛平八・九・七符）、侍医四人・女医博士一人・薬生一〇人も典薬寮に配転された（同寛平八・十・五符）。

御肴（六七一頁4）　いわゆる歯固めの儀として、屠蘇とともに供される膳。天皇への膳については、内膳式14元二三日料条参照。西宮記恒例一（供御薬事）所引進物所例、江家次第一（供御薬）等にも規定があるが、供される料理の内容は時代により変遷がある。井上亘「供御薬立制史考証」（『日本古代の天皇と祭儀』所収、一九九八年、初出一九九五年）参照。

朝賀の儀（六七一頁5）　短尺草は、以下の四ケ所について言及している。

①「設二東宮次…昭訓門外北掖一」　短尺草では、草案にあった「鉦鼓北」三文字を削除すべきと指示している。現行の式条には三文字が記されておらず、指示が反映されたと考えられる。

②「参詣共候」　草案では「詣二春宮一」とあったが、短尺草は「参詣奉迎」とすべきと記している。しかし、現行の式条では「参詣共候」となっており、短尺草以後の段階でさらに改訂がなされたと考えられる。なお、大唐開元礼九五（皇帝元正冬至受皇太子朝賀）では「倶詣レ閤奉迎」とあり、短尺草と似た表現が用いられている。

③「進一人執レ笏、…若微雨主殿令史以上一人執二大笠一」　分注の記述と位置について疑義を出したが、結局は草案通りにすると記す。

④「主膳入就二内膳一」　久永勘文が「就内膳」の部分を問題視したが、坊例により五月五日の事例を挙げながら、草案の通りにすべきことを指示している。

東宮の次（六七一頁6）　東宮の次は、儀式六（元正受朝賀儀）によれば坊官が属官・所司とともに設営するとしている。使用する幄等は、主殿署が保管していた（本式38幄幔条参照）。皇太子が東宮を出て儀式に参列する場合に設けられる。春宮式には、次の設営が散見する。

［条文名］	［儀式］	［名称］
2朝賀条	元日朝賀	「東宮次・御次」
3宮臣朝賀条	宮臣朝賀	「宮臣次」
5東宮御斎会条	御斎会	「次」
9釈奠講説条	釈奠	「東宮次」
14平野祭条	平野祭	「東宮次幄床」
17牽駒条	牽駒	「次」
18進菖蒲条	五月五日	「次」
22相撲節条	相撲	「次」

「次」という名称は、元来、大唐開元礼等に見られるもので、日本では他に貞観儀式においても用いられている。なお、儀式一（平野祭儀）には、「休息舎」とも出てくる。皇太子のための幄・幔の設置については、本式28行幸時条にも出てくる。

西向北上（六七一頁7）　隋の文帝は皇帝との差を設けるために、皇太子が西面することを定めた。藤森健太郎「『儀式』『延喜式』における皇太子の正月受賀儀礼について」（『古代天皇の即位儀礼』所収、二〇〇〇年、初出一九九二年）参照。

内舎人（六七三頁1）　中務省品官で雑使や警衛に当たるが、内裏参入などに際して皇太子に供奉する者もいた。「啓内舎人」「東宮啓」と呼ばれる。類符抄延喜二十一・九・二十五宣旨、同延長三・三・二十九宣旨、同天徳二・十一・二十一宣旨、西宮記臨時五（東宮行啓）参照。

甲脚纏抹額（六七三頁2）　甲は挂甲のこと。革や金属の小片を結んで胴体を覆うよろい。脚纏は脛巾（ハバキ）で、脛に巻き付けて足を保護するもの。抹額は冠の縁に結んで脱落を防ぐ布帛のこと。いずれも近衛・衛士ら下級武官が着用すべきもの。左右近衛式1大儀条参照。特に挂甲・抹額については、既に衣服令14武官朝服条に「会集等日」の装束として定められている。

礼冠（六七三頁３）　皇太子の礼冠については、衣服令1皇太子礼服条に「礼服冠」と見える。同条集解古記に「謂礼冠也、玉冠是也」と記され、玉類で以て飾った冠であったことが分かる。弘仁十一年（八二〇）には天皇・皇后とともに皇太子の装束も定められ、元日朝賀については「皇太子従二祀及元正朝賀一、可レ服二袞冕九章一」となり（紀略弘仁十一・二・甲戌条）、中国的な冕冠となったことが分かる。儀式六（礼服儀）にも、「皇太子袞冕九章、牙笏」とされている。衣服令1条義解には「謂、作有二別式一也」とあり、礼冠の製作については別式が定められていたと推測される。礼冠・礼服については、式部式下10朝賀条参照。

剣（六七三頁４）　衣服令には、皇太子の帯剣は規定されていない。皇太子帯剣の初見は続紀延暦六・五・己丑条で、「有レ勅、令二皇太子帯剣一、于レ時、太子未レ加二元服一矣」とあり、桓武が皇太子安殿親王（後の平城）に帯剣させたことが分かる。平安初期に皇太子の帯剣は制度化されたらしく、紀略弘仁十四・四・乙巳条では皇太子正良親王（後の仁明）が帯剣していることを確認できる。皇太子の帯剣については、安田政彦「勅授帯剣について」（亀田隆之先生還暦記念会編『律令制社会の成立と展開』所収、一九八九年）、山下紘嗣「日本古代の皇太子と帯剣」（『史学』七八—一・二、二〇〇九年）参照。

毎月一日…如くせよ（六七五頁１）　唐の皇太子は公服を着用して、五日ごとに入朝することが規定されていた。『唐令拾遺』衣服令二〇条には「五日常朝、元日、冬至受賀、則服レ之」とある。日本の皇太子は、衣服令に礼服しか規定されず、定期的な入朝についても制度化されなかったと考えられる。

　しかし弘仁十一年（八二〇）、天皇・皇后・皇太子の服制を唐風化させるに際して、皇太子については「朔望入朝、元正受二群官若宮臣賀一、及大小諸会、可レ服二黄丹衣一」と定められた（紀略同・二・甲戌条）。ここには朔日・望日（日本では十六日）の入朝を規定するのみであるが、吉田歓は実際にこの直後から二十一日・二十六日の皇太子入朝の例が見えることから、月六回入朝する本条の規定は弘仁十一年に始まったと推測している。さらに、旬儀の制度は、本条の皇太子入朝制度も一つの構成要素となって成立したと指摘している。吉田歓「旬儀の成立と展開」（『日中宮城の比較研究』所収、二〇〇二年、初出一九九六年）参照。

　なお、皇太子の入朝については、左右近衛式11東宮入朝条にも規定が見える。

宮臣（六七五頁２）　正月元日における天皇への朝賀に続いて、二日には皇后・皇太子への朝賀・拝賀が行なわれる。皇后に対しては、①皇太子の朝賀（中宮式3皇太子朝賀条）、②群官の朝賀（弘仁式部式下皇后受賀条、儀式六〔正月二日朝拝皇后儀〕、中宮式4群官朝賀条など）、③女官の朝賀（中宮式5女官朝賀条）などが規定されている。一方、皇太子に対しては、①宮臣の朝賀（本条）、②群官の拝賀（弘仁式部式下皇太子受賀条、儀式六〔正月二日拝賀皇太子儀〕、本式4群官賀条など）がある。

　儀制令9元日条および同条義解によれば、元日の拝賀は天皇と三后・皇太子に対してのみ行なわれるように規定されていた。天武紀八・正・戊子条や続紀文武元・閏十二・庚申条が拝礼者の範囲を問題にしているので、七世紀末から八世紀の段階においても皇太子など天皇以外の者への拝賀の実例が存したことを推測できる。元日拝賀の拝礼については、大隅清陽「儀制令と律令国家」（『律令官制と礼秩序の研究』所収、二〇一一年、初出一九九二年）参照。

　しかしながら、儀式・延喜式等に見られる皇后・皇太子への拝賀儀礼の成立は平安時代に降る。皇后への拝賀は、栗林茂によれば、皇太子・群官との君臣関係を確認するために弘仁年間に唐の開元礼を参考に整備され、実際に行なわれたのは嵯峨天皇皇后橘嘉智子・淳和天皇皇后正子内親王のときのみであった（「皇后受賀儀礼の成立と展開」〈『延喜式研究』八、一九九三年〉）。なお、東海林亜矢子「中宮大饗と拝礼」

(『史学雑誌』一一五―一二、二〇〇六年)、橋本義則「『後宮』の成立」(『古代宮都の内裏構造』所収、二〇一一年、初出一九九五年)参照。

皇太子に対する拝賀も、藤森健太郎によれば九世紀に入ってから、弘仁～貞観期にかけて整備されたと考えられている(前掲論文)。藤森によれば、皇太子への拝賀儀礼は、群官からの「受賀」、宮臣(春宮坊および被管の監・署)からの「受朝賀」と延喜式では明確に書き分けられている。これは唐制を受け継いだもので、天皇の臣である群官と、皇太子と君臣関係にある宮臣との差異を設けたのであった。宮臣朝賀では宮臣の版位は坊進が設けるが、群官拝賀では群官の版位を式部省が設けるなど、儀礼に関与する官司も異なっている。この点は、皇太子・群官・女官からすべて「朝賀」を受ける皇后と対照的である。

なお、宮臣朝賀については儀式にも記載されておらず、不明な点が多い。群官拝賀については、次条参照。

短尺草は、以下の一ケ所について言及している。

左右兵衛尉各一人、率二兵衛二人一、

兵衛尉が率いる兵衛の人数について、坊例を引用し、また御短尺の指示から二人とすべきことを記す。

再拝(六七七頁1)　二度の拝礼をすること。中国における拝礼は、周礼(春官、大祝)の中で「稽首、頓首、空首、振動、吉拝、凶拝、奇拝、褒拝、粛拝」の九つに分類されている。稽首から振動までが致敬の軽重によるもので、稽首が最も重い礼になる。吉拝と凶拝はともに喪事における拝礼であるが、凶拝の方が重い礼となる。奇拝とは一度の拝を行なうことで、対する褒礼は複数回の拝礼を指し、再拝または三拝となる。粛拝とは婦人の拝礼のことである。藤野岩友「周礼九拝考」(『中国の文学と礼俗』所収、一九七六年、初出一九七三年)参照。これらのうち、稽首は雑式3稽首条に、粛拝は内裏式下(叙内親王以下式・任女官式)に見える。

中国では、平常は一度の拝であるが、皇帝・皇后や昊天上帝・祖廟などの絶対的上位者に対するときのみ、再拝となる。日本の拝礼については、北山抄一(拝天地四方事)に、

本朝之風、四度拝レ神、謂二之両段再拝一、本是再拝也、而為レ異二三宝及庶人一、四度拝レ之、仍称二両段一也、天地四方、可レ依二唐土風一、只用二再拝一、陰陽家諸祭如レ之、二陵任二本朝例一、各両段再拝也、

と記されている。日本において神を拝する場合は両段再拝(四度の拝礼)が慣習であるとして、唐の再拝と対比させている。

群官(六七七頁2)　宮臣朝賀では春宮坊と被管の監・署が朝賀を行なったが、本条の群官拝賀では親王から六位以下の官人まで参集し、皇太子への拝賀を行なう。皇太子への群官拝賀については、藤森健太郎前掲論文参照。

群官拝賀については、弘仁式部式下皇太子受賀条、儀式六(正月二日拝賀皇太子儀)、中務式13二日拝賀条、式部式下12皇太子受賀条にも関連規定がある。ただし、これらの規定には親王以下次侍従以上への賜宴は記されていない。六位以下まで含んだ拝賀の後、昇殿者のみを対象として宴が催され、最後に賜禄がなされる。東宮における賜宴については、雅楽式8大饗条、雑式5公宴酒食条参照。

また、弘仁式部式と式部式下12条とを比較すると、後者の延喜式条文では称賀・宣令の部分が儀式六と同様に詳細に記されている。藤森は、弘仁式から貞観式に至る段階で唐礼に近づけるかたちで改訂がなされたと指摘している。

なお、一〇世紀以降いわゆる二宮大饗が成立する。二宮大饗と正月二日受賀儀礼とが直接つながるものでないことは、栗林茂前掲論文、田村葉子「二宮大饗の成立と背景」(『史学研究集録』一九、一九九四年)参照。

短尺草は、以下の二ケ所について言及している。

①「置二群官版位於殿庭一」　式部省が群官の版位を設置するという部分について、「儀式」にあるならば旧の如く残すと記す。儀式六(正月二日

拝賀皇太子儀)には「(式部)省丞、録、史生分二頭東西一、揩レ笏執レ版参入、各置二標下一退出」とあり、式部省が版位を設置することは確認できる。本条の群官拝賀は春宮坊にて行なわれるものであるため、式部省が設置することが問題となったか。

②「亮於二庭中一」 式の草案では「亮率二所司一於二庭中一賜二禄物一」とあったが、「今案」によって「率所司」の三文字を削除するように提案され、現行式条にもその三文字は見当たらなくなっている。ただし、現行の式条には短尺草の引用には見えない、「唱二四位五位名一〈自レ下唱之〉」の部分があり、これがどの段階で増補されたのかは不明である。

春日の祭(六八七頁1) 太政官式65春日祭条には参議以上の参会が規定されており、藤原氏の氏神祭祀としての側面も見受けられる。祭儀の全体については儀式一(春日祭儀)に詳細に記されており、貞観年間と考えられるこのような祭祀の形態がどこまで遡るのか明らかではないが、規模の大小はともかくとして、少なくとも延暦年間までには公祭化したと考えられる。本条は儀式一に見える「春宮坊幣」「二宮使」および「春宮坊走馬」の発遣に関わる規定であり、儀式一には「春宮坊幣」の他に奉幣使として「内蔵寮幣」「中宮幣」「院幣」(勧学院)の存在が確認でき、中宮式12春日祭条および内蔵式2春日祭条にもそれぞれ発遣についての規定が見える。四時祭式上7春日祭条参照。

大原野の祭(六八七頁2) 大原野社は神名式不載のいわゆる国史見在社。長岡京遷都に当たり藤原氏が氏神春日四神を勧請したと考えられ、仁寿元年(八五一)に藤原順子(文徳天皇生母)との関係で公的祭祀に位置づけられた。春日祭と同様に藤原氏の氏神祭祀、特に北家一門の氏神祭祀という側面が強い。祭儀の全体については儀式一(大原野祭儀)に詳細に記されている。本条は儀式一に見える「東宮幣帛」の発遣に関わる規定であり、儀式一には「東宮幣帛」の他に奉幣使として「内裏幷中宮(幣帛)」「内蔵寮幣」の存在が確認でき、中宮式13大原野祭条、内蔵式5大原野祭条にも発遣についての規定が見える。四時祭式上8大原野祭条参照。

大神の祭(六八九頁1) 大和国城上郡に鎮座する大神社(三輪明神)の祭祀。公事根源に「貞観の比より始まりけるにや」とあり、三代実録貞観十八・四・八条からも貞観年間には既に行なわれていたことが分かる。また、本朝月令(四月)所引の延喜九年外記日記からは、弘仁太政官式条文に対する貞観度の改訂が「大神祭後」の語句を挿入するかたちで行なわれたと考えられる(太政官式110山陵幣条参照)。この点からも、大神祭が弘仁式には規定されておらず、貞観式立制に当たって式条文に取り入れられたと考えられる。しかし、大神大物主神は貞観元年(八五九)正月二十七日に従一位、翌月一日には正一位に叙されているので(三代実録)、この時期に重視されていたことが分かるものの、奉幣を受けるに至った事情は定かではない。本条は「東宮幣帛」の発遣に関わる規定であり、中宮式17大神祭条、内蔵式8大神祭条にも同様の規定が見える。神名式上6大和国条参照。

冬は属(六八九頁2) この注記は中宮式17大神祭条も同文。夏の祭祀に派遣される官人が進であるのに対し冬のそれが属であるのは、内蔵式8大神祭条の料物の記載からも明らかなように、両季の祭祀に軽重の差が設けられていたためか。

平野の祭(六八九頁3) 山城国葛野郡に鎮座する「平野祭神四座」の祭祀。同社の創建は延暦年間、おそらくは平安遷都の直後であり、創建とほぼ同時、遅くとも延暦二十年(八〇一)までには春日祭等と同様に公祭化したか。この祭祀が他の諸祭と比べて特徴的な点としては、(一)皇太子の参向・奉幣があり、衛府の警護があること、(二)勅使として「監祀官」が派遣されること、(三)神主二人により祭祀が執り行なわれることの三点が指摘されている。太政官式71平野祭条には参議以上および皇太子の参会が規定され、また同式80平野祭見参条には桓武天皇の後裔(王族・後裔氏族)および大江・和氏の氏人の参会が規定されており、本祭は桓武天皇の母方の父系・母系双方に関わる王権祭祀と考えられる。祭儀の全体については儀式一(平野祭儀)に詳細に記されており、本朝月令(四月)所引の弘仁官式逸文にも皇太子の参会規定が見えることから、祭儀の基本的な構造は弘仁式段階まで遡らせることが可能か。なお、本条の記載の多くは儀式によりその詳細が確認できるが、春宮坊からの発遣の儀については本条独自の規定である。また、儀式一には見えないが、中宮式16平野祭条には春日祭等と同様に中宮の幣帛、中宮使の参向が規定されているものの、春日祭等で行なわれている内蔵寮からの幣帛の規定は存在しない。四時祭式上17平野祭条、祝詞式7平野祭条参照。なお、岡田荘司「平安前期神社祭祀の公祭化」上・下(『平安時代の国家と祭祀』所収、一九九四年、初出一九八六年)参照。

祝詞(六八九頁4)　本祭祀は、四時祭式上17平野祭条に「次神主中臣二人進宣二祝詞一、訖奏二歌舞一」、江家次第六(平野祭)に「神主著座二人、一人経二社後一著二南祝屋一、但雨降日敷二座於東屋西庇南北一、次北屋神主読レ祝、次南屋神主読レ祝」と見えるように、神主二人が北屋と南屋で祝詞を読むことを特徴とする。そのため、祝詞式には7平野祭条の今木大神への祝詞と、8久度古関条の久度神・古関神への祝詞二通が載せられている。

木綿鬘(六八九頁5)　木綿(楮の皮から採った繊維)を輪状にまとめて冠に懸け、斎戒の標識としたもの。大蔵式10平野祭条に「鬘料安芸木綿四斤、凡木綿五斤」と見え、大蔵省の官人が分担して祭祀の出席者に班給し、そのうち皇太子には大蔵輔が奉るとある。

賀茂の上下松尾の三社(六九一頁1)　本条は儀式一(賀茂祭儀)に見える「春宮幣帛」「春宮亮」および「春宮走馬」の発遣に関わる規定であり、儀式一には他の奉幣使として「内蔵寮幣帛」「中宮幣帛」「斎院幣帛」の存在が確認でき、そのうち中宮式18賀茂祭条、内蔵式13賀茂祭条および斎院式8賀茂祭条・9両社幣条にもそれぞれ発遣についての規定がある。本条の儀式の詳細については、ほぼ春日祭と同じである。一方、松尾社も、九世紀以降賀茂社と並んで長岡京・平安京の鎮守神としての役割を担うようになり、四月上申日には公祭としての松尾祭が実施されているが(四時祭式上16松尾祭条)、本条のように松尾社が賀茂祭に関与している背景には、本朝月令(四月)所引の秦氏本系帳逸文に見えるように、松尾と賀茂の両祭神が密接な関係(賀茂別雷神の父神を松尾大明神とする)を有していたことによる。

内蔵(六九三頁1)　本祭と同様に内蔵寮幣帛のある春日祭や平野祭では内蔵饌が実施されず、本祭のみがこれを行なうのは、他祭と異なり神祇官の関与しない祭祀であることと関連するか。なお岡田荘司は、嵯峨から清和朝に至る時期を、律令的性格を濃厚に残す神祇官祭祀から、内廷的財政官司が関与する内蔵寮祭祀への移行期と捉え、賀茂祭をその最も早い事例としている(前掲論文)。

読師の布施(六九三頁2)　読師の布施を春宮坊が送るのに対し、講師の布施は内蔵寮より送られる(内蔵式28最勝会布施条)。三会と称される宮中の御斎会、興福寺維摩会、薬師寺最勝会のうち、春宮坊が布施を送るのは最勝会のみである。御斎会の布施を定める大蔵式3御斎会条では、講師・読師らに支給する布施物の分注に「盛二韓櫃三合一」などと見える。本条の韓櫃も、同様に布施を収める箱として用いるのであろう。

王氏の中宮あらば…(六九三頁3)　薬師寺の最勝会は、天長七年(八三〇)に中納言直世王の奏上により創始された(三代格同・九・十四符、類聚国史一七七天長七・九・乙酉条)。この頃、薬師寺は王氏の氏寺であり、直世王の奏上は王氏を代表してのものであったとみられる(佐藤全敏「平安時代の寺院と俗別当」〈『平安時代の天皇と官僚制』所収、二〇〇八年〉)。最勝会が王氏と深い関わりをもって行なわれたことは、式に散見する。王氏は最勝会に参会し(太政官式82興福寺条、式部式上76最勝維摩不参条、正親式10薬師寺条)、また堂童子も務めた(中務式27堂童子名簿条)。薬師寺への往還も上日に数えられ(太政官式81会参上日条、式部式上72給上日条)、また三月十日の国忌への不参も許された(式部式上74最勝会条)。このうち太政官式81条と式部式上76条は、東山御文庫蔵新撰年中行事(三月)に貞観式逸文が引かれ(西本昌弘編『新撰年中行事』、二〇一〇年)、後者はまた小野宮年中行事(三月)にも「貞観太政官式」(式部式の誤り)として見える(同「『官曹事類』『弘仁式』『貞観式』などの新出逸文」〈『日本古代の年中行事書と新史料』所収、二〇一二年、初出一九九八年〉)。貞観式逸文も確認され、延喜式に王氏との関わりが散見する最勝会であるが、薬師寺は元慶年間頃より源氏の氏寺という性格を持つようになり、源氏の公卿、特に源氏長者が俗別当を務めるようになってゆく(佐藤全敏前掲論文、下向井龍彦「『水左記』にみる源俊房と薬師寺」〈古代学協会編『後期摂関時代史の研究』所収、一九九〇年〉)。

供料雑給の料の案(六九三頁4)　五月五日の菖蒲進上を定める典薬式8五月五日条に「中宮東宮黒木案各二脚〈一脚供御、一脚人給〉」とある。本条の「供料」と「雑給料」は、この「供御」と「人給」に対応する。「供料」は皇太子、「雑給料」は春宮坊の官人に供される菖蒲を指す。菖蒲を供御と人給に分けて運ぶことは武徳殿での天皇への進上儀も同じで、「供御菖蒲」を中務省と内薬司が、「人給菖蒲」を宮内省と典薬寮が進上する(儀式八〔五月五日節儀〕)。人臣への支給物を意味する人給が供御と対をなして進上されることは、元日の供御薬儀などでも認められる(宮内式34晦日進薬条)。吉野秋二は、人給が供御と対置される概念で、式において人給単独で用いられる場合も供御の存在を前提としていること、また八世紀の春宮坊や皇后宮職には人給料支給機関として人給所が置かれていたことなどを指摘する(「『人給所』木簡・墨書土器考」〈『日本古代社会編成の研究』所収、二〇一〇年、初出二〇〇二年〉)。

蔵人所(六九三頁5)　宮廷運営の中枢を担った令外官のそれではなく、東宮に置かれた所の一つ。本式20納御櫛条・24陰陽寮進暦条にも見え、いずれも進上された物品が収納される。この蔵人所での出納などに当たったのが蔵人で、本式2朝賀条・10春日祭条、左右近衛式11東宮入朝条などに見える。多くの春宮坊官人が処罰された承和の変では、「坊司幷品官乃佐官以上及侍人蔵人諸近仕者」と、蔵人も流罪の対象になっている(続後紀承和九・七・戊午条)。また時代は下るが、紀略寛仁元・八・九条は、立太子に当たり「春宮蔵人」の任命がなされたことを伝える。

前つこと一日…(六九三頁6)　大蔵省が幄を立てることなどは前条に同じ(大蔵式13五月五日条)。五月五日節では、兵部省が当日の官人の参列を点検し、不参の場合の罰則が設けられているが(兵部式12三節不参条)、典薬寮の官人と侍医は不参を責めないとする(同式13典薬官人条)。これは中宮と東宮での菖蒲進上に関わる故の措置と推測され、武徳殿での五月五日節と東宮での菖蒲進上が同時並行的に進められていたことを示唆する。従って、東宮での菖蒲進上に際して、皇太子が東宮にいることを本条は前提とはしていない。

　なお、本条は「前つこと一日」の前後で内容が分けられるが、後段については短尺草に以下の記述がある(原本にある錯簡の訂正・翻刻などは吉岡眞之前掲「『延喜式覆奏短尺草写』の一問題」に拠り、黒須利夫前掲「『延喜式覆奏短尺草写』の基礎的考察」の成果を併せ参照した)。

　又案㆘参㆓節会㆒儀文体㆖、前一日之文在㆓最末㆒、雖㆑似㆑無㆑便、【東宮参㆓武徳殿㆒之下注㆓前一日設㆑次之由㆒如何、所司立㆑幄坊官設㆓御座㆒之由可㆑宜歟、】事迹不㆓乖違㆒、如㆑此可㆑無㆓殊難㆒、(【　】は抹消部分)

　草案では「前一日之文」が末尾にあったようで、皇太子の武徳殿参入の下に前日の設営を記すのは如何かと、抹消部でより明確に記されている。延喜式ではこれを反映し、前日の部分が末尾に来ないよう改訂されている。また、前段の菖蒲進上儀でも、本条の草案を「進白散之儀」の条(本式26進白散屠蘇条)の草案と比較し、後者にある「雑給料付二坊官一」の文言が前者にはないこと、また本条の草案にあった「収二蔵人所一」について、菖蒲は収め置く物ではないことなども指摘されており、いずれも延喜式本条に反映されている。

同月六日(六九三頁7)　左右馬寮の馬に近衛が騎乗して行なわれる走馬、近衛と兵衛による騎射、それに続き春宮坊の帯刀舎人による騎射、さらに諸衛の雑技などが行なわれる。儀式次第は、内裏式中(六日観馬射式)、儀式八(五月六日儀)に詳しい。左右近衛式30騎射官人条、左右馬式26競馬騎射条参照。

小松の揩衣(六九三頁8)　型木を用い、染め草の汁で小松の模様を摺り出した衣。西宮記恒例二(幸武徳殿)には、「浅縹染上、以二露草一画二小松形一為レ衣」とあり、薄い縹に染め、露草で小松模様を表したものであることが窺える。露草は、和名抄に「鴨頭草(ツキクサ)」と見え、色は薄い青紫色を呈する。

歴名の札(六九三頁9)　帯刀舎人による騎射に先立って行なわれる近衛と兵衛の騎射について、儀式八(五月六日儀)に「当府判官立二殿前一、奏二射者夾名一」と見える。本条での進による帯刀舎人の歴名奏上もこれに対応するものである。騎射の順番は亮が定め、射手には禄が支給される(本式46歩射騎射条)。

荒世服・和世服(六九五頁1)　縫殿寮にて調製される(縫殿式4御贖服条)。短尺草では、坊例により「荒世、和世御服」を加えるとする。またこの御服は「都々志与呂比御服」と称するとし、この称は祝詞の用語かとする。本条では「奉レ触二身体一返授」とあるが、西宮記恒例二(御贖物事)では「豆々志余呂比御服」とあり、これに「天皇着二給気息一返給」とする。なお、荒世服・和世服を天皇に奉る次第は四時祭式上31中宮御贖条にも見えている。

神泉苑(六九七頁1)　相撲の節は内裏式中(七月七日相撲式)に「先一日、所司供二張神泉苑一、御座東南八許尺、鋪二皇太子座一〈西面〉」とあり、国史の記事においても承和三年(八三六)までは神泉苑で行なわれたことが確認できる。しかし同四年以降は、紫宸殿で行なわれることが多くなり、元慶元年(八七七)は綾綺殿、同三・四年は仁寿殿で行なわれるなど、神泉苑では行なわれなくなったようである(類聚国史七三)。儀式八(相撲節儀)では儀場を明記していないが、これは承和以降の実態をふまえたものかと考えられている(大日方克己「相撲節」〈『古代国家と年中行事』所収、一九九三年〉)。西宮記恒例二(相撲事)では武徳殿となっている。本条では式日は元慶八年に決まった七月二十五日を採用しているにも関わらず、同年段階で相撲節の儀場に使用されていない神泉苑を規定しているが、この点について大日方は、内裏式や淳和朝以前の実例をふまえて、神泉苑が正規の場であることを確認したものであろうかとしている(前掲論文。本朝月令〔六月〕所引弘仁式・貞観式逸文では神泉苑が儀場であったことは確認できない)。

呉茱萸(六九七頁2)　カワハジカミ。要略二四所引月旧記に茱萸袋は「此日折二茱萸房一以挿レ頭言、避二悪気一而禦二初寒一」とあり、悪気を避け、向かうべき寒さに対して防御に用いたことが窺える(山中裕『平安朝の年中行事』二四一頁、一九七二年)。また紀略寛平九・九・九条にも同様な記事が見える。典薬式45山城年料雑薬条〜98大宰年料雑薬条によれば大和国・近江国・若狭国・丹波国・丹後国・伯耆国・出雲国・播磨国・美作国・備前国・備中国・安芸国・周防国・土左国より進上されることとなっていた。西宮記恒例三(九日宴)所引吏部王記延長四・九・九条には「当二御帳前之最屋左右柱一、嚢盛二茱萸一、向レ外着レ之」とあり、御帳の左右の柱に茱萸の嚢をかけたとある。一方、要略二四所引清涼記には天皇出御の南殿御前間に菊花二瓶を献じ、茱萸四嚢を紫宸殿・清涼殿両殿の御帳前南の両柱に結いつけるとあり、北山抄二(重陽宴事)にも御帳の母屋の左右の柱に嚢を結いつけるとある。典薬式10九月九日条、東宮年中行事(九月)参照。

十一月一日…(六九七頁3)　短尺草では坊例の当該箇所である「進已上一人、引二陰陽允已上一、共挙レ机進、坊官留二机下一取レ函、昇授二宣旨一、々々受レ函進、返二授坊官一、々々受居二机上一退、令二召継挙レ机退出一」を引き、短尺草で検討の対象となった本条の草案と比較し、草案には「大夫以下引二陰陽允以上一」の部分はあるものの、「取レ函授二宣旨一之由」の部分が見えないとする。その結果、短尺草は坊官が陰陽寮官人を引率して参入することに根拠がないとして、御短尺(醍醐天皇の意見)を支持して、「大夫以下引陰陽」七字を削除するとしている。本条でも短尺草の意見が踏襲されて、坊官による陰陽寮官人の引率は見えていない。なお黒須利夫は、進暦について陰陽式3進暦条に「中宮東宮御暦供進准レ此」というように中宮と東宮で同列に扱われているのも関わらず、本条のような変更は中宮式における進暦の規定(中宮式25進暦条)には生かされておらず、両者の規定は整合しないことを指摘する。また本条御暦の進上のように関係官司が案を坊の庭に置くという進上の形態は本式18進菖蒲条や20納御櫛条にも見えるので、皇太子への進上儀礼に関して春宮式内で統一を図ろうとした可能性があるとする(前掲『延喜式覆奏短尺草写』の基礎的考察」)。

東宮鎮魂の日(六九七頁4)　鎮魂祭は、天皇・中宮・東宮の魂を体内に安鎮せしめ、健康を祈る行事と位置づけられる。四時祭式下48鎮魂祭条によれば、毎年十一月の天皇・中宮はともに中寅(江家次第一〇〔鎮魂祭〕によれば、中寅もしくは下寅)に行なわれ、また同条には「巳日晡時、供二東宮鎮魂一」とあり、別の日に東宮の鎮魂祭が行なわれていたことが分かる。この期日に関して儀式五(鎮魂祭儀)は「東宮用二巳日一」、九条年中行事(十一月)・年中行事秘抄(十一月)は「中巳日」、小野宮年中行事(十一月)は「巳日」とあるが、西宮記恒例三(中寅御鎮魂)は「午日、東宮鎮魂」とある。短尺草で検討の対象となった本条の草案に「神祇官云々各賜二装束料一」とあり、坊例にも「神祇官伯以下七人云々、合十一人」と装束料支給の詳細な規定があるので、短尺草は加記すべしとしているが、本条ではこれらの意見は採用されていない。東宮年中行事(十一月)参照。

凡そ十二月の晦日…(六九九頁1)　本条については、左掲する短尺草の文(第八―九、一二張)より、その式文修訂過程が詳細に判明する(見せ消ちの文字は省略し、加筆された文字は挿入して示す。検討対象となった字句は「　」で示した)。

a凡五月五日事(第八―九張)

如二今案一、典薬寮進二昌蒲一儀、依二久永勘文一具記二此条一、似二便宜一、但進二白散一之儀云、「主蔵官人、舎人惣八人、挙レ案退出、収二蔵人所一、唯雑給料付二坊官一」者、而此文体、「雑給料付二坊官一」之由不レ記二載一、又先仰下「収二蔵人所一」事可レ改二正之由上、至二于白散一尤可二収置一、昌蒲非レ可二収之物一、准二内蔵寮撤二御料昌蒲案一、主蔵可レ撤歟、又坊例不レ見下進二昌蒲一之儀上、依レ有二此疑一所レ仰也、而申下准二白散条一作之由上、如二本式之意一、如レ此有二何妨一乎、若改二「収」字一可レ為レ「付」歟、惣依二白散条之例一者、可レ記下加「雑給料付二坊官一」之由上、又案下参二節会一儀文体上、「前一日」之文、在二最末一、雖レ似レ無レ便、事迹不二乖違一、如レ此可レ無二殊難一、

b凡十二月云々、白散屠蘇事(第一二張)

以下「屠蘇沈二御井一」之文上、為二「蔵人所」之注一、改下記二第二度一文体上可レ然、

ここから以下の四点が知られる。①本条の第三次草案には「主蔵官人、舎人惣八人、挙レ案退出、収二蔵人所一、唯雑給料付二坊官一」という文章があったこと、②「屠蘇沈二御井一」という文字を「蔵人所」の注にしようとしていたこと、③「久永勘文」をうけた「今案」によって、①の文章が本式18進菖蒲条に援用される方針になったこと、④短尺草の筆者(左大臣藤原忠平と推定されている)が一字一句細かく検討していること、である。なお本式18条が本条より前に掲出される条であったためか、完成した式文を見ると、後出となる本条から「主蔵官人、舎人惣八人、

挙レ案退出、収二蔵人所一、唯雑給料付二坊官一(併せて「屠蘇沈二御井一」)の文字が削られ、代わりに「如下五月五日供二菖蒲一儀上」以下の文字が新たに付け加えられている。短尺草以後にあらためて議論のあったことが分かる。短尺草は、虎尾俊哉前掲『「延喜式覆奏短尺草」について』、吉岡眞之監修前掲『『延喜式覆奏短尺草写』の研究』を併せ用いた(適宜読点も加えた)。なお右の理解は、黒須利夫前掲『「延喜式覆奏短尺草写」の基礎的考察』でも示されている。

雑給の料の丸薬(六九九頁2)　典薬式4東宮御薬条との比較から「七気丸二剤、四味理仲丸四剤」であることが分かる。また(i)皇太子にとっての「雑給の料」であること、(ii)その扱いが本式18進菖蒲条の「雑給の料」と同じであり、これは「人給」の料であったこと(典薬式8五月五日条)からみて、本条の「雑給の料」も「人給」料(官人支給用)の意と解される。なお、この雑給料を皇太子に進上する次第については、本条と典薬式4条との間で齟齬がみられる。すなわち両条ともに、薬の進上には案二脚を用いることが規定されるが、本春宮式では一脚に白散・屠蘇を、もう一脚に雑給料を置くとするのに対し、典薬式では白散と屠蘇にそれぞれ一脚ずつをあて、雑給料の進上方法については規定が見えない。おそらくこうした齟齬の背景には、寛平八年(八九六)に行なわれた典薬寮・内薬司の併合があるものと考えられる。すなわち寛平八年以前、東宮の薬物を担当していたのは内薬司であり(職員令11内薬司条)、典薬式4条に相当する条文ももともとは内薬式におかれていたとみてよい。ただし、そのうち官人に支給される雑給料に関する部分の規定は、官人の薬を扱う典薬寮の式のなかにあったと思しい。この点、寛平八年以前の状態を伝える儀式一〇(進御薬儀)において、天皇に進上される供御料と雑給料とが、それぞれ内薬司と典薬寮とによって別々に扱われていることが参考になる。東宮においても同様であったと考えてよいだろう。このように典薬式4条は、本来、内薬式と典薬式にまたがって存在していた二つの条文を合綴してなったものと想定される。そこで試みに、典薬式4条から、雑給料である「七気丸・四味理仲丸」とその原料に関する記述(半夏・呉茱萸・菖蒲・茯苓・芎藭・紫菀・石膏・茈胡・桃仁)を削除してみると、天皇の薬物に関する典薬式1元日御薬条(もと内薬式)と同じ構成となり、かつ雑給料の進上方法が規定されていないことも自然なこととなる。おそらく内薬式段階の条文は、こうした構成・内容であった可能性が大きい。すなわち本条と典薬式4条が齟齬する理由は、典薬式4条自身の内部矛盾に求められ、そうした矛盾が生じた理由としては、内薬式と典薬式を合綴する際に、薬を進上する次第の記述に十分な改定の筆が及ばず、内薬式の記述がそのまま残ってしまったことがあるものと推考される。なお「七気丸・四味理仲丸」の原料については、典薬式3中宮臘月御薬条参照。

御井(六九九頁3)　豊楽殿の西、典薬寮の東南に所在(西宮記恒例一〔供御薬事〕)。その区画は「御井町」と呼ばれた(類聚国史一〇七天長七・十・乙丑条)。内裏・中宮・東宮それぞれの「御井守」が各二名置かれ(主水式30御井守条・32中宮水部条)、「御井守屋」も設けられていた(本朝世紀天慶四・十二・八条)。

追儺(六九九頁4)　内裏と同様、参加者は戌刻に南門外に集合する。ただし本条から知られるように、東宮の儀には斎郎による祭物の陳列や陰陽師の祭文読申がなく、方相氏もいない。内裏儀と同じ構図のまま小さくしたミニチュア版ではなく、内裏儀と連動した、いわば内裏を同心円の中心とした儀式であった。内裏の儺声を待って始めることからみても、中心である内裏から外へ外へと悪鬼を追い出す行事の一環であったと理解される。

品官(六九九頁5)　春宮坊の品官は、本式中、本条と7卯杖条に見え、ともに坊官に引率されて儀礼に参加している。一般的に品官とは、ひとつの官司内で四等官とは系列を異にした別局を構成し、独自の職掌・定員・相当位を持つ官職と理解されている(中田薫「養老令官制の研究」(『法制史論集』三上、一九四三年、初出一九三七年)、早川庄八「飛鳥浄御原『官員令』私考」〈青木和夫先生還暦記念会編『日本古代の政治と文化』所収、一九八七年〉)。こうした理解に従えば、春宮坊には品官が存在しないことになる。だが、(ⅰ)承和の変に連座した春宮坊の「品官乃佐官以上」が、具体的には「主馬首」「主蔵正」「主殿首」「主膳正」「舎人正」「主工首」等に相当するとみられること(続後紀承和九・七・戊午条)、(ⅱ)寛平五年(八九三)の詔において、皇太子に所属する官司を「坊司、品官、雑色□」と表現していること(御産部類記所引本朝世紀寛平五・四・二条)からみて、春宮坊管下の監・署が、同坊の「品官」と表記されている可能性が大きい。もしこうした理解が正しければ、春宮坊管下の監・署は、同坊の内部別局という性格を与えられていたことになる。卯杖と追儺という、主人に仕奉を行なう儀礼に際しては、監・署の官人は坊官に引率されるかたちで庭中に並び、儀礼に参加したのであろう。

兵衛(六九九頁6)　左右兵衛式14分配諸処条によれば、東宮には左右兵衛府よりそれぞれ「官人一人、兵衛廿人」が分配されることになっていた。本式各条を整理すると、派遣された兵衛らは、①儀礼に際して門外で警固し(3宮臣朝賀条・4群官賀条・9釈奠講説条・27追儺条)、②行啓時には皇太子の前後ないし門外で警固する(2朝賀条・7卯杖条・9条。25東宮鎮魂条もこれに准ずる)ことになっていた。これらより、日常的には東宮の門外に立ち、その内側を警固したことが導かれよう。一般に兵衛府は宮門(左右衛門式10宮門条参照)内の警固を職掌としたが、東宮(雅院＝西前坊の内)はそうした宮門内に准じる扱いであったことになる。ここで想起されるのは、日本の皇太子には、令制上、唐の制と異なって、独自の武力機構が付置されていなかったという井上薫・坂上康俊らの指摘である(井上薫「トネリ制度の一考察」〈『日本古代の政治と宗教』所収、一九六一年、初出一九六〇年〉、坂上康俊前掲「東宮機構と皇太子」)。本条から推して、八世紀においても、衛府の舎人が東宮に派遣され、これを警固していたとみられる。いわば日本では、天皇がみずからに仕える武官的舎人を皇太子のもとに派遣して、これを守護・警固していたということになる。その点で、皇太子に直接仕える帯刀舎人が創設(宝亀七年〔七七六〕)された意味は大きい(帯刀舎人については、本式43帯刀舎人条参照)。

行幸(七〇一頁1)　「行幸」とあるが、どのような場面を想定した規定なのか、いささか判然としない。ひとまず二つの可能性が考えられる。(ⅰ)天皇が東宮に行幸する際の規定、(ⅱ)東宮が天皇の行幸に付随して行啓する際の規定。ただし文中に見える「随二地便宜一」の字句は、行幸先が東宮ではないことを示唆しており、(ⅰ)の可能性は小さい。また(ⅱ)であれば、はじめから「行啓」と表記すればよい内容である。そこで考えられるのが、(ⅲ)「行幸」が「行啓」の誤りである(ないしその同義として用いられている)可能性である。その場合、本条は皇太子の移動時に関する一般規定と理解されることになる。いずれにせよ確言は難しい。

宣して(七〇一頁2)　春宮坊が被管の監・署に口頭で命令する。日本の東宮付属家政機関は、唐制に比べ、全体として単純な構成になっていた。すなわち、①唐では皇太子のもと、皇帝の尚書省・門下省・中書省に相当する詹事府・左春坊・右春坊が置かれていた。一方日本では、それらが一元化され春宮坊ひとつとなっていた。②春宮坊管下の官司(監・署)の種類・数が少なく、またそれらは階層化されずに坊の下に並列的に置かれていた(荒木敏夫前掲『日本古代の皇太子』)。荒木敏夫は、このうち②に関連して、監・署の大部分が、その職掌からみて宮内省・中務省被管官司に対応していることを指摘し、その構成原理の祖型は令制以前の大王の家産制的組織に求められるとした。荒木自身指摘するように、令制前の皇子宮がすでにそうした形態をとっていた可能性もある。一方、①については、太政官が東宮機構を一元的に統制するためとする見方もあるが、それ以上に、やはり令制前の皇子宮の形態を引き継いだものである可能性が大きい。長屋王家の家政機関では、「家令所」(「政所」)のもと様々な司・所が機能しており、これは令制以前の王族の「宮」の形態を反映したものと考えられている(森公章「長屋王家木簡と家政運営」〈『長屋王家木簡の基礎的研究』所収、二〇〇〇年、初出一九九四・一九九五年〉)。春宮坊が口頭で監・署に「宣」するという政務形態も、こうした令制前以来の組織形態が前提になっていると推察される。

凡そ東宮…(七〇一頁3)　本条に関しては短尺草に以下の記述がある。

凡東宮初立云々事
依二御短尺之旨一、以後条々、以二事類一次第可レ然、但凡十二月十一日陰陽寮啓二来年御忌一、凡晦日昏時神祇官云々両条、此依二東宮之事一也、而紫端帖黄端茵両条、以二人給之料一、而在二其上一不レ可レ然、須以二彼十二月十一日等両条一、可レ置二東宮御料之同所一、自余今定次第、似レ有二其便宜一、

御短尺により本条以後の諸条は「事類」(内容分類)により配列することが指示されたが、藤原忠平は草案の配列に問題があることを指摘した。「人給之料」(官人への支給物)が規定された「紫端帖」「黄端茵」両条が「東宮之事」(東宮に関する行事や料物)を規定した条文の上にあることは不適切であるという。現状の春宮式ではこの指摘が反映されて、本条以降東宮に関する規定が35晦日昏時条まで並び、次いで春宮坊や坊官人に関する事(37月料紙筆条ほか)が配列されている(黒須利夫前掲「『延喜式覆奏短尺草写』の基礎的考察」)。

頓料(七〇一頁4)　頓料(頓給料)とは、とりあえず諸経費に充てるために支給された料物と思われる。令文には規定がないが延喜式では本条(東宮)のほか内匠式34親王頓料条(親王)、主殿式12諸司年料油条(親王)、斎院式20頓給料条(斎王)に見える。なお采女式8不仕禄物条(采女等夏頓給料)については後述。

本条に関連する史料として九暦逸文天暦四・七・二十六条、同・八・三条が挙げられる。同年(九五〇)五月二十四日に誕生し、七月二十三日に立太子した憲平親王(のちの冷泉天皇)に対して二十六日に「御封並仕丁、御頓料等今日被レ下二宣旨一」とあり、八月三日に春宮坊印が太政官から支給され、春宮坊での庁始が行なわれる。最初に請印されたのが「自二所司一所レ請御頓料絹布等仰帳」であった。また、御堂関白記長和五・六・十条には、同年(一〇一六)正月二十九日に立太子していた敦明親王の春宮大夫が「御封幷頓給物請奏等」を摂政藤原道長のもとに持参したことが載せられている。頓料に関してはこのほか、三条太上天皇の院司を定めた際に「院御頓給」を充てる宣旨が下された例(御堂関白記長和五・二・十三条、同・二・十五条)、伯耆守藤原資頼の赴任頓料を藤原道長に奉ることが「近代例」とされているもの(小右記治安元・二・二条)、国司交替時に前司から新司に進上される頓料(朝野群載二二「諸国雑事上」延喜十年藤原某頓料解文)などがある。これらに対して太政官官人や采女を対象とした毎年の定期的(夏冬もしくは夏のみ)な支給物を頓料とする例も見られる(別符抄延喜十四・八・十五符、采女式8条)。

東宮の湯沐(七〇一頁5)　「中宮湯沐二千戸」が禄令10食封条に規定されているのに対して東宮湯沐は令に見えない(職員令43主殿寮条、東宮職員令6主殿署条に見える「湯沐」は御湯舎のこと)。なお、禄令10条にある「東宮一年雑用料」は支給物のほぼ一致する本式33来年雑用条へ繋がるもの。また、民部式上51食封条では「東宮二千戸」を食封としている。

湯沐は、中国周代に諸侯が天子に朝見する際に斎戒沐浴する費用を捻出するために賜わった采地(=領地・采邑)であり、戦国時代以降、君主が宗族の公子などに与える食邑の意味となり、漢代に皇后・皇太子以下の漢帝室構成員に与えられるものとなった。沛が高祖の湯沐邑とされたのは漢代において天子が私有地とした唯一の例だという(曽我部静雄「漢の湯沐の邑と両漢建国者が出身地に与えた特権」〈『中国律令史

の研究』所収、一九七一年、初出一九六四年〉)。さらに後漢代以後は食封の制度が一般化して唐代までには湯沐邑の名称は制度上から消失したという(樋口兼其「壬申紀における湯沐令について」〈『神道学』一二一、一九八四年〉)。日本での初見は天武紀元年六月条の三ケ所であるが、その後六国史には一切見えない。美濃国安八磨郡が大海人皇子と結びつきの強い拠点であったことは確かであるが、同地を「湯沐」とすることは、漢書高帝紀から多くのストーリーや字句を引用して天武紀を述作した書紀編纂上の潤色であり、制度としての湯沐(邑)はなかったと思われる(丸山理『壬申紀』史料批判」〈『千葉史学』一四、一九八九年〉)。

九条家本延喜式紙背文書に見える宝亀四・二・二十四符案(古二一―二七七・二七八頁)によれば皇太子(山部親王)に「封一千戸」が勅により賜与されており、東宮封が皇太子本人に賜与され家政機関たる春宮坊によって封物管理がなされるようになったのは光仁朝の山部親王のときからと推定されている(堀江潔「東宮封の成立」〈『続日本紀研究』三一八、一九九九年〉)。これ以前にも続紀天平宝字四・六・乙丑条の光明皇太后崩伝に「天平元年、尊二大夫人一為二皇后一、湯沐之外、更加二別封一千戸、及高野天皇東宮封一千戸一」とあり、天平十年(七三八)正月に立太子した阿倍内親王に東宮封一〇〇〇戸が賜与されていたことが知られる。この東宮封一〇〇〇戸が二〇〇〇戸に倍増されたのは堀江潔によれば大同年間という。その根拠のひとつに格勅符抄(封戸部)が挙げられている。すなわち諸王諸臣封戸として太政大臣の三〇〇〇戸から列挙されて「中宮湯沐邑二千戸、東宮二千戸〈後封〉、中納言四百戸〈後封〉、参議八十戸〈後封〉、後封民部式所レ注」とあり、格勅符抄の当該部分が記された康保三年(九六六)十一月二日の日付からこの「民部式」は弘仁式か貞観式と推定されている(前掲論文および「平安初期における東宮封の倍増とその契機」〈『九州史学』一二六、二〇〇〇年〉)。式制の食封規定について、相曽貴志は弘仁式まで遡るとし(「延喜式にみえる食封規定」〈『延喜式研究』三、一九八九年〉)、仁藤敦史は貞観式以後とする(「皇子宮の経営」〈『古代王権と都城』所収、一九九八年、初出一九九三年〉)。堀江はさらにこの時期前後の皇太子や皇親の処遇を検討し、大同三年(八〇八)に無品親王に対しても食封が支給されて、すべての親王が食封の対象となったとし、従って「東宮二千戸」の式文は弘仁式で成立したことになるという(前掲「平安初期における東宮封の倍増とその契機」)。

なお、令文に東宮の封戸・湯沐が規定されていないことについて坂上康俊は、天武十年(六八一)二月甲子に立太子した草壁皇子に対して朱鳥元年(六八六)八月辛巳に四〇〇戸の加封が行なわれている(書紀)ことを指摘して、令文に設定されなかったことの意味を積極的に考えるべきとして論を展開している(前掲「東宮機構と皇太子」)。

凡そ六月一日…(七〇一頁6)　本条の内容はすべて本式20納御櫛条に含まれているのに、わざわざ本条を立てているのは29東宮初立頓料条から35晦日昏時条までが東宮のための規定として特別に集められた条文群だからであり、春宮式内の重複とみなすことはできないという(黒須利夫前掲論文)。

御櫛三十枚(七〇一頁7)　東宮年中行事には六月一日の「内蔵寮御櫛を供する事」が「近代、必ずしも一日これをたてまつらず、あるいは初めの午の日たてまつるといえり」とある。また、十二月の「下午の日御髪上げの事」には、切った髪の毛や梳いて抜けた髪の毛を一年分集めておいて、この日に主殿寮の庭で燃やして処分する行事のことが記されている。髪の毛を燃やす穴を掘り、その上に鳥居のように木を立てている。このときに御櫛一〇枚ばかりも折って捨てられている。

御被の料(七〇一頁8)　寝るときに体の上にかける長方形の夜具。綿が入っており、袖や襟のついたものもある。被料として長絹・白綿が挙げられている。本式23九月九日条では「御被一条」とある。斎宮式71年料供物条にも見られる。

御履の革（七〇一頁9）　御履の革は禄令10食封条の東宮一年雑用料には規定されておらず、のちに追加された品目である。履には靴（深沓）・挿鞋（浅沓）・錦鞋などがある（内蔵式45月料御靴条）。動物の生皮に防腐・軟化の処理をしたものを「皮」といい、さらに、なめし・染色の工程を加えたものを「革」という（内蔵式46作履料条・47造皮功条）。

皺文の革・白革（七〇一頁10）　皺文はひきがえるの表皮のような皺を作った革。履料としての牛皮は交易雑物として東海・東山・北陸道諸国および大宰府から進上されているが、特に下総国には「皺文革十張」が挙げられている（民部式下63交易雑物条）。白革は大宰府から諸国年料供進物として進上された「雑染革」の一種に列挙されており、白く染めた革のことか（内蔵式54諸国年料条）。

晦日…（七〇一頁11）　毎月晦日に行なわれる東宮の御麻儀・御贖儀の規定。ただし六月十二月の二季の同儀については本式21晦日未刻条に規定がある。両者を比較すると、本条（毎月の儀）には荒世服・和世服の儀がなく、また中臣女が関与しないという違いがある。四時祭式下56毎月中宮御麻条・57毎月御贖条に料物の規定がある。

中臣氏を用いよ（七〇一頁12）　御麻は二季の儀でも「中臣祐已上一人」が捧げ持つとされている（四時祭式上31中宮御贖条）。後文の儀式次第では「大中臣」とあるが、これは神祇官人となる中臣氏が大中臣氏に限られるようになった段階の状況に基づくものであろう。伝統的な祭祀関係氏族である中臣氏は、御食子流の一門、国子流の二門、糠手子流の三門の三つの門流から成るが、神護景雲三年（七六九）に二門の中臣清麻呂が大中臣朝臣を賜わり（続紀同・六・乙卯条）、それが清麻呂系にのみ継承された。しかし延暦十六年（七九七）に清麻呂の子諸魚が没すると大中臣姓拡大の動きがおこり、同年から翌年にかけて一門と清麻呂系以外の二門にも大中臣への改姓が認められ、その後元慶五年（八八一）には三門も大中臣に改姓して、三つの門流すべてが大中臣氏となった。中村英重「中臣氏と家門」（吉村武彦編『律令制国家と古代社会』所収、二〇〇五年）。

北殿に於いて…（七〇二頁1）　東宮の殿舎の構成は、庭に面した前殿があり（本式3宮臣朝賀条）、その奥に中殿、北殿があった（本条）。前殿が儀式の際に東宮が出御する場であるのに対し、北殿は東宮の日常の御在所である。中殿は三代実録貞観七・二・十四条などに見える「東宮内殿」がこれに当たり、訓みはウチドノであろう。内殿の記事は三代実録に集中しており、ほとんどが仏事に関する内容である。三輪仁美は、東宮の殿舎の構成を内裏との関係で見ると、前殿は紫宸殿、中殿（内殿）は仁寿殿、北殿は常寧殿にそれぞれ対応するという（前掲「東宮の構造とその機能」）。江家次第七（六月晦日）所引清涼記の分注に「内裏式文雖レ載二南殿儀一、近代於二御在所一行レ之」とあり、天皇の御麻・御贖の儀は当初は天皇が紫宸殿（南殿）に出御して行なわれていたのが、後に御在所で行なわれるように変化したことが分かる。本条のように、東宮が把笏して前殿に着座し、大中臣から直接御麻を受け取って、自ら身体を四度撫でるという儀式のあり方は、天皇が紫宸殿に出御した段階と対応する。天皇の儀が御在所で行なわれることとなるのに伴い、東宮の儀も日常の居所である北殿で行なわれるようになったとすると、本条の「於二北殿一者」以下の部分は、その新たな段階の儀式次第の規定とみられ、御麻の儀では大中臣が持参した御麻を春宮の進が中殿の前で受け取り、北殿に参入して東宮に供進している。底本ほかに「旧例宣旨命婦受取供レ之」という書入があり（本式校異補注3）、御麻の取次ぎは宣旨の命婦が担当するのが旧例であったという。なお上記解釈が妥当であるならば、「於二北殿一者」は「北殿に於いては」とした方がよいものと思われる。

一千三百三十七荷（七〇二頁2）　本条とは別に式部式上161薪条に「省内雑色毎年進薪限二一千担一、其三百担分二充春宮坊一」とあり、三〇〇担が式部省から分ち充てられている。なお、雑令26文武官人条は「長七尺、以二廿株一為二一担一」とするが、瀧川政次郎は紅葉山文庫本令義解同条裏書書入れの令釈に「神亀五年格云、外五位進レ薪、以二三荷一為レ限」とあることから「同じ五位でも外五位の進る薪は三荷（三担）と定められた」と記し、「担」と「荷」を同一のものとしている（「進薪制の創始と飛鳥浄見原令」『律令格式の研究』所収、一九六七年、初出一九六一年）。

紫端の帖…（七〇三頁3）　春宮坊で使用される帖（畳）の材料。掃部式80雑給料功程条に見える帖の材料とほぼ共通する。同条から帖は、薦を複数枚重ねて縫い合せた床（芯）の表に席を、裏に布を張って、帛の端（縁）を付けるという製法で作られたとみられる。

各種帖ごとの床と表の材料と数量は次のように推計できる。

・紫端の帖…厚帖は、床に葉薦一〇枚、表に出雲席を両面。薄帖は、床に葉薦一枚、表に出雲席を両面。
・緑端の帖…厚帖は、床に葉薦五枚、表に出雲席を片面。薄帖は、床に葉薦一枚、表に出雲席を両面。
・黄端の帖…厚帖は、床に折薦五枚、表に東席を片面。薄帖は、床に折薦一枚、表に東席を片面。

出雲の席…**折薦**（七〇五頁1）

〔出雲の席〕　出雲国の交易雑物に「席三百枚」が見える（民部式下63交易雑物条）。紫端の帖の表裏両面、緑端の帖の表の材料。

〔東席〕　東国産の席。民部式下63交易雑物条には東国諸国に「席」が見える。黄端の帖の表の材料。

〔葉薦〕　真菰の葉を編んで作った薦。紫端の帖と緑端の帖の床の材料。

〔折薦〕　折り返して編んだ薦。黄端の帖の床の材料。

監署の官十七人（七〇五頁2）　春宮坊被管官司の官人の人数は、舎人監には正・佑・令史が各一で計三人、主膳監・主蔵監にはそれぞれ正・佑が各一、令史が二で、両監で計八人、主殿署・主工署・主馬署にはそれぞれ首・令史が各一で、三署で計六人。以上の監・署の官人数を合計すると一七人となる。主膳監・主蔵監の令史は当初は一人であったが、大同二年（八〇七）八月十二日に主書署・主兵署が主蔵監に、主漿署が主膳監に併合された際、令史がそれぞれ一名増員された（三代格同日符）。

十一月の中つ卯の日…（七〇五頁3）　十一月の中つ卯の日は新嘗祭の致斎の日で、深夜に天皇の神事が行なわれる。大宿はその日の宿直のこと。諸官司では毎日、番を構成して宿直を行なっていたが（太政官式41宿直条）、新嘗祭致斎の日の夜は、神事に関与・参列しない官人は全員本司に宿直した。宿直者の名簿は太政官に上申され、夜中には太政官の巡検があり、不在者は処罰された（同式77鎮魂新嘗条）。なお毎世（一代一度）の践祚大嘗祭では大嘗宮前での皇太子以下諸官人拝礼の後、安倍氏によって宿直者の名簿の奏上が行なわれている（大嘗祭式31卯日条）。短尺草によれば、他司の式に大宿のことが見えないことから、この条文を削除するという案に対し、醍醐天皇はそれを認めず、逆に春宮坊の特殊性が指摘されたという。弾正式155大宿条にも「凡十一月中卯日、応レ宿官人歴名、上二左弁官一」と同じ内容の条文がある。

帯刀舎人（七〇五頁4）　本式8射礼条には「剣波岐舎人」と見える。帯刀宿衛し皇太子の身辺護衛を職務としたと考えられる（本式2朝賀条・7卯杖条〜9釈奠講説条・14平野祭条、左右近衛式11東宮入朝条参照）。宝亀七年（七七六、皇太子は山部親王）に一〇人を充てたのが初見（三代格天安元・五・八符）。大同元年（八〇六、皇太子は神野親王）、天安元年（八五七、皇太子は惟仁親王）にそれぞれ一〇名増員（同大同元・五・二十七符、天安元・五・八符）。蔭子孫や位子の中から武芸の試験を経て採用された（本式46歩射騎射条・49坊舎人条）が、小野宮年中行事裏書に「式云、分二兵衛一置二帯刀一云々」とある（鹿内浩胤「田中教忠旧蔵『寛平二年三月記』について」『日本古代典籍史料の研究』所収、二〇一一年、初出二〇〇三年)ことより推せば、当初は兵衛から選抜されたか。大炊式34中宮等雑給条に大炊寮より食料が支給されることが規定されている。笹山晴生「春宮坊帯刀舎人の研究」(『日本古代衛府制度の研究』所収、一九八五年、初出一九七二年)参照。

分配して侍衛せよ(七〇五頁5) 「侍衛」とは側について護衛すること。「侍衛に分配せよ」と読んで(東宮舎人もしくは兵衛より)分ちて侍衛の任務に充てる意と解すべきか。あるいは三代格天安元・五・八符に「分配三陣」と見えることを参考にすれば、「分配」は三陣等に分ち配することを意味し「分配して侍衛せしめよ」と読むべきか。

節服(七〇五頁6) 西宮記恒例一(元日節会)勘物所引醍醐天皇御記延喜十七・正・一条を参考にすれば、大儀に紺襖を着用し、中儀・小儀に黄袍を着用したか。ただし左右衛門式1大儀条〜3小儀条、左右兵衛式1大儀条〜3小儀条によれば、兵衛や門部は大儀・中儀に紺襖を、小儀に黄袍を着用することとなっている。左右近衛式1大儀条〜3小儀条も参照。

大衣(七〇五頁7) 近衛将監以下や兵衛・門部らが着用する大衣については、左右近衛式59大衣条、左右衛門式28門部大衣条、左右兵衛式18大衣条参照。なお隼人司には大衣と称する隼人の長が置かれた(隼人式1大儀条・9大衣条参照)。

黄の細布(七〇五頁8) 大衣の色が節服と対応しているとみて「黄」が補われているが、紺細布が表地で(白の)細布が裏地とも解せ、その場合は意補する必要はない。なお左右近衛式59大衣条参照。

官に申して大蔵省より受けよ(七〇七頁1) 三代格天安元・五・八符で帯刀舎人の定員を一〇人増やした際、「衣食者不レ賜二官物一、以二坊家物一給之」として認められているが、本条との関係は不詳。

春夏の禄の文(七〇七頁2) 東山御文庫蔵新撰年中行事(二月)にもこのことが見える(西本昌弘編『新撰年中行事』、二〇一〇年)。帯刀舎人は一般の東宮舎人が番上であったのとは異なって内舎人や長上近衛舎人と同様、長上の職であり、季禄が支給されるなど特別な待遇を受けていた。ただし他の春宮坊官人(太政官式113季禄条、本式41季禄条参照)とは異なり、春宮坊より季禄が支給されるため、皇太子に啓す。なお三代格天安元・五・八符に帯刀舎人の衣食を官物からではなく坊家の物より支給することが見えている。

春秋の料の塩(七〇七頁3) 東山御文庫蔵新撰年中行事(八月)に「春宮坊中春秋料塩事」とある(西本昌弘編前掲書)。大膳式下28菜料塩条には菜料塩として春宮坊に六石が、毎年二月・八月に符に従って支給されることが見える。

歩射騎射…(七〇七頁4) 歩射は徒歩で的を射る技、騎射は馬を走らせて馬上から的を射る技。手番は手結とも記し、射手を二人ずつ組み合せて技を競わせる意であり、特に試練(予行練習)を指すこともある。帯刀の射儀については本式8射礼条・19五月六日条に見えるように正月射礼や五月六日に行なわれたが、射礼の数日前などそれ以外にも行なうことがあった。帯刀舎人採用時に行なわれる射儀は帯刀の試(ココロミ)と呼ばれ、帯刀舎人の定員を二〇名から三〇名に増員したときに左近馬場にて擬帯刀舎人に歩騎両射を試みたのが史料上の初見(文徳実録天安元・六・壬申条)。なお本条で歩射・騎射各一〇人としているのは、定員二〇名時に設けられた規定であるためか(笹山晴生前掲論文)。

長(七〇七頁5) 帯刀長。歩射・騎射それぞれに置かれた指揮官。後には帯刀先生(センジョウ)とも呼ばれた(天延三年三月十日一条大納言家歌合甲本(『平安朝歌合大成』増補新訂一—七五、一九九五年)に「帯刀先生長能」と見える)。

亮もし障りあらば…(七〇七頁6) 短尺草に「凡帯刀舎人云々、亮設作食饗事」として「改下設二饗禄一之文上、為二大夫代一」と見えるので、大夫が代わることとする規定は延喜式で設けられたと考えられる。

四月十一日…(七〇七頁7)　この日に今良当色料申請の解文を弁官に提出することを規定した条文。東山御文庫蔵新撰年中行事(四月)にもこのことが見える(西本昌弘編前掲書)。四月十二日より騎射の節のために内馬場造のことが始まること(左右衛門式34内馬場埒料条、新撰年中行事〔四月〕、北山抄一〔四月〕参照)と関連するか。

今良(七〇七頁8)　天平宝字二年(七五八)七月の官奴婢解放(続紀同月甲戌条)により創設された身分。主殿寮より諸司に配された。中務式74諸司時服条、主殿式33今良月粮条参照。同式25五月五日条には五月五日節に供奉して水を洒ぐ今良男一六人のことが見える。本条に見える今良もまた洒掃に従事したか。

紺の布(七〇七頁9)　今良が賀茂祭に担夫を務めたり五月五日節に水を洒ぐ際、また行幸に供奉する際に紺の調布が支給されたことが斎院式27三年一請条、主殿式25五月五日条・28車駕行幸条に見える。

百五十人(七〇七頁10)　式部式上100諸司使部条によれば春宮坊使部は被管も含め四八人。伴部の人数については不明である。東宮職員令によれば伴部の数は主膳監は膳部六〇人(4条)、主蔵監は蔵部二〇人(5条)、主殿署は殿掃部二〇人(6条)、主工署は工部六人(9条)、主馬署は馬部一〇人(11条)であるが、かりに伴部の数が東宮職員令と同数とすると伴部は総計一一六人、使部四八人と合せ一六四人となり、一五〇人とはならない。延喜式には伴部の数の規定がないため一五〇人の詳細は不明である。

式兵二省…(七〇七頁11)　考は一年間の勤務評定。伴部・使部が考選を得ることは選叙令14叙舎人史生条に規定されている。「式・兵二省相通わ」すの意ははっきりしないが、主馬署雑色人の考を兵部省が行なうなど春宮坊雑色人は適宜考選文が両省に振り分けられ評価されたのであろう。なお、諸国雑色人の場合も考は式部省と兵部省で通計することになっている(式部式上109諸国雑色与考条)。

坊の舎人(七〇七頁12)　東宮職員令3舎人監条に舎人六〇〇人とある。東宮舎人の採用については変遷があり、その変遷が本条にも反映されている。その変遷については式部式上208諸宮舎人条および下文参照。

その変遷を概観すると、

(a)軍防令46五位以上子孫条に、五位以上の蔭子孫、二一歳に達した者で、役任がなく性識聡敏、儀容が正しい者を選んでまず内舎人とし、内舎人とならなかった者を大舎人、東宮舎人、中宮舎人(同条義解)とするとある。本来の令制における東宮舎人採用基準はこのようなものであった。

(b)しかし後紀大同元・六・癸巳条には「東宮舎人者、依レ令、取下蔭子孫及位子、儀容端正、工二於書算一者上補之」とあり、東宮舎人が蔭子孫と位子から採用されていたことが分かる。おそらく東宮舎人採用基準として位子(六位以下八位以上の者の嫡子)の大舎人・使部・兵衛への採用を決めた軍防令47内六位条の規定も準用されていたものと思われる。ところでこの大同元年(八〇六)の記事は引き続き、東宮舎人が蔭子孫でも位子でもない白丁から採用されていることを問題とし禁止している(同条)。

(c)しかしまもなくこの採用基準は見直され、同年七月には「以二白丁百人一補二東宮舎人一」ことが許されている(後紀同・七・壬寅条)。

(d)さらに弘仁三年(八一二)十二月には「春宮坊舎人六百人、就レ中入色五百人、白丁一百人也、而入色者無レ心二仕官一、白丁者唯在二一身一」という状態、つまり蔭子孫などで東宮舎人となった者は仕官の心がなく、白丁の場合は子孫が東宮舎人になれないという状態のため将来東宮舎人の不足が予想される。これを避けようと五〇〇人のうち外位一〇〇人を東宮舎人とし欠員が出るたびに補任することを認めている(後紀同・十二・癸丑条)。

(e)承和三年(八三六)には白丁の舎人で故なく仕奉しなかった場合には替わりを補任することとなった(三代格同・正・十五符)。

(f)承和十年には広義の官人一般(勘籍人)は所定

の勤務評定年数(一選)を経たうえで他の官職に遷任するという原則を作った。そして外位の東宮舎人については毎年四〇人までは他の官職への遷任や正当な理由でやめることを認めた。なお、外位の東宮舎人は欠員が出た際に直ちに補充することとなっていたが、この時には補充の仕方については明文化していない。そのため直ちに補充しなくてもよいと解釈されたようである(三代格同・四・十九符)。

(g)ところが東宮舎人に関してはこのような方針では駈せ仕う人が足りなくなるため承和十四年、外位の東宮舎人は本来の「欠員がでれば直ちに補充する」という原則に戻し、正当な理由でやめた者については考を待って補任することとした(三代格同・二・十四符)。

このような変遷を踏まえて本条を見ると「凡坊舎人六百人〈帯刀舎人卅人在二此中一〉、取二蔭子孫及位子一」は(a)(b)、「但外散位、帳内、職分位分資人一百人、随レ闕通補」は(d)、「又取二白丁一百人一補之後不レ補レ替」は(c)、「毎年卅人内、遷二任把笏幷諸衛府舎人一之類、並随レ闕補レ替、自余依レ理解却之輩、待レ考解補」は(g)、「但白丁舎人未レ叙之前、無レ故不レ上替、聴レ補二白丁一、其叙位之後、依レ病不レ上幷遷二他色一之替、以二雑色人一補之」は(e)に基づいているといえよう。

なお、短尺草第一四張は本条について扱っている。本条分注内「但白丁舎人未叙之前」の「但」を「未叙」の前に置くべきであること、白丁について「不補替」の文を注すのは「亀」であるとの指摘を行なっている。また「承和十四年格文、殊不レ合二此条一」とも書かれているが、上述したように本条規定には承和十四年官符の内容(g)も取り込まれている。そのためかこの一文は抹消されている。

外散位(七〇七頁13) 外位の散位か。式部式上103外散位条参照。外位から東宮舎人一〇〇人をとることは弘仁三年(八一二)十二月癸丑に規定された(後紀同日条)。また外位の者は外考(外位の勤務評定)の選限を満たしたうえで東宮舎人に遷ることができた(式部式上105外考一選条)。

帳内(七〇七頁14) 親王に与えられた従者。職分・位分資人とともに三色の資人といわれる。式部式上101出家条・150三色資人条参照。

職分位分の資人(七〇七頁15) 五位以上の有位者と中納言以上の公卿に与えられた従者。官職に応じて与えられた者が職分資人、位階に応じて与えられた者が位分資人。式部式上101出家条・102資人条参照。

白丁(七〇七頁16) 厳密な律令用語としては調庸を負担する正丁と老丁のこと(虎尾俊哉「律令用語としての白丁」〈『日本歴史』四八、一九五二年〉)だが、本条では出身法の用語として考えられ、蔭子孫、位子以外のものの意(野村忠夫『律令官人制の研究』増訂版二五八頁、一九七〇年参照)。式部式上97囚獄物部条参照。白丁一〇〇人を東宮舎人とすることは大同元年(八〇六)に規定された(後紀同・七・壬寅条)。なお白丁は本貫の勘籍を受けた後、東宮舎人となった(式部式上209本貫勘籍条)。

三十人(七〇七頁17) 本条淵源の一つと考えられる三代格承和十四・二・十四符には「応下外考舎人卅人内遷任把笏幷補二諸衛府舎人一之類准二旧例一随レ闕遞補替上事」とあり、三〇人は四〇人の誤りかもしれない。

ただし白丁の舎人…(七〇七頁18) 叙位を受ける前の白丁出身の舎人が理由なく勤務しない場合は別の白丁を補す。この規定は三代格承和三・正・十五符によって定められた。

衣服(七〇九頁1) 年に二回衣服の料として支給されるもの。中務式74諸司時服条によれば十二月一日から五月三十日までの上日を計り、長上の場合は一二〇日以上、番上の場合は八〇日以上なら春夏の時服が支給された。秋冬もこれと同じ形で、五月二十一日と十一月二十一日に解で申請した。春宮坊一一人、舎人監一〇四人、主膳監四人、主殿署二人が支給される対象とされており、舎人監の内訳として正一人、佑一人、令史二人、舎人一〇〇人とある。太政官式116諸司時服条参照。

典薬寮より受けよ(七〇九頁2) 本条によれば一年間で必要となる薬を作る草薬を典薬寮から

支給されることになっていた。短尺草には本条に対応する条文が典薬式にないこと、具体的な薬種が記されていないこと、年中の薬は典薬寮が作るべきか、春宮坊で薬を調合すべきかなどの指摘がなされている。春宮坊の薬の供進は本来、被管の主書署が担当していたが三代格大同二・八・十二符により主書署は主蔵監に併合されている。短尺草の指摘はこのような事情を踏まえたものかもしれない。典薬式4東宮御薬条参照。

　なお、典薬式38五位以上草薬条に五位以上の官人は必要な草薬を典薬寮に申請することとされている。

主膳監（七〇九頁3）　春宮坊の被管。ミコノミヤノカシワデノツカサ。春宮（皇太子）の食膳を掌り、その試食も行なう。供御を掌る宮内省の大炊寮・内膳司・造酒司の機能を統合する。東宮職員令4主膳監条に正一人、佑一人、令史一人、膳部六〇人、使部六人、直丁一人、駆使丁二〇人。三代格大同二・八・十二符で、主漿署を併合して令史一人を加えた。その文言に「主書、主漿、主兵等署、職務少レ事、官人多レ員、宜下主書、主兵併二主蔵一、主漿併二主膳一、毎レ監加中置令史一員上」とある。その後、承和十四年（八四七）に、史生二人が新置された（続後紀同・七・丙寅条）。

　また、天平期の「写一切経所請経帳」のなかの天平十六年（七四四）六月の経論請求文書に「進膳令史高屋連」が見え（古八―一六八頁）、同十七年十月の大粮申請継文の民部省への春宮坊移には春宮坊丁・舎人監丁・主工署の各直丁とともに「進膳監駈使丁十五人」が見える（古二―四二二頁）。鬼頭清明「高屋連赤麻呂の世界」（『日本古代都市論序説』所収、一九七七年）は、前者より、主膳監が大宝令制下では進膳監であり、高屋赤麻呂が阿倍内親王の春宮坊の官人であった可能性を指摘する。また、松崎英一「進膳監と放鷹司」（『九州史学』七一、一九八一年）も皇太子に膳を進める意の進膳と皇太子の膳を主さどる意の主膳とは同意として、大宝東宮官員令には進膳監であったと指摘している。

　なお、令制で春宮坊の被管であった三監六署（舎人・主膳・主蔵の三監、主殿・主書・主漿・主工・主兵・主馬の六署）の職掌と変遷は次の通り。また、式制での存否は、本式3年料条の「余の監署」参照。

〔舎人監〕東宮舎人を管理する。東宮職員令3舎人監条に正一人、佑一人、令史一人、舎人六〇〇人、使部一〇人、直丁一人。宝亀七年（七七六）東宮に宿衛する帯刀舎人一〇人を置いたが、のちには三〇人となった。また、承和十四年に史生二人が新置された（続後紀同・七・丙寅条）。春宮式43帯刀舎人条参照。

〔主膳監〕前掲。

〔主蔵監〕中務省の内蔵寮・縫殿寮に相当する。東宮職員令5主蔵監条に正一人、佑一人、令史一人、蔵部二〇人、使部六人、直丁一人、駈使丁二人。三代格大同二・八・十二符で、主書署と主兵署を併合して、令史一員を加えた。その後、承和十四年に史生二人が新置された（続後紀同・七・丙寅条）。

〔主殿署〕主殿署式の冒頭補注参照。

〔主書署〕中務省の図書寮、宮内省の典薬寮（寛平八年〔八九六〕中務省内薬司を併合）に相当する。東宮職員令7主書署条に首一人、令史一人、使部六人、直丁一人。三代格大同二・八・十二符で、主蔵監に併合された。

〔主漿署〕宮内省の大膳職・主水司に相当する。東宮職員令8主漿署条に首一人、令史一人、水部一〇人、使部六人、直丁一人、駈使丁六人。三代格大同二・八・十二符で、主膳監に併合された。

〔主工署〕宮内省の木工寮・鍛冶司・土工司に相当する。東宮職員令9主工署条に首一人、令史一人、工部六人、使部六人、直丁一人、駈使丁六〇人。承和十四年に史生二人が新置された（続後紀同・七・丙寅条）。

〔主兵署〕左右兵庫・内兵庫に相当する。東宮職員令10主兵署条に首一人、令史一人、使部六人、直丁一人。三代格大同二・八・十二符で、主蔵監に併合された。

〔主馬署〕 左右馬寮に相当する。東宮職員令11主馬署条に首一人、令史一人、馬部一〇人、使部一〇人、直丁一人。承和十四年に史生二人が新置された（続後紀同・七・丙寅条）。

醤（七〇九頁4） 大膳式下18造雑物法条に供御醤の造法が見える。大豆に麦を混ぜ、米を麹として塩水・酒に混ぜて発酵させた調味料。和名抄は「醤」を「〈和名比之保、別有二唐醤一〉豆醢也」とする。醤漬の品としては、下文の鰒・瓜のほか式内に鮒・茄子・冬瓜・菁根などが見える。また、釈奠の供え物の肉醤として鹿醢・兎醢がある。式内に見える醤類については、飯野亮一「醤油の歴史」2（『FOOD CULTURE』二、二〇〇〇年）参照。

豉（七〇九頁5） 大豆と海藻を醸造した調味料、また薬用された。大膳式下18造雑物法条、典薬式2臘月御薬条・57相撲年料雑薬条・58武蔵年料雑薬条、荒井秀規「古代相模・武蔵の特産物たる豉に関するノート」（『大磯町史研究』二、一九九三年）参照。

東鰒・隠伎の鰒（七一一頁1） 東鰒は主に安房国貢納の鰒、隠伎の鰒は隠伎国貢納の鰒で、平城宮・京より両国貢納の鰒の荷札木簡が多く出土し、特に二条大路木簡には「勅旨（中略）息伎鰒五籠」と隠伎鰒と記すものがある（『平城宮発掘調査出土木簡概報』二九、一九九四年）。鰒全般については、主計式上2諸国調条を参照。宮原武夫「東鰒と隠岐鰒」（『古代東国の調庸と農民』所収、二〇一四年、初出二〇〇〇年）は延喜式に東鰒と隠伎鰒が多いことを内膳司の奉膳職を世襲した膳氏→高橋氏と安曇氏がそれぞれ安房国と隠伎国に伝統的基盤を持っていたことによるとする。また、勝部昭「隠岐鰒について」（島根県古代文化センター『古代文化研究』一、一九九三年）は不老長生の仙薬的意味合いを指摘する。

能登の鯖（七一一頁2） 中外抄下三三段に「鯖ハ雖レ為二荷物一備二供御一也」とあるが、なかでも能登国貢納の鯖は、本条の東宮用と内膳式19供御月料条にのみ見える供御専用の鯖。平城宮跡より天平十八年（七四六）の越中国併合期の（能登国）羽咋郡の中男作物の鯖の荷札が出土している（『平城宮木簡』一―三五七、一九六六年）。

鮫の楚割（七一一頁3） 楚割は和名抄の「魚条」の項に「読須波夜利、本朝式云楚割」とあり、魚肉を細く割き、乾かし固くしたものを削って食べた。鮫の楚割は、今日でも伊勢・志摩地方でサメダレと呼ばれて食用、また伊勢神宮の神饌でもある。

久恵の腊（七一一頁4） 腊は賦役令1調絹絁条義解に「割乾魚」、同条集解令釈に「乾魚」、和名抄に「腊　礼記注云腊〈音周、保之以乎、見二本朝式一〉乾魚也」とある魚の切り身を干したもの。久恵はスズキ目ハタ科の白身魚で、よく磯釣りされている大型魚。

乞魚の皮・鮐皮（七一一頁5） ともに鮫の皮。乞魚は主計式上4中男作物条・53備前国条～55備後国条では「許都魚」に作る。鮫の皮は刀の鞘の飾り皮など装飾に用いられ、正倉院に把に鮫皮を用いた実例が数刀伝わり、内匠式15御大刀条には「鮫皮」が見える。ただし、本条の「乞魚皮」『鮐皮』や主計式上4条の「許都魚皮」、内膳式19供御月料条の「乞魚皮」は列挙される前後の物品が食用なので、同様に食用である。和名抄の「鮀魚」の項に「〈漢語抄云古都平、本朝式用二乞魚二字一〉魚名也」とある。鮐皮の訓は観智院本名義抄に「ツヒキハケ」とあるが、色葉字類抄・伊呂波字類抄の各種写本は「ツヒキハチ」と訓んで「サメノカハ」としている。主計式上では許都魚の皮が瀬戸内海側の備前・備中・備後三国からの貢納（53～55条）、鮐皮が日本海側の但馬・因幡・伯耆三国（45～47条）からの貢納となっている相違がある。

鹿角菜（七一一頁6） 主計式上2諸国調条の鹿角菜の底本および藤本・貞本の傍注には「大膳口伝云ツノマタ、同国所進有角俣菜、又云フノリ是也」とあり、鹿角菜をツノマタ、角俣菜をフノリとしている。ところが、延喜式諸本の傍訓では鹿角菜をツノマタ・フノリ、角俣菜をツノマタ・ツノマタノリと訓んでいる。『本朝食鑑』は角俣菜をツノマタとし、鹿角菜はフノリとして海蘿を当てる。海蘿は、紅藻類のマフノリ・フクロフノリなどの総称で、和名抄には「海蘿　崔禹錫食経云海蘿、味渋鹹大冷無毒、其性滑滑然主二九竅一〈和名不乃利、俗用二布苔一〉」とある。詳細は主計式上2条の「海藻…鹿角菜」を参照。

蔭（七一一頁7）　垂仁記に「縵八縵」、垂仁紀崩後紀に「非時香菓八竿八縵」とあるように、「縵」とも書き、橘の実も葉も付けたまま枝ごと折り取ったものを数える助数詞。内膳式8新嘗解斎条の九本傍注に「以二藁十筋許一作、径四寸許輪以二花橘五六果一結付、件輪估却、俗謂二一輪一為二一蔭一」とある。藁一〇本で四寸程度の輪を作り、それに花橘の実を五・六個結び付けるものを一輪・一蔭と呼ぶらしい。

擿橘子（七一一頁8）　古事記伝二五は、垂仁記の「登岐士玖能迦玖能木実」（橘子）に関連して、内膳式13正月三節条・19供御月料条に見える擿橘子一斗や擿橘子二斗二升五合を掲げ、「ヒロヒタチバナ」と訓んで「落たるを拾取たる意の名にて枝も葉も付ざるを云なるべし、故此は若干斗若干升とあるなり」とする。なお、同式13条の「擿橘子」参照。

外居の案（七一三頁1）　主水式27供御年料条には見えない。外居は一般に行器（ホカイ。食品を運搬する曲げ物。円筒形で三本足が付き、蓋の上を紐で結ぶ）を指すが、式内に外居そのものは見えず、外居の案のみが斎宮式37野宮年料供物条・71年料供物条、木工式7神事供御料条、内膳式23年料条に見える。斎宮式37条、木工式7条には寸法記載があるが、ともに本条と相違する。「外居」とは本来は外出先に据える「そとすゑ」の意であり、本条の外居の案も上に置かれるのは行器に限られない。

余の監署（七一三頁2）　延喜式編纂時に春宮坊の被管官司がいくつ存続していたか不明。延喜式巻第四十三に編目が立てられている本司（主膳監）と主殿署のほか、春宮式10春日祭条に主馬署が、式部式上100諸司使部条に舎人監・主膳監・主蔵監・主殿署・主工署・主馬署がそれぞれ見え、春宮式39帖茵条の監署の官人一七人もこの三監・三署の定員数の合計と合致する（同条参照）。ただし、中務式74諸司時服条と式部式上90諸司史生条には右のうち主工署が見えない。後者は他の監署とともに承和十四年（八四七）に新置された史生二人が（続後紀同・七・丙寅条）、後に廃されたゆえの可能性もあるが、前者は判断に窮す。なお、各監・署の職掌などは、本式の冒頭補注参照。

主殿署（七一五頁1）　春宮坊の被管。ミコノミヤノトノモリノツカサ。東宮（皇太子）の湯浴み、春宮坊の湯殿・灯火・掃除・敷設を掌る。天皇に対する宮内省の主殿寮と掃部寮（令制の宮内省内掃部司と大蔵省掃部司が弘仁十一年（八二〇）に統合）に相当する。東宮職員令6主殿署条に首一人、令史一人、殿掃部二〇人、使部六人、直丁一人、駈使丁一〇人。承和十四年（八四七）に史生二人が新置された（続後紀同・七・丙寅条）。主膳式冒頭補注参照。

幅（七一五頁2）　和名抄の「絹」の項に「幅〈音福、俗訓レ能〉布絹之類闊狭也」とある。「ノ」と訓み、布の横幅の具体的長さを示す。今日の一幅はふつう呉服尺一尺相当の鯨尺九寸五分（約三五・九センチメートル）であるが、ここでは一幅＝令大尺（高麗尺）一尺（約三五・六センチメートル）相当であろうか。なお、観智院本名義抄はノのほかハタハリと訓む。ハタハリは端張の意であろう。木簡や正倉院文書での実例については、三保忠夫『木簡と正倉院文書における助数詞の研究』一〇三・三六七・四五〇頁（二〇〇四年）を参照。

唾盤（七一五頁3）　主計式上1畿内調条に吐盤とある。唾壺（ダコ）と同じ用途となろう。類聚雑要抄指図巻四に図示される唾壺は、ツボの唾壺の上にサラの「唾壺羽（ダコウ）」が組み合せられている。この唾壺羽が唾盤・吐盤に当たる。唾壺は日本では実用よりも装飾品である。

乳の缶（七一五頁4）　缶は胴よりも口が狭い容器で須恵器。乳の缶は式内に本条のほか、主殿式20供奉年料条のみに見える。主計式上2諸国調条の「著レ乳瓮」と同じく乳（チ、蓋の上に綱・

紐などを通す耳輪)が口縁に付く缶とも考えられるが、典薬式11供御乳条に日ごと三升一合五勺の牛乳が供されていることを勘案すれば、牛乳用の口が狭い容器の可能性もある。なお、造酒式に散見する乳盆[瓮](主計式上2条の乳戸に同じ)は口が広い器形で、乳の缶とは別である。

叩瓮(七一五頁5)　叩戸にも作る。大膳式下23五月五日節料条に煮堅魚・腊、典薬式7地黄煎料条に地黄の絞り汁、同式11供御乳条に牛乳を容れているほか、正倉院文書に葅・芹・瓜・茄子などの漬物の容器として見える。ふつう須恵器であるが、主殿式7新嘗供奉料条の叩盆[瓮]に「庭火料」の分注があることに倣えば、本条ともども須恵器よりも耐火性に強い土師器である可能性がある。

洗盤(七一五頁6)　須恵器。主計式上1畿内調条に容量が「一斗已上」とあるように深めの盤で大型のたらい桶のようなものであるが式内に散見する「手洗盤」「手洗」とは別で、内膳式23年料条に磨御飯料、洗作雑滓漬物料とある。また主水式で各種の粥料として見えるのは粥の材を洗ったのであろう。

足短坏(七一五頁7)　須恵器。脚の短い高坏。主計式上1畿内調条・2諸国調条に脚短坏、同式29美濃国条に足下坏とある。儀式二・四では大嘗祭の雑器として短女坏(比岐女坏)と通用されているが、主計式上1条に脚短坏と短女坏が並記され、両者の相違は不詳。短女坏は四時祭式に多く見られるので特に祭祀用か。

燈炷の脂燭の布(七一五頁8)　燈炷は燈火の芯。調布が用いられた。脂燭の布がそれに当たる。脂燭とは、紙や布を細く巻いて撚って、蠟を塗ったもの。シソクとも言う。脂燭を土器に盛って折敷に据える。紙燭とも書き、職員令43主殿寮条の「燈燭」を同条義解は「油火為レ燈、蠟火為レ燭也」とし、同条集解穴記は「燭謂二紙燭一也」とする。和名抄にも「紙燭　雑題有二紙燭詩一〈紙燭　俗音之曾久〉」とある。年中行事絵巻ほかに絵がある。

巻第四十四

勘解由使（七一九頁1） 訓はトクルヨシカンガフルツカサ（顕輔集五四番歌右注）。官人の交替に際して作成される解由状や不与解由状・実録帳などの文書を審査し、交替を監査する役割をもつ官司。勘解由使官人が公卿補任延暦十六年（七九七）に初見することから、同年創設と考えられ、翌年には官位相当が定められた（三代格延暦十七・七・二十符）。大同元年（八〇六）に一旦廃止されたが（後紀同・閏六・丁丑条）、天長元年（八二四）に再置（類聚国史一〇七同・九・乙卯条、三代格同・九・十符〔狩野文庫本三代格天長九・〔元〕・八・二十符〕）、以後は常置の官となった。再置後の勘解由使の定員・官位相当は長官一人（従五位）・次官二人（正六位）・判官三人（正七位）・主典三人（従八位）・史生八人で、天安元年（八五七）には四等官の官位相当はそれぞれ従四位下・従五位下・従六位下・従七位下に改定された（三代格同・十一・十符）。この間、天長五年には書生一〇人を置き（三代格同・十一・二十五符）、貞観十四年（八七二）には不与状等の処理に伴う事務量の増大のため史生二人・書生三人を増員（三代格同・八・八符）、元慶五年（八八一）書生二人を減じて史生二人を増員し、史生一二人・書生一一人の体制となった（三代格同・十一・二十七符）。延暦・貞観・延喜の各交替式を編纂して交替制を整備し、特に再置後は不与解由状の勘検を通して直接に交替を監査する機能を担った。しかし一方、勘判によって官物の欠負未納を補塡させ、結果的に地方財政を監査する機能も有したことから、一〇世紀中期以降は勘解由使の勘文が受領功過定で重視されるようになり、功過判定機能を強めることになった。本式についても同時期に編纂された延喜交替式との関係が問題になるが、9直勘奏条・12租舂米未進条・14年終証帳条が重複するのみで、式編纂にあたっては交替関係諸規則は交替式に、事務章程的な細則は勘解由使式に、それぞれ収載することを原則としたことが窺われる（虎尾俊哉『延喜式』二〇二頁、一九六四年）。交替式との関係については、福井俊彦『交替式の研究』（一九七八年）、早川庄八「交替式の基礎的研究」（『日本古代の文書と典籍』所収、一九九七年、初出一九六八年〔本式頭補注引用の延喜交替式の条文番号は同書による〕）、同「延暦交替式・貞観交替式・延喜交替式」（前掲書所収、初出一九七一年）を参照。なお、勘解由使の設置事情や具体的活動については勘会制・解由制・受領功過制などと関連して論じられており、長山泰孝「勘解由使設置の意義」（『律令負担体系の研究』所収、一九七六年、初出一九六二年）、梅村喬「勘会制の変質と解由制の成立」（『日本古代財政組織の研究』所収、一九八九年、初出一九七四年）、同「民部省勘会と勘解由使勘判」（前掲書所収、初出一九七五年）、吉岡眞之「不与解由状と勘解由使」（『古代文献の基礎的研究』所収、一九九四年、初出一九七八年）、増渕徹「『勘解由使勘判抄』の基礎的考察」（『史学雑誌』九五─四、一九八六年）、佐々木宗雄「十〜十一世紀の受領と中央政府」（『日本王朝国家論』所収、一九九四年、初出一九八七年）などがある。

不与前司解由状（七一九頁2） 不与解由状・不与状ともいう。交替する前後司間に所執があり、前司に対して後司が解由状を発給できない場合に作成され、後司が前司に発給する文書。北山抄一〇（実録帳事）には「不与状者、勘㆓発無㆑実之状㆒也」とあり、交替にあたって勘出された無実を列挙する。九条家本延喜式の裏文書である上野国交替実録帳は長元三・四年（一〇三一）頃の不与解由状の草案で、詳細なデータが公表されており（『群馬県史』資料編四〔原始古代四、文献〕一九八五年、前沢和之「『上野国交替実録帳』についての基礎的研究」〈『群馬県史研究』四、一九七六年〉など）、また朝野群載二六（諸国公文中）寛治七年六月勘解由使勘文に引く相摸国解文は不与解由状の一部である。これらの現存例によれば、主要部は①官物その他の無実破損の項目、②後司の勘発の状、③前司の陳状、の三点から構成され、②③は数度繰り返される。この形式の不与解由状は三代格大同二・四・六符で成立したとみられる(吉岡眞之前掲論文)。

任用をして分付せしむる実録帳(七一九頁3)　任用は交替政・分付受領を行なう受領に対する語。受領は本来は組織の長(官長)であるが、長官と次官が同等の職掌・権限を有する令制下では、官長が現場に赴任していない場合は次官が受領となった(北條秀樹「文書行政より見たる国司受領化」(『日本古代国家の地方支配』所収、二〇〇〇年、初出一九七五年))。

解文の紙数に…進らしめよ(七一九頁4)　解由状は後司の解文の形式で提出され(式部式上164解由条)、朝野群載二六(諸国公文中)寛治七年六月勘解由使勘文中でも不与解由状を解文と称する。提出された不与前司解由状・令任用分付実録帳・検交替使帳等の紙数に応じて、本司・本国から勘判に必要な量の料紙・筆・墨を提出させる。図書式30諸司紙筆墨条には勘解由使の年料として紙一〇〇〇帳・筆一六管・墨一二廷が見えるが、その紙等は本条の料紙とは別。

勘知帳(七一九頁5)　勘知は、任用(官長以外)の後司が前司から事務を引き継ぐこと。太政官式37未勘知条は任用が勘知以前に「未勘知」と注して前司の不与解由状を提出することを原則禁止する。また延喜交替式11条には「凡任用之人、(中略)依レ帳勘知、若有二欠損一、傍官共署、限内言上」とある。これらの規定によれば、任用の場合は官長と異なり、自身が携わる政務に関係する公文上の分付で交替政が完了したようで、勘知帳はこの分付作業に伴い作成され、任用によって提出されたものと考えられる。

会赦帳(七一九頁6)　前司が赦令に会した場合に作成される文書。延喜交替式190条によれば、不与解由状に准じた程限内に前後司共署のうえ言上される。会赦帳の初見は三代格承和九・八・二十七詔で、赦に会したものの不与解由状が未提出状態にある前司について、その欠負などの実態を記した会赦帳を後司が作成し、前後司共署して進上することを命じたものである。同承和十・七・九符では、会赦帳を進上してから解由を発給することと、会赦帳には不与解由状に准じて所執を記載することが指示された。同貞観四・七・十五符では不与解由状に准じた提出程限が規定されたが、同符は「名是会赦帳、実則不与解由状」と指摘しており、実態は赦に会した場合に作成される不与解由状とみてよい。

内案(七一九頁7)　勘解由使が作成する文書のうち、内案と解文は諸国の勘判のみに必要とされる。西宮記臨時一(内印)・北山抄七(内印事)では内文(内印文)の符の場合に内案との語が見え、まず内案を提出し、その後に官符への請印手続きを踏む。本条の下文に「下二外官一、踏二内印一」とあるところからすると、内印を捺して施行される文書の案文であるところから内案と呼ばれたと考えられる。書式は本式3内案式条で規定。

被管の諸司…勘えしめよ(七一九頁8)　惣官は被管諸司を管轄する上級官司。被管諸司の解由・不与解由状は惣官を経由して進上されるが(太政官式33押署条)、それらの審査に際して勘解由使は直接被管諸司に勘申させる。例えば主計・主税二寮に対して、勘解由使は惣官たる民部省を経由せず、直接勘申を指示できる(民部式下48勘解由使条)。

検校覆勘(七一九頁9)　覆勘は再度内容を確認すること。検校の職務に関しては本条の規定しかなく、この覆勘が如何なる内容を示すかは不明である。ただし、本条の規定では長官の段階で「勘判を定め」ることになっているので、検校の覆勘とは不与解由状等の内容にまで立ち入って検校自身が勘判を行なうのではなく、奏文・長案などの作成文書の記載内容の整合性等を点検するのではないかと考えられる。

内官は三十日外官は六十日内(七二九頁1)　外官に遷任する内官と、京官に遷任する外官。式部式上169解由日限条は諸司の長官六〇日、次官以下史生三〇日、諸国の長官一二〇日、任用六〇日内の解由提出を規定する。また、延喜交替式11条は、任用国司は装束・行程を除いた六〇日、京官は除目後三〇日以内に解由・不与解由状の提出を規定する。三〇日・六〇日という程限は上記の京官・任用の解由提出期限と一致する点が注意されるが、京官・任用とも帳による勘知という簡便な交替方式を原則としており、これに准じた規則の可能性がある。とすれば、本条の外官は任用を念頭に置いたものか。

凡そ不与前司解由状…（七三一頁1） 赦令との関係が問題になる場合は、勘奏によって勘判を決定した後に、あらためて赦令の適否を検討し最終的な処分を決定する。勘解由使も赦令の適否を検討して勘判を作成するが、会赦不勘申は使局の判断が妥当であるかどうか明法官人に勘申させるものである。会赦不勘申の実例としては、要略五四に延長八・四・一惟宗公方勘申状（「勘申内外諸司官舎無レ実会レ赦否事」）、同五九の引く勘解由使勘判抄に抄出された貞観十五年八月丸部百世勘申状（「諸国不与解由状中会レ赦免不之色勘申状」）があるが、両例によれば、常赦を対象とする諸国の不与状の勘判の場合、①該当赦令、②詐偽律12詐欺取財物条、③延暦四・七・二十四格、④勘解由使勘判の骨子、⑤会赦不勘申を骨格とし、④で言及された内容に関する格式を④以前に挿入して構成される。増渕徹前掲論文参照。

凡そ諸寺諸司諸国…（七三一頁2） 延喜交替式45条と一致する条文。本条の淵源は三代格貞観十二・十二・二十五符で、三代実録貞観十六・十二・二十二条の「制」で再確認され、それが本式に収載されている。本条については、もともと貞観式に規定されていたとする説がある（福井俊彦前掲書四九一〜四九二頁）。

所執無道にして…加えざる（七三一頁3） 太政官式38遁避不署条では、諸国の史生以上が解由の与不を待たずに他処に去ったり不与解由状に加署しなかったりした場合は、公事稽留罪（職制律42公事応行而稽留条）を科して俸料を奪い、不与解由状は直ちに勘解由使に下して勘奏する。本条はこれに対応する規定。また、太政官式38条は末尾の分注に「諸司諸寺准レ此」とあり、本条はこの規定を条文に組み込んでいる。「所執無道」については、太政官式38条・延喜交替式45条は「遁避」、三代格貞観十二・十二・二十五符は「妄云二所執一不三肯進二署」とする。

ただ欠失の類を…注さざれ（七三一頁4） 北山抄一〇（実録帳事）に「実録帳者、有レ実無レ実相並勘録之帳也」とあり、検交替使帳・令任用分付実録帳には有実（見在之物）・無実の両者を記載するが（本式1状帳条の「任用をして分付せしむる実録帳」および佐々木恵介「摂関期における国司交替制度の一側面」〈『日本歴史』四九〇、一九八九年〉参照）、有実部分は卒去した前司の受領数を前提として帳が作成されるため、勘解由使で奏文を作成する段階では欠失部分のみを抄出する。

凡そ諸国の租舂米…（七三一頁5） 本条は延喜交替式92条と同文だが、根拠法は不明。太政官式34雑米未進条には、雑米の未進は解由を返却し、未進のない状態をまって初めて解由を発給するとあり、これとの整合性を図った規定か。

年終帳（七三一頁6） 年終帳は本来公解・雑物に関して諸司諸国から太政官に提出される一年間の決算報告書で（雑令37公廨条）、延喜交替式19条でも「凡公文官舎公廨等、年終作レ帳申レ官」とある。しかし、太政官式152年終帳条では諸司の年終帳の提出と提出後の勘解由使への送付が規定され、本式15勘年終帳条でも諸司の年終帳の勘合のみが規定されているところからすると、実質的には諸司についての規定とも考えられる。また、諸司の要劇料を諸司田（要劇田）から支給する場合は、勘解由使に官符を下すことになっており（太政官式119月料要劇大粮条）、三代格寛平八・九・五符では勘解由使に符を下して年終帳を勘会させ、不正な支出が勘出された場合は解由を拘留することになった（太政官式119条の「符を勘解由使に下せ」参照）。

過状（七三一頁7） 自身の過失を認めて陳謝した文書。怠状ともいい、解文の形式で作成された。過状を提出した場合は、現職を停止され、欠勤者と同等に俸禄が停止され、その解除には文書による手続きを要した（長谷山彰『怠状・

過状』の徴収と官人統制」〈『律令外古代法の研究』所収、一九九〇年、初出一九八六年〉）。朝野群載に長保二年三月付（同六）・応徳四年四月二日付（同一一）等の過状が収載されている。

凡そ年終帳…（七三三頁１）　年終帳条の証帳および証帳以外の帳の保管期限の規定。本条は延喜交替式145条と同文。淵源は三代実録貞観十三・十二・五条の「制、諸司年終帳、永留二弘仁十三年天長四年帳一、以為二証帳一、自余年帳、留三ケ年、依レ次検除、永以為レ例」。本式に収載するときに「諸司年終帳」を「年終帳」と変えている。延喜交替式19条には「凡公文官舎公廨等、年終作レ帳申レ官、自余雑官物、可レ預二解由一色亦准レ此」とあり、この規定の適用は諸司にとどまらない。勘解由式編纂に際して交替式規定と整合させた可能性があるが、諸国の場合弘仁十三年帳・天長四年帳が確保されているかの問題や、太政官式152年終帳条などでは諸司の年終帳に関する規定しかないところからすると、本条も実質的には諸司に対する規定と見做してよいか。

時服（七三五頁１）　時服は年二回支給される衣服の料物（中務式74諸司時服条参照）。通常は中務省が支給名簿を作成して太政官に提出し、奏聞の後、官符を大蔵省に下して支出させる（太政官式116諸司時服条）。諸司の支給対象は中務式74条にあるが、勘解由使は当該条にはなく、本条で別に規定されている。

使掌（七三五頁２）　「通二伝訴人一、検二校使部一、守二当官府（省府）一、庁事鋪設」（職員令２太政官条・３中務省条）を担当する庶務係の官掌・省掌の使局版。承和二年（八三五）に、勘解由使局に配属された雑使一二人のうち二名を転任して使掌を設置（続後紀同・十・乙亥条）。延喜式制でも定員は二名で式部が判補し（式部式上141官掌省掌等条）、把笏が認められる（同式上142把笏条）。

油絹（七三五頁３）　斎院式27三年一請条に調度品を覆う「雨皮」の料として「油絁」が見え、これと同様に防水用に油を塗布した絹布。隼人司が六〇疋製造して内蔵寮に進上する（内蔵式53諸司年料条）。材料の絹は内蔵寮が支給し（同式56油絹条）、荏油を塗布して成形する（隼人式13油絹条）。

調の韓櫃（七三五頁４）　韓櫃は被せ蓋をもつ脚付きの箱で、通風性に優れ、文書や物品の保管に用いる。斎宮式37野宮年料供物条・43造備雑物条などにも見える。主計式上１畿内調条に左右京五畿内の調として明櫃があり、摂津国の調に明櫃一〇合・大明櫃二三五合・小明櫃一八四合が見えるが（同式上11摂津国条）、これと本条の調韓櫃との整合性は分からない。調の韓櫃の具体的な貢納国は他に主計式には見えない。なお、主計式上１条の「明櫃」参照。

年料の炭…直を以て充てよ（七三五頁５）　諸司に充当する炭は、宮内省被管の主殿寮に所属する仕丁が製造するが（主殿式32諸司炭松条）、本条では沽価に准じて直（銭貨）で支給することとなっている。諸司の必要物資の支給に際して官符を下し、大蔵省はそれをまって処理することは太政官式55雑物下符条、大蔵式64応出給条で規定している。なお、太政官式55条は現物がない場合に相当分の銭を支給することを定めているが、本条は夏月のうちに必要量を申請する点から、これに准じて定式化したものか。

巻第四十五

左近衛府(七三九頁1)　令外官で、近衛府の和訓はチカキマモリノツカサ(中務式74諸司時服条剛本傍訓)。右近衛府、左右衛門府、左右兵衛府とともに六衛府をなす。左近衛府は天平宝字三年(七五九)に設けられた授刀衛がその前身であり(続紀同・十二・甲午条)、天平神護元年(七六五)に近衛府に改編され(続紀同・二・甲子条)、中衛・外衛両府とともに、令制五衛府の上に位置する衛府とされた。外衛府は宝亀三年(七七二)に廃され(続紀同・二・丁卯条)、大同二年(八〇七)、近衛府が左近衛府、中衛府が右近衛府に改編され(三代格同・四・二十二詔)、六衛府制の一環としての左右近衛府が成立した。

六衛府制発足時、官人には、大将が左右各一人、中将が左右各一人、少将が左右各二人、将監が左右各四人、将曹が左右各四人の他、府生・番長などがあり、近衛(近衛舎人とも)を統率した。

大将(長官)は従三位相当の官であるが、創設当初より参議以上の官人が任ぜられることが多く、平安時代中期以降は納言以上の兼任が恒常化した。中将は従四位下相当の官であるが、公卿への昇進コースの中に位置づけられ、蔵人頭を兼帯している場合は頭中将、参議となれば宰相中将、三位に叙されると三位中将と呼ばれ、中納言で兼任する場合もあった。少将は正五位下相当の官であるが、中将へと続く昇進コースの中に位置づけられたため、三位・四位の者が任ぜられることも多かった。なお、中将・少将はともに次官であるので、総称として「次将」と称される場合があった。第三等官である将監は従六位上相当、第四等官である将曹は従七位下相当。将監・将曹とも、その任が形式化すると、舞人・楽人が多くこれに任ぜられるようになった。四等官の次に位置する府生は、兵部式25武官補任条には左右の近衛府生が各六人、衛門府・兵衛府がともに各四人、いずれも宣旨により補任されるとあり、西宮記臨時一(諸宣旨例)には「依二本司奏一補レ之、或以二所々有レ労者一補レ之」とある。近衛府生の場合、舞人・楽人・近衛舎人等からの補任や番長から府生へのコースがあった。近衛府の舎人である近衛は、式部・兵部両省の位子・留省・勲位で弓馬の技にすぐれた者、および蔭子孫・外考・白丁などから府の試を経て補任され、宮中の警護、天皇・皇族・大臣らの近侍などをつとめた。左右二府となった時の人数は各四〇〇人であったと思われるが、三代格大同三・七・二十奏により各三〇〇人に減員となった。本式46番長条は左右各六〇〇人とし(同59大衣条からは、これが長上二〇〇人、番上四〇〇人に二分されていたことが推測される)、中務式74条は時服給付の対象として近衛各三〇〇人を規定している。また、三代格寛平三・十二・十五符により、諸衛府での員外舎人の増大に制限が加えられ、員外の近衛は各二〇〇人とされている。笹山晴生「平安前期の左右近衛府に関する考察」(『日本古代衛府制度の研究』所収、一九八五年、初出一九六二年)参照。

左右近衛府は、宮城内の閤門(内門)の開閉、閤門内の警備、内裏の宿衛、京中の巡検、行幸時の警固などを職務としたが、特に平安時代初期には、政治的事件の鎮圧や、勅使として幅広く活躍し、天皇側近の武官として重要な役割を担った。後紀弘仁二・六・乙丑条に「令二諸国進二武芸人年卅已下一、補二左右近衛一」とあることも、嵯峨天皇の積極的な側近武備充実策によるものといえよう。

しかし一〇世紀以降、上級官人は貴族の栄誉職と化し、一方、下級官人や舎人の職務は馬芸や楽舞など本来の任から離れ、また、その多くが随身として院や摂関家に奉仕するようになって、衛府としての軍事・警察的機能は失われていった。そのため、下級官人・近衛の職は、下毛野・秦・多・狛などの特定の氏族の出身者で占められるようになり、出身地も畿内・近国に限られ、軍事組織としての社会的基盤も矮小化した(笹山晴生前掲論文、同「毛野氏と衛府」(『前掲書所収、初出一九六三年〉)。

大儀(七三九頁2)　朝堂で行なわれる儀式には、その規模によって大儀・中儀・小儀の区別があった。元日朝拝・即位礼および外国使節接見などの大儀では、六衛府(本条、左右衛門式1大儀条、左右兵衛式1大儀条)・中務省(中務式1大儀条)・大舎人寮(大舎人式1元正条・24蕃客条)・隼人司(隼人式1大儀条)などの官人がそれぞれ武装して陣列を組み、纛幡・隊幡・小幡が立てられ鉦鼓が設置された。次いで中儀の蕃客宴会と大臣の任授では、纛と鉦鼓が省かれ(本式2中儀条)、さらに小儀の告朔と五位以上叙位では、幡も省かれて武官が帯仗しての整列のみとなる(本式3小儀条)。中務式1条、黒須利夫「大儀の系譜」(『歴史人類』二四、一九九六年)参照。ただし、以上の三分類はそれほど古い時代に遡るものではなく、内裏式に先行し平安時代初期の成立と考えられる内裏儀式では、大儀・上儀・中儀の区分がなされている。また、儀式八(四月廿八日牽駒儀)には「諸衛服二下儀」の記載がある。

元日(七三九頁3)　元日礼で、朝賀・朝拝・賀正礼ともいう。元日に、皇太子および在京の百官と入京中の地方官が大極殿に出御した天皇に拝礼を行なう儀式。雑令40諸節日条は正月一日以下を節日と定め、宮衛令22元日条は儀仗を立てるとし、儀制令9元日条は元日に親王以下を拝することを禁じ、同18元日国司条は元日に国司が僚属・郡司らを率いて庁に向かって朝拝することを定めている。本儀式は、書紀大化二・正・甲子条に見えるのが所見であり、その後恒例の行事となって平安時代中期まで行なわれたが、天皇の不予・服喪、雨雪泥濘などの場合は廃朝とされた。儀式六(元正受朝賀儀)、太政官式93朝賀条参照。

即位(七三九頁4)　かつては践祚と即位は区別なく一体として行なわれていた。しかし、桓武天皇が受禅ののち、日を隔てて即位の儀を行なった例(続紀天応元・四・癸卯条)を初めとして、践祚と即位が別の儀式として分離されるのが例となると、即位の語は、皇位の継承を諸神・皇祖に告げ、天下万民に宣する儀式(即位式)を指すものとなった。即位式の礼冠・礼服は元日朝賀に準じ(式部式下10朝賀条)、儀式次第は儀式五(天皇即位儀)に詳しい。

蕃国の使の表を受くる(七三九頁5)　蕃客は外国使節で、八世紀以降は唐・新羅・渤海を指す。この儀式は、本来上表文と見なされる国書を外国使節から中務の手を経て天皇に奏上し、臨御した天皇が受領するものであったが、新羅使の場合には王言の奏上と調物の進上、渤海使の場合には国書・信物の奏進が行なわれた。太政官式51蕃客条、式部式下25諸蕃使条参照。なお、天皇の出御がない場合には小儀に準ずる扱いとなり(左右衛門式3小儀条参照)、隼人の列陣も省略された(隼人式1大儀条)。

動鼓(七三九頁6)　次なる動作を促すために撃つ鼓の意(井上亘「朝賀行幸論」〈『日本古代朝政の研究』所収、一九九八年〉)。中務式1大儀条では「装束鼓」とし、時刻も寅の一刻とする。

武礼冠(七三九頁7)　大儀で用いられる礼冠のうち武官用のもの。近衛の大・中・少将、衛門・兵衛の督・佐まで用いた。鈴木真弓は皀(ママ、正しくは皂)羅頭巾だった武官の礼服の冠が、貞観・延喜のころから武礼冠に変わったとする(『国史大辞典』一四〈「礼冠」の項、一九九三年〉)。御即位次第抄によると、近世には五山冠と称し、大将代だけが用いることとなり、その形状を「紫綸子ニシテ其メクリニ金銅ノ金物、花唐草等也、其上ニ四角ナル縷ヲ、左右項ノ後黒色羅ヲ以テ是ヲハリ、前ノ左右ニ、鳥ノ羽三枚宛ヲサス、山雉ノ羽ニ似タリ」とする。なお、親王以下文官が使用する玉冠については、式部式下10朝賀条参照。

浅紫の襖(七三九頁8)　襖は、令制では武官の礼服・朝服に用いられた闕腋(ケッテキ)袍のことで、衣服令13武官礼服条集解古記によれば、襴を付けず、両方の腋を縫い合せないであけ広げたままとした。位階による服色の制があるため位襖とも、また、脇あけの衣ともいう。なお、浅紫は衣服令4諸臣条では三位以上の服色として規定されている。一方、本条では左右近衛府の将監・将曹・府生・近衛は深緑の襖を着すと記されているが、これは衣服令5朝服条集解所引大同元・十・七格で、深緑が七位以上の服色とされたことと関連するか。なお、五位以上の武官の服制の変化については、兵部式20武官朝服条、弾正式136衛府五位以上条参照。

錦の裲襠（七三九頁9）　錦は、種々の色の絹糸を使った織物（織部式2年料条参照）。裲襠は、衣服令13武官礼服条義解に「謂、一片当レ背、一片当レ胸、故曰二裲襠一也」とあり、胸と背に当てて着ける一種の貫頭衣（布帛の中央に穴をあけて頭を通して着る衣服）で、元は上半身を保護する防具が、威儀を示す目的に転じたものである。なお、本条では大将以下将曹まで錦の裲襠であるが、衣服令13条では衛府の督・佐は繡裲襠（兵衛督は雲錦）を着するとし、同14武官朝服条では、会集等の日に衛府の志以上（三等官、四等官）が錦の裲襠を着することが記されている。武舞や走舞など舞楽の装束としても用いられた。

金装の横刀（七三九頁10）　古墳時代〜平安時代初期に用いられた直刀は「大刀（タチ）」と称されていた。横刀は、天平九年度駿河国正税帳に「大刀涂口料」と記載されているものが（古二—六八頁）、翌年度の同国正税帳には「横刀涂刃料」とあるように（古二—一一八頁）、大刀と異名同実のものと思われる（駿河国正税帳については、林陸朗・鈴木靖民編『復元天平諸国正税帳』〈一九八五年〉の記載によった。なお、両帳に見える大刀・横刀の数値は、兵部式75諸国器仗条の駿河国の横刀の口数と一致する）。猪熊兼樹は、「『横刀』の語句には『横向きに佩用する刀剣』という佩用の仕方の字義が認められていたようにも考える」としている（「奈良平安時代の儀仗剣」〈『國華』一一三—一二、二〇〇八年〉）。一方、東大寺献物帳（古四—一二三八頁）では両者は区別されており、横幅に比して刀身が短いものを横刀とする捉え方もあったようである。なお、衣服令13武官礼服条には、「金銀装横刀」とあるのに対して、各衛府式大儀条では「金装横刀」と記されていることについて、猪熊は中務式1大儀条で文官ながら中務輔が金銀装横刀を佩用することが規定されていることから、文官と武官を識別するために分化したのであろうとする（前掲論文）。また木工式5供神料条には、神への奉納物ではあるが、金装大刀の料物が記されている。

靴（七三九頁11）　深沓の一種。黒革漆塗りで立挙（タテアゲ）と呼ばれる筒状の部分が足首を覆う。令制では武官の礼装であったが（衣服令13武官礼服条）、平安時代には文武官を問わずに公事の際に着用された（弾正式137諸司著靴条）。

幟を著くる殳（七三九頁12）　幟は、一般的には細長い布帛の上部と横の一方に乳（チ）をつけ、それに横上（ヨコガミ）の棒と竿を通した旗の一種をいう。ただし文安御即位調度図には、簡略ながら、布帛の上部に横上をつけ、それを緒で竿に結び付けた流旗形式と思われる図も載せられている。殳は本来は長柄の武器であるが、威儀具としても用いられた。

御輿（七三九頁13）　方形の床の下部に轅（ナガエ）と呼ぶ二本の棒を通し駕輿丁が担ぐ乗り物。内匠式21御輿条参照。なお、儀式六（元正受朝賀儀）の分注には本条分注とほぼ同文が記載されている。

緌（七三九頁14）　武官の正装で、冠につけて顔面の左右に覆いかけるもの。軍陣の際に、顔の左右に覆いかける掩蔽物を威儀化したもので、針金の輪に黒系統の馬の尾髪を末広形にさばいて編みつけ、懸緒で左右に取りつけた。

挂甲（七三九頁15）　鉄や革の小片を横に綴じ連ね縦に威（オド）して胴の前後を覆う鎧。平安時代以後は武官の威儀の鎧となり、形式化して布帛で作り甲板を彩色したものも出現した（江家次第一四〈即位〉参照）。近藤好和は本条の「供二奉御輿一少将」の着用する挂甲について、後世の史料からの類推により、中国の南北朝期から隋・唐期に用いられた騎兵用の両当系札甲であったとする（「大鎧の成立」〈『中世的武具の成立と武士』所収、二〇〇〇年、初出一九九八年〉）。

兵庫式26挂甲条参照。

脛巾（七三九頁16）　外出や戦闘などの際に、脛に巻きつけ紐で結んで脚を保護し動きやすくするもの。布の他に藁でも作られ、後世の脚絆に当たる。

末額（七三九頁17）　冠の動揺を防ぐために冠の縁に回して鉢巻に結んだ布。威儀の武官や競馬の乗尻（ノリジリ。騎手）が着けた他、非常の際の参向などにも用いられた。朱の末額はすでに衣服令14武官朝服条に見える。

列陣鼓・進陣鼓・行鼓（七三九頁18）　列陣鼓は隊列を整えることを命ずる合図の鼓。進陣鼓は所定の位置まで陣を進めることを命ずる合図の鼓で、これによって威儀具を持った官人たちが移動を開始する。行鼓は行進の開始を合図する鼓で、残りの官人たちが始動する。中務式1大儀条では、列陣鼓を寅の三刻、進陣鼓と行鼓を合せて進鼓とし、卯の一刻とする。これらの合図の鉦鼓は、兵庫寮より派遣された「撃二鉦鼓一人」により奏された。兵庫式3撃鉦鼓人条参照。

大極殿（七三九頁19）　大内裏の中心をなす朝堂院（八省院）の正殿。本来、天皇が政を親裁する場であったが、のちもっぱら恒例・臨時の儀式を行なうための場となった。平安宮では朝堂院北部の竜尾壇上に位置する。桁行九間梁行二間四面廂単層で、背後に便殿として小安殿が設けられた。中巻図3参照。

中務の陣より北…（七三九頁20）　中務式1大儀条には「輔丞各二人相分率二内舎人一、大極殿前庭近衛陣以南隊之」とあり、本条に対応する。なお、儀式六（元正受朝賀儀）では近衛大将に率いられた陣の位置を蒼竜・白虎両楼の北辺とする。

竜尾道（七三九頁21）　平安宮朝堂院において、大極殿前庭と朝庭（竜尾道南庭）を区画するために設けられた壇状の施設。竜尾壇とも称す。

隊幡小幡（七三九頁22）　軍防令44私家鼓鉦条義解に「隊長所レ載曰二隊幡一、兵士所レ載曰二軍幡一也」とあるのに対応するものか。

竜像の纛幡（七三九頁23）　大儀の際に近衛府の陣に立てる威儀の旗の一つ。御即位次第抄では、東方には赤地の絹に金色の竜を描いたものを、西方には黄地の絹に青竜を描いたものを立てるとする。幡棹上端の飾りである「纛」について、文安御即位調度図は「纛體竹籠、上以二馬毛一懸垂」と記し、御即位次第抄はそれを赤熊（シャグマ）状のもので、かつては黒毛の馬の尾三〇把で作ったが、今は苧を黒く染めて用いるとし、さらに古くは牛の尾の毛を材としたとする。なお、儀式六（元正受朝賀儀）には、鉦鼓まで本条と同数の威儀具が挙げられている。また、軍防令44私家鼓鉦条義解には「将軍所レ載曰二纛幡一」とある。

戟（七三九頁24）　中国では複数の刃を持つ戈（カ）と鉾の機能を兼ね備えた武器として用いられたが、我が国ではもっぱら威儀具となった。纛幡には「加」、後出の隊幡・小幡には「著」と記し、区別されている。儀式六（元正受朝賀儀）に「執纛執戟各四人」とあり、また兵庫式6車駕行幸条に「執戟一人〈従二執レ纛人一〉」とあることからすると、戟は纛幡と一体になっていなかったとも考えられる。なお、文安御即位調度図の竜像纛幡には戟にあたるものは描かれておらず、一方それ以外の幡の中には、竿の先に三叉の戟を描いたものも見える。

余も皆…（七四一頁1）　左右衛門式・左右兵衛式では、基本的には本式と重複する記述は省略されている。

鷹像の隊幡（七四一頁2）　鷹像（形）幡。大儀の際に近衛府の陣に立てる威儀の旗の一つで、同名の物は左右衛門式1大儀条にも見える。二条院御即位記では「左近衛色皆青、表裏有二鷹形一、右近皆黄」とする。

小幡四十二旒（七四一頁3）　分注に「余亦准レ此」とあることから、緋・黄二色の小幡に戟を著けることは、左右衛門府・左右兵衛府とも同じであったと考えられる。しかし、左右衛門式では1大儀条に計一四六、2中儀条に六〇、4供奉行幸条に四〇、左右兵衛式では1大儀条に計一一四、2中儀条に三〇、4供奉行幸条に二〇の小幡を規定していることに比べて、本式では本条のみに記載され、しかも数も四二と少ないことが特徴といえよう。ところで、これらの数について山本崇は、近衛・衛士・兵衛の編成は五〇人を基本としていることから、大儀の場合、衛門府、兵衛府については隊幡と小幡の合計が五〇の倍数で考えられること、近衛府に関しては端数が生じるものの、それは同府の成立の経緯から説明できるとしている(「平安時代の即位儀とその儀仗」〈『立命館文学』六二四、二〇一二年〉)。興味深い見解といえようが、他式での中儀の場合の考え方、また、数が奇数の場合の緋と黄の割合など、残された問題点も少なくない。

鉦鼓(七四一頁4)　軍防令44私家鼓鉦条義解では、「鼓者、皮鼓也、鉦者、金鼓也」とする。また、続紀霊亀元・正・甲申条に「元会之日、用二鉦鼓一、自レ是始矣」と見える。本条分注に「加二槌丼簨簴一」とあること、また兵庫式2大儀条の記述から、雅楽で用いられる鉦鼓、太鼓と同様に木枠の中に楽器本体を懸ける形態であったと思われる。文安御即位調度図でも、簡略化されつつもそれを窺わせる形で描かれている。

胡床(七四一頁5)　支柱を組み違えとし、上に布帛等を張って腰を下ろす折り畳み式の椅子。本式58胡床条参照。本条、本式4節会条、左右衛門式2中儀条、内裏式上(元正受群臣朝賀式)等で、諸衛の官人が威儀の陣の座に参列する際の所用とされる。年中行事絵巻には、巻七に御斎会竟日の舞楽に見入る武官が座る胡床(『日本の絵巻』八、三八・三九頁、一九八七年)、右近馬場の射手の夾名の簡を立てかけた胡床(前掲書四二頁)、巻一四に着鈦の政の儀における右衛門佐の座(前掲書七一頁)などが見える。

虎の皮(七四一頁6)　虎の毛皮は敷物などとして珍重された。中務式1大儀条には輔の胡床に敷くことが見える。内蔵式には元日威儀に関する規定(30元日威儀具条)はあるが、虎の皮には触れていない。弾正式81虎皮豹皮条によると、虎の皮は五位以上にのみ使用が認められていた。日本国内では得られないため、渤海等の他国からもたらされたと考えられる(続紀天平十一・十二・戊辰条)。

元日の宴会(七四一頁7)　元日の節会ともいい、元日の朝賀が終了した後に天皇が群臣に宴を賜う儀式。類聚国史七一では、書紀朱鳥元・正・癸卯条の賜宴がその初例と見なされているが、儀式の次第に日本独自の要素が多く見られることから、起源はさらに遡ると考えられるものの、詳細については不明である。雑令40諸節日条には正月一日を節日とすると見える。奈良時代から平安時代初期にかけては大極殿・豊楽院で行なわれたが、淳和天皇の治世より紫宸殿がこの儀式の場となった。次第は、左大臣が内弁を務め、この宴に参加する地方官の姓名を連記した書を奏する(外任奏)。次いで諸司奏と称し、まず中務省から、陰陽寮の官人がその年の暦を献上する。宮内省からは氷様奏(ヒノタメシノソウ。氷の厚薄の寸法を奏上する儀式。厚ければ豊年の兆しとする)、大宰府からは腹赤(鱒)奏(ハラカノソウ)を献上する。天皇出御ののち、群臣は南面に列立。内弁の合図によって一同昇殿し、謝座謝酒、拝礼ののち饗につき三献の儀がある。天皇および臣下に内膳司が御膳を供する。一献で吉野国栖の歌舞、二献で御酒勅使、三献で立楽が行なわれる。宣命使が宣命を読み、群臣は殿を下り、一同禄を賜わって拝舞、天皇還御となる。儀式六(元日御豊楽院儀)、西宮記恒例一(元日節会)参照。

正月七日(七四一頁8)　天皇が紫宸殿や豊楽院に出御して群臣と宴を楽しみ、左右馬寮から引き出された二一頭(各寮から一〇頭、一頭は隔年で交互に進上する)の青馬を見る行事。古代では七日宴会・七日会・七日節会と呼ばれ、平安時代中期以降は白馬節会と称されるようになった。行事の本義は、この日に青馬を見ればその年の邪気を避けられるという中国の風習に倣ったもので、二一は、「三才」の三と「七日」の七を掛け合せたものという(公事根源)。この行事に用いられるのは白または葦毛(葦の芽生えの時の青白の色に由来)の馬で、白も必ずしも純白ではなく、五行説で春に配当されたのが青色であったことから、もとは「青馬」と表記されていたようである。伴信友は、土佐日記承平五・正・七条の記述から、醍醐天皇の治世末期には既に「白馬」尊貴の観念が生じていたことがうかがわれ、記録の上での「青馬」から「白馬」への表記変更の初見は、村上天皇治世の紀略天暦元・正・七条であったとする(比古婆衣九)。信友は表記が代わっても読みはアオウマのままとする一方、馬の毛色には青から白への変化があったとするが、馬の毛色の白味が強調されたために「白馬」と記されるようになったのであって、対象の馬に変化はなかったとみるのが妥当といえよう。青馬御覧の六国史上の初見は仁明天皇の続後紀承和元・正・戊午条であるが、その起源には諸説がある。しかし、既に天平宝字二年(七五八)の大伴家持の歌(万葉集四四九四番歌)に「水鳥の鴨の羽色の青馬を今日見る人は限りなしといふ」と歌われている。平安時代には儀式も整い、初めに御弓奏(オンタラシノソウ)、白馬奏があり、のちに諸臣に宴が設けられた。儀式七(正月七日儀)参照。

十七日の大射(七四一頁9)　天皇が観覧する前で群臣が歩射を行なう尚武の行事で、射礼ともいう。雑令41大射者条には、正月中旬に親王以下初位以上の全官人が参加して行なうことが規定されている。しかし、内裏儀式(十七日観射式)では、衛府以外は五位以上の官人の射への参加を伝えている。儀式の次第は、射場殿に臨御した天皇の前でまず鉦鼓を打ち鳴らし、五位以上の者が射、次に諸衛府の射手が射る。成績良好な射手には禄を賜い、天皇が群臣に宴を賜う。当日の二日以前に、手結(テツガイ。射る順序を決めること)をするための予行演習が兵部省で行なわれる。清寧天皇四年に始まったとされるが、儀式として継続して行なわれるようになったのは天武四年(六七五)以降(類聚国史七二)。この日参加しない者は、五位以上は新嘗祭に参列することを許さず、六位以下は季禄を奪った。儀式の場は、内裏儀式に「便処」とあるように特定されていなかったが、嵯峨朝以降は豊楽院で行なわれた。しかし、清和朝以降天皇の出御が少なくなるに従い建礼門前で行なわれることが多くなり、やがてその場所で固定化した。それとともに、衛府官人のみが射て公卿らがそれを観覧する行事に変容していった。大日方克己「射礼・賭弓・弓場始」(『古代国家と年中行事』所収、一九九三年)、太政官式99大射条、兵部式4大射条、大蔵式86十七日節禄条参照。

蕃客を饗賜する(七四一頁10)　国書・信物受納の後に行なわれる蕃客の饗応。正月の場合には、蕃客を節会に参加させ酒食のもてなしを行なった。八世紀代では、朝堂で天皇が出御して行なわれる宴会の一回のみであったが、九世紀以降は宴と饗の二回が行なわれた。宴の会場は豊楽院で、天皇が出御し、蕃客への授位、朝服の賜与、宴会としての賜禄が行なわれた。一方、帰国間近に行なわれる饗では天皇の出御はなく、太政官の議政官を中心に臣下のみが出席し、国王や大使以下の使者への賜禄が行なわれ、饗宴が終わると返礼としての国書が使者に授与された。

告朔(七四一頁11)　天皇が大極殿に出御する場合には「視告朔」と記すが、慣例で「視」は読まない。毎月朔日(正月は二日か四日)に百官の行事、上日を記した文を天皇が閲覧する儀式。後には正月・四月・七月・十月の月初めにだけ行なわれた。古瀬奈津子は、この儀式が後々まで朝庭で行なわれる儀式の基準とされたことから、各衛府式小儀条の筆頭に記されたとする(「告朔についての一試論」〈『日本古代王権と儀式』所収、一九九八年、初出一九八〇年〉)。太政官式91告朔条、式部式下13孟月告朔条参照。

正月の上つ卯の日(七四一頁12)　この日に、邪気を祓うという杖を天皇・東宮・皇后に献上する卯杖を指す。中宮式9卯杖条、大舎人式5卯杖条、内蔵式33卯杖条、春宮式7卯杖条、左右兵衛式12卯杖条参照。

踏歌(七四一頁13)　多数の人が足で地を踏み鳴らして歌う舞踏。隋・唐の中国で流行し、渡来人によりわが国に伝えられた。日本古来の歌垣と結びついて流行し、踏歌節会として正月十六日が定められた(雑令40諸節日条)。歌詞には催馬楽の此殿(コノトノ)・我家(ワイエ)などが用いられ、間に万春楽(バンシラク)・千春楽(センズラク)などの囃詞が入るが、それを「万年(ヨロズヨ)あられ」とも囃したので、踏歌を一名「アラレバシリ」と称した。

五月五日(七四一頁14)　五月五日節(端午節)は、七世紀の薬猟(推古紀十九・五・五条)を起源として、雑令40諸節日条にも節日として規定されている。しかし、続紀天平宝字二・三・辛巳条には、この日が聖武天皇の忌日であるため、詔で永く停止することを定めると見える。その後、光仁朝に再開されたようで、続紀宝亀八・五・丁巳条に「天皇御㆓重閣門㆒、観㆓射騎㆒」とあり、同延暦十・五・乙丑条に「天皇以㆓天下諸国頻苦㆓旱疫㆒、詔停㆓節宴㆒」と見えている。儀式の流れは、まず四月二十八日に騎射・走馬に出場する左右馬寮の馬や国飼馬を、武徳殿に出御した天皇の前で牽きまわす駒牽が行なわれる。続いて、五月五日に天皇が武徳殿に出御し、中務省等が菖蒲を献上し、一方、続命縷(ショクメイル。薬玉)が諸臣に下賜される。ついで御馬、五位以上の貢馬が牽きまわされ、左右近衛・左右兵衛の騎射、貢馬による走馬が行なわれる。六日は前日の余興ともいうべき儀で、走馬、騎射のほか、雑芸、奏楽が行なわれた。一〇世紀後半以降は正式な節会としては廃絶したが、個別の行事に解体され行なわれた。倉林正次『饗宴の研究』文学編(一九六九年)、山中裕『平安朝の年中行事』(一九七二年)、後藤祥子「五月五日」(山中裕・今井源衛編『年中行事の文芸学』所収、一九八一年)、大日方克己「五月五日節」(前掲書所収)、菅原嘉孝「五月五日節会(端午)の本質について」(『風俗史学』五、一九九八年)参照。

七月二十五日(七四一頁15)　太政官式103相撲条にあるように相撲の節会を指す。この節会は、毎年七月に宮庭において諸国より徴した相撲人が行なう相撲を天皇が観覧する儀式で、垂仁紀七・七・乙亥条に野見宿禰と当麻蹶速が力を競ったことを起源説話とする。雑令40諸節日条では七月七日を節日とし、また天平六年(七三四)には天皇が観覧する儀式があったことが知られる(続紀同・七・丙寅条)。延暦十二年(七九三)には朝廷の恒例行事となった(類聚国史七三同・七・癸未条)。しかし、天長元年(八二四)七月七日に平城上皇が崩御してこの日が国忌とされると、同三年に七月十六日に改められ(類聚国史七三同・六・己亥条)、その後も改定があり、江家次第八(相撲召仰)には「相撲召合〈七月大月廿八九日、小月廿七八日〉」とし、さらに「年年例、雖㆑有㆓式日㆒、猶以不㆑定」とある。太政官式103条でこの日とするのは、三代格元慶八・八・五符による日程変更を踏襲したものである。大日方克己「相撲節」(前掲書所収)参照。

九月九日(七四一頁16)　陽数(奇数)の極である九が重なるところから重陽の節句ともいう。中国では、この日を登高といって、茶菓や酒肴を携えて丘に登り一日の行楽を行なう行事があった(続斉諧記)。日本では天武紀十四・九・壬子条に「天皇宴㆓于旧宮安殿之庭㆒、是日、皇太子以下、至㆓于忍壁皇子㆒、賜㆑布各有㆑差」とあるのが初見で、類聚国史七四ではこの宴を重陽節の冒頭に挙げている。しかし、令には節日とは規定されていない(雑令40諸節日条)。さらに続紀天平宝字二・三・辛巳詔に、(天武の忌日である)重陽に准じて端午の節会を永く停止することが見えるので、続紀大宝二・十二・甲午勅で諸司に九月九日の廃務が命ぜられて以降、途絶えていたものと思われる。しかし、大同二年(八〇七)に再開され(類聚国史七四同・九・癸巳条)、また弘仁五年(八一四)には、経費節減のため節会例から外される(類聚国史七四同・三・辛亥条)など複雑な経過を辿っている。その後は神泉苑に文人を召して詩を賦し宴を行なったことが見え(類聚国史七四)、天長八年(八三一)以降は紫宸殿で行なわれるようになり(類聚国史七四同・九・甲辰条)、重陽節としての儀は整い恒例となった。しかし、平安時代末期になると天皇が出御せず、宜陽殿で臣下に菊酒を賜わるだけの平座の儀が多くなった。太政官式105九月九日条、倉林前掲書、山中前掲書、後藤昭雄「重陽」(山中・今井編前掲書所収、一九八一年)、菅原嘉孝「平安時代における重陽節会について」(『風俗史学』一一、二〇〇〇年)参照。

節刀(七四一頁17)「節」は符節で、旄牛(カラウシ・ヤク)の尾で作り、朝廷の使臣としての標とした。日本ではそれが得難いことから刀を用い、天皇から特命の大使として遣唐使や出征の将軍に下賜され、その任命の標とした。軍防令18節刀条に「凡大将出レ征、皆授二節刀一」とある。続紀和銅二・三・壬戌条の、陸奥鎮東将軍巨勢麻呂と征越後蝦夷将軍佐伯石湯を初めとして、将軍に節刀を授けた例は多い。また遣唐使に関しては、続紀大宝元・五・己卯条の入唐使粟田真人に節刀を授けたのが初見である。なお、遣新羅使・遣渤海使に授与された史料上の所見はない。瀧川政次郎「節刀考」(『国学院大学政経論叢』五—一、一九五六年)参照。

節会(七四三頁1)朝廷で、節日その他の重要な公事がある日に、群臣を集めて行なわれた公式の宴会。

紫宸殿(七四三頁2)内裏の正殿で、前殿・正殿・御在所・正寝・寝殿・南殿とも記される。本来は天皇の日常政務の場であったが、平安時代中期以降は即位・節会・新嘗祭等の大規模な行事が行なわれる場となった。中巻図2参照。

日華門・月華門(七四三頁3)両門を左右近衛府が分担して警備したところから、前者を左近陣・左仗、後者を右近陣・右仗とも称した。

装束(七四三頁4)座臥具(御帳台、椅子、床子、茵、畳など)、屏障具(御簾、壁代、几帳、軟障、屏風、障子など)、威儀具(幡、旗、矛、盾、弓箭、鉦鼓など)、什器類(厨子、棚、唐櫃、筥、鏡台など)を正しく敷設し配置すること。平安時代以降、これらのことを「シツライ」(室礼・舗設)と称するようになると、装束の語は服装に関してのみ使われるようになった。

少将将監相共に行事せよ(七四三頁5)行事はある事を主として担当すること。近衛少将・将監の紫宸殿の装束への関わりについて、具体例を儀式書等から窺うことはできない。かえって蔵人所の機構・機能が整備され、蔵人が行事蔵人として儀式に関わるようになると、江家次第六(二孟旬)のように、行事蔵人が掃部寮女官や内匠寮を動かしている様子が記されるようになる。古瀬奈津子「行事蔵人について」(前掲書所収、初出一九八九年)参照。

凡そ殿上の事…(七四三頁6)古瀬奈津子は、紫宸殿・武徳殿・仁寿殿・常寧殿などの殿舎に天皇が出御している場合、天皇と同じ殿舎の「殿上」に座を持てるのは参議以上であり、特別な場合は五位以上の者も侍することが許されるとし、「殿上」はこのような特殊な「場」として、平安時代初期に成立したとする(「昇殿制の成立」〈前掲書所収、初出一九八七年〉)。一方、「少将以上…」について、北山抄九(陣中事)では、本条を引用した上で「禁二察殿上非違一也」とする。同書には、近衛府以外の衛府の番上以下は兵仗を帯びては近衛の陣中に入れず、また、他の衛府の督・佐・随身は兵具を脱却してから閤門に入ることとするなど、内裏内における近衛府の優位性の例が示されている。一方、弾正式37非違汚穢条でも「凡宮城内外非違及汚穢者、毎レ日忠已下糺察、但禁中者不レ須」としている。しかし、西宮記臨時六(侍中事)では「殿上諸事幷諸奏事等、皆蔵人頭以下所職也」と記載されており、平安時代中期以降近衛府の役割は低下し、紫宸殿上を除いて蔵人頭以下に所管が移ることとなった(古瀬前掲論文)。なお、平松本北山抄九(陣中事)裏書に、本条とほぼ同文の貞観式逸文が見える。

陣の辺(七四三頁7)陣は本来武官の詰所、朝廷の行事の際に整列する場所、またその隊伍自体を指す。九世紀半ば以降、国政が左右近衛陣(多くは左近衛陣)で行なわれること(陣定)が増えてくると、その場は陣座と呼ばれ、公卿は常にそこに候ずべきとの意識が生じた。

階下(七四三頁8)紫宸殿は他の殿舎に比べて床の高い構造(南階は一八段)を持っていたため、南簀子(奈良・平安時代には、断面が方四寸の角材を簀子と称し、そのような角材を並べた形状の濡れ縁部分を、簀子・簀子敷と称した。ここでは南廂外側の濡れ縁部分)の下・南階の裏側は時に通路として用いられた。大内裏図考証一〇下(南面壇)では、これを「簀子下通東西可㆓往反㆒、所謂階下路也」としている。本式では、本条の他、13外記史聴度条～15勘解由使侍奏条でもその利用が規定されている。

出居の侍従(七四三頁9)　朝廷で儀式を行なう時、出居の座(本座から離れて庭、または庭に面した場所に臨時に設けられる場。清涼殿では南廊小板敷の壁下の座、紫宸殿では西砌の下や東廂南第一間などに置かれた例がある)について事を行なう侍従。文徳実録仁寿元・四・癸卯条に、高枝王以下四位・五位の官人一九人を任ずる例が見える。西宮記臨時一(臨時雑宣旨)には「出居侍従十二人中、随㆑闕補㆑之、召㆓左近将監以上㆒給㆑之」とあるように、主に近衛府官人より充てられたようである。員数は本来一二人であったが、西宮記臨時二(諸宣旨例)には、近代(一〇世紀後半)には五、六人にすぎなくなっていると記されている。なお、中務式9酒番条には、殿上の宴席において酌をする役の酒番の侍従・次侍従一二人が規定されており、人数は同数であるが、こちらは年ごとに任命され、四人を一番として事に当たった。

昇殿(七四三頁10)　一般的には四位・五位以上の官人および六位の蔵人が、許されて清涼殿の南面にある殿上の間に登ることをいうが、本条および本式9出居侍従昇殿条、10次侍従昇殿条で対象となる殿舎は紫宸殿である(永田和也「『次侍従』について」〈『延喜式研究』一二、一九九六年〉参照)。なお、三代実録貞観十六・七・二十八条、仁和元・十・二十三条、同二・十・二十五条には、天皇が紫宸殿に御した際に出居侍従が殿上に侍したことが記されている。

御膳の時に非ずと雖も(七四三頁11)　この文言からは、出居侍従が節会などの儀式の際に御膳に奉仕したことが窺える。

次侍従(七四三頁12)　正員の侍従の外に、八省その他の諸官司から四位・五位の中で年功のある者が選抜され、御前に伺候し節会・祭祀・法会などの儀式において侍従を補助した。正侍従八人を含めて定員一〇〇人。中務式56侍従員条参照。なお、永田和也前掲論文は、天皇との親疎を重視して選定される殿上人に対して、次侍従は位階や年労などを基準に選定されるという違いを持ち、本条を、四位の次侍従全員が「昇殿」を許されたのではなく、それを許可される資格を有する存在であったとする。

宜陽殿(七四三頁13)　内裏の殿舎の一つ。紫宸殿の東、綾綺殿の南、春興殿の北に位置し、楽器、書籍など累代の御物が納められていた。納殿。中巻図2参照。

殿上の侍臣(七四三頁14)　侍臣は宮衛令14車駕臨幸条義解に「侍臣者、少納言、侍従、中務少輔以上也」とある。一方、永田和也前掲論文は、職掌と無関係に天皇側近として閤門内への出入を認められた五位以上の人々とし、ここでの殿舎は紫宸殿の可能性が大きいとする。

大雷の時…(七四五頁1)　平安時代初期には、本条にあるように、大雷の際に左右近衛府の官人が天皇の御在所前に、左右兵衛府の官人が紫宸殿前庭に、中務省の内舎人が春興殿の西廂、安福殿の東廂(新儀式五による)にそれぞれ陣を組んで警固した。このことは後紀弘仁六・六・壬寅条から確認できる。佐多芳彦は雷鳴の陣の実施について、八世紀前半からその濫觴を示す記事があり、九世紀初めには行事として確立していたと指摘する(「雷鳴陣について」〈『服制と儀式の有職故実』所収、二〇〇八年、初出一九九六年〉)。しかし、平安時代中期以降は左右近衛府の大将・中将・少将らが弓箭を帯して清涼殿孫廂に伺候し、鳴弦して天皇を守護し、将監以下は蓑笠を着て前庭に陣を組んで警固をした。さらに、平安時代末期になるとこの儀式は衰えて、蔵人または滝口の武士による簡略な警固・鳴弦となった。中務式59雷鳴条参照。

内舎人は春興殿の西廂に立て(七四五頁2)　東山御文庫蔵新撰年中行事(五月)所引の「近衛式」(西本昌弘編『新撰年中行事』、二〇一〇年)では、内舎人の立つ場所を「清涼(ママ)殿西廂」とする。ただし西本も指摘するように(「東山御文庫所蔵の二冊本『年中行事』について」(『日本古代の年中行事書と新史料』所収、二〇一二年、初出一九九八年))、当該部分の出典が明記されていないため、これが弘仁式、貞観式か、あるいは個別の諸司式に基づくものなのか現段階では不明である。

閤門(七四五頁3)　平安宮の閤門については儀式書の間でも相違があり、内裏内郭の一二門(外閤門)を指す例、それに内郭内の一五門(内閤門)を加える例、朝堂院の会昌門を指す例など様々である。延喜式では本条以外に八ケ条に記載があるが、対象は必ずしも一致していない。本条の閤門は承明門を指すか(『平安時代史事典』「閤門」の項〔福山敏男執筆〕、一九九四年)。ただし右近衛府との分担は不明である。

毎月一日十六日…(七四五頁4)　大内裏の警衛の人員は衛府ごとに半月交代を原則とし、朔日にその上半月の、十六日に下半月の歴名(人員を順次列挙した名簿)を奏する儀(番奏)が行なわれた。その際に奉呈されるのが諸衛進当番歴名帳である。年中行事御障子文では元日の部分にその奏進を記すが、他の儀式と同様、一〇世紀以降天皇の出御は二孟旬のみとなった。その儀の次第は北山抄九(二孟旬)に詳述されている。三代実録仁和元・四・一条には、「六府少将佐等奏二当月番上近衛門部兵衛等夾名簡一」とある。なお本条については、小野宮年中行事(正月)に、「其宿衛…惣取奏之」の部分を欠く弘仁式の逸文が載せられている。

龓(七四七頁1)　左右馬式29正月七日条では二一疋の馬を七疋ずつ三グループに分け、各グループの前後に左右馬寮の官人が、さらにその前後に左右近衛府の近衛がつくとする。

細布の青摺の衫(七四七頁2)　細布は細い糸を用いて織った上質の布。主計式上2諸国調条補注参照。衫は、夏には袍に代えて表衣とした。青摺は白地に草木蝶鳥などの文様の模(カタ)をあて、山藍(トウダイグサ科の常緑多年草)の生葉から出る汁によって摺りだす染色法。中務式34新嘗青摺条、縫殿式7新嘗小斎服条参照。

大射の人(七四七頁3)　本条では大射(射礼、本式2中儀条参照)に出場する官人二人と近衛二〇人の服装が規定されている。大射には官司として衛門府(官人二人、門部一〇人、衛士一〇人)、兵衛府(官人二人、兵衛二〇人)、春宮坊(帯刀一〇人)も関わっており(左右衛門式6大射官人条、左右兵衛式7大射官人条、春宮式8射礼条)、射手の装備の種類はほぼ共通しているが、色などに微妙な違いが見られる。

賭射(七四七頁4)　大射の翌日の正月十八日、天皇が内裏の射場に出御し、左右の近衛府、兵衛府の舎人などが弓を射るのを観覧し、勝方には賭物(ノリモノ)を賜い、負方には罰酒を課した年中行事。なお、承和元年(八三四)からは紫宸殿西方の射場(西弓場)を、また天慶年間には温明殿東の射場(東弓場)を用いた(紀略天慶四・三・六条、同六・二・六条)。承和元年については、正月己巳に豊楽院で定例の賭射が行なわれたほか(続後紀同日条)、約一ケ月後の二月甲午にも臨時の賭射が行なわれている(続後紀同日条)。これは、正月甲戌に西弓場が竣工したことによる完成記念の催しであったと考えられる(続後紀同日条)。史料上の初見は類聚国史七二天長元・正・戊辰条であるが、この時の場所は不明である。なお、この儀式は、内裏儀式・内裏式・儀式には見えない。儀式の流れは、的場に垜(アズチ)を築き木工寮が的を懸け、勝負の数を計算する算刺(カズサシ)が到着して準備が整うと、左右近衛各一〇人、左右兵衛各七人が射場に入り、近衛・兵衛各一人が相並んで射た。一、二度射終わったあと、御膳・衡重(ツイガサネ)等が王卿らに出され、御厨子所は菓子・干物・御酒等を供した。勝方は負方に罰酒を要求し、勝方は天皇より賭物を賜わった。勝負は一〇度を限度とし、度ごと(一度に三射)に結果を出し総計した。その様子は、年中行事絵巻四からも窺うことができる(『日本の絵巻』八、二二〜二五頁、一九八七年)。兵部式6賭射条、左右兵衛式8賭射手条、大日方克己前掲「射礼・賭弓・弓場始」参照。なお、東山御文庫蔵新撰年中行事(正月)に、本条と次条を合せた形でほぼ同文の貞観式逸文が見える(西本編前掲書)。

騎射(七四七頁5)　朝廷では五月五日の端午の節日に、天皇が武徳殿に臨幸して衛府の官人の騎射を見るのが例であり、これを騎射の節ともいう。騎射に先だつ四月二十八日(小の月は二十七日)には、天皇が櫪飼(イタガイ。馬寮の厩で飼養)・国飼(諸国の牧から貢進)の馬を武徳殿で閲する駒牽の儀があり、また節日を挟む五月三〜六日には左右衛府の手結も行なわれた。兵部式7騎射条参照。

官人二人・近衛四十人(七四九頁1)　儀式八(五月五日節儀)では、「左右近衛官人各二人」・「左右兵衛官人各二人」に対し「近衛四十人」・「兵衛十人」とするが、これは「四十」「十」字の前に「各」字を欠いている可能性がある。また、西宮記恒例二(五月)では「諸衛射了〈左右近少将以下卌二人、兵衛佐以下十二人〉」とするが、こちらも人数の前に「各」字を欠いている可能性がある。

的百二十六枚(七四九頁2)　本条については、本朝月令(五月)に、ほぼ同文の貞観式逸文が載せられているが、木工寮から受ける的の枚数を「百廿」とする。的の数については兵部式7騎射条「その数は衛府式に見ゆ」の項参照。

競馬(七四九頁3)　五月五日の節会に際して競馬の行なわれた例は、既に続紀大宝元・五・丁丑条に見え、奈良時代には平城宮の南苑など、平安時代には武徳殿(初め馬埒殿、馬場殿ともいう)で行なわれた。当日は親王以下の群臣が献じた馬に、乗馬に長じた者を衛府から選んで騎乗せしめ、左右双方に分けて競わせた。通常は左右二騎を一番として一〇番が行なわれ、馬場の馬出(本に近い、騎射の一の的の木の位置)から勝負の標桙(末に近い三の的の木の位置)まで馳せるが、一番ごとに儲勝(モウケガチ)、追勝(オイガチ)、持(モチ)といった判定がなされ、全番を通計して左右の勝敗が決まると、勝方は楽を奏し、負方はその年の十月に負物(輪物)を献ずることになっていた。早く走らせるより、定められた範囲内でいかに相手の馬や乗尻の邪魔をして先着するかが勝負の対象として注目された。五月五日の節会自体は、醍醐天皇の治世の後半から解体していくが、競馬は近衛の技芸として、また臨時の行事として続くことになる。兵部式8進走馬条・9走馬整列条、長塚孝『日本の古式競馬』(二〇〇二年)参照。

五寸の的・六寸の的(七四九頁4)　本式47擬近衛条では、騎射は「一尺五寸的、皆中者為二及第一」とあり、騎射で一尺五寸の的を射抜くことが衛府としての技能とされていた。それに比べると、本条の五寸、六寸の的はかなり小さいもので、五日よりも参加人数をしぼった高度な技の披露を目的としたものであったといえよう(大日方克己前掲「五月五日節」)。なお、同寸の的については左右兵衛式11五月六日条にも記されている。

近臣(七五一頁1)　法令に規定された用語ではなく、延喜式では本条のみに見える。続紀には三つの用例(養老四・正・甲寅条、天平宝字二・正・戊寅条、天平神護元・正・己亥条)があるが、いずれも天皇近侍の官人というニュアンスで用いられている。古瀬奈津子(前掲「昇殿制の成立」)は、承和年間以降、この語が広義には公卿と殿上人、狭義には殿上人を指すように意味が限定され、かつ史料上で頻繁に用いられるようになることを指摘し、その背景に律令制的官僚機構と摂関・蔵人・検非違使といった、天皇と私的な関係にある政治機構の地位との逆転が考えられるとする。なお類似の語として「侍臣」があるが、これについては本式10次侍従昇殿条「殿上の侍臣」の項参照。

内豎(七五一頁2)　令制には規定がないものの、小子部の後身と推測される、宮中での雑事に従事する男子を豎子、それを統括する官司を豎子所と称した。豎子は、天平宝字七年(七六三)以降に内豎と改められ、それに伴って豎子所も内豎所となった。さらに神護景雲元年(七六七)に内豎省に拡充された(続紀同・七・丁巳条)。当時は称徳・道鏡政権下であり、卿・輔の多くが衛府の長官を兼任していたことから、天皇側近の軍事力の強化という意味を持っていたと推測されている。宝亀三年(七七二)に内豎省は外衛府とともに廃止され、その舎人を近衛・中衛・左右兵衛に分配した(続紀同・二・丁卯条)。この舎人が内豎を含むのか、外衛府の舎人のみを指すのか明らかではない。内豎そのものが存続したことは、延暦二十二年(八〇三)五月丁卯の曲水宴に、「侍臣及近衛内豎」に布を賜わったことからも知られる(類聚国史三二)。大同二年(八〇七)十月己巳、内豎を停めて左右大舎人寮に各一〇〇人を配属したが(同一〇七)、後紀弘仁二・正・庚子条には、上殿舎人一二〇人を旧名に復し内豎とした(類符抄同日宣旨では一二〇人の殿上大舎人を内豎や春宮坊召継とし、舎人と名付けたとする)。所京子は、この記事から平安京内裏の「所々」の一つとしての内豎所がこの時期に成立したのではないかとする(『「所」の成立と展開』〈『平安朝「所・後院・俗別当」の研究』所収、二〇〇四年、初出一九六八年〉参照)。

祓禊(七五一頁3)　一般的には、祓は麻や形代に罪穢を託すことによって心身を清めることを、禊は水の清浄な力によって穢れを清めることをいう。ここでは、天皇が散斎に入る前に川に出御して禊を行ない、穢れを取り除く御禊行幸を指す。この儀式の初見は平城天皇の大嘗祭で、葛野川で行なわれたが(紀略大同二・十・壬午条)、仁明天皇以降は賀茂川に定まった。大嘗祭式4御禊条、中嶋宏子「大嘗祭における御禊行幸の成立と特徴」(『国学院大学大学院文学研究科紀要』二一、一九九〇年)、井上亘「朝賀行幸論」(『日本古代朝政の研究』所収、一九九八年)参照。

柴揩(七五三頁1)　山崎青樹は本条部分を引いて、「柴」はいわゆる「柴刈り」の「柴」で雑木の小枝を意味し、それらを煮出して灰汁媒染して得られるいくらか黄味の茶色の色調とする(『草木染　日本色名辞典』、一九八九年)。また、衣服令7服色条には「柴」とあるが、これについて日本思想大系『律令』(一九七六年)同条頭注は「枝葉染の意か。クロモジで染めれば黒味がかった桃色。その樹皮で揩れば黒ずんだ緑色」とする。ただしクロモジを挙げた根拠については記されていない。

青揩の布の衫三十五領(七五三頁2)　中務式34新嘗青揩条には、小斎の諸司の青揩の布の衫について「左右近衛府各四十四領〈各十二領中宮陣〉」と記している。中宮の陣の分は一致するが、それを除いた三二領は本条の三五領とは合致しない。一方、宮内式2神今食小斎条では神今食に供奉する小斎を、天皇には「左右近衛府官人各五人、近衛各卅人」、中宮には「左右近衛府官人各二人、近衛各十人」としており、本条と合致する。

三牲(七五五頁1)　釈奠に供える三種類のいけにえ。中国では牛・羊・豚を供えたが、日本では大鹿・小鹿・豕に変えた(大学式2三牲条参照)。三代実録仁和元・十一・十条では、六衛府が大学寮に送る釈奠の牲について、三項目にわたって礼法にかなった形での進上が求められている。すなわち、延暦十二・五・十一格を引き、「祭礼之事潔浄為レ本」の精神に反して腐臭を放つような物が送られている現状を改め、礼法にかなった新鮮な牲の進上を求める、としている。なお大学式3進牲腐臭条には、諸衛が進める牲が腐臭を放つ物の場合には返却して、新たな牲を進めさせることが規定されている。大膳式上15釈奠料条参照。

醢の料(七五五頁2)　醢は和名抄にシシビシオとしており、肉や魚を塩漬けにしたもの。前掲三代実録仁和元・十一・十条には、醢は本来一〇〇日をかけて作るべきを、現状では前日に屠殺した兎を使って醢を作っている有様である。そこで、祭儀の三月前には大膳職に兎を送るべきこと、六衛府が輪転して事に当たることが定められている。これが本条および同様の規定が見える大学式2三牲条、大膳式上18六衛府輪転条の淵源となったと思われる(両条参照)。

これに代うるに鯉鮒を以てせよ(七五五頁3)　三代実録仁和元・十一・十条には、式(弘仁大学式または貞観大学式)に三牲・兎に代わるものとして魚を定めているにも関わらず、実際には衛府によって乾魚、果子などが進上されている、今後は新鮮な鮒・鯉に限る、と記されており、本条および同様の規定が見える大学式4祭日相当条の淵源となったと思われる(同条参照)。

諸衛府別に…(七五五頁4)　御斎会に雑花を進上することについて、左右衛門式7御斎会雑花条には見えるが、左右兵衛式には該当する条文は見えない。

薬玉(七五五頁5)　五月五日の端午の節句に、邪気を払い不浄を避けるものとして柱や簾にかけたもの。珮(ハイ)、続命縷(ショクメイル)ともいう。内蔵式37衛府菖蒲条にはその料物が記されている。後には、麝香・沈香・丁子などの香料を錦の袋に入れ円形にして糸や造花で飾り、菖蒲や艾をあしらい五色の糸を長く垂らした。続後紀嘉祥二・五・戊午条に見えるのが六国史での初見。なお本条については、本朝月令(五月)に、ほぼ同文(「艾」を「蓬」、「諸府」を「諸衛」に作る)の弘仁式逸文が載せられている。

菖蒲(七五五頁6)　サトイモ科の多年草。独特の香気から邪気を払う効果があると考えられ、病気にならぬよう矢羽形に切って髪に挿し、鉢巻のように頭に結び、腰に巻くなどして用いた。万葉集にも五月五日に薬玉や鬘に作る風俗が詠まれている。

艾(七五五頁7)　キク科ヨモギ属の多年草。特有の臭気から、洋の東西を問わずそれが降魔の力を持つと考えられた。荊楚歳時記によると、中国では五月五日にヨモギで人形や虎を作って門上に掲げ毒気を払った。大伴家持は万葉集四一一六番歌で、その霊力にあやかって蘰を作ったと歌っている。なお内蔵式37衛府菖蒲条には、五月五日の節に際して衛府が菖蒲や雑の彩の時の花を献ずることが記されているが、艾は挙げられていない。同38典薬寮菖蒲条には典薬寮が艾を献ずることが見える。一方、同36五月五日条には菖蒲の珮(薬玉)の料物が記されているが、艾は見えない。

惣べて一輿に盛れ(七五五頁8)　輿に載せて献上するため、「菖蒲輿」と呼ばれる。西宮記恒例二(六府立菖蒲輿瓫花南庭)、九条年中行事(五月三日)参照。

国忌(七五五頁9)　天皇や皇后などの忌日のうち、国家として廃朝・廃務や官寺での斎会を行なう日。その行事内容は唐を範に成立したと考えられるが、唐には存在する斎食の規定が延喜式には全く見られず(古瀬奈津子「『国忌』の行事について」〈前掲書所収、初出一九九一年〉)、本条の理解を難しくしている。太政官式43国忌条、治部式5国忌条～7国忌歴名条参照。

御清食の日(七五五頁10)　「清食」の語は、延喜式では他に大嘗祭式7斎事条に見える。小野宮年中行事(三月)、東山御文庫蔵新撰年中行事(三月)所引天暦式(蔵人式〔西本編前掲書〕)、江家次第六(三日御燈事)には、三月三日の御燈のため、天皇に「葷膻」(クンセン。なまぐさ物)を避けた「御浄食」を供するという記事が見えるが、あるいは同意のものか。

雑の菜(七五五頁11)　「雑菜」の語は大膳式下、内膳式の各所に見られるが、網羅的に作物の品名を挙げているのは内膳式28供奉雑菜条である。しかし、近衛府がどのような種類の菜を献じたのか、また、なぜ国忌日、御清食日に菜を献ずることとなったのかなど、詳細な点については不明である。

番長(七五五頁12)　古代、交代で官司に勤務する人々の統率者の称。令制では左右兵衛府に兵衛四〇〇人に対し番長四人のみが見えるが、神亀五年(七二八)八月甲午新設の中衛府(続紀同日条)、天平神護元年(七六五)二月甲子に授刀衛を改称して置かれた近衛府に各六人(続紀同日条)と見える。さらに両者を大同二年(八〇七)四月二十二日に再編成した左右近衛府(三代格同日詔)に各八人の番長が置かれた他、大舎人寮にも配置されていた。武芸に秀でた者を選んでこれにあて、行幸・行啓の供奉や諸祭への奉仕など様々な府務に従事させた。なお、中務式74諸司時服条では、その人数を左右各六人としている。

隊正・火長(七五五頁13)　隊正は軍防令1軍団大毅条では、軍団兵士五〇人の隊の長を指すが、ここでは駕輿丁五〇人の長。同様に火長は軍防令5兵士為火条では兵士一〇人(一火)の長を称したが、ここでは駕輿丁一〇人の長。

白丁(七五七頁1)　白丁より官途につく場合は、多く舎人に採用され、無位から始まって次第に昇進することもあったが、五位にまで到達することはほとんどありえなかった。また官職も四等官の最下級である主典どまりであった。白丁である間は官司の雑務に配されていても、租庸調などの租税は免除されることがなかった。虎尾俊哉「律令用語としての白丁」(『日本歴史』四八、一九五二年)参照。

勅使(七五七頁2)　大同元年(八〇六)以降、外考の者・白丁の異能ある者で太政官に上申され、のち本府の試を通った者のみが勅使の覆試を受け、他の内考の者は本府の試のみによって補任されることとなった(続後紀承和六・八・庚戌条)。この規定が兵部式34近衛兵衛条および本条に引き継がれた。

歩射(七五七頁3)　本来は騎射に対する歩射、すなわち歩立で弓を射ることの総称。朝廷の射礼や弓場始などもこれに含まれ、軍防令2隊伍条義解にもこの語が見える。また的によって大的、小的、草鹿(クサジシ)、円物(マルモノ)など多くの種類がある。なお、神前で大的を射る奉射を歩射と称する場合もあった。

異能(七五七頁4)　続紀天平宝字元・八・辛丑条の射騎田の設置記事で、「毎年季冬、宜下試二優劣一以給二超群一、令上興二武芸一」と記されている中の「超群」も同様の意か。なお、三代格寛平三・十二・十五符では、諸衛府での員外舎人の増大が問題視されて制限が加えられるが、その理由として「抛二異能供節要籍駈使等事一、毎レ府申請、補任之漸、殆倍二本数一」が挙げられている。兵部式31出身徒条・34近衛兵衛条参照。

看督(七五七頁5)　本条に記された「候二内裏一」「巡二察京内非違一」の二つの職掌について渡辺直彦は、前者については北山抄八(看督使事)の「准二癈〔廃〕内礼司職掌一云々」の記述を受けて、大同三年(八〇八)の官司整理によって内礼司が廃止されたことから、禁中の非違禁察のことは弾正台ではなく近衛府や蔵人所に継承され、事実上の非違糺行の専当者として、近衛のうちから看督が補されるにいたったとする。また後者については、その職域が近衛としては異色で、かつ看督が検非違使庁の下級官人看督長(カドノオサ)と職掌・名称が類似することから、先行研究において両者が混用される例がままあったことを指摘している(「看督・看督使について」〈『日本古代官位制度の基礎的研究』増訂版所収、一九七八年、初出一九七〇年〉)。また渡辺は、本条では明記されていない補任手続きについて小右記寛仁四・十・四条および万寿二・十・十条の記事から、形式上は中将以下の判補、実質上は大将の推挙に依ったとしている。ところで、看督は史料上「看督使」と記される場合があるが、笹山晴生は両者は同一のものであるとする(「六衛府制の成立と左右近衛府」〈『日本古代衛府制度の研究』所収、一九八五年、初出一九六二年〉)。

行夜(七五七頁6)　宮衛令4開閉門条集解古記では「謂一夜二分番上以上以レ番巡行也」とする。左右衛門式31行夜条、左右兵衛式14分配諸処条参照。芳之内圭は、東山御文庫本「日中行事」の紹介を行なう中で、同史料が編纂された一一世紀前半期の行夜の実態について触れている(「平安時代の内豎時奏」〈『日本古代の内裏運営機構』所収、二〇一三年、初出二〇〇八年〉)。そこでは、行夜が単に巡視にとどまらず、邪気払いや火災防止の役割を担っていたこと、しかしながら、延喜式段階では八刻分であった所用時間が七刻分に短縮されており、その背景として次第にこの任が重視されなくなる傾向があったことを指摘している(前掲論文)。

儺(七五七頁7)　疫鬼を追い払う追儺(ツイナ・ナヤライ)の行事。鬼やらいともいう。日本には、追儺は陰陽道の行事として取り入れられ、続紀慶雲三年是年条に、諸国に疫病が流行して百姓が多く死んだので、土牛をつくって大儺を行なったとするのが初見である。年中行事秘抄（十二月）に、「延暦八年十二月廿八日、太皇太后宮崩、無二追鬼事一」とあるので、この頃までには恒例の行事となっていたものと思われる。太政官式111追儺条、中務式70追儺条、大舎人式14追儺条、陰陽式20儺祭条などによると、宮中では毎年大晦日の夜、黄金の四つ目の面をかぶり黒衣に朱裳を着した大舎人の扮する方相氏が、右手に矛、左手に盾を持って疫鬼を追い払ったという。この除夜の追儺はおそらく大祓の観念とも結び付いて展開したものと思われる。大日方克己「大晦日の儺」（前掲書所収）、三宅和朗「古代大儺儀の史的考察」（『古代国家の神祇と祭祀』所収、一九九五年、初出一九九一・一九九二年）、菅原嘉孝「十二月大晦日追儺とその周辺」（『風俗史学』一六、二〇〇一年）参照。

駕別に二十二人…（七六一頁1） 年中行事絵巻一の朝覲行幸の図をもとに（『日本の絵巻』八、二～三頁、一九八七年）、鈴木敬三は「駕輿丁十二人で奉舁し、さらに軒先の四隅から垂らした緋綱を駕輿丁前三人、後二人ずつで奉持して、屋形が進行して左右に動揺しないための用意とした」としている（『国史大辞典』一二「鳳輦」の項、一九九一年）。長柄を担う前後六人ずつの一二人の他は、その時に応じて配置された可能性も考えられよう。

紫の大纈の褶（七六一頁2） 褶は襞のない裳の一種で男は袴の上に着した。斎宮式36野宮装束条でも駕輿丁に紅褶が給されている。大纈については本式25騎射人条参照。この料物については、内蔵式50駕輿丁褶条に記載されている。

月粮（七六一頁3） 八世紀までは一般的な食料給であったが、大同三年（八〇八）に要劇料が職事官に対する一般的な食料給となった（後紀同・九・己亥条）のを受けて、翌年には大幅に節減され（後紀大同四・閏二・庚寅条）、要劇料・番上粮と同質化し、この三者が重ならない形で支給されることとなった。早川庄八「律令財政の構造とその変質」（『日本古代の財政制度』所収、二〇〇〇年、初出一九六五年）参照。大炊式35親王已下月料条によれば、左右近衛府生各六人、番長三人、近衛二〇〇人、左右兵衛府生各二人、番長二人、兵衛一五〇人、左右衛門府生各二人、門部五〇人に米を日ごとに各二升ずつ支給する。

馬子（七六三頁1） 他行の際に轡を執るなど馬を扱う者。弾正式45運出穢物条、左右馬式19行幸御馬条・30蕃客乗騎条参照。なお、兵庫式6車駕行幸条では馬の轡を執る者として「牧子」が見える。

蒭の陸田十町（七六三頁2） 蒭は牛馬用の飼葉の総称で、特定の植物を指すものではない。陸田は水田に対する語であるが、栽培品目は幅広く、畠・園地との厳密な区別はない。

射田（七六三頁3） 射芸の奨励の目的で置かれた田で、諸国射田・諸衛府射田・兵部省射田の三種があった。続紀天平宝字元・八・辛丑条に「治レ国大綱、在二文与一レ武、廃レ一不レ可、言著二前経一、向来放レ勅、為レ勧二文才一、随二職閑要一、量置二公田一、但至レ脩レ武、未レ有二処分一、今故六衛置二射騎田一、毎年季冬、宜下試二優劣一以給二超群一、令上レ興二武芸一、其中衛府卅町、衛門府、左右衛士府、左右兵衛府各十町」とあり、衛府に対する射田（射騎田）の設置はこの時に行なわれたものと思われる（橋本裕「諸衛射田の成立と藤原仲麻呂」〈『律令軍団制の研究』増補版所収、一九九〇年、初出一九八二年〉）。ただし、右近衛府の前身官司である中衛府の三〇町がその後どのように引き継がれていったのか、また左近衛府の前身官司である授刀衛が射田を有していたのか否かなど詳細は不明である。

近江国にあり（七六三頁4） 延喜式制の六衛府の射田の七四パーセントが近江国に偏在していることについて、橋本裕（前掲論文）は、諸衛射田が初めて置かれた天平宝字元年（七五七）当時は近江国が藤原氏の領国的性格を有しており、射田の設置が、藤原仲麻呂の私的な兵力の育成を制度的に保障する性格のものであったことを指摘している。

巻第四十六

左衛門府（七六七頁1）　律令中央軍制である五（六）衛府の一つ。衛門府の和訓は「ユケオヒノツカサ」（中務式74諸司時服条剛本傍訓）。大宝令で規定されたが、記録上の初出は皇極紀四・六・戊申条に遡り、それを大化前代の靫負部から引き継がれたものとみる説と（直木孝次郎『日本古代兵制史の研究』、一九六八年）、両者の直接のつながりを否定する説とがある（井上光貞「大和国家の軍事的基礎」〈著作集四『大化前代の国家と社会』、一九八五年、初出一九四九年〉、笹山晴生「令制五衛府の成立と展開」〈『日本古代衛府制度の研究』所収、一九八五年〉）。職掌は宮門（中門）・宮城門（外門）の守衛、出入りする人物・資財の点検を主とし、また当初は隼人司を管した（職員令59衛門府条・60隼人司条、隼人式参照）。

　天平宝字二年（七五八）に司門衛（シモンエイ）と改称したが（続紀同・八・甲子条）、同八年に旧に復した（同・九・丙辰条）。大同三年（八〇八）に左右衛士府（職員令61左衛士府条参照）に併されたが（後紀同・七・壬寅条）、弘仁二年（八一一）には左右衛士府を左右衛門府と改称し（後紀同・十一・己未条）、左右近衛・左右兵衛四府と並ぶ六衛府制の一環としての左右衛門府が成立した。官人としては、督・佐各一人、大尉・少尉・大志・少志各二人などがあり、門部と一般公民出身の衛士とが武力として配置され、また刑罰執行に当たる物部三〇人も所属した。

　督は、令制衛門府での相当位は正五位上であったが、三代格延暦十八・四・二十三奏（後紀では同・四・辛丑条）で従四位下に改められた。佐は、督と同じく延暦十八年（七九九）に相当位が従五位下から従五位上に改められた。尉は大・少があり、令制での定員はそれぞれ二名であったが、次第に増え、百錬抄久安四・正・二十八条には「左右衛門、左右兵衛尉各廿人、（中略）永可レ為二員数一之由、被レ仰二外記一」とある。相当位は令制では大尉が従六位下、少尉が正七位上であったが、職原抄下はそれぞれ従六位上、正七位上とする。志は、大・少があり、令制での定員はそれぞれ二名であったが（相当位は大志が正八位下、少志が従八位上）、尉と同じく人数は次第に増加したものと思われる。四等官の次に位置する府生は、兵部式25武官補任条には左右の近衛府生が各六人、衛門府・兵衛府がともに各四人、いずれも宣旨により補任されるとあり、西宮記臨時二（諸宣旨例）には「依二本司奏一補レ之、或以二所々有レ労者一補レ之」とある。

　門部は衛門府に属する伴部で、令制では二〇〇人が置かれた。中務式74諸司時服条は、時服給付の対象として門部各六六人を規定している。また、寛平三年（八九一）には、諸衛府での員外舎人の増大に制限が加えられ、員外の門部は各一〇〇人とされている（三代格同・十二・十五符）。古来カドモリと呼ばれる人々が、七世紀ごろに百済の部司制の影響を受けて編成されたものを起源とし、その職を世襲する負名（ナオイ・オイナ）氏のなかから原則として採用された。弘仁九年（八一八）に中国風に改称される以前の宮城十二門（紀略同・四・庚辰条）には、大伴・佐伯・壬生・建部・丹治比などの氏族の名が冠せられていたが、これらが古来門部として宮城門守衛の任を負ってきた氏族と推測される。宮城十二門の警衛のほか、践祚大嘗祭などの儀に諸門の出入糺察の任に当たり、平安時代には一般公民出身の衛士の弱体化に伴い、宮門（中門）や八省院、大極殿・豊楽院などの守衛にも当たった。しかし氏族的な伝統を維持することは難しく、九世紀には負名氏以外からの採用が増え、職務も儀礼化して武力としての意義を失った。

　衛士は諸国の軍団から兵士が交替で上京し、令制五衛府の時代には衛門府・左右衛士府に配属されて宮城や京師の守衛に当たった。しかし、軍団の廃止や衛府制度の変遷に伴って徐々にその姿を変え、正丁の徭役の一つとして仕丁と類似のものとなり、種々の雑役に使われるようになった。令制下の衛士の初見は続紀大宝元・八・丙寅条。衛士の当初の定員は不明であるが、同養老二・五・庚申条には「定衛士数、国別有レ差」とあり、国ごとに定員が設けられた。総数について、同天平十三・五・庚申条に左右衛士各四〇〇人と衛門府衛士二〇〇人とを増員する旨が見られ、後紀延暦二十四・十二・壬寅条において、衛門府衛士四〇〇人から七〇人を減じ、左右衛士各六〇〇人から一〇〇人を減じている。その後、同大同三・七・壬寅条と三代格同・七・二十符において、衛門府が廃止され、左右衛士府の衛士を各六〇〇人から五〇〇人に減じている。さらに、三代格弘仁二・十・十一勅で各六〇〇人に復された。勤務年限については大宝令の規定は不明であるが、現実には長期にわたる勤務が強いられていたらしく、養老六年(七二二)に、「壮年赴レ役、白首帰レ郷」の状態であることから、勤務年限を三年と定めた(続紀同・二・甲午条)。しかし、軍防令8兵士上番条では一年、兵部式50衛士相替条では三年としており、本来の趣旨は三年を限度とするものであり、三年交替を定めたものではないと思われる。中務式74諸司時服条によれば、左右衛門府に各六〇〇人が配属されていた。

なお、平安時代初期の衛門府官人は地方に派遣されて警固使、追捕使などとして活躍し、やがてこの官人を中心に、中央の警察機構としての検非違使庁が成立すると、中央における警備、追捕の任を一手に掌握することとなった。笹山晴生前掲論文参照。

近衛府…(七六七頁2)　儀式次第については中務式1大儀条、左右近衛式1大儀条参照。なお動鼓・列陣鼓・進陣鼓・行鼓については、近衛府の合図に連動した動きが窺える。動鼓・列陣鼓は近衛府が先に撃ち、これに応じて衛門府・兵衛府も撃つことが本条および左右兵衛式1大儀条に明記されているが、進陣鼓・行鼓については撃つ主体が必ずしも明確ではない。あるいはすべての動きは近衛府の合図によって始動し、さらに動鼓・列陣鼓・行鼓については、衛門府・兵衛府配属の鼓が、近衛府の鼓に「相応」じた可能性も考えられる。この場合には、該当箇所の読み下し文はそれぞれ「進陣鼓を撃たば」「行鼓を撃たば」となる。

鷹像の隊幡(七六七頁3)　鷹像幡、鷹形幡ともいう。大・中儀の際に衛門府の陣に立てる威儀の旗の一つ。同名の物は左右近衛式1大儀条にも見える。

伴氏(七六七頁4)　大伴氏は、天孫降臨の際に瓊瓊杵尊の先駆を務めた天押日命の末と伝える神別氏族で、初め連姓、後に宿禰姓を賜う。物部氏とともにヤマト政権の軍事を担当し、政治面でも活躍したが、新興の藤原氏の進出に押されて次第にその勢力は後退した。特に延暦四年(七八五)、藤原種継暗殺事件に連座して大伴家持以下が厳しい処分を受けるに及んで急速に衰えたが、以後もその氏族的性格から衛府等の武官を輩出した。

種子の稲五十束…(七七三頁1)　「簡脩」は選び整えるの意。なお、年中行事絵巻七(御斎会)には、竟日に行なわれる大極殿前庭での舞楽の場に、稲束が二列に並べられた様子が描かれている(『日本の絵巻』八、三九頁、一九八七年)。

鮮けき鮒の御贄(七七三頁2)　侍中群要二所引御厨子所例には「寛平九年七月四日、始定二四衛府小鮒日次御贄一、左兵衛〈子辰申〉、右兵衛〈丑巳酉〉、左衛門〈寅午戌〉、右衛門〈卯未亥〉者、今案、十隻以上申二廿隻巳下一也、若無レ鮒者、申二其由於蔵人一、随二其処分一以二他物一進之、又若御精進者、預仰二其由一以二雑菜一令レ進之」とあり、寛平九年(八九七)にこの制度が開始された時点で、本条および左右兵衛式16鮮鮒御贄条の内容が定まっていたことが分かる。一方、東山御文庫本日中行事には、辰の刻の事として「同剋、四衛府供御贄事」とあり、早旦に当番の衛府の府生一人が贄を貢上することが見える(芳之内圭「平安時代の内豎時奏」『日本古代の内裏運営機構』所収、二〇一三年、初出二〇〇八年)。

なお中野昌代は、四衛府からの貢進が贄という呼称をとるものの、蔵人所を中心とする天皇家産機構に衛府が取り込まれる過程で雑役等の一環として課せられたものであったこと、また、魚類が進められたのは、触穢の思想によって鹿や猪が敬遠されるようになったことにその理由が求められるとする（「四衛府日次御贄について」〈『史窓』五六、一九九九年〉）。また佐藤全敏は、九世紀末から始まる贄収取の方式の変化を跡付けた中で、四衛府からの鮒貢進を「京・近畿供御所系」の一つとし、蔵人を介して直接天皇に奉覧されたのち、内膳司・御厨子所等に下されるこの系統の贄は、他の系統に比べて儀礼的性格が濃厚であったとしている（「古代天皇の食事と贄」〈『平安時代の天皇と官僚制』所収、二〇〇八年、初出二〇〇四年〉）。一方、平城宮出土の衛士木簡に、左衛士府が年魚御贄五三斛を貢進していることが記されていることから（『平城宮発掘調査出土木簡概報』一一、一九七七年）、兵衛府（衛門府については触れられていない）が廃止された衛士府の行なっていた年魚貢進の儀礼を併合して行なうことになったとする鬼頭清明の説があるが（「平城宮出土の衛士木簡」〈『古代木簡の基礎的研究』所収、一九九三年、初出一九八三年〉）、貢進の形態に違いがあり、ただちに従うことはできない。

三日を隔てて（七七三頁3）　分注にあるように、左衛門府が寅・午・戌、右衛門府が卯・未・亥に、さらに左右兵衛式16鮮鮒御贄条には、左兵衛府が子・辰・申、右兵衛府が丑・巳・酉に、それぞれ鮒を貢進することが規定されている。この記述によれば、四衛府は一二日間に三日、交代で鮒を進めることになる。

蔵人所（七七三頁4）　平安時代初期に現れた有力な令外官。本来天皇家の家政機関の一つであったが、平安時代中・後期にかけて宮廷運営機関の中枢として発展し、律令制支配機構の変質に大きな影響を与えた。玉井力「成立期蔵人所の性格について」（『平安時代の貴族と天皇』所収、二〇〇〇年、初出一九七三年）参照。本条に関する役務は、九世紀後期以降新設される所々（本条の関わりでは御厨子所）の別当に蔵人を任ずることで、天皇の家産機関を天皇個人が把握するという流れの中で理解することができる（佐藤全敏「宮中の『所』と所々別当制」〈前掲書所収、初出一九九七年〉）。なお、左右兵衛式16鮮鮒御贄条には蔵人所への言及はない。

兕像（七七三頁5）　文安御即位調度図は、「以レ銅鋳レ之、有二銅座一、如二盤石一、前有二銅柱一、一尺余」との注記がある狛犬形を兕像としている。瀧川政次郎は、兕は中国古伝説の一角獣であろうとする（「兕像考」〈『律令と大嘗祭』所収、一九八八年、初出一九七九年〉）。

衛士の相替わるは…（七七五頁1）　一国単位で衛士交替の事務を行なうことを述べたもの。衛士は、続紀養老二・五・庚申条で国ごとに定員が定められた。軍防令20衛士向京条では国司が部領して京まで赴き、兵部省に引き渡した後、同省が戎具を点検した上で三府（当時の左右衛士府・衛門府）に分配するとしている。これを受けて、兵部式50衛士相替条では兵部省が身才を試練し、戎具を点検して二府（左右衛門府）に分配するとある。

凡そ左京の…（七七七頁1）　要略六一所引の弘仁式逸文は「弘衛式云、凡検二校右京非違一者、官人一〔二ノ誤リ〕人、府生一人、火長五人〈二人看督長、二人官人従、一人府生従〉」とする。一方、貞観式逸文は「貞衛式云、前式、凡検二校右京非違一者〈今案、可レ注二左京一〉、佐一人、尉一人〈今加二志一人一〉云々、火長五人云々、官人従〈今加二二人一、佐尉各一人〉、志従一人、案主一人」とし、貞観式段階の増員が延喜式に引き継がれたことが分かる。

志一人・火長九人（七七七頁2）　前項の弘仁式・貞観式逸文の記載から、貞観式において「志一人」が増員されたことが分かる（虎尾俊哉編『弘仁式貞観式逸文集成』二二九頁、一九九二年参照）。

一方、軍防令5兵士為火条では兵士一〇人（一火）の長を火長と称したが、左右衛門府では衛士の統率者を指し、検非違使が同府内で重要な位置を占めるようになると、その下級職員として看督長、案主長などの職につくようになった。前項記載の弘仁式・貞観式の逸文から、火長は、弘仁式段階では佐・尉・府生の従者として各一名、看督長に二名付けられていたのが、貞観式で佐・尉の従者に各一人が増員され、志・案主の従者に新たに各一人が付されることで九名となった。

看督長（七七七頁3）　検非違使庁の下級職員で、火長の中から選抜された。獄直や犯罪の捜査・追捕等を任務とし、尉を中心として編制される隊の一員として出動することもあるが、単独ないし少数の従者を率いて事に従う場合が多い。その員数については不明な点が多いが、長元八年（一〇三五）の看督長見不注進状（平遺二—五二九〜五三七）からは左右合せて四〇名近くの看督長の名を知ることができる。米谷豊之祐「看督長考」（『大阪産業大学論集』社会科学編九一、一九九三年）、前田禎彦「看督長小考」（『国史学』一九一、二〇〇七年）参照。

検非違使（七七七頁4）　平安時代初期以降、主として京中の非違を検察するため設けられた令外官。左右に分れ、その役所を検非違使庁、略して使庁という。使庁は衛門府に置かれ、使官人も原則として衛門府官人が兼帯した。最初は官人の数も少なかったが、のちには増員され、本式19左京非違条では左京に佐一人、尉一人、志一人、府生一人、火長九人を置くことになっており、さらに本条には、これらの職員の上に置かれた使別当が見える。貞観十七年（八七五）には、南淵年名らによって左右検非違使式が編纂されたが現存せず、逸文が『国書逸文』（一九四〇年、新訂増補一九九五年）に集成されている。検非違使の武力としては、火長身分である看督長が京都市中を巡邏し日常的な警察業務に従っていたが、尉クラスの官人が多数の従者、郎等を率い、事に当たることもあった。山田充昭「検非違使成立期前後の京中警備の実態」（『日本史研究』四〇六、一九九六年）、小坂慶介「九世紀における衛府による京内追捕活動の展開」（『続日本紀研究』三三五、二〇〇一年）、笹山晴生「検非違使の成立」（『平安初期の王権と文化』所収、二〇一六年、初出二〇〇四年）参照。

別当（七七七頁5）　その称は、本官のある者が別に他の職務の統轄に当たることに由来する。奈良時代には、東大寺をはじめとする諸大寺に置かれ、平安時代になると、中央の諸官司はもとより、諸院、摂関公卿家の政所や畿内諸国にも任ぜられた。特に蔵人所や検非違使庁の別当は強い権限を有することで知られており、前者は多く左大臣をもって補し、後者（使別当）は衛門府・兵衛府の督を兼ねた参議ないし中納言が任ぜられた。佐藤全敏は、検非違使別当自体は検非違使の構成員ではなく天皇直属の官職であり、その性格は、天皇が上級貴族・実務官人と直接的に結び付いて政治を主導する、いわゆる平安初期政治体制の中から検非違使別当が生まれてきたことに由来するとしている（「検非違使別当の特質」〈前掲書所収、初出一九九六年〉）。渡辺直彦「検非違使別当について」（『日本古代官位制度の基礎的研究』増訂版所収、一九七八年、初出一九七二年）、前田禎彦「検非違使別当と使庁」（『史林』八二—一、一九九九年）、西宮記臨時六（検非違使別当事）参照。

堂下の濫行の輩（七七七頁6）　大学式15講論条によると、釈奠の行事の一環として、都堂院において王卿以下群官を対象とした饗饌（いわゆる百度座）が行なわれた。この席では酒が出されたことから、本条のような対応が必要となったか。

美福…偉鑒門（七七七頁7）　これらの諸門の内、平安宮外郭十二門（宮城十二門）は、弘仁九年（八一八）に門号が唐風に改められた（紀略同・四・庚辰条）。

〔美福門〕平安宮外郭十二門の一つ。宮城南面東方の門で、旧称は壬生門。なお拾芥抄中には「二階」とあり、朱雀門と同様二階建てであった。

〔郁芳門〕平安宮外郭十二門の一つ。宮城東面南より第一の門で、旧称は的門。

〔待賢門〕平安宮外郭十二門の一つ。宮城東面南より第二の門で、旧称は建部門。

〔陽明門〕平安宮外郭十二門の一つ。宮城東面南より第三の門で、旧称は山部門（延暦四年〈七八五〉に桓武天皇の諱を避けて山門）。

〔上東門〕平安宮外郭門の一つ。十二門以外の脇門で、東側の北端に位置する。本門と上西門が設けられたのは九世紀の後半、大内裏が北に拡張されたことによる。後掲の上西門とともに屋舎を持たない。

〔達智門〕平安宮外郭十二門の一つ。宮城北面東方の門で、旧称は丹治比門。

〔皇嘉門〕平安宮外郭十二門の一つ。宮城南面西方の門で、旧称は若犬養門。なお、有職抄二には「二閣ナリ」とあり、二階建てであった。

〔談天門〕平安宮外郭十二門の一つ。宮城西面南より第一の門で、旧称は玉手門。

〔藻壁門〕平安宮外郭十二門の一つ。宮城西面南より第二の門で、旧称は佐伯門。

〔殷富門〕平安宮外郭十二門の一つ。宮城西面北端の門で、旧称は伊吹(福)部門。

〔上西門〕平安宮外郭門の一つ。十二門以外の脇門で、西側の北端に位置する。

〔安嘉門〕平安宮外郭十二門の一つ。宮城北面西方の門で、旧称は海犬養門。

〔朱雀門〕本式1大儀条参照。

〔偉鑒門〕平安宮外郭十二門の一つ。宮城北面中央の門で、旧称は猪使(猪養)門。

諸門の守屋(七七七頁8)　大内裏図考証二上は、朱雀門の項に「東曲舎」として門外にL字形の小舎を想定し、それについて「一曰曲仗舎、一曰曲殿、又曰厩亭、又曰守屋、一曰仗舎」と述べている。また、同書では、以下宮城門の各門に「仗舎」の項を立てており、裏松固禅は各門の外に警衛のための小舎が置かれていたと想定している。年中行事絵巻一(朝覲行幸)・四(射遺、賭弓)に建礼門、春華門の外に守屋とおぼしき建物が描かれている(『日本の絵巻』八、二・二〇〜二二頁、一九八七年)。弾正式157宮城衛廬条、本式38諸門厩亭条参照。

督の料の袷の袍一領…(七七七頁9)　本条に記された節服の袍は、本式1大儀条の襖と同一のものと考えられるが、色・材質には異なる点もあり、また数量も職員の定数と必ずしも一致していない。なお門部の「黄袷袍」については、衣服令14武官朝服条集解穴記に「无位黄襖耳」とあることと関連するか。

深縹(七七七頁10)　今日の青色の古名で藍の単一染。衣服令7服色条では第一二位に挙げられている。色調については縫殿式13雑染用度条参照。なお、本式1大儀条では志の襖の服色を紺とし、本条とは異なる色としている。前田千寸は両者は同系の色相ながら、紺は茜を下染して、その上に藍を加えて発色させるとする(『日本色彩文化史』九二頁、一九六〇年)。

八省院(七七九頁1)　平安宮の場合は、延暦十五年(七九六)ごろ成立し、東西五六丈(約一七〇メートル)、南北一三四丈(約四〇六メートル)。南面に応天門と栖鳳・翔鸞二楼、その北に東西朝集堂・会昌門があり、門の北に儀式のときに皇族・大臣以下官人の座となる十二堂が並び、その奥が一段高い竜尾壇(道)で、正面に大極殿があった。

散所の衛士(七八一頁1)　西宮記臨時二(諸宣旨例)に「三宮及左右大将散衛士事」とある「散衛士」がそれに当たると考えられる。丹生谷哲一は、鎌倉・室町期の宣旨・口宣案の文例を収めた伝宣草下の「三宮及大臣大将等散衛士事」の、「散衛士」がこれに当たるとし、また、早くも続紀養老三・十・辛丑条に舎人・新田部両親王に衛士を賜うという記事が見えること、続後紀承和三・三・甲辰条で藤原緒嗣が衛士の返上を申し出ていることから、諸家への衛士の配属が広く行なわれていたのではないかとしている(「散所発生の歴史的意義」〈『日本中世の身分と社会』所収、一九九三年、初出一九七〇年〉)。一一世紀の他の衛府の例として、小右記長和二・正・四条に「白馬饟近衛称二散所随身一、不レ勤二其事一、前例不レ然之事也、随レ報可レ行者、答云、称二散所一何処哉、申云、左府及大将随身也」の記載がある。なお、行幸への衛士の陪従を示す具体的史料として、続紀天平十六・七・戊戌(実際は戊辰か)条がある。森田悌「散所の形成」(『風俗』九五、一九八八年)参照。

一日の怠毎に五斗の粮を奪え(七八一頁2)　衛士について天平十七・十・二十一造宮省移(大

粮申請文書、古二―四七三〜四七五頁)では、一日(庸)米二升が申請されている。それからすると、一日の怠に対して五斗を徴収するというのは過大な罰則であり、あるいは散所の衛士の命令権者である府の上級官人や諸家に対する牽制の意図があったか。

狩子(七八一頁3) 衛士を狩子に使うことについては、新儀式四(野行幸事)に「前十日、仰ニ左右衛門府一令レ差ニ進猟長尉志各一人一〈長等掌ニ各府列卒廿二人一〉」とある。西宮記臨時四(人々装束)所引貞信公記延長六・十・十八条逸文に見える「狩長四人、狩子卌人」も、本条とは狩子の人数が違うものの、左右の尉・志と衛士を指すか。なお、和名抄は列卒をカリコと訓む。

巻第四十七

左兵衛府（七八五頁1）　律令中央軍制である五(六)衛府の一つ。兵衛府の和訓は「ツハモノトネリノツカサ」(中務式74諸司時服条剛本傍訓)。天武朝にその萌芽が見られ、大宝令で左右兵衛府が成立し、衛門府、左右衛士府とともに五衛府を形成した。官人は左右にそれぞれ率、翼、大直・少直、大志・少志各一人。しかし、率・翼・直の称は、養老令では他の衛府と同じ督・佐・尉の称に改められた(職員令62左兵衛府条参照)。他の衛府に比べて官人数が少なく、かつ相当位が低いのは、文官としての大舎人を管する大舎人寮と対応させたためであろう。なお、天平宝字二年(七五八)に虎賁衛(コホンエイ)と改称したが(続紀同・八・甲子条)、同八年に旧に復した(同・九・丙辰条)。

督の令制での相当位は従五位上であったが、三代格延暦十八・四・二十三奏(後紀では同・四・辛丑条)で従四位下に改められた。佐の相当位も、同日の格で正六位下から従五位上に改められた。大尉・少尉の令制での定員はそれぞれ一名(相当位は大尉が正七位下、少尉が従七位上)であったが、同日の格で少尉が一名増員された。その後人数は次第に増え、百練抄久安四・正・二十八条には「左右衛門、左右兵衛尉各廿人、(中略)永可ㇾ為ニ員数一之由、被ㇾ仰ニ外記一」とある。大志・少志の令制での定員はそれぞれ一名(相当位は大志が従八位上、少志が従八位下)であったが、三代格延暦十八・四・二十三奏で少志が一名増員された。その後、人数は次第に増加したものと思われる。四等官の次に位置する府生は、兵部式25武官補任条には左右の近衛府生が各六人、衛門府・兵衛府がともに各四人、いずれも宣旨により補任されたとあり、西宮記臨時二(諸宣旨例)に「依ニ本司奏一補ㇾ之、或以ニ所々有ㇾ労者一補ㇾ之」とある。

兵衛は令制下で天皇の側近にあって宿衛などの任に当たった武官で、和訓は「ツワモノトネリ」。令制では、左右兵衛府に各四〇〇人が所属したが(職員令62左兵衛府条)、大同三年(八〇八)に減員されて各三〇〇人となり(後紀同・七・壬寅条)、中務式74諸司時服条には各二〇〇人とある。なお、三代格寛平三・十二・十五符では、諸衛府で員外舎人(兵衛府の場合は兵衛)の数が増大していることから、左右兵衛府ではそれを各二〇〇名とすることが定められている。兵衛は、令制以前に畿内周辺の小豪族や地方の国造の子弟から選ばれ、天皇・皇子に仕えた舎人の系譜をひき、七世紀後半の天武朝にその制度が成立したとみられる。内六位以下八位以上の者の嫡子で、年二一以上の者(位子)を採用する(軍防令47内六位条)ほか、郡司の子弟で弓馬に巧みな者を国司が貢上する定めであり(同38兵衛条)、両者はほぼ同数で、武力の基盤として、畿内に本拠を持つ下級官人層と、地方の伝統的な豪族層との双方に依存していたと考えられる。兵衛は毎月二番、一五日ずつ交互に勤務し、衛門府・左右衛士府の武力の主体である一般公民出身の衛士にくらべ、宮内の宿直や天皇身辺の護衛、閤門(内裏の門)・殿門(大極殿の門)の守衛など、より天皇に近い重要な職務を担当した。禄令8兵衛条によると勤務日数(大宝令では六ケ月内に上日夜各八〇以上)により、春夏・秋冬の禄が支給された。また資物(養物)の制があり、天平元年(七二九)の制では、兵衛を出した郡の郡司が、当郡の絁・糸・庸綿・庸布・米などについて銀に換算して二〇両分を毎年貢調使に付して輸す定めであった(続紀同・四・庚午条)。これは令制以前の舎人の部(べ)による資養の伝統を負うものとみられる。なお、平城京からは「左兵衛下総国埴生郡大生直野上養布十段」と、兵衛養物の付札と考えられる木簡が出土している(『平城宮発掘調査出土木簡概報』二四、一九九一年)。笹山晴生「令制五衛府の成立と展開」(『日本古代衛府制度の研究』所収、一九八五年)参照。

兵衛には武才や勤務状況に応じて位階が授与され、中央の官に任命されるほか、出身地に帰って郡の大・少領、軍団の大・少毅となる道が開かれていた。しかし、八世紀末に譜第郡司の制が動揺すると、郡司の子弟を兵衛に貢上する制も廃止され、九〜一〇世紀には新たな地方有力者が台頭する一方で、兵衛の重要な武力の基盤であった伝統的な地方豪族層が衰退していったため、兵衛はその独自の存在意義を次第に失っていった。井上薫「舎人制度の一考察」(『日本古代の政治と宗教』所収、一九六一年、初出一九六〇年)、笹山晴生「兵衛と畿内の武力」(『平安初期の王権と文化』所収、二〇一六年、初出一九八七年)参照。

兵衛府の職務は、兵衛を統率して宮城内の閤門(内門)の守衛や出入者の監視、宮内の巡検、行幸時の天皇の護衛などに当たることで、五衛府の中では、もっとも天皇の居所に近い重要な区域の警衛を担当した。しかし、八世紀の中ごろから、中衛府、近衛府等の新しい天皇近侍の武官が生まれると次第にその職務を奪われ、前述の地方豪族層の衰退とあいまってその存在意義を失っていった。笹山晴生は、類聚国史一九延暦十七・三・丙申条に見える国造兵衛の停止記事を、郡司子弟からの兵衛貢上の制そのものの停止ではなかったかとし、延喜式段階で郡司子弟からの兵衛貢上が記されていないことの起源を同条に求めるとともに、同時に兵衛の養物の制度も廃止されたのではないかとする。また、九世紀以降、兵衛は近衛舎人など他の舎人と同質化し、その採用の中心は位子や蔭子孫に移っていったと考えられるとしている(前掲「兵衛と畿内の武力」参照)。それでも、平安時代初めの衛府制度の改革後も、左右近衛府・左右衛門府と並んで六衛府の一画として存続した。笹山晴生前掲「令制五衛府の成立と展開」参照。

御杖(七九一頁1) 卯杖は、正月初の卯の日に悪鬼を払う杖を天皇、皇后、東宮などへ献上する儀式で、わが国の年木の信仰に、中国の剛卯(ゴウボウ)杖の風習が習合して成立したものと考えられる。左右兵衛府以外に中宮職、大舎人寮、春宮坊も杖を進上する(中宮式9卯杖条、大舎人式5卯杖条、春宮式7卯杖条)。進上された卯杖は内蔵寮が検収した(内蔵式33卯杖条)。持統紀三・正・乙卯条に「大学寮献二杖八十枚一」とあるのが初見であるが、三代実録にほぼ毎年この行事が載せられるようになるまで、正史上の記載は乏しい。しかし、内裏式上(上卯日献御杖式)、儀式六(上卯日献御杖儀)に詳しい式次第があり、また延暦二十三年(八〇四)撰進の皇太神宮儀式帳にも、伊勢神宮の正月行事として禰宜・内人らによる卯杖の献上が載せられていることから、平安時代初期にはこの行事が定着していたと考えられる。なお、文徳実録仁寿二・正・己卯条には、精魅(物の怪や化け物の類)を逐うために諸衛府が殺杖(ガイジョウ。剛卯)を献じたとある。大舎人式5条参照。

行夜(七九一頁2) 三代格貞観四・三・八符(三代実録同日条)で、朱雀大路の坊門ごとに左右京職が兵士を配置して警備させ、夜行の兵衛が毎夜その直否を巡検することが定められた。本条の「馬行二人」がこの兵衛に対応するか。

凡そ十二月の晦日…(七九五頁1) 年中行事秘抄(十二月)には、本条に対応する貞観式逸文が載せられている。その内容は、「凡十二月晦日、差二近衛四人一令レ聞二見夜中変異一、其名簿午剋以前進二内侍一、酉剋候レ陣、随レ召帯二兵仗一参入、近衛陣分頭退出、元日平旦録二夜中見聞之事一進二近衛陣一」であるが、文中の「近衛四人」は「兵衛四人」の誤りであるため(虎尾俊哉編『弘仁式貞観式逸文集成』一三一〜一三二頁、一九九二年)、本条と同文である。なお、要略二九所引清涼記逸文、小野宮年中行事(十二月)には、戌の刻に左近衛次将一人が、敷政門前において京辺の東西南北に近衛・兵衛各一人を派遣するなど次第をさらに詳しく記している。両書には、報告は最終的には一紙にまとめて内侍所に進上するとあり、本条で兵衛の名簿があらかじめ内侍に進められるのも、このことによるといえよう。西宮記恒例三(左近将遣物聞事)も、やや簡略ながら同様の次第を記している。また各史料とも、派遣される近衛・兵衛を「物聞」と称している。

近衛の陣(七九五頁2)　要略二九所引近衛陣雑例逸文・同所引清涼記逸文・小野宮年中行事(十二月)・西宮記恒例三(左近将遣物聞事)では、敷政門前で中少将が近衛・兵衛を差配して巡見に派遣しており、また、清涼記逸文・小野宮年中行事・西宮記では「左近陣」と表記している。そのため本条の近衛の陣は、紫宸殿東北廊にあった左近衛陣の可能性が大きいといえよう。

駕輿丁の装束十一具(七九五頁3)　左右近衛式61駕輿丁条では駕別に二二人としているので、本条はちょうどその半数ということになるが、その根拠は不明である。また、左右近衛式61条には装束について具体的に記されているが、本条ではそれについて触れていない。

播磨国にあり(七九五頁4)　橋本裕は、射騎田(射田)の設置当時、藤原仲麻呂の腹心ともいうべき人物が続けて播磨守を歴任していることが、同国にまとまった面積の射騎田(射田)が置かれる理由となったのではないかと推測している(「諸衛射田の成立と藤原仲麻呂」〈『律令軍団制の研究』増補版所収、一九九〇年、初出一九八二年〉)。

巻第四十八

左馬寮（七九七頁１） 馬寮は朝廷で用いる馬牛の管理に当たる官司。訓はウマノツカサ。令制では太政官の下に左右馬寮が置かれた。先行官司として、推古朝に「馬官(司)」が見える（推古紀元・四・己卯条、続紀天平神護元・五・庚戌条）。令による四等官構成は、頭、助、大允・少允、大属・少属各一人。頭は従五位上相当で大寮。馬寮官人は帯仗し、武官の扱いを受けた。他に各寮に馬医二人、馬部六〇人、使部二〇人、直丁二人、飼丁が属した。頭の職掌は職員令63左馬寮条に「左閑馬調習、養飼、供御乗具、配㆓給穀草㆒、及飼部戸口名籍事」とある。

令制の左右馬寮は、朝廷で用いる馬牛の飼養を職掌としており、それらを生産する牧は、地方では国司が管理に当たり、中央では兵馬司が管轄した（職員令70大国条・同令25兵馬司条）が、延喜式制の左右馬寮は牧の管理権をも有している。この間の変遷は次の通りである。天平神護元年（七六五）二月に、令制左右馬寮とは別に、新たに内廐寮（ウチノウマヤノツカサ）が新設された（続紀同・二・甲子条）。内廐寮の新設は、近衛府・中衛府・外衛府の整備と同日に実施されており、前年に起きた恵美押勝（藤原仲麻呂）の乱ののち、中央の軍事機構から恵美押勝の影響を払拭しようとした措置と考えられる（亀田隆之「内廐寮」〈『日本古代制度史論』所収、一九八〇年、初出一九五八年〉）。内廐寮は、その名称から、天皇直轄の性格がより強い馬飼養官司とみられ、令制左右馬寮とは異なり、牧の管理権を有していた。信濃国牧主当である伊那郡大領金刺舎人八麿の解が内廐寮に宛てて出されていることから、信濃国に所管牧が置かれていたことが知られる（三代格神護景雲元・正・二十八格）。内廐寮は、馬の生産から飼養までを一貫して管轄し、上記三衛府への他から独立した馬の供給機関として新設されたものであろう（山口英男「八・九世紀の牧について」〈『史学雑誌』九五―一、一九八六年〉）。また、天皇の私領の管理の必要という側面も指摘されている（佐藤健太郎「内廐寮と勅旨牧の成立について」〈『日本古代の牧と馬政官司』所収、二〇一六年、初出二〇〇六年〉）。内廐寮の四等官の定員・官位相当は、左右馬寮と同じであるが（続紀天平神護元・二・甲子条）、内廐頭は近衛中少将の兼任や、衛府の要職を経験した者の任命が多く見られ、位階も相当位を超えていることから、左右馬寮より高い位置付けであったようである。続紀の官人任命記事によると、宝亀十年（七七九）九月の左馬頭を最後に、令制左右馬寮の官人任命は途絶え、ついで天応元年（七八一）五月、桓武天皇即位に伴う大幅な官人の入れ替えを示す記事の中に、主馬頭・助の任命が見える。このことから、宝亀十年九月以降天応元年五月までの時期に、令制左右馬寮が統合されて主馬寮が成立したのであろう。延暦十七年（七九八）九月、大和・近江両国の大学寮勧学田合計五町を、主馬寮公廨田に加えた（三代格同・九・八符。主税式上２勘租帳条の「神田…造船瀬料田」〔左右馬寮田〕の項参照）。主馬寮の定員・官位相当は不詳だが、主馬頭就任者の位階は以前の左馬頭・右馬頭と特に変化は無く、総じて内廐頭よりは低い。ついで大同三年（八〇八）正月詔により、内廐寮・主馬寮は、兵馬司を併合した上で再編成され、令制を復す形で新たに左右馬寮が置かれることとなった。このことを示す狩野文庫本三代格に収める大同三・正・二十五詔の取意文には、「隼人司併㆓衛門府㆒、内兵庫併㆓左右兵庫㆒、兵馬司併㆓内廐主馬寮㆒、即依ㇾ令左右馬寮、詔書略ㇾ之」とある。また、三代格弘仁四・七・十六符に「依㆓去大同三年正月廿日詔書㆒、廃㆓兵馬司㆒、自ㇾ茲以後、彼司之務、惣帰㆓於省㆒」との記載があり、これによれば、兵馬司の業務で兵部省に引き継がれた部分もあった（兵部式70馬牛牧条参照）。大同三年十月、左右馬寮各二四〇町余という大規模な寮田を山城・大和・摂津・信濃・越前・播磨に設置（三代格同・十・十三勅。本式51左馬寮営田条の「大和国…」参照）。翌大同四年三月、新たに史生各二員を置いた（後紀同・三・己未条、および佐藤健太郎「平安前期の左右馬寮に関する一考察」〈前掲書所収、初出二〇〇四年〉参照)。

御牧（七九七頁２）　律令制下の牧については、続紀文武四・三・丙寅条に「令下諸国定二牧地一、放中牛馬上」の記事があり、諸国に牧の設定が命じられた。同慶雲四・三・甲子条に「給二鉄印于摂津伊勢等廿三国一、使レ印二牧駒犢一」とあり、この頃摂津・伊勢等二三国に公牧が設置されていたことが知られる。令制の牧は、馬の育成・供給、中央への馬の貢上等を行なっていたが、地域や役割、成立の背景等によって様々な形態があり、また変遷を経た結果、制度上の機能を分化・整理した形で延喜式に規定されている。延喜式制の牧には、兵部式に規定される諸国牧、左右馬式に規定される御牧と近都牧がある（兵部式70馬牛牧条、本式1御牧条・50諸国貢馬牛条）。また貢馬の制度には、御牧からの貢馬、諸国牧からの貢繋飼馬牛、国飼馬が見える（本式1条・4繋飼馬牛条・27国飼御馬条）。朝廷への馬の供給の面から見ると、必要に応じて牧馬を朝廷に供給し、不要な際には馬を牧に戻して飼育する方法が、原初的な形態であり、畿内近国においてはこうした形態がとられていたとみられる。一方、遠国の牧と都の間でこうした馬の行き来を実施することは困難であるから、遠国から到着した貢馬の飼育には畿内近国の牧が利用されたと考えられる。諸国牧および御牧は、遠国の牧のあり方を引き継ぐものであり、諸国牧からの貢馬は近都牧で飼育され、必要に応じて朝廷の用に供される（本式4条・8諸祭祓馬条）。御牧からの貢馬は、馬寮の厩で飼育され、一部は播磨国家島の寮牧や、夏季に山城国美豆厩の野地で放飼された（本式7飼馬条・49播磨国家島馬条・57美豆厩畠条）。近都牧は、畿内近国の牧の形態のうち、遠国から到着した貢馬の飼育を行なう役割を受け継ぐものといえる。一方、畿内近国の牧の朝廷への馬の供給の役割は、国飼馬に引き継がれているといえる（山口英男前掲論文）。

御牧制度の成立時期は詳らかでないが、御牧を現地で管理する専任官である牧監（当初は監牧。本式46牧監条参照）が、信濃国で延暦十六年（七九七）に見え（三代格同・六・七符）、弘仁十一年（八二〇）撰進の弘仁主税式には、甲斐・武蔵・信濃・上野の四ケ国に限定した牧馬貢上時の飼秣支給規定がある（主税式上107牧馬入京秣条参照）。天長三年（八二六）には、上野国に牧監、甲斐・武蔵両国に「主当」が見え、同四年には、甲斐国への牧監新置が知られる（三代格天長三・二・十一符、同四・十・十五符）。以上から、御牧は、信濃国において八世紀末に既に存在し、九世紀初期には四ケ国に御牧を置く体制が成立していたと考えられる。馬の飼養機関が牧の管理権限を有する形は内厩寮に遡り、御牧の淵源は内厩寮の所管牧にたどることができよう。

御牧の牧馬に捺される焼印の文字を見ると、多くは厩牧令の規定にある「官」字を用いている（本条の「検印」参照）。令制の牧は兵馬司の管轄であり、御牧の多くは、そうした既存の牧をある時期に左右馬寮ないしその前身官司に管理換えする形で設置されたものであろう。

延喜式成立以後も勅旨牧の設定は行なわれ、承平元年（九三一）十一月に武蔵国小野牧が、同三年四月に武蔵国秩父牧が勅旨牧とされた（要略二三承平元・十一・七符、同承平三・四・二符）。小野牧に関する武蔵国司宛の太政官符によると、「応下小野牧為二勅旨一并以二八月廿日一定中入京期上事」とあり、「件牧宜下為二勅旨一、即散位小野諸興充二其別当一、毎年令中労二飼四十疋御馬一、合期牽貢上」とある。同じく秩父牧は、「応下以二朱雀院秩父牧一為二勅旨牧一、以二八月十三日一定中入京期上事」とあり、「件牧宜下為二勅旨牧一、散位藤原惟条充二其別当一、毎年令中労二飼廿疋御馬一、合期牽貢上」とある。

立野牧（七九七頁３）　延喜九年（九〇九）十月に勅旨牧に設定された。武蔵国司宛の太政官符によると、「応下立野牧為二勅旨一、并以二八月廿五日一定中入京期上事」とあり、「件牧宜下為二勅旨一、即蔭孫藤原道行充二其別当一、毎年令中労二飼十五疋御馬一、合期牽貢上」とある（要略二三延喜九・十・一符）。

望月牧（七九七頁4）　要略二三「信乃国望月御馬事」に「延喜五年五月九日官符、左、牧字、廿、元卅」とある。官符本文は伝わらないが、延喜五・五・九符により勅旨牧とされ、毎年の貢馬数を三〇頭と定められたのであろう（本式3年貢御馬条参照）。

九月十日…（七九七頁5）　毎年九月に、国司らが立ち会って、牧馬の焼印を確認して点検作業を行ない、牧馬を記載した帳簿を作成する。厩牧令10駒犢条に「在レ牧駒犢、至二二歳一者、毎レ年九月、国司共二牧長一対、以二官字印一、印二左髀上一、犢印二右髀上一、並印訖、具録二毛色歯歳一、為二簿両通一、一通留レ国為レ案、一通附二朝集使一、申二太政官一」とある。国司は、国内の牧の管理に責任を有した（職員令70大国条）。牧長は個々の牧の管理者で、一牧ごとに牧長と、事務担当の牧帳の各一人が「庶人清幹、堪二検校一者」から選ばれ、牧子を指揮して牧の経営に当たった。牧子は、牧馬牛一群（一〇〇頭）ごとに二名が置かれた（厩牧令4牧馬帳条・5牧毎牧条）。牧馬の点検は、焼印によって牧馬牛を確認し、また二歳（生まれた翌年）となった馬牛に焼印を捺して登録し、一頭ずつ毛色と年齢を書き上げた帳簿が作成された。令制では焼印に「官」字を用い、馬は左後ろ足の上部外側、牛は右後ろ足の上部外側に捺した。牧馬牛を集めるなど、作業には人手を要し、牧子だけでは不足する場合には、必要に応じて国司が牧の周辺の庶民を動員することとされた（厩牧令12須校印条参照）。本条によれば、御牧では、この校印の際に、四歳以上の牧馬の中から、「用に堪える」良馬を貢上用に選定する作業を実施した。

検印（七九七頁6）　馬牛の所属を示す焼印を点検する。焼印について厩牧令10駒犢条に「官」字の印とあり、要略二二・二三の記載によれば、多くの御牧も「官」字印を用いたが、信濃国望月牧は「牧」字印、甲斐国穂坂牧は「栗」字印、武蔵国小野牧は「抎」字印、同秩父牧は「未」字印とする。ただし東山御文庫蔵新撰年中行事（八月）により、小野牧は「松」字、秩父牧は「朱」字とみるべきであり、また穂坂牧は「粟」字の可能性がある（西本昌弘編『新撰年中行事』〈二〇一〇年〉、山口英男「御牧の成立」〈『山梨県史』通史編一所収、二〇〇四年〉、佐藤健太郎「駒牽の貢上数と焼印に関する一考察」〈前掲書所収、初出二〇〇五年〉）。焼印の大きさについて、三代格延暦十五・二・二十五符は、百姓等が官印より大きな焼印を私馬牛に用い、元の印を焼き乱して官馬を盗み取っているとして、私馬牛の印を縦二寸・横一寸五分以下に制限した。これによれば、官馬の印はこの規格より大きかったのであろう。国印が方二寸であるから（公式令40天子神璽条）、それと同じか。賊盗律25外印条に畜産印を盗めば杖八〇とある。

明年八月（七九七頁7）　御牧からの牧馬の貢進期日には変遷があり、弘仁・天長年間には九月であったのが（紀略弘仁十四・九・乙亥条、同天長五・九・庚子条等）、貞観年間に八月に改められたとみられる（三代実録貞観六・四・二十一条、同・六・二十三条、同七・十二・十九条、同九年以降の八月条）。御牧からの貢馬が都に到着し、内裏の大庭（南庭）に牽き入れられる行事が八月の駒牽で、その式日は一〇世紀には甲斐国勅旨諸牧七日、信濃国勅旨諸牧十五日（のち十六日）、甲斐国穂坂牧十七日、信濃国望月牧二十三日、武蔵国勅旨諸牧および同立野牧二十五日、上野国勅旨諸牧二十七日と定められていた（西宮記恒例三の八月駒牽事等、北山抄二の八月七日牽甲斐勅旨御馬事等）。また、承平年間に勅旨牧となった武蔵国秩父牧は十三日、武蔵国小野牧は二十日であった（本条の「御牧」参照）。駒牽では、第一御馬は牧監が牽く例となっていた。

路次の…逓送せよ（七九七頁8）　御牧からの貢馬を都まで牽進する際に必要となる牽夫・秣蒭は、通過する国が順次提供する。これについて、主税式上107牧馬入京秣条に「甲斐、武蔵等国、疋別日四把、信濃、上野等国一束、並日行二一駅一、（中略）其長牽馬者、不レ在二此限一」とある。ただし、主税式上5出挙本稲条上野国の項に見える「勅旨御馬秣料」は貢進路次秣料をまかなうためのものと考えられ、西宮記恒例三（上野御馬）に「上野御馬〈曰二之長牽一〉」、要略二三上野勅旨御馬所引清涼記に「上野長牽」とあるので、上野国御牧からの貢馬は長牽であったと思われる（本式4繋飼馬牛条の「長牽」参照）。上野国の貢馬に「繋飼」が含まれていることと関連か（本式3年貢御馬条の「上野国」参照）。なお、御牧からの貢馬ではないが、逓送馬に飼秣料を支出した記事が天平期の正税帳等に見え（古一―四六三・六一一頁、同二―一〇五頁）、また、陸奥国・甲斐国からの進上御馬部領使に食を支給した記事もある（古二―一〇八頁）。御牧からの貢馬使の構成について、三代格天長三・二・十一符は、国ごとに牧監ないし主当一名、馬医一名、騎士が馬六頭に一名とするが、人数が過多であったり、権威をかさにきて横暴を働き、規定にない公乗を要求したりすることが、路次の国の負担となっていた（三代格貞観十三・六・十三符）。

国解・主当の寮（七九七頁9）　国解は貢馬を牽進する国が朝廷に提出する解文。御馬解文と呼ばれる。主当寮（その国の担当の馬寮。甲斐・信濃は左馬寮、武蔵・上野は右馬寮）に提出された御馬解文は、駒牽（本条の「明年八月」参照）の当日に、外記が取り次いで大臣（駒牽の上卿）に渡され、大臣が天皇に奏上する。御馬解文奏上が終わると、貢馬が内裏に牽き入れられる（「駒牽関係史料」〈『山梨県史』資料編三、二〇〇一年〉）。

両寮に…閲し定めよ（七九七頁10）　左馬寮・右馬寮に同数ずつ分け与える。駒牽（本条の「明年八月」参照）では、内裏大庭に牽き入れた貢馬は、牽き廻しあるいは騎り廻しを行なって馬質を点検し、その後、貢馬を整列させ、左馬寮・右馬寮それぞれの取手が馬列の中に入り、交互に一頭ずつ選び取っていく形で分給される。分給が終わると、左寮・右寮はそれぞれ選び取った貢馬に鞍を置き、騎士が乗って大庭を東西に馳せて見せる（前掲「駒牽関係史料」）。

年貢の御馬（七九九頁1）　年貢数には変遷がある。一〇世紀後期・一一世紀の儀式書では、甲斐国真衣野・柏前牧「卅、元五十」（西宮記恒例三〔駒牽次〕）、武蔵国立野牧「廿、元十五、加五」（要略二三）、信濃国諸牧「六十、元八十」（西宮記同・要略同）、同望月牧「廿、元卅」（西宮記同、要略同）とあり、以前の年貢数が本式で変更されていたり、甲斐国穂坂牧「廿、元卅」（西宮記同）、「卅、今廿」（要略同）とあるように、本式の数がその後変更された場合があったようである。このほか武蔵国諸牧が「六十疋、元五十」（西宮記同、要略同）と見え、本式の数と合わない。東山御文庫蔵新撰年中行事（八月）に「廿五日、牽武蔵立野御馬事〈式、諸牧卅疋、後加十疋、石川小川由比、官字、式、立野廿疋、元十五疋、今加五疋、繋飼十疋〉」（西本昌弘編前掲書）とあることなどから考えると、武蔵国諸牧と立野牧が同日に駒牽を行なうことによる数の混乱や、武蔵国からの貢繋飼馬一〇疋の扱い（本式4繋飼馬牛条および同条の「長牽」参照）と関わるか。なお、延喜式成立以降に勅旨牧となった武蔵国秩父牧は年貢数二〇疋、同じく小野牧は四〇疋（本式1御牧条の「御牧」参照）。

諸牧三十疋・諸牧六十疋（七九九頁2）　武蔵国諸牧は、本式1御牧条に見える四牧のうち立野牧を除く三牧、信濃国諸牧は同じく一六牧のうち望月牧を除く一五牧。本条の貢進数のまとまりごとに、それぞれ別途に駒牽が行なわれた（本式1条の「明年八月」参照）。御牧（勅旨牧）となった時期や、その牧の前身形態の違いを反映するものか。

上野国（七九九頁3）　上野国の年貢数五〇頭の内訳を、西宮記恒例三（駒牽次）は「櫪卅、繋廿」とし、本朝世紀天慶元・九・八条の上野国駒牽の記事に「御馬五十疋之内、櫪立卅疋、解文奏ㇾ之、繋飼廿疋、解文不ㇾ奏」とある。「櫪（立）」は馬寮の櫪飼馬で、御牧からの貢馬、「繋（飼）」は本式4繋飼馬牛条の繋飼馬に由来か（前沢和之「上野国の馬と牧」〈『群馬県史』通史編二〈原始古代二〉所収、一九九一年〉）。

繫飼の馬牛（七九九頁4） 本条の繫飼馬牛は、兵部式70馬牛牧条に見える諸国牧から朝廷に貢進される馬牛。続紀天平四・八・壬辰条に「常進㆑公牧繫飼牛馬」が見え、「諸国貢繫飼馬牛」に関する三代格延暦十五・十・二十二符は「馬五、六歳、牛四、五歳、為㆑限令㆑貢」とし、その規定は兵部式70条に引き継がれている。西宮記恒例三（上野御馬）には「官牧在㆓兵部式㆒、諸国進繫飼是也」とある。繫飼馬牛貢進は、律令制下の公的牧から朝廷への牧馬牛貢進の系譜を継ぐものであろう。ただし、九世紀中期以降、牧を廃止し、馬牛を売却した代価を運用して貢上馬牛を調達することなどが行なわれており（兵部式70条の「左右馬寮に進れ」参照）、延喜式段階で貢進の実質的意義は形骸化していたと思われる（山口英男前掲「八・九世紀の牧について」）。なお、飼育法としての繫飼については、本条の「近都の牧に放ち飼え」参照。

遠江国…（七九九頁5） 遠江以下一三ケ国は繫飼馬牛を貢進する諸国。このうち遠江（馬）・駿河（牛）・上野（馬・牛）・讃岐（馬）の四ケ国は、兵部式70馬牛牧条に対応する牧が見えない。遠江国（馬）・駿河国（牛）・上野国（牛）は、牧を廃止して、貢進馬牛を購入調達する方式に変更したことが知られる（続後紀承和十二・三・癸酉条、主税式上5出挙本稲条参照）。讃岐国（馬）も、貞観七年（八六五）十二月に三野郡託磨牧を廃止している（三代実録同・十二・九条）。上野国（馬）については不明だが、御牧からの貢進馬の一部が「繫飼」に由来することと関わるか（前条の「上野国」参照）。

長牽（七九九頁6） 牽夫が途中で交替することなく、貢進国から都まで貢馬を牽進し、通過国から秣蒭の支給を受けない。主税式上5出挙本稲条の武蔵国・上野国の項に「勅旨（同）繫飼御馬秣料」が見え、両国の繫飼馬は特に勅旨の扱いを受けて入京路次蒭秣をまかなう財源が設けられていた。主税式上107牧馬入京秣条、本式1御牧条、雑式50諸国貢馬条参照。

近都の牧に放ち飼え（七九九頁7） 近都牧は本式50諸国貢馬牛条参照。馬寮に貢進される馬は、御牧からの年貢馬（本式3年貢御馬条）、諸国牧からの貢繫飼馬（本式4繫飼馬牛条）および国飼馬（本式27国飼御馬条ほか）である。馬寮での飼育法には、馬寮の床張りの厩での櫪飼（本式39櫪飼馬籠頭鏁条～43馬水桶条ほか）と、寮牧（49播磨国家島馬条）・近都牧（50諸国貢馬牛条）での放飼がある。御牧からの貢馬は、馬寮厩で櫪飼され、一部は冬・春に寮牧で放飼された。また、夏季に体調を落とした馬は、山城国美豆牧（本式57美豆厩畠条）で放飼された。諸国貢繫飼馬は近都牧で放飼され、必要に応じて都に牽進された。なお国飼馬は、常時はそれぞれの国で飼育され、必要に応じて馬寮に牽進される（本式27条）。

秣（七九九頁8） 厩牧令1厩細馬条では、夏冬変わらず細馬は「粟一升、稲三升、豆二升、塩二勺」、中馬は「稲若豆二升、塩一勺」、駑馬は「稲一升」とする。

祈年の祭（八〇一頁1） 四時祭式上4祈年祭官幣条に馬が供奉する二二社が見え、そのうち御歳社は白馬とされる。儀式一（祈年祭儀）に「左右馬寮各牽㆓御馬㆒、廿一疋〈寮別十疋〉、立㆓南舎東頭㆒」、西宮記恒例二（祈年祭）に「西庁前牽㆓御馬㆒〈十一疋（下略）〉」、北山抄一（祈年祭事）に「左右馬寮各引㆓馬十一匹㆒、（中略）立㆓刀禰殿東庭㆒」とある。

月次の祭（八〇一頁2） 四時祭式上23月次祭条に馬が供奉する四社が見える。儀式一（祈年祭儀）に「左右馬寮各牽㆓御馬㆒、廿一疋〈寮別十疋〉、立㆓南舎東頭㆒〈月次祭、左右各二疋〉」、北山抄二（月次祭事）に「同㆓祈年祭㆒、但御馬左右各引㆓二疋㆒」とある。

晦の祓（八〇一頁3） 四時祭式上29大祓条に「馬六疋」と見える。儀式五（大祓儀）に「神祇官陳㆓祓物於朱雀門前路南㆒〈分㆓置六処㆒、但馬在㆓其南方㆒、北向〉」、北山抄二（大祓事）に「陳㆓祓物於路南㆒〈分㆓置六所㆒〉、馬在㆓其南㆒〈北面、記文云、六疋牽立（下略）〉」とある。

広瀬竜田両社の祭に各二疋（八〇一頁4） 四時祭式上14大忌祭条に「馬一疋」、同式15風神祭条

に「馬二疋」と見える。他祭の記述と異なり、この「三疋」は四月・七月年二回の広瀬竜田祭の合計数。左馬寮は四月二疋・七月一疋、右馬寮はその逆として、数を均等とする。

伊勢大神宮の神嘗の祭（八〇一頁5） 四時祭式下1伊勢神嘗祭条に「馬四疋」と見える。北山抄二（奉幣伊勢大神宮事）に「左右馬寮牽ニ御馬各二疋一」とある。

斎宮寮の主神司に六疋（八〇一頁6） 伊勢斎宮寮に充てられる祭馬・祓馬は、本項の左右馬寮合計一二疋のほか、兵部式74斎宮祭馬条に、下総国牧馬を充てる宮売祭馬三疋、大祓馬八疋が見える。伊勢斎宮寮の年中の諸祭馬・祓馬は、二月祈年祭（大宮売神）、六月月次祭（同）、六月大祓、十一月新嘗祭（大宮売神）、十二月月次祭（同）、十二月大祓に各四疋合計二四疋か（斎宮式22野宮祈年祭条・23月次祭条・26大祓条・29野宮新嘗祭条・61祈年祭神条・65新嘗祭条）。

斎内親王の…一疋（八〇一頁7） 斎宮式18造野宮畢祓料条の「馬二疋」を指すか。あるいは入初斎院時の「馬二疋」（同式8初斎院祓清料条）、群行に先立つ八月朝廷大祓時の「馬二疋」（同式50朝庭大祓料条）も含むか。

近都の牧に放てる繋飼の馬（八〇一頁8） 近都牧で放飼されている諸国貢繋飼馬（本式4繋飼馬牛条の「繋飼の馬牛」参照）。北山抄一（広瀬竜田祭事）に「康保三年、左大臣令レ申下右馬寮無ニ繋飼馬一、不レ牽ニ神馬一由上、仰以ニ野放馬一令レ宛」とある。

平野の夏冬の祭（八〇一頁9） 四時祭式上17平野祭条に祭馬のことは見えないが、儀式一（平野祭儀）に「左右馬寮御馬四疋〈二疋被レ鞍〉、牽ニ立社北頭一〈南向〉、神別各二疋〈一疋被レ鞍〉、（中略）次左右馬寮牽ニ御馬一、廻レ社四度、允各一人前行〈若無レ允、則属就ニ外記一申ニ障由一、外記申ニ大臣一、以レ属代レ之〉」とある。また北山抄一（平野祭事）に「康保二年四月、左馬寮申下寮中有レ穢不レ牽ニ御馬一由上、令レ勘ニ先例一、一寮牽加者、令レ仰下申ニ上卿一任レ例可上レ行」と見える。

薗韓神の祭（八〇一頁10） 四時祭式上9薗韓神祭条に祭馬のことは見えないが、儀式一（園并韓神祭儀）に「大臣宣、神御馬将参、共称唯、牽ニ御馬一入、（中略）宣ニ祝詞一、（中略）次神馬退出」とある。また北山抄一（園韓神祭事）に「上宣、左右馬寮召、允等参入、上宣、誰、各申ニ官姓名一、上宣、神御馬率来、御馬各二疋、牽ニ立神殿前一、（中略）申ニ祝詞一、（中略）次引ニ廻御馬一七廻、了引出」と見える。

馬医（八〇一頁11） 馬寮の職員。職員令63左馬寮条に「馬医二人」とある。馬医としての専門業務に携わるだけでなく、官人と同様の業務に従事する場合も見える（西宮記臨時六〔大庭儀〕、本朝世紀天慶元・九・七条、同正暦元・十・二十条等）。

走馬十二疋（八〇一頁12） 斎院式8賀茂祭条に「走馬十二騎」、内蔵式13賀茂祭条に「御馬十二疋〈二疋松尾社料〉」とある。すなわち賀茂社走馬が一〇疋、松尾社走馬が二疋。太政官式72賀茂祭条に「有ニ走馬一〈事見ニ内蔵及左右馬寮式一〉」とある。延喜儀式逸文（鴨脚秀文文書所収）によれば、社頭での奉幣後、「此時、近衛馬寮使等、向ニ馬場一令レ走ニ御馬一」とある。

松尾（八〇一頁13） 内蔵式13賀茂祭条に「松尾社幣便附ニ禰宜祝等一」、左右近衛式41諸祭供走馬条に「賀茂社（中略）近衛十二人〈二人先参ニ松尾社一供ニ走馬一〉」とある。

韁鞚・表腹帯・額髪を結ぶ糸（八〇一頁14） 韁鞚は手綱。腹帯は、鞍を固定するために鞍に結び付けて馬の腹側にめぐらす帯・布。表腹帯については本式64走馬鞍料条参照。内蔵式13賀茂祭条には「結レ額料緋糸二絇、韁并腹帯料曝布三端一丈四尺四寸〈並官物〉」とある。

皇后宮の走馬（八〇一頁15） 中宮式18賀茂祭条に走馬のことは見えないが、「装束料」に「左右馬寮御馬騎者喚継二人料」を挙げる。延喜儀式逸文に「中宮走馬二疋〈並左右各一疋〉」、儀式一（賀茂祭儀）に「中宮走馬各一疋」とある。

二寮遞いに供奉せよ（八〇一頁16） 左馬寮と右馬寮が代わる代わる供奉する。斎院式8賀茂祭条の「更供えよ」参照。よって本条上文の走馬・官人の数は、祭に供奉する総数となる。

本式11大神祭走馬条〜15当宗等祭走馬条の走馬・官人も同じ。

女騎の料四疋（八〇一頁17）　女鞍（本式63女鞍料条）を架した婦人用の乗馬。「内侍已上料」は「内侍已下料」の誤りか。斎院式8賀茂祭条・内蔵式13賀茂祭条によれば、女使は内侍・命婦・蔵人・闈司の四名。なお、女使には他に中宮の命婦・蔵人もいるが（斎院式8条・中宮式18賀茂祭条）、その騎料の扱いは不明。儀式一（賀茂祭儀）は、中宮蔵人、蔵人、命婦、内侍の四名を、延喜儀式逸文は闈司、中宮蔵人、内裏蔵人、中宮命婦、内裏命婦の五名を挙げる。延喜儀式の記述は、延喜年中に女騎料のうち「典侍馬」の点定をしなくなったこと（西宮記恒例二〔定禊日前駈〕、および次項参照）に対応するものか。

祭に前つこと二日に御覧を経よ（八〇一頁18）　西宮記恒例二（定禊日前駈）に「未日、蔵人、近衛次将、共於㆓右兵衛陣前㆒、点㆓命婦、蔵人、闈司馬㆒〈院女騎馬不㆑点、或於㆓御前㆒点、延喜□年後、不㆑点㆓典侍馬㆒〉」とある。

斎院の女騎の料八疋（八〇一頁19）　斎院式8賀茂祭条は使の内訳について「自余准㆓初度四月禊儀㆒」とし、同式6三年斎条に「駕馬女十六人〈乳母二人、蔵人六人、女孺四人、小女四人〉」とあり、延喜儀式逸文も「乳母左右各一人、（中略）蔵人各三人、（中略）女孺各二人、（中略）童女各二人、〈（中略）馬後各副㆓二人㆒〉」とする。なお、儀式一（賀茂祭儀）も構成は同様であるが、蔵人各四人、女孺各三人とする点が異なる。

属馬医史生（八〇一頁20）　儀式一（賀茂祭儀）に「馬寮属左右各一人、馬医左右各一人、史生左右各一人」とある。装束は内蔵式13賀茂祭条参照。

ともに預め供ぜよ（八〇一頁21）　本条の「斎院女騎料八疋、属、馬医、史生各一人」は、左馬寮・右馬寮がともに供奉する。よって総数はその倍。

神馬四疋（八〇三頁1）　神馬のことは四時祭式上7春日祭条には見えないが、儀式一（春日祭儀）に「次神馬四疋、走馬八疋、牽㆓列神殿前㆒、近衛少将、馬寮頭前行、（中略）次馬寮牽㆓神馬㆒、廻㆑社八度、訖賜㆓頭并龓人神酒㆒、訖退出」とある。

走馬十二疋（八〇三頁2）　内蔵式2春日祭条に「御馬十二疋」とある。儀式一（春日祭儀）では、行列次第の中に「春宮坊走馬左右各一騎、（中略）中宮走馬各一騎次㆑之、近衛走馬各六騎次㆑之」と見え、祭礼の後、「大臣以下起出㆓馬場㆒、令㆑馳㆓御馬㆒、内侍臨監」とある。この近衛走馬が本条の走馬一二疋である。春日祭では中宮式12春日祭条に「当日、馬寮牽㆓供御馬二疋㆒」とあり、上文儀式一の「中宮走馬各一騎」も馬寮が供じた。

神馬四疋（八〇三頁3）　四時祭式上8大原野祭条に「料物同㆓春日祭㆒」とある。神馬のことは同条には見えないが、儀式一（大原野祭儀）に「次神馬四疋、走馬八疋、牽㆓列神殿前㆒、近衛将監、馬寮允前行、（中略）次馬寮牽㆓神馬㆒、廻㆑社八度、訖賜㆓官人并龓人神酒㆒、訖退出」とある。

走馬十疋（八〇三頁4）　内蔵式5大原野祭条に「御馬十疋」とある。儀式一（大原野祭儀）では、祭礼の後、「大臣以下赴㆓於馬場㆒、令㆑馳㆓御馬㆒、内侍臨監」とある。

その使は…供奉せよ（八〇三頁5）　内蔵式5大原野祭条は「馬寮允一人、騎士二人」とする。騎士については本式44騎士条参照。なお、走馬に騎乗するのは「近衛十人」（内蔵式5条）である。

鞍馬十疋（八〇三頁6）　斎宮式19野宮河頭禊条に「駕馬女廿人〈乳母二人、蔵人六人、采女四人、童女四人、掃部二人、御厠二人〉」とある。

車二両（八〇三頁7）　斎宮式19野宮河頭禊条によれば、遷野宮時に斎王は輿に乗り、車のことは見えない。ただし、斎王が車に乗る初斎院河頭禊についての同式6河頭祓条では、「内侍及院女別当已下、並従㆓車後㆒〈内侍已下蔵人已上乗㆓私車㆒、采女、女孺已下乗㆓馬寮車㆒〉」とあり、この馬寮車が本条の車二両に相当か。なお、馬寮の車については本式36車条参照。

鞍馬十三疋（八〇三頁8）　群行に従う蔵人以下女孺以上の女官が乗るための馬で、近江国府

（斎宮式53頓宮条）までの乗用に供する。左右馬寮合計で二六疋。同式72月料節料条に見える斎宮寮の女官の員数とは合わない。

永く四疋を充てよ（八〇三頁9）　この四疋は伊勢国の斎宮寮までつき従う。左右馬寮合計八疋で、そのうち二疋が斎王の騎料、六疋が女官の騎料となる。この八疋は、そのまま斎宮寮馬部司で飼育されて、斎王御馬・女孺乗馬に用いられ、死失した場合は、替わりの馬を馬寮から充てた（斎宮式44御馬条・92秣蒭条参照）。

諸祭…人に給う馬（八〇三頁10）　本式8諸祭祓馬条の祭馬・祓馬で近都牧に戻さないもの、および臣下等に下賜した馬寮馬。繋飼馬については本式8条の「近都の牧に放てる繋飼の馬」参照。

寮当国に移し（八〇五頁1）　近都牧の放飼馬を牽送するよう、馬寮が移で国に連絡する。ただし、鳥養牧・豊島牧は本条下文に「寮直放繋」とあり、国に移で連絡することなく、馬寮の権限で放飼馬の牽送を牧に指示する方式をとる。牧に対する権限の違いを反映するものであろう。本式50諸国貢馬牛条の「摂津国…」参照。

鈴印の駄（八〇五頁2）　太政官式112行幸経宿条に「負レ印馬〈用下諸国所レ貢繋飼御馬放二近牧一者上〉」（本式20諸節御馬条の「牧の放飼の馬」参照）、内記式19供奉行幸条に「駄レ鈴馬」とある。儀式二（践祚大嘗祭儀上）に、御禊行幸に際して「負鑰馬」「負鈴馬」が見える。また主鈴式2従駕内印条に「従駕内印幷駅鈴伝符等（中略）其駄者左右馬寮充之」、左右近衛式32行幸条に「令三近衛二人護二印鈴一」とある。

馬出の埒の下（八〇七頁1）　埒は柵のこと（左右衛門式34内馬場埒料条）。武徳殿の前（東方）の広場に、南北に二列の埒（東埒・西埒）が設けられ、東埒と西埒で区画された内側を馬場とする。埒内には、埒の北方および南方から出入りするほか、武徳殿前と東方の行き来のために、武徳殿の正面中央に当たる箇所の埒に埒門（東埒に埒東門、西埒に埒西門）が設けられた。この日の御覧駒の儀で、諸馬は北方から入場するので、ここでいう「馬出埒下」は埒の北端あたりの意。

御馬の名の奏（八〇七頁2）　この日の儀式に列する馬を書き上げたもの。本式26競馬騎射条に、この駒牽奏文に書き上げられていない馬は六日儀に出場できない規定がある。

御監（八〇七頁3）　馬寮の長官である頭とは別に、より上級の貴族が馬寮を名誉的に統括した地位。平安時代の白馬の節、四月駒牽等の儀式で、馬名を奏上する役につくことが見える。左近衛大将が左馬寮御監、右近衛大将が右馬寮御監を兼ねる例となっている（坂本太郎「馬寮監」〈著作集七『律令制度』、一九八九年、初出一九五四年〉、佐藤健太郎「馬寮御監に関する覚え書」〈前掲『日本古代の牧と馬政官司』所収、初出二〇〇四年〉）。

允一人…馬の名を奏せ（八〇七頁4）　馬允一名が、馬名等を記した簿を持って武徳殿前に立ち、馬頭を先頭に埒の西外側を北から南に進んでくる馬が、ちょうど天皇の前を通過する頃合を見計らって、馬名等を奏する。儀式八（四月廿八日牽駒儀）は、「左馬寮允一人立二右兵衛陣東南一、執レ牘奏レ之」とする。右兵衛陣の位置は次項参照。

左兵衛の陣（八〇七頁5）　内裏式中（五月五日観馬射式）に「左近衛陣二於殿庭前右及殿南辺西後一、右近衛陣二於殿庭前左及殿北辺西後一、左兵衛陣在二左近衛陣東南一差退、右兵衛陣在二右近衛陣東北一差退」とある。これによれば、本条の左兵衛陣の前は、武徳殿東庭の東南辺、埒の西脇付近となる。

寮に還りて（八〇九頁1）　馬寮に戻って騎射に用いる馬を選び定める。なお、儀式八（四月廿八日牽駒儀）によると、この後、武徳殿において四衛府騎射名簿を奏上し、その射を行なうこととされている。左右近衛式25騎射人条も参照。

五月五日の節（八〇九頁2）　端午節ともいう。内裏式中（五月五日観馬射式）、儀式八（五月五日節儀）、西宮記恒例二（五日菖蒲事）等によれば、天皇が武徳殿に出御し、菖蒲の献上、薬玉

（続命縷）の下賜、国栖奏、騎射・走馬（競馬）や馬芸の披露が行なわれた。五月五日節は、中国で悪月とされた五月に邪気を祓う行事として行なわれ、日本では推古紀十九・五・五条を初見として薬猟を行なった記事が散見される。雑令40諸節日条に規定があり、続紀大宝元・五・丁丑条に「令群臣五位已上出走馬、天皇臨観焉」とある。太政官式101五月五日条も参照。

その後…後にありて行け（八〇九頁3） 射人は馬寮で馬に乗り、序列に従って武徳殿に向かい、馬場（埒内）を南から北に進行する。列の先頭に、騎乗した左馬寮の五位以上官人一名が、末尾に同じく右馬寮五位以上官人一名が付く。なお、儀式八（五月五日節儀）によれば、馬寮馬の入場に続き、臣下の貢じた走馬が入場。ついで、左近衛府・右近衛府・左兵衛府・右兵衛府の順に騎射、さらに臣下貢馬の競馬を行なう。兵部式7騎射条～9走馬整列条、左右近衛式25騎射人条～29競馬条も参照。

競馬ならびに騎射（八〇九頁4） 六日儀では、左右の駿馬各一〇頭による競馬一〇番（競馬一番は左右一頭ずつが競い、合計で左右各一〇頭が出走）、近衛・兵衛の騎射、その他雑戯を行なう。左右近衛式30騎射官人条参照。儀式の内容は内裏式中（五月六日観馬射式）、儀式八（五月六日儀）、西宮記恒例二（六日幸武徳殿）等に見える。この競馬一〇番を、九条殿記（五月節）・西宮記は「十列」と記している。

国飼の御馬（八一一頁1） 国飼馬は、朝廷での用に供するため、都に近い諸国で飼育し、必要に応じて都に牽進させる。行幸および白馬節会・端午節会に国飼馬を用い（本式20諸節御馬条・24四月駒牽条・28青馬条）、秣を給する規定がある（主税式上105国飼秣条）。延喜式段階での国飼馬設置国は八ケ国だが、三代格宝亀三・五・二十二符および弘仁主税式国飼秣条によれば、伊賀国・播磨国・紀伊国にも置かれていた。三代格承和十三・三・二十一符に、五月節会に際する国飼馬の入京期日変更のことが見える。なお、宝亀三年符に「国飼御馬、設為機速」とあるように、国飼馬は本来朝廷にとって重要な軍事的意味を持つものであり、必要に応じて都に牽進し、用が済めばもとの国に戻して飼育するという、畿内近国からの貢馬の原初的形態を伝えるものと考えられる（薗田香融「わが上代の騎兵隊」〈『日本古代の貴族と地方豪族』所収、一九九二年、初出一九六二年〉、山口英男前掲「八・九世紀の牧について」、松本政春「国飼御馬制と藤原仲麻呂」〈『奈良時代軍事制度の研究』所収、二〇〇三年、初出一九九七年〉参照）。

馬部（八一九頁1） 職員令63左馬寮条に馬部六〇名が見え、令制では飼造戸から上番する伴部で、同条集解古記および令釈所引官員令別記に「左馬寮飼造戸二百卅六戸、（中略）右馬寮馬甘造戸二百卅戸、（中略）右、馬造等仕寮者、為伴部、免調雑徭、不仕者取調」とある。本条では、飼造戸の系譜に属する負名（式部式上97囚獄物部条参照）の者を充てることとされ、兵部省が補任した（兵部式26寮掌条）。

牧監（八一九頁2） 国司に代わって国内の御牧の運営・管理を統括する役職で、甲斐・信濃・上野三国に置かれた（本式1御牧条）。兵部式58任牧監条に、「凡任牧監者、甲斐国一人、信濃国二人、上野国一人、並令把笏、秩限六年、准国司責解由、其考左右馬寮校定、十一月卅日以前送省」とある。延喜交替式にも秩限・解由に関する同様の規定があるが、そこでは「監牧」と表記されている。「監牧」と「牧監」は、当初の表記の「監牧」が、弘仁式以前に「牧監」に改められたが、その後も「監牧」の表記が残される場合があったと推測される（川尻秋生「御牧制の成立」〈『古代東国史の基礎的研究』所収、二〇〇三年、初出一九九九年〉）。初見は三代格延暦十六・六・七符の信濃国「監牧」で、貞観交替式天長元・八・二十符で信濃国「監牧」の定員を二名から一名に減じ、秩限六年と解由のことを定めた。ついで三代格天長三・二・十一符に信濃国・上野国の牧監が見え、同四・十・十五符で甲斐国にも牧監が設置された。同天安二・五・十一符は、信濃国牧監の定員を二名に復している。延暦十六年符は、「雖レ非二正職一、而離レ家赴レ任、有レ同二国司一」として、公廨田として埴原牧田六町を給し、ただし「当土人」を任じた場合は給さないとしており、朝廷から任命される職務で、中央から赴任する場合と、現地の人間を任ずる場合のあったことが分かる。なお、民部式上118甲斐牧監条は甲斐・上野の牧監に職田六町を給するとしており、これは「当土人」による区別はない。天長元年符が「国司者政事忙、不レ可二兼掌牧事一」と述べるように、国司の職掌のうち牧に関する部分を独立させたのが牧監である（山口英男前掲「八・九世紀の牧について」）。

別当（八一九頁3）　牧監同様に御牧の運営・管理を統括する役職で、牧監が設置されなかった武蔵国において任じられた。武蔵国御牧の管理については、九世紀中期に「主当」がこれに当たっており（三代格貞観十三・六・十三符）、その後、別当が置かれるようになったが、法制上の整備が遅れ、延喜四年（九〇四）に、勅旨諸牧別当の秩限を四年とし、牧監同様に解由を責めること等を定めた（要略五五同・五・二十四符）。また、この後に設置された立野牧・小野牧・秩父牧には牧ごとの別当が任じられた（本式1御牧条参照）。

官の牧馬帳（八一九頁4）　牧に所属する馬について記した帳簿。御牧では九月の検印時に国司と牧監が帳に署名した（本式1御牧条）。厩牧令25官私馬牛条には諸国の提出する官私馬牛帳のことが見え、三代格延暦八・九・四符によれば責課の把握と関わる内容であることから、牧馬に関する内容を含む帳簿であろう。朝野群載二一（雑文上）には、一〇世紀中期の某牧の牧馬帳の書式が引用されており、牝馬（雌馬）・父馬・蕃息（仔馬）のその年における増減数を記している。

摂津国…（八一九頁5）　近都牧では、諸国牧から貢上される繋飼馬牛を放飼した。必要に応じて都へ牽進し、用が済めば牧に戻して飼育した。律令制下の牧の系譜からいえば、国飼馬的形態で牧馬を朝廷へ牽進するとともに、遠国からの貢馬の飼育を行なっていた畿内近国の牧のあり方を継承し、延喜式段階においては遠国からの貢馬の飼育に特化して規定されていると考えられる（本式1御牧条の「御牧」参照）。近都牧は、摂津国三牧が右馬寮の管轄、近江国・丹波国・播磨国の各一牧が左馬寮の管轄とされる。放飼馬を都に牽進する際の手続きは、馬寮が国司に移を送って指示する方式を原則としつつ、摂津国鳥養牧・豊島牧については、国司を経ることなく馬寮が直接指示する方式が取られる（本式20諸節御馬条）。後者の直接指示方式は、馬寮の管轄下にある播磨国家島の寮牧と同様であり（本式49播磨国家島馬条）、前者の国司指示方式より牧に対する馬寮の権限が強いことを示している。こうした直轄性の強さは、令制以前からの朝廷直轄牧の系譜を引くことによる可能性があろう（山口英男前掲「八・九世紀の牧について」参照）。

大和国…（八一九頁6）　本条・次条の馬寮庄田および本式58畿内畠条の畠は、三代格大同三・十・十三勅により設定されたもので、面積も一致する。ただし、大同三年勅には大和・越前の具体的な庄名は見えない。庄田設置は、同年（八〇八）正月の左右馬寮の再置（本式冒頭補注参照）にともなって行なわれたものであろう。また、御牧である信濃国埴原牧の牧田が信濃国監牧（牧監）の公廨田とされており（三代格延暦十六・六・七符）、馬寮庄田は、牧に附属するこうした牧田を含んで構成されたものか。

巻第四十九

兵庫寮（八三三頁1）　令制下で、朝廷における儀仗用・実用の武器・武具の管理・出納をつかさどった官司。和名抄ではツハモノノクラノツカサ、唐名は「武庫署」。令制以前の天武紀朱鳥元・正・乙卯条に、既に兵庫職の名が見える。大宝・養老令制では、左右兵庫と内兵庫とがあり、前者には頭、助、大・少允、大・少属が各一人、後者には正、佑、令史各一人などの官人が配された。内兵庫は天皇供御の武器・武具を管理したと思われる。その後、大同三年（八〇八）に内兵庫が左右兵庫に合併され（三代格同・正・二十詔）、寛平八年（八九六）には、左右兵庫と兵部省被管の造兵司・鼓吹司の四司が統合されて兵庫寮が成立し（狩野文庫本三代格同・九・七符）、兵部省の所管となった。それによって、元来造兵司に所属していた雑工戸や、鼓吹司に所属していた鼓吹戸も兵庫寮に所属するようになり、兵庫寮は本来の職務のほか、武器の製造や修理、鼓吹の教習等もつかさどるようになった。なお、本式19大神宮女鞍条～27修理挂甲料条・29造弩条には、本寮で製作された武器・武具・馬具類の材料と分量、作業工程が記されているが、これらについては、江戸後期の有職故実家春田永年（一七五三—一八〇〇）の延喜式工事解に詳細な解説が載せられている。永年は幕府御用具足師の家に生まれ家職を継ぐ一方、清水浜臣に古典を学んだ。祖父故明は、幕命を奉じて諸国の社寺旧家の古武具の調査模写に従事し、徳川吉宗の延喜式所載古器物の調査復元にも参画して家の学を形成したが、永年はそれを発展させた。家職から特に甲冑の故実に精通し、延喜式工事解の記述には見るべきものが多い。本式の頭注、補注における永年の説の引用は、いずれも同書による。

宝幢（八三三頁2）　一般的には宝珠で装飾した幢を称するが、ここでは元日の節会や即位儀に立てる後掲の三種の幢と四種の旗（幡）を指す。文安御即位調度図は、いずれも高さを三丈（約九・一メートル）とする。これらの淵源については、新川登亀男「四神旗の諸問題」（『日本古代の儀礼と表現』所収、一九九九年、初出一九九一年）参照。なお、これら七本の宝幢を立てた痕跡とみられる遺構が、平城宮第二次大極殿地区で発見されている。それは大極殿の南方、大極殿門寄りの大極殿前庭に東西に並んで見つかった七個の楕円形の穴で、それぞれ東西が三・二～三・六メートル、南北が一・五メートルほど、深さは一・二メートルを測り、さらにそれぞれの内部に直径〇・五メートル前後の小さな円形の穴が三個ずつ見られた。楕円形の穴は宝幢を建てるために掘られた穴（掘形）で、内部の三個の穴は宝幢を撤収するときにできた抜き取り穴である。中央の穴が竿（柱）、その両側の穴は脇木の穴と思われる（橋本義則『平安宮成立史の研究』一八一頁、一九九五年参照）。さらにこの場所の近くの、時期的に先行する遺構からも四ケ所の宝幢跡が見つかったことから、前者を桓武天皇の即位式に関わるもの、後者を光仁天皇の即位式に関わるものと捉え、幢幡は大宝元年（七〇一）以来朝賀や即位の際に用いられてきたものの、地下に痕跡をとどめない形であったものが、光仁即位の際に地下を掘削する方式に改められ、さらに桓武の即位で大がかりな形として樹立されたものが、以後定着したと考えられた（『平城宮発掘調査報告』一四、一六六頁、一九九三年）。しかし、その後、即位式の行なわれたことのない長岡京大極殿前庭でも宝幢遺構が検出され、また藤原宮や平城宮第一次大極殿地区でも、説が分れるものの宝幢遺構とおぼしき遺構が指摘されており、光仁・桓武朝の新王朝成立の意識から、宝幢樹立の形態に変化があったとする捉え方は弱くなっている。一方、遺構の状態から想定される宝幢の掘削回数は少なく、毎年の朝賀儀ごとに新たに柱穴の掘削が行なわれたとは考えづらい一方、本条には掘削に用いたと思われる「鍬十五口」の記載もあるため、施設が常設のものであったか否かが問題点として残っている。西本昌弘「孝謙・称徳天皇の西宮と宝幢遺構」(『日本古代の王宮と儀礼』所収、二〇〇八年、初出二〇〇四年)参照。

鼓吹戸(八三三頁3) 鼓吹を教習し儀式などで奏した品部(職員令27鼓吹司条)。太政官式134鼓吹条ではこれを「管戸」と記す。令制では、兵部省被管の鼓吹司が寛平八年(八九六)に兵庫寮に再編されたのを機に、兵庫寮の所属となる。令には定数の規定はなく、続紀神亀三・八・壬戌条で三〇〇戸を定めた。本式33鼓吹戸条では、「山城国七十五烟、摂津国二烟、河内国廿三烟〈烟別六丁〉」とする。職員令27条集解古記および令釈所引官員令別記には、「大角吹廾二百十八戸、右毎レ戸召自二九月一至二二月一習、為二品部一免二調役一也」とある。

烏像幢(八三三頁4) 元旦の朝賀や即位礼などに、威儀を加える具として用いられた幢の一つ。大極殿・紫宸殿などの南庭に威儀のために建てられた。烏形幢、銅烏幢ともいう。重要な儀式の際に、本幢をはじめとする七つの宝幢が建てられたことは、続紀大宝元・正・乙亥条にも記されているが、それがどのような形状を有していたかは必ずしも明らかではない。時代が下るものの、その様子の一端を知ることができる史料に文安御即位調度図および御即位次第抄があり、以下各項に参考として引用した。それによると、高さ三丈(約九・一メートル)の柱の上に金盤蓮花座を置き、その上に高さ三尺五寸(約一・一メートル)の黄色金銅の三本足の烏をすえ、下に玉七琉をたれさげ、柄は黒塗りに五色で雲の形を描いた。なお、淳和天皇御即位記のように、この三本足の烏を八咫烏と解する説もある。橋本義則前掲書一八四頁参照。

蒼竜白虎の両楼(八三三頁5) ともに平安宮八省院四楼の一つ。前者は東楼・左楼、後者は西楼・右楼とも称し、対をなす。

執纛四人(八三五頁1) 左右近衛式1大儀条には竜像纛幡一旒、左右衛門式1大儀条には鷲像纛幡一旒、左右兵衛式1大儀条には虎像纛幡一旒が規定されているので、それらの纛幡を持つ者を指すか。しかし、一旒の纛幡に四人がどのように付くのか、また、分注に「執レ纛夫各十六人」と見えるように、なぜ衛門府が他の衛府の四倍の人数を計上しているのか等不明な点も多い。なお、儀式六(元正受朝賀儀)においても、執纛の数を左右近衛、左右兵衛の四人に対して左右衛門を一六人としている。

牧子(八三九頁1) 左右馬式20諸節御馬条には、諸節会や行幸のため、左右馬寮管轄の近都牧から放飼馬の世話にあたる牧子が馬を牽いて上京することが見える。なお、本条からは牧子が放飼馬の都への牽引のほか、行幸等にも随従していたことが推測される。

大歌(八四一頁1) 節会や儀式などで用いられる謡物(ウタイモノ)のことで、風俗歌・催馬楽・神楽歌などの総称。民間で謡われる小歌に対する語。古来より伝誦された歌謡・民謡のうち風調雅正なものが採択され、大歌所で伝習された。

大鼓・楯領鼓・多良羅鼓・答鼓(八四一頁2) 本条には、本式33鼓吹戸条にも規定されている十月から二月にかけて行なわれる鼓吹の教習に用いられる楽器、威儀具が挙げられている。この教習は、三月一日に行なわれる試によって習熟度が試されるが、これについては儀式九(三月一日於鼓吹司試生等儀)にその詳細が記され、荷田在満(一七〇六—一七五一)によって解説が加えられている(「貞観儀式鼓吹司試生儀解」〈『荷田全集』普及版七、一九九〇年、初版一九三一年〉)。それによると、試練を受ける鼓吹生は「将軍隊(将軍と付属鼓吹兵)」と「楯領隊(軍毅が率いる兵士陣列と付属鼓吹兵)」に擬され、それぞれに鼓吹、軍旗、楯が配当され、号令に対応して鼓吹を演奏し進退の動作が行なわれた。荷田は本条規定の楽器、威儀具の数はこの試に用いられるものといささかも違いがないと述べるとともに、大鼓は将軍隊で使われる楯領の鼓よりやや大きい物で、楯領の語は楯を領して先陣に立つ者を指すこと、答鼓は諸鼓を止めるために畢りに撃つことによる名としている。ただし、答鼓については「其制も聊違あるべけれど考へ難し」とも述べている。小島美子は、太鼓の類は種類や使われる機会が多いのに比して、固有の名称を持たない例が多いことを指摘している(小島ほか編『図説日本の楽器』二〇〇頁、一九九二年)。本条の大鼓・楯領鼓・荅鼓も、形状の違いというよりは、むしろ大きさの違いと使用される場面からつけられた呼称と考えられよう。なお、荷田は鼓吹司試生等儀の記述に見える将軍隊の右鼓に大鼓、左鼓に多羅々鼓が使用されたとしている。これらの楽器名の訓みについて、荷田は荅鼓にのみ「コタフル」の訓みを付している。楯領については「楯を領して先陣に立者なり」と述べていることからすると、「タテリョウコ」あるいは「タテリョウノツヅミ」の訓みを想定していると思われるが、明記されていない。大鼓も、今日の能楽の用語としては「オオツヅミ」と訓むが、能楽で太鼓(タイコ)が使われるようになり大鼓と区別することが必要となる以前、これがどう訓まれたかは不明である。一方、多良羅鼓について古事類苑や日本国語大辞典では摺鼓(スリツヅミ)の異名としており、それからすると、この楽器は信西古楽図(揩鼓)にあるように、左手で鼓の胴部を抱え右手の指で皮の部分をこするように演奏したことになる。しかし、鼓水司試生等儀の記述からはそのような奏法を窺うことはできない。

ところで、下向井龍彦は天武十年(六八一)に天皇臨席のもとはじめて鼓吹教習が行なわれ(天武紀同・三・甲午条)、二年後に全国に詔して「陣法」を習わせる(天武紀十二・十一・丁亥条)など、早い段階から「陣法式」の制定と全国への頒布・教習が行なわれており、三月一日に行なわれる試自体がこの「司陣法式」と密接に対応し、その内容のほとんどすべてを含んでいるとしている(「日本律令軍制の基本構造」〈『史学研究』一七五、一九八七年〉)。

大角(八四一頁3) 軍陣、儀仗の場で用いられた管楽器。軍防令39軍団置鼓条に「凡軍団、各置二鼓二面、大角二口、少角四口一、通用二兵士一、分番教習」とある。「大角」の名はその形状が獣角に似ていることに由来し、ハラの訓は唐で大角を「簸邏廻」と称したことによる。

大笛(八四一頁4) 和名抄、名義抄とも大角、小角を併記するが本項についての言及はない。延暦十九年(八〇〇)に、鼓吹司において大笛長上が廃されて大角長上の兼任とされ、代わりに鉦鼓長上が置かれている(三代格同・十・七符)が、これは軍楽の用途としての大笛の必要性が低かったことによるか。

簨簴九脚(八四一頁5) 荷田在満前掲「貞観儀式鼓吹司試生儀解」中でも、「担丁四人にて鼓(楯領鼓を指す)二面を荷ひ」と述べられているように、移動を伴う操練であることから、いずれも荷(ニナイ)鉦鼓、荷太鼓の形態であったと考えられる。

破損せる甲(八四一頁6) 続紀宝亀十一・八・庚戌条は、それまで使われてきた鉄製の甲の傷みが激しいことを理由に、諸国に対して以後革製の甲を製作することを命じている。しかし、同条にはそれまでも鉄甲は三年ごとに修理が行なわれてきたこと、革製に切り換えても旧来のものは以後も三年ごとの修理を継続することが記されている。これからは、甲の耐用年数が比較的長かったことが推測できよう。革製の甲の修理に要する馬革については、民部式下45諸国進馬革条および本式28諸国修理甲料条参照。

様の器仗(八四三頁1) 営繕令4営造軍器条に見られるように「様」は統一規格で、その貢進は武器の品質を常に一定以上に維持することを主眼とするものであった。しかし、一方で貢進された武器は、中央・大宰府における武器生産の補完的役割を果たしたと考えられる(中村光一「令制下における武器生産について」〈虎尾俊哉編『律令国家の地方支配』所収、一九九五年〉)。なお、本条は兵部式76様器仗条に対応している。

凡そ器仗を曝し涼す…(八四三頁2) 兵部式23器仗曝涼条には、曝涼の手順について本条とほぼ同一の内容が記されている。一方、左右衛門式には曝涼に関する条文は見えない。軍防令43軍器在庫条、三代格寛平七・七・二十六符参照。

大祓の大刀（八四三頁３）　大祓の際に東西文部によって大刀が進上されることは、神祇令18大祓条および四時祭式上29大祓条、臨時祭式40東西文部条によって知られるが、令制ではその大刀を製作するのは東文部は造兵司、西文部は鍛冶司であった（神祇令18条集解古記）。しかし、延喜式段階では、造兵司が本寮に合併されたことから、本式21大祓横刀条にあるように本寮で大祓大刀が製作されることになり、また鍛冶司が木工寮に合併されたことから、その担当分の大刀が木工寮で製作されるようになった。後者については、木工式27年料条の記載からも窺うことができる。

雑の器仗を出納せんには…（八四三頁４）　器仗の出納については、既に軍防令41出給器仗条に文書の作成と勘納の手続きが、公式令2勅旨式条に勅旨が兵庫に下された場合には、兵庫官人が覆奏することが定められている。これは、兵事が天皇大権に属するため、慎重な手続きが求められたためである。典鑰式1請匙条でも、兵庫の鑰は他の諸司の蔵のそれとは異なった扱いとなっている。兵庫の出納には、天平神護元年（七六五）までは中務省・監物のみが立ち会っていたが、改正されて大蔵省等と同じく複数の官司が立ち会うこととなった（三代格同・閏十・二十五符）。また、同符からは器仗の出納が内印の符で施行されていたことが知られ、これは太政官式11内外印条に継承されている。

打立は木工寮より受けよ（八四三頁５）　打立は、臨時祭式12供神装束条、大神宮式26調度条では錠前を韓櫃や扉に取り付けるための金具を指している。一方、左右馬式62造御鞍料条および兵庫式本条では、馬具の鞍を作るための料物として挙げられている。そのため、木工式に打立の語は見えないが、鞍付属の金具として同式1伊勢神宮料条に見える「鞍二具料」以下の物品がこれに当たるか。ただし、木工式1条には「鞅著」（ムナガイツケ）・「鐙著」（アブミツケ）・「腹帯著」（ハルビツケ）など、それぞれ鞅・鐙・腹帯を取り付けるための金具の他に、「鑣」（クツワ）・「鈌」（カコ）・「和此良金」（ワシラガネ）もあり、これらまで含めて「打立」と称してよいかは判然としない。ただ「和此良金」は「同金著釘」とセットで見えており、固定されるものとそれを取り付けるための金具の両方を含めて「打立」と称したとも考えられる。なお、同条では製作の期限を九月十日とする。

　また、左右馬式62条の御鞍の打立は、木工寮ではなく内匠寮が造り、左右馬寮に送るとされている。内匠寮（宝亀五年〈七七四〉に典鋳司を併合）、木工寮（大同三年〈八〇八〉に鍛冶司を併合）ともに金属製品＝打立を製造し、それぞれ左右馬寮・兵庫寮に送り、そこで鞍に仕立てたのであろう。

広瀬竜田の祭（八四三頁６）　広瀬大社は奈良県北葛城郡河合町に鎮座。若宇加能売命、櫛玉命、穂雷命を祀る。崇神朝に大御膳神として創祀されたと伝えられる。大和川の合流点に近く、五穀豊穣を守る水神として崇敬された。一方、竜田大社は奈良県生駒郡三郷町に鎮座。天御柱命、国御柱命を祀り、五穀豊穣を守る風神として崇敬された。両社とも、天武朝以降は毎年四月と七月に広瀬大忌祭、竜田風神祭を斎行することが慣例となり、神祇令6孟秋条にも規定されている。ともに式内社で、平安時代には二二社にも数えられた。四時祭式上14大忌祭条・15風神祭条、祝詞式5広瀬大忌祭条・6竜田風神祭条、神名式上6大和国条参照。

御梓弓（八四三頁７）　カバノキ科の落葉高木であるアズサでつくった丸木弓。アズサは材が堅いことから、木竹合成弓が考案される平安時代中期まで弓材として用いられ、記紀・万葉集にもその名が見える。ここでは正月七日の御弓（オンタラシ）奏で兵部省が奏進する天皇のための弓を指す。なお、「御梓弓」の分注で「再び造る」の意味を持つ「修造」の語が用いられていることについて、春田永年は、武官の漆弓で既に使用されているものから、状態の良いものを選んで漆を削り取って製するためとしている。内蔵式34正月七日条・53諸司年料条、兵部式2正月七日条参照。

靫（八四五頁１）　弓を射る時、左の手首の内側に結び付けた弦受けの用具。革の袋製で、中に稲藁を入れ、外を黒漆塗りとし、革緒で結ぶ。本来、手首の釧などに触れて弦が切れるのを防ぐために付けたが、釧使用の習慣が廃れた後も、儀仗の際の飾りとして用いられた。なお、本条の梓弓・矢・靫三種については内蔵式53諸司年料条参照。

木賊（八四五頁２）　シダ類トクサ科の常緑多年草。北海道、本州中部以北の渓流沿いの林下などに生える。地中を横に走る根茎から高さ五〇～一〇〇センチメートル、径五ミリメートル内外の深緑色の多数の地上茎を叢生する。珪酸塩を多量に含み硬くざらついた手触りを持つことから、木地、骨、爪などを磨くのに用いる。なお、春田永年は弓一張を錯磨するには分量が多いことから、分注の「錯弓」の下に「幷箭」の二字が抜けているのではないかとしている。

篦二百二十隻（八四五頁３）　篦は植物「矢竹（篠竹）」の異名であるが、同時に素材に関わらず矢柄の部分を指す場合もあった。本条の篦は、数量は合致していないものの、民部式下8造箭料条に「凡兵庫寮造レ箭料柳篦四百廿隻、（中略）並仰二大和国一、毎年交易令レ送」とあるものを指すとみられ、よって柳を材としたと考えられる。

雉の羽四百二十隻（八四五頁４）　通常の箭は三枚羽根であるが、儀仗用の矢は二枚羽であった。そのため、四具二〇〇隻分の羽として四〇〇、損料として二〇が規定されている。雉は肉が食用に供されたため、その羽が進物所に請求されたのであろう。矢羽には主にその尾羽が用いられた。内膳式40諸国貢進御贄条には「参河国進レ雉」の記載がある。

進物所（八四五頁５）　タマイドコロともいう。所の一つで、安福殿の西、月華門外の南側に位置した。もと内膳司に属したが、のち蔵人所の管轄下に置かれた。内膳司で作られた天皇の供御を暖め直したり、簡単な調理を行なったほか、御厨子所とともに諸国貢進の贄をここで保管した。中巻図2参照。

漆（八四五頁６）　ウルシ科の落葉高木ウルシの表皮に切り傷をつけて得られる乳白色の樹脂（生漆）をくろめて（加工して）得られる油性塗料。塗膜は硬く、付着性・耐水性・光沢などに優れるが、耐候性に乏しく乾燥が遅いなどの欠点もある。

金漆（八四五頁７）　和名抄に「開元式云台州有二金漆樹一〈金漆和名古之阿布良〉」とする。平安時代までは、金属、木、革に塗るなどの用途に用いられたが、その後利用が廃れてしまったため、その実体については不明な点が多い。ウコギ属の落葉喬木である「コシアブラ」の樹脂液とする説、漆、特に上質の漆とする説、「漉（コ）し油」の意で油の一種とする説、カクレミノ属の常緑喬木カクレミノの樹脂液とする説、特定の樹木ではなく天然樹脂に由来する黄色透明塗料を指すとする説、荏油を用いた蜜陀油とする説などがある。天平勝宝八歳（七五六）の東大寺献物帳（古四―一二一～一七一頁）には、金漆を用いた大刀が列記されている。賦役令1調絹絁条では、調の副物として正丁一人につき三勺、主計式上の国別諸条では美濃国の中男作物のみの貢納であるが（29条）、交易雑物としては美濃・讃岐二国と大宰府からの貢納があり（民部式下63交易雑物条）、また大蔵式97賜大唐皇条にも見える。小林行雄「金漆」（『古代の技術』所収、一九六二年）、増田昌弘「古文献に見る「金漆」について」（『東北芸術工科大学紀要』一三、二〇〇六年）参照。キンシツ、ゴンゼツ、コンシツの訓みもある。なお、春田永年は鏃部分にのみ塗ったとして、分注の「塗レ箭」の下に「幷麻々伎鏃」の五字が抜けているのではないかとしている。

寮家（八四五頁８）　本条には「寮家」の記載が二ケ所あるが、前者は兵庫寮の寮家である。一方、後者は諸儀式書で兵部省・兵庫寮によって運び込まれた案の撤収を内蔵寮が行なう例があることから、内蔵寮の寮家を指す可能性も考えられる。

銀（八四五頁９）　対馬島の特産で、天武紀三・三・丙辰条に同島からの産銀の報告が見え、これが日本における産銀の初めとされる。民部式下54大宰調物条には調物の銀八九七両があるが、これらはすべて対馬島の貢納か。内蔵式54諸国年料条には大宰府供進の「銀大廿四斤十五両」が見え、内訳は「調十八斤十一両、交易六斤四両」とある。なお、平安時代後期の大江維時の対馬貢銀記（朝野群載三）によれば、年輪一二〇〇両となっている。また大蔵式97賜大唐皇条には、唐皇帝への賜物として銀大五〇〇両が見え、神名式下54対馬島条に銀山上神社・銀山神社が見える。春田永年はこの銀の用度を、「鉸具接合ノ処ヲ錮定スルノ料ナリ」としている。

水銀（八四五頁10）　わが国では自然界に存在する硫化水銀（辰砂）を焼いて製した。内蔵式54諸国年料条には、大宰府より朱砂一〇〇〇両、伊勢国より水銀小四〇〇斤を進めるとある。工芸用として、水銀には漆と合せて朱漆を作る場合と、金アマルガム法によって鍍金に用いる場合があるが、辰砂ではなく水銀と記されていること、また、金装・烏装の横刀の料物であることからすると、本条の場合は後者の可能性が考えられる。ただし、東大寺盧舎那大仏の鋳造の際には金一に対して水銀五が用いられており、本条の一対四の記載では水銀の量が少ない。なお、春田永年は、練金の場合には水銀と同量でよいとして、「両」は「分」の誤記ではないかとしている。

猪の膏（八四七頁1）　猪の脂肪。主計式上の国別諸条では、信濃国の中男作物に「猪膏」（31条）、甲斐国の中男作物に「猪脂」（21条）が見える。猪の膏は、賦役令1調絹絁条では調の副物として正丁一人につき三合、式制では主計式上4中男作物条に中男作物として一升、主殿式15中男作物雑油条には五合とある。同式12諸司年料油条や典薬式諸条で塗り薬に、木工式27年料条や本条では大刀・横刀を磨く剤として挙げられている。貢納は信濃国の中男作物のほか、斎宮式78調庸雑物条に信濃国からの「猪膏三斗」、民部式下63交易雑物条に大宰府からの「猪膏二石」が見える。一方、猪の脂の用途は薬用のみで（典薬式69陸奥年料雑薬条、左右馬式35馬薬条）、甲斐国の中男作物のほか、交易雑物として甲斐・信濃・美作三国から（民部式下63条。信濃国は「円長猪脂」）、年料雑薬として陸奥国からの貢納がある。春田永年は、同時代（江戸後期）の刀匠磨刀工に尋ねても、猪の膏を刀の研磨に用いる例を知る者はいないが、おそらく猪の膏を塗って柔らかい布で擦ることで、砥石の磨跡が消えて刀身に「光滑」が生じ、さらに藁灰の極粉末を刀身に撒いて布で拭うことで、脂分が取れて輝きを増したのではないかとしている。

胡麻の油（八四七頁2）　胡麻はゴマ科の一年生作物。和名抄に「陶隠居本草注云胡麻〈音五万、訛云、宇古末〉本出二大宛一故以名レ之」とある。食用のほか、種子（胡麻子）を搾って油を採り、燈用や甲・鞍・笠・雨具に塗ったり漆の刷毛の洗料、また薬用にされた。賦役令1調絹絁条では調の副物として正丁一人につき七勺であるが、式制では中男作物として主計式上4中男作物条と主殿式15中男作物雑油条に七合とあり、民部式下63交易雑物条に胡麻子が見える。

作功二百五十人（八四七頁3）　金装横刀二口に各二六人、烏装横刀六口に各二三人とした場合に、合計数は二五〇人とはならない。春田永年は、烏装横刀の二三人は本式25横刀条の長功二一日と中功二五日の間に位置する人数で、金装横刀がそれより三日多いのは組工にかかる日数と考えればこの数字は妥当であり、二五〇人は一九〇人の誤りであろうとしている。

神楯（八四七頁4）　小林行雄は、神楯について、材料としての記載はないものの「目」字状に組んだ木材を骨組みとし、掃墨・膠・酒からなる黒色の塗料を塗った牛皮二枚を表地とし、裏には糯米の糊で商布を貼った物を骨組みに釘どめし、さらに飾りとして四枚の面金を貼ったと推測している（『古代の技術』九〇頁、一九六二年）。なお、「上広」「中広」「下広」と記載方法は異なるが、同寸法のものが大嘗祭式24神楯戟条に記されている。橋本義則前掲書一六三頁参照。

紀伊国の忌部氏（八四七頁5）　神代紀第九段一書第二に、紀伊国忌部の遠祖の手置帆負神を「作笠者」、彦狭知神を「作盾者」とするとある。一方、古語拾遺には太玉神が手置帆負・彦狭知の二神をして瑞殿を造営させ、兼ねて御笠、矛盾を造らせたこと。また、手置帆負命を讃岐国の忌部の祖、彦狭知命を紀伊国忌部の祖としている。井上辰雄は、紀伊国忌部をもと紀氏が斎（イツ）く日前神社の供神調度品の製作集団であったのではないかとする（「忌部の研究」〈『古代王権と宗教的部民』所収、一九八〇年〉）。上田正昭は、続紀宝亀十・六・辛亥条から、紀伊国名草郡内に忌部集団があったとする（『日本古代国家論究』二〇二頁、一九六八年）。

掃墨（八四七頁6）　「掃き墨」の変化したもので、胡麻油、菜種油などの油煙を掃き落として集めたもの。また、これに膠を混ぜてつくった墨。塗料や眉墨および薬用としても用いた。油煙墨。本条ではこれに膠と酒を混ぜて塗料とし、表地である牛革および戟の柄に塗布した。

檀（八四九頁1）　ニシキギ科の落葉小高木で真弓とも書く。古事記中に「知波夜比登、宇遅能和多理瀰、多弖流、阿豆佐由美麻由美」、万葉集一三二九番歌に「陸奥の安達太良真弓弦はけて」、同一三三〇番歌に「南淵の細川山に立つ檀弓束巻くまで」とあるように、古来より弓材として用いられた。また檀を材とする弓自体を檀弓と称した。

征箭五十隻（八四九頁2）　矢（箭）はその使途により、征矢、野矢、的矢、響目矢、威儀の矢の別があり、それぞれ製作法を異にしていた。このうち軍陣で用いられるのが征箭で、使用後も回収して保管・再利用したため、矢柄・羽・鏃とも堅牢に作られた。また、貫通力を増すために鏃には丸根・柳葉などの征矢尻が用いられ、矢に回転力をつけるため三立矢（三枚羽）とした。一方、箭は五〇隻で一具とすることが定法とされていた。しかし、貞観十六年（八七四）の検非違使起請には、「人力微弱」を理由に通常は三〇隻を定めとして、節会行幸警固の日のみ五〇隻を箙（エビラ）に盛ることを求め認められている（三代実録同・九・十四条）。

肧を打つ…（八五一頁1）　以下の工程について、川口陟（『定本日本刀剣全史』二、一九二頁、一九七三年）は、江戸時代後期の刀匠水心子正秀の『剣工秘伝志』中の次の記述を引き、それを支持している。「先づ打抔とは鞴（フイゴ）を居へ、火所を塗り、火を煽す迄の事なるべし。今に鉄山などにては、新火所を始むるを、はい打と云へり。手力一人は手伝にて、弟子などの事なるべし。破秉合秉二日は、銑をろしより刀に打延る迄の事なるべし。並打刃とは鎬を打事なるべし。別手力二人は、相槌の事なるべし。剪並に錯は、則ち摺り削る事なるべし。麁研磨とは、焼刃下地に荒砥にてざっと研ぐ事なるべし。焼刃を渡して常見寺位に砥にて研ぐ事なるべし。精磨とは、刃の模様分る迄に合砥にて研ぐ事なるべし。瑩とは即ち今の磨ぎなるべし」。なお、川口は「肧」を「抔」に改めているが、根拠は明示していない。一方、春田永年は、「肧」は陶瓦のまだ焼成していないものを指すことから、鉄のいまだ鍛煉していないものを称するのに、この文字が使われたとしている。

焼き漆を塗るに（八五一頁2）　漆の木から採取して異物を取り除いた生漆の主成分がウルシオールで、これは酸化酵素ラッカーゼの働きにより、空気中の酸素と結合して黒色の樹脂となる（本式20御梓弓条の「漆」参照）。しかし生漆を七〇度程度に加熱すると、ラッカーゼの作用が抑えられて固化しにくくなり、さらに一三〇度程度まで熱すると重合反応をおこして再び固化するようになる。今日これを利用した技法を焼漆という。本項はこの工程に相当するもので、鉸具を熱してから漆を塗ったか。

挂甲（八五一頁3）　札（サネ）をつづり合せてつくった鎧の一種。札をつづった鎧には両当系（騎兵用）と方領系（歩兵用）の二種があり、前者を挂甲、後者を短甲と称したようである。ちなみに、東大寺献物帳（古四―一五二頁）に記載されている「御甲壹佰具」のうちの九〇具は挂甲である。札には長さや幅にいくつかの種類があり、組み合せて胴部と草摺を作るが、札を革紐や組緒でつないでいるため動きやすいのが特徴である。札の材質は鍛鉄または牛の生革を叩き固めた撓革（イタメガワ）だが、宝亀十一年（七八〇）に鉄よりも革の方が堅牢で軽便であることを理由に、諸国年料の甲冑を革で製作することが命じられている（続紀同・八・庚戌条）。これは折からの蝦夷征討に関連して、甲の大量生産を図る目的が考えられる一方、革の柔軟性から矢に対する防御性が優れていたとする説もある。一方、本条の挂甲はその工程から考えて鍛鉄の札であり、兵範記仁安三・十二・三十条、吉記養和元・九・二十五条の記事から推測して、中央では一貫して鍛鉄製の札による甲が製作されていたと考えられる。近藤好和「大鎧の成立」（『中世的武具の成立と武士』所収、二〇〇〇年、初出一九八五・一九九八年）参照。

尾張六張…阿波十張（八五三頁1）　民部式下53年料別貢雑物条の馬革貢上国・貢上数とも一致している。三代実録貞観八・五・十九条に、貞観五年（八六三）に造兵司が年間に修理する甲を五〇領に減じたことから、従来諸国に二〇〇張を貢上させていた馬革を半減し、伊勢・越前・加賀・越中・丹波・丹後・因幡・播磨・備中各国の年貢馬革一〇〇張を停止するとある。本条に見える尾張国以下の国々の馬革の合計が一〇〇張であることから、貞観八・五・十九条で削減の対象とならなかった国々が、本条および民部式下45諸国進馬革条、同式53条に記載されたと考えられる。このうち、尾張・美濃両国には左右馬寮に属する飼戸（左右馬式60飼戸条）が、近江・播磨には牧（同式49播磨国家島馬条・50諸国貢馬牛条）が置かれていた。阿波・但馬両国には牧が置かれていないものの、阿波国は天平十年度淡路国正税帳に「阿波国進上御馬」とあり（古二―一〇五頁）、但馬国も天平九年度但馬国正税帳に「馬皮壱張〈長四尺七寸広二尺八寸〉、直稲壱拾肆束」と見える（古二―五八頁）。一方、播磨は貞観八年太政官処分の馬革進上停止国にも、本条や民部式下45・53条にも見える。これは、貞観八年段階で停止された播磨の馬革の貢上はその一部に過ぎず、延喜式段階においても、同国からの貢上が続いていたことを推測させる。

駅伝牧等の死馬の皮（八五三頁2）　駅馬の許容される死亡率は国によって一割か二割（主税式上110駅馬死損条）、牧馬の死亡減少の許容率は一割（厩牧令8死耗条）であった。なお、尾張等の国の各死馬の皮は、本条および民部式下45諸国進馬革条の規定のように京進することとなっていた。

単功六百三十三人…（八五三頁3）　弩一具の功程は一人一日の労働量にして六三三人分であるが、これを実態に即した人数および労役日数で労働量に換算したものが分注の「丁十二人五十分丁之卅三」とみられる。労役日数は本条には見えないが、本式31雑工戸条によれば雑作人の労役の上限日数は五〇日であり、これを勘案して分注を数式にすると

$$12\frac{33}{50}(\text{人})\times 50(\text{日})=600+33=633(\text{人})$$

となる。すなわち単功六三三人は、標準的な一日の労働量で一二人が五〇日分働き、それに加えて一人が三三日（あるいは一一人が三日）働く分を加えたのべ人数と考えられる。

雑の工の戸（八五三頁4）　令制の品部・雑戸の一つ（職員令26造兵司条・34典鋳司条）。ゾウクコともいう。ここから出た「雑工部」が、兵部省所管の造兵司と、大蔵省所管の典鋳司における鍛冶や武器・武具製造などの手工業に携わった。このうち造兵司に属する雑工戸は雑戸と品部に大別され、職員令26条集解古記および令釈所引官員令別記には

　鍛戸二百十七戸、甲作六十二戸、靫作五十八戸、弓削三十二戸、矢作廿二戸、鞆張廿四戸、羽結廿戸、桙刊卅戸、右八色人等、自二十月一至二三月一、毎戸役二一丁一、為二雑戸一、免二調役一也、爪工十八戸、楯縫卅六戸、幄作十六戸、右三色人等、臨レ時召役、為二品部一、取レ調免二徭役一、

と記されている。造兵司自体が、続紀天平十

六・四・甲寅条に廃止されるも間もなく復置され、さらに寛平八年(八九六)に左右兵庫、鼓吹司と合併して兵庫寮が成立するという変遷をたどったため(狩野文庫本三代格同・九・七符)、本式に記されたものである。

また、品部は奈良時代後半以降のそれを公民に編入する政策によって減少し、延喜式制で残っているのは鼓吹戸のみであり、本条の雑工戸はすべて雑戸である。

左京二十五烟…(八五三頁5) 合計三七六戸(うち絶戸六四戸)で、職員令26造兵司条集解古記および令釈所引官員令別記の合計四六五戸に比べると少ない。一方、三代実録元慶元・十一・八条には、遠江国の二〇戸をやめて代わりに山城国に置くことで旧に復すとの記載があるが、本条には反映されていない。

雑の工の戸は調庸を免じ…(八五五頁1) 職員令26造兵司条集解古記および令釈所引官員令別記(天平年間〈七二九～七四九〉成立)によれば、武器・武具の生産は造兵司に番上する形で行なわれていたが、本条の「其役分物、毎年附貢調使進之」から、延喜式段階では製品の貢納に変化している様子が窺える。松本政春はこの形態の変化による官司としての必要性の低下が、造兵司廃止・併合の理由の一つになったのではないかとする(「造兵司の復置年代について」〈『奈良時代軍事制度の研究』所収、二〇〇三年、初出一九八三年〉)。

摂津国有馬郡の羽束の工の戸(八五五頁2) なぜ羽束の工のみが他と扱いを異にするのか明らかではない。また、その任についても、本寮が造兵司を吸収して成立したこと、職員令26造兵司条集解古記および令釈所引官員令別記に「羽結廿戸」と見えることから、矢(箭)羽根製作との関わりが推測できるものの詳細は不明である。

大角生十人…**鉦生四人**(八五七頁1) 天長十年(八三三)に兵部省の奏上に基づき、三四人のうちの大角・小角・鼓生それぞれ一人が、同省の書生に振り替えられている。

巻第五十

雑式(八五九頁1)　文字通り雑多な法令を収めた篇目。各官司の規定に収まらない条文が並び、その条文配列には特に規則性が見られない。ここに収められている条文で特徴的な点をあげると、地方諸国に関する規定や国司に関する規定、特定の国や地域に関する規定などが目立つ。たとえば陰陽式1鎮害気条と本式1鎮害気条はほぼ同一の内容を記すが、前者は宮城内での規定、後者は地方諸国での規定であるため、後者が本式に収められたものと思われる。釈奠に関する大学式諸条と、本式55諸国釈奠式条〜63祝文条も同様の関係であろう。また、地方官である国司や、その国司が管轄すべき内容についての規定も多く、1条のほか23造過所条〜30駅路植菓樹条・45不乗駅伝馬条・47国司遷代条・50諸国貢馬条・53国司相牒式条などがそれにあたる。さらに、15混陽院雑事条・34難波津条の摂津国、18遺鋳銭司旧銭条・49鋳銭司官人条の鋳銭司、20美濃国掾目条の美濃国、21松原客館条の越前国、2大宰奏神事条・35大宰貢物船条〜43大宰貢綿穀船条の大宰府管内諸国、48陸奥出羽条の陸奥・出羽国、51宇治山崎橋条・52泉河仮橋条の山城国、といったように、特定の地域に関する規定もある。このほか、宮城内の作法や調度について定めた3稽首条〜5公宴酒食条・8輦車腰輿条〜12伝漏条や、百姓の落ち穂拾いについて禁じた31被雇刈稲条など、内容は多岐にわたり、古代社会の実情を生き生きと物語る篇目として注目される。

跪拝(八五九頁2)　日本列島の社会で古くから行なわれてきた礼法の一つで、既に魏志倭人伝には「見㆓大人㆒所㆑敬、但搏㆑手以当㆓跪拝㆒」「下戸与㆓大人㆒相㆓逢道路㆒、逡巡入㆑草、伝㆑辞説㆑事、或蹲或跪、両手拠㆑地、為㆓之恭敬㆒」などと見える。推古紀十二年九月条に、百官人の朝庭への出入に際して「以㆓両手㆒押㆑地、両脚跪之、越㆑梱則立行」という跪礼・匍匐礼が採用されたことが見える。天武紀十一・九・壬辰条には、孝徳朝に導入された唐風の立礼の採用がはかられたことが見えるが、この礼法は容易に改められなかったようで、八世紀を通じて「跪伏之礼」を禁止する詔勅が繰り返し出されている(続紀慶雲元・正・辛亥条ほか)。九世紀以降は、倚子・牀などの座具が官人に普及することで立礼に移行するようになる(大隅清陽「座具から見た朝礼の変遷」〈『律令官制と礼秩序の研究』所収、二〇一一年、初出二〇〇二年〉)。

諸司の公廨(八六一頁1)　公廨は本来は官庁の舎屋や収蔵物を指す言葉であるが、転じて官司の財政運用を指す用語になった。日本では当初、財政運用としての「公廨」の語は使われておらず、日本令では唐令で使用されていた財政運用としての「公廨」の語を一貫して継受していない(大津透「唐日律令地方財政管見」〈『日唐律令制の財政構造』所収、二〇〇六年、初出一九九三年〉)。財政運用としての「公廨」が史料上にあらわれるのは、続紀天平十六・四・丙辰条の「以㆘始営㆓紫香楽宮㆒、百官未ダ成、司別給㆓公廨銭㆒、惣一千貫、交関取㆑息、永充㆓公用㆒、不㆑得㆑損㆓失其本㆒、毎年限㆓十一月㆒、細録㆓本利用状㆒、令㆑申㆓太政官㆖」で、紫香楽宮の造営のために諸司が公廨銭を出挙して運用すべきことが定められている。しかも、毎年十一月までに元本と利息の状況を細録して太政官に申送することが定められており、申送時期に若干の異同はあるものの、本条の規定と類似しており、本条の淵源が天平期頃に求められる可能性がある。

なお、田令11公田条集解古記では、公廨物の運用について「仮令、借貸請㆓官物㆒出挙取㆑利、以㆑本還㆑官、以㆑利更廻、出挙取㆑利、以借㆓給当司官人等㆒、此為㆓公廨物㆒」と説明しているが、早川庄八は、この方法が本条に定める京官諸司公廨の運用方法とまったく同じことに注目し、天平十七年(七四五)に設定された国司公廨等の運用方法の説明ではなく、京官諸司の公廨物運用を念頭に置いた説明であるとしている(「律令財政の構造とその変質」〈『日本古代の財政制度』所収、二〇〇〇年、初出一九六五年〉)。この解釈には宮原武夫の批判があるが(「公廨稲出挙制の成立」〈『日本古代の国家と農民』所収、一九七三年、初出一九六二年〉)、いずれにしても、京官諸司の公廨物運用が天平期頃から行なわれていたことは、前述の続紀の記事から明らかであろう。

官私悉く大を用いよ(八六一頁2)　雑令1度十分条に「凡度、十分為レ寸、十寸為レ尺、一尺二寸、為二大尺一尺一、十尺為レ丈、量、十合為レ升、三升為二大升一升一、十升為レ斗、十斗為レ斛、権衡、廿四銖為レ両、三両為二大両一両一、十六両為レ斤」とあり、大制と小制の関係が規定されている。雑令2度地条では「凡度レ地、量二銀銅穀一者、皆用レ大、此外、官私悉用二小者一」とあり、度量衡は小制の使用が原則であったのに対し、母法となった唐令では「諸積秬黍為度量権衡者、調二鐘律一、測二晷景一、合二湯薬一、及冕服制則用レ之、此外悉用レ大者」(『唐令拾遺』雑令復旧四条〈開元七年令・二十五年令〉)とあり、大制の使用が原則となっている。本条は養老令よりもむしろ唐令の規定に近く、唐制が段階的に取り入れられ、延喜式に定着したことを示す一例である(三上喜孝「北宋天聖雑令に関する覚書」〈『山形大学歴史・地理・人類学論集』八、二〇〇七年〉)。

陣下(八六三頁1)　陣は内裏の武官の詰所。ここでは左衛門陣(建春門)および右衛門陣(宜秋門)を指す。

分番して漏を奏し伝うる(八六三頁2)　交替で時刻を報告する。内豎一人が昼夜の一回ずつ(一二時間に一度)を担当し、おそらくは六人が交替して一昼夜の時刻を報告するのであろう。西宮記臨時六(侍中事)に「内豎所式云、(中略)時奏内豎伺レ剋奏レ之」とあり、内豎の職掌の一つに時刻の報告があったことが分かる。

行基(八六三頁3)　奈良時代の僧。天智七年(六六八)、河内国(のち和泉国)大鳥郡蜂田郷(大阪府堺市)に生まれる。父は高志才智、母は蜂田古爾比売で、いずれも渡来系氏族出身。天武十一年(六八二)、一五歳で出家し、八世紀以降、畿内で民間布教を始め、平城京に諸国から集まった人々や官人層の支持を得たが、養老元年(七一七)、僧尼令に違反するとして糾弾された。その後は畿内を中心に池溝など灌漑施設の修築、橋・布施屋などの交通施設の整備、老若男女の貧窮病者の救済などを行ない、天平年間にはこの社会事業活動が認められ、さらに天平十五年(七四三)には大仏造営の勧進に参加し、天平十七年には大僧正に任じられた。天平勝宝元年(七四九)八二歳で平城京右京の菅原寺で没した。

銭文不明(八六五頁1)　三代実録貞観七・六・十条に「禁三京畿及近江国売買之輩択二棄悪銭一曰、弘仁十一年六月九日下二知大蔵省一曰、鋳銭司所レ進新銭、雖二文字頗不一レ明、而不レ失二体勢一、亦有二小疵一、行用無レ妨、宜三猶検納一、而間愚者不レ悟二此旨一、専任二已心一、択棄不レ受、或称二文字不一レ全、計レ十嫌二二三一、或号二輪郭有一レ缺、挙レ百欠二八九一、是以要二升米一者、飢口難レ餬、買二屯綿一者、寒身不レ暖、宜下牓二于路頭一、厳加中禁止上、若有二乖違一、随即決笞」とある。官銭の中に銭文不明のものがあり、いわゆる撰銭がおこっていたことが分かる。さらに同十四・九・二十五条にも「新鋳貞観銭、文字破滅、輪郭無レ全、凡在二売買一、嫌二棄太半一、譴二責鋳銭司一、令二分明鋳作一」とあり、新鋳の貞観永宝の文字が破滅しているため、鋳銭司を譴責している。このように九世紀半ば頃から、官銭に銭文不明のものが含まれるようになり、銭文不明の官銭に対する受け取り拒否が問題化していた。

鋳銭司(八六五頁2)　史料上では持統八年(六九四)に大宅麻呂らを鋳銭司に任じたのが初見で(同紀八・三・乙酉条)、つづく文武三年(六九九)にも鋳銭司を置いたという記事が見えるが(続紀同・十二・庚子条)、本格的に始動したのは和銅元年(七〇八)のことで、武蔵国秩父郡からの和銅の献上を契機に(続紀同・正・乙巳条)、催鋳銭司が設けられ(同・二・甲戌条)、和同開珎が鋳造された(同・五・壬寅条、同・八・己巳条)。和銅二年に河内鋳銭司(所在地不明)を寮に準ずるという記事(続紀同・八・乙酉条)があることから河内国に鋳銭司の存在が確認できるが、当初は鋳銭司だけでなく各国に銭貨を鋳造させていたらしい。天平二年(七三〇)周防国熊毛郡牛島・吉敷郡達理山の原銅を長門国鋳銭司(山口県下関市長府)に送るとあるほか(続紀同・三・丁酉条)、天平七年に置かれた「鋳銭司」は(続紀同・閏十一・庚子条)、「岡田鋳銭司」であったと考えられ、その比定地である京都府相楽郡加茂町の銭司遺跡の発掘調査により、奈良時代より存続していたことが判明している(栄原永遠男「鋳銭司の変遷」〈『日本古代銭貨流通史の研究』所収、一九九三年、初出一九七七年〉)。弘仁九年(八一八)に長門国の鋳銭司が改組されて鋳銭使となり、天長二年(八二五)に廃止され、新たに周防国吉敷郡に鋳銭司が置かれた(狩野文庫本三代格天長二・四・七符)。また、貞観永宝発行の際には山城国葛野鋳銭所(京都市西京区嵐山あたりか)で臨時の鋳銭が行なわれたことがある(栄原前掲論文)。

旧銭(八六五頁3) 三代実録貞観九・九・三条によれば、「美濃国言、捜二検民間一、勘納帳年銭百五十一貫、播磨国言、勘納帳年銭二百廿五貫、備中国言、勘納帳年銭八十四貫、太政官処分、以二稲一束一充二銭二百文一、賜二進レ銭之人一、其銭納レ官」とあり、旧銭(長年大宝か)を各国から回収している。おそらく九世紀半ば頃から、原料の銅の不足が深刻化し、旧銭を回収して鋳銭司へ送っていたものとみられる。

土岐恵奈両郡の雑事ならびに駅家逓送の事(八六五頁4) 兵部式80東山道駅伝馬条には美濃国駅馬として「土岐、大井各十疋、坂本卅疋」とあり、土岐郡には土岐駅、恵奈郡には大井駅と坂本駅があった。続後紀承和七・四・戊辰条によれば、「去承和五年十一月二日美濃国言、管恵奈郡無レ人二任使一、郡司暗拙、是以、大井駅家、人馬共疲、官舎顛仆、因レ茲、坂本駅子悉逃、諸使擁塞」とあり、承和五年(八三八)に大井駅家の崩壊と坂本駅子の逃亡という状況があったことが知られる。このため、美濃国府は席田郡人国造真祖父を派遣し、「教喩」によって逃亡駅子を呼び戻し、坂本駅をひとまず再建した。政府は承和十一年に恵奈郡に対して三ケ年の「復」(課役免除)を行ない(三代格斉衡二・正・二十八符)、さらに貞観四年(八六二)にも恵奈郡と土岐郡に「復」一年を適用するなど(三代実録同・五・二十三条)、この間、当該地域の負担の軽減につとめている。しかし重い負担は解消されず、三代格嘉祥三・五・二十八符では、「土岐坂本二駅」の駅子が負担にたえかねて逃亡するため、逃亡の駅子を捜勘すべきことを命じたり、前掲斉衡二年符では、坂本駅の維持が恵奈郡の民衆にとってきわめて重い負担であることから、諸郡司のうちから「富豪恪勤」の者に五位を借授し、三年の期限で恵奈郡の復興にあたらせようとした。本条はこのような九世紀半ばの段階の両郡の実態を背景にしたものであろう。

松原客館(八六五頁5) 他の史料に見えず。扶桑略記延喜十九・十二・二十四条によれば、渤海の客徒を「松原駅館」に送ったという記事があり、松原駅(兵部式81北陸道駅伝馬条)を客館として使用していたものとみられる。なお、後紀大同元・五・丁丑条には「勅、備後、安芸、周防、長門等国駅館、本備二蕃客一」とあり、山陽道諸国では「駅館」を客館として使用していた。本条に見える松原客館も同様の事例であろう。

神宮司(八六五頁6) 紀伊・鹿島などの主要な神社に置かれ、祭祀や管理にあたる官職。神主・禰宜より上位の神職に位置づけられる。気比神社では宝亀七年(七七六)九月に始めて神宮司が置かれ、従八位の官に准ずべきことが定められている(続紀同・九・庚午条)。気比神宮司が松原客館を検校する理由は不詳であるが、松原客館の推定地とされる敦賀市の松原遺跡からは、鎮火儀礼を行なったと考えられる遺構が発見されており、これが加賀国の気多神社(石川県羽咋市)に隣接して存在する寺家遺跡の焚火遺構と類似していることから、渤海国使がもたらす「疫心」や「毒気」を祓う役割が期待され、神宮司が松原客館を検校した可能性がある(『福井県史』通史編1原始・古代、一九九三年)。

前分(八六五頁7) 出納に携わる官人や封戸を

もつ諸家の徴物使などが、貢納物のほかに自らの得分とした手数料。文献上の初見は、続紀天平勝宝八・十一・丁巳条で、「勅、如聞、出二納官物一諸司人等、苟貪二前分一、巧作二逗留一、稍延二旬日一、不レ肯収納、由レ此、担脚辛苦、競為二逃帰一、非三直敗二治、実亦虧レ化、宜レ令二弾正台巡検一、自レ今已後、勿レ使二更然一」とあり(三代格もほぼ同文)、八世紀の半ばには既に出納諸司の官人が前分を貪り、納入事務が滞っていることが問題視され、勅により禁止されていたことが分かる。九世紀末にも同様の禁制が出されており(三代格寛平三・五・二十九符)、これらの禁制が本条に継承されたものとみられる。その後も、格勅符抄長保元・七・二十七符や、小右記長元三・八・二十六条にも前分禁止のことが見えている。なお、藤原宮や平城宮から「前分」と記した荷札木簡が出土しており、前分徴収の実態は七世紀末頃まで遡ると考えられる(古尾谷知浩「『前分』について」〈『律令国家と天皇家産機構』所収、二〇〇六年、初出二〇〇〇年〉)。

過所(八六五頁8) 関の通行許可証。京職・国司などの諸司が発給した。申請者の名、通過する関の名、目的の国、旅行の事由、従人の姓名、携行する物や牛馬等を記すのが原則であった。大宝令では竹木(木簡)の使用も許されたが、霊亀元年(七一五)、国印を捺すことになり紙に一本化された。公式令22過所式条に書式を定める。

過所式

其事云云、度二某関一往二其国一、

某官位姓、三位以上、称レ卿、資人、位姓名、年若干、若庶人称二本属一、従人、某国某郡某里人姓名年、奴名年、婢名年、其物若干、其毛牡牝馬牛若干疋頭、

年月日　主典位姓名

次官位姓名

右過所式、並令下依レ式具録二二通一、申中送所司上、所司勘同、即依レ式署、一通留為レ案、一通判給、

具に馬の毛尺寸歳験を録して(八六五頁9) 公式令22過所式条に「其毛牡牝馬牛若干疋頭」とある。また、唐令をほぼ踏襲した北宋天聖令の関市令1条には、「具注二姓名、年紀及馬牛騾驢牝牡、毛色、歯歳一」とあり、やはり馬・牛・騾・驢の牝牡の別、毛色、歳などを記すことが定められている(この部分は、日本の関市令1欲度関条には継受されていない)。おそらくこうした規定が本条に継承されたのであろう。なお、平城宮造営前の下ツ道の西側溝から出土した過所木簡(『平城宮木簡』二―一九二六〈一九七四年〉。年代は大宝元年〔七〇一〕～霊亀元年〔七一五〕頃と推定)には、

・関々司前解近江国蒲生郡阿伎里人大初上阿□〔伎ヵ〕勝足石許田作人

・同伊刀古麻呂〈大宅女右二人左京小治町大初上笠阿曽弥安戸人右二送行乎我都　鹿毛牡馬歳七　里長尾治都留伎〉

とあり、馬の毛色、牡牝の別、歳が記されており、八世紀当初からこの規定が実行されていたことが分かる。

長官(八六五頁10) 戸令33国守巡行条に「凡国守、毎レ年一巡二行属郡一、観二風俗一、問二百年一、録二囚徒一、理二冤枉一、詳察二政刑得失一、知二百姓所二患苦一、敦喩二五教一、勧二務農功一、部内有下好学、篤道、孝悌、忠信、清白、異行、発二聞於郷閭一者上、挙而進之、(下略)」とあり、国守が部内巡行することにより、任国内の実態を把握すべきことを定めている。本条はそれを具体化した規定であろう。なお、天平期の諸国正税帳には国守巡行の実例が見える。

資養の郡(八六五頁11) 続紀天平十五・五・丙寅条に「禁下断諸国司等不レ住二旧館一、更作二新舎一、又到レ任一度須レ給二鋪設一、而雖レ経二年序一更亦給之、又各置二養郡一、令煩二資養一」とあり、この記事の後半部分をもとに本条が成立したと考えられる(法政大学延喜式攷究会「延喜雑式の研究　国司資養郡条」〔菊地照夫執筆〕〈『延喜式研究』七、一九九二年〉)。

限りを過ぎて還らざる者(八六五頁12) 後紀大同元・五・己丑条では、「勅、公使之政、既立二程限一、私暇之期、必有二日数一、如聞、諸国牧宰

之輩、或就レ使入レ京、公務已畢、或縁レ事帰レ舎、暇日方満、而経二過宮闕一、留二連閭里一、量二彼景迹一、不レ可レ不レ粛、又上下殊レ等、所レ掌各別、若長官出行、須二佐職留守一、而或有下掾已上官、共離二任所一、付中印主典上、泰甚之至、一復如レ此、其奉レ使過レ限者、勘レ由申之、暇満未レ来者、録レ名同言、若隠忍不レ告者、事覚之日、准レ状科附、不レ得二阿容一」とあり、四度使としての公務を終えた国司が、期限を過ぎても京にとどまって任国に戻らないことや、三等官の掾以上が一斉に任国を離れ、国印が主典に預けられる事態を招いていることなどを問題視し、こうした不法行為の摘発を進めている。九世紀以降、こうした行為が問題化したため、本条のような規定が定着したのであろう。

五斗を俵となせ(八六七頁1)　平城宮出土の米の付札木簡の記載をみると、圧倒的に多い輸貢単位量は五斗であるが、すべて五斗に統一されていたわけでなく、六斗、まれに五斗八升という単位量もみられる。六斗や五斗八升は、庸米付札にみられる点が特徴で、これは仕丁・衛士などの一ケ月分の食料を念頭に置いた数値である(一日二升×三〇日〔大の月〕=六斗、一日二升×二九日〔小の月〕=五斗八升)。すなわち用途に応じて俵詰めがなされていたことが分かる。しかし、六斗や五斗八升の単位量は八世紀前半頃を境に次第に姿を消し、天平年間の半ば頃から五斗単位の輸納に統一されていく(櫛木謙周「律令制下における役丁資養制度」〈『日本古代労働力編成の研究』所収、一九九六年、初出一九八四年〉、同「律令制下における米の貢進について」〈前掲書所収、初出一九七九年〉)。

迎送することを得ず(八六七頁2)　戸令34国郡司条に「凡国郡司、須下向二所部一検校上者、不レ得下受二百姓迎送一、妨二廃産業一、及受二供給一、致上レ令二煩擾一」とあり、「不得受百姓迎送」の集解古記の説明に「謂国司巡二部内一郡司待二当郡院一、郡司巡二部内一、里長待二里内一、不レ得下率二百姓一向二境待及送上レ過レ界、但従レ境始須二検校一者、随レ便迎送耳、公使亦同也」とある。これによると、国司の部内巡行の際は郡司が郡院(郡家)で待ち、郡司が部内を巡行する場合は里長が里内で待つというように、下僚が境界まで直接出向いて迎えることを禁じている(ただし境界から検校を始める場合は適宜認めている)。本条はこの規定を朝使と国司との間にも適用した規定である。ただし、実態としては、朝使が訪れる際に路次の国が出迎えて逓送や供給を行なうことが多かったようで、別符抄延長三・十二・二十八符によれば、諸国司に対して「応三依レ法勤行一朝使逓送供給違レ式事」と、逓送や供給といった不当な負担を禁止している。

所部に交関することを得ず(八六七頁3)　続紀天平八・五・丙申条に同様の規定が見える。本条は国司一般に対する規定であるが、続紀同条には「先レ是有レ勅、諸国司等、除二公廨田事力借貸一之外、不レ得二運送一者、大宰管内諸国、已蒙二処分一訖、但府官人者、任在二辺要一、禄同二京官一、因レ此、別給二仕丁公廨稲一、亦漕送之物、色数立レ限、又一任之内、不レ得レ交二関所部一、但買二衣食一者聴之」とあり、本条と対応する「又一任之内、不レ得レ交二関所部一、但買二衣食一者聴之」は大宰管内諸国に対する法令であるようにも読み取れる。後出の続紀天平勝宝六・九・丁未条の記事をふまえると、もともと大宰管内諸国に対する禁制として出された法令が、諸国司に拡大され、延喜式に定着したとみるべきか。

私物を京に運ぶは(八六七頁4)　続紀天平八・五・丙申条(前出)の「諸国司等、除二公廨田事力借貸一之外、不レ得二運送一者、大宰管内諸国、已蒙二処分一訖」に対応する。

法によりて科罪せよ(八六七頁5)　続紀天平勝宝六・九・丁未条に「又覧二去天平七・〔八ノ誤リカ〕年格一、国司等所部交関、運レ物无レ限者、禁断既訖、然猶不二肯承行一、貪濁成レ俗、朕之股肱、豈合レ如レ此、自レ今以後、更有二違犯一、依レ法科レ罪、不レ須二矜宥一」とあり、天平八年(七三六)五月の法令(前出)に罰則規定を加えている。

菓樹を植え(八六七頁6)　三代格天平宝字三・六・二十二符に同様の規定が見える。同符によれば、東大寺の普照法師が「道路百姓来去不レ絶、樹在二其傍一、足レ息二疲乏一、夏則就レ蔭避レ熱、飢則擿レ子噉レ之、伏願、城外道路両辺栽二種菓子樹木一」という奏状を提出し、この提案が採用されている。本条はこれに基づくものであろう。なお、三代格弘仁十二・四・二十一符によれば、「道辺之木夏垂レ蔭為二休息処一、秋結レ実民得レ食焉、而或頑民徒致二伐損一、去来之輩並失二便宜一」とあり、九世紀初頭には道辺の木が伐採されることが問題化していた(虎尾俊哉『延喜式』二一三・二一四頁、一九六四年)。

人を率いて(八六七頁7)　本条の法意は、稲刈りに雇われた百姓が、報酬の一部として落穂を拾わせることは認めても、直接稲刈り労働に従事していない者を率いて落穂を拾うことは禁止するということであろう。このことは、本来の落穂拾いの慣行が、共同体の相互扶助としての一面をもっていたことを示す(荒木敏夫「平安時代の落穂拾い慣行と稲刈り労働」〈竹内理三編『古代天皇制と社会構造』所収、一九八〇年〉)。

駅使致敬すべき者に遇わば(八六七頁8)　儀制令10在路相遇条集解に、「八十一例云、駅使遇下応二致敬一者上下馬、若急速者不レ下也」とあり、本条と同文である。「八十一例」とは、逸文の検討から、令文の不備を補い、あるいは令の解釈を明確化するための注釈書的な性格を持ち、かつ式の先蹤をなすものと位置づけられ、その成立は養老三年(七一九)をあまり降らない時期であると考えられている(虎尾俊哉「『例』の研究」〈『古代典籍文書論考』所収、一九八二年、初出一九六二年〉)。すなわちこの規定は、八世紀前半には既に成立していたことが分かる。

難波津(八六七頁9)　難波に置かれた津。難波の御津や大津とも呼ばれた。大阪市中央区三津寺町付近とする説と同市中央区高麗橋付近とする説があるが、後者が有力。中国や朝鮮半島に対する外交の拠点として、また、倭王権の内政や流通の拠点として大きな役割を果たした。記紀では応神記や仁徳紀などに難波津の名が見えることや、欽明紀十六年二月条には百済の使者を津に迎えて慰問したとあることから、五世紀後半から六世紀にかけて津の整備が進んだと考えられる。さらに紀には、隋使や唐使の来着に際して難波津において迎接儀礼が行なわれていたことが記されており(推古紀十六・六・丙辰条、舒明紀四・十・甲寅条)、難波津周辺には外交使節が滞在する館や大郡といった施設が集中していた。奈良時代以降も難波津の重要性は継承されるが、長岡京期に難波宮が停止されて(三代格延暦十二・三・九符)以降は、難波津の重要性は弱まり、次第に衰退していった(直木孝次郎「難波宮と難波津」〈『難波宮と難波津の研究』所収、一九九四年、初出一九八九年〉)。

御贄を貢する使(八六九頁1)　大宰府九箇使の一つ。三代格大同四・正・二十六符によれば、使一人のほか、厨造一人、書生一人からなる。大宰府の贄については、宮内式45例貢御贄条に大宰府からの例貢御贄として甘葛煎、木蓮子があるほか、内膳式42年料御贄条によれば、鰒や鯛の加工品、腹赤魚、年魚の加工品、宍や雉の加工品などがあった(板楠和子「西海道貢進の贄」〈『新版古代の日本』3九州・沖縄所収、一九九一年〉)。

対馬島の銀(八六九頁2)　天武紀三・三・丙辰条が初見。三代実録貞観七・八・十五条には「対馬島銀穴在二下県郡一」とあり、神名式下54対馬島条の下県郡の項には「銀山上神社」「銀山神社」が見える。対馬国貢銀記参照。

米を糴い馬を買う(八六九頁3)　三代格延暦十二・八・十四符に、「右大臣宣、奉レ勅、大宰部内出米先有二禁制一、而今同官人任レ意運レ米、郡司百姓寄二言他物一、詐受二過所一、往来商賈相続不レ絶、宜二厳禁断一、自今以後不レ得二更然一」とあり、また同弘仁二・十・十五符にも「大宰所部、本禁二出米一」と見え、大宰府管内から米を外に運ぶことは原則として禁止されていた(佐々木恵介「大宰府の管内支配変質に関する試論」〈土田直鎮先生還暦記念会編『奈良平安時代史論集』下所収、一九八四年〉)。馬については、三代実録貞観十二・二・二十三条の大宰大弐藤原冬緒による起請四事の其二に「比年之間、公私雑人、或陸或海、来集深入遠尋、営二求善馬一、及二其帰向一、多者二三十、少者八九疋、惣計二過所一、年々出レ関之数、凡千余疋、夫機急之備、馬尤為レ用、而無頼之輩、毎年捜取、若有二罄乏一、如二非常一何、今将レ施二禁制一、翻致二謗讟一、望請、下二知豊前長門両国一、四ケ年間、禁二止出レ馬」と見える。辺要国にあたるため、軍馬の確保のため馬の持ち出しが禁止されていたことを示すか。

一使に附けよ（八六九頁4）　本来、大帳、調帳、朝集帳、税帳とそれらの関連文書（これを四度公文という）は、国司が毎年上京させる四度使（大帳使・貢調使・税帳使・朝集使）によって中央政府にもたらされた。本条ではこのうち、計帳（大帳）と朝集帳については（別々の使ではなく）一つの使がまとめて提出することを定めている。

南島（八六九頁5）　古くは推古二十四年（六一六）に掖玖（屋久島）人の渡来が確認され（推古紀二十四年三月条ほか）、天武朝には加えて多禰島（種子島）人と阿麻弥（奄美大島）人が（天武紀六年二月条、同紀十一・七・丙辰条など）、さらに文武三年（六九九）には度感（徳之島）人も渡来している（続紀同・七・辛未条）。和銅七年（七一四）に球美島（久米島）、信覚島（石垣島）の人が渡来するなど（続紀同・十二・戊午条）、七世紀後半から八世紀前半にかけて南島からの渡来者に関する記事が集中して見られる。中央政府もこの時期に南島に使者を派遣しており、南島経営に積極的に関わっていた。大宰府跡からは、「掩美島」「（奄美大島）「伊藍島」（沖永良部島）と書かれた付札木簡が出土している（木簡学会編『日本古代木簡選』、一九九〇年）。

牌を樹て（八六九頁6）　木の板に書いた札を立てる。続紀天平勝宝六・二・丙戌条に「勅二大宰府一、去天平七年、故大弐従四位上小野朝臣老、遣二高橋連牛養於南島一樹レ牌、而其牌経レ年、今既朽壊、宜下依レ旧修樹、毎レ牌、顕二着島名并泊レ船処、有レ水処、及去就国行程一、遥見二島名一、令中漂着之船知上レ所二帰向一」とあり、天平七年（七三五）の段階で既に南島に牌が立てられている。南島の牌の朽壊が問題化した背景には、遣唐使の航路が八世紀になって南路をとったことと関係するのであろう。唐大和上東征伝によれば、天宝十二歳（七五三年、天平勝宝五年）十一月に蘇州を出発した鑑真一行は、阿児奈波島（沖縄本島）、多禰島、益救島（屋久島）を経由したとある。

監臨の主守（八六九頁7）　監臨は監督し支配すること、主守は官物や囚人を保管する責任があること。名例律54監臨条参照。本条のもととなった規定は唐厩庫律17条の「諸監臨主守、以二官物一私自貸、若貸レ人、及貸レ之者、無二文記一、以レ盗論、有二文記一、準レ盗論〈文記、謂下取二抄署一之類上〉立二判案一減二二等一、（中略）所レ貸之人、不レ能二備償一、徴二判署之官一」で、日本律もこれを継受したとみられる。貞観交替式天平八・十一・十一符では律云として「監臨主守、以二官物一私自貸、若貸レ人、所レ貸之人、不レ能二備償一者、徴二判署之官一」とあげており、本条とほぼ同文である。さらに延喜交替式では、これに「貸人雖レ死、猶徴二判署一〈判署亦死従二負免一〉」という規定が加わっており、本条が段階的に成立したことが分かる。

正税大帳朝集等の使（八七一頁1）　公式令51朝集使条には「凡朝集使、東海道坂東、東山道山東、北陸道神済以北、山陰道出雲以北、山陽道安芸以西、南海道土左等国、及西海道、皆乗二駅馬一、自余各乗二当国馬一」とあり、国司の駅馬利用は、遠方諸国の朝集使に限られていた。ところが、続紀養老四・九・辛未条に「諸国申レ官公文、始乗レ駅言上」とあるように、計帳使・税帳使にも駅馬利用が拡大され、さらに養老六年（七二二）には、「伊勢、志摩、尾張、参河、遠江、美濃、飛驒、若狭、越前、丹後、但馬、因幡、播磨、美作、備前、備中、淡路、阿波、讃岐等国司、先レ是、奉レ使入レ京、不レ聴レ乗レ駅、至レ是始聴之、但伊賀、近江、丹波、紀伊四国、不レ在二茲限一」（続紀同・八・丁卯条）と、駅馬利用の対象国が拡大された（三代格同日符では、「縁レ有二公事一向レ京国司皆聴レ乗レ駅」とある）。

大同二年(八〇七)九月には、養老六年の段階で駅馬利用を禁じられていた紀伊国が「此国去二奈良京二三日行程、今平安京更去二一日半一、惣四日半程、而正税帳大帳朝集帳等使乗二用私馬一、辛苦不レ少、望請、准二伊勢国一、乗二用駅馬一」と申請して、駅馬利用が認められている(三代格同・九・十六符)。こうした段階を経て、本条が成立したものとみられる。なお、本条で四度使のうち貢調使が除外されているのは、調庸物輸送という職務に規制されたものであろう(永田英明「駅制運用の展開と変質」〈『古代駅伝馬制度の研究』所収、二〇〇四年、初出一九九六年〉)。

伝馬(八七一頁2)　続紀神亀三・八・乙亥条には「太政官処分、新任国司向レ任之日、伊賀、伊勢、近江、丹波、播磨、紀伊等六国不レ給二食馬一、志摩、尾張、若狭、美濃、参川、越前、丹後、但馬、美作、備前、備中、淡路等十二国並給レ食、自外諸国、皆給二伝符一、但大宰府并部下諸国五位以上者、宜レ給二伝符一、自外随レ使駕レ船、縁路諸国、依レ例供給、史生亦准レ此焉」とあり、遠国に赴任する際には伝符が支給され、伝馬が利用されたことが知られる。その後、後紀弘仁三・五・乙丑条に「伊勢国言、伝馬之設、唯送二新任之司一、自外無レ所二乗用一、今自二桑名郡榎撫駅一、達二尾張国一、既是水路、而徒置二伝馬一、久成二民労一、伏請一従二停止一、永息二煩労一、許レ之」とあり、この時点で伊勢国も国司赴任の際に伝馬が利用されていたことが分かる。なお、厩牧令16置駅馬条の義解には「謂、国司向レ任、及罪人令レ乗二官馬一者、皆乗二伝馬一之類」という記述があり、九世紀前半段階では国司赴任の際の伝馬利用が一般化していたとみられる。

泉河(八七三頁1)　京都府南部を流れる木津川の古称。木津川は古くから木材輸送の水路であった。藤原京造営に際して、近江国田上山から切り出した用材を、宇治川を下し木津川に遡らせて大和まで運んでいる(万葉集五〇番歌の「藤原宮之役民作歌」)。平城京遷都後も、木材輸送のため木津川沿いには津が設けられ、木材を管理するための木屋が置かれた。本条に見える東大寺も、泉木屋が置かれていた(古一三—二六五頁など)。木津川は木材の輸送路としての性格や、川の水勢などから、恒常的な橋を架けることは不可能で、それゆえに仮橋が作られていたものとみられる。九月から三月までという期間を設けたのは、農繁期や夏の増水期を避けるためであろう。なお、関連する規定として、営繕令12津橋道路条に「凡津橋道路、毎レ年起二九月半一、当界修理、十月使レ訖」とある。

牒すらく(八七三頁2)　公式令14牒式条に定める牒は、①内外の官人主典以上が諸司に上申する場合の書式として規定されており、また同令12移式条によれば、牒が②移式準用の牒(僧綱・三綱と諸司が連絡を取り合う際に「移」ではなく「牒」を用いる)として用いられる場合もあった。これに対して、唐の公式令の定める「牒式」は日本令と全く対応していない。唐公式令復旧第九条では、日本の公式令で定められた官人個人の上申文書としての「牒」とは異なり、官司の下達文書として「牒」が規定されていた。唐の官制のあり方に注目した吉川真司は、唐の公式令に定められた官司文書が官司間文書と官司内文書の二本立てからなることを指摘した上で、このうち官司内で本局から別局の下達に「牒」、別局から本局への上申には「刺」、別局間の互通文書として「関」が使用されたとした。しかし官司内別局が未発達な日本では公式令にこれが継受されることなく、従って日本では「刺」「関」の文書も存在しなかった。その代わりに、必要に応じて「牒」が官司内文書として上申・下達両用に用いられるようになったという(吉川真司「奈良時代の宣」〈『律令官僚制の研究』所収、一九九八年、初出一九八八年〉)。

この、日本の公式令に定められていない官司内文書としての「牒」に関して、川端新は、本条と次条に注目し、国衙にある守と入部した介以下(検調物使)、もしくは入部した守(検調物所)と国衙にある介以下との間で往復する文書様式について定めた本条と次条の内容を、国衙の内部で取り交わされる、官司内文書としての「牒」

であると評価した（「荘園制的文書体系の成立まで」〈『荘園制成立史の研究』所収、二〇〇〇年、初出一九九八年〉）。すなわち本条は、官司内文書としての「牒」を定めた唐制を意識した書式であると考えられるのである。本条は、公式令の定める文書体系を補足する役割を果たしたものとして注目される。なお、新潟県長岡市下ノ西遺跡出土の八世紀前半と推定される木簡の中に、国司間で取り交わされた官司内文書として牒が使われたとみられる文書木簡の断片があり、本条と次条の規定が八世紀前半まで遡る可能性がある（三上喜孝「文書様式『牒』の受容をめぐる一考察」〈『山形大学歴史・地理・人類学論集』七、二〇〇六年〉）。

諸国釈奠式（八七五頁1）　国学で行なう釈奠の施行細則。国学は諸国に設けられた郡司の子弟らを対象とする教育機関である。教官は国博士一名のみで、大学寮のように明経・紀伝・明法・算などの専攻学科に分れることはなかった。事務官も置かれておらず、事務に関しては国司が担当したものと思われる。学生は郡司の子弟で一三歳以上一六歳以下の聡令なる者を採り、大国は五〇名、上国四〇名、中国三〇名、下国二〇名が定員であった。建物などの構成は不明であるが、朝野群載二二所収の「国務条々事」には、新任受領が引継ぎに際して巡検するものとして、学校・孔子廟堂ならびに祭器があげられており、長元三年（一〇三〇）頃のものと推定される上野国交替実録帳（平遺九—四六〇九）には講堂、竈屋、学生屋等の記載がある。これらから国学に孔子廟、講義のための講堂、炊事場である竈屋、学生の寄宿舎と思われる学生屋などがあったと推測される。また久木幸男は下総国府付近で出土した「博士館」と墨書された高坏から国博士の宿舎もあったと指摘している（『日本古代学校の研究』二三九頁、一九九〇年、初版は『大学寮と古代儒教』として一九六八年刊行）。なお、国学に関する詳細は久木前掲書の他、桃裕行「上代に於ける国学制」（『上代学制の研究』修訂版所収、一九九四年、初出一九三四年）、関口功一「古代の教育施設について」（『群馬歴史民俗』二二、二〇〇一年）、中沢巻一「国博士・医師に於ける受業と非業について」（『法学論叢』七八—一・二、一九六五年）などを参照。

国学釈奠の沿革については次項に譲るが、天平八年度薩摩国正税帳（古二—一三頁）に春秋釈奠料の記載があることから、天平七年（七三五）頃には行なわれていたことが知られる。ただし、この頃は諸国釈奠式は未成立であった。諸国釈奠式が成立するのは貞観二年（八六〇）のことで、三代実録同・十二・八条に次のようにある。

新修㆓釈奠式㆒頒㆓下七道諸国㆒、先㆑是、播磨国言、博士正八位上和邇部臣宅継申請云、謹案、大唐開元礼、大学国子、州県各有㆓釈奠式㆒、今此間唯有㆓大学式㆒無㆓諸国式㆒、所㆑謂大学式、則因㆓循開元礼㆒、大学国子之式、具載㆓奠祭之儀㆒、明定㆓進退之度㆒、又云、若上丁当㆓国忌及祈年祭㆒、改用㆓中丁㆒者、如㆑此等事、未㆑有㆓施行㆒、凡厥諸国相犯者多、或称㆓大学例㆒用㆓風俗楽㆒、或拠㆓州県式㆒停㆓止音楽㆒、唯任㆓人心㆒、遂無㆓一定㆒、夫尊㆑師之道誠須㆓厳整㆒、如在之礼、豈合㆓参差㆒、望請、被㆑賜㆓件式㆒、以為㆓永鑒㆒、勅依㆑之、

三代格にも同日付けで諸国釈奠式を頒下するほぼ同内容の官符が収められているが、ここから播磨国博士和迩部宅継の申請によって諸国釈奠式が頒下されたことが分かる。当時現行の式は弘仁式である。弘仁主税式には国衙釈奠の費用に関する規定はあったが、この記事から考えると弘仁式には費用以外の諸国釈奠に関する規定はなかったと考えられる。従って、この貞観二年制定の新修釈奠式が貞観雑式に取り入れられ、さらに本条になったと一応考えられる。

ただし、大宰府が先聖先師閔子騫の三座釈奠を行なう特例を申請した貞観十八年の大宰府解に「貞観二年十二月八日、頒㆓下七道諸国㆒式、只有㆓二座之行事㆒、都無㆓九哲之釈菜㆒、方今依㆑式欲㆑行則□〔乖ヵ〕㆓故実㆒、随㆑例不㆑改、則乖㆓式文㆒」とあり（三代格同・六・十符）、貞観式施行後（貞観式は貞観十三年施行）の貞観十八年段

階でも貞観式ではなく、貞観二年制定の「新修釈奠式」が参照されていることから、貞観式にも諸国釈奠式は存在しなかった可能性もある。あるいは、本条は貞観二年の「新修釈奠式」をもとに、延喜式段階で定立されたものかもしれない。

なお、本条は大唐開元礼六九「諸州釈奠於孔宣父」、同七二「諸県釈奠於孔宣父」とほぼ同文である。これらには音楽の規定が一切無いが、本条には音楽に関する記載がある。本条は州県の規定をもとに大学式の音楽に関する記述を加えるなど改変して作られたものと思われる。

釈奠（八七五頁2）　大学寮における釈奠については大学式1釈奠条を参照。ここでは国学における釈奠についてまとめておく。

大学とともに国学においても釈奠を行なうべきことは学令3釈奠条に「凡大学国学、毎レ年春秋二仲之月上丁、釈ニ奠於先聖孔宣父一、其饌酒明衣所レ須、並用ニ官物一」と規定されていた。学令では先聖のみが祭祀対象とされているが、天平八年度薩摩国正税帳（古二―一三頁）によれば、春秋釈奠の費用として「先聖先師幷四座」の稲酒の支出などが記載されており、実際には先聖先師二座を対象とする釈奠（四座とあるのは春秋二回のため）が行なわれていたようである。

なお、正税から支出する釈奠料に関しては、主税式上75諸国釈奠条（弘仁主税式も同文）、保安元年摂津国正税帳案（平遺一〇―補四五）などにも記載があるが、これらには先聖先師料として米、酒、脯、鰒、雑腊、雑菓子、燈油、幣などがあげられている。これらと薩摩国正税帳を比較すると、薩摩国正税帳には先聖先師料の脯や鰒などが記載されていない。この点について弥永貞三「古代の釈奠について」（『日本古代の政治と史料』所収、一九八八年、初出一九七二年）は、薩摩国正税帳の手違いであろうと推測しているが、天平段階では供物は米、酒のみの簡単な形で実施されていて、天平以後供物がより整備された可能性や正税支出以外の形で用意されていた可能性も考えられよう。

そのほか国学釈奠に関する史料は多くはないが、所功「日本における釈奠祭儀の特色」（『京都産業大学論集（人文科学系列）』二四、一九九七年）は、奈良時代から平安初期の国学釈奠の状況を推測させるものとして滋賀県近江八幡市勧学院遺跡から出土した奈良時代の論語の習書木簡（沖森卓也・佐藤信編『上代木簡資料集成』〈一九九四年〉所収の一九四号）、静岡県浜松市城山遺跡から出土した奈良時代の尚書や論語の習書木簡（同一九二・一九六号）、陸奥国胆沢城跡から出土した平安初期の孝経断簡（胆沢城跡二六号漆紙文書、平川南「古文孝経写本」〈『漆紙文書の研究』所収、一九八九年、初出一九八四年〉）などを紹介され、国学釈奠でこれら経典を使った講論が行なわれた可能性を指摘している。

ちなみに大学式には饋享に続いて講論および宴座に関する記載が見られるが、本条（55諸国釈奠式条）は饋享までしか記載がない。従って本条の記載のみから考えると、国学の釈奠では講論や宴座などは行なわれなかったことになる。しかし先の薩摩国正税帳には「国司以下学生以上惣七十二人」の食料稲、脯、鰒、雑腊、雑菓子、酒などの記載があり、本条に記載のない宴座が行なわれていた可能性も考えられるし、同様に本条に記載されていなくとも講論が行なわれていた可能性もあろう。一方で、時代によっては国博士の人材確保が難しく、非業博士の場合もあったことなどを合せて考えると講論が実際に可能であったのかいささかの疑問も残る。

ところで、国学の釈奠は九世紀には比較的さかんに実施されていたようである。加賀国では天長十年（八三三）に先聖先師像を描いているが（紀略同・二・辛未条）、弘仁十四年（八二三）に設置された加賀国で国学が整い、釈奠挙行の準備が進められたことを示すものであろう。承和七年（八四〇）には五畿内七道に対し諒闇の間、釈奠を停止することが命じられているが（続後紀同・七・癸未条）、これも全国的に釈奠が実施されていたことを示している。さらに前述のように貞観二年(八六〇)には七道諸国に「新修釈奠式」が頒下され(三代実録同・十二・八条、三代格同日符)、同十八年には大宰府から先聖先師ならびに閔子騫の三座を祀って釈奠を実施したい旨申請が出されている(三代格同・六・十符)。また、山口県防府市の天田遺跡からは九世紀頃のものと推測される「釈奠」と墨書された須恵器が出土している(防府市教育委員会編『平成15年度防府市内遺跡発掘調査概要』〈二〇〇五年〉)。これらから九世紀には各国で釈奠が実施されていたと考えてよいように思われる。ただし、仁和三年(八八七)、讃岐守在任中だった菅原道真は「州廟釈奠有レ感」と題する詩の中で、「一趨一拝意如レ泥、罇俎蕭疎礼用迷、暁漏春風三献後、若非ニ供祀一定児啼」(菅家文草三)と、先聖先師に備える祭器も供物も粗末なため礼に叶わないことを恐れており、各国の釈奠がどの程度整備され、礼に叶ったものだったのかは不明である。

一〇世紀には要略五四所収勘解由使勘判抄よりいくつかの国学の状況が窺える。すなわち、延喜十六年(九一六)伊勢国の先聖先師像が破損しているため官に申して図を替えるようにしたこと、承平三年(九三三)には丹波国の廟像ならびに雑器が破損していたこと、同七年石見国で礼器が紛失しているため造備するようにしたこと、これらのことが分かる。このように勘解由使の観察により修理などの対策はとられていたが、祭器の破損など国学や釈奠は衰退しつつあったようである。寛弘六年(一〇〇九)に尾張守として赴任した大江匡衡のように国学を再興した国司もいたが(江吏部集中所収の「冬日於ニ州廟一賦レ詩」という詩の中で「思ニ郷貢一、以興ニ学校院一」と詠んでいる)、長元三年(一〇三〇)頃の上野国では「学校院廟像、礼服、祭器、雑物、破損無実」とあり(上野国交替実録帳〈平遺九―四六〇九〉)、一〇世紀以降国学は次第に衰退したと考えられ、釈奠も行なわれなくなったようである。

なお、朝野群載二六応徳二年十月主税寮勘上野国解文によれば、承保三年(一〇七六)の上野国の例用費用として春秋釈奠料が計上されており、前掲の保安元年摂津国正税帳案にも春秋釈奠料が計上されている。これらが果たして実態を示すものなのか、単に帳簿上だけのものなのか判然としない。

大宰府(八七五頁3)　大宰府には府学が置かれていた。府学には大宰博士のほか、音博士(天平十年〈七三八〉設置)、明法博士(延暦十八年〈七九九〉設置)が置かれており、他の国学が国博士一名であるのに比し、規模、内容などで優っていた。釈奠に関しても他の国学が先聖先師二座なのに対して閔子騫を加えた三座を祀るという、やや特殊な形式になっている。この点について三代格貞観十八・六・十符に次のようにある。

太政官符

□旧釈ニ奠先聖先師閔子騫三座一事

右得ニ大宰府解一偁、検ニ案内一、此府釈奠□〔先聖先師ヵ〕閔子騫□三座行□而□貞観二年十二月八日、頒ニ下七道諸国一式、只有ニ二座之行事一、都無ニ九哲之釈菜一、方今依レ式欲レ行則□〔乖ヵ〕ニ故実一、随レ例不レ改、則乖ニ式文一、望請、無レ墮ニ旧例一、定行ニ三座一者、右大臣宣、奉レ勅、依レ請、

貞観十八年六月十日

大宰府は旧来から閔子騫を入れた三座で釈奠を行なってきていた。しかし貞観二年(八六〇)に諸国釈奠式が作られ、そこでは大学寮のような九哲の従祀を認めず、先聖先師二座のみを祀ることとされてしまった。そのため三座で釈奠を行なうことを申請し認められたというものである。本式55諸国釈奠式条の大宰府釈奠に関する分注部分はこの官符を受けて延喜式段階で規定されたものである。

簠・簋(八七七頁1)　中国文献などでは簠・簋は本条分注とは逆に簠が外円内方、簋が外方内円とされる。国衙のみ簠・簋が逆なのか、大学寮も含めて日本では簠・簋が逆になっているのかは不明。底本などでは大学式1釈奠条「簠」の項に「外方」、「簋」の項に「外円」などの書き込み

があるが(大学式校異補注2・3参照)、これが何に基づく、いつの時点の書き込みかは不明。本条分注を見て書かれた可能性もあり、この書き込みのみから大学寮でも国衙と同様のものを使っていたと判断することはできない。なお、湯島聖堂が現在用いている簠・簋は本条分注とは逆のものである。

三献官(八八一頁1)　三献を行なう者。三献については大学式9散斎致斎条・14饋享条参照。諸国釈奠では守・介・国博士が勤めた。

　なお、本条の三献官以下執饌までの祭儀担当者の人数を総計すると三三人となる。つまり本条規定の形式で釈奠を行なうには最低でも三三人が必要ということである。ちなみに天平八年度薩摩国正税帳には春秋釈奠料として「国司以下学生以上惣七十二人」の食料稲、脯、鰒、雑腊、雑菓子、酒などを計上している(古二―一三頁)。これらは春秋二回分に関する記載であるから一回の参加者数は三六人となる。薩摩国で本条のような形で釈奠が行なわれたかは不明だが、人員的には可能だったことになる。所功前掲論文は、薩摩国は中国であるが、実質的には下国扱いだったとする林陸朗・鈴木靖民編『復元天平諸国正税帳』五一四頁(一九八五年)の指摘を踏まえ、三六人の内訳を守一人、目一人、史生二人、国博士一人、学生二〇人、国医師一人、国医生四人の三〇人に他に郡司・軍毅などが数人参列したのではないかと指摘する。

　また保安元年摂津国正税帳案(平遺一〇―補四五)は春秋釈奠料として「国司以下学生以上参拾捌人料」を計上している。この場合一回の参加者は一九名となる。摂津は上国なので学生は四〇名、国司、国博士・医師は九名となるが、この定数と比べても本条の人数と比べても参加者数が少ないことになる。従って保安元年摂津国正税帳案が実態を反映したものかどうかは疑問が残る。

博士(八八一頁2)　そもそも令制では国博士は国内から採用し、適任者がいない場合に傍国からとることになっていた(選叙令27国博士条)。しかし実際には適任者を求めることが難しかったらしく、大宝三年(七〇三)には該当者がいない場合には式部省が選擬することになった(続紀同・三・丁丑条)。この場合おそらくは大学生から選ばれて国学に派遣されたものと思われるが、霊亀二年(七一六)には大学生でも業が未成の場合は補任しないこととされた(続紀同・五・丁酉条)。このように当初は国博士の学問に対しても一定以上の水準が要求されていたのである。そのため地方においてはもとより、大学に学ぶ者の中でも該当する者は少なく、国博士になるべき人が不足するという事態が起きた。そのため養老七年(七二三)、畿外では按察使が置かれている国にのみ国博士を置き、他を廃止した(続紀同・十・庚子条)。神亀五年(七二八)には国博士は三、四国で一人とし(続紀同・八・壬申条)、天平神護二年(七六六)には、国博士と国医師の兼任を認める(続紀同・五・乙丑条)などの対処策を採っている。この間の天平宝字元年(七五七)十一月九日には、勅によって国博士になるために大学生が修めなければならない経書を定める(続紀同・癸未条)など、国博士のレベルを維持する政策も採られている。宝亀十年(七七九)には国博士を希望する者が多くなったことにより、令制の原則に戻して国ごとに一名置くことにしている(続紀同・閏五・丙申条)。なお、その後、延暦十六年(七九七)には畿内の国博士を廃止するが、弘仁十二年(八二一)には復活している(三代格弘仁十二・十二・二符)。これらの政策の背景にどのような事情があったのか、あまりはっきりとはしない。

　さて、このように奈良末から平安初期には国学の数も増え、国博士の需要も増えたと思われるが、延暦八年正月には大学生の三〇歳未満の者は国博士に任用しないことを定めるなど、国博士の素養低下を防止する政策がとられている(三代格同・正・二十八式部省符)。しかし天長元年(八二四)には、「功成業畢」るものが貧寒を免れるよう、この年齢制限を廃止して採用への道を開き(三代格同・八・十六符)、天長七年には、大学生のうち三一歳以上になり業を遂げるに耐えない者に白読を課試し、五畿内をはじめとする一一ケ国の博士に任用する政策を出している(三代格同・十一・十五符)。元慶七年(八八三)には当土の非受業人が国博士になることが禁止され(三代格同・十二・二十五符)、寛平七年(八九五)には大学生の学舎に苦住する者や鴻儒の子孫は薦挙によって任用することになった(三代格同・二・一符)。このように九世紀以降になると、国博士の任用の基準は甘くなって、大学生や鴻儒の子孫に収入を与える方便となっていったのである。国学がやがて衰退していくのはこうした動向とも関連するのであろう。

付表

表1　諸国馬牛牧比定地一覧　中村光一
表2　御牧所在比定地一覧　山口英男
表3　典薬式薬物一覧　丸山裕美子
表4　典薬式処方薬一覧　丸山裕美子

表1 諸国馬牛牧比定地一覧

国	牧名		所在推定地
駿河	岡野馬牧	①	静岡県沼津市岡宮・岡一色・沢田・青野
		②	静岡県沼津市街地から駿東郡長泉町・裾野市南部(「大岡庄」がその後身)
	蘇弥奈馬牧	①	静岡県静岡市葵区牧ケ谷・内牧
		②	静岡県富士市大淵
相摸	高野馬牛牧		神奈川県伊勢原市池端(馬牧)、神奈川県伊勢原市沼目(牛牧)
武蔵	檜前馬牧	①	埼玉県児玉郡上里町勅使河原
		②	埼玉県児玉郡美里町駒衣
		③	東京都台東区浅草
	神埼牛牧	①	東京都新宿区旧牛込
		②	埼玉県春日部市内牧
安房	白浜馬牧	①	千葉県南房総市白浜町白浜
		②	千葉県南房総市白浜町乙浜～千倉町白間津
	鈖師馬牧		千葉県南房総市珠師ケ谷
上総	大野馬牧	①	千葉県市原市駒込・高滝
		②	千葉県市原市折津・大久保
	負野牛牧		千葉県木更津市牛袋野
下総	高津馬牧	①	千葉県八千代市高津
		②	千葉県香取郡多古町高津原
	大結馬牧	①	千葉県船橋市夏見(「夏見御厨」がその後身か)
		②	茨城県結城郡八千代町大間木・尾崎・芦ケ谷～茨城県常総市崎房(大間木舌状台地上か)
	木島馬牧		未詳
	長洲馬牧		茨城県坂東市長須～茨城県猿島郡境町若林・百戸・伏木・一ノ谷
	浮島牛牧	①	東京都墨田区「牛島」(現在の堤通・向島・押上・墨田・東向島の内か)
		②	千葉県千葉市花見川区幕張
常陸	信太馬牧	①	茨城県稲敷郡美浦村
		②	茨城県稲敷市小野
下野	朱間馬牧	①	栃木県栃木市藤岡町赤麻
		②	栃木県佐野市赤見町
伯耆	古布馬牧		鳥取県東伯郡琴浦町別宮
備前	長島馬牛牧		岡山県瀬戸内市邑久町虫明長島
周防	竈合馬牧		山口県熊毛郡上関町長島字蒲井
	垣島牛牧		山口県光市牛島

表1　諸国馬牛牧比定地一覧

長門	宇養馬牧	①	山口県長門市真木
		②	山口県下関市豊浦町宇賀～豊北町北宇賀
	角島牛牧		山口県下関市豊北町角島
伊予	忽那島馬牛牧		愛媛県松山市中島
土左	沼山村馬牧	①	高知県須崎市(旧浦ノ内村)
		②	高知県幡多郡三原村
		③	高知県土佐清水市鍵掛・大岐
		④	高知県南国市北部
		⑤	高知県香美市土佐山田町
筑前	能巨島牛牧		福岡県福岡市西区能古
肥前	鹿島馬牧		佐賀県鹿島市(多良岳山麓に広がる丘陵地か)
	庇羅馬牧		長崎県平戸市平戸島
	生属馬牧		長崎県平戸市生月町生月
	柏島牛牧		佐賀県唐津市神集島
	櫏野牧	①	長崎県南松浦郡新上五島町
		②	長崎県島原半島の先端部
	早埼牛牧	①	長崎県南島原市南有馬町～口之津町乙早崎名
		②	長崎県島原半島の先端部
肥後	二重馬牧	①	熊本県阿蘇市車帰二重峠付近
		②	熊本県菊池郡大津町真木
	波良馬牧	①	熊本県阿蘇市端辺原野
		②	熊本県阿蘇郡小国町・南小国町
日向	野波野馬牧	①	宮崎県小林市野尻町
		②	鹿児島県志布志市有明町野神
	堤野馬牧	①	宮崎県小林市堤
		②	宮崎県宮崎市堤内
		③	宮崎県児湯郡都農町川北鼓
	都濃野馬牧		宮崎県児湯郡都農町川北牧内山
	野波野牛牧	①	宮崎県小林市野尻町
		②	鹿児島県志布志市有明町野神
	長野牛牧	①	宮崎県西都市三納永野
		②	宮崎県児湯郡都農町川北長野
		③	宮崎県児湯郡高鍋町上江牛牧
	三原野牛牧		未詳

- この表は巻二十八兵部式70馬牛牧条の馬牛牧(諸国牧)に対応するものである。
- 丸囲み数字は、推定地に諸説あるものを示す。
- 所在推定地は中心付近またはおよその範囲を示す。
- 所在推定地には、複数の旧国にまたがって位置することが想定される場所がある。そのため、煩雑さを避けるため所在郡(旧郡)の記載は行なわない。また、典拠となる辞典類には地名を挙げた後に「付近」「一帯」等の表記をしている箇所があるが、統一的な基準によって示すことが難しいため、それらの表記は省略した。なお、自治体名は市町村合併を反映し、二〇一七年現在のものに修正した。
- これらの地名については、吉田東伍『大日本地名辞書』(富山房)、『日本歴史地名大系』(平凡社)、『日本地名大辞典』『古代地名大辞典』(角川書店)から作表した。

表2 御牧所在比定地一覧

国	牧名	旧郡	所在推定地
甲斐	柏前牧 ①	巨麻	山梨県北杜市高根町念場原
	②	山梨	山梨県甲州市勝沼町柏尾
	③	巨麻	長野県諏訪郡富士見町柏平
	真衣野牧	巨麻	山梨県北杜市武川町牧原
	穂坂牧	巨麻	山梨県韮崎市穂坂町
武蔵	石川牧 ①	都筑	神奈川県横浜市
	②	多麻	東京都八王子市
	小川牧	多麻	東京都あきる野市
	由比牧	多麻	東京都八王子市
	立野牧 ①	都筑	神奈川県横浜市
	②	多麻	東京都府中市・立川市
	③	足立	埼玉県さいたま市
信濃	山鹿牧	諏方	長野県茅野市豊平南大塩・湖東
	塩原牧 ①	諏方	長野県茅野市米沢
	②	小県	長野県小県郡青木村・上田市
	岡屋牧	諏方	長野県岡谷市
	平井手牧	伊那	長野県上伊那郡辰野町平出
	笠原牧 ①	伊那	長野県伊那市美篶笠原
	②	高井	長野県中野市笠原
	高位牧	高井	長野県高山村駒場・牧・高井
	宮処牧	伊那	長野県辰野町伊那富宮所
	埴原牧	筑摩	長野県松本市中山埴原
	大野牧	筑摩	長野県松本市波田・安曇、東筑摩郡山形村
	大室牧	高井	長野県長野市松代町大室
	猪鹿牧	安曇	長野県安曇野市穂高柏原・穂高牧
	萩倉牧		（未詳）
	新治牧	小県	長野県東御市新張
	長倉牧	佐久	長野県北佐久郡軽井沢町長倉・発地
	塩野牧	佐久	長野県北佐久郡御代田町塩野・馬瀬口
	望月牧	佐久	長野県佐久市望月・東御市御牧原等

表2　御牧所在比定地一覧

上野	利刈牧	群馬	群馬県渋川市白井・北牧・南牧
	有馬島牧	群馬	群馬県渋川市有馬〜前橋市荒牧町
	沼尾牧　①	吾妻	群馬県吾妻郡長野原町
	②	吾妻	群馬県吾妻郡東吾妻町・前橋市
	③	群馬	群馬県高崎市箕郷町
	拝志牧　①	勢多	群馬県渋川市赤城町・北橘町
	②	吾妻	群馬県吾妻郡長野原町
	久野牧　①	利根	群馬県利根郡みなかみ町月夜野
	②	利根	群馬県沼田市
	市代牧	吾妻	群馬県吾妻郡中之条町市城
	大塩牧　①	利根	群馬県沼田市白沢町
	②	利根	群馬県利根郡みなかみ町上牧・下牧
	塩山牧	甘楽	群馬県甘楽郡下仁田町〜南牧村
	新屋牧	甘楽	群馬県甘楽郡甘楽町

・この表は巻四十八左右馬式1御牧条の御牧（勅旨牧）に対応するものである。
・「旧郡」欄の郡名表記は巻二十二民部式上による。
・丸囲み数字は、推定地に諸説あるものを示す。
・所在推定地は中心付近またはおよその範囲を示す。
・参考文献
『山梨県史』通史編一、山梨県、二〇〇四年
『多摩市史』通史編一、多摩市、一九九七年
『長野県史』通史編一、長野県史刊行会、一九八九年
『群馬県史』通史編二、群馬県、一九九一年

表3　典薬式薬物一覧

・本一覧は、巻三十七典薬式に見える薬物名を五〇音順に並べ、所見条文を示したものである。薬物名の読みは読み下し文のルビに従い、頭・補注で触れている別の読みがある場合には、その読みでも項目を立てて参照先を示した。
・薬物名をゴシックで掲げ、読み、薬物名が見える条文番号・条文名を順に記した。なお本式45山城年料雑薬条～98大宰年料雑薬条の条文名は「年料雑薬」の語を省略した。
・同じ薬物で異なった表記がある場合は〔　〕で示した。
・薬物の説明は、それぞれの初出条文の頭・補注で行なった。
・本一覧作成にあたっては、曽我雄司氏・方国花氏の協力を得た。

【ア行】

阿膠（アキョウ）　6雑給料

甘葛の煎（アマズラノイロリ）　3中宮臘月御薬・6雑給料・75越中・79丹後・81因幡

菴閭・菴蘆〔閭〕子（アンリョ・アンリョシ）　5白散・57相摸・65飛驒

茵芋（インウ）　21近衛府雑薬・27唐使草薬・29渤海使草薬・46大和・85播磨・86美作

茵陳蒿（インチンコウ）　51尾張・57相摸・63近江・95讃岐

烏頭（ウズ）　1元日御薬・2臘月御薬・3中宮臘月御薬・4東宮御薬・6雑給料・18斎宮寮雑薬・19内匠寮雑薬・21近衛府雑薬・22衛門府雑薬・27唐使草薬・29渤海使草薬・58武蔵・63近江・68下野

烏賊骨（ウゾクコツ）　47摂津・85播磨・87備前

烏梅（ウバイ）　3中宮臘月御薬・5白散・6雑給料・29渤海使草薬

禹余粮（ウヨリョウ）　98大宰

黄耆（オウギ）　2臘月御薬・3中宮臘月御薬・6雑給料・18斎宮寮雑薬・21近衛府雑薬・27唐使草薬・29渤海使草薬・45山城・50伊勢・51尾張・52参河・56甲斐・57相摸・62常陸・67上野・75越中・85播磨・87備前・88備中

黄菊・黄菊花（オウキク・オウキクカ）　5白散・56甲斐・63近江・68下野・71若狭・94阿波・95讃岐

黄芩（オウゴン）　1元日御薬・2臘月御薬・3中宮臘月御薬・5白散・6雑給料・9合薬麴料・18斎宮寮雑薬・20木工寮雑薬・21近衛府雑薬・22衛門府雑薬・23兵衛府雑薬・27唐使草薬・29渤海使草薬・31新羅使草薬・51尾張・53遠江・57相摸・58武蔵・63近江・64美濃・67上野・95讃岐

黄精（オウセイ）　61下総・72越前・83出雲・86美作・88備中

黄蘗（オウバク）　3中宮臘月御薬・6雑給料・21近衛府雑薬・27唐使草薬・29渤海使草薬・46大和・47摂津・53遠江・63近江・76

越後・78丹波・79丹後・84石見・86美作・87備前・88備中・89備後・90安芸

王不留行(オウフルギョウ)　45山城・46大和・49伊賀・50伊勢・51尾張・59安房・63近江・64美濃・78丹波・83出雲・85播磨・86美作・87備前・95讃岐

黄連(オウレン)　2臘月御薬・3中宮臘月御薬・6雑給料・18斎宮寮雑薬・20木工寮雑薬・21近衛府雑薬・22衛門府雑薬・27唐使草薬・29渤海使草薬・31新羅使草薬・63近江・66信濃・72越前・73加賀・74能登・77佐渡・78丹波・79丹後・80但馬・86美作・88備中・90安芸

【カ行】

海蛤(カイゴウ)　51尾張

薤白(ガイハク)　1元日御薬・2臘月御薬・3中宮臘月御薬・5白散・6雑給料

葛花(カッカ)　59安房・60上総・71若狭・93紀伊

葛根(カッコン)　20木工寮雑薬・29渤海使草薬・45山城・50伊勢・63近江・93紀伊

滑石(カッセキ)　80但馬・91周防・93紀伊

瓜蔕(カテイ)　29渤海使草薬・55伊豆・57相摸・58武蔵・61下総・96伊予

呵唎勒(カリロク)　6雑給料

栝楼(カロウ)　27唐使草薬・29渤海使草薬・49伊賀・50伊勢・63近江・64美濃・78丹波・81因幡・84石見・85播磨・93紀伊・96伊予・97土左

栝楼根(カロウコン)　2臘月御薬

干薑(カンキョウ)　1元日御薬・2臘月御薬・3中宮臘月御薬・4東宮御薬・6雑給料・18斎宮寮雑薬・25兵庫寮雑薬・53遠江

干地黄(カンジオウ)　20木工寮雑薬・27唐使草薬・29渤海使草薬・51尾張・57相摸・58武蔵・62常陸・63近江・64美濃・66信濃・67上野・68下野・73加賀

貫衆(カンジュウ)　85播磨

甘遂(カンズイ)　21近衛府雑薬・27唐使草薬・29渤海使草薬・52参河・58武蔵

乾棗(カンソウ)　79丹後・86美作・87備前・94阿波

甘草(カンゾウ)　1元日御薬・2臘月御薬・3中宮臘月御薬・4東宮御薬・6雑給料・22衛門府雑薬・23兵衛府雑薬・62常陸・69陸奥・70出羽

萱草(カンゾウ)　5白散

款冬花(カントウカ)　57相摸・58武蔵

干藍(カンラン)　2臘月御薬・18斎宮寮雑薬

鬼臼(キキュウ)　29渤海使草薬・98大宰

桔梗(キキョウ)　1元日御薬・2臘月御薬・3中宮臘月御薬・4東宮御薬・6雑給料・18斎宮寮雑薬・19内匠寮雑薬・20木工寮雑薬・21近衛府雑薬・22衛門府雑薬・23兵衛府雑薬・27唐使草薬・29渤海使草薬・45山城・46大和・47摂津・49伊賀・50伊勢・51尾張・52参河・53遠江・54駿河・58武蔵・61下総・62常陸・63近江・64美濃・71若狭・72越前・85播磨・86美作・87備前・88備中・89備後・90安芸・95讃岐・96伊予

麴(キク)　21近衛府雑薬・22衛門府雑薬・23兵衛府雑薬・29渤海使

草薬・31新羅使草薬

枳殻(キコク) 73加賀

葵子(キシ) 47摂津・63近江・64美濃・94阿波

生地黄(キジオウ) 1元日御薬・2臘月御薬・3中宮臘月御薬・6雑給料・7地黄煎料 →ショウジオウ

枳実・枳子(キジツ・キシ) 2臘月御薬・3中宮臘月御薬・6雑給料・18斎宮寮雑薬・21近衛府雑薬・23兵衛府雑薬・27唐使草薬・29渤海使草薬・45山城・46大和・47摂津・63近江・71若狭

寄生(キセイ) 94阿波

鬼箭(キセン) 46大和・78丹波・85播磨

橘皮(キッピ) 6雑給料・27唐使草薬・29渤海使草薬・31新羅使草薬・46大和・47摂津・50伊勢・54駿河・57相摸・94阿波・95讃岐

芎藭(キュウキュウ) 2臘月御薬・3中宮臘月御薬・4東宮御薬・5白散・6雑給料・18斎宮寮雑薬・19内匠寮雑薬・20木工寮雑薬・21近衛府雑薬・22衛門府雑薬・23兵衛府雑薬・29渤海使草薬・51尾張・53遠江・57相摸・58武蔵・61下総・62常陸・63近江・64美濃・68下野・73加賀・78丹波・85播磨

杏人(キョウニン) 2臘月御薬・3中宮臘月御薬・6雑給料・18斎宮寮雑薬・20木工寮雑薬・21近衛府雑薬・22衛門府雑薬・23兵衛府雑薬・27唐使草薬・29渤海使草薬・31新羅使草薬・45山城・47摂津・56甲斐・66信濃

枸杞(クコ) 5白散・47摂津・48河内・51尾張・56甲斐・57相摸・58武蔵・59安房・60上総・61下総・62常陸・63近江・64美濃・66信濃・68下野・83出雲・88備中・95讃岐

苦参(クジン) 2臘月御薬・27唐使草薬・29渤海使草薬・45山城・47摂津・49伊賀・50伊勢・63近江・75越中・79丹後・83出雲・85播磨・90安芸・91周防・93紀伊・96伊予・97土左

狗脊(クセキ) 6雑給料・71若狭

瞿麦(クバク) 5白散・49伊賀・60上総・61下総・63近江・83出雲・87備前

薫陸香(クンロクコウ) 2臘月御薬・3中宮臘月御薬

桂心(ケイシン) 1元日御薬・2臘月御薬・3中宮臘月御薬・4東宮御薬・6雑給料・25兵庫寮雑薬

鶏頭子(ケイトウシ) 94阿波

決明子(ケツミョウシ) 54駿河・55伊豆・58武蔵・59安房・63近江・68下野・83出雲・88備中・95讃岐・97土左 →ケツメイシ

決明子(ケツメイシ) →ケツミョウシ

牽牛子(ケンゴシ) 6雑給料

玄参(ゲンジン) 3中宮臘月御薬・6雑給料・18斎宮寮雑薬・19内匠寮雑薬・27唐使草薬・29渤海使草薬・47摂津・49伊賀・51尾張・63近江・78丹波・83出雲・85播磨・90安芸・93紀伊・95讃岐

巻柏(ケンパク) 64美濃・83出雲・88備中

恒山(コウザン) 50伊勢・78丹波

香薷(コウジュ) 45山城・46大和・47摂津・63近江・85播磨・86美作

黄礬石(コウバンセキ) 55伊豆・71若狭

厚朴(コウボク) 2臘月御薬・18斎宮寮雑薬・20木工寮雑薬・21近衛府雑薬・22衛門府雑薬・31新羅使草薬・45山城・46大和・47

摂津・50伊勢・51尾張・52参河・64美濃・78丹波・85播磨・86美作・88備中・93紀伊

藁本(コウホン)　27唐使草薬・29渤海使草薬・45山城・46大和・61下総・63近江・78丹波・80但馬・81因幡・83出雲・88備中・90安芸・96伊予

高梁薑・高梁香(コウリョウキョウ・コウリョウコウ)　50伊勢・63近江・81因幡・83出雲

芸茄・芸茄皮(ゴカ・ゴカヒ)　50伊勢・51尾張・52参河・57相摸・61下総・63近江・64美濃・86美作・91周防・93紀伊・95讃岐

黒大豆(コクダイズ)　48河内

牛膝(ゴシツ)　20木工寮雑薬・21近衛府雑薬・27唐使草薬・29渤海使草薬・45山城・46大和・50伊勢・51尾張・64美濃・72越前・81因幡・82伯耆・83出雲・84石見・90安芸・91周防・92長門・93紀伊・95讃岐・96伊予・97土左

呉茱萸(ゴシュユ)　2臘月御薬・3中宮臘月御薬・4東宮御薬・5白散・6雑給料・10九月九日・18斎宮寮雑薬・19内匠寮雑薬・20木工寮雑薬・21近衛府雑薬・22衛門府雑薬・23兵衛府雑薬・27唐使草薬・29渤海使草薬・31新羅使草薬・46大和・63近江・71若狭・78丹波・79丹後・82伯耆・83出雲・85播磨・86美作・87備前・88備中・90安芸・91周防・97土左

胡桃子(コトウシ)　50伊勢・94阿波

胡麻・胡麻子(ゴマ・ゴマシ)　13造儲御薬料・47摂津・50伊勢・52参河・57相摸・67上野・95讃岐・96伊予

五味子(ゴミシ)　27唐使草薬・29渤海使草薬・31新羅使草薬・64美濃・90安芸

【サ行】

犀角(サイカク)　2臘月御薬

茈胡(サイコ)　2臘月御薬・3中宮臘月御薬・4東宮御薬・6雑給料・18斎宮寮雑薬・19内匠寮雑薬・20木工寮雑薬・21近衛府雑薬・22衛門府雑薬・23兵衛府雑薬・27唐使草薬・29渤海使草薬・51尾張・64美濃・78丹波・85播磨・87備前・90安芸・94阿波

細辛(サイシン)　1元日御薬・2臘月御薬・3中宮臘月御薬・4東宮御薬・6雑給料・18斎宮寮雑薬・19内匠寮雑薬・20木工寮雑薬・21近衛府雑薬・22衛門府雑薬・23兵衛府雑薬・29渤海使草薬・31新羅使草薬・50伊勢・58武蔵・63近江・64美濃・66信濃・67上野・72越前・76越後・77佐渡・79丹後・80但馬・83出雲・84石見・85播磨・86美作・89備後・90安芸・91周防・92長門・94阿波・95讃岐・96伊予・97土左

蒴藋(サクチョウ)　→ソクズ

山茱萸(サンシュユ)　5白散・20木工寮雑薬・51尾張・63近江

豉(シ)　2臘月御薬・3中宮臘月御薬・6雑給料・13造儲御薬料・18斎宮寮雑薬・57相摸・58武蔵

紫菀(シオン)　2臘月御薬・3中宮臘月御薬・4東宮御薬・5白散・6雑給料・18斎宮寮雑薬・19内匠寮雑薬・20木工寮雑薬・21近衛府雑薬・22衛門府雑薬・23兵衛府雑薬・27唐使草薬・29渤海使草薬・45山城・46大和・57相摸・64美濃・82伯耆・86美作・88備中・89備後

地黄(ジオウ)　5白散・7地黄煎料・43地黄地

支子(シシ)　3中宮臘月御薬・18斎宮寮雑薬・52参河・53遠江・96伊予

支子人(シシニン)　2臘月御薬・6雑給料

紫参(シジン)　63近江・71若狭

紫蘇子(シソシ)　51尾張

蒺蔾子(シツリシ)　→シツレイシ

蒺蔾子(シツレイシ)　83出雲・85播磨・89備後・94阿波　→シツリシ

地膚子(ジフシ)　58武蔵・61下総

蛇含(ジャガン)　1元日御薬・2臘月御薬・3中宮臘月御薬・5白散・6雑給料・18斎宮寮雑薬・21近衛府雑薬・23兵衛府雑薬・27唐使草薬・29渤海使草薬・51尾張・58武蔵・59安房・60上総・62常陸・63近江・64美濃・87備前・88備中・95讃岐

赤石脂(シャクセキシ)　→セキセキシ

芍薬(シャクヤク)　1元日御薬・2臘月御薬・3中宮臘月御薬・6雑給料・18斎宮寮雑薬・21近衛府雑薬・22衛門府雑薬・23兵衛府雑薬・27唐使草薬・29渤海使草薬・45山城・57相摸・58武蔵・61下総・63近江・64美濃・65飛騨・67上野・71若狭・78丹波・85播磨・86美作・87備前・88備中・89備後・92長門・94阿波・95讃岐・96伊予

蛇床子(ジャショウシ)　27唐使草薬・29渤海使草薬・51尾張・57相摸・58武蔵・62常陸・63近江・64美濃・92長門・94阿波・95讃岐・96伊予

車前子(シャゼンシ)　46大和・47摂津・49伊賀・63近江・71若狭・78丹波・79丹後・83出雲・85播磨・86美作・87備前・88備中・89備後・93紀伊・95讃岐・96伊予・97土左

䗪虫(シャチュウ)　2臘月御薬

充蔚子(ジュウイシ)　46大和

熟艾(ジュクガイ)　3中宮臘月御薬・6雑給料・21近衛府雑薬・27唐使草薬・29渤海使草薬

女萎〔葳〕(ジョイ)　83出雲・88備中・94阿波・95讃岐

松脂(ショウシ)　2臘月御薬・3中宮臘月御薬・27唐使草薬・29渤海使草薬・47摂津・50伊勢・52参河・61下総・63近江・64美濃・83出雲・85播磨・87備前・93紀伊・95讃岐

生地黄(ショウジオウ)　→キジオウ

鍾乳床(ショウニュウショウ)　88備中

小麦(ショウバク)　3中宮臘月御薬・6雑給料・9合薬麴料

小蘗(ショウバク)　45山城

薔薇根(ショウビコン)　47摂津

菖蒲(ショウブ)　2臘月御薬・3中宮臘月御薬・4東宮御薬・5白散・6雑給料・8五月五日・18斎宮寮雑薬・20木工寮雑薬・21近衛府雑薬・22衛門府雑薬・23兵衛府雑薬・27唐使草薬・29渤海使草薬・31新羅使草薬・45山城・49伊賀・50伊勢・51尾張・63近江・72越前・79丹後・82伯耆・83出雲・85播磨・86美作・87備前・89備後・90安芸・93紀伊・97土左

升麻(ショウマ)　1元日御薬・2臘月御薬・3中宮臘月御薬・6雑給料・18斎宮寮雑薬・20木工寮雑薬・21近衛府雑薬・27唐使草薬・29渤海使草薬・31新羅使草薬・46大和・47摂津・49伊賀・50伊勢・51尾張・56甲斐・60上総・64美濃・67上野・72越前・78丹波・79丹後・80但馬・82伯耆・85播磨・86美作・87備前・89備後・91周防・93紀伊・94阿波・95讃岐・96伊予・97土左

松蘿(ショウラ)　47摂津・63近江・82伯耆・83出雲

商陸(ショウリク)　3中宮臘月御薬・5白散・6雑給料・18斎宮寮雑薬・19内匠寮雑薬・20木工寮雑薬・27唐使草薬・29渤海使草薬・45山城・55伊豆・63近江・64美濃・78丹波・83出雲・85播磨・86美作・87備前・90安芸

蜀椒・蜀椒子(ショクショウ・ショクショウシ)　1元日御薬・2臘月御薬・3中宮臘月御薬・4東宮御薬・6雑給料・18斎宮寮雑薬・19内匠寮雑薬・20木工寮雑薬・21近衛府雑薬・22衛門府雑薬・23兵衛府雑薬・27唐使草薬・29渤海使草薬・31新羅使草薬・45山城・46大和・47摂津・49伊賀・51尾張・52参河・53遠江・54駿河・55伊豆・56甲斐・58武蔵・61下総・63近江・64美濃・66信濃・67上野・71若狭・72越前・74能登・75越中・76越後・77佐渡・78丹波・79丹後・80但馬・81因幡・82伯耆・83出雲・84石見・85播磨・86美作・87備前・88備中・89備後・90安芸・92長門・93紀伊・94阿波・95讃岐・96伊予

女青(ジョセイ)　29渤海使草薬・66信濃

薯蕷(ショヨ)　20木工寮雑薬・46大和・47摂津・49伊賀・51尾張・52参河・53遠江・54駿河・55伊豆・56甲斐・57相摸・59安房・60上総・61下総・62常陸・63近江・64美濃・72越前・73加賀・74能登・75越中・78丹波・79丹後・80但馬・81因幡・82伯耆・83出雲・84石見・85播磨・86美作・87備前・88備中・89備後・90安芸・91周防・93紀伊・95讃岐・96伊予・97土左

秦膠(シンキョウ)　21近衛府雑薬・68下野・69陸奥

荏子(ジンシ)　47摂津・57相摸・61下総

秦椒(シンショウ)　64美濃・85播磨・86美作・87備前・93紀伊・94阿波・97土左

秦〔榛〕皮(シンピ)　50伊勢・71若狭・78丹波・88備中

水銀(スイギン)　50伊勢

荳蔻子(ズクシ)　58武蔵

薺苨(セイデイ)　29渤海使草薬・31新羅使草薬・45山城・46大和・52参河・61下総・63近江・64美濃・82伯耆・86美作・87備前・89備後・94阿波

青礬石(セイバンセキ)　64美濃

青木香(セイモッコウ)　2臘月御薬・3中宮臘月御薬・20木工寮雑薬・21近衛府雑薬・51尾張・61下総・62常陸・63近江・67上野・68下野・85播磨

石韋(セキイ)　27唐使草薬・29渤海使草薬・63近江・78丹波・85播磨

石硫黄(セキイオウ)　24馬寮雑薬・29渤海使草薬・31新羅使草薬・57相摸・66信濃・68下野

赤小豆(セキショウズ)　5白散・45山城

赤石脂(セキセキシ)　55伊豆・89備後　→シャクセキシ

赤箭(セキセン)　83出雲

石南草(セキナンソウ)　27唐使草薬・29渤海使草薬・64美濃・78丹波・96伊予

石膏(セッコウ)　3中宮臘月御薬・4東宮御薬・6雑給料・18斎宮寮雑薬・19内匠寮雑薬・20木工寮雑薬・21近衛府雑薬・22衛門府雑薬・23兵衛府雑薬・29渤海使草薬・88備中・98大宰

石斛(セッコク)　20木工寮雑薬・29渤海使草薬・55伊豆・64美濃・68下野・69陸奥・78丹波・80但馬・82伯耆・89備後・90安芸・

91周防・93紀伊・98大宰

前胡（ゼンコ） 2臘月御薬・3中宮臘月御薬・6雑給料・18斎宮寮雑薬・20木工寮雑薬・21近衛府雑薬・22衛門府雑薬・23兵衛府雑薬・27唐使草薬・29渤海使草薬・46大和・49伊賀・50伊勢・51尾張・57相摸・61下総・62常陸・63近江・78丹波・80但馬・81因幡・83出雲・84石見・85播磨・86美作・88備中・90安芸

茜根（センコン） 47摂津・90安芸・92長門

旋覆花（センプクカ） 59安房・60上総

皂莢（ソウキョウ） 2臘月御薬・18斎宮寮雑薬・21近衛府雑薬・22衛門府雑薬・29渤海使草薬・98大宰

桑根白皮（ソウコンハクヒ） 27唐使草薬・29渤海使草薬・46大和・47摂津・82伯耆・85播磨

桑茸（ソウジ） 83出雲・86美作

桑螵蛸（ソウヒョウショウ） 47摂津・50伊勢・51尾張・52参河・53遠江・54駿河・63近江・64美濃・81因幡・83出雲・84石見・87備前・88備中・89備後

蒴藋（ソクズ） 2臘月御薬・3中宮臘月御薬・6雑給料・18斎宮寮雑薬 →サクチョウ

続断（ゾクダン） 61下総・64美濃・71若狭・79丹後・81因幡・83出雲・88備中・90安芸・96伊予

蘇子（ソシ） 50伊勢・95讃岐

鼠尾草（ソビソウ） 45山城

【タ行】

大黄（ダイオウ） 1元日御薬・2臘月御薬・3中宮臘月御薬・4東宮御薬・5白散・6雑給料・18斎宮寮雑薬・19内匠寮雑薬・20木工寮雑薬・21近衛府雑薬・22衛門府雑薬・23兵衛府雑薬・51尾張・58武蔵・64美濃・66信濃・69陸奥・72越前・75越中

大戟（ダイゲキ） 1元日御薬・2臘月御薬・3中宮臘月御薬・6雑給料・18斎宮寮雑薬・19内匠寮雑薬・21近衛府雑薬・22衛門府雑薬・23兵衛府雑薬・27唐使草薬・29渤海使草薬・46大和・50伊勢・51尾張・61下総・62常陸・63近江・86美作・87備前・94阿波・95讃岐・96伊予

大蒜（ダイサン） 5白散

代赭（タイシャ） 98大宰

大青（タイセイ） 46大和・49伊賀・63近江・93紀伊

大棗（タイソウ） 29渤海使草薬・66信濃

沢漆（タクシツ） 63近江

沢写（タクシャ） 27唐使草薬・29渤海使草薬・46大和・63近江・71若狭・83出雲・86美作・87備前・88備中・94阿波

沢蘭（タクラン） 46大和

蛇脱皮（ダゼイヒ） →ダダッピ

蛇脱皮（ダダッピ） 49伊賀・51尾張・63近江・64美濃・78丹波・79丹後 →ダゼイヒ

獺肝（タッカン） 61下総・64美濃・75越中・85播磨・88備中・89備後 →ダツカン

獺肝（ダツカン） →タッカン

丹参（タンジン） 5白散・20木工寮雑薬・27唐使草薬・29渤海使草薬・57相摸・58武蔵・64美濃

知母（チモ） 47摂津・50伊勢・57相摸・58武蔵・63近江・78丹波・

85播磨・88備中

地楡(チユ) 3中宮臘月御薬・5白散・6雑給料・18斎宮寮雑薬・19内匠寮雑薬・27唐使草薬・29渤海使草薬・31新羅使草薬・45山城・46大和・47摂津・50伊勢・51尾張・52参河・59安房・60上総・61下総・63近江・64美濃・78丹波・83出雲・85播磨・86美作・87備前・88備中・90安芸・93紀伊・95讃岐

猪膏(チョコウ) 1元日御薬・2臘月御薬・3中宮臘月御薬・6雑給料・18斎宮寮雑薬・25兵庫寮雑薬

猪脂(チョシ) 69陸奥

猪蹄(チョテイ) 57相摸・64美濃・65飛騨・67上野・88備中・89備後

通草(ツウソウ) 45山城・46大和

亭歴子(テイレキシ) 2臘月御薬・3中宮臘月御薬・6雑給料・18斎宮寮雑薬・21近衛府雑薬・22衛門府雑薬・23兵衛府雑薬・27唐使草薬・29渤海使草薬・47摂津・51尾張・54駿河・56甲斐・57相摸・58武蔵・64美濃・79丹後・83出雲・87備前・89備後・90安芸・92長門・93紀伊・95讃岐

躑躅花(テキチョクカ) 3中宮臘月御薬・18斎宮寮雑薬・50伊勢・63近江・83出雲・85播磨・93紀伊・94阿波

天門冬(テンモントウ) 5白散・85播磨・87備前・90安芸・93紀伊・94阿波・95讃岐・96伊予 →テンモンドウ

天門冬(テンモンドウ) →テンモントウ

天雄(テンユウ) 27唐使草薬・29渤海使草薬・63近江

桃花(トウカ) 47摂津

銅牙(ドウガ) 67上野・85播磨

当帰(トウキ) 1元日御薬・2臘月御薬・3中宮臘月御薬・6雑給料・18斎宮寮雑薬・19内匠寮雑薬・20木工寮雑薬・21近衛府雑薬・22衛門府雑薬・23兵衛府雑薬・29渤海使草薬・31新羅使草薬・46大和・49伊賀・50伊勢・56甲斐・58武蔵・62常陸・65飛騨・67上野・80但馬・81因幡・83出雲・84石見・85播磨・86美作・88備中・89備後・90安芸

桃人(トウニン) 3中宮臘月御薬・4東宮御薬・5白散・6雑給料・18斎宮寮雑薬・19内匠寮雑薬・20木工寮雑薬・21近衛府雑薬・22衛門府雑薬・23兵衛府雑薬・27唐使草薬・29渤海使草薬・31新羅使草薬・45山城・46大和・47摂津・49伊賀・51尾張・52参河・53遠江・54駿河・55伊豆・57相摸・58武蔵・59安房・60上総・61下総・62常陸・63近江・64美濃・68下野・71若狭・72越前・74能登・75越中・78丹波・79丹後・80但馬・81因幡・82伯耆・83出雲・85播磨・86美作・87備前・88備中・89備後・90安芸・91周防・92長門・93紀伊・94阿波・95讃岐・96伊予・97土左

土瓜(ドカ) 58武蔵・63近江・94阿波・98大宰

杜衡(トコウ) 65飛騨

兎糸子(トシシ) 27唐使草薬・29渤海使草薬・47摂津・50伊勢・51尾張・64美濃・72越前・78丹波・93紀伊

杜仲(トチュウ) 20木工寮雑薬・47摂津・50伊勢・51尾張・59安房・60上総・62常陸・63近江・64美濃・71若狭・80但馬・82伯耆・85播磨・96伊予

独活(ドッカツ) 1元日御薬・2臘月御薬・3中宮臘月御薬・6雑給料・20木工寮雑薬・21近衛府雑薬・22衛門府雑薬・23兵衛府

雑薬・27唐使草薬・29渤海使草薬・45山城・46大和・47摂津・49伊賀・50伊勢・51尾張・52参河・59安房・61下総・62常陸・64美濃・72越前・78丹波・80但馬・81因幡・82伯耆・83出雲・84石見・85播磨・86美作・87備前・90安芸・91周防・93紀伊・95讃岐・96伊予・97土左

【ナ行】

人参(ニンジン)　1元日御薬・2臘月御薬・3中宮臘月御薬・4東宮御薬・6雑給料・18斎宮寮雑薬・21近衛府雑薬・22衛門府雑薬・23兵衛府雑薬・47摂津・50伊勢・56甲斐・69陸奥・71若狭・72越前・78丹波・86美作・96伊予・98大宰

【ハ行】

貝母(バイモ)　59安房・60上総・64美濃

白花木瓜実(ハクカモッカジツ)　46大和・63近江

栢子人(ハクシジン)　→ハクシニン

栢子人(ハクシニン)　52参河・53遠江・64美濃・80但馬・83出雲　→ハクシジン

白石脂(ハクセキシ)　55伊豆

白鮮(ハクセン)　→ビャクセン

白粟(ハクゾク)　45山城

白頭公(ハクトウコウ)　3中宮臘月御薬・6雑給料・18斎宮寮雑薬・29渤海使草薬・57相摸・59安房・60上総・61下総・62常陸・64美濃・83出雲・87備前・88備中・89備後・90安芸・95讃岐

白樊石(ハクバンセキ)　65飛驒・92長門

麦門冬(バクモントウ)　5白散・27唐使草薬・29渤海使草薬・31新羅使草薬・49伊賀・51尾張・52参河・53遠江・54駿河・57相摸・59安房・60上総・61下総・62常陸・63近江・64美濃・67上野・71若狭・78丹波・79丹後・80但馬・83出雲・86美作・87備前・88備中・89備後・90安芸・91周防・94阿波・95讃岐・96伊予　→バクモンドウ

麦門冬(バクモンドウ)　→バクモントウ

巴戟天(ハゲキテン)　64美濃・91周防・92長門

巴豆(ハズ)　2臘月御薬

菝葜(バッカツ)　1元日御薬・4東宮御薬・18斎宮寮雑薬・20木工寮雑薬・46大和・83出雲

馬刀(バトウ)　→マトウ

半夏(ハンゲ)　3中宮臘月御薬・4東宮御薬・6雑給料・18斎宮寮雑薬・19内匠寮雑薬・21近衛府雑薬・22衛門府雑薬・23兵衛府雑薬・27唐使草薬・29渤海使草薬・31新羅使草薬・49伊賀・50伊勢・51尾張・64美濃・95讃岐

萆薢(ヒカイ)　47摂津・63近江・78丹波・81因幡・83出雲・93紀伊・94阿波

榧子(ヒシ)　46大和・51尾張・55伊豆・56甲斐・60上総・61下総・63近江・64美濃・71若狭・72越前・74能登・75越中・78丹波・79丹後・80但馬・81因幡・82伯耆・83出雲・86美作・87備前・90安芸・91周防・94阿波・95讃岐

白殭蚕(ビャクキョウサン)　50伊勢・52参河・63近江・78丹波・79丹後・80但馬・81因幡・85播磨・86美作・87備前・90安芸

百合(ビャクゴウ)　5白散・82伯耆

白芷（ビャクシ）　1元日御薬・3中宮臘月御薬・6雑給料・18斎宮寮雑薬・19内匠寮雑薬・20木工寮雑薬・21近衛府雑薬・22衛門府雑薬・23兵衛府雑薬・29渤海使草薬・46大和・50伊勢・51尾張・61下総・62常陸・63近江・64美濃・75越中・78丹波・79丹後・80但馬・83出雲・85播磨・86美作・87備前・88備中・93紀伊・95讃岐

白朮（ビャクジュツ）　1元日御薬・3中宮臘月御薬・4東宮御薬・6雑給料・18斎宮寮雑薬・19内匠寮雑薬・20木工寮雑薬・21近衛府雑薬・22衛門府雑薬・23兵衛府雑薬・27唐使草薬・29渤海使草薬・31新羅使草薬・45山城・46大和・47摂津・51尾張・52参河・54駿河・59安房・61下総・62常陸・63近江・64美濃・65飛騨・66信濃・72越前・75越中・78丹波・79丹後・80但馬・81因幡・82伯耆・83出雲・84石見・85播磨・86美作・87備前・88備中・89備後・90安芸・91周防・92長門・93紀伊・95讃岐・96伊予

白鮮（ビャクセン）　60上総・61下総　→ハクセン

白前（ビャクゼン）　63近江

白薇（ビャクビ）　2臘月御薬・3中宮臘月御薬・50伊勢・55伊豆・61下総・63近江・71若狭・85播磨

百部根（ヒャクブコン）　83出雲　→ビャクブコン

百部根（ビャクブコン）　→ヒャクブコン

白蘞（ビャクレン）　2臘月御薬・3中宮臘月御薬・6雑給料・18斎宮寮雑薬・19内匠寮雑薬・20木工寮雑薬・27唐使草薬・29渤海使草薬・45山城・51尾張・64美濃・83出雲・85播磨・88備中・95讃岐

檳榔子（ビロウジ）　6雑給料・98大宰　→ビンロウジ

檳榔子（ビンロウジ）　→ビロウジ

蕪夷（ブイ）　66信濃

楓香（フウコウ）　2臘月御薬・3中宮臘月御薬

茯神（フクシン）　51尾張　→ブクシン

茯神（ブクシン）　→フクシン

茯苓（ブクリョウ）　2臘月御薬・3中宮臘月御薬・4東宮御薬・6雑給料・18斎宮寮雑薬・19内匠寮雑薬・20木工寮雑薬・21近衛府雑薬・22衛門府雑薬・23兵衛府雑薬・27唐使草薬・29渤海使草薬・31新羅使草薬・47摂津・49伊賀・50伊勢・51尾張・52参河・53遠江・54駿河・60上総・61下総・62常陸・64美濃・71若狭・73加賀・76越後・79丹後・81因幡・82伯耆・83出雲・84石見・85播磨・88備中・89備後・91周防・92長門・93紀伊・94阿波・95讃岐・96伊予

附子（ブシ）　1元日御薬・2臘月御薬・3中宮臘月御薬・4東宮御薬・5白散・6雑給料・18斎宮寮雑薬・19内匠寮雑薬・20木工寮雑薬・23兵衛府雑薬・27唐使草薬・29渤海使草薬・54駿河・57相摸・58武蔵・60上総・61下総・62常陸・64美濃・66信濃・67上野・68下野・69陸奥・75越中・96伊予

蕪菁子（ブセイシ）　96伊予

鼈甲（ベッコウ）　2臘月御薬・45山城・47摂津

防葵（ボウキ）　2臘月御薬

防己（ボウキ）　27唐使草薬・29渤海使草薬・54駿河・91周防

芒消（ボウショウ）　2臘月御薬・6雑給料・18斎宮寮雑薬

茵草（ホウソウ）　1元日御薬・2臘月御薬・3中宮臘月御薬・6雑

給料・18斎宮寮雑薬・19内匠寮雑薬・21近衛府雑薬・22衛門府雑薬・23兵衛府雑薬・29渤海使草薬・45山城・46大和・50伊勢・64美濃・87備前・94阿波　→モウソウ

防風（ボウフウ）　1元日御薬・2臘月御薬・4東宮御薬・18斎宮寮雑薬・20木工寮雑薬・21近衛府雑薬・22衛門府雑薬・27唐使草薬・29渤海使草薬・54駿河・55伊豆・57相摸・67上野

蜂房（ホウボウ）　47摂津・50伊勢

蒲黄（ホオウ）　27唐使草薬・29渤海使草薬・48河内・60上総・61下総・83出雲・88備中・94阿波

朴消（ボクショウ）　88備中・89備後・95讃岐

僕奈（ボクナ）　27唐使草薬・29渤海使草薬・31新羅使草薬・63近江・72越前・76越後・81因幡

牡荊子（ボケイシ）　55伊豆・58武蔵・63近江・68下野・80但馬・83出雲・87備前・88備中・93紀伊・95讃岐・96伊予

牡丹（ボタン）　3中宮臘月御薬・6雑給料・18斎宮寮雑薬・19内匠寮雑薬・21近衛府雑薬・50伊勢・87備前・94阿波

牡蠣（ボレイ）　50伊勢

【マ行】

麻黄（マオウ）　1元日御薬・2臘月御薬・4東宮御薬・5白散・18斎宮寮雑薬・21近衛府雑薬・22衛門府雑薬・27唐使草薬・57相摸・58武蔵・95讃岐

麻子（マシ）　2臘月御薬・78丹波・89備後・93紀伊・94阿波・95讃岐・96伊予

馬刀（マトウ）　50伊勢・87備前　→バトウ

蔓荊子（マンケイシ）　71若狭・85播磨

蜜（ミツ）　2臘月御薬

茵草（モウソウ）　→ホウソウ

木防己（モクボウキ）　21近衛府雑薬・22衛門府雑薬・55伊豆・59安房・60上総

木蘭（モクラン）　20木工寮雑薬

木蘭皮（モクランヒ）　98大宰　→モクランピ

木蘭皮（モクランピ）　→モクランヒ

木斛（モッコク）　49伊賀・50伊勢・52参河・54駿河・55伊豆・61下総・63近江・64美濃・79丹後・81因幡・89備後・93紀伊・96伊予・97土左

【ヤ行】

夜(射)干（ヤカン）　20木工寮雑薬・27唐使草薬・29渤海使草薬・31新羅使草薬・45山城・47摂津・49伊賀・50伊勢・51尾張・54駿河・72越前・75越中・78丹波・83出雲・84石見・89備後・90安芸・91周防・93紀伊・95讃岐

雄黄（ユウオウ）　50伊勢

熊掌（ユウショウ）　64美濃

熊胆（ユウタン）　64美濃・66信濃・75越中

楡皮（ユヒ）　20木工寮雑薬・50伊勢・64美濃・83出雲・93紀伊

薏苡仁（ヨクイニン）　46大和・63近江

【ラ行】

藍漆（ランシツ）　20木工寮雑薬・29渤海使草薬・50伊勢・51尾張・

55伊豆・56甲斐・57相摸・61下総・62常陸・63近江・64美濃・66信濃・68下野・73加賀・75越中・77佐渡・78丹波・79丹後・80但馬・81因幡・82伯耆・83出雲・84石見・85播磨・86美作・90安芸・91周防・92長門・93紀伊・95讃岐

狸骨(リコツ)　98大宰

竜骨(リュウコツ)　2臘月御薬・3中宮臘月御薬・29渤海使草薬・59安房・98大宰

竜胆(リュウタン)　2臘月御薬・29渤海使草薬・45山城・46大和・50伊勢・51尾張・62常陸・63近江・64美濃・71若狭・78丹波・79丹後・83出雲・85播磨・86美作・87備前

蓼子(リョウシ)　47摂津

藜蘆(リロ)　→レイロ

羚羊角(レイヨウカク)　29渤海使草薬・54駿河・65飛騨・70出羽・75越中・76越後

藜蘆(レイロ)　27唐使草薬・29渤海使草薬・50伊勢・65飛騨　→リロ

連翹(レンギョウ)　2臘月御薬・3中宮臘月御薬・6雑給料・18斎宮寮雑薬・21近衛府雑薬・49伊賀・51尾張・61下総・78丹波・83出雲・85播磨・94阿波・95讃岐

練胡麻(レンゴマ)　27唐使草薬・29渤海使草薬

狼牙(ロウガ)　62常陸・63近江・83出雲・88備中・94阿波

莨菪子(ロウトウシ)　55伊豆・57相摸・59安房・60上総・63近江・95讃岐

鹿茸(ロクジョウ)　64美濃・66信濃・85播磨・95讃岐

蘆茹(ロジョ)　3中宮臘月御薬・6雑給料・18斎宮寮雑薬・21近衛府雑薬

藺茹(ロジョ)　19内匠寮雑薬・27唐使草薬・29渤海使草薬・31新羅使草薬・66信濃・86美作

鹿角(ロッカク)　47摂津・78丹波・85播磨・86美作・88備中・95讃岐

漏蘆(ロウロ)　2臘月御薬・6雑給料・18斎宮寮雑薬・27唐使草薬・29渤海使草薬・45山城・47摂津・63近江・71若狭・78丹波・86美作・87備前・96伊予

表4　典薬式処方薬一覧

・本一覧は、巻三十七典薬式に見える処方薬名を式内掲載順に並べ、各頭・補注で述べた注釈の概略、および所見条文などを一覧にしたものである。
・作成にあたり、丸山裕美子「延喜典薬式「諸国年料雑薬制」の成立と『出雲国風土記』」(『延喜式研究』二五、二〇〇九年)所載の表をもとにし、若干、新たな情報を付け加えた。
・処方典拠は原則として医心方によった。医心方に見えない場合は外台秘要により、千金方を参照した。
・＊は医心方などに引かれている医書を示す。
・使用した影印本は次のとおり。

医心方　…『国宝半井家本医心方』一〜六、オリエント出版社、一九九一年
外台秘要…『宋版　外台秘要方』上・下(東洋医学善本叢書四・五)、東洋医学研究会、一九八一年
千金方　…『宋版　備急千金要方』上・中・下(東洋医学善本叢書九〜一一)、オリエント出版社、一九八九年
和名抄　…　元和古活字本(『諸本集成倭名類聚抄』本文篇)、臨川書店、一九六八年

処方薬名	処方典拠	特記事項	典薬式条文
白散	医心方一四(避傷寒病方)　＊葛氏方	皇太神宮儀式帳(年中行事并月記事)・土佐日記承平四・十二・二十九条など。	1元日御薬・4東宮御薬・5白散・21近衛府雑薬・22衛門府雑薬・23兵衛府雑薬
度嶂散	医心方一四(避傷寒病方)　＊葛氏方		1元日御薬・4東宮御薬・26唐使雑薬・28渤海使雑薬
屠蘇	医心方一四(避傷寒病方)　＊玉箱方		1元日御薬・4東宮御薬
千瘡万病膏	医心方一五(治癰疽未膿方)に「千瘡万病霜膏」。＊録験方		1元日御薬・2臘月御薬・3中宮臘月御薬・6雑給料・21近衛府雑薬・22衛門府雑薬・23兵衛府雑薬
犀角丸	医心方一五(治癰疽未膿方)　＊広済方	和名抄の丸薬の項に見える。唐末の四時纂要に十二月に調合することが見える。	2臘月御薬・26唐使雑薬・28渤海使雑薬

芍薬丸	外台秘要七（心腹脹満及鼓脹方）＊広済方	散薬は医心方一五（治久疽方）に見える。	2臘月御薬・3中宮臘月御薬・6雑給料・17斎内親王・21近衛府雑薬・22衛門府雑薬・23兵衛府雑薬
温白丸	医心方一〇（治癥瘕方）＊新録方	唐末の四時纂要に十二月に調合することが見える。	2臘月御薬・22衛門府雑薬
升麻膏	医心方一七（治丹毒瘡方）＊小品方	和名抄の膏薬の項に「治丹腫」と見える。	2臘月御薬・6雑給料・26唐使雑薬・28渤海使雑薬
耆婆膏		丸薬は医心方一四（治注病方）に「一名耆婆丸」が見える。和名抄の膏薬の項に「治一切風毒」と見える。	2臘月御薬・3中宮臘月御薬
調仲丸	医心方九（治寒冷不食方）＊広済方	散薬は医心方一一（治冷利方）に見える。下痢の治療薬。	2臘月御薬
芒消黒丸	医心方二〇（治服石嘔逆方）に「芒消丸」。＊秦丞祖方	和名抄の丸薬の項に芒消丸は「治水腫小便不通」と見える。（天平宝字四ヵ）・九・十三作院所解（古一六―九頁）に「芒削〔消ヵ〕黒丸一丸〈如桃子核〉」と見える。	2臘月御薬
豉丸	外台秘要七（寒疝腹痛方）＊集験方		2臘月御薬
四味理仲丸	医心方一一（治霍乱方）＊録験方	和名抄の丸薬の項に「治霍乱下痢」と見える。平城宮出土木簡に「離中丸」とあるのはこれか（木研20）。	3中宮臘月御薬・4東宮御薬・6雑給料・17斎内親王・22衛門府雑薬・23兵衛府雑薬・28渤海使雑薬
七気丸	医心方一〇（治積聚方）＊小品方	和名抄の丸薬の項に「治七気病、七気者寒熱気之類、其状各異」と見える。藤原宮出土木簡・平城宮出土木簡にも見え、（宝亀二ヵ）・二・十八小野大庭啓（古一八―二〇八頁）にも見える。	3中宮臘月御薬・4東宮御薬・6雑給料・17斎内親王・22衛門府雑薬・23兵衛府雑薬・26唐使雑薬・28渤海使雑薬・30新羅使雑薬
八味理仲丸			3中宮臘月御薬・26唐使雑薬・28渤海使雑薬・30新羅使雑薬

処方薬名	処方典拠	特記事項	典薬式条文
干薑丸	医心方九(治胃反吐食方) ＊効験方	(宝亀二ヵ)・二・十八小野大庭啓(古一八―二〇八頁)に見える。	3中宮臘月御薬・6雑給料・17斎内親王・21近衛府雑薬・23兵衛府雑薬・28渤海使雑薬
烏梅丸	医心方一一(治雑利方) ＊范汪方	和名抄の丸薬の項に「治丁腫下痢」と見える。	3中宮臘月御薬・6雑給料
呉茱萸丸	外台秘要七(寒疝不能食方) ＊深師方		3中宮臘月御薬・6雑給料・17斎内親王・22衛門府雑薬・23兵衛府雑薬・28渤海使雑薬
当帰丸	医心方二二(治妊婦脹満方) ＊産経 外台秘要七(寒疝積聚方) ＊深師方	散薬は医心方一一(治重下方)に見える。 和名抄の丸薬の項に見える。	3中宮臘月御薬・6雑給料・21近衛府雑薬 23兵衛府雑薬
神明膏	医心方五(治目赤爛眥方) ＊録験方 外台秘要一九(雑療脚気方) ＊千金方	平城宮出土墨書土器に見え(『平城宮出土墨書土器集成』2)、天平十一年度伊豆国正税帳にも見える(古二―一九七頁)。	3中宮臘月御薬・6雑給料・22衛門府雑薬・23兵衛府雑薬・25兵庫寮雑薬・26唐使雑薬・28渤海使雑薬・30新羅使雑薬
大万病膏			3中宮臘月御薬・6雑給料
枕仲膏		丸薬は医心方一三(治虚労尿精方)に見える。 和名抄の膏薬の項に見える。	3中宮臘月御薬
賊風膏	外台秘要一四(賊風方)	和名抄の膏薬の項に見える。	3中宮臘月御薬
駐車丸	医心方一一(治冷利方) ＊千金方	和名抄の丸薬の項に「治下痢」と見える。	6雑給料
牽牛子丸	医心方八(脚気腫痛方) ＊経心方 同一〇(治風水腫方) ＊経心方		6雑給料
黄連丸	医心方一一(治熱利方) ＊耆婆方 同二〇(治服石下利方) ＊秦丞祖方		6雑給料・21近衛府雑薬
十三物呵唎勒丸	医心方三(治一切風病方) ＊録験方	医心方八(脚気入腹方)「紫雪」の書入れによれば、脚気の治療薬として鑑真が推奨している。主成分は呵唎勒・檳榔子など輸入生薬。藤原道長や実資が服用したことも知られる	6雑給料

表4　典薬式処方薬一覧

		（御堂関白記寛弘五・正・十七条、小右記治安三・八・十条など）。	
大黄膏	医心方八（治脚瘇方）＊葛氏方	和名抄の膏薬の項に「治熱瘡」と見える。	6雑給料
遼東丸			17斎内親王
茯苓散		湯薬は医心方九（治痰飲方・治胃反吐食方）に見える。 和名抄の散薬の項に見える。	21近衛府雑薬・22衛門府雑薬・25兵庫寮雑薬・26唐使雑薬・28渤海使雑薬・30新羅使雑薬
水道散	千金方九（宜吐）に「水導散」。		21近衛府雑薬
大棗丸	医心方九（治欬嗽方）＊張仲景方		21近衛府雑薬
六物干薑丸	干薑丸に同じ。	平安京出土木簡に「六物干薑丸」が見える（『平安京左京九条三坊十町跡・烏丸町遺跡』）。	21近衛府雑薬
万風膏			21近衛府雑薬
万病膏		伊豆国正税帳（古二―一九七頁）、某解（古二五―二六九頁）に見える。飛鳥池遺跡出土木簡に「万病膏、神明膏」と見え（『飛鳥藤原京木簡』一―九三九）、紫香楽宮跡とされる宮町遺跡から「万病膏」と記した墨書土器が出土している（『宮町遺跡発掘調査報告書』I）。	21近衛府雑薬・25兵庫寮雑薬・26唐使雑薬・28渤海使雑薬・30新羅使雑薬
百毒散			22衛門府雑薬・25兵庫寮雑薬・26唐使雑薬・28渤海使雑薬・30新羅使雑薬
大戟丸			26唐使雑薬・28渤海使雑薬
黄良膏		（宝亀二ヵ）・二・十八小野大庭啓（古一八―二〇八頁）に「黄良高〔膏ヵ〕」が見える。	26唐使雑薬・28渤海使雑薬
素女丸		隋代成立の医書素女経に関わるか。	28渤海使雑薬
五香丸	医心方一六（治毒腫方）＊劉涓子方		28渤海使雑薬
練仲丸	医心方九（治宿食不消方）＊録験方		28渤海使雑薬

改訂一覧

・本一覧では、本書下巻刊行時に判明している上・中巻の改訂箇所を示し、あわせて誤字・脱字などもあげた。
・「改訂箇所」の「頁」欄の「前」は前付け頁、「後」は後付け頁、頁数に続く「原」は原文、「読」は読み下し文、「校」は校異注、「頭」は頭注を指す。
・「改訂前」欄には初刷のものを示した。
・「改訂後」欄では改訂箇所に下線を付した。なお、読み下し文の(　)はルビを示す。
・重版時に訂正したものについては、「備考」欄にその刷数を示した。
【上巻】2～6＝2～6刷訂正済み(各刊行年次は下記参照)
2刷　2000年8月　3刷　2001年7月　4刷　2007年8月
5刷　2009年10月　6刷　2017年1月

【上巻】

改訂箇所			改訂前	改訂後	備考
頁	段行	式・条ほか			
前3		目次	725	726	4
前16	下 4	解説	中務省被官	中務省被管	3
前16	下10	解説	大蔵省被官	大蔵省被管	3
前16	下14	解説	類聚国史巻第一三七	類聚国史巻第一四七	5
前22	上10	解説	消失	焼失	2
前32	8	凡例	校異と略記	校補と略記	6
前36	5	凡例	諸写本に在する	諸写本に存する	6
前39	14	凡例	右記	古記	2
37読	14	四時祭上 7	紅花(べにばな)	紅花(ルビ削除)	2
46原	12	四時祭上11	河内	河内	
46原	13	四時祭上11	河内	河内	
65読	9・11	四時祭上22	副(ふく)	副(ふ)	4
66頭	1	四時祭上23	23月次祭	23月次祭条	3

改訂箇所			改訂前	改訂後	備考
頁	段行	式・条ほか			
68頭	14	四時祭上24	典薬式６条	典薬式７条	5
71頭	1	四時祭上25	35条に	34条に	5
127読	2	臨時祭１	１臨時祭	条文番号「１」を３行目冒頭に移す	5
138校	3	臨時祭23	内蔵式33条	内蔵式23条	6
150頭	20	臨時祭28	従五位上	従五位下	
167読	6	臨時祭37	神賀(かみよごと)	神賀(かんよごと)	5
195読	13	大神宮11	缶(ほとぎ)	缶(もたい)	4
199読	2	大神宮11	陳列せよ	陳列ねよ	
201読	11	大神宮12	甕(かめ)	甕(みか)	4
203読	12	大神宮13	海藻根(めのね)	海藻根(まなかし)	4
236原	10	大神宮30	廣二幅	廣二幅	
245頭	10	大神宮41	松坂市	松阪市	3
263読	9	斎宮６	饌(せん)	饌(おもの)	
273読	3	斎宮19	御厠(みやかわ)	御厠(みかわや)	4
279読	2	斎宮29	29　十一月の祭	条文番号「29」を３行目冒頭に移す	4
285頭	22	斎宮37	本式43条の板飯筥	本式43・71条の板筥	4
295頭	19〜20	斎宮43	シロナリ	シロナマリ	
303頭	11	斎宮54	監送使の語は本式のみ。	削除	5
317読	13	斎宮62	斎王遷りて	斎王還りて	
335頭	15	斎宮71	典薬式２条	典薬式１条	
335頭	17	斎宮71	上文の「合剤」	上文の「合薬」	

改訂箇所			改訂前	改訂後	備考
頁	段行	式・条ほか			
345読	7	斎宮78	芥子(けし)	芥子(からし)	4
352原	1	斎宮99	衣服類	衣服之類	6
371頭	16	斎院19	内蔵式53条参照	内蔵式54条参照	2
374原	6	斎院21	三尺朱塗臺盤	三尺朱漆臺盤	4
384原	1	斎院27	苅安草	刈安草	6
390校	3	大嘗祭3	九・九別	底ナシ。九・九別	6
393頭	13	大嘗祭7	内の七言	外の七言	3
407頭	13	大嘗祭18	ヒロムシロ科	ヒルムシロ科	
423読	8	大嘗祭31	神楯(かんだて)	神楯(みたて)	5
440校	1	大嘗祭34	典本・国史大系本	典本頭注	
454頭	1	祝詞4	四時祭式上7・11	四時祭式上8・11	5
460校	5	祝詞7	補ウ	改ム	6
472校	10	祝詞10	下同ジ。	削除	
473読	1	祝詞10	言止(ことと)めて	言止(ことや)めて	5
477頭	6	祝詞12	四時祭式上28条	四時祭式上29条	4
487読	11	祝詞17	皇親神漏伎	皇が親神漏伎	6
489頭	15	祝詞19	大神宮式2条	大神宮式3条	6
490校	6	祝詞21	倣イテ	倣イテ	6
522校	3〜4	神名上6	神別ニ「多久都王命」	神別中ニ「多久都玉命」	6
532原	15	神名上7	感古佐備	感古佐備	
532校	8	神名上7	下同ジ。	削除	

改訂箇所			改訂前	改訂後	備考
頁	段行	式・条ほか			
534校	3	神名上７	改ム	補ウ	6
548校	10	神名上11	根社	根神	6
549頭	27	神名上11	宇奈抵社	宇奈根（平遺は「抵」）社	
552校	11	神名上12	竹中社	竹仲社	6
561頭	8	神名上12	二十五書写所解	二十五写書所解	4
570校	1	神名上16	九・吉ホカ	底ナシ。九・吉ホカ	6
579読	14	神名上18	多祁富許都久（たきふこつく）	多祁富許都久（たけふこつく）	5
590原	2	神名上21	瓺𧄍神社	瓺𧄍神社	
590校	1	神名上21	𧄍	𧄍	
590頭	1	神名上21	瓺𧄍神社	瓺𧄍神社	
591読	2	神名上21	瓺𧄍神社	瓺𧄍神社	
620校	3	神名下８	「治」	底「治」	6
629読	11	神名下11	若狭比古神社	若狭比古神社二座	3
691頭	3	神名下31	87条に	88条に	5
696頭	20	神名下37	本式上７条	本式上９条	
726	下13〜14	巻４	玉位花金	玉位花形金	6
730	上 8	巻９	二條坐神社二座	二條坐神二座	6
730	上 9	巻９	四條坐神社一座	四條坐神一座	6
730	下18	巻９	櫛眞知	櫛厤知	6
731	上18	巻９	承和九	承和七	6
731	下 3	巻10	椿榛名明神社	椿榛明神社	6

改訂箇所			改訂前	改訂後	備考
頁	段行	式・条ほか			
732	中 2	巻10	伊豫國	(伊豫國)	6
732	中 3	巻10	神戸各二	神戸各二烟	6
738	上 7	巻 1	『平安時代の神社と祭祀』	『平安時代の国家と祭祀』	
738	下 3	巻 1	祀令	祠令	
823	中 5	巻 4	鶏・鶏卵	雞・鶏卵	6
824	中 8	巻 4	続後紀嘉承	続後紀嘉祥	5
832	中 8	巻 4	五月朔白散料	正月朔白散料	5
847	下11	巻 5	胎貝の鮨	貽貝の鮨	
921	下20〜21	巻 8	大祓条に見える「金装横刀二口」と見える。	大祓条に「金装横刀二口」と見える。	6
921	下23	巻 8	鎮レ火	鑽レ火	6
942	中21	巻 9	紀略天暦三	紀略天慶三	4
946	上27	巻 9	とある(同地	とある。同地	3
970	上17〜18	巻 9	類聚国史三四	後紀	
990	中22	巻 9	伊射波神社二座	伊射波神社	6
999	下15	巻 9	邸蘓神社	邸蘇神社	
1036	上 9	巻10	朝呂	麻呂	6
1036	中 3	巻10	・二二	・二四	
1070		図13	方画地割	方格地割	2
1092	3	表 9 凡例	五〇七頁 2 参照)。	五〇七頁 2)参照。	3
1099		表12※6	〈復刻、1972年〉	〈1927年、復刻1972年〉	
1104	下 8	式内社類名一覧	山若狭国大飯郡香山	山　若狭国大飯郡香山	6

改訂箇所			改訂前	改訂後	備考
頁	段行	式・条ほか			
1116	左	春宮式	38紫端帖	38幄幔	5
1116	左	春宮式	39黄端茵	39帖茵	5
1117	中	左右京式	41設置職写	41誤置職写	6（注１）
1117	右	春宮式	１元日	１元日御薬	5
1118	左	主水式	８神今食粥料	削除	5
1118	左	主水式	９大嘗会粥料	８大嘗会粥料	5
1118	左	主水式	10諸祭雑給料	９諸祭雑給料	5
1118	左	主水式	11釈奠料	10釈奠料	5
1118	左	主水式	—	11御斎会料	5 新規立条
1118	左	主水式	12聖神寺粥料	12聖神寺粥料	5（注２）
1118	右	弾正式	63純紫裙	63鈍紫裙	6
1118	右	弾正式	68支子深色	68支子染深色	6
1118	右	弾正式	94車馬従者	94車馬従	
1119	中	内膳式	62芹水葱田	62芹水䓗田	6
1119	右	造酒式	26諸節東宮日料	26東宮日料	
1122	左	宮内式	60被官考選文	60被管考選文	6
1122	中	大膳式上	６新嘗小斎解斎	６皇后宮新嘗祭	5
1122	右	大膳式下	31斎院雑給料	削除	5
1122	右	大膳式下	32妃月料	31妃月料	5
1122	右	大膳式下	33夫人月料	32夫人月料	5
1122	右	大膳式下	34女御月料	33女御月料	5

改訂箇所			改訂前	改訂後	備考
頁	段行	式・条ほか			
1122	右	大膳式下	35女官月料	34女官月料	5
1122	右	大膳式下	36侍従	35侍従	5
1122	右	大膳式下	—	36東宮	5 新規立条
1124	左	兵部式	57将軍儀杖	57将軍儀仗	
1124	中	隼人式	16竹線刾帙	16竹綾刺帙	6
1124	右	判事式	3隠載租税	3隠截租税	6
1125	中	主税式上	67延暦寺惣持院	67延暦寺摠持院	5
1125	中	主税式上	82検損使程限	82諸使程限	5
1125	右	主税式上	91巡幸傔従	91巡行傔従	5
1127	中	民部式上	126受口返帳	126授口返帳	3
1128	右	民部式上	17損益帳	17損益	5
1129	左	大学式	20交名	20夾名	5
1129	右	玄蕃式	6大般若経会	6大般若経	5
1130	左	式部式上	188医生	188医療	3
1130	右	式部式上	277召使	277召使夾名	3
1132	左	内蔵式	42中宮御服料	42御服縑料	5
1132	中	内蔵式	63臨時御服	63臨時所御服	5
1132	右	内匠式	28桶類	28樋類	3
1135	左	太政官式	39諸寺別当年臈	39諸寺別当年﨟	6
1135	左	太政官式	44飛駅	44附駅	3
1135	右	太政官式	108俘囚交名	108俘囚夾名	6

【中巻】

改訂箇所			改訂前	改訂後	備考
頁	段行	式・条ほか			
前10	16	凡例	42中宮御服条	42中宮御服料条	
前10	16	凡例	42御服縑条	42御服縑料条	
22頭	9	太政官41	職制律５条	職制律４条	
31読	5	太政官68	薗、韓神	薗・韓神	
43頭	21	太政官87	装束使	装束司	
65頭	10	太政官124	大蔵式60条	大蔵式59条	
93頭	26	中務35	大炊式36条参照	大炊式35条参照	
106頭	17	中務64	11・15・17条参照	11・15～17条参照	
143頭	6	内記14	謹んで言す	謹みて言す	
148頭	6	内記24	中務式22条参照	中務式23条参照	
183読	13	大舎人３	水部(もいとり)	水部(もいとりべ)	
184頭	8	大舎人５	天平勝宝二年(七五〇)	天平宝字二年(七五八)	
185頭	18	大舎人７	典薬式７条	典薬式８条	
188校	2～3	大舎人14	爲　底及ビ…	この項目を次項「某」の後ろに移す	
212頭	21	図書15	陰陽式３条	陰陽式４条	
318原	7	内蔵41	曝絁	曝絁	
324原	8	内蔵46	廣五寸	廣五寸	
324原	8	内蔵46	廣五寸	廣五寸	
336校	2	内蔵54	塙イ本。井一本	塙イ本・井一本	

改訂箇所			改訂前	改訂後	備考
頁	段行	式・条ほか			
364原	3	陰陽18	卯二刻	卯二刻	
364原	5	陰陽18	卯二刻	卯二刻	
412校	3	内匠25	校異「五」。	考異「五」。	
432校	4	内匠32	校異「廿九人」。	考異「廿九人」。	
491読	7	式部上137	計(さぞ)えて	計(かぞ)えて	
602頭	18	大学 1	葅	菹	
607読	10	大学 6	韓櫃(からぴつ)	韓櫃(からびつ)	
614原	7	大学12	篚在洗西	篚在洗西	
614原	7	大学12	樽、罍、篚、冪	樽、罍、篚、冪	
614原	8	大学12	冪之後	冪之後	
625読	4	大学14	胙肉(そのにく)	胙肉(そのしし)	
645読	1	治部	延喜式巻二十一	延喜式巻第二十一	
681頭	26	玄蕃29	主計式30条	主計式上30条	
695柱			玄蕃寮寮	玄蕃寮	
719読	6	諸陵 2	傍*丘	*傍丘	
744校	2	民部上 2	貞中本及ビ神名式上20条	中及ビ神名式上15条	
778校	3	民部上95	底	九	
797頭	13	民部下21	貢帳使	貢調使	
797頭	19	民部下22	貢帳使	貢調使	
828校	11	民部下63	壬・貞校注	貞・壬校注	
830原	10	民部下63	商市	商布	

改訂箇所			改訂前	改訂後	備考
頁	段行	式・条ほか			
848校	4	主計上2	スハヤク	スハヤリ	
851頭	28〜29	主計上4	筑後・肥後・豊前三国	筑前・筑後・肥後・豊前四国	
859読	1	主計上11	瓼杯(にえつき)	瓼杯(あえつき)	
887読	11	主計上51	甕杯	瓼杯	
889読	1	主計上52	鉄を輸せ	鉄を輸せ。	
908頭	6	主計下1	篤廃残疾	篤癈残疾	
908頭	6	主計下1	廃疾	癈疾	
909読	4	主計下1	廃	癈	
911読	5	主計下1	廃疾	癈疾	
931読	10	主計下37	新廃疾	新癈疾	
931頭	4・13	主計下37	廃疾	癈疾	
931頭	7	主計下37	新廃疾	新癈疾	
931頭	14	主計下37	篤廃残疾	篤癈残疾	
935頭	28	主計下37	廃疾	癈疾	
937読	5	主計下37	廃疾	癈疾	
939読	7	主計下37	新廃疾	新癈疾	
941読	4	主計下37	廃疾	癈疾	
941頭	15	主計下37	廃疾	癈疾	
941頭	16	主計下37	新廃疾	新癈疾	
951頭	1	主計下37	牧帳長	牧長帳	
979頭	23	主税上12	鎮守符	鎮守府	

改訂箇所			改訂前	改訂後	備考
頁	段行	式・条ほか			
997頭	10	主税上63	神護護国祚真言寺	神護国祚真言寺	
1006頭	11	主税上83	国司巡行の食料	国司巡行の食の料	
1020校	3	主税上116	卌五束	卅五束	
1042校	2	主税下1	倣イテ	做イテ	
1045読	15	主税下1	飼う抹若干束	飼う秣若干束	
1056原	15	主税下1	倉若宇	倉若干	
1089	中21	巻25	山城国	山背国	
1151	上17〜18	巻13	光明皇后	光明立后	
1156	下6〜7	巻13	〔節会及叙位〕	〔節会及叙位事〕	
1171	下25	巻14	蒲萄	葡萄	
1172	中1	巻14	支子深色条	支子染深色条	
1173	上24	巻14	三六	三七	
1175	中25	巻14	平安朝の「所・後院	平安朝「所・後院	
1180	上24	巻15	神社祭祀の公祭化	神社祭祀の『公祭』化	
1180	中22	巻15	古尾浩前掲	古尾谷知浩前掲	
1184	上12〜13	巻15	律令国家の『賓客』	律令国家の『賓礼』	
1185	下27	巻15	典薬式7五月五日条	典薬式8五月五日条	
1187	上18	巻15	渡嶋蝦夷と毛皮貿易	渡島蝦夷と毛皮貿易	
1193	下17	巻17	大蔵式60年料漆条	大蔵式61年料漆条	
1206	上7	巻17	典薬式5雑給料条	典薬式6雑給料条	
1259	下26〜27	巻20	釈奠の三牲	釈奠における三牲	

改訂箇所 頁	段行	式・条ほか	改訂前	改訂後	備考
1369	上12	巻23	26忌火庭火条	26忌火庭火祭条	
1400	下15	巻24	穀皮両面	穀皮両面	穀(かじ・こうぞ)
1412	下 2	巻24	〔九恵の𦢊〕	〔久恵の𦢊〕	
1414	下13	巻24	楚割・脯	楚割・𦢊	
1424	下25	巻24	寺田晃	寺田晃	
1425	上 2	巻24	字古末	宇古末	
1432	下19〜20	巻24	平城宮跡出土木簡に安曇郡の年魚、	削除	
1440	中20	巻25	篤廃残疾	篤癈残疾	
1440	中21	巻25	二支廃	二支癈	
1440	中21・25・27・下9	巻25	廃疾	癈疾	
1440	中22	巻25	一支廃	一支癈	
1440	下13	巻25	廃疾帳	癈疾帳	
1446	上20	巻25	廃疾	癈疾	
1446	下17	巻25	「皁留」	「皀」	
1454	上 2	巻25	大膳式	大膳職	
1461	下14	巻25	神野精一	神野清一	
1476	上12	巻27	太宰府管内	大宰府管内	

注1　2・3・4刷は改訂済み。5刷は印刷時のミスにより「設置」。よって6刷で再改訂。
注2　初・2刷にあり。3・4刷、脱。5刷で正した。

原文・底本照合一覧

・本一覧では、本書上・中巻原文と底本(土御門本)とを照合し、文字の有無に相違がある場合に、その情報のみを示した。したがって原文等を改訂するものではない。
・諸本との校訂を要する文字の異同については取り上げていない。
・原則として、底本になく原文に採用されている文字、または底本にあるが原文に不採用の文字(衍字・弥書は除く)のうち、校異注が付されていないものを採録した。
・校異注および校異補注で引用する底本の記述が相違する場合も、文字の有無に関してのみ、情報を提示した。
・「行」欄では、適宜略記を用いて掲載箇所を示した。主なものを例示すれば下記のとおり。
　「11分1左」…原文11行目、１番目の分注の左行
　「校3」…校異注３行目
・「原文・校異注・校異補注」欄には、上・中巻いずれも初刷の文字を示した。
・異同の対象となる文字に下線を付した。
・「備考」欄に記した「底本頭注」「底本脚注」などの語句は、それぞれ底本の本文以外の引用箇所の相違であることを示す。

〔付記〕本一覧に掲載した原文・底本に関わる文字の異同は、すべて編者・虎尾俊哉氏による校異注の補訂が予定されていた。編者の逝去により、延喜式諸本との校合が適わず、本一覧では原文と底本の照合結果のみを提示することとなった。なお、本一覧の作成経緯については、本巻「凡例」の「訳注日本史料『延喜式』下巻刊行にあたって」を参照されたい。

【上巻】

頁	行	式・条	原文・校異注・校異補注	底本	備考
4	10	上表	權介臣伴宿禰	ナシ	底本は閣本(内閣文庫本慶長写本)
48	11分1左	四時祭上11	笛工各一端	ナシ	
56	校3	四時祭上17	木篇爲本儀也	木篇可爲本儀也	底本頭注
86	2	四時祭下 7	絁二絇二兩	ナシ	
104	6	四時祭下36	木綿三斤十兩	ナシ	
110	8	四時祭下47	十一月上卯日祭之	ナシ	
134	6	臨時祭13	堅魚各六斤	ナシ	
136	校1	臨時祭17	尺　底ナシ	人	
154	7	臨時祭28	中臣印達神社一座	ナシ	

頁	行	式・条	原文・校異注・校異補注	底本	備考
188	1	大神宮 5	大神宮所攝廿四座	ナシ	
190	10	大神宮 8	鉾鋒各十六枚	ナシ	
218	9	大神宮26	一百八隻	ナシ	726頁校補 1「一百八隻」項、「底本「一百四隻」。」とするが誤り
226	10	大神宮27	縹絲一絇	ナシ	
230	2分2左	大神宮28	縹裏	縹裏色	校異注「縹」項、「底、コノ下「色」字アリ」とするが誤り
234	9分1	大神宮29	各長七尺、廣三幅	ナシ	
234	9分2	大神宮29	長七尺七寸、廣三幅	ナシ	
234	9	大神宮29	生絹天井覆一條	ナシ	
248	1分左	大神宮50	絹米内	ナシ	
254	3分右	大神宮66	忌、彈琴、笛生	ナシ	
292	4分右	斎宮42	神祇副以上	ナシ	
306	1	斎宮58	天皇御後殿	ナシ	
312	11	斎宮61	雜海菜各一兩二分	ナシ	
340	9	斎宮76	火炬小子	ナシ	
362	2分右	斎院 9	三座座別一丈	ナシ	
384	5分1右	斎院27	斗帳絹辛紅	斗帳帷絹辛紅	
400	8	大嘗祭15	皆以黑木及草	ナシ	
440	7	大嘗祭34	御此帳	ナシ	
476	4	祝詞12	集侍親王諸王	ナシ	
484	1	祝詞14	稱辭竟奉	ナシ	
484	9	祝詞15	湯津磐村	ナシ	
486	11	祝詞17	辭竟奉弖	ナシ	
488	1	祝詞17	幸閉奉給弖	ナシ	

頁	行	式・条	原文・校異注・校異補注	底本	備考
494	11	祝詞26	御命平以弖	ナシ	
500	3	祝詞29	宮柱太知立弖	ナシ	
502	10	祝詞29	振立耳能彌高尓	振立流耳能彌高尓	
508	3分	神名上2	並大、月次新嘗	ナシ	
510	1分	神名上2	小	ナシ	
510	11分	神名上5	並官幣	ナシ	
512	8分3	神名上5	名神大、月次新嘗	ナシ	
514	12分1	神名上5	鍬靫	ナシ	
514	13分1	神名上5	鍬靫	ナシ	
514	14分右	神名上5	大十一座	ナシ	
514	14分左	神名上5	小十三座	ナシ	
514	15分1	神名上5	大、月次新嘗	ナシ	
518	2分	神名上6	大、月次新嘗	ナシ	
528	2分2	神名上6	鍬靫	ナシ	
532	5分2	神名上6	名神大、月次相嘗新嘗	ナシ	
532	12分	神名上7	並小	ナシ	
538	10分2	神名上7	鍬靫	ナシ	
542	8分3	神名上9	鍬靫	ナシ	
552	14	神名上12	大海田水代大刀自神社	ナシ	
562	7分	神名上13	並大	ナシ	
568	7分	神名上14	名神大	ナシ	
576	8分	神名上17	並小	ナシ	
576	10分	神名上17	並小	ナシ	
578	5分	神名上18	大四座小卌二座	ナシ	

頁	行	式・条	原文・校異注・校異補注	底本	備考
578	16分	神名上18	名神大	ナシ	
584	14分	神名上21	大二座小卌二座	ナシ	
596	5分	神名上25	大一座小二座	ナシ	
616	6	神名下７	河内郡一座	ナシ	
652	9	神名下19	阿須須伎神社	ナシ	
658	6	神名下21	更杵村大兵主神社	ナシ	
664	2	神名下22	意上奴神社	ナシ	
666	12	神名下24	熊野坐神社	ナシ	
670	15	神名下24	同社大穴持御子玉江神社	ナシ	
680	9	神名下27	大十六座	ナシ	
684	2分	神名下28	並小	ナシ	
686	14分	神名下30	並小	ナシ	
688	6分左	神名下31	小十七座	ナシ	
692	8分	神名下32	小	ナシ	
696	15	神名下37	高積比賣神社	ナシ	
702	6	神名下39	阿佐多知比古神社	ナシ	
714	8分	神名下47	大一座小五座	ナシ	
714	14	神名下47	火男火賣神社二座	ナシ	
726	下13	巻第四（大神宮26）	一百四隻	ナシ	
728	下9	巻第七（大嘗祭１）	主基其次也	主基者是其次也	底本頭注
728	下10	巻第七（大嘗祭１）	悠紀者是齋忌國	ナシ	底本頭注

【中巻】

頁	行	式・条	原文・校異注・校異補注	底 本	備 考
8	4	太政官 9	少納言某請進訖	ナシ	
10	1	太政官10	(標注)弘	(標注)ナシ	
14	10	太政官22	但爲官長者	但爲官長官者	底本「長」の右傍に小書「延」あり
48	4	太政官99	大臣侍殿上	ナシ	
56	5	太政官114	式部兵部二省	ナシ	
58	8	太政官119	(標注)延弘	(標注)延貞弘	
70	12	太政官138	(標注)弘	(標注)ナシ	
74	2	太政官145	凡厨家別當	ナシ	
78	5分左	中務 1	親王家十人	ナシ	
80	5	中務 4	左右近衞少將	ナシ	
92	校5	中務34	鈴一　底ナシ	鈴一	底本「主領」の右傍に「鈴一」あり
118	10分4左	中務77	女孺十人	ナシ	
120	5	中務77	移省、省造解	ナシ	
130	12	中務88	秋祭准此	ナシ	
134	5	内記 4	以紅紙	ナシ	底本「紙」の右傍に「紅可」あり
144	2	内記14	式部大輔位名	ナシ	
152	7分右	監物 4	二省輔不在	ナシ	
198	7分1左	図書 3	佛器案等從寮	ナシ	
234	7	縫殿 7	山藍五十四圍半	ナシ	
242	3	縫殿 9	單褐十領、表袴、中袴	ナシ	
256	5	縫殿13	米五升、灰三石	ナシ	
266	4分2	縫殿15	請內藏寮	ナシ	
272	9	縫殿29	勘納寮家充給	ナシ	

頁	行	式・条	原文・校異注・校異補注	底本	備考
296・298	14・1	内蔵13	白絹一疋、絹一疋、白綾	ナシ	
310	5	内蔵26	凡正月最勝王經	ナシ	
314	3	内蔵35	懸御在所帳幔	ナシ	
320	11	内蔵44	木綿大五両二分	ナシ	
324	7	内蔵46	縫紫絲一分	ナシ	
384	4分1左	内匠 1	鏡廿五面	ナシ	
388	1	内匠 5	銀大一斤	ナシ	
394	校2	内匠 7	盛御膳盤之	盛御膳盤謂之	底本脚注
418	3分2左	内匠31	鑄工三人	ナシ	
424	6	内匠31	單功十二人	ナシ	
424	9	内匠31	白鑞薄十七枚	ナシ	
428	11分右	内匠32	切廿條、條別	ナシ	
434	7	内匠33	和炭一石五斗	ナシ	
434	12	内匠33	短功十四人	ナシ	
444	3	式部上 5	三位參議之上	ナシ	
444	12	式部上10	皆聽預節會	ナシ	
446	5	式部上12	有職掌者	ナシ	
452	7	式部上27	並北向、	並北向立、	
454	9	式部上29	左右史以下皆起	ナシ	
460	5	式部上47	訖乃以次就座	ナシ	
460	11	式部上50	某省召某省	ナシ	
462	2	式部上51	凡於朝廷宣命者	ナシ	
468	4	式部上72	散位五位已上	ナシ	
474	7	式部上90	施藥院等使司史生	ナシ	

頁	行	式・条	原文・校異注・校異補注	底本	備考
476	12	式部上100	大舍人寮	ナシ	
486	9	式部上131	出入遠近不同	ナシ	
494	4	式部上149	主政帳	ナシ	
516	11・12行の間	式部上227・228の間	—	229条トホボ同ジ条文アリ	229条の「贈位」は「増位」、末尾の「生官」は「史官」
524	8	式部上257	新敍者亦同	ナシ	
526	6	式部上262	以太政官上日爲定	ナシ	
526	10	式部上265	從一高給之	ナシ	
534	5分3	式部上279	初位已上官	ナシ	
534	7分1右	式部上279	從五位官一人	ナシ	
560	校1	式部下20	此詞用儀式詞	此詞可用儀式詞	底本傍注
598	4	式部下38	引郡司入	ナシ	
610	2分2左	大学9	並著青衿服	ナシ	
612	11	大学12	設館官位懸東	設館官位於懸東	
614	1	大学12	學生位於館官	ナシ	
640	10	大学52	充寮中雜用	ナシ	
718	校6	諸陵2	或云	或說云	底本脚注
776	1	民部上83	凡籍書者國家重案	ナシ	
804	2	民部下42	以當國租穀	ナシ	
814	6分1右	民部下53	檳榔二百枚	ナシ	
816	11分1右	民部下58	四口各大一升	ナシ	
816	11分1左	民部下58	十口各小一升	ナシ	
816	12	民部下58	駿河國十二壺	ナシ	
816	12分1右	民部下58	四口各大一升	ナシ	
816	12分1左	民部下58	八口各小一升	ナシ	

頁	行	式・条	原文・校異注・校異補注	底本	備考
822	5	民部下60	其用度皆用正税	ナシ	
830	7分右	民部下63	履料牛皮二張	ナシ	
836	8	民部下66	沒國司公廨	ナシ	
842	3分4	主計上 1	徑一尺二寸	ナシ	
842	6分4	主計上 1	高一尺五寸	ナシ	
858	12分1左	主計上13	餘皆准此	ナシ	
930	3	主計下37	戸若干新寡妻	ナシ	
950	14	主計下37	口若干次丁	ナシ	
956	14	主税上 5	救急料六萬束	ナシ	
958	12	主税上 5	料二千束	ナシ	
962	2	主税上 5	千束、藥分料	ナシ	
1000	3	主税上72	佛聖供料稻	ナシ	
1006	2	主税上82	不堪佃田卌日	ナシ	
1006	3	主税上82	不堪佃田卌日	ナシ	
1022	4	主税上116	飛驒國	ナシ	
1022	10分1右	主税上116	石別二束六把	ナシ	
1028	1分3左	主税上116	准播磨國	ナシ	
1046	9分2左	主税下 1	各爲一項	ナシ	
1066	14	主税下 2	惣合鄉帳會郡帳	ナシ	
1088	下3	卷第二十一（玄蕃63）	以僧綱拜任之、謂（僧）綱之任也	（以僧）綱拜任之、謂（僧）綱之任人也	底本書入れ（　）内は他本による編者補筆

編者手沢本書入れ一覧

- 本一覧では、編者・虎尾俊哉氏手沢本『延喜式』上・中巻(各初刷)にある書入れを提示した。
- これらの書入れは、編者が改訂の準備をしていたものである。
- 「退出せよ」「付して」などは、編者の書入れがある箇所とない箇所があった。本一覧では書入れがある箇所のみを挙げている。
- 書入れのうち、下記のような事例は煩を避けて取り上げていない。
  例:「熊皮」→「熊の皮」、「…せよと」→「…せよ、と」など
- 「頁」欄の「前」は前付け頁、頁数に続く「原」は原文、「読」は読み下し文、「校」は校異注、「頭」は頭注を指す。
- 書入れ箇所には下線を付した。なお、読み下し文の( )はルビを示す。
- 編者手沢本は虎尾達哉氏より編集部へ提供された。

【上巻】

頁	段行	式・条ほか	初刷	書入れ	備考
前22	下19	解説	反町英作蔵	国立歴史民俗博物館蔵(反町英作旧蔵)	
25読	5	四時祭上4	倭文の纏刀形	倭文纏の刀形	
25読	5	四時祭上4	絁の纏刀形	絁纏の刀形	
25読	5	四時祭上4	布の纏刀形	布纏の刀形	
25読	10〜11	四時祭上4	倭文の纏刀形・絁の纏刀形・布の纏刀形	倭文纏の刀形・絁纏の刀形・布纏の刀形	
27読	6	四時祭上4	前の件(くだり)	前(さき)の件(くだり)	
39読	4	四時祭上7	前の件(くだり)	前(さき)の件(くだり)	
41読	9	四時祭上9	合せ盛り	合盛(あわせもり)	
49読	4	四時祭上11	紗(しゃ)	紗(うすぎぬ)	
65読	6〜7	四時祭上22	移送せよ	移し送れ	
67読	3〜4	四時祭上23	倭文の纏刀形・絁の纏刀形・布の纏刀形	倭文纏の刀形・絁纏の刀形・布纏の刀形	
76頭	4	四時祭上31	アラタエノミソ	アラヨノミソ	

頁	段行	式・条ほか	初刷	書入れ	備考
76頭	5	四時祭上31	ニギタエノミソ	ニゴヨノミソ	
77読	1	四時祭上31	荒世(あらたえ)	荒世(あらよ)	
77読	2	四時祭上31	和世(にぎたえ)	和世(にごよ)	
79読	3	四時祭上31	荒服(あらたえのみそ)	荒服(あらよのみそ)	
79読	4	四時祭上31	和服(にぎたえのみそ)	和服(にごよのみそ)	
92頭	14〜15	四時祭下17	類聚国史三四(延暦二十四年二月)	後紀延暦二十四・二・庚戌条	
111読	11	四時祭下47	付して	付(さず)けて	
115読	9	四時祭下48	退出せよ	退出(まか)れ	
115読	13	四時祭下48	退出し	退出り	
117読	7	四時祭下48	拍ち退出せよ	拍ちて退出れ	
123読	11	四時祭下56	退出せよ	退出(まか)れ	
159読	8	臨時祭29	葉薦(はこも)	葉薦(はごも)	
162頭	4	臨時祭33	送り退ける	祭り退ける	
181頭	9	臨時祭88	民部式上96条参照	元慶官田から分割された諸司田	(編者注記)民部式上96条—令制官田
192原	7	大神宮8	陳列	陣列	
192校	3	大神宮8	陳　底「陣」。藤ニヨリテ改ム。	項目削除	
193読	7	大神宮8	陳列	陣列	
195読	12	大神宮11	赤引	赤引(あからひき)	(編者注記)皇太神宮年中行事「赤良曳」
197読	4	大神宮11	陳列し	陳列(つら)ね	
219読	6	大神宮26	堺打(さかいうち)	堺打(けうち)	
231読	5	大神宮28	巾(のごい)	巾(たのごい)	

頁	段行	式・条ほか	初　刷	書入れ	備　考
243読	11	大神宮35	櫪飼(いたかい)	櫪飼(いたがい)	
249読	16	大神宮54	案主(あんず)	案主(あんじゅ)	
251読	3	大神宮55	国司に附して	国司に附(さず)けて	
251読	4	大神宮55	移送せよ	移し送れ	
263読	9	斎宮 6	付(つ)けよ	付(さず)けよ	
267読	13	斎宮14	膳(みけ)	膳(おもの)	
269読	5	斎宮15	水部(もいとり)	水部(もいとりべ)	
273読	4	斎宮19	饌(せん)	饌(おもの)	
279読	3	斎宮29	水部(もいとり)	水部(もいとりべ)	
283読	9	斎宮36	布の帯	布帯(ぬのおび)	
289読	1	斎宮37	手水	手水(ちょうず)	
289読	9	斎宮38	腸漬(わたつけ)の鰒	腸漬(わたづけ)の鰒	
289読	10	斎宮38	雑魚の鮨	雑(くさぐさ)の魚の鮨	
293読	1	斎宮40	拭(のごい)の布	拭布(のごいぬの)	
293読	3	斎宮41	熟瓜(ほそち)	熟瓜(ほぞち)	
295読	1	斎宮43	布の帯	布帯(ぬのおび)	
295読	7	斎宮43	巾(のごい)	巾(たのごい)	
295読	7	斎宮43	拭の布	拭布(のごいぬの)	
303読	11	斎宮54	水部(もいとり)	水部(もいとりべ)	
321読	5	斎宮66	胡麻子(ごま)	胡麻子(ごまのみ)	
321読	6	斎宮66	椎子(しい)	椎子(しいのみ)	

頁	段行	式・条ほか	初　刷	書入れ	備　考
321読	6	斎宮66	菱子(ひし)	菱子(ひしのみ)	
321読	7	斎宮66	蓮子(はすのみ)	蓮子(はちすのみ)	
323読	1	斎宮66	板蓋(いたぶた)	板蓋(いたのふた)	
331読	4	斎宮71	膳(みけ)	膳(おもの)	
331読	6	斎宮71	別脚(べつあし)	別脚(あしわけ)	
331読	11	斎宮71	足別(あしべつ)	足別(あしわけ)	
337読	3	斎宮71	大戟(たいげき)	大戟(だいげき)	
341読	12	斎宮77	膳(みけ)	膳(おもの)	
345読	5	斎宮78	雑魚(ざこ)の鮨	雑(くさぐさ)の魚の鮨	
347読	1	斎宮81	移送し	移(い)し送り	
349読	3	斎宮88	廻(まわり)	廻(めぐり)	
349読	8	斎宮89	妄りに	妄(みだり)に	
351読	2	斎宮93	案主(あんず)	案主(あんじゅ)	
357読	3	斎院4	前件により	前(さき)の件(くだり)により	
361読	6	斎院6	帰り、すなわち野宮に留まりて	帰れ。便(たより)に野宮に留まらば	
373読	8	斎院19	単(たん)七十八人	単(のべ)七十八人	
377読	13	斎院23	前件により	前(さき)の件(くだり)により	
385読	12	斎院27	単(たん)五百人	単(のべ)五百人	
385読	16	斎院27	滓醤(しるひしお)	滓醤(かすひしお)	
387読	1	斎院27	単(たん)五百人	単(のべ)五百人	
390頭	5〜6	大嘗祭1	天皇が先帝の服喪期間中に即位すること。	先帝の崩御によって即位する場合。	

頁	段行	式・条ほか	初　刷	書入れ	備　考
397読	10	大嘗祭11	擬(なぞら)え、…擬えよ。	擬(あ)て、…擬てよ。	
399読	11	大嘗祭14	顕さざるは	顕わさざるは	
417頭	10	大嘗祭27	主計式上２条	主計式上４条	
419読	11	大嘗祭28	手巾(たなごい)	手巾(たのごい)	
431読	8	大嘗祭31	退出(まかで)よ	退出(まか)れ	頭注項目には書入れなし
435読	3	大嘗祭31	退出(まかで)よ	退出(まか)れ	
435読	10	大嘗祭31	巾(のごい)	巾(たのごい)	
439読	12	大嘗祭32	将(も)ち去れ	将(も)ち去(まか)れ	
439読	12	大嘗祭32	侍して	侍りて	
445読	6	祝詞２	修撰し	脩撰し	
473頭	21	祝詞10	下の	下文の	
496原	4	祝詞27	波志	波(「志」削除)	
496校	4〜5	祝詞27	波志　底「志」字…	項目削除	
498原	11	祝詞28	給比那我良、船居	給比、那我良船居	
499読	14	祝詞28	給いながら、船居	給い、那我良(ながらの)船居	
509読	14	神名上２	造酒(みき)司	造酒(さけ)司	
509読	15右	神名上２	酒弥豆男(さかみずお)神	酒弥豆男(さかみずのお)神	
509読	15左	神名上２	酒弥豆女(さかみずめ)神	酒弥豆女(さかみずのめ)神	
577読	1	神名上16	秦原(はいはら)	秦原(はいばら)	
662原	7	神名下21	面沼神社	面治神社	

頁	段行	式・条ほか	初　刷	書入れ	備　考
662校	3	神名下21	—	治　底「沼」。兵部式82条オヨビ現地小字名ノ「米持」「米持前」ニヨリテ改ム。	新規立項
662頭	15	神名下21	面沼神社	面治神社	
662頭	16	神名下21	沼と治のどちらが正しいかは不詳。	削除	
663読	7	神名下21	面沼(めぬ)神社	面治(めじ)神社	
711読	4	神名下42	郡頭(こおりず)神社	郡頭(こおず)神社	
740	下20	巻1	倭文の纏刀形・絁の纏刀形・布の纏刀形	倭文纏の刀形・絁纏の刀形・布纏の刀形	
747	上22	巻1	儀式二	儀式一	
800	上15	巻4	以北、比奈多島	以北比奈多島	
802	下12	巻4	空穂宮	穴穂宮	
922	中16	巻8	造ㇾ泊	造ㇾ泊	
922	中19	巻8	見えない	見える那我良船居が	
922	中19～20	巻8	船着場を明記している点が顕著に異なる	表記されている	

【中巻】

頁	段行	式・条ほか	初　刷	書入れ	備　考
39読	13	太政官85	擬せよ	擬(あ)てよ	
49読	12	太政官101	菖蒲(しょうぶ)	菖蒲(あやめぐさ)	
53読	3	太政官110	別供(べつぐ)	別供(べつく)	
65読	16	太政官125	集めて	集(つど)えて	頭注項目には書入れなし
79読	3	中務 1	襖(おう)	襖(あお)	
79読	4	中務 1	白布の帯	白布帯(ぬのおび)	
79読	5	中務 1	麻鞋(まかい)	麻鞋(まがい)	
79読	8	中務 1	居す	居(すわ)れ	
79読	9	中務 1	纛幡(はた)	纛幡(とうばん)	
79読	14	中務 2	布の帯	布帯(ぬのおび)	
79読	16	中務 2	奏(もう)し請い	奏(もう)し請(う)け	
81読	13	中務 4	御被(ふすま)	御被(みふすま)	
97読	8	中務40	奏し請え	奏(もう)し請けよ	
97読	12	中務41	函	函(ふばこ)	
113読	11	中務74	炊部	炊部(かしきべ)	
148頭	14	内記26	陣頭	陣の頭	
149読	7	内記26	陣頭	陣の頭(ほとり)	
153読	16	監物 5	内蔵寮に請(う)けよ	内蔵寮より請(う)けよ	
167読	5	中宮11	饗	饗(あえ)	
169読	16	中宮14	商布(たに)	商布(ルビ削除)	

頁	段行	式・条ほか	初　刷	書入れ	備　考
173読	12	中宮18	扶(たす)け	扶(つ)き	
175読	7	中宮18	布の帯	布帯(ぬのおび)	
175読	9	中宮18	紗(しゃ)	紗(うすぎぬ)	
177読	8	中宮20	昏れん時	昏(く)れん時	
177読	16	中宮22	案を扶けて	案に扶(つ)きて	
179読	16	中宮25	扶けよ	扶(つ)けよ	
181読	2	中宮26	使の人	使人	
197読	6	図書3	金銀泥(きんぎんでい)の絵	金銀(きんぎん)の泥絵(だみえ)	
199読	1	図書3	繡(ぬいとり)	繡(ぬいもの)	
199読	1	図書3	紗(しゃ)	紗(うすぎぬ)	
199読	16	図書3	終りの日	終る日	
234頭	17	縫殿6	下の裙	下裙	
235読	4	縫殿6	裙腰	裙腰(もこし)	
235読	5	縫殿6	下の裙	下裙(したも)	
237頭	23	縫殿8	弾正式72条	弾正式71条では公私奴婢の服の色、72条	
241読	12	縫殿9	縠(こく)	縠(こめ)	
241頭	18	縫殿9	、縠皮両面	削除	
245読	6	縫殿10	下の裙	下裙(したも)	
249読	14	縫殿12	功程	功程(くじょう)	
277読	10〜11	内蔵2	請い換え	請(う)け換え	
315読	4	内蔵35	車駕(しゃが)	車駕(きょが)	

頁	段行	式・条ほか	初　刷	書入れ	備　考
315読	5	内蔵36	菖蒲(あやめ)	菖蒲(あやめぐさ)	
317読	16	内蔵41	糓(こく)	糓(こめ)	
327読	4〜5	内蔵47	合せ和(か)ちて	合せ和(か)てて	
377読	6〜7	陰陽20	昏時(たそがれどき)	昏(く)れん時	
377頭	2	陰陽20	昏時	昏れん時	
385読	5	内匠 1	すべて	惣べて	
435読	9	内匠33	径	径(さしわたし)	
439読	2	内匠34	功程	功程(くじょう)	
439読	7	内匠37	大射(たいしゃ)	大射(おおいくは)	
499読	3	式部上162	集めて	集(つど)えて	
513読	2	式部上207	許文	許文(ゆるしぶみ)	
513読	7	式部上208	病により上(つか)えざる	病によりて上えざる	
603読	5	大学 1	乾棗(なつめ)	乾棗(ほしなつめ)	
603読	5	大学 1	芡人(みずぶきのみ)	芡人(みずふぶきのみ)	
603読	5	大学 1	韮(にら)	韮(こみら)	
605読	9	大学 2	乾かし曝(ほ)して	乾(ほ)し曝(さら)して	
605読	10	大学 2	貢(たてまつ)れ	貢せよ	
609読	11	大学 9	学館に清斎(せいさい)して	学館にて清斎(せいさい)し	
609読	12	大学 9	斎所に習礼	斎所にて習礼	
618原	6	大学14	取レ物者皆	取レ物者、皆	
618原	8	大学14	神坐前一北	神坐前一、北	

頁	段行	式・条ほか	初刷	書入れ	備考
618原	9	大学14	進北向	進、北向	
618原	10	大学14	首坐前一北	首坐前一、北	
619読	8	大学14	謹具(きんぐ)	謹具(きんく)	
619読	8	大学14	請行事(せいぎょうじ)	請行事(せいこうし)	
619読	9	大学14	凡そ	すべて	
619読	10	大学14	楽止めよ	楽止(や)む	
620原	1	大学14	進北向	進、北向	
621読	10	大学14	洗(せん)に	洗(せい)に	
625読	4	大学14	減じ	減(おろ)し	
627読	9	大学14	成(おこ)り	成(な)り	
627読	10	大学14	請(こ)うらくは望瘞(ぼうえい)の位に就かんことを	請就望瘞位(せいしゅうぼうえいい)	
627読	15	大学14	礼畢	礼畢(れいひつ)	
641読	3	大学48	工部(たくみ)	工部(たくみべ)	
649読	15	治部2	白玉赤文	白玉赤文(はくぎょくせきもん)	
651読	9	治部3	白玉	白玉(はくぎょく)	
689読	6	玄蕃47	而(しか)も	しかも	
693読	1	玄蕃59	下さば、	下せ。	
705読	10	玄蕃83	集めて	集(つど)えて	
745読	5	民部上2	蓁原(はいはら)	蓁原(はいばら)	
747読	13	民部上3	安達(あたち)	安達(あだち)	
747読	16	民部上3	秋田(あきた)	秋田(あいた)	

頁	段行	式・条ほか	初　刷	書入れ	備　考
873読	9	主計上30	商布(たに)	商布(ルビ削除)	
887読	8	主計上51	柄ある酢瓶	柄ある酢瓶(すがめ)	
961読	13	主税上5	繋飼(けいし)	繋飼(つなぎがい)	
991読	11	主税上48	未醤(みしょう)	未醤(みそ)	
991頭	23	主税上48	「ミソ」。	削除	
1426	中3	巻24	クレハジカミ	クレノハジカミ	

条文番号・条文名一覧

・本一覧は本書上巻に掲載した「条文番号・条文名一覧」に、その後の改訂を反映したものである。
・条文番号・条文名に続けて上・中・下巻の対応頁を示した。
・条文番号・条文名の具体的な改訂箇所については、本巻所収の「改訂一覧」を参照されたい。

巻第1　四時祭式上

1	大中小祀	上23
2	祭日	上23
3	祈年祭	上23
4	祈年祭官幣	上23
5	祈年祭国幣	上31
6	鳴雷神祭	上31
7	春日祭	上33
8	大原野祭	上39
9	薗韓神祭	上39
10	大宮売神祭	上43
11	平岡祭	上45
12	鎮花祭	上51
13	三枝祭	上51
14	大忌祭	上53
15	風神祭	上53
16	松尾祭	上55
17	平野祭	上55
18	四面御門祭	上61
19	御川水祭	上61
20	霹靂神祭	上61
21	御贖祭	上63
22	卜御体	上65
23	月次祭	上67
24	神今食	上67
25	大殿祭	上69
26	忌火庭火祭	上71
27	神今食装束	上73
28	神今食禄	上73
29	大祓	上73
30	御贖	上75
31	中宮御贖	上75
32	供奉人禄	上79
33	鎮火祭	上81
34	道饗祭	上81

巻第2　四時祭式下

1	伊勢神嘗祭	上83
2	御巫斎神	上83
3	御門巫	上85
4	座摩巫	上85
5	生島巫	上85
6	相嘗祭	上85
7	相嘗太詔戸社	上87
8	相嘗鴨別雷社	上87
9	相嘗鴨御祖社	上87
10	相嘗鴨川合社	上87
11	相嘗松尾社	上89
12	相嘗出雲社	上89
13	相嘗水主社	上89
14	相嘗片山社	上91
15	相嘗木島社	上91
16	相嘗大和社	上91
17	相嘗石上社	上93
18	相嘗大神社	上93
19	相嘗宇奈足社	上93
20	相嘗村屋社	上95
21	相嘗穴師社	上95
22	相嘗巻向社	上95
23	相嘗池社	上97
24	相嘗多社	上97
25	相嘗葛木鴨社	上97
26	相嘗飛鳥社	上99
27	相嘗甘樫社	上99
28	相嘗高鴨社	上99
29	相嘗高天彦社	上99
30	相嘗金岑社	上101
31	相嘗一言主社	上101
32	相嘗火雷社	上101
33	相嘗枚岡社	上103
34	相嘗恩智社	上103
35	相嘗弓削社	上103
36	相嘗住吉社	上105
37	相嘗大依羅社	上105
38	相嘗難破社	上105
39	相嘗下照比売社	上107
40	相嘗新屋社	上107
41	相嘗広田社	上107
42	相嘗生田社	上109
43	相嘗長田社	上109
44	相嘗日前社	上109
45	相嘗国懸社	上111
46	相嘗伊太祁曾社	上111
47	相嘗鳴神社	上111
48	鎮魂祭	上111
49	新嘗祭	上117
50	忌火祭	上119
51	新嘗料	上119
52	斎戸祭	上121
53	東宮斎戸	上121
54	朔日忌火	上121
55	毎月御麻	上123
56	毎月中宮御麻	上123
57	毎月御贖	上123

巻第3　臨時祭式

1	応祭	上127
2	霹靂神祭	上127
3	鎮竈鳴祭	上127
4	鎮水神祭	上129
5	御竈祭	上129
6	御井祭	上129
7	産井祭	上129
8	鎮御在所祭	上131
9	鎮土公祭	上131
10	御川水祭	上131
11	鎮新宮地祭	上133

12 供神装束 上133
13 御禊 上135
14 羅城御贖 上135
15 八衢祭 上137
16 行幸時祭 上137
17 行幸神幣 上137
18 行幸堺祭 上137
19 行幸大殿祭 上137
20 行幸御井竈祭 上137
21 行幸中宮御竈祭 上139
22 八十島神祭 上139
23 東宮八十島祭 上139
24 宮城疫神祭 上141
25 畿内疫神祭 上143
26 祈雨神祭 上143
27 丹生川上神 上147
28 名神祭 上147
29 遣蕃国使祭 上159
30 遣唐舶木霊祭 上159
31 開舶居祭 上161
32 唐客入京祭 上161
33 蕃客送祭 上161
34 障神祭 上163
35 負幸 上163
36 神寿詞 上165
37 国造給禄 上167
38 御贖物 上167
39 祭大祓料 上167
40 東西文部 上167
41 御贖小竹 上167
42 宮主卜部 上167
43 御巫 上169
44 座摩巫 上169
45 御巫時服 上169
46 戸座 上169
47 神司遭喪 上169
48 神戸百姓 上169
49 触穢応忌 上169
50 弔喪 上171
51 改葬傷胎 上171
52 致散斎 上171
53 無服殤 上171
54 懐姙月事 上171
55 甲乙触穢 上171
56 一司穢 上173
57 触失火 上173
58 神税等帳 上173
59 神社修理 上173
60 神社四至 上173
61 鴨社南辺 上173
62 神戸調庸 上173
63 預名神官社 上173
64 大神宮幣帛 上175
65 祭料楯板 上175
66 婆波加木 上175
67 兆竹 上175
68 篦 上175
69 交易雑皮 上175
70 雑弓 上175
71 弓矢大刀 上177
72 桙木 上177
73 荒筥 上177
74 富岐玉 上177
75 薦 上177
76 亀甲 上177
77 諸国神税 上177
78 薗韓神封 上179
79 三社神税穀 上179
80 松尾社封 上179
81 枚岡社封 上179
82 石上社封 上179
83 住吉社封 上179
84 香取楽人装束 上179
85 石上社鑰 上181
86 春日等社鑰 上181
87 熱田社読経 上181
88 官人季禄 上181
89 不仕粮 上181
90 史生等粮 上181
91 平野神殿守 上181
92 薗韓神殿守 上181
93 八幡宮司 上183
94 禰宜祝闘打 上183
95 神宮司季禄 上183

巻第4　大神宮式

1 大神宮 上185
2 大神宮別宮 上185
3 度会宮 上187
4 禰宜等任用 上187
5 諸社 上187
6 元日 上191
7 祈年祭 上191
8 神衣祭 上191
9 機殿祭 上193
10 神衣祭祓 上195
11 月次祭 上195
12 大神宮神嘗祭 上199
13 度会宮神嘗祭 上203
14 三時祭祓 上205
15 御膳年料 上205
16 日祈 上207
17 鉏鍬柄 上207
18 遷宮 上207
19 修造遣使 上207
20 山口神祭 上209
21 採柱 上209
22 鎮地祭 上209
23 造船代祭 上213
24 造備雑物 上213
25 宝装 上215
26 調度 上215
27 神宝 上223
28 大神宮装束 上229
29 諸別宮装束 上233
30 度会宮装束 上237
31 禰宜内人装束 上241
32 送装束 上243
33 宿直 上243
34 仕丁 上243
35 御馬 上243
36 器薪炭 上243
37 修理 上243
38 禁断幣帛 上245
39 出身 上245
40 卜部 上245
41 駅使 上245
42 浮橋 上245
43 祓料 上245
44 調絹 上245
45 幣帛使 上245
46 幣帛使禄 上247
47 臨時幣帛使禄 上247
48 幣帛使解除 上247
49 宮司禄 上247
50 宮司給稲 上247
51 禰宜等食米 上249
52 三節祭禄法 上249
53 鳥子名 上249
54 御厨 上249
55 調庸租 上251

56 郡政 上251
57 神祇官符 上251
58 年穀不登料 上251
59 神戸正税 上251
60 宮司解由 上251
61 斎宮寮修理 上251
62 兵仗禁止 上253
63 禰宜考文 上253
64 禰宜位記 上253
65 禰宜等親喪 上253
66 不讓帯職 上255
67 不載 上255
68 神田 上255
69 封戸 上257

巻第5　斎宮式

1 定斎王 上259
2 祓料 上259
3 祓禊 上259
4 木綿賢木 上261
5 忌詞 上261
6 河頭祓 上261
7 河頭祓料 上263
8 初斎院祓清料 上263
9 初斎院大殿祭 上265
10 忌火等祭 上265
11 庭火祭 上265
12 解除料 上267
13 臨時祓料 上267
14 初斎院装束 上267
15 別当以下員 上269
16 食法 上269
17 鎮野宮地祭 上271
18 造野宮畢祓料 上271
19 野宮河頭禊 上271
20 野宮河頭禊祓料 上273
21 野宮祓清料 上273
22 野宮祈年祭 上273
23 月次祭 上275
24 月次祭大殿祭 上275
25 御贖料 上275
26 大祓 上277
27 鎮火祭 上277
28 道饗祭 上277
29 野宮新嘗祭 上279
30 野宮供新嘗料 上279
31 新嘗祭大殿祭 上281
32 主神司月料 上281
33 鎮炊殿祭 上281
34 忌火庭火祭 上281
35 卜戸座火炬 上281
36 野宮装束 上283
37 野宮年料供物 上283
38 野宮月料 上289
39 正月三節料 上291
40 五月節 上291
41 七月節 上293
42 斎終行事 上293
43 造備雑物 上293
44 御馬 上299
45 潔斎三年 上299
46 弁備雑事 上299
47 河頭禊 上301
48 河頭禊祓料 上301
49 大祓使 上301
50 朝庭大祓料 上301
51 斎宮修理 上301
52 勢江州忌 上303
53 頓宮 上303
54 監送使 上303
55 給馬 上305
56 神嘗祭使 上305
57 斎十八箇日 上305
58 発日 上307
59 六処堺川 上307
60 鎮祓 上307
61 祈年祭神 上309
62 三時祭禊料 上315
63 卜庭神祭 上319
64 十月祓料 上319
65 新嘗祭 上319
66 供新嘗料 上319
67 諸司春祭 上325
68 大神宮幣 上327
69 斎宮諸神幣 上327
70 斎宮鋪設等 上327
71 年料供物 上329
72 月料節料 上337
73 元日 上339
74 六月 上339
75 九月祭 上341
76 官人禄 上341
77 供田墾田 上341
78 調庸雑物 上343
79 官人入京 上345
80 戸座炬火 上345
81 名簿 上345
82 最合 上347
83 封戸 上347
84 神殿勤守 上347
85 諸司雑舎 上347
86 中重庭 上347
87 御膳 上349
88 殖樹木 上349
89 修理 上349
90 雑物注載 上349
91 月俸衣服 上349
92 秣蒭 上349
93 賜宴禄 上351
94 殴闘 上351
95 密婚 上351
96 失火穢 上351
97 斎王相代 上351
98 納印 上351
99 遣使奉迎 上351
100 給雑物 上353

巻第6　斎院式

1 定斎王 上355
2 忌詞 上355
3 初斎院 上355
4 祓物 上355
5 井祭料 上359
6 三年斎 上359
7 大殿祭 上361
8 賀茂祭 上361
9 両社幣 上363
10 忌火竈神祭料 上363
11 尋常四月禊 上363
12 六月禊 上363
13 相嘗祭 上363
14 相嘗祭装束料 上365
15 竈神祭料 上365
16 晦日解除料 上365
17 禊祭斎王料 上367
18 画祭日服料 上367
19 禊祭人給料 上369
20 頓給料 上373
21 膳器 上375
22 行具 上375
23 人給料 上377

24 時服料 上377
25 元日節料 上379
26 冬料鋪設 上379
27 三年一請 上379
28 松明 上387
29 雑色人衣服料 上387
30 作手等衣服料 上387
31 陣屋炬舎 上389
32 斎院修理 上389

巻第7 大嘗祭式

1 大嘗 上391
2 大祓使 上391
3 供幣 上391
4 御禊 上391
5 路次神奉幣 上393
6 給乗馬 上393
7 斎事 上393
8 雑用稲 上393
9 抜穂 上395
10 斎院祭神 上397
11 抜穂儀 上397
12 多明米 上397
13 禁守 上399
14 料理院 上399
15 在京斎場 上401
16 神服 上403
17 雑器 上403
18 由加物 上405
19 由加物使 上409
20 酒米 上409
21 薬灰 上411
22 大嘗宮 上411
23 廻立殿 上415
24 神楯戟 上415
25 御服 上415
26 御帖 上417
27 供神雑物 上417
28 料理 上419
29 物部門部語部 上419
30 斎服 上421
31 卯日 上421
32 辰日 上437
33 巳日 上441
34 午日 上441
35 斎場壊却 上443
36 解斎 上443
37 大殿祭 上443

巻第8 祝詞式

1 祝詞 上445
2 不云 上445
3 祈年祭 上445
4 春日祭 上453
5 広瀬大忌祭 上455
6 竜田風神祭 上457
7 平野祭 上461
8 久度古関 上463
9 月次祭 上465
10 大殿祭 上471
11 御門祭 上475
12 大祓 上477
13 献横刀呪 上481
14 鎮火祭 上481
15 道饗祭 上485
16 大嘗祭 上485
17 斎戸祭 上487
18 神宮祈年月次祭 上489
19 豊受祈年月次祭 上489
20 神衣祭 上489
21 月次祭宮司 上491
22 神嘗祭 上491
23 豊受神嘗祭 上493
24 神嘗祭宮司 上493
25 斎王奉入 上495
26 遷宮 上495
27 遷却祟神 上497
28 遣唐使 上499
29 出雲国造神賀 上499

巻第9 神名式上

1 天神地祇 上507
2 宮中 上507
3 京中 上511
4 畿内 上511
5 山城国 上511
6 大和国 上517
7 河内国 上533
8 和泉国 上539
9 摂津国 上543
10 東海道 上547
11 伊賀国 上549
12 伊勢国 上551
13 志摩国 上563
14 尾張国 上563
15 参河国 上569
16 遠江国 上571
17 駿河国 上577
18 伊豆国 上579
19 甲斐国 上583
20 相摸国 上585
21 武蔵国 上585
22 安房国 上591
23 上総国 上591
24 下総国 上593
25 常陸国 上595

巻第10 神名式下

1 東山道 上599
2 近江国 上599
3 美濃国 上607
4 飛驒国 上611
5 信濃国 上611
6 上野国 上615
7 下野国 上617
8 陸奥国 上617
9 出羽国 上627
10 北陸道 上629
11 若狭国 上629
12 越前国 上631
13 加賀国 上637
14 能登国 上639
15 越中国 上643
16 越後国 上645
17 佐渡国 上649
18 山陰道 上649
19 丹波国 上649
20 丹後国 上653
21 但馬国 上657
22 因幡国 上663
23 伯耆国 上667
24 出雲国 上667
25 石見国 上677
26 隠伎国 上679
27 山陽道 上681
28 播磨国 上681
29 美作国 上685
30 備前国 上687
31 備中国 上689
32 備後国 上691
33 安芸国 上693

34 周防国 上695
35 長門国 上695
36 南海道 上697
37 紀伊国 上697
38 淡路国 上699
39 阿波国 上699
40 讃岐国 上703
41 伊予国 上707
42 土左国 上709
43 西海道 上711
44 筑前国 上711
45 筑後国 上713
46 豊前国 上715
47 豊後国 上715
48 肥前国 上717
49 肥後国 上717
50 日向国 上717
51 大隅国 上719
52 薩摩国 上719
53 壱伎島 上719
54 対馬島 上721

巻第11　太政官式

1 庶務 中3
2 庶務申官 中3
3 申政 中3
4 時刻 中3
5 朝堂政 中3
6 諸司諸国申政 中5
7 受事 中5
8 弁官牒式 中5
9 少納言牒式 中7
10 任僧綱 中11
11 内外印 中11
12 請印文 中13
13 請内印文 中13
14 外記検察 中13
15 省符 中13
16 免除 中13
17 新任国司食伝 中13
18 神宮司 中15
19 籤符 中15
20 二員秩満 中15
21 京官遷畿内 中15
22 遷任 中15
23 遥授兼任 中15
24 権一分相譲 中17
25 受業解文 中17
26 籤符印 中17
27 改印 中17
28 毀内印 中17
29 改造印 中17
30 上日 中17
31 史生解由 中19
32 解由程限 中19
33 押署 中19
34 雑米未進 中19
35 交替延期 中19
36 遷替 中21
37 未勘知 中21
38 遁避不署 中21
39 諸寺別当年薦 中21
40 惣用帳 中21
41 宿直 中23
42 日蝕 中23
43 国忌 中23
44 附駅 中23
45 差使 中23
46 遣和泉使 中25
47 遣諸国使 中25
48 賑給百姓 中25
49 賑給使 中25
50 未納 中25
51 蕃客 中25
52 報書 中27
53 出納 中27
54 登庫検校 中27
55 雑物下符 中27
56 社寺借物 中27
57 諸司当色 中27
58 進薪 中29
59 拝除 中29
60 召使任官 中29
61 三省史生 中29
62 内記史生 中29
63 鎮守権任 中29
64 祈年班幣 中29
65 春日祭 中29
66 大原野祭 中31
67 薗韓神祭 中31
68 祭所行事 中31
69 大忌風神 中31
70 松尾祭 中31
71 平野祭 中31
72 賀茂祭 中31
73 御体卜 中33
74 月次祭 中33
75 大祓 中35
76 伊勢使 中35
77 鎮魂新嘗 中35
78 祭祀日 中35
79 神事諸司 中37
80 平野祭見参 中37
81 会参上日 中37
82 興福寺 中37
83 外記史不列 中37
84 釈奠 中37
85 大嘗祭 中39
86 践祚大嘗年 中41
87 定斎王 中43
88 斎王向伊勢 中45
89 賀茂斎王 中45
90 仁王会 中45
91 告朔 中45
92 諸節会 中45
93 朝賀 中47
94 元宴 中47
95 正月七日 中47
96 任官 中47
97 御斎会 中47
98 正月十六日 中49
99 大射 中49
100 二季読経 中49
101 五月五日 中49
102 負馬 中49
103 相撲 中51
104 盆供 中51
105 九月九日 中51
106 禄目録 中51
107 非侍従見参 中51
108 俘囚夾名 中51
109 節会見参 中51
110 山陵幣 中51
111 追儺 中53
112 行幸経宿 中53
113 季禄 中55
114 諸王時服 中57
115 女官時服 中57
116 諸司時服 中57
117 位禄 中59
118 馬料 中59

119 月料要劇大粮 中59
120 紙筆 中61
121 官年料 中61
122 充座 中61
123 考定 中61
124 禄法 中65
125 諸司考文 中65
126 諸国考文 中67
127 列見 中67
128 擬階 中67
129 位記請印 中67
130 位記召給 中67
131 任郡司 中69
132 出雲国造 中69
133 新暦 中71
134 鼓吹 中71
135 断罪文 中71
136 四度公文 中71
137 調庸帳 中71
138 四度使 中71
139 公文進官 中73
140 公文下省 中73
141 文殿雑書 中73
142 厨家 中73
143 造館舎 中73
144 文殿公文 中73
145 厨家別当 中75
146 例進地子 中75
147 拘留返抄 中75
148 薬分稲 中75
149 施薬院別当 中75
150 薨卒 中75
151 勘籍 中75
152 年終帳 中75
153 校書内豎 中77
154 奏事諸司 中77
155 葬官 中77

巻第12　中務式

1 大儀 中79
2 威儀 中79
3 版位 中81
4 元会点検 中81
5 門籍 中81
6 謝座 中83
7 七十已上 中83
8 省輔 中83
9 酒番 中83
10 省輔行酒 中83
11 酒番侍従 中83
12 弁大夫 中83
13 二日拝賀 中83
14 伊勢祭主 中83
15 楽前 中85
16 御弓奏 中85
17 命婦禄 中85
18 御斎会 中85
19 女官季禄 中85
20 女官考 中87
21 宣命版 中87
22 告朔 中89
23 小斎侍従 中89
24 小斎歴名 中89
25 和舞堂童子 中89
26 和舞調習 中89
27 堂童子名簿 中91
28 大祓 中91
29 相撲司 中91
30 相撲節 中91
31 伊勢奉幣 中91
32 進暦 中93
33 鎮魂祭 中93
34 新嘗青摺 中93
35 平野物忌 中93
36 詔書 中95
37 慰労詔書 中95
38 奉詔 中95
39 叙位 中97
40 位記印 中97
41 飛駅 中97
42 任女官 中97
43 女官補任帳 中97
44 尚蔵尚侍 中99
45 宮人考 中99
46 宮人位記 中99
47 上表 中99
48 出雲国造 中101
49 行幸 中101
50 行幸経宿 中101
51 城外行幸 中101
52 戸籍 中101
53 戸籍出納 中103
54 改鋳印 中103
55 不動倉鑰 中103
56 侍従員 中103
57 遷任解由 中103
58 上日 中105
59 雷鳴 中105
60 労問 中105
61 准品 中105
62 氏女 中105
63 采女 中105
64 荷前使 中107
65 荷前大舎人 中107
66 荷前次侍従 中109
67 二陵荷前 中109
68 荷前内舎人 中109
69 臨時山陵使 中109
70 追儺 中109
71 闕儺陣 中111
72 大祓公卿 中111
73 労帳上日 中111
74 諸司時服 中111
75 無品親王時服 中117
76 後宮時服 中119
77 宮人時服 中119
78 女官馬料 中121
79 衣服門文 中125
80 権官衣服 中125
81 女官衣服 中125
82 十二月雑給 中129
83 蔵司 中129
84 書司 中129
85 薬司 中129
86 闈司 中131
87 殿司 中131
88 内教坊 中131
89 女孺厨 中133

巻第12　内記式

1 詔勅宣命 中133
2 朝賀 中135
3 神社宣命 中135
4 宣命紙 中135
5 賀茂祭宣命 中135
6 告朔函 中135
7 授位 中137
8 飛駅 中137
9 勅封 中137
10 神位記 中137
11 僧綱位記 中137

12 僧尼位記 中141
13 延暦寺位記 中141
14 五位位記 中141
15 位記装束 中145
16 位記料物 中145
17 造位記板 中147
18 渤海答書 中147
19 供奉行幸 中147
20 位記料紙 中147
21 位記筥 中147
22 柳筥 中147
23 公文 中147
24 解文 中149
25 年料紙筆 中149
26 記録 中149
27 函上書 中149

巻第12 監物式

1 請鑰 中149
2 降雨 中151
3 出納大蔵物 中151
4 口勅 中153
5 年料 中153
6 宿直 中155
7 請暇文 中155

巻第12 主鈴式

1 請印 中155
2 従駕内印 中155
3 年料 中155
4 飛駅儲料 中155
5 函封 中157

巻第12 典鑰式

1 請匙 中157
2 鑰袋 中157
3 辛櫃匙 中157

巻第13 中宮式

1 元日御薬 中159
2 朝賀 中159
3 皇太子朝賀 中159
4 群官朝賀 中161
5 女官朝賀 中163
6 典薬禄 中165
7 白馬 中165
8 年料御薬 中165
9 卯杖 中165
10 粥 中167
11 踏歌 中167
12 春日祭 中167
13 大原野祭 中169
14 潔斎 中169
15 最勝会 中171
16 平野祭 中171
17 大神祭 中171
18 賀茂祭 中173
19 神今食 中175
20 六月御贖 中177
21 九月九日 中177
22 鎮魂祭 中177
23 新嘗祭 中179
24 大殿祭 中179
25 進暦 中179
26 墓使 中181
27 月料鞋 中181
28 毎月御贖 中181
29 月料米 中181
30 年料布 中181

巻第13 大舎人式

1 元正 中181
2 権舎人 中183
3 暦氷 中183
4 弓矢 中183
5 卯杖 中185
6 祈年祭 中185
7 五月五日 中185
8 月次祭 中187
9 相撲司 中187
10 盆供養 中187
11 番上粮 中187
12 神祇官御麻 中189
13 諸陵幣 中189
14 追儺 中189
15 告朔 中191
16 奏事 中191
17 管鑰 中191
18 行幸 中191
19 伊勢奉幣 中193
20 和舞 中193
21 祭斎節会 中193
22 大嘗会 中193
23 出雲国造 中193
24 蕃客 中193
25 申文 中195
26 補任 中195
27 文殊会 中195
28 慎火書 中195
29 不仕 中195

巻第13 図書式

1 元日焼香 中195
2 仏像経典 中197
3 御斎会 中197
4 二季読経 中201
5 灌仏 中203
6 仏名 中203
7 仁王会 中205
8 布施 中207
9 香花 中207
10 写経 中207
11 御書図絵 中209
12 行幸 中209
13 年料紙 中209
14 年料墨 中211
15 装潢料 中213
16 紙花 中213
17 筆 中213
18 功傭 中215
19 紙料 中215
20 写書 中215
21 写書功 中215
22 模書 中215
23 校書 中217
24 装潢 中217
25 造紙 中217
26 造筆 中219
27 造墨 中221
28 長案紙 中221
29 弁官長案紙 中221
30 諸司紙筆墨 中221

巻第14 縫殿式

1 寮神祭 中229
2 神今食御服 中231
3 神今食中宮 中231
4 御贖服 中231
5 新嘗御服 中233
6 鎮魂斎服 中233
7 新嘗小斎服 中235

8	衆僧法服	中237
9	年中御服	中239
10	中宮御服	中243
11	斗帳	中249
12	裁縫功程	中249
13	雑染用度	中253
14	練絁用度	中265
15	年料雑物	中267
16	三年雑物	中267
17	帳帷料物	中271
18	御礼服	中271
19	鷹飼	中271
20	宮人季禄馬料	中271
21	定額	中271
22	禄文	中273
23	膂力養物	中273
24	女孺月粮	中273
25	女官地	中273
26	染手	中273
27	二季料	中273
28	今良服米	中273
29	仕女養物	中273

巻第15　内蔵式

1	大神宮祭	中275
2	春日祭	中275
3	率川祭	中279
4	鹿島香取祭	中279
5	大原野祭	中281
6	枚岡社	中283
7	御燈料	中283
8	大神祭	中285
9	山科祭	中289
10	当麻祭	中289
11	杜本祭	中291
12	当宗祭	中293
13	賀茂祭	中295
14	大神宮祭鞍	中299
15	神今食幞頭	中301
16	御巫装束	中301
17	平野炊女	中301
18	法華寺神子	中301
19	大歌装束	中301
20	新嘗祭禄	中301
21	大祓禄	中303
22	諸陵幣	中303
23	毎月御贖	中309
24	八箇日御贖	中311
25	祭料錦	中311
26	御斎会蘇	中311
27	維摩会布施	中311
28	最勝会布施	中311
29	元日装束	中311
30	元日威儀具	中313
31	御礼服	中313
32	高御座帊	中313
33	卯杖	中313
34	正月七日	中313
35	武徳殿	中315
36	五月五日	中315
37	衛府菖蒲	中315
38	典薬寮菖蒲	中317
39	宴会文人	中317
40	内宴儲料	中317
41	御服料	中317
42	御服練料	中321
43	御殿油	中321
44	年料梳	中321
45	月料御靴	中323
46	作履料	中325
47	造皮功	中327
48	威儀御鞍	中327
49	染物	中327
50	駕輿丁褶	中331
51	年料色紙	中331
52	季料	中333
53	諸司年料	中333
54	諸国年料	中335
55	藍陸田	中343
56	油絹	中345
57	寮庫雑物	中345
58	蔵匙	中345
59	日奏	中345
60	七日装束	中345
61	踏歌装束	中345
62	内侍召継料	中347
63	臨時所御服	中347
64	臨時所料	中347
65	機覆	中347
66	国営田	中347
67	食米	中347
68	雑作手	中347
69	御蔵守	中349

巻第16　陰陽式

1	鎮害気	中351
2	漏刻	中351
3	進暦	中351
4	造暦用度	中353
5	暦本	中357
6	密奏料	中357
7	中星暦	中357
8	天文奏	中357
9	日蝕	中357
10	学生	中357
11	天文生	中359
12	漏刻鐘	中359
13	行幸	中359
14	元日御薬	中359
15	御忌	中359
16	荷前日	中359
17	土牛童子	中359
18	諸門開閉	中361
19	諸時撃鼓	中375
20	儺祭	中377
21	追儺弓矢	中379
22	竈神祭	中379
23	御本命祭	中379
24	三元祭	中381
25	幕	中381
26	講書料	中383
27	勧学田	中383
28	墨紙	中383

巻第17　内匠式

1	大極殿飾	中385
2	御斎会	中385
3	諸節	中385
4	五月五日	中387
5	銀器	中387
6	漆器	中389
7	朱漆器	中391
8	瓜刀	中395
9	革筥	中397
10	柳筥	中397
11	年料屏風	中397
12	年料几帳	中399
13	御鏡	中401
14	御帯	中401
15	御大刀	中401

16　内印　中403
17　外印　中403
18　諸司印　中403
19　諸国印　中403
20　御帳　中403
21　御輿　中405
22　腰輿　中407
23　腰車　中407
24　牛車　中409
25　屏風　中411
26　厨子　中413
27　幄　中415
28　樋類　中415
29　毬子　中415
30　偶人　中415
31　伊勢初斎院　中417
32　野宮装束　中425
33　賀茂装束　中433
34　親王頓料　中439
35　位記料　中439
36　黄楊　中439
37　的　中439
38　番上工　中439
39　作物衣服　中439
40　史生以下禄　中439
41　雑工　中439
42　典薬直　中439
43　六衛府直　中439
44　縫物　中439
45　不仕　中441

巻第18　式部式上

1　賀正　中443
2　元正不参　中443
3　元正行列次第　中443
4　節会行列　中445
5　非執政　中445
6　前参議以上　中445
7　節会点検　中445
8　容儀違礼　中445
9　免不参　中445
10　国司預節　中445
11　諸司懈怠　中447
12　不預謝座　中447
13　荷前使不参　中447
14　闕荷前使　中447
15　七十以上　中447
16　朔参闕　中447
17　両節不参　中447
18　諸節権輔　中449
19　召名札　中449
20　六位已下禄　中449
21　施薬院司　中449
22　除目奏　中449
23　除目簿案　中449
24　朝堂座　中449
25　在京文官　中451
26　就朝座　中451
27　朝政　中451
28　申政　中455
29　朝座礼儀　中455
30　開門後就座　中457
31　政未了無退　中457
32　度馳道　中457
33　弾正失礼　中457
34　置版位　中457
35　諸堂官人道　中457
36　弁官史已下　中457
37　空座　中457
38　無朝座　中459
39　行幸闕朝座　中459
40　告朔文　中459
41　進告朔文　中459
42　告朔日　中459
43　上庁申政　中459
44　上日　中459
45　与他省申政　中461
46　習礼　中461
47　親王任卿尹　中461
48　召名時詞　中461
49　喚辞　中461
50　太政官召　中461
51　宣命　中463
52　公服　中463
53　勲位　中463
54　諸衛預文会　中463
55　行幸陪従　中463
56　祈年月次　中463
57　免神事不参　中463
58　鎮魂祭　中463
59　舞人侍従　中465
60　鎮魂所　中465
61　侍従闕役　中465
62　大忌風神使　中465
63　深履　中465
64　大歌召　中465
65　御斎会　中465
66　主税勘解由　中467
67　釈奠　中467
68　釈奠宴　中467
69　国忌　中467
70　典薬　中467
71　帰却　中469
72　給上日　中469
73　十二月国忌　中469
74　最勝会　中469
75　興福寺国忌　中469
76　最勝維摩不参　中469
77　蕃客　中469
78　任大臣　中471
79　選任　中471
80　権任　中471
81　復任　中471
82　擬使　中471
83　不上本司　中471
84　主典算師　中471
85　擬使称病　中471
86　叙位　中473
87　五位已上歷名　中473
88　郡司歷名　中473
89　長案　中473
90　諸司史生　中473
91　在外諸司史生　中475
92　雑色　中475
93　年労任官　中475
94　大舎人年労　中477
95　諸国史生　中477
96　銭司　中477
97　囚獄物部　中477
98　諸司雑色　中477
99　判補雑色　中477
100　諸司使部　中477
101　出家　中479
102　資人　中479
103　外散位　中479
104　嫡以上　中481
105　外考一選　中481
106　採銅所勘籍　中481
107　内匠寮雑工　中481
108　書生勘籍　中481
109　諸国雑色与考　中481

110 不得補 中481
111 公験 中481
112 郡司 中483
113 大領闕 中483
114 郡司有闕 中483
115 郡司補任 中485
116 郡司遭喪 中485
117 七十已上 中485
118 郡領氏 中485
119 諸衛人 中485
120 畿内復任 中485
121 畿内成選 中485
122 補任郡司 中485
123 奉大臣宣 中485
124 失錯 中485
125 郡領叙位 中487
126 不附考帳 中487
127 郡司補任帳 中487
128 用音 中487
129 大宰府書生 中487
130 主政帳 中487
131 選内出入 中487
132 結階 中489
133 考選文 中489
134 送官 中491
135 鋳銭司 中491
136 引唱 中491
137 選人兼有 中491
138 傔仗 中491
139 諸家司 中491
140 諸国史生 中491
141 官掌省掌等 中491
142 把笏 中493
143 神宮司 中493
144 権宮司 中493
145 拝官 中493
146 内外補任帳 中493
147 解却名帳 中493
148 内膳長官 中493
149 諸衛任官 中495
150 三色資人 中495
151 外考 中495
152 郡司名簿 中495
153 朝集 中495
154 死亡帳 中495
155 朝集使還国 中497
156 解移 中497
157 改易 中497
158 内侍仰 中497
159 写暦手 中497
160 得考人 中497
161 薪 中497
162 大宰試才 中497
163 四季徴免 中499
164 解由 中499
165 被管史生 中501
166 諸司諸国 中501
167 判事 中501
168 交替分付 中501
169 解由日限 中501
170 厨別当 中503
171 薬園師乳師 中503
172 非業博士医師 中503
173 御厨長 中503
174 職事侍従 中503
175 侍従満七十 中503
176 権任国司 中503
177 注本業 中503
178 両色 中503
179 非業秩満 中505
180 博士兼任 中505
181 譲 中505
182 遺歴 中505
183 兼国 中505
184 諸衛府 中505
185 計歴 中505
186 熟本業 中505
187 受業非業 中507
188 医療 中507
189 預考 中507
190 白読 中507
191 課試 中507
192 薬生 中507
193 試雑生 中507
194 程限 中509
195 得業生課試 中509
196 擬文章生試 中509
197 文章生試 中509
198 試判 中509
199 秀才出身 中509
200 算得業 中509
201 大学典薬生 中511
202 医生 中511
203 薬生十人 中511
204 召使 中511
205 扶省掌 中511
206 扶省台掌 中511
207 遷他色 中513
208 諸宮舎人 中513
209 本貫勘籍 中513
210 本司許文 中513
211 伴部 中513
212 考文 中515
213 考問不参 中515
214 考唱不到 中515
215 考人 中515
216 織部掃部考人 中515
217 木工寮 中515
218 修理職 中515
219 勘解由使 中517
220 施薬院雑使 中517
221 大内人 中517
222 櫃日廟 中517
223 気比神宮司 中517
224 右大臣 中517
225 長官次官並無 中517
226 唱示考第 中517
227 伊勢大神宮司 中517
228 軍士叙位 中517
229 功臣子孫 中519
230 恩叙 中519
231 改姓為臣 中519
232 大臣曾孫 中519
233 遣唐使 中519
234 帰朝 中519
235 外位内位 中519
236 国造叙位 中519
237 五位 中521
238 拠才叙位 中521
239 雑師 中521
240 使上日 中521
241 礼儀 中521
242 在京勲位 中521
243 訳語 中521
244 渤海卜部 中521
245 書生考 中521
246 位子 中523
247 諸国蔭子孫 中523
248 大神宮神戸 中523
249 請印 中523
250 請印限 中523

251 位記署 中523
252 位禄 中523
253 五位以上卒 中525
254 散五位已上 中525
255 除歴名 中525
256 在外位禄 中525
257 散位上日 中525
258 畿内郡司 中525
259 知太政官事 中525
260 初任禄 中525
261 才伎長上 中527
262 兼官上日 中527
263 季禄解文 中527
264 外官季禄 中527
265 王禄 中527
266 季禄馬料 中527
267 大神宮斎宮 中527
268 奪情復任 中527
269 八位官 中529
270 皇親時服 中529
271 奉使出外 中529
272 大宰府 中529
273 釈奠禄 中529
274 威儀権官 中529
275 大射執旗 中529
276 解退人 中529
277 召使夾名 中529
278 夷禄 中529
279 馬料 中531
280 権官馬料 中537

巻第19　式部式下

1 祈年月次 中539
2 鎮魂祭 中539
3 大嘗会 中539
4 新嘗会 中541
5 神寿詞 中541
6 大祓 中541
7 釈奠 中543
8 御斎会 中545
9 国忌 中547
10 朝賀 中547
11 皇后受賀 中551
12 皇太子受賀 中553
13 孟月告朔 中553
14 朔日見参 中555
15 上日 中555
16 七日叙位 中557
17 任官 中559
18 収薪 中561
19 考選 中561
20 列見 中561
21 番上列見 中563
22 成選短冊 中565
23 授位記 中565
24 九月九日 中567
25 諸蕃使 中567
26 蕃使宴 中569
27 諸司禄文 中569
28 位禄 中573
29 馬料 中575
30 長上考文 中577
31 番上考文 中577
32 諸家考文 中577
33 考問 中579
34 試貢人 中587
35 試補史生 中591
36 試郡司 中591
37 大少領 中597
38 主政帳 中597
39 任僧綱 中599
40 毀位記 中599

巻第20　大学式

1 釈奠 中603
2 三牲 中605
3 進牲腐臭 中605
4 祭日相当 中605
5 魚醢 中607
6 器実 中607
7 前享廿日 中609
8 前享十日 中609
9 散斎致斎 中609
10 前享三日 中611
11 前享二日 中611
12 前享一日 中613
13 享日 中617
14 餽享 中617
15 講論 中629
16 問者 中631
17 勧糺 中631
18 禄 中631
19 内論義 中631
20 夾名 中633
21 執当官人 中633
22 神座 中633
23 祭器 中633
24 講書 中633
25 講書日限 中633
26 講書料 中633
27 座料 中635
28 不成業 中635
29 得業生時服 中635
30 漢語師時服 中635
31 得業試 中635
32 入学 中635
33 学生試 中635
34 遊学試 中637
35 講経 中637
36 文章生試 中637
37 擬文章生 中637
38 食口 中637
39 燈銭 中639
40 博士卒死 中639
41 諸国博士 中639
42 寮書 中639
43 曝書 中639
44 目録 中639
45 医師 中639
46 音試 中641
47 諸国庄 中641
48 修理 中641
49 道石 中641
50 出挙稲 中641
51 丹後国稲 中641
52 月料米 中641
53 寮家月料米 中641
54 諸堂食座 中641
55 田地 中641
56 畠園地 中643
57 塩 中643

巻第21　治部式

1 大瑞 中645
2 上瑞 中649
3 中瑞 中651
4 下瑞 中651
5 国忌 中653
6 国忌布施 中655
7 国忌歴名 中655
8 服 中655

9 賻物 中655
10 外五位賻物 中655
11 外国賻物 中657
12 斎宮寮賻物 中657
13 鎮守府賻物 中657
14 宮人賻物 中657
15 僧綱賻物 中657
16 立嫡 中657
17 国分寺公文 中657
18 蕃客 中657
19 補任帳 中657
20 度縁請印 中659

巻第21　雅楽式

1 節会 中659
2 諸祭 中659
3 釈奠 中659
4 御斎会 中659
5 東大寺仏会 中659
6 諸寺仏会 中661
7 伎楽人 中661
8 大饗 中661
9 競馬標 中661
10 相撲司 中661
11 列見定考 中661
12 蕃客宴饗 中661
13 楽師 中661
14 笛師 中663
15 曝涼楽具 中663
16 楽器装束 中663
17 絃糸 中663
18 蕃楽人料 中663
19 田地 中663

巻第21　玄蕃式

1 御斎会 中665
2 御修法 中665
3 大元帥法 中667
4 安居 中667
5 招提寺安居 中667
6 大般若経 中669
7 大安寺大般若 中669
8 薬師寺大般若 中669
9 崇福寺悔過 中669
10 最勝会 中671
11 維摩会 中671
12 竪義 中671
13 修正会 中671
14 吉祥悔過 中671
15 金光明寺安居 中673
16 国分僧尼 中673
17 公験 中673
18 心願国分僧 中673
19 国分僧死闕 中673
20 大和国分寺 中673
21 転用国分寺 中675
22 国分寺田 中675
23 修理国分寺 中675
24 多度神宮寺 中675
25 仁王会 中675
26 仁王会堂装束 中677
27 仁王会講師 中679
28 仁王会読師 中681
29 仁王会布施 中681
30 旱災 中683
31 尊勝陀羅尼 中683
32 燈油 中683
33 新薬師寺修法 中683
34 東大寺 中683
35 大仏安居 中683
36 国忌座料 中683
37 僧綱所 中685
38 任僧綱 中685
39 大寺雑事 中685
40 僧綱辞表 中685
41 僧綱卒去 中687
42 威従 中687
43 従僧 中687
44 大威儀師 中687
45 近都寺 中687
46 講読師 中687
47 講読師年限 中689
48 夏講 中689
49 安祥寺 中689
50 階業帳 中689
51 最初闕 中689
52 天台分講読師 中689
53 延暦寺三綱 中691
54 講読師留連 中691
55 観音寺講読師 中691
56 講読師不与 中691
57 別当三綱 中691
58 別当長官 中691
59 別当三綱任符 中693
60 別当三綱闕 中693
61 大寺三綱 中693
62 興福寺別当 中693
63 僧綱任別当 中693
64 東西寺三綱 中693
65 四天王寺三綱 中693
66 定額寺別当 中693
67 講読師解由 中695
68 別当三綱解由 中695
69 度縁 中697
70 判授位記 中699
71 年分度者 中701
72 授戒 中701
73 沙弥沙弥尼 中701
74 戒牒 中703
75 授戒使 中703
76 戒壇十師 中703
77 七大寺僧 中703
78 臨時度者 中703
79 徴免 中705
80 収度縁 中705
81 大寺僧死闕 中705
82 延暦寺僧死闕 中705
83 仏菩薩 中705
84 禅院経論 中705
85 東西寺非違 中705
86 論事 中705
87 寺文返却帳 中707
88 常住寺供養 中707
89 天台住僧 中707
90 斎会食 中707
91 誦経 中707
92 諸蕃使人 中707
93 蕃客往還 中709
94 新羅客 中709

巻第21　諸陵式

1 神代三陵 中711
2 畝傍山他遠陵 中713
3 山科近陵 中721
4 檜隈他遠陵 中723
5 田原東近陵 中725
6 宇智他遠陵 中725
7 柏原他近陵 中725
8 河上他遠陵 中727
9 深草他近陵 中727
10 後山科遠陵 中727

11 中尾他近陵 中727
12 白河他遠陵 中729
13 能裒野他遠墓 中729
14 平群他不頒幣 中733
15 多武岑近墓 中733
16 後阿陁他遠墓 中735
17 高畠他近墓 中737
18 又宇治遠墓 中737
19 奉幣陵墓 中739
20 陵戸墓戸 中741
21 陵戸計帳 中741
22 原野焼除 中741
23 官人巡検 中741

巻第22　民部式上

1 畿内 中743
2 東海道 中743
3 東山道 中747
4 北陸道 中749
5 山陰道 中749
6 山陽道 中751
7 南海道 中753
8 西海道 中755
9 辺要 中757
10 郡戸 中757
11 郡里名 中757
12 貢限 中757
13 未進調庸物 中757
14 調庸米塩 中757
15 絹絁尺寸 中757
16 練糸 中757
17 損益 中759
18 調庸専当 中759
19 畿内調物 中759
20 運脚 中759
21 貢調庸使 中759
22 調庸専当郡司 中759
23 勘納調庸物 中761
24 調庸違期郡司 中761
25 畿内四度使 中761
26 不得差使 中761
27 志摩国使 中761
28 諸蕃国司 中761
29 四度使還国 中761
30 請暇文 中761
31 貢調使公文 中761
32 朝集使還国 中761
33 奥羽朝集使 中763
34 佐渡国大帳 中763
35 雑掌勘申 中763
36 戸損 中763
37 国栖 中763
38 駅子 中763
39 渡子 中763
40 守辰丁 中763
41 免父課役 中763
42 勲九等 中763
43 朝集雑掌 中765
44 諸国鼓生 中765
45 健児 中765
46 斎宮守衛 中765
47 飛驒匠丁 中765
48 役中死 中765
49 客作児 中765
50 膂力婦女 中765
51 食封 中767
52 封戸定数 中767
53 封戸三分 中767
54 中宮封 中767
55 中宮封租 中767
56 職封 中767
57 別勅封 中769
58 食封収給 中769
59 功封伝子 中769
60 官丁 中769
61 仕丁 中769
62 女丁 中771
63 神寺封丁 中771
64 馬寮仕丁 中771
65 仕丁逃死 中771
66 養物 中771
67 給商布綿 中771
68 給公粮 中773
69 遭喪 中773
70 匠丁還郷 中773
71 重病 中773
72 斎宮仕丁 中773
73 充副丁 中773
74 停給事力 中773
75 堀江寺 中773
76 鼓吹丁 中775
77 賜傜丁 中775
78 芸掃 中775
79 晦掃丁 中775
80 太政官掃丁 中775
81 大学寮掃丁 中775
82 造籍 中775
83 籍書紙 中777
84 五位造籍 中777
85 蔭子孫 中777
86 八位嫡子 中777
87 勘籍 中777
88 雑色人勘籍 中777
89 勘籍不合 中777
90 入色 中779
91 得度 中779
92 勘籍徒 中779
93 入色課役 中779
94 雑色人数 中779
95 破除 中779
96 官田 中779
97 位田本地 中781
98 外五位位田 中781
99 位田二分 中781
100 不置位田 中781
101 賜田 中781
102 位田薨卒 中781
103 品田 中781
104 乗田 中781
105 御体御卜 中781
106 品位田帳 中781
107 無主品位田 中781
108 無主職田 中783
109 薗田 中783
110 遥授国司 中783
111 巫田 中783
112 日置田 中783
113 養田 中783
114 放生田 中783
115 惸独田 中783
116 博士職田 中783
117 志摩国司 中783
118 甲斐牧監 中785
119 権任郡司 中785
120 府掌職田 中785
121 佐渡国 中785
122 校田 中785
123 班田 中785
124 校田授口帳 中785
125 校田返帳 中785
126 授口返帳 中785

127 田九歩 中787
128 荒田 中787
129 班田目録 中787
130 陸田班授 中787
131 志摩口分田 中787
132 流移人 中787
133 墾田 中787
134 廃池 中787
135 公水 中787
136 口分田崩埋 中787
137 水旱災蝗 中789
138 西海道墾田 中789
139 国営田 中789
140 国営田地子米 中789
141 供御料 中789
142 御酒米 中789
143 新嘗酒米 中789
144 正月三節酒 中789

巻第23　民部式下

1 祭雑物 中791
2 神主禰宜祝 中791
3 仏事 中791
4 延暦寺 中791
5 炭 中793
6 供御 中793
7 仰畿内 中793
8 造箭料 中793
9 諸司雑具 中793
10 用正税 中793
11 義倉 中795
12 穀倉院納穀 中795
13 畿内調帳 中795
14 正税帳 中795
15 計帳 中795
16 損益 中795
17 不得勘会 中795
18 隠首括出 中797
19 大帳 中797
20 四度使付帳 中797
21 拘留返抄 中797
22 地子帳 中797
23 公文結解 中797
24 承知 中799
25 免除符 中799
26 省奉行 中799
27 銅鉛返抄 中799
28 綱領 中799
29 内酒殿等料 中801
30 雑米 中801
31 院家借物 中801
32 廩院 中801
33 勘出免除 中801
34 減直 中801
35 作大字 中801
36 蕃客儲料 中801
37 薬師寺会料 中803
38 郡司戸 中803
39 在路飢病 中803
40 新任国司 中803
41 大祓馬 中803
42 広瀬竜田贄 中805
43 大宰仕丁 中805
44 国司赴任 中805
45 諸国進馬革 中805
46 兵庫用度帳 中807
47 諸司移二寮 中807
48 勘解由使 中807
49 年料舂米 中807
50 舂米運京 中809
51 年料租舂米 中809
52 年料別納租穀 中811
53 年料別貢雑物 中811
54 大宰調物 中815
55 大宰調絹 中817
56 大宰調糸 中817
57 大宰年料雑器 中817
58 貢蘇番次 中817
59 諸国貢蘇 中821
60 年料雑器 中821
61 交易雑器 中823
62 未進 中825
63 交易雑物 中825
64 雑交易 中837
65 当年充進 中837
66 雑交易未進 中837
67 未進帳 中837
68 郡司功過帳 中839
69 勅旨交易 中839

巻第24　主計式上

1 畿内調 中841
2 諸国調 中843
3 諸国庸 中849
4 中男作物 中851
5 調糸 中853
6 調絹絁 中855
7 左右京 中855
8 山城国 中855
9 大和国 中857
10 河内国 中857
11 摂津国 中857
12 和泉国 中859
13 伊賀国 中859
14 伊勢国 中861
15 志摩国 中861
16 尾張国 中861
17 参河国 中863
18 遠江国 中863
19 駿河国 中865
20 伊豆国 中865
21 甲斐国 中865
22 相模国 中867
23 武蔵国 中867
24 安房国 中867
25 上総国 中869
26 下総国 中869
27 常陸国 中871
28 近江国 中871
29 美濃国 中871
30 飛驒国 中873
31 信濃国 中873
32 上野国 中875
33 下野国 中875
34 陸奥国 中875
35 出羽国 中875
36 若狭国 中877
37 越前国 中877
38 加賀国 中877
39 能登国 中879
40 越中国 中879
41 越後国 中879
42 佐渡国 中881
43 丹波国 中881
44 丹後国 中881
45 但馬国 中883
46 因幡国 中883
47 伯耆国 中883
48 出雲国 中885
49 石見国 中885
50 隠伎国 中885

51 播磨国 中887
52 美作国 中887
53 備前国 中889
54 備中国 中889
55 備後国 中891
56 安芸国 中891
57 周防国 中891
58 長門国 中893
59 紀伊国 中893
60 淡路国 中895
61 阿波国 中895
62 讃岐国 中895
63 伊予国 中897
64 土左国 中897
65 大宰府 中899
66 筑前国 中899
67 筑後国 中899
68 肥前国 中901
69 肥後国 中901
70 豊前国 中903
71 豊後国 中903
72 日向国 中905
73 大隅国 中905
74 薩摩国 中905
75 壱伎島 中905
76 対馬島 中905

巻第25 主計式下

1 勘大帳 中909
2 損益 中911
3 大帳返帳 中911
4 隠首括出 中911
5 戸口増益 中913
6 損田 中913
7 大帳後死 中913
8 調庸帳 中913
9 大宰管内 中913
10 勘会 中915
11 未進 中915
12 陵戸帳 中915
13 賀茂祭料 中915
14 秣料 中915
15 牧田地子 中915
16 檜皮瓦料 中917
17 斎宮調庸雑物 中917
18 造酒用途帳 中917
19 出納諸司 中917
20 義倉 中917
21 損戸 中919
22 死丁 中919
23 言上疫死 中919
24 綱領 中919
25 塡納 中919
26 調帳損益 中919
27 調銭帳 中921
28 畿内調銭 中921
29 鋳銭銅鉛 中921
30 鋳銭司 中921
31 勅旨交易 中921
32 桑漆帳 中921
33 帳除 中921
34 失文 中921
35 勘公文 中923
36 人物数 中923
37 大帳 中923

巻第26 主税式上

1 勘税帳 中955
2 勘租帳 中955
3 平城京内 中957
4 過分不堪佃年租 中957
5 出挙本稲 中957
6 加減 中977
7 減省 中977
8 混合 中979
9 養物未進 中979
10 疫死交易 中979
11 俘囚料 中979
12 公廨処分 中979
13 遷任 中981
14 志摩公廨 中981
15 鎮守府公廨 中981
16 大宰府公廨 中981
17 鋳銭司 中981
18 対馬粮 中981
19 公田穫稲 中981
20 官田地子 中983
21 地子 中983
22 交易贄 中983
23 進斎宮 中983
24 返却 中983
25 返却帳 中985
26 損益帳 中985
27 年除 中985
28 損田 中985
29 勢多橋 中985
30 正税立用 中985
31 租帳 中985
32 封租 中985
33 租率 中987
34 算闕 中987
35 全物 中987
36 出挙 中987
37 収穎 中987
38 雑穀相博 中987
39 斎王向伊勢 中987
40 舂功 中987
41 月料 中989
42 神祇官儲料 中989
43 賀茂祭食料 中989
44 神殿守食 中989
45 十五寺安居 中989
46 正月読経 中989
47 吉祥悔過 中989
48 安居 中991
49 志摩国安居 中991
50 春秋読経 中993
51 講読師 中993
52 国分寺僧尼 中993
53 戒壇十師 中993
54 東大寺 中993
55 本元興寺 中993
56 延暦寺燈分 中995
57 延暦寺灌頂 中995
58 薬師寺 中995
59 新薬師寺 中995
60 仁和寺 中995
61 貞観寺 中995
62 石清水護国寺 中997
63 神護寺 中997
64 伯耆四王寺 中997
65 出雲四王寺 中997
66 長門四王寺 中999
67 延暦寺摠持院 中999
68 天台年分度者 中999
69 金剛峯寺 中999
70 大宰弥勒寺 中999
71 壱伎島分寺法会 中999
72 壱伎島分寺仏聖 中1001
73 供御餅 中1001
74 薦直 中1001

75 諸国釈奠 中1001
76 戎具料度 中1001
77 織綾料度 中1003
78 志摩新司 中1005
79 校班田使食 中1005
80 国司校班田使 中1005
81 渤海客食法 中1005
82 諸使程限 中1005
83 諸使食法 中1007
84 駅伝食 中1007
85 按察使 中1007
86 国司賻物 中1007
87 兵士間食 中1007
88 兵糧 中1009
89 斎宮食 中1009
90 元宴食法 中1009
91 巡行傔従 中1009
92 京僧入国分寺 中1009
93 志摩潜女 中1009
94 工匠加給 中1009
95 鋳銭年料 中1009
96 採銅鉛 中1011
97 掃部藺田 中1011
98 運氷駄 中1011
99 布直 中1011
100 渡船 中1011
101 禄物価法 中1011
102 位禄運賃 中1015
103 流人粮 中1015
104 佐渡等駅子 中1015
105 国飼秣 中1015
106 牧馬売却 中1015
107 牧馬入京秣 中1017
108 駅馬飼秣 中1017
109 駅馬直法 中1017
110 駅馬死損 中1019
111 駅馬不用 中1021
112 度会駅馬 中1021
113 駅伝馬 中1021
114 課欠駒 中1021
115 牧馬皮直 中1021
116 諸国運漕功賃 中1021
117 駄荷 中1029

巻第27 主税式下

1 正税帳 中1031
2 租帳 中1059
3 青苗帳 中1069
4 不堪佃田 中1077
5 損田 中1077

巻第28 兵部式

1 元日 下3
2 正月七日 下3
3 武官薪 下3
4 大射 下3
5 中例 下5
6 賭射 下5
7 騎射 下5
8 進走馬 下5
9 走馬整列 下7
10 菖蒲蘰 下7
11 点検五位已上 下7
12 三節不参 下7
13 典薬官人 下9
14 位記請印 下9
15 諸儀武官 下9
16 諸儀器仗 下9
17 立儀仗 下9
18 行幸経宿 下9
19 漆弓 下9
20 武官朝服 下9
21 武官名簿 下11
22 廃置御馬 下11
23 器仗曝涼 下11
24 鼓吹発声 下11
25 武官補任 下11
26 寮掌 下13
27 扶省掌 下13
28 権史生 下13
29 書生 下13
30 騎士勘籍 下13
31 出身徒 下13
32 入色人 下13
33 中宮舎人 下13
34 近衛兵衛 下13
35 門部 下15
36 新補府生 下15
37 補任移式 下15
38 舎人解却 下17
39 徴免課役帳 下17
40 斎宮武官 下17
41 補任帳 下17
42 馬寮史生 下17
43 舎人禄鍬 下17
44 武芸 下19
45 功過相折 下19
46 次侍従 下19
47 史生已上 下19
48 不進考文 下19
49 遣唐射手 下21
50 衛士相替 下21
51 軍団毅 下21
52 軍毅補任 下21
53 軍毅尫弱 下23
54 鎮守官人 下23
55 鎮守陰陽師 下23
56 鎮守権任 下23
57 将軍傔仗 下23
58 任牧監 下23
59 諸国帯仗 下23
60 大宰府射田 下23
61 大宰統領 下25
62 壱伎防人 下25
63 大宰放烽 下25
64 器仗帳 下25
65 駅家帳 下25
66 射田 下25
67 馬料 下25
68 健児 下29
69 鎮兵 下31
70 馬牛牧 下31
71 牝馬牛 下33
72 肥後牧馬 下33
73 定額兵馬 下33
74 斎宮祭馬 下33
75 諸国器仗 下35
76 様器仗 下41
77 官器仗 下43
78 畿内駅馬 下43
79 東海道駅伝馬 下43
80 東山道駅伝馬 下45
81 北陸道駅伝馬 下49
82 山陰道駅伝馬 下49
83 山陽道駅馬 下51
84 南海道駅馬 下53
85 西海道駅伝馬 下53
86 駅家専当 下57
87 買百姓馬 下57

巻第28　隼人式

1 大儀 下57
2 大嘗日 下59
3 駕行 下59
4 行幸経宿 下59
5 大儀装束 下59
6 大儀喚集 下59
7 習吠 下61
8 正月十五日 下61
9 大衣 下61
10 番上隼人 下61
11 時服 下61
12 身亡 下63
13 油絹 下63
14 大嘗会竹器 下65
15 年料竹器 下65
16 竹綾刺帙 下65
17 年料雑籠料 下65
18 威儀物 下65
19 隼人計帳 下65
20 不仕料 下67

巻第29　刑部式

1 盗取仏像 下69
2 僧尼犯罪 下69
3 訴訟人 下69
4 勘事 下69
5 五位以上犯罪 下69
6 流罪以下 下69
7 流移罪人 下69
8 格式立制 下71
9 柵戸逃亡 下71
10 私鋳銭 下71
11 会赦 下71
12 会赦即免 下71
13 無罪合免 下71
14 告罪名 下71
15 罪人尫弱 下71
16 不進罪人位記 下73
17 毀罪人位記 下73
18 遠近 下73
19 決死囚 下75
20 決罪 下75
21 徒罪以上 下77
22 徒人年限 下77
23 罪人勘籍 下77
24 未発遣 下77
25 罪人逃亡 下77
26 獄囚衣粮 下77
27 売児 下77
28 良賤判 下79
29 贖罪無銅 下79
30 贖銅銭 下79
31 因事相喚 下79
32 諸司治務 下79
33 大臣薨 下81

巻第29　判事式

1 訊獄書 下81
2 弾正移 下81
3 隠截租税 下81
4 僧尼犯徒 下81
5 良賤訴 下81
6 盗人 下83
7 平贓布 下83

巻第29　囚獄式

1 笞杖 下83
2 著鈦盤枷 下83
3 罪人死亡 下83
4 毎夜巡検 下83
5 看侍獄囚 下83
6 徒役人 下85
7 徒人役満 下85
8 戮罪人 下85
9 物部 下85

巻第30　大蔵式

1 元正 下87
2 正月七日 下87
3 御斎会 下87
4 女王禄 下89
5 大射 下89
6 薗韓神祭幔 下89
7 大原野祭幔 下89
8 釈奠 下89
9 列見 下91
10 平野祭 下91
11 賀茂祭 下91
12 駒牽 下91
13 五月五日 下91
14 神今食 下91
15 盂蘭盆 下91
16 相撲節 下93
17 九月九日 下93
18 伊勢奉幣 下93
19 懸幔 下93
20 鎮魂祭 下93
21 新嘗祭前日 下93
22 大嘗祭 下93
23 伊勢初斎院 下95
24 諸陵幣 下95
25 荷前物 下95
26 臨時大祓所 下95
27 諸節懸幔 下97
28 漏刻台 下97
29 在省幔幄 下97
30 春日祭 下97
31 大原野祭 下99
32 鹿島香取奉幣 下99
33 御斎会法服 下99
34 年分度者 下99
35 御修法 下101
36 大元法 下101
37 常住僧尼料 下101
38 梵釈崇福寺 下101
39 定心院悔過料 下101
40 釈迦堂悔過料 下103
41 十師沙弥菜料 下103
42 三月試度年分 下103
43 八月試度年分 下103
44 西塔院試度 下103
45 嘉祥寺悔過料 下105
46 海印寺年分 下105
47 掃正倉院料 下105
48 巡見正倉院 下105
49 受納調庸 下105
50 調庸麁悪 下105
51 受納出給 下107
52 返上雑物 下107
53 出納庫物 下107
54 日収文 下107
55 麁悪買換 下107
56 別納絹 下107
57 染布 下107
58 交易雑物 下107
59 交易商布 下107
60 商布洗暴 下109
61 年料漆 下109
62 鋳銭司銭 下109

63 筑摩御厨 下109
64 応出給 下109
65 御服雑物 下109
66 奉行御服物 下109
67 忌火 下109
68 進物所膳部 下111
69 絁調綿 下111
70 大宰府染料 下111
71 施薬悲田 下111
72 諸司春夏禄 下111
73 季禄信濃布 下111
74 女官季禄 下111
75 諸司時服 下113
76 八位以下 下113
77 初任出雲国造 下113
78 出雲国造禄 下113
79 遣蕃使祭 下113
80 遣蕃使儲物 下113
81 蕃客来朝 下113
82 蕃客資具雑物 下113
83 蕃客交関 下115
84 正月七日節禄 下115
85 十六日節禄 下115
86 十七日節禄 下117
87 五月五日節禄 下117
88 九月九日節禄 下117
89 節会日給禄 下119
90 献走馬輸物 下119
91 校田使給法 下119
92 班田使給法 下121
93 征夷使給法 下121
94 入唐大使 下121
95 入渤海使 下123
96 入新羅使 下123
97 賜大唐皇 下125
98 賜渤海王 下125
99 賜新羅王 下125
100 賜蝦夷 下127
101 幄幕用度 下127
102 五行器 下131

巻第30　織部式

1 織女祭 下133
2 年料 下133
3 雑織 下133
4 雑機綜糸 下143
5 雑機用度料 下147
6 織手衣粮 下147
7 定額作手 下147
8 内蔵寮織手 下147
9 宮人 下147
10 不仕料物 下147

巻第31　宮内式

1 小斎人 下149
2 神今食小斎 下149
3 新嘗小斎 下151
4 新嘗寅日 下153
5 大嘗祭小斎 下153
6 大斎 下155
7 諸司行列 下155
8 大嘗会夜 下157
9 神今食夜 下157
10 新嘗官田稲 下157
11 大殿祭 下157
12 神今食卜坏 下157
13 新嘗黒白酒 下157
14 大嘗会辰日 下159
15 大嘗会年 下159
16 御卜官人 下159
17 神今食解斎 下159
18 新嘗祭解斎 下159
19 諸祭祀日 下159
20 鴨祭 下161
21 釈奠 下161
22 月次祭 下161
23 供奉御麻 下161
24 中宮御贖 下163
25 斎王祓禊 下163
26 神祇官贖料 下163
27 奏御卜詞 下163
28 諸節年料雑器 下163
29 御斎会 下163
30 盂蘭盆 下163
31 氷様腹赤 下165
32 車駕巡行 下165
33 典薬寮菖蒲 下165
34 晦日進薬 下165
35 群官賜饗 下167
36 節会給饌 下167
37 正月伴部 下167
38 供膳人 下167
39 供奉雑物 下167
40 御薪 下167
41 給饗 下169
42 遭穢御薪 下169
43 弾正巡検 下169
44 御贄国 下169
45 例貢御贄 下169
46 大宰府御贄 下171
47 諸王時服 下171
48 男王時服 下173
49 親王諸王名籍 下173
50 無位諸王卒 下173
51 省営田 下173
52 省営田稲 下173
53 省営田収納帳 下173
54 官田 下175
55 月料魚宍 下175
56 出納官物 下175
57 返上雑物 下175
58 諸国女丁 下175
59 国栖 下177
60 被管考選文 下177
61 味原牛牧帳 下177
62 蕃客資具雑物 下177

巻第32　大膳式上

1 四祭春料 下179
2 神今食 下181
3 鎮魂 下181
4 雑給料 下183
5 新嘗祭 下187
6 皇后宮新嘗祭 下189
7 宴会雑給 下189
8 薗韓神雑給料 下193
9 平野雑給料 下195
10 斎院給食料 下197
11 斎院別当以下 下199
12 春日雑給料 下199
13 大原野雑給料 下201
14 松尾雑給料 下201
15 釈奠料 下203
16 釈奠別供料 下203
17 釈奠雑給料 下205
18 六衛府輪転 下205

巻第33　大膳式下

1 東寺中台等 下207
2 聖神寺季料 下207
3 御斎会 下207

4　御修法料　下211
5　大元帥法料　下211
6　定心院料　下211
7　定心院試年分　下211
8　西塔院試年分　下213
9　釈迦堂五僧料　下213
10　大般若供養料　下213
11　地蔵悔過料　下213
12　海印寺試年分　下213
13　安祥寺試年分　下215
14　盂蘭盆供養料　下215
15　仁王会料　下215
16　年料　下221
17　醤瓜料　下225
18　造雑物法　下225
19　神事料　下229
20　釈奠料　下229
21　御斎会雑菜料　下229
22　正月四節料　下229
23　五月五日節料　下231
24　七月二十五日節　下231
25　九月九日節料　下231
26　九月九日文人　下233
27　権膳部　下233
28　菜料塩　下233
29　無品親王月料　下235
30　賀茂斎王月料　下235
31　妃月料　下235
32　夫人月料　下237
33　女御月料　下237
34　女官月料　下237
35　侍従　下237
36　東宮　下239
37　内舎人　下239
38　長案料紙　下239
39　出納諸司　下239
40　勘解由百度料　下239
41　検納薪諸司　下241
42　曝曬兵庫器仗　下241
43　諸講書博士　下241
44　漢語師　下241
45　主鈴典鑰　下241
46　内豎　下241
47　画所年料　下241
48　采女　下241
49　蔵人所料　下243
50　長人日別　下243
51　諸衛異能士　下243
52　雑盛一籠　下243
53　諸国交易　下243
54　貢進菓子　下243
55　年料雑器　下245
56　造器　下249
57　神事供御雑物　下249
58　釈奠　下249
59　諸節神態　下249

巻第34　木工式

1　伊勢神宮料　下251
2　新嘗御卜料　下251
3　新嘗等料　下251
4　著幣帛木料　下251
5　供神料　下251
6　御贖料　下255
7　神事供御料　下257
8　雑作　下265
9　研案　下269
10　鉄工　下269
11　土工　下275
12　葺工　下275
13　掘埴　下277
14　作瓦　下277
15　築垣　下279
16　垣縄料苧　下281
17　削材　下281
18　作石　下281
19　人担　下281
20　車載　下281
21　宇治津　下283
22　大津　下283
23　滝額津　下283
24　大井津　下283
25　小野栗栖野　下285
26　桴担　下285
27　年料　下285
28　鍬吹皮料　下287
29　鍛冶戸　下287
30　鍛冶調庸徭　下287
31　諸国雑物　下287
32　造斎王野宮　下289
33　供神雑物　下289
34　節会等幄幔　下289
35　修理雑器物　下291
36　工部黒米　下291
37　工部飛驒工　下291
38　飛驒匠丁　下291
39　史生将領月粮　下291

巻第35　大炊式

1　竈神　下293
2　神今食　下293
3　小斎雑給　下293
4　鎮魂祭　下295
5　中宮鎮魂　下295
6　新嘗祭料　下295
7　御巫以上雑給　下295
8　宴会雑給　下297
9　平野祭料　下297
10　薗韓神祭料　下297
11　春日祭料　下297
12　大原野祭料　下299
13　松尾祭料　下299
14　釈奠料　下299
15　斎王禊料　下299
16　斎王賀茂祭　下301
17　御斎会料　下301
18　御修法料　下301
19　大元帥法料　下301
20　東寺修法　下303
21　東寺中台五仏　下303
22　盂蘭盆料　下303
23　聖神寺季料　下303
24　嘉祥寺悔過料　下303
25　海印寺試年分　下303
26　仁王会供養料　下303
27　供御稲米等　下303
28　供御料稲粟　下305
29　供御年料　下305
30　諸節給食　下305
31　正月四節料　下305
32　儲料米　下307
33　侍従　下307
34　中宮等雑給　下307
35　親王已下月料　下309
36　内豎月料　下311
37　出納諸司百度　下311
38　検納御薪　下311
39　寮家年料　下311
40　年料糯米　下313
41　糒　下313

巻第36　主殿式

1　春祭料　下315
2　釈奠料　下315
3　鎮魂料　下315
4　薗韓神祭料　下315
5　賀茂祭料　下315
6　松尾祭料　下317
7　新嘗供奉料　下317
8　御斎会料　下319
9　御修法料　下319
10　大元帥法料　下319
11　諸寺年料油　下319
12　諸司年料油　下321
13　諸祭節会油　下325
14　供御胡麻油　下325
15　中男作物雑油　下325
16　別納油　下327
17　収油直丁　下327
18　年中御薪　下327
19　御輿　下327
20　供奉年料　下327
21　三年一請　下329
22　寮家年料　下331
23　毎日早朝　下331
24　正月元日　下331
25　五月五日　下331
26　十二月晦夜　下333
27　晦夜晩頭　下333
28　車駕行幸　下333
29　燈楼　下333
30　斑幔　下333
31　火炬　下333
32　諸司炭松　下335
33　今良月粮　下335

巻第37　典薬式

1　元日御薬　下337
2　臘月御薬　下341
3　中宮臘月御薬　下343
4　東宮御薬　下345
5　白散　下347
6　雑給料　下347
7　地黄煎料　下351
8　五月五日　下353
9　合薬麴料　下353
10　九月九日　下353
11　供御乳　下353
12　乳牛　下355
13　造儲御薬料　下355
14　造供御白粉料　下355
15　行幸　下357
16　大嘗会陪従　下357
17　斎内親王　下357
18　斎宮寮雑薬　下359
19　内匠寮雑薬　下359
20　木工寮雑薬　下361
21　近衛府雑薬　下361
22　衛門府雑薬　下363
23　兵衛府雑薬　下363
24　馬寮雑薬　下365
25　兵庫寮雑薬　下365
26　唐使雑薬　下365
27　唐使草薬　下367
28　渤海使雑薬　下367
29　渤海使草薬　下367
30　新羅使雑薬　下369
31　新羅使草薬　下369
32　読医経　下371
33　大素経　下371
34　講書座料　下371
35　得業生　下371
36　医師公廨　下371
37　授業師料物　下373
38　五位以上草薬　下373
39　年料雑物　下373
40　寮家儲物　下373
41　味原牧　下373
42　味原死牛　下375
43　地黄地　下375
44　勧学田　下375
45　山城年料雑薬　下375
46　大和年料雑薬　下377
47　摂津年料雑薬　下377
48　河内年料雑薬　下379
49　伊賀年料雑薬　下379
50　伊勢年料雑薬　下379
51　尾張年料雑薬　下381
52　参河年料雑薬　下381
53　遠江年料雑薬　下383
54　駿河年料雑薬　下383
55　伊豆年料雑薬　下383
56　甲斐年料雑薬　下383
57　相摸年料雑薬　下383
58　武蔵年料雑薬　下385
59　安房年料雑薬　下385
60　上総年料雑薬　下385
61　下総年料雑薬　下387
62　常陸年料雑薬　下387
63　近江年料雑薬　下389
64　美濃年料雑薬　下389
65　飛驒年料雑薬　下391
66　信濃年料雑薬　下391
67　上野年料雑薬　下391
68　下野年料雑薬　下393
69　陸奥年料雑薬　下393
70　出羽年料雑薬　下393
71　若狭年料雑薬　下393
72　越前年料雑薬　下395
73　加賀年料雑薬　下395
74　能登年料雑薬　下395
75　越中年料雑薬　下395
76　越後年料雑薬　下395
77　佐渡年料雑薬　下397
78　丹波年料雑薬　下397
79　丹後年料雑薬　下397
80　但馬年料雑薬　下399
81　因幡年料雑薬　下399
82　伯耆年料雑薬　下399
83　出雲年料雑薬　下401
84　石見年料雑薬　下401
85　播磨年料雑薬　下401
86　美作年料雑薬　下403
87　備前年料雑薬　下403
88　備中年料雑薬　下405
89　備後年料雑薬　下405
90　安芸年料雑薬　下407
91　周防年料雑薬　下407
92　長門年料雑薬　下407
93　紀伊年料雑薬　下409
94　阿波年料雑薬　下409
95　讃岐年料雑薬　下409
96　伊予年料雑薬　下411
97　土左年料雑薬　下411
98　大宰年料雑薬　下413

巻第38　掃部式

1　祈年祭　下415
2　奏御卜　下415
3　神今食　下415
4　進御贖物　下417

5 晦日大祓 下419
6 臨時大祓 下419
7 春日春祭 下419
8 大原野春祭 下421
9 薗韓神春祭 下421
10 平野祭 下423
11 賀茂奉幣 下423
12 大神宮奉幣 下425
13 鎮魂祭 下425
14 大嘗会 下425
15 大嘗会祓禊 下429
16 釈奠 下429
17 斎内親王 下429
18 出雲国造 下431
19 御斎会 下431
20 御斎会終日 下431
21 御読経 下433
22 一代一講 下433
23 山陵奉幣 下433
24 山陵幣座 下433
25 元日平旦 下433
26 元正 下433
27 元日供奉 下435
28 朝賀 下435
29 卯杖 下437
30 七日設座 下437
31 女叙位 下437
32 女王禄 下437
33 内裏任官 下439
34 勘御薪 下439
35 踏歌 下439
36 観射 下439
37 賭射 下439
38 列見定考 下441
39 御潔斎 下441
40 撤座供座 下441
41 成選短冊 下441
42 殿上灌仏 下441
43 成選位記 下441
44 牽駒 下443
45 五月五日 下443
46 六日装束 下443
47 相撲 下443
48 釈奠内論議 下443
49 菊花宴 下443
50 追儺 下443
51 天皇即位 下445
52 御座 下445
53 設座 下445
54 諸国席薦 下447
55 供御雑用料 下447
56 庁座 下447
57 朝堂院 下447
58 暉章堂 下447
59 諸司座 下447
60 考選文 下447
61 諸祭席薦 下449
62 行幸神泉苑 下449
63 諸司座茵 下449
64 立幄 下449
65 年料鋪設 下449
66 諸司年料 下453
67 延暦寺年分度 下457
68 供御粉熟料 下457
69 大射 下457
70 学生食座料 下457
71 主鈴典鑰座料 下457
72 東西悲田 下457
73 儲料 下457
74 倚子床子 下457
75 供奉仕丁 下457
76 打掃布 下459
77 藺田 下459
78 神事料功程 下459
79 供御料功程 下461
80 雑給料功程 下463
81 作手 下475

巻第39　正親式

1 諸王年満 下477
2 王定 下477
3 諸王計帳 下477
4 同世同名 下477
5 女王禄 下477
6 女王定 下479
7 諸王時服 下479
8 女王節禄 下479
9 平野祭 下479
10 薬師寺 下479
11 諸王出家 下479
12 諸王死去 下479
13 女王地 下481
14 闕官 下481

巻第39　内膳式

1 春日春祭 下481
2 大原野祭 下481
3 月日春祭 下481
4 園神祭 下483
5 諸祭雑菜 下483
6 神今食 下485
7 新嘗夜料 下485
8 新嘗解斎 下485
9 新嘗豊楽 下487
10 新嘗中宮豊楽 下489
11 御斎会料 下489
12 盂蘭盆料 下489
13 正月三節 下489
14 元二三日料 下491
15 三四五月料 下491
16 五月五日 下493
17 七月七日 下493
18 九月九日 下493
19 供御月料 下495
20 供御日料 下497
21 七八九十月料 下497
22 荷葉 下497
23 年料 下499
24 供御料雑器 下505
25 帷料 下507
26 標緋幡 下507
27 造粉熟料 下507
28 供奉雑菜 下507
29 年中七節料 下511
30 山科園早瓜 下511
31 年料雑菜 下511
32 量雑菜 下511
33 行幸雑菜 下511
34 漬年料雑菜 下511
35 楡皮 下515
36 山城大和 下515
37 造雑味塩魚 下515
38 造雑魚鮨 下515
39 造醬鮒 下515
40 諸国貢進御贄 下517
41 淡路国御贄 下519
42 年料御贄 下519
43 山城国江御贄 下523
44 氷魚網代 下523
45 参河国保夜 下523

46　伊豆国貢進　下523
47　御厨御贄　下523
48　青槲干槲　下523
49　木盤　下523
50　木器土器　下523
51　膳部　下525
52　仕丁　下525
53　江網曳御厨　下525
54　筑摩長　下525
55　膳部労　下525
56　膳部不仕　下525
57　作園牛　下525
58　営園仕丁　下527
59　川船　下527
60　園地　下527
61　雑菓樹　下527
62　芹水葱田　下527
63　耕種園圃　下527

巻第40　造酒式

1　祭神　下541
2　年料醸酒　下543
3　造御酒糟法　下545
4　造雑給酒酢法　下547
5　造酒雑器　下547
6　紀伊国塩　下549
7　神今食料　下549
8　小斎料　下549
9　鎮魂祭料　下551
10　新嘗白黒酒料　下551
11　新嘗会直相　下553
12　大嘗祭供神料　下555
13　大嘗祭供奉料　下557
14　大嘗祭東宮料　下559
15　大嘗祭雑給料　下559
16　薗韓神祭料　下561
17　平野祭料　下561
18　松尾祭料　下561
19　賀茂祭料　下563
20　大原野祭料　下563
21　釈奠料　下563
22　供奉日料　下565
23　御井酒　下565
24　汁糟　下565
25　諸節日料　下565
26　東宮日料　下567
27　伊勢斎王料　下567
28　賀茂斎王料　下567
29　諸節会料酒　下567
30　神事給酒法　下567
31　県醸酒　下567
32　供御酒器　下569
33　諸節雑給酒器　下569
34　供奉年料　下571
35　諸節装束　下573
36　雑給年料　下573
37　収薪所雑器　下575
38　検納御薪所　下575
39　御斎会料　下575
40　盂蘭盆料　下575
41　嘉祥寺悔過料　下575
42　延暦寺試度料　下575
43　西塔院試度料　下575
44　海印寺試度料　下575
45　大安寺供養料　下575
46　聖神寺供養料　下577
47　侍従所　下577
48　長人料　下577
49　行在所　下577
50　運薪牛　下577

巻第40　采女式

1　神今食官人　下577
2　諸節会日　下577
3　正月三節　下579
4　采女賜地　下579
5　采女養田　下579
6　采女月料　下579
7　采女解任　下579
8　不仕禄物　下579
9　樵丁等　下579

巻第40　主水式

1　御井神　下579
2　御生気御井神　下581
3　春宮坊御生気　下581
4　鳴雷神　下581
5　氷池神　下583
6　氷池風神　下583
7　神今食料　下583
8　大嘗会粥料　下585
9　諸祭雑給料　下585
10　釈奠料　下587
11　御斎会料　下587
12　聖神寺粥料　下587
13　聖神寺粥漿料　下589
14　常住寺米粥料　下589
15　七種粥料　下589
16　雑給粥　下589
17　供奉水部　下589
18　供御月料　下591
19　御氷　下591
20　中宮氷　下591
21　東宮氷　下591
22　斎内親王　下591
23　雑給氷　下591
24　儲氷　下591
25　運氷駄　下593
26　氷室雑用料　下593
27　供御年料　下595
28　五位已上年料　下597
29　司家年料　下597
30　御井守　下597
31　不仕料物　下597
32　中宮水部　下597

巻第41　弾正式

1　台弾人　下599
2　糺弾不当　下599
3　弾正得不得　下599
4　弾親王　下599
5　弾大納言以下　下599
6　弾参議已上　下599
7　威儀進退　下601
8　三位已上　下601
9　奏弾事　下601
10　官司枉判　下601
11　弾官人　下601
12　就台版位　下601
13　尹有犯　下603
14　入朝堂　下603
15　開門時　下603
16　親王就庁座　下603
17　申政太政官　下603
18　諸堂官人道　下603
19　官政未竟　下603
20　開門以後就座　下603
21　未閉門下去　下605
22　京官五位已上　下605
23　空朝座　下605
24　朝庭容儀　下605

25 致敬礼 下605
26 親王等答拝 下605
27 路遇親王 下607
28 下馬 下607
29 無位孫王 下607
30 元正 下607
31 朝拝 下607
32 正月十五日 下607
33 釈奠 下607
34 二季大祓 下609
35 京中巡察 下609
36 巡検日 下609
37 非違汚穢 下609
38 調宿処 下609
39 位禄季禄 下609
40 不得権任 下609
41 召式部省 下609
42 立制宣旨 下609
43 宮中諸司廻 下609
44 八省院廻 下611
45 運出穢物 下611
46 不得充別当 下611
47 臨時別勅 下611
48 牙笏木笏 下611
49 衣服食物 下611
50 朝庭儀式 下611
51 衣袖口闊 下611
52 不得著羅 下611
53 衣服色 下611
54 婦人衣服色 下613
55 朝服色 下613
56 庶人以上 下613
57 綾 下613
58 五位以上女 下613
59 紵布衣 下613
60 揩染成文 下613
61 浅杉染袴 下613
62 錦衣 下613
63 鈍紫裙 下613
64 蘇芳色 下613
65 衛府舎人刀緒 下615
66 囚獄司物部 下615
67 諸禁色 下615
68 支子染深色 下615
69 滅紫色 下615
70 赤白橡袍 下615
71 公私奴婢服 下615
72 車馬従服色 下615
73 染袴 下615
74 金銀薄泥 下617
75 純素金銀 下617
76 縹色藍揩 下617
77 画餝大刀 下617
78 刻鏤大刀 下617
79 刀子刃長 下617
80 象牙櫛 下617
81 虎皮豹皮 下617
82 白玉腰帯 下617
83 紀伊石帯隠文 下617
84 烏犀帯 下619
85 魚袋 下619
86 鞍褥 下619
87 鞍鞦総 下619
88 緋鞦 下619
89 貂裘 下619
90 羆皮障泥 下619
91 金銀装車屋形 下619
92 糸葺庇車 下619
93 車屋形裏 下621
94 車馬従 下621
95 東西仕丁坊 下621
96 禁断青刈 下621
97 鈍縹幷宝髻 下621
98 婦人袷裳 下623
99 裁絹絁 下623
100 双六 下623
101 京都踏歌 下623
102 私鷹 下623
103 右大臣已上薨 下623
104 喪葬盛餝 下623
105 進告朔函 下623
106 五月五日走馬 下623
107 供節衛府官人 下625
108 市人集時 下625
109 覆鞍 下625
110 京職栽柳 下625
111 神泉大学廻地 下625
112 勘収貢物 下625
113 巡検左右京 下627
114 東西二寺斎会 下627
115 獄中非違 下627
116 禁色 下627
117 喚左右京職 下627
118 大嘗造時 下629
119 非違人 下629
120 記非違 下629
121 僧尼不可売買 下629
122 宮城墻内 下629
123 娶宮人 下631
124 隊仗 下631
125 在京倉蔵 下631
126 決死囚 下631
127 遣五畿内 下631
128 遣隣国使 下631
129 弁官有犯 下631
130 中納言以上 下631
131 諸司五位以上 下633
132 侍医 下633
133 近衛兼雅楽 下633
134 蕃客朝拝 下633
135 建礼門南庭 下633
136 衛府五位以上 下633
137 諸司著靴 下633
138 文武官人以下 下633
139 一世源氏 下633
140 犯重応捕 下635
141 犯人逃走 下635
142 米穀出入門 下635
143 王臣馬数 下635
144 随身兵 下635
145 六位以下朝服 下635
146 門屋 下635
147 所職官名 下635
148 庁座 下635
149 諸衛府生以上 下637
150 除著靴 下637
151 鴻臚館 下637
152 薄朝服 下637
153 出棄病人 下637
154 散斎 下637
155 大宿 下637
156 台所犯 下637
157 宮城衛廬 下637
158 巡行京裏 下639
159 男入尼寺 下639
160 弾正巡察 下639
161 闕官 下639

巻第42　左右京式

1 大神宮幣帛使 下641
2 斎王祓 下641

3　賀茂斎王祓　下641
4　大嘗大祓　下641
5　二季大祓　下643
6　畿内堺祭　下643
7　掃除大学　下643
8　文殊会　下643
9　射礼　下643
10　追儺　下643
11　追儺夜　下643
12　車駕行幸　下643
13　京路掃除　下645
14　朱雀路溝　下645
15　宮城辺立鋪　下645
16　諸門厩亭　下645
17　騎馬之輩　下645
18　朱雀放飼　下645
19　大路建門屋　下645
20　衛士仕丁坊　下647
21　京職栽柳　下647
22　道路辺樹　下647
23　京中水田　下647
24　京中閑地　下647
25　路辺病者　下647
26　勅旨所正倉守　下647
27　下諸国符　下647
28　蕃客入朝　下649
29　親王大臣薨　下649
30　賻物　下649
31　喪家申官　下649
32　賜賻物　下649
33　雇使員数　下649
34　兵士当色　下651
35　勘造授田口帳　下651
36　班田使祗承　下651
37　田籍　下653
38　戸籍帙料　下653
39　責計帳手実　下653
40　不進計帳　下653
41　誤置職写　下653
42　職写戸田価　下655
43　職写田帳　下655
44　職写不沽田　下655
45　厨料　下655
46　造橋料銭　下655
47　徭分銭　下655
48　調徭銭用帳　下655
49　銭文　下655
50　義倉用度帳　下657
51　京戸課徭　下657
52　諸王歳満　下657
53　貢挙　下657
54　堀川杭　下657
55　闕官要劇田　下657
56　不仕料物　下657
57　薬道場　下657
58　京程　下657
59　町内小径　下663
60　築垣功程　下663

巻第42　東西市式

1　毎鄽立牓　下665
2　沽価帳　下665
3　売買不和　下665
4　増直　下665
5　六衛入市　下665
6　市人籍帳　下665
7　市裏凌奪　下665
8　決罰罪人　下665
9　市町　下665
10　市町居住人　下665
11　闕官要劇料　下667
12　集東西市　下667
13　聴通売　下667
14　東鄽　下667
15　西鄽　下667

巻第43　春宮式

1　元日御薬　下671
2　朝賀　下671
3　宮臣朝賀　下675
4　群官賀　下677
5　東宮御斎会　下681
6　踏歌妓　下683
7　卯杖　下683
8　射礼　下685
9　釈奠講説　下685
10　春日祭　下687
11　大原野祭　下687
12　使等装束料　下689
13　大神祭　下689
14　平野祭　下689
15　賀茂松尾社　下691
16　最勝会布施料　下693
17　牽駒　下693
18　進菖蒲　下693
19　五月六日　下693
20　納御櫛　下695
21　晦日未刻　下695
22　相撲節　下697
23　九月九日　下697
24　陰陽寮進暦　下697
25　東宮鎮魂　下697
26　進白散屠蘇　下699
27　追儺　下699
28　行幸時　下701
29　東宮初立頓料　下701
30　東宮湯沐　下701
31　供御櫛　下701
32　御被料　下701
33　来年雑用　下701
34　来年御忌　下701
35　晦日昏時　下701
36　御薪　下703
37　月料紙筆等　下703
38　幄幔　下703
39　帖茵　下703
40　馬料　下705
41　季禄　下705
42　大宿　下705
43　帯刀舎人　下705
44　帯刀舎人節服　下705
45　帯刀舎人禄文　下707
46　歩射騎射　下707
47　騎射当色料　下707
48　雑色人　下707
49　坊舎人　下707
50　舎人粮　下709
51　舎人衣服　下709
52　年中薬　下709

巻第43　主膳式

1　日料　下709
2　月料　下709
3　年料　下711

巻第43　主殿署式

1　年料　下715

巻第44　勘解由式

1　状帳　下719
2　奏式　下721

3 内案式 下723
4 長案式 下725
5 依次勘奏 下729
6 合載一人状 下729
7 超次勘奏 下729
8 会赦不会 下731
9 直勘奏 下731
10 国内雑物 下731
11 臨時勘文 下731
12 租舂米未進 下731
13 召仰諸司 下731
14 年終証帳 下733
15 勘年終帳 下733
16 勘判程限 下733
17 校読 下733
18 書写功程 下733
19 使局官舎 下735
20 時服 下735
21 熟食 下735
22 雨日 下735
23 硯文杖 下735
24 年料炭 下735
25 使部衣食 下737

巻第45　左右近衛式

1 大儀 下739
2 中儀 下741
3 小儀 下741
4 節会 下743
5 装束紫宸殿 下743
6 殿上 下743
7 参議以上 下743
8 出居侍従 下743
9 出居侍従昇殿 下743
10 次侍従昇殿 下743
11 東宮入朝 下743
12 外記史聴陪 下745
13 外記史聴度 下745
14 上日 下745
15 勘解由使侍奏 下745
16 侍医 下745
17 内蔵掃部 下745
18 大雷時 下745
19 閤門 下745
20 番奏 下745
21 青馬 下747
22 大射人 下747
23 賭射射手 下747
24 賭射取箭 下747
25 騎射人 下747
26 的禄 下749
27 騎射的 下749
28 立的 下749
29 競馬 下749
30 騎射官人 下749
31 供奉行幸 下751
32 行幸 下751
33 行幸還宮 下751
34 御輿長 下751
35 行幸経宿 下751
36 践祚大祓 下751
37 大嘗会小斎 下753
38 神今食 下753
39 青摺布衫 下753
40 神今食装束料 下753
41 諸祭供走馬 下753
42 釈奠三牲 下755
43 御斎会雑花 下755
44 薬玉料 下755
45 国忌日 下755
46 番長 下755
47 擬近衛 下757
48 異能 下757
49 看督 下757
50 行夜 下757
51 儺夜記 下757
52 長上番長 下759
53 節会褁袍 下759
54 撃鉦鼓人 下759
55 器仗 下759
56 甲楯 下759
57 年料雑薬 下759
58 胡床 下759
59 大衣 下759
60 臨時行幸料 下761
61 駕輿丁 下761
62 月粮米塩 下761
63 禄物粮米 下761
64 年終帳 下761
65 元日威儀料 下763
66 駕輿丁衣服料 下763
67 従行官人 下763
68 蒭陸田 下763
69 射田 下763
70 幕 下765

巻第46　左右衛門式

1 大儀 下767
2 中儀 下769
3 小儀 下769
4 供奉行幸 下771
5 大嘗会装束 下771
6 大射官人 下771
7 御斎会雑花 下773
8 進梅柳 下773
9 鮮鮒御贄 下773
10 宮門 下773
11 黄昏後 下773
12 兕像 下773
13 節禄 下773
14 秉燭 下775
15 臨時伊勢奉幣 下775
16 釈奠三牲 下775
17 衛士相替 下775
18 大替兵具 下775
19 左京非違 下777
20 検非違使別当 下777
21 捉人防援火長 下777
22 都堂講宴 下777
23 宮城門 下777
24 宮城門守屋 下777
25 節服 下777
26 横刀緒料 下779
27 緋末額 下779
28 門部大衣 下779
29 初斎 下779
30 守諸所 下779
31 行夜 下781
32 行幸日 下781
33 狩子 下781
34 内馬場埒料 下781
35 晦日掃除 下781
36 八省院廻掃除 下781
37 旧破節服 下781
38 諸門厩亭 下781
39 府牛蒭秣 下783
40 勅旨蒭畠 下783
41 鍬 下783
42 射田 下783
43 幕 下783

巻第47　左右兵衛式

1　大儀　下785
2　中儀　下787
3　小儀　下787
4　供奉行幸　下787
5　大嘗会装束　下787
6　擬兵衛　下789
7　大射官人　下789
8　賭射射手　下789
9　四月駒牽　下789
10　五月五日　下789
11　五月六日　下791
12　卯杖　下791
13　駕行　下791
14　分配諸処　下791
15　釈奠三牲　下793
16　鮮鮒御贄　下793
17　晦日掃除　下793
18　大衣　下793
19　臨時行幸　下793
20　捉人将領兵衛　下795
21　晦夜変異　下795
22　駕輿丁　下795
23　駕輿丁装束　下795
24　蒭畠　下795
25　射田　下795
26　幕　下795

巻第48　左右馬式

1　御牧　下797
2　牝馬不課　下797
3　年貢御馬　下799
4　繋飼馬牛　下799
5　貢繋飼馬　下799
6　課欠駒　下799
7　飼馬　下799
8　諸祭祓馬　下801
9　平野薗韓神馬　下801
10　賀茂祭走馬　下801
11　大神祭走馬　下803
12　春日祭神馬　下803
13　率川祭神馬　下803
14　大原野祭神馬　下803
15　当宗等祭走馬　下803
16　斎王御馬　下803
17　返印　下803
18　御馬鞍杷　下803
19　行幸御馬　下805
20　諸節御馬　下805
21　巡幸鈴印駄　下805
22　行幸経宿　下805
23　行幸馬具　下807
24　四月駒牽　下807
25　五月五日　下809
26　競馬騎射　下809
27　国飼御馬　下811
28　青馬　下811
29　正月七日　下813
30　蕃客乗騎　下813
31　馬牛分充衛府　下813
32　検非違使馬　下815
33　頭已下　下815
34　父馬　下815
35　馬薬　下815
36　車　下815
37　釜　下815
38　馬牛斃　下817
39　櫪飼馬籠頭鏁　下817
40　櫪飼馬絆縄料　下817
41　剉槽　下817
42　馬底板　下817
43　馬水桶　下817
44　騎士　下817
45　馬部　下819
46　牧監　下819
47　官牧馬帳　下819
48　緋鞦　下819
49　播磨国家島馬　下819
50　諸国貢馬牛　下819
51　左馬寮営田　下819
52　右馬寮営田　下821
53　諸国進秣料　下821
54　年料蒭　下821
55　閏月料蒭　下823
56　衛府蒭畠　下823
57　美豆厩畠　下823
58　畿内畠　下823
59　公廨田　下823
60　飼戸　下825
61　飼戸計帳　下825
62　造御鞍料　下825
63　女鞍料　下827
64　走馬鞍料　下831
65　雑鞍　下831

巻第49　兵庫式

1　元日即位　下833
2　大儀　下833
3　撃鉦鼓人　下835
4　大儀撃鉦鼓　下835
5　大射　下837
6　車駕行幸　下839
7　行幸撃鉦鼓　下839
8　年終行儺　下841
9　大儀行幸　下841
10　御斎会　下841
11　大歌雑楽器　下841
12　元日儀仗　下841
13　鼓吹雑生習業　下841
14　破損甲　下841
15　諸国様器仗　下843
16　器仗曝涼　下843
17　大祓大刀　下843
18　出納雑器仗　下843
19　大神宮女鞍　下843
20　御梓弓　下843
21　大祓横刀　下845
22　大嘗会神楯　下847
23　梓弓　下849
24　征箭　下849
25　横刀　下851
26　挂甲　下851
27　修理挂甲料　下853
28　諸国修理甲料　下853
29　造弩　下853
30　大門楯　下853
31　雑工戸　下853
32　雑工部　下855
33　鼓吹戸　下855
34　鼓吹戸計帳　下855
35　鼓吹部　下857
36　年料薬酒　下857

巻第50　雑式

1　鎮害気　下859
2　大宰奏神事　下859
3　稽首　下859
4　授位任官　下859
5　公宴酒食　下859
6　諸司公廨　下861

7	度量権衡	下861
8	輦車腰輿	下861
9	乗車出入	下861
10	大甞	下863
11	官人疾病	下863
12	伝漏	下863
13	諸司解文	下863
14	蕃客儲料	下863
15	混陽院雑事	下863
16	細微事類	下863
17	銭文不明	下865
18	遣鋳銭司旧銭	下865
19	女官厨年料	下865
20	美濃国掾目	下865
21	松原客館	下865
22	諸国前分	下865
23	造過所	下865
24	天下百姓	下865
25	資養郡	下865
26	就使請假	下865
27	公私運米	下867
28	朝使到国	下867
29	国司不交関	下867
30	駅路植菓樹	下867
31	被雇刈稲	下867
32	解移	下867
33	駅使下馬	下867
34	難波津	下867
35	大宰貢物船	下867
36	大宰貢贄使	下869
37	運漕対馬粮	下869
38	対馬島銀	下869
39	対馬真珠	下869
40	王臣商人船	下869
41	対馬朝集計帳	下869
42	大宰樹牌	下869
43	大宰貢綿穀船	下869
44	監臨主守	下869
45	不乗駅伝馬	下871
46	諸国逓送	下871
47	国司遷代	下871
48	陸奥出羽	下871
49	鋳銭司官人	下873
50	諸国貢馬	下873
51	宇治山崎橋	下873
52	泉河仮橋	下873
53	国司相牒式	下873
54	検調物使	下875
55	諸国釈奠式	下875
56	盛物	下879
57	職掌	下881
58	前享三日	下881
59	前享二日	下883
60	前享一日	下883
61	陳設	下885
62	饋享	下887
63	祝文	下897

渡瀬……下873
和太太備……下513
腸漬の鰒(中男作物)……中851,861,895,下517
度津神社……上649
海神社……上721
和多都美神社
　対馬島上県郡……上721
　対馬島下県郡……上723
　対馬島下県郡(阿麻氐留神社…敷島神社)
　……上723
和多都美豊玉比売神社……上703
和多都美御子神社……上721
綿紬……中255,845,899
　糸紬……中255
　大宰府(銀…席二千枚)……中815
腸の腊……中851
綿袴……中251,679
度会河……上317
度会氏(禰宜)……上187
度会乃大国玉比売神社……上313,553
度会国御神社……上313,553
度会宮……上187,317,551
　相殿神……上187
　東殿……上317
　板垣門……上317
　内玉垣門……上317
　馬飼丁……上255
　大内人……上187
　神嘗の祭……上203
　小内人……上187
　所摂十六座(諸社)……上187,189
　神宝(戈・楯・弓・胡籙・箭・鞆)……上241
　外玉垣門……上317
　月次の祭……上489
　東宝殿(内の財殿)……上199
　直会院(解斎殿)……上199,253,317
　禰宜……上185,187,中493
　根倉の物忌……上201
　蕃垣御門(門の幌の料の絹)……上203
　日祈……上207
　瑞垣門……上317
　物忌……上187
度会の山田の原……上489
和多理神社……上665
曰理駅
　信濃国……下47
　越中国……下49
曰理湊……中1023
渡戸駅……下49
和奈佐意富曾神社……上703
和奈美神社……上659
和爾に坐す赤坂比古神社……上519
和爾駅……下47
和爾下神社……上519
和爾部神社(御方神社…山都田神社)……上631
和爾良神社(味鋺神社…尾張神社)……上567
和耶神社……上703
藁(簀敷の調布…蒋)……上279,373,385,中209
231,下275,305,329
　一囲……下717
菲……上323,下317,667
蕨……下511
侲子……中189
破飯……下307
破塩……中853
和理比売神社……上693
円座……下473
　蒋の円座……下417
　菅の円座……中835

録白返抄……………………………中775,787
六物干薑丸…………………………下363
禄物の価法…………………………中1011
轆轤…………………………………下351
轆轤鉇………………………………下285
轆轤の手湯戸盆……………………下261
轆轤の杓……………………………中267
轆轤槽………………………………上295
露犬…………………………………中647
漏刻………………中351,359,763,下863
漏刻所………………………………下323
漏刻台………………………………下97
路次の神……………………上137,393
蘆茹(半夏…玄参)…………下343,359
鹿角 ろっかく → 鹿角 かづの
炉瓮…………………………………中847
路粮……………………中773,809,1029
論語…………………………………中633
論奏
　郡•駅を廃置す……………………中13
　断罪文(論奏に造り)……………中71

わ

和恵(椎の枝)……………………上413
若宇加の売の命……………………上455
若江神社……………………………上609
若江鏡神社…………………………上537
若栗神社(塩江神社…諸鑁神社)…………上565
若桜神社……………………………上527
若狭国…………………………中877,1023
　鰒の甘鮨…………………………中877
　貽貝と富耶の交鮨………………中877
　大飯郡……………………………中749
　甲嬴………………………………中877
　雑の腊……………………………中877
　黄樊石……………………………下395
　凝菜………………………………中877
　塩…………………………………中877
　鯛の楚割…………………………中877
　等級………………………………中477
　蔓荆子……………………………下395
　海藻………………………………中877
　庸米………………………………中877
　若狭国神名帳……………………上629
若狭比古神社………………………上629
和我神社……………………………上623
稚日女尊(生田神社)……………上547
若水沼間……………………………上503
稚海藻(和布,紫菜…大凝菜)…………上49,下169
　209,211,519
若倭神社……………………………上573
若倭彦命神社………………………上535
若倭姫命神社………………………上535
別れの御櫛(斎内親王の発たん日には…)
　……………………………………上307
和紵…………………………………上351
腋……………………………………下611
和伎に坐す天乃夫支売神社(室城神社…岡田国神社)………上517
掖上博多山上陵……………………中713
掖門(腋門)…………中447,457,下745,767
　常寧殿(掖庭の左門)……………中175,179
　蒼竜楼の掖門……………………中137
格木…………………………………上423
別足…………………………………中355
分神社………………………………上635
和気能須命神社……………………上681
山薑…………………上345,中853,877,下171
禍
　高つ神の災………………………上479
　飛ぶ鳥の禍(高つ鳥の災)……上473,479,497
　はう虫の禍(昆虫の災)………上473,479
鷲像の纛幡…………………………下767
和志前神社…………………………上633
和志取神社…………………………上571
和此良金著の釘……………………下251
早瓜(五月一日七月一日)…………中395,下511
綿………………中229,389,667,867,883,885
　893,901,903,下125,287,869
　金薄の料の綿……………………中413
　黒綿………………………………中805
　絞綿………………………………中1003
　白細屯綿…………………………中879
　白綿………………………………上343
　畳綿•細屯綿……………………中847,下125
　調綿(四両を屯となせ)…………中847,849
　屯綿………………………………下125
　細屯綿…………………中167,681,847,下683
　庸の綿(四両を屯となせ)……中847,849,879
　禄の綿……………………………中317
私の車………………………………上263
渡船…………………………………中1011
渡子(凡そ飛驒国…,学生…兵士)……中763,911
綿神社(味鋺神社…尾張神社)……………上567

流移人の発遣(省官に申して)……下69
流死……中919,979
廬舎那仏ならびに脇侍の菩薩像(仏聖)……中197
201,下301
留省……中517,下13
位子……中579
定額の外……中517
留守
行幸……中55,101
御禊行幸……中43
留守官……中55
留難……下625

れ

令……下677
鈴印の駄(駄)……中147,155,191,下805
礼楽……中621,下897
霊巌寺……下321
例交易の雑物 れいきょうやくのぞうもつ → 交易の雑物 きょうやくのぞうもつ
醴泉……中649
礼草……中649
例損……中763,911,913,1021
疫死・流死(先ずその数…損進を相折げ)
……中919
例得度……中697
令任用分付実録帳……下721,731
例用……中1039
羚羊角……下369,383,393,395,397
苓陵香……中341
藜蘆(防己…僕奈)……下367
歴階……中451
暦生(学生)……中357
暦博士……中357
暦本……中357
歴名 れきみょう → 名簿 みょうぶ
暦を写す書手……中497
列見……中65,67,75,561,661,下91,441
引唱(選人の名を唱うる)……中563
式日(十一日)……中561
諸司の選人……中565
諸司の番上……中563
列陣鼓……中79,下739,767,839
奩(仁王般若経一部二巻…磬)……中197,677
輦 れん → 腰車 こしぐるま
蓮厳寺料……中971
連翹(犀角…青木香)……下341
蓮華の座……中199
連水の綾(続花の綾…呉服の綾)……中845
連著……下619
練仲丸……下367

ろ

臈……上295,中325
労……中29
史生……中29
十年労帳……中111
粮……下77
楼……下257
狼牙……下387
瑯玕景(流黄の…陵より黒丹の出でたる)
……中651
臈纈……中303,347,下99
臘月の御薬……中165,201,下165,341,351,455
供奉する官人……中165
御薬の櫃……中201
中宮の臘月の御薬……中165,下343
東宮……下345
老子(老彭)……上5
澇水……中1067
臈数……下69
浪井……中649
老丁……中911
莨菪子……下383
浪人 ろうにん → 浮浪人 ふろうにん
臈の工……中403
粮米……上181,中441
労問……中49,105
労問使(凡そ蕃客…)……中25
漏蘆(犀角…青木香)……下341
六衛府の舎人 ろくえふのとねり → 衛府の舎人 えふのとねり
六月の祭……上63
勒して……上5
緑青(金泥…同黄,朱沙…紫土)……上367,中337
411,835
六章……中633
鹿茸……下391
六処の堺の川……上307
勒送……中105
六足獣……中647
六道……中401
六年見丁帳(郷戸課丁帳)……中797
禄の限り……中527

理不尽によりて返却……中691
釐務……中501
竜……中645
立義(竪義)……中671
　維摩会立義(当寺の僧十人,夏講供講・三階・二階)……中671,689
竪義の学生……中545
竜花氷室(徳岡に氷室…池辺に一所)……下593
流黄の谷より出でたる(流黄の…陵より黒丹の出でたる)……中651
竜骨(犀角…青木香)……下341,413
癃疾……下647
竜胆(犀角…青木香)……下341
竜尾道……上411,中81,541,下739
竜鬚筵……中343,827
旒冕……中609
留連……中691
領……中231
令……下875
諒闇……中609,下883
霊安寺料(豊山寺料…子島寺料)……中957
諒闇の登極……上391,中39
菱花の綾(菱)……中845,下135
領客使(凡そ蕃客…)……中25,657,707
陵戸(八位…位子)……中711,715,741,909
　持統天皇……中723
　陵戸帳(左京…淡路)……中741,915
蓼子(知母…葵子)……下377
令旨(職の大夫…伝宣せよ)……中161,551
寮掌……下13
良賤の訴……下81
良賤の判(寺儀)……下79
料度……下457
遼東丸……下357
凌突……下629
両般……中249
陵墓(諸陵寮)……中51,711,下321
　預人……中739
　守戸(陵墓戸に非ずして…充てよ)……中741
　巡検(専当の官人)……中741
　諸墓の献物……中107
　荷前の幣物……中107
　墓(有功の臣の墓)……中307,741
　陵十所……中305
　歴名帳(諸陵および墓に奉幣せよ)……中739
竜馬……中645
両面……上379,中199,235,311,409,843,861,下93,133,445
　緋地の両面……下305
　縠皮の両面……下143
　小花等の両面……下143
　長・広……下135
　両面の襴……下57
　両面の短帖……下431
　両面端……中683
　両面端の帖……上285
陵より黒丹の出でたる……中651
閭里の犯法……下601
膂力……下751
膂力婦女……中273,765
　房戸の徭……中765
膂力婦女田(田二町,神田…造船瀬料田)……中765,955
理を以て解官……中445,479,767,下707
麟……中551,645
廩院……中801,下635
臨軒……中45,下741
臨行……上303
隣国(蕃国に使を遣わす)……上159
臨時祭(常祀)……上127
臨時除目(臨時に奏し補せよ)……中29
臨時の宴会……中51
臨時の大祓……下95,419
　斎王の群行……上301
　諸国大祓……中803
　践祚大嘗祭……上391
臨時の緩急の使……中25
臨時所……中347,下133
臨時の仁王会……下433
臨時の御読経……中203,下433
輪転……中505,821
隣保……下637
綸命……上5
臨門駅……下53
林邑楽……中663

る

留案……下11
羸老扶杖の輩……中83,447
留学生……下121
流罪(流移の人)……中787,909,929,1015,下69,73
　衣粮……下77
　逃亡……下77

艾……中317,下755
四面の御門の祭……上61
揺線……下65
与理刀魚……上93,417,下183,233
与理度魚の腊……中853,865
余烈……中621,下897
甲(革の短甲冑一具を造る料…)……中805,1001
1043,下323,759
挂甲(皂の緌…麻鞋)……中79,下9,673,739
馬の革(凡そ諸国…)……中805,下853
甲冑の飾……下617
修理(破損せる甲)……下841
短甲……中1001
甲形……下749,789
万千秋の長秋に……上471
万幡豊秋津姫命(相殿神二座)……上185
万世……上463
歯……下797
歯冠婚に及ばば……下335
弱肩……上453

ら

羅……上37,中237,845,下133,611
小許春の羅……中317,881
烏の羅……下837
大菱形の羅……下145
織る料……中1047
冠の羅……中333,861,下133
九点の羅……中871,877,下145
雑の羅……中845,下133
鼠跡の羅……中861
漆の羅……下835
罍……中603
来裔……上19
礼冠……中549
玉冠……中313
東宮……下673
武礼冠……下739
礼記……中633
欞子……中341,827
醴斉……中603,下563,877
礼版の座……中199,677
礼服……中195,547,下611
元日朝賀……中547
吉服に従う……中609
御礼服……中271,313
諸王……下619
東宮……下673
婦人……下613
礼仏……中547
羅漢……中205,677
落雷(山野に移し棄てよ)……上127
羅城の御贖……上135
羅城門……下641
埒……下7,781,807
鸞……中645
乱糸……下217
藍漆……下369,401
濫僧……上173

り

利……下861
離宮院……上315
南門……上317
祓殿……上245,315,347
理訓許段神社……上625
六典……上3
陸田……中787
藍の陸田……中263,343
阿波国……中787
営夫……下763
蓊の陸田……下763
種麦陸田帳(二寮…勘合せしめ)……中761
山城国……中787
狸骨……下413
理趣経……中667
履中天皇……中717
律……中635
立夏……中367
栗黄……中603,下203,875
立秋……中369
立春……中363
率数……中987
率租……中767
立太子……下701
立嫡……中657
立柱祭(心柱)……上209
立冬……中373
率分……中675
立方……下277
立用……中985
立用帳……上349
律暦志……中637
利稲(利若干束)……中1033

庸丁(其れ調丁に…令条の如くせよ)……中911
遥点……中107,445,下7
用度帳(惣用帳,出納帳)……中21,757,795,807
917,921,下655,657
庸の糸……中849,865,891
庸の綿(四両を屯となせ)……中847,849,879
西海道……中849
遥拝……上299,339,365
遥拝の儀……下689
庸布(布…三丁にて端と成せ,布)……上25,中655
803,829,849,865,867,869,下177
御殿を洗い拭う庸布（簀敷の調布…蔣)
……下329
徭分……中765,下67
庸米……中757,849,859,861,863,871,873
877,879,881,887,889,891,893
895,897,901,903,1009,下289
用明天皇……中721
陽明門……下777
養物(国養の物)……中273,771
検納の事……中771
未進……中979
余喜比古神社……上641
好物……下217
薏苡仁……下377
能く射る者……下5
四国の卜部……上77,481,下161
四座置(庸布…裹葉薦)……上25,309,下253
預考(考に…預からざる若干)……中63
軸……中409
横木……中851
横串鰒(鳥子鰒…薄鰒)……中849,895
横綱……下127
横縫……下851
横野神社(鴨高田神社…跡部神社)……上539
横羽(屏繖…蠅払)……中181,313
横見神社
武蔵国……上587
美作国……上685
横山神社
越前国敦賀郡……上633
越前国坂井郡(柴神社…高向神社)……上637
与治魚刺……中851
吉田神社(安房神社…稲田神社)……上151,597
吉野の国栖(八位…位子)……上433,中763,909
下155,167,177,193
国栖奏(歌笛を奏せよ)……下177
吉野水分神社(高天岸野神社…八咫烏神社)
……上145,451,525
吉野御厨……下517
吉野山口神社(高天岸野神社…八咫烏神社)
……上525
与志漏神社……上605
余親……下77
与神社……上721
与須奈神社……上635
装物……上261,357
与同罪……中801,下637
与杼神社(羽束師に坐す高御産日神社…茨田神社)……上511
四度の公文(一使に附けよ)……中71,913,下869
四度の公文の枝文(出挙…倉附等の帳)……中955
与等津……中1025,下527
四度使(税帳大帳朝集等の使)……中71,761
979,下869
駅馬……下871
帰国……中761
畿内(目已上一人)……中761
公解稲(その料)……中979
雑掌(八位…位子)……中73,443,497,763
765,795,909,915,1049
四度の祭の使……上253
四度の禊(十月の晦日の祓)……上319
祓所……上245,315
与止日女神社……上717
吉隠陵……中725
米……中651,下207
竈杵米……下215
糈米……中379
黒米……上35,289,387,中273,343,439,703
809,下61,249,291,335,475,597
粉米……下221
舂米(白米を進れ)……中767
白米……中169,703,767,791,下63
糯米……上31,289,中405,417
419,791,下203,207
糙……下173
米にも穎にも……上499
糵(麹)……下227,353,543,545,549,551,565
与能神社……上651
与不の限……中691
行夜……下757,781,791,813
馬……下791
よみつ枚坂……上483

由志の木……中321
湯泉神社
　摂津国有馬郡(有間神社…久佐佐神社)
　……上547
　下野国那須郡……上617
　陸奥国玉造郡……上621
　陸奥国磐城郡……上621
湯神社……上709
柚子……下221
湯次神社……上603
由豆佐売神社……上629
譲り……中17
泔……下503
泔篩(沐槽…御巾の紵の布)……下317,715
泔料の白米……下329
輸租帳 ゆそちょう → 租帳 そちょう
湯田神社(礒神社…坂手国生神社)……上551
油単……上427
ゆつ磐村……上447,485
弭……上223,中1003,下845
弓弦葉……上321,425,下195,555
茹菜……下217
湯殿……下251,327,417,427
湯殿始(産井の祭)……上129
湯泉石神社……上621
由乃伎神社……上563
射場……下5,747
弭……中1003
纈(纐纈)……上39,中175,327,下761
　緋の纈……下615
　緋の纈の絁……中871
　大纈……下749,835
　二目纈……中253
　紫の大纈の褶……下761
　紫の小纈……上323
　紫の纈の帛……上295,中281
　纈の革(銀…席二千枚)……中815
　纈の帛……中427
纈の紕……下615
楡皮 ゆひ → 楡の皮 にれのかわ
湯槽……上321
湯瓮……下595
弓(庸布…裹葉薦)……上25,241,中1003
　梓弓……上223,中335,下843
　漆の弓……下9
　御弓奏(節会,梓弓)……中85,183,315,335
　桃の弓……中109,189,379
弓箭(皂の緌…麻鞋)……中79,下739,843
弓矢の案……下3
由良湊(賀茂神社…久度神社)……上699
由良湊神社(賀茂神社…久度神社)……上699
由良比女神社(宇倍神社…伊勢命神社)
　……上155,679
三枝祭 ゆりまつり → 三枝の祭 さいぐさのまつり
許文……下13

よ

与比神社……上683
庸……上343,中849
　神戸……上173
　期月……中757,下105
徭役……中507,765
様器
　様の脚短杯……中847,889
　様の筥坏……中887
容儀……中85,529,下605
　容儀ある者……中511
　容儀礼に合う者……中459
要劇田……下657
要劇番上粮田(田を給う,大和国の官田の稲)
　……中59,791
　勘会(符を勘解由使に下せ)……中59
要劇料(月料)……上181,中59,下97
　309,481,667,733
　闕官・不仕……下639
　支給の官符(民部宮内等の省に下す…事一通)
　……中7
　要劇を請う文……中149
用残……上349,中789
容止……下599,673
　容止を称えよ……中551
楊枝……中201
遥授(身任に赴かざる者)……中15,491,761
　783,957,981,1007
　事力・公廨田(任に到るの後…)……中773
遥授国司公廨田……中957
腰褁……中645
陽燧……中613
徭銭(養物)……中771,921,下641,643,655
庸銭(一丁に…一百二十五文)……中843
腰帯 ようたい → 帯 おび
徭丁(徭夫)……上181,中757,下517,525,593
　氷室……下593
庸帳(帳)……中5,71,759,913,下105

山末神社……上553
山の万歳を称せる……中647
山辺県主(皇子神命神社…夜都伎神社)……上533
山辺御県に坐す神社(皇子神命神社…夜都伎神社)……上533
山辺道上陵
　景行天皇陵……中715
　崇神天皇陵……中715,731
山薑《やまはじかみ》 → 山薑《わさび》
山櫨(櫨)……中253
山孫組……下555
山人……上41,61,下563
楊梅子……下243
楊梅陵……中727
守野山(徭丁七百九十六人半…)……下593
八溝嶺神社……上619
塩冶神社(佐志武神社…富能加神社)……上675
塩冶比古神社……上675
塩冶比古麻由弥能神社……上675
夜女のいすすき……上473
儺声……下699
野鹿の群驚かず……上3
柔埴……下279

ゆ

浴槽(沐槽…御巾の紵の布)……上377,下263,317,327,715
結紐……上421
維摩会立義(当寺の僧十人,夏講供講・三階・二階)……中671,689
木綿……上25,191,193,259,261,343,355,407,中229,607,655,667,827,865,891,下89,179,185,205,837
　安芸の木綿……上27,中169,891,下89,341,351
　東木綿……中851
　凡の木綿……上41,275,下89
　神服の料……上407
　切木綿……上69
揖……中63,451,下9
雄黄……下381
遊学の試……中639
遊学の徒……中637
木綿鬘……上27,115,197,299,429,下93,689
　白赤の木綿の耳形の鬘……下57,59
有職無職……中469
有司謹具請行事……中619
熊掌……下391
優通駅……下55
木綿襷……上425
熊胆……下391
木綿駅……下53
夕日の降ち……上481
夕日の日隠る処……上459
雄略天皇……中717
故あらば……中493
由加(平魚…籠,由加物)……上33,287,333,403,中131,211,841,下193,223,327,503
　池由加(沐槽…御巾の紵の布)……上323,333,405,中841,下317,327,715
　陶の池由加……中269
　陶の由加……中267,下459,713
　中由加・小由加……中887
牀《ゆか》 → 床子《しょうじ》
床尾神社……上657
湯帷……中239
由加物(雑器,供神の物)……上403,405,中39
靫(庸布…裹葉薦)……上25,477
　蒲靫……上225
　姫靫……上225
愈紀……上391,中39
　封して卜えよ……中39
　御帳……下427
行相神社(和多都美神社…和多都美御子神社)……上721
靫編戸……上175
靫負う伴の男……上477
行神社……上619
由貴神社……上669
悠紀殿(愈紀)……上391,401,下59,425
　卯の日……上421
　神御……上403
　神座(室)……上413
　神座の上……上429
　正殿……上413
　堂……上413
由貴の……上491
由貴大御饌供進儀(月次の祭,神嘗の祭)……上195,199
行槽……下805
去く前も……上453
弓削神社
　河内国……上103,537
　甲斐国(大井俣神社…桙衝神社)……上583
　近江国……上607

葛野の席の帖……下457
紀伊郡拝志郷……中687
祈雨神祭(賀茂別雷社…和伎社)……上143
鼓吹戸……下855
国栖の笛工……下177
香薷……下375
式内社……上511
小蘗……下375
鼠尾草……下377
大学寮田(山城国久世郡)……中643
通草……下375
白粟……下377
箸竹……下195
班田……中787
広席・狭席……中857
蕷……下355,823
美豆厩……下823
薬園……下351,375
山埼駅……下43
山神社……上155,661
麦門冬(丹参…山茱萸)……下347,387,391
麦門冬の煎……中337,815
山田神社……上603
山橘子……下555
山田駅……下45
山直神社(博多神社…聖神社)……上541
山坏……上417
山作……下281
山作所……上171,中77
山作司……中77
山都田神社……上631
山津照神社……上603
山都婆波……上87
和琴……中209,663
大和佐美命神社……上665
和氏……上59,中37,下423
日本武尊……中729
大和に坐す大国魂神社(皇子神命神社…夜都伎神社)……上91,147,533
大和大国魂神社(淡路伊佐奈岐神社…阿治美神社,賀茂神社…久度神社)……上157,699
祭料……中973
東大谷日女命神社(飛鳥川上に坐す宇須多伎比売命神社…気吹雷響雷吉野大国栖御魂神社)……上531
和乙継(太皇太后の先の和氏)……中733
倭恩智神社……上529
大和国……中743
宇陀郡……上255
大忌祭・風神祭……中31
戒壇十師・沙弥等の供料……中993
春日の祭の料……下299
元慶官田……中791
官田……中779
祈雨神祭(大和社…石上社)……上143
鬼箭……下377
京南庄・率川庄……下819
行程……中857
国分二寺……中673
式内社……上517
車前子……下377
充蔚子……下377
大青……下377
沢蘭……下377
調銭……中857
鍋……中857
贄土師……中857
鼠栗栖庄……下821
白花木瓜実……下377
榧子……下377
広瀬の川合……上455
名神(春日神社…鴨神社)……上147
薏苡仁……下377
大和宿禰(皇子神命神社…夜都伎神社)……上533
大和日向神社(神波多神社…伊射奈岐神社)……上519
東文忌寸部(東西の史部)……上73,481 中303,下161
東文忌寸部の横刀を献る時の呪(呪)……上481
大倭物代主神社……上683
和笛……中663
和舞(倭儛)……上199,317,441,中41,83 89,93,179,下159,419,699
大舎人……中193
鎮魂の儛人の侍従……中93,465
調習……中89
山梨岡神社(大井俣神社…梓衝神社)……上583
山那神社(塩江神社…諸钁神社)……上565
山名神社……上575
署預……下209,245
山の神……上473
山口……上451
山口の神……上27,53,451,457
山口神の祭……上209

夜須命神社(伊古奈比咩命神社…志理太宜神社)
……………………………………… 上579
夜須美(内の七言・外の七言,息)…… 上261,355
安幣帛の足幣帛と………………………… 上453
八十日日はあれども……………………… 上501
八十島の神の祭…………………………… 上139
　東宮……………………………………… 上139
八十綱……………………………………… 上449
八十伴の男………………………………… 上477
矢田神社
　丹後国丹波郡…………………………… 上655
　丹後国熊野郡…………………………… 上657
矢田に坐す久志玉比古神社(神波多神社…伊射奈岐神社)… 上519
八咫の鏡(天つ璽の剣鏡)……… 上439,471,503
八咫烏神社………………………………… 上525
矢田部神社………………………………… 上655
八衢(大八衢)………………………… 上137,485
八衢比古・八衢比売 ……………… 上137,485
屋賃(直)…………………………中1023,下283
八束穂のいかし穂に……………………… 上445
夜都伎神社………………………………… 上533
屋就神命神社(皇子神命神社…夜都伎神社)
……………………………………… 上533
八代物(職司,鎮魂の祭の料) …………… 上115
下183,551
八物…………………………… 上499,下417,427
八剣神社…………………………………… 上569
雇車………………………………………中1045
取箭…………………………………… 下747,789
次…………………………………………… 中611
寄生………………………………………… 下555
楊白筥……………………………………… 中231
楊筥(柳筥)…… 上231,287,367,中147,173,233,395,397,415,841,下87,695
　打掃の筥……………………………… 下425,459
　内蔵寮………………………………… 中147
　内匠寮………………………………… 中335
　長功…………………………………… 中397
柳…………………………………………… 中197
柳の篦……………………………………… 中793
楊原神社…………………………………… 上581
胡籙………………………… 上241,中1003,下633
梁作………………………………………… 下521
梁作の物…………………………………… 下171
矢奈比売神社……………………………… 上575
楡皮蔓菁…………………………………… 下229
八野神社(佐志武神社…富能加神社)…… 上675
矢作神社…………………………………… 上537
矢椅神社…………………………………… 上559
八針に取り辟きて………………………… 上479
夜比良神社(中臣印達神社…伊和に坐す大名持御魂神社) ………………… 上683
八開手………………………… 上199,317,435
八枚手……………………………………… 下155
笑原神社…………………………………… 上655
陽夫多神社………………………………… 上549
荊波神社(林神社…布勢神社)…………… 上643
夜夫に坐す神社(出雲神社…伊豆志神社)
………………………………… 上153,657
屋船命……………………………………… 上473
毀る
　位記……………………… 中599,601,下73
　太政官符……………………………… 中17
八桙神社…………………………………… 上703
山藍………………………………… 中235,793
山蘭……………………………… 下219,513,515
病を問い…………………………………… 上171
山家神社…………………………………… 上613
山形………………………………………… 中203
山形(侯・乏) …………………………… 下265,837
山神の祭……………………………………上57
山国神社…………………………………… 上649
山蔵………………………………………… 中647
山車………………………………………… 中647
山埼駅………………………………………下43
山崎橋……………………………………… 下873
山狭神社(宍道神社…由貴神社)………… 上669
山科神社……………………………… 上515,中289
山科の園(京北の園…奈癸の園)………… 下483
山科の祭……………………………… 中289,下251
　走馬・祭使 …………………………… 下803
山科陵……………………………… 中107,721
山代神社(真名井神社…布自奈大穴持神社)
……………………………………… 上667
山背大兄王………………………………… 中733
山城国……………………………… 中743,855
　網代……………………………………… 下523
　藺田……………………………… 中783,下459
　江御厨(江の御贄)…………………… 下523
　王不留行……………………………… 下375
　乙訓郡石作郷………………………… 中687
　折薦・葉薦・食薦……………………… 中857
　葛野郡の秦氏の子孫………………… 下333

閉門……………………………………中361,下605
逢春門(門)…………中183,557,559,下3,435
坊門…………………………………………下769
瑞垣門……………………………上197,317
門屋……………………………………下635,645
門号(伴佐伯)……………………………上423
門の扉の内……………………………………中611
陽明門…………………………………………下777
羅城門…………………………………………下641
離宮院南門……………………………………上317
掖門(腋門)……………中447,457,下745,767
門籍……………………………中19,81,83,187
文殊会…………………………………………下643
東寺・西寺……………………………………中195
文殊会料………………………………………中957
文章生……………………………中509,567,637
文章生試………………………………………中637
文章得業生……………………………中587,611
文章得業生試…………………………………中509
文章博士…………………………中509,589,783
文選……………………………………中589,633
問頭……………………………………………中587
文徳天皇……………………………中653,727
忌日(八月二度)…………………………中467
文人…………中51,317,567,631,下93,233,443
文武天皇………………………………………中723

や

箭…………………………………………………上241
葦の矢(桃の弓…)…………中109,189,下699
征箭…………………………………中1003,下849
兵庫寮の箭を造る料…………………………中793
輻…………………………………………………中409
屋…………………………………………………中1057
屋岡神社………………………………………上659
八保神社(中臣印達神社…伊和に坐す大名持御魂神社)……………………………上683
八男八女………………………………………下149
八姫……………………………………中125,下417
八百丹…………………………………………上503
屋形……………………………………中407,下619
夜干………………………………………………下361
焼印(九月十日…)……………………下797,803
夜支布山口神社(神波多神社…伊射奈岐神社)……………………………………………上519
焼き漆…………………………………下847,851
焼鎌の敏鎌……………………………………上479
養基神社(仲山金山彦神社…墨俣神社)……上607
夜疑神社(博多神社…聖神社)……………上541
焼津神社…………………………………………上577
焼椿…………………………………………………中185
焼土……………………………中405,413,433
夜伎村に坐す山神社……………………上659
施薬院……………………中75,977,下111,457,647
病者・孤児の定数……………………………下457
賻物(左京職)……………………………中655
別当…………………………………………………中75
施薬院料……………………………………中971
施薬院使(施薬院司)……………………中449
史生………………………………………………中473
薬園…………………………下351,373,375,409
薬園師……………………………………………中503
薬園の駈使……………………………………中805
疫鬼………………………………………………中377
薬師寺………………………………中667,669
最勝会…………………………中37,91,171,311
469,671,995,下479,693
最勝会の読師…………………………………下693
最勝会の読師の布施(事は春宮式に見ゆ)
……………………………………………中171
薬師寺料…………………………………………中961
薬師如来(大洗礒前薬師菩薩明神社)……上595
薬酒…………………………………………………下671
薬生(八位…位子)…………中165,507,511,909
945,下339,351,357,373
給食(中宮の雑給…)……………………下307
益救神社…………………………………………上719
疫神の祭…………………………………………上141
畿内の堺十処……………………上143,下643
八口神社…………………………………………上677
薬分稲…………………………中75,959,971,977
八座置(庸布…裹葉薦)…………上25,309,下253
八心大市比古神社……………………………上645
八坂寺………………………………………………下215
八尺瓊………………………………………………上473
八坂墓………………………………………………中737
耶子…………………………………………………下569
八島寺料(豊山寺料…子島寺料)…………中957
八島陵(山階…多武岑)…………中107,109,725
社……………………………………………………上507
箭代神社…………………………………………上643
矢代寸神社(博多神社…聖神社)…………上541
野洲川 やすがわ → 甲賀川 こうががわ
安国と………………………………………………上477

桃の杖……………………………………中109,189
桃の弓……………………中109,189,379,下699
身屋の妻……………………………………下435
守田神社(武水別神社…玉依比売命神社)
……………………………………上613
盛案…………………………………………下259
盛殿…………………………………………上431
杜本神社(恩智神社…大鳥神社,利雁神社…飛鳥戸神社)……………………上149,535
杜本の祭…………………………中291,下251
走馬・祭使……………………………下803
幣帛使………………………………中295
盛所…………………………………………下497
守屋…………………………………………下777
守山神社(須麻漏売神社…宇留布都神社)
……………………………………上553
社屋村………………………………………中661
諸岡比古神社(気多神社…加夫刀比古神社)
……………………………………上641
諸鍬神社……………………………………上563
諸钁神社……………………………………上565
茂侶神社……………………………………上595
諸杉神社……………………………………上659
諸成……………………………………下171,245
諸の斎の日…………………………………中151
喪を弔い……………………………………上171
門……………………………………………中361
安嘉門………………………………下777
偉鑒門………………………………下777
郁芳門………………………………下777
板垣門…………………………上197,317
斎宮内院南門………………………上339
殷富門………………………………下777
内玉垣門・外玉垣門………………上197,317
永嘉門(南の三大門)…………………下87
延政門…………………中149,353,下157,339
応天門………………上415,下57,87,767,835
陰明門(兵衛の陣)…………………中177,下861
会昌門…上415,中541,581,685,下79,767,835
開門(門を叫い)………………上71,中361,457
嘉喜門・宣光門(北の掖門東の廊門)……下785
宜秋門(陣)…………………………下863
北御門………………………………上221
宮城門(土牛童子等の像,美福…偉鑒門)
……………………中359,下777,861
宮門(宮閤門)………中81,下603,773,805,861
儀鸞門……………………中183,569,下429
宮内省南門…………………………………中179
月華門………………………………………下743
玄暉門…………………………………中179,551
建春門(陣下)………………………………下863
建礼門……………………中559,下95,433,633
皇嘉門………………………………………下777
光範門(東西の廊の門)……………………中195
閤門(諸門)…………………中53,81,109,191
659,下3,601,603,745
興礼門……………………………中581,下59
朔平門………………………………………中551
式部曹司…………………………中555,569,579
昭訓門(東西の廊の門)……………………中195
昭慶門(北殿門)…………………下93,425,785
上東門・上西門(土門)………………下777,863
章徳門(掖門)………………………………下767
常寧殿掖門……………………………中175,179
承明門………………中151,353,559,下3,443
小路(自余は門屋に非ざるよりは)……下647
諸門の廐亭…………………………………下645
諸門の守屋…………………………………下777
神仙門………………………………………下439
朱雀門(大門)………上415,中35,361,541,543
下419,607,623,769,777,835,853
宣政門(東の中門)…………………………下557
宣仁門………………………………………下743
宣陽門(兵衛の陣)………………中565,下861
藻壁門(美福…偉鑒門)……………………下777
蒼竜楼の掖門………………………………中137
外門…………………………………………下837
大学寮南門…………………………………中611
待賢門…………………………………下635,777
達智門………………………………………下777
談天門…………………………………下635,777
中和院中門……………………………………下91
中和門…………………………………下91,417
朝堂院(西門,東門)………………………中457
長楽門(南の三大門)…………………………下87
東宮南門……………………………………下699
東宮の諸門…………………………………下701
東福門………………………………………下425
都堂院南門……………………………中543,629
日華門………………………………………下743
蕃垣御門(門の幌の料の絹)………上203,221
美福門…………………………………下635,777
廟堂院……………………………中615,下643
豊楽門………………………………………中183

修理……下457
諸国進納雑物……下287
工部……中641,773,下267,291
長上・雑工……中113,385,515,下267
年料雑薬……下361
年料の雑物を造る料の油……下323
飛騨工……下291
檜皮工……下277
的……下749
木連の灰……中211
木連理……中653
帽額(冒甲)……上381,中199,249,313,下569
裳腰……中237
毛都久……下171,521
黐……上233
百舌鳥耳原北陵……中717
百舌鳥耳原中陵……中717
百舌鳥耳原南陵……中717
缶……上31,275,中841,下183,211,503,549,581,595
漿の缶……下711
乳の缶……下329,715
缶の蓋……中859
望……中461
秫米(秫)……下495,709
餺飥の器……中843
持麻笥……下329
望月牧……下797
糯米…上31,289,中405,417,419,791,下203,207
糯粉所……下499
糯の糒(甜物…麁未醤)……下207
没官田(遥授国司公廨田…乗田)……中957
木斛……下379
以て解す……中499
玩び物……上503
賷る……上411
本元興寺……中667,993
本末……上473
本村井神社(多伎奈弥神社…佐奇神社)……上639
髪髻……中235
物……中759,下491
斎……上23,261,305
物忌……上37,185,187,201,317,491,中93,133,175,229,295,下99,309
物忌の王氏……上59
物忌の父……上185,253
物忌奈命神社(伊古奈比咩命神社…志理太宜神社)……上579
物数……中547
裙の腰の錦……下141,145
物実なくば……中27
物知人……上457
取物……上261,357,369,381
取物の筥……上381
物部……上419,423,中477,下75,83,85,155,615
任用(凡そ囚獄司の物部は…)……中477
物部神社
伊勢国飯高郡(立野神社…丹生中神社)……上555
伊勢国壱志郡(波多神社…小川神社)……上557
尾張国春部郡(味鋺神社…尾張神社)……上567
尾張国愛智郡……上569
甲斐国……上583
美濃国……上609
越後国頸城郡……上645
越後国三島郡……上645
佐渡国……上649
丹後国(籠神社…宇良神社)……上655
石見国……上677
播磨国……上681
物部天神社(高負比古神社…前玉神社)……上587
物部布都神社……上721
物部丁……下75,83
官粮(諸司の直丁に准えて)……下85
海菜(醤…折薦の帖)……中207,711,下179,217
雑の海菜(庸布…裹葉薦)……上25,中853,897
藻葉……上447
毛保許……中185
模本……中211,215
糙……下173
桃子(竃杵米…荷葉)……下215,513
桃川神社……上647
桃沢神社……上579
桃島神社……上661
桃染の布……下333
桃染の布の衫……下767,839
桃染の衫……上241
百度食……中209,917,下159,169,175,239,299,311
費の用帳(前帳を進りて)……下239,311
百度所……下247
百度の法……下241
百度の料……下239
剰余分(後の料に充てよ)……下311

召継(喚継)……………………中177,347,下695
召名……………………………中461,471,下119
　除目の簿…………中449,473,487,597,下439
　相撲司……………………………………中91
　禄の召名の札………………………中449,541
面治駅………………………………………下51
目染(作目)………………………………中243
滅金…………………上223,中399,411,417,427
滅銀………………………………………中399
滅する……………………………………中399
面沼神社 めぬじんじゃ → 面治神社 めじじんじゃ
瑪瑙………………………………………下125
馬瑙の御腰帯……………………………中401
　長功……………………………………中401
乳母………………………………上269,中57
　親王の乳母……………………………下237
　幼親王の乳母…………………………下309
乳母の子…………………………………下309
　月料(七歳以後は停止せよ)……………下309
目原に坐す高御魂神社……………………上531
馬部……………………………下13,801,819
売夫神社…………………………………上565
売布神社
　丹後国竹野郡…………………………上657
　丹後国熊野郡(矢田神社…村岳神社)……上657
　出雲国…………………………………上669
馬部司(斎宮の官人)…………………上303,下17
馬料………………上181,中19,59,195,271,525
　531,575,下9,25,97,705,733
　支給の官符(民部宮内等の省に下す…事一通)
　……………………………………………中7
　太政官……………………………………中59
　女官の馬料……………………………中121
　庭の座…………………………………中577
馬料の文(春夏の禄の文…要劇を請う文,別ち録して申さしめよ)…………中149,527
　537,575

も

裳(裙)……………………上275,369,中125,175
　233,679,下613,667
　袷の裳…………………………………下623
　表裙……………………………上41,中175,下61
　下裙……………………………………中235,下61
　婢の裙…………………………………下615
　紫の羅の裳……………………………上231
鋺形(平魚…籮)……上33,289,323,中843,下297
　土の鋺形………………………………下317,715
主水………………………………………下417
水部所……………………………………上285
水部神……………………………………上325
水部司(斎宮の官人)……………………上303
水司……………………………………中119,347
主水司……………………………………下579
　小斎……………………………………下151
　賀茂の祭………………………………中299
　供御月料………………………………下591
　供膳人の年料…………………………下597
　史生……………………………………中473
　新嘗の祭(中務式に見ゆ)………………下583
　氷室(主水司の年料の氷)………中1011,下593
　徭丁……………………………………下593
水取連……………………………………上435
水部…………………………上269,中183,513,下583
　中宮の水部……………………………下597
孟月 もうげつ → 四孟月 しもうげつ
儲の酒……………………………………下571
儲の法……………………………………下635
儲の料…………………………中317,321,817,下327
　429,447,457,501
　仕丁……………………………………中805
　儲料の考人……………………………中517
　蕃客の儲料……………………………中801,下863
　飛駅の儲の料…………………………中155
　臨時祭の儲料…………………………中989
莽草葉……………………………………中197
望陀の貲布……………………………中845,869
望陀の布……上285,中233,679,845,869,下111
　望陀布の単(御服…幌二具)……………上415
孟冬の一日………………………………中687
目……………………………………………中65
裳咋神社(坂手神社…太神社)……………上563
牧監……………………中785,下23,797,819,873
木防己(防己)……………………………下361,367
木蘭(薯蕷…夜干,木蘭皮)………………下361,413
木工寮……………………………………下251
　雕木……………………………………中415
　廻立殿…………………………………下425
　瓦工(工)………………………………下277
　木屋……………………………………下635
　供神の雑の物…………………………下289
　雑工已下仕丁已上の薬………………下323
　算師……………………………………中527
　史生……………………………………中473,下291

国の解)……………… 中483,597
軍団(七団の軍毅主帳三十五人)………中1009
毅………………………………………… 中875
讃馬郡…………………………………… 中747
史生……………………………………… 中657
仕丁……………………………………… 中769
斯波郡・稗縫郡・和我郡………………… 中747
守辰丁(八位…位子)…………………… 中909
狭布……………………………………… 中875
大帳……………………………………… 中795
多賀郡・階上郡 ………………………… 中747
朝集使…………………………………… 中763
調の返抄………………………………… 中763
調庸(当国に納れ)……………………… 中757
猪脂……………………………………… 下393
遠田郡…………………………………… 中747
富田郡…………………………………… 中747
名取郡…………………………………… 中747
広布・狭布 ……………………………… 中875
昆布・索昆布・細昆布…………………… 中831
兵士……………………………………… 中1007
名神(都都古和気神社…月山神社)……… 上153
桃生郡…………………………………… 中747
鞅著……………………………………… 下251
宗像三女神(宗像神社)………………… 上711
宗像神社
大和国(高屋安倍神社…千代神社)……… 上527
筑前国…………………………………… 上711
宗形神社(塩江神社…諸钁神社)………… 上565
胸形神社
下野国…………………………………… 上617
伯耆国(倭文神社…大神山神社)………… 上667
宗形朝臣氏(宗像神社)………………… 上711
棟は南北に当たる……………………… 上413
無服……………………………………… 上171
郁子(郁)…………………………… 下171,243,527
牟保己…………………………………… 下791
村(檜榑)…………………… 中395,417,下283,347
村岳神社………………………………… 上657
村国神社………………………………… 上609
村国墓…………………………………… 中733
村国真墨田神社(村国神社…恵奈神社)…… 上609
紫草……… 上367,371,中213,253,329,815,827
紫………………………………………… 中229
紫色……………………………………… 下837
紫染……………………………………… 中327
紫玉(白玉赤文…金勝)………………… 中649
紫の扇…………………………………… 上229
紫の大纈の褶…………………………… 下761
紫の蓋……………………… 上237,下331,673
紫の革(銀…席二千枚)………… 上367,中413,815
紫の小纈………………………………… 上323
紫野斎院(野宮)……………………… 上361,下779
斎殿……………………………………… 上365
紫の翳…………………………………… 上237
紫の纈の帛……………………… 上295,中281
紫苔 むらさきのり → 紫菜 のり
紫土……………………………………… 中411
村屋神社(倭恩智神社…飛鳥に坐す神社)
……………………………………… 上529
村屋に坐す弥富都比売神社(高屋安倍神社…千代神社)…………………… 上95,527
村山神社(淡路伊佐奈岐神社…阿治美神社)
…………………………………… 上157,707
牟礼神社
摂津国…………………………………… 上545
伊勢国…………………………………… 上555
室生竜穴神社…………………………… 上525
室城神社………………………………… 上517
無禄……………………………………… 中525
室津神社………………………………… 上709
室原神社(小塞神社…大口神社)………… 上565

め

海藻(庸布…裹葉薦,醬…折薦の帖)…… 上25,201
中207,633,711,849,861,867,877
881,883,885,893,895,897,下103
179,207,289,763,847
馬医…………………………… 中165,下11,801,873
明火……………………………………… 中611
蓂莢……………………………………… 中647
明珠……………………………………… 中647
明水……………………………………… 中603
明薦を式陳し…………………… 中623,下897
溟渤の巨浪……………………………… 上19
蘘荷……………………………………… 下513
蘘荷漬(醬漬の瓜…菁根漬)…………… 下209
瓸瓦……………………………………… 下279
馬子…………………………………… 下611,763
面治神社………………………………… 上663
召使(喚使)………………… 上115,中29,277,453
461,511,529,543,739
諸国の主典に除せ…………………… 中29
当番の人………………………………… 中529

む

無位……中491,519
　叙位(無位は頓やかに前考を除け)……中521
麩……上371,中253
無位某神……中137
無品親王……下235
　月料……下309
　時服(時に随いて,官)……上379,中117,119
　服の色……下611
　品封……中767,769,1065
向神社(羽束師に坐す高御産日神社…茨田神社)……上511
署預子……下245
向股……上445
行縢……下749,839
衦麺……下499
捻頭……上419
麦粉所……下499
索餅(甜物…麁末醤)……下65,207,227,321,667
　甕(内膳儲け備えよ)……下223
　手束の索餅……下223
種麦陸田帳(二寮…勘合せしめ)……中761
椋神社……上589
牟義都首……下581
武蔵国……中745,867
　茜……中867
　絁……中867
　烏頭……下385
　紙……中867
　神埼牧……中961
　桔梗……下385
　豉……下385
　地膚子……下385
　神封……上179
　豆蔻子……下385
　立野牧……下797
　繋飼の馬牛……下799
　土瓜……下385
　年貢の御馬……下799
　悲田料……中961
　麻黄……下385
　牧……下31
　御牧の別当……下819
　庸布(布)……中867
牟佐に坐す神社……上529
身狭桃花鳥坂上陵……中719
蒸鰒(味漬…夏鰒)……下517
虫鹿神社……上567
蠹になりぬべきの物……下175
席(匏…韮籠,折薦・葉薦)…上31,195,271,中231
239,815,841,857,875,905
下69,133,417,431,435,449,467
　東席(東筵)……上285,387,中325
409,下441,705,827
　出雲筵……上297,367,中411,下463,705
　凡の席……下473
　葛野の席……上297,下457
　交易雑物(主計式)……下447
　黒山の席……中841,857,下461
　小町席……中337,903,下455,653
　狭席……中841,857,下453,455
　褥の席……下451
　諸国貢するところの調(主計式)……下447
　周防の筵(短席)……上387,中891
　簟……下435
　大宰府貢納の調の席……中899
　長席……中267,333,683,871,下225,417,455
　張席……下451,467
　広席……中841,857,下437
　細貫筵……中337,827,829,下435
　短席……中847
　美濃の長席……中333,871
　庸の席……中851
　竜鬚筵……中343,827
席の杼……下265
席を張る料の檜の棹……下459
虫を払う……下533
ムスヒ(神魂…玉留魂)……上447
結縄……下549
鞭鰒(葛貫の鰒…腐ち耳の鰒)……中899
鞭懸木……上219
牟都志神社……上567
陸奥出羽按察使……中491
　遥授(身任に赴かざる者)……中491,1007
陸奥国……中875
　安達郡……中747
　石城国・石背国……中747
　縁辺の郡……中483
　小田郡……中747
　刈田郡……中747
　菊多郡……中747
　栗原郡……中747
　郡司の銓擬(ただし陸奥…ただ歴名を進れ,府

名香……………………………中379,605,下315
苗子……………………………中781,下173,531
名神……………………………上173,509,中1039
　名神の祭…………………………上147
明制………………………………上19
名奏(奏文)…………………………下809
明堂(大素経…八十一難経)………………下371
名簿(歴名,夾名)……………………上347,中775
　　下85,643,743
　市人の籍帳…………………………下665
　位帳………………………………中97
　位禄の文(目録)………………中473,525,573
　大宿………………………………下705
　大籍………………………………中553
　小斎人(祭に前つこと一日)………中89,下149
　勘籍………………………………中777
　夾名帳……………………………中1067
　季禄(人物の数)…………………中55,527
　国博士・医師(補任帳)…………………中17
　郡司の銓擬(簿)…………………………中595
　見参……上263,357,中37,51,65,447,469,543
　五位已上歴名帳……………………中473,525
　薨卒(もし外記…官符に載せよ)…………中75
　皇親の名籍(名簿)……………下171,173,477
　権内舎人…………………………中183
　三箇の神郡の政…………………………上251
　四位・五位官人の名帳……………………中573
　史生已上の補任帳………………………中487
　死亡延暦寺僧(毀るところの名数…)……中705
　除目の簿…………中449,473,487,597,下439
　上日(籍)…………………………中105
　正六位上(簿)……………………………中519
　諸衛進当番歴名帳(毎月一日十六日…)
　　……………………………………下745
　諸王………………………………下477
　叙すべき人の歴名………………………中557
　賑給………………………………中25
　相撲司(召名)……………………………中91
　践祚大嘗祭…………………………下427
　僧綱(補任帳)……………………………中657
　租夾名帳……………………………中1067
　調庸専当の国郡司………………………中759
　重陽の節(卿もしくは輔…内侍に奉進れ)
　　……………………………………中567
　堂童子………………………………中91
　宿直……………………………中155,下637
　女官の補任帳……………………………中97
　人給の白散…………………………下347
　祝部………………………………上173
　武官補任帳(簿)…………………………下23
　俘囚見参……………………………中51
　補任帳……………中29,57,487,493,下17,23
　兵士歴名簿(能く射る人…省に送れ)……下25
　前の年の盗人……………………………下83
　御馬の名簿…………………………下811
　門籍……………………………中81,187
命婦……………………上79,197,269,中85
　　163,175,271,下167,233
　威儀の命婦…………………………下433
　外位……………………………上339,341
　内教坊の命婦…………………………下237
　御帳を褰ぐる命婦………………………下433
明法師………………………………下121
明法生……………………………中507,639
明法道………………………………中545
明法博士………………………………中981
御装物所………………………………下435
海松(醬…折薦の帖,海藻…鹿角菜)………上135
　　321,中207,711,827
　　849,下103,169,183,209
　長海松……………………………中813,849
　深海松………………………………下169
　干海松………………………………上321
弥勒帰敬寺……………………………中973
弥勒寺(八幡大菩薩宇佐宮)………………上715
神酒(社の醸る酒)……………………上33,35
神神社………………………………上577
美和神社
　信濃国(武水別神社…玉依比売命神社)
　　……………………………………上613
　上野国………………………………上615
三和神社………………………………上617
弥和神社………………………………上629
三輪神社………………………………上639
神に坐す日向神社…………………………上527
神御子美牟須比女命神社……………………上525
神部神社………………………………上577
三輪山(大神大物主神社)…………………上527
民部省………………………………中743
　検収………………………………中793
　史生……………………………中473,下309
　曹司………………………………中65
　封戸奏(直奏)……………………………中769
　廩院……………………………中801,下635

紙屋……中333
甘壺……中873
神御に供ずる料の雑器……下159
群上郡……中747
巻柏……下391
鯉・鮒の鮨……中873
胡麻の油……中873
坂本駅(八位…位子)……中763,909
1017,下47,865
白絹……中871
秦椒……下391
青樊石……下391
多芸郡……上607
等級……中477
土岐郡・恵奈郡……下865
土岐駅(坂本…阿知)……中763,下865
煮塩年魚・鮨の年魚……中873
年料雑薬……下389
麦門冬……下391
巴戟天……下391
比太為瓶……中873
白朮……下391
広絁・長絹……中871
蓋ある埦……中873
美濃国印須恵器……中871
美濃の絁……下125
美濃国神名記……上607
美濃の長席……中333,871
席田郡……中747
熊掌……下391
熊胆……下391
楡皮……下389
庸米……中873
鹿茸……下391
美努麻神社……上673
箕勾神社(火牟須比命神社…伊那下神社)
……上581
御大刀 みはかし → 横刀 たち
見霽かし坐す……上449
御樋代……上213
御富岐玉(御吹きの五百つ御統の玉)
……上177,473
御船代……上213,239
御船代祭(船代を造る祭)……上213
御禱の神宝……上503
御穂神社(神部神社…豊積神社)……上577
美保神社……上671
みほと……上483
御牧……下797
別当……下797,819,873
美作国……中751,887
茜……中889
緋の帛……中887
運漕功賃(二十一束)……中1025
搗栗子……中889
神戸……上177
鍬・鉄……中889
黒葛……中889
苫東郡・苫西郡……上685,中751
美作国一百十二社記……上685
庸米……中889
美麻奈比古神社……上641
美麻奈比咩神社……上641
鐶……上215
弥美神社(御方神社…山都田神社)……上631
耳著きの鰒(御取の鰒…耽羅の鰒)……中847,867
耳利神社……上561
耳放りの鰒(鳥子鰒…薄鰒)……中849,867
耳成山口神社(畝尾に坐す健土安神社…天香山に坐す櫛真命神社)……上451,531
官舎神社……上553
三宅神社
伊勢国……上559
遠江国……上573
越後国……上645
宮前霹靂神社……上525
宮主……上65,167,263,357
中111,171,303,377,531
家口……上305
給食(中宮の雑給…)……下307
宮道列子(贈正一位宮道氏)……中737
宮進めに進め……上475
宮売神 みやのめのかみ → 大宮売神 おおみやめのかみ
宮柱太知り立て(下つ磐根に…)……上447,477
487,501
御沐の料……下327
御床……上213,221,229
御牀……下425
御床つひのさやぎ……上473
明衣(清服)……上45,193,241,275
361,395,中1001,下113
明経試……中509
明経生……中637,639
明経道……中545

美歎神社……上665
美談神社……上673
御弓奏(節会,梓弓)……中85,183,315,335,下3
未弾の人……下777
道饗の祭(宮城の四隅の疫神の祭)……上81,141
163,277
　祝詞……上485
味知神社……上639
御帳……上439,中271
蜜(犀角…青木香)……下341
御杖代(斎王)……上259,495
御杖神社(高天岸野神社…八咫烏神社)……上525
盈岡神社(佐支都比古阿流知命神社…名草神社)
……上659
密婚……上351
御津神社……上571,671
密奏……中13,357
　請印の文五十帳を過ぐる(凡そ少納言…)
……中13
　天文密奏(密封して奏文せよ)……中357
蛟蝄神社……上595
三津野柏……下557
弥都波能売神社……上701
三津浜(頓宮)……上353
蜜蠟(臈)……中403,下815
幣帛……上27,259,453,中1039
　案下の官幣……上507
　案上の官幣……上23,507
　礼代の幣帛……上499
　宇豆の幣帛……上445
　国幣……上507
　麻……上263
　荷前の幣物……中107
幣帛を挿む木(木工寮)……中309,下255
御年……上445
御歳神社(飛鳥川上に坐す宇須多伎比売命神社
…気吹雷響雷吉野大国栖御魂神社)
……上531
御歳神(御歳の社,葛木御歳神社)……上27,521
神田《みとしろ》 → 神田《しんでん》
水度神社……上517
弥刀神社……上537
三屋神社……上675
緑(色糸)……上295,中235,853
御取の鰒(味漬…夏鰒)……中847,895,下517
緑の絹……中147
緑の帛……中199,871,881,887
御取杯……中847
緑端の茵……下735
緑縁の帖(十枚…黄端)……上387,下431
南方刀美神社(小野神社…生島足島神社)
……上151,611
美奈宜神社……上713
水口神社
　大和国(巻向に坐す若御魂神社…桑内神社)
……上527
　近江国……上599
湊口神社(賀茂神社…久度神社)……上699
南子神社……上581
水無神社……上611
湊《みなと》 → 津《つ》
源潔姫(贈正一位源氏)……中737
水沫……上445
御贄《みにえ》 → 贄《にえ》
御贄殿……下327
御贄を貢上する使……中1051,下869
身に随えて……中483
御麻……上123,267,中181,189
下161,165,695,701
　中宮の晦日の御麻……上123
水主神社
　山城国……上89,515
　讃岐国……上707
敏太神社……上557
汶売神社……上547
葟子……上289,343,中825,下495,709
蓑……上387
　馬蓑……中153,337,837
　螻蓑……上387,中337,837
　登美蓑(等美蓑)……中153,下331
見努神社(坂手神社…太神社)……上563
御野県主神社……上537
美濃国……中871
　足下坏……中873
　池田郡……中747
　石津郡……中747
　馬の革(尾張は六張…阿波は十張)
……中805,下853
　大井駅(坂本…阿知)……中763,下47,865
　大野駅……下47
　各務駅……下47
　方県駅……下47
　可児駅……下47
　紙……中873

御生気……下339,553,581
御装束所……下321
御代神社……上677
未進……中19,757,915
　勘定(その未納は…)……中985
　去年勘出の調庸物……中919
　雑の交易の未進……中837
　戸籍……中103
　正税・雑稲(一千町…)……中25
　諸国大未進小未進等の帳……中837
　処罰(徒罪は…)……中761
　雑米(凡そ諸国…)……中19,下731
　租舂米……下731
　調庸(越後…,凡そ諸国の…)……中757
915,919
　日功・養物……中979
　年料の雑物……中915
　米・塩(七箇月の内…)……中757
簾……上285,329,331
水江の玉……上503
鐙靼……下825
水麻笥……下547
水織の絁……下125
弥都加伎神社……上559
瑞垣門……上197,317
水銀……中827,下285,381,845
水瓶……中843
水瓶麻笥……下499
水脚(運脚)……中817,1045
御出石神社……上659
御厨子所……上71,下417,565
　給食(中宮の雑給…)……下307
　諸国例貢御贄……下171
水神社……上671
水谷神社……上659
水樽の案……下503
美豆厩……下823
壬の地……中613
水の神……上483
水の案……下257,583,713
瑞の御舎……上447
瑞の御殿……上473
瑞の八尺瓊……上473
水槽……中389
茨菜(茨)……上345,下513
茨人……中603,下203,877
水篩……下245
水瓫(水盆)……上53,中841,889
水椀(水鋺)……中389,841,下713
　銀の水鋺(飯笥…盞)……中421,435
水䰗麻笥(水麻笥,水䰗桶)……上287,331,中267
269,329,411,下221,595
水䰗の杷……下221
双童髻……下673
水若酢命神社(宇倍神社…伊勢命神社)
……上155,681
水を汲む料の雑器……下581
未選生……下339
未選の女孺……中121
御服……下109
　上下……上487
　神今食……中231
　神忌の御服……上323
　斎王……上283
　祭服……上415,431
　乗輿の御服……中179
　雑給の料……中319
　鎮魂の祭(相ともに陣列して宮内省に向かい)
……上115,中177,179
　布の御服……上275
　年中の御服……中239
　御贖の服……中231
　御服染作所……中269
　御服所……中267,下323
　御服の床敷の料の紫端の畳……中269
　御服の料……中317,319,347
未醤(味醤,醤…折薦の帖,生道の塩…醤)
……上289,中207,991,下103
207,495,667,709
溝埋め……上479
袚禊……上259
溝咋神社……上545
溝谷神社……上655
味醤漬の瓜……下491
御衣の床……中269
御炊の料……下327
御田神社……上569
三立岡墓……中733
神楯……上415,下847
御田種蒔下始(祈年の…,鉏鍬の柄)
……上191,207
御魂鎮めの斎戸の祭……上121,487
　東宮……上121
美多弥神社(大鳥神社…石津太神社)……上541

御川水神……上279
御厠殿……上413,中131,下425
厠人……上269
御神子……中301,下421
御巫……上27,29,41,73,83,113
133,141,169,203,421,507
中179,229,301,303,783,下421
座摩の巫……上61,85,135,169,447,509
生島の巫……上85,135,141,449,509
大御巫……上447
神今食の御巫……中133
時服……上169
装束の料……中301
都下国造……上169
領巾……上113
御門の巫……上61,85,135,447,509
御巫田(田,神田…造船瀬料田)……中783,955
御巫内人(祓い清めて)……上253
御酒……下543,545
御木神社……上637
御酒殿……下323
造酒の雑器……下547
造酒司 みきのつかさ → 造酒司 さけのつかさ
御酒米……中789,下159,173,543
右より出でて左に顧る……中549
砌……中61,下439
御酒を造る料の薪を運ぶ牛……下577
弥久賀神社……上675
美具久留御玉神社……上533
御匣殿……中165,下699
月日の春の祭……下481
御匣殿の神……中229
御匣殿の御洗の料……下327
御靴を造る料……中325,1043,下321,455,817
三国神社(柴神社…高向神社)……上637
水分の神……上27,451
御座……上307,中49
御座の壇……中387
神鞍……中299,下321
御鞍……下825
御倉守(御蔵ならびに門守)……中349,下105
御厨
網曳厨……下515
江厨……下515,523
大江御厨儲所(頓宮)……上353
志摩国の御厨……下517
大神宮司(御厨)……上191,249,351
筑摩の御厨……中493,503,下109,515,525
吉野御厨……下517
饌物……下161
御笥作……上203
御食津神社(薗神社・韓神社…酒殿神社)
……上509,下179
御食神社(御饗社,礒神社…坂手国生神社)
……上311,551
御食津神(御膳神八座)……上279,397,401
447,509,下179
四座の菓餅の料……下183
御膳殿……上203,205
饌の案……下193
御膳持ちする……上455
膳屋……上413
棚……下155
御輿……中405,下327,739
輿長……上273,359,381,下751,763,791
御輿形……上123,中309,下255
御輿の中子の菅蓋……中429
弾琴(御琴弾,神琴師)……上39,49,141
181,下59,419
皇子神命神社……上533
味坂神社(柴神社…高向神社)……上637
御坂神社
播磨国……上685
周防国……上695
三前神社(質覇村峯神社…信露貴彦神社)
……上633
御前神社……上635
御碕神社(阿須伎神社…美談神社)……上673
御前社石立命神社(神波多神社…伊射奈岐神社)
……上519
諸陵寮 みささぎのつかさ → 諸陵寮 しょりょうりょう
三沢神社……上677
短押……下127
短刀子……上191
短鰒(鳥子鰒…薄鰒)……中849,895
短席……中847
周防の筵(短席)……上387,中891
短帖(半帖)……上27,201,下415,433,471
短手(再拝両段)……上193,199,317
短拍手両段……上193
三島神社……上647
三島藍野陵……中719
御島石部神社……上645
三島鴨神社……上545

出雲国秋鹿郡(美保神社…多久神社)…… 上671
出雲国出雲郡…………………………………… 上673
三井寺(産井の祭)…………………………… 上129
御稲の輿……………………………………… 上425
御井神………………………… 上129,273,下579
御井の酒…………………………… 下543,565
御井の祭(井神の祭)……………… 上129,265,359
祭料(五色の絁…)………………………… 上359
守御井……………………………… 中113,下597
御馬飼の内人………………………………… 上203
御馬解文(国解)……………………………… 下797
御馬神社(多伎奈弥神社…佐奇神社)……… 上639
御馬副(右兵衛)……………………………… 下805
御馬を貢上する使……………………………中1051
三重神社……………………………………… 上655
御訳神社(宍道神社…由貴神社)…………… 上669
水尾神社(小野神社…生島足島神社,大浴神社…大荒比古神社)……………… 上151,605
澪標…………………………………………… 下867
御祖神社(常世岐姫神社…春日戸社に坐す御子神社)………………………………… 上535
甕(瓱)………… 上37,201,中841,847,1057,下225
大甕…………………………………………… 中899
小甕…………………………………… 中847,899
御鏡…………………………………………… 中401
御鏡形(鏡形の木)…………………………… 上219
弥加宜神社…………………………………… 上653
御蔭…………………………………… 上447,487
御蔭社………………………………………… 上179
御笠縫………………………………………… 上203
御炊殿…………………………………………上71
箕形…………………………………………… 中409
御方神社……………………………………… 上631
御形神社……………………………………… 上683
弥賀多多神社………………………………… 上681
御帷…………………………………………… 中195
瓱玉命神社…………………………………… 上583
朝使…………………………………… 上191,下867
御門神………………………………………… 上273
闈司…………………… 上65,361,中119,131,149,163,183,311,下157,339
闈司の奏……………………………………… 下745
帝の庭………………………………………… 中647
御門の祭……………………………………… 上415
祝詞………………………………………… 上475
御門の巫…………………… 上61,85,135,447,509
門守…………………………………………… 中349
門衛《みかどもり》 → 門部《かどべ》
取甕…………………………………………… 下551
門を叫い……………… 上71,中183,下157,161,437
声を挙げて奏さず………………………… 中151
瓱蕤神社……………………………………… 上591
瓱のへ高知り瓱の腹満て双べて…………… 上445
みかひ………………………………………… 上501
薪(茜…水瓱麻笥,干柏…油)………… 中231,411,下207,293,703
供料(直・物)……………………………… 下491
御薬を造る薪…………………………… 下351,355
主殿寮……………………………………… 下223
御脚水の料………………………………… 下327
御酒を造る料の薪を運ぶ牛……………… 下577
御薪の儀(凡そ大臣…)…… 中29,497,561,下3,61,167,311,327,335,439,575,607,703
違制………………………………………… 下607
糺検(検収)………… 中29,561,下439,575,607
空盞(六位已下…省に参り)……………… 下575
諸司(五位…二十七人)…………………… 下575
薪を検納する諸司…………………… 下241,589
百度食(飯を給え)…………………… 下169,311
御上神社……………………………………… 上601
見上神社……………………………………… 上721
三鴨駅…………………………………………下47
御川殿(簀敷の調布…蔣)………………… 下329
御川の池の神………………………………… 上327
参河国
貽貝鮨……………………………………… 中863
犬頭の白糸………………………………… 中863
海路…………………………………………中1021
雉の腊……………………………………… 下517
雑の魚の楚割……………………………… 中863
貢進物……………………………………… 中863
設楽郡……………………………………… 中745
白絹………………………………………… 中863
鯛の楚割…………………………………… 中863
鯛の醢……………………………………… 中863
襷の羅藻の羅……………………………… 中863
黄楊の木…………………………………… 中439
栢子人……………………………………… 下381
保夜………………………………………… 下523
三河国内神名帳…………………………… 上569
御贄………………………………………… 下517
窯業………………………………………… 上405
庸米………………………………………… 中863
御川水の祭…………………………… 上61,131

奏的……下439
真名井神社……上667
まな弟子に……上483
海藻根(海藻…鹿角菜,紫菜…大凝菜)……中827 849,下209,521
まねく……上457
真幡寸神社(末刀神社…山科神社)……上515
万万伎(麻麻伎)……中335,下843
任に……下605
大豆(白大豆)……中829,905,下203,217,529
黒大豆……下217,379
醬の大豆……上343,中829,下243
大豆糊(大豆五斗)……中213
真屋……上501
檀……下849
真弓丘陵……中723
麻良多神社……上655
椀(埦)……上279,中897
朱漆の椀……下505,569
籠椀……中393,817
飯椀……中393
凡の椀……中847
大椀……中821
御椀(御埦)……中847,889
片椀……中847
粥鋺……下713
葉椀……上417
銀の飯鋺……中435,下499
銀の鋺……上287
銀の水鋺(飯笥…盞)……中421,435
陶の埦……上201
土の鋺形……下317,715
蓋ある埦……中873
水椀(水鋺)……中389,841,下713
鋺形(平魚…籠)…上33,289,323,中843,下297
毬子……中415
椀の下盤……中897
丸頭釘……下273
円長の猪の脂……中829
丸笠神社(博多神社…聖神社)……上541
円笥……中841
丸子神社……上579
円槽(沐槽…御巾の紵の布)……上287,321,331 中823,下261,317,327
間度……下275
幔……上377,中107,315,385,下87,127,289
絁の幔……下131
布の幔……下131
柱・桁……中415,433,下87,703
屏幔……下87,439
斑幔(幔台一十二基…)……上293,377,中385 543,下333,695,703
満位……中97,671,699
蔓荊子……下395
万花会……中993
幔台……中385
茨田神社……上511
万燈……中993
政所……下483
万病膏(四味理中丸…賊風膏)……上335,下363 365,367,369,857
万風膏……下363

み

箕(平魚…籮,甑…置簀,匏…杵)…上33,287,331 中793,841,下221,247,547,595
御燈(潔斎)……上171,303,中169,283,下441
使……中169
御祓……中171
布施の料……中285
燈台(仁王般若経一部二巻…磬)……上213,267 323,333,中423,677
盤形の燈台……下333
御県……上451,457
御県六座(高市葛木十市志貴山辺曾布)……上53,451
御贖……上63,75,167,中177,309,311 下109,161,163,417,695,703
斎王の御贖……上275
中宮の御贖……上75,79,中177
毎月晦日の御贖……上123,中181,下161 163,255,701
御贖の服……中231,下695
御贖の料……上167,中791
御贖物を裹む料……下455
御麻……中177
東西文部の横刀献上……上75
羅城の御贖……上135
御脚水の料……下327
御井……上129,137,下339,581,699
三井神社(末刀神社…山科神社)……上515
御井神社
美濃国多芸郡……上607
美濃国各務郡(村国神社…恵奈神社)……上609

売却……下797
廃置……下11
父馬……中1017,下815
焼印(九月十日…)……下797,803
巻尾寺観音堂料……中957
牧野墓……中733
真木の葉……下555
巻葉鷹……下427
牧馬帳(帳)……下797,819
巻向に坐す若御魂神社(巻向社,纏向)……上95
527,中709
真木山神社(敢国神社…大村神社)……上549
幕……上263,295,377,下93,127,577,765
絁の幕……下129
紺の幕……下703
饌具所等の幕……中611
素材(絁十条…)……下765
布の幕……下131
柱・桁……中415,433,下703
幕串(幔台一十二基…)……中385
秣(蒭)……上345,349,中821,833,915
1015,下355,799,815,821
駅馬……中1047
国飼の御馬……下811
氷を運ぶ駄……中1011,下593
左右衛門府……下763,783,823
左右近衛府……下763,823
左右兵衛府……下763,823
勅旨の繋飼の御馬……中961,965
府の牛……下783
干蒭(乾草)……上345,349,下355,799,815
蒭……上345,中13,957,下821
蒭の畠(蒭の陸田)……下763,783,795,823
麦の青苗……下621
米・大豆……下355
馬鍬……下527
麻希神社……上607
麻気神社
越前国……上633
丹波国……上651
麻佐岐神社……上689
真前の葛……下555
当宗氏(贈正一位当宗氏)……中737
当宗神社……上539
当宗の祭……中293,下251
走馬・祭使……下803
麻紙……中147,215,813
まじこり……上475
蠱物……上479
斗……中405
枡(斗)……下311
真墨田神社……上565
絞組……中253
坐せて……上471
絞紗……中255
雑盛……上35,307,下243
麻蘇多神社……上603
まそひの大御鏡……上503
又宇治墓……中737
斑幔(幔台一十二基…)……上293,377,中385
543,下333,695,703
松……下335
間坏……中843
末額……下739,835
末声……下61
全き物(廻換らして…)……中987
松尾神社
山城国(葛野に坐す月読神社…大酒神社)
……上89,179,513,中295
賀茂の祭……下691
物忌……下309
丹波国……上651
松尾寺料(豊山寺料…子島寺料)……中957
松尾の祭……上55,中31,下251,299,317,561,801
雑給の料……下201
配膳具(折櫃四十五合大笥四十三合…)
……下201
走馬……下755
幣帛(賀茂の上下の祭…)……下251
松原客館……下865
沫籠……下351
松山(焼き採らしめよ)……下315,335
政(弁官…勘申せよ)……中3
祭壺……中843
祭所……上113,中31,35,下159
祭の馬……下801,803,823
麻弖良布神社……上713
的……中439,下5,439,749,817,839
歩射の的(外院…)……下265,839
五寸の的・六寸の的……下749,791
馬刀……下381
末刀神社……上515
円田神社……上645
録的の者……下439

炘山神社……上633
堀江寺……中773
堀川……下657
品位田帳……中781,797
梵音(法用)……中665
品官……上305,下23
本官……中471
本貫(本郷)……中777,下77
本官見仕……中527
本業……中17,503,505
本司……中609,下601,609
本寺……中993
　本寺の物……中687
本色……中491,587
梵釈寺(諸寺)……中315,665,963,下101
　梵釈四王料……中961
本処……下69
本陣……下769
本声……下61
本草……中511
凡僧……中687
本隊……下769
本地……中781
品田(位田)……中955
　支給単位(全町を以て給え)……中781
　内親王(一同じくせよ)……中781
　無主……中781
梵天……下101
犯土(侵土)……上65,中33
本土に還る……中935
本任……中15
梵唄(法用)……中665
品封(無品親王に二百戸)……中767,1065
　薨年の料……中769
本方……下365
本命日……中3,379
本粮……上271

ま

儛草神社……上627
昧旦……中545
毎月朔日の忌火庭火の祭……上121,265
儛の生(八位…位子)……中909
儛人(女楽)……中131,345,下437
麻為比売神社……上697
致斎(諸司斎し)……上23,29,31,393
　中33,35,39,609,下881
前……上25,273,423,507
前敷……上163
前滝津……下283
褠(袜)……上69,277,291,下221,245,293
　潔褠……下167
前櫃……中433
麻黄(人参…薤白)……中813,下337,385
麻鞋……中79,下637,739
躓い……上475
勾……上217
餉……中997
勾餠……上419
曲舎……下637
牧……中1015,下31
　味原の牛牧……下177,373
　為奈野牧……下819
　占市牧……中965
　神埼牧……中961
　近都の牧……下799,801,819
　甲賀牧……下819
　胡麻牧……下819
　白羽の官牧……中959
　立野牧……下797
　垂水牧……下819
　豊島牧……下805,819
　鳥養牧……下805,819
　二重牧……下33
　御牧……下797
　望月牧……下797
纏き紡ぐ……中1047
牧の牛
　占市牧の牛の直……中965
　神埼牧の牛の直……中961
　官牧の牛の直……中961
　年齢……下33
牧の馬……中1015
　駅伝馬……下33
　大祓(大宰府および…充てよ)……中803
　官牧の馬の直……中959
　群を超ゆる……下33
　検印……下797
　貢進期日(明年八月)……下797
　西海道……下33
　飼料(貢上の御馬若干疋)……中1017,1045
　入京(貢馬国を経るの間,日に一駅を行け)
　……中1015,1017
　年齢……下33

　冬月……………………………………………下815
干鮭……………………………………………上373
乾螺……………………………………………中849
脯(五色の薄絁…)…中377,891,1001,下133,711
　猪の脯……………………………………中895
　鹿の脯…………………中603,851,下203,877
　羊の脯……………………………………下203
乾羊蹄(干羊蹄)…………………上409,下487
乾鮹………………………………中849,897
干棗(乾大棗)……………上321,下171,203,227
399,455,485,875
干薑(竈杵米…荷葉,人参…薤白)…………上321
中311,341,827,下209
215,337,383,487,815
干海松…………………………………………上321
干鱉(乾鱉)……………………………下169,515
細川神社(溝咋神社…阿比太神社)…………上545
椶椒(胡麻の油…閉美の油)…………………上297
中853,下815
細落葉の錦……………………………………下141
細貲布(緋の細布…小堅の貲布)……中845,869
椶椒の油……………上343,下315,323,325,815
爐瓮(火炬撲盆)……………………上435,中841
細組……………………………………………中253
熟瓜(竈杵米…荷葉)…………上293,下215,509
細屯綿……………………中167,681,847,下683
細貫筵……………………中337,827,829,下435
細布(白絹…支子)…………上229,267,中231,393
417,437,679,845,下671
　上総国……………………………………中869
　黄の細布…………………………………下705
　土代の細布の帷…………………………上233
　払の細布……………………………上323,335
細布の青摺の衫………………………………下747
細昆布…………………………中831,下209,519
保曾呂伎神社(柴神社…高向神社)…………上637
細割の鰒(鳥子鰒…薄鰒,御取の鰒…横串鰒)
……………………………………中849,895
穂高神社………………………………………上611
絆縄……………………………………………下817
牡丹(半夏…玄参)……………………………下343
発哀…………………………………………下81,623
渤海……………………………………………下123
渤海の客……………………………………中1005
法華寺…………………………中301,669,703,下319
　大神の神子………………………………中301
　京法華寺料………………………………中965
　大鎮・少鎮………………………………中687
穂都佐和気命神社……………………………上581
発首……………………………………………中215
穂積神社………………………………………上561
穂見神社(大井俣神社…桙衝神社)…………上583
瓫(平魚…籮)…………………上33,273,中841,847
889,895,下211,755
　置盎………………………………………下559
　陶の瓫………………………………下329,715
　叩瓫(叩戸,叩盆)……上33,45,287,333,中131
269,841,下193,211,329,595,715
　乳著きの瓫…………………………中847,887
　手湯瓫(手湯戸)…………上69,319,中389,423
843,下261,595,713
　乳戸………………………………………中847
　庭燎盆……………………………………下155
　土の手湯盆…………………………………上69
　土の瓫………………………………下329,715
　爐瓮(火炬撲盆)……………………上435,中841
　水瓫(水盆)…………………………上53,中841,889
　湯瓫………………………………………下595
　轆轤の手湯戸盆…………………………下261
　炉瓫………………………………………中847
程を量り………………………………………上407
骨………………………………………………中405
骨の料……………………………………中411,429
骨を作る工……………………………………中399
骨を焼く………………………………………中431
質明(平明)………………上29,中539,541,557
569,下643,749,887
火雷神社
　宮中(薗神社・韓神社…酒殿神社)
……………………………………上509,下179
　大和国……………………………………上525
　上野国……………………………………上615
火雷神……………………………………上313,下179
穂雷命神社(伊古麻山口神社…葛木に坐す一言
主神社)……………………………上521
富能加神社……………………………………上675
火上姉子神社…………………………………上569
帆の料の薦…………………………………中1045
火幡神社(高天彦神社…葛木二上神社)……上523
火瓫なす光く神………………………………上501
火結神…………………………………………上483
火牟須比命神社………………………………上581
富耶(保夜)…………………………中849,877,下523
火焼鰒(鳥子鰒…薄鰒)……………………中849

法観寺(諸寺)……中315
判官代……中27
防葵(犀角…青木香)……下341
法吉神社……上671
伯耆国……中883
　絹……中883
　雑の腊……中885
　笏賀駅・奈和駅……下51
　伯耆国四王寺……中997
　牧……下33
宝髻……下621
布袴……下57
房戸……中651
宝皇寺(諸寺)……中315
奉試及第……中507
牓示せよ……中563
奉写年料新翻仁王経所……下321
芒種……中367
逢春門(門)……中183,557,559,下3,435
報書(状を以て弁官に申せ)……中23,27
方丈……下275
芒消(犀角…青木香)……下341
芒消黒丸……下341
放生田(神田…造船瀬料田)……中783,955
坊城の垣……下635,647
奉觶郎……下681
放賤従良……中13,911,931,937,947
方相……中189
茵草(人参…薤白)……下337
烽長(学生…兵士)……中911,925
坊長(学生…兵士)……中911,下639,641,657
奉勅上宣官符(奉勅に非ざる)……中13,777,801
奉勅の宣……中507
宝幢……中385,下3,833
防風(人参…薤白)……下337
法服……中239
奉幣祭(月次の祭)……上195
奉幣使(使)……上147,247,259,315
351,365,391,中39,167
蜂房(知母…葵子)……下377
崩埋……中787
宝命……上3
冒名仮蔭……中777
坊門……下769
法用……中665,677,下89
法隆寺……中667,791
法琳寺(小栗栖寺)……中729
坊令(九箇の条令)……下627,639,641,647
奉礼郎……中611
蒲黄(防己…僕奈)……下367
厚朴(犀角…青木香)……中145,下341
外居の案……上287,333,下259,499,713
牧子(九月十日…)……中951,下797,805,839
墨字最勝王経……中197
朴消……中833,下405
北辰……上303
北辰祭《ほくしんさい》 → 御燈《みあかし》
牧長(学生…兵士,九月十日…)……中911
951,下797
朴尽き雕至り……上3
牧田……中915,1017
北斗(斗を御め衡を提ぐ)……上17
幞頭《ぼくとう》 → 幞頭《こうぶり》
僕奈……下367
穂椋神社(博多神社…聖神社)……上541
木瓜……下791
牡荊子……下383
法華経……中667
桙……上227,413,495
戈……上241
戟……上415,下739,847
槍……下57
殳……下739
晡後……中33,615,下883
墓戸……中733,741
槍木(庸布…褁葉薦,桙木)……上25,177
桙橘子……下487
桙衝神社
　甲斐国……上583
　陸奥国……上625
槍鋒(庸布…褁葉薦)……上25,275
菩薩……中205,677
菩薩像……下69
乾藍……中263,849
干鰺……下485
糒……上291,中1031,下191,313
　悪糒……中987
　粟の糒……上321
　糒庫の匙……中795
　糯の糒(甜物…麁未醤)……下207
干柿子(薊根…梨子)……下209
干槲(干柏)……上321,下185,207,239,523
星川神社(鴨神社…尾津神社)……上561
干蒭(乾草)……上345,349,下355,799

御牧……………………………下797,819,873
施薬院……………………………………中75
別の忌詞…………………………………上261
辺津比咩神社……………………………上641
鱉封………………………………………中647
別簿(名帳)…………………………中909,923
辺つ藻葉…………………………………上447
綜の料の糸……………………………中1047
閉美の油……………………………中853,895
種箆駅……………………………………下53
邊…………………………………中603,下875
弁…………………………………………上263
版位……… 上65,347,433,中81,89,93,101,163
445,457,539,543,559,561
613,下95,265,437,601,883
季禄支給儀………………………………中571
皇后受賀…………………………………中551
皇太子朝賀………………………………下679
宣命の版位………………………………中87
大嘗宮……………………………………中541
尋常の版位………………………………中87
弁官……………………………上261,中19,457
負幸物……………………………………上163
管轄事項(左の事右受け)…………………中5
官人引率(弁一人…)……………………中35,45
暉章堂(弁官の庁)………………………中555
季禄支給儀(弁官掌をして省を…輔に申せ)
……………………………………………中573
考選の文…………………………………中577
三省申政(諸司を引きて)………………中455
史生…………………………………中29,73,473
時服………………………………………中57
召喚………………………………………下631
少納言に牒する式…………………………中5
諸司諸国申政…………………………中3,5,23
宣命……………………………………中567,573
俗別当……………………………………中689
太政官符…………………………………中19
朝賀………………………………………中47
宿直………………………………………中23
任僧綱儀…………………………………中685
年官(毎年太政官に充てよ)……………中487
弁の大夫…… 上495,中27,41,57,83,539,下443
松尾の祭…………………………………中31
祭所………………………………………中31
弁官下すところの臨時の勘文……………下731
弁官申政(弁官…勘申せよ)……中3,23,59,453
455,457,461,561,下603
退座…………………………………中457,下603
弁官庁(弁外記の候所)……………………中73
弁官の結政所………………………………中67
弁官の長案…………………………中221,下239
返抄………………上173,中75,495,637,765,795
801,837,839,909,915,921
955,下21,71,171,371,873
鋳銭司……………………………………中921
諸国例貢御贄……………………………下171
神寺諸家の封物…………………………中915
太政官厨…………………………………中983
勅旨交易の雑物(使ら内蔵寮の…直ちに勘会
せよ)……………………中921
塡納………………………………………中919
非理に拘留して……………………………中73
陸奥・出羽の調……………………………中763
録白返抄…………………………………中775,787
変通…………………………………………上3
返由…………………………………中707,955,985
辺要…………………………………………中757

ほ

晡…………………………………………中89
簠…………………………………中603,下877
袍(表衣)……… 上33,113,中55,231,下611,743
青摺の袍…………………………上339,下319
赤白橡の袍………………………………下615
袷の袍……………………………………下777
位袍(当色の袍)……………………………上33
大袖の袍…………………………………下835
帛の袍……………………………………中233
闕腋袍(浅紫の襖…幟を著くる殳)………中79
黄袍…………………………………中463,下435
長さ………………………………………下611
女袍………………………………………中251
布の袍……………………………………中251
榛摺の帛の袍(蓁揩の袍)……上113,中93,235
方…………………………………………中613
鳳…………………………………………中645
坊…………………………………………下647
酒食の販売………………………………下647
膀…………………………………………下665
乏…………………………………………下837
望瘞の位…………………中613,627,下883,895
縫腋の服…………………………………中629
防援…………………………………下71,777

鋪……………………………………………… 下645
女王の地(左京北辺…一条二坊二町)
……………………………… 中273, 下481
水田……………………………………………… 下647
造営尺(南北一千七百五十三丈)……… 下657
築垣……………………………………………… 下663
坊………………………………………………… 下647
放牧(決罰を加えて放ち免せ)………… 下645
坊門……………………………………………… 下769
堀川……………………………………………… 下657
路の広…………………………………………… 下659
瓶甕……………………………………………… 中649
兵士…………… 中911, 949, 下641, 643, 649, 657
衛士……………………………………………… 中771
国司の簡試せる上番の兵士……………… 下25
左右京職………………………………………… 上357
鎮兵(八位…位子)……………………… 中909
廃置……………………………………………… 下11
兵士逃亡の法…………………………………… 下71
兵士歴名簿(能く射る人…省に送れ)…… 下25
陸奥国………………………………………… 中1007
瓶子……………………………………………… 下563
苹実……………………………………………… 中649
陪従………………………………………… 下357, 607
行幸………………………… 中53, 101, 459, 463
下馬の法………………………………………… 下607
五位以上………………………… 中43, 55, 459
斎院の陪従らの人給の食………………… 下197
斎王の陪従……………………………… 上263, 339
陪従の大夫……………………………………… 中159
兵仗……………………………………… 上253, 下775
平城京内の私地開墾………………………… 中957
秉燭……………………………………………… 下775
平声九下……………………………… 下739, 835
平城天皇(平安宮に御宇しし日本根子推国高彦
尊天皇)………………………………… 中727
平旦…… 上83, 197, 中165, 275, 539, 下3, 157, 165
平頭……………………………………………… 下833
兵馬九千万人…………………………………… 中377
幣帛《へいはく》 → 幣帛《みてぐら》
屏幔………………………………………… 下87, 439
閉門……………………………………………… 下605
屏籬……………………………………………… 上411
冪………………………………………………… 中621
碧石の潤色(流黄の…陵より黒丹の出でたる)
……………………………………………… 中651
折餅……………………………………………… 下503
璧琉璃…………………………………………… 中651
平群郡北岡墓…………………………………… 中733
平群神社
大和国(伊古麻山口神社…葛木に坐す一言主
神社)………………………………… 上521
伊勢国(鴨神社…尾津神社)…………… 上561
平群に坐す紀氏神社(伊古麻山口神社…葛木に
坐す一言主神社)… 上521
平群石床神社…………………………………… 上521
戸座……………………… 上69, 169, 269, 345, 393
戸座所…………………………………………… 上285
戸神社(山神社…海神社)…………… 上155, 661
部多神社………………………………………… 上583
別宮……………………………………………… 上187
別倉………………………………………… 下97, 173
鼈甲(犀角…青木香)………………………… 下341
別貢使…………………………………………… 下413
別貢の幣(別供幣)…… 中53, 107, 181, 359, 下433
建礼門前(便所)………………………… 中53, 107
中宮の荷前使(内侍…裹み儲けよ)……… 中181
縫殿寮南院…………………………… 中309, 下95
練染の用度(官符を待ちて…)………… 中309
別貢物(別に送るに)………………………… 下125
別寝……………………………………………… 下881
別勅………………………… 中781, 下609, 611
特封(別勅の封物)…………………………… 中769
別勅の叙位……………………………………… 上443
別勅の度者……………………………………… 中701
別当………………………………… 中61, 995, 下777
正親司…………………………………………… 下437
興福寺…………………………………………… 中693
斎院……………………………………………… 上357
侍従・女官等の厨……………………………… 中503
承知の官符……………………………………… 中693
初斎院女別当……………………………… 上263, 357
初斎院別当……………………………………… 上261
諸大寺・定額寺………………………… 中19, 693
僧綱の別勅に別当に任ずる者…………… 中691
俗別当(弁官に進れ)………………………… 中689
大学別当………………………………………… 中633
太政官厨家……………………………………… 中73
東大寺…………………………………………… 中687
所々の別当……………………………………… 下611
任符(寮もまた…)…………………………… 中693
不了の輩………………………………………… 中73
別当の史………………………………………… 中21
別当の大夫……………………………………… 上299

布弁神社(宍道神社…由貴神社)…………上669
履みさくみて……………………………………上449
文梨神社…………………………………………上581
書司…………………………中119,129,199,213
　染紙(臨時に内侍に申し請え)…………中213
　典書……………………………………………中123
文学…………………………………………中3,523
賻物……………………中77,639,655,下63,649
　絹………………………………………………中1053
　宮人……………………………………………中657
　鉄………………………………………………中655
　外五位・五位の郡司…………………………中655
　外国の官人……………………………………中657
　国司…………………………………中1007,1053
　左京職…………………………………………中655
　僧綱……………………………………………中657
　鎮守府…………………………………………中657
附駅(凡そ在外の官の…)……………………中23
不輸………………………………………………中1067
　秋季附不輸……………………………………中943
　某郡某郷戸主姓名……………………………中1067
不輸租田(不輸租地子田)……中955,1059,1077
　毎色録すべし…………………………………中1069
冬月………………………………………………下815
不与解由状……………中19,691,下719,721,723
　遁避・不署…………………………中21,下731
武礼冠……………………………………………下739
豊楽院……上437,中25,193,541,下427,643,775
　東華堂(左の華楼)……………………………下779
豊楽殿…………………中81,385,下87,435,439
豊楽門……………………………………………中183
部領…………………………………中709,下629
　罪人……………………………………………下69
不了の輩…………………………………………中73
篩…………………………………上69,285,中211
　絁の大篩・小篩………………………………下711
　絁の平篩………………………………………下559
　絁の篩(沐槽…御巾の紵の布)……下317,329
　油篩……………………………………………下715
　薄絁の篩(紀伊の塩…承塵の帳)…下221,329
　大篩……………………………………………下499
　小坂平の絁の篩………………………………下559
　絹の篩…………………………………………下193
　冶篩……………………………………………下357
　水篩……………………………………………下245
　泔篩(沐槽…御巾の紵の布)………下317,715
故きを返せ………………………………………下331
古詞…………………………………上433,中41
古関神(平野の祭の神四座)……………上55,463
　513,下309
　祝詞……………………………………………上463
古市高屋丘陵……………………………………中719
古市高屋墓………………………………………中729
布留御魂(石上に坐す布留御魂神社)……上533
旧府神社(博多神社…聖神社)………………上541
武烈天皇…………………………………………中719
風炉………………………………………………中435
　白銅の風炉…………………………上375,下569
浮浪人……………………上345,中773,873,1075
　畿内居住(外国の百姓の…)………………中843
浮浪人の調庸…………………………上179,中893
　畿内……………………………………………中911
文位…………………………………………中463,517
文会………………………………………………中463
文官
　季禄……………………………………………中569
　在京の文官……………………………………中451
豊後国(筑前筑後…等の国)…………中763,903
　押年魚・鮨の年魚・煮塩年魚………………中903
　穀の皮…………………………………………中903
　小町席…………………………………………中903
　黒葛……………………………………………中903
　海石榴の油……………………………………中903
　綿………………………………………………中903
文台………………………………………………中317
　金銅界の文台…………………………………下505
分付受領(付領)…………上179,中15,501,下655
分番…………………………………上243,435,中209
　外分番(内長上四考…外分番十考)……中487
　内分番(内長上四考…外分番十考,番上)
　…………………………………中487,517,519
文を属する………………………………………中567

へ

綜………………………………中1003,1047,下143
　交換(先ず経年を…)……………中1003,下145
平安京
　市町……………………………………………下665
　瓦屋……………………………………………下285
　京程……………………………………………下657
　京を去ること若干里…………………………中923
　空閑地(地利を尽さしめよ)…………………下647
　厨町(左京北辺…一条二坊二町)
　…………………………………中273,下481

仏聖の供……中199,973,991
富都神社(倭恩智神社…飛鳥に坐す神社)……上529
布都神社……上707
仏像……下69
仏頂尊勝陀羅尼……中683
経津主命……上497
仏名会(御仏名)……中203
　一万三千仏の像二鋪……中205
　十九日より始めよ……中205
筆
　兎の毛の筆……中207
　鹿の毛の筆……中207
　月料……中61,225
　造筆(凡そ筆を造る…)……中219
　年料・季料……中225
普天……上3
不動……下327
儛踏……下677
不動穀(不動)……中1031
不動倉……中103,987
　底敷の料……中1031
武徳殿……中49,315,387,415 下91,443,693,781,807
　後殿……下443,781
太玉串……上197,317,491
太玉命神社……上529
文殿……中73
文殿の預……中21
太祝詞神社
　大和国(神波多神社…伊射奈岐神社)……上519
　対馬島……上723
太詔戸命神……上87,511
大麦……中825,下527
鮒……下773,793
　鮮けき鮒の御贄……下773,793
　三牲……下755
　醬の鮒……上321,中849,871
　鮒の鮨……中849,873
船居……上499
部内……中993,下875
船井神社……上651
船瀬功徳田(神田…造船瀬料田)……中955
船玉神社……上543
船賃……中981,1025
附入の物……中923
不如法……中777
夫人(嬪以上)……中119,481,下237,309,325,861
補任帳……中29,57,487,493,下17,23
　国博士・医師……中17
　蔵人所……中493
　史生已上の補任帳……中487
　注さしむる……中57
　僧綱……中657
　内裏の料……下17
　女官の補任帳……中97
　武官補任帳(簿)……下23
船(遣唐の舶居を開く祭)……上161
槽(甑…置簀,匏…杵)……中793,下163 221,459,547
　灰を淋るる槽……中211
　宇気槽……上113
　漆の槽……下329
　蝦鰭盥槽(蚡鰭槽)……上69,435,下155
　大槽……下247
　押槽……上331
　飼い葉おけ(櫪)……下355,817
　沐槽……上295,377,下263,317,327,715
　紙の槽……下265
　剉の槽……下817
　小槽……下247
　酒槽……上57,287,中823
　白木の手湯槽……上333
　染槽(茜…水瓺麻笥)……中267,411
　手洗槽……中391
　氷槽……下595
　冷槽……下261
　円槽(沐槽…御巾の紵の布)……上287,321,331 中823,下261,317,327
　水槽……中389
　浴槽(沐槽…御巾の紵の布)……上377,下263 317,327,715
　行槽……下805
　湯槽……上321
　轆轤槽……上295
船師……下121
船匠……下121
舟の艫……上449
鹿角菜(紫菜…大凝菜,布乃利)……中827,849 下103,209,213,711
父馬……中1017,下815
挿文杖……下735
蕗……下509
俛伏……中161,619,下677,887

藤原胤子(贈皇太后,贈皇太后藤原氏)
……中655,729
藤原旅子(贈皇太后藤原氏)……中727
藤原時平……中737
藤原総継……中737
藤原不比等(贈太政大臣正一位淡海公藤原朝臣)
……中733
藤原冬嗣……中735
藤原美都子(贈正一位藤原氏)……中737
藤原宮子(平城朝の太皇太后藤原氏)……中723
藤原武智麻呂……中735
藤原明子(太皇太后藤原氏)……中729
藤原基経(太政大臣贈正一位越前公藤原朝臣)
……中737
藤原百川……中735
藤原諸姉(贈正一位藤原氏)……中735
藤原吉子(桓武天皇夫人従三位藤原氏)……中737
藤原良継……中733
藤原良房(太政大臣贈正一位美濃公藤原朝臣)
……中737
譜図……下21
粉熟……下457,507
布須神社……上677
熏革……中313
被(衾,御服…幌二具)……上229,275,329,369
397,415,中81,231,397,下99,671,681
五窠の錦の被……上229
敷衾(御服…幌二具)……上415,中231
東宮の御被の料……下701
屋形の錦の被……上229
衾田墓……中731
布施(施物)……中49,311,671,803,989,993
安居(絹)……中667
三宝の布施……中199
御燈……中285
不成業の者……中635
蕪菁子……下411
布制神社……上613
布勢神社
越中国射水郡……上643
越中国新川郡……上645
出雲国出雲郡……上673
布勢立石神社……上605
豊前国(筑前筑後…等の国)……中763,799,903
安覆駅……下55
京都郡……中755
庸米……中903
綿……中903
扶桑……上481
父祖の位名……中777
符損……中909
不課・見不輸・半輸(八位…位子)……中909
蓋……中621
札……中61,81
騎射……下693
大祓(刀禰の数の札…)……下161
大籍……中553
功過の簡……中581
上日(籍)……中105
七尺の札……下265
南島の牌……下869
走馬……下7
牓示……中563
御薪札(薪の数を検校せよ)……中29
名奏・毛奏の木札……下809
禄の召名の札……中449,541
蓋ある垸……中873
不第(第を定めざる)……中63
譜第……中495,593,下61
二重牧……下33
二方神社……上663
二上神社……上663
牒釘……上217
布多天神社……上587
二俣神社
陸奥国……上621
周防国……上695
二見神社……上525
二目纈……中253
二荒山神社(二荒神社)……上153,617
布単……上431,下427
桴担……下285
布智神社(塩江神社…諸钁神社)……上565
富知神社……上579
封丁……上181
譜牒……下21
不調の馬を繫ぐの柱……下807
伏羲(蒼精黄神の聖)……上17
服紀(四十九日,服を終うる)……上253,中773
仏経……中773
仏供(五大菩薩…行事所)……下101,319
服闋……上169,253,中477,485
仏斎……上393
仏聖……下575,589

嚢床子……下435
布久漏神社……上635
鳳至比古神社……上641
封戸(食封)……中767,769,913
　伊勢大神宮(神戸,諸国)……上245,257
　御体の御卜……中781
　鹿島神宮……上39,595
　香取神宮……上39
　賀茂御祖神社(賀茂別雷神社と賀茂御祖神社)
　……上515
　韓神社……上181
　神戸……上257,中1037
　杵築大社……上671
　畿内(伊賀…得ず)……中767
　参議……中767
　寺家封戸……中1037
　諸王・諸臣(官位姓名封戸)……中1065
　諸家封戸……中1037
　神寺諸家の封戸……中909
　薗神社……上179,181
　損戸(封)……中1067
　中宮の封……中767
　中納言……中767
　東宮湯沐(東宮に二千戸)……中767,下701
　日吉神社……上599
　悲田院……中767
　平野神社(平野の祭の神四座)……上513
　封戸奏(直奏)……中769
　封物(封戸に募りて借るところの物)……中801
　某宮封戸……中1065
　品封(無品親王に二百戸)……中767,769,1065
　有損の年……中767
　輸絁国(三分)……中767
不考(考に…預からざる若干)……中63
布甲神社(籠神社…宇良神社)……上655
不沽田地子帳……下655
布吾弥神社……上667
総鞦……下829
布薩戒本田(神田…造船瀬料田)……中955
不参……中493
　引唱……中491
　大射・騎射・走馬……中447
　大原野の祭……中37
　春日の祭……中37
　元会……中109
　元日朝賀……中443
　興福寺国忌・維摩会……中37,469
　御斎会……中467
　三月十日の国忌……中469
　諸祭……中463
　賜禄儀(凡そ位禄季禄を…)……下609
　節会……中447,下7
　典薬寮官人……下9
　儺の陣……中111
　荷前使……中109,447
　兵庫寮官人……下7
　薬師寺最勝会……中37,469
豊山寺料……中957
不三得七(四十九戸の例損,損に遭うの年)
　……中763,767,955,987
附子(人参…薤白)……下337,347
藤内神社……上597
布自伎美神社……上669
藤島神社……上563
布自奈神社……上669
布自奈大穴持神社……上667
不仕の料(粮米)……上181,中221,441,641,下67
　147,525,579,597,639,737,761,781
　不仕の舎人……中195
　弁官長案料紙……中221
諷誦……中707
俘囚(夷俘)……中51,473,921,下127
　夷俘帳(出挙…倉附等の帳)……中955
　夷俘料……中959
　叙位(五位)……中51
　俘囚見参(夾名)……中51
　俘囚料……中959,977,979
巫術……下629
府生……中445,下11,15,17,311
府掌……中785
扶省掌……中473,511,下11
藤原氏……中37,281,469,下419,421,687
　行事の大夫……中37
　藤氏長者(氏人の簡定)……中671,693
藤原乙春(贈正一位藤原氏)……中737
藤原乙牟漏(皇太后,皇太后藤原氏)
　……中653,725
藤原帯子(贈皇后藤原氏)……中727
藤原温子(中宮藤原氏)……中729
藤原数子(贈正一位藤原氏)……中737
藤原沢子(贈皇太后,贈皇太后藤原氏)
　……中655,727
藤原順子(太皇太后藤原氏)……中727
藤原高藤……中737

　耆老……中925
　軍毅(大小毅)……中945
　近衛……中945
　三宮の舎人……中945
　資人……中933
　主政帳……中943
　小子・寡妻……中925
　諸司の雑部・番上……中945
　新老……中929
　大宰厨戸……中805,下521
　帳内……中931
　使部……中925
　得度者……中797
　伴部……中925
　癈疾……中931
　八位以上……中909,923
　符損(八位…位子)……中909
　放賤従良……中931
　薬生……中945
　吉野の国栖(課徭)……中763
深覆……上381,中269
深川神社(味鋺神社…尾張神社)……上567
深草墓……中737
深草陵(山階…多武岑)……中107,727
深履……中465
不課戸……中933
　戸若干旧……中933
　戸若干新……中933
　戸若干帳後除……中927
　戸若干帳後入不課……中929
　戸若干不課……中923,931
　小子・寡妻の戸……中925
　癃疾……下647
深田神社……上559
深田部神社……上657
深杯……中847
深淵神社……上709
深見神社……上585
深見駅……下49
深海松……下169
武官……中451,下3,17
　季禄(文官)……中569
　解由……下19
　節服……下777
　朝服……下9,633
　内外武官の考選……下9
　武官補任帳(簿)……下23
　補任(本司に移し送れ)……下15
　武礼冠……下739
不勘佃田(十分の一を除く)……上251,中955,957
983,1005,1061,1077
　職写田……下655
不堪佃田解……中1077
吹皮……下287
葺の工……下275
末豆子……上419
奉行して……中799
幅……中607,下715
複(夏講供講・三階・二階)……中689
覆勘……中13,29,下719
服解……中485
覆試……中507
服侍……中909,911
服色
　五位以上の女……下613
　婦人……下613
福酒……中379,下891
福酒の爵……中603
茯神……下381
服制(年中の御服)……中239
福草……中649
副丁……中773
復日……中3
復任……中471,479,下25
復人(八位…位子)……中909
　帰化……中947
　狭を去り寛に就く……中929
　蕃に使す……中947
　放賤従良……中947
福弁……中651
伏弁……下635
銜みて……上21
服喪(遭喪)……中471,499,505,773,949,下15
　国博士・医師(凡そ諸国の博士…)……中505
　郡司……中485
　妾……中655
　神宮司・神主……上169
　雑色……中477
服膺……中623
茯苓(犀角…青木香)……下341,387
茯苓散……下361,365,367,369,857
副鈴……中187
帒……上295,中235
帒襪の緒……上191

直会(饌の案十脚・上中の折櫃各六十合・大笥百合) ……下197
祝詞……上55,461,下689
物忌の装束……中93,133
和舞……中93
四世已上の王……下423
禄料……下91
比楽湊……中1023
平巾の冠……下835
平張……下91
褶……中331
紅の褶……上283
紫の大纈の褶……下761
蒜……中853,下195,509
島蒜……中849,885
大蒜(丹参…山茱萸)……下347
漬蒜房(蒜房)……下183,229,511
沢蒜……中849
蒜の英根の合漬……上409
蒜英(蒜花)……下183,189,229,511
領巾(肩巾)……上113,369,中245,下57,59
ひれ懸くる伴の緒……上475
撥橘子……下491,711
博帯……下771,835
広絹(広絁・長絹)……中845,871
広席……中841,857,下437
広沢神社(野見神社…灰宝神社)……上569
広瀬大忌祭 ひろせおおいみのまつり → 大忌の祭 おおいみのまつり
広瀬神社
伊豆国……上581
武蔵国(高負比古神社…前玉神社)……上587
広瀬に坐す和加宇加乃売命神社(伊古麻山口神社…葛木に坐す一言主神社)……上53 181,521,中805,下843
広瀬の川合……上455
広田神社……上107,547,中709
広布……中845,875
広姫……中731
広前……上453
昆布(干棗…縒昆布,広昆布)……中831,下103 171,209,219,519
琵琶……中663
枇杷……下231
檜皮……中917,下277
嬪……中119,481,下861
殯……中639
備後国……中853,891
海路……中891
看度駅……下51
絹……中891
鍬・鉄……中891
甲奴郡……中751
神封……上179
黒葛……中891
沼隈郡……中751
深津郡……中751
木綿……中891
庸米……中891
閔子騫……下875
牝馬牛……下797
責課(課)……下33,177,797
賓礼(凡そ蕃客…,凡そ諸蕃の使人…)……中25,707
賓連達……中651
檳榔(檳榔子)……下349,413,497
螻蓑……上387,中337,837
檳榔の馬蓑……中337,837
檳榔の葉……上287,中815,下595

ふ

麩……上371,中253
符……中489
稃……中651
鳧……中645
夫……下833
歩……下861
蕪夷……下391
風雲の契……上17
封緘(勅書の函)……中149
富貴……中645
楓香(犀角…青木香)……下341
封租……中985
交易……中985
封題……中23
府衛(主神…守駅館)……中805
笛吹(笛工,八位…位子)……上117,中909 下297,419
楢の笛工……上421,433,下155,167,177,193
笛生……上249,255
不課……中785
大舎人……中923
蔭子(八位…位子)……中909
隠首……中931

器仗を曝し曬す……………………………下241
権史生………………………………………下13
史生………………………………下11,13,15
工部…………………………………下13,855
長上…………………………………………下11
年料雑薬…………………………………下365
被管・使部…………………………………下13
屏繖(斗帳…軽幄の骨)…・中181,313,433,下449
廟司………………………………………中609
撃百子(弾琴…)……………………………下59
漂失の物…………………………………中799
憑准………………………………………中919
兵主神社
参河国(野見神社…灰宝神社)…………上569
近江国……………………………………上601
壱伎島……………………………………上721
標題………………………………………下347
平脱(大鬠の笘)…………………………中419
廟堂院(享所)……中609,611,631,下89,429,685
前楹……………………………中613,下885
中戸………………………………………中617
南門………………………………………中615
東の廊……………………………………下891
廟の二門………………………中615,下643
平等寺料…………………………………中971
廟に祥木生う……………………………中649
屏風(白木の斗帳…大壺,斗帳…軽幄の骨)
……………中411,425,431,433,下423
五尺の屏風…………………上267,中397,417
兵部省………………………………………下3
大祓…………………………………………中35
勘籍……………………………中777,下857
季禄…………………………………………中55
史生……………………………中473,下11
所管の諸司史生……………………………下11
諸国雑色人………………………………中481
諸帳…………………………………………下25
相撲節………………………………………中51
曹司……………………………………中583,585
繋飼の馬牛………………………………下799
廃置手続き(凡そ御馬…)…………………下11
馬牛の進上(帳…進れ)……………………下33
扶省掌………………………………………下11
御弓奏……………………………………中183
射場…………………………………………下5
平文…………………………上267,375,下563
平文の案…………………………………中203
平文の笘(大鬠の笘,斗帳…軽幄の骨)
……………………………………中419,433
比翼鳥……………………………………中645
平飯………………………………………下297
枚井手神社………………………………上633
平魚 ひらうお → 鯛 たい
枚岡神社
河内国(恩智神社…大鳥神社)…上45,103,145
149,179,537
越前国……………………………………上637
平岡の祭……………………………………上45
神殿の装束の料……………………………上47
散祭の料……………………………………上47
祝詞………………………………………上455
解除の料……………………………………上45
幣帛(神祇官に付けよ)…………………中283
禄の料………………………………………上49
枚片坏……………………………………上289
平片坏……………………………………下249
平瓶…………………………………上289,中843
枚聞神社…………………………………上719
平釘……………………………………下271,273,847
平栗子…………………………中853,881,下169
扁栗子……………………………………上417
平笥………………………………………上409
比良須伎………………………上405,417,下425
平帖(壁代…歩板)…………………中405,407
平露………………………………………中647
葉盤………………………………………上417
枚手………………………………………上435
八枚手……………………………………下155
平鍋(鍋)……………………………中843,857
平野神社(薗神社…酒解神社,平野の祭の神四
座)…………………………上55,147,513
神殿…………………………上181,下423,689
平野竈神の祭…………………中379,下163
料物(陰陽寮祭るところ)………………中791
平野の祭(平野の祭の神四座)……上55,中31,37
171,301,659,下91,109,297
423,479,485,561,689,801
炊女………………………………………中301
膳部の官人………………………………下197
神主…………………………………………上59
皇太子…………………………上59,中31,下423
雑給の料…………………………………下195
使…………………………………………中171
東宮の代参………………………………下691

豊前国……上715
売豆紀神社(真名井神社…布自奈大穴持神社)
……上667
売太神社(神波多神社…伊射奈岐神社)……上519
比売多神社……上603
ひめのり(模飯)……中235
内親王……上259,中97,下235
時服(時に随いて)……上379
姫皇子命神社(皇子神命神社…夜都伎神社)
……上533
姫靫……上225
比目魚……中649
飛駅(馳駅して)……中97,789,下265,859
飛駅式……中137
飛駅の勅符(少納言…行事せよ)……中97
137,155
飛駅の函(見在の丞已上,皺文の革の袋…短
冊)……中97,137,155,下265
飛駅の儲の料……中155
百王……上3
白殭蚕……下379
百合(丹参…山茱萸)……下347
白散……上191,335,中159,下337,345
347,361,365,371,699
裹紙……下347
人給の白散……下165,347
白散一剤の量(四百十五剤)……下347
白散の様……下347
白芷(人参…薤白)……下337
百子帳……下429
白雀……中651
白鵲……中653
白朮(人参…薤白)……下337,391,403
白青(朱沙…紫土)……中411
白鼯……中649
百姓……上353,下625
殷富の家口の重大の者……中799
京内……下637
諸国往還の百姓……中803
百姓の馬……下57
病人の放棄……下637
百川……上21
白鮮……下387
白前……下389
白丁……中477,511,下707,757,789
壮年の白丁……中791
白丁の舎人……中513,下707
白丁の隼人……下57,59
白兎……中651
白銅……中385,435
白銅の火炉……上375,中197
白銅の提壺……下563
白銅の杓……中439
白銅の風炉……上375,下569
百毒散……下363,365,367,369,857
白薇(犀角…青木香)……下341
百部根……下401
百葉……中607
白蘞(犀角…青木香)……下341
白藕……上227,295
白鑞……中401,419,下617
白鑞の薄……中419
白狼……中649
白緑(金泥…同黄,朱沙…紫土)……上367,中411
白鹿……中649
冷槽……下261
百官(百寮)……上3
白狐……中649
白虎旗……下833
白虎楼……下833
莧……下507
日向吾平山上陵……中713
日向高屋山上陵……中711
日向埃山陵……中711
日向国
胡麻子……中905
俘囚料……中977
表(上表,拝表)……上3,5,中99,567
兵衛(八位…位子)……上263,357,中439,777,779
909,下13,19,311,745,749,789
勤務評定……下19
郡領・主政帳通任……中495
罪人を護送する兵衛(京職に移し送れ)
……下795
正倉院巡検……下105
勅使の覆試……下15,789
東宮……下699
番長……下311
補任……下13
兵具(自余)……中79
豹犬……中647
兵庫……中13,157,下241
兵庫寮……中807,下833
因事管隷(預め省に移し)……下11

備中国……………………………………………中889
　大鰯・比志古鰯……………………………中891
　搗栗子………………………………………中891
　絹……………………………………………中889
　鍬・鉄・塩……………………………………中889
　胡麻の油……………………………………中891
　女萎…………………………………………下405
　鍾乳床………………………………………下405
　津峴駅…………………………………………下51
　銅・鉛………………………………………中799
　朴消…………………………………………下405
　庸米…………………………………………中889
斐代神社………………………………………上673
悲田院…………………………中767,下111,457,647
　病者・孤児の定数…………………………下457
悲田料…………………………………………中961
飛兎……………………………………………中645
単衣(単)…………………上415,中231,241,下623
衫………中55,241,679,1001,下99,167,223,481
　青摺の布の衫(青揩)…………上421,中93,235
　　下559,753,803
　青摺の衫……………………上359,中193,下793
　大横の布の衫…………………………………下57
　汗衫……………………………上381,中233,347,679
　黄の衫…………………………………………中55
　紅染の細布の衫……………………………下333
　紺の布の衫…………………………………下457
　纁の衫………………………………………上283
　調布の衫……………………………………下327
　布の衫………………………………………中251
　細布の青摺の衫……………………………下747
　桃染の布の衫…………………………下767,839
　桃染の衫……………………………………上241
単の綾…………………………………………下135
　散花の単の綾(続花の綾…呉服の綾)……中845
人像
　木の偶人……………………………………下255
　鉄の人像……………上75,123,下163,255,285
　金の人像……………上73,123,139,下163,255
　銀の人像……………上73,123,139,下163,255
　土の偶人……………………中359,415,下267
一言主神(伊古麻山口神社…葛木に坐す一言主
　神社)………………………………………上521
均しく通わして………………………………下871
長大らば………………………………………上345
人に適けば……………………………………中105
独床子…………………………………………上387
出火水精………………………………………下125
日長神社………………………………………上571
比那神社………………………………………上675
日撫神社………………………………………上603
比奈麻治比売命神社…………………………上679
比奈守神社……………………………………上609
日根神社(男神社…比売神社)………………上543
昼の御座の御剣………………………………下751
氷刀子…………………………………………下593
斐の皮…………………………………中215,901
日前神社(丹生都比女神社…志磨神社)……上109
　155,697
檜前安古岡上陵………………………………中723
檜隈大内陵……………………………………中723
檜隈坂合陵……………………………………中719
檜隈墓…………………………………………中731
檜榑…………上35,中325,399,417,421,431,433
檜の棹…………………………………………中269
檜の床子………………………………………下269
日野神社………………………………………上663
氷様……………………………………中183,下165
斐杯……………………………………………中847
氷槽……………………………………………下595
日祈……………………………………………上203,207
日の御蔭………………………………………上447,487
樋放ち…………………………………………上479
比比多神社……………………………………上585
美福門…………………………………………下635,777
比布智神社(佐志武神社…富能加神社)……上675
裨補……………………………………………上3
火乾年魚………………………………………中851,883
比菩駅…………………………………………下53
日祭神社(計仙麻大島神社…多珂神社)……上623
日真名子………………………………………上501
日向の王子……………………………………中285
日向神社………………………………………上601
氷室……………………………………中1011,下593
　徭丁…………………………………………下593
氷室神…………………………………………上327
姫胡桃子(干棗…縒昆布)……………………下171
比売久波神社(倭恩智神社…飛鳥に坐す神社)
　……………………………………………上529
比売許曾神社(下照比売社)…………上107,545
比売坂鍾乳穴神社……………………………上691
比売遅神社……………………………………上673
比売神社
　和泉国………………………………………上543

綿……………………………………………中901
備前国…………………………………中751,889
脚短坏・様の足短坏・筥坏………………中889
磐梨郡……………………………………中751
大壺・中壺・小壺…………………………中889
置盎………………………………………下559
御埦………………………………………中889
絹…………………………………………中889
許都魚の皮………………………………中889
猴膝研……………………………………中889
塩…………………………………………中889
雑器………………………………………上405
大学寮料…………………………………中643
調糸………………………………………中853
津高駅……………………………………下51
備前国神名帳……………………………上687
瓫…………………………………………中889
牧…………………………………………下33
水瓫………………………………………中889
庸米………………………………………中889
和気郡……………………………………中751
比蘇神社…………………………………上571
火台………………………………………上427
額髪を結ぶ糸……………………………下801
平居瓶(比太為瓶)………………上119,中873
日高見神社………………………………上623
日高見の国………………………………上477
火炬(火炬の小子,炬火)……………上269,281
345,中127
御火炬の童(中宮の雑給…)………下307,333
炬舎………………………………………上389
非多神社…………………………………上567
日田神社(美保神社…多久神社)…………上671
斐太神社…………………………………上645
常陸国…………………………………中641,871
茜…………………………………………中871
緋の纐の絁………………………………中871
安侯駅・河内駅……………………………下45
絁…………………………………………中871
鰒…………………………………………中871
駅家………………………………………下45
鹿島郡……………………………………上595
苧…………………………………………中871
腊…………………………………………中871
行程………………………………………中871
信太郡……………………………………中745
繋飼の馬牛………………………………下799
長幡部の絁・倭文…………………………中871
麦門冬……………………………………下387
榛谷駅・雄薩駅……………………………下45
常陸の調布(暴布)………中215,333,669,871
茯苓………………………………………下387
真壁郡……………………………………中745
牧…………………………………………下33
明神(安房神社…稲田神社)………………上151
山田駅……………………………………下45
狼牙………………………………………下387
敏達天皇…………………………………中719
飛驒国……………………………………中873
駅家(下留上留)……………………………下47
金山河の渡子……………………………中763
仕丁………………………………………中769
帳内・資人(補することを得ず)…………中481
調庸………………………………………中873
杜衡………………………………………下391
白樊石……………………………………下391
益田郡……………………………………中747
飛驒工(匠丁一百人)……中113,641,765,下291
当年の徭役………………………………中765
左より出でて右に向かい………………中549
火地神社…………………………………上555
櫃…………………………………中677,841,下845
明櫃……………上31,279,331,409,中211,229
841,下193,211,317,329,549,595
臼櫃………………………………………中211
膳櫃……中389,421,425,431,435,下257,499
折櫃…………………………上31,285,373,427
中841,下193,211,221
画櫃………………………………………下569
韓櫃…………………上135,261,357,377,379
中231,431,849,下221,331,735
経櫃(仁王般若経一部二巻…磬)………中677
雑の薬を盛る韓櫃………………………下367
厨の韓櫃…………………………………上295
御薬の櫃…………………………………中201
荷櫃………………………………………下505
冊の櫃……………………………………中565
前櫃………………………………………中433
日嗣………………………………………上471
櫃倉神社(国乃御神社…大櫛神)…………上555
比都佐神社(馬路石辺神社…日向神社)…上601
零羊埼神社………………………………上623
羊神社(味鋺神社…尾張神社)……………上567
羊の脯……………………………………下203

氷川神社……上587
被管……中19,489
疋……中229
比木 ひぎ → 千木 ちぎ
引鉦……下837
短榻……下563
曳田神社……上527
引田部神社……上649
引手
　戸の引手……上215
　引手の内塞の覆金……上215
疋野神社……上717
皺文の革……上293,中155,325
327,829,下701,829
短女杯……上51,中843
火鑽……上403
比郡……中757
比肩獣……中647
彦五瀬命……中731
非業(非受業の人)……中637
　国博士・医師……中503,下373
　権任の国博士・医師……中505
比国……中537,下29
日別朝夕大御饌祭(御膳殿)……上205
彦波瀲武鸕鷀草不葺合尊……中713
比古奈神社……上637
肥後国(筑前筑後…等の国)……中763
　蠣の腊……中903
　蚊藁駅・佐職駅・仁王駅……下55
　耽羅の鰒……中901
　等級(大)……中755
　二重牧……下33
　山本郡……中755
　綿……中901
彦火火出見尊……中711
孫若御子神社……上569
秘錦……上295
比佐魚……上53
楸……下879
楸の版(版)……中605,621,下891
日割御子神社……上569
轡策……上17
提壺……中817
　白銅の提壺……下563
杓(平魚…籮,醬…折薦の帖)……上33,285,中207
387,435,下263,329
　金銅の杓……下569
　白銅の杓……中439
　轆轤の杓……中267
庇の案……中453
軾……上37,393,中169,231,下467
　祝の禄の調布……上399
榧子……下377
醢(五色の薄絁…)……中377,603,下755
　魚醢……下203
　兎の醢……下203,205,755
　鹿の醢……下203,877
　宍の醢……下521
　醓醢……中603,下877
醬……中207,下103,181,207,495,709
醬滓……中355,429,下197,211,763,847
醬漬の瓜(醬瓜)……上289,下209,225
醬所……下499
醬の鰒……下711
醬の鮒……上321,中849,871
醬の大豆……上343,中829,下243
肱金(正殿の内に帳を張る鐶)……上215,219
中399,411,417,431
肱金を作る工……中399
比自岐神社……上549
非色の人……下819
比志古鰯(醬の小鰯・大鰯の鮨)……中851
891,893
非侍従……中83
比地神社(敢国神社…大村神社)……上549
鎮火の祭……上81,277
　祝詞……上481
菱の綾……下135
俾兹の末学……中623,下897
比治麻奈為神社……上655
菱子(菱人)……上321,下203,231,485
眉寿……中653
聖……下211
聖神社……上541
氷頭(内子鮭・鮭の背腸・鮭子)……中851,853,873
881,下171,521
微声……上65,中107
脾析……中603
脾析葅……下203
肥前国(筑前筑後…等の国)……中755,763,901
　鰒……中901
　高来駅・賀周駅・新分駅……下55
　松浦郡……中755
　三根郡……中755

犯状……………………………………下77,601
番上……………………………上303,中65,555
　考選の文…………………………………中99
　近衛………………………………………下19
　職事に転ず………………………………中505
　諸司の番上…………………………中591,945
　内分番(内長上四考…外分番十考,番上)
　　……………………………中487,517,519
　把笏の番上…………………中481,下15,633
　番上の史生………………………………中347
　番上の工(八位…位子)…………中385,439,909
　分番……………………………上243,435,中209
番上の隼人…………………………………下57
番上粮(月料)………………………………下309
　大舎人……………………………………下307
　番上の粮の文……………………………中187
反正天皇……………………………………中717
榛谷駅………………………………………下45
斑竹…………………………………………中343
番長……………………下311,755,759,779,793
反坫…………………………………………中603
班田…………………………………………中787
　期年(班田の年)……………………中785,797
　外国………………………………………中781
　五歳已下(凡そ京職諸国の大帳には…)
　　…………………………………………中797
　志摩国……………………………………中787
　授口帳……………………………………中785
　田図・田籍(班田帳)…………………中785,797
　報符………………………………………中785
　簿帳の目録………………………………中787
　本地………………………………………中781
　山城国・阿波国……………………………中787
班田使(使)……………………………中785,下121
　畿内……………………………中1005,下651
　書生………………………………………下651
晩頭…………………………………………下333
半熟銅(半熟)……………上227,中411,417,431
蕃に使す……………………………………中947
判任(官省判補の雑色)…………中471,477,下665
半臂………………上381,中239,347,下123,611
万目の紀……………………………………上21
半輪……………………………中911,927,1067
凡例…………………………………………上3
頒暦(新暦)…………………………………中71,353
範を千載に貽す……………………………中623

ひ

妃…………………………中119,下235,309,325,861
樋……………………………………………中415
臂……………………………………中607,下879
篚……………………………………中615,下879
　爵・巾の篚………………………………中603
　幣の篚……………………………………中603
比……………………………………………中777
杼……………………………………………下265
菲《ひ》 → 菲《わらぐつ》
非違…………………………………………下599,603
　獄中の非違(凡そ台官…)…………………下627
　弾正台官人の違反………………中457,下637
　調の宿処…………………………………下609
　朝拝………………………………………下607
　東西二寺…………………………中705,下627
　非違の人(本司および管省)………………下629
　封緘………………………………………下629
氷池…………………………………………下583,595
氷池の風神九所の祭………………………下583
斐伊神社(布須神社…佐世神社)……………上677
比比良木……………………………中185,下791
出火鉄………………………………………下125
火打の錦……………………………………下143
日吉神社……………………………………上599
稗田神社……………………………………上585
稗田野神社…………………………………上651
稗子…………………………………………中827
飛檐…………………………………………下277
氷魚…………………………………………下169,519
日岡に坐す天伊佐佐比古神社………………上683
日置神社
　尾張国……………………………………上569
　近江国(大浴神社…大荒比古神社)………上605
　若狭国……………………………………上631
　越中国……………………………………上645
　但馬国……………………………………上661
日置田………………………………………中783
火男火売神社(西寒多神社…早吸日女神社)
　　…………………………………………上715
華韡(知母…葵子)…………………………下377
日蔭鬘(日影)……………上119,421,下157,555
東市(毎月十五日)…………………………下667
東酒殿………………………………………下543
氷鉇斗売神社………………………………上613
斐紙麻………………………………………中813,851

　三度の禊……………………………………上301
　初斎院……………………………………上263
　初度の禊……………………………上263,355
　野宮を造り畢る祓の料…………………上271
　野宮を祓い清むる料……………………上273
　平岡の祭……………………………………上45
　臨時の祭の祓の料…………………上177,267
腹帯…………………………………………下251
腹赤の魚………………………中183,下165,521
大角…………………………………………下841
大角生…………………………………中765,下857
波良波神社…………………………………上723
梁………………………………………中405,427
針(鉄の鉢…澡豆壺)………………………中679
針熊神社(坂手神社…太神社)……………上563
榛揩…………………………………………中235
　榛藍揩……………………………………上421
榛摺の帛の袍(蓁揩の袍)………上113,中93,235
治田神社……………………………………上613
針綱神社(阿具麻神社…宅美神社)………上567
針名神社……………………………………上569
針筒(鉄の鉢…澡豆壺)……………………中679
榛の布………………………………………中875
張疕……………………………………………下87
播磨国………………………………………中887
　明石駅・賀古駅・草上駅……………………下51
　赤土………………………………………中887
　赤穂郡……………………………………中751
　緋の帛・縹の帛・皂の帛・緑の帛…………中887
　家島………………………………………下819
　薄紙………………………………………中887
　馬の革(尾張は六張…阿波は十張)
　　……………………………………中805,下853
　負瓶………………………………………中887
　槲…………………………………………下551
　貫衆………………………………………下403
　呉服の綾…………………………………中887
　細辛………………………………………下401
　塩…………………………………………中887
　射田………………………………………下795
　升麻………………………………………下403
　垂水牧……………………………………下819
　乳著きの瓮………………………………中887
　銅牙………………………………………下403
　独活………………………………………下403
　中由加・小由加……………………………中887
　菜杯………………………………………中887
　年料雑薬…………………………………下401
　播磨国神名帳……………………………上681
　白朮………………………………………下403
　干槲………………………………………下239
　明神(海神社…住吉荒御魂神社)…………上155
　様の筥坏…………………………………中887
　庸米………………………………………中887
　藍漆………………………………………下401
張席……………………………………下451,467
春木神社……………………………………上663
治田神社……………………………………上529
榛名神社(伊加保神社…赤城神社)………上615
春の神の祭……………………………中131,133
羽割の鰒(鳥子鰒…薄鰒)…………………中849
販鬻…………………………………………下621
蛮絵…………………………………………下345
盤枷……………………………………………下83
蕃楽の人(中宮の雑給…)…………中663,下307
盤形の燈台…………………………………下333
蕃客……………………………上161,中385,469
　　　　　　　　　　　657,709,下113,813
　客徒に給う白散…………………………下371
　饗宴(豊楽院・朝集堂)……………………中25,193
　　　　　　　　　　　　569,661,下741
　交関………………………………………下115
　資具・雑物……………………………下113,177
　水陸二路…………………………………中709
　朝拝…………………………………下449,771
　入朝…………………………………中193,下641
　蕃客の儲米………………………………中801
　儲料………………………………………下863
判許…………………………………………中155
半夏…………………………………………下343
蕃国…………………………………………上159
蕃国に使を遣わす時の祭(すべて…祭れ)
　　　……………………………………上159,下113
蕃国の使の表を受くる……………………下739
斑犀…………………………………………下617
判事……………………………………中501,下81
　官位相当……………………………………下79
　官に申す解文………………………………下81
　史生………………………………………中473
　当宣の判事…………………………………下79
番次…………………………………………中817
礬石…………………………………………上371
判授…………………………………………中699
判署……………………………………中761,下869

花水……下587
埴……下525
土生田神社……上647
埴口墓……中729
土坂氷室(徳岡に氷室…池辺に一所)……下593
埴田駅……下53
埴土……下277
埴槌……下277
土の牛……中359,415,下267
土の器(埴の器,大坏…)……中347,下525
土の火炉……上279,333,427,下257,585,595
土の盞……下559
土の唾盤……下317,329
土の手湯盆……上69
土の偶人(土牛童子等の像)……中359,415,下267
土の火蓋……下329
土の瓫……下329,715
土の鋺形……下317,715
波爾移麻比弥神社……上701
埴山姫……上483
埴生坂本陵……中719
土輪神社……上635
埴を打つこと……下277
羽……上51
婆波加(波波可)……上175,281
簀(簀敷の調布…蔣)……下329
脛巾(脛)……上283,371,中463,下139,739,835
波波伎神社……上667
波波古(菴蘆子)……下385,509
菴閭(丹参…山茱萸)……下347
母と子と犯す罪……上479
波比祇神(婆比支)……上447,509
波比売神社(高天岸野神社…八咫烏神社)
……上525
博風……上217,中409
白粉……下355,455
波布比売命神社……上579
祝神社……上613
祝薗神社(室城神社…岡田国神社)……上517
祝田神社……上683
祝部(祝,八位…位子)……上29,445,中173,493
541,791,909,下99
名帳……上173
波宝神社(高天岸野神社…八咫烏神社)……上525
波弥神社
近江国……上605
丹後国……上655
波牟許曾神社(鴨高田神社…跡部神社)……上539
速開咩……上479
速川神社……上643
速川の瀬に坐す瀬織津比咩……上479
速佐須良比咩……上481
林神社
伊勢国(須麻漏売神社…宇留布都神社)
……上553
越中国……上643
播磨国……上681
拝志墓……中737
早吸日女神社……上715
速谷神社……上695
速玉神社……上667
波夜多麻和気命神社(伊古奈比咩命神社…志理太宜神社)……上579
波夜都武自神社……上669
波夜都武自和気神社(宍道神社…由貴神社)
……上669
隼人……上423
今来の隼人……下57,59,63
大隅・阿多……下61
定額隼人(凡そ今来の隼人…)……下63
諸国の隼人……下59,61,65
作手の隼人……下13,63
番上の隼人……下57
白丁の隼人……下57,59
隼人の計帳……下65
隼人の楯……下65
隼人の調布(布)……中817,905
隼人司……下57
油絹(大和国の進るところ)……下63
油絹を造る所……下455
権史生……中511,下13
史生……中473,下11,13,57,61
司の園の竹……下65
年料の竹器……下65
鸇……下623
隼神社……上511
解除……上35,259
賀茂の祭……中295
晦日の解除……上123,267,365,中181
189,309,下161,701
祓柱(奴婢)……上135
祓の馬……下801,803
解除の料(祓の料)……上355,中285
大祓……上259,中541

若干年を経て替う……………………………中1047
用度の竹……………………………………下147
料物…………………………………………下145
白田…………………………………………下355
波多板(八多板)………………上227,299,中325
399,419,421,433
波太伎神社…………………………………上549
畠田神社……………………………………上555
秦氏…………………………………上281,下333
波多神社
大和国(飛鳥川上に坐す宇須多伎比売命神社…気吹雷響雷吉野大国栖御魂神社)
……………………………………上531
和泉国(博多神社…聖神社)………………上541
伊勢国………………………………………上557
波太神社(男神社…比売神社)……………上543
機殿…………………………………………上193
執旗…………………………………………中529
幡生神社……………………………………上639
鰭の広物鰭の狭物…………………………上447
波多甕井神社(飛鳥川上に坐す宇須多伎比売命神社…気吹雷響雷吉野大国栖御魂神社)……………………上531
幡日佐神社…………………………………上651
鉢……………………………上279,中843,下329
鉄の鉢………………………………………中679
陶の鉢…………………………………上69,下317
八十一難経…………………………………下371
波知神社(伊甚神社…立虫神社)…………上673
荷藕(笋…楡の皮,蓮根)………中793,下209,243
荷葉(稚葉…稚藕)………………下215,239,497
稚葉…………………………………………下497
蓮子…………………………………………上321
蜂田神社……………………………………上541
八幡神………………………………………上715
八幡神宮司………………上183,715,中493,503
八幡大菩薩宇佐宮…………………上183,715
八幡大菩薩筥埼宮(宗像神社…美奈宜神社)
……………………………………上157,711
八味理仲丸……………………下343,365,367,369
羽束師に坐す高御産日神社………………上511
羽束志の園(京北の園…奈癸の園)………下483
羽束の工……………………………………下855
菝葜(人参…薤白)…………………………下337
発勘…………………………………………下733
発遣の司……………………………………下871
八省院 はっしょういん → 朝堂院 ちょうどういん
八神殿………………………………………上395
八足の案……………………………………上57,71
法度…………………………………………上17
八方諸神……………………………………上481
波氏神社(波多神社…小川神社)…………上557
鳩……………………………………………下517
服織…………………………………………上201
服部氏(服織麻績の人ども)……上193,253,491
服部神社
大和国(倭恩智神社…飛鳥に坐す神社)
……………………………………上529
因幡国………………………………………上665
服織神社
伊勢国(加和良神社…久留真神社)……上557
遠江国………………………………………上573
服部伊刀麻神社(須麻漏売神社…宇留布都神社)
……………………………………上553
服部麻刀方神社(須麻漏売神社…宇留布都神社)
……………………………………上553
執翳の者……………………………………下433
花鬘…………………………………………中285
花形…………………………………………中313
花形の釘(花釘)………………中399,411,431
花形の下金…………………………………上219
鼻切履………………………………………下331
花盤……………………………………中393,823
鎮花の祭……………………………………上51
羽梨山神社…………………………………上597
縹………………上293,中235,417,607,下445,617
浅縹…………………………………………中265
色糸…………………………………………中853
深縹……………………………………中263,下777
次縹…………………………………………中265
中縹……………………………………中263,下139
鈍縹…………………………………………下621
花橘子………………………………………下243
縹の紙…………………………………中135,145
縹の帛(緋の帛…皂の帛)………中881,883,887
縹の組………………………………………上223
放飼…………………………………………下799
放飼の馬…………………………下805,807,819
花長神社……………………………………上609
花長下神社…………………………………上609
花漆…………………………………………下849
鼻節神社(都都古和気神社…月山神社)
……………………………………上153,619
花槍…………………………………………下837

函
告朔の函……中135,下623
勅書の函……中149
飛駅の函(見在の丞已上,皺文の革の袋…短冊)……中97,137,155,下265
筥形……上45,295,中607
筥瓶……上87,中847,下503
馬穀……中379
筥埼宮《はこざきぐう》 → 八幡大菩薩筥埼宮《はちまんだいぼさつはこざきのみや》
波古神社……上629
筥坏(脚短杯・筥杯)……中841,889,下185
様の筥坏……中887
葉薦……中233,841,下157,415,453,469,705
黄櫨(紅花…藍)……上371,中213,237,349
端金……上217
薑
茎有る生薑……下219
生薑(干薑,竃杵米…荷葉)……中827 下215,509
高梁薑……下379
秦椒……下391
種薑……中827
漬薑(醬漬の瓜…菁根漬)……下209,501
干薑(竃杵米…荷葉,人参…薤白)……上321 中311,341,827,下209 215,337,383,487,815
蠲椒神社(山神社…海神社)……上155,661
波自加弥神社……上639
土師神社……上559
箸竹(神祇官の卜竹…山藍,筋竹,干柏…油)……中793,下181,199,207,713
山城国……下195
土師の器……中843
箸の坩(筋坩,箸壺)……上295,中847,下329
筋の筥……上331
榛子(榛人)……下169,203,243,875
間人女王……中733
把笏……上443,中477,493,495,511 521,下11,13,23,633,707
近衛・雅楽の才伎の長上……下633
番上……中481,下15,633
破除……中779,下855
柱
幄の柱……中415
幄・幔の柱・桁……上377,下87
斎柱……上473
漆の土居の桁柱……中311
枝柱……中399
輿の柱・桁……中405
心柱……上209
前楹……中613,下885
束柱(壁代…歩板)……中405,407
管柱……中79
楹……下433
不調の馬を繋ぐの柱……下807
幕の柱・桁……中415,433,下703
幔の柱……中415,433,下703
走馬……中49,1015,下5,119,443,749,753,805
大原野の祭……下803
大神の祭……下803
春日の祭……下803
賀茂の祭……上361,下691,801
禁色(五位以上…准えよ)……下625
競馬の標……中661
毛付の奏文……下7,687,809
牽夫入京の期日(十二月二十五日・四月二十五日・同月二十一日)……中1015
皇后宮の走馬……下801
五月六日の儀……下693,809
近衛……上369,下97,99
進上数……下5
当宗・杜本・山科等の社の夏冬の祭……下803
御馬の名簿……下811
名奏(奏文)……下809
走馬の鞍……下831
走馬の結番の文……下7
走馬の舎人……下691
走孺……上261,357,369
巴豆(犀角…青木香)……下341
羽豆神社
尾張国……上569
参河国……上571
長谷神社
伊勢国……上561
信濃国……上613
駈使丁……上35,339,397,中207,下335
主船……中805
長谷山口に坐す神社(巻向に坐す若御魂神社…桑内神社)……上451,527
匜(樔,䑦)……上51,287,333,419,中423,841
馬装……下801
波蘇伎神社(坂手神社…太神社)……上563
機……中1003

音博士(主神…守駅館,帥に十分…)……中641
805,981
陰陽博士……下23
国博士……中639,下881
解由……中503
考課(その疑うところを…省に申せ)……中633
講書の食料……下371
講書の博士……下241
権博士……中505
最……中521
座主の博士……中631
算博士……中783
試博士……中507
授業師……下373
卒死(殊に官物を給え)……中639
女医博士……下339
証博士……中507
書博士……中17
天文博士……中357
非業(非受業の人)……中503,637
本道の博士……中635
明法博士……中981
文章博士……中509,589,783
暦博士……中357
博多神社……上541
博多津……中1029
伯太彦神社……上535
伯太姫神社……上535
袴……上283,339,中231,下59,123
浅杉染の袴……下613
表袴……中241,679
大口の帛の袷の袴……下835
白袴(表袴)……中241
揩染して文を成す衣袴……下613
染袴……下615
中袴……中231
布袴……下57
綿袴……中251,679
芽原川内神社……上575
脛纏……上295
萩原駅……下53
帛《はく》 → 帛《きぬ》
羽咋神社(気多神社…加夫刀比古神社)……上641
白烏……中651
白花木瓜実……下377
白鳩……中651
白玉赤文……中649
白玉の腰帯……下617
擘拘……下851
白紙……中777
栢子人……下381
白石脂……下383
白象……中647
白粟……下377
白沢……中645
白罼……中651
白雉……中651
白丁《はくてい》 → 白丁《びゃくちょう》
白読……中507
白馬赤髦……中645
白馬赤鬣……中645
白礬……中321
白樊石……下391
薄氷を履む……上5
麦門冬《ばくもんとう》 → 麦門冬《やますげ》
曝涼(七月上旬より八月上旬まで)……中197,705
下11,241,843
牛の皮……中327
御書および図絵……中209
白露……中371
駮鹿……中653
巴戟天……下391
筥(沐槽…御巾の紵の布)……下317,329
編筥……中831
荒筥(麁筥,沐槽…御巾の紵の布)……上41,113
177,279,331,中833,下183,221,299,317
宇岐筥……下559
打掃の筥(楊筥)……下417,425
織筥……中831
神筥……下183
革筥(牛の皮十張・鹿の皮十張)……中147,335
397,下323
沓筥……上267,中421
小翳の筥(斗帳…軽幄の骨)……中433
詔書の筥……中95
刷の筥……下155
黒葛筥……中231,下735
筋の筥……上331
平文の筥(大翳の筥,斗帳…軽幄の骨)
……中419,433
取物の筥……上381
楊白筥……中231
楊筥(柳筥)……上231,287,367,中147,173,233
335,395,397,415,841,下87,695

後山科陵……………………………………中727
野寺《のでら》 → 常住寺《じょうじゅうじ》
能登神社(御方神社…山都田神社)………上631
能登国…………………………上639,中749,879
　熬海鼠………………………………………中879
　雑の魚の腊…………………………………中879
　呉服の綾……………………………………中879
　菅薦…………………………………………中879
　撰才駅・越蘇駅……………………………下49
　大興寺………………………………………中675
　能登の鯖……………………中879,下495,711
能登比咩神社(気多神社…加夫刀比古神社)
　…………………………………………上641
野草の綾(続花の綾…呉服の綾)…………中845
野宮…………上261,269,271,361,下95,289,779
　主神司………………………………………上281
　輿一具(野宮に同じくせよ)……………中429
　小柴垣(垣)…………………………………上299
　食法…………………………………………上269
　装束……………………………………中425,433
　造営(斎宮を造り)…………………………中43
　内外の屋……………………………………上299
　野宮に遷る装束……………………………上283
　野宮に遷る祓の馬…………………………下801
　野宮を造り畢る祓の料……………………上271
　祓い清むる料………………………………上273
野宮の地を鎮むる祭………………………上271
能原神社……………………………………上561
笶原神社(賀茂神社…久度神社)…………上699
舒べ陳ね……………………………………中563
能褒野墓……………………………………中729
上……………………………………………中1029
幭を著くる殳……………………………中79,下739
野間神社
　伊予国(淡路伊佐奈岐神社…阿治美神社)
　……………………………………上157,707
　加賀国………………………………………上639
鑿………………………………………上289,403,407
野身神社……………………………………上545
野見神社
　尾張国(坂手神社…太神社)……………上563
　参河国………………………………………上569
紫菜(醤…折薦の帖,海藻…鹿角菜,紫苔)
　……………上321,417,中207,837,849
　885,下103,183,209,211,487
絹粥飼いの料………………………………上385
法倉…………………………………………中1057
祝詞…………………………………………上445
祝史(祝の料)……………上53,205,中229,下179
祝師…………………………………………下415
能利刀神社…………………………………上667
能理刀神社(和多都美神社…和多都美御子神社)
　…………………………………………上721
祝の料……………………………………上53,下581
賭射……………………………中439,下5,439
　491,741,747,789
　近衛将監……………………………………下747
　兵衛尉………………………………………下789
　禄……………………………………………下441
法り別けて…………………………………上479
能呂志神社…………………………………上671

は

派……………………………………………上3
把……………………………………………上397
灰……………………………………………上373,385
波斐…………………………………………下497
拝……………………………………………下605
唄……………………………………………中991
裴楷清通(道は清通を謝す)………………上21
売口分田……………………………………中1073
廃闕…………………………………………下639
陪祭の官……………………………………中617
吐盤……………………………………中843,857
癈疾……………………………………中909,931,941
配所(前所)…………………………………下71,73
拝除…………………………………………中29
配志和神社…………………………………上627
掃墨…上227,297,中389,415,813,下89,831,847
吠声…………………………………………下57
廃池…………………………………………中787
買田…………………………………………中1073
買人…………………………………………中1073
榛原神社(大川内神社…官舎神社)………上553
拝舞(再拝舞踏)…………………中69,559,下859
灰宝神社……………………………………上569
廃務…………………………………………中615
貝母…………………………………………下385
焼灰…………………………………………上395
肸を打つ……………………………………下851
はう虫の禍(昆虫の災)………………上473,479
蠅払……………………………………中181,313
墓《はか》 → 陵墓《りょうぼ》
博士………………………中545,657,805,下309

年料の紙……中209,225
年料の革筥……中397
年料の交易雑物……中1043
　未進……中837
年料の雑の籠の料……下65
年料の氷……中1011
年料の御薬……下165
　返貢……中165
年料の鋪設……下449
　諸司の鋪設具……下453
年料の墨……中211,227
年料の墨を造る所……下453
年料の装潢の用度……中213
年料の雑物……中61,915
　未進……中915
年料の雑薬
　出雲国……下401
　衛府……下361
　近江国……下389
　遣諸蕃使……下365
　左右衛門府……下363
　左右近衛府……下361
　左右兵衛府……下363,365
　左右馬寮……下365
　諸国の進る年料の雑薬……中815,下375
　諸司の年料の雑薬……下359
　内匠寮……下359
　大宰府……下413
　播磨国……下401
　兵庫寮……下365
　美濃国……下389
　木工寮……下361
年料の竹器……下65
年料の醸酒の数……下543
年料の仁王経を写す所……下453
年料の筆……中225
年料の別貢の雑物……中811
年料の別納の租穀……中811,985
　承知の官符……中799
　諸王の時服(官符…給う)……中57
　負担国(二十五国)……中811
年臈(臈)……中21,141,687
年労(労)……中29,475

の

箆(箆竹)……上51,175,277,299,中399,405,411,793,下63,65,147,713,845,849
　柳の箆……中793
納軌……上3
脳漿なめし(脳を和ちて搓み乾かす)……中327
能治廉節……中693
栄……下885
宇瓦……下279
野城神社(宍道神社…由貴神社)……上669
棉梠……中405
乃伎多神社……上605
巾《のごい》 → 手巾《たのごい》
拭布(沐槽…御巾の紵の布)……上293,下317,329
野坂神社……上631
荷前……上449,下321
　大舎人(凡そ諸陵に…)……中107
　掃部寮……下95
　常幣儀(治部)……中53,107,739,下95,433,447
　中宮の荷前使(内侍…裹み儲けよ)……中181
　日時の勘申(十二月五日)……中51,53,107
　日時の占定(陰陽寮をして…)……中107,181,359
　残り……上449
　荷前使(常寧殿の南庭)……中107,109,181,447
　荷前使闕怠……中109,447
　荷前の幣物……下95
　不参(正月七日の節に…)……中109,447
　別貢の幣(別供幣)……中53,107,181,309,359,下95,433
　幣(当年の調物)……中51,107
熨斗(熨)……中267,269,下355
熨の脩……中271
野志里神社……上563
野白神社(真名井神社…布自奈大穴持神社)……上667
野神社(野見神社…灰宝神社)……上569
熨す……下263
宣う……上445
宣う命……上461
後手(再拝両段)……上117,193
後阿陁墓……中735
後の斎い……上501
後宇治墓(山階…多武岑)……中107,735
後愛宕墓(山階…多武岑)……中107,737
後小野墓(山階…多武岑)……中107,737
後相楽墓……中735
後鎮……上271,415
後田邑陵(山階…多武岑)……中107,729
後深草陵……中729

貫鞘……下825
貫簀(漆の樽…鎮子)……上267
抜穂の田……上395,中39
抜穂使(稲実卜部・禰宜卜部)……上395,397
使の衙屋……上395
鐸比古神社……上535
鐸比売神社……上535
奴奈川神社……上645
沼名前神社……上691
根蓴(莿根…梨子)……下209
奴奴伎神社……上653
布……上273,中217,389,399
布画の毯代……下565
布帯……上383,中79
白布帯(皂の緌…麻鞋)……中79
努能太比売命神社……上543
布の蔀……下435
布の衫……中251
布の袍……中251
布の幕……下131
布の幔……下131
布の御服……上275
布纏の刀形(庸布…裹葉薦)……上25
奴婢……上135,中931,935
婢の裙……下615
服制……下615
漆の羅……下835
漆部神社……上563

ね

佞人……中647
根雄……上217
禰宜(八位…位子)……上49,183,185,187,317
491,中173,493,791,909,下99
考文……上253
禰宜卜部……上395
根倉の物忌……上201
根車……中647
根の国……上481
沢蒜……中849
黏絹……中325
黏す……中217
練糸……上41,297,中155,231,409,417,429
843,859,863,下63,131,143,501
練紗……上295
錬金(練金)……上295,中831,下285,845
練絁……中265
練絹(黏絹)……中325,下777
練胡麻……下369
練染……下143
練染の調の糸……中757,843,859
年官(毎年太政官に充てよ)……中487
年貢の御馬……下799,873
路次の国……下797,873
年中死(たとえば…調庸を徴るの類)……中913
年終断罪奏(凡そ刑部省…)……中71
年終帳……中75,103,921,下177,375,731,761
計会……下733
証帳……下733
保管期限(三年に一たび除け)……下733
年中の供養……中993,1039
年分度者……中201,641,701,999,下99,303
延暦寺……中791,下103,211,457,575
海印寺……下105,213
講読師補任(年分ならびに臨時の別労)
……中689
勅使……下215
天台宗……中999
得度者……中779
別勅の度者……中701
臨時の度者……中703
例得度……中697
年徭……下657
年料
斎内親王の年料の膳……上341
斎宮・斎宮寮……上329
供御の膳……下499
供御の年料(新嘗会に始めて用い…)
……下173,305,327,505
鋳銭の年料の銅鉛……中1009
諸国の年料……中335,837
諸寺の油……下319
製織……下133
東宮の年料(官に申して請い受けよ)……下711
713,715
贄……下519
女官厨(女孺の厨)……中133,下865
年料舂米……上343,中807,下313
大炊寮……中809,下313
舂米運京の国(二十二国)……中809
年料租舂米……中809
未進(凡そ諸国の租舂米…)……下731
輸納国(十八国)……中809
年料の藍染むる所……下455

乳の缶……………………………………下329,715
入不課……………………………………中939
如意(屏繖…蠅払)…………中181,205,313,629
鐃……………………………………中197
女御………中119,163,下237,309,325,615,861
女房……………………………………中317
女楽……………………………………中85
女官厨(女孺の厨)…中133,273,503,下309,865
　年料……………………………………中133
女蔵人(蔵人)……上263,中161,345,下615,681
　給食(中宮の雑給…)……………………下307
女孺…………………上41,中119,235,下223,339
　内の女孺……………………………上269
　掃部女孺……………………………下437
　掃司……………………………………中127
　斎宮寮……上197,263,269,303,339,341,中87
　定額の女孺…………………………中127,271
　中宮職……………………………………下309
　朝賀(日給侍者…,折櫃の食…)…中159,165
　手水……………………………………下597
　縫殿寮……………………………中105,273
　未選の女孺…………………………中121
女丁(仕女)………上43,269,345,中121,273,771
　下175,223,293,295,305,553
女袍……………………………………中251
菹……………………………………中603,下515
　葵菹……………………………中607,下203
　蔓菁菹……………………………………下203
　味菹……………………………………下511
　菁菹……………………………………下209
　切菹……………………………………下513
　韮菹……………………………………下203,877
　芹菹……………………………………下203
　菘菹……………………………………下513
　笋菹……………………………………下203,877
　菹蔓菁……………………………………下229
　脾析菹……………………………………下203
楡の皮(薯蕷…夜干)………………中793,下361
　389,501,515
　楡皮蔓菁……………………………………下229
爾波神社(塩江神社…諸鑁神社)…………上565
庭作……………………………………下281
雞……………………………………上209
庭燎(燎)……………………中611,下315,317
庭燎盆……………………………………下155
庭火の祭《にわびのまつり》 → 忌火庭火の祭《いみびにわびのまつり》
任官儀(官に拝す)……………………中493,559
　欠席(もし…称唯せよ)…………………中561
　内裏任官儀………………………中47,下439
　女官……………………………………中97
　百二十日を経ば……………………………中493
人給の料………………………上377,中437,下321
仁賢天皇……………………………………中719
人参……………………………………下337
人参の生ぜる……………………………中653
任僧綱儀(告牒の式)……………中11,599,685
　官人参加規定(勅使の参議…寮等の座)
　……………………………………中685
仁徳天皇……………………………………中717
仁和寺……………………………………中693,995
仁王会……………………………………下215
　一代一講の仁王会…中45,205,675,下303,433
　百高座……………………………………中675
仁王般若経…………中205,207,667,675,下321
任符(籤符,官符)…………………中15,17,21,29
　国司……………………………………中7,11
　国師……………………………………中689
　神宮司……………………………………中15
　別当・三綱(寮もまた…)…………………中693
仁明天皇……………………………………中653,727
　忌日(三月十七日二十一日)……………中467
任用……………………………………中19,21
　任用国司(凡そ諸国…)…中15,501,691,下719

ぬ

縫糸……………………………………下549
縫立……………………………………中197
縫殿の神……………………………中133,229
縫殿寮……………………………………中97,229
　紙・筆……………………………中223,225
　厨町(左京北辺…一条二坊二町)
　……………………………中273,下481
　史生……………………………………中473
　十二月の晦の夜の料……………………下323
　南院……………………………中309,下433
　女孺……………………………中105,273
　寮の神三座……………………………中229
縫司……………………………………中119
縫女……………………………………下237,309
繍……………………………中199,下613,767
繍の裲襠……………………………………下785
額田神社……………………………………上563
貫前神社……………………………………上615

縄……下275
縄貫鰒……下191
奈和駅……下51
縒昆布……下171
南島……下869
南都六宗……中665
男房……中317

に

丹(金泥…同黄,朱沙…紫土)……上367,中67,337,411,835,下789
新分駅……下55
新次神社……上685
新嘗会の御服を縫う所(縫備所の鋪設)……中233,下455
新嘗の祭(大嘗会)……上27,69,117,279,319,485,507,中33,35,89,179,191,231,301,313,465,下163,295,305,317,417,775
　斎宮の新嘗会の直会(新嘗の解斎の日)……上351
　采女……下577
　大宿……下705
　小斎の給食……下151,187,295
　小斎の解斎……下159
　小斎の解斎の食……下295
　小斎人(春夏の禄の文…要劇を請う文)……中149,179,235
　官田……下157,159
　供御の料……下485
　梳……中321
　黒白二酒……上319,397,中789
　皇后宮の小斎人……下151,189
　祭日(中つ卯の日)……下637
　参列者の点検(正月七日…移して拘留せよ)……中89
　中宮……下317
　豊明の節会(宴,新嘗会の節)……中35,51,135,301,445,541,下93,115,189,297,489,741
　直相……下151,187,189
　新嘗に供うる料……上119,279,319
　祝詞……上485
　八男十女……上319
　卜定……下157
　御卜……下251
　御膳の進退……下157
　夜の料……下485
新宮の地を鎮むる祭……上133
新屋に坐す天照御魂神社(新屋社)……上107,545
丹生川神社……上525
丹生神社
　大和国宇陀郡(高天岸野神社…八咫烏神社)……上525
　伊勢国飯高郡(立野神社…丹生中神社)……上555
　近江国伊香郡……上605
　若狭国遠敷郡……上629
　若狭国三方郡(御方神社…山都田神社)……上631
　越前国敦賀郡……上631
　但馬国美含郡……上663
仁布神社(御方神社…山都田神社)……上631
丹生都比女神社……上697
丹生川上神社(高天岸野神社…八咫烏神社)……上145,525
丹生中神社……上555
丹漆……上223
贄……上55,195,345,491,中805,下171,177,517
　鮮けき鮒の御贄……下773,793
　淡路国の中宮の御贄……下519
　江の御贄……下523
　大嘗……上487
　雉の腊(参河国)……下517
　諸国交易の雑の贄……中983
　諸国貢進御贄……下169,517
　諸国例貢御贄……下169,517
　大宰府(調物)……下171,521,869
　年料……下517,519
　腹赤の御贄……中183,下165
　御贄を貢上する使……中1051,下869
贄使……下199
贄殿(二人)……下171,503,523
　給食(中宮の雑給…)……下307
贄土師……中843,857
熟麻(煮麻)……上297,343,中319,397,829,851,869,下89,705,805,817
仁王駅……下55
煮堅魚……上29,中849,865,下231
二月堂 にがつどう → 観音堂 かんのんどう
二花の綾(一窠の綾…菱花の綾)……中845
仁壁神社……上695
阿膠(膠)……上297,中67,211,395,417,419,429,433,下285,349,847
熟銅……上227,297,中399,401,403

長見神社……上669
長海松……中813,849
長席……中267,333,683,871,下225,417,455
中村神社
　河内国……上539
　信濃国（武水別神社…玉依比売命神社）……上613
長女柏……上419,下557
中荷の水桶……下507
仲山金山彦神社（小野神社…生島足島神社）……上151,607
中山神社
　美作国（海神社…住吉荒御魂神社）……上155,687
　美濃国（村国神社…恵奈神社）……上609
中由加……中887
長柄神社
　大和国……上521
　河内国（弓削神社…弥刀神社）……上537
流田神社……上555
流田上神社……上555
中割……下311,525
水葱（竈杵米…荷葉）……下215,509,527,537,647
名木神社……上655
奈癸の園……下483,527
奈伎良比売命神社……上681
哭（内の七言・外の七言,泣）……上261,355
名草神社……上659
奈具神社
　丹後国加佐郡……上653
　丹後国竹野郡……上655
長押……下127
莫越山神社……上591
成さず……上457
梨子……下209
撫（内の七言・外の七言）……上261,355
那須加美乃金子神社（和多都美神社…和多都美御子神社）……上721
名次神社……上547
薺……下509
茄子（醬漬の瓜…菁根漬）……下209,507
　中子……下219
作目……中243
な妖……上483
夏鰒……下517
夏の調……中853,859
棗
　大棗……下369
　干棗（乾大棗）……上321,下171,203,227,399,455,485,875
棗の木の鞍橋……上295,下621
七種の粥……下585,589
奈奈美神社（須麻漏売神社…宇留布都神社）……上553
難波津……上141,中1029,下867
難破に坐す生国咲国魂神社（難破大社）……上105,543
難波館……中711
菜杯……中847,887
那乃利曾（名乗曾）……中827,下211
索昆布……中831,下209,519
鍋（堝）……上31,279,中423,843,下193,221
　銅の鍋子……中155
　鉄の火取堝……上333
　平鍋（鍋）……中843,857
堝倉神社……上527
奈保山西陵……中723
奈保山東陵……中723
生藍……中317,下761,793
生瓜……下507
生栗子（葪根…梨子）……中853,下209,485,493
生蒋（神祇官の卜竹…山藍）……中793,下353
生菜（醬…折薦の帖）……中207
双栗神社……上517
雁脊……下825
那売佐神社（佐志武神社…富能加神社）……上675
成相墓……中731
奈良神社……上589
平城坂上墓……中733
奈良の園（京北の園…奈癸の園）……下483,527
楢の笛工……上421,433,下155,167,177,193
奈良波良神社（礒神社…坂手国生神社）……上551
匏（瓱…置簀,瓠）……上31,483,中711,793,下221,329,547,713
鳴雷神社
　宮中……上511
　大和国……上31,519
鳴雷神……上511,下581
鳴雷神の祭……上31
鳴神社……上111,697
蜀椒子（干薑,人参…薤白）……中827,853,881,下219,337,379,509
成海神社……上569
鳴海杻神社……上567

長寸神社(馬路石辺神社…日向神社)……上601
長瀬神社……上559
長田神社
　摂津国……上109,547,中709
　美作国……上685
長帖(長畳)……上285,中267,635
　641,683,下371,473
中務省……中79
　内舎人……上269,中545,下3,239,307,673
　大祓……中35
　小斎……下149
　元日の威儀具(省符)……中313
　季禄……中55
　月料の紙・筆……中61
　五位以上位記式……中141
　史生……中473,下309
　時服……中57
　省掌……下309
　陣列(丞ならびに内舎人)……中79
　輔……中83
　節会の見参……中51
　僧綱の辞表……中685
　曹司……中65
　品官(内記…等四箇局)……中527
　寮庫……中103,345
中川神社(村国神社…恵奈神社)……上609
中津神社
　壱伎島(住吉神社…高御魂神社)……上157,721
　駿河国(神部神社…豊積神社)……上577
長綱……下127
中隧……中843
中つ祓……上351
中壺……中889
長拍手両段……上299
奈加等神社……上559
長門国……中753,893
　鰒……中893
　駅家(阿津…小川に各三疋)……下53
　大津郡・阿武郡……中893
　採銅使(大津阿武両郡の浮浪人…)……中893
　参美駅……下53
　瓷器(年料の雑器)……中821,823
　仕丁……中769
　鋳銭司……中799,921
　神封……上179
　繋飼の馬牛……下799
　長門国四王寺……中999
　埴田駅……下53
　兵粮料……中973
　牧……下33
　海藻……中893
　庸米……中893
　臨門駅……下53
　綿……中893
中臣……上27,71,79,81,263,355,461,中303
　大祓(六月の晦の大祓)……上477
　神嘗の祭……上493
　征夷使……下121
　月次の祭……上67,491
　中臣氏……上27,445,下701
　中臣女……上77,81,277,中303,下161,697
　御贖……上277
　御麻儀(中臣氏を用いよ)……下701
中臣神社……上563
中臣印達神社……上683
中臣鹿島連(鹿島神宮)……上595
中臣須牟地神社(住道)……上543,中709
中臣連部……上269
中取の案……上289,387,中379,下163,221,261
　305,341,501,547,585,595,713
中塗り(中漆)……下275,849
中藍色……中265
中重……上253,347
仲大歳神社……上583
中紅花……中259
中滅紫……中257
長野神社
　河内国……上539
　遠江国……上573
仲野親王……中737
中蘇芳……中257
中縹……中263,下139
中縹地の四窠の錦……下141
中緑……上367,中263
中紫……下613
中袴……中231
長幡部神社
　武蔵国……上589
　常陸国……上595
長幡部の絁……中845,871
長浜神社……上581
長牽の馬……中1017,下799,873
中丸組……中253
長御膳の遠御膳と……上451,487

　内案式……下723
内印……上173,中7,17,55,97,403,793,下73
　神位記(年月日)……中137
内印を請うの類……中13
内宴……中317
　舞台……中317
　禄の綿……中317
鍒鎌……上211
内記……中133,135,439,445,501
　紙・筆……中149,223
　恒例の解文……中149
　史生(労十年)……中29,147,473
　墨……中149,225
　宣命(内記預め書け)……中133
　列見・定考の禄……中65
内規……下117
内教坊……中121,131,317,下237,309,455,589
　妓女……中167
　春の神の祭……中131,133
　儛人(女楽)……中131,345,下437
　未選の女孺……中121
内宮 ないくう → 伊勢大神宮 いせだいじんぐう
内供奉十禅師……中665,下101
内考……中517
内侍所……下507,601
尚侍……中99,121
　氷……下591
内侍の宣……中319,473,485,497,下335
内侍司……上43,175,中119,159,163,351
　下173,235,325,483,515,565
　東豎子……中347
　駒牽(女官)……下443
　女史……中279
　弾奏……下601
　内侍……上65,263,中237,下757,789
　内侍の印……下167
　別貢の幣……中181
内豎……中463,下241,307,311,751,809,863
内豎所……中77
内親王 ないしんのう → 内親王 ひめみこ
内膳司……下481
　小斎……下151
　膳部……上39,中183,下481,491,493,525
　春日の祭……下201
　元日の節会……下675
　給食(中宮の雑給…)……下307
　史生……中473
　七月七日……下493
　践祚大嘗祭……下427
　薗韓神の祭……下195
　料理所……下491
　年料の狭席・折薦……下455
内膳の盛所……下559,591
内長上(内の職事)……中487,519
内鎮……中351
内武官……下9
内分番(内長上四考…外分番十考,番上)
　……中487,517,519
内弁(太政官,大臣)……上429,中3,47
内弁の大臣……下431
内命婦(命婦)……上79,中85,163,271,579
　下115,191,571,597,613,617
那閉神社……上577
苗子を択る……下531
負名の氏……中477,513,下15
直立……中565,583,613
直相(直会の日)……上249,下151,187,189
直会院(解斎殿)……上199,317
　第一殿……上253
直相殿……下419
奈保留(内の七言・外の七言,直)……上261,355
長鰒(鳥子鰒…薄鰒)……中849
轅……中409
長岡神社……上643
長岡の園(京北の園…奈癸の園)……下483
長尾神社(高天彦神社…葛木二上神社)……上523
中尾陵(山階…多武岑)……中107,727
中片杯……中843
長刀子……上191
長絹……上283,中845,871
長倉神社……上615
永倉神社……上619
長倉駅……下45
長桁……中405
中子(内の七言・外の七言)……上261
中子……下219
中子 なかご → 心 しん
長薦……下225
中床子……上387,下431,439
仲神社
　伊勢国(竹仲社,須麻漏売神社…宇留布都神社)……上311,553
　伊豆国(火牟須比命神社…伊那下神社)
　……上581

伴造……上431
伴部……上269,中513,925,下167
　長上以下の諸部……上293
　春宮坊(百五十人)……下707
鞆結神社(大浴神社…大荒比古神社)……上605
外山神社……上567
豊受大神宮《とゆけだいじんぐう》 → 度会宮《わたらいのみや》
豊受大神……上187
豊葦原の水穂の国……上471,481,487
豊雷命神社……上575
豊雷売命神社……上575
豊磐間門命(波比祇神…生島神・足島神)
……上447,475,509
豊逆登り……上445
豊積神社……上577
豊の明りに明り坐さむ……上487
豊明の節会(宴,新嘗会の節)……中35,51,135
301,445,541,下93
115,189,297,489,741
　雑の器……下193
　食法……下305
　践祚大嘗祭……上441,中541,下561
　辰の日の暮れ……中179
　中宮の豊楽……下489
　新嘗会直相の日の雑器……下553
　女官……下555
豊比咩神社(高良玉垂命神社…健磐竜命神社)
……上157,713
豊比咩命神社……上715
豊御玉命神社……上583
虎像の纛幡……下785
虎の皮……中79,下741
鳥居……中407,427
鳥尾の扇……下863
鳥養牧……下805,819
鳥形の鎮子……下569
鳥車……中647
鳥子名舞(弾琴…)……上199,249,255
鳥坂神社
　大和国(飛鳥川上に坐す宇須多伎比売命神社
…気吹雷響雷吉野大国栖御魂神社)
……上531
　伊賀国(敢国神社…大村神社)……上549
鳥坂苔……中827,下211
扠盤……下549
鳥の腊……上291
鶏卵《とりのこ》 → 鶏卵《けいらん》
鳥子鰒……中849,867
執物……下751
鳥屋神社……上673
鳥屋比古神社……上641
度量権衡(大・小)……下351,861
　斤両制(三両一分二銖)……中847,849,下845
　造営尺(南北一千七百五十三丈)……下657
　斗量制(一斗五升)……中817,847
　歩……下861
等呂須伎……上87,405,中843
泥塗……下641
斗を御め衡を提ぐ……上17
屯……中847,849
頓宮(行宮)……上303,353,中987,下165,841
　阿保頓宮……上353
　一志頓宮(近江国の国府…壱志)……上303,353
　大江御厨儲所……上353
　河陽宮……上353
　川口頓宮……上353
　河内茨田真手御宿所……上353
　甲賀頓宮(近江国の国府…壱志)……上303
　相楽頓宮……上353
　鈴鹿頓宮(近江国の国府…壱志)……上303
　勢多頓宮(近江国の国府…壱志)……上303
　造行宮使……中53
　大嘗宮……下425
　垂水頓宮(近江国の国府…壱志)……上303
　都介頓宮……上353
頓酒……下547
頓杖……下73
屯綿……下125
豚胉……中603,下203
頓料(頓給の料)……上373,下325,579,701
　親王の頓料……中439

な

菜……下207
　雑の菜(筝…楡の皮,八十四石四斗)……中793
下507,511
　供奉の菜(斗を停めて…)……下511
　御斎会(供養料雑菜)……中47
　生菜(醤…折薦の帖)……中207
　菜を漬くる塩……中133,273,下331,761
　年中の七節の料(一石五斗九合)……下511
儺《な》 → 追儺《ついな》
内案(一通は奏し進り)……中13,下11,719

唱え計えよ……………………………中557,559,615
登奈孝志神社……………………………上625
刀那神社…………………………………上635
土人………………………………………中773
刀禰………………上347,457,中51,555,下5,607
　朝拝の刀禰……………………………下607
刀禰の数の札……………………………下161
舎人…………………………………上263,357
　斎宮の舎人……………………………上269
　内舎人…………………上269,中183,545,下3
　　239,307,633,673,745
　衛府の舎人(諸衛)……………中439,777,下17
　　19,147,665
　大舎人……………………………上71,中545
　鑰………………………………………中191
　元日朝賀………………………………中159
　馲の舎人………………………………下687
　外考舎人(その舎人…還せ,外位)
　　………………………………中481,513
　三宮の舎人(八位…位子)…………中909,945
　帯刀舎人(八位…位子,中宮の雑給…)
　　…中909,下307,673,675,705,707,743
　中宮職舎人……………………中481,513,下13
　勅旨の舎人……………………………中347
　東宮舎人……………中481,513,下13,311,707
　得考の舎人……………………………下703
　走馬の舎人……………………………下691
　白丁の舎人…………………………中513,下707
　不仕の舎人……………………………中195
　補任(凡そ諸宮の舎人を…)……………中513
　召継の舎人……………………………中177
頓練………………………………………上233
舎人監(主膳監)…………………………下709
　史生……………………………………中473
舎人司(斎宮の官人)…………………上303,347
宿直(夜)…………中23,35,115,155,639,下637
　大宿………………………………下637,705
奏宿………………………………………中541
戸の神……………………………………上327
等乃伎神社………………………………上541
外散位《とのさんい》 → 外散位《げさんに》
殿醸酒……………………………………下559
殿部…………………………上269,中513,下331
殿守………………………………………上305
殿部司(斎宮の官人)………………………上303
殿司…………………………………中119,131
　燈守……………………………………中127
　中宮の湯沐(中宮もこれに准えよ)……下327
主殿寮………………………………中775,下315
　供奉の年料……………………………下327
　御斎会(供奉の官人)……………………下319
　御斎会の焼香…………………………中199
　史生……………………………………中473
　収蔵庫(寮物)…………………………下315
　諸司に充つる炭・松……………………下335
　践祚大嘗祭……………………………下425
　朝賀の焼香……………………………中195
　追儺(官人)……………………………下333
　殿舎(寮家)……………………………下315
　殿部………………………………中513,下331
　菜を漬くる塩…………………………下331
　駈使丁…………………………………下335
　御薪……………………………………下607
帷(幌,帳,幃)……上201,203,229,233,275,283
　　329,381,415,中231,311,315,下507
　内の蚊屋の絹の帳……………………上229
　覆の絁の帷(沐槽…御巾の紵の布)……下317
　押の帷…………………………………中329
　壁代の絹の帳……………………上229,237
　壁代の帷………………………………下327
　絞れる帷………………………………中329
　下敷の調布の帷(沐槽…御巾の紵の布)
　　………………………………………下317
　承塵の帳………………………………下221
　天井の上の覆の帷……………………上237
　御帷……………………………………中195
幌懸の鐶…………………………………上217
鵄尾の琴……………………………上227,399
斗布神社…………………………………上633
飛ぶ鳥の禍(高つ鳥の災)………上473,479,497
烽…………………………………………下25
苫…上411,中833,853,899,1045,下247,425,455
登弥神社(神波多神社…伊射奈岐神社)…上519
等弥神社(巻向に坐す若御魂神社…桑内神社)
　　………………………………………上527
登美蓑(等美蓑)……………………中153,下331
鞆……………………上227,241,中335,下845
伴氏神社(葛野に坐す月読神社…大酒神社)
　　………………………………………上513
鞆江神社(塩江神社…諸鑁神社)…………上565
伴氏…………………………………上423,下767
燈油…………………………………下209,811
伴の緒……………………………………上475
伴林氏神社………………………………上539

医得業生……下371
算の得業生……中509
修学年限(凡そ得業生…)……中509,635
得業生試(課試)……中509,635
大学寮の解状……中509,635
本司の解……中587
明経試……中509
得考人 とくこうにん → 考人 こうにん
木賊……上297,中321,395,411
417,813,下285,845
督察……中37
読師……中15,21,171,237,311,657
665,671,687,991,下87,209
安居読師……中667
一選を歴るの後……中689
大隅・薩摩・対馬・壱伎・多褹……中691
観世音寺……中691
死闕の補充(年中最初の闕)……中689
天台真言両宗……中689
年中の供養(凡そ諸国…)……中993
補任(年分ならびに臨時の別労)……中689
赴任の給粮法(路次の国馬を充てよ)…中1009
薬師寺最勝会の読師……下693
篤疾……中909,925,941
土公神……上131
読申公文(史の読み申す)……中3
得替……中499
得田……中1065,1079
得度……上169,中11
例得度……中697
得度者……中779
別勅の度者……中701
臨時の度者……中703
得度除帳(八位…位子)……中797,909,下873
徳岡氷室……下593
徳は四科に冠れ……中623,下897
特封(別勅の封物)……中769
床 とこ → 床子 しょうじ
杜衡……下391
地主神……上275
常世岐姫神社……上535
苫……下209
所(太政官ならびに弁官の…聴け)…中77,下609
所々の別当……下611
都佐に坐す神社……上711
土左国……中753,897
亀の甲……上177,中899
官社……上709
絹……中897
行程……中897
高岡郡……中753
丹川駅……下53
黄楊の木……中439
等級……中477
頭駅……下53
煮塩年魚……中899
牧……下33
弩師(主神…守駅館,帥に十分…)……中493,657
805,979,981
祈年の祭……上23,273,309,445,507,中29,33
463,539,609,下159,415,755,801
伊勢大神宮……上191,489
馬一疋……上309
大舎人寮(官人二人)……中185
国幣社(祈年の神)……上31
祭料……上309
参列者の座……下415
諸司の五位以上六位以下……中29,下415
白き猪……上447
大臣以下および諸司……上29
大臣の座……下415
祝詞……上29,445,489
祝詞を読む者……下415
弓(祈年の祭の料)……上175
度会宮(豊受宮の同じき祭)……上489
兎糸子(防己…僕奈)……下367
稔代神社……上527
歳まねく……上457
屠者……上173
度嶂散(神明白散…屠蘇)……上335,中159,下337
345,365,367
屠蘇……上335,中159,下337,339,345,699
緋の嚢……下337,345
薬酒……下671
登知為神社……上635
杜仲(薯蕷…夜干)……下361
斗帳(料物…上に見ゆ)……上267,329,375,381
中249,387,403,417,425,433,439,下429
独活(人参…薤白)……下337,403
都堂院……中543,611,629,631
641,下89,429,685,777
南門……中543,629
鳥取山田神社(鴨神社…尾津神社)……上561
止杼侶支比売命神社……上543

童子……中687,993
当色……上33,83,197,283,369,421
　中27,167,下57,97,113
　357,689,707,867,887
藤氏長者(氏人の簡定)……中693
同社・同社坐(出雲国)……上667
燈炷の布……中605,下315,329,715
道場(禁ずる限りにあらず)……下657
唐招提寺(招提)……中667
　安居講師(当寺の浄行の僧…)……中667
燈燭……中639
同心鳥……中645
刀子《とうす》 → 刀子《かたな》
逃走……中771
等第……中509
東大寺……中667
　戒壇堂……中993
　吉祥堂……中993
　華厳会(三月十四日の…)……中659
　四天王像……中683
　千手堂……中993
　造東大寺所知事……中693
　大般若経会(九月十五日の…)……中659
　大仏殿……中993
　大仏の安居……中683
　大仏の一季の供養料……中791
　東西両塔……中683
　別当……中687
　例修理料……中683
等第の禄(加うる物の布綿)……中347,439,下147
騊駼……中645
堂童子……中89,91,199,547,675,下301,431
　法会の堂童子……中465
当土の沽……中525
童女……上273,中359
桃人(半夏…玄参)……下343
豆の実……中607
幢の柱の管……下739,833
多武岑墓……中107,307,733
答拝……下605
　低頭の高下……下607
纛幡……中79,下739,767,785
東福門……下425
逃亡……中911,下71,77
逃亡除帳口分田(遥授国司公廨田…乗田,除帳田)……中957,1061,1071,下873
東名寺(諸寺)……中315
頭駅……下53
東薬寺(諸寺)……中315
動用穀……中1031
東流水沙(害気を鎮めんには…)……中351,下859
統領……中1009,下25
燈楼……下329,333
道路の辺の樹……下647
度縁……中673,697,705
　勘会……中701,703
　請印(度縁の末に…)……中659,701
　僧尼の度縁(請印)……中701
土王……下581
十市御県に坐す神社……上531
遠江国……中745,863,1021
　綾……中863
　猪鼻駅(猪鼻湖神社)……上573,下45
　夷俘料……中959
　磐田郡……中745
　干薑……下383
　絹……中865
　貲布……中865
　支子……下383
　繋飼の馬牛……下799
　等級(遠江美濃讃岐等の国)……中477
　長上郡・長下郡……中745
　山香郡……中745,865
　山名郡……中745
　木綿・胡麻の油……中865
　庸の糸……中865
　与理度魚の腊……中865
遠山の綾……下135,143
土瓜……下385
砥鹿神社(御津神社…阿志神社)……上571
刀我石部神社……上657
利雁神社……上535
斎……中665
磨飯……下297
土岐駅(坂本…阿知)……中763,下865
時の花……中203
解部(省の丞録および…を遣して)……下69
常磐……上447,485
鍍金(金を塗る)……中417,431
独窠……下619
独犴の皮……上295,中327,831
得戸(損)……中913,1063,1079
得業生……中357,505,509,589,611
　631,635,下241,309,371

薬園……………………下351,373,375,409
薬園師・乳師……………………中503
薬園の駈使……………………中805
典薬寮田(神田…造船瀬料田)……………中955
天雄……………………下367
典履……………………中299
天鹿……………………中647
点を受けよ……………………中459,539

と

戸……………………中413
斗……………………中649
砥石(砥)……………上195,中837,853,下247
329,459,593,735
青砥……………上295,中325,391,429,下851
麁砥……………………下847
伊予の砥……………上297,中391,417
427,897,下285,847
馬蹄を作る料……………………下815
豆……………………中603,下877
幢(烏像宝幢等)……………………中385
瓺……………………中603
臑……………………中607,下879
当位……………………中463
騰黄……………………中645
同黄(朱沙…紫土)……………上227,367,中411
東王父……………………上481
登歌……………………中619,下889
桃花(知母…葵子)……………………下377
銅牙……………………下393,403
東海道……………………中743
唐楽……………………中661
東華堂(左の華楼)……………………下779
踏歌の節会(十六日,宴)………上291,339,中49
81,85,135,167,345
下115,167,169,439,489
男王(男女)……………………下169
禄法(禄の床)……………………下439
湯鑵……………………中399
当帰(人参…薤白)……………………下337
幢旗(兵部に移し送れ)……………下3,833
当帰丸……………………下343,349,363
唐客……………………上161
唐経錦……………………下139
道橋料……………………中971
湯巾……………………中669,679
東宮(春宮坊)……………………下671
蔵人所……………………下693
諸門……………………下701
宣旨所……………………下703
殿舎(北殿に於いて…)……………………下703
南門……………………下699
兵衛……………………下699
東宮学士……………………下675
東宮舎人……………中481,513,下13,311,707
東宮の湯沐(東宮に二千戸)………中767,下701
春宮坊……………………中451,767,下671
蔵人……………………下743
月料の紙・筆・墨……………………下703
史生……………………中473,下309
春秋の料の塩……………………下707
宣……………………下701
雑給の料の丸薬……………………下699
雑色人……………………下707
雑物……………………下635
致敬の礼(傅,学士)……………………下605
使部・伴部(百五十人)……………………下707
年中の薬を造る料(典薬寮より受けよ)
……………………下709
被管(余の監署)……………………下713
品官……………………下699
祭る料……………………中791
御薪……………………中497
来年の雑用の料……………………中181,下701
答鼓……………………下841
動鼓……………………下739,767,839
東光寺料……………………中957
動座(動け)……………………下675
東西市……………………下609
東西市司……………………下663,665
執鑰……………………下651
史生……………………中473
東寺(諸寺,東西二寺)……中315,653,693,下101
207,301,321,627
安居……………………中667
講堂右方の五忿怒……………下207,303,321
講堂左方の五菩薩……………下207,303,321
講堂中台の五仏……………………下207,321
国忌……………………中37,207,467
三綱……………………中693
春秋の修法・秋の灌頂……………下303,321
非違の検察……………………中705
冬至……………………中361
導師……………………中169

史生……中477
仕丁……中769
四天王の修法の僧の供養ならびに法服の料……中965
神宮寺……中965
狭布……中875
大帳……中795
朝集使……中763
調の返抄……中763
調庸(当国に納れ)……中757,875
出羽郡……中747
等級……中477
平鹿郡……上629,中747
村山郡……中747
羚羊角……下393
手を易えず……上431
坫……中603,下877
典儀……中161,下675
田具……下63
点検……中81
伝使……中1049
田司(当国の長官専当して行事せよ)……下175
天智天皇……中653,721
田籍(班田帳)……中785,797,下65,653
伝生……中637
天壌……上3
天井……中405
殿上……下743
殿上の侍臣……中445
殿上の大臣……中195
殿上の喚……中415
田図(班田帳)……中785,797
田租……中1037
京戸(京職の正税)……中795
納官若干石(神寺諸家…賦物を勘えよ,官)……中909,1037,1065,1067
輸租穀穎若干石……中1065
田租帳 でんそちょう → 租帳 そちょう
天台宗……中665
座主……中705
住山の僧二十四口……中707
諸国講読師……中689
俗別当(弁官に進れ)……中689
年分度者……中999,下103
転読
金剛般若経転読(凡そ諸国春秋…)……中993,1039
最勝王経転読(凡そ諸国の…)……中671 989,1039
読経悔過……中669,683
塡納……中987
天の縦す攸……中621,下897
天蹕……中39
伝符……中5,15,1051
出納(請け進る)……中5
伝法会……中963
田品(上田・中田・下田)……中787,1067 1071,1075
伝馬……下43,57,797
買立の伝馬……中1047
国司赴任……下871
西海道の国司……中805
死伝馬皮(張別に若干束)……中1035,下853
正税帳(伝若干処)……中1035
処分基準数(四疋に…を除け)……中1021
新任国司(食馬)……中13
伝馬帳(兵部省の移,馬若干疋)……中955 1021,1035
等級(上馬…)……中1035
不用馬……中1035
牧の馬……下33
天武天皇……中723
天文生(学生)……中357
天門冬(丹参…山茱萸)……下347
天文博士……中357
典鑰……中55,157,下241,457
鑰請進(監物)……中157
給食(中宮の雑給…)……下307
典薬生(学生…兵士)……中911
典薬寮……下337
味原の牛牧……下177
学生……中507
紙・筆……中223
官位相当(五位六位)……下357
医師……中439
薬を造る官人已下使部已上……下337
興福寺の国忌……中467
史生……中473
十二月の晦の夜の料……下323
使部……下337
乳牛院……下323
乳の長上……中113
年料の白粉を造る所……下455
博士……下371,373

銀の唾壺……上375
唾壺……中435
中壺……中889
箸の坩(筯坩,箸壺)……上295,中847,下329
提壺……中817
白銅の提壺……下563
祭壺……中843
壺坂寺料(豊山寺料…子島寺料)……中957
坪付け(某里某坪)……中1073
端……上413
妻科神社(武水別神社…玉依比売命神社)
……上613
都万神社……上717
都麻都比売神社……上697
爪磨……上323
妻塞の押木の打鋪……上219
鏄……上223
紬 つむぎ → 綿紬 わたつむぎ
都武自神社……上673
津守宿禰(住吉に坐す神社,大海神社)……上543
敦賀津……中1023
剣神社
越前国……上631
周防国……上695
剣池島上陵……中715
釼の緒……中397
橡(色糸,黄…墨染)……上297,383,中261,397
849,853,下615,759
橡の帛……中877
兵司……中119

て

手洗(漆の樽…鎮子)……上267,中269
423,下211,261
手洗盤……中843
彘……中647
逓加……下849
程限……中19
検損田使の復命……中1005
国司交替……中501,下729
雑生の試……中509
庭実……中567
脡脊……中607,下879
逓送……中23,773
文書……中23
丁第……中637
庭中……中739
逓牒……中709
定天論……中637
出居殿……上299,353
出居の侍従……下743
隄防……上3
堤防料(堰河防料)……中957,959,961
亭歴子(犀角…青木香)……下341
程粮……中1043,1045
逓を給う……下871
釿(小斧)……上333,下593,849
杻……下83
翟……中645
狄……中983
笛生……上249,255
躑躅花……下379
輦車 てぐるま → 腰車 こしぐるま
豊島牧……下805,819
手玉……上191
鉄 てつ → 鉄 くろがね
手番……下707
紵……上69,279,下595,667
紵の布……上333,下125,613
御巾の紵の布……下317,329
手作布……中433
紵の巾……上295
綴術……中633
鉄精……中401
手伝……上431
手取……中851
手振……上357,369,381
出坐御床(短床二脚,屋形の錦の被)
……上215,229
手湯槽……上333
手湯瓫(手湯戸)……上319,中389,423
843,下595,713
土の手湯盆……上69
轆轤の手湯戸盆……下261
弖良命神社(伊古奈比咩命神社…志理太宜神社)
……上579
照妙……上447
出羽国……上627,中747,875
秋田郡……中747
雄勝郡……中747
海路……中875
郡司の銓擬(ただし陸奥…ただ歴名を進れ,府国の解)……中483,597
行程……中875

銀……中907,下869
真珠……下869
島司の公廨(大宰所管の諸国…)……中983
名神(住吉神社…高御魂神社)……上157
津島部神社……上537
都志毛……上407
通障子……下435
津高駅……下51
唾巾……中231,397
槌……上69,279,319,下741
土居……上223,中399,403
土居桁……上219
壐い……下533
土倉……中1057
壌(内の七言・外の七言)……上261,355
土敷……上367,中311,下735
土門……下863
土を上ぐる夫……下279
管金……中429
筒瓦……下279
都都伎鰒(鳥子鰒…薄鰒)……中849,867
続花の綾……中845
都都古和気神社……上617
躑躅染……下615
謹みて解す……中1059
都都智神社……上723
管柱……中79
裹飯……下203,299
堤瓦……下277
鼓生……下857
鼓神社……上689
堤治神社……上565
堤根神社……上537
裹葉薦……上25,273,275
裹む料(疋を裹む)……中757,1043
黒葛……上35,295,中337,851,889
891,903,下501,561,837
黒葛筥……中231,下735
綱
心……下127
長綱……下127
八十綱……上449
横綱……下127
綱長井神(津長井)……上447,509
津長大水神社(礒神社…坂手国生神社)
……上311,551
繋飼の馬牛……下33,799,801,803,819
繋飼の御馬……中55,961,965
綱越神社……上527
都那高志神社……上635
綱根……上473
角鹿神社……上631
常神社(御方神社…山都田神社)……上631
尋常の四月の禊……上363,下163
尋常の御帳……上441
角上神社……上721
角避比古神社……上573
津野神社(大浴神社…大荒比古神社)……上605
都農神社……上717
角筈(別の忌詞)……上261
角俣菜(海藻…鹿角菜,紫菜…大凝菜)
……中849,下209
鍤……上217
都波岐神社……上559
都波只知上神社(大江神社…塩野上神社)
……上665
海石榴の油(銀…席二千枚)……中337,815,847
853,899,903,下125,325
椿大神社……上559
椿岸神社……上559
都波奈弥神社……上665
都婆波(甀)……上51,419,下183
大甀……中843
大山甀……中841
小都婆波(小甀)……上87,中843
中甀……中843
山都婆波……上87
都波八重事代主命……上521
津原神社(枚岡神社…高宮大社祖神社)……上537
鮐皮……中833,851,下495,711
津日駅……下53
都夫久美神社(常世岐姫神社…春日戸社に坐す
御子神社)……上535
都弁志呂神社(宍道神社…由貴神社)……上669
坩(壺)……上33,77,267,中817,下183,221
大壺(漆の樽…鎮子,虎子)……上267,中415
423,425,889
甘壺……中873
膏薬を入れる壺……下345,351
小壺……中889
酒坩(庸布…裹葉薦,酒壺)……上25,中435,843
澡豆壺……中679
捧壺(捧坩)……上267,295,中419,433
銀の捧壺(斗帳…軽幄の骨)……中433

脚別の机(別脚の案)……………… 上331,中229
下221,257,305
位記の案…………………………………… 下429
位記の筥の案…………………………… 下437
板案………………………………………… 下259
漆の大案…………………………………… 下329
択案………………………… 下259,305,595
大机………………………………………… 中233
御水の案…………………………………… 下713
膳櫃の牀(下の案)………………… 中389,下259
懸案………………………………………… 下259
経台(仁王般若経一部二巻…磬)………… 中677
切案(切机)………………………… 上43,279,425
下259,501,585,595
櫛の机………………………… 上377,379,中433
牙牀の案(床案)……………………… 中131,323
黒木の案…………………………………… 下353
香花の案(仁王般若経一部二巻…磬)…… 中677
告朔の文の案…………………………… 中45,459
斎院司別当以下四人の料…………………… 上373
下居の机(下机)…………………………… 中431
下案…………………………………… 上293,375
椐案(椐棚)……………………… 上143,321,下257
317,327,715
研の案……………………………………… 下269
洗案………………………………………… 下595
棚案……………………………… 上323,下257
手水の案…………………………………… 上289
月日の春の祭(木工寮)…………………… 下481
東宮の年料………………………………… 下713
中取の案…… 上289,387,中379,下163,221,261
305,341,501,547,585,595,713
八足の案……………………………… 上57,71
庇の案……………………………………… 中453
平文の案…………………………………… 中203
外居の案………… 上287,333,下259,499,713
餵の案……………………………………… 下193
水樽の案…………………………………… 下503
水の案………………………… 下257,583,713
幣の案(舎人四人…)……………………… 下687
盛案………………………………………… 下259
弓矢の案……………………………………… 下3
筑紫神社……………………………………… 上713
筑紫君(筑紫神社)…………………………… 上713
佃の料……………………………………… 中783
作手…………………………… 上387,下147,475
織手………………………………………… 中113
造紙手(中宮の雑給…)………… 中211,下307
造墨手(造手)…………………………… 中213
造御櫛手(工手)………………………… 中321
作手の隼人………………………………… 下13,63
客作児……………………………… 上387,中765
筑波山神社(安房神社…稲田神社)…… 上151,595
都久夫須麻神社(上許曽神社…比売多神社)
…………………………………………… 上603
竹麻神社…………………………………… 上581
筑摩の御厨……………………………… 下109,515
筑摩の御厨の長……………… 中493,503,下525
作物所……………………………………… 下325
給食(中宮の雑給…)……………………… 下307
装…………………………………………… 中401
作柏………………………………………… 下247
作り食うる………………………………… 上491
作り作る物………………………………… 上459
熟りて………………………………… 中807,下853
料理所…………………………………… 下193,491
黏くる………………………………… 中393,397
料理る
薬…………………………………………… 下345
土…………………………………………… 下527
刷の筥……………………………………… 下155
黄楊(柘)………………………… 中439,811,下849
黄楊の軸…………………………………… 中145
都介頓宮(頓宮)…………………………… 上353
漬菜………………………………………… 下181,217
漬菜所……………………………………… 下499
都下国造…………………………………… 上169
座摩の巫(御巫)…………………………… 上83
都介氷室(徳岡に氷室…池辺に一所)
…………………………………… 上169,下593
都祁水分神社(皇子神命神社…夜都伎神社)
…………………………………… 上451,533
都祁山口神社……………………………… 上533
漬蘁(醤漬の瓜…菁根漬)………………… 下209,501
漬蒜房(蒜房)……………………… 下183,229,511
晦の掃の仕丁(掃丁)……………………… 中775
晦日の解除(毎月晦日の御麻)…… 上123,267,365
中181,189,309,下161,701
中宮の晦日の御麻………………………… 上123
津峴駅………………………………………… 下51
唾盤………………………………………… 下715
対馬島……………………………… 中905,977,下869
防人……………………………………… 中981,下25
島司および防人らの粮…………………… 中981

祭文……中377
十二月晦日の雑給の料……中129,377
下323,325,455
諸門……下643
追儺の陣……中111
追儺の陣に供奉する公卿(儺の陣の不参…)
……中111
儺人(追儺の舎人)……中109,189
祝……中377
兵衛(凡そ十二月の晦日…)……下795
方相……中189
名簿(少輔已上…)……中109
侲子……中189
続松《ついまつ》 → 松明《たいまつ》
通事(凡そ蕃客…)……中25
通摂……中609
通草……下375
通天の文……下619
都恵神社……上603
番……上135,中411,417,431
使部…上303,中463,477,925,下13,299,337,737
春宮坊(百五十人)……下707
都賀那木神社……上525
束柱(壁代…歩板)……中405,407
積川神社(博多神社…聖神社)……上541
槻……上297,中405,419,下849
坏(杯,脚短杯・筥杯)……上33,中841
甕坏(甕坏)……上289,中131,843,下193
朱漆の御坏……下497
脚短坏(足下坏)……中841,873,下715
燈盞(油坏,盞)……上289,323,333
431,中605,843,下315
卜坏……下157
凡の片杯……中889
凡の坏……中887
片坏(平魚…籠)……上33,中847
清杯……中847
窪坏(平魚…籠)……上33,289,321
中391,下193,549
金の御坏……下497
小坏(小盞)……上419,中843
酒盞(酒坏,盞)……上321,中823,843
塩坏……上287,中823
汁漬の杯……中843
銀の御坏……下497
中片杯……中843
菜杯……中847,887
筥坏(脚短杯・筥杯)……中841,889,下185
短女杯……上51,中843
斐杯……中847
平片坏……下249
枚片坏……上289
深杯……中847
間坏……中843
御取杯……中847
山坏……上417
様の脚短杯……中847,889
様の筥坏……中887
続紙……中355
鵇毛……上165
調神社……上587
槻田神社……上647
調田に坐す一事尼古神社(高天彦神社…葛木二
上神社)……上523
桃花鳥田丘上陵……中713
杯作土師……中843,857
搗橡……中261,317
続梨……下527
月次の祭…上67,507,中33,463,539,下161,801
伊勢大神宮……上195,275,339,489,491
大中臣……上491
月次の祭の所……中187
祝詞……上199,465,489,491
度会宮(豊受宮の同じき祭)……上489
次宇治墓
藤原美都子……中737
藤原基経……中737
築の工……下279
次縹……中265
槻本神社……上611
月日の春の祭……下481
饌食……中229
冶篩……下357
継目裏書(縫…注せ)……中985
筑陽神社(宍道神社…由貴神社)……上669
月山神社……上627,中965
月読神社
山城国(室城神社…岡田国神社)……上517
壱伎島……上721
月夜見神社(礒神社…坂手国生神社)……上551
月読宮……上185,311,491,551
搗く……下527
案……上31,265,下845
足高の案……下503

婦人……下613
六位・七位……下635
重服……上171
長副の錦……下137,445
調布の衫……下327
調米(米)……中757,847
徴免……中779
長夜……中999
長用……上353
調徭銭の用度帳……中921,下655
重陽の節(九月九日菊花の宴)……上293,中51,135,313,567,下117,167,231,353,443,493,697,741
菊酒……中177
座を設くる(当日の質明…常の如くせよ)……中567
文人……中51,317,567,下233,443
調庸の雑物……上343,中917,下105
未進……中915
長幼を凌侮する……下627
調良……下797
長例の公文……上351
勅裁(事の重きは…処分せよ)……中3
勅詞(勅すらく)……中137,139,141
勅旨交易の雑物……中839,921,下863
勘会……中921
勅旨所……中221,下647
勅旨田(神田…造船瀬料田)……中955,下863
勅旨の繫飼の御馬の秣の料……中961,965
勅旨の舎人……中347
勅旨の御馬の秣の料……中965
勅旨米……中1045
勅書の函……中149
勅任(奏任以上)……中471
猪膏 ちょこう → 猪膏 いのあぶら
猪脂……下393
猪蹄……下385
地より珠の出でたる(流黄の…陵より黒丹の出でたる)……中651
散花の単の綾(続花の綾…呉服の綾)……中845
塵蒔……下437
知立神社……上571
鎮……中21,687,691
鎮官……中965
珍皇寺(諸寺)……中315
鎮魂祭 ちんこんさい → 鎮魂の祭 たましずめのまつり
鎮祭……上395
鎮子……上267,中205,311,425,677
鳥形の鎮子……下569
鎮守府……中15,29,657,785,981,下23,871
陰陽師……中657,下23
医師……下23
国を帯ぶる者……中979
軍監・軍曹・医師・弩師……中979
権任の官人……下23
致敬の礼……下605
鎮兵(八位…位子)……中909,下31
府掌……中785
賃租……上343
枕仲膏……下343
趁入……中357

つ

津
宇治津……下283
大井津……下283
大津……中1023,下283
大野湊……上639
尾野の湊……上315
加島津……中1023
方上津……中1025
勝野津……中1023
蒲原津湊……中1025
国津……中1025
塩津……中1023
滝額津……下283
敦賀津……中1023
難波津……上141,中1029,下867
博多津……中1029
比楽湊……中1023
前滝津……下283
由良湊(賀茂神社…久度神社)……上699
与等津……中1025,下527
曰理湊……中1023
費の用帳(前帳を進りて)……下239,311
築垣……下279,663
朔……中461
朔日見参……中555
次……上411,中627,821,下477,729
追儺(儺)……中53,109,189,377,379,下333,443,643,699,757,841
五つの兵……中379
衣服……下333
近衛(夜中の事を…)……下757

犯罪人の位記……………………………………下73
某国の使………………………………………中1049
朝集帳(雑公文)…………………………中67,481,497
761,795,913,下869
勘合…………………………………………中761
国分二寺の雑公文……………………………中657
朝集堂…………………………………………中25,下3
長宿……………………………………………下629
聴衆僧…………………………………………中239
長上(長仕え,文武の官人)……中61,63,99,517
555,561,下633,857
長上近衛……………………………中495,下19,759
長上の工………………………………………中439
盥器……………………………………………上261,357
手水……………………………………………下597
手水の案………………………………………上289
調銭(調物,左右京…増減せよ)………中759,841
843,921,下643
河内国…………………………………………中857
穀倉院…………………………………………中921
大和国…………………………………………中857
用度帳…………………………………………中921
彫穿……………………………………………下281
弔贈……………………………………………中77
調仲丸…………………………………………下341
調帳………………………中5,71,759,795,913,下105
勘会…………………………………………中795
損益帳………………………………………中919
調丁……………………………………………中911
調邸(調の宿処)………………………………下609
朝堂院(八省院)………上411,中3,35,47,449,775
下3,93,425,603,611,779
昇降の作法(東堂は…歴階すべからず)
……………………………………………中451
親王・左右大臣………………………………下599
西門…………………………………………中457
堂前の庭……………………………………中463
東堂・西堂……………………………………中451
東門…………………………………………中457
中庭…………………………………………中555
本司の庁……………………………………下623
朝堂儀(凡そ朝座に…)………………………中451
大臣不参……………………………………中453
朝堂政(弁官…勘申せよ,五位已上)
……………………………………中3,下605
寒冷時(正月二月十一月十二月)…………中457
旬日…………………………………………中3
着座(曹司)…………………………………下605
帳内(八位…位子)……中479,579,909,931,下707
旧人…………………………………………中479
許牒…………………………………………中485
任用対象者(帳内…充つることを聴し)
……………………………………………中479
補することを得ず(凡そ飛騨…)…………中481
調の糸…………………………………………中853
赤引の糸(神衣の祭,御調の糸)……上191,195
491,中861
伊賀国………………………………………中855
出雲国………………………………………中855
伊勢国………………………………………中861
犬頭の糸…………………………………中853,863
色糸…………………………………………中853
尾張国………………………………………中855
紀伊国………………………………………中893
貢調国(伊賀三百絇…参河二千絇,伊勢…)
……………………………………………中853
大宰府………………………………………中817
練染の調の糸……………………中757,843,859
長の人……………………………下243,309,577
調綿(四両を屯となせ)………………………中847
西海道………………………………………中849
朝拝 ちょうはい → 元日朝賀 がんじつちょうが
朝拝の刀禰……………………………………下607
長番……………………………………………上243
調布(布)………上31,195,中655,667,845,下177
銅の湯を下す料の調布……………中405,413
安房国………………………………………中869
紺の調布……………………………………下333
佐渡の調布………上39,中235,881,下201,753
下敷の調布(沐漕…御巾の紵の布)………下317
信濃の布(布)…………………中385,419,873
下99,111,201,827
簀敷の調布…………………………………下329
隼人の調布…………………………中817,905
軾の料(祝の禄の調布二端)………………上399
常陸の調布……………………中215,333,669,871
朝服(公服,衣冠束帯)………上423,425,中55,463
521,711,下61,613,633,673,675
違濫(凡そ毎年…)…………………………下11
薄き朝服(凡そ内外の…)…………………下637
侍医・近衛府生以上・検非違使……………下633
諸王…………………………………………下619
大臣の二位を帯ぶる者……………………下613
武官(其れ胡簶…位襖を著よ)………下9,633

中和院(中院)……………………下91,417,635,775
　閤内………………………………………中179
　神嘉殿……………………………中89,177,下417
　中門…………………………………………下91
中和門………………………………………下91,417
中儀(大儀)…………………中79,下741,769,787
注経…………………………………………中215
杻禁…………………………………………下665
中宮…………………………………………下221
中宮職………………………………………中159
　史生………………………………………中473
　熟食の支給………………………………下307
　雑給………………………………………下307
　舎人……………………………中481,513,下13
　女孺………………………………………下309
　薬師寺最勝会……………………………下693
　来月の料の米……………………………中181
中経(三経)…………………………中637,下371
中儭を請い…………………………………下675
中功(長功は…)……………………………下849
沖旨……………………………………………上3
中祀…………………………………………上23
中糸の国……………………………………中845
駐車丸………………………………………下349
仲秋…………………………………………中623
仲春…………………………………………中623
注書…………………………………………中217
鋳生…………………………………………下121
中星暦………………………………………中357
中田…………………………………中1067,1071
中頭…………………………………………上425
中納言………………………………………上273
中男…………………………………………中911,947
中男作物……………………上393,中759,803
　851,947,下325,521
中男作物帳……………………………………中5
中納の料(鉄の鉢…澡豆壺)………………中679
注の闌界……………………………………中217
中馬…………………………………………下799
仲由…………………………………………中617
中流(伊豆…近流とせよ)……………………下73
牒………………………………中7,下873,875
調……………………………………………中843
　一疋の規格(長さ六丈広さ一尺九寸)……中845
　期月……………………………中757,下105
　畿内の調(調物,左右京…増減せよ)
　……………………………………中759,841
　交易布の墨書……………………………下107
長案……………………………中221,473,下239,719
　長案式……………………………………下725
　長案の後紙………………………………下729
　長案の料紙(毎月…)…………中61,221,下239
重案…………………………………………中777
兆域…………………………………………中713,735
鳥運…………………………………………上17
貂裘…………………………………………下619
長功…………………………………中387,下849
　書写………………………………………中215
　書を模す…………………………………中215
朝座……中69,449,457,下447,601,603,633,635
　永寧堂……………………………………中449
　延休堂(昌福堂含章堂および含嘉堂)
　……………………………………中457,下447
　掃部寮……………………………………中449
　含章堂(南の階は少納言左右弁)
　……………………………………中451,下447
　暉章堂(少納言)……………………中449,下447
　空座………………………………………中457
　西面北上…………………………………中453
　左右弁官(中を以て上とせよ)…………中449
　昌福堂(南の階は大納言…左右弁)
　……………………………………中451,下447
　前行・中行・後行…………………………中449
　第二堂の座………………………………下599
　弾正台……………………………………下599
　馳道を度る(諸司…政を申さんには)……中457
　朝座を停むるの月…………………………中459
　朝堂に座ある者…………………………下449
　朝堂に座なきは……………………………中451,459
　拝礼規定……………………………中455,下603
朝参…………………………………中445,下173
朝参行立(凡そ諸王以上…)………………中105
帖試…………………………………………中589
聴衆…………………………………中239,311,665
徴召…………………………………………中773
朝集院……………………………………上429,中775
朝集使……………………中445,491,561,683,761,763
　足柄坂以東………………………………中701
　帰国手続き(式部省に移し送れ)…中763,下25
　最…………………………………………中515
　目已上……………………………………中495
　雑掌(八位…位子)………………中497,765,909
　式部省に移せざれ………………………中763
　自余の雑事………………………………中495

小花の綾(一窠の綾…菱花の綾)……中845,下135
智伊神社(佐志武神社…富能加神社)……上675
馳駅 ちえき → 飛駅 ひやく
千穎八百穎に……上445
近きより遠きに及ぼし……下871
値嘉島(東の方は…)……中377
力革……下825
力車(車)……下527
主税寮 ちからりょう → 主税寮 しゅぜいりょう
千木(高博風,比木)……上219,413,447,491
致敬……下605,607,867
致敬の礼……下605
竹器……下65
筑後国……中763
　生葉郡(梁作ならびに厨作等の物)……下171
　狩道駅……下55
　行程……中899
　筑後国神名帳……上713
　煮塩年魚……中901
　庸米……中901
　綿……中901
築狭神社……上699
筑前国……中755,763,899
　木蓮子……下245
　大甕・小甕……中899
　穀の皮……中899
　糟屋郡(梁作ならびに厨作等の物)……下171
　蒲薦……中899
　葛貫の鰒・蔭鰒・鞭鰒・腐ち耳の鰒……中899
　行程……中899
　胡麻の油……中899
　貲布……中899
　島門駅・津日駅・比菩駅……下53
　鯛の腊……中899
　海石榴の油……中899
　席……中899
　宗像郡……上711
　綿紬……中899
治郡……下875
笞刑
　蔭贖……下665
　京中巡察……下627
　決笞……下605,639
　杖笞の大小……下83,627
池溝帳(出挙…倉附等の帳)……中955
萵苣……下195,209,509
致斎 ちさい → 致斎 まいみ
知佐木……上299
致仕(年七十以上)……中83,445,767
　五位已上……中99
知乗船事(知勝船事)……中487,下121
千代神社……上527
地図……中209
知太政官事(太政官の事を知らば)……中525
乳……下353
乳牛……下355
　秣……中821
父の事に随いて……上497
知除波夜神社……上565
秩父神社……上589
帙……下65,653
乳著きの瓫……中847,887
秩限(秩)……中15,493
　受業……中503
　神宮司……中493
　遷任・譲り(凡そ諸国の権史生…)……中17
　前歴を通計……中503,505
　非業の博士・医師……中503
　別当・三綱(凡そ諸大寺…)……中691
　牧監……下23
秩満帳……中493
秩満たば……中29,493
馳道……中451,457,571,下599
茅渟皇子……中731
千野神社……上565
知乃神社……上651
乳瓫 ちのへ → 乳戸 にゅうのへ
褌……上69,291,中267,329,下167
　221,245,293,327,351,713
馳鶩……上3
粽……下231,491
衢……上137
遅明……中165,351,下671
知母……下377
著座……上171
嫡子……中657
嫡孫……中769
著鈦……下83,777
著到殿……下419
茶籠……下65
地楡(半夏…玄参)……下343
注……中521
仲哀天皇……中715
中烟子(朱沙…紫土)……上227,中411

貌を量る……下73
僧尼の刑(皆衆証によりて…捶拷すべからず)……下69
流罪以下……下69
緂……中303
弾(糺弾)……下599,605
一世源氏……下633
官人・雑色人……下601
絹布……下625
三位已上……下601
四位・五位の官人……下599
式部省……下601
親王・左右大臣……下599
太政大臣(凡そ弾正は…)……下599
弾正台……下599
朝座……下599
檀越……中705,下79
炭丸……中677
短胳……中607,下879
単行……上199
単功(単)……中399,421,1005,1047 下197,527,853
短甲……中1001
短功(長功は…)……下849
誕降して生知し……中621
丹後国……中749,881
緋の帛・縹の帛……中881
烏賊……中881
雑の魚の腊……中881
大学寮料……中641
丹後国神名帳……上653
乾棗……下399
海藻……中881
庸米……中881
端午の節(五月五日の節)…上291,中49,315,387 661,下91,117,167,231 331,443,493,623,741,809
菖蒲(典薬寮)……中317,下353,693
禁色……下625
供料・雑給の菖蒲……下693
点検……下7
東宮での菖蒲進上……下693
断罪文(断文)……中71,下69
短冊(短策)……中61,67,99,155 563,565,567,587,下441
鍛生……下121
弾正台……下599
大祓……下609
畿内巡察……下631
宮城内外の糺察……下609
京中巡察……下609,627,639,645
季禄支給の儀……下111,705
決答……下605
獄中の非違(凡そ台官…)……下627
権検校(権に他務に任ずる)……下609
史生……中473
巡察弾正(忠一人)……下599
召喚(凡そ中納言以上…)……下631
諸寺検察……下609
諸司巡察……下639
弾ずるを得るの官……下599
東西二寺の非違……中705,下627
弁官の犯……下631
百度食(弾正巡検)……下169
隣国に遣わさるるの使……下631
丹参……下347
丹甑……中649
弾奏……下601,603
檀像……中197
探題……中671
毯代……下437
布画の毯代……下565
談天門……下635,777
丹波国……中15,881
小許春の羅……中881
鍛冶戸……下287
芎藭……下397
胡麻牧……下819
楯縫氏……上415,下847
蜀椒……中881
氷上郡・天田郡・何鹿郡……中1025
平栗子・搗栗子……中881
薊……下355
緑の帛……中881
庸米……中881
担夫……上371,383,中1043,1055,下357
短夜……中999
耽羅の鰒……中847,901

ち

千秋五百秋……上487
小鸚鵡の綾(一窠の綾…菱花の綾)……中845
小珠縄の錦……下139
小花等の両面……下143

青石玉(五色の玉)………………上35,165,503
赤水精(五色の玉,玉)…………上35,165,503
白水精(五色の玉,玉)…………上35,165,503
田舞………………………………上441,中41
玉串……………………………………上191
玉前神社………………………………上591
玉佐佐良彦神社(質覇村峯神社…信露貴彦神社)
……………………………………上633
鎮魂の祭……上111,421,中35,93,177,233,463
539,659,下93,153,295,315,425
小斎服(あらかじめ給え)…………………中93
御膳に預かる諸司………………中465,下295
神九座…………………………………下551
祭神料の酒……………………………下183
斎服(伯已下弾琴已上十三人)…………中235
晡の時…………………………………中539
四座の菓餅の料………………………下183
雑給の料…………………………下153,183
鎮魂所…………………………………中465
鎮魂の琴………………………………上399
中宮の鎮魂……………………………下295
東宮……………………上117,下153,315,697
儺人の侍従…………………………中93,465
八代物(職司,鎮魂の祭の料)…………上115
下183,551
玉作水神社……………………………上581
玉作湯神社……………………………上669
玉列神社………………………………上527
玉列の王子……………………………中285
玉手(玉手より祭り来る酒解神社)………上513
玉手丘上陵……………………………中713
玉手土師…………………………中843,857
玉手より祭り来る酒解神社………………上513
玉貫の鰒(味漬…夏鰒)…………………下517
玉の緒…………………………………上191
玉祖神社
河内国(常世岐姫神社…春日戸社に坐す御子神社)……………………………上535
周防国………………………………上695
玉生……………………………………下121
玉縁(彫の端)…………………………下279
玉纏横刀………………………………上223
玉冒甲…………………………………中311
玉依比売命神社………………………上613
玉積産日神(玉留魂)………………上447,507
玉若酢命神社…………………………上681
田村神社………………………………上705
田村皇女………………………………中731
田邑陵(山階…多武岑)…………中107,713,727
様………………………………………上415
国の租帳の様……………………………中1067
地黄煎(様の煎)…………………………下351
殖薬の様…………………………下165,347
様の器仗……………………下25,41,43,843
氷様…………………………………中183,下165
白散の様………………………………下347
例紙……………………………………中211
様の器仗……………………………下41,843
国の解文………………………………下41
検閲……………………………………下43
勾勘……………………………………下25
多米神社………………………………上543
多明酒……………………上395,409,下553,559
甜物(甘物)………………………下207,217,497
多明米…………………………………上397
多由比神社(御方神社…山都田神社)……上631
田結神社………………………………上631
便に随いて…………………………中443,下603
手洗槽…………………………………中391
陀羅尼…………………………………中683
多良羅鼓………………………………下841
鐏………………………………………上287
樽…………………………………中435,825
椽(垂椽)………………上217,中405,409,下275
足島神…………………………………上509
垂紐……………………………………上421
垂水神社
摂津国(住吉社…名次社,溝咋神社…阿比太神社)…………………………上145,545
出雲国(美保神社…多久神社)…………上671
垂水頓宮(近江国の国府…壱志)…………上303
垂水神…………………………………上141
垂水牧…………………………………下819
足産日神………………………………上509
駄鈴……………………………………中191
多和神社………………………………上703
俵………………………………………下867
田原西陵………………………………中725
田原東陵(山階…多武岑,後田原)…………中107
109,725
端…………………………………中229,下573
担…………………………………中497,下565
断………………………………………下69,71,601
隠截……………………………………下81

丹川駅……………………………………………下53
刀の緒……………………………………………下615
立野神社
　伊勢国…………………………………………上555
　尾張国…………………………………………上567
　常陸国…………………………………………上595
立野牧……………………………………………下797
帯刀資人…………………………………………下615
帯刀長(長)………………………………………下707
帯刀舎人(八位…位子,中宮の雑給…)……中909
　下307,673,675,705,743
　射儀……………………………………………下707
　節服・大衣(官に申して大蔵省より受けよ)
　…………………………………………………下707
剣佩く伴の男……………………………………上477
橘子(平魚…籮)…上33,321,下169,183,209,485
　青橘子(竃杵米…荷葉)………………………下215
　橘皮……………………………………………下349
　花橘子…………………………………………下243
　掇橘子……………………………………下491,711
　桙橘子…………………………………………下487
　山橘子…………………………………………下555
橘神社(玉前神社…姉埼神社)…………………上591
橘嘉智子(太皇太后橘氏)………………………中727
橘清友……………………………………………中735
立虫神社…………………………………………上673
裁物の仏…………………………………………中203
駄賃………………………………………………下763
截つ………………………………………………中217
竜像の纛幡………………………………………下739
手束の索餅………………………………………下223
獺肝………………………………………………下387
錸…………………………………………………上211
脱錯………………………………………………中17
奪情従公…………………………………………上171
奪情復任……………………………………中477,527
竜田風神祭 たつたかざかみのまつり → 風神の祭 かざかみのまつり
竜田清水墓………………………………………中733
竜田苑部墓………………………………………中733
竜田に坐す天御柱国御柱神社……上53,181,457
　521,中805,下843
竜田比古竜田比女神社…………………………上521
達智門……………………………………………下777
手綱鮨………………………………………中851,865
竜口………………………………………………中351
脱漏………………………………………………中27
楯(庸布…裹葉薦)…………………上25,175,227
　241,309,下759
　隼人の楯………………………………………下65
　神楯……………………………………………上415
蓼(竃杵米…荷葉)……………下215,499,509
楯縫氏………………………………………上415,下847
楯原神社(中臣須牟地神社…須牟地曾禰神社)
　…………………………………………………上543
田土浦に坐す神社………………………………上689
多度神社(阿射加神社…高座結御子神社,野志里
　神社…額田神社)…………………………上149,563
　多度神宮寺……………………………………中675
棚……………………………………………上137,435,中413
田中神社…………………………………………上667
手長の御寿………………………………………上491
手長の御世と……………………………………上447,501
棚倉孫神社(室城神社…岡田国神社)……上517
膪肉………………………………………………中327
棚案………………………………………上323,下257
多奈波太神社(味鋺神社…尾張神社)……上567
織女の祭…………………………………………下133
織女の祭の所……………………………………下455
手肱………………………………………………上445
多奈閉神社(鴨神社…尾津神社)………………上561
多男の父(凡そ人…)………………………中763,911
　一人闕く………………………………………中763
田に坐す神社……………………………………上539
谷蟆のさ度る極み………………………………上449
多爾夜神社(仲大歳神社…部多神社)……上583
狸の皮……………………………………………中837
狸の毛……………………………………………中219
多沼神社…………………………………………上651
種薑………………………………………………中827
田上大水神社(礒神社…坂手国生神社)…上551
手巾(巾)……………上231,419,中201,239,397
　405,605,669,下63,155,879
　御手巾の紵……………………………………下711
　御巾の紵の布………………………………下317,329
　唾巾……………………………………………中231,397
　紵の巾…………………………………………上295
　湯巾……………………………………………中669,679
田乃家神社………………………………………上551
田面神社…………………………………………上669
多比鹿神社………………………………………上561
田部神社(大浴神社…大荒比古神社)……上605
多倍神社…………………………………………上675
玉(五色の玉)……………………………………上165

告朔の文……………………………………中45
史…………………………………………上263
地子雑物…………………………………中73
史生………………………中29,73,473,下745
上日…………………………中19,517,527,555
曹司の庁(官)………中61,69,73,457,555,559
567,571,775,下93,441,447
太政官処分………………………………中3
長案の料紙(毎月…)…………………中61,221
文殿………………………………………中73
別当の交替期限(凡そ館舎を…)…………中73
召使(喚使)……………………上115,中29,453
461,511,529,543
太政官厨家(所司)…………中63,73,75,797,983
鑰匙(図書寮…大炊寮)…………………中157
地子交易物(主計寮)……………………中797
別当………………………………………中73
返抄………………………………………中983
太政大臣…………………………………中443,471
弾(凡そ弾正は…)…………………………下599
多志良加(手白髪瓶)………………上69,321,405
435,中841,873,下155
手白香皇女………………………………中731
襷(調布の衫…襌)………………………下327,713
木綿襷…………………………………上425
襁懸くる伴の緒…………………………上475
襷の羅藻の羅……………………………中863
黄昏………………………………………下773
昏時……………………中109,175,377,下701
楯井神社…………………………………上667
叩瓮(平魚…籮,叩盆,叩戸)
…………上33,45,287,333,中131,269
841,下193,211,329,595,715
称え辞竟え奉る(辞竟え奉る)………上445,447
多多神社…………………………………上647
多太神社
摂津国……………………………………上547
若狭国……………………………………上629
加賀国……………………………………上639
蛇脱皮……………………………………下379
楯縫神社
常陸国……………………………………上595
丹波国……………………………………上653
但馬国養父郡……………………………上659
但馬国気多郡……………………………上661
帖…………………………………上201,273,下263
厚帖……………………………………下703
薄帖……………………………上285,下703
暈繝端の御帖……………………………下425
折薦の帖………上285,中207,683,下415,735
折薦の八重の帖…………………………下425
御帖………………………………………下417
葛野の席の帖……………………………下457
神の御帖…………………………………下251
神今食(御畳)……………………………中187
古弊の畳…………………………………下457
白端の御帖……………………………上413,下425
狭帖…………………………………下415,459
春宮坊の帖の料(紫端の帖…)…………下703
長帖(長畳)…………………上285,中267,635
641,683,下371,473
錦端の表帖………………………………上367
錦端の半帖………………………………下441
平帖(壁代…歩板)……………………中405,407
短帖(半帖)…………上27,201,下415,433,471
御服の床敷の料の紫端の畳……………中269
緑端・黄端…………………上387,下425,431
両面の短帖………………………………下431
両面端の帖………………………………上285
帖笠《たたみがさ》 → 藺笠《いがさ》
畳綿……………………………………中847,下125
多多良比売の花搗………………………下511
椯(多多利)…………………上55,223,459,下253
祟る神を遷し却る詞……………………上497
駄担………………………………………下167
横刀(大刀,皂の綾…麻鞋)………上111,225,503
中79,401,1003,1043,下57
画餝の大刀……………………………下617
大祓の大刀………上167,下285,323,843,847
刻み鏤むる大刀…………………………下617
禁制(新作に非ざれば…)………………下617
烏装の横刀(烏装の大刀)………上73,265,271
下253,847,851
金銀装の横刀(浅紫の襖…幭を著くる殳)
………………………上73,163,165,481
中79,下253,739,847
須我流横刀……………………………上225
玉纏横刀………………………………上223
裁板………………………………………中267
立歌……………………………下167,191,297
裁替………………………………………上235
手力………………………………中1005,下847
引手力命神社(火牟須比命神社…伊那下神社)
……………………………………………上581

蔵司(主神…守駅館)……中805
厨戸(八位…位子)……中805,909,下521
郡司の銓擬(ただし陸奥…ただ歴名を進れ,西海道を除け)……中483,595,597
傔仗(主神…守駅館,帥に十分…)……中805,981
権任の郡司……中487,785
雑掌……中763,913
貲布(銀…席二千枚)……中815
算師(主神…守駅館)……中805
仕丁……中769,805
漆器(年料造進)……中817
射田……下23
守駅館……中805
主工(主神…守駅館,帥に十分…)……中805,981
主神……中805
守辰丁(主神…守駅館,八位…位子)……中805,909
主船(主神…守駅館)……中805
主厨(主神…守駅館,八位…位子)……中805,909
修理器仗所(主神…守駅館)……中805
修理府官舎料……中975
定額の兵馬……下33,55
書生……中487,785,下23
所部の国島……下23
新羅訳語(主神…守駅館,帥に十分…)……中805,981
神事を奏す……下859
出挙(已上六国の…)……中977
税倉(主神…守駅館)……中805
釈奠……下875
選士の資丁……中775
染生……中481
染所(染め造れ)……中817
損益帳……中913
代赭……下413
大唐通事(主神…守駅館,帥に十分…)……中529,805,981
匠司(主神…守駅館)……中805
致敬の礼……下605
調糸……中817
調の絹……中817
調の席……中899
調物(雑の綵…盛れよ)……中817
調庸(西海道,府庫の物)……中757,991
統領……中1009
弩師(主神…守駅館,帥に十分…)……中805,981
年料雑薬……下413
年料の供進(帛…洗革)……中335
蕃客の儲米……中801
檳榔子……下413
府衛(主神…守駅館)……中805
府学校(府下)……中499,下875
府庫……中673
府掌……中785
赴任(その大弐已上)……中805
別貢使……下413
御贄……下171,521
御贄を貢する使……下869
木蘭皮……下413
遥授(身任に赴かざる者)……中491
米・馬……下869
狸骨……下413
竜骨……下413
綿……下869
綿紬(銀…席二千枚)……中815
大宰弥勒寺……中999
他色……中357,439,479,777
たしに……上503
多治速比売命神社……上541
丹比神社……上539
丹比高鷲原陵……中717
田島に坐す神社……上717
但馬国……中883
緋の帛・縹の帛……中883
朝来郡……上657
綾……中883
位田……中781
馬の革(尾張は六張…阿波は十張)……中805,下853
滑石……下399
官社……上657
神戸……上177
行程……中883
出挙本稲……中969
海藻……中883
面治駅……下51
太政官……中3,17,61,461,471,497
朝食所……中63
紙・筆……中61
群行(凡そ斎内親王…)……上299,中45

内匠寮……………………………… 中385,下291
　漆…………………………………………… 下109
　革筥工(工七百十人)…………………… 中397
　革筥・柳筥 ……………………………… 中335
　雑工………………………………… 中439,481
　雑工らの薬……………………………… 下323
　史生……………………………………… 中473
　史生以下雑工已上……………………… 中439
　節会……………………………………… 中445
　年料雑薬………………………………… 下359
　番上の工………………………………… 中439
　木工・長上工・番上工(長功は…)……… 中413
沢蘭……………………………………… 下377
竹
　河竹(川竹,機の用度の…)……… 中405,下147
　串竹……………………………………… 下231
　呉竹……………………………………… 上427
　兆竹(卜竹)………… 上175,347,中793,下157
　小竹(小川竹)………………上75,167,277,291
　竹実……………………………………… 中653
　篦竹(篦)… 上51,175,277,299,中399,405,411
　　793,下63,65,147,713,845,849
　隼人司の園の竹…………………………下65
　斑竹……………………………………… 中343
多祁伊奈太伎佐耶布都神社……………… 上691
健磐竜命神社…………………………… 上157,717
建男霜凝日子神社……………………… 上715
竹笠……………………………………… 中335
多気川(六処の堺の川,随近の川の頭)…… 上247
　307,315
武内宿禰………………………………… 中517
建島女祖命神社………………………… 上703
竹神社(竹上社,須麻漏売神社…宇留布都神社)
　……………………………… 上311,553
多気神社(味鋺神社…尾張神社)………… 上567
竹田神社(畝尾に坐す健土安神社…天香山に坐す櫛真命神社)………………… 上531
健田神社(高椅神社…桑原神社)………… 上593
高市御県神社(畝火山口に坐す神社…天高市神社)……………………………… 上529
高市御県に坐す鴨事代主神社(倭恩智神社…飛鳥に坐す神社)……………………… 上529
高市皇子………………………………… 中733
竹の綾刺の帙……………………………下65
竹大与杼神社(大与杼社)……………… 上311,555
大祁於賀美神社………………………… 上533
竹佐佐夫江神社………………………… 上555
建水分神社……………………………… 上533
竹実の満れる…………………………… 中653
多祁富許都久和気命神社(伊古奈比咩命神社…志理太宜神社)………………… 上579
建布都神社……………………………… 上701
高負比古神社…………………………… 上587
建部神社(小野神社…生島足島神社)
　……………………………… 上151,599
建穂神社(神部神社…豊積神社)………… 上577
多祁美加加命神社(伊古奈比咩命神社…志理太宜神社)……………… 上579
健御賀豆智命(鹿島神宮)……… 上453,497,595
健三熊の命……………………………… 上497
武水別神社……………………………… 上613
健御名方富命彦神別神社(武水別神社…玉依比売命神社)…… 上613
健武山神社……………………………… 上617
建部氏(建部神社)……………………… 上599
鮹
　貝と鮹の鮨……………………………… 中853
　鮹の腊…………………………………… 中849
　乾鮹…………………………………… 中849,897
唾壺……………………………………… 中435
　銀の唾壺………………………………… 上375
腰輿(斗帳…軽幄の骨)…… 上283,361,375,中407
　427,433,下327,861
哆胡神社(仲大歳神社…部多神社)……… 上583
大宰府…………………………………… 中899
　禹余粮…………………………………… 下413
　衛卒……………………………………… 中975
　大祓(大宰府および…充てよ)………… 中803
　音博士(主神…守駅館,師に十分…)
　　……………………………… 中805,981
　陰陽師(主神…守駅館)………………… 中805
　学授(主神…守駅館)…………………… 中805
　帛(銀…席二千枚)……………………… 中815
　守客館(主神…守駅館)………………… 中805
　京進物(雑の官物)……………………… 下867
　交易雑物の雑の油(胡麻の油…荏の油)
　　……………………………………… 中899
　雑の染の綾(大宰府に遣わす染むる料の綾)
　　……………………………… 中335,下111
　鼓吹丁…………………………………… 中775
　医師(主神…守駅館)…………………… 中805
　薬司(主神…守駅館)…………………… 中805
　国博士・医師 …………………………… 中497
　公文勘会(府の雑掌)………… 中763,795,913

高瀬神社
河内国……上537
越中国……上643
高田神社……上611
田県神社(塩江神社…諸钁神社)……上565
高田波蘇伎神社(小塞神社…大口神社)……上565
高つ神の災……上479
菘菹……下513
高那弥神社(御方神社…山都田神社)……上631
鷹貫神社……上661
高野神社
近江国栗太郡……上599
近江国伊香郡……上605
因幡国巨濃郡……上663
竹野神社……上657
鷹野神社……上663
高野新笠(太皇太后高野氏)……中725
高野陵……中725
多賀宮(所摂の宮,高宮)……上187,255,551
高橋氏文(高橋朝臣)……上431
高橋神社
山城国(末刀神社…山科神社)……上515
大和国(神波多神社…伊射奈岐神社)……上519
伊豆国……上581
下総国……上593
高橋朝臣……上431,中493,下155
高畠墓(山階…多武岑)……中107,737
高畠陵(山階…多武岑)……中107,725
高鼻の履……中681
鷹日神社(真名井神社…布自奈大穴持神社)……上667
高負神社……上661
高倍神社(薗神社•韓神社…酒殿神社,高部神一座)……上509,下179
高天の神王……上501
高天岸野神社……上525
高天の原……上445,447,471,481,487
高天の原に始めし事(事)……上497
高天彦神社(葛木御歳神社…平群に坐す紀氏神社)……上99,149,523
高天山佐太雄神社(高天岸野神社…八咫烏神社)……上525
高御祖神社……上721
高御座……上471,中311,385,677,下433
田上駅……下49
高御魂神社……上723
高御産日神(高御魂)……上447,501,507,723
高宮神社(枚岡神社…高宮大社祖神社)……上537
高宮大社祖神社……上537
高向神社……上637
篁……下435
高牟神社
尾張国春部郡(味鋺神社…尾張神社)……上567
尾張国愛智郡……上569
高売布神社……上547
高諸神社……上691
高屋神社
河内国(利雁神社…飛鳥戸神社)……上535
讃岐国……上705
高屋安倍神社……上527
笋(笋子)……中793,下229
笋菹……下203,877
炊小豆……下227
多伎芸神社(佐志武神社…富能加神社)……上675
当信神社……上613
薫地錦……下445
多伎神社
美濃国……上607
出雲国(佐志武神社…富能加神社)……上675
伊予国(淡路伊佐奈岐神社…阿治美神社)……上157,707
多伎奈弥神社……上639
滝額津……下283
多伎原神社(議神社…坂手国生神社)……上551
滝原並宮……上187
滝原宮……上187
滝本神社(飛鳥川上に坐す宇須多伎比売命神社…気吹雷響雷吉野大国栖御魂神社)……上531
薫籠……下65
濯漑(頭助は厨に詣りて…)……中615
沢谷に白玉を生ぜる(流黄の…陵より黒丹の出でたる)……中651
沢漆……下389
沢写(防己…僕奈)……下367
多久神社……上671
多久頭神社……上723
田口三千媛(贈正一位田口氏)……中735
高来駅……下55
沢馬……中645
宅美神社……上567
託美神社……上567
匠司(主神…守駅館)……中805
工部……中515,641,773,下13,267,291,855

去年の帳後已来新附の戸……………………中931
郡部(某郡)………………………………中927
計帳所……………………………………下655
計帳の手実………………………………下653
五歳已下の男女…………………………中797
戸若干見在……………………………中929,931
今年の計帳の新旧定むる見戸……………中933
新…………………………………………中931
新寡妻……………………………………中931
大・小……………………………………中943
他国への移住(某国に割き附す)…………中929
年十七若干年十六若干………………中933,937
破除……………………………………中779,下855
隼人の計帳………………………………下65
不課口の転出(某国に割き附す)…………中935
某国某郡より割き来たる口旧……………中933
某国某郡より割き来たる口新……………中933
陸奥・出羽………………………………中795
大帳後死………………………………中909,913
大帳使(官位姓名を差わして申上す)
……………………………中953,977,1049
上日(諸国の使)…………………………中761
大禱………………………………………上159
大唐通事(主神…守駅館,帥に十分…)
……………………………………中805,981
季禄(大初位の官に准えよ)………………中529
大納言……………………………………上273
体二………………………………………下897
大日寺……………………………………中959
代人………………………………………下23
鯛の舂酢…………………………………下519
大半………………上373,中227,387,981,下255
隊幡………………………………………下739
台盤(白木の斗帳…大壺)……上379,中163,391
421,425,下563
朱漆の台盤………………………上283,375
381,中437,下505
黒漆の台盤………………………………下505
台盤の脚…………………………………中393
大般若経………………………………中201,669
大般若経会………………中669,989,下213,575
酢の料…………………………………下213,575
大夫……………………………上19,29,中27,135
玳瑁《たいまい》 → 亀の甲《かめのこう》
松明(続松,干柏…油)…………上291,387,431
中377,下207,315,317
当麻都比古神社(高天彦神社…葛木二上神社)
……………………………………………上523
当麻の祭……………………………中289,下251
当麻山背(当麻氏)………………………中733
当麻山口神社(高天彦神社…葛木二上神社)
……………………………………………上523
大万病膏…………………………………下343
大門………………………………………中361
楯・戟……………………………………下853
大陽の虧《たいようのき》 → 日蝕《にっしょく》
太陽の洪暉………………………………上19
平けむと…………………………………上497
平神社(阿麻氐留神社…敷島神社)………上723
内裏外郭(中の隔)………………………下791
内裏任官儀…………………………中47,下439
大領神社(仲山金山彦神社…墨俣神社)……上607
大粮(月粮,公粮)……上181,中59,273,349,769
771,773,775,下291,335,645,761
今良(衣粮は…)…………………………下147
衛府兼帯者………………………………下147
京進(各租穀の内…随いて進れ)…………中809
支給の官符(民部宮内等の省に下す…事一通)
……………………………………………中7
申請日(六九十二の合せて三箇月は…)
……………………………………………中773
流人(秋収に至るころ)……………………中787
鷹…………………………………………下623
鷹葦の綾……………………………下135,143
高岡神社…………………………………上559
高忍日売神社……………………………上709
飼鷹………………………………………中271
鷹像の隊幡…………………………下741,767,787
高鴨阿治須岐託彦根命神社(高天彦神社…葛木
二上神社)………………………上99,503,523
高鴨神(高鴨阿治須岐託彦根命神社,都佐に坐す
神社)………………………………上523,711
高城神社…………………………………上589
高蔵(官庫)………………………………上193
高座結御子神社…………………………上569
高坂神社…………………………………上663
高盤………………………上319,中843,下185
高石神社…………………………………上541
高神社(室城神社…岡田国神社)…………上517
多何神社(馬路石辺神社…日向神社)……上601
多加神社…………………………………上619
多珂神社…………………………………上623
多賀神社…………………………………上619
多加須伎………………………上405,417,下425

大寒……………………………中361,415,下267
大儀…………中79,下3,57,59,739,767,785,833
　近衛の陣(中務の陣より北…)…………下739
　中務の陣(近衛の陣の前兵衛の陣の後)
　…………………………………中101,下739
代脇……………………………中607,下879
大経(三経)……………………中633,637,下371
大戟(人参…薤白)……………………………下337
大戟丸…………………………………下365,367
大結花の綾(続花の綾…呉服の綾)…………中845
帯剣(もし剣を帯ぶる者は…)………………中107
体元居正(元を体し正を履み)………………上17
大元帥法……………中667,下101,211,301,319
　行事所…………………………………下319
待賢門…………………………………下635,777
退鼓(兵庫寮…)……………………………下741
大鼓…………………………………………下841
大極後殿 だいごくこうでん → 小安殿 こあどの
大極殿(殿の母屋)…………上307,中197,311,385
　665,下87,429,431,739
　斎内親王の座……………………………上307
醍醐天皇(皇帝陛下,今上陛下,我が后)……上3
　17,19
大蒜(丹参…山茱萸)…………………………下347
大使……………………………………上159,下121
大祀…………………………………………上23
大寺……………………………………中683,685,691
大字…………………………………………中801
代赭…………………………………………下413
大射 たいしゃ → 大射 おおいくは
帝釈天………………………………………下101
大社小社(大・小,路次の神,大所・小所)……上23
　137,309,391,507,中1039
大祝(祝)………………………………中609,下881
大暑…………………………………………中369
隊正……………………………中117,下755,763
帯仗……………………………………………下15,23
隊仗…………………………………………下631
大嘗宮(斎院)……………………上411,中39,541
　下425,753,771,787
　壊却(鎮め祭り)……………………………中41
　神御………………………………………上403
　装束………………………………………下157
　神座(室)…………………………………上413
　正殿(愈紀主基)………………上391,401,413
　421,433,下425
　大嘗殿の材………………………………上399
大嘗祭 だいじょうさい → 践祚大嘗祭 せんそだいじょうさい
大神宮司……………上191,247,315,中493,1021
　案主…………………………………上249,351
　卜部………………………………………上245
　解由………………………………………上251
　権司………………………………………上249
　斎宮拝賀(三日…)……………………上191,339
　当色………………………………………上197
　祝史………………………………………上205
　俸料………………………………………上251
　御厨……………………………上191,249,351
　度会郡の駅馬……………………………中1021
多為神社
　伊勢国(加和良神社…久留真神社)……上557
　美濃国(村国神社…恵奈神社)…………上609
大臣の大饗…………………………………中661
大豆 だいず → 大豆 まめ
大青…………………………………………下377
大税…………………………………………上201
大制(大・小,三両一分二銖)…………中817,847
　下351,845,861
大声……………………………………………下61
大雪…………………………………………中361
大膳職………………………………………下179
　膳部………………………………………下197
　菓餅所(菓子所)…………下179,209,247,499
　史生………………………………………中473
　節の食……………………………………下87
　雑物………………………………………下635
　厨庫………………………………………下175
　年料の薦・席……………………………下455
　年料の雑器………………………………下245
帝祚…………………………………………上481
岱宗……………………………………中649,651
大棗…………………………………………下369
大棗丸………………………………………下361
大素経………………………………………下371
退隊鼓………………………………………下837
大団……………………………………………下21
大帳(計帳)……………上251,中759,785,795
　909,911,923,下869
　鍛冶戸……………………………………下287
　勘会………………………………………中909
　去年の計帳の定むる戸…………………中927
　去年の大帳後死帳………………………中909
　去年の帳後已来新附の口………………中939

蘇蜜……中169
染紙(内の七言・外の七言,臨時に内侍に申し請え)……上261,中213
染苧……中411
染作工……上373
染手……中113,273,327
染袴……下615
染槽(茜…水瓺麻笥)……中267,411
染女……中329
征箭……中1003,下849
蘇羅自(蘇良自)……下511,537
損益帳(大帳正税帳の損益,先ず…十分の九を進り納めしめ)……中759,795,909,911
913,919,955,985
大宰府……中913
孫王(二世の王)……中443,下479,607
損戸(一処に五十戸以上,損)……上195,中767
789,913,919,1063,1079
三分して論ぜよ……中919
上国(凡そ下野讃岐…)……中763
損五分以上の戸……中1063,1079
損七分の戸……中1063,1079
損四分以下の戸……中1063,1081
損八分以上の戸……中1063,1079
封戸(封)……中1067
例損……中763,913
孫子算経(孫子)……中633
損疾入丁……中923,929
尊勝仏……中997
損進……中911
損ずるに随いて(右…)……上377
損田(損)……上251,中25,767,913
919,985,1063,1077,1079
五分已上損の戸……中1079
出挙稲元本の未納額……中985
損田七分已上……上257
損田目録帳(解し申す田の損の事)……中1077
八分損以上(田若干町)……中1063
輸地子田(損若干町)……中1065
存問使(凡そ蕃客…)……中25
樽罍……下877

た

駄……下283,867
一駄の荷率(疋別に負う某色若干疋)…中1021
1029,1043
運駄(某津より某処まで)……中1043,1045
運氷(主水司の年料の氷)……中1011
雇賃(功若干束)……中1043
鈴印の駄(駄)……中147,155,191,下805
鈦……下83
鯛(平魚…鱲)……上33
鯛の腊……中899
鯛の楚割……上289,中849,861,863,877,893
鯛の春酢……下519
鯛の枚乾……上345
鯛の鱐……中863,下183
題……中215
大安寺……中667,669,下213
伎楽……中661
寺料……中959
禅院料……中961
大般若会……中661,669,下213,575
大威儀師……中687
大暈繝の錦……下139
大嘗造……下629
大衍暦議……中637
大黄(人参…薤白)……下337,391
大黄膏……下349
退学(名を録して省に送れ)……中511,635
大学……下625
大学別当……中633
戴角麀鹿……中653
大学寮……中603,下309
越中国礪波郡の墾田地……中641
学生……下309
学生の寄宿(諸堂)……中641,下457
漢語の師……下241,309
官書の目録(勘解由使に送れ)……中639
講説日数……中633
権史生……中511
属……中611
史生……中473,下309
諸国の庄……中641
諸堂の食座の料の長畳……中641,下457
大学寮田(山城国久世郡)……中643
大学寮料……中643,963,969,971
致敬の礼(助教,直講,博士)……下605
南門……中611
博士……下309
播磨国印南郡の墾田地……中641
飛騨工……下291
寮掌……中613
対勘……中777

藻壁門(美福…偉鑒門)……………………下777
薑甫……………………………………中647
造墨手(造手)…………………………中213
造墨長上………………………………中213
雑米…………………………中19,801,1045
　未進(凡そ諸国…)………………中19,下731
遭喪《そうも》 → 服喪《ふくも》
惣目……………………………中57,59,759
草木の長生せる………………………中651
草薬…………………………下357,367,373,709
　五位已上草薬……………………………下373
雑徭(担夫五位已上)………………上143,下643
　神戸……………………………………上243
　京戸(年徭)……………………………下657
　新任国司の鋪設(徭を以て儲備せよ)…中803
　徭分……………………………中765,下67
惣用帳……………………………………中21
雑用の穀穎……………………………中1039
腠理………………………………………上5
操履称すべき者…………………………中673
蒼竜楼……………………………中137,下833
相労の人…………………………………中707
添醤………………………………………下225
紕裙(宝髻…剪り綵えて作れる釵)………下621
麁書………………………………………中217
宗我に坐す宗我都比古神社………………上529
退き………………………………………上449
曾枳能夜神社……………………………上673
租夾名帳(もし夾名…各別項となせ)……中1067
束…………………………………………上397
塼(賨布)………………………………中389
賊…………………………………………下25
即位……………………………………下445,739
　斎内親王の卜定…………………………上259
　受譲の即位……………………………上391,中39
　諒闇の登極……………………………上391,中39
蘇藿(犀角…青木香)……………………下341
続断………………………………………下387
賊風膏……………………………上335,下343
俗別当(弁官に進れ)……………………中689
蘇敬………………………………………中511
底敷の料…………………………………中1031
底の国……………………………………上481
曾許乃御立神社…………………………上573
蘇子(紫蘇子)……………………………下381
麁糸の国…………………………中845,855
祖述………………………………………上5
訴状………………………………………下81
素女丸……………………………………下367
鼠跡の羅…………………………………中861
噪き………………………………………上473
灑ぎ掃い(洒ぎ掃い)……………中611,下679
租帳(出挙…倉附等の帳,租目録帳)………中797
955,985,1059
　合せて国内の田若干……………………中1059
　旧・新……………………………………中1059
　郡ごとの租帳(国の租帳の様…)………中1067
　様…………………………………………中1067
租帳勘会…………………………中915,919
続勘………………………………………下733
率土………………………………………上3
襟紙(襟)………………………中145,207,353
袖口………………………………………下611
租田……………………………中1061,1073,1077
外居の案《そとすえのつくえ》 → 外居の案《ほかいのつくえ》
外玉垣門…………………………上197,317
外の七言(言語)…………………上261,393
外門………………………………………下837
薗相神社…………………………………上551
曾禰神社(博多神社…聖神社)…………上541
園《その》 → 園地《えんち》
薗韓神の祭…………上39,中31,659,下89,297
315,421,485,561,755,801
　雑菜(已上十種は内膳司の進るところ)
……………………………………………下195
　雑給の料…………………………………下193
　和舞………………………………………中93
麁の闌界…………………………………中217
胙宍の俎…………………………………下877
薗神社…………………………上39,147,509,中605
　神殿………………………………………上181
　神封……………………………………上179,181
作園………………………………………下525
営園の仕丁………………………………下527
園の神の祭………………………………下483
曾波木……………………………………中185
纁……………………………中117,333,下611,619
曾尾神社…………………………………上629
鼠尾草……………………………………下377
纁の帛……………………………中885,893
纁の衫……………………………………上283
素服………………………………………上253
杣…………………………………………中399

賻物……中657
別勅に別当に任ずる者……中691,693
律師已上……下627
装潢(黏擣界截…を謂う,装書)……中215,217
装潢手……中207,355
年料の装潢の用度……中213
桑根白皮(防己…僕奈)……下367
惣祭(すべて…祭れ)……上159
装裁……中215
桑栽……中647
雑散……中1037,1065
葬司(凡そ親王および大臣…任ぜよ)……中77
鎗子……下337,565
桑茸……下401
掃除……下609,625
雨後の旦……下85
大祓……下643
春日の祭……上35
京中(条令坊長ら…催掃せよ)……下639
京路(当家をして毎月掃除せしめよ)……下645
将領……中775,下781
釈奠……中609,617,下643,887
掃除夫の功銭(当時の法)……下645
掃清丁……下651
大内裏(毎月の晦日に…)……中775,下781,793
太政官……中775
朝堂・朝集院(太政官…)……中775
主殿寮……下331
八省院の廻・豊楽院……下611,781
曹司……中3,65,555,下611,861,863
式部省……中443,459,461,555
559,569,579,583,585
大臣の曹司……中73
太政官……中61,69,73,457,555,559
567,571,775,下93,441,447
兵部省……中583,585
雑式……下859
雑色生……中587
雑色田……中1059,1061
雑色人……上47,339,中465,471
475,477,493,497,513,521
523,579,777,779,下601,703
織部司の雑色……中515
掃部寮の雑色……中515
斎院司……上385,下309
斎宮寮……上345
採鋳銭料銅所の雑色人……中481
定額の雑色人……中579
諸国の雑色人……中481,495
諸司の雑色人……中443
図書寮の雑色手……中545,591
践祚大嘗祭(斎場の雑色人)……上395,中39
春宮坊……下707
符損(雑色等の類は省符と勘合せよ)……中909
造紙手……中211
紙工(中宮の雑給…)……下307
造紙長上(図書の長上)……中333
桑漆帳(二寮…勘合せしめ)……中761,797,921
雑師の生あるは……中521
惣省……中501
贓贖の物……下77
奏瑞……中47
双声……下837
掃清丁……下651
双声二下……下739
雑染の用度……中253
喪葬の盛餝・奢僭……下623
造替(二十年に一度)……上173,207
装束……上495
扱地拝……中87
掃丁……中775
雑田……中1069
草墼……下431,445,469
僧尼
異性宿泊の禁(夜時に非ざるよりは)……下639
禁色……下627,629
苦使……下627
交雑(凡そ男の尼寺に入り…)……下639
罪人(皆衆証によりて…捶拷すべからず)
……下69
徒役……下81
僧尼の死亡(朝集税帳等の使)……中657
長宿……下629
売買……下629
奏任……中471,下665
雑任帳……中921
糙納……中983
添御県に坐す神社(神波多神社…伊射奈岐神社)
……上519
相博……中987
大麦・小麦(自余は令の如くせよ)……中987
桑螵蛸(知母…葵子)……下377
贓布……下83
造船瀬料田……中955

選内出入の法(内分番の内長上に入る…)……中487
千二百官……中377
遷任(遷替)……中15,17,21,499,下731
　一選を経て(考帳を待ちて放ち出だせ)……中481,495
　国司(凡そ諸国…,解退の後)……中15,21 下729,871
　別当・三綱(年限を論ぜす)……中691
　遥授・兼任の国司(未だ外任を終えずして内官に遷らば)……下729
選任……中471
前人の遺歴……中505
宣仁門……下743
選の別記(別記)……中563,587
洗馬矢……下275
選番の史生(長上の選…人数あり)……中579,587
鑱符《せんぷ》 → 任符《にんぷ》
旋覆花……下385
前分……下865
染法……中331
善茅……中651
鮮味……上441
宣命……中463
　賀茂の祭……中135
　元日の節会……中135
　黄紙……中135
　行幸……中55
　告文(神社山陵の宣命)……中135
　御斎会……中49,下431
　正月七日叙位……中559
　詔書(旨を承けて)……中135
　神社・山陵の宣命(大臣勅を奉り…)……中135
　節会および尋常の詔旨……中133
　弔詔(詔書)……中77
　任僧綱……中11,685
　弁の大夫……中567,573
　臨時の詔勅……中135
宣命使(凡そ蕃客…)……中25,135
先名後姓(常例)……中461
選目録《せんもくろく》 → 考選の目録《こうせんのもくろく》
選文(凡そ諸司および畿内国司の…)……中61 65,下177
全輪……中927
闡揚……中621,下897
宣陽門(兵衛の陣)……中565,下861
全縷……中1003

そ

蘇……中311,341,817
俎……中603,下877
租……中983
初位(八位…位子)……中909
醋……下547
副川神社……上629
初位の長上……中943
箏……中663
造行宮使……中53
僧位(伝燈入位)……中699
贈位記……中147
贈位の蔭法……中519
倉印……中1059
造院料……中963
蒼烏……中651
造営尺(南北一千七百五十三丈)……下657
葱花……中405
奏賀……中47
挿鞋……中323
草鞋……下751
雑楽……中659
雑楽の具……中663
惣官(被管の考選の文は…)……中19,489,下719
造館舎所(館舎を造る所)……中73
雑給の薬……下347,353
雑給の酒……下545
皂莢(犀角…青木香)……下341
造宮使
　伊勢大神宮(使)……上207
　斎宮……上347
象車……中647
象牙の櫛……下617
霜降……中373
僧綱……中11,311,667,685,687,下89
　辞任……中685
　卒去……中687
　僧綱位記……中137,139
　僧綱領(法服)……中239
　僧綱所(綱所)……中11,21,599 641,685,701,705
　勅任……中685
　任僧綱(符を治部省に下せ)……中11
　任僧綱儀(告牒の式)……中11,599,685
　補任帳……中657

四科区分(内長上四考…外分番十考)…… 中487
神宮司…………………………………… 中493
近きより遠きに出ずる者……………… 中489
中宮職舎人・春宮坊舎人 ……………… 中481
長上官……………………………………中517
内分番(番上)…………………………… 中517
無位(もし加級…従うことを聴せ)…… 中521
前胡(犀角…青木香)…………………… 下341
煎香……………………………………… 中169
浅香……………………………………… 中199
前行………………………………………中85
宣光門(北の掖門東の廊門)…………… 下785
前後の次第司……………………… 中43,53
先後零畳………………………………… 中759
前後を論ぜず……………… 中585,下729
茜根(知母…葵子)……………………… 下377
千載……………………………………… 中621
撰才駅……………………………………下49
宣旨……………………… 上369,下609,695
官宣旨………………………………… 中923
禅師(十禅師)………………………… 中665
先師顔子……………… 中543,603,617,1001
1041,下299,685,875
宣旨所…………………………………… 下703
選子内親王(斎王)……………………… 上355
選士の資丁……………………………… 中775
前所……………………… 中167,下687,871
染生……………………………………… 中481
先生……………………………………… 中639
禅定寺…………………………………… 中729
千城百国………………………………… 上481
全色……………………………………… 下615
先聖文宣王 せんせいぶんせんのう → 孔子 こうし
宣政門(東の中門)……………………… 下557
千瘡万病膏……………下337,341,343,349,363
践祚大嘗祭……… 上23,391,中39,193,539,下93
153,233,357,425,751,753
天神の寿詞………………… 上439,中41,下159
稲実殿地(斎場)……………………… 上395
稲実の斎屋…………………………… 上395
稲実公………………………………… 上395
卯の日…………………………… 上421,中39,539
卜部(稲実卜部・禰宜卜部) ……上395,397,401
大宿…………………………………… 下637
大殿祭………………………………… 上437
大祓……………………………… 上391,下641
小忌食院(御膳を料理し…備うる院)…… 上399
御湯の供奉……………………………… 中39
神御…………………………………… 上403
還幸(宮に還る)……………………… 上437
神御に供ずる料の雑器(五国)…… 上403,下159
神服…………………………… 上403,中39
畿内所進の九種の植物……………… 下555
行事…………………………… 上391,中39
供神の料……………………………… 下555
供奉の料……………………………… 下557
供物の行列(卯の日)……………… 上421,425
黒白二酒(二国の斎場院)………… 下553,559
検校・行事 …………………… 上391,中39
国郡卜定……………………………… 上391
御禊……………… 上135,137,391,393,中39
41,101,147,下357,429
近衛の装束(辰の日は…脛巾末額を除け)
…………………………………… 下753
在京の斎場(斎場院)………… 上397,401,中39
装束司・次第司(前つこと二十ばかりの日)
……………………………………中41
諸神への班幣(卯の日)……………… 上421
神座の鋪設(卯の日)………………… 上421
主基殿の儀(卯の日)………………… 上421
前段行事(辰の日)…………………… 上437
雑用の料……………………………… 上393
辰の日………………………… 上437,中41,下159
晦日の祓……………………………… 上391
天皇の渡御(天蹕始めて警め)…… 上421,431
437,下427
豊明の節会(午の日,宴会) ……………… 上441
中541,下561
女丁…………………………………… 下175
抜穂の田…………………………… 上395,中39
抜穂使(稲実卜部・禰宜卜部) ……… 上395,397
未の日………………………………… 上443
別貢の物……………………………… 上439
弁官の宣……………………………… 下425
御井の水……………………………… 上427
膳屋…………………………………… 上413
幣の法(幣)…………………………… 上391
巳の日………………………………… 上441
悠紀殿の儀(卯の日)………………… 上421
羅城の御贖…………………………… 上135
穿著…………………………………… 下275
専当…………………………… 中37,下43
前頭…………………………………… 上431
専当の国司………………… 中759,803,下43,811

絶域……中519
節級……下875
絶戸……下825
石膏(半夏…玄参)……下343
石斛(薯蕷…夜干)……下361
絶戸田……下655
　絶戸田の地子……下67
殺生禁断……中45,677
摂津国……中743,下459
　有馬郡の羽束の工の戸……下855
　為奈野牧……下819
　烏賊骨(知母…葵子)……下377
　駅家(草野須磨に各十三疋葦屋に十二疋)……下43
　麻笥・板笥……中857
　葵子……下377
　鼓吹戸……下855
　百済郡……中743
　惸独田……中783
　胡麻子(知母…葵子)……下377
　島上郡・島下郡……中743
　薔薇根(知母…葵子)……下377
　松蘿(知母…葵子)……下377
　荏子(知母…葵子)……下377
　陶……中857
　茜根(知母…葵子)……下377
　桑螵蛸(知母…葵子)……下377
　知母……下377
　調……中857
　豊島牧……下819
　桃花(知母…葵子)……下377
　敏売崎……中709
　鳥養牧……下805,819
　能勢郡……中743
　葉薦・折薦……中857
　萆薢(知母…葵子)……下377
　蜂房(知母…葵子)……下377
　蒭……下823
　名神(住吉神社…長田神社)……上149
　八部郡……中743
　蓼子(知母…葵子)……下377
　鹿角(知母…葵子)……下377
窃盗(凡そ徒以上に断ずる盗人…)……下83
　仏像……下69
節刀……下741
節婦……下627
節婦田(神田…造船瀬料田)……中955
西刀神社……上661
西奈弥神社……上647
銭……上41,283,中121,317,855
　旧銭……下865
　功銭(当時の法)……下645,763,847
　穀倉院……中921
　私鋳銭……下71
　新銭……中411
　銭文不明(択び棄つる者)……下109,655,865
　調銭……中759,841,843,857,921,下643
　調徭銭の用度帳……中921,下655
　徭銭(養物)……中771,921,下641,643,655
　庸銭(一丁に…一百二十五文)……中843
銭形(紫の革)……中381,413,419,431
背の紙……中211
狭布……中845,875
狭帖……下415,459
蟬形の裙の腰の錦……下141,145
蟬翼の綾……下135
芹……下509,511,527
芹田神社……上653
西利太神社……上677
芹葅……下203
賤(凡そ父母…,大宝二年…科断せよ)……下77,79
饌《せん》 → 饌《おもの》
前……中229
善……中517,583
前安居(四月…十五日まで)……中667
粥饘……中997
禅院寺……中705
線鞋……中235
選階……中521
宣化天皇……中719
前脚三節……中607,下879
薦享……上435
鮮魚の直……下191,197
饌具……中613,615,下161,167
前駆(前)……中675
　神嘗の祭……下641
　行幸……下643
　御禊(五位・六位)……上263,357
　大嘗祭御禊行幸(丞以上内舎人を率いて)……中101
選限
　外考(一選を経て)……中481
　考六年……中479

祭日(もし上つ丁…)…… 中543,609,下643,883
散斎・致斎 …………………… 中543,609,下881
三牲………… 中603,605,607,下203,755,877
十一座……………………………………… 中603
祝文(炭)………………… 中621,629,下879,897
稷飯・黍飯・稲飯・粱飯 …………… 中607,下299
諸国釈奠(国司已下学生已上)…………中1001
1041,下875
諸国釈奠式……………………………… 下875
神席………………………………………… 下885
釈奠料……………………………………中1041
雑給の料………………………………… 下205
掃除…………………… 中609,617,下643,887
大膳職の執当の官人…………………… 中633
大宰府……………………………………… 下875
弾正台の検察…………………… 中611,下607
陳設………………………………………… 中611
始めの日・畢りの日 …………………… 下205
幣物を焼く料…………………………… 下315
別貢の清酒……………………………… 下563
別貢の物(同じき祭の別供の料)
……………………………… 中607,下203
百度座(堂下の濫行の輩)……… 中631,下777
文人………………………………………… 中631
礼器………………………………………… 中605
六衛府……………………………………… 中605
赤兔………………………………………… 中649
石南草……………………………………… 下367
赤羆………………………………………… 中649
赤豹………………………………………… 中651
赤熊………………………………………… 中649
軟障………………………………………… 下429
軟障台…………………………… 中385,下435
世代(世を計うる…)…………………… 中769
勢多川(六処の堺の川)………………… 上307
勢多頓宮(近江国の国府…壱志)………… 上303
勢多駅……………………………………… 下45
勢多橋…………………………… 中963,985
節会(諸節)………………… 中45,51,659,下297
305,589,607,743,759
采部………………………………………… 下579
采女司(官人二人)……………………… 下577
衛府の装束(凡そ節会に…一たび換えよ)
……………………………………… 下759
粥…………………………………………… 下591
行列次第…………………………………… 中445
供御の酒・酢 …………………………… 下565
国飼の御馬……………………………… 下805
供奉の諸司の伴部……………………… 下167
内蔵内匠掃部等の寮…………………… 中445
五位已上点検…………………… 中445,下7
五畿内および近江丹波等の国司……… 中445
国司………………………………………… 中445
食法………………………………………… 下167
賜饗………………………………………… 下167
七月・九月 ……………………………… 下231
正月三節の儀場(殿上)…………………中47
正月の三節………… 上291,中443,789,下169
233,489,547,589
正月の四節……………………………… 下229
詔旨………………………………………… 中133
装束………………………………………… 下573
諸司の供膳の人………………………… 下167
諸節の供御の料………………………… 下489
節会に預からず……………………中37,457
饌(群官未だ入らざるの前に…)……… 下167
遅刻(参議以上…左右兵衛督)………… 中445
伴部の装束(色目は本司の式に見ゆ)…. 下167
年中の七節……………………… 下511,517
不参(凡そ元正の日…春夏の禄を奪え)
……………………………………… 中443
豊楽殿……………………………………… 中385
諸の節会の料の酒……………………… 下567
吉野の国栖……………………………… 下177
節服…………………… 下705,761,779,781,795
武官………………………………………… 下777
節禄……………………………… 下115,773
白馬の節会(二節の禄)………… 中165,下479
元日節禄(親王以下次侍従以上)……… 上323
中111,下479
次侍従……………………………………… 中503
七十以上(参不を論ぜず)……………中83,447
唱名………………………………………… 中559
女王………………………………………… 下115
重陽の節(詩を献ずる人…中務省に移し)
……………………………………… 中567
蕃客来朝………………………………… 中449
頒給(大蔵省)…………………………… 中449
命婦(禄法は大蔵式に見ゆ)………中85,下115
六位已下………………………… 中449,下761
六位の女王……………………………… 下115
禄の召名の札…………………… 中449,541
禄の目録…………………………………中51
舌…………………………………………… 上217

煮堅魚・堅魚……………………………中865
牧………………………………………下31
庸布(布)………………………………中865
羚羊角…………………………………下383
須波伎部神社(天照玉命神社…阿須須伎神社)
……………………………………上653
須波阿須疑神社………………………上635
諏訪国(信濃国)………………………中747
楚割(押年魚…芥子)…………上289,下183,233
雑の魚の楚割…………………中849,863
鮫の楚割…………………上289,下711
楚割の鮭(干棗…縒昆布)…中873,下171,519
鯛の楚割……上289,中849,861,863,877,893

せ

妖………………………………………上483
洗……………………………中603,下877
制………………………………………下609
征夷使…………………………………下121
青烏……………………………………中649
正脇…………………………中607,下879
軟錦……………………………………下141
請行事…………………………………下887
正子(世を計うる…)…………………中769
清食……………………………………上393
星宿の変化……………………………中645
制授告身式(某位姓名…符到らば奉行せよ)
…………………………………中143,145
五位以上位記式……………………中141
制書……………………………………中143
洗所…………………………中603,下881
製織(雑の織)…………………………下133
清暑堂…………………………………下437
正寝…………………………中609,下883
静陣……………………………………下841
正脊…………………………中607,下879
税倉(主神…守駅館)…………………中805
青黛(朱沙…紫土)……………上227,中411
生知…………………………中621,下897
税帳使………………中5,7,781,789,1059
雑掌(八位…位子)……………中765,909
上日(諸国の使)……………………中761
清通……………………………………上21
薺苨……………………………………下369
清寧天皇………………………………中717
青馬白髦………………………………中645
青樊石…………………………………下391
青苗簿(大帳使官位姓名に附けて)
……………………………中1069,1075
制幣…………………………中623,下897
栖鳳楼…………………………………下833
成務天皇………………………………中715
清明……………………………………中365
聖門……………………………………下897
青熊……………………………………中651
正立……………………………………中549
青竜……………………………………中549
青竜旗…………………………………下833
清涼殿(御殿,御在所)…………上71,中203,957
下329,333,433
侍所(中宮の雑給…)………………下307
前庭…………………………………下433
大臣の座(殿上の座)………………中33
清和天皇(貞観の先帝)………………上3,17
塞………………………………………中1059
積………………………………………下281
石韋(防己…僕奈)……………………下367
石硫黄………………下365,385,391,393
赤烏……………………………………中649
赤鷲……………………………………中649
赤狐……………………………………中651
赤狡……………………………………中649
積載量(石別に)………………………中1045
赤雀……………………………………中649
赤小豆(丹参…山茱萸)………………下347
赤石脂…………………………………下383
赤箭……………………………………下401
釈奠…………中37,467,529,543,603,659
下89,161,203,249,299,315
429,485,607,755
内論義……………………中631,下443
衛府……………………………下775,793
宴の座……………………………中467,631
穏の座(その後文人詩を献じ)…………中631
学生………………………………下205,299
犠牲(体十一)………………………中607
供物(座別に…)……………………中603
賢(十座)……………………………中603
孔子像(中楹の間)…………………中617
講ずる経……………………………中609
講説…………………………………下685
皇太子………………………………中629
皇太子の座…………………………下685
祭器…………………………………中633

周帀……………………………………………中645
須多神社(宍道神社…由貴神社)…………上669
須智荒木神社……………………………上549
棄汁染………………………………………中309
已に…………………………………………上421
崇道天皇…………………………中725,999
沙……………………………………………下277
小邑刀自…………………………………下541
すなわち…………………………………中299
酒沼志神社………………………………上651
簀子……………………上299,中403,417,下281
簀子敷(階下)………上71,中405,下431,683,743
墨俣神社…………………………………上607
須波麻神社(枚岡神社…高宮大社祖神社)
……………………………………上537
簀原神社…………………………………上513
醯醢……………………………中603,下877
周敷神社…………………………………上707
周敷駅………………………………………下53
須部神社(御方神社…山都田神社)………上631
修法……………………………中105,下321
相撲の節(七月の節)………上293,中51,193,661
下93,167,231,331
443,493,567,697,741
行事…………………………………………中51
式日…………………………………………中51
点検…………………………………………下7
二十六日…………………………………下443
相撲司…………………中51,91,187,661,下443
着座作法(五位以上)………………………中91
洗盤(平魚…籮)………………上33,中843,下193
221,329,503,715
洗案…………………………………………下595
洗の牀(沐槽…楉案)…………………下327,715
洗の料の酒(簀敷の調布…蔣)……………下329
洗槽の布(沐槽…御巾の紵の布)……下317,329
洗人…………………………………………上269
須磨駅………………………………………下43
須麻漏売神社……………………上309,553
墨……………………………………………上289
月料…………………………………………中227
造墨手(造手)………………………………中213
造墨長上…………………………………中213
年料(正月に惣べて充てよ)……………中211
227,下453
掃墨……………………上227,297,中389,415
813,下89,831,847
炭竈山の神………………………………上327
墨坂神社(武水別神社…玉依比売命神社)
……………………………………上613
清酒……………上51,321,中603,下563,565,857
墨染…………………………………………下615
墨縄…………………………………………下285
須美禰神社………………………………上677
住吉に辞竟え奉る皇神たち………………上499
炭山(焼き採らしめよ)……………下315,335
住吉神社
筑前国(宗像神社…美奈宜神社)…上157,711
播磨国……………………………………上685
壱伎島……………………………………上721
対馬島(阿麻氐留神社…敷島神社)……上723
住吉大社神代記(住吉に坐す神社)………上543
住吉に坐す荒御魂神社……………………上697
住吉に坐す神社(遣唐の舶居を開く祭)…上105
145,161,173,179,543
神主………………………………………中493
住吉神………………………………………上141
住道神………………………………………上141
須牟地曾禰神社……………………………上543
皇大御神たち……………………………上453
皇神…………………………………上445,449
皇御孫の命………………上445,481,485,501
天皇が御命に坐せ…………………上453,491
皇が睦(高天の原に…,親)……上445,447,471
481,487,503
天皇命………………………………………上501
李子(竈杵米…荷葉)………………………下215
揩衣…………………………上293,下621,751
小松の揩衣………………………………下693
揩染…………………………………………下613
錯手…………………………………………下275
摺剝…………………………………………下445
受領(任用)……………中19,691,995,下719
遷任(すなわち籤符を給え)………………中15
駿河国………………………………………中865
絁…………………………………………中865
堅魚の煎汁……………………中865,下243
蒲原駅・長倉駅……………………………下45
官牧の牛の直……………………………中961
決明子……………………………………下383
倭文………………………………………中865
駿河国神名帳……………………………上577
手綱鮨……………………………………中865
繫飼の馬牛………………………………下799

誦経……中707
須久久神社……上545
荳蔻子……下385
宿奈川田神社……上535
宿那彦神像石神社……上641
菅……中405,下459
菅の笠(蓋)……上229,233,237,433,下331
菅の翳……上283,中429
菅の円座……中835
菅生神社
　河内国(丹比神社…田に坐す神社)……上539
　備中国……上689
菅生石部神社……上637
食薦(匏…葦籠)……上31,321,427,中841,下133
155,179,247,415,453,455,469
双六……下623
徒罪(役)……中761,下77,83,85
　作物……下85
　徒役満了……下77,85
　徒人の在役(八位…位子)……中909,947
　徒人の年限……下77
　僧尼……下81
　盗人……下83
朱雀大路
　垣……下635,647
　垣の基……下661
　放牧……下645
　路溝……下645
朱雀旗……下833
守朱雀樹……下649
朱雀門(大門)……上415,中35,361,541
下607,623,769,777,835
　左右の仗舎……中543,下419
　南の階……中543
須佐神社
　出雲国……上675
　紀伊国……上699
須佐袁神社(阿須伎神社…美談神社)……上673
須佐能袁能神社……上691
鮨……上29,下179,233,515
　甘鮨の鰒(腐ち耳の鰒…鮨の鰒,鰒の甘鮨)
……中849,877
　阿米魚の鮨……中871
　貽貝鮨……下711
　大鰯の鮨……中851,897
　貝と鮹の鮨……中853
　雑の魚の鮨(押年魚…芥子)……上289
中849,863
　雑の鮨……中861
　鯉•鮒の鮨……中873
　鹿の鮨•猪の鮨……中851
　鮨の年魚……中853,873,895,903,下517
　鮨の鰒……上321,中849,851,895
　鮨の鮒……中849
　手綱鮨……中851,865
厨子……中267,413
線納の錦……下141
筋金……中429
簀敷の調布……下329
崇峻天皇……中721
図書(御書および図絵)……中209
図書寮……中195
　紙工(中宮の雑給…)……下307
　元日朝賀(官人四人…)……中195
　経籍•図書(御書および図絵)……中209
　史生……中473
　雑色手……中545,591
　造紙手……中211
　造紙長上……中333
須代神社(籠神社…宇良神社)……上655
崇神天皇……中715
鈴……上41
鈴鹿川(六処の堺の川)……上307
鈴鹿頓宮(近江国の国府…壱志)……上303
鈴鹿山(山城近江伊勢等の堺,堺の上)
……上307,351
鱸魚……下519
草野駅……下43
すすぎ振るおどみの水の……上503
生の綾……上297
生糸(生絹)……上227,297,中231,269,397
427,下129,143,231,285
305,317,329,493,845
生絁……中267
須須神社……上643
鈴奏(行幸従駕)……中155
須須保利……下513
研……中129,209
　猴膝研……中847,889
　猿頭硯……下735
研の案……下269
烟を煮る……中221
烟を焼き得る……中221
欄……下9

随身の兵……下635
随身符(魚袋)……下619
綏靖天皇……中713
翠鳥……中651
水道散……下361
出納帳……中153,757,下107
　案記……中27
　検校……中153
出納の諸司(正倉を開かんには)…中27,151,345
917,下43,107,111,175,311,447
　官稲納入(官位姓名)……中1059
　器仗……下843
　共署……下107
　鉄鍬等の類および自余の諸司の物……中153
　五位以上……中27
　貢納物の受納(所司検覆し)……下105
　戸籍(諸司)……中103
　出納帳……中27,153,757,下107
　蕃客の儲料(行事の史)……下863
　御薪……下169
　御服の物(所司,内蔵寮)……中319,下109
　百度食(一度に請い受け…惣べて録して)
……中917,下175,311
垂仁天皇……中715
騶虞……中645
崇福寺(諸寺)……中207,315,467
653,667,669,下101
　悔過(供僧八口…)……中669
　国忌(悔過すること各三日)……中669
　修理料……中963
　伝法会料……中963
陶器作……上203
陶荒田神社……上541
陶の池由加……中269
陶の臼……上87
陶の器……中347,841,857,859
陶の鉢……上69,下317
陶の瓫……下329,715
陶の埦……上201
陶の由加……中267,下459,713
蘇芳……上367,371,中245,253,303,下613
　浅蘇芳……中259
　深蘇芳……中257
　中蘇芳……中257
周防国……中753,891,1027
　玖珂郡……中753
　鯖……中893
　塩……中891
　鋳銭司(周防国の朝集使に附けよ)…中15,477
491,921,971,1009
　周防の筵(短席)……上387,中891
　繋飼の馬牛……下799
　比志古鰯……中893
　牧……下33
　庸米……中893
菅薦……中853,879
須加神社
　伊勢国(波多神社…小川神社)……上557
　但馬国……上663
菅そ……上479
菅田神社
　大和国(神波多神社…伊射奈岐神社)……上519
　近江国(馬路石辺神社…日向神社)……上601
　播磨国……上685
菅田比売神社(神波多神社…伊射奈岐神社)
……上519
須可麻神社……上631
酢瓶……中847
酢瓶の下盤……中847
須我流横刀……上225
菅原神社(神波多神社…伊射奈岐神社)……上519
菅原伏見西陵……中717
菅原伏見東陵……中715
主基……上391,中39,下59
　御帳……下427
鑞……下251
次飯……下307
須支神社……上559
須伎神社……上619
須義神社……上659
漉簀……中211
杉末神社……上655
杉染……下613
主基殿……上391,401,413,下425
　右行……上425
　卯の日……上421
　神御……上403
次邑刀自……下541
榲榑……上297,中397,417,431,下283
杉原神社……上643
杉桙別命神社(伊古奈比咩命神社…志理太宜神社)……上579
杉社郡神社……上635
杉山神社……上587

神代三陵……中713
進退容止……中461
人担(率となせ)……下281
進丁……中929
神鼎……中649
神田(皇神の御刀代を始めて)……上255,455
中781,955,1059
寝殿……上299,353
殿の四面……上259
後取……上79,165
仁により芸に遊ぶ……中623,下897
新任講師……中1051
新任国司……中13,1051
海路……中805,下871
食……中13,805,1005
鋪設……中803
四分之一料……中1033
伝馬……中13,下871
任符(位姓名を守に…事一通)……中7,11
親王……下325
小斎人(親王…)……中89
喚辞(凡そ職事の親王…)……下635
議政官(政を議るに預からば…)……中525
駈使せし婦女……下631
親王宣下(名号を下知するの日)……下325
親王任官……中81
弾(凡そ親王および左右大臣を…)……下599
朝座(昌福堂含章堂および含嘉堂)……中457
幘料……中439
乳母……下237
幼親王の乳母……下309
心柱……上209
秦皮……下379
人文……上17
神木(樹木を伐り)……上173
神明膏(四味理中丸…賊風膏)……上335,下343
349,363,365,367,369,857
神名帳……上507
三千一百三十二座……上507
神武天皇……中713
神馬……中645
信物……中567
進物所……下111,497,565,577,591,845
給食(中宮の雑給…)……下307
新薬師寺……中667,683,703,995
新暦……中71
新老……中929,939

す

簀…… 上285,中629,683,853,901,下181,415,453
置簀……上33,331,427,中793,823,下311,595
漉簀……中211
貫簀(漆の樽…鎮子)……上267
酢(醬…折薦の帖,茜…水瓺麻笥)……上385
中207,231,411,下103,207,545,575
御斎会の料……下575
水駅(船十隻)……下49
渡戸駅……下49
推劾(犯罪を…罪なし)……下71
忍冬の花鬘……中285
水旱災蝗……中789
水玉……上133
水銀 すいぎん → 水銀 みずがね
随近の官司……中799
随近の国……中983
出挙……中957,1033
越前国・加賀国……中967
官稲(人の多少によれ)……中977
交易料……中963
公廨稲……中957,965,1033
貢馬・牧場の飼料(毎年出挙しその息利を)
……中1015
志摩国……中959
春夏の出挙使……中1053
正税の穀……中987
神税……上251
出挙雑稲(諸色)……中25,75,957,977,1033
出挙帳……中797,799,909,955,977
大学寮料……中643
大宰府……中977
但馬国……中969
対馬島……中977
日数に随いて増減あり……中975
橋を造る料の銭……下655
本倉に返納……中1033
本稲(正税若干束)……中1033
利稲(利若干束)……中1033
捶拷……下69
推古天皇……中721
随使(凡そ蕃客…)……中25,657
水精……中549
赤水精(五色の玉,玉)……上35,165,503
白水精(五色の玉,玉)……上35,165,503
水神……上129

神嘉殿……中89,177
宸儀……上433,中45
神亀……中645
神祇官(神祇一)……上23,中531
　卜部……上39
　小斎人卜定……中89,下159
　官掌……上181
　官に申して請い受けよ……下157
　史生……上181,中473
　神祇伯……上29
　神税……下293
　高蔵(官庫)……上193
　致敬の礼(祐史)……下605
　祭る料……中791
　御贖……中177,311,下163
　弾琴……上39
　宮主……中377
神祇官斎院(西院)…上29,293,507,中539,下415
　祈年の祭の所……中185
神祇官の中臣《じんぎかんのなかとみ》 → 中臣《なかとみ》
神祇官八神殿(神殿)……上133
秦膠……下361
神供……中169
神功皇后……中715
神宮司……上169,183,中15,493,下865
　香取神宮司……中15
　気比神宮司(気比神社)……上183,631,中493
　503,517,下865
　大神宮司……上191,247,315,中493,1021
　秩限・選限(凡そ諸の神宮司…)……中493
　八幡神宮司……上183,715,中493,503
　服喪(六年)……上169
神宮寺
　熱田神社(金剛般若経)……上181
　鹿島神宮……上595
　賀茂御祖神社……上515
　賀茂別雷神社(鴨別雷社)……上513
　気多神社……上641
　気比神宮寺(気比神社)……上631
　神宮寺観音院料……中967
　神宮寺料……中965
　多度神宮寺……中675
神郡……上245,中483
神郡司……上191,339
親眷……中105
進鼓……中79,下839
賑給……中25,917
賑給使……中25
神護寺……中997,下321
　宝塔院・七禅師……中997
　仏の燈の油……中997
進御薬儀(凡そ十二月の…)……下165,347
真言院……中665
　僧房(五大菩薩…行事所)……下319
神今食《じんこんじき》 → 神今食《かんいまけ》
真言宗
　諸国講読師……中689
　俗別当(弁官に進れ)……中689
真言法……中665,下101,211,301,319
　行事所……下319
　僧沙弥三十二口の料(五大菩薩…行事所)
　……下319
身才……下13
神座の褥……中633
参差……中521,下291
進仕……中523
神事……中177,下445
荏子(知母…葵子)……下377
神璽の鏡剣(天つ璽の剣鏡)……上439,471
進士の時務策……中589
神寺の封丁……中767,771
神雀……中653
神社帳(神社若干処)……中1039
新修本草(大素経…八十一難経)……中511,下371
賑恤……中55
真書……中213
針生……下347
秦椒……下391
晋書律暦志……中637
進陣鼓……下739,767
神税……上53,87,173,177,181
247,341,中527,531,下17,293
　所在の官舎……上257
　出挙……上251
神税帳(帳)……上257,中797
臣籍降下……中37,519
神賤(鹿島神宮)……上595
新銭……中411
神泉苑…中51,387,下443,449,625,645,647,697
新撰陰陽書(学に専精せしめ)……中357
神饌行列(その行列は…)……上421,425,下155
神仙門……下439
進奏……中17
新造の炊殿を鎮むる祭……上281

白木の手湯槽……………………………… 上333
白木の斗帳…………………… 上267,中417,425
白国神社……………………………………… 上683
白雲の堕り坐向伏す限り…………………… 上449
精代…………………………………………… 中809
素輿…………………………………………… 上425
白沢神社(神部神社…豊積神社)…………… 上577
白玉(真珠)…………………… 中337,827,下869
白橡(黄…墨染)…………………… 中239,下615
白鳥神社……………………………………… 上643
白鵠の生御調の玩び物と…………………… 上503
白浪之弥奈阿和命神社(火牟須比命神社…伊那下神社)………… 上581
白土(青土…掃墨)………… 上427,中415,下275
白比古神社…………………………………… 上641
白干…………………………………………… 下521
白米…………………中169,703,767,791,下63
鞦…………………… 中827,下619,667,815,825
緋の鞦……………………………… 下619,819
衢・後末 ……………………………… 下619
総鞦………………………………………… 下829
事力(八位…位子)………… 中771,773,805,909
後盤…………………… 上289,333,中847,下713
志理太宜神社………………………………… 上579
持律…………………………………………… 中665
支料………………………………………… 上257,421
紙料(調布)………………………………… 中215
慈綸…………………………………………… 上21
汁糖…………………………………………… 下211
汁糟……………………………… 下217,495,547,565
黴…………………………………………… 中549
志のため……………………………………… 上503
汁漬(酒盞汁漬の杯・中片杯) ……………… 中843
汁漬の杯……………………………………… 中843
汁にも穎にも………………………………… 上447
滓醬 しるひしお → 滓醬 かすひしお
斯礼賀志命神(高良玉垂命神社)………… 上713
白藍色………………………………………… 中265
白赤の木綿の耳形の鬘…………………………下57
銀…… 中387,405,413,815,837,847,下125,845
対馬島の銀…………………… 中907,下869
銀の飯笥…………………………… 上267,中421
銀の飯鋺…………………………… 中435,下499
銀の器…………………… 上299,353,中387,下505
銀の御坏…………………………………… 下497
銀の匕……………………………… 上267,中435
銀の鋺……………………………………… 上287
銀の盞…………………………… 中421,435,下569
銀の捧壺(斗帳…軽幄の骨)………………… 中433
銀の盤………………………………………… 中435
銀の唾壺……………………………………… 上375
銀の箸…………………………………… 上375,中435
銀の箸台………………………………… 上375,中435
銀の人像………………上73,123,139,下163,255
銀の水鋺(飯笥…盞)……………………… 中421,435
銀山上神社…………………………………… 上723
銀山神社……………………………………… 上723
白革(銀…席二千枚)……………… 中815,下701
白綺…………………………………………… 中353
白き猪………………………………………… 上447
白き鵠………………………………………… 上165
白絹(白)………………………… 上267,中239,411
825,863,871,下623
白酒の屋……………………………………… 上401
信露貴彦神社………………………………… 上633
白き広き紗(白紗)………………… 中331,下133
白毛馬(黒毛の馬)………………………… 上145
知ろし食せ…………………………………… 上471
白水精(五色の玉,玉) ……………上35,165,503
白畳綿………………………………………… 中879
白堤神社(皇子神命神社…夜都伎神社)…. 上533
白の袷衣…………………………… 中163,下681
白袴(表袴)………………………………… 中241
白人…………………………………………… 上479
白端の御帖…………………………………… 下425
白細屯綿……………………………………… 中879
白御馬(白眼の鴾毛の馬)……………… 上165,503
白山比咩神社(多伎奈弥神社…佐奇神社)
……………………………………………… 上639
白綿…………………………………………… 上343
白羽の官牧…………………………………… 中959
志波加神社…………………………………… 上651
志波彦神社…………………………………… 上619
志波姫神社…………………………………… 上623
深……………………………………………… 中613
心(中子)…………………………… 中269,下127,327
陣……………………………………………… 下863
駕に供奉する陣…………………………… 下741
陣に陪る…………………………………… 中445
陣座(陣の頭)………………… 中137,149,下743
神位……………………………………………中97
神位記………………………………………… 中137
新開…………………………………………… 中787
慎火書………………………………………… 中195

諸国の進る年料の雑薬……中815,下375
諸国の年料……中335
　雑の交易物……中837
諸国の隼人……下59,61,65
諸国例貢御贄……下169,171
初斎院……上259,261,355,中43
　417,433,下95,299
　膳所……上359
　官人・女官……上269
　宮城内の便所……上259,355
　食法……上269
　装束……上267
　初斎院御禊……上359,中433
　初斎院御禊の勅使……上361
　女別当……上263,357
　祓い清むる料……上263
　別当……上261
　門衛……下779
初参入……上83
庶子……中777
女史……中279
諸色……中1033,1041,1053
諸司式……上17
所執……下719
諸司田《しょしでん》 → 要劇番上粮田《ようげきばんじょうろうでん》
諸司の印……中103,403
諸司の鑰匙……中55
諸使給法……下119
諸司の雑部(八位…位子)……中909,945
諸司の治務……下79
諸司の年料の雑薬……下359
　衛府……下361
諸司の番上……中591,945
諸司返上帳……中921
書手……中207
処暑……中369
庶女……上169
書生……中513,521,639,下13
　畿内班田使……下651
　京職……下649,651,653
　国書生……中481,1033
　帯仗……下23
　大宰府……中487,785,下23
　得考の書生……下23
女青……下369
書損の料紙……中207
除帳
　疫死・流死(課口は…)……中919
　逃亡除帳口分田(遥授国司公廨田…乗田)
　……中957,1061,1071,下873
　逃亡六年……中911
　得度除帳(八位…位子)……中797,909,下873
織機《しょっき》 → 機《はた》
初度の禊(河の頭に臨みて祓をなせ)……上261
　355,357,中43,下641
　祓の料(祓つ物)……上263,355
　山城の国司……上357
初任(凡そ令に…)……中85,117,123,525
庶人……中351,519
叙人……中541
叙任……中597
書博士……中17
諸蕃……中567,761
諸番の日記……中209
庶品……中623,下897
庶務……中3
除名……中929
舒明天皇……中721
除免……中71
所由の人……下601
薯蕷……下361
叙用……中497
諸陵寮……中711
　史生……中473
白綾(白絹…支子)……上267,中893,下133
　一窠の白綾……中417
新羅組……中253
新羅文……中317
白髪……上503
白髪神社……上589
白川(六処の堺の川)……上307
白河神社……上617
白河陵……中729
白木……上293
新羅……下123
　王子入朝……下125
　新羅琴……中663
　新羅使への給酒……中709
　新羅訳語(主神…守駅館,師に十分…)
　……中805,981
白城神社……上633
白木の倚子……下445
白木の笏……下611

僧供料(舂き備えて)……中995
新嘗の白黒二酒……中789,下553
年料舂米……上343,中807,809,下313
年料租舂米……中809
野宮の月料……上289
糯米……下313
升麻膏(四味理中丸…賊風膏)……上335,下341
349,365,367
小満……中367
聖武天皇……中723
承明門……中151,353,559,下3,443
青木香……中169,199,341,811,下341,381
生薬
元日の御薬(人参…薤白)……下337
諸国進年料雑薬……下375
草薬……下357,367,373,709
中宮の臘月の御薬(半夏…玄参)……下343
料理りて……下345
東宮の御薬……下345
臘月の御薬(犀角…青木香)……下341
生益……下373
請益生……下121
乗輿……中81
乗輿不御の日……中459,555
松蘿(知母…葵子)……下377
商陸(半夏…玄参)……下343
勝隆寺……中729
将領……下291,781
掃除……中775,下781
掌類(官掌…司掌)……中491
常例……上293
条令 じょうれい → 坊令 ぼうれい
小蓮花の綾(続花の綾…呉服の綾)……中845
小路……下659
壌を撃つの叟……上17
諸衛射田(神田…造船瀬料田)……中955,下763
諸衛進当番歴名帳(毎月一日十六日…)……下745
諸王……中443,下657
王の大夫……下415
喚辞(凡そ職事の親王…)……下635
季禄……下477
計帳……下477
下馬の法(凡そ無位の孫王…)……下607
皇親の時服(王禄)……中55,57,527
529,下171,173,477
皇親の名籍(名簿)……下171,173,477
御斎会……中49
死去(六位已下)……下173,479
賜姓……下477
女王の時服……中85,下173
孫王(二世の王)……中443,下479,607
年足れりの符……下477
平野の祭(四世已上の王)……下423
服の色……下611
封戸……中1065
礼服・朝服……下619
歴名帳(帳に載せて)……下477
女王……上259
五世の王……中105
女王の時服……中85,下173
女王の地(左京北辺…一条二坊二町)
……中273,下481
節禄……下115,479
無位女王……下305
六位の女王……下115
女王禄(正月八日)……下89,305,437,477
賜女王禄儀(内侍)……下477
定数(二百六十二人)……下479
諸楽……中663
所管……中539,569,585
除棄の状……下729
所業……中701
触穢(忌む,甲の処…)……上169,171,173,253
職掌……中677
織生(諸の羅綾を織る料)……中1047
蜀椒 しょくしょう → 蜀椒子 なるはじかみ
飾仗……下633
職掌を准擬せよ……中545
贖銅銭(価に准えて銭を徴れ)……下79
続命縷 しょくめいる → 続命縷 くすだま
殖薬の様……下165,347
諸家……中125,577
季禄(諸家もこれに准えよ)……中569
仕丁……中769,771,773
除耗……中983
諸国大祓……中803
諸国貢進御贄……下169,517
諸国所進御贄……下169,171
諸国釈奠式……下875
諸国大未進小未進等の帳……中837
諸国に遣わすの使人……中3,23
諸国の一分……中15,981
諸国の印……中103,403
諸国の貢物……下625

聖僧の座(仏聖)…………中199,679,下207,301
正倉守(守正倉)……………………下647,649
装束……………………………………下743
　位記を装束する式……………………中145
　一代一講の仁王会……………………中677
　御仏名の装束…………………………中205
　賀茂の初斎院・野宮の装束……………中433
　行幸……………………………………中101
　三時の祭………………………………上315
　式年遷宮………………………………上495
　初斎院…………………………………上267
　大儀(輔)………………………………中79
　平岡の祭………………………………上47
　平野の祭の物忌………………………中93,133
　陪従……………………………………上339
　御巫……………………………………中301
装束假…………………………………中501,689
装束鼓…………………………………中79
装束司……………………上293,中41,43,53,77
象樽……………………………………中603
傷胎……………………………………上171
承知の官符……………………………中13,799
　年料別納租穀…………………………中799
　別当・三綱の補任……………………中693
承知の符……………………………中799,下733
正丁……………………………………中759
匠丁(工匠)……………………中773,1009,下629
　房戸の徭………………………………中765
抄帳……………………………………中789,915
証帳……………………………………下733
樵丁 しょうちょう → 採薪 きこり
上庁……………………………………中5
小鳥の大鳥を生める……………………中651
詔勅……………………………………中497
　節会および尋常の詔旨………………中133
　弔詔……………………………………中77
昇殿……………………………………下743
乗田……………………中781,785,787,957,1061
定田………………………………中1059,1069,1077
上田……………………………………中1067,1071
小道……………………………………下629
仗頭……………………………………下631
上道……………………………………下641
成道会…………………………………中661
上道の日………………………………中759
上東門(美福…偉鑒門,土門)…………下777,863
章徳門(掖門)…………………………下767
少納言…………………………………中5,449
　監印……………………………………中9
　少納言に牒する式……………………中5
　尋常奏………………………中5,9,57,59,71,155
　飛駅……………………………………中97,137
　弁官に牒する式………………………中5,7
少納言局(史生已上)……………………中19
　外記……………………………………中5
　外記の史生……………………………中61
　外記文殿(太政官および左右の文殿)……中73
鍾乳床…………………………………下405
常寧殿…………………………………中159
　東の礩…………………………………中177
　掖門……………………………………中175,179
少破……………………………………中641
証博士…………………………………中507
小蘗……………………………………下375
小半…………………………上373,中981,下255
小幡……………………中677,下739,741,767,785
上般……………………………………中249
上番……………………………………中187
薔薇根(知母…葵子)……………………下377
薔薇の綾(一窠の綾…菱花の綾)…………中845
薔薇文(一窠の綾…菱花の綾)…………中317,845
上表(表,拝表)……………………上3,5,中99,685
　子弟四人………………………………中99
小品(大素経…八十一難経)………………下371
商布…………………上33,45,195,297,中65,169
397,681,707,827,873,1003
1011,下107,179,279,287,763
　一段の直………………………………中1011
　直稲……………………………………下107
省符(諸省の請印して…)…………………中13
菖蒲 しょうぶ → 菖蒲 あやめぐさ
浄福寺料………………………………中963,971
昌福堂(南の階は大納言…左右弁,太政官庁)
…………………………中451,571,下431
447,557,599
　西庇の下………………………………中453,571
正平……………………………………中653
常幣儀(治部)……中53,107,739,下95,433,447
　幄の設置(大蔵省の正倉院)……………下433
証本……………………………………中589
升麻(人参…薤白)……………………下337,403
舂米(白米を進れ)……………………上343,中767
　稲舂歌(手を易えず)…………………上431
　供御の料………………………………下305

諸国の使……………………………………中761
新任官(正月七月の三十日以前の上日…)
……………………………………中527
前月の給うべき官人……………………中59
太政官………………………中19,517,527,555
女官の馬料……………………………中125
薬師寺最勝会(六位已下)………………下479
上糸の国…………………………………中845
床子の錦…………………………………下139
精治万歳…………………………………上481
小社(大・小,路次の神,大所・小所)……上23,137
309,391,507,中1039
畿外(二千二百七座)……………………上507
宮中・京中・畿内(四百三十三座)………上507
祈年の祭の祭料(座別に絹三尺…)……上313
将従《しょうじゅう》 → 傔従《けんじゅう》
常住寺(諸寺,野寺)…………中105,315,665,693
下207,215,303,321,589
十禅師…………………………中105,707
詔書……………………………中11,95,97,135
詔書式…………………………………中95
詔書の筥………………………………中95
弔詔……………………………………中77
小暑……………………………………中369
尚書……………………………………中633
証署……………………………………中799
状書……………………………………中597
乗除……………………………………中591
省掌…………………………中461,下3,11
儀式……………………………………下13
中務省…………………………………下309
上抄……………………………………中547
定摺の石帯……………………………下617
星辰……………………………………上481
正身……………………………………中771
承塵…………………………上329,401,下373
聖神寺(諸寺)…………………中315,下207
303,319,577,587
季料…………………………下207,577
承塵の帳………………………………下221
祥瑞……………………………………中645
小制(三両一分二銖)……………中817,847
下351,845,861
小声……………………………………下61
正税………上31,341,中13,25,793,803,817,957
小税……………………………………上201
正税倉附帳……………………………中985
正税帳……………………中759,795,955,1031
合せて国内の田若干…………………中1077
駅使(経若干日)………………………中1049
駅伝の食(路次の国中…勘返することなかれ)
……………………………………中1007
勘会…………………………中955,下873
官に申し送れ…………………………中795
去年の帳………………………………中955
後都合(某年の残定穀穎…)…………中1055
食料若干束……………………………中1049
収納の正税若干束……………………中1059
上下……………………………………中1049
先都合(合せて某年の定穀穎…)……中1031
雑用の穀穎……………………………中1039
太政官符により用う若干束…………中1053
中都合(都合定穀穎…)………………中1037
二月三十日以前………………………中795
年輸(当年の出挙ならびに…)………中1033
年料の進上……………………………中1043
返帳……………………………………中955
某郡……………………………………中1059
某国の某事を検する使………………中1049
結びの文言……………………………中1059
文書形式(解)…………………………中1031
正税返却帳(返由を録して省に申せ)……中707
955,985
小雪……………………………………中375
賞銭……………………………………下371
上宣………………………中543,587,631,下731
成選位記(料物)………………………中99
上宣官符(奉勅に非ざる)……………中13
成選叙位
宮人……………………………………中99
郡司……………………………………中485
兼官(凡そ選人兼ねて…)……………中491
式日(当日)……………………………中567
授成選位記儀………中67,135,463,565,下441
男官……………………………………中99
成選短冊……中67,99,563,565,567,587,下441
冊の櫃…………………………………中565
成選の人(選人)………………………中491,561
正倉……………………………………中1057
餉送……………………………………下629
醸造(御酒槽を造る法)………………下545
正倉院…………………………………下105
巡検する衛府…………………………下105
正倉帳…………………………………中797

別当……中693
定額僧……中21,693,995
定額隼人(凡そ今来の隼人…)……下63
小窠の錦……上229
請暇の文……中155,761
照鑑……上5
小寒……中189,361
唱喚……中493
貞観格式……上5
貞観寺……中995
貞観式(式二十巻,後式)……上17
承歓堂……下429,435
貞観礼(永徽開元の沿革)……上5
小儀(大儀)……中79,下741,769,787
掌儀……中553,下679
定木(牒釘)……上217
上儀の服……下673
掌客……中657
掌客使(凡そ蕃客…)……中25
鉦簴……下265
小郡……中759
将軍帯……下739
昭訓門(東西の廊の門)……中195
上下……中1049
承継……中933
上卿(中納言以上に申せ)……中3
召計……中593
小経(三経)……中633,635,637,下371
杖刑
准折(役を満たすの間…)……下73
杖笞の大小……下83,627
椒桂合生……中653
昭慶門(北殿門)……下93,425,785
小結花の綾(続花の綾…呉服の綾)……中845
生気の色……上337
上下番……中195,461,521
証験……中799
鉦鼓……中79,下439,741,771,833,841
鉦鼓を撃つ人……下759,833,835
出納(須うるところの…)……下835
執る夫……下759,835
商賈……下647,665
焼香……中195,705
舂功……中767,789,987,989,997,下173
封租……中985
常荒……中785
小行障(斗帳…軽幄の骨)……上267,中419,433
承光堂……下427
承光堂の官人……中457
昭告……中621,下897
上国……中743
上穀紙……中215
承告の司……中799
鉦鼓師……中527,下839
勝載……中1045,下869
上西門(美福…偉鑒門,土門)……下777,863
定座の沙弥……中667,677,989
小祀……上23
証師(僧)……中791,下103,211,215,575
小子……中911,925,941
松脂(犀角…青木香)……下341
床子(漆の樽…鎮子,牀,床)……上215,267,381
中267,425,461,581,下69
251,263,417,447,457,685
赤漆の床子……下445
胡床(胡牀)……上293,423,中79,313,下9
57,673,741,759,769,803
板牀……上327
大床子……中199,下267,429
空床子……下437
牙床……中413,下595
楉牀……上329
洗の牀(沐槽…楉案)……下327,715
帳台(牀)……中231
中床子……上387,下431,439
独床子……上387
檜の床子……下269
嚢床子……下435
御牀……下425
鄣子……中311
障子……中405,407,427
障子の押……中405
通障子……下435
張五人……中407
縁に黏くる料……中407
縁の料……中407
掌事……下881
常祀(四時祭)……上23,127,445
上紙……中215,下719
上日……上245,中17,29,37,57,85,105
111,187,469,497,517,521,525
527,537,569,583,765,下733,745
五位以上の上日(式部に下知)……中19,459
555,569,571

巡行(長官)……………………中1005,1007,1009
1051,下651,865
春興殿……………………………中105,下745
巡察弾正(忠一人)……………………下599
旬日……………………………中3,451,459
春秋公羊伝(公羊)……………………中633
春秋穀梁伝(穀梁)……………………中633
春秋左氏伝(左伝)……………………中633
春秋二仲月……………………………中509
春秋の読経……………………………中999
旬政
　侍従已上の儲の料……………………下307
　孟冬の一日……………………………中687
准折(もし一箭…)…………………下757,789
純素の金銀……………………………下617
順孫……………………………………下627
准的……………………………………上3
巡点……………………………………中555
淳仁天皇(廃帝)………………………中725
旬の料……………………………下169,517
淳風……………………………………上21
春分……………………………………中363
楯領鼓…………………………………下841
疏………………………………………中523
自余……………………………………中857
叙位……………………………………下9
　出雲の国造(凡そ初めて…)……………中519
　女叙位……………………………中99,下437
　帰朝の日(特に叙位…前労を除け)……中519
　遣唐使…………………………………下21
　五位授位(凡そ六位以下に…)…………中521
　才によりて叙せらるる…………………中521
　秀才の出身……………………………中509
　正月叙位………………中47,133,473,557
　践祚大嘗祭……………………………中41
　宣命……………………………………中559
　前労を通計し…………………………中521
　蕃使(客徒を叙せよ)…………………中569
　武官の叙位の標………………………下3
　無位……………………………………中521
　臨時の恩叙(もし正六位上を…叙せよ)
……………………………中519
女医……………………………………下357
女葦……………………………………下401
女萎……………………………………下405
女医博士………………………………下339
諸院……………………………………中769,801
詞容……………………………………下599
殤………………………………………上171
妾………………………………………中655
牀 しょう → 床子 しょうじ
条………………………………………中231
杖(屛繖…蠅払)………………………中313
仗………………………………………下739
小倚子…………………………………下435
請印………………………中5,11,523,567,下11
　位記(十一日)…………………中155,567,下9
　駅伝の勅符(発遣の時刻)………………中137
　改印(少納言…)………………………中17
　監印……………………………………中9
　官員を増減す…………………………中11
　官物免除(凡そ官物…)………………中13
　公文の失錯……………………………中17
　外印請印(次によりて座に就く,印書)……中67
497,523,567,597,601,773
　五位以上位記(印)……………………中97
　五位以上の畿外に出ず…………………中11
　五十帳を過ぐる(凡そ少納言…)………中13
　治部省印………………………………中701
　少納言尋常奏(右内印三通は某日少納言某…)
……………………………中9,155
　度縁……………………………中659,701
　内印を請う公文………………………中13,155
　任符(新任国司…)……………………中11
　飛駅の勅符……………………………中137
　覆勘(凡そ請印の文書…)………………中13
　民部省符(請印して符を下せ)…………中799
　六位以下位記…………………………中3,97
醬院………………………………下179,247
浄衣……………………………中169,下319
　浄衣の絁………………………………中207
定額(定)………………………………中1031
省営田(官田)………中779,789,下173,305,543
　古米(年を踰ゆるの後)………………下173
　稲米・粟米(官符の…)…………中789,下173
293,303
　別倉……………………………………下173
請假(暇を請う)………………上171,中555
城外……………………………………中101
城外の浄野……………………………上261
商推……………………………………上17
定額寺…………………………………中683
　転用国分寺……………………………中675
　燈分稲(稲…)…………………………中683

朱漆 しゅしつ → 朱漆 あかうるし
手実……中485,701
朱沙(朱砂)……上223,中155,353
391,411,437,837
手迹の狼藉……下733
主者施行……中95
主城(帥に十分…)……中981
酒觴三行……中545
主漿署(主膳監)……下709
受譲の即位……上391,中39
主書署(主膳監)……下709
主神……中805,下121
守辰丁(主神…守駅館,八位…位子)‥中359,379
763,805,909
主水司 しゅすいし → 主水司 もいとりのつかさ
主政(八位…位子)……中495,597,909,943
音を用いよ……中487
任官(決を取らば)……中597
主税寮……中955
史生(凡そ主計…)……中473,475
税帳勘会……中955,下873
租帳勘会……中915,919
寮の印……中923
主船(主神…守駅館)……中805
主膳監……下289,709
膳所……下709
令史(監署の官十七人)……下705
史生……中473
鋳銭司……中15,477,491,799,921
981,1009,下109,865,873
鋳銭の年料の銅鉛……中1009
俸料……中971
衆僧……下431
主蔵監(主膳監)……下709
令史(監署の官十七人)……下705
史生……中473
衆僧の前……中547
酒罇……下563
主厨(主神…守駅館,八位…位子)……中805,909
主帳(八位…位子)……中495,597,909,943
音を用いよ……中487
軍団(凡そ陸奥国…)……中1009,下21
任官(決を取らば)……中597
出給……中27
大蔵省……中153
掃部寮(官符)……下447
内蔵寮……中275
外国に賜う……中27
出給の官符(印書)…中27,575,773,下107,109
諸司の馬料……中59
卒去(卒)……上19,中75,1053
僧綱……中687
博士(殊に官物を給え)……中639
出家得度田(主税寮に…,遥授国司公廨田…乗田)……中797,957,下873
出身……上245,中75,下13
守丁(守戸一人)……中735,737
主殿署(主膳監)……下289,709,715
史生……中473
主当……中793
修二会(毎年二月の修法)……中683,995
周髀……中509,633
受蕃国使表儀……下633
麈尾……中199
主兵署(主膳監)……下709
主馬署(主膳監)……下709
史生……中473
周礼(古典)……上5,中633
修理駅家料……中957
修理官舎帳(二寮…勘合せしめ)……中761
977,985
修理国府料……中963
修理器仗所(主神…守駅館)……中805
修理器仗料……中1041
修理国府料……中963
修理国分寺料……中675,957,1033
修理職……中115,917,下287
史生……中473
諸国進納雑物(交易の檜皮…海藻)
……中917,下287
工部……中515
長上の工……中515
飛騨工……下291
修理池溝帳……中985
修理池溝料(修造堰溝料,修理官舎料二万束)
……中957,971,977
修理府中館舎料……中801
主鈴……中97,155,下241,457
給食(中宮の雑給…)……下307
舜(伊川嬀水の霊)……上17
肫……中607,下879
准蔭……中67,523
簨簴……中79,下741,833,841
順鏡(高御座)……中311,385

沙弥尼……中701
射礼《じゃらい》 → 大射《おおいくは》
守(行)……上5
呪……中351
株……下713
充蔚子……下377
集会……中555
繍額……下87
秋官……上21
従儀師……中657,687
賙急田(神田…造船瀬料田)……中955
修供……中999
戎具……下21,775
重行……上253,中611,615
囚獄司……下71,83
　史生……中473
　物部……中477,下75,83,85,615
　物部丁……下75,83,85
十五大寺(諸寺)……中315,667,989
終献……中623
秀才試(課試)……中509,635
十三物呵唎勒丸……下349
酋耳……中647
収掌……上353
衆証……下69
従女の衣裳……下623
十禅師……中665
　延暦寺……中793,下101
　常住寺……中105,707
　内供奉……中665,下101
従僧……中687,下441
修造堰溝料……中971
周帯……中129
十二月の晦の夜……中129,下325,333
十二支(子午卯酉…)……上23
重日……中3
十二天(五大菩薩…行事所)……下319
収納帳……中347,789,下173
秋分……中371
什物……中681
収文(日収,請文)……中801,915,917,921,1009
　諸司の収文……中921
習礼……中443,615,下883
十六仏名経……中205
珠英……中647
守駅館……中805
授戒……中701
　延暦寺……中703
　戒牒(具に後紙に注すに)……中703
　外国の沙弥・沙弥尼……中701
　上奏……中701
朱鴈……中651
呪願……中547,665,991
呪願師……下87
酒器……下569
珠鏡……中647
主工(主神…守駅館,餉に十分…)……中805,981
祝……下881
宿衛……下19,745
熟艾(半夏…玄参)……下343
熟紙……中473,985,下719
熟食……上373,下309,735
熟酒……下547
熟饌(火を経たるの物)……上437
熟線綾……下137
粛霜……上21
祝文(炭)……中621,629,下879,897
主計寮……中841
　算師……中917
　史生……中473
　大帳勘会……中909
　寮の印……中923
入眼(位記を書け)……中137
守戸……中713,741
　香椎宮の守戸……中805
　守丁(守戸一人)……中735,737
　陵戸帳(左京…淡路)……中915
受業……中17,503,505
　受業の師……中637
　諸道の学生の才学頗る長けたる……中507
　秩限……中503
　本業を注せ(凡そ諸国の博士…)……中17,503
授業師……下373
主行所……中77
主工署(主膳監)……下709
授業師料(十分の一)……中637,下371
授口帳……中785,下651
守護国界主経……中667
守戸帳(陵戸帳)……中741,915
主司……下631
儒士……中509,589
修式堂(式部,省,朝堂)……中443,459
581,685,下79
受辞賛唱……中611

四度使……中761
腸漬の鰒(中男作物)……中861
志摩国の御厨……下517
島物部神社……上651
島の八十島……上449,483
島万神社……上653
清水神社……上613
司命……上481
四味理仲丸……上335,下343,345
349,357,363,367
標位……中69,541
下出雲寺(諸寺)……中315
下居の人……中15
四孟月……上349,中45,499,553,779,下17
下総国
駅家(井上に十疋浮島河曲に各五疋)……下45
黄精……下387
麻・熟麻……中869
香取郡……上593
行程……中869
匝瑳郡……中745
続断……下387
獺肝……下387
繋飼の馬牛……下799
豊田郡……中745
布……中869
牧……下31
牧の馬……下33
下形……下461
除目……中471,下9
小除目(臨時に奏し補せよ)……中29
除目の奏……中449
除目の簿(名簿)……中449,473,487,597,下439
諸司・諸国主典已上補任……中473
拝除……中29
補任の日……中195
下立松原神社……上591
下野国
絁……中875
石硫黄……下393
調・庸・中男作物……中875
繋飼の馬牛……下799
布……中875
牧……下33
三鴨駅……下47
薬師寺……中701,803
例損(凡そ下野讃岐…)……中763
下知我麻神社……上569
下留駅……下47
楉……上413,下275,781
小楉……下555
楉案(楉棚)……上143,321,下257,317,327,715
楉牀……上329
下新川神社……上601
寺文……中707
紗……上37,295,中245,607,下667
白き広き紗(白紗)……中331,下133
燈楼の料の紗……下329
練紗……上295
絞紗……中255
赦……下71
会赦不勘申……下731
僧尼……下81
射位……下839
釈迦牟尼仏……中205,677
蛇含(人参…薤白)……下337
写経……中207,下453
仁王経(用紙七百一十張)……中207
笏……上439
牙の笏……中313,下611
笏を搢して……中101,135
白木の笏……下611
前詘後直……下611
前挫後方……下611
爵……中603,下877,879
錫杖(法用)……中665
弱水……上481
灼然……下19
借貸……中981,1033
芍薬(人参…薤白)……下337
勺薬丸(四味理中丸…賊風膏)……上335,下341
343,349,357,361
謝座謝酒……中63,83,447,545,631,下859
社寺の借物……中27
蛇床子(防己…僕奈)……下367
車前子……下377
䗪虫(犀角…青木香)……下341
射田(神田…造船瀬料田)……中955,下13,23
25,763,783,795
射頭……下837
車馬の従(馬子)……下615,621,763
沙弥……中169,665,687,701,1041,下89,209
従の沙弥……中993
定座の沙弥……下89

死膚断ち……上479
侍人……中949
小竹(小川竹)……上75,167,277,291
兕像……下773
篠座神社……上635
瓷の盞……下571
瓷の盤……下491
兕の纛幡……中79
清器(装物)……上261,357
篠原神社……上637
柴(茜…水瓰麻笥)……中411
私馬……下751,787
志婆加支神社……上559
試博士……中507
柴神社……上637
柴揩……下753
しばらく以て……下729
柴を将て垣となせ……上413
司賓……中161
渋川神社
　河内国……上539
　尾張国(味鋺神社…尾張神社)……上567
時服(夏冬の衣服)……上341,377,中3,19
109,111,125,347,635,799
811,下113,147,477,525,735
　今良(衣粮は…)……下147
　衛府兼帯者……下147
　賀茂斎院(時に随いて)……上379
　宮人……中57,119,121
　外記局(太政官の時服)……中57
　見参の点検……下173
　後宮の時服……中57,119
　皇親の時服(王禄)……中55,57,527
529,下171,173,477
　春夏の衣服の文……中117,149,195
　上日(一百二十以上)……中57
　女王の時服……中85,下173
　諸司の時服……中57,119
　初任……中117
　親王および参議已上……中117
　隊正・火長・駕輿丁……中117,下763
　男官の時服……中87
　定員……中115
　東宮舎人……下709
　中務省……中57
　隼人……下61,63
　班給(奏聞)……中117
　火炬の小子……下335
　内親王(時に随いて)……上379
　不参百日(もし…返上せよ)……下173
　本司の解……中115
　御巫……上169
　無品親王(時に随いて)……上379,中117,119
羊蹄……下509
　乾羊蹄(干羊蹄)……上409,下487
地膚子……下385
治部省……中645
　勘籍……中777
　国分僧の文……中13
　史生……中473
志夫弥神社……上557
紙文……中61
志部……上267,375,中419
私幣禁断(王臣以下…)……上245
死亡帳……中495,909,921,935
四方拝……中129,下433
　御湯……下333
　三所……下433
絞綿……中1003
島……中795
島穴神社(玉前神社…姉埼神社)……上591
島鰒……下179
志磨神社……上155,699
島田神社(神波多神社…伊射奈岐神社)……上519
島門駅……下53
島大国魂神社(和多都美神社…和多都美御子神社)……上721
島大国魂神御子神社……上723
志摩国……中743,861
　小凝菜……中861
　於期菜……中861
　歩女……中1009
　神戸(伊雑宮)……上187
　公廨(守に三百石…)……中981
　公廨稲……中959
　雑の鰒・堅魚・熬海鼠……中861
　雑の魚の鱐・雑の鮨……中861
　口分田……中787
　講師の安居の法服布施供養……中991
　職田……中783
　仕丁……中769,1009
　鯛の楚割……中861
　御贄を供する潜女……中1009
　海藻……中861

鋪設……………………………上303,中581,803,下63
　斎宮……………………………………………上327
　供御・中宮・東宮の雑用の料……………下447
　御斎会…………………………………………中199
　衣替えの儀……………………………………下441
　装束……………………………………………下743
　践祚大嘗祭(神座の鋪設)…………………上421
　新嘗会の御服を縫う所(縫備所の鋪設)
　　……………………………………中233,下455
　年料の鋪設……………………………………下449
　冬の料の鋪設…………………………………上379
鋪設帳(二寮…勘合せしめ)…………………中761
蒺蔾子……………………………………………下401
実を得て…………………………………………下601
志弖神社…………………………………………上561
市鄽………………………………………………下625
賜田(位田…神寺等の田)………………中781,957
　位田の数を満てよ……………………………中781
私田………………………………………………中787
寺田(神田…造船瀬料田)…中669,781,955,1059
四天王……………………………………中683,下101
　四王四座………………………………………下209
四天王寺(四王寺)…………中665,667,693,997
四天王像(四王)………………………………下301
襪(袜)………………上231,329,369,中131,231
　241,669,679,863,下747
襪の錦………………………………………下137,445
襪の脛の錦……………………………………下139
持統天皇…………………………………………中723
志登伎……………………………………………下503
志登神社…………………………………………上713
褥(茵)…………上329,367,387,中129,199,231
　267,323,635,677,下429,445,469
　折薦の茵…………………………中635,下371
　黄端の茵…………………………………下705,735
　雑の色の褥……………………………………中197
　紺の布端の茵…………………………………下735
　神座の褥………………………………………中633
　錦の茵…………………………………………下437
　緑端の茵………………………………………下735
褥の席……………………………………………下451
質覇村峯神社……………………………………上633
蔀…………………………………………上329,401
　板蔀……………………………………………下265
　壁蔀……………………………………………上395
　布の蔀…………………………………………下435
志等美神社………………………………………上553
倭文神社(委文神社)
　大和国(高天彦神社…葛木二上神社)
　　……………………………………上523,中709
　伊勢国…………………………………………上557
　駿河国…………………………………………上579
　常陸国久慈郡静神社(天速玉姫命神社…稲村
　　神社)……………………………………上595
　上野国…………………………………………上615
　丹後国加佐郡…………………………………上653
　丹後国与謝郡…………………………………上655
　因幡国…………………………………………上665
　伯耆国川村郡…………………………………上667
　伯耆国久米郡…………………………………上667
倭文神(葛木倭文に坐す天羽雷命神社,天速玉姫
　命神社…稲村神社)…………上523,557
　579,595,653
科長神社…………………………………………上533
磯長墓……………………………………………中731
磯長原墓…………………………………………中731
磯長山田陵………………………………………中721
等毎………………………………………………下883
科戸………………………………………………上479
信濃坂以東………………………………………中701
信濃国……………………………………………中873
　緋の革…………………………………………中873
　阿知駅(八位…位子)….中763,909,1017,下47
　猪の膏…………………………………………中873
　麻子……………………………………………中873
　芥子……………………………………………中873
　雉の腊…………………………………………中873
　行程……………………………………………中873
　鮭の楚割・氷頭・背腸・鮭子………………中873
　信濃の布(布)……………中385,397,419,873
　下99,111,201,827
　商布(信濃国の洗布)………………中873,1011
　諏方国…………………………………………中747
　石硫黄…………………………………………下391
　麁糸の国(十国)………………………………中855
　大黄……………………………………………下391
　祈年の祭の料…………………………………上175
　年貢の御馬……………………………………下799
　蕪荑……………………………………………下391
　円長の猪の脂…………………………………下829
　明神(小野神社…生島足島神社)………上151
　牧監(その考は…送れ)…………中785,下23
　望月牧…………………………………………下797
　曰理駅……………………………………………下47

毛の韉……上293
韉の裏の馬の革(寮にあるもの)……下829
下敷の調布の帷(沐槽…御巾の紵の布)……下317
賜太政官牒使(使)……中25,147
下居の榻……中421
下居の机(下机)……中431
細螺……上409
下つ磐根……上447,477,487,501
舌就(舌附)……下229,513
下案……上293,375
下つ国……上483
紫脱の常に生ぜる……中651
下照比売(比売許曾神社)……上107,545
初漆……下849
襌……上339,中231,679,下123
浄衣の絁……中207
下張……中407,413,419,431
志太張神社……上703
下樋の小川(六処の堺の川)……上245,307
下纏……中267,319
籭(志多美)……上33,287,331
409,中213,下65,221
漉形……中211
灑籠……中793
漉籠……下503
下裙……中235,下61
七窠文……中317
七気丸(四味理中丸…賊風膏)……上335,下343
345,349,357,365,367,369
七寺(諸寺)……中51,下163,215,303,321,489
新旧……下303
七十国……中923
七条の袈裟……中679
七節……下487
七僧……中671,675
七大寺……中703
新旧……下303
七道……中743
私鋳銭……下71,83
弛張……上5
飼丁……上303,339,下799
厮丁……中769,1007,下651,763
仕丁(八位…位子)……上269,339,中769,909,925
947,979,下357,457,525,799
伊勢大神宮……上243
大替……中769
掃部寮……中783
神殿守の仕丁……上39
給粮(月の内に相替うる…)……中769
行幸に供奉する仕丁……下311
貢限(近国は…)……中771
交替(本司に配せよ)……中771
斎宮寮……上339,中773
仕丁の酬傭を情願う者……中805
仕丁の坊……下621,647
志摩国……中769,1009
重病(移せ)……中773
諸院諸家の官丁(諸家の封戸の仕丁…)
……中769,771,773
神寺の封丁(衛士…得ず)……中771
営園の仕丁……下527
大宰府(みな諸国の事力に准えて)……中805
儲料……中805
晦の掃の仕丁……中775
逃亡(季毎に勘録して…)……中771
房戸の徭……中765
民部省符(符)……中769
癃疾の仕丁……下647
次丁……中947,953
仕丁資養帳(貢調使に附けて)……中771
七耀の御暦……中81,183,353
賜勅書使(凡そ蕃客…,使)……中25,147
地鎮祭(宮地を鎮め祭る)……上133,209,271
実……中607
失火穢(七日を忌め)……上173,351
漆器(漆の供御の雑器)……中389,817
志筑神社(賀茂神社…久度神社)……上699
執経……中529,609,629,下685
食口……中637
執戟……下835
執鼓……下839
膝行……下157,427
執事……中613
執鉦……下839
執政に非ざる二位……中445
執饌……下881
執俎……下881
執樽……下881
膝退……上193
執纛……下835,839
執読……中529,609,629
質文……上3
執籩……下881
志都美神社……上663

南の階……下417
志志伎神社……上717
四時祭(常祀)……上23,127,445
弁官の処分……上127
四時四気……上481
宍道神社……上669
次侍従……中47,81,83,103,161,447
459,465,503,下19,167,743
小斎の次侍従……中89
行幸陪従……中101,459,463
解由(中務省に移し送れ)……下19
兼帯する官の遷任……中103
正侍従遷任……中103
荷前使闕怠……中447
地子帳(出挙…倉附等の帳)……中797,955
地子田……中957,1061,1075,1077
地子稲(町別に若干束)……上341,中1067,下873
田品……中1075
支子人 ししにん → 支子 くちなし
師子の綾……下135,143
宍の醢……下521
地子米……中665,789
司籍……上481
市籍人……下665
師主……中697,703
死囚……下75
侍従……中53,103,117,下237,247
小斎……下149
小斎の侍従……中89
小斎の侍従の候所……下319
給食……下307
行幸陪従……中101,459,463
氷……下591
参議已上……中103
侍従厨……中503
侍従所……中105,下233,325,447,577
正侍従遷任……中103
鎮魂の儛人の侍従……中93,465
出居の侍従……下743
殿上の侍従……中47
荷前使闕怠……中447
留守の侍従……中101
仁寿殿……上437,下445
始終の日……中659
史生……上263,中597,下3
京官の史生……中501
外国にある諸司の史生……中475
考番の史生・選番の史生……中579,587
権史生……中511,641
式部民部兵部三省の史生……中29,475
諸国の史生……中475,477
諸司の史生(八位…位子)……中475,497
591,909
諸番の史生……中563,567
使掌……下735
時上直符・時上直事……中377
資人(八位…位子)……上247,中479,579,909,933
位分資人……中479,481,下707
旧人……中479
許牒……中485
三色の資人……中495,513,下707
職分資人……中479,下707
帯刀資人……下615
任用対象者(帳内…充つることを聴し)
……中479
補することを得ず(凡そ飛驒…)……中481
紫参……下389
侍臣……中81,193,下417,743
自進……下15
倭文……上25,193,265,343,503
557,中845,865,871,下179
摯子……中395,823
静志神社……上631
静神社(天速玉姫命神社…稲村神社)……上595
倭文の大御心……上503
静火神社……上157,699
倭文纏の刀形(庸布…裹葉薦)……上25,下253
静間神社……上677
しず宮……上501
柔盛……中623,下897
死絶……中927
使船……下25
芝草……中653
祗承……下645
地蔵悔過……下213,303,321,575
脂燭……下715
時俗の厚薄……上19
賜胙再拝……中627,下895
紫蘇子……下381
次第司……中41,43,53
下衣……下615
支度……中917,下175
製織……下133
鞢……下667,825

式年遷宮 しきねんせんぐう → 造替 ぞうたい
志貴県主神社……………………………上539
志紀長吉神社……………………………上539
志貴御県に坐す神社(巻向に坐す若御魂神社…
　　　　　　　桑内神社)…………上527
施基皇子(春日宮に御宇しし天皇)………中725
職封………………………………………中767
　別勅封(廻らし充てよ)…………………中769
直不………………………………………中459
食封 じきふ → 封戸 ふこ
式部省……………………………………中51,443
　位禄……………………………………中59
　大祓……………………………………中35
　勘籍……………………………………中777
　教紀(凡そ五位以上…)…………中445,下601
　季禄……………………………………中55
　郡司の銓擬(簿)……………………中591,595
　五位以上上日…………………………中19
　御斎会…………………………………中85,545
　権輔……………………………………中449
　史生…………………………中459,461,473
　使の選定(省…弁官に入れて)………中23,471
　省掌……………………………………中461,511
　曹司…………………………中443,459,461,555
　　　　　　　　　559,569,579,583,585
　弾(省を喚して弾ぜよ)…………………下601
　弾正台官人の違反………………中457,下637
　扶省掌…………………………………中473,511
敷衾(御服…幌二具)………………上415,中231
式部判補…………………………………中477
　史生(省)………………………………中491
　本司の送るところの名簿………………中511
職分資人…………………………………下707
　本主の死亡……………………………中479
食法………………………………………中635
　元日の宴会(国司已下軍毅已上)………中1009
　初斎院・野宮…………………………上269
　諸使の食法…………………………中1007,1047
　伝使(食料若干束)……………………中1049
頻蒔き……………………………………上479
閾…………………………………………上217
色目…………………………………上315,349,439
詩経(毛詩)………………………………中633
試業(夏講供講・三階・二階)…………中689,701
持経………………………………………中665
事業(八位…位子)………………………中909
執行水……………………………………中547
食籠………………………………………下185
資具………………………………………下113,177
軸
　赤木……………………………………中145
　位記の軸(内匠寮)……………………中147,439
　花軸……………………………………中353
　写経……………………………………中207
　黄楊の軸………………………………中145
侍解………………………………………中485
死刑………………………………………下69,631
　行決(弾正衛門に移し送れ)……………下75
　執行(市もしくは囚獄司に於いて)………下75
　埋葬(もし親なくば…牓示を樹てしめよ)
　　　　…………………………………下75
時下直符・時下直事……………………中377
飼戸………………………………………下825
　飼戸田(神田…造船瀬料田)……………中955
侍講………………………………………中529,609
時刻(諸門を開け閉つる…,諸時の撃鼓)……中43
　　　　　　　　　　361,375,615
　未明の五刻……………………………中617
四才………………………………………下21
死罪………………………………………下71
司賛………………………………………中161
四時………………………………………上481,中653
榻…………………………………………中413,677
　漆の榻…………………………………下329
　御榻……………………………………下427
　火炉の榻………………………………中195
　車の榻……………………………上267,中421
　下居の榻………………………………中421
　短榻……………………………………下563
地子………中799,837,1067,下375,665,763,821
　官田地子帳……………………………中797
　官田の地子……………………………中989
　地子交易物(主計寮,穀倉院の交易)
　　　　…………………………………中797,839
　地子雑物………………………………中73
　寺田の地子の物………………………中669
　諸国例進の地子………………………中75
　絶戸田の地子…………………………下67
　用帳……………………………………下665
榻足………………………………………中355
紫宸殿…………上71,中345,下93,333,743,755
　階下……………………………………下743
　東檻……………………………………中345
　中庭……………………………………中189

侍衛……………………………………………… 下705
塩(庸布…裹葉薦)
……上25,中853,861,877,887,889,891
895,897,下207,289,331,335,549
甘塩……………………………………………… 下485
生道の塩………………………… 中863,下207
熬塩……………………………………………… 中897
堅塩(生道の塩,石塩) ……… 中603,863,下203
207,235,875
紀伊の塩……………………… 中893,下221,549
調庸…………………………………… 中757,847,849
破塩……………………………………………… 中853
雌黄(金泥…同黄)……………………………… 上367
地黄(丹参…山茱萸)…………… 下321,347,375
干地黄(薯蕷…夜干)…………………… 下361
生地黄(人参…薤白)…………………… 下337
地黄園
和泉国……………………………………… 下351
山城国……………………………… 下351,375
塩臼……………………………………………… 上289
地黄煎……………………………………………… 下351
様の煎……………………………………… 下351
地黄煎使(九月一日)…………………………… 下351
塩江神社……………………………………… 上565
塩竈神を祭る料…………………………… 中965
志乎神社……………………………………… 上641
塩垂(内の七言・外の七言) ………………… 上261
塩津…………………………………………… 中1023
塩坏……………………………… 上287,中823
塩漬の年魚…………………………………… 中851
塩漬の雑の魚……………………………… 中849
塩津神社……………………………………… 上603
潮津神社……………………………………… 上637
角代……………………………………………… 下829
塩沫の留まる限り ……………………………… 上449
塩野神社……………………………………… 上613
塩野上神社…………………………………… 上665
志保美神社(宍道神社…由貴神社)………… 上669
塩道神社……………………………………… 上567
塩湯……………………………………………… 下689
紫菀(犀角…青木香)……………………………… 下341
四科……………………………… 中623,下897
爾雅……………………………………………… 中589
四科区分(内長上四考…外分番十考)……… 中487
志加奴神社…………………………………… 上667
志加海神社…………………………………… 上713
鹿の大羹…………………………………… 下203
鹿の皮……上51,中327,401,825,827,847,下845
洗革(皺文の革の袋…短冊,銀…席二千枚)
…………………… 上297,中155,399,405
411,815,829,1003
画革(銀…席二千枚)……………… 中337,815
鞘の料…………………………………………中1043
熏革……………………………………………… 中313
鹿の毛の筆…………………………………… 中207
鹿の五蔵……………………………………… 下203
鹿の宍……………………………………… 下491,519
鹿の鮨……………………………………………… 中851
鹿の醢……………………………………… 下203,877
醢の料………………………………………… 下203
鹿の脯…………………… 中603,851,下203,877
志賀理和気神社……………………………… 上625
豉丸……………………………………………… 下341
色……………………………………… 上349,下607
瓷器(年料の雑器)…………… 中821,823,下505
用度………………………………………… 中823
敷き坐す……………………………………… 上447
職事(散事)……… 中271,459,525,527,655,下437
敷島神社……………………………………… 上723
志貴島に大八島国知ろしめしし皇御孫の命
……………………………………………… 上457
職写田(神田…造船瀬料田)…… 中955,下651,655
職写不沽田の例損…………………………… 下655
直奏……………………………………………… 中769
敷玉早御玉神社………………………………… 上621
食単の布……………………………… 上207,中1001
直丁………………… 上293,下327,357,527,755
四季徴免課役帳(季帳)……………… 中499,511
529,779,下17
失錯(法に准えて)……………………………下17
太政官符(符)………………………… 中7,779
職田………………………………………… 中769,955
御体の御卜………………………………… 中781
郡司職田………………………………中837,1061
闕郡司職田……………………………… 中1067
国造田……………………………………… 中957
算博士……………………………………… 中783
志摩国司…………………………………… 中783
大納言以上職田(自余は皆輸租田となせ)
……………………………………………… 中957
無主の職田(闕)………………………… 中783
牧監………………………………………… 中785
文章博士…………………………………… 中783
食堂……………………………………………… 中669

三綱…………中19,547,675,691,705,995,下69
　延暦寺…………中691
　興福寺…………中693
　承知の官符…………中693
　東西寺…………中693
　任符(寮もまた…)…………中693
三神寺料…………中961
三極大君…………上481
珊瑚鉤…………中651
三献…………中65
三献官…………中609,下881
散祭…………上33,47
散斎 さんさい → 散斎 あらいみ
三史…………中633
散事…………下437
算師…………中527,1005
　主計寮…………中917
　大宰府(主神…守駅館)…………中805
　木工寮…………中527
三色の資人…………中495,513,下707
三七日の法事…………上171
残疾…………中909,911
散事の宮人…………上169
三事の酒…………中611
三時の祭…………上315
　行路…………上315
　祇承の国司…………上319
　祝詞…………上317
　禊(前月晦日)…………上315
賛者…………中161,553,611,629,下675,679
三種の糟…………下543,549
山茱萸…………下347
算生…………中637
　及第…………中509
賛唱…………下881
三省申政(中務式部兵部…太政官に申せ,凡そ諸司…)…………中3,57,67,455,下9
　位禄(申し)…………中21,59
　季禄(二月十日…申せ)…………中55,85,569,571,575
　家司・傔仗の補任(補することを申すを得ず)…………中461
　外記…………中3
　考選の目録(式部の儀)…………中87,561
　諸国に遣わすの使人(直ちに…申せ)……中23
　馬料(太政官に申せ)…………中59,575
参詳斟討し…………上19
散所の衛士…………下781
三牲…………中603,605,下755,877
　鯉・鮒…………下755
　宍…………下203
　羊の脯…………下203
三節の祭(三時の祭)…………上205,245,299,315
　禄物(寮庫の物)…………上249
山川禁気江河谿壑…………中377
三足烏…………中649
散帳…………下629
算道…………中545
三度使…………中1049
三度の禊(川の頭に…禊をなせ)……上259,301,中43,下299
　祓の料…………上301
散位…………上293,中37,53,209,447,459,465,467,511,517,521,631
　定額の外…………中517
算博士…………中783
三比…………中777,779
三宝…………中655,667,675,681,989
　御斎会…………中199,下87
三宝布施稲帳…………中1039
散米(辟木束稲)…………上259,473
山野の浄処…………上419
散料…………上139
山陵 さんりょう → 陵墓 りょうぼ
山陵使…………中109
三流(伊豆…近流とせよ)…………下73
賛礼…………下881

し

史…………上263
豉 し → 豉 くき
兕…………中649
糸鞋…………下321
椎…………中401
　椎の枝…………上413
　椎子…………上321,中853,下191,243
侍医(中宮の雑給…)…………下23,307,339,351,357,671,745
志比前神社…………上631
四至…………上173
椎葉円比咩神社(気多神社…加夫刀比古神社)…………上641
賜衣服使(凡そ蕃客…)…………中25
椎村神社…………上629

史生……………………………………………下15,17
主当の寮……………………………………下797
年料雑薬……………………………………下365
馬医………………………中165,下11,801,873
馬部………………………………下13,801,819
左右馬寮田(神田…造船瀬料田)…………中955
佐用都比売神社……………………………上683
貲布………………上55,305,383,中235,389,423
437,845,865,下97,563,595
薄貲布(緋の細布…小堅の貲布)…・中845,869
小堅の貲布…………………………中845,869
大宰府(銀…席二千枚)……………中815,899
細貲布(緋の細布…小堅の貲布)…・中845,869
望陀の貲布…………………………中845,869
六丈の貲布…………………………………上383
盤(洗盤・高盤・片盤)……上279,333,中389,843
銅の盤……………………………………中155
阿世利盤…………………………………下585
油坏盤……………………………………上333
大陶の盤…………………………………下231
麻笥盤………………………中847,下193,503
下食盤………………上377,中437,817,下337
片盤(平魚…籮)…………………上31,33,289
321,中843,下193
粥前下盤・粥盤…………………………中843
木盤(木工寮)……………………………下523
瓷の盤……………………………………下491
後盤…………………上289,333,中847,下713
銀の盤……………………………………中435
酢瓶の下盤………………………………中847
洗盤(平魚…籮)……………上33,中843,下193
221,329,503,715
高盤…………………………上319,中843,下185
唾盤………………………………………下715
手洗盤……………………………………中843
扠盤………………………………………下549
吐盤……………………………………中843,857
八寸の盤…………………………………下261
花盤……………………………………中393,823
土の唾盤……………………………下317,329
葉盤………………………………………上417
椀の下盤…………………………………中897
瓱…………………上53,201,405,419,中211,841
下211,329,503,547,595,715
曝皮………………………………………中829
曝黒葛…………………………上295,中337,829
佐良志奈神社……………………………上613
曝布(暴布)……上33,中167,231,605,607,下99
329,485,503,551,583,595
池由加の覆(沐槽…御巾の紵の布)……下317
一端………………………………………下563
紅染の曝布………………………………下331
常陸の調布……………中215,333,669,871
円槽の覆の暴布(沐槽…御巾の紵の布)
……………………………………下317
浴槽の覆の暴布(沐槽…御巾の紵の布)
……………………………………下317
曝麦(紀伊の塩…承塵の帳)……………下221
讃良氷室(徳岡に氷室…池辺に一所)……下593
猴膝研…………………………………中847,889
猿頭硯……………………………………下735
晡の時……………………………………上115
猿女(猴女)…………………上115,421,中235
佐波神社…………………………………上583
雑太団……………………………………中785
黄菜………………………………………下511
佐和良義神社……………………………上545
佐波良神社………………………………上685
早良親王《さわらしんのう》 → 崇道天皇《すどうてんのう》
佐波波地祇社……………………………上597
狭を去り寛に就く………………………中929
算…………………………………………中591
盞…………………………………………下879
賛引……………………………………中611,下881
三衣(袈裟)………………………………中237
三開重差…………………………………中633
三角獣……………………………………中649
算勘………………………………………中987
参議……………………………上263,355,中29
封戸………………………………………中767
散行………………………………………中769
散禁………………………………………下665
散供(散料)………………………………上139
三宮の舎人(八位…位子)……………中909,945
参軍事……………………………………下881
散華(散花,法用,仁王般若経一部二巻…磬)
…………中197,547,665,677,705,991
三経………………………………………中637
斬刑(剣に案りて戮せ)…………………下75
散花の錦…………………………………下445
三元祭……………………………………中381
三皇…………………………………………上3
三后………………………………………上245
散膏………………………………………下337

佐比売山神社……上677
侍所(中宮の雑給…)……下307
佐保山西陵……中723
佐保山東陵……中723
佐保山南陵……中723
兆竹(卜竹)……上175,347,中793,下157
佐味神社……上605
参美駅……下53
寒川神社……上151,585
狭席……中841,857,下453,455
白眼……上165
鮫の皮……中401
鮫の楚割(押年魚…芥子)……上289,下711
鮫の膞……中849
鞘の料……中1003,1043
狭山神社(丹比神社…田に坐す神社)……上539
狭山堤神社(丹比神社…田に坐す神社)……上539
左右衛門府……下767
　院の門衛……上359,下779
　牛……下813
　門部(門衛,八位…位子)……上263,357,389
　　419,中439,777,779,909
　　下15,155,311,645,779
　志……下777
　左右京検校……下777
　年料雑薬……下363
　曝涼……下11
　八省院……下779
　府生……下311
　乾藒……下815
　藒……下763,783,823
　物部……上419,423,下155
左右京職……下641,841
　大祓(官人)……下641
　街路樹(道路の辺の樹)……下647
　畿内の堺十処の疫神の祭(徭を差して)
　　……上143
　闕官……下657
　皇親の名籍(名簿)……下171,477
　職写田……下655
　史生……中473,下641
　諸王の計帳……下477
　書生……下649,651,653
　神泉苑(廻の地十町の内)……下647
　掃除……下625
　掃清丁……下651
　追儺……下643,841
　賻物(左京職)……中655
　兵士……上357,下641,643,649,657
　坊長……下639,641,657
　坊令(九箇の条令)……下627,639,641,647
　松尾の祭(夫五人)……下299
　路・橋……下609
　文殊会……下643
左右近衛府……下739
　白馬の節会……中165
　位禄・季禄……下609
　賀茂の祭……上361
　禁中の非違禁察……下609
　近衛……上263,中945,下13,311
　近衛の中少将……下439,491
　端午の節……下625
　致敬の礼(監曹,尉志)……下605
　長上近衛……中495,下19,759
　菜を漬くる料の塩……下761
　年料雑薬……下361
　番長……下311,755,759
　府生……下311
　藒……下763,823
左右する……中447
左右相撲司 さゆうすまいのつかさ → 相撲司 すまいのつかさ
左右兵衛府……下785
　行幸……下787
　陣……下795,861
　端午の節……下625
　年料雑薬……下363,365
　番長……下311
　兵衛(八位…位子)……上263,中909,下13,311
　府生……下311
　藒……下763,823
左右弁官 さゆうべんかん → 弁官 べんかん
左右馬寮……中771,下797
　青馬……下811,813
　牛……下525
　右馬寮庄田(大和国京南庄…)……下821
　賀茂の祭……下801
　騎士……下13,803,807,817
　畿内畠……下823
　草を刈る仕丁……中771
　車……上263
　御監……下807
　左馬寮庄田(大和国…,自余)……下819,821
　飼戸……下825

大角豆(甜物…麁末醤)…… 上291,下207,491,529
捧壺(捧坩)…………………… 上267,295,中419,433
　銀の捧壺(斗帳…軽幄の骨)……………… 中433
佐佐神社(敵国神社…大村神社)…………… 上549
佐佐原比咩命神社…………………………… 上581
佐佐牟志神社………………………………… 上633
西寒多神社…………………………………… 上715
刺扇…………………………………………… 上283
差数…………………………………………… 中955
佐職駅………………………………………… 下55
刺車錦………………………………………… 上239
佐志能神社…………………………………… 上597
翳……………………………………………… 下863
　大翳(斗帳…軽幄の骨)……………… 上267,375
　中419,433
　円翳(屏繖…蠅払)…………………… 中181,313
　菅の翳…………………………… 上283,中429
　紫の翳……………………………………… 上237
佐肆布都神社………………………………… 上721
差文…………………………………………… 中107
佐志武神社…………………………………… 上675
刺す…………………………………………… 下251
座主…………………………………………… 中705
刺鹿神社……………………………………… 上677
佐受神社……………………………………… 上663
座主の博士…………………………………… 中631
佐世神社……………………………………… 上677
佐陁神社(美保神社…多久神社)…………… 上671
狭田国生神社………………………………… 上551
佐地神社……………………………………… 上653
雑戯(同月六日)………………………… 下693,749
雑工……………………………………… 上293,中439
雑工戸…………………………………… 下853,855
雑穀相博……………………………………… 中987
殺罪…………………………………………… 下631
雑掌(八位…位子)………中73,443,497,763,765
795,909,913,915,1049
雑生の試………………………………… 中507,509
薩都神社……………………………………… 上595
雑稲(諸色)………………中25,75,957,977,1033
薩摩国…………………………………… 中755,905
　紙…………………………………………… 中851
　国分寺の十一面観世音菩薩の燈分料…… 中977
　布…………………………………………… 中905
　席……………………………………… 中851,905
　庸(二分せる調の一)………………… 中851,905
佐渡国………………………………………… 中749
　鰒…………………………………………… 中881
　羽茂郡・賀茂郡……………………………… 中749
　行程………………………………………… 中881
　国分寺の新造薬師仏の燈分料…………… 中967
　国分寺料…………………………………… 中967
　佐渡の調布(布)…上39,中235,881,下201,753
　雑太団……………………………………… 中785
　仕丁………………………………………… 中769
　大帳………………………………………… 中763
　等級………………………………………… 中477
佐奈伎………………………………………… 上111
佐嚢神社……………………………………… 上657
狭投神社(野見神社…灰宝神社)…………… 上569
佐那神社(須麻漏売神社…宇留布都神社)
…………………………………………… 上553
讃岐神社(伊古麻山口神社…葛木に坐す一言主
神社)………………………………… 上521
讃岐国………………………………………… 中895
　阿野郡……………………………………… 中897
　綾…………………………………………… 中895
　熬塩………………………………………… 中897
　大鰯の鮨…………………………………… 中897
　大瓶………………………………………… 中897
　刈田郡……………………………………… 中753
　絹…………………………………………… 中897
　讃岐の石…………………………………… 下283
　神封………………………………………… 上179
　等級………………………………………… 中477
　乾鮹………………………………………… 中897
　瓮…………………………………………… 中895
　垸…………………………………………… 中897
　椀の下盤・椀……………………………… 中897
　名神(淡路伊佐奈岐神社…阿治美神社)
　…………………………………………… 上157
　薬園………………………………………… 下409
　庸米………………………………………… 中897
　例損(凡そ下野讃岐…)…………………… 中763
札を打つ……………………………………… 下851
狭野神社……………………………………… 上639
佐能谷………………………………………… 中729
座の料(三年を隔てて)………………… 中635,683
鯖…………………………… 中851,893,897,下181
　大鯖(押年魚…芥子)……………………… 上289
　能登の鯖………………………… 中879,下495,711
五月蠅なす水沸き…………………………… 上501
佐備神社(美具久留御玉神社…壱須何神社)
…………………………………………… 上533

前神社……………………………………………上667
鷺栖神社(畝火山口に坐す神社…天高市神社)
……………………………………………上529
前玉神社……………………………………………上587
佐伎多麻比咩命神社(伊古奈比咩命神社…志理
太宜神社)…………上579
佐伎治神社…………………………………………上631
佐支都比古阿流知命神社……………………上659
前利神社(塩江神社…諸钁神社)…………上565
前鳥神社……………………………………………上585
佐支栗栖神社…………………………上311,555
狭城盾列池後陵…………………………………中715
狭城盾列池上陵…………………………中715,733
防人……………………………………中981,下25
左京二条に坐す神二座…………………………上511
左京の戸……………………………………………中715
砂金……………………………………………………中831
座具……………………………………………中237,679
福井神(栄井)……………………………上447,509
作器手………………………………………………中113
柵戸《さくこ》 → 柵戸《きのへ》
佐久佐神社…………………………………………上667
佐久神社……………………………………………上661
佐久太神社(村国神社…恵奈神社)…………上609
福太神社……………………………………………上653
佐久多神社(宍道神社…由貴神社)…………上669
溲豆……………………………………中679,下317,587
さくなだりに………………………………上457,479
佐久奈度神社(小野神社…生島足島神社)
……………………………………上151,599
朔平門………………………………………………中551
冊命…………………………………………………下741
作物…………………………………………………中439
桜井神社……………………………………………上541
桜実神社……………………………………………上525
削栗神社……………………………………………上567
酒
　瓱酒………………………………………………下183
　県醸酒……………………………中789,下561,569
　甘醴(醴)………………………………下545,565
　生田社に醸る酒…………………………………中709
　斎内親王の料……………………………………下567
　菊酒………………………………………………中177
　供奉の酒を造る器具類…………………………下547
　供奉の料…………………………………………下565
　黒白二酒……………………………上319,397,中789
下155,551,553,559
　玄酒……………………………………………中603,下877
　行酒………………………………上117,中83,下159
　醴酒……………………………………中649,下543,549
　粉酒………………………………………………下547
　三事の酒…………………………………………中611
　熟酒………………………………………………下547
　神事に供奉する諸司に酒を給うの法…下567
　清酒…………上51,321,中603,下563,565,857
　醞……………………………………………………下547
　雑給の酒…………………………………………下545
　多明酒…………………………上395,409,下553,559
　東宮の料……………………………………下559,567
　殿醸酒……………………………………………下559
　頓酒………………………………………………下547
　濁酒……………………………………上51,321,下567
　福酒……………………………………………中379,下891
　御井の酒……………………………………下543,565
　薪を検納する諸司………………………………下575
　御酒……………………………………………下543,545
　神酒(社の醸る酒)……………………………上33,35
　儲の酒……………………………………………下571
鮭………………………………………中849,879,下233
　内子鮭……………………………………………中851,881
　鮭子・鮭の背腸……中851,873,881,下171,521
　楚割の鮭(干棗…縒昆布)……中873,下171,519
　氷頭…………中851,853,873,881,下171,521
　干鮭………………………………………………上373
　庸の鮭……………………………………………中849
尚酒……………………………………………………中123
酒司……………………………………………………中119
造酒司…………………………………………………下541
　小斎(造酒司二人)………………………………下151
　米……………………………………………………下635
　祭神九座…………………………………………下541
　酒部…………………………………中513,下159,551
　造酒正(五位・六位)……………………………中917
　史生………………………………………………中473
　年料の食薦………………………………………下455
　年料の醸酒の数…………………………………下543
酒八斗の法……………………………………………下547
酒を醸す……………………………………………中1053
酒を祭れ………………………………………中625,下891
螺…………………………………上321,中711,下517
　乾螺………………………………………………中849
沙沙貴神社(馬路石辺神社…日向神社)……上601
佐佐伎神社……………………………………………上659
佐佐久神社……………………………………………上707

祭文……中377
細用帳……上349
西隆寺料……中967
斎郎……中377,611
祭郎……下133
在路飢病帳(出挙…倉附等の帳)……中955
佐伯氏……上423,下767
佐伯神社(佐志武神社…富能加神社)……上675
障神……上163
棹柁干さず……上449
狭岡神社……上519
差科……中925
坂合神社……上537
堺打《さかいうち》 → 堺打《けうち》
堺の祭……上137
酒柏……上425
酒海……上377,中393,437,817,下563
賢木……上259,261,355
坂城神社(武水別神社…玉依比売命神社)
……上613
賢木原氷室(徳岡に氷室…池辺に一所)……下593
酒台……上287,中131,387,下435
佐香神社(美保神社…多久神社)……上671
酒立女……上199
酒垂……中843
酒盞(酒坏,盞)……上321,中823,843
著酒の神……中229
造酒児……上395
酒坩(庸布…裹葉薦,酒壺)……上25,中435,843
酒烈礒前薬師菩薩神社……上597
坂手神社……上563
坂手国生神社……上551
嵯峨天皇(弘仁の聖主)……上3,17
酒解神社……上147
酒解神(玉手より祭り来る酒解神社)
……上147,513
坂門神社(畝尾に坐す健土安神社…天香山に坐す櫛真命神社)……上531
坂戸神社……上549
酒殿……下461,553
　造営料(掃部寮…)……下553
酒殿神社……上509
酒殿神(酒部神)……上279,325
坂門一事主神社……上635
坂名井神社……上635
酒波……上395,下551
坂庭神社(大井神社…尾張戸神社)……上569
坂上神社……上541
佐牙乃神社(室城神社…岡田国神社)……上517
嵯峨陵……中727
　頒幣の例に入らず……中727
逆剝ぎ……上479
酒番……中83
酒人神社……上571
糟垂袋……下549
酒槽……上57,287,中823
酒部……上269,285,中513,下159,551
酒部司(斎宮の官人)……上303
寿觴の詞……上471
坂祝神社(村国神社…恵奈神社)……上609
坂枕……上323,413,中233,下417
繪枕(御服…幌二具)……上415
酒見神社……上565
酒弥豆男神・酒弥豆女神……下541
相摸国……中867
　茜……中867
　絁……中867
　菴蘆子……下385
　款冬花……下385
　豉……下385
　三窠の綾・七窠の綾……中867
　石硫黄……下385
　猪蹄……下385
　鎮守府公廨……中981
　繋飼の馬牛……下799
　牧……下31
　海藻……中853,867
　庸布(布)……中867
　綿……中867
坂本神社
　近江国……上607
　美濃国(村国神社…恵奈神社)……上609
　越後国……上647
　土左国……上709
坂本駅(八位…位子)……中763,909
1017,下47,865
酒屋神社(丹比神社…田に坐す神社)……上539
相楽神社(室城神社…岡田国神社)……上517
相楽頓宮(頓宮)……上353
相楽墓……中735
鷺足……中197
辟木束稲……上473
佐紀神社(神波多神社…伊射奈岐神社)……上519
佐奇神社……上639

供田……………………………………………上341
蔵部司…………………………………………上303
外院(内院の神殿)……………………………上347
外供田…………………………………………上341
月料……………………………………………上337
酒部司…………………………………………上303
三節の祭の禄物(寮庫の物)……………上249
史生……………………………………………中473
仕丁……………………………………上339,中773
修理(預め大神宮司…)……………………上251
諸司の春の祭………………………………上325
墨………………………………………………中225
節の料…………………………………………上337
雑色人…………………………………………上345
雑薬(芒消…茯苓)…………………上335,下359
調庸……………………………………………上343
舎人司……………………………………上303,347
殿部司…………………………………………上303
内院の神殿……………………………………上347
女官(その命婦…)…………………………上303
女孺………上197,263,269,303,339,341,中87
年料……………………………………………上329
被管の諸司……………………………………上349
補任(五月以前に)……………………………中43
馬部司………………………………上303,下17
水部司…………………………………………上303
寮庫……………………………………………上343
寮ならびに厨家を造るの料………………上349
寮の印…………………………………………上351
三枝の祭…………………………………………上51
細工生…………………………………………下121
在外の…………………………………………中525
茈胡(犀角…青木香)…………………………下341
西寺(諸寺,東西二寺)……………中315,653,693
下101,215,301,627
安居……………………………………………中667
国忌……………………………………中37,207,467
三綱……………………………………………中693
非違の検察……………………………………中705
綵色……………………………………………下621
祭日(二月四日)………………………………上23
斎日……………………………………………中35,539
祭主……………………………………上207,249,中83
神祇官符………………………………………上251
採鋳銭料銅所…………………………………中481
雑色人…………………………………………中481
斎所……………………………………中629,下897
細辛(人参…薤白)…………………………下337,401
佐為神社………………………………………上669
細声………………………………………………下61
西大寺…………………………………………中667
伎楽……………………………………………中661
成道会…………………………………………中661
西庁………………………………………………中65
佐比寺(諸寺)……………………………中315,下215
採銅使(大津阿武両郡の浮浪人…)…………中893
狭井に坐す大神荒魂神社(巻向に坐す若御魂神社…桑内神社)…………………上51,527
罪人(捉人)………………………………下777,795
位記………………………………中599,601,下73
移送(逓に左右の兵衛を請け部領となせ)…………………………………………下69
尫弱………………………………………………下71
検非違使送るところの罪人……………………下81
五位以上…………………………………………下69
獄死(罪人死亡せば)…………………………下73,83
罪人を安置す…………………………………下627
罪人を戮す………………………………………下85
死囚………………………………………………下75
徒役の人……………………………中909,947,下85
僧尼(皆衆証によりて…捶拷すべからず)…………………………………………下69,81
弾正台の移し送れる罪人………………………下81
逃亡………………………………………………下77
盗人………………………………………………下83
人と為り凶悪……………………………………下71
服不を覆問せよ…………………………………下71
弁官下すところの罪人…………………………下75
未弾の人………………………………………下777
流移の罪人…………………………中787,909,929,下69
流死……………………………………………中919,979
粮(人ごとに日に米一升塩一勺)……………下77
佐為高守神社…………………………………上669
再拝………………………………………中69,161,下677
皇后受賀……………………………………中551,553
皇太子受賀……………………………………中553
再拝舞踏…………………………………………下79
再拝両段……………………上193,299,中711,下687
彩帛(綵帛)…………………………………下123,125
斎服(祭服)……………………上37,41,421,431,中233
鎮魂の斎服(伯已下弾琴已上十三人)……中235
斎坊(献官以下の次を…)……………………中611
細馬……………………………………………下799
罪名………………………………………………下71

金剛峯寺……中973,999
　九月二十四日の修功徳料……中999
　燈分ならびに仏聖料……中973
金光明最勝王経(最勝)……中545,665,667,下87
　金字最勝王経……中197
　転読(凡そ諸国の…)……中671,989,1039
　墨字最勝王経……中197
金光明寺 こんこうみょうじ → 国分寺 こくぶんじ
金字最勝王経……中197
金青(朱沙…紫土)……上227,中411
漿水(漿)……下199,585
漿の缶……下711
健児……中765,下29,865,883
健児田(食は…,神田…造船瀬料田)
……中765,955
健児の粮料……中965
墾田……上341,中787,1061
　西海道(当土の百姓)……中789
金銅……上223
金銅界の文台……下505
金銅の胡瓶……下569
金銅の多羅……中203
金銅の杓……下569
餛飩……下503
権任の国博士・医師……中505
権任の郡司(郡司の戸)……中785,803
　大宰府の書生……中487,785
紺の襖……下785
紺の幄……下97,127,129
紺の調布……下333
紺の布……中169,下707
紺の布の衫……下457
紺の布端の茵……下735
権博士……中505
紺の幕……下703
昆布 こんぶ → 昆布 ひろめ
混陽院……下863
近流……下73

さ

鏁……上135,217,中851
座……中61,下445
　御の座……下445
　駒牽(親王已下出居已上)……下443
　諸司の座……下449
　内裏の儀……下449
　内侍司……下449
最……中517,583
　使者の最……中515
　諸官の最……中521
　博士の最……中521
斎院
　院の門衛……上359,下779
　鋪設具……下423
　修理(院の裏の官舎は…)……上389
斎院司……上355,中433,下325
　今良……上357,371,383
　駕車の女……上371
　三年に一たび請くる雑物……上379
　四月の御祓の料……下325
　史生……上357,中473
　正月元日の節の料……下325
　雑色人……上385,下309
　人給の料……上377,中437
　別当……上357,下199
　祭る料……中791
　禄料の庸布(二百段)……上371
斎会……中465,707
　平等に食を行れ……中707
斎王 さいおう → 斎内親王 いつきのひめみこ
斎王 さいおう → 賀茂斎院 かものいつきのみこ
西王母……上481
犀角丸(四味理中丸…賊風膏)……上335,下341
365,367
甓瓦……下277
祭官……上23,下133
才伎の長上……中521
在京の斎場(斎場院)……上337,397,401,中39
　外院……上401
　内院……上401
斎宮 さいぐう → 斎宮 いつきのみや
斎宮寮(斎宮の官人,その官人…)
……上259,303,337,中43
535,657,917,下359
　女部司……上303
　炊部司……上303
　膳部司……上303
　門部司……上303,下17,27
　紙・筆……上291,中221
　掃部司……上303
　主神司……上281,303,351,中43,下801
　官人以下女孺以上……中1009
　薬部司(長)……上303,337
　供膳の官人……上339

子部宿禰……………………………………上433
五方五帝……………………………………上481
御本命祭……………………………………中379
御本命日……………………………………中3
高麗楽………………………………………中661
駒形神社……………………………………上625
許麻神社……………………………………上539
小町席…………………… 中337,903,下455,653
小松の揩衣…………………………………下693
高麗錦……………………………………下139,445
胡麻の油(糯米…芥子)…… 中859,865,871,873
891,899,下207,315,325,847
胡麻牧………………………………………下819
胡麻子(糯米…芥子,知母…葵子) ………… 上289
中825,853,905,下191,203,207,355,377
練胡麻……………………………………下369
駒牽(四月二十八日,御覧駒)…中315,下91,443
693,747,749,789,807
左兵衛の陣………………………………下807
昇殿………………………………………下693
点検・分給(両寮に…閲し定めよ)……… 下797
駒牽の奏文(御馬の名の奏)………… 下807,809
子檀嶺神社…………………………………上615
小甕……………………………………中847,899
五味子(防已…僕奈)………………………下367
小径…………………………………………下663
韮……………………………………………下509
韮搗……………………………………下183,229
韮菹……………………………………下203,877
小麦………………… 上371,中391,905,下527
小麦萌……………………………………下227,545
感古神社……………………………………上533
感古佐備神社(美具久留御玉神社…壱須何神社)
……………………………………上533
縠……………………………………中241,317
縠の綾………………………………………下135
薦…上177,285,中825,857,1045,下77,449,469
折薦……………… 中267,329,677,841,下221
415,453,455,469,705
蒲薦………………………………………中899
韓薦………………………………………中853
河内摂津両国の交易の薦………………中1001
交易雑物(主計式)………………………下447
諸国貢するところの調(主計式)………下447
食薦(匏…葦籠)…上31,321,427,中841,下133
155,179,247,415,453,455,469
長薦………………………………………下225
葉薦…… 中233,841,下157,415,453,469,705
帆の料の薦……………………………中1045
巻葉薦……………………………………下427
寮造の薦…………………………………下469
古毛……………………………… 上407,下209,503
蔣……………………………………………下329
供料(直・物)……………………………下491
蔣沼…………………………………………下459
蔣の円座……………………………………下417
小文…………………………………………上229
鋪……………………………………………下645
御薬を造り儲くる料………………………下355
小山墓………………………………………中735
小由加………………………………………中887
暦
具注の御暦(暦)………………… 中71,93,351
御暦奏(十一月一日に奏進せよ)…………中71
179,下697
七曜の御暦…………………… 中81,183,353
大衍暦議…………………………………中637
中星暦……………………………………中357
頒暦(新暦)……………………………中71,353
律暦志……………………………………中637
暦本………………………………………中357
香燃(別の忌詞)……………………………上261
御暦奏(十一月一日に奏進せよ)……………中71
179,下697
凝海菜(凝菜,海松…滑海藻)…上87,中827,869
877,895,下103,213
大凝菜(海藻…鹿角菜,心太) ………中827,849
下209,211
胡禄神社……………………………………上723
胡禄御子神社………………………………上723
許呂神社……………………………………上671
衣　ころも　→　衣　きぬ
衣替えの儀(四月一日)……………………下441
児を売りて賤となす…………………… 下77,79
紺(色糸)……………………………… 中271,853
壼奥に実臻る………………………………下897
閫外…………………………………………中73
権官……………………………………中471,537
威儀の権官………………………………中529
衣服(別に録して)………………………中125
替わる人…………………………………中29
昆季…………………………………………上3
金剛般若経……………………… 上181,中667,993
転読(凡そ諸国春秋…)………… 中993,1039

五蔵……………………………… 中605,下203,755
五曹算経(五曹)…………………………… 中633
許曾志神社(美保神社…多久神社)………… 上671
小袖………………………………………… 下747
五大尊…………………………… 中995,下303
五大尊の常燈の仏供料…………………… 中965
五大菩薩………………………… 中973,下303
五大力菩薩………………………………… 中679
五大力菩薩の像五鋪……………… 中205,下319
木霊ならびに山の神の祭………………… 上159
後鎮祭 ごちんさい → 後鎮 のちのしずめ
許都魚の皮(押年魚…芥子,乞魚の皮)…… 上289
中851,889,下495,711
小坏(小盞)……………………… 上419,中843
国興寺修理料……………………………… 中963
兀子………………………………………… 下431
小都婆波(小匵)…………………… 上87,中843
小壺………………………………………… 中889
木積神社…………………………………… 上655
五帝…………………………………………… 上3
戸田………………………………………… 中1073
沽田帳……………………………………… 下655
琴…………………………………………… 中663
琴瑟……………………………………… 中651
新羅琴…………………………………… 中663
鎮魂の琴………………………………… 上399
鵄尾の琴……………………………上227,399
御琴……………………………………… 中129
和琴…………………………………中209,663
事過たず…………………………………… 上453
戸頭………………………………………… 下657
御燈 ごとう → 御燈 みあかし
胡桃子……………………………………… 下381
孤独………………………………………… 下865
故に牒す…………………………………… 下873
事避り……………………………………… 上501
事代主神(辞代主)……………………上447,509
語問いし(事問いし)……………上473,477,501
言直し和し………………………………… 上475
故に遭う…………………………………… 上351
琴の緒……………………………………… 上35
琴の生(八位…位子)……………………… 中909
己等乃麻知神社…………………………… 上575
事は儀式に見ゆ……………………… 上43,中11
子と母と犯す罪…………………………… 上479
言寿ぎ……………………………………… 上471
語止めて(言止めて)………………… 上473,477
言寄さし(事依さし)………………… 上471,477
辞別きて(事別て)……… 上449,487,495,中377
判りて……………………………………… 下603
古奈為神社………………………………… 上685
竜葵子……………………………… 下229,511
胡蕿(荊根…梨子)……………… 下195,209,509
近衛(八位…位子,衛府の舎人)
……………… 上263,357,中277,439,777
779,909,945,下13,311,747
正倉院巡検……………………………… 下105
長上近衛……………………… 中495,下19,759
勅使の覆試………………………………下15,757
把笏……………………………………… 下633
番奏(毎月一日)…………………………中81,187
番長近衛…………………………下311,755,759
補任………………………………………… 下13
近衛の陣……………………… 中181,下93,675,795
内蔵・掃部寮官人(左近の陣の官)
…………………………………… 中345,下745
日華門・月華門………………………… 下743
木島に坐す天照御魂神社(葛野に坐す月読神社
…大酒神社)…………………………上91,513
己乃須美神社……………………………… 上637
樹の立ち(木の立ち)……………… 上473,477
許野乃兵主神社…………………………… 上663
木本祭(正殿の心柱を採る祭)…………… 上209
粉米………………………………………… 下221
海鼠腸……………………………… 中831,849
円羽(屏繖…蠅払)………………………… 中313
許波伎神社………………………………… 上629
許波多神社(末刀神社…山科神社)……… 上515
巨幡墓……………………………………… 中735
小腹帯……………………………… 下827,831
媚び鎮めて………………………………… 上501
雇夫(雇の人)……………………… 下197,277
小槽………………………………………… 下247
来振神社…………………………………… 上609
餰粉………………………………………… 上395
胡粉(金泥…同黄,朱沙…紫土)…… 上367,中337
411,835
故弊………………………………………… 下97
胡瓶………………………………………… 下563
金銅の胡瓶……………………………… 下569
古弊の畳…………………………………… 下457
子部神社(畝尾に坐す健土安神社…天香山に坐
す櫛真命神社)…………………………… 上531
許部神社…………………………………… 上573

　終の日……………………中701,下431,683
　行事所……………………中47,下319
　雑の花……………………下755
　供事の所……………………下87
　供養……………………中47,下163
　闕怠(もし絹…准え奪え)…………中465,545
　香(奏して内蔵寮より請けよ)…………中199
　高座(内匠寮をして構い立てしめよ)……中199
　皇太子……………………中47,下681
　皇太子不参……………………下683
　講読師らの法服を縫う所……………下453
　御斎会所……………………中165,下343
　斎会の料……………………下229
　最勝王経を講ずる所……………………下773
　三宝……………………中199,下87
　式部省(専当の官人)……………………中545
　衆僧……………………下209
　種子の稲……………………下773
　諸王……………………中49
　初終の日……………………下431
　粥漿……………………中201
　専当の弁官……………………中47,545
　宣命の大夫……………………下431
　堂内の鋪設……………………中199
　燈明の油(主殿寮供ぜよ)……………中199
　菜(大膳職に充てよ)…………中47,下207,489
　布施……………………下431
　問・答者……………………下431
　論義の僧の座……………………下431
　綿・紙(須うる…請い受けよ)…………中197
居作……………………下83
醴酒……………………中649,下543,549
粉酒……………………下547
小翳の笘(斗帳…軽幄の骨)……………中433
五撮……………………中801
後参……………………中467
巾子……………………上135,中345,下123,667
五師……………………中693
輿(斗帳…軽幄の骨)……………上273,317,359,375,中425,433
　菖蒲の輿(惣べて一輿に盛れ)…………下755
　素輿……………………上425
　腰輿(斗帳…軽幄の骨)………上283,361,375,中407,427,433,下327,861
　御稲の輿……………………上425
　御輿……………………中405,下327,739
腰……………………中231
金漆……………………上55,223,中829,853,873,1003,下125,845
甑(橧)……………上287,409,中793,843,下163
　丹甑……………………中649
轂(橧)……………………中409
五色甂……………………中651
五色の薄絁…………上25,中229,377,下133,179
五色の水の料……………………中203
五色の幣……………………上201,203
腰車(輦車,輦)…………中407,629,下743,861
輦籠(甑…置簣,輿籠)…………上31,331,中793,823,下181,559,595
後七日御修法《ごしちにちのみしほ》 → 真言法《しんごんのほう》
牛膝(薯蕷…夜干)……………………下361
故実に率遵し……………………中623,下897
高志内親王……………………中727
腰の錦……………………下145
腰挟……………………上369
御持仏……………………中203
子島寺料……………………中957
小椺……………………下555
呉茱萸(犀角…青木香)……中129,下341,353,697
呉茱萸丸(四味理中丸…賊風膏)……上335,下343,349,357,363,367
御清食の日……………………下755
五条の袈裟……………………中679
御書所(中宮の雑給…)……………………下307
籠神社……………………上655
杦……………………下817
許豆神社……………………上671
五星行……………………中353
五星度……………………中353
戸籍……………………中101,741,777,797
　郡司の戸籍(別籍すべきに非ざるは)……中803
　検領……………………中775
　除附……………………下69
　造籍……………………中775
　僧尼……………………下69
　未進……………………中103
五節舞……………上199,317,441,中41,下429
許世都比古命神社(飛鳥川上に坐す宇須多伎比売命神社…気吹雷響雷吉野大国栖御魂神社)……上531
巨勢山口神社……………………上521
巨勢山に坐す石椋孫神社(畝火山口に坐す神社…天高市神社)……………………上529

金銀装の横刀(浅紫の襖…幟を著くる殳)…上73
163,165,481,中79,下253,739
作功……下847
金銀装の腰帯(浅紫の襖…幟を著くる殳)…中79
金銀の薄泥……下617
走馬……下623
金装……下813
金装の車(斗帳…軽幄の骨)…上267,375,中433
金塗……上55
金の器……上299,353,下505
金の御坏……下497
金の人像……上73,123,139,下163,255
黄金山神社……上625
五窠の錦……下137
芸茄皮(芸茄)……下379,381
祜河寺料……中973
国忌……中23,151,207,467
469,609,653,655,下755
見参文(諸司の見参によりて…)……中547
光仁天皇(十二月の国忌)……中469
国忌の斎会……中23,547
国忌の斎会の行事(五位一人…寺に向かい)
……中207
寺……中23
天智天皇(十二月の国忌)……中469,653
東西両寺の国忌……中37
深藍色……中265
深緋……中237
深緋の襖……下767
深退紅……下613
深黄……中265
深支子……中237
深滅紫……中237,327
深蘇芳……中257
五畿内……中577
国忌の斎会……中467,469
鐘を撃つこと三下……中547
興福寺の三月国忌の御斎会……中37,91
467,469
国忌の用度(大蔵省)……中655
深縹……中263,下777
深緑……中263
深緑の帛……下793
深紫……中237
深紫の綾……上295
鼓籏……下265
五行大義(学に専精せしめ)……中357
五行の器……下131
穀……中875,1031
国哀……上351
穀雨……中365
国営田……中347,779,789,下543
収納帳……中347,789
国衙
国衙頭……下875
庁事……下881
別寝……下881
国擬(諸国の銓擬して)……中483,593,595
告言(犯罪を…罪なし)……下71
国司
伊勢国司……上301,353
位禄……中59,525
駅家の管理……下57
駅伝馬……下871
隠截……下81
限りを過ぎて還らざる者……下865
紙筆の調達……下653
元日の宴会……中1009,1041
脚直の検領……中759
軍毅解任……下23
郡司の銓擬……中593
計歴の由……中505
交関……下867
交替程限(解由を…六十日を限りとせよ)
……中501,下729
貢調使(調庸を貢する使)……中759
校班田使(国司便に…)……中1005
国司秩満帳……中29
国幣社(祈年の神)……上31
西海道の国司……中805
私物運京……下867
従者……中1053
巡検……中1077,1081
巡行(長官)……中1005,1007,1009
1051,下651,865
資養の郡……下865
諸国釈奠(もし守介故あらば…)……下881
諸国の主典已上……中15
諸蕃の国司……中761
神社の修理……上173
新任国司…中13,805,1005,1033,1051,下871
受領(任用)……中15,19,691,995,下719
遷替の料の夫馬……下871
専当の国司……中759,803,下43,811

国忌……中469,653
後年の帳……下733
郷の価……中643
考の殿に附く……下601
考の別記……中587
黄樊石……下383,395
考番の史生(番別に各人数あり)……中579,587
光範門(東西の廊の門)……中195
功封……中769
公服……上425,中463,下839
興福寺……中667,671
三月国忌の御斎会……中37,91,467,469
寺料……中965
南円堂……中993
別当・三綱……中693
維摩会……中37,91,311,469,671
維摩会の講師……中665
維摩会立義(当寺の僧十人,夏講供講・三階・二階)……中671,689
幞頭(頭巾)……上135,283,中231,239,301
下123,221,611,667,761
絹幞頭(御服…幌二具)……上415
皂の縵の頭巾……上133,下835
皂の頭巾……上293
興販……下625
黄袍……中463,下435
槀本(防己…僕奈)……下367
光明皇后(平城朝の皇太后藤原氏)……中723
貢綿使……中775,817
考文(凡そ諸司および畿内国司の…)……上253
中19,61,65,515,下19,147,177
鋳銭司(周防国の朝集使に附けよ)……中491
内親王家の家令以下の考文……中579,下177
中務省被管諸司(官すなわち返し下し)…中99
被管諸司の考文……下177
閤門(諸門)……中53,81,109,191
659,下3,601,603,745
考問……中515,579,下19
儀場(朝堂)……中581
考日……下639
諸国(一日に一道)……中515
諸司(その日の質明…)……中585
太政官……中585
中務省被管……中585
高問を蛍爝に照らし……上19
郊野(すべて…祭れ)……上159
合薬……上335
合薬を呪する……下657
御薬の料……下353
膏薬を入れる壺……下345,351
高野神社……上687
高良玉垂命神社……上157,713
高欄の障泥板……上219
高欄の上に座うる玉……上219
高欄の鳥居の丸桁……上219
広隆寺(諸寺)……中315
綱領郡司(専当の郡司,綱)
……中759,769,799,919
畿内の郡司(入京すべからず)……中759
民部省見参……中759,761,919
黄良膏……下365,367
槀梁香……下389
後涼殿……下861
甲令……上21
号令……上3
孝霊天皇……中713
興礼門……中581,下59
黄櫨……中253
郊労使(凡そ蕃客…)……中25
郊労の処……下113
鴻臚館(客館)……中25,147,下33,637,645,649
号禄……中85
講論……中467,543,629
行幸……中629
皇太子……中629
禄(省に申して)……中529,631
香を焼く史生……下331
糞……下529
声を挙げて奏さず……中151
小斧……上65
氷
運送……下593
供御の氷……下591
標幡……下593
中宮に供ずる氷……下591
八顆を以て駄となし……下591
氷様……中183,下165
儲の氷……下591
沽価(估価)……中771,1015
当土の沽……中525
御画日……中95
久何神社……上513
久我神社……上515
沽価帳……下665

被管の考選の文……………………………中489
考選の目録…………………中3,87,99,523,587
三省申政(式部の儀)………………中87,561
読申……………………………………中561
列見の式日(十一日)……………………中561
薨奏(外記毎月勘録して)…………………中75
薨葬記……………………………………中77
考第
引唱不到の考人(凡そ考第を…)………中517
下等を与えよ……………………………中521
結階の法…………………………………中489
内長上(中の上)……………………………中63
不第(第を定めざる)………………………中63
与奪………………………………………中581
交替延期の状(状を具にして官に申せ)……中19
21,501
皇太子朝賀…………………………中83,下675
賀詞……………………………… 下677,679
宮臣朝賀…………………………… 下675,677
饗宴(正月二日…)………………… 中661,下679
群官拝賀…………………… 中553,下677,679
皇太子の居所(便処)………………………中553
標……………………………………………下679
皇太子入朝(毎月一日…如くせよ)………下675
皇太子の帯剣(剣)…………………………下673
交替政……………………………………下721
交替分付…………………………………中501
小褂衣………………………上369,中163,下681
溝池帳(二寮…勘合せしめ)…………中761,797
河内駅……………………………………下45
河内坂門原陵……………………………中717
河内磯長中尾陵…………………………中719
河内磯長原陵……………………………中721
隍中………………………………………上351
蒿柱………………………………………中647
綱丁……………………………上177,中921,1045
考帳……………………………中483,487,491,下13
郷長(学生…兵士)……………………中911,947
郷帳……………………………………中1067,1073
貢調使(調庸を貢する使)…… 上175,中759,761
837,1069,下287,371,413,855
雑の交易物(当年充て進り)………中837,839
在京の諸使に附くること………………中73
上日(諸国の使)……………………………中761
養物の送納………………………………中771
黄帝(蒼精黄神の聖)………………………上17
功程 こうてい → 功程 くじょう
行程…………………………………中501,1045
安房国……………………………………中867
伊豆国……………………………………中865
和泉国・伊賀国 …………………………中859
出雲国……………………………………中885
越中国・越後国 …………………………中879
加賀国……………………………………中877
紀伊国……………………………………中893
佐渡国……………………………………中881
信濃国……………………………………中873
下総国……………………………………中869
但馬国・因幡国 …………………………中883
筑前国・筑後国 …………………………中899
出羽国……………………………………中875
土左国……………………………………中897
常陸国……………………………………中871
大和国……………………………………中857
校田(校定)………………………… 上251,中785
校田帳・授口帳 ………………… 中785,下651
校田目録(簿帳の目録,みなともに申上し)
………………………………………中785,787
荒田(常荒)……………………… 中781,785,787
開墾申請者の死亡(未だ六年に及ばず…)
……………………………………………中787
功田(位田…神寺等の田)…………………中781
公田………………………………………中981
綱典………………………………………下871
校田使(使)……………………………中785,下119
畿内………………………………………中1005
校田帳(授口帳を副えて言上し)…………中785
返帳………………………………………中785
勾当……………………… 上349,中73,499,下17
功稲………………………………………中765
校読………………………………………下733
孝徳天皇…………………………………中721
考人(得考)…………………………中497,515,下17
引唱不到の考人(凡そ考第を…)………中517
織部司の雑色……………………………中515
掃部寮の雑色……………………………中515
神祇官(祐以下使部以上の考人)………中583
雑色考人(定額の雑色人)…………………中579
儲料の考人………………………………中517
得考の舎人………………………………下703
弘仁格式……………………………………上5
弘仁式(諸司式四十巻)……………………上17
光仁天皇(平城宮に御宇しし天宗高紹天皇)
……………………………………………中725

忌日(八月二度)……………………………中467
郷戸課丁帳……………………………中797,909
黄鵠……………………………………中651
高座…………………………………中199,385,677
告朔(視告朔)……………中45,89,135,191,447
553,下431,449,623,741
暉章堂の告朔(もし臨軒せざれば…)
………………………………中45,下447
暉章堂の告朔の諸司の五位已上の座…・下447
告朔の大夫(諸司の五位以上)…中45,459,553
告朔の函…………………………中135,下623
告朔の文(公文)………………………中45,137
告朔の文の案…………………………中45,459
皇帝臨軒………………………………下447
事は儀式に見ゆ………………………………中89
乗輿不御の日……………………中459,555
奏事者(奏者)………………………中45,135
版……………………………………………中45
恒山……………………………………下379
空盞………………………………下571,681
御薪の儀(六位已下…省に参り)………下575
孔子(先聖文宣王)………………中543,603,1001
1041,下299,685,875
孝子……………………………………下627
洪慈………………………………………上5
講師……………中15,21,237,311,657,665,671
679,687,991,1039,1051,下87,209
安居講師………………………………中667
大隅・薩摩・対馬・壱伎・多褹……………中691
観世音寺………………………………中691
近都の諸寺……………………………中687
解由……………………………………中695
死闕の補充(年中最初の闕)……………中689
新任講師……………………………中1051
選任(僧綱尽く署し)…………………中687
天台真言両宗…………………………中689
年四十五已上…………………………中689
年中の供養(凡そ諸国…)………………中993
複(夏講供講・三階・二階)………………中689
補任(年分ならびに臨時の別労)………中689
赴任の給粮法(路次の国馬を充てよ)…中1009
麹《こうじ》 → 糵《よねのもやし》
麹室(一室)………………………………下553
郊社令…………………………………中609
属……………………………………中617
行酒…………………………上117,中83,下159
香薷……………………………………下375
薨卒…………………………上19,中75,781
講書……………………………………下371
考唱……………………………………中515
後生(先生は…)…………………………中639
行觴……………………………………下681
定考(その儀)……………中61,65,661,下91,441
事は儀式に見ゆ……………………………中65
孝昭天皇………………………………中713
交蝕……………………………………中353
講書の博士……………………………下241
皎身……………………………………中647
行人………………………………………下57
皇親の名籍(名簿)…………………下173,477
案記……………………………………下173
有品内親王……………………………下173
左右京職………………………………下171,477
香水……………………………………下431
江水の五色なる………………………中649
上野国…………………………………中747,875
緋の革…………………………………中875
絁………………………………………中875
群馬駅……………………………………下47
上野国神名帳…………………………上615
多胡郡…………………………………中747
調庸布(布)………………………………中875
繋飼の馬牛……………………………下799
銅牙……………………………………下393
等級(大)…………………………………中747
年貢の御馬……………………………下799
榛の布…………………………………中875
名神(貫前神社…赤城神社)……………上151
席………………………………………中875
牧監(その考は…送れ)……………中785,下23
考選……………………………中459,515,下9,603
光闡……………………………………中623
功銭……………………………………下763,847
掃除夫の功銭(当時の法)………………下645
考選の文…………中61,99,489,577,下177,447
勘造……………………………………中577
諸家家司・雑色人(三日…)………………中579
惣官の考選の文(五位以上の長官次官将送せよ)……………………中491
太政官…………………………………中489
長上・番上(官および式部兵部に送らんには)
………………………………………中491
提出期日(十月一日…)…………中65,577,579
番上(十月二日…)……………………中99,577

行鼓……………………………下739,767,841
外弁鼓…………………………………下3,835
細声・大声…………………………下739,839
楯領鼓……………………………………下841
鉦鼓…………………中79,下741,771,833,841
鉦鼓を撃つ人…………………下759,833,835
鉦鼓を執る夫…………………………下759,835
装束鼓…………………………………中79
進鼓……………………………中79,下839
進陣鼓……………………………………下739
双声……………………………………下837
双声二下…………………………………下739
退鼓(兵庫寮…)…………………………下741
大鼓……………………………………下841
退隊鼓……………………………………下837
多良羅鼓…………………………………下841
答鼓……………………………………下841
動鼓……………………………下739,767,839
平声九下…………………………下739,835
列陣鼓……………………中79,下739,767,839
挙哀……………………………………上303
小安殿(大極後殿)…………上83,307,中93,311
313,385,下741,775,785
東の局……………………………………下425
後安居(四月…十五日まで)………………中667
鯉魚……………………………………中379
鯉の鮨……………………………………中873
三牲……………………………………下755
五位已上位記……………………………中141
請印……………………………………中97
署所(中務卿)……………………………中143
五位已上歴名帳………………………中473,525
郡司・禰宜・祝・夷俘……………………中473
五位授位(進め加えて…勅の処分を聴け,前考を除け)…………………………中519,521
鯉の鮨……………………………………中873
薨……………………………………上19,中767
審判・行刑………………………………下81
校……………………………………中215,217
甲……………………………………中237
考…………………………中459,639,下639,707
空座(推科して考に附けよ)……………中457
軍士……………………………………中517
外考の人…………………………中481,495
気比神宮司………………………………中517
考する例にあらず(凡そ右大臣以上は…)…………………………………中63,517
考第評定権(凡そ長官次官…)…………中517
春宮坊使部・伴部(式兵二省…)…………下707
内記ならびに史生の考日行事の文……中149
内考……………………………………中517
不考(考に…預からざる若干)……………中63
預考(考に…預からざる若干)……………中63
功……………………………中1045,下643,653
国郡司………………………中797,839,911
降……………………………………下71
侯……………………………………下837
合……………………………………中841
孝安天皇…………………………………中713
庚寅の年…………………………………下77
甲乙丙展転(甲の処…)……………………上171
功過……………………………………中517
叩解(舂く)……………………………中217
江海洪波を揚げずして…………………中651
閤外の大臣………………………………下3
甲賀川(六処の堺の川)…………………上307
功過帳(功)………………………中797,839,911
甲賀頓宮(近江国の国府…壱志)…………上303
功過の簡…………………………………中581
甲賀牧……………………………………下819
皇嘉門……………………………………下777
交関…………………………………下115,665
合貫……………………………………中929
綱紀……………………………………上3
洪基……………………………………上3
後脚三節…………………………………中607
孝経……………………………………中633
皇極天皇…………………………………中721
行具……………………………………上375
絞刑(絞は縄を用いよ)……………………下75
纐纈《こうけち》 → 纈《ゆはた》
香花の案(仁王般若経一部二巻…磬)……中677
貢限(越後…)……………………………中757
仕丁(近国は…)…………………………中771
坐せざれ…………………………………中761
明年貢調の国……………………………中797
孝謙天皇(平城宮に御宇しし天皇)………中725
孝元天皇…………………………………中715
膏肓……………………………………上5
皇后受賀(群官の朝賀)……………中83,161,551
賀詞……………………………………中161
饗宴(正月二日…)…………………中165,661
東宮の朝賀……………………中159,下675
光孝天皇……………………………中655,729

任用国司……………………………………中501
本任放還(凡そ京官…)…………………中15
諸の神主……………………………………中503
施薬院司……………………………………中75
料紙…………………………………………下719
螻蓑……………………………上387,中337,837
検印……………………………………下797,803
見営田……………………………………中785,1073
検閲…………………………………………上17
玄鶴…………………………………………中649
玄貉…………………………………………中651
還学僧………………………………………下123
阮咸…………………………………………中663
玄暉門……………………………………中179,551
検校…………………………上391,中35,39,51,153
検校覆勘……………………………………下719
玄珪…………………………………………中647
顕慶礼(永徽開元の沿革)…………………上5
見決…………………………………………下665
限月…………………………………………中769
玄狐…………………………………………中649
権衡…………………………………………上17
検考…………………………………………中521
検交替使…………………………………下719,721
勘附せる公益の色目………………………下731
検交替使帳………………………………下719,721
兼国……………………………………中505,527,637
監護使………………………………………下649
牽牛子丸……………………………………下349
検じ定め……………………………………下447
限日…………………………………………中537
傔従(将従)……上305,中1007,1047,1049,下121
六位以下の給数(余は馬数に准えよ)…上305
見宿の数……………………………………下745
建春門(陣下)………………………………下863
憲章…………………………………………上3
乾象…………………………………………上17
傔仗(主神…守駅館,帥に十分…)………中3,461
491,657,803,805,981,下23
補任(補することを申すを得ず)…………中461
元正天皇(平城宮に御宇しし浄足姫天皇)
……………………………………………中723
顕章堂の官人………………………………中457
遣新羅使……………………………………下369
玄参…………………………………………下343
厳制…………………………………………上21
検税使………………………………………中987
譴責の法……………………………………上347
監送使(長送使)…………………上303,中43,下357
顕宗天皇……………………………………中719
還俗…………………………中11,479,705,下69
検損田使……………………………………中1005
検調物所……………………………………下875
見直………………………………………中83,155
減直………………………………………中801,839
見定…………………………………………中115
遣唐使………………………………………下121,365
射手…………………………………………下21
雑の薬を盛るる韓櫃………………………下367
叙位(式部)…………………………………下21
奉幣…………………………………………上499
無位の者(一階に叙せよ)…………………中519
遣唐使船(正税)……………………………上161
遣唐の舶居を開く祭………………………上161
兼任………………………………………中15,981
傔人………………………………………中1005,下121
絃の料の糸…………………………………中663
巻柏…………………………………………下391
玆白…………………………………………中647
玄蕃寮………………………………………中665
史生…………………………………………中473
蠲符(符による入課…)…………中523,779,909
検不堪佃田使(不堪佃田)…………………中1005
玄武旗………………………………………下833
見不輸……………………………………中909,927
遣渤海使……………………………………下367
卜部・陰陽師………………………………中521
渤海の訳語生………………………………中521
元明天皇……………………………………中723
監物…………………………中149,155,501,663
大蔵の物…………………………中151,下107
鑰請進(管鑰)………………………………中149
給食(中宮の雑給…)………………………下307
史生…………………………………中473,下309
見輸…………………………………………中927
顕陽堂……………………………………下429,435
検涼…………………………………………中209
乾臨閣………………………………………下93
監臨の主守…………………………………下869
建礼門…………………………中559,下95,433,633

こ

鼓……………………………………………中375
喚鼓…………………………………………下5,837

漆の土居の桁柱……中311
高欄の鳥居の丸桁……上219
輿車の屋根の桁……中409
輿の柱・桁……中405
五六寸の桁……上299,中417
腰輿の桁……中427
土居桁……上219
長桁……中405
幕の柱・桁……中415,433,下703
闕怠……下781
外題……中73,761,787,911,921
気多神社
能登国(若狭比古神社…伊夜比古神社)
……上153,641
越中国……上643
但馬国……上661
居多神社……上645
気多御子神社……上637
結解帳(惣目を勘抄し)……中345,759
795,797,下63
結番……下523
外長上(内長上四考…外分番十考,外の職事)
……中487,519
外鎮……中351
結階の法……中489
月華門……下743
闕官の料……中641,下639
闕郡司職田……中1067
毛付(馬の毛の色,奏文)……下7,687,809
月経(月の事)……上171
欠乗……中933,1059
月像幢……下833
決笞……下605,639
駃騠……中645
闕腋袍(浅紫の襖…幟を著くる殳)……中79
月度……中353
闕に詣り……上5
決罰……上183
月俸……上349
決明子……下383
月料(粮)……上289,中59,下309,709
供奉の月料……下483
月料の米……中641
支給の官符(民部宮内等の省に下す…事一通)
……中7
初斎院・野宮(食法)……上269
太政官符……中59
東宮……下709
月粮《げつろう》 → 大粮《たいろう》
下田……中1067,1071
毛の韉……上293
牙の笏……中313,下611
毛の和き物毛の荒き物……上455
毛の料の草……中409
下馬……下799
下馬の法……下607,609,867
馬を斂めて側に立て……下607
京職官人(凡そ巡検の日…)……下609
親王(凡そ三位已下…)……下607
陪従……下607
下番……中187
検非違使……中631,下7,609,635,777
馬……下815
火長……中349
気比神宮司……上183,中493,503,517,下865
気比神社
越前国……上631,中493,517,下865
但馬国……上661
花瓶(仁王般若経一部二巻…磬)……中677
外武官……下9
気吹雷響雷吉野大国栖御魂神社……上531
外分番(内長上四考…外分番十考)……中487
外弁……下3,677
外弁鼓……下3,835
花蔓代……中197
外命婦(命婦,外位)……上79,339,341,中85
163,271,下115,613
梟……中851,869,1003,下845
毯……下569
畜仆し蠱物する罪……上479
毛谷神社……上637
解由……中15,443,499,525
691,695,下19,107,175
宇佐宮・気比神宮司……中503
押署……中19
限り……中15,103,501,下729
国博士……中639
講師……中695
下総国司……上179
諸寺別当三綱解由式……中695
前司……下721
大学諸博士……中503
大神宮司……上251
二通……中19

警衛(卯の日)……上421
鶏園寺料……中969
計会……上173,中23,565,955
警固……中33
景行天皇……中715
経国……上3
軽細……下613
慶山……中647
家司……中461,491,579
　補任(補することを申すを得ず)……中461
繋飼の御馬《けいしのみうま》 → 繋飼の御馬《つなぎがいのみうま》
蛍爝……上19
景迹……中475
鶏趣……中651
稽首……下859
敬修……中623,下897
経術……中537
桂心(人参…薤白)……下337
景星……中645
形制(形製)……下611
経籍(御書および図絵)……中209
磬折……中455,461,下603
迎送……下867
継体天皇……中719
鶏帳(二寮…勘合せしめ)……中761
頸牒……中1001,下851
計帳《けいちょう》 → 大帳《だいちょう》
計帳所……下655
鶏頭子……下409
惸独田(神田…造船瀬料田)……中783,955
警蹕(警せざれ)……上307,431,中541
経方……下357
京北の園……下483,527
稽擁……下729
鶏卵……上209
稽留……中25
外印……中7,403,下73
堺打……上219
悔過……中669,683,下101
　吉祥悔過……中671,999,1039
　地蔵悔過……下213,303,321,575
穢れ(忌む,甲の処…)……上169,171,173
　穢人……上399,下169
　失火穢(七日を忌め)……上173,351
　触穢(忌む,甲の処…)……上169,171,173,253
　著座……上171
外記……中5,29,31,33,37
　覆勘……中29
外記政(弁官…勘申せよ)……中3
外記の候庁……中73,559,下93,447
外記の史生……中61
外記文殿(太政官および左右の文殿)……中73
解却……下17
下行……下649
外宮《げくう》 → 度会宮《わたらいのみや》
外供田……上341
解闕帳……中493
下下田……中1067
花筥(仁王般若経一部二巻…磬)……中677
外五位……下115
　位田……中781
　俘囚……中51
　賻物……中655
　命婦……上339,341
夏講……中689
外考……中481,495,下13
外考舎人(その舎人…還せ,外位)……中481,513
外国……中475,701,781,843,989
袈裟……中237,249,679
　三衣……中681
解斎(解祭)……上443,中177,187,下159
187,317,417,487
解斎所……上71
解斎の御粥……下583
解斎の舞……上441,中41,下159
外散位……中479,491,下707
見参の簿(見参)……上263,357,中35,37
51,65,447,469,543
　大祓(刀禰の数の札…)……下161
　見参文(諸司の見参によりて…)……中547
夏至……中369
滅紫……下615
　浅滅紫……中257
　葡萄の滅紫……下445
　深滅紫……中237,327
　中滅紫……中257
外従五位下……上5
解陣……中33,下741,841
計仙麻神社……上623
計仙麻大島神社……上623
花足……下337
桁(長さ一丈二尺)……下285
　幄・幔の柱・桁……上377,下87

解任……………………………………………下23
考選……………………………………………下9
三等已上親……………………………………下21
廃置……………………………………………下11
郡家神社………………………………………上639
群行(路にありて)…………………上307,下803
斎月(九月一日より三十日まで)………上303
京畿内伊勢近江等の国……………………上303
供給……………………………………………上303
騎料(永く四疋を充てよ)………上299,下803
鞍馬…………………………………上299,下803
監送使(長送使)……………上303,中43,下357
御禊(六処の堺の川)………………………上307
堺の上…………………………………………上351
従行の群官……………………………………上305
大極殿の装束(斎内親王の発たん日には…)
…………………………………………………上307
初入の道………………………………………上351
発遣の儀………………………………………上307
儲の料…………………………………………中429
須うるところの稲……………………………上303
路間の儲の幣の料……………………………上307
路次の社………………………………………上307
軍士(八位…位子)………………………中517,909
郡司
員外郡司(郡司の戸)………………………中803
擬任郡司(銓擬郡司,郡司の戸)……中483,485
495,803
郡司の戸籍(別籍すべきに非ざるは)……中803
郡領の氏………………………………………中485
郡領の欠員……………………………………中483
郡領の叙任…………………中69,135,483,485
487,495,523,597,下441
考帳……………………………………………中487
考帳に附けざる………………………………中487
綱領郡司(専当の郡司,綱)…………中759,761
769,799,919
国擬(諸国の銓擬して)………中483,593,595
権任の郡司(郡司の戸)………中487,785,803
三等以上親(一郡に同姓を…得ず)………中483
子弟……………………………………………上397
主政帳(八位…位子)……………………中487,495
597,909,943
成選……………………………………………中485
諸衛任官………………………………………中495
試練(明年…更に入京すべからず)………中69
485,591,593,595,597,下441
神郡司…………………………………上191,339
銓擬年齢(年七十已上二十四已下)………中485
専当郡司………………………………………中851
遭喪……………………………………………中485
大少領…………………………………………上395
同姓(凡そ郡司は…)………………………中483
同門…………………………………………中483,487
不堪佃田………………………………………中1077
復任……………………………………………中485
譜第……………………………………………中593
賻物……………………………………………中655
陸奥出羽西海道諸国…………………………中597
郡司職田…………………………………中837,1061
闕郡司職田……………………………………中1067
郡司読奏……………中135,483,495,597,下441
擬文(文簿)…………………………………中483,597
御定……………………………………………中597
郡司召(郡司を補任せんには…)…………中485
軍曹……………………………………………中979
軍団……………………………………………下21
軍毅(八位…位子)……中785,909,945,下11,21
雑太団…………………………………………中785
主帳(凡そ陸奥国…)……………中1009,下21
大団……………………………………………下21
鼓生・大角生・小角生……………………中765
長門国(兵粮料)……………………………中973
陸奥国(七団の軍毅主帳三十五人)……中1009
郡帳(某郡の雑田若干…)…………………中1069
郡里等の名……………………………………中757
薫陸香(犀角…青木香)………中169,199,下341

け

化………………………………………………上3
界………………………………………………中213
假…………………………………………中501,下865
請假……………………………………上171,中555
装束假…………………………………中501,689
笥(藺笥)……………………………………中841
解…………………………………中923,下863,867
謹みて解す……………………………………中1059
以て解す………………………………………中499
銒………………………………………………中603
外位……………………………………………中519
軽幄…………………上59,375,中425,下87,423,703
軽幄の骨………………………………………中433
経緯……………………………………………中621
慶雲……………………………………………中645

榲榑……………… 上297,中397,417,431,下283
檜榑………上35,中325,399,417,421,431,433
伎楽…………………………………………中661
呉釘…………………………………………下271
呉竹…………………………………………上427
呉津孫神社(飛鳥川上に坐す宇須多伎比売命神社…気吹雷響雷吉野大国栖御魂神社)………………………………上531
牙床…………………………………中413,下595
牙牀の案(床案)……………………………中131,323
紅花(白絹…支子)………上37,267,367,371,385 中213,231,851,下201,751
韓紅花…………………………中245,259,下139
辛紅地の彩色…………………………上371,373
紅花を漬くる袋……………………………上383
中紅花………………………………………中259
紅……………………………………………中241
紅染…………………………………………下751
紅染の細布の衫……………………………下333
紅染の曝布…………………………………下331
紅の紙………………………………………中135
紅の褶………………………………………上283
生薑(干薑,竈杵米…荷葉)…… 中827,下215,509
茎有る生薑…………………………………下219
呉服の綾(呉服文)…… 上367,中317,845,879,887
昏れん時 くれんとき → 昏時 たそがれどき
蔵人………………………………中93,175,下743
元日朝賀(日給侍者…)……………………中159
蔵人所………中99,147,301,下243,315,505,773
給食(中宮の雑給…)………………………下307
御仏名の装束………………………………中205
東宮の蔵人所………………………………下693
女官補任帳(更に一通を写し…)…………中99
補任帳………………………………………中493
陪従…………………………………………上263
黒漆……………… 上267,中197,433,437,837,851
黒漆の鞍……………………………………中837
黒漆の台盤…………………………………下505
黒柿の木の倚子……………………………下445
鉄……… 上51,195,中421,425,655,847,889,891
鉄の臼………………………………………下373
鉄の匕………………………………………下373
鉄の工………………………………………下269
鉄の鉢………………………………………中679
鉄の人像……………………上75,123,下163,285
餝りなきもの………………………………下255
金銀の薄を押すもの………………………下255
東宮…………………………………………下255
鉄の火取堝…………………………………上333
鉄の鎧………………………………………中837
烏子瓶(鉄の鉢…澡豆壺)…………………中679
黒木………………………… 上395,中185,下791
黒白二酒…………………上319,397,中789,下155
舂米(稲を舂き)……………………中789,下553
舂米の進納(符)……………………………中789
践祚大嘗祭(二国の斎場院)………… 下553,559
卜定(九月二日)……………………………下551
料米(官田の稲)……………………………下551
黒木の案……………………………………下353
黒黍…………………………………………中607
黒緑…………………………………………下139
黒毛馬………………………………………上145
玄酒…………………………………中603,下877
黒島神社……………………………………上707
黒田神社(塩江神社…諸钁神社)…………上565
烏装…………………………………………下813
烏装の横刀(烏装の大刀)…………上73,265,271 下253,851
作功…………………………………………下847
黒野神社……………………………………上663
黒山の席………………………中841,857,下461
黒米…………上35,289,387,中273,343,439,703 809,下61,249,291,335,475,597
黒綿…………………………………………中805
鍬………… 中847,889,891,下331,525,593,783
季禄の鍬…………………………中529,下17
钁……………………………………………上133
桑内神社……………………………………上527
桑田神社……………………………………上649
桑名神社(鴨神社…尾津神社)……………上561
桑原神社……………………………………上593
郡
郡名…………………………………………中757
千戸・百戸…………………………………中757
比郡…………………………………………中757
勲位(勲九等)………………中463,521,763,下13
勲七等………………………………………中479
在京の勲位…………………………………中521
長上に任ずる者……………………………中763
軍監…………………………………………中979
陸奥国の人…………………………………下23
群官朝賀 ぐんかんちょうが → 皇后受賀 こうごうじゅが
軍毅(八位…位子)……… 中785,909,945,下11,21

蔵下……………………………………………中571
鞍褥……………………………下619,667,825
倉代の物…………………………………上427
倉附帳……………………………………中955
尚蔵…………………………………………中99
蔵司………………………………中119,129
　大宰府(主神…守駅館)………………中805
椋橋下居神(皇子神命神社…夜都伎神社)
　……………………………………………上533
倉梯岡陵…………………………………中721
　陵地ならびに陵戸なし………………中721
蔵部……………………中113,275,347,573,下87
競馬 くらべうま → 走馬 はしりうま
蔵部司(斎宮の官人)……………………上303
鞍橋……………………上295,中829,下667,825
闇見神社(御方神社…山都田神社)………上631
久良弥神社………………………………上669
苦参(犀角…青木香)………………中219,下341
内蔵寮………………………中275,下483,505
　織手(定額二十八人)……………中347,下147
　鑰請進(凡そ蔵の…)……………………中345
　紙…………………………………………中211
　蔵部……………………………中275,347,下87
　五位の助…………………………………中277
　史生……………………中275,277,297,473
　仕丁………………………………中277,775
　允…………………………………………中283
　節会………………………………………中445
　大元帥法…………………………………下211
　勅旨の舎人………………………………中347
　典履………………………………………中299
　舎人………………………………………中277
　別貢の幣(縫殿寮の南院)…………中309,下95
　御蔵ならびに門守………………………中349
　薬物………………………………………下337
　寮印………………………………………中345
栗子…………………………………………中831
　削栗子……………………………………上419
　搗栗子…………………上291,中853,881,889
　891,下171,183,221,485
　生栗子(萠根…梨子)……中853,下209,485,493
　平栗子……………………………中853,881,下169
　扁栗子……………………………………上417
　栗黄…………………………中603,下203,875
皀(色糸)……………………中231,853,下615,739
絡り…………………………………………中757
烏皮の履(浅紫の襖…幟を著くる殳)…中79,239
久理陁神社(籠神社…宇良神社)…………上655
皀に染むる革……………………………中327
皀の綾………………………………………中79
皀の蘰の頭巾………………………上133,下835
皀の帛………………………………………中883
皀の頭巾……………………………………上293
栗原神社
　河内国(枚岡神社…高宮大社祖神社)……上537
　飛騨国……………………………………上611
厨作…………………………………………下521
厨作の物……………………………………下171
厨の韓櫃……………………………………上295
皀を餝う(茜…水豉麻笥)…………………中411
栗栖神社……………………………………上539
栗栖野………………………………………下285
栗栖野氷室(徳岡に氷室…池辺に一所)……下593
久流比神社…………………………………上661
車…………………………………上261,357,中271
　牛車……………………………中409,下815,861
　京に運ぶ車賃……………………………中1025
　金銀を用て装る車………………………下619
　金装の車(斗帳…軽幄の骨)………………上267
　375,中433
　腰車(輦,輦車)…………中407,629,下743,861
　初斎院河頭禊……………………………下803
　力車(車)…………………………………下527
　女官(女別当…女孺)……………………上357
　馬寮の車…………………………………上263
　雇車………………………………………中1045
　私の車(女別当…女孺)……………上263,357
久留真神社…………………………………上557
車副…………………………上261,357,369,381
車賃…………………………………………中1025
車の油………………………………下323,815
群馬駅………………………………………下47
車の榻………………………………上267,中421
駕車の女……………………………………上371
車持朝臣……………………………………上433
呉桃子(胡桃,胡麻の油…閉美の油)………中271
　853,877,下209,381
　姫胡桃子(干棗…縒昆布)………………下171
胡桃染………………………………………下615
久留弥多神社(上許曾神社…比売多神社)
　……………………………………………上603
呉桃子の油(胡桃の油)……………中867,下325
榑
　規格(各長さ一丈二尺…厚さ四寸)………下285

本地……中781
山城国……中787
窪坏(平魚…羅)……上33,289,321
中391,下193,549
葉椀……上417
熊像の隊幡……下785
久麻加夫都阿良加志比古神社(気多神社…加夫刀比古神社)……上641
久麻久神社……上571
熊桉神社……上651
熊毛神社……上695
糈米……中379
熊田神社(多伎奈弥神社…佐奇神社)……上639
熊の皮……中831,下827,845
熊野神社
近江国(大浴神社…大荒比古神社)……上605
越中国……上643
丹後国……上657
熊野大社(宇倍神社…伊勢命神社)……上155,667
熊野に坐す神社……上699
熊野の大神櫛御気野命……上501
熊野早玉神社……上699
口味……上289
縚形……中549
久武神社……上673
公智神社(有間神社…久佐佐神社)……上547
久目神社(林神社…布勢神社)……上643
久米神社……上669
久米多神社……上635
久米御県神社(飛鳥川上に坐す宇須多伎比売命神社…気吹雷響雷吉野大国栖御魂神社)……上531
久米舞……上441,中41
雲気神社……上705
公文の失錯……中17,581
供養(施物)……中51,667,671,689
803,991,993,下163
公用……中801
倉(庫)
甲倉……中1057
板倉……中1057
大蔵省正倉院……下105
凡倉……中1057
掃部寮(寮家)……下429,457
借倉・借屋……中1057
義倉……中795,917
京庫……上159,309,329,343
中525,681,759,795
蔵下……中571
倉附帳……中955
内蔵寮……中345
穀倉院……中781,795,839,921
下111,625,645,647,793
在京の倉蔵……下631
斎宮寮の庫……上343
正倉……中1057
神税(所在の官舎)……上257
末……中1059
塞……中1059
大膳職厨庫……下175
高蔵(官庫)……上193
大宰府の庫……中673
土倉……中1057
積み高(高さ若干丈尺)……中1059
主殿寮(寮物)……下315
中務省の庫……中103,345
法倉……中1057
兵庫……中13,157,下241
府庫……下9
不動倉……中103,987
不動倉の底敷の料……中1031
別倉……下97,173
糒庫……中795
基……中1059
屋……中1057
屋賃(直)……中1023,下283
廩院……中801,下635
鞍……下251,803,829
威儀の御鞍……中327
伊勢の神宮の祭の鞍……下323
女鞍……下827
唐鞍……下813,831
雑の鞍……下831
黒漆の鞍……中837
調度……下817
走馬の鞍……下831
神鞍……中299,下321
御鞍……下825
位……下533
位金……上215
鞍居神社(中臣印達神社…伊和に坐す大名持御魂神社)……上683
鞍帊(覆鞍)……下619,625,803
水母……下171,521

史生……………………………… 中473,下309
神院……………………………………… 下421
曹司………………………………………中65
内親王家の家令以下の考文…………… 中579
南門……………………………………… 中179
贄………………………………………… 下171
女丁……………………………………… 下175
返上すべきの雑物……………………… 下175
久奈為神社(佐志武神社…富能加神社)…… 上675
久那斗…………………………………… 上485
国医師…………………………………… 下371
医・針博士の兼任 ……………………… 下373
公廨(民部省に移し送れ)……………… 中503
権任……………………………………… 中505
内位……………………………………… 中499
非業……………………… 中503,505,下373
日向・大隅・薩摩・壱伎・対馬…………… 中497
覆試……………………………………… 中507
服喪(凡そ諸国の博士…)……………… 中505
補任帳……………………………………中17
補任の解文………………………………中17
奉試及第………………………………… 中507
本業を注せ(凡そ諸国の受業…)…………中17
本司……………………………………… 中505
薬生の侍医の挙によりて任ずる者…… 中507
国渭地祇社(高負比古神社…前玉神社)…… 上587
国飼の馬…………………… 中55,1015,下807,811
国養の物………………………………… 中771
国懸神社(丹生都比女神社…志磨神社,日前神社…都麻都比売神社)…… 上111,155,697
国体……………………………………… 上501
国片主神社……………………………… 上721
国坂神社(倭文神社…大神山神社)………… 上667
国書生……………………………中481,1033
国玉神社………………………………… 上563
国玉命神社……………………………… 上583
国津………………………………………中1025
地祇神社(室城神社…岡田国神社)………… 上517
国神社…………………………………… 上687
国つ罪…………………………………… 上479
国津比古命神社………………………… 上709
国津御祖神社(礒神社…坂手国生神社)…… 上551
国つ社…………………………………… 上445
国生神社………………………………… 上555
国生大野神社…………………………… 上635
国の等級(上,大上国・中国・下国) …… 中743,979
甲斐・出羽・安芸・周防・紀伊等の国…… 中477
国乃御神社(相鹿社)………………… 上311,555
国の御柱の命(竜田…皇神,比古神・比売神)…………………………… 上457,459,521
国造……………………………………… 中803
出雲の国造……………上163,中69,519,下113
国造田…………………………………… 中957
銓擬………………………………………中69,541
都下国造(御巫)……………………… 上83,169
国造神社………………………………… 上717
国の八十国島の八十島………………… 上483
国博士……………………………… 中639,下881
公廨(民部省に移し送れ)………………… 中503
権任……………………………………… 中505
内位……………………………………… 中499
非業(非受業の人)………………… 中503,637
日向・大隅・薩摩・壱伎・対馬……………… 中497
覆試……………………………………… 中507
服喪(凡そ諸国の博士…)……………… 中505
補任帳……………………………………中17
補任の解文………………………………中17
本業を注せ(凡そ諸国の受業…)…………中17
本司……………………………………… 中505
明法生の課試…………………………… 中507
国柱命神社……………………………… 上583
訓原神社………………………………… 上567
国風…………………………………上433,中41
風俗の歌儛………………………………下59
風俗の楽………………………………… 中613
国幣……………………………………… 上507
国村神社(佐志武神社…富能加神社)……… 上675
貢人……………………………………… 中587
瞿麦(丹参…山茱萸)…………………… 下347
頸玉……………………………………… 上191
弘福寺…………………………… 中667,791
口分田…………………………… 中1061,1075
阿波国…………………………………… 中787
疫死・流死(未班の間…) ……………… 中979
京戸(畿内諸国に下せ)………………… 下653
郡を隔てて田を授くる………………… 上251
五歳已下(凡そ京職諸国の大帳には…)…………………………………… 中797
志摩国…………………………………… 中787
当土の百姓若干町………………………中1061
逃亡除帳口分田(遥授国司公廨田…乗田,除帳田) …………… 中957,1061,1071,下873
売口分田…………………………………中1073
某国の百姓若干町………………………中1061

薬殿……………………………中83,下373,417
葛貫の鰒(鳥子鰒…薄鰒)……………中849,899
葛布………………………………………中255
楠葉駅……………………………………下43
久豆弥神社
　伊豆国…………………………………上581
　越前国…………………………………上631
楠本神社(博多神社…聖神社)…………上541
樟本神社…………………………………上707
久須夜神社………………………………上629
薬司…………………………中119,129,下353
　尚薬…………………………中123,下339
　典薬…………………………下339,671
　大宰府(主神…守駅館)………………中805
　童女……………………………………下339
薬の袋……………………上269,377,中425,437
薬部司(斎宮の官人,長)……………上303,337
薬斗・薬升………………………………下373
薬を嘗むる小児…………………………上337
狗脊………………………………………下349
口宣………………………………………中641
屎戸………………………………………上479
久多神社…………………………………上565
小角………………………………………下841
小角生……………………………中765,下857
久多弥神社………………………………上669
玖潭神社(美保神社…多久神社)………上671
菓子(菓)………………上31,331,下207,489,667
　検収(到るに随いて…附けよ)………下245
菓子所 くだものどころ → 菓餅所 かへいしょ
菓子の直…………………………………下197
下…………………………………中1029,1051
口会え……………………………………上475
腐革………………………………………中829
艫人(艫)……………………………下747,801
　艫の舎人………………………………下687
支子(竃杵米…荷葉,犀角…青木香)….上37,267
　中231,813,下99,215,341,383,411
　浅支子…………………………………中261
　黄支子…………………………………中261
　深支子…………………………………中237
支子染の深色……………………………下615
朽葉………………………………………中247
腐ち耳の鰒(耳腐の鰒)………中849,899,下521
具注の御暦(暦)…………………中71,93,351
口勅………………………………………中153
朽羅神社…………………………………上553
履(鞋)…………………………上37,41,277,中79
　323,827,下633,637
　靴…………………………………下633,739
　雁鼻……………………………………中397
　雁鼻沓…………………………………中325
　神今食(已上の二種は内蔵弁備せよ)
　……………………………………中231,325
　錦鞋……………………………………中181,323
　烏皮の履(浅紫の襖…幟を著くる殳)
　………………………………………中79,239
　糸鞋……………………………………下321
　線鞋……………………………………中235
　挿鞋……………………………………中323
　草鞋……………………………………下751
　雑給の料……………………………中181,323
　高鼻の履………………………………中681
　東宮の御履の革………………………下701
　新嘗の料………………………………中325
　錦の履…………………………………上231
　鼻切履…………………………………下331
　深履……………………………………中465
　麻鞋……………………………中79,下637,739
　御靴を造る料……中325,1043,下321,455,817
　菲………………………………………下317,667
笏賀駅……………………………………下51
屜……………………………中233,325,下455
屈軼………………………………………中647
沓筥……………………………上267,中421
鑣(轡)………………………中829,下251,827,839
韁鞚………………………………下97,801,827
久弖比古神社……………………………上641
供田………………………………………上341
　外供田…………………………………上341
久刀神社…………………………………上685
久度神社
　大和国(伊古麻山口神社…葛木に坐す一言主
　　神社)………………………………上521
　淡路国…………………………………上699
久度神(平野の祭の神四座)……………上55,463
　513,下309
　祝詞……………………………………上463
久刀寸兵主神社…………………………上661
宮内省……………………………中539,下149
　味原の牛牧……………………………下177
　小斎……………………………………下149
　元日の御薬……………………………下339
　官田……………………………………下175

雑の魚の鮨(押年魚…芥子)…… 上289,中849,863
雑の魚の楚割………………………… 中849,863
雑の魚の鱐…………………… 中849,861,下233
雑の綺の帯……………………………… 中145
雑の官物を免除する符…………………… 中799
雑の腊…………………… 上271,中877,879,885
雑の鞍……………………………………… 下831
雑の宍……………………………………… 中895
雑の鮨……………………………………… 中861
雑の染……………………………………… 中327
雑の菜……………………………………… 下755
雑の花……………………………………… 下755
雑の簿……………………………………… 中923
雑の羅……………………………… 中845,下133
久佐佐神社………………………………… 上547
草津大歳神社……………………………… 上543
草名伎神社………………………………… 上551
草薙神社…………………………………… 上577
久佐奈岐神社(神部神社…豊積神社)……… 上577
草の片葉…………………………………… 上457
蔵霊………………………………………… 下643
菌(内の七言・外の七言)……………… 上261,355
櫛(梳)………… 上323,中321,下33,799,807,817
韓櫛……………………………………… 上37
神今食(已上の二種は内蔵弁備せよ)
…………………………………… 中231,321
象牙の櫛………………………………… 下617
東宮の御梳………………… 中323,下695,701
新嘗の祭………………………………… 中321
別れの御櫛(斎内親王の発たん日には…)
……………………………………… 上307
九司………………………………………… 中633
苦使(皆衆証によりて…捶拷すべからず)
……………………………………下69,627
串鰒(鳥子鰒…薄鰒)……………………… 中849
櫛石窓神社………………………………… 上651
櫛磐間門命(波比祇神…生島神・足島神)
………………………… 上447,475,509
櫛形………………………………………… 中549
功食…………………………………… 下643,653
公事稽留の罪……………………………中21
逋避・不署 ……………………………… 下731
俸料剝奪(独り某人を…季禄等を抑留せよ)
……………………………………… 下733
串刺し……………………………………… 上479
串竹………………………………………… 下231
櫛田神社
伊勢国多気郡(須麻漏売神社…宇留布都神社)
……………………………… 上553
伊勢国朝明郡…………………………… 上561
越中国射水郡…………………………… 上643
櫛田槻本神社(国乃御神社…大櫛神社)…… 上555
櫛玉命神社(太玉命神社…加夜奈留美命神社)
……………………………………… 上529
櫛玉比売命神社…………………………… 上709
駈使丁 くしちょう → 駈使丁 はせつかいのよぼろ
櫛梨神社…………………………………… 上705
串貫の羽割鰒……………………………… 下203
櫛の机………………………… 上377,379,中433
久慈真智命神(太詔戸命神…隼神社)……… 上511
久志美気濃神社(宍道神社…由貴神社)…… 上669
櫛御気野命………………………………… 上501
苦酒………………………………………… 下337
久修練行…………………………………… 中665
九章………………………………………… 中633
公請………………………………………… 中691
功程……中249,387,439,下65,129,133,253,849
供承………………………………………… 中511
九条の袈裟……………………………… 中249,679
櫛色天蘿箇彦命神社……………………… 上679
供神の器……………………………………中39
供神の料…………………………………… 上251
国栖………………………………………… 下297
葛…………………………………………… 下781
公水………………………………………… 中787
鼓吹戸(管戸)…………………… 中71,下833,855
簡試…………………………… 中71,下11,855
教習…………………………… 中71,下11,855
鼓吹生(鼓吹夫,八位…位子)………… 中765,909
下13,323,841,857
習業……………………………………… 下841
鼓吹丁……………………………………… 中775
供水の木蓋………………………………… 上333
医師………………………………………… 下121
医・針博士の兼任 ……………………… 下373
国医師……………… 中17,497,499,503,下371
大宰府(主神…守駅館)………………… 中805
鎮守府…………………………… 中979,下23
典薬の医師……………………………… 中439
本司……………………………………… 中505
奇し護言…………………………………… 上473
葛神社(佐支都比古阿流知命神社…名草神社)
……………………………………… 上659
続命縷(菖蒲の珮,薬玉)……… 中129,315,下755

擬階奏(正月十日)……中99
考課……中99
散事の宮人……上169
私舎容隠……下631
時服……中119
成選位記……中99
女官の朝賀……中163
女官の補任帳……中97
女官の馬料……中121
女官の禄(禄の文)……中57,87,271,273
縫の宮人……下467
補任(太政官に申し送れ)……中99
賻物……中657
功物……上349
久恵の纏……中849,下495,711
虞淵……上481
豉(甜物…奄未醤,犀角…青木香)……上289
中131,379,827,下191
207,341,355,385,495,709
釘
打合釘……下271
蟹目釘……上215
切釘……中433,下267
呉釘……下271
五寸の打合釘……下271
五寸の平釘……下273
四寸の打合釘……下271
四寸の平釘……下273
二寸の平釘……下847
花形の釘(花釘)……中399,411,431
平釘……下271
牒釘……上217
丸頭釘……下273
六寸の打合釘……下271
六寸の平釘……下273,847
和此良金著の釘……下251
釘縄……下277
釘貫……下419
釘の座……下273
公卿……上19,中111,527
公卿聴政(政を申す)……中459,下603
含章堂(南の階は少納言左右弁)……中451
三省申政……中561
昌福堂(南の階は大納言…左右弁)……中451
大臣不参……中453
朝堂儀(凡そ朝座に…)……中451
虁萌草搗……下513
茎立……下509
久久都比売神社(粟皇子神社…江神社)
……上313,553
久久美雄彦神社……上607
公廨……中957,965,1033,下371
公廨帳(出挙…倉附等の帳)……中955
公廨を処分する差法……中979
国博士・医師(民部省に移し送れ)……中503
国司の公廨……中21,837
授業師料(十分の一)……中637,下371
諸司の公廨……下861
大宰府官人……中975
鎮守府公廨……中961,981
対馬島の島司の公廨(大宰所管の諸国…)
……中983
公廨田(神田…造船瀬料田)……中665,773
783,955,下823
遥授国司公廨田……中957
公験……中481,673,801
枸杞(丹参…山茱萸)……下347
筆篌・箜篌……中663
貢挙……中511,下657
貢挙の学生……中635
大学典薬の挙……中507
本主の挙……中495
供御院(供御の米粟を収むる舎)……下311
供講(夏講供講・三階・二階)……中689
功口……中911
口別に……中1041
供御の年料(新嘗会に始めて用い…)……下305
稲・糯・粟……下173
供御の雑器(十一月)……下505
供御の例用……中27
久佐加神社(阿須伎神社…美談神社)……上673
日部神社……上541
草壁皇子(岡宮に御宇しし天皇)……中723
草上駅……下51
久佐木灰……下553
薬灰……上411
芸り(芸る)……中775,下529
剉……下33,799,817
剉の槽……下817
雑の油……中837,899
雑の綵……中817
雑の鰒……中861,893
雑の魚……中895
雑の魚の腊……中849,879,881

魚袋……………………………………………下619
清杯……………………………………………中847
清野井庭神社…………………………………上553
鉅の口…………………………………………中647
柜杯……………………………………………中651
潔衣……………………………上29,83,下301,339
清水寺…………………………………………中729
清服 きよめぎぬ → 明衣 みょうえ
儀礼……………………………………………中633
儀鸞門……………………………中183,569,下429
錐………………………………………………上403
切板……………………………………………下259
剪り綵えて作れる釵…………………………下621
切釘……………………………………中433,下267
霧島神社………………………………………上719
切案(切机)…上43,279,425,下259,501,585,595
切葅……………………………………………下513
桐野神社………………………………………上659
切木綿…………………………………………上69
季料……………………………………………中789
伎留太神社……………………………………上561
耆老……………………………………………中925
季禄(春夏の禄,官禄)….上181,247,389,中5,19
55,85,271,443,525,527,799
811,下9,17,111,213,609,639,705
伊勢大神宮の禰宜…………………………上183
季禄の儀…………………中55,85,569,571,575
季禄の鍬…………………………中529,下17
斎宮官人……………………………………上341
支給時期(二十二日)………………………中571
上日(凡そ一人数官を帯び…)……………中527
諸王…………………………………………下477
諸家…………………………………………中569
初任の官……………………………………中123
神祇官人……………………………………上181
親王(凡そ親王…)…………………………中525
宣命(輔)……………………………………中87
大唐通事(大初位の官に准えよ)…………中529
大宰および対馬の官人……………………中529
太政官の禄…………………………………中55
女官の禄(禄の文)….中57,87,271,273,下111
文官…………………………………………中569
禄の文………中149,273,527,569,571,下707
禄を奪い考を降せ………………………中47,447
記録……………………………………………中149
麾を挙ぐ………………………………………中619
斤………………………………………………中229
齧………………………………………………中645
銀 ぎん → 銀 しろがね
禁遏……………………………………………下777
銀甕……………………………………………中649
錦鞋……………………………………中181,323
金牛……………………………………………中647
金車……………………………………………中647
近国……………………………………………中745
禁色……………………………………下615,627
青摺(縹色の…)……………………………下617
僧尼…………………………………………下629
走馬…………………………………………下625
琴瑟……………………………………………中651
金勝……………………………………………中649
近仗……………………………………………下675
謹慎……………………………………………下19
近臣……………………………………………下751
金人……………………………………………中645
斤税……………………………………………上201
金泥……………………………………………上367
銀泥(金泥…同黄)…………………………上367
銀銅……………………………………………上223
近都の牧……………………………………下801,819
放飼…………………………………………下799
放飼の馬……………………………下805,807,819
銀人……………………………………………上481
金薄……………………………………上297,中411
銀薄……………………………………………上227
金薄の料の綿…………………………………中413
金薄を切る革…………………………………中411
近墓……………………………………………中735
幣(遠墓…各遠陵の例に同じくせよ)….中739
欽明天皇………………………………………中719
近陵……………………………………………中721

く

矩………………………………………………上3
朐………………………………………………中381
絇………………………………………中757,847
咋岡神社(室城神社…岡田国神社)…………上517
空座(台すなわち弾ぜよ)…………中457,下605
空床子…………………………………………下437
空青(金泥…同黄)…………………………上367
宮人(女官人)………………………中85,97,271,273
439,下147,475,631
小斎…………………………………………下149
官位相当(正三位に准えよ)………………中121

東宮……………………………………………下701
御馬……………………………………………下803
宿を経べくは………………………中35,53,101
下9,165,357,751
甲・楯 ………………………………………下759
留守…………………………………中43,55,101
留守官…………………………………………中55
鈴印の駄(駄)…………中147,155,191,下805
行香……………………………………………中547
御斎会(白銅の火炉三口…匕十六枚)…中197
仁王会…………………………………………中677
京極の路………………………………………上263
行事…………………………………中583,下743
京職 きょうしき → 左右京職 さゆうきょうしき
行事所………………………………中195,下779
御斎会…………………………………中47,下319
享日……………………………………………下755
享所…………………………………中609,下883
壬の地…………………………………………下883
行書……………………………………………中213
校生……………………………………………中207
共食……………………………………………中657
供食使(凡そ蕃客…)……………………………中25
校書殿…………………………………中77,下439
給食(中宮の雑給…)…………………………下307
翹楚の者………………………………………中701
経台(仁王般若経一部二巻…磬)……………中677
驚蟄……………………………………………中363
京中に坐す神三座……………………………上511
京程……………………………………………下657
宜陽殿………………………………中137,下743
郷土の估………………………………………上341
杏人(杏仁,犀角…青木香)…………中813,下341
今日の生日の足日に…………………………上501
経嚢(仁王般若経一部二巻…磬)……………中677
瑩板……………………………………………中269
経櫃(仁王般若経一部二巻…磬)……………中677
軽服……………………………………………上171
刑部省……………………………………………下69
史生……………………………………………中473
断決(流罪以下)………………………中599,下69
解部(省の丞録および…を遣して)……………下69
敬満神社……………………………上149,577
夾名 きょうみょう → 名簿 みょうぶ
夾名帳…………………………………………中1067
享物……………………………………………下249
交易の商布 きょうやくのしょうふ → 商布 しょうふ
交易の雑器……………………………………中823
交易の雑物……………………上177,中75,801,825
985,1055,下107,243
三年を隔てて…………………………………中829
諸国(山城国…)……………………………中825,837
勅旨交易の雑物……………………中839,921
行濫……………………………………………下625
澆醨………………………………………………上3
協律郎…………………………………中611,下881
行列次第
白馬節会………………………………………中165
大殿祭……………………………………………上69
春日祭……………………………………………上33
賀茂祭…………………………………………上361
元日の節会……………………………………中443
五位以上官人…………………………………中445
四位の参議……………………………………中443
初度の禊………………………………………上261
神饌行列……………………………………上421,425
節会……………………………………………中445
前参議以上……………………………………中445
致仕せし者(本位の見任の上に)……………中445
抜穂……………………………………………上397
左にあり………………………………………中443
愈紀の御膳……………………………………上435
経を写す功傭…………………………………中215
京を去ること若干里…………………………中923
車駕……………………………上439,下165,333
拒捍……………………………………………下635
潔構……………………………………………下167
玉英……………………………………………中647
玉甕……………………………………………中649
玉冠……………………………………………中313
玉亀(白玉赤文…金勝)………………………中649
玉磬……………………………………………中197
玉衡(斗を御め衡を提ぐ)………………………上17
玉璜(白玉赤文…金勝)………………………中649
玉女……………………………………………中645
玉典(白玉赤文…金勝)………………………中649
玉馬……………………………………………中647
玉幡(高御座)……………………………中311,385
玉璧……………………………………………中647
玉牟(白玉赤文…金勝)………………………中649
玉猛獣…………………………………………中647
玉羊(白玉赤文…金勝)………………………中649
挙状………………………………………………下23
魚水の符…………………………………………上17

　墨字大般若経……中201
　臨時の御読経……中203,下433
跪拝……下859
耆婆膏……下341,343
黄蘗……上37,371,385,中101,207
　213,263,777,851,863
黄土(青土…掃墨)……中415
黍子(黍米)……上289,下203,215,299,493
吉備津彦神社(海神社…住吉荒御魂神社)
　……上155,689
吉備姫王……中731
義夫……下627
儀服……下617
貴布禰神社(末刀神社…山科神社)……上143,515
紀倍神社……上637
黄端の茵……下705,735
黄端の帖……上387,下425
亀卜(亀の甲)……上177
　最も合える者……上347
徽纆……下75
亀卜の長上(卜長上)……上59,113,181,中111
来待神社……上669
擬文章生……中509,637
　紀伝の学生……中639
擬文章生試(寮試)……中509,589,639
　詩賦を試みて……中509
木屋……下635
脚直……中759
　路次に設け置け……中759
客館
　鴻臚館……中25,147,下609,637,645,649
　難波館……中711
　松原客館……下865
守客館(主神…守駅館)……中805,下649
城山神社……上705
芎藭(犀角…青木香)……下341,397
救急帳(出挙…倉附等の帳)……中955
救急料……中957
旧材……下281
旧章……中623,下897
宮城の四隅の疫神の祭……上141
宮城門(土牛童子等の像,美福…偉鑒門)
　……中359,下777,861
旧人……中479,下21,775
九真の奇獣……中651
旧銭……下865
牛涔に酌む……上19
及第……中509
糺弾《きゅうだん》 → 弾《だん》
宮中……上347,351
宮中の神三十六座……上507
宮中の礼仏……中207
九哲……中543
九点の羅……中871,877,下145
九等戸(義倉)……中917,下855
旧破の物……下761,781
九尾狐……中649
宮門(宮閤門)……中81,下603,773,805,861
炬……下25
享……中543
行……上5
尭(伊川嬀水の霊)……上17
京官……中501,下605
享官……下205,299,883
　五位……下205
強幹了事の者……中759
行基……下863
恭勤……下19
夾纈……上37,369,371,中245,303,347,下99,621
夾纈師……上373
行決……下75
京庫……上159,309,329,343,中525,681,759
　田租(京職の正税)……中795
京戸……下657
　計帳を進らざる者……下653
　年徭……下657
行鼓……下739,767,841
行幸……上137,中53,91,155
　191,下311,357,751,787
　威儀御馬……下803
　印・鈴……下751
　狩野の行幸……下805
　京外行幸(当国の郡司ら…,遠き処)……中55
　147,463,下59
　国飼の御馬……下805
　国界および山川道路の曲……下59
　御禊行幸(凡そ践祚大嘗の…)……上135,137
　391,393,中39,41,101
　147,下357,429,751,771,787
　御薬……下357
　祭祀(宿を経ん)……下59
　侍従・次侍従(悉く陪従せよ)……中101,459
　諸衛府の留守の人……下9
　近き処(近幸)……中101,147,下59,805

染むる料……………………………………中411
橘皮…………………………………………下349
吉服に従う…………………………中609,下883
吉利…………………………………………中645
気都和既神社(飛鳥川上に坐す宇須多伎比売命
神社…気吹雷響雷吉野大国栖御
魂神社)……………………………上531
紀伝…………………………………………中509
亀図…………………………………………上17
季冬…………………………………………中443
畿内…………………………………中743,1017
内つ国……………………………………下175
畿内諸国の布施法服の直………………中1015
畿内の堺…………………………………上163
供御料(官符の…)…………………中789,793
外国百姓の調庸(畿内…復さず)………中911
校班田使…………………中785,1005,下651
五畿内……………………………………中577
五畿内国の調帳…………………………中795
国司…………………………………………中15
健児………………………………………中765
進る薪……………………………………中561
弾正台の巡察……………………………下631
調銭(左右京…増減せよ,一丁に…一百二十五
文)……………………………中841,843
調物………………………………………中759
封戸(伊賀…得ず)………………………中767
御贄………………………………………下169
四度使(目已上一人)……………………中761
畿内の堺十処の疫神の祭…………上143,下643
木梨神社……………………………………上685
擬任郡司(銓擬郡司,郡司の戸)………中483,485
495,803
失錯によりて返却するの類……………中485
諸衛の人…………………………………中485
帛………上33,283,中231,391,397,427,605,861
緋の帛……………中881,883,887,下179,761
皂の帛……………………………………中883
深緑の帛…………………………………下793
彩帛(綵帛)……………………………下123,125
纁の帛……………………………中885,893
大宰府(銀…席二千枚)…………………中815
橡の帛……………………………………中877
縹の帛(緋の帛…皂の帛)……中881,883,887
緑の帛……………………中199,871,881,887
紫の纈の帛………………………上295,中281
絹…………………………中393,757,845,861,863
865,883,889,891,895,897
赤絹………………………………………中831
油絹(鉄の鉢…澡豆壺,油絁)
…………………中335,345,409,679,793
下7,63,323,735,805
冠の絹……………………………………中915
貢絹国(伊賀…土左)……………………中855
白絹(白)……………………上267,中239,411
825,863,871,下623
長絹……………………………上283,中845,871
練絹(黏絹)……………………中325,下777
広絹………………………………中845,871
緑の絹……………………………………中147
衣の袖口の闊さ…………………………下611
呉の錦の衣………………………………上239
小文の紺の衣……………………………上231
紫の衣……………………………………上231
蓋(衣笠)…………上43,229,293,461,中199,677
菅の繖・菅の蓋…………………………下331
高御座……………………………………中385
紫の繖・紫の蓋……………上237,下331,673
絹形………………………………………中381
砧………………………………上69,279,319,下817
縫衣………………………………………下667
絹幞頭(御服…幌二具)…………………上415
帛の博帯…………………………下771,835
絹の嚢……………………………………上231
絹の篩……………………………………下193
帛の袍……………………………………中233
絁張………………………………………中269
杵(甑…置簀)……………………上57,中793,下221
岐尼神社(有間神社…久佐佐神社)………上547
木根神社(敢国神社…大村神社)…………上549
祈年祭 きねんさい → 祈年の祭 としごいのまつり
紀朝臣(平群に坐す紀氏神社)……………上521
黄の覆……………………………………中269
黄の杷……………………………………下425
木の刺槌…………………………………上319
木野神社(御方神社…山都田神社)………上631
紀橡姫(皇太后紀氏)………………………中725
黄の衫……………………………………中55
木の偶人…………………………………下255
柵戸………………………………………下71
黄の細布…………………………………下705
季御読経……………………中49,201,993,下433
結願の日…………………………………中203
百僧………………………………………中203

期会…………下871
擬階奏(四月七日,正月十日)……中67,99,565
擬階奏文(奏文)…………中67,565
擬階簿(簿)…………中67,565
黄紙…………中135,147
鬼臼…………下369
饋享…………中617,下887
　撤する者…………下895
　導引する者…………下887
桔梗(人参…薤白)…………下337,385
菊酒…………中177
鞫状(訴状)…………下81
黄支子…………中261
菊の削花…………中205
聞こし看せ…………上453
採薪(八位…位子,樵丁)…………上395,中769
909,下579
后神天比理乃咩命神社…………上591
岐佐神社…………上573
埋…………下883
級を尽して足を聚え…………中451
刻み鏤むる大刀…………下617
木盤(木工寮)…………下523
帰散…………下731
騎士…………下13,803,807,817
葵子…………下377
記事…………中979,1007
生地黄(人参…薤白)…………下337
儀式…………上19,43,中11,下611
紀師神社(須麻漏売神社…宇留布都神社)
…………上553
雉楯…………上217
枳実(犀角…青木香,枳子,枳殻)…………下341
361,395
雉の腊(参河国)……中851,863,873,下169,517
雉の白首ある…………中651
雉の羽…………下845
吉志舞…………上441,中41
騎射《きしゃ》 → 騎射《うまゆみ》
宜秋門(陣下)…………下863
義疏…………中215
妓女…………中167
器仗(儀仗)…………上423,下9,35,633,759
　鐫り題さしめよ…………下43
　官器仗・私器仗…………下43
　器仗数…………下35
　儀仗を立つるの日…………下9
　出納…………中13
　様の器仗…………下25,41,43,843
　廃置…………下11
　兵庫の器仗…………下241
　府庫…………下9
器仗帳…………下25
暉章堂(少納言,堂,弁官の庁)…………中449,453
555,685,下79
　暉章堂の告朔(もし臨軒せざれば…)
…………中45,下447
黄白橡…………上383
来次神社(布須神社…佐世神社)…………上677
寄生…………下409
犠斉…………中623,下897
議政官(政を議るに預からば…)…………中525
鬼箭…………下377
義倉…………中795,917
義倉帳(帳)…………中795,797,917
義倉用度帳…………中795,下657
　提出時期…………下657
犠樽…………中603
議損…………中911
腊(庸布…裹葉薦)……上25,201,271,中229,633
711,871,1001,下63,231,709
　蠣の腊…………中903
　雉の腊(参河国)……中851,863,873,下169,517
　雑の魚の腊…………中849,879,881
　雑の腊…………上271,中877,879,885
　鯛の腊…………中899
　鮹の腊…………中849
　鳥の腊…………上291
　与理度魚の腊…………中853,865
　腸の腊…………中851
北野の清き地…………下557
吉祥悔過…………中671,999,1039
　国庁(凡そ諸国…)…………中671,989
　国分寺僧…………中671
　布施の料物…………中671
　仏聖の供養料…………中991
己丑の年…………下77
几帳(白木の斗帳…大壺,斗帳…軽幄の骨)
…………上267,中399,417,425,433
季帳…………上349,中779,921
杵築大社(宇倍神社…伊勢命神社)…………上155
503,671
亀甲《きっこう》 → 亀の甲《かめのこう》
牛車(車)…………中409,下815,861

259,351,355,445,中709
神戸(神封)……………………………上169,中1037
　出雲国意宇郡………………………………上177
　伊勢大神宮(当国)……………上245,251,257
　491,中523,765
　因幡国………………………………上177,179
　鹿島神宮………………………………上39,595
　香取神宮……………………………………上39
　賀茂御祖神社(賀茂別雷神社と賀茂御祖神社)
　……………………………………………上515
　韓神社………………………………………上181
　杵築大社……………………………………上671
　讃岐国………………………………………上179
　薗神社………………………………上179,181
　但馬・因幡・美作三国………………………上177
　調庸…………………………………上173,251
　長門国………………………………………上179
　日吉神社……………………………………上599
　平野神社(平野の祭の神四座)…………上513
　備後国………………………………………上179
　武蔵国………………………………………上179
　有封の社……………………………………上175
官幣……………………………………上23,507
神部神社………………………………………上583
巻末(発首…空紙とし)……………………中215
神衣……………………………………………上133
神服殿…………………………………………上403
神衣の祭…………………………上185,191,489
　祝詞…………………………………………上489
神服の料………………………………………上407
頑民………………………………………………上3
桓武天皇…………………………………中653,725
　桓武天皇の後の王……………………………中37
　忌日(三月十七日二十一日)……………中467
冠…………………………………………上323,371
　玉冠…………………………………………中313
　東宮の礼冠…………………………………下673
　平巾の冠……………………………………下835
　武礼冠………………………………………下739
　礼冠…………………………………………中549
冠の絹…………………………………………中915
冠の羅…………………………中333,861,下133
官物…………………………………上33,中13,799
　損失(科処すること法の如くせよ)……中799
　免除…………………………………中13,799,下731
勘問……………………………………………中557
管鑰………………………………………中149,191
神和し和し給いて……………………………上497
簡要………………………………………………上21
神寿詞…………………上165,499,501,中69,101
　193,519,541,下113,431,641
盥罍……………………………………中603,下877
干藍(犀角…青木香)…………………………下341
幹了………………………………………………下61
寒露……………………………………………中373
甘露……………………………………………中649
官禄……………………………………………中527
甘露神社………………………………………上663

き

規……………………………………………………上3
簋……………………………………中603,下877
麾……………………………………中611,下887
黄………………………………………………下615
　色糸…………………………………………中853
葈…………………………………………下195,509
黄浅緑…………………………………………中263
木鐙……………………………………………下829
毀位記儀(罪人の位記を毀る)…中599,601,下73
生糸 きいと → 生糸 すずしのいと
紀伊国…………………………………………中893
　在田郡………………………………………中753
　位田…………………………………………中781
　糸……………………………………………中893
　忌部氏………………………………………下847
　大鰯…………………………………………中893
　賀多…………………………………………上407
　亀の甲………………………………上177,中893
　紀伊国神名帳………………………………上697
　紀伊の塩……………………中893,下221,549
　紀伊の石帯…………………………………下617
　行程…………………………………………中893
　纁の帛………………………………………中893
　鯛の楚割……………………………………中893
　名草郡………………………………………上697
　萩原駅・賀太駅………………………………下53
　海藻…………………………………………中893
　庸米…………………………………………中893
紀伊国の忌部氏………………………………上415
祈雨神祭 きうしんさい → 祈雨の神の祭 あまごいのかみのまつり
晷景……………………………………………下861
帰化……………………………………………中947
錯い……………………………………………上473

神足神社……上513
勘知……中19,21,下719
閑地……下647
勘知帳……下719
官秩……中443
官長……中15,19,793
官丁……中769
主神司(斎宮の官人)……上281,303
351,中43,下801
官田(長官…主当せよ)……上181,中341,779
781,下175,543
穫稲……下173
元慶官田……中791,793,983
供御料進納(官符の…)……中789
国営田(彼の寮に至りて勘えよ)……中347,779
789,下543
地子……中989
省営田……中779,789,下173,293,303,305,543
奏御宅田稲数儀……下175
田司(当国の長官専当して行事せよ)……下175
新嘗会の黒白二酒の料米……下551
新嘗の祭……下157,159
官田地子帳……中797
堪佃田……中1061,1077,1079
観天文生……下309
官当……中71,599
勘当……中25,73,下609
款冬花……下385
霹靂神社……上679
霹靂神……上61,127
神殿守……上39,中989
鉇……上403,中267,下331,849
神直び大直びに……上477,499
神直日命……上475
神ながらも……上497
巫部の神部……上113
神奈備……上503
甘南備神社(室城神社…岡田国神社)……上517
珂牟奈備神社……上653
賀武奈備神社……上693
神嘗の祭……上199,341,中275,下251,801,843
御座・版位(儀式に見ゆ)……上83
左右京職……下641
宣命……下425
朝庭の幣(官物)……上199,493,中275
調の荷前の絹……上199,203
尋常の斎……上305
豊受宮……上493
祝詞……上491,493,495
幣帛使……上83,175,245,259,305
中35,91,193,下425,641
幣帛使の卜定……中35
幣帛使の禄……上247
奉幣祭……上199,中151
御衣……上199,203
幣帛……中299
由貴大御饌供進儀……上199
度会宮神嘗祭……上203
雷鳴の陣……中105,下745
官人……下601
神麻……下689,701
神主(八位…位子)……上37,59,445
中493,791,909
解由……中503
八位以上および六十以上……中791
服喪(六年)……上169
神主部……上491
神度神社……上645
官馬……下751
綺……中207,253,下629
白綺……中353
神波多神社……上519
神服……下153
神服部氏 かんはとりし → 服部氏 はとりし
神服神社……上403,545
神服の糸……中861
神服の宿禰……上425
蒲原神社……上647
神原神社……上677
綺原に坐す健伊那大比売神社(室城神社…岡田国神社)……上517
蒲原駅……下45
蒲原津湊……中1025
勘判……下719
続勘……下733
発勘……下733
勘付……中923
灌仏会(四月八日七月十五日)……中203,705
下441,627,645
御在所……中203
伎楽……中661
下敷……下441
男女の交雑……下627
神部……上27,55,71,113,175

蔵人・女孺已下の食(日給侍者…)
……中159,165
香(香を焼く史生)……下331
皇后(左右近衛の次将…)……中159
皇太子西面(西向北上)……下671
七十以上……中443
焼香(官人四人…)……中195
装束……下739
諸衛の儀仗……下3
朝拝の刀禰……下607
東宮の幄……下671
東宮の朝賀……下671
東宮の次……下671
女官の朝賀……中163
隼人らの陣……下3
蕃客の朝拝……下449
礼服……中547
元日の御薬(人参…薤白)……中359,下165
337,345,671
酒肴ならびに禄……中165
生薬……下337
調合(十一月下旬より)……下337
典薬寮……下671
東宮……下345,671
内侍……中159
歯固めの儀(御肴)……下671
元日の節会(宴)……上291,379,中47
49,109,133,183,443
下167,435,437,489,673,741
楽人……下435
東宮……下673
官司の員数・内訳(太政官二十九人…)……中531
監祀の官……上59
官社(三千一百三十二座)……上23,173,中11
観者……中611
勘籍……中75,481,499,511,523
597,701,777,下13,77,525
蔭子孫……中777
改勘……中777
勘解由使の勘籍の書生……中513
雑工部……下855
鼓吹部……下857
採鋳銭料銅所の雑色人……中481
不合(前後の両籍…)……中777,779,下13
本貫の勘籍の解文……中513
冠雀……中653
勘籍人……下147
官舎帳……中797
貫首……下859
還収……中767
勘収……下625
簡脩(種子の稲五十束…)……下773
貫衆……下403
勧修寺(観修院)……中729,995
勘出(所司の…雑物)……中581,801,955
課欠の駒の直……中1021
地子……中797
死亡・詐称……中909
正税……中1033
前後司の所執(一某物若干)……下721
調庸物……中919
管省……中527
勘定……中73
灌頂……中995,下103,321
東寺の秋の灌頂……下303
含章堂(南の階は少納言左右弁)……中451,下447
官書の目録(三通を造り…)……中639
漢書律暦志……中637
勘申……中923
会赦不勘申……下731
勘出の所司……下719,729
勘申の状……下731
期日(毎年正月五日)……中837
諸司の勘申(凡そ解由ならびに…)
……下719,731
史読み申す……中5
報書(状を以て弁官に申せ)……中23,27
侵土の諸司……中33
政を申す……中3,5,23,下633
免除……中799
甘遂……下361
官政(弁官…勘申せよ)……中3
観世音寺(大宰観音寺)……中671,691
701,975,991
甘草(人参…薤白)……下337
萱草(丹参…山茱萸)……下347
貫属姓名……中803
神宝……上495,503
神田神社
美濃国(村国神社…恵奈神社)……上609
加賀国……上639
丹波国……上651
麴室……上401
神谷神社(矢田神社…村岳神社)……上657

堤瓦……下277
宇瓦……下279
瓸瓦……下279
柔埴……下279
瓦窯……下279
川原神社
伊勢国……上553
尾張国……上569
加和良神社……上557
川原大社(大川内神社…官舎神社)……上313,553
河原殿院(斎内親王…館舎)……上243
川原に坐す国生神社(粟皇子神社…江神社)
……上313,553
蚊薬駅……下55
瓦工(工)……下277
瓦葺(内の七言・外の七言)……上261
瓦葺工(工)……下277
川原淵神社(大川内神社…官舎神社)
……上313,553
瓦屋……下285
川曲神社……上565
川勾神社……上585
河曲駅……下45
神……上445,497
旱……中1067
龕……中197,201
神今食……上67,中33,89,125,175,191
301,465,下91,251,293,319
415,417,485,549,753,775
采女……下577
小斎の歴名(祭に前つこと一日)……中89
小斎人(春夏の禄の文…要劇を請う文)
……中149,175,179,下149,151,181
櫛(已上の二種は内蔵弁備せよ)……中231,321
供神の物(輿籠四脚…)……下181
履(已上の二種は内蔵弁備せよ)……中231
皇后宮の小斎……下151,181
装束の料(大蔵省より請けよ)……下753
親祭儀(凡そ六月の…)……中175
卜定……下157
御巫……中133
御膳の進退……下157
御服……中231
神今食の料……下583
神忌の御服……上323
監印……中9
元漆……下851
神麻績氏 かんおみし → 麻績氏 おみし
勧誡……上3
勘会(大帳調庸正税の損益)……中759,795,915
税帳勘会……中955,下873
租帳勘会……中915,919
大帳……中909
大宰管内(府の雑掌)……中763,795,913
調庸物(大蔵省に移せ)……中761
勅旨交易の雑物……中921
度縁……中701,703
顔回 がんかい → 先師顔子 せんしがんし
勘うる事……下69
勧学田(神田…造船瀬料田)……中383,955,下375
含嘉堂の官人……中457
漢官旧儀(旧儀)……上5
干薑 かんきょう → 干薑 ほしはじかみ
干薑丸……下343,349,357,367
六物干薑丸……下363
元慶官田……中791,793,983
元慶寺(嘉祥寺料…東光寺料,華山寺)……中689
957,997
観中院……中997
管郡……中1031
患解……中485
官家功徳分の封物……中667,683,685
閑月(十月一日より二月三十日まで)……下287
甘壺……中873
喚鼓……下5,837
神御……上403,下159
元興寺……中667
漢語の師……中635,下241,309
漢語の生……中635,下241
神前神社
和泉国(男神社…比売神社)……上543
伊勢国……上553
讃岐国……上703
神埼牧……中961
簡冊……上3
釵……下621
甘子……下169,209,243
喚辞(凡そ太政官已下…,凡そ職事の親王…)
……中461,下635
干地黄(薯蕷…夜干)……下361
間食……中441,1007,下59,147,199
301,475,515,553,593
元日朝賀(元会)……中47,81,135,159,181,183
545,547,下3,433,445,449,607,739

熊の皮……………………………… 中831, 下845
烏皮の履(浅紫の襖…幟を著くる殳)
……………………………………中79, 239
皂に染むる革……………………………… 中327
麴・塩を合せ和ちて染め造る …………… 中327
祭料(牛猪鹿熊皮)……上81, 141, 161, 175, 277
鞘の料……………………………… 中1003, 1043
曝皮……………………………………………… 中829
鹿の皮(鹿の革)………………上51, 中327, 401
825, 827, 847, 下845
死牛の皮…………………… 中1021, 1035, 下375
韉の裏の馬の革(寮にあるもの)……… 下829
死馬の皮…………………… 中1021, 1035, 下853
死皮の直……………………………………中1021
白革(銀…席二千枚)……………… 中815, 下701
帖・茵の料(紫の革…) …………………… 下703
熟りて…………………………………………… 下853
東宮の御履の革………………………… 下701
独犴の皮…………………… 上295, 中327, 831
虎の皮……………………………………中79, 下741
脳を和ちて搓み乾かす…………………… 中327
年料の革筥……………………………… 中397
馬具・太刀装飾(凡そ五位以上…) ……… 下617
皺文の革…………………… 上293, 中155, 325
327, 829, 下701, 829
熏革……………………………………………… 中313
曝し涼し踏み柔ぐる…………………… 中327
牧の馬牛の皮…・中807, 813, 1021, 1035, 下375
御履の牛の皮……………………中325, 1043
水に浸し潤し釈す………………………… 中327
紫の革(銀…席二千枚)…… 上367, 中413, 815
馬寮の馬牛……………………………… 下817
甲(凡そ諸国…)……………………中805, 1001
1043, 下323, 841, 853
河上神社……………………………………… 上669
川併神社……………………………………… 上557
川会神社……………………………………… 上611
河上神社(賀茂神社…久度神社)………… 上699
川上鹿塩神社(高天岸野神社…八咫烏神社)
…………………………………………… 上525
河上陵……………………………………… 中727
川枯神社……………………………………… 上601
川口頓宮(頓宮)………………………… 上353
川桁神社(馬路石辺神社…日向神社)……上601
川島神社
尾張国葉栗郡(塩江神社…諸鑁神社)…・上565
尾張国山田郡(味鋺神社…尾張神社)…・上567
河島墓(山階…多武峯)……………… 中107, 737
川神社……………………………………… 上559
河竹(川竹, 機の用度の…) ………… 中405, 下147
皮菌…………………………………… 下169, 519
川田神社……………………………………… 上601
河内国……………………………… 中321, 743, 857
大県郡………………………………………… 中743
折薦・葉薦 ………………………………… 中857
鼓吹戸……………………………………… 下855
楠葉駅………………………………………… 下43
黒山の席…………………… 中841, 857, 下461
黒大豆……………………………………… 下379
白縑………………………………………… 中915
調銭………………………………………… 中857
杯作土師…………………………………… 中857
堤防料……………………………………… 中957
土器・陶器 ………………………………… 上403
鍋…………………………………………… 中857
贄土師……………………………………… 中857
吐盤………………………………………… 中857
茨田郡……………………………………… 下459
河内国魂神社……………………………… 上547
川内多多奴比神社………………………… 上651
西文部(東西の史部)…… 上73, 481, 中303, 下161
河内茨田真手御宿所(頓宮)……………… 上353
皮椿………………………………………… 中185
川人駅………………………………………… 下49
川菜………………………………………… 上483
成川………………………………………… 中781, 785
甲波宿禰神社(伊加保神社…赤城神社)…・上615
革筥(牛の皮十張・鹿の皮十張) ……… 中147, 335
397, 下323
内蔵寮……………………………………… 中147
年料の革筥………………………………… 中397
川船(海船…賃若干束)…………………… 中1045
川辺神社……………………………………… 上675
荊根………………………………………… 下209
川俣神社
大和国(飛鳥川上に坐す宇須多伎比売命神社
…気吹雷響雷吉野大国栖御魂神社)
…………………………………………… 上531
河内国……………………………………… 上537
伊勢国……………………………………… 上557
瓦
鐙瓦………………………………………… 下279
甓瓦………………………………………… 下277
筒瓦………………………………………… 下279

課徭……中763,773
駕輿丁……上273,359,361,371,383,中115
下755,757,761,763,795,805
時服(隊正火長)……中117
装束十一具……下795
通わし売らん……下667
唐帯……下617
匙……上181,217,中157,345,795,1057
韓竈(平魚…籮,竈)……上33,287
331,中843,下299
韓竈神社……上673
韓神社……上39,147,179,509,中605
神殿……上181
賀羅加波神社……上693
背子……中245
韓櫛……上37
唐菓子……下545
韓国伊太弖神社
由宇社……上669
伊布夜社(宍道神社…由貴神社)……上669
佐久多社(宍道神社…由貴神社)……上669
御魂社(同社韓国伊太弖神社)……上673
辛国息長大姫大目命神社……上715
辛国神社……上539
唐鞍……下813,831
韓紅花……中245,259,下139
辛紅地の彩色……上371,373
韓薦……中853
芥子(醬…折薦の帖)……上289,中207,853
873,下103,193,207
辛鉏(犂)……下527
榠樝……下791
唐錦……下139
韓櫃……上135,261,357,中231
431,849,下221,331,735
赤漆の韓櫃……上377,379
覆……上381
辛櫃の匙……中157
雑の薬を盛るる韓櫃……下367
厨の韓櫃……上295
服を納るる韓櫃十合……上381
加良比乃神社……上557
苧(枲)……上51,227,297,中155,267,333,397
427,429,827,851,871,下63,279,667
苧割の雇女……中411
譁乱……中611
借倉……中1057
狩子……下781
狩道駅……下55
雁鼻……中397
雁鼻沓……中325
釭(釧)……中409,下815
借屋……中1057
刈安草……上385,中261,337,829
荷領……上263,357,381
仮陵戸……中727
呵唎勒……下349
家令……中3,523,579,下177,601
火炉……中385,437,下339,565,671
火炉の榻……中195
火炉の蓋……中843
仁王会(仁王般若経一部二巻…磬)……中677
土の火炉……上279,333,427,下257,585,595
白銅の火炉……上375,中197
栝楼……下367
栝楼根(犀角…青木香)……下341
軽樹村に坐す神社(畝火山口に坐す神社…天高
市神社)……上529
軽野神社
伊豆国……上581
近江国(馬路石辺神社…日向神社)……上601
皮•革(牛の革)……中325
障泥の熊の皮……下827
麞鹿の皮……中831
洗革(皺文の革の袋…短冊,銀…席二千枚)
……上297,中155,399,405
411,815,829,1003,下853
猪の皮……中827
色革……下467
牛の皮(張別に若干束)……中827,1037
馬の皮(馬の革)……中805,811,下817
画革(銀…席二千枚)……中337,815
鑰の袋……中157
革帯(馬の革)……中401
革の脈……中401
革筥(牛の皮十張•鹿の皮十張)……中147,335
397,下323
皮焼……中397
革靫……上225
革を作る料の油……中401
革を張る縄の料……中401
規格(みな中)……中1001
熏烟る……中327
腐革……中829

初斎院御禊……上359
初度の禊(川の頭に…祓禊して)……上355,357
雑物……上375
尋常の四月の禊……上363
禊祭の料……上367
賀茂の大神(三座,賀茂別雷神社と賀茂御祖神社)……上355,363,513
鴨大神御子神主神社……上597
鴨岡本神社(末刀神社…山科神社)……上515
鴨川合に坐す小社宅神社(薗神社…酒解神社,末刀神社…山科神社)……上87,147,515
鴨高田神社……上539
賀茂波爾神社……上515
賀茂の祭(上下両社の祭)……上23,361,中31,125,295,915,下91,161,197,251,301,315,691,801
馬人ならびに女使に賜う料……中175
女使(内侍…闈司)……上361,中297
冠の絹……中915
内蔵寮饌を給い……中175,下693
警固……中33
皇后宮の走馬……下801
近衛府使……中297
斎院の女騎の料……下801
斎院司別当已下四人の食……下199
斎院の陪従らの人給の食……下197
祭使食料稲(正税五百二十束)……中989
祭日(申,酉)……中31,69,567
祭料……中915,989,下563
男官の料……中175
中宮使……上361,中173,297
勅使……上361,下423
尋常の四月の禊……上363,下163
東宮の座(北向)……下691
東宮の使……上361
走馬……上361,下691,755,801
解除……中295
松尾社……下691
御阿礼神事(阿礼三具の料)……中173,295
御馬の騎者の喚継二人の料……中175
馬寮使(内蔵式)……中297,下801
禄料……下91
賀茂御祖神社(下社)……上87,173,179,355,513,515,中295,447
禰宜・祝……中493
賀茂山口神社……上515
鴨山口神社……上523
賀茂の臨時の祭(賀茂の上下の祭…)……下251
掃部……上269,273,中513,下417
威儀に供奉する掃部……下435
加毛利神社……上673
掃部司(斎宮の官人)……上303
掃司……中119
女孺……中127,下437
掃部寮……下5,415
藺田……中783,1011,下459
賀茂の祭……中299
掃部……中513,下417,435
河内国茨田郡……下459
元日朝賀……下671
元日の節会……中81,313
供御の料……下461
史生……中473
仕丁……下457
諸司の年料……下453
神事の料……下459
釈奠……中611,613
節会……中445
雑給の料……下463
雑色……中515
大嘗会……中539
朝座……中449
新嘗会……中541
曝涼……中209
寮家……下429,457
寮の造る食薦……下415
賀茂別雷神社(上社)……上87,143,179,355,513,中295,447
禰宜・祝……中493
窠文(一窠の綾…菱花の綾)……中317,417,845
蚊屋……上233
賀夜奈流美命……上503
加夜奈留美命神社(飛鳥の神奈備)……上503,529
河陽宮(頓宮)……上353
草を刈れ……上401
粥……上69,127,295,中167
牛の粥……下355
饘粥……中991
解斎の御粥……下583
正月十五日の供御……下589
節会(諸節)……下591
七種の粥……下585,589
粥前下盤・粥盤……中843
粥鋺……下713

出雲国……上673
神須牟地神社(中臣須牟地神社…須牟地曾禰神社)……上543
紙麻……中209,811
神谷神社……上705
上知我麻神社……上569
上留駅……下47
看度駅……下51
蝍蛉……下519
髪長(内の七言・外の七言)……上261
神根神社……上687
神野神社
丹波国桑田郡……上649
丹波国氷上郡……上653
讃岐国那珂郡……上705
上新川神社……上601
紙の槽……下265
加弥命神社(伊古奈比咩命神社…志理太宜神社)……上579
神筥……下183
神八座……上507,下153,181
紙花……中197,213
神魂伊豆乃売神社(阿須伎神社…美談神社)……上673
神産日神(神魂)……上447,507
神魂子角魂神社(佐志武神社…富能加神社)……上675
神産魂命子午日命神社……上675
紙屋(美濃国)……中333
紙屋紙……中317
神態……中179,325,下189,229,249
かむかひ……上451
神漏伎命・神漏弥命……上445,447,471,481,487
瓶(平瓶・水瓶)……上265,中823,843,下211
油瓶……下315
負瓶……上295,中847,887
烏子瓶(鉄の鉢…澡豆壺)……中679
花瓶(仁王般若経一部二巻…磬)……中677
酢瓶……中847
筥瓶……上87,中847,下503
平居瓶(比太為瓶)……上119,中873
平瓶……上289,中843
蓋ありて柄なき大瓶……中847,897
水瓶……中843
亀の甲(玳瑁)……上65,177,281,291
中835,853,893,895,899,下617
鼈甲(犀角…青木香)……下341
氈……中337,831,下433
緋の氈……中155
独犴の氈……中327
冬瓜(醬漬の瓜…菁根漬)……下209,219,513
賀茂川(川の頭,河辺)……上355,363
初度の禊……上261,355
践祚大嘗祭(川)……中41
鴨神社
河内国(常世岐姫神社…春日戸社に坐す御子神社)……上535
摂津国……上547
伊勢国度会郡……上551
伊勢国員弁郡……上561
備前国赤坂郡……上687
備前国津高郡……上689
備前国児島郡……上689
阿波国……上701
讃岐国……上705
賀毛神社(鴨神社…尾津神社)……上561
加毛神社
伊豆国……上581
美濃国(仲山金山彦神社…墨俣神社)……上607
賀茂神社
上野国……上615
加賀国……上639
淡路国……上699
鴨都波八重事代主命神社(御歳の社,宇奈提,伊古麻山口神社…葛木に坐す一言主神社)……上27,97,147,503,521,中709
賀茂那備神社……上681
鴨県主(賀茂別雷神社と賀茂御祖神社)……上281,513
鴨朝臣(鴨都波八重事代主命神社)……上521
賀茂斎院(斎王,斎院)……上355,中31,45
433,915,下235,301
相嘗の祭……上363,365
斎王を定むる状……上355
賀茂斎院料の油……上373,379
賀茂斎院料の酒……下567
月料……下309
氷……下591
御禊(其れ禊に前つこと二日…)……上357
下163,641
御禊の道に敷く料……上367
斎王の座(錦端の表帖…出雲筵)……上367
斎王服料(三月十三日)……上367
時服(時に随いて)……上379

釜殿……………………………………………下315
竈神(御竈)…………………上127,129,265,273
443,下109,293,541
　大炊の竈神……………………………上279
　大宮売神四座の祭…………………………上43
　菓餅所…………………………………下179
　醬院……………………………………下179
　殿部の御竈神……………………上279,327
　主殿寮(神二十三座)…………………下315
　内膳司…………………………上73,129,中379
　平岡の祭…………………………………上47
　平野竈神の祭……………………中379,下163
　幣物(内蔵寮より請けよ)………………下315
　料物(御贖ならびに…料の雑の物)……中791
竈神の祭(御竈の祭)…………………上129,365
下109,163,293
　忌火竈神の祭……………………上265,363
　大宮売神四座の祭…………………………上43
　中宮の御竈の祭…………………………上139
　庭火ならびに平野竈神の祭………中379,791
竈鳴……………………………………………上127
蒲の防壁……………………………………上329
蒲の脛巾……………………………………下751
蒲靫……………………………………………上225
竈子(竈盎)……………………………中843,下499
竈山神社………………………………………上697
竈山墓…………………………………………中731
加麻良神社(高屋神社…粟井神社)………上705
紙…………………………………上63,中851,861,867
　色紙…………………………………中215,331
　薄紙…………………………………上297,中887
　薄く臭き紙………………………………下863
　擣つ……………………………………中217
　裏紙……………………………………中211
　択ぶ……………………………………中217
　横界……………………………………中217
　凡紙(凡)……………………………中383,下719
　穀の皮……………………………中215,851,899,903
　紙麻…………………………………中209,811
　紙継ぎ(大豆五斗)………………………中213
　紙花…………………………………中197,213
　紙屋紙……………………………………中317
　黄紙…………………………………中135,147
　黄糵…………………………………中101,777
　季料…………………………………中133,225
　供御の紙…………………………………中221
　苦参紙……………………………………中219
　紅の紙……………………………………中135
　月料…………………………………中61,225
　解由状等の料紙…………………………下719
　叩解(舂く)………………………………中217
　漉形……………………………………中211
　熟紙…………………………中473,985,下719
　上穀紙……………………………………中215
　上紙…………………………………中215,下719
　書損の料紙………………………………中207
　紙料(調布)………………………………中215
　背の紙……………………………………中211
　装潢(黏擣界截…を謂う,装書)……中215,217
　造紙(凡そ紙を造る…)…………………中217
　雑用の料…………………………………中207
　縹紙(縹)……………………………中145,207,353
　染紙(内の七言・外の七言,臨時に内侍に申し
　　請え)…………………………上261,中213
　太政官の長案の料紙(毎月…)………中61,221
　截つ……………………………………中217
　例紙……………………………………中211
　続紙……………………………………中355
　壺の口を覆う料…………………………下351
　黏す……………………………………中217
　年料…………………………………中209,225
　白紙……………………………………中777
　縹の紙………………………………中135,145
　白散の様五斗を包む料…………………下347
　白散の裹紙………………………………下347
　弁官の長案の料紙(毎月…)………中61,下239
　麻紙…………………………………中147,215,813
　美濃紙……………………………………中873
　庸の紙……………………………………中851
加美阿氏………………………………………上231
沐槽……………………上295,377,下263,317,327,715
上飯……………………………………………下307
神伊佐我神社(阿須伎神社…美談神社)……上673
上出雲寺(諸寺)………………………………中315
神岳神社(伊古麻山口神社…葛木に坐す一言主
　神社)………………………………………上521
神乎多乃御子神社……………………………上563
神韓国伊太弖神社(阿須伎神社…美談神社)
……………………………………………上673
神川神社………………………………………上513
上許曾神社……………………………………上603
神島神社………………………………………上689
神代神社
　能登国(気多神社…加夫刀比古神社)……上641

葛根(薯蕷…夜干)……………………………下361
括出(括首)…………………………中797,909,931
滑石………………………………………………下399
苅田嶺神社(都都古和気神社…月山神社)
……………………………………上153,619
甲冑の飾……………………………………………下617
鹿角(知母…葵子)………中827,853,下377,845
勝野津……………………………………………中1023
加津良神社………………………………………上539
勝占神社………………………………………上703
加都良乃命神社…………………………………上685
瓜蔕………………………………………………下369
看督……………………………………下757,813
看督の馬…………………………………下757
看督長…………………………………中631,下777
廉取…………………………………………中851
葛野川
大井津…………………………………………下283
三度の禊……………………上301,中43,下299
葛野に坐す月読神社……………………………上513
葛野の席…………………………………………上297
葛野の席の帖……………………………………下457
葛野の餅………………………………………中1001
門文(帳,解文)…………………中125,759,下107
門部(門衛,八位…位子)
………上263,357,389,419,中439,777
779,909,下15,155,311,645,779
門部司(斎宮の官人)……………上303,下17,27
縑…………………………中175,241,321,下623
河内国の白縑……………………………中915
挟杪……………………中981,1023,1045,下121
功粮…………………………………………中981
香取神宮(安房神社…稲田神社)
……………………上39,151,173,179
593,中15,279,下99
香取に坐す伊波比主命……………………上453
神封…………………………………………上39,595
稜を錯る…………………………………………下851
鼎…………………………………………………中603
金前神社…………………………………………上633
金佐奈神社………………………………上151,589
金村五百君和気命神社(火牟須比命神社…伊那下神社)…………上581
金村神社(高天彦神社…葛木二上神社)……上523
金山孫神社………………………………………上535
金山孫女神社……………………………………上535
可児駅………………………………………………下47
蟹目釘……………………………………………上215
金神社(味鋺神社…尾張神社)……………上567
金著の釘……………………………………………下251
金峯神社(金岑社,高天岸野神社…八咫烏神社)
……………………………………上101,525
靴…………………………………………下633,739
蚊野神社……………………………………………上551
樺井…………………………………………………下873
樺井月神社(室城神社…岡田国神社)……上517
画櫃…………………………………………………下569
加比留神社…………………………………………上631
鹿蒜神社(質覇村峯神社…信露貴彦神社)
…………………………………………上633
鹿蒜田口神社(質覇村峯神社…信露貴彦神社)
…………………………………………上633
科附…………………………………………………下865
加富神社……………………………………………上559
冑…………………………………………………中1001
甲冑の飾…………………………………下617
冑形…………………………………………下749,789
加夫刀比古神社……………………………………上641
菁根搗………………………………………………下513
菁根漬………………………………………………下209
菁葅…………………………………………………下209
菁の須須保利漬……………………………………下209
かぶろき……………………………………………上501
壁……………………………………………………中413
華平…………………………………………………中653
菓餅所(菓子所)………下179,209,247,497,499
壁蔀…………………………………………………上395
防壁(壁代)……………上195,201,283,329,381
中405,427,677,853,下327
嘉木…………………………………………………中653
竈
銅の旅竈…………………………………上287
韓竈(平魚…竈,竈)……………………上33,287
331,中843,下299
鎌……………………………………………………上133
釜(竈・竈子・甑)………………………………中843
煎釜………………………………………上287
莞……………………………………………………下459
鎌垣船………………………………………………中815
竈杵米………………………………………………下215
蒲薦…………………………………………………中899
零羊角………………………………………中339,811
竈井の祭……………………………………………上57
竈門神社(宗像神社…美奈宜神社)……上157,713

葛木御県神社(高天彦神社…葛木二上神社)
……………………………………上451,523
葛木水分神社……………………………上451,523
葛木御歳神社(伊古麻山口神社…葛木に坐す一
言主神社)…………………上521
葛木咩神社………………………………上711
葛籠…………………………………………下277
甲贏……………………………………中849,877
加世比(賀世比,桛)………上55,223,459,下255
河精…………………………………………中645
加勢山墓……………………………………中735
計え召して…………………………………中511
鹿苑神社……………………………………上575
片岡神社……………………………………上577
片岡に坐す神社(高天彦神社…葛木二上神社)
……………………………上523,中709
片岡葦田墓…………………………………中731
傍丘磐杯丘北陵……………………………中719
傍丘磐杯丘南陵……………………………中719
片丘馬坂陵…………………………………中713
方県駅…………………………………………下47
方県津神社…………………………………上609
方上津………………………………………中1025
饘粥…………………………………………中991
片岸神社……………………………………上637
模飯…………………………………………中235
醇酒…………………………………………下859
片盤(平魚…纛)………………………上31,33,289
321,中843,下193
堅塩(生道の塩,石塩)………中603,863,下203
207,235,875
片膳(内の七言・外の七言)…………………上261
加多志波神社………………………………上635
加多神社(布須神社…佐世神社)…………上677
加太神社……………………………………上697
片坏(平魚…纛)……………………………上33,中847
凡の片杯……………………………………中889
中片杯………………………………………中843
枚片坏………………………………………上289
平片坏………………………………………下249
象りて…………………………………………上3
刀子(鉄の鉢…渫豆壺)…………上65,407,中267
325,679,下221,269
打刀子………………………………………上287
瓜を割る刀子………………………………中395
漆の刻める柄の刀子………………上279,319
長刀子・短刀子……………………………上191
刃渡り五寸…………………………………下617
氷刀子………………………………………下593
刀形(庸布…裹葉薦)…………………上25,下253
結政所………………………………………下109
賀太駅…………………………………………下53
片野神社……………………………………上537
形原神社……………………………………上571
兆人…………………………中149,下149,151
帷 かたびら → 帷 とばり
形部神社……………………………………上685
甲掘……………………………………………上65
堅真音神社…………………………………上699
片椀…………………………………………中847
胖……………………………………………中607
片屋…………………………………………上395
片山神社
尾張国春部郡………………………………上567
尾張国山田郡(味鋺神社…尾張神社)…上567
片山御子神社(末刀神社…山科神社)…上91,515
片山日子神社………………………………上687
片行…………………………………………下135
語部……………………………上419,中541,下155
古詞……………………………………上433,中41
搗糟(擣糟)……………下217,229,495,543,565
搗栗子………………………上291,中853,881,889
891,下171,183,221,485
勝日神社……………………………………上669
勝日高守神社………………………………上669
加知弥神社…………………………………上667
歩女…………………………………………中1009
歩射……………………………………下23,707,757
簡試……………………………………………下13
歩射の的(外院…)…………………………下265,839
火長…………………………上263,中117,349,631
下645,755,763,777
価長(学生…兵士)…………………………中911
堅磐…………………………………………上447,485
堅魚(庸布…裹葉薦)………上25,201,373,中849
861,865,895,下179
堅魚の煎汁……………上345,中827,853,865
下183,243,523,711
煮堅魚………………………上29,中849,865,下231
堅魚木………………………………………上413
葛花…………………………………………下385
学館…………………………………………中609,下883
楽懸…………………………………………中613,下883
学校田(神田…造船瀬料田)……………中955

三種の糟……下543,549
汁糟……下217,495,547,565
河水の五色なる……中649
河水の清める……中649
主計寮 かずえりょう → 主計寮 しゅけいりょう
鎹……上215
挙鎹……下269
鎹の舌……下271
春日神社(春日神四座の祭,神波多神社…伊射奈岐神社)……上33,147,181 519,中605,989,下419
春日率川坂上陵……中715
春日神(神波多神社…伊射奈岐神社)…上33,519
春日の祭(春日神四座の祭)…上33,519,中29,37 275,469,605,659,下97,251 297,419,481,687,755,803
秋の祭……下481
預かりて仕え奉る……上453
女使……中125,279
膳部らの明衣の料……下201
香取鹿島の二神封……上39
神殿……上35
神殿守の仕丁……上39
供御の馬……中167
雑菜(已上九種は内膳司の進るところ)……下201
内蔵寮の饗所……中279
祭使……上181,中277,下97,419
祭神の料(神祇式に見ゆ)……上33,下481
斎服の料……上37
左右近衛府……中277
散祭……上33
神馬……下803
雑給の料……下199
案を覆い敷く布……下201
東宮の座(南向)……下687
東宮の祭使……下687
贄使……下199
祝詞……上453
走馬(近衛少将)……下97,753,803
発遣儀礼……下687
解除……上35
藤原氏……下419
封物……上33
幣物(五色の薄絁…)……中167,275,下419
幣の案……下687
神酒……上33
神酒を醸りならびに駈使らの食料……上35
馬寮の使……中277,下97,803
儲の幣……中277
禄所……下419
春日山田皇女……中729
春日戸社に坐す御子神社……上535
春日山(鳴雷神の祭)……上31
潜女(凡そ志摩国…)……上407,中1009
判籌の者……下441
上総国……中745,869
緋の細布・薄貲布・細貲布・小堅の貲布……中869
絁……中869
天前駅……下45
鰒……中869
凝海藻……中869
繋飼の馬牛……下799
熟麻……中869
白鮮……下387
牧……下31
望陀の布……上285,415,中233 679,845,869,下111
庸布(布)……中869
糟漬の瓜(醬漬の瓜…菁根漬)……下209,491
賀周駅……下55
滓醬(糯米…芥子)…上385,下105,207,495,709
糟目神社……上571
加須夜神社(須麻漏売神社…宇留布都神社)……上553
鬘……上27,下89,91
菖蒲の鬘……中49,下7
押鬘……中549
白赤の木綿の耳形の鬘……下57,59
忍冬の花鬘……中285
日蔭鬘(日影)……上119,421,下157,555
木綿鬘(鬘の木綿)……上27,115,197 299,429,下93,689
緌……下835
葛木に坐す一言主神社(葛木一言主社)……上101,521
葛木に坐す火雷神社……上101,523
葛木大重神社(高天彦神社…葛木二上神社)……上523
葛木男神社……上711
葛木倭文に坐す天羽雷命神社(高天彦神社…葛木二上神社)……上523
葛木二上神社……上523

蓋板……中413
寡妻の戸……中925,933
風神の祭……上53,521,中31,465,469,下801
　祭使……上55,181
　祭日(某の月の某の日)……上457,中465
　立野(辞教え悟し奉りし処)……上459
　祝詞……上457
鹿鷺の園……下497
挿頭……中65
蓋代……上329,中385
　御殿に張る蓋代……中425,429
笠取直……上433
笠縫氏……中405,429
笠縫の内人……上193
笠野神社……上639
笠原神社(武水別神社…玉依比売命神社)
　……上613
笠間神社……上639
汗衫……上381,中233,347,679,下123,839
加佐美神社(村国神社…恵奈神社)……上609
笠蓑……下761
擁鍬……下169,519
笠屋神社(大井俣神社…桙衝神社)……上583
餝物……中57
橿日の廟宮(凡そ諸の神宮司…)……中493,517
香椎宮の守戸……中805
嚢がざれども……中649
炊殿……上119,281
炊殿の忌火庭火の祭……上281
炊殿の鎮……上443
炊部……上269,下299
炊部神……上325
炊部司(斎宮の官人)……上303
炊女……中301
花軸……中353
加紫久利神社……上719
鍛冶戸……下287
　調庸徭分……下287
鍛冶工……中419
梅師……下121
梶無神社(枚岡神社…高宮大社祖神社)……上537
穀の皮……中215,851,899,903
　穀皮の両面……下143
　進上国……中209
樫の皮……中327
加志波良比古神社……上643
鹿島神宮(安房神社…稲田神社)…上39,151,173
　595,中279,下99
　神封……上39
鹿島神社
　陸奥国信夫郡……上621
　陸奥国磐城郡……上621
鹿島天足別神社……上619
鹿島天足和気神社……上621
鹿島伊都乃比気神社……上621
鹿島緒名太神社……上621
加島津……中1023
鹿島使(鹿島香取の祭)……中279,下99
　出立日(当日)……中281
鹿島御児神社……上623
鹿島御子神社(計仙麻大島神社…多珂神社)
　……上623
加自米……下503
菓樹……下867
過所……下865
官掌……上181,263,357,下159
過状……下731
嘉祥寺(諸寺)……中315,957,下105
　213,303,321,575
　悔過料(当月の上旬に寺家に運び送れ)
　……下303
頭附(各その散行の…)……中769
槲(匏…葦籠,柏)……上31,271,427,中825
　下181,487,503,551,827
　青槲……下231,239,523
　覆瓫柏……下197
　酒柏……上425
　作柏……下247
　長女柏……上419,下557
　干槲(干柏)……上321,下185,207,239,523
　三津野柏……下557
柏尾駅……下51
柏形……中429
膳部……上39,263,285,357,381,中183
　下197,201,481,491,493,525
　権の膳部……下233
廝丁《かしわで》 → 廝丁《しちょう》
膳部神……上325
膳部司(斎宮の官人)……上303
膳司……中119
柏原陵(山階…多武岑)……中107,725
下尽……中987
糟(簀敷の調布…蒋)……下329,545,575,763
　搗糟(擣糟)……下217,229,495,543,565

鑰の袋……中157
管鑰……中149,191
諸司の鑰匙……中55
図書寮……中209
不動倉……中103
御鑰……中157
鉤形……下65
執鑰
東西市司……下651
氷室……下593
垣縄……下281
嘉喜門(北の掖門東の廊門)……下785
加級……中521
骼……中607,下879
楽官……下679
覚挙遺漏……中691,下653
楽工……下151
較固取……下665
楽戸の郷……中661
楽師……中661
学授(主神…守駅館)……中805
学生……中567,911,下309
学生料……中965,971
国の貢する学生……中635
退学(名を録して省に送れ)……中511,635
典薬寮……中507
年三十に満つ……中511
年限……中359
寮家に住まざる者……中637
楽生(生徒)……中661
角端……中645
香都知神社……上697
加久弥神社(林神社…布勢神社)……上643
学問僧……下121
神楽……上41
神楽岡……上61
賀久留神社……上573
蔭……上321,417,下183,711
蔭鰒(鳥子鰒…薄鰒,葛貫の鰒…腐ち耳の鰒)
……中849,899,下205
懸緒……中1001
懸け税(小税・大税・斤税)……上201,495
懸案……下259
課欠の駒……中1021,下799
挂けまくも恐き……上501
勘解由使……下93,719,745
官舎……下735
勘籍の書生……中513
給食(中宮の雑給…)……下307
史生……中473
使掌……下735
諸司の勘申(凡そ解由ならびに…)
……下719,731
曹司……中65
雑使……中517
内案……下719
百度……下239
勘解由使奏文
合載……下729
欠失の類……下731
拘留せらるべきの色目……下729
前後司の所執(一某物若干)……下721
長案式……下727
遁避・不署(下すに随いて直に以て勘え奏せ)
……下731
下言……上19
加挙……上393
水手……中519,981,1023,1045,下871
水手長……下123
功粮……中981
課戸
戸若干課……中925,931
戸若干旧……中935
戸若干新……中935
戸若干帳後入課……中929
鋏……下251,829
籠
煠籠……下65
葛籠……下277
韮籠(甑…置簀,輿籠)……上31,331,中793
823,下181,559,595
食籠……下185
灑籠……中793
漉籠……下503
薫籠……下65
茶籠……下65
年料の雑の籠の料……下65
鹿児島神社……上719
鎊具の石……中401
賀古駅……下51
香山神社……上631
笠……上267
蓋……中405,下87
科罪(格式…律によりて罪せよ)……下71

開化天皇……中715
改勘……中777
害気……中351,下859
階業……中689
階業帳……中689
削栗子……上419
駭雞犀及戴通……中651
開元式……上19
開元礼……上5
海蛤……下381
乖失……中581
会昌門……上415,中541,581,685,下79,767,835
海水の波を揚げざる……中649
改姓(姓を改む)……中13,37,519
海船……中1045
改葬……上171,303
海草《かいそう》 → 海菜《もは》
廻草の綾(一窠の綾…羅)……中1003
解豸……中647
戒壇の十師……中701,703,993,下103
改鋳……中103
戒牒……中703
　後紙……中703
　白紙の戒牒……中703
改張……中981
海島……中633
貝と鮹の鮨……中853
懐妊……上171
甲斐国……中865
　絁……中867
　猪の膏……中867
　駅家……下45
　黄菊花……下383
　胡桃の油……中867
　堤防料……中961
　祈年の祭の料……上175
　牧監(その考は…送れ)……中785,下23
薤白……下337
堺法……中221
楷模……上3
開門(門を叫い)……上71,中457,下603
　遅刻(凡そ参議以上…)……中457,下603
廻立殿(廻立宮)……上415,下157,425
海路……中15,805,875,877,891,897,1045
課役……中763,909
　徴免……中13,705,791
鹿江比売神社……上701
返り言(返り事)……上497,501
菲……上323
嘉禾……中651
雅楽寮《ががくりょう》 → 雅楽寮《うたりょう》
加賀神社……上669
加賀国……中749,967
　朝倉駅・田上駅・深見駅……下49
　海路……中877
　加賀国神名帳……上637
　枳殻……下395
　行程……中877
　比楽湊……中1023
　庸米……中879
かか呑みてむ……上481
鏡
　順鏡(高御座)……中311,385
　まそひの大御鏡……上503
　御鏡……中401
　八咫の鏡(天つ璽の剣鏡)……上439,471,503
　陽燧……中613
鑑銀……中419
鏡作に坐す天照御魂神社(高屋安倍神社…千代神社)……上527
鏡作伊多神社(倭恩智神社…飛鳥に坐す神社)……上529
鏡作麻気神社(倭恩智神社…飛鳥に坐す神社)……上529
各務駅……下47
鏡女王……中731
燎……下643
垣
　大垣の廻……上349
　宮城四面の墻……下629
　小柴垣(垣)……上299
　柴を将て垣となせ……上413
　築垣……下279,663
　屏籬……上411
　坊城の垣……下635,647
蠣(石花,牡蠣)……上409,下381,519
　礒蠣……下519
　蠣の腊……中849,903
舁き……下3
柿子
　熟柿子……下233
　干柿子(萠根…梨子)……下209
鑰(鑰匙)……上181,213,217,中157,1057
　鑰取……上249

冠の羅・鼠跡の羅……中861
雉の腊……中863
絹……中863
黄蘗……中863
雑の魚の鮨……中863
芄茄皮……下381
紫蘇子……下381
青木香……下381
雑器(尾張国の瓷器)……上329,405,中821
調の糸……中855
調の塩……中863
練糸……中863
茯神……下381
名神(阿射加神社…高座結御子神社)……上149
庸米……中863
両面……中861
尾治針名真若比女神社……上689
尾張戸神社……上569
麻を績む……下475
御……上77,下221,697
蔭位……上245,中777,下657
皇親(五世已上は…)……中519
准蔭……中67,523
贈位の蔭法……中519
大臣の曾孫(従八位下)……中519
御忌……中351,359,下701
来年の御忌(十二月十一日)……下701
遠賀神社……上629
恩降(奏によれ…のことあらば)……中71
蔭子孫(八位…位子)……上187,中519,523,777
909,下13,657,707
四位の孫(八位…位子)……中909
蔭脊……中237,251,679
隠首……中797,909,931,941
隠首帳……中921
音生……中639
音声長……下121
音声人……中317,345
蔭贖……下637,665
隠截……中493,下81
断罪……下81
御帖……下417
御手巾の紵……下711
御巾の紵の布……下317,329
恩智神社(常世岐姫神社…春日戸社に坐す御子神社)……上103,145,149,535,中709
女髪長(内の七言・外の七言)……上261
女鞍……下827,843
女叙位……中99,下437
女使(内侍…闈司)……上361,中125,175
279,283,297
女騎……下801,805
穏の座(その後文人詩を献じ)……中65,631
御の座……下445
音博士(主神…守駅館,帥に十分…)……中641
805,981
温白丸(四味理中丸…賊風膏)……上335
下341,363
隠没……中785
御椀(御埦)……中847,889
陰陽師……中351,377,493,657,979,下121
遣渤海使……中521
大宰府(主神…守駅館)……中805
鎮守府……中657,下23
陰陽生……中357
陰陽博士……下23
陰陽寮……中351
大祓(日時を択びて)……上259
学生・得業生……中357
紙・筆(月料)……中223,383
観天文生……下309
鼓吹戸教習……下11
史生……中473
諸生……中507
天文博士……中357
儺の祭……中189
暦博士……中357
陰明門(兵衛の陣)……中177,下861
遠流(伊豆…近流とせよ)……下73
音を用いよ……中487

か

窠(小窠の錦,一窠の綾…菱花の綾)
……上229,中317,417,845,下135,619
荷……中235,下327
顆……中549
匕(仁王般若経一部二巻…磬)……上267,中197
423,677,下373
峽《かい》 → 峽《お》
穎《かい》 → 穎《えい》
改印(少納言…)……中17
海印寺……下303,575
海印寺料(嘉祥寺料…東光寺料)……中957
年分度者……下105,213

御仏名《おぶつみょう》 → 仏名会《ぶつみょうえ》
小戸神社……上547
御在所(紫宸殿…転読の時は,御殿)……上131
中107,203,321,729,下433
小俣神社(大川内神社…官舎神社)……上553
小斎(兆人,小忌)…上67,323,421,中33,93,149
175,187,235,下149,151,153,293,295,753
舎……中89
大舎人寮……中193
小斎の侍従の候所……下319
小斎人をトうる座……下415
給食……下151,181,187,189,295
解斎……下159,187
五位已上……下415
参議以上・親王(外記名を録し…)……中33
侍従・次侍従……中89
親王……中89
宣旨・采女……上365
中宮職……中179
ト定(凡そ神事に…)……中89,175,下149,159
造酒司(人数は宮内式に見ゆ)……下559
於美阿志神社(飛鳥川上に坐す宇須多伎比売命神社…気吹雷響雷吉野大国栖御魂神社)……上531
麻績氏……上193,195,201,253
麻績神社(須麻漏売神社…宇留布都神社)……上553
小忌食院(御膳を料理し…備うる院)……上399
小斎の湯……上423
小虫神社
丹後国(出雲神社…伊豆志神社)……上153
越前国……上633
御水……上287
御水の案……下713
思往神社……上661
面金……下847
籠頭(麻籠頭)……上27,下619,799,807,817
籠頭の鑣……下817
表塗り……下275
饌……上263,361,下159,681
小物忌神社……上627
御飯筥……中387
膳器……上375
御膳の司……下149
膳櫃(白木の斗帳…大壺)……中389,421,425
431,435,下257,499
膳櫃の牀(下の案)……中389,下259
膳所……上359,下709
御膳所……下443,501
御膳宿(中宮の雑給…)……下307
趁きて……中101
母屋……中385
小社神命神社(皇子神命神社…夜都伎神社)……上533
雄山神社……上645
下居神社(皇子神命神社…夜都伎神社)……上533
折薦……中267,329,677,841,下221
415,453,455,469,705
折薦の茵……中635,下371
折薦の帖……上285,中207,683,下415,735
折薦の八重の帖……下425
織田神社
若狭国(御方神社…山都田神社)……上631
越前国(質覇村峯神社…信露貴彦神社)……上633
織手(定額二十八人)……中113,347,1005,下147
衛府を帯ぶる者……下147
織の御衣……上491
織筥……中831
折箸……上347
織幡神社……上711
折櫃…上31,285,373,427,中841,下193,211,221
織部司……中335,下133
宮人……下147
史生……中473
定額の作手……下147
白き広き紗(白紗)……中331,下133
雑色……中515
臨時所……中347,下133
遠流志別石神社……上623
下食盤……上377,中437,817,下337
於侶神社……上573
拝幣志神社……上623
於呂閉志神社……上625
御坐所……上489
尾張神社……上567
尾張大国霊神社(塩江神社…諸鑁神社)……上565
尾張国……中861
綾……中861
生道の塩……中863,下207
茵陳蘘……下381
馬の革……中805,下853
尾張国内神名帳……上563
海蛤……下381

田村皇女……中731
忍坂山口に坐す神社(巻向に坐す若御魂神社…桑内神社)……上451,527
小坂平の絁の篩……下559
尾前神社(加和良神社…久留真神社)……上557
他田に坐す天照御魂神社(巻向に坐す若御魂神社…桑内神社)……上527
押年魚(火乾年魚…煮乾年魚)……上289,中851,903,下191,233,711
教え悟し給い……上499
押鬘……中549
押形……中399
押形の固めの料……中399
押坂彦人大兄皇子……中731
推前神社……上635
おしはるかして……上503
押槽……上331
押帽子……中271
押桙……下461
忍骨命神社……上715
忍山神社……上559
小代神社……上663
恩志呂神社……上663
男神社……上543
意須比……上231
食す国……上473
小塞神社……上565
押木(押)……中399,431
おだいに……中377
意多伎神社(宍道神社…由貴神社)……上669
愛宕墓(山階…多武岑,贈正一位源氏の墓)……中107,729,737
小田神社……上697
蕓薹(荊根…梨子)……下195,209,535
越智神社(武水別神社…玉依比売命神社)……上613
越智駅……下53
越智崗上陵……中721
落穂拾い(人を率いて)……下867
小槻大社……上599
尾津神社……上561
小津神社……上601
堕つる事なく……上449
乙訓に坐す火雷神社(羽束師に坐す高御産日神社…茨田神社)……上511
乙訓の園……下497
弟子……上483
威毛(横縫…連ぬる)……下851
おどみの水……上503
袁等売草……下555
小丹神社……上557
小野……下285
麻の油(麻子の油)……中325,下325
己が乖き乖き……上475
小野神社
　近江国……上151,599
　山城国……上515
　武蔵国……上587
　但馬国……上659
　土左国……上711
小野朝臣(小野神社)……上515,599
小野天大神之多初阿豆委居命神社……上679
小野墓(山階…多武岑)……中107,737
小野氷室(徳岡に氷室…池辺に一所)……下593
小野陵(山階…多武岑)……中107,729
尾野の湊……上315
麻子(胡麻の油…閉美の油,甜物…毎末醤,犀角…青木香)……中813,853,873,下207,341
薺蒿……下511
小祝神社……上615
尾針神社……上687
帯
　烏犀の帯……下619
　裹・鉠……中401
　紀伊の石帯……下617
　帛の博帯……下771,835
　金銀装の腰帯(浅紫の襖…幟を著くる殳)……中79
　腰挟……上369
　将軍帯……下739
　定摺の石帯……下617
　白く晢かなるもの……下617
　布帯……上383,中79
　白布帯(皂の緌…麻鞋)……中79
　白玉の腰帯……下617
　馬瑙の御腰帯……中401
　六道……中401
意非多神社……上555
小枚宿禰命神社(和多都美神社…和多都美御子神社)……上721
尾俗……下813
飫富神社……上593
小被神社……上589
小布勢神社……上647

丹後国(出雲神社…伊豆志神社)…… 上153,655
髻糸………………………………………………… 上191
大村神社…………………………………………… 上549
大目神社
尾張国(味鋺神社…尾張神社)…………… 上567
佐渡国………………………………………… 上649
大物忌神社(都都古和気神社…月山神社)
………………………… 上153,627,中965
大物主神(大神大物主神社)………………… 上527
多家神社…………………………………………… 上695
大八洲豊葦原の瑞穂の国…………………… 上471
大屋神社(馬路石辺神社…日向神社)……… 上601
大屋都比売神社(日前神社…都麻都比売神社)
………………………………………… 上697
大家駅…………………………………………… 下49
大山咋神(松尾の祭,松尾神社) ………… 上55,513
大山神社
美濃国(村国神社…恵奈神社)…………… 上609
出雲国(佐志武神社…富能加神社)……… 上675
大山廛…………………………………………… 中841
大山積神社(淡路伊佐奈岐神社…阿治美神社)
………………………………… 上157,707
大倭日高見の国……………………………… 上477
大山御板神社………………………………… 上633
大纈……………………………………… 下749,835
弩………………………………………………… 下853
功程………………………………………… 下853
大横の布の衫…………………………………… 下57
大依羅神社……………………………… 上105,543
大籮……………………………………………… 下265
大海神社………………………………………… 上543
岡神社…………………………………………… 上603
岡田神社………………………………………… 上611
岡田鴨神社(室城神社…岡田国神社)……… 上517
岡田国神社……………………………………… 上517
小堅の貲布……………………………… 中845,869
意賀美神社(博多神社…聖神社)…………… 上541
意加美神社……………………………………… 上637
雄神神社(林神社…布勢神社)……………… 上643
岡本神社
近江国………………………………………… 上603
越前国………………………………………… 上635
小河泉水神社…………………………………… 上581
小川神社
伊勢国………………………………………… 上557
信濃国(武水別神社…玉依比売命神社)
………………………………………… 上613
小川月神社……………………………………… 上649
憶感神社………………………………………… 上563
置座……………………………………………… 上479
置座の木(庸布…裹葉薦)… 上25,175,309,下253
息神社…………………………………………… 上573
置簀……… 上33,331,427,中793,823,下311,595
置染神社………………………………………… 上557
奥津比咩神社…………………………………… 上641
奥つ藻葉………………………………………… 上447
息長墓…………………………………………… 中731
隠伎国…………………………………………… 中885
隠伎の鰒…… 上321,中711,885,下183,233,711
隠岐国神名帳……………………………… 上679
雑の腊……………………………………… 中885
仕丁………………………………………… 中769
調(烏賊…海藻)………………………… 中885
海藻(隠伎国は…)…………………… 中849,885
乎疑原神社……………………………………… 上685
置盎……………………………………………… 下559
荻原神社(萩原社,大川内神社…官舎神社)
………………………………… 上313,553
小口神社
尾張国丹羽郡……………………………… 上567
尾張国山田郡(味鋺神社…尾張神社)…… 上567
奥津島神社(馬路石辺神社…日向神社)…… 上601
奥つ御年………………………………………… 上445
小国神社………………………………………… 上575
緒組……………………………………………… 中237
小車牙の綾(続花の綾…呉服の綾)………… 中845
麻笥… 上55,223,459,中267,841,857,下253,317
麻笥盤…………………………… 中847,下193,503
粰梳……………………………………………… 上419
小許曾神社(加富神社…椿岸神社)………… 上559
於期菜(海藻…鹿角菜,紫菜…大凝菜,於己)
…………………… 中827,849,861,下103
171,209,211,521,711
訳語…………………………………… 下121,123
筬(機の用度の…)…………………………… 下147
小坂神社………………………………………… 上659
御肴……………………………………………… 下671
忍坂に坐す生根神社(巻向に坐す若御魂神社…
桑内神社)…………… 上527
押坂内墓………………………………………… 中731
押坂内陵(大和国城上郡押坂陵)……… 中721,731
雄薩駅…………………………………………… 下45
押坂墓
鏡女王……………………………………… 中731

金装の横刀(金刀)……………………上73,481
斎王の群行……………………………上301
諸国大祓………………………………中803
践祚大嘗祭……………………………上391
掃除……………………………………下643
大刀………………上167,下285,323,843,847
刀禰の数の札…………………………下161
二条大路(宮城の南路)………………中35
女官……………………………………中91
祝詞……………………………上477,下419
祓所…………………上259,347,中91,下161
祓の料…………………………上259,中541
牧の馬…………………………………中803
東文忌寸部の横刀を献る時の呪(呪)…上481
臨時の大祓………上301,391,中803,下95,419
大祓使…………………………上301,391,下641
大原神社………………………………上679
大原野社………上39,中281,605,989,下201,687
大原野の祭………………上39,中31,37,281,605
659,下89,251,299,421
481,563,687,755,803
女使……………………………中125,283
近衛……………………………………下421
近衛将監………………………………中283
祭日(中つ子)…………………………中283
諸使……………………………………下421
神馬……………………………………下803
着到殿…………………………………下421
使の内蔵の允…………………………下99
使らの装束の料………………中283,下689
直会の食料(春日の祭に同じくせよ)…下201
祝詞……………………………………上455
走馬……………………………下755,803
幣帛…………………………中169,281,下421
幣を持つ丁……………………………下689
馬寮の使……………………中283,下99,803
禄の料…………………………………中283
大匏(大瓢)……………………中343,827,829
大菱形の羅……………………………下145
大笛……………………………………下841
大籍……………………………………中553
大槽……………………………………下247
大篩……………………………………下499
太部神社(村国神社…恵奈神社)…………上609
大前……………………………………上449
大麻神社………………………………上705
大麻止乃豆乃天神社…………………上587
大間国生神社(粟皇子神社…江神社)……上553
大椀……………………………………中821
大丸組…………………………………中253
大忌(小斎人,大斎)…………上323,中179,187
下155,417,753
造酒司(人数は宮内式に見ゆ)…………下559
大麪……………………………………中899
大鼠神社………………………………上573
大神乃御船神社(大川内神社…官舎神社)
……………………………上313,553
大神宮を遷し奉る祝詞………………上495
大御巫…………………………………上447
大御心…………………………………上503
大命……………………………………上453
意保美神社……………………………上673
大水神社(礒神社…坂手国生神社)………上551
大御霊神社(塩江神社…諸鑁神社)………上565
大水上神社……………………………上707
大斎の湯………………………………上423
御体の御卜…………上65,中33,781,下163,415
封戸・位田・職田の奏授(凡そ六月十二月の…)
……………………………………中781
御体を執り量る………………………上77
大宮売神社
宮中(薗神社・韓神社…酒殿神社)…上43,509
丹後国…………………………………上655
大宮売神…………上43,273,447,475,509,下33
大宮売神四座の祭……………………上43,下33
大神氏(八幡大菩薩宇佐宮)…………上183,715
大神神社
尾張国(坂手神社…太神社)……………上563
遠江国…………………………………上573
備前国…………………………………上687
大神朝臣(大神大物主神社)……………上527
大神大物主神社………………上51,93,503,527
大神の祭……中53,171,285,359,下251,689,803
近衛将監………………………………中287
祭使(冬の祭…)……………中171,289,下689
祭日(上つ卯)…………………………中287
走馬……………………………下755,803
馬寮の允…………………………中287,下803
遥拝の儀………………………………下689
大神山神社……………………………上667
大麦 おおむぎ → 大麦 ふとむぎ
大虫神社
越前国(若狭比古神社…伊夜比古神社)
……………………………上153,633

山城国(羽束師に坐す高御産日神社…茨田神社)……上511
大和国(飛鳥川上に坐す宇須多伎比売命神社…気吹雷響雷吉野大国栖御魂神社)……上531
石見国……上679
大年神(羽束師に坐す高御産日神社…茨田神社)……上511
大歳御祖神社(神部神社…豊積神社)……上577
大舎人(八位…位子)……上71,269,中53
545,909,923,下307
盂蘭盆供養使……下215
大舎人の処……下601
鑰請進(管鑰)……中149
元日朝賀(官人・史生・舎人)……中193
校書殿……下307
時服……中111
弾奏……下601
荷前(凡そ諸陵に…)……中107
和舞……中193
大舎人寮……中181
小斎……中193,下149
史生……中181,473
諸祭・斎会・節会……中193
祈年の祭(官人二人)……中185
御殿……上71,中165,179,321
大宿……下637,705
御殿に張る蓋代……中425,429
大殿祭(御殿を鎮むる)…上69,137,177,265,275
361,415,437,445,中179,187,下157
内蔵寮禄を賜う……上71
祝詞……上471
祓い清むる料……上263
御殿を洗い拭う庸布(簀敷の調布…薦)……下329
意富門麻比売神社……上703
大伴氏《おおともし》 → 伴氏《ともし》
大伴皇女……中731
鳳……中549
鳳像(高御座)……中311,385
大鳥神社……上145,149,541
大鳥井瀬神社……上541
大直日命……上475,下181
大中臣安則(臣)……上19
於保奈牟智神社……上713
大嘗の祭《おおなめのまつり》 → 新嘗の祭《にいなめのまつり》
大穴持海代日古神社・大穴持海代日女神社(阿須伎神社…美談神社)……上673
大穴持伊那西波伎神社……上671
大穴持神社
出雲国意宇郡(宍道神社…由貴神社)……上669
出雲国出雲郡……上671
出雲国神門郡(佐志武神社…富能加神社)……上675
大隅国曾於郡……上719
大名持神社(高天岸野神社…八咫烏神社)……上525
大穴持神像石神社(気多神社…加夫刀比古神社)……上641
大穴持御子神社(宍道神社…由貴神社)……上669
大穴持命(杵築大社)……上501,671
大穴持御子玉江神社……上671
多に坐す弥志理都比古神社(意富)……上97,531
中709
大嘗……上487
蘿菔(蘿蔔)……下195,209,491,509
太乃伎神社(味鋺神社…尾張神社)……上567
大乃己所神社(加和良神社…久留真神社)……上557
大野神社
尾張国(塩江神社…諸鑁神社)……上565
近江国……上607
伊予国……上707
大野駅……下47
大野津神社(美保神社…多久神社)……上671
大野墓……中733
大野湊……上639
大野湊神社……上639
大野見宿禰命神社……上665
円翳(屛繖…蠅払)……中181,313
大庭……上349
大墓……中729
車前子……下445
大庭神社……上585
大旗……中91
大幡神社……上649
大祓(二季の儀)……上73,259,277,301,391
中35,39,41,91,111,303
541,下161,419,609,801
馬……中803
馬の価……中803
烏装の横刀……上73
解斎の大祓(在京の諸司集い祓うこと)……上443

常陸国……上595
大国魂神(皇子神命神社…夜都伎神社)……上533
大国玉比売神社(礒神社…坂手国生神社)
……上311,551
大蔵省……下87
価長……下115
京庫……中681,759
季禄支給……中571
蔵部……中113,573,下87
裁縫(移し)……中439
史生……中473
正倉院……下105
調物(官に納れ訖らば)……中915
追儺……下443
別倉……下97
御倉守……下105
大椋神社
山城国(末刀神社…山科神社)……上515
越前国……上633
巨椋神社……上517
大倉比売神社(高天彦神社…葛木二上神社)
……上523
大筥……上373,中857,下193
大毛神社(塩江神社…諸鑁神社)……上565
大川内神社……上553
大狛神社……上535
大坂の石……下283
大坂磯長陵……中721
大坂の沙……中401
大坂山口神社(高天彦神社…葛木二上神社)
……上523
大前神社……上647
大酒神社……上513
大翳(斗帳…軽幄の骨)……上267,375
中419,433
大鯖(押年魚…芥子)……上289
大盤……中847
凡……中333
凡倉……中1057
凡直氏……上407
凡の鰒(鳥子鰒…薄鰒)……中849,869
凡の片杯……中889
凡紙(凡)……中383,下719
凡の坏……中887
凡の椀……中847
凡の席……下473
凡の物……中39
凡木綿……上41,275,下89
大島神社
近江国(馬路石辺神社…日向神社)……上601
陸奥国……上623
大床子……中199,下267,429
太神社
伊勢国……上561
尾張国……上563
大神社
越後国(奴奈川神社…居多神社)……上645
因幡国……上663
大陶の盤……下231
大須伎神社……上707
大寸神社……上607
大隅忌寸(譜第)……下61
大隅国……中755,905
大隅国神階記……上719
熊毛郡……中483,755
桑原郡……中755
馭謨郡……中483,755
布……中905
菱刈郡……中755
大隅の隼人……下61
大袖の袍……下835
大高山神社……上627
大田神社
山城国(末刀神社…山科神社)……上515
近江国(大浴神社…大荒比古神社)……上605
太田神社(溝咋神社…阿比太神社)……上545
大谷神社(鴨神社…尾津神社)……上561
大帯姫廟神社……上715
大津……中1023,下283
大欟磐座神社……上635
大机……中233
大津神社
河内国(丹比神社…田に坐す神社)……上539
飛騨国……上611
大土御祖神社(礒神社…坂手国生神社)……上551
大津乃命神社(加都良乃命神社…石部神社)
……上685
大津往命神社……上581
大隁……中843
大壺(漆の樽…鎮子,虎子)……上267,中415
423,425,889
大壺鐙……下831
大処神社……上607
大歳神社

大県神社……上567
大朝神社……上581
大麻比古神社……上701
大浴神社……上605
大洗礒前薬師菩薩明神社……上595
大荒比古神社……上605
帊(仁王般若経一部二巻…磬)……上285,中313
677,下327
大飯彦命神社……上679
大邑刀自……下541
覆帯……中269
大射(射礼,正月十七日五月五日両度の節)
……中49,439,447,529,下3,25,89
117,167,267,439,457,491,643
685,741,747,769,787,789,837
中たりの例……下5
射手(その後に参る官人二人近衛二十人)
……下747,789
射遺……下839
射席・的……下773
給禄の法……下5
標の杭……下837
諸衛の射手……下5
調習……下457
点検……下7
執旗……中529
禄法(賞物の床)……下439
大倚子……下267
大井神社
尾張国……上569
常陸国……上597
丹波国……上651
出雲国(美保神社…多久神社)……上671
大飯神社……上631
意富比神社……上595
大市神社……上557
大井津……下283
大炊所……下497
大炊殿……下499
覆の絁の帷(沐槽…御巾の紵の布)……下317
大井駅(坂本…阿知)……中763,下47,865
大井俣神社……上583
大忌の祭……上53,中31,465,469,下801
祭使……上181,455
祭日(某の月の某の日)……上457,中465
祝詞……上455
大炊寮……下293
炊部・使部……下299
米・雑穀……下635
雑穀……下313
史生……中473,下299
諸祭の料……下299
年料舂米……中809,下313
大鰯……中891
大鰯の鮨……中851,897
大歌(凡そ大歌所に…)……上441,中41,301,465
下167,191,297,841
雑の楽器……下841
大歌所……中301,465,801,下455
大内の前庭……下333
大内陵……中723
大生部兵主神社……上659
大江氏……上59,中37,下423
大江神社……上665
大枝真妹(太皇太后の先の大枝氏)……中733
大江御厨儲所(頓宮)……上353
大枝陵……中725
大岡墓……中737
大鉼……下331
大貝……中649
大垣の廻……上349
大笠(斗帳…軽幄の骨)……上381,中433
大甇……下863
大笠の柄……中419,433
大鹿三宅神社……上559
大神大后神社……上671
大瓶……中847,897
大川上美良布神社……上709
大川道……上481
大川神社……上653
大替……下775
大分神社……上555
大衣……下57,705,759,779,793
正親司……下477
皇親の名籍……下171,173,477
史生……中473
別当……下437
大櫛神社……上555
大楠神社……上577
大口神社……上565
大口の帛の袷の袴……下835
大国神社……上617
大国玉神社
伊勢国……上555

僧供料(舂き備えて)……中995
摠持院……中963,999
年分度者……中791,下103,211,457,575
宝幢院……中995
楞厳院……中995
遠陵……中721
炎涼已に久しく……上17

お

麻……上25,163,191,193,中869
麻を績む……下475
峡(大峡小峡)……上473
小浴神社……上629
綏……上293,中79,下739,835
負瓶……上295,中847,887,下501
棒屋神社……上555
負幸物(物を賜わらんには)…上163,中69,下113
奥石神社(馬路石辺神社…日向神社)……上601
生い立てる若水沼間の……上503
白貝……下519
相鹿上神社(須麻漏売神社…宇留布都神社)……上553
相鹿木大御神社(相鹿中社,須麻漏売神社…宇留布都神社)……上311,553
相鹿牟山神社(須麻漏売神社…宇留布都神社)……上553
扇
刺扇……上283
鳥尾の扇……下863
縁……中411,417,431
紫の扇……上229
黄耆(犀角…青木香)……下341
黄菊(丹参…山茱萸)……下347,383
黄銀(白玉赤文…金勝)……中649
横界……中217
朸……上45,中355,405,431,825,下259
黄芩(人参…薤白)……下337,353
会坂山(山城近江伊勢等の堺)……上307
王氏……上493
薬師寺最勝会……中37,469,下693
牡牛……下373
尫弱……下21
王戎簡要(勤は簡要に非ず)……上21
王臣家……下869
黄真人……中645
応神天皇……中717
醯斉……中603,下563
黄精……下387
横脊……中607,下879
黄丹……中253,下615
小内神社(武水別神社…玉依比売命神社)……上613
皇天上帝……上481
応天門(南の三大門)…上415,下57,87,767,835
殴闘……上351
王道の興衰……上19
王の大夫……下415
黄蘗(半夏…玄参)……下343
枉判……下601
黄羆……中651
王不留行……下375
近江国……中15,747,871
阿米魚の鮨……中871
炭……中793
馬の革(尾張は六張…阿波は十張)……中805,下853
近江国分寺……中707
九点の羅……中871
甲賀牧……下819
藁梁香……下389
国府……上303,下803
胡麻の油……中871
紫参……下389
射田……下783
修理延暦寺摠持院料……中999
諸衛射田……下763
勢多駅……下45
造院料……中969
沢漆……下389
二色の綾……中871
年料進官米……中793,995
年料雑薬……下389
白前……下389
緑の帛……中871
明神(小野神社…生島足島神社)……上151
庸米……中871
和爾駅……下47
淡海国玉神社……上575
鸚鵡形の綾……下145
黄連(犀角…青木香)……下341
黄連丸……下349,361
汚穢……下609
乎江神社……上567
大襖……下779

雑の腊……………………………………中879
行程…………………………………………中879
白畳綿・白細屯綿……………………………中879
庸の綿………………………………………中879
羚羊角………………………………………下395
荏裹(醤漬の瓜…菁根漬)……………下209,513
桟……………………………………中405,下275
画所……………………………中385,下241,325
給食(中宮の雑給…)……………………下307
恵曇神社(美保神社…多久神社)…………上671
依那古神社…………………………………上549
恵奈神社……………………………………上609
荏名神社……………………………………上611
穢人……………………………………上399,下169
荏の油(胡麻の油…閉美の油)……上227,中389
409,421,831,853,下63,325
榎井氏………………………………………上423
江厨……………………………………下515,523
江野神社……………………………………上645
海老…………………………………………中853
葡萄(黄…墨染)………上359,中237,下141,615
葡萄の滅紫…………………………………下445
蝦鰭盥槽(蚡鰭槽)…………………上69,435,下155
衛府……………………………………………下9
郡司任官…………………………………中495
雑薬(数は典薬式に見ゆ)…………………下759
刃渡り五寸の刀子…………………………下617
府生……………………………………下11,15,17
衛府の舎人(諸衛)………………中439,777,下17
織手………………………………………下147
勤務評定……………………………………下19
入市………………………………………下665
蝦夷…………………………………………下127
給禄(皇朝に…この式を用いざれ)……中531
等級(第一等)……………………………中529
榎村神社………………………………上313,553
穢物…………………………………………下611
択ぶ…………………………………………中217
雕木(漆の樽…鎮子,白木の斗帳…大壺)
……上267,283,中415,423,425,下265
択案……………………………………下259,305,595
択る…………………………………………下527
鉛練日古神社………………………………上605
烟…………………………………………中1063
延英堂………………………………………中569
冤枉……………………………………下627,631
垣下…………………………………………下645
縁海の国…………………………………中983,下867
円覚寺料(嘉祥寺料…東光寺料)…………中957
延喜…………………………………………中651
延喜儀式(儀式)……………………………上19
延喜格(往年奏御)……………………………上5
延喜式覆奏短尺草写(春宮坊)……………下671
延休堂………………………………………下447
中の階・南の階……………………………中451
炎光…………………………………………上481
厭日………………………………………中351,下859
宴集…………………………………………中463
円成寺料……………………………………中967
延政門………………………中149,353,下157,339
淵潭…………………………………………中781
園地(園の神の祭)………………………下483,527
乙訓の園…………………………………下497
鹿鷺の園…………………………………下497
京北の園…………………………………下483,527
長岡の園(京北の園…奈癸の園)………下483
奈癸の園…………………………………下483,527
奈良の園(京北の園…奈癸の園)…下483,527
羽束志の園(京北の園…奈癸の園)……下483
隼人司の園…………………………………下65
薬園……………………………下351,373,375,409
山科の園(京北の園…奈癸の園)………下483
宴の座……………………………中63,467,631,下429
厭儛……………………………………………中91
遠墓……………………………………中733,739
延命菩薩……………………………………中997
延暦寺………………………………中691,下101
灌頂……………………………………中995,下321
五僧……………………………………中793,下103
西塔院……………………中791,963,下103,213,575
三綱………………………………………中691
四王堂………………………………………中963
試度…………………………中791,下103,211,575
死亡僧の目録(毀るところの名数…)…中705
釈迦堂…………………………中793,下103,213
十禅師………………………………………下101
十二月二十三日より正月十四日まで合せて三
七箇日の修法……………………………中791
授戒…………………………………………中703
定心院…………………………中791,963,下101,211
定心院十禅師………………………………中793
随自意三昧堂………………………………中995
棲山一紀僧位記……………………………中141
千光院………………………………………中995

永嘉門(南の三大門)……下87
瘞埳……中611,下883
永徽式……上19
永徽礼……上5
営種料(営料)……中347,779,789,下173
衛仗の日……下637
衛卒料……中975
永寧堂……中449
永楽鳥……中645
長楽門(南の三大門)……下87
衛廬……下637
画餝の大刀……下617
恵我長野北陵……中717
恵我長野西陵……中715
恵我藻伏崗陵……中717
画革(銀…席二千枚)……中337,815
易経(周易)……中633
疫死……上251,中919,979
駅子(学生…兵士)……中763,911,951,971,1015
駅戸(駅子,八位…位子)……中763,909
大井・土岐・坂本・阿知の駅戸(八位…位子)
……中763,909,1017,下47,865
駅使(経若干日)……中1049,下867
疫神祭 えきじんさい → 疫神の祭 やくじんのまつり
役中死……中765
駅長(学生…兵士)……中911,925,下57
易田(神田…造船瀬料田)……中955
駅伝使……中11,1007,1047
駅伝の勅符……中97,137,155
駅馬……上345,中1017,下43,57,797
駅馬数(大路若干…,若干処若干疋)
……中1033,1035
駅馬帳(兵部省の移,馬若干疋)……中955
1021,1033
買立の駅馬……中1047
飼う秣若干束……中1047
直法……中1017
死損(十分して損二分を許せ)……中1019,1021
死馬の皮……中1021,1035,下853
正税大帳朝集等の使……下871
処分基準数(四疋に…を除け)……中1021
等級(上馬…)……中1017,1035
不用駅馬(疋別に若干束)……中1021,1035
牧の馬……下33
駅鈴……上403,中5,11,1049
剋数……中1049
出納(請け進る)……中5
殖栗神社
大和国(巻向に坐す若御魂神社…桑内神社)
……上527
伊勢国……上561
衛士(八位…位子)……上57,263,357,中771,909
925,947,979,下21,799
衛士坊……下647
旧人の留任……下21,775
闕怠……下781
交替(三年,大替)……下21,775
散所の衛士……下781
試練……下21
炬火……下773
房戸の徭……中765
養物と日功(本府)……中771
会赦帳……下719
江神社……上553
越蘇駅……下49
画工(画)……中405,407,413
江田神社……上719
衣太手神社……上625
枝柱……中399
越後国……中749,879
大家駅・伊神駅・渡戸駅……下49
蒲原津湊……中1025
行程……中879
鮭……中879
鮭の内子・子・氷頭・背腸……中881
神宮寺観音院……中967
贄……下521
三島郡……中749
羚羊角……下397
越前国……中749,877,967
茜……中877
今立郡……中749
少名庄……下819
越前国内神名帳……上631
九点の羅……中877
呉桃子……中877
桑岡・尾箕両庄……下821
塩……中877
橡の帛……中877
山薑……中877
謁者……中609,下673
越中国……中749
川人駅・曰理駅……下49
官社……上643

盂蘭盆(四月八日七月十五日)
…………………中51,187,705,下91,163
215,303,489,627,645
供物……………………………………………下163
供養料…………………………中51,下575
伎楽……………………………………………中661
七寺…………………中51,下163,215,303,489
備盂蘭盆供養所(大膳職に向かい)……下163
瓜
青瓜(竈杵米…荷葉)……………………下215
糟漬の瓜(醬漬の瓜…菁根漬)……下209,491
冬瓜(醬漬の瓜…菁根漬)……下209,219,513
生瓜……………………………………………下507
醬漬の瓜(醬瓜)……………上289,下209,225
熟瓜(竈杵米…荷葉)………上293,下215,509
味醬漬の瓜……………………………………下491
早瓜(五月一日七月一日)………中395,下511
瓜核の綾(続花の綾…呉服の綾,一窠の綾…呉服の綾)………………………中845,863
瓜を割る刀子…………………………………中395
宇留布神社(宍道神社…由貴神社)………上669
漆………………上51,中409,831,853,下109,845
赤漆の床子……………………………………下445
朱漆の台盤……上283,375,381,中437,下505
朱漆の椀………………………………下505,569
漆に合わす……………………………………中431
漆の大案………………………………………下329
漆の榻…………………………………………下329
漆の樽…………………………………………上267
漆の土居の桁柱………………………………中311
漆の槽…………………………………………下329
漆の弓…………………………………………下9
漆の篦子………………………………………中155
漆を絞る……………………………中405,431
漆を絞る料(生絁五寸…白綿小二両)…下845
元漆……………………………………………下851
黒漆の台盤……………………………………下505
初漆……………………………………………下849
漆器(年料造進)……………………中389,817
内匠寮…………………………………………下109
中塗り(中漆)………………………下275,849
丹漆……………………………………………上223
漆の羅…………………………………………下835
塗る料…………………………………………中431
花漆……………………………………………下849
焼き漆………………………………下847,851
容器(蓋の上に…)……………………………下109
漆の刻める柄の刀子…………………上279,319
宇留神社………………………………………上681
宇流富志弥神社………………………………上549
宇留布都神社…………………………………上553
熟柿子…………………………………………下233
宇波西神社(御方神社…山都田神社)……上631
於世神社(御方神社…山都田神社)………上631
上つ国…………………………………………上483
上つ祓…………………………………………上351
宇波刀神社(大井俣神社…榉衝神社)……上583
表門神社(大井俣神社…榉衝神社)………上583
表腹帯…………………………下801,809,831
表裙…………………………上41,中175,下61
雲甘寺に坐す楢本神社(伊古麻山口神社…葛木に坐す一言主神社)……………上521
運脚(脚)…………………………中759,799,817
脚直……………………………………………中759
漕ぶ料…………………………………………中1045
暈繝…………………………上225,379,中197,347
暈繝端の御帖…………………………………下425
運漕功賃……………………………中1021,1045
海船・川船・雇車…………………………中1045
挟杪・水手…………………………中981,1023
下(人ごとに半を減ぜよ)………………中1029
車賃……………………………………………中1025
上(人ごとに日に米二升塩二勺)………中1029
船賃…………………………………中981,1025
某津より某処まで…………………………中1045
与等津から京(自余は播磨国に准えよ)
……………………………中1025,1029
運駄(某津より某処まで)…………中1043,1045
運賃…………………………中839,1015,1045
運脚(程に准えて)…………………………中759
舂功…………中767,789,985,989,997,下173
温明殿…………………………………………下861
雲鷹の翩鷲を忘れ……………………………上3

え

荏(荏子,胡麻の油…閉美の油)……上297,中389
825,853,下377
絵………………………………………………中197
穎…………………上445,447,499,中651,1031
穎納(妄に…聴さず)…………中809,987,1037
海船……………………………………………中1045
束把……………………………………………上397
臨時用の穎……………………………………中1053
瑩………………………………………………下851

上留駅……………………………………………下47
看度駅……………………………………………下51
狩道駅……………………………………………下55
川人駅……………………………………………下49
蚊槀駅……………………………………………下55
河曲駅……………………………………………下45
蒲原駅……………………………………………下45
草上駅……………………………………………下51
楠葉駅……………………………………………下43
笏賀駅……………………………………………下51
群馬駅……………………………………………下47
河内駅……………………………………………下45
坂本駅(八位…位子)………………… 中763,909
1017,下47,865
佐職駅……………………………………………下55
参美駅……………………………………………下53
島門駅……………………………………………下53
下留駅……………………………………………下47
水駅(船十隻)…………………………………下49
草野駅……………………………………………下43
周敷駅……………………………………………下53
須磨駅……………………………………………下43
勢多駅……………………………………………下45
撰才駅……………………………………………下49
田上駅……………………………………………下49
高来駅……………………………………………下55
丹川駅……………………………………………下53
津峴駅……………………………………………下51
津高駅……………………………………………下51
津日駅……………………………………………下53
頭駅………………………………………………下53
土岐駅(坂本…阿知)……………… 中763,下865
長倉駅……………………………………………下45
長門国……………………………………………下53
奈和駅……………………………………………下51
新分駅……………………………………………下55
仁王駅……………………………………………下55
廃置………………………………………………下11
萩原駅……………………………………………下53
埴田駅……………………………………………下53
榛谷駅……………………………………………下45
常陸国……………………………………………下45
比菩駅……………………………………………下53
深見駅……………………………………………下49
種箆駅……………………………………………下53
三鴨駅……………………………………………下47
面治駅……………………………………………下51
山埼駅……………………………………………下43
山田駅……………………………………………下45
優通駅……………………………………………下55
木綿駅……………………………………………下53
臨門駅……………………………………………下53
曰理駅(信濃国)………………………………下47
曰理駅(越中国)………………………………下49
渡戸駅……………………………………………下49
和爾駅……………………………………………下47
廐亭…………………………………………… 下645,781
駅家帳……………………………………………下25
廐戸皇子(橘豊日天皇の皇太子名は聖徳と云う)
……………………………………………中731
騎射(正月十七日五月五日両度の節)
…………中49,439,447,下5,23,117,267
443,707,747,749,789,811,817
騎射の官人…………………………… 下5,749,789
簡試……………………………………………下13
五月六日の儀……… 下693,707,749,791,809
近衛将監……………………………………… 下747
試練……………………………………………… 下5
陣列(その後…後にありて行け)……… 下809
的に中る数……………………………………下749
宇美神社(美保神社…多久神社)…………… 上671
梅杖………………………………………………下331
梅宮神社(薗神社…酒解神社,葛野に坐す月読神
社…大酒神社)……………… 上147,513
梅宮に坐す神…………………………………上513
禹余粮……………………………………………下413
裏紙………………………………………………中211
宇良神社……………………………………………上655
占市牧……………………………………………中965
卜坏………………………………………………下157
卜庭神………………………………………上65,309
卜庭神の祭…………………………………… 上319
卜鑿………………………………………………下251
卜食める者………………………………上299,下425
卜部………………上39,259,355,485,下121,123
稲実卜部•禰宜卜部…………… 上395,397,401
大祓…………………………………………………上75
家口………………………………………………上305
亀卜の長上………………上59,113,181,中111
遣渤海使……………………………………………中521
大神宮司…………………………………………上245
御贖………………………………………………上277
四国の卜部……………………上77,481,下161
卜戸座………………………………………………上281

畝尾都多本神社(畝尾に坐す健土安神社…天香山に坐す櫛真命神社)… 上531
畝火山口に坐す神社…………………… 上451,529
畝傍山東北陵………………………………… 中713
畝傍山西南御蔭井上陵…………………… 中713
畝傍山南纖沙渓上陵……………………… 中713
采部…………………………………… 下153,579
采女……………………上73,263,365,435,中105
303,783,下241,309,339,579
采女町………………………………………下579
御膳宿の采女(中宮の雑給…)………… 下307
神今食……………………………………… 下577
採薪・守舎(八位…位子)…… 中769,909,下579
月料………………………………………… 下579
解任・代替(相替わらば)……… 中105,下579
手水………………………………………… 下597
新嘗会(大嘗会)…………………………… 中125
新嘗の祭…………………………………… 下577
八姫…………………………… 中125,下417
禄…………………………………………… 中303
采女田(養田,神田…造船瀬料田)………中783
955,下579
采女朝臣……………………上435,中93,下577
女部司(斎宮の官人)……………………… 上303
采女司……………………………………… 下577
采部…………………………………下153,579
小斎………………………………………… 下151
史生………………………………………… 中473
兎の毛の筆………………………………… 中207
宇能遅神社………………………………… 上677
兎の醢…………………………… 下203,205,755
烏の羅……………………………………… 下837
烏梅丸……………………………… 下343,349
優波夷命神社(伊古奈比咩命神社…志理太宜神社)……………………………… 上579
兎橋神社…………………………………… 上639
宇波多陵…………………………………… 中727
鵜原寺……………………………………… 中997
産井の祭…………………………………… 上129
宇夫須那神社(塩江神社…諸鑊神社)……… 上565
有封の寺…………………………………… 中691
有封の社…………………………………… 上175
宇倍神社………………………………上155,665
馬飼丁……………………………………… 上255
馬形………………………………………… 中381
味坂比売命神社…………………………… 上525
美草………………………………………… 上429
味鋺神社…………………………………… 上567
甘物………………………………………… 下217
馬出の埒…………………………下807,809,811
馬留の標…………………………………… 下811
馬留の埒…………………………………… 下809
馬の数(凡そ王臣の馬の数は…)………… 下635
馬の皮(馬の革)…………… 中805,811,下817,829
革帯(馬の革)……………………………… 中401
鞘の料……………………………………中1003
死馬の皮…………………………中807,1021
死亡駅馬の皮…………………… 中1021,1035
甲を修理する料(凡そ諸国…)…… 中805,下853
馬の薬…………………………………下365,815
馬の底板…………………………………… 下817
駑馬の女………………………… 上273,359,369
小女四人…………………………………… 上369
刷………………………………下33,799,807,817
馬路石辺神社……………………………… 上601
馬蓑………………………………………… 中153
檳榔の馬蓑……………………………中337,837
駅家……………………………… 中1033,下11
明石駅………………………………………下51
安侯駅………………………………………下45
朝倉駅………………………………………下49
安覆駅………………………………………下55
葦屋駅………………………………………下43
阿知駅(八位…位子)…… 中763,909,1017,下47
天前駅………………………………………下45
井上駅………………………………………下45
伊神駅………………………………………下49
伊周駅………………………………………下55
猪鼻駅(猪鼻湖神社)……………… 上573,下45
浮島駅………………………………………下45
越蘇駅………………………………………下49
大井駅(坂本…阿知)…………中763,下47,865
大野駅………………………………………下47
大家駅………………………………………下49
雄薩駅………………………………………下45
越智駅………………………………………下53
甲斐国………………………………………下45
各務駅………………………………………下47
賀古駅………………………………………下51
柏尾駅………………………………………下51
賀周駅………………………………………下55
方県駅………………………………………下47
賀太駅………………………………………下53
可児駅………………………………………下47

歌人(八位…位子)……………上117,351,中541
659,909,下419
歌儛の人(諸王已下国栖已上)………下561,569
歌女……………………上115,中659,909,下425
雅楽寮……………………………………中659
雅楽の師………………………………中527
楽工……………………………………下151
楽師……………………………………中661
楽生(生徒)……………………………中661
才伎の長上……………………………下633
史生……………………………………中473
釈奠……………………………………中611
雑色の生………………………………中513
蕃の楽人(八合,中宮の雑給…)‥中663,下307
打合釘……………………………………下271
内内神社(味鋺神社…尾張神社)…………上567
帔(襠)…………………………上369,中235,679
裲襠………………………………………下777
錦の裲襠………………………………下739
繡の裲襠………………………………下785
挂甲(皂の緌…麻鞋)……中79,下9,673,739,763
打刀子……………………………………上287
袿衣(褐)………………………………中241,245
小袿衣……………………上369,中163,下681
白の袿衣………………………中163,下681
擣衣………………………………………中267
宇治神社(末刀神社…山科神社)…………上515
内神社
山城国(室城神社…岡田国神社)………上517
出雲国(美保神社…多久神社)…………上671
宇智神社…………………………………上523
内墨………………………………………中215
打立………………………上135,217,下825,843
内玉垣門……………………………上197,317
内つ国……………………………………下175
内物部(物部)……………………………上419,423
磬…………………………………………中677
宇治彼方神社(末刀神社…山科神社)……上515
内の酒殿…………………………………中801
内の七言…………………………………上261
内馬場……………………………………下781
宇智陵……………………………………中725
打掃の布……………………下329,425,459,715
打掃の筥(楊筥)…………………………下417,425
打物(銀器)………………………………中387
内論義(内裏に候し)……………中631,下443
答者・問者………………………………下443
問者の座…………………………………中631
内人………………………………上255,317,491
伊雑宮…………………………………上187
大内人(宇治の内人)…上185,187,199,中517
笠縫の内人……………………………上193
小内人……………………………上185,187
御馬飼の内人…………………………上203
御巫内人………………………………上253
打…………………………………………上355
擣つ………………………………………中217
卯杖(御杖)………………………中165,185,313
下437,683,741,791
中宮・東宮……………………………下791
長さ……………………………………下791
宇都可神社………………………………上549
打つ功……………………………………下529
遷し殖えよ………………………………下533
現事・顕事………………………………上501
移田神社…………………………………上561
雨泥の日(ただし…設けしめよ)…………中105
457,543
宇努刀神社(和多都美神社…和多都美御子神社)
……………………………………………上721
内舎人…………………上269,中79,85,101,185
545,下3,239,307,673,745
仮の内舎人(権内舎人)…………中183,下633
父祖の官位……………………………中79
宇度墓……………………………………中731
髫を垂れよ………………………………上425
兎上神社
伊勢国…………………………………上561
美作国…………………………………上685
宇奈岐日女神社(西寒多神社…早吸日女神社)
……………………………………………上715
宇奈己呂和気神社………………………上627
兎足神社(御津神社…阿志神社)…………上571
宇奈太理に坐す高御魂神社(宇奈足社)
…………………………………………上93,519
宇奈提……………………………………上503
頸根………………………………………上449
棘甲贏…………………………………上409,中849
宇爾桜神社(須麻漏売神社…宇留布都神社)
……………………………………………上553
宇爾神社(須麻漏売神社…宇留布都神社)
……………………………………………上553
有弐神社…………………………………上555
畝尾に坐す健土安神社……………………上531

　披訴……………………………………………中517
茵陳藁……………………………………………下381
遁隠………………………………………………中85
陰には慘み陽には舒べ…………………………上3
印板…………………………………………中97,155
殷富門……………………………………………下777
忌部
　阿波国忌部……………………………………下153
　斎部氏(忌部)………上27,265,355,445,中303
　斎部の斎斧……………………………………上473
　忌部連部………………………………………上269
　紀伊国の忌部氏…………………上415,下847
　征夷使…………………………………………下121
忌部神社(淡路伊佐奈岐神社…阿治美神社)
　……………………………………………上157,701
忌部の弱肩に太だすき取り挂けて(事別きて忌
　部の…)……………………………上453,487
隠文………………………………………………下617
允容…………………………………………………上5

う

筌…………………………………………………上331
於神社(伊古麻山口神社…葛木に坐す一言主神
　社)………………………………………………上521
殖田神社…………………………………………上709
表衣《うえのきぬ》 → 袍《ほう》
表袴………………………………………中241,679
魚海神社(須麻漏売神社…宇留布都神社)
　……………………………………………………上553
宇加神社…………………………………………上673
鵜川神社…………………………………………上645
浮島駅………………………………………………下45
宇岐筥……………………………………………下559
浮橋………………………………………………上245
浮物………………………………………………下137
宇久須神社(仲大歳神社…部多神社)……上583
宇芸神社…………………………………………上615
うけひ……………………………………………上459
宇気槽……………………………………………上113
請文………………………………………………中915
集わり侍る………………………………………上445
烏犀の帯…………………………………………下619
鵜坂神社…………………………………………上643
宇佐氏(八幡大菩薩宇佐宮)…………上183,715
宇佐使(八幡大菩薩宇佐宮)……………………上715
海潮神社…………………………………………上677
宇治津……………………………………………下283
牛庭神社(国乃御神社…大櫛神社)…………上555
牛の粥……………………………………………下355
牛の皮……………………………中813,827,1037
　鞴の袋…………………………………………中157
　死牛の皮………………………中1021,1035,下375
　御履の牛の皮…………………………中325,1043
宇治墓……………………………………………中731
菟道稚郎皇子……………………………………中731
宇治橋……………………………………………下873
宇志比古神社……………………………………上701
氏女………………………………………中105,下579
うじ物……………………………………………上449
臼(甑…置簀,匏…杵)…………上57,中793,下221
　鉄の臼…………………………………………下373
　塩臼……………………………………………上289
　陶の臼……………………………………………上87
烏頭(人参…薤白)…………………………下337,385
薄鰒……………上291,中849,885,893,901,905
雨水………………………………………………中363
薄色(藍薄色)……………………………………中241
宇受加命神社(宇倍神社…伊勢命神社)
　……………………………………………上155,681
薄紙……………………………………上297,中887
薄貲布(緋の細布…小堅の貲布)……中845,869
紗《うすぎぬ》 → 紗《しゃ》
薄絁……………上25,265,中229,377,下133,179
薄絁の篩(紀伊の塩…承塵の帳)……下221,329
薄く臭き紙………………………………………下863
薄帖……………………………………上285,下703
薄泥………………………………………………下617
臼殿………………………………………………下553
宇須乃野神社(大川内神社…官舎神社)…上553
うずの御子………………………………………上471
うすはき坐せ……………………………………上499
薄機………………………………………………下147
臼櫃………………………………………………中211
薄餅(甜物…麁未醬)……………………………下207
臼屋………………………………………………上413
宇都良波志神社…………………………………上647
烏像幢…………………………………中385,下833
烏賊骨(知母…葵子)……………………………下377
歌長(弾琴…)……………………………上249,255
歌頭………………………………………………中345
宇多紀神社(美保神社…多久神社)…………上671
宇太志神社………………………………………上563
宇太水分神社(高天岸野神社…八咫烏神社)
　……………………………………………上451,525

石隠り坐して……………………………………上483
石神山精神社……………………………………上619
石城神社…………………………………………上695
石城国(陸奥国)…………………………………中747
石切剣箭命神社(枚岡神社…高宮大社祖神社)
……………………………………上537
石座神社(御津神社…阿志神社)……………上571
石倉命神社………………………………………上583
伊波久良和気命神社(伊古奈比咩命神社…志理太宜神社)…………上579
磐坂神社…………………………………………上667
石前氷室(徳岡に氷室…池辺に一所)………下593
鰯
鰯魚の汁(押年魚…芥子)…………………上289
大鰯………………………………………中891,893
大鰯の鮨…………………………………中851
比志古鰯(醤の小鰯・大鰯の鮨)…………中851
891,893
乾鰯………………………………………中849
伊和志豆神社……………………………………上547
石清水八幡宮(護国寺)………………………中997
石背国(陸奥国)…………………………………中747
石神社……………………………………………上535
印波神社…………………………………………上673
石田神社
山城国……………………………………上515
伊勢国……………………………………上555
越前国(質覇村峯神社…信露貴彦神社)
……………………………………上633
石楯尾神社………………………………………上585
石土神社…………………………………………上711
伊和都比売神社
播磨国明石郡……………………………上681
播磨国赤穂郡(中臣印達神社…伊和に坐す大名持御魂神社)…………上683
石手堰神社………………………………………上625
伊波弖別命神社…………………………………上581
石刀神社(小塞神社…大口神社)……………上565
伊波止和気神社…………………………………上617
石門別神社………………………………………上687
伊和に坐す大名持御魂神社(海神社…住吉荒御魂神社)…………………上155,683
伊波乃西神社……………………………………上609
磐之媛命…………………………………………中733
磐椅神社…………………………………………上625
伊波比咩命神社(伊古奈比咩命神社…志理太宜神社)……………………上579
石船神社
常陸国……………………………………上597
越後国……………………………………上647
石見天豊足柄姫命神社…………………………上679
石見国……………………………………上677,中885
鹿足郡……………………………………中751
綿…………………………………………中885
磐村………………………………………上447,485
石屋神社…………………………………………上699
意波与命神社(伊古奈比咩命神社…志理太宜神社)…………………………上579
伊波例命神社(伊古奈比咩命神社…志理太宜神社)…………………………上579
石村山口神社……………………………上451,531
印
印板……………………………………中97,155
改鋳の用度………………………………中103
主神司の印………………………………上351
内蔵寮印…………………………………中345
外印………………………………………中403
斎宮寮……………………………………上351
主計寮……………………………………中923
主税寮……………………………………中923
諸国の印……………………………中103,403
諸司の印……………………………中103,403
倉印………………………………………中1059
惣官の印(司の印)………………………中489
内印…………………………………………中7,403
内侍の印…………………………………下167
料度…………………………………………中17
茵芋………………………………………………下361
員外………………………………………………下17
員外郡司(郡司の戸)……………………………中803
陰鑑………………………………………………中613
允恭天皇…………………………………………中717
淫祀………………………………………………下623
因事管隷(預め省に移し)………………………下11
因脩………………………………………………上5
因循………………………………………………下79
印書……………………………中773,下107,325
引唱(考第を唱示せん,選人の名を唱うる)
…………………………中461,491,515
517,563,579
祐以下使部以上の考人…………………中583
諸司(その日の質明…)…………………中585
太政官……………………………………中585
中務省被管………………………………中585

水部の忌火庭火神……………………… 上279
料物………………………………………… 中791
忌火の炊殿の祭…………………………… 上119
忌火竈神の祭(御竈)………………… 上265,363
祭料………………………………………… 上363
忌む…………………………………上169,中77
斎斧………………………………………… 上473
忌鍛冶……………………………………… 上203
忌子………………………………………… 上365
射席………………………………………… 下439
斎鉏………………………………………… 上473
忌浪神社…………………………………… 上637
斎柱………………………………………… 上473
忌宮神社…………………………………… 上697
芋子(芋)………………………………… 下209,509
芋茎………………………………………… 下509
妹妋二柱嫁継ぎ給いて…………………… 上483
弥おちに御おち坐し……………………… 上503
礼代(神の礼白臣の礼白)…………… 上499,503
伊夜比古神社……………………… 上153,647
伊夜比咩神社……………………………… 上641
礼山神社…………………………………… 上557
弥若えに御若え坐し……………………… 上503
伊由神社…………………………………… 上657
伊予神社(淡路伊佐奈岐神社…阿治美神社)
………………………………… 上157,709
伊予親王…………………………………… 中735
伊予国……………………………………… 中897
伊予国内之神名帳………………………… 上707
伊予の砥…………………… 上297,中391,417
427,897,下285,847
海路………………………………………… 中897
喜多郡……………………………………… 中753
雑の海菜…………………………………… 中897
久米郡……………………………………… 中753
鯖…………………………………………… 中897
塩…………………………………………… 中897
支子………………………………………… 下411
周敷駅・越智駅……………………………下53
繫飼の馬牛………………………………… 下799
新居郡……………………………………… 中753
蕪菁子……………………………………… 下411
牧……………………………………………下33
名神(淡路伊佐奈岐神社…阿治美神社)
…………………………………………… 上157
海藻………………………………………… 中897
庸米………………………………………… 中897
煎釜………………………………………… 上287
熬笥…………………………………中793,下65
熬海鼠…… 上201,291,中849,861,879,885,下233
熬塩………………………………………… 中897
熬炭…………………………………… 中401,409
熬青………………………………………… 下217
入野神社…………………………………… 上513
熬大豆……………………………………… 下227
入見神社(火上姉子神社…羽豆神社)……… 上569
夷隆…………………………………………… 上3
入見神社…………………………………… 上575
遺歴………………………………………… 中505
色糸(纁の帛…皂の糸)………………… 中853,893
衣粮……………………………………下77,147
慰労使(凡そ蕃客…)……………………………中25
慰労詔書(答書)……………………… 中95,97,147
大蕃国………………………………………中95
中務省……………………………………… 中149
渤海国……………………………………… 中157
色紙…………………………………… 中215,331
色革………………………………………… 下467
位禄………………… 上247,389,中21,59,271,447
523,573,799,811,下111,609
五位以上在外者・外官(禄の料)……中59,525
1015,1053
国司(禄の料)……………………… 中59,1053
支給儀(事は儀式に見ゆ,自ら参りて)
……………………………………中59,523
支給月(凡そ位禄は…)……………… 中523,573
出給の官符………………………………… 中575
大宰府・按察使・外五位(その身外国にある)
…………………………………………中59
名帳(位禄の文,目録)………… 中473,525,573
色来神社…………………………………… 上663
色の綾……………………………………… 下133
伊呂上神社(国乃御神社…大櫛神社)……… 上555
色を渝う……………………………………下69
石井神社
山城国……………………………………… 上513
越後国三島郡……………………………… 上647
越後国沼垂郡……………………………… 上647
磐井神社…………………………………… 上585
伊波比神社(高負比古神社…前玉神社)…… 上587
石坐神社…………………………………… 上599
いわいの返り事…………………………… 上501
斎戸…………………………………… 上121,487
斎うと……………………………………… 上501

為那都比古神社（溝咋神社…阿比太神社）
…………上545
伊那上神社（火牟須比命神社…伊那下神社）
…………上581
伊那下神社…………上581
為奈野牧…………下819
稲実の斎屋…………上395
稲実卜部…………上395,397,401
稲実公…………上395
稲実殿地（斎場）…………上395
稲乃売神社…………上589
稲葉神社（波多神社…小川神社）…………上557
因幡国…………上663,中1025
　柏尾駅…………下51
　神戸（神封）…………上177,179
　行程…………中883
　火乾年魚…………中883
　海藻…………中883
　綿…………中883
伊奈富神社…………上557
猪名部神社（鴨神社…尾津神社）…………上561
稲宮命神社…………上583
稲村神社…………上595
稲荷神社（薗神社…酒解神社，末刀神社…山科神社）…………上147,515
古風…………上433,中39
五十瓊敷入彦命…………中731
飼犬…………中271
犬頭の糸…………中853,863
伊奴神社（味鋺神社…尾張神社）…………上567
伊努神社（阿須伎神社…美談神社）…………上673
犬行（垣下）…………下645,659
稲刈り（雇われて）…………下867
稲舂歌（手を易えず）…………上431
猪の膏（猪脂）……上345,中827,837,853,867,873
　下285,321,325,337,365,393,815,847
　円長の猪の脂…………中829
異能（武芸…百に当たる者）……下13,19,243,757
井上内親王…………中725
井於神社…………上545
猪の髪…………中399,411
猪の皮…………中827
射遺（射手未だ尽きざれば）…………中49,下839
猪の宍…………下491,519
猪の鮨…………中851
伊能知比売神社…………上671
猪鼻湖神社…………上573
猪鼻駅（猪鼻湖神社）…………上573,下45
猪の脯…………中895
伊波比主命…………上453
夷針神社…………上597
位封
　薨年の料…………中769
　別勅封（廻らし充てよ）…………中769
夷俘《いふ》 → 俘囚《ふしゅう》
遺風…………中621,下897
伊夫伎神社…………上603
伊富岐神社（仲山金山彦神社…墨俣神社）
…………上607
意布伎神社…………上657
気吹戸…………上481
伊副神社…………上569
伊富利部神社（塩江神社…諸钁神社）……上565
位分資人…………中481,下707
伊部磐座神社…………上633
位袍（当色の袍）…………上33
射穂神社（野見神社…灰宝神社）…………上569
今城青八坂稲実神社（長幡部神社…秩父神社）
…………上589
今木青八坂稲実荒御魂神社（長幡部神社…秩父神社）…………上589
今城青八坂稲実池上神社（長幡部神社…秩父神社）…………上589
今木神（平野の祭の神四座）…………上55,461
513,下309
今来の隼人…………下57,59,63
今木人の衣裳の料…………下331
今木人の女…………下317
今良…………上269,357,371,383,中113,273
345,下147,197,331,333,335,707
　当色料申請の解文（四月十一日…）……下707
忌詞…………上261,355
　内の七言…………上261
　外の七言（言語）…………上261,393
　別の忌詞…………上261
射水神社（林神社…布勢神社）…………上643
斎玉作…………上473
斎月…………中37
忌火…………下317
忌火庭火の祭…上71,265,273,中379,下109,163
　炊殿の忌火庭火神…………上279
　新造の炊殿…………上281
　朔日の庭火の祭…………上265
　毎月朔日の忌火庭火の祭…………上121

奉迎使(使)……上351
卜定(卜えよ)……上259
御馬……上299,349,下803
禊……下95
夕膳……上315
斎宮……上259,261
斎殿……上299
宮中……上347,351
供膳の井……上263
溝隍の四辺……上349
隍中……上351
鋪設……上327
諸司の雑舎……上347
諸神十七座……上327
寝殿……上259,299,353
造宮使……上347
雑物の分給……上353
内院南門……上339
内院の神殿……上347
年料……上329
破壊……上301
仏事……上351
禊殿……上245,315,347
離宮院……上315,317
斎宮寮 いつきのみやのつかさ → 斎宮寮 さいぐうりょう
斎院司 いつきのみやのつかさ → 斎院司 さいいんのつかさ
一秋の後……中1015
一世源氏……下633
一点……上437
いつ幣の緒結び……上501
一の高き……中527
いつのち別きにち別きて……上477
五幡神社……上633
一筆(田九歩以下)……中787
いつへ黒益し……上501
一歩(田九歩以下)……中787
射手……下121
井出神社……上567
伊氐波神社……上629
位田……中769,781,955
位田帳……中781,797
御体の御卜……中781
支給単位(全町を以て給え)……中781
収公(薨卒)……中781
不置国(凡そ但馬紀伊阿波…)……中781
無主……中781
藺田……中783,1011,下459
糸……上265,中667,831,下143
赤引の糸(神衣の祭,御調の糸)……上191,195,491,中861
絡糸……下143
糸所……中315
犬頭の糸……中853,863
色糸(纁の帛…皂の糸)……中853,893
髻糸……上191
神服の糸……中861
絇……中757,847
絡り……中757
紘の料の糸……中663
国忌の布施の物……中655
琴の緒……上35
生糸(生絹)……上227,297,中231,269,397,427,下129,143,231,285,305,317,329,493,845
全縷……中1003
調の糸……中853,861
夏の調……中853,859
縫糸……下549
練糸……上41,297,中155,231,409,417,429,843,859,863,下63,131,143,501
練染の調の糸……中757,843,859
額髪を結ぶ糸……下801
綜の料の糸……中1047
庸の糸……中849,865,891
糸井神社(倭恩智神社…飛鳥に坐す神社)……上529
懿徳天皇……中713
絡糸……下143
絡糸女……中113,下147
糸前神社……上637
糸紬……中255
井戸鍾乳穴神社……上691
糸葺……下619
糸を著けたる玉串……上191
稲木神社(塩江神社…諸钁神社)……上565
伊奈久比神社(和多都美神社…和多都美御子神社)……上721
稲前神社……上571
因佐神社(阿須伎神社…美談神社)……上673
稲代神社……上655
稌代に坐す神社……上529
稲田神社……上597
春稲の仕女……下553

異損……上349,中25
櫪飼の馬(御馬)……上243,下801,807,823
板垣門……上197,317
伊太祁曾神社(日前神社…都麻都比売神社)……上111,697
板倉……中1057
板笥……上285,中841,857,下311
猪田神社……上549
井田神社(火牟須比命神社…伊那下神社)……上581
伊太豆伎(伊多都伎)……中335,下843
板案……下259
鋳立……上217
伊達神社(丹生都比女神社…志磨神社)……上155,699
射楯兵主神社……上683
伊大弖和気命神社(伊古奈比咩命神社…志理太宜神社)……上579
虎杖……下511
板列神社……上655
板蔀……下265
板蓋(沐槽…御巾の紵の布)……上323,下261,317
伊多波刀神社(味鋺神社…尾張神社)……上567
木蓮子……下169,243,245
板牀……上327
壱粟神社……上685
櫟……中409
　輪の料の櫟……中409
櫟谷神社(葛野に坐す月読神社…大酒神社)……上513
櫟本神社(丹比神社…田に坐す神社)……上539
市裏……下665
鄽(肆)……下625,665
覆瓫子……下243,445,509
覆瓫の錦……下141
覆瓫柏……下197,297
一志頓宮(近江国の国府…壱志)……上303,353
一代一講の仁王会……中45,205,675
下215,303,433
　行事司……中677
　講説……中675
　講説の場……下433
　七僧……中675
　殺生禁断……中45,677
　年料の仁王経十九部……中207
　百高座(宮中の諸殿省寮等の庁)……中675
市司《いちのつかさ》 → 東西市司《とうざいいちのつかさ》
市原神社(宍道神社…由貴神社)……上669
市人……下625
市人の籍帳……下665
市人の町……下663
伊知布西神社……上653
一茅三脊……中651
市町……下665
位帳……中97
違勅罪……中465,703
一縷(四糸を合せて…)……中757
市楼(楼前)……下665
一角獣……中647
一割を願わば……中509,637
一窠の綾……下135
一窠の白綾……中417
一窠の錦……下139
已豆伎……上405
伊都伎島神社……上695
斎内親王(斎王,伊勢の斎宮)……上83,259,中43
765,下289,299,357,429,641,779
　衣服•輿輦……上351
　元日……上339
　帰京……上351
　亀甲……上177
　供御(供料)……上291,341
　供膳……上261
　供物……上267
　群行(路にありて)……上307
　潔斎(三年の斎終らば…)……上293,中43
　月料および節の料……上337
　氷……下591
　斎王参入時の祝詞……上495
　三度の禊……上259,301,中43,下299
　参入(斎王は手を拍たざれ)……上299,495
　実家(彼の家)……上259
　十月の晦日の祓……上319
　食膳具(供御の料)……上287
　初斎院……中417
　初度の禊(河の頭に臨みて祓をなせ)……上261,355,中43,下641
　退出……上351
　殿上の座……上307
　二度の禊(河の頭の禊)……上271,273
中43,下299
　年中行事(三日…)……上191
　年料の膳……上341
　発遣の儀……上307,下429

神宝二十一種……上223
造宮使(使)……上207
造替……上207
雑任……上255
外玉垣門……上197
大神宮三座……上185
大神宮司……上191,247,315,中493,1021
玉串行事(祈年の…)……上191
玉名居(天井の上の覆の絹の帷)……上229
調の絹……上245
月次の祭……上195,275,339,489,491
東宝殿(内の財殿)……上199
内院……上253
直会院(解斎殿)……上199,253,317
中重……上253,347
贄……上195
禰宜……上183,185
禰宜の食米(四月六月)……上249
年中行事(三日…)……上191
拝礼作法(再拝両段)……上193
機殿(二時)……上193
蕃御門……上221
日別朝夕大御饌祭(御膳殿)……上205
日祈……上207
封戸(諸国)……上257,347
別宮……上187
宝殿……上221
瑞垣門……上197
幣の料……中275
南草葺御門三間……上221
御橋……上219
御船代祭(船代を造る祭)……上213
物忌……上185
由貴大御饌供進儀(月次の祭)……上195
臨時の幣帛……中275,下775
臨時の幣帛使……上247
浪人の調庸……上179
伊勢田神社……上517
伊勢天照御祖神社……上713
伊勢国
赤引の糸……中861
朝明郡……上561
安濃郡……上557
綾……中861
飯高郡……上555
飯野郡……上555
員弁郡……上561
牡蠣……下381
紙……中861
神服の糸……中861
絹・帛……中861
恒山……下379
高梁薑……下379
芫茄……下379
胡桃子……下381
塩……中861
神田……上255
秦皮……下379
水銀……下381
蘇子……下381
多気郡……上553
躑躅花……下379
白殭蚕……下379
馬刀……下381
三重郡……上559
御調の糸……中861
雄黄……下381
庸米……中861,1009
度会郡……上551,中1021
度会郡の駅馬……中1021
度会郡二見郷……上345
度会・多気・飯野郡の郡司……上351
度会駅……下43
伊勢久留麻神社……上699
伊勢命神社……上155,681
伊曾布神社……上663
礒神社……上311,551
石上氏……上423
伊蘇上神社(国乃御神社…大櫛神社)……上555
石上に坐す布留御魂神社(正殿,皇子神命神社…夜都伎神社)……上93,179,181,533
石上市神社……上533
石上布都之魂神社……上687
伊蘇乃佐只神社……上665
伊曾乃神社(淡路伊佐奈岐神社…阿治美神社)……上157,707
石薗に坐す多久虫玉神社(高天彦神社…葛木二上神社)……上523
礒部氏……上345
石部神社
伊勢国……上561
越前国……上633
播磨国……上685
岹部神社……上651

地黄園……………………………………下351
陶の器……………………………………中859
陶邑………………………………………上405
勅旨庄の御税……………………………中959
缶の蓋……………………………………中859
出雲神社
丹波国…………………………上153,649
出雲国……………………………………上673
周防国……………………………………上695
伊豆毛神社(武水別神社…玉依比売命神社)
……………………………………上613
出雲寺(諸寺)…………………中315,下215
出雲井於神社………………………上89,513
出雲伊波比神社(高負比古神社…前玉神社)
……………………………………上587
出雲臣(杵築大社)………………………上671
出雲国……………………………………中885
烏賊………………………………………中885
出雲国四王寺……………………………中997
出雲筵…………上297,367,中411,下463,705
薄鰒………………………………………中885
意宇郡……………………………………上667
意宇郡の神戸……………………………上177
官社(二柱の神を…皇神たち)……上501,667
雑の腊……………………………………中885
行程………………………………………中885
蒺蔾子……………………………………下401
島根郡……………………………………上669
女葦………………………………………下401
赤箭………………………………………下401
蘇(出雲国は十二月を限りとせよ)……中821
桑茸………………………………………下401
纁の帛……………………………………中885
調の糸……………………………………中855
年料雑薬…………………………………下401
能義郡…………………………上677,中751
紫菜………………………………………中885
百部根……………………………………下401
海藻………………………………………中885
諸の祝部…………………………………中541
綿…………………………………………中885
出雲の国造………………上163,中69,519,下113
負幸物(物を賜わらんには)……………上163
中69,下113
神賀詞(神寿詞)……上165,499,501,中69,101
193,519,541,下113,431,641,741
叙位賜禄…………………………………中541
銓擬………………………………………中69
入朝の同行者……………………………上165
斎……………………………中69,519,541
出雲高野神社……………………………上515
出ずる神の御心もなし…………………上457
伊須流支比古神社………………………上641
いすろこひ………………………………上475
異性宿泊の禁(夜時に非ざるよりは)……下639
維城典訓…………………………………中591
伊勢大神宮………………上185,551,下93,357
相殿神…………………………上185,231
東殿………………………………………上197
伊勢神郡(三郡)……………上177,251,中787
板垣門……………………………………上197
内玉垣院門………………………………上197
馬飼丁……………………………………上255
大内人(宇治の内人)………上185,199,中517
大神宮を遷し奉る祝詞…………………上495
笠縫の内人………………………………上193
餝金物(修め餝る調度)…………………上215
元日………………………………………上191
神嘗の祭……………………上199,341,中275
神戸(当国)…上245,251,257,491,中523,765
神衣の祭…………………………………上191
北御門……………………………………上221
祈年祭幣帛使……………………上29,191
雑の作の横刀……………………………上225
外院………………………………………上253
外幣殿……………………………………上207
小内人……………………………………上185
木本祭(正殿の心柱を採る祭)…………上209
祭主…………………………上207,249,251,中83
三節の祭(三時の祭,九月六月十二月は参ら
ず)……………上205,245,299,315
仕丁………………………………………上243
地鎮祭(宮地を鎮め祭る)………………上209
宿衛屋(旬毎に…)………………………上243
諸院………………………………………上243
所摂二十四座(諸社)………………上187,189
所摂の六宮………………………………上255
神祇官符…………………………………上251
神宮七院…………………………………上207
神郡司……………………………上191,339
神税………………………………上251,341
神田………………………………………上255
心柱………………………………………上209
神宝ならびに装束を営造する使………上215

……………………………… 上151,579
伊去波夜和気命神社……………………… 上623
往馬に坐す伊古麻都比古神社…………… 上521
伊古麻山口神社…………………………… 上521
伊佐賀神社………………………………… 上673
率川阿波神社……………………………… 上519
率川に坐す大神神御子神社……………上51,519
率川の神(三枝の祭三座)……………………上51
率川の祭……………………… 中279,下251,803
伊佐具神社………………………… 上547,中709
伊佐須美神社……………………………… 上625
伊射奈岐神社
大和国添下郡…………………………… 上519
大和国葛下郡(高天彦神社…葛木二上神社)
……………………………………… 上523
大和国城上郡…………………………… 上527
摂津国…………………………………… 上545
伊佐奈伎宮……………………… 上185,311,551
伊佐奈彦神社(質覇村峯神社…信露貴彦神社)
……………………………………… 上633
伊射奈美神社……………………………… 上701
伊佐爾波神社……………………………… 上709
胆沢川神社………………………………… 上625
伊佐和神社………………………………… 上555
伊雑宮……………………………………… 上187
内人・物忌(禰宜…任ぜよ)……………… 上187
位子……………………… 上293,中209,519,523
579,777,909,下13,707
倚子…………………………………… 下447,457
大倚子…………………………………… 下267
黒柿の木の倚子………………………… 下445
小倚子…………………………………… 下435
白木の倚子……………………………… 下445
石川の度り………………………………… 上503
移式………………………………………… 中501
石前王女…………………………………… 中733
為志神社…………………………………… 上523
石神社
伊勢国(鴨神社…尾津神社)……………… 上561
陸奥国…………………………………… 上623
石作神社
山城国(羽束師に坐す高御産日神社…茨田神社)……………………………… 上511
尾張国中島郡…………………………… 上565
尾張国葉栗郡(塩江神社…諸鑁神社)…… 上565
尾張国丹羽郡(塩江神社…諸鑁神社)…… 上565
尾張国山田郡…………………………… 上569
近江国…………………………………… 上605
石作陵……………………………………… 中727
石津太神社………………………………… 上541
石姫皇女…………………………………… 中731
伊志夫神社(火牟須比命神社…伊那下神社)
……………………………………… 上581
石巻神社(御津神社…阿志神社)………… 上571
伊甚神社…………………………………… 上673
称唯…………… 上29,347,445,中711,下599,791
医生(生)………… 上337,中165,511,下347,357
威綏………………………………………… 中651
壱須何神社………………………………… 上533
伊豆佐売神社……………………………… 上619
貽貝鮨(押年魚…芥子)……………… 上289,中849
863,877,下711
出石鹿岶部神社…………………………… 上651
伊豆志に坐す神社……………………… 上153,659
伊豆志弥神社……………………………… 上657
五十鈴川(御裳洗河)…………………… 上317,489
いすすき…………………………………… 上473
いずつしき事なく………………………… 上473
伊豆奈比咩命神社(伊古奈比咩命神社…志理太宜神社)……………… 上579
伊周駅………………………………………下55
伊豆国…………………………… 中745,855,865
絁……………………………………… 中865
伊豆国神階帳…………………………… 上579
堅魚・堅魚の煎汁…………… 中827,865,下523
行程……………………………………… 中865
黄樊石…………………………………… 下383
山興寺(和泉国安楽寺…能登国大興寺)
……………………………………… 中675
赤石脂…………………………………… 下383
白石脂…………………………………… 下383
牡荊子…………………………………… 下383
明神(三島神社…楊原神社)……………… 上151
葈蘑子…………………………………… 下383
伊豆三島神社…………………………上579,中961
泉河………………………………………… 下873
和泉神社(博多神社…聖神社)…………… 上541
出水神社…………………………………… 上637
泉穴師神社(博多神社…聖神社,安那志)
……………………………… 上541,中709
和泉国……………………………………中743,859
和泉国神名帳…………………………… 上539
運脚の行程・駅数…………………………中25
行程……………………………………… 中859

猪上神社(伊古麻山口神社…葛木に坐す一言主神社)……上521
井上駅……下45
伊神駅……下49
井神の祭 いかみのまつり → 御井の祭 みいのまつり
伊加良志神社……上647
伊賀留我神社……上561
伊甘神社……上679
衣冠束帯……中521
偉鑒門……下777
位記……中47,97,439,541,567,597,599
　位案……中97,137,567,下73
　位記の軸(内匠寮)……中147,439
　位記の署名(中務卿)……中139,143,523
　位記の案……下429
　位記の筥の案……下437
　位記を造る料……中147
　書かん日……中97
　画可(制すらく可)……中143
　毀位記儀(罪人の位記を毀る)……中599 601,下73
　五位以上位記式……中141,143
　罪人の位記……下73
　入眼(位記を書け)……中137
　請印……中67,下9
　神位記……中137
　贈位の位記(臨時の位記)……中77,137,147
　僧綱位記……中137,139
　僧尼位記……中141,699
　踏印……中155
　年月甲日……中141
　料物(雑物)……中99,145
　臨時の位記……中137
　六位以下……中3,67,97,523
違期……中761
　贖限(越後…)……中757
　処罰(徒罪は…)……中761
　坐せざれ……中761
威儀……下601,607
威儀師……中657,687,下431
　大威儀師……中687
伊伎神社(柴神社…高向神社)……上637
小凝菜(海藻…鹿角菜)……中849,861,下711
壱伎島……中905
　伊周駅……下55
　木蓮子……下245
　薄鰒……中849,905
　防人……下25
　島分寺……中675,975,999
　大豆・小豆・小麦……中905
　優通駅……下55
威儀の官人……中79
威儀の権官……中529
伊吉島造(直の氏寺)……中675
威儀の御鞍……中327
威儀の物……上423,中79,181,下65,331
　執る夫……下763
生剝ぎ……上479
生膚断ち……上479
五十君神社……上645
生御調……上503
委曲……下81
伊具比魚……下517
生雷命神社……上575
生井神……上447,509
生国足国……上449
五色の物……上455
生道の塩……中863,下207
生島足島神社……上613
生島神足島神……上509
生島の巫……上85,135,141,449,509
生田神社
　摂津国……上109,547,中709
　尾張国(阿具麻神社…宅美神社)……上567
生野神社……上653
伊久波神社……上563
生日の足日……上501
郁芳門……下635,777
生馬神社……上671
生魂足魂(生産日神・足産日神)……上447,509
伊久礼神社……上647
藺笥……上113,285,中841,下297
医経……下357,371
頤気神社……上613
池田神社……上577
池に坐す朝霧横幡比売神社(高屋安倍神社…千代神社)……上97,527
池辺氷室……下593
池由加(沐槽…御巾の紵の布)……上323,333 405,中269,841,下317,327,715
移郷(流移の人)……中787,929,下69
　逃亡……下77
　発遣(省官に申して)……下69
伊古奈比咩命神社(三島神社…楊原神社)

奄我神社……………………………………… 上653
安嘉門……………………………………… 下777
安閑天皇……………………………………… 中719
案記…………………………………………中27
行宮《あんぐう》 → 頓宮《とんぐう》
案下の官幣……………………………………… 上507
安居…………… 中667,689,961,989,1001,1039
安康天皇……………………………………… 中717
行在所……………………………………… 下577
鶍雀…………………………………………… 中653
安祥寺………………………… 中689,下215
　修理安祥寺宝塔料…………………… 中973
案上の官幣…………………………… 上23,507
案主………………………… 上249,下777
案典………………………………………… 下875
安寧天皇……………………………………… 中713
安福殿………………………………………… 下477
菴閭(丹参…山茱萸)………………………… 下347
　菴蘆子(波波古)……………………… 下385,509

い

移……………………………… 上349,下339,867
囲…………………… 中231,813,下275,277,717
韋………………………………………………… 下849
莞………………………………………………… 下885
位案……………………… 中97,137,567,下73
依違……………………………………………… 上3
飯………………………………………………上41
威委……………………………………………… 中651
為伊……………………………………………… 下519
飯筥(板筥)………………………… 上267,中421,841
　平筥………………………………………… 上409
飯石神社……………………………………… 上675
異位重行……………………………………… 下675
渭伊神社……………………………………… 上573
飯神社………………………………………… 上705
言い排け坐して……………………………… 上475
飯豊皇女……………………………………… 中729
飯豊比売神社………………………………… 上619
飯豊和気神社………………………………… 上627
粒に坐す天照神社…………………………… 上683
飯椀…………………………………………… 中393
　銀の飯鋺……………………… 中435,下499
飯道神社……………………………………… 上601
飯持神社……………………………………… 上649
揖夜神社(宍道神社…由貴神社)…………… 上669
家島…………………………………………… 下819
家島神社(海神社…住吉荒御魂神社,中臣印達神
　社…伊和に坐す大名持御魂神社)
　……………………………… 上155,683
蹲鴟……………………………………………… 上409
宅布世神社(神波多神社…伊射奈岐神社)
　……………………………………………… 上519
伊恵理………………………………………… 上479
位襖……………………………… 下633,741,769
五百立神社(神波多神社…伊射奈岐神社)
　……………………………………………… 上519
魚沼神社……………………………………… 上647
魚醢…………………………………………… 下203
守廬(屋,八位…位子) …………… 上135,中769
　909,下579
烏賊…………………… 中831,849,881,885,下233
貽貝と富耶の交鮨…………………… 中849,877
伊賀賀原神社(塩江神社…諸钁神社)……… 上565
伊香具坂神社………………………………… 上605
伊香具神社(上許曽神社…比売多神社)…… 上603
藺笠(帖笠)…………………… 上387,中153,337
　837,841,859,下331
茂し桙の……………………………………… 上495
茂し御世に幸わえ奉る……………………… 上447
いかしやくはえ……………………………… 上453
雷神社(山神社…海神社)……………… 上155,661
雷電神社(大川内神社…官舎神社)…… 上313,553
雷命神社……………………………………… 上723
坐摩神社(比売許曽神社…阿久刀神社)…… 上545
座摩の巫………………… 上61,85,135,169,447,509
　都下国造(御巫)……………………………上83
伊我多気神社………………………………… 上677
伊加奈志神社………………………………… 上707
伊賀国………………………………………… 中743
　伊賀郡……………………………………… 上255
　堰河防料…………………………………… 中959
　行程………………………………………… 中859
　胡麻の油…………………………………… 中859
　蜀椒子……………………………………… 下379
　蛇脱皮……………………………………… 下379
　調の糸……………………………………… 中855
　夏の調……………………………………… 中859
　練糸………………………………………… 中859
　練染の調の糸……………………………… 中859
　木斛………………………………………… 下379
　庸米………………………………………… 中859
伊加保神社(貫前神社…赤城神社)…… 上151,615
伊河麻神社…………………………………… 上577

袷の裳……下623
相盛……下541
安房に坐す神社……上151,591
安房国……中745
　安房郡……上591
　凡の鰒……中849,869
　葛花……下385
　枲……中869
　行程……中867
　旋覆花……下385
　調布……中869
　都都伎鰒(鳥子鰒…薄鰒)……中849,867
　鳥子鰒……中849,867
　貝母……下385
　細布・貲布……中867
　牧……下31
　耳著きの鰒(御取の鰒…耽羅の鰒)
　　……中847,867
　耳放りの鰒(鳥子鰒…薄鰒)……中849,867
阿波国……中895
　麁布……上407
　鰒の腸漬・鮨の鰒……中895
　位田……中781
　猪の脯……中895
　忌部……上407,421,下153
　馬の革……中805,下853
　麻殖郡・那賀郡……上407
　堅魚……中895
　亀の甲……上177,中895
　寄生……下409
　絹……中895
　鶏頭子……下409
　凝海菜……中895
　鮨の年魚……中895
　名東郡・名西郡……中753
　班田……中787
　短鰒……中895
　御取の鰒・細割の鰒・横串鰒……中895
　美馬郡……上701
　三好郡……中753
　海藻……中895
　木綿……上407
　由加物(阿波国の献る麁布木綿)……上407
　庸米……中895
粟野神社(武水別神社…玉依比売命神社)
　……上613
粟皇子神社……上553
阿波山上神社……上597
鰒(庸布…裏葉薦,鮑)
　……上25,201,373,中847,861,869,871
　877,881,885,893,899,901,下521
　東鰒……上29,中633,下179,233,485,711
　甘鮨の鰒(腐ち耳の鰒…鮨の鰒,鰒の甘鮨)
　　……中849,877
　味漬の鰒……下517
　壱伎島……中849
　薄鰒……上291,中849,885,893,901,905
　凡の鰒(鳥子鰒…薄鰒)……中849,869
　隠伎の鰒……上321,中711,885,下183,233,711
　蔭鰒(鳥子鰒…薄鰒,葛貫の鰒…腐ち耳の鰒)
　　……中849,899,下205
　雑の鰒……中861,893
　串鰒(鳥子鰒…薄鰒)……中849
　串貫の羽割鰒……下203
　葛貫の鰒(鳥子鰒…薄鰒)……中849,899
　腐ち耳の鰒(耳腐の鰒)……中849,899,下521
　島鰒……下179
　鮨の鰒……上321,中849,851,895
　玉貫の鰒(味漬…夏鰒)……下517
　耽羅の鰒……中847,901
　都都伎鰒(鳥子鰒…薄鰒)……中849,867
　鳥子鰒……中849,867
　長鰒(鳥子鰒…薄鰒)……中849
　夏鰒……下517
　縄貫鰒……下191
　羽割の鰒(鳥子鰒…薄鰒)……中849
　醬の鰒……下711
　細割の鰒(鳥子鰒…薄鰒,御取の鰒…横串鰒)
　　……中849,895
　火焼鰒(鳥子鰒…薄鰒)……中849
　短鰒(鳥子鰒…薄鰒)……中849,895
　御取の鰒(味漬…夏鰒)……中847,895,下517
　耳著きの鰒(御取の鰒…耽羅の鰒)
　　……中847,867
　耳放りの鰒(鳥子鰒…薄鰒)……中849,867
　蒸鰒(味漬…夏鰒)……下517
　鞭鰒(葛貫の鰒…腐ち耳の鰒)……中899
　横串鰒(鳥子鰒…薄鰒)……中849,895
　腸漬の鰒(中男作物,味漬…夏鰒)……中851
　861,895,下517
鰒切……上287,下269
鮑玉白珠比咩命神社(火牟須比命神社…伊那下
　神社)……上581
案……中449,587

略綱例を問い……………………………中591
洗革(皺文の革の袋…短冊,銀…席二千枚)
……………………上297,中155,399,405
411,815,829,1003,下853
荒石比古神社……………………………上641
洗布………………………………中277,1011
一段の直……………………………中1011
散斎(諸司斎し)…………上23,31,171,393,中33
35,39,539,609,下637,881
礒蠣………………………………………下519
荒方神社…………………………………上609
荒川神社…………………………………上647
荒木神社
大和国……………………………………上523
伊豆国……………………………………上581
丹波国(天照玉命神社…阿須須伎神社)
……………………………………………上653
荒城神社…………………………………上611
荒木田氏(禰宜)…………………………上185
麁草………………………………………上501
荒坂神社…………………………………上665
荒稲………………………………………上455
阿良須神社………………………………上655
炭(干柏…油)……………上291,中387,389,397
417,427,下207,317
元日朝賀・御斎会…………………………下319
直の支給…………………………………下735
支給期間(毎年十一月一日…)…………中793
諸司に充つる炭…………………………下335
釈奠………………………………………下879
人別に一斗………………………………中793
退紅(退紅染)………………上359,中259,下613
荒妙…………………………………上191,447
荒田神社…………………………………上685
麁砥………………………………………下847
麁塗り……………………………………下275
荒筥(麁筥,沐槽…御巾の紵の布)
…………………上41,113,177,279,331
中833,下183,221,299,317
麁醤(甜物…麁末醤)……………………下207
荒び給い健び給う事……………………上497
荒穂神社…………………………………上717
荒祭宮…………………………上185,491,551
荒見神社…………………………………上517
麁末醤……………………………………下207
荒魂……………………………………上127,185
荒御玉命社………………………………上311
滑海藻(庸布…裹葉薦,醤…折薦の帖,海藻…鹿
角菜,荒布)……………上25,中207,849
下103,207,215
麁布………………………………………上407
荒世服(荒世,御贖の服)………………上77,275
中231,下695
阿良良伎(内の七言・外の七言)…………上261
蘭(竈杵米…荷葉)………………下195,215,509
踏歌…………中49,85,167,345,下439,623,741
妓…………………………………………下683
顕事………………………………………上501
有鹿神社…………………………………上585
阿利神社(佐志武神社…富能加神社)……上675
在田神社…………………………………上689
阿理莫神社(博多神社…聖神社)…………上541
有間神社…………………………………上547
あれ坐す…………………………………上491
アレオトメ(斎王)………………………上355
阿礼神社…………………………………上611
阿礼の料(阿礼三具の料)……………中173,295
阿礼幡…………………………………下439,837
粟…………………………………上279,下355
粟の穀……………………………………中1031
粟の糒……………………………………上321
粟井神社(淡路伊佐奈岐神社…阿治美神社)
……………………………………上157,705
粟鹿神社(出雲神社…伊豆志神社)……上153,657
阿波遅神社………………………………上683
淡路伊佐奈伎神社……………………上157,699
淡路国……………………………………中895
淡路の塩…………………………………下485
海路………………………………………中895
雑の魚……………………………………中895
雑の宍……………………………………中895
塩…………………………………………中895
中宮の御贄………………………………下519
庸米………………………………………中895
淡路墓……………………………………中733
淡路陵……………………………………中725
粟島に坐す伊射波神社…………………上563
粟神社(室城神社…岡田国神社)…………上517
阿波神社
伊賀国(敢国神社…大村神社)…………上549
伊豆国(伊古奈比咩命神社…志理太宜神社)
……………………………………………上579
袷…………………………………………中241
袷の袍……………………………………下777

天手長男神社(住吉神社…高御魂神社)
……上157,721
天手長比売神社(住吉神社…高御魂神社)
……上157,721
天利剣神社(質覇村峯神社…信露貴彦神社)
……上633
天速玉姫命神社……上595
天一神王神社……上683
天日名鳥命神社……上665
天比女若御子神社(質覇村峯神社…信露貴彦神社)……上633
天穂日命(末刀神社…山科神社)……上497
501,515
天穂日命神社
山城国(末刀神社…山科神社)……上515
因幡国……上665
出雲国……上677
天目一神社(加都良乃命神社…石部神社)
……上685
天のみかひ冠りて……上501
天の瓺わに斎みこもりて……上501
天水分豊浦命神社……上543
天村雲神伊自波夜比売神社……上701
天諸羽命神社(和多都美神社…和多都美御子神社)……上721
天八百列神社(上許曾神社…比売多神社)
……上603
天八百万比咩神社(質覇村峯神社…信露貴彦神社)……上633
天若日子神社(阿須伎神社…美談神社)……上673
天別豊姫神社……上691
綾……中237,303,407,845
861,867,883,1003,下613
一窠の綾……下135
一窠の白綾……中417
色の綾……下133
浮物……下137
瓜核の綾(続花の綾…呉服の綾,一窠の綾…呉服の綾)……中845,863
鸚鵡形の綾……下145
小車牙の綾(続花の綾…呉服の綾)……中845
織る料……中1047
廻草の綾(一窠の綾…羅)……中1003
雑の染の綾(大宰府に遣わす染むる料の綾)
……中335,下111
呉服の綾(呉服文)……上367,中317
845,879,887
縠の綾……下135
師子の綾……下135,143
熟線綾……下137
薔薇の綾(一窠の綾…菱花の綾)……中845
白綾(白絹…支子)……上267,中893,下133
生の綾……上297
蟬翼の綾……下135
大結花の綾・小結花の綾(続花の綾…呉服の綾)……中845
鷹葦の綾……下135,143
小鸚鵡の綾(一窠の綾…菱花の綾)……中845
小花の綾(一窠の綾…菱花の綾)
……中845,下135
長・広……下135
散花の単の綾(続花の綾…呉服の綾)……中845
続花の綾……中845
遠山の綾……下135,143
二花の綾(一窠の綾…菱花の綾)……中845
二色の綾……中845,871,下133,137,445
野草の綾(続花の綾…呉服の綾)……中845
菱の綾……下135
単の綾……下135
菱花の綾(菱)……中845,下135
連水の綾(続花の綾…呉服の綾)……中845
奇しとて見そなわす……上483
挑文師……中113
菖蒲(犀角…青木香)……中185,317,下165
341,353,755
漢女草……中185
奏進の詞……下353
菖蒲の鬘……中49,下7
菖蒲の輿(諸衛府)……中315,下755
菖蒲の珮 あやめのおもの → 続命縷 くすだま
年魚……中851
押年魚(火乾年魚…煮乾年魚)
……上289,中851,903,下191,233,711
塩漬の年魚……中851
鮨の年魚(年魚の鮨)……中853,873
895,903,下517
煮塩年魚……中837,853,873,899
901,903,下179,485,521
煮乾年魚……中851
氷魚……下169,519
火乾年魚……中851,883
脚結……上371
歩板……上299,中397,405,下283
阿容(便を量りて…)……中769

但馬国……………………………………上155,661
播磨国……………………………………上681
隠伎国……………………………………上679
紀伊国……………………………………上697
甘鮨の鰒(腐ち耳の鰒…鮨の鰒,鰒の甘鮨)
……………………………………中849,877
甘葛の煎……………上345,下169,243,345,349
甘葛の煎所……………………………………下499
甘葛汁……………………………………中811,下125
大海田水代大刀自神社(須麻漏売神社…宇留布都神社)……上311,553
天津石門別神社(飛鳥川上に坐す宇須多伎比売命神社…気吹雷響雷吉野大国栖御魂神社)……………上531
天津石門別稚姫神社(葛野に坐す月読神社…大酒神社)……………上513
天つ金木……………………………………上479
天神多久頭多麻命神社(和多都美神社…和多都美御子神社)……上721
天神の寿詞……………………………………下159
天つ奇し護言……………………………………上473
味漬……………………………………下511
味漬の鰒……………………………………下517
天神社……………………………………上687
天つ菅そ……………………………………上479
天つ高御座……………………………………上471
天つ次の……………………………………上505
天つ罪……………………………………上479
天つ祝詞の太祝詞(天都詞の太詞事)……上483
485,491
天津彦彦火瓊瓊杵尊……………………………………中711
天つ日嗣……………………………………上471
天つ御食の長御食の遠御食と……………上487
天つ御量……………………………………上471
天つ宮事……………………………………上479
天つ社……………………………………上445
天神地祇……………………………………上507
天照大神……………………………………上185
尼寺の鎮……………………………………中691
天照大神高座神社(常世岐姫神社…春日戸社に坐す御子神社)………上535
阿麻氐留神社……………………………………上723
天照玉命神社……………………………………上653
和わざる……………………………………下665
味葅……………………………………下511
天の磐座……………………………………上477
天の血垂……………………………………上473
天日鷲神(忌部神社)……………………上157,701
天のまがつひと云う神(疎ぶる物,麁び疎び…)
……………………………上449,475,485
天の益人……………………………………上479
天の御蔭日の御蔭……………………上447,487
天の御柱の命(竜田…皇神,比古神・比売神)
……………………………上457,459,521
天計神社……………………………………上687
阿麻美許曾神社(丹比神社…田に坐す神社)
……………………………………上539
天湯川田神社……………………………………上535
雨夜神社……………………………………上633
阿弥神社……………………………………上595
網野神社……………………………………上657
編笆……………………………………中831
網曳厨……………………………………下515
網捩(冠の羅・雑の羅)……………………下133
糖(甜物…麁未醤)……………上289,下103,191
207,321,495,667
阿米魚……………………………中851,下171,519
阿米魚の鮨……………………………………中871
天国津彦神社(質覇村峯神社…信露貴彦神社)
……………………………………上633
天国津比咩神社(質覇村峯神社…信露貴彦神社)
……………………………………上633
天鈴神社(質覇村峯神社…信露貴彦神社)
……………………………………上633
天健金草神社……………………………………上681
阿米都加多比咩命神社(伊古奈比咩命神社…志理太宜神社)……上579
阿米都和気命神社(伊古奈比咩命神社…志理太宜神社)………………上579
天乃石吸神社(神波多神社…伊射奈岐神社)
……………………………………上519
天石門別神社……………………………………上687
天石門別豊玉比売神社……………………上703
天石門別八倉比売神社……………………上701
天香山神社……………………………………上555
天香山に坐す櫛真命神社……………………上531
天之子八根命・比売神……………………上453
天の下……………………………………上473
天之志良波神社……………………………………上595
天の高市……………………………上497,529
天高市神社……………………………………上529
天手力男(相殿神二座,天手力男神社)
……………………………上185,699
天手力男神社……………………………………上699

阿陁墓……………………………………………中733
阿多の隼人……………………………………………下61
阿陀比売神社……………………………………上523
阿多由太神社……………………………………上611
阿知江神社(籠神社…宇良神社)……………上655
阿智神社……………………………………………上611
阿知駅(八位…位子)……中763,909,1017,下47
謁播神社……………………………………………上571
束草……………………………………………………上413
熱田神社………………………………上179,569
　神宮寺(金剛般若経)…………………………上181
厚帖……………………………………………………下703
嚢……………………………中603,下203,217,499
　鹿の大嚢……………………………………………下203
嚢椀……………………………………………中393,817
砧木……………………………………………………上319
阿刀神社(葛野に坐す月読神社…大酒神社)
　………………………………………………上513
跡部神社……………………………………………上539
穴石神社(敢国神社…大村神社)……………上549
穴師神社(天香山神社…流田神社)…………上555
穴師に坐す兵主神社(穴師社)…………上95,527
穴師大兵主神社……………………………………上527
穴門山神社…………………………………………上689
麻柱……………………………………………………下275
穴吹神社……………………………………………上519
穴太部神社(塩江神社…諸钁神社)…………上565
安仁神社(海神社…住吉荒御魂神社)
　……………………………………上155,687
姉倉比売神社………………………………………上643
姉埼神社……………………………………………上591
阿禰神社……………………………………………上675
畔放ち…………………………………………………上479
阿比太神社…………………………………………上545
安人神(大海神社)…………………………………上543
安福河伯神社………………………………………上621
阿夫志奈神社(村国神社…恵奈神社)………上609
鐙瓦……………………………………………………下279
鐙の鏁…………………………………………………下831
油……………………上57,中299,387,827,下207,315
　荏の油………………………上227,中389,409,421
　　831,853,下63,325
　麻の油(麻子の油)…………………中325,下325
　革筥を造る料……………………………………中397
　革を作る料………………………………………中401
　供御の料……………………………………………下325
　雑の油……………………………………………中837,899
　車の油……………………………………下323,815
　呉桃子の油(胡桃の油)…………中867,下325
　胡麻の油(糯米…芥子)…中859,865,871,873
　　891,899,下207,315,325,847
　諸祭・節会(数は各本司式に見ゆ)………下325
　諸寺の年料…………………………………………下319
　薗韓神の祭…………………………………………下315
　中宮の追儺の油……………………………………下333
　海石榴の油(銀…席二千枚)…………中337,815
　　847,853,899,903,下125,325
　燈の料………………………………………………中321
　刷を洗う料…………………………中389,405,413
　不動……………………………………………………下327
　別納……………………………………………………下327
　閉美の油……………………………………中853,895
　椶椒の油…………上343,下315,323,325,815
油瓶……………………………………………………下315
油絁…………上285,383,中267,347,431,下323
油絹(鉄の鉢…澡豆壺,年料の油絁を造る料)
　……………………中335,345,409,679
　　下7,63,323,735,805
　隼人司の油絹(大和国の進るところ)
　……………………中793,下63
燈盞(油坏,盞)…………………上289,323,333
　431,中605,843,下315
油所……………………………………………………下499
油餢……………………………………………………下715
燈守……………………………………………………中127
油を摩る料……………………………………………下63
煠籠……………………………………………………下65
阿夫利神社…………………………………………上585
安倍氏…………………………………………………上435
　践祚大嘗祭(弁官奏事)…………………………下427
安倍古美奈(贈正一位安倍命婦)……………中733
阿保頓宮(頓宮)……………………………………上353
雨覆……………………………………………………中269
甘樫に坐す神社(甘樫社)……………上99,529
雨皮…………………………………………上375,381
甘き水…………………………………………………上457
天下し…………………………………………………上483
祈雨の神の祭………………………………………上143
天前駅…………………………………………………下45
甘醴(醴)……………………………………下545,565
天佐志比古命神社…………………………………上679
甘塩……………………………………………………下485
味塩の魚………………………………………………下515
海神社

薄絁……上265
五色の薄絁……上25,中229,377,下133,179
祭料(五色の絁…)……上355,359,363
生絁……中267
長幡部の絁……中845,871
練絁……中265
広絁……中871
水織の絁……下125
美濃の絁……下125
輸絁国(三分)……中767
絁の大篩・小篩……下711
絁の平篩……下559
絁の篩(沐槽…御巾の紵の布)……下317,329
絁の幕……下129
絁の幔……下131
絁纏の刀形(庸布…裹葉薦)……上25
足次山神社……上691
阿治古神社(南子神社…伊波弖別命神社)……上581
阿志神社……上571
阿志須恵……上223,中301
阿遅須伎神社(阿須伎神社…美談神社)……上673
阿治須岐託彦根命神(高鴨阿治須岐託彦根命神社)……上523
足高神社……上689
足高の案……下503
足玉の緒……上191
足坏神社……上577
阿志都弥神社(大浴神社…大荒比古神社)……上605
葦の簾……下425
葦の矢(桃の弓…)……中109,189,下699
阿治波世神社……上637
阿遅速雄神社(比売許曾神社…阿久刀神社)……上545
味原の牛牧……下177,373
脚短坏(足下坏)……中841,873,下715
様の脚短杯……中847,889
安覆駅……下55
脚纏……下779
阿治美神社……上709
足見田神社(加富神社…椿岸神社)……上559
味物……上119,中641,下519
葦屋駅……下43
網代……下523
脚別の机(別脚の案)……上331,中229,下221,257,305
飛鳥田神社
山城国(末刀神社…山科神社)……上515
美濃国(村国神社…恵奈神社)……上609
飛鳥寺《あすかでら》 → 本元興寺《もとがんごうじ》
飛鳥に坐す神社……上99,529
飛鳥川上に坐す宇須多伎比売命神社……上531
飛鳥山口に坐す神社……上451,529
飛鳥戸神社……上535
預……中73,503,989
不了の輩……中73
預人……下523
小豆……中905,下103,529
炊小豆……下227
阿須伎神社……上673
梓弓……上223,中335,下843
阿豆佐和気命神社(伊古奈比咩命神社…志理太宜神社)……上579
阿須須伎神社……上653
埰……下89,265
阿須波神(波比祇神…生島神・足島神)……上447,509
東鰒……上29,中633,下179,233,485,711
東絁(下張の料)……中255,407,1043
緋の東絁(白絹…支子)……上267
浅縹の東絁……下779
東絁鄽……下667
東席(東筵)……上285,387,中325,409,下441,705,827
東屋沼神社……上621
東木綿……中851
東豎子……中127,273,347
安曇口(頓宮)……上353
安曇宿禰……上431,中493,下155
阿豆良神社(塩江神社…諸钁神社)……上565
阿須利神社……上675
足羽神社……上635
阿世(内の七言・外の七言,汗)……上261,355
甲倉……中1057
按察使……中979,1007
阿世利盤……下585
阿宗神社……上683
阿蘇比咩神社……上717
阿蘇村利椋神社……上633
直……上383,中207,229,下223,491
阿太賀都建御熊命神社……上665
阿多古神社……上649
阿多忌寸(譜第)……下61

阿伎留神社……上587
幄……上59,329,中415,下93,127,289,833
　賀茂の祭……上361
　軽幄……上59,375,中425,下87,423,703
　軽幄の骨……中433
　古弊の幄(故弊)……下97
　紺の幄……下97,127,129
　諸処に幄を立つるとき……下449
　柱・桁……上377,中415,下87
　百子帳……下429
　別貢幣の儀(建礼門前の幄)……中53
灰(汁灰)……中253,315
阿久比神社(火上姉子神社…羽豆神社)……上569
悪女……下627
阿吾神社……上675
阿久刀神社……上545
飽波神社……上577
悪糯……中987
阿具麻神社……上567
胡床(胡牀)……上293,423,中79,313,下9
57,673,741,759,769,803
灰を淋るる槽……中211
緋(色糸)……上283,中235,853,下331
挙鐙……下269
朱草……中647
緋地の繍の錦……下137
緋地の両面……下305
緋の襖(皂の緌…麻鞋)……中79
緋の東絁(白絹…支子)……上267
緋の氈……中155
緋の革(銀…席二千枚)……上367,中815,873,875
緋の帛……中881,883,887,下179,761
緋の鞦……下619,819
緋の幡……下167,507,593
緋の嚢……下337,345
緋の纈……下615
蔔子……下231
阿古谷神社……上663
安侯駅……下45
袙《あこめ》 → 袿衣《うちぎ》
亜献……中623
麻《あさ》 → 麻《お》
浅井神社
　尾張国(坂手神社…太神社)……上563
　越中国(林神社…布勢神社)……上643
阿射加神社(波多神社…小川神社)……上149,557
浅藍色……中265
浅緋……中257
浅葡萄(紅花…藍)……中213
浅き覆……上381
浅黄……中265
浅支子……中261
浅紅(黄…墨染)……下615
浅滅紫……中257
浅蘇芳……中259
浅杉染の袴……下613
浅縹……中265
浅縹地……上371
浅緑(小許春の羅)……中237,317,881
浅紫……中237
浅紫の襖……中79,下739
浅桃染……下651
朝熊神社……上551
朝倉神社……上711
朝倉駅……下49
朝来石部神社……上657
島蒜……中849,885
朝日の豊逆登りに……上445
朝日の日向かう処……上459
浅間神社
　駿河国(倭文神社…富知神社)……上149,579
　甲斐国(大井俣神社…桙衝神社)……上583
　但馬国……上659
葪……下507
朝饌……上315
小許春の羅……中317,881
朝嵜神社……上709
朝山神社(佐志武神社…富能加神社)……上675
鮮けき鮒の御贄……下773,793
阿闍梨……下101
脚……中405,407
蘆蘗……下435
籭……上409
阿遅加神社(塩江神社…諸鑁神社)……上565
柤(柤禁)……下665
葦鹿の皮……中831
足柄坂以東……中701
阿自支神社(馬路石辺神社…日向神社)……上601
絁……上25,中389,757,845,855
865,867,869,871,875
　緋の東絁(白絹…支子)……上267
　浅縹の東絁……下779
　東絁(下張の料)……中255,407,1043
　油絁……上285,383,中267,347,431,下323

下559,753,803
青摺の衫……上359,中193,下793
青摺の袍……上339,下319
青橘子(竈杵米…荷葉)……下215
青玉比売命神社……上583
青砥……上295,中325,391,429,下851
蔓菁……下209,509
青梨子……下243
蔓菁菹……下203
青の御馬を飼う所……下323
青苔……下103,211
青土……中415
青衾神社(火上姉子神社…羽豆神社)……上569
青大豆(竈杵米…荷葉)……下215
青海神社
　若狭国大飯郡……上631
　越後国頸城郡……上645
　越後国蒲原郡……上647
青緑……中263
青海菜……下209
障泥……下619,667,825
　障泥の熊の皮……下827
障泥板……上219,中385
赤漆……上223,中197,389,421,825,851
　赤漆の韓櫃……上377,379
　赤漆の床子……下445
朱漆……中437
　朱漆の器……中391
　朱漆の御坏……下497
　朱漆の台盤……上283,375
381,中437,下505
　朱漆の椀……下505,569
銅
　私鋳銭……下71
　贖銅……下79
　熟銅……上227,297,中399,401,403
413,417,419,429,下285,845
　半熟銅(半熟)……上227,中411,417,431
銅の盤……中155
銅の旅籠……上287
銅の鍋子……中155
銅の湯を下す料の調布……中405,413
銅物に鑵ぐ……中411
赤木……中145,815
赤城神社……上151,615
赤絹……中831
明石駅……下51
赤白橡……中237
赤白橡の袍……下615
赤水精(五色の玉,玉)……上35,165,503
英多神社
　遠江国……上573
　信濃国……上615
県神社……上673
県醸酒(酒)……中789,下561,569
県主神社
　伊勢国……上559
　美濃国(村国神社…恵奈神社)……上609
茜部神社……上609
赤丹の穂……上451
赤丹の穂に聞こし食し……上455
茜……上51,367,371,中257,411
837,851,867,871,877,889
　茜を篩う(茜…水瓺麻笥)……中411
　茜根(知母…葵子)……下377
赤練(黄…墨染)……上39,中237,下615
赤土(青土…掃墨)……中155,415,847,887,下281
赤日子神社(御津神社…阿志神社)……上571
明櫃……上31,279,331,409,中211,229
841,下193,211,317,329,549,595
赤穂神社(神波多神社…伊射奈岐神社)……上519
赤見神社……上605
贖物……中73
赤引の糸(神衣の祭,御調の糸)……上191,195
491,中861
明妙……上447
赤留比売命神社……上543
開口神社……上541
秋篠寺……中661
阿紀神社(高天岸野神社…八咫烏神社)……上525
壖地……下663
明つ御神と大八島国知ろし食す天皇命……上501
安芸国……中891
　安芸国神名帳……上693
　安芸の木綿……上27,中169,891,下89,341,351
　塩……中891
　種篦駅……下53
　脯……中891
　沙田郡……中753
　明神(海神社…住吉荒御魂神社)……上155
　木綿駅……下53
　庸の糸……中891
秋の祭……上455,461
阿膠《あきょう》 → 阿膠《にかわ》

頭注・補注索引

・本索引は本書上～下巻の頭注、補注の記載事項を検索項目として採録した。
・索引項目が該当する頭注および補注の項目名と著しく異なるものについては、括弧で補った。
・索引項目の所在頁は該当する頭注や補注に対応する読み下し文の頁数を示した。

あ

藍……中213,239,263
　藍薄色……中241
　藍の陸田……中343
　浅藍色……中265
　薄色(藍薄色)……中241
　干藍(犀角…青木香)……下341
　深藍色……中265
　白藍色……中265
　中藍色……中265
　生藍……中317,下761,793
　年料の藍染むる所……下455
　乾藍……中263,849
　山藍……中235,793
相いうずのい奉りて……上487
相顧みて退出れ……上431
阿為神社……上545
藍染……中329
朝食所……中63
共作(相作夫,手力)……上293,373,395,中113
1005,下133,147,357
合作(鮭と氷頭の合作)……中853
相殿神……上185,187,231
相殿比売神(平野の祭の神四座)……上55
513,下309
相嘗の祭……上85,363,507
　神嘗酒料(酒稲二百束)……上93
　祭日(十一月の上つ卯の日)……上365
　祭料(絹一疋,絹四疋…)……上95,109
　祭料の荒筥……上177
藍薄色……中241
相折ぐ……下19
相いまじこり相い口会え賜う……上475
相見神社……上641
甕……下223,501
敢国神社……上549
甕酒……下183,209,233
甕坏(甕坏)……上289,中131,843,下193
甕の料……下565
青浅緑……中263
葵……下195,219,509
青石玉(五色の玉)……上35,165,503
青渭神社……上587
葵葅……中607,下203
青馬……下811
　牽進の次第(前陣は…右近衛の舎人)……下813
白馬の節会(青馬,正月七日,宴)……上291,339
中47,51,89,133,313,345
445,557,1015,下87,115,167
191,437,489,741,747,773
　行列(庁前)……中165
　左近衛陣……中557
　舞台……中313,385
　禄法(禄を給う)……中165,下437
青瓜(竈杵米…荷葉)……下215
青垣山……上501
青槲……下231,239,523
青褐……下445,615
青草……下799
青草を刈る丁……下799
青雲の靄く極み……上449
青蔣……下231
襖子(襖)……上249,427,中233
下123,339,613,705,835
　緋の襖(皂の綾…麻鞋)……中79
　浅紫の襖……中79,下739
　大襖……下779
　深緋の襖……下767
　紺の襖……下785
青白橡……中237,下445
青摺の衣装……上249
青摺の衣……上323,中179
青摺の布の衫(青揩)……上421,中93,235

あとがき

本書の企画は今から約三十五年前に遡る。

黒田俊雄氏ら六名の編集委員のもと、集英社「全釈日本史料大系」（後にシリーズ名は現在の「訳注日本史料」に変更）の編纂が計画され、虎尾俊哉氏が延喜式を担当することになったのは、氏が弘前大学に在任中の一九八二年であった。翌年二月、氏は千葉県佐倉市に居を移され、国立歴史民俗博物館歴史研究部の職務に携わられた。歴博を退職される頃から延喜式研究を本格化され、本書の執筆メンバーも次第に定まっていった。氏は主に本文校訂・訓読文の作成を担われ、九三年七月から注釈執筆者（上巻）との検討会が開始された。

執筆の分担は、各巻の凡例のとおりであって、訓読文をはじめとして、注釈執筆者と繰り返し検討会が設けられた。氏は順次届けられる原稿のすべてに目を通し、編集部から寄せられるさまざまな問い合わせにも、編者として判断を示された。綿密な編集・調整作業を経て、二〇〇〇年五月に本書上巻、二〇〇七年六月に中巻が刊行された。また、氏はこれに先だち一九八八年一〇月に発足した延喜式研究会の会長をつとめ、「延喜式を研究する」ことの進展をはかった。

ところが、下巻原稿のかなりの部分が集まりつつあった二〇一一年一月、編者の逝去という事態に際会した。亡くなられる数日前まで、氏は、編集部から送付された原稿に朱を加えられていたという。

今般、下巻が刊行されるにあたり、本書が名実ともに虎尾氏の編著であることを銘記しておきたい。

編纂中途の編者の逝去は大きな痛手であって、集英社の編集部は諸般の対応に追われた。しかしその後、関係各位の多大な協力を得て、ここに全三巻の刊行が実現した。

編纂開始以来、今日に至るまで、集英社はこの企画を継続し、担当の編集部は、きわめて困難な業務を、長年にわたり遂行した。このことに対し、われわれは深甚の敬意と謝意を表する次第である。

新・旧の集英社社屋の一室で行われた注釈執筆者との検討会議において、編者は、その解釈で本当によいのかと念を押されることをつねとした。本文の校訂と訓読は、一人の目で通すことが望ましいとし、自らそれを担当されたが、注釈執筆者からの意見には率直に耳を傾け、そのうえで自ら責を負うとして一々判断を下された。むろん、それに限界があることも編者は承知されており、注解だけでなく、本文校訂においても考察を深めるべき点があることをしばしば述懐されていた。

われわれは本書が広く参照されることを願うとともに、延喜式研究会に集った諸氏はもちろんのこと、各方面の専門家によって、本書に示された見解が改訂・増補されていくことを望むものである。学界の発展に、長く本書が寄与することを期待したい。

編者による「あとがき」は残念ながら実現せず、早川・荒井が上・中・下三巻にわたる注釈執筆者であることから、編者に代わって蕪辞を連ねることになった。関係者の了解を乞うとともに、ここに改めて本冊の刊行を祝したい。

早川　万年
荒井　秀規

編者・執筆者紹介

【編　者】

虎尾俊哉（とらお　としや）
一九二五年愛媛県生まれ。二〇一一年没。東京帝国大学文学部国史学科卒業。同大学大学院（旧制）満期退学。文学博士。弘前大学名誉教授、国立歴史民俗博物館名誉教授。著書『班田収授法の研究』『延喜式』『奈良の都』『日本古代土地法史論』『古代典籍文書論考』『神道大系延喜式』『弘仁式貞観式逸文集成』他。

【執筆者】（五十音順）

相曽貴志（あいそ　たかし）
一九六二年神奈川県生まれ。筑波大学第一学群人文学類卒業。同大学大学院博士課程単位取得退学。宮内庁書陵部図書課首席研究官。主要論文「不仕料について」「百度食と熟食」「延喜式に見える大炊寮からの給食」他。共編『平安時代儀式年中行事事典』他。

荒井秀規（あらい　ひでき）
一九六〇年東京都生まれ。明治大学文学部史学地理学科卒業。同大学大学院博士課程単位取得満期退学。藤沢市生涯学習部郷土歴史課学芸員。主要論文「延喜主計式の土器について（上）（下）」「律令国家の地方支配と国土観」「『延喜式』の色」他。著書『覚醒する〈関東〉』。

小倉慈司（おぐら　しげじ）
一九六七年東京都生まれ。東京大学文学部国史学専修課程卒業。同大学大学院博士課程修了。博士（文学）。国立歴史民俗博物館准教授。主要論文「律令制成立期の神社政策」「九〜一〇世紀の仮名の書体」他。編著『古代東アジアと文字文化』。

金沢悦男（かなざわ　えつお）
一九六〇年茨城県生まれ。法政大学文学部史学科卒業。同大学大学院博士課程単位取得退学。茨城県立磯原郷英高等学校講師。主要論文「日本古代における銭貨の特質」「東国出土古代銭貨の歴史的背景」他。

菊地照夫（きくち　てるお）
一九五九年東京都生まれ。国学院大学文学部史学科卒業。法政大学大学院博士課程後期単位取得満期退学。法政大学兼任講師。主要論文「熊野大神の創祀と出雲東部の境界領域」他。著書『古代王権の宗教的世界観と出雲』。

木下　良（きのした　りょう）
一九二二年長崎県生まれ。二〇一五年没。京都大学文学部史学科卒業。同大学大学院退学。元富山大学・国学院大学教授。著書『国府』『道と駅』『事典日本古代の道と駅』『日本古代道路の復原的研究』他。

編者・執筆者紹介

黒須利夫（くろす　としお）
一九六五年栃木県生まれ。筑波大学第一学群人文学類卒業。同大学大学院博士課程単位取得退学。博士（文学）。聖徳大学教授。主要論文「『年中行事障子』の成立」「諸司式と儀式」「『延喜式覆奏短尺草写』の基礎的考察」他。共編著『奈良平安時代の〈知〉の相関』。

佐藤全敏（さとう　まさとし）
一九六九年秋田県生まれ。東京大学文学部国史学専修課程卒業。同大学大学院博士課程単位取得退学。博士（文学）。信州大学准教授。主要論文「宮中の『所』と所々別当制」「古代日本の四等官制」「弾正台と日本律令国家」他。著書『平安時代の天皇と官僚制』。

戸川　点（とがわ　ともる）
一九五八年東京都生まれ。上智大学文学部史学科卒業。同大学大学院博士課程中途退学。拓殖大学教授。主要論文「釈奠における三牲」「前九年合戦と安倍氏」他。著書『平安時代の死刑』。共編著『ケガレの文化史』他。

虎尾達哉（とらお　たつや）
一九五五年青森県生まれ。京都大学文学部史学科卒業。同大学大学院博士課程中途退学。博士（文学）。鹿児島大学教授。主要論文「律令官人の朝儀不参をめぐって」他。著書『日本古代の参議制』『律令官人社会の研究』。

中村修也（なかむら　しゅうや）
一九五九年和歌山県生まれ。筑波大学第一学群人文学類卒業。同大学大学院博士課程単位取得満期退学。博士（文学）。文教大学教授。著書『平安京の暮らしと行政』『日本古代商業史の研究』『白村江の真実　新羅王・金春秋の策略』『天智朝と東アジア』他。

中村光一（なかむら　てるかず）
一九六〇年茨城県生まれ。筑波大学第一学群人文学類卒業。同大学大学院博士課程単位取得退学。上武大学教授。主要論文「令制下における武器生産について」「出羽国府の移転に関する一考察」「大同、寛平両期における兵庫寮の再編について」他。

野口　剛（のぐち　たけし）
一九五五年埼玉県生まれ。筑波大学第一学群人文学類卒業。同大学大学院修士課程修了。博士（文学）。帝京大学教授。主要論文「歴史の学びの原初的形態へ」他。著書『古代貴族社会の結集原理』。

早川万年（はやかわ　まんねん）
一九五七年三重県生まれ。筑波大学第二学群比較文化学類卒業。同大学大学院博士課程退学。岐阜大学教授。主要論文「詔勅官符と式条文」他。著書『壬申の乱を読み解く』。共編著『美濃国戸籍の総合的研究』『史料としての『日本書紀』』他。

編者・執筆者紹介

古尾谷知浩（ふるおや　ともひろ）
一九六七年東京都生まれ。東京大学文学部国史学専修課程卒業。同大学大学院博士課程単位取得退学。博士（文学）。名古屋大学教授。主要論文「国の『庁』とクラ」他。著書『律令国家と天皇家産機構』『文献史料・物質資料と古代史研究』『漆紙文書と漆工房』。

堀部　猛（ほりべ　たけし）
一九六六年東京都生まれ。筑波大学第一学群人文学類卒業。早稲田大学大学院博士課程中途退学。土浦市立博物館学芸員。主要論文「織部司臨時所と内蔵寮」「天長三年十二月二十九日太政官符所引の弾例」「日本古代の勘籍制」他。

増渕　徹（ますぶち　とおる）
一九五八年栃木県生まれ。東京大学文学部国史学科卒業。京都橘大学教授。主要論文「『勘解由使勘判抄』の基礎的考察」「鴨川と平安京」「藤原寛子とその時代」「平安京と捨て子に関する覚書」「平安中後期における貴族と医師」「文化財保護と史跡保存」他。編著『平安の都市と文化』他。

丸山　理（まるやま　おさむ）
一九五四年神奈川県生まれ。埼玉大学教養学部教養学科卒業。神奈川県立高等学校教諭。主要論文「『壬申紀』史料批判」「教科書に掲載された陵墓」他。

丸山裕美子（まるやま　ゆみこ）
一九六一年広島県生まれ。お茶の水女子大学文教育学部史学科卒業。同大学大学院博士課程単位取得退学。博士（文学）。愛知県立大学教授。主要論文「延喜典薬式「諸国年料雑薬制」の成立と『出雲国風土記』」他。著書『日本古代の医療制度』『清少納言と紫式部』他。

三上喜孝（みかみ　よしたか）
一九六九年東京都生まれ。東京大学文学部国史学専修課程卒業。同大学大学院博士課程単位取得退学。博士（文学）。国立歴史民俗博物館准教授。主要論文「古代地方社会における儀礼・饗宴と記録簡」他。著書『日本古代の貨幣と社会』『日本古代の文字と地方社会』『落書きに歴史をよむ』。

山口英男（やまぐち　ひでお）
一九五八年東京都生まれ。東京大学文学部国史学科卒業。同大学大学院博士課程中途退学。東京大学史料編纂所教授。主要論文「八・九世紀の牧について」「十世紀の国郡行政機構」「正倉院文書の〈書類学〉」他。共編著『古代文書論』他。

編集担当／清武雄二　篠崎尚子　富井　修　永島朋子　仁平義孝
編集協力／天野まどか　三輪仁美　山岸健二　渡邉美紗子

延喜《えんぎ》式《しき》　下《げ》

二〇一七年十二月二十日　第一刷発行

編　者――虎尾《とらお》俊哉《としや》
発行者――茨木政彦
発行所――株式会社　集英社
〒一〇一-八〇五〇　東京都千代田区一ツ橋二-五-一〇
電話
編集部(〇三)三二三〇-六一四一
読者係(〇三)三二三〇-六〇八〇
販売部(〇三)三二三〇-六三九三(書店専用)

印刷所・製本所――大日本印刷株式会社

ISBN978-4-08-197010-0　C3021